Zugang zur Online-Datenbank:

http://www.stotax-portal.de/anmelden

Bitte folgenden Registrierungscode im Eingabefeld „Benutzername/Registrierungscode" eingeben

34C0G48C7B

und mit „Enter" bestätigen. Nach erfolgter Registrierung erhalten Sie für die Aktivierung Ihrer persönlichen Zugangsdaten eine E-Mail.

Stollfuß Medien GmbH & Co. KG

LOHNSTEUER HANDAUSGABE 2013

Bitte wichtige Hinweise auf der Seite 4 beachten!

Für das Lohnsteuerabzugsverfahren im Kalenderjahr 2013 sind anzuwenden

- das **Einkommensteuergesetz** in der Fassung der Bekanntmachung vom 8. 10. 2009 (BGBl. I S. 3366, BStBl I S. 1346; Berichtigung v. 8. 12. 2009, BGBl. I S. 3862) – zuletzt geändert durch Artikel 1 des Gesetzes zur Änderung und Vereinfachung der Unternehmensbesteuerung und des steuerlichen Reisekostenrechts vom 20. 2. 2013 (BGBl. I S. 285).
- die **Einkommensteuer-Durchführungsverordnung** 2000 (EStDV 2000) in der Fassung vom 10. 5. 2000 (BGBl. I S. 717, BStBl I S. 595) – zuletzt geändert durch Artikel 3 der Verordnung zum Erlass und zur Änderung steuerlicher Verordnungen vom 11. 12. 2012 (BGBl. I S. 2637).
- die **Lohnsteuer-Durchführungsverordnung** 1990 (LStDV 1990) in der Fassung der Bekanntmachung vom 10. 10. 1989 (BGBl. I S. 1848, BStBl I S. 405) – zuletzt geändert durch Artikel 5 des Gesetzes zur Änderung und Vereinfachung der Unternehmensbesteuerung und des steuerlichen Reisekostenrechts vom 20. 2. 2013 (BGBl. I S. 285).
- die **Lohnsteuer-Richtlinien** 2008 (LStR 2008) vom 10. 12. 2007 (BStBl I Sondernummer 1/2007) – geändert durch die LStÄR 2011 vom 23. 11. 2010 (BStBl I S. 1325).
- die **Einkommensteuer-Richtlinien** 2008 (EStR 2008) in der Fassung der Bekanntmachung vom 18. 12. 2008 (BStBl I S. 1017).

Hinsichtlich der noch offenen Gesetzesvorhaben in 2013 sowie der noch zu verabschiedenden Einkommensteuer-Änderungsrichtlinien 2012 und aktueller Gesetzesentwicklung wird auf die werkbegleitende, kostenlose Online-Datenbank verwiesen. Dort erhalten Sie in der Rubrik „Akt. Informationen" Hinweise auf die aktuelle Rechtsentwicklung. Die Zugangsdaten zur werkbegleitenden Online-Datenbank finden Sie vorne im Werk eingebunden.

Lohnsteuer Handausgabe 2013

Einkommensteuergesetz
mit Lohnsteuer-Richtlinien, Lohnsteuer-Hinweisen, Einkommensteuer-Richtlinien (Auszug), weiteren Hinweisen, Nebenbestimmungen

Bearbeitet von

Sabine Nußbaum
Amtsinspektorin

Dipl.-Finanzwirtin (FH)
Gerlinde Rosenbaum
Oberamtsrätin

Dipl.-Finanzwirt (FH)
Christoph Jungblut
Oberamtsrat

Ausgabe Februar 2013

Hinweise

Die über den amtlichen Text hinausgehenden Anmerkungen sind grau unterlegt. Nichtamtliche Gesetzesüberschriften sind in Klammern [ ] gesetzt.

Die **halbfett kursiv** gedruckten Stellen kennzeichnen die Änderungen bei den Gesetzestexten, den Durchführungsverordnungen und den Richtlinien gegenüber der letztjährigen Ausgabe. Weglassungen sind mit einer **senkrechten Randlinie (|)** markiert.

Wegen der **Fundstellen** der anzuwendenden Vorschriften vgl. Seite 2.

Die Hinweise sind von den obersten Finanzbehörden des Bundes und der Länder beschlossen worden. Sie machen den Rechtsanwender aufmerksam auf höchstrichterliche Rechtsprechung, BMF-Schreiben und Rechtsquellen, die in das Lohnsteuerrecht hineinwirken. Sie enthalten den ausgewählten aktuellen Stand
- der höchstrichterlichen Rechtsprechung und
- der Verwaltungsvorschriften der Länder, die auf Grund von im Bundessteuerblatt veröffentlichten BMF-Schreiben ergangen sind.

Die im Bundessteuerblatt veröffentlichte Rechtsprechung ist für die Finanzverwaltung verbindlich, soweit kein Nichtanwendungserlass ergangen ist.

In den Anhängen sind ausgewählte Gesetzestexte und Verwaltungsanweisungen zusammengestellt.

Die Stollfuß-Handausgabe enthält gegenüber dem Amtlichen Lohnsteuer-Handbuch zusätzliche Erläuterungen, Urteile, BMF-Schreiben und andere aktuelle Hinweise, die jeweils grau gerastert dargestellt und innerhalb der Hinweise einem Schlagwort zugeordnet sind.

Das Zeichen → bezeichnet einen Querverweis.

Empfohlene Zitierweise:
- die Lohnsteuer-Richtlinien, z. B. R 3.2 Abs. 1 LStR 2011
- die amtlichen Hinweise sollten mit dem dort angegebenen Stichwort H 9.1 (Berufliche Veranlassung) LStH 2011 zitiert werden.

Die nicht amtlichen Hinweise sind mit ihrer jeweils gesondert genannten Fundstelle zu zitieren.

Randhinweise darauf, in welchem Anhang die zitierten Vorschriften anderer Gesetze abgedruckt sind (z. B. Anh. 3), erfolgen in der Regel auf jeder Seite für jedes Gesetz nur einmal.

Die amtlichen Aktenplan-Nummern (z. B. S 2330) der Finanzverwaltung sind am Rand angegeben. Der gesamte Aktenplan für die Finanzverwaltung kann auf der Internetseite des Bundesministeriums der Finanzen abgerufen werden (www.bundesfinanzministerium.de).

Hinsichtlich der noch **offenen Gesetzesvorhaben in 2013** sowie der noch zu verabschiedenden **Einkommensteuer-Änderungsrichtlinien 2012**, auf die mit **Fußnoten** hingewiesen wird, und weiterer aktueller Rechtsentwicklungen wird auf die werkbegleitende, kostenlose Online-Datenbank verwiesen. Dort erhalten Sie in der Rubrik „Akt. Informationen" Hinweise auf die aktuellen Rechtsentwicklungen. Die Zugangsdaten zur werkbegleitenden Online-Datenbank finden Sie vorne im Werk eingebunden.

Wir hoffen, dass die in der Praxis bewährte Form der Darstellung Ihr tägliches Arbeiten mit dem Lohnsteuerrecht erleichtern wird und begrüßen weiterhin Anregungen und Hinweise, die der Verbesserung des Werks dienen.

Bonn, im Februar 2013   Verlag und Verfasser

Bibliografische Information Der Deutschen Bibliothek
Die Deutsche Bibliothek verzeichnet diese Publikation in Der Deutschen Nationalbibliografie; detaillierte bibliografische Daten sind im Internet über http://dnb.ddb.de abrufbar.

ISBN 978-3-08-**367213**-5

Stollfuß Medien GmbH & Co. KG 2013 · Alle Rechte vorbehalten
Satz: SZ-data GmbH, St. Augustin
Druck und Verarbeitung: Bonner Universitäts-Buchdruckerei (bub)

Inhaltsübersicht

Abkürzungsverzeichnis 15

A. Einkommensteuergesetz, Einkommensteuer-Durchführungsverordnung, Lohnsteuer-Durchführungsverordnung und Lohnsteuer-Richtlinien

		Seite
Einkommensteuergesetz		17
Einführung		26
Tabellarische Übersicht über ausgewählte Zahlen zur Lohnsteuer		27

I. Steuerpflicht

§ 1	Steuerpflicht	31
§ 1a	[Fiktive unbeschränkte Steuerpflicht für Angehörige eines EU-/EWR-Staates]	32

II. Einkommen

1. Sachliche Voraussetzungen für die Besteuerung

§ 2	Umfang der Besteuerung, Begriffsbestimmungen	33
§ 2a	Negative Einkünfte mit Bezug zu Drittstaaten	35

2. Steuerfreie Einnahmen

§ 3	[Steuerfreie Einnahmen]	37
R 3.2	Leistungen nach dem Dritten Buch Sozialgesetzbuch (§ 3 Nr. 2 EStG)	38
R 3.4	Überlassung von Dienstkleidung und andere Leistungen an bestimmte Angehörige des öffentlichen Dienstes (§ 3 Nr. 4 EStG)	43
R 3.5	Geld- und Sachbezüge an Wehrpflichtige und Zivildienstleistende (§ 3 Nr. 5 EStG)	43
R 3.6	Gesetzliche Bezüge der Wehr- und Zivildienstbeschädigten, Kriegsbeschädigten, ihrer Hinterbliebenen und der ihnen gleichgestellten Personen (§ 3 Nr. 6 EStG)	44
R 3.11	Beihilfen und Unterstützungen, die wegen Hilfsbedürftigkeit gewährt werden (§ 3 Nr. 11 EStG)	47
R 3.12	Aufwandsentschädigungen aus öffentlichen Kassen (§ 3 Nr. 12 Satz 2 EStG)	51
R 3.13	Reisekostenvergütungen, Umzugskostenvergütungen und Trennungsgelder aus öffentlichen Kassen (§ 3 Nr. 13 EStG)	59

		Seite
R 3.16	Steuerfreie Leistungen für Reisekosten, Umzugskosten und Mehraufwendungen bei doppelter Haushaltsführung außerhalb des öffentlichen Dienstes (§ 3 Nr. 16 EStG)	61
R 3.26	Steuerbefreiung für nebenberufliche Tätigkeiten (§ 3 Nr. 26 EStG)	63
R 3.28	Leistungen nach dem Altersteilzeitgesetz (AltTZG) (§ 3 Nr. 28 EStG)	78
R 3.30	Werkzeuggeld (§ 3 Nr. 30 EStG)	81
R 3.31	Überlassung typischer Berufskleidung (§ 3 Nr. 31 EStG)	82
R 3.32	Sammelbeförderung von Arbeitnehmern zwischen Wohnung und Arbeitsstätte (§ 3 Nr. 32 EStG)	83
R 3.33	Unterbringung und Betreuung von nicht schulpflichtigen Kindern (§ 3 Nr. 33 EStG)	84
R 3.45	Betriebliche Personalcomputer und Telekommunikationsgeräte (§ 3 Nr. 45 EStG)	92
R 3.50	Durchlaufende Gelder, Auslagenersatz (§ 3 Nr. 50 EStG)	93
R 3.58	Zuschüsse und Zinsvorteile aus öffentlichen Haushalten (§ 3 Nr. 58 EStG)	97
R 3.59	Steuerfreie Mietvorteile (§ 3 Nr. 59 EStG)	98
R 3.62	Zukunftssicherungsleistungen (§ 3 Nr. 62 EStG, § 2 Abs. 2 Nr. 3 LStDV)	99
R 3.64	Kaufkraftausgleich (§ 3 Nr. 64 EStG)	133
R 3.65	Insolvenzsicherung (§ 3 Nr. 65 EStG)	135
§ 3a	(weggefallen)	139

Inhaltsübersicht

		Seite
§ 3b	Steuerfreiheit von Zuschlägen für Sonntags-, Feiertags- oder Nachtarbeit	139
	R 3b Steuerfreiheit der Zuschläge für Sonntags-, Feiertags- oder Nachtarbeit (§ 3b EStG)	140
§ 3c	Anteilige Abzüge	148

3. Gewinn

		Seite
§ 4	Gewinnbegriff im Allgemeinen	149
§ 4a	Gewinnermittlungszeitraum, Wirtschaftsjahr	152
§ 4b	Direktversicherung	153
§ 4c	Zuwendungen an Pensionskassen	153
§ 4d	Zuwendungen an Unterstützungskassen	153
§ 4e	Beiträge an Pensionsfonds	155
§ 4f	(weggefallen)	156
§ 4g	Bildung eines Ausgleichspostens bei Entnahme nach § 4 Absatz 1 Satz 3	156
§ 4h	Betriebsausgabenabzug für Zinsaufwendungen (Zinsschranke)	156
§ 5	Gewinn bei Kaufleuten und bei bestimmten anderen Gewerbetreibenden	158
§ 5a	Gewinnermittlung bei Handelsschiffen im internationalen Verkehr	159
§ 5b	Elektronische Übermittlung von Bilanzen sowie Gewinn- und Verlustrechnungen	161
§ 6	Bewertung	161
§ 6a	Pensionsrückstellung	165
§ 6b	Übertragung stiller Reserven bei der Veräußerung bestimmter Anlagegüter	166
§ 6c	Übertragung stiller Reserven bei der Veräußerung bestimmter Anlagegüter bei der Ermittlung des Gewinns nach § 4 Absatz 3 oder nach Durchschnittssätzen	168
§ 6d	Euroumrechnungsrücklage	168
§ 7	Absetzung für Abnutzung oder Substanzverringerung	169
§ 7a	Gemeinsame Vorschriften für erhöhte Absetzungen und Sonderabschreibungen	171
§ 7b	Erhöhte Absetzungen für Einfamilienhäuser, Zweifamilienhäuser und Eigentumswohnungen	172
§ 7c	Erhöhte Absetzungen für Baumaßnahmen an Gebäuden zur Schaffung neuer Mietwohnungen	173
§ 7d	Erhöhte Absetzungen für Wirtschaftsgüter, die dem Umweltschutz dienen	174
§ 7e	(weggefallen)	175
§ 7f	Bewertungsfreiheit für abnutzbare Wirtschaftsgüter des Anlagevermögens privater Krankenhäuser	175
§ 7g	Investitionsabzugsbeträge und Sonderabschreibungen zur Förderung kleiner und mittlerer Betriebe	176
§ 7h	Erhöhte Absetzungen bei Gebäuden in Sanierungsgebieten und städtebaulichen Entwicklungsbereichen	177
§ 7i	Erhöhte Absetzungen bei Baudenkmalen	178
§ 7k	Erhöhte Absetzungen für Wohnungen mit Sozialbindung	178

4. Überschuss der Einnahmen über die Werbungskosten

		Seite
§ 8	Einnahmen	179
§ 4 LStDV	Lohnkonto	180
R 8.1	Bewertung der Sachbezüge (§ 8 Abs. 2 EStG)	180
R 8.1 (7)	Kantinenmahlzeiten und Essenmarken	197
R 8.1 (8)	Mahlzeiten aus besonderem Anlass	200
R 8.1 (9)	Gestellung von Kraftfahrzeugen	203
R 8.1 (10)	Gestellung eines Kraftfahrzeugs mit Fahrer	204
R 8.2	Bezug von Waren und Dienstleistungen (§ 8 Abs. 3 EStG)	215
§ 9	Werbungskosten	226
R 9.1	Werbungskosten	227
R 9.2	Aufwendungen für die Aus- und Fortbildung	240
R 9.3	Ausgaben im Zusammenhang mit Berufsverbänden	243
R 9.4	Reisekosten	244
R 9.5	Fahrtkosten als Reisekosten	248
R 9.6	Verpflegungsmehraufwendungen als Reisekosten	252
R 9.7	Übernachtungskosten	255
R 9.8	Reisenebenkosten	256
R 9.9	Umzugskosten	258
R 9.10	Aufwendungen für Wege zwischen Wohnung und Arbeitsstätte	261
R 9.11	Mehraufwendungen bei doppelter Haushaltsführung	266
R 9.11 (5)	Notwendige Mehraufwendungen	268
R 9.11 (6)	Notwendige Fahrtkosten	269
R 9.11 (7)	Notwendige Verpflegungsmehraufwendungen	269
R 9.11 (8)	Notwendige Aufwendungen für die Zweitwohnung	269

Inhaltsübersicht

		Seite
R 9.11 (9)	Umzugskosten	269
R 9.11 (10)	Erstattung durch den Arbeitgeber oder Werbungskostenabzug	270
R 9.12	Arbeitsmittel	272
R 9.13	Werbungskosten bei Heimarbeitern	274
§ 9a	Pauschbeträge für Werbungskosten	285

4a. Umsatzsteuerrechtlicher Vorsteuerabzug

§ 9b	[Umsatzsteuerrechtlicher Vorsteuerabzug]	286

5. Sonderausgaben

§ 10	[Sonderausgaben]	286
§ 10a	Zusätzliche Altersvorsorge	306
§ 10b	Steuerbegünstigte Zwecke	309
	§§ 48 und 49 EStDV	310
	§ 50 EStDV Zuwendungsnachweis	310
§ 10c	Sonderausgaben-Pauschbetrag	312
§ 10d	Verlustabzug	312
§ 10e	Steuerbegünstigung der zu eigenen Wohnzwecken genutzten Wohnung im eigenen Haus	313
§ 10f	Steuerbegünstigung für zu eigenen Wohnzwecken genutzte Baudenkmale und Gebäude in Sanierungsgebieten und städtebaulichen Entwicklungsbereichen	315
§ 10g	Steuerbegünstigung für schutzwürdige Kulturgüter, die weder zur Einkunftserzielung noch zu eigenen Wohnzwecken genutzt werden	316
§ 10h	Steuerbegünstigung der unentgeltlich zu Wohnzwecken überlassenen Wohnung im eigenen Haus	316
§ 10i	Vorkostenabzug bei einer nach dem Eigenheimzulagengesetz begünstigten Wohnung	317

6. Vereinnahmung und Verausgabung

§ 11	[Vereinnahmung und Verausgabung]	317
§ 11a	Sonderbehandlung von Erhaltungsaufwand bei Gebäuden in Sanierungsgebieten und städtebaulichen Entwicklungsbereichen	320
§ 11b	Sonderbehandlung von Erhaltungsaufwand bei Baudenkmalen	321

7. Nicht abzugsfähige Ausgaben

§ 12	[Nicht abzugsfähige Ausgaben]	321

8. Die einzelnen Einkunftsarten
a) Land- und Forstwirtschaft
(§ 2 Absatz 1 Satz 1 Nummer 1)

§ 13	Einkünfte aus Land- und Forstwirtschaft	322
§ 13a	Ermittlung des Gewinns aus Land- und Forstwirtschaft nach Durchschnittssätzen	323
§ 14	Veräußerung des Betriebs	324
§ 14a	Vergünstigungen bei der Veräußerung bestimmter land- und forstwirtschaftlicher Betriebe	324

b) Gewerbebetrieb
(§ 2 Absatz 1 Satz 1 Nummer 2)

§ 15	Einkünfte aus Gewerbebetrieb	326
§ 15a	Verluste bei beschränkter Haftung	327
§ 15b	Verluste im Zusammenhang mit Steuerstundungsmodellen	328
§ 16	Veräußerung des Betriebs	329
§ 17	Veräußerung von Anteilen an Kapitalgesellschaften	330

c) Selbständige Arbeit
(§ 2 Absatz 1 Satz 1 Nummer 3)

§ 18	[Selbständige Arbeit]	332

d) Nichtselbständige Arbeit
(§ 2 Absatz 1 Satz 1 Nummer 4)

§ 19	[Nichtselbständige Arbeit]	332
	§ 1 LStDV Arbeitnehmer, Arbeitgeber	335
	§ 2 LStDV Arbeitslohn	335
R 19.1	Arbeitgeber	347
R 19.2	Nebentätigkeit und Aushilfstätigkeit	348
R 19.3	Arbeitslohn	351
R 19.4	Vermittlungsprovisionen	377
R 19.5	Zuwendungen bei Betriebsveranstaltungen	378
R 19.6	Aufmerksamkeiten	381
R 19.7	Berufliche Fort- oder Weiterbildungsleistungen des Arbeitgebers	382
R 19.8	Versorgungsbezüge	384
R 19.9	Zahlung von Arbeitslohn an die Erben oder Hinterbliebenen eines verstorbenen Arbeitnehmers	394
§ 19a	Überlassung von Vermögensbeteiligungen an Arbeitnehmer (weggefallen)	395
R 19a	Steuerbegünstigte Überlassung von Vermögensbeteiligungen	396

Inhaltsübersicht

		Seite
	e) Kapitalvermögen (§ 2 Absatz 1 Satz 1 Nummer 5)	
§ 20	[Einkünfte aus Kapitalvermögen]	400
	f) Vermietung und Verpachtung (§ 2 Absatz 1 Satz 1 Nummer 6)	
§ 21	[Einkünfte aus Vermietung und Verpachtung]	426
	g) Sonstige Einkünfte (§ 2 Absatz 1 Satz 1 Nummer 7)	
§ 22	Arten der sonstigen Einkünfte	427
§ 22a	Rentenbezugsmitteilungen an die zentrale Stelle	439
§ 23	Private Veräußerungsgeschäfte	440
	h) Gemeinsame Vorschriften	
§ 24	[Gemeinsame Vorschriften]	441
§ 24a	Altersentlastungsbetrag	442
§ 24b	Entlastungsbetrag für Alleinerziehende	443
	III. Veranlagung	
§ 25	Veranlagungszeitraum, Steuererklärungspflicht	444
§ 26	Veranlagung von Ehegatten	449
§ 26a	*Einzelveranlagung von Ehegatten*	449
§ 26b	Zusammenveranlagung von Ehegatten	449
§ 26c	*(weggefallen)*	450
§ 27	(weggefallen)	450
§ 28	Besteuerung bei fortgesetzter Gütergemeinschaft	450
§§ 29	bis 30 (weggefallen)	450
	IV. Tarif	
§ 31	Familienleistungsausgleich	450
§ 32	Kinder, Freibeträge für Kinder	450
§ 32a	Einkommensteuertarif	454
§ 32b	Progressionsvorbehalt	455
§ 32c	Tarifbegrenzung bei Gewinneinkünften	463
§ 32d	Gesonderter Steuertarif für Einkünfte aus Kapitalvermögen	463
§ 33	Außergewöhnliche Belastungen	465
§ 33a	Außergewöhnliche Belastung in besonderen Fällen	465
§ 33b	Pauschbeträge für behinderte Menschen, Hinterbliebene und Pflegepersonen	469
	§ 65 EStDV Nachweis der Behinderung	470
§ 34	Außerordentliche Einkünfte	471

		Seite
§ 34a	Begünstigung der nicht entnommenen Gewinne	472
§ 34b	Steuersätze bei Einkünften aus außerordentlichen Holznutzungen	474
	V. Steuerermäßigungen	
	1. Steuerermäßigung bei ausländischen Einkünften	
§ 34c	[Steuerermäßigung bei ausländischen Einkünften]	474
§ 34d	Ausländische Einkünfte	475
	2. Steuerermäßigung bei Einkünften aus Land- und Forstwirtschaft	
§ 34e	[Steuerermäßigung bei Einkünften aus Land- und Forstwirtschaft]	476
	2a. Steuerermäßigung für Steuerpflichtige mit Kindern bei Inanspruchnahme erhöhter Absetzungen für Wohngebäude oder der Steuerbegünstigungen für eigengenutztes Wohneigentum	
§ 34f	[Steuerermäßigung für Steuerpflichtige mit Kindern bei Inanspruchnahme erhöhter Absetzungen für Wohngebäude oder der Steuerbegünstigung für eigengenutztes Wohneigentum]	477
	2b. Steuerermäßigung bei Zuwendungen an politische Parteien und an unabhängige Wählervereinigungen	
§ 34g	[Steuerermäßigung bei Zuwendungen an politische Parteien und an unabhängige Wählervereinigungen]	477
	3. Steuerermäßigung bei Einkünften aus Gewerbebetrieb	
§ 35	[Steuerermäßigung bei Einkünften aus Gewerbebetrieb]	478
	4. Steuerermäßigung bei Aufwendungen für haushaltsnahe Beschäftigungsverhältnisse und für die Inanspruchnahme haushaltsnaher Dienstleistungen	
§ 35a	Steuerermäßigung bei Aufwendungen für haushaltsnahe Beschäftigungsverhältnisse, haushaltsnahe Dienstleistungen und Handwerkerleistungen	479
	5. Steuerermäßigung bei Belastung mit Erbschaftsteuer	
§ 35b	Steuerermäßigung bei Belastung mit Erbschaftsteuer	480
	VI. Steuererhebung	
	1. Erhebung der Einkommensteuer	
§ 36	Entstehung und Tilgung der Einkommensteuer	480
§ 37	Einkommensteuer-Vorauszahlung	481
§ 37a	Pauschalierung der Einkommensteuer durch Dritte	484

Inhaltsübersicht

		Seite
§ 37b	Pauschalierung der Einkommensteuer bei Sachzuwendungen	484

2. Steuerabzug vom Arbeitslohn (Lohnsteuer)

		Seite
§ 38	Erhebung der Lohnsteuer	501
R 38.1	Steuerabzug vom Arbeitslohn	502
R 38.2	Zufluss von Arbeitslohn	502
R 38.3	Einbehaltungspflicht des Arbeitgebers	507
R 38.4	Lohnzahlung durch Dritte	508
R 38.5	Lohnsteuerabzug durch Dritte	510
§ 38a	Höhe der Lohnsteuer	510
§ 38b	Lohnsteuerklassen, Zahl der Kinderfreibeträge	510
§ 39	Lohnsteuerabzugsmerkmale	512
R 39.1	– unbesetzt –	513
R 39.2	Änderungen und Ergänzungen der Lohnsteuerkarte	523
§ 39a	Freibetrag und Hinzurechnungsbetrag	527
R 39a.1	Verfahren bei der Eintragung eines Freibetrags oder eines Hinzurechnungsbetrags auf der Lohnsteuerkarte	529
R 39a.2	Freibetrag wegen negativer Einkünfte	531
R 39a.3	Freibeträge bei Ehegatten	532
§ 39b	Einbehaltung der Lohnsteuer	533
R 39b.1	Aufbewahrung der Lohnsteuerkarte	535
R 39b.2	Laufender Arbeitslohn und sonstige Bezüge	535
R 39b.3	Freibeträge für Versorgungsbezüge	536
R 39b.4	Altersentlastungsbetrag beim Lohnsteuerabzug	536
R 39b.5	Einbehaltung der Lohnsteuer vom laufenden Arbeitslohn	536
R 39b.6	Einbehaltung der Lohnsteuer von sonstigen Bezügen	538
R 39b.7	– unbesetzt –	541
R 39b.8	Permanenter Lohnsteuer-Jahresausgleich	547
R 39b.9	Besteuerung des Nettolohns	548
R 39b.10	Anwendung von Doppelbesteuerungsabkommen	549
§ 39c	Einbehaltung der Lohnsteuer ohne Lohnsteuerabzugsmerkmale	552
R 39c	Nichtvorlage der Lohnsteuerkarte	552
§ 39d	(weggefallen)	554
R 39d	Durchführung des Lohnsteuerabzugs für beschränkt einkommensteuerpflichtige Arbeitnehmer	554
§ 39e	Verfahren zur Bildung und Anwendung der elektronischen Lohnsteuerabzugsmerkmale	596
§ 39f	Faktorverfahren anstelle Steuerklassenkombination III/V	598
§ 40	Pauschalierung der Lohnsteuer in besonderen Fällen	599
R 40.1	Bemessung der Lohnsteuer nach besonderen Pauschsteuersätzen (§ 40 Abs. 1 EStG)	600
R 40.2	Bemessung der Lohnsteuer nach einem festen Pauschsteuersatz (§ 40 Abs. 2 EStG)	602
§ 40a	Pauschalierung der Lohnsteuer für Teilzeitbeschäftigte und geringfügig Beschäftigte	608
R 40a.1	Kurzfristig Beschäftigte und Aushilfskräfte in der Land- und Forstwirtschaft	609
R 40a.2	Geringfügig entlohnte Beschäftigte	613
§ 40b	Pauschalierung der Lohnsteuer bei bestimmten Zukunftssicherungsleistungen	613
R 40b.1	Pauschalierung der Lohnsteuer bei Beiträgen zu Direktversicherungen und Zuwendungen an Pensionskassen für Versorgungszusagen, die vor dem 1. Januar 2005 erteilt wurden	614
R 40b.2	Pauschalierung der Lohnsteuer bei Beiträgen zu einer Gruppenunfallversicherung	622
§ 41	Aufzeichnungspflichten beim Lohnsteuerabzug	623
§ 4 LStDV	Lohnkonto	623
§ 5 LStDV	Besondere Aufzeichnungs- und Mitteilungspflichten im Rahmen der betrieblichen Altersversorgung	625
R 41.1	Aufzeichnungserleichterungen, Aufzeichnung der Religionsgemeinschaft	625
R 41.2	Aufzeichnung des Großbuchstabens U	626
R 41.3	Betriebsstätte	626
§ 41a	Anmeldung und Abführung der Lohnsteuer	629
R 41a.1	Lohnsteuer-Anmeldung	630
R 41a.2	Abführung der Lohnsteuer	644
§ 41b	Abschluss des Lohnsteuerabzugs	645
R 41b	Abschluss des Lohnsteuerabzugs	646

Inhaltsübersicht

			Seite
§ 41c	Änderung des Lohnsteuerabzugs		659
	R 41c.1	Änderung des Lohnsteuerabzugs	660
	R 41c.2	Anzeigepflichten des Arbeitgebers	661
	R 41c.3	Nachforderung von Lohnsteuer	662
§§ 42	und 42a (weggefallen)		663
§ 42b	Lohnsteuer-Jahresausgleich durch den Arbeitgeber		663
	R 42b	Durchführung des Lohnsteuer-Jahresausgleichs durch den Arbeitgeber	664
§ 42c	(weggefallen)		665
§ 42d	Haftung des Arbeitgebers und Haftung bei Arbeitnehmerüberlassung		665
	R 42d.1	Inanspruchnahme des Arbeitgebers	667
	R 42d.2	Haftung bei Arbeitnehmerüberlassung	674
	R 42d.3	Haftung bei Lohnsteuerabzug durch einen Dritten	676
§ 42e	Anrufungsauskunft		677
	R 42e	Anrufungsauskunft	677
§ 42f	Lohnsteuer-Außenprüfung		679
	R 42f	Lohnsteuer-Außenprüfung	679

3. Steuerabzug vom Kapitalertrag (Kapitalertragsteuer)

§ 43	Kapitalerträge mit Steuerabzug		684
§ 43a	Bemessung der Kapitalertragsteuer		686
§ 43b	Bemessung der Kapitalertragsteuer bei bestimmten Gesellschaften		688
§ 44	Entrichtung der Kapitalertragsteuer		689
§ 44a	Abstandnahme vom Steuerabzug		693
§ 44b	Erstattung der Kapitalertragsteuer		700
§ 45	Ausschluss der Erstattung von Kapitalertragsteuer		701
§ 45a	Anmeldung und Bescheinigung der Kapitalertragsteuer		701
§ 45b	Erstattung von Kapitalertragsteuer auf Grund von Sammelanträgen		702
§ 45c	(weggefallen)		703
§ 45d	Mitteilungen an das Bundeszentralamt für Steuern		703
§ 45e	Ermächtigung für Zinsinformationsverordnung		704

4. Veranlagung von Steuerpflichtigen mit steuerabzugspflichtigen Einkünften

§ 46	EStG	Veranlagung bei Bezug von Einkünften aus nichtselbständiger Arbeit	704

		Seite
	§ 56 EStDV Steuererklärungspflicht	70?
	§ 70 Ausgleich von Härten in bestimmten Fällen	70?
§ 47	(weggefallen)	714

VII. Steuerabzug bei Bauleistungen

§ 48	Steuerabzug	714
§ 48a	Verfahren	715
§ 48b	Freistellungsbescheinigung	715
§ 48c	Anrechnung	716
§ 48d	Besonderheiten im Fall von Doppelbesteuerungsabkommen	716

VIII. Besteuerung beschränkt Steuerpflichtiger

§ 49	Beschränkt steuerpflichtige Einkünfte	716
§ 50	Sondervorschriften für beschränkt Steuerpflichtige	719
§ 50a	Steuerabzug bei beschränkt Steuerpflichtigen	720

IX. Sonstige Vorschriften, Bußgeld-, Ermächtigungs- und Schlussvorschriften

§ 50b	Prüfungsrecht	726
§ 50c	(weggefallen)	726
§ 50d	Besonderheiten im Fall von Doppelbesteuerungsabkommen und der §§ 43b und 50g	726
§ 50e	Bußgeldvorschriften; Nichtverfolgung von Steuerstraftaten bei geringfügiger Beschäftigung in Privathaushalten	729
§ 50f	Bußgeldvorschriften	729
§ 50g	Entlastung vom Steuerabzug bei Zahlungen von Zinsen und Lizenzgebühren zwischen verbundenen Unternehmen verschiedener Mitgliedstaaten der Europäischen Union	729
§ 50h	Bestätigung für Zwecke der Entlastung von Quellensteuern in einem anderen Mitgliedstaat der Europäischen Union oder der Schweizerischen Eidgenossenschaft	734
§ 51	Ermächtigungen	734
§ 51a	Festsetzung und Erhebung von Zuschlagsteuern	741
§ 52	Anwendungsvorschriften	743
§ 52a	Anwendungsvorschriften zur Einführung einer Abgeltungsteuer auf Kapitalerträge und Veräußerungsgewinne	767
§ 52b	Übergangsregelung bis zur Anwendung der elektronischen Lohnsteuerabzugsmerkmale	770

Inhaltsübersicht

		Seite
53	Sondervorschrift zur Steuerfreistellung des Existenzminimums eines Kindes in den Veranlagungszeiträumen 1983 bis 1995	772
54	(weggefallen)	772
55	Schlussvorschriften (Sondervorschriften für die Gewinnermittlung nach § 4 oder nach Durchschnittssätzen bei vor dem 1. Juli 1970 angeschafftem Grund und Boden)	773
56	Sondervorschriften für Steuerpflichtige in dem in Artikel 3 des Einigungsvertrages genannten Gebiet	774
57	Besondere Anwendungsregeln aus Anlass der Herstellung der Einheit Deutschlands	774
58	Weitere Anwendung von Rechtsvorschriften, die vor Herstellung der Einheit Deutschlands in dem in Artikel 3 des Einigungsvertrages genannten Gebiet gegolten haben	775
§ 59 bis 61	(weggefallen)	775

X. Kindergeld

62	Anspruchsberechtigte	775
63	Kinder	776
64	Zusammentreffen mehrerer Ansprüche	776
65	Andere Leistungen für Kinder	776
66	Höhe des Kindergeldes, Zahlungszeitraum	777
67	Antrag	777
68	Besondere Mitwirkungspflichten	777
69	Überprüfung des Fortbestehens von Anspruchsvoraussetzungen durch Meldedaten-Übermittlung	777
70	Festsetzung und Zahlung des Kindergeldes	778
71	(weggefallen)	778
72	Festsetzung und Zahlung des Kindergeldes an Angehörige des öffentlichen Dienstes	778
73	(weggefallen)	778
74	Zahlung des Kindergeldes in Sonderfällen	779

		Seite
§ 75	Aufrechnung	779
§ 76	Pfändung	780
§ 76a	(weggefallen)	780
§ 77	Erstattung von Kosten im Vorverfahren	780
§ 78	Übergangsregelungen	780

XI. Altersvorsorgezulage

§ 79	Zulageberechtigte	781
§ 80	Anbieter	781
§ 81	Zentrale Stelle	781
§ 81a	Zuständige Stelle	781
§ 82	Altersvorsorgebeiträge	781
§ 83	Altersvorsorgezulage	782
§ 84	Grundzulage	782
§ 85	Kinderzulage	783
§ 86	Mindesteigenbeitrag	783
§ 87	Zusammentreffen mehrerer Verträge	784
§ 88	Entstehung des Anspruchs auf Zulage	784
§ 89	Antrag	784
§ 90	Verfahren	785
§ 91	Datenerhebung und Datenabgleich	785
§ 92	Bescheinigung	786
§ 92a	Verwendung für eine selbst genutzte Wohnung	786
§ 92b	Verfahren bei Verwendung für eine selbst genutzte Wohnung	789
§ 93	Schädliche Verwendung	789
§ 94	Verfahren bei schädlicher Verwendung	791
§ 95	Sonderfälle der Rückzahlung	791
§ 96	Anwendung der Abgabenordnung, allgemeine Vorschriften	792
§ 97	Übertragbarkeit	792
§ 98	Rechtsweg	792
§ 99	Ermächtigung	793
Anlage 1 zum Einkommensteuergesetz (zu § 4d Absatz 1)		794

B. Anhänge

Anhang 1

I.	Altersteilzeitgesetz	795
II.	Verordnung über die Gewährung eines Zuschlags bei Altersteilzeit (Altersteilzeitzuschlagsverordnung – ATZV)	802

Anhang 2

I.	Gesetz zur Verbesserung der betrieblichen Altersversorgung (Betriebsrentengesetz – BetrAVG)	804
II.	Gesetz über die Zertifizierung von Altersvorsorge- und Basisrentenverträ-	

Inhaltsübersicht

		Seite
	gen (Altersvorsorgeverträge-Zertifizierungsgesetz – AltZertG)	819
III.	Verordnung zur Durchführung der steuerlichen Vorschriften des Einkommensteuergesetzes zur Altersvorsorge und zum Rentenbezugsmitteilungsverfahren sowie zum weiteren Datenaustausch mit der zentralen Stelle (Altersvorsorge-Durchführungsverordnung – AltvDV) .	823
IV.	Steuerliche Förderung der privaten Altersvorsorge und betrieblichen Altersversorgung	830
V.	Zusagen auf Leistungen der betrieblichen Altersversorgung; Hinterbliebenenversorgung für die Lebensgefährtin oder den Lebensgefährten	856
VI.	VI. Einkommensteuerrechtliche Behandlung von Vorsorgeaufwendungen und Altersbezügen	856
VII.	Vorgezogene Leistungen in Form eines Übergangsgelds vor dem 60. Lebensjahr	902
VIII.	Steuerliche Behandlung einer selbständigen Berufsunfähigkeitsversicherung als Direktversicherung	903
IX.	Anhebung der Altersgrenzen; Erhöhungen im Bereich Versicherungen im Sinne des § 20 Absatz 1 Nummer 6 EStG, Altersvorsorgeverträge, Basisrentenverträge, betriebliche Altersversorgung	903

Anhang 3
Gesetz zur Regelung der Arbeitnehmerüberlassung (Arbeitnehmerüberlassungsgesetz – AÜG) 906

Anhang 4
Verordnung über die sozialversicherungsrechtliche Beurteilung von Zuwendungen des Arbeitgebers als Arbeitsentgelt (Sozialversicherungsentgeltverordnung – SvEV) 918

Anhang 5
Anwendungsschreiben zu § 35a EStG; Überarbeitung des BMF-Schreibens vom 26. 10. 2007 – IV C 4 – S 2296-b/07/0003 (2007/ 0484038) –; BStBl 2007 I S. 783 921

Anhang 6
Allgemeine Verwaltungsvorschrift für die Betriebsprüfung (Betriebsprüfungsordnung – BpO 2000) 934

Anhang 7
Lohnsteuer-Durchführungsverordnung 1990 (LStDV 1990) 938

Anhang 8
I. Gesetz über die Umzugskostenvergütung für die Bundesbeamten, Richter

		Seit
	im Bundesdienst und Soldaten (Bundesumzugskostengesetz – BUKG)	94
II.	Allgemeine Verwaltungsvorschrift zum Bundesumzugskostengesetz (BUKGVwV)	94
III.	Verordnung über die Umzugskostenvergütung bei Auslandsumzügen (Auslandsumzugskostenverordnung – AUV)	95
IV.	Steuerliche Anerkennung von Umzugskosten nach R 9.9 Absatz 2 LStR; Änderung der maßgebenden Beträge für umzugsbedingte Unterrichtskosten und sonstige Umzugsauslagen ab **1. März 2012, 1. Januar 2013 und 1. August 2013**	96

Anhang 9
Steuerliche Behandlung des Arbeitslohns nach den Doppelbesteuerungsabkommen 97

Anhang 10
I. Solidaritätszuschlaggesetz 1995 99
II. Merkblatt zum Solidaritätszuschlag im Lohnsteuer-Abzugsverfahren ab 1995 99

Anhang 11
I. Steuerbegünstigte Zwecke (§ 10b EStG) 99
II. Steuerlicher Spendenabzug (§ 10b EStG); Muster für Zuwendungsbestätigungen 99

Anhang 12
I. Verordnung über die elektronische Übermittlung von für das Besteuerungsverfahren erforderlichen Daten (Steuerdaten-Übermittlungsverordnung – StDÜV) 1020
II. *Automation in der Steuerverwaltung; Steuerdaten-Übermittlungsverordnung – StDÜV – Steuerdaten-Abrufverordnung – StDAV –* 1022

Anhang 13
Steuerliche Beurteilung gemischter Aufwendungen; Beschluss des Großen Senats des BFH vom 21. September 2009 – GrS 1/06 (BStBl 2010 II Seite 672) 1023

Anhang 14
I. Fünftes Gesetz zur Förderung der Vermögensbildung der Arbeitnehmer (Fünftes Vermögensbildungsgesetz – 5. VermBG) 1031
II. Verordnung zur Durchführung des Fünften Vermögensbildungsgesetzes (VermBDV 1994) 1043
III. Anwendung des Fünften Vermögensbildungsgesetzes ab 2009 1048

Inhaltsübersicht

		Seite
IV.	Bekanntmachung der Vordruckmuster für Anzeigen nach § 8 Absatz 1 Nummer 1 bis 3 VermBDV 1994 (VermB 12) und nach § 8 Absatz 1 Nummer 4 bis 6 VermBDV 1994 (VermB 13) sowie der Datensatzbeschreibung für die Zuleitung durch Datenfernübertragung	1067
V.	Vereinfachtes nachträgliches Beantragungsverfahren für die Arbeitnehmer-Sparzulage	1070
VI.	Beiträge zum Erwerb von Miteigentum an so genannten Immobiliensparge-sellschaften	1070
VII.	Antragsfrist – Arbeitnehmer-Sparzulage	1071
VIII.	Bekanntmachung des Vordruckmusters für die Bescheinigung der 2012 angelegten vermögenswirksamen Leistungen (Anlage VL 2012)	1071

Anhang 15

I.	Wohnungsbau-Prämiengesetz (WoPG 1996)	1074
II.	Verordnung zur Durchführung des Wohnungsbau-Prämiengesetzes (WoPDV 1996)	1079
III.	Allgemeine Verwaltungsvorschrift zur Ausführung des Wohnungsbau-Prämiengesetzes	1085
IV.	Gesetz über die soziale Wohnraumförderung (Wohnraumförderungsgesetz – WoFG)	1096
V.	Bekanntmachung der Vordruckmuster für den Antrag auf Wohnungsbauprämie für 2012	1102

Anhang 16

I.	Verordnung über die örtliche Zuständigkeit für die Einkommensteuer von im Ausland ansässigen Arbeitnehmern des Baugewerbes (Arbeitnehmer-Zuständigkeitsverordnung – Bau – ArbZustBauV)	1108
II.	Verordnung über die örtliche Zuständigkeit für die Umsatzsteuer im Ausland ansässiger Unternehmer (Umsatzsteuerzuständigkeitsverordnung – UStZustV)	1108

Anhang 17

Elektronische Lohnsteuerabzugsmerkmale (ELStAM); Lohnsteuerabzug im Kalenderjahr 2012 und Einführung des Verfahrens der elektronischen Lohnsteuerabzugsmerkmale ab dem 1. Januar 2013 1110

Anhang 18

Entfernungspauschalen; Steuervereinfachungsgesetz 2011 vom 1. November 2011 (BGBl. 2011 Teil I Seite 2131) 1141

Anhang 19

Verordnung über maßgebende Rechengrößen der Sozialversicherung für 2013 (Sozialversicherungs-Rechengrößenverordnung 2013) ... 1149

Anhang 20

Bundesreisekostengesetz (BRKG) 1150

Anhang 21

Verordnung über das Trennungsgeld bei Versetzungen und Abordnungen im Inland (Trennungsgeldverordnung – TGV) 1155

Anhang 22

Verordnung über das Auslandstrennungsgeld (Auslandstrennungsgeldverordnung – ATGV) 1160

Anhang 23

Verordnung über die Reisekostenvergütung bei Auslandsdienstreisen (Auslandsreisekostenverordnung – ARV) 1166

Anhang 24

Zuordnung der Steuerberatungskosten zu den Betriebsausgaben, Werbungskosten oder Kosten der Lebensführung 1168

Anhang 25

I.	Lohnsteuerliche Behandlung der Überlassung eines betrieblichen Kraftfahrzeugs für Fahrten zwischen Wohnung und regelmäßiger Arbeitsstätte (§ 8 Absatz 2 Satz 3 EStG);	1170
II.	Steuerliche Behandlung der Überlassung eines betrieblichen Kraftfahrzeugs an Arbeitnehmer	1173
III.	Private Kfz-Nutzung durch den Gesellschafter-Geschäftsführer einer Kapitalgesellschaft	1175

Anhang 26

Entlastungsbetrag für Alleinerziehende, § 24b EStG Anwendungsschreiben 1177

Anhang 27

Zweifelsfragen im Zusammenhang mit der ertragsteuerlichen Behandlung von Entlassungsentschädigungen; Anwendung der BFH-Urteile *vom 25. August 2009 – IX R 11/09 – (BStBl II 2011 S. 27) und vom 27. Januar 2010 – IX R 31/09 – (BStBl II 2011 S. 28)* 1181

Anhang 28

Allgemeine Verwaltungsvorschrift zur Anwendung des Erbschaftsteuer- und Schenkungsteuerrechts (Erbschaftsteuer-Richtlinien *2011* – ErbStR *2011*) 1188

Anhang 29 (unbesetzt)

Anwendung von BMF-Schreiben; 1189

Inhaltsübersicht

Seite

Anhang 30
Einkommensteuer-Handbuch 2011 1206

Anhang 31
Steuerliche Behandlung von Reisekosten und Reisekostenvergütungen bei betrieblich und beruflich veranlassten Auslandsreisen ab 1. Januar 2013 1288

Anhang 32
Steuerliche Fragen im Zusammenhang mit Nettolohnvereinbarungen 1295

Anhang 33
Viertes Gesetz für moderne Dienstleistungen am Arbeitsmarkt – Hartz IV Steuerliche Behandlung von „Ein-Euro-Jobs" 1308

Anhang 34
Neuregelung der einkommensteuerlichen Behandlung von Berufsausbildungskosten gemäß § 10 Absatz 1 Nummer 7, § 12 Nummer 5 EStG in der Fassung des Gesetzes zur Änderung der Abgabenordnung und weiterer Gesetze vom 21. Juli 2004 (BGBl. I S. 1753, BStBl I 2005 S. 343) ab 2004 1309

Anhang 35
Lohn-/einkommensteuerliche Behandlung sowie Voraussetzungen für die steuerliche Anerkennung von Zeitwertkonten-Modellen 1317

Anhang 36
Bewertung der unentgeltlichen Gemeinschaftsverpflegung mit dem Sachbezugswert 1323

Anhang 37
Ermittlung des geldwerten Vorteils beim Erwerb von Kraftfahrzeugen vom Arbeitgeber in der Automobilbranche (§ 8 Abs. 3 EStG) 1324

Seite

Anhang 38 (unbesetzt)

Anhang 39
Ehrenamtliche Feuerwehrleute: 1325

Anhang 40
Vordruck Antrag auf Erteilung einer Bescheinigung bei erweiterter unbeschränkter Einkommensteuerpflicht 1332
Vordruck Antrag auf Erteilung einer Bescheinigung für beschränkt einkommensteuerpflichtige Arbeitnehmer 1334

Anhang 41
Lohnsteuerliche Behandlung der Familienpflegezeit 1338

Anhang 42
Steuerliche Behandlung von Arbeitgeberdarlehen 1340

Anhang 43 (unbesetzt)

Anhang 44
Lohnsteuer-Ermäßigungsverfahren 2013 1344

Anhang 45
Abzug von Bewirtungsaufwendungen als Werbungskosten 1354

Anhang 46
Einkommensteuerliche Behandlung von Aufwendungen für Studienreisen und Fachkongresse 1358

Anhang 47
Steuerbefreiung des Kaufkraftausgleichs (§ 3 Nummer 64 EStG) 1364

C. Stichwortverzeichnis
(Seite 1373)

Abkürzungsverzeichnis

a. a. O.	am angegebenen Ort	BStBl	Bundessteuerblatt
ABl. EG	Amtsblatt der Europäischen Gemeinschaften	BR-Drs./ BR-Drucks.	Bundesratsdrucksache
Abs.	Absatz	BT-Drs./ BT-Drucks.	Bundestagsdrucksache
AEAO	Anwendungserlass zur Abgabenordnung		
a. F.	alte Fassung	Buchst.	Buchstabe
AfA	Absetzung für Abnutzung	BUKG	Bundesumzugskostengesetz
AFG	Arbeitsförderungsgesetz	BUKGVwV	Allgemeine Verwaltungsvorschrift zum Bundesumzugskostengesetz
AIG	Auslandinvestitionsgesetz	BVerfG	Bundesverfassungsgericht
AktG	Aktiengesetz	BVerfGE	Entscheidungen des Bundesverfassungsgerichts (Zeitschrift)
AltTZG	Altersteilzeitgesetz		
AO	Abgabenordnung	BVG	Bundesversorgungsgesetz und Schweizer Bundesgesetz über die berufliche Alters-, Hinterlassenen- und Invalidenvorsorge
ARV	Auslandsreisekostenverordnung		
AStG	Außensteuergesetz		
ATGV	Auslandstrennungsgeldverordnung		
ATZV	Altersteilzeitzuschlagsverordnung	BWGöD	Gesetz zur Regelung der Wiedergutmachung nationalsozialistischen Unrechts
AÜG	Arbeitnehmerüberlassungsgesetz		
AUV	Auslandsumzugskostenverordnung		
AVG	Angestelltenversicherungsgesetz	bzw.	beziehungsweise
Az.	Aktenzeichen	DA	Dienstanweisung
BaföG	Bundesausbildungsförderungsgesetz	DB	Der Betrieb (Zeitschrift)
BAG	Bundesarbeitsgericht	DBA	Abkommen zur Vermeidung der Doppelbesteuerung
BAnz.	Bundesanzeiger		
BAT	Bundesangestellten-Tarifvertrag	DStR	Deutsches Steuerrecht (Zeitschrift)
BayRKG	Bayerisches Reisekostengesetz	DV	Durchführungsverordnung
BB	Der Betriebs-Berater (Zeitschrift)	EFG	Entscheidungen der Finanzgerichte (Zeitschrift)
BBesG	Bundesbesoldungsgesetz		
BBG	Bundesbeamtengesetz und Beitragsbemessungsgrenze	ELStAM	Elektronische Lohnsteuerabzugsmerkmale
BeamtVG	Beamtenversorgungsgesetz	ErbStR	Erbschaftsteuer-Richtlinien
BergPDV	Verordnung zur Durchführung des Gesetzes über Bergmannsprämien	EStDV	Einkommensteuer-Durchführungsverordnung
BergPG	Gesetz über Bergmannsprämien	EStG	Einkommensteuergesetz
		EStH	Einkommensteuer-Hinweise
BerlinFG	Berlinförderungsgesetz	EStR	Einkommensteuer-Richtlinien
BetrAVG	Gesetz zur Verbesserung der betrieblichen Altersversorgung (Betriebsrentengesetz)	EU	Europäische Union
		EuGH	Europäischer Gerichtshof
		EWR	Europäischer Wirtschaftsraum
BewG	Bewertungsgesetz	f.	folgend(e, es)
BFH	Bundesfinanzhof	FA	Finanzamt
BFHE	Sammlung der Entscheidungen des Bundesfinanzhofs (Zeitschrift)	FamLeistG	Gesetz zur Förderung von Familien und haushaltsnahen Dienstleistungen (Familienleistungsgesetz)
BFH/NV	Sammlung amtlich nicht veröffentlichter Entscheidungen des Bundesfinanzhofs (Zeitschrift)	FELEG	Gesetz zur Förderung der Einstellung der landwirtschaftlichen Erwerbstätigkeit
BGB	Bürgerliches Gesetzbuch		
BGBl.	Bundesgesetzblatt	ff.	fortfolgend(e)
BMF (BdF)	Bundesministerium der Finanzen	FG	Finanzgericht
BMI	Bundesministerium des Inneren	FinMin	Finanzministerium
BpO	Betriebsprüfungsordnung	FinSen	Senator für Finanzen
BRKG	Bundesreisekostengesetz	FördG	Fördergebietsgesetz
BSHG	Bundessozialhilfegesetz	FR	Finanz-Rundschau (Zeitschrift)
		G 131	Gesetz zu Artikel 131 GG

Abkürzungsverzeichnis

GdB	Grad der Behinderung	Rdnr.	Randnummer
GenG	Genossenschaftsgesetz	Rspr.	Rechtsprechung
GewStG	Gewerbesteuergesetz	RVO	Reichsversicherungsordnung
GG	Grundgesetz für die Bundesrepublik Deutschland	Rz.	Randziffer
		S., s.	Seite, siehe
GmbHR	GmbH-Rundschau (Zeitschrift)	s. a.	siehe auch
GMBl	Gemeinsames Ministerialblatt	SGB	Sozialgesetzbuch
GRV	Gesetzliche Rentenversicherung	st.	ständig
GVBl.	Gesetz- und Verordnungsblatt	StADÜV	Steueranmeldungs-Datenübermittlungs-Verordnung
H	Hinweis (zu den Einkommensteuer- bzw. Lohnsteuer-Richtlinien)	StBerG	Steuerberatungsgesetz
HAG	Heimarbeitsgesetz	StDÜV	Steuerdatenübermittlungsverordnung
HBeglG 2004	Haushaltsbegleitgesetz 2004	Stpfl.	Steuerpflichtiger
HFR	Höchstrichterliche Finanzrechtsprechung (Zeitschrift)	SvEV	Sozialversicherungsentgeltverordnung
HGB	Handelsgesetzbuch	TGV	Trennungsgeldverordnung
i. d. F.	in der Fassung	Tz.	Textziffer
i. H. v.	in Höhe von	u. a.	unter anderem
InsO	Insolvenzordnung	UN	Vereinte Nationen
i. S.	im Sinne	UStG	Umsatzsteuergesetz
i. V. m.	in Verbindung mit	VBL	Versorgungsanstalt des Bundes und der Länder
Jg.	Jahrgang		
JStG	Jahressteuergesetz	VermBDV	Verordnung zur Durchführung des Fünften Vermögensbildungsgesetzes
KAV	Kindergeldauszahlungs-Verordnung	VermBG	Fünftes Vermögensbildungsgesetz
Kj.	Kalenderjahr	vgl.	vergleiche
KStG	Körperschaftsteuergesetz	VO	Verordnung
ktgl.	kalendertäglich	VVaG	Versicherungsverein auf Gegenseitigkeit
LStDV	Lohnsteuer-Durchführungsverordnung	VVG	Versicherungsvertragsgesetz
LStH	Lohnsteuer-Hinweise	VZ	Veranlagungszeitraum
LStR	Lohnsteuer-Richtlinien	WoBauG	Wohnungsbaugesetz
mtl.	monatlich	WoFG	Wohnraumförderungsgesetz
MuSchG	Mutterschutzgesetz	WoPDV	Verordnung zur Durchführung des Wohnungsbau-Prämiengesetzes
n. F.	neue Fassung	WoPG	Wohnungsbau-Prämiengesetz
Nr.	Nummer	WoPR	Richtlinien zum Wohnungsbau-Prämiengesetz
nv.	nicht amtlich veröffentlicht		
NW (NRW)	Nordrhein-Westfalen	ZDG	Zivildienstgesetz
OFD	Oberfinanzdirektion	ZPO	Zivilprozessordnung
R	Einkommensteuer- bzw. Lohnsteuer-Richtlinie		

A. Einkommensteuergesetz (EStG)[1]

in der Fassung der Bekanntmachung vom 8. 10. 2009 (BGBl. I S. 3366 (3862), BStBl I S. 1346)
– zuletzt geändert durch
Artikel 1 des Gesetzes zum Abbau der Kalten Progression vom 20. 2. 2013 (BGBl. I S. 283)

Einkommensteuer-Durchführungsverordnung 2000 (EStDV 2000)[2]

in der Fassung vom 10. 5. 2000 (BGBl. I S. 717, BStBl I S. 595)
– zuletzt geändert durch Artikel 2 der Verordnung zum Erlass und zur Änderung steuerlicher Verordnungen vom 11. 12. 2012
(BGBl. I S. 2637) –

Lohnsteuer-Durchführungsverordnung 1990 (LStDV 1990)[3]

in der Fassung der Bekanntmachung vom 10. 10. 1989
(BGBl. I S. 1848, BStBl I S. 405)
– zuletzt geändert durch Artikel 3 des Gesetzes zur Umsetzung der Beitreibungsrichtlinie sowie zur Änderung steuerlicher Vorschriften (Beitreibungsrichtlinie-Umsetzungsgesetz – BeitrRLUmsG) vom 7. 12. 2011 (BGBl. I S. 2592, BStBl I S. 1171) –

Lohnsteuer-Richtlinien 2011 (LStR 2011)

Lohnsteuer-Richtlinien 2008 (LStR 2008)

vom 10. 12. 2007 (BStBl I Sondernummer 1/2007)
geändert durch die LStÄR 2011 vom 23. 11. 2010 (BStBl I S. 1325)

Lohnsteuer-Hinweise 2013 (LStH 2013)

Die **EStÄR 2012** waren zum Zeitpunkt des Redaktionsschlusses noch nicht verabschiedet (Anhang 30). → Siehe hierzu Hinweise auf Seite 4!

---

[1] Die Vorschrift soll durch das Jahressteuergesetz 2013 (JStG 2013), das Gesetz zur Stärkung des Ehrenamtes (Ehrenamtsstärkungsgesetz), das Gesetz zur Änderung und Vereinfachung der Unternehmensbesteuerung und des steuerlichen Reisekostenrechts und des Gesetzes zur Verbesserung der steuerlichen Förderung der privaten Altersvorsorge (Altersvorsorge-Verbesserungsgesetz – AltvVerbG) geändert werden. Bei Redaktionsschluss waren die Gesetzgebungsverfahren noch nicht abgeschlossen. Um Beachtung wird gebeten. → Siehe hierzu Hinweise auf Seite 4!
[2] Die Vorschrift soll durch das Gesetz zur Stärkung des Ehrenamtes (Ehrenamtsstärkungsgesetz) geändert werden. Bei Redaktionsschluss war das Gesetzgebungsverfahren noch nicht abgeschlossen. Um Beachtung wird gebeten. → Siehe hierzu Hinweise auf Seite 4!
[3] Die Vorschrift wurde durch das Gesetz zur Änderung und Vereinfachung der Unternehmensbesteuerung und des steuerlichen Reisekostenrechts mit Wirkung ab 2014 geändert. Um Beachtung wird gebeten. → Siehe hierzu Hinweise auf Seite 4!

Einkommensteuergesetz

in der Fassung der Bekanntmachung vom 8. 10. 2009
(BGBl. I S. 3366, S. 3862, BStBl I S. 1346)

Das **Einkommensteuergesetz** wurde nach der Bekanntmachung vom 8. 10. 2009 wie folgt geändert:

Lfd. Nr.	Datum	Änderungsgesetz	Art.	Fundstellen In-Kraft-Treten	Geänderte Vorschriften	Art der Änderung
1	22. 12. 2009	Gesetz zur Beschleunigung des Wirtschaftswachstums (Wachstumsbeschleunigungsgesetz)	1	BGBl. I S. 3950, BStBl I 2010 S. 2 31. 12. 2009 *(Tag nach der Verkündung)*	§ 4h Abs. 1 Abs. 2 Satz 1 Buchstabe c Satz 2 Abs. 4 Satz 1 und Satz 4 Abs. 5 Satz 1 und 2 § 6 Abs. 2 Abs. 2a § 9 Abs. 1 Satz 3 Nr. 7 Satz 2 § 32 Abs. 6 Satz 1 § 51a Abs. 2a Satz 1 § 52 Abs. 12d Abs. 16 Abs. 23d Satz 3 § 66 Abs. 1 Satz 1	neu gefasst geändert neu gefasst, geändert geändert neu gefasst neu gefasst neu gefasst geändert geändert Neufassung von Satz 3 und Anfügung neuer Sätze neu gefasst neu gefasst
2	8. 4. 2010	Gesetz zur Umsetzung steuerlicher EU-Vorgaben sowie zur Änderung steuerlicher Vorschriften	1	BGBl. I S. 386, BStBl I 2010 S. 334	Inhaltsübersicht § 3 Nr. 39 Satz 2 § 7 Absatz 5 Satz 1 § 10a Abs. 1 Satz 1 § 10b Abs. 1 Satz 1 und 2 Abs. 1a Satz 1 Abs. 4 Satz 4 § 49 Abs. 1 Nr. 7 Nr. 10 § 52 Abs. 21c Abs. 24c Satz 2 Abs. 24e Abs. 63a Abs. 66 Abs. 67 § 79 § 85 Abs. 2 Satz 1 § 92a Abs. 1 Satz 2 und Abs. 3 Satz 9 Nr. 3 § 93 Abs. 1 Satz 4 Buchstabe c § 95 Überschrift Abs. 1 Abs. 2 Abs. 3 § 99	geändert neu gefasst geändert geändert neu gefasst und Anfügung geändert neu gefasst Anfügung eines Halbsatzes neu gefasst eingefügt ersetzt durch die Sätze 2 bis 4 Sätze 5 bis 7 angefügt eingefügt angefügt angefügt neu gefasst geändert neu gefasst neu gefasst neu gefasst Satz 1 geändert Satz 3 aufgehoben neu gefasst geändert geändert

Lfd. Nr.	Datum	Änderungsgesetz	Art.	Fundstellen In-Kraft-Treten	Geänderte Vorschriften	Art der Änderung
3	8. 12. 2010	Jahressteuergesetz 2010	1	BGBl. I S. 1768, BStBl I S. 1394 grds. = 14. 12. 2010 (Tag nach der Verkündung)	Inhaltsübersicht	Ergänzt um Angabe zu § 52b
					§ 1a	Satz 1 geändert und Nr. 1b eingefügt
					§ 2	
					Absatz 2 Satz 1 Nr. 1	geändert
					Absatz 5b Satz 2 Nr. 2	geändert
					§ 3	
					Nr. 26a Satz 2	geändert
					Nr. 26b	eingefügt
					Nr. 40 Satz 1 Buchstabe d Satz 2	geändert
					§ 3c Absatz 2 Satz 2	eingefügt
					§ 4	
					Absatz 1 Satz 4	eingefügt
					Absatz 5 Satz 1 Nr. 6b Satz 2 und 3	ersetzt den bisherigen Satz 2
					§ 6	geändert
					Absatz 1 Nr. 5a	
					Absatz 4	geändert
					Absatz 5 Satz 1	geändert
					§ 7 Abs. 1 Satz 5	neu gefasst
					§ 9a Satz 1 Nr. 3	geändert
					§ 10	
					Abs. 1	
					Nr. 1b	neu gefasst
					Nr. 3 Satz 3	Satz 4 angefügt
					Nr. 4	neu gefasst
					Abs. 2 Satz 3	geändert
					Abs. 2a Satz 4	geändert
					§ 10a	
					Abs. 1 Satz 3	neu gefasst
					Abs. 5 Satz 5	angefügt
					§ 10b Abs. 1 Satz 7 und 8	geändert
					§ 10d Abs. 4 Satz 4 und 5	neu gefasst
					§ 15 Abs. 1a Satz 1	geändert
					§ 16	
					Abs. 3 Satz 2	geändert
					Abs. 3a	eingefügt
					§ 20	
					Abs. 1	
					Nr. 7	Satz angefügt
					Nr. 9	Satz angefügt
					Abs. 3a	eingefügt
					Abs. 4a	§ 20 Nr. 1
					Satz 1 geändert und Satz 3 neu gefasst	geändert
					Nr. 1b	neu gefasst
					Nr. 1c	neu gefasst
					Nr. 5	Satz 6 geändert und Satz 10 angefügt
					§ 22a	
					Abs. 1 Satz 1	geändert
					Abs. 4 Satz 1	geändert
					Abs. 5	angefügt
					§ 23	
					Abs. 1 Satz 1 Nr. 2	geändert
					Abs. 3 Satz 9	geändert

Lfd. Nr.	Datum	Änderungsgesetz	Art.	Fundstellen In-Kraft-Treten	Geänderte Vorschriften	Art der Änderung
					§ 32d Abs. 2 Satz 1 Nr. 1 Satz 1 Buchstabe a	geändert
					Nr. 4	angefügt
					Abs. 6 Satz 1	neu gefasst
					§ 33a Abs. 2 Satz 3	geändert
					§ 34 Abs. 3 Satz 2	neu gefasst
					§ 35a Abs. 3	neu gefasst
					Abs. 5 Satz 1	neu gefasst
					§ 36 Abs. 5	angefügt
					§ 39e Abs. 2	geändert
					Abs. 9	geändert
					Abs. 10 Satz 6	neu gefasst
					§ 43 Abs. 1 Satz 5 und 6	neu gefasst
					Abs. 1a	aufgehoben
					Abs. 2	geändert
					Abs. 5	Satz 1 neu gefasst und Satz 4 angefügt
					§ 43a Abs. 3 Satz 7	angefügt
					§ 44a Abs. 1 Satz 1 Nr. 1 Buchstabe a Doppelbuchstabe aa	geändert
					§ 44a Abs. 2 Satz 1 Nr. 1	geändert
					Abs. 2a	eingefügt
					Abs. 4 Satz 6	angefügt
					Abs. 4a	angefügt
					Abs. 9 Satz 1 und 3	geändert
					§ 45b Abs. 1 Satz 3	angefügt
					§ 45d Abs. 1	neu gefasst
					Abs. 3 Satz 2 und 3	neu gefasst
					§ 46 Abs. 2 Nr. 4	neu gefasst
					§ 49 Abs. 1 Nr. 2	geändert
					§ 50 Abs. 1 Satz 4	geändert
					Abs. 4	geändert
					§ 50a Abs. 1 Nr. 3	neu gefasst
					§ 50f	neu gefasst
					§ 51 Abs. 4 Nr. 1	geändert
					§ 52 Abs. 4b Satz 2	angefügt
					Abs. 8a Satz 3	angefügt
					Abs. 8b Satz 2 und 3	angefügt
					Abs. 12 Satz 9	angefügt
					Abs. 16a	Satz 1 vorangestellt
					Abs. 18b Satz 1	neu gefasst
					Abs. 21 Satz 4	angefügt
					Abs. 24	geändert
					Abs. 24a	Satz vorangestellt
					Abs. 24e	Sätze vorangestellt
					Abs. 25 Satz 5	angefügt
					Abs. 34 Satz 5	angefügt
					Abs. 37	neu gefasst
					Abs. 38 Satz 4	angefügt

Lfd. Nr.	Datum	Änderungsgesetz	Art.	Fundstellen In-Kraft-Treten	Geänderte Vorschriften	Art der Änderung
					Abs. 38a Satz 5 und 6	angefügt
					Abs. 47	
					Satz 6	geändert
					Satz 7	angefügt
					Abs. 50b Satz 6 und 7	angefügt
					Abs. 50d Satz 3	angefügt
					Abs. 50f Satz 1	geändert
					Abs. 55j Satz 2	angefügt
					Abs. 59b	eingefügt
					Abs. 59b bis 59d werden Abs. 59c bis 59e	
					§ 52a	angefügt
					Abs. 8 Satz 2	
					Abs. 10 Satz 7	geändert
					Satz 10	geändert
					Satz 11	angefügt
					Abs. 11	
					Satz 3	geändert
					Satz 11	geändert
					Abs. 15 Satz 2	angefügt
					Abs. 15a	eingefügt
					Abs. 16	eingefügt
					Satz 3	
					Satz 5 (bisher)	neu gefasst
					Satz 8 (bisher)	neu gefasst
					Satz 9 (bisher)	geändert
					Abs. 16a	geändert
					§ 52b	eingefügt
					§ 82	
					Abs. 1	
					Satz 1	geändert
					Satz 3	neu gefasst
					Abs. 4 Nr. 1	geändert
					§ 86 Abs. 2 Satz 2	neu gefasst
					§ 92 Satz 1 Nr. 7	geändert
					§ 92a	
					Abs. 1	
					Satz 1 Nr. 3	geändert
					Satz 4	neu gefasst
					Abs. 2 Satz 4 Nr. 1	geändert
					Abs. 2a	angefügt
					Abs. 3	geändert
					Satz 4	
					Satz 9 Nr. 3	neu gefasst
					Satz 10	geändert
					§ 92b Abs. 3	geändert
					Satz 1	
					Satz 2	neu gefasst
					§ 93	
					Abs. 1a	neu gefasst
					Abs. 4	angefügt
					§ 94 Abs. 2 Satz 2	geändert
					§ 99 Abs. 1	geändert
4	9. 12. 2010	Restrukturierungsgesetz	8	BGBl. S. 1900 1. 1. 2011	§ 4 Abs. 5 Satz 1 Nr. 13	angefügt
					§ 52 Abs. 12 Satz 10	angefügt

Lfd. Nr.	Datum	Änderungsgesetz	Art.	Fundstellen In-Kraft-Treten	Geänderte Vorschriften	Art der Änderung
5	5. 4. 2011	Gesetz zur bestätigenden Regelung verschiedener steuerlicher und verkehrsrechtlicher Vorschriften des Haushaltsbegleitgesetzes 2004	1	BGBl. I S. 554 12. 4. 2011	§ 3 Nr. 34 und Nr. 38 § 4 Abs. 5 Satz 1 Nr. 1 Satz 2 und Nr. 2 Satz 1 § 5a Abs. 3 § 7 Abs. 5 Satz 1 Nr. 3 Buchstabe b § 7h Abs. 1 § 7i Abs. 1 § 8 Abs. 2 Satz 9 und Abs. 3 Satz 2 § 10f Abs. 1 Satz 1 und Abs. 2 Satz 1 § 10g Abs. 1 Satz 1 § 16 Abs. 4 § 17 Abs. 3 § 21 Abs. 2 § 37a Abs. 1 Satz 3	Die steuerlichen Regelungen, die in das Gesetzgebungsverfahren des HBeglG 2004 eingeführt wurden und seit der Verabschiedung des HBeglG 2004 bis heute unverändert geblieben sind, werden mit dem vorliegenden Gesetz inhaltsgleich bestätigend umgesetzt.
6	22. 6. 2011	Gesetz zur Umsetzung der Richtlinie 2009/65/EG zur Koordinierung der Rechts-und Verwaltungsvorschriften betreffend bestimmte Organismen für gemeinsame Anlagen in Wertpapieren (OGAW-IV-Umsetzungsgesetz -OGAW-IV-UmsG)	7	BGBl. I S. 1126 26. 6. 2011	§ 3 Nr. 70 Satz 3 Buchstabe b § 43 Abs. 1 Satz 1 Nr. 1 Satz 1 Abs. 1 Satz 1 Nr. 1a Abs. 1 Satz 1 Nr. 6 Abs. 2 Satz 1 Abs. 3 Satz 1 § 44 Abs. 1 Satz 3 Satz 4 Nr. 3 Satz 5 § 44a Abs. 1 Nr. 1 Abs. 9 Satz 2 Abs. 10 § 45a Abs. 1 Satz 1 Abs. 2 Satz 1 Abs. 3 Satz 1 § 50d Abs. 1 § 52 Abs. 8 § 52a Abs. 16b	neu gefasst geändert eingefügt neu gefasst geändert geändert neu gefasst angefügt geändert geändert angefügt geändert geändert geändert geändert eingefügt eingefügt
7	1. 11. 2011	Steuervereinfachungsgesetz 2011	1	BGBl. I S. 2131, BStBl I S. 986 1. 1. 2012 (mit Ausnahmen)	Inhaltsübersicht § 2 Absatz 5a Absatz 5b Satz 2 § 3 Nummern 19, 21, 22 und 37 Nr. 44 Satz 1 Nummern 46 und 49 § 9 Abs. 2 Satz 2 Abs. 5 Satz 1 § 9a Satz 1 Nr. 1 Buchstabe a § 9c § 10 Abs. 1 Nr. 5 Abs. 4b § 10c Satz 1	geändert geändert aufgehoben aufgehoben geändert aufgehoben neu gefasst geändert geändert aufgehoben eingefügt eingefügt geändert

Lfd. Nr.	Datum	Änderungsgesetz	Art.	Fundstellen In-Kraft-Treten	Geänderte Vorschriften	Art der Änderung
					§ 12	geändert
					§ 16 Abs. 3b	eingefügt
					§ 21 Abs. 2	geändert
					§ 25 Abs. 3	neu gefasst
					§ 26	neu gefasst
					§ 26a	neu gefasst
					§ 26c	aufgehoben
					§ 32	Sätze 2 bis 10
					Absatz 4	ersetzt
					Absatz 5 Satz 3	geändert
					Absatz 6	geändert
					§ 32a Absatz 6	geändert
					§ 33	neu gefasst
					Abs. 2 Satz 2	
					Abs. 4	angefügt
					§ 33a	geändert
					Abs. 1 Satz 5	
					Abs. 2	geändert
					§ 33b Abs. 5 Satz 2	geändert
					§ 34 Abs. 2 Nr. 4	geändert
					§ 34b	neu gefasst
					§ 35a Absatz 5 Satz 1	geändert
					§ 37 Abs. 3	geändert
					§ 39a	geändert
					§ 39b Abs. 2 Satz 7 zweiter Halbsatz	geändert
					§ 44a	eingefügt
					Abs. 4b	
					Abs. 6	Satz angefügt
					Abs. 7 Satz 2	geändert
					Abs. 8 Satz 1	geändert
					§ 45b Abs. 2 Satz 1 Nr. 3	aufgehoben
					§ 46 Abs. 2	geändert
					§ 50 Abs. 1	neu gefasst
					Satz 3	
					Satz 4	geändert
					§ 51 Abs. 1 Nr. 2 Buchstabe c	neu gefasst
					§ 52	neu gefasst
					Abs. 1	
					Abs. 4a	Satz angefügt
					Abs. 23e	eingefügt
					bisherige Abs. 23e und 23f	werden die Absätze 23f und 23g
					Abs. 24a	Satz angefügt
					Abs. 34	Satz angefügt
					Abs. 50f	Satz angefügt
					Abs. 51	neu gefasst
					Abs. 55j	Satz 2 eingefügt
					Abs. 62a	eingefügt
					Abs. 68	angefügt
					§ 52a Abs. 16a	Satz angefügt
					§ 70 Abs. 4	aufgehoben
8	7. 12. 2011	Gesetz zur Umsetzung der Beitreibungsrichtlinie sowie zur Änderung steuerlicher Vorschriften (Beitreibungsrichtlinie-Umsetzungsgesetz – BeitrRLUmsG)	2	BGBl. I S. 2592, BStBl I S. 1171 1. 1. 2012 (mit Ausnahmen)	Inhaltsübersicht	geändert
					§ 3	eingefügt
					Nummer 8a	
					Nummern 55c bis 55e	eingefügt
					§ 4 Abs. 9	angefügt
					§ 9 Abs. 6	angefügt
					§ 10	geändert
					Abs. 1 Nr. 7 Satz 1	
					Abs. 2	Sätze 4 und 5 aufgehoben

Lfd. Nr.	Datum	Änderungsgesetz	Art.	Fundstellen In-Kraft-Treten	Geänderte Vorschriften	Art der Änderung
					Abs. 2a Satz 8	neu gefasst
					§ 10a	geändert
					Abs. 2a Satz 3	
					Abs. 3	Sätze angefügt
					§ 10b Abs. 1 Satz 5	geändert
					§ 12 Nr. 5	neu gefasst
					§ 22 Nr. 5	geändert
					§ 32 Abs. 4 Satz 1 Nr. 2 Buchstabe d	geändert
					§ 36 Abs. 5 Satz 1	geändert
					§ 38a Abs. 4	geändert
					§ 38b	geändert
					§ 39	neu gefasst
					§ 39a	geändert
					§ 39b	geändert
					§ 39c	neu gefasst
					§ 39d	aufgehoben
					§ 39e	neu gefasst
					§ 39f	geändert
					§ 40a	geändert
					§ 41 Abs. 1 Satz 2	neu gefasst
					§ 41b	geändert
					§ 41c	geändert
					§ 42b	geändert
					§ 42d Abs. 2	geändert
					§ 42f Abs. 2 Satz 2	geändert
					§ 44a	geändert
					§ 46 Abs. 2 Nr. 4 und 5	geändert
					Nr. 7	neu gefasst
					§ 50	geändert
					Abs. 1	
					Abs. 2	geändert
					§ 50d Abs. 3	geändert
					§ 51 Abs. 4 Nr. 1	geändert
					§ 51a	
					Abs. 2a Satz 2	
					Abs. 2c	neu gefasst
					Abs. 2e	neu gefasst
					§ 52	geändert
					Abs. 4a	
					Abs. 5	neu gefasst
					Abs. 12	Satz angefügt
					Abs. 23d	Satz angefügt
					Abs. 24	Satz angefügt
					Abs. 24a Satz 3	neu gefasst
					Abs. 30a	eingefügt
					bisheriger Abs. 30a	wird Abs. 30b
					Abs. 50g	eingefügt
					Abs. 51b	eingefügt
					Abs. 52	neu gefasst
					Abs. 63a	Satz angefügt
					Abs. 63b	eingefügt
					§ 52a	neu gefasst
					Abs. 16b	
					Abs. 18	Satz angefügt
					§ 52b	aufgehoben
					§ 79 Satz 2	geändert
					§ 82 Abs. 4	geändert
9	20. 12. 2011	Gesetz zur Verbesserung der Eingliederungschancen am Arbeitsmarkt	20	BGBl. I S. 2854 Artikel 20 = 1. 4. 2012	§ 3 Nr. 2	geändert
					§ 32b Abs. 1 Satz 1 Nr. 1 Buchstabe a und Abs. 3 Satz 3	geändert

Lfd. Nr.	Datum	Änderungsgesetz	Art.	Fundstellen In-Kraft-Treten	Geänderte Vorschriften	Art der Änderung
10	12. 04. 2012	Gesetz zur Neuordnung der Organisation der landwirtschaftlichen Sozialversicherung (LSV-Neuordnungsgesetz – LSV-NOG)	13 (4	BGBl. I S. 579 1. 1. 2013	§ 10 Abs. 1 Nr. 2 Buchstabe a § 22 Nr. 1 Satz 3 Buchstabe a Doppelbuchstabe bb § 22a Abs. 1 Satz 1 § 49 Abs. 1 Nr. 7 § 91	geändert geändert geändert geändert geändert
11	8. 5. 2012	Gesetz zur Änderung des Gemeindefinanzreformgesetzes und von steuerlichen Vorschriften	3	BGBl. I S. 1030 1. 1. 2012	§ 3 Nr. 45 § 50d Abs. 11 § 52 Abs. 4g § 52 Abs. 59a	neu gefasst angefügt eingefügt Satz 9 angefügt
12		Gesetz zum Abbau der kalten Progression		Tag nach der Verkündung BGBl. I S. 283	§ 32a Abs. 1 § 39b Abs. 2 Satz 7 § 46 Abs. 2 § 52 Abs. 41 § 52 Abs. 51c § 52 Abs. 51d § 52 Abs. 55j § 52 Abs. 55k	neu gefasst geändert geändert eingefügt eingefügt neu gefasst eingefügt

Einführung

(1) Die Lohnsteuer-Richtlinien in der geänderten Fassung (Lohnsteuer-Richtlinien 2011 – LStR 2011 –) enthalten im Interesse einer einheitlichen Anwendung des Lohnsteuerrechts durch die Finanzbehörden Erläuterungen der Rechtslage, Weisungen zur Auslegung des Einkommensteuergesetzes und seiner Durchführungsverordnung sowie Weisungen zur Vermeidung unbilliger Härten und zur Verwaltungsvereinfachung.

(2) ¹Die LStR 2011 sind beim Steuerabzug vom Arbeitslohn anzuwenden für Lohnzahlungszeiträume, die nach dem 31. 12. 2010 enden, und für sonstige Bezüge, die dem Arbeitnehmer nach dem 31. 12. 2010 zufließen. ²Sie gelten auch für frühere Zeiträume, soweit sie geänderte Vorschriften des Einkommensteuergesetzes betreffen, die vor dem 1. 1. 2011 anzuwenden sind. ³Die LStR 2011 sind auch für frühere Jahre anzuwenden, soweit sie lediglich eine Erläuterung der Rechtslage darstellen. ⁴R 8.1 Abs. 8 Nr. 2 sowie R 9.7 Abs. 1 sind bereits ab 1. 1. 2010 anzuwenden. ⁵Die obersten Finanzbehörden der Länder können mit Zustimmung des Bundesministeriums der Finanzen die in den Lohnsteuer-Richtlinien festgelegten Höchst- und Pauschbeträge ändern, wenn eine Anpassung an neue Rechtsvorschriften oder an die wirtschaftliche Entwicklung geboten ist.

(3) Anordnungen, die mit den nachstehenden Richtlinien im Widerspruch stehen, sind nicht mehr anzuwenden.

(4) Diesen Richtlinien liegt, soweit im Einzelnen keine andere Fassung angegeben ist, das Einkommensteuergesetz i. d. F. der Bekanntmachung vom 8. 10. 2009 (BGBl. I S. 3366, S. 3862, BStBl I S. 1346) unter Berücksichtigung der Änderungen durch Artikel 1 des Gesetzes zur Umsetzung steuerlicher EU-Vorgaben sowie zur Änderung steuerlicher Vorschriften vom 8. 4. 2010 (BGBl. I S. 386, BStBl 2010 I S. 334) zu Grunde.

Anwendung der Lohnsteuer-Richtlinien 2008

Die Lohnsteuer-Richtlinien 2008 i. d. F. vom 10. 12. 2007 (BStBl I Sondernummer 1/2007) sind mit den Abweichungen, die sich aus der Änderung von Rechtsvorschriften für die Zeit bis 31. 12. 2010 ergeben, letztmals anzuwenden für Lohnzahlungszeiträume, die vor dem 1. 1. 2008 enden, und für sonstige Bezüge, die dem Arbeitnehmer vor dem 1. 1. 2011 zufließen.

Tabellarische Übersicht über ausgewählte Zahlen zur Lohnsteuer 2013 [1]

Fundstelle – Inhalt	2013
§ 3 Nr. 11 EStG, R 3.11 LStR	
Beihilfen und Unterstützungen in Notfällen steuerfrei bis	600
§ 3 Nr. 26 EStG	
Einnahmen aus nebenberuflichen Tätigkeiten steuerfrei bis	2 100 [2]
§ 3 Nr. 26a EStG	
Einnahmen aus ehrenamtlichen Tätigkeiten steuerfrei bis	500 [3]
§ 3 Nr. 30 u. 50 EStG, R 9.13 LStR	
Heimarbeitszuschläge (steuerfrei in % des Grundlohns)	10 %
§ 3 Nr. 34 EStG	
Freibetrag für Gesundheitsförderung	500
§ 3 Nr. 38 EStG	
Sachprämien aus Kundenbindungsprogrammen steuerfrei bis	1 080
§ 3 Nr. 39 EStG	
Freibetrag für Vermögensbeteiligungen	360
§ 3 Nr. 56 EStG	
Höchstbetrag für Beiträge aus dem ersten Dienstverhältnis an eine nicht kapitalgedeckte Pensionskasse steuerfrei bis jährlich 1 % der Beitragsbemessungsgrenze (West) von 69 600 Euro	696
§ 3 Nr. 63 EStG	
• Höchstbetrag für Beiträge aus dem ersten Dienstverhältnis an Pensionsfonds, Pensionskassen oder für Direktversicherungen steuerfrei bis jährlich 4 % der Beitragsbemessungsgrenze (West) von 69 600 Euro	2 784
• Erhöhungsbetrag bei Versorgungszusagen nach dem 31. 12. 2004	1 800
§ 3b EStG	
Sonntags-, Feiertags- oder Nachtzuschläge (steuerfrei in % des Grundlohns, höchstens von 50 Euro)	
• Nachtarbeit	25 %
• Nachtarbeit von 0 Uhr bis 4 Uhr (wenn Arbeit vor 0 Uhr aufgenommen)	40 %
• Sonntagsarbeit	50 %
• Feiertage + Silvester ab 14 Uhr	125 %
• Weihnachten, Heiligabend ab 14 Uhr und 1. Mai	150 %
§ 8 Abs. 2 Satz 9 EStG	
Freigrenze für Sachbezüge monatlich	44
§ 8 Abs. 2 EStG, SvEV	
Sachbezüge	
• Unterkunft (monatlich)	216
• Mahlzeiten (täglich)	
- Frühstück	1,60
- Mittagessen/Abendessen	2,93
§ 9 Abs. 1 Satz 1 EStG	
Reisekosten bei Auswärtstätigkeiten	
• Fahrtkosten je Kilometer (pauschal)	
- Pkw	0,30
- Mitnahme je Person	0,02
- Motorrad oder Motorroller	0,13
- Mitnahme je Person	0,01
- Moped oder Mofa	0,08
- Fahrrad	0,05
• Verpflegungsmehraufwendungen Inland	
- Abwesenheit 24 Stunden	24
- Abwesenheit 14–24 Stunden	12
- Abwesenheit 8–14 Stunden	6
- Abwesenheit unter 8 Stunden	–

[1] Stand 1. 1. 2013, entspricht der Übersicht im Amtlichen Lohnsteuer-Handbuch 2013.
[2] § 3 Nr. 26 Satz 1 soll durch das Gesetz zur Stärkung des Ehrenamtes (Ehrenamtsstärkungsgesetz) ab 2013 geändert werden; Die Angabe „2.100 Euro" soll durch die Angabe „2.400 Euro" ersetzt werden.
[3] § 3 Nr. 26a Satz 1 soll durch das Gesetz zur Stärkung des Ehrenamtes (Ehrenamtsstärkungsgesetz) ab 2013 geändert werden. Die Angabe „500 Euro" soll durch die Angabe „720 Euro" ersetzt werden.

Fundstelle – Inhalt	2013
• Übernachtungskosten R 9.7 LStR	
– Pauschale (nur Arbeitgeberersatz)	20
• Auswärtstätigkeiten im Ausland	
– BMF vom 17. 12. 2012 (BStBl 2013 I S. 60)	
§ 9 Abs. 1 Satz 3 Nr. 4 EStG	
Verkehrsmittelunabhängige Entfernungspauschale für Wege zwischen Wohnung und regelmäßiger Arbeitsstätte	
• je Entfernungs-km	0,30
• Höchstbetrag	4 500
(dieser gilt nicht bei Nutzung eines PKW bei tatsächlichen ÖPV-Kosten über 4 500 € p.a. sowie bei behinderte Menschen i. S. v. § 9 Abs. 2 EStG)	
§ 9 Abs. 1 Satz 3 Nr. 5 EStG	
Doppelte Haushaltsführung	
• Fahrtkosten (Pkw)	
– erste und letzte Fahrt je Kilometer	0,30
– eine Heimfahrt wöchentlich je Entfernungs-km (Entfernungspauschale)	0,30
• Verpflegungsmehraufwendungen	
– 1. bis 3. Monat	6/12/24
– ab 4. Monat	–
• Übernachtungskosten R 9.11 Abs. 10 LStR	
Pauschale (nur Arbeitgeberersatz)	
– 1. bis 3. Monat	20
– ab 4. Monat	5
§ 9a Nr. 1 EStG	
• Arbeitnehmer-Pauschbetrag	1 000
• für Versorgungsempfänger	102
§ 10 Abs. 1 Nr. 5 EStG	
Kinderbetreuungskosten	
• $^2/_3$ der Aufwendungen, höchstens	4 000
• Kind noch keine ... Jahre alt	14
(Ausnahme: behinderte Kinder)	
§ 19 EStG, R 19.3 Abs. 1 Nr. 4 LStR	
Fehlgeldentschädigungen steuerfrei bis	16
§ 19 EStG, R 19.3 Abs. 2 Nr. 3 LStR	
Diensteinführung, Verabschiedung usw.; Freigrenze für Sachleistungen je teilnehmender Person einschließlich Umsatzsteuer	110
§ 19 EStG, R 19.5 Abs. 4 LStR	
Betriebsveranstaltungen	
Freigrenze je Arbeitnehmer einschließlich USt	110
§ 19 EStG, R 19.6 Abs. 1 und 2 LStR	
Freigrenze für	
• Aufmerksamkeiten (Sachzuwendungen)	40
• Arbeitsessen	40
§ 19 Abs. 2 EStG (→ Tabelle in § 19 EStG)	
Versorgungsbeginn in 2013	
• Prozentsatz	27,2 %
• Versorgungsfreibetrag	2 040
(anteilig $^1/_{12}$ für jeden Monat)	
• Zuschlag zum Versorgungsfreibetrag	612
(anteilig $^1/_{12}$ für jeden Monat)	
§ 19a EStG a. F.	
Freibetrag für Vermögensbeteiligungen nach Übergangsregelung	135
§ 24a EStG (→ Tabelle in § 24a EStG)	
2012 ist Kalenderjahr nach Vollendung des 64. Lebensjahres	
• Prozentsatz	27,2 %
• Höchstbetrag	1 292
§ 24b EStG	
Entlastungsbetrag für Alleinerziehende	1 308
(anteilig $^1/_{12}$ für jeden Monat)	
§§ 37a 37b EStG, § 39c Abs. 5 EStG, § 40 Abs. 2 EStG, § 40a EStG, § 40b EStG, § 40b EStG a. F.	
Lohnsteuer-Pauschalierungssatz für	
• Kundenbindungsprogramme	2,25 %
• Sachzuwendungen bis 10 000 Euro	30 %

Fundstelle – Inhalt	2013
• Auszahlung tarifvertraglicher Ansprüche durch Dritte (keine Abgeltungswirkung) bei sonstigen Bezügen bis 10 000 Euro	20 %
• Kantinenmahlzeiten	25 %
• Betriebsveranstaltungen	25 %
• Erholungsbeihilfen	25 %
• Verpflegungszuschüsse	25 %
• PC-Schenkung und Internet-Zuschüsse	25 %
• Fahrtkostenzuschüsse	15 %
• Kurzfristig Beschäftigte	25 %
• Mini-Job	
– mit pauschaler Rentenversicherung	2 %
– ohne pauschale Rentenversicherung	20 %
• Aushilfskräfte in der Land- und Forstwirtschaft	5 %
• nicht kapitalgedeckte Pensionskassen	20 %
• kapitalgedeckte Pensionskassen und Direktversicherungen bei Versorgungszusage vor dem 1. 1. 2005	20 %
• Unfallversicherungen	20 %
• Sonderzahlungen in der betrieblichen Altersversorgung	15 %
§ 40 Abs. 1 EStG	
Pauschalierung von sonstigen Bezügen je Arbeitnehmer höchstens	1 000
§ 40 Abs. 2 Nr. 3 EStG	
Höchstbetrag für die Pauschalierung von Erholungsbeihilfen	
• für den Arbeitnehmer	156
• für den Ehegatten	104
• je Kind	52
§ 40 Abs. 2 Satz 2 EStG	
Pauschalierung von Fahrtkostenzuschüssen bei Fahrten zwischen Wohnung und regelmäßiger Arbeitsstätte je Entfernungs- km (Ausnahme: behinderte Menschen im Sinne von § 9 Abs. 2 EStG)	0,30
§ 40a Abs. 1 EStG	
Pauschalierung bei kurzfristig Beschäftigten	
• Dauer der Beschäftigung	18 Tage
• Arbeitslohn je Kalendertag (Ausnahme: unvorhergesehener Zeitpunkt)	62
• Stundenlohngrenze	12
§ 40a Abs. 3 EStG	
Pauschalierung bei Aushilfskräften in der Land- und Forstwirtschaft	
• Dauer der Beschäftigung (im Kalenderjahr)	180 Tage
• Unschädlichkeitsgrenze (in % der Gesamtbeschäftigungsdauer)	25 %
• Stundenlohngrenze	12
§ 40b Abs. 2 EStG, § 40b Abs. 2 EStG a. F.	
Pauschalierung bei nicht kapitalgedeckten Pensionskassen sowie bei kapitalgedeckten Pensionskassen und Direktversicherungen bei Versorgungszusagen vor dem 1. 1. 2005	
• Höchstbetrag im Kalenderjahr je Arbeitnehmer	1 752
• Durchschnittsberechnung möglich bis zu (je Arbeitnehmer)	2 148
§ 40b Abs. 3 EStG	
Pauschalierung bei Unfallversicherungen	
Durchschnittstbetrag im Kalenderjahr je Arbeitnehmer (ohne Versicherungssteuer) höchstens	62
§ 41a Abs. 2 EStG	
Anmeldungszeitraum	
• Kalenderjahr, wenn Lohnsteuer des Vorjahres bis zu	1 000
• Vierteljahr, wenn Lohnsteuer des Vorjahres bis zu	4 000
• Monat, wenn Lohnsteuer des Vorjahres über	4 000
§ 4 SolZG	
Zuschlagssatz	5,5 %
§ 13 VermBG	
• Einkommensgrenze (zu versteuerndes Einkommen) bei Vermögensbeteiligungen	
– Alleinstehende	20 000
– Verheiratete	40 000

Fundstelle – Inhalt	2013
• Einkommensgrenze (zu versteuerndes Einkommen) bei Bausparverträgen u.ä., Aufwendungen zum Wohnungsbau	
– Alleinstehende	17 900
– Verheiratete	35 800
• Bemessungsgrundlage höchstens	
– Vermögensbeteiligungen	400
– Bausparverträge u.ä., Aufwendungen zum Wohnungsbau	470
• Höhe der Arbeitnehmer-Sparzulage (in % der Bemessungsgrundlage)	
– Vermögensbeteiligungen	20 %
– Bausparverträge u. ä., Aufwendungen zum Wohnungsbau	9 %

I. Steuerpflicht

§ 1 Steuerpflicht

EStG

(1) ¹Natürliche Personen, die im Inland einen Wohnsitz oder ihren gewöhnlichen Aufenthalt haben, sind unbeschränkt einkommensteuerpflichtig. ²Zum Inland im Sinne dieses Gesetzes gehört auch der der Bundesrepublik Deutschland zustehende Anteil am Festlandsockel, soweit dort Naturschätze des Meeresgrundes und des Meeresuntergrundes erforscht oder ausgebeutet werden oder dieser der Energieerzeugung unter Nutzung erneuerbarer Energien dient.

(2) ¹Unbeschränkt einkommensteuerpflichtig sind auch deutsche Staatsangehörige, die
1. im Inland weder einen Wohnsitz noch ihren gewöhnlichen Aufenthalt haben und
2. zu einer inländischen juristischen Person des öffentlichen Rechts in einem Dienstverhältnis stehen und dafür Arbeitslohn aus einer inländischen öffentlichen Kasse beziehen,

sowie zu ihrem Haushalt gehörende Angehörige, die die deutsche Staatsangehörigkeit besitzen oder keine Einkünfte oder nur Einkünfte beziehen, die ausschließlich im Inland einkommensteuerpflichtig sind. ²Dies gilt nur für natürliche Personen, die in dem Staat, in dem sie ihren Wohnsitz oder ihren gewöhnlichen Aufenthalt haben, lediglich in einem der beschränkten Einkommensteuerpflicht ähnlichen Umfang zu einer Steuer vom Einkommen herangezogen werden.

(3) ¹Auf Antrag werden auch natürliche Personen als unbeschränkt einkommensteuerpflichtig behandelt, die im Inland weder einen Wohnsitz noch ihren gewöhnlichen Aufenthalt haben, soweit sie inländische Einkünfte im Sinne des § 49 haben. ²Dies gilt nur, wenn ihre Einkünfte im Kalenderjahr mindestens zu 90 Prozent der deutschen Einkommensteuer unterliegen oder die nicht der deutschen Einkommensteuer unterliegenden Einkünfte den Grundfreibetrag nach § 32a Absatz 1 Satz 2 Nummer 1 nicht übersteigen; dieser Betrag ist zu kürzen, soweit es nach den Verhältnissen im Wohnsitzstaat des Steuerpflichtigen notwendig und angemessen ist. ³Inländische Einkünfte, die nach einem Abkommen zur Vermeidung der Doppelbesteuerung nur der Höhe nach beschränkt besteuert werden dürfen, gelten hierbei als nicht der deutschen Einkommensteuer unterliegend. ⁴Unberücksichtigt bleiben bei der Ermittlung der Einkünfte nach Satz 2 nicht der deutschen Einkommensteuer unterliegende Einkünfte, die im Ausland nicht besteuert werden, soweit vergleichbare Einkünfte im Inland steuerfrei sind. ⁵Weitere Voraussetzung ist, dass die Höhe der nicht der deutschen Einkommensteuer unterliegenden Einkünfte durch eine Bescheinigung der zuständigen ausländischen Steuerbehörde nachgewiesen wird. ⁶Der Steuerabzug nach § 50a ist ungeachtet der Sätze 1 bis 4 vorzunehmen.

(4) Natürliche Personen, die im Inland weder einen Wohnsitz noch ihren gewöhnlichen Aufenthalt haben, sind vorbehaltlich der Absätze 2 und 3 und des § 1a beschränkt einkommensteuerpflichtig, wenn sie inländische Einkünfte im Sinne des § 49 haben.

S 2100
S 2101

S 2102

S 2104

S 2103

Hinweise

H 1

Antrag zur unbeschränkten Steuerpflicht

→ Anhang 40

Auslandstätigkeitserlass

→ BMF-Schreiben vom 31. 10. 1983 (BStBl I S. 470);
→ H 39d

Erweiterte unbeschränkte Steuerpflicht und unbeschränkte Steuerpflicht auf Antrag

→ R 1a EStR
→ H 1a EStH

Anhang 30

Kirchensteuerpflicht von Auslandsbediensteten

(Verfügung der OFD Berlin vom 17. 6. 2004 – St 153 – S 2440 – 2/04 –)

Nach § 1 Abs. 2 EStG sind auch deutsche Staatsangehörige unbeschränkt einkommensteuerpflichtig, die im Inland weder einen Wohnsitz noch ihren gewöhnlichen Aufenthalt haben und die zu einer inländischen juristischen Person des öffentlichen Rechts in einem Dienstverhältnis stehen und dafür Arbeitslohn aus einer inländischen öffentlichen Kasse beziehen.

Demgegenüber setzt die Kirchensteuerpflicht voraus, dass es sich um einen Angehörigen einer steuerberechtigten Religionsgemeinschaft handelt, der seinen Wohnsitz oder gewöhnlichen Aufenthalt i. S. der §§ 8 und 9 AO im Land Berlin hat (§ 2 Abs. 1 KiStG Berlin). Das bedeutet,

§§ 1, 1a EStG
H 1

dass im auswärtigen Dienst Tätige, Soldaten, Beamte und Arbeitnehmer der Bundeswehr und vergleichbare andere Arbeitnehmer, die für längere Zeit ins Ausland entsandt werden, nicht mehr kirchensteuerpflichtig sind, sobald sie ihren Wohnsitz in Deutschland aufgegeben haben.

Bei Unverheirateten wird das regelmäßig vom Beginn der Abordnung an und bei Verheirateten von dem Zeitpunkt an der Fall sein, in dem sie ihre Familie in das Ausland nachfolgen lassen und die Wohnung in Deutschland aufgeben.

Bescheinigung nach § 1 Abs. 3 Satz 4 Einkommensteuergesetz; Verzicht auf die Bestätigung der ausländischen Steuerbehörde im Lohnsteuer-Ermäßigungsverfahren

(BMF-Schreiben vom 25. 11. 1999 – IV C 1 – S 2102–31/99 –, BStBl I S. 990)

Im Einvernehmen mit den obersten Finanzbehörden der Länder ergänze ich die Tz. 1.1 des BMF-Schreibens vom 30. Dezember 1996 (BStBl I S. 1506) wie folgt:

Im Lohnsteuer-Ermäßigungsverfahren kann auf die Bestätigung der ausländischen Steuerbehörde auf dem amtlichen Vordruck „Anlage Grenzpendler EU/EWR" bzw. „Anlage Grenzpendler außerhalb EU/EWR" verzichtet werden, wenn für einen der beiden vorangegangenen Veranlagungszeiträume bereits eine von der ausländischen Steuerbehörde bestätigte Anlage „Bescheinigung EU/EWR" bzw. „Bescheinigung außerhalb EU/EWR" vorliegt und sich die Verhältnisse nach Angaben des Steuerpflichtigen nicht geändert haben.

Steuerabzug beschränkt Steuerpflichtiger

→ § 39d

Unbeschränkte Steuerpflicht – auf Antrag –

Anhang 30

→ R 1a EStR

→ Anhang 40

Wohnung, Wohnsitz im Inland

Behält ein ins Ausland versetzter Arbeitnehmer eine Wohnung im Inland bei, deren Benutzung ihm jederzeit möglich ist und die so ausgestattet ist, daß diese ihm jederzeit als Bleibe dienen kann, so ist – widerlegbar – zu vermuten, daß er einen Wohnsitz im Inland hat (→ BFH vom 17. 5. 1995 – BStBl 1996 II S. 2).

Bezieht ein im Inland ansässiger Steuerpflichtiger von einem inländischen Arbeitgeber Lohn für eine Tätigkeit als Besatzungsmitglied eines unter philippinischer Flagge fahrenden Seeschiffes, so ist der Arbeitslohn im Inland steuerpflichtig (→ BFH vom 11. 2. 1997 – BStBl 1997 II S. 432).

1. Ein Steuerpflichtiger kann mehrere Wohnungen und mehrere Wohnsitze i. S. des § 8 AO 1977 haben. Diese können im In- und/oder Ausland gelegen sein.

2. Ein Wohnsitz i. S. des § 8 AO 1977 setzt nicht voraus, daß der Steuerpflichtige von dort aus seiner täglichen Arbeit nachgeht. Ebensowenig ist es erforderlich, daß der Steuerpflichtige sich während einer Mindestzahl von Tagen oder Wochen im Jahr in der Wohnung aufhält.

3. Ein FG kann seine Beurteilung, daß objektiv erkennbare Umstände für die Beibehaltung der Wohnung für Zwecke des eigenen Wohnens sprechen, auf die Wohnungsausstattung und die tatsächliche Nutzung der Wohnung stützen.

4. Nach der Lebenserfahrung spricht es für die Beibehaltung eines Wohnsitzes i. S. des § 8 AO 1977, wenn jemand eine Wohnung, die er vor und nach einem Auslandsaufenthalt als einzige ständig nutzt, während desselben unverändert und in einem ständig nutzungsbereiten Zustand beibehält (→ BFH vom 19. 3. 1997 – BStBl 1997 II S. 447).

EStG

§ 1a [Fiktive unbeschränkte Steuerpflicht für Angehörige eines EU-/EWR-Staates]

S 2104

(1) Für Staatsangehörige eines Mitgliedstaates der Europäischen Union oder eines Staates auf den das Abkommen über den Europäischen Wirtschaftsraum anwendbar ist, die nach § 1 Absatz 1 unbeschränkt einkommensteuerpflichtig sind oder die nach § 1 Absatz 3 als unbeschränkt einkommensteuerpflichtig zu behandeln sind, gilt bei Anwendung von § 10 Absatz 1 Nummer 1, 1a und 1b und § 26 Absatz 1 Satz 1 Folgendes:

1. Unterhaltsleistungen an den geschiedenen oder dauernd getrennt lebenden Ehegatten (§ 10 Absatz 1 Nummer 1) sind auch dann als Sonderausgaben abziehbar, wenn der Empfänger nicht unbeschränkt einkommensteuerpflichtig ist. ²Voraussetzung ist, dass der Empfänger

seinen Wohnsitz oder gewöhnlichen Aufenthalt im Hoheitsgebiet eines anderen Mitgliedstaates der Europäischen Union oder eines Staates hat, auf den das Abkommen über den Europäischen Wirtschaftsraum Anwendung findet. ³Weitere Voraussetzung ist, dass die Besteuerung der Unterhaltszahlungen beim Empfänger durch eine Bescheinigung der zuständigen ausländischen Steuerbehörde nachgewiesen wird;

1a. auf besonderen Verpflichtungsgründen beruhende Versorgungsleistungen (§ 10 Absatz 1 Nummer 1a) sind auch dann als Sonderausgaben abziehbar, wenn der Empfänger nicht unbeschränkt einkommensteuerpflichtig ist. ²Nummer 1 Satz 2 und 3 gilt entsprechend;

1b. Ausgleichszahlungen im Rahmen des Versorgungsausgleichs nach den §§ 20, 21, 22 und 26 des Versorgungsausgleichsgesetzes, §§ 1587f, 1587g, 1587i des Bürgerlichen Gesetzbuchs und § 3a des Gesetzes zur Regelung von Härten im Versorgungsausgleich (§ 10 Absatz 1 Nummer 1b) sind auch dann als Sonderausgaben abziehbar, wenn die ausgleichsberechtigte Person nicht unbeschränkt einkommensteuerpflichtig ist. Nummer 1 Satz 2 und 3 gilt entsprechend;

2. der nicht dauernd getrennt lebende Ehegatte ohne Wohnsitz oder gewöhnlichen Aufenthalt im Inland wird auf Antrag für die Anwendung des § 26 Absatz 1 Satz 1 als unbeschränkt einkommensteuerpflichtig behandelt. ²Nummer 1 Satz 2 gilt entsprechend. ³Bei Anwendung des § 1 Absatz 3 Satz 2 ist auf die Einkünfte beider Ehegatten abzustellen und der Grundfreibetrag nach § 32a Absatz 1 Satz 2 Nummer 1 zu verdoppeln.

(2) Für unbeschränkt einkommensteuerpflichtige Personen im Sinne des § 1 Absatz 2, die die Voraussetzungen des § 1 Absatz 3 Satz 2 bis 5 erfüllen, und für unbeschränkt einkommensteuerpflichtige Personen im Sinne des § 1 Absatz 3, die die Voraussetzungen des § 1 Absatz 2 Satz 1 Nummer 1 und 2 erfüllen und an einem ausländischen Dienstort tätig sind, gilt die Regelung des Absatzes 1 Nummer 2 entsprechend mit der Maßgabe, dass auf Wohnsitz oder gewöhnlichen Aufenthalt im Staat des ausländischen Dienstortes abzustellen ist.

Hinweise

Steuerpflicht, Steuerklassen

→ H 1

Unbeschränkte Steuerpflicht

→ H 1, → H 39d

II. Einkommen

1. Sachliche Voraussetzungen für die Besteuerung

§ 2 Umfang der Besteuerung, Begriffsbestimmungen

(1) ¹Der Einkommensteuer unterliegen
1. Einkünfte aus Land- und Forstwirtschaft,
2. Einkünfte aus Gewerbebetrieb,
3. Einkünfte aus selbständiger Arbeit,
4. Einkünfte aus nichtselbständiger Arbeit,
5. Einkünfte aus Kapitalvermögen,
6. Einkünfte aus Vermietung und Verpachtung,
7. sonstige Einkünfte im Sinne des § 22,

die der Steuerpflichtige während seiner unbeschränkten Einkommensteuerpflicht oder als inländische Einkünfte während seiner beschränkten Einkommensteuerpflicht erzielt. ²Zu welcher Einkunftsart die Einkünfte im einzelnen Fall gehören, bestimmt sich nach den §§ 13 bis 24.

(2) Einkünfte sind
1. bei Land- und Forstwirtschaft, Gewerbebetrieb und selbständiger Arbeit der Gewinn (§§ 4 bis 7k und 13a),
2. bei den anderen Einkunftsarten der Überschuss der Einnahmen über die Werbungskosten (§§ 8 bis 9a).

§ 2 EStG
H 2

S 2201 Bei Einkünften aus Kapitalvermögen tritt § 20 Absatz 9 vorbehaltlich der Regelung in § 32d Absatz 2 an die Stelle der §§ 9 und 9a.

S 2117
S 2118 (3) Die Summe der Einkünfte, vermindert um den Altersentlastungsbetrag, den Entlastungsbetrag für Alleinerziehende und den Abzug nach § 13 Absatz 3, ist der Gesamtbetrag der Einkünfte.

S 2112 (4) Der Gesamtbetrag der Einkünfte, vermindert um die Sonderausgaben und die außergewöhnlichen Belastungen, ist das Einkommen.

S 2280 (5) ¹Das Einkommen, vermindert um die Freibeträge nach § 32 Absatz 6 und um die sonstigen vom Einkommen abzuziehenden Beträge, ist das zu versteuernde Einkommen; dieses bildet die Bemessungsgrundlage für die tarifliche Einkommensteuer. ²Knüpfen andere Gesetze an den Begriff des zu versteuernden Einkommens an, ist für deren Zweck das Einkommen in allen Fällen des § 32 um die Freibeträge nach § 32 Absatz 6 zu vermindern.

(5a) ¹Knüpfen außersteuerliche Rechtsnormen an die in den vorstehenden Absätzen definierten Begriffe (Einkünfte, Summe der Einkünfte, Gesamtbetrag der Einkünfte, Einkommen, zu versteuerndes Einkommen) an, erhöhen sich für deren Zwecke diese Größen um die nach § 32d Absatz 1 und nach § 43 Absatz 5 zu besteuernden Beträge sowie um die nach § 3 Nummer 40 steuerfreien Beträge und mindern sich um die nach § 3c Absatz 2 nicht abziehbaren Beträge. ²Knüpfen außersteuerliche Rechtsnormen an die in den Absätzen 1 bis 3 genannten Begriffe (Einkünfte, Summe der Einkünfte, Gesamtbetrag der Einkünfte) an, mindern sich für deren Zwecke diese Größen um die nach § 10 Absatz 1 Nummer 5 abziehbaren Kinderbetreuungskosten.

(5b) Soweit Rechtsnormen dieses Gesetzes an die in den vorstehenden Absätzen definierten Begriffe (Einkünfte, Summe der Einkünfte, Gesamtbetrag der Einkünfte, Einkommen, zu versteuerndes Einkommen) anknüpfen, sind Kapitalerträge nach § 32d Absatz 1 und § 43 Absatz 5 nicht einzubeziehen.

(6) ¹Die tarifliche Einkommensteuer, vermindert um die anzurechnenden ausländischen Steuern und die Steuerermäßigungen, vermehrt um die Steuer nach § 32d Absatz 3 und 4, die Steuer nach § 34c Absatz 5 und den Zuschlag nach § 3 Absatz 4 Satz 2 des Forstschäden-Ausgleichsgesetzes in der Fassung der Bekanntmachung vom 26. August 1985 (BGBl. I S. 1756), das zuletzt durch Artikel 18 des Gesetzes vom 19. Dezember 2008 (BGBl. I S. 2794) geändert worden ist, in der jeweils geltenden Fassung, ist die festzusetzende Einkommensteuer. ²Wurde der Gesamtbetrag der Einkünfte in den Fällen des § 10a Absatz 2 um Sonderausgaben nach § 10a Absatz 1 gemindert, ist für die Ermittlung der festzusetzenden Einkommensteuer der Anspruch auf Zulage nach Abschnitt XI der tariflichen Einkommensteuer hinzuzurechnen; bei der Ermittlung der dem Steuerpflichtigen zustehenden Zulage bleibt die Erhöhung der Grundzulage nach § 84 Absatz 2 außer Betracht. ³Wird das Einkommen in den Fällen des § 31 um die Freibeträge nach § 32 Absatz 6 gemindert, ist der Anspruch auf Kindergeld nach Abschnitt X der tariflichen Einkommensteuer hinzuzurechnen.

S 2111 (7) ¹Die Einkommensteuer ist eine Jahressteuer. ²Die Grundlagen für ihre Festsetzung sind jeweils für ein Kalenderjahr zu ermitteln. ³Besteht während eines Kalenderjahres sowohl unbeschränkte als auch beschränkte Einkommensteuerpflicht, so sind die während der beschränkten Einkommensteuerpflicht erzielten inländischen Einkünfte in eine Veranlagung zur unbeschränkten Einkommensteuerpflicht einzubeziehen.

H 2
Hinweise

Allgemeines, Berechnungsschema

Anhang 30 → R 2 EStR, H 2 EStH

Einnahmen aus Preisen, Preisgelder

Einkommensteuerrechtliche Behandlung von Preisgeldern (§ 2 Abs. 1 EStG)

(BMF-Schreiben vom 5. 9. 1996, BStBl I S. 1150) unter Berücksichtigung der Änderungen durch BMF-Schreiben vom 23. 12. 2002 (BStBl 2003 I S. 76)

Unter Bezugnahme auf das Ergebnis der Erörterung mit den obersten Finanzbehörden der Länder gilt zur einkommensteuerrechtlichen Behandlung von Preisgeldern folgendes:

1. **Einnahmen aus Preisen (Preisgelder),** insbesondere für wissenschaftliche oder künstlerische Leistungen, unterliegen der Einkommensteuer, wenn sie in untrennbarem wirtschaftlichem Zusammenhang mit einer der Einkunftsarten des Einkommensteuergesetzes stehen. Einkommensteuerlich unbeachtlich sind Einnahmen aus Preisen, die außerhalb einer Tätigkeit zur Erzielung von Einkünften bezogen werden. Für die Abgrenzung ist von den Ausschreibungsbedingungen und den der Preisverleihung zugrundeliegenden Zielen auszugehen.

2. Der **Zusammenhang mit einer Einkunftsart** ist gegeben, wenn die Preisverleihung wirtschaftlich den Charakter eines leistungsbezogenen Entgelts hat und wenn sie sowohl Ziel als auch unmittelbare Folge der Tätigkeit des Steuerpflichtigen ist. Das ist insbesondere dann der Fall, wenn der Preisträger zur Erzielung des Preises ein besonderes Werk geschaffen oder eine besondere Leistung erbracht hat.

Der Zusammenhang mit einer Einkunftsart ist auch gegeben, wenn die Preisverleihung bestimmungsgemäß in nicht unbedeutendem Umfang die persönlichen oder sachlichen Voraussetzungen der Einkunftserzielung des Steuerpflichtigen fördert.

Dies ist u. a. der Fall bei
- werbewirksamen Auszeichnungen im Rahmen von betriebs- oder berufsbezogenen Ausstellungen, wie z. B. Ausstellungen kunstgewerblicher Erzeugnisse (vgl. BFH-Urteil vom 1. Oktober 1964, BStBl III S. 629) und
- Geldpreisen mit Zuschußcharakter, die vom Empfänger im Rahmen seiner ausgeübten beruflichen oder betrieblichen Tätigkeit verwendet werden müssen, z. B. Starthilfen nach der Meisterprüfung als Handwerker, die an die Aufnahme einer selbständigen gewerblichen Tätigkeit geknüpft sind (vgl. BFH-Urteil vom 14. März 1989, BStBl II S. 651), oder Filmpreisen (Produzentenpreisen), die nach den Vergaberichtlinien einer Zweckbestimmung zur Herstellung eines neuen Films unterliegen.

Ein Indiz dafür, daß die Preisverleihung wirtschaftlich den Charakter eines leistungsbezogenen Entgelts hat und daß sie sowohl Ziel als auch unmittelbare Folge der Tätigkeit des Steuerpflichtigen ist, ist die Bewerbung um den Preis. Dies trifft z. B. auf Ideenwettbewerbe von Architekten zu (vgl. BFH-Urteil vom 16. Januar 1975, BStBl II S. 558).

3. **Keinen Zusammenhang mit einer Einkunftsart** haben dagegen Einnahmen aus Preisen, deren Verleihung in erster Linie dazu bestimmt ist,
- das Lebenswerk oder Gesamtschaffen des Empfängers zu würdigen,
- die Persönlichkeit des Preisträgers zu ehren,
- eine Grundhaltung auszuzeichnen oder
- eine Vorbildfunktion herauszustellen (vgl. BFH-Urteil vom 9. Mai 1985, BStBl II S. 427).

Dies kann ausnahmsweise auch angenommen werden, wenn zwar ein bestimmtes Werk oder eine bestimmte Leistung Anlaß für die Preisverleihung war, zur Auswahl des Preisträgers jedoch dessen Gesamtpersönlichkeit oder (bisheriges) Gesamtschaffen entscheidend beigetragen haben. Davon ist z. B. bei der Vergabe des Nobelpreises auszugehen.

4. [entfällt.]

Ermittlung des zu versteuernden Einkommens und der festzusetzenden Einkommensteuer

→ R 2 EStR

Anhang 30

§ 2a Negative Einkünfte mit Bezug zu Drittstaaten

EStG
1)
2)
S 2118a

(1) ¹Negative Einkünfte
1. aus einer in einem Drittstaat belegenen land- und forstwirtschaftlichen Betriebsstätte,
2. aus einer in einem Drittstaat belegenen gewerblichen Betriebsstätte,

---

1) § 2a Absatz 1 bis 2a EStG i. d. F. des JStG 2009 ist in allen Fällen anzuwenden, in denen die Steuer noch nicht bestandskräftig festgesetzt ist. Für negative Einkünfte i. S. d. § 2a Absatz 1 und 2 EStG, die vor der ab dem 24. 12. 2008 geltenden Fassung nach § 2a Absatz 1 Satz 5 EStG bestandskräftig gesondert festgestellt wurden, ist § 2a Absatz 1 Satz 3 bis 5 EStG in der vor dem 24. 12. 2008 geltenden Fassung weiter anzuwenden → § 52 Absatz 3 Satz 2 und 3 EStG.

2) Durch das Steuerentlastungsgesetz 1999/2000/2002 ist § 2a Absatz 3 EStG i. d. F. der Bekanntmachung vom 16. 4. 1997 (BGBl. I S. 821) ab dem VZ 1999 weggefallen (zur Anwendung → § 52 Absatz 3 EStG). § 2a Absatz 3 Satz 1, 2 und 4 EStG i. d. F. der Bekanntmachung vom 16. 4. 1997 (BGBl. I S. 821) ist letztmals für den VZ 1998 anzuwenden → § 52 Absatz 3 Satz 4 EStG. § 2a Absatz 3 Satz 3, 5 und 6 EStG i. d. F. der Bekanntmachung vom 16. 4. 1997 (BGBl. I S. 821) ist für die VZ ab 2006 weiter anzuwenden, soweit sich ein positiver Betrag im Sinne von § 2a Absatz 3 Satz 3 EStG ergibt oder soweit eine in einem ausländischen Staat belegene Betriebsstätte im Sinne von § 2a Absatz 4 EStG i. d. F. des § 52 Absatz 3 Satz 7 EStG in eine Kapitalgesellschaft umgewandelt, übertragen oder aufgegeben wird → § 52 Absatz 3 Satz 7 EStG. Insoweit ist in § 2a Absatz 3 Satz 5 letzter Halbsatz EStG die Bezeichnung „§ 10d Absatz 3" durch „§ 10d Absatz 4" zu ersetzen (→ § 52 Absatz 3 Satz 5 EStG).
§ 2a Absatz 4 EStG i. d. F. der Bekanntmachung vom 16. 4. 1997 (BGBl. I S. 821) ist letztmals für den VZ 1998 anzuwenden → § 52 Absatz 3 Satz 4 EStG. § 2a Absatz 4 EStG i. d. F. der Bekanntmachung vom 16. 4. 1997 (BGBl. I S. 821) wurde durch das StBereinG 1999 geändert und ist für die VZ 1999 bis 2005 anzuwenden → § 52 Absatz 3 Satz 7 EStG i. d. F. des SEStEG.
Zur Anwendung des § 2a Absatz 4 EStG für VZ ab 2006 → § 52 Absatz 3 Satz 8 EStG i. d. F. des SEStEG.

3. a) aus dem Ansatz des niedrigeren Teilwerts eines zu einem Betriebsvermögen gehörenden Anteils an einer Drittstaaten Körperschaft oder
   b) aus der Veräußerung oder Entnahme eines zu einem Betriebsvermögen gehörenden Anteils an einer Drittstaaten Körperschaft oder aus der Auflösung oder Herabsetzung des Kapitals einer Drittstaaten Körperschaft,
4. in den Fällen des § 17 bei einem Anteil an einer Drittstaaten Körperschaft,
5. aus der Beteiligung an einem Handelsgewerbe als stiller Gesellschafter und aus partiarischen Darlehen, wenn der Schuldner Wohnsitz, Sitz oder Geschäftsleitung in einem Drittstaat hat,
6. a) aus der Vermietung oder der Verpachtung von unbeweglichem Vermögen oder von Sachinbegriffen, wenn diese in einem Drittstaat belegen sind, oder
   b) aus der entgeltlichen Überlassung von Schiffen, sofern der Überlassende nicht nachweist, dass diese ausschließlich oder fast ausschließlich in einem anderen Staat als einem Drittstaat eingesetzt worden sind, es sei denn, es handelt sich um Handelsschiffe, die
      aa) von einem Vercharterer ausgerüstet überlassen, oder
      bb) an in einem anderen als einem Drittstaat ansässige Ausrüster, die die Voraussetzungen des § 510 Absatz 1 des Handelsgesetzbuchs erfüllen, überlassen, oder
      cc) insgesamt nur vorübergehend an in einem Drittstaat ansässige Ausrüster, die die Voraussetzungen des § 510 Absatz 1 des Handelsgesetzbuchs erfüllen, überlassen worden sind, oder
   c) aus dem Ansatz des niedrigeren Teilwerts oder der Übertragung eines zu einem Betriebsvermögen gehörenden Wirtschaftsguts im Sinne der Buchstaben a und b,
7. a) aus dem Ansatz des niedrigeren Teilwerts, der Veräußerung oder Entnahme eines zu einem Betriebsvermögen gehörenden Anteils an
   b) aus der Auflösung oder Herabsetzung des Kapitals
   c) in den Fällen des § 17 bei einem Anteil an einer Körperschaft mit Sitz oder Geschäftsleitung in einem anderen Staat als einem Drittstaat, soweit die negativen Einkünfte auf einen der in den Nummern 1 bis 6 genannten Tatbestände zurückzuführen sind,

dürfen nur mit positiven Einkünften der jeweils selben Art und – mit Ausnahme der Fälle der Nummer 6 Buchstabe b – aus demselben Staat, in den Fällen der Nummer 7 auf Grund von Tatbeständen der jeweils selben Art aus demselben Staat, ausgeglichen werden; sie dürfen auch nicht nach § 10d abgezogen werden. ²Den negativen Einkünften sind Gewinnminderungen gleichgestellt. ³Soweit die negativen Einkünfte nicht nach Satz 1 ausgeglichen werden können, mindern sie die positiven Einkünfte der jeweils selben Art, die der Steuerpflichtige in den folgenden Veranlagungszeiträumen aus demselben Staat, in den Fällen der Nummer 7 auf Grund von Tatbeständen der jeweils selben Art aus demselben Staat, erzielt. ⁴Die Minderung ist nur insoweit zulässig, als die negativen Einkünfte in den vorangegangenen Veranlagungszeiträumen nicht berücksichtigt werden konnten (verbleibende negative Einkünfte). ⁵Die am Schluss eines Veranlagungszeitraums verbleibenden negativen Einkünfte sind gesondert festzustellen; § 10d Absatz 4 gilt sinngemäß.

(2) ¹Absatz 1 Satz 1 Nummer 2 ist nicht anzuwenden, wenn der Steuerpflichtige nachweist, dass die negativen Einkünfte aus einer gewerblichen Betriebsstätte in einem Drittstaat stammen, die ausschließlich oder fast ausschließlich die Herstellung oder Lieferung von Waren, außer Waffen, die Gewinnung von Bodenschätzen sowie die Bewirkung gewerblicher Leistungen zum Gegenstand hat, soweit diese nicht in der Errichtung oder dem Betrieb von Anlagen, die dem Fremdenverkehr dienen, oder in der Vermietung oder der Verpachtung von Wirtschaftsgütern einschließlich der Überlassung von Rechten, Plänen, Mustern, Verfahren, Erfahrungen und Kenntnissen bestehen; das unmittelbare Halten einer Beteiligung von mindestens einem Viertel am Nennkapital einer Kapitalgesellschaft, die ausschließlich oder fast ausschließlich die vorgenannten Tätigkeiten zum Gegenstand hat, sowie die mit dem Halten der Beteiligung in Zusammenhang stehende Finanzierung gilt als Bewirkung gewerblicher Leistungen, wenn die Kapitalgesellschaft weder ihre Geschäftsleitung noch ihren Sitz im Inland hat. ²Absatz 1 Satz 1 Nummer 3 und 4 ist nicht anzuwenden, wenn der Steuerpflichtige nachweist, dass die in Satz 1 genannten Voraussetzungen bei der Körperschaft entweder seit ihrer Gründung oder während der letzten fünf Jahre vor und in dem Veranlagungszeitraum vorgelegen haben, in dem die negativen Einkünfte bezogen werden.

(2a) ¹Bei der Anwendung der Absätze 1 und 2 sind
1. als Drittstaaten die Staaten anzusehen, die nicht Mitgliedstaaten der Europäischen Union sind;
2. Drittstaaten-Körperschaften und Drittstaaten-Kapitalgesellschaften solche, die weder ihre Geschäftsleitung noch ihren Sitz in einem Mitgliedstaat der Europäischen Union haben.

²Bei Anwendung des Satzes 1 sind den Mitgliedstaaten der Europäischen Union die Staaten gleichgestellt, auf die das Abkommen über den Europäischen Wirtschaftsraum anwendbar ist

sofern zwischen der Bundesrepublik Deutschland und dem anderen Staat auf Grund der *Amtshilferichtlinie gemäß § 2 Absatz 2 des EU-Amtshilfegesetzes* oder einer vergleichbaren zwei- oder mehrseitigen Vereinbarung Auskünfte erteilt werden, die erforderlich sind, um die Besteuerung durchzuführen. [1]

2. Steuerfreie Einnahmen

Hinweise

Steuerbefreiungen nach anderen Gesetzen und nach Verträgen

→ R 3.0 EStR, H 3.0 EStH

Zwischenstaatliche Vereinbarungen

→ BMF vom 20. 8. 2007 (BStBl I S. 656)

§ 3 [Steuerfreie Einnahmen]

Steuerfrei sind

1. a) Leistungen aus einer Krankenversicherung, aus einer Pflegeversicherung und aus der gesetzlichen Unfallversicherung,
   b) Sachleistungen und Kinderzuschüsse aus den gesetzlichen Rentenversicherungen einschließlich der Sachleistungen nach dem Gesetz über die Alterssicherung der Landwirte,
   c) Übergangsgeld nach dem Sechsten Buch Sozialgesetzbuch und Geldleistungen nach den §§ 10, 36 bis 39 des Gesetzes über die Alterssicherung der Landwirte,
   d) das Mutterschaftsgeld nach dem Mutterschutzgesetz, der Reichsversicherungsordnung und dem Gesetz über die Krankenversicherung der Landwirte, die Sonderunterstützung für im Familienhaushalt beschäftigte Frauen, der Zuschuss zum Mutterschaftsgeld nach dem Mutterschutzgesetz sowie der Zuschuss bei Beschäftigungsverboten für die Zeit vor oder nach einer Entbindung sowie für den Entbindungstag während einer Elternzeit nach beamtenrechtlichen Vorschriften;

Unfallversicherung

Die Steuerfreiheit kann auch für Leistungen aus einer ausländischen gesetzlichen Unfallversicherung in Betracht kommen → BFH vom 7. 8. 1959 – BStBl III S. 462).

§ 3

Steuerfrei sind

...

2. das Arbeitslosengeld, das Teilarbeitslosengeld, das Kurzarbeitergeld, das Winterausfallgeld, die Arbeitslosenhilfe, der Zuschuss zum Arbeitsentgelt, das Übergangsgeld, das Unterhaltsgeld, die Eingliederungshilfe, das Überbrückungsgeld, der Gründungszuschuss, der Existenzgründungszuschuss nach dem Dritten Buch Sozialgesetzbuch oder dem Arbeitsförderungsgesetz sowie das aus dem Europäischen Sozialfonds finanzierte Unterhaltsgeld und die aus Landesmitteln ergänzten Leistungen aus dem Europäischen Sozialfonds zur Aufstockung des Überbrückungsgeldes nach dem Dritten Buch Sozialgesetzbuch oder dem Arbeitsförderungsgesetz und die übrigen Leistungen nach dem Dritten Buch Sozialgesetzbuch oder dem Arbeitsförderungsgesetz und den entsprechenden Programmen des Bundes und der Länder, soweit sie Arbeitnehmern oder Arbeitsuchenden oder zur Förderung der Ausbildung oder Fortbildung der Empfänger gewährt werden, sowie Leistungen auf Grund der in § 141 m Absatz 1 und § 141n Absatz 2 des Arbeitsförderungsgesetzes oder *§ 169 und 175* Absatz 2 des Dritten Buches Sozialgesetzbuch genannten Ansprüche, Leistungen auf Grund der in § 115 Absatz 1 des Zehnten Buches Sozialgesetzbuch in Verbindung mit § 117 Absatz 4 Satz 1 oder [2]

---

[1] Änderung auf Grund des Amtshilferichtlinie-Umsetzungsgesetzes. Bei Redaktionsschluss war das Gesetzgebungsverfahren noch nicht abgeschlossen. Um Beachtung wird gebeten. → Siehe hierzu Hinweise auf Seite 4!
[2] Nummer 2 wurde durch das Gesetz zur Verbesserung der Eingliederungschancen am Arbeitsmarkt (Inkrafttreten 1. 4. 2012) geändert.

§ 3 Nr. 2 EStG
R 3.2 H 3.2

§ 134 Absatz 4, § 160 Absatz 1 Satz 1 und § 166a des Arbeitsförderungsgesetzes oder in Verbindung mit *§ 157* Absatz 3 oder § 198 Satz 2 Nummer 6, § 335 Absatz 3 des Dritten Buches Sozialgesetzbuch genannten Ansprüche, wenn über das Vermögen des ehemaligen Arbeitgebers des Arbeitslosen das Konkursverfahren, Gesamtvollstreckungsverfahren oder Insolvenzverfahren eröffnet worden ist oder einer der Fälle des § 141b Abs. 3 des Arbeitsförderungsgesetzes oder des *§ 165* Absatz 1 Nummer 2 oder 3 des Dritten Buches Sozialgesetzbuch vorliegt, und der Altersübergangsgeld-Ausgleichsbetrag nach § 249e Absatz 4a des Arbeitsförderungsgesetzes in der bis zum 31. Dezember 1997 geltenden Fassung;

R 3.2 **Leistungen nach dem Dritten Buch Sozialgesetzbuch (§ 3 Nr. 2 EStG)**
S 2342

S 2342   (1) ¹Steuerfrei sind das Arbeitslosengeld und das Teilarbeitslosengeld nach dem Dritten Buch Sozialgesetzbuch (SGB III). ²Etwaige spätere Zahlungen des Arbeitgebers an die Agentur für Arbeit auf Grund des gesetzlichen Forderungsübergangs (§ 115 SGB X) sind ebenfalls steuerfrei, wenn über das Vermögen des Arbeitgebers das Insolvenzverfahren eröffnet worden ist oder einer der Fälle des § 183 Abs. 1 Satz 1 Nr. 2[1] oder 3 SGB III vorliegt. ³Hat die Agentur für Arbeit in den Fällen der §§ 143 Abs. 3[2] **und 143a Abs. 4**[3] SGB III zunächst Arbeitslosengeld gezahlt und zahlt der Arbeitnehmer dieses auf Grund dieser Vorschriften der Agentur für Arbeit zurück, so bleibt

Anhang 30   die Rückzahlung mit Ausnahme des Progressionsvorbehalts (→ R 32b. EStR) ohne steuerliche Auswirkung (§ 3c EStG); der dem Arbeitnehmer vom Arbeitgeber nachgezahlte Arbeitslohn ist grundsätzlich steuerpflichtig.

(2) Steuerfrei sind außerdem das Insolvenzgeld (§ 183[4] SGB III) und Leistungen des Insolvenzverwalters oder des ehemaligen Arbeitgebers auf Grund von § 187 Satz 1[5] SGB III an die Agentur für Arbeit oder auf Grund von § 208 Abs. 2[6] SGB III an die Einzugsstelle.

(3) Zu den steuerfreien Leistungen nach dem SGB III gehört auch das Wintergeld, das als Mehraufwands-Wintergeld zur Abgeltung der witterungsbedingten Mehraufwendungen bei Arbeit und als Zuschuss-Wintergeld für jede aus Arbeitszeitguthaben ausgeglichene Ausfallstunde (zur Vermeidung der Inanspruchnahme des Saison-Kurzarbeitergeldes) gezahlt wird (§ 175a[7] SGB III).

(4) Steuerfrei sind außerdem das Unterhaltsgeld sowie die Sonderformen des Teilunterhaltsgeldes (§ 434j[8] Abs. 10 SGB III i. V. m. §§ 153, 154 SGB III in der bis zum 31. 12. 2004 geltenden Fassung).

(5) Steuerfrei sind auch das Übergangsgeld und der Gründungszuschuss, die behinderten oder von Behinderung bedrohten Menschen nach §§ 45 bis 52 SGB IX bzw. § 33 Abs. 3 Nr. 5 SGB IX geleistet werden, weil es sich um Leistungen im Sinne des SGB III, SGB VI, SGB VII oder des Bundesversorgungsgesetzes (BVG) handelt.

H 3.2 **Hinweise**

→ R 3.2 EStR

Arbeitslosengeld II

→ 3 Nr. 2a H

Berufsausbildungsbeihilfen

→ H 3.11

---
[1]) *Das SGB III wurde durch das Gesetz zur Verbesserung der Eingliederungschancen am Arbeitsmarkt vom 20. 12. 2011 (BGBl. I S. 2854) neu gefasst; § 183 Abs. 1 Satz 1 Nr. 2 wurde ab 1. 4. 2012 → § 165 Abs. 1 Satz 2 Nr. 2 SGB III.*
[2]) *Das SGB III wurde durch das Gesetz zur Verbesserung der Eingliederungschancen am Arbeitsmarkt vom 20. 12. 2011 (BGBl. I S. 2854) neu gefasst; § 143 Abs. 3 wurde ab 1. 4. 2012 → § 157 Abs. 3 SGB III.*
[3]) *Das SGB III wurde durch das Gesetz zur Verbesserung der Eingliederungschancen am Arbeitsmarkt vom 20. 12. 2011 (BGBl. I S. 2854) neu gefasst; § 143a Abs. 4 wurde ab 1. 4. 2012 → § 158 Abs. 4 SGB III.*
[4]) *Das SGB III wurde durch das Gesetz zur Verbesserung der Eingliederungschancen am Arbeitsmarkt vom 20. 12. 2011 (BGBl. I S. 2854) neu gefasst; § 183 wurde ab 1. 4. 2012 → § 165 SGB III.*
[5]) *Das SGB III wurde durch das Gesetz zur Verbesserung der Eingliederungschancen am Arbeitsmarkt vom 20. 12. 2011 (BGBl. I S. 2854) neu gefasst; § 187 Satz 1 wurde ab 1. 4. 2012 → § 169 Abs. 1 SGB III.*
[6]) *Das SGB III wurde durch das Gesetz zur Verbesserung der Eingliederungschancen am Arbeitsmarkt vom 20. 12. 2011 (BGBl. I S. 2854) neu gefasst; § 208 Abs. 2 wurde ab 1. 4. 2012 → § 175 Abs. 2 SGB III.*
[7]) *Das SGB III wurde durch das Gesetz zur Verbesserung der Eingliederungschancen am Arbeitsmarkt vom 20. 12. 2011 (BGBl. I S. 2854) neu gefasst; § 175a wurde ab 1. 4. 2012 → § 102 SGB III.*
[8]) *Das SGB III wurde durch das Gesetz zur Verbesserung der Eingliederungschancen am Arbeitsmarkt vom 20. 12. 2011 (BGBl. I S. 2854) neu gefasst; § 434j wurde ab 1. 4. 2012 aufgehoben.*

§ 3 Nr. 2 EStG
H 3.2

Europäischer Sozialfonds
Progressionsvorbehalt → H 32b

Existenzgründerzuschuss
Zuschüsse zur Förderung von Existenzgründern aus Mitteln des Europäischen Sozialfonds und aus Landesmitteln sind nicht steuerfrei, wenn sie nicht der Aufstockung des Überbrückungsgeldes nach dem SGB III dienen (→ BFH vom 26. 6. 2002 – BStBl II S. 697).

Insolvenzgeld, Bescheinigung
→ § 32b Abs. 1 Nr. 1a und Abs. 4 EStG

Insolvenzgeld, Forderungsübergang

Lohnsteuerliche Behandlung des Forderungsübergangs auf die Bundesagentur für Arbeit im Rahmen von Insolvenzverfahren

(Verfügung der OFD Koblenz vom 15. 7. 2008 – S 0550 A – St 34 2/St 34 5/St 32 2 –)

Die Vertreter der obersten Finanzbehörden des Bundes und der Länder sind darin übereingekommen, dass Zahlungen des Insolvenzverwalters an die Bundesagentur für Arbeit nach § 3 Nr. 2 EStG steuerfrei bleiben, soweit sie aufgrund des gesetzlichen Forderungsübergangs nach § 115 SGB X geleistet werden und über das Vermögen des Arbeitgebers das Insolvenzverfahren eröffnet worden ist.

Sachverhalt:

Wird über das Vermögen eines Arbeitgebers das Insolvenzverfahren eröffnet, bleiben die Dienstverhältnisse, die der Arbeitgeber abgeschlossen hat, mit Wirkung für die Insolvenzmasse bestehen. Der Insolvenzverwalter muss also die Arbeitnehmer zunächst weiterbeschäftigen und ihre Löhne und Gehälter aus der Masse zahlen.

Hat der Arbeitgeber den Anspruch des Arbeitnehmers auf Arbeitsentgelt nicht vollständig erfüllt und ist daher im Zeitpunkt der Insolvenzeröffnung Arbeitslohn rückständig geblieben, erhält der Arbeitnehmer von der Bundesagentur für Arbeit für diesen Zeitraum Arbeitslosengeld. Der Anspruch des Arbeitnehmers gegen den Arbeitgeber geht bis zur Höhe der erbrachten Sozialleistungen (netto) gem. § 115 Abs. 1 SGB X auf die Bundesagentur für Arbeit über. Im eröffneten Insolvenzverfahren tritt anstelle des Arbeitgebers der Insolvenzverwalter.

Leistet der Insolvenzverwalter aufgrund des übergegangenen Anspruchs nach § 115 SGB X nunmehr (Rück-) Zahlungen an die Bundesagentur für Arbeit, führen diese Zahlungen nicht zu steuerpflichtigem Arbeitslohn bei dem betroffenen Arbeitnehmer. Dem Arbeitnehmer fließen insoweit nur Leistungen zu, welche von der Steuerbefreiungsregelung des § 3 Nr. 2 EStG erfasst werden.

Der an den Arbeitnehmer zu zahlende Restlohn (brutto) hingegen bleibt steuerpflichtig; er ist nicht von dem gesetzlichen Forderungsübergang nach § 115 SGB X betroffen und unterliegt somit nicht der Steuerbefreiung nach § 3 Nr. 2 EStG.

Insolvenzgeld, Zahlungen des Insolvenzverwalters

Steuerliche Behandlung von Zahlungen des Insolvenzverwalters an die Bundesagentur für Arbeit aufgrund des gesetzlichen Forderungsübergangs nach § 115 SGB X

(Erlass des Hessischen Ministers der Finanzen vom 31. 3. 2008 – S 2342 A – 096 – II3b –)

Im Rahmen von Insolvenzverfahren leisten Insolvenzverwalter als Ausschüttung von Masseverbindlichkeiten gemäß § 55 Abs. 1 Nr. 2 InsO auch Zahlungen an freigestellte Arbeitnehmer für die Zeit bis zum Ablauf der Kündigungsfrist, die bislang für diesen Zeitraum lediglich Arbeitslosengeld erhalten haben. Das bezogene Arbeitslosengeld ist vom Insolvenzverwalter der Bundesagentur für Arbeit unmittelbar zu erstatten (sogenannter Forderungsübergang nach § 115 SGB X). Es ist die Frage gestellt worden, in welcher Höhe durch diese Zahlungen Arbeitslohn gezahlt wird.

Dazu wird folgende bundeseinheitlich abgestimmte Auffassung vertreten:

Entsprechend der Regelung in R 3. 2 Abs. 1 Satz 2 LStR 2008 bleiben die Zahlungen des Insolvenzverwalters an die Bundesagentur für Arbeit steuerfrei, da sie aufgrund des gesetzlichen Forderungsübergangs nach § 115 SGB X geleistet werden und über das Vermögen des (früheren) Arbeitgebers das Insolvenzverfahren eröffnet worden ist. Die Regelungen zum Progressionsvorbehalt (siehe R 3.26 EStR) sind zu beachten. Steuerpflichtiger Arbeitslohn liegt mithin nur in Höhe der Differenz zwischen dem Arbeitslohnanspruch und den an die Bundesagentur für Arbeit geleisteten Rückzahlungen des vom Arbeitnehmer bezogenen Arbeitslosengelds vor.

Beispiel:

Insolvenzeröffnung: 1. 5. 2007 Arbeitnehmer gekündigt zum 31. 5. 2007

Arbeitnehmer freigestellt ab 1. 5. 2007

Bruttogehalt vom 1. 5. – 31. 5. 2007 2 500,00 €

Bezogenes ALG 992,10 €

Differenzlohnabrechnung Auszahlung im November 2007

Berechnung: Steuerklasse 6 nach Jahrestabelle

Gesamtbrutto	./. ALG	Steuerpfl. Brutto
2 500,00 €	./. 992,10 €	1 507,90 €
Lohnsteuer		226,00 €
Solidaritätszuschlag		12,43 €
Kirchensteuer		0,00 €
KV		195,00 €
PV		27,50
RV		243,75 €
AV		81,25 €
Netto		1 714,07 €
Abzug ALG		992,10 €
Auszahlung		721,97 €

Lebensunterhalt

Leistungen zum Lebensunterhalt und zur sozialen Sicherung nach § 10 SGB III

(Verfügung der OFD Berlin vom 16. 3. 2001 – St 179 – S 2295 – 1/01)

Leistungen nach § 10 Sozialgesetzbuch – Drittes Buch sind nach § 3 Nr. 2 Einkommensteuergesetz steuerfrei, weil sie „zur Förderung der Ausbildung oder Fortbildung der Empfänger" gewährt werden.

Zu den Leistungen nach § 10 Sozialgesetzbuch – Drittes Buch gehören u. a. auch Zahlungen, die der Sicherstellung des Lebensunterhalts und der sozialen Absicherung dienen und mithin Lohn- bzw. Einkommensersatzcharakter haben, . . .[1]

Lohnersatzleistungen aus der Schweiz, der EU und EWR-Staaten

Einkommensteuerliche Behandlung von Lohnersatzleistungen aus der Schweiz, der EU und EWR-Staaten

Kurzinformation der Steuergruppe St 3 der Oberfinanzdirektion Koblenz

Nr. ST 3_2012K019 vom 29. 02. 2012 – S 2295/S 2342 A-St 33 3, St 32 3 –

Lohnersatzleistungen aus dem EU-/EWR-Ausland und der Schweiz sind von der deutschen Steuer freizustellen und dem Progressionsvorbehalt zu unterwerfen. Für Lohnersatzleistungen, die ein unbeschränkt Steuerpflichtiger aus einem Staat erhält, mit dem Deutschland ein Doppelbesteuerungsabkommen (DBA) abgeschlossen hat, hat regelmäßig der Ansässigkeitsstaat des Steuerpflichtigen das Besteuerungsrecht. Im Vorgriff auf eine gesetzliche Neuregelung ist – nach einer Erörterung auf Bund-Länder-Ebene – nunmehr Folgendes zu beachten:

In Fällen, in denen Deutschland der Ansässigkeitsstaat des Steuerpflichtigen im Sinne des jeweiligen DBA ist, sind den deutschen Vorschriften vergleichbare Lohnersatzleistungen aus der Schweiz und dem EU-/EWR-Ausland aus sachlichen Billigkeitsgründen – in analoger Anwendung des § 3 Nr. 2 EStG von der deutschen Steuer freizustellen. Gleichzeitig ist § 32b Abs. 1 Nr. 1 EStG analog anzuwenden. Das bedeutet, die Lohnersatzleistungen sind dem Progressionsvorbehalt zu unterwerfen. R 3.2 der EStR 2008 ist somit nicht mehr anzuwenden; eine Anpassung im o. g. Sinne ist alsbald geplant. Ist Deutschland nicht Ansässigkeitsstaat des Steuerpflichtigen und hat Deutschland die Lohnersatzleistungen nach einem DBA von der Steuer freizustellen, sind diese nach § 32b Abs. 1 Nr. 3 EStG dem Progressionsvorbehalt zu unterwerfen.

---

[1] Weiterer Verfügungsteil ist durch neuere Gesetzeslage überholt (§ 32b Abs. 1 Nr. 1a EStG).

Saison-Kurzarbeitergeld

Berücksichtigung des Arbeitnehmeranteils an der Winterbeschäftigungs-Umlage in der Bauwirtschaft als Werbungskosten

(Erlass des Bayerischen Landesamts für Steuern vom 9. 5. 2007 – S 2354 – 10 St 32/St33 –)

Durch das Gesetz zur Förderung ganzjähriger Beschäftigung (BGBl. 2006 I Seite 926) wurde das so genannte Saison-Kurzarbeitergeld (§ 175 SGB III) eingeführt. Dieses wird unter bestimmten Voraussetzungen von der Bundesagentur für Arbeit an Arbeitnehmer im Baugewerbe bei saisonbedingten Arbeitsausfall, d. h. bei Arbeitsausfall aus Witterungsgründen oder wegen Auftragsmangels in der Schlechtwetterzeit vom 1. 12. bis 31. 3. gewährt.

Das Saison-Kurzarbeitergeld ist steuerfrei (§ 3 Nr. 2 EStG) und unterliegt dem Progressionsvorbehalt (§ 32b Abs. 1 Nr. 1 Buchst. a EStG).

Ab dem 1. 5. 2006 ist im Bauhauptgewerbe eine Winterbeschäftigungs-Umlage von 2 v. H. der umlagepflichtigen Bruttoarbeitsentgelte zu zahlen, wobei 1,2 v. H. vom Arbeitgeber und 0,8 v. H. vom Arbeitnehmer zu tragen sind. Mit der Winterbeschäftigungs-Umlage werden das Zuschuss-Wintergeld und das Mehraufwands-Wintergeld, auf die Arbeitnehmer der Bauwirtschaft unter bestimmten Voraussetzungen (§ 175a SGB III) neben dem Saison-Kurzarbeitergeld Anspruch haben, sowie die Erstattung von Sozialversicherungsbeiträgen, die der Arbeitgeber für Bezieher von Saison-Kurzarbeitergeld zu leisten hat, finanziert.

Sowohl das Zuschuss-Wintergeld als auch das Mehraufwands-Wintergeld sind nach § 3 Nr. 2 EStG steuerfrei (R 4 Abs. 3 LStR)[1]) und unterliegen nicht dem Progressionsvorbehalt.

Der Arbeitnehmeranteil zur Winterbeschäftigungs-Umlage gehört zu den abzugsfähigen Werbungskosten. Ein Abzugsverbot nach § 3c Abs. 1 EStG besteht nicht, da zwischen der Umlagezahlung und den späteren steuerfreien Leistungen (Zuschuss-Wintergeld, Mehraufwands-Wintergeld) kein unmittelbarer wirtschaftlicher Zusammenhang besteht. Der Arbeitnehmeranteil der Umlage dient primär dem Erhalt des gegenwärtigen Arbeitsplatzes und der ununterbrochenen Beschäftigung. Der Arbeitnehmer hat seinen Anteil an der Umlage unabhängig davon zu zahlen, ob er später tatsächlich steuerfreie Leistungen erhält (vgl. BT-Drucks. 16/429 Seite 12).

→ H 9.1 LStH

Zahlungen des Arbeitgebers an die Agentur für Arbeit

Leistet der Arbeitgeber aufgrund des gesetzlichen Forderungsübergangs nach § 115 SGB X eine Lohnnachzahlung unmittelbar an die Arbeitsverwaltung, führt dies beim Arbeitnehmer zum Zufluss von Arbeitslohn (→ BFH vom 15. 11. 2007 – BStBl 2008 II S. 375). Sind die Voraussetzungen von R 3.2 Abs. 1 Satz 2 nicht erfüllt, d. h. liegt kein Konkurs-, Gesamtvollstreckungs- oder Insolvenzverfahren vor, sind die Zahlungen des Arbeitgebers steuerpflichtiger Arbeitslohn (→ BFH vom 16. 3. 1993 – BStBl II S. 507); in diesen Fällen ist R 39b.6 Abs. 3 zu beachten.

---

§ 3   EStG

Steuerfrei sind

..

2a. die Arbeitslosenbeihilfe und die Arbeitslosenhilfe nach dem Soldatenversorgungsgesetz;   S 2342

2b. Leistungen zur Sicherung des Lebensunterhalts und zur Eingliederung in Arbeit nach dem   S 2342
    Zweiten Buch Sozialgesetzbuch;

3. a) Rentenabfindungen nach § 107 des Sechsten Buches Sozialgesetzbuch, nach § 21 des Beamtenversorgungsgesetzes oder entsprechendem Landesrecht und nach § 43 des Soldatenversorgungsgesetzes in Verbindung mit § 21 des Beamtenversorgungsgesetzes,

   b) Beitragserstattungen an den Versicherten nach den §§ 210 und 286b des Sechsten Bu-   S 2342
   ches Sozialgesetzbuch sowie nach den §§ 204, 205 und 207 des Sechsten Buches Sozialgesetzbuch, Beitragserstattungen nach den §§ 75 und 117 des Gesetzes über die Alterssicherung der Landwirte und nach § 26 des Vierten Buches Sozialgesetzbuch,

   c) Leistungen aus berufsständischen Versorgungseinrichtungen, die den Leistungen nach den Buchstaben a und b entsprechen,

   d) Kapitalabfindungen und Ausgleichszahlungen nach § 48 des Beamtenversorgungsgesetzes oder entsprechendem Landesrecht und nach den §§ 28 bis 35 und 38 des Soldatenversorgungsgesetzes;

---

[1]) Ab 2008 R 3.2 LStR.

§ 3 Nr. 3 EStG
H 3 Nr. 3

H 3 Nr. 3 Hinweise

Beitragserstattungen Berufsständischer Versorgungseinrichtungen

Steuerfreiheit von Beitragserstattungen Berufsständischer Versorgungseinrichtungen nach § 3 Nr. 3 Buchst. c EStG

Erlass des Bayerischen Landesamts für Steuern vom 28. 9. 2007 – S 2342 – 13 St32/St33 –

Das Bundesministerium der Finanzen hat der Arbeitsgemeinschaft berufsständischer Versorgungseinrichtungen – nach Abstimmung mit den obersten Finanzbehörden der Länder – mit Schreiben vom 10. 7. 2007 Az.: – IV C 8 – S 2121/07/0001 – Folgendes mitgeteilt:

„Witwen- und Witwenrentenabfindungen"

Wird von der berufsständischen Versorgungseinrichtung eine Witwen- oder Witwerrente bei der ersten Wiederheirat abgefunden, dann ist der Abfindungsbetrag nach § 3 Nr. 3 Buchst. c EStG (Einkommensteuergesetz) i. V. m. § 3 Nr. 3 Buchst. a EStG steuerfrei, wenn der Abfindungsbetrag das 60-fache der abzufindenden Monatsrente nicht übersteigt. Übersteigt die Abfindung den genannten Betrag, dann handelt es sich bei der Zahlung insgesamt nicht um eine dem § 3 Nr. 3 Buchst. a EStG entsprechende Abfindung mit der Folge, dass die Leistungen nach § 22 Nr. 1 Satz 3 Buchst. a DoppelBuchst. aa EStG zu versteuern sind (Aufnahme in die Rentenbezugsmitteilung nach § 22a EStG).

Beitragserstattungen

Eine von der berufsständischen Versorgungseinrichtung geleistete Betragserstattung ist nach § 3 Nr. 3 Buchst. c EStG i. V. m. § 3 Nr. 3 Buchst. b EStG steuerfrei, wenn Beiträge abzüglich des steuerfreien Arbeitgeberanteils bzw. -zuschusses für nicht mehr als 59 Beitragsmonate nominal erstattet werden. Eine Erstattung von nach § 3 Nr. 62 EStG steuerfreien Arbeitgeberanteilen bzw. -zuschüssen führt grundsätzlich nicht zu einer den Beitragserstattungen nach § 3 Nr. 3 Buchst. b entsprechende Beitragserstattung.

Werden bis zu 60 v. H. der für den Versicherten geleisteten Beiträge von der berufsständischen Versorgungseinrichtung erstattet, handelt es sich aus Vereinfachungsgründen insgesamt um eine steuerfreie Beitragserstattung nach § 3 Nr. 3 Buchst. c EStG i. V. m. § 3 Nr. 3 Buchst. b EStG.

Die Möglichkeit der steuerfreien Erstattung von Beiträgen, die nicht Pflichtbeiträge sind, besteht für den Versicherten insgesamt nur einmal. Eine bestimmte Wartefrist – vgl. § 210 Abs. 2 SGB VI – ist insoweit nicht zu beachten. Damit die berufsständische Versorgungseinrichtung erkennen kann, ob es sich um eine steuerfreie Beitragserstattung nach § 3 Nr. 3 Buchst. c EStG i. V. m. § 3 Nr. 3 Buchst. b EStG oder eine nach § 22 Nr. 1 Satz 3 Buchst. a EStG steuerpflichtige Leistung handelt, hat derjenige, der die Beitragserstattung beantragt, gegenüber der berufsständischen Versorgungseinrichtung zu versichern, dass er eine entsprechende Beitragserstattung bisher noch nicht beantragt hat.

Wird die Erstattung von Pflichtbeiträgen beantragt, ist eine nach § 3 Nr. 3 Buchst. c EStG i. V. m. § 3 Nr. 3 Buchst. b EStG steuerfreie Beitragserstattung erst möglich, wenn nach dem Ausscheiden aus der Versicherungspflicht eingetreten ist. Unter diesen Voraussetzungen kann eine steuerfreie Beitragserstattung auch mehrmals in Betracht kommen, wenn nach einer Beitragserstattung für den Steuerpflichtigen erneut eine Versicherungspflicht in einer berufsständischen Versorgungseinrichtung begründet wird und diese zu einem späteren Zeitpunkt wieder erlischt. Beantragt der Steuerpflichtige somit aufgrund seines Ausscheidens aus der Versicherungspflicht erneut eine Beitragserstattung, dann handelt es sich nur dann um ein nach § 3 Nr. 3 Buchst. c EStG i. V. m. § 3 Nr. 3 Buchst. b EStG steuerfreie Beitragserstattung, wenn lediglich die geleisteten Pflichtbeiträge erstattet werden. Erfolgt eine darüber hinausgehende Erstattung, handelt es sich insgesamt um eine nach § 3 Nr. 3 Buchst. c EStG i. V. m. § 3 Nr. 3 Buchst. b EStG steuerfreie Beitragserstattung, wenn lediglich die geleisteten Pflichtbeiträge erstattet werden. Erfolgt eine darüber hinausgehende Erstattung, handelt es sich insgesamt um eine nach § 22 Nr. 1 Satz 3 Buchst. a EStG steuerpflichtige Leistung. Damit die berufsständische Versorgungseinrichtung die Leistungen zutreffend zuordnen kann, hat derjenige, der die Beitragserstattung beantragt, in den Fällen des Ausscheidens aus der Versicherungspflicht auch im Falle der Erstattung von Pflichtbeiträgen gegenüber der berufsständischen Versorgungseinrichtung zu erklären, ob er bereits eine Beitragserstattung aus einer berufsständischen Versorgungseinrichtung in Anspruch genommen hat.

Nach § 3 Nr. 3 Buchst. b EStG sind auch Beitragserstattungen nach den §§ 204, 205, 207, 286d SGB VI, § 26 SGB IV steuerfrei. Liegen die in den Vorschriften genannten Voraussetzungen auch bei der von einer berufsständischen Versorgungseinrichtung durchgeführten Beitragser-

stattung vor, handelt es sich insoweit um eine steuerfreie Beitragserstattung nach § 3 Nr. 3 Buchst. c EStG i. V. m. § 3 Nr. 3 Buchst. b EStG.
Ergänzend wird darauf hingewiesen, dass die im Schreiben des Bundesministeriums der Finanzen vom 7. 9. 2004 den berufsständischen Versorgungseinrichtungen – aus steuerlicher Sicht im Hinblick auf die Anwendung des § 10 Abs. 1 Nr. 2 Buchst. a EStG – eingeräumte Möglichkeit der Abfindung einer Kleinbetragsrente – in Anlehnung an § 93 Abs. 2 Satz 3 EStG – sowie die Auszahlung eines angemessenen, auf maximal 3 Monatsrenten begrenzten Sterbegeldes nicht unter den Anwendungsbereich des § 3 Nr. 3 EStG fallen. Diese Leistungen sind nach § 22 Nr. 1 Satz 3 Buchst. a EStG nachgelagert zu versteuern."

§ 3 — EStG

Steuerfrei sind

..

4. bei Angehörigen der Bundeswehr, der Bundespolizei, des Zollfahndungsdienstes, der Bereitschaftspolizei der Länder, der Vollzugspolizei und der Berufsfeuerwehr der Länder und Gemeinden und bei Vollzugsbeamten der Kriminalpolizei des Bundes, der Länder und Gemeinden
   a) der Geldwert der ihnen aus Dienstbeständen überlassenen Dienstkleidung,   S 2342
   b) Einkleidungsbeihilfen und Abnutzungsentschädigungen für die Dienstkleidung der zum Tragen oder Bereithalten von Dienstkleidung Verpflichteten und für dienstlich notwendige Kleidungsstücke der Vollzugsbeamten der Kriminalpolizei und der Zollfahndungsbeamten,
   c) im Einsatz gewährte Verpflegung oder Verpflegungszuschüsse,
   d) der Geldwert der auf Grund gesetzlicher Vorschriften gewährten Heilfürsorge;

Überlassung von Dienstkleidung und andere Leistungen an bestimmte Angehörige des öffentlichen Dienstes (§ 3 Nr. 4 EStG) — R 3.4

¹Die Steuerfreiheit nach § 3 Nr. 4 Buchstaben a und b EStG gilt für sämtliche Dienstbekleidungsstücke, die die Angehörigen der genannten Berufsgruppen nach den jeweils maßgebenden Dienstbekleidungsvorschriften zu tragen verpflichtet sind. ²Zu den Angehörigen der Bundeswehr oder der Bundespolizei im Sinne des § 3 Nr. 4 EStG gehören nicht die Zivilbediensteten.   S 2342

§ 3 — EStG

Steuerfrei sind

..

5. die Geld- und Sachbezüge sowie die Heilfürsorge, die Soldaten auf Grund des § 1 Absatz 1 Satz 1 des Wehrsoldgesetzes und Zivildienstleistende auf Grund des § 35 des Zivildienstgesetzes erhalten;   1)

Geld- und Sachbezüge an Wehrpflichtige und Zivildienstleistende (§ 3 Nr. 5 EStG) — R 3.5
S 2342

¹Zu den Geldbezügen im Sinne des § 1 Abs. 1 Satz 1 des Wehrsoldgesetzes gehören neben dem Wehrsold die besondere Zuwendung, das Dienstgeld und das Entlassungsgeld. ²Nach § 35 des Zivildienstgesetzes (ZDG) stehen den Zivildienstleistenden die gleichen Geld- und Sachbezüge zu wie einem Soldaten des untersten Mannschaftsdienstgrades, der auf Grund der Wehrpflicht Wehrdienst leistet. ³Bei Zivildienstleistenden, denen keine dienstliche Unterkunft zugewiesen werden kann und deshalb „Heimschlaferlaubnis" erteilt wird, gehört auch das anstelle der Unterkunftsgestellung gezahlte Fahrgeld für die Fahrten zwischen Wohnung und Arbeitsstätte zu den steuerfreien Geldbezügen.   S 2342

1) Die Vorschrift soll durch das Jahressteuergesetz 2013 (JStG 2013) geändert werden. Bei Redaktionsschluss war das Gesetzgebungsverfahren noch nicht abgeschlossen. Um Beachtung wird gebeten.
→ Siehe hierzu Hinweise auf Seite 4!

§ 3 Nr. 5, 6 EStG
R 3.6   3 Nr. 5 H

3 Nr. 5 H

Hinweise

Geld- und Sachbezüge an Bundesfreiwilligendienst leistende Personen (§ 3 Nr. 5 EStG)

Erlass des Bayerischen Landesamts für Steuern vom 24. 10. 2011
– S 2331.1.1-1/9 St32 (ESt-Kartei BY § 3 Nr. 5 EStG Karte 1.1 – 72/2011)

Nach § 3 Nr. 5 EStG sind die Geld- und Sachbezüge sowie die Heilfürsorge, die Soldaten auf Grund des § 1 Abs. 1 Satz 1 des Wehrsoldgesetzes und Zivildienstleistende auf Grund des § 35 des Zivildienstgesetzes erhalten, steuerfrei.

Durch eine Änderung des Wehrpflichtgesetzes (WehrRÄndG 2011 vom 28. April 2011, BGBl 2011 I S. 678) wurde die Wehrpflicht ab dem 1. 7. 2011 ausgesetzt und durch den Freiwilligen Wehrdienst ersetzt. Im Zusammenhang mit diesen Änderungen wurde der Bundesfreiwilligendienst als Nachfolger für den Zivildienst eingeführt (Bundesfreiwilligendienstgesetz, BFDG, vom 28. 04. 2011 BGBl 2011 I S. 687). Die Freiwilligendienst-Leistenden gehen künftig ein Dienstverhältnis ein. Auf Bund-Länderebene wurde entschieden, dass die in einem solchen Beschäftigungsverhältnis erbrachten Bezüge (Barlohn und Sachlohn) bis auf Weiteres – vorbehaltlich einer späteren gesetzlichen Regelung – aus Billigkeitsgründen steuerfrei bleiben können, solange auch die Bezüge an freiwillig Wehrdienst- oder freiwillig Zivildienstleistende steuerfrei erbracht werden. Unabhängig davon müssen Arbeitgeber auch bei Beschäftigungsverhältnissen im Rahmen des Bundesfreiwilligendienstes sämtliche Arbeitgeberpflichten beachten (insbesondere: Vorlage der Lohnsteuerkarte (in 2011) bzw. Abruf der ELStAM (ab 2012), Abgabe einer Lohnsteueranmeldung (ggf. als Nullmeldung), Erteilung einer elektronischen Lohnsteuerbescheinigung (ggf. mit steuerpflichtigem Lohn von Null).

Hinweis

Auf Bund-Länderebene wurde außerdem entschieden, dass ein nach § 41a Abs. 5 Zivildienstgesetz (ZDG) gezahlter Zivildienstzuschlag für Zivildienstleistende (Rechtslage vor dem 1. 7. 2011), die ihren Dienst freiwillig verlängern, vorbehaltlich einer späteren gesetzlichen Klarstellung aus Billigkeitsgründen (§ 163 AO) für eine Übergangszeit nach § 3 Nr. 5 EStG steuerfrei zu stellen ist.

EStG

§ 3

Steuerfrei sind

...

6. Bezüge, die auf Grund gesetzlicher Vorschriften aus öffentlichen Mitteln versorgungshalber an Wehrdienstbeschädigte und Zivildienstbeschädigte oder ihre Hinterbliebenen, Kriegsbeschädigte, Kriegshinterbliebene und ihnen gleichgestellte Personen gezahlt werden, soweit es sich nicht um Bezüge handelt, die auf Grund der Dienstzeit gewährt werden;

R 3.6
S 2342

Gesetzliche Bezüge der Wehr- und Zivildienstbeschädigten, Kriegsbeschädigten, ihrer Hinterbliebenen und der ihnen gleichgestellten Personen (§ 3 Nr. 6 EStG)

S 2342

(1) ¹Steuerfreie Bezüge nach § 3 Nr. 6 EStG sind die Leistungen nach dem BVG ohne Rücksicht darauf, ob sie sich unmittelbar aus diesem oder aus Gesetzen, die es für anwendbar erklären, ergeben, ferner Leistungen nach den §§ 41 Abs. 2, §§ 63, 63a, 63b, 85 und 86 des Soldatenversorgungsgesetzes (SVG) sowie nach § 35 Abs. 5 und nach § 50 ZDG. ²Zu den Gesetzen, die das BVG für anwendbar erklären, gehören

1. das SVG (§§ 80, 81b, 81e, 81f des Gesetzes),
2. das ZDG (§§ 47, 47b des Gesetzes),
3. das Häftlingshilfegesetz (§§ 4 und 5 des Gesetzes, § 8 des Gesetzes i. V. m. § 86 BVG),
4. das Gesetz über die Unterhaltsbeihilfe für Angehörige von Kriegsgefangenen (§ 3 des Gesetzes i. V. m. § 86 BVG),
5. das Gesetz über den Bundesgrenzschutz vom 18. 8. 1972 in der jeweils geltenden Fassung (§ 59 Abs. 1 des Gesetzes i. V. m. dem SVG),
6. das Gesetz zur Regelung der Rechtsverhältnisse der unter Artikel 131 des Grundgesetzes fallenden Personen (§§ 66, 66a des Gesetzes) unter Beachtung der Anwendungsregelung de § 2 Dienstrechtliches Kriegsfolgen-Abschlußgesetz,

§ 3 Nr. 6–8a EStG
H 3.6 **R 3.6**

7. das Gesetz zur Einführung des BVG im Saarland vom 16. 8. 1961 (§ 5 Abs. 1 des Gesetzes),
8. das Gesetz über die Entschädigung für Opfer von Gewalttaten (§§ 1, 10a des Gesetzes),
9. das Infektionsschutzgesetz (§ 60 des Gesetzes),
10. das Strafrechtliche Rehabilitierungsgesetz (§§ 21, 22 des Gesetzes),
11. das Verwaltungsrechtliche Rehabilitierungsgesetz (§§ 3, 4 des Gesetzes).

(2) Zu den nach § 3 Nr. 6 EStG versorgungshalber gezahlten Bezügen, die nicht auf Grund der Dienstzeit gewährt werden, gehören auch
1. Bezüge der Berufssoldaten der früheren Wehrmacht, der Angehörigen des Vollzugsdienstes der Polizei, des früheren Reichswasserschutzes, der Beamten der früheren Schutzpolizei der Länder sowie der früheren Angehörigen der Landespolizei und ihrer Hinterbliebenen,
2. die Unfallfürsorgeleistungen an Beamte auf Grund der §§ 32 bis 35 und § 38 Beamtenversorgungsgesetz (BeamtVG), Unterhaltsbeiträge nach den §§ 40, 41, 43 und 43a BeamtVG;
3. die Dienstbeschädigungsvollrenten und die Dienstbeschädigungsteilrenten nach den Versorgungsordnungen der Nationalen Volksarmee (VSO-NVA), der Volkspolizei, der Feuerwehr und des Strafvollzugs des Ministeriums des Innern (VSO-MdI), der DDR-Zollverwaltung (VSO-Zoll) und des Ministeriums für Staatssicherheit/Amtes für Nationale Sicherheit (VSO-MfS/AfNS) sowie der Dienstbeschädigungsausgleich, der ab dem 1. 1. 1997 nach dem Gesetz über einen Ausgleich für Dienstbeschädigungen im Beitrittsgebiet vom 11. 11. 1996 (BGBl. I S. 1676) anstelle der vorbezeichneten Renten gezahlt wird.

Hinweise

H 3.6

Bezüge aus EU-Mitgliedstaaten

§ 3 Nr. 6 EStG ist auch auf Bezüge von Kriegsbeschädigten und gleichgestellten Personen anzuwenden, die aus öffentlichen Mitteln anderer EU-Mitgliedstaaten gezahlt werden (→ BFH vom 22. 1. 1997 – BStBl II S. 358).

Erhöhtes Unfallruhegehalt nach § 37 BeamtVG

ist ein Bezug, der auf Grund der Dienstzeit gewährt wird, und somit nicht nach § 3 Nr. 6 EStG steuerbefreit ist (→ BFH vom 29. 5. 2008 BStBl 2009 II S. 150).

Unterhaltsbeitrag nach § 38 BeamtVG

ist ein Bezug, der „versorgungshalber" gezahlt wird und somit nach § 3 Nr. 6 EStG steuerbefreit ist (→ BFH vom 16. 1. 1998 – BStBl II S. 303).

§ 3

EStG

Steuerfrei sind

...

7. Ausgleichsleistungen nach dem Lastenausgleichsgesetz, Leistungen nach dem Flüchtlingshilfegesetz, dem Bundesvertriebenengesetz, dem Reparationsschädengesetz, dem Vertriebenenzuwendungsgesetz, dem NS-Verfolgtenentschädigungsgesetz sowie Leistungen nach dem Entschädigungsgesetz und nach dem Ausgleichsleistungsgesetz, soweit sie nicht Kapitalerträge im Sinne des § 20 Absatz 1 Nummer 7 und Absatz 2 sind;

8. Geldrenten, Kapitalentschädigungen und Leistungen im Heilverfahren, die auf Grund gesetzlicher Vorschriften zur Wiedergutmachung nationalsozialistischen Unrechts gewährt werden. ²Die Steuerpflicht von Bezügen aus einem aus Wiedergutmachungsgründen neu begründeten oder wieder begründeten Dienstverhältnis sowie von Bezügen aus einem früheren Dienstverhältnis, die aus Wiedergutmachungsgründen neu gewährt oder wieder gewährt werden, bleibt unberührt;

S 2121

8a. Renten wegen Alters und Renten wegen verminderter Erwerbsfähigkeit aus der gesetzlichen Rentenversicherung, die an Verfolgte im Sinne des § 1 des Bundesentschädigungsgesetzes gezahlt werden, wenn rentenrechtliche Zeiten auf Grund der Verfolgung in der Rente enthalten sind. Renten wegen Todes aus der gesetzlichen Rentenversicherung, wenn der verstorbene Versicherte Verfolgter im Sinne des § 1 des Bundesentschädigungsgesetzes

S 2342
1)

¹) Nummer 8a wurde durch das BeitrRLUmsG eingefügt und ist in allen Fällen anzuwenden, in denen die Steuer noch nicht bestandskräftig festgesetzt ist → § 52 Abs. 4a Satz 1 EStG.

9. Erstattungen nach § 23 Absatz 2 Satz 1 Nummer 3 und 4 sowie nach § 39 Absatz 4 Satz 2 des Achten Buches Sozialgesetzbuch;

10. Einnahmen einer Gastfamilie für die Aufnahme eines behinderten oder von Behinderung bedrohten Menschen nach § 2 Absatz 1 des Neunten Buches Sozialgesetzbuch zur Pflege, Betreuung, Unterbringung und Verpflegung, die auf Leistungen eines Leistungsträgers nach dem Sozialgesetzbuch beruhen. ²Für Einnahmen im Sinne des Satzes 1, die nicht auf Leistungen eines Leistungsträgers nach dem Sozialgesetzbuch beruhen, gilt Entsprechendes bis zur Höhe der Leistungen nach dem Zwölften Buch Sozialgesetzbuch. ³Überschreiten die auf Grund der in Satz 1 bezeichneten Tätigkeit bezogenen Einnahmen der Gastfamilie den steuerfreien Betrag, dürfen die mit der Tätigkeit in unmittelbarem wirtschaftlichen Zusammenhang stehenden Ausgaben abweichend von § 3c nur insoweit als Betriebsausgaben abgezogen werden, als sie den Betrag der steuerfreien Einnahmen übersteigen;

Hinweise

Betreuungsentgelt

Steuerbefreiungsvorschrift für das an Gastfamilien behinderter Menschen gezahlte Betreuungsentgelt;
§ 3 Nr. 10 EStG in der Fassung des JStG 2009 (→ SenFin Berlin v. 18. 2. 2010 III B – S 2245-2/2005)

Mit dem Jahressteuergesetz 2009 vom 19. Dezember 2008 (BGBl I, S. 2794) wurde in § 3 Nr. 10 EStG eine Steuerbefreiungsvorschrift für das im Rahmen des betreuten Wohnens behinderter Menschen an die Gastfamilien gezahlte Betreuungsentgelt geschaffen. Danach sind die Einnahmen der Gastfamilie für die Aufnahme eines behinderten oder von einer Behinderung bedrohten Menschen bis zur Höhe der Leistungen nach SGB XII steuerfrei. Das gilt unabhängig davon, ob die Geldleistungen vom Sozialleistungsträger oder vom behinderten Menschen selbst (z. B. im Rahmen des Persönlichen Budgets) an die Gastfamilie geleistet werden. Diese Steuerbefreiung kann über die Anwendung des JStG 2009 hinaus auch für vorhergehende Veranlagungszeiträume gewährt werden.

Übergangsgebührnisse nach § 11 des Soldatengesetzes

sind steuerpflichtiger Arbeitslohn (→ BFH vom 1. 3. 1974 – BStBl II S. 490).

Übergangsregelung

§ 3 Nr. 10 EStG in der bis zum 31. 12. 2005 geltenden Fassung ist weiter anzuwenden für an Soldatinnen auf Zeit und Soldaten auf Zeit gezahlte Übergangsbeihilfen, wenn das Dienstverhältnis vor dem 1. 1. 2006 begründet wurde (→ § 52 Abs. 4a Satz 2 EStG).

§ 3 Nr. 10 EStG in der bis zum 31. 12. 2005 geltenden Fassung lautete:

Steuerfrei sind Übergangsgelder und Übergangsbeihilfen auf Grund gesetzlicher Vorschriften wegen Entlassung aus einem Dienstverhältnis, höchstens jedoch 10 800 €.

EStG   **§ 3**

Steuerfrei sind

...

11. Bezüge aus öffentlichen Mitteln oder aus Mitteln einer öffentlichen Stiftung, die wegen Hilfsbedürftigkeit oder als Beihilfe zu dem Zweck bewilligt werden, die Erziehung oder Ausbildung, die Wissenschaft oder Kunst unmittelbar zu fördern. ²Darunter fallen nicht Kinderzuschläge und Kinderbeihilfen, die auf Grund der Besoldungsgesetze, besonderer Tarife oder ähnlicher Vorschriften gewährt werden. ³Voraussetzung für die Steuerfreiheit ist, dass der Empfänger mit den Bezügen nicht zu einer bestimmten wissenschaftlichen oder künstlerischen Gegenleistung oder zu einer bestimmten Arbeitnehmertätigkeit verpflichtet wird. ⁴Den Bezügen aus öffentlichen Mitteln wegen Hilfsbedürftigkeit gleichgestellt sind Beitragsermäßigungen und Prämienrückzahlungen eines Trägers der gesetzlichen Krankenversicherung für nicht in Anspruch genommene Beihilfeleistungen;

Beihilfen und Unterstützungen, die wegen Hilfsbedürftigkeit gewährt werden (§ 3 Nr. 11 EStG)

R 3.11
S 2342

Beihilfen und Unterstützungen aus öffentlichen Mitteln

(1) Steuerfrei sind

1. Beihilfen in Krankheits-, Geburts- oder Todesfällen nach den Beihilfevorschriften des Bundes oder der Länder sowie Unterstützungen in besonderen Notfällen, die aus öffentlichen Kassen gezahlt werden;
2. Beihilfen in Krankheits-, Geburts- oder Todesfällen oder Unterstützungen in besonderen Notfällen an Arbeitnehmer von Körperschaften, Anstalten oder Stiftungen des öffentlichen Rechts auf Grund von Beihilfevorschriften (Beihilfegrundsätzen) oder Unterstützungsvorschriften (Unterstützungsgrundsätzen) des Bundes oder der Länder oder von entsprechenden Regelungen;
3. Beihilfen und Unterstützungen an Arbeitnehmer von Verwaltungen, Unternehmen oder Betrieben, die sich überwiegend in öffentlicher Hand befinden, wenn
    a) die Verwaltungen, Unternehmen oder Betriebe einer staatlichen oder kommunalen Aufsicht und Prüfung der Finanzgebarung bezüglich der Entlohnung und der Gewährung der Beihilfen unterliegen und
    b) die Entlohnung sowie die Gewährung von Beihilfen und Unterstützungen für die betroffenen Arbeitnehmer ausschließlich nach den für Arbeitnehmer des öffentlichen Dienstes geltenden Vorschriften und Vereinbarungen geregelt sind;
4. Beihilfen und Unterstützungen an Arbeitnehmer von Unternehmen, die sich nicht überwiegend in öffentlicher Hand befinden, z. B. staatlich anerkannte Privatschulen, wenn
    a) hinsichtlich der Entlohnung, der Reisekostenvergütungen und der Gewährung von Beihilfen und Unterstützungen nach den Regelungen verfahren wird, die für den öffentlichen Dienst gelten,
    b) die für die Bundesverwaltung oder eine Landesverwaltung maßgeblichen Vorschriften über die Haushalts-, Kassen- und Rechnungsführung und über die Rechnungsprüfung beachtet werden und
    c) das Unternehmen der Prüfung durch den Bundesrechnungshof oder einen Landesrechnungshof unterliegt.

Unterstützungen an Arbeitnehmer im privaten Dienst

(2) ¹Unterstützungen, die von privaten Arbeitgebern an einzelne Arbeitnehmer gezahlt werden, sind steuerfrei, wenn die Unterstützungen dem Anlass nach gerechtfertigt sind, z. B. in Krankheits- und Unglücksfällen. ²Voraussetzung für die Steuerfreiheit ist, dass die Unterstützungen

1. aus einer mit eigenen Mitteln des Arbeitgebers geschaffenen, aber von ihm unabhängigen und mit ausreichender Selbständigkeit ausgestatteten Einrichtung gewährt werden. ²Das gilt nicht nur für bürgerlich-rechtlich selbständige Unterstützungskassen, sondern auch für steuerlich selbständige Unterstützungskassen ohne bürgerlich-rechtliche Rechtspersönlichkeit, auf deren Verwaltung der Arbeitgeber keinen maßgebenden Einfluss hat;
2. aus Beträgen gezahlt werden, die der Arbeitgeber dem Betriebsrat oder sonstigen Vertretern der Arbeitnehmer zu dem Zweck überweist, aus diesen Beträgen Unterstützungen an die Arbeitnehmer ohne maßgebenden Einfluss des Arbeitgebers zu gewähren;
3. vom Arbeitgeber selbst erst nach Anhörung des Betriebsrats oder sonstiger Vertreter der Arbeitnehmer gewährt oder nach einheitlichen Grundsätzen bewilligt werden, denen der Betriebsrat oder sonstige Vertreter der Arbeitnehmer zugestimmt haben.

Die Voraussetzungen des Satzes 2 Nr. 1 bis 3 brauchen nicht vorzuliegen, wenn der Betrieb weniger als fünf Arbeitnehmer beschäftigt. ⁴Die Unterstützungen sind bis zu einem Betrag von 600 Euro je Kalenderjahr steuerfrei. ⁵Der 600 Euro übersteigende Betrag gehört nur dann nicht zum steuerpflichtigen Arbeitslohn, wenn er aus Anlass eines besonderen Notfalls gewährt wird. ⁶Bei der Beurteilung, ob ein solcher Notfall vorliegt, sind auch die Einkommensverhältnisse und der Familienstand des Arbeitnehmers zu berücksichtigen; drohende oder bereits eingetretene Arbeitslosigkeit begründet für sich keinen besonderen Notfall im Sinne dieser Vorschrift. ⁷Steuerfrei sind auch Leistungen des Arbeitgebers zur Aufrechterhaltung und Erfüllung eines Beihilfeanspruchs nach beamtenrechtlichen Vorschriften sowie zum Ausgleich von Beihilfeaufwendungen früherer Arbeitgeber im Falle der Beurlaubung oder Gestellung von Arbeitnehmern oder des Übergangs des öffentlich-rechtlichen Dienstverhältnisses auf den privaten Arbeitgeber, wenn Versicherungsfreiheit in der gesetzlichen Krankenversicherung nach § 6 Abs. 1 Nr. 2 SGB V besteht.

§ 3 Nr. 11 EStG
H 3.11

Hinweise

Beamte bei Postunternehmen

→ § 3 Nr. 35 EStG

Beihilfeanspruch, Kostenbeitrag, Beitragsermäßigung

→ Kostenbeitrag für Beihilfeanspruch

Beihilfen aus öffentlichen Haushalten

Für nicht nach R 3.11 Abs. 1 Nr. 3 oder 4 steuerfreie Beihilfen kann eine Steuerfreiheit in Betracht kommen, soweit die Mittel aus einem öffentlichen Haushalt stammen und über die Gelder nur nach Maßgabe der haushaltsrechtlichen Vorschriften des öffentlichen Rechts verfügt werden kann und ihre Verwendung einer gesetzlich geregelten Kontrolle unterliegt (→ BFH vom 15. 11. 1983 – BStBl 1984 II S. 113, betr. die an Lehrer einer staatlich anerkannten Ersatzschule nach beamtenrechtlichen Grundsätzen gezahlten Beihilfen); ist das Verhältnis der öffentlichen Mittel zu den Gesamtkosten im Zeitpunkt des Lohnsteuerabzugs nicht bekannt, so muss das Verhältnis ggf. geschätzt werden.

Beihilfen von einem Dritten

gehören regelmäßig zum steuerpflichtigen Arbeitslohn, wenn dies durch eine ausreichende Beziehung zwischen dem Arbeitgeber und dem Dritten gerechtfertigt ist (→ BFH vom 27. 1. 1961 – BStBl III S. 167, betr. Erholungsbeihilfen aus selbständiger Unterstützungskasse des Betriebs).

Beihilfen zu Lebenshaltungskosten

können die Erziehung und Ausbildung, nicht aber die Wissenschaft und Kunst unmittelbar fördern (→ BFH vom 27. 4. 2006 – BStBl II S. 755).

DO-Angestellte, Teilkostenversicherung

Teilkostenversicherung der Dienstordnungsangestellten (DO-Angestellten) der gesetzlichen Krankenkassen

(Verfügung der OFD Hannover vom 2. 7. 2007 – S 2334 – 191–StO 212 –)

Verfügung vom 24. 8. 2006 – Az. S 2334 – 191-StO 212 –

Mit der o. g. Rundverfügung vom 24. August 2006 habe ich Ausführungen zur Teilkostenversicherung von DO-Angestellten gesetzlicher Krankenkassen gemacht. Unter anderem habe ich darauf hingewiesen, dass die Beitragsermäßigungen (100 % Versicherungsschutz für 50 % Versicherungsbeitrag) als geldwerter Vorteil zu versteuern sind.

Mit dem Gesetz zur Stärkung des Wettbewerbs in der gesetzlichen Krankenversicherung (GKV-Wettbewerbsstärkungsgesetz – GKV-WSG) wurde durch Art. 45a das Einkommensteuergesetz geändert. Danach wird in § 3 Nr. 11 EStG (neu) geregelt, dass Beitragsermäßigungen und Prämienrückzahlungen eines Trägers der gesetzlichen Krankenversicherung für nicht in Anspruch genommene Beihilfeleistungen den Bezügen aus öffentlichen Mitteln wegen Hilfsbedürftigkeit gleichgestellt sind.

Die Änderung trat zum 1. April 2007 in Kraft. Sie hat zur Folge, dass die Beitragsermäßigungen, die die DO-Angestellten der gesetzlichen Krankenkassen erhalten, ab dem 1. April 2007 steuerfrei sind.

Teilkostenversicherung der Dienstordnungsangestellten (DO-Angestellten) der gesetzlichen Krankenkassen

(Verfügung der OFD Hannover vom 5. 11. 2007 – S 2334 – 191-StO 212 –)

Verfügung vom 2. 7. 2007 – Az.: S 2334 – 191-StO 212 –

Mit meiner o. g. Rundverfügung habe ich auf die Neuregelung des § 3 Nr. 11 EStG durch das *GKV-Wettbewerbsstärkungsgesetz* (GKV-WSG) vom 26. März 2007 hingewiesen.

Obwohl das GKV-WSG erst zum 1. April 2007 in Kraft getreten ist, haben sich die obersten Finanzbehörden der Länder darauf verständigt, die Neuregelung bereits ab dem 1. Januar 2007 anzuwenden. Dies hat zur Folge, dass die Beitragsermäßigungen, die die DO-Angestellten der gesetzlichen Krankenkassen erhalten, bereits ab dem 1. Januar 2007 steuerfrei sind.

Erholungsbeihilfen und andere Beihilfen

gehören grundsätzlich zum steuerpflichtigen Arbeitslohn, soweit sie nicht ausnahmsweise als Unterstützungen anzuerkennen sind (→ BFH vom 14. 1. 1954 – BStBl III S. 86, vom 4. 2. 1954 – BStBl III S. 111, vom 5. 7. 1957 – BStBl III S. 279 und vom 18. 3. 1960 – BStBl III S. 237).

Kostenbeitrag für Beihilfeanspruch

Steuerliche Behandlung des Kostenbeitrags für einen Beihilfeanspruch im Fall von Wahlleistungen bei stationärer Behandlung; Änderung der baden-württembergischen Beihilfeverordnung vom 28. Juli 1995 (GBl. S. 561) durch Artikel 10 des Haushaltsstrukturgesetzes 2004 vom 17. Februar 2004 (GBl. S. 66)

(Erlass des Finanzministeriums Baden-Württemberg vom 25. 2. 2004–3 – S 235.0/21 –)

Durch das Haushaltsstrukturgesetz 2004 vom 17. Februar 2004 (Gesetzblatt Baden-Württemberg – GBl. – S. 66) wurde die Beihilfefähigkeit von Wahlleistungen i. S. des § 6 der Beihilfeverordnung (BVO) vom 28. Juli 1995 (GBl. S. 561), zuletzt geändert durch Verordnung vom 20. Februar 2003 (GBl. S. 125), neu geregelt. Danach ist der Beihilfeanspruch für die Aufwendungen für Wahlleistungen bei stationärer Unterbringung ab 1. April 2004 von der Zahlung eines Kostenbeitrags in Höhe von 13 Euro monatlich abhängig.

Für den unmittelbaren Geltungsbereich der baden-württembergischen Beihilfeverordnung (§ 1 Abs. 2 BVO i. V. m. § 1 LBG) ergibt sich im Einvernehmen mit den obersten Finanzbehörden des Bundes und der anderen Länder Folgendes:

1. Der vom Arbeitnehmer zu übernehmende Kostenbeitrag ist als Umwandlung von Barlohn zu Gunsten einer Zusage des Arbeitgebers auf Versorgungsleistungen im Krankheitsfall anzusehen. In Höhe des einbehaltenen Kostenbeitrags liegt daher kein steuerpflichtiger Arbeitslohn vor.

2. Die Kostenübernahme von Wahlleistungen im Krankheitsfall stellt eine steuerfreie Beihilfeleistung des Arbeitgebers dar (§ 3 Nr. 11 EStG). Ein steuerpflichtiger geldwerter Vorteil entsteht nicht.

Soweit daneben noch weitere (auch privatrechtlich organisierte) Arbeitgeber ihren Arbeitnehmern Beihilfen auf der Grundlage der baden-württembergischen Beihilfeverordnung gewähren, ergibt sich Folgendes:

1. Der vom Arbeitnehmer zu übernehmende Kostenbeitrag ist als Umwandlung von Barlohn zu Gunsten einer Zusage des Arbeitgebers auf Versorgungsleistungen im Krankheitsfall anzusehen. In Höhe des einbehaltenen Kostenbeitrags liegt daher kein steuerpflichtiger Arbeitslohn vor. Der Zeitpunkt eines möglichen Lohnzuflusses verlagert sich vielmehr auf den Zeitpunkt der tatsächlichen Beihilfezahlung.

2. Bei der vom Arbeitgeber auszuzahlenden Beihilfe kann jedoch nicht generell von einer Steuerfreiheit nach § 3 Nr. 11 EStG ausgegangen werden, da diese Vorschrift in erster Linie auf die Beihilfen, die aus öffentlichen Kassen gezahlt werden, bzw. die Beihilfen von Körperschaften, Anstalten und Stiftungen des öffentlichen Rechts abzielt.

Bezüglich der steuerlichen Behandlung der Beihilfe auf Wahlleistungen ergeben sich durch die Einführung des Kostenbeitrags in diesen Fällen keine Änderungen. Danach verbleibt es bei den bisher bekannten Regelungen:

– Die den Arbeitnehmern von überwiegend in öffentlicher Hand befindlichen Verwaltungen, Unternehmen oder Betrieben gewährten Beihilfen sind nur unter den Voraussetzungen des R 11 Abs. 1 Nr. 3 LStR 2004 steuerfrei.

– Die den Arbeitnehmern von nicht überwiegend in öffentlicher Hand befindlichen Unternehmen gewährten Beihilfen sind nur unter den Voraussetzungen des R 11 Abs. 1 Nr. 4 LStR 2004 steuerfrei.

– Unterstützungen und Erholungsbeihilfen an Arbeitnehmer im privaten Dienst sind nur unter den Voraussetzungen des R 11 Abs. 2 LStR 2004 und in dem dort aufgeführten Umfang steuerfrei.[1]

Öffentliche Kassen

Öffentliche Kassen sind die Kassen der inländischen juristischen Personen des öffentlichen Rechts und solche Kassen, die einer Dienstaufsicht und Prüfung der Finanzgebarung durch die inländische öffentliche Hand unterliegen (→ BFH vom 7. 8. 1986 – BStBl II S. 848). Zu den öffentlichen Kassen gehören danach neben den Kassen des Bundes, der Länder und der Gemeinden insbesondere auch die Kassen der öffentlich-rechtlichen Religionsgemeinschaften, die Ortskran-

---

[1] Nunmehr R 3.11 Abs. 2 LStR 2011.

§ 3 Nr. 11 EStG
H 3.11

kenkassen, Landwirtschaftliche Krankenkassen, Innungskrankenkassen und Ersatzkassen sowie die Kassen des Bundeseisenbahnvermögens, der Deutschen Bundesbank, der öffentlich-rechtlichen Rundfunkanstalten, der Berufsgenossenschaften, Gemeindeunfallversicherungsverbände, der Deutschen Rentenversicherung (Bund, Knappschaft-Bahn-See, *Regionalträger*) und die Unterstützungskassen der Postunternehmen **sowie deren Nachfolgeunternehmen** → **§ 3 Nr. 35 EStG**.

Öffentliche Stiftung

→ H 3.11 EStH

Steuerfreiheit nach § 3 Nr. 11 EStG

– Voraussetzung ist eine offene Verausgabung nach Maßgabe der haushaltsrechtlichen Vorschriften und unter gesetzlicher Kontrolle (→ BFH vom 9. 4. 1975 – BStBl II S. 577 und vom 15. 11. 1983 – BStBl 1984 II S. 113).
– Empfänger einer steuerfreien Beihilfe können nur Personen sein, denen sie im Hinblick auf den Zweck der Leistung bewilligt worden ist (→ BFH vom 19. 6. 1997 – BStBl II S. 652).
– Zu den steuerfreien Erziehungs- und Ausbildungsbeihilfen gehören die Leistungen nach dem BAföG sowie die Ausbildungszuschüsse nach § 5 Abs. 4 SVG.
– Zu den steuerfreien Erziehungs- und Ausbildungsbeihilfen gehören nicht die Unterhaltszuschüsse an Beamte im Vorbereitungsdienst – Beamtenanwärter (→ BFH vom 12. 8. 1983 – BStBl II S. 718), die zur Sicherstellung von Nachwuchskräften gezahlten Studienbeihilfen und die für die Fertigung einer Habilitationsschrift gewährten Beihilfen (→ BFH vom 4. 5. 1972 – BStBl II S. 566).

Stipendien

→ R 3.44 EStR, H 3.44 EStH

Vollzeitpflege nach § 33 SGB VIII, für die Erziehung in einer Tagesgruppe nach § 32 SGB VIII, für Heimerziehung nach § 34 SGB VIII und für die intensive sozialpädagogische Einzelbetreuung nach § 35 SGB VIII – Einkommensteuerrechtliche Behandlung der Geldleistungen für Kinder

(→ BMF vom 21. 4. 2011 (BStBl I S. 487) unter Berücksichtigung der Änderungen durch BMF vom 27. 11. 2012 – BStBl I S. 1226).

Zuschüsse, Beihilfen aus öffentlichen Mitteln

> **Zur steuerlichen Behandlung der Zuschüsse und Beihilfen sowie etwaiger Arbeitgeberleistungen in den Fällen, in denen Auszubildende infolge der sog. „Blockbeschulung" auswärts wohnen, vertrete ich folgende Auffassung:**
>
> (Erlaß des Hessischen FinMin vom 27. 1. 1981 – S 2334 A – 50 – II B 21)

1. Die nach landesrechtlichen Regelungen gewährten Zuschüsse sind nach § 3 Nr. 11 EStG steuerfrei.
2. Die zusätzlich gewährten Berufsausbildungsbeihilfen nach dem Arbeitsförderungsgesetz sind nach § 3 Nr. 2 EStG steuerfrei.

...

Dieser Erlaß ergeht im Einvernehmen mit dem Bundesminister der Finanzen und den obersten Finanzbehörden der anderen Länder.

Zuschüsse der Werkstätten für Behinderte

> **Zuschüsse der Werkstätten für Behinderte zu Fahrtkosten und Mittagessen**
>
> (BMF-Schreiben vom 2. 8. 1990 – IV B 6 – S 2334 – 97/90 –)

Die steuerliche Behandlung der Zuschüsse der Werkstätten für Behinderte zu den Fahrtkosten und Mittagessen ist mit den für Lohnsteuerfragen zuständigen Vertretern der obersten Landesfinanzbehörden erörtert worden. Danach sind diese Leistungen als steuerfreie Beihilfen gem. § 3 Nr. 11 EStG zu behandeln.

Dagegen handelt es sich bei den an die Behinderten gezahlten Arbeitsentgelten grundsätzlich um Einkünfte aus nichtselbständiger Arbeit. Nur in den Fällen, in denen die Beschäftigung überwiegend der Rehabilitation und somit überwiegend therapeutischen und sozialen Zwecken und weniger der Erzielung eines produktiven Arbeitsergebnisses dient, kann ein Arbeitsverhältnis auch im steuerlichen Sinne nicht angenommen werden. Das gilt besonders, wenn lediglich die Anwesenheit des Behinderten belohnt wird, die Höhe des Entgelts aber durch die Arbeitsleistung nicht mit beeinflußt wird. In diesen Fällen entfallen aber auch Begünstigungen (z. B. vermögenswirksame Leistungen, Berlin-Zulagen), die an ein Dienstverhältnis anknüpfen. Im übrigen wird in den wenigsten Fällen LSt einzubehalten sein, weil die Arbeitsentgelte i. d. R. unter dem tariflichen Grundfreibetrag liegen dürften.

§ 3   EStG

Steuerfrei sind

...

2. aus einer Bundeskasse oder Landeskasse gezahlte Bezüge, die in einem Bundesgesetz oder Landesgesetz oder einer auf bundesgesetzlicher oder landesgesetzlicher Ermächtigung beruhenden Bestimmung oder von der Bundesregierung oder einer Landesregierung als Aufwandsentschädigung festgesetzt sind und als Aufwandsentschädigung im Haushaltsplan ausgewiesen werden. ²Das Gleiche gilt für andere Bezüge, die als Aufwandsentschädigung aus öffentlichen Kassen an öffentliche Dienste leistende Personen gezahlt werden, soweit nicht festgestellt wird, dass sie für Verdienstausfall oder Zeitverlust gewährt werden oder den Aufwand, der dem Empfänger erwächst, offenbar übersteigen;

Aufwandsentschädigungen aus öffentlichen Kassen
(§ 3 Nr. 12 Satz 2 EStG)

R 3.12
S 2337

(1) ¹Öffentliche Dienste leisten grundsätzlich alle Personen, die im Dienst einer juristischen Person des öffentlichen Rechts stehen und hoheitliche (einschl. schlichter Hoheitsverwaltung) Aufgaben ausüben, die nicht der Daseinsvorsorge zuzurechnen sind. ²Keine öffentlichen Dienste im Sinne dieser Vorschrift leisten hingegen Personen, die in der fiskalischen Verwaltung tätig sind.

S 2342

(2) ¹Voraussetzung für die Anerkennung als steuerfreie Aufwandsentschädigung nach § 3 Nr. 12 Satz 2 EStG ist, dass die gezahlten Beträge dazu bestimmt sind, Aufwendungen abzugelten, die steuerlich als Werbungskosten oder Betriebsausgaben abziehbar wären. ²Eine steuerfreie Aufwandsentschädigung liegt deshalb insoweit nicht vor, als die Entschädigung für Verdienstausfall oder Zeitverlust oder zur Abgeltung eines Haftungsrisikos gezahlt wird oder dem Empfänger ein abziehbarer Aufwand nicht oder offenbar nicht in Höhe der gewährten Entschädigung erwächst. ³Das Finanzamt hat das Recht und die Pflicht zu prüfen, ob die als Aufwandsentschädigung gezahlten Beträge tatsächlich zur Bestreitung eines abziehbaren Aufwands erforderlich sind. ⁴Dabei ist nicht erforderlich, dass der Steuerpflichtige alle seine dienstlichen Aufwendungen bis ins kleinste nachweist. ⁵Entscheidend ist auch nicht, welche Aufwendungen einem einzelnen Steuerpflichtigen in einem einzelnen Jahr tatsächlich erwachsen sind, sondern ob Personen in gleicher dienstlicher Stellung im Durchschnitt der Jahre abziehbare Aufwendungen etwa in Höhe der Aufwandsentschädigung erwachsen. ⁶Eine Nachprüfung ist nur geboten, wenn dazu ein Anlass von einigem Gewicht besteht. ⁷Werden im kommunalen Bereich ehrenamtlich tätigen Personen Bezüge unter der Bezeichnung Aufwandsentschädigung gezahlt, so sind sie nicht nach § 3 Nr. 12 Satz 2 EStG steuerfrei, soweit sie auch den Aufwand an Zeit und Arbeitsleistung sowie den entgangenen Arbeitsverdienst und das Haftungsrisiko abgelten oder den abziehbaren Aufwand offensichtlich übersteigen.

(3) ¹Zur Erleichterung der Feststellung, inwieweit es sich in den Fällen des § 3 Nr. 12 Satz 2 EStG um eine steuerfreie Aufwandsentschädigung handelt, ist wie folgt zu verfahren: ²Sind die Anspruchsberechtigten und der Betrag oder auch ein Höchstbetrag der aus einer öffentlichen Kasse gewährten Aufwandsentschädigung durch Gesetz oder Rechtsverordnung bestimmt, so ist die Aufwandsentschädigung

1. bei hauptamtlich tätigen Personen in voller Höhe steuerfrei,
2. bei ehrenamtlich tätigen Personen in Höhe von ¹/₃ der gewährten Aufwandsentschädigung, mindestens 175 Euro monatlich steuerfrei.

³Sind die Anspruchsberechtigten und der Betrag oder auch ein Höchstbetrag nicht durch Gesetz oder Rechtsverordnung bestimmt, so kann bei hauptamtlich und ehrenamtlich tätigen Personen in der Regel ohne weiteren Nachweis ein steuerlich anzuerkennender Aufwand von 175 Euro monatlich angenommen werden. ⁴Ist die Aufwandsentschädigung niedriger als 175 Euro monatlich, so bleibt nur der tatsächlich geleistete Betrag steuerfrei. ⁵Bei Personen, die für mehrere Körperschaften des öffentlichen Rechts tätig sind, sind die steuerfreien monatlichen Mindest- und Höchstbeträge auf die Entschädigung zu beziehen, die von der einzelnen öffentlich-rechtlichen

51

Körperschaft an diese Personen gezahlt wird. [6]Aufwandsentschädigungen für mehrere Tätigkeiten bei einer Körperschaft sind für die Anwendung der Mindest- und Höchstbeträge zusammenzurechnen. [7]Bei einer gelegentlichen ehrenamtlichen Tätigkeit sind die steuerfreien monatlichen Mindest- und Höchstbeträge nicht auf einen weniger als einen Monat dauernden Zeitraum der ehrenamtlichen Tätigkeit umzurechnen. [8]Soweit der steuerfreie Monatsbetrag von 175 Euro nicht ausgeschöpft wird, ist eine Übertragung in andere Monate dieser Tätigkeiten im selben Kalenderjahr möglich. [9]Maßgebend für die Ermittlung der Anzahl der in Betracht kommenden Monate ist die Dauer der ehrenamtlichen Funktion bzw. Ausübung im Kalenderjahr. [10]Die für die Finanzverwaltung zuständige oberste Landesbehörde kann im Benehmen mit dem Bundesministerium der Finanzen und den obersten Finanzbehörden der anderen Länder Anpassungen an die im Lande gegebenen Verhältnisse vornehmen.

(4) [1]Die Empfänger von Aufwandsentschädigungen können dem Finanzamt gegenüber einen höheren steuerlich abziehbaren Aufwand glaubhaft machen; der die Aufwandsentschädigung übersteigende Aufwand ist als Werbungskosten oder Betriebsausgaben abziehbar. [2]Wenn einer hauptamtlich tätigen Person neben den Aufwendungen, die durch die Aufwandsentschädigung ersetzt werden sollen, andere beruflich veranlasste Aufwendungen entstehen, sind diese unabhängig von der Aufwandsentschädigung als Werbungskosten abziehbar; in diesem Fall ist aber Absatz 3 nicht anzuwenden, sondern nach Absatz 2 Satz 3 bis 6 zu verfahren. [3]Bei ehrenamtlich tätigen Personen sind alle durch die Tätigkeit veranlassten Aufwendungen als durch die steuerfreie Aufwandsentschädigung ersetzt anzusehen, so dass nur ein die Aufwandsentschädigung übersteigender Aufwand als Werbungskosten oder Betriebsausgaben abziehbar ist.

(5) [1]Von Pauschalentschädigungen, die Gemeinden oder andere juristische Personen des öffentlichen Rechts für eine gelegentliche ehrenamtliche Tätigkeit zahlen, darf ein Betrag bis zu 6 Euro täglich ohne nähere Prüfung als steuerfrei anerkannt werden. [2]Bei höheren Pauschalentschädigungen hat das Finanzamt zu prüfen, ob auch ein Aufwand an Zeit und Arbeitsleistung sowie ein entgangener Verdienst abgegolten worden ist. [3]Anstelle dieser Regelung kann auch Absatz 3 angewendet werden.

Hinweise

Allgemeines zu § 3 Nr. 12 Satz 2 EStG

Aufwandsentschädigungen, bei denen die Voraussetzungen des § 3 Nr. 12 Satz 1 EStG nicht vorliegen, sind nach § 3 Nr. 12 Satz 2 EStG nur steuerfrei, wenn sie aus öffentlichen Kassen (→ H 3.11) an Personen gezahlt werden, die öffentliche Dienste für einen inländischen Träger öffentlicher Gewalt leisten (→ BFH vom 3. 12. 1982 – BStBl 1983 II S. 219). Dabei kann es sich auch um eine Nebentätigkeit handeln. Aufwandsentschädigungen können nicht nur bei Personen steuerfrei sein, die öffentlich-rechtliche (hoheitliche) Dienste leisten, sondern auch bei Personen, die im Rahmen des öffentlichen Dienstes Aufgaben der schlichten Hoheitsverwaltung erfüllen (→ BFH vom 15. 3. 1968 – BStBl II S. 437, vom 1. 4. 1971 – BStBl II S. 519 und vom 27. 2. 1976 – BStBl II S. 418, betr. Tätigkeit des Hessischen Sparkassen- und Giroverbands).

Beamte bei Postunternehmen

→ § 3 Nr. 35 EStG

Begriff der Aufwandsentschädigung

– Zur Abgeltung von Werbungskosten/Betriebsausgaben → BFH vom 9. 7. 1992 – BStBl 1993 II S. 50 und vom 29. 11. 2006 (BStBl 2007 II S. 308)

– Zur Prüfung dieser Voraussetzung durch das Finanzamt → BFH vom 3. 8. 1962 – BStBl III S. 425 und vom 9. 6. 1989 – BStBl 1990 II S. 121 und 123

Daseinsvorsorge

Beispiel:

Ein kirchlicher Verein erbringt Pflegeleistungen im Rahmen der Nachbarschaftshilfe.

Die den Pflegekräften gewährten Entschädigungen sind nicht nach § 3 Nr. 12 Satz 2 EStG steuerbefreit, da Pflegeleistungen zur Daseinsvorsorge gehören; ggf. kann eine Steuerbefreiung nach § 3 Nr. 26 oder Nr. 26a EStG in Betracht kommen.

Dienstaufwandsentschädigung der Ersten Landesbeamtinnen und Ersten Landesbeamten

Erlass des Finanzministeriums Baden-Württemberg vom 28. 11. 2012 – 3-S233.7/31 –

Die im Einvernehmen mit dem Finanzministerium erlassene „Innerdienstliche Anordnung des Innenministeriums zur Aufwandsentschädigung der Ersten Landesbeamten" vom 26. August 2008 – Az.: 1-0322.4/4 – tritt mit Ablauf des 31. Dezember 2012 außer Kraft.

Auf Grund des fortbestehenden Regelungsbedarfs tritt an deren Stelle die Verwaltungsvorschrift des Innenministeriums zur Dienstaufwandsentschädigung der Ersten Landesbeamtinnen und Ersten Landesbeamten vom 14. November 2012 – Az.: 1-0322.4/4 –.

Danach kann den Ersten Landesbeamtinnen und Ersten Landesbeamten als ständige allgemeine Vertreterinnen oder Vertreter der Landrätinnen und Landräte eine Dienstaufwandsentschädigung durch den Landkreis gewährt werden. Sie beträgt monatlich

in Landkreisen bis zu 300 000 Einwohnern 150 Euro

in Landkreisen über 300 000 Einwohnern 175 Euro.

Die Dienstaufwandsentschädigung ist nach § 3 Nr. 12 Satz 2 EStG und R 3.12 Abs. 3 Satz 3 und 4 LStR bis zu einem Betrag von 175 Euro monatlich – höchstens der tatsächlich gezahlte Betrag – steuerfrei.

Die auf eine Empfehlung des Innenministeriums gegenüber den Landratsämtern zurückzuführende und im Bezugserlass angeführte Reisekostenpauschale nach § 18 Landesreisekostengesetz, mit der insbesondere Zehrkosten nach § 15 Landesreisekostengesetz abgegolten werden sollen, wurde mit Wirkung ab 1. September 1997 zurückgenommen. Ob allerdings sämtliche Landratsämter gegenüber den Ersten Landesbeamtinnen und Ersten Landesbeamten auf die Gewährung einer Reisekostenpauschale nach § 18 Landesreisekostengesetzverzichtet, ist hier nicht bekannt. Deshalb wird darauf hingewiesen, dass eine nach § 18 Landesreisekostengesetzweiterhin gewährte Reisekostenpauschale auf Grund der durch das Jahressteuergesetz 1996 eingetretenen Rechtsänderung beim steuerfreien Ersatz von Verpflegungsmehraufwendungen (§ 3 Nr. 13 i. V. m. § 4 Abs. 5 Satz 1 Nr. 5 EStG) als steuerpflichtiger Arbeitslohn dem Lohnsteuerabzug zu unterwerfen ist.

Der Bezugserlass wird aufgehoben.

Entschädigungszahlungen an die zur Durchführung des Zensus 2011 eingesetzten Erhebungsbeauftragten

→ Erlass des Bayerischen Landesamtes für Steuern vom 24. 10. 2011 – S 2337.1.1-4/10 St 32 –.

Nach dem Zensusgesetz vom 08. 07. 2009 (ZensG 2011 – BGBl. I S. 1781) ist im Jahre 2011 eine Bevölkerungs-, Gebäude- und Wohnungszählung durchzuführen. Für die Durchführung des Zensus 2011 werden ehrenamtliche Erhebungsbeauftragte (Interviewer) eingesetzt. Diese erhalten dafür eine Aufwandsentschädigung, die nach bundeseinheitlicher Abstimmung nach § 3 Nr. 12 Satz 2 EStG steuerfrei ist (§ 11 Abs. 4 ZensG 2011).

D.h. die nach dem ZensG 2011 gezahlten Aufwandsentschädigungen sind nicht in jedem Fall in vollem Umfang steuerfrei. Vielmehr richtet sich die Höhe der Steuerfreiheit nach § 3 Nr. 12 Satz 2 EStG i. V. m. R 3.12 LStR. Da die Aufwandsentschädigungen – zumindest in Bayern – nicht durch ein Gesetz oder eine Rechtsverordnung bestimmt sind, können sie ohne weiteren Nachweis in Höhe von 175 Euro monatlich nach § 3 Nr. 12 Satz 2 EStG i. V. m. R 3.12 Absatz 3 Satz 3 LStR steuerfrei bleiben. Die weiteren Regelungen des R 3.12 Abs. 3 Sätze 4 ff. LStR – insbesondere zur Übertragung nicht ausgeschöpfter Monatsbeträge – sind zu beachten.

Übersteigen die gezahlten Aufwandsentschädigungen die nach § 3 Nr. 12 EStG steuerfreien Beträge (s. o.), sind sie im Rahmen der sonstigen Einkünfte i. S. d. § 22 Nr. 3 EStG zu versteuern. Hierbei ist zu beachten, dass Einkünfte nach § 22 Nr. 3 EStG nicht einkommensteuerpflichtig sind, wenn sie weniger als 256 Euro im Kalenderjahr betragen haben (§ 22 Nr. 3 Satz 2 EStG). Bei den nach dem ZensG 2011 gezahlten Aufwandsentschädigungen handelt es sich nicht um Einkünfte aus nichtselbständiger Arbeit im Sinne des § 19 EStG, die dem Lohnsteuerabzug unterliegen. Die Steuerbefreiungen nach § 3 Nr. 26 EStG bzw. § 3 Nr. 26a EStG (vgl. § 3 Nr. 26a Satz 2 EStG) sind nicht anwendbar.

Hinweis:

Die neben der Aufwandsentschädigung nach Maßgabe des BayRKG gezahlten Fahrtkostenerstattungen sind steuerfrei nach § 3 Nr. 13 Satz 1 EStG.

§ 3 Nr. 12 EStG
H 3.12

Entschädigungszahlungen der ehrenamtlichen Tätigkeit bei Sozialversicherungsträgern

Einkommensteuerliche Behandlung der Entschädigung ehrenamtlicher Tätigkeit bei Sozialversicherungsträgern

Erlass der Oberfinanzdirektion Niedersachsen vom 8. 10. 2012 – S 2337-148-St 213 – (ESt-Kartei ND Kontroll-Nr. 2230)

Die Sozialversicherungsträger sind gem. § 29 Abs. 1 SGB IV rechtsfähige Körperschaften des öffentlichen Rechts. Die Mitglieder ihrer Selbstverwaltungsorgane (Vertreterversammlung und Vorstand) sowie die Versichertenältesten und Vertrauenspersonen üben ihre Tätigkeiten ehrenamtlich aus (§ 40 Abs. 1 SGB IV). Als Entschädigung erhalten sie Erstattungen für Barauslagen (§ 41 Abs. 1 SGB IV), Ersatz für Verdienstausfall (§ 41 Abs. 2 SGB IV) sowie Pauschbeträge für Zeitaufwand (§ 41 Abs. 3 SGB IV). Diese Vergütungen führen grundsätzlich zu Einkünften aus selbständiger Arbeit i. S. d. § 18 Abs. 1 Nr. 3 EStG.

Die genannten Tätigkeiten fallen jedoch unter die sog. schlichte Hoheitsverwaltung (R 3.12 Abs. 1 S. 1 LStR), sodass die Steuerbefreiungsvorschrift des § 3 Nr. 12 EStG anwendbar ist.

Die einkommensteuerliche Behandlung der gewährten Entschädigungen richtet sich nach folgenden Grundsätzen:

1. Einzeln gewährte (Teil-)Entschädigungen für Barauslagen, Verdienstausfall sowie Pauschbeträge für Zeitaufwand

Eine Anwendung der Vereinfachungsregel der R 3.12 Abs. 3 S. 3 LStR auf die Summe der Entschädigungen kommt nicht in Betracht. Vielmehr ist für jede (Teil-)Entschädigung zu prüfen, ob die Voraussetzungen des § 3 Nr. 12 S. 2 EStG i. V. m. R 3.12 Abs. 2 LStR erfüllt sind. Entscheidend ist daher, ob die Beträge dazu bestimmt sind, Aufwendungen abzugelten, die steuerlich als Werbungskosten oder Betriebsausgaben abziehbar wären. Soweit diese Voraussetzung erfüllt ist, bestehen keine Bedenken, von der Summe der jeweiligen Entschädigung unter Berücksichtigung der o. g. Vereinfachungsregel bis zu 175,00 EUR monatlich als steuerfreie Aufwandsentschädigung zu behandeln. Danach sind die (Teil-)Entschädigungen wie folgt zu behandeln:

1.1 Erstattung von Barauslagen (§ 41 Abs. 1 SGB IV)

Die Erstattung von Barauslagen, die ggf. auch als feste Pauschbeträge gezahlt werden können, setzt sich regelmäßig aus den Teilbeträgen für Tage- und Übernachtungsgeld, Fahrtkosten, ggf. Unterkunfts- und Verpflegungskosten für Kraftfahrerinnen und Kraftfahrer und sonstigen Kosten (z. B. Beförderung von Gepäck und Post- und Telekommunikationskosten) zusammen.

Der Ersatz dieser Barauslage nach dem tatsächlichen Aufwand – ohne das Tagegeld – ist gem. § 3 Nr. 12 S. 2 EStG steuerfrei. Die Erstattung der tatsächlichen Fahrtkosten für Fahrten von der Wohnung zum Sitzungsort wird als steuerfreie Aufwandsentschädigung anerkannt. Bei Benutzung eines eigenen Kraftfahrzeugs ist die Wegstreckenentschädigung nach dem Bundesreisekostengesetz oder nach dem jeweiligen Landesgesetz maßgebend. Das für eine am Standort des Sozialversicherungsträgers stattfindende Sitzung gewährte Tagegeld ist nicht steuerfrei, da insoweit keine Geschäftsreise, sondern eine Tätigkeit am Mittelpunkt der dauerhaft angelegten betrieblichen Betätigung vorliegt und mithin keine Verpflegungsmehraufwendungen als Betriebsausgaben berücksichtigt werden können. Die Erstattung von Barauslagen nach festen Pauschbeträgen ist nach § 3 Nr. 12 S. 2 EStG nur insoweit steuerfrei, als sie den tatsächlichen Aufwand nicht erheblich übersteigt.

1.2 Ersatz des tatsächlich entgangenen regelmäßigen Bruttoverdienstes und Erstattung der Beiträge zur Sozialversicherung (§ 41 Abs. 2 SGB IV)

Die Zahlungen sind steuerpflichtige Betriebseinnahmen. Die von den Ehrenamtlichen selbst zu tragenden Sozialversicherungsbeiträge sind im Rahmen der Sonderausgaben nach § 10 EStG abzugsfähig.

1.3 Pauschbeträge für Zeitaufwand (§ 41 Abs. 3 SGB IV)

Die pauschalen Zahlungen für Zeitaufwand aufgrund von Sitzungen (§ 41 Abs. 3 S. 1 SGB IV) und aufgrund einer Tätigkeit außerhalb von Sitzungen (§ 41 Abs. 3 S. 2 SGB IV) sind steuerpflichtige Betriebseinnahmen.

1.4 Pauschbeträge für Auslagen der Vorsitzenden der Organe außerhalb der Sitzungen (§ 41 Abs. 1 S. 2 SGB IV)

Die pauschalen Zahlungen für Auslagen der Vorsitzenden der Organe außerhalb der Sitzungen sind nach § 3 Nr. 12 S. 2 steuerfrei, wenn die ehrenamtliche Tätigkeit einen entsprechenden Auf-

§ 3 Nr. 12 EStG
H 3.12

wand in annähernd gleichbleibender Höhe verursacht (R 3.12 Abs. 2 S. 5 LStR). Es bestehen keine Bedenken, die in der Entschädigungsregelung festgelegten Pauschbeträge bis zu den von den Sozialpartnern (DGB und BDA) in der Empfehlungsvereinbarung aufgeführten Höchstbeträge (zurzeit von 13,00 – 77,00 EUR) monatlich nach § 3 Nr. 12 S. 2 EStG steuerfrei zu belassen.

1.5 Gesondert gewährte Reisekostenvergütungen

Gesondert gewährte Reisekostenvergütungen sind nach § 3 Nr. 13 EStG steuerfrei.

2. Einheitlich gewährte Entschädigungen für Barauslagen, Verdienstausfall sowie Pauschbeträge für Zeitaufwand

Die Aufteilung einer einheitlichen Entschädigung in einen steuerfreien und einen steuerpflichtigen Teil kann nach der Vereinfachungsreglung in R 3.12 Abs. 3 S. 3 LStR vorgenommen werden. Danach kann bei Vergütungen, die weder durch Gesetz oder Rechtsverordnung bestimmt sind, für ehrenamtlich tätige Personen in der Regel ohne weiteren Nachweis ein steuerlich anzuerkennender Aufwand von 175,00 EUR monatlich angenommen werden.

Gesondert gewährte Reisekosten sind auch hier steuerfrei nach § 3 Nr. 13 EStG.

Festsetzung als Aufwandsentschädigung

Steuerliche Behandlung von Aufwandsentschädigungen nach § 3 Nr. 12 Satz 1 EStG; hier: Festsetzung als Aufwandsentschädigung durch die Bundesregierung oder eine Landesregierung

(Erlaß des FinMin Rheinland-Pfalz vom 15. 10. 1980 – S 2337 A – 443 –)

Es ist gefragt worden, ob in den Fällen, in denen im Haushaltsplan die Höhe der dem einzelnen Amtsinhaber (z. B. Präsident einer Behörde) zustehenden Aufwandsentschädigung betragsmäßig ausgewiesen ist, der Beschluß der Bundesregierung bzw. einer Landesregierung über den Haushaltsplan gleichzeitig als Festsetzung der Aufwandsentschädigung durch die Bundesregierung bzw. die Landesregierung angesehen werden kann oder ob daneben eine gesonderte Festsetzung erforderlich ist.

Hierzu wird die Auffassung vertreten, daß ein Beschluß der Bundesregierung oder einer Landesregierung über den Haushaltsplan dann als Festsetzung der Aufwandsentschädigung im Sinne von § 3 Nr. 12 Satz 1 EStG gilt, wenn aus dem Haushaltsplan der Empfänger – oder eine Gruppe von Empfängern – der Aufwandsentschädigung erkennbar ist und wenn außerdem aus den Ausweisungen im Haushaltsplan hervorgeht, in welcher Höhe dem jeweiligen Anspruchsberechtigten die Aufwandsentschädigung zusteht.

Andererseits ist davon auszugehen, daß der bloße Ausweis einer Aufwandsentschädigung im Haushaltsplan des Bundes oder eines Landes nicht gleichzeitig als gesetzliche Festsetzung der Aufwandsentschädigung i. S. von § 3 Nr. 12 Satz 1 EStG zu verstehen ist, weil ein Haushaltsplan lediglich die Bewilligung von Haushaltsmitteln beinhaltet.

Dieser Erlaß ergeht im Einvernehmen mit dem Bundesminister der Finanzen sowie den obersten Finanzbehörden der anderen Bundesländer.

Fiskalische Verwaltung

Keine öffentlichen Dienste im Sinne des § 3 Nr. 12 Satz 2 EStG leisten Personen, die in der fiskalischen Verwaltung tätig sind (→ BFH vom 13. 8. 1971 – BStBl II S. 818, vom 9. 5. 1974 – BStBl II S. 631, betr. Mitglieder des Verwaltungsausschusses einer von einer Ärztekammer betriebenen Altersversorgung, und vom 31. 1. 1975 – BStBl II S. 563, betr. Leiter von Gemeinden in Eigenregie geführten Versorgungs- und Verkehrsbetriebe). Dies ist insbesondere dann der Fall, wenn sich die Tätigkeit für die juristische Person des öffentlichen Rechts ausschließlich oder überwiegend auf die Erfüllung von Aufgaben

- in einem land- oder forstwirtschaftlichen Betrieb einer juristischen Person des öffentlichen Rechts oder
- in einem **Betrieb gewerblicher Art** einer juristischen Person des öffentlichen Rechts im Sinne des § 1 Abs. 1 Nr. 6 KStG bezieht.

Ob es sich um einen Betrieb gewerblicher Art einer juristischen Person des öffentlichen Rechts handelt, beurteilt sich nach dem Körperschaftsteuerrecht (§ 4 KStG und R 6 KStR). Hierbei kommt es nicht darauf an, ob der Betrieb gewerblicher Art von der Körperschaftsteuer befreit ist. Zu den Betrieben gewerblicher Art in diesem Sinne gehören insbesondere die von einer juristischen Person des öffentlichen Rechts unterhaltenen Betriebe, die der Versorgung der Bevölkerung mit Wasser, Gas, Elektrizität oder Wärme (→ BFH vom 19. 1. 1990 – BStBl II S. 679), dem öffentlichen Verkehr oder dem Hafenbetrieb dienen, sowie die in der Rechtsform einer juristischen Person des öffentlichen Rechts betriebenen Sparkassen (→ BFH vom 13. 8. 1971 – BStBl II S. 818).

55

§ 3 Nr. 12 EStG
H 3.12

Führerscheinerwerb, Kostenübernahme für Feuerwehrleute

(Erlass FinMin Bayern vom 16. 6. 2004–34 – S 2337 – 158 – 25617/04)

Auf Grund der Einführung des EU-Führerscheins zum 1. 1. 1999 dürfen Inhaber der Fahrerlaubnisklasse B nur noch Fahrzeuge mit einer zulässigen Gesamtmasse von nicht mehr als 3,5t führen. Die Fahrzeuge der (Freiwilligen) Feuerwehren überschreiten zumeist dieses Gewicht, so dass viele Gemeinden die Kosten für den Erwerb der Führerscheinklasse C 1/C übernehmen. Es ist gefragt worden, ob die Übernahme der Kosten für den Erwerb der Führerscheinklasse C 1/C durch die Gemeinden zu einem geldwerten Vorteil bei den Feuerwehrleuten führt.

In Abstimmung mit den obersten Finanzbehörden des Bundes und der andern Länder wird hierzu folgende Auffassung vertreten:

Nach der ständigen Rechtsprechung des Bundesfinanzhofs sind solche Vorteile nicht als Arbeitslohn anzusehen, die sich bei objektiver Würdigung aller Umstände nicht als Entlohnung, sondern lediglich als notwendige Begleiterscheinung betriebsfunktionaler Zielsetzung erweisen. Vorteile besitzen danach keinen Arbeitslohncharakter, wenn sie im ganz überwiegend eigenbetrieblichen Interesse des Arbeitgebers gewährt werden. Dies ist der Fall, wenn sich aus den Begleitumständen wie Anlass, Art und Höhe des Vorteils, Auswahl der Begünstigten, freie oder nur gebundene Verfügbarkeit, Freiwilligkeit oder Zwang zur Annahme des Vorteils und seiner besonderen Geeignetheit für den jeweiligen verfolgten betrieblichen Zweck ergibt, dass diese Zielsetzung ganz im Vordergrund steht und ein damit einhergehendes eigenes Interesse des Arbeitnehmers, den betreffenden Vorteil zu erlangen deshalb vernachlässigt werden kann (vgl. z. B. BFH-Urteil vom 26. 6. 2003, BStBl 2003 II S. 886 zu Führerscheinen von Polizisten).

Für die Feuerwehren ist es unerlässlich, dass die oft ehrenamtlich tätigen Feuerwehrleute nicht nur für den Einsatz entsprechend ausgebildet werden, sondern auch die im Ernstfall benötigten Gerätschaften bedienen können und dürfen. Dies schließt den Erwerb der Erlaubnis zum Führen der entsprechenden Feuerwehrfahrzeuge mit ein. Da die Erlaubnis zum Führen dieser Fahrzeuge oft nicht vorliegt, müssen die Feuerwehren eine entsprechende Ausbildung anbieten, um überhaupt einsatzfähig zu sein und den betrieblichen Zweck verfolgen zu können. Der Arbeitgeber hat damit ein ganz wesentliches Interesse an der Führerscheinausbildung einzelner Feuerwehrleute. Der Vorteil des Arbeitnehmers, die Führerscheinklasse ggf. auch für private Zwecke nutzen zu können, ist lediglich eine Begleiterscheinung und tritt hinter dem vom Arbeitgeber verfolgten Zweck zurück ...

Höhe der Aufwandsentschädigung

. . .

2. Die obersten Finanzverwaltungsbehörden der Länder können im Zusammenwirken mit den obersten Aufsichtsbehörden der in Betracht kommenden öffentlichen Kassen allgemein Sätze festlegen, die bei den einzelnen Gruppen von Empfängern als echte Aufwandsentschädigungen anzuerkennen sind (Anschluss an BFH-Urteil in BFHE 92, 11, BStBl 1968 II, 437) (→ BFH vom 9. 7. 1992 – BStBl 1993 II S. 50)

Öffentliche Kassen

→ H 3.11

Polizeidienst, freiwilliger

Besteuerung der Ersatzleistungen an die Angehörigen des Freiwilligen Polizeidienstes

(Verfügung der OFD Karlsruhe vom 6. 8. 2008 – S 2332/36 – St 141 –)

In der Verfügung vom 26. 1. 2007, S 233.2/36 – St 131, wurde die steuerliche Behandlung der Ersatzleistungen an die Angehörigen des Freiwilligen Polizeidienstes (FPD) dargestellt. Diese Zahlungen stellten bisher steuerpflichtigen Arbeitslohn dar.

Mit Verordnung des Innenministeriums zur Änderung der Verordnung über die Ersatzleistungen an die Angehörigen des Freiwilligen Polizeidienstes vom 30. 1. 2008 (GBl. S 77) sind die Bestimmungen bezüglich der Gewährung von Ersatzleistungen an die Angehörigen des Freiwilligen Polizeidienstes neu geregelt worden. Die Verordnung ist zum 21. 2. 2008 in Kraft getreten. Aufgrund dieser geänderten Verordnung erhalten Angehörige des Freiwilligen Polizeidienstes Aufwandsentschädigungen i. S. des § 3 Nr. 12 Satz 2 EStG. Für diese Aufwandsentschädigungen gilt die Vereinfachungsregelung der R 3.12 Abs. 3 Satz 2 Nr. 2 LStR 2008. Danach bleiben die Vergütungen in Höhe von 1/3 der Aufwandsentschädigung, mindestens aber zu 175 Euro monatlich steuerfrei. Ein nicht ausgeschöpfter steuerfreier Monatsbetrag kann auf andere Monate desselben Ka-

§ 3 Nr. 12 EStG
H 3.12

lenderjahres der Tätigkeit als Polizeifreiwilliger übertragen werden. Auf die Ausführungen in H 3.12 (Übertragung nicht ausgeschöpfter steuerfreier Monatsbeträge) LStH wird verwiesen.

Übersteigen die im selben Kalenderjahr gewährten Ersatzleistungen die Summe der insgesamt zu berücksichtigenden steuerfreien Monatsbeträge, muss der Angehörige des Freiwilligen Polizeidienstes der betreffenden Dienststelle (Polizeidirektion) eine Lohnsteuerkarte vorlegen, damit der Steuerabzug im Wege des Lohnsteuerabzugsverfahrens durchgeführt werden kann. Auch bei Steuerfreiheit besteht für die Dienststellen die Verpflichtung zur Führung eines Lohnkontos nach § 41 EStG i. V. m. § 4 LStDV.

Beispiel:
→ Übertragung nicht ausgeschöpfter steuerfreier Monatsbeträge (Beispiel)

Aus Vereinfachungsgründen bestehen in den Fällen, in denen der steuerfreie Monatsbetrag von 175 Euro regelmäßig nicht überschritten wird, keine Bedenken, wenn die Ermittlung des ggf. endgültigen steuerpflichtigen Teils der Ersatzleistungen zusammen mit der letzten Abrechnung über die Vergütung von Ersatzleistungen des laufenden Kalenderjahres durchgeführt wird. Reichen die mit der letzten Abrechnung zu gewährenden Ersatzleistungen zur Deckung der auf den endgültigen steuerpflichtigen Teil der Ersatzleistungen einzubehaltenden Steuerabzugsbeträge (Lohnsteuer, Solidaritätszuschlag sowie ggf. Kirchenlohnsteuer) nicht aus, hat der Polizeifreiwillige der Dienststelle (Polizeidirektion) den Fehlbetrag zur Verfügung zu stellen (§ 38 Abs. 4 Satz 1 EStG). Kommt der Polizeifreiwillige dieser Verpflichtung nicht nach, hat die Dienststelle dies dem für sie zuständigen Betriebsstättenfinanzamt anzuzeigen (§ 38 Abs. 4 Satz 2 EStG).

Sofern ein Polizeifreiwilliger im Jahr 2008 bis zum Inkrafttreten der Neuregelung Ersatzleistungen nach den bisherigen Vorschriften erhalten hat, kann die Steuerfreiheit der nach der Neuregelung bezogenen Aufwandsentschädigung erst ab diesem Zeitpunkt geltend gemacht werden; eine Übertragung des für die bereits abgelaufenen Monate maßgebenden steuerfreien Monatsbetrag von 175 Euro kommt nicht in Betracht.

Das Innenministerium Baden-Württemberg hat die betroffenen Dienststellen entsprechend informiert.

Bei der Einkommensteuerveranlagung 2007 bittet die OFD, durch sog. Überkennzahlen sicherzustellen, dass Ersatzleistungen, die der im Freiwilligen Polizeidienst Tätige ab 2008 erhält, bei der Festsetzung von Vorauszahlungen nicht erfasst werden.

Steuerlicher Aufwand

Zur Voraussetzung der Abgeltung steuerlich zu berücksichtigender Werbungskosten/Betriebsausgaben → BFH vom 3. 8. 1962 (BStBl III S. 425), vom 9. 6. 1989 (BStBl 1990 II S. 121 und 123) und vom 9. 7. 1992 (BStBl 1993 II S. 50) und vom 29. 11. 2006 (BStBl 2007 II S. 308).

Übertragung nicht ausgeschöpfter steuerfreier Monatsbeträge (Beispiel)

Für öffentliche Dienste in einem Ehrenamt in der Zeit vom 1.1. bis 31.5. werden folgende Aufwandsentschädigungen i. S. v. § 3 Nr. 12 Satz 2 EStG und R 3.12 Abs. 3 Satz 3 LStR gezahlt:

Januar 250 €, Februar 50 €, März 180 €, April 300 €, Mai 200 €; Zeitaufwand wird nicht vergütet. Für den Lohnsteuerabzug können die nicht ausgeschöpften steuerfreien Aufwandsentschädigungen i. H. v. 75 € wie folgt mit den steuerpflichtigen Aufwandsentschädigungen der anderen Lohnzahlungszeiträume dieser Tätigkeit verrechnet werden:

	Gezahlte Aufwandsentschädigung	Steuerliche Behandlung nach R 3.12 Abs. 3 Satz 3 LStR		Steuerliche Behandlung bei Übertragung nicht ausgeschöpfter steuerfreier Monatsbeträge	
		Steuerfrei sind:	Steuerpflichtig sind:	Steuerfreier Höchstbetrag	Steuerpflichtig sind:
Januar	250 €	175 €	75 €	175 €	75 €
Februar	50 €	50 €	0 €	2 × 175 € = 350 €	0 € (250 + 50 − 350), Aufrollung des Januar
März	180 €	175 €	5 €	3 × 175 € = 525 €	0 € (250 + 50 + 180 − 525)
April	300 €	175 €	125 €	4 × 175 € = 700 €	80 € (250 + 50 + 180 + 300 − 700), Aufrollung des März

57

§ 3 Nr. 12 EStG
H 3.12

	Gezahlte Aufwandsentschädigung	Steuerliche Behandlung nach R 3.12 Abs. 3 Satz 3 LStR		Steuerliche Behandlung bei Übertragung nicht ausgeschöpfter steuerfreier Monatsbeträge	
		Steuerfrei sind:	Steuerpflichtig sind:	Steuerfreier Höchstbetrag	Steuerpflichtig sind:
Mai	200 €	175 €	25 €	5 × 175 € = 875 €	105 € (250 + 50 + 180 + 300 + 200 − 875)
Summe	980 €	750 €	230 €	5 × 175 € = 875 €	105 €

Bei Verrechnung des nicht ausgeschöpften Freibetragsvolumens mit abgelaufenen Lohnzahlungszeiträumen ist im Februar der Lohnsteuereinbehalt für den Monat Januar und im April für den Monat März zu korrigieren.

Verkammerte Berufe, ehrenamtliche Mitglieder

Steuerliche Behandlung von Entschädigungen für ehrenamtliche Mitglieder der sog. verkammerten Berufe

(Verfügung der OFD Magdeburg vom 28. 3. 2002, S 2337 – 38 – St 223/S 2338 – 18 – St 223)

1. Allgemeines

Die nachstehenden Regelungen gelten für Entschädigungen an ehrenamtliche Mitglieder der sog. verkammerten Berufe für ihre Mitarbeit in den jeweiligen Kammern. „Verkammerte Berufe" sind die Berufsgruppen, deren Berufsbild, -tätigkeit, -zulassung und -ausübung von gesetzlichen Voraussetzungen geprägt und abhängig ist. Dazu zählen Ärzte, Zahnärzte, Tierärzte, Rechtsanwälte, Steuerberater, Wirtschaftsprüfer, Architekten und Apotheker.

Eine sinngemäße Anwendung ist auch auf Zahlungen an ehrenamtliche Mitglieder gewerblicher oder handwerklicher Berufe für die Mitarbeit in deren Kammern möglich.

Die den ehrenamtlichen Mitgliedern der verkammerten Berufe für die Mitarbeit in den Kammern gewährten Entschädigungen unterliegen grundsätzlich als Einnahmen aus selbstständiger Arbeit i. S. des § 18 Abs. 1 EStG oder als Einnahmen aus Gewerbebetrieb i. S. des § 15 Abs. 1 Nr. 1 EStG der Einkommensteuer. Dies gilt insbesondere für Entschädigungen, die für Verdienstausfall, Zeitverlust oder zur Abgeltung eines Haftungsrisikos gewährt werden.

Steuerfrei sind:

- nach § 3 Nr. 12 Satz 2 EStG Aufwandsentschädigungen, soweit sie Aufwendungen abgelten, die einkommensteuerrechtlich als Betriebsausgaben berücksichtigungsfähig wären.
- die nach Maßgabe des § 3 Nr. 13 EStG aus öffentlichen Kassen gezahlten Reisekostenvergütungen.

2. Anerkennung steuerfreier Aufwandsentschädigungen (§ 3 Nr. 12 Satz 2 EStG)

2.1 Aufwandsentschädigungen sind in den Grenzen des § 3 Nr. 12 Satz 2 EStG steuerfrei,

- wenn sie aus einer öffentlichen Kasse stammen,
- wenn sie an öffentliche Dienste leistende Personen gezahlt werden,
- soweit nicht festgestellt wird, dass sie für Verdienstausfall, Zeitverlust oder zur Abgeltung eines Haftungsrisikos gewährt werden und
- wenn sie den tatsächlichen Aufwand offenbar nicht übersteigen.

Eine weitere Voraussetzung für die Anerkennung einer steuerfreien Aufwandspauschale ist, dass die gezahlten Beträge dazu bestimmt sind, Aufwendungen abzugelten, die steuerlich als Betriebsausgaben oder Werbungskosten abziehbar wären. Eine Steuerfreiheit liegt demzufolge nicht vor, wenn dem Empfänger ein Aufwand nicht oder offenbar nicht in der Höhe der gezahlten Entschädigung erwächst.

Zur Erleichterung der Feststellung, inwieweit es sich um steuerfreie Entschädigungen handelt, ist nach R 13 Abs. 3 LStR 2002 zu verfahren. Da es sich bei den Satzungen der Kammern nicht um Rechtsverordnungen oder Gesetze handelt, ist bei Zahlungen an ehrenamtliche Mitglieder von Kammern die Vorschrift der R 13 Abs. 3 Satz 3 LStR 2002 anzuwenden. Demnach können in der Regel ohne weiteren Nachweis 154 € monatlich als steuerlich anzuerkennender Aufwand angenommen werden.

2.2 Unter diese Regelung fallen auch pauschale Entschädigungen, die tatsächlichen Aufwand abgelten. Dies sind vor allem Aufwandsentschädigungen, Sitzungsgelder und sonstige Kosten, wie z. B. Porto- und Telefonkosten.

2.3 Abwesenheitsentschädigungen werden üblicherweise für Verdienstausfall und Zeitverlust gezahlt und zählen somit zu den steuerpflichtigen Einnahmen.

3. Anerkennung von erstatteten Reisekosten

3.1 Neben den steuerfreien Beträgen nach Nr. 2 werden die Erstattungen der Reisekosten für Dienstreisen nach Maßgabe des § 3 Nr. 13 EStG als steuerfrei anerkannt.

Werden bei den Reisekostenvergütungen die reisekostenrechtlichen Vorschriften des Bundes oder der Länder nicht oder nur teilweise angewendet, sind nach R 14 Abs. 3 LStR 2002 die in R 37 bis 41 und 43 LStR 2002 genannten Höchstbeträge anzuwenden. Darüber hinaus gehende Reisekosten sind als steuerpflichtige Einnahmen anzusetzen, soweit sie nicht im Rahmen der Höchstbeträge des § 3 Nr. 12 EStG berücksichtigt werden können.

Pauschale Fahrtkostenerstattungen sind – soweit sie zusammen mit den übrigen Entschädigungen die Höchstbeträge nach Nr. 2 übersteigen – dagegen nicht als steuerfreie Aufwandsentschädigung anzuerkennen. Sie sind selbst dann steuerpflichtig, wenn sie nach Entfernungen oder durchschnittlichen Sitzungstagen gestaffelt sind.

3.2 Vergütungen von Verpflegungsmehraufwendungen sind nur insoweit steuerfrei, als sie die Pauschbeträge nach § 4 Abs. 5 Satz 1 Nr. 5 EStG nicht übersteigen.

3.3 Vergütungen nachgewiesener Übernachtungskosten sind gemäß § 3 Nr. 13 EStG steuerfrei.

4. Sonstige Erstattungen

4.1 Ausgleichserstattungen werden zusätzlich für die Teilnahme an Sitzungen gezahlt, die im Interesse des Berufsstandes wahrgenommen werden. Dabei handelt es sich um eine Erstattung des Differenzbetrages zwischen den tatsächlich erstatteten Reisekosten und den Reisekosten, Entschädigungen und Auslagen, die gemäß der Ordnung der jeweiligen Kammer über Aufwandsentschädigungen und Reisekostenvergütungen angefallen wären.

Bei diesen Erstattungen ist der gezahlte Differenzbetrag in die jeweiligen Teilbeträge aufzuteilen.

Der Teilbetrag, der auf Reisekosten entfällt, ist wie die übrigen Reisekosten nach Nr. 3 zu behandeln.

Bei den übrigen Teilbeträgen ist zu überprüfen, ob es sich um Aufwandsentschädigungen nach § 3 Nr. 12 Satz 2 EStG oder um steuerpflichtige Einnahmen handelt. Hierfür ist nach Nr. 2 zu verfahren.

---

§ 3

EStG

Steuerfrei sind

3. die aus öffentlichen Kassen gezahlten Reisekostenvergütungen, Umzugskostenvergütungen und Trennungsgelder. ²Die als Reisekostenvergütungen gezahlten Vergütungen für Verpflegungsmehraufwendungen sind nur insoweit steuerfrei, als sie die Pauschbeträge nach § 4 Absatz 5 Satz 1 Nummer 5 nicht übersteigen; Trennungsgelder sind nur insoweit steuerfrei, als sie die nach § 9 Absatz 1 Satz 3 Nummer 5 und Absatz 5 sowie § 4 Absatz 5 Satz 1 Nummer 5 abziehbaren Aufwendungen nicht übersteigen; ¹⁾

Reisekostenvergütungen, Umzugskostenvergütungen und Trennungsgelder aus öffentlichen Kassen (§ 3 Nr. 13 EStG)

R 3.13
S 2338

(1) ¹Nach § 3 Nr. 13 EStG sind Leistungen (Geld und Sachbezüge) steuerfrei, die als Reisekostenvergütungen, Umzugskostenvergütungen oder Trennungsgelder aus einer öffentlichen Kasse gewährt werden; dies gilt nicht für Mahlzeiten, die mit dem maßgebenden amtlichen Sachbezugswert nach der SvEV angesetzt werden (→ R 8.1 Abs. 8 Nr. 2). ²Die Steuerfreiheit von Leistungen für Verpflegungsmehraufwendungen bei Auswärtstätigkeiten i. S. d. R 9.4 Abs. 2 ist auf die nach R 9.6 maßgebenden Beträge begrenzt. ³Bei Abordnungen, die keine Auswärtstätigkeiten

S 2338

---

¹⁾ Die Vorschrift wurde durch das Gesetz zur Änderung und Vereinfachung der Unternehmensbesteuerung und des steuerlichen Reisekostenrechts mit Wirkung ab 2014 geändert. Um Beachtung wird gebeten.
→ Siehe hierzu Hinweise auf Seite 4!

§ 3 Nr. 13 EStG
R 3.13   H 3.13

i. S. d. R 9.4 Abs. 2 sind, ist die Steuerfreiheit auf die nach R 9.11 maßgebenden Beträge begrenzt R 3.16 Satz 1 bis 3 ist entsprechend anzuwenden.

(2) ¹Reisekostenvergütungen sind die als solche bezeichneten Leistungen, die dem Grunde und der Höhe nach unmittelbar nach Maßgabe der reisekostenrechtlichen Vorschriften des Bundes oder der Länder gewährt werden. ²Reisekostenvergütungen liegen auch vor, soweit sie auf Grund von Tarifverträgen oder anderen Vereinbarungen (z. B. öffentlich-rechtliche Satzung) gewährt werden, die den reisekostenrechtlichen Vorschriften des Bundes oder der Länder oder unterschiedlichen Bestimmungen derselben entsprechen. ³§ 12 Nr. 1 EStG bleibt unberührt.

(3) ¹Werden bei Reisekostenvergütungen aus öffentlichen Kassen die reisekostenrechtlichen Vorschriften des Bundes oder der Länder nicht oder nur teilweise angewendet, können auf diese Leistungen, die zu § 3 Nr. 16 EStG erlassenen Verwaltungsvorschriften angewendet werden. ²Im Übrigen kann auch eine Steuerbefreiung nach § 3 Nr. 12 oder Nr. 26 oder Nr. 26a EStG[1] in Betracht kommen; → R 3.12 und 3.26.

(4) ¹Die Absätze 2 und 3 gelten sinngemäß für Umzugskostenvergütungen und Trennungsgelder nach Maßgabe der umzugskosten- und reisekostenrechtlichen Vorschriften des Bundes und der Länder. ²Werden anlässlich eines Umzugs für die Umzugstage Leistungen für Verpflegungsmehraufwendungen nach dem Bundesumzugskostengesetz (BUKG) gewährt, sind diese nur im Rahmen der zeitlichen Voraussetzungen des § 4 Abs. 5 Satz 1 Nr. 5 EStG steuerfrei. ³Trennungsgeld, das bei täglicher Rückkehr zum Wohnort gewährt wird, ist nur nach Maßgabe der R 9.4 bis 9.6 steuerfrei. ⁴Trennungsgeld, das bei Bezug einer Unterkunft am Beschäftigungsort gewährt wird, ist nur nach Maßgabe von R 9.11 steuerfrei. ⁵R 9.9 Abs. 2 Satz 1 ist entsprechend anzuwenden.

H 3.13   **Hinweise**

Beamte bei Postunternehmen

→ § 3 Nr. 35 EStG

Klimabedingte Kleidung

Der Beitrag zur Beschaffung klimabedingter Kleidung (§ 11 AUV) sowie der Ausstattungsbeitrag (§ 12 AUV) sind nicht nach § 3 Nr. 13 Satz 1 EStG steuerfrei (→ BFH vom 27. 5. 1994 – BStBl 1995 II S. 17 und vom 12. 4. 2007 – BStBl II S. 536).

Mietbeiträge

anstelle eines Trennungsgelds sind nicht nach § 3 Nr. 13 EStG steuerfrei (→ BFH vom 16. 7. 1971 – BStBl II S. 772).

Öffentliche Kassen

→ H 3.11

Pauschale Reisekostenvergütungen

Nach einer öffentlich-rechtlichen Satzung geleistete pauschale Reisekostenvergütungen können auch ohne Einzelnachweis steuerfrei sein, sofern die Pauschale die tatsächlich entstandenen Reiseaufwendungen nicht ersichtlich übersteigt (→ BFH vom 8. 10. 2008 – BStBl 2009 II S. 405).

Prüfung, ob Werbungskosten vorliegen

Es ist nur zu prüfen, ob die ersetzten Aufwendungen vom Grundsatz her Werbungskosten sind (→ BFH vom 12. 4. 2007 – BStBl II S. 536). Daher sind z. B. Arbeitgeberleistungen im Zusammenhang mit Incentive-Reisen nicht nach § 3 Nr. 13 EStG steuerfrei (→ R 13.3 Abs. 2 Satz 3), soweit diese dem Arbeitnehmer als geldwerter Vorteil zuzurechnen sind (→ H 19.7).

Sachbezug

Der mit dem tatsächlichen Wert nach § 8 Abs. 2 Satz 1 EStG bewertete geldwerte Vorteil für eine zur Verfügung gestellte Mahlzeit ist bis zur Höhe des jeweiligen gesetzlichen Pauschbetrags für Verpflegungsmehraufwendungen im Rahmen des § 3 Nr. 13 EStG steuerfrei (→ R 8.1 Abs. 8 Nr. 2 Satz 2).

Zusammenfassung Einzelerstattung

→ R 3.16, H 3.16

---
[1] Sowie § 3 Nr. 26b EStG.

§ 3

Steuerfrei sind

..

14. Zuschüsse eines Trägers der gesetzlichen Rentenversicherung zu den Aufwendungen eines Rentners für seine und von dem gesetzlichen Rentenversicherungsträger getragene Anteile (§ 249a des Fünften Buches Sozialgesetzbuch) an den Beiträgen für die gesetzliche Krankenversicherung;

15. (weggefallen)

16. die Vergütungen, die Arbeitnehmer außerhalb des öffentlichen Dienstes von ihrem Arbeitgeber zur Erstattung von Reisekosten, Umzugskosten oder Mehraufwendungen bei doppelter Haushaltsführung erhalten, soweit sie die beruflich veranlassten Mehraufwendungen, bei Verpflegungsmehraufwendungen die Pauschbeträge nach § 4 Absatz 5 Satz 1 Nummer 5 und bei Familienheimfahrten mit dem eigenen oder außerhalb des Dienstverhältnisses zur Nutzung überlassenen Kraftfahrzeug die Pauschbeträge nach § 9 Absatz 1 Satz 3 Nummer 4 nicht übersteigen; Vergütungen zur Erstattung von Mehraufwendungen bei doppelter Haushaltsführung sind nur insoweit steuerfrei, als sie die nach § 9 Absatz 1 Satz 3 Nummer 5 und Absatz 5 sowie § 4 Absatz 5 Satz 1 Nummer 5 abziehbaren Aufwendungen nicht übersteigen;

Steuerfreie Leistungen für Reisekosten, Umzugskosten und Mehraufwendungen bei doppelter Haushaltsführung außerhalb des öffentlichen Dienstes
(§ 3 Nr. 16 EStG)

R 3.16
S 2338

¹Zur Ermittlung der steuerfreien Leistungen (Geld und Sachbezüge) für Reisekosten dürfen die einzelnen Aufwendungsarten zusammengefasst werden; die Leistungen sind steuerfrei, soweit sie die Summe der nach R 9.5 bis 9.8 zulässigen Leistungen nicht übersteigen. ²Hierbei können mehrere Reisen zusammengefasst abgerechnet werden. ³Dies gilt sinngemäß für Umzugskosten und für Mehraufwendungen bei einer doppelten Haushaltsführung. ⁴Wegen der Höhe der steuerfrei zu belassenden Leistungen für Reisekosten, Umzugskosten und Mehraufwendungen bei einer doppelten Haushaltsführung → R 9.4 bis 9.9 und 9.11. ⁵Mahlzeiten, die mit dem maßgebenden amtlichen Sachbezugswert nach der SvEV angesetzt werden, gelten nicht als Leistungen i. S. d. Satzes 1.

Hinweise

H 3.16

Bahncard 100

Steuerfreie Reisekostenerstattung bei Verwendung einer arbeitnehmereigenen „Bahncard 100"

(Verfügung der OFD Berlin vom 21. 12. 2004 – St 157– S 2334 – 10/03 –)

Die Frage, wie Fahrtkostenerstattungen bei Dienstreisen steuerlich zu behandeln sind, wenn der Arbeitnehmer für die Dienstreise seine eigene „Bahncard 100" einsetzt und ihm dadurch daher keine (zusätzlichen) Kosten entstehen, war Gegenstand der Erörterung der obersten Finanzbehörden der Länder mit dem Bund. Danach soll der Arbeitgeberersatz für die „Bahncard 100" erst dann steuerfrei bleiben, wenn die (andernfalls für die Dienstreise entstehenden) Kosten für die dienstlichen Bahnfahrten den Kaufpreis für die „Bahncard 100" von 3 000 € übersteigen.

Bewerbungskosten

Steuerfreier Reisekostenersatz bei Bewerbungen

(BMF-Schreiben vom 13. 11. 1991 – IV B 6 – S 2338 – 23/91 II –)

...

Die obersten Finanzbehörden der Länder teilen die Auffassung, daß der von einem Arbeitgeber an einen Stellenbewerber geleistete Reisekostenersatz steuerfrei bleibt, soweit er sich im Rahmen des § 3 Nr. 16 EStG bewegt.

¹) Die Vorschrift wurde durch das Gesetz zur Änderung und Vereinfachung der Unternehmensbesteuerung und des steuerlichen Reisekostenrechts mit Wirkung ab 2014 geändert. Um Beachtung wird gebeten.
→ Siehe hierzu Hinweise auf Seite 4!

Gehaltsumwandlung

Vergütungen zur Erstattung von Reisekosten können auch dann steuerfrei sein, wenn sie der Arbeitgeber aus umgewandeltem Arbeitslohn zahlt. Voraussetzung ist, dass Arbeitgeber und Arbeitnehmer die Lohnumwandlung vor der Entstehung des Vergütungsanspruchs vereinbaren (→ BFH vom 27. 4. 2001 – BStBl II S. 601).

Keine Übernachtungspauschalen bei LKW-Fahrern, die in der Schlafkabine ihres LKW übernachten; vereinfachter Nachweis von Reisenebenkosten;

Der tägliche Durchschnittsbetrag, der sich aus den Rechnungsbeträgen für den repräsentativen Zeitraum ergibt, für den Ansatz von Werbungskosten oder auch für die steuerfreie Erstattung durch den Arbeitgeber (nach Maßgabe der §§ 3 Nummer 13 und 16 EStG) kann so lange zu Grunde gelegt werden, bis sich die Verhältnisse wesentlich ändern (→ BMF vom 4. 12. 2012 – BStBl I S. 1249).

Kreditkartengebühren

Steuerliche Behandlung von Firmenkreditkarten (Corporate-Cards) und Dienstreiseabrechnungen

(BMF-Schreiben vom 29. 9. 1998 – IV C 5 – S 2334 – 1/98 –)

Als Ergebnis der Erörterung mit den obersten Finanzbehörden der Länder wird zur steuerlichen Behandlung von Firmenkreditkarten und Dienstreisekostenabrechnungen wie folgt Stellung genommen:

1. Firmenkreditkarten (Corporate-Cards)

   Bei der steuerlichen Beurteilung der Nutzung von Kreditkarten, die auf Dienstreisen eingesetzt und über das Bankkonto des Arbeitnehmers abgerechnet werden, ist wie folgt zu unterscheiden:

   a) Erstattet der Arbeitgeber dem Arbeitnehmer die für die Kreditkarte anfallende Kartengebühr, erhält der Arbeitnehmer eine Barzuwendung, die nur steuerfrei bleiben kann, soweit sie den Einsatz von nach § 3 Nr. 16 EStG steuerfreien Reisekosten betrifft. Nach den einschlägigen Erlassen der obersten Finanzbehörden der Länder sind die Kreditkartenabrechnungen, aus denen sich der Einsatz der Kreditkarten auf Dienstreisen ergibt, zum Lohnkonto zu nehmen. Es reicht allerdings aus, wenn die Abrechnungen als Belege zur Reisekostenabrechnung aufbewahrt werden und die Möglichkeit zur Nachprüfung der Reisekostenvergütungen durch Hinweise im Lohnkonto sichergestellt wird.

   b) Wird die Vergabe von Kreditkarten an Arbeitnehmer zwischen dem Arbeitgeber und dem Kreditkartenunternehmen vereinbart, z. B. in einem Rahmenvertrag, und wird die Kreditkarte an den einzelnen Arbeitnehmer mit Zustimmung und für Rechnung des Arbeitgebers ausgehändigt, erhält der Arbeitnehmer einen Sachbezug in Form der unentgeltlichen Überlassung einer Kreditkarte.

   Ist in diesem Fall die Kreditkarte als Firmenkreditkarte, z. B. als Corporate-Card, gekennzeichnet, mit dem Namen des Arbeitgebers versehen und wird sie an Arbeitnehmer mit einer umfangreichen Reisetätigkeit ausgegeben, bei denen die Kreditkarte nur in ganz geringem Umfang privat eingesetzt wird, bestehen keine Bedenken, die Überlassung insgesamt als eine Leistung des Arbeitgebers zu betrachten, die er in ganz überwiegendem betrieblichen Interesse erbringt und die deshalb nicht zum Arbeitslohn gehört.

   Kann nach den Verhältnissen des Einzelfalls nicht davon ausgegangen werden, daß die private Mitbenutzung der überlassenen Firmenkreditkarte von untergeordneter Bedeutung ist, so ist der Anteil des Vorteils nach § 3 Nr. 16 EStG steuerfrei, der dem Volumenanteil der Reisekostenumsätze am Gesamtumsatz der Kreditkarte entspricht. Der übrige Anteil des Vorteils ist als Arbeitslohn nur zu erfassen, wenn er – ggf. zusammen mit anderen nach § 8 Abs. 2 Satz 1 EStG zu bewertenden Sachbezügen – die Freigrenze nach § 8 Abs. 2 Satz 9 EStG übersteigt.

2. Reisekostenabrechnung

   ...

Sachbezug

Der mit dem tatsächlichen Wert nach § 8 Abs. 2 Satz 1 EStG bewertete geldwerte Vorteil für eine zur Verfügung gestellte Mahlzeit ist bis zur Höhe des jeweiligen gesetzlichen Pauschbetrags für Verpflegungsmehraufwendungen im Rahmen des § 3 Nr. 16 EStG steuerfrei (→ R 8.1 Abs. 8 Nr. 2 Satz 2).

§ 3

Steuerfrei sind

..
7. Zuschüsse zum Beitrag nach § 32 des Gesetzes über die Alterssicherung der Landwirte;
8. das Aufgeld für ein an die Bank für Vertriebene und Geschädigte (Lastenausgleichsbank) zugunsten des Ausgleichsfonds (§ 5 des Lastenausgleichsgesetzes) gegebenes Darlehen, wenn das Darlehen nach § 7f des Gesetzes in der Fassung der Bekanntmachung vom 15. September 1953 (BGBl. I S. 1355) im Jahr der Hingabe als Betriebsausgabe abzugsfähig war;
9. (weggefallen)
0. die aus öffentlichen Mitteln des Bundespräsidenten aus sittlichen oder sozialen Gründen gewährten Zuwendungen an besonders verdiente Personen oder ihre Hinterbliebenen;
1. (weggefallen)
2. (weggefallen)
3. die Leistungen nach dem Häftlingshilfegesetz, dem Strafrechtlichen Rehabilitierungsgesetz, dem Verwaltungsrechtlichen Rehabilitierungsgesetz und dem Beruflichen Rehabilitierungsgesetz;
4. Leistungen, die auf Grund des Bundeskindergeldgesetzes gewährt werden;
5. Entschädigungen nach dem Infektionsschutzgesetz vom 20. Juli 2000 (BGBl. I S. 1045);
6. Einnahmen aus nebenberuflichen Tätigkeiten als Übungsleiter, Ausbilder, Erzieher, Betreuer oder vergleichbaren nebenberuflichen Tätigkeiten, aus nebenberuflichen künstlerischen Tätigkeiten oder der nebenberuflichen Pflege alter, kranker oder behinderter Menschen im Dienst oder im Auftrag einer juristischen Person des öffentlichen Rechts, die in einem Mitgliedstaat der Europäischen Union oder in einem Staat belegen ist, auf den das Abkommen über den Europäischen Wirtschaftsraum Anwendung findet, oder einer unter § 5 Absatz 1 Nummer 9 des Körperschaftsteuergesetzes fallenden Einrichtung zur Förderung gemeinnütziger, mildtätiger und kirchlicher Zwecke (§§ 52 bis 54 der Abgabenordnung) bis zur Höhe von insgesamt 2 100 Euro im Jahr. ²Überschreiten die Einnahmen für die in Satz 1 bezeichneten Tätigkeiten den steuerfreien Betrag, dürfen die mit den nebenberuflichen Tätigkeiten in unmittelbarem wirtschaftlichen Zusammenhang stehenden Ausgaben abweichend von § 3c nur insoweit als Betriebsausgaben oder Werbungskosten abgezogen werden, als sie den Betrag der steuerfreien Einnahmen übersteigen;

Steuerbefreiung für nebenberufliche Tätigkeiten
(§ 3 Nr. 26 EStG)

Begünstigte Tätigkeiten

(1) ¹Die Tätigkeiten als Übungsleiter, Ausbilder, Erzieher oder Betreuer haben miteinander gemeinsam, dass sie auf andere Menschen durch persönlichen Kontakt Einfluss nehmen, um auf diese Weise deren geistige und körperliche Fähigkeiten zu entwickeln und zu fördern. ²Gemeinsames Merkmal der Tätigkeiten ist eine pädagogische Ausrichtung. ³Zu den begünstigten Tätigkeiten gehören z. B. die Tätigkeit eines Sporttrainers, eines Chorleiters oder Orchesterdirigenten. Die Lehr- und Vortragstätigkeit im Rahmen der allgemeinen Bildung und Ausbildung, z. B. Kurse und Vorträge an Schulen und Volkshochschulen, Mütterberatung, Erste-Hilfe-Kurse, Schwimm-Unterricht, oder im Rahmen der beruflichen Ausbildung und Fortbildung, nicht dagegen die Ausbildung von Tieren, z. B. von Rennpferden oder Diensthunden. ⁴Die Pflege alter, kranker oder behinderter Menschen umfasst außer der Dauerpflege auch Hilfsdienste bei der häuslichen Betreuung durch ambulante Pflegedienste, z. B. Unterstützung bei der Grund- und Behandlungspflege, bei häuslichen Verrichtungen und Einkäufen, beim Schriftverkehr, bei der Altenhilfe entsprechend dem § 71 SGB XII, z. B. Hilfe bei der Wohnungs- und Heimplatzbeschaffung, in Fragen der Inanspruchnahme altersgerechter Dienste, und bei Sofortmaßnahmen gegenüber Schwerkranken und Verunglückten, z. B. durch Rettungssanitäter und Ersthelfer. ⁵Eine Tätigkeit, die ihrer Art nach keine übungsleitende, ausbildende, erzieherische, betreuende oder künstlerische Tätigkeit und keine Pflege alter, kranker oder behinderter Menschen ist, ist keine begünstigte Tätigkeit, auch wenn sie die übrigen Voraussetzungen des § 3 Nr. 26 EStG erfüllt, z. B. eine

---

¹⁾ Die Vorschrift soll durch das Gesetz zur Stärkung des Ehrenamtes (Ehrenamtsstärkungsgesetz) ab VZ 2013 geändert werden. Bei Redaktionsschluss war das Gesetzgebungsverfahren noch nicht abgeschlossen. Um Beachtung wird gebeten. In Nummer 26 Satz 1 soll die Angabe „2.100 Euro" durch die Angabe „2.400 Euro" ersetzt werden. → Siehe hierzu Hinweise auf Seite 4!

§ 3 Nr. 26 EStG
R 3.26

Tätigkeit als Vorstandsmitglied, als Vereinskassierer, oder als Gerätewart bei einem Sportverein ggf. ist § 3 Nr. 26a EStG anzuwenden.

Nebenberuflichkeit

(2) ¹Eine Tätigkeit wird nebenberuflich ausgeübt, wenn sie – bezogen auf das Kalenderjahr nicht mehr als ein Drittel der Arbeitszeit eines vergleichbaren Vollzeiterwerbs in Anspruch nimmt. ²Es können deshalb auch solche Personen nebenberuflich tätig sein, die im steuerrechtlichen Sinne keinen Hauptberuf ausüben, z. B. Hausfrauen, Vermieter, Studenten, Rentner oder Arbeitslose. ³Übt ein Stpl. mehrere verschiedenartige Tätigkeiten i. S. d. § 3 Nr. 26 EStG aus, is die Nebenberuflichkeit für jede Tätigkeit getrennt zu beurteilen. ⁴Mehrere gleichartige Tätigkeiten sind zusammenzufassen, wenn sie sich nach der Verkehrsanschauung als Ausübung eine einheitlichen Hauptberufs darstellen, z. B. Unterricht von jeweils weniger als dem dritten Teil de Pensums einer Vollzeitkraft in mehreren Schulen. ⁵Eine Tätigkeit wird nicht nebenberuflich aus geübt, wenn sie als Teil der Haupttätigkeit anzusehen ist.

Arbeitgeber/Auftraggeber

(3) ¹Der Freibetrag wird nur gewährt, wenn die Tätigkeit im Dienst oder im Auftrag einer der i § 3 Nr. 26 EStG genannten Personen erfolgt. ²Als juristische Personen des öffentlichen Recht kommen beispielsweise in Betracht Bund, Länder, Gemeinden, Gemeindeverbände, Industrie und Handelskammern, Handwerkskammern, Rechtsanwaltskammern, Steuerberaterkammern Wirtschaftsprüferkammern, Ärztekammern, Universitäten oder die Träger der Sozialversiche rung. ³Zu den Einrichtungen i. S. d. § 5 Abs. 1 Nr. 9 KStG gehören Körperschaften, Personenverei nigungen, Stiftungen und Vermögensmassen, die nach der Satzung oder dem Stiftungsgeschäf und nach der tatsächlichen Geschäftsführung ausschließlich und unmittelbar gemeinnützige mildtätige oder kirchliche Zwecke verfolgen. ⁴Nicht zu den begünstigten Einrichtungen gehöre beispielsweise Berufsverbände (Arbeitgeberverband, Gewerkschaft) oder Parteien. ⁵Fehlt es a einem begünstigten Auftraggeber/Arbeitgeber, so kann der Freibetrag nicht in Anspruch genom men werden.

Förderung gemeinnütziger, mildtätiger und kirchlicher Zwecke

(4) ¹Die Begriffe der gemeinnützigen, mildtätigen und kirchlichen Zwecke ergeben sich au den §§ 52 bis 54 der Abgabenordnung (AO). ²Eine Tätigkeit dient auch dann der selbstlosen För derung begünstigter Zwecke, wenn sie diesen Zwecken nur mittelbar zugute kommt.

(5) ¹Wird die Tätigkeit im Rahmen der Erfüllung der Satzungszwecke einer juristischen Perso ausgeübt, die wegen Förderung gemeinnütziger, mildtätiger und kirchlicher Zwecke steuerbe günstigt ist, so ist im Allgemeinen davon auszugehen, dass die Tätigkeit ebenfalls der Förderun dieser steuerbegünstigten Zwecke dient. ²Dies gilt auch dann, wenn die nebenberufliche Tätig keit in einem sogenannten Zweckbetrieb im Sinne der §§ 65 bis 68 AO ausgeübt wird, z. B. a nebenberuflicher Übungsleiter bei sportlichen Veranstaltungen nach § 67a Abs. 1 AO, als ne beruflicher Erzieher in einer Einrichtung der Fürsorgeerziehung oder der freiwilligen Erziehungs hilfe nach § 68 Nr. 5 AO. ³Eine Tätigkeit in einem steuerpflichtigen wirtschaftlichen Geschäftsbe trieb einer im Übrigen steuerbegünstigten juristischen Person (§§ 64, 14 AO) erfüllt dagegen da Merkmal der Förderung gemeinnütziger, mildtätiger oder kirchlicher Zwecke nicht.

(6) ¹Der Förderung begünstigter Zwecke kann auch eine Tätigkeit für eine juristische Perso des öffentlichen Rechts dienen, z. B. nebenberufliche Lehrtätigkeit an einer Universität, nebenbe rufliche Ausbildungstätigkeit bei der Feuerwehr, nebenberufliche Fortbildungstätigkeit für ein Anwalts- oder Ärztekammer. ²Dem steht nicht entgegen, dass die Tätigkeit in den Hoheitsbereic der juristischen Person des öffentlichen Rechts fallen kann.

Gemischte Tätigkeiten

(7) ¹Erzielt der Steuerpflichtige Einnahmen, die teils für eine Tätigkeit, die unter § 3 Nr. 2 EStG fällt, und teils für eine andere Tätigkeit gezahlt werden, so ist lediglich für den entsprechen den Anteil nach § 3 Nr. 26 EStG der Freibetrag zu gewähren. ²Die Steuerfreiheit von Bezüge nach anderen Vorschriften, z. B. nach § 3 Nr. 9, 12, 13, 16 EStG, bleibt unberührt; wenn auf be stimmte Bezüge sowohl § 3 Nr. 26 EStG als auch andere Steuerbefreiungsvorschriften anwendba sind, so sind die Vorschriften in der Reihenfolge anzuwenden, die für den Steuerpflichtigen a günstigsten ist.

Höchstbetrag

(8) ¹Der Freibetrag nach § 3 Nr. 26 EStG ist ein Jahresbetrag. ²Dieser wird auch dann nur einma gewährt, wenn mehrere begünstigte Tätigkeiten ausgeübt werden. ³Er ist nicht zeitanteilig auf zuteilen, wenn die begünstigte Tätigkeit lediglich wenige Monate ausgeübt wird.

§ 3 Nr. 26 EStG
H 3.26 R 3.26

Werbungskosten- bzw. Betriebsausgabenabzug

(9) ¹Ein Abzug von Werbungskosten bzw. Betriebsausgaben, die mit den steuerfreien Einnahmen nach § 3 Nr. 26 EStG in einem unmittelbaren wirtschaftlichen Zusammenhang stehen, ist nur dann möglich, wenn die Einnahmen aus der Tätigkeit und gleichzeitig auch die jeweiligen Ausgaben den Freibetrag übersteigen. ²In Arbeitnehmerfällen ist in jedem Falle der Arbeitnehmer-Pauschbetrag anzusetzen, soweit er nicht bei anderen Dienstverhältnissen verbraucht ist.

Lohnsteuerverfahren

(10) ¹Beim Lohnsteuerabzug ist eine zeitanteilige Aufteilung des steuerfreien Höchstbetrags nicht erforderlich; das gilt auch dann, wenn feststeht, dass das Dienstverhältnis nicht bis zum Ende des Kalenderjahres besteht. ²Der Arbeitnehmer hat dem Arbeitgeber jedoch schriftlich zu bestätigen, dass die Steuerbefreiung nicht bereits in einem anderen Dienst- oder Auftragsverhältnis berücksichtigt worden ist oder berücksichtigt wird. ³Diese Erklärung ist zum Lohnkonto zu nehmen.

Hinweise   H 3.26

Abgrenzung der Einkunftsart

→ R 19.2, H 19.2

Bahnhofsmission

→ Nebenberufliche Tätigkeiten

Begrenzung der Steuerbefreiung

Die Steuerfreiheit ist auch bei Einnahmen aus mehreren nebenberuflichen Tätigkeiten, z. B. Tätigkeit für verschiedene gemeinnützige Organisationen, und bei Zufluss von Einnahmen aus einer in mehreren Jahren ausgeübten Tätigkeit im Sinne des § 3 Nr. 26 EStG in einem Jahr auf einen einmaligen Jahresbetrag von 2 100 Euro begrenzt (→ BFH vom 23. 6. 1988 – BStBl II S. 890 und vom 15. 2. 1990 – BStBl II S. 686).

Juristische Personen des öffentlichen Rechts in EU/EWR-Mitgliedsstaaten

Zahlungen einer französischen Universität für eine nebenberufliche Lehrtätigkeit sind nach § 3 Nr. 26 EStG steuerfrei (→ BFH vom 22. 7. 2008 – BStBl 2010 II S. 265).

Künstlerische Tätigkeit

Eine nebenberufliche künstlerische Tätigkeit liegt auch dann vor, wenn sie die eigentliche künstlerische (Haupt-)Tätigkeit nur unterstützt und ergänzt, sofern sie Teil des gesamten künstlerischen Geschehens ist (→ BFH vom 18. 4. 2007 – BStBl II S. 702).

Mittelbare Förderung

eines begünstigten Zwecks reicht für eine Steuerfreiheit aus. So dient die Unterrichtung eines geschlossenen Kreises von Pflegeschülern an einem Krankenhaus mittelbar dem Zweck der Gesundheitspflege (→ BFH vom 26. 3. 1992 – BStBl 1993 II S. 20).

Nebenberufliche Tätigkeiten, Übungsleiter

Steuerbefreiungen für nebenberufliche Tätigkeiten nach § 3 Nr. 26 EStG

OFD Frankfurt am Main vom 27. 10. 2010 – S 2245 A – 2 –St 213 –

1. Allgemeines

Die Steuerbefreiung für nebenberufliche Tätigkeiten ist in R 3.26 LStR geregelt.
Ergänzend hierzu weise ich auf Folgendes hin:
Durch das Steuerbereinigungsgesetz 1999 wurde ab dem 01. 01. 2000 die Tätigkeit des nebenberuflichen **Betreuers** in den Katalog der begünstigten Tätigkeiten aufgenommen. Begünstigt sind danach **drei Tätigkeitsbereiche**:

- Nebenberufliche Tätigkeit als Übungsleiter, Ausbilder, Erzieher, Betreuer oder eine vergleichbare Tätigkeit
- Nebenberufliche künstlerische Tätigkeit

– Nebenberufliche Pflege alter, kranker oder behinderter Menschen

Die bisher begünstigten Tätigkeiten der Übungsleiter, Ausbilder und Erzieher haben miteinander gemeinsam, dass bei ihrer Ausübung durch persönliche Kontakte Einfluss auf andere Menschen genommen wird, um auf diese Weise deren Fähigkeiten zu entwickeln und zu fördern. Nach der Gesetzesbegründung zum Steuerbereinigungsgesetz gilt dies auch für den neu eingeführten Begriff des Betreuers. Gemeinsamer Nenner dieser Tätigkeiten ist daher die pädagogische Ausrichtung. Nicht begünstigt ist die Betreuungstätigkeit des gesetzlichen Betreuers nach § 1835a BGB sowie der Verfahrenspfleger nach dem Gesetz über die Angelegenheiten der freiwilligen Gerichtsbarkeit (FGG; Bestellung nach § 50 FGG in Vormundschafts- u. Familiensachen, nach § 67 FGG in Betreuungssachen und nach § 70b FGG bei Unterbringungsmaßnahmen), da § 3 Nr. 26 EStG nur angewendet werden kann, wenn durch einen direkten pädagogisch ausgerichteten persönlichen Kontakt zu den betreuten Menschen ein Kernbereich des ehrenamtlichen Engagements erfüllt wird. (Zur steuerlichen Behandlung der Aufwandsentschädigungen für ehrenamtliche rechtliche Betreuer nach § 1835a BGB vgl. ESt-Kartei § 22 Karte 7 N).

Betroffen von der Neuregelung sind insbesondere Personen, die betreuend im Jugend- und Sportbereich gemeinnütziger Vereine tätig werden. Daher kommt u. a. nun auch der Übungsleiterfreibetrag für die Beaufsichtigung und Betreuung von Jugendlichen durch Jugendleiter, Ferienbetreuer, Schulwegbegleiter etc. in Betracht.

Auch wenn ausschließlich (ohne Zusammenhang mit körperlicher Pflege) **hauswirtschaftliche oder betreuende Hilfstätigkeiten** für alte oder behinderte Menschen erbracht werden (z. B. Reinigung der Wohnung, Kochen, Einkaufen, Erledigung von Schriftverkehr), ist der Freibetrag nach § 3 Nr. 26 EStG zu gewähren, wenn die übrigen Voraussetzungen der Vorschrift erfüllt sind.

Im Bereich der nebenberuflichen **künstlerischen** Tätigkeit sind an den Begriff der „künstlerischen Tätigkeit" dieselben strengen Anforderungen zu stellen wie an die hauptberufliche künstlerische Tätigkeit im Sinne des § 18 Abs. 1 Nr. 1 EStG.

Bei einer Tätigkeit für juristische Personen des öffentlichen Rechts ist es unschädlich, wenn sie für einen **Betrieb gewerblicher Art** ausgeführt wird, da Betriebe gewerblicher Art auch gemeinnützigen Zwecken dienen können (z. B. Krankenhaus oder Kindergarten). Ziel des § 3 Nr. 26 EStG ist es, Bürger, die im gemeinnützigen, mildtätigen oder kirchlichen Bereich nebenberuflich tätig sind, von steuerlichen Verpflichtungen freizustellen. Mithin ist bei einer Tätigkeit für einen Betrieb gewerblicher Art darauf abzustellen, ob dieser einen entsprechend begünstigten Zweck verfolgt oder nicht.

Eine Förderung gemeinnütziger, mildtätiger und kirchlicher Zwecke ist grundsätzlich nur dann gegeben, wenn die Tätigkeit der **Allgemeinheit** zugute kommt. Bei nebenberuflicher Lehrtätigkeit ist diese Voraussetzung auch dann erfüllt, wenn die Aus- oder Fortbildung zwar nur einem abgeschlossenen Personenkreis zugute kommt (z. B. innerhalb eines Unternehmens oder einer Dienststelle), die Aus- oder Fortbildung selbst aber im Interesse der Allgemeinheit liegt (vgl. BFH-Urteil vom 26. 03. 1992, BStBl 1993 II S. 20).

Aufgrund der Änderung des § 3 Nr. 26 EStG durch das Jahressteuergesetz 2009 kann der Freibetrag von 2.100,– € nunmehr auch in Anspruch genommen werden, wenn eine entsprechende Tätigkeit nebenberuflich im Dienst oder Auftrag einer juristischen Person des öffentlichen Rechts bzw. einer zur Förderung gemeinnütziger, mildtätiger und kirchlicher Zwecke steuerbegünstigten Körperschaft erfolgt, die ihren Sitz in einem EU-/EWR-Staat hat. Die Regelung ist nach § 52 Abs. 4b EStG in allen noch offenen Fällen anzuwenden.

Mit dem Gesetz zur weiteren Stärkung des bürgerschaftlichen Engagements vom 10. 10. 2007 (BGBl Teil I 2007 S. 2332, BStBl Teil I 2007, S. 815) wurde der Freibetrag ab 2007 von bisher 1.848 € auf 2.100 € angehoben.

2. Einzelfälle

2.1. Ärzte im Behindertensport

Nach § 11a des Bundesversorgungsgesetzes ist Rehabilitationssport unter ärztlicher Aufsicht durchzuführen. Behindertensport bedarf nach § 2 Abs. 2 der Gesamtvereinbarungen über den ambulanten Behindertensport während der sportlichen Übungen der Überwachung durch den Arzt. Die Tätigkeit eines Arztes im Rahmen dieser Bestimmungen fällt dem Grunde nach unter § 3 Nr. 26 EStG, sofern auch die übrigen Voraussetzungen hierfür erfüllt sind.

2.2. Ärzte im Coronarsport

Ärzte, die nebenberuflich in gemeinnützigen Sportvereinen Coronar-Sportkurse leiten, üben eine einem Übungsleiter vergleichbare Tätigkeit aus, wenn der im Coronar-Sport nebenberuflich tätige Arzt auf den Ablauf der Übungseinheiten und die Übungsinhalte aktiv Einfluss nimmt. Es handelt sich dann um eine nach § 3 Nr. 26 EStG begünstigte Tätigkeit.

2.3. Aufsichtsvergütung für die juristische Staatsprüfung

Vergütungen an Richter, Staatsanwälte und Verwaltungsbeamte des höheren Dienstes, die nebenamtlich als Leiter von Arbeitsgemeinschaften für Referendarinnen und Referendare tätig sind, fallen unter die Steuerbefreiungsvorschrift des § 3 Nr. 26 EStG und sind bis zur Höhe von 2.100 € jährlich steuerfrei.

2.4. Bahnhofsmission

Der Tätigkeitsbereich von Bahnhofsmissionen umfasst auch gem. § 3 Nr. 26 EStG begünstigte Pflege- und Betreuungsleistungen. Zur Abgrenzung gegenüber den nicht begünstigten Leistungen bestehen keine Bedenken, wenn Aufwandsentschädigungen nebenberuflicher Mitarbeiterinnen in Bahnhofsmissionen in Höhe von 60 % der Einnahmen, maximal in Höhe von 3.600,– DM (ab 2002: 1.848 €, ab 2007: 2.100 €) steuerfrei belassen werden. Von dem pauschalen Satz kann im Einzelfall abgewichen und auf die tatsächlichen Verhältnisse abgestellt werden, wenn Anhaltspunkte dafür vorliegen, dass die Anwendung dieses Regelsatzes zu einer unzutreffenden Besteuerung führen würde, (vgl. HMdF-Erlass vom 22. 09. 1992 – S 2337 A – 76 – II B 21).

2.5. Behindertentransport

Fahrer und Beifahrer im Behindertentransport erhalten den Freibetrag nach § 3 Nr. 26 EStG bei Vorliegen der übrigen Voraussetzungen für jeweils 50 % ihrer Vergütung, da ihre Tätigkeit in der Regel zu gleichen Teilen auf das Fahren des Behindertenfahrzeugs und die Betreuung behinderter Menschen entfällt.

2.6. Bereitschaftsleitungen und Jugendgruppenleiter

Inwieweit eine Gewährung des Freibetrags nach § 3 Nr. 26 EStG in Betracht kommt, hängt von der tatsächlichen Tätigkeit ab. Soweit lediglich organisatorische Aufgaben wahrgenommen werden, liegt keine begünstigte Tätigkeit vor. Soweit die Vergütung auf die Tätigkeit als Ausbilder oder Betreuer entfällt, kann der Freibetrag nach § 3 Nr. 26 EStG gewährt werden.

2.7. Diakon

Ob ein nebenberuflich tätiger katholischer Diakon die Steuerbefreiung nach § 3 Nr. 26 EStG erhalten kann, hängt von der jeweiligen Tätigkeit ab. Zum Berufsbild des Diakons gehören auch ausbildende und betreuende Tätigkeiten mit pädagogischer Ausrichtung sowie Arbeiten im sozialen Bereich, die als Pflege alter, kranker oder behinderter Menschen gewertet werden können. Für solche Tätigkeiten ist eine Steuerbefreiung nach § 3 Nr. 26 EStG möglich.

Bei einer Tätigkeit im Bereich der Verkündigung (z. B. Taufen, Krankenkommunion, Trauungen, Predigtdienst) handelt es sich nicht um eine begünstigte Tätigkeit. Zur Aufteilung bei gemischten Tätigkeiten sowie zur Steuerfreiheit nach anderen Vorschriften vgl. R 3.26 Abs. 7 LStR.

2.8. Ferienbetreuer

Ehrenamtliche Ferienbetreuer, die zeitlich begrenzt zur Durchführung von Ferienmaßnahmen eingesetzt werden, sind nebenberuflich tätig, so dass bei Vorliegen der weiteren Voraussetzungen die Einnahmen aus dieser Tätigkeit nach § 3 Nr. 26 EStG begünstigt sind.

2.9. Feuerwehrleute

s. ESt-Kartei § 3 Fach 3 Karte 5 und 13

2.10. Hauswirtschaftliche Tätigkeiten in Altenheim, Krankenhäusern usw.

Reine Hilfsdienste, wie z. B. Putzen, Waschen und Kochen im Reinigungsdienst und in der Küche von Altenheimen, Krankenhäusern, Behinderteneinrichtungen u. ä. Einrichtungen stehen nicht den ambulanten Pflegediensten gleich und fallen daher nicht unter § 3 Nr. 26 EStG, da keine häusliche Betreuung im engeren Sinne stattfindet und damit kein unmittelbarer persönlicher Bezug zu den gepflegten Menschen entsteht. Die Leistungen werden primär für das jeweilige Heim oder Krankenhaus erbracht und betreffen daher nur mittelbar die pflegebedürftigen Personen.

2.11. Helfer im sog. Hintergrunddienst des Hausnotrufdienstes.

Um bei Hausnotrufdiensten die Entgegennahme von Alarmanrufen rund um die Uhr, die Vertrautheit der Bewohner mit dem Hausnotrufdienst und die Funktionsfähigkeit der Hausnotrufgeräte zu gewährleisten, wird von den Hilfsorganisationen – zusätzlich zu den Mitarbeitern der Hausnotrufzentrale – ein sog. Hintergrunddienst eingerichtet, um vor Ort Hilfe zu leisten. Die Mitarbeiter des Hintergrunddienstes sind daneben auch mit der Einweisung, Einrichtung, Wartung und Überprüfung der Hausnotrufgeräte beschäftigt. Ihnen kann die Steuervergünstigung nach § 3 Nr. 26 EStG für den Anteil ihrer Vergütung gewährt werden, der auf tatsächliche Rettungseinsätze entfällt. Der begünstigte Anteil ist anhand der Gesamtumstände des Einzelfalls zu ermitteln.

2.12. Küchenmitarbeiter in Waldheimen

Die Tätigkeit von Mitarbeiterinnen in der Küche und im hauswirtschaftlichen Bereich von Waldheimen stellt keine begünstigte Tätigkeit im Sinne des § 3 Nr. 26 EStG dar. Es handelt sich nicht um eine betreuende Tätigkeit, da pädagogische Aspekte nicht im Vordergrund stehen. Ausschlaggebend ist die hauswirtschaftliche Tätigkeit im Zusammenhang mit der Essenszubereitung für die in den Waldheimen während der Ferienzeit aufgenommenen Jugendlichen.

2.13. Lehrbeauftragte an Schulen

Vergütungen an ehrenamtliche Lehrbeauftragte, die von den Schulen für einen ergänzenden Unterricht eingesetzt werden, sind – soweit von den Schulen mit den Lehrbeauftragten nicht ausdrücklich ein Arbeitsvertrag abgeschlossen wird – den Einnahmen aus selbständiger (unterrichtender) Tätigkeit nach § 18 Abs. 1 Nr. 1 EStG zuzuordnen und nach § 3 Nr. 26 EStG begünstigt.

2.14. Mahlzeitendienste

Vergütungen an Helfer des Mahlzeitendienstes sind nicht nach § 3 Nr. 26 EStG begünstigt, da die Lieferung einer Mahlzeit für die Annahme einer Pflegeleistung nicht ausreicht. Ab dem 01. 01. 2007 ist jedoch die Inanspruchnahme der Steuerfreistellung nach § 3 Nr. 26a EStG in Höhe von bis zu 500 € möglich, sofern diese Tätigkeit nebenberuflich ausgeübt wird.

2.15. Notfallfahrten bei Blut- und Organtransport

Bei diesen Notfallfahrten handelt es sich nicht um begünstigte Tätigkeiten nach § 3 Nr. 26 EStG.

2.16. Organistentätigkeit

Durch das Kultur- und Stiftungsgesetz vom 13. 12. 1990 (BStBl 1991 I S. 51) ist § 3 Nr. 26 EStG dahingehend erweitert worden, dass ab 1991 auch Aufwandsentschädigungen für nebenberufliche künstlerische Tätigkeiten im Dienst oder Auftrag einer inländischen juristischen Person des öffentlichen Rechts oder einer gemeinnützigen Körperschaft in begrenztem Umfang steuerfrei bleiben. Aus Gründen der Praktikabilität und der Verwaltungsvereinfachung ist bei den in Kirchengemeinden eingesetzten Organisten grundsätzlich davon auszugehen, dass deren Tätigkeit eine gewisse Gestaltungshöhe erreicht und somit die Voraussetzungen einer künstlerischen Tätigkeit im Sinne des § 3 Nr. 26 EStG vorliegen. (vgl. HMdF-Erlass vom 17. 04. 2000 – S 2337 A – 77 – II B 2a).

2.17. Patientenfürsprecher

Der Patientenfürsprecher hat die Interessen der Patienten gegenüber dem Krankenhaus zu vertreten. Diese Tätigkeit stellt keine Pflege alter, kranker oder behinderter Menschen dar. Die an die Patientenfürsprecher gezahlten Aufwandsentschädigungen sind daher nicht nach § 3 Nr. 26 EStG steuerfrei.

2.18. Prädikanten

Die Anwendung des § 3 Nr. 26 EStG wurde von den obersten Finanzbehörden des Bundes und der Länder verneint. Insoweit fehle bei den Prädikanten (wie auch bei Lektoren) der direkte pädagogisch ausgerichtete persönliche Kontakt zu einzelnen Menschen. Eine Steuerfreiheit der Bezüge kann sich jedoch ggf. aus § 3 Nr. 12, 13, 50 EStG ergeben.

2.19. Richter, Parcourschefs, Parcourschef-Assistenten bei Pferdesportveranstaltungen

Bei diesen ehrenamtlichen Tätigkeiten handelt es sich nicht um begünstigte Tätigkeiten nach § 3 Nr. 26 EStG.

2.20. Rettungssanitäter und Rettungsschwimmer

Die Vergütungen für die Tätigkeit von Rettungsschwimmern und Rettungssanitätern in Rettungs- und Krankentransportwagen sowie im Rahmen von Großveranstaltungen sind – bei Vorliegen aller Voraussetzungen – insgesamt nach § 3 Nr. 26 EStG begünstigt.

Die Einnahmen dieser ehrenamtlichen Rettungskräfte sind nicht mehr in solche aus Rettungseinsätzen und solche aus Bereitschaftszeiten aufzuteilen.

2.21. Schulweghelfer und Schulbusbegleiter

Gemeinden gewähren den grundsätzlich als Arbeitnehmer beschäftigten Schulweghelfern und Schulbusbegleitern Aufwandsentschädigungen. Diese sind nebeneinader sowohl nach § 3 Nr. 26 EStG als auch nach § 3 Nr. 12 Satz 2 EStG begünstigt. Die Vorschriften sind in der für den Steuerpflichtigen günstigsten Reihenfolge zu berücksichtigen (R 3.26 Abs. 7 LStR 2008).

2.22. *Stadtführer*

Die Tätigkeit eines Stadtführers ist – vergleichbar mit einer unterrichtenden Tätigkeit an einer Volkshochschule und der Tätigkeit eines Museumsführers – wegen ihrer pädagogischen Ausrichtung grundsätzlich nach § 3 Nr. 26 EStG begünstigt. Zu prüfen ist jedoch insbesondere, ob die Tätigkeit im Auftrag oder im Dienst einer juristischen Person des öffentlichen Rechts oder einer anderen unter § 5 Abs. 1 Nr. 9 KStG zur Förderung gemeinnütziger, mildtätiger und kirchlicher Zwecke ausgeübt wird.

2.23. *Statisten/Komparsen bei Theateraufführungen*

Aufwandsentschädigungen für Statisten sind grundsätzlich nicht nach § 3 Nr. 26 EStG begünstigt, da Statisten keine künstlerische Tätigkeit ausüben. Eine künstlerische Tätigkeit liegt bei § 3 Nr. 26 EStG (wie bei § 18 EStG) nur vor, wenn eine gewisse Gestaltungshöhe bei eigenschöpferischer Leistung gegeben ist. Nach dem BFH-Urteil vom 18. 04. 2007 (BStBl II 2007, 702) wird die Auslegung des Begriffs einer künstlerischen Tätigkeit im Sinne des § 3 Nr. 26 EStG jedoch beeinflusst durch die Begrenzung auf einen Höchstbetrag und das Merkmal der Nebenberuflichkeit. In diesem Sinne kann eine künstlerische Tätigkeit auch dann vorliegen, wenn sie die eigentliche künstlerische (Haupt-)Tätigkeit unterstützt und ergänzt, sofern sie Teil des gesamten künstlerischen Geschehens ist. Auch der Komparse kann daher – anders als z. B. ein Bühnenarbeiter – eine künstlerische Tätigkeit ausüben. Bei der Beurteilung kommt es auf die Umstände des Einzelfalles an.

2.24. *Versichertenälteste*

Für die Tätigkeit der Versichertenältesten ist die Begünstigung des § 3 Nr. 26 EStG nicht zu gewähren, da es sich weder um eine begünstigte Tätigkeit handelt noch diese zur Förderung gemeinnütziger, mildtätiger oder kirchlicher Zwecke im Sinne der §§ 52 bis 54 AO handelt.

2.25. *Zahnärzte im Arbeitskreis Jugendzahnpflege*

Soweit Zahnärzte in freier Praxis im Rahmen der „Arbeitskreise Jugendzahnpflege in Hessen" (AkJ) tätig werden (sogen. Patenschaftszahnärzte), üben sie diese Tätigkeit nebenberuflich aus, so dass die entsprechenden Vergütungen bei Vorliegen der übrigen Voraussetzungen nach § 3 Nr. 26 EStG begünstigt sind.

3. Betriebsausgaben-/Werbungskostenabzug

Nach § 3c EStG dürfen Ausgaben, soweit sie mit steuerfreien Einnahmen in unmittelbarem wirtschaftlichen Zusammenhang stehen, nicht als Betriebsausgaben oder Werbungskosten abgezogen werden. Ausgaben, die zugleich steuerfreie und steuerpflichtige Einnahmen betreffen, sind – ggf. im Schätzungswege – aufzuteilen und anteilig abzuziehen.

Ab 01. 01. 2000 dürfen abweichend von diesen Grundsätzen nach § 3 Nr. 26 S. 2 EStG in unmittelbarem wirtschaftlichen Zusammenhang mit der nebenberuflichen Tätigkeit stehende Ausgaben nur insoweit als Werbungskosten oder Betriebsausgaben abgezogen werden, als sie den Betrag der steuerfreien Einnahmen übersteigen.

Entstehen Betriebsausgaben zur Vorbereitung einer unter § 3 Nr. 26 EStG fallenden Tätigkeit und wird diese später nicht aufgenommen, kann der entstandene Verlust in voller Höhe, also ohne Kürzung um den Freibetrag, berücksichtigt werden. Der BFH hat mit Urteil vom 06. 07. 2005, XI R 61/04, BStBl II 2006, S. 163, – zu § 3 Nr. 26 EStG a. F. – entschieden, § 3c EStG sei insoweit nicht anwendbar.

Steuerbefreiungen für nebenberufliche Tätigkeiten nach § 3 Nr. 26 EStG

Erlasse des Bayerisches Landesamt für Steuern vom 8. 9. 2011 –
S 2121.1.1.1-1/33 St32 A – 2 – St 213 –

1. Allgemeines

Zur Steuerbefreiung für nebenberufliche Tätigkeiten wird ergänzend zu den Verwaltungsanweisungen in R 3.26 LStR (Begünstigte Tätigkeiten, Nebenberuflichkeit) auf Folgendes hingewiesen:

Begünstigt sind nach § 3 Nr. 26 EStG drei Tätigkeitsbereiche:

- Nebenberufliche Tätigkeit als Übungsleiter, Ausbilder, Erzieher, Betreuer oder eine vergleichbare Tätigkeit
- Nebenberufliche künstlerische Tätigkeit
- Nebenberufliche Pflege alter, kranker oder behinderter Menschen

Die begünstigten Tätigkeiten der Übungsleiter, Ausbilder, Erzieher oder Betreuer haben miteinander gemeinsam, dass bei ihrer Ausübung durch persönliche Kontakte Einfluss auf andere Menschen genommen wird, um auf diese Weise deren Fähigkeiten zu entwickeln und zu fördern. Gemeinsamer Nenner dieser Tätigkeiten ist daher die pädagogische Ausrichtung. Nicht begünstigt ist die Betreuungstätigkeit des gesetzlichen Betreuers nach § 1835a BGB, da § 3 Nr. 26 EStG nur angewendet werden kann, wenn durch einen direkten pädagogisch ausgerichteten persönlichen Kontakt zu den betreuten Menschen ein Kernbereich des ehrenamtlichen Engagements erfüllt wird. (Zur steuerlichen Behandlung vgl. ESt-Kartei § 22 Nr. 3 Karte 3.1). Die Vergütungen hierfür sind ab 2007 unter den weiteren Voraussetzungen des § 3 Nr. 26a EStG bis zu einem Betrag von 500 € im Kalenderjahr steuerbefreit (vgl. ESt-Kartei § 3 Nr. 26a Karte 1.1 Nr. 3) und ab VZ 2011 unter den Voraussetzungen des § 3 Nr. 26b EStG steuerbefreit.

Durch das Steuerbereinigungsgesetz 1999 wurde ab dem 01. 01. 2000 die Tätigkeit des nebenberuflichen Betreuers in den Katalog der begünstigten Tätigkeiten aufgenommen. Betroffen von der Neuregelung sind insbesondere Personen, die betreuend im Jugend- und Sportbereich gemeinnütziger Vereine tätig werden. Daher kommt u. a. nun auch der Übungsleiterfreibetrag für die Beaufsichtigung und Betreuung von Jugendlichen durch Jugendleiter, Ferienbetreuer, Schulwegbegleiter etc. in Betracht.

Auch wenn ausschließlich (ohne Zusammenhang mit körperlicher Pflege) hauswirtschaftliche oder betreuende Hilfstätigkeiten für alte oder behinderte Menschen erbracht werden (z. B. Reinigung der Wohnung, Kochen, Einkaufen, Erledigung von Schriftverkehr), ist der Freibetrag nach § 3 Nr. 26 EStG zu gewähren, wenn die übrigen Voraussetzungen der Vorschrift erfüllt sind.

Bei einer Tätigkeit für juristische Personen des öffentlichen Rechts ist es unschädlich, wenn sie für einen Betrieb gewerblicher Art ausgeführt wird, da Betriebe gewerblicher Art auch gemeinnützigen Zwecken dienen können (z. B. Krankenhaus oder Kindergarten). Ziel des § 3 Nr. 26 EStG ist es, Bürger, die im gemeinnützigen, mildtätigen oder kirchlichen Bereich nebenberuflich tätig sind, von steuerlichen Verpflichtungen freizustellen. Mithin ist bei einer Tätigkeit für einen Betrieb gewerblicher Art darauf abzustellen, ob dieser einen entsprechend begünstigten Zweck verfolgt oder nicht.

Eine Förderung gemeinnütziger, mildtätiger oder kirchlicher Zwecke ist grundsätzlich nur dann gegeben, wenn die Tätigkeit der Allgemeinheit zugute kommt. Bei nebenberuflicher Lehrtätigkeit ist diese Voraussetzung auch dann erfüllt, wenn eine Aus- oder Fortbildung zwar nur einem abgeschlossenen Personenkreis zugute kommt (z. B. innerhalb eines Unternehmens oder einer Dienststelle), die Aus- oder Fortbildung selbst aber im Interesse der Allgemeinheit liegt (vgl. BFH-Urteil vom 26. 03. 1992, BStBl 1993 II S. 20).

Der BFH hat mit Beschluss vom 01. 03. 2006 (BStBl II S. 685) europarechtliche Bedenken im Hinblick darauf geäußert, dass die Steuerbefreiung für Aufwandsentschädigungen nach § 3 Nr. 26 EStG nur für Tätigkeiten im Auftrag einer deutschen öffentlichen Institution gewährt wird. Er hat dem EuGH daher die Frage zur Vorabentscheidung vorgelegt, wie Art. 49 des EG-Vertrags, der den freien Dienstleistungsverkehr garantiert, in Bezug auf die Anwendung des § 3 Nr. 26 EStG auszulegen sei. Mit Urteil vom 18. 12. 2007 – C-281/06 „Jundt" – hat der EuGH entschieden, dass die nationale Regelung des § 3 Nr. 26 EStG gegen EU-Recht verstößt. Aufgrund der Anwendung der Dienstleistungsfreiheit bejaht der EuGH die Steuerfreiheit nebenamtlicher Lehrvergütungen eines im Inland Steuerpflichtigen, wenn diese von einer im anderen Mitgliedstaat öffentlichen Institution gezahlt wird.

Mit der Änderung des § 3 Nr. 26 EStG im JStG 2009 sind nunmehr auch Tätigkeiten für ausländische juristische Personen des öffentlichen Rechts begünstigt, die in einem EU- oder EWR-Staat belegen sind. Die Neuregelung gilt nach § 52 Abs. 4b EStG für alle offenen Fälle.

2. Einzelfälle

2.1 Ärzte im Behindertensport

Nach § 11a des Bundesversorgungsgesetzes ist Rehabilitationssport unter ärztlicher Aufsicht durchzuführen. Behindertensport bedarf nach § 2 Abs. 2 der Gesamtvereinbarungen über den ambulanten Behindertensport während der sportlichen Übungen der Überwachung durch den Arzt. Die Tätigkeit eines Arztes im Rahmen dieser Bestimmungen fällt dem Grunde nach unter § 3 Nr. 26 EStG, sofern auch die übrigen Voraussetzungen hierfür erfüllt sind (vgl. auch ESt-Kartei § 3 Nr. 26 Karte 5.1).

2.2 Ärzte im Coronarsport

Ärzte, die nebenberuflich in gemeinnützigen Sportvereinen Coronar-Sportkurse leiten, üben eine einem Übungsleiter vergleichbare Tätigkeit aus, wenn der im Coronar-Sport nebenberuflich tätige Arzt auf den Ablauf der Übungseinheiten und die Übungsinhalte aktiv Einfluss nimmt. Es handelt sich dann um eine nach § 3 Nr. 26 EStG begünstigte Tätigkeit.

2.3 Aufsichtsvergütung für die juristische Staatsprüfung

(vgl. ESt-Kartei § 3 Nr. 26 Karte 4.1)

2.4 Bahnhofsmission

Der Tätigkeitsbereich von Bahnhofsmissionen umfasst auch gem. § 3 Nr. 26 EStG begünstigte Pflege- und Betreuungsleistungen. Zur Abgrenzung gegenüber den nicht begünstigten Leistungen bestehen keine Bedenken, wenn Aufwandsentschädigungen nebenberuflicher Mitarbeiterinnen in Bahnhofsmissionen in Höhe von 60 % der Einnahmen, maximal in Höhe von 2 100 €, steuerfrei belassen werden. Von dem pauschalen Satz kann im Einzelfall abgewichen und auf die tatsächlichen Verhältnisse abgestellt werden, wenn Anhaltspunkte dafür vorliegen, dass die Anwendung dieses Regelsatzes zu einer unzutreffenden Besteuerung führen würde.

2.5 Behindertentransport (Auslandsrückholdienst, Behindertenfahrdienst, Krankentransport und Medizinisches Transportmanagement – MTM –)

Die Fahrten werden regelmäßig mit einer Besatzung von zwei Helfern durchgeführt, wobei ein Helfer den Bus fährt und der andere (Beifahrer) die behinderten oder kranken Personen während der Fahrt betreut. Die Tätigkeit des Fahrers stellt keine nach § 3 Nr. 26 EStG begünstigte Tätigkeit dar, da er weit überwiegend mit dem Fahren des Fahrzeugs beschäftigt ist und ein unmittelbarer persönlicher Bezug zu den „Patienten" im Sinne der Pflege nicht aufgebaut werden kann. Für den „Beifahrer" sind die Voraussetzungen für die Inanspruchnahme der Steuerbefreiung nach § 3 Nr. 26 EStG gegeben.

Ist die Aufgabenverteilung nicht verbindlich festgelegt, kann daher angenommen werden, dass beide Helfer an der Betreuung mitwirken. Der Freibetrag nach § 3 Nr. 26 EStG ist dann für jeweils 50 % der Vergütung zu gewähren.

Vergütungen für Bereitschaftszeiten werden entsprechend der zugrundeliegenden Tätigkeit zugeordnet und zusammen mit der Vergütung für die eigentliche Tätigkeit ggf. in die Steuerbefreiung einbezogen.

2.6 Bereitschaftsleitungen und Jugendgruppenleiter

Inwieweit eine Gewährung des Freibetrags nach § 3 Nr. 26 EStG in Betracht kommt, hängt von der tatsächlichen Tätigkeit ab. Soweit lediglich organisatorische Aufgaben wahrgenommen werden, liegt keine begünstigte Tätigkeit vor. Soweit die Vergütung auf die Tätigkeit als Ausbilder oder Betreuer entfällt, kann der Freibetrag nach § 3 Nr. 26 EStG gewährt werden.

2.7 Ehrenamtlicher Betreuer nach § 1835a BGB

(vgl. Ausführungen unter 1., ESt-Kartei § 22 Nr. 3 Karte 3.1).

2.8 Erziehungsbeistand und Betreuungshelfer nach § 30 SGB VIII; Familienhelfer nach § 31 SGB VIII

Im Rahmen der Hilfe zur Erziehung nach den §§ 27 ff. SGB VIII werden sog. Erziehungs- und Familienhelfer eingesetzt, die das Kind oder den Jugendlichen (§ 30 SGB VIII) oder die Familie (§ 31 SGB VIII) durch pädagogische und therapeutische Hilfen bei der Bewältigung von Entwicklungsproblemen oder bei der Erfüllung von Erziehungsaufgaben unterstützen sollen. Sofern kein Dienstvertrag vorliegt, ist eine nebenberufliche Tätigkeit nach § 3 Nr. 26 EStG begünstigt. Die neben der eigentlichen Hauptaufgabe zusätzlich zu erbringende hauswirtschaftliche praktische Versorgung einer in Not geratenen Familie oder einer Einzelperson kann insoweit vernachlässigt werden.

2.9 Diakon

Ob ein nebenberuflich tätiger kath. Diakon die Steuerbefreiung nach § 3 Nr. 26 EStG erhalten kann, hängt von der jeweiligen Tätigkeit ab. Zum Berufsbild des Diakons gehören auch ausbildende und betreuende Tätigkeiten mit pädagogischer Ausrichtung sowie Arbeiten im sozialen

Bereich, die als Pflege alter, kranker oder behinderter Menschen gewertet werden können. Für solche Tätigkeiten ist eine Steuerbefreiung nach § 3 Nr. 26 EStG möglich.

Bei einer Tätigkeit im Bereich der Verkündigung (z. B. Taufen, Krankenkommunion, Trauungen, Predigtdienst) handelt es sich nicht um eine begünstigte Tätigkeit. Zur Aufteilung bei gemischten Tätigkeiten sowie zur Steuerfreiheit nach anderen Vorschriften (z. B. § 3 Nr. 12 EStG) vgl. R 3.26 Abs. 7 LStR.

2.10 Ferienbetreuer
Ehrenamtliche Ferienbetreuer, die zeitlich begrenzt zur Durchführung von Ferienmaßnahmen eingesetzt werden, sind nebenberuflich tätig, so dass bei Vorliegen der weiteren Voraussetzungen die Einnahmen aus dieser Tätigkeit nach § 3 Nr. 26 EStG begünstigt sind.

2.11 Feuerwehrleute
(vgl. ESt-Kartei § 3 Karte 1.1)

2.12 Hauswirtschaftliche Tätigkeiten in Altenheim, Krankenhäusern usw.
Reine Hilfsdienste, wie z. B. Putzen, Waschen und Kochen im Reinigungsdienst und in der Küche von Altenheimen, Krankenhäusern, Behinderteneinrichtungen u. ä. Einrichtungen stehen nicht den ambulanten Pflegediensten gleich und fallen daher nicht unter § 3 Nr. 26 EStG, da keine häusliche Betreuung im engeren Sinne stattfindet und damit kein unmittelbarer persönlicher Bezug zu den gepflegten Menschen entsteht. Die Leistungen werden primär für das jeweilige Heim oder Krankenhaus erbracht und betreffen daher nur mittelbar die pflegebedürftigen Personen.

2.13 Helfer im sog. Hintergrunddienst des Hausnotrufdienstes
(Schlüsseldienst im Hausnotruf und Pflegenotruf)

Um bei Hausnotrufdiensten die Entgegennahme von Alarmanrufen rund um die Uhr, die Vertrautheit der Bewohner mit dem Hausnotrufdienst und die Funktionsfähigkeit der Hausnotrufgeräte zu gewährleisten, wird von den Hilfsorganisationen – zusätzlich zu den Mitarbeitern der Hausnotrufzentrale – ein sog. Hintergrunddienst eingerichtet, um vor Ort Hilfe zu leisten. Die Mitarbeiter des Hintergrunddienstes sind daneben auch mit der Einweisung, Einrichtung, Wartung und Überprüfung der Hausnotrufgeräte beschäftigt. Ihnen kann die Steuervergünstigung nach § 3 Nr. 26 EStG für den Anteil ihrer Vergütung gewährt werden, der auf tatsächliche Rettungseinsätze und für Bereitschaftszeiten hierfür entfällt. Der begünstigte Anteil ist anhand der Gesamtumstände des Einzelfalls zu ermitteln.

Werden nur Notrufe entgegengenommen und weitergeleitet ist diese Tätigkeit nicht nach § 3 Nr. 26 EStG begünstigt. Dies gilt auch für die Bereitschaftszeiten.

2.14 Küchenmitarbeiter in Waldheimen
Die Tätigkeit von Mitarbeiterinnen und Mitarbeitern in der Küche und im hauswirtschaftlichen Bereich von Waldheimen stellt keine begünstigte Tätigkeit im Sinne des § 3 Nr. 26 EStG dar. Es handelt sich nicht um eine betreuende Tätigkeit, da pädagogische Aspekte nicht im Vordergrund stehen. Ausschlaggebend ist die hauswirtschaftliche Tätigkeit im Zusammenhang mit der Essenszubereitung für die in den Waldheimen während der Ferienzeit aufgenommenen Jugendlichen.

2.15 Lehrbeauftragte an Schulen
Vergütungen an ehrenamtliche Lehrbeauftragte, die von den Schulen für einen ergänzenden Unterricht eingesetzt werden, sind – soweit von den Schulen mit den Lehrbeauftragten nicht ausdrücklich ein Arbeitsvertrag abgeschlossen wird – den Einnahmen aus selbständiger (unterrichtender) Tätigkeit nach § 18 Abs. 1 Nr. 1 EStG zuzuordnen und nach § 3 Nr. 26 EStG begünstigt.

2.16 Mahlzeitendienste
Vergütungen an Helfer des Mahlzeitendienstes sind nicht nach § 3 Nr. 26 EStG begünstigt, da die Lieferung einer Mahlzeit für die Annahme einer Pflegeleistung nicht ausreicht.

Ab dem 01.01.2007 ist jedoch die Inanspruchnahme der Steuerfreistellung nach § 3 Nr. 26a EStG in Höhe von bis zu 500 € möglich, sofern diese Tätigkeit nebenberuflich ausgeübt wird.

2.17 Vergütungen für Nebentätigkeiten im Rahmen der Ausbildung im Juristischen Vorbereitungsdienst
Gewährte Vergütungen an Richter, Staatsanwälte und Verwaltungsbeamte, die nebenamtlich als Leiter von Arbeitsgemeinschaften für Referendarinnen und Referendare tätig sind, fallen unter die Steuerbefreiungsvorschrift des § 3 Nr. 26 EStG und sind bis zur Höhe von 2 100 € jährlich steuerfrei.

2.18 Notärzte im Rettungsdienst
Die Tätigkeit von Notärzten im Rettungsdienst ist als begünstige Pflegetätigkeit i. S. des § 3 Nr. 26 EStG zu behandeln, wenn Haupt- und Nebenberuf klar abgegrenzt werden können.

Eine Gleichartigkeit von haupt- und nebenberuflicher Tätigkeit ist für die Gewährung des Freibetrags unschädlich.

2.19 Notfallfahrten bei Blut- und Organtransport
Bei diesen Notfallfahrten handelt es sich nicht um begünstigte Tätigkeiten nach § 3 Nr. 26 EStG.

2.20 Organistentätigkeit
Aus Gründen der Praktikabilität und der Verwaltungsvereinfachung ist bei den in Kirchengemeinden eingesetzten Organisten grundsätzlich davon auszugehen, dass deren Tätigkeit eine gewisse Gestaltungshöhe erreicht und somit die Voraussetzungen einer künstlerischen Tätigkeit im Sinne des § 3 Nr. 26 EStG vorliegen.

2.21 Patientenfürsprecher
Der Patientenfürsprecher hat die Interessen der Patienten gegenüber dem Krankenhaus zu vertreten. Diese Tätigkeit stellt keine Pflege alter, kranker oder behinderter Menschen dar. Die an die Patientenfürsprecher gezahlten Aufwandsentschädigungen sind daher nicht nach § 3 Nr. 26 EStG steuerfrei.

2.22 Ehrenamtliche Richter, Parcourschefs, Parcourschefassistenten bei Pferdesportveranstaltungen
Bei dieser Tätigkeit handelt es sich nicht um eine begünstigte Tätigkeit nach § 3 Nr. 26 EStG.

2.23 Prädikanten/Lektoren
Die Anwendung des § 3 Nr. 26 EStG wurde von den obersten Finanzbehörden des Bundes und der Länder verneint. Insoweit fehle bei den Prädikanten (wie auch bei Lektoren) der direkte pädagogisch ausgerichtete persönliche Kontakt zu einzelnen Menschen. Eine Steuerfreiheit der Bezüge kann sich jedoch ggf. aus § 3 Nr. 12, 13, 50 EStG ergeben.

2.24 Rettungsschwimmer; Rettungsmänner der Deutschen Gesellschaft zur Rettung Schiffbrüchiger (DGzRS)
Rettungsschwimmer, die im vorbeugenden Wasserrettungsdienst tätig sind, üben eine im Sinne des § 3 Nr. 26 EStG begünstigte Tätigkeit aus.

Vergütungen für Bereitschaftszeiten werden entsprechend der zugrundeliegenden Tätigkeit zugeordnet und zusammen mit der Vergütung für die eigentliche Tätigkeit in die Steuerbefreiung einbezogen.

Diese Regelung gilt für Aufwandsentschädigungen der Rettungsmänner der DGzRS entsprechend.

2.25 Sanitätshelfer bei Großveranstaltungen
Tätigkeiten von Rettungssanitätern und Ersthelfern im Bereitschafts- oder Sanitätsdienst bei Sportveranstaltungen, kulturellen Veranstaltungen, Festumzügen etc. sind nach § 3 Nr. 26 EStG begünstigt. Dies gilt auch für Bereitschaftszeiten hierfür.

Vergütungen für Bereitschaftszeiten werden entsprechend der zugrundeliegenden Tätigkeit zugeordnet und zusammen mit der Vergütung für die eigentliche Tätigkeit in die Steuerbefreiung einbezogen.

2.26 Sanitätshelfer und Rettungssanitäter im Rettungs- und Krankentransportwagen
Die Vergütungen an Rettungssanitäter in Rettungs- und Krankentransportwagen sind nach § 3 Nr. 26 EStG begünstigt. Die Tätigkeit umfasst ausschließlich die Bergung und Versorgung von Kranken und Verletzten, so dass die Bereitschaftszeiten in vollem Umfang der begünstigten Tätigkeit zugeordnet werden können. Ein Aufteilung der Einnahmen in solche aus Rettungseinsätzen und solche aus Bereitschaftszeiten ist daher nicht mehr vorzunehmen.

2.27 Schulweghelfer/Schulwegbegleiter
(vgl. ESt-Kartei § 3 Nr. 26 Karte 7.1)

2.28 Stadtführer
Die Tätigkeit eines Stadtführers ist – vergleichbar mit der Tätigkeit an einer Volkshochschule und der Tätigkeit eines Museumsführers – wegen ihrer pädagogischen Ausrichtung grundsätzlich nach § 3 Nr. 26 EStG begünstigt. Zu prüfen ist jedoch insbesondere, ob die Tätigkeit im Auftrag oder im Dienst einer juristischen Person des öffentlichen Rechts oder einer anderen unter § 5 Abs. 1 Nr. 9 KStG zur Förderung gemeinnütziger, mildtätiger und kirchlicher Zwecke ausgeübt wird.

2.29 Statisten bei Theateraufführungen
Aufwandsentschädigungen für Statisten sind grundsätzlich nicht nach § 3 Nr. 26 EStG begünstigt, da Statisten keine künstlerische Tätigkeit ausüben. Eine künstlerische Tätigkeit liegt bei § 3 Nr. 26 EStG (wie bei § 18 EStG) nur vor, wenn eine gewisse Gestaltungshöhe bei eigenschöpferischer Leistung gegeben ist.

§ 3 Nr. 26 EStG
H 3.26

Nach dem BFH-Urteil vom 18. 04. 2007 (BStBl II S. 702) beeinflussen bei einer nebenberuflichen künstlerischen Tätigkeit mit den hier vorgegebenen Begrenzungen die Auslegung einer künstlerischen Tätigkeit i. S. des § 3 Nr. 26 EStG. Eine künstlerische Tätigkeit in diesem Sinn kann daher auch vorliegen, wenn sie die eigentliche künstlerische (Haupt-)Tätigkeit unterstützt und ergänzt, sofern sie Teil des gesamten künstlerischen Geschehens ist (vgl. H 3.26 Künstlerische Tätigkeit LStH). Auch der Komparse kann daher – anders z. B. als ein Bühnenarbeiter – eine künstlerische Tätigkeit ausüben.

Im Urteilsfall hat sich der Kläger (Statist an der Oper) nach den Feststellungen des FG mit seinen Leistungen im Rahmen des künstlerischen Genres „Darsteller" gehalten und keine rein mechanische Funktion als „menschliche Requisite" wahrgenommen. Der Auftritt des Klägers habe nicht unerhebliche schauspielerische Leistungen enthalten.

2.30 Versichertenälteste

Für die Tätigkeit der Versichertenältesten ist die Begünstigung des § 3 Nr. 26 EStG nicht zu gewähren, da es sich weder um eine begünstigte Tätigkeit handelt noch diese zur Förderung gemeinnütziger, mildtätiger oder kirchlicher Zwecke im Sinne der §§ 52 bis 54 AO handelt.

3. Betriebsausgaben-/Werbungskostenabzug

Nach § 3c EStG dürfen Ausgaben, soweit sie mit steuerfreien Einnahmen in unmittelbarem wirtschaftlichen Zusammenhang stehen, nicht als Betriebsausgaben oder Werbungskosten abgezogen werden. Ausgaben, die zugleich steuerfreie und steuerpflichtige Einnahmen betreffen, sind – ggf. im Schätzungswege – aufzuteilen und anteilig abzuziehen.

Abweichend von diesen Grundsätzen dürfen nach § 3 Nr. 26 Satz 2 EStG in unmittelbarem wirtschaftlichen Zusammenhang mit der nebenberuflichen Tätigkeit stehende Ausgaben nur insoweit als Werbungskosten oder Betriebsausgaben abgezogen werden, als sie den Betrag der steuerfreien Einnahmen übersteigen.

Entstehen Betriebsausgaben zur Vorbereitung einer unter § 3 Nr. 26 EStG fallenden Tätigkeit und wird diese später nicht aufgenommen, kann der entstandene Verlust in voller Höhe, also ohne Kürzung um den Freibetrag, berücksichtigt werden (vgl. H 3.26 Vergebliche Aufwendungen LStH).

Nebenberuflichkeit

– Selbst bei dienstrechtlicher Verpflichtung zur Übernahme einer Tätigkeit im Nebenamt unter Fortfall von Weisungs- und Kontrollrechten des Arbeitgebers kann Nebenberuflichkeit vorliegen (→ BFH vom 29. 1. 1987 – BStBl II S. 783).
– Zum zeitlichen Umfang → BFH vom 30. 3. 1990 (BStBl II S. 854).

Prüfer

Die Tätigkeit als Prüfer bei einer Prüfung, die zu Beginn, im Verlaufe oder als Abschluss einer Ausbildung abgenommen wird, ist mit der Tätigkeit eines Ausbilders vergleichbar (→ BFH vom 23. 6. 1988 – BStBl II S. 890).

Rundfunkessays

Die Tätigkeit als Verfasser und Vortragender von Rundfunkessays ist nicht nach § 3 Nr. 26 EStG begünstigt (→ BFH vom 17. 10. 1991 – BStBl 1992 II S. 176).

Übungsleiter

→ Nebenberufliche Tätigkeiten, Übungsleiter

Vergebliche Aufwendungen

Aufwendungen für eine Tätigkeit i. S. d. § 3 Nr. 26 EStG sind auch dann als vorweggenommene Betriebsausgaben abzugsfähig, wenn es nicht mehr zur Ausübung der Tätigkeit kommt; das Abzugsverbot des § 3c EStG steht dem nicht entgegen (→ BFH vom 6. 7. 2005 – BStBl 2006 II S. 163).

§ 3

EStG

Steuerfrei sind
...

26a. Einnahmen aus nebenberuflichen Tätigkeiten im Dienst oder Auftrag einer juristischen Person des öffentlichen Rechts, die in einem Mitgliedstaat der Europäischen Union oder in einem Staat belegen ist, auf den das Abkommen über den Europäischen Wirtschaftsraum Anwendung findet, oder einer unter § 5 Absatz 1 Nummer 9 des Körperschaftsteuergesetzes fallenden Einrichtung zur Förderung gemeinnütziger, mildtätiger und kirchlicher Zwecke (§§ 52 bis 54 der Abgabenordnung) bis zur Höhe von insgesamt 500 Euro im Jahr. ²Die Steuerbefreiung ist ausgeschlossen, wenn für die Einnahmen aus der Tätigkeit – ganz oder teilweise – eine Steuerbefreiung nach § 3 Nummer 12, 26 oder 26b gewährt wird. ³Überschreiten die Einnahmen für die in Satz 1 bezeichneten Tätigkeiten den steuerfreien Betrag, dürfen die mit den nebenberuflichen Tätigkeiten in unmittelbarem wirtschaftlichen Zusammenhang stehenden Ausgaben abweichend von § 3c nur insoweit als Betriebsausgaben oder Werbungskosten abgezogen werden, als sie den Betrag der steuerfreien Einnahmen übersteigen;

1)

Hinweise

H 3.26a

Allgemeine Grundsätze

→ BMF vom 25. 11. 2008 (BStBl I S. 985) unter Berücksichtigung der Änderungen durch BMF vom 14. 10. 2009 (BStBl. I S. 1318).

Steuerfreie Einnahmen aus ehrenamtlicher Tätigkeit; Gesetz zur weiteren Stärkung des bürgerschaftlichen Engagements vom 10. Oktober 2007

BMF vom 25. 11. 2008 (BStBl I S. 985)

Anwendungsschreiben zu § 3 Nr. 26a EStG

Unter Bezugnahme auf das Ergebnis der Erörterung mit den obersten Finanzbehörden der Länder gilt zur Anwendung des § 3 Nr. 26a EStG in der Fassung des Gesetzes zur weiteren Stärkung des bürgerschaftlichen Engagements vom 10. Oktober 2007 (BStBl I S. 815) Folgendes:

1. Begünstigte Tätigkeiten

§ 3 Nr. 26a EStG sieht im Gegensatz zu § 3 Nr. 26 EStG keine Begrenzung auf bestimmte Tätigkeiten im gemeinnützigen Bereich vor. Begünstigt sind z. B. die Tätigkeiten der Mitglieder des Vorstands, des Kassierers, der Bürokräfte, des Reinigungspersonals, des Platzwartes, des Aufsichtspersonals, der Betreuer und Assistenzbetreuer im Sinne des Betreuungsrechts. Die Tätigkeit der Amateursportler ist nicht begünstigt. Eine Tätigkeit im Dienst oder Auftrag einer steuerbegünstigten Körperschaft muss für deren ideellen Bereich einschließlich ihrer Zweckbetriebe ausgeübt werden. Tätigkeiten in einem steuerpflichtigen wirtschaftlichen Geschäftsbetrieb und bei der Verwaltung des Vermögens sind nicht begünstigt.

2. Nebenberuflichkeit

Eine Tätigkeit wird nebenberuflich ausgeübt, wenn sie – bezogen auf das Kalenderjahr – nicht mehr als ein Drittel der Arbeitszeit eines vergleichbaren Vollzeiterwerbs in Anspruch nimmt. Es können deshalb auch solche Personen nebenberuflich tätig sein, die im steuerrechtlichen Sinne keinen Hauptberuf ausüben, z. B. Hausfrauen, Vermieter, Studenten, Rentner oder Arbeitslose. Übt ein Steuerpflichtiger mehrere verschiedenartige Tätigkeiten i. S. des § 3 Nr. 26 oder 26a EStG aus, ist die Nebenberuflichkeit für jede Tätigkeit getrennt zu beurteilen. Mehrere gleichartige Tätigkeiten sind zusammenzufassen, wenn sie sich nach der Verkehrsanschauung als Ausübung eines einheitlichen Hauptberufs darstellen, z. B. Erledigung der Buchführung oder Aufzeichnungen von jeweils weniger als dem dritten Teil des Pensums einer Bürokraft für meh-

¹) Die Vorschrift soll durch das Gesetz zur Stärkung des Ehrenamtes (Ehrenamtsstärkungsgesetz) ab VZ 2013 geändert werden. Bei Redaktionsschluss war das Gesetzgebungsverfahren noch nicht abgeschlossen. Um Beachtung wird gebeten. In Nummer 26a Satz 1 soll die Angabe „500 Euro" durch die Angabe „720 Euro" ersetzt werden. → Siehe hierzu Hinweise auf Seite 4!

rere gemeinnützige Körperschaften. Eine Tätigkeit wird nicht nebenberuflich ausgeübt, wenn sie als Teil der Haupttätigkeit anzusehen ist. Dies ist auch bei formaler Trennung von haupt- und nebenberuflicher selbständiger oder nichtselbständiger Tätigkeit für denselben Arbeitgeber anzunehmen, wenn beide Tätigkeiten gleichartig sind und die Nebentätigkeit unter ähnlichen organisatorischen Bedingungen wie die Haupttätigkeit ausgeübt wird oder der Steuerpflichtige mit der Nebentätigkeit eine ihm aus seinem Dienstverhältnis faktisch oder rechtlich obliegende Nebenpflicht erfüllt.

3. Auftraggeber/Arbeitgeber

Der Freibetrag wird nur gewährt, wenn die Tätigkeit im Dienst oder im Auftrag einer der in § 3 Nr. 26a EStG genannten Personen erfolgt. Als juristische Personen des öffentlichen Rechts kommen beispielsweise in Betracht Bund, Länder, Gemeinden, Gemeindeverbände, Industrie- und Handelskammern, Handwerkskammern, Rechtsanwaltskammern, Steuerberaterkammern, Wirtschaftsprüferkammern, Ärztekammern, Universitäten oder die Träger der Sozialversicherung. Zu den Einrichtungen i. S. des § 5 Abs. 1 Nr. 9 des Körperschaftsteuergesetzes (KStG) gehören Körperschaften, Personenvereinigungen, Stiftungen und Vermögensmassen, die nach der Satzung oder dem Stiftungsgeschäft und nach der tatsächlichen Geschäftsführung ausschließlich und unmittelbar gemeinnützige, mildtätige oder kirchliche Zwecke verfolgen. Nicht zu den begünstigten Einrichtungen gehören beispielsweise Berufsverbände (Arbeitgeberverband, Gewerkschaft) oder Parteien. Fehlt es an einem begünstigten Auftraggeber/Arbeitgeber, kann der Freibetrag nicht in Anspruch genommen werden.

Rechtliche Betreuer handeln wegen der rechtlichen und tatsächlichen Ausgestaltung des Vormundschafts- und Betreuungswesens im Dienst oder Auftrag einer juristischen Person des öffentlichen Rechts.

4. Förderung gemeinnütziger, mildtätiger und kirchlicher Zwecke

Die Begriffe der gemeinnützigen, mildtätigen und kirchlichen Zwecke ergeben sich aus den §§ 52 bis 54 der Abgabenordnung (AO). Eine Tätigkeit dient auch dann der selbstlosen Förderung begünstigter Zwecke, wenn sie diesen Zwecken nur mittelbar zugutekommt. Wird die Tätigkeit im Rahmen der Erfüllung der Satzungszwecke einer juristischen Person ausgeübt, die wegen Förderung gemeinnütziger, mildtätiger oder kirchlicher Zwecke steuerbegünstigt ist, ist im Allgemeinen davon auszugehen, dass die Tätigkeit ebenfalls der Förderung dieser steuerbegünstigten Zwecke dient. Dies gilt auch dann, wenn die nebenberufliche Tätigkeit in einem so genannten Zweckbetrieb i. S. der §§ 65 bis 68 AO ausgeübt wird, z. B. als nebenberuflicher Kartenverkäufer in einem Museum, Theater oder Opernhaus nach § 68 Nr. 7 AO.

Der Förderung begünstigter Zwecke kann auch eine Tätigkeit für eine juristische Person des öffentlichen Rechts dienen, z. B. nebenberufliche Aufsichtstätigkeit in einem Schwimmbad, nebenberuflicher Kirchenvorstand. Dem steht nicht entgegen, dass die Tätigkeit in den Hoheitsbereich der juristischen Person des öffentlichen Rechts fallen kann.

5. Nach § 3 Nr. 12 oder 26 EStG begünstigte Tätigkeiten

Der Freibetrag nach § 3 Nr. 26a EStG kann nicht in Anspruch genommen werden, wenn für die Einnahmen aus derselben Tätigkeit ganz oder teilweise eine Steuerbefreiung nach § 3 Nr. 12 EStG (Aufwandsentschädigungen aus öffentlichen Kassen) gewährt wird oder eine Steuerbefreiung nach § 3 Nr. 26 EStG (sog. Übungsleiterfreibetrag) gewährt wird oder gewährt werden könnte. Die Tätigkeit der Versichertenältesten fällt unter die schlichte Hoheitsverwaltung, so dass die Steuerbefreiungsvorschrift des § 3 Nr. 12 Satz 2 EStG anwendbar ist. Für eine andere Tätigkeit, die neben einer nach § 3 Nr. 12 oder 26 EStG begünstigten Tätigkeit bei einer anderen oder derselben Körperschaft ausgeübt wird, kann die Steuerbefreiung nach § 3 Nr. 26a EStG nur dann in Anspruch genommen werden, wenn die Tätigkeit nebenberuflich ausgeübt wird (s. dazu 2.) und die Tätigkeiten voneinander trennbar sind, gesondert vergütet werden und die dazu getroffenen Vereinbarungen eindeutig sind und durchgeführt werden. Einsatz- und Bereitschaftsdienstzeiten der Rettungssanitäter und Ersthelfer sind als einheitliche Tätigkeit zu behandeln, die insgesamt nach § 3 Nr. 26 EStG begünstigt sein kann und für die deshalb auch nicht teilweise die Steuerbefreiung nach § 3 Nr. 26a EStG gewährt wird.

6. Verschiedenartige Tätigkeiten

Erzielt der Steuerpflichtige Einnahmen, die teils für eine Tätigkeit, die unter § 3 Nr. 26a EStG fällt, und teils für eine andere Tätigkeit, die nicht unter § 3 Nr. 12, 26 oder 26a EStG fällt, gezahlt werden, ist lediglich für den entsprechenden Anteil nach § 3 Nr. 26a EStG der Freibetrag zu gewähren. Die Steuerfreiheit von Bezügen nach anderen Vorschriften, z. B. nach § 3 Nr. 13, 16 EStG, bleibt unberührt; wenn auf bestimmte Bezüge sowohl § 3 Nr. 26a EStG als auch andere

Steuerbefreiungsvorschriften anwendbar sind, sind die Vorschriften in der Reihenfolge anzuwenden, die für den Steuerpflichtigen am günstigsten ist.

7. Höchstbetrag

Der Freibetrag nach § 3 Nr. 26a EStG ist ein Jahresbetrag. Dieser wird auch dann nur einmal gewährt, wenn mehrere begünstigte Tätigkeiten ausgeübt werden. Er ist nicht zeitanteilig aufzuteilen, wenn die begünstigte Tätigkeit lediglich wenige Monate ausgeübt wird.

Die Steuerbefreiung ist auch bei Ehegatten personenbezogen vorzunehmen. Auch bei der Zusammenveranlagung von Ehegatten kann der Freibetrag demnach von jedem Ehegatten bis zur Höhe der Einnahmen, höchstens 500 Euro, die er für eine eigene begünstigte Tätigkeit erhält, in Anspruch genommen werden. Eine Übertragung des nicht ausgeschöpften Teils des Freibetrags eines Ehegatten auf höhere Einnahmen des anderen Ehegatten aus der begünstigten nebenberuflichen Tätigkeit ist nicht zulässig.

8. Ehrenamtlicher Vorstand[1])

Nach dem gesetzlichen Regelstatut des BGB hat ein Vorstandsmitglied Anspruch auf Auslagenersatz (§§ 27, 670 BGB). Die Zahlung von pauschalen Vergütungen für Arbeits- oder Zeitaufwand (Tätigkeitsvergütungen) an den Vorstand ist nur dann zulässig, wenn dies durch bzw. aufgrund einer Satzungsregelung ausdrücklich zugelassen ist. Ein Verein, der nicht ausdrücklich die Bezahlung des Vorstands regelt und der dennoch Tätigkeitsvergütungen an Mitglieder des Vorstands zahlt, verstößt gegen das Gebot der Selbstlosigkeit. Die regelmäßig in den Satzungen enthaltene Aussage: „Es darf keine Person ... durch unverhältnismäßig hohe Vergütungen begünstigt werden" (vgl. Anlage 1 zu § 60 AO; dort § 4 der Mustersatzung) ist keine satzungsmäßige Zulassung von Tätigkeitsvergütungen an Vorstandsmitglieder.

Eine Vergütung ist auch dann anzunehmen, wenn sie nach der Auszahlung an den Verein zurückgespendet oder durch Verzicht auf die Auszahlung eines entstandenen Vergütungsanspruchs an den Verein gespendet wird.

Der Ersatz tatsächlich entstandener Auslagen (z. B. Büromaterial, Telefon- und Fahrtkosten) ist auch ohne entsprechende Regelung in der Satzung zulässig. Der Einzelnachweis der Auslagen ist nicht erforderlich, wenn pauschale Zahlungen den tatsächlichen Aufwand offensichtlich nicht übersteigen; dies gilt nicht, wenn durch die pauschalen Zahlungen auch Arbeits- oder Zeitaufwand abgedeckt werden soll. Die Zahlungen dürfen nicht unangemessen hoch sein (§ 55 Absatz 1 Nummer 3 AO).

Falls ein gemeinnütziger Verein bis zu dem Datum dieses Schreibens ohne ausdrückliche Erlaubnis dafür in seiner Satzung bereits Tätigkeitsvergütungen gezahlt hat, sind daraus unter den folgenden Voraussetzungen keine für die Gemeinnützigkeit des Vereins schädlichen Folgerungen zu ziehen:

1. Die Zahlungen dürfen nicht unangemessen hoch gewesen sein (§ 55 Absatz 1 Nummer 3 AO).
2. Die Mitgliederversammlung beschließt bis zum 31. Dezember 2010 eine Satzungsänderung, die Tätigkeitsvergütungen zulässt. An die Stelle einer Satzungsänderung kann ein Beschluss des Vorstands treten, künftig auf Tätigkeitsvergütungen zu verzichten.

9. Werbungskosten- bzw. Betriebsausgabenabzug

Ein Abzug von Werbungskosten bzw. Betriebsausgaben, die mit den steuerfreien Einnahmen nach § 3 Nr. 26a EStG in einem unmittelbaren wirtschaftlichen Zusammenhang stehen, ist nur dann möglich, wenn die Einnahmen aus der Tätigkeit und gleichzeitig auch die jeweiligen Ausgaben den Freibetrag übersteigen. In Arbeitnehmerfällen ist in jedem Falle der Arbeitnehmer-Pauschbetrag anzusetzen, soweit er nicht bei anderen Dienstverhältnissen verbraucht ist.

Beispiel:
Ein Student, der keine anderen Einnahmen aus nichtselbständiger Arbeit erzielt, arbeitet nebenberuflich im Dienst der Stadt als Tierpfleger bei deren als gemeinnützig anerkanntem Tierheim. Dafür erhält er insgesamt 1 200 Euro im Jahr. Von den Einnahmen sind der Arbeitnehmer-Pauschbetrag von 920 Euro (§ 9a Satz 1 Nr. 1 Buchstabe b EStG) und der Freibetrag nach § 3 Nr. 26a EStG bis zur Höhe der verbliebenen Einnahmen (280 Euro) abzuziehen. Die Einkünfte aus der nebenberuflichen Tätigkeit betragen 0 Euro.

10. Freigrenze des § 22 Nr. 3 EStG

Gehören die Einnahmen des Steuerpflichtigen aus seiner nebenberuflichen Tätigkeit zu den sonstigen Einkünften (§ 22 Nr. 3 EStG), ist der Freibetrag nach § 3 Nr. 26a EStG bei der Prüfung

---

[1]) Nummer 8 i. d. F. BMF vom 14. 10. 2009 (BStBl I S. 1318).

der Frage, ob die bei dieser Einkunftsart zu beachtende gesetzliche Freigrenze in Höhe von 256 Euro im Jahr überschritten ist, zu berücksichtigen.

Beispiel:

Ein nebenberuflicher rechtlicher Betreuer erhält für die Betreuung von zwei Personen zweimal die Entschädigungspauschale nach § 1835a BGB, also insgesamt 646 Euro. Nach Abzug des Freibetrags nach § 3 Nr. 26a EStG betragen die Einkünfte 146 Euro, liegen also unterhalb der Freigrenze des § 22 Nr. 3 EStG von 256 Euro.

11. Lohnsteuerverfahren

Beim Lohnsteuerabzug ist eine zeitanteilige Aufteilung des Freibetrags nicht erforderlich. Dies gilt auch dann, wenn feststeht, dass das Dienstverhältnis nicht bis zum Ende des Kalenderjahres besteht. Der Arbeitnehmer hat dem Arbeitgeber jedoch schriftlich zu bestätigen, dass die Steuerbefreiung nach § 3 Nr. 26a EStG nicht bereits in einem anderen Dienst- oder Auftragsverhältnis berücksichtigt worden ist oder berücksichtigt wird. Diese Erklärung ist zum Lohnkonto zu nehmen.

12. Rückspende

Die Rückspende einer steuerfrei ausgezahlten Aufwandsentschädigung oder Vergütung an die steuerbegünstigte Körperschaft ist grundsätzlich zulässig. Für den Spendenabzug sind die Grundsätze des BMF-Schreibens vom 7. Juni 1999 (BStBl I S. 591) zur Anerkennung sog. Aufwandsspenden an gemeinnützige Vereine zu beachten.

EStG

§ 3

Steuerfrei sind

...

26b. Aufwandsentschädigungen nach § 1835a des Bürgerlichen Gesetzbuchs, soweit sie zusammen mit den steuerfreien Einnahmen im Sinne der Nummer 26 den Freibetrag nach Nummer 26 Satz 1 nicht überschreiten. Nummer 26 Satz 2 gilt entsprechend;

27. der Grundbetrag der Produktionsaufgaberente und das Ausgleichsgeld nach dem Gesetz zur Förderung der Einstellung der landwirtschaftlichen Erwerbstätigkeit bis zum Höchstbetrag von 18 407 Euro;

28. die Aufstockungsbeträge im Sinne des § 3 Absatz 1 Nummer 1 Buchstabe a sowie die Beiträge und Aufwendungen im Sinne des § 3 Absatz 1 Nummer 1 Buchstabe b und des § 4 Absatz 2 des Altersteilzeitgesetzes, die Zuschläge, die versicherungsfrei Beschäftigte im Sinne des § 27 Absatz 1 Nummer 1 bis 3 des Dritten Buches Sozialgesetzbuch zur Aufstockung der Bezüge bei Altersteilzeit nach beamtenrechtlichen Vorschriften oder Grundsätzen erhalten sowie die Zahlungen des Arbeitgebers zur Übernahme der Beiträge im Sinne des § 187a des Sechsten Buches Sozialgesetzbuch, soweit sie 50 Prozent der Beiträge nicht übersteigen;

R 3.28 **Leistungen nach dem Altersteilzeitgesetz (AltTZG) (§ 3 Nr. 28 EStG)**

(1) ¹Aufstockungsbeträge und zusätzliche Beiträge zur gesetzlichen Rentenversicherung im Sinne des § 3 Abs. 1 Nr. 1 sowie Aufwendungen im Sinne des § 4 Abs. 2 AltTZG sind steuerfrei wenn die Voraussetzungen des § 2 AltTZG, z. B. Vollendung des 55. Lebensjahres, Verringerung der tariflichen regelmäßigen wöchentlichen Arbeitszeit auf die Hälfte, vorliegen. ²Die Vereinbarung über die Arbeitszeitverminderung muss sich zumindest auf die Zeit erstrecken, bis der Arbeitnehmer eine Rente wegen Alters beanspruchen kann. ³Dafür ist nicht erforderlich, dass diese Rente ungemindert ist. ⁴Der frühestmögliche Zeitpunkt, zu dem eine Altersrente in Anspruch genommen werden kann, ist die Vollendung des 60. Lebensjahres. ⁵Die Steuerfreiheit kommt nicht mehr in Betracht mit Ablauf des Kalendermonats, in dem der Arbeitnehmer die Altersteilzeitarbeit beendet oder die für ihn geltende gesetzliche Altersgrenze für die Regelaltersrente erreicht hat (§ 5 Abs. 1 Nr. 1 AltTZG).

(2) ¹Die Leistungen sind auch dann steuerfrei, wenn der Förderanspruch des Arbeitgebers an die Bundesagentur für Arbeit nach § 5 Abs. 1 Nr. 2 und 3, Abs. 2 bis 4 AltTZG erlischt, nicht besteht oder ruht, z. B. wenn der frei gewordene Voll- oder Teilarbeitsplatz nicht wieder besetzt wird. ²Die Leistungen sind auch dann steuerfrei, wenn die Altersteilzeit erst nach dem 31. 12. 2009 begonnen wurde und diese nicht durch die Bundesagentur für Arbeit nach § 4 AltTZG gefördert wird (§ 1 Abs. 3 Satz 2 AltTZG). ³Durch eine vorzeitige Beendigung der Altersteilzeit (Störfall) ändert sich der Charakter der bis dahin erbrachten Arbeitgeberleistungen nicht

§ 3 Nr. 28 EStG
H 3.28   R 3.28

weil das AltTZG keine Rückzahlung vorsieht. ⁴Die Steuerfreiheit der Aufstockungsbeträge bleibt daher bis zum Eintritt des Störfalls erhalten.

(3) Aufstockungsbeträge und zusätzliche Beiträge zur gesetzlichen Rentenversicherung sind steuerfrei, auch soweit sie über die im AltTZG genannten Mindestbeträge hinausgehen. ²Dies gilt nur, soweit die Aufstockungsbeträge zusammen mit dem während der Altersteilzeit bezogenen Nettoarbeitslohn monatlich 100 % des maßgebenden Arbeitslohns nicht übersteigen. ³Maßgebend ist bei laufendem Arbeitslohn der Nettoarbeitslohn, den der Arbeitnehmer im jeweiligen Lohnzahlungszeitraum ohne Altersteilzeit üblicherweise erhalten hätte; bei sonstigen Bezügen ist auf den unter Berücksichtigung des nach R 39b.6 Abs. 2 ermittelten voraussichtlichen Jahresnettoarbeitslohn unter Einbeziehung der sonstigen Bezüge bei einer unterstellten Vollzeitbeschäftigung abzustellen. ⁴Unangemessene Erhöhungen vor oder während der Altersteilzeit sind dabei nicht zu berücksichtigen. ⁵Aufstockungsbeträge, die in Form von Sachbezügen gewährt werden, sind steuerfrei, wenn die Aufstockung betragsmäßig in Geld festgelegt und außerdem vereinbart ist, dass der Arbeitgeber anstelle der Geldleistung Sachbezüge erbringen darf.

Hinweise   H 3.28

Begrenzung auf 100 % des Nettoarbeitslohns

Beispiel 1 (laufend gezahlter Aufstockungsbetrag):

Ein Arbeitnehmer mit einem monatlichen Vollzeit-Bruttogehalt in Höhe von 8 750 € nimmt von der Vollendung des 62. bis zur Vollendung des 64. Lebensjahres Altersteilzeit in Anspruch. Danach scheidet er aus dem Arbeitsverhältnis aus.

Der Mindestaufstockungsbetrag nach § 3 Abs. 1 Nr. 1 Buchst. a Altersteilzeitgesetz beträgt 875 €. Der Arbeitgeber gewährt eine weitere freiwillige Aufstockung in Höhe von 3 000 € (Aufstockungsbetrag insgesamt 3 875 €). Der steuerfreie Teil des Aufstockungsbetrags ist wie folgt zu ermitteln:

a) Ermittlung des maßgebenden Arbeitslohns
   Bruttoarbeitslohn bei fiktiver Vollarbeitszeit .... 8 750 €
   ./. gesetzliche Abzüge (Lohnsteuer, Solidaritätszuschlag,
       Kirchensteuer, Sozialversicherungsbeiträge) .... 3 750 €
   = maßgebender Nettoarbeitslohn .... 5 000 €

b) Vergleichsberechnung
   Bruttoarbeitslohn bei Altersteilzeit .... 4 375 €
   ./. gesetzliche Abzüge (Lohnsteuer, Solidaritätszuschlag,
       Kirchensteuer, Sozialversicherungsbeiträge) .... 1 725 €
   = Zwischensumme .... 2 650 €
   + Mindestaufstockungsbetrag .... 875 €
   + freiwilliger Aufstockungsbetrag .... 3 000 €
   = Nettoarbeitslohn .... 6 525 €

   Durch den freiwilligen Aufstockungsbetrag von 3 000 € ergäbe sich ein Nettoarbeitslohn bei der Altersteilzeit, der den maßgebenden Nettoarbeitslohn um 1 525 € übersteigen würde. Demnach sind steuerfrei:
   Mindestaufstockungsbetrag .... 875 €
   + freiwilliger Aufstockungsbetrag .... 3 000 €
       abzgl. .... 1 525 €   1 475 €
   = steuerfreier Aufstockungsbetrag .... 2 350 €

c) Abrechnung des Arbeitgebers
   Bruttoarbeitslohn bei Altersteilzeit .... 4 375 €
   + steuerpflichtiger Aufstockungsbetrag .... 1 525 €
   = steuerpflichtiger Arbeitslohn .... 5 900 €
   ./. gesetzliche Abzüge (Lohnsteuer, Solidaritätszuschlag,
       Kirchensteuer, Sozialversicherungsbeiträge) .... 2 300 €
   = Zwischensumme .... 3 600 €
   + steuerfreier Aufstockungsbetrag .... 2 350 €
   = Nettoarbeitslohn .... 5 950 €

Beispiel 2 (sonstiger Bezug als Aufstockungsbetrag):

Ein Arbeitnehmer in Altersteilzeit hätte bei einer Vollzeitbeschäftigung Anspruch auf ein monatliches Bruttogehalt in Höhe von 4 000 € sowie im März auf einen sonstigen Bezug (Ergebnisbeteiligung) in Höhe von 1 500 € (brutto).

§ 3 Nr. 28 EStG
H 3.28

Nach dem Altersteilzeitvertrag werden im März folgende Beträge gezahlt:
- laufendes Bruttogehalt ..... 2 000 €
- laufende steuerfreie Aufstockung (einschließlich freiwilliger Aufstockung des Arbeitgebers) ..... 650 €
- Brutto-Ergebnisbeteiligung (50 % der vergleichbaren Vergütung auf Basis einer Vollzeitbeschäftigung) ..... 750 €
- Aufstockungsleistung auf die Ergebnisbeteiligung ..... 750 €

a) Ermittlung des maßgebenden Arbeitslohns
  jährlicher laufender Bruttoarbeitslohn bei fiktiver Vollarbeitszeitbeschäftigung ..... 48 000 €
  + sonstiger Bezug bei fiktiver Vollzeitbeschäftigung ..... 1 500 €
  ./. gesetzliche jährliche Abzüge (Lohnsteuer, Solidaritätszuschlag, Kirchensteuer, Sozialversicherungsbeiträge) ..... 18 100 €
  = maßgebender Jahresnettoarbeitslohn ..... <u>31 400 €</u>

b) Vergleichsberechnung
  jährlich laufender Bruttoarbeitslohn bei Altersteilzeit ..... 24 000 €
  + steuerpflichtiger sonstiger Bezug bei Altersteilzeit ..... 750 €
  ./. gesetzliche jährliche Abzüge (Lohnsteuer, Solidaritätszuschlag, Kirchensteuer, Sozialversicherungsbeiträge) ..... 6 000 €
  = Zwischensumme ..... 18 750 €
  + Aufstockung Ergebnisbeteiligung ..... 750 €
  + steuerfreie Aufstockung (12 × 650) ..... 7 800 €
  = Jahresnettoarbeitslohn ..... <u>27 300 €</u>

Durch die Aufstockung des sonstigen Bezugs wird der maßgebende Jahresnettoarbeitslohn von 31 400 € nicht überschritten. Demnach kann die Aufstockung des sonstigen Bezugs (im Beispiel: Aufstockung der Ergebnisbeteiligung) in Höhe von 750 € insgesamt steuerfrei bleiben.

Aufstockungsbeträge

Steuerliche Behandlung von Aufstockungsbeträgen

(Verfügung der OFD München vom 28. 1. 2002 – S 2342 – 35 St 41 –)

Das BMF hat dem Verband Deutscher Rentenversicherungsträger – nach Abstimmung mit den obersten Finanzbehörden der Länder – mit Schreiben vom 11. 12. 2001 IV C 5 – S 2342 – 73/01 Folgendes mitgeteilt:

„. . .

Unter diesen Voraussetzungen sind deshalb Aufstockungsbeträge des Arbeitgebers auch dann nach § 3 Nr. 28 EStG steuerfrei, wenn der Arbeitgeber – wie z. B. im Fall der Arbeitsunfähigkeit nach Ablauf der Entgeltfortzahlung – nur Aufstockungsbeträge i. S. des § 3 Abs. 1 Nr. 1 Buchst. a Altersteilzeitgesetz, nicht jedoch die zusätzlichen Rentenversicherungsbeiträge nach § 3 Abs. 1 Buchst. b Altersteilzeitgesetz erbringt . . .".

Beiträge nach § 187a SGB VI zur Vermeidung von Rentenminderungen

Anwendungsbereich des § 3 Nr. 28 EStG

(Erlass des Ministeriums für Finanzen und Bundesangelegenheiten des Saarlandes vom 27. 11. 2001 – B/2-4 – 227/2001 – S 2333 –)

Es ist gefragt worden, ob Zahlungen des Arbeitgebers zur Übernahme von Beiträgen nach § 187a des Sechsten Buches Sozialgesetzbuch nur dann nach § 3 Nr. 28 EStG steuerfrei sind, wenn die Beiträge durch eine vorzeitige Rente wegen Altersteilzeit veranlasst sind. Hierzu wird wie folgt Stellung genommen:

Beiträge, mit denen Rentenminderungen auf Grund einer vorzeitigen Inanspruchnahme von Renten vermieden werden sollen, sind nach § 187a des Sechsten Buches Sozialgesetzbuch für alle Fälle der vorzeitigen Inanspruchnahme einer Rente wegen Alters möglich. Soweit des § 3 Nr. 28 EStG die Hälfte der vom Arbeitgeber übernommenen Beiträge i. S. des § 187a des Sechsten Buches Sozialgesetzbuch steuerfrei stellt, gilt dies nicht nur für den Bezug in Fällen der vorzeitigen Inanspruchnahme der Altersrente wegen Arbeitslosigkeit oder nach Altersteilzeitarbeit, sondern für sämtliche nach § 187a des Sechsten Buches Sozialgesetzbuch in Betracht kommende Beiträge.

Dieser Erlass ergeht im Einvernehmen mit dem Bundesministerium der Finanzen und den obersten Finanzbehörden der Länder.

§ 3 Nr. 28–30 EStG
H 3.28   R 3.30

Progressionsvorbehalt

Die Aufstockungsbeträge unterliegen dem Progressionsvorbehalt (→ § 32b Abs. 1 Nr. 1 Buchstabe g EStG). Zur Aufzeichnung und Bescheinigung → § 41 Abs. 1 und § 41b Abs. 1 Satz 2 Nr. 5 EStG.

Werbungskosten

Werbungskosten bei Arbeitnehmern in Altersteilzeit

(Verfügung der OFD Magdeburg vom 12. 08. 2008 – S 2350 – 33 – St 223 –)

Im Rahmen der Altersteilzeit werden dem Arbeitnehmer Aufstockungsbeträge gezahlt, die Teil des Arbeitsentgelts sind. Die Aufstockungsbeträge sind nach § 3 Nr. 28 EStG steuerfrei.

Gemäß § 3c Abs. 1 EStG dürfen Ausgaben, die mit steuerfreien Einnahmen im unmittelbaren wirtschaftlichen Zusammenhang stehen, nicht als Betriebsausgaben oder Werbungskosten abgezogen werden.

Auf Bund-/Länder-Ebene wurde entschieden, dass bei in Altersteilzeit befindlichen Arbeitnehmern die Werbungskosten nicht nach Maßgabe des § 3c EStG zu kürzen sind. Hierzu wird mehrheitlich die Auffassung vertreten, dass die Aufwendungen (z. B. für Fahrten zwischen Wohnung und Arbeitsstätte) – wie auch bei Arbeitnehmern, die nach § 3b EStG steuerfreie Zuschläge erhalten – in keinem unmittelbaren Zusammenhang mit den nach § 3 Nr. 28 EStG steuerfreien Einnahmen stehen.

§ 3   EStG

Steuerfrei sind

...

29. das Gehalt und die Bezüge,

a) die die diplomatischen Vertreter ausländischer Staaten, die ihnen zugewiesenen Beamten und die in ihren Diensten stehenden Personen erhalten. ²Dies gilt nicht für deutsche Staatsangehörige oder für im Inland ständig ansässige Personen;   S 1310

b) der Berufskonsuln, der Konsulatsangehörigen und ihres Personals, soweit sie Angehörige des Entsendestaates sind. ²Dies gilt nicht für Personen, die im Inland ständig ansässig sind oder außerhalb ihres Amtes oder Dienstes einen Beruf, ein Gewerbe oder eine andere gewinnbringende Tätigkeit ausüben;

30. Entschädigungen für die betriebliche Benutzung von Werkzeugen eines Arbeitnehmers (Werkzeuggeld), soweit sie die entsprechenden Aufwendungen des Arbeitnehmers nicht offensichtlich übersteigen;

Werkzeuggeld (§ 3 Nr. 30 EStG)   R 3.30
S 2342
S 2342

¹Die Steuerbefreiung beschränkt sich auf die Erstattung der Aufwendungen, die dem Arbeitnehmer durch die betriebliche Benutzung eigener Werkzeuge entstehen. ²Als Werkzeuge sind allgemein nur Handwerkzeuge anzusehen, die zur leichteren Handhabung, zur Herstellung oder zur Bearbeitung eines Gegenstands verwendet werden; Musikinstrumente und deren Einzelteile gehören ebenso wie Schreibmaschinen und Personalcomputer o. Ä. nicht dazu. ³Eine betriebliche Benutzung der Werkzeuge liegt auch dann vor, wenn die Werkzeuge im Rahmen des Dienstverhältnisses außerhalb einer Betriebsstätte des Arbeitgebers eingesetzt werden, z. B. auf einer Baustelle. ⁴Ohne Einzelnachweis der tatsächlichen Aufwendungen sind pauschale Entschädigungen steuerfrei, soweit sie

1. die regelmäßigen Absetzungen für Abnutzung der Werkzeuge,

2. die üblichen Betriebs-, Instandhaltungs- und Instandsetzungskosten der Werkzeuge sowie

3. die Kosten der Beförderung der Werkzeuge zwischen Wohnung und Einsatzstelle

abgelten. ⁵Soweit Entschädigungen für Zeitaufwand des Arbeitnehmers gezahlt werden, z. B. für die ihm obliegende Reinigung und Wartung der Werkzeuge, gehören sie zum steuerpflichtigen Arbeitslohn.

Hinweise

H 3.30

Musikinstrumente

sind keine Werkzeuge (→ BFH vom 21. 8. 1995 – BStBl II S. 906).

EStG

§ 3

Steuerfrei sind

...

31. die typische Berufskleidung, die der Arbeitgeber seinem Arbeitnehmer unentgeltlich oder verbilligt überlässt; dasselbe gilt für eine Barablösung eines nicht nur einzelvertraglichen Anspruchs auf Gestellung von typischer Berufskleidung, wenn die Barablösung betrieblich veranlasst ist und die entsprechenden Aufwendungen des Arbeitnehmers nicht offensichtlich übersteigt;

R 3.31
S 2342

Überlassung typischer Berufskleidung (§ 3 Nr. 31 EStG)

S 2342

(1) ¹Steuerfrei ist nach § 3 Nr. 31 erster Halbsatz EStG nicht nur die Gestellung, sondern auch die Übereignung typischer Berufskleidung durch den Arbeitgeber. ²Erhält der Arbeitnehmer die Berufsbekleidung von seinem Arbeitgeber zusätzlich zum ohnehin geschuldeten Arbeitslohn (→ R 3.33 Abs. 5), so ist anzunehmen, dass es sich um typische Berufskleidung handelt, wenn nicht das Gegenteil offensichtlich ist. ³Zur typischen Berufskleidung gehören Kleidungsstücke, die

1. als Arbeitsschutzkleidung auf die jeweils ausgeübte Berufstätigkeit zugeschnitten sind oder
2. nach ihrer z. B. uniformartigen Beschaffenheit oder dauerhaft angebrachten Kennzeichnung durch Firmenemblem objektiv eine berufliche Funktion erfüllen,

wenn ihre private Nutzung so gut wie ausgeschlossen ist. ⁴Normale Schuhe und Unterwäsche sind z. B. keine typische Berufskleidung.

(2) ¹Die Steuerbefreiung nach § 3 Nr. 31 zweiter Halbsatz EStG beschränkt sich auf die Erstattung der Aufwendungen, die dem Arbeitnehmer durch den beruflichen Einsatz typischer Berufskleidung in den Fällen entstehen, in denen der Arbeitnehmer z. B. nach Unfallverhütungsvorschriften, Tarifvertrag oder Betriebsvereinbarung einen Anspruch auf Gestellung von Arbeitskleidung hat, der aus betrieblichen Gründen durch die Barvergütung abgelöst wird. ²Die Barablösung einer Verpflichtung zur Gestellung von typischer Berufskleidung ist z. B. betrieblich begründet, wenn die Beschaffung der Kleidungsstücke durch den Arbeitnehmer für den Arbeitgeber vorteilhafter ist. ³Pauschale Barablösungen sind steuerfrei, soweit sie die regelmäßigen Absetzungen für Abnutzung und die üblichen Instandhaltungs- und Instandsetzungskosten der typischen Berufskleidung abgelten.

Hinweise

H 3.31

Abgrenzung zwischen typischer Berufskleidung und bürgerlicher Kleidung

→ BFH vom 18. 4. 1991 (BStBl II S. 751).

Dienstkleidung von Forstbeamten

Dienstkleidung im öffentlichen Dienst als Berufskleidung – Anwendung des BFH-Urteils vom 19. 1. 1996 (BStBl 1996 II S. 202)

(Erlaß des FinMin Niedersachsen vom 1. 11. 1996 – S 2354 – 70 – 35 –)

Nach dem BFH-Urteil vom 19. 1. 1996 (BStBl 1996 II S. 202), wird der Lodenmantel eines Forstbeamten nicht dadurch zur typischen Berufskleidung, daß er nach der Dienstanweisung des Arbeitgebers zur Dienstkleidung zählt und mit einem Dienstabzeichen versehen ist.

Dieses Urteil ist nur auf gleichgelagerte Fälle anzuwenden. In allen anderen Fällen sind Kleidungsstücke, die als Dienstkleidungs- oder Uniformteile dauerhaft gekennzeichnet sind (z. B. durch angenähte oder eingewebte Bundes- und Landeswappen, Dienstabzeichen der jeweiligen Behörde oder Dienststelle, Posthorn), wie bisher als typische Berufskleidung anzuerkennen (vgl. Abschn. 20 Abs. 1 Nr. 2 LStR).

§ 3 Nr. 31, 32 EStG
H 3.31, H 3.32   **R 3.32**

Dieser Erlaß ist im Einvernehmen mit dem BMF und den obersten Finanzbehörden der anderen Länder ergangen.

Lodenmantel

ist keine typische Berufskleidung (→ BFH vom 19. 1. 1996 – BStBl II S. 202).

Kleidergeld für Orchestermitglieder

Steuerliche Behandlung des tariflichen Kleidergeldes für Orchestermitglieder

(Erlaß des FinMin Sachsen vom 17. 3. 1993 – 32 – S 2337 – 14/7 – 11167 –)

Orchestermusiker erhalten nach tariflichen Vorschriften für jede Veranstaltung, für die Frack bzw. Abendkleid vorgeschrieben und getragen worden ist, eine als Kleidergeld bezeichnete Entschädigung.

In § 13 des Tarifvertrags für die Musiker in Kulturorchestern (TVK) ist inzwischen der tarifliche Anspruch auf Gestellung von Frack bzw. Abendkleid und die Barablösung bestimmt (Änderungstarifvertrag vom 15. 12. 1992). Damit sind die formellen Voraussetzungen für die Steuerfreiheit des Kleidergeldes nach § 3 Nr. 31 EStG geschaffen worden.

Im Einvernehmen mit dem Bundesminister der Finanzen und den obersten Finanzbehörden der anderen Länder bestehen keine Bedenken dagegen, daß im Hinblick auf diese tarifvertragliche Klarstellung das Kleidergeld bereits ab 1991 steuerfrei belassen wird.

§ 3   EStG

Steuerfrei sind

...

32. die unentgeltliche oder verbilligte Sammelbeförderung eines Arbeitnehmers zwischen Wohnung und Arbeitsstätte mit einem vom Arbeitgeber gestellten Beförderungsmittel, soweit die Sammelbeförderung für den betrieblichen Einsatz des Arbeitnehmers notwendig ist;

Sammelbeförderung von Arbeitnehmern zwischen Wohnung und Arbeitsstätte (§ 3 Nr. 32 EStG)   R 3.32
S 2342

Die Notwendigkeit einer Sammelbeförderung ist z. B. in den Fällen anzunehmen, in denen   S 2342
1. die Beförderung mit öffentlichen Verkehrsmitteln nicht oder nur mit unverhältnismäßig hohem Zeitaufwand durchgeführt werden könnte,
2. die Arbeitnehmer an ständig wechselnden Tätigkeitsstätten oder verschiedenen Stellen eines weiträumigen Arbeitsgebiets eingesetzt werden oder
3. der Arbeitsablauf eine gleichzeitige Arbeitsaufnahme der beförderten Arbeitnehmer erfordert.

Hinweise   H 3.32

Lohnsteuerbescheinigung

Bei steuerfreier Sammelbeförderung zwischen Wohnung und regelmäßiger Arbeitsstätte ist der Großbuchstabe F anzugeben → BMF-Schreiben zur Ausschreibung von Lohnsteuerbescheinigungen, → R 41b
Anhang 25

Sammelbeförderung

Sammelbeförderung i. S. d. § 3 Nr. 32 EStG ist die durch den Arbeitgeber organisierte oder zumindest veranlasste Beförderung mehrerer Arbeitnehmer; sie darf nicht auf dem Entschluss eines Arbeitnehmers beruhen. Das Vorliegen einer Sammelbeförderung bedarf grundsätzlich einer besonderen Rechtsgrundlage. Dies kann ein Tarifvertrag oder eine Betriebsvereinbarung sein (→ BFH vom 29. 1. 2009 – ***BStBl 2010 II S. 1067***).

83

§ 3

EStG

Steuerfrei sind

...

33. zusätzlich zum ohnehin geschuldeten Arbeitslohn erbrachte Leistungen des Arbeitgebers zur Unterbringung und Betreuung von nicht schulpflichtigen Kindern der Arbeitnehmer in Kindergärten oder vergleichbaren Einrichtungen;

R 3.33
S 2342

Unterbringung und Betreuung von nicht schulpflichtigen Kindern (§ 3 Nr. 33 EStG)

S 2342

(1) ¹Steuerfrei sind zusätzliche Arbeitgeberleistungen (→ Absatz 5) zur Unterbringung, einschl. Unterkunft und Verpflegung, und Betreuung von nicht schulpflichtigen Kindern des Arbeitnehmers in Kindergärten oder vergleichbaren Einrichtungen. ²Dies gilt auch, wenn der nicht beim Arbeitgeber beschäftigte Elternteil die Aufwendungen trägt. ³Leistungen für die Vermittlung einer Unterbringungs- und Betreuungsmöglichkeit durch Dritte sind nicht steuerfrei. ⁴Zuwendungen des Arbeitgebers an einen Kindergarten oder vergleichbare Einrichtung, durch die er für die Kinder seiner Arbeitnehmer ein Belegungsrecht ohne Bewerbungsverfahren und Wartezeit erwirbt, sind den Arbeitnehmern nicht als geldwerter Vorteil zuzurechnen.

(2) ¹Es ist gleichgültig, ob die Unterbringung und Betreuung in betrieblichen oder außerbetrieblichen Kindergärten erfolgt. ²Vergleichbare Einrichtungen sind z. B. Schulkindergärten, Kindertagesstätten, Kinderkrippen, Tagesmütter, Wochenmütter und Ganztagspflegestellen. ³Die Einrichtung muss gleichzeitig zur Unterbringung und Betreuung von Kindern geeignet sein. ⁴Die alleinige Betreuung im Haushalt, z. B. durch Kinderpflegerinnen, Hausgehilfinnen oder Familienangehörige, genügt nicht. ⁵Soweit Arbeitgeberleistungen auch den Unterricht eines Kindes ermöglichen, sind sie nicht steuerfrei. ⁶Das Gleiche gilt für Leistungen, die nicht unmittelbar der Betreuung eines Kindes dienen, z. B. die Beförderung zwischen Wohnung und Kindergarten.

(3) ¹Begünstigt sind nur Leistungen zur Unterbringung und Betreuung von nicht schulpflichtigen Kindern. ²Ob ein Kind schulpflichtig ist, richtet sich nach dem jeweiligen landesrechtlichen Schulgesetz. ³Die Schulpflicht ist aus Vereinfachungsgründen nicht zu prüfen bei Kindern, die

1. das 6. Lebensjahr noch nicht vollendet haben oder
2. im laufenden Kalenderjahr das 6. Lebensjahr nach dem 30. Juni vollendet haben, es sei denn, sie sind vorzeitig eingeschult worden, oder
3. im laufenden Kalenderjahr das 6. Lebensjahr vor dem 1. Juli vollendet haben, in den Monaten bis Juli dieses Jahres.

⁴Den nicht schulpflichtigen Kindern stehen schulpflichtige Kinder gleich, solange sie mangels Schulreife vom Schulbesuch zurückgestellt sind.

(4) ¹Sachleistungen an den Arbeitnehmer, die über den nach § 3 Nr. 33 EStG steuerfreien Bereich hinausgehen, sind regelmäßig mit dem Wert nach § 8 Abs. 2 Satz 1 EStG dem Arbeitslohn hinzuzurechnen. ²Barzuwendungen an den Arbeitnehmer sind nur steuerfrei, soweit der Arbeitnehmer dem Arbeitgeber die zweckentsprechende Verwendung nachgewiesen hat. ³Der Arbeitgeber hat die Nachweise im Original als Belege zum Lohnkonto aufzubewahren.

(5) ¹Die Zusätzlichkeitsvoraussetzung erfordert, dass die zweckbestimmte Leistung zu dem Arbeitslohn hinzukommt, den der Arbeitgeber arbeitsrechtlich schuldet. ²Wird eine zweckbestimmte Leistung unter Anrechnung auf den arbeitsrechtlich geschuldeten Arbeitslohn oder durch dessen Umwandlung gewährt, liegt keine zusätzliche Leistung vor. ³Eine zusätzliche Leistung liegt aber dann vor, wenn sie unter Anrechnung auf eine andere freiwillige Sonderzahlung, z. B. freiwillig geleistetes Weihnachtsgeld, erbracht wird. ⁴Unschädlich ist es, wenn der Arbeitgeber verschiedene zweckgebundene Leistungen zur Auswahl anbietet oder die übrigen Arbeitnehmer die freiwillige Sonderzahlung erhalten.

EStG

§ 3

Steuerfrei sind

...

34. zusätzlich zum ohnehin geschuldeten Arbeitslohn erbrachte Leistungen des Arbeitgebers zur Verbesserung des allgemeinen Gesundheitszustands und der betrieblichen Gesundheitsförderung, die hinsichtlich Qualität, Zweckbindung und Zielgerichtetheit den Anforde-

rungen der §§ 20 und 20a des Fünften Buches Sozialgesetzbuch genügen, soweit sie 500 Euro im Kalenderjahr nicht übersteigen;

35. die Einnahmen der bei der Deutsche Post AG, Deutsche Postbank AG oder Deutsche Telekom AG beschäftigten Beamten, soweit die Einnahmen ohne Neuordnung des Postwesens und der Telekommunikation nach den Nummern 11 bis 13 und 64 steuerfrei wären; S 2342

36. Einnahmen für Leistungen zur Grundpflege oder hauswirtschaftlichen Versorgung bis zur Höhe des Pflegegeldes nach § 37 des Elften Buches Sozialgesetzbuch, wenn diese Leistungen von Angehörigen des Pflegebedürftigen oder von anderen Personen, die damit eine sittliche Pflicht im Sinne des § 33 Absatz 2 gegenüber dem Pflegebedürftigen erfüllen, erbracht werden. ²Entsprechendes gilt, wenn der Pflegebedürftige Pflegegeld aus privaten Versicherungsverträgen nach den Vorgaben des Elften Buches Sozialgesetzbuch oder eine Pauschalbeihilfe nach Beihilfevorschriften für häusliche Pflege erhält; S 2342

37. (weggefallen) S 2342

38. Sachprämien, die der Steuerpflichtige für die persönliche Inanspruchnahme von Dienstleistungen von Unternehmen unentgeltlich erhält, die diese zum Zwecke der Kundenbindung im allgemeinen Geschäftsverkehr in einem jedermann zugänglichen planmäßigen Verfahren gewähren, soweit der Wert der Prämien 1 080 Euro im Kalenderjahr nicht übersteigt; S 2121

39. der Vorteil des Arbeitnehmers im Rahmen eines gegenwärtigen Dienstverhältnisses aus der unentgeltlichen oder verbilligten Überlassung von Vermögensbeteiligungen im Sinne des § 2 Absatz 1 Nummer 1 Buchstabe a, b und d bis l und Absatz 2 bis 5 des Fünften Vermögensbildungsgesetzes in der Fassung der Bekanntmachung vom 4. März 1994 (BGBl. I S. 406), zuletzt geändert durch Artikel 2 des Gesetzes vom 7. März 2009 (BGBl. I S. 451), in der jeweils geltenden Fassung, am Unternehmen des Arbeitgebers, soweit der Vorteil insgesamt 360 Euro im Kalenderjahr nicht übersteigt. ²Voraussetzung für die Steuerfreiheit ist, dass die Beteiligung mindestens allen Arbeitnehmern offensteht, die im Zeitpunkt der Bekanntgabe des Angebots ein Jahr oder länger ununterbrochen in einem gegenwärtigen Dienstverhältnis zum Unternehmen stehen. ³Als Unternehmen des Arbeitgebers im Sinne des Satzes 1 gilt auch ein Unternehmen im Sinne des § 18 des Aktiengesetzes. ⁴Als Wert der Vermögensbeteiligung ist der gemeine Wert anzusetzen; S 2342

Hinweise

H 3.39

Allgemeine Grundsätze

→ BMF vom 8. 12. 2009 (BStBl I S. 1513)

Lohnsteuerliche Behandlung der Überlassung von Vermögensbeteiligungen ab 2009 (§ 3 Nummer 39, § 19a EStG)

(BMF-Schreiben vom 8. 12. 2009 – IV C 5 – S 2347/09/10002 –, BStBl I S. 1513)

Durch das Gesetz zur steuerlichen Förderung der Mitarbeiterkapitalbeteiligungen (Mitarbeiterkapitalbeteiligungsgesetz) vom 7. März 2009 (BGBl. I Seite 451, BStBl I Seite 436) hat die lohnsteuerliche Behandlung der Überlassung von Vermögensbeteiligungen an Arbeitnehmer wesentliche Änderungen erfahren. Unter Bezugnahme auf das Ergebnis einer Erörterung mit den obersten Finanzbehörden der Länder und dem Bundesministerium für Arbeit und Soziales wird zur lohnsteuerlichen Behandlung der Überlassung von Vermögensbeteiligungen ab 2009 wie folgt Stellung genommen:

1. Steuerfreistellung über § 3 Nummer 39 EStG

1.1 Allgemeines (§ 3 Nummer 39 Satz 1 EStG)

1.1.1 Begünstigter Personenkreis

§ 3 Nummer 39 des Einkommensteuergesetzes (EStG) gilt für unbeschränkt und beschränkt einkommensteuerpflichtige Arbeitnehmer (siehe § 1 der Lohnsteuer-Durchführungsverordnung – LStDV –), die in einem gegenwärtigen Dienstverhältnis zum Unternehmen (siehe § 1 Absatz 2 LStDV) stehen. Ein erstes Dienstverhältnis ist nicht Voraussetzung für die Steuerfreistellung.

In einem gegenwärtigen Dienstverhältnis stehen auch Arbeitnehmer, deren Dienstverhältnis ruht (z. B. während der Mutterschutzfristen, der Elternzeit, Zeiten der Ableistung von Wehr-

Anhang 7

und Zivildienst) oder die sich in der Freistellungsphase einer Altersteilzeitvereinbarung befinden.

Die Überlassung von Vermögensbeteiligungen an frühere Arbeitnehmer des Arbeitgebers ist nur steuerbegünstigt, soweit die unentgeltliche oder verbilligte Vermögensbeteiligung im Rahmen einer Abwicklung des früheren Dienstverhältnisses noch als Arbeitslohn für die tatsächliche Arbeitsleistung überlassen wird. Personen, die ausschließlich Versorgungsbezüge beziehen, stehen nicht mehr in einem gegenwärtigen Dienstverhältnis.

1.1.2 Begünstigte Vermögensbeteiligungen

Die Vermögensbeteiligungen, deren Überlassung nach § 3 Nummer 39 EStG steuerbegünstigt ist, sind in § 3 Nummer 39 Satz 1 EStG i. V. m. § 2 Absatz 1 Nummer 1 Buchstabe a, b und d bis l und Absatz 2 bis 5 des Fünften Vermögensbildungsgesetzes (5. VermBG) abschließend aufgezählt. Auf das BMF-Schreiben vom 9. August 2004 (BStBl I Seite 717), das mit Wirkung ab 2009 durch das BMF-Schreiben vom 16. März 2009 (BStBl I Seite 501) geändert wurde, wird hingewiesen.[1]) Aktienoptionen sind keine Vermögensbeteiligungen im Sinne des Fünften Vermögensbildungsgesetzes.

Es muss sich um Beteiligungen „... am Unternehmen des Arbeitgebers ..." handeln. Unternehmen, die demselben Konzern im Sinne von § 18 des Aktiengesetzes (AktG) angehören, gelten als Arbeitgeber in diesem Sinne (§ 3 Nummer 39 Satz 3 EStG). Der Begriff „Unternehmen des Arbeitgebers" im Sinne des § 3 Nummer 39 Satz 1 EStG umfasst das gesamte Betätigungsfeld des Arbeitgebers im lohnsteuerlichen Sinn; zum Arbeitgeberbegriff in diesem Sinne siehe § 1 Absatz 2 Satz 2 LStDV, R 19.1 der Lohnsteuer-Richtlinien 2008 – LStR 2008[2]) – sowie die entsprechenden Hinweise.

Inländische und ausländische Investmentanteile können nicht steuerbegünstigt überlassen werden, soweit es sich nicht um Anteile an einem Mitarbeiterbeteiligungs-Sondervermögen im Sinne des § 90l InvG handelt (Ausschluss des Buchstaben c des § 2 Absatz 1 Nummer 1 des 5. VermBG). Dies gilt auch dann, wenn das Sondervermögen oder der ausländische Investmentfonds Vermögenswerte des Arbeitgebers beinhaltet (insbesondere Aktien).

Die Beteiligung an einem Mitarbeiterbeteiligungs-Sondervermögen ist bei Erwerb von entsprechenden Anteilen durch den Arbeitgeber für den Arbeitnehmer begünstigt, denn aufgrund der besonderen Ausgestaltung des Mitarbeiterbeteiligungs-Sondervermögens handelt es sich ebenfalls dem Grunde nach um eine Beteiligung „... am Unternehmen des Arbeitgebers ..."; eine Investition des Sondervermögens in das Unternehmen des Arbeitgebers ist hier nicht erforderlich.

Auch der Erwerb von Vermögensbeteiligungen durch eine Bruchteilsgemeinschaft sowie der Erwerb durch eine Gesamthandsgemeinschaft, der jeweils ausschließlich Arbeitnehmer angehören, stellt ein Erwerb im Sinne des § 2 Absatz 1 Nummer 1 des 5. VermBG dar. Dies gilt nicht, wenn die gemeinschaftlich erworbenen Vermögensbeteiligungen den Arbeitnehmern bei wirtschaftlicher Betrachtung nicht zuzurechnen sind (vgl. Tz. 4).

1.1.3 Überlassung der Vermögensbeteiligung durch einen Dritten

Voraussetzung für die Steuerbegünstigung ist nicht, dass der Arbeitgeber Rechtsinhaber der zu überlassenden Vermögensbeteiligung am Unternehmen des Arbeitgebers ist. Die Steuerbegünstigung gilt deshalb auch für den geldwerten Vorteil, der bei Überlassung der Vermögensbeteiligung durch einen Dritten entsteht, sofern die Überlassung durch das gegenwärtige Dienstverhältnis veranlasst ist. Eine steuerbegünstigte Überlassung von Vermögensbeteiligungen durch Dritte liegt z. B. vor, wenn der Arbeitnehmer die Vermögensbeteiligung unmittelbar erhält

1. von einem Beauftragten des Arbeitgebers, z. B. einem Kreditinstitut oder anderen Unternehmen, oder
2. von einem Unternehmen, das mit dem Unternehmen des Arbeitgebers in einem Konzern (§ 18 AktG) verbunden ist (z. B. Ausgabe von Aktien oder anderen Vermögensbeteiligungen durch eine Konzernobergesellschaft an Arbeitnehmer der Konzernuntergesellschaft oder zwischen anderen Konzerngesellschaften).

Dabei kommt es nicht darauf an, ob der Arbeitgeber in die Überlassung eingeschaltet ist oder ob der Arbeitgeber dem Dritten den Preis der Vermögensbeteiligung oder die durch die Überlassung entstehenden Kosten ganz oder teilweise ersetzt.

---

[1]) Weitere Änderung des BMF-Schreibens vom 9. 8. 2004 durch das BMF-Schreiben vom 4. 2. 2010 – IV C 5 – S 2430/09/10002 – (BStBl I 2010 S. 195) und das BMF-Schreiben vom 2. 12. 2011 – IV C 5 – S 2430/11/10002 – (BStBl I 2011 S. 1252).
[2]) Jetzt: LStR 2011.

1.1.4 Mehrfache Inanspruchnahme

§ 3 Nummer 39 EStG ist auf das Dienstverhältnis bezogen. Steht der Arbeitnehmer im Kalenderjahr nacheinander oder nebeneinander in mehreren Dienstverhältnissen, kann die Steuerbefreiung in jedem Dienstverhältnis in Anspruch genommen werden.

1.1.5 Geldleistungen

Die Steuerbegünstigung gilt nur für den geldwerten Vorteil, den der Arbeitnehmer durch die unentgeltliche oder verbilligte Überlassung der Vermögensbeteiligung erhält. Deshalb sind Geldleistungen des Arbeitgebers an den Arbeitnehmer zur Begründung oder zum Erwerb der Vermögensbeteiligung oder für den Arbeitnehmer vereinbarte vermögenswirksame Leistungen im Sinne des Fünften Vermögensbildungsgesetzes, die zur Begründung oder zum Erwerb der Vermögensbeteiligung angelegt werden, nicht steuerbegünstigt.

1.1.6 Nebenkosten

Die Übernahme der mit der Überlassung von Vermögensbeteiligungen verbundenen Nebenkosten durch den Arbeitgeber, z. B. Notariatsgebühren, Eintrittsgelder im Zusammenhang mit Geschäftsguthaben bei einer Genossenschaft und Kosten für Registereintragungen, ist kein Arbeitslohn. Ebenfalls kein Arbeitslohn sind vom Arbeitgeber übernommene Depotgebühren, die durch die Festlegung der Wertpapiere für die Dauer einer vertraglich vereinbarten Sperrfrist entstehen; dies gilt entsprechend bei der kostenlosen Depotführung durch den Arbeitgeber.

1.2 Einzubeziehende Arbeitnehmer (§ 3 Nummer 39 Satz 2 Buchstabe b EStG)

Nach § 3 Nummer 39 Satz 2 Buchstabe b EStG ist unabhängig von der arbeitsrechtlichen Verpflichtung zur Gleichbehandlung Voraussetzung für die Steuerfreiheit, dass die Beteiligung mindestens allen Arbeitnehmern (§ 1 LStDV) offen steht, die im Zeitpunkt der Bekanntgabe des Angebots ein Jahr oder länger ununterbrochen in einem gegenwärtigen Dienstverhältnis zum Unternehmen des Arbeitgebers stehen (§ 2 LStDV). Einzubeziehen sind danach z. B. auch geringfügig Beschäftigte, Teilzeitkräfte, Auszubildende und weiterbeschäftigte Rentner. Bei einem Entleiher sind Leiharbeitnehmer nicht einzubeziehen. Arbeitnehmer, die kürzer als ein Jahr in einem Dienstverhältnis zum Unternehmen stehen, können einbezogen werden. Bei einem Konzernunternehmen müssen die Beschäftigten der übrigen Konzernunternehmen nicht einbezogen werden.

Anhang 7

Anhang 7

Es wird nicht beanstandet, wenn aus Vereinfachungsgründen ins Ausland entsandte Arbeitnehmer (sog. Expatriates) nicht einbezogen werden. Entsprechendes gilt für Organe von Körperschaften, für Mandatsträger, für Arbeitnehmer in einem gekündigten Dienstverhältnis und für Arbeitnehmer, die zwischen dem Zeitpunkt des Angebots und dem Zeitpunkt der Überlassung der Vermögensbeteiligung aus sonstigen Gründen aus dem Unternehmen ausscheiden (z. B. Auslaufen des Arbeitsvertrages).

War ein Arbeitgeber begründet davon ausgegangen, dass ein bestimmter Arbeitnehmer oder eine bestimmte Gruppe von Arbeitnehmern nicht einzubeziehen ist und stellt sich im Nachhinein etwas anderes heraus, bleibt die Steuerfreiheit der übrigen Arbeitnehmer unberührt.

Beispiel:
> Der Arbeitgeber ging davon aus, allen Arbeitnehmern ein Angebot zum verbilligten Erwerb einer Vermögensbeteiligung unterbreitet zu haben. Bei einer nicht einbezogenen Gruppe von Personen stellte sich jedoch im Rahmen einer Lohnsteuer-Außenprüfung heraus, dass es sich nicht um selbständige Mitarbeiter, sondern um Arbeitnehmer handelt. Die Steuerfreiheit der übrigen Arbeitnehmer bleibt davon unberührt.

Hinsichtlich der Konditionen, zu denen die Vermögensbeteiligungen überlassen werden, kann bei den einzelnen Arbeitnehmern differenziert werden (z. B. bezüglich der Höhe einer Zuzahlung oder der Beteiligungswerte). Dies bedarf aus arbeitsrechtlicher Sicht eines sachlichen Grundes.

1.3 Bewertung (§ 3 Nummer 39 Satz 4 EStG)

Nach § 3 Nummer 39 Satz 4 EStG ist als Wert der Vermögensbeteiligung der gemeine Wert zum Zeitpunkt der Überlassung anzusetzen. Für die Höhe des Wertes wird dabei an die Grundsätze des Bewertungsgesetzes (BewG) angeknüpft[1]) und nicht an die üblichen Endpreise am Abgabeort, wie sie nach § 8 Absatz 2 Satz 1 EStG sonst für die nicht in Geld bestehenden Einnahmen im Regelfall anzusetzen sind. § 8 Absatz 2 Satz 9 EStG und R 8.1 Absatz 2 Satz 9 LStR 2008[2]) sind daher nicht anzuwenden.

---
[1]) → auch H 3.39 (Bewertung von Unternehmen und Anteilen an Kapitalgesellschaften).
[2]) Jetzt: LStR 2011.

Für die Bewertung der in § 3 Nummer 39 EStG genannten Vermögensbeteiligungen gilt immer § 3 Nummer 39 Satz 4 EStG als spezielle Bewertungsvorschrift, und zwar auch dann, wenn die Steuerbegünstigung nach § 3 Nummer 39 EStG nicht greift.

Veräußerungssperren mindern den Wert der Vermögensbeteiligung nicht (vgl. BFH-Urteile vom 7. April 1989 – VI R 47/88 –, BStBl II Seite 608 und vom 30. September 2008 – VI R 67/05 –, BStBl 2009 II Seite 282).

Aus Vereinfachungsgründen kann die Ermittlung des Wertes der Vermögensbeteiligung beim einzelnen Arbeitnehmer am Tag der Ausbuchung beim Überlassenden oder dessen Erfüllungsgehilfen erfolgen; es kann auch auf den Vortag der Ausbuchung abgestellt werden. Bei allen begünstigten Arbeitnehmern kann aber auch der durchschnittliche Wert der Vermögensbeteiligungen angesetzt werden, wenn das Zeitfenster der Überlassung nicht mehr als einen Monat beträgt. Dies gilt jeweils im Lohnsteuerabzugs- und Veranlagungsverfahren.

1.4 Ermittlung des steuerfreien geldwerten Vorteils

Der geldwerte Vorteil ergibt sich aus dem Unterschied zwischen dem Wert der Vermögensbeteiligung bei Überlassung und dem Preis, zu dem die Vermögensbeteiligung dem Arbeitnehmer überlassen wird. Der Zeitpunkt der Beschlussfassung über die Überlassung, der Zeitpunkt des Angebots an die Arbeitnehmer und der Zeitpunkt des Abschlusses des obligatorischen Rechtsgeschäfts sind in jedem Fall unmaßgeblich. Bei einer Verbilligung ist es unerheblich, ob der Arbeitgeber einen prozentualen Abschlag auf den Wert der Vermögensbeteiligung oder einen Preisvorteil in Form eines Festbetrags gewährt.

1.5 Pauschalbesteuerung nach § 37b EStG

Nach § 37b Absatz 2 Satz 2 EStG sind sämtliche Vermögensbeteiligungen von der Anwendung des § 37b EStG ausgeschlossen. Steuerpflichtige geldwerte Vorteile aus der Überlassung von Vermögensbeteiligungen (z. B. den steuerfreien Höchstbetrag nach § 3 Nummer 39 Satz 1 EStG übersteigende geldwerte Vorteile und Fälle, in denen die Steuerfreistellung des § 3 Nummer 39 EStG bereits dem Grunde nach nicht greift) sind danach grds. individuell zu besteuern.

1.6 Zuflusszeitpunkt[1])

Der Zuflusszeitpunkt bestimmt sich nach den allgemeinen lohnsteuerlichen Regelungen. Zeitpunkt des Zuflusses ist der Tag der Erfüllung des Anspruchs des Arbeitnehmers auf Verschaffung der wirtschaftlichen Verfügungsmacht über die Vermögensbeteiligung (BFH-Urteil vom 23. Juni 2005 – VI R 10/03 –, BStBl II Seite 770). Bei Aktien ist dies der Zeitpunkt der Einbuchung der Aktien in das Depot des Arbeitnehmers (BFH-Urteil vom 20. November 2008 – VI R 25/05 –, BStBl II 2009 Seite 382). Zu Vereinfachungsregelungen siehe aber unter Tz. 1.3.

Muss der Arbeitnehmer aufgrund der getroffenen Vereinbarung einen höheren Kaufpreis als z. B. den Kurswert der Vermögensbeteiligung zahlen, führt dies nicht zu negativem Arbeitslohn. Entsprechendes gilt für Kursrückgänge nach dem Zuflusszeitpunkt.

2. Erstmalige Anwendung des § 3 Nummer 39 EStG

§ 3 Nummer 39 EStG gilt infolge der Anwendungsregelung in § 52 Absatz 1 EStG erstmals für die Lohnzahlungszeiträume des Jahres 2009 (bei laufendem Arbeitslohn) und für die Zuflusszeitpunkte im Jahr 2009 (bei sonstigen Bezügen).

Hat der Arbeitgeber in der Zeit zwischen dem 1. Januar 2009 und dem 31. März 2009 Vermögensbeteiligungen im Sinne des § 3 Nummer 39 EStG überlassen und sind diese nach dem 1. April 2009 (Inkrafttreten des Mitarbeiterkapitalbeteiligungsgesetzes) steuerlich anders zu behandeln (keine Begrenzung auf den halben Wert der Beteiligung, neuer Höchstbetrag von 360 €), greift § 41c Absatz 1 Nummer 2 EStG. Der Arbeitgeber kann den Lohnsteuerabzug ändern; er ist dazu verpflichtet, wenn ihm dies wirtschaftlich zumutbar ist (§ 41c Absatz 1 Satz 2 EStG in der Fassung des Gesetzes zur Sicherung von Beschäftigung und Stabilität in Deutschland vom 2. März 2009, BGBl. I Seite 416, BStBl I Seite 434). Ändert der Arbeitgeber den Lohnsteuerabzug nicht, kann der Arbeitnehmer beim Finanzamt den höheren Steuerfreibetrag in der Regel bei der Veranlagung zur Einkommensteuer geltend machen.

3. Weiteranwendung des § 19a EStG a. F. über § 52 Absatz 35 EStG

Die Übergangsregelung nach § 52 Absatz 35 Nummer 2 EStG greift auch dann, wenn eine Vereinbarung vor dem 1. April 2009 getroffen wurde, aber die Höhe des geldwerten Vorteils noch

---

[1]) Ein Zufluss von Arbeitslohn liegt nicht vor, solange dem Arbeitnehmer eine Verfügung über die Vermögensbeteiligung rechtlich unmöglich ist (→ BFH vom 30. 6. 2011 – BStBl II S. 923 zu vinkulierten Namensaktien). Im Gegensatz dazu stehen Sperr- und Haltefristen einem Zufluss nicht entgegen (BFH vom 30. 9. 2008 – BStBl 2009 II S. 282).

ungewiss ist. Dies ist z. B. der Fall, wenn die Höhe der Vermögensbeteiligung und damit die Höhe des geldwerten Vorteils vom Betriebsergebnis abhängig ist.

Die Übergangsregelung des § 52 Absatz 35 Nummer 2 EStG ist betriebsbezogen, nicht personenbezogen. Sie kann auch greifen, wenn das Dienstverhältnis nach dem 31. März 2009 begründet wird.

4. Mitarbeiterbeteiligungsprogramm nach französischem Recht (FCPE)

Nach ständiger Rechtsprechung des BFH (siehe u. a. BFH vom 23. Juni 2005 – VI R 124/99 –, BStBl II Seite 766, zu den Wandelschuldverschreibungen) führt das Innehaben von Ansprüchen oder Rechten ggü. dem Arbeitgeber regelmäßig noch nicht zum Lohnzufluss. Der Zufluss ist grundsätzlich erst mit der Erfüllung des Anspruchs (der Gewinnchance) gegeben. Ein Vorteil ist dem Arbeitnehmer erst dann zugeflossen, wenn die geschuldete Leistung tatsächlich erbracht worden ist, er also wirtschaftlich verfügt oder zumindest verfügen kann.

Unter Berücksichtigung dieser Grundsätze erfolgt bei Mitarbeiterbeteiligungsprogrammen mittels Einschaltung eines Fonds Commun de Placement d'Entreprise (FCPE) nach französischem Recht und in gleich gelagerten Fällen eine Besteuerung des geldwerten Vorteils erst im Zeitpunkt der Auflösung des Programms und Überweisung eines Geldbetrags an den Arbeitnehmer bzw. der Zuwendung anderer Vorteile (z. B. Tausch in Aktien). Dies gilt unabhängig von der Ausgestaltung im Einzelfall. Bis zur Auflösung des Programms fließen dem Arbeitnehmer auch keine Kapitaleinkünfte (Dividenden, Zinsen etc.) zu.

5. Anwendung

Dieses Schreiben ist ab 1. Januar 2009 anzuwenden.

Bewertung von Unternehmen und Anteilen an Kapitalgesellschaften

Bewertung von Unternehmen und Anteilen an Kapitalgesellschaften; Anwendung der bewertungsrechtlichen Regelungen für ertragsteuerliche Zwecke

(BMF-Schreiben vom 22. 9. 2011 – IV C 6 – S 2170/10/10001 –, BStBl I S. 859)

Im Einvernehmen mit den obersten Finanzbehörden der Länder sind die gleich lautenden Erlasse der obersten Finanzbehörden der Länder vom 17. Mai 2011 (BStBl I S. 606) zur Anwendung der §§ 11, 95 bis 109 und 199 ff. BewG in der Fassung des ErbStRG für ertragsteuerliche Zwecke bei der Bewertung von Unternehmen und Anteilen an Kapitalgesellschaften entsprechend anzuwenden.

FCPE

Mitarbeiterbeteiligungsprogramm nach französischem Recht (FCPE)[1])

(Verfügung der OFD Karlsruhe vom 19. 3. 2009 – S 2334/63 – St 141)

In den vergangenen Jahren wurden bei verschiedenen Finanzämtern Anrufungsauskünfte eingereicht, bei denen es darum ging, dass eine Aktiengesellschaft französischen Rechts den in Deutschland bei einer Tochtergesellschaft beschäftigten Arbeitnehmern ein Mitarbeiterbeteiligungsprogramm anbieten wollte. Den Hauptbestandteil bildete ein Fonds nach französischem Recht (FCPE), bei dem eine französische Managementgesellschaft Fondsverwalter war. Als Verwahrer, Garant und Kreditinstitut fungierte eine der Managementgesellschaft nahe stehende Gesellschaft. Berechtigte Arbeitnehmer konnten einen Eigenbeitrag an den FCPE leisten, zusätzlich gewährte das Kreditinstitut dem FCPE ein Darlehen in mehrfacher Höhe des Eigenbeitrags.

Unter Einsatz der Eigenbeiträge und Darlehen zeichnete der FCPE Aktien der Muttergesellschaft zu einem Vorzugskurs. Der FCPE war für eine nicht verlängerbare Zeit gegründet worden, innerhalb dieser keinerlei Zahlungen (insbesondere Ausschüttungen) an die beteiligten Arbeitnehmer erfolgten. Am Ende der Laufzeit stand die Auflösung des FCPE. Teilweise war die Übertragung der Aktien auf die Arbeitnehmer ausgeschlossen; in anderen Fällen hatten sie ein Wahlrecht zwischen einem Rückkauf der Anteile oder der Überführung in einen weiteren Fonds.

Daneben schlossen der Garant und der Arbeitnehmer einen selbständigen Garantievertrag. Darin wurde die Rückzahlung der Eigenbeiträge zuzüglich einer Verzinsung vereinbart. Außerdem sollte der Arbeitnehmer einen bestimmten Prozentsatz des Wertzuwachses erhalten. Dem Garant standen während der Laufzeit sämtliche mit den Aktien verbundenen Vorteile, insbe-

---

[1]) → auch Tz. 4 des BMF-Schreiben vom 8. 12. 2009 – IV C 5 – S 2347/09/10002 – (BStBl I S. 1513), das in diesem Hinweisteil unter „Allgemeine Grundsätze" abgedruckt ist.

sondere Dividenden und Steuergutschriften, der Abschlag auf die vom FCPE gezeichneten Aktien und ein Anteil am Wertzuwachs zu.

Bisher war bundeseinheitlich die Auffassung vertreten worden, dass zu Beginn des Programms der Zufluss eines Vorteils bei den Arbeitnehmern zu prüfen sei. Auf Bundesebene wurde zwischenzeitlich die lohnsteuerliche Behandlung des Mitarbeiterbeteiligungsprogramms FCPE nach französischem Recht erneut erörtert. Nach dem Ergebnis dieser Erörterung muss – abweichend von der bisherigen Beurteilung – eine Besteuerung im Zeitpunkt der Auflösung des Programms und Überweisung des Geldbetrags an den Arbeitnehmer bzw. des Tausches in Aktien erfolgen.

Nach ständiger Rechtsprechung des BFH (u. a. BFH-Urteil vom 23. 6. 2005, BStBl. II S. 766, zu den Wandelschuldverschreibungen) führt das Innehaben von Ansprüchen oder Rechten gegenüber dem Arbeitgeber regelmäßig noch nicht zu einem Lohnzufluss. Der Zufluss ist grundsätzlich erst mit der Erfüllung des Anspruchs (der Gewinnchance) gegeben. Ein Vorteil ist dem Arbeitnehmer erst dann zugeflossen, wenn die geschuldeten Leistungen tatsächlich erbracht worden sind, er also wirtschaftlich verfügt oder zumindest verfügen kann. Das ist bei diesem Beteiligungsprogramm – unabhängig von den komplizierten Einzelheiten – erst dann gegeben, wenn das Programm beendet und der vereinbarte Geldbetrag dem Arbeitnehmer überwiesen bzw. der Tausch in Aktien durchgeführt worden ist. Damit ist die Wertsteigerung im Zeitpunkt der Auflösung des Programms steuerpflichtiger Arbeitslohn.

Der Vorteil hat im Übrigen auch einen unmittelbaren Bezug zum Dienstverhältnis, so dass eine Zuordnung zur privaten Vermögensebene ausscheidet; eine Teilnahme am Programm ist nur Arbeitnehmern ermöglicht worden. Die Arbeitnehmer erwerben selbst keine Aktien, sondern beteiligen sich an einem Mitarbeiterbeteiligungsprogramm, worin ein entscheidender Unterschied zu sehen ist. Die Frage nach der Rechtspersönlichkeit des FCPE ist nicht entscheidend, denn es kommt allein auf den wirtschaftlichen Gehalt der Mitarbeiterbeteiligungsprogramme an; danach ist die Beteiligung an den vorliegenden Programmen mit einer Festgeldanlage vergleichbar.

Diese geänderte Verwaltungsauffassung ist bei allen neu aufgelegten Mitarbeiterbeteiligungsmodellen anzuwenden und zwar auch dann, wenn bereits eine Anrufungsauskunft gestellt wurde.

EStG

§ 3

Steuerfrei sind

...

S 2121 **40. 40 Prozent**

a) der Betriebsvermögensmehrungen oder Einnahmen aus der Veräußerung oder der Entnahme von Anteilen an Körperschaften, Personenvereinigungen und Vermögensmassen, deren Leistungen beim Empfänger zu Einnahmen im Sinne des § 20 Absatz 1 Nummer 1 und 9 gehören, oder an einer Organgesellschaft im Sinne der §§ 14, 17, oder 18 des Körperschaftsteuergesetzes oder aus deren Auflösung oder Herabsetzung von deren Nennkapital oder aus dem Ansatz eines solchen Wirtschaftsguts mit dem Wert, der sich nach § 6 Absatz 1 Nummer 2 Satz 3 ergibt, soweit sie zu den Einkünften aus Land- und Forstwirtschaft, aus Gewerbebetrieb oder aus selbständiger Arbeit gehören. ²Dies gilt nicht, soweit der Ansatz des niedrigeren Teilwerts in vollem Umfang zu einer Gewinnminderung geführt hat und soweit diese Gewinnminderung nicht durch Ansatz eines Werts, der sich nach § 6 Absatz 1 Nummer 2 Satz 3 ergibt, ausgeglichen worden ist. ³Satz 1 gilt außer für Betriebsvermögensmehrungen aus dem Ansatz mit dem Wert, der sich nach § 6 Absatz 1 Nummer 2 Satz 3 ergibt, ebenfalls nicht, soweit Abzüge nach § 6b oder ähnliche Abzüge voll steuerwirksam vorgenommen worden sind,

b) des Veräußerungspreises im Sinne des § 16 Absatz 2, soweit er auf die Veräußerung von Anteilen an Körperschaften, Personenvereinigungen und Vermögensmassen entfällt, deren Leistungen beim Empfänger zu Einnahmen im Sinne des § 20 Absatz 1 Nummer 1 und 9 gehören, oder an einer Organgesellschaft im Sinne der §§ 14, 17 oder 18 des Körperschaftsteuergesetzes. ²Satz 1 ist in den Fällen des § 16 Absatz 3 entsprechend anzuwenden. ³Buchstabe a Satz 3 gilt entsprechend,

c) des Veräußerungspreises oder des gemeinen Werts im Sinne des § 17 Absatz 2. ²Satz 1 ist in den Fällen des § 17 Absatz 4 entsprechend anzuwenden,

d) der Bezüge im Sinne des § 20 Absatz 1 Nummer 1 und der Einnahmen im Sinne des § 20 Absatz 1 Nummer 9. ²Dies gilt für sonstige Bezüge im Sinne des § 20 Absatz 1 Nummer 1 Satz 2 und der Einnahmen im Sinne des § 20 Absatz 1 Nummer 9 Satz 1 zweiter Halbsatz nur, soweit sie das Einkommen der leistenden Körperschaft nicht gemindert haben (§ 8 Absatz 3 Satz 2 des Körperschaftsteuergesetzes). ³Satz 1 Buchstabe d Satz 2 gilt nicht, soweit die verdeckte Gewinnausschüttung das Einkommen einer dem Steuerpflichtigen nahe stehenden Person erhöht hat und § 32a des Körperschaftsteuergesetzes auf die Veranlagung dieser nahe stehenden Person keine Anwendung findet,

e) der Bezüge im Sinne des § 20 Absatz 1 Nummer 2,

f) der besonderen Entgelte oder Vorteile im Sinne des § 20 Absatz 3, die neben den in § 20 Absatz 1 Nummer 1 und Absatz 2 Satz 1 Nummer 2 Buchstabe a bezeichneten Einnahmen oder an deren Stelle gewährt werden,

g) des Gewinns aus der Veräußerung von Dividendenscheinen und sonstigen Ansprüchen im Sinne des § 20 Absatz 2 Satz 1 Nummer 2 Buchstabe a,

h) des Gewinns aus der Abtretung von Dividendenansprüchen oder sonstigen Ansprüchen im Sinne des § 20 Absatz 2 Satz 1 Nummer 2 Buchstabe a in Verbindung mit § 20 Absatz 2 Satz 2,

i) der Bezüge im Sinne des § 22 Nummer 1 Satz 2, soweit diese von einer nicht von der Körperschaftsteuer befreiten Körperschaft, Personenvereinigung oder Vermögensmasse stammen.

²Dies gilt für Satz 1 Buchstabe d bis h nur in Verbindung mit § 20 Absatz 2. ³Satz 1 Buchstabe a, b und d bis h ist nicht anzuwenden für Anteile, die bei Kreditinstituten und Finanzdienstleistungsinstituten nach § 1a des Kreditwesengesetzes dem Handelsbuch zuzurechnen sind; Gleiches gilt für Anteile, die von Finanzunternehmen im Sinne des Gesetzes über das Kreditwesen mit dem Ziel der kurzfristigen Erzielung eines Eigenhandelserfolges erworben werden. ⁴Satz 3 zweiter Halbsatz gilt auch für Kreditinstitute, Finanzdienstleistungsinstitute und Finanzunternehmen mit Sitz in einem anderen Mitgliedstaat der Europäischen Gemeinschaft oder in einem anderen Vertragsstaat des EWR-Abkommens;

40a. 40 Prozent der Vergütungen im Sinne des § 18 Absatz 1 Nr. 4;

41. a) Gewinnausschüttungen, soweit für das Kalenderjahr oder Wirtschaft für die vorangegangenen sieben Kalenderjahre oder Wirtschaftsjahre aus einer Beteiligung an derselben ausländischen Gesellschaft Hinzurechnungsbeträge (§ 10 Absatz 2 des Außensteuergesetzes) der Einkommensteuer unterlegen haben, § 11 Absatz 1 und 2 des Außensteuergesetzes in der Fassung des Artikels 12 des Gesetzes vom 21. Dezember 1993 (BGBl. I S. 2310) nicht anzuwenden war und der Steuerpflichtige dies nachweist; § 3c Absatz 2 gilt entsprechend;

b) Gewinne aus der Veräußerung eines Anteils an einer ausländischen Kapitalgesellschaft sowie aus deren Auflösung oder Herabsetzung ihres Kapitals, soweit für das Kalenderjahr oder Wirtschaftsjahr, in dem sie bezogen werden, oder für die vorangegangenen sieben Kalenderjahre oder Wirtschaftsjahre aus einer Beteiligung an derselben ausländischen Gesellschaft Hinzurechnungsbeträge (§ 10 Absatz 2 des Außensteuergesetzes) der Einkommensteuer unterlegen haben, § 11 Absatz 1 und 2 des Außensteuergesetzes in der Fassung des Artikels 12 des Gesetzes vom 21. Dezember 1993 (BGBl. I S. 2310) nicht anzuwenden war, der Steuerpflichtige dies nachweist und der Hinzurechnungsbetrag ihm nicht als Gewinnanteil zugeflossen ist.

²Die Prüfung, ob Hinzurechnungsbeträge der Einkommensteuer unterlegen haben, erfolgt im Rahmen der gesonderten Feststellung nach § 18 des Außensteuergesetzes;

42. die Zuwendungen, die auf Grund des Fulbright-Abkommens gezahlt werden;

43. der Ehrensold für Künstler sowie Zuwendungen aus Mitteln der Deutschen Künstlerhilfe, wenn es sich um Bezüge aus öffentlichen Mitteln handelt, die wegen der Bedürftigkeit des Künstlers gezahlt werden;

44. Stipendien, die aus öffentlichen Mitteln oder von zwischenstaatlichen oder überstaatlichen Einrichtungen, denen die Bundesrepublik Deutschland als Mitglied angehört, zur Förderung der Forschung oder zur Förderung der wissenschaftlichen oder künstlerischen Ausbildung oder Fortbildung gewährt werden. ²Das Gleiche gilt für Stipendien, die zu den in Satz 1 bezeichneten Zwecken von einer Einrichtung, die von einer Körperschaft des öffentlichen Rechts errichtet ist oder verwaltet wird, oder von einer Körperschaft, Personenvereinigung oder Vermögensmasse im Sinne des § 5 Absatz 1 Nummer 9 des Körperschaftsteuergesetzes gegeben werden. ³Voraussetzung für die Steuerfreiheit ist, dass

a) die Stipendien einen für die Erfüllung der Forschungsaufgabe oder für die Bestreitung des Lebensunterhalts und die Deckung des Ausbildungsbedarfs erforderlichen Betrag nicht übersteigen und nach den von dem Geber erlassenen Richtlinien vergeben werden,

b) der Empfänger im Zusammenhang mit dem Stipendium nicht zu einer bestimmten wissenschaftlichen oder künstlerischen Gegenleistung oder zu einer bestimmten Arbeitnehmertätigkeit verpflichtet ist;

¹) Zur zeitlichen Anwendung → § 52 Abs. 4e Satz 2 EStG.
²) Zur zeitlichen Anwendung → § 52 Abs. 4f EStG.

§ 3 Nr. 45–47 EStG
R 3.45   H 3.45

S 2342   45. die Vorteile des Arbeitnehmers aus der privaten Nutzung von betrieblichen *Datenverarbeitungsgeräten* und Telekommunikationsgeräten *sowie deren Zubehör, aus zur privaten Nutzung überlassenen System- und Anwendungsprogrammen, die der Arbeitgeber auch in seinem Betrieb einsetzt, und aus den im Zusammenhang mit diesen Zuwendungen erbrachten Dienstleistungen;*

1)

R 3.45   Betriebliche Personalcomputer und Telekommunikationsgeräte (§ 3 Nr. 45 EStG)

S 2342   ¹Die Privatnutzung betrieblicher Personalcomputer und Telekommunikationsgeräte durch den Arbeitnehmer ist unabhängig vom Verhältnis der beruflichen zur privaten Nutzung steuerfrei. ²Die Steuerfreiheit umfasst auch die Nutzung von Zubehör und Software. ³Sie ist nicht auf die private Nutzung im Betrieb beschränkt, sondern gilt beispielsweise auch für Mobiltelefone im Auto oder Personalcomputer in der Wohnung des Arbeitnehmers. ⁴Die Steuerfreiheit gilt nur für die Überlassung zur Nutzung durch den Arbeitgeber oder auf Grund des Dienstverhältnisses durch einen Dritten. ⁵In diesen Fällen sind auch die vom Arbeitgeber getragenen Verbindungsentgelte (Grundgebühr und sonstige laufende Kosten) steuerfrei. ⁶Für die Steuerfreiheit kommt es nicht darauf an, ob die Vorteile zusätzlich zum ohnehin geschuldeten Arbeitslohn oder auf Grund einer Vereinbarung mit dem Arbeitgeber über die Herabsetzung von Arbeitslohn erbracht werden.

H 3.45   Hinweise

Anwendungsbereich

Die auf Arbeitnehmer beschränkte Steuerfreiheit für die Vorteile aus der privaten Nutzung von betrieblichen Personalcomputern und Telekommunikationsgeräten (§ 3 Nr. 45 EStG) verletzt nicht den Gleichheitssatz (→ BFH vom 21. 6. 2006 – BStBl II S. 715)

Beispiele für die Anwendung des § 3 Nr. 45 EStG:

– *Betriebliche Datenverarbeitungsgeräte und Telekommunikationsgeräte*
  Begünstigt sind u. a. Personalcomputer, Laptop, Handy, Smartphone, Tablet, Autotelefon.
  Regelmäßig nicht begünstigt sind Smart TV, Konsole, MP3-Player, Spielautomat, E-Book-Reader, Gebrauchsgegenstand mit eingebautem Mikrochip, Digitalkamera und digitaler Videocamcorder, weil es sich nicht um betriebliche Geräte des Arbeitgebers handelt.
  Nicht begünstigt ist auch ein vorinstalliertes Navigationsgerät im Pkw (→ BFH vom 16. 2. 2005 – BStBl II S. 563).

– *System- und Anwendungsprogramme*
  Begünstigt sind u. a. Betriebssystem, Browser, Virenscanner, Softwareprogramm (z. B. Home-Use-Programme, Volumenlizenzvereinbarung).
  Regelmäßig nicht begünstigt sind mangels Einsatz im Betrieb des Arbeitgebers u. a. Computerspiele.

– *Zubehör*
  Begünstigt sind u. a. Monitor, Drucker, Beamer, Scanner, Modem, Netzwerkswitch, Router, Hub, Bridge, ISDN-Karte, Sim-Karte, UMTS-Karte, LTE-Karte, Ladegeräte und Transportbehältnisse.

– *Dienstleistung*
  Begünstigt ist insbesondere die Installation oder Inbetriebnahme der begünstigten Geräte und Programme i. S. d. § 3 Nr. 45 EStG durch einen IT-Service des Arbeitgebers.

EStG   § 3

Steuerfrei sind

...

S 2342   **46.** (weggefallen)
S 2342   **47.** Leistungen nach § 14a Absatz 4 und § 14b des Arbeitsplatzschutzgesetzes;

---

1) Nummer 45 wurde durch das Gesetz zur Änderung des Gemeindefinanzreformgesetzes und von steuerlichen Vorschriften neu gefasst und ist erstmals anzuwenden auf Vorteile, die in einem nach dem 31. 12. 1999 endenden Lohnzahlungszeitraum oder als sonstige Bezüge nach dem 31. 12. 1999 zugewendet werden → § 52 Abs. 4g EStG.

§ 3 Nr. 48, 50 EStG
H 3.50   R 3.50

48. Leistungen nach dem Unterhaltssicherungsgesetz, soweit sie nicht nach dessen § 15 Absatz 1 Satz 2 steuerpflichtig sind; — S 2342
49. (weggefallen) — S 2121
50. die Beträge, die der Arbeitnehmer vom Arbeitgeber erhält, um sie für ihn auszugeben (durchlaufende Gelder), und die Beträge, durch die Auslagen des Arbeitnehmers für den Arbeitgeber ersetzt werden (Auslagenersatz); — S 2336

Durchlaufende Gelder, Auslagenersatz (§ 3 Nr. 50 EStG)   R 3.50

(1) ¹Durchlaufende Gelder oder Auslagenersatz liegen vor, wenn   S 2336
1. der Arbeitnehmer die Ausgaben für Rechnung des Arbeitgebers macht, wobei es gleichgültig ist, ob das im Namen des Arbeitgebers oder im eigenen Namen geschieht und
2. über die Ausgaben im Einzelnen abgerechnet wird.

²Dabei sind die Ausgaben des Arbeitnehmers bei ihm so zu beurteilen, als hätte der Arbeitgeber sie selbst getätigt. ³Die Steuerfreiheit der durchlaufenden Gelder oder des Auslagenersatzes nach § 3 Nr. 50 EStG ist hiernach stets dann ausgeschlossen, wenn die Ausgaben durch das Dienstverhältnis des Arbeitnehmers veranlasst sind (→ R 19.3).

(2) ¹Pauschaler Auslagenersatz führt regelmäßig zu Arbeitslohn. ²Ausnahmsweise kann pauschaler Auslagenersatz steuerfrei bleiben, wenn er regelmäßig wiederkehrt und der Arbeitnehmer die entstandenen Aufwendungen für einen repräsentativen Zeitraum von drei Monaten im Einzelnen nachweist. ³Dabei können bei Aufwendungen für Telekommunikation auch die Aufwendungen für das Nutzungsentgelt einer Telefonanlage sowie für den Grundpreis der Anschlüsse entsprechend dem beruflichen Anteil der Verbindungsentgelte an den gesamten Verbindungsentgelten (Telefon und Internet) steuerfrei ersetzt werden. ⁴Fallen erfahrungsgemäß beruflich veranlasste Telekommunikationsaufwendungen an, können aus Vereinfachungsgründen ohne Einzelnachweis bis zu 20 % des Rechnungsbetrags, höchstens 20 Euro monatlich steuerfrei ersetzt werden. ⁵Zur weiteren Vereinfachung kann der monatliche Durchschnittsbetrag, der sich aus den Rechnungsbeträgen für einen repräsentativen Zeitraum von drei Monaten ergibt, für den pauschalen Auslagenersatz fortgeführt werden. ⁶Der pauschale Auslagenersatz bleibt grundsätzlich so lange steuerfrei, bis sich die Verhältnisse wesentlich ändern. ⁷Eine wesentliche Änderung der Verhältnisse kann sich insbesondere im Zusammenhang mit einer Änderung der Berufstätigkeit ergeben.

Hinweise   H 3.50

Allgemeines

- **Nicht** nach § 3 Nr. 50 EStG **steuerfrei**
  Ersatz von Werbungskosten
  Ersatz von Kosten der privaten Lebensführung des Arbeitnehmers
- **Steuerfrei** ist z. B. der Ersatz von Gebühren für ein geschäftliches Telefongespräch, das der Arbeitnehmer für den Arbeitgeber außerhalb des Betriebs führt.

Ersatz von Reparaturkosten

Ersetzt der Arbeitgeber auf Grund einer tarifvertraglichen Verpflichtung dem als Orchestermusiker beschäftigten Arbeitnehmer die Kosten der Instandsetzung des dem Arbeitnehmer gehörenden Musikinstruments, so handelt es sich dabei um steuerfreien Auslagenersatz (→ BFH vom 28. 3. 2006 – BStBl 2006 II S. 473).

Garagenmiete

Stellt der Arbeitnehmer den Dienstwagen in einer von ihm angemieteten Garage unter, handelt es sich bei der vom Arbeitgeber erstatteten Garagenmiete um steuerfreien Auslagenersatz → BFH vom 7. 6. 2002 – BStBl II S. 829).

Pauschaler Auslagenersatz

führt regelmäßig zu Arbeitslohn (→ BFH vom 10. 6. 1966 – BStBl III S. 607). Er ist nur dann steuerfrei, wenn der Steuerpflichtige nachweist, dass die Pauschale den tatsächlichen Aufwendungen im Großen und Ganzen entspricht (→ BFH vom 2. 10. 2003 – BStBl 2004 II S. 129).

93

§ 3 Nr. 50–55 EStG
H 3.50, H 3.51

Telefongespräche Geistlicher

Steuerliche Behandlung der vom Arbeitgeber ersetzten Ausgaben für Telefongespräche in der Wohnung des Arbeitnehmers

(BMF-Schreiben vom 12. 3. 1991 – IV B 6 – S 2336 – 2/91 –)

Nach dem Ergebnis einer Besprechung mit den obersten Finanzbehörden der Länder am 5. 3. 1991 besteht Einvernehmen darüber, daß Geistliche bei der Einzelabrechnung ihrer Ausgaben für dienstlich veranlaßte Telefongespräche Angaben über ihre Gesprächsteilnehmer in den Fällen nicht zu machen brauchen, in denen die Gespräche der Schweigepflicht unterliegen. Es wird in diesen Fällen nicht beanstandet, wenn das Gespräch mit einer besonderen Kennzeichnung unter Angabe des Tages, der Gesprächsdauer und des Betrags der Gesprächsgebühren aufgezeichnet wird.

EStG § 3

Steuerfrei sind

...

51. Trinkgelder, die anlässlich einer Arbeitsleistung dem Arbeitnehmer von Dritten freiwillig und ohne dass ein Rechtsanspruch auf sie besteht, zusätzlich zu dem Betrag gegeben werden, der für diese Arbeitsleistung zu zahlen ist;

H 3.51
S 2342

Hinweise

Freiwillige Sonderzahlungen

an Arbeitnehmer eines konzernverbundenen Unternehmens sind keine steuerfreien Trinkgelder (→ BFH vom 3. 5. 2007 – BStBl II S. 712).

Spielbanktronc

Aus dem Spielbanktronc finanzierte Zahlungen an die Arbeitnehmer der Spielbank sind keine steuerfreien Trinkgelder (→ BFH vom 18. 12. 2008 – BStBl 2009 II S. 820 – VI R 49/06).

EStG § 3

Steuerfrei sind

...

52. (weggefallen)

53. die Übertragung von Wertguthaben nach § 7f Absatz 1 Satz 1 Nummer 2 des Vierten Buches Sozialgesetzbuch auf die Deutsche Rentenversicherung Bund. ²Die Leistungen aus dem Wertguthaben durch die Deutsche Rentenversicherung Bund gehören zu den Einkünften aus nichtselbständiger Arbeit im Sinne des § 19. ³Von ihnen ist Lohnsteuer einzubehalten;

54. Zinsen aus Entschädigungsansprüchen für deutsche Auslandsbonds im Sinne der §§ 52 bis 54 des Bereinigungsgesetzes für deutsche Auslandsbonds in der im Bundesgesetzblatt Teil III, Gliederungsnummer 4139-2, veröffentlichten bereinigten Fassung, soweit sich die Entschädigungsansprüche gegen den Bund oder die Länder richten. ²Das Gleiche gilt für die Zinsen aus Schuldverschreibungen und Schuldbuchforderungen, die nach den §§ 9, 10 und 14 des Gesetzes zur näheren Regelung der Entschädigungsansprüche für Auslandsbonds in der im Bundesgesetzblatt Teil III, Gliederungsnummer 4139-3, veröffentlichten bereinigten Fassung vom Bund oder von den Ländern für Entschädigungsansprüche erteilt oder eingetragen werden;

S 2121
Anhang 2 I

55. der in den Fällen des § 4 Absatz 2 Nummer 2 und Absatz 3 des Betriebsrentengesetzes vom 19. Dezember 1974 (BGBl. I S. 3610), das zuletzt durch Artikel 8 des Gesetzes vom 5. Juli 2004 (BGBl. I S. 1427) geändert worden ist, in der jeweils geltenden Fassung geleistete Übertragungswert nach § 4 Absatz 5 des Betriebsrentengesetzes, wenn die betriebliche Altersversorgung beim ehemaligen und neuen Arbeitgeber über einen Pensionsfonds, eine Pensionskasse oder ein Unternehmen der Lebensversicherung durchgeführt wird. ²Satz 1 gilt auch, wenn der Übertragungswert vom ehemaligen Arbeitgeber oder von einer Unter-

stützungskasse an den neuen Arbeitgeber oder eine andere Unterstützungskasse geleistet wird. ³Die Leistungen des neuen Arbeitgebers, der Unterstützungskasse, des Pensionsfonds, der Pensionskasse oder des Unternehmens der Lebensversicherung auf Grund des Betrags nach Satz 1 und 2 gehören zu den Einkünften, zu denen die Leistungen gehört hätten, wenn die Übertragung nach § 4 Absatz 2 Nummer 2 und Absatz 3 des Betriebsrentengesetzes nicht stattgefunden hätte;

Hinweise

H 3.55

Übertragung der betrieblichen Altersversorgung

→ BMF vom 31. 3. 2010 (BStBl I S. 270), Rz. 282–287   Anhang 2 IV
→ **BMF vom ... (BStBl I S. ...)** → Siehe hierzu Hinweise auf Seite 4!

§ 3

EStG

Steuerfrei sind

...

55a. die nach § 10 des Versorgungsausgleichsgesetzes vom 3. April 2009 (BGBl. I S. 700) in der jeweils geltenden Fassung (interne Teilung) durchgeführte Übertragung von Anrechten für die ausgleichsberechtigte Person zu Lasten von Anrechten der ausgleichspflichtigen Person. ²Die Leistungen aus diesen Anrechten gehören bei der ausgleichsberechtigten Person zu den Einkünften, zu denen die Leistungen bei der ausgleichspflichtigen Person gehören würden, wenn die interne Teilung nicht stattgefunden hätte;

Hinweise

H 3.55a

Allgemeine Grundsätze

→ BMF vom 31. 3. 2010 (BStBl I S. 270) Rz. 367 ff.   Anhang 2 IV
→ **BMF vom ... (BStBl I S. ...)** → Siehe hierzu Hinweise auf Seite 4!

§ 3

EStG

Steuerfrei sind

...

55b. der nach § 14 des Versorgungsausgleichsgesetzes (externe Teilung) geleistete Ausgleichswert zur Begründung von Anrechten für die ausgleichsberechtigte Person zu Lasten von Anrechten der ausgleichspflichtigen Person, soweit Leistungen aus diesen Anrechten zu steuerpflichtigen Einkünften nach den §§ 19, 20 und 22 führen würden. ²Satz 1 gilt nicht, soweit Leistungen, die auf dem begründeten Anrecht beruhen, bei der ausgleichsberechtigten Person zu Einkünften nach § 20 Absatz 1 Nummer 6 oder § 22 Nummer 1 Satz 3 Buchstabe a Doppelbuchstabe bb führen würden. ³Der Versorgungsträger der ausgleichspflichtigen Person hat den Versorgungsträger der ausgleichsberechtigten Person über die für die Besteuerung der Leistungen erforderlichen Grundlagen zu informieren. ⁴Dies gilt nicht, wenn der Versorgungsträger der ausgleichsberechtigten Person die Grundlagen bereits kennt oder aus den bei ihm vorhandenen Daten feststellen kann und dieser Umstand dem Versorgungsträger der ausgleichspflichtigen Person mitgeteilt worden ist;

Hinweise

H 3.55b

Allgemeine Grundsätze

→ BMF vom 31. 3. 2010 (BStBl I S. 270) Rz. 371 ff.   Anhang 2 IV
→ **BMF vom ... (BStBl I S. ...)** → Siehe hierzu Hinweise auf Seite 4!

§ 3 Nr. 55c–56 EStG
H 3.55c, H 3.56

EStG § 3

Steuerfrei sind

...

55c. Übertragungen von Altersvorsorgevermögen im Sinne des § 92 auf einen anderen auf den Namen des Steuerpflichtigen lautenden Altersvorsorgevertrag (§ 1 Absatz 1 Satz 1 Nummer 10 Buchstabe b des Altersvorsorgeverträge-Zertifizierungsgesetzes), soweit die Leistungen zu steuerpflichtigen Einkünften nach § 22 Nummer 5 führen würden. ²Dies gilt entsprechend

    a) wenn Anwartschaften der betrieblichen Altersversorgung abgefunden werden, soweit das Altersvorsorgevermögen zugunsten eines auf den Namen des Steuerpflichtigen lautenden Altersvorsorgevertrages geleistet wird,

    b) wenn im Fall des Todes des Steuerpflichtigen das Altersvorsorgevermögen auf einen auf den Namen des Ehegatten lautenden Altersvorsorgevertrag übertragen wird, wenn die Ehegatten im Zeitpunkt des Todes des Zulageberechtigten nicht dauernd getrennt gelebt haben (§ 26 Absatz 1) und ihren Wohnsitz oder gewöhnlichen Aufenthalt in einem Mitgliedstaat der Europäischen Union oder einem Staat hatten, auf den das Abkommen über den Europäischen Wirtschaftsraum anwendbar ist;

H 3.55c

Hinweise

Allgemeine Grundsätze

→ *BMF vom ... (BStBl I S. ...)* → Siehe hierzu Hinweise auf Seite 4!

EStG § 3

Steuerfrei sind

...

55d. Übertragungen von Anrechten aus einem nach § 5a Altersvorsorgeverträge-Zertifizierungsgesetz zertifizierten Vertrag auf einen anderen auf den Namen des Steuerpflichtigen lautenden nach § 5a Altersvorsorgeverträge-Zertifizierungsgesetz zertifizierten Vertrag;

55e.[1)] die auf Grund eines Abkommens mit einer zwischen- oder überstaatlichen Einrichtung übertragenen Werte von Anrechten auf Altersversorgung, soweit diese zur Begründung von Anrechten auf Altersversorgung bei einer zwischen- oder überstaatlichen Einrichtung dienen. ²Die Leistungen auf Grund des Betrags nach Satz 1 gehören zu den Einkünften, zu denen die Leistungen gehören, die die übernehmende Versorgungseinrichtung im Übrigen erbringt;

56. Zuwendungen des Arbeitgebers nach § 19 Absatz 1 Satz 1 Nummer 3 Satz 1 aus dem ersten Dienstverhältnis an eine Pensionskasse zum Aufbau einer nicht kapitalgedeckten betrieblichen Altersversorgung, bei der eine Auszahlung der zugesagten Alters-, Invaliditäts- oder Hinterbliebenenversorgung in Form einer Rente oder eines Auszahlungsplans (§ 1 Absatz 1 Satz 1 Nummer 4 des Altersvorsorgeverträge-Zertifizierungsgesetzes) vorgesehen ist, soweit diese Zuwendungen im Kalenderjahr 1 Prozent der Beitragsbemessungsgrenze in der allgemeinen Rentenversicherung nicht übersteigen. ²Der in Satz 1 genannte Höchstbetrag erhöht sich ab 1. Januar 2014 auf 2 Prozent, ab 1. Januar 2020 auf 3 Prozent und ab 1. Januar 2025 auf 4 Prozent der Beitragsbemessungsgrenze in der allgemeinen Rentenversicherung. ³Die Beträge nach den Sätzen 1 und 2 sind jeweils um die nach § 3 Nummer 63 Satz 1, 3 oder Satz 4 steuerfreien Beträge zu mindern;

Anhang 2 II

H 3.56

Hinweise

Allgemeine Grundsätze

Anhang 2 IV → BMF vom 31. 3. 2010 (BStBl I S. 270), Rz. 297–303

---

1) Nummer 55e ist auch auf Übertragungen vor dem 1. 1. 2012, für die noch keine bestandskräftige Steuerfestsetzung erfolgt ist, anzuwenden, es sei denn, der Stpfl. beantragt die Nichtanwendung → § 52 Abs. 5 EStG.

§ 3 Nr. 57, 58 EStG
H 3.56, 3 Nr. 58 H   R 3.58

→ *BMF vom . . . (BStBl I S. . . .)* → Siehe hierzu Hinweise auf Seite 4!

Kapitalgedeckte betriebliche Altersversorgung
→ § 3 Nr. 63

Sozialversicherung
→ § 1 Abs. 1 Satz 1 Nr. 4a und Satz 3 f. SvEV

Anhang 4

Verhältnis zu § 3 Nr. 62 EStG
→ § 3 Nr. 62 Satz 1 EStG

§ 3

EStG

Steuerfrei sind
. . .

57. die Beträge, die die Künstlersozialkasse zugunsten des nach dem Künstlersozialversicherungsgesetz Versicherten aus dem Aufkommen von Künstlersozialabgabe und Bundeszuschuss an einen Träger der Sozialversicherung oder an den Versicherten zahlt;

S 2121

58. das Wohngeld nach dem Wohngeldgesetz, die sonstigen Leistungen aus öffentlichen Haushalten oder Zweckvermögen zur Senkung der Miete oder Belastung im Sinne des § 11 Absatz 2 Nr. 4 des Wohngeldgesetzes sowie öffentliche Zuschüsse zur Deckung laufender Aufwendungen und Zinsvorteile bei Darlehen, die aus öffentlichen Haushalten gewährt werden, für eine zu eigenen Wohnzwecken genutzte Wohnung im eigenen Haus oder eine zu eigenen Wohnzwecken genutzte Eigentumswohnung, soweit die Zuschüsse und Zinsvorteile die Vorteile aus einer entsprechenden Förderung mit öffentlichen Mitteln nach dem Zweiten Wohnungsbaugesetz, dem Wohnraumförderungsgesetz oder einem Landesgesetz zur Wohnraumförderung nicht überschreiten, der Zuschuss für die Wohneigentumsbildung in innerstädtischen Altbauquartieren nach den Regelungen zum Stadtumbau Ost in den Verwaltungsvereinbarungen über die Gewährung von Finanzhilfen des Bundes an die Länder nach Artikel 104a Absatz 4 des Grundgesetzes zur Förderung städtebaulicher Maßnahmen;

S 2121

Zuschüsse und Zinsvorteile aus öffentlichen Haushalten
(§ 3 Nr. 58 EStG)

R 3.58

Öffentliche Haushalte im Sinne des § 3 Nr. 58 EStG sind die Haushalte des Bundes, der Länder, der Gemeinden, der Gemeindeverbände, der kommunalen Zweckverbände und der Sozialversicherungsträger.

Hinweise

3 Nr. 58 H

Aufwendungszuschüsse, Zinsersparnisse

Zinsersparnisse und Aufwendungszuschüsse
aus Wohnungsfürsorgemitteln

(Erlass des Bayerischen FinMin vom 16. 2. 2001 – 34 – S 2332 – 107/129 – 7111 –)

Im Einvernehmen mit dem BMF und den obersten Finanzbehörden der anderen Länder gilt für die lohnsteuerliche Behandlung von Zinsersparnissen und Aufwendungszuschüssen aus Wohnungsfürsorgemitteln Folgendes:

Werden Aufwendungszuschüsse oder Darlehen aus Wohnungsfürsorgemitteln für Angehörige des öffentlichen Dienstes nach § 87a oder § 87b Zweites Wohnungsbaugesetz nur gegen Einräumung eines Besetzungsrechts und eines Verzichts auf einen Teil der Miete bei Fremdvermietung gewährt, so ist davon auszugehen, dass diese Gegenleistung die Vorteile aus der Förderung ausgleicht. Der Vorteil ist mit null DM anzusetzen; Aufwendungszuschüsse und Zinsvorteile sind deshalb nicht als Arbeitslohn zu erfassen. Die vorstehenden Grundsätze sind für Arbeitnehmer in der Privatwirtschaft entsprechend anzuwenden, wenn vergleichbare Fälle auftreten.

§ 3 Nr. 59 EStG
R 3.59 H 3.59

EStG

§ 3

Steuerfrei sind

...

S 2121
S 2342

59. die Zusatzförderung nach § 88e des Zweiten Wohnungsbaugesetzes und nach § 51f des Wohnungsbaugesetzes für das Saarland und Geldleistungen, die ein Mieter zum Zwecke der Wohnkostenentlastung nach dem Wohnraumförderungsgesetz oder einem Landesgesetz zur Wohnraumförderung erhält, soweit die Einkünfte dem Mieter zuzurechnen sind, und die Vorteile aus einer mietweisen Wohnungsüberlassung im Zusammenhang mit einem Arbeitsverhältnis, soweit sie die Vorteile aus einer entsprechenden Förderung nach dem Zweiten Wohnungsbaugesetz, nach dem Wohnraumförderungsgesetz oder einem Landesgesetz zur Wohnraumförderung nicht überschreiten;

R 3.59

Steuerfreie Mietvorteile (§ 3 Nr. 59 EStG)

[1]Steuerfrei sind Mietvorteile, die im Rahmen eines Dienstverhältnisses gewährt werden und die auf der Förderung nach dem Zweiten Wohnungsbaugesetz, dem Wohnungsbaugesetz für das Saarland oder nach dem Wohnraumförderungsgesetz (WoFG) oder den Landesgesetzen zur Wohnraumförderung beruhen. [2]Mietvorteile, die sich aus dem Einsatz von Wohnungsfürsorgemitteln aus öffentlichen Haushalten ergeben, sind ebenfalls steuerfrei. [3]Bei einer Wohnung, die ohne Mittel aus öffentlichen Haushalten errichtet worden ist, gilt Folgendes: [4]Die Mietvorteile im Rahmen eines Dienstverhältnisses sind steuerfrei, wenn die Wohnung im Zeitpunkt ihres Bezugs durch den Arbeitnehmer für eine Förderung mit Mitteln aus öffentlichen Haushalten in Betracht gekommen wäre. [5]§ 3 Nr. 59 EStG ist deshalb nur auf Wohnungen anwendbar, die im Geltungszeitraum der in Satz 1 genannten Gesetze errichtet worden sind, d. h. auf Baujahrgänge ab 1957. [6]Es muss nicht geprüft werden, ob der Arbeitnehmer nach seinen Einkommensverhältnissen als Mieter einer geförderten Wohnung in Betracht kommt. [7]Der Höhe nach ist die Steuerbefreiung auf die Mietvorteile begrenzt, die sich aus der Förderung nach den in Satz 1 genannten Gesetzen ergeben würden. [8]§ 3 Nr. 59 EStG ist deshalb nicht anwendbar auf Wohnungen, für die der Förderzeitraum abgelaufen ist. [9]Wenn der Förderzeitraum im Zeitpunkt des Bezugs der Wohnung durch den Arbeitnehmer noch nicht abgelaufen ist, ist ein Mietvorteil bis zur Höhe des Teilbetrags steuerfrei, auf den der Arbeitgeber gegenüber der Vergleichsmiete verzichten müsste, wenn die Errichtung der Wohnung nach den in Satz 1 genannten Gesetzen gefördert worden wäre. [10]Der steuerfreie Teilbetrag verringert sich in dem Maße, in dem der Arbeitgeber nach den Förderregelungen eine höhere Miete verlangen könnte. [11]Mit Ablauf der Mietbindungsfrist läuft auch die Steuerbefreiung aus. [12]Soweit später zulässige Mieterhöhungen z. B. nach Ablauf des Förderzeitraums im Hinblick auf das Dienstverhältnis unterblieben sind, sind sie in den steuerpflichtigen Mietvorteil einzubeziehen.

H 3.59

Hinweise

Steuerfreie Mietvorteile im Zusammenhang mit einem Arbeitsverhältnis

R 3.59 Sätze 2 bis 4 LStR sind unabhängig vom BFH-Urteil vom 16. 2. 2005 (BStBl II S. 750) weiterhin anzuwenden (→ BMF vom 10. 10. 2005 – BStBl I S. 959).

Steuerbefreiung von Mietvorteilen nach § 3 Nr. 59 2. Halbsatz EStG; BFH-Urteil vom 16. Februar 2005 – VI R 58/03 – (BStBl II S. 750)

(BMF-Schreiben vom 10. 10. 2005 – IV C 5 – S 2334 – 75/05 –)

Erörterung zu TOP 2 der Besprechung LSt II/05 und TOP 10 der Besprechung LSt III/05

Der BFH hat entschieden, eine Steuerbefreiung von Mietvorteilen aus dem Arbeitsverhältnis nach § 3 Nr. 59 EStG komme nur dann in Betracht, wenn die Vorteile auf der Förderung nach dem II. WoBauG beruhen und zudem der Förderzeitraum noch nicht abgelaufen ist. Des Weiteren hat er Zweifel geäußert, ob die Regelung in R 23a Sätze 2 bis 4 LStR eine zutreffende Auslegung des § 3 Nr. 59 EStG beinhalte.

Hierzu wird im Einvernehmen mit den obersten Finanzbehörden der Länder die folgende Auffassung vertreten:

Das BFH-Urteil ist anzuwenden. Die sich daraus ergebende Frage, ob die Sätze 2 bis 4 in R 23a LStR eine zutreffende Auslegung des § 3 Nr. 59 EStG beinhalten, hat der BFH letztendlich offen gelassen bzw. nicht angesprochen. Es ist daher sachgerecht, diese für die Arbeitnehmer günstigeren Regelungen beizubehalten. Die Sätze 2 bis 4 in R 23a LStR sind deshalb weiterhin anzuwenden.

§ 3

EStG

Steuerfrei sind

...

60. Leistungen aus öffentlichen Mitteln an Arbeitnehmer des Steinkohlen-, Pechkohlen- und Erzbergbaues, des Braunkohlentiefbaues und der Eisen- und Stahlindustrie aus Anlass von Stilllegungs-, Einschränkungs-, Umstellungs- oder Rationalisierungsmaßnahmen;

61. Leistungen nach Absatz 1 Nummer 2, § 7 Absatz 3, §§ 9, 10 Absatz 1, §§ 13, 15 des Entwicklungshelfer-Gesetzes;   S 2342

62. Ausgaben des Arbeitgebers für die Zukunftssicherung des Arbeitnehmers, soweit der Arbeitgeber dazu nach sozialversicherungsrechtlichen oder anderen gesetzlichen Vorschriften oder nach einer auf gesetzlicher Ermächtigung beruhenden Bestimmung verpflichtet ist, und es sich nicht um Zuwendungen oder Beiträge des Arbeitgebers nach den Nummern 56 und 63 handelt. ²Den Ausgaben des Arbeitgebers für die Zukunftssicherung, die auf Grund gesetzlicher Verpflichtung geleistet werden, werden gleichgestellt Zuschüsse des Arbeitgebers zu den Aufwendungen des Arbeitnehmers   S 2342

    a) für eine Lebensversicherung,
    b) für die freiwillige Versicherung in der gesetzlichen Rentenversicherung,
    c) für eine öffentlich-rechtliche Versicherungs- oder Versorgungseinrichtung seiner Berufsgruppe,

    wenn der Arbeitnehmer von der Versicherungspflicht in der gesetzlichen Rentenversicherung befreit worden ist. ³Die Zuschüsse sind nur insoweit steuerfrei, als sie insgesamt bei Befreiung von der Versicherungspflicht in der allgemeinen Rentenversicherung die Hälfte und bei Befreiung von der Versicherungspflicht in der knappschaftlichen Rentenversicherung zwei Drittel der Gesamtaufwendungen des Arbeitnehmers nicht übersteigen und nicht höher sind als der Betrag, der als Arbeitgeberanteil zur Versicherungspflicht in der allgemeinen Rentenversicherung oder in der knappschaftlichen Rentenversicherung zu zahlen wäre. ⁴Die Sätze 2 und 3 gelten sinngemäß für Beiträge des Arbeitgebers zu einer Pensionskasse, wenn der Arbeitnehmer bei diesem Arbeitgeber nicht im Inland beschäftigt ist und der Arbeitgeber keine Beiträge zur gesetzlichen Rentenversicherung im Inland leistet; Beiträge des Arbeitgebers zu einer Rentenversicherung auf Grund gesetzlicher Verpflichtung sind anzurechnen;   S 2333

Zukunftssicherungsleistungen
(§ 3 Nr. 62 EStG, § 2 Abs. 2 Nr. 3 LStDV)

R 3.62

Leistungen auf Grund gesetzlicher Verpflichtungen

(1) ¹Zu den nach § 3 Nr. 62 EStG steuerfreien Ausgaben des Arbeitgebers für die Zukunftssicherung des Arbeitnehmers (§ 2 Abs. 2 Nr. 3 Satz 1 und 2 LStDV) gehören insbesondere die Beitragsanteile des Arbeitgebers am Gesamtsozialversicherungsbeitrag (Rentenversicherung, Krankenversicherung, Pflegeversicherung, Arbeitslosenversicherung), Beiträge des Arbeitgebers nach § 172 Abs. 2 SGB VI zu einer berufsständischen Versorgungseinrichtung für Arbeitnehmer, die nach § 6 Abs. 1 Satz 1 Nr. 1 SGB VI von der Versicherungspflicht in der gesetzlichen Rentenversicherung befreit sind, und Beiträge des Arbeitgebers nach § 249b SGB V und den §§ 168 Abs. 1 Nr. 1b oder 1c, 172 Abs. 3 oder 3a SGB VI für geringfügig Beschäftigte. ²Dies gilt auch für solche Beitragsanteile, die auf Grund einer nach ausländischen Gesetzen bestehenden Verpflichtung an ausländische Sozialversicherungsträger, die den inländischen Sozialversicherungsträgern vergleichbar sind, geleistet werden. ³Steuerfrei sind nach § 3 Nr. 62 EStG auch vom Arbeitgeber nach § 3 Abs. 3 Satz 3 der SvEV übernommene Arbeitnehmeranteile am Gesamtsozialversicherungsbeitrag sowie Krankenversicherungsbeiträge, die der Arbeitgeber nach § 9 der Mutterschutz- und Elternzeitverordnung oder nach entsprechenden Rechtsvorschriften der Länder erstattet. ⁴Zukunftssicherungsleistungen auf Grund einer tarifvertraglichen Verpflichtung sind dagegen nicht nach § 3 Nr. 62 EStG steuerfrei.   S 2333 Anhang 7   Anhang 4

(2) Für Ausgaben des Arbeitgebers zur Kranken- und Pflegeversicherung des Arbeitnehmers gilt Folgendes:

§ 3 Nr. 62 EStG
R 3.62

1. ¹Die Beitragsteile und Zuschüsse des Arbeitgebers zur gesetzlichen Krankenversicherung und zur sozialen Pflegeversicherung oder privaten Pflege-Pflichtversicherung eines gesetzlich krankenversicherungspflichtigen Arbeitnehmers sind steuerfrei, soweit der Arbeitgeber zur Tragung der Beiträge verpflichtet ist (§ 249 SGB V, § 59 SGB XI, § 61 SBG XI). ²Der mitgliederbezogene Beitragssatzanteil i. H. v. 0,9 % (§ 241 Abs. 1 i. V. m. § 257 Abs. 1 SGB V) und – soweit von der Krankenkasse erhoben – ein kassenindividueller Zusatzbeitrag (§ 242 SGB V) sind vom Arbeitnehmer allein zu tragen und können deshalb vom Arbeitgeber nicht steuerfrei erstattet werden.¹)

2. ¹Zuschüsse des Arbeitgebers zur gesetzlichen Krankenversicherung und zur sozialen Pflegeversicherung oder privaten Pflege-Pflichtversicherung eines nicht gesetzlich krankenversicherungspflichtigen Arbeitnehmers, der in der gesetzlichen Krankenversicherung freiwillig versichert ist, sind nach § 3 Nr. 62 EStG steuerfrei, soweit der Arbeitgeber nach § 257 Abs. 1 SGB V und nach § 61 Abs. 1 SGB XI zur Zuschussleistung verpflichtet ist. ²Soweit bei Beziehern von Kurzarbeitergeld ein fiktives Arbeitsentgelt maßgebend ist, bleiben die Arbeitgeberzuschüsse in voller Höhe steuerfrei (§ 257 Abs. 1 Satz 3 i. V. m. § 249 Abs. 2 SGB V). ³Übersteigt das Arbeitsentgelt nur auf Grund von einmalig gezahltem Arbeitsentgelt die Beitragsbemessungsgrenze und hat der Arbeitnehmer deshalb für jeden Monat die Höchstbeiträge an die Kranken- und Pflegekasse zu zahlen, sind die Arbeitgeberzuschüsse aus Vereinfachungsgründen entsprechend der Höchstbeiträge steuerfrei. ⁴Dies gilt auch dann, wenn das im Krankheitsfall fortgezahlte Arbeitsentgelt die monatliche Beitragsbemessungsgrenze unterschreitet und der Arbeitnehmer dennoch für die Dauer der Entgeltfortzahlung die Höchstbeiträge an die Kranken- und Pflegekasse zu zahlen hat.

3. ¹Zuschüsse des Arbeitgebers zu den Kranken- und Pflegeversicherungsbeiträgen eines nicht gesetzlich krankenversicherungspflichtigen Arbeitnehmers, der eine private Kranken- und Pflege-Pflichtversicherung abgeschlossen hat, sind ebenfalls nach § 3 Nr. 62 EStG steuerfrei, soweit der Arbeitgeber nach § 257 Abs. 2 SGB V sowie nach § 61 Abs. 2 SGB XI zur Zuschussleistung verpflichtet ist. ²Der Anspruch auf den Arbeitgeberzuschuss an den bei einem privaten Krankenversicherungsunternehmen versicherten Arbeitnehmer setzt voraus, dass der private Krankenversicherungsschutz Leistungen zum Inhalt hat, die ihrer Art nach auch den Leistungen des SGB V entsprechen. ³Die Höhe des Arbeitgeberzuschusses bemisst sich nach § 257 Abs. 2 Satz 2 SGB V. ⁴Eine leistungsbezogene Begrenzung des Zuschusses sieht § 257 Abs. 2 Satz 2 SGB V nicht vor, so dass Beiträge zur privaten Krankenversicherung im Rahmen des § 257 Abs. 2 SGB V zuschussfähig sind, auch wenn der Krankenversicherungsvertrag Leistungserweiterungen enthält (§ 11 Abs. 1, § 257 Abs. 2 Satz 1 SGB V). ⁵Die für Zwecke des Sonderausgabenabzugs bestehenden Regelungen der Krankenversicherungsbeitragsanteils-Ermittlungsverordnung (KVBEVO) bilden keine Grundlage für die Bemessung des Arbeitgeberzuschusses. ⁶Nummer 2 Satz 3 und 4 gilt entsprechend. ⁷Die Sätze 2 bis 4 gelten für die private Pflege-Pflichtversicherung entsprechend (§ 28 Abs. 1, § 61 Abs. 2 Satz 1 SGB XI). ⁸Der Arbeitgeber darf Zuschüsse zu einer privaten Krankenversicherung und zu einer privaten Pflege-Pflichtversicherung des Arbeitnehmers nur dann steuerfrei lassen, wenn der Arbeitnehmer eine Bescheinigung des Versicherungsunternehmens vorlegt, in der bestätigt wird, dass die Voraussetzungen des § 257 Abs. 2a SGB V und des § 61 Abs. 6 SGB XI vorliegen und dass es sich bei den vertraglichen Leistungen um Leistungen i. S. d. SGB V und SGB XI handelt. ⁹Die Bescheinigung muss außerdem Angaben über die Höhe des für die vertraglichen Leistungen i. S. d. SGB V und SGB XI zu zahlenden Versicherungsbeitrags enthalten. ¹⁰Der Arbeitgeber hat die Bescheinigung als Unterlage zum Lohnkonto aufzubewahren. ¹¹Soweit der Arbeitgeber die steuerfreien Zuschüsse unmittelbar an den Arbeitnehmer auszahlt, hat der Arbeitnehmer die zweckentsprechende Verwendung durch eine Bescheinigung des Versicherungsunternehmens über die tatsächlichen Kranken- und Pflege-Pflichtversicherungsbeiträge nach Ablauf eines jeden Kalenderjahres nachzuweisen; der Arbeitgeber hat diese Bescheinigung als Unterlage zum Lohnkonto aufzubewahren. ¹²Diese Bescheinigung kann mit der Bescheinigung nach den Sätzen 8 und 9 verbunden werden.

Den gesetzlichen Pflichtbeiträgen gleichgestellte Zuschüsse

(3) ¹Nach § 3 Nr. 62 Satz 2 EStG sind den Ausgaben des Arbeitgebers für die Zukunftssicherung des Arbeitnehmers, die auf Grund gesetzlicher Verpflichtung geleistet werden, die Zuschüsse des Arbeitgebers gleichgestellt, die zu den Beiträgen des Arbeitnehmers für eine Lebensversicherung – auch für die mit einer betrieblichen Pensionskasse abgeschlossene Lebensversiche-

---

¹) Es gelten für 2013 grds. folgende Werte:
Der Arbeitgeberanteil zur gesetzlichen Krankenversicherung beträgt 7,3 %, der Arbeitnehmeranteil 7,3 % zzgl. 0,9 %.
Der Arbeitgeberanteil zur sozialen Pflegeversicherung beträgt 1,025 %, der Arbeitnehmeranteil 1,025 % zzgl. 0,25 % bei Kinderlosen (ab dem 23. Lebensjahr).
In Sachsen beträgt der Arbeitgeberanteil zur sozialen Pflegeversicherung 0,525 %, der Arbeitnehmeranteil 1,525 % zzgl. 0,25 % bei Kinderlosen (ab dem 23. Lebensjahr).

rung –, für die freiwillige Versicherung in der gesetzlichen Rentenversicherung oder für eine öffentlich-rechtliche Versicherungs- oder Versorgungseinrichtung der Berufsgruppe geleistet werden, wenn der Arbeitnehmer von der Versicherungspflicht in der gesetzlichen Rentenversicherung nach einer der folgenden Vorschriften auf eigenen Antrag befreit worden ist:
1. § 18 Abs. 3 des Gesetzes über die Erhöhung der Einkommensgrenzen in der Sozialversicherung und der Arbeitslosenversicherung und zur Änderung der Zwölften Verordnung zum Aufbau der Sozialversicherung vom 13. 8. 1952 (BGBl. I S. 437),
2. Artikel 2 § 1 des Angestelltenversicherungs-Neuregelungsgesetzes vom 23. 2. 1957 (BGBl. I S. 88, 1074) oder Artikel 2 § 1 des Knappschaftsrentenversicherungs-Neuregelungsgesetzes vom 21. 5. 1957 (BGBl. I S. 533), jeweils in der bis zum 30. 6. 1965 geltenden Fassung,
3. § 7 Abs. 2 des Angestelltenversicherungsgesetzes (AVG) i. d. F. des Artikels 1 des Angestelltenversicherungs-Neuregelungsgesetzes vom 23. 2. 1957 (BGBl. I S. 88, 1074),
4. Artikel 2 § 1 des Angestelltenversicherungs-Neuregelungsgesetzes oder Artikel 2 § 1 des Knappschaftsrentenversicherungs-Neuregelungsgesetzes, jeweils i. d. F. des Rentenversicherungs-Änderungsgesetzes vom 9. 6. 1965 (BGBl. I S. 476),
5. Artikel 2 § 1 des Zweiten Rentenversicherungs-Änderungsgesetzes vom 23. 12. 1966 (BGBl. I S. 745),
6. Artikel 2 § 1 des Angestelltenversicherungs-Neuregelungsgesetzes oder Artikel 2 § 1 des Knappschaftsrentenversicherungs-Neuregelungsgesetzes, jeweils i. d. F. des Finanzänderungsgesetzes 1967 vom 21. 12. 1967 (BGBl. I S. 1259),
7. Artikel 2 § 1 Abs. 2 des Angestelltenversicherungs-Neuregelungsgesetzes oder Artikel 2 § 1 Abs. 1a des Knappschaftsrentenversicherungs-Neuregelungsgesetzes, jeweils i. d. F. des Dritten Rentenversicherungs-Änderungsgesetzes vom 28. 7. 1969 (BGBl. I S. 956),
8. § 20 des Gesetzes über die Sozialversicherung vom 28. 6. 1990 (GBl. der Deutschen Demokratischen Republik I Nr. 38 S. 486) i. V. m. § 231a SGB VI i. d. F. des Gesetzes zur Herstellung der Rechtseinheit in der gesetzlichen Renten- und Unfallversicherung (Renten-Überleitungsgesetz – RÜG) vom 25. 7. 1991 (BGBl. I S. 1606).

²Zuschüsse des Arbeitgebers i. S. d. § 3 Nr. 62 Satz 2 EStG liegen nicht vor, wenn der Arbeitnehmer kraft Gesetzes in der gesetzlichen Rentenversicherung versicherungsfrei ist. ³Den Beiträgen des Arbeitnehmers für eine freiwillige Versicherung in der allgemeinen Rentenversicherung stehen im Übrigen Beiträge für die freiwillige Versicherung in der knappschaftlichen Rentenversicherung oder für die Selbstversicherung/Weiterversicherung in der gesetzlichen Rentenversicherung gleich.

Höhe der steuerfreien Zuschüsse, Nachweis

(4) ¹Die Steuerfreiheit der Zuschüsse beschränkt sich nach § 3 Nr. 62 Satz 3 EStG im Grundsatz auf den Betrag, den der Arbeitgeber als Arbeitgeberanteil für gesetzlichen Rentenversicherung aufzuwenden hätte, wenn der Arbeitnehmer nicht von der gesetzlichen Versicherungspflicht befreit worden wäre. ²Soweit der Arbeitgeber die steuerfreien Zuschüsse unmittelbar an den Arbeitnehmer auszahlt, hat dieser die zweckentsprechende Verwendung durch eine entsprechende Bescheinigung des Versicherungsträgers bis zum 30. April des folgenden Kalenderjahres nachzuweisen. ³Die Bescheinigung ist als Unterlage zum Lohnkonto aufzubewahren.

Hinweise

Arbeitgeberanteile zur Sozialversicherung

Arbeitgeberanteile zur gesetzlichen Sozialversicherung eines Arbeitnehmers gehören nicht zum Arbeitslohn; § 3 Nr. 62 Satz 1 EStG hat insofern nur deklaratorische Bedeutung (BFH vom 6. 6. 2002 – BStBl 2003 II S. 34).

Arbeitgeberbeiträge zur US-Sozialversicherung

Lohnsteuerliche Behandlung der Arbeitgeberbeiträge zur US-Sozialversicherung

(Erlaß der Finanzbehörde Hamburg vom 26. 10. 1982 –54 – S 2333 – 6/82 –)

§ 3 Nr. 62 EStG gilt auch für solche Arbeitgeberbeiträge, die ein ausländischer Arbeitgeber auf Grund einer ihm gesetzlich auferlegten Verpflichtung zugunsten der im Bundesgebiet tätigen ausländischen Arbeitnehmer an ausländische Sozialversicherungsträger zahlen muß.

§ 3 Nr. 62 EStG
H 3.62

Es ist gefragt worden, ob diese Auffassung auch dann gelten kann, wenn eine in der Bundesrepublik Deutschland rechtlich selbständige Tochtergesellschaft einer US-Gesellschaft auf Grund von Vereinbarungen mit der Muttergesellschaft unmittelbar Arbeitgeberbeiträge zur amerikanischen Sozialversicherung für die bei der Tochtergesellschaft beschäftigten amerikanischen Angestellten leistet, obwohl an sich die Muttergesellschaft auf Grund der für die US-Sozialversicherung geltenden Bestimmungen zur Beitragsleistung verpflichtet ist.

Es ist die Auffassung zu vertreten, daß derartige Arbeitgeberbeiträge keine gesetzlichen Beiträge sind. Die entsprechenden Zahlungen des Arbeitgebers stellen jedoch Zukunftssicherungsleistungen dar, auf die der Freibetrag von 312 DM[1]) angewandt werden kann, soweit er noch nicht aufgebraucht ist.

Dieser Erlaß ergeht im Einvernehmen mit dem Bundesminister der Finanzen und den Finanzministern (Finanzsenatoren) der Länder.

Ausländische Krankenversicherung

Die nach § 3 Nr. 62 Satz 1 EStG für die Steuerfreiheit vorausgesetzte gesetzliche Verpflichtung zu einer Zukunftssicherungsleistung des Arbeitgebers ergibt sich für einen Arbeitgeberzuschuss zu einer privaten Krankenversicherung aus § 257 Abs. 2a Satz 1 SGB V. § 257 Abs. 2a SGB V findet auch auf Steuerpflichtige Anwendung, die eine Krankenversicherung bei einem Versicherungsunternehmen abgeschlossen haben, das in einem anderen Land der EU seinen Sitz hat, und ist vom Steuerpflichtigen nachzuweisen. Die Vorlage der Bescheinigung nach § 257 Abs. 2a SGB V ist nicht konstitutive Voraussetzung der Steuerbefreiung (→ BFH vom 22. 7. 2008 – BStBl II S. 894).

Ausländische Versicherungsunternehmen

Zahlungen des Arbeitgebers an ausländische Versicherungsunternehmen sind nicht steuerfrei, wenn sie auf vertraglicher Grundlage entrichtet werden (→ BFH vom 28. 5. 2009 – BStBl II S. 857).

Ausländischer Sozialversicherungsträger

– Arbeitgeberanteile zur ausländischen Sozialversicherung sind nicht steuerfrei, wenn sie auf vertraglicher Grundlage und damit freiwillig entrichtet werden (→ BFH vom 18. 5. 2004 – BStBl 2004 II S. 1014).

– Freiwillige Zuschüsse zu einer Krankenversicherung, die ein inländischer Arbeitgeber an einen Arbeitnehmer für dessen Versicherung in der französischen gesetzlichen Krankenversicherung leistet, sind nicht steuerfrei (→ BFH vom 12. 1. 2011 – BStBl II S. 446).

Beitragszuschlag

Der Beitragszuschlag für Kinderlose in der sozialen Pflegeversicherung i. H. v. 0,25 % ist vom Arbeitnehmer allein zu tragen und kann deshalb vom Arbeitgeber nicht steuerfrei erstattet werden (→ § 55 Abs. 3 i. V. m. § 58 Abs. 1 SGB XI).

Entscheidung des Sozialversicherungsträgers

Bei der Frage, ob die Ausgaben des Arbeitgebers für die Zukunftssicherung des Arbeitnehmers auf einer gesetzlichen Verpflichtung beruhen, ist der Entscheidung des zuständigen Sozialversicherungsträgers des Arbeitnehmers zu folgen, wenn sie nicht offensichtlich rechtswidrig ist (→ BFH vom 6. 6. 2002 – BStBl 2003 II S. 34 und vom 21. 1. 2010 – BStBl II S. 703).

Gegenwärtiger Versicherungsstatus

Für die Steuerfreiheit von Arbeitgeberzuschüssen zu einer Lebensversicherung des Arbeitnehmers ist dessen gegenwärtiger Versicherungsstatus maßgeblich. Die Zuschüsse sind nicht nach § 3 Nr. 62 Satz 2 EStG steuerfrei, wenn der Arbeitnehmer als nunmehr beherrschender Gesellschafter-Geschäftsführer kraft Gesetzes rentenversicherungsfrei geworden ist, auch wenn er sich ursprünglich auf eigenen Antrag von der Rentenversicherungspflicht hatte befreien lassen (→ BFH vom 10. 10. 2002 – BStBl 2002 II S. 886).

Gesetzliche Verpflichtung

Beiträge für eine inländische Krankenversicherung des Arbeitnehmers können steuerfrei sein, wenn der Arbeitgeber nach einer zwischenstaatlichen Verwaltungsvereinbarung, die ihrerseits auf einer gesetzlichen Ermächtigung beruht, zur Leistung verpflichtet ist (§ 3 Nr. 62 Satz 1 3. Alternative EStG; → BFH vom 14. 4. 2011 – BStBl II S. 767).

---
[1]) Freibetrag ist seit dem 1. 1. 1990 aufgehoben.

§ 3 Nr. 62 EStG
H 3.62

Gesetzlicher Beitragsanteil des Arbeitgebers in der Pflegeversicherung

Beispiel:
Ein Arbeitgeber zahlt für Juli **2012** einem privat krankenversicherten Arbeitnehmer einen Zuschuss zur privaten Pflegeversicherung in Höhe von 50 % des Gesamtbeitrags von **38 €**. Die Beitragsbemessungsgrenze **2012** beträgt **45 900 €** (mtl. **3 825 €**). Der steuerfreie Betrag errechnet sich wie folgt:

a) Die Betriebsstätte befindet sich in Sachsen (Arbeitnehmeranteil: 1,475 %, Arbeitgeberanteil: 0,475 %)[1])

    1. Begrenzung
    3 825 € × 1,95 % = **74,58 €** mtl. Beitrag zur sozialen Pflegeversicherung
    3 825 € × 0,475 % = **18,17 €** mtl. Arbeitgeberanteil
    2. Begrenzung
    Privater Pflegeversicherungsbeitrag mtl.   **38,00 €**
    davon 50 %   **19,00 €**
    Vergleich
    1. Begrenzung   *18,17 €*
    2. Begrenzung   *19,00 €*
    damit steuerfreier Zuschuss des Arbeitgebers
    nach § 3 Nr. 62 EStG   *18,17 €*
    somit steuerpflichtiger Zuschuss des Arbeitgebers   *0,83 €*

b) Die Betriebsstätte befindet sich im übrigen Bundesgebiet (Arbeitnehmeranteil: 0,975 %, Arbeitgeberanteil: 0,975 %)[2]):

    1. Begrenzung
    3 825 € × 1,95 % = **74,85 €** mtl. Beitrag zur sozialen Pflegeversicherung
    3 825 € × 0,975 % = **37,29 €** mtl. Arbeitgeberanteil
    2. Begrenzung
    Privater Pflegeversicherungsbeitrag mtl.   **38,00 €**
    davon 50 %   **19,00 €**
    Vergleich
    1. Begrenzung   *37,29 €*
    2. Begrenzung   *19,00 €*
    damit steuerfreier Zuschuss des Arbeitgebers
    nach § 3 Nr. 62 EStG   *19,00 €*

Grenzgänger nach Frankreich

Besteuerung von Grenzgängern nach Frankreich Zusätzliche Pflichtaltersversorgung Veranlagungszeitraum 2007

(OFD Karlsruhe vom 20. 3. 2009 – Merkblatt, Besteuerung von Grenzgängern nach Frankreich)

Für die Berechnung des in Deutschland steuerpflichtigen Bruttoarbeitslohns von Grenzgängern nach Frankreich sind auch die Besonderheiten des französischen Rentenversicherungssystems zu beachten.

Die französische Rentenversicherung besteht grundsätzlich aus zwei Säulen:

– aus der gesetzliche Rentenversicherung und
– aus der sog. zusätzlichen Pflichtaltersversorgung

Daneben besteht noch die Möglichkeit, Beiträge in eine zusätzliche freiwillige Altersversorgung einzuzahlen.

Im Folgenden wird die steuerliche Behandlung der zusätzlichen Pflichtaltersversorgung erläutert:

Bei der zusätzlichen Pflichtaltersversorgung handelt es sich bereits seit dem Jahre 1972 um eine Pflichtversicherung für alle Beschäftigten in Frankreich (vorher nur für Führungskräfte). Diese Zusatzrentenversicherungen sind in allen Unternehmen – unabhängig von der Beschäftigungszahl oder von der Rechtsform – für die Beschäftigten abzuschließen.

Es gibt in Frankreich zwei Rentenkassen, sprich Dachverbände, die diese Pflichtzusatzrente anbieten:

[1]) Ab 2013 beträgt der Beitragssatz 2,05 %. Davon entfallen in Sachsen auf den Arbeitnehmer 1,525 % und auf den Arbeitgeber 0,525 %.
[2]) Ab 2013 beträgt der Beitragssatz 2,05 %. Davon entfallen auf den Arbeitnehmer und auf den Arbeitgeber jeweils 1,025 %.

§ 3 Nr. 62 EStG
H 3.62

1. ARRCO (Association pour le régime de retraite complémentaires de salariés) = AGRR (Association générale de retraite par répartition)
2. AGIRC (Association générale des institutions de retraite des cadres)

Weitere Dachverbände der Pflichtaltersversorgung bestehen nicht.

Die Verwaltung der Finanzierung dieser Pflichtaltersversorgung übernimmt die AGFF. Die Beiträge für die AGFF sind zusammen mit den Beiträgen an die ARRCO/AGIRC zu überweisen.

Der Arbeitgeber hat hierbei grundsätzlich kraft Gesetzes 60 % der Beitragszahlungen zu leisten.

Fraglich ist nun, in welcher Höhe dieser Beiträge nach § 3 Nr. 62 EStG steuerfrei sind.

Nach § 3 Nr. 62 Satz 1 EStG sind Ausgaben des Arbeitgebers für die Zukunftssicherung des Arbeitnehmers steuerfrei, soweit sie auf Grund gesetzlicher Verpflichtungen geleistet werden. Ob und inwieweit die Beiträge des Arbeitgebers Pflichtbeiträge oder nur freiwillige Beiträge sind, ist nach französischem Recht zu beantworten. Für die in Frankreich zu leistenden Beiträge des Arbeitgebers i. H. von 60 % bedeutet dies, dass diese als Pflichtbeiträge nach § 3 Nr. 62 Satz 1 EStG steuerfrei sind.

Inwieweit übersteigende Beiträge des Arbeitgebers noch nach § 3 Nr. 62 Satz 4 steuerfrei sind, ist aufgrund der Umstände des Einzelfalles zu überprüfen.

Hierfür lässt sich folgendes Berechnungsschema zugrunde legen:

Arbeitgeberanteil zur französischen Pflichtzusatzrentenversicherung:

1	Arbeitnehmeranteil	
2	Arbeitgeberanteil	+
3	Gesamtbeitrag	
4	Davon sind 60 % steuerfrei nach § 3 Nr. 62 Satz 1 EStG	
5	Arbeitgeberanteil	−
6	Übersteigender Betrag = freiwilliger Arbeitgeberbeitrag	

Für die Prüfung der Steuerbefreiung nach § 3 Nr. 62 Satz 4 EStG des freiwilligen Beitrags ist folgende Vergleichsrechnung durchzuführen:

7 Arbeitslohn nach deutschem Recht
8 Davon 9,95 % (max. 9,95 % von 63 000 Euro = 6.269 Euro)
9 Arbeitgeberbeitrag zur gesetzlichen Rentenversicherung
10 Pflichtbeiträge zur Pflichtzusatzrentenversicherung laut Zeile 4
11 Differenz (nur positive Beträge, sonst 0 Euro)
12 Freiwilliger Betrag laut Zeile 6
13 Soweit Zeile 12 die Zeile 11 übersteigt, ist der Wert als steuerpflichtiger Betrag dem Bruttoarbeitslohn hinzuzurechnen.

Grenzpendler in die Schweiz

I. Anwendung des Alterseinkünftegesetzes auf ausländische Renten; Schweizer Pensionskassen

(Verfügung der OFD Karlsruhe vom 19. 9. 2005 – S 2275/16 – St 224 –)

Hinsichtlich der Anwendung des Alterseinkünftegesetzes (AltEinkG) auf die Besteuerung von Zahlungen in bzw. aus Schweizer Pensionskassen – insbesondere bei Grenzgängern in die Schweiz – ergeben sich ab dem Veranlagungszeitraum 2005 verschiedene Neuerungen. Nach den Erörterungen auf Bundesebene gilt Folgendes:

1. Allgemeines

Die Regelungen der § 10 Abs. 1 Nr. 2 Buchstabe a und § 22 Nr. 1 S. 3 Buchstabe a EStG n. F. werden auch auf ausländische gesetzlichen Rentenversicherungen angewandt. Das Schweizer Altersvorsorgesystem unterscheidet sich in wesentlichen Teilen vom deutschen Vorsorgesystem. Die Auszahlungen aus der Schweizer AHV (Alters- und Hinterlassenenversicherung, sog. 1. Säule) sind unstreitig Zahlungen aus einer gesetzlichen Rentenversicherung. Problematisch ist die Einordnung der nach dem BVG (Bundesgesetz über die berufliche Alters-, Hinterlassenen- und Invalidenvorsorge, sog. 2. Säule) errichteten Schweizer Pensionskassen.

Im Gegensatz zur deutschen betrieblichen Altersversorgung ist die sog. berufliche Vorsorge der 2. Säule in der Schweiz nach dem BVG obligatorisch, d. h. alle Arbeitnehmer sind verpflichtet, einer Pensionskasse beizutreten bzw. die Arbeitgeber sind verpflichtet eine derartige Möglichkeit für ihre Arbeitnehmer zu schaffen. Die Arbeitgeber haben Pflichtbeiträge zur Pensionskasse zu leisten (freiwillige Beiträge sind daneben möglich), für die in Deutschland bei der Veranlagung von Schweizer Grenzgängern die Steuerbefreiung des § 3 Nr. 62 Satz 1 EStG angewandt wird (vgl. unten Tz. 2). Das Schweizer Pensionskassensystem entspricht daher einer gesetzlichen Rentenversicherung.

2. Arbeitgeberbeiträge zur Pensionskasse

Die Arbeitgeberbeiträge, die aufgrund einer gesetzlichen Verpflichtung gezahlt werden, sind nach § 3 Nr. 62 Satz 1 EStG steuerfrei. Die Schweizer Arbeitgeber haben die Möglichkeit, im jeweiligen Pensionskassenreglement festzulegen, dass sie für die Arbeitnehmer höhere Beiträge an die Pensionskasse entrichten, als gesetzlich nach dem BVG vorgeschrieben ist. Auf diese freiwilligen Arbeitgeberbeiträge ist § 3 Nr. 62 Satz 4 EStG sinngemäß anzuwenden (zur Berechnung vgl. Seite 4 der Anlage N-Gre). Die § 3 Nr. 62 EStG übersteigenden freiwillig gezahlten Arbeitgeberbeiträge stellen steuerpflichtiger Arbeitslohn dar.

Für die übersteigenden steuerpflichtigen Arbeitgeberbeiträge scheidet eine Anwendung von § 3 Nr. 63 EStG und § 10a/Abschnitt XI EStG aus. Die Schweizer Pensionskasse erfüllt aufgrund der Möglichkeiten zur Beitragsrückerstattung und wegen der Wohneigentumsförderung nicht die Voraussetzungen dieser Vorschriften. Es handelt sich daher auch nicht um begünstigte Altersvorsorgeverträge nach § 82 Abs. 1 EStG.

3. Sonderausgabenabzug nach § 10 Abs. 1 Nr. 2 Buchstabe a EStG n. F.

Die Beiträge des Arbeitnehmers und des Arbeitgebers (inkl. der steuerpflichtigen Zuschüsse) zur AHV und zur Schweizer Pensionskasse sind als Beiträge zur gesetzlichen Rentenversicherung im Rahmen der Basisversorgung als Sonderausgaben abzugsfähig (§ 10 Abs. 1 Nr. 2 Buchstabe a EStG n. F.). Die steuerfreien Arbeitgeberbeiträge sind allerdings vom Gesamtbetrag wieder abzuziehen (vgl. Beispielsfälle der nachfolgenden Tz. 5).

Beim Sonderausgabenabzug wird nicht zwischen gesetzlichen und freiwilligen Beiträgen unterschieden. Alle Zahlungen in eine gesetzliche Rentenversicherung (z. B. auch der freiwillige Einkauf in die Pensionskasse) sind daher im Rahmen der Basisversorgung abzugsfähig.

4. Besteuerung in der Auszahlungsphase

4.1. Rentenzahlungen aus der AHV und aus der Schweizer Pensionskasse

Die Rentenzahlungen aus der AHV und der Schweizer Pensionskasse nach Eintritt des Versorgungsfalles sind grundsätzlich mit dem Besteuerungsanteil als sonstige Einkünfte zu erfassen (§ 22 Nr. 1 Satz 3 Buchstabe a Doppelbuchstabe aa EStG n. F.); bei Renteneintritt bis einschließlich 2005 mit einem Besteuerungsanteil i. H. v. 50 %.

Auf Antrag wird ein günstigerer Ertragsanteil auf Leibrenten und andere Leistungen angewandt, sofern diese Zahlungen auf bis zum 31. 12. 2004 geleisteten Beiträgen beruhen, die den Höchstbetrag zur deutschen gesetzlichen Rentenversicherung (Beitragsbemessungsgrenze) überschritten haben (sog. freiwillige Beiträge, § 22 Nr. 1 Satz 3 Buchstabe a Doppelbuchstabe bb EStG n. F.). Der Steuerpflichtige muss dazu nachweisen, dass der Betrag des Höchstbetrags zur deutschen gesetzlichen Rentenversicherung mindestens zehn Jahre überschritten wurde. Grenzgänger (inkl. Bestandsrentner), die die Tätigkeit in der Schweiz vor dem 01. 01. 1995 aufgenommen haben, und nachweisen können, dass die Pensionskassenbeiträge die jeweiligen Höchstbeiträge zur gesetzlichen Rentenversicherung mindestens zehn Jahre überschritten haben, können für einen Teil der Zahlungen aus der Pensionskasse den günstigeren Ertragsanteil erhalten. Zu Einzelheiten vgl. Rz. 121 ff, BMF-Schreiben vom 24. 2. 2005 – IV C 3 – S 2255 – 51/05; IV C 4 – S 2221 – 37/05; IV C 5 – S 2345 – 9/05; BStBl 2005 I S. 429.

Für die Aufteilung der Zahlungen in Leistungen, die dem Besteuerungsanteil nach § 22 Nr. 1 Satz 3 Buchstabe a Doppelbuchstabe aa EStG n. F. und dem günstigeren Ertragsanteil nach § 22 Nr. 1 Satz 3 Buchstabe a Doppelbuchstabe bb EStG n. F. unterliegen, können die Berechnungsbeispiel der Rz. 129 und 134 des o. g. BMF-Schreibens herangezogen werden. Als tatsächlich geleistete Beiträge sind die Arbeitnehmerbeiträge und die steuerpflichtigen Arbeitgeberbeiträge mit einzubeziehen.

4.2. Einmalzahlungen aus der Schweizer Pensionskasse

Kapitalisierte Einmalzahlungen aus einer Schweizer Pensionskasse – nach Eintritt des Versorgungsfalles, bei Vorbezug oder bei Verlassen der Schweiz (sog. Freizügigkeitsleistungen) – sind entsprechend der Neufassung des Gesetzeswortlauts neben die Leibrenten als „andere Leistungen" nach § 22 Nr. 1 Satz 3 Buchstabe a EStG n. F. steuerpflichtig. Die Einmalzahlungen werden somit im Rahmen der Einkommensteuerveranlagung ab 2005 wie die laufenden Zah-

§ 3 Nr. 62 EStG
H 3.62

lungen mit dem Besteuerungsanteil angesetzt (§ 22 Nr. 1 Satz 3 Buchstabe a Doppelbuchstabe aa EStG n. F.). Da es sich bei der Einmalzahlung nicht um außerordentliche Einkünfte i. S. d. § 34 Abs. 2 EStG (weder eine Entschädigung noch eine Vergütung für eine mehrjährige Tätigkeit) handelt, kommt eine Anwendung der Fünftelregelung des § 34 EStG auf diese Zahlungen nicht in Betracht.

Bisher wurden derartige Einmalzahlungen wie Zahlungen aus einer Kapitallebensversicherung behandelt (analoge Anwendung mangels deutscher Rechtsvorschrift). Wenn der Arbeitnehmer länger als zwölf Jahre in die Pensionskasse eingezahlt hatte, war die Auszahlung in voller Höhe steuerfrei. Bei einer Zugehörigkeit zur Pensionskasse von weniger als zwölf Jahren wurde lediglich der Zinsanteil der deutschen Besteuerung unterworfen (§ 20 Abs. 1 Nr. 6 EStG). Wenn eine gesetzliche Regelung vorliegt, erübrigt sich die oben dargestellte analoge Anwendung.

Diese Rechtsauffassung ist für Zahlungen anzuwenden, die nach dem 31. 12. 2004 zugeflossen sind. Ein Vertrauensschutz besteht im Hinblick auf die Änderung des Gesetzeswortlauts nicht.

5. Berechnungsbeispiele

Beispiel 1 – Sonderausgabenabzug

Der ledige Arbeitnehmer Z wohnt in Deutschland und arbeitet bei der N-GmbH in der Schweiz. Der Arbeitnehmer bezieht einen Bruttoarbeitslohn von 60 000 € im Jahr 2005. Der Arbeitgeber und Arbeitnehmer leisten jeweils 4,2 v. H. des Bruttolohns an die AHV (= 2 520 € jeweils). Weiterhin zahlen Arbeitnehmer und Arbeitgeber je 0,7 v. H. des Bruttolohns an die IV (= 420 € jeweils). Des Weiteren zahlen Arbeitgeber und Arbeitnehmer je 50 v. H. in eine Pensionskasse Schweizer Rechts ein (1 500 € jeweils).

Der Arbeitnehmer hat einen Bruttoarbeitslohn von 60 000 € zu versteuern. Die Abzüge für AHV und IV und für die Pensionskassenbeiträge des Arbeitnehmers dürfen den Arbeitslohn nicht mindern.

Die Arbeitgeberbeiträge zur AHV und IV und an die Pensionskasse (hierzu vgl. Schema auf Seite 4 der Anlage N-Gre) sind nach § 3 Nr. 62 Satz 1 EStG steuerfrei.

Der Sonderausgabenabzug des Arbeitnehmers berechnet sich wie folgt:

AN-Beitrag zur gesetzlichen Rentenversicherung:

AHV	2 520 €
IV	420 €
Pensionskasse	1 500 €
+ AG-Beitrag zur gesetzlichen Rentenversicherung:	
AHV	2 520 €
IV	420 €
Pensionskasse	1 500 €
Insgesamt **AN- + AG-Beitrag**, maximal 20 000 €	8 880 €
Davon 60 v. H.	5 328 €
./. steuerfreier Arbeitgeberanteil	4 440 €
abziehbare Basisvorsorgeaufwendungen	888 €

Beispiel 2 – Sonderausgabenabzug

Der verheiratete Arbeitnehmer R wohnt in Deutschland und arbeitet bei der O-GmbH in der Schweiz. Seine Ehefrau bezieht keine Einkünfte. R bezieht einen Bruttoarbeitslohn von 60 000 € im Jahr 2005. Der Arbeitgeber und Arbeitnehmer leisten jeweils 4,2 v. H. des Bruttolohns an die AHV (= 2 520 € jeweils). Weiterhin zahlen Arbeitnehmer und Arbeitgeber je 0,7 v. H. des Bruttolohns an die IV (= 420 € jeweils). Des Weiteren zahlen der Arbeitgeber 2 000 € und der Arbeitnehmer € in eine Pensionskasse Schweizer Rechts ein

Der Arbeitnehmer hat einen Bruttoarbeitslohn von 60 000 € zu versteuern. Die Abzüge für AHV und IV und für die Pensionskassenbeiträge des Arbeitnehmers dürfen den Arbeitslohn nicht mindern.

Zu prüfen ist aber, ob durch die Überzahlung der Pensionskassenbeiträge (mehr als 50 v. H.) durch den Arbeitgeber der stpfl. Arbeitslohn zu erhöhen ist.

Hierzu ist folgende Berechnung durchzuführen (Seite 4 Anlage N-Gre):

AN-Anteil zur Pensionskasse	1 000 €
AG-Anteil zur Pensionskasse	2 000 €
Gesamtbeitrag	3 000 €
Davon 50 v. H. steuerfrei nach § 3 Nr. 62 Satz 1 EStG	1 500 €
./. AG-Anteil	2 000 €
Übersteigender Betrag = freiwilliger AG-Anteil	./. 500 €

Arbeitslohn	60 000 €
Davon 9,75 v. H.	5 850 €
(max. 9,75 v. H. von 62 400 €)	
./. AG-Beitrag zur AHV/IV	2 940 €
./. Pflichtbeitrag zur Pensionskasse	1 500 €
Differenz (nur positive Beträge, sonst 0 €)	1 410 €

Vergleich des Differenzbetrags von 1 410 € mit dem freiwilligen AG-Beitrag: Wenn der freiwillige AG-Beitrag von 500 € den Differenzbetrag von 1 410 € übersteigen würde, läge stpfl. Arbeitslohn vor. Dies ist nicht der Fall. Der freiwillige AG-Beitrag ist steuerfrei nach § 3 Nr. 62 Satz 4 EStG.

Der Sonderausgabenabzug ermittelt sich dann wie folgt:

AN-Beitrag zur gesetzlichen Rentenversicherung:		
AHV	2 520 €	
IV	420 €	
Pensionskasse	1 000 €	
AN-Beiträge insgesamt	3 940 €	3 940 €
+ **AG-Beitrag** zur gesetzlichen Rentenversicherung:		
AHV	2 520 €	
IV	420 €	
Pensionskasse	2 000 €	
AG-Beiträge insgesamt	4 940 €	4 940 €
Insgesamt AN- + AG-Beitrag, maximal 40 000 €	8 880 €	
Davon 60 v. H.		5 328 €
./. steuerfreier Arbeitgeberanteil		4 940 €
abziehbare Basisvorsorgeaufwendungen		388 €

Beispiel 3 – Rentenzahlungen und Einmalzahlung

Der ledige Arbeitnehmer A mit deutschem Wohnsitz und Schweizer Arbeitgeber geht zum 01. 07. 2005 in Rente. Er erhält neben der AHV-Rente von monatlich 150 € eine Einmalauszahlung aus der Pensionskasse des Arbeitgebers, in die beide je hälftig einbezahlt haben, von 150 000 €.

Die Einmalauszahlung unterliegt ebenso wie die monatliche Rente der Besteuerung mit dem Besteuerungsanteil von 50 v. H. (Beginn im Jahr 2005).

In 2005 sind daher 150 € × 6 = 900 € + 150 000 € = 150 900 € zur Hälfte nach § 22 Satz 3 Nr. 1 Buchst. aa EStG zu besteuern = 75 450 €.

Im Jahr 2006 erhält A 12 × 150 € = 1 800 €, für dieses Jahr ist der steuerfreie Anteil festzuschreiben = 50 v. H. von 1 800 € = 900 €.

Wenn im Jahr 2007 die Rente auf 155 € angepasst wird, erfolgt die Besteuerung folgendermaßen:

12 × 155 € = 1 860 € ./. steuerfreier Teil 900 € = steuerpflichtiger Teil 960 €

Eine Neuberechnung des steuerfreien Teils unterbleibt.

II. Steuerliche Behandlungen von Einzahlungen und Leistungen aus Schweizer Pensionskassen nach dem Alterseinkünftegesetz[1])

(Verfügung der OFD Karlsruhe vom 3. 9. 2007 – S 2255 A – St 131 –)

AltEinkG

Die Besteuerung von Altersbezügen hat sich durch das Alterseinkünftegesetz ab dem VZ 2005 grundlegend geändert. Seit dem VZ 2005 ist zwischen Einzahlungen bzw. Auszahlungen aus der sog. Basisversorgung einerseits und Einzahlungen bzw. Auszahlungen aus anderen Vorsorgeeinrichtungen zu unterscheiden.

Bisherige Weisungen

Ergänzend zu der Verfügung vom 19. 9. 2005 S 2275 – St 224, der Verfügung vom 20. 12. 2005 S 2113 – St 1 und der Verfügung zur Niederschrift über die Dienstbesprechung zu Fragen der Besteuerung von Grenzgängern vom 10. 5. 2006, S 1368 – St 226 (korrigiert mit Verfügung vom

---

[1]) → auch BFH vom 25. 3. 2010 – X B 142/09 –, BFH/NV 2010 S. 1275 Nr. 7.

§ 3 Nr. 62 EStG
H 3.62

6. 6. 2006, DB- GG CH 2006), bittet die OFD bei der steuerlichen Behandlung von Ein- und Auszahlungen in eine Schweizer Pensionskasse ab dem VZ 2005 Folgendes zu berücksichtigen:

1. Einordnung der Pensionskassen

„wie" Basisversorgung

Schweizer Pensionskassen sind nach bundeseinheitlich abgestimmter Auffassung „wie" eine deutsche gesetzliche Rentenversicherung zu behandeln. Folgende Gründe sprechen für diese Zuordnung:

- Die Arbeitgeber und Arbeitnehmer haben pflichtgemäß Beiträge in die Schweizer Pensionskasse zu leisten. Zwar wird begrifflich zwischen obligatorischer und überobligatorischer Absicherung unterschieden. Aber auch die Beiträge für die überobligatorische Absicherung sind im Reglement der Schweizer Pensionskasse pflichtgemäß vereinbart, so dass sich weder der Arbeitgeber noch der Arbeitnehmer insoweit der Beitragspflicht entziehen kann. Aufgrund der Ausgestaltung der Beiträge als Pflichtbeiträge besteht eine Vergleichbarkeit mit Beiträgen in eine deutsche gesetzliche Rentenversicherung.

- Mit der Einführung des § 3 Nr. 62 Satz 4 EStG für die Schweizer Grenzgänger hat die Finanzverwaltung beginnend mit dem VZ 1978 die Arbeitgeberbeiträge größtenteils steuerfrei gestellt. Dies ist auch dokumentiert durch Ausgestaltung der Anlagen N-Gre 1978 ff. Im Ergebnis wurden die vom Arbeitgeber einbezahlten Beiträge in die Schweizer Pensionskasse mindestens in Höhe der Beiträge eines Arbeitgebers in eine deutsche gesetzliche Rentenversicherung steuerfrei behandelt (§ 3 Nr. 62 Satz 1 und Satz 4 EStG). Mit dem Urteil des Finanzgerichts Baden-Württemberg vom 25. 8. 1992 (11 K 54/88; EFG 1993 S. 136) wurde die Auffassung, dass nicht zwischen obligatorischer und überobligatorischer Versorgung zu trenne ist, auch finanzgerichtlich bestätigt. Seitdem werden 50 v. H. der Gesamtbeiträge (Arbeitnehmer- und Arbeitgeberbeiträge) in die Schweizer Pensionskasse – bis zur Beitragsbemessungsgrenze – steuerfrei belassen. Das Finanzgericht stellte auch klar, dass die Arbeitgeberbeiträge auch soweit sie auf die überobligatorische Versorgung entfallen, bis zur Beitragsbemessungsgrenze der deutschen gesetzlichen Rentenversicherung als Pflichtbeiträge anzusehen sind. Dass die Beiträge des Arbeitgebers bis zur Beitragsbemessungsgrenze nach § 3 Nr. 62 EStG steuerfrei bleiben, ist ein weiterer Umstand dafür, dass eine Vergleichbarkeit mit Beitragszahlungen an eine deutsche gesetzliche Rentenversicherung besteht.

- Die Arbeitnehmerbeiträge und der nicht steuerfreigestellte Teil der Arbeitgeberbeiträge waren bereits bislang als Sonderausgaben abziehbar. Seit dem VZ 2005 sind diese Beiträge nach § 10 Abs. 1 Nr. 2 Buchst. a EStG (Beiträge in die Basisversorgung) berücksichtigungsfähig. Auch insoweit besteht eine Vergleichbarkeit mit Beitragszahlungen an eine deutsche gesetzliche Rentenversicherung.

Auszahlungen grds. steuerpflichtig

Hieraus folgt des Weiteren, dass Leistungen (Rentenzahlungen als auch Einmalauszahlungen) aus einer Schweizer Pensionskasse ab dem VZ 2005 grundsätzlich mit dem maßgebenden Besteuerungsanteil bei den sonstigen Einkünften (§ 22 Nr. 1 Satz 3 Buchst. a Doppelbuchst. aa EStG) anzusetzen sind.

Keine Steuerbefreiung

Die Steuerbefreiungsregelung des § 3 Nr. 3 EStG ist vom Wortlaut der Vorschrift nicht auf Leistungen aus Schweizer Pensionskassen anwendbar. Die Befreiungsregelung gilt nach ihrem Sinn und Zweck nur für bestimmte – gesetzlich konkret aufgelistete – Leistungen aufgrund des Sozialgesetzbuches, Beamtenversorgungsgesetzes bzw. Soldatenversorgungsgesetzes sowie für bestimmte Leistungen aus berufsständischen Versorgungseinrichtungen. Leistungen aus Schweizer Pensionskassen sind hiernach nicht steuerfrei. Mit dem Jahressteuergesetz 2007 hat der Gesetzgeber dies auch ausdrücklich klargestellt.

2. Pensionskassen, die vor dem 1. 1. 1985 gegründet wurden

Schweizer Recht

Das Schweizer Bundesgesetz über die berufliche Alters-, Hinterlassenen- und Invalidenvorsorge (BVG) wurde im Jahr 1984 eingeführt. Damit bestand eine gesetzliche Grundlage für die Einrichtung und Führung von Pensionskassen sowie gesetzliche Regelungen für Einzahlungen und Auszahlungen. Mit Inkrafttreten des BVG ab dem 1. 1. 1985 war eine Fortführung der Pensionskassen, die zuvor gegründet wurden, nicht mehr möglich. Bereits bestehende Pensionskassen mussten entweder in eine Pensionskasse nach dem BVG überführt werden oder schließen und neu nach den Vorschriften des BVG aufmachen.

2 Fälle

Folglich ist zu unterscheiden, zwischen Pensionskassen, die 1984 geschlossen wurden, und solchen, die ins BVG überführt wurden.

2.1 Die Pensionskasse wurde 1984 geschlossen.

Ertragsanteil

In diesem Fall gilt sowohl für die Bestandsrentner als auch die bisherigen Arbeitnehmer, die bis zur Schließung Beiträge einbezahlt haben und Leistungen aus dieser geschlossenen Pensionskasse erhalten, dass die spätere Rentenauszahlung nicht unter das BVG fällt. Diese Pensionskassen sind nicht als Pflichtversicherungen wie eine deutsche gesetzliche Rentenversicherung einzustufen. Für Rentenauszahlungen aus einer solchen 1984 geschlossenen Pensionskasse erfolgt auch nach dem VZ 2005 weiterhin eine Besteuerung mit dem Ertragsanteil (§ 22 Nr. 1 Satz 3 Buchst. a Doppelbuchst. bb EStG).

2.2 Die Pensionskasse wurde 1984 ins BVG überführt.

Besteuerungsanteil

Wurde die Pensionskasse – und damit das Vermögen der Versicherten sowie der Bestandsrentner – ins BVG überführt, gilt ab dem VZ 2005 insgesamt die Besteuerung mit dem Besteuerungsanteil (§ 22 Nr. 1 Satz 3 Buchst. a Doppelbuchst. aa EStG). Es hat keine Aufteilung danach zu erfolgen, ob die Leistungen auf Beiträgen beruhen, die vor oder nach dem 1. 1. 1985 geleistet wurden.

BVG gilt

Aufgrund der Überführung des Vermögens (der Ansprüche) und der Bestandsrentner in eine Pensionskasse nach dem BVG ist eine Vergleichbarkeit mit einer deutschen gesetzlichen Rentenversicherung (Basisversorgung) gegeben. Seit 1997 gibt es für Pensionskassen nach dem BVG einen Sicherungsfonds, der immer dann einspringt, wenn die Pensionskasse nicht mehr zahlungsfähig sein sollte. Die Ansprüche sind also in jedem Fall bis zum gesetzlichen Höchstbetrag gesichert, was ebenfalls für die vorstehende Einstufung spricht.

Beispiel 1

Der unbeschränkt Steuerpflichtige B erhält seit Januar 2006 eine monatliche Rente aus einer Schweizer Pensionskasse. Sein Schweizer Arbeitgeber und er haben seit 1980 Beiträge in die Pensionskasse einbezahlt. Zum 1. 1. 1985 wurde die Pensionskasse in eine Pensionskasse nach dem BVG überführt.

Lösung

Da die Pensionskasse zum 1. 1. 1985 in das BVG überführt wurde, liegt eine Rente aus der Basisversorgung vor. B hat die Rente im VZ 2006 grundsätzlich mit dem maßgebenden Besteuerungsanteil (vorliegend also 52 v. H.) bei den sonstigen Einkünften anzusetzen (§ 22 Nr. 1 Satz 3 Buchst. a Doppelbuchst. aa EStG). Bei Vorliegen der Voraussetzungen und der entsprechenden Nachweise kommt auf Antrag ggf. die Anwendung der Öffnungsklausel in Betracht (§ 22 Nr. 1 Satz 3 Buchst. a Doppelbuchst. bb Satz 2 EStG).

3. Einkäufe in die Pensionskasse

Einmalbeiträge

Hat sich der Steuerpflichtige bei einer Schweizer Pensionskasse, bei der er pflichtversichert ist, zusätzlich mit einem Einmalbeitrag „eingekauft", kann der Einmalbeitrag im Jahr der Einzahlung bei den Sonderausgaben i. S. des § 10 Abs. 1 Nr. 2 Buchstabe a EStG berücksichtigt werden. Die späteren Rentenzahlungen unterliegen insgesamt der Besteuerung mit dem maßgebenden Besteuerungsanteil nach § 22 Nr. 1 Satz 3 Buchst. a Doppelbuchst. aa EStG.

Öffnungsklausel

Im Rahmen der Öffnungsklausel ist der Einmalbeitrag nur für das Jahr anzusetzen, in dem er geleistet wurde. Eine Aufsplittung auf mehrere Jahre, für die dieser Einmalbeitrag gelten soll, ist nicht zulässig. Im Rahmen der Öffnungsklausel gilt nämlich das sog. „In-Prinzip" (und nicht ein „Für-Prinzip"). Allein durch eine Einmaleinzahlung kann es demnach nicht zur Anwendung der Öffnungsklausel kommen. Sind jedoch insgesamt die Voraussetzungen für die Öffnungsklausel erfüllt und kommt sie zur Anwendungen, ist auch der Einmalbeitrag im entsprechenden Jahr als Beitrag an die Pensionskasse zu berücksichtigen

Beispiel

Der unbeschränkt Steuerpflichtige C erhält seit Januar 2006 eine Rente aus einer Schweizer Pensionskasse i.H. von 2 500 Euro. Sein Schweizer Arbeitgeber und er haben seit Januar 1990 Beiträge in die Pensionskasse einbezahlt. Der Steuerpflichtige hat im Jahr 1990 eine Einmalzahlung i.H. von 100 000 CHF aus versteuertem Einkommen in die Schweizer Pensionskasse geleistet.

Lösung

Die gesamte Rente ist mit dem maßgebenden Besteuerungsanteil (also mit 52 v. H.) zu versteuern, weil eine Rente aus einer Basisversorgung (§ 22 Nr. 1 Satz 3 Buchst. a Doppelbuchst. aa EStG) vorliegt. Trotz der Höhe der Einmalzahlung kommt es allein durch diesen Einmalbeitrag nicht zur Anwendung der Öffnungsklausel, da diese nur dann anzuwenden ist, wenn in mindestens 10 Jahren vor dem 31. 12. 2004 Beiträge oberhalb des Höchstbeitrags der deutschen gesetzlichen Rentenversicherung gezahlt wurden. Ist jedoch die 10-Jahres-Grenze aufgrund weiterer Beitragszahlungen erfüllt und liegen entsprechende Nachweise vor, kommt auf Antrag die Anwendung der sog. Öffnungsklausel in Betracht (§ 22 Nr. 1 Satz 3 Buchst. a Doppelbuchst. bb Satz 2 EStG).

4. Behandlung von Auszahlungen im Freizügigkeitsfall

4.1 Rechtslage in der Schweiz

Freizügigkeitsleistung

Für Grenzgänger in die Schweiz besteht grundsätzlich die Möglichkeit, bei Erreichen der Altersgrenze oder bei Verlassen der Schweiz (Aufgabe der Arbeit) die bis dahin angesammelten Versorgungsansprüche als Einmalkapitalauszahlung zu erhalten (sog Freizügigkeitsleistung). Dabei erfolgt die Auszahlung regelmäßig nicht direkt von der Pensionskasse an den Grenzgänger, sondern das Guthaben wird zunächst auf eine Freizügigkeitseinrichtung gezahlt. Dies ist im Regelfall ein bei einer Versicherung, Bank oder Stiftung geführtes Konto, das gewissen Beschränkungen unterliegt. Insbesondere sind Auszahlungen an den Grenzgänger nur unter bestimmten, im BVG genannten Gründen möglich. Der Grenzgänger kann also über das Freizügigkeitsguthaben nicht nach Belieben verfügen. Sind die Voraussetzungen für eine Auszahlung nicht erfüllt oder stellt der Grenzgänger keinen Antrag auf Barauszahlung, wird das Guthaben bei Erreichen der Altersgrenze (derzeit das 65. Lebensjahr) in Form einer Rente oder einer Einmalkapitalauszahlung ausbezahlt.

Zufluss

Alle Freizügigkeitseinrichtungen gehören zur gebundenen Vorsorge und damit zur Schweizer Grundversorgung. Werden Ansprüche aus einer Schweizer Pensionskasse auf eine Freizügigkeitseinrichtung übertragen, liegt nach Schweizer Recht grundsätzlich noch kein Zufluss vor. Ein Zufluss wird erst angenommen, wenn das Freizügigkeitsguthaben an den Versicherten ausbezahlt wird (z. B. im Alter oder bei Begründung einer Selbständigkeit). Mit Beendigung des Arbeitsverhältnisses muss der Steuerpflichtige der Schweizer Pensionskasse schriftlich mitteilen, was mit seinem Freizügigkeitsguthaben geschehen soll. Macht er keine Mitteilung, ist das Guthaben von der Schweizer Pensionskasse in eine Schweizer Freizügigkeitseinrichtung (Säule 2 des Schweizer Vorsorgesystems) einzuzahlen.

Folgende Fälle sind zu unterscheiden:

a. **Erneute Arbeitsaufnahme**

Bei erneuter Arbeitsaufnahme in der Schweiz wird das Guthaben entweder direkt von der alten Schweizer Pensionskasse auf die neue Schweizer Pensionskasse oder von der Freizügigkeitseinrichtung in die neue Schweizer Pensionskasse eingezahlt (so z. B. bei Mutterschaft, Erziehungsurlaub, Wechsel des Arbeitgebers). Die Schweizer Finanzbehörden besteuern diesen Vorgang nicht.

b. Erfolgt keine erneute Arbeitsaufnahme in der Schweiz hat der Grenzgänger zwei Möglichkeiten:

aa) Stehenlassen

Macht der Steuerpflichtige keine Mitteilung an die Schweizer Pensionskasse, was mit seinem Freizügigkeitsguthaben geschehen soll, bleibt das Guthaben in der Freizügigkeitseinrichtung (noch Säule 2 des Schweizer Vorsorgesystems) stehen, bis der Rentenfall eintritt (regelmäßig mit Vollendung des 65. Lebensjahres). Die Schweizer Finanzbehörden besteuern diesen Vorgang in Form einer Quellensteuer grundsätzlich erst bei Renteneintritt.

bb) Auszahlung nach altem Recht

Wird die Schweiz endgültig verlassen – d. h. der Steuerpflichtige steht dem schweizerischen Arbeitsmarkt nicht mehr zur Verfügung – hat er Anspruch auf Barauszahlung seiner Versorgungsansprüche aus der Schweizer Pensionskasse bzw. dem Verwahrer des Freizügigkeitskontos. Hierzu bedarf es einer entsprechenden Anzeige gegenüber der Schweizer Pensionskasse, welche die Anzeige prüft und der Auszahlung zustimmen muss. Erst zum Zeitpunkt der Mitteilung wird der Anspruch auf Barauszahlung begründet. Auch die Besteuerung in der Schweiz (Schweizer Quellensteuer) erfolgt erst zu diesem Zeitpunkt.

c. **Auszahlungen ab 1. 6. 2007**

Ab dem 1. 6. 2007 kann der Schweizer Grenzgänger – bei Vorliegen der übrigen Voraussetzungen – lediglich den überobligatorischen Teil seines Guthabens bei der Schweizer Pensionskasse bzw. dem Verwahrer des Freizügigkeitskontos beanspruchen. Nach Art. 25f des Bundesgesetzes über die Freizügigkeit in der beruflichen Alters-, Hinterlassenen- und Invalidenvorsorge (FZG) können Grenzgänger nach Art. 5 Abs. 1a FZG nur noch Barauszahlungen für den Teil verlangen, der über dem Obligatorium (Art. 15 BVG) versichert ist. Eine Auszahlung des obligatorischen Teils ist dann grundsätzlich nur noch frühestens fünf Jahre vor Erreichen des AHV-Alters möglich. Eine vorherige Auszahlung ist aber dann möglich, wenn der Grenzgänger

- eine selbständige Tätigkeit aufnimmt (Art. 4 Abs. 1b FZG),
- die Leistung für Wohneigentum (bei über 50 Jährigen nur zu 50 v. H. des Kapitals) verwendet oder
- eine Invalidenrente (bei dauernder Erwerbslosigkeit) bezieht.

4.2 Behandlung nach dem Einkommensteuergesetz

Die Auszahlungen bzw. Austrittsleistungen sind wie folgt zu behandeln:

a. Erneute Arbeitsaufnahme in der Schweiz:

Kein Zufluss

In diesem Fall ist bei Übertragung der Ansprüche aus der alten Schweizer Pensionskasse auf eine neue Schweizer Pensionskasse kein Zufluss i. S. des § 11 EStG anzunehmen. Die übertragenen Ansprüche sind – auch im Falle eines Zwischenparkens auf einem Freizügigkeitskonto – nicht zu besteuern. Folglich können die übertragenen Ansprüche auch nicht als Sonderausgaben abgezogen werden.

b. Keine erneute Arbeitsaufnahme in der Schweiz:

aa) Stehenlassen = kein Zufluss

Der Steuerpflichtige hat keine Mitteilung über die Barauszahlung gegenüber der Schweizer Pensionskasse bzw. dem Verwahrer des Freizügigkeitskontos abgegeben. Spätester Zeitpunkt für die Annahme des Zuflusses und die Besteuerung der Auszahlung ist damit das Erreichen des 65. Lebensjahres mit der Auszahlung von Rentenbeträgen oder einer Einmalzahlung. Die Renten aus der Schweizer Pensionskasse sind erst dann mit dem maßgebenden Besteuerungsanteil anzusetzen (§ 22 Nr. 1 Satz 3 Buchst. a Doppelbuchst. aa EStG).

bb) Auszahlung beantragt = Zufluss

Hat der Steuerpflichtige gegenüber der Schweizer Pensionskasse bzw. dem Verwahrer des Freizügigkeitskontos seinen Anspruch auf Barauszahlung aufgrund der Erklärung, die Schweiz endgültig verlassen zu wollen, geltend gemacht, liegt ein Zufluss i. S. des § 11 EStG vor. Der Steuerpflichtige hat den Auszahlungsbetrag nach § 22 Nr. 1 Satz 3 Buchst. a Doppelbuchst. aa EStG zu versteuern. Dies gilt selbst dann, wenn er das Guthaben weiterhin auf dem Freizügigkeitskonto belässt. Aufgrund der Auszahlungsmitteilung hat er wirtschaftlich über das Guthaben verfügt. Das Belassen auf dem Freizügigkeitskonto basiert folglich auf einem anderen Rechtsgrund (sog. Novation). In diesen Fällen wird das Freizügigkeitskonto zur Säule 3 des Schweizer Vorsorgesystems und gehört damit nicht mehr zur Schweizer Grundversorgung (Säulen 1 und 2 des Schweizer Vorsorgesystems).

4.3 Praktische Umsetzung

Indiz für Zufluss = Einbehalt Schweizer Quellensteuer

Mit Abgabe der Mitteilung, die Schweiz endgültig zu verlassen, besteht die wirtschaftliche Verfügungsmacht über das Auszahlungsguthaben. In dem betreffenden VZ hat eine Besteuerung mit dem maßgebenden Besteuerungsanteil zu erfolgen. Ein Indiz hierfür ist die Erhebung der Schweizer Quellensteuer, da diese von der Schweiz erst erhoben wird, wenn das Guthaben die Schweizer Grundversorgung verlässt. Hiervon erfährt das Finanzamt regelmäßig dadurch, dass der Steuerpflichtige die Erstattung der Schweizer Quellensteuer beantragt. Der Steuerpflichtige ist aufzufordern, die Erklärung, die er gegenüber der Schweizer Pensionskasse bzw. dem Verwahrer des Freizügigkeitskontos abgegeben hat, vorzulegen. Rechtsgrundlage hierfür sind § 25 Abs. 2 EStG, § 46 Abs. 2 Nr. 1 EStG in Verbindung mit § 88 AO.

Überwachungsfälle

Hat er gegenüber der Schweizer Pensionskasse bzw. dem Verwahrer des Freizügigkeitskontos keine Erklärung abgegeben und erfolgt die Zahlung in eine Freizügigkeitseinrichtung, ist der Fall vom Finanzamt zu überwachen. Jährlich mit der Einkommensteuererklärung ist ein Kontoauszug der Freizügigkeitseinrichtung anzufordern, um überprüfen zu können, dass über das Guthaben noch nicht verfügt wurde. Die Besteuerung erfolgt dann, wenn der Steuerpflichtige das endgültige Verlassen der Schweiz gegenüber der Schweizer Pensionskasse bzw. dem Verwahrer des Freizügigkeitskontos erklärt hat bzw. spätestens mit den Rentenzahlungen ab dem 65. Lebensjahr.

5. Begünstigte Verwendung von Einmalauszahlungen
Billigkeitsregelung
Vom Grundsatz her hat eine Besteuerung der Einmalauszahlung zu erfolgen, sobald der Steuerpflichtige über das Guthaben verfügt hat. In Deutschland ist eine steuerfreie Übertragung des Guthabens von einem auf einen anderen Rürup-Rentenversicherungsvertrag möglich (z. B. Anbieterwechsel), wenn das Guthaben unmittelbar auf den neuen Anbieter/Vertrag übertragen wird (Rdnr. 95 des BMF-Schreibens vom 24. 2. 2005; BStBl 2005 I S. 429). Diese Grundsätze sind auf Auszahlungen aus Schweizer Pensionskassen übertragbar. Verwendet der Steuerpflichtige das Auszahlungsguthaben aus der Schweizer Pensionskasse dergestalt, dass er anschließend den Auszahlungsbetrag zeitnah in eine Einrichtung der sog. Basisversorgung (§ 10 Abs. 1 Nr. 2 EStG) einbezahlt, kann eine Besteuerung des Auszahlungsguthabens im Billigkeitswege unterbleiben. Die berufsständischen Versorgungswerke haben offenbar ein Abkommen mit der Schweiz abgeschlossen, dass Auszahlungen aus der Pensionskasse direkt an die berufsständischen Versorgungswerke überwiesen werden.

3-Monatszeitraum
Die Anwendung der Billigkeitsregelung setzt einen Antrag des Steuerpflichtigen voraus (i. d. R. durch Abgabe der Steuererklärung mit dem Hinweis, dass eine Besteuerung der Auszahlung nicht erfolgen soll). Außerdem hat er nachzuweisen, dass er das Auszahlungsguthaben innerhalb von drei Monaten seit Abgabe der Mitteilung über die Auszahlung in eine Einrichtung der sog. Basisversorgung einbezahlt hat.

Aber: Kein SA-Abzug
Bei Anwendung der Billigkeitsregelung scheidet ein Sonderausgabenabzug in Bezug auf den Einzahlungsbetrag aus (keine Doppelbegünstigung).

6. Rückzahlung des Vorbezugs an die Pensionskasse
Vorbezug steuerpflichtig
Nach dem BVG ist es in der Schweiz möglich, von der Schweizer Pensionskasse oder einem Kapitalsparplan im Sinne des BVG einen sogenannten Vorbezug für die Finanzierung von Wohneigentum zu erhalten. Diese Auszahlung wegen Vorbezug stellt einen steuerlich relevanten Vorgang dar. Der Auszahlungsbetrag ist daher zum Zeitpunkt der Auszahlung nach § 22 Nr. 1 Satz 3 Buchst. a Doppelbuchst. aa EStG mit dem Besteuerungsanteil zu versteuern.

Rückzahlung = neuer Beitrag
Die Rückzahlung des Vorbezugs stellt kein rückwirkendes Ereignis i. S. d. § 175 Abs. 1 Nr. 2 AO dar. Es gilt das Zu- und Abflussprinzip des § 11 EStG. Der Vorbezug in der Schweiz führt zu einer Minderung des Auszahlungsanspruchs. Es besteht grundsätzlich keine gesetzliche Verpflichtung zur Rückzahlung. Durch die Rückzahlungsbeträge werden neue Ansprüche erworben, die ab diesem Zeitpunkt in die Ermittlung des Versorgungsanspruchs einbezogen werden. Es wird nicht eine Lücke wieder aufgefüllt, es werden also keine Ansprüche zurückerworben. Die Rückzahlungsbeträge stellen deshalb (neue) Beiträge dar, die im Rahmen des Sonderausgabenabzugs nach § 10 Abs. 1 Nr. 2 Buchst. a EStG berücksichtigungsfähig sind.

7. Schuldrechtlicher Versorgungsausgleich
7.1 Rechtslage in der Schweiz
Ausgleichsberechtigter: Eigener Anspruch
Mit den Einzahlungen in eine Schweizer Pensionskasse erwirbt nicht nur der betreffende Arbeitnehmer-Ehegatte, sondern auch der andere Ehegatte einen eigenen Anspruch gegenüber der Schweizer Pensionskasse. Nach Art. 22 des schweizerischen BVG i. V. mit Art. 122 des schweizerischen Zivilgesetzbuchs (ZVG) und Art. 22 FZG werden die für die Ehedauer zu ermittelnden Austrittsleistungen aus der Schweizer Pensionskasse geteilt. Im Rahmen des Versorgungsausgleichs wird die Hälfte des Guthabens dem ausgleichsberechtigten Ehegatten zugeordnet (quasi Rentensplitting). Der ausgleichsberechtigte Ehegatte erwirbt damit einen eigenen und direkten Anspruch gegenüber der Schweizer Pensionskasse, zumindest wenn dies ein Gericht feststellt. Damit erwirbt der ausgleichsberechtigte Ehegatte einen originären Anspruch gegenüber der Pensionskasse. Beantragt der ausgleichsberechtigte Ehegatte die Auszahlung sei-

nes Anspruchs, ist Schuldner der auf dem Versorgungsausgleich beruhenden Auszahlung in diesem Fall nicht der ausgleichsverpflichtete Ehegatte, sondern die Pensionskasse.

Verwendungsmöglichkeiten

Der Betrag, der sich aus der Teilung der Ansprüche ergibt, wird entweder auf die Pensionskasse des ausgleichsberechtigten Ehegatten (z. B. wenn beide Ehegatten Schweizer Grenzgänger sind) oder auf eine Freizügigkeitseinrichtung übertragen. Eine Barauszahlung zum Zeitpunkt des Versorgungsausgleichs ist nur möglich, wenn die weiteren Voraussetzungen für eine Barauszahlung des Freizügigkeitsguthabens vorliegen (z. B. wenn der ausgleichsberechtigte Ehegatte freiberuflich tätig ist).

7.2 Besteuerung nach dem Einkommensteuergesetz

Private Vermögensebene

Die Übertragung der Ansprüche im Rahmen des Versorgungsausgleichs auf den ausgleichsberechtigten Ehegatten vollzieht sich auf der privaten Vermögensebene und führt noch nicht zu einer Besteuerung im Zeitpunkt des Versorgungsausgleichs. Erst die späteren Leistungen an den jeweiligen Ehegatten werden besteuert. Dabei richtet sich die Art der Besteuerung danach, von welchem Versorgungsträger der jeweilige Ehegatte seine Leistungen bezieht bzw. wie das Auszahlungsguthaben verwendet wird.

Hieraus ergeben sich folgende steuerliche Behandlungen:

a. Behandlung beim ausgleichsverpflichteten Ehegatten

Kein Zufluss

Der an den ausgleichsberechtigten Ehegatten fließende Versorgungsausgleichsbetrag ist vom ausgleichsverpflichteten Ehegatten nicht zu versteuern. Soweit der ausgleichsverpflichtete Ehegatte im Zusammenhang mit dem Versorgungsausgleich Einmaleinzahlungen leistet, um eine Minderung seiner Ansprüche zu verhindern, sind diese beim Sonderausgabenabzug nach § 10 Abs. 1 Nr. 2 Buchst. a EStG berücksichtigungsfähig.

b. Behandlung beim ausgleichsberechtigten Ehegatten

Grds. Zufluss

Die Auszahlung der Ansprüche aus einer Schweizer Pensionskasse an den ausgleichsberechtigten Ehegatte stellt grundsätzlich einen steuerlich relevanten Vorgang dar. Folglich hat der ausgleichsberechtigte Ehegatte das Ausgleichsguthaben im Zeitpunkt des Zuflusses mit dem maßgebenden Besteuerungsanteil (§ 22 Nr. 1 Satz 3 Buchst. a Doppelbuchst. aa EStG) zu versteuern. Die Öffnungsklausel (§ 22 Nr. 1 Satz 3 Buchst. a Doppelbuchst. bb Satz 2 EStG) bleibt auf Antrag zu prüfen.

Billigkeitsregelung

Überführt der ausgleichsberechtigte Ehegatte das Auszahlungsguthaben indessen zeitnah (d. h. innerhalb von drei Monaten ab Beantragung der Auszahlung) in eine deutsche Einrichtung der sog. Basisversorgung (§ 10 Abs. 1 Nr. 2 Buchst. a oder b EStG), wird im Billigkeitswege von einer Besteuerung abgesehen. In diesem Fall sind erst die späteren Auszahlungen aus der deutschen Basisversorgung mit dem Besteuerungsanteil zu versteuern (§ 22 Nr. 1 Satz 3 Buchst. a Doppelbuchst. aa EStG). Ein Sonderausgabenabzug für den Einzahlungsbetrag scheidet aus (keine Doppelbegünstigung).

Übertragung auf andere PK

Ebenso ist zu verfahren, wenn das aus dem Versorgungsausgleich resultierende Guthaben auf die Schweizer Pensionskasse des ausgleichsberechtigten Ehegatten übertragen wird. Auch hier sind erst die späteren Leistungen nach § 22 Nr. 1 Satz 3 Buchst. a Doppelbuchst. aa EStG mit dem Besteuerungsanteil zu erfassen. Ein Sonderausgabenabzug für den Einzahlungsbetrag scheidet aus (keine Doppelbegünstigung).

Beispiel

Der unbeschränkt Steuerpflichtige M hat im Jahr 2006 im Rahmen eines Versorgungsausgleichs die Hälfte seines Guthabens aus seiner Schweizer Pensionskasse (100 000 Euro) an seine geschiedene Ehefrau F zu übertragen.

F zahlt das Auszahlungsguthaben innerhalb eines Monats in einen Rentenversicherungsvertrag ein, mit folgender Prämisse:

Alternative 1: Der Rentenversicherungsvertrag erfüllt die Voraussetzungen des § 10 Abs. 1 Nr. 2b EStG (sog. Rürup-Rentenversicherungsvertrag).

Alternative 2: Der Rentenversicherungsvertrag erfüllt nicht die Voraussetzungen der sog. Basisversorgung (§ 10 Abs. 1 Nr. 2 EStG).

Lösung

Es ist zwischen der Übertragung des Guthabens aus der Schweizer Pensionskasse im Rahmen des schuldrechtlichen Versorgungsausgleichs des ausgleichsverpflichteten Ehegatten einerseits und der Verwendung des Guthabens durch den ausgleichsberechtigten Ehegatten andererseits zu unterscheiden.

a) Übertragung durch den ausgleichsverpflichteten Ehegatten

Die Übertragung im Rahmen des Versorgungsausgleichs vollzieht sich für M (ausgleichsverpflichteter Ehegatte) auf der nicht steuerbaren Vermögensebene. In beiden Alternativen hat er nichts zu versteuern.

b) Verwendung durch den ausgleichsberechtigten Ehegatten

Im Falle der Alternative 1 ist ein steuerneutraler Vorgang zu sehen. Das Auszahlungsguthaben wurde zeitnah in eine Einrichtung der Basisversorgung überführt. Folglich ist das Auszahlungsguthaben von F (ausgleichsberechtigter Ehegatte) nicht zu versteuern. Ein Sonderausgabenabzug für den Einzahlungsbetrag scheidet aus (keine Doppelbegünstigung).

Im Falle der Alternative 2 wird das Auszahlungsguthaben nicht für die sog. Basisversorgung verwendet. Folglich ist das Auszahlungsguthaben bei Zufluss im Jahr 2006 mit dem maßgebenden Besteuerungsanteil, also mit 52 v. H. × 100 000 Euro = 52 000 Euro, von F (ausgleichsberechtigter Ehegatte) zu versteuern (§ 22 Nr. 1 Satz 3 Buchst. a Doppelbuchst. aa EStG).

8. Öffnungsklausel

8.1 Nachweispflicht

Steuerpflichtiger

Der Steuerpflichtige kann auf Antrag zumindest teilweise eine Besteuerung mit dem Ertragsanteil erreichen (sog. Öffnungsklausel, § 22 Nr. 1 Satz 3 Buchst. a Doppelbuchst. bb EStG). Voraussetzung für die Anwendung der Öffnungsklausel ist, dass er grundsätzlich in allen Jahren die Arbeitgeber- und Arbeitnehmerbeiträge nachweist und in mindestens zehn Jahren bis zum 31. 12. 2004 Beiträge oberhalb der Beitragsbemessungsgrenze zur deutschen gesetzlichen Rentenversicherung geleistet hat. Der Gesetzgeber hat insoweit dem Steuerpflichtigen die Beweislast auferlegt. Das Finanzamt hat keine Nachweispflicht.

8.2 Hinweise zum selbstrechnenden Vordruck

TVS-Vordruck kommt

Der selbstrechnende Vordruck wird voraussichtlich Mitte September 2007 in TVS eingestellt. Diesbezüglich ergeht noch eine gesonderte Verfügung.

9. Vertrauensschutzregelung

Altfälle

In Fällen, in denen die Auszahlungsmitteilung gegenüber der Schweizer Pensionskasse vor dem 1. 1. 2005 abgegeben wurde und die Auszahlung erst im Jahr 2005 erfolgt ist, bittet die OFD, von einer Besteuerung der Einmalauszahlung im Jahr 2005 abzusehen. Entsprechenden Einsprüchen kann abgeholfen werden.

Ggf. Rücksprache halten

Eine darüber hinaus gehende Vertrauensschutzregelung ist nach bundeseinheitlicher Abstimmung nicht geboten. Eventuelle Zweifelsfälle können im Einzelfall abgestimmt werden.

10. Anwendungsregelung

Grds. in allen offenen Fällen

Die Grundsätze dieser Verfügung sind in allen noch offenen Fällen anzuwenden. Soweit dieser Verfügung Aussagen in früheren Verfügungen der Oberfinanzdirektion Karlsruhe zu Ungunsten des Steuerpflichtigen entgegen stehen, sind die „strengeren" Regelungen dieser Verfügung erst ab dem VZ 2007 anzuwenden.

Sachgebietsbesprechung

Die OFD bittet, diese Verfügung zum Gegenstand von Sachgebietsbesprechungen mit den zuständigen Bearbeitern zu machen, damit eine einheitliche Rechtsanwendung gewährleistet ist.

FAIR/Internet

Diese Verfügung ergeht in Papierform. Sie ist zudem in FAIR/ESt/Verfügungen eingestellt.

§ 3 Nr. 62 EStG
H 3.62

III. Anhängige Klageverfahren zu Fragen nach der Anwendung der Neuregelungen aufgrund des Alterseinkünftegesetzes auf Leistungen aus Schweizer Pensionskassen

(Vfg. der OFD Karlsruhe vom 22. 4. 2009 – S 2255/161 A – St 131 –)

In der Anlage übersendet die OFD eine Zusammenstellung über anhängige Verfahren vor dem Finanzgericht Baden-Württemberg. Die Zusammenstellung ist nicht abschließend und beruht auf einer Umfrage bei den „Grenzgänger-Finanzämtern".

Der gemeinsame Nenner dieser Verfahren ist, welche steuerlichen Konsequenzen aufgrund der Neuregelungen durch das Alterseinkünftegesetz (AltEinkG) ab dem VZ 2005 bezüglich Leistungen aus der 2. Säule des Schweizer Rentensystem (Schweizer Pensionskassen) zu ziehen sind. Der Auflistung ist zu entnehmen, dass allgemein zwei Bereiche streitbefangen sind: Zum einen die Einmalauszahlung (z. B. aufgrund endgültigen Verlassens der Schweiz) und zum anderen der Vorbezug wegen Wohnungseigentum. Wegen weiterer Erläuterungen zur steuerlichen Behandlung verweist die OFD auf die Ausführungen im Grenzgängerhandbuch Fach B Teil 2 Nummer 2 (insbesondere unter Punkt 2.6).

Betroffen von der Problematik sind in erster Linie (ehemalige) Grenzgänger in die Schweiz. Die Problematik stellt sich aber gleichermaßen bei allen unbeschränkt Steuerpflichtigen, die Zahlungen aus diesen Einrichtungen erhalten (haben).

Streitfragen **aufgrund des Alterseinkünftegesetzes in Bezug auf Leistungen aus Schweizer Pensionskassen**

Streitfrage	Streitjahr	Aktenzeichen	Finanzamt
Einmalauszahlung und Frage des § 3 Nr. 3 EStG	2005	3 K 2593/07	Freiburg-Stadt
Einmalauszahlung und Frage des § 3 Nr. 3 EStG	2006	3 K 1086/09	Konstanz
Einmalauszahlung und Frage des § 3 Nr. 3 EStG	2005	3 K 1331/09	Konstanz
Einmalauszahlung und Frage des § 3 Nr. 3 EStG	2005	3 K 1335/09	Konstanz
Einmalauszahlung und Frage des § 3 Nr. 3 EStG	2005	11 K 270/06	Lörrach
Einmalauszahlung und Frage des § 3 Nr. 3 EStG	2005	11 K 270/06	Lörrach
Einmalauszahlung und Frage des § 3 Nr. 3 EStG	2005	11 K 36/07	Lörrach
Einmalauszahlung und Frage des § 3 Nr. 3 EStG	2005	11 K 575/07	Lörrach
Einmalauszahlung und Frage des § 3 Nr. 3 EStG	2005	11 K 911/07	Lörrach
Einmalauszahlung und Frage des § 3 Nr. 3 EStG	2005	11 K 1039/07	Lörrach
Einmalauszahlung und Frage des § 3 Nr. 3 EStG	2005	11 K 1156/07	Lörrach
Einmalauszahlung und Frage des § 3 Nr. 3 EStG	2005	11 K 1208/07	Lörrach
Einmalauszahlung und Frage des § 3 Nr. 3 EStG	2005	11 K 2497/07	Lörrach
Einmalauszahlung und Frage des § 3 Nr. 3 EStG	2005	11 K 2798/07	Lörrach

§ 3 Nr. 62 EStG
H 3.62

Streitfrage	Streitjahr	Aktenzeichen	Finanzamt
Einmalauszahlung und Frage des § 3 Nr. 3 EStG	2005	11 K 1285/08	Lörrach
Einmalauszahlung und Frage des § 3 Nr. 3 EStG	2005	11 K 1464/08	Lörrach
Einmalauszahlung und Frage des § 3 Nr. 3 EStG	2005	11 K 1953/08	Lörrach
Einmalauszahlung	2005	2 K 1160/08	Müllheim
Einmalauszahlung und Frage des § 3 Nr. 3 EStG	2005	11 K 2287/08	Waldshut-Tiengen
Vorbezug und Frage des § 3 Nr. 3 EStG	2005	3 K 1285/09	Konstanz
Vorbezug und Frage des § 3 Nr. 3 EStG	2005	3 K 1334/09	Konstanz
Vorbezug und Frage des § 3 Nr. 3 EStG	2006	3 K 4705/08	Konstanz
Vorbezug und Frage des § 3 Nr. 3 EStG	2005	11 K 98/07	Lörrach
Vorbezug und Frage des § 3 Nr. 3 EStG	2005	11 K 98/07	Lörrach
Vorbezug und Frage des § 3 Nr. 3 EStG	2005	11 K 1045/07	Lörrach
Vorbezug	2005	11 K 1601/08	Lörrach
Vorbezug	2005	11 K 2147/08	Lörrach
Vorbezug	2005	2 K 2370/08	Müllheim
Vorbezug und Frage des § 3 Nr. 3 EStG	2005	2 K 3107/08	Müllheim
Einmalauszahlung und Frage des § 20 Abs. 1 Nr. 6 EStG	2005	11 K 194/08	Lörrach

IV. Steuerbefreiung des Grenzgängerarbeitslohns in Höhe eines fiktiven Arbeitgeberanteils zur Krankenversicherung (analoge Anwendung des § 3 Nr. 62 EStG)

(Vfg. der OFD Karlsruhe vom 7. 3. 2005 – S 2275/4/1 – St 224 –)

(Bezug: OFD Karlsruhe vom 30. 5. 2000 Az.: S 2275 B – St 31A
FG Baden-Württemberg vom 21. 9. 2004 – 11 K 258/02 –)[1]

Gegenstand des FG-Verfahrens war die Frage der abweichenden Steuerfestsetzung aus Billigkeitsgründen (§ 163 AO) in Höhe eines fiktiven Arbeitgeberanteils zur Krankenversicherung bei Grenzgängern in die Schweiz.

Der BFH hat bereits in seinem Beschluss vom 25. 1. 2000 (Az.: VI B 108/98 BFH/NV 2000 S. 836) die Auffassung der Finanzverwaltung bestätigt, dass § 3 Nr. 62 EStG auf die Arbeitnehmerbeiträge zur Krankenversicherung im Festsetzungsverfahren nicht anzuwenden ist. Der BFH hat jedoch offen gelassen, ob der Arbeitslohn eines Grenzgängers in Höhe eines fiktiven Arbeitgeberzuschusses zur Krankenversicherung billigkeitshalber steuerfrei zu belassen sei. Dieser Gesichtspunkt könne jedoch in einem Verfahren über die Rechtmäßigkeit der Steuerfestsetzung keine Berücksichtigung finden.

Das Finanzgericht Baden-Württemberg, Außensenate Freiburg hatte hier über die durch den BFH-Beschluss offen gelassene Frage der abweichenden Steuerfestsetzung aus Billigkeitsgrün-

[1] Siehe BFH-Urteil vom 18. 12. 2007 – VI R 13/05 –, HFR 2008 S. 689 Nr. 7.

den nach § 163 AO zu entscheiden. Das Finanzgericht hat sowohl die sachliche als auch die persönliche Unbilligkeit verneint und die Klage als unbegründet zurückgewiesen. Hinsichtlich der Begründung verweist die OFD vollumfänglich auf das Urteil vom 21. 9. 2004. Das Finanzgericht hat die Revision dabei zugelassen. Nach derzeitigem Kenntnisstand ist noch keine Revision anhängig[1]).

Seit In-Kraft-Treten der zwischen der Schweiz und der EU geschlossenen bilateralen Verträge am 1. 6. 2002 und dem darin enthaltenen Freizügigkeitsabkommen unterliegen die Grenzgänger in der Schweiz der Krankenversicherungspflicht, es sei denn, sie können nachweisen, dass sie im Wohnsitzstaat bereits krankenversichert sind. Grenzgänger stellen derzeit vermehrt Billigkeitsanträge unter Berufung auf andere Billigkeitsregelungen (vgl. BMF-Schreiben vom 8. 3. 1991 zur lohnsteuerlichen Behandlung der Pflichtversicherung auf Antrag gem. Art. 22 § 2 des Gesetzes zum Staatsvertrag vom 18. Mai 1990 bzw. Erlass des FinMin Baden-Württemberg vom 8. 12. 1955 Az.: S 2176 – 128/54, neu bekannt gegeben: 19. 6. 1985 Az.: S 2501 A – 8/81 V, LSt-Kartei BW Teil B § 3 EStG Fach 6 Nr. 111).

Sofern Grenzgänger im Rahmen ihrer Einkommensteuererklärung die Steuerfreiheit eines fiktiven Arbeitgeberanteils zur Krankenversicherung geltend machen, sind die Veranlagungen entsprechend der Rechtsprechung des Finanzgerichts durchzuführen. Die Bearbeitung von diesbezüglich eingelegten Einsprüchen bzw. von separat gestellten Billigkeitsanträgen kann bis zur Entscheidung der allgemeinen Frage zurückgestellt werden. Aussetzung der Vollziehung kann im Einspruchsverfahren jedoch nicht gewährt werden.

V. Steuerliche Behandlungen von Krankentaggeld, Geburtengeld und Mutterschaftsgeld aus der Schweiz

(Vfg. der OFD Karlsruhe vom 30. 9. 2009 – S 225.5/250 – St 131)

BFH-Urteil vom 29. 04. 2009

Der BFH hat sich im Urteil vom 29. 04. 2009 – X R 31/08, mit der Frage nach der steuerlichen Behandlung von Geburtengeld aus einem Schweizer Kollektiv-Krankentaggeldversicherung auseinandergesetzt.

Kollektiv-Krankentaggeldversicherungsvertrag

Im Urteilsfall ging es um einen nicht obligatorischen Kollektiv-Krankentaggeldversicherungsvertrag, den der Schweizer Arbeitgeber (Versicherungsnehmer) zugunsten seiner Arbeitnehmer (versicherte Personen u. a. auch Schweizer Grenzgänger) abgeschlossen hat. Gegenstand des Vertrags war die Absicherung der Arbeitnehmer gegen Lohnausfall bei Krankheit oder Mutterschaft. Der Vertrag unterlag den Regelungen des Schweizer Bundesgesetzes über den Versicherungsvertrag (VVG). Hiernach steht den versicherten Personen ein eigenständiges Forderungsrecht aus dem Versicherungsvertrag zu.

Auffassung BFH:

Bei diesem Sachverhalt kam der BFH zu folgender steuerlichen Beurteilung:
- AG-Beitrag = AL
- Die vom Arbeitgeber geleisteten Beiträge für die Kollektiv-Krankentaggeldversicherung sind als steuerpflichtiger Arbeitslohn (§ 19 EStG) anzusetzen.
- Auszahlung nicht steuerpflichtig
- Das aufgrund eines schweizerischen Kollektiv-Krankentaggeldversicherungsvertrags gezahlte Geburtengeld führt nicht zu steuerpflichtigen Einkünften.
- Kein Progressionsvorbehalt
- Für die Einbeziehung des schweizerischen Geburtengelds in den Progressionsvorbehalt besteht kein Raum.

Ich bitte, die Grundsätze des BFH in allen offenen (einschlägigen) Fällen anzuwenden. Auf Folgendes weise ich in diesem Zusammenhang hin:

1. Betroffene Sachverhalte

Forderungsrecht des AN

Die Grundsätze des BFH zum Geburtengeld gelten nur für den Fall (und das ist Sachverhaltsfrage), dass die Steuerpflichtige (Arbeitnehmerin) aus dem betreffenden Versicherungsvertrag ein

---

[1]) Siehe BFH-Urteil vom 18. 12. 2007 – VI R 13/05 –, HFR 2008 S. 689 Nr. 7.

§ 3 Nr. 62 EStG
H 3.62

eigenständiges Forderungsrecht (unentziehbarer Anspruch) gegenüber dem Versicherer hat. Ein daneben bestehendes Forderungsrecht des Arbeitgebers ist unschädlich.

Geburtengeld bis 30. 06. 2005

Bis zum 30. 06. 2005 konnte der Lohnausfall bei Mutterschaft in der Schweiz nur durch eine freiwillige Versicherung (i. d. R. einem Kollektiv-Krankentaggeldversicherungsvertrag) abgesichert werden. Die vorstehenden Grundsätze gelten daher nur für Geburtengeld, das bis zum 30. 06. 2005 aus einem entsprechenden Vertrag geleistet wurde.

Krankentaggeld

Die vorstehenden Grundsätze des BFH finden auch Anwendung auf schweizerisches Krankentaggeld, das aufgrund einer Krankheit aus einem Kollektiv-Krankentaggeldversicherungsvertrag ausbezahlt wurde, wenn der Steuerpflichtige (Arbeitnehmer) gegenüber dem Versicherer einen unentziehbaren Anspruch auf Leistung hat.

2. Arbeitgeberbeiträge

AG-Beiträge = AL

Die Beiträge des Arbeitgebers in einen Kollektiv-Krankentaggeldversicherungsvertrag, aus dem der Arbeitnehmer (Steuerpflichtiger) einen unentziehbaren Leistungsanspruch hat, sind als steuerpflichtiger Arbeitslohn (§ 19 Abs. 1 Satz 1 Nr. 1 EStG) zu erfassen. Hierbei handelt es sich um Zukunftssicherungsleistungen mit Arbeitslohncharakter. Da die Arbeitnehmer gegenüber dem Versicherer einen eigenen unentziehbaren Rechtsanspruch haben, ist dieser Vorgang wirtschaftlich betrachtet vergleichbar mit dem Fall, in dem der Arbeitgeber dem Arbeitnehmer zunächst die Versicherungsbeiträge überlässt und der Arbeitnehmer sie zum Zweck seiner Zukunftssicherung verwendet.

Kein § 3 Nr. 62 EStG

Eine Befreiung nach § 3 Nr. 62 EStG scheidet aus, weil der Arbeitgeber zur Zahlung der Beiträge nicht gesetzlich oder auf gesetzlicher Ermächtigung beruhender Bestimmung verpflichtet ist.

Anlage N-Gre

Die als Arbeitslohn anzusetzenden Arbeitgeberbeiträge sind vom Steuerpflichtigen in der Anlage N-Gre 2008 (Zeilen 104 bis 108) zu erklären. Die Höhe der Beiträge des Arbeitgebers hat der Steuerpflichtige grundsätzlich nachzuweisen (z. B. durch eine Bescheinigung des Arbeitgebers).

Listen ausfüllen: Termin 31. 05. 2010

Die im Rahmen der laufenden Veranlagung tatsächlich nachgewiesenen und als Arbeitslohn erfassten Arbeitgeberbeiträge bitte ich entsprechend der als Muster beigefügten Liste (Anlage) ab sofort bis zum 30. 04. 2009 festzuhalten, um Erfahrungswerte zu sammeln. Die ausgefüllten Listen bitte ich, mir bis zum 31. 05. 2010 zu übersenden.

Ggf. Schätzung

Kann der Steuerpflichtige die Beiträge des Arbeitgebers nicht nachweisen oder sind die nachgewiesenen Beiträge nicht glaubhaft oder kommt er seiner erhöhten Mitwirkungspflicht (§ 90 Abs. 3 AO) nicht nach, ist der als Arbeitslohn anzusetzende Arbeitgeberbeitrag zu schätzen. Solange keine besseren Erkenntnisse vorliegen, bestehen keine Bedenken, den Arbeitgeberbeitrag in diesen Fällen allgemein mit 1 % (ggf. bis 2 %) des Bruttoarbeitslohns zu schätzen. Allgemein ist davon auszugehen, dass bei Schweizer Grenzgängern in vielen Fällen ein solches Versicherungsverhältnis besteht.

3. Arbeitnehmerbeiträge

AN-Beiträge = Sonderausgaben

Die Beiträge des Arbeitsnehmers in einen Kollektiv-Krankentaggeldversicherungsvertrag sind – weiterhin – als Sonderausgaben (sonstige Vorsorgeaufwendungen § 10 Abs. 1 Nr. 3 Buchst. a EStG) im Rahmen der Höchstbeträge berücksichtigungsfähig. Gleiches gilt für die Beiträge des Arbeitgebers, die als steuerpflichtiger Arbeitslohn erfasst wurden. Auch insoweit liegen eigene Beiträge des Steuerpflichtigen (Arbeitnehmers) vor.

4. Versicherungsleistungen

Auszahlungen steuerfrei

Sind bereits die vom Arbeitgeber für den Versicherungsschutz erbrachten Aufwendungen Arbeitslohn, führen die darauf erbrachten Versicherungsleistungen zu keinem weiteren Arbeitslohn. Der BFH ließ offen, ob eine Zuordnung zu den Einkünften aus wiederkehrenden Bezügen (§ 22 Nr. 1 EStG) in Betracht kommt. Jedenfalls hält der BFH solche Bezüge als „Leistung aus einer Krankenversicherung" für steuerfrei (§ 3 Nr. 1a EStG).

Kein Progressionsvorbehalt

Schweizer Geburtengeld und Schweizer Krankentaggeld unterliegt in den einschlägigen Fällen (siehe unter a) nicht dem Progressionsvorbehalt. Grund ist, dass § 32b EStG eine abschließende Aufzählung enthält und dort Leistungen aus einem Schweizer Kollektiv-Krankentaggeldversicherungsvertrag nicht aufgeführt sind. Für eine analoge Anwendung des § 32b Abs. 1 Nr. 1 Buchst. b oder Buchst. c EStG besteht kein Raum. Es liegt keine Gesetzeslücke vor, wenn nur die aufgrund der deutschen Sozialversicherungssysteme erhaltenen Lohnersatzleistungen und nicht auch Leistungen ausländischer privater Versicherungen in den Progressionsvorbehalt einbezogen werden. Der Gesetzgeber hat (bewusst) nur Leistungen gesetzlicher Versicherungsträger dem Progressionsvorbehalt unterworfen.

5. Andere Sachverhalte

5.1 Verträge mit alleinigem Forderungsrecht des Arbeitgebers

Versicherungsleistung steuerpflichtig

Anders sind die Fälle zu beurteilen, in denen allein dem Arbeitgeber ein Forderungsrecht gegenüber dem Versicherer zusteht (sog. Rückdeckungsversicherung). In diesen Fällen ist – weiterhin – die Krankentaggeldzahlung an den Arbeitnehmer als Arbeitslohn (§ 19 EStG, § 2 LStDV sowie BFH-Beschluss vom 25. 1. 2000 – VI B 108/98 -BFH/NV 2000 S. 836) zu beurteilen. Unbeachtlich ist dabei, ob die Zahlung des Krankentaggelds an den Arbeitnehmer durch den Arbeitgeber oder im Wege des abgekürzten Zahlungsweges durch die Rückdeckungsversicherung erfolgt. Die Versicherungsbeiträge des Arbeitgebers stellen hier keinen Arbeitslohn dar.

5.2 Mutterschaftsentschädigung nach dem EOG

Analog deutschem Mutterschaftsgeld

Seit 01. 07. 2005 ist eine Versicherung über Mutterschaftsleistungen in der Schweiz obligatorisch. Grundlage bildet das Schweizer Bundesgesetz über den Erwerbsersatz für Dienstleistende und bei Mutterschaft (kurz: Erwerbsersatzgesetz – EOG). Da die Schweizer Mutterschaftsentschädigung nach dem EOG als vergleichbar mit dem deutschen Mutterschaftsgeld angesehen werden kann, bitte ich weiterhin folgende Auffassung zu vertreten:

– Steuerfrei, aber Progressionsvorbehalt
– Die Mutterschaftsentschädigung nach dem EOG bleibt in sinngemäßer Anwendung des § 3 Nr. 1d EStG steuerfrei. Sie ist indessen dem Progressionsvorbehalt (§ 32b Abs. 1 Nr. 1c bzw. d EStG gilt sinngemäß) zu unterwerfen.
– AN-Beiträge = Sonderausgaben
– Die Beitragsleistungen des Arbeitnehmers nach dem EOG stellen Sonderausgaben (sonstige Vorsorgeaufwendungen, § 10 Abs. 1 Nr. 3 Buchst. a EStG) dar. Die gesetzlichen Beiträge des Arbeitgebers bleiben nach § 3 Nr. 62 Satz 1 EStG steuerfrei.

Anwendungsregelung

Ich bitte, die vorstehenden Grundsätze in allen noch offenen Fällen anzuwenden. Die Bearbeitung zurück gestellter Einspruchsverfahren ist wieder aufzunehmen und im vorstehenden Sinne zu entscheiden. Gegen eine Klaglosstellung der betroffenen Steuerpflichtigen bestehen keine Einwendungen.

GG-Handbuch

Sofern die Ausführungen im Grenzgänger-Handbuch (u. a. Fach B Teil 2 Nr. 8) den vorstehenden Regelungen entgegen stehen, sind sie überholt.

Sachgebietsbesprechung

Ich bitte, diese Verfügung zum Gegenstand von Sachgebietsbesprechungen mit den zuständigen Bearbeitern zu machen, damit eine einheitliche Rechtsanwendung gewährleistet ist.

§ 3 Nr. 62 EStG
H 3.62

Irrtümlich angenommene Sozialversicherungspflicht

Folgerungen aus einer irrtümlich angenommenen Sozialversicherungspflicht – Neufassung Anhang 22.8.5 Anleitung für den Lohnsteuer-Außendienst – S 233.3/77 – St 144 –

(Vfg. der OFD Karlsruhe vom 19. 11. 2008 – S 2333/77 – St 144)

Nach dem Urteil des FG Rheinland-Pfalz vom 13. 9. 2007 – 1 K 2180/06, ist in Fällen einer irrtümlich angenommenen Sozialversicherungspflicht von Gesellschafter-Geschäftsführern (GesGF), in denen bereits gezahlte Arbeitgeberanteile zur Kranken-, Pflege- und Rentenversicherung in freiwillige Beiträge umgewandelt werden, erst im Jahr der Umwandlung ein steuerpflichtiger Arbeitslohn zu erfassen. Im zugrunde liegenden Streitfall hatte eine GmbH für ihre Prokuristin jahrelang Sozialversicherungsbeiträge abgeführt. Nachdem der Sozialversicherungsträger hierzu mitgeteilt hatte, dass die Tätigkeit der Prokuristin keine der gesetzlichen Sozialversicherung unterliegende Tätigkeit ist, wurden die bislang abgeführten Arbeitnehmeranteile zur Gesamtsozialversicherung und die Arbeitgeberanteile zur Arbeitslosenversicherung an die GmbH ausbezahlt. Die Arbeitnehmeranteile hatte die GmbH an die Prokuristin weitergeleitet. Die bereits gezahlten Arbeitgeberanteile zur Kranken-, Pflege- und Rentenversicherung wurden in freiwillige Beiträge umgewandelt. Das Finanzamt hatte ausgehend von der bisherigen Rechtsauffassung der Finanzverwaltung (s. Anleitung für den Lohnsteuer-Außendienst, Stand Mai 2007, Anhang 6.2.7.5 – Irrtümlich angenommene Versicherungspflicht) diese als freiwillige Beiträge umqualifizierten Arbeitgeberleistungen rückwirkend als steuerpflichtigen Arbeitslohn in den Jahren der ursprünglichen Zahlungen der GmbH an den Sozialversicherungsträger behandelt. Das FG Rheinland-Pfalz verneinte dagegen ein rückwirkendes Ereignis i. S. d. § 175 Abs. 1 Nr. 2 AO und erfasst die in freiwillige Beiträge umgewandelten Arbeitgeberleistungen im Jahr der Umwandlung als steuerpflichtigen Arbeitslohn.

Auf Bund-/Länderebene wurde entschieden, das Urteil allgemein anzuwenden. Die Anleitung für den Lohnsteuer-Außendienst (Stand Mai 2008) wurde im neuen Anhang 22.8.5 entsprechend angepasst.

Die neue Rechtsauffassung ist allerdings nur in den Fällen anzuwenden, in denen tatsächlich eine Umwandlung (d. h. ein Zeitpunkt des Entschlusses des Arbeitgebers und dessen Umsetzung) irrtümlich gezahlter Beiträge zur Sozialversicherung in freiwillige Beiträge stattfindet. War dagegen der Gesellschafter-Geschäftsführer (z. B. wegen Überschreitens der Jahresentgeltgrenze) nicht krankenversicherungspflichtig und hat der Arbeitgeber irrtümlicherweise nach § 3 Nr. 62 Satz 1 EStG i. V. mit § 257 Abs. 1 und Abs. 2 SGB V steuerfreie Zuschüsse zu den Krankenversicherungsbeiträgen (zu einer freiwilligen Versicherung in der gesetzlichen Krankenversicherung oder zu einer privaten Krankenversicherung) geleistet, so wurden diese Zuschüsse in den Jahren der ursprünglichen Zahlung zu Unrecht als steuerfrei nach § 3 Nr. 62 Satz 1 EStG behandelt.

Mangels einer „Umwandlungshandlung" gilt in diesen Fällen die bisherige Rechtsauffassung weiter, wonach ein Zufluss von Arbeitslohn bereits in den jeweiligen Kalenderjahren der früheren Zahlung gegeben ist. Die Einkommensteuer-Veranlagungen sind insoweit unter den Voraussetzungen des § 175 Abs. 1 Satz 1 Nr. 2 AO zu ändern.

Leistungen exterritorialer Arbeitgeber

Beiträge zur Sozialversicherung von deutschen Arbeitnehmern exterritorialer Arbeitgeber

(Erlaß des FinMin Saarland vom 28. 6. 1985 – B/II – 490/85 – S 2333 A –)

Die deutschen Bediensteten ausländischer Staaten und exterritorialer Personen in Deutschland sind grundsätzlich kranken-, renten- und arbeitslosenversicherungspflichtig. Da die Erfüllung der Beitrags- und Einbehaltungspflicht gegenüber exterritorialen Arbeitgebern nicht erzwungen werden kann, müssen die Arbeitnehmer in diesen Fällen die Pflichten der Arbeitgeber selbst erfüllen (vgl. Verordnung vom 11. Dezember 1937 – Deutscher Reichs- und Preußischer Staatsanzeiger Nr. 289 vom 15. Dezember 1937, § 172 Abs. 2 AFG). Sie tragen mithin auch den Beitragsanteil des Arbeitgebers.

Bei der Veranlagung solcher Arbeitnehmer zur Einkommensteuer sind deshalb von den auf gesetzlicher Verpflichtung beruhenden Beiträgen zur Sozialversicherung die Beträge (aus Billigkeitsgründen) steuerfrei zu belassen, die auf den Arbeitgeberanteil entfallen (§ 3 Nr. 62 EStG). Der Arbeitgeberanteil beträgt die Hälfte des Gesamtbetrags. Die andere Hälfte (Arbeitnehmeranteil) ist als Sonderausgabe zu behandeln.

Dieser Erlaß ergeht im Einvernehmen mit dem Bundesminister der Finanzen und den obersten Finanzbehörden der anderen Länder.

Rückzahlung von Beitragsanteilen an den Arbeitgeber

Beitragsanteile am Gesamtsozialversicherungsbeitrag, die der Arbeitgeber ohne gesetzliche Verpflichtung übernommen hat, sind kein Arbeitslohn, wenn sie dem Arbeitgeber zurückgezahlt worden sind und der Arbeitnehmer keine Versicherungsleistungen erhalten hat (→ BFH vom 27. 3. 1992 – BStBl 1992 II S. 663).

Sozialversicherungspflicht GmbH-Geschäftsführer, Vorstand

Leistungen für die Zukunftssicherung von beherrschenden Gesellschafter-Geschäftsführern einer GmbH und von Vorstandsmitgliedern einer AG oder eines VVaG

(Verfügung der OFD Hannover vom 14. 2. 2007 – S 2333 – 93 – StO 211 –)

1. GmbH-Gesellschafter-Geschäftsführer

Arbeitgeberbeiträge zur Renten-, Kranken-, Pflege- und Arbeitslosenversicherung für beherrschende Gesellschafter-Geschäftsführer sind nicht nach § 3 Nr. 62 EStG steuerfrei. Bei einem beherrschenden Gesellschafter-Geschäftsführer liegt arbeitsrechtlich kein Arbeitsverhältnis vor, so dass der Arbeitgeber gesetzlich nicht zur Zahlung von Arbeitgeberanteilen verpflichtet ist (vgl. BFH vom 10. 10. 2002, BStBl 2002 II S. 886).

Ob es sich um einen beherrschenden, nicht sozialversicherungspflichtigen Gesellschafter-Geschäftsführer oder um einen abhängig beschäftigten Arbeitnehmer handelt, beurteilt sich allein nach sozialversicherungsrechtlichen Vorschriften. Die Entscheidung trifft die zuständige Einzugsstelle der Sozialversicherungsträger. Sie ist infolge ihrer Tatbestandswirkung auch im Besteuerungsverfahren zu beachten, sofern sie nicht offensichtlich rechtswidrig ist.

Ein abhängiges Beschäftigungsverhältnis zu der GmbH liegt sozialversicherungsrechtlich i. d. R. nicht vor, wenn der Gesellschafter-Geschäftsführer einen maßgeblichen Einfluss auf die Geschicke der GmbH ausüben kann. Das ist i. d. R. der Fall, wenn sein Anteil am Stammkapital der GmbH mindestens 50 % beträgt. Das Gleiche gilt auch bei einem Kapitalanteil von weniger als 50 %, wenn aufgrund des Gesellschaftsvertrags für Beschlüsse der Gesellschaft eine qualifizierte Mehrheit erforderlich ist und dieser Anteil eine Sperrminorität darstellt, die ausreicht, eine Beschlussfassung zu verhindern oder wenn der Geschäftsführer hinsichtlich Zeit, Dauer, Umfang und Ort seiner Tätigkeit im Wesentlichen weisungsfrei ist und seine Tätigkeit wirtschaftlich gesehen nicht für ein fremdes, sondern für ein eigenes Unternehmen ausübt.

Die beigefügte Übersicht (Anlage) gibt versicherungsrechtliche Entscheidungen zur Behandlung von Gesellschafter-Geschäftsführern, mitarbeitenden Gesellschaftern und Geschäftsführern wieder. Für den Fall, dass noch keine Entscheidung der zuständigen Einzugsstelle der Sozialversicherungsträger vorliegen sollte, kann sie als Entscheidungshilfe herangezogen werden.

Zukunftssicherungsleistungen, die nicht nach § 3 Nr. 62 EStG steuerfrei sind, zählen aber nur zum steuerpflichtigen Arbeitslohn, soweit keine verdeckten Gewinnausschüttungen vorliegen. Um verdeckte Gewinnausschüttungen handelt es sich z. B., wenn die Arbeitgeberanteile nicht klar und eindeutig in den Dienstverträgen festgelegt sind. Das Gleiche gilt, wenn die Gesamtausstattung der Tätigkeitsvergütungen für den Gesellschafter-Geschäftsführer unangemessen hoch ist. Ob es sich im Zweifelsfall um Arbeitslohn oder um verdeckte Gewinnausschüttungen handelt, ist im Einvernehmen mit der für die GmbH zuständigen Veranlagungsstelle zu entscheiden.

2. Vorstandsmitglieder einer AG oder eines VVaG

Vorstandsmitglieder einer AG sind grundsätzlich nach § 1 Satz 1 Nr. 1 SGB VI rentenversicherungspflichtig, wenn sie nicht durch § 1 Satz 4 SGB VI von der Rentenversicherungspflicht befreit sind.

Sie sind als Beschäftigte im Sinne des § 7 Abs. 1 SGB IV anzusehen, wenn sie funktionsgerecht dienend am Arbeitsprozess teilhaben. Ihnen fehlt es an einem echten unternehmerischen Risiko, das eine selbstständige Tätigkeit auszeichnet. Vielmehr unterliegen sie der Kontrolle der Aufsichtsräte, die in der Regel jährlich eine Entlastung der Vorstandsmitglieder der AGen von der persönlichen Haftung für ihre unternehmerischen Entscheidungen aussprechen und sie damit vom Unternehmerrisiko befreien. Vorstandsmitglieder der AGen können mit Chefärzten eines Krankenhauses verglichen werden, die ihre fachlichen Entscheidungen ebenfalls ohne Weisung der Krankenhausverwaltung treffen und dennoch als abhängig Beschäftigte betrachtet werden. Eine andere Beurteilung ist nur vorzunehmen, wenn Vorstandsmitglieder selbst eine Mehrheitsbeteiligung an der AG halten.

Vorstandsmitglieder haben Anspruch auf einen Zuschuss zu ihrem Krankenversicherungsbeitrag nach § 257 SGB V und zu ihrem Pflegeversicherungsbeitrag nach § 61 SGB XI. Sie erhalten diese Zuschüsse steuerfrei nach § 3 Nr. 62 EStG, da sie aufgrund gesetzlicher Verpflichtung geleistet werden und im Übrigen die Finanzverwaltung der Entscheidung des zuständigen Sozialversicherungsträgers grundsätzlich zu folgen hat (BFH vom 6. 6. 2002, BStBl 2003 II S. 34).

Auch Vorstandsmitglieder einer großen VVaG sind grundsätzlich Arbeitnehmer im sozialversicherungsrechtlichen Sinne.

Die Entscheidungen der Sozialversicherungsträger sind grundsätzlich zu beachten.

3. Vorstandsmitglieder eingetragener Genossenschaften

Für Vorstandsmitglieder eingetragener Genossenschaften 1) und angestellte Vorstandsmitglieder öffentlicher Sparkassen 2) hat das BSG die Arbeitnehmereigenschaft bejaht. Hinsichtlich der hauptamtlichen Vorstandsmitglieder gesetzlicher Krankenkassen und deren Verbände gehen die Spitzenverbände der Sozialversicherungsträger davon aus, dass es sich um abhängig Beschäftigte i. S. des § 7 SGB IV handelt. Arbeitgeberzuschüsse zu den Beiträgen zur gesetzlichen Rentenversicherung sowie die gesetzlichen Ansprüche auf Arbeitgeberzuschüsse zur Kranken- und Pflegeversicherung sind im Rahmen des § 3 Nr. 62 EStG steuerfrei.

Die Entscheidungen der Sozialversicherungsträger sind grundsätzlich zu beachten.

4. Irrtümliche angenommene Sozialversicherungspflicht

Übernommen aus „Anleitung für den Lohnsteueraußendienst" (Stand Mai 2006) Anhang 6, Tz. 6.2.7.5

Wird durch den Sozialversicherungsträger nachträglich festgestellt, dass in der Vergangenheit keine Sozialversicherungspflicht bestand, hat der rückwirkende Wegfall der angenommenen Versicherungspflicht folgende Konsequenzen:

1. Werden vom Sozialversicherungsträger Arbeitgeberanteile zur gesetzlichen RV und AF an den Arbeitgeber erstattet, die dieser in der rechtsirrtümlichen Annahme der Versicherungspflicht geleistet hat, ohne dass sie vom Arbeitgeber an den Arbeitnehmer weitergegeben werden, so ist dieser Vorgang lohnsteuerlich nicht relevant (BFH-Urteil vom 27. 3. 1992, BStBl 1992 II S. 663). Eine Änderung von ESt-Bescheiden der Vorjahre kommt nicht in Betracht.

2. Werden vom Sozialversicherungsträger die (vermeintlich) gesetzlichen Arbeitnehmeranteile zur gesetzlichen RV und AF an den Arbeitnehmer erstattet, so berührt dies nicht den Arbeitslohn. Ein Abzug der der Erstattung zugrunde liegenden Beträge als Sonderausgaben kommt nicht in Betracht. Ist im Kj. der Erstattung im Rahmen der ESt-Veranlagung eine Kompensation mit gleichartigen Aufwendungen nicht möglich, ist der Sonderausgabenabzug des Kj. der Verausgabung um die nachträgliche Erstattung zu mindern. Ein bereits bestandskräftiger Bescheid ist nach § 175 Abs. 1 Satz 1 Nr. 2 AO zu ändern (BFH-Urteil vom 28. 5. 1998, BStBl 1999 II S. 95). Der Vorwegabzug (§ 10 Abs. 3 Nr. 2 EStG a. F.) ist bei den betroffenen Veranlagungen wegen des rückwirkenden Wegfalls der Sozialversicherungspflicht (keine Arbeitgeberleistungen i. S. des § 3 Nr. 62 EStG) zu Unrecht gekürzt worden, soweit nicht ausnahmsweise eine andere Kürzungsvorschrift anzuwenden war. Die Kürzung des Vorwegabzugs ist folglich rückgängig zu machen (§ 175 Abs. 1 Satz 1 Nr. 2 AO).

3. Krankenversicherungs- und Pflegeversicherungsbeiträge werden dann nicht erstattet, wenn der Versicherungsträger bis zur Geltendmachung des Erstattungsanspruchs aufgrund dieser Beiträge oder für den Zeitraum, für den die Beiträge zu Unrecht entrichtet worden sind, Leistungen erbracht hat (§ 26 Abs. 2 SGB IV). Entsprechende Arbeitgeberanteile, die irrtümlich als steuerfreier Arbeitslohn behandelt wurden, sind als steuerpflichtiger Arbeitslohn anzusehen. Im Erstattungsfall sind die Ausführungen zur RV und AF anzuwenden.

4. Werden die Arbeitgeberanteile zur gesetzlichen RV und AF vom Sozialversicherungsträger an den Arbeitgeber erstattet und von diesem an den Arbeitnehmer weitergegeben, so kann es sich um eine verdeckte Gewinnausschüttung (Urteil des FG Düsseldorf vom 17. 12. 1993, EFG 1994 S. 566) oder um Arbeitslohn handeln. Arbeitslohn kann vorliegen, wenn der Gesellschafter-Geschäftsführer zwar sozialversicherungsrechtlich, nicht jedoch steuerrechtlich als beherrschend beurteilt wird und die Gesamtbezüge auch unter Einbeziehung der weitergegebenen Beträge noch als angemessen angesehen werden können. Auch bei beherrschenden Gesellschafter-Geschäftsführern i. S. d. Steuerrechts kann u. U. noch von Arbeitslohn auszugehen sein, wenn etwa spätestens in zeitlichem Zusammenhang mit dem Antrag auf Erstattung der zu Unrecht gezahlten Arbeitgeberbeiträge eine Vereinbarung über die Weitergabe der Beträge an den Gesellschafter-Geschäftsführer erfolgt und die Gesamtbezüge des Gesellschafter-Geschäftsführers insgesamt noch angemessen sind. Die abschließende Entscheidung über die Abgrenzung einer verdeckten Gewinnausschüttung von Arbeits-

lohn ist stets im Benehmen mit der für die Besteuerung der Gesellschaft zuständigen Veranlagungsstelle zu treffen. Ist Arbeitslohn anzunehmen, sind die Arbeitgeberanteile in dem Kj. zu versteuern, in dem sie an den Arbeitnehmer ausgezahlt werden. Dies gilt auch dann, wenn die erstatteten Beträge von diesem für eine private Lebensversicherung verwendet werden.

5. Wird auf die Rückzahlung der Arbeitgeberbeiträge zur gesetzlichen RV durch den Arbeitgeber verzichtet und werden die Beiträge für die freiwillige Versicherung des Arbeitnehmers in der gesetzlichen RV verwendet (Umwandlung), ist ebenfalls zu entscheiden, ob es sich um eine verdeckte Gewinnausschüttung oder um steuerpflichtigen Arbeitslohn (Urteil des FG Köln vom 21. 11. 1989, EFG 1990 S. 383) handelt (zur Abgrenzung vgl. oben Tz. 3). Ist steuerpflichtiger Arbeitslohn gegeben, liegt Zufluss bereits in den jeweiligen Kj. der früheren Zahlung vor, da hier durch Umwandlung die Versicherungsanwartschaft bestehen bleibt. Die freiwillige Versicherung nimmt die Stellung der vermeintlichen gesetzlichen Versicherung ein. Die ESt-Veranlagungen der früheren Kj. sind unter den Voraussetzungen des § 175 Abs. 1 Satz 1 Nr. 2 AO zu ändern, da der Arbeitgeberanteil nicht nach § 3 Nr. 62 Satz 1 EStG steuerfrei ist, es sich insoweit um Sonderausgaben des Arbeitnehmers handelt und der Vorwegabzugsbetrag nicht mehr zu kürzen ist (vgl. Tz. 2).

Werden künftig freiwillige Beiträge zur SV geleistet, weil festgestellt wurde, dass keine Sozialversicherungspflicht besteht, so kann in Höhe des Zuschusses des Arbeitgebers ebenfalls eine verdeckte Gewinnausschüttung anzunehmen sein (BFH-Urteil vom 11. 2. 1987, BStBl 1987 II S. 461).

Anlage:

Versicherungsrechtliche Beurteilung:

Gesellschafter-Geschäftsführer einer GmbH/GmbH-Geschäftsführer

Beurteilungskriterien	Entscheidung	Arbeitnehmer
Fallgruppe I: Kapitalanteil unter 50 %		
Beispiel 1:		
Gesellschafter, Geschäftsführer, Kapitalanteil unter 50 % Anstellungsvertrag, keine Sperrminorität, keine Verhinderung von Gesellschafterbeschlüssen Weisungsgebundenheit, Eingliederung in den Betrieb.	Ein aufgrund eines Anstellungsvertrages tätiger Gesellschafter-Geschäftsführer einer GmbH ist versicherungspflichtig, wenn er als Gesellschafter keinen maßgebenden Einfluss auf die Gesellschaft hat. Das ist der Fall, wenn der Geschäftsführer weniger als die Hälfte der Geschäftsanteile besitzt und auch nicht hinsichtlich wesentlicher Gesellschaftsbeschlüsse eine Sperrminorität besitzt.	ja
Beispiel 2:		
Gesellschafter, Geschäftsführer, Kapitalanteil 33,3 % des Gesamtkapitals, vertretungsberechtigt mit einem weiteren zu einem Drittel beteiligten Geschäftsführer, kein anderer Gesellschafter hat mehr als ein Drittel des Gesamtkapitals, keine Weisungsgebundenheit nach den tatsächlichen Verhältnissen, freie Bestimmung der Tätigkeit (Arbeitszeit, Urlaub usw.).	Ein GmbH-Geschäftsführer, der an der GmbH mit einem Drittel am Kapital beteiligt ist und die GmbH mit einem weiteren zu einem Drittel beteiligten Geschäftsführer gemeinschaftlich vertritt, unterliegt nicht der Versicherungspflicht. Entscheidend ist: Der Gesellschaftsführer trägt nach der tatsächlichen Gestaltung der Tätigkeit das volle Unternehmerrisiko, unterliegt keinerlei Weisungen und kann seine Tätigkeit nach den Belangen des Unternehmens, die in Wirklichkeit mit seinen eigenen Belangen übereinstimmen, selbst frei bestimmen. Bei freier Bestimmung über Arbeits- und Urlaubszeit nimmt er als Geschäftsführer weitgehend unternehmerische Funktionen wahr und steht nicht in einem persönlichen Abhängigkeitsverhältnis.	nein

§ 3 Nr. 62 EStG
H 3.62

Beurteilungskriterien	Entscheidung	Arbeitnehmer
Beispiel 3: Gesellschafter, Geschäftsführer, Alleinvertretungsberechtigung, Kapitalanteil unter 50 %, Anstellungsvertrag, keine Beschränkung in Gestaltung und Ausführung der Arbeit durch Vertrag oder nach den tatsächlichen Verhältnissen, keine Weisungsgebundenheit.	Ein alleinvertretungsberechtigter Geschäftsführer, der vertraglich seine Arbeit uneingeschränkt gestalten und ausführen kann (besonders hinsichtlich der Arbeitszeit), unterliegt nicht der Versicherungspflicht. Die tatsächliche Durchführung des Vertrags muss aber dieser Vereinbarung entsprechen.	nein
Beispiel 4: Gesellschafter, kein Geschäftsführer, Führung des Unternehmens wegen seiner Branchenkenntnisse, Geschäftsanteil ein Drittel des Gesamtkapitals, keine Beschränkung in Gestaltung und Ausführung der Arbeit, keine Weisungsgebundenheit, ohne ausdrücklichen Gesellschafterbeschluss oder schriftlichen Anstellungs-, Arbeits-, Dienstvertrag tätig.	Ein beschäftigter Gesellschafter mit einem Drittel Kapitalbeteiligung, der aufgrund stillschweigender Übereinkunft wegen seiner einschlägigen Branchenkenntnisse maßgeblich bei der Führung des Unternehmens mitwirkt, die Gesellschaft nach außen ohne ausdrücklichen Gesellschafterbeschluss oder schriftlichen Anstellungsvertrag vertritt und in der Gestaltung seiner Arbeit und der Bestimmung seiner Arbeitszeit keinen Weisungen unterliegt, steht nicht in einem abhängigen Beschäftigungsverhältnis. Der Gesellschafter ist nicht wie eine fremde Arbeitskraft in den Betrieb eingegliedert, sondern tatsächlich als Mitinhaber des unter seinem Namen in der Rechtsform einer GmbH geführten Unternehmens tätig.	nein
Beispiel 5: Ehegatten-GmbH, Gesellschafterin, Geschäftsführerin, Kapitalanteil unter 50 %, Ehegatte als weiterer Gesellschafter mit restlichem Kapitalanteil, keine Weisungsgebundenheit.	Eine als Geschäftsführerin tätige Ehefrau, die gleichzeitig Gesellschafterin der GmbH ist (sie unter, Ehemann über 50 % Kapitalanteil), steht nicht in einem sozialversicherungspflichtigen Beschäftigungsverhältnis, wenn sie an keine Arbeitszeit und an keine Weisungen gebunden ist. Das gilt auch, wenn ihr Gehalt steuerrechtlich als Betriebsausgabe behandelt wird. Die unterschiedliche Kapitalbeteiligung von Ehegatten an einer GmbH ist nicht das ausschlaggebende Merkmal für die Beurteilung der Sozialversicherungspflicht. Für die Frage der Sozialversicherungspflicht sind Kapitalanteile von Ehegatten nicht zusammenzurechnen.	nein
Fallgruppe II: Kapitalanteil 50 % **Beispiel 1:** Gesellschafter, Geschäftsführer, Kapitalanteil 50 %.	Ein Gesellschafter-Geschäftsführer mit 50 % Kapitalbeteiligung kann durch sein Stimmrecht bei Gesellschafterbeschlüssen einen maßgeblichen Einfluss auf die Entscheidung der GmbH ausüben. Er steht nicht in einer persönlichen Abhängigkeit zur Gesellschaft, auch wenn er aufgrund eines Dienstvertrages mit monatlich	nein

Beurteilungskriterien	Entscheidung	Arbeit-nehmer
	feststehender Vergütung, Weihnachtsgeld, Urlaubsgeld usw. tätig wird.	
Beispiel 2: Gesellschafter, Geschäftsführer, Kapitalanteil 50 %, ein weiterer Geschäftsführer mit 50 % Kapitalanteil.	Zwei Geschäftsführer, die je zur Hälfte am Stammkapital einer GmbH beteiligt sind und die Gesellschaft gemeinschaftlich vertreten, können nur übereinstimmend handeln. Daraus ergibt sich: Es besteht kein persönliches Abhängigkeitsverhältnis zu der Gesellschaft im Sinne einer Weisungsgebundenheit oder eines entsprechenden Direktionsrechts. Jeder der beiden Geschäftsführer hat insoweit eine unabhängige Stellung, als ohne ihn keine Beschlüsse gefasst werden können.	nein
Beispiel 3: Gesellschafter, leitender Angestellter (kein Geschäftsführer), Kapitalanteil 50 %, in der Angestelltentätigkeit leistungsbezogenes Entgelt, ein weiterer Gesellschafter mit 50 % Kapitalanteil.	Ein leitender Angestellter (Prokurist), dessen Gehalt vertraglich „entsprechend der erbrachten Leistung" festgesetzt wird, unterliegt nicht der Versicherungspflicht. Beide zu je 50 % Beteiligte haben gleichen Anteil an den Entscheidungen der Gesellschaft, keiner der Gesellschafter ist gegenüber der GmbH weisungsgebunden.	nein
Fallgruppe III: Kapitalanteil über 50 % Gesellschafter, Geschäftsführer, Kapitalanteil über 50 %.	Ein in einer GmbH als Geschäftsführer tätiger Gesellschafter, der Geschäftsanteile von mehr als 50 % besitzt und allein in dem Unternehmen tätig ist, steht nicht in einem versicherungspflichtigen Beschäftigungsverhältnis.	nein
Fallgruppe IV: ohne Kapitalanteil kein Gesellschafter, Geschäftsführer, Weisungsgebundenheit gegenüber der Gesellschafterversammlung monatlich gleichbleibende Vergütung, persönliche und wirtschaftliche Abhängigkeit.	Ein nicht an einer Gesellschaft beteiligter Geschäftsführer, der nach seiner Arbeitsplatzbeschreibung der Gesellschafterversammlung im Rahmen des GmbH-Gesetzes und des Gesellschaftervertrags unterstellt ist, dem die allgemeine Verwaltung der GmbH obliegt, dabei nur im Rahmen der Gesellschafterbeschlüsse handeln darf und insoweit der Prüfung und Überwachung durch die Gesellschafter unterliegt, für seine Tätigkeit eine monatliche gleichbleibende Vergütung sowie bezahlten Urlaub erhält, steht in einem abhängigen, d. h. sozialversicherungspflichtigen Beschäftigungsverhältnis.	ja

Umgestaltung der Bundeswehr

Zuschüsse des Arbeitgebers zur Sozialversicherung; Anwendung von § 3 Nr. 62 EStG im Rahmen der Inanspruchnahme der Härtefallregelung von § 11 TV UmBw (Umgestaltung der Bundeswehr)

(Kurzinfo der OFD Münster vom 6. 4. 2011 – ESt 6/2011 –)

Beschäftigte der Bundeswehr erhalten unter bestimmten Voraussetzungen im Rahmen einer sogenannten Härtefallregelung des § 11 des Tarifvertrages über sozialverträgliche Begleitmaßnahmen im Zusammenhang mit der Umgestaltung der Bundeswehr (TV UmBw) eine monatliche Ausgleichszahlung von 72 % des bisherigen Bruttoeinkommens für das Ruhen ihres Arbeitsverhältnisses (einvernehmlicher Verzicht auf die arbeitsvertraglich geschuldete Arbeitsleistung des Arbeitnehmers).

Neben den monatlichen Ausgleichszahlungen werden durch die Bundeswehr die hälftigen Beiträge zur Krankenversicherung, zur Pflegeversicherung und zur freiwilligen gesetzlichen Rentenversicherung (RV) sowie in voller Höhe die übrigen Beiträge zur RV und die VBL-Umlage getragen. Diese Zahlungen stellen Arbeitslohn i. S. d. § 19 EStG dar.

Mit Urteil vom 24. 9. 2008, Az.: B 12 KR 22/07 R, hat das Bundessozialgericht (BSG) festgestellt, dass das versicherungspflichtige Beschäftigungsverhältnis bei dieser Gestaltung nicht beendet wird, mit der Konsequenz, dass eine Sozialversicherungspflicht besteht. Bei einer Inanspruchnahme der o. g. Härtefallregelung ab dem 1. 7. 2009 sind die AG-Beiträge zur SV daher steuerfrei nach § 3 Nr. 62 EStG.

Bis zum o. g. Urteil des BSG wurde hingegen in den vorgenannten Fällen kein Beschäftigungsverhältnis mit Sozialversicherungspflicht angenommen, so dass die Betroffenen verpflichtet waren, sich freiwillig zu versichern. Dies betrifft die Fälle mit Beginn der Freistellung bei Anwendung der Härtefallregelung vor dem 1. 7. 2009. Hierfür hat der Spitzenverband Bund der Krankenkassen (GKV) den Betroffenen Bestandsschutz gewährt, d. h. dass die freiwillige Versicherung fortgeführt werden kann.

Nach einer Abstimmung der obersten Finanzbehörden der Länder kann in Fällen, in denen vom GKV Bestandsschutz gewährt wird, d. h. eine freiwillige Versicherung fortgeführt werden kann, der Zuschuss des Arbeitgebers ebenfalls als nach § 3 Nr. 62 EStG steuerfrei behandelt werden.

Erfolgte in der Vergangenheit eine Besteuerung gezahlter Zuschüsse, kann bei Nachweis der Bruttoarbeitslohn im Rahmen der Einkommensteuerveranlagung um die lohnversteuerten Zuschüsse bereinigt werden.

Bestandskräftige Steuerfestsetzungen können unter den Voraussetzungen des § 173 Abs. 1 Nr. 2 AO geändert werden, da das Vorliegen der Sozialversicherungspflicht erstmals durch das BSG festgestellt wurde. Insoweit handelt es sich um ein außersteuerliches Rechtsverhältnis und stellt als solches eine neue Tatsache i. S. d. § 173 Abs. 1 AO dar. In dem der Steuerpflichtigen im Regelfall kein grobes Verschulden am nachträglichen Bekanntwerden des Bestehens der Sozialversicherungspflicht trifft. Die Bundeswehr informierte die betroffenen Steuerpflichtigen selbst erst ab August 2010 von dem Bestehen der Sozialversicherungspflicht, insoweit durften sie der sozialversicherungsrechtlichen Behandlung durch die Bundeswehr vertrauen.

Umlagezahlungen

Umlagezahlungen des Arbeitgebers an die VBL sind Arbeitslohn (→ § 19 Abs. 1 Satz 1 Nr. 3 Satz 1 EStG); sie sind nicht nach § 3 Nr. 62 EStG steuerfrei (→ BFH vom 7. 5. 2009 – BStBl 2010 II S. 194).

Zur Steuerfreistellung → § 3 Nr. 63

Weiterbeschäftigter Rentner

Weiterbeschäftigter Rentner, Rentenversicherung, Arbeitgeberanteil

(Verfügung des Bayerischen Landesamtes für Steuern vom 10. 11. 2008, – S 2221.1.1 – 6/4 St 32/St 33 –)

Nach § 10 Abs. 1 Nr. 2 Satz 2 EStG wird zu den nach § 10 Abs. 1 Nr. 2 Buchst. a und Buchst. b EStG als Sonderausgaben zu berücksichtigenden Altersvorsorgeaufwendungen der nach § 3 Nr. 62 EStG steuerfreie Arbeitgeberanteil zur gesetzlichen Rentenversicherung hinzugerechnet. Der sich insoweit ergebende Betrag wird dann mit dem in der Übergangsphase jeweils geltenden Prozentsatz angesetzt (§ 10 Abs. 3 Satz 4 EStG); anschließend wird der steuerfreie Arbeitgeberanteil zur gesetzlichen Rentenversicherung in Abzug gebracht.

In diesem Zusammenhang ist die Frage gestellt worden, wie der bei der Beschäftigung eines Beziehers einer Altersrente aus der gesetzlichen Rentenversicherung von einem Arbeitgeber zu zahlende Rentenversicherungsbeitrag nach § 172 Abs. 1 Nr. 3 SGB VI steuerlich zu berücksichtigen ist. Bei diesem Arbeitgeberbeitrag handelt es sich um eine Zahlung, zu der der Arbeitgeber aus Gründen der Gleichbehandlung verpflichtet ist. Der Pauschalbeitrag dient auch dazu, Wettbewerbsverzerrungen vorzubeugen, indem auch bei aufgrund ihres Alters versicherungsfreien Beschäftigten der Arbeitgeberanteil zur gesetzlichen Rentenversicherung erhoben wird. Es soll vermieden werden, dass es für den Arbeitgeber – unter dem Gesichtspunkt der Zahlung von Rentenversicherungsbeiträgen – günstiger ist, einen Bezieher einer Altersrente zu beschäftigen. Der beschäftigte Rentner hat aus der Beitragszahlung des Arbeitgebers keine rentenrechtlichen Vorteile.

Nach Abstimmung auf Bund-/Länderebene gilt hierzu Folgendes:
Der nach § 172 Abs. 1 Nr. 3 SGB VI zu entrichtende Beitrag ist kein steuerfreier Arbeitgeberanteil nach § 3 Nr. 62 EStG, da der Beitrag nicht für die Zukunftssicherung des Arbeitnehmers geleistet wird (vgl. BMF-Schreiben vom 22. 8. 2008, BStBl 2008 I S. 872, Tz. 13a)¹).

Dies entspricht auch der Rechtsprechung des BFH zur Kürzung des Vorwegabzugs. In seinem Urteil vom 8. 11. 2006 (Az.: X R 9/06, BFH/NV 2007 S. 432) hat der BFH ausgeführt, dass der Arbeitslohn, für den im Rahmen eines geringfügigen Beschäftigungsverhältnisses vom Arbeitgeber ein Pauschalbeitrag zur Rentenversicherung geleistet wurde, nicht für die Kürzung des Vorwegabzugs heranzuziehen ist, da die geleisteten Arbeitgeberbeiträge keine Auswirkungen auf den Umfang der dem Arbeitnehmer zustehenden Rentenansprüche haben.

Insoweit werden die Pauschalbeiträge nicht für die Zukunftssicherung des Arbeitnehmers geleistet.

Mit Urteil vom 14. 12. 2005 (Az.: XI R 25/04, BFH/NV 2006 S. 1073) hat der BFH erkannt, dass der Vorwegabzug nicht zu kürzen ist, wenn der Arbeitgeber für den Steuerpflichtigen zwar Beiträge zur Rentenversicherung abführt, der Steuerpflichtige hieraus aber keine Ansprüche erwirbt. Der in Rede stehende Beitrag ist beim Arbeitnehmer – auch wenn § 3 Nr. 62 EStG nicht anzuwenden ist – kein steuerpflichtiger Arbeitslohn, da er dem Arbeitnehmer nicht zufließt. Aus dieser Einordnung des vom Arbeitgeber nach § 172 Abs. 1 Nr. 3 SGB VI geleisteten Beitrags ergibt sich, dass dieser weder nach § 10 Abs. 1 Nr. 2 Satz 2 EStG hinzuzurechnen ist, noch nach § 10 Abs. 3 Satz 5 EStG die nach § 10 Abs. 3 Satz 4 EStG anzusetzenden Vorsorgeaufwendungen mindert.

Hinweis:
Für pauschale Arbeitgeberbeiträge im Rahmen einer geringfügigen Beschäftigung nach § 172 Abs. 3, 3a SGB VI (15 % bzw. 5 %) eines weiterbeschäftigten Rentners gelten die vorab dargestellten Ausführungen analog.

§ 3

Steuerfrei sind

...

63. Beiträge des Arbeitgebers aus dem ersten Dienstverhältnis an einen Pensionsfonds, eine Pensionskasse oder für eine Direktversicherung zum Aufbau einer kapitalgedeckten betrieblichen Altersversorgung, bei der eine Auszahlung der zugesagten Alters-, Invaliditäts- oder Hinterbliebenenversorgungsleistungen in Form einer Rente oder eines Auszahlungsplans (§ 1 Absatz 1 Satz 1 Nummer 4 des Altersvorsorgeverträge-Zertifizierungsgesetzes vom 26. Juni 2001 (BGBl. I S. 1310, 1322), das zuletzt durch Artikel 7 des Gesetzes vom 5. Juli 2004 (BGBl. I S. 1427) geändert worden ist, in der jeweils geltenden Fassung) vorgesehen ist, soweit die Beiträge im Kalenderjahr 4 Prozent der Beitragsbemessungsgrenze in der allgemeinen Rentenversicherung nicht übersteigen. ²Dies gilt nicht, soweit der Arbeitnehmer nach § 1a Absatz 3 des Betriebsrentengesetzes verlangt, dass die Voraussetzungen für eine Förderung nach § 10a oder Abschnitt XI erfüllt werden. ³Der Höchstbetrag nach Satz 1 erhöht sich um 1 800 Euro, wenn die Beiträge im Sinne des Satzes 1 auf Grund einer Versorgungszusage geleistet werden, die nach dem 31. Dezember 2004 erteilt wurde. ⁴Aus Anlass der Beendigung des Dienstverhältnisses geleistete Beiträge im Sinne des Satzes 1 sind steu-

---

1) Für den Lohnsteuerabzug 2013: Siehe BMF-Schreiben vom 4. 9. 2012, BStBl I S. 912, unter I.13.a).
2) Zur Anwendung von Nummer 63 → § 52 Abs. 6 EStG.
3) In 2013 sind danach jährlich bis zu 2 784 € (69 600 € × 4 %) steuerfrei. Bei einer Verteilung auf 12 Monate sind dies 232 €/Monat.
4) Bei einer Erhöhung von 1 800 € auf 12 Monate sind dies 150 €/Monat. Zusammen mit dem Höchstbetrag von 4 % der BBG sind danach in 2013 jährlich bis zu 4 584 € steuerfrei; bei einer Verteilung auf 12 Monate sind dies 382 €/Monat.

§ 3 Nr. 63 EStG
H 3.63

erfrei, soweit sie 1 800 Euro vervielfältigt mit der Anzahl der Kalenderjahre, in denen das Dienstverhältnis des Arbeitnehmers zu dem Arbeitgeber bestanden hat, nicht übersteigen; der vervielfältigte Betrag vermindert sich um die nach den Sätzen 1 und 3 steuerfreien Beiträge, die der Arbeitgeber in dem Kalenderjahr, in dem das Dienstverhältnis beendet wird, und in den sechs vorangegangenen Kalenderjahren erbracht hat; Kalenderjahre vor 2005 sind dabei jeweils nicht zu berücksichtigen;

Hinweise

H 3.63
S 2333

Allgemeine Grundsätze

Anhang 2 IV
→ BMF vom 31. 3. 2010 (BStBl I S. 270), Rz. 263 – 280.
→ **BMF vom . . . (BStBl I S. . . .)** → Siehe hierzu die Hinweise auf Seite 4!

Anhebung der Altersgrenzen

Anhang 2 IX
→ BMF vom 6. 3. 2012 (BStBl I S. 238)

Beiträge des Arbeitgebers

Finanzierungsanteile der Arbeitnehmer (sog. Eigenbeiträge), die in dem Gesamtversicherungsbeitrag des Arbeitgebers an eine Pensionskasse enthalten sind, sind als Arbeitgeberbeiträge steuerfrei. Für die Qualifizierung einer Zahlung als Beitrag des Arbeitgebers ist die versicherungsvertragliche Außenverpflichtung maßgeblich. Es kommt dagegen nicht darauf an, wer die Versicherungsbeiträge finanziert, d. h. wer durch sie wirtschaftlich belastet wird (→ BFH vom 9. 12. 2010 – BStBl 2011 II S. 978). Zur allgemeinen Anwendung **dieser Rechtsprechung** → BMF vom 25. 11. 2011 (BStBl I S. 1250).

Steuerliche Behandlung von Finanzierungsanteilen der Arbeitnehmer zur betrieblichen Altersversorgung im öffentlichen Dienst; Umsetzung des BFH-Urteils vom 9. Dezember 2010 – VI R 57/08 –

(BMF-Schreiben vom 25. 11. 2011 – IV C 5 – S 2333/11/10003 –, BStBl I S. 1250)

Der BFH hat mit Urteil vom 9. Dezember 2010 – BStBl 2011 II Seite 978 – entschieden, dass die Finanzierungsanteile der Arbeitnehmer, die in dem Gesamtversicherungsbeitrag des Arbeitgebers an eine kapitalgedeckte Pensionskasse enthalten sind, als Arbeitgeberbeiträge nach § 3 Nummer 63 EStG steuerfrei sind. Für die Qualifizierung einer Zahlung als Beitrag des Arbeitgebers im Sinne des § 3 Nummer 63 EStG ist nur die versicherungsvertragliche Außenverpflichtung maßgeblich. Es kommt nicht darauf an, wer die Versicherungsbeiträge finanziert, d. h. wer durch sie wirtschaftlich belastet wird.

Unter Bezugnahme auf das Ergebnis der Erörterung mit den obersten Finanzbehörden der Länder sind die Grundsätze dieses Urteils allgemein anzuwenden. Dies gilt ebenfalls für die Beiträge im Kapitaldeckungsverfahren, die von einer Pensionskasse neben einer Umlage erhoben werden, wenn eine getrennte Verwaltung und Abrechnung beider Vermögensmassen erfolgt.

Bei der Umsetzung ist Folgendes zu beachten:

Umsetzung ab Kalenderjahr 2012

Gemäß § 3 Nummer 63 Satz 2 EStG kann der Arbeitnehmer nach § 1a Absatz 3 Betriebsrentengesetz (BetrAVG) auf die Steuerfreiheit der Beiträge zugunsten einer Förderung nach § 10a EStG/Abschnitt XI EStG verzichten. Die Regelungen des § 1a BetrAVG, die die Finanzierungsbeteiligung der Arbeitnehmer im Wege der freiwilligen Entgeltumwandlung betreffen, gelten nach § 1 Absatz 2 Nummer 4 2. Halbsatz BetrAVG entsprechend auch für andere Beiträge des Arbeitnehmers aus seinem Arbeitsentgelt zur Finanzierung von Leistungen der betrieblichen Altersversorgung. Insoweit umfasst das Wahlrecht nach § 3 Nummer 63 Satz 2 EStG alle im Gesamtversicherungsbeitrag des Arbeitgebers enthaltenen Finanzierungsanteile der Arbeitnehmer; dabei sind die freiwillige Entgeltumwandlung und die anderen Beiträge des Arbeitnehmers aus seinem Arbeitsentgelt zur Finanzierung von Leistungen der betrieblichen Altersversorgung gleichrangig zu behandeln. Eine individuelle Besteuerung dieser Beitragsteile ist durchzuführen, soweit der Arbeitnehmer dies verlangt.

Rein arbeitgeberfinanzierte Beiträge können weiterhin vorrangig steuerfrei bleiben (siehe auch Rz. 271 des BMF-Schreibens vom 31. März 2010 – BStBl I Seite 270). Eine Differenzierung zwischen den verschiedenen Finanzierungsanteilen der Arbeitnehmer (z. B. verpflichtende und freiwillige Finanzierungsanteile) ist nach den Grundsätzen des BFH-Urteils nicht zulässig. Soweit die Höchstbeträge nach § 3 Nummer 63 EStG nicht durch die rein arbeitgeberfinanzierten Beiträge ausgeschöpft worden sind, sind die verbleibenden, auf den verschiedenen Finanzierungsanteilen des Arbeitnehmers beruhenden Beiträge zu berücksichtigen.

Umsetzung im Kalenderjahr 2011
Wurden Finanzierungsanteile der Arbeitnehmer in 2011 individuell versteuert und hat der Arbeitnehmer erklärt, er wolle die Steuerfreiheit in Anspruch nehmen und nicht von seinem Wahlrecht nach § 3 Nummer 63 Satz 2 EStG Gebrauch machen, ist die Versteuerung dieser Arbeitslohnbestandteile im Rahmen des Lohnsteuerabzugs für 2011 rückgängig zu machen, solange die Lohnsteuerbescheinigung für 2011 noch nicht ausgestellt und übermittelt wurde (§ 41c Absatz 3 Satz 1 EStG). Anderenfalls ist eine Korrektur nur noch im Rahmen der Einkommensteuerveranlagung möglich.

Umsetzung für Kalenderjahre 2010 und früher
Die Lohnsteuerbescheinigung für das Kalenderjahr 2010 musste gem. § 41b Absatz 1 Satz 2 EStG spätestens bis zum 28. Februar 2011 ausgestellt und übermittelt werden, so dass eine Korrektur für die Jahre 2010 und früher nur noch im Rahmen der Einkommensteuerveranlagung möglich ist.
In allen noch offenen Fällen von Einkommensteuerfestsetzungen für die Kalenderjahre 2010 und früher, in denen der Arbeitnehmer erklärt, er wolle die Steuerfreiheit in Anspruch nehmen und nicht von seinem Wahlrecht nach § 3 Nummer 63 Satz 2 EStG Gebrauch machen, ist der Bruttoarbeitslohn der einzelnen Arbeitnehmers bei Vorliegen der nachfolgend beschriebenen Bescheinigungen des Arbeitgebers sowie der Versorgungseinrichtung um die nach § 3 Nummer 63 EStG steuerfreien Finanzierungsanteile zu mindern; die Möglichkeit einer Förderung der Beiträge durch Gewährung einer Zulage nach Abschnitt XI EStG bzw. die Berücksichtigung im Rahmen des Sonderausgabenabzugs nach § 10a EStG kommt dann nicht mehr in Betracht.
Zum Zweck der Inanspruchnahme der Steuerfreiheit hat der Arbeitgeber dem Arbeitnehmer die bisher individuell besteuerten Finanzierungsanteile zu bescheinigen sowie der Versorgungseinrichtung sowohl die Änderung der steuerlichen Behandlung gemäß § 5 Absatz 2 LStDV mitzuteilen als auch auf das Erfordernis einer eventuellen Korrektur oder Stornierung des Zulageantrags hinzuweisen.
Hat der Arbeitnehmer keinen Zulageantrag nach § 89 EStG gestellt und die Versorgungseinrichtung des Arbeitgebers auch nicht bevollmächtigt, einen Zulageantrag für ihn zu stellen, hat die Versorgungseinrichtung dem Arbeitnehmer zum Zweck der Inanspruchnahme der Steuerfreiheit eine Bescheinigung auszustellen, dass kein Zulageantrag nach § 89 EStG gestellt wurde.
Sofern der Arbeitnehmer für die Jahre 2010 und früher bereits eine Zulage erhalten oder beantragt hat, hat die Versorgungseinrichtung aufgrund der Mitteilung des Arbeitgebers über die Änderung der steuerlichen Behandlung gemäß § 5 Absatz 2 LStDV eine eventuell erforderliche Korrektur bzw. Stornierung des Zulageantrags zu überwachen. Die Versorgungseinrichtung hat dem Arbeitnehmer zum Zweck der Inanspruchnahme der Steuerfreiheit eine Bescheinigung auszustellen, dass der Arbeitnehmer bereits eine Zulage erhalten oder beantragt hat, die Versorgungseinrichtung jedoch eine Korrektur bzw. Stornierung veranlassen wird, sobald eine Inanspruchnahme der Steuerfreiheit im Einkommensteuerbescheid erfolgt ist. Der Arbeitnehmer hat die Versorgungseinrichtung über die tatsächliche Inanspruchnahme der Steuerfreiheit im Einkommensteuerbescheid unverzüglich zu unterrichten (§ 89 Absatz 1 Satz 5 EStG). Die Versorgungseinrichtung hat in diesem Fall, spätestens jedoch 12 Monate nach Erteilung der Bescheinigung unabhängig von einer Unterrichtung des Arbeitnehmers, den an die zentrale Stelle (§ 81 EStG) übermittelten Zulageantrag zu korrigieren bzw. zu stornieren, es sei denn der Arbeitnehmer hat der Versorgungseinrichtung die Ablehnung der Steuerfreiheit nachgewiesen. Die zentrale Stelle hat ggf. zu Unrecht gewährte Zulagen nach § 90 Absatz 3 EStG zurückzufordern. Die Versorgungseinrichtung hat zudem eine ggf. übermittelte Bescheinigung nach § 10a Absatz 5 EStG für das Beitragsjahr 2010 zu korrigieren bzw. zu stornieren. Sollte im Einkommensteuerbescheid keine Inanspruchnahme der Steuerfreiheit erfolgen, hat die Versorgungseinrichtung keinen korrigierten bzw. stornierten Zulageantrag an die zentrale Stelle zu übermitteln.
Im Hinblick auf die möglichen gegenläufigen Konsequenzen bei der Umsetzung des BFH-Urteils (Gewährung der Steuerfreiheit § 3 Nummer 63 EStG einerseits, dafür Verlust der Förderung nach § 10a EStG/Abschnitt XI EStG andererseits) ist eine Korrektur von Amts wegen nicht durchzuführen, sondern nur auf Antrag des Arbeitnehmers.
Die Steuerfreistellung nach § 3 Nummer 56 EStG sowie die Pauschalversteuerung nach § 40b Absätze 1 und 2 EStG von Zuwendungen des Arbeitgebers an eine Pensionskasse zum Aufbau einer nicht kapitalgedeckten Altersversorgung bleiben in diesem Zusammenhang unberührt.

§ 3 Nr. 63 EStG
H 3.63

Berufsunfähigkeitsversicherung

Anhang 2 VIII → BMF vom 1. 8. 2006 – IV C 5 – S 2333 – 87/06 –

Clearing Stelle

Verwaltungskosten Clearing Stelle; Lohnsteuerliche Behandlung

(Verfügung des Bayerischen Landesamtes für Steuern vom 14. 7. 2008, S 2333.1.1-3/2 St 32/St 33)

Die Deutsche Gesellschaft für betriebliche Altersversorgung GmbH – DGbAV – hat nach der lohnsteuerlichen Behandlung der Verwaltungskosten, die sie als sog. Clearing Stelle für Verwaltungsaufgaben im Rahmen der betrieblichen Altersversorgung erhebt, gefragt. Aus der Beschreibung des Sachverhalts geht hervor, dass ausschließlich zwischen der DGbAV und dem entsprechenden Arbeitgeber eine vertragliche Beziehung besteht und dass die Arbeitgeber überlegen, sich vermehrt bei den Arbeitnehmern zu refinanzieren.

Das Bundesministerium der Finanzen hat hierzu mit Schreiben vom 24. 6. 2008, GZ: IV C 5 – S 2333/07/0016, DOK: 2008/0337142 nach Abstimmung mit den obersten Finanzbehörden der Länder folgende Auffassung vertreten:

„Die Zahlung von Verwaltungskosten durch den Arbeitgeber an eine sog. Clearing Stelle ist lohnsteuerlich irrelevant. Sie führt beim Arbeitnehmer nicht zum Zufluss von Arbeitslohn.

Verlangt der Arbeitgeber vom Arbeitnehmer die Erstattung solcher Aufwendungen, handelt es sich nicht um eine Entgeltumwandlung, sondern um Einkommensverwendung. Entgelt wird nicht in eine wertgleiche Anwartschaft auf Versorgungsleistungen umgewandelt, sondern für zusätzlich anfallende Verwaltungskosten verwendet. Die Steuerbefreiung des § 3 Nr. 63 EStG für Leistungen des Arbeitnehmers aus eigenem Einkommen ist nicht möglich und kommt daher für diese Beträge nicht in Betracht. Die Einbeziehung der Verwaltungskosten in die Vereinbarung einer Entgeltumwandlung zugunsten einer betrieblichen Altersversorgung hat auf die steuerliche Anerkennung der Entgeltumwandlung keinen Einfluss.

Die vom Arbeitnehmer an den Arbeitgeber zu erstattenden Kosten für die Beauftragung der Clearing Stelle stellen keine Aufwendungen des Arbeitnehmers zur Erzielung und zur Sicherung von Einkünften dar. Beim Arbeitnehmer liegen weder Werbungskosten bei den laufenden Einkünften aus § 19 EStG vor, noch können in ihnen Aufwendungen zur Sicherung einer zukünftigen Einkommensquelle (Einkünfte gem. § 22 Nr. 5 EStG bezogen auf die späteren Versorgungsleistungen) gesehen werden."

Durchschnittsfinanzierung

Arbeitgeberbeiträge an die Zusatzversorgungskasse des Baugewerbes; Anwendung von § 3 Nr. 63 EStG bei sog. Durchschnittsfinanzierung

(Verfügung der OFD München vom 5. 6. 2003, S 2333 – 41/St 41,
Verfügung der OFD Nürnberg vom 5. 6. 2003, S 2333 – 146/St 32)

Das BMF hat der Soka-Bau, Zusatzversorgungskasse des Baugewerbes VVaG/ZVK-Bau) mit Antwortschreiben vom 28. 5. 2002 Folgendes mitgeteilt:

„... Die obersten Finanzbehörden des Bundes und der Länder sind der Auffassung, dass § 3 Nr. 63 EStG und § 22 Nr. 5 EStG von einer individuellen Zuordnung der Arbeitgeberleistungen bei dem einzelnen Arbeitnehmer ausgehen. Allein die Verteilung eines vom Arbeitgeber gezahlten Gesamtbeitrags nach der Anzahl der begünstigten Arbeitnehmer – wie vom Gesetzgeber in § 40b Abs. 2 Satz 2 EStG für die Pauschalbesteuerung ausdrücklich zugelassen – genügt hierfür nicht. Die Steuerfreiheit nach § 3 Nr. 63 EStG kann daher nur dann in Anspruch genommen werden, wenn der vom Arbeitgeber zur Finanzierung der Versorgungsleistungen gezahlte Beitrag nach bestimmten individuellen Kriterien dem einzelnen Arbeitnehmer konkret zugeordnet wird.

Wird lediglich ein monatlicher Gesamtbetrag in Höhe von 1,65 % der betrieblichen Bruttolöhne für alle gewerblichen Arbeitnehmer gezahlt, so ist eine individuelle Zuordnung nicht möglich. Die Steuerfreiheit nach § 3 Nr. 63 EStG kann somit ab dem 1. Januar 2002 bei dieser Zahlweise nicht in Anspruch genommen werden.

Um die sich daraus ergebende Folge der Nachversteuerung zu vermeiden, bestehen jedoch keine Bedenken, wenn die gezahlten Beiträge rückwirkend zum 1. Januar 2002 nach bestimmten individuellen Kriterien dem einzelnen gewerblichen Arbeitnehmer zugeordnet werden. Das könnte z. B. in der Weise geschehen, dass vom Arbeitgeber nicht ein Gesamtbeitrag (1,65 % der betrieblichen Bruttolohnsumme) für alle im Betrieb beschäftigten gewerblichen Arbeitnehmer gezahlt wird, sondern für jeden gewerblichen Arbeitnehmer 1,65 % seines individuellen Bruttolohns.

Im Angestelltenbereich gibt es dagegen keine Schwierigkeiten. Mit der Zahlung eines festen monatlichen Betrags je Angestellten ist bereits die Voraussetzung der Zuordnung nach individuellen Kriterien erfüllt, so dass § 3 Nr. 63 EStG zur Anwendung kommt.

Wie die Leistungen in der Auszahlungsphase aufzuteilen sind, ist noch zu klären . . .[1])"

Anmerkung der OFDen München und Nürnberg:

Die Frage der Anwendbarkeit des § 3 Nr. 63 EStG auf die Arbeitgeberbeiträge, die an die Zusatzversorgungskasse des Baugewerbes VVaG (Soka-Bau) geleistet werden, ist geklärt.

Das BMF hat mit Schreiben vom 24. 4. 2003, IV C 5 – S 2333–23/03 an die obersten Finanzbehörden der Länder zusammengefasst nochmals auf Folgendes hingewiesen:

1. Die Zusatzversorgungskasse des Baugewerbes wird im Kapitaldeckungsverfahren und nicht im Umlaufverfahren betrieben. Insoweit steht einer Anwendung des § 3 Nr. 63 EStG nichts entgegen.
2. Was die Individualisierung der Beitragsleistungen angeht, hat die Soka-Bau in § 13 ihres Tarifvertrages die Vorgaben des BMF umgesetzt. Die Beiträge werden nun anhand eines festgelegten Prozentsatzes vom individuellen Bruttolohn des einzelnen Arbeitnehmers oder in Form eines festen Euro-Betrags erhoben. Die Frage, wie diese individuell ermittelten Beiträge vom Arbeitgeber an die Zusatzversorgungskasse des Baugewerbes gezahlt, d. h. überwiesen werden (ob in einem Betrag oder in mehreren), hat auf die vorgenommene Individualisierung keinen Einfluss und ist daher unerheblich.
3. Der Individualisierung und damit der Anwendung des § 3 Nr. 63 EStG steht nach Rz. 161 des BMF-Schreibens vom 5. 8. 2002 (BStBl I 2002, 767)[2] ebenfalls nicht entgegen, dass sich die Höhe der zugesagten Versorgungsleistung bei der Soka-Bau nicht unmittelbar an der Höhe des eingezahlten Beitrags des Arbeitgebers orientiert.

Ehegatten-Arbeitsverhältnis

I. Betriebliche Altersversorgung; Überversorgung bei Ehegatten-Arbeitsverhältnissen (§ 3 Nr. 63, § 40b EStG)

(Erlass des Finanzministeriums des Saarlandes vom 7. 3. 2005,
– B/2-4 – 49/2005 – S 2333)

Mit Urteil vom 16. Mai hat der BFH entschieden, dass Aufwendungen für eine Direktversicherung, die im Rahmen eines steuerrechtlich anzuerkennenden Ehegatten-Arbeitsverhältnisses durch Umwandlung von Barlohn geleistet werden, der Höhe nach nur insoweit betrieblich veranlasst sind, als sie zu keiner Überversorgung führen (Anschluss an BFH-Urteile vom 5. Februar 1987 IV R 198/84, BFHE 149,451, BStBl II 1987, 557 und vom 11. September 1987 III R 267/83, BFH/NV 1988, 225). Nach den Grundsätzen der Rechtsprechung sei zu prüfen, ob die einzelnen Lohnbestandteile (Aktivbezüge und Alterssicherung) zueinander in etwa dem entsprechen, was bei der Entlohnung familienfremder Arbeitnehmer betriebsintern üblich ist. Dabei soll nicht allein die Höhe, sondern auch die Zusammensetzung des Entgelts von Bedeutung sein. Eine Überversorgung eines mitarbeitenden Ehegatten liege vor, wenn seine Altersversorgung (z. B. die zu erwartende Rente aus der gesetzlichen Rentenversicherung zuzüglich der Leistungen aus der Direktversicherung) 75 % der letzten Aktivbezüge übersteigt. Aus Vereinfachungsgründen könne aber auf eine genaue Ermittlung der künftigen Versorgungsversorgung verzichtet werden, wenn sämtliche Versorgungsleistungen 30 % des steuerpflichtigen Arbeitslohns nicht übersteigen. Im Hinblick auf den seit dem 1. Januar 2002 bestehenden Anspruch auf betriebliche Altersversorgung durch Entgeltumwandlung (§ 1a BetrAVG) ist gefragt worden, ob die o. g. Grundsätze weiter anzuwenden seien.

Nach der Erörterung mit den obersten Finanzbehörden der Länder ist für lohnsteuerliche Zwecke nicht mehr an der 30 %-Regelung festzuhalten.

Wird bei einem steuerlich anzuerkennenden Ehegatten-Arbeitsverhältnis (U. 0. Angemessenheit dem Grunde und der Höhe nach; s. a. H 129[3]) – Dienstverhältnis zwischen Ehegatten – mit Verweis auf H 41 Abs. 10 EStH[4]) eine betriebliche Altersversorgung in den Durchführungswegen Pensionsfonds, Pensionskasse und Direktversicherung durchgeführt wird und stellen der Beiträge beim Arbeitgeber Betriebsausgaben dar, sind die Regelungen in § 3 Nr. 63 und § 40b EStG un-

---

[1]) Zur Aufteilung der Leistungen siehe BMF-Schreiben vom 11. 11. 2004 (BStBl I S. 1061) unter Berücksichtigung der Änderungen durch BMF-Schreiben vom 14. 3. 2012 (BStBl I S. 311).
[2]) Nunmehr Rz. 267 des BMF-Schreibens vom 31. 3. 2010 (BStBl I S. 270), das in Anhang 2 IV abgedruckt ist.
[3]) Nunmehr H 40b.1.
[4]) Nunmehr R 4.8 EStR und H 4.8 EStH.

eingeschränkt bis zu den jeweiligen Höchstbeträgen anwendbar. Dies gilt sowohl für rein arbeitgeberfinanzierte Beiträge als auch für Beiträge des Arbeitgebers, die durch Entgeltumwandlung finanziert werden.

II. Betriebliche Altersversorgung; Überversorgung bei Ehegatten-Arbeitsverhältnissen

(Erlass des Ministeriums der Finanzen des Saarlandes vom 15. 12. 2005 – B/2-4 – 49/05 – S 2333)

Bezug: FinMin Saarland, Erlass vom 7. März 2005, B/2-4 – 49/2005 – S 2333

In dem Bezugserlass ist u. a. ausgeführt:

Wird bei einem steuerlich anzuerkennenden Ehegatten-Arbeitsverhältnis (u. a. Angemessenheit dem Grunde und der Höhe nach; s. a. H 129[1] – Dienstverhältnis zwischen Ehegatten – mit Verweis auf H 41 Abs. 10 EStH[2])) eine betriebliche Altersversorgung in den Durchführungswegen Pensionsfonds, Pensionskasse und Direktversicherung durchgeführt und stellen die Beiträge beim Arbeitgeber Betriebsausgaben dar, sind die Regelungen in § 3 Nr. 63 und § 40b EStG uneingeschränkt bis zu den jeweiligen Höchstbeträgen anwendbar. Dies gilt sowohl für rein arbeitgeberfinanzierte Beiträge als auch für Beiträge des Arbeitgebers, die durch Entgeltumwandlung finanziert werden.

Aus gegebenem Anlass weist das FinMin auf Folgendes erläuternd hin:

Zur Feststellung, ob die Beiträge zur betrieblichen Altersvorsorge in den Durchführungswegen Pensionsfonds, Pensionskasse und Direktversicherung bei dem Arbeitgeber Betriebsausgaben darstellen, ist nach wie vor zu prüfen, ob eine Überversorgung das mitarbeitenden Ehegatten vorliegt. In diesem Zusammenhang wird auf das BMF-Schreiben vom 3. November 2004 (BStBl 2004 I S. 1045) und die in H 41 Abs. 10 EStH[3]) aufgenommenen BMF-Schreiben vom 4. September 1984 (BStBl 1984 I S. 495) und vom 9. Januar 1986 (BStBl 1986 I S. 7) mit der Maßgabe verwiesen, dass die dort genannte 30 %-Regelung überholt ist.

Bei Teilzeitarbeitsverhältnissen ist ebenfalls nach den Ausführungen in den genannten BMF-Schreiben zu verfahren.

Dieser Erlass ergeht im Einvernehmen mit dem Bundesministerium der Finanzen und den obersten Finanzbehörden der Länder.

Entsendungen von Arbeitnehmern nach Deutschland

Steuerbefreiungen nach § 3 Nr. 63 EStG bei Beiträgen an eine ausländische Versorgungseinrichtung im Rahmen einer Entsendungen von Arbeitnehmern nach Deutschland

(Verfügung der OFD Rheinland vom 6. 4. 2011 – Kurzinfo ESt 16/2011 –)

Beiträge an Pensionsfonds, Pensionskassen und Versicherungsunternehmen in der EU – sowie ggf. in Drittstaaten – können nach § 3 Nr. 63 EStG begünstigt sein, wenn die ausländische Versorgungseinrichtung bzw. das ausländische Versicherungsunternehmen versicherungsrechtlich zur Ausübung ihrer Tätigkeit zugunsten von Arbeitnehmern in inländischen Betriebsstätten befugt ist (vgl. Rz. 274 des BMF-Schreibens vom 31. 3. 2010[4])).

Auf Bund-Länder-Ebene wird zurzeit erörtert, ob Beiträge an eine ausländische Versorgungseinrichtung, die im Zusammenhang mit einer Entsendung (zivilrechtlicher Arbeitgeber = ausländisches Unternehmen; wirtschaftlicher Arbeitgeber = inländisches Unternehmen) von Arbeitnehmern nach Deutschland geleistet werden – unabhängig davon, ob die Versorgungseinrichtung versicherungsrechtlich zur Ausübung ihrer Tätigkeit in Deutschland befugt ist – ebenfalls gem. § 3 Nr. 63 EStG steuerfrei gezahlt werden können.

Aufgrund der Erörterungen auf Bund-Länder-Ebene, bitte ich Einspruchsverfahren gegen Lohnsteuer-Nachforderungs-/Haftungsbescheide bzw. Einkommensteuerbescheide zu der vorgenannten Thematik bis zum Abschluss der bundesweiten Abstimmung der Rechtsfrage zurückzustellen.

Ausländischen Versorgungseinrichtungen müssen – ebenso wie inländischen Versorgungseinrichtungen – die allgemeinen Voraussetzungen einer betrieblichen Altersversorgung (z. B. Absi-

---

[1]) Nunmehr H 40b.1.
[2]) Nunmehr H 6a Abs. 9 EStH.
[3]) Nunmehr H 6a Abs. 9 EStH.
[4]) Abgedruckt in Anhang 2 IV.

cherung mindestens eines biometrischen Risikos) sowie die besonderen Voraussetzungen für eine Steuerfreistellung der Beiträge nach § 3 Nr. 63 EStG (z. B. begünstigte Auszahlungsform) nach den in Deutschland geltenden Kriterien erfüllen.

Aus diesem Grund kann Anträgen auf Aussetzung der Vollziehung nur entsprochen werden, wenn die ausländischen Pensionspläne die Kriterien des § 3 Nr. 63 EStG (z. B. Altersuntergrenze, Kreis der Begünstigten, Auszahlungsform; vgl. Rz. 263 ff. des BMF-Schreibens vom 31. 3. 2010) erfüllen.

Grenzpendler in die Schweiz

→ H 3.62 (Grenzpendler in die Schweiz)

Hinterbliebenenversorgung für Lebensgefährten

– → BMF vom 25. 7. 2002 (BStBl I S. 706) — Anhang 2 V

Sozialversicherung

– → § 1 Abs. 1 Satz 1 Nr. 9 SvEV — Anhang 4

Umlagezahlungen

– → Zur Abgrenzung gegenüber dem Kapitaldeckungsverfahren → BMF vom 31. 3. 2010 (BStBl I S. 270), Rz. 265, 299–303; → **BMF vom ... (BStBl I S. ...)** → Siehe hierzu Hinweise auf Seite 4! — Anhang 2 IV
– → § 3 Nr. 56 EStG
– → H 19.3 (VBL-Umlagezahlungen)

---

§ 3   EStG

Steuerfrei sind

...

64. bei Arbeitnehmern, die zu einer inländischen juristischen Person des öffentlichen Rechts in einem Dienstverhältnis stehen und dafür Arbeitslohn aus einer inländischen öffentlichen Kasse beziehen, die Bezüge für eine Tätigkeit im Ausland insoweit, als sie den Arbeitslohn übersteigen, der dem Arbeitnehmer bei einer gleichwertigen Tätigkeit am Ort der zahlenden öffentlichen Kasse zustehen würde. ²Satz 1 gilt auch, wenn das Dienstverhältnis zu einer anderen Person besteht, die den Arbeitslohn entsprechend den im Sinne des Satzes 1 geltenden Vorschriften ermittelt, der Arbeitslohn aus einer öffentlichen Kasse gezahlt wird und ganz oder im Wesentlichen aus öffentlichen Mitteln aufgebracht wird. ³Bei anderen für einen begrenzten Zeitraum in das Ausland entsandten Arbeitnehmern, die dort einen Wohnsitz oder ihren gewöhnlichen Aufenthalt haben, ist der ihnen von einem inländischen Arbeitgeber gewährte Kaufkraftausgleich steuerfrei, soweit er den für vergleichbare Auslandsdienstbezüge nach § 55 des Bundesbesoldungsgesetzes zulässigen Betrag nicht übersteigt; — S 2341

Kaufkraftausgleich (§ 3 Nr. 64 EStG)   R 3.64

(1) ¹Wird einem Arbeitnehmer außerhalb des öffentlichen Dienstes von einem inländischen Arbeitgeber ein Kaufkraftausgleich gewährt, so bleibt er im Rahmen des Absatzes 2 steuerfrei, wenn der Arbeitnehmer aus dienstlichen Gründen in ein Gebiet außerhalb des Inlands entsandt wird und dort für einen begrenzten Zeitraum einen Wohnsitz i. S. d. § 8 AO oder gewöhnlichen Aufenthalt i. S. d. § 9 AO hat. ²Eine Entsendung für einen begrenzten Zeitraum ist anzunehmen, wenn eine Rückkehr des Arbeitnehmers nach Beendigung der Tätigkeit vorgesehen ist. ³Es ist unerheblich, ob der Arbeitnehmer tatsächlich zurückkehrt oder nicht. — S 2341

(2) ¹Der Umfang der Steuerfreiheit des Kaufkraftausgleichs bestimmt sich nach den Sätzen des Kaufkraftzuschlags zu den Auslandsdienstbezügen im öffentlichen Dienst. ²Die für die einzelnen Länder an Ihren dienstlichen Aufenthaltsort in Betracht kommenden Kaufkraftzuschläge werden im BStBl Teil I bekannt gemacht.

(3) ¹Die Zuschläge beziehen sich jeweils auf den Auslandsdienstort einer Vertretung der Bundesrepublik Deutschland und gelten, sofern nicht im Einzelnen andere Zuschläge festgesetzt sind, jeweils für den gesamten konsularischen Amtsbezirk der Vertretung. ²Die konsularischen Amtsbezirke der Vertretungen ergeben sich vorbehaltlich späterer Änderungen, die im Bundesanzeiger veröffentlicht werden, aus dem Verzeichnis der Vertretungen der Bundesrepublik Deutschland im Ausland.

§ 3 Nr. 64 EStG
R 3.64 H 3.64

(4) [1]Die regionale Begrenzung der Zuschlagssätze gilt auch für die Steuerbefreiung nach § 3 Nr. 64 EStG. [2]Für ein Land, das von einer Vertretung der Bundesrepublik Deutschland nicht erfasst wird, kann jedoch der Zuschlagssatz angesetzt werden, der für einen vergleichbaren konsularischen Amtsbezirk eines Nachbarlandes festgesetzt worden ist.

(5) [1]Die Zuschlagssätze werden im öffentlichen Dienst auf 60 % der Dienstbezüge, die bei Verwendung im Inland zustehen, und der Auslandsdienstbezüge angewendet. [2]Da eine vergleichbare Bemessungsgrundlage außerhalb des öffentlichen Dienstes regelmäßig nicht vorhanden ist, ist der steuerfreie Teil des Kaufkraftausgleichs durch Anwendung eines entsprechenden Abschlagssatzes nach den Gesamtbezügen einschließlich des Kaufkraftausgleichs zu bestimmen. [3]Dabei ist es gleichgültig, ob die Bezüge im Inland oder im Ausland ausgezahlt werden. [4]Der Abschlagssatz errechnet sich nach folgender Formel:

$$\frac{\text{Zuschlagssatz} \times 600}{1\,000 + 6 \times \text{Zuschlagssatz}}$$

[5]Ergibt sich durch Anwendung des Abschlagssatzes ein höherer Betrag als der tatsächlich gewährte Kaufkraftausgleich, so ist nur der niedrigere Betrag steuerfrei. [6]Zu den Gesamtbezügen, auf die der Abschlagssatz anzuwenden ist, gehören nicht steuerfreie Reisekostenvergütungen und steuerfreie Vergütungen für Mehraufwendungen bei doppelter Haushaltsführung.

(6) [1]Wird ein Zuschlagssatz rückwirkend erhöht, so ist der Arbeitgeber berechtigt, die bereits abgeschlossenen Lohnabrechnungen insoweit wiederaufzurollen und bei der jeweils nächstfolgenden Lohnzahlung die gegebenenfalls zuviel einbehaltene Lohnsteuer zu erstatten. [2]Dabei ist § 41c Abs. 2 und 3 EStG anzuwenden. [3]Die Herabsetzung eines Zuschlagssatzes ist erstmals bei der Lohnabrechnung des Arbeitslohns zu berücksichtigen, der für einen nach der Veröffentlichung der Herabsetzung beginnenden Lohnzahlungszeitraum gezahlt wird.

H 3.64   Hinweise

Abschlagssätze

Zuschlags-satz	Abschlags-satz	Zuschlags-satz	Abschlags-satz	Zuschlags-satz	Abschlags-satz
5	2,91	40	19,35	75	31,03
10	5,66	45	21,26	80	32,43
15	8,26	50	23,08	85	33,77
20	10,71	55	24,81	90	35,06
25	13,04	60	26,47	95	36,31
30	15,25	65	28,06	100	37,50
35	17,36	70	29,58		

EU-Tagegeld

Das EU-Tagegeld ist Arbeitslohn. Es bleibt jedoch steuerfrei, soweit es auf steuerfreie Auslandsdienstbezüge angerechnet wird (→ BMF vom 12. 4. 2006 – BStBl I 2006 S. 340).

Kaufkraftausgleich

Steuerbefreiung des Kaufkraftausgleichs; Gesamtübersicht der Kaufkraftzuschläge – Stand: 1. 1. 2013

Anhang 47 → BMF-Schreiben vom 10. 1. 2013 – IV C 5 – S 2341/12/10002, 2012/1178006 – BStBl I 2013 S. 87

Tagegelder der EU-Kommission

→ H 39d

Wohnungsgestellung

am ausländischen Dienstort → R 8.1 Abs. 6 Satz 10

§ 3

Steuerfrei sind

...

65. a) Beiträge des Trägers der Insolvenzsicherung (§ 14 des Betriebsrentengesetzes) zugunsten eines Versorgungsberechtigten und seiner Hinterbliebenen an eine Pensionskasse oder ein Unternehmen der Lebensversicherung zur Ablösung von Verpflichtungen, die der Träger der Insolvenzsicherung im Sicherungsfall gegenüber dem Versorgungsberechtigten und seinen Hinterbliebenen hat,

b) Leistungen zur Übernahme von Versorgungsleistungen oder unverfallbaren Versorgungsanwartschaften durch eine Pensionskasse oder ein Unternehmen der Lebensversicherung in den in § 4 Absatz 4 des Betriebsrentengesetzes bezeichneten Fällen und

c) der Erwerb von Ansprüchen durch den Arbeitnehmer gegenüber einem Dritten im Falle der Eröffnung des Insolvenzverfahrens oder in den Fällen des § 7 Absatz 1 Satz 4 des Betriebsrentengesetzes, soweit der Dritte neben dem Arbeitgeber für die Erfüllung von Ansprüchen auf Grund bestehender Versorgungsverpflichtungen oder Versorgungsanwartschaften gegenüber dem Arbeitnehmer und dessen Hinterbliebenen einsteht; dies gilt entsprechend, wenn der Dritte für Wertguthaben aus einer Vereinbarung über die Altersteilzeit nach dem Altersteilzeitgesetz vom 23. Juli 1996 (BGBl. I S. 1078), zuletzt geändert durch Artikel 234 der Verordnung vom 31. Oktober 2006 (BGBl. I S. 2407), in der jeweils geltenden Fassung oder auf Grund von Wertguthaben aus einem Arbeitszeitkonto in den im ersten Halbsatz genannten Fällen für den Arbeitgeber einsteht.

²In den Fällen nach Buchstabe a, b und c gehören die Leistungen der Pensionskasse, des Unternehmens der Lebensversicherung oder des Dritten zu den Einkünften, zu denen jene Leistungen gehören würden, zu deren Erbringung sie im Sicherungsfall oder nach Buchstabe a, b und c zu erbringen wären. ³Soweit sie zu den Einkünften aus nichtselbständiger Arbeit im Sinne des § 19 gehören, ist von ihnen Lohnsteuer einzubehalten. ⁴Für die Erhebung der Lohnsteuer gelten die Pensionskasse, das Unternehmen der Lebensversicherung oder der Dritte als Arbeitgeber und der Leistungsempfänger als Arbeitnehmer;

Insolvenzsicherung (§ 3 Nr. 65 EStG)

(1) ¹Die Steuerbefreiung gilt nur für etwaige Beiträge des Trägers der Insolvenzsicherung an eine Pensionskasse oder an ein Lebensversicherungsunternehmen zur Versicherung von Verpflichtungen im Sicherungsfall. ²Sie gilt auch für die Übertragung von Direktzusagen oder für Zusagen, die von einer Unterstützungskasse erbracht werden sollen, wenn die Betriebstätigkeit eingestellt und das Unternehmen liquidiert wird (§ 4 Abs. 4 des Betriebsrentengesetzes – BetrAVG). ³Im Falle der Liquidation einer Kapitalgesellschaft greift die Steuerbefreiung auch bei der Übertragung von Versorgungszusagen, die an Gesellschafter-Geschäftsführer gegeben worden sind; dies gilt auch dann, wenn es sich um Versorgungszusagen an beherrschende Gesellschafter-Geschäftsführer handelt. ⁴Die Sätze 2 und 3 gelten nicht bei einer Betriebsveräußerung, wenn das Unternehmen vom Erwerber fortgeführt wird.

(2) ¹Die Mittel für die Durchführung der Insolvenzsicherung werden auf Grund öffentlich-rechtlicher Verpflichtung durch Beiträge aller Arbeitgeber aufgebracht, die Leistungen der betrieblichen Altersversorgung unmittelbar zugesagt haben oder eine betriebliche Altersversorgung über eine Unterstützungskasse, eine Direktversicherung oder einen Pensionsfonds durchführen (§ 10 BetrAVG). ²Die Beiträge an den Träger der Insolvenzsicherung gehören damit als Ausgaben des Arbeitgebers für die Zukunftssicherung des Arbeitnehmers, die auf Grund gesetzlicher Verpflichtung geleistet werden, zu den steuerfreien Einnahmen i. S. d. § 3 Nr. 62 EStG.

(3) ¹Durch die Insolvenzsicherung der betrieblichen Altersversorgung werden nicht neue oder höhere Ansprüche geschaffen, sondern nur bereits vorhandene Ansprüche gegen Insolvenz geschützt. ²Die in Insolvenzfällen zu erbringenden Versorgungsleistungen des Trägers der Insolvenzsicherung bzw. bei Rückversicherung der Pensionskasse oder des Lebensversicherungsunternehmens behalten deshalb grundsätzlich ihren steuerlichen Charakter, als wäre der Insolvenzfall nicht eingetreten. ³Das bedeutet z. B., dass Versorgungsleistungen an einen Arbeitnehmer, die auf einer Pensionszusage beruhen oder die über eine Unterstützungskasse durchgeführt werden sollten, auch nach Eintritt des Insolvenzfalles und Übernahme der Leistungen durch ein Versicherungsunternehmen zu den Einnahmen aus nichtselbständiger Arbeit gehören.

(4) § 3 Nr. 65 Satz 1 Buchstabe c EStG ist in den Fällen der Übertragung oder Umwandlung einer Rückdeckungsversicherung (→ R 40b.1 Abs. 3) nicht anwendbar.

---

¹) Zur Anwendung von Nummer 65 → § 52 Abs. 7 EStG.

§ 3 Nr. 65, 66 EStG
H 3.65, H 3.66

H 3.65

Hinweise

Allgemeine Grundsätze

Anhang 2 IV

→ BMF vom 31. 3. 2010 (BStBl I S. 270), Rz. 247 ff.

→ **BMF vom ... (BStBl I S. ...)** → Siehe hierzu die Hinweise auf Seite 4!

EStG

§ 3

Steuerfrei sind

...

66. Leistungen eines Arbeitgebers oder einer Unterstützungskasse an einen Pensionsfonds zur Übernahme bestehender Versorgungsverpflichtungen oder Versorgungsanwartschaften durch den Pensionsfonds, wenn ein Antrag nach § 4d Absatz 3 oder § 4e Absatz 3 gestellt worden ist;

H 3.66
S 2333

Hinweise

Allgemeines

→ BMF vom 26. 10. 2006 (BStBl I S. 709); → H 3.66 (Umfang der Steuerfreiheit)

Die Steuerfreiheit gilt auch dann, wenn beim übertragenden Unternehmen keine Zuwendungen im Sinne von § 4d Abs. 3 EStG oder Leistungen im Sinne von § 4e Abs. 3 EStG im Zusammenhang mit der Übernahme einer Versorgungsverpflichtung durch einen Pensionsfonds anfallen

Anhang 2 IV

(→ BMF vom 31. 3. 2010 (BStBl I S. 270, Rz. 281)*;* → **BMF vom ... (BStBl I S. ...)** → Siehe hierzu die Hinweise auf Seite 4!

Umfang der Steuerfreiheit

Bei einer entgeltlichen Übertragung von Versorgungsanwartschaften aktiver Beschäftigter kommt die Anwendung von § 3 Nr. 66 EStG nur für Zahlungen an den Pensionsfonds in Betracht, die für die bis zum Zeitpunkt der Übertragung bereits erdienten Versorgungsanwartschaften geleistet werden; Zahlungen an den Pensionsfonds für zukünftig noch zu erdienende Anwartschaften sind ausschließlich in dem begrenzten Rahmen des § 3 Nr. 63 EStG lohnsteuerfrei (→ BMF vom 26. 10. 2006 – BStBl I S. 709).

Übertragung von Versorgungsverpflichtungen und Versorgungsanwartschaften auf Pensionsfonds; Anwendung der Regelungen in § 4d Abs. 3 EStG und § 4e Abs. 3 EStG i. V. m. § 3 Nr. 66 EStG

(BMF-Schreiben vom 26. 10. 2006 – IV B 2 – S 2144 – 57/06 –, BStBl I S. 709)

Nach § 4e Abs. 3 Satz 1 EStG können auf Antrag die insgesamt erforderlichen Leistungen an einen Pensionsfonds zur teilweisen oder vollständigen Übernahme einer bestehenden Versorgungsverpflichtung oder Versorgungsanwartschaft durch den Pensionsfonds erst in den dem Wirtschaftsjahr der Übertragung folgenden zehn Wirtschaftsjahren gleichmäßig verteilt als Betriebsausgabe abgezogen werden. Werden Versorgungszusagen über eine Unterstützungskasse von einem Pensionsfonds übernommen, ist die Verteilungsregelung mit der Maßgabe anzuwenden, dass die im Zusammenhang mit der Übernahme erforderliche Zuwendung an die Unterstützungskasse erst in dem Wirtschaftsjahr der Zuwendung folgenden zehn Wirtschaftsjahren gleichmäßig verteilt als Betriebsausgaben abgezogen werden können (§ 4d Abs. 3 EStG). Der Antrag nach § 4d Abs. 3 EStG oder § 4e Abs. 3 EStG führt nach Maßgabe der folgenden Regelungen zur Lohnsteuerfreiheit der entsprechenden Leistungen des Arbeitgebers oder der Unterstützungskasse an den Pensionsfonds (§ 3 Nr. 63, 66 EStG).

Für die Anwendung dieser Regelungen gilt nach Abstimmung mit den obersten Finanzbehörden der Länder Folgendes:

§ 3 Nr. 66 EStG
H 3.66

1. Anwendungsbereich der Regelungen in § 3 Nr. 63 und 66 EStG i. V. m. § 4d Abs. 3 EStG und § 4e Abs. 3 EStG

a) Übertragung von Versorgungsverpflichtungen gegenüber Leistungsempfängern und von unverfallbaren Versorgungsanwartschaften ausgeschiedener Versorgungsberechtigter

Leistungen eines Arbeitgebers oder einer Unterstützungskasse an einen Pensionsfonds zur Übernahme bestehender Versorgungsverpflichtungen gegenüber Leistungsempfängern (laufende Rentenzahlungen) und unverfallbarer Versorgungsanwartschaften ausgeschiedener Versorgungsberechtigter sind insgesamt nach § 3 Nr. 66 EStG steuerfrei, wenn ein Antrag gemäß § 4d Abs. 3 EStG oder § 4e Abs. 3 EStG gestellt wird. 1

b) Übertragung von Versorgungsanwartschaften aktiver Beschäftigter

Bei einer entgeltlichen Übertragung von Versorgungsanwartschaften aktiver Beschäftigter kommt die Anwendung von § 3 Nr. 66 EStG nur für Zahlungen an den Pensionsfonds in Betracht, die für die bis zum Zeitpunkt der Übertragung bereits erdienten Versorgungsanwartschaften geleistet werden. 2

Zahlungen an den Pensionsfonds für zukünftig noch zu erdienende Anwartschaften sind ausschließlich in dem begrenzten Rahmen des § 3 Nr. 63 EStG lohnsteuerfrei. 3

Die bis zum Zeitpunkt der Übertragung bereits erdienten, entgeltlich übertragenen Versorgungsanwartschaften sind grundsätzlich mit dem steuerlich ausfinanzierbaren Teil, mindestens aber in Höhe des zeitanteilig quotierten Versorgungsanteiles nach § 2 Abs. 1 oder Abs. 5a des Betriebsrentengesetzes (Gesetz zur Verbesserung der betrieblichen Altersversorgung – BetrAVG) zu berücksichtigen. 4

Soll eine Versorgungsanwartschaft eines Aktiven aus einer Pensionszusage auf einen Pensionsfonds übertragen werden, ergibt sich der erdiente Teil der Anwartschaft als Quotient des Teilwertes gem. § 6a Abs. 3 Satz 2 Nr. 1 EStG zum Barwert der künftigen Pensionsleistungen, jeweils ermittelt auf den Übertragungszeitpunkt. 5

2. Berücksichtigung der insgesamt erforderlichen Leistungen zur Übernahme von Versorgungsverpflichtungen oder Versorgungsanwartschaften

Nach dem Sinn und Zweck der Regelungen in § 4d Abs. 3 EStG und § 4e Abs. 3 EStG können alle Leistungen des Steuerpflichtigen im Sinne der Randnummern 1 und 2 im Zusammenhang mit der Übernahme von Versorgungsverpflichtungen oder Versorgungsanwartschaften durch Pensionsfonds über den Verteilungszeitraum als Betriebsausgaben abgezogen werden. Das gilt auch für nach § 3 Nr. 66 EStG begünstigte Leistungen (Randnummern 1 und 2), die nach dem Wirtschaftsjahr der Übernahme der Versorgungsverpflichtung entstanden sind oder entrichtet werden (z. B. nachträgliche zusätzliche Zuwendungen aufgrund einer nicht hinreichenden Deckung durch den zum Übernahmezeitpunkt geleisteten Einmalbetrag). Der Antrag auf Verteilung kann nur einheitlich für sämtliche Leistungen zur Übernahme einer Versorgungsverpflichtung oder Versorgungsanwartschaft gestellt werden. Wurden die erstmaligen Aufwendungen im vollen Umfang Gewinn mindernd geltend gemacht, ist auch eine Verteilung eventueller Nachschusszahlungen nicht möglich. 6

3. Beginn des Verteilungszeitraumes

Der zehnjährige Verteilungszeitraum beginnt bei einer Bilanzierung nach § 4 Abs. 1 und § 5 EStG in dem dem Wirtschaftsjahr des Entstehens der Leistungsverpflichtung folgenden Wirtschaftsjahr und bei einer Gewinnermittlung nach § 4 Abs. 3 EStG in dem dem Jahr der Leistung folgenden Wirtschaftsjahr. Das gilt auch für die Verteilung einer möglichen Nachschusszahlung, wobei es unerheblich ist, ob noch innerhalb des ursprünglichen Zehnjahresraumes nach dem Wirtschaftsjahr der Übertragung der Versorgungsverpflichtung oder Versorgungsanwartschaft oder erst zu einem späteren Zeitpunkt die Leistungsverpflichtung entsteht oder die Zahlung geleistet wird. 7

4. Beispiel

Arbeitgeber A passiviert in der steuerlichen Gewinnermittlung zum 31. Dezember 2003 aufgrund einer Direktzusage zulässigerweise eine Pensionsrückstellung nach § 6a EStG in Höhe von 100 000 €. In 2004 wird die Versorgungsanwartschaft von einem Pensionsfonds übernommen. A zahlt hierfür 150 000 € (begünstigt nach § 3 Nr. 66 EStG, vgl. Randnummer 2) und stellt einen Antrag nach § 4e Abs. 3 EStG auf Verteilung der Betriebsausgaben. Im Jahr 2010 leistet A aufgrund einer Deckungslücke einen weiteren unter § 3 Nr. 66 EStG fallenden Einmalbetrag von 30 000 €. 8

In 2004 ist die Rückstellung nach § 6a EStG Gewinn erhöhend aufzulösen. Da A einen Antrag auf Verteilung der dem Grunde nach sofort abzugsfähigen Betriebsausgaben gestellt hat, mindern in 2004 im Ergebnis nur 100 000 € (= Höhe der aufzulösenden Pensionsrückstellung, § 4e Abs. 3 Satz 3 EStG) den Gewinn. Der verbleibende Betrag von 50 000 € (150 000 € – 100 000 €) ist dem Gewinn 2004 außerbilanziell wieder hinzuzurechnen. In den Jahren 2005 bis 2014 ist der Gewinn um jeweils 1/10 × 50 000 € = 5 000 € außerbilanziell zu vermindern.

Auch die in 2010 geleistete Nachschusszahlung von 30 000 € ist aufgrund des für alle Leistungen im Zusammenhang mit der Übertragung bindenden Antrages nach § 4e Abs. 3 EStG zu verteilen. Demnach erhöht der Betrag von 30 000 € außerbilanziell den Gewinn in 2010. In den Jahren 2011 bis 2 020 mindert sich der Gewinn außerbilanziell jährlich um je 1/10 × 30 000 € = 3 000 €. Hätte A die ursprüngliche Zahlung von 150 000 € vollumfänglich in 2004 als Betriebsausgabe geltend gemacht, hätte auch die in 2010 geleistete Nachschusszahlung nicht verteilt werden können.

EStG § 3

Steuerfrei sind

...

S 2342   67. das Erziehungsgeld nach dem Bundeserziehungsgeldgesetz und vergleichbare Leistungen der Länder, das Elterngeld nach dem Bundeselterngeld- und Elternzeitgesetz und vergleichbare Leistungen der Länder sowie Leistungen für Kindererziehung an Mütter der Geburtsjahrgänge vor 1921 nach den §§ 294 bis 299 des Sechsten Buches Sozialgesetzbuch und die Zuschläge nach den §§ 50a bis 50e des Beamtenversorgungsgesetzes oder den §§ 70 bis 74 des Soldatenversorgungsgesetzes;

S 2121   68. die Hilfen nach dem Gesetz über die Hilfe für durch Anti-D-Immunprophylaxe mit dem Hepatitis-C-Virus infizierte Personen vom 2. August 2000 (BGBl. I S. 1270);

S 2121   69. die von der Stiftung „Humanitäre Hilfe für durch Blutprodukte HIV-infizierte Personen" nach dem HIV-Hilfegesetz vom 24. Juli 1995 (BGBl. I S. 972) gewährten Leistungen;

S 1983   70. die Hälfte

    a) der Betriebsvermögensmehrungen oder Einnahmen aus der Veräußerung von Grund und Boden und Gebäuden, die am 1. Januar 2007 mindestens fünf Jahre zum Anlagevermögen eines inländischen Betriebsvermögens des Steuerpflichtigen gehören, wenn diese auf Grund eines nach dem 31. Dezember 2006 und vor dem 1. Januar 2010 rechtswirksam abgeschlossenen obligatorischen Vertrages an eine REIT-Aktiengesellschaft oder einen Vor-REIT veräußert werden,

    b) der Betriebsvermögensmehrungen, die auf Grund der Eintragung eines Steuerpflichtigen in das Handelsregister als REIT-Aktiengesellschaft im Sinne des REIT-Gesetzes vom 28. Mai 2007 (BGBl. I S. 914) durch Anwendung des § 13 Absatz 1 und 3 Satz 1 des Körperschaftsteuergesetzes auf Grund und Boden und Gebäude entstehen, wenn diese Wirtschaftsgüter vor dem 1. Januar 2005 angeschafft oder hergestellt wurden, und die Schlussbilanz im Sinne des § 13 Absatz 1 und 3 des Körperschaftsteuergesetzes auf einen Zeitpunkt vor dem 1. Januar 2010 aufzustellen ist.

²Satz 1 ist nicht anzuwenden,

    a) wenn der Steuerpflichtige den Betrieb veräußert oder aufgibt und der Veräußerungsgewinn nach § 34 besteuert wird,

    b) soweit der Steuerpflichtige von den Regelungen der §§ 6b und 6c Gebrauch macht,

    c) soweit der Ansatz des niedrigeren Teilwerts in vollem Umfang zu einer Gewinnminderung geführt hat und soweit diese Gewinnminderung nicht durch den Ansatz eines Werts, der sich nach § 6 Absatz 1 Nr. 1 Satz 4 ergibt, ausgeglichen worden ist,

    d) wenn im Falle des Satzes 1 Buchstabe a der Buchwert zuzüglich der Veräußerungskosten den Veräußerungserlös oder im Falle des Satzes 1 Buchstabe b der Buchwert den Teilwert übersteigt. Ermittelt der Steuerpflichtige den Gewinn nach § 4 Absatz 3, treten an die Stelle des Buchwerts die Anschaffungs- oder Herstellungskosten verringert um die vorgenommenen Absetzungen für Abnutzung oder Substanzverringerung,

    e) soweit vom Steuerpflichtigen in der Vergangenheit Abzüge bei den Anschaffungs- oder Herstellungskosten von Wirtschaftsgütern im Sinne des Satzes 1 nach § 6b oder ähnliche Abzüge voll steuerwirksam vorgenommen worden sind,

    f) wenn es sich um eine Übertragung im Zusammenhang mit Rechtsvorgängen handelt, die dem Umwandlungssteuergesetz unterliegen und die Übertragung zu einem Wert unterhalb des gemeinen Werts erfolgt.

³Die Steuerbefreiung entfällt rückwirkend, wenn
a) innerhalb eines Zeitraums von vier Jahren seit dem Vertragsschluss im Sinne des Satzes 1 Buchstabe a der Erwerber oder innerhalb eines Zeitraums von vier Jahren nach dem Stichtag der Schlussbilanz im Sinne des Satzes 1 Buchstabe b die REIT-Aktiengesellschaft den Grund und Boden oder das Gebäude veräußert,
b) der Vor-REIT oder ein anderer Vor-REIT als sein Gesamtrechtsnachfolger den Status als Vor-REIT gemäß § 10 Absatz 3 Satz 1 des REIT-Gesetzes verliert,
c) die REIT-Aktiengesellschaft innerhalb eines Zeitraums von vier Jahren seit dem Vertragsschluss m Sinne des Satzes 1 Buchstabe a oder nach dem Stichtag der Schlussbilanz im Sinne des Satzes 1 Buchstabe b in keinem Veranlagungszeitraum die Voraussetzungen für die Steuerbefreiung erfüllt,
d) die Steuerbefreiung der REIT-Aktiengesellschaft innerhalb eines Zeitraums von vier Jahren seit dem Vertragsschluss im Sinne des Satzes 1 Buchstabe a oder nach dem Stichtag der Schlussbilanz im Sinne des Satzes 1 Buchstabe b endet,
e) das Bundeszentralamt für Steuern dem Erwerber im Sinne des Satzes 1 Buchstabe a den Status als Vor-REIT im Sinne des § 2 Satz 4 des REIT-Gesetzes vom 28. Mai 2007 (BGBl. I S. 914) bestandskräftig aberkannt hat,

⁴Die Steuerbefreiung entfällt auch rückwirkend, wenn die Wirtschaftsgüter im Sinne des Satzes 1 Buchstabe a vom Erwerber an den Veräußerer oder eine ihm nahe stehende Person im Sinne des § 1 Absatz 2 des Außensteuergesetzes überlassen werden und der Veräußerer oder eine ihm nahe stehende Person im Sinne des § 1 Absatz 2 des Außensteuergesetzes nach Ablauf einer Frist von zwei Jahren seit Eintragung des Erwerbers als REIT-Aktiengesellschaft in das Handelsregister an dieser mittelbar oder unmittelbar zu mehr als 50 Prozent beteiligt ist. ⁵Der Grundstückserwerber haftet für die sich aus dem rückwirkenden Wegfall der Steuerbefreiung ergebenden Steuern.

§ 3a (weggefallen)

§ 3b Steuerfreiheit von Zuschlägen für Sonntags-, Feiertags- oder Nachtarbeit

(1) Steuerfrei sind Zuschläge, die für tatsächlich geleistete Sonntags-, Feiertags- oder Nachtarbeit neben dem Grundlohn gezahlt werden, soweit sie

1. für Nachtarbeit 25 Prozent,
2. vorbehaltlich der Nummern 3 und 4 für Sonntagsarbeit 50 Prozent,
3. vorbehaltlich der Nummer 4 für Arbeit am 31. Dezember ab 14 Uhr und an den gesetzlichen Feiertagen 125 Prozent,
4. für Arbeit am 24. Dezember ab 14 Uhr, am 25. und 26. Dezember sowie am 1. Mai 150 Prozent

des Grundlohns nicht übersteigen.

(2) ¹Grundlohn ist der laufende Arbeitslohn, der dem Arbeitnehmer bei der für ihn maßgebenden regelmäßigen Arbeitszeit für den jeweiligen Lohnzahlungszeitraum zusteht; er ist in einen Stundenlohn umzurechnen und mit höchstens 50 Euro anzusetzen. ²Nachtarbeit ist die Arbeit in der Zeit von 20 Uhr bis 6 Uhr. ³Sonntagsarbeit und Feiertagsarbeit ist die Arbeit in der Zeit von 0 Uhr bis 24 Uhr des jeweiligen Tages. ⁴Die gesetzlichen Feiertage werden durch die am Ort der Arbeitsstätte geltenden Vorschriften bestimmt.

(3) Wenn die Nachtarbeit vor 0 Uhr aufgenommen wird, gilt abweichend von den Absätzen 1 und 2 Folgendes:

1. Für Nachtarbeit in der Zeit von 0 Uhr bis 4 Uhr erhöht sich der Zuschlagssatz auf 40 Prozent,
2. als Sonntagsarbeit und Feiertagsarbeit gilt auch die Arbeit in der Zeit von 0 Uhr bis 4 Uhr des auf den Sonntag oder Feiertag folgenden Tages.

§ 3b EStG
R 3b

R 3b **Steuerfreiheit der Zuschläge für Sonntags-, Feiertags- oder Nachtarbeit**
(§ 3b EStG)

Allgemeines

S 2343
(1) ¹Die Steuerfreiheit setzt voraus, dass neben dem Grundlohn tatsächlich ein Zuschlag für Sonntags-, Feiertags- oder Nachtarbeit gezahlt wird. ²Ein solcher Zuschlag kann in einem Gesetz, einer Rechtsverordnung, einem Tarifvertrag, einer Betriebsvereinbarung oder einem Einzelarbeitsvertrag geregelt sein. ³Bei einer Nettolohnvereinbarung ist der Zuschlag nur steuerfrei, wenn er neben dem vereinbarten Nettolohn gezahlt wird. ⁴Unschädlich ist es, wenn neben einem Zuschlag für Sonntags-, Feiertags- oder Nachtarbeit, die gleichzeitig Mehrarbeit ist, keine gesonderte Mehrarbeitsvergütung oder ein Grundlohn gezahlt wird, mit dem die Mehrarbeit abgegolten ist. ⁵Auf die Bezeichnung der Lohnzuschläge kommt es nicht an. ⁶Die Barabgeltung eines Freizeitanspruchs oder eines Freizeitüberhangs oder Zuschläge wegen Mehrarbeit oder wegen anderer als durch die Arbeitszeit bedingter Erschwernisse oder Zulagen, die lediglich nach bestimmten Zeiträumen bemessen werden, sind keine begünstigten Lohnzuschläge. ⁷§ 3b EStG ist auch bei Arbeitnehmern anwendbar, deren Lohn nach § 40a EStG pauschal versteuert wird.

Grundlohn

(2) ¹Grundlohn ist nach § 3b Abs. 2 EStG der auf eine Arbeitsstunde entfallende Anspruch auf laufenden Arbeitslohn, den der Arbeitnehmer für den jeweiligen Lohnzahlungszeitraum auf Grund seiner regelmäßigen Arbeitszeit erwirbt. ²Im Einzelnen gilt Folgendes:

1. Abgrenzung des Grundlohns

    a) ¹Der Anspruch auf laufenden Arbeitslohn ist nach R 39b.2 vom Anspruch auf sonstige Bezüge abzugrenzen. ²Soweit Arbeitslohn-Nachzahlungen oder -Vorauszahlungen zum laufenden Arbeitslohn gehören, erhöhen sie den laufenden Arbeitslohn der Lohnzahlungszeiträume, für die sie nach- oder vorausgezahlt werden; § 41c EStG ist anzuwenden.

    b) ¹Ansprüche auf Sachbezüge, Aufwendungszuschüsse und vermögenswirksame Leistungen gehören zum Grundlohn, wenn sie laufender Arbeitslohn sind. ²Das Gleiche gilt für Ansprüche auf Zuschläge und Zulagen, die wegen der Besonderheit der Arbeit in der regelmäßigen Arbeitszeit gezahlt werden, z. B. Erschwerniszulagen oder Schichtzuschläge, sowie für Lohnzuschläge für die Arbeit in der nicht durch § 3b EStG begünstigten Zeit. ³Regelmäßige Arbeitszeit ist die für das jeweilige Dienstverhältnis vereinbarte Normalarbeitszeit.

    c) ¹Nicht zum Grundlohn gehören Ansprüche auf Vergütungen für Überstunden (Mehrarbeitsvergütungen), Zuschläge für Sonntags-, Feiertags- oder Nachtarbeit in der nach § 3b EStG begünstigten Zeit, und zwar auch insoweit, als sie wegen Überschreitens der dort genannten Zuschlagssätze steuerpflichtig sind. ²Dies gilt auch für steuerfreie und nach § 40 EStG pauschal besteuerte Bezüge. ³Zum Grundlohn gehören aber die nach § 3 Nr. 56 oder 63 EStG steuerfreien Beiträge des Arbeitgebers, soweit es sich um laufenden Arbeitslohn handelt.

2. Ermittlung des Grundlohnanspruchs für den jeweiligen Lohnzahlungszeitraum

    a) ¹Es ist der für den jeweiligen Lohnzahlungszeitraum vereinbarte Grundlohn i. S. d. Nummer 1 zu ermitteln (Basisgrundlohn). ²Werden die für den Lohnzahlungszeitraum zu zahlenden Lohnzuschläge nach den Verhältnissen eines früheren Lohnzahlungszeitraums bemessen, ist auch der Ermittlung des Basisgrundlohns der frühere Lohnzahlungszeitraum zugrunde zu legen. ³Werden die Zuschläge nach der Arbeitsleistung eines früheren Lohnzahlungszeitraums aber nach dem Grundlohn des laufenden Lohnzahlungszeitraums bemessen, ist der Basisgrundlohn des laufenden Lohnzahlungszeitraums zugrunde zu legen. ⁴Soweit sich die Lohnvereinbarung auf andere Zeiträume als auf den Lohnzahlungszeitraum bezieht, ist der Basisgrundlohn durch Vervielfältigung des vereinbarten Stundenlohns mit der Stundenzahl der regelmäßigen Arbeitszeit im Lohnzahlungszeitraum zu ermitteln. ⁵Bei einem monatlichen Lohnzahlungszeitraum ergibt sich die Stundenzahl der regelmäßigen Arbeitszeit aus dem 4,35fachen der wöchentlichen Arbeitszeit. ⁶Arbeitszeitausfälle, z. B. durch Urlaub oder Krankheit, bleiben außer Betracht.

    b) ¹Zusätzlich ist der Teil des für den jeweiligen Lohnzahlungszeitraum zustehenden Grundlohns i. S. d. Nummer 1 zu ermitteln, dessen Höhe nicht von im Voraus bestimmbaren Verhältnissen abhängt (Grundlohnzusätze), z. B. der nur für einzelne Arbeitsstunden bestehende Anspruch auf Erschwerniszulagen oder Spätarbeitszuschläge oder der von der Zahl der tatsächlichen Arbeitstage abhängende Anspruch auf Fahrtkostenzuschüsse. ²Diese Grundlohnzusätze sind mit den Beträgen anzusetzen, die dem Arbeitnehmer für den jeweiligen Lohnzahlungszeitraum tatsächlich zustehen.

§ 3b EStG
R 3b

3. **Umrechnung des Grundlohnanspruchs**
   ¹Basisgrundlohn (Nummer 2 Buchstabe a) und Grundlohnzusätze (Nummer 2 Buchstabe b) sind zusammenzurechnen und durch die Zahl der Stunden der regelmäßigen Arbeitszeit im jeweiligen Lohnzahlungszeitraum zu teilen. ²Bei einem monatlichen Lohnzahlungszeitraum ist der Divisor mit dem 4,35fachen der wöchentlichen Arbeitszeit anzusetzen. ³Das Ergebnis ist der Grundlohn; er ist für die Berechnung des steuerfreien Anteils der Zuschläge für Sonntags-, Feiertags- und Nachtarbeit maßgebend, soweit er die Stundenlohnhöchstgrenze nach § 3b Abs. 2 Satz 1 EStG nicht übersteigt. ⁴Ist keine regelmäßige Arbeitszeit vereinbart, sind der Ermittlung des Grundlohns die im Lohnzahlungszeitraum tatsächlich geleisteten Arbeitsstunden zugrunde zu legen. ⁵Bei Stücklohnempfängern kann die Umrechnung des Stücklohns auf einen Stundenlohn unterbleiben.
4. Wird ein Zuschlag für Sonntags-, Feiertags- oder Nachtarbeit von weniger als einer Stunde gezahlt, ist bei der Ermittlung des steuerfreien Zuschlags für diesen Zeitraum der Grundlohn entsprechend zu kürzen.
5. Bei einer Beschäftigung nach dem AltTZG ist der Grundlohn nach § 3b Abs. 2 EStG so zu berechnen, als habe eine Vollzeitbeschäftigung bestanden.

Nachtarbeit an Sonntagen und Feiertagen

(3) ¹Wird an Sonntagen und Feiertagen oder in der zu diesen Tagen nach § 3b Abs. 3 Nr. 2 EStG gehörenden Zeit Nachtarbeit geleistet, kann die Steuerbefreiung nach § 3b Abs. 1 Nr. 2 bis 4 EStG neben der Steuerbefreiung nach § 3b Abs. 1 Nr. 1 EStG in Anspruch genommen werden. ²Dabei ist der steuerfreie Zuschlagssatz für Nachtarbeit mit dem steuerfreien Zuschlagssatz für Sonntags- oder Feiertagsarbeit auch dann zusammenzurechnen, wenn nur ein Zuschlag gezahlt wird. ³Zu den gesetzlichen Feiertagen i. S. d. § 3b Abs. 1 Nr. 3 EStG gehören der Oster- und der Pfingstsonntag auch dann, wenn sie in den am Ort der Arbeitsstätte geltenden Vorschriften nicht ausdrücklich als Feiertage genannt werden. ⁴Wenn für die einem Sonn- oder Feiertag folgende oder vorausgehende Nachtarbeit ein Zuschlag für Sonntags- oder Feiertagsarbeit gezahlt wird, ist dieser als Zuschlag für Nachtarbeit zu behandeln.

Feiertagsarbeit an Sonntagen

(4) ¹Ist ein Sonntag zugleich Feiertag, kann ein Zuschlag nur bis zur Höhe des jeweils in Betracht kommenden Feiertagszuschlags steuerfrei gezahlt werden. ²Das gilt auch dann, wenn nur ein Sonntagszuschlag gezahlt wird.

Zusammentreffen mit Mehrarbeitszuschlägen

(5) ¹Hat der Arbeitnehmer arbeitsrechtlich Anspruch auf Zuschläge für Sonntags-, Feiertags- oder Nachtarbeit und auf Zuschläge für Mehrarbeit und wird Mehrarbeit als Sonntags-, Feiertags- oder Nachtarbeit geleistet, sind folgende Fälle zu unterscheiden:
1. es werden sowohl die in Betracht kommenden Zuschläge für Sonntags-, Feiertags- oder Nachtarbeit als auch für Mehrarbeit gezahlt;
2. es wird nur der in Betracht kommende Zuschlag für Sonntags-, Feiertags- oder Nachtarbeit gezahlt, der ebenso hoch oder höher ist als der Zuschlag für Mehrarbeit;
3. es wird nur der Zuschlag für Mehrarbeit gezahlt;
4. es wird ein einheitlicher Zuschlag (Mischzuschlag) gezahlt, der höher ist als die jeweils in Betracht kommenden Zuschläge, aber niedriger als ihre Summe;
5. es wird ein einheitlicher Zuschlag (Mischzuschlag) gezahlt, der höher ist als die Summe der jeweils in Betracht kommenden Zuschläge.

²In den Fällen des Satzes 1 Nr. 1 und 2 ist von den gezahlten Zuschlägen der Betrag als Zuschlag für Sonntags-, Feiertags- oder Nachtarbeit zu behandeln, der dem arbeitsrechtlich jeweils in Betracht kommenden Zuschlag entspricht. ³Im Falle des Satzes 1 Nr. 3 liegt ein Zuschlag i. S. d. § 3b EStG nicht vor. ⁴In den Fällen des Satzes 1 Nr. 4 und 5 ist der Mischzuschlag im Verhältnis der in Betracht kommenden Einzelzuschläge in einen nach § 3b EStG begünstigten Anteil und einen nicht begünstigten Anteil aufzuteilen. ⁵Ist für Sonntags-, Feiertags- oder Nachtarbeit kein Zuschlag vereinbart, weil z. B. Pförtner oder Nachtwächter ihre Tätigkeit regelmäßig zu den begünstigten Zeiten verrichten, bleibt von einem für diese Tätigkeiten gezahlten Mehrarbeitszuschlag kein Teilbetrag nach § 3b EStG steuerfrei.

Nachweis der begünstigten Arbeitszeiten

(6) ¹Steuerfrei sind nur Zuschläge, die für tatsächlich geleistete Sonntags-, Feiertags- oder Nachtarbeit gezahlt werden. ²Zur vereinbarten und vergüteten Arbeitszeit gehörende Waschzeiten, Schichtübergabezeiten und Pausen gelten als begünstigte Arbeitszeit i. S. d. § 3b EStG, soweit sie in den begünstigten Zeitraum fallen. ³Die tatsächlich geleistete Sonntags-, Feiertags-

oder Nachtarbeit ist grundsätzlich im Einzelfall nachzuweisen. [4]Wird eine einheitliche Vergütung für den Grundlohn und die Zuschläge für Sonntags-, Feiertags- oder Nachtarbeit, ggf. unter Einbeziehung der Mehrarbeit und Überarbeit, gezahlt, weil Sonntags-, Feiertags- oder Nachtarbeit üblicherweise verrichtet wird, und werden deshalb die sonntags, feiertags oder nachts tatsächlich geleisteten Arbeitsstunden nicht aufgezeichnet, bleiben die in der einheitlichen Vergütung enthaltenen Zuschläge für Sonntags-, Feiertags- oder Nachtarbeiten grundsätzlich nicht nach § 3b EStG steuerfrei. [5]Zu einem erleichterten Nachweis → Absatz 7. [6]Sind die Einzelanschreibung und die Einzelbezahlung der geleisteten Sonntags-, Feiertags- oder Nachtarbeit wegen der Besonderheiten der Arbeit und der Lohnzahlungen nicht möglich, darf das Betriebsstättenfinanzamt den Teil der Vergütung, der als steuerfreier Zuschlag für Sonntags-, Feiertags- oder Nachtarbeit anzuerkennen ist, von Fall zu Fall feststellen. [7]Im Interesse einer einheitlichen Behandlung der Arbeitnehmer desselben Berufszweigs darf das Betriebsstättenfinanzamt die Feststellung nur auf Weisung der vorgesetzten Behörde treffen. [8]Die Weisung ist der obersten Landesfinanzbehörde vorbehalten, wenn die für den in Betracht kommenden Berufszweig maßgebende Regelung nicht nur im Bezirk der für das Betriebsstättenfinanzamt zuständigen vorgesetzten Behörde gilt. [9]Eine Feststellung nach Satz 6 kommt für solche Regelungen nicht in Betracht, durch die nicht pauschale Zuschläge festgesetzt, sondern bestimmte Teile eines nach Zeiträumen bemessenen laufenden Arbeitslohns als Zuschläge für Sonntags-, Feiertags- oder Nachtarbeit erklärt werden.

Pauschale Zuschläge

(7) [1]Werden Zuschläge für Sonntags-, Feiertags- oder Nachtarbeit als laufende Pauschale, z. B. Monatspauschale, gezahlt und wird eine Verrechnung mit den Zuschlägen, die für die einzeln nachgewiesenen Zeiten für Sonntags-, Feiertags- oder Nachtarbeit auf Grund von Einzelberechnungen zu zahlen wären, erst später vorgenommen, kann die laufende Pauschale oder ein Teil davon steuerfrei belassen werden, wenn

1. der steuerfreie Betrag nicht nach höheren als den in § 3b EStG genannten Prozentsätzen berechnet wird,
2. der steuerfreie Betrag nach dem durchschnittlichen Grundlohn und der durchschnittlichen im Zeitraum des Kalenderjahres tatsächlich anfallenden Sonntags-, Feiertags- oder Nachtarbeit bemessen wird,
3. die Verrechnung mit den einzeln ermittelten Zuschlägen jeweils vor der Erstellung der Lohnsteuerbescheinigung und somit regelmäßig spätestens zum Ende des Kalenderjahres oder beim Ausscheiden des Arbeitnehmers aus dem Dienstverhältnis erfolgt. [2]Für die Ermittlung der im Einzelnen nachzuweisenden Zuschläge ist auf den jeweiligen Lohnzahlungszeitraum abzustellen. [3]Dabei ist auch der steuerfreie Teil der einzeln ermittelten Zuschläge festzustellen und die infolge der Pauschalierung zu wenig oder zu viel einbehaltene Lohnsteuer auszugleichen,
4. bei der Pauschalzahlung erkennbar ist, welche Zuschläge im Einzelnen – jeweils getrennt nach Zuschlägen für Sonntags-, Feiertags- oder Nachtarbeit – abgegolten sein sollen und nach welchen Prozentsätzen des Grundlohns die Zuschläge bemessen worden sind,
5. die Pauschalzahlung tatsächlich ein Zuschlag ist, der neben dem Grundlohn gezahlt wird; eine aus dem Arbeitslohn rechnerisch ermittelte Pauschalzahlung ist kein Zuschlag.

[2]Ergibt die Einzelfeststellung, dass der dem Arbeitnehmer auf Grund der tatsächlich geleisteten Sonntags-, Feiertags- oder Nachtarbeit zustehende Zuschlag höher ist als die Pauschalzahlung, kann ein höherer Betrag nur steuerfrei sein, wenn und soweit der Zuschlag auch tatsächlich zusätzlich gezahlt wird; eine bloße Kürzung des steuerpflichtigen Arbeitslohns um den übersteigenden Steuerfreibetrag ist nicht zulässig. [3]Diese Regelungen gelten sinngemäß, wenn lediglich die genaue Feststellung des steuerfreien Betrags im Zeitpunkt der Zahlung des Zuschlags schwierig ist und sie erst zu einem späteren Zeitpunkt nachgeholt werden kann.

Zeitversetzte Auszahlung

(8) [1]Die Steuerfreiheit von Zuschlägen für Sonntags-, Feiertags- oder Nachtarbeit bleibt auch bei zeitversetzter Auszahlung grundsätzlich erhalten. [2]Voraussetzung ist jedoch, dass vor der Leistung der begünstigten Arbeit bestimmt wird, dass ein steuerfreier Zuschlag – ggf. teilweise – als Wertguthaben auf ein Arbeitszeitkonto genommen und getrennt ausgewiesen wird. [3]Dies gilt z. B. in Fällen der Altersteilzeit bei Aufteilung in Arbeits- und Freistellungsphase (so genannte Blockmodelle).

Hinweise

Abgrenzung Sonntags-/Feiertagszuschlag – Nachtzuschlag

Beispiel:
Ein Arbeitnehmer beginnt seine Nachtschicht am Sonntag, dem 1. 5. um 22 Uhr und beendet sie am 2. 5. um 7 Uhr.
Für diesen Arbeitnehmer sind Zuschläge zum Grundlohn bis zu folgenden Sätzen steuerfrei:
- 175 % für die Arbeit am 1. 5. in der Zeit von 22 Uhr bis 24 Uhr (25 % für Nachtarbeit und 150 % für Feiertagsarbeit),
- 190 % für die Arbeit am 2. 5. in der Zeit von 0 Uhr bis 4 Uhr (40 % für Nachtarbeit und 150 % für Feiertagsarbeit),
- 25 % für die Arbeit am 2. 5. in der Zeit von 4 Uhr bis 6 Uhr.

Abgrenzung Spätarbeitszuschlag – andere Lohnzuschläge

Beispiel:
Auf Grund tarifvertraglicher Vereinbarung erhält ein Arbeitnehmer für die Arbeit in der Zeit von 18 bis 22 Uhr einen Spätarbeitszuschlag und für die in der Zeit von 19 bis 21 Uhr verrichteten Arbeiten eine Gefahrenzulage. Der für die Zeit von 20 bis 22 Uhr gezahlte Spätarbeitszuschlag ist ein nach § 3b EStG begünstigter Zuschlag für Nachtarbeit. Die Gefahrenzulage wird nicht für die Arbeit zu einer bestimmten Zeit gezahlt und ist deshalb auch insoweit kein Nachtarbeitszuschlag i. S. d. § 3b EStG, als sie für die Arbeit in der Zeit von 20 bis 21 Uhr gezahlt wird.

Aufteilung von Mischzuschlägen

→ BFH vom 13. 10. 1989 (BStBl 1991 II S. 8)

Bereitschaftsdienste

- Ein Zeitzuschlag für ärztliche Bereitschaftsdienste wird auch dann nicht für tatsächlich geleistete Sonntags-, Feiertags- oder Nachtarbeit gezahlt, wenn die Bereitschaftsdienste überwiegend zu diesen Zeiten anfallen. Auch wenn die auf Sonntage, Feiertage und Nachtzeit entfallenden Bereitschaftsdienste festgestellt werden können, ist die Bereitschaftsdienstvergütung deshalb nicht steuerfrei (→ BFH vom 24. 11. 1989 – BStBl 1990 II S. 315).
- Ist in begünstigten Zeiten des § 3b EStG Bereitschaft angeordnet, sind Zuschläge zur Bereitschaftsdienstvergütung steuerfrei, soweit sie die in § 3b EStG vorgesehenen Prozentsätze, gemessen an der Bereitschaftsdienstvergütung, nicht übersteigen (→ BFH vom 27. 8. 2002 – BStBl II S. 883).

Durchschnittlicher Auszahlungsbetrag

Die Vereinbarung eines durchschnittlichen Auszahlungsbetrags pro tatsächlich geleisteter Arbeitsstunde steht der Steuerbefreiung nicht entgegen; der laufende Arbeitslohn kann der Höhe nach schwanken und durch eine Grundlohnergänzung aufgestockt werden (→ BFH vom 17. 6. 2010 – BStBl 2011 II S. 43).

Einkünfte aus nichtselbständiger Arbeit

- Die Steuerfreiheit nach § 3b EStG setzt voraus, dass die Zuschläge ohne diese Vorschrift den Einkünften aus nichtselbständiger Arbeit zuzurechnen wären (→ BFH vom 19. 3. 1997 – BStBl II S. 577).
- Zahlt eine Kapitalgesellschaft ihrem Gesellschafter-Geschäftsführer zusätzlich zu seinem Festgehalt Vergütungen für Sonntags-, Feiertags- und Nachtarbeit, liegt nur in Ausnahmefällen keine verdeckte Gewinnausschüttung vor (→ BFH vom 14. 7. 2004 – BStBl 2005 II S. 307).
  → GmbH-Geschäftsführer
- Bezieht ein nicht beherrschender Gesellschafter, der zugleich leitender Angestellter der GmbH ist, neben einem hohen Festgehalt, Sonderzahlungen und einer Gewinntantieme zusätzlich Zuschläge für Sonntags-, Feiertags-, Mehr- und Nachtarbeit, können diese als verdeckte Gewinnausschüttung zu erfassen sein (→ BFH vom 13. 12. 2006 – BStBl 2007 II S. 393).

Gefahrenzulage

Es ist von Verfassungs wegen nicht geboten, die Steuerbefreiung für Zuschläge, die für tatsächlich geleistete Sonntags-, Feiertags- oder Nachtarbeit gezahlt werden, auf Gefahrenzula-

§ 3b EStG
H 3b

gen und Zulagen im Kampfmittelräumdienst auszudehnen (→ BFH vom 15. 9. 2011 – BStBl 2012 II S. 144).

Fanganteile in Fischerei

Fanganteile in der Kleinen Hochsee- und Küstenfischerei mit Hochseekuttern

(Erlaß des FinSen. Berlin vom 8. 11. 1996 – III D 1 – S 2343 – 1/95 –)

In der Kleinen Hochsee- und Küstenfischerei mit Hochseekuttern können wegen der dort vorliegenden besonderen Verhältnisse als steuerfreie Zuschläge für Sonntags-, Feiertags- und Nachtarbeit im Rahmen des § 3b Abs. 2 EStG anerkannt werden:

a) in der Krabbenfischerei 12,1 v. H. der den Kutterbesatzungen gezahlten Fanganteile;
b) in der Küstenfischerei der Ostsee 9,7 v. H. der den Kutterbesatzungen gezahlten Fanganteile;
c) in der Kleinen Hochseefischerei einschließlich der Fischerei auf Seezungen mit Krabbenkuttern 12,1 v. H. der den Kutterbesatzungen gezahlten Fanganteile.

Dieser Erlaß ergeht im Einvernehmen mit dem Bundesminister der Finanzen und den obersten Finanzbehörden der anderen Länder.

Ärzte in kommunalen Krankenhäusern

Steuerfreiheit von Zuschlägen für Sonntags-, Feiertags- oder Nachtarbeit nach § 3b EStG;

Zeitzuschlag für Bereitschaftsdienste an Feiertagen und in den Nachtstunden für Ärztinnen und Ärzte an kommunalen Krankenhäusern

(Verfügung der OFD Frankfurt vom 26. 05. 2011 – S 2343 A-37-St 222 –)

Die für die Lohnsteuer zuständigen Vertreter der obersten Finanzbehörden des Bundes und der Länder haben in ihrer letzten Sitzung aufgrund einer Anfrage der Vereinigung der kommunalen Arbeitgeberverbände sowohl die steuerliche Behandlung der Zeitzuschläge für Bereitschaftsdienste in den Nachtstunden gem. § 12 Abs. 1 Abs. 4 des Tarifvertrags für Ärztinnen und Ärzte an kommunalen Krankenhäusern im Bereich der Vereinigung der kommunalen Arbeitgeberverbände (TK-Ärzte/VKA) als auch die steuerliche Behandlung der anderen im Tarifvertrag aufgeführten Zuschläge erörtert.

Das Ergebnis hat das Bundesministerium der Finanzen der Vereinigung der kommunalen Arbeitgeberverbände in seinem Schreiben vom 07. 04. 2011, IV C 5 – S 2343/0-02, mitgeteilt.

1. Folgende Zuschläge können nach § 3b EStG steuerfrei gezahlt werden:

1.1 Ausgleich für Sonderformen der Arbeit (§ 11 Abs. 1 TV-Ärzte/VKA)

Die prozentualen Zuschläge für Nachtarbeit (Buchstabe b), für Sonntagsarbeit (Buchstabe c), für Feiertagsarbeit in Höhe von 35 % (Buchstabe d) sowie für Arbeit am 24. und 31. Dezember (Buchstabe e) sind im Rahmen des § 3b EStG steuerfrei.

1.2 Zeitzuschlag für Feiertagsarbeit (§ 12 Abs. 3 TV-Ärzte/VKA)

Der nach § 12 Abs. 3 TV-Ärzte/VKA zu gewährende Zeitzuschlag für Feiertagsarbeit ist bei einer Zahlung in Geld im Rahmen des § 3b EStG steuerfrei, da nach § 12 Abs. 5 TV-Ärzte/VKA ein vorrangiger Ausgleich in Geld besteht und das Wahlrecht zugunsten von Freizeit nur dem Arbeitgeber zusteht.

1.3 Nachtzuschlag (§ 12 Abs. 4 TV-Ärzte/VKA)

Der nach § 12 Abs. 4 TV-Ärzte/VKA in Geld zu zahlende Nachtzuschlag erfüllt ebenfalls die Voraussetzungen des § 3b EStG.

2. Für die nachfolgend aufgeführten Zuschläge kommt eine Steuerbefreiung nach § 3b EStG nicht in Betracht:

2.1 Zuschlag für Arbeit an gesetzlichen Feiertagen (§ 8 Abs. 1 TV-Ärzte/VKA)

Da hier ein Anspruch auf Ausgleich in Freizeit besteht, ist die Barabgeltung dieses Freizeitanspruchs kein begünstigter Lohnzuschlag (R 3b Abs. 1 Satz 6 LStR).

2.2 Rufbereitschaftsentschädigung (§ 11 Abs. 3 TV-Ärzte/VKA)

Die Rufbereitschaftsentschädigung ist nicht nach § 3b EStG steuerfrei. Dies gilt auch für den an Wochenenden bzw. Feiertagen zu zahlenden Verdopplungsbetrag, weil dieser auch an Samstagen und damit nicht nur für begünstigte Zeiten i. S. d. § 3b EStG gezahlt wird.

2.3 Wechselschichtzulage/Schichtzulage (§ 11 Abs. 4 und 5 TV-Ärzte/VKA)

Bei den beiden Zulagen handelt es sich nicht um Zuschläge für Sonntags-, Feiertags- oder Nachtarbeit. Sie sind folglich steuerpflichtig.

2.4 Bereitschaftsdienstentgelte (§ 12 TV-Ärzte/VKA)

Das „übliche" Bereitschaftsdienstentgelt nach § 12 Abs. 2 TV-Ärzte/VKA ist nicht nach § 3b EStG steuerfrei. Es handelt sich nicht um einen Zuschlag für tatsächlich geleistete Sonntags-, Feiertags- oder Nachtarbeit bzw. nicht um „neben dem Grundlohn gezahlte Zuschläge" (vgl. BFH-Urteil vom 24. 11. 1989, BStBl 1990 II S. 315).

Fluggesellschaften

Anerkennung steuerfreier Zuschläge für Sonntags-, Feiertags- oder Nachtarbeit bei Fluggesellschaften (§ 3b EStG)

(Erlaß des FinMin Sachsen vom 29. 7. 1998 – 32 – S 2343 – 12/17 – 46507 –)

Im Einvernehmen mit dem BMF und den obersten Finanzbehörden der anderen Länder ist für die steuerliche Behandlung der o. g. Zeitzuschläge folgende Auffassung zu vertreten:

Ein Verzicht auf die Einzelanschreibung und Einzelbezahlung der geleisteten Sonntags-, Feiertags- oder Nachtarbeit erscheint nur bei Fluggesellschaften, die Flüge in verschiedenen Zeitzonen durchführen, sachgerecht. Demgegenüber ist für Fluggesellschaften als Arbeitgeber die Aufzeichnung der tatsächlich geleisteten begünstigten Zeiten zumutbar, wenn die Flüge fast ausschließlich innerhalb derselben Zeitzone durchgeführt werden, zumal § 7 der Zweiten Durchführungsverordnung zur Betriebsordnung für Luftfahrtgerät die fortlaufende Aufzeichnung der Flugdienst- und Ruhezeiten der Besatzungsmitglieder in Flugzeugen in übersichtlicher und prüfbarer Form verlangt.

...

GmbH-Geschäftsführer

Sonntags-, Feiertags- und Nachtarbeit bei Gesellschafter-Geschäftsführern

(Verfügung der OFD Düsseldorf vom 7. 7. 2005 – S 2343 A – St 22 D/S 2343 – 31 – St 213 – K –)

Zuschläge, die eine GmbH ihrem Gesellschafter-Geschäftsführer für Sonntags-, Feiertags- und Nachtarbeit zahlt, sind unvereinbar mit dem Aufgabenbild des Gesellschafter-Geschäftsführers und daher regelmäßig als verdeckte Gewinnausschüttungen anzusehen. Daraus folgt, dass für diese Zuschläge die Steuerfreiheit nach § 3b EStG grundsätzlich nicht in Betracht kommt, denn dafür wäre Voraussetzung, dass die Zuschläge ohne diese Vorschrift den Einkünften aus nichtselbstständiger Arbeit zuzurechnen sind (H 30 „Einkünfte aus nichtselbstständiger Arbeit" LStH). Dieser Grundsatz gilt gleichermaßen für beherrschende und nicht beherrschende Gesellschafter-Geschäftsführer (BFH-Urteil vom 19. 3. 1997, I R 75/96, BStBl 1997 II S. 577; vom 27. 3. 2001, I R 40/00, BStBl 2001 II S. 655) und auch dann, wenn sowohl in der betreffenden Branche als auch in dem einzelnen Betrieb regelmäßig in der Nacht sowie an Sonn- und Feiertagen gearbeitet werden muss (FG Hamburg vom 29. 6. 2001, EFG 2001 S. 1412) und gesellschaftsfremde Arbeitnehmer typischerweise solche Zuschläge erhalten (BFH vom 14. 7. 2004, I R 24/04, BFH/NV 2005 S. 247). Unbeachtlich ist auch, dass dem Gesellschafter-Geschäftsführer keine Gewinntantieme zusteht und er für seine Sonntags-, Feiertags- und Nachtarbeit ausschließlich auf einem festen Grundlohn berechneten Zuschläge erhält (BFH vom 19. 7. 2001, I B 14/00, BFH/NV 2001 S. 1608).

Arbeitslohn und damit keine verdeckte Gewinnausschüttung kann ausnahmsweise dann vorliegen, wenn im Einzelfall entsprechende Vereinbarungen über die Zahlung von Sonntags-, Feiertags- und Nachtzuschlägen nicht nur mit dem Gesellschafter-Geschäftsführer, sondern auch mit vergleichbaren gesellschaftsfremden Arbeitnehmern abgeschlossen wurden. Eine solche Gestaltung weist im Rahmen des betriebsinternen Fremdvergleichs darauf hin, dass die Vereinbarung speziell in dem betreffenden Unternehmen auf betrieblichen Gründen beruht (BFH vom 14. 7. 2004, I R 111/03, BStBl 2005 II S. 307).

Für die Frage der Vergleichbarkeit kommt es darauf an, dass die gesellschaftsfremden Arbeitnehmer
- eine mit dem Geschäftsführer vergleichbare Leitungsfunktion haben und
- eine Vergütung erhalten, die sich in derselben Größenordnung bewegt wie die Gesamtbezüge des Gesellschafter-Geschäftsführers.

Vergütungen für Sonn-, Feiertags- und Nachtarbeit an Gesellschafter-Geschäftsführer

(Verfügung der OFD Hannover vom 9. 12. 2005 – S 2742-107-StO 241 –)

Die Zahlung einer Überstundenvergütung an den Gesellschafter-Geschäftsführer ist eine verdeckte Gewinnausschüttung, da die gesonderte Vergütung von Überstunden nicht dem entspricht, was ein ordentlicher und gewissenhafter Geschäftsleiter einer GmbH mit einem Fremdgeschäftsführer vereinbaren würde (BMF-Schreiben vom 28. September 1998, BStBl I S. 1194 und H 36 (Überstundenvergütung, Sonn-, Feiertags- und Nachtzuschläge) KStH 2004).

Mit Urteil vom 14. Juli 2004, BStBl II 2005 S. 307, hat der BFH in einem besonders gelagerten Einzelfall entschieden, dass die Zahlungen von Sonn- und Feiertagszuschlägen an einen Gesellschafter-Geschäftsführer ausnahmsweise keine verdeckte Gewinnausschüttung darstellen, wenn überzeugende betriebliche Gründe vorliegen, die geeignet sind, die Vermutung einer gesellschaftsrechtlichen Veranlassung zu entkräften. Dies ist dann der Fall, wenn eine solche Vereinbarung auch mit vergleichbaren gesellschaftsfremden Personen abgeschlossen ist.

Mit der amtlichen Veröffentlichung des Urteils ist keine Abkehr von der o. a. Verwaltungsauffassung verbunden. Denn der BFH hält grundsätzlich an seiner ständigen Rechtsprechung fest, dass bei Vergütungen für Sonn-, Feiertags- und Nachtarbeit zunächst von der – allerdings widerlegbaren – Vermutung der Veranlassung durch das Gesellschaftsverhältnis auszugehen ist.

Zeitgutschrift/Wahlrecht

Steuerfreiheit der Zuschläge nach § 3b EStG bei einem tarifvertraglichen Wahlrecht des Arbeitnehmers für eine Zeitgutschrift

(Verfügung der OFD Hannover vom 15. 8. 2012 – S 2343-119-St 213 –)

Auf Bund-Länder-Ebene wurde die Frage erörtert, ob in Fällen, in denen die tarifvertraglichen Regelungen den Arbeitnehmern ein Wahlrecht einräumen, die Lohnzuschläge für geleistete Sonntags-, Feiertags- oder Nachtarbeit in eine entsprechende Zeitgutschrift (Vorrang „Geldleistung vor Freizeitanspruch") umzuwandeln, ein für die Anwendung des § 3b EStG schädliches Wahlrecht der Arbeitnehmer vorliegt.

Nach dem Ergebnis der Erörterung ist in diesen Fällen die unwiderrufliche Festlegung des Arbeitnehmers vor Ableistung der begünstigten Arbeit maßgebend. Dies heißt:
- Entscheidet sich der Arbeitnehmer vor der Entstehung seines Anspruchs nicht für eine Zeitgutschrift, entsteht ein Geldanspruch, der im Zeitpunkt der Erfüllung im Rahmen des § 3b EStG steuerfrei ist.
- Entscheidet sich der Arbeitnehmer hingegen vor der Entstehung seines Anspruchs zunächst für eine Zeitgutschrift und wird dieser „Freizeitanspruch" später durch eine Geldzahlung abgegolten, ist die Abgeltung des Freizeitanspruchs nicht im Rahmen des § 3b EStG steuerfrei (R 3b Abs. 1 Satz 6 LStR).

Grundlohn

Beispiel 1:
Ein Arbeitnehmer in einem Drei-Schicht-Betrieb hat eine tarifvertraglich geregelte Arbeitszeit von 38 Stunden wöchentlich und einen monatlichen Lohnzahlungszeitraum. Er hat Anspruch – soweit es den laufenden Arbeitslohn ohne Sonntags-, Feiertags- oder Nachtarbeitszuschläge angeht – auf
- einen Normallohn von 8,50 € für jede im Lohnzahlungszeitraum geleistete Arbeitsstunde,
- einen Schichtzuschlag von 0,25 € je Arbeitsstunde,
- einen Zuschlag für Samstagsarbeit von 0,50 € für jede Samstagsarbeitsstunde,
- einen Spätarbeitszuschlag von 0,85 € für jede Arbeitsstunde zwischen 18.00 Uhr und 20.00 Uhr,
- einen Überstundenzuschlag von 2,50 € je Überstunde,
- eine Gefahrenzulage für unregelmäßig anfallende gefährliche Arbeiten von 1,50 € je Stunde,

§ 3b EStG
H 3b

- einen steuerpflichtigen, aber nicht pauschal versteuerten Fahrtkostenzuschuss von 3,00 € je Arbeitstag,
- eine vermögenswirksame Leistung von 40,00 € monatlich,
- Beiträge des Arbeitgebers zu einer Direktversicherung von 50,00 € monatlich.

Im Juni hat der Arbeitnehmer infolge Urlaubs nur an 10 Tagen insgesamt 80 Stunden gearbeitet. In diesen 80 Stunden sind enthalten:

– Regelmäßige Arbeitsstunden	76
– Überstunden insgesamt	4
– Samstagsstunden insgesamt	12
– Überstunden an Samstagen	2
– Spätarbeitsstunden insgesamt	16
– Überstunden mit Spätarbeit	2
– Stunden mit gefährlichen Arbeiten insgesamt	5
– Überstunden mit gefährlichen Arbeiten	1

Hiernach betragen
a) der Basisgrundlohn

8,50 € Stundenlohn × 38 Stunden × 4,35	1 405,05 €
0,25 € Schichtzuschlag × 38 Stunden × 4,35	41,33 €
Vermögenswirksame Leistungen	40,00 €
Beiträge zur Direktversicherung	50,00 €
insgesamt	1 536,38 €

b) die Grundlohnzusätze

0,50 € Samstagsarbeitszuschlag × 10 Stunden	5,00 €
0,85 € Spätarbeitszuschlag × 14 Stunden	11,90 €
1,50 € Gefahrenzulage × 4 Stunden	6,00 €
3,00 € Fahrtkostenzuschuss × 10 Arbeitstage	30,00 €
insgesamt	52,90 €

c) der Grundlohn des Lohnzahlungszeitraums insgesamt   1 589,28 €

d) der für die Begrenzung des steuerfreien Anteils der begünstigten Lohnzuschläge maßgebende Grundlohn
$$\frac{1589,28\ €}{38 \times 4,35} = 9,61\ €.$$

Beispiel 2:
Bei einem Arbeitnehmer mit tarifvertraglich geregelter Arbeitszeit von 37,5 Stunden wöchentlich und einem monatlichen Lohnzahlungszeitraum, dessen Sonntags-, Feiertags- und Nachtarbeitszuschläge sowie nicht im Voraus feststehende Bezüge sich nach den Verhältnissen des Vormonats bemessen, betragen für den Lohnzahlungszeitraum März

– der Basisgrundlohn	1 638,64 €
– die Grundlohnzusätze (bemessen nach den Verhältnissen im Monat Februar)	140,36 €
Im Februar betrug der Basisgrundlohn	1 468,08 €

Für die Ermittlung des steuerfreien Anteils der Zuschläge für Sonntags-, Feiertags- oder Nachtarbeit, die dem Arbeitnehmer auf Grund der im Februar geleisteten Arbeit für den Lohnzahlungszeitraum März zustehen, ist von einem Grundlohn auszugehen, der sich aus

– dem Basisgrundlohn des Lohnzahlungszeitraums Februar (R 3b Abs. 2 Nr. 2 Buchst. a Satz 2) von	1 468,08 €
– und den Grundlohnzusätzen des Lohnzahlungszeitraums März (bemessen nach den Verhältnissen im Februar)	140,36 €

zusammensetzt.
Der für die Berechnung des steuerfreien Anteils der begünstigten Lohnzuschläge maßgebende Grundlohn beträgt also
$$\frac{1468,08\ € + 140,36\ €}{37,5 \times 4,35} = 9,86\ €.$$

§§ 3b, 3c EStG
H 3b

Pauschale Zuschläge
- Die Steuerbefreiung setzt grundsätzlich Einzelaufstellungen der tatsächlich erbrachten Arbeitsstunden an Sonn- und Feiertagen oder zur Nachtzeit voraus (BFH vom 28. 11. 1990 – BStBl 1991 II S. 293). Demgegenüber können pauschale Zuschläge dann steuerfrei sein, wenn und soweit sie als bloße Abschlagszahlungen oder Vorschüsse auf später einzeln abzurechnende Zuschläge geleistet werden (BFH vom 23. 10. 1992 – BStBl 1993 II S. 314).
- Pauschale Zuschläge können steuerfrei sein, wenn sie als Abschlagszahlungen oder Vorschüsse für tatsächlich geleistete Sonntags-, Feiertags- oder Nachtarbeit gezahlt werden. Der fehlende Nachweis tatsächlich erbrachter Arbeitsleistungen kann nicht durch eine Modellrechnung ersetzt werden (BFH vom 25. 5. 2005 – BStBl II S. 725).
- Pauschale Zuschläge sind nicht steuerfrei, wenn sie nicht als Abschlagszahlungen oder Vorschüsse auf Zuschläge für tatsächlich geleistete Sonntags-, Feiertags- oder Nachtarbeit gezahlt werden, sondern Teil einer einheitlichen Tätigkeitsvergütung sind (→ BFH vom 16. 12. 2010 – VI R 27/10 – HFR 2011, 385).
- **Pauschale Zuschläge, die der Arbeitgeber ohne Rücksicht auf die Höhe der tatsächlich erbrachten Sonntags-, Feiertags- oder Nachtarbeit an den Arbeitnehmer leistet, sind nur dann nach § 3b EStG begünstigt, wenn sie nach dem übereinstimmenden Willen von Arbeitgeber und Arbeitnehmer als Abschlagszahlungen oder Vorschüsse auf eine spätere Einzelabrechnung gemäß § 41b EStG geleistet werden. Diese Einzelabrechnung zum jährlichen Abschluss des Lohnkontos ist grundsätzlich unverzichtbar. Auf sie kann im Einzelfall nur verzichtet werden, wenn die Arbeitsleistungen fast ausschließlich zur Nachtzeit zu erbringen und die pauschal geleisteten Zuschläge so bemessen sind, dass sie auch unter Einbeziehung von Urlaub und sonstigen Fehlzeiten – aufs Jahr bezogen – die Voraussetzungen der Steuerfreiheit erfüllen (→ BFH vom 8. 12. 2011 – BStBl 2012 II S. 291).**

Tatsächliche Arbeitsleistung

Soweit Zuschläge gezahlt werden, ohne dass der Arbeitnehmer in der begünstigten Zeit gearbeitet hat, z. B. bei Lohnfortzahlung im Krankheits- oder Urlaubsfall oder bei Lohnfortzahlung an von der betrieblichen Tätigkeit freigestellte Betriebsratsmitglieder oder bei der Lohnfortzahlung nach dem Mutterschutzgesetz, sind sie steuerpflichtig (→ BFH vom 3. 5. 1974 – BStBl II S. 646 und vom 26. 10. 1984 – BStBl 1985 II S. 57, betr. Zuschläge, die in nach § 11 MuSchG gezahltem Mutterschutzlohn enthalten sind und vom 27. 5. 2009 – BStBl II S. 730).

Wechselschichtzuschlag

Zuschläge für Wechselschichtarbeit, die der Arbeitnehmer für seine Wechselschicht regelmäßig und fortlaufend bezieht, sind dem steuerpflichtigen Grundlohn zugehörig; sie sind auch während der durch § 3b EStG begünstigten Nachtzeit nicht steuerbefreit (→ BFH vom 7. 7. 2005 – BStBl II 2005 S. 888).

Zeitwertkonto

Bei zeitversetzter Auszahlung bleibt die Steuerfreiheit nur für den Zuschlag als solchen erhalten (→ R 3b Abs. 8). Eine darauf beruhende etwaige Verzinsung oder Wertsteigerung ist hingegen nicht steuerfrei (→ BMF vom 17. 6. 2009 – BStBl I S. 1286).

Zuschlag zum Grundlohn

Ein Zuschlag wird nicht neben dem Grundlohn gezahlt, wenn er aus dem arbeitsrechtlich geschuldeten Arbeitslohn rechnerisch ermittelt wird, selbst wenn im Hinblick auf eine ungünstig liegende Arbeitszeit ein höherer Arbeitslohn gezahlt werden sollte (→ BFH vom 28. 11. 1990 – BStBl 1991 II S. 296); infolgedessen dürfen auch aus einer Umsatzbeteiligung keine Zuschläge abgespalten und nach § 3b EStG steuerfrei gelassen werden.

EStG

§ 3c Anteilige Abzüge

S 2128

(1) Ausgaben dürfen, soweit sie mit steuerfreien Einnahmen in unmittelbarem wirtschaftlichen Zusammenhang stehen, nicht als Betriebsausgaben oder Werbungskosten abgezogen werden; Absatz 2 bleibt unberührt.

(2) ¹Betriebsvermögensminderungen, Betriebsausgaben, Veräußerungskosten oder Werbungskosten, die mit den dem § 3 Nummer 40 zugrunde liegenden Betriebsvermögensmehrungen oder Einnahmen oder mit Vergütungen nach § 3 Nummer 40a in wirtschaftlichem Zusammenhang stehen, dürfen unabhängig davon, in welchem Veranlagungszeitraum die Betriebsvermögensmehrungen oder Einnahmen anfallen, bei der Ermittlung der Einkünfte nur zur

Hälfte abgezogen werden; Entsprechendes gilt, wenn bei der Ermittlung der Einkünfte der Wert des Betriebsvermögens oder des Anteils am Betriebsvermögen oder die Anschaffungs- oder Herstellungskosten oder der an deren Stelle tretende Wert mindernd zu berücksichtigen sind. ²Für die Anwendung des Satzes 1 ist die Absicht zur Erzielung von Betriebsvermögensmehrungen oder Einnahmen im Sinne des § 3 Nummer 40 oder von Vergütungen im Sinne des § 3 Nummer 40a ausreichend. ³Satz 1 gilt auch für Wertminderungen des Anteils an einer Organgesellschaft, die nicht auf Gewinnausschüttungen zurückzuführen ist.⁴§ 8b Absatz 10 des Körperschaftsteuergesetzes gilt sinngemäß.

(3) Betriebsvermögensminderungen, Betriebsausgaben oder Veräußerungskosten, die mit den Betriebsvermögensmehrungen oder Einnahmen im Sinne des § 3 Nummer 70 in wirtschaftlichem Zusammenhang stehen, dürfen unabhängig davon, in welchem Veranlagungszeitraum die Betriebsvermögensmehrungen oder Einnahmen anfallen, nur zur Hälfte abgezogen werden.

Hinweise

Aufwendungen für die Überlassung von Wirtschaftsgütern im Rahmen einer Betriebsaufspaltung

Zur Anwendung des Teileinkünfteverfahrens in der steuerlichen Gewinnermittlung → BMF vom 8. 11. 2010 (BStBl I S. 1292).

Teilwertabschreibungen auf Darlehensforderungen

Zur Anwendung des Teileinkünfteverfahrens in der steuerlichen Gewinnermittlung → BMF vom 8. 11. 2010 (BStBl I S. 1292).

Zusammenhang mit steuerfreien Einnahmen

Ein unmittelbarer wirtschaftlicher Zusammenhang mit steuerfreien Einnahmen liegt vor, wenn Einnahmen und Ausgaben durch dasselbe Ereignis veranlasst sind. Dies ist der Fall, wenn steuerfreie Einnahmen dazu bestimmt sind, Aufwendungen zu ersetzen, die mit Einkünften i. S. d. § 2 EStG in wirtschaftlichem Zusammenhang stehen. Daraus folgt, dass die Steuerfreiheit von Einnahmen, die der Erstattung von Ausgaben dienen, durch § 3c Abs. 1 EStG rückgängig gemacht wird. Eine Aufteilung der Ausgaben in einen abziehbaren und einen nicht abziehbaren Teil nach dem Verhältnis der steuerfreien zu den steuerpflichtigen Einnahmen kommt nicht in Betracht. Diese Wirkungsweise des § 3c Abs. 1 EStG rechtfertigt sich daraus, dass erstattete Ausgaben den Stpfl. nicht belasten und daher seine steuerpflichtigen Einkünfte auch nicht mindern dürfen (→ BFH vom 27. 4. 2006 – BStBl II S. 755).

3. Gewinn

§ 4 Gewinnbegriff im Allgemeinen

(1) ¹Gewinn ist der Unterschiedsbetrag zwischen dem Betriebsvermögen am Schluss des Wirtschaftsjahres und dem Betriebsvermögen am Schluss des vorangegangenen Wirtschaftsjahres, vermehrt um den Wert der Entnahmen und vermindert um den Wert der Einlagen. ²Entnahmen sind alle Wirtschaftsgüter (Barentnahmen, Waren, Erzeugnisse, Nutzungen und Leistungen), die der Steuerpflichtige dem Betrieb für sich, für seinen Haushalt oder für andere betriebsfremde Zwecke im Laufe des Wirtschaftsjahres entnommen hat. ³Einer Entnahme für betriebsfremde Zwecke steht der Ausschluss oder die Beschränkung des Besteuerungsrechts der Bundesrepublik Deutschland hinsichtlich des Gewinns aus der Veräußerung oder der Nutzung eines Wirtschaftsguts gleich. ⁴Ein Ausschluss oder eine Beschränkung des Besteuerungsrechts hinsichtlich des Gewinns aus der Veräußerung eines Wirtschaftsguts liegt insbesondere vor, wenn ein bisher einer inländischen Betriebsstätte zuzuordnendes Wirtschaftsgut der Steuerpflichtigen zuzuordnendes Wirtschaftsgut einer ausländischen Betriebsstätte zuzuordnen ist. ⁵Satz 3 gilt nicht für Anteile an einer Europäischen Gesellschaft oder Europäischen Genossenschaft in den Fällen

---

1) Die Vorschrift wurde durch das Gesetz zur Änderung und Vereinfachung der Unternehmensbesteuerung und des steuerlichen Reisekostenrechts mit Wirkung ab 2014 geändert. Die Vorschrift soll überdies durch das Jahressteuergesetz 2013 (JStG 2013) geändert werden. Bei Redaktionsschluss war das Gesetzgebungsverfahren noch nicht abgeschlossen. Um Beachtung wird gebeten. → Siehe hierzu Hinweise auf Seite 4!

§ 4 EStG

1. einer Sitzverlegung der Europäischen Gesellschaft nach Artikel 8 der Verordnung (EG) Nr. 2157/2001 des Rates vom 8. Oktober 2001 über das Statut der Europäischen Gesellschaft (SE) (ABl. EG Nr. L 294 S. 1), zuletzt geändert durch die Verordnung (EG) Nr. 885/2004 des Rates vom 26. April 2004 (ABl. EU Nr. L 168 S. 1), und
2. einer Sitzverlegung der Europäischen Genossenschaft nach Artikel 7 der Verordnung (EG) Nr. 1435/2003 des Rates vom 22. Juli 2003 über das Statut der Europäischen Genossenschaft (SCE) (ABl. EU Nr. L 207 S. 1).

⁶Ein Wirtschaftsgut wird nicht dadurch entnommen, dass der Steuerpflichtige zur Gewinnermittlung nach § 13a übergeht. ⁷Eine Änderung der Nutzung eines Wirtschaftsguts, die bei Gewinnermittlung nach Satz 1 keine Entnahme ist, ist auch bei Gewinnermittlung nach § 13a keine Entnahme. ⁸Einlagen sind alle Wirtschaftsgüter (Bareinzahlungen und sonstige Wirtschaftsgüter), die der Steuerpflichtige dem Betrieb im Laufe des Wirtschaftsjahres zugeführt hat; einer Einlage steht die Begründung des Besteuerungsrechts der Bundesrepublik Deutschland hinsichtlich des Gewinns aus der Veräußerung eines Wirtschaftsguts gleich. ⁹Bei der Ermittlung des Gewinns sind die Vorschriften über die Betriebsausgaben, über die Bewertung und über die Absetzung für Abnutzung oder Substanzverringerung zu befolgen.

(2) ¹Der Steuerpflichtige darf die Vermögensübersicht (Bilanz) auch nach ihrer Einreichung beim Finanzamt ändern, soweit sie den Grundsätzen ordnungsmäßiger Buchführung unter Befolgung der Vorschriften dieses Gesetzes nicht entspricht; diese Änderung ist nicht zulässig, wenn die Vermögensübersicht (Bilanz) einer Steuerfestsetzung zugrunde liegt, die nicht mehr aufgehoben oder geändert werden kann. ²Darüber hinaus ist eine Änderung der Vermögensübersicht (Bilanz) nur zulässig, wenn sie in einem engen zeitlichen und sachlichen Zusammenhang mit einer Änderung nach Satz 1 steht und soweit die Auswirkung der Änderung nach Satz 1 auf den Gewinn reicht.

(3) ¹Steuerpflichtige, die nicht auf Grund gesetzlicher Vorschriften verpflichtet sind, Bücher zu führen und regelmäßig Abschlüsse zu machen, und die auch keine Bücher führen und keine Abschlüsse machen, können als Gewinn den Überschuss der Betriebseinnahmen über die Betriebsausgaben ansetzen. ²Hierbei scheiden Betriebseinnahmen und Betriebsausgaben aus, die im Namen und für Rechnung eines anderen vereinnahmt und verausgabt werden (durchlaufende Posten). ³Die Vorschriften über die Bewertungsfreiheit für geringwertige Wirtschaftsgüter (§ 6 Abs. 2), die Bildung eines Sammelpostens (§ 6 Abs. 2a) und über die Absetzung für Abnutzung oder Substanzverringerung sind zu befolgen. ⁴Die Anschaffungs- oder Herstellungskosten für nicht abnutzbare Wirtschaftsgüter des Anlagevermögens, für Anteile an Kapitalgesellschaften, für Wertpapiere und vergleichbare nicht verbriefte Forderungen und Rechte, für Grund und Boden sowie Gebäude des Umlaufvermögens sind erst im Zeitpunkt des Zuflusses des Veräußerungserlöses oder bei Entnahme im Zeitpunkt der Entnahme als Betriebsausgaben zu berücksichtigen. ⁵Die Wirtschaftsgüter des Anlagevermögens und Wirtschaftsgüter des Umlaufvermögens im Sinne des Satzes 4 sind unter Angabe des Tages der Anschaffung und Herstellung und der Anschaffungs- oder Herstellungskosten oder des an deren Stelle getretenen Werts in besondere, laufend zu führende Verzeichnisse aufzunehmen.

(4) Betriebsausgaben sind die Aufwendungen, die durch den Betrieb veranlasst sind.

(4a) ¹Schuldzinsen sind nach Maßgabe der Sätze 2 bis 4 nicht abziehbar, wenn Überentnahmen getätigt worden sind. ²Eine Überentnahme ist der Betrag, um den die Entnahmen die Summe des Gewinns und der Einlagen des Wirtschaftsjahres übersteigen. ³Die nicht abziehbaren Schuldzinsen werden typisiert mit 6 Prozent der Überentnahme des Wirtschaftsjahres zuzüglich der Überentnahmen vorangegangener Wirtschaftsjahre und abzüglich der Beträge, um die in den vorangegangenen Wirtschaftsjahren der Gewinn und die Einlagen die Entnahmen überstiegen haben (Unterentnahmen); bei der Ermittlung der Überentnahme ist vom Gewinn ohne Berücksichtigung der nach Maßgabe dieses Absatzes nicht abziehbaren Schuldzinsen auszugehen. ⁴Der sich dabei ergebende Betrag, höchstens jedoch der um 2 050 Euro verminderte Betrag der im Wirtschaftsjahr angefallenen Schuldzinsen, ist dem Gewinn hinzuzurechnen. ⁵Der Abzug von Schuldzinsen für Darlehen zur Finanzierung von Anschaffungs- oder Herstellungskosten von Wirtschaftsgütern des Anlagevermögens bleibt unberührt. ⁶Die Sätze 1 bis 5 sind bei Gewinnermittlung nach § 4 Absatz 3 sinngemäß anzuwenden; hierzu sind Entnahmen und Einlagen gesondert aufzuzeichnen.

(5) ¹Die folgenden Betriebsausgaben dürfen den Gewinn nicht mindern:
1. Aufwendungen für Geschenke an Personen, die nicht Arbeitnehmer des Steuerpflichtigen sind. ²Satz 1 gilt nicht, wenn die Anschaffungs- oder Herstellungskosten der dem Empfänger im Wirtschaftsjahr zugewendeten Gegenstände insgesamt 35 Euro nicht übersteigen;
2. Aufwendungen für die Bewirtung von Personen aus geschäftlichem Anlass, soweit sie 70 Prozent der Aufwendungen übersteigen, die nach der allgemeinen Verkehrsauffassung als angemessen anzusehen und deren Höhe und betriebliche Veranlassung nachgewiesen sind. ²Zum Nachweis der Höhe und der betrieblichen Veranlassung der Aufwendungen hat der Steuerpflichtige schriftlich die folgenden Angaben zu machen: Ort, Tag, Teilnehmer und

Anlass der Bewirtung sowie Höhe der Aufwendungen. ³Hat die Bewirtung in einer Gaststätte stattgefunden, so genügen Angaben zu dem Anlass und den Teilnehmern der Bewirtung; die Rechnung über die Bewirtung ist beizufügen;

3. Aufwendungen für Einrichtungen des Steuerpflichtigen, soweit sie der Bewirtung, Beherbergung oder Unterhaltung von Personen, die nicht Arbeitnehmer des Steuerpflichtigen sind, dienen (Gästehäuser) und sich außerhalb des Orts eines Betriebs des Steuerpflichtigen befinden;

4. Aufwendungen für Jagd oder Fischerei, für Segeljachten oder Motorjachten sowie für ähnliche Zwecke und für die hiermit zusammenhängenden Bewirtungen;

5. Mehraufwendungen für die Verpflegung des Steuerpflichtigen, soweit in den folgenden Sätzen nichts anderes bestimmt ist. ²Wird der Steuerpflichtige vorübergehend von seiner Wohnung und dem Mittelpunkt seiner dauerhaft angelegten betrieblichen Tätigkeit entfernt betrieblich tätig, ist für jeden Kalendertag, an dem der Steuerpflichtige wegen dieser vorübergehenden Tätigkeit von seiner Wohnung und seinem Tätigkeitsmittelpunkt

   a) 24 Stunden abwesend ist, ein Pauschbetrag von 24 Euro,
   b) weniger als 24 Stunden, aber mindestens 14 Stunden abwesend ist, ein Pauschbetrag von 12 Euro,
   c) weniger als 14 Stunden, aber mindestens 8 Stunden abwesend ist, ein Pauschbetrag von 6 Euro

   abzuziehen; eine Tätigkeit, die nach 16 Uhr begonnen und vor 8 Uhr des nachfolgenden Kalendertags beendet wird, ohne dass eine Übernachtung stattfindet, ist mit der gesamten Abwesenheitsdauer dem Kalendertag der überwiegenden Abwesenheit zuzurechnen. ³Wird der Steuerpflichtige bei seiner individuellen betrieblichen Tätigkeit typischerweise nur an ständig wechselnden Tätigkeitsstätten oder auf einem Fahrzeug tätig, gilt Satz 2 entsprechend; dabei ist allein die Dauer der Abwesenheit von der Wohnung maßgebend. ⁴Bei einer Tätigkeit im Ausland treten an die Stelle der Pauschbeträge nach Satz 2 länderweise unterschiedliche Pauschbeträge, die für die Fälle der Buchstaben a, b und c mit 120, 80 und 40 Prozent der höchsten Auslandstagegelder nach dem Bundesreisekostengesetz vom Bundesministerium der Finanzen im Einvernehmen mit den obersten Finanzbehörden der Länder aufgerundet auf volle Euro festgesetzt werden; dabei bestimmt sich der Pauschbetrag nach dem Ort, den der Steuerpflichtige vor 24 Uhr Ortszeit zuletzt erreicht, oder, wenn dieser Ort im Inland liegt, nach dem letzten Tätigkeitsort im Ausland. ⁵Bei einer längerfristigen vorübergehenden Tätigkeit an derselben Tätigkeitsstätte beschränkt sich der pauschale Abzug nach Satz 2 auf die ersten drei Monate. ⁶Die Abzugsbeschränkung nach Satz 1, die Pauschbeträge nach den Sätzen 2 und 4 sowie die Dreimonatsfrist nach Satz 5 gelten auch für den Abzug von Verpflegungsmehraufwendungen bei einer aus betrieblichem Anlass begründeten doppelten Haushaltsführung; dabei ist für jeden Kalendertag innerhalb der Dreimonatsfrist, an dem gleichzeitig eine Tätigkeit im Sinne des Satzes 2 oder 3 ausgeübt wird, nur der jeweils höchste in Betracht kommende Pauschbetrag abzuziehen und die Dauer einer Tätigkeit im Sinne des Satzes 2 an dem Beschäftigungsort, der zur Begründung der doppelten Haushaltsführung geführt hat, auf die Dreimonatsfrist anzurechnen, wenn sie ihr unmittelbar vorausgegangen ist;

6. Aufwendungen für die Wege des Steuerpflichtigen zwischen Wohnung und Betriebsstätte und für Familienheimfahrten, soweit in den folgenden Sätzen nichts anderes bestimmt ist. ²Zur Abgeltung dieser Aufwendungen ist § 9 Absatz 1 Satz 3 Nummer 4 und 5 Satz 1 bis 6 und Absatz 2 entsprechend anzuwenden. ³Bei der Nutzung eines Kraftfahrzeugs dürfen die Aufwendungen in Höhe des positiven Unterschiedsbetrags zwischen 0,03 Prozent des inländischen Listenpreises im Sinne des § 6 Absatz 1 Nummer 4 Satz 2 des Kraftfahrzeugs im Zeitpunkt der Erstzulassung je Kalendermonat für jeden Entfernungskilometer und dem sich nach § 9 Absatz 1 Satz 3 Nummer 4 oder Absatz 2 ergebenden Betrag sowie Aufwendungen für Familienheimfahrten in Höhe des positiven Unterschiedsbetrags zwischen 0,002 Prozent des inländischen Listenpreises im Sinne des § 6 Absatz 1 Nummer 4 Satz 2 für jeden Entfernungskilometer und dem sich nach § 9 Absatz 1 Satz 3 Nummer 5 Satz 4 bis 6 oder Absatz 2 ergebenden Betrag den Gewinn nicht mindern; ermittelt der Steuerpflichtige die private Nutzung des Kraftfahrzeugs nach § 6 Absatz 1 Nummer 4 Satz 1 oder Satz 3, treten an die Stelle des mit 0,03 oder 0,002 Prozent des inländischen Listenpreises ermittelten Betrags für Fahrten zwischen Wohnung und Betriebsstätte und für Familienheimfahrten die auf diese Fahrten entfallenden tatsächlichen Aufwendungen § 6 Absatz 1 Nummer 4 Satz 3 zweiter Halbsatz gilt sinngemäß; [1]

6a. (weggefallen)

6b. Aufwendungen für ein häusliches Arbeitszimmer sowie die Kosten der Ausstattung. ²Dies gilt nicht, wenn für die betriebliche oder berufliche Tätigkeit kein anderer Arbeitsplatz zur Verfügung steht. ³In diesem Fall wird die Höhe der abziehbaren Aufwendungen auf

---

[1] Änderung auf Grund des Amtshilferichtlinien-Umsetzungsgesetzes. Bei Redaktionsschluss war das Gesetzgebungsverfahren noch nicht abgeschlossen. Um Beachtung wird gebeten. → Siehe hierzu Hinweise auf Seite 4!

1 250 Euro begrenzt; die Beschränkung der Höhe nach gilt nicht, wenn das Arbeitszimmer den Mittelpunkt der gesamten betrieblichen und beruflichen Betätigung bildet;

7. andere als die in den Nummern 1 bis 6 und 6b bezeichneten Aufwendungen, die die Lebensführung des Steuerpflichtigen oder anderer Personen berühren, soweit sie nach allgemeiner Verkehrsauffassung als unangemessen anzusehen sind;
8. von einem Gericht oder einer Behörde im Geltungsbereich dieses Gesetzes oder von Organen der Europäischen Gemeinschaften festgesetzte Geldbußen, Ordnungsgelder und Verwarnungsgelder. ²Dasselbe gilt für Leistungen zur Erfüllung von Auflagen oder Weisungen, die in einem berufsgerichtlichen Verfahren erteilt werden, soweit die Auflagen oder Weisungen nicht lediglich der Wiedergutmachung des durch die Tat verursachten Schadens dienen. ³Die Rückzahlung von Ausgaben im Sinne der Sätze 1 und 2 darf den Gewinn nicht erhöhen. ⁴Das Abzugsverbot für Geldbußen gilt nicht, soweit der wirtschaftliche Vorteil, der durch den Gesetzesverstoß erlangt wurde, abgeschöpft worden ist, wenn die Steuern vom Einkommen und Ertrag, die auf den wirtschaftlichen Vorteil entfallen, nicht abgezogen worden sind; Satz 3 ist insoweit nicht anzuwenden;
8a. Zinsen auf hinterzogene Steuern nach § 235 der Abgabenordnung;
9. Ausgleichszahlungen, die in den Fällen der §§ 14, 17 und 18 des Körperschaftsteuergesetzes an außenstehende Anteilseigner geleistet werden;
10. die Zuwendung von Vorteilen sowie damit zusammenhängende Aufwendungen, wenn die Zuwendung der Vorteile eine rechtswidrige Handlung darstellt, die den Tatbestand eines Strafgesetzes oder eines Gesetzes verwirklicht, das die Ahndung mit einer Geldbuße zulässt. ²Gerichte, Staatsanwaltschaften oder Verwaltungsbehörden haben Tatsachen, die sie dienstlich erfahren und die den Verdacht einer Tat im Sinne des Satzes 1 begründen, der Finanzbehörde für Zwecke des Besteuerungsverfahrens und zur Verfolgung von Steuerstraftaten und Steuerordnungswidrigkeiten mitzuteilen. ³Die Finanzbehörde teilt Tatsachen, die den Verdacht einer Straftat oder einer Ordnungswidrigkeit im Sinne des Satzes 1 begründen, der Staatsanwaltschaft oder der Verwaltungsbehörde mit. ⁴Diese unterrichten die Finanzbehörde von dem Ausgang des Verfahrens und den zugrundeliegenden Tatsachen;
11. Aufwendungen, die mit unmittelbaren oder mittelbaren Zuwendungen von nicht einlagefähigen Vorteilen an natürliche oder juristische Personen oder Personengesellschaften zur Verwendung in Betrieben in tatsächlichen oder wirtschaftlichen Zusammenhang stehen, deren Gewinn nach § 5a Abs. 1 ermittelt wird;
12. Zuschläge nach § 162 Abs. 4 der Abgabenordnung;
13. Jahresbeiträge nach § 12 Absatz 2 des Restrukturierungsfondsgesetzes.

²Das Abzugsverbot gilt nicht, soweit die in den Nummern 2 bis 4 bezeichneten Zwecke Gegenstand einer mit Gewinnabsicht ausgeübten Betätigung des Steuerpflichtigen sind. ³§ 12 Nr. 1 bleibt unberührt.

(5a) (weggefallen)

(5b) Die Gewerbesteuer und die darauf entfallenden Nebenleistungen sind keine Betriebsausgaben.

(6) Aufwendungen zur Förderung staatspolitischer Zwecke (§ 10b Abs. 2) sind keine Betriebsausgaben.

(7) ¹Aufwendungen im Sinne des Absatzes 5 Satz 1 Nr. 1 bis 4, 6b und 7 sind einzeln und getrennt von den sonstigen Betriebsausgaben aufzuzeichnen. ²Soweit diese Aufwendungen nicht bereits nach Absatz 5 vom Abzug ausgeschlossen sind, dürfen sie bei der Gewinnermittlung nur berücksichtigt werden, wenn sie nach Satz 1 besonders aufgezeichnet sind.

(8) Für Erhaltungsaufwand bei Gebäuden in Sanierungsgebieten und städtebaulichen Entwicklungsbereichen sowie bei Baudenkmalen gelten die §§ 11a und 11b entsprechend.

(9) Aufwendungen des Steuerpflichtigen für seine erstmalige Berufsausbildung oder für ein Erststudium, das zugleich eine Erstausbildung vermittelt, sind keine Betriebsausgaben.

§ 4a Gewinnermittlungszeitraum, Wirtschaftsjahr

(1) ¹Bei Land- und Forstwirten und bei Gewerbetreibenden ist der Gewinn nach dem Wirtschaftsjahr zu ermitteln. ²Wirtschaftsjahr ist
1. bei Land- und Forstwirten der Zeitraum vom 1. Juli bis zum 30. Juni. ²Durch Rechtsverordnung kann für einzelne Gruppen von Land- und Forstwirten ein anderer Zeitraum bestimmt werden, wenn das aus wirtschaftlichen Gründen erforderlich ist;
2. bei Gewerbetreibenden, deren Firma im Handelsregister eingetragen ist, der Zeitraum, für den sie regelmäßig Abschlüsse machen. ²Die Umstellung des Wirtschaftsjahres auf einen

vom Kalenderjahr abweichenden Zeitraum ist steuerlich nur wirksam, wenn sie im Einvernehmen mit dem Finanzamt vorgenommen wird;

3. bei anderen Gewerbetreibenden das Kalenderjahr. ²Sind sie gleichzeitig buchführende Land- und Forstwirte, so können sie mit Zustimmung des Finanzamts den nach Nummer 1 maßgebenden Zeitraum als Wirtschaftsjahr für den Gewerbebetrieb bestimmen, wenn sie für den Gewerbebetrieb Bücher führen und für diesen Zeitraum regelmäßig Abschlüsse machen.

(2) Bei Land- und Forstwirten und bei Gewerbetreibenden, deren Wirtschaftsjahr vom Kalenderjahr abweicht, ist der Gewinn aus Land- und Forstwirtschaft oder aus Gewerbebetrieb bei der Ermittlung des Einkommens in folgender Weise zu berücksichtigen:

1. ¹Bei Land- und Forstwirten ist der Gewinn des Wirtschaftsjahres auf das Kalenderjahr, in dem das Wirtschaftsjahr beginnt, und auf das Kalenderjahr, in dem das Wirtschaftsjahr endet, entsprechend dem zeitlichen Anteil aufzuteilen. ²Bei der Aufteilung sind Veräußerungsgewinne im Sinne des § 14 auszuscheiden und dem Gewinn des Kalenderjahrs hinzuzurechnen, in dem sie entstanden sind;

2. bei Gewerbetreibenden gilt der Gewinn des Wirtschaftsjahres als in dem Kalenderjahr bezogen, in dem das Wirtschaftsjahr endet.

§ 4b Direktversicherung   EStG

¹Der Versicherungsanspruch aus einer Direktversicherung, die von einem Steuerpflichtigen aus betrieblichem Anlass abgeschlossen wird, ist dem Betriebsvermögen des Steuerpflichtigen nicht zuzurechnen, soweit am Schluss des Wirtschaftsjahres hinsichtlich der Leistungen des Versicherers die Person, auf deren Leben die Lebensversicherung abgeschlossen ist, oder ihre Hinterbliebenen bezugsberechtigt sind. ²Das gilt auch, wenn der Steuerpflichtige die Ansprüche aus dem Versicherungsvertrag abgetreten oder beliehen hat, sofern er sich der bezugsberechtigten Person gegenüber schriftlich verpflichtet, sie bei Eintritt des Versicherungsfalls so zu stellen, als ob die Abtretung oder Beleihung nicht erfolgt wäre.

S 2144a

§ 4c Zuwendungen an Pensionskassen   EStG

(1) ¹Zuwendungen an eine Pensionskasse dürfen von dem Unternehmen, das die Zuwendungen leistet (Trägerunternehmen), als Betriebsausgaben abgezogen werden, soweit sie auf einer in der Satzung oder im Geschäftsplan der Kasse festgelegten Verpflichtung oder auf einer Anordnung der Versicherungsaufsichtsbehörde beruhen oder der Abdeckung von Fehlbeträgen bei der Kasse dienen. ²Soweit die allgemeinen Versicherungsbedingungen und die fachlichen Geschäftsunterlagen im Sinne des § 5 Absatz 3 Nummer 2 Halbsatz 2 des Versicherungsaufsichtsgesetzes nicht zum Geschäftsplan gehören, gelten diese als Teil des Geschäftsplans.

(2) Zuwendungen im Sinne des Absatzes 1 dürfen als Betriebsausgaben nicht abgezogen werden, soweit die Leistungen der Kasse, wenn sie vom Trägerunternehmen unmittelbar erbracht würden, bei diesem nicht betrieblich veranlasst wären.

S 2144b

§ 4d Zuwendungen an Unterstützungskassen   EStG

(1) ¹Zuwendungen an eine Unterstützungskasse dürfen von dem Unternehmen, das die Zuwendungen leistet (Trägerunternehmen), als Betriebsausgaben abgezogen werden, soweit die Leistungen der Kasse, wenn sie vom Trägerunternehmen unmittelbar erbracht würden, bei diesem betrieblich veranlasst wären und sie die folgenden Beträge nicht übersteigen:

1. bei Unterstützungskassen, die lebenslänglich laufende Leistungen gewähren,
    a) das Deckungskapital für die laufenden Leistungen nach der dem Gesetz als Anlage 1 beigefügten Tabelle. ²Leistungsempfänger ist jeder ehemalige Arbeitnehmer des Trägerunternehmens, der von der Unterstützungskasse Leistungen erhält; soweit die Kasse Hinterbliebenenversorgung gewährt, ist Leistungsempfänger der Hinterbliebene eines ehemaligen Arbeitnehmers des Trägerunternehmens, der von der Kasse Leistungen erhält. ³Dem ehemaligen Arbeitnehmer stehen andere Personen gleich, denen Leistungen der Alters-, Invaliditäts- oder Hinterbliebenenversorgung aus Anlass ihrer ehemaligen Tätigkeit für das Trägerunternehmen zugesagt worden sind;
    b) in jedem Wirtschaftsjahr für jeden Leistungsanwärter,
        aa) wenn die Kasse nur Invaliditätsversorgung oder nur Hinterbliebenenversorgung gewährt, jeweils 6 Prozent,

S 2144c

§ 4d EStG

bb) wenn die Kasse Altersversorgung mit oder ohne Einschluss von Invaliditätsversorgung oder Hinterbliebenenversorgung gewährt, 25 Prozent

[1] der jährlichen Versorgungsleistungen, die der Leistungsanwärter oder, wenn nur Hinterbliebenenversorgung gewährt wird, dessen Hinterbliebene nach den Verhältnissen am Schluss des Wirtschaftsjahres der Zuwendung im letzten Zeitpunkt der Anwartschaft, spätestens zum Zeitpunkt des Erreichens der Regelaltersgrenze der gesetzlichen Rentenversicherung erhalten können. [2]Leistungsanwärter ist jeder Arbeitnehmer oder ehemalige Arbeitnehmer des Trägerunternehmens, der von der Unterstützungskasse schriftlich zugesagte Leistungen erhalten kann und am Schluss des Wirtschaftsjahres, in dem die Zuwendung erfolgt, das 27. Lebensjahr vollendet hat; soweit die Kasse nur Hinterbliebenenversorgung gewährt, gilt als Leistungsanwärter jeder Arbeitnehmer oder ehemalige Arbeitnehmer des Trägerunternehmens, der am Schluss des Wirtschaftsjahres, in dem die Zuwendung erfolgt, das 27. Lebensjahr vollendet hat und dessen Hinterbliebene die Hinterbliebenenversorgung erhalten können. ³Das Trägerunternehmen kann bei der Berechnung nach Satz 1 statt des dort maßgebenden Betrags den Durchschnittsbetrag der von der Kasse im Wirtschaftsjahr an Leistungsempfänger im Sinne des Buchstabens a Satz 2 gewährten Leistungen zugrunde legen. ⁴In diesem Fall sind Leistungsanwärter im Sinne des Satzes 2 nur die Arbeitnehmer oder ehemaligen Arbeitnehmer des Trägerunternehmens, die am Schluss des Wirtschaftsjahres, in dem die Zuwendung erfolgt, das 50. Lebensjahr vollendet haben. ⁵Dem Arbeitnehmer oder ehemaligen Arbeitnehmer als Leistungsanwärter stehen andere Personen gleich, denen schriftlich Leistungen der Alters-, Invaliditäts- oder Hinterbliebenenversorgung aus Anlass ihrer Tätigkeit für das Trägerunternehmen zugesagt worden sind;

c) den Betrag des Beitrages, den die Kasse an einen Versicherer zahlt, soweit sie sich die Mittel für ihre Versorgungsleistungen, die der Leistungsanwärter oder Leistungsempfänger nach den Verhältnissen am Schluss des Wirtschaftsjahres der Zuwendung erhalten kann, durch Abschluss einer Versicherung verschafft. ²Bei Versicherungen für einen Leistungsanwärter ist der Abzug des Beitrages nur zulässig, wenn der Leistungsanwärter die in Buchstabe b Satz 2 und 5 genannten Voraussetzungen erfüllt, die Versicherung für die Dauer bis zu dem Zeitpunkt abgeschlossen ist, für den erstmals Leistungen der Altersversorgung vorgesehen sind, mindestens jedoch bis zu dem Zeitpunkt, an dem der Leistungsanwärter das 55. Lebensjahr vollendet hat, und während dieser Zeit jährlich [3] Beiträge gezahlt werden, die der Höhe nach gleich bleiben oder steigen. ³Das Gleiche gilt für Leistungsanwärter, die das 27. Lebensjahr noch nicht vollendet haben, für Leistungen der Invaliditäts- oder Hinterbliebenenversorgung, für Leistungen der Altersversorgung unter der Voraussetzung, dass die Leistungsanwartschaft bereits unverfallbar ist. ⁴Ein Abzug ist ausgeschlossen, wenn die Ansprüche aus der Versicherung der Sicherung eines Darlehens dienen. ⁵Liegen die Voraussetzungen der Sätze 1 bis 4 vor, sind die Zuwendungen nach den Buchstaben a und b in dem Verhältnis zu vermindern, in dem die Leistungen der Kasse durch die Versicherung gedeckt sind;

d) den Betrag, den die Kasse einem Leistungsanwärter im Sinne des Buchstabens b Satz 2 und 5 vor Eintritt des Versorgungsfalls als Abfindung für künftige Versorgungsleistungen gewährt, den Übertragungswert nach § 4 Absatz 5 des Betriebsrentengesetzes oder den Betrag, den sie an einen anderen Versorgungsträger zahlt, der eine ihr obliegende Versorgungsverpflichtung übernommen hat.

²Zuwendungen dürfen nicht als Betriebsausgaben abgezogen werden, wenn das Vermögen der Kasse ohne Berücksichtigung künftiger Versorgungsleistungen am Schluss des Wirtschaftsjahres das zulässige Kassenvermögen übersteigt. ³Bei der Ermittlung des Vermögens der Kasse ist am Schluss des Wirtschaftsjahres vorhandener Grundbesitz mit 200 Prozent der Einheitswerte anzusetzen, die zu dem Feststellungszeitpunkt maßgebend sind, der dem Schluss des Wirtschaftsjahres folgt; Ansprüche aus einer Versicherung sind mit dem Wert des geschäftsplanmäßigen Deckungskapitals zuzüglich der Guthaben aus Beitragsrückerstattung am Schluss des Wirtschaftsjahres anzusetzen, und das übrige Vermögen ist mit dem gemeinen Wert am Schluss des Wirtschaftsjahres zu bewerten. ⁴Zulässiges Kassenvermögen ist die Summe aus dem Deckungskapital für alle am Schluss des Wirtschaftsjahres laufenden Leistungen nach der dem Gesetz als Anlage 1 beigefügten Tabelle für Leistungsempfänger im Sinne des Satzes 1 Buchstabe a und dem Achtfachen der nach Satz 1 Buchstabe b abzugsfähigen Zuwendungen. ⁵Soweit sich die Kasse die Mittel für ihre Leistungen durch Abschluss einer Versicherung verschafft, ist, wenn die Voraussetzungen für den Abzug des Beitrages nach Satz 1 Buchstabe c erfüllt sind, zulässiges Kassenvermögen der Wert des geschäftsplanmäßigen Deckungskapitals aus der Versicherung am Schluss des Wirtschaftsjahres; in diesem Fall ist das zulässige Kassenvermögen

---

¹) Zur Anwendung von Absatz 1 Satz 1 Nr. 1 Satz 1 Buchstabe b Satz 1 → § 52 Abs. 12a Satz 1 EStG.
²) Zur Anwendung von Absatz 1 Satz 1 Nr. 1 Satz 1 Buchstabe b Satz 2 → § 52 Abs. 12a Satz 2 EStG.
³) Zur Anwendung von Absatz 1 Satz 1 Nr. 1 Satz 1 Buchstabe c Satz 3 → § 52 Abs. 12a Satz 2 EStG.

nach Satz 4 in dem Verhältnis zu vermindern, in dem die Leistungen der Kasse durch die Versicherung gedeckt sind. ⁶Soweit die Berechnung des Deckungskapitals nicht zum Geschäftsplan gehört, tritt an die Stelle des geschäftsplanmäßigen Deckungskapitals der nach § 176 Absatz 3 des Gesetzes über den Versicherungsvertrag berechnete Zeitwert, beim zulässigen Kassenvermögen ohne Berücksichtigung des Guthabens aus Beitragsrückerstattung. ⁷Gewährt eine Unterstützungskasse anstelle von lebenslänglich laufenden Leistungen eine einmalige Kapitalleistung, so gelten 10 Prozent der Kapitalleistung als Jahresbetrag einer lebenslänglich laufenden Leistung;

2. bei Kassen, die keine lebenslänglich laufenden Leistungen gewähren, für jedes Wirtschaftsjahr 0,2 Prozent der Lohn- und Gehaltssumme des Trägerunternehmens, mindestens jedoch den Betrag der von der Kasse in einem Wirtschaftsjahr erbrachten Leistungen, soweit dieser Betrag höher ist als die in den vorangegangenen fünf Wirtschaftsjahren vorgenommenen Zuwendungen abzüglich der in dem gleichen Zeitraum erbrachten Leistungen. ²Diese Zuwendungen dürfen nicht als Betriebsausgaben abgezogen werden, wenn das Vermögen der Kasse am Schluss des Wirtschaftsjahres das zulässige Kassenvermögen übersteigt. ³Als zulässiges Kassenvermögen kann 1 Prozent der durchschnittlichen Lohn- und Gehaltssumme der letzten drei Jahre angesetzt werden. ⁴Hat die Kasse bereits 10 Wirtschaftsjahre bestanden, darf das zulässige Kassenvermögen zusätzlich die Summe der in den letzten zehn Wirtschaftsjahren gewährten Leistungen nicht übersteigen. ⁵Für die Bewertung des Vermögens der Kasse gilt Nummer 1 Satz 3 entsprechend. ⁶Bei der Berechnung der Lohn- und Gehaltssumme des Trägerunternehmens sind Löhne und Gehälter von Personen, die von der Kasse keine nicht lebenslänglich laufenden Leistungen erhalten können, auszuscheiden.

²Gewährt eine Kasse lebenslänglich laufende und nicht lebenslänglich laufende Leistungen, so gilt Satz 1 Nummer 1 und 2 nebeneinander. ³Leistet ein Trägerunternehmen Zuwendungen an mehrere Unterstützungskassen, so sind diese Kassen bei der Anwendung der Nummern 1 und 2 als Einheit zu behandeln.

(2) ¹Zuwendungen im Sinne des Absatzes 1 sind von dem Trägerunternehmen in dem Wirtschaftsjahr als Betriebsausgaben abzuziehen, in dem sie geleistet werden. ²Zuwendungen, die bis zum Ablauf eines Monats nach Aufstellung oder Feststellung der Bilanz des Trägerunternehmens für den Schluss eines Wirtschaftsjahres geleistet werden, können von dem Trägerunternehmen noch für das abgelaufene Wirtschaftsjahr durch eine Rückstellung gewinnmindernd berücksichtigt werden. ³Übersteigen die in einem Wirtschaftsjahr geleisteten Zuwendungen die nach Absatz 1 abzugsfähigen Beträge, so können die übersteigenden Beträge im Wege der Rechnungsabgrenzung auf die folgenden drei Wirtschaftsjahre vorgetragen und im Rahmen der für diese Wirtschaftsjahre abzugsfähigen Beträge als Betriebsausgaben behandelt werden. ⁴§ 5 Absatz 1 Satz 2 ist nicht anzuwenden.

(3) ¹Abweichend von Absatz 1 Satz 1 Nummer 1 Satz 1 Buchstabe d und Absatz 2 können auf Antrag die insgesamt erforderlichen Zuwendungen an die Unterstützungskasse für den Betrag, den die Kasse an einen Pensionsfonds zahlt, der eine ihr obliegende Versorgungsverpflichtung ganz oder teilweise übernommen hat, nicht im Wirtschaftsjahr der Zuwendung, sondern erst in dem Wirtschaftsjahr der Zuwendung folgenden zehn Wirtschaftsjahren gleichmäßig verteilt als Betriebsausgaben abgezogen werden. ²Der Antrag ist unwiderruflich; der jeweilige Rechtsnachfolger ist an den Antrag gebunden.

§ 4e Beiträge an Pensionsfonds

(1) ¹Beiträge an einen Pensionsfonds im Sinne des § 112 des Versicherungsaufsichtsgesetzes dürfen von dem Unternehmen, das die Beiträge leistet (Trägerunternehmen), als Betriebsausgaben abgezogen werden, soweit sie auf einer festgelegten Verpflichtung beruhen oder der Abdeckung von Fehlbeträgen bei dem Fonds dienen.

(2) Beiträge im Sinne des Absatzes 1 dürfen als Betriebsausgaben nicht abgezogen werden, soweit die Leistungen des Fonds, wenn sie vom Trägerunternehmen unmittelbar erbracht würden, bei diesem nicht betrieblich veranlasst wären.

(3) ¹Der Steuerpflichtige kann auf Antrag die insgesamt erforderlichen Leistungen an einen Pensionsfonds zur teilweisen oder vollständigen Übernahme einer bestehenden Versorgungsverpflichtung oder Versorgungsanwartschaft durch den Pensionsfonds in dem dem Wirtschaftsjahr der Übertragung folgenden zehn Wirtschaftsjahren gleichmäßig verteilt als Betriebsausgaben abziehen. ²Der Antrag ist unwiderruflich; der jeweilige Rechtsnachfolger ist an den Antrag gebunden. ³Ist eine Pensionsrückstellung nach § 6a gewinnerhöhend aufzulösen, ist Satz 1 mit der Maßgabe anzuwenden, dass die Leistungen an den Pensionsfonds im Wirtschaftsjahr der Übertragung in Höhe der aufgelösten Rückstellung als Betriebsausgaben abgezogen

werden können; der die aufgelöste Rückstellung übersteigende Betrag ist in den dem Wirtschaftsjahr der Übertragung folgenden zehn Wirtschaftsjahren gleichmäßig verteilt als Betriebsausgaben abzuziehen. ⁴Satz 3 gilt entsprechend, wenn es im Zuge der Leistungen des Arbeitgebers an den Pensionsfonds zu Vermögensübertragungen einer Unterstützungskasse an den Arbeitgeber kommt.

EStG

§ 4f (weggefallen)

EStG

§ 4g Bildung eines Ausgleichspostens bei Entnahme nach § 4 Absatz 1 Satz 3

(1) ¹Ein unbeschränkt Steuerpflichtiger kann in Höhe des Unterschiedsbetrags zwischen dem Buchwert und dem nach § 6 Absatz 1 Nummer 4 Satz 1 zweiter Halbsatz anzusetzenden Wert eines Wirtschaftsguts des Anlagevermögens auf Antrag einen Ausgleichsposten bilden, soweit das Wirtschaftsgut infolge seiner Zuordnung zu einer Betriebsstätte desselben Steuerpflichtigen in einem anderen Mitgliedstaat der Europäischen Union gemäß § 4 Absatz 1 Satz 3 als entnommen gilt. ²Der Ausgleichsposten ist für jedes Wirtschaftsgut getrennt auszuweisen. ³Das Antragsrecht kann für jedes Wirtschaftsjahr nur einheitlich für sämtliche Wirtschaftsgüter ausgeübt werden. ⁴Der Antrag ist unwiderruflich. ⁵Die Vorschriften des Umwandlungssteuergesetzes bleiben unberührt.

(2) ¹Der Ausgleichsposten ist im Wirtschaftsjahr der Bildung und in den vier folgenden Wirtschaftsjahren zu jeweils einem Fünftel gewinnerhöhend aufzulösen. ²Er ist in vollem Umfang gewinnerhöhend aufzulösen,

1. wenn das als entnommen geltende Wirtschaftsgut aus dem Betriebsvermögen des Steuerpflichtigen ausscheidet,
2. wenn das als entnommen geltende Wirtschaftsgut aus der Besteuerungshoheit der Mitgliedstaaten der Europäischen Union ausscheidet oder
3. wenn die stillen Reserven des als entnommen geltenden Wirtschaftsguts im Ausland aufgedeckt werden oder in entsprechender Anwendung der Vorschriften des deutschen Steuerrechts hätten aufgedeckt werden müssen.

(3) ¹Wird die Zuordnung eines Wirtschaftsguts zu einer anderen Betriebsstätte des Steuerpflichtigen in einem anderen Mitgliedstaat der Europäischen Union im Sinne des Absatzes 1 innerhalb der tatsächlichen Nutzungsdauer, spätestens jedoch vor Ablauf von fünf Jahren nach Änderung der Zuordnung, aufgehoben, ist der für dieses Wirtschaftsgut gebildete Ausgleichsposten ohne Auswirkungen auf den Gewinn aufzulösen und das Wirtschaftsgut mit den fortgeführten Anschaffungskosten, erhöht um zwischenzeitlich gewinnerhöhend berücksichtigte Auflösungsbeträge im Sinne des Absatzes 2 und 5 Satz 2 und um den Unterschiedsbetrag zwischen dem Rückführungswert und dem Buchwert im Zeitpunkt der Rückführung, höchstens jedoch mit dem gemeinen Wert, anzusetzen. ²Die Aufhebung der geänderten Zuordnung ist ein Ereignis im Sinne des § 175 Absatz 1 Nummer 2 der Abgabenordnung.

(4) ¹Die Absätze 1 bis 3 finden entsprechende Anwendung bei der Ermittlung des Überschusses der Betriebseinnahmen über die Betriebsausgaben gemäß § 4 Absatz 3. ²Wirtschaftsgüter, für die ein Ausgleichsposten nach Absatz 1 gebildet worden ist, sind in ein laufend zu führendes Verzeichnis aufzunehmen. ³Der Steuerpflichtige hat darüber hinaus Aufzeichnungen zu führen, aus denen die Bildung und Auflösung der Ausgleichsposten hervorgeht. ⁴Die Aufzeichnungen nach den Sätzen 2 und 3 sind der Steuererklärung beizufügen.

(5) ¹Der Steuerpflichtige ist verpflichtet, der zuständigen Finanzbehörde die Entnahme oder ein Ereignis im Sinne des Absatzes 2 unverzüglich anzuzeigen. ²Kommt der Steuerpflichtige dieser Anzeigepflicht, seinen Aufzeichnungspflichten nach Absatz 4 oder seinen sonstigen Mitwirkungspflichten im Sinne des § 90 der Abgabenordnung nicht nach, ist der Ausgleichsposten dieses Wirtschaftsguts gewinnerhöhend aufzulösen.

EStG[1]

§ 4h Betriebsausgabenabzug für Zinsaufwendungen (Zinsschranke)

(1) ¹Zinsaufwendungen eines Betriebs sind abziehbar in Höhe des Zinsertrags, darüber hinaus nur bis zur Höhe des verrechenbaren EBITDA. ²Das verrechenbare EBITDA ist 30 Prozent

---

[1]) Zur Anwendung des § 4h EStG→ § 52 Abs. 12d EStG.

§ 4h EStG

des um die Zinsaufwendungen und um die nach § 6 Absatz 2 Satz 1 abzuziehenden, nach § 6 Absatz 2a Satz 2 gewinnmindernd aufzulösenden und nach § 7 abgesetzten Beträge erhöhten und um die Zinserträge verminderten maßgeblichen Gewinns. ³Soweit das verrechenbare EBITDA die um die Zinserträge geminderten Zinsaufwendungen des Betriebs übersteigt, ist es in die folgenden fünf Wirtschaftsjahre vorzutragen (EBITDA-Vortrag); ein EBITDA-Vortrag entsteht nicht in Wirtschaftsjahren, in denen Absatz 2 die Anwendung von Absatz 1 Satz 1 ausschließt. ⁴Zinsaufwendungen, die nach Satz 1 nicht abgezogen werden können, sind bis zur Höhe der EBITDA-Vorträge aus vorangegangenen Wirtschaftsjahren abziehbar und mindern die EBITDA-Vorträge in ihrer zeitlichen Reihenfolge. ⁵Danach verbleibende nicht abziehbare Zinsaufwendungen sind in die folgenden Wirtschaftsjahre vorzutragen (Zinsvortrag). ⁶Sie erhöhen die Zinsaufwendungen dieser Wirtschaftsjahre, nicht aber den maßgeblichen Gewinn.

(2) ¹Absatz 1 Satz 1 ist nicht anzuwenden, wenn

a) der Betrag der Zinsaufwendungen, soweit er den Betrag der Zinserträge übersteigt, weniger als drei Millionen Euro beträgt,

b) der Betrieb nicht oder nur anteilmäßig zu einem Konzern gehört oder

c) der Betrieb zu einem Konzern gehört und seine Eigenkapitalquote am Schluss des vorangegangenen Abschlussstichtages gleich hoch oder höher ist als die des Konzerns (Eigenkapitalvergleich). ²Ein Unterschreiten der Eigenkapitalquote des Konzerns um bis zu zwei Prozentpunkte ist unschädlich.

³Eigenkapitalquote ist das Verhältnis des Eigenkapitals zur Bilanzsumme; sie bemisst sich nach dem Konzernabschluss, der den Betrieb umfasst, und ist für den Betrieb auf der Grundlage des Jahresabschlusses oder Einzelabschlusses zu ermitteln. ⁴Wahlrechte sind im Konzernabschluss und im Jahresabschluss oder Einzelabschluss einheitlich auszuüben; bei gesellschaftsrechtlichen Kündigungsrechten ist insoweit mindestens das Eigenkapital anzusetzen, das sich nach den Vorschriften des Handelsgesetzbuchs ergeben würde. ⁵Bei der Ermittlung der Eigenkapitalquote des Betriebs ist das Eigenkapital um einen im Konzernabschluss enthaltenen Firmenwert, soweit er auf den Betrieb entfällt, und um die Hälfte von Sonderposten mit Rücklagenanteil (§ 273 des Handelsgesetzbuchs) zu erhöhen sowie um das Eigenkapital, das keine Stimmrechte vermittelt – mit Ausnahme von Vorzugsaktien –, die Anteile an anderen Konzerngesellschaften und um Einlagen der letzten sechs Monate vor dem maßgeblichen Abschlussstichtag, soweit ihnen Entnahmen oder Ausschüttungen innerhalb der ersten sechs Monate nach dem maßgeblichen Abschlussstichtag gegenüberstehen, zu kürzen. ⁶Die Bilanzsumme ist um Kapitalforderungen zu kürzen, die nicht im Konzernabschluss ausgewiesen sind und denen Verbindlichkeiten im Sinne des Absatzes 3 in mindestens gleicher Höhe gegenüberstehen. ⁷Sonderbetriebsvermögen ist dem Betrieb der Mitunternehmerschaft zuzuordnen, soweit es im Konzernvermögen enthalten ist.

⁸Die für den Eigenkapitalvergleich maßgeblichen Abschlüsse sind einheitlich nach den International Financial Reporting Standards (IFRS) zu erstellen. ⁹Hiervon abweichend können Abschlüsse nach dem Handelsrecht eines Mitgliedstaats der Europäischen Union verwendet werden, wenn kein Konzernabschluss nach den IFRS zu erstellen und offen zu legen ist und für keines der letzten fünf Wirtschaftsjahre ein Konzernabschluss nach den IFRS erstellt wurde; nach den Generally Accepted Accounting Principles der Vereinigten Staaten von Amerika (US-GAAP) aufzustellende und offen zu legende Abschlüsse sind zu verwenden, wenn kein Konzernabschluss nach den IFRS oder dem Handelsrecht eines Mitgliedstaats der Europäischen Union zu erstellen und offen zu legen ist. ¹⁰Der Konzernabschluss muss den Anforderungen an die handelsrechtliche Konzernrechnungslegung genügen oder die Voraussetzungen erfüllen, unter denen ein Abschluss nach den §§ 291 und 292 des Handelsgesetzbuchs befreiende Wirkung hätte. ¹¹Wurde der Jahresabschluss oder Einzelabschluss nicht nach denselben Rechnungslegungsstandards wie der Konzernabschluss aufgestellt, ist die Eigenkapitalquote des Betriebs in einer Überleitungsrechnung nach den für den Konzernabschluss geltenden Rechnungslegungsstandards zu ermitteln. ¹²Die Überleitungsrechnung ist einer prüferischen Durchsicht zu unterziehen. ¹³Auf Verlangen der Finanzbehörde ist der Abschluss oder die Überleitungsrechnung des Betriebs durch einen Abschlussprüfer zu prüfen, der die Voraussetzungen des § 319 des Handelsgesetzbuchs erfüllt.

¹⁴Ist ein dem Eigenkapitalvergleich zugrunde gelegter Abschluss unrichtig und führt der zutreffende Abschluss zu einer Erhöhung der nach Absatz 1 nicht abziehbaren Zinsaufwendungen, ist ein Zuschlag entsprechend § 162 Absatz 4 Satz 1 und 2 der Abgabenordnung festzusetzen. ¹⁵Bemessungsgrundlage für den Zuschlag sind die nach Absatz 1 nicht abziehbaren Zinsaufwendungen. ¹⁶§ 162 Absatz 4 Satz 4 bis 6 der Abgabenordnung gilt sinngemäß.

²Ist eine Gesellschaft, bei der der Gesellschafter als Mitunternehmer anzusehen ist, unmittelbar oder mittelbar einer Körperschaft nachgeordnet, gilt für die Gesellschaft § 8a Absatz 2 und 3 des Körperschaftsteuergesetzes entsprechend.

(3) ¹Maßgeblicher Gewinn ist der nach den Vorschriften dieses Gesetzes mit Ausnahme des Absatzes 1 ermittelte steuerpflichtige Gewinn. ²Zinsaufwendungen sind Vergütungen für Fremdkapital, die den maßgeblichen Gewinn gemindert haben. ³Zinserträge sind Erträge aus Kapitalforderungen jeder Art, die den maßgeblichen Gewinn erhöht haben. ⁴Die Auf- und Abzinsung unverzinslicher oder niedrig verzinslicher Verbindlichkeiten oder Kapitalforderungen führen ebenfalls zu Zinserträgen oder Zinsaufwendungen. ⁵Ein Betrieb gehört zu einem Konzern, wenn er nach dem für die Anwendung des Absatzes 2 Satz 1 Buchstabe c zugrunde gelegten Rechnungslegungsstandard mit einem oder mehreren anderen Betrieben konsolidiert wird oder werden könnte. ⁶Ein Betrieb gehört für Zwecke des Absatzes 2 auch zu einem Konzern, wenn seine Finanz- und Geschäftspolitik mit einem oder mehreren anderen Betrieben einheitlich bestimmt werden kann.

(4) ¹Der EBITDA-Vortrag und der Zinsvortrag sind gesondert festzustellen. ²Zuständig ist das für die gesonderte Feststellung des Gewinns und Verlusts der Gesellschaft zuständige Finanzamt, im Übrigen das für die Besteuerung zuständige Finanzamt. ³§ 10d Absatz 4 gilt sinngemäß. ⁴Feststellungsbescheide sind zu erlassen, aufzuheben oder zu ändern, soweit sich die nach Satz 1 festzustellenden Beträge ändern.

(5) ¹Bei Aufgabe oder Übertragung des Betriebs gehen EBITDA-Vortrag und ein nicht verbrauchter Zinsvortrag unter. ²Scheidet ein Mitunternehmer aus einer Gesellschaft aus, gehen der EBITDA-Vortrag und der Zinsvortrag anteilig mit der Quote unter, mit der der ausgeschiedene Gesellschafter an der Gesellschaft beteiligt war. ³§ 8c des Körperschaftsteuergesetzes ist auf den Zinsvortrag einer Gesellschaft entsprechend anzuwenden, soweit an dieser unmittelbar oder mittelbar eine Körperschaft als Mitunternehmer beteiligt ist.

EStG § 5 Gewinn bei Kaufleuten und bei bestimmten anderen Gewerbetreibenden

S 2133

(1) ¹Bei Gewerbetreibenden, die auf Grund gesetzlicher Vorschriften verpflichtet sind, Bücher zu führen und regelmäßig Abschlüsse zu machen, oder die ohne eine solche Verpflichtung Bücher führen und regelmäßig Abschlüsse machen, ist für den Schluss des Wirtschaftsjahres das Betriebsvermögen anzusetzen (§ 4 Absatz 1 Satz 1), das nach den handelsrechtlichen Grundsätzen ordnungsmäßiger Buchführung auszuweisen ist, es sei denn, im Rahmen der Ausübung eines steuerlichen Wahlrechts wird oder wurde ein anderer Ansatz gewählt. ²Voraussetzung für die Ausübung steuerlicher Wahlrechte ist, dass die Wirtschaftsgüter, die nicht mit dem handelsrechtlich maßgeblichen Wert in der steuerlichen Gewinnermittlung ausgewiesen werden, in besondere, laufend zu führende Verzeichnisse aufgenommen werden. ³In den Verzeichnissen sind der Tag der Anschaffung oder Herstellung, die Anschaffungs- oder Herstellungskosten, die Vorschrift des ausgeübten steuerlichen Wahlrechts und die vorgenommenen Abschreibungen nachzuweisen.

(1a) ¹Posten der Aktivseite dürfen nicht mit Posten der Passivseite verrechnet werden. ²Die Ergebnisse der in der handelsrechtlichen Rechnungslegung zur Absicherung finanzwirtschaftlicher Risiken gebildeten Bewertungseinheiten sind auch für die steuerliche Gewinnermittlung maßgeblich.

S 2134a

(2) Für immaterielle Wirtschaftsgüter des Anlagevermögens ist ein Aktivposten nur anzusetzen, wenn sie entgeltlich erworben wurden.

S 2137

(2a) Für Verpflichtungen, die nur zu erfüllen sind, soweit künftig Einnahmen oder Gewinne anfallen, sind Verbindlichkeiten oder Rückstellungen erst anzusetzen, wenn die Einnahmen oder Gewinne angefallen sind.

S 2137

(3) ¹Rückstellungen wegen Verletzung fremder Patent-, Urheber- oder ähnlicher Schutzrechte dürfen erst gebildet werden, wenn

1. der Rechtsinhaber Ansprüche wegen der Rechtsverletzung geltend gemacht hat oder
2. mit einer Inanspruchnahme wegen der Rechtsverletzung ernsthaft zu rechnen ist.

²Eine nach Satz 1 Nummer 2 gebildete Rückstellung ist spätestens in der Bilanz des dritten auf ihre erstmalige Bildung folgenden Wirtschaftsjahres gewinnerhöhend aufzulösen, wenn Ansprüche nicht geltend gemacht worden sind.

S 2137

(4) Rückstellungen für die Verpflichtung zu einer Zuwendung anlässlich eines Dienstjubiläums dürfen nur gebildet werden, wenn das Dienstverhältnis mindestens zehn Jahre bestanden hat, das Dienstjubiläum das Bestehen eines Dienstverhältnisses von mindestens 15 Jahren voraussetzt und die Zusage schriftlich erteilt ist und soweit der Zuwendungsberechtigte seine Anwartschaft nach dem 31. Dezember 1992 erwirbt.

S 2137

(4a) ¹Rückstellungen für drohende Verluste aus schwebenden Geschäften dürfen nicht gebildet werden. ²Das gilt nicht für Ergebnisse nach Absatz 1a Satz 2.

(4b) ¹Rückstellungen für Aufwendungen, die in künftigen Wirtschaftsjahren als Anschaffungs- oder Herstellungskosten eines Wirtschaftsguts zu aktivieren sind, dürfen nicht gebildet werden. ²Rückstellungen für die Verpflichtung zur schadlosen Verwertung radioaktiver Reststoffe sowie ausgebauter oder abgebauter radioaktiver Anlageteile dürfen nicht gebildet werden, soweit Aufwendungen im Zusammenhang mit der Bearbeitung oder Verarbeitung von Kernbrennstoffen stehen, die aus der Aufarbeitung bestrahlter Kernbrennstoffe gewonnen worden sind und keine radioaktiven Abfälle darstellen.

(5) ¹Als Rechnungsabgrenzungsposten sind nur anzusetzen
1. auf der Aktivseite Ausgaben vor dem Abschlussstichtag, soweit sie Aufwand für eine bestimmte Zeit nach diesem Tag darstellen;
2. auf der Passivseite Einnahmen vor dem Abschlussstichtag, soweit sie Ertrag für eine bestimmte Zeit nach diesem Tag darstellen.

²Auf der Aktivseite sind ferner anzusetzen
1. als Aufwand berücksichtigte Zölle und Verbrauchsteuern, soweit sie auf am Abschlussstichtag auszuweisende Wirtschaftsgüter des Vorratsvermögens entfallen,
2. als Aufwand berücksichtigte Umsatzsteuer auf am Abschlussstichtag auszuweisende Anzahlungen.

(6) Die Vorschriften über die Entnahmen und die Einlagen, über die Zulässigkeit der Bilanzänderung, über die Betriebsausgaben, über die Bewertung und über die Absetzung für Abnutzung oder Substanzverringerung sind zu befolgen.

§ 5a Gewinnermittlung bei Handelsschiffen im internationalen Verkehr

(1) ¹Anstelle der Ermittlung des Gewinns nach § 4 Absatz 1 oder § 5 ist bei einem Gewerbebetrieb mit Geschäftsleitung im Inland der Gewinn, soweit er auf den Betrieb von Handelsschiffen im internationalen Verkehr entfällt, auf unwiderruflichen Antrag des Steuerpflichtigen nach der in seinem Betrieb geführten Tonnage zu ermitteln, wenn die Bereederung dieser Handelsschiffe im Inland durchgeführt wird. ²Der im Wirtschaftsjahr erzielte Gewinn beträgt pro Tag des Betriebs für jedes im internationalen Verkehr betriebene Handelsschiff für jeweils volle 100 Nettotonnen (Nettoraumzahl)

0,92 Euro bei einer Tonnage bis zu 1 000 Nettotonnen,

0,69 Euro für die 1 000 Nettotonnen übersteigende Tonnage bis zu 10 000 Nettotonnen,

0,46 Euro für die 10 000 Nettotonnen übersteigende Tonnage bis zu 25 000 Nettotonnen,

0,23 Euro für die 25 000 Nettotonnen übersteigende Tonnage.

(2) ¹Handelsschiffe werden im internationalen Verkehr betrieben, wenn eigene oder gecharterte Seeschiffe, die im Wirtschaftsjahr überwiegend in einem inländischen Seeschiffsregister eingetragen sind, in diesem Wirtschaftsjahr überwiegend zur Beförderung von Personen oder Gütern im Verkehr mit oder zwischen ausländischen Häfen, innerhalb eines ausländischen Hafens oder zwischen einem ausländischen Hafen und der Hohen See eingesetzt werden. ²Zum Betrieb von Handelsschiffen im internationalen Verkehr gehören auch ihre Vercharterung, wenn sie vom Vercharterer ausgerüstet worden sind, und die unmittelbar mit ihrem Einsatz oder ihrer Vercharterung zusammenhängenden Neben- und Hilfsgeschäfte einschließlich Veräußerung der Handelsschiffe und der unmittelbar ihrem Betrieb dienenden Wirtschaftsgüter. ³Der Einsatz und die Vercharterung von gecharterten Handelsschiffen gilt nur dann als Betrieb von Handelsschiffen im internationalen Verkehr, wenn gleichzeitig eigene oder ausgerüstete Handelsschiffe im internationalen Verkehr betrieben werden. ⁴Sind gecharterte Handelsschiffe nicht in einem inländischen Seeschiffsregister eingetragen, gilt Satz 3 unter der weiteren Voraussetzung, dass im Wirtschaftsjahr die Nettotonnage der gecharterten Handelsschiffe das Dreifache der nach den Sätzen 1 und 2 im internationalen Verkehr betriebenen Handelsschiffe nicht übersteigt; für die Berechnung der Nettotonnage sind jeweils die Nettotonnen pro Schiff mit der Anzahl der Betriebstage nach Absatz 1 zu vervielfältigen. ⁵Dem Betrieb von Handelsschiffen im internationalen Verkehr ist gleichgestellt, wenn Seeschiffe, die im Wirtschaftsjahr überwiegend in einem inländischen Seeschiffsregister eingetragen sind, in diesem Wirtschaftsjahr überwiegend außerhalb der deutschen Hoheitsgewässer zum Schleppen, Bergen oder zur Aufsuchung von Bodenschätzen eingesetzt werden; die Sätze 2 bis 4 sind sinngemäß anzuwenden.

---

1) Zur Auflösung bisheriger Rückstellung → § 52 Abs. 14 EStG: „Soweit Rückstellungen für Aufwendungen, die Anschaffungs- oder Herstellungskosten für ein Wirtschaftsgut sind, in der Vergangenheit gebildet worden sind, sind sie in dem ersten Veranlagungszeitraum, dessen Veranlagung noch nicht bestandskräftig ist, in vollem Umfang aufzulösen."
2) Zur Anwendung → § 52 Absatz 15 EStG.

§ 5a EStG

(3) ¹Der Antrag auf Anwendung der Gewinnermittlung nach Absatz 1 ist im Wirtschaftsjahr der Anschaffung oder Herstellung des Handelsschiffs (Indienststellung) mit Wirkung ab Beginn dieses Wirtschaftsjahres zu stellen. ²Vor Indienststellung des Handelsschiffs durch den Betrieb von Handelsschiffen im internationalen Verkehr erwirtschaftete Gewinne sind in diesem Fall nicht zu besteuern; Verluste sind weder ausgleichsfähig noch verrechenbar. ³Bereits erlassene Steuerbescheide sind insoweit zu ändern. ⁴Das gilt auch dann, wenn der Steuerbescheid unanfechtbar geworden ist; die Festsetzungsfrist endet insoweit nicht, bevor die Festsetzungsfrist für den Veranlagungszeitraum abgelaufen ist, in dem der Gewinn erstmals nach Absatz 1 ermittelt wird. ⁵Wird der Antrag auf Aufwendung der Gewinnermittlung nach Absatz 1 nicht nach Satz 1 im Wirtschaftsjahr der Anschaffung oder Herstellung des Handelsschiffs (Indienststellung) gestellt, kann er erstmals in dem Wirtschaftsjahr gestellt werden, das jeweils nach Ablauf eines Zeitraumes von zehn Jahren, vom Beginn des Jahres der Indienststellung an gerechnet, endet. ⁶Die Sätze 2 bis 4 sind insoweit nicht anwendbar. ⁷Der Steuerpflichtige ist an die Gewinnermittlung nach Absatz 1 vom Beginn des Wirtschaftsjahres an, in dem er den Antrag stellt, zehn Jahre gebunden. ⁸Nach Ablauf dieses Zeitraums kann er den Antrag mit Wirkung für den Beginn jedes folgenden Wirtschaftsjahres bis zum Ende dieses Jahres unwiderruflich zurücknehmen. ⁹An die Gewinnermittlung nach allgemeinen Vorschriften ist der Steuerpflichtige ab dem Beginn des Wirtschaftsjahres, in dem er den Antrag zurücknimmt, zehn Jahre gebunden.

(4) ¹Zum Schluss des Wirtschaftsjahres, das der erstmaligen Anwendung des Absatzes 1 vorangeht (Übergangsjahr), ist für jedes Wirtschaftsgut, das unmittelbar dem Betrieb von Handelsschiffen im internationalen Verkehr dient, der Unterschiedsbetrag zwischen Buchwert und Teilwert in ein besonderes Verzeichnis aufzunehmen. ²Der Unterschiedsbetrag ist gesondert und bei Gesellschaften im Sinne des § 15 Absatz 1 Satz 1 Nummer 2 einheitlich festzustellen. ³Der Unterschiedsbetrag nach Satz 1 ist dem Gewinn hinzuzurechnen:

1. in den dem letzten Jahr der Anwendung des Absatzes 1 folgenden fünf Wirtschaftsjahren jeweils in Höhe von mindestens einem Fünftel,
2. in dem Jahr, in dem das Wirtschaftsgut aus dem Betriebsvermögen ausscheidet oder in dem es nicht mehr unmittelbar dem Betrieb von Handelsschiffen im internationalen Verkehr dient,
3. in dem Jahr des Ausscheidens eines Gesellschafters hinsichtlich des auf ihn entfallenden Anteils.

⁴Die Sätze 1 bis 3 sind entsprechend anzuwenden, wenn der Steuerpflichtige Wirtschaftsgüter des Betriebsvermögens dem Betrieb von Handelsschiffen im internationalen Verkehr zuführt.

(4a) ¹Bei Gesellschaften im Sinne des § 15 Absatz 1 Satz 1 Nummer 2 tritt für die Zwecke dieser Vorschrift an die Stelle des Steuerpflichtigen die Gesellschaft. ²Der nach Absatz 1 ermittelte Gewinn ist den Gesellschaftern entsprechend ihrem Anteil am Gesellschaftsvermögen zuzurechnen. ³Vergütungen im Sinne des § 15 Absatz 1 Satz 1 Nummer 2 und Satz 2 sind hinzuzurechnen.

(5) ¹Gewinne nach Absatz 1 umfassen auch Einkünfte nach § 16. ²§§ 34, 34c Absatz 1 bis 3 und § 35 sind nicht anzuwenden. ³Rücklagen nach den §§ 6b und 6d sind beim Übergang zur Gewinnermittlung nach Absatz 1 dem Gewinn im Erstjahr hinzuzurechnen; bis zum Übergang in Anspruch genommene Investitionsabzugsbeträge nach § 7g Absatz 1 sind nach Maßgabe des § 7g Absatz 3 rückgängig zu machen. ⁴Für die Anwendung des § 15a ist der nach § 4 Absatz 1 oder § 5 ermittelte Gewinn zugrunde zu legen.

---

1) Absatz 3 wurde durch das HBeglG 2004 neu gefasst (bestätigt durch das Gesetz zur bestätigenden Regelung verschiedener steuerlicher und verkehrsrechtlicher Vorschriften des Haushaltsbegleitgesetzes 2004) und ist i. d. F. des HBeglG 2004 erstmals für das Wirtschaftsjahr anzuwenden, das nach dem 31. 12. 2005 endet. § 5a Absatz 3 Satz 1 in der am 31. 12. 2003 geltenden Fassung ist weiterhin anzuwenden, wenn der Stpfl. im Fall der Anschaffung das Handelsschiff auf Grund eines vor dem 1. 1. 2006 rechtswirksam abgeschlossenen schuldrechtlichen Vertrags oder gleichgestellten Rechtsaktes angeschafft oder im Fall der Herstellung mit der Herstellung des Handelsschiffs vor dem 1. 1. 2006 begonnen hat. In Fällen des Satzes 3 muss der Antrag auf Anwendung des § 5a Absatz 1 spätestens bis zum Ablauf des Wirtschaftsjahres gestellt werden, das vor dem 1. 1. 2008 endet. → § 52 Absatz 15 Satz 2 bis Satz 4 EStG.
Absatz 3 in der bisherigen Fassung lautet:
„(3) ¹Der Antrag auf Anwendung der Gewinnermittlung nach Absatz 1 kann mit Wirkung ab dem jeweiligen Wirtschaftsjahr bis zum Ende des zweiten Wirtschaftsjahres gestellt werden, das auf das Wirtschaftsjahr folgt, in dem der Steuerpflichtige durch den Gewerbebetrieb erstmals Einkünfte aus dem Betrieb von Handelsschiffen im internationalen Verkehr erzielt (Erstjahr). ²Danach kann ein Antrag in dem Wirtschaftsjahr gestellt werden, das jeweils nach Ablauf eines Zeitraumes von zehn Jahren, vom Beginn des Erstjahres gerechnet, endet. ³Der Steuerpflichtige ist an die Gewinnermittlung nach Absatz 1 vom Beginn des Wirtschaftsjahres an, in dem er den Antrag stellt, zehn Jahre gebunden. ⁴Nach Ablauf dieses Zeitraums kann er mit Wirkung für den Beginn jedes folgenden Wirtschaftsjahres bis zum Ende dieses Jahres unwiderruflich zurücknehmen. ⁵An die Gewinnermittlung nach allgemeinen Vorschriften ist der Steuerpflichtige ab dem Beginn des Wirtschaftsjahres, in dem er den Antrag zurücknimmt, zehn Jahre gebunden."
2) Zur Anwendung von Absatz 5 Satz 3 → § 52 Abs. 15 Satz 5 und 6 EStG.

(6) In der Bilanz zum Schluss des Wirtschaftsjahres, in dem Absatz 1 letztmalig angewendet wird, ist für jedes Wirtschaftsgut, das unmittelbar dem Betrieb von Handelsschiffen im internationalen Verkehr dient, der Teilwert anzusetzen.

§ 5b Elektronische Übermittlung von Bilanzen sowie Gewinn- und Verlustrechnungen

EStG
1)

(1) ¹Wird der Gewinn nach § 4 Absatz 1, § 5 oder § 5a ermittelt, so ist der Inhalt der Bilanz sowie der Gewinn- und Verlustrechnung nach amtlich vorgeschriebenem Datensatz durch Datenfernübertragung zu übermitteln. ²Enthält die Bilanz Ansätze oder Beträge, die den steuerlichen Vorschriften nicht entsprechen, so sind diese Ansätze oder Beträge durch Zusätze oder Anmerkungen den steuerlichen Vorschriften anzupassen und nach amtlich vorgeschriebenem Datensatz durch Datenfernübertragung zu übermitteln. ³Der Steuerpflichtige kann auch eine den steuerlichen Vorschriften entsprechende Bilanz nach amtlich vorgeschriebenem Datensatz durch Datenfernübertragung übermitteln. ⁴§ 150 Absatz 7 der Abgabenordnung gilt entsprechend. ⁵Im Fall der Eröffnung des Betriebs sind die Sätze 1 bis 4 für den Inhalt der Eröffnungsbilanz entsprechend anzuwenden.

(2) ¹Auf Antrag kann die Finanzbehörde zur Vermeidung unbilliger Härten auf eine elektronische Übermittlung verzichten. ²§ 150 Absatz 8 der Abgabenordnung gilt entsprechend.

§ 6 Bewertung

EStG
2)
3)
S 2170

(1) Für die Bewertung der einzelnen Wirtschaftsgüter, die nach § 4 Absatz 1 oder nach § 5 als Betriebsvermögen anzusetzen sind, gilt das Folgende:

1. Wirtschaftsgüter des Anlagevermögens, die der Abnutzung unterliegen, sind mit den Anschaffungs- oder Herstellungskosten oder dem an deren Stelle tretenden Wert, vermindert um die Absetzungen für Abnutzung, erhöhte Absetzungen, Sonderabschreibungen, Abzüge nach § 6b und ähnliche Abzüge, anzusetzen. ²Ist der Teilwert auf Grund einer voraussichtlich dauernden Wertminderung niedriger, so kann dieser angesetzt werden. ³Teilwert ist der Betrag, den ein Erwerber des ganzen Betriebs im Rahmen des Gesamtkaufpreises für das einzelne Wirtschaftsgut ansetzen würde; dabei ist davon auszugehen, dass der Erwerber den Betrieb fortführt. ⁴Wirtschaftsgüter, die bereits am Schluss des vorangegangenen Wirtschaftsjahres zum Anlagevermögen des Steuerpflichtigen gehört haben, sind in den folgenden Wirtschaftsjahren gemäß Satz 1 anzusetzen, es sei denn, der Steuerpflichtige weist nach, dass ein niedrigerer Teilwert nach Satz 2 angesetzt werden kann.

1a. Zu den Herstellungskosten eines Gebäudes gehören auch Aufwendungen für Instandsetzungs- und Modernisierungsmaßnahmen, die innerhalb von drei Jahren nach der Anschaffung des Gebäudes durchgeführt werden, wenn die Aufwendungen ohne die Umsatzsteuer 15 Prozent der Anschaffungskosten des Gebäudes übersteigen (anschaffungsnahe Herstellungskosten). ²Zu diesen Aufwendungen gehören nicht die Aufwendungen für Erweiterungen im Sinne des § 255 Absatz 2 Satz 1 des Handelsgesetzbuchs sowie Aufwendungen für Erhaltungsarbeiten, die jährlich üblicherweise anfallen.

S 2171
S 2172
4)

2. Andere als die in Nummer 1 bezeichneten Wirtschaftsgüter des Betriebs (Grund und Boden, Beteiligungen, Umlaufvermögen) sind mit den Anschaffungs- oder Herstellungskosten oder dem an deren Stelle tretenden Wert, vermindert um Abzüge nach § 6b und ähnliche Abzüge, anzusetzen. ²Ist der Teilwert (Nummer 1 Satz 3) auf Grund einer voraussichtlich dauernden Wertminderung niedriger, so kann dieser angesetzt werden. ³Nummer 1 Satz 4 gilt entsprechend.

---

¹) § 5b EStG ist erstmals für Wirtschaftsjahre anzuwenden, die nach dem 31. 12. 2011 beginnen → § 52 Abs. 15a EStG i. V. m. **§ 1 der Anwendungszeitpunktverschiebungsverordnung vom 20. 12. 2010 (BGBl. I S. 2135.**

²) Zur Anwendung → § 52 Abs. 16 EStG.

³) Die Vorschrift soll durch das JStG 2013 geändert werden. Bei Redaktionsschluss war das Gesetzgebungsverfahren noch nicht abgeschlossen. Um Beachtung wird gebeten. → Siehe hierzu Hinweise auf Seite 4!

⁴) Zur Anwendung → § 52 Abs. 16 Satz 7 bis Satz 9 EStG: „⁷§ 6 Abs. 1 Nr. 1a in der Fassung des Artikels 1 des Gesetzes vom 15. Dezember 2003 (BGBl. I S. 2645) ist erstmals für Baumaßnahmen anzuwenden, mit denen nach dem 31. Dezember 2003 begonnen wird. ⁸Als Beginn gilt bei Baumaßnahmen, für die eine Baugenehmigung erforderlich ist, der Zeitpunkt, in dem der Bauantrag gestellt wird, bei baugenehmigungsfreien Bauvorhaben, für die Bauunterlagen einzureichen sind, der Zeitpunkt, in dem die Bauunterlagen eingereicht werden. ⁹Sämtliche Baumaßnahmen im Sinne des § 6 Abs. 1 Nr. 1a Satz 1 an einem Objekt gelten als eine Baumaßnahme im Sinne des Satzes 7."

§ 6 EStG

S 2173
S 2174

2a. Steuerpflichtige, die den Gewinn nach § 5 ermitteln, können für den Wertansatz gleichartiger Wirtschaftsgüter des Vorratsvermögens unterstellen, dass die zuletzt angeschafften oder hergestellten Wirtschaftsgüter zuerst verbraucht oder veräußert worden sind, soweit dies den handelsrechtlichen Grundsätzen ordnungsmäßiger Buchführung entspricht. ²Der Vorratsbestand am Schluss des Wirtschaftsjahres, das der erstmaligen Anwendung der Bewertung nach Satz 1 vorangeht, gilt mit seinem Bilanzansatz als erster Zugang des neuen Wirtschaftsjahres. ³Von der Verbrauchs- oder Veräußerungsfolge nach Satz 1 kann in den folgenden Wirtschaftsjahren nur mit Zustimmung des Finanzamts abgewichen werden.

2b. Steuerpflichtige, die in den Anwendungsbereich des § 340 des Handelsgesetzbuchs fallen, haben die zu Handelszwecken erworbenen Finanzinstrumente, die nicht in einer Bewertungseinheit im Sinne des § 5 Absatz 1a Satz 2 abgebildet werden, mit dem beizulegenden Zeitwert abzüglich eines Risikoabschlages (§ 340e Absatz 3 des Handelsgesetzbuchs) zu bewerten. ²Nummer 2 Satz 2 ist nicht anzuwenden.

3. Verbindlichkeiten sind unter sinngemäßer Anwendung der Vorschriften der Nummer 2 anzusetzen und mit einem Zinssatz von 5,5 Prozent abzuzinsen. ²Ausgenommen von der Abzinsung sind Verbindlichkeiten, deren Laufzeit am Bilanzstichtag weniger als zwölf Monate beträgt, und Verbindlichkeiten, die verzinslich sind oder auf einer Anzahlung oder Vorausleistung beruhen.

S 2175

3a. Rückstellungen sind höchstens insbesondere unter Berücksichtigung folgender Grundsätze anzusetzen:

a) bei Rückstellungen für gleichartige Verpflichtungen ist auf der Grundlage der Erfahrungen in der Vergangenheit aus der Abwicklung solcher Verpflichtungen die Wahrscheinlichkeit zu berücksichtigen, dass der Steuerpflichtige nur zu einem Teil der Summe dieser Verpflichtungen in Anspruch genommen wird;

b) Rückstellungen für Sachleistungsverpflichtungen sind mit den Einzelkosten und den angemessenen Teilen der notwendigen Gemeinkosten zu bewerten;

c) künftige Vorteile, die mit der Erfüllung der Verpflichtung voraussichtlich verbunden sein werden, sind, soweit sie nicht als Forderung zu aktivieren sind, bei ihrer Bewertung wertmindernd zu berücksichtigen;

d) Rückstellungen für Verpflichtungen, für deren Entstehen im wirtschaftlichen Sinne der laufende Betrieb ursächlich ist, sind zeitanteilig in gleichen Raten anzusammeln. ²Rückstellungen für gesetzliche Verpflichtungen zur Rücknahme und Verwertung von Erzeugnissen, die vor Inkrafttreten entsprechender gesetzlicher Verpflichtungen in Verkehr gebracht worden sind, sind zeitanteilig in gleichen Raten bis zum Beginn der jeweiligen Erfüllung anzusammeln; Buchstabe e ist insoweit nicht anzuwenden. ³Rückstellungen für die Verpflichtung, ein Kernkraftwerk stillzulegen, sind ab dem Zeitpunkt der erstmaligen Nutzung bis zum Zeitpunkt, in dem mit der Stilllegung begonnen werden muss, zeitanteilig in gleichen Raten anzusammeln; steht der Zeitpunkt der Stilllegung nicht fest, beträgt der Zeitraum für die Ansammlung 25 Jahre;

e) Rückstellungen für Verpflichtungen sind mit einem Zinssatz von 5,5 Prozent abzuzinsen; Nummer 3 Satz 2 ist entsprechend anzuwenden. ²Für die Abzinsung von Rückstellungen für Sachleistungsverpflichtungen ist der Zeitraum bis zum Beginn der Erfüllung maßgebend. ³Für die Abzinsung von Rückstellungen für die Verpflichtung, ein Kernkraftwerk stillzulegen, ist der sich aus Buchstabe d Satz 3 ergebende Zeitraum maßgebend; und

f) bei der Bewertung sind die Wertverhältnisse am Bilanzstichtag maßgebend; künftige Preis- und Kostensteigerungen dürfen nicht berücksichtigt werden.

4. Entnahmen des Steuerpflichtigen für sich, für seinen Haushalt oder für andere betriebsfremde Zwecke sind mit dem Teilwert anzusetzen; in den Fällen des § 4 Absatz 1 Satz 3 ist die Entnahme mit dem gemeinen Wert anzusetzen. ²Die private Nutzung eines Kraftfahrzeugs, das zu mehr als 50 Prozent betrieblich genutzt wird, ist für jeden Kalendermonat mit 1 Prozent des inländischen Listenpreises im Zeitpunkt der Erstzulassung zuzüglich der Kosten für Sonderausstattung einschließlich Umsatzsteuer anzusetzen; *bei der privaten Nutzung von Fahrzeugen mit Antrieb ausschließlich durch Elektromotoren, die ganz oder überwiegend aus mechanischen oder elektrochemischen Energiespeichern oder aus emissionsfrei betriebenen Energiewandlern gespeist werden (Elektrofahrzeug), oder von extern aufladbaren Hybridelektrofahrzeugen, ist der Listenpreis dieser Kraftfahrzeuge um die darin enthaltenen Kosten des Batteriesystems im Zeitpunkt der Erstzulassung des Kraftfahrzeugs wie folgt zu mindern: für bis zum 31. Dezember 2013 angeschaffte Kraftfahrzeuge um 500 Euro pro kWh der Batteriekapazität, dieser Betrag mindert sich für in den Folgejahren angeschaffte Kraftfahrzeuge um jährlich 50 Euro pro kWh der Batteriekapazität; die Minderung pro Kraftfahrzeug beträgt höchstens 10 000 Euro; dieser Höchstbetrag mindert sich für in den Folgejahren angeschaffte Kraftfahrzeuge um jährlich*

500 Euro. ³*Die private Nutzung kann abweichend von Satz 2 mit den auf die Privatfahrten entfallenden Aufwendungen angesetzt werden, wenn die für das Kraftfahrzeug insgesamt entstehenden Aufwendungen durch Belege und das Verhältnis der privaten zu den übrigen Fahrten durch ein ordnungsgemäßes Fahrtenbuch nachgewiesen werden; bei der privaten Nutzung von Fahrzeugen mit Antrieb ausschließlich durch Elektromotoren, die ganz oder überwiegend aus mechanischen oder elektrochemischen Energiespeichern oder aus emissionsfrei betriebenen Energiewandlern gespeist werden (Elektrofahrzeuge), oder von extern aufladbaren Hybridelektrofahrzeugen, sind die der Berechnung der Entnahme zugrunde zu legenden insgesamt entstandenen Aufwendungen um die nach Satz 2 in pauschaler Höhe festgelegten Aufwendungen, die auf das Batteriesystem entfallen, zu mindern.* ⁴Wird ein Wirtschaftsgut unmittelbar nach seiner Entnahme einer nach § 5 Absatz 1 Nummer 9 des Körperschaftsteuergesetzes von der Körperschaftsteuer befreiten Körperschaft, Personenvereinigung oder Vermögensmasse oder einer juristischen Person des öffentlichen Rechts zur Verwendung für steuerbegünstigte Zwecke im Sinne des § 10b Absatz 1 Satz 1 unentgeltlich überlassen, so kann die Entnahme mit dem Buchwert angesetzt werden. ⁵Satz 4 gilt nicht für die Entnahme von Nutzungen und Leistungen.

1)

2)

5. ¹Einlagen sind mit dem Teilwert für den Zeitpunkt der Zuführung anzusetzen; sie sind jedoch höchstens mit den Anschaffungs- oder Herstellungskosten anzusetzen, wenn das zugeführte Wirtschaftsgut

    a) innerhalb der letzten drei Jahre vor dem Zeitpunkt der Zuführung angeschafft oder hergestellt worden ist,

    b) ein Anteil an einer Kapitalgesellschaft ist und der Steuerpflichtige an der Gesellschaft im Sinne des § 17 Absatz 1 oder 6 beteiligt ist; § 17 Absatz 2 Satz 5 gilt entsprechend, oder

    c) ein Wirtschaftsgut im Sinne des § 20 Absatz 2 ist.

²Ist die Einlage ein abnutzbares Wirtschaftsgut, so sind die Anschaffungs- oder Herstellungskosten um Absetzungen für Abnutzung zu kürzen, die auf den Zeitraum zwischen der Anschaffung oder Herstellung des Wirtschaftsguts und der Einlage entfallen. ³Ist die Einlage ein Wirtschaftsgut, das vor der Zuführung aus einem Betriebsvermögen des Steuerpflichtigen entnommen worden ist, so tritt an die Stelle der Anschaffungs- oder Herstellungskosten der Wert, mit dem die Entnahme angesetzt worden ist, und an die Stelle des Zeitpunkts der Anschaffung oder Herstellung der Zeitpunkt der Entnahme.

S 2177

S 2178

5a. In den Fällen des § 4 Absatz 1 Satz 8 zweiter Halbsatz ist das Wirtschaftsgut mit dem gemeinen Wert anzusetzen.

6. Bei Eröffnung eines Betriebs ist Nummer 5 entsprechend anzuwenden.

7. Bei entgeltlichem Erwerb eines Betriebs sind die Wirtschaftsgüter mit dem Teilwert, höchstens jedoch mit den Anschaffungs- oder Herstellungskosten anzusetzen.

S 2179

(2) ¹Die Anschaffungs- oder Herstellungskosten oder der nach Absatz 1 Nummer 5 bis 6 an deren Stelle tretende Wert von abnutzbaren beweglichen Wirtschaftsgütern des Anlagevermögens, die einer selbständigen Nutzung fähig sind, können im Wirtschaftsjahr der Anschaffung, Herstellung oder Einlage des Wirtschaftsguts oder der Eröffnung des Betriebs in voller Höhe als Betriebsausgaben abgezogen werden, wenn die Anschaffungs- oder Herstellungskosten, vermindert um einen darin enthaltenen Vorsteuerbetrag (§ 9b Absatz 1), oder der nach Absatz 1 Nummer 5 bis 6 an deren Stelle tretende Wert für das einzelne Wirtschaftsgut 410 Euro nicht übersteigen. ²Ein Wirtschaftsgut ist einer selbständigen Nutzung nicht fähig, wenn es nach seiner betrieblichen Zweckbestimmung nur zusammen mit anderen Wirtschaftsgütern des Anlagevermögens genutzt werden kann und die in den Nutzungszusammenhang eingefügten Wirtschaftsgüter technisch aufeinander abgestimmt sind. ³Das gilt auch, wenn das Wirtschaftsgut aus dem betrieblichen Nutzungszusammenhang gelöst und in einen anderen betrieblichen Nutzungszusammenhang eingefügt werden kann. ⁴Wirtschaftsgüter im Sinne des Satzes 1, deren Wert 150 Euro übersteigt, sind unter Angabe des Tages der Anschaffung, Herstellung oder Einlage des Wirtschaftsguts oder der Eröffnung des Betriebs und der Anschaffungs- oder Herstellungskosten oder des nach Absatz 1 Nummer 5 bis 6 an deren Stelle tretenden Werts in ein besonderes, laufend zu führendes Verzeichnis aufzunehmen. ⁵Das Verzeichnis braucht nicht geführt zu werden, wenn diese Angaben aus der Buchführung ersichtlich sind.

S 2179
S 2180
3)

---

1) *Änderung auf Grund des Amtshilferichtlinie-Umsetzungsgesetzes. Bei Redaktionsschluss war das Gesetzgebungsverfahren noch nicht abgeschlossen. Um Beachtung wird gebeten. → Siehe hierzu Hinweise auf Seite 4!*

2) *Änderung auf Grund des Amtshilferichtlinie-Umsetzungsgesetzes. Bei Redaktionsschluss war das Gesetzgebungsverfahren noch nicht abgeschlossen. Um Beachtung wird gebeten. → Siehe hierzu Hinweise auf Seite 4!*

3) Absatz 2 i. d. F. des Wachstumsbeschleunigungsgesetzes ist erstmals bei Wirtschaftsgütern anzuwenden, die nach dem 31. 12. 2009 angeschafft, hergestellt oder in das Betriebsvermögen eingelegt werden → § 52 Abs. 16 Satz 14 EStG.

§ 6 EStG

(2a) ¹Abweichend von Absatz 2 Satz 1 kann für die abnutzbaren beweglichen Wirtschaftsgüter des Anlagevermögens, die einer selbständigen Nutzung fähig sind, im Wirtschaftsjahr der Anschaffung, Herstellung oder Einlage des Wirtschaftsguts oder der Eröffnung des Betriebs ein Sammelposten gebildet werden, wenn die Anschaffungs- oder Herstellungskosten, vermindert um einen darin enthaltenen Vorsteuerbetrag (§ 9b Absatz 1), oder der nach Absatz 1 Nummer 5 bis 6 an deren Stelle tretende Wert für das einzelne Wirtschaftsgut 150 Euro, aber nicht 1 000 Euro übersteigen. ²Der Sammelposten ist im Wirtschaftsjahr der Bildung und in den folgenden vier Wirtschaftsjahren mit jeweils einem Fünftel gewinnmindernd aufzulösen. ³Scheidet ein Wirtschaftsgut im Sinne des Satzes 1 aus dem Betriebsvermögen aus, wird der Sammelposten nicht vermindert. ⁴Die Anschaffungs- oder Herstellungskosten oder der nach Absatz 1 Nummer 5 bis 6 an deren Stelle tretende Wert von abnutzbaren beweglichen Wirtschaftsgütern des Anlagevermögens, die einer selbständigen Nutzung fähig sind, können im Wirtschaftsjahr der Anschaffung, Herstellung oder Einlage des Wirtschaftsguts oder der Eröffnung des Betriebs in voller Höhe als Betriebsausgaben abgezogen werden, wenn die Anschaffungs- oder Herstellungskosten, vermindert um einen darin enthaltenen Vorsteuerbetrag (§ 9b Absatz 1), oder der nach Absatz 1 Nummer 5 bis 6 an deren Stelle tretende Wert für das einzelne Wirtschaftsgut 150 Euro nicht übersteigen. ⁵Die Sätze 1 bis 3 sind für alle in einem Wirtschaftsjahr angeschafften, hergestellten oder eingelegten Wirtschaftsgüter einheitlich anzuwenden.

(3) ¹Wird ein Betrieb, ein Teilbetrieb oder der Anteil eines Mitunternehmers an einem Betrieb unentgeltlich übertragen, so sind bei der Ermittlung des Gewinns des bisherigen Betriebsinhabers (Mitunternehmers) die Wirtschaftsgüter mit den Werten anzusetzen, die sich nach den Vorschriften über die Gewinnermittlung ergeben; dies gilt auch bei der unentgeltlichen Aufnahme einer natürlichen Person in ein bestehendes Einzelunternehmen sowie bei der unentgeltlichen Übertragung eines Teils eines Mitunternehmeranteils auf eine natürliche Person. ²Satz 1 ist auch anzuwenden, wenn der bisherige Betriebsinhaber (Mitunternehmer) Wirtschaftsgüter, die weiterhin zum Betriebsvermögen derselben Mitunternehmerschaft gehören, nicht überträgt, sofern der Rechtsnachfolger den übernommenen Mitunternehmeranteil über einen Zeitraum von mindestens fünf Jahren nicht veräußert oder aufgibt. ³Der Rechtsnachfolger ist an die in Satz 1 genannten Werte gebunden.

(4) Wird ein einzelnes Wirtschaftsgut außer in den Fällen der Einlage (§ 4 Absatz 1 Satz 8) unentgeltlich in das Betriebsvermögen eines anderen Steuerpflichtigen übertragen, gilt sein gemeiner Wert für das aufnehmende Betriebsvermögen als Anschaffungskosten.

(5) ¹Wird ein einzelnes Wirtschaftsgut von einem Betriebsvermögen in ein anderes Betriebsvermögen desselben Steuerpflichtigen überführt, ist bei der Überführung der Wert anzusetzen, der sich nach den Vorschriften über die Gewinnermittlung ergibt, sofern die Besteuerung der stillen Reserven sichergestellt ist; § 4 Absatz 1 Satz 4 ist entsprechend anzuwenden. ²Satz 1 gilt auch für die Überführung aus einem eigenen Betriebsvermögen des Steuerpflichtigen in dessen Sonderbetriebsvermögen bei einer Mitunternehmerschaft und umgekehrt sowie für die Überführung zwischen verschiedenen Sonderbetriebsvermögen desselben Steuerpflichtigen bei verschiedenen Mitunternehmerschaften. ³Satz 1 gilt entsprechend, soweit ein Wirtschaftsgut

1. unentgeltlich oder gegen Gewährung oder Minderung von Gesellschaftsrechten aus einem Betriebsvermögen des Mitunternehmers in das Gesamthandsvermögen einer Mitunternehmerschaft und umgekehrt;

2. unentgeltlich oder gegen Gewährung oder Minderung von Gesellschaftsrechten aus dem Sonderbetriebsvermögen eines Mitunternehmers in das Gesamthandsvermögen derselben Mitunternehmerschaft oder einer anderen Mitunternehmerschaft, an der er beteiligt ist, und umgekehrt oder

3. unentgeltlich zwischen den jeweiligen Sonderbetriebsvermögen verschiedener Mitunternehmer derselben Mitunternehmerschaft

übertragen wird. ⁴Wird das nach Satz 3 übertragene Wirtschaftsgut innerhalb einer Sperrfrist veräußert oder entnommen, ist rückwirkend auf den Zeitpunkt der Übertragung der Teilwert anzusetzen, es sei denn, die bis zur Übertragung entstandenen stillen Reserven sind durch Erstellung einer Ergänzungsbilanz dem übertragenden Gesellschafter zugeordnet worden; diese Sperrfrist endet drei Jahre nach Abgabe der Steuererklärung des Übertragenden für den Veranlagungszeitraum, in dem die in Satz 3 bezeichnete Übertragung erfolgt ist. ⁵Der Teilwert ist auch anzusetzen, soweit in den Fällen des Satzes 3 der Anteil einer Körperschaft, Personenvereinigung oder Vermögensmasse an dem Wirtschaftsgut unmittelbar oder mittelbar begründet wird oder dieser sich erhöht. ⁶Soweit innerhalb von sieben Jahren nach der Übertragung des Wirtschaftsguts nach Satz 3 der Anteil einer Körperschaft, Personenvereinigung oder Vermö-

---

¹⁾ Absatz 2a i. d. F. des Wachstumsbeschleunigungsgesetzes ist erstmals bei Wirtschaftsgütern anzuwenden, die nach dem 31. 12. 2009 angeschafft, hergestellt oder in das Betriebsvermögen eingelegt werden → § 52 Abs. 16 Satz 14 EStG.

²⁾ Absatz 5 Satz 1 zweiter Halbsatz i. d. F. des JStG 2010 gilt in allen Fällen, in denen § 4 Absatz 1 Satz 3 EStG anzuwenden ist → § 52 Abs. 16a Satz 1 EStG.

gensmasse an dem übertragenen Wirtschaftsgut aus einem anderen Grund unmittelbar oder mittelbar begründet wird oder dieser sich erhöht, ist rückwirkend auf den Zeitpunkt der Übertragung ebenfalls der Teilwert anzusetzen.

(6) ¹Wird ein einzelnes Wirtschaftsgut im Wege des Tausches übertragen, bemessen sich die Anschaffungskosten nach dem gemeinen Wert des hingegebenen Wirtschaftsguts. ²Erfolgt die Übertragung im Wege der verdeckten Einlage, erhöhen sich die Anschaffungskosten der Beteiligung an der Kapitalgesellschaft um den Teilwert des eingelegten Wirtschaftsguts. ³In den Fällen des Absatzes 1 Nummer 5 Satz 1 Buchstabe a erhöhen sich die Anschaffungskosten im Sinne des Satzes 2 um den Einlagewert des Wirtschaftsguts. ⁴Absatz 5 bleibt unberührt.

(7) Im Fall des § 4 Absatz 3 sind bei der Bemessung der Absetzung für Abnutzung oder Substanzverringerung die sich bei Anwendung der Absätze 3 bis 6 ergebenden Werte als Anschaffungskosten zugrunde zu legen.

§ 6a Pensionsrückstellung

(1) Für eine Pensionsverpflichtung darf eine Rückstellung (Pensionsrückstellung) nur gebildet werden, wenn und soweit

1. der Pensionsberechtigte einen Rechtsanspruch auf einmalige oder laufende Pensionsleistungen hat,
2. die Pensionszusage keine Pensionsleistungen in Abhängigkeit von künftigen gewinnabhängigen Bezügen vorsieht und keinen Vorbehalt enthält, dass die Pensionsanwartschaft oder die Pensionsleistung gemindert oder entzogen werden kann, oder ein solcher Vorbehalt sich nur auf Tatbestände erstreckt, bei deren Vorliegen nach allgemeinen Rechtsgrundsätzen unter Beachtung billigen Ermessens eine Minderung oder ein Entzug der Pensionsanwartschaft oder der Pensionsleistung zulässig ist, und
3. die Pensionszusage schriftlich erteilt ist; die Pensionszusage muss eindeutige Angaben zu Art, Form, Voraussetzungen und Höhe der in Aussicht gestellten künftigen Leistungen enthalten.

(2) Eine Pensionsrückstellung darf erstmals gebildet werden

1. vor Eintritt des Versorgungsfalls für das Wirtschaftsjahr, in dem die Pensionszusage erteilt wird, frühestens jedoch für das Wirtschaftsjahr, bis zu dessen Mitte der Pensionsberechtigte das 27. Lebensjahr vollendet oder für das Wirtschaftsjahr, in dessen Verlauf die Pensionsanwartschaft gemäß den Vorschriften des Betriebsrentengesetzes unverfallbar wird,
2. nach Eintritt des Versorgungsfalls für das Wirtschaftsjahr, in dem der Versorgungsfall eintritt.

(3) ¹Eine Pensionsrückstellung darf höchstens mit dem Teilwert der Pensionsverpflichtung angesetzt werden. ²Als Teilwert einer Pensionsverpflichtung gilt

1. vor Beendigung des Dienstverhältnisses des Pensionsberechtigten der Barwert der künftigen Pensionsleistungen am Schluss des Wirtschaftsjahres abzüglich des sich auf denselben Zeitpunkt ergebenden Barwerts betragsmäßig gleich bleibender Jahresbeträge, bei einer Entgeltumwandlung im Sinne von § 1 Absatz 2 des Betriebsrentengesetzes mindestens jedoch der Barwert der gemäß den Vorschriften des Betriebsrentengesetzes unverfallbaren künftigen Pensionsleistungen am Schluss des Wirtschaftsjahres. ²Die Jahresbeträge sind so zu bemessen, dass am Beginn des Wirtschaftsjahres, in dem das Dienstverhältnis begonnen hat, ihr Barwert gleich dem Barwert der künftigen Pensionsleistungen ist; die künftigen Pensionsleistungen sind dabei mit dem Betrag anzusetzen, der sich nach den Verhältnissen am Bilanzstichtag ergibt. ³Es sind die Jahresbeträge zugrunde zu legen, die vom Beginn des Wirtschaftsjahres, in dem das Dienstverhältnis begonnen hat, bis zu dem in der Pensionszusage vorgesehenen Zeitpunkt des Eintritts des Versorgungsfalls rechnungsmäßig aufzubringen sind. ⁴Erhöhungen oder Verminderungen der Pensionsleistungen nach dem Schluss des Wirtschaftsjahres, die hinsichtlich des Zeitpunkts ihres Wirksamwerdens oder ihres Umfangs ungewiss sind, sind bei der Berechnung des Barwerts der künftigen Pensionsleistungen und der Jahresbeträge erst zu berücksichtigen, wenn sie eingetreten sind. ⁵Wird die Pensionszusage erst nach dem Beginn des Dienstverhältnisses erteilt, so ist die Zwischenzeit für die Berechnung der Jahresbeträge nur insoweit als Wartezeit zu behandeln, als sie in der Pensionszusage als solche bestimmt ist. ⁶Hat das Dienstverhältnis schon vor der Vollendung des 27. Lebensjahres des Pensionsberechtigten bestanden, so gilt es als zu Beginn des Wirtschaftsjahres begonnen, bis zu dessen Mitte der Pensionsberechtigte das 27. Lebensjahr vollendet; in diesem Fall gilt für davor liegende Wirtschaftsjahre als Teilwert der Barwert

---

¹) Zur Anwendung von Absatz 2 Nr. 1 → § 52 Abs. 17 EStG.

[1)] der gemäß den Vorschriften des Betriebsrentengesetzes unverfallbaren künftigen Pensionsleistungen am Schluss des Wirtschaftsjahres;

2. nach Beendigung des Dienstverhältnisses des Pensionsberechtigten unter Aufrechterhaltung seiner Pensionsanwartschaft oder nach Eintritt des Versorgungsfalls der Barwert der künftigen Pensionsleistungen am Schluss des Wirtschaftsjahres; Nummer 1 Satz 4 gilt sinngemäß.

³Bei der Berechnung des Teilwertes der Pensionsverpflichtung sind ein Rechnungszinsfuß von 6 Prozent und die anerkannten Regeln der Versicherungsmathematik anzuwenden.

(4) ¹Eine Pensionsrückstellung darf in einem Wirtschaftsjahr höchstens um den Unterschied zwischen dem Teilwert der Pensionsverpflichtung am Schluss des Wirtschaftsjahres und am Schluss des vorangegangenen Wirtschaftsjahres erhöht werden. ²Soweit der Unterschiedsbetrag auf der erstmaligen Anwendung neuer oder geänderter biometrischer Rechnungsgrundlagen beruht, kann er nur auf mindestens drei Wirtschaftsjahre gleichmäßig verteilt der Pensionsrückstellung zugeführt werden; Entsprechendes gilt beim Wechsel auf andere biometrische Rechnungsgrundlagen. ³In dem Wirtschaftsjahr, in dem mit der Bildung einer Pensionsrückstellung frühestens begonnen werden darf (Erstjahr), darf die Rückstellung bis zur Höhe des Teilwerts der Pensionsverpflichtung am Schluss des Wirtschaftsjahres gebildet werden; diese Rückstellung kann auf das Erstjahr und die beiden folgenden Wirtschaftsjahre gleichmäßig verteilt werden. ⁴Erhöht sich in einem Wirtschaftsjahr gegenüber dem vorangegangenen Wirtschaftsjahr der Barwert der künftigen Pensionsleistungen um mehr als 25 Prozent, so kann die für dieses Wirtschaftsjahr zulässige Erhöhung der Pensionsrückstellung auf dieses Wirtschaftsjahr und die beiden folgenden Wirtschaftsjahre gleichmäßig verteilt werden. ⁵Am Schluss des Wirtschaftsjahres, in dem das Dienstverhältnis des Pensionsberechtigten unter Aufrechterhaltung seiner Pensionsanwartschaft endet oder der Versorgungsfall eintritt, darf die Pensionsrückstellung stets bis zur Höhe des Teilwerts der Pensionsverpflichtung gebildet werden; die für dieses Wirtschaftsjahr zulässige Erhöhung der Pensionsrückstellung kann auf dieses Wirtschaftsjahr und die beiden folgenden Wirtschaftsjahre gleichmäßig verteilt werden. ⁶Satz 2 gilt in den Fällen der Sätze 3 bis 5 entsprechend.

(5) Die Absätze 3 und 4 gelten entsprechend, wenn der Pensionsberechtigte zu dem Pensionsverpflichteten in einem anderen Rechtsverhältnis als einem Dienstverhältnis steht.

EStG [2)]
S 2139 [3)]

§ 6b Übertragung stiller Reserven bei der Veräußerung bestimmter Anlagegüter

(1) ¹Steuerpflichtige, die

Grund und Boden,

Aufwuchs auf Grund und Boden mit dem dazugehörigen Grund und Boden, wenn der Aufwuchs zu einem land- und forstwirtschaftlichen Betriebsvermögen gehört,

Gebäude oder Binnenschiffe

veräußern, können im Wirtschaftsjahr der Veräußerung von den Anschaffungs- oder Herstellungskosten der in Satz 2 bezeichneten Wirtschaftsgüter, die im Wirtschaftsjahr der Veräußerung oder im vorangegangenen Wirtschaftsjahr angeschafft oder hergestellt worden sind, einen Betrag bis zur Höhe des bei der Veräußerung entstandenen Gewinns abziehen. ²Der Abzug ist zulässig bei den Anschaffungs- oder Herstellungskosten von

1. Grund und Boden,
   soweit der Gewinn bei der Veräußerung von Grund und Boden entstanden ist,
2. Aufwuchs auf Grund und Boden mit dem dazugehörigen Grund und Boden, wenn der Aufwuchs zu einem land- und forstwirtschaftlichen Betriebsvermögen gehört,
   soweit der Gewinn bei der Veräußerung von Grund und Boden oder der Veräußerung von Aufwuchs auf Grund und Boden mit dem dazugehörigen Grund und Boden entstanden ist,
3. Gebäuden,
   soweit der Gewinn bei der Veräußerung von Grund und Boden, von Aufwuchs auf Grund und Boden mit dem dazugehörigen Grund und Boden oder Gebäuden entstanden ist, oder
4. Binnenschiffen,
   soweit der Gewinn bei der Veräußerung von Binnenschiffen entstanden ist.

---

1) Zur Anwendung von Absatz 3 Satz 2 Nr. 1 Satz 6 → § 52 Abs. 17 EStG.
2) Die Vorschrift soll durch das JStG 2013 geändert werden. Bei Redaktionsschluss war das Gesetzgebungsverfahren noch nicht abgeschlossen. Um Beachtung wird gebeten. → Siehe hierzu Hinweise auf Seite 4!
3) Zur zeitlichen Anwendung → § 52 Abs. 18b EStG.

§ 6b EStG

³Der Anschaffung oder Herstellung von Gebäuden steht ihre Erweiterung, ihr Ausbau oder ihr Umbau gleich. ⁴Der Abzug ist in diesem Fall nur von dem Aufwand für die Erweiterung, den Ausbau oder den Umbau der Gebäude zulässig.

(2) ¹Gewinn im Sinne des Absatzes 1 Satz 1 ist der Betrag, um den der Veräußerungspreis nach Abzug der Veräußerungskosten den Buchwert übersteigt, mit dem das veräußerte Wirtschaftsgut im Zeitpunkt der Veräußerung anzusetzen gewesen wäre. ²Buchwert ist der Wert, mit dem ein Wirtschaftsgut nach § 6 anzusetzen ist.

(3) ¹Soweit Steuerpflichtige den Abzug nach Absatz 1 nicht vorgenommen haben, können sie im Wirtschaftsjahr der Veräußerung eine den steuerlichen Gewinn mindernde Rücklage bilden. ²Bis zur Höhe dieser Rücklage können sie von den Anschaffungs- oder Herstellungskosten der in Absatz 1 Satz 2 bezeichneten Wirtschaftsgüter, die in den folgenden vier Wirtschaftsjahren angeschafft oder hergestellt worden sind, im Wirtschaftsjahr ihrer Anschaffung oder Herstellung einen Betrag unter Berücksichtigung der Einschränkungen des Absatzes 1 Satz 2 bis 4 abziehen. ³Die Frist von vier Jahren verlängert sich bei neu hergestellten Gebäuden auf sechs Jahre, wenn mit ihrer Herstellung vor dem Schluss des vierten auf die Bildung der Rücklage folgenden Wirtschaftsjahres begonnen worden ist. ⁴Die Rücklage ist in Höhe des abgezogenen Betrags gewinnerhöhend aufzulösen. ⁵Ist eine Rücklage am Schluss des vierten auf ihre Bildung folgenden Wirtschaftsjahres noch vorhanden, so ist sie in diesem Zeitpunkt gewinnerhöhend aufzulösen, soweit nicht ein Abzug von den Herstellungskosten von Gebäuden in Betracht kommt, mit deren Herstellung bis zu diesem Zeitpunkt begonnen worden ist; ist die Rücklage am Schluss des sechsten auf ihre Bildung folgenden Wirtschaftsjahres noch vorhanden, so ist sie in diesem Zeitpunkt gewinnerhöhend aufzulösen.

(4) ¹Voraussetzung für die Anwendung der Absätze 1 und 3 ist, dass

1. der Steuerpflichtige den Gewinn nach § 4 Absatz 1 oder § 5 ermittelt,
2. die veräußerten Wirtschaftsgüter im Zeitpunkt der Veräußerung mindestens sechs Jahre ununterbrochen zum Anlagevermögen einer inländischen Betriebsstätte gehört haben,
3. die angeschafften oder hergestellten Wirtschaftsgüter zum Anlagevermögen einer inländischen Betriebsstätte gehören,
4. der bei der Veräußerung entstandene Gewinn bei der Ermittlung des im Inland steuerpflichtigen Gewinns nicht außer Ansatz bleibt und
5. der Abzug nach Absatz 1 und die Bildung und Auflösung der Rücklage nach Absatz 3 in der Buchführung verfolgt werden können.

²Der Abzug nach den Absätzen 1 und 3 ist bei Wirtschaftsgütern, die zu einem land- und forstwirtschaftlichen Betrieb gehören oder der selbständigen Arbeit dienen, nicht zulässig, wenn der Gewinn bei der Veräußerung von Wirtschaftsgütern eines Gewerbebetriebs entstanden ist.

(5) An die Stelle der Anschaffungs- oder Herstellungskosten im Sinne des Absatzes 1 tritt in den Fällen, in denen das Wirtschaftsgut im Wirtschaftsjahr vor der Veräußerung angeschafft oder hergestellt worden ist, der Buchwert am Schluss des Wirtschaftsjahres der Anschaffung oder Herstellung.

(6) ¹Ist ein Betrag nach Absatz 1 oder 3 abgezogen worden, so tritt für die Absetzungen für Abnutzung oder Substanzverringerung oder in den Fällen des § 6 Absatz 2 und Absatz 2a im Wirtschaftsjahr des Abzugs der verbleibende Betrag an die Stelle der Anschaffungs- oder Herstellungskosten. ²In den Fällen des § 7 Absatz 4 Satz 1 und Absatz 5 sind die um den Abzugsbetrag nach Absatz 1 oder 3 geminderten Anschaffungs- oder Herstellungskosten maßgebend.

(7) Soweit eine nach Absatz 3 Satz 1 gebildete Rücklage gewinnerhöhend aufgelöst wird, ohne dass ein entsprechender Betrag nach Absatz 3 abgezogen wird, ist der Gewinn des Wirtschaftsjahres, in dem die Rücklage aufgelöst wird, für jedes volle Wirtschaftsjahr, in dem die Rücklage bestanden hat, um 6 Prozent des aufgelösten Rücklagenbetrags zu erhöhen.

(8) ¹Werden Wirtschaftsgüter im Sinne des Absatzes 1 zum Zweck der Vorbereitung oder Durchführung von städtebaulichen Sanierungs- oder Entwicklungsmaßnahmen an einen der in Satz 3 bezeichneten Erwerber übertragen, sind die Absätze 1 bis 7 mit der Maßgabe anzuwenden, dass

1. die Fristen des Absatzes 3 Satz 2, 3 und 5 sich jeweils um drei Jahre verlängern und
2. an die Stelle der in Absatz 4 Nummer 2 bezeichneten Frist von sechs Jahren eine Frist von zwei Jahren tritt.

²Erwerber im Sinne des Satzes 1 sind Gebietskörperschaften, Gemeindeverbände, Verbände im Sinne des § 166 Absatz 4 des Baugesetzbuchs, Planungsverbände nach § 205 des Baugesetzbuchs, Sanierungsträger nach § 157 des Baugesetzbuchs, Entwicklungsträger nach § 167 des Baugesetzbuchs sowie Erwerber, die städtebauliche Sanierungsmaßnahmen als Eigentümer selbst durchführen (§ 147 Absatz 2 und § 148 Absatz 1 des Baugesetzbuchs).

(9) Absatz 8 ist nur anzuwenden, wenn die nach Landesrecht zuständige Behörde bescheinigt, dass die Übertragung der Wirtschaftsgüter zum Zweck der Vorbereitung oder Durchführung

von städtebaulichen Sanierungs- oder Entwicklungsmaßnahmen an einen der in Absatz 8 Satz 2 bezeichneten Erwerber erfolgt ist.

(10) ¹Steuerpflichtige, die keine Körperschaften, Personenvereinigungen oder Vermögensmassen sind, können Gewinne aus der Veräußerung von Anteilen an Kapitalgesellschaften bis zu einem Betrag von 500 000 Euro auf die im Wirtschaftsjahr der Veräußerung oder in den folgenden zwei Wirtschaftsjahren angeschafften Anteile an Kapitalgesellschaften oder angeschafften oder hergestellten abnutzbaren beweglichen Wirtschaftsgüter oder auf die im Wirtschaftsjahr der Veräußerung oder in den folgenden vier Wirtschaftsjahren angeschafften oder hergestellten Gebäude nach Maßgabe der Sätze 2 bis 10 übertragen. ²Wird der Gewinn im Jahr der Veräußerung auf Gebäude oder abnutzbare bewegliche Wirtschaftsgüter übertragen, so kann ein Betrag bis zur Höhe des bei der Veräußerung entstandenen und nicht nach § 3 Nummer 40 Satz 1 Buchstabe a und b in Verbindung mit § 3c Absatz 2 steuerbefreiten Betrags von den Anschaffungs- oder Herstellungskosten für Gebäude oder abnutzbare bewegliche Wirtschaftsgüter abgezogen werden. ³Wird der Gewinn im Jahr der Veräußerung auf Anteile an Kapitalgesellschaften übertragen, mindern sich die Anschaffungskosten der Anteile an Kapitalgesellschaften in Höhe des Veräußerungsgewinns einschließlich des nach § 3 Nummer 40 Satz 1 Buchstabe a und b in Verbindung mit § 3c Absatz 2 steuerbefreiten Betrags. ⁴Absatz 2, Absatz 4 Satz 1 Nummer 1, 2, 3, 5 und Satz 2 sowie Absatz 5 sind sinngemäß anzuwenden. ⁵Soweit Steuerpflichtige den Abzug nach Satz 1 bis 4 nicht vorgenommen haben, können sie eine Rücklage nach Maßgabe des Satzes 1 einschließlich des nach § 3 Nummer 40 Satz 1 Buchstabe a und b in Verbindung mit § 3c Absatz 2 steuerbefreiten Betrags bilden. ⁶Bei der Auflösung der Rücklage gelten die Sätze 2 und 3 sinngemäß. ⁷Im Fall des Satzes 2 ist die Rücklage in gleicher Höhe um den nach § 3 Nummer 40 Satz 1 Buchstabe a und b in Verbindung mit § 3c Absatz 2 steuerbefreiten Betrag aufzulösen. ⁸Ist eine Rücklage am Schluss des vierten auf ihre Bildung folgenden Wirtschaftsjahres noch vorhanden, so ist sie in diesem Zeitpunkt gewinnerhöhend aufzulösen. ⁹Soweit der Abzug nach Satz 6 nicht vorgenommen wurde, ist der Gewinn des Wirtschaftsjahres, in dem die Rücklage aufgelöst wird, für jedes volle Wirtschaftsjahr, in dem die Rücklage bestanden hat, um 6 Prozent des nicht nach § 3 Nummer 40 Satz 1 Buchstabe a und b in Verbindung mit § 3c Absatz 2 steuerbefreiten aufgelösten Rücklagenbetrags zu erhöhen. ¹⁰Für die zum Gesamthandsvermögen von Personengesellschaften oder Gemeinschaften gehörenden Anteile an Kapitalgesellschaften gelten die Sätze 1 bis 9 nur, soweit an den Personengesellschaften und Gemeinschaften keine Körperschaften, Personenvereinigungen oder Vermögensmassen beteiligt sind.

§ 6c Übertragung stiller Reserven bei der Veräußerung bestimmter Anlagegüter bei der Ermittlung des Gewinns nach § 4 Absatz 3 oder nach Durchschnittssätzen

(1) ¹§ 6b mit Ausnahme des § 6b Absatz 4 Nummer 1 ist entsprechend anzuwenden, wenn der Gewinn nach § 4 Absatz 3 oder die Einkünfte aus Land- und Forstwirtschaft nach Durchschnittssätzen ermittelt werden. ²Soweit nach § 6b Absatz 3 eine Rücklage gebildet werden kann, ist ihre Bildung als Betriebsausgabe (Abzug) und ihre Auflösung als Betriebseinnahme (Zuschlag) zu behandeln; der Zeitraum zwischen Abzug und Zuschlag gilt als Zeitraum, in dem die Rücklage bestanden hat.

(2) ¹Voraussetzung für die Anwendung des Absatzes 1 ist, dass die Wirtschaftsgüter, bei denen ein Abzug von den Anschaffungs- oder Herstellungskosten oder von dem Wert nach § 6b Absatz 5 vorgenommen worden ist, in besondere, laufend zu führende Verzeichnisse aufgenommen werden. ²In den Verzeichnissen sind der Tag der Anschaffung oder Herstellung, die Anschaffungs- oder Herstellungskosten, der Abzug nach § 6b Absatz 1 und 3 in Verbindung mit Absatz 1, die Absetzungen für Abnutzung, die Abschreibungen sowie die Beträge nachzuweisen, die nach § 6b Absatz 3 in Verbindung mit Absatz 1 als Betriebsausgaben (Abzug) oder Betriebseinnahmen (Zuschlag) behandelt worden sind.

§ 6d Euroumrechnungsrücklage

(1) ¹Ausleihungen, Forderungen und Verbindlichkeiten im Sinne des Artikels 43 des Einführungsgesetzes zum Handelsgesetzbuch, die auf Währungseinheiten der an der europäischen Währungsunion teilnehmenden anderen Mitgliedstaaten oder auf die ECU im Sinne des Artikels 2 der Verordnung (EG) Nr. 1103/97 des Rates vom 17. Juni 1997 (ABl. EG Nr. L 162 S. 1) lauten, sind am Schluss des ersten nach dem 31. Dezember 1998 endenden Wirtschaftsjahrs mit dem vom Rat der Europäischen Union gemäß Artikel 109l Absatz 4 Satz 1 des EG-Vertrages unwiderruflich festgelegten Umrechnungskurs umzurechnen und mit dem danach ergebenden Wert anzusetzen. ²Der Gewinn, der sich aus diesem jeweiligen Ansatz für das einzelne Wirtschaftsgut ergibt, kann in eine den steuerlichen Gewinn mindernde Rücklage eingestellt wer-

den. ³Die Rücklage ist gewinnerhöhend aufzulösen, soweit das Wirtschaftsgut, aus dessen Bewertung sich der in die Rücklage eingestellte Gewinn ergeben hat, aus dem Betriebsvermögen ausscheidet. ⁴Die Rücklage ist spätestens am Schluss des fünften nach dem 31. Dezember 1998 endenden Wirtschaftsjahres gewinnerhöhend aufzulösen.

(2) ¹In die Euroumrechnungsrücklage gemäß Absatz 1 Satz 2 können auch Erträge eingestellt werden, die sich aus der Aktivierung von Wirtschaftsgütern auf Grund der unwiderruflichen Festlegung der Umrechnungskurse ergeben. ²Absatz 1 Satz 3 gilt entsprechend.

(3) Die Bildung und Auflösung der jeweiligen Rücklage müssen in der Buchführung verfolgt werden können.

§ 7 Absetzung für Abnutzung oder Substanzverringerung

(1) ¹Bei Wirtschaftsgütern, deren Verwendung oder Nutzung durch den Steuerpflichtigen zur Erzielung von Einkünften sich erfahrungsgemäß auf einen Zeitraum von mehr als einem Jahr erstreckt, ist jeweils für ein Jahr der Teil der Anschaffungs- oder Herstellungskosten abzusetzen, der bei gleichmäßiger Verteilung dieser Kosten auf die Gesamtdauer der Verwendung oder Nutzung auf ein Jahr entfällt (Absetzung für Abnutzung in gleichen Jahresbeträgen). ²Die Absetzung bemisst sich hierbei nach der betriebsgewöhnlichen Nutzungsdauer des Wirtschaftsgutes. ³Als betriebsgewöhnliche Nutzungsdauer des Geschäfts- oder Firmenwerts eines Gewerbebetriebs oder eines Betriebs der Land- und Forstwirtschaft gilt ein Zeitraum von 15 Jahren. ⁴Im Jahr der Anschaffung oder Herstellung des Wirtschaftsguts vermindert sich für dieses Jahr der Absetzungsbetrag nach Satz 1 um jeweils ein Zwölftel für jeden vollen Monat, der dem Monat der Anschaffung oder Herstellung vorangeht. ⁵Bei Wirtschaftsgütern, die nach einer Verwendung zur Erzielung von Einkünften im Sinne des § 2 Absatz 1 Satz 1 Nummer 4 bis 7 in ein Betriebsvermögen eingelegt worden sind, mindert sich der Einlagewert um die Absetzungen für Abnutzung oder Substanzverringerung, Sonderabschreibungen oder erhöhte Absetzungen, die bis zum Zeitpunkt der Einlage vorgenommen worden sind, höchstens jedoch bis zu den fortgeführten Anschaffungs- oder Herstellungskosten; ist der Einlagewert niedriger als dieser Wert, bemisst sich die weitere Absetzung für Abnutzung vom Einlagewert. ⁶Bei beweglichen Wirtschaftsgütern des Anlagevermögens, bei denen es wirtschaftlich begründet ist, die Absetzung für Abnutzung nach Maßgabe der Leistung des Wirtschaftsgutes vorzunehmen, kann der Steuerpflichtige dieses Verfahren statt der Absetzung für Abnutzung in gleichen Jahresbeträgen anwenden, wenn er den auf das einzelne Jahr entfallenden Umfang der Leistung nachweist. ⁷Absetzungen für außergewöhnliche technische oder wirtschaftliche Abnutzung sind zulässig; soweit der Grund hierfür in späteren Wirtschaftsjahren entfällt, ist in den Fällen der Gewinnermittlung nach § 4 Absatz 1 oder nach § 5 eine entsprechende Zuschreibung vorzunehmen.

(2) ¹Bei beweglichen Wirtschaftsgütern des Anlagevermögens, die nach dem 31. Dezember 2008 und vor dem 1. Januar 2011 angeschafft oder hergestellt worden sind, kann der Steuerpflichtige statt der Absetzung für Abnutzung in gleichen Jahresbeträgen die Absetzung für Abnutzung in fallenden Jahresbeträgen bemessen. ²Die Absetzung für Abnutzung in fallenden Jahresbeträgen kann nach einem unveränderlichen Prozentsatz vom jeweiligen Buchwert (Restwert) vorgenommen werden; der dabei anzuwendende Prozentsatz darf höchstens das Zweieinhalbfache des bei der Absetzung für Abnutzung in gleichen Jahresbeträgen in Betracht kommenden Prozentsatzes betragen und 25 Prozent nicht übersteigen. ³Absatz 1 Satz 4 und § 7a Absatz 8 gelten entsprechend. ⁴Bei Wirtschaftsgütern, bei denen die Absetzung für Abnutzung in fallenden Jahresbeträgen bemessen wird, sind Absetzungen für außergewöhnliche technische oder wirtschaftliche Abnutzung nicht zulässig.

(3) ¹Der Übergang von der Absetzung für Abnutzung in fallenden Jahresbeträgen zur Absetzung für Abnutzung in gleichen Jahresbeträgen ist zulässig. ²In diesem Fall bemisst sich die Absetzung für Abnutzung vom Zeitpunkt des Übergangs an nach dem dann noch vorhandenen

---

1) Zur Anwendung von Absatz 1 Satz 4 → § 52 Abs. 21 Satz 3 EStG.
2) Absatz 1 Satz 5 zweiter Halbsatz i. d. F. des JStG 2010 ist erstmals für Einlagen anzuwenden, die nach dem 31. 12. 2010 vorgenommen werden → § 52 Abs. 21 Satz 4 EStG.
3) Absatz 2 wurde durch das Unternehmensteuerreformgesetz 2008 aufgehoben. § 7 Abs. 2 EStG in der bis zum 31. 12. 2007 geltenden Fassung ist letztmalig anzuwenden für vor dem 1. 1. 2008 angeschaffte oder hergestellte bewegliche Wirtschaftsgüter → § 52 Abs. 21a Satz 3 EStG.
Absatz 2 wurde durch das Gesetz zur Umsetzung steuerrechtlicher Regelungen des Maßnahmenpakets „Beschäftigungssicherung durch Wachstumsstärkung" für Wirtschaftsgüter, die nach dem 31. 12. 2008 und vor dem 1. 1. 2011 angeschafft oder hergestellt worden sind, eingefügt.
4) Absatz 3 wurde durch das Unternehmensteuerreformgesetz 2008 aufgehoben. § 7 Abs. 3 EStG in der bis zum 31. 12. 2007 geltenden Fassung ist letztmalig anzuwenden für vor dem 1. 1. 2008 angeschaffte oder hergestellte bewegliche Wirtschaftsgüter → § 52 Abs. 21a Satz 3 EStG.
Absatz 3 wurde durch das Gesetz zur Umsetzung steuerrechtlicher Regelungen des Maßnahmenpakets „Beschäftigungssicherung durch Wachstumsstärkung" für Wirtschaftsgüter, die nach dem 31. 12. 2008 und vor dem 1. 1. 2011 angeschafft oder hergestellt worden sind, eingefügt.

Restwert und der Restnutzungsdauer des einzelnen Wirtschaftsguts. ³Der Übergang von der Absetzung für Abnutzung in gleichen Jahresbeträgen zur Absetzung für Abnutzung in fallenden Jahresbeträgen ist nicht zulässig.

(4) ¹Bei Gebäuden sind abweichend von Absatz 1 als Absetzung für Abnutzung die folgenden Beträge bis zur vollen Absetzung abzuziehen:
1. bei Gebäuden, soweit sie zu einem Betriebsvermögen gehören und nicht Wohnzwecken dienen und für die der Bauantrag nach dem 31. März 1985 gestellt worden ist, jährlich 3 Prozent,
2. bei Gebäuden, soweit sie die Voraussetzungen der Nummer 1 nicht erfüllen und die
    a) nach dem 31. Dezember 1924 fertig gestellt worden sind, jährlich 2 Prozent,
    b) vor dem 1. Januar 1925 fertig gestellt worden sind, jährlich 2,5 Prozent
der Anschaffungs- oder Herstellungskosten; Absatz 1 Satz 5 gilt entsprechend. ²Beträgt die tatsächliche Nutzungsdauer eines Gebäudes in den Fällen des Satzes 1 Nummer 1 weniger als 33 Jahre, in den Fällen des Satzes 1 Nummer 2 Buchstabe a weniger als 50 Jahre, in den Fällen des Satzes 1 Nummer 2 Buchstabe b weniger als 40 Jahre, so können anstelle der Absetzungen nach Satz 1 die der tatsächlichen Nutzungsdauer entsprechenden Absetzungen für Abnutzung vorgenommen werden. ³Absatz 1 letzter Satz bleibt unberührt. ⁴Bei Gebäuden im Sinne der Nummer 2 rechtfertigt die für Gebäude im Sinne der Nummer 1 geltende Regelung weder die Anwendung des Absatzes 1 letzter Satz noch den Ansatz des niedrigeren Teilwertes (§ 6 Absatz 1 Nummer 1 Satz 2).

(5) ¹Bei Gebäuden, die in einem Mitgliedstaat der Europäischen Union oder einem anderen Staat belegen sind, auf den das Abkommen über den Europäischen Wirtschaftsraum (EWR-Abkommen) angewendet wird, und die vom Steuerpflichtigen hergestellt oder bis zum Ende des Jahres der Fertigstellung angeschafft worden sind, können abweichend von Absatz 4 als Absetzung für Abnutzung die folgenden Beträge abgezogen werden:
1. bei Gebäuden im Sinne des Absatzes 4 Satz 1 Nummer 1, die vom Steuerpflichtigen auf Grund eines vor dem 1. Januar 1994 gestellten Bauantrags hergestellt oder auf Grund eines vor diesem Zeitpunkt rechtswirksam abgeschlossenen obligatorischen Vertrags angeschafft worden sind,
    – im Jahr der Fertigstellung
      und in den folgenden 3 Jahren   jeweils 10   Prozent,
    – in den darauf folgenden 3 Jahren   jeweils 5   Prozent,
    – in den darauf folgenden 18 Jahren   jeweils 2,5   Prozent,
2. bei Gebäuden im Sinne des Absatzes 4 Satz 1 Nummer 2, die vom Steuerpflichtigen auf Grund eines vor dem 1. Januar 1995 gestellten Bauantrags hergestellt oder auf Grund eines vor diesem Zeitpunkt rechtswirksam abgeschlossenen obligatorischen Vertrags angeschafft worden sind,
    – im Jahr der Fertigstellung
      und in den folgenden 7 Jahren   jeweils 5   Prozent,
    – in den darauf folgenden 6 Jahren   jeweils 2,5   Prozent,
    – in den darauf folgenden 36 Jahren   jeweils 1,25 Prozent,
3. bei Gebäuden im Sinne des Absatzes 4 Satz 1 Nummer 2, soweit sie Wohnzwecken dienen, die vom Steuerpflichtigen
    a) auf Grund eines nach dem 28. Februar 1989 und vor dem 1. Januar 1996 gestellten Bauantrags hergestellt oder nach dem 28. Februar 1989 auf Grund eines nach dem 28. Februar 1989 und vor dem 1. Januar 1996 rechtswirksam abgeschlossenen obligatorischen Vertrags angeschafft worden sind,
        – im Jahr der Fertigstellung
          und in den folgenden 3 Jahren   jeweils 7   Prozent,
        – in den darauf folgenden 6 Jahren   jeweils 5   Prozent,
        – in den darauf folgenden 6 Jahren   jeweils 2   Prozent,
        – in den darauf folgenden 24 Jahren   jeweils 1,25 Prozent,
    b) auf Grund eines nach dem 31. Dezember 1995 und vor dem 1. Januar 2004 gestellten Bauantrags hergestellt oder auf Grund eines nach dem 31. Dezember 1995 und vor dem 1. Januar 2004 rechtswirksam abgeschlossenen obligatorischen Vertrags angeschafft worden sind,
        – im Jahr der Fertigstellung
          und in den folgenden 7 Jahren   jeweils 5   Prozent,
        – in den darauf folgenden 6 Jahren   jeweils 2,5   Prozent,
        – in den darauf folgenden 36 Jahren   jeweils 1,25 Prozent,

---

¹⁾ Zur zeitlichen Anwendung von Absatz 5 Satz 1 → § 52 Abs. 21c EStG: Absatz 5 i. d. F. des Gesetzes zur Umsetzung steuerlicher EU-Vorgaben sowie zur Änderung steuerlicher Vorschriften ist auf Antrag auch für VZ vor 2010 anzuwenden, soweit Steuerbescheide noch nicht bestandskräftig sind.

c) auf Grund eines nach dem 31. Dezember 2003 und vor dem 1. Januar 2006 gestellten Bauantrags hergestellt oder auf Grund eines nach dem 31. Dezember 2003 und vor dem 1. Januar 2006 rechtswirksam abgeschlossenen obligatorischen Vertrags angeschafft worden sind,
- im Jahr der Fertigstellung
  und in den folgenden 9 Jahren   jeweils 4   Prozent,
- in den darauf folgenden 8 Jahren   jeweils 2,5   Prozent,
- in den darauf folgenden 32 Jahren   jeweils 1,25 Prozent,

der Anschaffungs- oder Herstellungskosten. ²Im Fall der Anschaffung kann Satz 1 nur angewendet werden, wenn der Hersteller für das veräußerte Gebäude weder Absetzungen für Abnutzung nach Satz 1 vorgenommen noch erhöhte Absetzungen oder Sonderabschreibungen in Anspruch genommen hat. ³Absatz 1 Satz 4 gilt nicht.

(5a) Die Absätze 4 und 5 sind auf Gebäudeteile, die selbständige unbewegliche Wirtschaftsgüter sind, sowie auf Eigentumswohnungen und auf im Teileigentum stehende Räume entsprechend anzuwenden.

(6) Bei Bergbauunternehmen, Steinbrüchen und anderen Betrieben, die einen Verbrauch der Substanz mit sich bringen, ist Absatz 1 entsprechend anzuwenden; dabei sind Absetzungen nach Maßgabe des Substanzverzehrs zulässig (Absetzung für Substanzverringerung).

§ 7a Gemeinsame Vorschriften für erhöhte Absetzungen und Sonderabschreibungen

(1) ¹Werden in dem Zeitraum, in dem bei einem Wirtschaftsgut erhöhte Absetzungen oder Sonderabschreibungen in Anspruch genommen werden können (Begünstigungszeitraum), nachträgliche Herstellungskosten aufgewendet, so bemessen sich vom Jahr der Entstehung der nachträglichen Herstellungskosten an bis zum Ende des Begünstigungszeitraums die Absetzungen für Abnutzung, erhöhten Absetzungen und Sonderabschreibungen nach den um die nachträglichen Herstellungskosten erhöhten Anschaffungs- oder Herstellungskosten. ²Entsprechendes gilt für nachträgliche Anschaffungskosten. ³Werden im Begünstigungszeitraum die Anschaffungs- oder Herstellungskosten eines Wirtschaftsguts nachträglich gemindert, so bemessen sich vom Jahr der Minderung an bis zum Ende des Begünstigungszeitraums die Absetzungen für Abnutzung, erhöhten Absetzungen und Sonderabschreibungen nach den geminderten Anschaffungs- oder Herstellungskosten.

(2) ¹Können bei einem Wirtschaftsgut erhöhte Absetzungen oder Sonderabschreibungen bereits für Anzahlungen auf Anschaffungskosten oder für Teilherstellungskosten in Anspruch genommen werden, so sind die Vorschriften über erhöhte Absetzungen und Sonderabschreibungen mit der Maßgabe anzuwenden, dass an die Stelle der Anschaffungs- oder Herstellungskosten die Anzahlungen auf Anschaffungskosten oder die Teilherstellungskosten und an die Stelle des Jahres der Anschaffung oder Herstellung das Jahr der Anzahlung oder Teilherstellung treten. ²Nach Anschaffung oder Herstellung des Wirtschaftsguts sind erhöhte Absetzungen oder Sonderabschreibungen nur zulässig, soweit sie nicht bereits für Anzahlungen auf Anschaffungskosten oder für Teilherstellungskosten in Anspruch genommen worden sind. ³Anzahlungen auf Anschaffungskosten sind im Zeitpunkt der tatsächlichen Zahlung aufgewendet. ⁴Werden Anzahlungen auf Anschaffungskosten durch Hingabe eines Wechsels geleistet, so sind sie in dem Zeitpunkt aufgewendet, in dem dem Lieferanten durch Diskontierung oder Einlösung des Wechsels das Geld tatsächlich zufließt. ⁵Entsprechendes gilt, wenn anstelle von Geld ein Scheck hingegeben wird.

(3) Bei Wirtschaftsgütern, bei denen erhöhte Absetzungen in Anspruch genommen werden, müssen in jedem Jahr des Begünstigungszeitraums mindestens Absetzungen in Höhe der Absetzungen für Abnutzung nach § 7 Absatz 1 oder 4 berücksichtigt werden.

(4) Bei Wirtschaftsgütern, bei denen Sonderabschreibungen in Anspruch genommen werden, sind die Absetzungen für Abnutzung nach § 7 Absatz 1 oder 4 vorzunehmen.

(5) Liegen bei einem Wirtschaftsgut die Voraussetzungen für die Inanspruchnahme von erhöhten Absetzungen oder Sonderabschreibungen auf Grund mehrerer Vorschriften vor, so dürfen erhöhte Absetzungen oder Sonderabschreibungen nur auf Grund einer dieser Vorschriften in Anspruch genommen werden.

(6) Erhöhte Absetzungen oder Sonderabschreibungen sind bei der Prüfung, ob die in § 141 Absatz 1 Nummer 4 und 5 der Abgabenordnung bezeichneten Buchführungsgrenzen überschritten sind, nicht zu berücksichtigen.

(7) ¹Ist ein Wirtschaftsgut mehreren Beteiligten zuzurechnen und sind die Voraussetzungen für erhöhte Absetzungen oder Sonderabschreibungen nur bei einzelnen Beteiligten erfüllt, so dürfen die erhöhten Absetzungen und Sonderabschreibungen nur anteilig für diese Beteiligten vorge-

nommen werden. ²Die erhöhten Absetzungen oder Sonderabschreibungen dürfen von den Beteiligten, bei denen die Voraussetzungen dafür erfüllt sind, nur einheitlich vorgenommen werden.

(8) ¹Erhöhte Absetzungen oder Sonderabschreibungen sind bei Wirtschaftsgütern, die zu einem Betriebsvermögen gehören, nur zulässig, wenn sie in ein besonderes, laufend zu führendes Verzeichnis aufgenommen werden, das den Tag der Anschaffung oder Herstellung, die Anschaffungs- oder Herstellungskosten, die betriebsgewöhnliche Nutzungsdauer und die Höhe der jährlichen Absetzungen für Abnutzung, erhöhten Absetzungen und Sonderabschreibungen enthält. ²Das Verzeichnis braucht nicht geführt zu werden, wenn diese Angaben aus der Buchführung ersichtlich sind.

(9) Sind für ein Wirtschaftsgut Sonderabschreibungen vorgenommen worden, so bemessen sich nach Ablauf des maßgebenden Begünstigungszeitraums die Absetzungen für Abnutzung bei Gebäuden und bei Wirtschaftsgütern im Sinne des § 7 Absatz 5a nach dem Restwert und dem nach § 7 Absatz 4 unter Berücksichtigung der Restnutzungsdauer maßgebenden Prozentsatz bei anderen Wirtschaftsgütern nach dem Restwert und der Restnutzungsdauer.

EStG § 7b Erhöhte Absetzungen für Einfamilienhäuser, Zweifamilienhäuser und Eigentumswohnungen

S 2197

(1) ¹Bei im Inland belegenen Einfamilienhäusern, Zweifamilienhäusern und Eigentumswohnungen, die zu mehr als 66 ²/₃ Prozent Wohnzwecken dienen und die vor dem 1. Januar 1987 hergestellt oder angeschafft worden sind, kann abweichend von § 7 Absatz 4 und 5 der Bauherr im Jahr der Fertigstellung und in den sieben folgenden Jahren jeweils bis zu 5 Prozent der Herstellungskosten oder ein Erwerber im Jahr der Anschaffung und in den sieben folgenden Jahren jeweils bis zu 5 Prozent der Anschaffungskosten absetzen. ²Nach Ablauf dieser acht Jahre sind als Absetzung für Abnutzung bis zur vollen Absetzung jährlich 2,5 Prozent des Restwerts abzuziehen; § 7 Absatz 4 Satz 2 gilt entsprechend. ³Übersteigen die Herstellungskosten oder die Anschaffungskosten bei einem Einfamilienhaus oder einer Eigentumswohnung 200000 Deutsche Mark, bei einem Zweifamilienhaus 250000 Deutsche Mark, bei einem Anteil an einem dieser Gebäude oder einer Eigentumswohnung den entsprechenden Teil von 200000 Deutsche Mark oder von 250000 Deutsche Mark, so ist auf den übersteigenden Teil der Herstellungskosten oder der Anschaffungskosten § 7 Absatz 4 anzuwenden. ⁴Satz 1 ist nicht anzuwenden, wenn der Steuerpflichtige das Einfamilienhaus, Zweifamilienhaus, die Eigentumswohnung oder einen Anteil an einem dieser Gebäude oder an einer Eigentumswohnung

1. von seinem Ehegatten anschafft und bei den Ehegatten die Voraussetzungen des § 26 Absatz 1 vorliegen;
2. anschafft und im zeitlichen Zusammenhang mit der Anschaffung an den Veräußerer ein Einfamilienhaus, Zweifamilienhaus oder eine Eigentumswohnung oder einen Anteil an einem dieser Gebäude oder an einer Eigentumswohnung veräußert; das gilt auch, wenn das veräußerte Gebäude, die veräußerte Eigentumswohnung oder der veräußerte Anteil dem Ehegatten des Steuerpflichtigen zuzurechnen war und bei den Ehegatten im Zeitpunkt der Anschaffung und im Zeitpunkt der Veräußerung die Voraussetzungen des § 26 Absatz 1 vorliegen;
3. nach einer früheren Veräußerung durch ihn wieder anschafft; das gilt auch, wenn das Gebäude, die Eigentumswohnung oder der Anteil im Zeitpunkt der früheren Veräußerung dem Ehegatten des Steuerpflichtigen zuzurechnen war und bei den Ehegatten die Voraussetzungen des § 26 Absatz 1 vorliegen.

(2) ¹Absatz 1 gilt entsprechend für Herstellungskosten, die für Ausbauten und Erweiterungen an einem Einfamilienhaus, Zweifamilienhaus oder an einer Eigentumswohnung aufgewendet worden sind und der Ausbau oder die Erweiterung vor dem 1. Januar 1987 fertig gestellt worden ist, wenn das Einfamilienhaus, Zweifamilienhaus oder die Eigentumswohnung vor dem 1. Januar 1964 fertig gestellt und nicht nach dem 31. Dezember 1976 angeschafft worden ist. ²Weitere Voraussetzung ist, dass das Gebäude oder die Eigentumswohnung im Inland belegen ist und die ausgebauten oder neu hergestellten Gebäudeteile zu mehr als 80 Prozent Wohnzwecken dienen. ³Nach Ablauf des Zeitraums, in dem nach Satz 1 erhöhte Absetzungen vorgenommen werden können, ist der Restwert den Anschaffungs- oder Herstellungskosten des Gebäudes oder dem an deren Stelle tretenden Wert hinzuzurechnen; die weiteren Absetzungen für Abnutzung sind einheitlich für das gesamte Gebäude nach dem sich hiernach ergebenden Betrag und dem für das Gebäude maßgebenden Prozentsatz zu bemessen.

(3) ¹Der Bauherr kann erhöhte Absetzungen, die er im Jahr der Fertigstellung und in den zwei folgenden Jahren nicht ausgenutzt hat, bis zum Ende des dritten auf das Jahr der Fertigstellung folgenden Jahres nachholen. ²Nachträgliche Herstellungskosten, die bis zum Ende des dritten auf das Jahr der Fertigstellung folgenden Jahres entstehen, können abweichend von § 7a Absatz 1 vom Jahr ihrer Entstehung an so behandelt werden, als wären sie bereits im ersten Jahr des Begünstigungszeitraums entstanden. ³Die Sätze 1 und 2 gelten für den Erwerber eines

Einfamilienhauses, eines Zweifamilienhauses oder einer Eigentumswohnung und bei Ausbauten und Erweiterungen im Sinne des Absatzes 2 entsprechend.

(4) ¹Zum Gebäude gehörende Garagen sind ohne Rücksicht auf ihre tatsächliche Nutzung als Wohnzwecken dienend zu behandeln, soweit in ihnen nicht mehr als ein Personenkraftwagen für jede in dem Gebäude befindliche Wohnung untergestellt werden kann. ²Räume für die Unterstellung weiterer Kraftwagen sind stets als nicht Wohnzwecken dienend zu behandeln.

(5) ¹Erhöhte Absetzungen nach den Absätzen 1 und 2 kann der Steuerpflichtige nur für ein Einfamilienhaus oder für ein Zweifamilienhaus oder für eine Eigentumswohnung oder für den Ausbau oder die Erweiterung eines Einfamilienhauses, eines Zweifamilienhauses oder einer Eigentumswohnung in Anspruch nehmen. ²Ehegatten, bei denen die Voraussetzungen des § 26 Absatz 1 vorliegen, können erhöhte Absetzungen nach den Absätzen 1 und 2 für insgesamt zwei der in Satz 1 bezeichneten Gebäude, Eigentumswohnungen, Ausbauten oder Erweiterungen in Anspruch nehmen. ³Den erhöhten Absetzungen nach den Absätzen 1 und 2 stehen die erhöhten Absetzungen nach § 7b in der jeweiligen Fassung ab Inkrafttreten des Gesetzes vom 16. Juni 1964 (BGBl. I S. 353) und nach § 15 Absatz 1 bis 4 des Berlinförderungsgesetzes in der Fassung des Gesetzes vom 11. Juli 1977 (BGBl. I S. 1213) gleich. ⁴Ist das Einfamilienhaus, das Zweifamilienhaus oder die Eigentumswohnung (Erstobjekt) dem Steuerpflichtigen nicht bis zum Ablauf des Begünstigungszeitraums zuzurechnen, so kann der Steuerpflichtige abweichend von den Sätzen 1 bis 3 erhöhte Absetzungen bei einem weiteren Einfamilienhaus, Zweifamilienhaus oder einer weiteren Eigentumswohnung im Sinne des Absatzes 1 Satz 1 (Folgeobjekt) in Anspruch nehmen, wenn er das Folgeobjekt innerhalb eines Zeitraums von zwei Jahren vor und drei Jahren nach Ablauf des Veranlagungszeitraums, in dem ihm das Erstobjekt letztmals zugerechnet worden ist, anschafft oder herstellt; Entsprechendes gilt bei einem Ausbau oder einer Erweiterung eines Einfamilienhauses, Zweifamilienhauses oder einer Eigentumswohnung. ⁵Im Fall des Satzes 4 ist der Begünstigungszeitraum für das Folgeobjekt um die Anzahl der Veranlagungszeiträume zu kürzen, in denen das Erstobjekt dem Steuerpflichtigen zugerechnet worden ist; hat der Steuerpflichtige das Folgeobjekt in einem Veranlagungszeitraum, in dem ihm das Erstobjekt noch zuzurechnen ist, hergestellt oder angeschafft oder einen Ausbau oder eine Erweiterung vorgenommen, so beginnt der Begünstigungszeitraum für das Folgeobjekt abweichend von Absatz 1 mit Ablauf des Veranlagungszeitraums, in dem das Erstobjekt dem Steuerpflichtigen letztmals zugerechnet worden ist.

(6) ¹Ist ein Einfamilienhaus, ein Zweifamilienhaus oder eine Eigentumswohnung mehreren Steuerpflichtigen zuzurechnen, so ist Absatz 5 mit der Maßgabe anzuwenden, dass der Anteil des Steuerpflichtigen an einem dieser Gebäude oder an einer Eigentumswohnung, einem Einfamilienhaus, einem Zweifamilienhaus oder einer Eigentumswohnung gleichsteht; Entsprechendes gilt bei dem Ausbau oder der Erweiterung von Einfamilienhäusern, Zweifamilienhäusern oder Eigentumswohnungen, die mehreren Steuerpflichtigen zuzurechnen sind. ²Satz 1 ist nicht anzuwenden, wenn ein Einfamilienhaus, ein Zweifamilienhaus oder eine Eigentumswohnung ausschließlich dem Steuerpflichtigen und seinem Ehegatten zuzurechnen ist und bei den Ehegatten die Voraussetzungen des § 26 Absatz 1 vorliegen.

(7) Der Bauherr von Kaufeigenheimen, Trägerkleinsiedlungen und Kaufeigentumswohnungen kann abweichend von Absatz 5 für alle von ihm vor dem 1. Januar 1987 erstellten Kaufeigenheime, Trägerkleinsiedlungen und Kaufeigentumswohnungen im Jahr der Fertigstellung und im folgenden Jahr erhöhte Absetzungen bis zu jeweils 5 Prozent vornehmen.

(8) Führt eine nach § 7c begünstigte Baumaßnahme dazu, dass das bisher begünstigte Objekt kein Einfamilienhaus, Zweifamilienhaus und keine Eigentumswohnung mehr ist, kann der Steuerpflichtige die erhöhten Absetzungen nach den Absätzen 1 und 2 bei Vorliegen der übrigen Voraussetzungen für den restlichen Begünstigungszeitraum unter Einbeziehung der Herstellungskosten für die Baumaßnahme nach § 7c in Anspruch nehmen, soweit er diese Herstellungskosten nicht in die Bemessungsgrundlage nach § 7c einbezogen hat.

§ 7c Erhöhte Absetzungen für Baumaßnahmen an Gebäuden zur Schaffung neuer Mietwohnungen

(1) Bei Wohnungen im Sinne des Absatzes 2, die durch Baumaßnahmen an Gebäuden im Inland hergestellt worden sind, können abweichend von § 7 Absatz 4 und 5 im Jahr der Fertigstellung und in den folgenden vier Jahren Absetzungen jeweils bis zu 20 Prozent der Bemessungsgrundlage vorgenommen werden.

(2) Begünstigt sind Wohnungen,
1. für die der Bauantrag nach dem 2. Oktober 1989 gestellt worden ist oder, falls ein Bauantrag nicht erforderlich ist, mit deren Herstellung nach diesem Zeitpunkt begonnen worden ist,
2. die vor dem 1. Januar 1996 fertig gestellt worden sind und

3. für die keine Mittel aus öffentlichen Haushalten unmittelbar oder mittelbar gewährt werden.

(3) ¹Bemessungsgrundlage sind die Aufwendungen, die dem Steuerpflichtigen durch die Baumaßnahme entstanden sind, höchstens jedoch 60000 Deutsche Mark je Wohnung. ²Sind durch die Baumaßnahmen Gebäudeteile hergestellt worden, die selbständige unbewegliche Wirtschaftsgüter sind, gilt für die Herstellungskosten, für die keine Absetzungen nach Absatz 1 vorgenommen werden, § 7 Absatz 4; § 7b Absatz 8 bleibt unberührt.

(4) Die erhöhten Absetzungen können nur in Anspruch genommen werden, wenn die Wohnung vom Zeitpunkt der Fertigstellung bis zum Ende des Begünstigungszeitraums fremden Wohnzwecken dient.

(5) ¹Nach Ablauf des Begünstigungszeitraums ist ein Restwert den Anschaffungs- oder Herstellungskosten des Gebäudes oder dem an deren Stelle tretenden Wert hinzuzurechnen; die weiteren Absetzungen für Abnutzung sind einheitlich für das gesamte Gebäude nach dem sich hiernach ergebenden Betrag und dem für das Gebäude maßgeblichen Prozentsatz zu bemessen. ²Satz 1 ist auf Gebäudeteile, die selbständige unbewegliche Wirtschaftsgüter sind, und auf Eigentumswohnungen entsprechend anzuwenden.

EStG

S 2182

§ 7d Erhöhte Absetzungen für Wirtschaftsgüter, die dem Umweltschutz dienen

(1) ¹Bei abnutzbaren beweglichen und unbeweglichen Wirtschaftsgütern des Anlagevermögens, bei denen die Voraussetzungen des Absatzes 2 vorliegen und die nach dem 31. Dezember 1974 und vor dem 1. Januar 1991 angeschafft oder hergestellt worden sind, können abweichend von § 7 im Wirtschaftsjahr der Anschaffung oder Herstellung bis zu 60 Prozent und in den folgenden Wirtschaftsjahren bis zur vollen Absetzung jeweils bis zu 10 Prozent der Anschaffungs- oder Herstellungskosten abgesetzt werden. ²Nicht in Anspruch genommene erhöhte Absetzungen können nachgeholt werden. ³Nachträgliche Anschaffungs- oder Herstellungskosten, die vor dem 1. Januar 1991 entstanden sind, können abweichend von § 7a Absatz 1 so behandelt werden, als wären sie im Wirtschaftsjahr der Anschaffung oder Herstellung entstanden.

(2) Die erhöhten Absetzungen nach Absatz 1 können nur in Anspruch genommen werden, wenn

1. die Wirtschaftsgüter in einem im Inland belegenen Betrieb des Steuerpflichtigen unmittelbar und zu mehr als 70 Prozent dem Umweltschutz dienen und
2. die von der Landesregierung bestimmte Stelle bescheinigt, dass
   a) die Wirtschaftsgüter zu dem in Nummer 1 bezeichneten Zweck bestimmt und geeignet sind und
   b) die Anschaffung oder Herstellung der Wirtschaftsgüter im öffentlichen Interesse erforderlich ist.

(3) ¹Die Wirtschaftsgüter dienen dem Umweltschutz, wenn sie dazu verwendet werden,
1. a) den Anfall von Abwasser oder
   b) Schädigungen durch Abwasser oder
   c) Verunreinigungen der Gewässer durch andere Stoffe als Abwasser oder
   d) Verunreinigungen der Luft oder
   e) Lärm oder Erschütterungen
   zu verhindern, zu beseitigen oder zu verringern oder
2. Abfälle nach den Grundsätzen des Abfallbeseitigungsgesetzes zu beseitigen.

²Die Anwendung des Satzes 1 ist nicht dadurch ausgeschlossen, dass die Wirtschaftsgüter zugleich für Zwecke des innerbetrieblichen Umweltschutzes verwendet werden.

(4) ¹Die Absätze 1 bis 3 sind auf nach dem 31. Dezember 1974 und vor dem 1. Januar 1991 entstehende nachträgliche Herstellungskosten bei Wirtschaftsgütern, die dem Umweltschutz dienen und die vor dem 1. Januar 1975 angeschafft oder hergestellt worden sind, mit der Maßgabe entsprechend anzuwenden, dass im Wirtschaftsjahr der Fertigstellung der nachträglichen Herstellungsarbeiten erhöhte Absetzungen bis zur vollen Höhe der nachträglichen Herstellungskosten vorgenommen werden können. ²Das Gleiche gilt, wenn bei Wirtschaftsgütern, die nicht dem Umweltschutz dienen, nachträgliche Herstellungskosten nach dem 31. Dezember 1974 und vor dem 1. Januar 1991 dadurch entstehen, dass ausschließlich aus Gründen des Umweltschutzes Veränderungen vorgenommen werden.

(5) ¹Die erhöhten Absetzungen nach Absatz 1 können bereits für Anzahlungen auf Anschaffungskosten und für Teilherstellungskosten in Anspruch genommen werden. ²§ 7a Absatz 2 ist mit der Maßgabe anzuwenden, dass die Summe der erhöhten Absetzungen 60 Prozent der bis zum Ende des jeweiligen Wirtschaftsjahres insgesamt aufgewendeten Anzahlungen oder Teilherstellungskosten nicht übersteigen darf. ³Satz 1 gilt in den Fällen des Absatzes 4 sinngemäß.

(6) Die erhöhten Absetzungen nach den Absätzen 1 bis 5 werden unter der Bedingung gewährt, dass die Voraussetzung des Absatzes 2 Nummer 1

1. in den Fällen des Absatzes 1 mindestens fünf Jahre nach der Anschaffung oder Herstellung der Wirtschaftsgüter,
2. in den Fällen des Absatzes 4 Satz 1 mindestens fünf Jahre nach Beendigung der nachträglichen Herstellungsarbeiten

erfüllt wird.

(7) ¹Steuerpflichtige, die nach dem 31. Dezember 1974 und vor dem 1. Januar 1991 durch Hingabe eines Zuschusses zur Finanzierung der Anschaffungs- oder Herstellungskosten von abnutzbaren Wirtschaftsgütern im Sinne des Absatzes 2 ein Recht auf Mitbenutzung dieser Wirtschaftsgüter erwerben, können bei diesem Recht abweichend von § 7 erhöhte Absetzungen nach Maßgabe des Absatzes 1 oder 4 Satz 1 vornehmen. ²Die erhöhten Absetzungen können nur in Anspruch genommen werden, wenn der Empfänger

1. den Zuschuss unverzüglich und unmittelbar zur Finanzierung der Anschaffung oder Herstellung der Wirtschaftsgüter oder der nachträglichen Herstellungsarbeiten bei den Wirtschaftsgütern verwendet und
2. dem Steuerpflichtigen bestätigt, dass die Voraussetzung der Nummer 1 vorliegt und dass für die Wirtschaftsgüter oder die nachträglichen Herstellungsarbeiten eine Bescheinigung nach Absatz 2 Nummer 2 erteilt ist.

³Absatz 6 gilt sinngemäß.

(8) ¹Die erhöhten Absetzungen nach den Absätzen 1 bis 7 können nicht für Wirtschaftsgüter in Anspruch genommen werden, die in Betrieben oder Betriebsstätten verwendet werden, die in den letzten zwei Jahren vor dem Beginn des Kalenderjahres, in dem das Wirtschaftsgut angeschafft oder hergestellt worden ist, errichtet worden sind. ²Die Verlagerung von Betrieben oder Betriebsstätten gilt nicht als Errichtung im Sinne des Satzes 1, wenn die in Absatz 2 Nummer 2 bezeichnete Behörde bestätigt, dass die Verlagerung im öffentlichen Interesse aus Gründen des Umweltschutzes erforderlich ist.

§ 7e (weggefallen) EStG

§ 7f Bewertungsfreiheit für abnutzbare Wirtschaftsgüter des Anlagevermögens privater Krankenhäuser EStG

(1) Steuerpflichtige, die im Inland ein privates Krankenhaus betreiben, können unter den Voraussetzungen des Absatzes 2 bei abnutzbaren Wirtschaftsgütern des Anlagevermögens, die dem Betrieb dieses Krankenhauses dienen, im Jahr der Anschaffung oder Herstellung und in den vier folgenden Jahren Sonderabschreibungen vornehmen, und zwar

1. bei beweglichen Wirtschaftsgütern des Anlagevermögens bis zur Höhe von insgesamt 50 Prozent,
2. bei unbeweglichen Wirtschaftsgütern des Anlagevermögens bis zur Höhe von insgesamt 30 Prozent

der Anschaffungs- oder Herstellungskosten.

(2) Die Abschreibungen nach Absatz 1 können nur in Anspruch genommen werden, wenn bei dem privaten Krankenhaus im Jahr der Anschaffung oder Herstellung der Wirtschaftsgüter und im Jahr der Inanspruchnahme der Abschreibungen die in § 67 Absatz 1 oder 2 der Abgabenordnung bezeichneten Voraussetzungen erfüllt sind.

(3) Die Abschreibungen nach Absatz 1 können bereits für Anzahlungen auf Anschaffungskosten und für Teilherstellungskosten in Anspruch genommen werden.

(4) ¹Die Abschreibungen nach den Absätzen 1 und 3 können nur für Wirtschaftsgüter in Anspruch genommen werden, die der Steuerpflichtige vor dem 1. Januar 1996 bestellt oder herzustellen begonnen hat. ²Als Beginn der Herstellung gilt bei Baumaßnahmen, für die eine Baugenehmigung erforderlich ist, der Zeitpunkt, in dem der Bauantrag gestellt worden ist.

§ 7g EStG

EStG

§ 7g Investitionsabzugsbeträge und Sonderabschreibungen zur Förderung kleiner und mittlerer Betriebe[1)]

S 2183b

(1) ¹Steuerpflichtige können für die künftige Anschaffung oder Herstellung eines abnutzbaren beweglichen Wirtschaftsguts des Anlagevermögens bis zu 40 Prozent der voraussichtlichen Anschaffungs- oder Herstellungskosten gewinnmindernd abziehen (Investitionsabzugsbetrag). ²Der Investitionsabzugsbetrag kann nur in Anspruch genommen werden, wenn [2)]

1. der Betrieb am Schluss des Wirtschaftsjahres, in dem der Abzug vorgenommen wird, die folgenden Größenmerkmale nicht überschreitet:
    a) bei Gewerbebetrieben oder der selbständigen Arbeit dienenden Betrieben, die ihren Gewinn nach § 4 Absatz 1 oder § 5 ermitteln, ein Betriebsvermögen von 235 000 Euro;
    b) bei Betrieben der Land- und Forstwirtschaft einen Wirtschaftswert oder einen Ersatzwirtschaftswert von 125 000 Euro oder
    c) bei Betrieben im Sinne der Buchstaben a und b, die ihren Gewinn nach § 4 Absatz 3 ermitteln, ohne Berücksichtigung des Investitionsabzugsbetrags einen Gewinn von 100 000 Euro;
2. der Steuerpflichtige beabsichtigt, das begünstigte Wirtschaftsgut voraussichtlich
    a) in den dem Wirtschaftsjahr des Abzugs folgenden drei Wirtschaftsjahren anzuschaffen oder herzustellen;
    b) mindestens bis zum Ende des dem Wirtschaftsjahr der Anschaffung oder Herstellung folgenden Wirtschaftsjahres in einer inländischen Betriebsstätte des Betriebs ausschließlich oder fast ausschließlich betrieblich zu nutzen und
3. der Steuerpflichtige das begünstigte Wirtschaftsgut in den beim Finanzamt einzureichenden Unterlagen seiner Funktion nach benennt und die Höhe der voraussichtlichen Anschaffungs- oder Herstellungskosten angibt.

³Abzugsbeträge können auch dann in Anspruch genommen werden, wenn dadurch ein Verlust entsteht oder sich erhöht. ⁴Die Summe der Beträge, die im Wirtschaftsjahr des Abzugs und in den drei vorangegangenen Wirtschaftsjahren nach Satz 1 insgesamt abgezogen und nicht nach Absatz 2 hinzugerechnet oder nach Absatz 3 oder 4 rückgängig gemacht wurden, darf je Betrieb 200 000 Euro nicht übersteigen.

(2) ¹Im Wirtschaftsjahr der Anschaffung oder Herstellung des begünstigten Wirtschaftsguts ist der für dieses Wirtschaftsgut in Anspruch genommene Investitionsabzugsbetrag in Höhe von 40 Prozent der Anschaffungs- oder Herstellungskosten gewinnerhöhend hinzuzurechnen; die Hinzurechnung darf den nach Absatz 1 abgezogenen Betrag nicht übersteigen. ²Die Anschaffungs- oder Herstellungskosten des Wirtschaftsguts können in dem in Satz 1 genannten Wirtschaftsjahr um bis zu 40 Prozent, höchstens jedoch um die Hinzurechnung nach Satz 1, gewinnmindernd herabgesetzt werden; die Bemessungsgrundlage für die Absetzungen für Abnutzung, erhöhten Absetzungen und Sonderabschreibungen sowie die Anschaffungs- oder Herstellungskosten im Sinne von § 6 Absatz 2 und 2a verringern sich entsprechend.

(3) ¹Soweit der Investitionsabzugsbetrag nicht bis zum Ende des dritten auf das Wirtschaftsjahr des Abzugs folgenden Wirtschaftsjahres nach Absatz 2 hinzugerechnet wurde, ist der Abzug nach Absatz 1 rückgängig zu machen. ²Wurde der Gewinn des maßgebenden Wirtschaftsjahres bereits einer Steuerfestsetzung oder einer gesonderten Feststellung zugrunde gelegt, ist der entsprechende Steuer- oder Feststellungsbescheid insoweit zu ändern. ³Das gilt auch dann, wenn der Steuer- oder Feststellungsbescheid bestandskräftig geworden ist; die Festsetzungsfrist endet insoweit nicht, bevor die Festsetzungsfrist für den Veranlagungszeitraum

---

[1)] § 7g EStG wurde durch das Unternehmensteuerreformgesetz 2008 neu gefasst. Absatz 1 bis 4 und 7 i. d. F. des Unternehmensteuerreformgesetzes 2008 sind erstmals für Wirtschaftsjahre anzuwenden, die nach dem 17. 8. 2007 enden. Absatz 5 und 6 i. d. F. des Unternehmensteuerreformgesetzes 2008 sind erstmals bei Wirtschaftsgütern anzuwenden, die nach dem 31. 12. 2007 angeschafft oder hergestellt worden sind. Bei Ansparabschreibungen, die in vor dem 18. 8. 2007 endenden Wirtschaftsjahren gebildet worden sind, und Wirtschaftsgütern, die vor dem 1. 1. 2008 angeschafft oder hergestellt worden sind, ist § 7g EStG in der bis zum 17. 8. 2007 geltenden Fassung weiter anzuwenden. Soweit Ansparabschreibungen noch nicht gewinnerhöhend aufgelöst worden sind, vermindert sich der Höchstbetrag von 200 000 Euro nach § 7g Abs. 1 Satz 4 EStG i. d. F. des Unternehmensteuerreformgesetzes 2008 um die noch vorhandenen Ansparabschreibungen → § 52 Abs. 23 Satz 1 bis 4 EStG.

[2)] Absatz 1 Satz 2 Nr. 1 ist In Wirtschaftsjahren, die nach dem 31. 12. 2008 und vor dem 1. 1. 2011 enden, mit der Maßgabe anzuwenden, dass bei Gewerbebetrieben oder der selbständigen Arbeit dienenden Betrieben, die ihren Gewinn nach § 4 Abs. 1 EStG oder § 5 EStG ermitteln, ein Betriebsvermögen von 335 000 Euro, bei Betrieben der Land- und Forstwirtschaft ein Wirtschaftswert oder ein Ersatzwirtschaftswert von 175 000 Euro und bei Betrieben, die ihren Gewinn nach § 4 Abs. 3 EStG ermitteln, ohne Berücksichtigung von Investitionsabzugsbeträgen ein Gewinn von 200 000 Euro nicht überschritten wird → § 52 Abs. 23 Satz 5 EStG i. d. F. des Gesetzes zur Umsetzung steuerrechtlicher Regelungen des Maßnahmepakets „Beschäftigungssicherung durch Wachstumsstärkung".

abgelaufen ist, in dem das dritte auf das Wirtschaftsjahr des Abzugs folgende Wirtschaftsjahr endet.

(4) ¹Wird in den Fällen des Absatzes 2 das Wirtschaftsgut nicht bis zum Ende des dem Wirtschaftsjahr der Anschaffung oder Herstellung folgenden Wirtschaftsjahres in einer inländischen Betriebsstätte des Betriebs ausschließlich oder fast ausschließlich betrieblich genutzt, sind der Abzug nach Absatz 1 sowie die Herabsetzung der Anschaffungs- oder Herstellungskosten, die Verringerung der Bemessungsgrundlage und die Hinzurechnung nach Absatz 2 rückgängig zu machen. ²Wurden die Gewinne der maßgebenden Wirtschaftsjahre bereits Steuerfestsetzungen oder gesonderten Feststellungen zugrunde gelegt, sind die entsprechenden Steuer- oder Feststellungsbescheide insoweit zu ändern. ³Das gilt auch dann, wenn die Steuer- oder Feststellungsbescheide bestandskräftig geworden sind; die Festsetzungsfristen enden insoweit nicht, bevor die Festsetzungsfrist für den Veranlagungszeitraum abgelaufen ist, in dem die Voraussetzungen des Absatzes 1 Satz 2 Nummer 2 Buchstabe b erstmals nicht mehr vorliegen. ⁴§ 233a Absatz 2a der Abgabenordnung ist nicht anzuwenden.

(5) Bei abnutzbaren beweglichen Wirtschaftsgütern des Anlagevermögens können unter den Voraussetzungen des Absatzes 6 im Jahr der Anschaffung oder Herstellung und in den vier folgenden Jahren neben den Absetzungen für Abnutzung nach § 7 Absatz 1 oder Absatz 2 Sonderabschreibungen bis zu insgesamt 20 Prozent der Anschaffungs- oder Herstellungskosten in Anspruch genommen werden.

(6) Die Sonderabschreibungen nach Absatz 5 können nur in Anspruch genommen werden, wenn

1. der Betrieb zum Schluss des Wirtschaftsjahres, das der Anschaffung oder Herstellung vorangeht, die Größenmerkmale des Absatzes 1 Satz 2 Nummer 1 nicht überschreitet, und ¹⁾
2. das Wirtschaftsgut im Jahr der Anschaffung oder Herstellung und im darauf folgenden Wirtschaftsjahr in einer inländischen Betriebsstätte des Betriebs des Steuerpflichtigen ausschließlich oder fast ausschließlich betrieblich genutzt wird; Absatz 4 gilt entsprechend.

(7) Bei Personengesellschaften und Gemeinschaften sind die Absätze 1 bis 6 mit der Maßgabe anzuwenden, dass an die Stelle des Steuerpflichtigen die Gesellschaft oder die Gemeinschaft tritt.

§ 7h Erhöhte Absetzungen bei Gebäuden in Sanierungsgebieten und städtebaulichen Entwicklungsbereichen

(1) ¹Bei einem im Inland belegenen Gebäude in einem förmlich festgelegten Sanierungsgebiet oder städtebaulichen Entwicklungsbereich kann der Steuerpflichtige abweichend von § 7 Absatz 4 und 5 im Jahr der Herstellung und in den folgenden sieben Jahren jeweils bis zu 9 Prozent und in den folgenden vier Jahren jeweils bis zu 7 Prozent der Herstellungskosten für Modernisierungs- und Instandsetzungsmaßnahmen im Sinne des § 177 des Baugesetzbuchs absetzen. ²Satz 1 ist entsprechend anzuwenden auf Herstellungskosten für Maßnahmen, die der Erhaltung, Erneuerung und funktionsgerechten Verwendung eines Gebäudes im Sinne des Satzes 1 dienen, das wegen seiner geschichtlichen, künstlerischen oder städtebaulichen Bedeutung erhalten bleiben soll, und zu deren Durchführung sich der Eigentümer neben bestimmten Modernisierungsmaßnahmen gegenüber der Gemeinde verpflichtet hat. ³Der Steuerpflichtige kann die erhöhten Absetzungen im Jahr des Abschlusses der Maßnahme und in den folgenden elf Jahren auch für Anschaffungskosten in Anspruch nehmen, die auf Maßnahmen im Sinne der Sätze 1 und 2 entfallen, soweit diese nach dem rechtswirksamen Abschluss eines obligatorischen Erwerbsvertrags oder eines gleichstehenden Rechtsakts durchgeführt worden sind. ⁴Die erhöhten Absetzungen können nur in Anspruch genommen werden, soweit die Herstellungs- oder Anschaffungskosten durch Zuschüsse aus Sanierungs- oder Entwicklungsförderungsmitteln nicht gedeckt sind. ⁵Nach Ablauf des Begünstigungszeitraums ist ein Restwert den Herstellungs- oder Anschaffungskosten des Gebäudes oder dem an deren Stelle tretenden Wert hinzuzurechnen; die weiteren Absetzungen für Abnutzung sind einheitlich für das gesamte Gebäude nach dem sich hiernach ergebenden Betrag und dem für das Gebäude maßgebenden Prozentsatz zu bemessen.

(2) ¹Der Steuerpflichtige kann die erhöhten Absetzungen nur in Anspruch nehmen, wenn er durch eine Bescheinigung der zuständigen Gemeindebehörde die Voraussetzungen des Absatzes 1 für das Gebäude und die Maßnahmen nachweist. ²Sind ihm Zuschüsse aus Sanierungs-

---

¹⁾ Absatz 6 Nr. 1 ist bei Wirtschaftsgütern, die nach dem 31. 12. 2008 und vor dem 1. 1. 2011 angeschafft oder hergestellt werden mit der Maßgabe anzuwenden, dass der Betrieb zum Schluss des Wirtschaftsjahres, das der Anschaffung oder Herstellung vorangeht, die Größenmerkmale des Satzes 5 nicht überschreitet → § 52 Abs. 23 Satz 6 EStG i. d. F. des Gesetzes zur Umsetzung steuerrechtlicher Regelungen des Maßnahmenpakets „Beschäftigungssicherung durch Wachstumsstärkung".
²⁾ Zur Anwendung von Absatz 1 Satz 1 und Satz 3 → § 52 Abs. 23a EStG.

oder Entwicklungsförderungsmitteln gewährt worden, so hat die Bescheinigung auch deren Höhe zu enthalten; werden ihm solche Zuschüsse nach Ausstellung der Bescheinigung gewährt, so ist diese entsprechend zu ändern.

(3) Die Absätze 1 und 2 sind auf Gebäudeteile, die selbständige unbewegliche Wirtschaftsgüter sind, sowie auf Eigentumswohnungen und auf im Teileigentum stehende Räume entsprechend anzuwenden.

§ 7i Erhöhte Absetzungen bei Baudenkmalen

(1) ¹Bei einem im Inland belegenen Gebäude, das nach den jeweiligen landesrechtlichen Vorschriften ein Baudenkmal ist, kann der Steuerpflichtige abweichend von § 7 Absatz 4 und 5 im Jahr der Herstellung und in den folgenden sieben Jahren jeweils bis zu 9 Prozent und in den folgenden vier Jahren jeweils bis zu 7 vom Hundert der Herstellungskosten für Baumaßnahmen, die nach Art und Umfang zur Erhaltung des Gebäudes als Baudenkmal oder zu seiner sinnvollen Nutzung erforderlich sind, absetzen. ²Eine sinnvolle Nutzung ist nur anzunehmen, wenn das Gebäude in der Weise genutzt wird, dass die Erhaltung der schützenswerten Substanz des Gebäudes auf die Dauer gewährleistet ist. ³Bei einem im Inland belegenen Gebäudeteil, das nach den jeweiligen landesrechtlichen Vorschriften ein Baudenkmal ist, sind die Sätze 1 und 2 entsprechend anzuwenden. ⁴Bei einem im Inland belegenen Gebäude oder Gebäudeteil, das für sich allein nicht die Voraussetzungen für ein Baudenkmal erfüllt, aber Teil einer Gebäudegruppe oder Gesamtanlage ist, die nach den jeweiligen landesrechtlichen Vorschriften als Einheit geschützt ist, kann der Steuerpflichtige die erhöhten Absetzungen von den Herstellungskosten für Baumaßnahmen vornehmen, die nach Art und Umfang zur Erhaltung des schützenswerten äußeren Erscheinungsbildes der Gebäudegruppe oder Gesamtanlage erforderlich sind. ⁵Der Steuerpflichtige kann die erhöhten Absetzungen im Jahr des Abschlusses der Baumaßnahme und in den folgenden elf Jahren auch für Anschaffungskosten in Anspruch nehmen, die auf Baumaßnahmen im Sinne der Sätze 1 bis 4 entfallen, soweit diese nach dem rechtswirksamen Abschluss eines obligatorischen Erwerbsvertrags oder eines gleichstehenden Rechtsakts durchgeführt worden sind. ⁶Die Baumaßnahmen müssen in Abstimmung mit der in Absatz 2 bezeichneten Stelle durchgeführt worden sein. ⁷Die erhöhten Absetzungen können nur in Anspruch genommen werden, soweit die Herstellungs- oder Anschaffungskosten nicht durch Zuschüsse aus öffentlichen Kassen gedeckt sind. ⁸§ 7h Absatz 1 Satz 5 ist entsprechend anzuwenden.

(2) ¹Der Steuerpflichtige kann die erhöhten Absetzungen nur in Anspruch nehmen, wenn er durch eine Bescheinigung der nach Landesrecht zuständigen oder von der Landesregierung bestimmten Stelle die Voraussetzungen des Absatzes 1 für das Gebäude oder Gebäudeteil und für die Erforderlichkeit der Aufwendungen nachweist. ²Hat eine der für Denkmalschutz oder Denkmalpflege zuständigen Behörden ihm Zuschüsse gewährt, so hat die Bescheinigung auch deren Höhe zu enthalten; werden ihm solche Zuschüsse nach Ausstellung der Bescheinigung gewährt, so ist diese entsprechend zu ändern.

(3) § 7h Absatz 3 ist entsprechend anzuwenden.

§ 7k Erhöhte Absetzungen für Wohnungen mit Sozialbindung

(1) ¹Bei Wohnungen im Sinne des Absatzes 2 können abweichend von § 7 Absatz 4 und 5 im Jahr der Fertigstellung und in den folgenden vier Jahren jeweils bis zu 10 Prozent und in den folgenden fünf Jahren jeweils bis zu 7 Prozent der Herstellungskosten oder Anschaffungskosten abgesetzt werden. ²Im Fall der Anschaffung ist Satz 1 nur anzuwenden, wenn der Hersteller für die veräußerte Wohnung weder Absetzungen für Abnutzung nach § 7 Absatz 5 vorgenommen noch erhöhte Absetzungen oder Sonderabschreibungen in Anspruch genommen hat. ³Nach Ablauf dieser zehn Jahre sind als Absetzungen für Abnutzung bis zur vollen Absetzung jährlich 3 ⅓ Prozent des Restwerts abzuziehen; § 7 Absatz 4 Satz 2 gilt entsprechend.

(2) Begünstigt sind Wohnungen im Inland,

1. a) für die der Bauantrag nach dem 28. Februar 1989 gestellt worden ist und die vom Steuerpflichtigen hergestellt worden sind oder

   b) die vom Steuerpflichtigen nach dem 28. Februar 1989 auf Grund eines nach diesem Zeitpunkt rechtswirksam abgeschlossenen obligatorischen Vertrags bis zum Ende des Jahres der Fertigstellung angeschafft worden sind,

2. die vor dem 1. Januar 1996 fertig gestellt worden sind,

---

1) Zur Anwendung von Absatz 1 Satz 1 und Satz 5 → § 52 Abs. 23b EStG.

3. für die keine Mittel aus öffentlichen Haushalten unmittelbar oder mittelbar gewährt werden,
4. die im Jahr der Anschaffung oder Herstellung und in den folgenden neun Jahren (Verwendungszeitraum) dem Steuerpflichtigen zu fremden Wohnzwecken dienen und
5. für die der Steuerpflichtige für jedes Jahr des Verwendungszeitraums, in dem er die Wohnungen vermietet hat, durch eine Bescheinigung nachweist, dass die Voraussetzungen des Absatzes 3 vorliegen.

(3) ¹Die Bescheinigung nach Absatz 2 Nummer 5 ist von der nach § 3 des Wohnungsbindungsgesetzes zuständigen Stelle, im Saarland von der durch die Landesregierung bestimmten Stelle (zuständigen Stelle), nach Ablauf des jeweiligen Jahres des Begünstigungszeitraums für Wohnungen zu erteilen,

1. a) die der Steuerpflichtige nur an Personen vermietet hat, für die

   aa) eine Bescheinigung über die Wohnberechtigung nach § 5 des Wohnungsbindungsgesetzes, im Saarland eine Mieteranerkennung, dass die Voraussetzungen des § 14 des Wohnungsbaugesetzes für das Saarland erfüllt sind, ausgestellt worden ist, oder

   bb) eine Bescheinigung ausgestellt worden ist, dass sie die Voraussetzungen des § 88a Absatz 1 Buchstabe b des Zweiten Wohnungsbaugesetzes, im Saarland des § 51b Absatz 1 Buchstabe b des Wohnungsbaugesetzes für das Saarland, erfüllen,

   und wenn die Größe der Wohnung die in dieser Bescheinigung angegebene Größe nicht übersteigt,

   b) für die der Steuerpflichtige keinen Mieter im Sinne des Buchstabens a gefunden hat und für die ihm die zuständige Stelle nicht innerhalb von sechs Wochen nach seiner Anforderung einen solchen Mieter nachgewiesen hat,

   und

2. bei denen die Höchstmiete nicht überschritten worden ist. ²Die Landesregierungen werden ermächtigt, die Höchstmiete in Anlehnung an die Beträge nach § 72 Absatz 3 des Zweiten Wohnungsbaugesetzes, im Saarland unter Berücksichtigung der Besonderheiten des Wohnungsbaugesetzes für das Saarland durch Rechtsverordnung festzusetzen. ³In der Rechtsverordnung ist eine Erhöhung der Mieten in Anlehnung an die Erhöhung der Mieten im öffentlich geförderten sozialen Wohnungsbau zuzulassen. ⁴§ 4 des Gesetzes zur Regelung der Miethöhe bleibt unberührt.

²Bei Wohnungen, für die der Bauantrag nach dem 31. Dezember 1992 gestellt worden ist und die vom Steuerpflichtigen hergestellt worden sind oder die vom Steuerpflichtigen auf Grund eines nach dem 31. Dezember 1992 rechtswirksam abgeschlossenen obligatorischen Vertrags angeschafft worden sind, gilt Satz 1 Nummer 1 Buchstabe a mit der Maßgabe, dass der Steuerpflichtige die Wohnungen nur an Personen vermietet hat, die im Jahr der Fertigstellung zu ihm in einem Dienstverhältnis gestanden haben, und ist Satz 1 Nummer 1 Buchstabe b nicht anzuwenden.

4. Überschuss der Einnahmen über die Werbungskosten

§ 8 Einnahmen

(1) Einnahmen sind alle Güter, die in Geld oder Geldeswert bestehen und dem Steuerpflichtigen im Rahmen einer der Einkunftsarten des § 2 Absatz 1 Satz 1 Nummer 4 bis 7 zufließen.

(2) ¹Einnahmen, die nicht in Geld bestehen (Wohnung, Kost, Waren, Dienstleistungen und sonstige Sachbezüge), sind mit den um übliche Preisnachlässe geminderten üblichen Endpreisen am Abgabeort anzusetzen. ²Für die private Nutzung eines betrieblichen Kraftfahrzeugs zu privaten Fahrten gilt § 6 Absatz 1 Nummer 4 Satz 2 entsprechend. ³Kann das Kraftfahrzeug auch für Fahrten zwischen Wohnung und Arbeitsstätte genutzt werden, erhöht sich der Wert in Satz 2 für jeden Kalendermonat um 0,03 Prozent des Listenpreises im Sinne des § 6 Absatz 1 Nummer 4 Satz 2 für jeden Kilometer der Entfernung zwischen Wohnung und Arbeitsstätte. ⁴Der Wert nach den Sätzen 2 und 3 kann mit dem auf die private Nutzung und die Nutzung zu Fahrten zwischen Wohnung und Arbeitsstätte entfallenden Teil der gesamten Kraftfahrzeugaufwendungen angesetzt werden, wenn die durch das Kraftfahrzeug insgesamt entstehenden Aufwendungen durch Belege und das Verhältnis der privaten Fahrten und der Fahrten zwischen Wohnung und Arbeitsstätte zu den übrigen Fahrten durch ein ordnungsgemäßes Fahrtenbuch nach-

---
¹) Die Vorschrift wird durch das Gesetz zur Änderung und Vereinfachung der Unternehmensbesteuerung und des steuerlichen Reisekostenrechts mit Wirkung ab 2014 geändert.

§ 8 EStG   § 4 LStDV
R 8.1, R 8.1 (1)

¹⁾ gewiesen werden; § 6 Absatz 1 Nummer 4 Satz 3 zweiter Halbsatz gilt entsprechend. ⁵Die Nutzung des Kraftfahrzeugs zu einer Familienheimfahrt im Rahmen einer doppelten Haushaltsführung ist mit 0,002 Prozent des Listenpreises im Sinne des § 6 Absatz 1 Nummer 4 Satz 2 für jeden Kilometer der Entfernung zwischen dem Ort des eigenen Hausstands und dem Beschäftigungsort anzusetzen; dies gilt nicht, wenn für diese Fahrt ein Abzug von Werbungskosten nach § 9 Absatz 1 Satz 3 Nummer 5 Satz 3 und 4 in Betracht käme; Satz 4 ist sinngemäß anzuwenden. ⁶Bei Arbeitnehmern, für deren Sachbezüge durch Rechtsverordnung nach § 17 Absatz 1 Satz 1 Nummer 4 des Vierten Buches Sozialgesetzbuch Werte bestimmt worden sind, sind diese Werte maßgebend. ⁷Die Werte nach Satz 6 sind auch bei Steuerpflichtigen anzusetzen, die nicht der gesetzlichen Rentenversicherungspflicht unterliegen. ⁸Die oberste Finanzbehörde eines Landes kann mit Zustimmung des Bundesministeriums der Finanzen für weitere Sachbezüge der Arbeitnehmer Durchschnittswerte festsetzen. ⁹Sachbezüge, die nach Satz 1 zu bewerten sind, bleiben außer Ansatz, wenn die sich nach Anrechnung der vom Steuerpflichtigen gezahlten Entgelte ergebenden Vorteile insgesamt 44 Euro im Kalendermonat nicht übersteigen.

²⁾ (3) ¹Erhält ein Arbeitnehmer auf Grund seines Dienstverhältnisses Waren oder Dienstleistungen, die vom Arbeitgeber nicht überwiegend für den Bedarf seiner Arbeitnehmer hergestellt, vertrieben oder erbracht werden und deren Bezug nicht nach § 40 pauschal versteuert wird, so gelten als deren Werte abweichend von Absatz 2 die um 4 Prozent geminderten Endpreise, zu denen der Arbeitgeber oder der dem Abgabeort nächstansässige Abnehmer die Waren oder Dienstleistungen fremden Letztverbrauchern im allgemeinen Geschäftsverkehr anbietet. ²Die sich nach Abzug der vom Arbeitnehmer gezahlten Entgelte ergebenden Vorteile sind steuerfrei, soweit sie aus dem Dienstverhältnis insgesamt 1 080 Euro im Kalenderjahr nicht übersteigen.

LStDV § 4 Lohnkonto

(1), (2) ...

(3) ¹Das Betriebsstättenfinanzamt kann bei Arbeitgebern, die für die Lohnabrechnung ein maschinelles Verfahren anwenden, Ausnahmen von den Vorschriften der Absätze 1 und 2 zulassen, wenn die Möglichkeit zur Nachprüfung in anderer Weise sichergestellt ist. ²Das Betriebsstättenfinanzamt soll zulassen, dass Sachbezüge im Sinne des § 8 Abs. 2 Satz 9 und Abs. 3 des Einkommensteuergesetzes für solche Arbeitnehmer nicht aufzuzeichnen sind, für die durch betriebliche Regelungen und entsprechende Überwachungsmaßnahmen gewährleistet ist, dass die in § 8 Abs. 2 Satz 9 oder Abs. 3 des Einkommensteuergesetzes genannten Beträge nicht überschritten werden.

R 8.1 Bewertung der Sachbezüge (§ 8 Abs. 2 EStG)

R 8.1 (1) Allgemeines
S 2331

(1) ¹Fließt dem Arbeitnehmer Arbeitslohn in Form von Sachbezügen zu, sind diese ebenso wie Barlohnzahlungen entweder dem laufenden Arbeitslohn oder den sonstigen Bezügen zuzuordnen (→ R 39b.2). ²Für die Besteuerung unentgeltlicher Sachbezüge ist deren Geldwert maßgebend. ³Erhält der Arbeitnehmer die Sachbezüge nicht unentgeltlich, ist der Unterschiedsbetrag zwischen dem Geldwert des Sachbezugs und dem tatsächlichen Entgelt zu versteuern. ⁴Der Geldwert ist entweder durch Einzelbewertung zu ermitteln (→ Absatz 2) oder mit einem amtlichen Sachbezugswert anzusetzen (→ Absatz 4). ⁵Besondere Bewertungsvorschriften gelten nach § 8 Abs. 3 EStG für den Bezug von Waren oder Dienstleistungen, die vom Arbeitgeber nicht überwiegend für den Bedarf seiner Arbeitnehmer hergestellt, vertrieben oder erbracht werden, soweit diese Sachbezüge nicht nach § 40 EStG pauschal versteuert werden (→ R 8.2), sowie nach § 19a Abs. 2 EStG in der am 31. 12. 2008 geltenden Fassung (→ R 19a) und § 3 Nr. 39 Satz 4 EStG für den Bezug von Vermögensbeteiligungen. ⁶Die Auszahlung von Arbeitslohn in Fremdwährung ist kein Sachbezug. ⁷Ein bei einem Dritten einzulösender Gutschein ist dann kein Sachbezug, wenn neben der Bezeichnung der abzugebenden Ware oder Dienstleistung ein anzurechnender Betrag oder Höchstbetrag angegeben ist; die Freigrenze nach § 8 Abs. 2 Satz 9 EStG findet keine Anwendung.³⁾

---

¹⁾ Änderung auf Grund des Amtshilferichtlinie-Umsetzungsgesetzes. Bei Redaktionsschluss war das Gesetzgebungsverfahren noch nicht abgeschlossen. Um Beachtung wird gebeten. → Siehe hierzu Hinweise auf Seite 4!
²⁾ Die Änderung in Absatz 3 durch das HBeglG 2004 wurde durch das Gesetz zur bestätigenden Regelung verschiedener steuerlicher und verkehrsrechtlicher Vorschriften des Haushaltsbegleitgesetzes 2004 bestätigt.
³⁾ Überholt → H 8.1 (1–4) Geldleistung oder Sachbezug 1. und 2. Spiegelstrich.

§ 8 EStG
H 8.1 (1–4) R 8.1 (2)–R 8.1 (4)

Einzelbewertung von Sachbezügen
R 8.1 (2)

(2) ¹Sachbezüge, für die keine amtlichen Sachbezugswerte (→ Absatz 4) festgesetzt sind und die nicht nach § 8 Abs. 2 Satz 2 bis 5 EStG (→ Absatz 9 und 10) oder § 8 Abs. 3 EStG (→ R 8.2) zu bewerten sind, sind nach § 8 Abs. 2 Satz 1 EStG mit den um übliche Preisnachlässe geminderten üblichen Endpreisen am Abgabeort im Zeitpunkt der Abgabe anzusetzen. ²Das ist der Preis, der im allgemeinen Geschäftsverkehr von Letztverbrauchern in der Mehrzahl der Verkaufsfälle am Abgabeort für gleichartige Waren oder Dienstleistungen tatsächlich gezahlt wird. ³Er schließt die Umsatzsteuer und sonstige Preisbestandteile ein. ⁴Bietet der Arbeitgeber die zu bewertende Ware oder Dienstleistung unter vergleichbaren Bedingungen in nicht unerheblichem Umfang fremden Letztverbrauchern zu einem niedrigeren als dem üblichen Preis an, ist dieser Preis anzusetzen. ⁵Bei einem umfangreichen Warenangebot, von dem fremde Letztverbraucher ausgeschlossen sind, kann der übliche Preis einer Ware auch auf Grund repräsentativer Erhebungen über die relative Preisdifferenz für die gängigsten Einzelstücke jeder Warengruppe ermittelt werden. ⁶Maßgebend für die Preisfeststellung ist der Ort, an dem der Arbeitgeber dem Arbeitnehmer den Sachbezug anbietet. ⁷Lässt sich an diesem Ort der übliche Preis nicht feststellen, z. B. weil dort gleichartige Güter an fremde Letztverbraucher nicht abgegeben werden, ist der übliche Preis zu schätzen. ⁸Fallen Bestell- und Liefertag auseinander, sind die Verhältnisse am Bestelltag für die Preisfeststellung maßgebend. ⁹Erhält der Arbeitnehmer eine Ware oder Dienstleistung, die nach § 8 Abs. 2 Satz 1 EStG zu bewerten ist, kann sie aus Vereinfachungsgründen mit 96 % des Endpreises (→ R 8.2 Abs. 2) bewertet werden, zu dem sie der Abgebende oder dessen Abnehmer fremden Letztverbrauchern im allgemeinen Geschäftsverkehr anbietet.¹⁾

Freigrenze nach § 8 Abs. 2 Satz 9 EStG
R 8.1 (3)

(3) ¹Bei der Prüfung der Freigrenze bleiben die nach § 8 Abs. 2 Satz 1 EStG zu bewertenden Vorteile, die nach §§ 37b, 40 EStG pauschal versteuert werden, außer Ansatz. ²Für die Feststellung, ob die Freigrenze des § 8 Abs. 2 Satz 9 EStG überschritten ist, sind die in einem Kalendermonat zufließenden und nach § 8 Abs. 2 Satz 1 EStG zu bewertenden Vorteile – auch soweit hierfür Lohnsteuer nach § 39b Abs. 2 und 3 EStG einbehalten worden ist – zusammenzurechnen. ³Außer Ansatz bleiben Vorteile, die nach § 8 Abs. 2 Satz 2 bis 8 oder Abs. 3, § 3 Nr. 39 oder nach § 19a EStG zu bewerten sind. ⁴Auf Zukunftssicherungsleistungen des Arbeitgebers i. S. d. § 2 Abs. 2 Nr. 3 LStDV, die auch vorliegen, wenn der Arbeitgeber als Versicherungsnehmer dem Arbeitnehmer Versicherungsschutz verschafft, ist die Freigrenze nicht anwendbar.²⁾ ⁵Bei der monatlichen Überlassung einer Monatsmarke oder einer monatlichen Fahrberechtigung für ein Job-Ticket, das für einen längeren Zeitraum gilt, ist die Freigrenze anwendbar.

Amtliche Sachbezugswerte
R 8.1 (4)

(4)¹Amtliche Sachbezugswerte werden durch die SvEV, oder durch Erlasse der obersten Landesfinanzbehörden nach § 8 Abs. 2 Satz 8 EStG festgesetzt. ²Die amtlichen Sachbezugswerte sind, soweit nicht § 8 Abs. 3 EStG anzuwenden ist, ausnahmslos für die Sachbezüge maßgebend, für die sie bestimmt sind. ³Die amtlichen Sachbezugswerte gelten auch dann, wenn in einem Tarifvertrag, einer Betriebsvereinbarung oder in einem Arbeitsvertrag für Sachbezüge höhere oder niedrigere Werte festgesetzt worden sind. ⁴Sie gelten ausnahmsweise auch für Barvergütungen, wenn diese nur gelegentlich oder vorübergehend gezahlt werden, z. B. bei tageweiser auswärtiger Beschäftigung, für die Dauer einer Krankheit oder eines Urlaubs, und wenn mit der Barvergütung nicht mehr als der tatsächliche Wert der Sachbezüge abgegolten wird; geht die Barvergütung über den tatsächlichen Wert der Sachbezüge hinaus, ist die Barvergütung der Besteuerung zugrunde zu legen.

Anhang 4

Hinweise
H 8.1 (1–4)

44-Euro-Freigrenze
– Vorteile aus der Überlassung eines zinslosen oder zinsverbilligten Arbeitgeberdarlehens sind bei der Zusammenrechnung einzubeziehen (→ BMF vom 1. 10. 2008 – BStBl I S. 892).
– Zu den Aufzeichnungserleichterungen für Sachbezüge i. S. d. § 8 Abs. 2 Satz 9 EStG → § 4 Abs. 3 Satz 2 LStDV.

Anhang 42

Aktienoptionen
→ H 38.2
→ H 9.1

Anhang 7

---

¹⁾ Teilweise überholt → H 8.1 (1–4) Warengutscheine, Beispiel.
²⁾ Überholt – außer in den Fällen des § 40b EStG – → H 8.1 (1–4) Versicherungsschutz und Zukunftssicherungsleistungen.

§ 8 EStG
H 8.1 (1–4)

Anhang 42

Arbeitgeberdarlehen

→ BMF vom 1. 10. 2008 (BStBl I S. 892)

Ausländische Währung

Lohnzahlungen in einer gängigen ausländischen Währung sind Einnahmen in Geld und kein Sachbezug. Die Freigrenze des § 8 Abs. 2 Satz 9 EStG findet auf sie keine Anwendung (→ BFH vom 27. 10. 2004 – BStBl 2005 II S. 135 und vom 11. 11. 2010 – BStBl 2011 II S. 383, 386 und 389). Umrechnungsmaßstab ist – soweit vorhanden – der auf den Umrechnungszeitpunkt bezogene Euro-Referenzkurs der Europäischen Zentralbank. Lohnzahlungen sind bei Zufluss des Arbeitslohns anhand der von der Europäischen Zentralbank veröffentlichten monatlichen Durchschnittsreferenzkurse umzurechnen, denen die im BStBl I veröffentlichten Umsatzsteuer-Umrechnungskurse entsprechen (→ BFH vom 3. 12. 2009 – BStBl 2010 II S. 698 Durchschnittswerte der von Luftfahrtunternehmen gewährten Flüge

→ Gleichlautende Ländererlasse vom **26. 9. 2012** (BStBl I **S. 940**) → Flüge

Steuerliche Behandlung der von Luftfahrtunternehmen gewährten unentgeltlichen oder verbilligten Flüge

(Gleichlautende Erlasse der obersten Finanzbehörden der Länder vom 26. 9. 2012, BStBl I 2009 S. 904)

Für die Bewertung der zum Arbeitslohn gehörenden Vorteile aus unentgeltlich oder verbilligt gewährten Flügen gilt Folgendes:

1. Gewähren Luftfahrtunternehmen ihren Arbeitnehmern unentgeltlich oder verbilligt Flüge, die unter gleichen Beförderungsbedingungen auch betriebsfremden Fluggästen angeboten werden, so ist der Wert der Flüge nach § 8 Absatz 3 EStG zu ermitteln, wenn die Lohnsteuer nicht nach § 40 EStG pauschal erhoben wird.
2. Die Mitarbeiterflüge sind nach § 8 Absatz 2 EStG mit dem um übliche Preisnachlässe geminderten üblichen Endpreis am Abgabeort zu bewerten
   a) bei Beschränkungen im Reservierungsstatus, wenn das Luftfahrtunternehmen Flüge mit entsprechenden Beschränkungen betriebsfremden Fluggästen nicht anbietet, oder
   b) wenn die Lohnsteuer pauschal erhoben wird.
3. Gewähren Luftfahrtunternehmen Arbeitnehmern anderer Arbeitgeber unentgeltlich oder verbilligt Flüge, so sind diese Flüge ebenfalls nach § 8 Absatz 2 EStG zu bewerten.
4. In den Fällen der Nummern 2 und 3 können die Flüge mit Durchschnittswerten angesetzt werden. Für die Jahre 2013 bis 2015 werden die folgenden Durchschnittswerte nach § 8 Absatz 2 Satz 8 EStG für jeden Flugkilometer festgesetzt.
   a) Wenn keine Beschränkungen im Reservierungsstatus bestehen, ist der Wert des Fluges wie folgt zu berechnen:

bei einem Flug von	Durchschnittswerte in Euro je Flugkilometer (FKM)
1–4 000 km	0,04
4001–12 000 km	$0,04 + \dfrac{0,01 \times (\text{FKM} - 4000)}{8000}$
mehr als 12 000 km	0,03

   Jeder Flug ist gesondert zu bewerten. Die Zahl der Flugkilometer ist mit dem Wert anzusetzen, der der im Flugschein angegebenen Streckenführung entspricht. Nimmt der Arbeitgeber einen nicht vollständig ausgeflogenen Flugschein zurück, so ist die tatsächlich ausgeflogene Strecke zugrunde zu legen. Bei der Berechnung des Flugkilometerwerts sind die Beträge nur bis zur fünften Dezimalstelle anzusetzen.

   Die nach dem IATA-Tarif zulässigen Kinderermäßigungen sind entsprechend anzuwenden.

   b) Bei Beschränkungen im Reservierungsstatus mit dem Vermerk „space available – SA –" auf dem Flugschein beträgt der Wert je Flugkilometer 60 Prozent des nach Buchstabe a ermittelten Werts.
   c) Bei Beschränkungen im Reservierungsstatus ohne Vermerk „space available – SA –" auf dem Flugschein beträgt der Wert je Flugkilometer 80 Prozent des nach Buchstabe a ermittelten Werts.

   Der nach den Durchschnittswerten ermittelte Wert des Fluges ist um 15 Prozent zu erhöhen.

Beispiel:
Der Arbeitnehmer erhält einen Freiflug Frankfurt-Palma de Mallorca und zurück. Der Flugschein trägt den Vermerk „SA". Die Flugstrecke beträgt insgesamt 2 507 km. Der Wert des Fluges beträgt 60 Prozent von (0,04 × 2507) = 60,17 Euro, zu erhöhen um 15 Prozent (= 9,03 Euro) = 69,20 Euro.

5. Mit den Durchschnittswerten nach Nummer 4 können auch Flüge bewertet werden, die der Arbeitnehmer von seinem Arbeitgeber erhalten hat, der kein Luftfahrtunternehmen ist, wenn
   a) der Arbeitgeber diesen Flug von einem Luftfahrtunternehmen erhalten hat oder
   b) dieser Flug den unter Nummer 4 Buchstaben b oder c genannten Beschränkungen im Reservierungsstatus unterliegt.
6. Von den Werten nach Nummern 2 bis 5 sind die von den Arbeitnehmern jeweils gezahlten Entgelte abzuziehen. Der Rabattfreibetrag nach § 8 Absatz 3 EStG ist nicht abzuziehen.
7. Luftfahrtunternehmen im Sinne der vorstehenden Regelungen sind Unternehmen, denen die Betriebsgenehmigung zur Beförderung von Fluggästen im gewerblichen Luftverkehr nach der Verordnung (EWG) Nr. 2407/92 des Rates vom 23. Juli 1992 (Amtsblatt EG Nr. L 240/1) oder nach entsprechenden Vorschriften anderer Staaten erteilt worden ist.

Dieser Erlass ergeht mit Zustimmung des Bundesministeriums der Finanzen und im Einvernehmen mit den obersten Finanzbehörden der anderen Länder. Er ersetzt den Erlass vom 9. November 2009 (BStBl I S. 1314) für die Jahre 2013 bis 2015.

Fahrrad

Zu Durchschnittswerten nach § 8 Abs. 2 Satz 8 EStG → gleichlautende Ländererlasse vom 23. 11. 2012 (BStBl I S. 1224).

Steuerliche Behandlung der Überlassung von (Elektro-)Fahrrädern

Gleichlautende Erlasse der obersten Finanzbehörden der Länder vom 23. November 2012

Überlässt der Arbeitgeber oder auf Grund des Dienstverhältnisses ein Dritter dem Arbeitnehmer ein Fahrrad zur privaten Nutzung, gilt für die Bewertung dieses zum Arbeitslohn gehörenden geldwerten Vorteils Folgendes:

Nach § 8 Absatz 2 Satz 8 EStG wird hiermit als monatlicher Durchschnittswert der privaten Nutzung (einschließlich Privatfahrten, Fahrten zwischen Wohnung und regelmäßiger Arbeitsstätte und Heimfahrten im Rahmen einer doppelten Haushaltsführung) 1 % der auf volle 100 Euro abgerundeten unverbindlichen Preisempfehlung des Herstellers, Importeurs oder Großhändlers im Zeitpunkt der Inbetriebnahme des Fahrrads einschließlich der Umsatzsteuer festgesetzt. Die Freigrenze für Sachbezüge nach § 8 Absatz 2 Satz 9 EStG ist nicht anzuwenden.

Gehört die Nutzungsüberlassung von Fahrrädern zur Angebotspalette des Arbeitgebers an fremde Dritte (z. B. Fahrradverleihfirmen), ist der geldwerte Vorteil nach § 8 Absatz 3 EStG zu ermitteln, wenn die Lohnsteuer nicht nach § 40 EStG pauschal erhoben wird. Bei Personalrabatten ist der Rabattfreibetrag in Höhe von 1 080 Euro zu berücksichtigen.

Die vorstehenden Regelungen gelten auch für Elektrofahrräder, wenn diese verkehrsrechtlich als Fahrrad einzuordnen sind (u. a. keine Kennzeichen- und Versicherungspflicht sind).

Ist ein Elektrofahrrad verkehrsrechtlich als Kraftfahrzeug einzuordnen (z. B. gelten Elektrofahrräder, deren Motor auch Geschwindigkeiten über 25 Kilometer pro Stunde unterstützt, als Kraftfahrzeuge), ist für die Bewertung des geldwerten Vorteils § 8 Absatz 2 Sätze 2 bis 5 i. V. m. § 6 Absatz 1 Nummer 4 Satz 2 EStG anzuwenden.

Dieser Erlass ergeht mit Zustimmung des Bundesministeriums der Finanzen und im Einvernehmen mit den obersten Finanzbehörden der anderen Länder. Er ist erstmals für das Kalenderjahr 2012 anzuwenden und wird im Bundessteuerblatt Teil I veröffentlicht.

Freigrenze für Sachbezüge

→ 44-Euro-Freigrenze

Geldleistung oder Sachbezug

– Sachbezüge i. S. d. § 8 Abs. 2 Satz 1 und 9 EStG sind alle nicht in Geld bestehenden Einnahmen. Ob Barlöhne oder Sachbezüge vorliegen, entscheidet sich nach dem Rechtsgrund des Zuflusses, also auf Grundlage der arbeitsvertraglichen Vereinbarungen danach, was der Arbeitnehmer vom Arbeitgeber beanspruchen kann. Es kommt nicht darauf an, auf welche Art und Weise der Arbeitgeber den Anspruch erfüllt und seinem Arbeitnehmer den zugesagten Vorteil verschafft (→ BFH vom 11. 11. 2010 – BStBl 2011 II S. 383, 386 und 389).

§ 8 EStG
H 8.1 (1-4)

- Sachbezug ist u. a.
  - eine Zahlung des Arbeitgebers an den Arbeitnehmer, die mit der Auflage verbunden ist, den empfangenen Geldbetrag nur in bestimmter Weise zu verwenden,
  - ein dem Arbeitnehmer durch den Arbeitgeber eingeräumtes Recht, bei einer Tankstelle zu tanken,
  - ein Gutschein über einen in Euro lautenden Höchstbetrag für Warenbezug.
    Ein Sachbezug liegt nicht vor, wenn der Arbeitnehmer anstelle der Sachleistung Barlohn verlangen kann.
- → Warengutscheine
- → Zukunftssicherungsleistungen
- Leistet der Arbeitgeber im Rahmen eines ausgelagerten Optionsmodells zur Vermögensbeteiligung der Arbeitnehmer Zuschüsse an einen Dritten als Entgelt für die Übernahme von Kursrisiken, führt dies bei den Arbeitnehmern zu Sachlohn, wenn die Risikoübernahme des Dritten auf einer vertraglichen Vereinbarung mit dem Arbeitgeber beruht; die Freigrenze des § 8 Abs. 2 Satz 9 EStG ist anwendbar (→ BFH vom 13. 9. 2007 – BStBl 2008 II S. 204).
- Die Umwandlung von Barlohn in Sachlohn (Gehaltsumwandlung) setzt voraus, dass der Arbeitnehmer unter Änderung des Anstellungsvertrages auf einen Teil seines Barlohns verzichtet und ihm der Arbeitgeber stattdessen Sachlohn gewährt. Ob ein Anspruch auf Barlohn oder Sachlohn besteht, ist auf den Zeitpunkt bezogen zu entscheiden, zu dem der Arbeitnehmer über seinen Lohnanspruch verfügt (→ BFH vom 6. 3. 2008 – BStBl II S. 530).

Geltung der Sachbezugswerte

- Die Sachbezugswerte nach der SvEV gelten nach § 8 Abs. 2 Satz 7 EStG auch für Arbeitnehmer, die nicht der gesetzlichen Rentenversicherungspflicht unterliegen.
- *Anhang 4* Die Sachbezugswerte gelten nicht, wenn die vorgesehenen Sachbezüge durch Barvergütungen abgegolten werden; in diesen Fällen sind grundsätzlich die Barvergütungen zu versteuern (→ BFH vom 16. 3. 1962 – BStBl III S. 284).
- → Sachbezugswerte

Geschenklose

Bewertung von Geschenklosen

(Erlass des FinMin. Saarland vom 10. 2. 2004 – B/2–4–20/04 – S 2334 –)

Verschafft der Arbeitgeber dem Arbeitnehmer mit der Schenkung des Geschenkloses die Teilnahme an einer von einem fremden Dritten durchgeführten Lotterie, so ist in dieser Schenkung der geldwerte Vorteil für den Arbeitnehmer zu sehen. Insoweit wird ihm ein Vorteil für die Beschäftigung eingeräumt und er erspart sich eigenen Aufwand für die Teilnahme an der Lotterie.

Dabei handelt es sich um einen Sachbezug, der nach § 8 Abs. 2 Satz 9 EStG außer Ansatz bleiben kann, wenn – ggf. zusammen mit anderen Vorteilen – die Freigrenze von derzeit 44 € nicht überschritten wird.

Ein etwaiger Lotteriegewinn steht in keinem Zusammenhang mehr mit dem Arbeitsverhältnis. Ein Veranlassungszusammenhang zwischen dem Gewinn aus einer von einem fremden Dritten veranstalteten Lotterie und dem Arbeitsverhältnis ist zu verneinen, denn der Gewinn ist kein Vorteil der „für" die Beschäftigung geleistet wird. Er ist nicht durch das individuelle Dienstverhältnis veranlasst.

→ Lose

Job-Ticket

→ BMF vom 27. 1. 2004 (BStBl I S. 173), Tz. II.1

- Ein geldwerter Vorteil ist nicht anzunehmen, wenn der Arbeitgeber seinen Arbeitnehmern ein Job-Ticket zu dem mit dem Verkehrsträger vereinbarten Preis überlässt. Ein Sachbezug liegt jedoch vor, soweit der Arbeitnehmer das Job-Ticket darüber hinaus verbilligt oder unentgeltlich vom Arbeitgeber erhält. § 8 Abs. 2 Satz 9 EStG (44-Euro-Freigrenze) findet Anwendung.
- Beispiel

Üblicher Preis für eine Monatsfahrkarte	100,00 €
Vom Verkehrsträger dem Arbeitgeber eingeräumte Job-Ticketermäßigung 10 %	10,00 €
vom Arbeitgeber entrichteter Preis	90,00 €
davon 96 % (→ R 8.1 Abs. 2 Satz 9)	86,40 €
abzüglich Zuzahlung des Arbeitnehmers	45,00 €
Vorteil	41,40 €

Unter der Voraussetzung, dass keine weiteren Sachbezüge i. S. von § 8 Abs. 2 Satz 1 EStG im Monat gewährt werden, die zu einer Überschreitung der 44-Euro-Grenze führen, bleibt der Vorteil von 41,40 € außer Ansatz.
- Gilt das Job-Ticket für einen längeren Zeitraum (z. B. Jahreskarte), fließt der Vorteil insgesamt bei Überlassung des Job-Tickets zu (→ BFH vom 12. 4. 2007 – BStBl II S. 719).

Rundfunk- und Fernsehgeräte

Steuerliche Behandlung der Überlassung von Rundfunk- und Fernsehgeräten durch Arbeitgeber an ihre Arbeitnehmer

(Erlass des FinMin Schleswig-Holstein vom 12. 10. 2001 – VI 306 – S 2334 – 236 –)

Überläßt der Arbeitgeber (z. B. die Deutsche Telekom AG oder eine Rundfunkanstalt) oder aufgrund des Dienstverhältnisses ein Dritter dem Arbeitnehmer Rundfunk- oder Fernsehgeräte (einschließlich Videogeräte) unentgeltlich zur privaten Nutzung, so ist der darin liegende Sachbezug mit dem Betrag zu bewerten, der dem Arbeitnehmer für die Nutzung eigener Geräte des gleichen Typs an Aufwendungen entstanden wäre. Nach § 8 Abs. 2 Satz 8 EStG wird hiermit als monatlicher Durchschnittswert der privaten Nutzung 1 v. H. des auf volle 100 Euro abgerundeten Kaufpreises des jeweiligen Geräts festgesetzt. Kaufpreis in diesem Sinne ist die im Zeitpunkt der Inbetriebnahme des genutzten Geräts unverbindliche Preisempfehlung (Listenpreis) einschließlich Umsatzsteuer. Wird Befreiung von den Rundfunk- und Fernsehgebühren eingeräumt, ist die Gebührenersparnis zusätzlich als Sachbezug zu erfassen, soweit nicht § 8 Abs. 3 EStG anzuwenden ist.

Die vorstehende Regelung ist bei Überlassung von Rundfunk- und Fernsehgeräten an Rundfunkratsmitglieder sinngemäß anzuwenden.

Dieser Erlaß ergeht mit Zustimmung des Bundesministers der Finanzen und im Einvernehmen mit den obersten Finanzbehörden der anderen Länder; er ist erstmals für das Kalenderjahr 2002 anzuwenden.

Sachbezugswerte

Übersicht über die anteiligen Sachbezugswerte für Verpflegung und Unterkunft des Kalenderjahres 2013

Tabelle 1
Sachbezugswerte 2013 für freie Verpflegung
(neue und alte Bundesländer einschließlich Gesamt-Berlin)

Personenkreis		Frühstück EUR	Mittagessen EUR	Abendessen EUR	Verpflegung insgesamt EUR
Arbeitnehmer einschließlich Jugendliche u. Auszubildende	mtl. ktgl.	48,00 1,60	88,00 2,93	88,00 2,93	224,00 7,47
Volljährige Familienangehörige	mtl. ktgl.	48,00 1,60	88,00 2,93	88,00 2,93	224,00 7,47
Familienangehörige vor Vollendung des 18. Lebensjahres	mtl. ktgl.	38,40 1,28	70,40 2,35	70,40 2,35	179,20 5,98
Familienangehörige vor Vollendung des 14. Lebensjahres	mtl. ktgl.	19,20 0,64	35,20 1,17	35,20 1,17	89,60 2,99
Familienangehörige vor Vollendung des 7. Lebensjahres	mtl. ktgl.	14,40 0,48	26,40 0,88	26,40 0,88	67,20 2,24

§ 8 EStG
H 8.1 (1–4)

Tabelle 2
Sachbezugswerte 2013 für freie Unterkunft
(neue und alte Bundesländer einschließlich Gesamt-Berlin)

Sachverhalt		Unterkunft allgemein	Aufnahme im Arbeitgeberhaushalt/ Gemeinschaftsunterkunft
Unterkunft belegt mit		EUR	EUR
volljährige Arbeitnehmer			
1 Beschäftigtem	mtl.	216,00	183,60
	ktgl.	7,20	6,12
2 Beschäftigten	mtl.	129,60	97,20
	ktgl.	4,32	3,24
3 Beschäftigten	mtl.	108,00	75,60
	ktgl.	3,60	2,52
mehr als 3 Beschäftigten	mtl.	86,40	54,00
	ktgl.	2,88	1,80
Jugendliche/Auszubildende			
1 Beschäftigtem	mtl.	183,60	151,20
	ktgl.	6,12	5,04
2 Beschäftigten	mtl.	97,20	64,80
	ktgl.	3,24	2,16
3 Beschäftigten	mtl.	75,60	43,20
	ktgl.	2,52	1,44
mehr als 3 Beschäftigten	mtl.	54,00	21,60
	ktgl.	1,80	0,72

Erläuterungen

Für die Ermittlung des anzusetzenden Sachbezugswertes für einen Teil-Entgeltabrechnungszeitraum sind die jeweiligen Tagesbeträge mit der Anzahl der Kalendertage zu multiplizieren.

Beispiel:

Ein Arbeitnehmer (17 Jahre) nimmt am 15. 01. eine Beschäftigung in den alten Bundesländern auf und wird bei freier Verpflegung und freier Unterkunft in den Arbeitgeberhaushalt aufgenommen.

Verpflegung:	7,47 EUR × 17 Tage = 126,99 EUR
Unterkunft:	5,04 EUR × 17 Tage = 85,68 EUR
Sachbezugswert insgesamt:	212,67 EUR

Wäre es nach Lage des Einzelfalles unbillig, den Wert der Unterkunft nach den Tabellenwerten zu bestimmen, kann die Unterschrift nach § 2 Abs. 3 Satz 3 Sozialversicherungsentgeltverordnung mit dem ortsüblichen Mietpreis bewertet werden.

Eine **Aufnahme in den Arbeitgeberhaushalt** liegt vor, wenn der Arbeitnehmer sowohl in die Wohnungs- als auch in die Verpflegungsgemeinschaft des Arbeitgebers aufgenommen wird. Bei ausschließlicher Zurverfügungstellung von Unterkunft liegt dagegen keine „Aufnahme" in den Arbeitgeberhaushalt vor, so dass der ungekürzte Unterkunftswert anzusetzen ist.

Eine **Gemeinschaftsunterkunft** stellen z. B. Lehrlingswohnheime, Schwesternwohnheime, Kasernen etc. dar. Charakteristisch für Gemeinschaftsunterkünfte sind gemeinschaftlich zu nutzende Wasch- bzw. Duschräume, Toiletten und ggf. Gemeinschafts-Küche oder Kantine. Allein eine Mehrfachbelegung einer Unterkunft hat dagegen nicht die Bewertung als Gemeinschaftsunterkunft zur Folge; vielmehr wird der Mehrfachbelegung bereits durch gesonderte Abschläge Rechnung getragen.

§ 8 EStG
H 8.1 (1–4)

Für **freie Wohnung** ist kein amtlicher Sachbezugswert festgesetzt. Vielmehr ist für freie Wohnung grundsätzlich der **ortsübliche Mietpreis** anzusetzen. Eine Wohnung ist im Gegensatz zur Unterkunft eine in sich geschlossene Einheit von Räumen, in denen ein selbständiger Haushalt geführt werden kann. Wesentlich ist, dass eine Wasserversorgung und -entsorgung, zumindest eine einer Küche vergleichbare Kochgelegenheit sowie eine Toilette vorhanden sind. Danach stellt z. B. ein Einzimmerappartement mit Küchenzeile und WC als Nebenraum eine Wohnung dar, während bei Mitbenutzung von Bad, Toilette und Küche lediglich eine Unterkunft vorliegt. Wird mehreren Arbeitnehmern eine Wohnung zur gemeinsamen Nutzung (Wohngemeinschaft) zur Verfügung gestellt, liegt insoweit nicht freie Wohnung, sondern lediglich freie Unterkunft vor.

Ist die Feststellung des ortsüblichen Mietpreises mit außerordentlichen Schwierigkeiten verbunden, kann die Wohnung mit **3,80 EUR monatlich je Quadratmeter** bzw. bei einfacher Ausstattung (ohne Sammelheizung oder ohne Bad oder Dusche) mit 3,10 EUR monatlich je Quadratmeter bewertet werden.

Bei der Gewährung von unentgeltlichen oder verbilligten **Mahlzeiten im Betrieb** (§ 40 Abs. 2 Satz 1 Nr. 1 EStG) sind sowohl für volljährige Arbeitnehmer als auch für Jugendliche und Auszubildende nachstehende Beträge anzusetzen:

Frühstück	1,60 EUR
Mittag-/Abendessen	2,93 EUR

→ Geltung der Sachbezugswerte
→ Wert von Mahlzeiten (H 8.1 (7))

Sachbezugswerte im Bereich der Seeschifffahrt und Fischerei

→ Gleichlautende Erlasse der Länder Bremen, Hamburg, Mecklenburg-Vorpommern, Niedersachsen und Schleswig-Holstein, die im BStBl I veröffentlicht werden.

Gleich lautende Erlasse der obersten Finanzbehörden der Länder Bremen, Hamburg, Mecklenburg-Vorpommern, Niedersachsen und Schleswig-Holstein betreffend die Bewertung der Beköstigung im Bereich der Seeschifffahrt (Kauffahrtei) und im Bereich der Fischerei für Zwecke des Steuerabzugs vom Arbeitslohn

für die Zeit ab 1. Januar 2012

vom 15. Februar 2012 (BStBl I S. 480)

Bewertung der freien Beköstigung

Der zuständige Ausschuss der Vertreterversammlung der Berufsgenossenschaft für Transport und Verkehrswirtschaft hat den Wert des Sachbezuges „Beköstigung" für Zwecke der Sozialversicherung für alle Bereiche in der Seefahrt (Kauffahrtei und Fischerei) mit Wirkung vom 1. Januar 2012 auf monatlich 219,00 € festgesetzt.

Für Teilverpflegung in der Kauffahrtei sowie in der Kleinen Hochsee- und Küstenfischerei gelten die folgenden Werte: Frühstück 48,00 €, Mittag- und Abendessen jeweils 87,00 € monatlich.

Der Durchschnittssatz für die Beköstigung des Kanalsteurer beträgt ab 1. Januar 2012 weiterhin monatlich 45,00 €, für halbpartfahrende Kanalsteurer monatlich 22,50 € und für Kanalsteureranwärter monatlich 24,00 €.

Diese Sachbezugswerte sind auch dem Steuerabzug vom Arbeitslohn zugrunde zu legen.

Geltung der Sachbezugswerte

Die festgesetzten Sachbezugswerte gelten auch dann, wenn in einem Tarifvertrag, einer Betriebsvereinbarung oder einem Arbeitsvertrag für die Beköstigung auf Seeschiffen höhere oder niedrigere Werte festgesetzt sind.

Die festgesetzten Sachbezugswerte gelten nicht, wenn anstelle der vorgesehenen Sachbezüge die im Tarifvertrag, in der Betriebsvereinbarung oder im Arbeitsvertrag festgesetzten Werte bar ausbezahlt werden. Wird jedoch nur gelegentlich oder vorübergehend bar ausgezahlt (z. B. bei tageweiser auswärtiger Beschäftigung, bei tariflich vorgesehener Umschaufrist, bei Krankheit oder für die Zeit des Urlaubs – auch wenn mehrere Urlaubsansprüche in einem Kalenderjahr zusammenfallen –), so sind die festgesetzten und bekannt gegebenen Sachbezugswerte zugrunde zu legen, wenn mit der Barvergütung der tatsächliche Wert der zustehenden Sachbezüge abgegolten wird und die Barvergütung anstelle der Sachbezüge zusätzlich zu dem bei Gewährung der Sachleistung maßgeblichen Lohn gezahlt wird.

Für die Beurteilung der Frage, ob eine Barvergütung dem Wert der nicht in Anspruch genommenen Beköstigung entspricht, ist zu berücksichtigen, dass der amtliche Sachbezugswert unter den Kosten liegt, die im Inland für eine entsprechende Beköstigung aufzuwenden wären. Ich bitte deshalb die Auffassung zu vertreten, dass die tariflich vorgesehenen Barvergütungen den tatsächlichen Wert des Sachbezugs nicht übersteigen.

Wird jedoch bei Beendigung des Heuerverhältnisses durch
- Zeitablauf,
- Tod des Besatzungsmitgliedes,
- ordentliche Kündigung,
- außerordentliche Kündigung oder
- beiderseitiges Einvernehmen (Aufhebungsvertrag)

ein Urlaubsanspruch durch Barablösung abgegolten und hierbei auch das Verpflegungsgeld für diese abgegoltenen Urlaubstage ausgezahlt, so ist der gesamte Betrag der Ablösung steuerpflichtiger Arbeitslohn, da durch die Beendigung des Dienstverhältnisses vor Antritt des Urlaubs der Arbeitnehmer nicht mehr an den Arbeitgeber gebunden und dieser somit von der Urlaubsverpflichtung befreit ist. Es ist in diesen Fällen steuerlich unbeachtlich, ob der Arbeitnehmer tatsächlich seinen Urlaub antritt oder ein neues Arbeitsverhältnis begründet.

Inkrafttreten

Die neuen Sachbezugswerte gelten bei laufendem Arbeitslohn erstmalig für den Arbeitslohn, der für einen nach dem 31. Dezember 2011 endenden Lohnzahlungszeitraum gezahlt wird, und bei sonstigen, insbesondere einmaligen Bezügen erstmalig für die Bezüge, die dem Arbeitnehmer nach dem 31. Dezember 2011 zufließen.

Senator für Finanzen Bremen

S 2334 – 2255 – 11 – 4

Finanzbehörde der Freien und Hansestadt Hamburg

52 - S 2334 - 003/12

Finanzministerium Mecklenburg-Vorpommern

IV 301 – S 2334 – 00000 – 2010/002-004

Niedersächsisches Finanzministerium

S 2334 – 4–3342

Finanzministerium des Landes Schleswig Holstein

VI 317 – S 2334 – 199

Sicherungsmaßnahmen

Lohnsteuerliche Behandlung der Aufwendungen des Arbeitgebers für sicherheitsgefährdete Arbeitnehmer; Sicherheitsmaßnahmen

(BMF-Schreiben vom 30. 6. 1997, BStBl I S. 696)

Es ist gefragt worden, wie die vom Arbeitgeber getragenen oder ersetzten Aufwendungen für Sicherheitsmaßnahmen bei Arbeitnehmern, die aufgrund ihrer beruflichen Position den Angriffen gewaltbereiter politisch motivierter Personen ausgesetzt sind **(Positionsgefährdung)**, lohnsteuerlich zu behandeln sind. Nach dem Ergebnis der Erörterungen mit den obersten Finanzbehörden der Länder gilt folgendes:

1. Aufwendungen des Arbeitgebers für das ausschließlich mit dem Personenschutz befaßte Personal führen nicht zu steuerpflichtigem Arbeitslohn der zu schützenden Person, weil diese Aufwendungen im ganz überwiegenden eigenbetrieblichen Interesse des Arbeitgebers liegen und der Arbeitnehmer durch diese „aufgedrängten" Leistungen nicht bereichert wird.

2. Bei den Aufwendungen des Arbeitgebers für den Einbau von Sicherheitseinrichtungen (Grund- und Spezialschutz) in eine Mietwohnung oder in ein selbstgenutztes Wohneigentum eines **positionsgefährdeter Arbeitnehmer**, beurteilt sich die Frage, ob diese Aufwendungen steuerpflichtiger Arbeitslohn sind oder im ganz überwiegenden eigenbetrieblichen Interesse des Arbeitgebers liegen, nach dem Maß der Gefährdung des einzelnen Arbeitnehmers. Für die steuerliche Behandlung ist es unerheblich, ob die Sicherheitseinrichtungen in das Eigentum des Arbeitnehmers übergehen oder nicht.

a) Bei Arbeitnehmern, die durch eine für die Gefährdungsanalyse zuständige Behörde (Sicherheitsbehörde) in die Gefährdungsstufen 1 bis 3 eingeordnet sind, ist davon auszugehen, daß eine Positionsgefährdung vorliegt **(konkrete Positionsgefährdung)**. Für diese Arbeitnehmer ergibt sich durch den Einbau der Sicherheitseinrichtungen grundsätzlich kein steuerpflichtiger Arbeitslohn, weil der Einbau im ganz überwiegenden eigenbetrieblichen Interesse des Arbeitgebers liegt. Bei Arbeitnehmern der Gefährdungsstufe 3 gilt dies allerdings grundsätzlich nur bis zu dem Betrag je Objekt, der vergleichbaren Bundesbediensteten als Höchstbetrag zur Verfügung gestellt wird; dieser beträgt zur Zeit 30 000 DM. Bei höheren Aufwendungen ist von einem ganz überwiegenden eigenbetrieblichen Interesse des Arbeitgebers auszugehen, soweit sie Einrichtungen betreffen, die von der Sicherheitsbehörde empfohlen worden sind.

b) Bei Arbeitnehmern, für die die Sicherheitsbehörden keine Gefährdungsanalyse erstellen und keine Sicherheitseinrichtungen empfehlen, handelt es sich bei den Aufwendungen grundsätzlich um steuerpflichtigen Arbeitslohn, es sei denn, eine Positionsgefährdung der Arbeitnehmer ist durch eine oberste Bundes- oder Landesbehörde anerkannt worden oder kann anderweitig nachgewiesen oder glaubhaft gemacht werden **(abstrakte Positionsgefährdung)**. In diesem Fall ist bei einem Einbau von Sicherheitseinrichtungen bis zu einem Betrag von 15 000 DM je Objekt von einem ganz überwiegenden eigenbetrieblichen Interesse des Arbeitgebers auszugehen.

Die in Buchstabe a und b bezeichneten Höchstbeträge gelten auch, wenn die Aufwendungen je Objekt auf verschiedene Veranlagungszeiträume verteilt werden. Die steuerpflichtigen Vorteile fließen dem Arbeitnehmer beim Einbau sofort als Arbeitslohn zu. Eine spätere Änderung der Gefährdungsstufe löst keine steuerlichen Konsequenzen aus (z. B. Erfassung eines Vorteils nach Herabsetzung, kein negativer Arbeitslohn bei Heraufsetzung der Gefährdungsstufe), es sei denn, sie erfolgt noch innerhalb des Jahres, in dem die Sicherheitseinrichtungen eingebaut worden sind. Die dem Arbeitnehmer entstehenden Betriebs- und Wartungskosten teilen steuerlich das Schicksal der Einbaukosten. Sie sind gegebenenfalls nur anteilig nach dem Verhältnis des steuerpflichtigen Anteils an den Gesamtkosten steuerpflichtig.

3. Ersetzt der Arbeitgeber dem Arbeitnehmer Aufwendungen für Sicherheitseinrichtungen oder mit diesen Einrichtungen verbundene laufende Betriebs- oder Werbungskosten, ist der Ersatz unter den Voraussetzungen der Nummer 2 ebenfalls kein steuerpflichtiger Arbeitslohn, gegebenenfalls nur anteilig nach dem Verhältnis des nicht steuerpflichtigen Anteils an den Gesamteinbaukosten. Dies gilt allerdings nur dann, wenn die Aufwendungen in zeitlichem Zusammenhang mit dem Aufwand bzw. der Zahlung durch den Arbeitnehmer ersetzt werden; andernfalls ist der Aufwendungsersatz steuerpflichtiger Arbeitslohn.

4. Nicht vom Arbeitgeber ersetzte Aufwendungen des Arbeitnehmers für Sicherheitseinrichtungen gehören zu den Kosten der Lebensführung und dürfen aufgrund des Aufteilungs- und Abzugsverbots des § 12 Nr. 1 Satz 2 EStG nicht als Werbungskosten bei den Einkünften aus nichtselbständiger Arbeit abgezogen werden. Werden Aufwendungen teilweise durch den Arbeitgeber ersetzt, gilt das Abzugsverbot auch für die nicht ersetzten Aufwendungen.

5. Diese Regelung gilt allgemein ab dem 1. Januar 1997. Sie kann zugunsten des Arbeitnehmers in offenen Fällen auch rückwirkend angewandt werden. Abweichende Regelungen sind nicht mehr anzuwenden.

Üblicher Endpreis

– Maßgebend ist allein der übliche Endpreis für die konkrete Ware oder Dienstleistung. Dies gilt auch, wenn funktionsgleiche und qualitativ gleichwertige Waren anderer Hersteller billiger sind (→ BFH vom 30. 5. 2001 – BStBl 2002 II S. 230).

– Beim Erwerb eines Gebrauchtwagens vom Arbeitgeber ist nicht auf den Händlereinkaufspreis abzustellen, sondern auf den Preis, den das Fahrzeug unter Berücksichtigung der vereinbarten Nebenleistungen auf dem Gebrauchtwagenmarkt tatsächlich erzielen würde (Händlerverkaufspreis). Wird zur Bestimmung des üblichen Endpreises eine Schätzung erforderlich, kann sich die Wertermittlung an der im Rechtsverkehr anerkannten Marktübersichten für gebrauchte Pkw orientieren (→ BFH vom 17. 6. 2005 – BStBl II S. 795).

– Der Wert einer dem Arbeitnehmer durch den Arbeitgeber zugewandten Reise kann grundsätzlich anhand der Kosten geschätzt werden, die der Arbeitgeber für die Reise aufgewendet hat. Sofern sich ein Beteiligter auf eine abweichende Wertbestimmung beruft, muss er konkret darlegen, dass eine Schätzung des üblichen Endpreises am Abgabeort nach den aufgewandten Kosten dem objektiven Wert der Reise nicht entspricht (→ BFH vom 18. 8. 2005 – BStBl 2006 II S. 30).

§ 8 EStG
H 8.1 (1–4)

Versicherungsschutz

Die Gewährung von Krankenversicherungsschutz ist in Höhe der geleisteten Beiträge Sachlohn, wenn der Arbeitnehmer auf Grund des Arbeitsvertrags von seinem Arbeitgeber ausschließlich Versicherungsschutz und nicht auch eine Geldzahlung verlangen kann (→ BFH vom 14. 4. 2011 – BStBl II S. 767).

Wandeldarlehensvertrag

Der geldwerte Vorteil bemisst sich im Falle der Ausübung des Wandlungsrechts aus der Differenz zwischen dem Börsenpreis der Aktien an dem Tag, an dem der Arbeitnehmer die wirtschaftliche Verfügungsmacht über die Aktien erlangt, und den Erwerbsaufwendungen (→ BFH vom 23. 6. 2005 – BStBl II S. 770 und vom 20. 5. 2010 – BStBl II S. 1069).

Wandelschuldverschreibung

→ H 38.2

Warengutscheine

– **Beispiel**

Der Arbeitgeber räumt seinem Arbeitnehmer das Recht ein, einmalig zu einem beliebigen Zeitpunkt bei einer Tankstelle auf Kosten des Arbeitgebers gegen Vorlage einer Tankkarte bis zu einem Betrag von 44 € zu tanken. Der Arbeitnehmer tankt im Februar für 46 €; der Betrag wird vom Konto des Arbeitgebers abgebucht.

Unter der Voraussetzung, dass der Arbeitnehmer von seinem Arbeitgeber nicht anstelle der ausgehändigten Tankkarte Barlohn verlangen kann, liegt im Februar ein Sachbezug in Höhe der zugesagten 44 € vor. Er ist steuerfrei nach § 8 Abs. 2 Satz 9 EStG (44-Euro-Freigrenze), wenn dem Arbeitnehmer in diesem Monat keine weiteren Sachbezüge gewährt werden und der Arbeitgeber die übersteigenden 2 € vom Arbeitnehmer einfordert. Ein Abschlag von 4 % (→ R 8.1 Abs. 2 Satz 9) ist nicht vorzunehmen, wenn der Sachbezug durch eine (zweckgebundene) Geldleistung des Arbeitgebers verwirklicht wird oder ein Warengutschein mit Betragsangabe hingegeben wird.

– **Zum Zuflusszeitpunkt** bei Warengutscheinen → R 38.2 Abs. 3

Warengutscheine, Tankgutscheine, Abgrenzung Barlohn/Sachbezug

Lohnsteuerliche Behandlung von Warengutscheinen

Anwendung der BFH-Urteile vom 11. November 2010 – VI R 21/09 – BStBl II 2011, 383, VI R 27/09 – BStBl II 2011, 386 und VI R 41/10 – BStBl II 2011, 389 –

(Verfügung der OFD Frankfurt vom 28. 4. 2011 – S 2334 A-97-St 211 –)

Mit den o.a. Urteilen vom 11. November 2010 hat der BFH teilweise unter Änderung seiner bisherigen Rechtsprechung (BFH-Urteil vom 27. Oktober 2004, BStBl II 2005, Seite 137) zur Abgrenzung zwischen Barlohn und Sachlohn neue Rechtsgrundsätze aufgestellt. In den vom BFH entschiedenen Streitfällen hatten Arbeitgeber etwa ihren Arbeitnehmern das Recht eingeräumt, auf ihre Kosten gegen Vorlage einer Tankkarte bei einer bestimmten Tankstelle bis zu einem Höchstbetrag von 44 € monatlich zu tanken oder die Arbeitnehmer hatten anlässlich ihres Geburtstages Geschenkgutscheine einer großen Einzelhandelskette über 20 € von ihrem Arbeitgeber erhalten oder durften mit vom Arbeitgeber ausgestellten Tankgutscheinen bei einer Tankstelle ihrer Wahl 30 Liter Treibstoff tanken und sich die Kosten dafür von ihrem Arbeitgeber erstatten lassen.

1. Rechtsgrundsätze der BFH-Entscheidungen:

– Ob Barlohn oder Sachlohn vorliegt, entscheide sich nach dem Rechtsgrund des Zuflusses. Entscheidend sei, was der Arbeitnehmer vom Arbeitgeber auf Grundlage der arbeitsvertraglichen Vereinbarungen beanspruchen könne. Es komme nicht darauf an, auf welche Art und Weise der Arbeitgeber den Anspruch erfülle und seinem Arbeitnehmer den zugesagten Vorteil verschaffe. Sachbezug im Sinne des § 8 Absatz 2 Sätze 1 und 9 EStG ist danach: jede nicht in Geld bestehende Einnahme,

– eine Zahlung des Arbeitgebers an den Arbeitnehmer, die mit der Auflage verbunden ist, den empfangenen Geldbetrag nur in einer bestimmten Weise zu verwenden (Änderung der Rechtsprechung zu zweckgebundenen Geldleistungen, vgl. H 8.1 (1 – 4) „Geldleistung oder Sachbezug", 1. Anstrich LStH 2011),

– ein dem Arbeitnehmer durch den Arbeitgeber eingeräumtes Recht, bei einer bestimmten (– VI R 27/09 –) oder beliebigen (– VI R 41/10 –) Tankstelle zu tanken,

- ein Gutschein über einen in Euro lautenden Höchstbetrag für Warenbezug (entgegen R 8.1 Absatz 1 Satz 7 LStR 2011, H 8.1 (1–4) „Warengutscheine" LStH 2011).

Der BFH hat seine Auffassung bestätigt, dass Barlohn und kein Sachbezug im Sinne des § 8 Absatz 2 Sätze 1 und 9 EStG vorliegt, wenn

- der Arbeitnehmer einen Anspruch gegenüber dem Arbeitgeber hat, ihm anstelle der Sache den Barlohn in Höhe des Werts des Sachbezugs auszubezahlen, selbst wenn der Arbeitgeber die Sache zuwendet (vgl. H 8.1 (1–4) „Geldleistung oder Sachbezug", 3. Anstrich LStH 2011).
- es sich um im Inland gültige gesetzliche Zahlungsmittel oder Zahlungen in einer gängigen, frei konvertiblen und im Inland handelbaren ausländischen Währung handelt (vgl. R 8.1 Absatz 1 Satz 6 LStR 2011, H 8.1 (1–4) „Ausländische Währung" LStH 2011).

2. Anwendung der BFH-Entscheidungen nach Auffassung der Verwaltung:

Mit der amtlichen Veröffentlichung dieser Urteile im Bundessteuerblatt Teil II sind die darin dargestellten Grundsätze zur Unterscheidung von Barlohn und Sachlohn in allen offenen Fällen anzuwenden. Die Regelung in R 8.1 Absatz 2 Satz 9 LStR 2008, den geldwerten Vorteil mit 96 % des Endpreises anzusetzen, ist nicht anzuwenden, wenn deren Voraussetzungen nicht gegeben sind, weil kein Bewertungserfordernis besteht, z. B. bei der Hingabe von zweckgebundenen Geldleistungen oder Warengutscheinen mit Betragsangabe.

3. Umsatzsteuerliche Auswirkung der Rechtsprechungsänderung:

Die geänderte lohnsteuerliche Beurteilung dieser Sachverhalte führt zu einer Änderung der umsatzsteuerlichen Beurteilung. Es liegen steuerbare und steuerpflichtige entgeltliche Leistungen im Sinne des § 1 Abs. 1 Satz 1 Nr. 1 UStG (i.V.m. R 12 Abs. 1 UStR) vor. Die Bemessungsgrundlage richtet sich regelmäßig nach § 10 Abs. 4 i.V.m. Abs. 5 Nr. 2 UStG (Mindestbemessungsgrundlage).

Zinsersparnisse

→ Arbeitgeberdarlehen

→ R 3.11 Abs. 2 LStR → BMF vom 2. 11. 2011 (BStBl I S. 785)

Zukunftssicherungsleistungen

- Tarifvertraglich vereinbarte Zahlungen des Arbeitgebers an eine Zusatzversorgungskasse sind als Barlohn zu qualifizieren, wenn zwischen dem Arbeitgeber und der Zusatzversorgungskasse keine vertraglichen Beziehungen bestehen; die 44-Euro-Freigrenze findet keine Anwendung (→ BFH vom 26. 11. 2002 – BStBl 2003 II S. 331).
- Auf Zukunftssicherungsleistungen des Arbeitgebers i.S. des § 40b EStG findet die 44-Euro-Freigrenze keine Anwendung (→ BFH vom 26. 11. 2002 – BStBl 2003 II S. 492); → R 8.1 Abs. 3 Satz 4.

Unterkunft oder Wohnung

(5) ¹Für die Bewertung einer Unterkunft, die keine Wohnung ist (→ Absatz 6 Satz 2 bis 4), ist der amtliche Sachbezugswert nach der SvEV maßgebend. ²Dabei ist der amtliche Sachbezugswert grundsätzlich auch dann anzusetzen, wenn der Arbeitgeber die dem Arbeitnehmer überlassene Unterkunft gemietet und ggf. mit Einrichtungsgegenständen ausgestattet hat. ³Eine Gemeinschaftsunterkunft liegt vor, wenn die Unterkunft beispielsweise durch Gemeinschaftswaschräume oder Gemeinschaftsküchen Wohnheimcharakter hat oder Zugangsbeschränkungen unterworfen ist.

(6) ¹Soweit nicht § 8 Abs. 3 EStG anzuwenden ist, ist für die Bewertung einer Wohnung der ortsübliche Mietwert maßgebend. ²Eine Wohnung ist eine in sich geschlossene Einheit von Räumen, in denen ein selbständiger Haushalt geführt werden kann. ³Wesentlich ist, dass eine Wasserversorgung und -entsorgung, zumindest eine einer Küche vergleichbare Kochgelegenheit sowie eine Toilette vorhanden sind. ⁴Danach stellt z. B. ein Einzimmerappartement mit Küchenzeile und WC als Nebenraum eine Wohnung dar, dagegen ist ein Wohnraum bei Mitbenutzung von Bad, Toilette und Küche eine Unterkunft. ⁵Als ortsüblicher Mietwert ist die Miete anzusetzen, die für eine nach Baujahr, Art, Größe, Ausstattung, Beschaffenheit und Lage vergleichbare Wohnung üblich ist (Vergleichsmiete). ⁶In den Fällen, in denen der Arbeitgeber vergleichbare Wohnungen in nicht unerheblichem Umfang an fremde Dritte zu einer niedrigeren als der üblichen Miete vermietet, ist die niedrigere Miete anzusetzen. ⁷Die Vergleichsmiete gilt unabhängig davon, ob die Wohnung z. B. als Werks- und Dienstwohnung im Eigentum des Arbeitgebers oder dem Arbeitgeber auf Grund eines Belegungsrechts zur Verfügung steht oder von ihm angemietet worden ist. ⁸Gesetzliche Mietpreisbeschränkungen sind zu beachten. ⁹Stehen solche einem Mieterhöhungsverlangen entgegen, gilt dies jedoch nur, soweit die maßgebliche Ausgangsmiete den ortsüblichen Mietwert oder die gesetzlich zulässige Höchstmiete nicht unterschritten hat. ¹⁰Überlässt der

§ 8 EStG
R 8.1 (6) H 8.1 (5–6)

Arbeitgeber dem Arbeitnehmer im Rahmen einer Auslandstätigkeit eine Wohnung im Ausland, deren ortsübliche Miete 18 % des Arbeitslohns ohne Kaufkraftausgleich übersteigt, ist diese Wohnung mit 18 % des Arbeitslohns ohne Kaufkraftausgleich zuzüglich 10 % der darüber hinausgehenden ortsüblichen Miete zu bewerten.

H 8.1 (5–6)

Hinweise

Dienstwohnung

Vom Arbeitgeber getragene Kosten für ein häusliches Arbeitszimmer – Mietwert einer Dienstwohnung

(Verfügung der OFD Köln vom 9. 11. 1990 – S 2332–74 St 15 A –)

Als steuerlicher Mietwert einer vom Arbeitgeber zugewiesenen Dienstwohnung ist grundsätzlich die Miete anzusetzen, die für eine nach Baujahr, Lage und Ausstattung vergleichbare Wohnung üblich und mietpreisrechtlich zulässig ist. Macht der Arbeitnehmer geltend, daß die ihm überlassene Wohnung seinen Wohnbedarf übersteigt, rechtfertigt dies nicht den Ansatz eines geringeren Mietwerts (BFH-Urteil vom 8. 3. 1968, BStBl II S. 435).

In die Berechnung des Mietwerts sind allerdings solche Räume nicht einzubeziehen, die dem Arbeitnehmer vom Arbeitgeber im überwiegend eigenbetrieblichen Interesse als Büro bzw. Dienstzimmer zugewiesen werden.

Für die Herausnahme aus der Bemessungsgrundlage müssen jedoch neben der ausdrücklichen – schriftlichen – Zuweisung dieses Raums als Büro bzw. Dienstzimmer weitere Indizien vorliegen, die die Anerkennung eines überwiegend eigenbetrieblichen Arbeitgeberinteresses rechtfertigen. Sie müssen die tatsächliche Abgrenzung von den Wohnräumen erkennen lassen.

Als solche Merkmale kommen z. B. in Betracht die (Teil-)Möblierung des Büros durch den Arbeitgeber, die Erfassung der anteiligen Energiekosten über gesonderte Zähler oder die räumliche Trennung durch eine separate Eingangstür.

Die Nichtmöblierung durch den Arbeitgeber führt andererseits nicht in jedem Fall zur Einbeziehung des Raums in den geldwerten Vorteil. Maßgebend sind letztlich die Gesamtumstände des Einzelfalls.

Erstattet der Arbeitgeber – ohne selbst Rechnungsempfänger zu sein – dem Arbeitnehmer die auf das dienstlich zugewiesene Zimmer entfallenden Nebenkosten (Strom, Heizung), liegt ab dem 1. 1. 1990 steuerpflichtiger Arbeitslohn vor; es bleibt dem Arbeitnehmer überlassen, die Aufwendungen als Werbungskosten – ggf. schon im Lohnsteuerermäßigungsverfahren – geltend zu machen.

Entsprechendes gilt, wenn der Arbeitgeber dem Arbeitnehmer die Aufwendungen für ein Arbeitszimmer in der eigenen oder vom Arbeitnehmer angemieteten Wohnung ersetzt.

Dienstwohnungen Geistlicher

(OFD Münster vom 8. 1. 2010 – S 2334–3 – St 22–31 –)

Der Bundesminister der Finanzen hat mit Schreiben vom 19. 10. 1992, IV B 6 – S 2334–105/92 zur steuerlichen Bewertung der Dienstwohnungen von Geistlichen klargestellt, dass für die Bewertung des geldwerten Vorteils aus der unentgeltlichen oder verbilligten Wohnungsüberlassung gem. § 8 Abs. 2 EStG in Verbindung mit R 8.1 Abs. 6 der Lohnsteuer-Richtlinien der ortsübliche Mietwert der jeweiligen Wohnung zugrunde zu legen ist. Dabei ist die Miete anzusetzen, die für eine nach Baujahr, Art, Lage und Ausstattung vergleichbare Wohnung üblich ist (Vergleichsmiete). Etwaige örtlich bedingte Wertsteigerungen oder Wertminderungen sind in Form von Zu- oder Abschlägen zu berücksichtigen. Ein Abschlag vom Mietwert kommt in Betracht, wenn sich Beeinträchtigungen dadurch ergeben, dass eine enge räumliche Verbindung der zur Verfügung gestellten Wohnung mit der Erfüllung der beruflichen Pflichten besteht, sofern diese Beeinträchtigungen nicht bereits bei der Wohnflächenberechnung Berücksichtigung fanden.

Die nachfolgende Vereinbarung dient der Vereinfachung bei der Ermittlung der örtlichen Mietwerte der Dienst- und Mietwohnungen (einschl. Nebenkosten). Mit Ausnahme von atypischen Fällen soll sowohl von Anrufungsauskünften nach § 42e EStG an die Betriebsstättenfinanzämter zur Ermittlung oder Bestätigung des örtlichen Mietwerts als auch von Abweichungen der festgelegten Regelungen abgesehen werden. Für die Zeit vom 1. 1. 2010–31. 12. 2012 wird folgende Vereinbarung getroffen:

1. Mietwertermittlung für Dienst- und Mietwohnungen

1.1 Die ortsübliche Miete gem. § 8 Abs. 2 EStG ist grundsätzlich anhand der örtlichen Mietspiegel/Mietpreissammlungen/Mietwerttabellen (Mietpreissammlungen der Kommunen und Mietwerttabellen sind den Mietwertspiegeln gleichzusetzen) zu ermitteln. Enthält der Mietspiegel Rahmenwerte, ist jeder der Mietwerte als ortsüblich anzusehen, den der Mietspiegel im Rahmen der Spanne zwischen mehreren Mietwerten für vergleichbare Wohnungen ausweist. Es bestehen keine Bedenken, wenn der Dienstgeber den unteren Rahmenwert des Mietspiegels entsprechend der Entscheidung des Bundesfinanzhofs im Urteil vom 17. 8. 2005 (BStBl 2006 II S. 71) als örtlichen Mietwert zugrunde legt.

Soweit in der Zeit vom 1. 1. 2006–31. 12. 2009 Mietspiegel erstellt worden sind, sind wegen der bei Mieterhöhungsverlangen zu beachtenden Fristen die Mietwerte ab dem 1. 6. 2010 mit den Mietspiegelwerten unter Berücksichtigung der nach den Erläuterungen zur Anwendung des Mietspiegels vorzunehmenden Zu- und Abschläge festzusetzen.

1.2 Ein Abschlag von der ortsüblichen Wohnungsmiete wegen dienstlicher Mitbenutzung ist zulässig, soweit sich Beeinträchtigungen aus der engen baulichen Verbindung von Diensträumen und privaten Räumen ergeben, z. B. weil der dienstliche Besucherverkehr bzw. Mitarbeiter zwangsläufig auch Teile der Privaträume (Flur und/oder Toilette, Durchgangszimmer) berühren und diese Beeinträchtigungen nicht bereits bei der Ermittlung des Mietwerts bzw. der Wohnflächenberechnung berücksichtigt worden sind. Die Fallgruppen für typisierte Abschläge werden wie folgt definiert:

Fallgruppe 1:
Aufgrund der engen baulichen Verbindung der Diensträume mit dem privaten Wohnbereich ergeben sich wegen der Dienstgeschäfte leichtere Beeinträchtigungen bei der Nutzung des Wohnbereichs. Der Mietwert wird in diesen Fällen dadurch gemindert, dass der Dienststelleninhaber beruflich genutzte Räume bzw. Flächen durchqueren muss, um von einem Wohnraum in den anderen zu gelangen. Hierfür ist ein Abschlag von 10 % vorzunehmen.

Fallgruppe 2:
Die Beeinträchtigung des privaten Wohnbereichs und damit eine Minderung des objektiven Wohnwerts ergibt sich daraus, dass Besucher oder Mitarbeiter aus dem dienstlichen Bereich privat genutzte Räume bzw. Flächen durchqueren, um andere dienstliche Räume zu erreichen. Der Abschlag für diese Fallgruppe wird mit 15 % festgesetzt.

Fallgruppe 3:
Bei dieser Fallgruppe werden mangels Trennung von Amts- und Wohnbereich auch Räume des privaten Wohnbereichs dienstlich genutzt. Je nach Umfang der Nutzung kann ein Abschlag bis zu 20 % als angemessen angesehen werden. Es obliegt dem Dienstgeber, die Intensität der Nutzung und demzufolge die Höhe des in Betracht kommenden Abschlags glaubhaft zu machen.

Zusätzliche Beeinträchtigungen des Wohnwerts können durch einen Abschlag bis zu 10 %, in besonders gravierenden Fällen bis zu 15 % von der ortsüblichen Miete Berücksichtigung finden. Hierzu gehören örtlich bedingte Beeinträchtigungen, nicht jedoch solche, die durch die Berufsausübung verursacht werden.

1.3 Mietwerte für Wohnungen, die z. B. wegen Übergröße nicht vom Mietspiegel erfasst werden, sind aus den übrigen Mietspiegelwerten abzuleiten. Dabei bestehen aus Vereinfachungsgründen keine Bedenken, wenn bei Wohnungen ab 140 qm ein Abschlag von 10 %, bei Wohnungen ab 170 qm ein Abschlag von 15 % vorgenommen wird. Wegen der Wohnflächenberechnung wird insoweit auf Tz. 1.10 verwiesen.

1.4 ...

1.5 ...

1.6 ...

1.7 Eine neue Mietwertermittlung ist stets bei nennenswerten baulichen Veränderungen wie Ausbauten und Anbauten, Modernisierungsmaßnahmen u.Ä. erforderlich.

Eine Wohnung ist z. B. umfassend modernisiert, wenn sie in Ausstattung, Größe und Beschaffenheit nach der Modernisierung im Wesentlichen einer Neubauwohnung entspricht. Von einer umfassenden Modernisierung kann auch dann ausgegangen werden,

- wenn von den folgenden Modernisierungsmerkmalen mehrere nebeneinander vorliegen wie
- Einbau einer Sammelheizung
- Erneuerung der Sanitäreinrichtungen

§ 8 EStG
H 8.1 (5–6)

- Erneuerung der Elektroleitungen und -anlagen einschl. einer Verstärkung der Leitungsquerschnitte
- Erneuerung der Fenster und/oder der Türen
- Erneuerung der Fußböden
- Wärmedämmende Maßnahmen
- Verbesserung der Wohnverhältnisse durch Veränderung des Zuschnitts der Wohnung
- und/oder der Modernisierungsaufwand rund 1/3 der Kosten für eine vergleichbare Neubauwohnung beträgt.

In welchen Fällen „mehreren Modernisierungsmerkmale nebeneinander" vorliegen, ist dem jeweiligen Mietspiegel zu entnehmen. Enthält dieser keine entsprechende Regelung, ist von einer umfassenden Modernisierung auszugehen, wenn von den o. a. Merkmalen mindestens fünf vorliegen.

Für die Einstufung in eine Baujahresgruppe kommt der Zeitpunkt der Fertigstellung der Modernisierung in Betracht.

1.8 Bei angemieteten Dienst- und Mietwohnungen ist grundsätzlich die für die Anmietung zu zahlende Miete als üblicher Endpreis am Abgabeort anzusehen.

1.9 Für die Ermittlung der örtlichen Mietwerte der Dienst- und Mietwohnungen der Mitarbeiter und Mitarbeiterinnen der Lippischen Landeskirche mit Sitz in Detmold gilt abweichend von Tz. 1.1 Folgendes:

1. Der für die lohnsteuerliche Bewertung der Dienstwohnungen der Geistlichen sowie der Dienst- und Mietwohnungen der übrigen Bediensteten der Landeskirche zu erstellende Mietspiegel wird in acht Gruppen aufgeteilt, denen die in Betracht kommenden Gemeinden zugeordnet werden. Bad Salzuflen wird der Gruppe I, Lemgo der Gruppe III zugeordnet. Es sind für die in diesen Kommunen belegenen Wohnungen die aktuellen Mietspiegel vom 1. 1. 2008 bzw. 1. 3. 2009 zugrunde zu legen. Ausgangspunkt für die Bemessung der Mietwerte in der Gruppe II (Detmold, Oerlinghausen) ist der Mietspiegel der Stadt Detmold zum 1. 9. 2008. Ausgehend von einer mittleren Wohnlage in den genannten Gruppen wird der untere Eckwert des jeweiligen Mietspiegels in den verschiedenen Baujahresgruppen zum 1. 1. 2010 angesetzt (vgl. auch BFH vom 17. 8. 2005, BStBl 2006 II S. 71).

2. Von der insoweit für die Gruppe II ermittelten örtlichen Miete wird zur Bemessung des Mietwerts der Wohnungen in der Gruppe IV ein Abschlag von 10 %, der Wohnungen in der Gruppe V ein Abschlag von 15 % und der Wohnungen in der Gruppe VI ein Abschlag von 20 % vorgenommen. Für die Bemessung des Mietwerts der Wohnungen in der Gruppe VII wird ein Abschlag von 10 % von der für die Gruppe I ermittelten örtlichen Miete vorgenommen. Wegen der extrem schlechten Wohnlage der Wohnungen bei den in Gruppe VIII eingeordneten Gemeinden wird für die Bemessung des Mietwerts der Wohnungen ein Abschlag von 5 % vom jeweiligen Ausgangswert vorgenommen.

3. Die sich aufgrund der vorstehenden Ausführungen ergebenden Mietwerte gehen aus der Anlage zu Tz. 1.9 zu dieser Vereinbarung hervor und sind – auch unter Beachtung der übrigen Tz. – wegen der bei Mieterhöhungsverlangen geltenden Fristen ab dem 1. 6. 2010 anzuwenden.

1.10 Die Wohnflächenberechnung richtet sich nach den Bestimmungen des jeweiligen Mietspiegels. Bei Anwendung der II. Berechnungsverordnung vom 12. 10. 1990 (BGBl 1990 I S. 2178) sind ab dem 1. 1. 2004 die Änderungen der Verordnung vom 25. 11. 2003 (BGBl 2003 I S. 2349) zu beachten. Die Vorschrift des § 42 wurde neu gefasst. Ist die Wohnfläche bis zum 31. 12. 2003 nach dieser Verordnung berechnet worden, bleibt es bei dieser Berechnung. Soweit in den vorgenannten Fällen nach dem 31. 12. 2003 bauliche Änderungen an dem Wohnraum vorgenommen worden sind, die eine Neuberechnung der Wohnfläche erforderlich machen, sind die Vorschriften der Wohnflächenverordnung vom 25. 11. 2003 (BGBl 2003 I S. 2346) anzuwenden.

Die Regelungen der §§ 43 und 44 sind aufgehoben worden.

1.11 In die Berechnung des Mietwerts sind auch solche Räume einzubeziehen, die der Dienstnehmer so gut wie ausschließlich zu beruflichen Zwecken nutzt (häusliches Arbeitszimmer gem. § 4 Abs. 5 Nr. 6b i. V. m. § 9 Abs. 5 EStG). Gemischt genutzte Räume sind der Wohnung zuzurechnen.

Demgegenüber sind in die Berechnung des Mietwerts solche Räume nicht einzubeziehen, die dem Dienstnehmer vom Dienstgeber im ganz überwiegenden betrieblichen Interesse als Büro bzw. Dienstzimmer zugewiesen werden. Neben der ausdrücklichen – schriftlichen – Zuweisung dieses Raumes als Büro bzw. Dienstzimmer sind weitere Indizien erforderlich, die das überwiegend eigenbetriebliche Arbeitgeberinteresse begründen. Die Funktion des Raumes muss durch eindeutige Trennung des dienstlichen und privaten Bereichs mit einer klaren Zuordnung des Raumes zum dienstlichen Bereich nach objektiv abgrenzbaren Merkmalen erkennbar ein.

Als solche Merkmale kommen z. B. in Betracht:
- die tatsächliche Abgrenzung des Dienstzimmers/der Dienstzimmer zu den Wohnräumen durch eine separate Eingangstür oder durch die Lage im Gebäude (z. B. im Anbau) oder
- die gesonderte Erfassung der Kosten (z. B. der Energiekosten über gesonderte Zähler) oder
- die Möblierung und Ausstattung (Grundausstattung) des Büros bzw. Dienstzimmers/der Dienstzimmer durch den Dienstgeber

Die Möblierung und die Ausstattung müssen dem Dienstnehmer die Ausübung seiner beruflichen Tätigkeit ermöglichen. Die Nichtmöblierung durch den Dienstgeber fährt nicht in jedem Fall zur Einbeziehung des Raumes in den Wohnungsbereich.

Maßgeblich sind letztlich die Gesamtumstände des Einzelfalls, wobei besondere Indizien für ein ganz überwiegendes betriebliches Interesse in den Fällen des engen räumlichen Zusammenhangs mit dem Wohnungsbereich zu fordern sind. Hierzu gehört auch, dass dem Dienstnehmer neben dem Dienstzimmer/den Dienstzimmern noch ausreichend Raum für das (private) Wohnbedürfnis zur Verfügung steht.

Sofern die Nutzung von Räumlichkeiten im überwiegend eigenbetrieblichen Interesse des Arbeitgebers nicht festgestellt werden kann, sind die dienstlich/beruflich genutzten Räume in die Mietwertberechnung einzubeziehen.

1.12 Erstattet der Dienstgeber, ohne selbst Rechnungsempfänger zu sein, dem Dienstnehmer die auf das dienstlich zugewiesene Zimmer entfallenden Nebenkosten (Strom, Heizung), liegt grundsätzlich steuerpflichtiger Arbeitslohn vor; es bleibt dem Arbeitnehmer überlassen, die Aufwendungen als Werbungskosten – ggf. schon im Lohnsteuer-Ermäßigungsverfahren – geltend zu machen.

Es bestehen keine Bedenken, wenn dem Dienstnehmer die auf das Dienstzimmer entfallenden Kosten unter den Voraussetzungen des § 3 Nr. 12 Satz 2 EStG i. V. m. R 3.12 Abs. 3 Satz 3 LStR bis zu 175 EUR monatlich steuerfrei erstattet werden. Voraussetzung ist, dass die Zahlungen als Aufwandsentschädigungen gekennzeichnet sind. Ein Werbungskostenabzug scheidet insofern aus.

2. Garagen

Für Garagen ist der jeweils nach den örtlichen Verhältnissen zu ermittelnde übliche (durchschnittliche) Mietwert mit einem Betrag zwischen 20 EUR und 45 EUR monatlich anzusetzen.

3. Nebenkosten

3.1 Schönheitsreparaturen

Der Wert der lt. § 28 Abs. 4 der II. Berechnungsverordnung vom 12. 10. 1990 (BGBl 1990 I S. 2178, BGBl 1990 I S. 2190), zuletzt geändert durch Art. 8 des Gesetzes zur Reform des Wohnungsbaurechts vom 13. 9. 2001 (BGBl 2001 I S. 2376, BGBl 2001 I S. 2397), beträgt 8,50 EUR jährlich je qm-Wohnfläche (0,71 EUR monatlich):

Für die Durchführung von Schönheitsreparaturen ist ein Betrag von monatlich 0,50 EUR/qm-Wohnfläche anzusetzen. Damit wird berücksichtigt, dass die Dienst- und Mietwohnungen im kirchlichen Bereich im Vergleich zu Wohnungen außerhalb des kirchlichen Bereichs regelmäßig erst nach längeren Zeiträumen renoviert werden, als es i. d. R. mietvertragliche Regelungen vorsehen.

3.2 Wassergeld/Abwassergebühren

Unter Berücksichtigung des jährlichen Wasserverbrauchs von 48 m^3 pro Person im Bundesdurchschnitt und einem Wasserbezugspreis einschl. Entwässerung von 4,00 EUR/m^3 sind folgende monatliche Pauschbeträge anzusetzen:
- bei Ein-Personen-Haushalten:16 EUR
- bei Zwei-Personen-Haushalten:32 EUR
- bei Drei-Personen-Haushalten:48 EUR
- bei Vier- und Mehr-Personen-Haushalten:64 EUR

3.3 Heizkosten/Warmwasserversorgung

Die Heizkosten werden von den Dienst- und Mietwohnungsinhabern grundsätzlich selbst getragen. In den Fällen, in denen der Wert für die Gewährung von Heizung nicht individuell ermittelt werden kann (z. B. anhand einer Heizkostenabrechnung für die Dienst-/Mietwohnung), ist als ortsüblicher Mietpreis der Wert anzusetzen, der vom Finanzminister des Landes NRW

§ 8 EStG
H 8.1 (5–6)

jährlich als Heizkostenbetrag nach § 13 der Dienstwohnungsverordnung NRW für solche Dienstwohnungen festgelegt wird, die an eine Sammelheizung angeschlossen sind.

Aus datenverarbeitungs- und abrechnungstechnischen Gründen können die bis zum 30.6. festgesetzten Heizkostenwerte so lange als übliche Preise am Abgabeort zugrunde gelegt werden, bis die Werte für den jeweiligen Zeitraum neu festgesetzt und mitgeteilt werden. Diese Regelung kann bereits auch schon für den laufenden Abrechnungszeitraum angewandt werden.

Für eine Warmwasserversorgung über eine Versorgungsleitung ist entsprechend § 14 Abs. 1 der Dienstwohnungsverordnung NRW neben den vorbezeichneten Heizkostenbeiträgen für jeden vollen Monat (30 Kalendertage) ein Betrag von 1,83 % des jährlichen Heizkostenbeitrags anzusetzen.

    Beispiel: (100 qm-Wohnung, Ölheizung)

    100 qm × 11,59 EUR = 1 159,00 EUR jährlich

    : 12 = 96,58 EUR mtl. für Heizung

    + 1,83 % von 1 159,00 EUR

    = 21,21 EUR mtl. für Warmwasserbereitung

    Insgesamt = 117,79 EUR mtl. für Heizung und Warmwasser

3.4 Weitere Nebenkosten

Grundsteuer, Straßenreinigung, Müllabfuhr, Kaminreinigung, Treppenhausbeleuchtung, Treppenhausreinigung, Versicherungsbeiträge, Gemeinschaftsantenne, Gartenpflege, etc. sind nach § 8 Abs. 2 EStG mit den üblichen Endpreisen am Abgabeort anzusetzen. Dies sind in der Regel die tatsächlichen Kosten.

4. Telefonkosten

Für die steuerliche Behandlung des Kostenersatzes aufgrund der beruflichen Nutzung des privaten Fernsprechanschlusses des Dienstnehmers bzw. der Privatnutzung des arbeitgebereigenen Anschlusses gelten folgende Regelungen:

4.1 Handelt es sich bei dem in der Wohnung des Dienstnehmers angeschlossenen Telefons um einen privaten Fernsprechanschluss, können dem Dienstnehmer die beruflich veranlassten Gesprächsgebühren steuerfrei erstattet werden. Dabei ist nach der Regelung in R 3.50 Abs. 2 LStR zu verfahren. Es bestehen keine Bedenken, wenn diese unter den Voraussetzungen des § 3 Nr. 12 Satz 2 i. V. m. R 3.12 Abs. 3 Satz 3 in die 175 EUR einbezogen werden.

4.2 Steht dem Dienstnehmer in seiner Wohnung ein Dienstanschluss des Dienstgebers auch für private Zwecke zur Verfügung, ist im Hinblick auf die Vorschrift des § 3 Nr. 45 EStG von der Erfassung eines geldwerten Vorteils aus der Privatnutzung abzusehen.

4.3 Gleiches gilt, wenn es sich bei dem in der Wohnung des Arbeitnehmers vorhandenen Dienstanschluss um einen Nebenanschluss (Hauptanschluss z. B. im Pfarrbüro) handelt oder der Dienstnehmer lediglich über einen Dienstanschluss in einem ihm als Dienstzimmer bzw. Büro zugewiesenen Raum (vgl. Nr. 1.11) verfügt.

Erholungsheim

Wird ein Arbeitnehmer in einem Erholungsheim des Arbeitgebers oder auf Kosten des Arbeitgebers zur Erholung in einem anderen Beherbergungsbetrieb untergebracht oder verpflegt, so ist die Leistung mit dem entsprechenden Pensionspreis eines vergleichbaren Beherbergungsbetriebs am selben Ort zu bewerten; dabei können jedoch Preisabschläge in Betracht kommen, wenn der Arbeitnehmer z. B. nach der Hausordnung Bedingungen unterworfen wird, die für Hotels und Pensionen allgemein nicht gelten (→ BFH vom 18. 3. 1960 – BStBl III S. 237).

Ortsüblicher Mietwert

– Überlässt der Arbeitgeber seinem Arbeitnehmer eine Wohnung zu einem Mietpreis, der innerhalb der Mietpreisspanne des örtlichen Mietspiegels für vergleichbare Wohnungen liegt, scheidet die Annahme eines geldwerten Vorteils regelmäßig aus (→ BFH vom 17. 8. 2005 – BStBl 2006 II S. 71 **und vom 11.5.2011 – BStBl II S. 946).**
– *Überlässt ein Arbeitgeber seinen Arbeitnehmern Wohnungen und werden Nebenkosten (z. T.) nicht erhoben, liegt eine verbilligte Überlassung und damit ein Sachbezug nur vor, soweit die tatsächlich erhobene Miete zusammen mit den tatsächlich abgerechneten Nebenkosten die ortsübliche Miete (Kaltmiete plus umlagefähige Nebenkosten) unterschreitet* (→ **BFH vom 11.5.2011 – BStBl II S. 946).**

§ 8 EStG
H 8.1 (5–6)   R 8.1 (7)

Persönliche Bedürfnisse des Arbeitnehmers

Persönliche Bedürfnisse des Arbeitnehmers, z. B. hinsichtlich der Größe der Wohnung, sind bei der Höhe des Mietwerts nicht zu berücksichtigen (→ BFH vom 8. 3. 1968 – BStBl II S. 435 und vom 2. 10. 1968 – BStBl 1969 II S. 73).

→ Dienstwohnung

Steuerfreie Mietvorteile

→ R 3.59

Unterkunft

→ Sachbezugswerte

Wohnraumüberlassung

→ Sachbezugswerte (Ortsüblicher Mietpreis)

Kantinenmahlzeiten und Essenmarken   R 8.1 (7)

(7) Für die Bewertung von Mahlzeiten, die arbeitstäglich an die Arbeitnehmer abgegeben werden, gilt Folgendes:

1. ¹Mahlzeiten, die durch eine vom Arbeitgeber selbst betriebene Kantine, Gaststätte oder vergleichbare Einrichtung abgegeben werden, sind mit dem maßgebenden amtlichen Sachbezugswert nach der SvEV zu bewerten. ²Abweichendes gilt nach § 8 Abs. 3 EStG nur dann, wenn die Mahlzeiten überwiegend nicht für die Arbeitnehmer zubereitet werden.   Anhang 4

2. ¹Mahlzeiten, die die Arbeitnehmer in einer nicht vom Arbeitgeber selbst betriebenen Kantine, Gaststätte oder vergleichbaren Einrichtung erhalten, sind vorbehaltlich der Nummer 4 ebenfalls mit dem maßgebenden amtlichen Sachbezugswert zu bewerten, wenn der Arbeitgeber auf Grund vertraglicher Vereinbarung durch Barzuschüsse oder andere Leistungen an die die Mahlzeiten vertreibende Einrichtung, z. B. durch verbilligte Überlassung von Räumen, Energie oder Einrichtungsgegenständen, zur Verbilligung der Mahlzeiten beiträgt. ²Es ist nicht erforderlich, dass die Mahlzeiten im Rahmen eines Reihengeschäfts zunächst an den Arbeitgeber und danach von diesem an die Arbeitnehmer abgegeben werden.

3. In den Fällen der Nummern 1 und 2 ist ein geldwerter Vorteil als Arbeitslohn zu erfassen, wenn und soweit der vom Arbeitnehmer für eine Mahlzeit gezahlte Preis (einschl. Umsatzsteuer) den maßgebenden amtlichen Sachbezugswert unterschreitet.

4. Bestehen die Leistungen des Arbeitgebers im Falle der Nummer 2 aus Barzuschüssen in Form von Essenmarken (Essensgutscheine, Restaurantschecks), die vom Arbeitgeber an die Arbeitnehmer verteilt und von einer Gaststätte oder vergleichbaren Einrichtung (Annahmestelle) bei der Abgabe einer Mahlzeit in Zahlung genommen werden, gilt Folgendes:

   a) ¹Es ist nicht die Essenmarke mit ihrem Verrechnungswert, sondern vorbehaltlich des Buchstaben b die Mahlzeit mit dem maßgebenden Sachbezugswert zu bewerten, wenn

   aa) tatsächlich eine Mahlzeit abgegeben wird. Lebensmittel sind nur dann als Mahlzeit anzuerkennen, wenn sie zum unmittelbaren Verzehr geeignet oder zum Verbrauch während der Essenpausen bestimmt sind,

   bb) für jede Mahlzeit lediglich eine Essenmarke täglich in Zahlung genommen wird,

   cc) der Verrechnungswert der Essenmarke den amtlichen Sachbezugswert einer Mittagsmahlzeit um nicht mehr als 3,10 Euro übersteigt und

   dd) die Essenmarke nicht an Arbeitnehmer ausgegeben wird, die eine Auswärtstätigkeit ausüben.

   ²Dies gilt auch dann, wenn zwischen dem Arbeitgeber und der Annahmestelle keine unmittelbaren vertraglichen Beziehungen bestehen, weil ein Unternehmen eingeschaltet ist, das die Essenmarken ausgibt. ³Zur Erfüllung der Voraussetzungen nach Doppelbuchstabe bb hat der Arbeitgeber für jeden Arbeitnehmer die Tage der Abwesenheit z. B. infolge von Auswärtstätigkeiten, Urlaub oder Erkrankung festzustellen und die für diese Tage ausgegebenen Essenmarken zurückzufordern oder die Zahl der im Folgemonat auszugebenden Essenmarken um die Zahl der Abwesenheitstage zu vermindern. ⁴Die Pflicht zur Feststellung der Abwesenheitstage und zur Anpassung der Zahl der Essenmarken im Folgemonat entfällt für Arbeitnehmer, die im Kalenderjahr durchschnittlich an nicht mehr als drei Arbeitstagen je Kalendermonat Auswärtstätigkeit ausüben, wenn keiner dieser Arbeitnehmer im Kalendermonat mehr als 15 Essenmarken erhält.

§ 8 EStG
R 8.1 (7) H 8.1 (7)

    b) Bestehen die Leistungen des Arbeitgebers ausschließlich in der Hingabe von Essenmarken, ist auch unter den Voraussetzungen des Buchstaben a der Verrechnungswert der Essenmarke als Arbeitslohn anzusetzen, wenn dieser Wert den geldwerten Vorteil nach Nummer 3 unterschreitet.

    c) ¹Wird der Arbeitsvertrag dahingehend geändert, dass der Arbeitnehmer anstelle von Barlohn Essenmarken erhält, vermindert sich dadurch der Barlohn in entsprechender Höhe. ²Die Essenmarken sind mit dem Wert anzusetzen, der sich nach den Buchstaben a oder b ergibt. ³Ohne Änderung des Arbeitsvertrags führt der Austausch von Barlohn durch Essenmarken nicht zu einer Herabsetzung des steuerpflichtigen Barlohns. ⁴In diesem Fall ist der Betrag, um den sich der ausgezahlte Barlohn verringert, als Entgelt für die Mahlzeit oder Essenmarke anzusehen und von dem nach Nummer 4 Buchstabe a oder b maßgebenden Wert abzusetzen.

    d) ¹Die von Annahmestellen eingelösten Essenmarken brauchen nicht an den Arbeitgeber zurückgegeben und von ihm nicht aufbewahrt zu werden, wenn der Arbeitgeber eine Abrechnung erhält, aus der sich ergibt, wieviele Essenmarken mit welchem Verrechnungswert eingelöst worden sind, und diese aufbewahrt. ²Dasselbe gilt, wenn ein Essenmarkenemittent eingeschaltet ist, und der Arbeitgeber von diesem eine entsprechende Abrechnung erhält und aufbewahrt.

5. ¹Wenn der Arbeitgeber unterschiedliche Mahlzeiten zu unterschiedlichen Preisen teilentgeltlich oder unentgeltlich an die Arbeitnehmer abgibt oder Leistungen nach Nummer 2 zur Verbilligung der Mahlzeiten erbringt und die Lohnsteuer nach § 40 Abs. 2 EStG pauschal erhebt, kann der geldwerte Vorteil mit dem Durchschnittswert der Pauschalbesteuerung zugrunde gelegt werden. ²Die Durchschnittsbesteuerung braucht nicht tageweise durchgeführt zu werden, sie darf sich auf den gesamten Lohnzahlungszeitraum erstrecken. ³Bietet der Arbeitgeber bestimmte Mahlzeiten nur einem Teil seiner Arbeitnehmer an, z. B. in einem Vorstandskasino, sind diese Mahlzeiten nicht in die Durchschnittsberechnung einzubeziehen. ⁴Unterhält der Arbeitgeber mehrere Kantinen, ist der Durchschnittswert für jede einzelne Kantine zu ermitteln. ⁵Ist die Ermittlung des Durchschnittswerts wegen der Menge der zu erfassenden Daten besonders aufwendig, kann die Ermittlung des Durchschnittswerts für einen repräsentativen Zeitraum und bei einer Vielzahl von Kantinen für eine repräsentative Auswahl der Kantinen durchgeführt werden.

6. ¹Der Arbeitgeber hat die vom Arbeitnehmer geleistete Zahlung grundsätzlich in nachprüfbarer Form nachzuweisen. ²Der Einzelnachweis der Zahlungen ist nur dann nicht erforderlich,

    a) wenn gewährleistet ist, dass,

        aa) die Zahlung des Arbeitnehmers für eine Mahlzeit den anteiligen amtlichen Sachbezugswert nicht unterschreitet oder

        bb) nach Nummer 4 der Wert der Essenmarke als Arbeitslohn zu erfassen ist oder

    b) wenn der Arbeitgeber die Durchschnittsberechnung nach Nummer 5 anwendet.

H 8.1 (7)   **Hinweise**

Begriff der Mahlzeit

Zu den Mahlzeiten gehören alle Speisen und Lebensmittel, die üblicherweise der Ernährung dienen, einschließlich der dazu üblichen Getränke (→ BFH vom 21. 3. 1975 – BStBl II S. 486 und vom 7. 11. 1975 – BStBl 1976 II S. 50).

Essenmarken
Beispiele zu R 8.1 Abs. 7 Nr. 4 Buchst. b

Beispiel 1:

Ein Arbeitnehmer erhält eine Essenmarke mit einem Wert von 1 €. Die Mahlzeit kostet 2 €.

Preis der Mahlzeit	2,00 €
./. Wert der Essenmarke	1,00 €
Zahlung des Arbeitnehmers	1,00 €
Sachbezugswert¹) der Mahlzeit	**2,93 €**
./. Zahlung des Arbeitnehmers	1,00 €
Verbleibender Wert	**1,93 €**
Anzusetzen ist der niedrigere Wert der Essenmarke	1,00 €

¹) Wert für 2013.

§ 8 EStG
H 8.1 (7)

Beispiel 2:
Ein Arbeitnehmer erhält eine Essenmarke mit einem Wert von 3 €. Die Mahlzeit kostet 3 €.

Preis der Mahlzeit	3,00 €
./. Wert der Essenmarke	3,00 €
Zahlung des Arbeitnehmers	0,00 €
Sachbezugswert[1])) der Mahlzeit	2,93 €
./. Zahlung des Arbeitnehmers	0,00 €
Verbleibender Wert	2,93 €
Anzusetzen ist der Sachbezugswert[2]	2,93 €

Essenmarken und Gehaltsumwandlung

– Änderung des Arbeitsvertrags

Wird der Arbeitsvertrag dahingehend geändert, dass der Arbeitnehmer anstelle von Barlohn Essenmarken erhält, so vermindert sich dadurch der Barlohn in entsprechender Höhe (→ BFH vom 20. 8. 1997 – BStBl II S. 667).

Beispiel:
Der Arbeitgeber gibt dem Arbeitnehmer monatlich 15 Essenmarken. Im Arbeitsvertrag ist der Barlohn von 3 500 € im Hinblick auf die Essenmarken um 60 € auf 3 440 € herabgesetzt worden.

a) Beträgt der Verrechnungswert der Essenmarken jeweils 5 €, so ist dem Barlohn von 3 440 € der Wert der Mahlzeit mit dem Sachbezugswert (15 × **2,93**[3] € =) **43,95** € hinzuzurechnen.

b) Beträgt der Verrechnungswert der Essenmarken jeweils 6 €, so ist dem Barlohn von 3 440 € der Verrechnungswert der Essenmarken (15 × 6 € =) 90 € hinzuzurechnen.

– Keine Änderung des Arbeitsvertrags

Ohne Änderung des Arbeitsvertrags führt der Austausch von Barlohn durch Essenmarken nicht zu einer Herabsetzung des steuerpflichtigen Barlohns. In diesem Fall ist der Betrag, um den sich der ausgezahlte Barlohn verringert, als Entgelt für die Mahlzeit oder Essenmarke anzusehen und von dem für die Essenmarke maßgebenden Wert abzusetzen.

Beispiel:
Ein Arbeitnehmer mit einem monatlichen Bruttolohn von 3 500 € erhält von seinem Arbeitgeber 15 Essenmarken. Der Arbeitsvertrag bleibt unverändert. Der Arbeitnehmer zahlt für die Essenmarken monatlich 60 €.

a) Auf den Essenmarken ist jeweils ein Verrechnungswert von **7** € ausgewiesen.
Der Verrechnungswert der Essenmarke übersteigt den Sachbezugswert von **2,93**[1]) € um mehr als 3,10 €. Die Essenmarken sind deshalb mit ihrem Verrechnungswert anzusetzen:

15 Essenmarken × **7** €	**105,00 €**
./. Entgelt des Arbeitnehmers	60,00 €
Vorteil	**45,00 €**

Dieser ist dem bisherigen Arbeitslohn von 3 500 € hinzuzurechnen.

b) Auf den Essenmarken ist jeweils ein Verrechnungswert von 5 € ausgewiesen.
Der Verrechnungswert der Essenmarke übersteigt den Sachbezugswert von **2,93**[1]) € um nicht mehr als 3,10 €. Es ist deshalb nicht der Verrechnungswert der Essenmarken, sondern der Wert der erhaltenen Mahlzeiten mit dem Sachbezugswert anzusetzen:

15 Essenmarken × Sachbezugswert **2,93**[1]) €	**43,95 €**
./. Entgelt des Arbeitnehmers	60,00 €
Vorteil	0,00 €

Dem bisherigen Arbeitslohn von 3 500 € ist nichts hinzuzurechnen.

Sachbezugsbewertung

Beispiel zu R 8.1 Abs. 7 Nr. 3
Der Arbeitnehmer zahlt 2 € für ein Mittagessen im Wert von 4 €.

Sachbezugswert der Mahlzeit	**2,93**[1]) €
./. Zahlung des Arbeitnehmers	2,00 €
geldwerter Vorteil	**0,93 €**

---
1) Wert für 2013.
2) Wert für 2013.
3) Wert für 2013.

§ 8 EStG
R 8.1 (8)   H 8.1 (7)

Hieraus ergibt sich, dass die steuerliche Erfassung der Mahlzeiten entfällt, wenn gewährleistet ist, dass der Arbeitnehmer für jede Mahlzeit mindestens einen Preis in Höhe des amtlichen Sachbezugswerts zahlt.

Wert von Mahlzeiten

Berechnung des geldwerten Vorteils bei verbilligten oder unentgeltlichen Mahlzeiten im Betrieb

(Erlaß des FinMin Mecklenburg-Vorpommern vom 4. 4. 1991 – IV – 310 – S 2334 – 16/91 –)

Im Einvernehmen mit dem Bundesminister der Finanzen und den obersten Finanzbehörden der anderen Länder bitte ich zur Frage der Durchschnittsberechnung gemäß Abschnitt 31 Abs. 6 Satz 6 LStR 1990 folgende Auffassung zu vertreten:

Es ist ausreichend, wenn als Zeitraum für die Durchschnittsbildung der jeweilige Lohnzahlungszeitraum angenommen wird.

Eine weitergehende Durchschnittsbildung kann nicht zugelassen werden. Deshalb kommt eine Durchschnittsrechnung auf der Grundlage der Anzahl der im Vorjahr ausgegebenen verbilligten oder unentgeltlichen Mahlzeiten ebensowenig in Betracht wie die Annahme von durchschnittlich 180 Essenstagen im Jahr.

Wird monatlich ein pauschales Entgelt für die Mahlzeiten erhoben, ist der Summe der monatlichen Pauschalentgelte der Gesamtwert der im selben Zeitraum ausgegebenen verbilligten oder unentgeltlichen Mahlzeiten gegenüberzustellen und der die Summe der Pauschalentgelte übersteigende Wert der verbilligten oder unentgeltlichen Mahlzeiten der Pauschalbesteuerung zugrundezulegen.

Lohnsteuerliche Behandlung von unentgeltlichen oder verbilligten Mahlzeiten der Arbeitnehmer ab Kalenderjahr 2013

(BMF-Schreiben vom 20. 12. 2012 – IV C 5 – S 2334/12/10004 –, BStBl I 2013 S. 86)

Mahlzeiten, die arbeitstäglich unentgeltlich oder verbilligt an die Arbeitnehmer abgegeben werden, sind mit dem anteiligen amtlichen Sachbezugswert nach der Verordnung über die sozialversicherungsrechtliche Beurteilung von Zuwendungen des Arbeitgebers als Arbeitsentgelt (Sozialversicherungsentgeltverordnung - SvEV) zu bewerten. Darüber hinaus wird es nicht beanstandet, wenn auch Mahlzeiten zur üblichen Beköstigung bei Auswärtstätigkeit oder im Rahmen einer doppelten Haushaltsführung unter den Voraussetzungen von R 8.1 Absatz 8 Nummer 2 LStR mit dem maßgebenden Sachbezugswert angesetzt werden. Die Sachbezugswerte ab Kalenderjahr 2013 sind – teilweise – durch die Fünfte Verordnung zur Änderung der Sozialversicherungsentgeltverordnung vom 19. Dezember 2012 (BGBl. I Seite 2714) festgesetzt worden. Demzufolge beträgt der Wert für Mahlzeiten, die ab Kalenderjahr 2013 gewährt werden,

a) für ein Mittag- oder Abendessen 2,93 Euro,

b) für ein Frühstück 1,60 Euro.

Im Übrigen wird auf R 8.1 Absatz 7 und 8 LStR hingewiesen.

R 8.1 (8)   **Mahlzeiten aus besonderem Anlass**

(8) Für die steuerliche Erfassung und Bewertung von Mahlzeiten, die der Arbeitgeber oder auf dessen Veranlassung ein Dritter aus besonderem Anlass an Arbeitnehmer abgibt, gilt Folgendes:

1. ¹Mahlzeiten, die im ganz überwiegenden betrieblichen Interesse des Arbeitgebers an die Arbeitnehmer abgegeben werden, gehören nicht zum Arbeitslohn. ²Dies gilt für Mahlzeiten im Rahmen herkömmlicher Betriebsveranstaltungen nach Maßgabe der R 19.5, für ein sog. Arbeitsessen i. S. d. R 19.6 Abs. 2 sowie für die Beteiligung von Arbeitnehmern an einer geschäftlich veranlassten Bewirtung i. S. d. § 4 Abs. 5 Satz 1 Nr. 2 EStG.

2. ¹Mahlzeiten, die anlässlich oder während einer Auswärtstätigkeit i. S. d. R 9.4 Abs. 1 oder im Rahmen einer doppelten Haushaltsführung i. S. d. § 9 Abs. 1 Satz 3 Nr. 5 EStG abgegeben werden, sind mit dem Wert nach § 8 Abs. 2 Satz 1 EStG anzusetzen; R 8.1 Abs. 2 Satz 9 ist nicht anzuwenden. ²Die nach Satz 1 bewerteten Mahlzeiten sind – soweit durch daneben geleistete Zuschüsse noch nicht ausgeschöpft – in dem Rahmen des § 3 Nr. 13 oder 16 EStG steuerfrei; der den steuerfreien Teil übersteigende Betrag ist in die Prüfung der Freigrenze nach § 8 Abs. 2 Satz 9 EStG einzubeziehen. ³Für Mahlzeiten i. S. d. Satzes 1, die zur üblichen Beköstigung der Arbeitnehmer abgegeben werden, kann aus Vereinfachungsgründen statt des Werts nach § 8 Abs. 2 Satz 1 EStG der maßgebende amtliche Sachbezugswert nach der SvEV angesetzt werden; eine übliche Beköstigung liegt nur vor, wenn der Wert der Mahlzeit 40

Euro nicht übersteigt. ⁴Die nach Satz 3 mit dem Sachbezugswert bewerteten Mahlzeiten sind weder nach § 3 Nr. 13 oder 16 EStG steuerfrei noch ist hierfür die Freigrenze nach § 8 Abs. 2 Satz 9 EStG anwendbar. ⁵Die Abgabe einer Mahlzeit ist vom Arbeitgeber veranlasst, wenn er Tag und Ort der Mahlzeit bestimmt hat. ⁶Hiervon ist regelmäßig auszugehen, wenn
   a) die Aufwendungen vom Arbeitgeber dienst- oder arbeitsrechtlich ersetzt werden und
   b) die Rechnung auf den Arbeitgeber ausgestellt ist.
   ⁷Hat der Arbeitgeber die Abgabe von Mahlzeiten veranlasst, ist es unerheblich, wie die Rechnung beglichen wird. ⁸Die Sätze 1 bis 7 gelten auch für die Abgabe von Mahlzeiten während einer Bildungsmaßnahme i. S. d. R 19.7 Abs. 1. ⁹R 19.6 Abs. 2 bleibt unberührt.
3. ¹Mahlzeiten, die der Arbeitgeber als Gegenleistung für das Zurverfügungstellen der individuellen Arbeitskraft an seine Arbeitnehmer abgibt, sind mit ihrem tatsächlichen Preis anzusetzen.
4. ¹In den Fällen der Nummern 2 und 3 ist ein geldwerter Vorteil als Arbeitslohn zu erfassen, wenn und soweit der vom Arbeitnehmer gezahlte Preis (einschl. Umsatzsteuer) den maßgebenden Wert der Mahlzeit unterschreitet. ²Auf den Sachbezugswert ist auch ein zwischen Arbeitgeber und Arbeitnehmer vereinbartes Entgelt anzurechnen, wenn dieses Entgelt von der steuerfreien Reisekostenvergütung, auf die der Arbeitnehmer einen Anspruch hat, oder vom Nettoarbeitslohn einbehalten wird.¹⁾ ³Die Höhe der Reisekostenvergütung und des zu bescheinigenden Arbeitslohns wird durch die Entgeltverrechnung nicht verändert. ⁴Wird vom Arbeitgeber oder auf dessen Veranlassung von einem Dritten nur ein Essen, aber kein Getränk gestellt, ist das Entgelt, das der Arbeitnehmer für ein Getränk bei der Mahlzeit zahlt, nicht auf den Sachbezugswert für die Mahlzeit anzurechnen.

Hinweise

Auswärtstätigkeit

Beispiel 1 (zu R 8.1 Abs. 8 Nr. 2 Sätze 1 und 2)

Anlässlich einer eintägigen Fortbildungsveranstaltung stellt der Arbeitgeber den teilnehmenden Arbeitnehmern ein Mittagessen zur Verfügung. Der Wert der gestellten Mahlzeit beträgt 14 €. Die Abwesenheitsdauer der Arbeitnehmer beträgt 10 Stunden. Den geldwerten Vorteil aus der gestellten Mahlzeit setzt der Arbeitgeber mit dem Wert nach § 8 Abs. 2 Satz 1 EStG (14 €) an.

a) Der Arbeitgeber stellt die Mahlzeit und leistet keinen Zuschuss.

Von dem geldwerten Vorteil aus der gestellten Mahlzeit von 14 € (Wert nach § 8 Abs. 2 Satz 1 EStG) sind nach § 3 Nr. 13 oder 16 EStG 6 € steuerfrei. Der den steuerfreien Teil übersteigende Betrag von 8 € ist in die Prüfung der 44-Euro-Freigrenze einzubeziehen.

Der Arbeitnehmer kann keine Verpflegungsmehraufwendungen als Werbungskosten bei seinen Einkünften aus nichtselbständiger Arbeit geltend machen, weil er einen steuerfreien Sachbezug in Höhe des Pauschbetrags für Verpflegungsmehraufwendungen erhalten hat.

b) Der Arbeitgeber stellt die Mahlzeit und leistet einen Zuschuss von 5 €.

Der Zuschuss von 5 € und 1 € vom Wert der Mahlzeit sind nach § 3 Nr. 13 oder 16 EStG steuerfrei. Der den steuerfreien Teil übersteigende Betrag von 13 € ist in die Prüfung der 44-Euro-Freigrenze einzubeziehen.

Der Arbeitnehmer kann keine Verpflegungsmehraufwendungen als Werbungskosten bei seinen Einkünften aus nichtselbständiger Arbeit geltend machen, weil er insgesamt steuerfreie Leistungen (einen Zuschuss von 5 € und einen Sachbezug von 1 €) in Höhe des Pauschbetrags für Verpflegungsmehraufwendungen erhalten hat.

Beispiel 2 (zu R 8.1 Abs. 8 Nr. 2 Sätze 3 und 4)

Anlässlich einer eintägigen Fortbildungsveranstaltung stellt der Arbeitgeber den teilnehmenden Arbeitnehmern ein Mittagessen zur Verfügung. Der Wert der gestellten Mahlzeit beträgt 14 €. Die Abwesenheitsdauer der Arbeitnehmer beträgt 10 Stunden.

a) Der Arbeitgeber stellt die Mahlzeit und leistet keinen Zuschuss.

Da der Wert der Mahlzeit die Üblichkeitsgrenze von 40 € unterschreitet, kann der Arbeitgeber den geldwerten Vorteil aus der gestellten Mahlzeit – statt mit dem Wert nach § 8 Abs. 2 Satz 1 EStG – mit dem Sachbezugswert von **2,93**²⁾ € ansetzen und versteuern.

Der Arbeitnehmer kann den Pauschbetrag für Verpflegungsmehraufwendungen von 6 € als Werbungskosten bei seinen Einkünften aus nichtselbständiger Arbeit geltend machen.

---

¹) **Zur** Weiteranwendung dieser Regelung trotz BFH vom 24.3.2011 (BStBl II S. 829) → **H 8.1 (8) Einbehalt von Tagegeld**.
²) **Wert für 2013.**

b) Der Arbeitgeber stellt die Mahlzeit und leistet einen Zuschuss von 5 €.

Da der Wert der Mahlzeit die Üblichkeitsgrenze von 40 € unterschreitet, kann der Arbeitgeber den geldwerten Vorteil aus der gestellten Mahlzeit – statt mit dem Wert nach § 8 Abs. 2 Satz 1 EStG – mit dem Sachbezugswert von **2,93**[1] € ansetzen und versteuern. Der Zuschuss von 5 € ist nach § 3 Nr. 13 oder 16 EStG steuerfrei.

Der Arbeitnehmer kann Verpflegungsmehraufwendungen von 1 € als Werbungskosten bei seinen Einkünften aus nichtselbständiger Arbeit geltend machen.

c) Der Arbeitgeber stellt die Mahlzeit und leistet einen Zuschuss von 5 €, von dem er den Sachbezugswert von **2,93**[2] € einbehält.

Da der Wert der Mahlzeit die Üblichkeitsgrenze von 40 € unterschreitet, könnte der Arbeitgeber den geldwerten Vorteil aus der gestellten Mahlzeit – statt mit dem Wert nach § 8 Abs. 2 Satz 1 EStG – mit dem Sachbezugswert von **2,93**[3] € ansetzen. Die Hinzurechnung dieses geldwerten Vorteils zum steuerpflichtigen Arbeitslohn entfällt, denn der Einbehalt vom Zuschuss von **2,93** € gilt als Zahlung durch den Arbeitnehmer, die auf den geldwerten Vorteil anzurechnen ist. Der Zuschuss von 5 € ist nach § 3 Nr. 13 oder 16 EStG steuerfrei und nach § 4 Abs. 2 LStDV aufzuzeichnen.

Der Arbeitnehmer kann Verpflegungsmehraufwendungen von 1 € als Werbungskosten bei seinen Einkünften aus nichtselbständiger Arbeit geltend machen.

Anhang 36 **Einbehalt von Tagegeld**

Unentgeltliche Verpflegung ist keine steuerfreie, sondern regelmäßig mangels Steuerbefreiungsnorm eine steuerbare und steuerpflichtige Einnahme, die mit dem Sachbezugswert zu bewerten und als steuerpflichtiger Arbeitslohn anzusetzen ist. Macht der Arbeitgeber für eine zur Verfügung gestellte Mahlzeit von seinem Einbehaltungsrecht (einseitige Kürzung des Tagegeldanspruchs) Gebrauch, liegt insoweit kein auf den Sachbezugswert anzurechnendes Entgelt vor (→ BFH vom 24.3.2011 – BStBl II S. 829). Es wird aber nicht beanstandet, wenn der Arbeitgeber statt nach den Grundsätzen dieses Urteils weiterhin nach R 8.1 Abs. 8 Nr. 4 Satz 2 LStR v. m. H 8.1 (8) Reisekostenabrechnung, Beispiel 1) verfährt. Macht der Arbeitnehmer in diesen Fällen Verpflegungsmehraufwendungen als Werbungskosten geltend, ist der unversteuerte bzw. verrechnete Sachbezugswert als steuerpflichtiger Arbeitslohn zu erfassen; aus Vereinfachungsgründen kann er mit dem maßgebenden Pauschbetrag für Verpflegungsmehraufwendungen saldiert werden (→ BMF vom 27.9.2011 – BStBl I S. 976).

Individuell zu versteuernde Mahlzeiten

Mit dem tatsächlichen Preis anzusetzen sind Mahlzeiten, die im Rahmen unüblicher Betriebsveranstaltungen (→ BFH vom 6. 2. 1987 – BStBl II S. 355) oder regelmäßiger Geschäftsleitungssitzungen (→ BFH vom 4. 8. 1994 – BStBl 1995 II S. 59) abgegeben werden.

Reisekostenabrechnungen

Beispiel 1:

Ein Arbeitnehmer ist durch eine Auswärtstätigkeit an einem Kalendertag 15 Stunden abwesend. Nach der betrieblichen Reisekostenregelung beträgt die Reisekostenvergütung bei einer 15-stündigen Abwesenheit 15 €, die bei Gewährung einer Mahlzeit um 30 % zu kürzen ist. Der Arbeitnehmer hat deshalb nur Anspruch auf eine Reisekostenvergütung von 10,50 € in bar.

– Der Arbeitnehmer erhält vom Arbeitgeber eine Mittagsmahlzeit unentgeltlich.

Der geldwerte Vorteil der Mahlzeit ist mit dem Sachbezugswert **2,93**[4] € dem steuerpflichtigen Arbeitslohn hinzuzurechnen.

– Der Arbeitnehmer erhält vom Arbeitgeber eine Mittagsmahlzeit, für die ein Entgelt von **2,93** € vereinbart ist. Dieses Entgelt wird von der Reisekostenvergütung einbehalten. Statt 10,50 € erhält der Arbeitnehmer nur **7,57** € ausgezahlt.

Die Zurechnung eines geldwerten Vorteils zum Arbeitslohn entfällt. Als Reisekostenvergütung sind nach § 4 Abs. 2 LStDV 10,50 € einzutragen. Auf die Höhe des zu bescheinigenden Arbeitslohns hat die Mahlzeit ebenfalls keinen Einfluss.

Beispiel 2:

Der Arbeitgeber stellt dem Arbeitnehmer bei einer Auswärtstätigkeit Unterkunft und Frühstück.

---

[1] *Wert für 2013.*
[2] *Wert für 2013.*
[3] *Wert für 2013.*
[4] *Wert für 2013.*

Der geldwerte Vorteil des Frühstücks ist mit dem Sachbezugswert **1,60**[1] € dem steuerpflichtigen Arbeitslohn hinzuzurechnen. Ein geldwerter Vorteil für die Gestellung der Unterkunft ist nicht anzusetzen.

Gestellung von Kraftfahrzeugen

R 8.1 (9)

(9) Überlässt der Arbeitgeber oder auf Grund des Dienstverhältnisses ein Dritter dem Arbeitnehmer ein Kraftfahrzeug zur privaten Nutzung, gilt Folgendes:

1. [1]Der Arbeitgeber hat den privaten Nutzungswert mit monatlich 1 % des inländischen Listenpreises des Kraftfahrzeugs anzusetzen. [2]Kann das Kraftfahrzeug auch zu Fahrten zwischen Wohnung und Arbeitsstätte genutzt werden, ist diese Nutzungsmöglichkeit unabhängig von der Nutzung des Fahrzeugs zu Privatfahrten zusätzlich mit monatlich 0,03 % des inländischen Listenpreises des Kraftfahrzeugs für jeden Kilometer der Entfernung zwischen Wohnung und Arbeitsstätte zu bewerten und dem Arbeitslohn zuzurechnen.[2] [3]Wird das Kraftfahrzeug zu Heimfahrten im Rahmen einer doppelten Haushaltsführung genutzt, erhöht sich der Wert nach Satz 1 für jeden Kilometer der Entfernung zwischen dem Beschäftigungsort und dem Ort des eigenen Hausstands um 0,002 % des inländischen Listenpreises für jede Fahrt, für die der Werbungskostenabzug nach § 9 Abs. 1 Satz 3 Nr. 5 Satz 3 EStG ausgeschlossen ist. [4]Die Monatswerte nach den Sätzen 1 und 2 sind auch dann anzusetzen, wenn das Kraftfahrzeug dem Arbeitnehmer im Kalendermonat nur zeitweise zur Verfügung steht. [5]Kürzungen der Werte, z. B. wegen einer Beschriftung des Kraftwagens, wegen eines privaten Zweitwagens oder wegen Übernahme der Treibstoff- oder Garagenkosten durch den Arbeitnehmer, sind nicht zulässig. [6]Listenpreis i. S. d. Sätze 1 bis 3 ist – auch bei gebraucht erworbenen oder geleasten Fahrzeugen – die auf volle hundert Euro abgerundete unverbindliche Preisempfehlung des Herstellers für das genutzte Kraftfahrzeug im Zeitpunkt seiner Erstzulassung zuzüglich der Kosten für – auch nachträglich eingebaute[3] – Sonderausstattungen (z. B. Navigationsgeräte, Diebstahlsicherungssysteme) und der Umsatzsteuer; der Wert eines Autotelefons einschl. Freisprecheinrichtung sowie der Wert eines weiteren Satzes Reifen einschl. Felgen bleiben außer Ansatz. [7]Bei einem Kraftwagen, der aus Sicherheitsgründen gepanzert ist, kann der Listenpreis des leistungsschwächeren Fahrzeugs zugrunde gelegt werden, das dem Arbeitnehmer zur Verfügung gestellt würde, wenn seine Sicherheit nicht gefährdet wäre. [8]Kann das Kraftfahrzeug auch im Rahmen einer anderen Einkunftsart genutzt werden, ist diese Nutzungsmöglichkeit mit dem Nutzungswert nach Satz 1 abgegolten. [9]Nummer 2 Satz 9 bis 16 gilt entsprechend.

2. [1]Der Arbeitgeber kann den privaten Nutzungswert abweichend von Nummer 1 mit den für das Kraftfahrzeug entstehenden Aufwendungen ansetzen, die auf die nach Nummer 1 zu erfassenden privaten Fahrten entfallen, wenn die Aufwendungen durch Belege und das Verhältnis der privaten zu den übrigen Fahrten durch ein ordnungsgemäßes Fahrtenbuch nachgewiesen werden. [2]Dabei sind die dienstlich und privat zurückgelegten Fahrtstrecken gesondert und laufend im Fahrtenbuch nachzuweisen. [3]Für dienstliche Fahrten sind grundsätzlich die folgenden Angaben erforderlich:

   a) Datum und Kilometerstand zu Beginn und am Ende jeder einzelnen Auswärtstätigkeit,
   b) Reiseziel und bei Umwegen auch die Reiseroute,
   c) Reisezweck und aufgesuchte Geschäftspartner.

   [4]Für Privatfahrten genügen jeweils Kilometerangaben; für Fahrten zwischen Wohnung und Arbeitsstätte genügt jeweils ein kurzer Vermerk im Fahrtenbuch. [5]Die Führung des Fahrtenbuchs kann nicht auf einen repräsentativen Zeitraum beschränkt werden, selbst wenn die Nutzungsverhältnisse keinen größeren Schwankungen unterliegen. [6]Anstelle des Fahrtenbuchs kann ein Fahrtenschreiber eingesetzt werden, wenn sich daraus dieselben Erkenntnisse gewinnen lassen. [7]Der private Nutzungswert ist der Anteil an den Gesamtkosten des Kraftwagens, der dem Verhältnis der Privatfahrten zur Gesamtfahrtstrecke entspricht. [8]Die insgesamt durch das Kraftfahrzeug entstehenden Aufwendungen i. S. d. § 8 Abs. 2 Satz 4 EStG (Gesamtkosten) sind als Summe der Nettoaufwendungen zuzüglich Umsatzsteuer zu ermitteln; dabei bleiben vom Arbeitnehmer selbst getragene Kosten außer Ansatz. [9]Zu den Gesamtkosten gehören nur solche Kosten, die dazu bestimmt sind, unmittelbar dem Halten und dem Betrieb des Kraftfahrzeugs zu dienen und im Zusammenhang mit seiner Nutzung typischerweise entstehen. [10]Absetzungen für Abnutzung sind stets in die Gesamtkosten einzubeziehen; ihnen sind die tatsächlichen Anschaffungs- oder Herstellungskosten einschließlich der Umsatzsteuer zugrunde zu legen. [11]Nicht zu den Gesamtkosten gehören z. B. Beiträge für einen

---

[1]) Wert für 2013.
[2]) Zur Einzelbewertung anstelle der 0,03 %-Regelung → H 8.1 (9–10) Fahrten zwischen Wohnung und regelmäßiger Arbeitsstätte bei pauschaler Nutzungswertermittlung.
[3]) Überholt durch BFH vom 13.10.2010 (BStBl 2011 II S. 361). → H 8.1 (9–10) Listenpreis 2. Spiegelstrich.

§ 8 EStG
R 8.1 (9), R 8.1 (10)   H 8.1 (9–10)

auf den Namen des Arbeitnehmers ausgestellten Schutzbrief, Straßen- oder Tunnelbenutzungsgebühren und Unfallkosten. ¹²Verbleiben nach Erstattungen durch Dritte Unfallkosten bis zur Höhe von 1.000 Euro (zuzüglich Umsatzsteuer) je Schaden ist es aber nicht zu beanstanden, wenn diese als Reparaturkosten in die Gesamtkosten einbezogen werden.¹³Ist der Arbeitnehmer gegenüber dem Arbeitgeber wegen Unfallkosten nach allgemeinen zivilrechtlichen Regeln schadensersatzpflichtig (z. B. Privatfahrten, Trunkenheitsfahrten) und verzichtet der Arbeitgeber (z. B. durch arbeitsvertragliche Vereinbarungen) auf diesen Schadensersatz, liegt in Höhe des Verzichts ein gesonderter geldwerter Vorteil vor (§ 8 Abs. 2 Satz 1 EStG). ¹⁴Erstattungen durch Dritte (z. B. Versicherung) sind unabhängig vom Zahlungszeitpunkt zu berücksichtigen, so dass der geldwerte Vorteil regelmäßig in Höhe des vereinbarten Selbstbehalts anzusetzen ist. ¹⁵Hat der Arbeitgeber auf den Abschluss einer Versicherung verzichtet, ist aus Vereinfachungsgründen so zu verfahren, als bestünde eine Versicherung mit einem Selbstbehalt in Höhe von 1.000 Euro, wenn es bei bestehender Versicherung zu einer Erstattung gekommen wäre. ¹⁶Liegt keine Schadensersatzpflicht des Arbeitnehmers vor (z. B. Fälle höherer Gewalt, Verursachung des Unfalls durch einen Dritten) oder ereignet sich der Unfall auf einer beruflich veranlassten Fahrt (Auswärtstätigkeit oder Fahrt zwischen Wohnung und regelmäßiger Arbeitsstätte), liegt vorbehaltlich Satz 13 kein geldwerter Vorteil vor.

3. ¹Der Arbeitgeber muss in Abstimmung mit dem Arbeitnehmer die Anwendung eines der Verfahren nach den Nummern 1 und 2 für jedes Kalenderjahr festlegen; das Verfahren darf bei demselben Kraftfahrzeug während des Kalenderjahres nicht gewechselt werden. ²Soweit die genaue Erfassung des privaten Nutzungswerts nach Nummer 2 monatlich nicht möglich ist, kann der Erhebung der Lohnsteuer monatlich ein Zwölftel des Vorjahresbetrags zugrunde gelegt werden. ³Nach Ablauf des Kalenderjahres oder nach Beendigung des Dienstverhältnisses ist der tatsächlich zu versteuernde Nutzungswert zu ermitteln und eine etwaige Lohnsteuerdifferenz nach Maßgabe der §§ 41c, 42b EStG auszugleichen. ⁴Bei der Veranlagung zur Einkommensteuer ist der Arbeitnehmer nicht an das für die Erhebung der Lohnsteuer gewählte Verfahren gebunden; Satz 1 2. Halbsatz gilt entsprechend.

4. ¹Zahlt der Arbeitnehmer an den Arbeitgeber für die Nutzung des Kraftfahrzeugs ein Entgelt, mindert dies den Nutzungswert. ²Dabei ist es gleichgültig, ob das Nutzungsentgelt pauschal oder entsprechend der tatsächlichen Nutzung des Kraftfahrzeugs bemessen wird. ³Zuschüsse des Arbeitnehmers zu den Anschaffungskosten können im Zahlungsjahr ebenfalls auf den privaten Nutzungswert angerechnet werden; in den Fällen der Nummer 2 gilt dies nur, wenn die für die AfA-Ermittlung maßgebenden Anschaffungskosten nicht um die Zuschüsse gemindert worden sind. ⁴Nach der Anrechnung im Zahlungsjahr verbleibende Zuschüsse können in den darauf folgenden Kalenderjahren auf den privaten Nutzungswert für das jeweilige Kraftfahrzeug angerechnet werden. ⁵Zuschussrückzahlungen sind Arbeitslohn, soweit die Zuschüsse den privaten Nutzungswert gemindert haben.

R 8.1 (10)   Gestellung eines Kraftfahrzeugs mit Fahrer

(10) Wenn ein Kraftfahrzeug mit Fahrer zur Verfügung gestellt wird, gilt Folgendes:

1. Stellt der Arbeitgeber dem Arbeitnehmer für Fahrten zwischen Wohnung und Arbeitsstätte ein Kraftfahrzeug mit Fahrer zur Verfügung, ist der für diese Fahrten nach Absatz 9 Nr. 1 oder 2 ermittelte Nutzungswert des Kraftfahrzeugs um 50 % zu erhöhen.

2. Stellt der Arbeitgeber dem Arbeitnehmer für andere Privatfahrten ein Kraftfahrzeug mit Fahrer zur Verfügung, ist der entsprechende private Nutzungswert des Kraftfahrzeugs wie folgt zu erhöhen:

   a) um 50 %, wenn der Fahrer überwiegend in Anspruch genommen wird,

   b) um 40 %, wenn der Arbeitnehmer das Kraftfahrzeug häufig selbst steuert,

   c) um 25 %, wenn der Arbeitnehmer das Kraftfahrzeug weit überwiegend selbst steuert.

3. ¹Wenn einem Arbeitnehmer aus Sicherheitsgründen ein sondergeschütztes (gepanzertes) Kraftfahrzeug, das zum Selbststeuern nicht geeignet ist, mit Fahrer zur Verfügung gestellt wird, ist von der steuerlichen Erfassung der Fahrergestellung abzusehen. ²Es ist dabei unerheblich, in welcher Gefährdungsstufe der Arbeitnehmer eingeordnet ist.

H 8.1
(9–10)

Hinweise

1 %-Regelung

Die 1 %-Regelung ist verfassungsrechtlich nicht zu beanstanden (→ BFH vom 24. 2. 2000 – BStBl II S. 273).

Abgrenzung Kostenerstattung – Nutzungsüberlassung
- Erstattet der Arbeitgeber dem Arbeitnehmer für dessen eigenen PKW sämtliche Kosten, wendet er Barlohn und nicht einen Nutzungsvorteil i. S. d. § 8 Abs. 2 EStG zu (→ BFH vom 6. 11. 2001 – BStBl 2002 II S. 164).
- Eine nach § 8 Abs. 2 EStG zu bewertende Nutzungsüberlassung liegt vor, wenn der Arbeitnehmer das Kraftfahrzeug auf Veranlassung des Arbeitgebers least, dieser sämtliche Kosten des Kraftfahrzeugs trägt und im Innenverhältnis allein über die Nutzung des Kraftfahrzeugs bestimmt (→ BFH vom 6. 11. 2001 – BStBl 2002 II S. 370).

Anscheinsbeweis
- Der Beweis des ersten Anscheins spricht für eine private Nutzung des zur Verfügung gestellten Firmenwagens (→ BFH vom 7. 11. 2006 – BStBl 2007 II S. 116).
- Der Anscheinsbeweis streitet dafür, dass der Arbeitnehmer einen ihm vom Arbeitgeber zur privaten Nutzung überlassenen Dienstwagen auch tatsächlich privat nutzt, nicht aber dafür, dass der Arbeitgeber dem Arbeitnehmer den Dienstwagen zur privaten Nutzung überlassen hat (→ BFH vom 21. 4. 2010 – BStBl II S. 848 **und vom 6.10.2011 – BStBl 2012 II S. 362** zu Poolfahrzeugen).
- ist dem Arbeitnehmer für die dienstliche Nutzung kein bestimmtes Fahrzeug zugewiesen, sondern steht ein Fahrzeugpool zur dienstlichen Nutzung zur Verfügung, genügt ein schriftliches Verbot der Nutzung für private Zwecke, um den ersten Anschein einer privaten Nutzung auszuschließen (→ BFH vom 21. 4. 2010 S. 848 **und vom 6.10.2011 – BStBl 2012 II S. 362**).

→ Nutzungsverbot

Arbeitgebermerkblatt

Merkblatt für den Arbeitgeber
zu den Rechtsänderungen beim Steuerabzug vom Arbeitslohn ab 1. Januar 1996 und zur Auszahlung des Kindergeldes ab 1. Januar 1996

(BMF-Schreiben vom 1. 1. 1996, BStBl I 1995 S. 719)

Vorbemerkung

Der zum Steuerabzug vom Arbeitslohn verpflichtete Arbeitgeber hat bei der Erhebung der Lohnsteuer, des Solidaritätszuschlags und der Kirchensteuer ab 1996 die Rechtsänderungen zu beachten, die im Einkommensteuergesetz (EStG), im Solidaritätszuschlagsgesetz 1995 und in der Lohnsteuer-Durchführungsverordnung (LStDV) durch das Jahressteuergesetz 1996 in Kraft gesetzt worden sind. Bedeutsam sind außerdem neue Verwaltungsvorschriften in den Lohnsteuer-Richtlinien 1996 (LStR 1996).

Ab 1996 sind erstmals auch Arbeitgeber außerhalb des öffentlichen Dienstes verpflichtet, Kindergeld nach dem X. Abschnitt des Einkommensteuergesetzes (§§ 62 ff. EStG in der Fassung des Jahressteuergesetzes 1996) an ihre Arbeitnehmer auszuzahlen. Dabei sind insbesondere die Vorschriften des § 73 EStG und der Kindergeldauszahlungs-Verordnung (KAV) zu beachten.

Nachfolgend werden die wesentlichen Rechtsänderungen dargestellt; weitere Auskünfte zum Steuerabzug vom Arbeitslohn erteilen die Finanzämter, Auskünfte zur Auszahlung des Kindergeldes erteilen die Familienkassen bei den Arbeitsämtern.

A. Änderungen beim Steuerabzug vom Arbeitslohn

I. Steuerfreie Bezüge

...

II. Lohnsteuerliche Erfassung und Bewertung von Sachbezügen

1. Überlassung eines betrieblichen Kraftfahrzeugs zu Privatfahrten

a) Allgemeines

Überläßt der Arbeitgeber oder aufgrund des Dienstverhältnisses ein Dritter dem Arbeitnehmer ein Kraftfahrzeug unentgeltlich zu Privatfahrten, so ist der Nutzungsvorteil dem Arbeitslohn zuzurechnen. Zur privaten Nutzung eines Kraftfahrzeugs gehören alle Fahrten, die einem privaten Zweck dienen, z. B. Fahrten zur Erholung, Fahrten zu Verwandten, Freunden, kulturellen oder sportlichen Veranstaltungen, Einkaufsfahrten, Fahrten zu Gaststättenbesuchen und Mittagsheimfahrten. Nicht zu den privaten Fahrten gehören Fahrten zwischen Wohnung und Arbeitsstätte (vgl. Tz. 28 bis 35) einschließlich der Fahrten, die der Arbeitnehmer aus beruflichen Gründen mehrmals am Tag durchführen muß, und Familienheimfahrten im Rahmen einer doppelten Haushaltsführung (vgl. dazu Tz. 36 und 37).

b) Pauschaler Nutzungswert

21 Der Arbeitgeber hat grundsätzlich die private Nutzung mit monatlich 1 v. H. des inländischen Listenpreises des Kraftfahrzeugs zu bewerten (§ 8 Abs. 2 Satz 2 i. V. m. § 6 Abs. 1 Nr. 4 Satz 2 EStG). Dies gilt auch dann, wenn der Arbeitgeber das Kraftfahrzeug gebraucht erworben oder geleast hat. Listenpreis ist die auf volle 100 DM abgerundete unverbindliche Preisempfehlung des Herstellers für das genutzte Kraftfahrzeug im Zeitpunkt seiner Erstzulassung zuzüglich der Zuschläge für Sonderausstattungen, einschließlich der Umsatzsteuer; der Wert eines Autotelefons bleibt außer Ansatz. Bei einem Kraftwagen, der aus Sicherheitsgründen gepanzert ist, kann der Listenpreis des leistungsschwächeren Fahrzeugs zugrunde gelegt werden, das dem Arbeitnehmer zur Verfügung gestellt würde, wenn seine Sicherheit nicht gefährdet wäre. Der Monatswert ist auch dann anzusetzen, wenn das Kraftfahrzeug dem Arbeitnehmer im Kalendermonat nur zeitweise zur privaten Nutzung zur Verfügung steht. Werden einem Arbeitnehmer während eines Kalendermonats abwechselnd unterschiedliche Fahrzeuge zur privaten Nutzung überlassen, so ist das Fahrzeug der pauschalen Nutzungswertbesteuerung zugrunde zu legen, das der Arbeitnehmer überwiegend nutzt. Dies gilt auch bei einem Fahrzeugwechsel im Laufe eines Kalendermonats.

c) Individueller Nutzungswert

22 Anstelle des pauschalen Nutzungswerts kann der Arbeitgeber den Wert der privaten Nutzung des dem Arbeitnehmer überlassenen Kraftfahrzeugs mit dem Anteil der Aufwendungen für das Kraftfahrzeug ansetzen, der auf die privaten Fahrten entfällt. Dies setzt voraus, daß die für das Kraftfahrzeug insgesamt entstehenden Aufwendungen durch Belege und das Verhältnis der privaten zu den übrigen Fahrten durch ein ordnungsgemäßes Fahrtenbuch nachgewiesen werden. Werden dem Arbeitnehmer abwechselnd unterschiedliche Kraftfahrzeuge zur privaten Nutzung überlassen, so müssen für jedes Kraftfahrzeug die insgesamt entstehenden Aufwendungen und das Verhältnis der privaten zu den übrigen Fahrten nachgewiesen werden. Die insgesamt entstehenden Aufwendungen sind als Summe der Nettoaufwendungen zuzüglich Umsatzsteuer und der Absetzungen für Abnutzung zu ermitteln. Den Absetzungen für Abnutzung sind die tatsächlichen Anschaffungs- oder Herstellungskosten (einschließlich der Umsatzsteuer) des einzelnen Kraftfahrzeugs zugrunde zu legen. Ein Durchschnittswert ist nicht zulässig. Es ist auch nicht zulässig, die individuelle Nutzungswertermittlung auf Privatfahrten zu beschränken, wenn das Kraftfahrzeug auch zu Fahrten zwischen Wohnung und Arbeitsstätte genutzt wird.

23 ...

24 Der private Nutzungswert ist der Anteil an den Gesamtkosten des überlassenen Kraftfahrzeugs, der dem Verhältnis der Privatfahrten (vgl. dazu Tz. 20) zur Gesamtfahrtstrecke entspricht. Aus Vereinfachungsgründen kann der Monatswert vorläufig mit einem Zwölftel des Vorjahresbetrags angesetzt werden. Es bestehen auch keine Bedenken, wenn die Privatfahrten je Fahrtkilometer vorläufig mit 0,001 v. H. des inländischen Listenpreises für das Kraftfahrzeug angesetzt werden. Nach Ablauf des Kalenderjahrs oder nach Beendigung des Dienstverhältnisses ist der tatsächlich zu versteuernde Nutzungswert zu ermitteln und eine etwaige Lohnsteuerdifferenz nach Maßgabe der §§ 41c, 42b EStG auszugleichen.

...

2. Überlassung eines betrieblichen Kraftfahrzeugs zu Fahrten zwischen Wohnung und Arbeitsstätte

a) Pauschaler Nutzungswert

28 Kann ein Kraftfahrzeug, das der Arbeitgeber oder aufgrund des Dienstverhältnisses ein Dritter dem Arbeitnehmer unentgeltlich überlassen hat, von dem Arbeitnehmer für Fahrten zwischen Wohnung und Arbeitsstätte genutzt werden, so ist diese Nutzungsmöglichkeit unabhängig von der Nutzung des Fahrzeugs zu Privatfahrten (Tz. 20 bis 24) monatlich mit 0,03 v. H. des inländischen Listenpreises (vgl. dazu Tz. 21) des Kraftfahrzeugs für jeden Kilometer der Entfernung zwischen Wohnung und Arbeitsstätte zu bewerten und dem Arbeitslohn zuzurechnen. Es ist unerheblich, ob und wie oft im Kalendermonat das Kraftfahrzeug tatsächlich zu Fahrten zwischen Wohnung und Arbeitsstätte genutzt wird; der Ansatz des pauschalen Nutzungswerts hängt allein davon ab, daß der Arbeitnehmer das Kraftfahrzeug zu Fahrten zwischen Wohnung und Arbeitsstätte nutzen kann. Der Monatswert ist deshalb auch dann anzusetzen, wenn das Kraftfahrzeug dem Arbeitnehmer im Kalendermonat nur zeitweise zur Verfügung steht. Ein durch Urlaub oder Krankheit bedingter Nutzungsausfall ist im Nutzungswert pauschal berücksichtigt.

29 ...

30 Dem pauschalen Nutzungswert ist die einfache Entfernung zwischen Wohnung und Arbeitsstätte zugrunde zu legen; diese ist auf den nächsten vollen Kilometerbetrag abzurunden. Maßgebend ist die kürzeste benutzbare Straßenverbindung. Der pauschale Nutzungswert ist nicht

zu erhöhen, wenn der Arbeitnehmer das Kraftfahrzeug an einem Arbeitstag mehrmals zwischen Wohnung und Arbeitsstätte benutzt. Werden dem Arbeitnehmer abwechselnd unterschiedliche Kraftfahrzeuge zu Fahrten zwischen Wohnung und Arbeitsstätte zur Verfügung gestellt, so ist dem pauschalen Nutzungswert das Kraftfahrzeug zugrunde zu legen, das vom Arbeitnehmer im Kalendermonat überwiegend genutzt wird.

Fährt der Arbeitnehmer abwechselnd zu verschiedenen Wohnungen oder zu verschiedenen Arbeitsstätten, ist ein pauschaler Monatswert nach Tz. 28 unter Zugrundelegung der Entfernung zur näher gelegenen Wohnung oder näher gelegenen Arbeitsstätte anzusetzen. Für jede Fahrt von und zu der weiter entfernt liegenden Wohnung oder von und zu der weiter entfernt liegenden Arbeitsstätte ist zusätzlich ein pauschaler Nutzungswert von 0,002 v. H. des inländischen Listenpreises des Kraftfahrzeugs für jeden Kilometer der Entfernung zwischen Wohnung und Arbeitsstätte dem Arbeitslohn zuzurechnen, soweit sie die Entfernung zur nähergelegenen Wohnung übersteigt.

31

Bei Arbeitnehmern, die eine Einsatzwechseltätigkeit im Sinne des Abschnitts 37 Abs. 6 LStR 1996 ausüben und bei denen die Fahrten zeitweise Einsatzstellen betreffen, die nicht mehr als 30 km von der Wohnung entfernt sind oder an denen die Tätigkeit über 3 Monate hinaus ausgeübt wird, ist der pauschale Nutzungswert arbeitstäglich mit 0,002 v. H. des inländischen Listenpreises des Kraftfahrzeugs für jeden Kilometer der Entfernung zwischen Wohnung und Arbeitsstätte anzusetzen.

b) Individueller Nutzungswert

Anstelle des pauschalen Nutzungswerts kann der Arbeitgeber den Nutzungswert mit dem Anteil der Aufwendungen für das Kraftfahrzeug ansetzen, der auf die Fahrten zwischen Wohnung und Arbeitsstätte entfällt, wenn die für das Kraftfahrzeug insgesamt entstehenden Aufwendungen durch Belege und das Verhältnis der Fahrten zwischen Wohnung und Arbeitsstätte zu den übrigen Fahrten durch ein ordnungsgemäßes Fahrtenbuch nachgewiesen werden. Hierzu gelten im einzelnen die unter Tz. 22 bis 25 dargestellten Regelungen. Es ist nicht zulässig, die individuelle Nutzungswertermittlung auf Fahrten zwischen Wohnung und Arbeitsstätte zu beschränken, wenn das Fahrzeug auch zu Privatfahrten genutzt wird.

32

c) Fahrergestellung, Nutzungsentgelt, Pauschalbesteuerung

...

3. Überlassung eines betrieblichen Kraftfahrzeugs zu Familienheimfahrten

...

Wird das Kraftfahrzeug zu mehr als einer Familienheimfahrt wöchentlich oder nach Ablauf der Zweijahresfrist zu Familienheimfahrten genutzt, so ist für jede Familienheimfahrt ein pauschaler Nutzungswert in Höhe von 0,002 v. H. des inländischen Listenpreises (vgl. dazu Tz. 21) des Kraftfahrzeugs für jeden Kilometer der Entfernung zwischen dem Beschäftigungsort und dem Ort des eigenen Hausstands anzusetzen und dem Arbeitslohn zuzurechnen. Anstelle des pauschalen Nutzungswerts kann der Arbeitgeber den Nutzungswert mit den Aufwendungen für das Kraftfahrzeug ansetzen, die auf die zu erfassenden Fahrten entfallen, wenn die für das Kraftfahrzeug insgesamt entstehenden Aufwendungen durch Belege und das Verhältnis der privaten zu den übrigen Fahrten durch ein ordnungsgemäßes Fahrtenbuch nachgewiesen werden. In diesem Falle sind die zu erfassenden Familienheimfahrten den Privatfahrten zuzurechnen und die Regelungen unter Tz. 22 bis 25 anzuwenden.

37

4. Abgabe von Mahlzeiten

...

Aufwendungen bei sicherheitsgeschützten Fahrzeugen

– Wird der Nutzungswert für ein aus Sicherheitsgründen gepanzertes Kraftfahrzeug individuell ermittelt, so kann dabei die AfA nach dem Anschaffungspreis des leistungsschwächeren Fahrzeugs zugrunde gelegt werden, das dem Arbeitnehmer zur Verfügung gestellt würde, wenn seine Sicherheit nicht gefährdet wäre (→ BMF vom 28. 5. 1996 – BStBl I S. 654).

Anhang 25 II

– Im Hinblick auf die durch die Panzerung verursachten höheren laufenden Betriebskosten bestehen keine Bedenken, wenn der Nutzungswertermittlung 70 % der tatsächlich festgestellten laufenden Kosten (ohne AfA) zugrunde gelegt werden (→ BMF vom 28. 5. 1996 – BStBl I S. 654).

Anhang 25 II

Autotelefon

→ H 9.1 (Autotelefon)

§ 8 EStG
H 8.1 (9–10)

Begrenzung des pauschalen Nutzungswerts

Der pauschale Nutzungswert kann die dem Arbeitgeber für das Fahrzeug insgesamt entstandenen Kosten übersteigen. Wird dies im Einzelfall nachgewiesen, so ist der Nutzungswert höchstens mit dem Betrag der Gesamtkosten des Kraftfahrzeugs anzusetzen, wenn nicht aufgrund des Nachweises der Fahrten durch ein Fahrtenbuch ein geringerer Wertansatz in Betracht kommt. Der mit dem Betrag der Gesamtkosten anzusetzende Nutzungswert ist um 50 % zu erhöhen, wenn das Kraftfahrzeug mit Fahrer zur Verfügung gestellt worden ist (→ BMF vom 28. 5. 1996 – BStBl I S. 654).

Bewertungsmethode

→ H 8.2

Dienstliche Fahrten von und zur Wohnung

Ein geldwerter Vorteil ist für Fahrten zwischen Wohnung und regelmäßiger Arbeitsstätte nicht zu erfassen, wenn ein Arbeitnehmer ein Firmenfahrzeug ausschließlich an den Tagen für seine Fahrten zwischen Wohnung und regelmäßiger Arbeitsstätte erhält, an denen es erforderlich werden kann, dass er dienstliche Fahrten von der Wohnung aus antritt, z. B. beim Bereitschaftsdienst in Versorgungsunternehmen (→ BMF vom 28. 5. 1996 – BStBl I S. 654).

Durchschnittswert

Bei der individuellen Nutzungswertermittlung ist die Bildung eines Durchschnittswerts nicht zulässig. Es ist auch nicht zulässig, die individuelle Nutzungswertermittlung auf Privatfahrten zu beschränken, wenn das Kraftfahrzeug auch zu Fahrten zwischen Wohnung und regelmäßiger Arbeitsstätte genutzt wird (→ Arbeitgeber-Merkblatt 1. 1. 1996 – BStBl 1995 I S. 719, Tz. 22).

→ Arbeitgebermerkblatt

Elektronisches Fahrtenbuch

Ein elektronisches Fahrtenbuch ist anzuerkennen, wenn sich daraus dieselben Erkenntnisse wie aus einem manuell geführten Fahrtenbuch gewinnen lassen. Beim Ausdrucken von elektronischen Aufzeichnungen müssen nachträgliche Veränderungen der aufgezeichneten Angaben technisch ausgeschlossen, zumindest aber dokumentiert werden (→ BMF vom 28. 5. 1996 – BStBl I S. 654] und BFH vom 16. 11. 2005 – BStBl 2006 II S. 410).

Erleichterungen bei der Führung eines Fahrtenbuchs

Ein Fahrtenbuch soll die Zuordnung von Fahrten zur betrieblichen und beruflichen Sphäre darstellen und ermöglichen. Es muss laufend geführt werden und die berufliche Veranlassung plausibel erscheinen lassen und ggf. eine stichprobenartige Nachprüfung ermöglichen. Auf einzelne in R 8.1 Abs. 9 Nr. 2 geforderte Angaben kann verzichtet werden, soweit wegen der besonderen Umstände im Einzelfall die erforderliche Aussagekraft und Überprüfungsmöglichkeit nicht beeinträchtigt wird. Bei Kundendienstmonteuren und Handelsvertretern mit täglich wechselnden Auswärtstätigkeiten reicht es z. B. aus, wenn sie angeben, welche Kunden sie an welchem Ort aufsuchen. Angaben über die Reiseroute und zu den Entfernungen zwischen den Stationen einer Auswärtstätigkeit sind nur bei größerer Differenz zwischen direkter Entfernung und tatsächlicher Fahrtstrecke erforderlich. Bei Fahrten eines Taxifahrers im sogenannten Pflichtfahrgebiet ist es in Bezug auf Reisezweck, Reiseziel und aufgesuchtem Geschäftspartner ausreichend, täglich zu Beginn und Ende der Gesamtheit dieser Fahrten den Kilometerstand anzugeben mit der Angabe „Taxifahrten im Pflichtfahrgebiet" o. ä. Wurden Fahrten durchgeführt, die über dieses Gebiet hinausgehen, kann auf die genaue Angabe des Reiseziels nicht verzichtet werden. Für Fahrlehrer ist es ausreichend in Bezug auf Reisezweck, Reiseziel und aufgesuchtem Geschäftspartner „Lehrfahrten", „Fahrschulfahrten" o. ä. anzugeben (→ BMF vom 18. 11. 2009 – BStBl I S. 1326).

Bei sicherheitsgefährdeten Personen, deren Fahrtroute häufig von sicherheitsmäßigen Gesichtspunkten bestimmt wird, kann auf die Angabe der Reiseroute auch bei größeren Differenzen zwischen der direkten Entfernung und der tatsächlichen Fahrtstrecke verzichtet werden (→ BMF vom 28. 5. 1996 – BStBl I S. 654).

Fahrergestellung bei Familienheimfahrten

Stellt der Arbeitgeber dem Arbeitnehmer für die steuerlich zu erfassenden Familienheimfahrten ein Kraftfahrzeug mit Fahrer zur Verfügung, so ist der Nutzungswert der Fahrten, die unter Inanspruchnahme eines Fahrers durchgeführt worden sind, um 50 % zu erhöhen (→ BMF vom 28. 5. 1996 – BStBl I S. 654).

§ 8 EStG
H 8.1 (9–10)

Fahrten zwischen Wohnung und regelmäßiger Arbeitsstätte bei individueller Nutzungswertermittlung

Es ist nicht zulässig, die individuelle Nutzungswertermittlung auf Fahrten zwischen Wohnung und regelmäßiger Arbeitsstätte zu beschränken, wenn das Fahrzeug auch zu Privatfahrten genutzt wird (→ Arbeitgeber-Merkblatt vom 1. 1. 1996 – BStBl 1995 I S. 719, Tz. 32).

→ Arbeitgebermerkblatt

Fahrten zwischen Wohnung und regelmäßiger Arbeitsstätte bei pauschaler Nutzungswertermittlung

– Aus Vereinfachungsgründen ist die Zuschlagsregelung des § 8 Abs. 2 Satz 3 EStG unabhängig von der 1 %-Regelung selbständig anzuwenden, wenn das Kraftfahrzeug ausschließlich für Fahrten zwischen Wohnung und regelmäßiger Arbeitsstätte überlassen wird. Die bestehenden Verwaltungsregelungen zum Nutzungsverbot sind zu beachten (→ BMF vom 1.4.2011 – BStBl I S. 301, Rdnr. 16). Anhang 25 I

– Grundsätzlich ist die Ermittlung des Zuschlags kalendermonatlich mit 0,03 % des Listenpreises für jeden Kilometer der Entfernung zwischen Wohnung und regelmäßiger Arbeitsstätte vorzunehmen. Ein durch Urlaub oder Krankheit bedingter Nutzungsausfall ist im Nutzungswert pauschal berücksichtigt (→ Arbeitgeber-Merkblatt vom 1.1.1996 – BStBl 1995 I S. 719, Tz. 28). Nur unter den Voraussetzungen des → BMF vom 1.4.2011 (BStBl I S. 301) ist stattdessen eine auf das Kalenderjahr bezogene Einzelbewertung der tatsächlichen Fahrten zwischen Wohnung und regelmäßiger Arbeitsstätte mit 0,002 % des Listenpreises je Entfernungskilometer für höchstens 180 Tage zulässig (zum Lohnsteuerabzugsverfahren → Rdnr. 8–11, zum Einkommensteuerveranlagungsverfahren → Rdnr. 14). Anhang 25 I

– Im Lohnsteuerabzugsverfahren muss der Arbeitgeber in Abstimmung mit dem Arbeitnehmer die Anwendung der 0,03 %-Regelung oder der Einzelbewertung für jedes Kalenderjahr einheitlich für alle diesem überlassenen betrieblichen Kraftfahrzeuge festlegen. Die Methode darf während des Kalenderjahres nicht gewechselt werden. Im Einkommensteuerveranlagungsverfahren ist der Arbeitnehmer nicht an die für die Erhebung der Lohnsteuer gewählte Methode gebunden und kann die Methode einheitlich für alle ihm überlassenen betrieblichen Kraftfahrzeuge für das gesamte Kalenderjahr wechseln (→ BMF vom 1.4.2011 – BStBl I S. 301, Rdnr. 6). Anhang 25 I

– Dem pauschalen Nutzungswert ist die einfache Entfernung zwischen Wohnung und regelmäßiger Arbeitsstätte zugrunde zu legen; diese ist auf den nächsten vollen Kilometerbetrag abzurunden. Maßgebend ist die kürzeste benutzbare Straßenverbindung. Der pauschale Nutzungswert ist nicht zu erhöhen, wenn der Arbeitnehmer das Kraftfahrzeug an einem Arbeitstag mehrmals zwischen Wohnung und regelmäßiger Arbeitsstätte benutzt (→ Arbeitgeber-Merkblatt vom 1. 1. 1996 – BStBl 1995 I S. 719, Tz. 30).

→ Arbeitgebermerkblatt

– Fährt der Arbeitnehmer abwechselnd zu verschiedenen Wohnungen, ist bei Anwendung der 0,03 %-Regelung der pauschale Monatswert unter Zugrundelegung der Entfernung zur näher gelegenen Wohnung anzusetzen. Für jede Fahrt von und zu der weiter entfernt liegenden Wohnung ist zusätzlich ein pauschaler Nutzungswert von 0,002 %des inländischen Listenpreises des Kraftfahrzeugs für jeden Kilometer der Entfernung zwischen Wohnung und regelmäßiger Arbeitsstätte dem Arbeitslohn zuzurechnen, soweit sie die Entfernung zur nähergelegenen Wohnung übersteigt (→ Arbeitgeber-Merkblatt vom 1. 1. 1996 – BStBl 1995 I S. 719, Tz. 31 **unter Beachtung der BFH-Urteile vom 9.6.2011 – BStBl 2012 II S. 34, 36 und 38**).

– Zur Fahrergestellung → BMF vom 1. 4. 2011 (BStBl I S. 301), Rdnr. 15. Anhang 25 I

→ Arbeitgebermerkblatt

– Der nach § 8 Abs. 2 Satz 3 EStG bei Überlassung eines Dienstwagens für Fahrten zwischen Wohnung und (regelmäßiger) Arbeitsstätte an einen Arbeitnehmer anzusetzende Zuschlag bildet einen Korrekturposten zur Entfernungspauschale. Für die Ermittlung des Zuschlags kommt es ebenso wie bei der Entfernungspauschale auf die tatsächlichen Nutzungsverhältnisse an. Wird der Dienstwagen auf dem Weg zwischen Wohnung und Arbeitsstätte nur auf einer Teilstrecke eingesetzt, beschränkt sich der Zuschlag auf diese Teilstrecke (→ BFH vom 4. 4. 2008 – BStBl II S. 890).

→ Park and ride

– Wird dem Arbeitnehmer ein Dienstwagen auch für Fahrten zwischen Wohnung und Arbeitsstätte überlassen, spricht der Anscheinsbeweis dafür, dass er den Dienstwagen für die Gesamtstrecke nutzt. Der Anscheinsbeweis ist bereits dann entkräftet, wenn für eine Teilstrecke eine auf den Arbeitnehmer ausgestellte Jahres-Bahnfahrkarte vorgelegt wird (→ BFH vom 4. 4. 2008 – BStBl II S. 890).

→ Park and ride

§ 8 EStG
H 8.1 (9–10)

Fahrzeugpool
– Übersteigt die Zahl der Nutzungsberechtigten die in einem Fahrzeugpool zur Verfügung stehenden Kraftfahrzeuge, so ist bei pauschaler Nutzungswertermittlung für Privatfahrten der geldwerte Vorteil mit 1 % der Listenpreise aller Kraftfahrzeuge zu ermitteln und die Summe entsprechend der Zahl der Nutzungsberechtigten aufzuteilen. Für Fahrten zwischen Wohnung und regelmäßiger Arbeitsstätte ist der geldwerte Vorteil grundsätzlich mit 0,03 % der Listenpreise aller Kraftfahrzeuge zu ermitteln und die Summe durch die Zahl der Nutzungsberechtigten zu teilen. Dieser Wert ist beim einzelnen Arbeitnehmer mit der Zahl seiner Entfernungskilometer zu multiplizieren (→ BFH vom 15. 5. 2002 – BStBl 2003 II S. 311). Dem einzelnen Nutzungsberechtigten bleibt es unbenommen, zur Einzelbewertung seiner tatsächlichen Fahrten zwischen Wohnung und regelmäßiger Arbeitsstätte überzugehen (→ BMF vom 1.4.2011 – BStBl I S. 301).

Anhang 25 I

– → BFH vom 21. 4. 2010 (BStBl II S. 848) **und vom 6.10.2011 (BStBl 2012 II S. 362)**

Garage für den Dienstwagen
Wird ein Dienstwagen in der eigenen oder angemieteten Garage des Arbeitnehmers untergestellt und trägt der Arbeitgeber hierfür die Kosten, so ist bei der 1 %-Regelung kein zusätzlicher geldwerter Vorteil für die Garage anzusetzen – (→ BFH vom 7. 6. 2002 – BStBl II S. 829).

Gelegentliche Nutzung
Bei der pauschalen Nutzungswertermittlung ist die private Nutzung mit monatlich 1 % des Listenpreises auch dann anzusetzen, wenn der Arbeitnehmer das ihm überlassene Kraftfahrzeug tatsächlich nur gelegentlich nutzt oder wenn er von seinem Zugriffsrecht auf ein Kraftfahrzeug aus einem Fahrzeugpool nur gelegentlich Gebrauch macht (→ BMF vom 28. 5. 1996 – BStBl I S. 654).

Anhang 25 II

Die Monatsbeträge brauchen nicht angesetzt zu werden
– für volle Kalendermonate, in denen dem Arbeitnehmer kein betriebliches Kraftfahrzeug zur Verfügung steht, oder
– wenn dem Arbeitnehmer das Kraftfahrzeug aus besonderem Anlass oder zu einem besonderen Zweck nur gelegentlich (von Fall zu Fall) für nicht mehr als fünf Kalendertage im Kalendermonat überlassen wird. In diesem Fall ist die Nutzung zu Privatfahrten und zu Fahrten zwischen Wohnung und regelmäßiger Arbeitsstätte je Fahrtkilometer mit 0,001 % des inländischen Listenpreises des Kraftfahrzeugs zu bewerten (Einzelbewertung). Zum Nachweis der Fahrstrecke müssen die Kilometerstände festgehalten werden.

Gesamtkosten
– Bei der Ermittlung des privaten Nutzungswerts nach den für das Kraftfahrzeug insgesamt entstehenden Aufwendungen ist für PKW von einer AfA von 12,5 % der Anschaffungskosten entsprechend einer achtjährigen (Gesamt-)Nutzungsdauer auszugehen (→ BFH vom 29. 3. 2005 – BStBl 2006 II S. 368).
– Beispiele:
Zu den Gesamtkosten (R 8.1 Abs. 9 Nr. 2 Satz 9) gehören z. B. Betriebsstoffkosten, Wartungs- und Reparaturkosten, Kraftfahrzeugsteuer, Halterhaftpflicht- und Fahrzeugversicherungen, Leasing- und Leasingsonderzahlungen (anstelle der Absetzung für Abnutzung), Garagen-/Stellplatzmiete (→ BFH vom 14.9.2005 – BStBl 2006 II S. 72), Aufwendungen für Anwohnerparkberechtigungen.
Nicht zu den Gesamtkosten gehören neben den in R 8.1 Abs. 9 Nr. 2 Satz 11 genannten Kosten z. B. Aufwendungen für Insassen- und Unfallversicherungen, Verwarnungs-, Ordnungs- und Bußgelder.

Gesellschafter-Geschäftsführer
Zur Abgrenzung zwischen einer verdeckten Gewinnausschüttung und Arbeitslohn bei vertragswidriger Kraftfahrzeugnutzung durch den Gesellschafter-Geschäftsführer einer Kapitalgesellschaft → BMF vom 3.4.2012 (BStBl I S. 478).

Anhang 25 III

Kraftfahrzeuge
i. S. d. § 8 Abs. 2 EStG sind auch:
– Campingfahrzeuge (→ BFH vom 6. 11. 2001 – BStBl 2002 II S. 370),
– **Elektrofahrräder, die verkehrsrechtlich als Kraftfahrzeug einzuordnen sind (z. B. gelten Elektrofahrräder, deren Motor auch Geschwindigkeiten über 25 km/h unterstützt, als Kraftfahrzeuge). Zur Überlassung von Elektrofahrrädern, die verkehrsrechtlich als Fahrrad einzuordnen sind (u. a. keine Kennzeichen- und Versicherungspflicht) → H 8.1 (1-4) Fahrrad,**

– Kombinationskraftwagen, z. B. Geländewagen (→ BFH vom 13. 2. 2003 – BStBl II S. 472),
 siehe aber auch → Werkstattwagen.

Lastkraftwagen und Zugmaschinen

Steuerliche Behandlung der Überlassung eines betrieblichen Kraftfahrzeugs an Arbeitnehmer; Überlassung von Lastkraftwagen und Zugmaschinen

(Erlass des FinMin Saarland vom 29. 1. 2003 – B/2–4–11/03 – S 2334)

Hinsichtlich der Frage, wie die Überlassung von Lastkraftwagen und Zugmaschinen an Arbeitnehmer steuerlich zu behandeln ist, wird gebeten folgende Auffassung zu vertreten:

Nach dem BMF-Schreiben vom 21. 1. 2002 (BStBl I 2002, 148) zur ertragsteuerlichen Nutzung eines betrieblichen Kraftfahrzeugs sind die Vorschriften des § 4 Abs. 5 Satz 1 Nr. 6 Abs. 1 und § 6 Abs. 1 Nr. 4 Sätze 2 und 3 EStG auf Kraftfahrzeuge, die kraftfahrzeugsteuerrechtlich Zugmaschinen oder Lastkraftwagen sind, nicht anzuwenden. Wegen des Verweises in § 8 Abs. 2 Satz 2 EStG auf § 6 Abs. 1 Nr. 4 Satz 2 EStG gilt dieses entsprechend bei der Bewertung des privaten Nutzungsvorteils bei Arbeitnehmern.

Hieraus folgt allerdings nicht, dass aus der Nutzungsüberlassung solcher Fahrzeuge an Arbeitnehmer kein geldwerter Vorteil zu erfassen wäre, sondern lediglich, dass die Nutzungsvorteile – soweit Arbeitslohn nicht wegen eines ganz überwiegenden eigenbetrieblichen Arbeitgeberinteresses auszuschließen ist vgl. H 31 „Dienstliche Fahrten von der Wohnung" – nicht nach § 8 Abs. 2 Sätze 2 bis 5 EStG, sondern nach den allgemeinen Regeln zu bewerten sind. Grundsätzlich wäre daher in diesen Fällen der Betrag zu ermitteln, der dem Arbeitnehmer für die Haltung und den Betrieb eines eigenen Kraftwagens gleichen Typs an Aufwendungen entstanden wäre (BFH-Urteil vom 21. 6. 1963, BStBl III 1963, S. 387).

Da die vorgenannte Wertermittlungsmethode in der Praxis jedoch nur schwierig durchzuführen ist, bestehen keine Bedenken, die zu erfassenden Nutzungswerte aus Vereinfachungsgründen in sinngemäßer Anwendung der Regeln des § 8 Abs. 2 Sätze 2 bis 5 EStG zu ermitteln, wobei allerdings kein höherer Listenpreis als 80 000 EUR zugrunde gelegt werden soll.

Dieser Erlass ergeht im Einvernehmen mit den obersten Finanzbehörden des Bundes und der anderen Länder.

Leerfahrten

Bei der Feststellung der privat und der dienstlich zurückgelegten Fahrtstrecken sind sog. Leerfahrten, die bei der Überlassung eines Kraftfahrzeugs mit Fahrer durch die An- und Abfahrten des Fahrers auftreten können, den dienstlichen Fahrten zuzurechnen (→ BMF vom 28. 5. 1996 – BStBl I S. 654). *Anhang 25 II*

Listenpreis

– Für den pauschalen Nutzungswert ist auch bei reimportierten Fahrzeugen der inländische Listenpreis des Kraftfahrzeugs im Zeitpunkt seiner Erstzulassung maßgebend. Soweit das reimportierte Fahrzeug mit zusätzlichen Sonderausstattungen versehen ist, die sich im inländischen Listenpreis nicht niedergeschlagen haben, ist der Wert der Sonderausstattung zusätzlich zu berücksichtigen. Soweit das reimportierte Fahrzeug geringerwertig ausgestattet ist, lässt sich der Wert der „Minderausstattung" durch einen Vergleich mit einem adäquaten inländischen Fahrzeug angemessen berücksichtigen (→ BMF vom 28. 5. 1996 – BStBl I S. 654). *Anhang 25 II*

– Eine in die Bemessungsgrundlage des § 6 Abs. 1 Nr. 4 Satz 2 EStG einzubeziehende Sonderausstattung liegt nur vor, wenn das Fahrzeug bereits werkseitig im Zeitpunkt der Erstzulassung damit ausgestattet ist. Nachträglich eingebaute unselbständige Ausstattungsmerkmale sind durch den pauschalen Nutzungswert abgegolten und können nicht getrennt bewertet werden (→ BFH vom 13.10.2010 – BStBl 2011 II S. 361).

Navigationsgerät

Bemessungsgrundlage für die Bewertung nach der 1 %-Regelung ist der inländische Bruttolistenpreis einschließlich des darin enthaltenen Aufpreises für ein werkseitig eingebautes Satellitennavigationsgerät (→ BFH vom 16. 2. 2005 – BStBl II S. 563).

Nutzung durch mehrere Arbeitnehmer

Wird ein Kraftfahrzeug von mehreren Arbeitnehmern genutzt, so ist bei pauschaler Nutzungswertermittlung für Privatfahrten der geldwerte Vorteil von 1 % des Listenpreises entsprechend der Zahl der Nutzungsberechtigten aufzuteilen. Für Fahrten zwischen Wohnung und regelmäßiger Arbeitsstätte ist bei jedem Arbeitnehmer der geldwerte Vorteil mit 0,03 % des Listenpreises je Entfernungskilometer zu ermitteln und dieser Wert durch die Zahl der Nutzungsberechtigten zu

§ 8 EStG
H 8.1 (9-10)

teilen (→ BFH vom 15. 5. 2002 – BStBl 2003 II S. 311). Dem einzelnen Nutzungsberechtigten bleibt es unbenommen, zur Einzelbewertung seiner tatsächlichen Fahrten zwischen Wohnung und regelmäßiger Arbeitsstätte überzugehen (→ BMF vom 1.4.2011 – BStBl I S. 301).

Anhang 25 I

Nutzungsentgelt

– Die zwingend vorgeschriebene Bewertung nach der 1 %-Regelung, sofern nicht von der Möglichkeit, ein Fahrtenbuch zu führen, Gebrauch gemacht wird, kann nicht durch Zahlung eines Nutzungsentgelts vermieden werden, selbst wenn dieses als angemessen anzusehen ist. Das vereinbarungsgemäß gezahlte Nutzungsentgelt ist von dem entsprechend ermittelten privaten Nutzungswert in Abzug zu bringen (→ BFH vom 7. 11. 2006 – BStBl 2007 II S. 269).

– Bei der 1 %-Regelung sind vom Arbeitnehmer selbst getragene Treibstoffkosten kein Nutzungsentgelt. Sie mindern weder den geldwerten Vorteil noch sind sie als Werbungskosten abziehbar (→ BFH vom 18 .10. 2007– BStBl 2008 II S. 198).

Nutzungsverbot

– Wird dem Arbeitnehmer ein Kraftfahrzeug mit der Maßgabe zur Verfügung gestellt, es für Privatfahrten und/oder Fahrten zwischen Wohnung und regelmäßiger Arbeitsstätte nicht zu nutzen, so kann von dem Ansatz des jeweils in Betracht kommenden pauschalen Wertes nur abgesehen werden, wenn der Arbeitgeber die Einhaltung seines Verbots überwacht oder wenn wegen der besonderen Umstände des Falles die verbotene Nutzung so gut wie ausgeschlossen ist, z. B. wenn der Arbeitnehmer das Fahrzeug nach seiner Arbeitszeit und am Wochenende auf dem Betriebsgelände abstellt und den Schlüssel abgibt.

– → Fahrzeugpool

– Das Nutzungsverbot ist durch entsprechende Unterlagen nachzuweisen, die zum Lohnkonto zu nehmen sind. Wird das Verbot aus besonderem Anlass oder zu besonderem Zweck von Fall zu Fall ausgesetzt, so ist jeder Kilometer mit 0,001 %des inländischen Listenpreises des Kraftfahrzeugs zu bewerten (Einzelbewertung). Zum Nachweis der Fahrstrecke müssen die Kilometerstände festgehalten werden (→ BMF vom 28. 5. 1996 – BStBl I S. 654).

Anhang 25 II

1. Die 1 v. H.-Regelung kommt nicht zur Anwendung, wenn eine Privatnutzung des Firmenfahrzeugs ausscheidet. Allerdings spricht der Beweis des ersten Anscheins für eine private Nutzung.

2. Das Verbot des Arbeitgebers, das Fahrzeug privat zu nutzen, kann ausreichen, den Anscheinsbeweis zu erschüttern, sofern es nicht nur zum Schein ausgesprochen worden ist.

3. Die Würdigung, ob im Einzelfall der Anscheinsbeweis als entkräftet angesehen werden kann, obliegt der Tatsacheninstanz.

(→ BFH vom 7. 11. 2006 – BStBl 2007 I S. 116)

Ordnungsgemäßes Fahrtenbuch

– Ein ordnungsgemäßes Fahrtenbuch muss zeitnah und in geschlossener Form geführt werden und die zu erfassenden Fahrten einschließlich des an ihrem Ende erreichten Gesamtkilometerstands vollständig und in ihrem fortlaufenden Zusammenhang wiedergeben (→ BFH vom 9. 11. 2005 – BStBl 2006 II S. 408). Kleinere Mängel führen nicht zur Verwerfung des Fahrtenbuchs, wenn die Angaben insgesamt plausibel sind (→ BFH vom 10. 4. 2008 – BStBl II S. 768).

– Die erforderlichen Angaben müssen sich dem Fahrtenbuch selbst entnehmen lassen. Ein Verweis auf ergänzende Unterlagen ist nur zulässig, wenn der geschlossene Charakter der Fahrtenbuchaufzeichnungen dadurch nicht beeinträchtigt wird (→ BFH vom 16. 3. 2006 – BStBl II 2006 S. 625).

– *Ein ordnungsgemäßes Fahrtenbuch muss insbesondere Datum und hinreichend konkret bestimmt das Ziel der jeweiligen Fahrt ausweisen. Dem ist nicht entsprochen, wenn als Fahrtziele nur Straßennamen angegeben sind und diese Angaben erst mit nachträglich erstellten Aufzeichnungen präzisiert werden (→ **BFH vom 1.3.2012 – BStBl II S. 505**).*

– Mehrere Teilabschnitte einer einheitlichen beruflichen Reise können miteinander zu einer zusammenfassenden Eintragung verbunden werden, wenn die einzelnen aufgesuchten Kunden oder Geschäftspartner im Fahrtenbuch in der zeitlichen Reihenfolge aufgeführt werden (→ BFH vom 16. 3. 2006 – BStBl II 2006 S. 625).

– Der Übergang von der beruflichen zur privaten Nutzung des Fahrzeugs ist im Fahrtenbuch durch Angabe des bei Abschluss der beruflichen Fahrt erreichten Gesamtkilometerstands zu dokumentieren (→ BFH vom 16. 3. 2006 – BStBl II 2006 S. 625).

– Kann der Arbeitnehmer den ihm überlassenen Dienstwagen auch privat nutzen und wird über die Nutzung des Dienstwagens kein ordnungsgemäßes Fahrtenbuch geführt, ist der zu versteuernde geldwerte Vorteil nach der 1 %-Regelung zu bewerten. Eine Schätzung des Privatanteils anhand anderer Aufzeichnungen kommt nicht in Betracht (→ BFH vom 16. 11. 2005 – BStBl 2006 II S. 410).

Park and ride
Setzt der Arbeitnehmer ein ihm überlassenes Kraftfahrzeug bei den Fahrten zwischen Wohnung und regelmäßiger Arbeitsstätte oder bei Familienheimfahrten nur für eine Teilstrecke ein, weil er regelmäßig die andere Teilstrecke mit öffentlichen Verkehrsmitteln zurücklegt, so ist der Ermittlung des pauschalen Nutzungswerts (Zuschlags) die gesamte Entfernung zugrunde zu legen. Es ist nicht zu beanstanden, den Zuschlag auf der Grundlage der Teilstrecke zu ermitteln, die mit dem betrieblichen Kraftfahrzeug tatsächlich zurückgelegt wurde, wenn
– das Kraftfahrzeug vom Arbeitgeber nur für diese Teilstrecke zur Verfügung gestellt worden ist und der Arbeitgeber die Einhaltung seines Verbots überwacht (→ BMF vom 28. 5. 1996 – BStBl I S. 654) oder   Anhang 25 II
– für die restliche Teilstrecke ein Nachweis über die Benutzung eines anderen Verkehrsmittels erbracht wird, z. B. eine auf den Arbeitnehmer ausgestellte Jahres-Bahnfahrkarte vorgelegt wird (→ BFH vom 4.4.2008 – BStBl II S. 890, → BMF vom 1.4.2011 – BStBl I S. 301, Rdnr. 17).   Anhang 25 I

Schätzung des Privatanteils
Kann der Arbeitnehmer den ihm überlassenen Dienstwagen auch privat nutzen und wird über die Nutzung des Dienstwagens kein ordnungsgemäßes Fahrtenbuch geführt, ist der zu versteuernde geldwerte Vorteil nach der 1 %-Regelung zu bewerten. Eine Schätzung des Privatanteils anhand anderer Aufzeichnungen kommt nicht in Betracht (→ BFH vom 16. 11. 2005 – BStBl 2006 II S. 410).

Schutzbrief
Übernimmt der Arbeitgeber die Beiträge für einen auf seinen Arbeitnehmer ausgestellten Schutzbrief, liegt darin die Zuwendung eines geldwerten Vorteils, der nicht von der Abgeltungswirkung der 1 %-Regelung erfasst wird (→ BFH vom 14. 9. 2005 – BStBl 2006 II S. 72).

Straßenbenutzungsgebühren
Übernimmt der Arbeitgeber die Straßenbenutzungsgebühren für die mit einem Firmenwagen unternommenen Privatfahrten seines Arbeitnehmers, liegt darin die Zuwendung eines geldwerten Vorteils, der nicht von der Abgeltungswirkung der 1 %-Regelung erfasst wird (→ BFH vom 14. 9. 2005 – BStBl 2006 II S. 72).

Überlassung eines betrieblichen Kraftfahrzeugs zu Familienheimfahrten
– Überlässt der Arbeitgeber oder aufgrund des Dienstverhältnisses ein Dritter dem Arbeitnehmer ein Kraftfahrzeug unentgeltlich zu wöchentlichen Familienheimfahrten im Rahmen einer beruflich veranlassten doppelten Haushaltsführung, so ist insoweit der Nutzungswert steuerlich nicht zu erfassen (→ § 8 Abs. 2 Satz 5 EStG).
– Wird das Kraftfahrzeug zu mehr als einer Familienheimfahrt wöchentlich genutzt, so ist für jede Familienheimfahrt ein pauschaler Nutzungswert in Höhe von 0,002 % des inländischen Listenpreises des Kraftfahrzeugs für jeden Kilometer der Entfernung zwischen dem Beschäftigungsort und dem Ort des eigenen Hausstands anzusetzen und dem Arbeitslohn zuzurechnen. Anstelle des pauschalen Nutzungswerts kann der Arbeitgeber den Nutzungswert mit den Aufwendungen für das Kraftfahrzeug ansetzen, die auf die zu erfassenden Fahrten entfallen, wenn die für das Kraftfahrzeug insgesamt entstehenden Aufwendungen durch Belege und das Verhältnis der privaten zu den übrigen Fahrten durch ein ordnungsgemäßes Fahrtenbuch nachgewiesen werden → Arbeitgeber-Merkblatt vom 1. 1. 1996 – BStBl 1995 I S. 719, Tz. 37).
– → Arbeitgebermerkblatt

Überlassung mehrerer Kraftfahrzeuge
– Stehen einem Arbeitnehmer gleichzeitig mehrere Kraftfahrzeuge zur Verfügung, so ist bei der pauschalen Nutzungswertermittlung für jedes Fahrzeug die private Nutzung mit monatlich 1 % des Listenpreises anzusetzen; dem privaten Nutzungswert kann der Listenpreis des überwiegend genutzten Kraftfahrzeugs zugrunde gelegt werden, wenn die Nutzung der Fahrzeuge durch andere zur Privatsphäre des Arbeitnehmers gehörende Personen so gut wie ausgeschlossen ist. Dem Nutzungswert für Fahrten zwischen Wohnung und regelmäßiger Arbeitsstätte ist stets der Listenpreis des überwiegend für diese Fahrten benutzten Kraftfahrzeugs zugrunde zu legen (→ BMF vom 28. 5. 1996 – BStBl I S. 654, Tz. 2; diese Regelung bleibt von BFH vom 9.3.2010 unberührt → Fußnote 1 im BStBl 2010 II S. 903).   Anhang 25 II

§ 8 EStG
H 8.1 (9–10)

- Der Listenpreis des überwiegend genutzten Kraftfahrzeugs ist bei der pauschalen Nutzungswertermittlung auch bei einem Fahrzeugwechsel im Laufe eines Kalendermonats zugrunde zu legen (→ Arbeitgeber-Merkblatt vom 1. 1. 1996 – BStBl 1995 I S. 719, Tz. 21).
  → Arbeitgebermerkblatt
- Bei der individuellen Nutzungswertermittlung muss für jedes Kraftfahrzeug die insgesamt entstehenden Aufwendungen und das Verhältnis der privaten zu den übrigen Fahrten nachgewiesen werden (→ Arbeitgeber-Merkblatt vom 1. 1. 1996 – BStBl 1995 I S. 719, Tz. 22).
  → Arbeitgebermerkblatt
- Stehen einem Arbeitnehmer gleichzeitig mehrere Kraftfahrzeuge zur Verfügung und führt er nur für einzelne Kraftfahrzeuge ein ordnungsgemäßes Fahrtenbuch, so kann er für diese den privaten Nutzungswert individuell ermitteln, während der Nutzungswert für die anderen mit monatlich 1 % des Listenpreises anzusetzen ist (→ BFH vom 3. 8. 2000 – BStBl 2001 II S. 332).

Umwegstrecken

Überlassung von Dienstkraftwagen; Erfassung von Umwegstrecken für Fahrten zwischen Wohnung und Arbeitsstätte bei Anwendung der Fahrtenbuchregelung

(Erlaß des FinMin Niedersachsen vom 2. 12. 1996 – S 2334 – 57 – 35 –)

Es ist die Frage gestellt worden, ob bei der steuerlichen Erfassung von Fahrten zwischen Wohnung und Arbeitsstätte mit einem zur Verfügung gestellten Dienstkraftfahrzeug nach der individuellen Nutzungswertmethode die kürzeste benutzbare Straßenverbindung angesetzt werden kann, wenn wegen der Gefährdung des Arbeitnehmers aus Sicherheitsgründen eine andere und damit längere Fahrtstrecke gewählt wird.

Hierzu bitte ich folgende Auffassung zu vertreten: Sind bei Anwendung der Fahrtenbuchregelung nach § 8 Abs. 2 Satz 4 EStG die auf die Fahrten zwischen Wohnung und Arbeitsstätte entfallenden tatsächlichen Kraftfahrzeugaufwendungen zu ermitteln, bestehen keine Bedenken, die Fahrstrecken auf der Grundlage der kürzesten benutzbaren Straßenverbindung zu ermitteln. Dies setzt allerdings voraus, daß der Arbeitnehmer konkret gefährdet ist und durch die zuständigen Sicherheitsbehörden der Gefährdungsstufe 1, 2 oder 3 zugeordnet ist.

Der Ansatz der kürzesten benutzbaren Straßenverbindung bei der Nutzungswertfeststellung nach § 8 Abs. 2 Satz 4 EStG steht außerdem unter dem Vorbehalt, daß bei der Ermittlung der als Werbungskosten abziehbaren Aufwendungen des Arbeitnehmers für Fahrten zwischen Wohnung und Arbeitsstätte ebenfalls nur die kürzeste benutzbare Entfernung zugrundegelegt wird.

Dieser Erlaß ergeht im Einvernehmen mit dem Bundesministerium der Finanzen und den obersten Finanzbehörden der anderen Länder.

Vereinfachungsregelung

Bei der individuellen Nutzungswertermittlung im Laufe des Kalenderjahres bestehen keine Bedenken, wenn die Privatfahrten je Fahrtkilometer vorläufig mit 0,001 % des inländischen Listenpreises für das Kraftfahrzeug angesetzt werden (→ Arbeitgeber-Merkblatt vom 1. 1. 1996 – BStBl 1995 I S. 719, Tz. 24).
→ Arbeitgebermerkblatt

Verzicht auf Schadensersatz

Verzichtet der Arbeitgeber gegenüber dem Arbeitnehmer auf Schadensersatz nach einem während einer beruflichen Fahrt alkoholbedingt entstandenen Schaden am auch zur privaten Nutzung überlassenen Firmen-PKW, so ist der dem Arbeitnehmer aus dem Verzicht entstehende Vermögensvorteil nicht durch die 1 %-Regelung abgegolten. Der als Arbeitslohn zu erfassende Verzicht auf Schadensersatz führt nur dann zu einer Steuererhöhung, wenn die Begleichung der Schadensersatzforderung nicht zum Werbungskostenabzug berechtigt. Ein Werbungskostenabzug kommt nicht in Betracht, wenn das auslösende Moment für den Verkehrsunfall die alkoholbedingte Fahruntüchtigkeit war (→ BHF vom 24. 5. 2007 – BStBl II S. 766).

Werkstattwagen

- *Die 1 %-Regelung gilt nicht für Fahrzeuge, die auf Grund ihrer objektiven Beschaffenheit und Einrichtung typischerweise so gut wie ausschließlich nur zur Beförderung von Gütern bestimmt sind* (→ BFH vom 18. 12. 2008 – BStBl 2009 II S. 381).
- Ein geldwerter Vorteil für die Fahrten zwischen Wohnung und regelmäßiger Arbeitsstätte ist nur dann nicht zu erfassen, wenn ein Arbeitnehmer ein Firmenfahrzeug ausschließlich an den Tagen für seine Fahrten zwischen Wohnung und regelmäßiger Arbeitsstätte erhält, an denen

es erforderlich werden kann, dass er dienstliche Fahrten von der Wohnung aus antritt, z. B. beim Bereitschaftsdienst in Versorgungsunternehmen (→ BMF vom 28. 5. 1996 – BStBl I S. 654).

Anhang 25 II

Zuzahlungen des Arbeitnehmers

– Beispiel zu Zuzahlungen des Arbeitnehmers zu den Anschaffungskosten eines ihm auch zur privaten Nutzung überlassenen betrieblichen Kraftfahrzeugs:
Der Arbeitnehmer hat im Jahr 01 zu den Anschaffungskosten eines Firmenwagens einen Zuschuss i. H. v. 10 000 € geleistet. Der geldwerte Vorteil beträgt jährlich 4.000 €. Ab Januar 03 wird ihm ein anderer Firmenwagen überlassen.
Der geldwerte Vorteil i. H. v. 4 000 € wird in den Jahren 01 und 02 um jeweils 4 000 € gemindert. Auf Grund der Überlassung eines anderen Firmenwagens ab 03 kann der verbleibende Zuzahlungsbetrag von 2 000 € nicht auf den geldwerten Vorteil dieses Firmenwagens angerechnet werden.
Bei Zuzahlungen des Arbeitnehmers zu Leasingsonderzahlungen ist entsprechend zu verfahren.
– Bei der Fahrtenbuchmethode fließen vom Arbeitnehmer selbst getragene Aufwendungen nicht in die Gesamtkosten ein und erhöhen nicht den individuell zu ermittelnden geldwerten Vorteil. Bei der 1 %-Regelung mindern vom Arbeitnehmer selbst getragene Aufwendungen nicht den pauschal ermittelten geldwerten Vorteil.

Bezug von Waren und Dienstleistungen (§ 8 Abs. 3 EStG)

R 8.2

S 2334

(1) ¹Die steuerliche Begünstigung bestimmter Sachbezüge der Arbeitnehmer nach § 8 Abs. 3 EStG setzt Folgendes voraus:
1. ¹Die Sachbezüge müssen dem Arbeitnehmer auf Grund seines Dienstverhältnisses zufließen. ²Steht der Arbeitnehmer im Kalenderjahr nacheinander oder nebeneinander in mehreren Dienstverhältnissen, sind die Sachbezüge aus jedem Dienstverhältnis unabhängig voneinander zu beurteilen. ³Auf Sachbezüge, die der Arbeitnehmer nicht unmittelbar vom Arbeitgeber erhält, ist § 8 Abs. 3 EStG grundsätzlich nicht anwendbar.
2. ¹Die Sachbezüge müssen in der Überlassung von Waren oder in Dienstleistungen bestehen. ²Zu den Waren gehören alle Wirtschaftsgüter, die im Wirtschaftsverkehr wie Sachen (§ 90 BGB) behandelt werden, also auch elektrischer Strom und Wärme. ³Als Dienstleistungen kommen alle anderen Leistungen in Betracht, die üblicherweise gegen Entgelt erbracht werden.
3. ¹Auf Rohstoffe, Zutaten und Halbfertigprodukte ist die Begünstigung anwendbar, wenn diese mengenmäßig überwiegend in die Erzeugnisse des Betriebs eingehen. ²Betriebs- und Hilfsstoffe, die mengenmäßig überwiegend nicht an fremde Dritte abgegeben werden, sind nicht begünstigt.
4. ¹Bei jedem einzelnen Sachbezug, für den die Voraussetzungen des § 8 Abs. 3 und des § 40 Abs. 1 oder Abs. 2 Satz 1 Nr. 1, 2 oder 5 Satz 1 EStG gleichzeitig vorliegen, kann zwischen der Pauschalbesteuerung und der Anwendung des § 8 Abs. 3 EStG gewählt werden.

²Die Begünstigung gilt sowohl für teilentgeltliche als auch für unentgeltliche Sachbezüge. ³Sie gilt deshalb z. B. für den Haustrunk in Brauereigewerbe, für die Freitabakwaren in der Tabakwarenindustrie und für die Deputate im Bergbau sowie in der Land- und Forstwirtschaft. ⁴Nachträgliche Gutschriften sind als Entgeltsminderung zu werten, wenn deren Bedingungen bereits in dem Zeitpunkt feststehen, in dem der Arbeitnehmer die Sachbezüge erhält. ⁵Zuschüsse eines Dritten sind nicht als Verbilligung zu werten, sondern ggf. als Lohnzahlungen durch Dritte zu versteuern.

(2) ¹Der steuerlichen Bewertung der Sachbezüge, die die Voraussetzungen des Absatzes 1 erfüllen, sind die Endpreise (einschl. der Umsatzsteuer) zugrunde zu legen, zu denen der Arbeitgeber die Waren oder Dienstleistungen fremden Letztverbrauchern im allgemeinen Geschäftsverkehr anbietet. ²Bei der Gewährung von Versicherungsschutz sind es die Beiträge, die der Arbeitgeber als Versicherer von fremden Versicherungsnehmern für diesen Versicherungsschutz verlangt. ³Fehlt ein schriftliches Preisangebot, ist die erste Preisangabe des Anbieters maßgebend. ⁴Tritt der Arbeitgeber mit Letztverbrauchern außerhalb des Arbeitnehmerbereichs nicht in Geschäftsbeziehungen, sind die Endpreise zugrunde zu legen, zu denen der dem Abgabeort des Arbeitgebers nächstansässige Abnehmer die Waren oder Dienstleistungen fremden Letztverbrauchern anbietet. ⁵Dies gilt auch in den Fällen, in denen der Arbeitgeber nur als Kommissionär tätig ist. ⁶H 8.1 Abs. 2 Satz 5 ist sinngemäß anzuwenden. ⁷Für die Preisfeststellung ist grundsätzlich jeweils der Kalendertag maßgebend, an dem die Ware oder Dienstleistung an den Arbeitnehmer abgegeben wird. ⁸Fallen Bestell- und Liefertag auseinander, sind die Verhältnisse am Bestelltag

für die Ermittlung des Angebotspreises maßgebend. ⁹Der um 4 % geminderte Endpreis ist der Geldwert des Sachbezugs; als Arbeitslohn ist der Unterschiedsbetrag zwischen diesem Geldwert und dem vom Arbeitnehmer gezahlten Entgelt anzusetzen. ¹⁰Arbeitslöhne dieser Art aus demselben Dienstverhältnis bleiben steuerfrei, soweit sie insgesamt den Rabatt-Freibetrag nach § 8 Abs. 3 EStG nicht übersteigen.

H 8.2 Hinweise

Abschlussgebühr

Lohnsteuerliche Behandlung ersparter Abschlußgebühren bei Abschluß eines Bausparvertrags

(BMF-Schreiben vom 28. 3. 1994, BStBl I S. 233)

Wenn Bausparkassen gegenüber ihren eigenen Mitarbeitern, gegenüber Arbeitnehmern von anderen Kreditinstituten oder gegenüber Arbeitnehmern von Versicherungsunternehmen und anderen Unternehmen beim Abschluß von Bausparverträgen zunächst auf die übliche Sondereinlage in Höhe von 1 v. H. der Bausparsumme und bei der Inanspruchnahme eines Bauspardarlehens auf die dann fällige Abschlußgebühr verzichten, gilt nach dem Ergebnis der Erörterung mit den obersten Finanzbehörden der Länder folgendes:

1. Der Verzicht auf die Sondereinlage beim Abschluß eines Bausparvertrags ist lohnsteuerlich ohne Bedeutung.
2. Der Abschluß eines Bausparvertrags ist eine Dienstleistung der Bausparkasse; der durch den Verzicht auf die Abschlußgebühr entstehende geldwerte Vorteil gehört zum Arbeitslohn.
3. Bei eigenen Arbeitnehmern der Bausparkassen handelt es sich um eine Dienstleistung i. S. des § 8 Abs. 3 EStG.
4. Bei Arbeitnehmern anderer Kreditinstitute, Arbeitnehmern von Versicherungsunternehmen und anderen Unternehmen ist nach dem BMF-Schreiben vom 27. September 1993 – IV B 6 – S 2334 - 152/93 – (BStBl I S. 814) sowie den entsprechenden Erlassen der obersten Finanzbehörden der Länder zu verfahren.
5. Soweit der Vorteil als Arbeitslohn versteuert wird, ist er der Zahlung einer Abschlußgebühr gleichzustellen und nach Maßgabe des § 10 EStG und des § 2 WoPG als Bausparbeitrag zu behandeln.
6. ...

Allgemeines

Die Regelung des § 8 Abs. 3 EStG gilt nicht für
- Waren, die der Arbeitgeber überwiegend für seine Arbeitnehmer herstellt, z. B. Kantinenmahlzeiten, oder überwiegend an seine Arbeitnehmer vertreibt und Dienstleistungen, die der Arbeitgeber überwiegend für seine Arbeitnehmer erbringt,
- Sachbezüge, die nach § 40 Abs. 1 oder Abs. 2 Nr. 1 oder 2 EStG pauschal versteuert werden.

In diesen Fällen ist die Bewertung nach § 8 Abs. 2 EStG vorzunehmen.

Anwendung des Rabatt-Freibetrags

Der Rabatt-Freibetrag findet Anwendung bei
- Waren oder Dienstleistungen, die vom Arbeitgeber hergestellt, vertrieben oder erbracht werden (→ BFH vom 15. 1. 1993 – BStBl II S. 356),
- Leistungen des Arbeitgebers, auch wenn sie nicht zu seinem üblichen Geschäftsgegenstand gehören (→ BFH vom 7. 2. 1997 – BStBl II S. 363),
- der verbilligten Abgabe von Medikamenten an die Belegschaft eines Krankenhauses, wenn Medikamente dieser Art mindestens im gleichen Umfang an Patienten abgegeben werden (→ BFH vom 27. 8. 2002 – BStBl II S. 881 und BStBl 2003 II S. 95),
- Waren, die ein Arbeitgeber im Auftrag und nach den Plänen und Vorgaben eines anderen produziert und damit Hersteller dieser Waren ist (→ BFH vom 28. 8. 2002 – BStBl 2003 II S. 154 betr. Zeitungsdruck),
- Waren, die ein Arbeitgeber auf eigene Kosten nach seinen Vorgaben und Plänen von einem Dritten produzieren lässt oder zu deren Herstellung er damit vergleichbare sonstige gewichtige Beiträge erbringt (→ BFH vom 1. 10. 2009 – BStBl 2010 II S. 204),

§ 8 EStG
H 8.2

- verbilligter Überlassung einer Hausmeisterwohnung, wenn der Arbeitgeber Wohnungen zumindest in gleichem Umfang an Dritte vermietet und sich die Hausmeisterwohnung durch ihre Merkmale nicht in einem solchen Maße von anderen Wohnungen unterscheidet, dass sie nur als Hausmeisterwohnung genutzt werden kann (→ BFH vom 16. 2. 2005 – BStBl II S. 529).
- Überlassung eines zinslosen oder zinsverbilligten Arbeitgeberdarlehens, wenn Darlehen gleicher Art und zu gleichen Konditionen überwiegend an betriebsfremde Dritte vergeben werden (→ BMF vom 1. 10. 2008 – BStBl I S. 892).

Anhang 42

→ **Wahlrecht**
- Mahlzeitengestellung im Rahmen einer Auswärtstätigkeit, wenn aus der Küche eines Flusskreuzfahrtschiffes neben den Passagieren auch die Besatzungsmitglieder verpflegt werden (→ BFH vom 21. 1. 2010 – BStBl II S. 700).

Der Rabatt-Freibetrag findet keine Anwendung bei
- Arbeitgeberdarlehen, wenn der Arbeitgeber lediglich verbundenen Unternehmen Darlehen gewährt (→ BFH vom 18. 9. 2002 – BStBl II S. 371),
- Arbeitgeberdarlehen, wenn der Arbeitgeber Darlehen dieser Art nicht an Fremde vergibt (→ BFH vom 9. 10. 2002 – BStBl 2003 II S. 373 betr. Arbeitgeberdarlehen einer Landeszentralbank).

Aufteilung eines Sachbezugs

Die Aufteilung eines Sachbezugs zum Zwecke der Lohnsteuerpauschalierung ist nur zulässig, wenn die Pauschalierung der Lohnsteuer beantragt wird und die Pauschalierungsgrenze des § 40 Abs. 1 Satz 3 EStG überschritten wird (→ BMF vom 28. 4. 1995 – BStBl I S. 273 unter Berücksichtigung der Änderungen durch BMF vom 1. 10. 2008 – BStBl I S. 892, Rdnr. 17).

Anhang 42

Berechnung des Rabatt-Freibetrags

Beispiel 1:
Ein Möbelhandelsunternehmen überlässt einem Arbeitnehmer eine Schrankwand zu einem Preis von 3 000 €; der durch Preisauszeichnung angegebene Endpreis dieser Schrankwand beträgt 4 500 €.
Zur Ermittlung des Sachbezugswerts ist der Endpreis um 4 % = 180 € zu kürzen, so dass sich nach Anrechnung des vom Arbeitnehmer gezahlten Entgelts ein Arbeitslohn von 1 320 € ergibt. Dieser Arbeitslohn überschreitet den Rabatt-Freibetrag von 1 080 € um 240 €, so dass dieser Betrag zu versteuern ist.
Würde der Arbeitnehmer im selben Kalenderjahr ein weiteres Möbelstück unter denselben Bedingungen beziehen, so käme der Rabatt-Freibetrag nicht mehr in Betracht; es ergäbe sich dann ein zu versteuernder Betrag von 1 320 € (Unterschiedsbetrag zwischen dem um 4 % = 180 € geminderten Endpreis von 4 500 € und dem Abgabepreis von 3 000 €).

Beispiel 2:
Der Arbeitnehmer eines Reisebüros hat für eine vom Arbeitgeber vermittelte Pauschalreise, die im Katalog des Reiseveranstalters zum Preis von 2 000 € angeboten wird, nur 1 500 € zu zahlen. Vom Preisnachlass entfallen 300 € auf die Reiseleistung des Veranstalters und 200 € auf die Vermittlung des Arbeitgebers, der insoweit keine Vermittlungsprovision erhält.
Die unentgeltliche Vermittlungsleistung ist nach § 8 Abs. 3 EStG mit ihrem um 4 % = 8 € geminderten Endpreis von 200 € zu bewerten, so dass sich ein Arbeitslohn von 192 € ergibt, der im Rahmen des Rabatt-Freibetrags von 1 080 € jährlich steuerfrei ist.
Auf die darüber hinausgehende Verbilligung der Pauschalreise um 300 € ist der Rabatt-Freibetrag nicht anwendbar; sie ist deshalb nach § 8 Abs. 2 EStG zu bewerten. Nach R 8.1 Abs. 2 Satz 9 kann für die Reiseleistung maßgebende Preis mit 1 728 € (96 % von 1 800 €) angesetzt werden, so dass sich ein steuerlicher Preisvorteil von 228 € ergibt.

Dienstleistungen

Die leih- oder mietweise Überlassung von Grundstücken, Wohnungen, möblierten Zimmern oder von Kraftfahrzeugen, Maschinen und anderen beweglichen Sachen sowie die Gewährung von Darlehen sind Dienstleistungen (→ BFH vom 4. 11. 1994 – BStBl 1995 II S. 338).
Weitere Beispiele für Dienstleistungen sind:
- Beförderungsleistungen,
- Beratung,
- Datenverarbeitung,

§ 8 EStG
H 8.2

- Kontenführung,
- Reiseveranstaltungen,
- Versicherungsschutz,
- Werbung.

Endpreis

- im **Einzelhandel** ist der Preis, mit dem die Ware ausgezeichnet ist (→ BFH vom 4. 6. 1993 – BStBl II S. 687),
- beim Erwerb von Kraftfahrzeugen vom Arbeitgeber in der Automobilbranche → BMF vom 18. 12. 2009 (BStBl 2010 I S. 20),

Anhang 37
- Endpreis i. S. des § 8 Abs. 3 EStG ist der am Ende von Verkaufsverhandlungen als letztes Angebot stehende Preis und umfasst deshalb auch Rabatte. → BHF Urteil vom 26.7.2012 – VI R 30/09
- → Kraftfahrzeuge
- bei Überlassung eines zinslosen oder zinsverbilligten Arbeitgeberdarlehens → BMF vom 1. 10. 2008 (BStBl I S. 892),

Anhang 42 **Personalrabatte bei Kreditinstituten**

→ BMF vom 15. 4. 1993 (BStBl I 1993 S. 339)

Steuerliche Behandlung der Personalrabatte bei Arbeitnehmern von Kreditinstituten

(BMF-Schreiben vom 15. 4. 1993, BStBl I S. 339)

Nach dem Ergebnis der Erörterung mit den obersten Finanzbehörden der Länder gilt für die steuerliche Behandlung der Personalrabatte bei Arbeitnehmern von Kreditinstituten folgendes:

1. Endpreis

Endpreis im Sinne des § 8 Abs. 3 EStG für die von einem Kreditinstitut gegenüber seinen Mitarbeitern erbrachten Dienstleistungen ist der Preis, der für diese Leistungen in Preisaushang der kontoführenden Zweigstelle des Kreditinstituts angegeben ist. Dieser Preisaushang ist für die steuerliche Bewertung auch der Dienstleistungen maßgebend, die vom Umfang her den Rahmen des standardisierten Privatkundengeschäfts übersteigen, es sei denn, daß für derartige Dienstleistungen in den Geschäftsräumen besondere Preisverzeichnisse ausgelegt werden.

2. Aufzeichnungserleichterungen

Das Betriebsstättenfinanzamt kann auf Antrag eines Kreditinstituts auf die Aufzeichnung der Vorteile verzichten, die sich aus der unentgeltlichen oder verbilligten

- Kontenführung (dazu gehören auch die Ausgabe von Überweisungsvordrucken, Scheckvordrucken, Scheckkarten und Reiseschecks, die Einrichtung und Löschung von Daueraufträgen, die Verfügung am Geldautomaten sowie aus Vereinfachungsgründen die Ausgabe von Kreditkarten),
- Depotführung bis zu einem Depotnennwert von 100 000 DM (maßgebend ist der Depotnennwert, nach dem die Depotgebühren berechnet werden),
- Vermietung von Schließfächern und Banksafes und
- Beschaffung und Rücknahme von Devisen durch Barumtausch

ergeben.

Voraussetzung hierfür ist, daß

a) der durchschnittliche Betrag des Vorteils aus den von der Aufzeichnung befreiten Dienstleistungen unter Berücksichtigung des Preisabschlags nach § 8 Abs. 3 EStG von 4 v. H. je Arbeitnehmer ermittelt wird (Durchschnittsbetrag).

Der Durchschnittsbetrag ist jeweils im letzten Lohnzahlungszeitraum eines Kalenderjahrs aus der summarischen Erfassung sämtlicher aufzeichnungsbefreiter Vorteile der vorangegangenen 12 Monate für die Arbeitnehmer eines Kreditinstituts (einschließlich sämtlicher inländischer Zweigstellen) zu ermitteln. Dabei sind auch die Vorteile einzubeziehen, die das Kreditinstitut Personen einräumt, die mit den Arbeitnehmern verbunden sind. Falls erforderlich, können für alleinstehende und verheiratete Arbeitnehmer unterschiedliche Durchschnittsbeträge festgesetzt werden.

Ist die summarische Erfassung der aufzeichnungsbefreiten Vorteile im Einzelfall technisch nur mit unverhältnismäßigem Mehraufwand möglich, kann der Durchschnittsbetrag geschätzt werden. In diesem Fall ist der Durchschnittsbetrag vom Betriebsstättenfinanzamt festzusetzen. Hat ein Kreditinstitut mehrere lohnsteuerliche Betriebsstätten, so ist der Aufzeichnungsverzicht und ggf. die Festsetzung des Durchschnittsbetrags mit den anderen Betriebsstättenfinanzämtern abzustimmen;

b) der Arbeitgeber im letzten Lohnzahlungszeitraum des Kalenderjahrs den Betrag pauschal nach § 40 Abs. 1 EStG versteuert, um den die Summe der Vorteile aus den nicht aufzeichnungsbefreiten Dienstleistungen und dem Durchschnittsbetrag bei den einzelnen Arbeitnehmern den Rabattfreibetrag von 2 400 DM übersteigt. Dabei ist der übersteigende Betrag wenigstens bis zur Höhe des Durchschnittsbetrags pauschal zu versteuern. Soweit die Vorteile pauschal versteuert werden, sind sie nach § 8 Abs. 2 EStG zu bewerten; die Minderung der Vorteile um 4 v. H. ist insoweit rückgängig zu machen.

Beispiel:

Der durchschnittliche Vorteil wird auf der Basis der Endpreise ermittelt mit	677 DM
Nach Abzug des Bewertungsabschlags von (677 DM × 4 v. H.)	27 DM
ergibt sich ein Durchschnittsbetrag von	650 DM
Nach § 4 Abs. 2 Nr. 3 LStDV sind im Lohnkonto des Arbeitnehmers als Sachbezüge im Sinne des § 8 Abs. 3 EStG aufgezeichnet worden	1 853 DM
Die Summe von	2 503 DM
übersteigt den Rabattfreibetrag um	103 DM
Der auf diesen Teil des Durchschnittsbetrags entfallende Bewertungsabschlag wird durch Vervielfältigung mit 1,0417 rückgängig gemacht (103 DM × 1,0417) =	107,29 DM

Für diesen Betrag ist die Lohnsteuer pauschal nach § 40 Abs. 1 Nr. 1 EStG zu erheben.

Sachbezüge

Energie- und Wasserlieferungen

Lohnsteuerliche Behandlung der verbilligten Energielieferungen an Arbeitnehmer von Versorgungsunternehmen

(Erlaß des FinMin Niedersachsen vom 13. 12. 1999 – S 2334 – 96 – 35 –)

Aufgrund des Gesetzes zur Neuregelung des Energiewirtschaftsrechts vom 24. 4. 1998 (BGBl. I S. 730) ergeben sich Änderungen hinsichtlich der lohnsteuerrechtlichen Beurteilung der verbilligten Energielieferungen an die Arbeitnehmer der Versorgungsunternehmen, wenn die Arbeitnehmer nicht im Versorgungsgebiet ihres Arbeitgebers wohnen.

Es wird gebeten, hierzu folgende Auffassung zu vertreten:

Auch weiterhin kann bei der verbilligten Überlassung von Energie (Strom oder Gas) § 8 Abs. 3 EStG nur angewandt werden, wenn genau dieselbe Ware, die der Arbeitnehmer von einem Dritten erhält, vom Arbeitgeber zuvor hergestellt oder vertrieben worden ist (Nämlichkeit). Dabei ist unter „Vertreiben" in diesem Sinne nicht eine bloße Vermittlungsleistung zu verstehen – der Arbeitgeber muß die Dienstleistung als eigene erbringen (BFH-Urteil vom 7. 2. 1997, BStBl II S. 363). Die Voraussetzung der Nämlichkeit ist erfüllt, wenn das Versorgungsunternehmen, das den Arbeitnehmer beliefert, diese Energie zuvor von dem Versorgungsunternehmen, bei dem der Arbeitnehmer beschäftigt ist, erhalten hat. Erhält jedoch das Versorgungsunternehmen, das den Arbeitnehmer mit Energie beliefert, seine Energielieferungen nicht unmittelbar durch das Versorgungsunternehmen, bei dem der Arbeitnehmer beschäftigt ist, ist der geldwerte Vorteil aus der verbilligten Energielieferung nach § 8 Abs. 2 EStG zu versteuern (vgl. BFH-Urteil vom 15. 1. 1993, BStBl II S. 356).

In den Fällen der sog. Durchleitung (= verhandelter Netzzugang gem. §§ 5, 6 EnWG) muß das örtliche Versorgungsunternehmen, in dessen Bereich der Arbeitnehmer wohnt, sein Versorgungsnetz dem anderen Versorgungsunternehmen – gegen Gebühr – zur Durchleitung von Strom zur Verfügung stellen. Ist dieses andere Versorgungsunternehmen der Arbeitgeber, ist die Voraussetzung des § 8 Abs. 3 EStG erfüllt, weil der Arbeitnehmer Strom erhält, der vom Arbeitgeber hergestellt oder vertrieben worden ist und von diesem unmittelbar an seinen Arbeitnehmer unter Zuhilfenahme des örtlichen Versorgungsunternehmens geliefert wird.

In den Fällen der sog. Netzzugangsalternative ist das Versorgungsunternehmen, in dessen Bereich der Arbeitnehmer wohnt, verpflichtet, den Strom abzunehmen, den dieser Arbeitnehmer bei einem anderen Versorgungsunternehmen gekauft hat (§ 7 Abs. 2 EnWG). Anschließend liefert das örtliche Versorgungsunternehmen diesen Strom an den Arbeitnehmer weiter. Auch bei dieser Alternative erhält das örtliche Versorgungsunternehmen tatsächlich den Strom des anderen Versorgungsunternehmens. Ist dieses andere Versorgungsunternehmen der Arbeitgeber, ist auch in dem Fall der Netzzugangsalternative nach § 7 Abs. 2 EnWG die Voraussetzung der Nämlichkeit und damit die Voraussetzung des § 8 Abs. 3 EStG erfüllt.

Diese Grundsätze gelten gleichermaßen für Arbeitgeber, die als Versorgungsunternehmen den Strom lediglich verteilen oder aber auch selbst Strom erzeugen. Sie sind hingegen nicht anzuwenden, wenn die entsprechende Energie tatsächlich nicht zwischen den Versorgungsunternehmen vertrieben, sondern nur als Rechnungsposten gehandelt wird.

Dieser Erlass ergeht im Einvernehmen mit dem Bundesministerium der Finanzen und den obersten Finanzbehörden der anderen Länder bundeseinheitlich. Es wird gebeten, die Finanzämter hiervon zu unterrichten.

Geldwerter Vorteil

1. Ob ein geldwerter Vorteil i. S. des § 8 Abs. 2 Satz 1 EStG durch die verbilligte Überlassung einer Ware oder Dienstleistung gegeben ist, ist allein anhand des üblichen Endpreises für die konkrete Ware oder Dienstleistung zu ermitteln.
2. Ein geldwerter Vorteil ist auch dann gegeben, wenn der übliche Endpreis für funktionsgleiche und qualitativ gleichwertige Waren oder Dienstleistungen anderer Hersteller oder Dienstleister geringer ist als der der konkreten Ware oder Dienstleistung, die verbilligt überlassen wird.
3. Ein Arbeitgeber, der den Abschluss von Versicherungsverträgen vermittelt, kann seinen Arbeitnehmern auch dadurch einen geldwerten Vorteil i. S. des § 8 Abs. 3 Satz 1 EStG gewähren, dass er im Voraus auf die ihm zustehende Vermittlungsprovision verzichtet, sofern das Versicherungsunternehmen aufgrund dieses Verzichts den fraglichen Arbeitnehmern den Abschluss von Versicherungsverträgen zu günstigeren Tarifen gewährt, als das bei anderen Versicherungsnehmern der Fall ist (→ BFH vom 30. 5. 2001 – VI R 123/00).

Energie- und Wasserlieferungen an Arbeitnehmer von Versorgungsunternehmen

(Verfügung der Senatsverwaltung für Finanzen Berlin vom 28. 1. 2005 – III A 4 – S 2334 – 1/05 –)

Auf der Basis des neugeregelten EnWG wurde am 13. 12. 1999 eine Verbändevereinbarung (VV II) geschlossen. Hierbei wurde bei den Leistungen auf dem Energiemarkt strikt zwischen der Netznutzung und der Stromlieferung getrennt. Der Kunde hatte danach grundsätzlich zwei Verträge abzuschließen – einen Stromlieferungsvertrag mit dem Energielieferanten/Händler und einen Netzzugangsvertrag mit dem Netzbetreiber. Als Folge dieser Verträge handelte es sich bei dem Strom, den der Kunde an seiner Zählerklemme abnahm, um solchen des Energielieferanten, den dieser im eigenen Namen und auf eigene Rechnung an den Kunden veräußerte. Der Netzbetreiber (z. B. das örtliche Versorgungsunternehmen) stellte lediglich die Netznutzung sicher. Das vom Kunden zu zahlende Gesamtentgelt setzte sich nach dieser Vereinbarung aus einem Entgelt für die Stromlieferung sowie einem Entgelt für die Netznutzung zusammen.

Bei der entsprechenden Umsetzung dieses Verfahrens sind die zwei Leistungen (Stromlieferung und Netznutzung) lohnsteuerlich gesondert zu beurteilen:

Stromlieferung

Steht der Strom, der auf Grund des Stromlieferungsvertrags an der Zählerklemme des Arbeitnehmers abgenommen wird, im Eigentum des stromliefernden Arbeitgebers und wird daher von diesem im eigenen Namen und auf eigene Rechnung veräußert, erfolgt eine unmittelbare Stromlieferung. Die entscheidende Voraussetzung für die Anwendung des § 8 Abs. 3 EStG ist damit bei der verbilligten Überlassung von Energie erfüllt, denn der Arbeitnehmer erhält den Strom unmittelbar von seinem Arbeitgeber.

Netznutzung

Für die Anwendung des § 8 Abs. 3 EStG auf die gesonderte Leistung in Form der Netznutzung ist die Voraussetzung, dass der örtliche Netzbetreiber Arbeitgeber des Kunden ist. Nur in diesem Fall erhält der Arbeitnehmer die Dienstleistung unmittelbar von seinem Arbeitgeber. Ist der örtliche Netzbetreiber jedoch nicht Arbeitgeber des Kunden, kann § 8 Abs. 3 EStG für die Leistung „Netznutzung" nicht in Betracht kommen. Dies gilt auch dann, wenn der Stromlieferant das vom Arbeitnehmer hierfür zu erbringende Netzentgelt im Namen und für Rechnung des Netzbetreibers vereinnahmen sollte.

„All-inclusive-Verträge"

Die in der VV II festgelegte Trennung hat sich jedoch in der Praxis nicht durchgesetzt. Vielmehr haben Stromhändler schon bald auch außerhalb des eigenen Netzgebietes sog. „All-inclusive-Verträge" einschließlich Netznutzung angeboten. Ein anderes Modell – das sog. „Doppelvertragsmodell" – hat vorgesehen, dass sich der Stromlieferant vom Netzbetreiber in einem Händler-Rahmenvertrag den Netzzugang einräumen lässt und die Netznutzung dem Kunden (auch dem eigenen Arbeitnehmer) als eigene Leistung verkauft. Diese Entwicklung ist in der Verbändevereinbarung vom 13. 12. 2001 (VV II plus) umgesetzt worden; sie hat die VV II seit dem 01. 01. 2002 abgelöst.

Danach hat der Stromlieferant bei Vorlage eines „All-inclusive-Vertrags" zur Stromversorgung eines Einzelkunden in einem anderen Netzgebiet Anspruch auf den zeitnahen Abschluss eines Netznutzungsvertrages mit dem örtlichen Netzbetreiber, d. h. zwischen Netzbetreiber und Kunden bestehen keine vertraglichen Beziehungen. Beim „All-inclusive-Vertrag" enthält der Stromlieferungsvertrag des Energieversorgungsunternehmens (EVU) mit seinem Endkunden (auch Arbeitnehmer) bereits die Netznutzung auch für den Fall, dass der Endkunden (oder der Arbeitnehmer) in einem anderen Netzgebiet wohnt. Damit kommt für den Arbeitnehmer eines EVU als Endkunde der Rabattfreibetrag nach § 8 Abs. 3 EStG für alle Leistungen in Betracht, auch wenn er außerhalb des Netzgebiets seines Arbeitgebers wohnt oder dessen Arbeitgeber als reiner Stromhändler kein eigenes Versorgungsnetz betreibt.

Fahrvergünstigungen

Lohnsteuerliche Behandlung der Gewährung von Fahrvergünstigungen an Mitarbeiter der Deutschen Bahngruppe (§ 8 EStG)

(Erlass des Hessischen FinMin vom 25. 2. 2002 – S 2334 A – 15 – II B 2a –)

Die obersten Finanzbehörden des Bundes und der Länder haben sich mit der Frage befasst, ob und ggf. wie ein Nachweis einer geringeren Privatnutzung geführt werden kann, wenn Arbeitnehmer von Unternehmen der Bahngruppe eine Jahresnetzkarte erhalten und der Vorteil individuell versteuert wird.

Es wird die Auffassung vertreten, dass Aufzeichnungen über die privaten und dienstlichen Fahrten nach dem Muster eines Fahrtenbuchs mangels objektiver Nachprüfbarkeit wenig glaubwürdig und deshalb nicht geeignet sind, einen geringeren Ansatz zu begründen. Beim Fahrtenbuch für ein Kraftfahrzeug können die Angaben zu den dienstlichen Fahrten zumindest theoretisch überprüft werden. Auf die Angaben zu den Privatfahrten kommt es nicht an, da sich diese ohne Weiteres aus dem Unterschied der belegbaren Gesamtfahrleistung und der belegbaren Dienstfahrten ergeben. Bei der Netzkarte lässt sich jedoch keine Gesamtfahrleistung belegen. Insofern kommt der Angabe der privaten Fahrten eine wesentliche Bedeutung für die Höhe des Nutzungsvorteils zu. Ob diese Angaben vollständig sind, lässt sich aber nicht überprüfen.

Es bestehen jedoch keine Bedenken, als geringeren Wert den Betrag anzusetzen, der sich ergibt, wenn von dem nach § 8 EStG maßgebenden Wert (96 % des Preises für eine Jahresnetzkarte abzüglich Eigenanteil) der Betrag abgezogen wird, der für die nachgewiesenen oder glaubhaft gemachten Fahrten zwischen Wohnung und Arbeitsstätte und Dienstfahrten unter Berücksichtigung des günstigsten Preises anzusetzen wäre.

Dieser Erlass ergeht im Einvernehmen mit dem Bundesministerium der Finanzen und den obersten Finanzbehörden der anderen Länder.

Reisen

Steuerliche Behandlung unentgeltlicher oder verbilligter Reisen bei Mitarbeitern von Reisebüros und Reiseveranstaltern

(BMF-Schreiben vom 14. 9. 1994, BStBl I S. 755)

Nach dem Ergebnis der Besprechung mit den obersten Finanzbehörden der Länder gilt für die lohnsteuerrechtliche Behandlung unentgeltlicher oder verbilligter Reisen der Mitarbeiter von Reisebüros und Reiseveranstaltern folgendes:

1. Die einem Arbeitnehmer vom Arbeitgeber unentgeltlich oder verbilligt verschaffte Reise gehört nicht zum Arbeitslohn, wenn die Reise im ganz überwiegenden betrieblichen Interesse des Arbeitgebers durchgeführt wird. Ein ganz überwiegendes betriebliches Interesse muß über das normale Interesse des Arbeitgebers, das ihn zur Lohnzahlung veranlaßt, deutlich hinausgehen. Dieses Interesse muß so stark sein, daß das Interesse des Arbeitnehmers an der Leistung vernachlässigt werden kann. Für die Teilnahme des Arbeitnehmers an der Reise müssen nachweisbare betriebsfunktionale Gründe bestehen.

2. Als Reisen im ganz überwiegenden betrieblichen Interesse des Arbeitgebers kommen in Betracht

§ 8 EStG
H 8.2

    a) Reisen, denen ein unmittelbarer betrieblicher Anlaß zugrunde liegt, z. B. Verhandlungen mit einem Geschäftspartner des Arbeitgebers oder Durchführung eines bestimmten Auftrags wie die Vorbereitung von Reiseveranstaltungen oder von Objektbeschreibungen in Katalogen des Arbeitgebers (Dienstreisen),

    b) Reisen zur beruflichen Fortbildung des Arbeitnehmers (Fachstudienreisen).

3. Bei Reisen im Sinne der Nummer 2 Buchstabe a kann ein ganz überwiegendes betriebliches Interesse des Arbeitgebers nur dann angenommen werden, wenn die folgenden Voraussetzungen nebeneinander erfüllt sind:

    a) Die Reise wird auf Anordnung des Arbeitgebers durchgeführt.

    b) Die Reise ist für den Arbeitnehmer unentgeltlich.

    c) Die Reisetage sind grundsätzlich wie normale Arbeitstage mit beruflicher Tätigkeit ausgefüllt (BFH-Urteil vom 12. April 1979 – BStBl II S. 513).

    d) Die Reisetage werden auf den Urlaub des Arbeitnehmers nicht angerechnet.

4. Bei Reisen im Sinne der Nummer 2 Buchstabe b kann ein ganz überwiegendes betriebliches Interesse des Arbeitgebers (Abschnitt 74 LStR) nur dann angenommen werden, wenn die folgenden Voraussetzungen nebeneinander erfüllt sind:

    a) Der an der Reise teilnehmende Arbeitnehmer ist im Reisevertrieb oder mit der Reiseprogrammbeschreibung, -gestaltung oder -abwicklung beschäftigt.

    b) Der Arbeitgeber wertet die Teilnahme an der Reise als Arbeitszeit und rechnet jeden vollen Reisetag, der auf einen regelmäßigen Arbeitstag des teilnehmenden Arbeitnehmers entfällt, mit mindestens 6 Stunden auf die vereinbarte regelmäßige Arbeitszeit an.

    c) Der Reise liegt eine feste Programmgestaltung zugrunde, wobei das Programm auf die konkreten beruflichen Qualifikations- und Informationsbedürfnisse der in Buchstabe a genannten Arbeitnehmer zugeschnitten ist. Das Programm muß Fachveranstaltungen mit einer Gesamtdauer von mindestens 6 Stunden arbeitstäglich enthalten. Berufliche Programmpunkte können sein:

      – Kennenlernen der Leistungsträger der gesamten Organisation vor Ort,

      – Vorstellung verschiedener Unterkünfte und Unterkunftsbesichtigungen,

      – länderkundliche Referate, Zielgebietsschulung,

      – ortskundige Führungen,

      – Vorträge von Verkehrsämtern und Ausflugsveranstaltern,

      – eigene Recherchen nach Aufgabenstellung (Fallstudien, Gruppenarbeit),

      – regelmäßige Programmbesprechungen.

    d) Der Arbeitnehmer nimmt grundsätzlich an allen vorgesehenen fachlichen Programmpunkten teil und erstellt ein Protokoll über den Reiseverlauf.

    e) Der Arbeitnehmer nimmt keine Begleitperson mit, es sei denn, daß die Mitnahme einer Begleitperson aus zwingenden betrieblichen Gründen erforderlich ist.

5. Zum Nachweis seines ganz überwiegenden betrieblichen Interesses hat der Arbeitgeber folgende Unterlagen aufzubewahren und auf Verlangen vorzulegen:

    a) In den Fällen der Nummer 2 Buchstabe a Unterlagen, aus denen sich der Anlaß und der Arbeitsauftrag ergeben.

    b) In den Fällen der Nummer 2 Buchstabe b

      – die Einladung zur Fachstudienreise,

      – Programmunterlagen,

      – Bestätigungen über die Teilnahme des Arbeitnehmers an den fachlichen Programmpunkten,

      – Protokoll des Arbeitnehmers über den Reiseverlauf,

      – Teilnehmerliste.

6. Leistungen Dritter sind kein Arbeitslohn, wenn sie dem Arbeitnehmer im ganz überwiegenden betrieblichen Interesse des Arbeitgebers zugute kommen, d. h. wenn die in Nummern 2 bis 5 genannten Voraussetzungen erfüllt sind. Andernfalls ist die Frage, ob die Leistung des Dritten Arbeitslohn darstellt und dem Lohnsteuerabzug unterliegt, nach den Grundsätzen des BMF-Schreibens vom 27. September 1993 (BStBl I S. 814) zu beurteilen.

7. Schließt sich an eine Reise, die im ganz überwiegenden betrieblichen Interesse des Arbeitgebers liegt, ein privater Reiseaufenthalt an, so gehören die Leistungen für den Anschlußaufenthalt zum Arbeitslohn. Leistungen für die Hin- und Rückfahrt gehören nur in den Fällen der Nummer 2 Buchstabe b und nur dann zum Arbeitslohn, wenn der Anschlußaufenthalt mehr als 10 v. H. der gesamten Reisezeit in Anspruch nimmt. Das gleiche gilt, wenn der

im ganz überwiegenden betrieblichen Interesse liegenden Reise ein privater Reiseaufenthalt vorgeschaltet ist.

Sachbezüge an ehemalige Arbeitnehmer

Sachbezüge, die dem Arbeitnehmer ausschließlich wegen seines früheren oder künftigen Dienstverhältnisses zufließen, sind nach § 8 Abs. 3 EStG zu bewerten (→ BFH vom 8. 11. 1996 – BStBl 1997 II S. 330)

Sachbezüge von dritter Seite

– Erfassung und Bewertung
→ BMF vom 27. 9. 1993 (BStBl I S. 814)

Steuerliche Behandlung der Rabatte, die Arbeitnehmern von dritter Seite eingeräumt werden

(BMF-Schreiben vom 27. 9. 1993, BStBl I S. 814)

Zur steuerlichen Behandlung von Preisvorteilen, die den Arbeitnehmern bei der Nutzung oder dem Erwerb von Waren oder Dienstleistungen nicht unmittelbar vom Arbeitgeber eingeräumt werden, wird unter Bezugnahme auf das Ergebnis der Erörterungen mit den obersten Finanzbehörden der Länder wie folgt Stellung genommen:

1. Preisvorteile gehören zum Arbeitslohn, wenn der Arbeitgeber an der Verschaffung dieser Preisvorteile mitgewirkt hat.
   Eine Mitwirkung des Arbeitgebers in diesem Sinne liegt nur vor, wenn
   a) aus dem Handeln des Arbeitgebers ein Anspruch des Arbeitnehmers auf den Preisvorteil entstanden ist, oder
   b) der Arbeitgeber für den Dritten Verpflichtungen übernommen hat, z. B. Inkassotätigkeit oder Haftung, oder
   c) zwischen dem Arbeitgeber und dem Dritten eine enge wirtschaftliche oder tatsächliche Verflechtung oder enge Beziehung sonstiger Art besteht, z. B. Organschaftsverhältnis, oder
   d) dem Arbeitnehmer Preisvorteile von einem Unternehmen eingeräumt werden, dessen Arbeitnehmer ihrerseits Preisvorteile vom Arbeitgeber erhalten.
2. Eine Mitwirkung des Arbeitgebers an der Verschaffung von Preisvorteilen ist nicht anzunehmen, wenn sich seine Beteiligung darauf beschränkt,
   a) Angebote Dritter in seinem Betrieb bekannt zu machen, oder
   b) Angebote Dritter an die Arbeitnehmer seines Betriebs zu dulden, oder
   c) die Betriebszugehörigkeit der Arbeitnehmer zu bescheinigen.
   An einer Mitwirkung des Arbeitgebers fehlt es auch dann, wenn bei der Verschaffung von Preisvorteilen allein eine vom Arbeitgeber unabhängige Selbsthilfeeinrichtung der Arbeitnehmer mitwirkt.
3. Die Mitwirkung des Betriebsrats oder Personalrats an der Verschaffung von Preisvorteilen durch Dritte ist für die steuerliche Beurteilung dieser Vorteile dem Arbeitgeber nicht zuzurechnen und führt allein nicht zur Annahme von Arbeitslohn. In den Fällen der Nummer 1 wird die Zurechnung von Preisvorteilen zum Arbeitslohn jedoch nicht dadurch ausgeschlossen, daß der Betriebsrat oder Personalrat ebenfalls mitgewirkt hat.
4. Ohne Mitwirkung des Arbeitgebers im Sinne der Nummer 1 gehören Preisvorteile, die Arbeitnehmern von Dritten eingeräumt werden, zum Arbeitslohn, wenn sie Entgelt für eine Leistung sind, die der Arbeitnehmer im Rahmen seines Dienstverhältnisses für den Arbeitgeber erbringt.
5. Für die Bewertung der zum Arbeitslohn gehörenden Preisvorteile ist der Preis maßgebend, der im allgemeinen Geschäftsverkehr von Letztverbrauchern in der Mehrzahl der Verkaufsfälle am Abgabeort für gleichartige Waren oder Dienstleistungen tatsächlich gezahlt wird. Aus Vereinfachungsgründen ist es nicht zu beanstanden, wenn auf die Feststellung dieses Preises verzichtet wird und er statt dessen mit 96 v. H. des konkreten Endpreises für Letztverbraucher angesetzt wird; dieser Endpreis ist nach Abschnitt 32 Abs. 2 LStR[1]) mit der Maßgabe zu ermitteln, daß an die Stelle des Arbeitgebers der Dritte tritt.
6. Die nach Nummer 1 zum Arbeitslohn gehörenden Preisvorteile unterliegen dem Lohnsteuerabzug (§ 38 Abs. 1 Satz 1 EStG). Preisvorteile im Sinne der Nummer 4 unterliegen dem

---
[1]) Jetzt R 8.2 Absatz 2 LStR.

Lohnsteuerabzug, wenn sie üblicherweise von einem Dritten für eine Arbeitsleistung gewährt werden (§ 38 Abs. 1 Satz 2 EStG)[1]).

Soweit der Arbeitgeber diese Bezüge nicht selbst ermitteln kann, hat der Arbeitnehmer sie ihm für jeden Lohnzahlungszeitraum schriftlich anzuzeigen. Der Arbeitnehmer muß die Richtigkeit seiner Angaben durch Unterschrift bestätigen. Der Arbeitgeber hat die Anzeige als Beleg zum Lohnkonto aufzubewahren und die bezeichneten Bezüge zusammen mit den übrigen Arbeitslohn des Arbeitnehmers dem Lohnsteuerabzug zu unterwerfen. Abschn. 106 Abs. 5 LStR[2]) ist anzuwenden.

7. Soweit der vor dem 1. November 1993 zugeflossene Arbeitslohn im Sinne der Nummer 1 Sätze 1 und 2 Buchstaben a und b nicht der Besteuerung unterworfen worden ist, kann es dabei verbleiben; Lohnsteuer oder Einkommensteuer ist insoweit nicht festzusetzen.

8. Die Erlasse der obersten Finanzbehörden der Länder zur lohnsteuerlichen Behandlung von Sondertarifen für das sog. Job-Ticket im öffentlichen Personennahverkehr werden durch dieses Schreiben nicht berührt; sie werden jedoch im Hinblick auf § 3 Nr. 34 EStG mit Wirkung zum 1. Januar 1994 aufgehoben.

Bewertung von Preisnachlässen, die Arbeitnehmer beim Kauf von Kraftfahrzeugen aufgrund von Rahmenabkommen eingeräumt werden

(Erlaß des FinMin des Saarlandes vom 27. 9. 1998 – B/2 – 509/98 – S 2334 –)

Wird Arbeitnehmern beim Erwerb eines Kraftfahrzeugs unter Mitwirkung des Arbeitgebers ein Preisvorteil von dritter Seite eingeräumt, so gehört dieser Preisvorteil zum Arbeitslohn und ist nach § 8 Abs. 2 Satz 1 EStG auf der Grundlage des üblichen Endpreises zu bewerten. Das ist der Preis, der im allgemeinen Geschäftsverkehr von Letztverbrauchern in der Mehrzahl der Verkaufsfälle am Abgabeort für gleichartige Waren tatsächlich gezahlt wird (Abschnitt 31 Abs. 2 Satz 2 LStR). Aus Vereinfachungsgründen kann die Ware auch mit 96 v. H. des nach § 8 Abs. 3 EStG maßgebenden Endpreises bewertet werden, zu dem sie der abgebende Dritte fremden Letztverbrauchern im allgemeinen Geschäftsverkehr anbietet (Abschnitt 31 Abs. 2 Satz 8 LStR).

Zur Feststellung des Endpreises von Kraftfahrzeugen ist mit Erlaß vom 30. 1. 1996 – B/2 – 148/96 – S 2334 –[3]) eine besondere Vereinfachungsregelung getroffen worden.

Für Fälle der Rabattgewährung von dritter Seite aufgrund von Rahmenabkommen gilt dementsprechend folgendes:

1. Der übliche Endpreis nach § 8 Abs. 2 EStG ist grundsätzlich anhand der Verkaufspreise am Abgabeort zum Zeitpunkt der Abgabe zu ermitteln.
2. Aus Vereinfachungsgründen kann der Endpreis des § 8 Abs. 2 EStG mit 96 v. H. des Angebotspreises im Sinne des § 8 Abs. 3 EStG angesetzt werden (Abschnitt 31 Abs. 2 Satz 8 LStR).

Dies ist im Kraftfahrzeuggewerbe entweder

– der tatsächliche Angebotspreis der Dritten, z. B. dessen „Hauspreis", oder
– der nach der Regelung des Bezugserlasses zu b) ermittelte Angebotspreis.

Danach wird es nicht beanstandet, wenn als Endpreis der Preis angenommen wird, der sich ergibt, wenn die Hälfte des Preisnachlasses, der durchschnittlich beim Verkauf an fremde Letztverbraucher tatsächlich gewährt wird, vom Listenpreis abgezogen wird.

Dieser Erlaß ergeht im Einvernehmen mit dem Bundesministerium der Finanzen und den obersten Finanzbehörden der Länder.

– Einschaltung eines Dritten

Die Einschaltung eines Dritten ist für die Anwendung des § 8 Abs. 3 EStG unschädlich, wenn der Arbeitnehmer eine vom Arbeitgeber hergestellte Ware auf dessen Veranlassung und Rechnung erhält (→ BFH vom 4. 6. 1993 – BStBl II S. 687).

Vermittlungsprovision

– Ein Arbeitgeber, der den Abschluss von Versicherungsverträgen vermittelt, kann seinen Arbeitnehmern auch dadurch einen geldwerten Vorteil i. S. des § 8 Abs. 3 Satz 1 EStG gewähren, dass er im Voraus auf die ihm zustehende Vermittlungsprovision verzichtet, sofern das Versicherungsunternehmen aufgrund dieses Verzichts den fraglichen Arbeitnehmern den

---

[1]) Seit 2004: § 38 Absatz 1 Satz 3 EStG.
[2]) Jetzt R 42d Absatz 1 Satz 3 LStR.
[3]) Entspricht dem BMF-Schreiben vom 30. 1. 1996 – IV B 6 – S 2334 – 24/96 (BStBl I S. 114) → H 32 (Personalrabatte).

Abschluss von Versicherungsverträgen zu günstigeren Tarifen gewährt, als das bei anderen Versicherungsnehmern der Fall ist (→ BFH vom 30. 5. 2001 – BStBl 2002 II S. 230).
- Gibt der Arbeitgeber seine Provisionen, die er von Dritten für die Vermittlung von Versicherungsverträgen seiner Arbeitnehmer erhalten hat, an diese weiter, gewährt er Bar- und nicht Sachlohn (→ BFH vom 23. 8. 2007 – BStBl 2008 II S. 52).

Wahlrecht

Die Bewertung eines Sachbezugs hat vorrangig nach § 8 Abs. 3 EStG zu erfolgen. Weder der Arbeitgeber noch der Arbeitnehmer haben ein Wahlrecht auf Anwendung des § 8 Abs. 2 EStG (→ BMF vom 28. 3. 2007 – BStBl I S. 464).

Verhältnis von § 8 Abs. 2 und Abs. 3 EStG bei der Bewertung von Sachbezügen;

Anwendung des BFH-Urteils vom 5. September 2006 – VI R 41/02 – (BStBl 2007 II S. 309)

(BMF-Schreiben vom 28. 3. 2007 – IV C 5 – S 2334/07/0011, 2007/0125805 –, BStBl 2007 I S. 464)

Zu dem Urteil des Bundesfinanzhofs (BFH) vom 5. September 2006 – VI R 41/02 – (BStBl 2007 II S. 309) gilt im Einvernehmen mit den obersten Finanzbehörden der Länder Folgendes:

Die Rechtsgrundsätze des Urteils sind nicht über den entschiedenen Einzelfall hinaus anzuwenden.

Erhält ein Arbeitnehmer verbilligt Waren (z. B. Jahreswagen), die sein Arbeitgeber herstellt oder vertreibt, kann nach Auffassung des BFH die Höhe des geldwerten Vorteils nach § 8 Abs. 2 EStG (ohne Bewertungsabschlag und Rabattfreibetrag) oder nach § 8 Abs. 3 EStG ermittelt werden. Der BFH sieht in § 8 Abs. 2 EStG die Grundnorm zur Bewertung der Einnahmen, in § 8 Abs. 3 EStG eine Spezialvorschrift mit tendenziell begünstigendem Charakter und räumt dem Arbeitnehmer, jedenfalls für das Veranlagungsverfahren, ein Wahlrecht zur Anwendung der beiden Absätze des § 8 EStG ein. Trotz des Vorliegens der Voraussetzungen des § 8 Abs. 3 EStG könne stets nach § 8 Abs. 2 EStG bewertet werden, wenn dies günstiger ist. Bei Anwendung des § 8 Abs. 2 EStG soll grundsätzlich der „günstigste Preis am Markt" der Vergleichspreis sein.

Ein solches Wahlrecht entspricht nicht dem Wortlaut und Zweck des Gesetzes. Bei Absatz 3 handelt es sich nicht dem Gesetzeswortlaut („... so gelten als deren Werte abweichend von Absatz 2 ..." eindeutig um eine Spezialvorschrift zu Absatz 2. Liegen die Voraussetzungen von Absatz 3 vor, so schließt dies die Anwendung von Absatz 2 aus. Ein Wahlrecht war auch nicht gesetzgeberischer Wille. Die besondere Bewertungsvorschrift in Absatz 3 ist eine Typisierung, die der Vereinfachung des Besteuerungsverfahrens dient. In der Gesetzesbegründung zum Entwurf eines Steuerreformgesetzes 1990 (Bundestags-Drucksache 11/2157, S. 141 f.) heißt es dazu: „Die Vorschrift [Anm.: § 8 Abs. 3 EStG] enthält eine grundlegende Neuregelung der steuerlichen Behandlung von Belegschaftsrabatten. Zur Vereinfachung des Besteuerungsverfahrens soll außerdem beitragen, dass der Bewertung der Preisvorteile nicht die üblichen Endpreise [Anm.: wie in Absatz 2], sondern die im allgemeinen Geschäftsverkehr von fremden Letztverbrauchern, die nicht Groß- oder Dauerkunden sind, tatsächlich vom Arbeitgeber geforderten Endpreise zugrunde gelegt werden." Durch ein Wahlrecht zwischen Absatz 2 und Absatz 3 würde der typisierende und vereinfachende Charakter der Regelung zunichte gemacht. Es kann somit für deren Anwendung nicht darauf ankommen, ob im Einzelfall einmal der § 8 Abs. 2 EStG günstiger ist.

Außerdem entspricht die Auffassung des BFH, bei Absatz 2 sei grundsätzlich auf den „günstigsten Preis am Markt" abzustellen, nicht dem Gesetzeswortlaut des § 8 Abs. 2 Satz 1 EStG („... um übliche Preisnachlässe geminderte übliche Endpreise am Abgabeort ..."). Es würde auch einer Typisierung und dem Vereinfachungscharakter der Bewertungsvorschrift zuwider laufen, müsste (z. B. im Lohnsteuerabzugsverfahren vom Arbeitgeber) der „günstigste Preis am Markt" (z. B. wegen eingeräumter Sonderkonditionen für einzelne Kunden) ermittelt werden.

→ Personalrabatte,

Anhang 37

Waren und Dienstleistungen vom Arbeitgeber

- Die Waren oder Dienstleistungen müssen vom Arbeitgeber hergestellt, vertrieben oder erbracht werden (→ BFH vom 15. 1. 1993 – BStBl II S. 356).
- Es ist nicht erforderlich, dass die Leistung des Arbeitgebers zu seinem üblichen Geschäftsgegenstand gehört (→ BFH vom 7. 2. 1997 – BStBl II S. 363).

→ Anwendung des Rabatt-Freibetrags

§ 9 Werbungskosten

(1) ¹Werbungskosten sind Aufwendungen zur Erwerbung, Sicherung und Erhaltung der Einnahmen. ²Sie sind bei der Einkunftsart abzuziehen, bei der sie erwachsen sind. ³Werbungskosten sind auch

1. Schuldzinsen und auf besonderen Verpflichtungsgründen beruhende Renten und dauernde Lasten, soweit sie mit einer Einkunftsart in wirtschaftlichem Zusammenhang stehen. ²Bei Leibrenten kann nur der Anteil abgezogen werden, der sich nach § 22 Nummer 1 Satz 3 Buchstabe a Doppelbuchstabe bb ergibt;

2. Steuern vom Grundbesitz, sonstige öffentliche Abgaben und Versicherungsbeiträge, soweit solche Ausgaben sich auf Gebäude oder auf Gegenstände beziehen, die dem Steuerpflichtigen zur Einnahmeerzielung dienen;

3. Beiträge zu Berufsständen und sonstigen Berufsverbänden, deren Zweck nicht auf einen wirtschaftlichen Geschäftsbetrieb gerichtet ist;

4. Aufwendungen des Arbeitnehmers für die Wege zwischen Wohnung und regelmäßiger Arbeitsstätte. ²Zur Abgeltung dieser Aufwendungen ist für jeden Arbeitstag, an dem der Arbeitnehmer die regelmäßige Arbeitsstätte aufsucht, eine Entfernungspauschale für jeden vollen Kilometer der Entfernung zwischen Wohnung und regelmäßiger Arbeitsstätte von 0,30 Euro anzusetzen, höchstens jedoch 4 500 Euro im Kalenderjahr; ein höherer Betrag als 4 500 Euro ist anzusetzen, soweit der Arbeitnehmer einen eigenen oder ihm zur Nutzung überlassenen Kraftwagen benutzt. ³Die Entfernungspauschale gilt nicht für Flugstrecken und Strecken mit steuerfreier Sammelbeförderung nach § 3 Nummer 32. ⁴Für die Bestimmung der Entfernung ist die kürzeste Straßenverbindung zwischen Wohnung und regelmäßiger Arbeitsstätte maßgebend; eine andere als die kürzeste Straßenverbindung kann zugrunde gelegt werden, wenn diese offensichtlich verkehrsgünstiger ist und vom Arbeitnehmer regelmäßig für die Wege zwischen Wohnung und regelmäßiger Arbeitsstätte benutzt wird. ⁵Nach § 8 Absatz 3 steuerfreie Sachbezüge für Fahrten zwischen Wohnung und regelmäßiger Arbeitsstätte mindern den nach Satz 2 abziehbaren Betrag; ist der Arbeitgeber selbst der Verkehrsträger, ist der Preis anzusetzen, den ein dritter Arbeitgeber an den Verkehrsträger zu entrichten hätte. ⁶Hat ein Arbeitnehmer mehrere Wohnungen, so sind die Wege von einer Wohnung, die nicht der regelmäßigen Arbeitsstätte am nächsten liegt, nur zu berücksichtigen, wenn sie den Mittelpunkt der Lebensinteressen des Arbeitnehmers bildet und nicht nur gelegentlich aufgesucht wird;

5. notwendige Mehraufwendungen, die einem Arbeitnehmer wegen einer aus beruflichem Anlass begründeten doppelten Haushaltsführung entstehen, und zwar unabhängig davon, aus welchen Gründen die doppelte Haushaltsführung beibehalten wird. ²Eine doppelte Haushaltsführung liegt nur vor, wenn der Arbeitnehmer außerhalb des Ortes, in dem er einen eigenen Hausstand unterhält, beschäftigt ist und auch am Beschäftigungsort wohnt. ³Aufwendungen für die Wege vom Beschäftigungsort zum Ort des eigenen Hausstands und zurück (Familienheimfahrten) können jeweils nur für eine Familienheimfahrt wöchentlich abgezogen werden. ⁴Zur Abgeltung der Aufwendungen für eine Familienheimfahrt ist eine Entfernungspauschale von 0,30 Euro für jeden vollen Kilometer der Entfernung zwischen dem Ort des eigenen Hausstands und dem Beschäftigungsort anzusetzen. ⁵Nummer 4 Satz 3 bis 5 ist entsprechend anzuwenden. ⁶Aufwendungen für Familienheimfahrten mit einem dem Steuerpflichtigen im Rahmen einer Einkunftsart überlassenen Kraftfahrzeug werden nicht berücksichtigt;

6. Aufwendungen für Arbeitsmittel, zum Beispiel für Werkzeuge und typische Berufskleidung. ²Nummer 7 bleibt unberührt;

7. Absetzungen für Abnutzung und für Substanzverringerung und erhöhte Absetzungen. ²§ 6 Absatz 2 Satz 1 bis 3 ist in Fällen der Anschaffung oder Herstellung von Wirtschaftsgütern entsprechend anzuwenden.

(2) ¹Durch die Entfernungspauschalen sind sämtliche Aufwendungen abgegolten, die durch die Wege zwischen Wohnung und regelmäßiger Arbeitsstätte und durch die Familienheimfahrten veranlasst sind. ²Aufwendungen für die Benutzung öffentlicher Verkehrsmittel können angesetzt werden, soweit sie den im Kalenderjahr insgesamt als Entfernungspauschale abziehbaren Betrag übersteigen. ³Behinderte Menschen,

1. deren Grad der Behinderung mindestens 70 beträgt,

---

1) Die Vorschrift wurde durch das Gesetz zur Änderung und Vereinfachung der Unternehmensbesteuerung und des steuerlichen Reisekostenrechts mit Wirkung ab 2014 geändert. Um Beachtung wird gebeten. → Siehe hierzu Hinweise auf Seite 4!
2) Absatz 1 Satz 3 Nr. 7 Satz 2 i. d. F. des Wachstumsbeschleunigungsgesetzes ist erstmals für die im VZ 2010 angeschafften oder hergestellten Wirtschaftsgüter anzuwenden → § 52 Abs. 23d Satz 3 EStG.

2. deren Grad der Behinderung weniger als 70, aber mindestens 50 beträgt und die in ihrer Bewegungsfähigkeit im Straßenverkehr erheblich beeinträchtigt sind,

können an Stelle der Entfernungspauschalen die tatsächlichen Aufwendungen für die Wege zwischen Wohnung und regelmäßiger Arbeitsstätte und für die Familienheimfahrten ansetzen. ⁴Die Voraussetzungen der Nummern 1 und 2 sind durch amtliche Unterlagen nachzuweisen.

(3) Absatz 1 Satz 3 Nummer 4 und 5 und Absatz 2 gelten bei den Einkunftsarten im Sinne des § 2 Absatz 1 Satz 1 Nummer 5 bis 7 entsprechend.

(4) (weggefallen)

(5) ¹§ 4 Absatz 5 Satz 1 Nummer 1 bis 5, 6b bis 8a, 10, 12 und Absatz 6 gilt sinngemäß. ²§ 6 Absatz 1 Nummer 1a gilt entsprechend.

(6) Aufwendungen des Steuerpflichtigen für seine erstmalige Berufsausbildung oder für ein Erststudium, das zugleich eine Erstausbildung vermittelt, sind keine Werbungskosten, wenn diese Berufsausbildung oder dieses Erststudium nicht im Rahmen eines Dienstverhältnisses stattfinden.

Werbungskosten

R 9.1

S 2354

(1) ¹Zu den Werbungskosten gehören alle Aufwendungen, die durch den Beruf veranlasst sind. ²Werbungskosten, die die Lebensführung des Arbeitnehmers oder anderer Personen berühren, sind nach § 9 Abs. 5 i. V. m. § 4 Abs. 5 Satz 1 Nr. 7 EStG insoweit nicht abziehbar, als sie nach der allgemeinen Verkehrsauffassung als unangemessen anzusehen sind. ³Dieses Abzugsverbot betrifft nur seltene Ausnahmefälle; die Werbungskosten müssen erhebliches Gewicht haben und die Grenze der Angemessenheit erheblich überschreiten, wie z. B. Aufwendungen für die Nutzung eines Privatflugzeugs zu einer Auswärtstätigkeit.

(2) ¹Aufwendungen für Ernährung, Kleidung und Wohnung sowie Repräsentationsaufwendungen sind in der Regel Aufwendungen für die Lebensführung i. S. d. § 12 Nr. 1 EStG. ²Besteht bei diesen Aufwendungen ein Zusammenhang mit der beruflichen Tätigkeit des Arbeitnehmers, ist zu prüfen, ob und in welchem Umfang die Aufwendungen beruflich veranlasst sind. ³Hierbei gilt Folgendes:

1. Sind die Aufwendungen so gut wie ausschließlich beruflich veranlasst, z. B. Aufwendungen für typische Berufskleidung (→ R 3.31), sind sie in voller Höhe als Werbungskosten abziehbar.
2. Sind die Aufwendungen nur zum Teil beruflich veranlasst und lässt sich dieser Teil der Aufwendungen nach objektiven Merkmalen leicht und einwandfrei von den Aufwendungen trennen, die ganz oder teilweise der privaten Lebensführung dienen, ist dieser Teil der Aufwendungen als Werbungskosten abziehbar; er kann ggf. geschätzt werden.
3. ¹Ein Abzug der Aufwendungen kommt insgesamt nicht in Betracht, wenn die – für sich gesehen jeweils nicht unbedeutenden – beruflichen und privaten Veranlassungsbeiträge so ineinander greifen, dass eine Trennung nicht möglich und eine Grundlage für die Schätzung nicht erkennbar ist. ²Das ist insbesondere der Fall, wenn es an objektivierbaren Kriterien für eine Aufteilung fehlt.
4. ¹Aufwendungen für die Ernährung gehören grundsätzlich zu den nach § 12 Nr. 1 EStG nicht abziehbaren Aufwendungen für die Lebensführung. ²Das Abzugsverbot des § 12 Nr. 1 EStG gilt jedoch nicht für Verpflegungsmehraufwendungen, die z. B. als Reisekosten (→ R 9.6) oder wegen einer aus beruflichem Anlass begründeten doppelten Haushaltsführung (→ R 9.11) so gut wie ausschließlich durch die berufliche Tätigkeit veranlasst sind.

(3) Die Annahme von Werbungskosten setzt nicht voraus, dass im selben Kalenderjahr, in dem die Aufwendungen geleistet werden, Arbeitslohn zufließt.

(4) ¹Ansparleistungen für beruflich veranlasste Aufwendungen, z. B. Beiträge an eine Kleiderkasse zur Anschaffung typischer Berufskleidung, sind noch keine Werbungskosten; angesparte Beträge können erst dann abgezogen werden, wenn sie als Werbungskosten verausgabt worden sind. ²Hat ein Arbeitnehmer beruflich veranlasste Aufwendungen dadurch erspart, dass er entsprechende Sachbezüge erhalten hat, steht der Wert der Sachbezüge entsprechenden Aufwendungen gleich; die Sachbezüge sind vorbehaltlich der Abzugsbeschränkungen nach § 9 Abs. 1 Satz 3 Nr. 5, 7 und Abs. 5 EStG mit dem Wert als Werbungskosten abziehbar, mit dem sie als steuerpflichtiger Arbeitslohn erfasst worden sind. ³Steuerfreie Bezüge, auch soweit sie von einem Dritten – z. B. der Agentur für Arbeit – gezahlt werden, schließen entsprechende Werbungskosten aus.

(5) ¹Telekommunikationsaufwendungen sind Werbungskosten, soweit sie beruflich veranlasst sind. ²Weist der Arbeitnehmer den Anteil der beruflich veranlassten Aufwendungen an den Gesamtaufwendungen für einen repräsentativen Zeitraum von drei Monaten im Einzelnen nach, kann dieser berufliche Anteil für den gesamten VZ zugrunde gelegt werden. ³Dabei können die

Aufwendungen für das Nutzungsentgelt der Telefonanlage sowie für den Grundpreis der Anschlüsse entsprechend dem beruflichen Anteil der Verbindungsentgelte an den gesamten Verbindungsentgelten (Telefon und Internet) abgezogen werden. ⁴Fallen erfahrungsgemäß beruflich veranlasste Telekommunikationsaufwendungen an, können aus Vereinfachungsgründen ohne Einzelnachweis bis zu 20 % des Rechnungsbetrags, jedoch höchstens 20 Euro monatlich als Werbungskosten anerkannt werden. ⁵Zur weiteren Vereinfachung kann der monatliche Durchschnittsbetrag, der sich aus den Rechnungsbeträgen für einen repräsentativen Zeitraum von drei Monaten ergibt, für den gesamten VZ zugrunde gelegt werden. ⁶Nach R 3.50 Abs. 2 steuerfrei ersetzte Telekommunikationsaufwendungen mindern den als Werbungskosten abziehbaren Betrag.

H 9.1 Hinweise

Aktienoptionen

Erhält ein Arbeitnehmer von seinem Arbeitgeber nicht handelbare Aktienoptionsrechte, können die von ihm getragenen Aufwendungen im Zahlungszeitpunkt nicht als Werbungskosten berücksichtigt werden; sie mindern erst im Jahr der Verschaffung der verbilligten Aktien den geldwerten Vorteil. Verfällt das Optionsrecht, sind die Optionskosten im Jahr des Verfalls als vergebliche Werbungskosten abziehbar (→ BFH vom 3. 5. 2007 – BStBl II S. 647).

Arbeitsgerichtlicher Vergleich

Es spricht regelmäßig eine Vermutung dafür, dass Aufwendungen für aus dem Arbeitsverhältnis folgende zivil- und arbeitsgerichtliche Streitigkeiten einen den Werbungskostenabzug rechtfertigenden hinreichend konkreten Veranlassungszusammenhang zu den Lohneinkünften aufweisen. Dies gilt grundsätzlich auch, wenn sich Arbeitgeber und Arbeitnehmer über solche streitigen Ansprüche im Rahmen eines arbeitsgerichtlichen Vergleichs einigen (→ BFH vom 9. 2. 2012 – BStBl II S. 829 – VI R 23/10 –).

Aufteilung von Aufwendungen bei mehreren Einkunftsarten

Erzielt ein Arbeitnehmer sowohl Einnahmen aus selbständiger al auch aus nichtselbständiger Arbeit, sind die durch diese Tätigkeiten veranlassten Aufwendungen den jeweiligen Einkunftsarten, ggf. nach einer im Schätzungswege vorzunehmenden Aufteilung der Aufwendungen, als Werbungskosten oder Betriebsausgaben zuzuordnen (→ BFH vom 10. 6. 2008 – BStBl II S. 937).

Aufteilungs- und Abzugsverbot

Anhang 13 → **Gemischte Aufwendungen**

Auslandstätigkeit

Die auf eine Auslandstätigkeit entfallenden Werbungskosten, die nicht eindeutig den steuerfreien oder steuerpflichtigen Bezügen zugeordnet werden können, sind regelmäßig zu dem Teil nicht abziehbar, der dem Verhältnis der steuerfreien Einnahmen zu den Gesamteinnahmen während der Auslandstätigkeit entspricht (→ BFH vom 11. 2. 1993 – BStBl II S. 450 und vom 11. 2. 2009 – BStBl 2010 II S. 536 – zu Aufwendungen eines Referendars).

Soldaten, Polizeibeamte

Soldaten, Polizeibeamte, Auslandseinsätze, Bezüge, Werbungskosten

(Verfügung des LfSt Bayern vom 17. 6. 2008 – S 2128.2.1 – 2/2 St 33 –)

I. Berufssoldaten, Soldaten auf Zeit

Bezüge

Den im Ausland eingesetzten Berufssoldaten und Soldaten auf Zeit werden grundsätzlich folgende Bezüge gezahlt:

1. Das steuerpflichtige Grundgehalt.
2. Der nach § 3 Nr. 64 EStG steuerfreie Auslandsverwendungszuschlag nach § 58a Bundesbesoldungsgesetz.

   Die Belastungen und erschwerenden Besonderheiten der Verwendung werden in sechs Stufen des Zuschlags berücksichtigt (§ 3 Auslandsverwendungszuschlagsverordnung – AuslVZV). Je höher die Belastungen des Bediensteten sind, desto höher ist die entsprechende

Stufe. Der Tagessatz der niedrigsten Stufe beträgt bis zu 25,56 EUR, in der höchsten Stufe beträgt er 92,03 EUR.
3. Anstelle von Auslandstagegeld eine Aufwandsvergütung nach § 9 BRKG in Höhe von 3,60 EUR täglich zur Abgeltung von Verpflegungsmehraufwendungen.

Für die ersten drei Monate der Auslandstätigkeit ist diese Vergütung nach § 3 Nr. 13 EStG steuerfrei. Nach Ablauf des Dreimonatszeitraums gehört die Aufwandsvergütung zum steuerpflichtigen Arbeitslohn.

Werbungskosten
Die mit dem Einsatz entstandenen Kosten sind nach Reisekostengrundsätzen zu berücksichtigen (hier: beruflich veranlasste Auswärtstätigkeit, R 9.4 Abs. 2 LStR).

Unterkunftskosten
Ein Werbungskostenabzug ist nicht möglich, weil die Unterkunft von der Bundeswehr kostenlos zur Verfügung gestellt wird. Der geldwerte Vorteil ist nach § 3 Nr. 13 EStG steuerfrei.

Verpflegungsmehraufwendungen
Für die ersten drei Monate können Verpflegungsmehraufwendungen in Höhe des für den jeweiligen Einsatzort geltenden Pauschbetrags geltend gemacht werden. Die steuerfreie Aufwandsvergütung von 3,60 EUR/täglich ist gegenzurechnen (siehe Bezüge unter Nr. 3).

Fahrtkosten
Ein Werbungskostenabzug scheidet grundsätzlich mangels eigener Aufwendungen aus. Die Heimflüge werden von der Bundeswehr kostenlos durchgeführt, ihr geldwerter Vorteil ist nach § 3 Nr. 13 EStG steuerfrei.

Telefonkosten
Während der beruflich veranlassten Auswärtstätigkeit können nur beruflich veranlasste Telefonkosten als Werbungskosten berücksichtigt werden. Aufwendungen für private Telefonate gehören zu den Kosten der privaten Lebensführung (§ 12 Nr. 1 EStG).

Berechnung der abzugsfähigen Werbungskosten
Die auf die Auslandstätigkeit entfallenden Werbungskosten sind im Verhältnis der steuerpflichtigen Einnahmen zu den während der Auslandstätigkeit erzielten Gesamteinnahmen der Soldaten aufzuteilen. Bei der Verhältnisrechnung sind zur Vermeidung einer Doppelberücksichtigung nur die steuerfreien Einnahmen zu berücksichtigen, die nicht bereits die aufzuteilenden Werbungskosten gemindert haben (z. B. Erstattungen von Verpflegungsmehraufwendungen).

Die Anlage 3 enthält ein Berechnungsschema zur Ermittlung der abzugsfähigen Werbungskosten bei Auslandseinsätzen von Soldaten.

II. Grundwehrdienstleistende

Der von den Grundwehrdienstleistenden bezogene Wehrsold ist steuerfrei nach § 3 Nr. 5 EStG. Auch unter Berücksichtigung des Auslandverwendungszuschlags und der Aufwandsvergütung werden keine steuerpflichtigen Einkünfte bezogen.

Ein Werbungskostenabzug ist somit im Hinblick auf § 3c EStG nicht möglich.

III. Polizeibeamte

Die Bundesländer ordnen ihre Polizeibeamten für die Dauer der Mission zum Grenzschutzpräsidium ab. Angehörige der Bundespolizei (Bundesgrenzschutz) bleiben statusrechtlich Angehörige ihrer Dienststelle.

Das Bundesministerium des Innern verfügt die Zuweisung des deutschen Polizeikontingents (Bund-/Landesbeamte) zu den Vereinten Nationen, wo es der UN-Polizeitruppe unterstellt wird. Das Dienstverhältnis der Beamten zu ihren inländischen öffentlichen Arbeitgebern bleibt daher bestehen.

Bezüge der Polizeibeamten sind:
1. Das steuerpflichtige Grundgehalt.
2. Ein von den Vereinten Nationen vor Ort gezahltes Tagegeld („mission subsistance allowance – MSA") in Höhe von 120,00 US-Dollar für die ersten 30 Tage und 90,00 US-Dollar für die Folgezeit. Das Tagegeld wird als Ausgleich für die durch den Auslandseinsatz angefallenen Aufwendungen gezahlt.

   Abgegolten werden damit ausdrücklich Verpflegung, Unterkunft und Nebenausgaben (z. B. Fahrten zwischen Wohnung und Arbeitsstätte) am zugewiesenen Dienstort.

   Das Tagegeld ist steuerfrei nach dem Abkommen über die Vorrechte und Befreiungen der Sonderorganisationen der Vereinten Nationen vom 21. 11. 1947.

§ 9 EStG
H 9.1

Aufgrund der Zahlung des Tagegeldes haben die Polizisten aus reisekostenrechtlichen Gründen nach Verrechnung keinen zusätzlichen Anspruch auf ein Auslandtrennungsgeld.

3. Ein nach § 3 Nr. 64 Satz 1 EStG steuerfreier Auslandverwendungszuschlag gemäß § 58a Bundesbesoldungsgesetz.

Bisher wurde dieser Zuschlag aufgrund des gezahlten UN-Tagegeldes täglich um ca. 20,00 US-Dollar gekürzt. Diese dienstrechtliche Kürzung war jedoch nicht rechtmäßig. Nach dem BVerfG-Urteil vom 30. 10. 2002, 2 C 24.01 sollen die mit dem Auslandverwendungszuschlag verbundenen physischen und psychischen Belastungen für Leib und Leben abgegolten werden. Von Dritten wie den Vereinten Nationen erbrachte Leistungen, die die Kosten der allgemeinen Lebenshaltung abdecken, sind auf diese nicht anzurechnen. Die (ggf. vorgenommenen) Kürzungen des Auslandverwendungszuschlags sind daher weitestgehend rückgängig gemacht worden.

Die Nachzahlungen der steuerfreien Zuschläge sind im Rahmen der Ermittlung des für die Aufteilung der Werbungskosten maßgebenden Verhältnisses der steuerfreien Einnahmen zu den Gesamteinnahmen in dem Jahr zu berücksichtigen, für das sie erfolgen.

Soweit es zu einer Nachzahlung von Auslandverwendungszuschlägen für bereits bestandskräftig veranlagte Jahre gekommen ist, kommt eine Änderung nach § 175 Abs. 1 Satz 1 Nr. 2 AO in Betracht.

4. Von den Vereinten Nationen übernommene Kosten für die einmalige Hin- und Rückreise.
5. Durch den Dienstherrn im Einzelfall übernommene Fahrtkosten.

Grundsätzlich wird jedoch nur verheirateten Polizeibeamten alle zwei Monate eine Heimfahrt gewährt.

Werbungskosten
Die mit dem Einsatz entstandenen Kosten sind nach Reisekostengrundsätzen zu berücksichtigen (hier: beruflich veranlasste Auswärtstätigkeit, R 9.4 Abs. 2 LStR). Als Werbungskosten kommen grundsätzlich Aufwendungen für Fahrten, Unterkunft und Verpflegung (für die ersten drei Monate) in Betracht.

Hierbei ist Folgendes zu beachten:
Laut dem Bundesministerium des Innern handelt es sich bei dem Tagegeld der Vereinten Nationen um eine tägliche Aufwandentschädigung zur Begleichung der Lebenshaltungskosten der Missionsteilnehmer im Zusammenhang mit ihrer zeitlich begrenzten Aufgabe oder Bestellung in einer speziellen Mission am zugewiesenen Dienstort. Da das Tagegeld nur einen Ausgleich der am Einsatzort angefallenen Aufwendungen darstellt, sind auch nur die Kosten der Verpflegung, Unterkunft und Nebenausgaben als Werbungskosten direkt anrechenbar. Andere Aufwendungen, wie z. B. Fahrtkosten, sind dagegen anteilig dem Verhältnis der steuerpflichtigen Einnahmen zu den Gesamteinnahmen zuzuordnen. Sollten danach noch Werbungskosten verbleiben, sind diese nur im Verhältnis der bezogenen steuerpflichtigen Einnahmen zu den während des Einsatzzeitraums erzielten Gesamteinnahmen abzugsfähig.

In der **Anlage 1** sind die Leistungen zusammengefasst, die bei Auslandeinsätzen gewährt werden.

Ein Beispiel zur Ermittlung der abzugsfähigen Werbungskosten ist in der **Anlage 2** dargestellt.

Anmerkung:
Die Karteikarte wurde im Wesentlichen von der OFD Hannover übernommen.

Aufgrund des geänderten Reisekostenrechts findet diese Karteikarte erst ab dem VZ 2008 Anwendung. Für Veranlagungszeiträume vor 2008 kann die Verfügung der Oberfinanzdirektion Magdeburg vom 27. 7. 2006 (Az.: S 2350 – 19 – St 223 – Fundstelle juris) zugrunde gelegt werden.

Anlage 1

Leistungen, die bei Auslandseinsätzen gewährt werden (soweit bekannt)

Leistungen	Soldaten	UN-Polizei	EU-Polizei
Unterkunft	kostenlos	– keine kostenlose Übernachtung; – kein Übernachtungsgeld	– keine kostenlose Übernachtung; – steuerfreies Übernachtungsgeld
Verpflegung	Truppenverpflegung (stfr., § 3 Nr. 4c EStG); tägliche Zuzahlung für Vollverpflegungstag:	keine	keine

§ 9 EStG
H 9.1

	2001:	5,85 DM	
	2002–30. 6. 2003	2,99 EUR	
	ab 1. 7. 2003	3,60 EUR	
Ausland-tagegeld	Aufwandsvergütung nach § 9 BRKG: 3,60 EUR/Tag	– Tagegeld der UN in Dollar („mission subsistence allowance – MSA"); – vermindert sich ab dem 31. Tag; – Ausgleich für am Einsatzort anfallende Aufwendungen – wird für die Dauer des Einsatzes – auch bei Heimaturlaub – gewährt – steuerfrei – ein Progressionsvorbehalt[1])	– Anspruch auf Auslandstrennungsgeld
Familien-heimflüge	kostenlos durch die Bundeswehr	– Reisebeihilfen (z. B. bei verheirateten Beschäftigten für 1 Heimflug alle 2 Monate) – UN übernimmt zudem Kosten für einmalige Hin- und Rückreise	– Reisebeihilfen (z. B. bei verheirateten Beschäftigten für 1 Heimflug alle 2 Monate)
Auslandverwendungszuschlag (§ 58a Bundesbesoldungsgesetz)		wird gewährt für Tage im Einsatzgebiet; steuerfrei § 3 Nr. 64 EStG Höhe: § 3 Auslandsverwendungszuschlagsverordnung (AuslVZV, BGBl 2002 I S. 1243) wird zum Ausgleich der entstehenden Belastungen und erschwerenden Besonderheiten gewährt kein unmittelbarer wirtschaftlicher Zusammenhang mit Werbungskosten für Verpflegungsmehraufwand wird jedoch zum Ausgleich aller Belastungen und Erschwernisse gezahlt → anteilige Anrechnung bei den Werbungskosten	

Anlage 2

Beispiel
Beispiele zur Ermittlung der abzugsfähigen Werbungskosten:

Einsatz in Afghanistan vom 1. 1. 2008 bis 30. 6. 2008 (181 Aufenthaltstage). Keine Fahrten. Die kürzere Abwesenheit an den An- und Abreisetagen wird aus Vereinfachungsgründen vernachlässigt.

Leistungen	Soldat	UN-Polizei	EU-Polizei
vom steuerpflichtigen Grundgehalt (inkl. Sonderzuwendungen, Urlaubsgeld) entfällt auf den Auslandeinsatz lt. Nachweis:	15 000,00 EUR	18 000,00 EUR	12 000,00 EUR
steuerfreie Truppenverpflegung (nicht direkt zuordenbar)	584,00 EUR – Berechnung geldwerter Vorteil nach SvEV[1] (Vollverpflegung) täglich 6,83 EUR – Zuzahl. 3,60 EUR Rest: 3,23 EUR × 181 Tage = 584,00 EUR	keine	keine

---

[1]) Vgl. „Abkommen über die Vorrechte und Befreiungen der Sonderorganisationen der Vereinten Nationen" vom 21. November 1947, BGBl. 1954 II S. 640.

§ 9 EStG
H 9.1

Ermittlung Aufteilungsmaßstab:	15 000,00 EUR	18 000,00 EUR	12 000,00 EUR
	(= 50 %)	(= 56 %)	(= 46 %)
steuerpflichtiger Auslandslohn	14 344,00 EUR[2]	14 344,00 EUR[2]	14 344,00 EUR[2]
	(= 48 %)	(= 44 %)	(= 54 %)
Auslandverwendungszuschlag, Sachbezug Verpflegung	584,00 EUR (= 2 %)	32 344,00 EUR (= 100 %)	26 344,00 EUR (= 100 %)
gesamt	29 928,00 EUR (= 100 %)		
steuerfreie Leistungen direkt zuordenbar	540,00 EUR steuerfreie Aufwandsvergütungen nach § 9 BRKG 6,00 EUR × 90 Tage, danach Versteuerung durch den Arbeitgeber	12 463,00 EUR UN-Tagegeld erste 30 Tage: Je 100,00 $ ab 31. Tag: Je 71,00 $ = 13 721,00 $ = 12 463,00 EUR[3]	9 300,00 EUR steuerfreies Auslandstrennungsgeld (einschließlich Übernachtungsgeld) lt. Nachweis
Werbungskosten			
– Verpflegungspauschbetrag nach Auslandtabelle für Afghanistan: 30,00 EUR × 90 Tage	2 700,00 EUR	2 700,00 EUR	2 700,00 EUR
– Übernachtungskosten R 9.7 Abs. 2 LStR: tatsächliche Kosten (lt. Nachweis z. B. 8 600,00 EUR)	kein Ansatz (kostenlose Unterkunft)	8 600,00 EUR	8 600,00 EUR
– Telefonkosten gesamt 980,00 EUR davon beruflicher Anteil 50 %, der private Anteil ist nach § 12 Nr. 1 EStG nicht abzugsfähig[4]	490,00 EUR	490,00 EUR	490,00 EUR
Werbungskosten gesamt:	3 190,00 EUR	11 790,00 EUR	11 790,00 EUR
abzüglich direkt zuordenbarer steuerfreier Ersatz	324,00 EUR	8 909,74 EUR	9 300,00 EUR
verbleiben	2 650,00 EUR	490,00 EUR	2 490,00 EUR
abzugsfähige Werbungskosten	1 325,00 EUR (50 %)	274,00 EUR (56 %)	1 145,00 EUR (46 %)

Anlage 3

Auslandseinsatz von Soldaten – Ermittlung der abzugsfähigen Werbungskosten

1. Angaben zum Einsatz

Dauer:
Ort:

2. Höhe der Werbungskosten

Verpflegungsmehraufwendungen (nur für die ersten 3 Monate): .... bis ....
Anzahl der Tage   ×   maßgebende Pauschale
....   ×   ....   = ...
Anzahl der Tage   ×   steuerfreie Aufwandsvergütung
....   ×   ....   =./.   ....
Verpflegungsmehraufwendungen: ....
+ weitere WK (falls angefallen)   ....
Summe der Werbungskosten (A):   ....

3. Ermittlung der abzugsfähigen Werbungskosten unter Berücksichtigung des Auslandsverwendungszuschlages

Verhältnis steuerpflichtige/steuerfreie Einnahmen

Beachte: Es sind nur die Einnahmen zu berücksichtigen, die nicht bereits die Werbungskosten unmittelbar gemindert haben (z. B. Erstattung von Verpflegungsmehraufwendungen).

Art der Einnahme	Höhe steuerfrei	steuerpflichtig
Arbeitslohn (§ 19 EStG)		
Auslandsverwendungszuschlag		
Sachbezug Verpflegung		
Summe:	(B)	(C)

Einnahmen gesamt (D): ....
(C)   × 100   = ... %
(D)
Abzugsfähige Werbungskosten:
Summe der Werbungskosten (A):   ....
davon abzugsfähig (....... %)   ....

Autotelefon

Lohnsteuerliche Behandlung der Aufwendungen für ein Autotelefon

(Verfügung der OFD Frankfurt am Main vom 4. 3. 2003 – S 2354 A – 39 – St II 30 –)

Zur lohnsteuerlichen Behandlung der Aufwendungen im Zusammenhang mit der Benutzung eines Autotelefons gilt Folgendes:

1. Telefon in einem Fahrzeug des Arbeitgebers

Bei der Ermittlung des privaten Nutzungswerts eines dem Arbeitnehmer überlassenen Kraftfahrzeugs bleiben die Aufwendungen für ein Autotelefon einschließlich Freisprechanlage außer Ansatz (vgl. R 31 Abs. 9 Nr. 1 Satz 6 LStR[1]). Führt der Arbeitnehmer vom Autotelefon des Firmenwagens aus Privatgespräche, so ist dieser gleichwertige Vorteil nach § 3 Nr. 45 EStG steuerfrei. Dabei ist es ohne Bedeutung, in welchem Umfang der Arbeitnehmer das Autotelefon im Geschäftswagen privat nutzt. Selbst bei einer 100 %igen privaten Nutzung entsteht kein steuerpflichtiger geldwerter Vorteil (vgl. R 21e S. 1 LStR).

2. Telefon in einem Fahrzeug des Arbeitnehmers

a) Stellt der Arbeitnehmer dem Arbeitgeber die Aufwendungen für die Anschaffung, den Einbau und den Anschluss eines Autotelefons sowie die laufenden Gebühren für die Telefongespräche in Rechnung, so sind die Ersatzleistungen nach § 3 Nr. 50 EStG steuerfrei, wenn das Autotelefon so gut wie ausschließlich für betrieblich veranlasste Gespräche genutzt wird; andernfalls können die Gesprächsgebühren nach § 3 Nr. 50 EStG nur steuerfrei ersetzt werden, wenn die Aufwendungen für die beruflichen Gespräche im Einzelnen nachgewiesen werden.

Der Auslagenersatz kann pauschal ermittelt werden, wenn er regelmäßig wiederkehrt und der Arbeitnehmer für einen repräsentativen Zeitraum von drei Monaten den Einzelnachweis führt. Der Durchschnittsbetrag kann als pauschaler Auslagenersatz beibehalten werden, bis eine we-

---

[1] Jetzt R 8.1 Abs. 9 Nr. 1 Satz 6 LStR.

§ 9 EStG
H 9.1

sentliche Änderung der Verhältnisse eintritt (z. B. Änderung der Berufstätigkeit). Entstehen dem Arbeitnehmer erfahrungsgemäß beruflich veranlasste Telefonkosten, kann der Arbeitgeber 20 % der vom Arbeitnehmer vorgelegten Telefonrechnung, höchstens jedoch 20 EUR monatlich, als Auslagenersatz nach § 3 Nr. 50 EStG steuerfrei ersetzen (vgl. R 22 Abs. 2 LStR).

b) Soweit die Ausgaben für betrieblich veranlasste Telefongespräche nicht nach Buchst. a) vom Arbeitgeber steuerfrei ersetzt werden, können sie als Werbungskosten berücksichtigt werden. Weist der Arbeitnehmer den Anteil der beruflich veranlassten Aufwendungen an den Gesamtaufwendungen für einen repräsentativen Zeitraum von drei Monaten im Einzelnen nach, kann der Durchschnittsbetrag als beruflicher Anteil für den gesamten Veranlagungszeitraum zugrunde gelegt werden. Wenn dem betreffenden Arbeitnehmer erfahrungsgemäß beruflich veranlasste Telefonkosten entstehen, können alternativ aus Vereinfachungsgründen ohne Einzelnachweis bis zu 20 % des Rechnungsbetrages, jedoch höchstens 20 EUR monatlich als Werbungskosten anerkannt werden (vgl. R 33 Abs. 5 LStR).

Zu den Werbungskosten gehört auch der beruflich veranlasste Anteil der Absetzungen für Abnutzung (AfA) des Autotelefons. Bemessungsgrundlage für die AfA sind die Aufwendungen für die Anschaffung, den Einbau und den Anschluss des Autotelefons; als Nutzungsdauer ist ein Zeitraum von fünf Jahren zugrunde zu legen. Dabei kann für die Aufteilung der AfA derselbe Aufteilungsmaßstab angewandt werden, der bei der Aufteilung der laufenden Telefongebühren zugrunde gelegt wird. Betragen die Anschaffungskosten des Autotelefons ohne Umsatzsteuer bis zu 410 EUR, kann der beruflich veranlasste Anteil an den Anschaffungskosten des Autotelefons in voller Höhe im Jahr der Anschaffung als Werbungskosten berücksichtigt werden.

Vorstehendes gilt sinngemäß für andere Mobiltelefone.

Berufliche Veranlassung

Eine berufliche Veranlassung setzt voraus, dass objektiv ein → Zusammenhang mit dem Beruf besteht und in der Regel subjektiv die Aufwendungen zur Förderung des Berufs gemacht werden (→ BFH vom 28. 11. 1980 – BStBl 1981 II S. 368).

Berufskraftfahrer, Weiterbildung

→ H 9.2

Beteiligung am Arbeitgeberunternehmen

Schuldzinsen für Darlehen mit denen Arbeitnehmer den Erwerb von Gesellschaftsanteilen an ihrer Arbeitgeberin finanzieren, um damit die arbeitsvertragliche Voraussetzung für die Erlangung einer höher dotierten Position zu erfüllen, sind regelmäßig nicht bei den Einkünften aus nichtselbständiger Arbeit, sondern bei den Einkünften aus Kapitalvermögen als Werbungskosten zu berücksichtigen (→ BFH vom 5. 4. 2006 – BStBl II S. 654).

Bewirtungskosten

- Bewirtungskosten eines Arbeitnehmers anlässlich persönlicher Ereignisse sind grundsätzlich nicht als Werbungskosten abziehbar (→ BFH vom 19. 2. 1993 – BStBl II S. 403 und vom 15. 7. 1994 – BStBl II S. 896).
- Bewirtungskosten, die einem Offizier für einen Empfang aus Anlass der Übergabe der Dienstgeschäfte (Kommandoübergabe) und der Verabschiedung in den Ruhestand entstehen, können als Werbungskosten zu berücksichtigen sein (→ BFH vom 11. 1. 2007 – BStBl II S. 317).
- Bewirtungsaufwendungen eines angestellten Geschäftsführer mit variablen Bezügen anlässlich einer ausschließlich für Betriebsangehörige im eigenen Garten veranstalteten Feier zum 25-jährigen Dienstjubiläum können Werbungskosten sein (→ BFH vom 1. 2. 2007 – BStBl II S. 459).
- Beruflich veranlasste Bewirtungskosten können ausnahmsweise auch dann vorliegen, wenn der Arbeitnehmer nicht variabel vergütet wird (→ BFH vom 24. 5. 2007 – BStBl II S. 721).
- Bewirtungskosten sind nur in Höhe von 70 % als Werbungskosten abzugsfähig (→ § 4 Abs. 5 Satz 1 Nr. 2 i. V. m. § 9 Abs. 5 EStG). Diese Abzugsbeschränkung gilt nur, wenn der Arbeitnehmer Bewirtender ist (→ BFH vom 19. 6. 2008 – BStBl II S. 870 – VI R 48/07 –). Sie gilt nicht, wenn der Arbeitnehmer nur Arbeitnehmer des eigenen Arbeitgebers bewirtet (→ BFH vom 19. 6. 2008 – BStBl II 2009 S. 11).

Bewirtungskosten als Werbungskosten

→ Anhang 45

§ 9 EStG
H 9.1

Bürgerliche Kleidung

Aufwendungen für bürgerliche Kleidung sind auch bei außergewöhnlich hohen Aufwendungen nicht als Werbungskosten abziehbar (→ BFH vom 6. 7. 1989 – BStBl 1990 II S. 49).

Bürgschaftsverpflichtung

Tilgungskosten aus einer Bürgschaftsverpflichtung durch den Arbeitnehmer einer Gesellschaft können zu Werbungskosten bei den Einkünften aus nichtselbständiger Arbeit führen, wenn eine Gesellschafterstellung zwar vereinbart aber nicht zustande gekommen ist (→ BFH vom 16. 11. 2011 – BStBl 2012 II S. 343).

Einbürgerung

Aufwendungen für die Einbürgerung sind nicht als Werbungskosten abziehbar (→ BFH vom 18. 5. 1984 – BStBl II S. 588).

Ernährung

Aufwendungen für die Ernährung am Ort der regelmäßigen Arbeitsstätte sind auch dann nicht als Werbungskosten abziehbar, wenn der Arbeitnehmer berufsbedingt arbeitstäglich überdurchschnittlich oder ungewöhnlich lange von seiner Wohnung abwesend ist (→ BFH vom 21. 1. 1994 – BStBl II S. 418).

Erziehungsurlaub/Elternzeit

Aufwendungen während eines Erziehungsurlaubs/einer Elternzeit können vorab entstandene Werbungskosten sein. Der berufliche Verwendungsbezug ist darzulegen, wenn er sich nicht bereits aus den Umständen von Umschulungs- oder Qualifizierungsmaßnahmen ergibt (→ BFH vom 22. 7. 2003 – BStBl 2004 II S. 888).

Familienpflegezeitversicherung

Hat der Arbeitnehmer eine Familienpflegezeitversicherung abgeschlossen und zahlt er die Versicherungsprämie direkt an das Versicherungsunternehmen, liegen bei ihm Werbungskosten vor (→ BMF vom 23. 5. 2012 – BStBl I S. 617).

Anhang 41

Geldauflagen

Geldauflagen sind nicht als Werbungskosten abziehbar, soweit die Auflagen nicht der Wiedergutmachung des durch die Tat verursachten Schadens dienen (→ BFH vom 22. 7. 2008 – BStBl 2009 II S. 151) und vom 15. 1. 2009 – BStBl 2010 II S. 111).

Geldbußen

Geldbußen sind nicht als Werbungskosten abziehbar (→ BFH vom 22. 7. 2008 – BStBl 2009 II S. 151).

Gemischte Aufwendungen

Bei gemischt veranlassten Aufwendungen besteht kein generelles Aufteilungs- und Abzugsverbot (→ BFH vom 21. 9. 2009 – BStBl 2010 II S. 672); zu den Folgerungen → BMF vom 6. 7. 2010 (BStBl I S. 614).

→ **H 9.2 (Auslandsgruppenreisen)**

Geschenke

Geschenke eines Arbeitnehmers anlässlich persönlicher Feiern sind nicht als Werbungskosten abziehbar (→ BFH vom 1. 7. 1994 – BStBl 1995 II S. 273).

Gewerkschaftsbeiträge

Steuerliche Behandlung von Gewerkschaftsbeiträgen bei Rentnern

(Erlaß des FinMin Mecklenburg-Vorpommern vom 14. 7. 1992 – IV 310 – S 2332 – 10 –)

Solange Einkünfte aus nichtselbständiger Arbeit bezogen werden, können Gewerkschaftsbeiträge ohne weiteres als Werbungskosten bei den Einkünften aus nichtselbständiger Arbeit abgezogen werden. Bezieht der Steuerpflichtige keinen Arbeitslohn mehr, z. B. bei Sozialversicherungsrentnern, sind die Gewerkschaftsbeiträge keine nachträglichen Werbungskosten im Rahmen der Einkunftsart nichtselbständige Arbeit. Das trifft auch dann zu, wenn die Aufwendungen durch das frühere Dienstverhältnis veranlaßt waren. Der wirtschaftliche Veranlassungszusammenhang kann nicht auf Dauer fortwirken. Der für den Werbungskostenabzug erforderliche enge wirtschaftliche Zusammenhang und die ursprüngliche Veranlassung, der Einkünftebezug, sind somit entfallen.

Aus Vereinfachungsgründen gilt diese Regelung jedoch erst ab dem Veranlassungszeitraum, der auf das Kalenderjahr folgt, in dem das Arbeitsverhältnis endete bzw. in dem zuletzt Einkünfte aus nichtselbständiger Arbeit vorlagen.

Dieser Erlaß ergeht im Einvernehmen mit dem Bundesminister der Finanzen und den obersten Finanzbehörden der Länder.

Körperpflege und Kosmetika

Aufwendungen für Körperpflege und Kosmetika sind auch bei außergewöhnlich hohen Aufwendungen nicht als Werbungskosten abziehbar (→ BFH vom 6. 7. 1989 – BStBl 1990 II S. 49).

Kontoführungsgebühren

Kontoführungsgebühren sind Werbungskosten, soweit sie durch Gutschriften von Einnahmen aus dem Dienstverhältnis und durch beruflich veranlasste Überweisungen entstehen. Pauschale Kontoführungsgebühren sind ggf. nach dem Verhältnis beruflich und privat veranlasster Kontenbewegungen aufzuteilen (→ BFH vom 9. 5. 1984 – BStBl II S. 560).

Kosten für die Führung eines Lohn- bzw. Gehaltskontos als Werbungskosten

(Verfügung der OFD Hannover vom 30. 4. 2002 – S 2354 – 20 –
StH 214/S 2354 – 22 – StO 212 –)

Der bisher vertretenen Rechtsauffassung, nach der Kontoführungsgebühren wegen mangelnder Abgrenzbarkeit zu den Lebenshaltungskosten nicht zum Werbungskostenabzug zugelassen wurden, ist der BFH in seinem Urteil vom 9. 5. 1984 (BStBl II 1984, 560) nicht gefolgt. Er hat entschieden dass Kontoführungsgebühren als Werbungskosten anzuerkennen sind, soweit sie auf die Gutschrift von Einnahmen aus dem Dienstverhältnis und auf beruflich veranlasste Überweisungen entfallen; dabei können pauschale Kontoführungsgebühren ggf. entsprechend aufgeteilt werden. Dieses Urteil ist anzuwenden.

Da insbesondere die Frage, wann eine Überweisung beruflich veranlasst ist, in der Praxis häufig schwer zu beantworten ist, kann aus Vereinfachungsgründen in den Fällen, in denen Kontoführungsgebühren als Werbungskosten geltend gemacht werden, auf die Prüfung der beruflichen Veranlassung verzichtet werden, wenn kein höherer Betrag als 16 Euro (ab 2002, bis 2001: 30 DM) jährlich angesetzt wird.

Seit 1990 dürfen beruflich veranlasste Kontoführungsgebühren nicht mehr vom Arbeitgeber steuerfrei ersetzt werden. Es handelt sich insoweit um den Ersatz von Werbungskosten, für den es keine Steuerbefreiung gibt (R 70 Abs. 3 Satz 2 Nr. 1 LStR 2002[1])).

Kunstgegenstände

Aufwendungen für die Ausschmückung eines Dienstzimmers sind nicht als Werbungskosten abziehbar (→ BFH vom 12. 3. 1993 – BStBl II S. 506).

Nachträgliche Werbungskosten

Werbungskosten können auch im Hinblick auf ein früheres Dienstverhältnis entstehen (→ BFH vom 14. 10. 1960 – BStBl 1961 III S. 20).

NLP-Kurse

Aufwendungen für NLP-Kurse zur Verbesserung beruflicher Kommunikationsfähigkeit

1. Die berufliche Veranlassung von Aufwendungen für Kurse zum Neuro-Linguistischen Programmieren (NLP-Kurse) zur Verbesserung der Kommunikationsfähigkeit wird insbesondere dadurch indiziert, dass die Kurse von einem berufsmäßigen Veranstalter durchgeführt werden, ein homogener Teilnehmerkreis vorliegt und der Erwerb der Kenntnisse und Fähigkeiten auf eine anschließende Verwendung in der beruflichen Tätigkeit angelegt ist.
2. Private Anwendungsmöglichkeiten der in den NLP-Kursen vermittelten Lehrinhalte sind unbeachtlich, wenn sie sich als bloße Folge zwangsläufig und untrennbar aus den im beruflichen Interesse gewonnenen Kenntnissen und Fähigkeiten ergeben.

---

[1]) Jetzt R 19.3 Abs. 3 Satz 2 Nr. 1 LStR.

3. Ein homogener Teilnehmerkreis liegt auch dann vor, wenn die Teilnehmer zwar unterschiedlichen Berufsgruppen angehören, aber aufgrund der Art ihrer beruflichen Tätigkeit gleichgerichtete fachliche Interessen haben.
(→ BFH vom 28. 8. 2008 – VI R 44/044)

Psychoseminar

Aufwendungen für die Teilnahme an psychologischen Seminaren, die nicht auf den konkreten Beruf zugeschnittene psychologische Kenntnisse vermittelt, sind auch dann nicht als Werbungskosten abziehbar, wenn der Arbeitgeber für die Teilnahme an den Seminaren bezahlten Bildungsurlaub gewährt (→ BFH vom 6. 3. 1995 – BStBl II S. 393).

→ Seminar

Rechtsschutzversicherung

Beiträge zu Rechtsschutzversicherungen

(Verfügung der OFD Hannover vom 29. 9. 1987 – S 2350 – 156 – StH 214/S 2221 – 140 – StO 213 –)

Beiträge zu Rechtsschutzversicherungen, die berufliche und private Risiken decken, sind insgesamt nach § 12 Nr. 1 EStG steuerlich nicht abzugsfähig, wenn eine eindeutige Trennung des beruflichen und des privaten Anteils nicht möglich ist. Eine solche Trennung ist nicht beim Familien-Rechtsschutz, beim Familien- und Verkehrs-Rechtsschutz für Lohn- und Gehaltsempfänger sowie beim Landwirtschafts- und Verkehrs-Rechtsschutz nicht möglich, so daß die Beiträge zu diesen Versicherungen steuerlich nicht berücksichtigt werden können. Nach dem BMF-Erlaß vom 10. 12. 1984 läßt sich jedoch ein Abzug als Betriebsausgaben oder Werbungskosten dann rechtfertigen, wenn nach der Sachlage des Einzelfalles angenommen werden kann, daß die Kosten, von denen der Versicherte durch die Rechtsschutzversicherung befreit ist, im Nichtversicherungsfall Betriebsausgaben oder Werbungskosten darstellen würden. Bei Automobil-Rechtsschutzversicherungen für Kraftfahrzeuge, die nicht nur betrieblich, sondern auch privat genutzt werden, erscheint es deshalb vertretbar, die Beiträge in dem gleichen Verhältnis in Betriebsausgaben und nichtabzugsfähige Ausgaben der privaten Lebensführung aufzuteilen wie die übrigen Kosten der Kraftfahrzeughaltung.

Bei Aufwendungen des Arbeitnehmers für Fahrten zwischen Wohnung und Arbeitsstätte sind die Beiträge insoweit durch die Pauschsätze des § 9 Abs. 1 Nr. 4 EStG abgegolten.

Reinigung von typischer Berufskleidung in privater Waschmaschine

→ H 9.12 (Berufskleidung)

Sammelbeförderung

BMF vom 31. 8. 2009¹) (BStBl I S. 891). *Anhang 18*

Schulgeld

Schulgeldzahlungen an eine fremdsprachige Schule im Inland sind auch dann nicht als Werbungskosten abziehbar, wenn sich die ausländischen Eltern aus beruflichen Gründen nur vorübergehend im Inland aufhalten (→ BFH vom 23. 11. 2000 – BStBl 2001 II S. 132).

Seminar

Aufwendungen für Seminare zur Persönlichkeitsentfaltung

1. Aufwendungen für Seminare zur Persönlichkeitsentfaltung sind beruflich veranlasst, wenn die Veranstaltungen primär auf die spezifischen Bedürfnisse des vom Steuerpflichtigen ausgeübten Berufs ausgerichtet sind. Indizien für die berufliche Veranlassung sind insbesondere die Lehrinhalte und ihre konkrete Anwendung in der beruflichen Tätigkeit, der Ablauf des Lehrgangs sowie die teilnehmenden Personen.
2. Ein Lehrgang, der sowohl Grundlagenwissen als auch berufsbezogenes Spezialwissen vermittelt, kann beruflich veranlasst sein, wenn der Erwerb des Grundlagenwissens die Vorstufe zum Erwerb des berufsbezogenen Spezialwissens bildet.
3. Der Teilnehmerkreis eines Lehrgangs, der sich mit Anforderungen an Führungskräfte befasst, ist auch dann homogen zusammengesetzt, wenn die Teilnehmer Führungspositionen in verschiedenen Berufsgruppen innehaben.

(→ BFH vom 28. 8. 2008 – VI R 35/05)

---

¹) Aufgehoben durch BMF vom 3. 1. 2013 – IV C 5 – S 2351/09/10002 → Anhang 18.

§ 9 EStG
H 9.1

Statusfeststellungsverfahren

Aufwendungen im Zusammenhang mit dem Anfrageverfahren nach § 7a SGB IV (sog. Statusfeststellungsverfahren) sind durch das Arbeitsverhältnis veranlasst und deshalb als Werbungskosten bei den Einkünften aus nichtselbständiger Arbeit zu berücksichtigen (→ BFH vom 6. 5. 2010 – BStBl II S. 851).

Steuerberatungskosten

Zuordnung der Steuerberatungskosten zu den Werbungskosten → BMF-Schreiben 21. 12. 2007 – IV B 2 – S 2144/07/0002, 2007/0586772 – → Anhang 24

Strafverteidigungskosten

Aufwendungen für die Strafverteidigung können Werbungskosten sein, wenn der Schuldvorwurf durch berufliches Verhalten veranlasst war (→ BFH vom 19. 2. 1982 – BStBl II S. 467 und vom 18. 10. 2007 – BStBl 2008 II S. 223).

Übernachtung an der regelmäßigen Arbeitsstätte

Die Kosten für gelegentliche Hotelübernachtungen am Ort der regelmäßigen Arbeitsstätte sind Werbungskosten, wenn sie beruflich veranlasst sind. Für eine Tätigkeit an diesem Ort sind Verpflegungsmehraufwendungen nicht zu berücksichtigen (→ BFH vom 5. 8. 2004 – BStBl II S. 1074).

Verkehrsflugzeugführerschein, Privatflugzeugführerschein

Aufwendungen eines Zeitsoldaten für den Erwerb eines Verkehrsflugzeugführerscheins im Rahmen einer Fachausbildung sind vorab entstandene Werbungskosten bei den Einkünften aus nichtselbständiger Arbeit. Dies gilt auch dann, wenn die Schulung die Ausbildung für den Erwerb des Privatflugzeugführerscheins einschließt (Abgrenzung zum BFH-Urteil vom 27. Mai 2003 VI R 85/02, BFHE 207, 393, BStBl II 2005, 202) – (→ BFH vom 30. 9. 2008 – VI R 4/07).

Verlorener Zuschuss eines Gesellschafter-Geschäftsführers

Gewährt der Gesellschafter-Geschäftsführer einer GmbH, an der er nicht nur unwesentlich beteiligt ist, einen verlorenen Zuschuss, ist die Berücksichtigung als Werbungskosten regelmäßig abzulehnen (→ BFH vom 26. 11. 1993 – BStBl 1994 II S. 242).

Verlust einer Beteiligung am Unternehmen des Arbeitgebers

- Der Verlust einer Beteiligung an einer GmbH kann selbst dann nicht als Werbungskosten berücksichtigt werden, wenn die Beteiligung am Stammkapital der GmbH Voraussetzung für die Beschäftigung als Arbeitnehmer der GmbH war (→ BFH vom 12. 5. 1995 – BStBl II S. 644).

- Der Veräußerungsverlust aus einer Kapitalbeteiligung am Unternehmen des Arbeitgebers führt nur dann zu Werbungskosten, wenn ein erheblicher Veranlassungszusammenhang zum Dienstverhältnis besteht und nicht auf der Nutzung der Beteiligung als Kapitalertragsquelle beruht (→ BFH vom 17. 9. 2009 – BStBl 2010 II S. 198).

Verlust einer Darlehensforderung gegen den Arbeitgeber

- Der Verlust einer Darlehensforderung gegen den Arbeitgeber ist als Werbungskosten zu berücksichtigen, wenn der Arbeitnehmer das Risiko, die Forderung zu verlieren, aus beruflichen Gründen bewusst auf sich genommen hat (→ BFH vom 7. 5. 1993 – BStBl II S. 663).

- Die berufliche Veranlassung eines Darlehens wird nicht zwingend dadurch ausgeschlossen, dass der Darlehensvertrag mit dem alleinigen Gesellschafter-Geschäftsführer der Arbeitgeberin (GmbH) statt mit der insolvenzbedrohten GmbH geschlossen worden und die Darlehensvaluta an diese geflossen ist. Maßgeblich sind der berufliche Veranlassungszusammenhang und der damit verbundene konkrete Verwendungszweck des Darlehens (→ BFH vom 7. 2. 2008 – BStBl 2010 II S. 48).

- *Auch wenn ein Darlehen aus im Gesellschaftsverhältnis liegenden Gründen gewährt wurde, kann der spätere Verzicht darauf durch das zugleich bestehende Arbeitsverhältnis veranlasst sein und dann insoweit zu Werbungskosten bei den Einkünften aus nichtselbständiger Arbeit führen, als die Darlehensforderung noch werthaltig ist (→ BFH vom 25. 11. 2010 – BStBl 2012 II S. 24).*

§ 9 EStG
H 9.1

Versorgungsausgleich
Ausgleichszahlungen eines Beamten und damit zusammenhängende Schuldzinsen zur Vermeidung einer Kürzung seiner Versorgungsbezüge an den auf den Versorgungsausgleich verzichtenden Ehegatten sind Werbungskosten (→ BFH vom 8. 3. 2006 – BStBl II S. 446 und S. 448).

Versorgungszuschlag
Zahlt der Arbeitgeber bei beurlaubten Beamten ohne Bezüge einen Versorgungszuschlag, handelt es sich um steuerpflichtigen Arbeitslohn. In gleicher Höhe liegen beim Arbeitnehmer Werbungskosten vor; dies gilt auch, wenn der Arbeitnehmer den Versorgungszuschlag zahlt (→ BMF vom 22. 2. 1991 – BStBl I S. 951).→ H 19.3

Vertragsstrafe
Die Zahlung einer in einem Ausbildungsverhältnis begründeten Vertragsstrafe kann zu Werbungskosten führen (→ BFH vom 22. 6. 2006 – BStBl 2007 II S. 4).

Videorecorder
Aufwendungen für einen Videorecorder sind – ohne Nachweis der weitaus überwiegenden beruflichen Nutzung – nicht als Werbungskosten abziehbar (→ BFH vom 27. 9. 1991 – BStBl 1992 II S. 195).

Vorweggenommene Werbungskosten
Werbungskosten können auch im Hinblick auf ein künftiges Dienstverhältnis entstehen (→ BFH vom 4. 8. 1961 – BStBl 1962 III S. 5 und vom 3. 11. 1961 – BStBl 1962 III S. 123). Der Berücksichtigung dieser Werbungskosten steht es nicht entgegen, dass der Arbeitnehmer Arbeitslosengeld oder sonstige für seinen Unterhalt bestimmte steuerfreie Leistungen erhält (→ BFH vom 4. 3. 1977 – BStBl II S. 507), ggf. kommt ein Verlustabzug nach § 10d EStG in Betracht.

Werbegeschenke
Aufwendungen eines Arbeitnehmers für Werbegeschenke an Kunden seines Arbeitgebers sind Werbungskosten, wenn er sie tätigt, um die Umsätze seines Arbeitgebers und damit seine erfolgsabhängigen Einkünfte zu steigern (→ BFH vom 13. 1. 1984 – BStBl II S. 315). Aufwendungen für Werbegeschenke können ausnahmsweise auch dann Werbungskosten sein, wenn der Arbeitnehmer nicht variabel vergütet wird (→ BFH vom 24. 5. 2007 – BStBl II S. 721). Die nach § 4 Abs. 5 Satz 1 Nr. 1 EStG maßgebende Wertgrenze von 40 € ist zu beachten (§ 9 Abs. 5 EStG).

Werbungskosten bei Insolvenzgeld
Werbungskosten, die auf den Zeitraum entfallen, für den der Arbeitnehmer Insolvenzgeld erhält, sind abziehbar, da kein unmittelbarer wirtschaftlicher Zusammenhang zwischen den Aufwendungen und dem steuerfreien Insolvenzgeld i. S. d. § 3c EStG besteht (→ BFH vom 23. 11. 2000 – BStBl 2001 II S. 199).

Winterbeschäftigungs-Umlage

Winterbeschäftigungs-Umlage in der Bauwirtschaft

(Verfügung der OFD Koblenz vom 5. 4. 2007 – S 2354 A-St 32 2 –)

Ab dem 1. 5. 2006 hat die Winterbeschäftigungs-Umlage die bisherige Winterbauumlage im Bauhauptgewerbe abgelöst. Die Arbeitnehmer, die nach § 1 Abs. 2 Baubetriebe-Verordnung im Bauhauptgewerbe tätig sind, werden mit 0,8 % des Bruttoarbeitslohns an der Finanzierung beteiligt (§ 356 SGB III i. V. m. § 3 Abs. 2 der Winterbeschäftigungs-Verordnung des Bundesministeriums für Arbeit und Soziales vom 26. 4. 2006). Diese Beteiligung wird aus versteuertem Einkommen finanziert und dient dazu, Arbeitsplätze in der Schlechtwetterzeit zu erhalten. Der Beitrag ist daher nach § 9 Abs. 1 Satz 1 EStG bei den Werbungskosten abzugsfähig.

Arbeitgeber können diese Umlage in einer freien Zeile der elektronischen Lohnsteuerbescheinigung als freiwillige Angabe ausweisen.

Klarstellend wird darauf hingewiesen, dass die Beteiligung der Arbeitnehmer an der Winterbeschäftigungs-Umlage nur bei Beschäftigten des Bauhauptgewerbes erfolgt. Im Baunebengewerbe (Gerüstbauerhandwerk, Dachdeckerhandwerk, Garten- und Landschaftsbau) wird weiterhin nur der Arbeitgeber zur Umlage herangezogen.

Die späteren Leistungen (Wintergeld als Zuschuss-Wintergeld und Mehraufwands-Wintergeld) nach § 175a SGB III sind nach § 3 Nr. 2 EStG steuerfrei und unterliegen nicht dem Progressionsvorbehalt.

§ 9 EStG
R 9.2 H 9.1

Aktualisierung vom 1. 6. 2007:

Durch Änderungen der Winterbeschäftigungs-Verordnung zum 1. 11. 2006 bzw. zum 1. 4. 2007 werden nunmehr auch Arbeitnehmer im Baunebengewerbe zur Umlage herangezogen. Arbeitnehmer im Dachdeckerhandwerk müssen ab 1. 11. 2006 0,8 % des Bruttoarbeitslohns als Umlage zahlen. Im Garten- und Landschaftsbau wird bei den Arbeitnehmern ab 1. 4. 2007 ebenfalls eine Umlage von 0,8 % erhoben. Der Arbeitnehmeranteil an der Umlagefinanzierung ist demnach auch bei Arbeitnehmern dieser Branchen als Werbungskosten abziehbar. Im Gerüstbauerhandwerk wird weiterhin nur der Arbeitgeber zur Umlage herangezogen, so dass insoweit ein Werbungskostenabzug nicht in Frage kommt.

→ H 3.2 Saison-Kurzarbeitergeld

Zusammenhang mit dem Beruf

Ein Zusammenhang mit dem Beruf ist gegeben, wenn die Aufwendungen in einem wirtschaftlichen Zusammenhang mit der auf Einnahmeerzielung gerichteten Tätigkeit des Arbeitnehmers stehen (→ BFH vom 1. 10. 1982 – BStBl 1983 II S. 17).

Zuzahlung für überlassenen Dienstwagen

Überlässt ein Arbeitgeber seinem Arbeitnehmer ein Kraftfahrzeug für dessen private Nutzung, können einzelne vom Arbeitnehmer selbst getragene Kraftfahrzeugkosten als Werbungskosten berücksichtigt werden, wenn der Nutzungsvorteil nach der sog. Fahrtenbuchmethode ermittelt wird. Dagegen kommt ein Werbungskostenabzug nicht in Betracht, wenn der Nutzungsvorteil pauschal nach der sog. 1 %-Regelung bemessen wird (→ BFH vom 18. 10. 2007 – VI R 57/06).
→ H 8.1 (9–10)→ Nutzungsentgelt

Zuzahlungen zu den Anschaffungskosten eines dem Arbeitnehmer zur privaten Nutzung überlassenen Dienstwagens sind auch dann als Werbungskosten bei den Einnahmen aus nichtselbständiger Arbeit zu berücksichtigen, wenn der Nutzungsvorteil nach der 1 %-Regelung besteuert wird (→ BFH vom 18. 10. 2007 – VI R 59/06).

R 9.2
S 2350

Aufwendungen für die Aus- und Fortbildung

(1) ¹Aufwendungen für den erstmaligen Erwerb von Kenntnissen, die zur Aufnahme eines Berufs befähigen, beziehungsweise für ein erstes Studium sind Kosten der Lebensführung und nur als Sonderausgaben im Rahmen von § 10 Abs. 1 Nr. 7 EStG abziehbar. ²Das gilt auch für ein berufsbegleitendes Erststudium. ³Werbungskosten liegen dagegen vor, wenn die erstmalige Berufsausbildung oder das Erststudium Gegenstand eines Dienstverhältnisses (Ausbildungsdienstverhältnis) ist. ⁴Unabhängig davon, ob ein Dienstverhältnis besteht, sind die Aufwendungen für die Fortbildung in dem bereits erlernten Beruf und für die Umschulungsmaßnahmen, die einen Berufswechsel vorbereiten, als Werbungskosten abziehbar. ⁵Das gilt auch für die Aufwendungen für ein weiteres Studium, wenn dieses in einem hinreichend konkreten, objektiv feststellbaren Zusammenhang mit späteren steuerpflichtigen Einnahmen aus der angestrebten beruflichen Tätigkeit steht.

(2) ¹Zur Berücksichtigung der Aufwendungen im Zusammenhang mit einer auswärtigen Ausbildungs- oder Fortbildungsstätte finden R 9.4 bis 9.11 sinngemäß Anwendung. ²Danach sind die Grundsätze für Auswärtstätigkeiten maßgebend, wenn der Arbeitnehmer im Rahmen seines Ausbildungsdienstverhältnisses oder als Ausfluss seines Dienstverhältnisses zu Fortbildungszwecken vorübergehend eine außerhalb seiner regelmäßigen Arbeitsstätte im Betrieb des Arbeitgebers gelegene Ausbildungs- oder Fortbildungsstätte aufsucht. ³Das gilt auch, wenn die Ausbildung oder Fortbildung in der Freizeit, z. B. am Wochenende stattfindet. ⁴Ist die Bildungsmaßnahme nicht Ausfluss des Dienstverhältnisses und befindet sich der Schwerpunkt der Umschulungsmaßnahme oder des weiteren Studiums im Sinne von Absatz 1 Satz 5 in der Wohnung des Steuerpflichtigen, wie dies in der Regel bei einem Fernstudium der Fall ist, ist die Wohnung regelmäßige Ausbildungsstätte, so dass für gelegentliche Reisen zu anderen Ausbildungsorten ebenfalls die Grundsätze für Auswärtstätigkeiten gelten.

(3)¹) ¹Liegen weder im Betrieb des Arbeitgebers noch in der Wohnung des Stpfl. die Voraussetzungen für die Annahme einer regelmäßigen Arbeits- oder Fortbildungsstätte i. S. d. Absatzes 2 vor, ist der jeweilige Ausbildungsort vom ersten Tag an regelmäßige Arbeitsstätte. ²Bei der Ermittlung der Aufwendungen sind § 9 Abs. 1 Satz 3 Nr. Nr. 4 und 5 und Abs. 2 EStG anzuwenden. ³Nimmt ein Arbeitnehmer, der eine Auswärtstätigkeit i. S. d. R 9.4 Abs. 2 Satz 2 ausübt, z. B. an einer Fortbildungsveranstaltung teil, gilt die Teilnahme als Auswärtstätigkeit.

---

¹) Siehe aber → BFH vom 9. 2. 2012 – VI R 42/11 und VI R 44/10 –.

§ 9 EStG
H 9.2

Hinweise   H 9.2

Allgemeine Grundsätze Ausbildungs-, Berufsausbildungskosten   Anhang 34
→ BMF vom 22. 9. 2010 (BStBl I S. 721)   Anhang 34

Allgemein bildende Schulen

Aufwendungen für den Besuch allgemein bildender Schulen sind regelmäßig keine Werbungskosten (→ BFH vom 22. 6. 2006 – BStBl II S. 717).

Ausbildungsdienstverhältnis

   Beispiele:
- Referendariat zur Vorbereitung auf das zweite Staatsexamen (→ BFH vom 10. 12. 1971 – BStBl 1972 II S. 251)
- Beamtenanwärter (→ BFH vom 21. 1. 1972 – BStBl II S. 261)
- zum Studium abkommandierte oder beurlaubte Bundeswehroffiziere (→ BFH vom 7. 11. 1980 – BStBl 1981 II S. 216 und vom 28. 9. 1984 – BStBl 1985 II S. 87)
- zur Erlangung der mittleren Reife abkommandierte Zeitsoldaten (→ BFH vom 28. 9. 1984 – BStBl 1985 II S. 89)
- für ein Promotionsstudium beurlaubte Geistliche (→ BFH vom 7. 8. 1987 – BStBl II S. 780)

Auslandsgruppenreise
- Aufwendungen für Reisen, die der beruflichen Fortbildung dienen, sind als Werbungskosten abziehbar, wenn sie unmittelbar beruflich veranlasst sind (z. B. das Aufsuchen eines Kunden des Arbeitgebers, das Halten eines Vortrags auf einem Fachkongress oder die Durchführung eines Forschungsauftrags) und die Verfolgung privater Interessen nicht den Schwerpunkt der Reise bildet (→ BFH vom 21. 9. 2009 – BStBl 2010 II S. 672).
- Ein unmittelbarer beruflicher Anlass liegt nicht vor, wenn der Arbeitnehmer mit der Teilnahme an der Auslandsgruppenreise eine allgemeine Verpflichtung zur beruflichen Fortbildung erfüllt oder die Reise von einem Fachverband angeboten wird (→ BFH vom 19. 1. 2012 – BStBl II S. 416); zur Abgrenzung gegenüber der konkreten beruflichen Verpflichtung zur Reiseteilnahme → BFH vom 9. 12. 2010 (BStBl 2011 II S. 522). Zur Aufteilung gemischt veranlasster Aufwendungen bei auch beruflicher Veranlassung der Auslandsgruppenreise → H 9.1 (Gemischte Aufwendungen).

Berufskraftfahrer, Weiterbildung

Berufskraftfahrer, Grundqualifikation, Weiterbildung
(Verfügung der OFD Koblenz vom 3. 9. 2008 – S 2221/S 2227 A – St 32 3 –)

Nach dem Berufskraftfahrer-Qualifikationsgesetz vom 14. 8. 2006 (BKrFQG) und der Berufskraftfahrer-Qualifikationsverordnung (BKrFQV) sind grundsätzlich alle gewerblichen Fahrer,
- die im Personenverkehr tätig sind (Klassen D1, D1E, D und DE), ab 10. 9. 2008 und
- die im Güterkraftverkehr tätig sind (Klassen C1, C1E, C und CE), ab 10. 9. 2009

gesetzlich verpflichtet, als Berufsneueinsteiger neben dem Erwerb des Führerscheins der v.g. Klassen auch eine Grundqualifikation (§ 4 BKrFQG) zu durchlaufen. Die Qualifikation dient der Verbesserung der Sicherheit im Straßenverkehr und den allgemeinen beruflichen Fähigkeiten des Fahrers durch die Vermittlung besonderer tätigkeitsbezogener Fertigkeiten und Kenntnisse. Die erworbenen Kenntnisse sind alle fünf Jahre mittels einer Weiterbildung aufzufrischen (§ 5 BKrFQG). Fahrzeuglenker, die vor den o. g. Stichtagen bereits im Besitz des entsprechenden Führerscheins sind, benötigen zwar keine Grundqualifikation (§ 3 BKrFQG), müssen jedoch ebenfalls von diesen Stichtagen an alle fünf Jahre eine Weiterbildung durchlaufen.

Der Erwerb der Grundqualifikation und des Führerscheins fallen ab o. g. Stichtagen unter die Neuregelung der einkommensteuerlichen Behandlung von Berufsausbildungskosten gemäß §§ 10 Abs. 1 Nr. 7 und 12 Nr. 5 EStG. Gemäß Rz. 6 des BMF-Schreibens vom 4. 11. 2005 (BStBl 2005 I S. 955) werden andere Bildungsmaßnahmen einer Berufsausbildung im Sinne des § 12 Nr. 5 EStG gleichgestellt, wenn sie dem Nachweis einer Sachkunde dienen, die Voraussetzung zur Aufnahme einer fest umrissenen beruflichen Betätigung ist. Handelt es sich um eine erstmalige Berufsausbildung, stellen die in diesem Zusammenhang anfallenden Aufwendungen gemäß § 12 Nr. 5 EStG keine Werbungskosten sondern Sonderausgaben i. S. des § 10 Abs. 1 Nr. 7 EStG da, es sei denn, die Bildungsmaßnahme findet im Rahmen eines Dienstverhältnisses statt.

Bei den Aufwendungen im Zusammenhang mit der sich alle fünf Jahre anschließenden Weiterbildung handelt es sich sodann regelmäßig um Werbungskosten bzw. Betriebsausgaben.

Deutschkurs

Aufwendungen eines in Deutschland lebenden Ausländers für das Erlernen der deutschen Sprache gehören regelmäßig auch dann zu den nicht abziehbaren Kosten der Lebensführung, wenn ausreichende Deutschkenntnisse für einen angestrebten Ausbildungsplatz förderlich sind (→ BFH vom 15. 3. 2007 – BStBl II S. 814).

Erziehungsurlaub/Elternzeit

Aufwendungen während eines Erziehungsurlaubs/einer Elternzeit können vorab entstandene Werbungskosten sein. Der berufliche Verwendungsbezug ist darzulegen, wenn er sich nicht bereits aus den Umständen von Umschulungs- oder Qualifizierungsmaßnahmen ergibt (→ BFH vom 22. 7. 2003 – VI R 137/99 – BStBl 2004 II S. 888).

Fortbildung

– Aufwendungen von Führungskräften für Seminare zur Persönlichkeitsentfaltung können Werbungskosten sein (→ BFH vom 28. 8. 2008 – BStBl 2009 II S. 108).
– Aufwendungen einer leitenden Redakteurin zur Verbesserung beruflicher Kommunikationsfähigkeit sind Werbungskosten (→ BFH vom 28. 8. 2008 – BStBl 2009 II S. 106).
– Aufwendungen einer Stewardess für den Erwerb des Verkehrsflugzeugführerscheins einschließlich Musterberechtigung stellen vorab entstandene Werbungskosten dar. Die Aufwendungen für den Erwerb des Privatflugzeugführerscheins führen regelmäßig nicht zu Werbungskosten (→ BFH vom 27. 5. 2003 – BStBl 2005 II S. 202). Bei einer durchgehenden Ausbildung zum Verkehrsflugzeugführer sind aber auch die Aufwendungen für den Erwerb des Privatflugzeugführerscheins als Werbungskosten abziehbar (→ BFH vom 30. 9. 2008 – BStBl 2009 II S. 111).

Fremdsprachenunterricht

– Der Abzug der Aufwendungen für einen Sprachkurs kann nicht mit der Begründung versagt werden, er habe in einem anderen Mitgliedstaat der Europäischen Union stattgefunden (→ BFH vom 13. 6. 2002 – BStBl 2003 II S. 765). Dies gilt auch für Staaten, auf die das Abkommen über den europäischen Wirtschaftsraum Anwendung findet (Island, Liechtenstein, Norwegen), und wegen eines bilateralen Abkommens, das die Dienstleistungsfreiheit festschreibt, auch für die Schweiz (→ BMF vom 26. 9. 2003 – BStBl I S. 447).

Einkommensteuerliche Behandlung von Aufwendungen für Auslandssprachkurse als Werbungskosten oder Betriebsausgaben nach § 9 Abs. 1 Satz 1, § 4 Abs. 4 EStG und § 12 Nr. 1 EStG; Rechtsfolgen aus dem Urteil des BFH vom 13. 6. 2002 (BStBl II 2003 S. 765)

(BMF-Schreiben vom 26. 9. 2003 – IV A 5 – S 2227 – 1/03 –, BStBl I S. 447)

In dem o. a. Urteil hat der BFH zwar grundsätzlich an den im Urteil vom 31. Juli 1980 (BStBl II S. 746) aufgestellten Merkmalen zur Abgrenzung der beruflicher und privater Veranlassung eines Auslandssprachkurses festgehalten. Der BFH hat ihre Geltung aber eingeschränkt, soweit sie in Widerspruch zu Artikel 59 des Vertrages zur Gründung der Europäischen Gemeinschaft (nach Änderung Art. 49 EGV) stehen, der die Dienstleistungsfreiheit in den Mitgliedstaaten garantiert. Die bislang bei einer Gesamtwürdigung von privater und beruflicher Veranlassung einer Fortbildungsveranstaltung zugrunde gelegte Vermutung, es spreche für eine überwiegend private Veranlassung, wenn die Veranstaltung im Ausland stattfinde, und die u. a. daraus gezogene Folgerung der steuerlichen Nichtanerkennung der entsprechenden Aufwendungen, kann danach für Mitgliedstaaten der Europäischen Union nicht mehr aufrechterhalten werden.

Unter Bezugnahme auf das Ergebnis der Erörterung mit den obersten Finanzbehörden der Länder sind die Grundsätze des BFH-Urteils wie folgt anzuwenden:

Die Grundsätze dieser Entscheidung gelten nicht nur für alle Mitgliedstaaten der Europäischen Union, sondern auch für Staaten, auf die das Abkommen über den europäischen Wirtschaftsraum (Island, Liechtenstein, Norwegen) Anwendung findet, und wegen eines bilateralen Abkommens, das die Dienstleistungsfreiheit ebenfalls festschreibt, auch für die Schweiz. Sie sind im Übrigen nicht nur auf Sprachkurse, sondern auf Fortbildungsveranstaltungen allgemein anzuwenden.

Die Grundsätze der Entscheidung sind außerdem bei der Frage, ob im Falle einer Kostenübernahme durch den Arbeitgeber für solche Fortbildungsveranstaltungen Arbeitslohn vorliegt oder ein überwiegend eigenbetriebliches Interesse des Arbeitgebers für die Zahlung angenommen werden kann (R 74 LStR), zu berücksichtigen.

- Ein Sprachkurs kann auch dann beruflich veranlasst sein, wenn er nur Grundkenntnisse oder allgemeine Kenntnisse in einer Fremdsprache vermittelt, diese aber für die berufliche Tätigkeit ausreichen. Die Kursgebühren sind dann als Werbungskosten abziehbar. Der Ort, an dem der Sprachkurs durchgeführt wird, kann ein Indiz für eine private Mitveranlassung sein. Die Reisekosten sind dann grundsätzlich in Werbungskosten und Kosten der privaten Lebensführung aufzuteilen (→ H 9.1 – Gemischte Aufwendungen). Dabei kann auch ein anderer als der zeitliche Aufteilungsmaßstab anzuwenden sein (→ BFH vom 24. 2. 2011 – BStBl II S. 796 zum Sprachkurs in Südafrika)
- Aufwendungen für eine zur Erteilung von Fremdsprachenunterricht in den eigenen Haushalt aufgenommene Lehrperson sind selbst bei einem konkreten Bezug zur Berufstätigkeit keine Fortbildungskosten (→ BFH vom 8. 10. 1993 – BStBl 1994 II S. 114).

Klassenfahrt
Aufwendungen eines Berufsschülers für eine im Rahmen eines Ausbildungsdienstverhältnisses als verbindliche Schulveranstaltung durchgeführte Klassenfahrt sind in der Regel Werbungskosten (→ BFH vom 7. 2. 1992 – BStBl II S. 531).

Ski- und Snowboardkurse
Aufwendungen von Lehrern für Snowboardkurse können als Werbungskosten bei den Einkünften aus nichtselbständiger Arbeit abziehbar sein, wenn ein konkreter Zusammenhang mit der Berufstätigkeit besteht (→ BFH vom 22. 6. 2006 – BStBl II S. 782 – VI R 61/02 –). Zu den Merkmalen der beruflichen Veranlassung → BFH vom 26. 8. 1988 (BStBl 1989 II S. 91).

Studienreisen und Fachkongresse
→ R 12.2 EStR, H 12.2 EStH   Anhang 30
→ Einkommensteuerliche Behandlung, Werbungskosten   Anhang 46

Ausgaben im Zusammenhang mit Berufsverbänden   R 9.3

(1) ¹Ausgaben bei Veranstaltungen des Berufsstands, des Berufsverbands, des Fachverbands oder der Gewerkschaft eines Arbeitnehmers, die der Förderung des Allgemeinwissens der Teilnehmer dienen, sind nicht Werbungskosten, sondern Aufwendungen für die Lebensführung. ²Um nicht abziehbare Aufwendungen für die Lebensführung handelt es sich insbesondere stets bei den Aufwendungen, die der Arbeitnehmer aus Anlass von gesellschaftlichen Veranstaltungen der bezeichneten Organisation gemacht hat, und zwar auch dann, wenn die gesellschaftlichen Veranstaltungen im Zusammenhang mit einer rein fachlichen oder beruflichen Tagung oder Sitzung standen.

(2) ¹Bestimmte Veranstaltungen von Berufsständen und Berufsverbänden dienen dem Zweck, die Teilnehmer im Beruf fortzubilden, z. B. Vorlesungen bei Verwaltungsakademien oder Volkshochschulen, Fortbildungslehrgänge, fachwissenschaftliche Lehrgänge, fachliche Vorträge. ²Ausgaben, die dem Teilnehmer bei solchen Veranstaltungen entstehen, können Werbungskosten sein.

Hinweise   H 9.3

Ehrenamtliche Tätigkeit
Aufwendungen eines Arbeitnehmers im Zusammenhang mit einer ehrenamtlichen Tätigkeit für seine Gewerkschaft oder seinen Berufsverband können Werbungskosten sein (→ BFH vom 28. 11. 1980 – BStBl 1981 II S. 368 und vom 2. 10. 1992 – BStBl 1993 II S. 53).

Mitgliedsbeiträge an einen Interessenverband
Mitgliedsbeiträge an einen Interessenverband sind Werbungskosten, wenn dieser als Berufsverband auch die spezifischen beruflichen Interessen des Arbeitnehmers vertritt. Dies ist nicht nur nach der Satzung, sondern auch nach der tatsächlichen Verbandstätigkeit zu beurteilen (→ BFH vom 13. 8. 1993 – BStBl 1994 II S. 33).

Reiseaufwendungen für einen Berufsverband

Reiseaufwendungen eines Arbeitnehmers im Zusammenhang mit einer ehrenamtlichen Tätigkeit für seine Gewerkschaft oder seinen Berufsverband sind keine Werbungskosten, wenn der Schwerpunkt der Reise allgemeintouristischen Zwecken dient (→ BFH vom 25. 3. 1993 – BStBl II S. 559).

R 9.4 Reisekosten

Reisekostenbegriff

S 2353

(1) ¹Reisekosten sind Fahrtkosten (→ R 9.5), Verpflegungsmehraufwendungen (→ R 9.6), Übernachtungskosten (→ R 9.7) und Reisenebenkosten (→ R 9.8), wenn diese durch eine so gut wie ausschließlich beruflich veranlasste Auswärtstätigkeit (→ Absatz 2) des Arbeitnehmers entstehen. ²Eine beruflich veranlasste Auswärtstätigkeit ist auch der Vorstellungsbesuch eines Stellenbewerbers. ³Erledigt der Arbeitnehmer im Zusammenhang mit der beruflich veranlassten Auswärtstätigkeit auch in einem mehr als geringfügigen Umfang private Angelegenheiten, sind die beruflich veranlassten von den privat veranlassten Aufwendungen zu trennen. ⁴Ist das nicht – auch nicht durch Schätzung – möglich, gehören die gesamten Aufwendungen zu den nach § 12 EStG nicht abziehbaren Aufwendungen für die Lebensführung. ⁵Aufwendungen, die nicht so gut wie ausschließlich durch die beruflich veranlasste Auswärtstätigkeit entstanden sind (z. B. Bekleidungskosten oder Aufwendungen für die Anschaffung von Koffern und anderer Reiseausrüstungen), sind keine Reisekosten. ⁶Die berufliche Veranlassung der Auswärtstätigkeit, die Reisedauer und den Reiseweg hat der Arbeitnehmer aufzuzeichnen und anhand geeigneter Unterlagen, z. B. Fahrtenbuch (→ R 8.1 Abs. 9 Nr. 2 Satz 3), Tankquittungen, Hotelrechnungen, Schriftverkehr, nachzuweisen oder glaubhaft zu machen.

Beruflich veranlasste Auswärtstätigkeit

(2) ¹Eine Auswärtstätigkeit liegt vor, wenn der Arbeitnehmer vorübergehend außerhalb seiner Wohnung und an keiner seiner regelmäßigen Arbeitsstätten[1]) beruflich tätig wird. ²Eine Auswärtstätigkeit liegt ebenfalls vor, wenn der Arbeitnehmer bei seiner individuellen beruflichen Tätigkeit typischerweise nur an ständig wechselnden Tätigkeitsstätten oder auf einem Fahrzeug tätig wird.

Regelmäßige Arbeitsstätte[2])

(3) ¹Regelmäßige Arbeitsstätte ist der ortsgebundene Mittelpunkt der dauerhaft angelegten beruflichen Tätigkeit des Arbeitnehmers, insbesondere jede ortsfeste dauerhafte betriebliche Einrichtung des Arbeitgebers, der der Arbeitnehmer zugeordnet ist und die er mit einer gewissen Nachhaltigkeit immer wieder aufsucht. ²Nicht maßgebend sind Art, Umfang und Inhalt der Tätigkeit. ³Von einer regelmäßigen Arbeitsstätte ist auszugehen, wenn die betriebliche Einrichtung des Arbeitgebers vom Arbeitnehmer durchschnittlich im Kalenderjahr an einem Arbeitstag je Arbeitswoche aufgesucht wird oder auf Grund der dienst-/arbeitsrechtlichen Vereinbarung aufzusuchen ist. ⁴Bei einer vorübergehenden Auswärtstätigkeit (z. B. befristete Abordnung) an einer anderen betrieblichen Einrichtung des Arbeitgebers oder eines verbundenen Unternehmens wird diese nicht zur regelmäßigen Arbeitsstätte. ⁵Betriebliche Einrichtungen von Kunden des Arbeitgebers sind unabhängig von der Dauer der dortigen Tätigkeit keine regelmäßigen Arbeitsstätten seiner Arbeitnehmer, wenn die Arbeitnehmer im Rahmen des Dienstverhältnisses zu ihrem Arbeitgeber mit wechselnden Tätigkeitsstätten rechnen müssen.

H 9.4 Hinweise

Erstattung durch den Arbeitgeber

- Steuerfrei → § 3 Nr. 13, 16 EStG, → R 3.13, 3.16
- Steuerfreie Arbeitgebererstattungen mindern die abziehbaren Werbungskosten auch dann, wenn sie erst im Folgejahr geleistet werden (→ BFH vom 20. 9. 2006 – BStBl 2007 II S. 756).

---

[1]) Mit Urteilen vom 9. 6. 2011 (BStBl 2012 II S. 34, 36 und 38), hat der BFH entschieden, dass ein Arbeitnehmer innerhalb desselben Dienstverhältnisses nicht mehr als eine regelmäßige Arbeitsstätte haben kann (→ BMF vom 15. 12. 2011 – BStBl 2012 I S. 57).

[2]) Mit Urteilen vom 9. 6. 2011 **(BStBl 2012 II S. 34, 36 und 38)** hat der BFH entschieden, dass für die Annahme einer regelmäßigen Arbeitsstätte zu berücksichtigen ist, welcher Tätigkeitsstätte der Arbeitnehmer vom Arbeitgeber zugeordnet worden ist, welche Tätigkeit er an den verschiedenen Arbeitsstätten im Einzelnen wahrnimmt oder wahrzunehmen hat und welches konkrete Gewicht dieser Tätigkeit zukommt. Der regelmäßigen Arbeitsstätte muss eine hinreichend zentrale Bedeutung gegenüber den weiteren Tätigkeitsorten zukommen. ***Zur Anwendung dieser Rechtsprechung → BMF vom 15. 12. 2011 (BStBl 2012 I S. 57).***

Regelmäßige Arbeitsstätte

→ BMF vom 15. 12. 2011 (BStBl 2012 I S. 57)
- Als regelmäßige Arbeitsstätte kommen auch **außerbetriebliche Einrichtungen** in Betracht, z. B. wenn das Dienstverhältnis an einen anderen Arbeitgeber ausgelagert wird und der Arbeitnehmer weiterhin an seiner bisherigen regelmäßigen Arbeitsstätte tätig ist (Outsourcing; → BFH vom 9. 2. 2012 – VI R 22/10 –).

  oder

  der Leiharbeitnehmer vom Verleiher für die gesamte Dauer seines Dienstverhältnisses dem Entleiher überlassen wird (→ BMF vom – 21. 12. 2009 – BStBl 2010 I S. 21).
- Keine regelmäßigen Arbeitsstätten sind betriebliche Einrichtungen von Kunden des Arbeitgebers,
  - auch wenn der Arbeitnehmer beim Kunden des Arbeitgebers längerfristig eingesetzt ist (→ BMF vom 21. 12. 2009 – BStBl 2010 I S. 21 zu den BFH-Urteilen vom 10. 7. 2008 – BStBl I S. 818 zu Programmeinweisungen – VI R 21/07 – und vom 9. 7. 2009 – BStBl I S. 822 zu EDV-Beratung – VI R 21/08 –).
  - bei Leiharbeitnehmern, die in Einrichtungen verschiedener Kunden tätig sind (→ BFH vom 17. 6. 2010 – BStBl II S. 852).

Regelmäßige Arbeitsstätte bei mehreren Tätigkeitsstätten;

Anwendung der BFH-Urteile vom 9. Juni 2011

– VI R 55/10, VI R 36/10 und VI R 58/09 –

(BMF-Schreiben vom 15. 12. 2011 – IV C 5 – S 2353/11/10010 – BStBl I 2012 S. 57)

Der BFH hat in seinen Urteilen zur regelmäßigen Arbeitsstätte bei mehreren Tätigkeitsstätten vom 9. Juni 2011 – VI R 55/10, VI R 36/10 und VI R 58/09 – BStBl 2012 II Seite 34 ff. – entschieden, dass ein Arbeitnehmer nicht mehr als eine regelmäßige Arbeitsstätte je Arbeitsverhältnis innehaben kann (Rechtsprechungsänderung). In Fällen, in denen bisher mehrere regelmäßige Arbeitsstätten angenommen wurden, ist die Entfernungspauschale nunmehr nur für Fahrten zwischen Wohnung und einer regelmäßigen Arbeitsstätte anzusetzen; für die übrigen Fahrten können Werbungskosten nach den Grundsätzen einer Auswärtstätigkeit geltend gemacht werden.

Die Grundsätze der Urteile sind in allen offenen Fällen allgemein anzuwenden. Im Hinblick auf die Entscheidungen des Bundesfinanzhofs ist bei der Bestimmung der regelmäßigen Arbeitsstätte sowie der Anwendung des R 9.4 Absatz 3 LStR bis zu einer gesetzlichen Neuregelung unter Bezugnahme auf das Ergebnis der Erörterung mit den obersten Finanzbehörden der Länder Folgendes zu beachten:

In der Regel ist von einer regelmäßigen Arbeitsstätte auszugehen, wenn der Arbeitnehmer auf Grund der dienstrechtlichen/arbeitsvertraglichen Festlegungen
- einer betrieblichen Einrichtung des Arbeitgebers dauerhaft zugeordnet ist oder
- in einer betrieblichen Einrichtung des Arbeitgebers
  - arbeitstäglich,
  - je Arbeitswoche einen vollen Arbeitstag oder
  - mindestens 20 % seiner vereinbarten regelmäßigen Arbeitszeit

    tätig werden soll (Prognoseentscheidung).

Wird im Einzelfall hiervon abweichend geltend gemacht, dass entsprechend den Grundsätzen der oben genannten Entscheidungen des BFH eine andere betriebliche Einrichtung des Arbeitgebers eine regelmäßige Arbeitsstätte ist oder keine regelmäßige Arbeitsstätte vorliegt, ist dies anhand des inhaltlichen (qualitativen) Schwerpunktes der beruflichen Tätigkeit nachzuweisen oder glaubhaft zu machen.

Home Office als regelmäßige Arbeitsstätte

Häusliches Arbeitszimmer („Home-Office") als regelmäßige Arbeitsstätte

(Verfügung der OFD Frankfurt vom 7. 5. 2009 – S 2334 A – 18 – St 211 –)

Es ist gefragt worden, unter welchen Voraussetzungen ein häusliches Arbeitszimmer als regelmäßige Arbeitsstätte eines Arbeitnehmers anzusehen ist und welche Folgerungen sich daraus auf Fahrten mit dem vom Arbeitgeber überlassenen Firmenwagen zu einer weiteren regelmäßigen Arbeitsstätte ergeben.

1. Regelmäßige Arbeitsstätte im „Home-Office"

Nach R. 9.4 Abs. 3 Satz 1 LStR ist regelmäßige Arbeitsstätte der ortsgebundene Mittelpunkt der dauerhaft angelegten Tätigkeit des Arbeitnehmers unabhängig davon, ob es sich um eine Einrichtung des Arbeitgebers handelt. Diese allgemeine Definition wird in R 9.4 Abs. 3 Satz 2 LStR dahingehend präzisiert, dass insbesondere jede ortsfeste dauerhafte betriebliche Einrichtung des Arbeitgebers, der der Arbeitnehmer zugeordnet ist und die er mit einer gewissen Nachhaltigkeit immer wieder aufsucht, als regelmäßige Arbeitsstätte anzusehen ist.

Nach den vorstehenden Grundsätzen ist das häusliche Arbeitszimmer des Arbeitnehmers grundsätzlich keine regelmäßige Arbeitsstätte, da es keine betriebliche Einrichtung des Arbeitgebers ist. Eine andere Beurteilung ist jedoch gerechtfertigt, wenn der Arbeitgeber das Arbeitszimmer in der Wohnung des Arbeitnehmers anmietet und anschließend dem Arbeitnehmer wieder überlässt und wenn dies aus betrieblichen Gründen geschieht (vgl. BMF-Schreiben vom 13. 12. 2005 (BStBl 2006I S. 4) ESt-Kartei § 21 Fach 1 Karte 23 und OFD-Rdvfg. vom 23. 8. 1999, S 2354 A – 43 – St II 30 (ESt-Kartei § 4 Fach 6 Karte 3 N).

Betriebliche Gründe liegen danach nur vor, wenn der Mietvertrag über den Raum in der Wohnung des Arbeitnehmers im Interesse des Arbeitgebers geschlossen wird. Dieses Interesse muss über die Entlohnung des Arbeitnehmers sowie über die Erbringung der jeweiligen Arbeitsleistung hinaus gehen. Dafür kann insbesondere sprechen, wenn folgende Anhaltspunkte vorliegen:

- Für den/die Arbeitnehmer sind im Unternehmen keine geeigneten Arbeitszimmer vorhanden; die Versuche des Arbeitgebers, entsprechende Räume von fremden Dritten anzumieten, sind erfolglos geblieben.
- Der Arbeitgeber hat für andere Arbeitnehmer des Betriebs, die über keine für ein Arbeitszimmer geeignete Wohnung verfügen, entsprechende Rechtsbeziehungen mit fremden Dritten, die nicht in einem Dienstverhältnis zu ihm stehen, begründet.
- Es wurde eine ausdrückliche, schriftliche Vereinbarung über die Bedingungen der Nutzung des überlassenen Raumes abgeschlossen.

In diesen Fällen wird das Arbeitszimmer als „Home-Office" zu einer betrieblichen Einrichtung des Arbeitgebers, mithin zur regelmäßigen Arbeitsstätte. Liegt der Abschluss des Mietverhältnisses dagegen im wirtschaftlichen Interesse des Arbeitnehmers ist die Mietzahlung des Arbeitgebers als aus dem Dienstverhältnis veranlasste Gewährung von Arbeitslohn zu beurteilen. Das Arbeitszimmer wird in diesen Fällen nicht zur regelmäßigen Arbeitsstätte.

2. Fahrten zu weiteren regelmäßigen Arbeitsstätten

Sucht der Arbeitnehmer mit regelmäßiger Arbeitsstätte im „Home-Office" den Betriebssitz des Arbeitgebers oder andere ortsgebundene betriebliche Einrichtungen des Arbeitgebers im Durchschnitt mindestens einmal wöchentlich auf (mindestens 46 mal im Kj.), so handelt es sich um weitere regelmäßige Arbeitsstätten.

Diese Fahrten werden regelmäßig als Fahrten zwischen Wohnung und Arbeitsstätte anzusehen sein, da der private Bereich der Wohnung insoweit den beruflichen Bereich des „Home-Office" überlagert. Der pauschale Nutzungswert ist folglich um die auf diese Fahrten entfallenden geldwerten Vorteile zu erhöhen. Nach der zum betrieblichen Bereich ergangenen Rechtsprechung (vgl. BFH vom 25. 11. 1999, BFH/NV 2000 S. 699) kann dagegen nicht eingewandt werden, auf Grund des vorhandenen „Home-Office" handele es sich um Fahrten zwischen zwei regelmäßigen Arbeitsstätten aus denen bei Nutzung eines vom Arbeitgeber überlassenen Fahrzeugs kein geldwerter Vorteil erwachse.

Eine höchstrichterliche Entscheidung zu einem Arbeitnehmerfall liegt bislang nicht vor.

Das Hessische Finanzgericht hat mit Urteil vom 16. 3. 2009, 11 K 3700/05 (veröffentlicht über die Internet-Seite des HFG) die vorstehende Rechtsauffassung bestätigt. Die Entscheidung ist jedoch vorläufig nicht rechtskräftig.

3. Ermittlung des geldwerten Vorteils

Für die Ermittlung des zusätzlichen pauschalen Nutzungswerts ist allerdings davon auszugehen, dass es sich bei den o. a. Fahrten um solche zu einer weiter entfernten regelmäßigen Arbeitsstätte handelt, da die nächstgelegene regelmäßige Arbeitsstätte das „Home-Office" ist. Nach der Regelung in H 8.1. Abs. 9 – 10, Stichwort Fahrten zwischen Wohnung und regelmäßiger Arbeitsstätte bei pauschaler Nutzungswertermittlung, dritter Spiegelstrich ist der Nutzungswert für die nächstgelegene regelmäßige Arbeitsstätte „Home-Office" mit Null anzusetzen, da die Entfernung 0 km beträgt. Für die Fahrten zu den weiter entfernt gelegenen regelmäßigen Arbeitsstätten errechnet sich der geldwerte Vorteil mit 0,002 % des Listenpreises für jeden Kilometer der Entfernung zwischen Wohnung und der weiteren regelmäßigen Arbeitsstätte.

Leiharbeitnehmer

Regelmäßige Arbeitsstätte und Auswärtstätigkeit bei einer beruflichen Tätigkeit außerhalb einer betrieblichen Einrichtung des eigenen Arbeitgebers;

Anwendung der BFH-Urteile vom 10. Juli 2008 – VI R 21/07 – (BStBl II S. 818) und vom 9. Juli 2009 – VI R 21/08 – (BStBl II S. 822)

(BMF vom 21. 12. 2009 – BStBl 2010 I S. 21)

Nach R 9.4 Absatz 3 Satz 1 LStR 2008 ist regelmäßige Arbeitsstätte der ortsgebundene Mittelpunkt der dauerhaft angelegten beruflichen Tätigkeit des Arbeitnehmers, unabhängig davon, ob es sich um eine Einrichtung des Arbeitgebers handelt.

Der BFH hat in seinen Urteilen vom 10. Juli 2008 – VI R 21/07 – und vom 9. Juli 2009 – VI R 21/08 – (BStBl 2009 II Seiten 818 und 822) entschieden, dass die betriebliche Einrichtung eines Kunden des Arbeitgebers keine regelmäßige Arbeitsstätte des Arbeitnehmers ist, auch wenn er bei dem Kunden längerfristig eingesetzt wird.

Bei der Anwendung der Regelung in R 9.4 Absatz 3 Satz 1 LStR 2008 für die Abgrenzung, ob eine berufliche Tätigkeit des Arbeitnehmers außerhalb einer betrieblichen Einrichtung des eigenen Arbeitgebers eine Auswärtstätigkeit begründet oder ob sie an einer regelmäßigen Arbeitsstätte erfolgt, ist insbesondere in Fällen der Leiharbeit und des Outsourcing im Einvernehmen mit den obersten Finanzbehörden der Länder daher Folgendes zu beachten:

1. Auswärtstätigkeit

Betriebliche Einrichtungen von Kunden des Arbeitgebers sind keine regelmäßigen Arbeitsstätten seiner Arbeitnehmer, unabhängig von der Dauer der dortigen Tätigkeit.

> Beispiel 1:
> Ein bei einer Zeitarbeitsfirma (Arbeitgeber) unbefristet beschäftigter Hochbauingenieur wird in regelmäßigem Wechsel verschiedenen Entleihfirmen (Kunden) überlassen und auf deren Baustellen eingesetzt. Er wird befristet für einen Zeitraum von zwei Jahren an eine Baufirma überlassen und von dieser während des gesamten Zeitraums auf ein- und derselben Großbaustelle eingesetzt. Die Großbaustelle wird bereits deshalb nicht zur regelmäßigen Arbeitsstätte, weil die dortige Tätigkeit vorübergehend, d. h. auf eine von vornherein bestimmte Dauer angelegt ist; diese kann im Übrigen auch projektbezogen sein (z. B. Überlassung des Leiharbeitnehmers bis zur Vollendung eines konkreten Bauvorhabens).
>
> Beispiel 2:
> Ein unbefristet beschäftigter Arbeitnehmer wird von einer Zeitarbeitsfirma einem Kunden als kaufmännischer Mitarbeiter überlassen. Der Überlassungsvertrag enthält keine zeitliche Befristung („bis auf Weiteres"). Auch in diesem Fall liegt beim Kunden keine regelmäßige Arbeitsstätte in der außerbetrieblichen Einrichtung vor. Die bisher anders lautende Rechtsauffassung ist durch die Urteile des BFH vom 10. Juli 2008 – VI R 21/07 – und vom 9. Juli 2009 – VI R 21/08 – überholt.

2. **Regelmäßige Arbeitsstätte in einer außerbetrieblichen Einrichtung**

Etwas anderes gilt, wenn ein Arbeitnehmer von einem Arbeitnehmerverleiher (Arbeitgeber) für die gesamte Dauer seines Arbeitsverhältnisses zum Verleiher

- dem Entleiher (zur Tätigkeit in dessen betrieblicher Einrichtung) überlassen oder
- mit dem Ziel der späteren Anstellung beim Entleiher (Kunden) eingestellt wird.

Hier kann nicht von einer Auswärtstätigkeit in Form der Tätigkeit an typischerweise ständig wechselnden Tätigkeitsstätten ausgegangen werden; der Arbeitnehmer muss nicht damit rechnen, im Rahmen dieses Arbeitsverhältnisses an wechselnden Tätigkeitsstätten eingesetzt zu werden. Vielmehr wird er in diesem Fall dauerhaft an einer regelmäßigen (wenn auch außerbetrieblichen) Arbeitsstätte tätig.

> Beispiel 3:
> Der Arbeitnehmer (technischer Zeichner) ist von der Zeitarbeitsfirma ausschließlich für die Überlassung an die Baufirma eingestellt worden; das Arbeitsverhältnis endet vertragsgemäß nach Abschluss des Bauvorhabens. In diesem Fall liegt ab dem ersten Tag der Tätigkeit bei der Baufirma eine regelmäßige Arbeitsstätte in einer außerbetrieblichen Einrichtung vor, denn die Tätigkeit dort ist nicht vorübergehend, sondern auf Dauer angelegt. Da der Arbeitnehmer ausschließlich nur für die Überlassung an die bestimmte Baufirma eingestellt worden ist, wird er nicht anders behandelt wie ein entsprechender Arbeitnehmer, der unmittelbar bei der Baufirma angestellt wäre. Ein steuerfreier Reisekostenersatz/Werbungskostenabzug ist somit nicht zulässig. Etwas anderes gilt ausnahmsweise dann, wenn der Ar-

beitnehmer – bestimmt durch die Art der Tätigkeit beim Entleiher (Kunden) – bereits bei diesem eine Auswärtstätigkeit ausübt.

Beispiel 4:

Sachverhalt wie Beispiel 3, der Arbeitnehmer ist jedoch Bauarbeiter und wird vom Entleiher nur auf der Baustelle eingesetzt. Der Arbeitnehmer übt – ebenso wie die von der Baufirma fest angestellten Bauarbeiter – eine Auswärtstätigkeit aus, ein steuerfreier Reisekostenersatz/Werbungskostenabzug ist somit zulässig. Für die Berücksichtigung von Verpflegungsmehraufwendungen ist die Abwesenheit vom Betrieb des Entleihers (nicht von der Zeitarbeitsfirma) und der Wohnung maßgebend. Eine regelmäßige Arbeitsstätte in einer außerbetrieblichen Einrichtung ist auch anzunehmen, wenn zwar das Dienstverhältnis an einen anderen Arbeitgeber ausgelagert wird, der Arbeitnehmer aber weiterhin an seiner bisherigen regelmäßigen Arbeitsstätte tätig ist (Outsourcing).

Beispiel 5:

Ein Automobilunternehmen lagert einen Teil der in der Montage beschäftigten Arbeitnehmer an eine Leiharbeitsfirma aus, die ihrerseits die Arbeitnehmer wieder an das Automobilunternehmen entleiht. Dort üben sie die gleiche Tätigkeit aus wie zuvor im Automobilunternehmen. Es liegt ab dem ersten Tag der Tätigkeit eine regelmäßige Arbeitsstätte für die betroffenen Arbeitnehmer vor. Weder die Tätigkeit, noch die Tätigkeitsstätte hat hier gewechselt. Ein steuerfreier Reisekostenersatz/Werbungskostenabzug ist somit nicht möglich.

Seeleute

Bei Seeleuten, die an Land keine regelmäßige Arbeitsstätte haben, stellt auch das Schiff keine regelmäßige Arbeitsstätte dar (→ BFH vom 19. 12. 2005 – BStBl 2006 II S. 378).

Vorübergehende Auswärtstätigkeit

Eine Auswärtstätigkeit ist **vorübergehend,** wenn der Arbeitnehmer voraussichtlich an die regelmäßige Arbeitsstätte zurückkehren und dort seine berufliche Tätigkeit fortsetzen wird. Eine Auswärtstätigkeit ist **nicht vorübergehend**, wenn nach dem Gesamtbild der Verhältnisse anzunehmen ist, dass die auswärtige Tätigkeitsstätte vom ersten Tag an regelmäßige Arbeitsstätte geworden ist, z. B. bei einer Versetzung (→ BFH vom 10. 10. 1994 – BStBl 1995 II S. 137 betr. einen Soldaten, der im Rahmen seiner Ausbildung an die jeweiligen Lehrgangsorte versetzt worden ist). Eine längerfristige vorübergehende Auswärtstätigkeit ist noch als dieselbe zu beurteilen, wenn der Arbeitnehmer nach einer Unterbrechung die Auswärtstätigkeit mit gleichem Inhalt, am gleichen Ort und im zeitlichen Zusammenhang mit der bisherigen Tätigkeit ausübt (→ BFH vom 19. 7. 1996 – BStBl 1997 II S. 95).

Weiträumiges Arbeitsgebiet

Auch ein weiträumig zusammenhängendes Arbeitsgebiet kann eine regelmäßige Arbeitsstätte sein, z. B.

– Forstrevier eines Waldarbeiters (→ BFH vom 19. 2. 1982 – BStBl 1983 II S. 466), sofern eine ortsfeste, dauerhafte betriebliche Einrichtung des Arbeitgebers vorhanden ist (→ BFH vom 17. 6. 2010 – BStBl 2012 II S. 32),

– Betriebs-/Werksgelände (→ BFH vom 2. 11. 1984 – BStBl 1985 II S. 139) und vom 18. 6. 2009 – BStBl 2010 II S. 564),

– Neubaugebiet, Kehr- und Zustellbezirk (→ BFH vom 2. 2. 1994 – BStBl 1994 II S. 422).

Ein weiträumig zusammenhängendes Arbeitsgebiet liegt aber nicht schon deshalb vor, weil der Arbeitnehmer ständig in einem Hafengebiet, Gemeindegebiet, im Bereich einer Großstadt oder in einem durch eine Kilometergrenze bestimmten Arbeitsgebiet an verschiedenen Stellen tätig wird (→ BFH vom 2. 2. 1994 – BStBl II S. 422, vom 5. 5. 1994 – BStBl II S. 534 und vom 7. 2. 1997 – BStBl 1997 II S. 333).

R 9.5 Fahrtkosten als Reisekosten

Allgemeines

(1) ¹Fahrtkosten sind die tatsächlichen Aufwendungen, die dem Arbeitnehmer durch die persönliche Benutzung eines Beförderungsmittels entstehen. ²Bei öffentlichen Verkehrsmitteln ist der entrichtete Fahrpreis einschl. etwaiger Zuschläge anzusetzen. ³Benutzt der Arbeitnehmer sein Fahrzeug, ist der Teilbetrag der jährlichen Gesamtkosten dieses Fahrzeugs anzusetzen, der dem Anteil der zu berücksichtigenden Fahrten an der Jahresfahrleistung entspricht. ⁴Der Arbeitnehmer kann auf Grund der für einen Zeitraum von zwölf Monaten ermittelten Gesamtkosten für das von ihm gestellte Fahrzeug einen Kilometersatz errechnen, der so lange angesetzt werden

darf, bis sich die Verhältnisse wesentlich ändern, z. B. bis zum Ablauf des Abschreibungszeitraums oder bis zum Eintritt veränderter Leasingbelastungen. ⁵Abweichend von Satz 3 können die Fahrtkosten auch mit pauschalen Kilometersätzen angesetzt werden, die das BMF im Einvernehmen mit den obersten Finanzbehörden der Länder nach der höchsten Wegstrecken- und Mitnahmeentschädigung nach dem Bundesreisekostengesetz (BRKG) festsetzt.

Erstattung durch den Arbeitgeber

(2) ¹Der Arbeitnehmer hat seinem Arbeitgeber Unterlagen vorzulegen, aus denen die Voraussetzungen für die Steuerfreiheit der Erstattung und, soweit die Fahrtkosten bei Benutzung eines privaten Fahrzeugs nicht mit den pauschalen Kilometersätzen nach Absatz 1 Satz 5 erstattet werden, auch die tatsächlichen Gesamtkosten des Fahrzeugs ersichtlich sein müssen. ²Der Arbeitgeber hat diese Unterlagen als Belege zum Lohnkonto aufzubewahren. ³Erstattet der Arbeitgeber die pauschalen Kilometersätze, hat er nicht zu prüfen, ob dies zu einer unzutreffenden Besteuerung führt. ⁴Wird dem Arbeitnehmer für die Auswärtstätigkeit im Rahmen seines Dienstverhältnisses ein Kraftfahrzeug zur Verfügung gestellt, darf der Arbeitgeber die pauschalen Kilometersätze nicht – auch nicht teilweise – steuerfrei erstatten.

Hinweise

Allgemeines

- Als Reisekosten können die Aufwendungen für folgende Fahrten angesetzt werden:
  1. Fahrten zwischen Wohnung oder regelmäßiger Arbeitsstätte und auswärtiger Tätigkeitsstätte oder Unterkunft i. S. d. Nummer 3 einschließlich sämtlicher Zwischenheimfahrten (→ BFH vom 17. 12. 1976 – BStBl 1977 II S. 294 und vom 24. 4. 1992 – BStBl II S. 664); zur Abgrenzung dieser Fahrten von den Fahrten zwischen Wohnung und regelmäßiger Arbeitsstätte → H 9.10 (Dienstliche Verrichtungen auf der Fahrt, Fahrtkosten),
  2. innerhalb desselben Dienstverhältnisses Fahrten zwischen mehreren auswärtigen Tätigkeitsstätten oder innerhalb eines weiträumigen Arbeitsgebietes und
  3. Fahrten zwischen einer Unterkunft am Ort der auswärtigen Tätigkeitsstätte oder in ihrem Einzugsbereich und auswärtiger Tätigkeitsstätte (→ BFH vom 17. 12. 1976 – BStBl 1977 II S. 294).
- Für die Wege eines Arbeitnehmers zwischen Wohnung und ständig wechselnden Tätigkeitsstätten ist nicht die Entfernungspauschale, sondern der nachgewiesene oder glaubhaft gemachte Aufwand anzusetzen (→ BFH vom 11. 5. 2005 – BStBl II S. 785 und vom 18. 12. 2008 – BStBl 2009 II S. 475).
- Bei Übernachtung am auswärtigen Tätigkeitsort ist die Entfernungspauschale weder für die Wege zwischen Wohnung und Tätigkeitsort noch – unabhängig von der Entfernung – für die Wege zwischen auswärtiger Unterkunft und Tätigkeitsstätte anzusetzen. Die Aufwendungen für solche Fahrten sind in der nachgewiesenen oder glaubhaft gemachten Höhe abziehbar (→ BFH vom 11. 5. 2005 – BStBl II S. 793).
- Die Fahrtkosten des Arbeitnehmers zu einer Bildungseinrichtung, die keine regelmäßige Arbeitsstätte darstellt (→ H 9.2 Regelmäßige Arbeitsstätte), sind nicht mit der Entfernungspauschale, sondern in tatsächlicher Höhe als Werbungskosten zu berücksichtigen (→ BFH vom 10. 4. 2008 – BStBl II S. 825 – VI R 66/05 –).

Erstattung die Pauschbeträge übersteigender Beträge

Reisekostenvergütungen ab 1. 1. 1996: Die Pauschbeträge übersteigende Erstattungen

(Erlaß FinMin Bayern vom 3. 6. 1996 – 32 – S 2338 – 54/111 – 14787 –)

Nach Tz. 8 des im BStBl I 1995, 719 veröffentlichten Arbeitgeber-Merkblatts sind die nach arbeitsrechtlichen oder anderen Vorschriften zu zahlenden Vergütungen für Verpflegungsmehraufwendungen dem steuerpflichtigen Arbeitslohn zuzurechnen, soweit sie die Summe der für die maßgebende Abwesenheitsdauer steuerfreien Pauschbeträge überschreiten. Die Zusammenrechnung mit Fahrtkostenvergütungen und Übernachtungskostenvergütungen ist zulässig. Hierzu gilt im Einvernehmen mit den obersten Finanzbehörden des Bundes und der Länder folgendes:

Die Zusammenrechnung ist auf die jeweilige Erstattung beschränkt. Dabei können mehrere Dienstreisen zusammengefaßt werden, wenn die Auszahlung der betreffenden Reisekostenvergütungen in einem Betrag erfolgt. Entsprechendes gilt für die Erstattung von Umzugskosten und Vergütungen von Mehraufwendungen wegen doppelter Haushaltsführung (Trennungsgeldern).

Einzelnachweis

– Zu den Gesamtkosten eines Fahrzeugs gehören die Betriebsstoffkosten, die Wartungs- und Reparaturkosten, die Kosten einer Garage am Wohnort, die Kraftfahrzeugsteuer, die Aufwendungen für die Halterhaftpflicht- und Fahrzeugversicherungen, die Absetzungen für Abnutzung, sowie die Zinsen für ein Anschaffungsdarlehen (→ BFH vom 1. 10. 1982 – BStBl 1983 II S. 17). Dagegen gehören nicht zu den Gesamtkosten z. B. Aufwendungen infolge von Verkehrsunfällen, Park- und Straßenbenutzungsgebühren, Aufwendungen für Insassen- und Unfallversicherungen sowie Verwarnungs-, Ordnungs- und Bußgelder; diese Aufwendungen sind mit Ausnahme der Verwarnungs-, Ordnungs- und Bußgelder ggf. als Reisenebenkosten abziehbar (→ R 9.8).

– Bei einem geleasten Fahrzeug gehört eine Leasingsonderzahlung zu den Gesamtkosten (BFH vom 5. 5. 1994 – BStBl II S. 643 und vom 15. 4. 2010 – BStBl II S. 805).

– Den Absetzungen für Abnutzung ist bei Personenkraftwagen und Kombifahrzeugen grundsätzlich eine Nutzungsdauer von 6 Jahren zugrunde zu legen (→ BMF vom 15. 12. 2000 – BStBl I S. 1532). Bei einer hohen Fahrleistung kann auch eine kürzere Nutzungsdauer anerkannt werden. Bei Kraftfahrzeugen, die im Zeitpunkt der Anschaffung nicht neu gewesen sind, ist die entsprechende Restnutzungsdauer unter Berücksichtigung des Alters, der Beschaffenheit und des voraussichtlichen Einsatzes des Fahrzeugs zu schätzen (→ BMF vom 28. 5. 1993 – BStBl I S. 483).

– Ein Teilnachweis der tatsächlichen Gesamtkosten ist möglich. Der nicht nachgewiesene Teil der Kosten kann geschätzt werden. Dabei ist von den für den Steuerpflichtigen ungünstigsten Umständen auszugehen. (→ BFH vom 7. 4. 1992 – BStBl II S. 854).

Dienstreise -Kaskoversicherung

Fahrtkostenersatz bei Dienstreise-Kaskoversicherung

(BMF-Schreiben vom 31. 3. 1992, BStBl I S. 270)

Der Bundesfinanzhof hat in seinem Urteil vom 27. Juni 1991 – VI R 3/87 – (BStBl II S. 365) entschieden (2. Leitsatz), daß ein Arbeitgeber, der eine Dienstreise-Kaskoversicherung für ein Kraftfahrzeug des Arbeitnehmers abgeschlossen hat, für Dienstreisen nur einen geminderten Kilometersatz steuerfrei ersetzen kann, wenn der Arbeitnehmer keine eigene Fahrzeug-Vollversicherung abgeschlossen hat.

Unter Bezugnahme auf das Ergebnis der Erörterungen mit den obersten Finanzbehörden der Länder ist der 2. Leitsatz des genannten Urteils über den entschiedenen Einzelfall hinaus nicht anzuwenden. Die allgemeine Anwendung des 2. Leitsatzes würde dem steuerlichen Kilometersatz seinen typisierenden Charakter nehmen, erheblichen zusätzlichen Verwaltungsaufwand verursachen und damit dem Vereinfachungsgedanken der Pauschalregelung zuwiderlaufen.

Künstler

Lohnsteuerrechtliche Behandlung von Fahrt- und Übernachtungskostenersatz an gastspielverpflichtete Künstler

(BMF-Schreiben vom 20. 8. 1990 – IV B 6 – S 2332 – 69/90 –)

Es ist um Klärung der lohnsteuerlichen Fragen gebeten worden, die sich daraus ergeben, daß Arbeitgeber gastspielverpflichteten Künstlern die im Zusammenhang mit der Gastspieltätigkeit anfallenden Fahrt- und Übernachtungskosten ersetzen. Leider war es wegen vordringlicher Arbeiten nicht möglich, Ihnen früher zu antworten. Hierfür bitte ich um Verständnis.

Nach Erörterung der einzelnen Fallgestaltungen mit den obersten Finanzbehörden der Länder ergibt sich folgendes:

1. Gastspiel eines Ensembles

   Der Künstler ist an einer Bühne spielzeitverpflichtet, d. h. fest angestellt. Das gesamte Ensemble der Bühne begibt sich auf eine Gastspielreise.

   Die Reisekosten können nach Maßgabe der für Dienstreisen geltenden steuerlichen Bestimmungen steuerfrei ersetzt werden.

2. Gastspiel eines Tourneetheaters

   Der Künstler ist bei einem Tourneetheater fest angestellt. Dieses Theater hat keine eigene Stammbühne.

> Ein steuerfreier Ersatz der Aufwendungen des Künstlers, die im Zusammenhang mit den Fahrten zu den einzelnen Spielorten entstehen, ist nach den Regelungen möglich, die für die Einsatzwechseltätigkeit gelten.
>
> 3. **Gastspielverpflichtung eines Künstlers mit festem Engagement an einem Theater**
>
> Der Künstler ist an einer Bühne fest angestellt. Von dieser Bühne erhält er Gastierurlaub und geht eine Gastspielverpflichtung an einem anderen Theater ein, wobei er die Voraussetzungen für die Annahme einer nichtselbständigen Tätigkeit erfüllt.
>
> Tägliche Fahrten zum Gastspielort und zurück sind Fahrten zwischen Wohnung und Arbeitsstätte nach § 9 Abs. 1 Nr. 4 EStG. Mehraufwendungen für Verpflegung sind steuerlich nicht berücksichtigungsfähig.
>
> Übernachtet der Künstler am Gastspielort, ist ein steuerfreier Ersatz der Mehraufwendungen nach den für die doppelte Haushaltsführung geltenden Grundsätzen möglich.
>
> 4. **Ausschließlich im Rahmen von Gastspielverträgen tätige Künstler**
>
> Der Künstler ist an keiner Bühne fest angestellt. Statt dessen schließt er nur Gastspielverträge mit verschiedenen Bühnen ab. Die Tätigkeit des Künstlers gleicht nur im äußeren Erscheinungsbild einer Einsatzwechseltätigkeit. Bei den mit den verschiedenen Bühnen abgeschlossenen Gastspielverträgen handelt es sich um jeweils voneinander getrennte Dienstverhältnisse, die nebeneinander bestehen. Innerhalb des einzelnen Dienstverhältnisses wechselt die Tätigkeitsstätte nicht. Es liegt deshalb keine Einsatzwechseltätigkeit vor. Statt dessen handelt es sich bei den Fahrten zu den jeweiligen Gastspielorten um Fahrten zwischen Wohnung und Arbeitsstätte nach § 9 Abs. 1 Nr. 4 EStG. Bei Übernachtung am Gastspielort können Mehraufwendungen wegen doppelter Haushaltsführung steuerfrei ersetzt werden.

Pauschale Kilometersätze

– Bei Benutzung eines privaten Fahrzeugs können die Fahrtkosten mit folgenden pauschalen Kilometersätzen angesetzt werden (→ BMF vom 20. 8. 2001 – BStBl I S. 541):

  1. bei einem Kraftwagen 0,30 € je Fahrtkilometer,
  2. bei einem Motorrad oder einem Motorroller 0,13 € je Fahrtkilometer,
  3. bei einem Moped oder Mofa 0,08 € je Fahrtkilometer,
  4. bei einem Fahrrad 0,05 € je Fahrtkilometer.

  Für jede Person, die aus beruflicher Veranlassung bei einer Dienstreise mitgenommen wird, erhöht sich der Kilometersatz nach Nummer 1 um 0,02 € und der Kilometersatz nach Nummer 2 um 0,01 €. Zusätzliche Aufwendungen, die durch die Mitnahme von Gepäck verursacht worden sind, sind durch die Kilometersätze abgegolten.

– Neben den Kilometersätzen können etwaige außergewöhnliche Kosten angesetzt werden, wenn diese durch Fahrten entstanden sind, für die die Kilometersätze anzusetzen sind. Außergewöhnliche Kosten sind nur die nicht voraussehbaren Aufwendungen für Reparaturen, die nicht auf Verschleiß (→ BFH vom 17. 10. 1973 – BStBl 1974 II S. 186) oder die auf Unfallschäden beruhen, und Absetzungen für außergewöhnliche technische Abnutzung und Aufwendungen infolge eines Schadens, der durch den Diebstahl des Fahrzeugs entstanden ist (→ BFH vom 25. 5. 1992 – BStBl 1993 II S. 44); dabei sind entsprechende Schadensersatzleistungen auf die Kosten anzurechnen.

– Kosten, die mit dem laufenden Betrieb eines Fahrzeugs zusammenhängen, wie z. B. Aufwendungen für eine Fahrzeug-Vollversicherung, sind keine außergewöhnlichen Kosten (→ BFH vom 21. 6. 1991 – BStBl II S. 814 und vom 8. 11. 1991 – BStBl 1992 II S. 204). Mit den pauschalen Kilometersätzen ist auch eine Leasingsonderzahlung abgegolten (→ BFH vom 15. 4. 2010 – BStBl II S. 805).

– Die Kilometersätze sind nicht anzusetzen, soweit sie im Einzelfall zu einer offensichtlich unzutreffenden Besteuerung führen würden (→ BFH vom 25. 10. 1985 – BStBl 1986 II S. 200). Dies kann z. B. in Betracht kommen, wenn bei einer Jahresfahrleistung von mehr als 40 000 km die Kilometersätze die tatsächlichen Kilometerkosten offensichtlich übersteigen (→ BFH vom 26. 7. 1991 – BStBl 1992 II S. 105); nicht jedoch, wenn der Arbeitgeber Beiträge zu einer Dienstreise-Kaskoversicherung aufwendet (→ BMF vom 31. 3. 1992 – BStBl I S. 270). Zur Erstattung durch den Arbeitgeber → R 9.5 Abs. 2 Satz 3.

Transportentschädigung

Waldarbeitern nach § 33a des Manteltarifvertrags für Waldarbeiter (MTW) gezahlte Transportentschädigung

(Erlaß des FinMin Bayern vom 9. 2. 1995 – 32 – S 2332 – 49/94 – 40727 –)

Nach § 33a MTW werden Waldarbeitern seit 1. 4. 1994 für den Transport von betriebseigenem Gerät und Material im eigenen Kfz oder mittels betriebseigenem oder waldarbeitereigenem Kraftfahrzeuganhänger und für das Umsetzen eines Waldarbeiterschutzwagens pauschale Transportentschädigungen gezahlt. Für deren steuerliche Behandlung gilt folgendes:

1. Die pauschale Transportentschädigung nach § 33a Abs. 1 MTW von 2 DM für jeden Tag der Mitnahme von betriebseigenem Gerät und Material bei der Fahrt von der Wohnung zur Arbeitsstätte gehört zum steuerpflichtigen Arbeitslohn.
2. Die Transportentschädigungen nach § 33a Abs. 2 und 3 MTW für die Mitnahme von betriebseigenem Gerät und Material in einem betriebseigenen Kraftfahrzeuganhänger (4 DM) bzw. einem waldarbeitereigenen Kraftfahrzeuganhänger (7 DM) und für das Umsetzen eines Waldarbeiterschutzwagens (15 DM) werden neben der kilometerbezogenen Fahrzeugentschädigung (0,42 DM) nach § 33 MTW für die Benutzung eines eigenen Kfz gezahlt. Die pauschalen Entschädigungen sind steuerfrei, soweit sie zusammen mit der Fahrzeugentschädigung den nach Abschn. 38 Abs. 2 LStR[1]) maßgebenden Kilometersatz nicht übersteigen.

Truppenärztliche Versorgung

Reisekosten von Soldaten der Bundeswehr im Rahmen ihres Anspruchs auf truppenärztliche Versorgung

(BMF-Schreiben vom 19. 2. 1990 – IV B 6 – S 2337 – 7/90 –)

Im Einvernehmen mit den obersten Finanzbehörden der Länder stellt die Inanspruchnahme der unentgeltlichen Heilfürsorge durch die Soldaten der Bundeswehr kein Dienstgeschäft dar. Ein Abzug der damit zusammenhängenden Aufwendungen als Werbungskosten kommt deshalb nicht in Betracht.

Die Aufwendungen für Fahrten zur Heilbehandlung nach Abzug der Erstattungen durch den Dienstherrn zählen jedoch zu den Krankheitskosten und können grundsätzlich als außergewöhnliche Belastung nach § 33 EStG berücksichtigt werden. Eine steuerliche Auswirkung ergibt sich allerdings nur, insoweit diese Aufwendungen die zumutbare Belastung übersteigen.

Werbungskostenabzug und Erstattung durch den Arbeitgeber

- Die als Reisekosten erfassten Fahrtkosten können als Werbungskosten abgezogen werden, soweit sie nicht vom Arbeitgeber steuerfrei erstattet worden sind (§ 3c EStG).
- Die Erstattung der Fahrtkosten durch den Arbeitgeber ist nach § 3 Nr. 16 EStG steuerfrei, soweit höchstens die als Werbungskosten abziehbaren Beträge erstattet werden (→ BFH vom 21. 6. 1991 – BStBl II S. 814). Erstattet der Arbeitgeber die pauschalen Kilometersätze, hat er nicht zu prüfen, ob dies zu einer unzutreffenden Besteuerung führt (→ R 9.5 Abs. 2 Satz 3).
- Bei Sammelbeförderung durch den Arbeitgeber scheidet mangels Aufwands des Arbeitnehmers ein Werbungskostenabzug für diese Fahrten aus (→ BFH vom 11. 5. 2005 – BStBl II S. 785).

R 9.6 Verpflegungsmehraufwendungen als Reisekosten

Allgemeines

S 2353

(1) ¹Als Verpflegungsmehraufwendungen sind unter den Voraussetzungen des § 4 Abs. 5 Satz 1 Nr. 5 EStG mit den dort genannten Pauschbeträgen anzusetzen. ²Der Einzelnachweis von Verpflegungsmehraufwendungen berechtigt nicht zum Abzug höherer Beträge. ³Die Pauschbeträge sind auch dann anzuwenden, wenn der Arbeitnehmer Mahlzeiten vom Arbeitgeber oder auf dessen Veranlassung von einem Dritten unentgeltlich oder teilentgeltlich erhalten hat (→ R 8.1 Abs. 8)[2]); behält der Arbeitgeber in diesen Fällen für die Mahlzeiten Beträge ein, die über den amtlichen Sachbezugswerten liegen, ist der Differenzbetrag nicht als Werbungskosten

---

[1]) Jetzt R 9.5 Abs. 2 LStR.
[2]) 2. Halbsatz überholt durch BFH vom 24. 3. 2011 (BStBl II S. 829); Zur Weiteranwendung von R 8.1. Abs. 8 Nr. 4 Satz 2 → BMF vom 27. 9. 2011 (BStBl I S. 976) → H 8.1 Absatz 8. → Anhang 36

abziehbar. ⁴Ist ein Arbeitnehmer an einem Tag mehrfach auswärts tätig, sind die Abwesenheitszeiten i. S. d. § 4 Abs. 5 Satz 1 Nr. 5 EStG zusammenzurechnen.

Konkurrenzregelung

(2) Soweit für denselben Kalendertag Verpflegungsmehraufwendungen wegen einer Auswärtstätigkeit oder wegen einer doppelten Haushaltsführung (→ R 9.11 Abs. 7) anzuerkennen sind, ist jeweils der höchste Pauschbetrag anzusetzen.

Besonderheiten bei Auslandstätigkeiten

(3) ¹Für den Ansatz von Verpflegungsmehraufwendungen bei Auswärtstätigkeiten im Ausland gelten nach Staaten unterschiedliche Pauschbeträge (Auslandstagegelder), die vom BMF im Einvernehmen mit den obersten Finanzbehörden der Länder auf der Grundlage der höchsten Auslandstagegelder nach dem BRKG bekannt gemacht werden. ²Für die in der Bekanntmachung nicht erfassten Staaten ist der für Luxemburg geltende Pauschbetrag maßgebend; für die in der Bekanntmachung nicht erfassten Übersee- und Außengebiete eines Staates ist der für das Mutterland geltende Pauschbetrag maßgebend. ³Werden an einem Kalendertag Auswärtstätigkeiten im In- und Ausland durchgeführt, ist für diesen Tag das entsprechende Auslandstagegeld maßgebend, selbst dann, wenn die überwiegende Zeit im Inland verbracht wird. ⁴Im Übrigen ist beim Ansatz des Auslandstagegeldes Folgendes zu beachten:

1. ¹Bei Flugreisen gilt ein Staat in dem Zeitpunkt als erreicht, in dem das Flugzeug dort landet; Zwischenlandungen bleiben unberücksichtigt, es sei denn, dass durch sie Übernachtungen notwendig werden. ²Erstreckt sich eine Flugreise über mehr als zwei Kalendertage, ist für die Tage, die zwischen dem Tag des Abflugs und dem Tag der Landung liegen, das für Österreich geltende Tagegeld maßgebend.
2. ¹Bei Schiffsreisen ist das für Luxemburg geltende Tagegeld maßgebend. ²Für das Personal auf deutschen Staatsschiffen sowie für das Personal auf Schiffen der Handelsmarine unter deutscher Flagge auf Hoher See gilt das Inlandstagegeld. ³Für die Tage der Einschiffung und Ausschiffung das für den Hafenort geltende Tagegeld maßgebend.

Dreimonatsfrist

(4) ¹Bei derselben Auswärtstätigkeit beschränkt sich der Abzug der Verpflegungsmehraufwendungen auf die ersten drei Monate; dieselbe Auswärtstätigkeit liegt nicht vor, wenn die auswärtige Tätigkeitsstätte an nicht mehr als (ein bis) zwei Tagen wöchentlich aufgesucht wird. ²Eine längerfristige vorübergehende Auswärtstätigkeit ist noch als dieselbe Auswärtstätigkeit zu beurteilen, wenn der Arbeitnehmer nach einer Unterbrechung die Auswärtstätigkeit mit gleichem Inhalt, am gleichen Ort ausübt und ein zeitlicher Zusammenhang mit der bisherigen Tätigkeit besteht. ³Eine urlaubs- oder krankheitsbedingte Unterbrechung bei derselben Auswärtstätigkeit hat auf den Ablauf der Dreimonatsfrist keinen Einfluss. ⁴Andere Unterbrechungen, z. B. durch vorübergehende Tätigkeit an der regelmäßigen Arbeitsstätte, führen nur dann zu einem Neubeginn der Dreimonatsfrist, wenn die Unterbrechung mindestens vier Wochen gedauert hat.

Hinweise

Dreimonatsfrist

- Der Abzug des Verpflegungsmehraufwands ist auf die ersten drei Monate des Einsatzes an derselben Tätigkeitsstätte beschränkt (→ BFH vom 11. 5. 2005 – BStBl II S. 782).
- Eine Unterbrechung durch vorübergehende Rückkehr des Arbeitnehmers in den Betrieb von weniger als vier Wochen (→ R 9.6 Abs. 4) führt nicht zu einer Verlängerung der Dreimonatsfrist (→ BFH vom 19. 7. 1996 – BStBl 1997 II S. 95).
- Die Dreimonatsfrist für den Abzug der Verpflegungspauschalen (§ 4 Abs. 5 Satz 1 Nr. 5 Satz 5 EStG) findet bei einer Fahrtätigkeit keine Anwendung (→ BFH vom 24. 2. 2011 – BStBl II 2012 S. 27 – VI R 66/10 –).

Erstattung durch den Arbeitgeber

- **steuerfrei** → § 3 Nr. 13, 16 EStG, → R 3.13, 3.16
  Die Erstattung der Verpflegungsmehraufwendungen durch den Arbeitgeber ist steuerfrei, soweit keine höheren Beträge erstattet werden, als nach § 4 Abs. 5 Satz 1 Nr. 5 EStG, → R 9.6 als Reisekosten angesetzt werden dürfen. Eine zusammengefasste Erstattung unterschiedlicher Aufwendungen ist möglich → R 3.16 Satz 1. Zur Erstattung im Zusammenhang

§ 9 EStG
H 9.6

- mit Mahlzeitengestellungen bei Auswärtstätigkeit
  → H 8.1 (8) Auswärtstätigkeit.
- **pauschale Versteuerung** → § 40 Abs. 2 Satz 1 Nr. 4 EStG, → R 40.2 Abs. 1 Nr. 4; → R 40.2 Abs. 2
- **Nachweise**
  Der Arbeitnehmer hat seinem Arbeitgeber Unterlagen vorzulegen, aus denen die Voraussetzungen für den Erstattungsanspruch ersichtlich sein müssen. Der Arbeitgeber hat diese Unterlagen als Belege zum Lohnkonto aufzubewahren (→ BFH vom 6. 3. 1980 – BStBl II S. 289).

Künstler
→ H 9.5

Pauschbeträge bei Auslandsdienstreisen

Anhang 31
→ BMF vom 8. 12. 2011 (BStBl I S. 1259) für 2012
→ BMF vom 17. 12. 2012 (BStBl I S. 60) für 2013
→ R 9.6 Abs. 3

Soldaten

Steuerliche Behandlung von Verpflegungsmehraufwendungen von im Inland eingesetzten Berufs- und Zeitsoldaten, die Reisekostenerstattungen in Form einer Aufwandvergütung nach § 9 BRKG erhalten haben

(Verfügung der OFD Hannover vom 19. 03. 2008 – S 2353 – 137 –)

Allgemein:

Soldaten haben nach dem Bundesreisekostengesetz (BRKG) einen Anspruch auf Erstattung der ihnen entstandenen Reisekosten. Die Bundeswehr kann dienstreisenden Berufs- und Zeitsoldaten, denen erfahrungsgemäß ein geringerer Aufwand für Verpflegung oder Unterkunft als allgemein üblich entsteht, an Stelle von Tagegeld, Übernachtungsgeld und Auslagenerstattung eine entsprechende Aufwandvergütung zahlen.

Die Aufwandvergütung i. S. d. § 9 BRKG stellt ein abgekürztes Tagegeld dar und setzt sich regelmäßig aus dem Grundbetrag (= Tagegeld und Kürzung der Anteile für Frühstück/Mittag/Abendessen) und dem von den Berufs- und Zeitsoldaten zu zahlenden Verpflegungsgeld für die Mahlzeitengestellung zusammen.

Werbungskostenabzug:

Die obersten Finanzbehörden des Bundes und der Länder haben entschieden, dass die Aufwandvergütung § 9 BRKG gem. § 3 Nr. 13 EStG steuerfrei bleibt. Die im Rahmen eines besonderen Dienstgeschäftes im Inland eingesetzten Soldaten können für die ersten drei Monate nach Abzug der steuerfreien Aufwandvergütung Verpflegungsmehraufwendungen geltend machen; nach Ablauf der ersten drei Monate sind die Aufwandvergütungen steuerpflichtiger Arbeitslohn.

Zur steuerlichen Berücksichtigung von Verpflegungsmehraufwendungen beim im Ausland eingesetzten Soldaten siehe LSt-Kartei zu § 9 EStG Fach 5 Nr. 10.

Übernachtung am auswärtigen Tätigkeitsort

Bei Übernachtung am auswärtigen Tätigkeitsort richtet sich die Höhe des Verpflegungsmehraufwands bei Auswärtstätigkeiten i. S. d. § 4 Abs. 5 Satz 1 Nr. 5 Satz 3 EStG nach der Abwesenheit des Arbeitnehmers von seiner Wohnung am Ort des Lebensmittelpunkts. Nicht entscheidend ist die Abwesenheitsdauer von der Unterkunft am Einsatzort. Der Abzug des Verpflegungsmehraufwands ist auf die ersten drei Monate des Einsatzes an derselben Tätigkeitsstätte beschränkt (→ BFH vom 11. 5. 2005 – BStBl II S. 782).

Verpflegungsmehraufwendungen

- Arbeitnehmer haben bei einer beruflichen Auswärtstätigkeit einen Rechtsanspruch darauf, dass die gesetzlichen Pauschbeträge berücksichtigt werden (→ BFH vom 4. 4. 2006 – BStBl II S. 567).
- *Zu Mehraufwendungen für Verpflegung für den Fahrer eines Noteinsatzfahrzeugs sowie eines Rettungsassistenten → BFH vom 19. 1. 2012 (BStBl II S. 472 und S. 503).*

Werbungskostenabzug bei Reisekostenerstattung durch den Arbeitgeber

Wurden Reisekosten vom Arbeitgeber – ggf. teilweise – erstattet, ist der Werbungskostenabzug insgesamt auf den Betrag beschränkt, um den die Summe der abziehbaren Aufwendungen die steuerfreie Erstattung übersteigt (→ BFH vom 15. 11. 1991 – BStBl 1992 II S. 367). Dabei ist es gleich, ob die Erstattung des Arbeitgebers nach § 3 Nr. 13, 16 EStG oder nach anderen Vorschriften steuerfrei geblieben ist, z. B. durch Zehrkostenentschädigungen i. S. d. § 3 Nr. 12 EStG (→ BFH vom 28. 1. 1988 – BStBl II S. 635). Zum Werbungskostenabzug im Fall der Mahlzeitengestellungen bei Auswärtstätigkeit → H 8.1 (8) Auswärtstätigkeit.

Übernachtungskosten

Allgemeines

(1) ¹Übernachtungskosten sind die tatsächlichen Aufwendungen, die dem Arbeitnehmer für die persönliche Inanspruchnahme einer Unterkunft zur Übernachtung entstehen. ²Benutzt der Arbeitnehmer ein Mehrbettzimmer gemeinsam mit Personen, die zu seinem Arbeitgeber in keinem Dienstverhältnis stehen, sind die Aufwendungen maßgebend, die bei Inanspruchnahme eines Einzelzimmers im selben Haus entstanden wären; dementsprechend sind auch die Mehraufwendungen auszuscheiden, wenn der Arbeitnehmer ein Haus oder eine Wohnung gemeinsam mit Personen benutzt, die zu seinem Arbeitgeber in keinem Dienstverhältnis stehen. ³Führt auch die weitere Person eine Auswärtstätigkeit durch, sind die tatsächlichen Unterkunftskosten gleichmäßig aufzuteilen. ⁴Wird durch Zahlungsbelege nur ein Gesamtpreis für Unterkunft und Verpflegung nachgewiesen und lässt sich der Preis für die Verpflegung nicht feststellen (z. B. Tagungspauschale), ist der Gesamtpreis zur Ermittlung der Übernachtungskosten wie folgt zu kürzen:

1. für Frühstück um 20 %,
2. für Mittag- und Abendessen um jeweils 40 %

des für den Unterkunftsort maßgebenden Pauschbetrags für Verpflegungsmehraufwendungen bei einer Auswärtstätigkeit mit einer Abwesenheitsdauer von mindestens 24 Stunden. ⁵Ist in der Rechnung der Beherbergungsleistung gesondert ausgewiesen und daneben ein Sammelposten für Nebenleistungen, ohne dass der Preis für die Verpflegung zu erkennen ist, so ist Satz 4 sinngemäß auf den Sammelposten für Nebenleistungen anzuwenden; der verbleibende Teil des Sammelpostens ist als Reisenebenkosten (→ R 9.8) zu behandeln, wenn die Bezeichnung des Sammelpostens für die Nebenleistungen keinen Anlass gibt für die Vermutung, darin seien steuerlich nicht anzuerkennende Nebenleistungen enthalten (→ R 9.8 Satz 2).

Werbungskostenabzug

(2) ¹Die tatsächlichen Übernachtungskosten können bei einer Auswärtstätigkeit als Reisekosten angesetzt und als Werbungskosten abgezogen werden, soweit sie nicht vom Arbeitgeber nach Absatz 3 oder § 3 Nr. 13 oder 16 EStG steuerfrei ersetzt werden.

Erstattung durch den Arbeitgeber

(3) ¹Für jede Übernachtung im Inland darf der Arbeitgeber ohne Einzelnachweis einen Pauschbetrag von 20 Euro steuerfrei zahlen. ²Bei Übernachtungen im Ausland dürfen die Übernachtungskosten ohne Einzelnachweis der tatsächlichen Aufwendungen mit Pauschbeträgen (Übernachtungsgelder) steuerfrei erstattet werden. ³Die Pauschbeträge werden vom Bundesministerium der Finanzen im Einvernehmen mit den obersten Finanzbehörden der Länder auf der Grundlage der höchsten Auslandsübernachtungsgelder nach dem Bundesreisekostengesetz bekannt gemacht. ⁴Sie richten sich nach dem Ort, der nach R 9.6 Abs. 3 Satz 4 Nummer 1 und 2 maßgebend ist. ⁵Für die in der Bekanntmachung nicht erfassten Länder und Gebiete ist R 9.6 Abs. 3 Satz 2 anzuwenden. ⁶Die Pauschbeträge dürfen nicht steuerfrei erstattet werden, wenn dem Arbeitnehmer die Unterkunft vom Arbeitgeber oder auf Grund seines Dienstverhältnisses von einem Dritten unentgeltlich oder teilweise unentgeltlich zur Verfügung gestellt wurde. ⁷Auch bei Übernachtung in einem Fahrzeug ist die steuerfreie Zahlung der Pauschbeträge nicht zulässig. ⁸Bei Benutzung eines Schlafwagens oder einer Schiffskabine dürfen die Pauschbeträge nur dann steuerfrei gezahlt werden, wenn die Übernachtung in einer anderen Unterkunft begonnen oder beendet worden ist.

H 9.7 Hinweise

Kürzung der Übernachtungskosten

Kürzung der Übernachtungskosten um das Frühstück bei Dienstreisen in das Ausland

(Erlass des Thüringer FinMin vom 22. 2. 2001 – S 2353 A – 7/01 – 240.1 –)

Bei Übernachtungen im Ausland ist in der Hotelrechnung in den meisten Fällen der Preis für das Frühstück nicht enthalten. Dies gilt oftmals auch für Übernachtungen in Hotels ausländischer Hotelketten in Deutschland.

Ich bitte daher von einer Kürzung der Übernachtungskosten um das Frühstück nach R 40 Abs. 1 Satz 4 LStR 2001 abzusehen, wenn der Dienstreisende auf der Hotelrechnung handschriftlich vermerkt, dass in den Übernachtungskosten das Frühstück nicht enthalten ist.

Pauschbeträge bei Auslandsdienstreisen

Anhang 31
→ BMF vom 17. 12. 2012 (BStBl I S. 60) für 2013
→ BMF vom 8. 12. 2011 (BStBl I S. 1259) für 2012

Steuerfreiheit der Arbeitgebererstattungen

Die Erstattung der Übernachtungskosten durch den Arbeitgeber ist steuerfrei
– aus öffentlichen Kassen in voller Höhe → § 3 Nr. 13 EStG,
– bei Arbeitgebern außerhalb des öffentlichen Dienstes nach § 3 Nr. 16 EStG bis zur Höhe der tatsächlichen Aufwendungen oder bis zur Höhe der maßgebenden Pauschbeträge (Übernachtung im Inland: 20 Euro, Übernachtung im Ausland: Pauschbeträge → BMF vom 8. 12. 2011 (BStBl I S. 1259) für 2012; → BMF vom 17. 12. 2012 (BStBl I S. 60) für 2013

Anhang 31 **Übernachtung an ständig wechselnden auswärtigen Tätigkeitsstätten**

Der Bezug einer Unterkunft an einer vorübergehenden beruflichen Tätigkeitsstätte begründet keine doppelte Haushaltsführung. Die mit einer solchen Auswärtstätigkeit verbundenen Übernachtungskosten sind in vollem Umfang ohne zeitliche Begrenzung als Werbungskosten abziehbar (→ BFH vom 11. 5. 2005 – BStBl II S. 782).

Übernachtungskosten

– Die Übernachtungskosten sind für den Werbungskostenabzug grundsätzlich im Einzelnen nachzuweisen. Sie können geschätzt werden, wenn sie dem Grunde nach zweifelsfrei entstanden sind (→ BFH vom 12. 9. 2001 – BStBl II S. 775).
– *Übernachtet ein Kraftfahrer in der Schlafkabine seines LKW, sind die Pauschalen für Übernachtungen nicht anzuwenden → BFH vom 28. 3. 2012 – BStBl II S. 926 – VI R 48/11 –. H 9.8*
→ Aufwendungen für die Übernachtung in der Schlafkabine eines LKW

R 9.8 Reisenebenkosten

Allgemeines

S 2353
(1) Reisenebenkosten sind unter den Voraussetzungen von R 9.4 Abs. 1 die tatsächlichen Aufwendungen z. B. für
1. Beförderung und Aufbewahrung von Gepäck,
2. Ferngespräche und Schriftverkehr beruflichen Inhalts mit dem Arbeitgeber oder dessen Geschäftspartner,
3. Straßenbenutzung und Parkplatz sowie Schadensersatzleistungen infolge von Verkehrsunfällen, wenn die jeweils damit verbundenen Fahrtkosten nach R 9.5 als Reisekosten anzusetzen sind.

²Keine Reisenebenkosten im Sinne des Satzes 1 sind die Aufwendungen z. B. für private Ferngespräche, Massagen, Minibar oder Pay-TV.

Werbungskostenabzug

(2) Die Reisenebenkosten können in tatsächlicher Höhe als Werbungskosten abgezogen werden, soweit sie nicht vom Arbeitgeber steuerfrei erstattet werden.

§ 9 EStG
H 9.8   R 9.8

Steuerfreiheit der Arbeitgebererstattungen

(3) ¹Die Erstattung der Reisenebenkosten durch den Arbeitgeber ist nach § 3 Nr. 16 EStG steuerfrei, soweit sie die tatsächlichen Aufwendungen nicht überschreitet. ²Der Arbeitnehmer hat seinem Arbeitgeber Unterlagen vorzulegen, aus denen die tatsächlichen Aufwendungen ersichtlich sein müssen. ³Der Arbeitgeber hat diese Unterlagen als Belege zum Lohnkonto aufzubewahren.

Hinweise   H 9.8

Aufwendungen für die Übernachtung in der Schlafkabine eines LKW

Keine Übernachtungspauschalen bei LKW-Fahrern, die in der Schlafkabine ihres LKW übernachten; vereinfachter Nachweis von Reisenebenkosten;

BFH-Urteil vom 28. 3. 2012 – VI R 48/11 – (BStBl 2012 II S. 926)

BMF-Schreiben vom 4. 12. 2012 – IV C 5 – S 2353/12/10009 –

Der BFH hat in seinem Urteil vom 28. März 2012 – VI R 48/11 – (BStBl 2012 II S. 926) entschieden, dass ein Kraftfahrer, der in der Schlafkabine seines LKW übernachtet, die Pauschalen für Übernachtungen bei Auslandsdienstreisen nicht anwenden darf. Liegen Einzelnachweise über die Kosten nicht vor, seien die tatsächlichen Aufwendungen zu schätzen. Im Hinblick auf dieses Urteil ist nach der Erörterung mit den obersten Finanzbehörden der Länder Folgendes zu beachten:

Einem Kraftfahrer, der anlässlich seiner auswärtigen beruflichen Tätigkeit (Fahrtätigkeit) in der Schlafkabine seines LKW übernachtet, entstehen Aufwendungen, die bei anderen Arbeitnehmern mit Übernachtung anlässlich einer beruflichen Auswärtstätigkeit typischerweise in den Übernachtungskosten enthalten sind. Derartige Aufwendungen können als Reisenebenkosten in vereinfachter Weise ermittelt und glaubhaft gemacht werden. Als Reisenebenkosten in diesem Sinne kommen z. B. in Betracht:

- Gebühren für die Benutzung der sanitären Einrichtungen (Toiletten sowie Dusch- oder Waschgelegenheiten) auf Raststätten,
- Aufwendungen für die Reinigung der eigenen Schlafkabine.

Aus Gründen der Vereinfachung ist es ausreichend, wenn der Arbeitnehmer die ihm tatsächlich entstandenen und regelmäßig wiederkehrenden Reisenebenkosten für einen repräsentativen Zeitraum von drei Monaten im Einzelnen durch entsprechende Aufzeichnungen glaubhaft macht. Dabei ist zu beachten, dass bei der Benutzung der sanitären Einrichtungen auf Raststätten nur die tatsächlichen Benutzungsgebühren aufzuzeichnen sind, nicht jedoch die als Wertbons ausgegebenen Beträge.

Hat der Arbeitnehmer diesen Nachweis erbracht, kann der tägliche Durchschnittsbetrag, der sich aus den Rechnungsbeträgen für den repräsentativen Zeitraum ergibt, für den Ansatz von Werbungskosten oder auch für die steuerfreie Erstattung durch den Arbeitgeber (nach Maßgabe der §§ 3 Nummer 13 und 16 EStG) so lange zu Grunde gelegt werden, bis sich die Verhältnisse wesentlich ändern.

Beispiel:

Nachweis durch Belege des Arbeitnehmers:

- Monat Oktober 2012: Aufwendungen gesamt 60 Euro (20 Tage Auswärtstätigkeit)
- Monat November 2012: Aufwendungen gesamt 80 Euro (25 Tage Auswärtstätigkeit)
- Monat Dezember 2012: Aufwendungen gesamt 40 Euro (15 Tage Auswärtstätigkeit)

Summe der Aufwendungen: 180 Euro: 60 Tage Auswärtstätigkeit = 3 Euro täglicher Durchschnittswert.

Der so ermittelte Wert kann bei LKW-Fahrern, die in ihrer Schlafkabine übernachten, für jeden Tag der Auswärtstätigkeit als Werbungskosten geltend gemacht oder steuerfrei durch den Arbeitgeber erstattet werden.

Diebstahl

Wertverluste bei einem Diebstahl des für die Reise notwendigen persönlichen Gepäcks sind Reisenebenkosten (→ BFH vom 30. 6. 1995 – BStBl II S. 744). Dies gilt nicht für den Verlust von → Geld oder → Schmuck.

Geld

Der Verlust einer Geldbörse führt nicht zu Reisenebenkosten (→ BFH vom 4. 7. 1986 – BStBl II S. 771).

Geldbußen

→ R 4.13 EStR

Ordnungsgelder

→ R 4.13 EStR

Reisegepäckversicherung

Kosten für eine Reisegepäckversicherung, soweit sich der Versicherungsschutz auf eine beruflich bedingte Abwesenheit von einer ortsgebundenen regelmäßigen Arbeitsstätte beschränkt, sind Reisenebenkosten; zur Aufteilung der Aufwendungen für eine gemischte Reisegepäckversicherung (→ BFH vom 19. 2. 1993 – BStBl II S. 519).

Schaden

Wertverluste auf Grund eines Schadens an mitgeführten Gegenständen, die der Arbeitnehmer auf seiner Reise verwenden musste, sind Reisenebenkosten, wenn der Schaden auf einer reisespezifischen Gefährdung beruht (→ BFH vom 30. 11. 1993 – BStBl 1994 II S. 256).

Schmuck

Der Verlust von Schmuck führt nicht zu Reisenebenkosten (→ BFH vom 26. 1. 1968 – BStBl II S. 342).

Unfallversicherung

Beiträge zu Unfallversicherungen sind Reisenebenkosten, soweit sie Berufsunfälle außerhalb einer ortsgebundenen regelmäßigen Arbeitsstätte abdecken; wegen der steuerlichen Behandlung von Unfallversicherungen, die das Unfallrisiko sowohl im beruflichen als auch im außerberuflichen Bereich abdecken (→ BMF vom 28. 10. 2009 – BStBl I S. 1275).

→ H 19.3

Verwarnungsgeld

Anhang 30   → R 4.13 EStR

R 9.9   Umzugskosten

Allgemeines

S 2353   (1) Kosten, die einem Arbeitnehmer durch einen beruflich veranlassten Wohnungswechsel entstehen, sind Werbungskosten.

Höhe der Umzugskosten

Anhang 8 III   (2) ¹Bei einem beruflich veranlassten Wohnungswechsel können die tatsächlichen Umzugskosten grundsätzlich bis zur Höhe der Beträge als Werbungskosten abgezogen werden, die nach dem BUKG und der Auslandsumzugskostenverordnung (AUV) in der jeweils geltenden Fassung als Umzugskostenvergütung höchstens gezahlt werden könnten, mit Ausnahme der §§ 11, 12 AUV und der Auslagen (insbesondere Maklergebühren) für die Anschaffung einer eigenen Wohnung (Wohneigentum) nach § 9 Abs. 1 zweiter Halbsatz BUKG; die Pauschbeträge für Verpflegungsmehraufwendungen nach § 4 Abs. 5 Satz 1 Nr. 5 EStG sind zu beachten. ²Werden die umzugskostenrechtlich festgelegten Grenzen eingehalten, ist nicht zu prüfen, ob die Umzugskosten Werbungskosten darstellen. ³Werden höhere Umzugskosten im Einzelnen nachgewiesen, ist insgesamt zu prüfen, ob und inwieweit die Aufwendungen Werbungskosten oder nicht abziehbare Kosten der Lebensführung sind, z.B. bei Aufwendungen für die Neuanschaffung von Einrichtungsgegenständen. ⁴Anstelle der in § 10 BUKG pauschal erfassten Umzugskosten können auch im Einzelfall nachgewiesenen höheren Umzugskosten als Werbungskosten abgezogen werden. ⁵Ein Werbungskostenabzug entfällt, soweit die Umzugskosten vom Arbeitgeber steuerfrei erstattet worden sind (§ 3c EStG).

Erstattung durch den Arbeitgeber

(3) ¹Die Erstattung der Umzugskosten durch den Arbeitgeber ist steuerfrei, soweit keine höheren Beträge erstattet werden, als nach Absatz 2 als Werbungskosten abziehbar wären. ²Der Arbeitnehmer hat seinem Arbeitgeber Unterlagen vorzulegen, aus denen die tatsächlichen Aufwendungen ersichtlich sein müssen. ³Der Arbeitgeber hat diese Unterlagen als Belege zum Lohnkonto aufzubewahren.

Hinweise H 9.9

Aufgabe der Umzugsabsicht

Wird vom Arbeitgeber eine vorgesehene Versetzung rückgängig gemacht, sind die dem Arbeitnehmer durch die Aufgabe seiner Umzugsabsicht entstandenen vergeblichen Aufwendungen als Werbungskosten abziehbar (→ BFH vom 24. 5. 2000 – BStBl II S. 584).

Berufliche Veranlassung

Ein Wohnungswechsel ist z. B. beruflich veranlasst,
1. wenn durch ihn eine → erhebliche Verkürzung der Entfernung zwischen Wohnung und Arbeitsstätte eintritt und die verbleibende Wegezeit im Berufsverkehr als normal angesehen werden kann (→ BFH vom 6. 11. 1986 – BStBl 1987 II S. 81). Es ist nicht erforderlich, dass der Wohnungswechsel mit einem Wohnortwechsel oder mit einem Arbeitsplatzwechsel verbunden ist,
2. wenn er im ganz überwiegenden betrieblichen Interesse des Arbeitgebers durchgeführt wird, insbesondere beim Beziehen oder Räumen einer Dienstwohnung, die aus betrieblichen Gründen bestimmten Arbeitnehmern vorbehalten ist, um z. B. deren jederzeitige Einsatzmöglichkeit zu gewährleisten (→ BFH vom 28. 4. 1988 – BStBl II S. 777), oder
3. wenn er aus Anlass der erstmaligen Aufnahme einer beruflichen Tätigkeit, des Wechsels des Arbeitgebers oder im Zusammenhang mit einer Versetzung durchgeführt wird oder
4. wenn der eigene Hausstand zur Beendigung einer doppelten Haushaltsführung an den Beschäftigungsort verlegt wird (→ BFH vom 21. 7. 1989 – BStBl II S. 917).

Die privaten Motive für die Auswahl der neuen Wohnung sind grundsätzlich unbeachtlich (→ BFH vom 23. 3. 2001 – BStBl 2002 II S. 56).

Doppelte Haushaltsführung

→ R 9.11

Doppelter Mietaufwand

Wegen eines Umzugs geleistete doppelte Mietzahlungen können beruflich veranlasst und deshalb in voller Höhe als Werbungskosten abziehbar sein. Diese Mietaufwendungen können jedoch nur zeitanteilig, und zwar für die neue Familienwohnung ab dem Kündigungs- bis zum Umzugstag und für die bisherige Wohnung ab dem Umzugstag, längstens bis zum Ablauf der Kündigungsfrist des bisherigen Mietverhältnisses, als Werbungskosten abgezogen werden (→ BFH vom 13. 7. 2011, HFR 2011 S. 1196).

Eheschließung

Erfolgt ein Umzug aus Anlass einer Eheschließung von getrennten Wohnorten in eine gemeinsame Familienwohnung, so ist die berufliche Veranlassung des Umzugs eines jeden Ehegatten gesondert zu beurteilen (→ BFH vom 23. 3. 2001 – BStBl II S. 585).

Erhebliche Fahrzeitverkürzung

– Eine erhebliche Verkürzung der Entfernung zwischen Wohnung und Arbeitsstätte ist anzunehmen, wenn sich die Dauer der täglichen Hin- und Rückfahrt insgesamt wenigstens zeitweise um mindestens eine Stunde ermäßigt (→ BFH vom 22. 11. 1991 – BStBl 1992 II S. 494 und vom 16. 10. 1992 – BStBl 1993 II S. 610).
– Die Fahrzeitersparnisse beiderseits berufstätiger Ehegatten sind weder zusammenzurechnen (→ BFH vom 27. 7. 1995 – BStBl II S. 728) noch zu saldieren (→ BFH vom 21. 2. 2006 – BStBl II S. 598).
– Steht bei einem Umzug eine arbeitstägliche Fahrzeitersparnis von mindestens einer Stunde fest, sind private Gründe (z. B. Gründung eines gemeinsamen Haushalts aus Anlass einer

§ 9 EStG
H 9.9

Eheschließung, erhöhter Wohnbedarf wegen Geburt eines Kindes) unbeachtlich (→ BFH vom 23. 3. 2001 – BStBl II S. 585 und BStBl 2002 II S. 56).

Höhe der Umzugskosten

Anhang 8
– Zur Höhe der maßgebenden Beträge für umzugsbedingte Unterrichtskosten und sonstige Umzugsauslagen ab **1. 3. 2012, 1. 1. 2013 und 1. 8. 2013** → **BMF vom 1. 10. 2012 (BStBl I S. 942).**
– Die umzugskostenrechtliche Beschränkung einer Mietausfallentschädigung für den bisherigen Wohnungsvermieter gilt nicht für den Werbungskostenabzug (→ BFH vom 1. 12. 1993 – BStBl 1994 II S. 323).
– Nicht als Werbungskosten abziehbar sind die bei einem Grundstückskauf angefallenen Maklergebühren, auch soweit sie auf die Vermittlung einer vergleichbaren Mietwohnung entfallen würden (→ BFH vom 24. 5. 2000 – BStBl II S. 586) sowie Aufwendungen für die Anschaffung von klimabedingter Kleidung und Wohnungsausstattung i. S. d. §§ 11 und 12 AUV (→ BFH vom 20. 3. 1992 – BStBl 1993 II S. 192 und vom 27. 5. 1994 – BStBl 1995 II S. 17 und vom 12. 4. 2007 – BStBl II S. 536).
– Der Werbungskostenabzug setzt eine Belastung mit Aufwendungen voraus. Das ist bei einem in Anlehnung an § 8 Abs. 3 BUKG ermittelten Mietausfall nicht der Fall. Als entgangene Einnahme erfüllt er nicht den Aufwendungsbegriff (→ BFH vom 19. 4. 2012 – VI R 25/10 –).
– Zur steuerfreien Arbeitgebererstattung → R 9.9 Abs. 3
– Aufwendungen auf Grund der Veräußerung eines Eigenheims anlässlich eines beruflich bedingten Umzugs sind keine Werbungskosten bei den Einkünften aus nichtselbständiger Arbeit (→ BFH vom 24. 5. 2000 – BStBl II S. 476).
– Veräußerungsverluste aus dem Verkauf eines Eigenheims einschließlich zwischenzeitlich angefallener Finanzierungskosten anlässlich eines beruflich bedingten Umzugs sind keine Werbungskosten bei den Einkünften aus nichtselbständiger Arbeit (→ BFH vom 24. 5. 2000 – BStBl II S. 476).
– Bei einem beruflich veranlassten Umzug sind Aufwendungen für die Ausstattung der neuen Wohnung (z. B. Renovierungsmaterial, Gardinen, Rollos, Lampen, Telefonanschluss, Anschaffung und Installation eines Wasserboilers) nicht als Werbungskosten abziehbar (→ BFH vom 17. 12. 2002 – BStBl 2003 II S. 314). Die Berücksichtigung der Pauschale nach § 10 BUKG bleibt unberührt → R 9.9 Abs. 2 Satz 2.

Maklergebühren

Maklergebühren für den Erwerb eines Einfamilienhauses am neuen Arbeitsort sind auch insoweit keine Umzugskosten, als sie für die Vermittlung einer vergleichbaren Mietwohnung angefallen wären (Anschluss an das BFH-Urteil vom 24. August 1995, BFHE 178, 359, BStBl II 1995, 895) (→ BFH vom 24. 5. 2000 – BStBl II S. 476).

Rückumzug ins Ausland

Der Rückumzug ins Ausland ist bei einem ausländischen Arbeitnehmer, der unbefristet ins Inland versetzt wurde und dessen Familie mit ins Inland umzog und der bei Erreichen der Altersgrenze ins Heimatland zurückzieht, nicht beruflich veranlasst (→ BFH vom 8. 11. 1996 – BStBl 1997 II S. 207); anders bei einer von vornherein befristeten Tätigkeit im Inland (→ BFH vom 4. 12. 1992 – BStBl 1993 II S. 722).

Umzug ins Ausland

Umzugskosten im Zusammenhang mit einer beabsichtigten nichtselbständigen Tätigkeit im Ausland sind bei den inländischen Einkünften nicht als Werbungskosten abziehbar, wenn die Einkünfte aus der beabsichtigten Tätigkeit nicht der deutschen Besteuerung unterliegen (→ BFH vom 20. 9. 2006 – BStBl 2007 II S. 756). Zum Progressionsvorbehalt → H 32b (Zeitweise unbeschränkte Steuerpflicht) EStH.

Vergebliche Umzugskosten

Wird vom Arbeitgeber eine vorgesehene Versetzung rückgängig gemacht, sind die dem Arbeitnehmer durch die Aufgabe seiner Umzugsabsicht entstandenen vergeblichen Aufwendungen als Werbungskosten abziehbar (→ BFH vom 24. 5. 2000, BStBl II S. 584).

Zwischenumzug

Die berufliche Veranlassung eines Umzugs endet regelmäßig mit dem Einzug in die erste Wohnung am neuen Arbeitsort. Die Aufwendungen für die Einlagerung von Möbeln für die Zeit vom

Bezug dieser Wohnung bis zur Fertigstellung eines Wohnhauses am oder in der Nähe vom neuen Arbeitsort sind daher keine Werbungskosten (→ BFH vom 21. 9. 2000 – BStBl 2001 II S. 70).

Aufwendungen für Wege zwischen Wohnung und Arbeitsstätte

R 9.10
S 2351

Maßgebliche Wohnung

(1) ¹Als Ausgangspunkt für die Wege kommt jede Wohnung des Arbeitnehmers in Betracht, die er regelmäßig zur Übernachtung nutzt und von der aus er seine regelmäßige Arbeitsstätte aufsucht. ²Als Wohnung ist z. B. auch ein möbliertes Zimmer, eine Schiffskajüte, ein Gartenhaus, ein auf eine gewisse Dauer abgestellter Wohnwagen oder ein Schlafplatz in einer Massenunterkunft anzusehen. ³Hat ein Arbeitnehmer mehrere Wohnungen, können Wege von und zu der von der regelmäßigen Arbeitsstätte weiter entfernt liegenden Wohnung nach § 9 Abs. 1 Satz 3 Nr. 4 Satz 6 EStG nur dann berücksichtigt werden, wenn sich dort der Mittelpunkt der Lebensinteressen des Arbeitnehmers befindet und sie nicht nur gelegentlich aufgesucht wird. ⁴Der Mittelpunkt der Lebensinteressen befindet sich bei einem verheirateten Arbeitnehmer regelmäßig am tatsächlichen Wohnort seiner Familie. ⁵Die Wohnung kann aber nur dann ohne nähere Prüfung berücksichtigt werden, wenn sie der Arbeitnehmer mindestens sechsmal im Kalenderjahr aufsucht. ⁶Bei anderen Arbeitnehmern befindet sich der Mittelpunkt der Lebensinteressen an dem Wohnort, zu dem die engeren persönlichen Beziehungen bestehen. ⁷Die persönlichen Beziehungen können ihren Ausdruck besonders in Bindungen an Personen, z. B. Eltern, Verlobte, Freundes- und Bekanntenkreis, finden, aber auch in Vereinszugehörigkeiten und anderen Aktivitäten. ⁸Sucht der Arbeitnehmer diese Wohnung im Durchschnitt mindestens zweimal monatlich auf, ist davon auszugehen, dass sich dort der Mittelpunkt seiner Lebensinteressen befindet. ⁹Die Sätze 4 bis 8 gelten unabhängig davon, ob sich der Lebensmittelpunkt im Inland oder im Ausland befindet.

Fahrten mit einem zur Nutzung überlassenen Kraftfahrzeug

(2) ¹Ein Kraftfahrzeug ist dem Arbeitnehmer zur Nutzung überlassen, wenn es dem Arbeitnehmer vom Arbeitgeber unentgeltlich oder teilentgeltlich überlassen worden ist (→ R 8.1 Abs. 9) ist oder wenn es der Arbeitnehmer von dritter Seite geliehen, gemietet oder geleast hat. ²Wird ein Kraftfahrzeug von einer anderen Person als dem Arbeitnehmer, dem das Kraftfahrzeug von seinem Arbeitgeber zur Nutzung überlassen ist, für Wege zwischen Wohnung und regelmäßiger Arbeitsstätte benutzt, kann die andere Person die Entfernungspauschale nach § 9 Abs. 1 Satz 3 Nr. 4 EStG geltend machen; Entsprechendes gilt für den Arbeitnehmer, dem das Kraftfahrzeug von seinem Arbeitgeber überlassen worden ist, für Wege zwischen Wohnung und regelmäßiger Arbeitsstätte im Rahmen eines anderen Dienstverhältnisses.

Behinderte Menschen i. S. d. § 9 Abs. 2 Satz 3 EStG

(3) ¹Ohne Einzelnachweis der tatsächlichen Aufwendungen können die Fahrtkosten nach den Regelungen in R 9.5 Abs. 1 Satz 5 und R 9.8 Abs. 1 Satz 1 Nr. 3 angesetzt werden. ²Wird ein behinderter Arbeitnehmer im eigenen oder ihm zur Nutzung überlassenen Kraftfahrzeug arbeitstäglich von einem Dritten, z. B. dem Ehegatten, zu seiner regelmäßigen Arbeitsstätte gefahren und wieder abgeholt, können auch die Kraftfahrzeugkosten, die durch die Ab- und Anfahrten des Fahrers – die sogenannten Leerfahrten – entstehen, in tatsächlicher Höhe oder in sinngemäßer Anwendung von R 9.5 Abs. 1 als Werbungskosten abgezogen werden. ³Für den Nachweis der Voraussetzungen des § 9 Abs. 2 Satz 3 EStG ist § 65 EStDV¹⁾ entsprechend anzuwenden. ⁴Für die Anerkennung der tatsächlichen Aufwendungen oder der Kilometersätze aus R 9.5 Abs. 1 und für die Berücksichtigung von Leerfahrten ist bei rückwirkender Festsetzung oder Änderung des Grads der Behinderung das Gültigkeitsdatum des entsprechenden Nachweises maßgebend.

Hinweise

H 9.10

Allgemeine Grundsätze

→ BMF vom 31. 8. 2009²⁾ (BStBl I S. 891).

Anhang 18

Anrechnung von Arbeitgebererstattungen auf die Entfernungspauschale

→ BMF vom 31. 8. 2009³⁾ (BStBl I S. 891), Tz. 1.9

Anhang 18

---

¹) Abgedruckt bei § 33b EStG.
²) Aufgehoben durch BMF vom 3. 1. 2013 → Anhang 18.
³) Aufgehoben durch BMF vom 3. 1. 2013 → Anhang 18.

§ 9 EStG
H 9.10

Behinderte Menschen

Anhang 18
- → BMF vom 31. 8. 2009[1]) (BStBl I S. 891), Tz. 3
- Auch bei behinderten Arbeitnehmern **mit Behinderung** darf grundsätzlich nur eine Hin- und Rückfahrt arbeitstäglich, gegebenenfalls zusätzlich eine Rück- und Hinfahrt als Leerfahrt, berücksichtigt werden (→ BFH vom 2. 4. 1976 – BStBl II S. 452).

Benutzung verschiedener Verkehrsmittel

Anhang 18
→ BMF vom 31. 8. 2009[2]) (BStBl I S. 891), Tz. 1.6

Dienstliche Verrichtungen auf der Fahrt

Eine Fahrt zwischen Wohnung und regelmäßiger Arbeitsstätte liegt auch vor, wenn diese gleichzeitig zu dienstlichen Verrichtungen für den Arbeitgeber genutzt wird, z. B. Abholen der Post, sich dabei aber der Charakter der Fahrt nicht wesentlich ändert und allenfalls ein geringer Umweg erforderlich wird; die erforderliche Umwegstrecke ist als Auswärtstätigkeit zu werten (→ BFH vom 12. 10. 1990 – BStBl 1991 II S. 134).

Fahrgemeinschaften

Anhang 18
→ BMF vom 31. 8. 2009[3]) (BStBl I S. 891), Tz. 1.5

Fahrtkosten

- **bei Antritt einer Auswärtstätigkeit von der regelmäßigen Arbeitsstätte**

  Die Entfernungspauschale ist auch dann anzusetzen, wenn der Arbeitnehmer seine regelmäßige Arbeitsstätte nur deshalb aufsucht, um von dort eine Auswärtstätigkeit anzutreten oder Aufträge entgegenzunehmen, Bericht zu erstatten oder ähnliche Reisefolgetätigkeiten auszuüben (→ BFH vom 18. 1. 1991 – BStBl II S. 408 und vom 2. 2. 1994 – BStBl II S. 422).

- bei Betriebsversammlungen

Wegezeiten- und Fahrtkostenersatz bei Teilnahme an einer Betriebsversammlung

(Erlaß des FinMin NW vom 7. 2. 1985 – S 2332 – 38 – V B 3 –)

„Ersatzleistungen für Wegezeiten und Fahrkosten, die an Arbeitnehmer anläßlich der Teilnahme an Betriebsversammlungen nach § 44 des Betriebsverfassungsgesetzes vom Arbeitgeber gezahlt werden müssen, sind lohnsteuerlich folgendermaßen zu behandeln:

1. Die aus Anlaß der Versammlungsteilnahme gezahlten Vergütungen für die Wegezeit gehören zum steuerpflichtigen Arbeitslohn. Sie sind für die Berechnung der Lohnsteuer dem laufenden Arbeitslohn des Lohnzahlungszeitraums hinzuzurechnen."

...

Wegezeiten- und Fahrtkostenersatz bei Teilnahme an einer Betriebsversammlung II.

(Erlaß des FinMin NW vom 29. 9. 1992 – S 2332 – 38 – V B 3 –)

Bezug: Mein Erlaß vom 7. Februar 1985 – S 2332 – 38 – V B 3 (LSt-Kartei Teil B § 3 EStG Fach 4 Nr. 2)

Im Hinblick auf die zum 1. Januar 1990 eingetretenen Gesetzesänderungen gilt der v. g. Bezugserlaß nunmehr mit folgender Änderung:

2. Zusätzliche Fahrtkosten, die den Arbeitnehmern aus Anlaß ihrer Teilnahme an Betriebsversammlungen entstehen und die vom Arbeitgeber ersetzt werden, gehören zum steuerpflichtigen Arbeitslohn, wenn die Betriebsversammlung im Betrieb selbst abgehalten werden. Die Aufwendungen eines Arbeitnehmers sind jedoch nach § 9 Abs. 1 Nr. 4 Satz 2 EStG als Werbungskosten abziehbar, sofern tatsächlich eine zusätzliche Fahrt erforderlich wird (Abschn. 42 Abs. 2 Nr. 1 LStR); findet die Versammlung während der Arbeitszeit oder im Anschluß an die Arbeitszeit statt, so daß nicht von einem zusätzlichen Fahrteinsatz gesprochen werden kann, ist der Werbungskostenabzug ausgeschlossen. Bei Benutzung eines eigenen Kraftfahrzeugs können die Aufwendungen bis zu den Kilometersätzen des § 9

---

[1]) Aufgehoben durch BMF vom 3. 1. 2013 → Anhang 18.
[2]) Aufgehoben durch BMF vom 3. 1. 2013 → Anhang 18.
[3]) Aufgehoben durch BMF vom 3. 1. 2013 → Anhang 18.

Abs. 1 Nr. 4 und Abs. 2 EStG geltend gemacht werden (Abschn. 42 Abs. 4 und 6 LStR). Bei Fahrten mit anderen Verkehrsmitteln können die tatsächlichen Aufwendungen angesetzt werden (Abschn. 42 Abs. 7 LStR). Soweit die Voraussetzungen des Werbungskostenabzugs vorliegen, kann der Arbeitgeber die Fahrtkostenzuschüsse nach § 40 Abs. 2 Satz 2 EStG mit 15 v. H. pauschal besteuern.

Finden die Betriebsversammlungen hingegen außerhalb des Betriebs statt, können die Aufwendungen nach § 3 Nr. 16 EStG steuerfrei erstattet werden, da insoweit die Voraussetzungen einer Dienstreise bzw. eines Dienstgangs erfüllt sind. Die Höhe der erstattungsfähigen Aufwendungen richtet sich nach Abschn. 38 Abs. 3 i. V. m. Abs. 6 LStR. Wird die Versammlung während der Arbeitszeit außerhalb des Betriebs abgehalten, darf nur die Entfernung von der Arbeitsstätte zum Versammlungsort und zurück berücksichtigt werden; findet die Versammlung im Anschluß an die Arbeitszeit statt, so ist nicht nur eine etwaige Umwegstrecke, sondern die gesamte Strecke von der Arbeitsstätte zur Wohnung als Dienstreise bzw. Dienstgang zu werten.

Dieser Erlaß ergeht im Einvernehmen mit dem Bundesminister der Finanzen und den obersten Finanzbehörden der anderen Länder.

- **bei einfacher Fahrt**
  Wird das Kraftfahrzeug lediglich für eine Hin- oder Rückfahrt benutzt, z. B. wenn sich an die Hinfahrt eine Auswärtstätigkeit anschließt, die an der Wohnung des Arbeitnehmers endet, so ist die Entfernungspauschale nur zur Hälfte anzusetzen (→ BFH vom 26. 7. 1978 – BStBl II S. 661). Dasselbe gilt, wenn Hin- und Rückfahrt sich auf unterschiedliche Wohnungen oder regelmäßige Arbeitsstätten beziehen (→ BFH vom 9. 12. 1988 – BStBl 1989 II S. 296).
- **bei mehreren regelmäßigen Arbeitsstätten**
  Zum Ansatz der Entfernungspauschale bei mehreren regelmäßigen Arbeitsstätten und **mehreren Dienstverhältnissen** (→ BMF vom 31. 8. 2009[1]) – BStBl I S. 891, Tz. 1.8).
- **bei Nutzung unterschiedlicher Verkehrsmittel**
  → BMF vom 31. 8. 2009[2]) (BStBl I S. 891), Tz. 1.6

Fahrtstrecke zwischen Wohnung und Arbeitsstätte bei Kfz-Gestellung durch den Arbeitgeber

(Verfügung der OFD Hannover vom 27. 6. 2006 – S 2351 A – 14 – St 211 –)

Zu der Frage, ob Arbeitnehmer, die ein betriebliches Kfz ihres Arbeitgebers auch für Fahrten zwischen Wohnung und Arbeitsstätte benutzen, bei den Werbungskosten eine größere Entfernung ansetzen dürfen als bei der Versteuerung des Sachbezugs, wird Folgendes klargestellt:

Der Arbeitnehmer kann der Berechnung der Werbungskosten eine größere Entfernung zu Grunde legen als der Arbeitgeber bei der Bewertung des Sachbezugs „Kfz-Gestellung für Fahrten zwischen Wohnung und Arbeitsstätte" nach der pauschalen Bewertungsmethode des § 8 Abs. 2 Satz 3 EStG (0,03-%-Regelung).

Für die Bewertung des Sachbezugs nach § 8 Abs. 2 Satz 3 EStG ist die kürzeste benutzbare Straßenverbindung maßgebend (H 31 „Fahrten zwischen Wohnung und Arbeitsstätte bei pauschaler Nutzungswertermittlung" LStH 2006[3])). Dagegen kann dem Werbungskostenabzug nach § 9 Abs. 1 Satz 3 Nr. 4 Satz 4 EStG eine andere (längere) Verbindung zu Grunde gelegt werden, wenn sie offensichtlich verkehrsgünstiger ist und vom Arbeitnehmer regelmäßig für Wege zwischen Wohnung und Arbeitsstätte benutzt wird (BMF vom 11. 12. 2001, IV C 5 – S 2351–300/01, BStBl 2001 I S. 994, Tz. I.4).[4])

Flugstrecken

1. Der Umstand, dass der Gesetzgeber Flugstrecken nicht in die Entfernungspauschale einbezogen hat, begegnet keinen verfassungsrechtlichen Bedenken.
2. Mit dem Abzug der tatsächlichen Flugkosten wahrt der Gesetzgeber das objektive Nettoprinzip in besonderer Weise und trägt folgerichtig dem Gebot der Besteuerung nach der finanziellen Leistungsfähigkeit Rechnung.
3. Soweit die Entfernungspauschale als entfernungsabhängige Subvention und damit als Lenkungsnorm wirkt, ist es gleichheitsrechtlich nicht zu beanstanden, wenn der Gesetzgeber

---
[1]) Aufgehoben durch BMF vom 3. 1. 2013 → Anhang 18.
[2]) Aufgehoben durch BMF vom 3. 1. 2013 → Anhang 18.
[3]) Jetzt H 8.1 (9–10).
[4]) BMF vom 3. 1. 2013 TZ 1.4 → Anhang 18.

§ 9 EStG
H 9.10

> aus verkehrs- und umweltpolitischen Motiven Flugstrecken nicht in die Entfernungspauschale einbezogen hat.
> 4. Mit dem Abzug der tatsächlichen Flugkosten gemäß § 9 Abs. 1 Satz 3 Nr. 5 Satz 5 i. V. m. § 9 Abs. 1 Satz 3 Nr. 4 Satz 3 EStG verstößt der Gesetzgeber nicht wegen eines normativen Vollzugsdefizits gegen den allgemeinen Gleichheitssatz.
> → BFH vom 26. 3. 2009 – VI R 42/07 –

Leasingsonderzahlung

Durch die Entfernungspauschale wird auch eine Leasingsonderzahlung abgegolten (→ BFH vom 15. 4. 2010 – BStBl II S. 805).

Leerfahrten

Wird ein Arbeitnehmer im eigenen Kraftfahrzeug von einem Dritten zu seiner regelmäßigen Arbeitsstätte gefahren oder wieder abgeholt, so sind die sogenannten Leerfahrten selbst dann nicht zu berücksichtigen, wenn die Fahrten wegen schlechter öffentlicher Verkehrsverhältnisse erforderlich sind (→ BFH vom 7. 4. 1989 – BStBl II S. 925).

Mehrere Dienstverhältnisse

Anhang 18   → BMF vom 31. 8. 2009[1]) (BStBl I S. 891), Tz. 1.8

Mehrere Wege an einem Arbeitstag

Anhang 18   – → BMF vom 31. 8. 2009[2]) (BStBl I S. 891), Tz. 1.7
Anhang 18   – Die Abgeltungswirkung der Entfernungspauschale greift auch dann ein, wenn wegen atypischer Dienstzeiten Fahrten zwischen Wohnung und regelmäßiger Arbeitsstätte zweimal arbeitstäglich erfolgen (→ BFH vom 11. 9. 2003 – BStBl II S. 893).

Parkgebühren

Anhang 18   → BMF vom 31. 8. 2009[3]) (BStBl I S. 891), Tz. 4

Park and ride

Anhang 18   → BMF vom 31. 8. 2009[4]) (BStBl I S. 891), Tz. 1.6

Umwegfahrten

→ Dienstliche Verrichtungen auf der Fahrt
→ Fahrgemeinschaften

Unfallschäden

Neben der Entfernungspauschale können nach § 9 Abs. 1 Satz 1 EStG nur Aufwendungen berücksichtigt werden für die Beseitigung von Unfallschäden bei einem Verkehrsunfall
– auf der Fahrt zwischen Wohnung und regelmäßiger Arbeitsstätte (→ BFH vom 23. 6. 1978 – BStBl II S. 457 und vom 14. 7. 1978 – BStBl II S. 595),
– auf einer Umwegfahrt zum Betanken des Fahrzeugs (→ BFH vom 11. 10. 1984 – BStBl 1985 II S. 10),
– unter einschränkenden Voraussetzungen auf einer Leerfahrt des Ehegatten zwischen der Wohnung und der Haltestelle eines öffentlichen Verkehrsmittels oder auf der Abholfahrt des Ehegatten (→ BFH vom 26. 6. 1987 – BStBl II S. 818 und vom 11. 2. 1993 – BStBl II S. 518),
– auf einer Umwegstrecke zur Abholung der Mitfahrer einer Fahrgemeinschaft unabhängig von der Gestaltung der Fahrgemeinschaft (→ BFH vom 11. 7. 1980 – BStBl II S. 655).

Nicht berücksichtigt werden können die Folgen von Verkehrsunfällen
– auf der Fahrt unter Alkoholeinfluss (→ BFH vom 6. 4. 1984 – BStBl II S. 434),
– auf einer Probefahrt (→ BFH vom 23. 6. 1978 – BStBl II S. 457),
– auf einer Fahrt, die nicht von der Wohnung aus angetreten oder an der Wohnung beendet wird (→ BFH vom 25. 3. 1988 – BStBl II S. 706),

---

[1]) Aufgehoben durch BMF vom 3. 1. 2013 (Anhang 18).
[2]) Aufgehoben durch BMF vom 3. 1. 2013 (Anhang 18).
[3]) Aufgehoben durch BMF vom 3. 1. 2013 (Anhang 18).
[4]) Aufgehoben durch BMF vom 3. 1. 2013 (Anhang 18).

– auf einer Umwegstrecke, wenn diese aus privaten Gründen befahren wird, z. B. zum Einkauf von Lebensmitteln oder um ein Kleinkind unmittelbar vor Arbeitsbeginn in den Hort zu bringen (→ BFH vom 13. 3. 1996 – BStBl II S. 375).

Zu den **berücksichtigungsfähigen Unfallkosten** gehören auch Schadensersatzleistungen, die der Arbeitnehmer unter Verzicht auf die Inanspruchnahme seiner gesetzlichen Haftpflichtversicherung selbst getragen hat.

Nicht berücksichtigungsfähig sind dagegen
– die in den Folgejahren erhöhten Beiträge für die Haftpflicht- und Fahrzeugversicherung, wenn die Schadensersatzleistungen von dem Versicherungsunternehmen erbracht worden sind (→ BFH vom 11. 7. 1986 – BStBl II S. 866),
– Finanzierungskosten, und zwar auch dann, wenn die Kreditfinanzierung des Fahrzeugs wegen Verlusts eines anderen Kraftfahrzeugs auf einer Fahrt von der Wohnung zur regelmäßigen Arbeitsstätte erforderlich geworden ist (→ BFH vom 1. 10. 1982 – BStBl 1983 II S. 17),
– der so genannte merkantile Minderwert eines reparierten und weiterhin benutzten Fahrzeugs (→ BFH vom 31. 1. 1992 – BStBl II S. 401).

Lässt der Arbeitnehmer das unfallbeschädigte Fahrzeug nicht reparieren, kann die Wertminderung durch Absetzungen für außergewöhnliche Abnutzung (§ 7 Abs. 1 letzter Satz i. V. m. § 9 Abs. 1 Satz 3 Nr. 7 EStG) berücksichtigt werden; Absetzungen sind ausgeschlossen, wenn die gewöhnliche Nutzungsdauer des Fahrzeugs bereits abgelaufen ist.
→ H 9.12 (Absetzung für Abnutzung).
Soweit die unfallbedingte Wertminderung durch eine Reparatur behoben worden ist, sind nur die tatsächlichen Reparaturkosten zu berücksichtigen (→ BFH vom 27. 8. 1993 – BStBl 1994 II S. 235).

Verkehrsgünstigere Strecke
– *„Offensichtlich verkehrsgünstiger"* i. S. d. § 9 Abs. 1 Satz 3 Nr. 4 Satz 4 EStG ist die vom Arbeitnehmer gewählte Straßenverbindung, wenn sich jeder unvoreingenommene, verständige Verkehrsteilnehmer unter den gegebenen Verkehrsverhältnissen für die Benutzung der Strecke entschieden hätte. Zu vergleichen sind die kürzeste und die vom Arbeitnehmer regelmäßig für Fahrten zwischen Wohnung und regelmäßiger Arbeitsstätte benutzte längere Straßenverbindung. Weitere mögliche, vom Arbeitnehmer tatsächlich aber nicht benutzte Fahrtstrecken zwischen Wohnung und regelmäßiger Arbeitsstätte bleiben dagegen unberücksichtigt (→ *BFH vom 16. 11. 2011 – BStBl 2012 II S. 470*).
– Ob eine Straßenverbindung auf Grund einer zu erwartenden Zeitersparnis als „offensichtlich verkehrsgünstiger" anzusehen ist, richtet sich nach den Umständen des Einzelfalls. Insbesondere ist nicht in jedem Fall eine Zeitersparnis von mindestens 20 Minuten erforderlich (→ *BFH vom 16. 11. 2011– BStBl 2012 II S. 520*).
– Im Rahmen der Bestimmung der kürzesten Straßenverbindung ist auch eine Fährverbindung einzubeziehen. Besonderheiten einer Fährverbindung wie Wartezeiten, technische Schwierigkeiten oder Auswirkungen der Witterungsbedingungen auf den Fährbetrieb können dazu führen, dass eine andere Straßenverbindung als „offensichtlich verkehrsgünstiger" anzusehen ist als die kürzeste Straßenverbindung (→ *BFH vom 19. 4. 2012 – BStBl II S. 802 – VI R 53/11 –).*

Wohnung
Ein Hotelzimmer oder eine fremde Wohnung, in denen der Arbeitnehmer nur kurzfristig aus privaten Gründen übernachtet, ist nicht Wohnung i. S. d. § 9 Abs. 1 EStG (→ BFH vom 25. 3. 1988 – BStBl II S. 706).
Der Mittelpunkt der Lebensinteressen befindet sich bei einem verheirateten Arbeitnehmer regelmäßig am tatsächlichen Wohnort seiner Familie (→ BFH vom 10. 11. 1978 – BStBl 1979 II S. 219 und vom 3. 10. 1985 – BStBl 1986 II S. 95).
Aufwendungen für Wege zwischen der regelmäßigen Arbeitsstätte und der Wohnung, die den örtlichen Mittelpunkt der Lebensinteressen des Arbeitnehmers darstellt, sind auch dann als Werbungskosten i. S. d. § 9 Abs. 1 Satz 3 Nr. 4 EStG zu berücksichtigen, wenn die Fahrt an der näher zur regelmäßigen Arbeitsstätte liegenden Wohnung unterbrochen wird (→ BFH vom 20. 12. 1991 – BStBl 1992 II S. 306).
Ob ein Arbeitnehmer seine weiter entfernt liegende Familienwohnung nicht nur gelegentlich aufsucht, ist anhand einer Gesamtwürdigung zu beurteilen. Fünf Fahrten im Kalenderjahr können bei entsprechenden Umständen ausreichend sein (→ BFH vom 26. 11. 2003 – BStBl 2004 II S. 233; → R 9.10 Abs. 1 Satz 5).

R 9.11 Mehraufwendungen bei doppelter Haushaltsführung

R 9.11 (1) Doppelte Haushaltsführung

S 2352

(1) ¹Eine doppelte Haushaltsführung liegt nur dann vor, wenn der Arbeitnehmer außerhalb des Ortes, in dem er einen eigenen Hausstand unterhält, beschäftigt ist und auch am Beschäftigungsort übernachtet; die Anzahl der Übernachtungen ist dabei unerheblich. ²Eine doppelte Haushaltsführung liegt nicht vor, solange die auswärtige Beschäftigung nach R 9.4 Abs. 2 als Auswärtstätigkeit anzuerkennen ist und somit keine regelmäßige Arbeitsstätte vorliegt.

R 9.11 (2) Berufliche Veranlassung

(2) ¹Das Beziehen einer Zweitwohnung ist regelmäßig bei einem Wechsel des Beschäftigungsorts auf Grund einer Versetzung, des Wechsels oder der erstmaligen Begründung eines Dienstverhältnisses beruflich veranlasst. ²Beziehen beiderseits berufstätige Ehegatten am gemeinsamen Beschäftigungsort eine gemeinsame Zweitwohnung, liegt ebenfalls eine berufliche Veranlassung vor. ³Auch die Mitnahme des nicht berufstätigen Ehegatten an den Beschäftigungsort steht der beruflichen Veranlassung einer doppelten Haushaltsführung nicht entgegen. ⁴Bei Zuzug aus dem Ausland kann das Beziehen einer Zweitwohnung auch dann beruflich veranlasst sein, wenn der Arbeitnehmer politisches Asyl beantragt oder erhält. ⁵Eine aus beruflichem Anlass begründete doppelte Haushaltsführung liegt auch dann vor, wenn ein Arbeitnehmer seinen Haupthausstand aus privaten Gründen vom Beschäftigungsort wegverlegt und er darauf in einer Wohnung am Beschäftigungsort einen Zweithaushalt begründet, um von dort seiner Beschäftigung weiter nachgehen zu können. ⁶In den Fällen, in denen bereits zum Zeitpunkt der Wegverlegung des Lebensmittelpunktes vom Beschäftigungsort ein Rückumzug an den Beschäftigungsort geplant ist oder feststeht, handelt es sich hingegen nicht um eine doppelte Haushaltsführung i. S. d. § 9 Abs. 1 Satz 3 Nr. 5 EStG.

R 9.11 (3) Eigener Hausstand

(3) ¹Ein eigener Hausstand setzt eine eingerichtete, den Lebensbedürfnissen entsprechende Wohnung des Arbeitnehmers voraus. ²In dieser Wohnung muss der Arbeitnehmer einen Haushalt unterhalten, das heißt, er muss die Haushaltsführung bestimmen oder wesentlich mitbestimmen. ³Es ist nicht erforderlich, dass in der Wohnung am Ort des eigenen Hausstands hauswirtschaftliches Leben herrscht, z. B. wenn der Arbeitnehmer seinen nicht berufstätigen Ehegatten an den auswärtigen Beschäftigungsort mitnimmt oder der Arbeitnehmer nicht verheiratet ist. ⁴Die Wohnung muss außerdem der auf Dauer angelegte Mittelpunkt der Lebensinteressen des Arbeitnehmers sein ⁵Bei größerer Entfernung zwischen dieser Wohnung und der Zweitwohnung, insbesondere bei einer Wohnung im Ausland, reicht bereits eine Heimfahrt im Kalenderjahr aus, um diese als Lebensmittelpunkt anzuerkennen, wenn in der Wohnung auch bei Abwesenheit des Arbeitnehmers hauswirtschaftliches Leben herrscht, an dem sich der Arbeitnehmer sowohl durch persönliche Mitwirkung als auch finanziell maßgeblich beteiligt. ⁶Bei Arbeitnehmern mit einer Wohnung in weit entfernt liegenden Ländern, z. B. Australien, Indien, Japan, Korea, Philippinen, gilt Satz 5 mit der Maßgabe, dass innerhalb von zwei Jahren mindestens eine Heimfahrt unternommen wird.

R 9.11 (4) Ort der Zweitwohnung

(4) Eine Zweitwohnung in der Nähe des Beschäftigungsorts steht einer Zweitwohnung am Beschäftigungsort gleich.

H 9.11 (1–4)

Hinweise

Beibehaltung der Wohnung

– Ist der doppelte Haushalt beruflich begründet worden, ist es unerheblich, ob in der Folgezeit auch die Beibehaltung beider Wohnungen beruflich veranlasst ist (→ BFH vom 30. 9. 1988 – BStBl 1989 II S. 103) oder ob der gemeinsame Wohnsitz beiderseits berufstätiger Ehegatten über die Jahre gleich bleibt oder verändert wird (→ BFH vom 30. 10. 2008 – BStBl 2009 II S. 153).

– Nach einer mehrmonatigen Beurlaubung kann in der alten Wohnung am früheren Beschäftigungsort auch erneut eine doppelte Haushaltsführung begründet werden (→ BFH vom 8. 7. 2010 – BStBl 2011 II S. 47).

Berufliche Veranlassung

Anhang 37 – → R 9.11 Abs. 2

- Eine beruflich begründete doppelte Haushaltsführung liegt vor, wenn aus beruflicher Veranlassung in einer Wohnung am Beschäftigungsort ein zweiter (doppelter) Haushalt zum Hausstand des Stpf. hinzutritt. Der Haushalt in der Wohnung am Beschäftigungsort ist beruflich veranlasst, wenn ihn der Stpfl. nutzt, um seinen Arbeitsplatz von dort aus erreichen zu können (→ BFH vom 5. 3. 2009 – BStBl II S. 1012 und 1016).
- Eine aus beruflichem Anlass begründete doppelte Haushaltsführung kann auch dann vorliegen, wenn ein Stpfl. seinen Haupthausstand aus privaten Gründen vom Beschäftigungsort wegverlegt und er darauf in einer Wohnung am Beschäftigungsort einen Zweithaushalt begründet, um von dort seiner bisherigen Beschäftigung weiter nachgehen zu können (→ BFH vom 5. 3. 2009 – BStBl II S. 1012 und 1016).
- Der berufliche Veranlassungszusammenhang einer doppelten Haushaltsführung wird nicht allein dadurch beendet, dass ein Arbeitnehmer seinen Familienhausstand innerhalb desselben Ortes verlegt (→ BFH vom 4. 4. 2006 – BStBl II S. 714).
- Erneute doppelte Haushaltsführung am früheren Beschäftigungsort bedingt keinen Wohnungswechsel
1. Wurde eine doppelte Haushaltsführung beendet, kann sie am früheren Beschäftigungsort auch in der dazu schon früher genutzten Wohnung erneut begründet werden.
2. Eine doppelte Haushaltsführung ist regelmäßig dann beendet, wenn der Haushalt in der Wohnung am Beschäftigungsort nicht mehr geführt wird. (→ BFH vom 8. 6. 2010 – BStBl II 2011 S. 47)
- → Verlegung des Familienwohnsitzes

Beschäftigung am Hauptwohnsitz

Aufwendungen eines Arbeitnehmers für eine Zweitwohnung an einem auswärtigen Beschäftigungsort mit regelmäßiger Arbeitsstätte sind auch dann wegen doppelter Haushaltsführung als Werbungskosten abziehbar, wenn der Arbeitnehmer zugleich am Ort seines Hausstandes eine weitere regelmäßige Arbeitsstätte hat (→ BFH vom 24. 5. 2007 – BStBl II S. 609).

Ehegatten

Bei verheirateten Arbeitnehmern kann für jeden Ehegatten eine doppelte Haushaltsführung beruflich veranlasst sein, wenn die Ehegatten außerhalb des Ortes ihres gemeinsamen Hausstands an verschiedenen Orten beschäftigt sind und am jeweiligen Beschäftigungsort eine Zweitwohnung beziehen (→ BFH vom 6. 10. 1994 – BStBl 1995 II S. 184).

Eheschließung

Eine beruflich veranlasste Aufteilung einer Haushaltsführung liegt auch in den Fällen vor, in denen der eigene Hausstand nach der Eheschließung am Beschäftigungsort des ebenfalls berufstätigen Ehegatten begründet (→ BFH vom 6. 9. 1977 – BStBl 1978 II S. 32, vom 20. 3. 1980 – BStBl II S. 455 und vom 4. 10. 1989 – BStBl 1990 II S. 321) oder wegen der Aufnahme einer Berufstätigkeit des Ehegatten an dessen Beschäftigungsort verlegt und am Beschäftigungsort eine Zweitwohnung des Arbeitnehmers begründet worden ist (→ BFH vom 2. 10. 1987 – BStBl II S. 852).

Eigener Hausstand

- Die Wohnung muss grundsätzlich aus eigenem Recht, z. B. als Eigentümer oder als Mieter genutzt werden, wobei auch ein gemeinsames oder abgeleitetes Nutzungsrecht ausreichen kann (→ BFH vom 5. 10. 1994 – BStBl 1995 II S. 180). Ein eigener Hausstand wird auch anerkannt, wenn die Wohnung zwar allein vom Lebenspartner des Arbeitnehmers angemietet wurde, dieser sich aber mit Duldung seines Partners dauerhaft dort aufhält und sich finanziell in einem Umfang an der Haushaltsführung beteiligt, dass daraus auf eine gemeinsame Haushaltsführung geschlossen werden kann (→ BFH vom 12. 9. 2000 – BStBl 2001 II S. 29).
- Bei einem alleinstehenden Arbeitnehmer ist zu prüfen, ob er einen eigenen Hausstand unterhält oder in einen fremden Haushalt eingegliedert ist. Allein der Umstand, dass die Wohnung unentgeltlich überlassen wird, spricht nicht gegen das Vorliegen eines eigenen Hausstands. Die Entgeltlichkeit ist ein besonders gewichtiges Indiz für das Vorliegen eines eigenen Hausstands, aber keine zwingende Voraussetzung (→ BFH vom 14. 6. 2007 – BStBl II S. 890 und vom 21. 4. 2010 – BStBl **2012 II S. 618 – und vom 28. 3. 2012 – BStBl II S. 800 – VI R 87/10 –**).
- Ein eigener Hausstand liegt nicht vor bei Arbeitnehmern, die – wenn auch gegen Kostenbeteiligung – in den Haushalt der Eltern eingegliedert sind oder in der Wohnung der Eltern lediglich ein Zimmer bewohnen (→ BFH vom 5. 10. 1994 – BStBl 1995 II S. 180).
- Ein Vorbehaltsnießbrauch zu Gunsten der Eltern an einem Zweifamilienhaus eines unverheirateten Arbeitnehmers schließt nicht aus, dass dieser dort einen eigenen Hausstand als Vor-

§ 9 EStG
R 9.11 (5)   H 9.11 (1–4)

- aussetzung für eine doppelte Haushaltsführung unterhält, wenn gesichert ist, dass er die Wohnung nicht nur vorübergehend nutzen kann; bei dieser Prüfung kommt es auf den Fremdvergleich nicht an (→ BFH vom 4. 11. 2003 – BStBl 2004 II S. 16).
- Unterhält ein unverheirateter Arbeitnehmer am Ort des Lebensmittelpunkts seinen Haupthausstand, so kommt es für das Vorliegen einer doppelten Haushaltsführung nicht darauf an, ob die ihm dort zur ausschließlichen Nutzung zur Verfügung stehenden Räumlichkeiten den bewertungsrechtlichen Anforderungen an eine Wohnung gerecht werden (→ BFH vom 14. 10. 2004 – BStBl 2005 II S. 98).
- Ein eigener Hausstand wird auch dann unterhalten, wenn der Erst- oder Haupthausstand im Rahmen eines Mehrgenerationenhaushalts (mit den Eltern) geführt wird. Der „kleinfamilientypische" Haushalt der Eltern kann sich zu einem wohngemeinschaftsähnlichen, gemeinsamen und mitbestimmten, Mehrgenerationenhaushalt oder gar zum Haushalt des erwachsenen Kindes, in den die Eltern beispielsweise wegen Krankheit oder Pflegebedürftigkeit aufgenommen sind, wandeln. (→ BFH vom 26. 7. 2012 – VI R 10/12 –)

Nutzung der Zweitwohnung

Es ist unerheblich, wie oft der Arbeitnehmer tatsächlich in der Zweitwohnung übernachtet (→ BFH vom 9. 6. 1988 – BStBl II S. 990).

Private Veranlassung

→ R 9.11 Abs. 2 Satz 6

Regelmäßige Arbeitsstätte

Eine doppelte Haushaltsführung setzt den Bezug einer Zweitwohnung am Ort einer regelmäßigen Arbeitsstätte voraus (→ BFH vom 11. 5. 2005 – BStBl II S. 782). Bei Arbeitnehmern, die auf Grund ihrer individuellen Tätigkeit typischerweise nur an ständig wechselnden Tätigkeitsstätten eingesetzt werden, richtet sich der Abzug der Aufwendungen nach Reisekostengrundsätzen (→ R 9.4 ff.).

Zeitlicher Zusammenhang

Es ist gleichgültig, ob die → Zweitwohnung in zeitlichem Zusammenhang mit dem Wechsel des Beschäftigungsorts, nachträglich (→ BFH vom 9. 3. 1979 – BStBl II S. 520) oder im Rahmen eines Umzugs aus einer privat begründeten → Zweitwohnung (→ BFH vom 26. 8. 1988 – BStBl 1989 II S. 89) bezogen worden ist.

Zweitwohnung *am Beschäftigungsort*

- Als Zweitwohnung am Beschäftigungsort kommt jede dem Arbeitnehmer entgeltlich oder unentgeltlich zur Verfügung stehende Unterkunft in Betracht, z. B. auch eine Eigentumswohnung, ein möbliertes Zimmer, ein Hotelzimmer, eine Gemeinschaftsunterkunft, in dem der Arbeitnehmer übernachten kann (→ BFH vom 3. 10. 1985 – BStBl 1986 II S. 369) oder bei Soldaten die Unterkunft in der Kaserne (→ BFH vom 20. 12. 1982 – BStBl 1983 II S. 269).
- *Eine Wohnung dient dem Wohnen am Beschäftigungsort, wenn sie dem Arbeitnehmer ungeachtet von Gemeinde- oder Landesgrenzen ermöglicht, seine Arbeitsstätte täglich aufzusuchen (→ BFH vom 19. 4. 2012 – BStBl II S. 833 – VI R 59/11 –).*

R 9.11 (5)   **Notwendige Mehraufwendungen**

(5) ¹Als notwendige Mehraufwendungen wegen einer doppelten Haushaltsführung kommen in Betracht:
1. die Fahrtkosten aus Anlass der Wohnungswechsel zu Beginn und am Ende der doppelten Haushaltsführung sowie für wöchentliche Heimfahrten an den Ort des eigenen Hausstands (→ Absatz 6) oder Aufwendungen für wöchentliche Familien-Ferngespräche,
2. Verpflegungsmehraufwendungen (→ Absatz 7),
3. Aufwendungen für die Zweitwohnung (→ Absatz 8) und
4. Umzugskosten (→ Absatz 9).

²Führt der Arbeitnehmer mehr als eine Heimfahrt wöchentlich durch, kann er wählen, ob er die nach Satz 1 in Betracht kommenden Mehraufwendungen wegen doppelter Haushaltsführung oder die Fahrtkosten nach R 9.10 geltend machen will. ³Der Arbeitnehmer kann das Wahlrecht bei derselben doppelten Haushaltsführung für jedes Kalenderjahr nur einmal ausüben. ⁴Hat der Arbeitgeber die Zweitwohnung unentgeltlich oder teilentgeltlich zur Verfügung gestellt, sind die

abziehbaren Fahrtkosten um diesen Sachbezug mit dem nach R 8.1 Abs. 5 und 6 maßgebenden Wert zu kürzen.

Notwendige Fahrtkosten

(6) ¹Als notwendige Fahrtkosten sind anzuerkennen

1. die tatsächlichen Aufwendungen für die Fahrten anlässlich der Wohnungswechsel zu Beginn und am Ende der doppelten Haushaltsführung. ²Für die Ermittlung der Fahrtkosten ist R 9.5 Abs. 1 anzuwenden; zusätzlich können etwaige Nebenkosten nach Maßgabe von R 9.8 berücksichtigt werden,
2. die Entfernungspauschale nach § 9 Abs. 1 Satz 3 Nr. 5 Satz 4 EStG für jeweils eine tatsächlich durchgeführte Heimfahrt wöchentlich. ²Aufwendungen für Fahrten mit einem im Rahmen des Dienstverhältnisses zur Nutzung überlassenen Kraftfahrzeug können nicht angesetzt werden (→ Absatz 10 Satz 7 Nr. 1).

Notwendige Verpflegungsmehraufwendungen

(7) ¹Als notwendige Verpflegungsmehraufwendungen sind vorbehaltlich des Satzes 5 für einen Zeitraum von drei Monaten nach Bezug der Wohnung am neuen Beschäftigungsort für jeden Kalendertag, an dem der Arbeitnehmer von seiner Wohnung am Lebensmittelpunkt i. S. d. Absatzes 3 abwesend ist, die bei Auswärtstätigkeiten ansetzbaren Pauschbeträge anzuerkennen; dabei ist allein die Dauer der Abwesenheit von der Wohnung am Lebensmittelpunkt maßgebend. ²Ist der Tätigkeit am Beschäftigungsort eine Auswärtstätigkeit an diesen Beschäftigungsort unmittelbar vorausgegangen, ist deren Dauer auf die Dreimonatsfrist anzurechnen. ³Für den Ablauf der Dreimonatsfrist gilt R 9.6 Abs. 4 mit der Maßgabe, dass der Neubeginn der Dreimonatsfrist voraussetzt, dass die bisherige Zweitwohnung nicht beibehalten wurde.¹)⁴R 9.6 Abs. 2 ist zu beachten. ⁵Verlegt der Arbeitnehmer seinen Lebensmittelpunkt i. S. d. Absatzes 3 aus privaten Gründen (→ Absatz 2 Satz 5) vom Beschäftigungsort weg und begründet in seiner bisherigen Wohnung oder einer anderen Unterkunft am Beschäftigungsort einen Zweithaushalt, um von dort seiner Beschäftigung weiter nachgehen zu können, liegen notwendige Verpflegungsmehraufwendungen nur vor, wenn und soweit der Arbeitnehmer am Beschäftigungsort zuvor nicht bereits drei Monate gewohnt hat; die Dauer eines unmittelbar der Begründung des Zweithaushalts am Beschäftigungsort vorausgegangenen Aufenthalts am Ort des Zweithaushalts ist auf die Dreimonatsfrist anzurechnen.

Notwendige Aufwendungen für die Zweitwohnung

(8) ¹Die tatsächlichen Kosten für die Zweitwohnung sind anzuerkennen soweit sie notwendig und angemessen sind. ²Zu den notwendigen Aufwendungen für die Zweitwohnung gehört auch die für diese Wohnung zu entrichtende Zweitwohnungssteuer. ³Steht die Zweitwohnung im Eigentum des Arbeitnehmers, sind die Aufwendungen in der Höhe als notwendig anzusehen, in der sie der Arbeitnehmer als Mieter für eine nach Größe, Ausstattung und Lage angemessene Wohnung tragen müsste.

Umzugskosten

(9) ¹Umzugskosten anlässlich der Begründung, Beendigung oder des Wechsels einer doppelten Haushaltsführung sind vorbehaltlich des Satzes 4 Werbungskosten, wenn der Umzug beruflich veranlasst ist. ²Der Nachweis der Umzugskosten i. S. d. § 10 BUKG ist notwendig, weil für sie keine Pauschalierung möglich ist. ³Dasselbe gilt für die sonstigen Umzugsauslagen i. S. d. § 10 AUV bei Beendigung der doppelten Haushaltsführung durch den Rückumzug eines Arbeitnehmers in das Ausland. ⁴Verlegt der Arbeitnehmer seinen Lebensmittelpunkt i. S. d. Absatzes 3 aus privaten Gründen (→ Absatz 2 Satz 5) vom Beschäftigungsort weg und begründet in seiner bisherigen Wohnung am Beschäftigungsort einen Zweithaushalt, um von dort seiner Beschäftigung weiter nachgehen zu können, sind diese Umzugskosten keine Werbungskosten, sondern Kosten der privaten Lebensführung; Entsprechendes gilt für Umzugskosten, die nach Wegverlegung des Lebensmittelpunktes vom Beschäftigungsort durch die endgültige Aufgabe der Zweitwohnung am Beschäftigungsort entstehen; es sei denn, dieser Umzug wie z. B. im Falle eines Arbeitsplatzwechsels ausschließlich beruflich veranlasst ist. ⁵Für Umzugskosten, die nach Wegverlegung des Lebensmittelpunktes vom Beschäftigungsort für den Umzug in eine andere, ausschließlich aus beruflichen Gründen genutzte Zweitwohnung am Beschäftigungsort entstehen, gelten die Sätze 1 bis 3 entsprechend.

Anhang 8 I
Anhang 8 III

---

¹) → aber H 9.11 (1–4) Beibehaltung der Wohnung.

§ 9 EStG
R 9.11 (10), R 9.11 (10)   H 9.11 (5–10)

R 9.11 (10) Erstattung durch den Arbeitgeber oder Werbungskostenabzug

(10) ¹Die notwendigen Mehraufwendungen nach den Absätzen 5 bis 9 können als Werbungskosten abgezogen werden, soweit sie nicht vom Arbeitgeber nach den folgenden Regelungen steuerfrei erstattet werden; R 9.6 Abs. 2 ist sinngemäß anzuwenden. ²Die Erstattung der Mehraufwendungen bei doppelter Haushaltsführung durch den Arbeitgeber ist nach § 3 Nr. 13 oder 16 EStG steuerfrei, soweit keine höheren Beträge erstattet werden, als nach Satz 1 als Werbungskosten abgezogen werden können. ³Dabei kann der Arbeitgeber bei Arbeitnehmern in den Steuerklassen III, IV oder V ohne Weiteres unterstellen, dass sie einen eigenen Hausstand haben. ⁴Bei anderen Arbeitnehmern darf der Arbeitgeber einen eigenen Hausstand nur dann anerkennen, wenn sie schriftlich erklären, dass sie neben einer Zweitwohnung am Beschäftigungsort außerhalb des Beschäftigungsorts einen eigenen Hausstand unterhalten, und die Richtigkeit dieser Erklärung durch Unterschrift bestätigen. ⁵Diese Erklärung ist als Beleg zum Lohnkonto aufzubewahren. ⁶Das Wahlrecht des Arbeitnehmers nach Absatz 5 hat der Arbeitgeber nicht zu beachten. ⁷Darüber hinaus gilt Folgendes:

1. Hat der Arbeitgeber oder für dessen Rechnung ein Dritter dem Arbeitnehmer einen Kraftwagen zur Durchführung der Heimfahrten unentgeltlich überlassen, kommt ein Werbungskostenabzug und eine Erstattung von Fahrtkosten nicht in Betracht.
2. Verpflegungsmehraufwendungen dürfen nur bis zu den nach Absatz 7 maßgebenden Pauschbeträgen steuerfrei erstattet werden.
3. ¹Die notwendigen Aufwendungen für die Zweitwohnung an einem Beschäftigungsort im Inland dürfen ohne Einzelnachweis für einen Zeitraum von drei Monaten mit einem Pauschbetrag von 20 Euro und für die Folgezeit mit einem Pauschbetrag von 5 Euro je Übernachtung steuerfrei erstattet werden, wenn dem Arbeitnehmer die Zweitwohnung nicht unentgeltlich oder teilentgeltlich zur Verfügung gestellt worden ist. ²Bei einer Zweitwohnung im Ausland können die notwendigen Aufwendungen ohne Einzelnachweis für einen Zeitraum von drei Monaten mit dem für eine Auswärtstätigkeit geltenden ausländischen Übernachtungspauschbetrag und für die Folgezeit mit 40 % dieses Pauschbetrags steuerfrei erstattet werden.
4. Bei der Erstattung der Mehraufwendungen durch den Arbeitgeber dürfen unter Beachtung von Nummer 1 bis 3 die einzelnen Aufwendungsarten zusammengefasst werden; in diesem Falle ist die Erstattung steuerfrei, soweit sie die Summe der nach Absatz 5 Nr. 1 bis 4 zulässigen Einzelerstattungen nicht übersteigt.

H 9.11 (5–10)

Hinweise

Angemessenheit der Unterkunftskosten

- Die tatsächlichen Mietkosten sind als Werbungskosten abziehbar, soweit sie nicht überhöht sind (→ BFH vom 16. 3. 1979 – BStBl II S. 473). Entsprechendes gilt für die tatsächlich angefallenen Unterkunftskosten im eigenen Haus (→ BFH vom 24. 5. 2000 – BStBl II S. 474).
- Nicht überhöht sind Aufwendungen, die sich für eine Wohnung von 60 qm bei einem ortsüblichen Mietzins je qm für eine nach Lage und Ausstattung durchschnittliche Wohnung (Durchschnittsmietzins) ergeben würden (→ BFH vom 9. 8. 2007 – BStBl II S. 820).
- Ein häusliches Arbeitszimmer in der Zweitwohnung am Beschäftigungsort ist bei der Ermittlung der abziehbaren Unterkunftskosten nicht zu berücksichtigen; der Abzug der hierauf entfallenden Aufwendungen richtet sich nach § 4 Abs. 5 Satz 1 Nr. 6b EStG (→ BFH vom 9. 8. 2007 – BStBl II 2008 S. – VI R 23/05).
- Die Vorschriften über den Abzug notwendiger Mehraufwendungen wegen einer aus beruflichem Anlass begründeten doppelten Haushaltsführung stehen dem allgemeinen Werbungskostenabzug umzugsbedingt geleisteter Mietzahlungen nicht entgegen (→ BFH vom 13. 7. 2011, BStBl 2012 I S. 104); → H 9.9 (Doppelter Mietaufwand).

Drittaufwand

Der Abzug der Aufwendungen für die Zweitwohnung ist ausgeschlossen, wenn die Aufwendungen auf Grund eines Dauerschuldverhältnisses (z. B. Mietvertrag) von einem Dritten getragen werden (→ BFH vom 13. 3. 1996 – BStBl II S. 375 und vom 24. 2. 2000 – BStBl II S. 314).

Eigene Zweitwohnung

Bei einer im Eigentum des Arbeitnehmers stehenden Zweitwohnung gilt Folgendes:

- Zu den Aufwendungen gehören auch die Absetzungen für Abnutzung, Hypothekenzinsen und Reparaturkosten (→ BFH vom 3. 12. 1982 – BStBl 1983 II S. 467).

– Die Inanspruchnahme der Eigenheimzulage scheidet aus, wenn für eine doppelte Haushaltsführung Aufwendungen als Werbungskosten geltend gemacht werden (→ § 2 Satz 2 EigZulG sowie zu § 10e EStG → BFH vom 27. 7. 2000 – BStBl II S. 692).

Erstattung durch den Arbeitgeber
– Steuerfrei → § 3 Nr. 13, 16 EStG, → R 3.13, 3.16
– Steuerfreie Arbeitgebererstattungen mindern die abziehbaren Werbungskosten auch dann, wenn sie erst im Folgejahr geleistet werden (→ BFH vom 20. 9. 2006 – BStBl II S. 756).

Familienheimfahrten (Besuchsfahrten)
Tritt der den doppelten Haushalt führende Ehegatte die wöchentliche Familienheimfahrt aus privaten Gründen nicht an, sind die Aufwendungen für die stattdessen durchgeführte Besuchsfahrt des anderen Ehegatten zum Beschäftigungsort keine Werbungskosten (→ BFH vom 2. 2. 2011 – BStBl II S. 456).

Kostenarten
Zu den einzelnen Kostenarten bei Vorliegen einer doppelten Haushaltsführung → BFH vom 4. 4. 2006 (BStBl II S. 567).

Pauschbeträge bei doppelter Haushaltsführung im Ausland
→ BMF vom 8. 12. 2011 (BStBl I S. 1259)[1]); zur Begrenzung auf 40 %, → R 9.11 Abs. 10 Satz 7 Nr. 3 Satz 2.

Anhang 31

Telefonkosten
Anstelle der Aufwendungen für eine Heimfahrt an den Ort des eigenen Hausstands können die Gebühren für ein Ferngespräch bis zu einer Dauer von 15 Minuten mit Angehörigen, die zum eigenen Hausstand des Arbeitnehmers gehören, berücksichtigt werden (→ BFH vom 18. 3. 1988 – BStBl II S. 988).

Kosten für Telefongespräche, die während einer Auswärtstätigkeit von mindestens einer Woche Dauer anfallen, können als Werbungskosten abzugsfähig sein.
Zwar handelt es sich bei den Aufwendungen für Telefonate privaten Inhalts etwa mit Angehörigen und Freunden regelmäßig um steuerlich unbeachtliche Kosten der privaten Lebensführung. Nach einer mindestens einwöchigen Auswärtstätigkeit lassen sich die notwendigen privaten Dinge aber aus der Ferne nur durch über den normalen Lebensbedarf hinausgehende Mehrkosten regeln. Die dafür anfallenden Aufwendungen können deshalb abweichend vom Regelfall als beruflich veranlasster Mehraufwand der Erwerbssphäre zuzuordnen sein. → BFH vom 5. 7. 2012 – VI R 50/10

Übernachtungskosten
Übernachtungskosten sind für den Werbungskostenabzug grundsätzlich im Einzelnen nachzuweisen. Sie können geschätzt werden, wenn sie dem Grunde nach zweifelsfrei entstanden sind (→ BFH vom 12. 9. 2001 – BStBl II S. 775).

Umzugskosten
– → R 9.11 Abs. 9
    Zu den notwendigen Mehraufwendungen einer doppelten Haushaltsführung gehören auch die durch das Beziehen oder die Aufgabe der Zweitwohnung verursachten tatsächlichen Umzugskosten (→ BFH vom 29. 4. 1992 – BStBl II S. 667).
– → H 9.9 (Doppelter Mietaufwand)

Verpflegungsmehraufwendungen
– → R 9.11 Abs. 7
– Die Begrenzung des Abzugs von Mehraufwendungen für die Verpflegung auf drei Monate bei einer aus beruflichem Anlass begründeten doppelten Haushaltsführung ist verfassungsgemäß (→ BFH vom 8. 7. 2010 – BStBl 2011 II S. 32).

Wahlrecht
Wählt der Arbeitnehmer den Abzug der Fahrtkosten nach R 9.10, so kann er Verpflegungsmehraufwendungen nach R 9.11 Abs. 7 und Aufwendungen für die Zweitwohnung nach R 9.11 Abs. 8

---
[1]) Für 2013 BMF vom 17. 12. 2012 (BStBl I S. 60).

§ 9 EStG
R 9.12   H 9.11 (5–10), H 9.12

auch dann nicht geltend machen, wenn ihm Fahrtkosten nicht an jedem Arbeitstag entstanden sind, weil er sich in **Rufbereitschaft** zu halten oder mehrere Arbeitsschichten nacheinander abzuleisten hatte (→ BFH vom 2. 10. 1992 – BStBl 1993 II S. 113).

R 9.12   Arbeitsmittel

S 2354

¹Die Anschaffungs- oder Herstellungskosten von Arbeitsmitteln einschl. der Umsatzsteuer können im Jahr der Anschaffung oder Herstellung in voller Höhe als Werbungskosten abgesetzt werden, wenn sie ausschließlich der Umsatzsteuer für das einzelne Arbeitsmittel die Grenze für geringwertige Wirtschaftsgüter nach § 9 Abs. 1 Satz 3 Nr. 7 Satz 2 EStG nicht übersteigen. ²Höhere Anschaffungs- oder Herstellungskosten sind auf die Kalenderjahre der voraussichtlichen gesamten Nutzungsdauer des Arbeitsmittels zu verteilen und in jedem dieser Jahre anteilig als Werbungskosten zu berücksichtigen. ³Wird ein als Arbeitsmittel genutztes Wirtschaftsgut veräußert, ist ein sich eventuell ergebender Veräußerungserlös bei den Einkünften aus nichtselbständiger Arbeit nicht zu erfassen.

H 9.12   Hinweise

Absetzung für Abnutzung

– Außergewöhnliche technische oder wirtschaftliche Abnutzungen sind zu berücksichtigen (→ BFH vom 29. 4. 1983 – BStBl II S. 586 – im Zusammenhang mit einem Diebstahl eingetretene Beschädigung an einem als Arbeitsmittel anzusehenden PKW).

– Eine technische Abnutzung kann auch dann in Betracht kommen, wenn wirtschaftlich kein Wertverzehr eintritt (→ BFH vom 31. 1. 1986 – BStBl II S. 355 – als Arbeitsmittel ständig in Gebrauch befindliche Möbelstücke, → BFH vom 26. 1. 2001 – BStBl II S. 194 – im Konzertalltag regelmäßig bespielte Meistergeige).

– Wird ein Wirtschaftsgut nach einer Nutzung außerhalb der Einkunftsarten als Arbeitsmittel verwendet, so sind die weiteren AfA von den Anschaffungs- oder Herstellungskosten einschließlich Umsatzsteuer nach der voraussichtlichen gesamten Nutzungsdauer des Wirtschaftsguts in gleichen Jahresbeträgen zu bemessen. Der auf den Zeitraum vor der Verwendung als Arbeitsmittel entfallende Teil der Anschaffungs- oder Herstellungskosten des Wirtschaftsguts (fiktive AfA) gilt als abgesetzt (→ BFH vom 14. 2. 1989 – BStBl II S. 922 und vom 2. 2. 1990 – BStBl II S. 684). Dies gilt auch für geschenkte Wirtschaftsgüter (→ BFH vom 16. 2. 1990 – BStBl II S. 883).

– Der Betrag, der nach Umwidmung eines erworbenen oder geschenkten Wirtschaftsguts zu einem Arbeitsmittel nach Abzug der fiktiven AfA von den Anschaffungs- oder Herstellungskosten einschließlich Umsatzsteuer verbleibt, kann aus Vereinfachungsgründen im Jahr der erstmaligen Verwendung des Wirtschaftsguts als Arbeitsmittel in voller Höhe als Werbungskosten abgezogen werden, wenn er 410 € nicht übersteigt (→ BFH vom 16. 2. 1990 – BStBl II S. 883).

– Die Peripherie-Geräte einer PC-Anlage sind regelmäßig keine geringwertigen Wirtschaftsgüter (→ BFH vom 19. 2. 2004 – VI R 135/01 – BStBl II S. 958).

Angemessenheit

Aufwendungen für ein Arbeitsmittel können auch dann Werbungskosten sein, wenn sie zwar ungewöhnlich hoch, aber bezogen auf die berufliche Stellung und die Höhe der Einnahmen nicht unangemessen sind.
– → BFH vom 10. 3. 1978 (BStBl II S. 459) – Anschaffung eines Flügels durch eine am Gymnasium Musik unterrichtende Lehrerin
– → BFH vom 21. 10. 1988 (BStBl 1989 II S. 356) – Anschaffung eines Flügels durch eine Musikpädagogin

Aufteilung der Anschaffungs- oder Herstellungskosten

– Betreffen Wirtschaftsgüter sowohl den beruflichen als auch den privaten Bereich des Arbeitnehmers, ist eine Aufteilung der Anschaffungs- oder Herstellungskosten in nicht abziehbare Aufwendungen für die Lebensführung und in Werbungskosten nur zulässig, wenn objektive Merkmale und Unterlagen als zutreffende und leicht nachprüfbare Trennung ermöglichen und wenn außerdem der berufliche Nutzungsanteil nicht von untergeordneter Bedeutung ist (→ BFH vom 19. 10. 1970 – BStBl 1971 II S. 17).

- Die Aufwendungen sind voll abziehbar, wenn die Wirtschaftsgüter ausschließlich oder ganz überwiegend der Berufsausübung dienen. → BFH vom 18. 2. 1977 (BStBl II S. 464) – Schreibtisch im Wohnraum eines Gymnasiallehrers
- → BFH vom 21. 10. 1988 (BStBl 1989 II S. 356) – Flügel einer Musikpädagogin
- Ein privat angeschaffter und in der privaten Wohnung aufgestellter PC kann ein Arbeitsmittel sein. Eine private Mitbenutzung ist unschädlich, soweit sie einen Nutzungsanteil von etwa 10 % nicht übersteigt. Die Kosten eines gemischt genutzten PC sind aufzuteilen. § 12 Nr. 1 Satz 2 EStG steht einer solchen Aufteilung nicht entgegen (→ BFH vom 19. 2. 2004 – VI R 135/01 – BStBl II S. 958).

Ausstattung eines häuslichen Arbeitszimmers mit Arbeitsmittel
→ BMF vom 2. 3. 2011 (BStBl I S. 195).
→ H 9.14

Berufskleidung
- Begriff der typischen Berufskleidung
  → R 3.31
- Reinigung von typischer Berufskleidung in privater Waschmaschine
  Werbungskosten sind neben den unmittelbaren Kosten des Waschvorgangs (Wasser- und Energiekosten, Wasch- und Spülmittel) auch die Aufwendungen in Form der Abnutzung sowie Instandhaltung und Wartung der für die Reinigung eingesetzten Waschmaschine. Die Aufwendungen können ggf. geschätzt werden (→ BFH vom 29. 6. 1993 – BStBl II S. 837 und 838).

Diensthund
Die Aufwendungen eines Polizei-Hundeführers für den ihm anvertrauten Diensthund sind Werbungskosten (→ BFH vom 30. 6. 2010 – BStBl 2011 II S. 45).

Fachbücher und Fachzeitschriften
Bücher und Zeitschriften sind Arbeitsmittel, wenn sichergestellt ist, dass die erworbenen Bücher und Zeitschriften ausschließlich oder ganz überwiegend beruflichen Zwecken dienen. Die allgemeinen Grundsätze zur steuerlichen Behandlung von Arbeitsmitteln gelten auch, wenn zu entscheiden ist, ob Bücher als Arbeitsmittel eines Lehrers zu würdigen sind. Die Eigenschaft eines Buchs als Arbeitsmittel ist bei einem Lehrer nicht ausschließlich danach zu bestimmen, in welchem Umfang der Inhalt eines Schriftwerks in welcher Häufigkeit Eingang in den abgehaltenen Unterricht gefunden hat. Auch die Verwendung der Literatur zur Unterrichtsvorbereitung oder die Anschaffung von Büchern und Zeitschriften für eine Unterrichtseinheit, die nicht abgehalten worden ist, kann eine ausschließliche oder zumindest weitaus überwiegende berufliche Nutzung der Literatur begründen (→ BFH vom 20. 5. 2010 – BStBl 2011 II S. 723).

Medizinische Hilfsmittel
Aufwendungen für die Anschaffung medizinischer Hilfsmittel sind selbst dann nicht als Werbungskosten abziehbar, wenn sie ausschließlich am Arbeitsplatz benutzt werden.
→ BFH vom 23. 10. 1992 (BStBl 1993 II S. 193) – Bildschirmbrille

Nachweis der beruflichen Nutzung
Bei der Anschaffung von Gegenständen, die nach der Lebenserfahrung ganz überwiegend zu Zwecken der Lebensführung angeschafft werden, gelten erhöhte Anforderungen an den Nachweis der beruflichen Nutzung.
→ BFH vom 27. 9. 1991 (BStBl 1992 II S. 195) – Videorecorder
→ BFH vom 15. 1. 1993 (BStBl II S. 348) – Spielecomputer

Telearbeitsplatz
→ H 9.14

Transport
Anteilige Aufwendungen für den Transport von Arbeitsmitteln bei einem privat veranlassten Umzug sind nicht als Werbungskosten abziehbar (→ BFH vom 21. 7. 1989 – BStBl II S. 972).

R 9.13 Werbungskosten bei Heimarbeitern

S 2354

(1) Bei Heimarbeitern i. S. d. Heimarbeitsgesetzes können Aufwendungen, die unmittelbar durch die Heimarbeit veranlasst sind, z. B. Miete und Aufwendungen für Heizung und Beleuchtung der Arbeitsräume, Aufwendungen für Arbeitsmittel und Zutaten sowie für den Transport des Materials und der fertiggestellten Waren, als Werbungskosten anerkannt werden, soweit sie die Heimarbeiterzuschläge nach Absatz 2 übersteigen.

(2) ¹Lohnzuschläge, die den Heimarbeitern zur Abgeltung der mit der Heimarbeit verbundenen Aufwendungen neben dem Grundlohn gezahlt werden, sind insgesamt aus Vereinfachungsgründen nach § 3 Nr. 30 und 50 EStG steuerfrei, soweit sie 10 % des Grundlohns nicht übersteigen. ²Die oberste Finanzbehörde eines Landes kann mit Zustimmung des Bundesministeriums der Finanzen den Prozentsatz für bestimmte Gruppen von Heimarbeitern an die tatsächlichen Verhältnisse anpassen.

H 9.14 Hinweise
Häusliches Arbeitszimmer

Allgemeine Grundsätze

→ BMF vom 2. 3. 2011 (BStBl I S. 195)

Einkommensteuerliche Behandlung der Aufwendungen für ein häusliches Arbeitszimmer nach § 4 Abs. 5 Satz 1 Nr. 6b, § 9 Abs. 5 und § 10 Abs. 1 Nr. 7 EStG;

Neuregelung durch das Jahressteuergesetz 2010 vom 8. Dezember 2010

(BGBl. I S. 1768, BStBl I S. 1394)

(BMF-Schreiben vom 2. 3. 2011 (BStBl I S. 195) – IV C 6 – S 2145/07/10002 –)

Im Einvernehmen mit den obersten Finanzbehörden der Länder gilt zur einkommensteuerrechtlichen Behandlung der Aufwendungen für ein häusliches Arbeitszimmer nach § 4 Absatz 5 Satz 1 Nummer 6b, § 9 Absatz 5 und § 10 Absatz 1 Nummer 7 EStG in der Fassung des Jahressteuergesetzes 2010 (BGBl. I S. 1768, BStBl I S. 1394) Folgendes:

I. Grundsatz

1 Nach § 4 Absatz 5 Satz 1 Nummer 6b Satz 1 und § 9 Absatz 5 Satz 1 EStG dürfen die Aufwendungen für ein häusliches Arbeitszimmer sowie die Kosten der Ausstattung grundsätzlich nicht als Betriebsausgaben oder Werbungskosten abgezogen werden. Bildet das häusliche Arbeitszimmer den Mittelpunkt der gesamten betrieblichen und beruflichen Betätigung, dürfen die Aufwendungen in voller Höhe steuerlich berücksichtigt werden (§ 4 Absatz 5 Satz 1 Nummer 6b Satz 3 2. Halbsatz EStG). Steht für die betriebliche oder berufliche Tätigkeit kein anderer Arbeitsplatz zur Verfügung, sind die Aufwendungen bis zur Höhe von 1 250 Euro je Wirtschaftsjahr oder Kalenderjahr als Betriebsausgaben oder Werbungskosten abziehbar (§ 4 Absatz 5 Satz 1 Nummer 6b Satz 2 und 3 1. Halbsatz EStG). Der Betrag von 1 250 Euro ist kein Pauschbetrag. Es handelt sich um einen objektbezogenen Höchstbetrag, der nicht mehrfach für verschiedene Tätigkeiten oder Personen in Anspruch genommen werden kann, sondern ggf. auf die unterschiedlichen Tätigkeiten oder Personen aufzuteilen ist (vgl. Rdnr. 19 bis 21).

II. Anwendungsbereich der gesetzlichen Regelung

2 Unter die Regelungen des § 4 Absatz 5 Satz 1 Nummer 6b und § 9 Absatz 5 EStG fällt die Nutzung eines häuslichen Arbeitszimmers zur Erzielung von Einkünften aus sämtlichen Einkunftsarten.

III. Begriff des häuslichen Arbeitszimmers

3 Ein häusliches Arbeitszimmer ist ein Raum, der seiner Lage, Funktion und Ausstattung nach in die häusliche Sphäre des Steuerpflichtigen eingebunden ist, vorwiegend der Erledigung gedanklicher, schriftlicher, verwaltungstechnischer oder organisatorischer Arbeiten dient (→ BFH-Urteile vom 19. September 2002 – VI R 70/01 –, BStBl II 2003 S. 139 und vom 16. Okto-

ber 2002 – XI R 89/00 –, BStBl II 2003 S. 185) und ausschließlich oder nahezu ausschließlich zu betrieblichen und/oder beruflichen Zwecken genutzt wird; eine untergeordnete private Mitbenutzung (< 10 %) ist unschädlich. Es muss sich aber nicht zwingend um Arbeiten büromäßiger Art handeln; ein häusliches Arbeitszimmer kann auch bei geistiger, künstlerischer oder schriftstellerischer Betätigung gegeben sein. In die häusliche Sphäre eingebunden ist ein als Arbeitszimmer genutzter Raum regelmäßig dann, wenn er zur privaten Wohnung oder zum Wohnhaus des Steuerpflichtigen gehört. Dies betrifft nicht nur die Wohnräume, sondern ebenso Zubehörräume (→ BFH-Urteile vom 26. Februar 2003 – VI R 130/01 –, BStBl II 2004 S. 74 und vom 19. September 2002 – VI R 70/01 –, BStBl II 2003 S. 139). So kann auch ein Raum, z. B. im Keller oder unter dem Dach (Mansarde) des Wohnhauses, in dem der Steuerpflichtige seine Wohnung hat, ein häusliches Arbeitszimmer sein, wenn die Räumlichkeiten aufgrund der unmittelbaren Nähe mit den privaten Wohnräumen des Steuerpflichtigen als gemeinsame Wohneinheit verbunden sind.

Dagegen kann es sich bei einem im Keller oder Dachgeschoss eines Mehrfamilienhauses befindlichen Raum, der nicht zur Privatwohnung des Steuerpflichtigen gehört, sondern zusätzlich angemietet wurde, um ein außerhäusliches Arbeitszimmer handeln (→ BFH-Urteile vom 26. Februar 2003 – VI R 160/99 –, BStBl II S. 515 und vom 18. August 2005 – VI R 39/04 –, BStBl II 2006 S. 428). Maßgebend ist, ob eine innere häusliche Verbindung des Arbeitszimmers mit der privaten Lebenssphäre des Steuerpflichtigen besteht. Dabei ist das Gesamtbild der Verhältnisse im Einzelfall entscheidend. Für die Anwendung des § 4 Absatz 5 Satz 1 Nummer 6b, des § 9 Absatz 5 und des § 10 Absatz 1 Nummer 7 EStG ist es ohne Bedeutung, ob die Wohnung, zu der das häusliche Arbeitszimmer gehört, gemietet ist oder ob sie sich im Eigentum des Steuerpflichtigen befindet. Auch mehrere Räume können als ein häusliches Arbeitszimmer anzusehen sein; die Abtrennung der Räumlichkeiten vom übrigen Wohnbereich ist erforderlich. 4

Nicht unter die Abzugsbeschränkung des § 4 Absatz 5 Satz 1 Nummer 6b und § 9 Absatz 5 EStG fallen Räume, die ihrer Ausstattung und Funktion nach nicht einem Büro entsprechen (z. B. Betriebsräume, Lagerräume, Ausstellungsräume), selbst wenn diese ihrer Lage nach mit dem Wohnraum des Steuerpflichtigen verbunden und so in dessen häusliche Sphäre eingebunden sind (→ BFH-Urteile vom 28. August 2003 – IV R 53/01 –, BStBl II 2004 S. 55 und vom 26. März 2009 – VI R 15/07 –, BStBl II S. 598). 5

Beispiele:

a) Ein häusliches Arbeitszimmer liegt in folgenden Fällen regelmäßig vor:
   – häusliches Büro eines selbständigen Handelsvertreters, eines selbständigen Übersetzers oder eines selbständigen Journalisten,
   – bei Anmietung einer unmittelbar angrenzenden oder unmittelbar gegenüberliegenden Zweitwohnung in einem Mehrfamilienhaus (→ BFH-Urteile vom 26. Februar 2003 – VI R 124/01 – und – VI R 125/01 –, BStBl II 2004 S. 69 und 72), – häusliches ausschließlich beruflich genutztes Musikzimmer der freiberuflich tätigen Konzertpianistin, in dem diese Musikunterricht erteilt,
   – Aufwendungen für einen zugleich als Büroarbeitsplatz und als Warenlager betrieblich genutzten Raum unterliegen der Abzugsbeschränkung für das häusliche Arbeitszimmer, wenn der Raum nach dem Gesamtbild der Verhältnisse vor allem aufgrund seiner Ausstattung und Funktion, ein typisches häusliches Büro ist und die Ausstattung und Funktion als Lager dahinter zurücktritt (→ BFH-Urteil vom 22. November 2006 – X R 1/05 –, BStBl II 2007 S. 304).

b) Kein häusliches Arbeitszimmer, sondern betrieblich genutzte Räume liegen regelmäßig in folgenden Fällen vor:
   – Arzt-, Steuerberater- oder Anwaltspraxis grenzt an das Einfamilienhaus an oder befindet sich im selben Gebäude wie die Privatwohnung, wenn diese Räumlichkeiten für einen intensiven und dauerhaften Publikumsverkehr geöffnet und z. B. bei häuslichen Arztpraxen für Patientenbesuche und -untersuchungen eingerichtet sind (→ BFH-Urteil vom 5. Dezember 2002 – IV R 7/01 –, BStBl II 2003 S. 463 zu einer Notfallpraxis und Negativabgrenzung im BFH-Urteil vom 23. Januar 2003 – IV R 71/00 –, BStBl II 2004 S. 43 zur Gutachtertätigkeit einer Ärztin).
   – In einem Geschäftshaus befinden sich neben der Wohnung des Bäckermeisters die Backstube, der Verkaufsraum, ein Aufenthaltsraum für das Verkaufspersonal und das Büro, in dem die Buchhaltungsarbeiten durchgeführt werden. Das Büro ist in diesem Fall aufgrund der Nähe zu den übrigen Betriebsräumen nicht als häusliches Arbeitszimmer zu werten.
   – Im Keller ist ein Arbeitsraum belegen, der – anders als z. B. ein Archiv (→ BFH-Urteil vom 19. September 2002 – VI R 70/01 –, BStBl II 2003 S. 139) – keine (Teil-)Funktionen erfüllt, die typischerweise einem häuslichen Arbeitszimmer zukommen, z. B. Lager für Waren und Werbematerialien.

IV. Betroffene Aufwendungen

6 Zu den Aufwendungen für ein häusliches Arbeitszimmer gehören insbesondere die anteiligen Aufwendungen für:

- Miete,
- Gebäude-AfA, Absetzungen für außergewöhnliche technische oder wirtschaftliche Abnutzung, Sonderabschreibungen,
- Schuldzinsen für Kredite, die zur Anschaffung, Herstellung oder Reparatur des Gebäudes oder der Eigentumswohnung verwendet worden sind,
- Wasser- und Energiekosten,
- Reinigungskosten,
- Grundsteuer, Müllabfuhrgebühren, Schornsteinfegergebühren, Gebäudeversicherungen,
- Renovierungskosten,
- Aufwendungen für die Ausstattung des Zimmers, z. B. Tapeten, Teppiche, Fenstervorhänge, Gardinen und Lampen.

Die Kosten einer Gartenerneuerung können anteilig den Kosten des häuslichen Arbeitszimmers zuzurechnen sein, wenn bei einer Reparatur des Gebäudes Schäden am Garten verursacht worden sind. Den Kosten des Arbeitszimmers zuzurechnen sind allerdings nur diejenigen Aufwendungen, die der Wiederherstellung des ursprünglichen Zustands dienen (→ BFH-Urteil vom 6. Oktober 2004 – VI R 27/01 –, BStBl II S. 1071).

7 Luxusgegenstände wie z. B. Kunstgegenstände, die vorrangig der Ausschmückung des Arbeitszimmers dienen, gehören zu den nach § 12 Nummer 1 EStG nicht abziehbaren Aufwendungen (→ BFH-Urteil vom 30. Oktober 1990 – VIII R 42/87 –, BStBl II 1991 S. 340).

8 Keine Aufwendungen i. S. d. § 4 Absatz 5 Satz 1 Nummer 6b EStG sind die Aufwendungen für Arbeitsmittel (→ BFH-Urteil vom 21. November 1997 – VI R 4/97 –, BStBl II 1998 S. 351). Diese werden daher von § 4 Absatz 5 Satz 1 Nummer 6b EStG nicht berührt.

V. Mittelpunkt der gesamten betrieblichen und beruflichen Betätigung

9 Ein häusliches Arbeitszimmer ist der Mittelpunkt der gesamten betrieblichen und beruflichen Betätigung des Steuerpflichtigen, wenn nach Würdigung des Gesamtbildes der Verhältnisse und der Tätigkeitsmerkmale dort diejenigen Handlungen vorgenommen und Leistungen erbracht werden, die für die konkret ausgeübte betriebliche oder berufliche Tätigkeit wesentlich und prägend sind. Der Tätigkeitsmittelpunkt i. S. d. § 4 Absatz 5 Satz 1 Nummer 6b Satz 3 2. Halbsatz EStG bestimmt sich nach dem inhaltlichen (qualitativen) Schwerpunkt der betrieblichen und beruflichen Betätigung des Steuerpflichtigen.

10 Dem zeitlichen (quantitativen) Umfang der Nutzung des häuslichen Arbeitszimmers kommt im Rahmen dieser Würdigung lediglich eine indizielle Bedeutung zu; das zeitliche Überwiegen der außerhäuslichen Tätigkeit schließt einen unbeschränkten Abzug der Aufwendungen für das häusliche Arbeitszimmer nicht von vornherein aus (→ BFH-Urteile vom 13. November 2002 – VI R 82/01 –, BStBl II 2004 S. 62, – VI R 104/01 –, BStBl II 2004 S. 65 und – VI R 28/02 –, BStBl II 2004 S. 59).

11 Übt ein Steuerpflichtiger nur eine betriebliche oder berufliche Tätigkeit aus, die in qualitativer Hinsicht gleichwertig sowohl im häuslichen Arbeitszimmer als auch an außerhäuslichen Arbeitsort erbracht wird, so liegt der Mittelpunkt der gesamten beruflichen und betrieblichen Betätigung dann im häuslichen Arbeitszimmer, wenn der Steuerpflichtige mehr als die Hälfte der Arbeitszeit im häuslichen Arbeitszimmer tätig wird (→ BFH-Urteil vom 23. Mai 2006 – VI R 21/03 –, BStBl II S. 600).

12 Übt ein Steuerpflichtiger mehrere betriebliche und berufliche Tätigkeiten nebeneinander aus, ist nicht auf eine Einzelbetrachtung der jeweiligen Betätigung abzustellen; vielmehr sind alle Tätigkeiten in ihrer Gesamtheit zu erfassen. Grundsätzlich lassen sich folgende Fallgruppen unterscheiden:

- Bilden bei allen Erwerbstätigkeiten – jeweils – die im häuslichen Arbeitszimmer verrichteten Arbeiten den qualitativen Schwerpunkt, so liegt dort auch der Mittelpunkt der Gesamttätigkeit.
- Bilden hingegen die außerhäuslichen Tätigkeiten – jeweils – den qualitativen Schwerpunkt der Einzeltätigkeiten oder lassen sich diese keinem Schwerpunkt zuordnen, so kann das häusliche Arbeitszimmer auch nicht durch die Summe der darin verrichteten Arbeiten zum Mittelpunkt der Gesamttätigkeit werden.

- Bildet das häusliche Arbeitszimmer schließlich den qualitativen Mittelpunkt lediglich einer Einzeltätigkeit, nicht jedoch im Hinblick auf die übrigen Tätigkeiten, ist regelmäßig davon auszugehen, dass das Arbeitszimmer nicht den Mittelpunkt der Gesamttätigkeit bildet.

Der Steuerpflichtige hat jedoch die Möglichkeit, anhand konkreter Umstände des Einzelfalls glaubhaft zu machen oder nachzuweisen, dass die Gesamttätigkeit gleichwohl einem einzelnen qualitativen Schwerpunkt zugeordnet werden kann und dass dieser im häuslichen Arbeitszimmer liegt. Abzustellen ist dabei auf das Gesamtbild der Verhältnisse und auf die Verkehrsanschauung, nicht auf die Vorstellung des betroffenen Steuerpflichtigen (→ BFH-Urteile vom 13. Oktober 2003 – VI R 27/02 –, BStBl II 2004 S. 771 und vom 16. Dezember 2004 – IV R 19/03 –, BStBl II 2005 S. 212).

Das häusliche Arbeitszimmer und der Außendienst können nicht gleichermaßen „Mittelpunkt" der beruflichen Betätigung eines Steuerpflichtigen i. S. d. § 4 Absatz 5 Satz 1 Nummer 6b Satz 3 2. Halbsatz EStG sein (→ BFH-Urteil vom 21. Februar 2003 – VI R 14/02 –, BStBl II 2004 S. 68).

Beispiele, in denen das häusliche Arbeitszimmer den Mittelpunkt der gesamten betrieblichen und beruflichen Betätigung bilden kann:
- Bei einem Verkaufsleiter, der zur Überwachung von Mitarbeitern und zur Betreuung von Großkunden auch im Außendienst tätig ist, kann das häusliche Arbeitszimmer Tätigkeitsmittelpunkt sein, wenn er dort die für den Beruf wesentlichen Leistungen (z. B. Organisation der Betriebsabläufe) erbringt (→ BFH-Urteil vom 13. November 2002 – VI R 104/01 –, BStBl II 2004 S. 65).
- Bei einem Ingenieur, dessen Tätigkeit durch die Erarbeitung theoretischer, komplexer Problemlösungen im häuslichen Arbeitszimmer geprägt ist, kann dieses auch dann der Mittelpunkt der beruflichen Betätigung sein, wenn die Betreuung von Kunden im Außendienst ebenfalls zu seinen Aufgaben gehört (→ BFH-Urteil vom 13. November 2002 – VI R 28/02 –, BStBl II 2004 S. 59).
- Bei einem Praxis-Konsultant, der ärztliche Praxen in betriebswirtschaftlichen Fragen berät, betreut und unterstützt, kann das häusliche Arbeitszimmer auch dann den Mittelpunkt der gesamten beruflichen Tätigkeit bilden, wenn er einen nicht unerheblichen Teil seiner Arbeitszeit im Außendienst verbringt (→ BFH-Urteil vom 29. April 2003 – VI R 78/02 –, BStBl II 2004 S. 76).

Beispiele, in denen das Arbeitszimmer nicht den Mittelpunkt der gesamten betrieblichen und beruflichen Betätigung bildet:
- Bei einem – freien oder angestellten – Handelsvertreter liegt der Tätigkeitsschwerpunkt außerhalb des häuslichen Arbeitszimmers, wenn die Tätigkeit nach dem Gesamtbild der Verhältnisse durch die Arbeit im Außendienst geprägt ist, auch wenn die zu Hause verrichteten Tätigkeiten zur Erfüllung der beruflichen Aufgaben unerlässlich sind (→ BFH-Urteil vom 13. November 2002 – VI R 82/01 –, BStBl II 2004 S. 62).
- Ein kaufmännischer Angestellter eines Industrieunternehmens ist nebenbei als Mitarbeiter für einen Lohnsteuerhilfeverein selbständig tätig und nutzt für letztere Tätigkeit sein häusliches Arbeitszimmer als „Beratungsstelle", in dem er Steuererklärungen erstellt, Beratungsgespräche führt und Rechtsbehelfe bearbeitet. Für diese Nebentätigkeit ist das Arbeitszimmer zwar der Tätigkeitsmittelpunkt. Aufgrund der erforderlichen Gesamtbetrachtung ist das Arbeitszimmer jedoch nicht Mittelpunkt seiner gesamten betrieblichen und beruflichen Betätigung (→ BFH-Urteil vom 23. September 1999 – VI R 74/98 –, BStBl II 2000 S. 7).
- Bei einer Ärztin, die Gutachten über die Einstufung der Pflegebedürftigkeit erstellt und dazu ihre Patienten ausschließlich außerhalb des häuslichen Arbeitszimmers untersucht und dort (vor Ort) alle erforderlichen Befunde erhebt, liegt der qualitative Schwerpunkt nicht im häuslichen Arbeitszimmer, in welchem lediglich die Tätigkeit begleitende Aufgaben erledigt werden (→ BFH-Urteil vom 23. Januar 2003 – IV R 71/00 –, BStBl II 2004 S. 43).
- Bei einem Architekten, der neben der Planung auch mit der Ausführung der Bauwerke (Bauüberwachung) betraut ist, kann diese Gesamttätigkeit keinem konkreten Tätigkeitsschwerpunkt zugeordnet werden. Das häusliche Arbeitszimmer bildet in diesem Fall nicht den Mittelpunkt der gesamten beruflichen und betrieblichen Betätigung (→ BFH-Urteil vom 26. Juni 2003 – IV R 9/03 –, BStBl II 2004 S. 50).
- Bei Lehrern befindet sich der Mittelpunkt der betrieblichen und beruflichen Betätigung regelmäßig nicht im häuslichen Arbeitszimmer, weil die berufsprägenden Merkmale eines Lehrers im Unterrichten bestehen und diese Leistungen in der Schule o. Ä. erbracht werden (→ BFH-Urteil vom 26. Februar 2003 – VI R 125/01 –, BStBl II 2004 S. 72). Deshalb sind die Aufwendungen für das häusliche Arbeitszimmer auch dann nicht in voller Höhe abziehbar, wenn die überwiegende Arbeitszeit auf die Vor- und Nachberei-

tung des Unterrichts verwendet und diese Tätigkeit im häuslichen Arbeitszimmer ausgeübt wird.

VI. Für die betriebliche oder berufliche Betätigung steht kein anderer Arbeitsplatz zur Verfügung

14 Anderer Arbeitsplatz i. S. d. § 4 Absatz 5 Satz 1 Nummer 6b Satz 2 EStG ist grundsätzlich jeder Arbeitsplatz, der zur Erledigung büromäßiger Arbeiten geeignet ist (→ BFH-Urteil vom 7. August 2003 – VI R 17/01 –, BStBl II 2004 S. 78). Weitere Anforderungen an die Beschaffenheit des Arbeitsplatzes werden nicht gestellt; unbeachtlich sind mithin grundsätzlich die konkreten Arbeitsbedingungen und Umstände wie beispielsweise Lärmbelästigung oder Publikumsverkehr (→ BFH-Urteil vom 7. August 2003 – VI R 162/00 –, BStBl II 2004 S. 83). Voraussetzung ist auch nicht das Vorhandensein eines eigenen, räumlich abgeschlossenen Arbeitsbereichs oder eines individuell zugeordneten Arbeitsplatzes, so dass auch ein Arbeitsplatz in einem Großraumbüro oder in der Schalterhalle einer Bank ein anderer Arbeitsplatz im Sinne der o. g. Vorschrift ist (→ BFH-Urteile vom 7. August 2003 – VI R 17/01 –, BStBl II 2004 S. 78 und – VI R 162/00 –, BStBl II 2004 S. 83). Die Ausstattung des häuslichen Arbeitszimmers mit Arbeitsmitteln, die im Betrieb/in dem vom Arbeitgeber zur Verfügung gestellten Raum nicht vorhanden sind, ist ohne Bedeutung. Ob ein anderer Arbeitsplatz vorliegt, ist nach objektiven Gesichtspunkten zu beurteilen. Subjektive Erwägungen des Steuerpflichtigen zur Annehmbarkeit des Arbeitsplatzes sind unbeachtlich.

15 Ein anderer Arbeitsplatz steht dem Steuerpflichtigen dann zur Verfügung, wenn dieser ihn in dem konkret erforderlichen Umfang und in der konkret erforderlichen Art und Weise tatsächlich nutzen kann. Die Erforderlichkeit des häuslichen Arbeitszimmers entfällt nicht bereits dann, wenn dem Steuerpflichtigen irgendein Arbeitsplatz zur Verfügung steht, sondern nur wenn dieser Arbeitsplatz grundsätzlich so beschaffen ist, dass der Steuerpflichtige auf das häusliche Arbeitszimmer nicht angewiesen ist (→ BFH-Urteil vom 7. August 2003 – VI R 17/01 –, BStBl II 2004 S. 78). Die Beurteilung, ob für die betriebliche oder berufliche Tätigkeit kein anderer Arbeitsplatz zur Verfügung steht, ist jeweils tätigkeitsbezogen vorzunehmen. Ein anderer Arbeitsplatz steht auch dann zur Verfügung, wenn er außerhalb der üblichen Arbeitszeiten, wie z. B. am Wochenende oder in den Ferien, nicht zugänglich ist. Ändern sich die Nutzungsverhältnisse des Arbeitszimmers innerhalb eines Veranlagungszeitraumes, ist auf den Zeitraum der begünstigten Nutzung abzustellen. Werden in einem Arbeitszimmer sowohl Tätigkeiten, für die ein anderer Arbeitsplatz zur Verfügung steht, als auch Tätigkeiten, für die ein anderer Arbeitsplatz nicht zur Verfügung steht, ausgeübt, so sind die Aufwendungen dem Grunde nach nur zu berücksichtigen, soweit sie auf Tätigkeiten entfallen, für die ein anderer Arbeitsplatz nicht zur Verfügung steht.

16 Übt ein Steuerpflichtiger mehrere betriebliche oder berufliche Tätigkeiten nebeneinander aus, ist daher für jede Tätigkeit zu prüfen, ob ein anderer Arbeitsplatz zur Verfügung steht. Dabei kommt es nicht darauf an, ob ein für eine Tätigkeit zur Verfügung stehender Arbeitsplatz auch für eine andere Tätigkeit genutzt werden kann (z. B. Firmenarbeitsplatz auch für schriftstellerische Nebentätigkeit), vgl. Rdnr. 20.

17 Geht ein Steuerpflichtiger nur einer betrieblichen oder beruflichen Tätigkeit nach, muss ein vorhandener anderer Arbeitsplatz auch tatsächlich für alle Aufgabenbereiche dieser Erwerbstätigkeit genutzt werden können. Ist ein Steuerpflichtiger auf sein häusliches Arbeitszimmer angewiesen, weil er dort einen nicht unerheblichen Teil seiner betrieblichen oder beruflichen Tätigkeit verrichten muss, ist der andere Arbeitsplatz unschädlich. Es genügt allerdings nicht, wenn er im häuslichen Arbeitszimmer Arbeiten verrichtet, die er grundsätzlich auch an einem anderen Arbeitsplatz verrichten könnte (→ BFH-Urteil vom 7. August 2003 – VI R 17/01 –, BStBl II 2004 S. 78).

Beispiele (kein anderer Arbeitsplatz vorhanden):
- Ein Lehrer hat für seine Unterrichtsvorbereitung in der Schule keinen Schreibtisch. Das jeweilige Klassenzimmer oder das Lehrerzimmer stellt keinen Arbeitsplatz im Sinne der Abzugsbeschränkung dar.
- Ein angestellter oder selbständiger Orchestermusiker hat im Konzertsaal keine Möglichkeit zu üben. Hierfür hat er sich ein häusliches Arbeitszimmer eingerichtet.
- Ein angestellter Krankenhausarzt übt eine freiberufliche Gutachtertätigkeit aus. Dafür steht ihm im Krankenhaus kein Arbeitsplatz zur Verfügung.

Beispiele (vorhandener anderer Arbeitsplatz steht nicht für alle Aufgabenbereiche der Erwerbstätigkeit zur Verfügung)
- Ein EDV-Berater übt außerhalb seiner regulären Arbeitszeit vom häuslichen Arbeitszimmer aus Bereitschaftsdienst aus und kann dafür den Arbeitsplatz bei seinem Arbeitge-

ber tatsächlich nicht nutzen (→ BFH-Urteil vom 7. August 2003 – VI R 41/98 –, BStBl II 2004 S. 80).

- Einer Schulleiterin mit einem Unterrichtspensum von 18 Wochenstunden steht im Schulsekretariat ein Schreibtisch nur für die Verwaltungsarbeiten zur Verfügung. Für die Vor- und Nachbereitung des Unterrichts kann dieser Arbeitsplatz nach objektiven Kriterien wie Größe, Ausstattung und Nutzung nicht genutzt werden; diese Arbeiten müssen im häuslichen Arbeitszimmer verrichtet werden (→ BFH-Urteil vom 7. August 2003 – VI R 118/00 –, BStBl II 2004 S. 82).
- Einem Grundschulleiter, der zu 50 % von der Unterrichtsverpflichtung freigestellt ist, steht für die Verwaltungstätigkeit ein Dienstzimmer von 11 qm zur Verfügung. Das Dienstzimmer bietet keinen ausreichenden Platz zur Unterbringung der für die Vor- und Nachbereitung des Unterrichts erforderlichen Gegenstände (→ BFH-Urteil vom 7. August 2003 – VI R 16/01 –, BStBl II 2004 S. 77).
- Muss ein Bankangestellter in einem nicht unerheblichen Umfang Büroarbeiten auch außerhalb der üblichen Bürozeiten verrichten und steht ihm hierfür sein regulärer Arbeitsplatz nicht zur Verfügung, können die Aufwendungen für ein häusliches Arbeitszimmer grundsätzlich (bis zu einer Höhe von 1 250 €) als Werbungskosten zu berücksichtigen sein (→ BFH-Urteil vom 7. August 2003 – VI R 162/00 –, BStBl II 2004 S. 83).

Der Steuerpflichtige muss konkret darlegen, dass ein anderer Arbeitsplatz für die jeweilige betriebliche oder berufliche Tätigkeit nicht zur Verfügung steht. Die Art der Tätigkeit kann hierfür Anhaltspunkte bieten. Zusätzliches Indiz kann eine entsprechende Bescheinigung des Arbeitgebers sein.

VII. Nutzung des Arbeitszimmers zur Erzielung unterschiedlicher Einkünfte

Übt ein Steuerpflichtiger mehrere betriebliche und berufliche Tätigkeiten nebeneinander aus und bildet das häusliche Arbeitszimmer den Mittelpunkt der gesamten betrieblichen und beruflichen Betätigung, so sind die Aufwendungen für das Arbeitszimmer entsprechend dem Nutzungsumfang den darin ausgeübten Tätigkeiten zuzuordnen. Liegt dabei der Mittelpunkt einzelner Tätigkeiten außerhalb des häuslichen Arbeitszimmers, ist der Abzug der anteiligen Aufwendungen auch für diese Tätigkeiten möglich.

Liegt der Mittelpunkt der gesamten betrieblichen und beruflichen Betätigung nicht im häuslichen Arbeitszimmer, steht für einzelne Tätigkeiten jedoch kein anderer Arbeitsplatz zur Verfügung, können die Aufwendungen bis zur Höhe von 1 250 Euro abgezogen werden. Dabei sind die Aufwendungen für das Arbeitszimmer entsprechend dem Nutzungsumfang den darin ausgeübten Tätigkeiten zuzuordnen. Soweit der Kostenabzug für eine oder mehrere Tätigkeiten möglich ist, kann der Steuerpflichtige diese anteilig insgesamt bis zum Höchstbetrag abziehen. Eine Vervielfachung des Höchstbetrages ist ausgeschlossen (objektbezogener Höchstbetrag, vgl. BFH-Urteil vom 20. November 2003 – IV R 30/03 –, BStBl II 2004 S. 775).

Beispiel:
Ein Angestellter nutzt sein Arbeitszimmer zu 40 % für seine nichtselbständige Tätigkeit und zu 60 % für eine unternehmerische Nebentätigkeit. Nur für die Nebentätigkeit steht ihm kein anderer Arbeitsplatz zur Verfügung. An Aufwendungen sind für das Arbeitszimmer insgesamt 2 500 € entstanden. Diese sind nach dem Nutzungsverhältnis aufzuteilen. Auf die nichtselbständige Tätigkeit entfallen 40 % von 2 500 € = 1 000 €, die nicht abgezogen werden können. Auf die Nebentätigkeit entfallen 60 % von 2 500 € = 1 500 €, die bis zu 1 250 € als Betriebsausgaben abgezogen werden können.

VIII. Nutzung des Arbeitszimmers durch mehrere Steuerpflichtige

Jeder Nutzende darf die Aufwendungen abziehen, die er getragen hat, wenn die Voraussetzungen des § 4 Absatz 5 Satz 1 Nummer 6b Satz 2 oder 3 EStG in seiner Person vorliegen. Steht allen Nutzenden jeweils dem Grunde nach nur ein Abzug in beschränkter Höhe zu, ist der Höchstbetrag dabei auf die jeweiligen Nutzenden nach seinem Nutzungsanteil aufzuteilen; er ist nicht mehrfach zu gewähren (→ BFH-Urteil vom 20. November 2003 – IV R 30/03 –, BStBl II 2004 S. 775). Gleiches gilt auch, wenn nur einem Nutzenden ein beschränkter Abzug zusteht (→ BFH-Urteil vom 23. September 2009 – IV R 21/08 –, BStBl II 2010 S. 337).

Beispiele:
- A und B nutzen gemeinsam ein häusliches Arbeitszimmer jeweils zu 50 %. Die Gesamtaufwendungen betragen 4 000 €. Sowohl A als auch B steht für die im häuslichen Arbeitszimmer ausgeübte betriebliche oder berufliche Tätigkeit kein anderer Arbeitsplatz zur Verfügung. Sie können daher jeweils 625 € (50 % des begrenzten Abzugs) als Betriebsausgaben oder Werbungskosten abziehen.

– A und B nutzen gemeinsam ein häusliches Arbeitszimmer jeweils zu 50 % (zeitlicher Nutzungsanteil). Die Gesamtaufwendungen betragen 4 000 €. Für A bildet das häusliche Arbeitszimmer den Mittelpunkt der gesamten betrieblichen und beruflichen Betätigung; A kann 2 000 € als Betriebsausgaben oder Werbungskosten abziehen. B steht für die im häuslichen Arbeitszimmer ausgeübte betriebliche oder berufliche Tätigkeit kein anderer Arbeitsplatz zur Verfügung und kann daher 625 € (50 % des begrenzten Abzugs) als Betriebsausgaben oder Werbungskosten abziehen.

IX. Nicht ganzjährige Nutzung des häuslichen Arbeitszimmers

22   Ändern sich die Nutzungsverhältnisse innerhalb eines Wirtschafts- oder Kalenderjahres, können nur die auf den Zeitraum, in dem das Arbeitszimmer den Mittelpunkt der gesamten betrieblichen und beruflichen Betätigung bildet, entfallenden Aufwendungen in voller Höhe abgezogen werden. Für den übrigen Zeitraum kommt ein beschränkter Abzug nur in Betracht, wenn für die betriebliche oder berufliche Betätigung kein anderer Arbeitsplatz zur Verfügung steht. Der Höchstbetrag von 1 250 Euro ist auch bei nicht ganzjähriger Nutzung eines häuslichen Arbeitszimmers in voller Höhe zum Abzug zuzulassen.

Beispiele:

– Ein Arbeitnehmer hat im 1. Halbjahr den Mittelpunkt seiner gesamten betrieblichen und beruflichen Tätigkeit in seinem häuslichen Arbeitszimmer. Im 2. Halbjahr übt er die Tätigkeit am Arbeitsplatz bei seinem Arbeitgeber aus. Die Aufwendungen für das Arbeitszimmer, die auf das 1. Halbjahr entfallen, sind in voller Höhe als Werbungskosten abziehbar. Für das 2. Halbjahr kommt ein Abzug nicht in Betracht.

– Ein Arbeitnehmer hat ein häusliches Arbeitszimmer, das er nur nach Feierabend und am Wochenende auch für seine nichtselbständige Tätigkeit nutzt. Seit 15. Juni ist er in diesem Raum auch schriftstellerisch tätig. Aus der schriftstellerischen Tätigkeit erzielt er Einkünfte aus selbständiger Arbeit. Fortan nutzt der Steuerpflichtige sein Arbeitszimmer zu 30 % für die nichtselbständige Tätigkeit und zu 70 % für die schriftstellerische Tätigkeit, wofür ihm kein anderer Arbeitsplatz zur Verfügung steht. Die Gesamtaufwendungen für das Arbeitszimmer betragen 5 000 €. Davon entfallen auf den Zeitraum ab 15. Juni (6,5/12 =) 2 708 €. Der auf die nichtselbständige Tätigkeit entfallende Kostenanteil ist insgesamt nicht abziehbar. Auf die selbständige Tätigkeit entfallen 70 % von 2 708 € = 1 896 €, die bis zum Höchstbetrag von 1 250 € als Betriebsausgaben abgezogen werden können. Eine zeitanteilige Kürzung des Höchstbetrages ist nicht vorzunehmen.

23   Wird das Arbeitszimmer für eine spätere Nutzung vorbereitet, bei der die Abzugsvoraussetzungen vorliegen, sind die darauf entfallenden Aufwendungen entsprechend zu berücksichtigen (→ BFH-Urteil vom 23. Mai 2006 – VI R 21/03 –, BStBl II S. 600).

X. Nutzung eines häuslichen Arbeitszimmers zu Ausbildungszwecken

24   Nach § 10 Absatz 1 Nummer 7 Satz 4 EStG ist die Regelung des § 4 Absatz 5 Satz 1 Nummer 6b EStG auch für Aufwendungen für ein häusliches Arbeitszimmer anzuwenden, das für die eigene Berufsausbildung genutzt wird. Im Rahmen der Ausbildungskosten können jedoch in jedem Fall Aufwendungen nur bis zu insgesamt 4 000 Euro als Sonderausgaben abgezogen werden (§ 10 Absatz 1 Nummer 7 Satz 1 EStG). Wird das häusliche Arbeitszimmer auch zur Einkunftserzielung genutzt, sind für die Aufteilung der Kosten Rdnr. 19 und 20 entsprechend anzuwenden.

XI. Besondere Aufzeichnungspflichten

25   Nach § 4 Absatz 7 EStG dürfen Aufwendungen für ein häusliches Arbeitszimmer bei der Gewinnermittlung nur berücksichtigt werden, wenn sie besonders aufgezeichnet sind. Es bestehen keine Bedenken, wenn die auf das Arbeitszimmer anteilig entfallenden Finanzierungskosten im Wege der Schätzung ermittelt werden und nach Ablauf des Wirtschafts- oder Kalenderjahres eine Aufzeichnung aufgrund der Jahresabrechnung des Kreditinstitutes erfolgt. Entsprechendes gilt für die verbrauchsabhängigen Kosten wie z. B. Wasser- und Energiekosten. Es ist ausreichend, Abschreibungsbeträge einmal jährlich – zeitnah nach Ablauf des Kalender- oder Wirtschaftsjahres – aufzuzeichnen.

XII. Zeitliche Anwendung

26   Nach § 52 Absatz 12 Satz 9 EStG i. d. F. des Jahressteuergesetzes 2010 ist § 4 Absatz 5 Satz 1 Nummer 6b EStG rückwirkend ab dem Veranlagungszeitraum 2007 anzuwenden. Wird der Gewinn nach einem vom Kalenderjahr abweichenden Wirtschaftsjahr ermittelt, ist die Vorschrift

ab 1. Januar 2007 anzuwenden. Für den Teil des Wirtschaftsjahres, der vor dem 1. Januar 2007 liegt, ist § 4 Absatz 5 Satz 1 Nummer 6b EStG in der bis dahin gültigen Fassung maßgebend.

Das BMF-Schreiben vom 3. April 2007 (BStBl I S. 442) wird durch dieses Schreiben ersetzt. Es gilt ab dem Veranlagungszeitraum 2007 und ersetzt ab diesem Veranlagungszeitraum die BMF-Schreiben vom 7. Januar 2004 (BStBl I S. 143) und vom 14. September 2004 (BStBl I S. 861). Das BMF-Schreiben zur Vermietung eines Büroraumes an den Arbeitgeber vom 13. Dezember 2005 (BStBl I 2006 S. 4) bleibt unberührt.

Ausstattung

Aufwendungen für Einrichtungsgegenstände wie z. B. Bücherschränke oder Schreibtische, die zugleich Arbeitsmittel sind, sind nach § 9 Abs. 1 Satz 3 Nr. 6 EStG abziehbar (→ BFH vom 21. 11. 1997 – BStBl 1998 II S. 351).

Außerhäusliches Arbeitszimmer

Werden im Dachgeschoss eines Mehrfamilienhauses Räumlichkeiten, die nicht zur Privatwohnung gehören, als Arbeitszimmer genutzt, handelt es sich hierbei im Regelfall um ein außerhäusliches Arbeitszimmer, das nicht unter die Abzugsbeschränkung des § 4 Abs. 5 Satz 1 Nr. 6b EStG fällt. Etwas anderes kann dann gelten, wenn die Räumlichkeiten auf Grund der unmittelbaren räumlichen Nähe mit den privaten Wohnräumen als gemeinsame Wohneinheit verbunden sind (→ BFH vom 18. 8. 2005 – BStBl 2006 II S. 428).

Berufliche Nutzung mehrerer Räume

Zur Abgrenzung eines häuslichen Arbeitszimmers zu sonstigen beruflich genutzten Räumen → BFH vom 26. 3. 2009 (BStBl II S. 598 – VI R 15/07 –).

Drittaufwand

Es gilt der Grundsatz, dass – auch bei zusammenveranlagten Ehegatten – nur derjenige Aufwendungen steuerlich abziehen kann, der sie tatsächlich getragen hat. Daraus folgt:
– Ehegatten, die gemeinsam die Herstellungskosten des von ihnen bewohnten Hauses getragen haben und die darin jeweils einen Raum für eigenbetriebliche Zwecke nutzen, können jeweils die auf diesen Raum entfallenden Herstellungskosten für die Dauer der betrieblichen Nutzung als Betriebsausgaben/Werbungskosten in Form von AfA geltend machen (→ BFH vom 23. 8. 1999 – BStBl II S. 774).
– Beteiligt sich der Arbeitnehmer an den Anschaffungs- oder Herstellungskosten eines Gebäudes, das seinem Ehepartner gehört und in dem der Arbeitnehmer ein Arbeitszimmer für seine beruflichen Zwecke nutzt, kann er die auf diesen Raum entfallenden eigenen Aufwendungen grundsätzlich als Werbungskosten (AfA) geltend machen. In diesem Fall sind die auf das Arbeitszimmer entfallenden Anschaffungs- oder Herstellungskosten Bemessungsgrundlage der AfA, soweit sie der Kostenbeteiligung des Arbeitnehmers entsprechen (→ BFH vom 23. 8. 1999 – BStBl II S. 778).
– Erwerben der Arbeitnehmer und sein Ehegatte aus gemeinsamen Mitteln gleichzeitig jeweils einander gleiche Eigentumswohnungen zum Alleineigentum und nutzt der Arbeitnehmer in der von den Ehegatten gemeinsam zu Wohnzwecken genutzten Wohnung des Ehegatten ein Arbeitszimmer alleine zu beruflichen Zwecken, kann er die darauf entfallenden Anschaffungskosten grundsätzlich nicht als eigene Werbungskosten (AfA) geltend machen. Die vom Eigentümer-Ehegatten aufgewendeten Anschaffungskosten des Arbeitszimmers sind somit keine Werbungskosten des Arbeitnehmers (keine Anerkennung von Drittaufwand.) Abziehbar sind hingegen die durch die Nutzung des Arbeitszimmers verursachten laufenden Aufwendungen (z. B. anteilige Energie- und Reparaturkosten des Arbeitszimmers), wenn sie entweder vom Arbeitnehmer-Ehegatten absprachegemäß übernommen oder von den Ehegatten gemeinsam getragen werden (etwa von einem gemeinsamen Bankkonto). Nicht abziehbar sind dagegen – ungeachtet der gemeinsamen Kostentragung – die durch das Eigentum bedingten Kosten, wie z. B. Grundsteuer, Schuldzinsen, allgemeine Reparaturkosten (→ BFH vom 23. 8. 1999 – BStBl II S. 782).
– Allein auf Grund der Tatsache, dass der Arbeitnehmer gemeinsam mit seinem Ehepartner ein Arbeitszimmer in der dem Ehegatten gehörenden Wohnung nutzt, sind ihm die anteiligen Anschaffungs- oder Herstellungskosten des Arbeitszimmers entsprechend seiner Nutzung zur Vornahme von AfA nicht zuzurechnen (→ BFH vom 23. 8. 1999 – BStBl II S. 787).
– Sind die Ehegatten nicht Eigentümer des Hauses oder der Wohnung, ist der Abzug der Aufwendungen für ein Arbeitszimmer nicht ausgeschlossen, wenn die Aufwendungen auf Grund eines Dauerschuldverhältnisses (z. B. Mietvertrag) vom Ehegatten des Arbeitnehmers getragen werden (→ BFH vom 24. 2. 2000 – BStBl II S. 314).

§ 9 EStG
H 9.14

Ermittlung der abziehbaren Aufwendungen

- Die Aufwendungen für das häusliche Arbeitszimmer, z. B. anteilige Miete und Heizungskosten sowie die unmittelbaren Kosten der Ausstattung, Reinigung und Renovierung, sind Werbungskosten, bei Mitbenutzung zu Ausbildungszwecken anteilig Sonderausgaben (→ BFH vom 22. 6. 1990 – BStBl II S. 901).
- Die anteiligen Kosten des Arbeitszimmers sind nach dem Verhältnis der Fläche des Arbeitszimmers zur gesamten Wohnfläche einschließlich des Arbeitszimmers zu ermitteln (→ BFH vom 10. 4. 1987 – BStBl II S. 500).
- Vergrößert sich die Gesamtwohnfläche durch Erweiterungsbaumaßnahmen, so ergibt sich ein veränderter Aufteilungsmaßstab; sind die Erweiterungsbaumaßnahmen mit Krediten finanziert, so sind die darauf entfallenden Schuldzinsen dem häuslichen Arbeitszimmer selbst dann anteilig zuzuordnen, wenn die Baumaßnahmen das Arbeitszimmer nicht unmittelbar betroffen haben (→ BFH vom 21. 8. 1995 – BStBl II S. 729).
- Wegen der berücksichtigungsfähigen Kosten dem Grunde und der Höhe nach, wenn das Arbeitszimmer in einem selbstgenutzten Haus oder in einer selbstgenutzten Eigentumswohnung gelegen ist, → BFH vom 18. 10. 1983 (BStBl 1984 II S. 112).
- Die AfA richtet sich bei einem selbstgenutzten häuslichen Arbeitszimmer im eigenen Einfamilienhaus nach § 7 Abs. 4 Satz 1 Nr. 2 oder Abs. 5 Satz 1 Nr. 2 EStG; eine (höhere) Absetzung nach § 7 Abs. 5 Satz 1 Nr. 3 EStG ist nicht zulässig (→ BFH vom 30. 6. 1995 – BStBl II S. 598 und vom 4. 8. 1995 – BStBl II S. 727).
- Liegt das Arbeitszimmer in einer den Ehegatten gemeinsam gehörenden Wohnung, einem gemeinsamen Einfamilienhaus oder einer gemeinsamen Eigentumswohnung, so sind die auf das Arbeitszimmer anteilig entfallenden Aufwendungen einschließlich AfA grundsätzlich unabhängig vom Miteigentumsanteil des anderen Ehegatten zu berücksichtigen (→ BFH vom 12. 2. 1988 – BStBl II S. 764); entsprechendes gilt für die auf das Arbeitszimmer anteilig entfallenden Schuldzinsen (→ BFH vom 3. 4. 1987 – BStBl II S. 623).
- Vergütungen an den Ehegatten für die Reinigung des Arbeitszimmers sind keine Werbungskosten (→ BFH vom 27. 10. 1978 – BStBl 1979 II S. 80).

Ermittlung der auf ein häusliches Arbeitszimmer entfallenden Aufwendungen

(Verfügung der OFD Hannover vom 11. 9. 1997 – S 2354 – 126 – StH 214 / S 2354 – 38 – StO 212 –)

Nach dem BFH-Urteil vom 18. 10. 1983 (BStBl II 1984, 112) sind die auf ein häusliches Arbeitszimmer entfallenden anteiligen Aufwendungen nach dem Verhältnis der nach §§ 42 – 44 der II. Berechnungsverordnung (BV) ermittelten Wohnfläche der Wohnung zur Fläche des häuslichen Arbeitszimmers aufzuteilen.

Die vom BFH gewählte Formulierung wird jedoch rechnerisch nicht immer zutreffend umgesetzt. So wird z. B. im folgenden Fall

Gesamtfläche (einschl. Arbeitszimmer, ohne Nebenräume)	100 qm
Fläche des Arbeitszimmers	20 qm
verbleibende Wohnfläche	80 qm

der auf das Arbeitszimmer entfallende Kostenanteil unzutreffend mit 25 v. H. aus dem nach dem BFH-Urteil zu bildenden Verhältnis von 20 : 80 abgeleitet.

Aus den Urteilsgründen ergibt sich jedoch eindeutig, daß die Kosten in diesem Verhältnis aufzuteilen sind. Betragen z. B. die Gesamtkosten 2 000,– DM, so sind diese im Beispielfall im Verhältnis 20 : 80 aufzuteilen. Als Werbungskosten können somit 20 „Teile" der Gesamtkosten (= 20 v. H.) berücksichtigt werden, auf die verbleibende Wohnfläche entfallen 80 „Teile" (mathematisch also 20/100 bzw. 80/100). Der auf das Arbeitszimmer entfallende Kostenanteil beträgt demnach 400 DM (400 : 1 600 entspricht 20 : 80) also 20 v. H. und nicht 25 v. H. (vgl. auch BFH vom 10. 4. 1987, BStBl II 1987, 500, Klarstellung zum o. g. Urteil).

Die rechnerische Ermittlung der anteiligen Werbungskosten ist deshalb wie bisher nach folgender Formel vorzunehmen, die zu demselben Ergebnis wie die vom BFH verwendete Proportionalrechnung führt:

$$\frac{\text{Größe des Arbeitszimmers} \times 100}{\text{Gesamte Fläche (einschl. Arbeitszimmer, ohne Nebenräume)}}$$

(Beispielfall: = 20100 × 100 = 20 v. H.).

Bei der Ermittlung der Wohnfläche bleiben Nebenräume, wie z. B. Keller, Waschküchen, Abstellräume und Dachböden (Zubehörräume) grundsätzlich außer Ansatz (§ 42 Abs. 4 Nr. 1 II.

BV). Nicht zur Wohnfläche gehören außerdem Räume, die den nach ihrer Nutzung zu stellenden Anforderungen des Bauordnungsrechts nicht genügen (§ 42 Abs. 4 Nr. 3 II. BV). In diesem Zusammenhang sind § 43 der Niedersächsischen Bauordnung (NBauO) i. d. F. vom 13. 7. 1995 (GVBl, 199) und § 28 der Allgemeinen Durchführungsverordnung zur Niedersächsischen Bauordnung (DVNBauO) vom 11. 3. 1987 (GVBl, 29) maßgebend.

Wird ein Nebenraum also nicht wie ein Zubehörraum genutzt (z. B. Hobbykeller, Kellerbar, Kellersauna, Gästezimmer im Keller), so ist dieser Raum nur dann in die Wohnflächenberechnung einzubeziehen, wenn die entsprechende Nutzung nicht gegen Bauordnungsrecht verstößt. Allein die besondere Ausstattung eines Zubehörraums und seine tatsächliche Nutzung als Wohnraum reichen nicht aus, um die Wohnfläche entsprechend zu erhöhen.

Befindet sich das Arbeitszimmer selbst in einem Zubehörraum, wie z. B. im Keller oder auf dem Dachboden und erfüllt dieser Raum die Anforderungen des Bauordnungsrechts für diese Nutzung nicht, kann die Ermittlung der auf das Arbeitszimmer entfallenden anteiligen Aufwendungen nicht nach dem Wohnflächenverhältnis vorgenommen werden. In Betracht käme dann nur eine Aufteilung nach dem Verhältnis der Nutzfläche des Arbeitszimmers zur Gesamtnutzfläche des Hauses (Haupt- und Nebenräume) einschließlich des Arbeitszimmers (so auch FG Köln vom 26. 1. 1995, 13 K 2726/93, EFG 1995, 830, im Anschluß an das BFH-Urteil vom 5. 9. 1990, X R 3/89, BStBl II 1991, 389).

Home-Office als regelmäßige Arbeitsstätte

→ H 9.4

Fortbildungszwecke

Steht einem Arbeitnehmer beim Arbeitgeber ein Büroarbeitsplatz auch für Fortbildungsmaßnahmen zur Verfügung, schließt dies regelmäßig die steuerliche Berücksichtigung von Kosten für ein zu Fortbildungszwecken genutztes häusliches Arbeitszimmer aus (→ BFH vom 5. 10. 2011 – BStBl 2012 II S. 127).

Kunstgegenstände

Aufwendungen für Kunstgegenstände, die zur Einrichtung eines häuslichen Arbeitszimmers gehören, sind regelmäßig keine Werbungskosten (→ BFH vom 30. 10. 1990 – BStBl 1991 II S. 340 und vom 12. 3. 1993 – BStBl II S. 506).

Räumliche Voraussetzungen

– Zu den Voraussetzungen für die steuerliche Anerkennung gehört, dass das Arbeitszimmer von den privat genutzten Räumen getrennt ist (→ BFH vom 6. 12. 1991 – BStBl 1992 II S. 304).
– Neben dem Arbeitszimmer muss genügend Wohnraum vorhanden sein (→ BFH vom 26. 4. 1985 – BStBl II S. 467).
– Ein häusliches Arbeitszimmer ist steuerlich nicht anzuerkennen, wenn das Arbeitszimmer ständig durchquert werden muss, um andere privat genutzte Räume der Wohnung zu erreichen (→ BFH vom 18. 10. 1983 – BStBl 1984 II S. 110); die private Mitbenutzung des Arbeitszimmers ist dagegen von untergeordneter Bedeutung, wenn es nur durchquert werden muss, um z. B. das Schlafzimmer zu erreichen (→ BFH vom 19. 8. 1988 – BStBl II S. 1000).

Telearbeitsplatz

Wird eine in qualitativer Hinsicht gleichwertige Arbeitsleistung wöchentlich an drei Tagen an einem häuslichen Telearbeitsplatz und an zwei Tagen im Betrieb des Arbeitgebers erbracht, liegt der Mittelpunkt der gesamten beruflichen Betätigung im häuslichen Arbeitszimmer (→ BFH vom 23. 5. 2006 – BStBl II 2006 S. 600).

Vermietung an den Arbeitgeber

→ BMF vom 13. 12. 2005 (BStBl 2006 I S. 4)

Vermietung eines Büroraums an den Arbeitgeber;

Anwendung des BFH-Urteils vom 16. September 2004 (BStBl 2005 II S. 10)

(BMF-Schreiben vom 13. 12. 2005 – BStBl I S. 4 – IV C 3 – S 2253 – 112/05 –)

Zur einkommensteuerrechtlichen Behandlung der Vermietung eines Büroraums durch einen Arbeitnehmer an seinen Arbeitgeber, den der Arbeitnehmer als Arbeitszimmer nutzt, hat der

Bundesfinanzhof in Fortentwicklung der Urteile vom 19. Oktober 2001 (BStBl 2002 II S. 300) und vom 20. März 2003 (BStBl 2003 II S. 519) mit Urteil vom 16. September 2004 seine Rechtsprechung weiter präzisiert.

Unter Bezugnahme auf das Ergebnis der Erörterungen mit den obersten Finanzbehörden der Länder sind die Urteilsgrundsätze unter Anlegung eines strengen Maßstabs wie folgt anzuwenden:

Zu den Einkünften aus nichtselbständiger Arbeit zählen nach § 19 Abs. 1 Satz 1 Nr. 1 EStG auch andere Bezüge und Vorteile, die einem Arbeitnehmer für eine Beschäftigung im öffentlichen oder privaten Dienst gewährt werden. Ein Vorteil wird gewährt, wenn er durch das individuelle Dienstverhältnis des Arbeitnehmers veranlasst ist. Hieran fehlt es, wenn der Arbeitgeber dem Arbeitnehmer Vorteile aufgrund einer anderen, neben dem Dienstverhältnis gesondert bestehenden Rechtsbeziehung – beispielsweise einem Mietverhältnis – zuwendet.

Leistet der Arbeitgeber Zahlungen für ein im Haus oder in der Wohnung des Arbeitnehmers gelegenes Büro, das der Arbeitnehmer für die Erbringung seiner Arbeitsleistung nutzt, so ist die Unterscheidung zwischen Arbeitslohn und Einkünften aus Vermietung und Verpachtung danach vorzunehmen, in wessen vorrangigem Interesse die Nutzung des Büros erfolgt.

Dient die Nutzung in erster Linie den Interessen des Arbeitnehmers, ist davon auszugehen, dass die Zahlungen des Arbeitgebers als Gegenleistung für das Zurverfügungstellen der Arbeitskraft des Arbeitnehmers erfolgt sind. Die Einnahmen sind als Arbeitslohn zu erfassen.

Eine für die Zuordnung der Mietzahlungen zu den Einnahmen aus Vermietung und Verpachtung i. S. von § 21 Abs. 1 Nr. 1 EStG erforderliche, neben dem Dienstverhältnis gesondert bestehende Rechtsbeziehung setzt voraus, dass das Arbeitszimmer vorrangig im betrieblichen Interesse des Arbeitgebers genutzt wird und dieses Interesse über die Entlohnung des Arbeitnehmers sowie über die Erbringung der jeweiligen Arbeitsleistung hinausgeht. Die Ausgestaltung der Vereinbarung zwischen Arbeitgeber und Arbeitnehmer als auch die tatsächliche Nutzung des angemieteten Raumes im Haus oder der Wohnung des Arbeitnehmers müssen maßgeblich und objektiv nachvollziehbar von den Bedürfnissen des Arbeitgebers geprägt sein.

Für das Vorliegen eines betrieblichen Interesses sprechen beispielsweise folgende Anhaltspunkte:
– Für den/die Arbeitnehmer sind im Unternehmen keine geeigneten Arbeitszimmer vorhanden; die Versuche des Arbeitgebers, entsprechende Räume von fremden Dritten anzumieten, sind erfolglos geblieben.
– Der Arbeitgeber hat für andere Arbeitnehmer des Betriebs, die über keine für ein Arbeitszimmer geeignete Wohnung verfügen, entsprechende Rechtsbeziehungen mit fremden Dritten, die nicht in einem Dienstverhältnis zu ihm stehen, begründet.
– Es wurde eine ausdrückliche, schriftliche Vereinbarung über die Bedingungen der Nutzung des überlassenen Raumes abgeschlossen.

Allerdings muss der Steuerpflichtige auch in diesen Fällen das vorrangige betriebliche Interesse seines Arbeitgebers nachweisen, ansonsten sind die Zahlungen als Arbeitslohn zu erfassen.

Ein gegen das betriebliche Interesse und damit für den Arbeitslohncharakter der Mieteinnahmen sprechendes gewichtiges Indiz liegt vor, wenn der Arbeitnehmer im Betrieb des Arbeitgebers über einen weiteren Arbeitsplatz verfügt und die Nutzung des häuslichen Arbeitszimmers vom Arbeitgeber lediglich gestattet oder geduldet wird. In diesem Fall ist grundsätzlich von einem vorrangigen Interesse des Arbeitnehmers an der Nutzung des häuslichen Arbeitszimmers auszugehen. Zur Widerlegung dieser Annahme muss der Steuerpflichtige das vorrangige Interesse seines Arbeitgebers am zusätzlichen häuslichen Arbeitsplatz, hinter welches das Interesse des Steuerpflichtigen zurücktritt, nachweisen. Ein etwa gleichgewichtiges Interesse von Arbeitgeber und Arbeitnehmer reicht hierfür nicht aus.

Für das Vorliegen eines betrieblichen Interesses kommt es nicht darauf an,
– ob ein entsprechendes Nutzungsverhältnis zu gleichen Bedingungen auch mit einem fremden Dritten hätte begründet werden können,
– ob der vereinbarte Mietzins die Höhe des ortsüblichen Mietzinses unterschreitet, denn das geforderte betriebliche Interesse an der Nutzung des betreffenden Raumes wird durch eine für den Arbeitgeber vorteilhafte Gestaltung der zugrunde liegenden Rechtsbeziehung nicht in Frage gestellt.

Bei einer auf Dauer angelegten Vermietungstätigkeit ist nach der Rechtsprechung des Bundesfinanzhofs vom Vorliegen der Einkunftserzielungsabsicht auszugehen (vgl. auch BMF-Schreiben vom 8. Oktober 2004 – BStBl I 2004 S. 933). Das gilt auch für die Vermietung eines im Haus oder der Wohnung des Arbeitnehmers gelegenen Büros an den Arbeitgeber. Selbst wenn wegen der Koppelung des Mietvertrags an die Amts- oder Berufszeit des Arbeitnehmers und im Hinblick auf die Höhe des Mietzinses Zweifel am Vorliegen der Einkunftserzielungsabsicht bestehen, steht dies bei vorrangigem betrieblichen Interesse des Arbeitgebers einer Berücksichtigung der Aufwendungen nicht entgegen.

Liegen die Voraussetzungen für die Zuordnung der Mieteinnahmen zu den Einkünften aus Vermietung und Verpachtung vor, sind die das Dienstzimmer betreffenden Aufwendungen in vollem Umfang als Werbungskosten zu berücksichtigen. Sie fallen nicht unter die Abzugsbeschränkung des § 4 Abs. 5 Satz 1 Nr. 6b EStG.

Vorweggenommene Aufwendungen
– Ob die Aufwendungen für das Herrichten eines häuslichen Arbeitszimmers für eine nachfolgende berufliche Tätigkeit als Werbungskosten abziehbar sind, bestimmt sich nach den zu erwartenden Umständen der späteren beruflichen Tätigkeit. Nicht entscheidend ist, ob die beabsichtigte berufliche Nutzung im Jahr des Aufwands bereits begonnen hat. (→ BFH vom 23. 5. 2006 – BStBl 2006 II S. 600).
– Aufwendungen für ein häusliches Arbeitszimmer während einer Erwerbslosigkeit sind nur abziehbar, wenn der Abzug auch bei der späteren beruflichen Tätigkeit möglich wäre (→ BFH vom 2. 12. 2005 – BStBl 2006 II S. 329).

§ 9a Pauschbeträge für Werbungskosten

EStG

¹Für Werbungskosten sind bei der Ermittlung der Einkünfte die folgenden Pauschbeträge abzuziehen, wenn nicht höhere Werbungskosten nachgewiesen werden:
1. a) von den Einnahmen aus nichtselbständiger Arbeit vorbehaltlich Buchstabe b:
   ein Arbeitnehmer-Pauschbetrag von 1 000 Euro;
   b) von den Einnahmen aus nichtselbständiger Arbeit, soweit es sich um Versorgungsbezüge im Sinne des § 19 Absatz 2 handelt:
   ein Pauschbetrag von 102 Euro;
2. (weggefallen)
3. von den Einnahmen im Sinne des § 22 Nummer 1, 1a, 1b, 1c und 5:
   ein Pauschbetrag von insgesamt 102 Euro.

²Der Pauschbetrag nach Satz 1 Nummer 1 Buchstabe b darf nur bis zur Höhe der um den Versorgungsfreibetrag einschließlich des Zuschlags zum Versorgungsfreibetrag (§ 19 Absatz 2) geminderten Einnahmen, die Pauschbeträge nach Satz 1 Nummer 1 Buchstabe a und Nummer 3 dürfen nur bis zur Höhe der Einnahmen abgezogen werden.

S 2214

S 2346

Hinweise

H 9a

Allgemeines
→ R 9a EStR, H 9a EStH
Der Arbeitnehmer-Pauschbetrag ist auch dann nicht zu kürzen, wenn feststeht, dass keine oder nur geringe Werbungskosten angefallen sind (→ BFH vom 10. 6. 2008 – BStBl II S. 937).

Ansatz ungekürzter Arbeitnehmer-Pauschbetrag
1. Der Steuerpflichtige, der Einnahmen aus nichtselbständiger Arbeit erzielt, hat einen Rechtsanspruch auf den Ansatz des ungekürzten Arbeitnehmer-Pauschbetrages, selbst wenn feststeht, dass keine oder nur geringe Werbungskosten angefallen sind. Bei einem zwingenden gesetzlichen Pauschbetrag verbieten sich Überlegungen, ob im Einzelfall die Besteuerung vereinfacht wird oder nicht.
2. Erzielt ein Steuerpflichtiger – im Streitfall ein als angestellter Assessor und als selbständiger Rechtsanwalt tätiger Jurist – sowohl Einnahmen aus selbständiger als auch aus nichtselbständiger Arbeit, so sind die durch diese Tätigkeiten veranlassten Aufwendungen den jeweiligen Einkunftsarten, gegebenenfalls nach einer im Schätzungswege vorzunehmenden Aufteilung der Aufwendungen, als Werbungskosten oder Betriebsausgaben zuzuordnen. Sind die Werbungskosten niedriger als der Arbeitnehmer-Pauschbetrag, so ist dieser in voller Höhe anzusetzen. Der Steuerpflichtige kann keine beliebige Bestimmung treffen und auf diese Weise neben dem Arbeitnehmer-Pauschbetrag sämtliche nachgewiesenen Aufwendungen als Betriebsausgaben geltend machen.
(→ BFH vom 10. 6. 2008 – BStBl II S. 937)
Werbungskosten-Pauschbetrag bei Versorgungsbezügen → Anhang 2 VI

4a. Umsatzsteuerrechtlicher Vorsteuerabzug

EStG

§ 9b [Umsatzsteuerrechtlicher Vorsteuerabzug]

S 2170

(1) Der Vorsteuerbetrag nach § 15 des Umsatzsteuergesetzes gehört, soweit er bei der Umsatzsteuer abgezogen werden kann, nicht zu den Anschaffungs- oder Herstellungskosten des Wirtschaftsguts, auf dessen Anschaffung oder Herstellung er entfällt.

(2) Wird der Vorsteuerabzug nach § 15a des Umsatzsteuergesetzes berichtigt, so sind die Mehrbeträge als Betriebseinnahmen oder Einnahmen, die Minderbeträge als Betriebsausgaben oder Werbungskosten zu behandeln; die Anschaffungs- oder Herstellungskosten bleiben unberührt.

5. Sonderausgaben

EStG
S 2220
S 2221

§ 10 [Sonderausgaben]

(1) Sonderausgaben sind die folgenden Aufwendungen, wenn sie weder Betriebsausgaben noch Werbungskosten sind oder wie Betriebsausgaben oder Werbungskosten behandelt werden:
1. Unterhaltsleistungen an den geschiedenen oder dauernd getrennt lebenden unbeschränkt einkommensteuerpflichtigen Ehegatten, wenn der Geber dies mit Zustimmung des Empfängers beantragt, bis zu 13 805 Euro im Kalenderjahr. ²Der Höchstbetrag nach Satz 1 erhöht sich um den Betrag der im jeweiligen Veranlagungszeitraum nach Absatz 1 Nummer 3 für die Absicherung des geschiedenen oder dauernd getrennt lebenden unbeschränkt einkommensteuerpflichtigen Ehegatten aufgewandten Beiträge. ³Der Antrag kann jeweils nur für ein Kalenderjahr gestellt und nicht zurückgenommen werden. ⁴Die Zustimmung ist mit Ausnahme der nach § 894 Absatz 1 der Zivilprozessordnung als erteilt geltenden bis auf Widerruf wirksam. ⁵Der Widerruf ist vor Beginn des Kalenderjahres, für das die Zustimmung erstmals nicht gelten soll, gegenüber dem Finanzamt zu erklären. ⁶Die Sätze 1 bis 5 gelten für Fälle der Nichtigkeit oder der Aufhebung der Ehe entsprechend;

S 2221a
1)

1a. auf besonderen Verpflichtungsgründen beruhende, lebenslange und wiederkehrende Versorgungsleistungen, die nicht mit Einkünften in wirtschaftlichem Zusammenhang stehen, die bei der Veranlagung außer Betracht bleiben, wenn der Empfänger unbeschränkt einkommensteuerpflichtig ist. ²Dies gilt nur für

   a) Versorgungsleistungen im Zusammenhang mit der Übertragung eines Mitunternehmeranteils an einer Personengesellschaft, die eine Tätigkeit im Sinne der §§ 13, 15 Absatz 1 Satz 1 Nummer 1 oder des § 18 Absatz 1 ausübt,

   b) Versorgungsleistungen im Zusammenhang mit der Übertragung eines Betriebs oder Teilbetriebs, sowie

   c) Versorgungsleistungen im Zusammenhang mit der Übertragung eines mindestens 50 Prozent betragenden Anteils an einer Gesellschaft mit beschränkter Haftung, wenn der Übergeber als Geschäftsführer tätig war und der Übernehmer diese Tätigkeit nach der Übertragung übernimmt.

³Satz 2 gilt auch für den Teil der Versorgungsleistungen, der auf den Wohnteil eines Betriebs der Land- und Forstwirtschaft entfällt;

1b. Ausgleichszahlungen im Rahmen des Versorgungsausgleichs nach den §§ 20, 21, 22 und 26 des Versorgungsausgleichsgesetzes, §§ 1587f, 1587g, 1587i des Bürgerlichen Gesetzbuchs und § 3a des Gesetzes zur Regelung von Härten im Versorgungsausgleich, soweit die ihnen zu Grunde liegenden Einnahmen bei der ausgleichspflichtigen Person der Besteuerung unterliegen, wenn die ausgleichsberechtigte Person unbeschränkt einkommensteuerpflichtig ist;

2)
3)

2. a) Beiträge zu den gesetzlichen Rentenversicherungen oder *zur landwirtschaftlichen Alterskasse* sowie zu berufsständischen Versorgungseinrichtungen, die den gesetzlichen Rentenversicherungen vergleichbare Leistungen erbringen,

---

¹⁾ Absatz 1 Nr. 1a i. d. F. des JStG 2008 ist auf alle Versorgungsleistungen anzuwenden, die auf nach dem 31. 12. 2007 vereinbarten Vermögensübertragungen beruhen. Für Versorgungsleistungen, die auf vor dem 1. 1. 2008 vereinbarten Vermögensübertragungen beruhen, gilt dies nur, wenn das übertragene Vermögen nur deshalb einen ausreichenden Ertrag bringt, weil ersparte Aufwendungen mit Ausnahme des Nutzungsvorteils eines zu eigenen Zwecken vom Vermögensübernehmer genutzten Grundstücks zu den Erträgen des Vermögens gerechnet werden → § 52 Abs. 23g EStG.

²⁾ Die Vorschrift soll durch das Gesetz zur Verbesserung der steuerlichen Förderung der privaten Altersvorsorge (Altersvorsorge-Verbesserungsgesetz – AltvVerbG) geändert werden. Bei Redaktionsschluss war das Gesetzgebungsverfahren noch nicht abgeschlossen. Um Beachtung wird gebeten. → Siehe hierzu Hinweise auf Seite 4!

³⁾ Absatz 1 Nr. 2 Buchstabe a wurde durch das LSV-NOG ab VZ 2013 geändert.

§ 10 EStG

b) Beiträge des Steuerpflichtigen zum Aufbau einer eigenen kapitalgedeckten Altersversorgung, wenn der Vertrag nur die Zahlung einer monatlichen auf das Leben des Steuerpflichtigen bezogenen lebenslangen Leibrente nicht vor Vollendung des 60. Lebensjahres oder die ergänzende Absicherung des Eintritts der Berufsunfähigkeit (Berufsunfähigkeitsrente), der verminderten Erwerbsfähigkeit (Erwerbsminderungsrente) oder von Hinterbliebenen (Hinterbliebenenrente) vorsieht; Hinterbliebene in diesem Sinne sind der Ehegatte des Steuerpflichtigen und die Kinder, für die er Anspruch auf Kindergeld oder auf einen Freibetrag nach § 32 Absatz 6 hat; der Anspruch auf Waisenrente darf längstens für den Zeitraum bestehen, in dem der Rentenberechtigte die Voraussetzungen für die Berücksichtigung als Kind im Sinne des § 32 erfüllt; die genannten Ansprüche dürfen nicht vererblich, nicht übertragbar, nicht beleihbar, nicht veräußerbar und nicht kapitalisierbar sein und es darf darüber hinaus kein Anspruch auf Auszahlungen bestehen. 1)

²Zu den Beiträgen nach den Buchstaben a und b ist der nach § 3 Nummer 62 steuerfreie Arbeitgeberanteil zur gesetzlichen Rentenversicherung und ein diesem gleichgestellter steuerfreier Zuschuss des Arbeitgebers hinzuzurechnen. ³Beiträge nach § 168 Absatz 1 Nummer 1b oder 1c oder nach § 172 Absatz 3 oder 3a des Sechsten Buches Sozialgesetzbuch werden abweichend von Satz 2 nur auf Antrag des Steuerpflichtigen hinzugerechnet;

3. Beiträge zu
  a) Krankenversicherungen, soweit diese zur Erlangung eines durch das Zwölfte Buch Sozialgesetzbuch bestimmten sozialhilfegleichen Versorgungsniveaus erforderlich sind. ²Für Beiträge zur gesetzlichen Krankenversicherung sind dies die nach dem Dritten Titel des Ersten Abschnitts des Achten Kapitels des Fünften Buches Sozialgesetzbuch oder die nach dem Sechsten Abschnitt des Zweiten Gesetzes über die Krankenversicherung der Landwirte festgesetzten Beiträge. ³Für Beiträge zu einer privaten Krankenversicherung sind dies die Beitragsanteile, die auf Vertragsleistungen entfallen, die, mit Ausnahme der auf das Krankengeld entfallenden Beitragsanteile, in Art, Umfang und Höhe den Leistungen nach dem Dritten Kapitel des Fünften Buches Sozialgesetzbuch vergleichbar sind, auf die ein Anspruch besteht; § 12 Absatz 1d des Versicherungsaufsichtsgesetzes in der Fassung der Bekanntmachung vom 17. Dezember 1992 (BGBl. 1993 I S. 2), das zuletzt durch Artikel 4 und 6 Absatz 2 des Gesetzes vom 17. Oktober 2008 (BGBl. I S. 1982) geändert worden ist, gilt entsprechend. ⁴Wenn sich aus den Krankenversicherungsbeiträgen nach Satz 2 ein Anspruch auf Krankengeld oder ein Anspruch auf eine Leistung, die anstelle von Krankengeld gewährt wird, ergeben kann, ist der jeweilige Beitrag um 4 Prozent zu vermindern; 2)
  b) gesetzlichen Pflegeversicherungen (soziale Pflegeversicherung und private Pflege-Pflichtversicherung).

²Als eigene Beiträge des Steuerpflichtigen werden auch die vom Steuerpflichtigen im Rahmen der Unterhaltsverpflichtung getragenen eigenen Beiträge im Sinne des Buchstaben a oder des Buchstaben b eines Kindes behandelt, für das ein Anspruch auf einen Freibetrag nach § 32 Absatz 6 oder auf Kindergeld besteht. ³Hat der Steuerpflichtige in den Fällen des Absatzes 1 Nummer 1 eigene Beiträge im Sinne des Buchstaben a oder des Buchstaben b zum Erwerb einer Krankenversicherung oder gesetzlichen Pflegeversicherung für einen ge-

---

1) Absatz 1 Nr. 2 Buchstabe b ist für Vertragsabschlüsse nach dem 31. 12. 2011 mit der Maßgabe anzuwenden, dass der Vertrag die Zahlung der Leibrente nicht vor Vollendung des 62. Lebensjahres vorsehen darf
→ § 52 Abs. 24 Satz 1 EStG.
Für Verträge i. S. d. § 10 Abs. 1 Nr. 2 Buchstabe b EStG, die vor dem 1. 1. 2011 abgeschlossen wurden, und bei Kranken- und Pflegeversicherungen i. S. d. § 10 Abs. 1 Nr. 3 EStG, bei denen das Versicherungsverhältnis vor dem 1. 1. 2011 bestanden hat, ist § 10 Abs. 2 Satz Nr. 2 und Satz 3 EStG mit der Maßgabe anzuwenden, dass
1. die erforderliche Einwilligung zur Datenübermittlung als erteilt gilt, wenn die übermittelnde Stelle den Stpfl. schriftlich darüber informiert, dass vom Vorliegen einer Einwilligung ausgegangen wird, das in Nummer 2 beschriebene Verfahren Anwendung findet und die Daten an die zentrale Stelle übermittelt werden, wenn der Stpfl. dem nicht innerhalb einer Frist von vier Wochen nach Erhalt dieser schriftlichen Information schriftlich widerspricht.
2. die übermittelnde Stelle, wenn die nach § 10 Abs. 2 Satz Nr. 2 oder Satz 3 EStG erforderliche Einwilligung des Stpfl. vorliegt oder als erteilt gilt, für die Datenübermittlung nach § 10 Abs. 2a EStG erforderliche Identifikationsnummer (§ 139b der AO) der versicherten Person und des Versicherungsnehmers abweichend von § 22a Abs. 2 Satz 1 und 2 EStG beim Bundeszentralamt für Steuern erheben kann. ²Das Bundeszentralamt für Steuern teilt der übermittelnden Stelle die Identifikationsnummern der versicherten Person und des Versicherungsnehmers mit, sofern die übermittelten Daten mit den nach § 139b Abs. 3 der AO beim Bundeszentralamt für Steuern gespeicherten Daten übereinstimmen. ³Stimmen die Daten nicht überein, findet § 22a Abs. 2 Satz 1 und 2 EStG Anwendung.
→ § 52 Abs. 24 Satz 2 EStG.
2) Die Vorschrift soll durch das Jahressteuergesetz 2013 (JStG 2013) geändert werden. Bei Redaktionsschluss war das Gesetzgebungsverfahren noch nicht abgeschlossen. Um Beachtung wird gebeten.
→ Siehe hierzu Hinweise auf Seite 4!

§ 10 EStG

schiedenen oder dauernd getrennt lebenden unbeschränkt einkommensteuerpflichtigen Ehegatten geleistet, dann werden diese abweichend von Satz 1 als eigene Beiträge des geschiedenen oder dauernd getrennt lebenden unbeschränkt einkommensteuerpflichtigen Ehegatten behandelt. ⁴Beiträge, die für nach Ablauf des Veranlagungszeitraums beginnende Beitragsjahre geleistet werden und in der Summe das Zweieinhalbfache der auf den Veranlagungszeitraum entfallenden Beiträge überschreiten, sind in dem Veranlagungszeitraum anzusetzen, für den sie geleistet wurden; dies gilt nicht für Beiträge, soweit sie der unbefristeten Beitragsminderung nach Vollendung des 62. Lebensjahrs dienen;¹⁾

3a. Beiträge zu Kranken- und Pflegeversicherungen, soweit diese nicht nach Nummer 3 zu berücksichtigen sind; Beiträge zu Versicherungen gegen Arbeitslosigkeit, zu Erwerbs- und Berufsunfähigkeitsversicherungen, die nicht unter Nummer 2 Satz 1 Buchstabe b fallen, zu Unfall- und Haftpflichtversicherungen sowie zu Risikoversicherungen, die nur für den Todesfall eine Leistung vorsehen; Beiträge zu Versicherungen im Sinne des § 10 Absatz 1 Nummer 2 Buchstabe b Doppelbuchstabe bb bis dd in der am 31. Dezember 2004 geltenden Fassung, wenn die Laufzeit dieser Versicherungen vor dem 1. Januar 2005 begonnen hat und ein Versicherungsbeitrag bis zum 31. Dezember 2004 entrichtet wurde; § 10 Absatz 1 Nummer 2 Satz 2 bis 6 und Absatz 2 Satz 2 in der am 31. Dezember 2004 geltenden Fassung ist in diesen Fällen weiter anzuwenden;

4. gezahlte Kirchensteuer; dies gilt nicht, soweit die Kirchensteuer als Zuschlag zur Kapitalertragsteuer oder als Zuschlag auf die nach dem gesonderten Tarif des § 32d Absatz 1 ermittelte Einkommensteuer gezahlt wurde;²⁾

5. zwei Drittel der Aufwendungen, höchstens 4 000 Euro je Kind, für Dienstleistungen zur Betreuung eines zum Haushalt des Steuerpflichtigen gehörenden Kindes im Sinne des § 32 Absatz 1, welches das 14. Lebensjahr noch nicht vollendet hat oder wegen einer vor Vollendung des 25. Lebensjahres eingetretenen körperlichen, geistigen oder seelischen Behinderung außerstande ist, sich selbst zu unterhalten. ²Dies gilt nicht für Aufwendungen für Unterricht, die Vermittlung besonderer Fähigkeiten sowie für sportliche und andere Freizeitbetätigungen. ³Ist das zu betreuende Kind nicht nach § 1 Absatz 1 oder Absatz 2 unbeschränkt einkommensteuerpflichtig, ist der in Satz 1 genannte Betrag zu kürzen, soweit es nach den Verhältnissen im Wohnsitzstaat des Kindes notwendig und angemessen ist. ⁴Voraussetzung für den Abzug der Aufwendungen nach Satz 1 ist, dass der Steuerpflichtige für die Aufwendungen eine Rechnung erhalten hat und die Zahlung auf das Konto des Erbringers der Leistung erfolgt ist;³⁾

S 2221b
6. (weggefallen)

7. Aufwendungen für die eigene Berufsausbildung bis zu 6 000 Euro im Kalenderjahr. ²Bei Ehegatten, die die Voraussetzungen des § 26 Absatz 1 Satz 1 erfüllen, gilt Satz 1 für jeden Ehegatten. ³Zu den Aufwendungen im Sinne des Satzes 1 gehören auch Aufwendungen für eine auswärtige Unterbringung. ⁴§ 4 Absatz 5 Satz 1 Nummer 5 und 6b, § 9 Absatz 1 Satz 3 Nummer 4 und 5 und Absatz 2 sind bei der Ermittlung der Aufwendungen anzuwenden;⁴⁾

8. (weggefallen)

S 2221b
9. 30 Prozent des Entgelts, höchstens 5 000 Euro, das der Steuerpflichtige für ein Kind, für das er Anspruch auf einen Freibetrag nach § 32 Absatz 6 oder auf Kindergeld hat, für dessen Besuch einer Schule in freier Trägerschaft oder einer überwiegend privat finanzierten Schule entrichtet, mit Ausnahme des Entgelts für Beherbergung, Betreuung und Verpflegung. ²Voraussetzung ist, dass die Schule in einem Mitgliedstaat der Europäischen Union oder in einem Staat belegen ist, auf den das Abkommen über den Europäischen Wirtschaftsraum Anwendung findet, und die Schule zu einem von dem zuständigen inländischen Ministerium eines Landes, von der Kultusministerkonferenz der Länder oder von einer inländischen Zeugnisanerkennungsstelle anerkannten oder einem inländischen Abschluss an einer öffentlichen Schule als gleichwertig anerkannten allgemein bildenden oder berufsbildenden Schul-, Jahrgangs- oder Berufsabschluss führt. ³Der Besuch einer anderen Einrichtung, die auf einen Schul-, Jahrgangs- oder Berufsabschluss im Sinne des Satzes 2 ordnungsgemäß⁵⁾

---

1) Absatz 1 Nr. 3 Satz 4 i. d. F. des JStG 2010 ist erstmals für den VZ 2011 anzuwenden → § 52 Abs. 24 Satz 3 EStG.
2) Absatz 1 Nr. 4 i. d. F. des JStG 2010 ist erstmals für den VZ 2011 anzuwenden → § 52 Abs. 24a Satz 1 EStG.
3) Absatz 1 Nr. 5 wurde durch das Steuervereinfachungsgesetz 2011 ab VZ 2012 eingefügt und gilt auch für Kinder, die wegen einer vor dem 1. 1. 2007 in der Zeit ab Vollendung des 25. Lebensjahres und vor Vollendung des 27. Lebensjahres eingetretenen körperlichen, geistigen oder seelischen Behinderung außerstande sind, sich selbst zu unterhalten → § 52 Abs. 24a i. d. F. des Gesetzes vom 8. 12. 2010 (BGBl. I S. 1768) Satz 2 EStG.
4) Die Vorschrift wurde durch das Gesetz zur Änderung und Vereinfachung der Unternehmensbesteuerung und des steuerlichen Reisekostenrechts mit Wirkung ab 2014 geändert. Um Beachtung wird gebeten. → Siehe hierzu Hinweise auf Seite 4!
5) Zur Anwendung von Absatz 1 Nr. 9 → § 52 Abs. 24a EStG.

vorbereitet, steht einem Schulbesuch im Sinne des Satzes 1 gleich. ⁴Der Besuch einer Deutschen Schule im Ausland steht dem Besuch einer solchen Schule gleich, unabhängig von ihrer Belegenheit. ⁵Der Höchstbetrag nach Satz 1 wird für jedes Kind, bei dem die Voraussetzungen vorliegen, je Elternpaar nur einmal gewährt.

(2) ¹Voraussetzung für den Abzug der in Absatz 1 Nummer 2, 3 und 3a bezeichneten Beträge (Vorsorgeaufwendungen) ist, dass sie
1. nicht in unmittelbarem wirtschaftlichen Zusammenhang mit steuerfreien Einnahmen stehen; steuerfreie Zuschüsse zu einer Kranken- oder Pflegeversicherung stehen insgesamt in unmittelbarem wirtschaftlichen Zusammenhang mit den Vorsorgeaufwendungen im Sinne des Absatzes 1 Nummer 3,
2. a) an Versicherungsunternehmen, die ihren Sitz oder ihre Geschäftsleitung in einem Mitgliedstaat der Europäischen Gemeinschaft oder einem anderen Vertragsstaat des Europäischen Wirtschaftsraums haben und das Versicherungsgeschäft im Inland betreiben dürfen, und Versicherungsunternehmen, denen die Erlaubnis zum Geschäftsbetrieb im Inland erteilt ist, ¹⁾
   b) an berufsständische Versorgungseinrichtungen,
   c) an einen Sozialversicherungsträger oder
   d) an einen Anbieter im Sinne des § 80

geleistet werden.

²Vorsorgeaufwendungen nach Absatz 1 Nummer 2 Buchstabe b werden nur berücksichtigt, wenn
1. die Beiträge zugunsten eines Vertrags geleistet wurden, der nach § 5a des Altersvorsorgeverträge-Zertifizierungsgesetzes zertifiziert ist, wobei die Zertifizierung Grundlagenbescheid im Sinne des § 171 Absatz 10 der Abgabenordnung ist, und
2. der Steuerpflichtige gegenüber dem Anbieter in die Datenübermittlung nach Absatz 2a eingewilligt hat.

³Vorsorgeaufwendungen nach Absatz 1 Nummer 3 werden nur berücksichtigt, wenn der Steuerpflichtige gegenüber dem Versicherungsunternehmen, dem Träger der gesetzlichen Kranken- und Pflegeversicherung oder der Künstlersozialkasse in die Datenübermittlung nach Absatz 2a eingewilligt hat; die Einwilligung gilt für alle sich aus dem Versicherungsverhältnis ergebenden Zahlungsverpflichtungen als erteilt, wenn die Beiträge mit der elektronischen Lohnsteuerbescheinigung (§ 41b Absatz 1 Satz 2) oder der Rentenbezugsmitteilung (§ 22a Absatz 1 Satz 1 Nummer 5) übermittelt werden. ²⁾

(2a) ¹Der Steuerpflichtige hat in die Datenübermittlung nach Absatz 2 gegenüber der übermittelnden Stelle schriftlich einzuwilligen, spätestens bis zum Ablauf des zweiten Kalenderjahres, das auf das Beitragsjahr (Kalenderjahr, in dem die Beiträge geleistet worden sind) folgt; übermittelnde Stelle ist bei Vorsorgeaufwendungen nach Absatz 1 Nummer 2 Buchstabe b der Anbieter, bei Vorsorgeaufwendungen nach Absatz 1 Nummer 3 das Versicherungsunternehmen, der Träger der gesetzlichen Kranken- und Pflegeversicherung oder die Künstlersozialkasse. ²Die Einwilligung gilt auch für die folgenden Beitragsjahre, es sei denn, der Steuerpflichtige widerruft diese schriftlich gegenüber der übermittelnden Stelle. ³Der Widerruf muss vor Beginn des Beitragsjahres, für das die Einwilligung erstmals nicht mehr gelten soll, der übermittelnden Stelle vorliegen. ⁴Die übermittelnde Stelle hat bei Vorliegen einer Einwilligung ³⁾ ⁴⁾
1. nach Absatz 2 Satz 2 Nummer 2 die Höhe der im jeweiligen Beitragsjahr geleisteten und erstatteten Beiträge nach Absatz 1 Nummer 2 Buchstabe b und die Zertifizierungsnummer,
2. nach Absatz 2 Satz 3 die Höhe der im jeweiligen Beitragsjahr geleisteten und erstatteten Beiträge nach Absatz 1 Nummer 3, soweit diese nicht mit der elektronischen Lohnsteuerbescheinigung oder der Rentenbezugsmitteilung zu übermitteln sind,

unter Angabe der Vertrags- oder Versicherungsdaten, des Datums der Einwilligung und der Identifikationsnummer (§ 139b der Abgabenordnung) nach amtlich vorgeschriebenem Datensatz durch Datenfernübertragung an die zentrale Stelle (§ 81) bis zum 28. Februar des dem Beitragsjahr folgenden Kalenderjahres zu übermitteln; sind Versicherungsnehmer und versicherte Person nicht identisch, sind zusätzlich die Identifikationsnummer und das Geburtsdatum des

---

¹⁾ Die Vorschrift soll durch das Jahressteuergesetz 2013 (JStG 2013) geändert werden. Bei Redaktionsschluss war das Gesetzgebungsverfahren noch nicht abgeschlossen. Um Beachtung wird gebeten.
→ Siehe hierzu Hinweise auf Seite 4!
²⁾ Absatz 2 Satz 3 i. d. F. des JStG 2010 ist erstmals für die Übermittlung der Daten des VZ 2011 anzuwenden
→ § 52 Abs. 24 Satz 2 und 4 EStG.
³⁾ Absatz 2a Satz 4 i. d. F. des JStG 2010 ist erstmals für die Übermittlung der Daten des VZ 2011 anzuwenden → § 52 Abs. 24 Satz 4 EStG.
⁴⁾ Die Vorschrift soll durch das Gesetz zur Verbesserung der steuerlichen Förderung der privaten Altersvorsorge (Altersvorsorge-Verbesserungsgesetz – AltvVerbG) geändert werden. Bei Redaktionsschluss war das Gesetzgebungsverfahren noch nicht abgeschlossen. Um Beachtung wird gebeten. → Siehe hierzu Hinweise auf Seite 4!

Versicherungsnehmers anzugeben. ⁵§ 22a Absatz 2 gilt entsprechend. ⁶Wird die Einwilligung nach Ablauf des Beitragsjahres, jedoch innerhalb der in Satz 1 genannten Frist abgegeben, sind die Daten bis zum Ende des folgenden Kalendervierteljahres zu übermitteln. ⁷Stellt die übermittelnde Stelle fest, dass

1. die an die zentrale Stelle übermittelten Daten unzutreffend sind oder
2. der zentralen Stelle ein Datensatz übermittelt wurde, obwohl die Voraussetzungen hierfür nicht vorlagen,

ist dies unverzüglich durch Übermittlung eines Datensatzes an die zentrale Stelle zu korrigieren oder zu stornieren. ⁸Ein Steuerbescheid ist zu ändern, soweit

1. Daten nach den Sätzen 4, 6 oder Satz 7 vorliegen oder
2. eine Einwilligung in die Datenübermittlung nach Absatz 2 Satz 2 Nummer 2 oder nach Absatz 2 Satz 3 nicht vorliegt

und sich hierdurch eine Änderung der festgesetzten Steuer ergibt. ⁹Die übermittelnde Stelle hat den Steuerpflichtigen über die Höhe der nach den Sätzen 4, 6 oder Satz 7 übermittelten Beiträge für das Beitragsjahr zu unterrichten. ¹⁰§ 150 Absatz 6 der Abgabenordnung gilt entsprechend. ¹¹Das Bundeszentralamt für Steuern kann die bei Vorliegen der Einwilligung nach Absatz 2 Satz 3 zu übermittelnden Daten prüfen; die §§ 193 bis 203 der Abgabenordnung sind sinngemäß anzuwenden. ¹²Wer vorsätzlich oder grob fahrlässig eine unzutreffende Höhe der Beiträge im Sinne des Absatzes 1 Nummer 3 übermittelt, haftet für die entgangene Steuer. ¹³Diese ist mit 30 Prozent des zu hoch ausgewiesenen Betrags anzusetzen.

¹⁾ (3) ¹Vorsorgeaufwendungen nach Absatz 1 Nummer 2 Satz 2 sind bis zu 20 000 Euro zu berücksichtigen. ²Bei zusammenveranlagten Ehegatten verdoppelt sich der Höchstbetrag. ³Der Höchstbetrag nach Satz 1 oder 2 ist bei Steuerpflichtigen, die

1. Arbeitnehmer sind und die während des ganzen oder eines Teils des Kalenderjahres
   a) in der gesetzlichen Rentenversicherung versicherungsfrei oder auf Antrag des Arbeitgebers von der Versicherungspflicht befreit waren und denen für den Fall ihres Ausscheidens aus der Beschäftigung auf Grund des Beschäftigungsverhältnisses eine lebenslängliche Versorgung oder an deren Stelle eine Abfindung zusteht oder die in der gesetzlichen Rentenversicherung nachzuversichern sind oder
   b) nicht der gesetzlichen Rentenversicherungspflicht unterliegen, eine Berufstätigkeit ausgeübt und im Zusammenhang damit auf Grund vertraglicher Vereinbarungen Anwartschaftsrechte auf eine Altersversorgung erworben haben, oder
2. Einkünfte im Sinne des § 22 Nummer 4 erzielen und die ganz oder teilweise ohne eigene Beitragsleistung einen Anspruch auf Altersversorgung erwerben,

um den Betrag zu kürzen, der, bezogen auf die Einnahmen aus der Tätigkeit, die die Zugehörigkeit zum genannten Personenkreis begründen, dem Gesamtbeitrag (Arbeitgeber- und Arbeitnehmeranteil) zur allgemeinen Rentenversicherung entspricht. ⁴Im Kalenderjahr 2005 sind 60 Prozent der nach den Sätzen 1 bis 3 ermittelten Vorsorgeaufwendungen anzusetzen. ⁵Der sich danach ergebende Betrag, vermindert um den nach § 3 Nummer 62 steuerfreien Arbeitgeberanteil zur gesetzlichen Rentenversicherung und einen diesem gleichgestellten steuerfreien Zuschuss des Arbeitgebers, ist als Sonderausgabe abziehbar. ⁶Der Prozentsatz in Satz 4 erhöht sich in den folgenden Kalenderjahren bis zum Kalenderjahr 2025 um je 2 Prozentpunkte je Kalenderjahr. ⁷Beiträge nach § 168 Absatz 1 Nummer 1b oder 1c oder nach § 172 Absatz 3 oder 3a des Sechsten Buches Sozialgesetzbuch vermindern den abziehbaren Betrag nach Satz 5 nur, wenn der Steuerpflichtige die Hinzurechnung dieser Beiträge zu den Vorsorgeaufwendungen nach § 10 Absatz 1 Nummer 2 Satz 3 beantragt hat.

(4) ¹Vorsorgeaufwendungen im Sinne des Absatzes 1 Nummer 3 und 3a können je Kalenderjahr insgesamt bis 2 800 Euro abgezogen werden. ²Der Höchstbetrag beträgt 1 900 Euro bei Steuerpflichtigen, die ganz oder teilweise ohne eigene Aufwendungen einen Anspruch auf vollständige oder teilweise Erstattung oder Übernahme von Krankheitskosten haben oder für deren Krankenversicherung Leistungen im Sinne des § 3 Nummer 9, 14, 57 oder 62 erbracht werden. ³Bei zusammen veranlagten Ehegatten bestimmt sich der gemeinsame Höchstbetrag aus der Summe der jedem Ehegatten unter den Voraussetzungen von Satz 1 und 2 zustehenden Höchstbeträge. ⁴Übersteigen die Vorsorgeaufwendungen im Sinne des Absatzes 1 Nummer 3 die nach den Sätzen 1 bis 3 zu berücksichtigenden Vorsorgeaufwendungen, sind diese abzuziehen und ein Abzug von Vorsorgeaufwendungen im Sinne des Absatzes 1 Nummer 3a scheidet aus.

---

¹⁾ Die Vorschrift soll durch das Gesetz zur Verbesserung der steuerlichen Förderung der privaten Altersvorsorge (Altersvorsorge-Verbesserungsgesetz – AltvVerbG) geändert werden. Bei Redaktionsschluss war das Gesetzgebungsverfahren noch nicht abgeschlossen. Um Beachtung wird gebeten. → Siehe hierzu Hinweise auf Seite 4!

§ 10 EStG

(4a) ¹Ist in den Kalenderjahren 2005 bis 2019 der Abzug der Vorsorgeaufwendungen nach Absatz 1 Nummer 2 Buchstabe a, Absatz 1 Nummer 3 und Nummer 3a in der für das Kalenderjahr 2004 geltenden Fassung des § 10 Absatz 3 mit folgenden Höchstbeträgen für den Vorwegabzug

Kalenderjahr	Vorwegabzug für den Steuerpflichtigen	Vorwegabzug im Falle der Zusammenveranlagung von Ehegatten
2005	3 068	6 136
2006	3 068	6 136
2007	3 068	6 136
2008	3 068	6 136
2009	3 068	6 136
2010	3 068	6 136
2011	2 700	5 400
2012	2 400	4 800
2013	2 100	4 200
2014	1 800	3 600
2015	1 500	3 000
2016	1 200	2 400
2017	900	1 800
2018	600	1 200
2019	300	600

zuzüglich des Erhöhungsbetrags nach Satz 3 günstiger, ist der sich danach ergebende Betrag anstelle des Abzugs nach Absatz 3 und 4 anzusetzen. ²Mindestens ist bei Anwendung des Satzes 1 der Betrag anzusetzen, der sich ergeben würde, wenn zusätzlich noch die Vorsorgeaufwendungen nach Absatz 1 Nummer 2 Buchstabe b in die Günstigerprüfung einbezogen werden würden; der Erhöhungsbetrag nach Satz 3 ist nicht hinzuzurechnen. ³Erhöhungsbetrag sind die Beiträge nach Absatz 1 Nummer 2 Buchstabe b, soweit sie nicht den um die Beiträge nach Absatz 1 Nummer 2 Buchstabe a und den nach § 3 Nummer 62 steuerfreien Arbeitgeberanteil zur gesetzlichen Rentenversicherung und einen diesem gleichgestellten steuerfreien Zuschuss verminderten Höchstbetrag nach Absatz 3 Satz 1 bis 3 überschreiten; Absatz 3 Satz 4 und 6 gilt entsprechend.

(4b) ¹Erhält der Steuerpflichtige für die von ihm für einen anderen Veranlagungszeitraum geleisteten Aufwendungen im Sinne des Satzes 2 einen steuerfreien Zuschuss, ist dieser den erstatteten Aufwendungen gleichzustellen. ²Übersteigen bei den Sonderausgaben nach Absatz 1 Nummer 2 bis 3a die im Veranlagungszeitraum erstatteten Aufwendungen die geleisteten Aufwendungen (Erstattungsüberhang), ist der Erstattungsüberhang mit anderen im Rahmen der jeweiligen Nummer anzusetzenden Aufwendungen zu verrechnen. ³Ein verbleibender Betrag des sich bei den Aufwendungen nach Absatz 1 Nummer 3 und 4 ergebenden Erstattungsüberhangs ist dem Gesamtbetrag der Einkünfte hinzuzurechnen.

(5) Durch Rechtsverordnung wird bezogen auf den Versicherungstarif bestimmt, wie der nicht abziehbare Teil der Beiträge zum Erwerb eines Krankenversicherungsschutzes im Sinne des Absatzes 1 Nummer 3 Buchstabe a Satz 3 durch einheitliche prozentuale Abschläge auf die

---

1) Die Vorschrift soll durch das Gesetz zur Verbesserung der steuerlichen Förderung der privaten Altersvorsorge (Altersvorsorge-Verbesserungsgesetz – AltvVerbG) geändert werden. Bei Redaktionsschluss war das Gesetzgebungsverfahren noch nicht abgeschlossen. Um Beachtung wird gebeten. → Siehe hierzu Hinweise auf Seite 4!
2) § 10 Abs. 3 EStG in der für das Kalenderjahr 2004 geltenden Fassung ist in H 10 LStH unter „Fassung von § 10 Abs. 1 Nr. 2, Abs. 2 und 3 EStG für das Kalenderjahr 2004" abgedruckt.
3) Die Vorschrift soll durch das Jahressteuergesetz 2013 (JStG 2013) geändert werden. Bei Redaktionsschluss war das Gesetzgebungsverfahren noch nicht abgeschlossen. Um Beachtung wird gebeten. → Siehe hierzu Hinweise auf Seite 4!
4) Zur Anwendung von Absatz 5 → § 52 Abs. 24b EStG.

§ 10 EStG
H 10

zugunsten des jeweiligen Tarifs gezahlte Prämie zu ermitteln ist, soweit der nicht abziehbare Beitragsteil nicht bereits als gesonderter Tarif oder Tarifbaustein ausgewiesen wird.

H 10 Hinweise

Besteuerung von Versicherungsverträgen

→ H 20 (Versicherungserträge)

Fassung von § 10 Abs. 1 Nr. 2, Abs. 2 und 3 EStG für das Kalenderjahr 2004

„2. a) Beiträge zu Kranken-, Pflege-, Unfall- und Haftpflichtversicherungen, zu den gesetzlichen Rentenversicherungen und an die Bundesagentur für Arbeit;

b) Beiträge zu den folgenden Versicherungen auf den Erlebens- oder Todesfall:

   aa) Risikoversicherungen, die nur für den Todesfall eine Leistung vorsehen,

   bb) Rentenversicherungen ohne Kapitalwahlrecht,

   cc) Rentenversicherungen mit Kapitalwahlrecht gegen laufende Beitragsleistung, wenn das Kapitalwahlrecht nicht vor Ablauf von zwölf Jahren seit Vertragsabschluss ausgeübt werden kann,

   dd) Kapitalversicherungen gegen laufende Beitragsleistung mit Sparanteil, wenn der Vertrag für die Dauer von mindestens zwölf Jahren abgeschlossen worden ist.

   ²Beiträge zu Versicherungen im Sinne der Doppelbuchstaben cc und dd sind ab dem Kalenderjahr 2004 in Höhe von 88 vom Hundert als Vorsorgeaufwendungen zu berücksichtigen.

   ³Bei Steuerpflichtigen, die am 31. Dezember 1990 einen Wohnsitz oder ihren gewöhnlichen Aufenthalt in dem in Artikel 3 des Einigungsvertrages genannten Gebiet und vor dem 1. Januar 1991 keinen Wohnsitz oder gewöhnlichen Aufenthalt im bisherigen Geltungsbereich dieses Gesetzes hatten, gilt bis zum 31. Dezember 1996 Folgendes:

   ⁴Hat der Steuerpflichtige zur Zeit des Vertragsabschlusses das 47. Lebensjahr vollendet, verkürzt sich bei laufender Beitragsleistung die Mindestvertragsdauer von zwölf Jahren um die Zahl der angefangenen Lebensjahre, um die er älter als 47 Jahre ist, höchstens jedoch auf sechs Jahre.

   ⁵Fondsgebundene Lebensversicherungen sind ausgeschlossen. ⁶Ausgeschlossen sind auch Versicherungen auf den Erlebens- oder Todesfall, bei denen der Steuerpflichtige Ansprüche aus einem von einer anderen Person abgeschlossenen Vertrag entgeltlich erworben hat, es sei denn, es werden aus anderen Rechtsverhältnissen entstandene Abfindungs- und Ausgleichsansprüche arbeitsrechtlicher, erbrechtlicher oder familienrechtlicher Art durch Übertragung von Ansprüchen aus Lebensversicherungsverträgen erfüllt;

c) Beiträge zu einer zusätzlichen freiwilligen Pflegeversicherung;

. . .

(2) ¹Voraussetzung für den Abzug der in Absatz 1 Nr. 2 bezeichneten Beträge (Vorsorgeaufwendungen) ist, dass sie

1. nicht in unmittelbarem wirtschaftlichen Zusammenhang mit steuerfreien Einnahmen stehen,

2. a) an Versicherungsunternehmen, die ihren Sitz oder ihre Geschäftsleitung in einem Mitgliedstaat der Europäischen Gemeinschaften haben und das Versicherungsgeschäft im Inland betreiben dürfen, und Versicherungsunternehmen, denen die Erlaubnis zum Geschäftsbetrieb im Inland erteilt ist, oder

   b) (weggefallen)

   c) an einen Sozialversicherungsträger

   geleistet werden und

3. nicht vermögenswirksame Leistungen darstellen, für die Anspruch auf eine Arbeitnehmer-Sparzulage nach § 13 des Fünften Vermögensbildungsgesetzes besteht.

²Als Sonderausgaben können Beiträge zu Versicherungen im Sinne des Absatzes 1 Nr. 2 Buchstabe b Doppelbuchstaben bb, cc und dd nicht abgezogen werden, wenn die Ansprüche aus Versicherungsverträgen während deren Dauer im Erlebensfall der Tilgung oder Sicherung eines Darlehens dienen, dessen Finanzierungskosten Betriebsausgaben oder Werbungskosten sind, es sei denn,

a) das Darlehen dient unmittelbar und ausschließlich der Finanzierung von Anschaffungs- oder Herstellungskosten eines Wirtschaftsgutes, das dauernd zur Erzielung von Einkünften bestimmt und keine Forderung ist, und die ganz oder zum Teil zur Tilgung oder Sicherung verwendeten Ansprüche aus Versicherungsverträgen übersteigen nicht die mit dem Darlehen finanzierten Anschaffungs- oder Herstellungskosten; dabei ist es unbeachtlich, wenn diese Voraussetzungen bei Darlehen oder bei zur Tilgung oder Sicherung verwendeten Ansprüchen aus Versicherungsverträgen jeweils insgesamt für einen Teilbetrag bis zu 2 556 Euro nicht erfüllt sind,
b) es handelt sich um eine Direktversicherung oder
c) die Ansprüche aus Versicherungsverträgen dienen insgesamt nicht länger als drei Jahre der Sicherung betrieblich veranlasster Darlehen; in diesen Fällen können die Versicherungsbeiträge in den Veranlagungszeiträumen nicht als Sonderausgaben abgezogen werden, in denen die Ansprüche aus Versicherungsverträgen der Sicherung des Darlehens dienen.

. . .

(3) Für Vorsorgeaufwendungen gelten je Kalenderjahr folgende Höchstbeträge:
1. ein Grundhöchstbetrag von 1 334 Euro,
   im Fall der Zusammenveranlagung von Ehegatten von 2 668 Euro;
2. ein Vorwegabzug von 3 068 Euro,
   im Fall der Zusammenveranlagung von Ehegatten von 6 136 Euro.
   ²Diese Beträge sind zu kürzen um 16 vom Hundert der Summe der Einnahmen
   a) aus nichtselbständiger Arbeit im Sinne des § 19 ohne Versorgungsbezüge im Sinne des § 19 Abs. 2, wenn für die Zukunftssicherung des Steuerpflichtigen Leistungen im Sinne des § 3 Nr. 62 erbracht werden oder der Steuerpflichtige zum Personenkreis des § 10c Abs. 3 Nr. 1 oder 2 gehört, und
   b) aus der Ausübung eines Mandats im Sinne des § 22 Nr. 4;
3. für Beiträge nach Absatz 1 Nr. 2 Buchstabe c ein zusätzlicher Höchstbetrag von 184 Euro für Steuerpflichtige, die nach dem 31. Dezember 1957 geboren sind;
4. Vorsorgeaufwendungen, die die nach den Nummern 1 bis 3 abziehbaren Beträge übersteigen, können zur Hälfte, höchstens bis zu 50 vom Hundert des Grundhöchstbetrags abgezogen werden (hälftiger Höchstbetrag)."

Sonderausgaben

→ R 10.1 bis 10.9 EStR, H 10.1 bis 10.11 EStH   Anhang 30

→ BMF vom 13. 9. 2010 (BStBl I S. 681)   Anhang 2 VI

Unfallversicherung

→ BMF vom 28. 10. 2009 (BStBl I S. 1275), → H 19.3 (Unfallversicherung)

Vertragsänderungen bei Lebensversicherungen

Vertragsänderungen bei Versicherungen auf den Erlebens- oder Todesfall im Sinne des § 10 Abs. 1 Nr. 2 Buchstabe b Doppelbuchstaben cc und dd EStG

(BMF-Schreiben vom 22. 8. 2002, BStBl I S. 827, unter Berücksichtigung der Änderungen durch das BMF-Schreiben vom 1. 10. 2009, BStBl I S. 1188)[1])

Unter Bezugnahme auf das Ergebnis der Erörterungen mit den obersten Finanzbehörden der Länder gilt für die steuerliche Begünstigung von Rentenversicherungen mit Kapitalwahlrecht und Kapitalversicherungen gegen laufende Beitragsleistungen mit Sparanteil im Sinne des § 10 Abs. 1 Nr. 2 Buchstabe b Doppelbuchstaben cc und dd EStG Folgendes:

I. Allgemeine Begriffsbestimmungen

1. Begünstigte Versicherungen

Beiträge u. a. zu den folgenden Versicherungen auf den Erlebens- oder Todesfall sind Sonderausgaben:

---
1) Siehe auch H 20 (Versicherungsverträge), Anhang 2 IV, Rz. 313, und Anhang 2 IX.

- Rentenversicherungen mit Kapitalwahlrecht gegen laufende Beitragsleistungen, wenn das Kapitalwahlrecht nicht vor Ablauf von zwölf Jahren seit Vertragsabschluss ausgeübt werden kann (§ 10 Abs. 1 Nr. 2 Buchstabe b Doppelbuchstabe cc EStG) und
- Kapitalversicherungen gegen laufende Beitragsleistungen mit Sparanteil, wenn der Vertrag für die Dauer von mindestens zwölf Jahren abgeschlossen worden ist und die Voraussetzungen des Mindesttodesfallschutzes erfüllt (§ 10 Abs. 1 Nr. 2 Buchstabe b Doppelbuchstabe dd EStG).

2 Zu den Versicherungen auf den Erlebens- oder Todesfall gehören auch:
- Versicherungen bei Pensions-, Sterbe- und Versorgungskassen,
- Aussteuer- und Ausbildungsversicherungen sowie Versicherungen gegen Berufs- und Erwerbsunfähigkeit bzw. Erwerbsminderung,
- Versicherungen mit vorgezogener Leistung bei bestimmten schweren Erkrankungen, so genannte Dread-Disease-Versicherungen.

3 Erträge aus den o. a. Versicherungen gehören unter den Voraussetzungen des § 20 Abs. 1 Nr. 6 Satz 2ff. EStG nicht zu den Einkünften aus Kapitalvermögen.

2. Nicht begünstigte Versicherungen

4 Beiträge u. a. zu den folgenden Versicherungen auf den Erlebens- oder Todesfall sind vom Sonderausgabenabzug ausgeschlossen:
- Kapitalversicherungen gegen Einmalbeitrag,
- Kapitalversicherungen mit einer Vertragsdauer von weniger als zwölf Jahren,
- Rentenversicherungen mit Kapitalwahlrecht gegen Einmalbeitrag,
- Kapitalversicherungen ohne ausreichenden Mindesttodesfallschutz,
- Rentenversicherungen mit Kapitalwahlrecht, bei denen das Kapitalwahlrecht vor Ablauf der Sperrfrist ausgeübt werden kann,
- fondsgebundene Lebensversicherungen.

Nicht abziehbar als Sonderausgaben sind auch Beiträge zu Versicherungen auf den Erlebens- oder Todesfall, bei denen der Steuerpflichtige Ansprüche aus einem von einer anderen Person abgeschlossenen Vertrag nach dem 31. Dezember 1996 entgeltlich erworben hat, es sei denn, es werden aus anderen Rechtsverhältnissen entstandene Abfindungs- und Ausgleichsansprüche arbeitsrechtlicher, erbrechtlicher oder familienrechtlicher Art durch Übertragung von Ansprüchen aus Lebensversicherungsverträgen erfüllt (§§ 10 Abs. 1 Nr. 2 Buchstabe b Satz 5, 52 Abs. 24 Satz 2 EStG). Erbrechtliche oder familienrechtliche Ausgleichsansprüche können z. B. bei Erbauseinandersetzung oder bei der Scheidung einer Ehe entstehen.

5 Werden Versicherungen auf den Erlebens- oder Todesfall zur Tilgung oder Sicherung von Darlehen eingesetzt, so scheidet eine steuerliche Begünstigung unter den Voraussetzungen des § 10 Abs. 2 Satz 2 EStG aus. In diesem Zusammenhang verweise ich auf das BMF-Schreiben vom 15. Juni 2000, BStBl I Seite 1118.

6 Die Erträge aus den nicht begünstigten Versicherungen (mit Ausnahme der fondsgebundenen Lebensversicherungen, § 20 Abs. 1 Nr. 6 Satz 5 EStG) gehören zu den Einkünften aus Kapitalvermögen i. S. des § 20 Abs. 1 Nr. 6 EStG. Im Fall des nicht begünstigten entgeltlichen Erwerbs von Versicherungsansprüchen hat der neue Versicherungsnehmer die gesamten Versicherungserträge aus den Sparanteilen im Rahmen der Einkünfte aus Kapitalvermögen zu versteuern.

3. Abzugsberechtigter

7 Sonderausgaben kann derjenige geltend machen, der sie als Versicherungsnehmer aufgewendet hat (BFH vom 8. März 1995, BStBl II S. 637). Es ist ohne Bedeutung, wer der Versicherte ist oder wem die Versicherungssumme oder eine andere Leistung später zufließt (BFH vom 20. November 1952, BStBl 1953 III S. 36).

4. Vertragsabschluss

8 Der Versicherungsvertrag kommt in dem Zeitpunkt zustande, in dem die Annahmeerklärung des Versicherers dem Versicherungsnehmer zugeht. Auf eine ausdrückliche Annahmeerklärung kann jedoch verzichtet werden, wenn sie nach der Verkehrssitte nicht zu erwarten ist oder der Antragende auf sie verzichtet hat (§ 151 BGB). Bei Lebensversicherungsverträgen kann aufgrund der regelmäßig erforderlichen Risikoprüfung davon ausgegangen werden, dass eine ausdrückliche Annahmeerklärung erfolgt. Unter dem Zeitpunkt des Vertragsabschlusses ist für die steuerliche Beurteilung grundsätzlich das Datum der Ausstellung des Versicherungsscheines zu verstehen.

Für den Beginn der Mindestvertragsdauer, der Sperrfrist und der Beitragszahlungsdauer bestehen aus Vereinfachungsgründen keine Bedenken, als Zeitpunkt des Vertragsabschlusses den im Versicherungsschein bezeichneten Tag des Versicherungsbeginns gelten zu lassen, wenn innerhalb von drei Monaten nach diesem Tag der Versicherungsschein ausgestellt und der erste Beitrag gezahlt wird; ist die Frist von drei Monaten überschritten, tritt an die Stelle des im Versicherungsschein bezeichneten Tages des Versicherungsbeginns der Tag der Zahlung des ersten Beitrages.   9

In Fällen der Rückdatierung des technischen Versicherungsbeginns gilt – abweichend von Rdnr. 9 – für nach dem 16. März 1990 und vor dem 1. Januar 1991 abgeschlossene Versicherungsverträge als Tag des Versicherungsbeginns der Tag, auf den der Versicherungsvertrag rückdatiert ist, wenn die Rückdatierung nicht auf einen Tag vor dem 1. Januar 1990 erfolgt ist und die nachentrichteten Beiträge den anteiligen Jahresbeitrag nicht überstiegen haben, der auf die Zeit vom rückdatierten Versicherungsbeginn bis zum Vertragsabschluss entfällt.   10

5. Beiträge

a) Allgemeines

Versicherungsbeiträge sind die vom Steuerpflichtigen aufgrund des Versicherungsvertrages erbrachten Geldleistungen. Hierzu gehören auch die Ausfertigungsgebühr, Abschlussgebühr und die Versicherungsteuer.   11

Die Versicherung muss grundsätzlich gegen laufende Beitragsleistungen vereinbart worden sein, die vorliegen, wenn die tatsächliche Beitragszahlungsdauer der Laufzeit des Versicherungsvertrages entspricht. Es ist jedoch nicht zu beanstanden, wenn die Beitragszahlungsdauer kürzer ist als die Vertragsdauer. Die laufende Beitragsleistung darf aber wirtschaftlich nicht einem Einmalbeitrag gleichkommen. Dies ist dann nicht der Fall, wenn nach dem Vertrag eine laufende Beitragsleistung für mindestens fünf Jahre ab dem Zeitpunkt des Vertragsabschlusses – vgl. Rdnr. 8 ff., – vereinbart ist. Laufende Beitragsleistungen können auch in unregelmäßigen Zeitabständen und in unregelmäßiger Höhe erfolgen, wobei jedoch die einzelnen Beitragsleistungen grundsätzlich in einem wirtschaftlich ausgewogenen Verhältnis zueinander stehen müssen.   12

Als Zeitpunkt der Beitragszahlung gilt in der Regel: 13
- bei Überweisungen der Tag, an dem der Überweisungsauftrag der Bank zugegangen ist, soweit zu diesem Zeitpunkt auf dem Konto eine genügende Deckung besteht,
- bei Zahlung durch gedeckten Scheck der Tag der Hingabe oder Absendung des Schecks,
- bei Lastschriftverfahren der Zeitpunkt der Fälligkeit, wenn dem Versicherungsunternehmen zu diesem Zeitpunkt die Abbuchungsermächtigung vorliegt und das Konto des Versicherungsnehmers ausreichende Deckung aufweist.

b) Rückdatierung

Wird bei Abschluss eines Vertrages der technische Versicherungsbeginn zurückdatiert, handelt es sich bei den auf die Zeit der Rückdatierung entfallenden Beiträgen um Einmalbeiträge mit der Folge, dass sie weder als Sonderausgaben abgezogen werden können noch die darauf entfallenden Erträge nach § 20 Abs. 1 Nr. 6 EStG steuerfrei sind. Dies gilt auch bei Ratenzahlung der Beiträge. In diesen Fällen können hingegen Beiträge, die für die Zeit ab Vertragsabschluss – vgl. Rdnr. 8 ff. – bei Einhaltung der Mindestvertragsdauer/Sperrfrist von zwölf Jahren mindestens 5 Jahre laufend gezahlt werden, unter den Voraussetzungen des § 10 Abs. 1 Nr. 2 Buchstabe b EStG als Sonderausgaben abgezogen werden. § 20 Abs. 1 Nr. 6 Satz 2 EStG ist anwendbar.   14

c) Vorauszahlungen

Vor Abschluss des Versicherungsvertrages geleistete Vorauszahlungen sind keine Beiträge zu einer Versicherung, wenn der Versicherungsvertrag erst in einem späteren Veranlagungszeitraum abgeschlossen wird. Werden Vorauszahlungen nach Abschluss des Versicherungsvertrages auf einem so genannten Prämiendepot bei dem betreffenden Versicherungsunternehmen angelegt, so handelt es sich um eine Beitragszahlung zur Versicherung erst in dem Veranlagungszeitraum, indem das Versicherungsunternehmen Gelder dem Konto entnimmt und als Beitragszahlung verbucht. Die Erträge aus diesem so genannten Prämiendepot gehören in der Regel zu den Einnahmen im Sinne des § 20 Abs. 1 Nr. 7 EStG.   15

d) Beitragsminderungen

Überschussanteile, die bei Versicherungen auf den Erlebens- oder Todesfall vom Versicherer ausgezahlt oder gutgeschrieben werden, mindern im Jahr der Auszahlung oder Gutschrift die als Sonderausgaben abziehbaren Beiträge (BFH vom 20. und 27. Februar 1970, BStBl II S. 314 und 422). Das gilt nicht, soweit die Überschussanteile zur Abkürzung der Versicherungsdauer   16 bzw. der Dauer der Beitragszahlung oder zur Erhöhung der Versicherungssumme (Summenzuwachs) verwendet werden oder nach § 20 Abs. 1 Nr. 6 EStG zu den Einkünften aus Kapitalvermögen gehören. Der Erhöhung der Versicherungssumme steht die verzinsliche Ansammlung der Überschussanteile gleich, wenn sie nach den Vertragsbestimmungen erst bei Fälligkeit der Hauptversicherung ausgezahlt werden. Zur Beitragsminderung durch nachträglich vereinbarte Vertragsänderungen vgl. Rdnr. 39 ff.

e) Beitragserhöhungen

17 Beitragserhöhungen, die sich nach einem bei Vertragsabschluss vereinbarten Maßstab bemessen und nicht als Gestaltungsmissbrauch (§ 42 AO) anzusehen sind, haben auf die steuerliche Behandlung der Beiträge und Zinsen keine Auswirkung. Zur Beitragserhöhung durch nachträglich vereinbarte Vertragsänderungen vgl. Rdnr. 39 ff.

6. Mindestvertragsdauer/Sperrfrist

a) Allgemeines

18 Grundsätzlich müssen die vertraglich vereinbarte Sperrfrist für die Ausübung des Kapitalwahlrechts bei einer Rentenversicherung und die Vertragslaufzeit bei Kapitallebensversicherungen mindestens zwölf Jahre betragen. Für die Fristberechnung ist auf den Zeitpunkt des Vertragsabschlusses – vgl. Rdnr. 8 ff. – abzustellen; es gelten gemäß § 108 AO die §§ 187 Abs. 1, 188 Abs. 2 BGB.

19 Bei Steuerpflichtigen, die am 31. Dezember 1990 einen Wohnsitz oder ihren gewöhnlichen Aufenthalt in dem in Artikel 3 des Einigungsvertrages genannten Gebiet und vor dem 1. Januar 1991 keinen Wohnsitz oder gewöhnlichen Aufenthalt im bisherigen Geltungsbereich des EStG hatten, wird die Mindestvertragsdauer altersabhängig stufenweise herabgesetzt. Sie verkürzt sich bei einem Steuerpflichtigen, der zur Zeit des Vertragsabschlusses das 47. Lebensjahr vollendet hat, um die Zahl der angefangenen Lebensjahre, um die er älter als 47 Jahre ist, höchstens jedoch auf sechs Jahre. Diese Ausnahmeregelung gilt für Versicherungsverträge, die nach dem 31. Dezember 1990 und vor dem 1. Januar 1997 abgeschlossen worden sind.

20 Aus Billigkeitsgründen bestehen keine Bedenken, Versicherungen mit vorgezogener Leistung bei bestimmten schweren Erkrankungen (so genannte Dread-Disease-Versicherungen) als Lebensversicherungen im Sinne des § 10 Abs. 1 Nr. 2 Buchstabe b EStG anzuerkennen, wenn sie einen ausreichenden Mindesttodesfallschutz – vgl. Rdnr. 23 ff. – enthalten und der Versicherungsfall auf die folgenden Erkrankungen beschränkt ist, die gegenüber der Versicherung durch ein ärztliches Zeugnis nachzuweisen sind: Herzinfarkt, Bypass-Operation, Krebs, Schlaganfall, Nierenversagen, Aids und Multiple Sklerose.

b) Mindestvertragsdauer

21 Zum Beginn der Mindestvertragsdauer vgl. Rdnr. 8 ff. Die Mindestvertragsdauer ist nur dann erfüllt, wenn der Versicherer – abgesehen von dem jederzeit gegebenen Todesrisiko – seine Leistungen auf den Erlebensfall weder ganz noch teilweise vor Ablauf einer Versicherungsdauer von zwölf Jahren zu erbringen verpflichtet ist. Rdnr. 19 ist zu beachten, Beiträge zu Lebensversicherungen mit früheren Teilleistungen auf den Erlebensfall sind auch nicht teilweise als Sonderausgaben abziehbar. (BFH-Urteil vom 27. Oktober 1987, BStBl 1988 II S. 132); die in den Versicherungsleistungen enthaltenen Erträge gehören insgesamt zu den Einkünften im Sinne des § 20 Abs. 1 Nr. 6 EStG.

c) Sperrfrist

22 Zum Beginn der Sperrfrist vgl. Rdnr. 8 ff. Die Ausübung des Kapitalwahlrechts vor Ablauf von zwölf Jahren seit Vertragsabschluss muss bei allen ab dem 1. Oktober 1996 abgeschlossenen Verträgen vertraglich ausgeschlossen sein. Bei Versicherungen, deren vereinbarte Rentenzahlung frühestens zwölf Jahre nach Vertragsschluss beginnt, bestehen jedoch keine Bedenken, wenn nach dem Vertrag das Kapitalwahlrecht frühestens fünf Monate vor Beginn der Rentenzahlung ausgeübt werden kann.

7. Mindesttodesfallschutz

a) Allgemeines

23 Kapitalbildende Lebensversicherungen, die nach dem 31. März 1996 abgeschlossen worden sind, sind nach § 10 Abs. 1 Nr. 2 Buchstabe b Doppelbuchstabe dd und § 20 Abs. 1 Nr. 6 Satz 2 EStG nur begünstigt, wenn der Todesfallschutz während der gesamten Laufzeit des Versicherungsvertrages mindestens 60 v. H. der Summe der nach dem Versicherungsvertrag für die gesamte Vertragsdauer zu zahlenden Beiträge beträgt; sind weitere Risiken mitversichert, bleiben

nur die Beitragsanteile für Berufs- und Erwerbsunfähigkeit bzw. Erwerbsminderung und Pflege außer Betracht. Den Nachweis für die Einhaltung des Mindesttodesfallschutzes hat der Steuerpflichtige bei Abschluss des Versicherungsvertrages und bei Beitragsänderungen durch gesonderten Ausweis des Versicherers zu erbringen. Den Nachweis hat der Steuerpflichtige seiner Steuererklärung beizufügen. Wird im Rahmen eines vor dem 1. April 1996 abgeschlossenen Versicherungsvertrags ein mitversichertes Zusatzrisiko gekündigt, wird dadurch keine Anpassung an den o. g. Mindesttodesfallschutz erforderlich.

b) Beitragszahlungen in variabler Höhe/dynamische Beitragszahlung

Bei Beitragszahlungen in variabler Höhe, die sich nach einem bei Vertragsbeginn vereinbarten Maßstab bemisst, z. B. Umsatz, Gewinn, Dividendenzahlung, ist der im ersten Versicherungsjahr zu zahlende Beitrag und in den Folgejahren der Durchschnitt aller vorher fälligen Beiträge maßgebend. — 24

Bei dynamischen Tarifen ist zu unterscheiden zwischen solchen, bei denen von vornherein Beitragserhöhungen zur Erhöhung der Erlebens- und Todesfallleistung fest vereinbart werden, und solchen, bei denen der Versicherungsnehmer zwar das Recht auf Erhöhung des Beitrags hat, eine Verpflichtung zur Beitragserhöhung aber nicht besteht. Für die Unterscheidung sind die im Versicherungsvertrag enthaltenen Vereinbarungen maßgebend. — 25

Beitragserhöhungen, die von vornherein vereinbart werden, sind bei der Bestimmung des Mindesttodesfallschutzes zu berücksichtigen. Künftige Beitragserhöhungen sind dagegen erst dann zu berücksichtigen, wenn die Erhöhung wirksam wird. — 26

c) Versicherungen mit identischer Todesfall- und Erlebensfallsumme

Bei Versicherungen, bei denen die Todesfallsumme mindestens der Erlebensfallsumme entspricht, ist die Festlegung eines Mindesttodesfallschutzes nicht erforderlich. — 27

d) Versicherungen mit gestaffelter Todesfallleistung oder mit Leistungsausschluss bei Tod zu Vertragsbeginn

Bei Versicherungen, bei denen der Todesfallschutz erst nach Ablauf einer Wartefrist einsetzt oder stufenweise ansteigt, ist das Erfordernis des Mindesttodesfall-Schutzes erfüllt, wenn der Todesfallschutz spätestens drei Jahre nach Vertragsabschluss mindestens 60 v. H. der Beitragssumme nach Rdnr. 23 beträgt. — 28

e) Kapitallebensversicherungen mit mehreren Erlebensfallzahlungen während der Versicherungsdauer

Der Mindesttodesfallschutz ist mit 60 v. H. der Summe der nach dem Versicherungsvertrag für die gesamte Versicherungsdauer zu zahlenden Beiträge zu ermitteln; Rdnr. 23 und 24 sind zu beachten. Nach jeder Teilauszahlung ermäßigt sich der Mindesttodesfallschutz in dem Verhältnis, in dem die Teilauszahlungssumme zur ursprünglichen Gesamt-Erlebensfallsumme steht. — 29

f) Behandlung von Rentenversicherungen mit Kapitalwahlrecht (§ 10 Abs. 1 Nr. 2 Buchstabe b Doppelbuchstabe cc EStG)

Rentenversicherungen mit Kapitalwahlrecht enthalten regelmäßig keinen Todesfallschutz. Da das Risiko bei dieser Versicherungsvariante in der Rentenzahlung liegt, ist die Einhaltung eines Mindesttodesfallschutzes nicht erforderlich, auch dann nicht, wenn von der Möglichkeit des Kapitalwahlrechts Gebrauch gemacht werden kann. Allerdings darf das Kapitalwahlrecht nicht vor Ablauf von zwölf Jahren seit Vertragsabschluss ausgeübt werden – vgl. Rdnr. 22 –. Die bloße Rückzahlung von gezahlten Beiträgen zuzüglich gutgeschriebener Gewinnanteile im Todesfall ist nicht als versicherter Todesfallschutz anzusehen; das gilt auch für Rentenleistungen im Todesfall, z. B. an Hinterbliebene, weil in diesen Fällen ein Langlebigkeitsrisiko vorhanden ist. In Fällen, in denen zusätzlich ein Todesfallschutz vereinbart ist, muss insoweit der Mindesttodesfallschutz nach Rdnr. 23 gewahrt sein. — 30

g) Fondsgebundene Lebensversicherungen und Direktversicherungen

Die vorstehenden Grundsätze zur Ermittlung des Mindesttodesfallschutzes gelten auch für fondsgebundene Lebensversicherungen im Sinne des § 20 Abs. 1 Nr. 6 Satz 5 EStG sowie für nach dem 31. Dezember 1996 abgeschlossene Direktversicherungen. — 31

8. Veräußerung der Versicherung

Veräußert der Versicherungsnehmer Ansprüche aus einem Lebensversicherungsvertrag, findet eine Nachversteuerung der von ihm als Sonderausgaben abgezogenen Versicherungsbeiträge — 32 nicht statt. Der Überschuss des Veräußerungserlöses über die eingezahlten Versicherungsbeiträge ist nicht steuerpflichtig.

II. Vertragsmerkmale

33 Bei Kapitalversicherungen gegen laufende Beitragsleistung mit Sparanteil sind nach dem Urteil des BFH vom 9. Mai 1974 (BStBl II S. 633) im Wesentlichen vier Bestandteile für den Versicherungsvertrag maßgeblich, die weitgehend von der versicherten Person abhängen:
– Versicherungslaufzeit (VLZ)
– Versicherungssumme (VS)
– Versicherungsbeitrag (B)
– Beitragszahlungsdauer (BZD)

Die Änderung eines Vertragsmerkmals führt nach Auffassung des BFH im Grundsatz steuerrechtlich zum Abschluss eines neuen Vertrages.

Bei unentgeltlichem Eintritt in eine im Übrigen unveränderte Lebensversicherung, z. B. bloßer Wechsel des Versicherungsnehmers bei Eintritt eines Kindes in den Vertrag eines Elternteils, handelt es sich nicht um eine steuerrechtlich relevante Vertragsänderung. Zu entgeltlichem Erwerb vgl. Rdnr. 4.

III. Keine Vertragsänderung

34 Beim Ausscheiden aus einem Gruppenversicherungsvertrag unter Fortsetzung der Versicherung als Einzelversicherung liegt keine Vertragsänderung vor, wenn das Leistungsversprechen des Versicherungsunternehmens (Kapitalleistung oder Rentenleistung) weder seinem Inhalt noch seiner Höhe nach verändert wird. Dies gilt auch für die Übernahme einer Einzelversicherung in einen Gruppen- oder Sammelversicherungsvertrag.

35 Zur Fortsetzung der ursprünglichen Direktversicherung bei einem anderen Versicherungsunternehmen haben die Versicherer ein „Abkommen zur Übertragung von Direktversicherungen bei Arbeitgeberwechsel" beschlossen (Bundesanzeiger vom 31. Oktober 1981 und vom 21. März 2002). Darin wird die Vertragsänderung im Einvernehmen aller Beteiligten (versicherter Arbeitnehmer, alter und neuer Arbeitgeber sowie altes und neues Versicherungsunternehmen) in der Weise festgelegt, dass die ursprünglich vom alten Arbeitgeber abgeschlossene Direktversicherung im Rahmen eines vom neuen Arbeitgeber abgeschlossenen Gruppen- oder Sammelversicherungsvertrages „fortgesetzt" wird. Voraussetzung für die Fortsetzung ist, dass jedes Mal, wenn auf Grund des Arbeitgeberwechsels eines Arbeitnehmers ein Lebensversicherungsunternehmen Deckungskapital von einem anderen Lebensversicherungsunternehmen übernimmt, in der betreffenden Urkunde über die fortgesetzte Lebensversicherung vermerkt wird, in welcher Höhe es sich um eine Fortsetzung der ursprünglichen Lebensversicherung mit gleichwertigen Leistungen handelt und wann und über welche Gesamtdauer mit welchen Versicherungsleistungen bestehende Lebensversicherungen übernommen werden. Soweit der alte Vertrag unverändert übernommen wird, ist keine Vertragsänderung anzunehmen, so dass anlässlich der Übertragung mangels Zuflusses auch keine Zinsen im Sinne des § 20 Abs. 1 Nr. 6 EStG zu versteuern sind.

IV. Steuerrechtliche Bedeutung von Vertragsänderungen

1. Bei Vertragsabschluss vereinbarte künftige Vertragsänderungen

36 Steuerlich relevante Vertragsänderungen liegen vorbehaltlich der Rdnr. 38 nicht vor, wenn die Vertragsanpassungen bereits bei Vertragsabschluss vereinbart worden sind. Eine steuerlich relevante Vertragsänderung liegt ebenfalls nicht vor, wenn dem Versicherungsnehmer bei Vertragsabschluss folgende Optionen zur Änderung des Vertrages eingeräumt werden:
– Kapitalwahlrecht im Sinne des § 10 Abs. 1 Nr. 2 Buchstabe b Doppelbuchstabe cc EStG,
– Zuzahlungen zur Abkürzung der Vertragslaufzeit bei gleichbleibender Versicherungssumme, wenn
   a) die Zuzahlung frühestens nach Ablauf von fünf Jahren nach Vertragsabschluss erfolgt,
   b) die Restlaufzeit des Vertrages nach der letzten Zuzahlung mindestens fünf Jahre beträgt,
   c) die Zuzahlungen im Kalenderjahr nicht mehr als 10 v. H. und während der gesamten vereinbarten Vertragslaufzeit insgesamt nicht mehr als 20 v. H. der Versicherungssumme betragen sowie
   d) die im Zeitpunkt des Vertragsabschlusses geltende Mindestvertragsdauer nach § 10 Abs. 1 Nr. 2 Buchstabe b Doppelbuchstaben cc und dd EStG gewahrt wird.

In allen anderen Fällen, in denen dem Versicherungsnehmer bei Vertragsabschluss lediglich eine Option zu einer Änderung des Vertrags eingeräumt wird, liegt bei Ausübung des Optionsrechtes eine steuerlich relevante Vertragsänderung vor. Dies gilt nicht, wenn das Optionsrecht vor Veröffentlichung dieses Schreibens im Bundessteuerblatt Teil I ausgeübt worden ist.

Bei einem Wechsel der Versicherungsart erlischt, unabhängig von der Frage, ob ein entsprechendes Optionsrecht bereits bei Vertragsabschluss vereinbart worden ist oder nicht, steuerrechtlich der „alte Vertrag" und es wird steuerrechtlich vom Abschluss eines „neuen Vertrages" ausgegangen. Dabei ist für beide Verträge getrennt zu prüfen, ob die Voraussetzungen des § 10 Abs. 1 Nr. 2 Buchstabe b EStG für eine steuerliche Begünstigung erfüllt sind. Wird dabei die auf den „alten Vertrag" entfallende Versicherungsleistung ganz oder teilweise auf den „neuen Vertrag" angerechnet, so gilt auch die angerechnete Versicherungsleistung aus dem „alten Vertrag" als dem Versicherungsnehmer zugeflossen. Die aus dem „alten Vertrag" angerechnete Versicherungsleistung gilt als Beitragszahlung auf den „neuen Vertrag". Zur Umwandlung einer Kapitalversicherung in eine Rentenversicherung ohne Kapitalwahlrecht oder in einen Vertrag i. S. des Altersvorsorgeverträge-Zertifizierungsgesetzes vgl. Rdnr. 58. 37

Ist nach Rdnr. 36 steuerlich nicht von einer Vertragsänderung auszugehen, so ist trotzdem zu prüfen, ob nicht ein Missbrauch von Gestaltungsmöglichkeiten des Rechts (§ 42 AO) zur Umgehung der Steuerpflicht vorliegt. Ein Gestaltungsmissbrauch liegt z. B. nicht vor bei Beitragserhöhungen zur angemessenen Dynamisierung der Alters- und Hinterbliebenenversorgung, wenn ein für die gesamte Vertragsdauer gleich bleibendes Kriterium vereinbart ist, z. B. ein fester Vomhundertsatz oder eine Erhöhung entsprechend der Beitragserhöhung in der gesetzlichen Rentenversicherung oder dem durchschnittlichen Bruttoarbeitsentgelt aller Versicherten der gesetzlichen Rentenversicherung. Unschädlich sind dann Beitragserhöhungen auch in den letzten Jahren der Mindestvertragsdauer sowie gelegentliche Unterbrechungen, sofern die einzelne Unterbrechung nicht länger als zwei Jahre dauert und soweit keine Nachholung der unterlassenen Beitragserhöhungen erfolgt. 38

2. Nachträglich vereinbarte Vertragsänderungen

Bei der Änderung eines oder mehrerer wesentlicher Bestandteile des Versicherungsvertrages ist grundsätzlich vom Fortbestand des „alten Vertrages" und nur hinsichtlich der Änderung von einem „neuen Vertrag" auszugehen. 39

a) Verminderung wesentlicher Vertragsbestandteile

Werden ausschließlich wesentliche Vertragsbestandteile vermindert bzw. gesenkt (z. B. Verkürzung der Laufzeit oder der Beitragszahlungsdauer, niedrigere Beitragszahlungen oder Versicherungssumme), so gilt steuerrechtlich der geänderte Vertrag als „alter Vertrag", der unverändert fortgeführt wird. Der „alte Vertrag" ist steuerlich begünstigt, wenn er die dafür erforderlichen Voraussetzungen erfüllt. Dabei ist auf die gesetzlichen Bestimmungen im Zeitpunkt des ursprünglichen Vertragsabschlusses – vgl. Rdnr. 8 ff. – abzustellen, da der „alte Vertrag" fortgeführt wird. 40

b) Erhöhung wesentlicher Vertragsbestandteile

Werden ausschließlich wesentliche Vertragsbestandteile verlängert bzw. erhöht (z. B. Verlängerung der Laufzeit oder der Beitragszahlungsdauer, höhere Beitragszahlungen oder Versicherungssumme), läuft steuerrechtlich der „alte Vertrag" im Rahmen der ursprünglichen Vertragsbedingungen unverändert weiter; der „alte Vertrag" ist steuerlich begünstigt, wenn er die dafür erforderlichen Voraussetzungen erfüllt. Dabei ist auf die gesetzlichen Bestimmungen im Zeitpunkt des ursprünglichen Vertragsabschlusses – vgl. Rdnr. 8 ff. – abzustellen. Nur die auf die verlängerten bzw. erhöhten Komponenten entfallenden Vertragsbestandteile sind steuerlich als gesonderter „neuer Vertrag" zu behandeln. Der „neue Vertrag" ist begünstigt, wenn er die im Zeitpunkt des Abschlusses des Änderungsvertrages geltenden gesetzlichen Bestimmungen erfüllt. 41

c) Verminderung und gleichzeitige Erhöhung wesentlicher Vertragsbestandteile

Werden sowohl ein oder mehrere wesentliche Vertragsbestandteile vermindert bzw. gesenkt und ein oder mehrere wesentliche Vertragsbestandteile verlängert bzw. erhöht, ist steuerrechtlich nur hinsichtlich der erhöhten Vertragsbestandteile von einem „neuen Vertrag" auszugehen; bzgl. der gleich gebliebenen und verminderten bzw. gesenkten Vertragsbestandteile wird der bisherige Vertrag steuerlich unverändert fortgeführt. Die Begünstigung des „alten Vertrags" und des „neuen Vertrags" richtet sich nach den Grundsätzen der Rdnr. 40 und 41. 42

d) Beispiele zu den einzelnen Vertragsänderungen

Wird bei einem bestehenden Vertrag nur die Versicherungslaufzeit oder nur die Beitragszahlungsdauer verringert oder werden nur die Beiträge gesenkt, so sinkt die Versicherungssumme. Entsprechendes gilt, wenn die vorgenannten Komponenten in Kombination miteinander (Versicherungslaufzeit und Beitragszahlungsdauer werden verringert, Beiträge bleiben unverändert; Versicherungslaufzeit bleibt unverändert, Beitragszahlungsdauer sowie Beiträge werden ver- 43 ringert bzw. gesenkt; Versicherungslaufzeit und Versicherungsbeiträge werden verringert bzw. gesenkt, die Beitragszahlungsdauer bleibt unverändert) verringert bzw. gesenkt werden. Der geänderte Vertrag gilt als „alter Vertrag", der unverändert fortgeführt wird. Beiträge und Zinsen sind steuerlich begünstigt, wenn der „alte Vertrag" die allgemeinen Voraussetzungen für die Begünstigung erfüllt.

Beispiel 1:

Ursprünglicher Vertrag: VLZ 20 Jahre/BZD 15 Jahre/B 50 Euro/VS 12 500 Euro

Änderung im Jahre 10: VLZ 15 Jahre/BZD 10 Jahre/B 50 Euro/VS 7 500 Euro

Beispiel 2:

Ursprünglicher Vertrag: VLZ 20 Jahre/BZD 20 Jahre/B 50 Euro/VS 15 000 Euro

Änderung im Jahre 10: VLZ 20 Jahre/BZD 20 Jahre/B 25 Euro/VS 10 000 Euro

Die geänderten Verträge gelten als „alte Verträge", die weiterhin steuerlich begünstigt sind.

44 Wird die Versicherungslaufzeit nicht verlängert, die Beitragszahlungsdauer verringert und gleichzeitig die Beiträge erhöht, so kann je nach vertraglicher Ausgestaltung die Versicherungssumme sinken, gleich bleiben oder sich erhöhen. Erhöht sich die Versicherungssumme nicht, gelten die geminderten Bestandteile als „alter Vertrag", der bei Vorliegen der allgemeinen Voraussetzungen steuerlich begünstigt ist. Die steuerliche Behandlung der auf die Erhöhung entfallenden Beiträge und Zinsen ist gesondert zu prüfen.

Beispiel 3:

Ursprünglicher Vertrag: VLZ 20 Jahre/BZD 20 Jahre/B 50 Euro/VS 15 000 Euro

Änderung im Jahre 10: VLZ 15 Jahre/BZD 15 Jahre/B 100 Euro/VS 12 500 Euro

Die geminderten Bestandteile gelten als „alter Vertrag", der weiterhin steuerlich begünstigt ist.

Die auf die Beitragserhöhung entfallenden Vertragsbestandteile gelten als „neuer Vertrag", der jedoch steuerlich nicht begünstigt ist, da die Laufzeit des „neuen Vertrages" nicht mindestens zwölf Jahre beträgt.

45 Steigt im Falle der Rdnr. 44 die Versicherungssumme, so gilt der auf die Erhöhung der Beiträge und der Versicherungssumme entfallende Vertragsteil als „neuer Vertrag".

Beispiel 4:

Ursprünglicher Vertrag: VLZ 20 Jahre/BZD 15 Jahre/B 50 Euro/VS 12 500 Euro

Änderung im Jahre 5: VLZ 15 Jahre/BZD zehn Jahre/B 250 Euro/VS 25 000 Euro

Die geminderten Bestandteile gelten als „alter Vertrag", der weiterhin steuerlich begünstigt ist.

Die auf die Beitragserhöhung, insbesondere auf die erhöhte Versicherungssumme, entfallenden Vertragsbestandteile gelten als „neuer Vertrag", der steuerlich nicht begünstigt ist, da die Laufzeit nicht mindestens zwölf Jahre beträgt.

46 Wird die Versicherungslaufzeit verkürzt, die Beitragszahlungsdauer und die Versicherungssumme bleiben aber gleich, während die Beiträge erhöht werden, gelten die geminderten und gleich gebliebenen Bestandteile sowie die ursprünglich vereinbarten Beiträge als „alter Vertrag". Die auf die Beitragserhöhung entfallenden Vertragsbestandteile gelten als „neuer Vertrag", der gesondert zu prüfen ist.

Beispiel 5:

Ursprünglicher Vertrag: VLZ 20 Jahre/BZD 15 Jahre/B 50 Euro/VS 12 500 Euro

Änderung im Jahre 10: VLZ 15 Jahre/BZD 15 Jahre/B 75 Euro/VS 12 500 Euro

Die unveränderten bzw. geminderten Vertragsbestandteile gelten als „alter Vertrag", der weiterhin steuerlich begünstigt ist.

Die auf die Beitragserhöhung entfallenden Vertragsbestandteile gelten als „neuer Vertrag". Da die Versicherungslaufzeit für den „neuen Vertrag" nicht mindestens zwölf Jahre beträgt, sind Beiträge in Höhe von 25 Euro und die darauf entfallenden Zinsen nicht begünstigt.

47 Werden die Versicherungslaufzeit verkürzt oder nicht verlängert und die Beiträge abgesenkt oder nicht erhöht, jedoch die Beitragszahlungsdauer verlängert, so kann sich je nach vertraglicher Ausgestaltung die Versicherungssumme erhöhen, vermindern oder gleich bleiben. Die auf die Verlängerung der Beitragszahlungsdauer entfallenden Vertragsbestandteile gelten als „neuer Vertrag", der gesondert zu prüfen ist.

Beispiel 6:

Ursprünglicher Vertrag: VLZ 30 Jahre/BZD 10 Jahre/B 50 Euro/VS 12 500 Euro

Änderung im Jahre 10: VLZ 30 Jahre/BZD 15 Jahre/B 50 Euro/VS 15 000 Euro

Die unveränderten Vertragsbestandteile gelten als „alter Vertrag" der weiterhin steuerlich begünstigt ist.

Die auf die Verlängerung der Beitragszahlungsdauer entfallenden Vertragsbestandteile gelten als „neuer Vertrag". Die auf den Zeitraum der Verlängerung der Beitragszahlungsdauer entfallenden Beiträge und die damit zusammenhängenden Zinsen sind steuerlich begünstigt, da die Vertragslaufzeit für diesen „neuen Vertrag" nach der Änderung noch mindestens zwölf Jahre beträgt und es sich beiden Beiträgen um laufende Beitragsleistungen handelt.

Wird die Versicherungslaufzeit nicht verlängert, Beitragszahlungsdauer, Beiträge und Versicherungssumme jedoch erhöht, so ist hinsichtlich der auf die Erhöhung entfallenden Vertragsbestandteile ein „neuer Vertrag" anzunehmen. Die entsprechenden Beitrags- und Zinsanteile sind steuerlich begünstigt, wenn dieser „neue Vertrag" die Kriterien für eine steuerliche Anerkennung erfüllt. Die nicht auf die Erhöhung entfallenden Beitragsanteile sind begünstigt, wenn der verbleibende „alte Vertrag" die Kriterien für die steuerliche Anerkennung erfüllt. 48

Beispiel 7:
Ursprünglicher Vertrag: VLZ 30 Jahre/BZD 10 Jahre/B 50 Euro/VS 10 000 Euro
Änderung im Jahre 11: VLZ 30 Jahre/BZD 20 Jahre/B 75 Euro/VS 22 500 Euro
Die unveränderten Vertragsbestandteile gelten als „alter Vertrag", der weiterhin steuerlich begünstigt ist.
Die auf die Verlängerung der Beitragszahlungsdauer und die Erhöhung der Beiträge entfallenden Bestandteile gelten als „neuer Vertrag". Die auf den Zeitraum der Verlängerung der Beitragszahlungsdauer entfallenden Beiträge und die erhöhten Beiträge sind steuerlich begünstigt, da die Vertragslaufzeit für diesen „neuen Vertrag" nach der Änderung noch mindestens zwölf Jahre beträgt und es sich bei den Beiträgen um laufende Beitragsleistungen handelt.

Wird die Versicherungslaufzeit verlängert, Beitragszahlungsdauer und Beiträge unverändert beibehalten, so wird sich auch die Versicherungssumme erhöhen. Der Vertrag gilt hinsichtlich der erhöhten Vertragsbestandteile als „neuer Vertrag", der gesondert auf die Möglichkeit einer steuerlichen Begünstigung zu prüfen ist. 49

Beispiel 8:
Ursprünglicher Vertrag: VLZ 20 Jahre/BZD 20 Jahre/B 50 Euro/VS 12 500 Euro
Änderung im Jahre 15: VLZ 25 Jahre/BZD 20 Jahre/B 50 Euro/VS 15 000 Euro
Die unveränderten Vertragsbestandteile gelten als „alter Vertrag", der weiterhin steuerlich begünstigt ist. Demzufolge können die bis zum Jahr 20 gezahlten Beiträge als Sonderausgaben geltend gemacht werden; die damit zusammenhängenden Zinsen sind steuerlich begünstigt.
Die auf die Verlängerung der Laufzeit und die Erhöhung der Versicherungssumme entfallenden Vertragsbestandteile gelten als „neuer Vertrag", der steuerlich nicht begünstigt ist, da die Mindestvertragsdauer von zwölf Jahren nicht erfüllt ist. Zu den nicht begünstigten Zinsen gehören auch die im Vertragsverlängerungszeitraum anfallenden Zinsen aus dem in der ursprünglichen Versicherungslaufzeit („alter Vertrag") angesammelten Kapital.

Wird die Versicherungslaufzeit verlängert und die Versicherungssumme erhöht, so ist hinsichtlich der erhöhten Vertragsbestandteile von einem „neuen Vertrag" auszugehen. Dies gilt gleichermaßen, wenn die Beiträge erhöht und die Beitragszahlungsdauer verlängert werden. Wird die Versicherungslaufzeit verlängert und die Versicherungssumme nicht erhöht, so handelt es sich bei der Verlängerung der Versicherungslaufzeit um einen „neuen Vertrag", der nach den allgemeinen Kriterien zu prüfen ist. 50

Beispiel 9:
Ursprünglicher Vertrag: VLZ 20 Jahre/BZD 20 Jahre/B 50 Euro/VS 15 000 Euro
Änderung im Jahre 10: VLZ 25 Jahre/BZD 25 Jahre/B 25 Euro/VS 15 000 Euro
Die unveränderten bzw. geminderten Vertragsbestandteile gelten als „alter Vertrag", der weiterhin steuerlich begünstigt ist.
Die auf die Verlängerung der Vertragslaufzeit und der Beitragszahlungsdauer entfallenden Vertragsbestandteile gelten als „neuer Vertrag", der steuerlich begünstigt ist, da die Vertragslaufzeit für diesen „neuen Vertrag" nach der Änderung noch mindestens zwölf Jahre beträgt und es sich bei den Beiträgen um laufende Beitragsleistungen handelt.

3. Änderungen bei betrieblichen Lebensversicherungen

a) Strukturwandel der betrieblichen Altersversorgung

Arbeitgeber und andere Versorgungsträger können ihre Verpflichtungen aus Versorgungszusagen (z. B. Pensionszusagen, Zusagen auf Leistungen einer Unterstützungskasse) durch den Ab- 51 schluss von Direktversicherungen auf Lebensversicherungen übertragen. Die beim bisherigen Versorgungsträger angesammelten Deckungsmittel werden in diesen Fällen häufig beim Abschluss des Versicherungsvertrages in die Direktversicherung eingebracht. Damit wird ein der bisherigen Zusage entsprechendes Versorgungsniveau des Arbeitnehmers bereits ab Beginn der Direktversicherung erreicht. Für die Frage der steuerlichen Begünstigung sind die im Zeitpunkt des Vertragsabschlusses der Direktversicherung – vgl. Rdnr. 8 ff. – geltenden gesetzlichen Bestimmungen maßgebend.

b) Arbeitnehmerwechsel

52 Arbeitgeber haben das Recht, verfallbare Direktversicherungen zu widerrufen, wenn Arbeitnehmer frühzeitig aus dem Dienstverhältnis ausscheiden. Die Deckungskapitalien solcher Direktversicherungen werden regelmäßig in neu abzuschließende Direktversicherungen zugunsten unversorgter Arbeitnehmer eingebracht. Für die Frage der steuerlichen Begünstigung sind die im Zeitpunkt des konkreten Vertragsabschlusses – vgl. Rdnr. 8 ff. – geltenden gesetzlichen Bestimmungen maßgebend. Die Übertragung von Deckungskapitalien führt nicht zu einer Fortführung der ursprünglich abgeschlossenen Versicherung.

c) Arbeitsrechtliche Verpflichtungen zum Abschluss von Direktversicherungen

53 Arbeitgeber können arbeitsrechtlich verpflichtet sein, nicht oder nicht rechtzeitig abgeschlossene Direktversicherungen bereits bei Vertragsabschluss nachzufinanzieren. Diese Verpflichtung wird regelmäßig über eine Einzahlung in das Deckungskapital erfüllt. Diese Einmalzahlung hat keine Auswirkungen auf die Frage, ob die Versicherung steuerlich begünstigt ist.

V. Billigkeitsregelungen

In den folgenden Fällen werden hinsichtlich der vorgenommenen Vertragsänderungen steuerrechtlich aus Billigkeitsgründen keine nachteiligen Folgen gezogen.

1. Realteilung im Fall der Ehescheidung

54 Vertragsänderungen durch Realteilung im Falle der Ehescheidung sind steuerlich nicht zu beanstanden, wenn die Laufzeit des Versicherungsvertrages auch für den abgetrennten Teil unverändert bleibt und dem Unterhaltsberechtigten bei einer Rentenversicherung kein Kapitalwahlrecht eingeräumt wird.

2. Zahlungsschwierigkeiten

a) Beitragsnachzahlung zur Wiederherstellung des ursprünglichen Versicherungsschutzes nach Zahlungsschwierigkeiten

55 Wurden Versicherungsbeiträge oder die Versicherungssumme wegen Zahlungsschwierigkeiten des Versicherungsnehmers, insbesondere wegen Arbeitslosigkeit, Kurzarbeit oder Arbeitsplatzwechsel gemindert oder die Zahlung der Beiträge ganz oder teilweise befristet gestundet, so kann der Versicherungsnehmer innerhalb einer Frist von in der Regel zwei Jahren eine Wiederherstellung des alten Versicherungsschutzes bis zur Höhe der ursprünglich vereinbarten Versicherungssumme verlangen und die Beitragsrückstände nachentrichten. Die nachentrichteten Beiträge werden als auf Grund des ursprünglichen Vertrages geleistet angesehen. Voraussetzung ist, dass sich die Nachzahlungen in einem angemessenen Rahmen halten und die ursprüngliche Mindestvertragsdauer nicht unterschritten wird.

b) Verlängerung der Versicherungs- und Beitragszahlungsdauer zur Wiederherstellung des ursprünglichen Versicherungsschutzes

56 Konnte der Versicherungsnehmer wegen Zahlungsschwierigkeiten insbesondere aufgrund von Arbeitslosigkeit, Kurzarbeit oder Arbeitsplatzwechsel die vereinbarten Beiträge nicht mehr aufbringen und wird in diesen Fällen zur Erhaltung des Versicherungsschutzes die Versicherungs- und Beitragszahlungsdauer verlängert, werden hieraus steuerrechtlich keine nachteiligen Folgen gezogen.

c) Verlegung des Beginn- und Ablauftermins

57 Konnte der Versicherungsnehmer wegen Zahlungsschwierigkeiten, insbesondere aufgrund von Arbeitslosigkeit, Kurzarbeit oder Arbeitsplatzwechsel die vereinbarten Beiträge nicht mehr aufbringen und nach Behebung seiner finanziellen Schwierigkeiten die fehlenden Beiträge nicht nachentrichten, so kann der Versicherungsnehmer innerhalb von in der Regel bis zu zwei Jahren eine Wiederherstellung des alten Versicherungsschutzes bis zur Höhe der ursprünglich vereinbarten Versicherungssumme verlangen. Er kann die Beitragslücke durch eine Verlegung

des Beginn- und Ablauftermins schließen, wobei die Beitragszahlungsdauer unverändert bleibt. Aus dieser Verlegung werden steuerrechtlich keine nachteiligen Folgen gezogen.

d) Fortsetzung einer während der Elternzeit beitragsfrei gestellten Lebensversicherung[1])

Die Regelungen in Rz. 55 bis 57 sind entsprechend anzuwenden, wenn eine Lebensversicherung während der Elternzeit im Sinne des Bundeselterngeld- und Elternzeitgesetzes beitragsfrei gestellt wurde und innerhalb von drei Monaten nach Beendigung der Elternzeit die Versicherung zu den vor der Umwandlung vereinbarten Bedingungen fortgeführt wird.

57a

3. Umwandlung einer Kapitallebensversicherung in eine Rentenversicherung ohne Kapitalwahlrecht oder in einen Vertrag i. S. des Altersvorsorgeverträge-Zertifizierungsgesetzes

Wird wegen einer Änderung der Familienverhältnisse (z. B. Tod von Angehörigen oder Heirat) eine Kapitallebensversicherung in eine Rentenversicherung ohne Kapitalwahlrecht umgewandelt, so werden steuerrechtlich keine nachteiligen Folgen aus dieser Umwandlung gezogen. Voraussetzung ist, dass die Versicherungslaufzeit und die Beiträge unverändert bleiben. Die Umstellung einer Kapitallebensversicherung auf einen Vertrag i. S. des Altersvorsorgeverträge-Zertifizierungsgesetzes stellt ebenfalls keine steuerschädliche Vertragsänderung dar.

58

Dieses Schreiben ersetzt die BMF-Schreiben vom
23. 9. 1974 – IV B 3 – S 2220 – 6/74 III –;
13. 6. 1977 – IV B 3 – S 2221 – 80/77 –;
23. 2. 1984 – IV B 4 – S 2252 – 19/84 –;
6. 4. 1984 – IV B 4 – S 2252 – 35/84 –;
3. 6. 1987 – IV B 4 – S 2252 – 58/87 –;
12. 3. 1990 – IV B 4 – S 2252 – 64/90 –;
20. 7. 1990 – $\frac{\text{IV B 1} - \text{S 2221} - 115/90}{\text{IV B 4} - \text{S 2252} - 131/90}$ –, BStBl 1990 I S. 324;

7. 2. 1991 – IV B 1 – S 2221 – 10/91 –, BStBl I S. 214;
22. 2. 1991 – IV B 1 – S 2221 – 20/91 –, BStBl I S. 330;
26. 7. 1996 – IV B 1 – S 2221 – 207/96 –, BStBl I S. 1120;
6. 12. 1996 – IV B 1 – S 2221 – 301/96 –, BStBl I S. 1438;
12. 9. 1997 – IV B 1 – S 2221 – 172/97 –, BStBl I S. 825;
28. 2. 1997 – IV B 1 – S 2221 – 29/97 –.

---

[1]) Abschnitt d wurde durch das BMF-Schreiben vom 1. 10. 2009 (BStBl I S. 1188) eingefügt.

§ 10 EStG
H 10

Vordruckmuster Anlage Vorsorgeaufwand

2012

Anlage Vorsorgeaufwand

52

1 Name
2 Vorname
3 Steuernummer

Angaben zu Vorsorgeaufwendungen

Beiträge zur Altersvorsorge

Beiträge — stpfl. Person / Ehemann EUR — Ehefrau EUR

4 – lt. Nr. 23 a/b der Lohnsteuerbescheinigung (Arbeitnehmeranteil) — 300 — 400
5 – zu landwirtschaftlichen Alterskassen sowie zu berufsständischen Versorgungseinrichtungen, die den gesetzlichen Rentenversicherungen vergleichbare Leistungen erbringen — 301 — 401
 – ohne Beiträge, die in Zeile 4 geltend gemacht werden –
6 – zu gesetzlichen Rentenversicherungen — 302 — 402
 – ohne Beiträge, die in Zeile 4 geltend gemacht werden –
7 – zu zertifizierten Basisrentenverträgen (sog. Rürup-Verträge) mit Laufzeitbeginn nach dem 31.12.2004 — 303 — 403
 – ohne Altersvorsorgebeiträge, die in der Anlage AV geltend gemacht werden –
8 Arbeitgeberanteil lt. Nr. 22 a/b der Lohnsteuerbescheinigung — 304 — 404
9 Steuerfreie Arbeitgeberanteile an berufsständische Versorgungseinrichtungen, soweit **nicht** in Nr. 22 b der Lohnsteuerbescheinigung enthalten — 305 — 405
10 Arbeitgeberanteil zu gesetzlichen Rentenversicherungen im Rahmen einer pauschal besteuerten geringfügigen Beschäftigung (bitte Anleitung beachten) — 306 — 406
11 Bei Zusammenveranlagung ist die Eintragung für jeden Ehegatten vorzunehmen:
Haben Sie zu Ihrer Krankenversicherung oder Ihren Krankheitskosten Anspruch auf
– steuerfreie Zuschüsse (z. B. Rentner aus der gesetzlichen Rentenversicherung) oder
– steuerfreie Arbeitgeberbeiträge (z. B. sozialversicherungspfl. Arbeitnehmer) oder
– steuerfreie Beihilfen (z. B. Beamte, Versorgungsempfänger)? — 307 1 = Ja 2 = Nein — 407 1 = Ja 2 = Nein

Beiträge zur gesetzlichen Kranken- und Pflegeversicherung

12 Arbeitnehmerbeiträge zu Krankenversicherungen lt. Nr. 25 der Lohnsteuerbescheinigung — 320 — 420
13 Beiträge zu Krankenversicherungen, die als Zusatzbeitrag geleistet wurden — 321 — 421
14 In Zeile 12 enthaltene Beiträge, aus denen sich kein Anspruch auf Krankengeld ergibt — 322 — 422
15 Arbeitnehmerbeiträge zu sozialen Pflegeversicherungen lt. Nr. 26 der Lohnsteuerbescheinigung — 323 — 423
16 Zu den Zeilen 12 bis 15: Von der Kranken- und / oder sozialen Pflegeversicherung erstattete Beiträge — 324 — 424
17 In Zeile 16 enthaltene Beiträge zur Krankenversicherung, aus denen sich kein Anspruch auf Krankengeld ergibt, und zur sozialen Pflegeversicherung — 325 — 425
18 Beiträge zu Krankenversicherungen – ohne Beiträge, die in Zeile 12 geltend gemacht werden - (z. B. bei Rentnern und freiwillig gesetzlich versicherten Selbstzahlern) — 326 — 426
19 Beiträge zu Krankenversicherungen, die als Zusatzbeitrag geleistet wurden — 327 — 427
20 In Zeile 18 enthaltene Beiträge zur Krankenversicherung, aus denen sich ein Anspruch auf Krankengeld ergibt — 328 — 428
21 Beiträge zu sozialen Pflegeversicherungen – ohne Beiträge, die in Zeile 15 geltend gemacht werden - (z. B. bei Rentnern und freiwillig gesetzlich versicherten Selbstzahlern) — 329 — 429
22 Zu den Zeilen 18 bis 21: Von der Kranken- und / oder sozialen Pflegeversicherung erstattete Beiträge — 330 — 430
23 In Zeile 22 enthaltene Beiträge zur Krankenversicherung, aus denen sich ein Anspruch auf Krankengeld ergibt — 331 — 431
24 Zuschuss zu den Beiträgen lt. Zeile 18 und / oder 21 - ohne Beträge lt. Zeile 37 und 39 - (z. B. von der Deutschen Rentenversicherung) — 332 — 432
25 Beiträge (abzüglich steuerfreier Zuschüsse – ohne Beträge lt. Zeile 37 –) zu einer ausländischen Krankenversicherung, die mit einer inländischen gesetzlichen Krankenversicherung vergleichbar ist — 333 — 433
26 In Zeile 25 enthaltene Beiträge zur Krankenversicherung, aus denen sich kein Anspruch auf Krankengeld ergibt — 334 — 434
27 Beiträge (abzüglich steuerfreier Zuschüsse – ohne Beträge lt. Zeile 39 –) zu einer ausländischen sozialen Pflegeversicherung, die mit einer inländischen gesetzlichen Pflegeversicherung vergleichbar ist — 335 — 435
28 Zu den Zeilen 25 bis 27: Von der ausländischen Kranken- und / oder sozialen Pflegeversicherung erstattete Beiträge — 336 — 436
29 In Zeile 28 enthaltene Beiträge zur Krankenversicherung, aus denen sich kein Anspruch auf Krankengeld ergibt, und zur sozialen Pflegeversicherung — 337 — 437
30 Über die Basisabsicherung hinausgehende Beiträge zu Krankenversicherungen (z. B. für Wahlleistungen, Zusatzversicherung) abzüglich erstatteter Beiträge — 338 — 438

2012AnlVor241NET — Sept. 2012 — 2012AnlVor241NET
034098_12

§ 10 EStG
H 10

	Steuernummer			
	Beiträge zur privaten Kranken- und Pflegeversicherung	– Füllen Sie die Zeilen 31 bis 35 und 42 bis 45 nur aus, wenn Sie der Datenübermittlung nicht widersprochen haben. -		
			stpfl. Person / Ehemann EUR	Ehefrau EUR
31	Beiträge zu Krankenversicherungen (nur Basisabsicherung, keine Wahlleistungen)	350	,	450 ,
32	Beiträge zu Pflege-Pflichtversicherungen	351	,	451 ,
33	Zu den Zeilen 31 und 32: Von der privaten Kranken- und / oder Pflege-Pflichtversicherung erstattete Beiträge	352	,	452 ,
34	Zuschuss von dritter Seite zu den Beiträgen lt. Zeile 31 und / oder 32 (z. B. von der Deutschen Rentenversicherung)	353	,	453 ,
35	Über die Basisabsicherung hinausgehende Beiträge zu Krankenversicherungen (z. B. für Wahlleistungen, Zusatzversicherung) abzüglich erstatteter Beiträge	354	,	454 ,
36	Beiträge (abzüglich erstatteter Beiträge) zu zusätzlichen Pflegeversicherungen (ohne Pflege-Pflichtversicherung)	355	,	455 ,
	Steuerfreie Arbeitgeberzuschüsse			
	Steuerfreie Arbeitgeberzuschüsse zur			
37	– gesetzlichen Krankenversicherung lt. Nr. 24 a der Lohnsteuerbescheinigung	360	,	460 ,
38	– privaten Krankenversicherung lt. Nr. 24 b der Lohnsteuerbescheinigung	361	,	461 ,
39	– gesetzlichen Pflegeversicherung lt. Nr. 24 c der Lohnsteuerbescheinigung	362	,	462 ,
	Als Versicherungsnehmer für andere Personen übernommene Kranken- und Pflegeversicherungsbeiträge			
40	IdNr. der mitversicherten Person 600	„Andere Personen" sind z. B. Kinder, für die **kein** Anspruch auf Kindergeld / Kinderfreibetrag besteht (bei Anspruch auf Kindergeld / Kinderfreibetrag sind die Eintragungen in den Zeilen 31 bis 37 der Anlage Kind vorzunehmen), oder der / die eingetragene Lebenspartner/in.		
41	Name, Vorname, Geburtsdatum der mitversicherten Person:			
				stpfl. Person / Ehegattin EUR
42	Beiträge (abzüglich steuerfreier Zuschüsse) zu privaten Krankenversicherungen (nur Basisabsicherung, keine Wahlleistungen)		601	,
43	Beiträge (abzüglich steuerfreier Zuschüsse) zu Pflege-Pflichtversicherungen		602	,
44	Zu den Zeilen 42 bis 43: Von der privaten Kranken- und / oder Pflege-Pflichtversicherung erstattete Beiträge		603	,
45	Beiträge (abzüglich erstatteter Beiträge) zu privaten Kranken- und / oder Pflegeversicherungen (ohne Basisabsicherung, z. B. für Wahlleistungen, Zusatzversicherung)		604	,
	Weitere sonstige Vorsorgeaufwendungen		stpfl. Person / Ehemann EUR	Ehefrau EUR
46	Arbeitnehmerbeiträge zur Arbeitslosenversicherung lt. Nr. 27 der Lohnsteuerbescheinigung	370	,	470 ,
47	Beiträge (abzüglich steuerfreier Zuschüsse und erstatteter Beiträge) zu – Kranken- und Pflegeversicherungen (Gesamtbetrag) (nur einzutragen, wenn Sie der Datenübermittlung widersprochen haben; Einträge zu zusätzlichen Pflegeversicherungen sind nur in Zeile 36 vorzunehmen)	371	,	471 ,
				stpfl. Person / Ehegattin EUR
48	– Versicherungen gegen Arbeitslosigkeit – ohne Beiträge, die in Zeile 46 geltend gemacht werden –		500	,
49	– freiwilligen eigenständigen Erwerbs- und Berufsunfähigkeitsversicherungen		501	,
50	– Unfall- und Haftpflichtversicherungen sowie Risikoversicherungen, die nur für den Todesfall eine Leistung vorsehen		502	,
51	– Rentenversicherungen mit Kapitalwahlrecht und / oder Kapitallebensversicherungen mit einer Laufzeit von mindestens 12 Jahren sowie einem Laufzeitbeginn und der ersten Beitragszahlung vor dem 1.1.2005		503	,
52	– Rentenversicherungen ohne Kapitalwahlrecht mit Laufzeitbeginn und erster Beitragszahlung vor dem 1.1.2005 (auch steuerpflichtige Beiträge zu Versorgungs- und Pensionskassen) – ohne Altersvorsorgebeiträge, die in der Anlage AV geltend gemacht werden –		504	,
	Ergänzende Angaben zu Vorsorgeaufwendungen			
	Es bestand 2012 keine gesetzliche Rentenversicherungspflicht aus dem **aktiven** Dienstverhältnis / aus der Tätigkeit		stpfl. Person / Ehemann	Ehefrau
53	– als Beamter / Beamtin	380	1 = Ja	480 1 = Ja
54	– als Vorstandsmitglied / GmbH-Gesellschafter-Geschäftsführer/in	381	1 = Ja	481 1 = Ja
55	– als (z. B. Praktikant/in, Student/in im Praktikum) Bezeichnung	382	1 = Ja	482 1 = Ja
56	Aufgrund des genannten Dienstverhältnisses / der Tätigkeit bestand hingegen eine Anwartschaft auf Altersversorgung	383	1 = Ja 2 = Nein	483 1 = Ja 2=Nein
57	Die Anwartschaft auf Altersversorgung wurde ganz oder teilweise ohne eigene Beitragsleistungen erworben (Bei Vorstandsmitgliedern / GmbH-Gesellschafter-Geschäftsführern; Falls nein, bitte geeignete Unterlagen beifügen.)	384	1 = Ja 2 = Nein	484 1 = Ja 2=Nein
58	Es wurde Arbeitslohn aus einem **nicht aktiven** Dienstverhältnis - insbesondere Betriebsrente / Werkspension - bezogen, bei dem es sich nicht um steuerbegünstigte Versorgungsbezüge (Zeilen 11 bis 16 der Anlage N) handelt. Bei Altersteilzeit ist hier keine Eintragung vorzunehmen.	385	1 = Ja	485 1 = Ja

2012AnlVor242NET   2012AnlVor242NET

§ 10a Zusätzliche Altersvorsorge

(1) ¹In der inländischen gesetzlichen Rentenversicherung Pflichtversicherte können Altersvorsorgebeiträge (§ 82) zuzüglich der dafür nach Abschnitt XI zustehenden Zulage jährlich bis zu 2 100 Euro als Sonderausgaben abziehen; das Gleiche gilt für

1. Empfänger von inländischer Besoldung nach dem Bundesbesoldungsgesetz oder einem Landesbesoldungsgesetz,
2. Empfänger von Amtsbezügen aus einem inländischen Amtsverhältnis, deren Versorgungsrecht die entsprechende Anwendung des § 69e Absatz 3 und 4 des Beamtenversorgungsgesetzes vorsieht,
3. die nach § 5 Absatz 1 Satz 1 Nummer 2 und 3 des Sechsten Buches Sozialgesetzbuch versicherungsfrei Beschäftigten, die nach § 6 Absatz 1 Satz 1 Nummer 2 oder nach § 230 Absatz 2 Satz 2 des Sechsten Buches Sozialgesetzbuch von der Versicherungspflicht befreiten Beschäftigten, deren Versorgungsrecht die entsprechende Anwendung des § 69e Absatz 3 und 4 des Beamtenversorgungsgesetzes vorsieht,
4. Beamte, Richter, Berufssoldaten und Soldaten auf Zeit, die ohne Besoldung beurlaubt sind, für die Zeit einer Beschäftigung, wenn während der Beurlaubung die Gewährleistung einer Versorgungsanwartschaft unter den Voraussetzungen des § 5 Absatz 1 Satz 1 des Sechsten Buches Sozialgesetzbuch auf diese Beschäftigung erstreckt wird, und
5. Steuerpflichtige im Sinne der Nummern 1 bis 4, die beurlaubt sind und deshalb keine Besoldung, Amtsbezüge oder Entgelt erhalten, sofern sie eine Anrechnung von Kindererziehungszeiten nach § 56 des Sechsten Buches Sozialgesetzbuch in Anspruch nehmen könnten, wenn die Versicherungsfreiheit in der inländischen gesetzlichen Rentenversicherung nicht bestehen würde,

wenn sie spätestens bis zum Ablauf des zweiten Kalenderjahres, das auf das Beitragsjahr (§ 88) folgt, gegenüber der zuständigen Stelle (§ 81a) schriftlich eingewilligt haben, dass diese der zentralen Stelle (§ 81) jährlich mitteilt, dass der Steuerpflichtige zum begünstigten Personenkreis gehört, dass die zuständige Stelle der zentralen Stelle die für die Ermittlung des Mindesteigenbeitrags (§ 86) und die Gewährung der Kinderzulage (§ 85) erforderlichen Daten übermittelt und die zentrale Stelle diese Daten für das Zulageverfahren verwenden darf. ²Bei der Erteilung der Einwilligung ist der Steuerpflichtige darauf hinzuweisen, dass er die Einwilligung vor Beginn des Kalenderjahres, für das sie erstmals nicht mehr gelten soll, gegenüber der zuständigen Stelle widerrufen kann. ³Versicherungspflichtige nach dem Gesetz über die Alterssicherung der Landwirte stehen Pflichtversicherten gleich; dies gilt auch für Personen, die eine Anrechnungszeit nach § 58 Absatz 1 Nummer 3 oder Nummer 6 des Sechsten Buches Sozialgesetzbuch in der gesetzlichen Rentenversicherung erhalten und unmittelbar vor der Arbeitslosigkeit einer der in Satz 1 oder der im ersten Halbsatz genannten begünstigten Personengruppen angehörten. ⁴Die Sätze 1 und 2 gelten entsprechend für Steuerpflichtige, die nicht zum begünstigten Personenkreis nach Satz 1 oder 3 gehören und eine Rente wegen voller Erwerbsminderung oder Erwerbsunfähigkeit oder eine Versorgung wegen Dienstunfähigkeit aus einem der in Satz 1 oder 3 genannten Alterssicherungssysteme beziehen, wenn unmittelbar vor dem Bezug der entsprechenden Leistungen der Leistungsbezieher einer der in Satz 1 oder 3 genannten begünstigten Personengruppen angehörte; dies gilt nicht, wenn der Steuerpflichtige das 67. Lebensjahr vollendet hat. ⁵Bei der Ermittlung der dem Steuerpflichtigen zustehenden Zulage nach Satz 1 bleibt die Erhöhung der Grundzulage nach § 84 Satz 2 außer Betracht.

(1a) ¹Sofern eine Zulagenummer (§ 90 Absatz 1 Satz 2) durch die zentrale Stelle oder eine Versicherungsnummer nach § 147 des Sechsten Buches Sozialgesetzbuch noch nicht vergeben ist, haben die in Absatz 1 Satz 1 Nummer 1 bis 5 genannten Steuerpflichtigen über die zuständige Stelle eine Zulagenummer bei der zentralen Stelle zu beantragen. ²Für Empfänger einer Versorgung im Sinne des Absatzes 1 Satz 4 gilt Satz 1 entsprechend.

(2) ¹Ist der Sonderausgabenabzug nach Absatz 1 für den Steuerpflichtigen günstiger als der Anspruch auf die Zulage nach Abschnitt XI, erhöht sich die unter Berücksichtigung des Sonderausgabenabzugs ermittelte tarifliche Einkommensteuer um den Anspruch auf Zulage. ²In den anderen Fällen scheidet der Sonderausgabenabzug aus. ³Die Günstigerprüfung wird von Amts wegen vorgenommen.

---

1) Zur Anwendung → § 52 Abs. 24c und § 24d EStG.
2) Zur zeitlichen Anwendung von § 10a Abs. 1 EStG → § 52 Abs. 24c EStG; → auch § 52 Abs. 66 EStG.
3) Die Vorschrift soll durch das Gesetz zur Verbesserung der steuerlichen Förderung der privaten Altersvorsorge (Altersvorsorge-Verbesserungsgesetz – AltvVerbG) geändert werden. Bei Redaktionsschluss war das Gesetzgebungsverfahren noch nicht abgeschlossen. Um Beachtung wird gebeten. → Siehe hierzu Hinweise auf Seite 4!

(2a) ¹Der Sonderausgabenabzug setzt voraus, dass der Steuerpflichtige gegenüber dem Anbieter (übermittelnde Stelle) in die Datenübermittlung nach Absatz 5 Satz 1 eingewilligt hat. ²§ 10 Absatz 2a Satz 1 bis Satz 3 gilt entsprechend. ³In den Fällen des Absatzes 3 Satz 2 und 5 ist die Einwilligung nach Satz 1 von beiden Ehegatten abzugeben. ⁴Hat der Zulageberechtigte den Anbieter nach § 89 Absatz 1a bevollmächtigt, gilt die Einwilligung nach Satz 1 als erteilt. ⁵Eine Einwilligung nach Satz 1 gilt auch für das jeweilige Beitragsjahr als erteilt, für das dem Anbieter ein Zulageantrag nach § 89 für den mittelbar Zulageberechtigten (§ 79 Satz 2) vorliegt.

(3) ¹Der Abzugsbetrag nach Absatz 1 steht im Fall der Veranlagung von Ehegatten nach § 26 Absatz 1 jedem Ehegatten unter den Voraussetzungen des Absatzes 1 gesondert zu. ²Gehört nur ein Ehegatte zu dem nach Absatz 1 begünstigten Personenkreis und ist der andere Ehegatte nach § 79 Satz 2 zulageberechtigt, sind bei dem nach Absatz 1 abzugsberechtigten Ehegatten die von beiden Ehegatten geleisteten Altersvorsorgebeiträge und die dafür zustehenden Zulagen bei der Anwendung der Absätze 1 und 2 zu berücksichtigen. ³Der Höchstbetrag nach Absatz 1 Satz 1 erhöht sich in den Fällen des Satzes 2 um 60 Euro. ⁴Dabei sind von dem Ehegatten, der zu dem nach Absatz 1 begünstigten Personenkreis gehört, geleisteten Altersvorsorgebeiträge vorrangig zu berücksichtigen, jedoch mindestens 60 Euro der von dem anderen Ehegatten geleisteten Altersvorsorgebeiträge. ⁵Gehören beide Ehegatten zu dem nach Absatz 1 begünstigten Personenkreis und liegt ein Fall der Veranlagung nach § 26 Absatz 1 vor, ist bei der Günstigerprüfung nach Absatz 2 der Anspruch auf Zulage beider Ehegatten anzusetzen.

(4) ¹Im Fall des Absatzes 2 Satz 1 stellt das Finanzamt die über den Zulageanspruch nach Abschnitt XI hinausgehende Steuerermäßigung gesondert fest und teilt diese der zentralen Stelle (§ 81) mit; § 10d Absatz 4 Satz 3 bis 5 gilt entsprechend. ²Sind Altersvorsorgebeiträge zugunsten von mehreren Verträgen geleistet worden, erfolgt die Zurechnung im Verhältnis der nach Absatz 1 berücksichtigten Altersvorsorgebeiträge. ³Ehegatten ist der nach Satz 1 festzustellende Betrag auch im Fall der Zusammenveranlagung jeweils getrennt zuzurechnen; die Zurechnung erfolgt im Verhältnis der nach Absatz 1 berücksichtigten Altersvorsorgebeiträge. ⁴Werden Altersvorsorgebeiträge nach Absatz 3 Satz 2 berücksichtigt, die der nach § 79 Satz 2 zulageberechtigte Ehegatte zugunsten eines auf seinen Namen lautenden Vertrages geleistet hat, ist die hierauf entfallende Steuerermäßigung dem Vertrag zuzurechnen, zu dessen Gunsten die Altersvorsorgebeiträge geleistet wurden. ⁵Die Übermittlung an die zentrale Stelle erfolgt unter Angabe der Vertragsnummer und der Identifikationsnummer (§ 139b der Abgabenordnung) sowie der Zulage- oder Versicherungsnummer nach § 147 des Sechsten Buches Sozialgesetzbuch.

(5) ¹Die übermittelnde Stelle hat bei Vorliegen einer Einwilligung nach Absatz 2a die Höhe der im jeweiligen Beitragsjahr zu berücksichtigenden Altersvorsorgebeiträge unter Angabe der Vertragsdaten, des Datums der Einwilligung nach Absatz 2a, der Identifikationsnummer (§ 139b der Abgabenordnung) sowie der Zulage- oder der Versicherungsnummer nach § 147 des Sechsten Buches Sozialgesetzbuch nach amtlich vorgeschriebenem Datensatz durch Datenfernübertragung an die zentrale Stelle bis zum 28. Februar des dem Beitragsjahr folgenden Kalenderjahres zu übermitteln. ²§ 10 Absatz 2a Satz 6 bis 8 und § 22a Absatz 2 gelten entsprechend. ³Die Übermittlung erfolgt auch dann, wenn im Fall der mittelbaren Zulageberechtigung keine Altersvorsorgebeiträge geleistet worden sind. ⁴Die übrigen Voraussetzungen für den Sonderausgabenabzug nach den Absätzen 1 bis 3 werden im Wege der Datenerhebung und des automatisierten Datenabgleichs nach § 91 überprüft. ⁵Erfolgt eine Datenübermittlung nach Satz 1 und wurde noch keine Zulagenummer (§ 90 Absatz 1 Satz 2) durch die zentrale Stelle oder keine Versicherungsnummer nach § 147 des Sechsten Buches Sozialgesetzbuch vergeben, gilt § 90 Absatz 1 Satz 2 und 3 entsprechend.

Hinweise

Allgemeines

- → BMF vom 31. 3. 2010 (BStBl I S. 270)
- Besteuerung der Leistungen → § 22 Nr. 5 EStG

Anhang 2 IV

---

1) Die Vorschrift soll durch das Gesetz zur Verbesserung der steuerlichen Förderung der privaten Altersvorsorge (Altersvorsorge-Verbesserungsgesetz – AltvVerbG) geändert werden. Bei Redaktionsschluss war das Gesetzgebungsverfahren noch nicht abgeschlossen. Um Beachtung wird gebeten. → Siehe hierzu Hinweise auf Seite 4).
2) Zur Anwendung von § 10 Abs. 5 Satz 3 → § 52 Abs. 24d Satz 1 EStG.

§ 10a EStG
H 10a

Vordruckmuster Anlage AV

2012

Anlage AV

1 Name
2 Vorname
3 Steuernummer

Angaben zu Altersvorsorgebeiträgen (sog. Riester-Verträge)

Altersvorsorgebeiträge — 39

		stpfl. Person / Ehemann	Ehefrau
4	Sozialversicherungsnummer / Zulagennummer /107	307	
5	Mitgliedsnummer der landwirtschaftlichen Alterskasse / Alterskasse für den Gartenbau /112	312	

6 Für alle vom Anbieter übermittelten Altersvorsorgebeiträge wird ein zusätzlicher Sonderausgabenabzug geltend gemacht.

		stpfl. Person / Ehemann		Ehefrau	
7	Anzahl der Riester-Verträge, für die vom Anbieter Altersvorsorgebeiträge übermittelt werden	201		401	
8	Zu den in Zeile 7 angegebenen Verträgen geleistete Altersvorsorgebeiträge (Beiträge und Tilgungsleistungen ohne Nachzahlungen für Vorjahre)	202	EUR	402	EUR
9	Haben sich die Vertragsdaten (Vertrags-, Zertifizierungs- oder Anbieternummer) eines in Zeile 7 angegebenen Vertrages gegenüber der Einkommensteuererklärung 2011 geändert?	203	1 = Ja 2 = Nein	403	1 = Ja 2 = Nein

– Bei Zusammenveranlagung: Bitte die Art der Begünstigung (unmittelbar / mittelbar) beider Ehegatten angeben. –

10	Ich bin für das Jahr 2012 unmittelbar begünstigt. (Bitte die Zeilen 11 bis 19 ausfüllen.)	106	1 = Ja	306	1 = Ja
11	Beitragspflichtige Einnahmen i. S. d. deutschen gesetzlichen Rentenversicherung 2011	100	EUR	300	EUR
12	Inländische Besoldung, Amtsbezüge und Einnahmen beurlaubter Beamter 2011 (Ein Eintrag ist nur erforderlich, wenn Sie eine Einwilligung gegenüber der zuständigen Stelle abgegeben haben.)	101		301	
13	Entgeltersatzleistungen 2011	104		304	
14	Tatsächliches Entgelt 2011	102		302	
15	Jahres(brutto)betrag der Rente wegen voller Erwerbsminderung oder der deutschen gesetzlichen Rentenversicherung 2011	109		309	
16	Inländische Versorgungsbezüge wegen Dienstunfähigkeit 2011 (Ein Eintrag ist nur erforderlich, wenn Sie eine Einwilligung gegenüber der zuständigen Stelle abgegeben haben.)	113		313	
17	Einkünfte aus Land- und Forstwirtschaft 2010	103		303	
18	Jahres(brutto)betrag der Rente wegen voller Erwerbsminderung oder Erwerbsunfähigkeit nach dem Gesetz über die Alterssicherung der Landwirte 2011	111		311	
19	Einnahmen aus einer Beschäftigung, die einer ausländischen gesetzlichen Rentenversicherungspflicht unterlag und / oder Jahres(brutto)betrag der Rente wegen voller Erwerbsminderung oder Erwerbsunfähigkeit aus einer ausländischen gesetzlichen Rentenversicherung 2011	114		314	
20	Ich bin für das Jahr 2012 mittelbar begünstigt. (Bei getrennter / besonderer Veranlagung: Die Angaben zu den Altersvorsorgebeiträgen werden bei der Einkommensteuerveranlagung des anderen Ehegatten berücksichtigt.)	106	2 = Ja	306	2 = Ja

Angaben zu Kindern

Nur bei miteinander verheirateten Eltern, die 2012 nicht dauernd getrennt gelebt haben:
Anzahl der Kinder, für die uns für 2012 Kindergeld ausgezahlt worden ist und

		Geboren vor dem 1.1.2008 Anzahl der Kinder	Geboren nach dem 31.12.2007 Anzahl der Kinder
21	– die der Mutter zugeordnet werden	305	315
22	– für die die Kinderzulage von der Mutter auf den Vater übertragen wurde	105	115

Bei allen anderen Kindergeldberechtigten:
Anzahl der Kinder, für die für den ersten Anspruchszeitraum 2012 Kindergeld ausgezahlt worden ist (Diese Kinder dürfen nicht in den Zeilen 21 und 22 enthalten sein.)

23	– an stpfl. Person / Ehemann	205	215
24	– an Ehefrau	405	415

2012AnlAV041NET — Aug. 2012 — 2012AnlAV041NET

§ 10b Steuerbegünstigte Zwecke

(1) ¹Zuwendungen (Spenden und Mitgliedsbeiträge) zur Förderung steuerbegünstigter Zwecke im Sinne der §§ 52 bis 54 der Abgabenordnung können insgesamt bis zu
1. 20 Prozent des Gesamtbetrags der Einkünfte oder
2. 4 Promille der Summe der gesamten Umsätze und der im Kalenderjahr aufgewendeten Löhne und Gehälter

als Sonderausgaben abgezogen werden. ²Voraussetzung für den Abzug ist, dass diese Zuwendungen
1. an eine juristische Person des öffentlichen Rechts oder an eine öffentliche Dienststelle, die in einem Mitgliedstaat der Europäischen Union oder in einem Staat belegen ist, auf den das Abkommen über den Europäischen Wirtschaftsraum (EWR-Abkommen) Anwendung findet, oder
2. an eine nach § 5 Absatz 1 Nummer 9 des Körperschaftsteuergesetzes steuerbefreite Körperschaft, Personenvereinigung oder Vermögensmasse oder
3. an eine Körperschaft, Personenvereinigung oder Vermögensmasse, die in einem Mitgliedstaat der Europäischen Union oder in einem Staat belegen ist, auf den das Abkommen über den Europäischen Wirtschaftsraum (EWR-Abkommen) Anwendung findet, und die nach § 5 Absatz 1 Nummer 9 des Körperschaftsteuergesetzes in Verbindung mit § 5 Absatz 2 Nummer 2 zweiter Halbsatz des Körperschaftsteuergesetzes steuerbefreit wäre, wenn sie inländische Einkünfte erzielen würde,

geleistet werden. ³Für nicht im Inland ansässige Zuwendungsempfänger nach Satz 2 ist weitere Voraussetzung, dass durch diese Staaten Amtshilfe und Unterstützung bei der Beitreibung geleistet werden. ⁴Amtshilfe ist der Auskunftsaustausch im Sinne oder entsprechend der *Amtshilferichtlinie gemäß § 2 Absatz 2 des EU-Amtshilfegesetzes.* ⁵Beitreibung ist die gegenseitige Unterstützung bei der Beitreibung von Forderungen im Sinne oder entsprechend der Beitreibungsrichtlinie einschließlich der in diesem Zusammenhang anzuwendenden Durchführungsbestimmungen in der für den jeweiligen Veranlagungszeitraum geltenden Fassungen oder eines entsprechenden Nachfolgerechtsaktes. ⁶Werden die steuerbegünstigten Zwecke des Zuwendungsempfängers im Sinne von Satz 2 Nummer 1 nur im Ausland verwirklicht, ist für den Sonderausgabenabzug Voraussetzung, dass natürliche Personen, die ihren Wohnsitz oder ihren gewöhnlichen Aufenthalt im Geltungsbereich dieses Gesetzes haben, gefördert werden oder dass die Tätigkeit dieses Zuwendungsempfängers neben der Verwirklichung der steuerbegünstigten Zwecke auch zum Ansehen der Bundesrepublik Deutschland beitragen kann. ⁷Abziehbar sind auch Mitgliedsbeiträge an Körperschaften, die Kunst und Kultur gemäß § 52 Absatz 2 Satz 1 Nummer 5 der Abgabenordnung fördern, soweit es sich nicht um Mitgliedsbeiträge nach Satz 8 Nummer 2 handelt, auch wenn den Mitgliedern Vergünstigungen gewährt werden. ⁸Nicht abziehbar sind Mitgliedsbeiträge an Körperschaften, die
1. den Sport (§ 52 Absatz 2 Satz 1 Nummer 21 der Abgabenordnung),
2. kulturelle Betätigungen, die in erster Linie der Freizeitgestaltung dienen,
3. die Heimatpflege und Heimatkunde (§ 52 Absatz 2 Satz 1 Nummer 22 der Abgabenordnung) oder
4. Zwecke im Sinne des § 52 Absatz 2 Satz 1 Nummer 23 der Abgabenordnung

fördern. ⁹Abziehbare Zuwendungen, die den Höchstbetrag nach Satz 1 überschreiten oder die den um die Beträge nach § 10 Absatz 3 und 4, § 10c und § 10d verminderten Gesamtbetrag der Einkünfte übersteigen, sind im Rahmen der Höchstbeträge in den folgenden Veranlagungszeiträumen als Sonderausgaben abzuziehen. ¹⁰§ 10d Absatz 4 gilt entsprechend.

(1a) ¹Spenden zur Förderung steuerbegünstigter Zwecke im Sinne der §§ 52 bis 54 der Abgabenordnung in den Vermögensstock einer Stiftung, welche die Voraussetzungen des Absatzes 1 Satz 2 bis 6 erfüllt, können auf Antrag des Steuerpflichtigen im Veranlagungszeitraum der Zu-

---

1) Zur zeitlichen Anwendung von § 10b Abs. 1 EStG → § 52 Abs. 24e Satz 5 EStG.
2) Die Vorschrift soll durch das Jahressteuergesetz 2013 (JStG 2013) geändert werden. Bei Redaktionsschluss war das Gesetzgebungsverfahren noch nicht abgeschlossen. Um Beachtung wird gebeten. → Siehe hierzu Hinweise auf Seite 4!
3) Änderung auf Grund des Amtshilferichtlinie-Umsetzungsgesetzes. Bei Redaktionsschluss war das Gesetzgebungsverfahren noch nicht abgeschlossen. Um Beachtung wird gebeten. → *Siehe hierzu Hinweise auf Seite 4!*
4) Absatz 1 Satz 8 i. d. F. des JStG 2010 ist in allen Fällen anzuwenden, in denen die Einkommensteuer noch nicht bestandskräftig festgesetzt ist → § 52 Abs. 24e Satz 9 EStG.
5) Zur zeitlichen Anwendung von Absatz 1a → § 52 Abs. 24e Satz 5 EStG.
6) Die Vorschrift soll durch das Gesetz zur Stärkung des Ehrenamts (Ehrenamtsstärkungsgesetz) geändert werden. Bei Redaktionsschluss war das Gesetzgebungsverfahren noch nicht abgeschlossen. Um Beachtung wird gebeten. → Siehe hierzu Hinweise auf Seite 4!

wendung und in den folgenden neun Veranlagungszeiträumen bis zu einem Gesamtbetrag von 1 Million Euro zusätzlich zu den Höchstbeträgen nach Absatz 1 Satz 1 abgezogen werden. ²Der besondere Abzugsbetrag nach Satz 1 bezieht sich auf den gesamten Zehnjahreszeitraum und kann der Höhe nach innerhalb dieses Zeitraums nur einmal in Anspruch genommen werden. ³§ 10d Absatz 4 gilt entsprechend.

(2) ¹Zuwendungen an politische Parteien im Sinne des § 2 des Parteiengesetzes sind bis zur Höhe von insgesamt 1 650 Euro und im Fall der Zusammenveranlagung von Ehegatten bis zur Höhe von insgesamt 3 300 Euro im Kalenderjahr abzugsfähig. ²Sie können nur insoweit als Sonderausgaben abgezogen werden, als für sie nicht eine Steuerermäßigung nach § 34g gewährt worden ist.

¹⁾ (3) ¹Als Zuwendung im Sinne dieser Vorschrift gilt auch die Zuwendung von Wirtschaftsgütern mit Ausnahme von Nutzungen und Leistungen. ²Ist das Wirtschaftsgut unmittelbar vor seiner Zuwendung einem Betriebsvermögen entnommen worden, so darf bei der Ermittlung der Zuwendungshöhe der bei der Entnahme angesetzte Wert nicht überschritten werden. ³Ansonsten bestimmt sich die Höhe der Zuwendung nach dem gemeinen Wert des zugewendeten Wirtschaftsguts, wenn dessen Veräußerung im Zeitpunkt der Zuwendung keinen Besteuerungstatbestand erfüllen würde. ⁴In allen übrigen Fällen dürfen bei der Ermittlung der Zuwendungshöhe die fortgeführten Anschaffungs- oder Herstellungskosten nur überschritten werden, soweit eine Gewinnrealisierung stattgefunden hat. ⁵Aufwendungen zugunsten einer Körperschaft, die zum Empfang steuerlich abziehbarer Zuwendungen berechtigt ist, können nur abgezogen werden, wenn ein Anspruch auf die Erstattung der Aufwendungen durch Vertrag oder Satzung eingeräumt und auf die Erstattung verzichtet worden ist. ⁶Der Anspruch darf nicht unter der Bedingung des Verzichts eingeräumt worden sein.

²⁾ (4) ¹Der Steuerpflichtige darf auf die Richtigkeit der Bestätigung über Spenden und Mitgliedsbeiträge vertrauen, es sei denn, dass er die Bestätigung durch unlautere Mittel oder falsche Angaben erwirkt hat oder dass ihm die Unrichtigkeit der Bestätigung bekannt oder infolge grober Fahrlässigkeit nicht bekannt war. ²Wer vorsätzlich oder grob fahrlässig eine unrichtige Bestätigung ausstellt oder wer veranlasst, dass Zuwendungen nicht zu den in der Bestätigung angegebenen steuerbegünstigten Zwecken verwendet werden, haftet für die entgangene Steu-
³⁾ er. ³Diese ist mit 30 Prozent des zugewendeten Betrags anzusetzen. ⁴In den Fällen des Satzes 2 zweite Alternative (Veranlasserhaftung) ist vorrangig der Zuwendungsempfänger in Anspruch zu nehmen; die in diesen Fällen für den Zuwendungsempfänger handelnden natürlichen Personen sind nur in Anspruch zu nehmen, wenn die entgangene Steuer nicht nach § 47 der Abgabenordnung erloschen ist und Vollstreckungsmaßnahmen gegen den Zuwendungsempfänger nicht erfolgreich sind. ⁵Die Festsetzungsfrist für Haftungsansprüche nach Satz 2 läuft nicht ab, solange die Festsetzungsfrist für von dem Empfänger der Zuwendung geschuldete Körperschaftsteuer für den Veranlagungszeitraum nicht abgelaufen ist, in dem die unrichtige Bestätigung ausgestellt worden ist oder veranlasst wurde, dass die Zuwendung nicht zu den in der Bestätigung angegebenen steuerbegünstigten Zwecken verwendet worden ist; § 191 Absatz 5 der Abgabenordnung ist nicht anzuwenden.

EStDV

§§ 48 und 49

(weggefallen)

EStDV

§ 50
Zuwendungsnachweis

S 2223

(1) ¹*Zuwendungen im Sinne der §§ 10b und 34g des Gesetzes dürfen nur abgezogen werden, wenn sie durch eine Zuwendungsbestätigung nachgewiesen werden, die der Empfänger nach amtlich vorgeschriebenem Vordruck ausgestellt hat.* ² ⁴⁾**Dies gilt nicht für Zuwendungen an nicht im Inland ansässige Zuwendungsempfänger nach § 10b Absatz 1 Satz 2 Nummer 1 und 3 des Gesetzes.**

---

¹) Die Vorschrift soll durch das Gesetz zur Stärkung des Ehrenamtes (Ehrenamtsstärkungsgesetz) geändert werden. Bei Redaktionsschluss war das Gesetzgebungsverfahren noch nicht abgeschlossen. Um Beachtung wird gebeten. → Siehe hierzu Hinweise auf Seite 4!
²) Die Vorschrift soll durch das Gesetz zur Stärkung des Ehrenamtes (Ehrenamtsstärkungsgesetz) geändert werden. Bei Redaktionsschluss war das Gesetzgebungsverfahren noch nicht abgeschlossen. Um Beachtung wird gebeten. → Siehe hierzu Hinweise auf Seite 4!
³) Zur zeitlichen Anwendung von Absatz 4 → § 52 Abs. 24e Satz 5 EStG.
⁴) *Satz 2 wurde durch die Verordnung zum Erlass und zur Änderung steuerlicher Vorschriften angefügt.*

§ 50 EStDV § 10b EStG

(1a) ¹*Der Zuwendende kann den Zuwendungsempfänger bevollmächtigen, die Zuwendungsbestätigung der Finanzbehörde nach amtlich vorgeschriebenem Datensatz durch Datenfernübertragung nach Maßgabe der Steuerdaten-Übermittlungsverordnung zu übermitteln.* ²*Der Zuwendende hat dem Zuwendungsempfänger zu diesem Zweck seine Identifikationsnummer (§ 139b der Abgabenordnung) mitzuteilen.* ³*Die Vollmacht kann nur mit Wirkung für die Zukunft widerrufen werden.* ⁴*Der Datensatz ist bis zum 28. Februar des Jahres, das auf das Jahr folgt, in dem die Zuwendung geleistet worden ist, an die Finanzbehörde zu übermitteln.* ⁵*Der Zuwendungsempfänger hat dem Zuwendenden die nach Satz 1 übermittelten Daten elektronisch oder auf dessen Wunsch als Ausdruck zur Verfügung zu stellen; in beiden Fällen ist darauf hinzuweisen, dass die Daten der Finanzbehörde übermittelt worden sind.*

(2) ¹*Als Nachweis genügt der Bareinzahlungsbeleg oder die Buchungsbestätigung eines Kreditinstituts, wenn*

1. *die Zuwendung zur Hilfe in Katastrophenfällen:*

   a) *innerhalb eines Zeitraums, den die obersten Finanzbehörden der Länder im Benehmen mit dem Bundesministerium der Finanzen bestimmen, auf ein für den Katastrophenfall eingerichtetes Sonderkonto einer inländischen juristischen Person des öffentlichen Rechts, einer inländischen öffentlichen Dienststelle oder eines inländischen amtlich anerkannten Verbandes der freien Wohlfahrtspflege einschließlich seiner Mitgliedsorganisationen eingezahlt worden ist oder*

   b) *bis zur Einrichtung des Sonderkontos auf ein anderes Konto der genannten Zuwendungsempfänger geleistet wird.* ²*Wird die Zuwendung über ein als Treuhandkonto geführtes Konto eines Dritten auf eines der genannten Sonderkonten geleistet, genügt als Nachweis der Bareinzahlungsbeleg oder die Buchungsbestätigung des Kreditinstituts des Zuwendenden zusammen mit einer Kopie des Barzahlungsbelegs oder der Buchungsbestätigung des Kreditinstituts des Dritten;*

2. *die Zuwendung 200 Euro nicht übersteigt und*

   a) *der Empfänger eine inländische juristische Person des öffentlichen Rechts oder eine inländische öffentliche Dienststelle ist oder*

   b) *der Empfänger eine Körperschaft, Personenvereinigung oder Vermögensmasse im Sinne des § 5 Abs. 1 Nr. 9 des Körperschaftsteuergesetzes ist, wenn der steuerbegünstigte Zweck, für den die Zuwendung verwendet wird, und die Angaben über die Freistellung des Empfängers von der Körperschaftsteuer auf einem von ihm hergestellten Beleg aufgedruckt sind und darauf angegeben ist, ob es sich bei der Zuwendung um eine Spende oder einen Mitgliedsbeitrag handelt oder*

   c) *der Empfänger eine politische Partei im Sinne des § 2 des Parteiengesetzes ist und bei Spenden der Verwendungszweck auf dem vom Empfänger hergestellten Beleg aufgedruckt ist.*

¹⁾²**Aus der Buchungsbestätigung müssen Name und Kontonummer oder ein sonstiges Identifizierungsmerkmal des Auftraggebers und Empfängers, der Betrag, der Buchungstag sowie die tatsächliche Durchführung der Zahlung ersichtlich sein.** ³*In den Fällen des Satzes 1 Nummer 2 Buchstabe b hat der Zuwendende zusätzlich den vom Zuwendungsempfänger hergestellten Beleg vorzulegen.*

(2a) Bei Zuwendungen zur Hilfe in Katastrophenfällen innerhalb eines Zeitraums, den die obersten Finanzbehörden der Länder im Benehmen mit dem Bundesministerium der Finanzen bestimmen, die über ein Konto eines Dritten an eine inländische juristische Person des öffentlichen Rechts, eine inländische öffentliche Dienststelle oder eine nach § 5 Absatz 1 Nummer 9 des Körperschaftsteuergesetzes steuerbefreite Körperschaft, Personenvereinigung oder Vermögensmasse geleistet werden, genügt als Nachweis die auf den jeweiligen Spender ausgestellte Zuwendungsbestätigung des Zuwendungsempfängers, wenn das Konto des Dritten als Treuhandkonto geführt wurde, die Spenden von dort an den Zuwendungsempfänger weitergeleitet wurden und diesem eine Liste mit den einzelnen Spendern und ihrem jeweiligen Anteil an der Spendensumme übergeben wurde.

(3) Als Nachweis für die Zahlung von Mitgliedsbeiträgen an politische Parteien im Sinne des § 2 des Parteiengesetzes genügt die Vorlage von Bareinzahlungsbelegen, Buchungsbestätigungen oder Beitragsquittungen.

(4) ¹*Eine in § 5 Abs. 1 Nr. 9 des Körperschaftsteuergesetzes bezeichnete Körperschaft, Personenvereinigung oder Vermögensmasse hat die Vereinnahmung der Zuwendung und ihre zweckentsprechende Verwendung ordnungsgemäß aufzuzeichnen und ein Doppel der Zuwendungsbestätigung aufzubewahren.* ²*Bei Sachzuwendungen und beim Verzicht auf die Erstattung von Aufwand müssen sich aus den Aufzeichnungen auch die Grundlagen für den vom Empfänger bestätigten Wert der Zuwendung ergeben.*

---

¹⁾ Satz 2 wurde durch die Verordnung zum Erlass und zur Änderung steuerlicher Vorschriften neu gefasst.

§§ 10b–10d EStG

H 10b

Hinweise

Allgemeines

Anhang 30 → R 10b.1 – 10b.3 EStR und H 10b.1 – 10b.3 EStH

Anwendungsschreiben

Anhang 11 → BMF vom 18. 12. 2008 (BStBl I 2009 S. 16)

EStG
S 2224

§ 10c Sonderausgaben-Pauschbetrag

¹Für Sonderausgaben nach § 10 Absatz 1 Nummer 1, 1a, 4, 5, 7 und 9 und nach § 10b wird ein Pauschbetrag von 36 Euro abgezogen (Sonderausgaben-Pauschbetrag), wenn der Steuerpflichtige nicht höhere Aufwendungen nachweist. ²Im Fall der Zusammenveranlagung von Ehegatten verdoppelt sich der Sonderausgaben-Pauschbetrag.

H 10c

Hinweise

Vorsorgepauschale

– bis einschließlich 2009 → § 10c Abs. 2 bis 5 EStG a. F.
– ab 2010 → § 39b Abs. 2 Satz 5 Nr. 3 und Abs. 4 EStG, → BMF vom 22. 10. 2010 (BStBl I S. 1254)[1])

EStG
[2])
S 2225
[3])

§ 10d Verlustabzug

(1) ¹Negative Einkünfte, die bei der Ermittlung des Gesamtbetrags der Einkünfte nicht ausgeglichen werden, sind bis zu einem Betrag von 1 000 000 Euro, bei Ehegatten, die nach den §§ 26, 26b zusammenveranlagt werden, bis zu einem Betrag von 2 000 000 Euro vom Gesamtbetrag der Einkünfte des unmittelbar vorangegangenen Veranlagungszeitraums vorrangig vor Sonderausgaben, außergewöhnlichen Belastungen und sonstigen Abzugsbeträgen abzuziehen (Verlustrücktrag). ²Dabei wird der Gesamtbetrag der Einkünfte des unmittelbar vorangegangenen Veranlagungszeitraums um die Begünstigungsbeträge nach § 34a Absatz 3 Satz 1 gemindert. ³Ist für den unmittelbar vorangegangenen Veranlagungszeitraum bereits ein Steuerbescheid erlassen worden, so ist er insoweit zu ändern, als der Verlustrücktrag zu gewähren oder zu berichtigen ist. ⁴Das gilt auch dann, wenn der Steuerbescheid unanfechtbar geworden ist; die Festsetzungsfrist endet insoweit nicht, bevor die Festsetzungsfrist für den Veranlagungszeitraum abgelaufen ist, in dem die negativen Einkünfte nicht ausgeglichen werden. ⁵Auf Antrag des Steuerpflichtigen ist ganz oder teilweise von der Anwendung des Satzes 1 abzusehen. ⁶Im Antrag ist die Höhe des Verlustrücktrags anzugeben.

(2) ¹Nicht ausgeglichene negative Einkünfte, die nicht nach Absatz 1 abgezogen worden sind, sind in den folgenden Veranlagungszeiträumen bis zu einem Gesamtbetrag der Einkünfte von 1 Million Euro unbeschränkt, darüber hinaus bis zu 60 Prozent des 1 Million Euro übersteigenden Gesamtbetrags der Einkünfte vorrangig vor Sonderausgaben, außergewöhnlichen Belastungen und sonstigen Abzugsbeträgen abzuziehen (Verlustvortrag). ²Bei Ehegatten, die nach den §§ 26, 26b zusammenveranlagt werden, tritt an die Stelle des Betrags von 1 Million Euro ein Betrag von 2 Millionen Euro. ³Der Abzug ist nur insoweit zulässig, als die Verluste nicht nach Absatz 1 abgezogen worden sind und in den vorangegangenen Veranlagungszeiträumen nicht nach Satz 1 und 2 abgezogen werden konnten.

(3) (weggefallen)

(4) ¹Der am Schluss eines Veranlagungszeitraums verbleibende Verlustvortrag ist gesondert festzustellen. ²Verbleibender Verlustvortrag sind die bei der Ermittlung des Gesamtbetrags der

---

[1]) Das BMF-Schreiben ist abgedruckt in H 39b.7 LStH unter „Ermittlung der Vorsorgepauschale im Lohnsteuerabzugsverfahren".
[2]) Zur Anwendung des § 10d EStG → § 52 Abs. 25 EStG.
[3]) Die Vorschrift wurde durch das Gesetz zur Änderung und Vereinfachung der Unternehmensbesteuerung und des steuerlichen Reisekostenrechts mit Wirkung ab 2014 geändert. Zur Anwendung → § 52 Abs. 25 EStG.

Einkünfte nicht ausgeglichenen negativen Einkünfte, vermindert um die nach Absatz 1 abgezogenen und die nach Absatz 2 abziehbaren Beträge und vermehrt um den auf den Schluss des vorangegangenen Veranlagungszeitraums festgestellten verbleibenden Verlustvortrag. ³Zuständig für die Feststellung ist das für die Besteuerung zuständige Finanzamt. ⁴Bei der Feststellung des verbleibenden Verlustvortrags sind die Besteuerungsgrundlagen so zu berücksichtigen, wie sie den Steuerfestsetzungen des Veranlagungszeitraums, auf dessen Schluss der verbleibende Verlustvortrag festgestellt wird, und des Veranlagungszeitraums, in dem ein Verlustrücktrag vorgenommen werden kann, zu Grunde gelegt worden sind; § 171 Absatz 10, § 175 Absatz 1 Satz 1 Nummer 1 und § 351 Absatz 2 der Abgabenordnung sowie § 42 der Finanzgerichtsordnung gelten entsprechend. ⁵Die Besteuerungsgrundlagen dürfen bei der Feststellung nur insoweit abweichend von Satz 4 berücksichtigt werden, wie die Aufhebung, Änderung oder Berichtigung der Steuerbescheide ausschließlich mangels Auswirkung auf die Höhe der festzusetzenden Steuer unterbleibt. ⁶Die Feststellungsfrist endet nicht, bevor die Festsetzungsfrist für den Veranlagungszeitraum abgelaufen ist, auf dessen Schluss der verbleibende Verlustvortrag gesondert festzustellen ist; § 181 Absatz 5 der Abgabenordnung ist nur anzuwenden, wenn die zuständige Finanzbehörde die Feststellung des Verlustvortrags pflichtwidrig unterlassen hat.

[1)]

§ 10e Steuerbegünstigung der zu eigenen Wohnzwecken genutzten Wohnung im eigenen Haus

EStG
S 2225a
[2)]

(1) ¹Der Steuerpflichtige kann von den Herstellungskosten einer Wohnung in einem im Inland belegenen eigenen Haus oder einer im Inland belegenen eigenen Eigentumswohnung zuzüglich der Hälfte der Anschaffungskosten für den dazugehörenden Grund und Boden (Bemessungsgrundlage) im Jahr der Fertigstellung und in den drei folgenden Jahren jeweils bis zu 6 Prozent, höchstens jeweils 10 124 Euro, und in den vier darauffolgenden Jahren jeweils bis zu 5 Prozent, höchstens jeweils 8 437 Euro, wie Sonderausgaben abziehen. ²Voraussetzung ist, dass der Steuerpflichtige die Wohnung hergestellt und in dem jeweiligen Jahr des Zeitraums nach Satz 1 (Abzugszeitraum) zu eigenen Wohnzwecken genutzt hat und die Wohnung keine Ferienwohnung oder Wochenendwohnung ist. ³Eine Nutzung zu eigenen Wohnzwecken liegt auch vor, wenn Teile einer zu eigenen Wohnzwecken genutzten Wohnung unentgeltlich zu Wohnzwecken überlassen werden. ⁴Hat der Steuerpflichtige die Wohnung angeschafft, so sind die Sätze 1 bis 3 mit der Maßgabe anzuwenden, dass an die Stelle des Jahres der Fertigstellung das Jahr der Anschaffung und an die Stelle der Herstellungskosten die Anschaffungskosten treten; hat der Steuerpflichtige die Wohnung nicht bis zum Ende des zweiten auf das Jahr der Fertigstellung folgenden Jahres angeschafft, kann er von der Bemessungsgrundlage im Jahr der Anschaffung und in den drei folgenden Jahren höchstens jeweils 4 602 Euro und in den vier darauffolgenden Jahren höchstens jeweils 3 835 Euro abziehen. ⁵§ 6b Absatz 6 gilt sinngemäß. ⁶Bei einem Anteil an der zu eigenen Wohnzwecken genutzten Wohnung kann der Steuerpflichtige den entsprechenden Teil der Abzugsbeträge nach Satz 1 wie Sonderausgaben abziehen. ⁷Werden Teile der Wohnung nicht zu eigenen Wohnzwecken genutzt, ist die Bemessungsgrundlage um den auf den nicht zu eigenen Wohnzwecken entfallenden Teil zu kürzen. ⁸Satz 4 ist nicht anzuwenden, wenn der Steuerpflichtige die Wohnung oder einen Anteil daran von seinem Ehegatten anschafft und bei den Ehegatten die Voraussetzungen des § 26 Absatz 1 vorliegen.

(2) Absatz 1 gilt entsprechend für Herstellungskosten zu eigenen Wohnzwecken genutzter Ausbauten und Erweiterungen an einer im Inland belegenen, zu eigenen Wohnzwecken genutzten Wohnung.

(3) ¹Der Steuerpflichtige kann die Abzugsbeträge nach den Absätzen 1 und 2, die er in einem Jahr des Abzugszeitraums nicht ausgenutzt hat, bis zum Ende des Abzugszeitraums abziehen. ²Nachträgliche Herstellungskosten oder Anschaffungskosten, die bis zum Ende des Abzugszeitraums entstehen, können vom Jahr ihrer Entstehung an für die Veranlagungszeiträume, in denen der Steuerpflichtige Abzugsbeträge nach den Absätzen 1 und 2 hätte abziehen können, so behandelt werden, als wären sie zu Beginn des Abzugszeitraums entstanden.

(4) ¹Die Abzugsbeträge nach den Absätzen 1 und 2 kann der Steuerpflichtige nur für eine Wohnung oder für einen Ausbau oder eine Erweiterung abziehen. ²Ehegatten, bei denen die Voraussetzungen des § 26 Absatz 1 vorliegen, können die Abzugsbeträge nach den Absätzen 1 und 2 für insgesamt zwei der in Satz 1 bezeichneten Objekte abziehen, jedoch nicht gleichzeitig für zwei in räumlichem Zusammenhang belegene Objekte, wenn bei den Ehegatten im Zeitpunkt der Herstellung oder Anschaffung der Objekte die Voraussetzungen des § 26 Absatz 1

---

1) Absatz 4 Satz 4 und 5 i. d. F. des JStG 2010 gilt erstmals für Verluste, für die nach dem 13. 12. 2010 eine Erklärung zur Feststellung des verbleibenden Verlustvortrags abgegeben wird → § 52 Abs. 25 Satz 5 EStG.
2) Zur Anwendung des § 10e EStG → § 52 Abs. 26 EStG.

vorliegen. ³Den Abzugsbeträgen stehen die erhöhten Absetzungen nach § 7b in der jeweiligen Fassung ab Inkrafttreten des Gesetzes vom 16. Juni 1964 (BGBl. I S. 353) und nach § 15 Absatz 1 bis 4 des Berlinförderungsgesetzes in der jeweiligen Fassung ab Inkrafttreten des Gesetzes vom 11. Juli 1977 (BGBl. I S. 1213) gleich. ⁴Nutzt der Steuerpflichtige die Wohnung im eigenen Haus oder die Eigentumswohnung (Erstobjekt) nicht bis zum Ablauf des Abzugszeitraums zu eigenen Wohnzwecken und kann er deshalb die Abzugsbeträge nach den Absätzen 1 und 2 nicht mehr in Anspruch nehmen, so kann er die Abzugsbeträge nach Absatz 1 bei einer weiteren Wohnung im Sinne des Absatzes 1 Satz 1 (Folgeobjekt) in Anspruch nehmen, wenn er das Folgeobjekt innerhalb von zwei Jahren vor und drei Jahren nach Ablauf des Veranlagungszeitraums, in dem er das Erstobjekt letztmals zu eigenen Wohnzwecken genutzt hat, anschafft oder herstellt; Entsprechendes gilt bei einem Ausbau oder einer Erweiterung einer Wohnung. ⁵Im Fall des Satzes 4 ist der Abzugszeitraum für das Folgeobjekt um die Anzahl der Veranlagungszeiträume zu kürzen, in denen der Steuerpflichtige für das Erstobjekt die Abzugsbeträge nach den Absätzen 1 und 2 hätte abziehen können; hat der Steuerpflichtige das Folgeobjekt in einem Veranlagungszeitraum, in dem er das Erstobjekt noch zu eigenen Wohnzwecken genutzt hat, hergestellt oder angeschafft oder ausgebaut oder erweitert, so beginnt der Abzugszeitraum für das Folgeobjekt mit Ablauf des Veranlagungszeitraums, in dem der Steuerpflichtige das Erstobjekt letztmals zu eigenen Wohnzwecken genutzt hat. ⁶Für das Folgeobjekt sind die Prozentsätze der vom Erstobjekt verbliebenen Jahre maßgebend. ⁷Dem Erstobjekt im Sinne des Satzes 4 steht ein Erstobjekt im Sinne des § 7b Absatz 5 Satz 4 sowie des § 15 Absatz 1 und des § 15b Absatz 1 des Berlinförderungsgesetzes gleich. ⁸Ist für den Steuerpflichtigen Objektverbrauch nach den Sätzen 1 bis 3 eingetreten, kann er die Abzugsbeträge nach den Absätzen 1 und 2 für ein weiteres, in dem in Artikel 3 des Einigungsvertrages genannten Gebiet belegenes Objekt abziehen, wenn der Steuerpflichtige oder dessen Ehegatte, bei denen die Voraussetzungen des § 26 Absatz 1 vorliegen, in dem in Artikel 3 des Einigungsvertrages genannten Gebiet zugezogen ist und

1. seinen ausschließlichen Wohnsitz in diesem Gebiet zu Beginn des Veranlagungszeitraums hat oder ihn im Laufe des Veranlagungszeitraums begründet oder
2. bei mehrfachem Wohnsitz einen Wohnsitz in diesem Gebiet hat und sich dort überwiegend aufhält.

⁹Voraussetzung für die Anwendung des Satzes 8 ist, dass die Wohnung im eigenen Haus oder die Eigentumswohnung vor dem 1. Januar 1995 hergestellt oder angeschafft oder der Ausbau oder die Erweiterung vor diesem Zeitpunkt fertig gestellt worden ist. ¹⁰Die Sätze 2 und 4 bis 6 sind für im Satz 8 bezeichnete Objekte sinngemäß anzuwenden.

(5) ¹Sind mehrere Steuerpflichtige Eigentümer einer zu eigenen Wohnzwecken genutzten Wohnung, so ist Absatz 4 mit der Maßgabe anzuwenden, dass der Anteil des Steuerpflichtigen an der Wohnung einer Wohnung gleichsteht; Entsprechendes gilt bei dem Ausbau oder der Erweiterung einer zu eigenen Wohnzwecken genutzten Wohnung. ²Satz 1 ist nicht anzuwenden, wenn Eigentümer der Wohnung der Steuerpflichtige und sein Ehegatte sind und bei den Ehegatten die Voraussetzungen des § 26 Absatz 1 vorliegen. ³Erwirbt im Fall des Satzes 2 ein Ehegatte infolge Erbfalls einen Miteigentumsanteil des anderen Ehegatten hinzu, so kann er die auf diesen Anteil entfallenden Abzugsbeträge nach den Absätzen 1 und 2 weiter in der bisherigen Höhe abziehen; Entsprechendes gilt, wenn im Fall des Satzes 2 während des Abzugszeitraums die Voraussetzungen des § 26 Absatz 1 wegfallen und ein Ehegatte den Anteil des anderen Ehegatten an der Wohnung erwirbt.

(5a) ¹Die Abzugsbeträge nach den Absätzen 1 und 2 können nur für die Veranlagungszeiträume in Anspruch genommen werden, in denen der Gesamtbetrag der Einkünfte 61 355 Euro, bei nach § 26b zusammenveranlagten Ehegatten 122 710 Euro nicht übersteigt. ²Eine Nachholung von Abzugsbeträgen nach Absatz 3 Satz 1 ist nur für Veranlagungszeiträume möglich, in denen die in Satz 1 genannten Voraussetzungen vorgelegen haben; Entsprechendes gilt für nachträgliche Herstellungskosten oder Anschaffungskosten im Sinne des Absatzes 3 Satz 2.

(6) ¹Aufwendungen des Steuerpflichtigen, die bis zum Beginn der erstmaligen Nutzung einer Wohnung im Sinne des Absatzes 1 zu eigenen Wohnzwecken entstehen, unmittelbar mit der Herstellung oder Anschaffung des Gebäudes oder der Eigentumswohnung oder der Anschaffung des dazugehörenden Grund und Bodens zusammenhängen, nicht zu den Herstellungskosten oder Anschaffungskosten der Wohnung oder zu den Anschaffungskosten des Grund und Bodens gehören und die im Fall der Vermietung oder Verpachtung der Wohnung als Werbungskosten abgezogen werden könnten, können wie Sonderausgaben abgezogen werden. ²Wird eine Wohnung bis zum Beginn der erstmaligen Nutzung zu eigenen Wohnzwecken vermietet oder zu eigenen beruflichen oder eigenen betrieblichen Zwecken genutzt und sind die Aufwendungen Werbungskosten oder Betriebsausgaben, können sie nicht wie Sonderausgaben abgezogen werden. ³Aufwendungen nach Satz 1, die Erhaltungsaufwand sind und im Zusammenhang mit der Anschaffung des Gebäudes oder der Eigentumswohnung stehen, können insgesamt nur bis zu 15 Prozent der Anschaffungskosten des Gebäudes oder der Eigentumswohnung, höchstens bis zu 15 Prozent von 76 694 Euro, abgezogen werden. ⁴Die Sätze 1 und 2 gel-

ten entsprechend bei Ausbauten und Erweiterungen an einer zu Wohnzwecken genutzten Wohnung.

(6a) ¹Nimmt der Steuerpflichtige Abzugsbeträge für ein Objekt nach den Absätzen 1 oder 2 in Anspruch oder ist er auf Grund des Absatzes 5a zur Inanspruchnahme von Abzugsbeträgen für ein solches Objekt nicht berechtigt, so kann er die mit diesem Objekt in wirtschaftlichem Zusammenhang stehenden Schuldzinsen, die für die Zeit der Nutzung zu eigenen Wohnzwecken entstehen, im Jahr der Herstellung oder Anschaffung und in den beiden folgenden Kalenderjahren zur Höhe von jeweils 12 000 Deutsche Mark wie Sonderausgaben abziehen, wenn er das Objekt vor dem 1. Januar 1995 fertiggestellt oder vor diesem Zeitpunkt bis zum Ende des Jahres der Fertigstellung angeschafft hat. ²Soweit der Schuldzinsenabzug nach Satz 1 nicht in vollem Umfang im Jahr der Herstellung oder Anschaffung in Anspruch genommen werden kann, kann er in dem dritten auf das Jahr der Herstellung oder Anschaffung folgenden Kalenderjahr nachgeholt werden. ³Absatz 1 Satz 6 gilt sinngemäß.

(7) ¹Sind mehrere Steuerpflichtige Eigentümer einer zu eigenen Wohnzwecken genutzten Wohnung, so können die Abzugsbeträge nach den Absätzen 1 und 2 und die Aufwendungen nach den Absätzen 6 und 6a gesondert und einheitlich festgestellt werden. ²Die für die gesonderte Feststellung von Einkünften nach § 180 Absatz 1 Nummer 2 Buchstabe a der Abgabenordnung geltenden Vorschriften sind entsprechend anzuwenden.

§ 10f Steuerbegünstigung für zu eigenen Wohnzwecken genutzte Baudenkmale und Gebäude in Sanierungsgebieten und städtebaulichen Entwicklungsbereichen

(1) ¹Der Steuerpflichtige kann Aufwendungen an einem eigenen Gebäude im Kalenderjahr des Abschlusses der Baumaßnahme und in den neun folgenden Kalenderjahren jeweils bis zu 9 Prozent wie Sonderausgaben abziehen, wenn die Voraussetzungen des § 7h oder des § 7i vorliegen. ²Dies gilt nur, soweit er das Gebäude in dem jeweiligen Kalenderjahr zu eigenen Wohnzwecken nutzt und die Aufwendungen nicht in die Bemessungsgrundlage nach § 10e oder dem Eigenheimzulagengesetz einbezogen hat. ³Für Zeiträume, für die der Steuerpflichtige erhöhte Absetzungen von Aufwendungen nach § 7h oder § 7i abgezogen hat, kann er für diese Aufwendungen keine Abzugsbeträge nach Satz 1 in Anspruch nehmen. ⁴Eine Nutzung zu eigenen Wohnzwecken liegt auch vor, wenn Teile einer zu eigenen Wohnzwecken genutzten Wohnung unentgeltlich zu Wohnzwecken überlassen werden.

(2) ¹Der Steuerpflichtige kann Erhaltungsaufwand, der an einem eigenen Gebäude entsteht und nicht zu den Betriebsausgaben oder Werbungskosten gehört, im Kalenderjahr des Abschlusses der Maßnahme und in den neun folgenden Kalenderjahren jeweils bis zu 9 Prozent wie Sonderausgaben abziehen, wenn die Voraussetzungen des § 11a Absatz 1 in Verbindung mit § 7h Absatz 2 oder des § 11b Satz 1 oder 2 in Verbindung mit § 7i Absatz 1 Satz 2 und Absatz 2 vorliegen. ²Dies gilt nur, soweit der Steuerpflichtige das Gebäude in dem jeweiligen Kalenderjahr zu eigenen Wohnzwecken nutzt und diese Aufwendungen nicht nach § 10e Absatz 6 oder § 10i abgezogen hat. ³Soweit der Steuerpflichtige das Gebäude während des Verteilungszeitraums zur Einkunftserzielung nutzt, ist der noch nicht berücksichtigte Teil des Erhaltungsaufwands im Jahr des Übergangs zur Einkunftserzielung wie Sonderausgaben abzuziehen. ⁴Absatz 1 Satz 4 ist entsprechend anzuwenden.

(3) ¹Die Abzugsbeträge nach den Absätzen 1 und 2 kann der Steuerpflichtige nur bei einem Gebäude in Anspruch nehmen. ²Ehegatten, bei denen die Voraussetzungen des § 26 Absatz 1 vorliegen, können die Abzugsbeträge nach den Absätzen 1 und 2 bei insgesamt zwei Gebäuden abziehen. ³Gebäuden im Sinne der Absätze 1 und 2 stehen Gebäude gleich, für die Abzugsbeträge nach § 52 Absatz 21 Satz 6 in Verbindung mit § 51 Absatz 1 Nummer 2 Buchstabe x oder Buchstabe y des Einkommensteuergesetzes 1987 in der Fassung der Bekanntmachung vom 27. Februar 1987 (BGBl. I S. 657) in Anspruch genommen worden sind; Entsprechendes gilt für Abzugsbeträge nach § 52 Absatz 21 Satz 7.

(4) ¹Sind mehrere Steuerpflichtige Eigentümer eines Gebäudes, so ist Absatz 3 mit der Maßgabe anzuwenden, dass der Anteil des Steuerpflichtigen an einem solchen Gebäude dem Gebäude gleichsteht. ²Erwirbt ein Miteigentümer, der für seinen Anteil bereits Abzugsbeträge nach Absatz 1 oder Absatz 2 abgezogen hat, einen Anteil an demselben Gebäude hinzu, kann er für danach von ihm durchgeführte Maßnahmen im Sinne der Absätze 1 oder 2 auch die Abzugsbeträge nach den Absätzen 1 und 2 in Anspruch nehmen, die auf den hinzuerworbenen Anteil entfallen. ³§ 10e Absatz 5 Satz 2 und 3 sowie Absatz 7 ist sinngemäß anzuwenden.

---

1) Zur Anwendung von Absatz 1 Satz 1 → § 52 Abs. 27 EStG.
2) Zur Anwendung von Absatz 2 Satz 1 → § 52 Abs. 27 EStG.

(5) Die Absätze 1 bis 4 sind auf Gebäudeteile, die selbständige unbewegliche Wirtschaftsgüter sind, und auf Eigentumswohnungen entsprechend anzuwenden.

§ 10g Steuerbegünstigung für schutzwürdige Kulturgüter, die weder zur Einkunftserzielung noch zu eigenen Wohnzwecken genutzt werden

(1) ¹Der Steuerpflichtige kann Aufwendungen für Herstellungs- und Erhaltungsmaßnahmen an eigenen schutzwürdigen Kulturgütern im Inland, soweit sie öffentliche oder private Zuwendungen oder etwaige aus diesen Kulturgütern erzielte Einnahmen übersteigen, im Kalenderjahr des Abschlusses der Maßnahme und in den neun folgenden Kalenderjahren jeweils bis zu 9 Prozent wie Sonderausgaben abziehen. ²Kulturgüter im Sinne des Satzes 1 sind

1. Gebäude oder Gebäudeteile, die nach den jeweiligen landesrechtlichen Vorschriften ein Baudenkmal sind,
2. Gebäude oder Gebäudeteile, die für sich allein nicht die Voraussetzungen für ein Baudenkmal erfüllen, aber Teil einer nach den jeweiligen landesrechtlichen Vorschriften als Einheit geschützten Gebäudegruppe oder Gesamtanlage sind,
3. gärtnerische, bauliche und sonstige Anlagen, die keine Gebäude oder Gebäudeteile und nach den jeweiligen landesrechtlichen Vorschriften unter Schutz gestellt sind,
4. Mobiliar, Kunstgegenstände, Kunstsammlungen, wissenschaftliche Sammlungen, Bibliotheken oder Archive, die sich seit mindestens 20 Jahren im Besitz der Familie des Steuerpflichtigen befinden oder in das Verzeichnis national wertvollen Kulturgutes oder das Verzeichnis national wertvoller Archive eingetragen sind und deren Erhaltung wegen ihrer Bedeutung für Kunst, Geschichte oder Wissenschaft im öffentlichen Interesse liegt,

wenn sie in einem den Verhältnissen entsprechenden Umfang der wissenschaftlichen Forschung oder der Öffentlichkeit zugänglich gemacht werden, es sei denn, dem Zugang stehen zwingende Gründe des Denkmal- oder Archivschutzes entgegen. ³Die Maßnahmen müssen nach Maßgabe der geltenden Bestimmungen der Denkmal- und Archivpflege erforderlich und in Abstimmung mit der in Absatz 3 genannten Stelle durchgeführt worden sein; bei Aufwendungen für Herstellungs- und Erhaltungsmaßnahmen an Kulturgütern im Sinne des Satzes 2 Nummer 1 und 2 ist § 7i Absatz 1 Satz 1 bis 4 sinngemäß anzuwenden.

(2) ¹Die Abzugsbeträge nach Absatz 1 Satz 1 kann der Steuerpflichtige nur in Anspruch nehmen, soweit er die schutzwürdigen Kulturgüter im jeweiligen Kalenderjahr weder zur Erzielung von Einkünften im Sinne des § 2 noch Gebäude oder Gebäudeteile zu eigenen Wohnzwecken nutzt und die Aufwendungen nicht nach § 10e Absatz 6, § 10h Satz 3 oder § 10i abgezogen hat. ²Für Zeiträume, für die der Steuerpflichtige von Aufwendungen Absetzungen für Abnutzung, erhöhte Absetzungen, Sonderabschreibungen oder Beträge nach § 10e Absatz 1 bis 5, den §§ 10f, 10h, 15b des Berlinförderungsgesetzes oder § 7 des Fördergebietsgesetzes abgezogen hat, kann er für diese Aufwendungen keine Abzugsbeträge nach Absatz 1 Satz 1 in Anspruch nehmen; Entsprechendes gilt, wenn der Steuerpflichtige für Aufwendungen die Eigenheimzulage nach dem Eigenheimzulagengesetz in Anspruch genommen hat. ³Soweit die Kulturgüter während des Zeitraums nach Absatz 1 Satz 1 zur Einkunftserzielung genutzt werden, ist der noch nicht berücksichtigte Teil der Aufwendungen, die auf Erhaltungsarbeiten entfallen, im Jahr des Übergangs zur Einkunftserzielung wie Sonderausgaben abzuziehen.

(3) ¹Der Steuerpflichtige kann den Abzug nur vornehmen, wenn er durch eine Bescheinigung der nach Landesrecht zuständigen oder von der Landesregierung bestimmten Stelle die Voraussetzungen des Absatzes 1 für das Kulturgut und für die Erforderlichkeit der Aufwendungen nachweist. ²Hat eine der für Denkmal- oder Archivpflege zuständigen Behörde ihm Zuschüsse gewährt, so hat die Bescheinigung auch deren Höhe zu enthalten; werden ihm solche Zuschüsse nach Ausstellung der Bescheinigung gewährt, so ist diese entsprechend zu ändern.

(4) ¹Die Absätze 1 bis 3 sind auf Gebäudeteile, die selbständige unbewegliche Wirtschaftsgüter sind, sowie auf Eigentumswohnungen und im Teileigentum stehende Räume entsprechend anzuwenden. ²§ 10e Absatz 7 gilt sinngemäß.

§ 10h Steuerbegünstigung der unentgeltlich zu Wohnzwecken überlassenen Wohnung im eigenen Haus

¹Der Steuerpflichtige kann von den Aufwendungen, die ihm durch Baumaßnahmen zur Herstellung einer Wohnung entstanden sind, im Jahr der Fertigstellung und in den drei folgenden Jah-

---

1) Zur Anwendung des § 10g EStG → § 52 Abs. 27a EStG.
2) Zur Anwendung → § 52 Abs. 28 EStG.

ren jeweils bis zu 6 Prozent, höchstens jeweils 10 124 Euro, und in den vier darauffolgenden Jahren jeweils bis zu 5 Prozent, höchstens jeweils 8 437 Euro, wie Sonderausgaben abziehen. ²Voraussetzung ist, dass
1. der Steuerpflichtige nach dem 30. September 1991 den Bauantrag gestellt oder mit der Herstellung begonnen hat,
2. die Baumaßnahmen an einem Gebäude im Inland durchgeführt worden sind, in dem der Steuerpflichtige im jeweiligen Jahr des Zeitraums nach Satz 1 eine eigene Wohnung zu eigenen Wohnzwecken nutzt,
3. die Wohnung keine Ferienwohnung oder Wochenendwohnung ist,
4. der Steuerpflichtige die Wohnung insgesamt im jeweiligen Jahr des Zeitraums nach Satz 1 voll unentgeltlich an einen Angehörigen im Sinne des § 15 Absatz 1 Nummer 3 und 4 der Abgabenordnung auf Dauer zu Wohnzwecken überlassen hat und
5. der Steuerpflichtige die Aufwendungen nicht in die Bemessungsgrundlage nach den §§ 10e, 10f Absatz 1, § 10g, 52 Absatz 21 Satz 6 oder nach § 7 des Fördergebietsgesetzes einbezogen hat.
³§ 10e Absatz 1 Satz 5 und 6, Absatz 3, 5a, 6 und 7 gilt sinngemäß.

§ 10i Vorkostenabzug bei einer nach dem Eigenheimzulagengesetz begünstigten Wohnung

(1) ¹Der Steuerpflichtige kann nachstehende Vorkosten wie Sonderausgaben abziehen:
1. eine Pauschale von 1 790 Euro im Jahr der Fertigstellung oder Anschaffung, wenn er für die Wohnung im Jahr der Herstellung oder Anschaffung oder in einem der zwei folgenden Jahre eine Eigenheimzulage nach dem Eigenheimzulagengesetz in Anspruch nimmt, und
2. Erhaltungsaufwendungen bis zu 11 504 Euro, die
   a) bis zum Beginn der erstmaligen Nutzung einer Wohnung zu eigenen Wohnzwecken entstanden sind oder
   b) bis zum Ablauf des auf das Jahr der Anschaffung folgenden Kalenderjahres entstanden sind, wenn der Steuerpflichtige eine von ihm bisher als Mieter genutzte Wohnung anschafft.

²Die Erhaltungsaufwendungen nach Satz 1 Nummer 2 müssen unmittelbar mit der Herstellung oder Anschaffung des Gebäudes oder der Eigentumswohnung zusammenhängen, dürfen nicht zu den Herstellungskosten oder Anschaffungskosten der Wohnung oder zu den Anschaffungskosten des Grund und Bodens gehören und müssten im Fall der Vermietung und Verpachtung der Wohnung als Werbungskosten abgezogen werden können. ³Wird eine Wohnung bis zum Beginn der erstmaligen Nutzung zu eigenen Wohnzwecken vermietet oder zu eigenen beruflichen oder eigenen betrieblichen Zwecken genutzt und sind die Erhaltungsaufwendungen Werbungskosten oder Betriebsausgaben, können sie nicht wie Sonderausgaben abgezogen werden. ⁴Bei einem Anteil an der zu eigenen Wohnzwecken genutzten Wohnung kann der Steuerpflichtige den entsprechenden Teil der Abzugsbeträge nach Satz 1 wie Sonderausgaben abziehen. ⁵Die vorstehenden Sätze gelten entsprechend bei Ausbauten und Erweiterungen an einer zu eigenen Wohnzwecken genutzten Wohnung.

(2) ¹Sind mehrere Steuerpflichtige Eigentümer einer zu eigenen Wohnzwecken genutzten Wohnung, können die Aufwendungen nach Absatz 1 gesondert und einheitlich festgestellt werden. ²Die für die gesonderte Feststellung von Einkünften nach § 180 Absatz 1 Nummer 2 Buchstabe a der Abgabenordnung geltenden Vorschriften sind entsprechend anzuwenden.

6. Vereinnahmung und Verausgabung

§ 11 [Vereinnahmung und Verausgabung]

(1) ¹Einnahmen sind innerhalb des Kalenderjahres bezogen, in dem sie dem Steuerpflichtigen zugeflossen sind. ²Regelmäßig wiederkehrende Einnahmen, die dem Steuerpflichtigen kurze Zeit vor Beginn oder kurze Zeit nach Beendigung des Kalenderjahres, zu dem sie wirtschaftlich gehören, zugeflossen sind, gelten als in diesem Kalenderjahr bezogen. ³Der Steuerpflichtige kann Einnahmen, die auf einer Nutzungsüberlassung im Sinne des Absatzes 2 Satz 3 beruhen, insgesamt auf den Zeitraum gleichmäßig verteilen, für den die Vorauszahlung geleistet wird.

1) Zur Anwendung → § 52 Abs. 29 EStG.
2) Zur zeitlichen Anwendung des § 11 EStG → § 52 Abs. 30 EStG.

§ 10i, 11 EStG
H 11

⁴Für Einnahmen aus nichtselbständiger Arbeit gilt § 38a Absatz 1 Satz 2 und 3 und § 40 Absatz 3 Satz 2. ⁵Die Vorschriften über die Gewinnermittlung (§ 4 Absatz 1, § 5) bleiben unberührt.

(2) ¹Ausgaben sind für das Kalenderjahr abzusetzen, in dem sie geleistet worden sind. ²Für regelmäßig wiederkehrende Ausgaben gilt Absatz 1 Satz 2 entsprechend. ³Werden Ausgaben für eine Nutzungsüberlassung von mehr als fünf Jahren im Voraus geleistet, sind sie insgesamt auf den Zeitraum gleichmäßig zu verteilen, für den die Vorauszahlung geleistet wird. ⁴Satz 3 ist auf ein Damnum oder Disagio nicht anzuwenden, soweit dieses marktüblich ist. ⁵§ 42 der Abgabenordnung bleibt unberührt. ⁶Die Vorschriften über die Gewinnermittlung (§ 4 Absatz 1, § 5) bleiben unberührt.

H 11   Hinweise

Allgemeines

→ H 11 EStH

Rückzahlung von Arbeitslohn

Arbeitslohnrückzahlungen sind nur dann anzunehmen, wenn der Arbeitnehmer an den Arbeitgeber die Leistungen, die bei ihm als Lohnzahlungen zu qualifizieren waren, zurückzahlt (→ BFH vom 10. 8. 2010 – BStBl II S. 1074). Zurückgezahlter Arbeitslohn ist erst im Zeitpunkt des Abflusses steuermindernd zu berücksichtigen (→ BFH vom 4. 5. 2006 – BStBl II S. 830 und 832); das gilt auch dann, wenn sich die Rückzahlung im Folgejahr steuerlich nicht mehr auswirkt (→ BFH vom 7. 11. 2006 – BStBl 2007 II S. 315).

Steuerliche Fragen im Zusammenhang mit der Rückzahlung von Arbeitslohn

(Verfügung der OFD Frankfurt vom 25. 7. 2000 – S 2399 A – 1 – St II 30 –)

Zu den im Zusammenhang mit der Rückzahlung von Arbeitslohn auftretenden steuerlichen Fragen wird folgende Auffassung vertreten:

1. Rückzahlung von nicht versteuertem Arbeitslohn

1.1 Zahlt ein Arbeitnehmer Arbeitslohn zurück, der im Zeitpunkt des Zuflusses zu Recht steuerbefreit war, so ist die Rückzahlung als ein außersteuerlicher Vorgang anzusehen. Der Arbeitnehmer kann im Jahr der Rückzahlung weder Werbungskosten noch negative Einnahmen in entsprechender Höhe geltend machen.

1.2 Tz. 1.1 gilt entsprechend für den Fall, dass der Arbeitnehmer Arbeitslohn zurückzahlen muss, bei dem es sich dem Grunde nach zwar um steuerpflichtigen Arbeitslohn gehandelt hat, der aber im Zeitpunkt des Zuflusses zu Unrecht als steuerfrei behandelt worden ist.

Beispiele:
1. Dem Arbeitnehmer ist ein bestimmter Betrag als Reisekostenersatz steuerfrei ausgezahlt worden. Es stellt sich später heraus, dass die Voraussetzungen einer Dienstreise nicht gegeben waren. Der Arbeitgeber fordert den zu Unrecht gewährten Betrag zurück.
2. Der Arbeitnehmer hat ein Jubiläumsgeschenk steuerfrei erhalten, weil der Arbeitgeber irrigerweise davon ausging, dass eine Dienstzeit von 25 Jahren erfüllt sei. Nachträglich stellt der Arbeitgeber fest, dass erst 20 Dienstjahre vorlagen. Der Arbeitgeber fordert daher das Jubiläumsgeschenk zurück.

Sieht der Arbeitgeber in derartigen Fällen von einer Rückforderung des zu Unrecht als steuerfrei behandelten Arbeitslohns ab, muss dieser Arbeitslohn noch nachträglich steuerlich erfasst werden.

2. Rückzahlung von versteuertem Arbeitslohn

Zahlt ein Arbeitnehmer Arbeitslohn zurück, der dem Lohnsteuerabzug unterlegen hat, so bleibt der früher gezahlte Arbeitslohn zugeflossen (§ 11 Abs. 1 EStG). Die zurückgezahlten Beträge sind im Zeitpunkt der Rückzahlung (§ 11 Abs. 2 EStG) als negative Einnahmen zu behandeln. Im Einzelnen gilt Folgendes:

2.1 Rückzahlung von Arbeitslohn im Kalenderjahr seiner Zahlung bei fortbestehendem Dienstverhältnis

Hat der Arbeitnehmer Arbeitslohn im selben Kalenderjahr zurückzuzahlen, in dem er ihn erhalten hat, und steht er im Zeitpunkt der Rückzahlung noch in einem Dienstverhältnis zu demselben Arbeitgeber, kann dieser den zurückgezahlten Betrag im Lohnzahlungszeitraum der Rückzahlung oder in den auf die Rückzahlung folgenden Lohnzahlungszeiträumen sowie im Lohnsteuer-Jahresausgleich nach § 42b EStG vom steuerpflichtigen Arbeitslohn absetzen. Es bestehen keine Bedenken, wenn der Arbeitgeber stattdessen den Lohnsteuerabzug des früheren Lohnzahlungszeitraums aufgrund der Rückzahlung entsprechend ändert.

Die Berücksichtigung des zurückgezahlten Betrags durch den Arbeitgeber ist gemäß § 41c Abs. 3 EStG aber nur bis zur Ausstellung einer Lohnsteuerbescheinigung möglich. Kann der Arbeitgeber deswegen zurückgezahlte Beträge des Arbeitnehmers nicht mehr berücksichtigen oder macht er von seiner Berechtigung hierzu keinen Gebrauch, kann der Arbeitnehmer diese Beträge bei der Veranlagung zur Einkommensteuer als negative Einnahmen geltend machen (vgl. Tz. 2.4).

2.2 Rückzahlung von Arbeitslohn in einem späteren Kalenderjahr bei fortbestehendem Dienstverhältnis

Wird Arbeitslohn nicht im Kalenderjahr der Zahlung, sondern in einem späteren Kalenderjahr zurückgefordert, stellen die zurückgezahlten Beträge negative Einnahmen des Rückzahlungsjahrs dar. Steht der Arbeitnehmer zu dem Arbeitgeber, der den Arbeitslohn überzahlt hat, noch in einem Dienstverhältnis, kann der Arbeitgeber die Rückzahlung im Lohnzahlungszeitraum der Rückzahlung oder in den auf die Rückzahlung folgenden Lohnzahlungszeiträumen sowie im Lohnsteuer-Jahresausgleich nach § 42b EStG berücksichtigen. Im Übrigen gilt Tz. 2.1 entsprechend.

2.3 Rückzahlung von Arbeitslohn nach Beendigung des Dienstverhältnisses

Steht ein Arbeitnehmer im Zeitpunkt der Rückzahlung von Arbeitslohn nicht mehr in einem Dienstverhältnis zu dem Arbeitgeber, der den Arbeitslohn überzahlt hat, kann der zurückgezahlte Betrag nur bei einer Veranlagung zur Einkommensteuer berücksichtigt werden (vgl. Tz. 2.4).

2.4 Berücksichtigung der Rückzahlung bei der Veranlagung zur Einkommensteuer durch das FA

Für die Berücksichtigung zurückgezahlten Arbeitslohns als negative Einnahme (vgl. Tz. 2.1, 2.2 und 2.3) bei der Veranlagung zur Einkommensteuer gilt Folgendes:

2.4.1 Bezieht der Arbeitnehmer im Jahr der Rückzahlung Einkünfte aus nichtselbständiger Arbeit, werden diese durch den zurückgezahlten Arbeitslohn (negative Einnahmen) entsprechend gemindert.

2.4.2 Bezieht der Arbeitnehmer im Kalenderjahr der Rückzahlung keine Einkünfte aus nichtselbständiger Arbeit, so können die negativen Einnahmen mit anderen Einkünften ausgeglichen werden.

2.4.3 Soweit dem Arbeitnehmer im Kalenderjahr der Rückzahlung keine positiven Einkünfte verbleiben, kann er eine Erstattung von Steuer erreichen, indem er für den zurückgezahlten Arbeitslohn einen Verlustabzug von positiven Einkünften im Rahmen eines Verlustrücktrags bzw. eines Verlustvortrags nach Maßgabe von § 10d EStG beantragt. Kommt für diese Kalenderjahre nicht bereits aus anderen Gründen eine Veranlagung zur Einkommensteuer in Betracht, kann sie der Arbeitnehmer besonders beantragen (§ 46 Abs. 2 Nr. 8 EStG).

2.4.4 Die Höhe der bei der Veranlagung zur Einkommensteuer zu berücksichtigenden negativen Einnahmen ist vom Arbeitnehmer nachzuweisen oder glaubhaft zu machen. Der Einkommensteuererklärung sollte deshalb, wenn der Arbeitnehmer nicht über andere geeignete Unterlagen verfügt, eine entsprechende Bescheinigung des Arbeitgebers beigefügt werden.

3. Steuererstattung im Billigkeitswege (§ 227 AO)

Kann der Arbeitnehmer nach Maßgabe von Tz. 2.4 keinen vollen steuerlichen Ausgleich (einschl. Progressionsnachteile) erlangen, kommt regelmäßig eine zusätzliche Steuererstattung aus sachlichen Billigkeitsgründen (§ 227 AO) nicht in Betracht, weil der Gesetzgeber Auswirkungen bei der Anwendung der Vorschriften des § 11 EStG (Zufluss von Einnahmen, Abfluss von Ausgaben) oder des § 10d EStG (Verlustabzug) zum Vorteil oder zum Nachteil des Steuerpflichtigen bewusst in Kauf genommen hat. Die Erstattung von Steuerbeträgen aus persönlichen Billigkeitsgründen des Arbeitnehmers bleibt hiervon unberührt.

4. Steuerliche Folgen aus der Rückzahlung von Sozialversicherungsbeiträgen

Wird bei der Rückzahlung von Arbeitslohn auch die sozialversicherungsrechtliche Behandlung rückgängig gemacht, ist Folgendes zu beachten:

4.1 Fordert der Arbeitgeber vom Arbeitnehmer den Bruttoarbeitslohn ohne Kürzung um den Arbeitnehmeranteil zur Sozialversicherung zurück und erstattet er dem Arbeitnehmer später diesen Anteil, weil er den Betrag von den für die Arbeitnehmer des Betriebs abzuführenden Sozialversicherungsbeiträgen gekürzt oder vom Sozialversicherungsträger erstattet erhalten hat, so stellt die Vergütung keinen steuerpflichtigen Arbeitslohn dar. Fordert der Arbeitgeber dagegen vom Arbeitnehmer den Bruttoarbeitslohn zunächst gekürzt um den Arbeitnehmeranteil zur Sozialversicherung zurück und behält er die durch Verrechnung zurückerhaltenen Arbeitnehmeranteile zurück, stellen diese ebenfalls zurückgezahlten Arbeitslohn des Arbeitnehmers dar, auf den Tz. 2 anwendbar ist. Dies gilt unabhängig davon, ob die Sozialversicherungsbeiträge in demselben oder im nachfolgenden Kalenderjahr verrechnet werden.

4.2 Die zurückgezahlten Arbeitnehmeranteile zur Sozialversicherung mindern im Rückzahlungsjahr die als Vorsorgeaufwendungen abziehbaren Sozialversicherungsbeiträge. Der Arbeitgeber hat dies bei der Bescheinigung der einbehaltenen Sozialversicherungsbeiträge zu berücksichtigen.

4.3 Die Erstattung des Arbeitgeberanteils zur gesetzlichen Sozialversicherung spielt sich nur im Verhältnis des Arbeitgebers zu den Sozialversicherungsträgern ab und hat keine Auswirkung auf die Besteuerung des Arbeitslohns. Sie mindert jedoch die ggf. auf den Vorwegabzugsbetrag nach § 10 Abs. 3 Nr. 2 Buchst. a EStG anzurechnenden Arbeitgeberleistungen; der Arbeitgeber hat dies bei einer Bescheinigung der Arbeitgeberanteile zur Sozialversicherung entsprechend zu berücksichtigen.

5. Rückzahlung von Arbeitslohn in Fällen der Nettolohnvereinbarung

Für die steuerliche Behandlung von zurückgezahltem Arbeitslohn bei Vorliegen einer Nettolohnvereinbarung gelten die Ausführungen unter Tz. 2 bis 4 entsprechend. Steuerschuldner und damit auch Erstattungsberechtigter ist der Arbeitnehmer und nicht der Arbeitgeber.

6. Rückzahlung von Arbeitslohn in den Fällen der Lohnsteuerpauschalierung nach §§ 40, 40a und 40b EStG

Die Rückzahlung von Arbeitslohn, der unter Übernahme der Lohnsteuer durch den Arbeitgeber nach §§ 40, 40a und 40b EStG pauschal versteuert worden ist, hat keine negativen Einnahmen beim Arbeitnehmer zur Folge. Die Rückzahlung führt vielmehr zu einem Erstattungsanspruch des Arbeitgebers. Für die Ermittlung eines evtl. Steuererstattungsanspruchs sind folgende Fälle zu unterscheiden:

6.1 Pauschalierung nach §§ 40 Abs. 2, 40a, 40b EStG

Soweit eine Verrechnung des zurückgezahlten Arbeitslohns mit entsprechenden Zahlungen im gleichen Anmeldungszeitraum nicht möglich ist, ergibt sich für den Arbeitgeber ein Steuererstattungsanspruch. Der Berechnung dieses Anspruchs ist der entsprechende, im Zeitpunkt der Rückzahlung geltende Pauschsteuersatz zugrunde zu legen. Im Übrigen wird wegen der Rückzahlung von nach § 40b EStG pauschalbesteuertem Arbeitslohn auf die ESt-Kartei zu § 40b Karte 1 hingewiesen

6.2 Pauschalierung nach § 40 Abs. 1 EStG

Im Fall des § 40 Abs. 1 EStG darf der zurückgezahlte Arbeitslohn nicht mit entsprechenden positiven Zahlungen im gleichen Anmeldungszeitraum verrechnet werden. Die Rückzahlung führt deshalb generell zu einem Steuererstattungsanspruch des Arbeitgebers. Dabei kann aus Vereinfachungsgründen von dem Betrag ausgegangen werden, der vorher als pauschale Lohnsteuer für die zurückgezahlten Beträge abgeführt worden ist.

Zufluss von Arbeitslohn

→ R 38.2

---

§ 11a Sonderbehandlung von Erhaltungsaufwand bei Gebäuden in Sanierungsgebieten und städtebaulichen Entwicklungsbereichen

(1) ¹Der Steuerpflichtige kann durch Zuschüsse aus Sanierungs- oder Entwicklungsförderungsmitteln nicht gedeckten Erhaltungsaufwand für Maßnahmen im Sinne des § 177 des Baugesetzbuchs an einem im Inland belegenen Gebäude in einem förmlich festgelegten Sanie-

rungsgebiet oder städtebaulichen Entwicklungsbereich auf zwei bis fünf Jahre gleichmäßig verteilen. ²Satz 1 ist entsprechend anzuwenden auf durch Zuschüsse aus Sanierungs- oder Entwicklungsförderungsmitteln nicht gedeckten Erhaltungsaufwand für Maßnahmen, die der Erhaltung, Erneuerung und funktionsgerechten Verwendung eines Gebäudes im Sinne des Satzes 1 dienen, das wegen seiner geschichtlichen, künstlerischen oder städtebaulichen Bedeutung erhalten bleiben soll, und zu deren Durchführung sich der Eigentümer neben bestimmten Modernisierungsmaßnahmen gegenüber der Gemeinde verpflichtet hat.

(2) ¹Wird das Gebäude während des Verteilungszeitraums veräußert, ist der noch nicht berücksichtigte Teil des Erhaltungsaufwands im Jahr der Veräußerung als Betriebsausgaben oder Werbungskosten abzusetzen. ²Das Gleiche gilt, wenn ein nicht zu einem Betriebsvermögen gehörendes Gebäude in ein Betriebsvermögen eingebracht oder wenn ein Gebäude aus dem Betriebsvermögen entnommen oder wenn ein Gebäude nicht mehr zur Einkunftserzielung genutzt wird.

(3) Steht das Gebäude im Eigentum mehrerer Personen, ist der in Absatz 1 bezeichnete Erhaltungsaufwand von allen Eigentümern auf den gleichen Zeitraum zu verteilen.

(4) § 7h Absatz 2 und 3 ist entsprechend anzuwenden.

§ 11b Sonderbehandlung von Erhaltungsaufwand bei Baudenkmalen

EStG
S 2226a

¹Der Steuerpflichtige kann durch Zuschüsse aus öffentlichen Kassen nicht gedeckten Erhaltungsaufwand für ein im Inland belegenes Gebäude oder Gebäudeteil, das nach den jeweiligen landesrechtlichen Vorschriften ein Baudenkmal ist, auf zwei bis fünf Jahre gleichmäßig verteilen, soweit die Aufwendungen nach Art und Umfang zur Erhaltung des Gebäudes oder Gebäudeteils als Baudenkmal oder zu seiner sinnvollen Nutzung erforderlich und die Maßnahmen in Abstimmung mit der in § 7i Absatz 2 bezeichneten Stelle vorgenommen worden sind. ²Durch Zuschüsse aus öffentlichen Kassen nicht gedeckten Erhaltungsaufwand für ein im Inland belegenes Gebäude oder Gebäudeteil, das für sich allein nicht die Voraussetzungen für ein Baudenkmal erfüllt, aber Teil einer Gebäudegruppe oder Gesamtanlage ist, die nach den jeweiligen landesrechtlichen Vorschriften als Einheit geschützt ist, kann der Steuerpflichtige auf zwei bis fünf Jahre gleichmäßig verteilen, soweit die Aufwendungen nach Art und Umfang zur Erhaltung des schützenswerten äußeren Erscheinungsbildes der Gebäudegruppe oder Gesamtanlage erforderlich und die Maßnahmen in Abstimmung mit der in § 7i Absatz 2 bezeichneten Stelle vorgenommen worden sind. ³§ 7h Absatz 3 und § 7i Absatz 1 Satz 2 und Absatz 2 sowie § 11a Absatz 2 und 3 sind entsprechend anzuwenden.

7. Nicht abzugsfähige Ausgaben

§ 12 [Nicht abzugsfähige Ausgaben]

EStG
S 2227

Soweit in § 10 Absatz 1 Nummer 1, 2 bis 5, 7 und 9, den §§ 10a, 10b und den §§ 33 bis 33b nichts anderes bestimmt ist, dürfen weder bei den einzelnen Einkunftsarten noch vom Gesamtbetrag der Einkünfte abgezogen werden

1. die für den Haushalt des Steuerpflichtigen und für den Unterhalt seiner Familienangehörigen aufgewendeten Beträge. ²Dazu gehören auch die Aufwendungen für die Lebensführung, die die wirtschaftliche oder gesellschaftliche Stellung des Steuerpflichtigen mit sich bringt, auch wenn sie zur Förderung des Berufs oder der Tätigkeit des Steuerpflichtigen erfolgen;
2. freiwillige Zuwendungen, Zuwendungen auf Grund einer freiwillig begründeten Rechtspflicht und Zuwendungen an eine gegenüber dem Steuerpflichtigen oder seinem Ehegatten gesetzlich unterhaltsberechtigte Person oder deren Ehegatten, auch wenn diese Zuwendungen auf einer besonderen Vereinbarung beruhen.
3. die Steuern vom Einkommen und sonstige Personensteuern sowie die Umsatzsteuer für Umsätze, die Entnahmen sind, und die Vorsteuerbeträge auf Aufwendungen, für die das Abzugsverbot der Nummer 1 oder des § 4 Absatz 5 Satz 1 Nummer 1 bis 5, 7 oder Absatz 7 gilt; das gilt auch für die auf diese Steuern entfallenden Nebenleistungen;
4. in einem Strafverfahren festgesetzte Geldstrafen, sonstige Rechtsfolgen vermögensrechtlicher Art, bei denen der Strafcharakter überwiegt, und Leistungen zur Erfüllung von Auflagen oder Weisungen, soweit die Auflagen oder Weisungen nicht lediglich der Wiedergutmachung des durch die Tat verursachten Schadens dienen;
5. Aufwendungen des Steuerpflichtigen für seine erstmalige Berufsausbildung oder für ein Erststudium, das zugleich eine Erstausbildung vermittelt, wenn diese Berufsausbildung oder dieses Erststudium nicht im Rahmen eines Dienstverhältnisses stattfinden.

Hinweise

Allgemeines

Anhang 30 → R 12.1 und 12.2 EStR, H 12.1 und 12.2 EStH

Berufsausbildung und Erststudium

Anhang 34 → BMF vom 22. 9. 2010 (BStBl I S. 721)[1])

Gemischte Aufwendungen

Anhang 13 → BMF vom 6. 7. 2010 (BStBl I S. 614)

---

8. Die einzelnen Einkunftsarten
a) Land- und Forstwirtschaft (§ 2 Absatz 1 Satz 1 Nummer 1)

S 2230–S 2234

EStG

§ 13 Einkünfte aus Land- und Forstwirtschaft

(1) Einkünfte aus Land- und Forstwirtschaft sind

1. Einkünfte aus dem Betrieb von Landwirtschaft, Forstwirtschaft, Weinbau, Gartenbau und aus allen Betrieben, die Pflanzen und Pflanzenteile mit Hilfe der Naturkräfte gewinnen. ²Zu diesen Einkünften gehören auch die Einkünfte aus der Tierzucht und Tierhaltung, wenn im Wirtschaftsjahr

für die ersten 20 Hektar	nicht mehr als 10 Vieheinheiten,
für die nächsten 10 Hektar	nicht mehr als 7 Vieheinheiten,
für die nächsten 20 Hektar	nicht mehr als 6 Vieheinheiten,
für die nächsten 50 Hektar	nicht mehr als 3 Vieheinheiten,
und für die weitere Fläche	nicht mehr als 1,5 Vieheinheiten

je Hektar der vom Inhaber des Betriebs regelmäßig landwirtschaftlich genutzten Fläche erzeugt oder gehalten werden. ³Die Tierbestände sind nach dem Futterbedarf in Vieheinheiten umzurechnen. ⁴§ 51 Absatz 2 bis 5 des Bewertungsgesetzes ist anzuwenden. ⁵Die Einkünfte aus Tierzucht und Tierhaltung einer Gesellschaft, bei der die Gesellschafter als Unternehmer (Mitunternehmer) anzusehen sind, gehören zu den Einkünften im Sinne des Satzes 1, wenn die Voraussetzungen des § 51a des Bewertungsgesetzes erfüllt sind und andere Einkünfte der Gesellschafter aus dieser Gesellschaft zu den Einkünften aus Land- und Forstwirtschaft gehören;

2. Einkünfte aus sonstiger land- und forstwirtschaftlicher Nutzung (§ 62 Bewertungsgesetz);

S 2235

3. Einkünfte aus Jagd, wenn diese mit dem Betrieb einer Landwirtschaft oder einer Forstwirtschaft im Zusammenhang steht;

S 2236

4. Einkünfte von Hauberg-, Wald-, Forst- und Laubgenossenschaften und ähnlichen Realgemeinden im Sinne des § 3 Absatz 2 des Körperschaftsteuergesetzes.

S 2236
S 2236

(2) Zu den Einkünften im Sinne des Absatzes 1 gehören auch

1. Einkünfte aus einem land- und forstwirtschaftlichen Nebenbetrieb. ²Als Nebenbetrieb gilt ein Betrieb, der dem land- und forstwirtschaftlichen Hauptbetrieb zu dienen bestimmt ist;

2. der Nutzungswert der Wohnung des Steuerpflichtigen, wenn die Wohnung die bei Betrieben gleicher Art übliche Größe nicht überschreitet und das Gebäude oder der Gebäudeteil nach den jeweiligen landesrechtlichen Vorschriften ein Baudenkmal ist;

3. die Produktionsaufgaberente nach dem Gesetz zur Förderung der Einstellung der landwirtschaftlichen Erwerbstätigkeit.

(3) ¹Die Einkünfte aus Land- und Forstwirtschaft werden bei der Ermittlung des Gesamtbetrags der Einkünfte nur berücksichtigt, soweit sie den Betrag von 670 Euro übersteigen. ²Satz 1 ist nur anzuwenden, wenn die Summe der Einkünfte 30 700 Euro nicht übersteigt. ³Im Fall der Zusammenveranlagung von Ehegatten verdoppeln sich die Beträge der Sätze 1 und 2.

(4) ¹Absatz 2 Nummer 2 findet nur Anwendung, sofern im Veranlagungszeitraum 1986 bei einem Steuerpflichtigen für die von ihm zu eigenen Wohnzwecken oder zu Wohnzwecken des Altenteilers genutzte Wohnung die Voraussetzungen für die Anwendung des § 13 Absatz 2 Nummer 2 des

---

[1]) Das BMF-Schreiben ist nach den Änderungen durch das Beitreibungsrichtlinie-Umsetzungsgesetz vom 7. Dezember 2011 (BGBl. I S. 2592 = BStBl I S. 1171) teilweise überholt.

Einkommensteuergesetzes in der Fassung der Bekanntmachung vom 16. April 1997 (BGBl. I S. 821) vorlagen. ²Der Steuerpflichtige kann für einen Veranlagungszeitraum nach dem Veranlagungszeitraum 1998 unwiderruflich beantragen, dass Absatz 2 Nr. 2 ab diesem Veranlagungszeitraum nicht mehr angewendet wird. ³§ 52 Absatz 21 Satz 4 und 6 des Einkommensteuergesetzes in der Fassung der Bekanntmachung vom 16. April 1997 (BGBl. I S. 821) ist entsprechend anzuwenden. ⁴Im Fall des Satzes 2 gelten die Wohnung des Steuerpflichtigen und die Altenteilerwohnung sowie der dazugehörende Grund und Boden zu dem Zeitpunkt als entnommen, bis zu dem Absatz 2 Nummer 2 letztmals angewendet wird. ⁵Der Entnahmegewinn bleibt außer Ansatz. ⁶Werden

1. die Wohnung und der dazugehörende Grund und Boden entnommen oder veräußert, bevor sie nach Satz 4 als entnommen gelten, oder
2. eine vor dem 1. Januar 1987 einem Dritten entgeltlich zur Nutzung überlassene Wohnung und der dazugehörende Grund und Boden für eigene Wohnzwecke oder für Wohnzwecke eines Altenteilers entnommen,

bleibt der Entnahme- oder Veräußerungsgewinn ebenfalls außer Ansatz; Nummer 2 ist nur anzuwenden, soweit nicht Wohnungen vorhanden sind, die Wohnzwecken des Eigentümers des Betriebs oder Wohnzwecken eines Altenteilers dienen und die unter Satz 4 oder unter Nummer 1 fallen.

(5) Wird Grund und Boden dadurch entnommen, dass auf diesem Grund und Boden die Wohnung des Steuerpflichtigen oder eine Altenteilerwohnung errichtet wird, bleibt der Entnahmegewinn außer Ansatz; der Steuerpflichtige kann die Regelung nur für eine zu eigenen Wohnzwecken genutzte Wohnung und für eine Altenteilerwohnung in Anspruch nehmen.

(6) ¹Werden einzelne Wirtschaftsgüter eines land- und forstwirtschaftlichen Betriebs auf einen der gemeinschaftlichen Tierhaltung dienenden Betrieb im Sinne des § 34 Absatz 6a des Bewertungsgesetzes einer Erwerbs- und Wirtschaftsgenossenschaft oder eines Vereins gegen Gewährung von Mitgliedsrechten übertragen, so ist die auf den dabei entstehenden Gewinn entfallende Einkommensteuer auf Antrag in jährlichen Teilbeträgen zu entrichten. ²Der einzelne Teilbetrag muss mindestens ein Fünftel dieser Steuer betragen.

(7) § 15 Absatz 1 Satz 1 Nummer 2, Absatz 1a, Absatz 2 Satz 2 und 3, die §§ 15a und 15b sind entsprechend anzuwenden.

§ 13a Ermittlung des Gewinns aus Land- und Forstwirtschaft nach Durchschnittssätzen

EStG
S 2149

(1) ¹Der Gewinn ist für einen Betrieb der Land- und Forstwirtschaft nach den Absätzen 3 bis 6 zu ermitteln, wenn
1. der Steuerpflichtige nicht auf Grund gesetzlicher Vorschriften verpflichtet ist, Bücher zu führen und regelmäßig Abschlüsse zu machen, und
2. die selbst bewirtschaftete Fläche der landwirtschaftlichen Nutzung (§ 34 Absatz 2 Nummer 1 Buchstabe a des Bewertungsgesetzes) ohne Sonderkulturen (§ 52 des Bewertungsgesetzes) nicht 20 Hektar überschreitet und
3. die Tierbestände insgesamt 50 Vieheinheiten (Anlage 1 zum Bewertungsgesetz) nicht übersteigen und
4. der Wert der selbst bewirtschafteten Sondernutzungen nach Absatz 5 nicht mehr als 2000 Deutsche Mark je Sondernutzung beträgt.

²Der Gewinn ist letztmalig für das Wirtschaftsjahr nach Durchschnittssätzen zu ermitteln, das nach Bekanntgabe der Mitteilung endet, durch die die Finanzbehörde auf den Beginn der Buchführungspflicht (§ 141 Absatz 2 der Abgabenordnung) oder den Wegfall einer anderen Voraussetzung des Satzes 1 hingewiesen hat.

(2) ¹Auf Antrag des Steuerpflichtigen ist für einen Betrieb im Sinne des Absatzes 1 der Gewinn für vier aufeinander folgende Wirtschaftsjahre nicht nach den Absätzen 3 bis 6 zu ermitteln. ²Wird der Gewinn eines dieser Wirtschaftsjahre durch den Steuerpflichtigen nicht durch Betriebsvermögensvergleich oder durch Vergleich der Betriebseinnahmen mit den Betriebsausgaben ermittelt, ist der Gewinn für den gesamten Zeitraum von vier Wirtschaftsjahren nach den Absätzen 3 bis 6 zu ermitteln. ³Der Antrag ist bis zur Abgabe der Steuererklärung, jedoch spätestens zwölf Monate nach Ablauf des ersten Wirtschaftsjahres, auf das er sich bezieht, schriftlich zu stellen. ⁴Er kann innerhalb dieser Frist zurückgenommen werden.

(3) ¹Durchschnittssatzgewinn ist die Summe aus
1. dem Grundbetrag (Absatz 4),
2. den Zuschlägen für Sondernutzungen (Absatz 5),
3. den nach Absatz 6 gesondert zu ermittelnden Gewinnen,

---
¹⁾ Zur zeitlichen Anwendung von Absatz 7 → § 52 Abs. 30a EStG.

§§ 13a–14a EStG

4. den vereinnahmten Miet- und Pachtzinsen,
5. den vereinnahmten Kapitalerträgen, die sich aus Kapitalanlagen von Veräußerungserlösen im Sinne des Absatzes 6 Satz 1 Nummer 2 ergeben.

²Abzusetzen sind verausgabte Pachtzinsen und diejenigen Schuldzinsen und dauernden Lasten, die Betriebsausgaben sind. ³Die abzusetzenden Beträge dürfen insgesamt nicht zu einem Verlust führen.

(4) ¹Die Höhe des Grundbetrags richtet sich bei der landwirtschaftlichen Nutzung ohne Sonderkulturen nach dem Hektarwert (§ 40 Absatz 1 Satz 3 des Bewertungsgesetzes) der selbst bewirtschafteten Fläche. ²Je Hektar der landwirtschaftlichen Nutzung sind anzusetzen

1. bei einem Hektarwert bis 300 Deutsche Mark — 205 Euro,
2. bei einem Hektarwert über 300 Deutsche Mark bis 500 Deutsche Mark — 307 Euro,
3. bei einem Hektarwert über 500 Deutsche Mark bis 1 000 Deutsche Mark — 358 Euro,
4. bei einem Hektarwert über 1000 Deutsche Mark bis 1 500 Deutsche Mark — 410 Euro,
5. bei einem Hektarwert über 1500 Deutsche Mark bis 2 000 Deutsche Mark — 461 Euro,
6. bei einem Hektarwert über 2 000 Deutsche Mark — 512 Euro.

(5) ¹Als Sondernutzungen gelten die in § 34 Absatz 2 Nummer 1 Buchstabe b bis e des Bewertungsgesetzes genannten Nutzungen, die in § 34 Absatz 2 Nummer 2 des Bewertungsgesetzes genannten Wirtschaftsgüter, die Nebenbetriebe (§ 34 Absatz 2 Nummer 3 Bewertungsgesetz) und die Sonderkulturen (§ 52 des Bewertungsgesetzes). ²Die Werte der Sondernutzungen sind aus den jeweils zuletzt festgestellten Einheitswerten oder den nach § 125 des Bewertungsgesetzes ermittelten Ersatzwirtschaftswerten abzuleiten. ³Bei Sondernutzungen, deren Werte jeweils 500 Deutsche Mark übersteigen, ist für jede Sondernutzung ein Zuschlag von 512 Euro zu machen. ⁴Satz 3 ist bei der forstwirtschaftlichen Nutzung nicht anzuwenden.

(6) ¹In den Durchschnittssatzgewinn sind über die nach den Absätzen 4 und 5 zu ermittelnden Beträge hinaus auch Gewinne, soweit sie insgesamt 1 534 Euro übersteigen, einzubeziehen aus

1. der forstwirtschaftlichen Nutzung,
2. der Veräußerung oder Entnahme von Grund und Boden und Gebäuden sowie der im Zusammenhang mit einer Betriebsumstellung stehenden Veräußerung oder Entnahme von Wirtschaftsgütern des übrigen Anlagevermögens,
3. Dienstleistungen und vergleichbaren Tätigkeiten, sofern diese dem Bereich der Land- und Forstwirtschaft zugerechnet und nicht für andere Betriebe der Land- und Forstwirtschaft erbracht werden,
4. der Auflösung von Rücklagen nach § 6c und von Rücklagen für Ersatzbeschaffung.

²Bei der Ermittlung der Gewinne nach den Nummern 1 und 2 ist § 4 Absatz 3 entsprechend anzuwenden. ³Der Gewinn aus den in Nummer 3 genannten Tätigkeiten beträgt 35 Prozent der Einnahmen.

§ 14 Veräußerung des Betriebs

¹Zu den Einkünften aus Land- und Forstwirtschaft gehören auch Gewinne, die bei der Veräußerung eines land- oder forstwirtschaftlichen Betriebs oder Teilbetriebs oder eines Anteils an einem land- und forstwirtschaftlichen Betriebsvermögen erzielt werden. ²§ 16 gilt entsprechend mit der Maßgabe, dass der Freibetrag nach § 16 Absatz 4 nicht zu gewähren ist, wenn der Freibetrag nach § 14a Absatz 1 gewährt wird.

§ 14a Vergünstigungen bei der Veräußerung bestimmter land- und forstwirtschaftlicher Betriebe

(1) ¹Veräußert ein Steuerpflichtiger nach dem 30. Juni 1970 und vor dem 1. Januar 2001 seinen land- und forstwirtschaftlichen Betrieb im Ganzen, so wird auf Antrag der Veräußerungsge-

---
1) Hinweis auf § 52 Abs. 32 EStG.

winn (§ 16 Absatz 2) nur insoweit zur Einkommensteuer herangezogen, als er den Betrag von 150 000 Deutsche Mark übersteigt, wenn
1. der für den Zeitpunkt der Veräußerung maßgebende Wirtschaftswert (§ 46 des Bewertungsgesetzes) des Betriebs 40 000 Deutsche Mark nicht übersteigt,
2. die Einkünfte des Steuerpflichtigen im Sinne des § 2 Absatz 1 Satz 1 Nummer 2 bis 7 in den dem Veranlagungszeitraum der Veräußerung vorangegangenen beiden Veranlagungszeiträumen jeweils den Betrag von 35 000 Deutsche Mark nicht überstiegen haben. ²Bei Ehegatten, die nicht dauernd getrennt leben, gilt Satz 1 mit der Maßgabe, dass die Einkünfte beider Ehegatten zusammen jeweils 70 000 Deutsche Mark nicht überstiegen haben.

²Ist im Zeitpunkt der Veräußerung ein nach Nummer 1 maßgebender Wirtschaftswert nicht festgestellt oder sind bis zu diesem Zeitpunkt die Voraussetzungen für eine Wertfortschreibung erfüllt, so ist der Wert maßgebend, der sich für den Zeitpunkt der Veräußerung als Wirtschaftswert ergeben würde.

(2) ¹Der Anwendung des Absatzes 1 und des § 34 Absatz 1 steht nicht entgegen, dass die zum land- und forstwirtschaftlichen Vermögen gehörenden Gebäude mit dem dazugehörigen Grund und Boden nicht mitveräußert werden. ²In diesem Fall gelten die Gebäude mit dem dazugehörigen Grund und Boden als entnommen. ³Der Freibetrag kommt auch dann in Betracht, wenn zum Betrieb ein forstwirtschaftlicher Teilbetrieb gehört und dieser nicht mitveräußert, sondern als eigenständiger Betrieb vom Steuerpflichtigen fortgeführt wird. ⁴In diesem Fall ermäßigt sich der Freibetrag auf den Teil, der dem Verhältnis des tatsächlich entstandenen Veräußerungsgewinns zu dem bei einer Veräußerung des ganzen land- und forstwirtschaftlichen Betriebs erzielbaren Veräußerungsgewinn entspricht.

(3) ¹Als Veräußerung gilt auch die Aufgabe des Betriebs, wenn
1. die Voraussetzungen des Absatzes 1 erfüllt sind und
2. der Steuerpflichtige seinen land- und forstwirtschaftlichen Betrieb zum Zweck der Strukturverbesserung abgegeben hat und dies durch eine Bescheinigung der nach Landesrecht zuständigen Stelle nachweist.

²§ 16 Absatz 3 Satz 4 und 5 gilt entsprechend.

(4) ¹Veräußert oder entnimmt ein Steuerpflichtiger nach dem 31. Dezember 1979 und vor dem 1. Januar 2006 Teile des zu einem land- und forstwirtschaftlichen Betrieb gehörenden Grund und Bodens, so wird der bei der Veräußerung oder der Entnahme entstehende Gewinn auf Antrag nur insoweit zur Einkommensteuer herangezogen, als er den Betrag von 61 800 Euro übersteigt. ²Satz 1 ist nur anzuwenden, wenn
1. der Veräußerungspreis nach Abzug der Veräußerungskosten oder der Grund und Boden innerhalb von zwölf Monaten nach der Veräußerung oder Entnahme in sachlichem Zusammenhang mit der Hoferbfolge oder Hofübernahme zur Abfindung weichender Erben verwendet wird und
2. das Einkommen des Steuerpflichtigen ohne Berücksichtigung des Gewinns aus der Veräußerung oder Entnahme und des Freibetrags in dem der Veranlagungszeitraum der Veräußerung oder Entnahme vorangegangenen Veranlagungszeitraum den Betrag von 18 000 Euro nicht überstiegen hat; bei Ehegatten, die nach den §§ 26, 26b zusammen veranlagt werden, erhöht sich der Betrag von 18 000 Euro auf 36 000 Euro.

³Übersteigt das Einkommen den Betrag von 18 000 Euro, so vermindert sich der Betrag von 61 800 Euro nach Satz 1 je angefangene 250 Euro des übersteigenden Einkommens um 10 300 Euro; bei Ehegatten, die nach den §§ 26, 26b zusammen veranlagt werden und deren Einkommen den Betrag von 36 000 Euro übersteigt, vermindert sich der Betrag von 61 800 Euro nach Satz 1 je angefangene 500 Euro des übersteigenden Einkommens um 10 300 Euro. ⁴Werden mehrere weichende Erben abgefunden, so kann der Freibetrag mehrmals, jedoch insgesamt nur einmal je weichender Erbe geltend gemacht werden, auch wenn die Abfindung in mehreren Schritten oder durch mehrere Inhaber des Betriebs vorgenommen wird. ⁵Weichender Erbe ist, wer gesetzlicher Erbe eines Inhabers eines land- und forstwirtschaftlichen Betriebs ist oder bei gesetzlicher Erbfolge wäre, aber nicht zur Übernahme des Betriebs berufen ist; eine Stellung als Mitunternehmer des Betriebs bis zur Auseinandersetzung steht einer Behandlung als weichender Erbe nicht entgegen, wenn sich die Erben innerhalb von zwei Jahren nach dem Erbfall auseinander setzen. ⁶Ist ein zur Übernahme des Betriebs berufener Miterbe noch minderjährig, beginnt die Frist von zwei Jahren mit Eintritt der Volljährigkeit.

(5) ¹Veräußert ein Steuerpflichtiger nach dem 31. Dezember 1985 und vor dem 1. Januar 2001 Teile des zu einem land- und forstwirtschaftlichen Betrieb gehörenden Grund und Bodens, so wird der bei der Veräußerung entstehende Gewinn auf Antrag nur insoweit zur Einkommensteuer herangezogen, als er den Betrag von 90 000 Deutsche Mark übersteigt, wenn
1. der Steuerpflichtige den Veräußerungspreis nach Abzug der Veräußerungskosten zur Tilgung von Schulden verwendet, die zu dem land- und forstwirtschaftlichen Betrieb gehören und vor dem 1. Juli 1985 bestanden haben, und

2. die Voraussetzungen des Absatzes 4 Satz 2 Nummer 2 erfüllt sind.
²Übersteigt das Einkommen den Betrag von 35 000 Deutsche Mark, so vermindert sich der Betrag von 90 000 Deutsche Mark nach Satz 1 für jede angefangenen 500 Deutsche Mark des übersteigenden Einkommens um 15 000 Deutsche Mark; bei Ehegatten, die nach den §§ 26, 26b zusammen veranlagt werden und bei denen das Einkommen den Betrag von 70 000 Deutsche Mark übersteigt, vermindert sich der Betrag von 90 000 Deutsche Mark nach Satz 1 für jede angefangenen 1 000 Deutsche Mark des übersteigenden Einkommens um 15 000 Deutsche Mark. ³Der Freibetrag von höchstens 90 000 Deutsche Mark wird für alle Veräußerungen im Sinne des Satzes 1 insgesamt nur einmal gewährt.

(6) Verwendet der Steuerpflichtige den Veräußerungspreis oder entnimmt er den Grund und Boden nur zum Teil zu den in den Absätzen 4 und 5 angegebenen Zwecken, so ist nur der entsprechende Teil des Gewinns aus der Veräußerung oder Entnahme steuerfrei.

(7) Auf die Freibeträge nach Absatz 4 in dieser Fassung sind die Freibeträge, die nach Absatz 4 in den vor dem 1. Januar 1986 geltenden Fassungen gewährt worden sind, anzurechnen.

b) Gewerbebetrieb (§ 2 Absatz 1 Satz 1 Nummer 2)

§ 15 Einkünfte aus Gewerbebetrieb

EStG

S 2240

(1) ¹Einkünfte aus Gewerbebetrieb sind
1. Einkünfte aus gewerblichen Unternehmen. ²Dazu gehören auch Einkünfte aus gewerblicher Bodenbewirtschaftung, z. B. aus Bergbauunternehmen und aus Betrieben zur Gewinnung von Torf, Steinen und Erden, soweit sie nicht land- oder forstwirtschaftliche Nebenbetriebe sind;
2. die Gewinnanteile der Gesellschafter einer Offenen Handelsgesellschaft, einer Kommanditgesellschaft und einer anderen Gesellschaft, bei der der Gesellschafter als Unternehmer (Mitunternehmer) des Betriebs anzusehen ist, und die Vergütungen, die der Gesellschafter von der Gesellschaft für seine Tätigkeit im Dienst der Gesellschaft oder für die Hingabe von Darlehen oder für die Überlassung von Wirtschaftsgütern bezogen hat. ²Der mittelbar über eine oder mehrere Personengesellschaften beteiligte Gesellschafter steht dem unmittelbar beteiligten Gesellschafter gleich; er ist als Mitunternehmer des Betriebs der Gesellschaft anzusehen, an der er mittelbar beteiligt ist, wenn er und die Personengesellschaften, die seine Beteiligung vermitteln, jeweils als Mitunternehmer der Betriebe der Personengesellschaften anzusehen sind, an denen sie unmittelbar beteiligt sind;

S 2241

3. die Gewinnanteile der persönlich haftenden Gesellschafter einer Kommanditgesellschaft auf Aktien, soweit sie nicht auf Anteile am Grundkapital entfallen, und die Vergütungen, die der persönlich haftende Gesellschafter von der Gesellschaft für seine Tätigkeit im Dienst der Gesellschaft oder für die Hingabe von Darlehen oder für die Überlassung von Wirtschaftsgütern bezogen hat.

²Satz 1 Nummer 2 und 3 gilt auch für Vergütungen, die als nachträgliche Einkünfte (§ 24 Nummer 2) bezogen werden.³§ 13 Absatz 5 gilt entsprechend, sofern das Grundstück im Veranlagungszeitraum 1986 zu einem gewerblichen Betriebsvermögen gehört hat.

1)

(1a) ¹In den Fällen des § 4 Absatz 1 Satz 5 ist der Gewinn aus einer späteren Veräußerung der Anteile ungeachtet der Bestimmungen eines Abkommens zur Vermeidung der Doppelbesteuerung in der gleichen Art und Weise zu besteuern, wie die Veräußerung dieser Anteile an der Europäischen Gesellschaft oder Europäischen Genossenschaft zu besteuern gewesen wäre, wenn keine Sitzverlegung stattgefunden hätte. ²Dies gilt auch, wenn später die Anteile verdeckt in eine Kapitalgesellschaft eingelegt werden, die Europäische Gesellschaft oder Europäische Genossenschaft aufgelöst wird oder wenn ihr Kapital herabgesetzt und zurückgezahlt wird oder wenn Beträge aus dem steuerlichen Einlagekonto im Sinne des § 27 des Körperschaftsteuergesetzes ausgeschüttet oder zurückgezahlt werden.

(2) ¹Eine selbständige nachhaltige Betätigung, die mit der Absicht, Gewinn zu erzielen, unternommen wird und sich als Beteiligung am allgemeinen wirtschaftlichen Verkehr darstellt, ist Gewerbebetrieb, wenn die Betätigung weder als Ausübung von Land- und Forstwirtschaft noch als Ausübung eines freien Berufs noch als eine andere selbständige Arbeit anzusehen ist. ²Eine durch die Betätigung verursachte Minderung der Steuern vom Einkommen ist kein Gewinn im Sinne des Satzes 1. ³Ein Gewerbebetrieb liegt, wenn seine Voraussetzungen im Übrigen gegeben sind, auch dann vor, wenn die Gewinnerzielungsabsicht nur ein Nebenzweck ist.

(3) Als Gewerbebetrieb gilt in vollem Umfang die mit Einkünfteerzielungsabsicht unternommene Tätigkeit

---

1) Zur Anwendung von Absatz 1a i. d. F. des SEStEG → § 52 Abs. 30a Satz 2 EStG.

1. einer offenen Handelsgesellschaft, einer Kommanditgesellschaft oder einer anderen Personengesellschaft, wenn die Gesellschaft auch eine Tätigkeit im Sinne des Absatzes 1 Nummer 1 ausübt oder gewerbliche Einkünfte im Sinne des Absatzes 1 Satz 1 Nummer 2 bezieht,
2. einer Personengesellschaft, die keine Tätigkeit im Sinne des Absatzes 1 Satz 1 Nummer 1 ausübt und bei der ausschließlich eine oder mehrere Kapitalgesellschaften persönlich haftende Gesellschafter sind und nur diese oder Personen, die nicht Gesellschafter sind, zur Geschäftsführung befugt sind (gewerblich geprägte Personengesellschaft). ²Ist eine gewerblich geprägte Personengesellschaft als persönlich haftender Gesellschafter an einer anderen Personengesellschaft beteiligt, so steht für die Beurteilung, ob die Tätigkeit dieser Personengesellschaft als Gewerbebetrieb gilt, die gewerblich geprägte Personengesellschaft einer Kapitalgesellschaft gleich.

(4) ¹Verluste aus gewerblicher Tierzucht oder gewerblicher Tierhaltung dürfen weder mit anderen Einkünften aus Gewerbebetrieb noch mit Einkünften aus anderen Einkunftsarten ausgeglichen werden; sie dürfen auch nicht nach § 10d abgezogen werden. ²Die Verluste mindern jedoch nach Maßgabe des § 10d die Gewinne, die der Steuerpflichtige in dem unmittelbar vorangegangenen und in den folgenden Wirtschaftsjahren aus gewerblicher Tierzucht oder gewerblicher Tierhaltung erzielt hat oder erzielt. ³Die Sätze 1 und 2 gelten entsprechend für Verluste aus Termingeschäften, durch die der Steuerpflichtige einen Differenzausgleich oder einen durch den Wert einer veränderlichen Bezugsgröße bestimmten Geldbetrag oder Vorteil erlangt. ⁴Satz 3 gilt nicht für die Geschäfte, die zum gewöhnlichen Geschäftsbetrieb bei Kreditinstituten, Finanzdienstleistungsinstituten und Finanzunternehmen im Sinne des Gesetzes über das Kreditwesen gehören oder die der Absicherung von Geschäften des gewöhnlichen Geschäftsbetriebs dienen. ⁵Satz 4 gilt nicht, wenn es sich um Geschäfte handelt, die der Absicherung von Aktiengeschäften dienen, bei denen der Veräußerungsgewinn nach § 3 Nummer 40 Satz 1 Buchstabe a und b in Verbindung mit § 3c Absatz 2 teilweise steuerfrei ist, oder die nach § 8b Absatz 2 des Körperschaftsteuergesetzes bei der Ermittlung des Einkommens außer Ansatz bleiben. ⁶Verluste aus stillen Gesellschaften, Unterbeteiligungen oder sonstigen Innengesellschaften an Kapitalgesellschaften, bei denen der Gesellschafter oder Beteiligte als Mitunternehmer anzusehen ist, dürfen weder mit Einkünften aus Gewerbebetrieb noch aus anderen Einkunftsarten ausgeglichen werden; sie dürfen auch nicht nach § 10d abgezogen werden. ⁷Die Verluste mindern jedoch nach Maßgabe des § 10d die Gewinne, die der Gesellschafter oder Beteiligte in dem unmittelbar vorangegangenen Wirtschaftsjahr oder in den folgenden Wirtschaftsjahren aus derselben stillen Gesellschaft, Unterbeteiligung oder sonstigen Innengesellschaft bezieht. ⁸Die Sätze 6 und 7 gelten nicht, soweit der Verlust auf eine natürliche Person als unmittelbar oder mittelbar beteiligter Mitunternehmer entfällt.

§ 15a Verluste bei beschränkter Haftung

(1) ¹Der einem Kommanditisten zuzurechnende Anteil am Verlust der Kommanditgesellschaft darf weder mit anderen Einkünften aus Gewerbebetrieb noch mit Einkünften aus anderen Einkunftsarten ausgeglichen werden, soweit ein negatives Kapitalkonto des Kommanditisten entsteht oder sich erhöht; er darf insoweit auch nicht nach § 10d abgezogen werden. ²Haftet der Kommanditist am Bilanzstichtag den Gläubigern der Gesellschaft auf Grund des § 171 Absatz 1 des Handelsgesetzbuchs, so können abweichend von Satz 1 Verluste des Kommanditisten bis zur Höhe des Betrags, um den die im Handelsregister eingetragene Einlage des Kommanditisten seine geleistete Einlage übersteigt, auch ausgeglichen oder abgezogen werden, soweit durch den Verlust ein negatives Kapitalkonto entsteht oder sich erhöht. ³Satz 2 ist nur anzuwenden, wenn derjenige, dem der Anteil zuzurechnen ist, im Handelsregister eingetragen ist, das Bestehen der Haftung nachgewiesen wird und eine Vermögensminderung auf Grund der Haftung nicht durch Vertrag ausgeschlossen oder nach Art und Weise des Geschäftsbetriebs unwahrscheinlich ist.

(1a) ¹Nachträgliche Einlagen führen weder zu einer nachträglichen Ausgleichs- oder Abzugsfähigkeit eines vorhandenen verrechenbaren Verlustes noch zu einer Ausgleichs- oder Abzugsfähigkeit des dem Kommanditisten zuzurechnenden Anteils am Verlust eines zukünftigen Wirtschaftsjahres, soweit durch den Verlust ein negatives Kapitalkonto des Kommanditisten entsteht oder sich erhöht. ²Nachträgliche Einlagen im Sinne des Satzes 1 sind Einlagen, die nach Ablauf eines Wirtschaftsjahres geleistet werden, in dem ein nicht ausgleichs- oder abzugsfähiger Verlust im Sinne des Absatzes 1 entstanden oder ein Gewinn im Sinne des Absatzes 3 Satz 1 zugerechnet worden ist.

(2) ¹Soweit der Verlust nach den Absätzen 1 und 1a nicht ausgeglichen oder abgezogen werden darf, mindert er die Gewinne, die dem Kommanditisten in späteren Wirtschaftsjahren aus seiner Beteiligung an der Kommanditgesellschaft zuzurechnen sind. ²Der verrechenbare Ver-

---
¹) Zur Anwendung → § 52 Abs. 33 EStG.

lust, der nach Abzug von einem Veräußerungs- oder Aufgabegewinn verbleibt, ist im Zeitpunkt der Veräußerung oder Aufgabe des gesamten Mitunternehmeranteils oder der Betriebsveräußerung oder -aufgabe bis zur Höhe der nachträglichen Einlagen im Sinne des Absatzes 1a ausgleichs- oder abzugsfähig.

(3) ¹Soweit ein negatives Kapitalkonto des Kommanditisten durch Entnahmen entsteht oder sich erhöht (Einlageminderung) und soweit nicht auf Grund der Entnahmen eine nach Absatz 1 Satz 2 zu berücksichtigende Haftung besteht oder entsteht, ist dem Kommanditisten der Betrag der Einlageminderung als Gewinn zuzurechnen. ²Der nach Satz 1 zuzurechnende Betrag darf den Betrag der Anteile am Verlust der Kommanditgesellschaft nicht übersteigen, der in Wirtschaftsjahr der Einlageminderung und in den zehn vorangegangenen Wirtschaftsjahren ausgleichs- oder abzugsfähig gewesen ist. ³Wird der Haftungsbetrag im Sinne des Absatzes 1 Satz 2 gemindert (Haftungsminderung) und sind im Wirtschaftsjahr der Haftungsminderung und den zehn vorangegangenen Wirtschaftsjahren Verluste nach Absatz 1 Satz 2 ausgleichs- oder abzugsfähig gewesen, so ist dem Kommanditisten der Betrag der Haftungsminderung, vermindert um auf Grund der Haftung tatsächlich geleistete Beträge, als Gewinn zuzurechnen; Satz 2 gilt sinngemäß. ⁴Die nach den Sätzen 1 bis 3 zuzurechnenden Beträge mindern die Gewinne, die dem Kommanditisten im Wirtschaftsjahr der Zurechnung oder in späteren Wirtschaftsjahren aus seiner Beteiligung an der Kommanditgesellschaft zuzurechnen sind.

(4) ¹Der nach Absatz 1 nicht ausgleichs- oder abzugsfähige Verlust eines Kommanditisten, vermindert um die nach Absatz 2 abzuziehenden und vermehrt um die nach Absatz 3 hinzuzurechnenden Beträge (verrechenbarer Verlust), ist jährlich gesondert festzustellen. ²Dabei ist von dem verrechenbaren Verlust des vorangegangenen Wirtschaftsjahres auszugehen. ³Zuständig für den Erlass des Feststellungsbescheids ist das für die gesonderte Feststellung des Gewinns und Verlustes der Gesellschaft zuständige Finanzamt. ⁴Der Feststellungsbescheid kann nur insoweit angegriffen werden, als der verrechenbare Verlust gegenüber dem verrechenbaren Verlust des vorangegangenen Wirtschaftsjahrs sich verändert hat. ⁵Die gesonderten Feststellungen nach Satz 1 können mit der gesonderten und einheitlichen Feststellung der einkommensteuerpflichtigen und körperschaftsteuerpflichtigen Einkünfte verbunden werden. ⁶In diesen Fällen sind die gesonderten Feststellungen des verrechenbaren Verlustes einheitlich durchzuführen.

(5) Absatz 1 Satz 1, Absatz 1a, 2 und 3 Satz 1, 2 und 4 sowie Absatz 4 gelten sinngemäß für andere Unternehmer, soweit deren Haftung der eines Kommanditisten vergleichbar ist, insbesondere für

1. stille Gesellschafter einer stillen Gesellschaft im Sinne des § 230 des Handelsgesetzbuchs, bei der der stille Gesellschafter als Unternehmer (Mitunternehmer) anzusehen ist,
2. Gesellschafter einer Gesellschaft im Sinne des Bürgerlichen Gesetzbuchs, bei der der Gesellschafter als Unternehmer (Mitunternehmer) anzusehen ist, soweit die Inanspruchnahme des Gesellschafters für Schulden in Zusammenhang mit dem Betrieb durch Vertrag ausgeschlossen oder nach Art und Weise des Geschäftsbetriebs unwahrscheinlich ist,
3. Gesellschafter einer ausländischen Personengesellschaft, bei der der Gesellschafter als Unternehmer (Mitunternehmer) anzusehen ist, soweit die Haftung des Gesellschafters für Schulden in Zusammenhang mit dem Betrieb der eines Kommanditisten oder eines stillen Gesellschafters entspricht oder soweit die Inanspruchnahme des Gesellschafters für Schulden in Zusammenhang mit dem Betrieb durch Vertrag ausgeschlossen oder nach Art und Weise des Geschäftsbetriebs unwahrscheinlich ist,
4. Unternehmer, soweit Verbindlichkeiten nur in Abhängigkeit von Erlösen oder Gewinnen aus der Nutzung, Veräußerung oder sonstigen Verwertung von Wirtschaftsgütern zu tilgen sind,
5. Mitreeder einer Reederei im Sinne des § 489 des Handelsgesetzbuchs, bei der der Mitreeder als Unternehmer (Mitunternehmer) anzusehen ist, wenn die persönliche Haftung des Mitreeders für die Verbindlichkeiten der Reederei ganz oder teilweise ausgeschlossen oder soweit die Inanspruchnahme des Mitreeders für Verbindlichkeiten der Reederei nach Art und Weise des Geschäftsbetriebs unwahrscheinlich ist.

§ 15b Verluste im Zusammenhang mit Steuerstundungsmodellen[1)]

(1) ¹Verluste im Zusammenhang mit einem Steuerstundungsmodell dürfen weder mit Einkünften aus Gewerbebetrieb noch mit Einkünften aus anderen Einkunftsarten ausgeglichen

---

1) § 15b i. d. F. des Gesetzes zur Beschränkung der Verlustverrechnung im Zusammenhang mit Steuerstundungsmodellen ist nur auf Verluste aus Steuerstundungsmodellen anzuwenden, denen der Stpfl. nach dem 10. 11. 2005 beigetreten ist oder für die nach dem 10. 11. 2005 mit dem Außenvertrieb begonnen wurde → § 52 Abs. 33a EStG.

werden; sie dürfen auch nicht nach § 10d abgezogen werden. ²Die Verluste mindern jedoch die Einkünfte, die der Steuerpflichtige in den folgenden Wirtschaftsjahren aus derselben Einkunftsquelle erzielt. ³§ 15a ist insoweit nicht anzuwenden.

(2) ¹Ein Steuerstundungsmodell im Sinne des Absatzes 1 liegt vor, wenn auf Grund einer modellhaften Gestaltung steuerliche Vorteile in Form negativer Einkünfte erzielt werden sollen. ²Dies ist der Fall, wenn dem Steuerpflichtigen auf Grund eines vorgefertigten Konzepts die Möglichkeit geboten werden soll, zumindest in der Anfangsphase der Investition Verluste mit übrigen Einkünften zu verrechnen. ³Dabei ist es ohne Belang, auf welchen Vorschriften die negativen Einkünfte beruhen.

(3) Absatz 1 ist nur anzuwenden, wenn innerhalb der Anfangsphase das Verhältnis der Summe der prognostizierten Verluste zur Höhe des gezeichneten und nach dem Konzept auch aufzubringenden Kapitals oder bei Einzelinvestoren des eingesetzten Eigenkapitals 10 Prozent übersteigt.

(4) ¹Der nach Absatz 1 nicht ausgleichsfähige Verlust ist jährlich gesondert festzustellen. ²Dabei ist von dem verrechenbaren Verlust des Vorjahres auszugehen. ³Der Feststellungsbescheid kann nur insoweit angegriffen werden, als der verrechenbare Verlust gegenüber dem verrechenbaren Verlust des Vorjahres sich verändert hat. ⁴Handelt es sich bei dem Steuerstundungsmodell um eine Gesellschaft oder Gemeinschaft im Sinne des § 180 Absatz 1 Nummer 2 Buchstabe a der Abgabenordnung, ist das für die gesonderte und einheitliche Feststellung der einkommensteuerpflichtigen und körperschaftsteuerpflichtigen Einkünfte aus dem Steuerstundungsmodell zuständige Finanzamt für den Erlass des Feststellungsbescheids nach Satz 1 zuständig; anderenfalls ist das Betriebsfinanzamt (§ 18 Abs. 1 Nr. 2 der Abgabenordnung) zuständig. ⁵Handelt es sich bei dem Steuerstundungsmodell um eine Gesellschaft oder Gemeinschaft im Sinne des § 180 Absatz 1 Nummer 2 Buchstabe a der Abgabenordnung, können die gesonderten Feststellungen nach Satz 1 mit der gesonderten und einheitlichen Feststellung der einkommensteuerpflichtigen und körperschaftsteuerpflichtigen Einkünfte aus dem Steuerstundungsmodell verbunden werden; in diesen Fällen sind die gesonderten Feststellungen nach Satz 1 einheitlich durchzuführen.

§ 16 Veräußerung des Betriebs

(1) ¹Zu den Einkünften aus Gewerbebetrieb gehören auch Gewinne, die erzielt werden bei der Veräußerung
1. des ganzen Gewerbebetriebs oder eines Teilbetriebs. ²Als Teilbetrieb gilt auch die das gesamte Nennkapital umfassende Beteiligung an einer Kapitalgesellschaft; im Fall der Auflösung der Kapitalgesellschaft ist § 17 Absatz 4 Satz 3 sinngemäß anzuwenden;
2. des gesamten Anteils eines Gesellschafters, der als Unternehmer (Mitunternehmer) des Betriebs anzusehen ist (§ 15 Absatz 1 Satz 1 Nummer 2);
3. des gesamten Anteils eines persönlich haftenden Gesellschafters einer Kommanditgesellschaft auf Aktien (§ 15 Absatz 1 Satz 1 Nummer 3).

²Gewinne, die bei der Veräußerung eines Teils eines Anteils im Sinne von Satz 1 Nummer 2 oder 3 erzielt werden, sind laufende Gewinne.

(2) ¹Veräußerungsgewinn im Sinne des Absatzes 1 ist der Betrag, um den der Veräußerungspreis nach Abzug der Veräußerungskosten den Wert des Betriebsvermögens (Absatz 1 Satz 1 Nummer 1) oder den Wert des Anteils am Betriebsvermögen (Absatz 1 Satz 1 Nummer 2 und 3) übersteigt. ²Der Wert des Betriebsvermögens oder des Anteils ist für den Zeitpunkt der Veräußerung nach § 4 Absatz 1 oder nach § 5 zu ermitteln. ³Soweit auf der Seite des Veräußerers und auf der Seite des Erwerbers dieselben Personen Unternehmer oder Mitunternehmer sind, gilt der Gewinn insoweit jedoch als laufender Gewinn.

(3) ¹Als Veräußerung gilt auch die Aufgabe des Gewerbebetriebs sowie eines Anteils im Sinne des Absatzes 1 Satz 1 Nummer 2 oder Nummer 3. ²Werden im Zuge der Realteilung einer Mitunternehmerschaft Teilbetriebe, Mitunternehmeranteile oder einzelne Wirtschaftsgüter in das jeweilige Betriebsvermögen der einzelnen Mitunternehmer übertragen, so sind bei der Ermittlung des Gewinns der Mitunternehmerschaft die Wirtschaftsgüter mit den Werten anzusetzen, die sich nach den Vorschriften über die Gewinnermittlung ergeben, sofern die Besteuerung der stillen Reserven sichergestellt ist; der übernehmende Mitunternehmer ist an diese Werte gebunden; § 4 Absatz 1 Satz 4 ist entsprechend anzuwenden. ³Dagegen ist für den jeweiligen Übertragungsvorgang rückwirkend der gemeine Wert anzusetzen, soweit bei einer Realteilung, bei der einzelne Wirtschaftsgüter übertragen worden sind, zum Buchwert übertragener Grund und Boden, übertragene Gebäude oder andere übertragene wesentliche Betriebsgrundlagen innerhalb einer Sperrfrist nach der Übertragung veräußert oder entnommen werden; diese Sperrfrist endet drei Jahre nach Abgabe der Steuererklärung der Mitunternehmerschaft für den Veranlagungszeitraum der Realteilung. ⁴Satz 2 ist bei einer Realteilung, bei der einzel-

ne Wirtschaftsgüter übertragen werden, nicht anzuwenden, soweit die Wirtschaftsgüter unmittelbar oder mittelbar auf eine Körperschaft, Personenvereinigung oder Vermögensmasse übertragen werden; in diesem Fall ist bei der Übertragung der gemeine Wert anzusetzen. ⁵Soweit einzelne dem Betrieb gewidmete Wirtschaftsgüter im Rahmen der Aufgabe des Betriebs veräußert werden und soweit auf der Seite des Veräußerers und auf der Seite des Erwerbers dieselben Personen Unternehmer oder Mitunternehmer sind, gilt der Gewinn aus der Aufgabe des Gewerbebetriebs als laufender Gewinn. ⁶Werden die einzelnen dem Betrieb gewidmeten Wirtschaftsgüter im Rahmen der Aufgabe des Betriebs veräußert, so sind die Veräußerungspreise anzusetzen. ⁷Werden die Wirtschaftsgüter nicht veräußert, so ist der gemeine Wert im Zeitpunkt der Aufgabe anzusetzen. ⁸Bei Aufgabe eines Gewerbebetriebs, an dem mehrere Personen beteiligt waren, ist für jeden einzelnen Beteiligten der gemeine Wert der Wirtschaftsgüter anzusetzen, die er bei der Auseinandersetzung erhalten hat.

¹⁾ (3a) Einer Aufgabe des Gewerbebetriebs steht der Ausschluss oder die Beschränkung des Besteuerungsrechts der Bundesrepublik Deutschland hinsichtlich des Gewinns aus der Veräußerung sämtlicher Wirtschaftsgüter des Betriebs oder eines Teilbetriebs gleich; § 4 Absatz 1 Satz 4 gilt entsprechend.

²⁾ (3b) ¹In den Fällen der Betriebsunterbrechung und der Betriebsverpachtung im Ganzen gilt ein Gewerbebetrieb sowie ein Anteil im Sinne des Absatzes 1 Satz 1 Nummer 2 oder Nummer 3 nicht als aufgegeben, bis

1. der Steuerpflichtige die Aufgabe im Sinne des Absatzes 3 Satz 1 ausdrücklich gegenüber dem Finanzamt erklärt oder
2. dem Finanzamt Tatsachen bekannt werden, aus denen sich ergibt, dass die Voraussetzungen für eine Aufgabe im Sinne des Absatzes 3 Satz 1 erfüllt sind.

²Die Aufgabe des Gewerbebetriebs oder Anteils im Sinne des Absatzes 1 Satz 1 Nummer 2 oder Nummer 3 ist in den Fällen des Satzes 1 Nummer 1 rückwirkend für den vom Steuerpflichtigen gewählten Zeitpunkt anzuerkennen, wenn die Aufgabeerklärung spätestens drei Monate nach diesem Zeitpunkt abgegeben wird. ³Wird die Aufgabeerklärung nicht spätestens drei Monate nach dem vom Steuerpflichtigen gewählten Zeitpunkt abgegeben, gilt der Gewerbebetrieb oder Anteil im Sinne des Absatzes 1 Satz 1 Nummer 2 oder Nummer 3 erst in dem Zeitpunkt als aufgegeben, in dem die Aufgabeerklärung beim Finanzamt eingeht.

(4) ¹Hat der Steuerpflichtige das 55. Lebensjahr vollendet oder ist er im sozialversicherungsrechtlichen Sinne dauernd berufsunfähig, so wird der Veräußerungsgewinn auf Antrag zur Einkommensteuer nur herangezogen, soweit er 45 000 Euro übersteigt. ²Der Freibetrag ist dem Steuerpflichtigen nur einmal zu gewähren. ³Er ermäßigt sich um den Betrag, um den der Veräußerungsgewinn 136 000 Euro übersteigt.

³⁾ (5) Werden bei einer Realteilung, bei der Teilbetriebe auf einzelne Mitunternehmer übertragen werden, Anteile an einer Körperschaft, Personenvereinigung oder Vermögensmasse unmittelbar oder mittelbar von einem nicht nach § 8b Absatz 2 des Körperschaftsteuergesetzes begünstigten Steuerpflichtigen auf einen von § 8b Absatz 2 des Körperschaftsteuergesetzes begünstigten Mitunternehmer übertragen, ist abweichend von Absatz 3 Satz 2 rückwirkend auf den Zeitpunkt der Realteilung der gemeine Wert anzusetzen, wenn der übernehmende Mitunternehmer die Anteile innerhalb eines Zeitraums von sieben Jahren nach der Realteilung unmittelbar oder mittelbar veräußert oder durch einen Vorgang nach § 22 Absatz 1 Satz 6 Nummer 1 bis 5 des Umwandlungssteuergesetzes weiter überträgt; § 22 Absatz 2 Satz 3 des Umwandlungssteuergesetzes gilt entsprechend.

§ 17 Veräußerung von Anteilen an Kapitalgesellschaften

S 2244

(1) ¹Zu den Einkünften aus Gewerbebetrieb gehört auch der Gewinn aus der Veräußerung von Anteilen an einer Kapitalgesellschaft, wenn der Veräußerer innerhalb der letzten fünf Jahre am Kapital der Gesellschaft unmittelbar oder mittelbar zu mindestens ein vom Hundert beteiligt war. ²Die verdeckte Einlage von Anteilen an einer Kapitalgesellschaft in eine Kapitalgesellschaft steht der Veräußerung der Anteile gleich. ³Anteile an einer Kapitalgesellschaft sind Aktien, Anteile an einer Gesellschaft mit beschränkter Haftung, Genussscheine oder ähnliche Beteiligungen und Anwartschaften auf solche Beteiligungen. ⁴Hat der Veräußerer den veräußerten Anteil innerhalb der letzten fünf Jahre vor der Veräußerung unentgeltlich erworben, so *gilt Satz 1 entsprechend*, wenn der Veräußerer zwar nicht selbst, aber der Rechtsvorgänger

---
1) Absatz 3a i. d. F. des JStG 2010 ist in allen offenen Fällen anzuwenden → § 52 Abs. 34 Satz 5 EStG.
2) Absatz 3b i. d. F. des Steuervereinfachungsgesetz 2011 ist nur auf Aufgaben i. S. d. § 16 Abs. 3 Satz 1 EStG nach dem 4. 11. 2011 anzuwenden → § 52 Abs. 34 Satz 9 EStG.
3) Absatz 5 ist erstmals anzuwenden, wenn die ursprüngliche Übertragung der veräußerten Anteile nach dem 12. 12. 2006 erfolgt ist → § 52 Abs. 34 Satz 8 EStG.

oder, sofern der Anteil nacheinander unentgeltlich übertragen worden ist, einer der Rechtsvorgänger innerhalb der letzten fünf Jahre im Sinne von Satz 1 beteiligt war.

(2) ¹Veräußerungsgewinn im Sinne des Absatzes 1 ist der Betrag, um den der Veräußerungspreis nach Abzug der Veräußerungskosten die Anschaffungskosten übersteigt. ²In den Fällen des Absatzes 1 Satz 2 tritt an die Stelle des Veräußerungspreises der Anteile ihr gemeiner Wert. ³Weist der Veräußerer nach, dass ihm die Anteile bereits im Zeitpunkt der Begründung der unbeschränkten Steuerpflicht nach § 1 Absatz 1 zuzurechnen waren und dass der bis zu diesem Zeitpunkt entstandene Vermögenszuwachs auf Grund gesetzlicher Bestimmungen des Wegzugsstaats im Wegzugsstaat einer der Steuer nach § 6 des Außensteuergesetzes vergleichbaren Steuer unterlegen hat, tritt an die Stelle der Anschaffungskosten der Wert, den der Wegzugsstaat bei der Berechnung der Steuer nach § 6 des Außensteuergesetzes vergleichbaren Steuer angesetzt hat, höchstens jedoch der gemeine Wert. ⁴Satz 3 ist in den Fällen des § 6 Absatz 3 des Außensteuergesetzes nicht anzuwenden. ⁵Hat der Veräußerer den veräußerten Anteil unentgeltlich erworben, so sind als Anschaffungskosten des Anteils die Anschaffungskosten des Rechtsvorgängers maßgebend, der den Anteil zuletzt entgeltlich erworben hat. ⁶Ein Veräußerungsverlust ist nicht zu berücksichtigen, soweit er auf Anteile entfällt,

a) die der Steuerpflichtige innerhalb der letzten fünf Jahre unentgeltlich erworben hatte. ²Dies gilt nicht, soweit der Rechtsvorgänger anstelle des Steuerpflichtigen den Veräußerungsverlust hätte geltend machen können;

b) die entgeltlich erworben worden sind und nicht innerhalb der gesamten letzten fünf Jahre zu einer Beteiligung des Steuerpflichtigen im Sinne von Absatz 1 Satz 1 gehört haben. ²Dies gilt nicht für innerhalb der letzten fünf Jahre erworbene Anteile, deren Erwerb zur Begründung einer Beteiligung des Steuerpflichtigen im Sinne von Absatz 1 Satz 1 geführt hat oder die nach Begründung der Beteiligung im Sinne von Absatz 1 Satz 1 erworben worden sind.

(3) ¹Der Veräußerungsgewinn wird zur Einkommensteuer nur herangezogen, soweit er den Teil von 9 060 Euro übersteigt, der dem veräußerten Anteil an der Kapitalgesellschaft entspricht. ²Der Freibetrag ermäßigt sich um den Betrag, um den der Veräußerungsgewinn den Teil von 36 100 Euro übersteigt, der dem veräußerten Anteil an der Kapitalgesellschaft entspricht.

(4) ¹Als Veräußerung im Sinne des Absatzes 1 gilt auch die Auflösung einer Kapitalgesellschaft, die Kapitalherabsetzung, wenn das Kapital zurückgezahlt wird, und die Ausschüttung oder Zurückzahlung von Beträgen aus dem steuerlichen Einlagekonto im Sinne des § 27 des Körperschaftsteuergesetzes. ²In diesen Fällen ist als Veräußerungspreis der gemeine Wert des dem Steuerpflichtigen zugeteilten oder zurückgezahlten Vermögens der Kapitalgesellschaft anzusehen. ³Satz 1 gilt nicht, soweit die Bezüge nach § 20 Absatz 1 Nummer 1 oder 2 zu den Einnahmen aus Kapitalvermögen gehören.

(5) ¹Die Beschränkung oder der Ausschluss des Besteuerungsrechts der Bundesrepublik Deutschland hinsichtlich des Gewinns aus der Veräußerung der Anteile an einer Kapitalgesellschaft im Fall der Verlegung des Sitzes oder des Orts der Geschäftsleitung der Kapitalgesellschaft in einen anderen Staat stehen der Veräußerung der Anteile zum gemeinen Wert gleich. ²Dies gilt nicht in den Fällen der Sitzverlegung einer Europäischen Gesellschaft nach Artikel 8 der Verordnung (EG) Nr. 2157/2001 und der Sitzverlegung einer anderen Kapitalgesellschaft in einen anderen Mitgliedstaat der Europäischen Union. ³In diesen Fällen ist der Gewinn aus einer späteren Veräußerung der Anteile ungeachtet der Bestimmungen eines Abkommens zur Vermeidung der Doppelbesteuerung in der gleichen Art und Weise zu besteuern, wie die Veräußerung dieser Anteile zu besteuern gewesen wäre, wenn keine Sitzverlegung stattgefunden hätte. ⁴§ 15 Absatz 1a Satz 2 ist entsprechend anzuwenden.

(6) Als Anteile im Sinne des Absatzes 1 Satz 1 gelten auch Anteile an Kapitalgesellschaften, an denen der Veräußerer innerhalb der letzten fünf Jahre am Kapital der Gesellschaft nicht unmittelbar oder mittelbar zu mindestens 1 Prozent beteiligt war, wenn

1. die Anteile auf Grund eines Einbringungsvorgangs im Sinne des Umwandlungssteuergesetzes, bei dem nicht der gemeine Wert zum Ansatz kam, erworben wurden und

2. zum Einbringungszeitpunkt für die eingebrachten Anteile die Voraussetzungen von Absatz 1 Satz 1 erfüllt waren oder die Anteile auf einer Sacheinlage im Sinne von § 20 Absatz 1 des Umwandlungssteuergesetzes vom 7. Dezember 2006 (BGBl. I S. 2782, 2791) in der jeweils geltenden Fassung beruhen.

(7) Als Anteile im Sinne des Absatzes 1 Satz 1 gelten auch Anteile an einer Genossenschaft einschließlich der Europäischen Genossenschaft.

c) Selbständige Arbeit (§ 2 Absatz 1 Satz 1 Nummer 3)

§ 18 [Selbständige Arbeit]

(1) Einkünfte aus selbständiger Arbeit sind
1. Einkünfte aus freiberuflicher Tätigkeit. ²Zu der freiberuflichen Tätigkeit gehören die selbständig ausgeübte wissenschaftliche, künstlerische, schriftstellerische, unterrichtende oder erzieherische Tätigkeit, die selbständige Berufstätigkeit der Ärzte, Zahnärzte, Tierärzte, Rechtsanwälte, Notare, Patentanwälte, Vermessungsingenieure, Ingenieure, Architekten, Handelschemiker, Wirtschaftsprüfer, Steuerberater, beratenden Volks- und Betriebswirte, vereidigten Buchprüfer, Steuerbevollmächtigten, Heilpraktiker, Dentisten, Krankengymnasten, Journalisten, Bildberichterstatter, Dolmetscher, Übersetzer, Lotsen und ähnlicher Berufe. ³Ein Angehöriger eines freien Berufs im Sinne der Sätze 1 und 2 ist auch dann freiberuflich tätig, wenn er sich der Mithilfe fachlich vorgebildeter Arbeitskräfte bedient; Voraussetzung ist, dass er auf Grund eigener Fachkenntnisse leitend und eigenverantwortlich tätig wird. ⁴Eine Vertretung im Fall vorübergehender Verhinderung steht der Annahme einer leitenden und eigenverantwortlichen Tätigkeit nicht entgegen;
2. Einkünfte der Einnehmer einer staatlichen Lotterie, wenn sie nicht Einkünfte aus Gewerbebetrieb sind;
3. Einkünfte aus sonstiger selbständiger Arbeit, z. B. Vergütungen für die Vollstreckung von Testamenten, für Vermögensverwaltung und für die Tätigkeit als Aufsichtsratsmitglied;
4. Einkünfte, die ein Beteiligter an einer vermögensverwaltenden Gesellschaft oder Gemeinschaft, deren Zweck im Erwerb, Halten und in der Veräußerung von Anteilen an Kapitalgesellschaften besteht, als Vergütung für Leistungen zur Förderung des Gesellschafts- oder Gemeinschaftszwecks erzielt, wenn der Anspruch auf die Vergütung unter der Voraussetzung eingeräumt worden ist, dass die Gesellschafter oder Gemeinschafter ihr eingezahltes Kapital vollständig zurückerhalten haben; § 15 Absatz 3 ist nicht anzuwenden.

(2) Einkünfte nach Absatz 1 sind auch dann steuerpflichtig, wenn es sich nur um eine vorübergehende Tätigkeit handelt.

(3) ¹Zu den Einkünften aus selbständiger Arbeit gehört auch der Gewinn, der bei der Veräußerung des Vermögens oder eines selbständigen Teils des Vermögens oder eines Anteils am Vermögen erzielt wird, das der selbständigen Arbeit dient. ²§ 16 Absatz 1 Satz 1 Nummer 1 und 2 und Absatz 1 Satz 2 sowie Abs. 2 bis 4 gilt entsprechend.

(4) ¹§ 13 Absatz 5 gilt entsprechend, sofern das Grundstück im Veranlagungszeitraum 1986 zu einem der selbständigen Arbeit dienenden Betriebsvermögen gehört hat. ²§ 15 Absatz 1 Satz 1 Nummer 2, Abs. 1a, Absatz 2 Satz 2 und 3, die §§ 15a und 15b sind entsprechend anzuwenden.

Hinweise

Abgrenzung der selbständigen Arbeit gegenüber der nichtselbständigen Arbeit

→ H 18 EStR

d) Nichtselbständige Arbeit (§ 2 Absatz 1 Satz 1 Nummer 4)

§ 19 [Nichtselbständige Arbeit]

(1) ¹Zu den Einkünften aus nichtselbständiger Arbeit gehören
1. Gehälter, Löhne, Gratifikationen, Tantiemen und andere Bezüge und Vorteile für eine Beschäftigung im öffentlichen oder privaten Dienst;
2. Wartegelder, Ruhegelder, Witwen- und Waisengelder und andere Bezüge und Vorteile aus früheren Dienstleistungen, auch soweit sie von Arbeitgebern ausgleichspflichtiger Personen an ausgleichsberechtigte Personen infolge einer nach § 10 oder § 14 des Versorgungsausgleichsgesetzes durchgeführten Teilung geleistet werden;
3. laufende Beiträge und laufende Zuwendungen des Arbeitgebers aus einem bestehenden Dienstverhältnis an einen Pensionsfonds, eine Pensionskasse oder für eine Direktversicherung für eine betriebliche Altersversorgung. ²Zu den Einkünften aus nichtselbständiger Ar-

---

¹⁾ Zur zeitlichen Anwendung von Absatz 4 Satz 2 → § 52 Abs. 30a Satz 2 und Abs. 34b EStG.

beit gehören auch Sonderzahlungen, die der Arbeitgeber neben den laufenden Beiträgen und Zuwendungen an eine solche Versorgungseinrichtung leistet, mit Ausnahme der Zahlungen des Arbeitgebers zur Erfüllung der Solvabilitätsvorschriften nach den §§ 53c und 114 des Versicherungsaufsichtsgesetzes, Zahlungen des Arbeitgebers in der Rentenbezugszeit nach § 112 Absatz 1a des Versicherungsaufsichtsgesetzes oder Sanierungsgelder; Sonderzahlungen des Arbeitgebers sind insbesondere Zahlungen an eine Pensionskasse anlässlich

a) seines Ausscheidens aus einer nicht im Wege der Kapitaldeckung finanzierten betrieblichen Altersversorgung oder

b) des Wechsels von einer nicht im Wege der Kapitaldeckung zu einer anderen nicht im Wege der Kapitaldeckung finanzierten betrieblichen Altersversorgung.

³Von Sonderzahlungen im Sinne des Satzes 2 Buchstabe b ist bei laufenden und wiederkehrenden Zahlungen entsprechend dem periodischen Bedarf nur auszugehen, soweit die Bemessung der Zahlungsverpflichtungen des Arbeitgebers in das Versorgungssystem nach dem Wechsel die Bemessung der Zahlungsverpflichtung zum Zeitpunkt des Wechsels übersteigt. ⁴Sanierungsgelder sind Sonderzahlungen des Arbeitgebers an eine Pensionskasse anlässlich der Systemumstellung einer nicht im Wege der Kapitaldeckung finanzierten betrieblichen Altersversorgung auf der Finanzierungs- oder Leistungsseite, die der Finanzierung der zum Zeitpunkt der Umstellung bestehenden Versorgungsverpflichtungen oder Versorgungsanwartschaften dienen; bei laufenden und wiederkehrenden Zahlungen entsprechend dem periodischen Bedarf ist nur von Sanierungsgeldern auszugehen, soweit die Bemessung der Zahlungsverpflichtungen des Arbeitgebers in das Versorgungssystem nach der Systemumstellung die Bemessung der Zahlungsverpflichtung zum Zeitpunkt der Systemumstellung übersteigt.

²Es ist gleichgültig, ob es sich um laufende oder um einmalige Bezüge handelt und ob ein Rechtsanspruch auf sie besteht.

(2) ¹Von Versorgungsbezügen bleiben ein nach einem Prozentsatz ermittelter, auf einen Höchstbetrag begrenzter Betrag (Versorgungsfreibetrag) und ein Zuschlag zum Versorgungsfreibetrag steuerfrei. ²Versorgungsbezüge sind

1. das Ruhegehalt, Witwen- oder Waisengeld, der Unterhaltsbeitrag oder ein gleichartiger Bezug
   a) auf Grund beamtenrechtlicher oder entsprechender gesetzlicher Vorschriften,
   b) nach beamtenrechtlichen Grundsätzen von Körperschaften, Anstalten oder Stiftungen des öffentlichen Rechts oder öffentlich-rechtlichen Verbänden von Körperschaften
   oder
2. in anderen Fällen Bezüge und Vorteile aus früheren Dienstleistungen wegen Erreichens einer Altersgrenze, verminderter Erwerbsfähigkeit oder Hinterbliebenenbezüge; Bezüge wegen Erreichens einer Altersgrenze gelten erst dann als Versorgungsbezüge, wenn der Steuerpflichtige das 63. Lebensjahr oder, wenn er schwerbehindert ist, das 60. Lebensjahr vollendet hat.

³Der maßgebende Prozentsatz, der Höchstbetrag des Versorgungsfreibetrags und der Zuschlag zum Versorgungsfreibetrag sind der nachstehenden Tabelle zu entnehmen:

Jahr des Versorgungsbeginns	Versorgungsfreibetrag		Zuschlag zum Versorgungsfreibetrag in Euro
	in % der Versorgungsbezüge	Höchstbetrag in Euro	
bis 2005	40,0	3 000	900
ab 2006	38,4	2 880	864
2007	36,8	2 760	828
2008	35,2	2 640	792
2009	33,6	2 520	756
2010	32,0	2 400	720
2011	30,4	2 280	684
2012	28,8	2 160	648
2013	27,2	2 040	612
2014	25,6	1 920	576

§ 19 EStG

Jahr des Versorgungsbeginns	Versorgungsfreibetrag		Zuschlag zum Versorgungsfreibetrag in Euro
	in % der Versorgungsbezüge	Höchstbetrag in Euro	
2015	24,0	1 800	540
2016	22,4	1 680	504
2017	20,8	1 560	468
2018	19,2	1 440	432
2019	17,6	1 320	396
2020	16,0	1 200	360
2021	15,2	1 140	342
2022	14,4	1 080	324
2023	13,6	1 020	306
2024	12,8	960	288
2025	12,0	900	270
2026	11,2	840	252
2027	10,4	780	234
2028	9,6	720	216
2029	8,8	660	198
2030	8,0	600	180
2031	7,2	540	162
2032	6,4	480	144
2033	5,6	420	126
2034	4,8	360	108
2035	4,0	300	90
2036	3,2	240	72
2037	2,4	180	54
2038	1,6	120	36
2039	0,8	60	18
2040	0,0	0	0

⁴Bemessungsgrundlage für den Versorgungsfreibetrag ist
   a) bei Versorgungsbeginn vor 2005
      das Zwölffache des Versorgungsbezugs für Januar 2005,
   b) bei Versorgungsbeginn ab 2005
      das Zwölffache des Versorgungsbezugs für den ersten vollen Monat,

jeweils zuzüglich voraussichtlicher Sonderzahlungen im Kalenderjahr, auf die zu diesem Zeitpunkt ein Rechtsanspruch besteht. ⁵Der Zuschlag zum Versorgungsfreibetrag darf nur bis zur Höhe der um den Versorgungsfreibetrag geminderten Bemessungsgrundlage berücksichtigt werden. ⁶Bei mehreren Versorgungsbezügen mit unterschiedlichem Bezugsbeginn bestimmen sich der insgesamt berücksichtigungsfähige Höchstbetrag des Versorgungsfreibetrags und der Zuschlag zum Versorgungsfreibetrag nach dem Jahr des Beginns des ersten Versorgungsbezugs. ⁷Folgt ein Hinterbliebenenbezug einem Versorgungsbezug, bestimmen sich der Prozentsatz, der Höchstbetrag des Versorgungsfreibetrags und der Zuschlag zum Versorgungsfreibetrag für den Hinterbliebenenbezug nach dem Jahr des Beginns des Versorgungsbezugs. ⁸Der nach den Sätzen 3 bis 7 berechnete Versorgungsfreibetrag und Zuschlag zum Versorgungsfreibetrag gelten für die gesamte Laufzeit des Versorgungsbezugs. ⁹Regelmäßige Anpassungen des Versorgungsbezugs führen nicht zu einer Neuberechnung. ¹⁰Abweichend hiervon sind der Versorgungsfreibetrag und der Zuschlag zum Versorgungsfreibetrag neu zu berechnen, wenn sich der Versorgungsbezug wegen Anwendung von Anrechnungs-, Ruhens-, Erhöhungs- oder Kürzungsregelungen erhöht oder vermindert. ¹¹In diesen Fällen sind die Sätze 3 bis 7 mit dem geänderten Versorgungsbezug als Bemessungsgrundlage im Sinne des Satzes 4 anzuwenden; im Kalenderjahr der Änderung sind der höchste Versorgungsfreibetrag und Zuschlag zum Versorgungsfreibetrag maßgebend. ¹²Für jeden vollen Kalendermonat, für den keine Versorgungsbezüge gezahlt werden, ermäßigen sich der Versorgungsfreibetrag und der Zuschlag zum Versorgungsfreibetrag in diesem Kalenderjahr um je ein Zwölftel.

§ 1 Arbeitnehmer, Arbeitgeber — LStDV

(1) ¹Arbeitnehmer sind Personen, die in öffentlichem oder privatem Dienst angestellt oder beschäftigt sind oder waren und die aus diesem Dienstverhältnis oder einem früheren Dienstverhältnis Arbeitslohn beziehen. ²Arbeitnehmer sind auch die Rechtsnachfolger dieser Personen, soweit sie Arbeitslohn aus dem früheren Dienstverhältnis ihres Rechtsvorgängers beziehen.

(2) ¹Ein Dienstverhältnis (Absatz 1) liegt vor, wenn der Angestellte (Beschäftigte) dem Arbeitgeber (öffentliche Körperschaft, Unternehmer, Haushaltsvorstand) seine Arbeitskraft schuldet. ²Dies ist der Fall, wenn die tätige Person in der Betätigung ihres geschäftlichen Willens unter der Leitung des Arbeitgebers steht oder im geschäftlichen Organismus des Arbeitgebers dessen Weisungen zu folgen verpflichtet ist.

(3) Arbeitnehmer ist nicht, wer Lieferungen und sonstige Leistungen innerhalb der von ihm selbständig ausgeübten gewerblichen oder beruflichen Tätigkeit im Inland gegen Entgelt ausführt, soweit es sich um die Entgelte für diese Lieferungen und sonstigen Leistungen handelt.

§ 2 Arbeitslohn — LStDV

(1) ¹Arbeitslohn sind alle Einnahmen, die dem Arbeitnehmer aus dem Dienstverhältnis zufließen. ²Es ist unerheblich, unter welcher Bezeichnung oder in welcher Form die Einnahmen gewährt werden.

(2) Zum Arbeitslohn gehören auch

1. Einnahmen im Hinblick auf ein künftiges Dienstverhältnis;

2. Einnahmen aus einem früheren Dienstverhältnis, unabhängig davon, ob sie dem zunächst Bezugsberechtigten oder seinem Rechtsnachfolger zufließen. Bezüge, die ganz oder teilweise auf früheren Beitragsleistungen des Bezugsberechtigten oder seines Rechtsvorgängers beruhen, gehören nicht zum Arbeitslohn, es sei denn, dass die Beitragsleistungen Werbungskosten gewesen sind;

3. Ausgaben, die ein Arbeitgeber leistet, um einen Arbeitnehmer oder diesem nahestehende Personen für den Fall der Krankheit, des Unfalls, der Invalidität, des Alters oder des Todes abzusichern (Zukunftssicherung). ²Voraussetzung ist, dass der Arbeitnehmer der Zukunftssicherung ausdrücklich oder stillschweigend zustimmt. ³Ist bei einer Zukunftssicherung für mehrere Arbeitnehmer oder diesen nahestehende Personen in Form einer Gruppenversicherung oder Pauschalversicherung der für den einzelnen Arbeitnehmer geleistete Teil der Ausgaben nicht in anderer Weise zu ermitteln, so sind die Ausgaben nach der Zahl der gesicherten Arbeitnehmer auf diese aufzuteilen. ⁴Nicht zum Arbeitslohn gehören Ausgaben, die nur dazu dienen, dem Arbeitgeber die Mittel zur Leistung einer dem Arbeitnehmer zugesagten Versorgung zu verschaffen;

4. Entschädigungen, die dem Arbeitnehmer oder seinem Rechtsnachfolger als Ersatz für entgangenen oder entgehenden Arbeitslohn oder für die Aufgabe oder Nichtausübung einer Tätigkeit gewährt werden;

5. besondere Zuwendungen, die auf Grund des Dienstverhältnisses oder eines früheren Dienstverhältnisses gewährt werden, zum Beispiel Zuschüsse im Krankheitsfall;

6. besondere Entlohnungen für Dienste, die über die regelmäßige Arbeitszeit hinaus geleistet werden, wie Entlohnung für Überstunden, Überschichten, Sonntagsarbeit;

7. Lohnzuschläge, die wegen der Besonderheit der Arbeit gewährt werden;

8. Entschädigungen für Nebenämter und Nebenbeschäftigungen im Rahmen eines Dienstverhältnisses.

§ 19 EStG
H 19.0

Hinweise

Allgemeines

Anhang 7

Wer Arbeitnehmer ist, ist unter Beachtung der Vorschriften des § 1 LStDV nach dem Gesamtbild der Verhältnisse zu beurteilen. Die arbeitsrechtliche und sozialversicherungsrechtliche Behandlung ist unmaßgeblich (BFH vom 2. 12. 1998 – BStBl 1999 II S. 534). Wegen der Abgrenzung der für einen Arbeitnehmer typischen fremdbestimmten Tätigkeit von selbständiger Tätigkeit → BFH vom 14. 6. 1985 (BStBl II S. 661) und vom 18. 1. 1991 (BStBl II S. 409). Danach können für eine Arbeitnehmereigenschaft insbesondere folgende Merkmale sprechen:

– persönliche Abhängigkeit,
– Weisungsgebundenheit hinsichtlich Ort, Zeit und Inhalt der Tätigkeit,
– feste Arbeitszeiten,
– Ausübung der Tätigkeit gleichbleibend an einem bestimmten Ort,
– feste Bezüge,
– Urlaubsanspruch,
– Anspruch auf sonstige Sozialleistungen,
– Fortzahlung der Bezüge im Krankheitsfall,
– Überstundenvergütung,
– zeitlicher Umfang der Dienstleistungen,
– Unselbständigkeit in Organisation und Durchführung der Tätigkeit,
– kein Unternehmerrisiko,
– keine Unternehmerinitiative,
– kein Kapitaleinsatz,
– keine Pflicht zur Beschaffung von Arbeitsmitteln,
– Notwendigkeit der engen ständigen Zusammenarbeit mit anderen Mitarbeitern,
– Eingliederung in den Betrieb,
– Schulden der Arbeitskraft und nicht eines Arbeitserfolges,
– Ausführung von einfachen Tätigkeiten, bei denen eine Weisungsabhängigkeit die Regel ist.

Diese Merkmale ergeben sich regelmäßig aus dem der Beschäftigung zugrunde liegenden Vertragsverhältnis, sofern die Vereinbarungen ernsthaft gewollt sind und tatsächlich durchgeführt werden (→ BFH vom 14. 12. 1978 – BStBl 1979 II S. 188, vom 20. 2. 1979 – BStBl II S. 414 und vom 24. 7. 1992 – BStBl 1993 II S. 155). Dabei sind die für oder gegen ein Dienstverhältnis sprechenden Merkmale ihrer Bedeutung entsprechend gegeneinander abzuwägen. Die arbeitsrechtliche Fiktion eines Dienstverhältnisses ist steuerrechtlich nicht maßgebend (→ BFH vom 8. 5. 2008 – BStBl II S. 868).

Asylbewerber

Arbeitnehmer und Arbeitgeber (§ 1 LStDV); hier: Arbeitnehmereigenschaft von Asylbewerbern Zahlung einer Aufwandsentschädigung nach § 5 Abs. 2 AsylbLG

(Verfügung der OFD Erfurt vom 15. 3. 1999 – S 2331 A – 08 – St 332 –)

Gem. § 5 Abs. 1 des Asylbewerberleistungsgesetzes (AsylbLG; veröffentlicht im BGBl. 1997 Teil I S. 2023) sollen Asylbewerbern Arbeitsgelegenheiten in Aufnahmeeinrichtungen nach dem Asylverfahrensgesetz sowie soweit wie möglich bei staatlichen, kommunalen bzw. gemeinnützigen Trägern zur Verfügung gestellt werden. Arbeitsfähige, nicht erwerbstätige Leistungsberechtigte, die nicht mehr im schulpflichtigen Alter sind, sind zur Wahrnehmung derartiger Arbeitsgelegenheiten verpflichtet (§ 5 Abs. 4 S. 1 AsylbLG). Für die zu leistende Arbeit wird den Asylbewerbern eine Aufwandsentschädigung von 2 DM je Stunde[1]) ausgezahlt (§ 5 Abs. 2 AsylbLG).

Ein Arbeitsverhältnis im Sinne des Arbeitsrechts und ein Beschäftigungsverhältnis im Sinne der gesetzlichen Kranken- und Rentenversicherung werden nicht begründet (§ 5 Abs. 5 AsylbLG).

Auch aus steuerlicher Sicht ist kein Dienstverhältnis anzunehmen, da die Asylbewerber auf Grund einer öffentlich-rechtlichen Verpflichtung zu den Arbeiten herangezogen werden. Eine freiwillig eingegangene Verpflichtung, die Arbeitskraft zu schulden, liegt somit nicht vor (vgl. Hartz/Meeßen/Wolf, „Arbeitnehmer", Tz. 26). Die Asylbewerber, die aufgrund der o. g. Bestimmungen tätig werden, sind daher nicht als Arbeitnehmer zu qualifizieren. Die gezahlten Auf-

---

[1]) Heute: 1,05 € je Stunde.

wandsentschädigungen unterliegen nicht dem Steuerabzug vom Arbeitslohn. Eine Pauschalierung der Lohnsteuer nach § 40a EStG ist damit nicht möglich. Auch das Erteilen von Kontrollmitteilungen an die Veranlagungsstellen entfällt.

Ehegatten-Arbeitsverhältnis

→ R 4.8 EStR und H 4.8 EStH

→ Zur betrieblichen Altersversorgung → H 3.63 (Ehegatten-Arbeitsverhältnis).

Einkunftserzielungsabsicht

Zur Abgrenzung der Einkunftserzielungsabsicht von einer einkommensteuerrechtlich unbeachtlichen Liebhaberei → BFH vom 28. 8. 2008 (BStBl 2009 II S. 243).

Eltern-Kind-Arbeitsverhältnis

Zur steuerlichen Anerkennung von Dienstverhältnissen zwischen Eltern und Kindern → BFH vom 9. 12. 1993 (BStBl 1994 II S. 298), → R 4.8 Abs. 3 EStR.

Gesellschafter-Geschäftsführer

Ein Gesellschafter-Geschäftsführer einer Kapitalgesellschaft ist nicht allein auf Grund seiner Organstellung Arbeitnehmer. Es ist anhand der allgemeinen Merkmale (→ Allgemeines) zu entscheiden, ob die Geschäftsführungsleistung selbständig oder nichtselbständig erbracht wird (→ BMF vom 31. 5. 2007 – BStBl I S. 503 unter Berücksichtigung der Änderungen durch BMF vom 2. 5. 2011 – BStBl I S. 490).

Mitunternehmer

Zur Frage, unter welchen Voraussetzungen ein Arbeitnehmer Mitunternehmer i. S. d. § 15 Abs. 1 Nr. 2 EStG ist, → H 15.8 Abs. 1 (Verdeckte Mitunternehmerschaft) EStH.

Nichteheliche Lebensgemeinschaft

– → H 4.8 EStH
– Ein hauswirtschaftliches Beschäftigungsverhältnis mit der nichtehelichen Lebensgefährtin kann nicht anerkannt werden, wenn diese zugleich Mutter des gemeinsamen Kindes ist (→ BFH vom 19. 5. 1999 – BStBl II S. 764).

Selbständige Arbeit

Zur Abgrenzung einer Tätigkeit als Arbeitnehmer von einer selbständigen Tätigkeit → R 15.1 und 18.1 EStR.

Anhang 30

Weisungsgebundenheit

Die in § 1 Abs. 2 LStDV genannte Weisungsgebundenheit kann auf einem besonderen öffentlich-rechtlichen Gewaltverhältnis beruhen, wie z. B. bei Beamten und Richtern, oder Ausfluss des Direktionsrechts sein, mit dem ein Arbeitgeber die Art und Weise, Ort, Zeit und Umfang der zu erbringenden Arbeitsleistung bestimmt. Die Weisungsbefugnis kann eng, aber auch locker sein, wie z. B. bei einem angestellten Chefarzt, der fachlich weitgehend eigenverantwortlich handelt; entscheidend ist, ob die beschäftigte Person einer etwaigen Weisung bei der Art und Weise der Ausführung der geschuldeten Arbeitsleistung zu folgen verpflichtet ist oder ob ein solches Weisungsrecht nicht besteht. Maßgebend ist das Innenverhältnis; die Weisungsgebundenheit muss im Auftreten der beschäftigten Person nach außen nicht erkennbar werden (→ BFH vom 15. 7. 1987 – BStBl II S. 746). Die Eingliederung in einen Betrieb kann auch bei einer kurzfristigen *Beschäftigung* gegeben sein, wie z. B. bei einem Apothekervertreter als Urlaubsvertretung. Sie ist aber eher bei einfachen als bei gehobenen Arbeiten anzunehmen, z. B. bei einem Gelegenheitsarbeiter, der zu bestimmten Arbeiten unter Aufsicht durchzuführenden Arbeiten herangezogen wird. Die vorstehenden Kriterien gelten auch für die Entscheidung, ob ein so genannter Schwarzarbeiter Arbeitnehmer des Auftraggebers ist.

Anhang 7

Zuordnung

a) **Beispiele für Arbeitnehmereigenschaft**

Amateursportler können Arbeitnehmer sein, wenn die für den Trainings- und Spieleinsatz gezahlten Vergütungen nach dem Gesamtbild der Verhältnisse als Arbeitslohn zu beurteilen sind (→ BFH vom 23. 10. 1992 – BStBl 1993 II S. 303),

Apothekervertreter; ein selbständiger Apotheker, der als Urlaubsvertreter eines anderen selbständigen Apothekers gegen Entgelt tätig wird, ist Arbeitnehmer (→ BFH vom 20. 2. 1979 – BStBl II S. 414),

Artist ist Arbeitnehmer, wenn er seine Arbeitskraft einem Unternehmer für eine Zeitdauer, die eine Reihe von Veranstaltungen umfasst – also nicht lediglich für einige Stunden eines Abends – ausschließlich zur Verfügung stellt (→ BFH vom 16. 3. 1951 – BStBl III S. 97),

AStA-Mitglieder → BFH vom 22. 7. 2008 (BStBl II S. 981),

Buchhalter → BFH vom 6. 7. 1955 (BStBl III S. 256) und vom 13. 2. 1980 (BStBl II S. 303),

Büfettier → BFH vom 31. 1. 1963 (BStBl III S. 230),

Chefarzt; ein angestellter Chefarzt, der berechtigt ist, Privatpatienten mit eigenem Liquidationsrecht ambulant zu behandeln und die wahlärztlichen Leistungen im Rahmen seines Dienstverhältnisses erbringt (→ BFH vom 5. 10. 2005 – BStBl 2006 II S. 94),

I. Lohnsteuerliche Behandlung der Einnahmen von Chefärzten aus der Erbringung wahlärztlicher Leistungen im Krankenhaus

Bezug: BFH-Urteil vom 5. 10. 2005 – VI R 152/01 –, BStBl 2006 II S. 94

(Verfügung des Bayerischen Landesamtes für Steuern vom 28. 04. 2006 – S 2332 – 10 St 32/St 33 –)

Der BFH hat mit dem im Betreff genannten Urteil vom 5. 10. 2005 entschieden, dass ein angestellter Chefarzt mit den Einnahmen aus dem ihm eingeräumten Liquidationsrecht im stationären Bereich für die gesondert berechenbaren wahlärztlichen Leistungen in der Regel Arbeitslohn bezieht, wenn die wahlärztlichen Leistungen innerhalb des Dienstverhältnisses erbracht werden. Das BFH-Urteil ist in vergleichbaren Fällen anzuwenden.

In den Urteilsgründen bringt der BFH zum Ausdruck, dass die wahlärztlichen Leistungen selbständig oder nichtselbständig erbracht werden können. Entscheidend ist das Gesamtbild der Verhältnisse des Einzelfalles. Dabei ist insbesondere das Vorliegen bzw. das Fehlen der Unternehmerinitiative und des Unternehmerrisikos von Bedeutung. Für das Vorliegen von Einkünften aus nichtselbständiger Arbeit spricht Folgendes:

- Die Erbringung der wahlärztlichen Leistungen gehört zu den vertraglich geschuldeten Dienstaufgaben des Arztes gegenüber dem Krankenhaus.
- Die Verträge über die wahlärztlichen Leistungen werden unmittelbar zwischen den Patienten und dem Krankenhaus geschlossen.
- Der Arzt unterliegt – mit Ausnahme seiner rein ärztlichen Tätigkeit – den Weisungen des leitenden Arztes des Krankenhauses.
- Der Arzt erbringt die mit den wahlärztlichen Leistungen zusammenhängenden Behandlungen mit den Einrichtungen und Geräten des Krankenhauses.
- Neue diagnostische und therapeutische Untersuchungs- und Behandlungsmethoden bzw. Maßnahmen, die wesentliche Mehrkosten verursachen, können grundsätzlich nur im Einvernehmen mit dem Krankenhaus eingeführt werden.
- Der Dienstvertrag sieht für die gesondert berechenbaren wahlärztlichen Leistungen ausdrücklich vor, dass diese im Verhinderungsfall vom Stellvertreter übernommen werden.
- Der betroffene Arzt hat nur eine begrenzte Möglichkeit, den Umfang der wahlärztlichen Leistungen zu bestimmen.
- Sofern wahlärztliche Leistungen vereinbart werden, beziehen sich diese nicht speziell auf die Leistungen des liquidationsberechtigten Arztes, sondern auf die Leistungen aller an der Behandlung beteiligten liquidationsberechtigten Ärzte des Krankenhauses.
- Der Arzt kann es nicht ablehnen, die mit dem Krankenhaus vereinbarten wahlärztlichen Leistungen zu erbringen.
- Das Risiko eines Forderungsausfalls, das der liquidationsberechtigte Arzt zu tragen hat, ist gering.
- Das Krankenhaus rechnet über die wahlärztlichen Leistungen direkt mit den Patienten ab und vereinnahmt auch die geschuldeten Beträge.

Dem gegenüber sprechen folgende Kriterien für eine selbständige Tätigkeit:

- Die Erbringung der wahlärztlichen Leistung wird nicht gegenüber dem Krankenhaus geschuldet.
- Der liquidationsberechtigte Arzt vereinbart die zu erbringende wahlärztliche Leistung direkt mit den Patienten und wird hierdurch unmittelbar verpflichtet.

- Nur der liquidationsberechtigte Arzt haftet für die von ihm vorgenommenen wahlärztlichen Behandlungen.
- Der liquidationsberechtigte Arzt rechnet direkt mit den Patienten ab und vereinnahmt auch selbst die geschuldeten Beträge.

Nach den aufgezeigten Abgrenzungsmerkmalen liegen jedenfalls in folgenden Fällen Einkünfte aus nichtselbständiger Arbeit vor:

- Der Vertrag für die Erbringung der wahlärztlichen Leistungen wird zwischen dem Krankenhaus und den Patienten geschlossen. Die Liquidation erfolgt ebenfalls durch das Krankenhaus.
- Der Vertrag für die Erbringung der wahlärztlichen Leistungen wird zwischen dem Krankenhaus und den Patienten geschlossen. Die Liquidation erfolgt aber durch den Arzt auf ein von ihm geführtes persönliches Konto.
- Der Vertrag für die Erbringung der wahlärztlichen Leistungen wird zwischen dem Arzt und den Patienten geschlossen. Die Liquidation erfolgt (im Namen und für Rechnung) durch das Krankenhaus.

Der Krankenhausträger hat hier den Lohnsteuerabzug vorzunehmen. Dabei ist es nach Auffassung der obersten Finanzbehörden des Bundes und der Länder zulässig, die Lohnsteuer von dem Betrag zu berechnen, der dem Arzt nach Abzug der gesetzlich oder vertraglich geschuldeten und aus den „Bruttoliquidationserlösen" zu bestreitenden Zahlungen verbleibt.

Werden die Zahlungen regelmäßig geleistet (z. B. vierteljährlich) und liegt ihnen der gleiche Abrechnungszeitraum zugrunde, handelt es sich um laufenden Arbeitslohn i. S. v. R 115 Abs. 1 LStR. Dass die Zahlungen in der Höhe Schwankungen unterliegen, führt allein noch nicht zu sonstigen Bezügen.

Einkünfte aus selbständiger Arbeit liegen nur vor, wenn die Verträge über die wahlärztlichen Leistungen unmittelbar zwischen den Patienten und dem Chefarzt abgeschlossen werden und die Liquidation durch den Chefarzt erfolgt. Soweit den Chefärzten neben den wahlärztlichen Leistungen im stationären Bereich auch die Möglichkeit eingeräumt wird, auf eigene Rechnung und eigenes Risiko Leistungen im ambulanten Bereich zu erbringen, handelt es sich ebenfalls um Einkünfte aus selbständiger Arbeit.

In Fällen, in denen bisher – abweichend von dem o. g. BFH-Urteil – Einkünfte aus selbständiger Arbeit angenommen wurden, sind für Zeiträume bis zum 31. 12. 2005 keine haftungsrechtlichen Konsequenzen (§ 42d EStG) zu ziehen. Aus Vereinfachungsgründen bestehen zudem keine Bedenken, den Lohnsteuerabzug erst für die ab Juli 2006 ausgezahlten Liquidationseinnahmen vorzunehmen, wenn die liquidationsberechtigten Ärzte für das I. und II. Kalendervierteljahr ihre Einkommensteuervorauszahlungen geleistet haben. Die zutreffende Einordnung der Einnahmen (§ 18 oder § 19 EStG) kann dann bei der Einkommensteuerveranlagung vorgenommen werden.

II. Lohnsteuerliche Behandlung der Gutachtertätigkeit von Klinikärzten

(Verfügung der OFD Frankfurt/M. vom 09. 10. 2008 – S 2332 A – 98 – St 211 –)

Bzgl. der Gutachten von Klinikärzten, die diese für Dritte erstellen, sind bei der Frage, ob es sich bei den Einnahmen aus dieser Tätigkeit um Einkünfte aus selbständiger oder aus nichtselbständiger Arbeit handelt, verschiedene Konstellationen zu unterscheiden. Allen Fällen ist jedoch gemeinsam, dass eine am Einzelfall orientierte Zuordnung unter Beachtung der allgemeinen Abgrenzungsmerkmale nach dem Gesamtbild der Verhältnisse vorgenommen werden muss. Besonders bedeutsam ist bei der Frage der Abgrenzung, ob die Gutachtertätigkeit innerhalb des Dienstverhältnisses erbracht wird (vgl. BFH-Urteil vom 5. 10. 2005, BStBl 2006 II S. 94).

1. Gutachtertätigkeit von Chefärzten

Erstellen Chefärzte Gutachten für dem Klinikbetrieb nicht zugehörige Dritte (z. B. Krankenkassen, Berufsgenossenschaften), so ist für die lohnsteuerrechtliche Behandlung der Einkünfte anhand der Gesamtumstände zu ermitteln, wie die Ausübung der Tätigkeit im konkreten Einzelfall erfolgt.

Für ein Ausüben der Tätigkeit innerhalb des Dienstverhältnisses und somit für das Vorliegen nichtselbständiger Arbeit spricht es hierbei zum Beispiel, wenn die Gutachteraufträge dem Chefarzt nicht direkt zugehen, sondern über die Klinikleitung an ihn weitergereicht werden und auch die Abrechnung der gutachtlichen Tätigkeit unter Mitwirkung der Klinik erfolgt.

Anhaltspunkte für das Vorliegen selbständiger Arbeit können dahingegen etwa darin gesehen werden, dass der Chefarzt dem Krankenhaus ein Entgelt für die Benutzung der zur Erstellung der Gutachten notwendigen Krankenhauseinrichtungen zahlt. Des Weiteren kann es für eine selbständige Tätigkeit des Chefarztes sprechen, wenn der Chefarzt selbst die Gutachten in seinem Namen und mit eigenem Briefkopf unterschreibt (vgl. BFH-Urteil vom 19. 4. 1956 – IV 88/56 U).

2. Gutachtertätigkeit von nachgeordneten Ärzten/Assistenzärzten

In der Praxis werden Gutachten häufig von bei der Klinik angestellten Assistenzärzten oder unter deren Mitwirkung erstellt.

Werden die Gutachten von den Assistenzärzten ohne Mitwirkung eines übergeordneten Arztes/Chefarztes gefertigt, ist die Einordnung der Gutachtertätigkeit als selbständige oder nichtselbständige Arbeit anhand der oben unter Tz. 1 beschriebenen Kriterien vorzunehmen. Hierbei ist allerdings zu beachten, dass Tarifverträge oder auch Einzelarbeitsverträge der Ärzte eine Pflicht zur Erstellung von Gutachten beinhalten können. Auf solche Regelungen ist insbesondere bei Universitätskliniken zu achten. Eine derartige Verpflichtung spricht dafür, dass das Erstellen des Gutachtens im Rahmen des Dienstverhältnisses erfolgt. Dies gilt insbesondere dann, wenn die Übernahme der Nebentätigkeit nur in besonders begründeten Ausnahmefällen verweigert werden darf. In diesen Fällen ist für die Frage, ob die Gutachtertätigkeit im Rahmen des Dienstverhältnisses erfolgt, besonders bedeutsam, inwiefern eine Weisungsabhängigkeit der Assistenzärzte besteht.

Gleiches gilt im Übrigen auch für die Zuordnung der Einkünfte der angestellten Assistenzärzte, wenn die Erstellung des Gutachtens im Rahmen einer zugelassenen Nebentätigkeit eines Chefarztes erfolgt, der sich der Hilfe eines Assistenzarztes bedient, wenn tarifvertraglich oder arbeitsvertraglich eine Pflicht der Assistenzärzte zur Gutachtenerstellung besteht und diese Pflicht sich auch auf die Erstellung von Gutachten im Rahmen der Nebentätigkeit des Chefarztes erstreckt. Auch hier ist für die Zuordnung der Tätigkeit zum Dienstverhältnis das Vorliegen einer Weisungsabhängigkeit zu beachten.

Der Umstand, dass die nachgeordneten Ärzte eine besondere Vergütung für ihre Gutachtertätigkeit erhalten, ist für die Einordnung der Einkünfte als solche aus nichtselbständiger Arbeit unschädlich (vgl. BFH-Urteil vom 25. 11. 1971 – IV R 126/70).

Gelegenheitsarbeiter, die zu bestimmten, unter Aufsicht durchzuführenden Verlade- und Umladearbeiten herangezogen werden, sind auch dann Arbeitnehmer, wenn sie die Tätigkeit nur für wenige Stunden ausüben (→ BFH vom 18. 1. 1974 – BStBl II S. 301),

Heimarbeiter → R 15.1 Abs. 2 EStR,

Helfer von Wohlfahrtsverbänden; ehrenamtliche Helfer, die Kinder und Jugendliche auf Ferienreisen betreuen, sind Arbeitnehmer (→ BFH vom 28. 2. 1975 – BStBl 1976 II S. 134),

Musiker; nebenberuflich tätige Musiker, die in Gaststätten auftreten, sind nach der allgemeinen Lebenserfahrung Arbeitnehmer des Gastwirts; dies gilt nicht, wenn die Kapelle gegenüber Dritten als selbständige Gesellschaft oder der Kapellenleiter als Arbeitgeber der Musiker auftritt bzw. der Musiker oder die Kapelle nur gelegentlich spielt (→ BFH vom 10. 9. 1976 – BStBl 1977 II S. 178),

Oberarzt; ein in einer Universitätsklinik angestellter Oberarzt ist hinsichtlich der Mitarbeit in der Privatpraxis des Chefarztes dessen Arbeitnehmer (→ BFH vom 11. 11. 1971 – BStBl 1972 II S. 213),

Rechtspraktikant der einstufigen Juristenausbildung ist Arbeitnehmer (→ BFH vom 19. 4. 1985 – BStBl II S. 465 und vom 24. 9. 1985 – BStBl II 1986 S. 184),

Reisevertreter kann auch dann Arbeitnehmer sein, wenn er erfolgsabhängig entlohnt wird und ihm eine gewisse Bewegungsfreiheit eingeräumt ist, die nicht Ausfluss seiner eigenen Machtvollkommenheit ist (→ BFH vom 7. 12. 1961 – BStBl 1962 III S. 149);

→ H 15.1 (Reisevertreter) EStH,

Sanitätshelfer des Deutschen Roten Kreuzes sind Arbeitnehmer, wenn die gezahlten Entschädigungen nicht mehr als pauschale Erstattung der Selbstkosten beurteilt werden können, weil sie die durch die ehrenamtliche Tätigkeit veranlassten Aufwendungen der einzelnen Sanitätshelfer regelmäßig nicht nur unwesentlich übersteigen (→ BFH vom 4. 8. 1994 – BStBl II S. 944),

Servicekräfte in einem Warenhaus → BFH vom 20. 11. 2008 (BStBl 2009 II S. 374),

Stromableser können auch dann Arbeitnehmer sein, wenn die Vertragsparteien „freie Mitarbeit" vereinbart haben und das Ablesen in Ausnahmefällen auch durch einen zuverlässigen Vertreter erfolgen darf (→ BFH vom 24. 7. 1992 – BStBl 1993 II S. 155),

Telefoninterviewer → BFH vom 29. 5. 2008 (BStBl II S. 933),

Vorstandsmitglied einer Aktiengesellschaft → BFH vom 11. 3. 1960 (BStBl III S. 214),

Vorstandsmitglied einer Familienstiftung → BFH vom 31. 1. 1975 (BStBl II S. 358),

Vorstandsmitglied einer Genossenschaft → BFH vom 2. 10. 1968 (BStBl II 1969 S. 185).

b) Beispiele für fehlende Arbeitnehmereigenschaft

Arztvertreter → BFH vom 10. 4. 1953 (BStBl III S. 142),

Beratungsstellenleiter eines Lohnsteuerhilfevereins ist kein Arbeitnehmer, wenn er die Tätigkeit als freier Mitarbeiter ausübt (→ BFH vom 10. 12. 1987 – BStBl II 1988 S. 273),

Bezirksstellenleiter bei Lotto- und Totogesellschaften → BFH vom 14. 9. 1967 (BStBl II 1968 S. 193),

Diakonissen sind keine Arbeitnehmerinnen des Mutterhauses (→ BFH vom 30. 7. 1965 – BStBl III S. 525),

Fahrlehrer, die gegen eine tätigkeitsbezogene Vergütung unterrichten, sind in der Regel keine Arbeitnehmer, auch wenn ihnen keine Fahrschulerlaubnis erteilt worden ist → BFH vom 17. 10. 1996 (BStBl 1997 II S. 188),

Fotomodell; ein Berufsfotomodell ist kein Arbeitnehmer, wenn es nur von Fall zu Fall vorübergehend zu Aufnahmen herangezogen wird (→ BFH vom 8. 6. 1967 – BStBl III S. 618); Entsprechendes gilt für ausländische Fotomodelle, die zur Produktion von Werbefilmen kurzfristig im Inland tätig werden (→ BFH vom 14. 6. 2007 – BStBl 2009 II S. 931),

Gerichtsreferendar, der neben der Tätigkeit bei Gericht für einen Rechtsanwalt von Fall zu Fall tätig ist, steht zu dem Anwalt in der Regel nicht in einem Arbeitsverhältnis (→ BFH vom 22. 3. 1968 – BStBl II S. 455),

Gutachter → BFH vom 22. 6. 1971 (BStBl II S. 749),

Hausgewerbetreibender → R 15.1 Abs. 2 EStR,

Hausverwalter, die für eine Wohnungseigentümergemeinschaft tätig sind, sind keine Arbeitnehmer (→ BFH vom 13. 5. 1966 – BStBl III S. 489),

Hopfentreter, die von einem Hopfenaufkäufer oder einer Brauerei von Fall zu Fall vorübergehend zu festgelegten Arbeiten herangezogen werden, sind insoweit nicht Arbeitnehmer (→ BFH vom 24. 11. 1961 – BStBl III 1962 S. 69),

Knappschaftsarzt → BFH vom 3. 7. 1959 (BStBl III S. 344),

Künstler; zur Frage der Selbständigkeit von Künstlern und verwandten Berufen → BMF vom 5. 10. 1990 (BStBl I S. 638),

---

Steuerabzug vom Arbeitslohn bei unbeschränkt einkommensteuer-(lohnsteuer-)pflichtigen Künstlern und verwandten Berufen

(BMF-Schreiben vom 5. 10. 1990, BStBl I S. 638)

Unter Bezugnahme auf das Ergebnis der Erörterung mit den obersten Finanzbehörden der Länder gilt bei Künstlern und verwandten Berufen, soweit sie eine unmittelbare Vertragsbeziehung zum Arbeitgeber/Auftraggeber begründen, zur Abgrenzung zwischen selbständiger Tätigkeit und nichtselbständiger Arbeit sowie für den Steuerabzug bei Annahme einer nichtselbständigen Arbeit folgendes:

1. Abgrenzung zwischen selbständiger Tätigkeit und nichtselbständiger Arbeit

Für die Annahme einer nichtselbständigen Arbeit sind die in § 1 LStDV aufgestellten Merkmale maßgebend. Danach liegt eine nichtselbständige Arbeit vor, wenn die tätige Person in der Betätigung ihres geschäftlichen Willens unter der Leitung eines Arbeitgebers steht oder in den geschäftlichen Organismus des Arbeitgebers eingegliedert und dessen Weisungen zu folgen verpflichtet ist. Dagegen ist nicht Arbeitnehmer, wer Lieferungen und sonstige Leistungen innerhalb der von ihm selbständig ausgeübten gewerblichen und beruflichen Tätigkeit im Inland gegen Entgelt ausführt, soweit es sich um Entgelte für diese Lieferungen und sonstigen Leistungen handelt. Im übrigen kommt es bei der Abgrenzung zwischen selbständiger und *nichtselbständiger Arbeit nicht so sehr auf die formelle vertragliche Gestaltung*, z. B. die Bezeichnung als freies Mitarbeiterverhältnis, als vielmehr auf die Durchführung der getroffenen Vereinbarung an (BFH-Urteil vom 29. September 1967 – BStBl 1968 II S. 84). Dies führt bei künstlerischen und verwandten Berufen im allgemeinen zu folgenden Ergebnissen:

1.1 Tätigkeit bei Theaterunternehmen

1.1.1 Spielzeitverpflichtete Künstler

Künstler und Angehörige von verwandten Berufen, die auf Spielzeit- oder Teilspielzeitvertrag angestellt sind, sind in den Theaterbetrieb eingegliedert und damit nichtselbständig. Dabei spielt es keine Rolle, ob der Künstler gleichzeitig eine Gastspielverpflichtung bei einem anderen Unternehmen eingegangen ist.

1.1.2 Gastspielverpflichtete Künstler

Bei gastspielverpflichteten Künstlern und Angehörigen von verwandten Berufen erstreckt sich der Vertrag in der Regel auf eine bestimmte Anzahl von Aufführungen.

Für die Annahme einer nichtselbständigen Tätigkeit kommt es darauf an, ob das Gastspieltheater während der Dauer des Vertrages im wesentlichen über die Arbeitskraft des Gastkünstlers verfügt (BFH-Urteil vom 24. Mai 1973 – BStBl II S. 636). Dies hängt von dem Maß der Einbindung in den Theaterbetrieb (nicht in das Ensemble) ab. Ob ein Künstler allein (Solokünstler) oder in einer Gruppe (z. B. Chor) auftritt und welchen künstlerischen Rang er hat, spielt für die Abgrenzung keine entscheidende Rolle. Auch kommt es nicht darauf an, wie das für die Veranlagung des Künstlers zuständige Finanzamt eine vergleichbare Tätigkeit des Künstlers bei Hörfunk und Fernsehen bewertet und ob es hierfür eine entsprechende Bescheinigung erteilt hat. Im einzelnen gilt deshalb:

Gastspielverpflichtete Regisseure, Choreographen, Bühnenbildner und Kostümbildner sind selbständig. Gastspielverpflichtete Dirigenten üben dagegen eine nichtselbständige Tätigkeit aus; sie sind ausnahmsweise selbständig, wenn sie nur für kurze Zeit einspringen.

Gastspielverpflichtete Schauspieler, Sänger, Tänzer und andere Künstler sind in den Theaterbetrieb eingegliedert und deshalb nichtselbständig, wenn sie eine Rolle in einer Aufführung übernehmen und gleichzeitig eine Probenverpflichtung zur Einarbeitung in die Rolle oder eine künstlerische Konzeption eingehen. Stell- oder Verständigungsproben reichen nicht aus. Voraussetzung ist außerdem, daß die Probenverpflichtung tatsächlich erfüllt wird. Die Zahl der Aufführungen ist nicht entscheidend.

Aushilfen für Chor und Orchester sind selbständig, wenn sie nur für kurze Zeit einspringen.

Gastspielverpflichtete Künstler einschließlich der Instrumentalsolisten sind selbständig, wenn sie an einer konzertanten Opernaufführung, einem Oratorium, Liederabend oder dergleichen mitwirken.

1.2 Tätigkeit bei Kulturorchestern

Sämtliche gastspielverpflichteten (vgl. Tz. 1.1.2 Abs. 1) Künstler, z. B. Dirigenten, Vokal- und Instrumentalsolisten, sind stets und ohne Rücksicht auf die Art und Anzahl der Aufführungen selbständig. Orchesteraushilfen sind ebenfalls selbständig, wenn sie nur für kurze Zeit einspringen.

1.3 Tätigkeit bei Hörfunk und Fernsehen

Für die neben dem ständigen Personal beschäftigten Künstler und Angehörigen von verwandten Berufen, die in der Regel auf Grund von Honorarverträgen tätig werden und im allgemeinen als freie Mitarbeiter bezeichnet werden, gilt vorbehaltlich der Tz. 1.4 folgendes:

1.3.1 Die freien Mitarbeiter sind grundsätzlich nichtselbständig.

1.3.2 Im allgemeinen sind nur die folgenden Gruppen von freien Mitarbeitern selbständig, soweit sie nur für einzelne Produktionen (z. B. ein Fernsehspiel, eine Unterhaltungssendung oder einen aktuellen Beitrag) tätig werden („Negativkatalog").

Architekten	Dolmetscher	Lektoren
Arrangeure	Fachberater	Moderatoren[4]
Artisten[1]	Fotografen	musikalische Leiter[2]
Autoren	Gesprächsteilnehmer	Quizmaster
Berichterstatter	Grafiker	Realisatoren[4]
Bildhauer	Interviewpartner	Regisseure
Bühnenbildner	Journalisten	Solisten (Gesang, Musik, Tanz)[1]
Choreographen	Kommentatoren	
Chorleiter[2]	Komponisten	Schriftsteller
Darsteller[3]	Korrespondenten	Übersetzer[4]
Dirigenten[2]	Kostümbildner	
Diskussionsleiter	Kunstmaler	

1.3.3 Eine von vornherein auf Dauer angelegte Tätigkeit eines freien Mitarbeiters ist nichtselbständig, auch wenn für sie mehrere Honorarverträge abgeschlossen werden.

---

[1]) Die als Gast außerhalb eines Ensembles oder einer Gruppe eine Sololeistung erbringen.
[2]) Soweit sie als Gast mitwirken oder Träger des Chores/Klangkörpers oder Arbeitgeber der Mitglieder des Chores/Klangkörpers sind.
[3]) Die als Gast in einer Sendung mit Live-Charakter mitwirken.
[4]) Wenn der eigenschöpferische Teil der Leistung überwiegt.

Beispiele:

a) Ein Journalist reist in das Land X, um in mehreren Beiträgen über kulturelle Ereignisse zu berichten. Eine Rundfunkanstalt verpflichtet sich vor Reiseantritt, diese Beiträge abzunehmen.

Die Tätigkeit ist nichtselbständig, weil sie von vornherein auf Dauer angelegt ist und die Berichte auf Grund einer vorher eingegangenen Gesamtverpflichtung geliefert werden. Dies gilt auch, wenn diese Beiträge einzeln abgerechnet werden.

b) Ein Journalist wird von einer Rundfunkanstalt für kulturpolitische Sendungen um Beiträge gebeten. Die Beiträge liefert er aufgrund von jeweils einzeln abgeschlossenen Vereinbarungen.

Die Tätigkeit ist selbständig, weil sie nicht von vornherein auf Dauer angelegt ist.

1.3.4 Wird der freie Mitarbeiter für denselben Auftraggeber in mehreren zusammenhängenden Leistungsbereichen tätig, von denen der eine als selbständig und der andere als nichtselbständig zu beurteilen ist, ist die gesamte Tätigkeit einheitlich als selbständige oder als nichtselbständige Tätigkeit zu behandeln. Die Einordnung dieser Mischtätigkeit richtet sich nach der überwiegenden Tätigkeit, die sich aus dem Gesamterscheinungsbild ergibt. Für die Frage des Überwiegens kann auch auf die Höhe des aufgeteilten Honorars abgestellt werden.

1.3.5 Übernimmt ein nichtselbständiger Mitarbeiter für seinen Arbeitgeber zusätzliche Aufgaben, die nicht zu den Nebenpflichten aus seiner Haupttätigkeit gehören, so ist nach den allgemeinen Abgrenzungskriterien zu prüfen, ob die Nebentätigkeit selbständig oder nichtselbständig ausgeübt wird (siehe Abschn. 68 LStR[1]) und BFH-Urteil vom 25. November 1971 – BStBl 1972 II S. 212).

1.3.6 Gehört ein freier Mitarbeiter nicht zu einer der im Negativkatalog (Tz. 1.3.2) genannten Berufsgruppen, so kann auf Grund besonderer Verhältnisse des Einzelfalls die Tätigkeit gleichwohl selbständig sein. Das Wohnsitzfinanzamt erteilt dem Steuerpflichtigen nach eingehender Prüfung ggf. eine Bescheinigung nach beiliegendem Muster. Die Bescheinigung bezieht sich auf die Tätigkeit des freien Mitarbeiters für einen bestimmten Auftraggeber. Das Finanzamt hat seine Entscheidung grundsätzlich mit dem Betriebsstättenfinanzamt des Auftraggebers abzustimmen.

1.3.7 Gehört ein freier Mitarbeiter zu einer der in Tz. 1.3.2 genannten Berufsgruppen, so kann er auf Grund besonderer Verhältnisse des Einzelfalls gleichwohl nichtselbständig sein.

1.3.8 Aushilfen für Chor und Orchester sind selbständig, wenn sie nur für kurze Zeit einspringen.

1.4 Tätigkeit bei Film- und Fernsehfilmproduzenten (Eigen- und Auftragsproduktion) einschl. Synchronisierung

Filmautoren, Filmkomponisten und Fachberater sind im allgemeinen nicht in den Organismus des Unternehmens eingegliedert, so daß ihre Tätigkeit in der Regel selbständig ist. Schauspieler, Regisseure, Kameraleute, Regieassistenten und sonstige Mitarbeiter in der Film- und Fernsehfilmproduktion sind dagegen im allgemeinen nichtselbständig (BFH-Urteil vom 6. Oktober 1971 – BStBl 1972 II S. 88). Das gilt auch für Mitarbeiter bei der Herstellung von Werbefilmen.

Synchronsprecher sind in der Regel selbständig (BFH-Urteil vom 12. Oktober 1978 – BStBl 1981 II S. 706). Das gilt nicht nur für Lippensynchronsprecher, sondern auch für Synchronsprecher für besondere Filme (z. B. Kultur-, Lehr- und Werbefilme), bei denen der in eine andere Sprache zu übertragende Begleittext zu sprechen ist. Diese Grundsätze gelten für Synchronregisseure entsprechend.

1.5 Wiederholungshonorare[2]

Wiederholungshonorare sind der Einkunftsart zuzuordnen, zu welcher das Ersthonorar gehört hat. Dies gilt auch dann, wenn das Wiederholungshonorar nicht vom Schuldner des Ersthonorars gezahlt wird. Ist das Ersthonorar im Rahmen der Einkünfte aus nichtselbständiger Arbeit zugeflossen und wird das Wiederholungshonorar durch einen Dritten gezahlt, so ist ein Lohnsteuerabzug nicht vorzunehmen.

2. Steuerabzug vom Arbeitslohn

2.1 Bei Annahme einer nichtselbständigen Tätigkeit ist der Arbeitgeber zur Einbehaltung und Abführung der Lohnsteuer verpflichtet. Die Höhe der einzubehaltenden Lohnsteuer richtet sich dabei nach der für den jeweiligen Lohnzahlungszeitraum maßgebenden Lohnsteuertabelle.

2.2 Bei **täglicher Zahlung des Honorars** ist grundsätzlich die Lohnsteuertabelle für tägliche Lohnzahlungen anzuwenden. Stellt sich die tägliche Lohnzahlung lediglich als Abschlagszah-

---

[1] Jetzt: R 19.2 LStR.
[2] Nach BFH vom 26. 7. 2006 (BStBl II S. 917) sind Wiederholungshonorare an Künstler für nochmalige Ausstrahlung von Fernseh- und Hörfunkproduktionen kein Arbeitslohn. Sie führen regelmäßig zu Einkünften aus § 18 EStG.

§ 19 EStG
H 19.0

lung auf ein für einen längeren Lohnabrechnungszeitraum vereinbartes Honorar dar, so ist der Lohnabrechnungszeitraum als Lohnzahlungszeitraum zu betrachten (§ 39b Abs. 5 EStG). Können die Honorare nicht als Abschlagszahlungen angesehen werden, bestehen keine Bedenken, wenn eines der folgenden Verfahren angewendet wird:

2.2.1 Erweiterter Lohnzahlungszeitraum

Der Lohnzahlungszeitraum wird auf die vor der tatsächlichen Beschäftigung liegende Zeit ausgedehnt, soweit dieser Zeitraum nach der auf der Lohnsteuerkarte vermerkten Lohnsteuerbescheinigung nicht schon belegt ist. Dabei gilt jedoch die Einschränkung, daß für je zwei Tage der tatsächlichen Beschäftigung nur eine Woche, insgesamt jedoch höchstens ein Monat bescheinigt werden kann.

Beispiele:
a) Beschäftigung vom 26. bis 31. März (6 Tage). Letzte Eintragung auf der Lohnsteuerkarte 2. bis 5. März. Für 6 Tage Beschäftigung Eintragung von 3 Wochen = 21 Tage. Es kommt demnach ein erweiterter Lohnzahlungszeitraum für die Zeit vom 11. bis 31. März (21 Tage) in Betracht.

Würde sich im vorstehenden Beispiel die letzte Eintragung auf der Lohnsteuerkarte statt auf die Zeit vom 2. bis 5. März auf die Zeit vom 15. bis 18. März erstrecken, dann käme als erweiterter Lohnzahlungszeitraum nur die Zeit vom 19. bis 31. März in Betracht.

b) Beschäftigung vom 10. bis 19. März (10 Tage). Letzte Eintragung auf der Lohnsteuerkarte 2. bis 7. Februar. Für 10 Tage Beschäftigung Eintragung von 5 Wochen, höchstens jedoch ein Monat. Es kommt demnach ein erweiterter Lohnzahlungszeitraum für die Zeit vom 20. Februar bis 19. März in Betracht.

Würde im vorstehenden Beispiel die Beschäftigung statt vom 10. bis 19. März vom 10. März bis 15. April, also mindestens einen Monat dauern, so kommt die Anwendung des erweiterten Lohnzahlungszeitraums nicht in Betracht.

Ist die Zahl der tatsächlichen Beschäftigungstage nicht durch zwei teilbar und verbleibt demnach ein Rest von einem Tag oder beträgt die tatsächliche Beschäftigungsdauer nur einen Tag, so kann hierfür – im Rahmen des Höchstzeitraums von einem Monat – ebenfalls eine Woche bescheinigt werden.

Beispiel:
Beschäftigung vom 10. bis 12. März (3 Tage). Letzte Eintragung auf der Lohnsteuerkarte 2. bis 7. Februar. Für 3 Tage Beschäftigung Eintragung von 2 Wochen = 14 Tage. Es kommt demnach ein erweiterter Lohnzahlungszeitraum für die Zeit vom 27. Februar bis 12. März (14 Tage) in Betracht.

Würde im vorstehenden Beispiel die Beschäftigung statt vom 10. bis 12. März vom 10. bis 18. März dauern, so würden nach dieser Berechnung zwar 5 Wochen in Betracht kommen. Es kann aber nur höchstens ein Monat als Lohnzahlungszeitraum angesetzt werden, also die Zeit vom 19. Februar bis 18. März.

Bei Eintragung voller Wochen ist die Wochentabelle auf jeweils das auf die Anzahl der Wochen aufgeteilte Honorar, bei Eintragung eines Monats die Monatstabelle anzuwenden.

Beispiel:
Das Honorar für eine Beschäftigung von 5 Tagen beträgt 900 DM. Bei einem erweiterten Lohnzahlungszeitraum von 3 Wochen ist die Wochentabelle jeweils auf ein Drittel des Honorars = 300 DM anzuwenden.

Der Arbeitgeber hat in der Lohnsteuerbescheinigung in die zu bescheinigende Dauer des Dienstverhältnisses auch die Tage einzubeziehen, um die nach vorstehenden Verfahren Lohnzahlungszeiträume erweitert worden sind. Im Lohnkonto hat der Arbeitgeber neben den sonstigen Angaben, zu denen er verpflichtet ist, den Zeitraum der tatsächlichen Beschäftigung, den nach vorstehendem Verfahren erweiterten Lohnzahlungszeitraum sowie den auf der Lohnsteuerkarte vermerkten vorangegangenen Beschäftigungszeitraum sowie Name und Anschrift des früheren Arbeitgebers einzutragen.

Händigt der Arbeitgeber dem Arbeitnehmer die Lohnsteuerkarte vorübergehend aus (§ 39b Abs. 1 Satz 3 EStG), so hat er zuvor auf der Rückseite der Lohnsteuerkarte bereits die für eine spätere Lohnsteuerbescheinigung vorgesehene letzte Spalte (Anschrift und Steuer-Nr. des Arbeitgebers, ggf. Firmenstempel, mit Unterschrift) auszufüllen. Ein anderer Arbeitgeber, dem eine derart gekennzeichnete Lohnsteuerkarte vorgelegt wird, darf diese nicht seiner Lohnsteuerberechnung zugrunde legen; er hat vielmehr der Berechnung der Lohnsteuerbeträge die tatsächliche Zahl der Arbeitstage nach § 39b Abs. 4 EStG[1] zugrunde zu legen und die Lohnsteuer nach § 39c Abs. 1 EStG zu errechnen.

---

[1] § 39b Abs. 4 EStG ist heute anderweitig besetzt.

2.2.2 Verlängerung des Lohnzahlungszeitraums auf einen Monat

Der Arbeitgeber vereinbart mit dem Arbeitnehmer, daß für das in einem Monat anfallende Honorar der Monat als Lohnzahlungszeitraum angesehen wird und die Zahlungen zunächst als Abschlag behandelt werden. Die in dem Monat gezahlten Abschläge werden innerhalb von 3 Wochen nach Ablauf des Monats als Monatshonorare abgerechnet. Die Lohnsteuer wird dem Lohnzahlungszeitraum entsprechend nach der Monatstabelle einbehalten. Auf den Zeitpunkt der Leistung des Arbeitnehmers und die Dauer seiner Beschäftigung wird dabei nicht besonders abgestellt.

Dem Lohnsteuerabzug wird die dem Arbeitgeber vorgelegte Lohnsteuerkarte zugrunde gelegt. Voraussetzung für die Anwendung dieses Verfahrens ist, daß die für den Lohnsteuerabzug maßgebende Lohnsteuerkarte für den betreffenden Monat noch keine Eintragung enthält und mindestens für den Monat, in dem das Honorar anfällt, beim Arbeitgeber verbleibt.

Vor der Aushändigung der Lohnsteuerkarte wird die Lohnsteuerbescheinigung (§ 41b Abs. 1 EStG) eingetragen. Diese ist dem Lohnabrechnungszeitraum entsprechend jeweils für abgeschlossene Kalendermonate zu erteilen. Als Dauer des Dienstverhältnisses wird der Zeitraum eingetragen, in dem die Lohnsteuerkarte dem Arbeitgeber vorgelegen hat.

Verlangt ein Arbeitnehmer schon im Laufe des Kalenderjahrs die Aushändigung der Lohnsteuerkarte, weil er nicht mehr für den Arbeitgeber tätig ist oder einen Steuerkartenwechsel (z. B. wegen Verlagerung seiner Haupteinnahmequelle zu einem anderen Arbeitgeber; vgl. Abschn. 114 Abs. 3 Satz 1 LStR[1]) vornehmen will, wird diese Lohnsteuerkarte noch bis zum Ende des laufenden Lohnabrechnungszeitraums dem Steuerabzug zugrunde gelegt. Kann die Lohnsteuerkarte nach Ablauf des Lohnabrechnungszeitraums infolge einer maschinellen Lohnabrechnung nicht sofort ausgehändigt werden, erhält der neue Arbeitgeber unmittelbar oder über den Arbeitnehmer eine vorläufige Bescheinigung – Zwischenbescheinigung – (§ 41b Abs. 1 Satz 6 EStG[2]), so daß er ab Beginn des neuen Lohnabrechnungszeitraums (z. B. Monat) die sich daraus ergebende Steuerklasse anwenden kann.

Auf die bei Abschluß des Lohnsteuerabzugs nach § 41b Abs. 1 EStG auszuschreibende Bescheinigung wird besonders hingewiesen.

Enthält die Lohnsteuerkarte für einen Teil des Monats bereits eine Eintragung oder händigt der Arbeitgeber dem Arbeitnehmer die Lohnsteuerkarte vor Ablauf des Monats aus, in dem das Honorar anfällt, so ist der Steuerabzug vom Arbeitslohn für diesen Monat nach den allgemeinen Vorschriften oder nach dem in der nachfolgenden Tz. 2.2.3 zugelassenen Verfahren vorzunehmen. Bei Aushändigung der Lohnsteuerkarte im Laufe des Monats, in dem das Honorar anfällt, ist § 41c EStG zu beachten.

Sofern dem Arbeitgeber eine Lohnsteuerkarte nicht vorliegt, wird nach § 39c Abs. 1 und 2 EStG verfahren.

2.2.3 Permanente Monatsabrechnung

Liegen die Voraussetzungen der Tz. 2.2.2 vor, so kann der Steuerabzug vom Arbeitslohn für die während eines Monats anfallenden Lohnzahlungen nach der Monatstabelle auch in der Weise vorgenommen werden, daß die früheren Lohnzahlungen desselben Monats mit in die Steuerberechnung für den betreffenden Monat einbezogen werden. Dieses Verfahren kann grundsätzlich unabhängig von der auf der Lohnsteuerkarte eingetragenen Steuerklasse angewendet werden. Es gilt also auch bei Vorlage einer Lohnsteuerkarte mit der Steuerklasse VI, nicht hingegen, wenn wegen fehlender Lohnsteuerkarte der Steuerabzug nach der Steuerklasse VI vorzunehmen ist. Die mehrmalige Anwendung der Monatstabelle innerhalb eines Monats ohne Einbeziehung früherer Zahlungen desselben Monats ist auf keinen Fall zulässig.

> **Beispiel:**
>
> Ein Arbeitnehmer, der dem Arbeitgeber eine Lohnsteuerkarte mit der Steuerklasse I vorgelegt hat, erhält am 8. August 1990 für eine eintägige Beschäftigung 400 DM. Die Lohnsteuer hierauf beträgt nach der Monatstabelle 0,– DM.
>
> (Wenn der Arbeitnehmer eine Lohnsteuerkarte mit der Steuerklasse VI vorgelegt hätte, beträgt die Lohnsteuer nach der Monatstabelle 75,16 DM.) Erhält der Arbeitnehmer im August 1990 von diesem Arbeitgeber keine weiteren Lohnzahlungen, so beträgt die Lohnsteuer für die am 8. August 1990 gezahlte Vergütung in Höhe von 400 DM nach Steuerklasse I 0,– DM. Erhält der Arbeitnehmer am 13. August 1990 und am 27. August 1990 vom selben Arbeitgeber nochmals jeweils 500 DM, so berechnet der Arbeitgeber die Lohnsteuer für diese Lohnzahlungen wie folgt (in der 2. Spalte ist vergleichsweise die Steuerberechnung bei Vorlage einer Lohnsteuerkarte mit der Steuerklasse VI aufgeführt):

---

[1] Abschn. 114 Abs. 3 Satz 1 LStR jetzt R 39b.1 Abs. 2 Satz 1 LStR.
[2] § 41b Abs. 1 Satz 6 EStG ist weggefallen.

			Steuer- klasse I	Steuer- klasse VI
a)	Lohnzahlung am 13. August 1990:			
	Bis 13. August 1990 bereits gezahlter Arbeitslohn	400 DM		
	zuzüglich für den 13. August 1990 zu zahlender Arbeitslohn	500 DM		
	Insgesamt	900 DM		
	Lohnsteuer hierauf nach der Monatstabelle		17,08 DM	177,33 DM
	abzüglich:			
	Lohnsteuer, die vom bereits gezahlten Arbeitslohn einbehalten wurde		0,00 DM	75,16 DM
	Für die Lohnzahlung am 13. August 1990 einzubehaltende Lohnsteuer		17,08 DM	102,17 DM
b)	Lohnzahlung am 27. August 1990:		Steuer- klasse I	Steuer- klasse VI
	Bis 27. August 1990 bereits gezahlter Arbeitslohn	900 DM		
	zuzüglich für den 27. August 1990 zu zahlender Arbeitslohn	500 DM		
	insgesamt	1 400 DM		
	Lohnsteuer hierauf nach der Monatstabelle		97,33 DM	303,00 DM
	abzüglich:			
	Lohnsteuer, die vom bereits gezahlten Arbeitslohn einbehalten wurde		17,08 DM	177,33 DM
	Für die Lohnzahlung am 27. August 1990 einzubehaltende Lohnsteuer		80,25 DM	125,67 DM

Hat der Arbeitnehmer dem Arbeitgeber keine Lohnsteuerkarte vorgelegt, so ist für die am 8., 13. und 27. August gezahlten Beträge die Lohnsteuer jeweils nach der Tagestabelle zu ermitteln.

2.2.4 Permanenter Lohnsteuer-Jahresausgleich

Der Steuerabzug vom Arbeitslohn kann unter den in § 39b Abs. 2 Satz 7 EStG[1]) bzw. in Abschn. 121 Abs. 2 LStR[2]) genannten Voraussetzungen auch nach dem voraussichtlichen Jahresarbeitslohn unter Anwendung der Jahreslohnsteuertabelle unabhängig davon vorgenommen werden, welche Steuerklasse auf der Lohnsteuerkarte des Arbeitnehmers eingetragen ist.

Dieses Schreiben tritt an die Stelle der BMF-Schreiben vom 27. Juni 1975 – IV B 6 – S 2365 – 8/75 – (BStBl I S. 923), vom 20. Juli 1976 – IV B 6 – S 2367 – 22/76 –, vom 22. Juni 1977 – IV B 6 – S 2367 – 10/77 – und vom 23. September 1981 – IV B 6 – S 2367 – 13/81 – und wird im Bundessteuerblatt Teil I veröffentlicht.

Anlage

Finanzamt . . . .

Steuernummer . . . .

Bescheinigung

Herrn/Frau . . . . geb. am . . . .

wohnhaft . . . .

wird bescheinigt, daß er/sie hier unter der Steuernummer . . . . zur Einkommensteuer veranlagt wird.

Aufgrund des/der vorgelegten Vertrages/Verträge,

Prod.-Nr. . . . . vom . . . .

der zwischen ihm/ihr und

. . . .

über die Tätigkeit als . . . .

geschlossen wurde, werden die Honorareinnahmen unter dem Vorbehalt des jederzeitigen Widerrufs als

---

[1]) § 39b Abs. 2 Satz 7 EStG jetzt: § 39b Abs. 2 Satz 12 EStG.
[2]) Abschn. 121 Abs. 2 LStR jetzt: R 39b.8 LStR.

§ 19 EStG
H 19.0, H 19.1 R 19.1

– Einkünfte aus selbständiger Arbeit i. S. des § 18 EStG*)
– Einkünfte aus Gewerbebetrieb i. S. des § 15 EStG*)
behandelt.
Die Unternehmereigenschaft im Sinne des Umsatzsteuergesetzes ist gegeben. Die Regelung des § 19 Abs. 1 UStG wird – nicht*) – in Anspruch genommen.
Im Auftrag

*) Nichtzutreffendes bitte streichen.
Beschränkt einkommensteuerpflichtige Künstler
→ H 39d (Künstler)

Lehrbeauftragte → BFH vom 17. 7. 1958 (BStBl III S. 360),
Lotsen → BFH vom 21. 5. 1987 (BStBl II S. 625),
Musterungsarzt → BFH vom 30. 11. 1966 (BStBl 1967 III S. 331),
Nebenberufliche Lehrkräfte sind in der Regel keine Arbeitnehmer (→ BFH vom 4. 10. 1984 – BStBl II 1985 S. 51); zur Abgrenzung zwischen nichtselbständiger und selbständiger Arbeit → R 19.2 und H 19.2 (Nebenberufliche Lehrtätigkeit),
Notariatsverweser → BFH vom 12. 9. 1968 (BStBl II S. 811),
Rundfunkermittler, die im Auftrage einer Rundfunkanstalt Schwarzhörer aufspüren, sind keine Arbeitnehmer, wenn die Höhe ihrer Einnahmen weitgehend von ihrem eigenen Arbeitseinsatz abhängt und sie auch im Übrigen – insbesondere bei Ausfallzeiten – ein Unternehmerrisiko in Gestalt des Entgeltrisikos tragen. Dies gilt unabhängig davon, dass sie nur für einen einzigen Vertragspartner tätig sind (→ BFH vom 2. 12. 1998 – BStBl 1999 II S. 534),
Schwarzarbeiter; ein Bauhandwerker ist bei nebenberuflicher „Schwarzarbeit" in der Regel kein Arbeitnehmer des Bauherrn (→ BFH vom 21. 3. 1975 – BStBl II S. 513),
Tutoren → BFH vom 21. 7. 1972 (BStBl II S. 738) und vom 28. 2. 1978 (BStBl II S. 387),
Versicherungsvertreter ist selbständig tätig und kein Arbeitnehmer, wenn er ein ins Gewicht fallendes Unternehmerrisiko trägt; die Art seiner Tätigkeit, ob werbende oder verwaltende, ist in der Regel nicht von entscheidender Bedeutung (→ BFH vom 19. 2. 1959 – BStBl III S. 425, vom 10. 9. 1959 – BStBl III S. 437, vom 3. 10. 1961 – BStBl III S. 567 und vom 13. 4. 1967 – BStBl III S. 398),
→ R 15.1 Abs. 1 EStR, H 15.1 (Generalagent, Versicherungsvertreter) EStH,
Vertrauensleute einer Buchgemeinschaft; nebenberufliche Vertrauensleute einer Buchgemeinschaft sind keine Arbeitnehmer des Buchclubs (→ BFH vom 11. 3. 1960 – BStBl III S. 215),
Werbedamen, die von ihren Auftraggebern von Fall zu Fall für jeweils kurzfristige Werbeaktionen beschäftigt werden, können selbständig sein (→ BFH vom 14. 6. 1985 – BStBl II S. 661).

Arbeitgeber

R 19.1
S 2352
Anhang 7

[1]Neben den in § 1 Abs. 2 LStDV genannten Fällen kommt als Arbeitgeber auch eine natürliche oder juristische Person, ferner eine Personenvereinigung oder Vermögensmasse in Betracht, wenn ihr gegenüber die Arbeitskraft geschuldet wird. [2]Die Nachfolgeunternehmen der Deutschen Bundespost sind Arbeitgeber der bei ihnen Beschäftigten. [3]Arbeitgeber ist auch, wer Arbeitslohn aus einem früheren oder für ein künftiges Dienstverhältnis zahlt. [4]Bei internationaler Arbeitnehmerentsendung ist das in Deutschland ansässige Unternehmen, das den Arbeitslohn für die ihm geleistete Arbeit wirtschaftlich trägt, inländischer Arbeitgeber. [5]Arbeitgeber ist grundsätzlich auch, wer einem Dritten (Entleiher) einen Arbeitnehmer (Leiharbeitnehmer) zur Arbeitsleistung überlässt (Verleiher). [6]Zahlt im Fall unerlaubter Arbeitnehmerüberlassung der Entleiher anstelle des Verleihers den Arbeitslohn an den Arbeitnehmer, so ist der Entleiher regelmäßig nicht Dritter, sondern Arbeitgeber im Sinne von § 38 Abs. 1 Satz 1 Nr. 1 EStG (→ R 42d.2 Abs. 1). [7]Im Übrigen kommt es nicht darauf an, ob derjenige, dem die Arbeitskraft geschuldet wird, oder ein Dritter Arbeitslohn zahlt (→ R 38.4).

Hinweise

H 19.1

Arbeitgeber
– Eine **GbR** kann Arbeitgeber im lohnsteuerlichen Sinne sein (→ BFH vom 17. 2. 1995 – BStBl II S. 390).

- Ein **Sportverein** kann Arbeitgeber der von ihm eingesetzten Amateursportler sein (→ BFH vom 23. 10. 1992 – BStBl 1993 II S. 303).
- Ein **Verein** ist auch dann Arbeitgeber, wenn nach der Satzung des Vereins Abteilungen mit eigenem Vertreter bestehen und diesen eine gewisse Selbständigkeit eingeräumt ist, so genannter Verein im Verein (→ BFH vom 13. 3. 2003 – BStBl II S. 556).
- Arbeitgeber **kraft gesetzlicher Fiktion** ist für die in § 3 Nr. 65 Satz 2 und 3 EStG bezeichneten Leistungen die sie erbringende Pensionskasse oder das Unternehmen der Lebensversicherung (→ § 3 Nr. 65 Satz 4 EStG) und in den Fällen des § 3 Nr. 53 EStG die Deutsche Rentenversicherung Bund (→ § 38 Abs. 3 Satz 3 EStG).
- Arbeitslohn auszahlende **öffentliche Kasse** → § 38 Abs. 3 Satz 2 EStG
- Bei Arbeitnehmerentsendung ist das in Deutschland ansässige aufnehmende Unternehmen, das den Arbeitslohn für die ihm geleistete Arbeit wirtschaftlich trägt, Arbeitgeber → § 38 Abs. 1 Satz 2 EStG.

Hausverwaltungen

Führung von Arbeitnehmerkonten bei Hausverwaltungen

(Verfügung der OFD Berlin vom 1. 2. 1999 – St 423 – 2376 – 1/99 –)

Hauswarte und andere Personen, die zur Wartung von Wohnhäusern beschäftigt werden, stehen zu dem jeweiligen Hauseigentümer in einem Dienstverhältnis. Arbeitgeber im steuerlichen Sinne ist danach der Hauseigentümer, auch wenn er sich von einem Hausverwalter vertreten läßt. Es ist deshalb in der Regel für jeden Hauseigentümer, der Arbeitnehmer beschäftigt, ein Arbeitgeberkonto zu führen.

Betriebsstätte im Sinne des § 41 Abs. 2 Satz 1 EStG des Arbeitgebers (Hauseigentümers) ist der Betrieb oder Teil des Betriebs des Arbeitgebers, in dem der für die Durchführung des Lohnsteuerabzugs maßgebende Arbeitslohn ermittelt wird (siehe auch § 38 Abs. 1 Nr. 1 EStG). Zuständig für die lohnsteuerliche Erfassung ist das Finanzamt, in dessen Bezirk sich die Betriebsstätte des Arbeitgebers (Hauseigentümers) befindet. Auf die Rechtsform eines möglichen Hausverwalters kommt es hierbei nicht an, da dieser nach LStR 132 Satz 3 nicht als Betriebsstätte des Arbeitgebers angesehen werden kann.

Ist – wie bei Wohnungseigentümergemeinschaften – ein Betrieb im vorstehenden Sinne nicht vorhanden, gilt der Mittelpunkt der geschäftlichen Leitung des Arbeitgebers im Inland als Betriebsstätte (§ 41 Abs. 2 Satz 2 EStG). Erfüllt bei einer Wohnungseigentümergemeinschaft der Verwalter sämtliche die Gemeinschaft betreffenden Arbeitgeberpflichten (Einstellung bzw. Entlassung des Personals, Zusammenstellung der für den Lohnsteuerabzug maßgebenden Lohnteile, Abgabe der Lohnsteuer- Anmeldungen und Abführung der Lohnsteuerabzugsbeträge), so befindet sich der Mittelpunkt der geschäftlichen Leitung am Sitz des Verwalters.

Somit ist das für die Verwaltungsfirma zuständige Finanzamt zugleich Betriebsstätten-Finanzamt für die Wohnungseigentümergemeinschaft.

Zu beachten ist, dass für jede vom Verwalter betreute Wohnungseigentümergemeinschaft eine gesonderte Lohnsteuer-Anmeldung abzugeben ist und dass auch ggf. Prüfungsanordnungen nur für die einzelne Wohnungseigentümergemeinschaft ergehen dürfen.

Die Zuständigkeit für neue Fälle richtet sich nach vorstehenden Regelungen. Die bisherige Regelung zur Führung von Sammellohnkonten gemäß TOP 15 der Rundverfügung Nr. 45/1982, LSt-Nr. 274, vom 15. 4. 1982 – St 42a – S 2525 – 3/81 wird hiermit aufgehoben. Ab 1. 1. 2000 ist auch für Altfälle ausschließlich nach den neuen Regelungen zu verfahren.

Kein Arbeitgeber

Die **Obergesellschaft eines Konzerns** (Organträger) ist auch dann nicht Arbeitgeber der Arbeitnehmer ihrer Tochtergesellschaften, wenn sie diesen Arbeitnehmern Arbeitslohn zahlt (→ BFH vom 21. 2. 1986 – BStBl II S. 768).

R 19.2 Nebentätigkeit und Aushilfstätigkeit

S 2332
S 2331

¹Bei einer nebenberuflichen Lehrtätigkeit an einer Schule oder einem Lehrgang mit einem allgemein feststehenden und nicht nur von Fall zu Fall aufgestellten Lehrplan sind die nebenberuflich tätigen Lehrkräfte in der Regel Arbeitnehmer, es sei denn, dass sie in den Schul- oder Lehrgangsbetrieb nicht fest eingegliedert sind. ²Hat die Lehrtätigkeit nur einen geringen Umfang, so kann das im Anhaltspunkt dafür sein, dass eine feste Eingliederung in den Schul- oder Lehrgangsbetrieb nicht vorliegt. ³Ein geringer Umfang in diesem Sinne kann stets angenommen werden, wenn die nebenberuflich tätige Lehrkraft bei der einzelnen Schule oder dem einzelnen Lehr-

gang in der Woche durchschnittlich nicht mehr als sechs Unterrichtsstunden erteilt. ⁴Auf nebenberuflich tätige Übungsleiter, Ausbilder, Erzieher, Betreuer oder ähnliche Personen sind die Sätze 1 bis 3 sinngemäß anzuwenden.

Hinweise

Allgemeines

- Ob eine Nebentätigkeit oder Aushilfstätigkeit in einem Dienstverhältnis oder selbständig ausgeübt wird, ist nach den allgemeinen Abgrenzungsmerkmalen (§ 1 Abs. 1 und 2 LStDV) zu entscheiden. Dabei ist die Nebentätigkeit oder Aushilfstätigkeit in der Regel für sich allein zu beurteilen. Die Art einer etwaigen Haupttätigkeit ist für die Beurteilung nur wesentlich, wenn beide Tätigkeiten unmittelbar zusammenhängen (→ BFH vom 24. 11. 1961 – BStBl 1962 III S. 37). *Anhang 7*
- Zu der Frage, ob eine nebenberufliche oder ehrenamtliche Tätigkeit mit Überschusserzielungsabsicht ausgeübt wird, → BFH vom 23. 10. 1992 (BStBl 1993 II S. 303 – Amateurfußballspieler) und vom 4. 8. 1994 (BStBl II S. 944 – Sanitätshelfer).
- Gelegenheitsarbeiter, die zu bestimmten, unter Aufsicht durchzuführenden Arbeiten herangezogen werden, sind auch dann Arbeitnehmer, wenn sie die Tätigkeit nur für einige Stunden ausüben (→ BFH vom 18. 1. 1974 – BStBl II S. 301).
- Bei nebenberuflich tätigen Musikern, die in Gaststätten auftreten, liegt ein Arbeitsverhältnis zum Gastwirt regelmäßig nicht vor, wenn der einzelne Musiker oder die Kapelle, der er angehört, nur gelegentlich – etwa nur für einen Abend oder an einem Wochenende – von dem Gastwirt verpflichtet wird. Ein Arbeitsverhältnis zum Gastwirt ist in der Regel auch dann zu verneinen, wenn eine Kapelle selbständig als Gesellschaft oder der Kapellenleiter als Arbeitgeber der Musiker aufgetreten ist (→ BFH vom 10. 9. 1976 – BStBl 1977 II S. 178).

Aufsichtsvergütungen

Juristische Staatsprüfungen; hier: Steuerliche Behandlung der Aufsichtsvergütungen

(Erlaß des FinMin Sachsen vom 5. 10. 1992 – 32 – S 2332 – 9/4 – 40342 –)

Nach dem Ergebnis der Erörterung mit den obersten Finanzbehörden des Bundes und der anderen Länder sind die Vergütungen für die Aufsichtsführung bei schriftlichen Prüfungsarbeiten in der Regel den Einnahmen aus der Haupttätigkeit zuzurechnen. Da die Aufsichtsführung bei schriftlichen Prüfungen als Nebenpflicht aus dem Dienstverhältnis anzusehen ist, deren Erfüllung der Arbeitgeber nach der tatsächlichen Gestaltung des Dienstverhältnisses und nach der Verkehrsauffassung erwarten darf (vgl. Abschnitt 68 Abs. 2 Satz 1 der Lohnsteuer-Richtlinien 1990), gehören die Vergütungen für die Prüfungsaufsicht zum Arbeitslohn. Die Prüfungsaufsicht wird somit nicht nebenberuflich im Sinne von § 3 Nr. 26 EStG ausgeübt.

Einnahmen aus selbständiger Tätigkeit können nur dann angenommen werden, wenn der Arbeitnehmer die eigentliche fachliche Prüfungstätigkeit als Nebentätigkeit ausübt und sich die Aufsichtsführung als Bestandteil dieser Prüfungstätigkeit darstellt.

Nebenberufliche Lehrtätigkeit

- Bei **Lehrkräften**, die im Hauptberuf eine nichtselbständige Tätigkeit ausüben, liegt eine Lehrtätigkeit im Nebenberuf nur vor, wenn diese Lehrtätigkeit nicht zu den eigentlichen Dienstobliegenheiten des Arbeitnehmers aus dem Hauptberuf gehört. Die Ausübung der Lehrtätigkeit im Nebenberuf ist in der Regel als Ausübung eines freien Berufs anzusehen (→ BFH vom 24. 4. 1959 – BStBl III S. 193), es sei denn, dass gewichtige Anhaltspunkte – z. B. Arbeitsvertrag unter Zugrundelegung eines Tarifvertrags, Anspruch auf Urlaubs- und Feiertagsvergütung – für das Vorliegen einer Arbeitnehmertätigkeit sprechen (→ BFH vom 28. 4. 1972 – BStBl I S. 617 und vom 4. 5. 1972 – BStBl II S. 618).
- Auch bei nur geringem Umfang der Nebentätigkeit sind die **Lehrkräfte** als Arbeitnehmer anzusehen, wenn sie auf Grund eines als Arbeitsvertrag ausgestalteten Vertrags tätig werden oder wenn eine an einer Schule vollbeschäftigte Lehrkraft zusätzliche Unterrichtsstunden an derselben Schule oder an einer Schule gleicher Art erteilt (→ BFH vom 4. 12. 1975 – BStBl 1976 II S. 291, 292).
- Die nebenberufliche Lehrtätigkeit von **Handwerksmeistern** an Berufs- und Meisterschulen ist in aller Regel keine nichtselbständige Tätigkeit.

- Bei **Angehörigen der freien Berufe** stellt eine Nebentätigkeit als Lehrbeauftragte an Hochschulen regelmäßig eine selbständige Tätigkeit dar (→ BFH vom 4. 10. 1984 – BStBl 1985 II S. 51).

Nebenberufliche Prüfungstätigkeit

Eine Prüfungstätigkeit als Nebentätigkeit ist in der Regel als Ausübung eines freien Berufs anzusehen (→ BFH vom 14. 3. 1958 – BStBl III S. 255, vom 2. 4. 1958 – BStBl III S. 293 und vom 29. 1. 1987 – BStBl II S. 783 wegen nebenamtlicher Prüfungstätigkeit eines Hochschullehrers).

Steuerliche Behandlung von Vergütungen für Prüfungstätigkeiten im Hochschulbereich

(Erlaß des FinMin Baden-Württemberg vom 30. 1. 1991 – S 2332 – A – 3/71 –)

Vergütungen, die Hochschullehrer für die Mitwirkung bei Staatsprüfungen erhalten, gehören nach dem BFH-Urteil vom 29. 1. 1987 (BStBl 1987 II S. 783) zu den Einnahmen aus selbständiger Arbeit. Die Prüfungsvergütungen sind nach § 3 Nr. 26 EStG begünstigt. Vergütungen für die Mitwirkung bei Hochschulprüfungen sind wie bisher als Einnahmen aus nichtselbständiger Arbeit zu behandeln. Die Steuerbefreiung des § 3 Nr. 26 EStG findet auf diese Vergütungen keine Anwendung.

Nebentätigkeit bei demselben Arbeitgeber

Einnahmen aus der Nebentätigkeit eines Arbeitnehmers, die er im Rahmen des Dienstverhältnisses für denselben Arbeitgeber leistet, für den er die Haupttätigkeit ausübt, sind Arbeitslohn, wenn dem Arbeitnehmer aus seinem Dienstverhältnis Nebenpflichten obliegen, die zwar im Arbeitsvertrag nicht ausdrücklich vorgesehen sind, deren Erfüllung der Arbeitgeber aber nach der tatsächlichen Gestaltung des Dienstverhältnisses und nach der Verkehrsauffassung erwarten darf, auch wenn er die zusätzlichen Leistungen besonders vergüten muss (→ BFH vom 25. 11. 1971 – BStBl 1972 II S. 212).

Vermittlungsprovisionen

→ R 19.4

Zuordnung in Einzelfällen

- Vergütungen, die **Angestellte eines Notars** für die Übernahme der Auflassungsvollmacht von den Parteien eines beurkundeten Grundstücksgeschäfts erhalten, können Arbeitslohn aus ihrem Dienstverhältnis sein (→ BFH vom 9. 12. 1954 – BStBl 1955 III S. 55).
- Die Tätigkeit der bei Universitätskliniken angestellten **Assistenzärzte als Gutachter** ist unselbständig, wenn die Gutachten den Auftraggebern als solche der Universitätsklinik zugehen (→ BFH vom 19. 4. 1956 – BStBl III S. 187).
- **Gemeindedirektor**, der auf Grund des Gesetzes betreffend die Oldenburgische Landesbrandkasse vom 6. 8. 1938 Mitglied der **Schätzungskommission** ist, bezieht aus dieser Tätigkeit keine Einkünfte aus nichtselbständiger Arbeit (→ BFH vom 8. 2. 1972 – BStBl II S. 460).
- **Orchestermusiker**, die neben ihrer nichtselbständigen Haupttätigkeit im Orchester gelegentlich für ihren Arbeitgeber eine künstlerische Nebentätigkeit ausüben, können insoweit Einkünfte aus selbständiger Arbeit haben, als die Tätigkeit nicht zu den Nebenpflichten aus dem Dienstvertrag gehört (→ BFH vom 25. 11. 1971 – BStBl 1972 II S. 212).
- Übernimmt ein **Richter** ohne Entlastung in seinem Amt zusätzlich die **Leitung einer Arbeitsgemeinschaft** für Rechtsreferendare, so besteht zwischen Haupt- und Nebentätigkeit kein unmittelbarer Zusammenhang. Ob die Nebentätigkeit selbständig ausgeübt wird, ist deshalb nach dem Rechtsverhältnis zu beurteilen, auf Grund dessen sie ausgeübt wird (→ BFH vom 7. 2. 1980 – BStBl II S. 321).
- Einnahmen, die angestellte **Schriftleiter** aus freiwilliger **schriftstellerischer Nebentätigkeit** für ihren Arbeitgeber erzielen, können Einnahmen aus selbständiger Tätigkeit sein (→ BFH vom 3. 3. 1955 – BStBl III S. 153).
- Prämien, die ein Verlagsunternehmen seinen **Zeitungsausträgern** für die **Werbung neuer Abonnenten** gewährt, sind dann kein Arbeitslohn, wenn die Zeitungsausträger weder rechtlich noch faktisch zur Anwerbung neuer Abonnenten verpflichtet sind (→ BFH vom 22. 11. 1996 – BStBl 1997 II S. 254).
- Das Honorar, das ein (leitender) Angestellter von seinem Arbeitgeber dafür erhält, dass er diesen bei Verhandlungen über den Verkauf des Betriebes beraten hat, gehört zu den Einnahmen aus nichtselbständiger Tätigkeit (→ BFH vom 20. 12. 2000 – BStBl 2001 II S. 496).

Arbeitslohn

R 19.3

(1) ¹Arbeitslohn ist die Gegenleistung für das Zurverfügungstellen der individuellen Arbeitskraft. ²Zum Arbeitslohn gehören deshalb auch
1. die Lohnzuschläge für Mehrarbeit und Erschwerniszuschläge, wie Hitzezuschläge, Wasserzuschläge, Gefahrenzuschläge, Schmutzzulagen usw.,
2. Entschädigungen, die für nicht gewährten Urlaub gezahlt werden,
3. der auf Grund des § 7 Abs. 5 SVG gezahlte Einarbeitungszuschuss,
4. pauschale Fehlgeldentschädigungen, die Arbeitnehmern im Kassen- und Zähldienst gezahlt werden, soweit sie 16 Euro im Monat übersteigen,
5. Trinkgelder, Bedienungszuschläge und ähnliche Zuwendungen, auf die der Arbeitnehmer einen Rechtsanspruch hat.

(2) ¹Nicht als Gegenleistung für das Zurverfügungstellen der individuellen Arbeitskraft und damit nicht als Arbeitslohn sind u. a. anzusehen
1. der Wert der unentgeltlich zur beruflichen Nutzung überlassenen Arbeitsmittel,
2. die vom Arbeitgeber auf Grund gesetzlicher Verpflichtung nach § 3 Abs. 2 Nr. 1 und Abs. 3 des Gesetzes über die Durchführung von Maßnahmen des Arbeitsschutzes zur Verbesserung der Sicherheit und des Gesundheitsschutzes der Beschäftigten bei der Arbeit (ArbSchG) i. V. m. § 6 der Verordnung über Sicherheit und Gesundheitsschutz bei der Arbeit an Bildschirmgeräten (BildscharbV) sowie der Verordnung zur arbeitsmedizinischen Vorsorge (ArbMedVV) übernommenen angemessenen Kosten für eine spezielle Sehhilfe, wenn auf Grund einer Untersuchung der Augen und des Sehvermögens durch eine fachkundige Person i. S. d. ArbMedVV die spezielle Sehhilfe notwendig ist, um eine ausreichende Sehfähigkeit in den Entfernungsbereichen des Bildschirmarbeitsplatzes zu gewährleisten,
3. übliche Sachleistungen des Arbeitgebers aus Anlass der Diensteinführung, eines Amts- oder Funktionswechsels, eines runden Arbeitnehmerjubiläums (→ R 19.5 Abs. 2 Nr. 3) oder der Verabschiedung eines Arbeitnehmers; betragen die Aufwendungen des Arbeitgebers einschl. Umsatzsteuer mehr als 110 Euro je teilnehmender Person, sind die Aufwendungen dem Arbeitnehmer hinzuzurechnen; auch Geschenke bis zu einem Gesamtwert von 40 Euro sind in die 110-Euro-Grenze einzubeziehen,
4. übliche Sachleistungen bei einem Empfang anlässlich eines runden Geburtstages eines Arbeitnehmers, wenn es sich unter Berücksichtigung aller Umstände des Einzelfalls um ein Fest des Arbeitgebers (betriebliche Veranstaltung) handelt. ²Die anteiligen Aufwendungen des Arbeitgebers, die auf den Arbeitnehmer selbst, seine Familienangehörigen sowie private Gäste des Arbeitnehmers entfallen, gehören jedoch zum steuerpflichtigen Arbeitslohn, wenn die Aufwendungen des Arbeitgebers mehr als 110 Euro je teilnehmender Person betragen; auch Geschenke bis zu einem Gesamtwert von 40 Euro sind in die 110-Euro-Grenze einzubeziehen,
5. pauschale Zahlungen des Arbeitgebers an ein Dienstleistungsunternehmen, das sich verpflichtet, alle Arbeitnehmer des Auftraggebers kostenlos in persönlichen und sozialen Angelegenheiten zu beraten und zu betreuen, beispielsweise durch die Übernahme der Vermittlung von Betreuungspersonen für Familienangehörige.

(3) ¹Leistungen des Arbeitgebers, mit denen er Werbungskosten des Arbeitnehmers ersetzt, sind nur steuerfrei, soweit dies gesetzlich bestimmt ist. ²Somit sind auch steuerpflichtig
1. Vergütungen des Arbeitgebers zum Ersatz der dem Arbeitnehmer berechneten Kontoführungsgebühren,
2. Vergütungen des Arbeitgebers zum Ersatz der Aufwendungen des Arbeitnehmers für Fahrten zwischen Wohnung und regelmäßiger Arbeitsstätte.

Hinweise

H 19.3

Abgrenzung zu anderen Einkunftsarten

– Abgrenzung des Arbeitslohns von den Einnahmen aus Kapitalvermögen → BFH vom 31. 10. 1989 (BStBl 1990 II S. 532).
– Zahlungen im Zusammenhang mit einer fehlgeschlagenen Hofübergabe sind kein Arbeitslohn, sondern Einkünfte nach § 22 Nr. 3 EStG (→ BFH vom 8. 5. 2008 – BStBl II S. 868).
– Zur Abgrenzung von Arbeitslohn und privater Vermögensebene bei einem Gesellschafter-Geschäftsführer → BFH vom 19. 6. 2008 (BStBl II S. 826).
– Veräußerungsgewinn aus einer Kapitalbeteiligung an einem Unternehmen des Arbeitgebers BFH vom 17. 6. 2009 (BStBl 2010 II S. 69).

§ 19 EStG
H 19.3

- Veräußerungsverluste aus einer Kapitalbeteiligung am Unternehmen des Arbeitgebers sind keine negativen Einnahmen bei den Einkünften aus nichtselbständiger Arbeit, wenn es an einem Veranlassungszusammenhang zum Dienstverhältnis mangelt (→ BFH vom 17. 9. 2009 – BStBl 2010 II S. 198).
- *Arbeitslohn im Zusammenhang mit der Veräußerung von GmbH-Anteilen* (→ BFH vom 30. 6. 2011 – BStBl II S. 948).
- *Abgrenzung zwischen Arbeitslohn und gewerblichen Einkünften eines Fußballspielers* (→ BFH vom 22. 2. 2012 – BStBl II S. 511).
- *Abgrenzung zwischen einer verdeckten Gewinnausschüttung und Arbeitslohn bei vertragswidriger Kraftfahrzeugnutzung durch den Gesellschafter-Geschäftsführer einer Kapitalgesellschaft* → BMF vom 3. 4. 2012 (BStBl I S. 478).

Anhang 25 III

Allgemeines zum Arbeitslohnbegriff

Anhang 7

Welche Einnahmen zum Arbeitslohn gehören, ist unter Beachtung der Vorschriften des § 19 Abs. 1 EStG und § 2 LStDV sowie der hierzu ergangenen Rechtsprechung zu entscheiden. Danach sind Arbeitslohn grundsätzlich alle Einnahmen in Geld oder Geldeswert, die durch ein individuelles Dienstverhältnis veranlasst sind. Ein **Veranlassungszusammenhang zwischen Einnahmen und einem Dienstverhältnis** ist anzunehmen, wenn die Einnahmen dem Empfänger nur mit Rücksicht auf das Dienstverhältnis zufließen und sich als Ertrag seiner nichtselbständigen Arbeit darstellen. Die letztgenannte Voraussetzung ist erfüllt, wenn sich die Einnahmen im weitesten Sinne als Gegenleistung für das Zurverfügungstellen der individuellen Arbeitskraft erweisen (→ BFH vom 11. 3. 1988 – BStBl II S. 726 sowie BFH vom 7. 7. 2004 – BStBl 2005 II S. 367). Eine solche Gegenleistung liegt nicht vor, wenn die Vergütungen die mit der Tätigkeit zusammenhängenden Aufwendungen nur unwesentlich übersteigen (→ BFH vom 23. 10. 1992 – BStBl 1993 II S. 303). Die Zurechnung des geldwerten Vorteils zu einem erst künftigen Dienstverhältnis ist zwar nicht ausgeschlossen, bedarf aber der Feststellung eines eindeutigen Veranlassungszusammenhangs, wenn sich andere Ursachen für die Vorteilsgewährung als Veranlassungsgrund aufdrängen (→ BFH vom 20. 5. 2010 – BStBl II S. 1069).

Ebenfalls keine Gegenleistung sind Vorteile, die sich bei objektiver Würdigung aller Umstände nicht als Entlohnung, sondern lediglich als notwendige Begleiterscheinung betriebsfunktionaler Zielsetzungen erweisen. Vorteile besitzen danach keinen Arbeitslohncharakter, wenn sie im ganz überwiegend eigenbetrieblichen Interesse des Arbeitgebers gewährt werden. Das ist der Fall, wenn sich aus den Begleitumständen wie zum Beispiel Anlass, Art und Höhe des Vorteils, Auswahl der Begünstigten, freie oder nur gebundene Verfügbarkeit, Freiwilligkeit oder Zwang zur Annahme des Vorteils und seine besondere Geeignetheit für den jeweils verfolgten betrieblichen Zweck ergibt, dass diese Zielsetzung ganz im Vordergrund steht und ein damit einhergehendes eigenes Interesse des Arbeitnehmers, den betreffenden Vorteil zu erlangen, vernachlässigt werden kann (→ BFH vom 7. 7. 2004 – BStBl 2005 II S. 367 und die dort zitierte Rechtsprechung). Im Ergebnis handelt es sich um Leistungen des Arbeitgebers, die er im ganz überwiegenden betrieblichen Interesse erbringt. Ein ganz überwiegendes betriebliches Interesse muss über das an jeder Lohnzahlung bestehende betriebliche Interesse deutlich hinausgehen (→ BFH vom 2. 2. 1990 – BStBl II S. 472). Gemeint sind Fälle, z. B. in denen ein Vorteil der Belegschaft als Gesamtheit zugewendet wird oder in denen dem Arbeitnehmer ein Vorteil aufgedrängt wird, ohne dass ihm eine Wahl bei der Annahme des Vorteils bleibt und ohne dass der Vorteil eine Marktgängigkeit besitzt (→ BFH vom 25. 7. 1986 – BStBl II S. 868).

Arbeitgeberzuwendungen

Arbeitgeberzuwendungen an die Unterstützungskasse VBLU

(Erlaß des FinMin Thüringen vom 20. 4. 1999 – S 2373 A – 8/99 – 204.1 –)

Mit Urteil vom 17. 12. 1997, 12 K 824/92 hat das FG Köln entschieden, daß es sich bei den Arbeitgeberzuwendungen an die Unterstützungskasse des Versorgungsverbandes bundes- und landesgeförderter Unternehmen e. V. (VBLU) wegen des fehlenden Rechtsanspruchs auf die Versorgungsleistungen nicht um Arbeitslohn handelt. Das gilt auch dann, wenn ein tarifvertraglicher Anspruch auf Arbeitgeberbeiträge zur Zusatzversorgung besteht. Einen Mißbrauch rechtlicher Gestaltungsmöglichkeiten hat das FG verneint.

Mit Beschluß vom 16. 9. 1998, VI B 155/98 hat der BFH die Nichtzulassungsbeschwerde gegen das Urteil des FG Köln als unbegründet zurückgewiesen.

Nach Abstimmung mit dem BMF und den obersten Finanzbehörden der Länder bestehen keine Bedenken, nicht bereits die Arbeitgeberzuwendungen an die Unterstützungskasse VBLU, sondern erst die späteren Versorgungsleistungen lohnzuversteuern (sog. nachgelagerte Besteuerung).

§ 19 EStG
H 19.3

Beispiele:

Zum Arbeitslohn gehören

- die vom Arbeitgeber übernommenen Beiträge einer angestellten Rechtsanwältin zum deutschen **Anwaltverein** (→ BFH vom 12. 2. 2009 – BStBl II S. 462),
- hinterzogene Arbeitnehmeranteile zur Gesamtsozialversicherung bei Vereinbarung sog. Schwarzlöhne (→ BFH vom 13. 9. 2007 – BStBl II 2008 S. 58);
  → aber auch unter „Nicht zum Arbeitslohn gehören" und dort unter „Arbeitnehmeranteile am Gesamtsozialversicherungsbeitrag",
- **Arbeitnehmeranteile** zur Arbeitslosen-, Kranken-, Pflege- und Rentenversicherung (Gesamtsozialversicherung), wenn der Arbeitnehmer hierdurch einen eigenen Anspruch gegen einen Dritten erwirbt (→ BFH vom 16. 1. 2007 – BStBl II S. 579). Entsprechendes gilt für vom Arbeitgeber übernommene Beiträge zur freiwilligen Rentenversicherung, und zwar auch dann, wenn die späteren Leistungen aus der gesetzlichen Rentenversicherung auf die zugesagten Versorgungsbezüge angerechnet werden sollen (→ BMF vom 13. 2. 2007 – BStBl I S. 270),

Übernahme von Beitragsleistungen zur freiwilligen Versicherung der Arbeitnehmer in der gesetzlichen Rentenversicherung durch den Arbeitgeber

Sitzung LSt III/06 TOP 2a

(BMF-Schreiben vom 13. 2. 2007, BStBl I S. 270)

Der Bundesfinanzhof hat mit Urteil vom 5. 9. 2006, VI R 38/04 (BStBl II 2007, 181) entschieden, dass die Übernahme von Beitragsleistungen zur freiwilligen Versicherung in der gesetzlichen Rentenversicherung durch den Arbeitgeber für sog. Kirchenbeamte dann keinen Arbeitslohn darstellt, wenn die Leistungen aus der gesetzlichen Rentenversicherung auf die zugesagten beamtenrechtlichen Versorgungsbezüge angerechnet werden sollen.

Die Entscheidung steht im Widerspruch zur langjährigen Auslegung des § 19 Abs. 1 Satz 1 Nr. 1 EStG in Verbindung mit § 2 Abs. 2 Nr. 3 LStDV und der dazu ergangenen Rechtsprechung. Wie der BFH unter II. 1. b) selbst ausführt, sind Zukunftssicherungsleistungen, die ein Arbeitgeber zugunsten eines Arbeitnehmers leistet, dann Arbeitslohn, wenn dem Arbeitnehmer gegen die Versorgungseinrichtung, an die der Arbeitgeber die Beiträge leistet, ein unentziehbarer Rechtsanspruch auf spätere Versorgungsleistungen zusteht. Diese Voraussetzung ist im entschiedenen Fall unzweifelhaft erfüllt. Die Tatsache, dass die späteren Leistungen aus der gesetzlichen Rentenversicherung auf die zugesagten beamtenrechtlichen Versorgungsbezüge angerechnet werden, rechtfertigt keine abweichende Beurteilung. Sie lässt unberücksichtigt, dass die späteren Leistungen aus der gesetzlichen Rentenversicherung einer anderen Einkunftsart zuzurechnen sind. Die Übernahme der Arbeitnehmeranteile zur gesetzlichen Rentenversicherung erfolgt zwar auch im Interesse des Arbeitgebers, weil die später von ihm selbst für zu erbringende Versorgungsleistungen reduziert werden können. Die Entscheidung berücksichtigt aber nicht, dass auch die Arbeitnehmer ein erhebliches eigenes Interesse an den späteren Leistungen aus der gesetzlichen Rentenversicherung haben. Denn während die Versorgungsbezüge – unter Berücksichtigung der Freibeträge für Versorgungsbezüge – in voller Höhe steuerpflichtig sind, unterliegen die Renten aus der gesetzlichen Rentenversicherung der Besteuerung lediglich mit dem sich aus § 22 Nr. 1 Satz 3 Buchst. a Doppelbuchst. aa EStG ergebenden Besteuerungsanteil. Dies führt regelmäßig dazu, dass den Arbeitnehmern, die auch Leistungen aus der gesetzlichen Rentenversicherung beziehen, ein höheres Nettoeinkommen verbleibt, als den Arbeitnehmern, die ausschließlich die zugesagten beamtenrechtlichen Versorgungsbezüge erhalten.

Außerdem schließen die Entscheidungsgründe nicht aus, dass die aufgestellten Rechtsgrundsätze auf andere Zukunftssicherungsleistungen, wie z. B. Direktversicherungen, übertragen werden könnten. Unter der Voraussetzung, dass spätere Leistungen aus einer Direktversicherung auf eine Werkspension angerechnet würden, könnten die Beitragsleistungen für die Direktversicherung nicht als Arbeitslohn angesehen werden, obwohl ein unentziehbarer Rechtsanspruch auf spätere Versorgungsleistungen gegen einen Dritten besteht. Wegen der Besteuerung der Versorgungsleistungen lediglich mit dem Ertragsanteil (§ 22 Nr. 1 Satz 3 Buchst. a Doppelbuchst. bb EStG) würde ein Steuersparmodell ermöglicht, worauf bereits in einer Anmerkung zu dem BFH-Urteil in DStRE 2006 S. 1383 hingewiesen wird. Dies ist nicht vertretbar.

Unter Bezugnahme auf das Ergebnis der Erörterung mit den obersten Finanzbehörden der Länder sind die Rechtsgrundsätze des Urteils deshalb nicht über den entschiedenen Einzelfall hinaus anzuwenden.

- die vom Arbeitgeber übernommenen Beiträge zur **Berufshaftpflichtversicherung** von Rechtsanwälten (→ BFH vom 26. 7. 2007 – BStBl II S. 892),

Übernahme der Beiträge zur Berufshaftpflichtversicherung angestellter Rechtsanwälte durch den Arbeitgeber

(Erlass der Senatsverwaltung für Finanzen Berlin vom 22. 07. 2010
– III B – S 2332 – 3/2008 –)

Der BFH hat mit Urteil vom 26. 07. 2007, BStBl 2007 II S. 892, entschieden, dass die Übernahme von Beiträgen zur Berufshaftpflichtversicherung angestellter Rechtsanwälte durch den Arbeitgeber zu Arbeitslohn führt, weil angestellte Rechtsanwälte gemäß § 51 BRAO zum Abschluss der Versicherung verpflichtet sind und deshalb ein überwiegend eigenbetriebliches Interesse des Arbeitgebers ausscheidet. Auch eine Versicherung der angestellten Rechtsanwälte über die Mindestdeckungssumme hinaus hat nicht zur Folge, dass das Interesse des einzelnen Arbeitnehmers am Abschluss der Berufshaftpflichtversicherung als unerheblich zu qualifizieren wäre.

In der Praxis erfolgt die Absicherung der angestellten Rechtsanwälte über die Mindestdeckungssumme hinaus regelmäßig im Rahmen einer Vermögensschaden-Haftpflichtversicherung der Rechtsanwaltssozietät. Die Versicherungspflicht nach § 51 BRAO kann auch durch eine vom Arbeitgeber abgeschlossene Gruppenversicherung erfüllt werden, bei der die angestellten Rechtsanwälte als versicherte Personen namentlich genannt werden. Somit wird auch durch eine vom Arbeitgeber abgeschlossene Versicherung für die bei ihm tätigen, namentlich genannten, Rechtsanwälte deren individuelle Pflicht zum Abschluss einer Berufshaftpflichtversicherung erfüllt. Die Rechtsanwälte haben ein entsprechendes Eigeninteresse an dieser Versicherung, so dass grundsätzlich von Arbeitslohn auszugehen ist, wenn der Arbeitgeber die Versicherungsbeiträge zahlt.

Eine Aufteilung der Versicherungssumme nach Mindestdeckungssumme und überschießender Summe ist nach bundeseinheitlichem Beschluss der obersten Finanzbehörden der Länder somit nicht vorzunehmen (vgl. auch BFH-Beschluss vom 06. 05. 2009, VI B 4/09, BFH/NV 2009 S. 1431 sowie die Entscheidung des Vorverfahrens). Bei einer für die Rechtsanwälte der Kanzlei (ggf. Sozien und angestellte Rechtsanwälte) insgesamt abgeschlossenen Haftpflichtversicherung ist für die Ermittlung des auf den einzelnen angestellten Rechtsanwalt entfallenden Arbeitslohns der Gesamtbetrag der zu leistenden Versicherungsbeiträge nach Köpfen zu verteilen.

- die unentgeltliche bzw. verbilligte **Überlassung eines Dienstwagens** durch den Arbeitgeber an den Arbeitnehmer für dessen Privatnutzung (→ BFH vom 29. 1. 2009 – BStBl 2010 II S. 1067),
- die vom Arbeitgeber übernommenen **Geldbußen und Geldauflagen** bei nicht ganz überwiegend eigenbetrieblichem Interesse (→ BFH vom 22. 7. 2008 – BStBl 2009 II S. 151),
- Beiträge des Arbeitgebers zu einer privaten **Gruppenkrankenversicherung**, wenn dieser einen eigenen unmittelbaren und unentziehbaren Rechtsanspruch gegen den Versicherer erlangt (→ BFH vom 14. 4. 2011 – BStBl II S. 767),
- die vom Arbeitgeber übernommenen **Kammerbeiträge** für Geschäftsführer von Wirtschaftsprüfungs-/Steuerberatungsgesellschaften (→ BFH vom 17. 1. 2008 – BStBl II S. 378),
- die kostenlose oder verbilligte Überlassung von qualitativ und preislich **hochwertiger Kleidungsstücke** durch den Arbeitgeber (→ BFH vom 11. 4. 2006 – BStBl II S. 691), soweit es sich nicht um typische Berufskleidung handelt → R 3.31 Abs. 1; zum überwiegend eigenbetrieblichen Interesse bei Überlassung einheitlicher Kleidung → BFH vom 22. 6. 2006 (BStBl II S. 915),
- monatliche Zahlungen nach einer Betriebsvereinbarung (Sozialplan) zum **Ausgleich der durch Kurzarbeit** entstehenden Nachteile (→ BFH vom 20. 7. 2010 – BStBl 2011 II S. 218),
- die innerhalb eines Dienstverhältnisses erzielten **Liquidationseinnahmen** eines angestellten Chefarztes aus einem eingeräumten Liquidationsrecht für gesondert berechenbare wahlärztliche Leistungen (→ BFH vom 5. 10. 2005 – BStBl 2006 II S. 94);

   → H 19.0 (Zuordnung / a) Beispiele für Arbeitnehmereigenschaft / Chefarzt),

- **Lohnsteuerbeträge**, soweit sie vom Arbeitgeber übernommen werden und kein Fall des § 40 Abs. 3 EStG vorliegt (→ BFH vom 28. 2. 1992 – BStBl II S. 733). Bei den einer entsprechende Nettolohnvereinbarung übernommenen Lohnsteuerbeträgen handelt es sich um Arbeitslohn des Kalenderjahrs, in dem sie entrichtet worden sind und der Arbeitgeber auf den Ausgleichsanspruch gegen den Arbeitnehmer verzichtet (→ BFH vom 29. 10. 1993 – BStBl 1994 II S. 197). Entsprechendes gilt für übernommene Kirchensteuerbeträge sowie für vom Arbeitgeber zu Unrecht angemeldete und an das Finanzamt endgültig abgeführte Lohnsteuerbeträge (→ BFH vom 17. 6. 2009 – BStBl 2010 II S. 72),
- vom Arbeitgeber **nachträglich** an das Finanzamt **abgeführte Lohnsteuer** für zunächst als steuerfrei behandelten Arbeitslohn (→ BFH vom 29. 11. 2000 – BStBl 2001 II S. 195),

§ 19 EStG
H 19.3

- von einem Dritten verliehene **Preise**, die den Charakter eines leistungsbezogenen Entgelts haben und nicht eine Ehrung der Persönlichkeit des Preisträgers darstellen (→ BFH vom 23. 4. 2009 – BStBl II S. 668),
- die vom Arbeitgeber übernommenen Kosten einer **Regenerationskur**; keine Aufteilung einer einheitlich zu beurteilenden Zuwendung (→ BFH vom 11. 3. 2010 – BStBl II S. 763),
- geldwerte Vorteile anlässlich von Kosten für **Reisen** (→ H 19.7),
- **Sachbezüge**, soweit sie zu geldwerten Vorteilen des Arbeitnehmers aus seinem Dienstverhältnis führen (→ R 8.1 und 8.2),
- der **Erlass einer Schadensersatzforderung** des Arbeitgebers (→ BFH vom 27. 3. 1992 – BStBl II S. 837); siehe auch H 8.1 (9–10) Verzicht auf Schadensersatz,
- Aufwendungen des Arbeitgebers für **Sicherheitsmaßnahmen** bei abstrakter berufsbedingter Gefährdung (→ BFH vom 5. 4. 2006 – BStBl II S. 541); → aber BMF vom 30. 6. 1997 (BStBl I S. 696),
- vom Arbeitgeber übernommene **Steuerberatungskosten** (→ BFH vom 21. 1. 2010 – BStBl II S. 639),
- **Surrogatleistungen** des Arbeitgebers auf Grund des Wegfalls von Ansprüchen im Rahmen der betrieblichen Altersversorgung (→ BFH vom 7. 5. 2009 – BStBl 2010 II S. 130),
- die vom Arbeitgeber übernommenen festen und laufenden Kosten für einen **Telefonanschluss** in der Wohnung des Arbeitnehmers oder für ein **Mobiltelefon**, soweit kein betriebliches Gerät genutzt wird (→ R 3.45), es sich nicht um Auslagenersatz nach → R 3.50 handelt und die Telefonkosten nicht zu den Reisenebenkosten (→ R 9.8), Umzugskosten (→ R 9.9) oder Mehraufwendungen wegen doppelter Haushaltsführung (→ R 9.11) gehören,
- die Nutzung vom Arbeitgeber gemieteter **Tennis- und Squashplätze** (→ BFH vom 27. 9. 1996 – BStBl 1997 II S. 146),
- **Umlagezahlungen** des Arbeitgebers an die Versorgungsanstalt des Bundes und der Länder – VBL – (→ BFH vom 7. 5. 2009 – BStBl 2010 II S. 194), → auch VBL-Umlagezahlungen
- ggf. Beiträge für eine und Leistungen aus einer **Unfallversicherung** (→ BMF vom 28. 10. 2009 – BStBl I S. 1275),
  → Unfallversicherung
- Leistungen aus **Unterstützungskassen** (→ BFH vom 28. 3. 1958 – BStBl III S. 268), soweit sie nicht nach R 3.11 Abs. 2 steuerfrei sind,
- **Vermittlungsprovisionen** (→ R 19.4),
- die unentgeltliche bzw. verbilligte Verpflegung eines Arbeitnehmers während einer **Auswärtstätigkeit** (→ BFH vom 24. 3. 2011 – BStBl II S. 829) und BMF vom 27. 9. 2011 (BStBl I S. 976).
- **Ausgleichszahlungen, die der Arbeitnehmer für seine in der Arbeitsphase erbrachten Vorleistungen erhält, wenn ein im Blockmodell geführtes Altersteilzeitarbeitsverhältnis vor Ablauf der vertraglich vereinbarten Zeit beendet wird (→ BFH vom 15. 12. 2011 – BStBl 2012 II S. 415).**

Nicht zum Arbeitslohn gehören

- **Aufmerksamkeiten** (→ R 19.6),
- **Arbeitgeberanteile zur gesetzlichen Sozialversicherung** eines Arbeitnehmers (BFH vom 6. 6. 2002 – BStBl 2003 II S. 34).
- **Arbeitnehmeranteile am Gesamtsozialversicherungsbeitrag**, die der Arbeitgeber wegen der gesetzlichen Beitragslastverschiebung nachzuentrichten und zu übernehmen hat (§ 3 Nr. 62 EStG), es sei denn, dass Arbeitgeber und Arbeitnehmer eine Nettolohnvereinbarung getroffen haben oder der Arbeitgeber zwecks Steuer- und Beitragshinterziehung die Unmöglichkeit einer späteren Rückbelastung beim Arbeitnehmer bewusst in Kauf genommen hat (→ BFH vom 29. 10. 1993 – BStBl 1994 II S. 194 und vom 13. 9. 2007 (BStBl 2008 II S. 58),
  → aber BFH vom 13. 9. 2007 (BStBl II 2008 S. 58) zur Nachentrichtung hinterzogener Arbeitnehmeranteile zur Gesamtsozialversicherung bei Vereinbarung sog. Schwarzlöhne
- Beiträge des Bundes nach **§ 15 FELEG** (→ BFH vom 14. 4. 2005 – BStBl II S. 569),
- **Betriebsveranstaltungen** (→ R 19.5),
- **Fort- oder Weiterbildungsleistungen** (→ R 19.7),
- Gestellung einheitlicher, während der Arbeitszeit zu tragender bürgerliche Kleidung, wenn das eigenbetriebliche Interesse des Arbeitgebers im Vordergrund steht bzw. kein geldwerter Vorteil des Arbeitnehmers anzunehmen ist (→ BFH vom 22. 6. 2006 – BStBl II S. 915); zur Überlassung hochwertiger Kleidung → BFH vom 11. 4. 2006 (BStBl II S. 691),
- **Leistungen zur Verbesserung der Arbeitsbedingungen**, z. B. die Bereitstellung von Aufenthalts- und Erholungsräumen sowie von betriebseigenen Dusch- und Badeanlagen; sie werden

§ 19 EStG
H 19.3

- der Belegschaft als Gesamtheit und damit in überwiegendem betrieblichen Interesse zugewendet (→ BFH vom 25. 7. 1986 – BStBl II S. 868),
- **Maßnahmen** des Arbeitgebers zur Vorbeugung spezifisch berufsbedingter Beeinträchtigungen der **Gesundheit**, wenn die Notwendigkeit der Maßnahmen zur Verhinderung krankheitsbedingter Arbeitsausfälle durch Auskünfte des medizinischen Dienstes einer Krankenkasse bzw. Berufsgenossenschaft oder durch Sachverständigengutachten bestätigt wird (→ BFH vom 30. 5. 2001 – BStBl II S. 671),
- **Mietzahlungen** des Arbeitgebers für ein im Haus bzw. in der Wohnung des Arbeitnehmers gelegenes Arbeitszimmer, das der Arbeitnehmer für die Erbringung seiner Arbeitsleistung nutzt, wenn die Nutzung des Arbeitszimmers in vorrangigem Interesse des Arbeitgebers erfolgt (→ BMF vom 13. 12. 2005 – BStBl 2006 I S. 4). → H 9.14 (Vermietung an den Arbeitgeber)
- **übliche Sachleistungen** des Arbeitgebers anlässlich eines betrieblichen Veranstaltung im Zusammenhang mit einem runden Geburtstag des Arbeitnehmers im Rahmen des R 19.3 Abs. 2 Nr. 4 LStR); zur Abgrenzung einer betrieblichen Veranstaltung von einem privaten Fest des Arbeitnehmers → BFH vom 28. 1. 2003 (BStBl II S. 724),
- **Schadensersatzleistungen**, soweit der Arbeitgeber zur Leistung gesetzlich verpflichtet ist, oder soweit der Arbeitgeber einen zivilrechtlichen Schadensersatzanspruch des Arbeitnehmers wegen schuldhafter Verletzung arbeitsvertraglicher Fürsorgepflichten erfüllt (→ BFH vom 20. 9. 1996 – BStBl 1997 II S. 144),
- **Sonderzahlungen an eine Zusatzversorgungskasse**, die der Arbeitgeber im Zusammenhang mit der Schließung des Umlagesystems leistet (BFH vom 14. 9. 2005 – BStBl 2006 II S. 500).
- die **Übertragung** von **Vorsorgekapital**, das zugunsten eines Grenzgängers bei einer Versorgungseinrichtung durch als Arbeitslohn zu qualifizierende Arbeitgeberbeiträge gebildet wurde, von einer Versorgungseinrichtung auf eine andere Versorgungseinrichtung (→ BFH vom 13. 11. 2012 – VI R 20/10 –),
- **Überweisungen** eines Arbeitnehmers unter eigenmächtiger Überschreitung seiner Befugnisse von Beträge, die ihm vertraglich nicht zustehen (→ BFH vom 13. 11. 2012 – VI R 38/11 –),
- **Vergütungen eines Sportvereins an Amateursportler**, wenn die Vergütungen die mit der Tätigkeit zusammenhängenden Aufwendungen nur unwesentlich übersteigen (→ BFH vom 23. 10. 1992 – BStBl 1993 II S. 303),
- **Vergütungen für Sanitätshelfer des DRK**, wenn sie als pauschale Erstattung der Selbstkosten beurteilt werden können, weil sie die durch die ehrenamtliche Tätigkeit veranlassten Aufwendungen regelmäßig nur unwesentlich übersteigen (→ BFH vom 4. 8. 1994 – BStBl II S. 944),
- **Verwarnungsgelder** wegen Verletzung des Halteverbots, die der Arbeitgeber (z. B. Paketzustelldienst) aus ganz überwiegend eigenbetrieblichem Interesse übernimmt (→ BFH vom 7. 7. 2004 – BStBl 2005 II S. 367),
- **Vorsorgeuntersuchungen leitender Angestellter**
  → BFH vom 17. 9. 1982 (BStBl 1983 II S. 39),
- die Überlassung eines **Werkstattwagens** zur Durchführung von Reparaturen an Energieversorgungseinrichtungen im Rahmen einer Wohnungsrufbereitschaft auch dann nicht, wenn das Fahrzeug in dieser Zeit für Fahrten zwischen Wohnung und Arbeitsstätte zur Verfügung steht (→ BFH vom 5. 5. 2000 – BStBl II S. 690),
- **Wiederholungshonorare** und Erlösbeteiligungen, die an ausübende Künstler von Hörfunk- oder Fernsehproduktionen als Nutzungsentgelte für die Übertragung originärer urheberrechtlicher Verwertungsrechte gezahlt werden (BFH vom 26. 7. 2006 – BStBl II S. 917),
- **Zuschüsse**, die der Bund **an die Bahnversicherungsanstalt** Abteilung B leistet – Bundeszuschuss – (→ BFH vom 30. 5. 2001 – BStBl II S. 815),
- **Zuwendungen aus persönlichem Anlass** (→ R 19.6).

Steuerfrei sind

- die Leistungen nach dem **AltTZG** nach § 3 Nr. 28 EStG (→ R 3.28),
- **Aufwandsentschädigungen** nach § 3 Nr. 12 (→ R 3.12) und Einnahmen bis zum Höchstbetrag nach § 3 Nr. 26 und 26a EStG (→ R 3.26) sowie § 3 Nr. 26b EStG,
- durchlaufende Gelder und **Auslagenersatz** nach § 3 Nr. 50 EStG (→ R 3.50),
- **Beihilfen und Unterstützungen**, die wegen Hilfsbedürftigkeit gewährt werden nach § 3 Nr. 11 EStG (→ R 3.11),
- der Wert der unentgeltlich oder verbilligt überlassenen **Berufskleidung** sowie die Barablösung des Anspruchs auf Gestellung typischer Berufskleidung nach § 3 Nr. 31 EStG (→ R 3.31),

§ 19 EStG
H 19.3

- die Erstattung von Mehraufwendungen bei **doppelter Haushaltsführung** nach § 3 Nr. 13 und 16 (→ R 3.13, 3.16 und 9.11),
- die Maßnahmen der Gesundheitsförderung bis zum Höchstbetrag nach § 3 Nr. 34 EStG,
- der **Kaufkraftausgleich** nach § 3 Nr. 64 EStG (→ R 3.64),
- Leistungen des Arbeitgebers für die Unterbringung und Betreuung von nicht schulpflichtigen **Kindern** nach § 3 Nr. 33 EStG (→ R 3.33),
- **Nutzungsentgelt** für eine dem Arbeitgeber überlassene eigene Garage, in der ein Dienstwagen untergestellt wird (→ BFH vom 7. 6. 2002 – BStBl II S. 829)[1], → Garage,
- der Ersatz von **Reisekosten** nach § 3 Nr. 13 und 16 (→ R 3.13, 3.16 und 9.4 bis 9.8),
- die betrieblich notwendige **Sammelbeförderung** des Arbeitnehmers nach § 3 Nr. 32 EStG (→ R 3.32),
- **Studienbeihilfen und Stipendien** nach § 3 Nr. 11 und 44 EStG (→ R 4.1 und R 3.44 EStR),
- vom Arbeitgeber nach R 3.50 Abs. 2 ersetzte Aufwendungen für **Telekommunikation**,
- geldwerte Vorteile aus der privaten Nutzung betrieblicher Personalcomputer und **Telekommunikationsgeräte** nach § 3 Nr. 45 EStG (→ R 3.45),
- **Trinkgelder** nach § 3 Nr. 51 EStG,
- der Ersatz von **Umzugskosten** nach § 3 Nr. 13 und 16 (→ R 3.13, 3.16 und 9.9),
- der Ersatz von **Unterkunftskosten** sowie die unentgeltliche oder teilentgeltliche Überlassung einer Unterkunft nach
  § 3 Nr. 13 EStG (→ R 3.13),
  § 3 Nr. 16 EStG (→ R 9.7 und 9.11),
- geldwerte Vorteile aus der Überlassung von **Vermögensbeteiligungen** nach § 3 Nr. 39 EStG (→ H 3.39),
- der Ersatz von **Verpflegungskosten** nach
  § 3 Nr. 4 Buchstabe c (→ R 3.4),
  § 3 Nr. 12 (→ R 3.12),
  § 3 Nr. 13 (→ R 3.13),
  § 3 Nr. 16 (→ R 9.6 und 9.11),
  § 3 Nr. 26 EStG (→ R 3.26),
- **Werkzeuggeld** nach § 3 Nr. 30 EStG (→ R 3.30),
- **Zukunftssicherungsleistungen** des Arbeitgebers auf Grund gesetzlicher Verpflichtung und gleichgestellte Zuschüsse nach § 3 Nr. 62 EStG (→ § 2 Abs. 2 Nr. 3 LStDV und R 3.62), aber auch BFH vom 6. 6. 2002 – BStBl 2003 II S. 34, wonach Arbeitgeberanteile zur gesetzlichen Sozialversicherung eines Arbeitnehmers nicht zum Arbeitslohn gehören; § 3 Nr. 62 Satz 1 EStG hat insofern nur deklaratorische Bedeutung.

Anhang 7

- **Zuschläge** für Sonntags-, Feiertags- oder Nachtarbeit nach § 3b EStG (→ R 3b).

Bildschirmarbeitsbrille

**Übernahme der Kosten einer Bildschirmarbeitsbrille
für den Arbeitnehmer durch den Arbeitgeber
gemäß § 3 Abs. 2 Nr. 1 und Abs. 3 ArbSchG
i. V. m. § 6 Abs. 1 BildschArbV**

(Erlass der Senatsverwaltung für Finanzen Berlin vom 28. 9. 2009
– III B – S 2332 – 10/2008 –)

Gemäß R 19.3 Abs. 2 Nr. 2 LStR sind die vom Arbeitgeber auf Grund gesetzlicher Verpflichtung nach § 3 Abs. 2 Nr. 1 und Abs. 3 ArbSchG i. V. m. § 6 Abs. 1 BildscharbV übernommenen angemessenen Kosten für eine spezielle Sehhilfe des Arbeitnehmers nicht als Arbeitslohn anzusehen, wenn auf Grund einer Untersuchung der Augen und des Sehvermögens durch eine fachkundige Person i. S. d. § 6 Abs. 1 BildscharbV die spezielle Sehhilfe notwendig ist, um eine ausreichende Sehfähigkeit in den Entfernungsbereichen des Bildschirmarbeitsplatzes zu gewährleisten.

Nach den Auslegungshinweisen des Länderausschusses für Arbeitsschutz und Sicherheitstechnik zu den unbestimmten Rechtsbegriffen der BildscharbV sowie der Kommentierung zu § 6

---

[1]) Der BFH hat entschieden, dass das vom Arbeitgeber gezahlte Nutzungsentgelt regelmäßig keinen Arbeitslohn darstellt, wenn der Arbeitnehmer seinem Arbeitgeber eine eigene Garage überlässt, in der ein Dienstwagen untergestellt wird. → auch H 21.2 (Einnahmen) EStH.

BildschArbV ist nur ein Arzt eine fachkundige Person i. S. d. § 6 Abs. 1 BildscharbV, nicht jedoch ein Optiker. Dies hat zur Folge, dass für den Arbeitgeber keine gesetzliche Verpflichtung nach § 3 Abs. 2 Nr. 1 und Abs. 3 ArbSchG i. V. m. § 6 Abs. 1 BildscharbV zur Übernahme der Kosten für eine spezielle Sehhilfe des Arbeitnehmers besteht, wenn lediglich ein Optiker, nicht jedoch ein Arzt, die entsprechende Notwendigkeit bescheinigt. Somit findet R 19.3 Abs. 2 Nr. 2 LStR in derartigen Fällen keine Anwendung.

Wird die entsprechende Notwendigkeit durch einen Arzt bescheinigt, ist weitere Voraussetzung für die Anwendung von R 19.3 Abs. 2 Nr. 2 LStR, dass die ärztliche Verordnung vor Anschaffung der Sehhilfe ausgestellt wurde.

Bundesweite Schulprojekte

Lohnsteuerliche Behandlung von bundesweiten Schulprojekten

Bezug: HMdF-Erlass vom 15. 11. 2011 – S 2332 A – 122 – II3b

(Verfügung der OFD Frankfurt/M. vom 18. 11. 2011 – S 2332 A – 88 – St 211 –)

I. Allgemeines

In der Vergangenheit haben bereits mehrfach Schulprojekte wie „Der Soziale Tag", „Aktion Tagwerk" und andere vergleichbare Projekte in verschiedenen Bundesländern stattgefunden. Die Schülerinnen und Schüler arbeiteten im Rahmen der Projekte einen Tag lang in Unternehmen oder Privathaushalten. Der erarbeitete Lohn wird im Einvernehmen mit den Schülern und den Arbeitgebern an die jeweilige Organisation gespendet.

II. Projekte

Es werden folgende Projekte anerkannt:

Verein	Projekt	Kalenderjahre
Aktion Tagewerk e. V.	„Dein Tag für Afrika"	ab 2005
Bund der Freien Walddorfschulen e. V.	„WOW-Day"	2004
Schüler Helfen Leben e. V.	„Sozialer Tag"	2006 – 2012
Weltfriedensdienst e. V.	„Schüler helfen Schülern"	2004 – 2008

III. Lohnsteuerliche Behandlung

Die obersten Finanzbehörden der Länder haben sich hinsichtlich der steuerlichen Behandlung auf Folgendes verständigt:

„Die im Rahmen dieser Projekte gespendeten Arbeitslöhne können aus Billigkeits- und Vereinfachungsgründen im Rahmen einer eventuell durchzuführenden Einkommensteuerveranlagung der Schülerinnen oder Schüler bei der Feststellung des steuerpflichtigen Arbeitslohns außer Ansatz bleiben. Die Vergütungen sind hierbei von den Arbeitgebern direkt an die spendenempfangsberechtigte Einrichtung i. S. d. § 10b Abs. 1 Satz 1 EStG zu überweisen und unterliegen nicht dem Lohnsteuerabzug. Da die außer Ansatz bleibenden Vergütungen nicht als Spende berücksichtigt werden dürfen, haben zudem die Vereine sicherzustellen, dass über diese Vergütungen keine Zuwendungsbestätigungen i. S. d. § 50 EStDV ausgestellt werden."

D & O-Versicherungen

Lohn- und einkommensteuerrechtliche Behandlung der Beiträge zu Directors & Officers-Versicherungen (D & O-Versicherung)

(Erlass des FinMin Niedersachsen vom 25. 1. 2002,
– S 2332 – 161 – 35, S 2245 – 21 – 31 2 –)

Zu der Frage, wie Beiträge an eine D & O-Versicherung lohn- und einkommensteuerlich zu behandeln sind, wird gebeten, folgende Auffassung zu vertreten:

Bei Versicherten, die Arbeitnehmer sind, ist von einem überwiegend eigenbetrieblichen Interesse des Arbeitgebers auszugehen, so dass die Beiträge nicht zum Arbeitslohn der versicherten Arbeitnehmer gehören, wenn

– es sich bei der D & O-Versicherung um eine Vermögensschaden-Haftpflichtversicherung handelt, die in erster Linie der Absicherung des Unternehmens oder des Unternehmens-

werts gegen Schadensersatzforderungen Dritter gegenüber dem Unternehmen dient, die ihren Grund in dem Tätigwerden oder Untätigbleiben der für das Unternehmen verantwortlich handelnden und entscheidenden Organe und Leitungsverantwortlichen haben,
- die D & O-Verträge besondere Klauseln zur Firmenhaftung oder sog. Company Reimbursement enthalten, die im Ergebnis dazu führen, dass der Versicherungsanspruch aus der Versicherungsleistung dem Unternehmen als Versicherungsnehmer zusteht,
- des Weiteren die D & O-Versicherung dadurch gekennzeichnet ist, dass
  - regelmäßig das Management als Ganzes versichert ist und Versicherungsschutz für einzelne Personen nicht in Betracht kommt,
  - Basis der Prämienkalkulation nicht individuelle Merkmale der versicherten Organmitglieder sind, sondern Betriebsdaten des Unternehmens und dabei die Versicherungssummen deutlich höher sind als typischerweise Privatvermögen.

Ein überwiegend eigenbetriebliches Interesse des Arbeitgebers ist hingegen zu verneinen, wenn Risiken versichert werden, die üblicherweise durch eine individuelle Berufshaftpflichtversicherung abgedeckt werden. In diesem Fall sind die Beiträge als Arbeitslohn zu versteuern. In gleicher Höhe liegen beim Arbeitnehmer jedoch Werbungskosten vor, auf die der Arbeitnehmer-Pauschbetrag anzurechnen ist.

Bei Versicherten, die nicht Arbeitnehmer sind (Aufsichtsratsmitglieder), ist entsprechend zu verfahren. Daher führt die Zahlung von Versicherungsprämien für D & O-Versicherungen durch die Gesellschaft weder zu Betriebseinnahmen noch zu Betriebsausgaben des versicherten Aufsichtsratsmitglieds, wenn die oben genannten Voraussetzungen vorliegen.

Dieser Erlass ergeht im Einvernehmen mit dem Bundesministerium der Finanzen und den obersten Finanzbehörden der anderen Länder.

Familienpflegezeit

Zur lohnsteuerlichen Behandlung der Familienpflegezeit → **BMF vom 23. 5. 2012 (BStBl I S. 617).**   Anhang 41

Führerschein bei Feuerwehrleuten

Übernahme der Aufwendungen für den Führerschein bei Feuerwehrleuten durch die Gemeinde

(Erlass des Bayer. Staatsministeriums der Finanzen vom 16. 6. 2004,
– 34 – S 2337 – 158 – 25617/04 –)

Auf Grund der Einführung des EU-Führerscheins zum 1. 1. 1999 dürfen Inhaber der Fahrerlaubnisklasse B nur noch Fahrzeuge mit einer zulässigen Gesamtmasse von nicht mehr als 3,5t führen. Die Fahrzeuge der (Freiwilligen) Feuerwehren überschreiten zumeist dieses Gewicht, so dass viele Gemeinden die Kosten für den Erwerb der Führerscheinklasse C1/C übernehmen. Es ist gefragt worden, ob die Übernahme der Kosten für den Erwerb der Führerscheinklasse C1/C durch die Gemeinden zu einem geldwerten Vorteil bei den Feuerwehrleuten führt.

In Abstimmung mit den obersten Finanzbehörden des Bundes und der andern Länder wird hierzu folgende Auffassung vertreten:

Nach der ständigen Rechtsprechung des BFH sind solche Vorteile nicht als Arbeitslohn anzusehen, die sich bei objektiver Würdigung aller Umstände nicht als Entlohnung, sondern lediglich als notwendige Begleiterscheinung betriebsfunktionaler Zielsetzung erweisen. Vorteile besitzen danach keinen Arbeitslohncharakter, wenn sie im ganz überwiegend eigenbetrieblichen Interesse des Arbeitgebers gewährt werden. Dies ist der Fall, wenn sich aus den Begleitumständen wie Anlass, Art und Höhe des Vorteils, Auswahl der Begünstigten, freie oder nur gebundene Verfügbarkeit, Freiwilligkeit oder Zwang zur Annahme des Vorteils und seiner besonderen Geeignetheit für den jeweiligen verfolgten betrieblichen Zweck ergibt, dass diese Zielsetzung ganz im Vordergrund steht und ein damit einhergehendes eigenes Interesse des Arbeitnehmers, den betreffenden Vorteil zu erlangen deshalb vernachlässigt werden kann (vgl. z. B. BFH v. 26. 6. 2003, VI R 112/98, BStBl II, 886, DStRE 2003, 1263 zu Führerscheinen von Polizisten).

Für die Feuerwehren ist es unerlässlich, dass die oft ehrenamtlich tätigen Feuerwehrleute nicht nur für den Einsatz entsprechend ausgebildet werden, sondern auch die im Ernstfall benötigten Gerätschaften bedienen können und dürfen. Dies schließt den Erwerb der Erlaubnis zum Führen der entsprechenden Feuerwehrfahrzeuge mit ein. Da die Erlaubnis zum Führen dieser Fahrzeuge oft nicht vorliegt, müssen die Feuerwehren eine entsprechende Ausbildung anbieten, um überhaupt einsatzfähig zu sein und den betrieblichen Zweck verfolgen zu können. Der Arbeitgeber hat damit ein ganz wesentliches Interesse an der Führerscheinausbildung einzelner Feuerwehrleute. Der Vorteil des Arbeitnehmers, die Führerscheinklasse ggf. auch für private Zwecke nutzen zu können, ist lediglich eine Begleiterscheinung und tritt hinter dem vom Arbeitgeber verfolgten Zweck zurück.

Garage

Zahlungen des Arbeitgebers an seine Arbeitnehmer zur Unterbringung von Kraftfahrzeugen

(Verfügung der OFD Frankfurt/Main vom 18. 3. 2003, S 2334 A – 18 – St II 30 –)

1. Firmeneigene Kraftfahrzeuge

Mit Urteil vom 7. 6. 2002, VI R 145/99 (BStBl II 2002, 829, DStR 2002, 1567) hat der BFH entschieden, dass ein vom Arbeitgeber an den Arbeitnehmer gezahltes Nutzungsentgelt für eine Garage des Arbeitnehmers, in der dieser den vom Arbeitgeber zur Verfügung gestellten Dienstwagen unterstellt, regelmäßig keinen Arbeitslohn darstellt.

Stellt der Arbeitnehmer den Dienstwagen auf Verlangen des Arbeitgebers in einer von ihm angemieteten Garage unter, handelt es sich bei der vom Arbeitgeber erstatteten Garagenmiete um nach § 3 Nr. 50 2. Alt. EStG steuerfreien Auslagenersatz. Wird die private Dienstwagennutzung dabei nach der 1 %-Regelung erfasst, so ist kein geldwerter Vorteil für die Überlassung der Garage an den Arbeitnehmer anzusetzen.

Wenn dem Arbeitnehmer für eine angemietete Garage Kosten entstehen oder verbleiben, mindern diese im Fall des Dienstwagens nicht den nach § 8 Abs. 2 Sätze 2–5 EStG maßgebenden Wert. Sowohl im Fall des Dienstwagens als auch des arbeitnehmereigenen Fahrzeugs könnte der Arbeitnehmer über den Einzelnachweis aber den Teil dieser Kosten als Werbungskosten geltend machen, der dem Anteil der Dienstfahrten an der Gesamtfahrstrecke entspricht.

2. Arbeitnehmereigene Fahrzeuge

Wird das arbeitnehmereigene Kraftfahrzeug für Dienstreisen genutzt, ist bei Einzelnachweis der Fahrtkosten der dem Dienstreiseanteil an der Gesamtfahrstrecke entsprechende Anteil der Garagenkosten bei Erstattung durch den Arbeitgeber nach § 3 Nr. 16 EStG steuerfrei bzw. ohne Erstattung durch den Arbeitgeber als Werbungskosten abziehbar.

In allen übrigen Fällen (z. B. Erstattung von Parkplatzkosten am Wohnsitz des Arbeitnehmers durch den Arbeitgeber, arbeitnehmereigenes Fahrzeug wird nicht für Dienstreisen genutzt) gehören die Zuschüsse an den Arbeitnehmer zum steuerpflichtigen Arbeitslohn.

Geburtstagsempfang

Lohnsteuerliche Behandlung der Aufwendungen des Arbeitgebers für einen Geburtstagsempfang seines Arbeitnehmers

(Erlass des Hessischen Ministeriums der Finanzen vom 24. 2. 2004 – S 2332 A – 110 – II 3b –)

Zur Anwendung der Neuregelung in R 70 Abs. 2 Nr. 3 LStR 2004[1]) wird im Einvernehmen mit den obersten Finanzbehörden des Bundes und der anderen Länder folgende Auffassung vertreten:

Lädt ein Arbeitgeber anlässlich eines Geburtstags eines Arbeitnehmers Geschäftsfreunde, Repräsentanten des öffentlichen Lebens, Vertreter von Verbänden und Berufsorganisationen sowie Mitarbeiter zu einem Empfang ein, so ist unter Berücksichtigung aller Umstände des Einzelfalls zu entscheiden, ob es sich um ein Fest des Arbeitgebers (betriebliche Veranstaltung, aber keine Betriebsveranstaltung i. S. des R 72 LStR[2])) oder um ein privates Fest des Arbeitnehmers handelt (BFH-Urteil vom 28. 1. 2003 – VI R 48/99 –, BStBl II, 724). Dieser Grundsatz gilt sowohl für Veranstaltungen (Empfänge) privater als auch öffentlicher Arbeitgeber.

1. Bei einem privaten Fest des Arbeitnehmers sind sämtliche vom Arbeitgeber getragenen Aufwendungen dem steuerpflichtigen Arbeitslohn dieses Arbeitnehmers zuzurechnen.
2. Bei einem Fest des Arbeitgebers (betriebliche Veranstaltung) anlässlich eines runden Geburtstages eines Arbeitnehmers (z. B. Vollendung des 50., 60. oder 65. Lebensjahres) sind die anteiligen Aufwendungen des Arbeitgebers, die auf den Arbeitnehmer selbst, seine Familienangehörigen sowie private Gäste des Arbeitnehmers entfallen, dem steuerpflichtigen Arbeitslohn des Arbeitnehmers hinzuzurechnen, wenn die Aufwendungen des Arbeitgebers einschließlich Umsatzsteuer mehr als 110 EUR je teilnehmender Person betragen (R 70 Abs. 3 Nr. 3 LStR 2004[3]).

---

[1]) Jetzt: R 19.3 Abs. 2 Nr. 3 LStR.
[2]) Jetzt: R 19.5 LStR.
[3]) Jetzt: R 19.3 Abs. 2 Nr. 4 LStR.

Beispiele:

a) Die Bruttoaufwendungen bei einem Fest des Arbeitgebers (betriebliche Veranstaltung) für einen Empfang anlässlich des 60. Geburtstag des Arbeitnehmers A betragen 8 000 EUR. Unter den 80 teilnehmenden Gästen sind neben dem Arbeitnehmer auch seine Ehefrau, seine beiden Kinder und vier weitere private Gäste.

Da die Aufwendungen je teilnehmender Person 100 EUR betragen (8 000 EUR : 80 Gäste = 100 EUR), sind sie nicht – auch nicht anteilig – dem Arbeitslohn des A hinzuzurechnen.

b) Die Bruttoaufwendungen des Arbeitgebers betragen 9 600 EUR.

Je teilnehmender Person betragen die Bruttoaufwendungen des Arbeitgebers 120 EUR (9 600 : 80 Gäste). Die auf A, seine Ehefrau, seine beiden Kinder und die auf seine vier privaten Gäste entfallenden Aufwendungen in Höhe von 960 EUR (8 Personen à 120 EUR) sind dem Arbeitslohn des A hinzuzurechnen. Für die auf die übrigen 72 teilnehmenden Personen entfallenden Aufwendungen ist kein geldwerter Vorteil anzusetzen (R 31 Abs. 8 Nr. 1 LStR[1]). Die gesamten Aufwendungen unterliegen beim Arbeitgeber der Abzugsbeschränkung für Bewirtungsaufwendungen nach § 4 Abs. 5 Nr. 2 EStG.

Für ein Fest des Arbeitgebers (betriebliche Veranstaltung) spricht, dass
– dieser als Gastgeber auftritt,
– er die Gästeliste nach geschäftsbezogenen Gesichtspunkten bestimmt,
– er in seine Geschäftsräume einlädt und
– das Fest den Charakter einer betrieblichen Veranstaltung und nicht einer privaten Feier des Arbeitnehmers hat.

Der Geburtstag des Arbeitnehmers darf also nicht das tragende Element der Veranstaltung sein, sondern lediglich den „Aufhänger" für die ansonsten im Vordergrund stehende Repräsentation des Unternehmens bilden. Unschädlich ist, wenn der Arbeitnehmer einen begrenzten Kreis der teilnehmenden Personen selbst benennen kann (sog. private Gäste).

3. Handelt es sich nicht um eine betriebliche Veranstaltung, weil der Arbeitgeber nicht in erster Linie Geschäftsfreunde, Repräsentanten des öffentlichen Lebens oder Verbandsvertreter eingeladen hat, und ist die Veranstaltung auf Grund ihrer Ausgestaltung auch nicht als privates Fest des Arbeitnehmers anzusehen, kann es sich um eine Betriebsveranstaltung i. S. des R 72 LStR[2]) handeln.

Es wird gebeten, die Finanzämter entsprechend zu unterrichten.

Gehaltsverzicht

→ R 3.33c und 38.2

Geistliche

Lohnsteuerliche Behandlung der Pflichtbeiträge katholischer Geistlicher zur/zum
a) Ruhegehaltskasse des (Erz-)Bistums,
b) Diaspora-Priesterhilfswerk,
c) Haushälterinnen-Zusatzverordnung

(BMF-Schreiben vom 6. 12. 1994, BStBl I S. 921)

Katholische Geistliche, die in einem Inkardinationsverhältnis zu einer Diözese stehen (Diözesangeistliche), haben Beiträge zur Ruhegehaltskasse des (Erz-)Bistums, zum Diaspora-Priesterhilfswerk und zur Haushälterinnen-Zusatzversorgung zu leisten. Nach dem Ergebnis der Besprechungen mit den obersten Finanzbehörden der Länder gilt für die lohnsteuerliche Behandlung dieser Pflichtbeiträge für Lohnzahlungszeiträume ab 1995 folgendes:

1. Diözesangeistliche, die aus der Bistumskasse besoldet werden

Werden Geistliche aus der Bistumskasse besoldet, sind die von der Kasse einbehaltenen Pflichtbeiträge zu diesen Einrichtungen keine eigenen Beiträge der Geistlichen. Bei diesen Geistlichen ist das um die Pflichtbeiträge verminderte Gehalt als Arbeitslohn zu versteuern.

2. Diözesangeistliche, die nicht aus der Bistumskasse besoldet werden

Werden Geistliche nicht aus der Bistumskasse, sondern aus einer anderen Kasse besoldet (z. B. Geistliche im Schul-, Universitäts- oder Krankenhausdienst), unterliegt das vereinbarte und gezahlte Gehalt dem Lohnsteuerabzug. Sind die Geistlichen aufgrund von Anordnungen des Bi-

---

[1]) Jetzt: R 8.1 Abs. 8 Nr. 1 LStR.
[2]) Jetzt: R 19.5 LStR.

schofs verpflichtet, Beiträge zu diesen Einrichtungen zu entrichten, so sind diese Zahlungen als Werbungskosten zu behandeln.

Steuerliche Behandlung der Bezüge der römisch-katholischen Geistlichen und ihrer Pfarrhaushälterinnen

(Verfügung der OFD Düsseldorf vom 12. 5. 2003 – S 2354 A – St 22)

Nach dem Ergebnis der Erörterungen der obersten Finanzbehörden des Bundes und der Länder wird zur lohnsteuerlichen Behandlung der Bezüge der römisch-katholischen Geistlichen und ihrer Pfarrhaushälterinnen folgende Auffassung vertreten:

1. Zuschüsse an römisch-katholische Geistliche zur Entlohnung der Pfarrhaushälterinnen

Pfarrhaushälterinnen sind Arbeitnehmer der katholischen Geistlichen. Ihr Aufgabenbereich umfasst neben Tätigkeiten für den Priesterhaushalt zumeist auch die Erledigung von Amtsgeschäften für die Religionsgemeinschaft.

Die Zuschüsse der Bistümer an die Geistlichen, die laufenden Arbeitslohn für nach dem 31. 12. 1997 endende Lohnzahlungszeiträume oder nach dem 31. 12. 1997 zufließende sonstige Bezüge darstellen, unterliegen zusammen mit den übrigen Bezügen des Geistlichen in voller Höhe dem Lohnsteuerabzug.

2. Bewertung der als Werbungskosten abzugsfähigen Lohnanteile

Soweit die Pfarrhaushälterinnen für die Religionsgemeinschaft tätig werden, sind die hierauf entfallenden Lohnanteile bei den Geistlichen als Werbungskosten abzugsfähig (FG München vom 19. 2. 1998, EFG 1998, 937). Voraussetzung für den Werbungskostenabzug ist, dass der auf den amtlichen Bereich entfallende Anteil nachgewiesen oder glaubhaft gemacht wird. Als Nachweis können Aufzeichnungen über die in der vereinbarten Arbeitszeit von den Haushälterinnen verrichteten Tätigkeiten dienen.

Bei der Führung der Aufzeichnungen ist Folgendes zu beachten:

– Die Aufzeichnungen sind laufend und zeitnah zu führen.
– Art der Tätigkeit und die auf den Pfarrhaushalt und auf das Pfarramt entfallenden Zeitanteile müssen eindeutig bestimmbar sein.
– Aufwendungen für Tätigkeiten, die sich nicht nach objektiven und leicht nachprüfbaren Merkmalen auf Pfarramt und Haushalt aufteilen lassen, sind nach den Grundsätzen des § 12 EStG insgesamt nicht als Werbungskosten abzugsfähig.
– Ein Werbungskostenabzug scheidet ebenfalls aus, wenn die Aufwendungen durch die wirtschaftliche oder gesellschaftliche Stellung des Geistlichen veranlasst wird, auch wenn sie zur Förderung des Berufs oder der Tätigkeit erfolgen (§ 12 Nr. 1 Satz 2 EStG).
– Tätigkeiten, die üblicherweise ehrenamtlich und nicht aufgrund arbeitsvertraglicher Verpflichtungen erbracht werden, bleiben unberücksichtigt.

Aus Vereinfachungsgründen bestehen keine Bedenken, den Umfang der Arbeiten der Pfarrhaushälterinnen für drei repräsentative Monate zu erfassen und den sich danach ergebenden Betrag der Besteuerung für das aktuelle und die folgenden zwei Kalenderjahre zu Grunde zu legen. Als repräsentative Monate sind je ein Monat mit einem hohen kirchlichen Arbeitsanteil, ein „mittlerer" und ein „ruhiger" Monat auszuwählen, also etwa Dezember/Januar/Februar, April/Juni/Juli oder Oktober/November/Dezember. Sofern sich die persönlichen oder tatsächlichen Verhältnisse ändern, sind erneut Aufzeichnungen zu führen.

3. Zentrale Gehaltsabrechnung der Pfarrhaushälterinnen

Die Übernahme der administrativen Aufgaben für die Gehaltsabrechnung der Pfarrhaushälterinnen durch die (Erz-)Bistümer geschieht im überwiegenden Interesse dieser und wird steuerlich nicht als geldwerter Vorteil (Arbeitslohn) dem Geistlichen zugerechnet.

4. Haushälterinnen-Zusatzversorgungswerk der (Erz-)Bistümer

Die Zusage und/oder Zahlung einer Zusatzversorgung durch das (Erz-)Bistum über die Haushälterinnen-Zusatzversorgungswerke können dem Geistlichen, der diese Haushälterin beschäftigt oder beschäftigt hat, steuerlich nicht zugerechnet werden. Diese Versorgungsleistungen sind im Leistungsfall von den ehemaligen Haushälterinnen als Arbeitslohn nach § 19 Abs. 2 Nr. 2 EStG zu versteuern. Eine Lohnsteuerkarte ist vorzulegen.

5. Von den Geistlichen oder den (Erz-)Bistümern gezahlte Umlagen zur Versicherung einer Pfarrhaushälterin bei einer öffentlich-rechtlichen Zusatzversorgungseinrichtung

In allen betroffenen Fällen ergibt sich ausnahmslos folgender Sachverhalt:

a) Arbeitgeber der Pfarrhaushälterinnen ist immer der Geistliche. Eine arbeitsrechtliche Beziehung zwischen der Pfarrhaushälterin und der (Erz-)Diözese in dieser Aufgabe besteht in keinem Fall.

b) Der Geistliche kann als Einzelperson und Arbeitgeber nicht Beteiligter einer öffentlich-rechtlichen Zusatzversorgungseinrichtung sein.

c) Aufgrund einer besonderen schriftlichen Vereinbarung der (Erz-)Diözese mit der öffentlich-rechtlichen Zusatzversorgungseinrichtung (z. B. Versicherungsanstalt des Bundes und der Länder-VBL in Karlsruhe oder Kirchliche Zusatzversorgungskasse – KZVK in Köln) werden die Pfarrhaushälterinnen über die Beteiligten-Nummer des (Erz-)Bistums zentral gemeldet und abgerechnet. Abrechnungstechnisch übernimmt das (Erz-)Bistum nur in dieser Sache (namentlich die Anmeldung, Abmeldung und die Abführung der Umlagen) die Arbeitgeberfunktion.

d) Bei der Zusage auf Zusatzversorgung bei der öffentlich-rechtlichen Zusatzversorgungsanstalt oder -kasse und Zahlung der Umlagen ergeben sich folgende zwei Alternativen:

Alternative 1:

Die Pfarrhaushälterin besitzt einen tarifvertraglich oder sonst zugesagten Anspruch auf Zusatzversorgung gegenüber dem Geistlichen als ihren Arbeitgeber (siehe z. B. § 8 des Manteltarifvertrages i. V. mit § 4 des Entgelttarifvertrages je zwischen dem „Bundesverband katholischer Arbeitnehmerinnen in der Hauswirtschaft in Deutschland e. V. München" und dem „Klerusverband e. V München") vom 15. 7. 1996). Der Geistliche als Arbeitgeber der Pfarrhaushälterin zahlt neben dem Bruttolohn und den Arbeitgeberanteilen zur gesetzlichen Sozialversicherung (Kranken-, Pflege-, Renten- und Arbeitslosenversicherung) auch die Umlagen zur öffentlich-rechtlichen Zusatzversorgungseinrichtung sowie die sich für diese Umlagen ergebende pauschale Lohnsteuer nach § 40b EStG.

Lösung:

Die vom Geistlichen zu zahlenden Umlagen an die öffentlich-rechtliche Versorgungseinrichtung können nach § 40b EStG pauschal besteuert werden. Die zentrale Abrechnungsstelle der (Erz-)Diözese stellt sämtliche Personalaufwendungen für die Pfarrhaushälterinnen (Bruttolohn, Arbeitgeberanteile zur gesetzlichen Sozialversicherung, Umlagen zur Zusatzversorgung nebst darauf entfallende pauschale Lohnsteuer) dem betroffenen Geistlichen als Arbeitgeberkosten in Rechnung.

Alternative 2:

Die Zusage an die Pfarrhaushälterinnen auf Versicherung bei der öffentlich-rechtlichen Zusatzversorgungseinrichtung und die Zahlung der Umlagen erfolgen nicht vom Geistlichen, sondern von der (Erz-)Diözese. Dem Geistlichen als Arbeitgeber der Pfarrhaushälterin werden hierfür keine Kosten in Rechnung gestellt.

Lösung:

Die vom (Erz-)Bistum zu tragenden und an die öffentlich-rechtliche Zusatzversorgungseinrichtung gezahlten Umlagen sind der Pfarrhaushälterin als Arbeitslohn seitens des (Erz-)Bistums zuzurechnen. Da es sich um eine Lohnzahlung durch einen Dritten (Erz-)Bistum handelt, können die Umlagen nicht nach § 40b EStG pauschal versteuert werden. Die gezahlten Umlagen sind im Rahmen einer von der Pfarrhaushälterin selbst zu beantragenden Veranlagung nach § 48 Abs. 2 Nr. 1 EStG steuerlich zu erfassen.

Die zentrale Abrechnungsstelle der (Erz-)Diözese stellt den betroffenen Pfarrhaushälterinnen jährliche Bescheinigungen über die gezahlten Umlagen zwecks Vorlage beim Finanzamt im Rahmen der Einkommensteuerveranlagung zur Verfügung.

Bei beiden Alternativen sind die späteren Leistungen der öffentlich-rechtlichen Zusatzversorgungseinrichtungen von der empfangenden ehemaligen Pfarrhaushälterin als Leibrenten nach § 22 Nr. 1 Satz 3 EStG zu versteuern.

Incentive-Reisen

Ertragsteuerliche Behandlung von Incentive-Reisen

(BMF-Schreiben vom 14. 10. 1996, BStBl I S. 1192)

Im Einvernehmen mit den obersten Finanzbehörden der Länder nehme ich zur ertragsteuerlichen Behandlung von Incentive-Reisen bei den Unternehmen, die die Leistungen gewähren, und den Empfängern der Leistungen wie folgt Stellung:

Incentive-Reisen werden von einem Unternehmen gewährt, um Geschäftspartner oder Arbeitnehmer des Betriebs für erbrachte Leistungen zu belohnen und zu Mehr- oder Höchstleistungen zu motivieren. Reiseziel, Unterbringung, Transportmittel und Teilnehmerkreis werden von dem die Reiseleistung gewährenden Unternehmen festgelegt. Der Ablauf der Reise und die einzelnen Veranstaltungen dienen allgemein-touristischen Interessen.

1. **Behandlung der Aufwendungen bei dem die Reiseleistung gewährenden Unternehmen:**

   a) **Aufwendungen für Geschäftspartner**

   Wird eine Incentive-Reise mit Geschäftspartnern des Steuerpflichtigen durchgeführt, ist bei der Beurteilung der steuerlichen Abzugsfähigkeit der für die Reise getätigten Aufwendungen danach zu unterscheiden, ob die Reise als Belohnung zusätzlich zum vereinbarten Entgelt oder zur Anknüpfung, Sicherung oder Verbesserung von Geschäftsbeziehungen gewährt wird.

   Wird die Reise in sachlichem und zeitlichem Zusammenhang mit den Leistungen des Empfängers als – zusätzliche – Gegenleistung gewährt, sind die tatsächlich entstandenen Fahrtkosten sowie die Unterbringungskosten in vollem Umfang als Betriebsausgaben abzugsfähig. Nutzt der Unternehmer allerdings ein eigenes Gästehaus, das sich nicht am Ort des Betriebs befindet, dürfen die Aufwendungen für die Unterbringung den Gewinn nicht mindern (§ 4 Abs. 5 Satz 1 Nr. 3 EStG). Die Aufwendungen für die Gewährung von Mahlzeiten sind als Bewirtungskosten in Höhe von 80 v. H. der angemessenen und nachgewiesenen Kosten abzugsfähig (§ 4 Abs. 5 Satz 1 Nr. 2 EStG).

   Wird die Reise mit gegenwärtigen oder zukünftigen Geschäftspartnern durchgeführt, um allgemeine Geschäftsbeziehungen erst anzuknüpfen, zu erhalten oder zu verbessern, handelt es sich um ein Geschenk (§ 4 Abs. 5 Satz 1 Nr. 1 EStG). Fahrt- und Unterbringungskosten dürfen dann den Gewinn nicht mindern (BFH-Urteil vom 23. Juni 1993, BStBl II S. 806); Aufwendungen für die Bewirtung sind nach § 4 Abs. 5 Satz 1 Nr. 2 EStG zu beurteilen.

   b) **Aufwendungen für Arbeitnehmer**

   Wird die Reise mit Arbeitnehmern des Betriebs durchgeführt, sind die hierdurch veranlaßten Aufwendungen als Betriebsausgaben in voller Höhe berücksichtigungsfähig: die Abzugsbeschränkungen nach § 4 Abs. 5 Nr. 1, 2 und 3 EStG greifen nicht ein.

2. **Behandlung der Reise beim Empfänger**

   a) **Gewährung der Reiseleistungen an Geschäftspartner**

   aa) Erfassung als Betriebseinnahmen

   Wendet der Unternehmer einem Geschäftspartner, der in einem Einzelunternehmen betriebliche Einkünfte erzielt, eine Incentive-Reise zu, hat der Empfänger den Wert der Reise im Rahmen seiner steuerlichen Gewinnermittlung als Betriebseinnahme zu erfassen (BFH-Urteile vom 22. Juli 1988, BStBl II S. 995; vom 20. April 1989, BStBl II S. 641). Wird der Wert der Incentive-Reise einer Personengesellschaft oder einer Kapitalgesellschaft zugewandt, haben sie in Höhe des Sachwerts der Reise eine Betriebseinnahme anzusetzen. Der Wert einer Reise ist auch dann als Betriebseinnahme anzusetzen, wenn das die Reiseleistungen gewährende Unternehmen die Aufwendungen nicht als Betriebsausgaben abziehen darf (BFH-Urteil vom 26. September 1995, BStBl II 1996 S. 273).

   bb) Verwendung der erhaltenen Reiseleistungen

   Mit der Teilnahme an der Reise wird eine Entnahme verwirklicht, da mit der Reise regelmäßig allgemein-touristische Interessen befriedigt werden. Dies gilt auch, wenn eine Personengesellschaft die empfangene Reiseleistung an ihre Gesellschafter weiterleitet (BFH-Urteil vom 26. September 1995 a. a. O.). Leitet die Kapitalgesellschaft die erhaltene Reiseleistung an ihre Gesellschafter weiter, so liegt hierin grundsätzlich eine verdeckte Gewinnausschüttung.

   b) **Gewährung der Reiseleistungen an Arbeitnehmer**

   Wird Arbeitnehmern des Unternehmers eine Incentive-Reise gewährt, liegt steuerpflichtiger Arbeitslohn vor (BFH-Urteil vom 9. März 1990, BStBl II S. 711), der unter den Voraussetzungen des § 40 Abs. 1 EStG pauschal versteuert werden kann.

   c) **Wert der Reise**

   Die Gewährung der Reise ist steuerlich in ihrer Gesamtheit zu beurteilen. Ihr Wert entspricht nach ihren Leistungsmerkmalen und ihrem Erlebniswert regelmäßig einer am Markt angebotenen Gruppenreise, bei der Reiseziel, Reiseprogramm und Reisedauer festgelegt und der Teilnehmerkreis begrenzt sind; deshalb können einzelne Teile der Durchführung und der Organisation aus der Sicht des Empfängers nur im Zusammenhang gesehen werden (vgl. BFH-Beschluß vom 27. November 1978, BStBl II 1979 S. 213).

Bei der Wertermittlung ist weder den tatsächlichen Aufwendungen des zuwendenden Unternehmers noch der subjektiven Vorstellung des Empfängers entscheidende Bedeutung beizumessen (BFH-Urteil vom 22. Juli 1988, a. a. O.); ihr Wert kann daher grundsätzlich nicht aus den Aufwendungen – auch nicht vermindert um einen pauschalen Abschlag bei über das übliche Maß hinausgehenden Aufwendungen – abgeleitet werden. Der Wert der zugewandten Reise ist daher in ihrer Gesamtheit mit dem üblichen Endpreis am Abgabeort anzusetzen (§ 8 Abs. 2 EStG). Er entspricht regelmäßig dem Preis der von Reiseveranstaltern am Markt angebotenen Gruppenreisen mit vergleichbaren Leistungsmerkmalen (z. B. Hotelkategorie, Besichtigungsprogramme); eine Wertminderung wegen des vom zuwendenden Unternehmen festgelegten Reiseziels, des Reiseprogramms, der Reisedauer und des fest umgrenzten Teilnehmerkreises kommt nicht in Betracht. Rabatte, die dem die Leistung gewährenden Unternehmen eingeräumt werden, bleiben für die Bewertung beim Empfänger ebenfalls außer Betracht: gleiches gilt für Preisaufschläge, die das Unternehmen speziell für die Durchführung der Reise aufwenden muß.

d) **Aufwendungen des Empfängers der Reiseleistungen**

Aufwendungen, die im Zusammenhang mit der Teilnahme an der Reise stehen, darf der Empfänger nicht als Betriebsausgaben oder Werbungskosten abziehen, da die Teilnahme an der Reise durch private Interessen, die nicht nur von untergeordneter Bedeutung sind, veranlaßt ist (BFH-Urteil vom 22. Juli 1988 a. a. O.: vgl. auch R 117a EStR). Zur Berücksichtigung von einzelnen Aufwendungen als Betriebsausgaben wird auf H 117a („Einzelaufwendungen") EStH hingewiesen; hinsichtlich des Werbungskostenabzugs wird ergänzend auf Abschnitt 35 LStR verwiesen.

Kostendämpfungspauschale

Kostendämpfungspauschale als negativer Arbeitslohn

(Erlass der SenFin Berlin vom 2. 7. 2009 – III B – S 2332 – 7/2009 –)

Die Beihilfe von Beamten und Richtern wird um eine Kostendämpfungspauschale für jedes Kalenderjahr gekürzt, in dem beihilfefähige Aufwendungen geltend gemacht werden. In der Steuerwarte März 2009 wird auf Seite 43 in einem Diskussionsbeitrag die Auffassung vertreten, die Kostendämpfungspauschale stelle negativen Arbeitslohn i. S. d. § 19 EStG dar.

Dieser Auffassung ist nicht zu folgen.

Krankheitskosten sind grundsätzlich Kosten der privaten Lebensführung nach § 12 EStG. Soweit diese nicht von dritter Seite erstattet werden, kommt ein Abzug der Krankheitskosten als außergewöhnliche Belastungen nach § 33 EStG in Betracht. Das Landesverwaltungsamt erstattet einen Teil der Krankheitskosten im Wege der Beihilfe. Die Beihilfezahlungen sind nach § 3 Nr. 11 EStG steuerfrei. Ohne diese Steuerbefreiungsvorschrift wären sie als steuerpflichtiger Arbeitslohn zu erfassen. Durch die Kürzung der Beihilfe um die Kostendämpfungspauschale werden nicht alle privat veranlassten Krankheitskosten steuerfrei erstattet. Die nicht vollständige Erstattung von Kosten der privaten Lebensführung führt nicht zu negativem Arbeitslohn i. S. d. § 19 EStG.

Lohnverwendungsabrede

Arbeitslohn fließt nicht nur dadurch zu, dass der Arbeitgeber den Lohn auszahlt oder überweist, sondern auch dadurch, dass der Arbeitgeber eine mit dem Arbeitnehmer getroffene Lohnverwendungsabrede (eine konstitutive Verwendungsauflage) erfüllt. Keinen Lohn erhält der Arbeitnehmer hingegen dann, wenn der Arbeitnehmer auf Lohn verzichtet und keine Bedingungen an die Verwendung der freigewordenen Mittel knüpft (→ BFH vom 23. 9. 1998 – BStBl 1999 II S. 98).

Lohnzahlung durch Dritte

Bei Zuflüssen von dritter Seite können die Einnahmen insbesondere dann Ertrag der nichtselbständigen Arbeit sein, wenn sie

- im Zusammenhang mit einer konkreten nicht dem Dritten, sondern dem Arbeitgeber geschuldeten Arbeitsleistung verschafft werden (→ BFH vom 11. 11. 1971 – BStBl 1972 II S. 213),
- auf Grund konkreter Vereinbarungen mit dem Arbeitgeber beruhen (→ BFH vom 28. 3. 1958 – BStBl III S. 268 und vom 27. 1. 1961 – BStBl III S. 167 zu Leistungen aus einer **Unterstützungskasse**),
- auf Grund gesellschaftsrechtlicher oder geschäftlicher Beziehungen des Dritten zum Arbeitgeber gewährt werden (→ BFH vom 21. 2. 1986 – BStBl II S. 768 zur unentgeltlichen oder teilentgeltlichen Überlassung von **Belegschaftsaktien** an Mitarbeiter verbundener Unternehmen),

– dem Empfänger mit Rücksicht auf das Dienstverhältnis zufließen (→ BFH vom 19. 8. 2004 – BStBl II S. 1076 zur Wohnungsüberlassung).

Negativer Arbeitslohn

Wird ein fehlgeschlagenes Mitarbeiterbeteiligungsprogramm rückgängig gemacht, in dem zuvor vergünstigt erworbene Aktien an den Arbeitgeber zurückgegeben werden, liegen negative Einnahmen bzw. Werbungskosten vor (→ BFH vom 17. 9. 2009 – BStBl 2010 II S. 299).

Parkraumgestellung

Geldwerter Vorteil durch Parkraumgestellung an Arbeitnehmer

(OFD Münster vom 25. 06. 2007
Kurzinformation Einkommensteuer Nr. 017/2007 vom 25. 6. 2007)

Im Rahmen von LSt-Außenprüfungen sind offensichtlich vermehrt Irritationen hinsichtlich der lohnsteuerlichen Behandlung von Parkplatzgestellungen durch den Arbeitgeber aufgetreten.

Die steuerliche Behandlung bei der Gestellung von Park- und Einstellplätzen durch den Arbeitgeber ist durch den Erlass des FM NRW – S 2351–1 V B 3 – vom 17. 12. 1980 geregelt. Danach ist die unentgeltliche oder verbilligte Überlassung von Parkraum/Stellplätzen nicht zu besteuern.

Mit Urteil vom 15. 3. 2006, 11 K 5680/04, hat das FG Köln entschieden, dass die Parkraumgestellung seitens des Arbeitgebers an seine Arbeitnehmer als steuerpflichtiger Arbeitslohn zu behandeln sei.

Diese Entscheidung widerspricht zwar der zwischen den obersten Finanzbehörden des Bundes und der Länder abgestimmten Verwaltungsauffassung. Das Urteil enthält aber keine neuen rechtlichen Gesichtspunkte, die zu einer Wiederaufnahme der Erörterungen zwingen.

Das o. g. Urteil des FG Köln ist daher über den entschiedenen Einzelfall hinaus nicht anzuwenden.

Auch durch die Einführung des Werktorprinzips ab dem Kalenderjahr 2007 führt zu keiner anderen Auffassung.

Payback-Punkte

Lohnsteuerliche Behandlung von Payback-Punkten

(BMF-Schreiben vom 20. 10. 2006 – IV C 5 – S 2334–68/06 –)

Die Arbeitnehmer einer Firma tanken für dienstliche und private Zwecke mit einer auf den Arbeitgeber ausgestellten Tankkarte bei einer großen Tankstellenkette. Nach dem Tanken werden sog. Payback-Punkte dem privaten Punktekonto des Arbeitnehmers gutgeschrieben und ausschließlich privat genutzt. Die Payback-Punkte können gegen Sach- und Bauprämien eingelöst werden.

Der vom Arbeitgeber bezahlte, teilweise für private Zwecke und teilweise für dienstliche Zwecke genutzte Treibstoff ist für die Lohnversteuerung aufzuteilen. Die auf dem privaten Punktekonto gutgeschriebenen Payback-Punkte sind entsprechend aufzuteilen; ggf. kommt eine Schätzung in Betracht. Die Vorteile aus den dienstlich erworbenen Payback-Punkten führen zu Arbeitslohn. Der Arbeitslohn fließt bereits bei Gutschrift auf dem privaten Punktekonto zu, nicht erst bei Einlösung der Payback-Punkte.

Prämienvorteile

Lohnsteuerliche Behandlung von Prämienvorteilen bei Gruppenversicherungen

(BMF-Schreiben vom 20. 10. 2006 – IV B 6 – S 2334–100/96 –)

Nach Abstimmung mit den obersten Finanzbehörden der Länder bestätige ich die Auffassung, daß die bei Gruppenversicherungen gegenüber Einzelversicherungen entstehenden Prämienvorteile nicht zum Arbeitslohn gehören.

Aus der aufsichtsrechtlichen Behandlung von Gruppenversicherungen (Rundschreiben R 3/94 des Bundesaufsichtsamtes für das Versicherungswesen vom 10. 11. 1994 – VerBAV 1/95 –) folgt, daß diese lohnsteuerlich nicht mit Einzelversicherungen gleichgesetzt werden können. Für beide Versicherungsarten gelten unterschiedliche Tarife. Prämienunterschiede beruhen auf Versicherungsrecht und stellen keinen Arbeitslohn dar, soweit sie sich nicht aus zusätzlich eingeräumten Vergünstigungen ergeben, die aber aufsichtsrechtlich nicht zulässig sind. Dies gilt unabhängig davon, ob es sich um Gruppenversicherungen innerhalb oder außerhalb des § 40b

EStG handelt. Bei Direkt- und Gruppenunfallversicherungen i. S. des § 40b EStG kommt die abgeltende Lohnsteuerpauschalierung hinzu, die allein auf die tatsächlichen Arbeitgeberleistungen zur Gruppenversicherung abstellt (Abschnitt 129 Abs. 8[1]) Sätze 1 und 2 LStR).

Die in meinem Schreiben vom 21. Februar 1994 – IV B 6 – S 2334 – 200/93 – mitgeteilte steuerliche Behandlung von Rabatten bei Gruppen- und Sammelversicherungen ist damit überholt.

Pensionszusage, Ablösung

Die Ablösung einer vom Arbeitgeber erteilten Pensionszusage führt beim Arbeitnehmer auch dann zum Zufluss von Arbeitslohn, wenn der Ablösungsbetrag auf Verlangen des Arbeitnehmers zur Übernahme der Pensionsverpflichtung an einen Dritten gezahlt wird (→ BFH vom 12. 4. 2007 – BStBl II S. 581); zur Übertragung der betrieblichen Altersversorgung → § 3 Nr. 55 und Nr. 66 EStG und BMF vom 31. 3. 2010 (BStBl I S. 270, Rz. 281 ff.).

Anhang 2 IV

Privatforstbedienstete

Steuerliche Behandlung der an Privatforstbedienstete gezahlten Entschädigungen

(Erlaß des FinMin Bayern vom 29. 6. 1990 – 32 – S 2337 – 10/28 – 39220 –)

Im Einvernehmen mit dem Bundesminister der Finanzen und den Finanzministern (-Senatoren) der anderen Länder gilt für die steuerliche Behandlung der an Privatforstbedienstete in Anlehnung an die Regelungen im staatlichen Forstdienst gezahlten Entschädigungen ab 1. Januar 1990 folgendes:

1. Der Dienstkleidungszuschuß ist als Barablösung i. S. d. § 3 Nr. 31 EStG steuerfrei.
2. Beim Futtergeld, der Jagdaufwandsentschädigung, dem Schußgeld und der Pauschalentschädigung für das Dienstzimmer handelt es sich um den Ersatz von Werbungskosten des Arbeitnehmers durch den Arbeitgeber. Diese Entschädigungen rechnen deshalb zum steuerpflichtigen Arbeitslohn.

Rabattgewährung durch Dritte

→ BMF vom 27. 9. 1993 (BStBl I S. 814); → H 8.2 (Sachbezüge von dritter Seite)

Rückzahlung von Arbeitslohn

Arbeitslohnrückzahlungen sind nur dann anzunehmen, wenn der Arbeitnehmer an den Arbeitgeber die Leistungen, die bei ihm als Lohnzahlungen zu qualifizieren waren, zurückzahlt. Der Veranlassungszusammenhang zum Arbeitsverhältnis darf aber nicht beendet worden sein (→ BFH vom 10. 8. 2010 – BStBl II S. 1074 zum fehlgeschlagenen Grundstückserwerb vom Arbeitgeber).

→ H 11

Steuerrechtliche Behandlung der Rückzahlung von Krankenbezügen nach § 37 BAT[2])

(Erlaß des FinMin Brandenburg vom 7. 4. 1992 – III/6 – S 2333 – 2/92 –)

Angestellte des öffentlichen Dienstes erhalten im Falle einer Krankheit etc. Krankenbezüge nach § 37 BAT. Krankenbezüge werden nach § 37 Abs. 2 Satz 6 Buchst. b BAT grundsätzlich nicht über den Zeitpunkt hinaus gezahlt, von dem an der Angestellte Bezüge aus der gesetzlichen Rentenversicherung oder aus einer zusätzlichen Alters- und Hinterbliebenenversorgung erhält. Soweit Beträge über den hiernach maßgebenden Zeitpunkt hinaus gezahlt werden, gelten sie als Vorschüsse auf die zustehenden Bezüge aus der gesetzlichen Rentenversicherung oder aus einer zusätzlichen Alters- und Hinterbliebenenversorgung. Die Rentenansprüche des Angestellten gehen insoweit auf den Arbeitgeber über.

Hierzu bitte ich, steuerrechtlich folgende Auffassung zu vertreten:

Krankenbezüge, die als Vorschüsse auf die zustehenden Beträge aus der gesetzlichen Rentenversicherung oder aus einer zusätzlichen Alters- und Hinterbliebenenversorgung anzusehen sind, gelten rückwirkend als Rentenbezüge, die nach § 22 EStG zu versteuern sind.

Daher sind

---

[1]) Jetzt: R 40b.1 Abs. 7 LStR.
[2]) Nunmehr § 22 des Tarifvertrages für den öffentlichen Dienst (TVöD).

§ 19 EStG
H 19.3

- die bisher lohnsteuerpflichtigen Krankenbezüge als sonstige Einkünfte (§ 22 EStG) mit dem Ertragsanteil zu versteuern und
- die Erfassung der Krankenbezüge als Arbeitslohn rückgängig zu machen.

Wirkt die nachträgliche Feststellung des Rentenanspruchs auf Zeiträume zurück, für die bereits Steuerbescheide vorliegen, so sind diese nach § 175 Abs. 1 Satz 1 Nr. 2 AO zu ändern.

Dieser Erlaß ergeht im Einvernehmen mit dem Bundesminister der Finanzen und den obersten Finanzbehörden der anderen Länder.

Tagegelder

Steuerliche Behandlung des von Organen der EU gezahlten Tagegeldes für in ihrem Bereich verwendete Beamte → H 39d (Europäische Union)

Unfallversicherung

Einkommen-(lohn-)steuerliche Behandlung von freiwilligen Unfallversicherungen

(BMF-Schreiben vom 28. 10. 2009 – IV C 5 – S 2332/09/10004 –, BStBl I S. 1275)

Im Einvernehmen mit den obersten Finanzbehörden der Länder gilt für die einkommen-(lohn-)steuerrechtliche Behandlung von freiwilligen Unfallversicherungen Folgendes[1]:

1. Versicherungen des Arbeitnehmers

1.1 Versicherung gegen Berufsunfälle

Aufwendungen des Arbeitnehmers für eine Versicherung ausschließlich gegen Unfälle, die mit der beruflichen Tätigkeit in unmittelbarem Zusammenhang stehen (einschließlich der Unfälle auf dem Weg von und zur *regelmäßigen* Arbeitsstätte), sind Werbungskosten (§ 9 Absatz 1 Satz 1 EStG).

1.2 Versicherung gegen außerberufliche Unfälle

Aufwendungen des Arbeitnehmers für eine Versicherung gegen außerberufliche Unfälle sind Sonderausgaben (§ 10 Absatz 1 *Nummer 3 Buchstabe a i. V. m. § 10 Absatz 4 und 4a EStG und ab dem Veranlagungszeitraum 2010 § 10 Absatz 1 Nummer 3a i. V. m. Absatz 4 und 4a EStG*).

1.3 Versicherung gegen alle Unfälle

Aufwendungen des Arbeitnehmers für eine Unfallversicherung, die das Unfallrisiko sowohl im beruflichen als auch im außerberuflichen Bereich abdeckt, sind zum einen Teil Werbungskosten und zum anderen Teil Sonderausgaben. Der Gesamtbeitrag einschließlich Versicherungsteuer für beide Risiken ist entsprechend aufzuteilen (vgl. BFH-Urteil vom 22. Juni 1990 – VI R 2/87 –, BStBl II S. 901). Für die Aufteilung sind die Angaben des Versicherungsunternehmens darüber maßgebend, welcher Anteil des Gesamtbeitrags das berufliche Unfallrisiko abdeckt. Fehlen derartige Angaben, ist der Gesamtbeitrag durch Schätzung aufzuteilen. Es bestehen keine Bedenken, wenn die Anteile auf jeweils 50 % des Gesamtbeitrags geschätzt werden.

1.4 Übernahme der Beiträge durch den Arbeitgeber

Vom Arbeitgeber übernommene Beiträge des Arbeitnehmers sind steuerpflichtiger Arbeitslohn. Das gilt nicht, soweit Beiträge zu Versicherungen gegen berufliche Unfälle und Beiträge zu Versicherungen gegen alle Unfälle (Tz. 1.1 und 1.3) auch das Unfallrisiko *bei Auswärtstätigkeiten (R 9.4 Absatz 2 LStR 2008)* abdecken. *Beiträge zu Unfallversicherungen sind als Reisenebenkosten steuerfrei, soweit sie Unfälle bei einer Auswärtstätigkeit abdecken* (§ 3 Nummer 13 und 16 EStG). Es bestehen keine Bedenken, wenn *aus Vereinfachungsgründen* bei der Aufteilung des auf den beruflichen Bereich entfallenden Beitrags/Beitragsanteils in steuerfreie Reisekostenerstattungen und steuerpflichtigen Werbungskostenersatz *(z. B. Unfälle auf Fahrten zwischen Wohnung und regelmäßiger Arbeitsstätte)* der auf steuerfreie Reisekostenerstattungen entfallende Anteil auf 40 % geschätzt wird. Der Beitragsanteil, der als Werbungskostenersatz dem Lohnsteuerabzug zu unterwerfen ist, gehört zu den Werbungskosten des Arbeitnehmers.

---

[1] Die Änderungen gegenüber dem BMF-Schreiben vom 17. Juli 2000 – IV C 5 – S 2332 – 67/00 – (BStBl I S. 1204) sind kursiv hervorgehoben.

2. Versicherungen des Arbeitgebers

2.1 Ausübung der Rechte steht ausschließlich dem Arbeitgeber zu

2.1.1 Kein Arbeitslohn zum Zeitpunkt der Beitragszahlung

Handelt es sich bei vom Arbeitgeber abgeschlossenen Unfallversicherungen seiner Arbeitnehmer um Versicherungen für fremde Rechnung (§ 179 Absatz 1 Satz 2 i. V. m. §§ 43 bis 48 VVG), bei denen die Ausübung der Rechte ausschließlich dem Arbeitgeber zusteht, so stellen die *Beiträge im Zeitpunkt der Zahlung durch den Arbeitgeber* keinen Arbeitslohn dar (BFH-Urteile vom 16. April 1999 – VI R 60/96 –, BStBl 2000 II S. 406, sowie – VI R 66/97 –, BStBl 2000 II S. 408).

2.1.2 Arbeitslohn zum Zeitpunkt der Leistungsgewährung

Erhält ein Arbeitnehmer Leistungen aus einem entsprechenden Vertrag, führen die bis dahin entrichteten, auf den Versicherungsschutz des Arbeitnehmers entfallenden Beiträge im Zeitpunkt der Auszahlung oder Weiterleitung der Leistung an den Arbeitnehmer zu Arbeitslohn in Form von Barlohn, begrenzt auf die dem Arbeitnehmer ausgezahlte Versicherungsleistung (BFH-Urteil vom 11. Dezember 2008 – VI R 9/05 –, BStBl 2009 II S. 385); das gilt unabhängig davon, ob der Unfall im beruflichen oder außerberuflichen Bereich eingetreten ist und ob es sich um eine Einzelunfallversicherung oder eine Gruppenunfallversicherung handelt. Bei einer Gruppenunfallversicherung ist der auf den einzelnen Arbeitnehmer entfallende Teil der Beiträge ggf. zu schätzen (BFH-Urteil vom 11. Dezember 2008 – VI R 19/06 –, BFH/NV 2009 S. 905). Bei den im Zuflusszeitpunkt zu besteuernden Beiträgen kann es sich um eine Vergütung für eine mehrjährige Tätigkeit i. S. d. § 34 Absatz 1 i. V. m. Absatz 2 Nummer 4 EStG handeln.

Da sich der Vorteil der Beitragsgewährung nicht auf den konkreten Versicherungsfall, sondern allgemein auf das Bestehen von Versicherungsschutz des Arbeitnehmers bezieht, sind zur Ermittlung des Arbeitslohns alle seit Begründung des Dienstverhältnisses entrichteten Beiträge zu berücksichtigen, unabhängig davon, ob es sich um einen oder mehrere Versicherungsverträge handelt. Das gilt auch dann, wenn die Versicherungsverträge zeitlich befristet abgeschlossen wurden, das Versicherungsunternehmen gewechselt wurde oder der Versicherungsschutz für einen bestimmten Zeitraum des Dienstverhältnisses nicht bestanden hat (zeitliche Unterbrechung des Versicherungsschutzes). Bei einem Wechsel des Arbeitgebers sind ausschließlich die seit Begründung des neuen Dienstverhältnisses entrichteten Beiträge zu berücksichtigen, auch wenn der bisherige Versicherungsvertrag vom neuen Arbeitgeber fortgeführt wird. Das gilt auch, wenn ein Wechsel des Arbeitnehmers innerhalb eines Konzernverbundes zwischen Konzernunternehmen mit einem Arbeitgeberwechsel verbunden ist. Bei einem Betriebsübergang nach § 613a BGB liegt kein neues Dienstverhältnis vor.

Beiträge, die individuell oder pauschal besteuert wurden, sind im Übrigen nicht einzubeziehen.

Aus Vereinfachungsgründen können die auf den Versicherungsschutz des Arbeitnehmers entfallenden Beiträge unter Berücksichtigung der Beschäftigungsdauer auf Basis des zuletzt vor Eintritt des Versicherungsfalls geleisteten Versicherungsbeitrags hochgerechnet werden.

Die bei einer früheren Versicherungsleistung als Arbeitslohn berücksichtigten Beiträge sind bei einer späteren Versicherungsleistung nicht erneut als Arbeitslohn zu erfassen. Bei einer späteren Versicherungsleistung sind zumindest die seit der vorangegangenen Auszahlung einer Versicherungsleistung entrichteten Beiträge zu berücksichtigen (BFH-Urteil vom 11. Dezember 2008 – VI R 3/08 –, BFH/NV 2009 S. 907), allerdings auch in diesem Fall begrenzt auf die ausgezahlte Versicherungsleistung.

Erhält ein Arbeitnehmer die Versicherungsleistungen in mehreren Teilbeträgen oder ratierlich, so fließt dem Arbeitnehmer solange Arbeitslohn in Form von Barlohn zu, bis die Versicherungsleistungen die Summe der auf den Versicherungsschutz des Arbeitnehmers entfallenden Beiträge erreicht haben. Erhält ein Arbeitnehmer die Versicherungsleistungen als Leibrente, so fließt dem Arbeitnehmer solange Arbeitslohn in Form von Barlohn zu, bis der Teil der Versicherungsleistungen, der nicht Ertragsanteil ist (§ 22 Nummer 1 Satz 3 Buchstabe a Doppelbuchstabe bb EStG ggf. i. V. m. § 55 EStDV; siehe auch Tz. 2.1.6), die Summe der auf den Versicherungsschutz des Arbeitnehmers entfallenden Beiträge erreicht hat. Beiträge, die vom Arbeitgeber nach der ersten Auszahlung oder Weiterleitung von Versicherungsleistungen an den Arbeitnehmer gezahlt werden, sind hier aus Vereinfachungsgründen jeweils nicht einzubeziehen; diese Beiträge sind dann bei einem ggf. später eintretenden Versicherungsfall zu berücksichtigen.

> **Beispiel:**
>
> *Nach einem Unfall wird ab dem Jahr 01 eine Versicherungsleistung als Leibrente i. H. v. jährlich 1 000 € ausgezahlt. Der Ertragsanteil beträgt 25 %. An Beiträgen wurden für den Arbeitnehmer in der Vergangenheit insgesamt 2 500 € gezahlt.*

Ab dem Jahr 01 sind 250 € (1 000 € × 25 % Ertragsanteil) steuerpflichtig nach § 22 Nummer 1 Satz 3 Buchstabe a Doppelbuchstabe bb EStG.

Darüber hinaus sind in den Jahren 01 bis 03 jeweils ein Betrag von 750 € und im Jahr 04 ein Betrag von 250 € (2 500 € – [3 Jahre × 750 €]) steuerpflichtig nach § 19 EStG. Ab dem Jahr 05 fließt kein steuerpflichtiger Arbeitslohn mehr zu; steuerpflichtig ist dann nur noch die Leibrente mit dem Ertragsanteil von 25 %.

Dem Arbeitnehmer steht bei mehreren Versicherungsleistungen innerhalb verschiedener Veranlagungszeiträume (mehr als ein Versicherungsfall oder bei einem Versicherungsfall, Auszahlung in mehreren Veranlagungszeiträumen) kein Wahlrecht zu, inwieweit die vom Arbeitgeber erbrachten Beiträge jeweils als Arbeitslohn erfasst werden sollen. In diesen Fällen ist für den Arbeitslohn im jeweiligen Veranlagungszeitraum gesondert zu prüfen, ob es sich um eine Vergütung für eine mehrjährige Tätigkeit i. S. d. § 34 Absatz 1 i. V. m. Absatz 2 Nummer 4 EStG handelt.

2.1.3 Steuerfreier Reisekostenersatz und lohnsteuerpflichtiger Werbungskostenersatz

Der auf das Risiko beruflicher Unfälle entfallende Anteil der Beiträge ist zum Zeitpunkt der Leistungsgewährung steuerfreier Reisekostenersatz oder steuerpflichtiger Werbungskostenersatz des Arbeitgebers (dem bei der Veranlagung zur Einkommensteuer Werbungskosten in gleicher Höhe gegenüberstehen). Für die Aufteilung und Zuordnung gelten die Regelungen in Tz. 1.1 bis 1.4.

2.1.4 Schadensersatzleistungen

Bei einem im beruflichen Bereich eingetretenen Unfall gehört die Auskehrung des Arbeitgebers nicht zum Arbeitslohn, soweit der Arbeitgeber gesetzlich zur Schadensersatzleistung verpflichtet ist oder soweit der Arbeitgeber einen zivilrechtlichen Schadensersatzanspruch des Arbeitnehmers wegen schuldhafter Verletzung arbeitsvertraglicher Fürsorgepflichten erfüllt (BFH-Urteil vom 20. September 1996 – VI R 57/95 –, BStBl 1997 II S. 144). *Der gesetzliche Schadensersatzanspruch des Arbeitnehmers aus unfallbedingten Personenschäden im beruflichen Bereich wird regelmäßig durch Leistungen aus der gesetzlichen Unfallversicherung erfüllt; diese Leistungen sind nach § 3 Nummer 1 Buchstabe a EStG steuerfrei.*

Schmerzensgeldrenten nach § 253 Absatz 2 BGB (bis 31. Juli 2002: § 847 BGB), Schadensersatzrenten zum Ausgleich vermehrter Bedürfnisse (§ 843 Absatz 1 2. Alternative BGB), Unterhaltsrenten nach § 844 Absatz 2 BGB sowie Ersatzansprüche wegen entgangener Dienste nach § 845 BGB sind ebenfalls nicht steuerbar (vgl. BMF-Schreiben vom 15. Juli 2009 – IV C 3 – S 2255/08/10012 –, BStBl I S. 836).

2.1.5 Entschädigungen für entgangene oder entgehende Einnahmen

Sind die Versicherungsleistungen ausnahmsweise Entschädigungen für entgangene oder entgehende Einnahmen i. S. d. § 24 Nummer 1 Buchstabe a EStG (z. B. Leistungen wegen einer Körperverletzung, soweit sie den Verdienstausfall ersetzen; siehe H 24.1 EStH 2008), liegen insoweit zusätzliche steuerpflichtige Einkünfte aus nichtselbständiger Arbeit (steuerpflichtiger Arbeitslohn) vor. Wickelt das Versicherungsunternehmen die Auszahlung der Versicherungsleistung unmittelbar mit dem Arbeitnehmer ab, hat der Arbeitgeber Lohnsteuer nur einzubehalten, wenn er weiß oder erkennen kann, dass derartige Zahlungen erbracht wurden (§ 38 Absatz 1 Satz 3 EStG).

Der nach Tz. 2.1.2 zu besteuernde Betrag ist in diesen Fällen anteilig zu mindern.

Beispiel:

Nach einem Unfall wird eine Versicherungsleistung i. H. v. 10 000 € ausgezahlt. Hiervon sind 8 000 € die Entschädigung für entgangene oder entgehende Einnahmen. An Beiträgen wurden in der Vergangenheit 2 500 € gezahlt.

Die steuerpflichtigen Leistungen i. S. d. § 24 Nummer 1 Buchstabe a EStG betragen 8 000 €. Zusätzlich sind 500 € (= 2 500 € – [2 500 € × 8 000 € : 10 000 €]) entsprechend der Regelungen in Tz. 2.1.2 und 2.1.3 zu besteuern.

2.1.6 Sonstige Einkünfte nach § 22 Nummer 1 EStG

Wiederkehrende Leistungen aus der entsprechenden Unfallversicherung können Leibrenten nach § 22 Nummer 1 Satz 3 Buchstabe a Doppelbuchstabe bb EStG sein. Siehe auch Tz. 2.1.2 letzter Absatz.

2.2 Ausübung der Rechte steht unmittelbar dem Arbeitnehmer zu

2.2.1 Arbeitslohn zum Zeitpunkt der Beitragszahlung

Kann der Arbeitnehmer den Versicherungsanspruch bei einer vom Arbeitgeber abgeschlossenen Unfallversicherung unmittelbar gegenüber dem Versicherungsunternehmen geltend machen, sind die Beiträge bereits im Zeitpunkt der Zahlung durch den Arbeitgeber als Zukunftssicherungsleistungen Arbeitslohn in Form von Barlohn (§ 19 Absatz 1 Satz 1 Nummer 1 EStG, § 2 Absatz 2 Nummer 3 Satz 1 LStDV). Davon ist auch dann auszugehen, wenn zwar der Anspruch durch den Versicherungsnehmer (Arbeitgeber) geltend gemacht werden kann, vertraglich nach den Unfallversicherungsbedingungen jedoch vorgesehen ist, dass der Versicherer die Versicherungsleistung in jedem Fall an die versicherte Person (Arbeitnehmer) auszahlt. Die Ausübung der Rechte steht dagegen nicht unmittelbar dem Arbeitnehmer zu, wenn die Versicherungsleistung mit befreiender Wirkung auch an den Arbeitgeber gezahlt werden kann; in diesem Fall kann der Arbeitnehmer die Auskehrung der Versicherungsleistung letztlich nur im Innenverhältnis vom Arbeitgeber verlangen.

Das gilt unabhängig davon, ob es sich um eine Einzelunfallversicherung oder eine Gruppenunfallversicherung handelt; Beiträge zu Gruppenunfallversicherungen sind ggf. nach der Zahl der versicherten Arbeitnehmer auf diese aufzuteilen (§ 2 Absatz 2 Nummer 3 Satz 3 LStDV). Steuerfrei sind Beiträge oder Beitragsteile, die bei Auswärtstätigkeiten (R 9.4 Absatz 2 LStR 2008) das Unfallrisiko abdecken und deshalb zu den steuerfreien Reisekostenerstattungen gehören. Für die Aufteilung eines auf den beruflichen Bereich entfallenden Gesamtbeitrags in steuerfreie Reisekostenerstattungen und steuerpflichtigen Werbungskostenersatz ist die Vereinfachungsregelung in Tz. 1.4 anzuwenden.

2.2.2 Arbeitslohn zum Zeitpunkt der Leistungsgewährung

Leistungen aus einer entsprechenden Unfallversicherung gehören zu den Einkünften aus nichtselbständiger Arbeit (steuerpflichtiger Arbeitslohn), soweit sie Entschädigungen für entgangene oder entgehende Einnahmen i. S. d. § 24 Nummer 1 Buchstabe a EStG darstellen, der Unfall im beruflichen Bereich eingetreten ist und die Beiträge ganz oder teilweise Werbungskosten bzw. steuerfreie Reisenebenkostenerstattungen waren.

Der Arbeitgeber hat Lohnsteuer nur einzubehalten, wenn er weiß oder erkennen kann, dass derartige Zahlungen erbracht wurden (§ 38 Absatz 1 Satz 3 EStG). Andernfalls ist der als Entschädigung i. S. d. § 24 Nummer 1 Buchstabe a EStG steuerpflichtige Teil des Arbeitslohns, der ggf. durch Schätzung zu ermitteln ist, im Rahmen der Veranlagung des Arbeitnehmers zur Einkommensteuer zu erfassen.

2.2.3 Sonstige Einkünfte nach § 22 Nummer 1 Satz 1 EStG

Tz. 2.1.6 gilt entsprechend.

3. Arbeitgeber als Versicherer

Gewährt ein Arbeitgeber als Versicherer Versicherungsschutz, handelt es sich um Sachleistungen. Tz. 2 gilt entsprechend. § 8 Absatz 3 EStG ist zu beachten.

4. Werbungskosten- oder Sonderausgabenabzug

Der Arbeitnehmer kann die dem Lohnsteuerabzug unterworfenen Versicherungsbeiträge als Werbungskosten oder als Sonderausgaben geltend machen. Für die *Aufteilung und* Zuordnung gelten die Regelungen in Tz. 1.1 bis 1.3.

5. Lohnsteuerabzug von Beitragsleistungen

Soweit die vom Arbeitgeber übernommenen Beiträge (Tz. 1.4) oder die Beiträge zu Versicherungen des Arbeitgebers (Tz. 2) steuerpflichtiger Arbeitslohn sind, sind sie im Zeitpunkt *ihres Zuflusses* dem Lohnsteuerabzug *nach den allgemeinen Regelungen* zu unterwerfen, wenn nicht eine Pauschalbesteuerung nach § 40b *Absatz 3 EStG erfolgt.* Zu den Voraussetzungen der Lohnsteuerpauschalierung siehe auch R 40b. 2 LStR 2008.

6. Betriebliche Altersversorgung

Die lohnsteuerliche Behandlung von Zusagen auf Leistungen der betrieblichen Altersversorgung nach dem Betriebsrentengesetz bleibt durch dieses Schreiben unberührt. Zu den Einzelheiten vgl. BMF-Schreiben vom 20. Januar 2009 – VI C 3 – S 2496/08/10011 – / – IV C 5 – S 2333/07/0003 – (BStBl I S. 273).

7. Anwendungsregelung

Dieses Schreiben ist in allen noch nicht formell bestandskräftigen Fällen anzuwenden. Das BMF-Schreiben vom 17. Juli 2000 – IV C 5 – S 2332 – 67/00 – (BStBl I S. 1204) wird hiermit aufgehoben.

Urlaubsabgeltung

Zur Besteuerung der Entschädigungen für verfallene Urlaubsansprüche im Baugewerbe → § 39c Abs. 3 EStG.

VBL-Umlagezahlungen

Lohnsteuerpflicht von Umlagezahlungen an die Versorgungsanstalt des Bundes und der Länder (VBL) oder anderer kommunaler oder kirchlicher Zusatzversorgungskassen

(Verfügung der OFD Münster vom 30. 11. 2011)

Bei Einsprüchen von den an der Versorgungsanstalt des Bundes und der Länder (VBL) beteiligten Arbeitgebern bzw. deren Arbeitnehmern mit der Begründung, die Arbeitgeber- bzw. die Arbeitnehmerumlagen seien kein Arbeitslohn, ist wie folgt zu unterscheiden:

1. Sanierungsgeld nach § 65 der VBL-Satzung

Infolge der Schließung des Gesamtversorgungssystems und dem Wechsel zum Punktemodell erhebt die VBL entsprechend dem periodischen Bedarf von den Beteiligten ab dem 1. 1. 2002 pauschale Sanierungsgelder zur Deckung eines zusätzlichen Finanzierungsbedarfs, die über die laufenden Umlagen i. H. v. insgesamt 7,86 v. H. (Arbeitgeber- und Arbeitnehmeranteil, siehe Punkt 3) hinausgehen und der Finanzierung der vor dem 1. 1. 2002 begründeten Anwartschaften und Ansprüche (Altbestand) dienen. Diese Sanierungsgelder stellen keinen steuerpflichtigen Arbeitslohn dar.

2. Sonderzahlungen des Arbeitgebers

Zahlungen des Arbeitgebers anlässlich einer schrittweisen Systemumstellung des Finanzierungsverfahrens auf das Kapitaldeckungsverfahren, der Überführung der Mitarbeiterversorgung an eine Zusatzversorgungskasse ohne Systemumstellung (Nachteilsausgleich) oder Zahlungen anlässlich des Ausscheidens des Arbeitgebers aus der VBL (Gegenwertzahlungen) sind ebenfalls nicht lohnsteuereinbehaltungspflichtig, soweit Zahlungen vor dem 23. 8. 2006 geleistet wurden. (Zur Steuerfreiheit vgl. BFH-Urteile vom 14. 9. 2005) und 15. 2. 2006; BMF-Schreiben vom 30. 5. 2006 – IV C 5 – S 2333 – 53/61).

Mit dem JStG 2007 erfolgte mit § 19 Abs. 1 Nr. 3 Satz 2 EStG eine gesetzliche Klarstellung, die für alle Zahlungen, die nach dem 23. 8. 2006 geleistet wurden, anzuwenden ist. Danach sind nur Sanierungsgelder steuerfrei. Sonderzahlungen (Gegenwertzahlungen und Nachteilsausgleiche) sind mit 15 % nach § 40b Abs. 4 EStG pauschal zu versteuern. Hinweis: Die VBL wird auch nach der Umstellung auf das Punktesystem zum 1. 1. 2002 weiterhin im Umlageverfahren finanziert.

3. Umlageteil nach § 64 Abs. 2 der VBL-Satzung

Der monatliche Umlageteil i. H. v. insgesamt 7,86 v. H. teilt sich auf in einen Arbeitgeberanteil i. H. v. 6,45 v. H. und einen Arbeitnehmeranteil i. H. v. 1,41 v. H. (§ 64 Abs. 3 der VBLSatzung).

Der auf den Arbeitnehmer entfallende Umlagenanteil stellt immer steuerpflichtigen Arbeitslohn dar und ist nicht steuerbefreit. Der auf den Arbeitgeber entfallende Umlageanteil stellt in voller Höhe steuerpflichtigen Arbeitslohn dar, der der Lohnsteuer unterliegt (§ 19 Abs. 1 Nr. 3 Satz 1 EStG). Der Arbeitgeber kann die Zuwendungen mit 20 % nach § 40b Abs. 1 EStG pauschal versteuern.

Ab 2008 sind laufende Umlagezahlungen gemäß § 3 Nr. 56 EStG bis zu 1 % der Beitragsbemessungsgrenze in der allgemeinen Rentenversicherung (2009: 64.800 € = 648 € jährlich) steuerfrei (stufenweise Anhebung 2014 auf 2 %, ab 2020 auf 3 % und ab 2025 auf 4 %). Die steuerfreien Beträge sind um die nach § 3 Nr. 63 EStG steuerfrei gewährten Beträge (Beiträge des Arbeitgebers zum Aufbau einer kapitalgedeckten Altersversorgung) zu mindern.

4. Stand der Rechtsprechung

4.1 Arbeitgeberanteil pauschal besteuerter Umlagezahlungen

Wegen der steuerlichen Behandlung des Arbeitgeberanteils als steuerpflichtigen Arbeitslohn hat der BFH mit Urteil 7. 5. 2009, Az VI R 8/07 (Vorverfahren FG Niedersachsen 11 K 307/06) entschieden, dass auch laufende Umlagezahlungen vor 2008 steuerpflichtig sind. Die gegen das Urteil eingelegte Anhörungsrüge wurde mit Beschluss vom 3. 11. 2009 zurückgewiesen (Az BFH AR 5485/09). Mit Beschluss des BVerfG vom 27. 7. 2010 wurde die anhängige Verfassungsbeschwerde Az 2 BvR 3056/09 nicht zur Entscheidung angenommen, das Verfahren ist dadurch erledigt.

Die z.Z nach § 363 Abs. 2 Satz 2 AO ruhenden Einsprüche können in Einzelfällen, soweit eine genaue Übereinstimmung des Sachverhalts mit dem Urteilsfall des BFH vorliegt, nunmehr entschieden werden. In allen anderen Fällen bleibt die Allgemeinverfügung des BMF abzuwarten, die erst nach Entscheidung über das Verfahren beim FG Niedersachsen – 11 K 292/07 (siehe unten) erfolgt.

4.2 Arbeitgeberanteil individuell beim Arbeitnehmer besteuerter Umlagezahlungen

Zu der steuerlichen Behandlung des Arbeitgeberanteils der Umlagezahlung an die VBL, soweit sie individuell beim Arbeitnehmer besteuert worden ist, hat der BFH mit Urteil vom 15. 09. 2011 unter dem Az. VI R 36/09 (Vorverfahren FG Münster 11 K 1990/05 E) auf die Revision des FA das Urteil des FG Münster aufgehoben und die Klage abgewiesen. Das Verfahren ist dadurch erledigt.

4.3 Streitgegenstand Neuregelung des § 19 Abs. 1 Nr. 3 EStG (Jahressteuergesetz 2007)

Wegen der Festsetzung pauschaler Lohnsteuer auf Umlagebeiträge des Arbeitgebers zur VBL für das Kalenderjahr 2007 ist beim FG Niedersachsen (Az 11 K 292/07) eine erneute Klage des Inhalts anhängig, dass die Neuregelung des § 19 Abs. 1 Nr. 3 EStG durch das Jahressteuergesetz 2007 nicht mit dem aus Artikel 3 Abs. 1 GG abgeleiteten Prinzip der Leistungsfähigkeit vereinbar sei. Vergleichbare Einspruchsverfahren können mit Zustimmung des Einspruchsführers gemäß § 363 Abs. 2 Satz 1 AO ebenfalls ruhen.

Versorgungszuschlag

Behandlung des Versorgungszuschlags für Beamte bei Beurlaubung ohne Dienstbezüge

(BMF-Schreiben vom 22. 2. 1991, BStBl I S. 951)

Im Einvernehmen mit den obersten Finanzbehörden der Länder gilt für die steuerliche Behandlung des Versorgungszuschlags, der im Falle des § 6 Abs. 1 Satz 2 Nr. 5 des Beamtenversorgungsgesetzes gezahlt wird, ab 1. Januar 1990 folgendes:

Zahlt der Arbeitgeber den Versorgungszuschlag, so handelt es sich um steuerpflichtigen Arbeitslohn. In gleicher Höhe liegen beim Arbeitnehmer Werbungskosten vor, auf die der Arbeitnehmer-Pauschbetrag von 2 000 DM[1] anzurechnen ist. Dies gilt auch, wenn der Arbeitnehmer den Versorgungszuschlag zahlt.

---

[1] Heute: 1 000 €.

§ 19 EStG
H 19.3

Vordruckmuster Anlage N

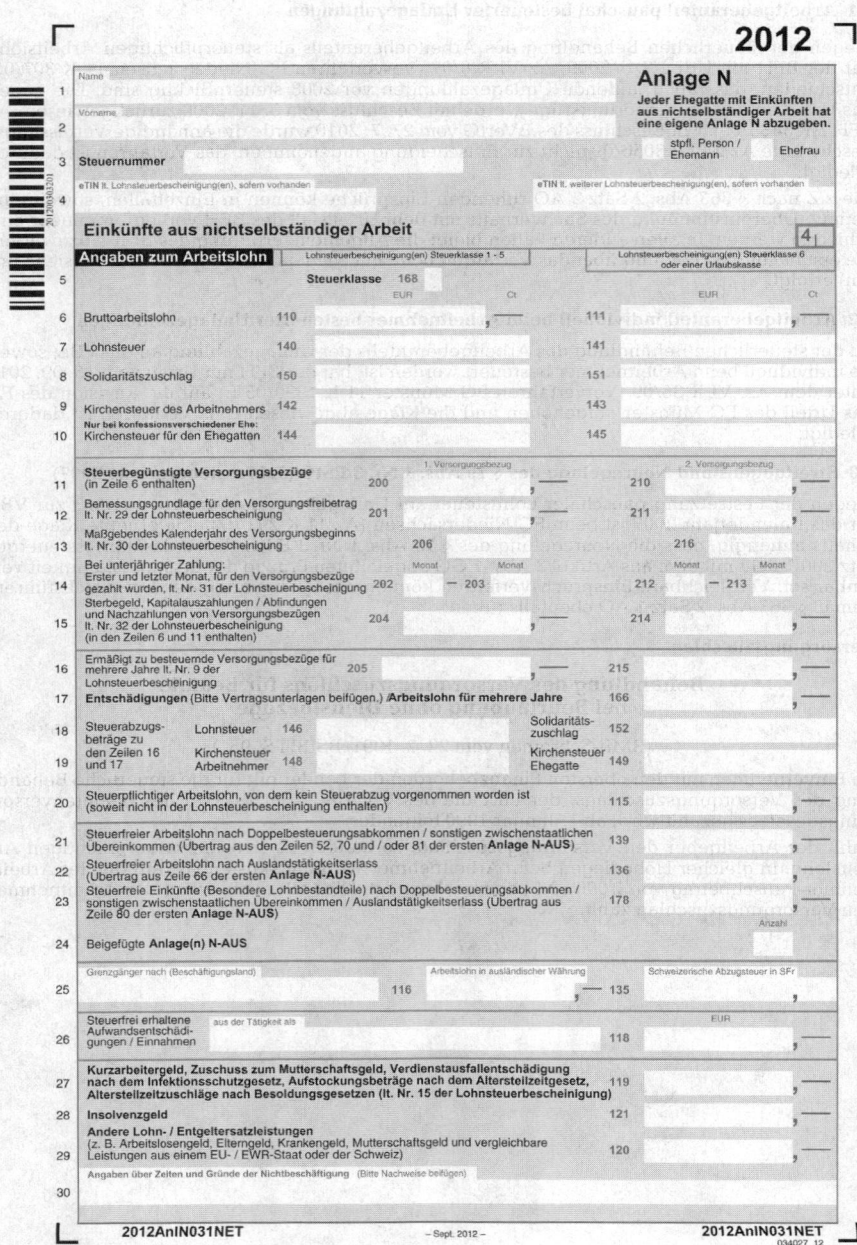

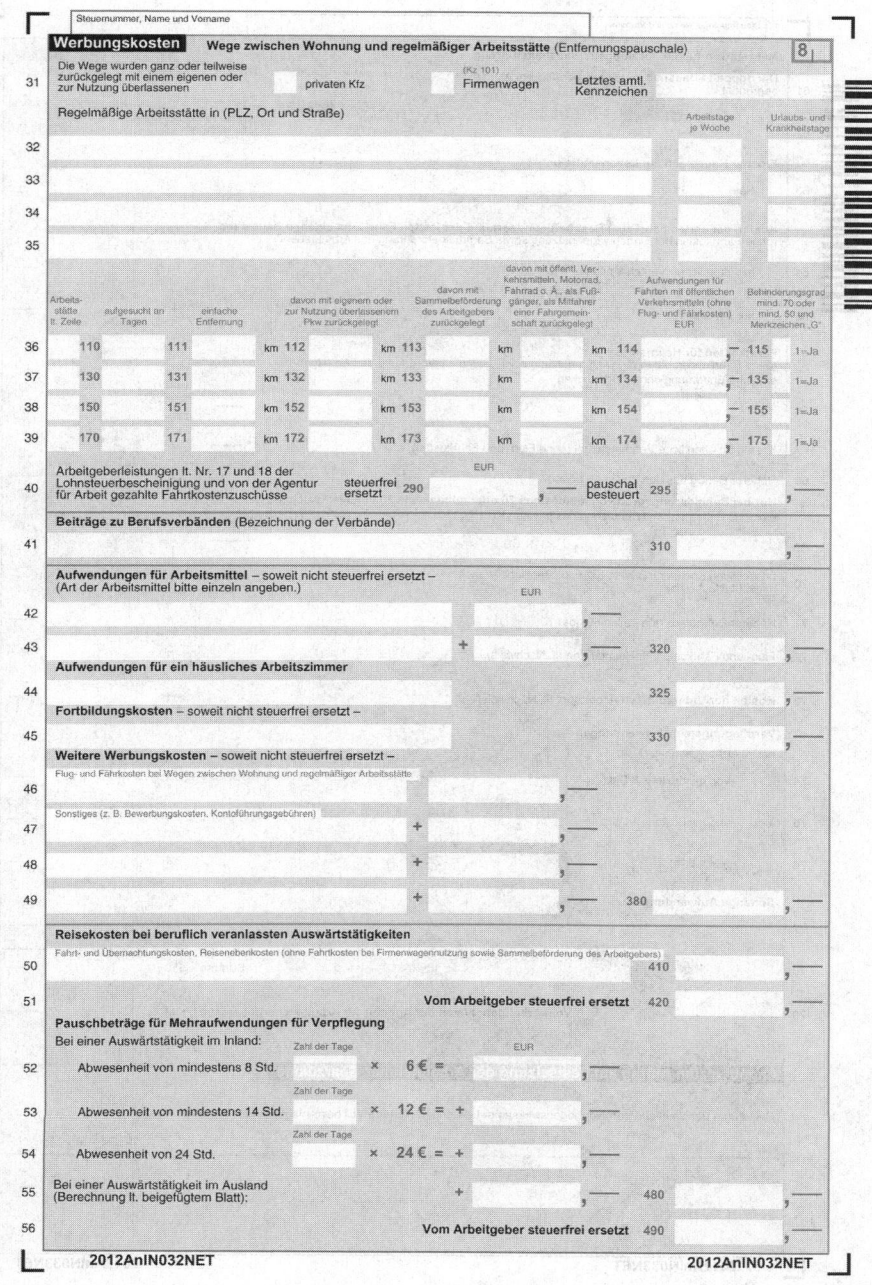

§ 19 EStG
H 19.3

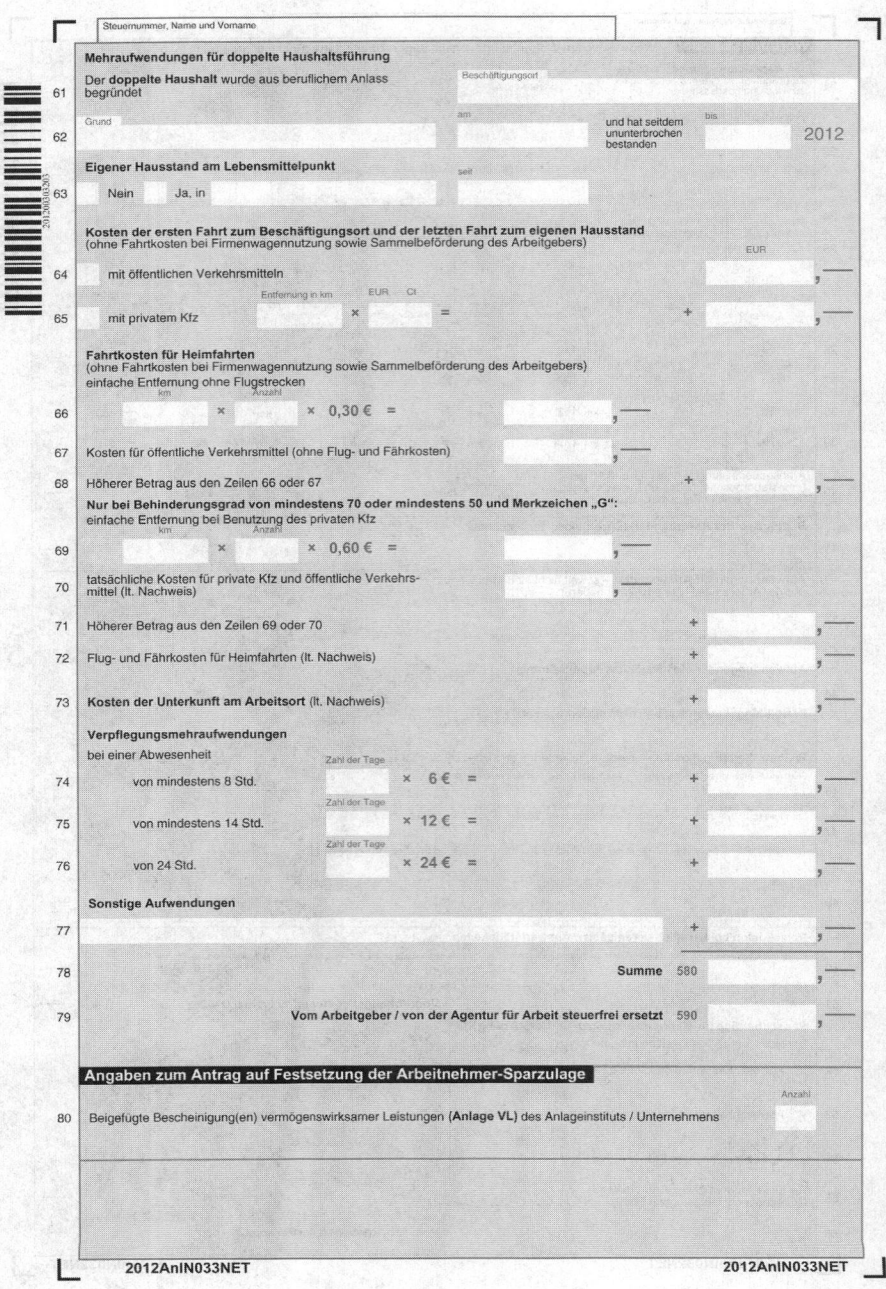

§ 19 EStG
H 19.3, H 19.4   **R 19.4**

Waschgeld

Lohnsteuerliche Behandlung tariflicher Waschgelder an Kaminkehrergesellen

(BMF-Schreiben vom 26. 2. 1991 – IV B 6 – S 2332 – 15/91 –)

Die steuerliche Behandlung des Waschgeldes, das nach § 7 des Bundestarifvertrags für das Schornsteinfegerhandwerk an Kaminkehrergesellen gezahlt wird, ist zwischenzeitlich mit den obersten Finanzbehörden der Länder erörtert worden. Die Erörterung führte zu folgendem Ergebnis:
Das Waschgeld kann nicht als Auslagenersatz im Sinne des § 3 Nr. 50 EStG anerkannt werden. Da es sich bei dem Waschgeld um eine Barleistung handelt, kann das Waschgeld auch nicht als Arbeitgeberleistung zur Verbesserung der Arbeitsbedingungen (Abschn. 70 Abs. 3 Nr. 1 LStR[1])) oder als Aufmerksamkeit (Abschn. 73 LStR[2])) steuerfrei bleiben. Das Waschgeld gehört deshalb zum steuerpflichtigen Arbeitslohn.

Zinsen

Soweit die Arbeitnehmer von Kreditinstituten und ihre Angehörigen auf ihre Einlagen beim Arbeitgeber höhere Zinsen erhalten als betriebsfremde Anleger, sind die zusätzlichen Zinsen durch das Dienstverhältnis veranlasst und dem Lohnsteuerabzug zu unterwerfen. Aus Vereinfachungsgründen ist es jedoch nicht zu beanstanden, wenn der Zusatzzins als Einnahmen aus Kapitalvermögen behandelt wird, sofern der dem Arbeitnehmer und seinen Angehörigen eingeräumte Zinssatz nicht mehr als 1 Prozentpunkt über dem Zinssatz liegt, den die kontoführende Stelle des Arbeitgebers betriebsfremden Anlegern im allgemeinen Geschäftsverkehr anbietet (→ BMF vom 2. 3. 1990 – BStBl I S. 141).

Zufluss von Arbeitslohn

→ R 38.2

Zum Lohnsteuerabzug → R 38.4

Vermittlungsprovisionen

R 19.4
S 2332

(1) ¹Erhalten Arbeitnehmer von ihren Arbeitgebern Vermittlungsprovisionen, so sind diese grundsätzlich Arbeitslohn. ²Das Gleiche gilt für Provisionen, die ein Dritter an den Arbeitgeber zahlt und die dieser an den Arbeitnehmer weiterleitet.

(2) ¹Provisionszahlungen einer Bausparkasse oder eines Versicherungsunternehmens an Arbeitnehmer der Kreditinstitute für Vertragsabschlüsse, die während der Arbeitszeit vermittelt werden, sind als Lohnzahlungen Dritter dem Lohnsteuerabzug zu unterwerfen. ²Wenn zum Aufgabengebiet des Arbeitnehmers der direkte Kontakt mit dem Kunden des Kreditinstituts gehört, z. B. bei einem Kunden- oder Anlageberater, gilt dies auch für die Provisionen der Vertragsabschlüsse außerhalb der Arbeitszeit.

Hinweise

H 19.4

Lohnsteuerabzug bei Vermittlungsprovisionen von Dritten

→ R 38.4

Provisionen für Vertragsabschlüsse mit dem Arbeitnehmer

– Preisnachlässe des Arbeitgebers bei Geschäften, die mit dem Arbeitnehmer als Kunden abgeschlossen werden, sind als Preisvorteile nach § 8 Abs. 3 EStG zu erfassen, auch wenn sie als Provisionszahlungen bezeichnet werden (→ BFH vom 22. 5. 1992 – BStBl II S. 840).
– Provisionszahlungen einer Bausparkasse oder eines Versicherungsunternehmens an Arbeitnehmer der Kreditinstitute bei Vertragsabschlüssen im Verwandtenbereich und für eigene Verträge unterliegen als Rabatte von dritter Seite dem Lohnsteuerabzug (→ BMF vom 27. 9. 1993 – BStBl I S. 814; → H 8.2 – Sachbezüge von dritter Seite –).

---

[1]) → H 19.3 (Nicht zum Arbeitslohn gehören; Leistungen zur Verbesserung der Arbeitsbedingungen) LStH
[2]) Jetzt: R 19.6 LStR.

Provisionen für im Innendienst Beschäftigte

Provisionen, die Versicherungsgesellschaften ihren im Innendienst beschäftigten Arbeitnehmern für die gelegentliche Vermittlung von Versicherungen zahlen, und Provisionen im Bankgewerbe für die Vermittlung von Wertpapiergeschäften sind Arbeitslohn, wenn die Vermittlungstätigkeit im Rahmen des Dienstverhältnisses ausgeübt wird (→ BFH vom 7. 10. 1954 – BStBl 1955 III S. 17).

Provisionszahlungen von Bausparkassen und Versicherungen an Arbeitnehmer von Kreditinstituten

(Verfügung der OFD Münster vom 23. 5. 2000 – S 2332 –)

Die steuerliche Behandlung der Provisionszahlungen von Bausparkassen und Versicherungen an Arbeitnehmer von Kreditinstituten ist in Abschn. 71 Abs. 2 LStR 1990[1]) geregelt. Dabei ist folgendes zu beachten:

1. Bei Arbeitnehmern mit direktem Kundenkontakt (z. B. hauptberufliche Kreditsachbearbeiter, Anlageberater, Kundenberater im Schalterdienst) sind sämtliche Provisionszahlungen steuerpflichtiger Arbeitslohn. Bei diesen Arbeitnehmern wird somit nicht danach unterschieden, ob sie die Vertragsabschlüsse während der Arbeitszeit oder in der Freizeit vermittelt haben und ob die Provisionen für Verträge mit Fremden, für Abschlüsse im Verwandtenbereich oder für eigene Verträge gezahlt werden.

2. Bei Arbeitnehmern ohne direkten Kundenkontakt handelt es sich bei den Provisionen für Vertragsabschlüsse während der Arbeitszeit mit Ausnahme der Provisionen für eigene Verträge um steuerpflichtigen Arbeitslohn. Provisionszahlungen für in der Freizeit abgeschlossene Verträge sind bei diesen Arbeitnehmern dagegen keine Einkünfte aus nichtselbständiger Arbeit.

3. Ist bei Vertragsabschlüssen und Eigenversicherungen durch Arbeitnehmer des Kreditinstituts nach den schriftlichen Vereinbarungen der Bausparkasse oder des Versicherungsunternehmens mit dem Kreditinstitut ausschließlich das Kreditinstitut provisionsberechtigt, so handelt es sich bei den von dem Kreditinstitut an die Arbeitnehmer weitergeleiteten Provisionen stets um steuerpflichtigen Arbeitslohn. Es ist unerheblich, ob es sich dabei um Arbeitnehmer mit oder ohne direkten Kundenkontakt handelt oder ob die Verträge während der Arbeitszeit oder in der Freizeit vermittelt worden sind.

4. Findet entsprechend den unter 1.-3. beschriebenen Tatbeständen die Vermittlungstätigkeit ihre Grundlage jedoch offensichtlich nicht in einer – ungeschriebenen – Nebenleistungspflicht aus dem Arbeitsvertrag, sondern beruhen die Provisionszahlungen an die Arbeitnehmer des Kreditinstituts dagegen ausschließlich auf konkreten schriftlichen Vereinbarungen der Bausparkassen oder des Versicherungsunternehmens mit den Arbeitnehmern des Kreditinstituts, so handelt es sich bei den Provisionszahlungen nicht um stpfl. Arbeitslohn aus dem Dienstverhältnis der Arbeitnehmer zum Kreditinstitut, sondern bei einer nachhaltigen Vermittlungstätigkeit um Einkünfte aus Gewerbebetrieb (§ 15 EStG) und bei einer nur gelegentlichen Vermittlungstätigkeit um sonstige Einkünfte (§ 22 Nr. 3 EStG).

Bei einer nachhaltigen Vermittlungstätigkeit sind auch die Provisionen für Eigenversicherungen als Einnahmen aus Gewerbebetrieb zu erfassen. Nach dem BFH-Urt. v. 27. 2. 1991 (BFH/NV 1991, 453) ist nämlich davon auszugehen, daß sich diese Provisionen allein auf das gewerbliche Vertragsverhältnis zwischen Versicherungsgesellschaft (Bausparkasse) und Versicherungsvertreter gründen. Einem fremden Dritten würden für Eigenversicherungen nämlich keine Provisionen gezahlt. Die Frage, für wen eine Versicherung abgeschlossen wird, kann deshalb für die Qualifikation als gewerbliche Einkünfte keine Bedeutung haben. Bei einer erstmaligen oder gelegentlichen Vermittlungstätigkeit sind die Provisionen für Eigenversicherungen als Einnahmen nach § 22 Nr. 3 EStG zu erfassen (BFH-Urt. v. 27. 5. 98, BStBl 1998 II S. 619).

R 19.5   **Zuwendungen bei Betriebsveranstaltungen**

Allgemeines

S 2332   (1) Zuwendungen des Arbeitgebers an die Arbeitnehmer bei Betriebsveranstaltungen gehören als Leistungen im ganz überwiegenden betrieblichen Interesse des Arbeitgebers nicht zum Arbeitslohn, wenn es sich um herkömmliche (übliche) Betriebsveranstaltungen und um bei diesen Veranstaltungen übliche Zuwendungen handelt.

---

[1]) Jetzt: R 19.4 Abs. 2 LStR.

Begriff der Betriebsveranstaltung

(2) ¹Betriebsveranstaltungen sind Veranstaltungen auf betrieblicher Ebene, die gesellschaftlichen Charakter haben und bei denen die Teilnahme allen Betriebsangehörigen offen steht, z. B. Betriebsausflüge, Weihnachtsfeiern, Jubiläumsfeiern. ²Ob die Veranstaltung vom Arbeitgeber, Betriebsrat oder Personalrat durchgeführt wird, ist unerheblich. ³Veranstaltungen, die nur für einen beschränkten Kreis der Arbeitnehmer von Interesse sind, sind Betriebsveranstaltungen, wenn sich die Begrenzung des Teilnehmerkreises nicht als eine Bevorzugung bestimmter Arbeitnehmergruppen darstellt. ⁴Als Betriebsveranstaltungen sind deshalb auch solche Veranstaltungen anzuerkennen, die z. B.

1. jeweils nur für eine Organisationseinheit des Betriebs, z. B. Abteilung, durchgeführt werden, wenn alle Arbeitnehmer dieser Organisationseinheit an der Veranstaltung teilnehmen können,
2. nur für alle im Ruhestand befindlichen früheren Arbeitnehmer des Unternehmens veranstaltet werden (Pensionärstreffen),
3. nur für solche Arbeitnehmer durchgeführt werden, die bereits im Unternehmen ein rundes (10-, 20-, 25-, 30-, 40-, 50-, 60-jähriges) Arbeitnehmerjubiläum gefeiert haben oder i. V. m. der Betriebsveranstaltung feiern (Jubilarfeiern). ²Dabei ist es unschädlich, wenn neben den Jubilaren auch ein begrenzter Kreis anderer Arbeitnehmer, wie z. B. die engeren Mitarbeiter des Jubilars, eingeladen wird. ³Der Annahme eines 40-, 50- oder 60-jährigen Arbeitnehmerjubiläums steht nicht entgegen, wenn die Jubilarfeier zu einem Zeitpunkt stattfindet, der höchstens fünf Jahre vor den bezeichneten Jubiläumsdienstzeiten liegt.

⁵Die Ehrung eines einzelnen Jubilars oder eines einzelnen Arbeitnehmers bei dessen Ausscheiden aus dem Betrieb, auch unter Beteiligung weiterer Arbeitnehmer, ist keine Betriebsveranstaltung; zu Sachzuwendungen aus solchen Anlässen → R 19.3 Abs. 2 Nr. 3. ⁶Auch ein so genanntes Arbeitsessen ist keine Betriebsveranstaltung (→ R 19.6 Abs. 2).

Herkömmlichkeit (Üblichkeit) der Betriebsveranstaltung

(3) ¹Abgrenzungsmerkmale für die Herkömmlichkeit (Üblichkeit) sind Häufigkeit, Dauer oder besondere Ausgestaltung der Betriebsveranstaltung. ²In Bezug auf die Häufigkeit ist eine Betriebsveranstaltung üblich, wenn nicht mehr als zwei Veranstaltungen jährlich durchgeführt werden; auf die Dauer der einzelnen Veranstaltung kommt es nicht an. ³Das gilt auch für Veranstaltungen i. S. d. Absatzes 2 Satz 4 Nr. 2 und 3, die gesondert zu werten sind. ⁴Bei mehr als zwei gleichartigen Veranstaltungen kann der Arbeitgeber die beiden Veranstaltungen auswählen, die als übliche Betriebsveranstaltung durchgeführt werden. ⁵Unschädlich ist, wenn ein Arbeitnehmer an mehr als zwei unterschiedlichen Veranstaltungen teilnimmt, z. B. ein Jubilar, der noch im selben Jahr in den Ruhestand tritt, nimmt an der Jubilarfeier, an einem Pensionärstreffen und an einem Betriebsausflug teil. ⁶Die Teilnahme eines Arbeitnehmers an mehr als zwei gleichartigen Betriebsveranstaltungen ist unschädlich, wenn sie der Erfüllung beruflicher Aufgaben dient, z. B. wenn der Personalchef oder Betriebsratsmitglieder die Veranstaltungen mehrerer Abteilungen besuchen.

Übliche Zuwendungen

(4) ¹Übliche Zuwendungen bei einer Betriebsveranstaltung sind insbesondere

1. Speisen, Getränke, Tabakwaren und Süßigkeiten,
2. die Übernahme von Übernachtungs- und Fahrtkosten, auch wenn die Fahrt als solche schon einen Erlebniswert hat,
3. Eintrittskarten für kulturelle und sportliche Veranstaltungen, wenn sich die Betriebsveranstaltung nicht im Besuch einer kulturellen oder sportlichen Veranstaltung erschöpft,
4. Geschenke (→ Absatz 6 Satz 3). ²Üblich ist auch die nachträgliche Überreichung der Geschenke an solche Arbeitnehmer, die aus betrieblichen oder persönlichen Gründen nicht an der Betriebsveranstaltung teilnehmen konnten, nicht aber eine deswegen gewährte Barzuwendung,
5. Aufwendungen für den äußeren Rahmen, z. B. für Räume, Musik, Kegelbahn, für künstlerische und artistische Darbietungen, wenn die Darbietungen nicht der wesentliche Zweck der Betriebsveranstaltung sind.

²Betragen die Aufwendungen des Arbeitgebers einschließlich Umsatzsteuer für die üblichen Zuwendungen i. S. d. Satzes 1 Nummern 1 bis 5 an den einzelnen Arbeitnehmer insgesamt mehr als 110 Euro je Veranstaltung, so sind die Aufwendungen dem Arbeitslohn hinzuzurechnen.

(5) Im Übrigen gilt Folgendes:
1. Zuwendungen an den Ehegatten oder einen Angehörigen des Arbeitnehmers, z. B. Kind, Verlobte, sind dem Arbeitnehmer zuzurechnen.

2. Barzuwendungen, die statt der in Absatz 4 Satz 1 Nr. 1 bis 3 genannten Sachzuwendungen gewährt werden, sind diesen gleichgestellt, wenn ihre zweckentsprechende Verwendung sichergestellt ist.
3. Nehmen an einer Betriebsveranstaltung Arbeitnehmer teil, die an einem anderen Ort als dem des Betriebs tätig sind, z. B. der Außendienstmitarbeiter eines Unternehmens, so können die Aufwendungen für die Fahrt zur Teilnahme abweichend vom BFH-Urteil vom 25. 5. 1992 – BStBl II S. 856 als Reisekosten behandelt werden.

Besteuerung der Zuwendungen

(6) ¹Bei einer nicht herkömmlichen (unüblichen) Betriebsveranstaltung gehören die gesamten Zuwendungen an die Arbeitnehmer, einschl. der Aufwendungen für den äußeren Rahmen (Absatz 4 Satz 1 Nr. 5), zum Arbeitslohn. ²Für die Erhebung der Lohnsteuer gelten die allgemeinen Vorschriften; § 40 Abs. 2 EStG ist anwendbar. ³Das gilt auch für ihrer Art nach übliche Zuwendungen, bei denen die 110-Euro-Grenze des Absatzes 4 Satz 2 überschritten wird, sowie für nicht übliche Zuwendungen, z. B. Geschenke, deren Gesamtwert 40 Euro übersteigt, oder Zuwendungen an einzelne Arbeitnehmer, aus Anlass – nicht nur bei Gelegenheit – einer Betriebsveranstaltung.

H 19.5 Hinweise

Dauer

Aufwendungen des Arbeitgebers führen bei einer zweitägigen Betriebsveranstaltung nicht zu Arbeitslohn, sofern die Freigrenze von 110 Euro eingehalten wird (BFH vom 16. 11. 2005 – BStBl 2006 II S. 439).

Entlohnungsabsicht

Zuwendungszweck von Aufwendungen des Arbeitgebers für eine nach Häufigkeit, Dauer und Ausgestaltung übliche Betriebsveranstaltung ist nicht die Entlohnung von Arbeitsleistung, sondern das Gelingen der im ganz überwiegenden betrieblichen Interesse des Arbeitgebers zur Förderung des Betriebsklimas durchgeführten Gemeinschaftsveranstaltung. Von einer Entlohnungsabsicht ist dagegen bei einer unüblichen Betriebsveranstaltung oder bei außergewöhnlichen Zuwendungen aus Anlass herkömmlicher Betriebsveranstaltungen auszugehen (→ BFH vom 22. 3. 1985 – BStBl II S. 529, 532).

Überschreiten die Zuwendungen anlässlich einer herkömmlichen Betriebsveranstaltung einschließlich der Kosten für den äußeren Rahmen den Höchstbetrag von 110 Euro (→ R 19.5 Abs. 4 Satz 2) je teilnehmenden Arbeitnehmer, erlangen sie für ihn ein derartiges Eigengewicht, dass sie als steuerpflichtiger Arbeitslohn zu werten sind. Das gilt auch dann, wenn der Höchstbetrag nur geringfügig oder bei einzelnen Arbeitnehmern nur wegen der Zurechnung von anteiligen Kosten für mitgenommene Angehörige überschritten wird (→ BFH vom 25. 5. 1992 – BStBl II S. 655 und vom 16. 11. 2005 – BStBl 2006 II S. 442).

Gemischt veranlasste Veranstaltung

– Sachzuwendungen anlässlich einer Reise, die sowohl eine Betriebsveranstaltung als auch eine aus ganz überwiegend eigenbetrieblichen Interessen durchgeführte Betriebsbesichtigung bei einem Hauptkunden des Arbeitgebers umfasst, sind grundsätzlich aufzuteilen. Die Aufwendungen des Arbeitgebers für eine derartige Reise sind insgesamt kein Arbeitslohn, wenn die dem Betriebsveranstaltungsteil zuzurechnenden, anteiligen Kosten die Freigrenze von 110 Euro nicht übersteigen. Die dem Betriebsbesichtigungsteil zuzurechnenden, anteiligen Kosten stellen ebenfalls keinen Arbeitslohn dar, wenn die Besichtigung im ganz überwiegend eigenbetrieblichen Interesse durchgeführt wird (→ BFH vom 16. 11. 2005 – BStBl 2006 II S. 444).

– Sachzuwendungen an Arbeitnehmer anlässlich einer Veranstaltung, die sowohl Elemente einer Betriebsveranstaltung als auch einer sonstigen betrieblichen Veranstaltung enthält, sind grundsätzlich aufzuteilen. Die Aufwendungen des Arbeitgebers für die Durchführung der gemischt veranlassten Gesamtveranstaltung sind nur dann kein Arbeitslohn, wenn die dem Betriebsveranstaltungsteil zuzurechnenden anteiligen Kosten die für die Zuordnung von Betriebsveranstaltungen maßgebliche Freigrenze von 110 € nicht überschreiten (→ BFH vom 30. 4. 2009 – BStBl II S. 726).

Geschenke

Geschenke gehören als übliche Zuwendungen nicht zum Arbeitslohn, wenn sie im Rahmen einer Betriebsveranstaltung gegeben werden. Dies ist nicht der Fall, wenn die Veranstaltung nur in der Übergabe der Geschenke besteht (→ BFH vom 9. 6. 1978 – BStBl II S. 532).

Häufigkeit

Führt ein Arbeitgeber pro Kalenderjahr mehr als zwei Betriebsveranstaltungen für denselben Kreis von Begünstigten durch, wird ab der dritten Veranstaltung Arbeitslohn zugewendet (→ BFH vom 16. 11. 2005 – BStBl 2006 II S. 440).

Pauschalbesteuerung

Die pauschale Erhebung der Lohnsteuer nach § 40 Abs. 2 Satz 1 Nr. 2 EStG kommt nur in Betracht, wenn begrifflich eine Betriebsveranstaltung gegeben ist. Das ist nur der Fall, wenn die Veranstaltung grundsätzlich allen Arbeitnehmern offen steht, die Teilnahme an ihr also keine Privilegierung einzelner Arbeitnehmer darstellt (→ BFH vom 9. 3. 1990 – BStBl II S. 711).

Privilegierung

- Incentive-Reisen, die der Arbeitgeber veranstaltet, um bestimmte Arbeitnehmer für besondere Leistungen zu entlohnen und zu weiteren Leistungen zu motivieren, sind keine Betriebsveranstaltungen (→ BFH vom 9. 3. 1990 – BStBl II S. 711). → H 19.3 (Incentive-Reisen)
- Eine Betriebsveranstaltung kann auch dann vorliegen, wenn eine gemeinsame Veranstaltung für einzelne Abteilungen eines Unternehmens durchgeführt wird. Voraussetzung hierfür ist, dass die abteilungsübergreifende Veranstaltung allen Arbeitnehmern der einbezogenen Abteilungen offen steht (vertikale Beteiligung) und sich damit die Begrenzung des Teilnehmerkreises nicht als eine Bevorzugung bestimmter Arbeitnehmergruppen innerhalb der Abteilungen darstellt (→ BFH vom 4. 8. 1994 – BStBl 1995 II S. 59).
- Eine nur Führungskräften eines Unternehmens vorbehaltene Abendveranstaltung ist mangels Offenheit des Teilnehmerkreises keine Betriebsveranstaltung (→ BFH vom 15. 1. 2009 – BStBl II S. 476).

Sachbezugswerte

Bei einer unüblichen Betriebsveranstaltung gewährte Sachzuwendungen sind mit den üblichen Endpreisen am Abgabeort zu bewerten; die Werte der SvEV[1]) für Unterkunft und Verpflegung sind nicht anzuwenden (→ BFH vom 6. 2. 1987 – BStBl II S. 355).

Theaterkarten

Zu den üblichen Zuwendungen gehört eine vom Arbeitgeber überlassene Theaterkarte, wenn der Theaterbesuch Bestandteil des Gesamtprogramms einer Betriebsveranstaltung ist (→ BFH vom 21. 2. 1986 – BStBl II S. 406).

Verlosungsgewinne

Gewinne aus einer Verlosung, die gelegentlich einer Betriebsveranstaltung durchgeführt wurde, gehören zum Arbeitslohn, wenn an der Verlosung nicht alle an der Betriebsveranstaltung teilnehmenden Arbeitnehmer beteiligt werden, sondern die Verlosung nur einem bestimmten, herausgehobenen Personenkreis vorbehalten ist (→ BFH vom 25. 11. 1993 – BStBl 1994 II S. 254).

Zuschuss

Leistet ein Arbeitgeber einen Zuschuss zu einer Betriebsveranstaltung in eine Gemeinschaftskasse der Arbeitnehmer, stellt diese Zuwendung keinen Arbeitslohn dar, wenn der Zuschuss die Freigrenze von 110 Euro je Arbeitnehmer nicht überschreitet (→ BFH vom 16. 11. 2005 – BStBl 2006 II S. 437).

Aufmerksamkeiten

(1) [1]Sachleistungen des Arbeitgebers, die auch im gesellschaftlichen Verkehr üblicherweise ausgetauscht werden und zu keiner ins Gewicht fallenden Bereicherung der Arbeitnehmer führen, gehören als bloße Aufmerksamkeiten nicht zum Arbeitslohn. [2]Aufmerksamkeiten sind Sachzuwendungen bis zu einem Wert von 40 Euro, z. B. Blumen, Genussmittel, ein Buch oder ein Ton-

---

[1]) Bis einschließlich 2006 „Sachbezugsverordnung – SachBezV –", ab 2007 „Sozialversicherungsentgeltverordnung – SvEV –"; → Anhang 4.

träger, die dem Arbeitnehmer oder seinen Angehörigen aus Anlass eines besonderen persönlichen Ereignisses zugewendet werden. ³Geldzuwendungen gehören stets zum Arbeitslohn, auch wenn ihr Wert gering ist.

(2) ¹Als Aufmerksamkeiten gehören auch Getränke und Genussmittel, die der Arbeitgeber den Arbeitnehmern zum Verzehr im Betrieb unentgeltlich oder teilentgeltlich überlässt, nicht zum Arbeitslohn. ²Dasselbe gilt für Speisen, die der Arbeitgeber den Arbeitnehmern anlässlich und während eines außergewöhnlichen Arbeitseinsatzes, z. B. während einer außergewöhnlichen betrieblichen Besprechung oder Sitzung, im ganz überwiegenden betrieblichen Interesse an einer günstigen Gestaltung des Arbeitsablaufs unentgeltlich oder teilentgeltlich überlässt und deren Wert 40 Euro nicht überschreitet.

Hinweise

Bewirtung von Arbeitnehmern

– Zur Gewichtung des Arbeitgeberinteresses an der Überlassung von Speisen und Getränken anlässlich und während eines außergewöhnlichen Arbeitseinsatzes (→ BFH vom 5. 5. 1994 – BStBl II S. 771).

– Ein mit einer gewissen Regelmäßigkeit stattfindendes Arbeitsessen in einer Gaststätte am Sitz des Unternehmens führt bei den teilnehmenden Arbeitnehmern zu einem Zufluss von Arbeitslohn (→ BFH vom 4. 8. 1994 – BStBl 1995 II S. 59).

– Zur Erfassung und Bewertung von Mahlzeiten, die der Arbeitgeber oder auf dessen Veranlassung ein Dritter aus besonderem Anlass an Arbeitnehmer abgibt (→ R 8.1 Abs. 8).

– Die Verpflegung der Besatzungsmitglieder an Bord eines Flusskreuzfahrtschiffes ist dann kein Arbeitslohn, wenn das eigenbetriebliche Interesse des Arbeitgebers an einer Gemeinschaftsverpflegung wegen besonderer betrieblicher Abläufe den Vorteil der Arbeitnehmer bei weitem überwiegt (→ BFH vom 21. 1. 2010 – BStBl II S. 700).

Gelegenheitsgeschenke

Freiwillige Sonderzuwendungen (z. B. Lehrabschlussprämien) des Arbeitgebers an einzelne Arbeitnehmer, gehören grundsätzlich zum Arbeitslohn, und zwar auch dann, wenn mit ihnen soziale Zwecke verfolgt werden oder wenn sie dem Arbeitnehmer anlässlich besonderer persönlicher Ereignisse zugewendet werden; das gilt sowohl für Geld- als auch für Sachgeschenke (→ BFH vom 22. 3. 1985 – BStBl II S. 641).

Warengutschein

als Sachbezug → R 8.1 Abs. 1 Satz 7. Zum Zuflusszeitpunkt → R 38.2 Abs. 3.

R 19.7 Berufliche Fort- oder Weiterbildungsleistungen des Arbeitgebers

S 2332

(1) ¹Berufliche Fort- oder Weiterbildungsleistungen des Arbeitgebers führen nicht zu Arbeitslohn, wenn diese Bildungsmaßnahmen im ganz überwiegenden betrieblichen Interesse des Arbeitgebers durchgeführt werden. ²Dabei ist es gleichgültig, ob die Bildungsmaßnahmen am Arbeitsplatz, in zentralen betrieblichen Einrichtungen oder in außerbetrieblichen Einrichtungen durchgeführt werden. ³Sätze 1 und 2 gelten auch für Bildungsmaßnahmen fremder Unternehmer, die für Rechnung des Arbeitgebers erbracht werden. ⁴Ist der Arbeitnehmer Rechnungsempfänger, ist dies für ein ganz überwiegend betriebliches Interesse des Arbeitgebers unschädlich, wenn der Arbeitgeber die Übernahme bzw. den Ersatz der Aufwendungen allgemein oder für die besondere Bildungsmaßnahme vor Vertragsabschluss schriftlich zugesagt hat.

(2) ¹Bei einer Bildungsmaßnahme ist ein ganz überwiegendes betriebliches Interesse des Arbeitgebers anzunehmen, wenn sie die Einsatzfähigkeit des Arbeitnehmers im Betrieb des Arbeitgebers erhöhen soll. ²Für die Annahme eines ganz überwiegenden betrieblichen Interesses des Arbeitgebers ist nicht Voraussetzung, dass der Arbeitgeber die Teilnahme an der Bildungsmaßnahme zumindest teilweise auf die Arbeitszeit anrechnet. ³Rechnet er die Teilnahme an der Bildungsmaßnahme zumindest teilweise auf die Arbeitszeit an, ist die Prüfung weiterer Voraussetzungen eines ganz überwiegenden betrieblichen Interesses des Arbeitgebers entbehrlich, es sei denn, es liegen konkrete Anhaltspunkte für den Belohnungscharakter der Maßnahme vor. ⁴Auch sprachliche Bildungsmaßnahmen sind unter den genannten Voraussetzungen dem ganz überwiegenden betrieblichen Interesse zuzuordnen, wenn der Arbeitgeber die Sprachkenntnisse in dem für den Arbeitnehmer vorgesehenen Aufgabengebiet verlangt. ⁵Von einem ganz überwiegenden betrieblichen Interesse ist auch bei dem SGB III entsprechenden Qualifikations- und Trainings-

maßnahmen auszugehen, die der Arbeitgeber oder eine zwischengeschaltete Beschäftigungsgesellschaft im Zusammenhang mit Auflösungsvereinbarungen erbringt. ⁶Bildet sich der Arbeitnehmer nicht im ganz überwiegenden betrieblichen Interesse des Arbeitgebers fort, so gehört der nach § 8 Abs. 2 EStG zu ermittelnde Wert der vom Arbeitgeber erbrachten Fort- oder Weiterbildungsleistung zum Arbeitslohn. ⁷Der Arbeitnehmer kann ggf. den Wert einer beruflichen Fort- und Weiterbildung im Rahmen des § 9 Abs. 1 Satz 1 EStG als Werbungskosten (→ R 9.2) oder im Rahmen des § 10 Abs. 1 Nr. 7 EStG als Sonderausgaben geltend machen.

(3) Auch wenn Fort- oder Weiterbildungsleistungen nach den vorstehenden Regelungen nicht zu Arbeitslohn führen, sind die Aufwendungen des Arbeitgebers, die zwar durch die Teilnahme des Arbeitnehmers an der Bildungsveranstaltung veranlasst sind, jedoch wie z. B. Reisekosten neben den Kosten für die eigentliche Fort- oder Weiterbildungsleistung anfallen, nach R 9.4 bis R 9.8 und R 9.11 zu behandeln.

Hinweise H 19.7

Fort- und Weiterbildungskosten

Steuerliche Behandlung von Fort- und Weiterbildungskosten des Arbeitgebers

(Verfügungen der OFD Rheinland vom 28. 7. 2009 – S 2332 – 1014 – St 212 und der OFD Münster vom 28. 7. 2009 – S 2121 – 38 – St 22 – 33 –)¹)

Berufliche Fort- und Weiterbildungsleistungen des Arbeitgebers führen nicht zu Arbeitslohn, wenn diese Bildungsmaßnahmen im ganz überwiegenden betrieblichen Interesse des Arbeitgebers durchgeführt werden. Dies gilt auch bei Bildungsmaßnahmen fremder Unternehmer, die für Rechnung des Arbeitgebers erbracht werden (R 19.7 Abs. 1 Satz 3 LStR). Ein ganz überwiegendes eigenbetriebliches Interesse des Arbeitgebers im Sinne des R 19.7 Abs. 2 Satz 1 LStR kann aber auch dann vorliegen, wenn der Arbeitnehmer bezogen auf die infrage stehende Bildungsmaßnahme Rechnungsempfänger ist. Dies setzt allerdings voraus, dass der Arbeitgeber die Übernahme bzw. den Ersatz allgemein oder für die besondere Bildungsmaßnahme zugesagt und der Arbeitnehmer im Vertrauen auf diese zuvor erteilte Zusage den Vertrag über die Bildungsmaßnahme abgeschlossen hat. Insoweit hält die Verwaltung nicht mehr an ihrer seit dem 1. 1. 2008 vertretenen Rechtsauffassung fest, dass, soweit der Arbeitnehmer selbst Schuldner der Aufwendungen ist, die (teilweise) Übernahme dieser Kosten durch den Arbeitgeber immer steuerpflichtiger Arbeitslohn ist.

Um in diesen Fällen des aus ganz überwiegend betrieblichem Interesse gewährten Arbeitgeberersatzes einen Werbungskostenabzug für die vom Arbeitnehmer wirtschaftlich nicht getragenen Aufwendungen auszuschließen, hat der Arbeitgeber auf der ihm vom Arbeitnehmer zur Kostenübernahme vorgelegten Originalrechnung die Höhe der Kostenübernahme anzugeben und eine Kopie dieser Rechnung zum Lohnkonto zu nehmen. Bei Anrufungsauskünften ist hierauf gesondert hinzuweisen.

Incentive-Reisen

- Veranstaltet der Arbeitgeber sogenannte Incentive-Reisen, um bestimmte Arbeitnehmer für besondere Leistungen zu belohnen und zu weiteren Leistungssteigerungen zu motivieren, so erhalten die Arbeitnehmer damit einen steuerpflichtigen geldwerten Vorteil, wenn auf den Reisen ein Besichtigungsprogramm angeboten wird, das einschlägigen Touristikreisen entspricht, und der Erfahrungsaustausch zwischen den Arbeitnehmern demgegenüber zurücktritt (→ BFH vom 9. 3. 1990 – BStBl II S. 711).
- Ein geldwerter Vorteil entsteht nicht, wenn die Betreuungsaufgaben das Eigeninteresse des Arbeitnehmers an der Teilnahme des touristischen Programms in den Hintergrund treten lassen (→ BFH vom 5. 9. 2006 – BStBl 2007 II S. 312).
- Selbst wenn ein Arbeitnehmer bei einer von seinem Arbeitgeber veranstalteten sogenannten Händler-Incentive-Reise Betreuungsaufgaben hat, ist die Reise Arbeitslohn, wenn der Arbeitnehmer auf der Reise von seinem Ehegatten begleitet wird (→ BFH vom 25. 3. 1993 – BStBl II S. 639).
- Eine Aufteilung von Sachzuwendungen an Arbeitnehmer in Arbeitslohn und Zuwendungen im eigenbetrieblichen Interesse ist grundsätzlich möglich (→ BFH vom 18. 8. 2005 – BStBl 2006 II S. 30).
- → BMF vom 14. 10. 1996 (BStBl I S. 1192), → H 19.3 (Incentive-Reisen)

¹) Inhaltlich gleich mit dem Erlass des Finanzministeriums des Landes NRW vom 26. 6. 2009 – S 2332 – 73 – V B 3 –.

§ 19 EStG
R 19.8 H 19.7

Studiengebühren

Anhang 34 II · *Zur lohnsteuerlichen Behandlung der Übernahme von Studiengebühren für ein berufsbegleitendes Studium durch den Arbeitgeber* → BMF vom 13. 4. 2012 (BStBl I S. 531).

Studienreisen, Fachkongresse

Anhang 30 · → R 12.2 EStR, H 12.2 EStH

R 19.8 Versorgungsbezüge

S 2345

(1) Zu den nach § 19 Abs. 2 EStG steuerbegünstigten Versorgungsbezügen gehören auch:

1. Sterbegeld i. S. d. § 18 Abs. 1, Abs. 2 Nr. 1 und Abs. 3 BeamtVG sowie entsprechende Bezüge im privaten Dienst. ²Nicht zu den steuerbegünstigten Versorgungsbezügen gehören Bezüge, die für den Sterbemonat auf Grund des Arbeitsvertrags als Arbeitsentgelt gezahlt werden; besondere Leistungen an Hinterbliebene, die über das bis zum Erlöschen des Dienstverhältnisses geschuldete Arbeitsentgelt hinaus gewährt werden, sind dagegen Versorgungsbezüge,

2. Übergangsversorgung, die nach dem BAT oder diesen ergänzenden, ändernden oder ersetzenden Tarifverträgen sowie Übergangszahlungen nach § 47 Nr. 3 des Tarifvertrags für den öffentlichen Dienst der Länder (TV-L) an Angestellte im militärischen Flugsicherungsdienst, bei der Bundesanstalt für Flugsicherung im Flugsicherungsdienst, im Justizvollzugsdienst und im kommunalen feuerwehrtechnischen Dienst sowie an Luftfahrzeugführer von Messflugzeugen und an technische Luftfahrzeugführer gezahlt wird, einschl. des an Hinterbliebene zu zahlenden monatlichen Ausgleichsbetrags und einschl. des Ausgleichs, der neben der Übergangsversorgung zu zahlen ist, sowie die Übergangsversorgung, die nach § 7 des Tarifvertrags vom 30. 11. 1991 über einen sozialverträglichen Personalabbau im Bereich des Bundesministeriums der Verteidigung gezahlt wird,

3. die Bezüge der Beamten im einstweiligen Ruhestand,

4. die nach § 47 Abs. 4 Satz 2 des Bundesbeamtengesetzes (BBG) sowie entsprechender Vorschriften der Beamtengesetze der Länder gekürzten Dienstbezüge,

5. die Unterhaltsbeiträge nach den §§ 15 und 26 BeamtVG sowie nach § 69 BeamtVG oder entsprechenden landesrechtlichen Vorschriften,

6. die Versorgungsbezüge der vorhandenen, ehemals unter das G 131 und das Gesetz zur Regelung der Wiedergutmachung nationalsozialistischen Unrechts für Angehörige des öffentlichen Dienstes (BWGöD) fallenden früheren Angehörigen des öffentlichen Dienstes und ihrer Hinterbliebenen nach § 2 Abs. 1 Nr. 1 des Dienstrechtlichen Kriegsfolgen-Abschlussgesetzes (DKfAG) i. V. m. den §§ 69, 69a BeamtVG,

7. die Versorgungsbezüge der politischen Wahlbeamten auf Zeit,

8. das Ruhegehalt und der Ehrensold der ehemaligen Regierungsmitglieder einschl. der entsprechenden Hinterbliebenenbezüge, nicht dagegen das Übergangsgeld nach § 14 des Bundesministergesetzes sowie entsprechende Leistungen auf Grund von Gesetzen der Länder,

9. Sonderzuwendungen nach § 4 des Bundessonderzahlungsgesetzes sowie entsprechende Leistungen nach Gesetzen der Länder, wenn sie an Empfänger von Bezügen i. S. d. § 19 Abs. 2 EStG gezahlt werden,

10. Verschollenheitsbezüge nach § 29 Abs. 2 BeamtVG sowie entsprechende Leistungen nach den Beamtengesetzen der Länder,

11. Abfindungsrenten nach § 69 BeamtVG oder entsprechenden landesrechtlichen Vorschriften,

12. Unterhaltsbeihilfen nach den §§ 5 und 6 des baden-württembergischen Gesetzes zur einheitlichen Beendigung der politischen Säuberung vom 13. 7. 1953 (Ges. Bl. S. 91),

13. Ehrensold der früheren ehrenamtlichen Bürgermeister und ihrer Hinterbliebenen nach § 2 des baden-württembergischen Gesetzes über die Aufwandsentschädigung der ehrenamtlichen Bürgermeister und der ehrenamtlichen Ortsvorsteher vom 19. 6. 1987 (Ges. Bl. S. 281),

14. Ehrensold der früheren Bürgermeister und früheren Bezirkstagspräsidenten nach den Artikeln 138 und 138a des bayerischen Gesetzes über kommunale Wahlbeamte[1],

15. das Ruhegeld der vorhandenen, ehemals unter das G 131 und das BWGöD fallenden früheren Angestellten und Arbeiter der Freien und Hansestadt Hamburg nach § 2 Abs. 1 Nr. 5 DKfAG i. V. m. dem Hamburgischen Zusatzversorgungsgesetz,

---

[1]) *Ab 1. 8. 2012: Artikel 59 KWBG.*

16. Ehrensold der früheren ehrenamtlichen Bürgermeister und Kassenverwalter und ihrer Hinterbliebenen nach dem hessischen Gesetz über die Aufwandsentschädigungen und den Ehrensold der ehrenamtlichen Bürgermeister und der ehrenamtlichen Kassenverwalter der Gemeinden vom 7. 10. 1970 (GVBl. I S. 635),
17. Ehrensold der früheren ehrenamtlichen Bürgermeister, Beigeordneten und Ortsvorsteher nach dem rheinland-pfälzischen Ehrensoldgesetz vom 18. 12. 1972 (GVBl. S. 376),
18. Ruhegehalt und Versorgungsbezüge, die auf Grund des Artikels 3 der Anlage 1 des Saarvertrags (BGBl. 1956 II S. 1587) an Personen gezahlt werden, die aus Anlass der Rückgliederung des Saarlandes in den Ruhestand versetzt worden sind,
19. die Bezüge der im Saarland nach dem 8. 5. 1945 berufenen Amtsbürgermeister und Verwaltungsvorsteher, die nach dem Gesetz zur Ergänzung der Gemeindeordnung vom 10. 7. 1953 (Amtsbl. S. 415) in den Ruhestand versetzt worden sind,
20. Ehrensold der früheren ehrenamtlichen Bürgermeister, Beigeordneten und Amtsvorsteher nach dem saarländischen Gesetz Nr. 987 vom 6. 3. 1974 (Amtsbl. S. 357),
21. Vorruhestandsleistungen, z. B. i. S. d. Vorruhestandsgesetzes, soweit der Arbeitnehmer im Lohnzahlungszeitraum das 63., bei Schwerbehinderten das 60. Lebensjahr vollendet hat.

(2) Nicht zu den nach § 19 Abs. 2 EStG steuerbegünstigten Versorgungsbezügen gehören insbesondere
1. das Übergangsgeld nach § 47 BeamtVG i. V. m. dessen § 67 Abs. 4 und entsprechende Leistungen auf Grund der Beamtengesetze der Länder sowie das Übergangsgeld nach § 47a BeamtVG,
2. das Übergangsgeld nach § 14 des Bundesministergesetzes und entsprechende Leistungen auf Grund der Gesetze der Länder.

(3) ¹Bezieht ein Versorgungsberechtigter Arbeitslohn aus einem gegenwärtigen Dienstverhältnis und werden deshalb, z. B. nach § 53 BeamtVG, die Versorgungsbezüge gekürzt, so sind nur die gekürzten Versorgungsbezüge nach § 19 Abs. 2 EStG steuerbegünstigt; das Gleiche gilt, wenn Versorgungsbezüge nach der Ehescheidung gekürzt werden (§ 57 BeamtVG). ²Nachzahlungen von Versorgungsbezügen an nichtversorgungsberechtigte Erben eines Versorgungsberechtigten sind nicht nach § 19 Abs. 2 EStG begünstigt.

Hinweise

Beamte – vorzeitiger Ruhestand

Bezüge nach unwiderruflicher Freistellung vom Dienst bis zur Versetzung in den Ruhestand gehören zu den Versorgungsbezügen (→ BFH vom 12. 2. 2009 – BStBl II S. 460).

Emeritenbezüge entpflichteter Hochschullehrer

Zu den Versorgungsbezügen gehören auch Emeritenbezüge entpflichteter Hochschullehrer (→ BFH vom 19. 6. 1974 – BStBl 1975 II S. 23 und vom 5. 11. 1993 – BStBl 1994 II S. 238).

Ersatzkassen-Tarifvertrag

Steuerliche Behandlung der Beiträge zur Zusatzversorgung nach Anlage 7a Ersatzkassen-Tarifvertrag (EKT)

(Vfg. der OFD Hannover vom 18. 10. 2005 – S 2354 – 146 – StO 217)

Mit v.g. Verfügung wurde die Auffassung vertreten, dass Beiträge zur Zusatzversorgung nach *Anlage 7a EKT steuerpflichtigen* Arbeitslohn darstellen und zur Vermeidung einer doppelten Steuerbelastung als Werbungskosten bei den Einkünften aus nichtselbständiger Tätigkeit abzugsfähig sind.

Diese Rechtsauffassung ist durch die Änderung des vorgenannten Tarifvertrages ab 1. 1. 2004 überholt.

Die von den betroffenen Arbeitnehmern für die Zusatzversorgung zu leistenden Beteiligungen werden vom Arbeitgeber ab 2004 bereits bei der Ermittlung des Bruttolohns berücksichtigt. Sie stellen keinen gegenwärtig zufließenden Arbeitslohn dar und sind erst bei der späteren Auszahlung der Versorgungsbezüge gem. § 19 Abs. 1 Nr. 2 EStG zu versteuern.

Die v.g. Verfügung ist letztmalig für die Veranlagungszeiträume vor 2004 anzuwenden.

Koordinierte Organisationen

I. Einkommensteuerliche Behandlung der Pensionen ehemaliger Bediensteter der koordinierten Organisationen und der Europäischen Patentorganisation

(BMF-Schreiben vom 3. 8. 1998, BStBl I S. 1042)

Unter Bezugnahme auf das Ergebnis der Erörterungen mit den obersten Finanzbehörden der Länder gilt bei der Besteuerung der Pensionen ehemaliger Bediensteter der koordinierten Organisationen (Europäische Organisation für Astronomische Forschung in der Südlichen Hemisphäre – ESO –, Europarat, Nordatlantikvertragsorganisation – NATO –, Organisation für wirtschaftliche Zusammenarbeit und Entwicklung – OECD –, Westeuropäische Union – WEU – und Europäisches Zentrum für mittelfristige Wettervorhersage – EZMW –) sowie der Europäischen Patentorganisation (EPO) folgendes:

1. Pensionssystem

Die koordinierten Organisationen haben mit Wirkung vom 1. Juli 1974 ein einheitliches Pensionssystem für ihre in den Ruhestand getretenen Bediensteten eingeführt. Nach diesem System werden die Ruhegehälter aus dem laufenden Haushalt der einzelnen Organisationen gezahlt. Vor diesem Zeitpunkt wurden die Ruhegehälter aus einem Versorgungsfonds (Kapitalansammlungsfonds) finanziert.

2. Steuerpflicht

Die Ruhegehälter der Pensionäre fallen nicht unter die Bestimmungen über die Freistellung der Gehälter und Bezüge der aktiven Bediensteten nach den jeweils in Betracht kommenden Regelungen über die Vorrechte und Befreiungen. Sie unterliegen damit der nationalen Besteuerung. Nach den DBA der Bundesrepublik Deutschland mit den Staaten, in denen die koordinierten Organisationen ihren Sitz haben (Frankreich, Belgien und Vereinigtes Königreich), steht das Besteuerungsrecht für Ruhegehälter allein dem Wohnsitzstaat des Pensionärs zu. In der Bundesrepublik Deutschland ansässige Pensionäre dieser Organisationen haben somit ihre Ruhegehälter der deutschen Einkommensteuer zu unterwerfen.

3. Steuerausgleich

Zum (teilweisen) Ausgleich der Besteuerung der Ruhegehälter durch die Wohnsitzstaaten und der sich aus verschiedenartigen Besteuerungssystemen ergebenden Unterschiede wird den Pensionären eine sog. „Steuerausgleichszahlung" gewährt. Die Grundpension wird zu diesem Zweck um einen Betrag erhöht, der der Hälfte des Steuerbetrags entspricht, um den die Pension erhöht werden müßte, damit dem Pensionär nach Bezahlung der nationalen Steuern die Grundpension verbliebe.

4. Nachweis

Die Steuerausgleichszahlung wird nur geleistet, wenn der Pensionär seiner Organisation eine Bescheinigung der Steuerbehörden seines Wohnsitzstaats vorlegt, aus der sich ergibt, daß die Pension tatsächlich besteuert wird. Das für die Besteuerung eines Pensionärs zuständige Wohnsitzfinanzamt hat zu diesem Zweck auf Antrag solch eine Bescheinigung auszustellen.

Aus Gründen der Verwaltungsvereinfachung haben die koordinierten Organisationen mit Wirkung ab dem 1. Januar 1987 folgendes für alle Mitgliedstaaten einheitliches Nachweisverfahren eingeführt:

1. Die koordinierten Organisationen lassen eine Bescheinigung in dreifacher Ausfertigung und in drei verschiedenen Farben drucken (vgl. nachfolgendes Muster).
2. Die Bescheinigungsvordrucke werden blanko jedem Ruhegehaltsempfänger zusammen mit der Jahresabrechnung über die anzumeldenden Zahlungen zugesandt.
3. Der Ruhegehaltsempfänger reicht die Vordrucke beim zuständigen Finanzamt ein, das die Bescheinigung erteilt.
4. Zwei Exemplare der ausgefüllten Bescheinigung schickt der Ruhegehaltsempfänger an die Verwaltung der betroffenen koordinierten Organisation zurück, das dritte Exemplar wird vom Finanzamt zu den Akten genommen.

II. Pensionen ehemaliger Bediensteter der koordinierten Organisationen und der Europäischen Patentorganisation; Benennung der European Southern Observatory (ESO) als koordinierte Organisation

(BMF-Schreiben vom 3. 2. 2000 – IV B 3 – S 1311–17/00 –, BStBl I S. 331)

Im Einvernehmen mit den obersten Finanzbehörden der Länder wird das BMF-Schreiben vom 3. 8. 1998 – IV C 6 – S 1311–97/98, BStBl 1998 I S. 1042 wie folgt geändert:

Der Klammerzusatz im Einleitungssatz 1, in dem die koordinierten Organisationen abschließend aufgezählt sind, lautet wie folgt:

(Europäische Weltraum-Organisation – European Space Agency – ESA –, Europarat, Nordatlantikvertragsorganisation – NATO –, Organisation für wirtschaftliche Zusammenarbeit und Entwicklung – OECD –, Westeuropäische Union – WEU –, Europäisches Zentrum für mittelfristige Wettervorhersage – EZMW –)

Die im BMF-Schreiben vom 3. 8. 1998 – IV C 6 – S 1311 – 97 / 98, BStBl 1998 I S. 1042 im Klammerzusatz erwähnte Europäische Organisation für Astronomische Forschung in der Südlichen Hemisphäre – European Southern Observatory – ESO – ist keine koordinierte Organisation.

Finanzamt St.-Nr.: 00/000/000/0	_____ , den _____
Herrn/Frau (Name, Vorname)	
(Straße/Postfach)	Bescheinigung
(PLZ und Wohnort)	gemäß Artikel 42 Abs. 5 der Ruhegehaltsregelung der koordinierten Organisationen
Herrn/Frau (Name, Vorname)	
(Straße/Postfach)	
(PLZ und Wohnort)	
wird hiermit bescheinigt, daß er/sie die von	
(Name der koordinierten Organisation)	
an ihn/sie als Ruhegehalt oder Ausgleichszahlung geleisteten Beträge für (Kalenderjahr) in Höhe von (Betrag) in seiner/ihrer Einkommensteuererklärung für das Jahr (Jahreszahl) erklärt hat.	
Im Auftrag/In Vertretung (Unterschrift)	(Dienststempel)
Dieser ausgefüllte Vordruck ist vom Ruhegehaltsempfänger an die Verwaltung seiner Organisation zurückzusenden.	

Das Finanzamt kann den Antrag des Pensionärs auf Ausstellung der Bescheinigung gleichzeitig als Kontrollmaterial benutzen und sofort ESt-Vorauszahlungen festsetzen. Am Schluß des Kalenderjahrs erhält jeder Pensionär von seiner Organisation eine Bescheinigung über die Höhe der jährlichen Bezüge.

5. Einkunftsart

Die Pensionen einschl. der Zulagen (Steuerausgleichszahlung, Familienzulagen und andere) sind Einkünfte aus nichtselbständiger Arbeit (§ 19 Abs. 1 Nr. 2 EStG), auf die § 19 Abs. 2 EStG anwendbar ist.

Es ist jedoch zu beachten, daß Bedienstete, die am 1. Juli 1974 bereits bei den koordinierten Organisationen tätig waren und vor diesem Zeitpunkt Beiträge in den Versorgungsfonds (siehe oben unter Tz. 1) eingezahlt hatten, im Rahmen einer Übergangsregelung für die neu eingeführte Pensionsregelung optieren konnten. Die Ausübung der Option setzte voraus, daß der Betreffende sein Guthaben bei dem Versorgungsfonds an die koordinierte Organisation abtrat.

Die Versorgungsbezüge der ehemaligen Bediensteten, die von der Übergangsregelung Gebrauch gemacht haben, setzen sich mithin sowohl aus Ruhegehaltszahlungen im Sinne des § 19 Abs. 1 Nr. 2 EStG als auch aus der Rückzahlung des verrenteten Guthabens zusammen. Der Anteil der Gesamtbezüge, der auf das verrentete Guthaben entfällt, unterliegt als Leibrente im Sinne des § 22 Nr. 1 Satz 3 Buchst. a EStG nur mit dem Ertragsanteil der Besteuerung (BFH-Urteil vom 7. Februar 1990; BStBl II S. 1062).

Die von den koordinierten Organisationen in einer Summe mitgeteilten Beträge (siehe Tz. 7) sind im Veranlagungsverfahren wie folgt aufzuteilen:

Zunächst ist der Kapitalwert der gesamten Versorgung für den Zeitpunkt des Pensionsbeginns festzustellen. Dieser Kapitalwert berechnet sich nach der Tabelle in Anlage 9 zum Bewertungs-

§ 19 EStG
H 19.8

gesetz (zu § 14 BewG), wobei das zum Rentenbeginn vollendete Lebensalter des Berechtigten zugrunde zu legen ist. Hiervon abzusetzen ist der Kapitalanteil an der Gesamtversorgung, der auf das am 1. Juli 1974 an die koordinierten Organisationen abgetretene Guthaben aus dem Versorgungsfonds entfällt (Kapitalwert der Leibrente). Dieser Anteil berechnet sich in der Weise, daß das am 1. Juli 1974 bestehende Guthaben durch Aufzinsung unter Berücksichtigung eines Zinssatzes von 5,5 v. H. einschließlich Zinseszinsen auf den Pensionsbeginn ermittelt wird. Für die Berechnung ist der Kapitalbetrag zum 1. Juli 1974 auf volle Tausend DM und der Aufzinsungszeitraum auf volle Jahre aufzurunden; der aufgezinste Betrag ist anhand der Tabelle in Tz. 6 zu ermitteln. Es verbleibt der Kapitalwert der Pensionsleistungen im Sinne des § 19 Abs. 1 Nr. 2 EStG. Sodann sind die prozentualen Anteile der Kapitalwerte der Leibrente und der Pension am Gesamtwert der Versorgungsleistung festzustellen.

Nach diesem für den Zeitpunkt des Pensionsbeginns maßgebenden Verhältnis sind alle künftigen Versorgungsleistungen in einen Renten- und einen Pensionsanteil aufzuteilen.

Beispiel:
Der Versorgungsberechtigte hat bei Pensionsbeginn am 1. September 1997 das 60. Lebensjahr vollendet. Am 1. Juli 1974 hat er sein Guthaben aus dem Versorgungsfonds in Höhe von 80 000 DM an die koordinierten Organisationen abgetreten. Die Versorgungsbezüge betrugen bei Pensionsbeginn monatlich 5 000 DM, der Jahreswert mithin 60 000 DM. Im Kalenderjahr 1997 betrugen die Versorgungsbezüge 20 000 DM.

Kapitalwert der Gesamtversorgung

60 000 DM (Jahreswert) × 10,448 (Vervielfältiger nach der Tabelle in Anlage 9 zum BewG) =	628 880 DM

Rentenanteil der Gesamtversorgung

80 000 DM abgetretenes Guthaben ergibt bei einem Aufzinsungszeitraum von 23 Jahren und 2 Monaten (aufgerundet: 24 Jahre) nach der Tabelle in Tz. 6. (3 614,38 × 80) =	289 151 DM
Pensionsanteil der Gesamtversorgung =	**339 729 DM**
Der Rentenanteil der Gesamtversorgung beträgt	45,98 v. H.
der Pensionsanteil der Gesamtversorgung beträgt	54,02 v. H.
Als Bezüge im Sinne des § 19 Abs. 1 Nr. 2 EStG sind (20 000 DM × 0,5402) =	10 804 DM
und als Bezüge im Sinne des § 22 Nr. 1 Satz 3 Buchst. a sind (20 000 DM × 0,4598) =	9 196 DM

zu behandeln.

6. Tabelle zur Aufzinsung des abgetretenen Guthabens

Der Kapitalanteil an der Gesamtversorgung, der auf das mit Wirkung vom 1. Juli 1974 an die koordinierten Organisationen abgetretene Guthaben entfällt, ist wie in Tz. 5 erläutert, auf der Grundlage der folgenden Tabelle zu ermitteln.

Kapital zum Beginn der Laufzeit	Anzahl der Jahre	Kapital nach ... Jahren	Kapital zum Beginn der Laufzeit	Anzahl der Jahre	Kapital nach ... Jahren
1 000,00	1	1 055,00	1 000,00	21	3 078,08
1 000,00	2	1 113,02	1 000,00	22	3 247,37
1 000,00	3	1 174,23	1 000,00	23	3 425,97
1 000,00	4	1 238,81	1 000,00	24	3 614,39
1 000,00	5	1 306,94	1 000,00	25	3 813,18
1 000,00	6	1 378,82	1 000,00	26	4 022,90
1 000,00	7	1 454,65	1 000,00	27	4 244,15
1 000,00	8	1 534,65	1 000,00	28	4 477,57
1 000,00	9	1 619,05	1 000,00	29	4 723,83
1 000,00	10	1 708,09	1 000,00	30	4 983,64
1 000,00	11	1 802,03	1 000,00	31	5 257,74

Kapital zum Beginn der Laufzeit	Anzahl der Jahre	Kapital nach ... Jahren	Kapital zum Beginn der Laufzeit	Anzahl der Jahre	Kapital nach ... Jahren
1 000,00	12	1 901,14	1 000,00	32	5 546,91
1 000,00	13	2 005,70	1 000,00	33	5 851,99
1 000,00	14	2 116,01	1 000,00	34	6 173,84
1 000,00	15	2 232,39	1 000,00	35	6 513,40
1 000,00	16	2 355,17	1 000,00	36	6 871,63
1 000,00	17	2 484,70	1 000,00	37	7 249,56
1 000,00	18	2 621,35	1 000,00	38	7 648,28
1 000,00	19	2 765,52	1 000,00	39	8 068,93
1 000,00	20	2 917,62	1 000,00	40	8 512,72

7. Kontrollmitteilungen

Die koordinierten Organisationen leiten den nationalen Steuerverwaltungen jährlich Mitteilungen über alle Pensionen, die an Pensionäre mit Wohnsitz im jeweiligen Mitgliedstaat gezahlt worden sind, zu. Diese Mitteilungen werden als Kontrollmitteilung an die Wohnsitzfinanzämter weitergeleitet.

8. Abfindungen

Bedienstete der koordinierten Organisationen, die bei ihrem Ausscheiden aus der Organisation noch keine Pensionsrechte erworben haben, erhalten eine Abfindung (leaving allowance) in Höhe des Eineinhalbfachen des letzten Monatsgehalts multipliziert mit der Zahl der anrechenbaren Dienstjahre sowie den Betrag, um den das Gehalt für das Pensionssystem gekürzt wurde zuzüglich 4 v. H. Zinsen p. a. Diese Zahlungen fallen unter die Bestimmungen über die Freistellung der Gehälter und Bezüge der aktiven Bediensteten von der nationalen Besteuerung nach den jeweils in Betracht kommenden Regelungen über die Vorrechte und Befreiungen. Sie sind deshalb von der deutschen Einkommensteuer befreit.

9. Ehemalige Bedienstete der Europäischen Patentorganisation (EPO)

Die EPO hat für ihre Bediensteten ein Versorgungssystem eingerichtet, das in vollem Umfang dem Pensionssystem für die ehemaligen Bediensteten der koordinierten Organisation entspricht (vgl. Tz. 1). Die Ausführungen in den Tz. 2 bis 8 gelten deshalb sinngemäß für die von der EPO gezahlten Pensionen.

Dieses Schreiben ersetzt die BMF-Schreiben vom 16. August 1977 (BStBl I S. 436), vom 23. Oktober 1978 (BStBl I S. 417) und vom 17. Dezember 1979 (BStBl I S. 699). Die Unterscheidung der Einkunftsarten nach Tz. 5 erfolgt auf Antrag des Steuerpflichtigen auch rückwirkend für alle nicht bestandskräftig veranlagten Veranlagungszeiträume.

NATO-Bedienstete

Ruhegehaltsbezüge an ehemalige NATO-Bedienstete sind Versorgungsbezüge (→ BFH vom 22. 11. 2006 – BStBl 2007 II S. 402).

Sterbegeld

Das nach den tarifvertraglichen Vorschriften im öffentlichen Dienst gezahlte Sterbegeld ist ein Versorgungsbezug (→ BFH vom 8. 2. 1970 – BStBl 1974 II S. 303).

Übergangsgeld

Übergangsgeld, das nach den tarifvertraglichen Vorschriften im öffentlichen Dienst gewährt wird, ist ein Versorgungsbezug, wenn es wegen Berufsunfähigkeit oder Erwerbsunfähigkeit oder wegen Erreichens der tariflichen oder der sogenannten flexiblen Altersgrenze gezahlt wird; beim Übergangsgeld, das wegen Erreichens einer Altersgrenze gezahlt wird, ist Voraussetzung, dass der Angestellte im Zeitpunkt seines Ausscheidens das 63., bei Schwerbehinderten das 60. Lebensjahr vollendet hat (→ BFH vom 21. 8. 1974 – BStBl 1975 II S. 62).

Übertragung einer Versorgungsverpflichtung

Versorgungsbezug –
Berechnung des Versorgungsfreibetrages bei Übertragung einer Versorgungsverpflichtung aus einer Direktzusage (= Pensionszusage) des Arbeitgebers oder einer Unterstützungskasse in einen Pensionsfonds

(Verfügung der OFD Münster v. 26. 03. 2008 – Kurzinfo ESt 25/2007)

In Fällen, in denen der Steuerpflichtige aufgrund einer Versorgungszusage seines früheren Arbeitgebers Leistungen von diesem (im Fall der Direktzusage) oder aus einer Unterstützungskasse erhält und diese Versorgungsverpflichtung auf einen Pensionsfonds übertragen wird, liegen im „Wechseljahr" zunächst **Versorgungsbezüge nach** § 19 Abs. 2 EStG, und **nach der Übertragung sonstige Einkünfte nach** § 22 Nr. 5 Satz 1 i. V. m. § 52 Abs. 34c Satz 1 EStG (Nr. 2 der sog. Leistungsmitteilung) vor.

Sowohl Versorgungsbezüge nach § 19 Abs. 2 EStG als auch sonstige Einkünfte nach § 22 Nr. 5 Satz 1 EStG i. V. m. § 52 Abs. 34c Satz 1 EStG berechtigen zum Abzug der Freibeträge für Versorgungsbezüge (Versorgungsfreibetrag und Zuschlag zum Versorgungsfreibetrag). Sie sind jedoch auch in einem derartigen „Wechseljahr" nur einmal und nur bis zur festgeschriebenen Höhe des Vorjahres anzuerkennen, da sowohl die Versorgungsbezüge aus der Direktzusage/Unterstützungskasse als auch die Leistungen des Pensionsfonds auf demselben Stammrecht beruhen.

Da kein Verknüpfungskriterium eines Stammrechts zu verschiedenen Einkunftsarten existiert und die Arbeitgeber/Unterstützungskassen zum Teil keinen unterjährigen Bezug bescheinigen, können derartige Konstellationen maschinell nicht erkannt werden. In derartigen Fällen ist durch eine **personelle zeitanteilige Eingabe der Bemessungsgrundlage** für den Versorgungsfreibetrag sicherzustellen, dass die berücksichtigten Freibeträge für Versorgungsbezüge die Vorjahreswerte nicht übersteigen.

Beispiel:

Die Firma Siemens hat ihre Unterstützungskasse zum 1. 10. 2006 in einen Pensionsfonds eingebracht. Die Versorgungsbezüge aus der Unterstützungskasse haben am 1. 1. 2001 zu laufen begonnen und betragen 2.000 € jährlich.

§ 19 EStG
H 19.8

VZ 2005 Anlage N:

Steuerbegünstigte Versorgungsbezüge (in Zeile 2 enthalten)	200		2000	–
Bemessungsgrundlage für den Versorgungsfreibetrag lt. Nummer 27 der Lohnsteuerbescheinigung	201		2000	–
Nur bei erstmaligem Bezug im Kalenderjahr: Beginn des Versorgungsbezugs lt. Nummer 28 der Lohnsteuerbescheinigung	202	Monat	2005	
Ende des Versorgungsbezugs	203	Monat	2005	
Sterbegeld, Kapitalauszahlungen/Abfindungen und Nachzahlungen von Versorgungsbezügen (in den Zeilen 2 und 8 enthalten)	204			–

Versorgungsbezüge nach § 19 Abs. 2 EStG:

Bezug Betriebsrente	2.000 €
BMG	2.000 € (1. Bezug x 12)
Versorgungsfreibetrag:	40 % von 2.000 € = 800 €
+ Zuschlag zum VFB	900 €
	= 1.700 €

VZ 2006 Anlage N:

		1. Versorgungsbezug	
Steuerbegünstigte Versorgungsbezüge (in Zeile 6 enthalten)	200	1.500,	
Bemessungsgrundlage für den Versorgungsfreibetrag lt. Nr. 27 der Lohnsteuerbescheinigung	201	2.000,	
Maßgebendes Kalenderjahr des Versorgungsbeginns lt. Nr. 28 und/oder 31 der Lohnsteuerbescheinigung	206	2001	
Bei unterjähriger Zahlung: Erster und letzter Monat, für den Versorgungsbezüge gezahlt wurden lt. Nr. 29 der Lohnsteuerbescheinigung	202	Monat – 203	Monat
Sterbegeld, Kapitalauszahlungen/Abfindungen und Nachzahlungen von Versorgungsbezügen lt. Nr. 30 der Lohnsteuerbescheinigung (in den Zeilen 6 und 11 enthalten)	204	,	

Versorgungsbezüge nach § 19 Abs. 2 EStG:

2.000 € x 9/12 =	1.500 €
BMG für Versorgungsfreibetrag (12 x 1. Bezug)	2.000 €
Versorgungsfreibetrag: 40 % von 2.000 €	800 €

Rückseite der Anlage R:

§ 19 EStG
H 19.8

Leistungen aus Altersvorsorgeverträgen und aus der kapitalgedeckten betrieb		
		1. Rente
		EUR
Leistungen aus einem zertifizierten Altersvorsorgevertrag oder einer betrieblichen Altersversorgung lt. Nummer 1 der Leistungsmitteilung	500	,—
Leistungen aus einem Pensionsfonds, wenn vor dem 1. 1. 2002 lfd. Zahlungen gewährt wurden lt. Nummer 2 der Leistungsmitteilung	501	500,—
Bemessungsgrundlage für den Versorgungsfreibetrag	502	2.000,—
Beginn des Versorgungsbezugs	503	01.01.2001

Sonstige Einkünfte nach § 22 Nr. 5 Satz 1 EStG:

2.000 € × 3/12 =	500 €
BMG für Versorgungsfreibetrag (12 × 1. Bezug)	2.000 €
Versorgungsfreibetrag: 40 % von 2.000 € =	800 €
Begrenzt auf die Summe der Einnahmen	500 €
Zusammen:	
800 € + 500 €	
+ Zuschlag zum VFB höchstens 700 € (§ 19 Abs. 2 Satz 5 EStG), nur bis zur Höhe der um den Versorgungsfreibetrag geminderten BMG	= 2.000 €
Vorjahr	1.700 €

Da maschinell nicht erkannt werden kann, dass der Versorgungsbezug der Anlage N und die sonstigen Einkünfte der Kz. 501 ein und dasselbe Stammrecht betreffen, ist die **BMG für den Versorgungsfreibetrag personell aufzuteilen**.

In obigem Beispiel ist einzugeben:

Anlage N in Kz. 201:	1.500 € (= 9/12 von 2.000 €)
Anlage R in Kz. 502:	500 € (= 3/12 von 2.000 €).

Maschinelle Berechnung:
Versorgungsbezüge nach § 19 Abs. 2 EStG:

2.000 € × 9/12 =	1.500 €
BMG für Versorgungsfreibetrag (9/12 der BMG)	1.500 €
Versorgungsfreibetrag: 40 % von 1.500 € =	**600 €**
Sonstige Einkünfte nach § 22 Nr. 5 Satz 1 EStG:	
2.000 € × 3/12 =	500 €
BMG für Versorgungsfreibetrag (3/12 der BMG)	500 €
Versorgungsfreibetrag: 40 % von 500 € =	**200 €**
Zusammen: 600 € + 200 € + Zuschlag zum VFB 900 € =	**1.700 €**
Vorjahr	1.700 €

In dem Jahr, das dann wiederum dem „Wechseljahr" folgt (hier also im Veranlagungszeitraum 2007) ist in die Kz. 205 der Anlage R wieder die volle BMG von 2 000 € einzugeben.

Beachte:

Nach bisherigen Erkenntnissen wurden von der Unterstützungskasse (im Fall von Siemens) in Kz. 202 und 203 der Anlage N meist ein Zeitraum 00 – 00 bescheinigt und als Lohndaten ans Finanzamt übermittelt. Es könnte aber auch nichts oder der jeweilige Zeitraum (01 – 09) bescheinigt worden sein.

In die Kz. 503 der Anlage R ist der Beginn der Auszahlung aus dem Stammrecht einzugeben (im Beispiel 1. 1. 2001) und nicht das Datum der Umwandlung. Die Kz. 503 bestimmt die sog. Kohorte. Da hier nach Umwandlung dasselbe Stammrecht vorliegt, ist hier der Beginn des Versorgungsbezugs vor der Umwandlung maßgebend und einzugeben.

Hinweis zu § 52 Abs. 34c EStG:
Bei der Versteuerung von Leistungen aus einem Pensionsfonds nach § 22 Nr. 5 i. V. m. § 52 Abs. 34c EStG a. F. ist für die Anwendung des § 19 Abs. 2 EStG Voraussetzung, dass entsprechende **Leistungen** auf Grund einer Versorgungszusage oder durch eine Unterstützungskasse bereits **vor dem 1. 1. 2002 erbracht wurden**. Werden die Leistungen auf Grund einer Versorgungszusage oder durch eine Unterstützungskasse erst nach dem 31. 12. 2001 erstmalig erbracht, liegen im Falle der Übertragung in einen Pensionsfonds die Voraussetzungen für die Gewährung des Versorgungsfreibetrags und des Zuschlags zum Versorgungsfreibetrag nicht vor.
Allerdings wurde § 52 Abs. 34c EStG n. F. durch das JStG 2007 neu gefasst. Die Änderung trat zum 1. 1. 2007 in Kraft. Nunmehr ist es nicht mehr Voraussetzung, dass Leistungen bereits vor dem 1. 1. 2002 erbracht sein müssen, sondern nur, dass der Stpfl. vor der Übertragung der Versorgungsverpflichtung auf den Pensionsfonds bereits Leistungen aufgrund der Versorgungsverpflichtung erhalten hat.

Beispiel:
Der Stpfl. erhält seit 1. 1. 2004 Versorgungsbezüge aus einer Unterstützungskasse. In 2005 erfolgt die Übertragung der Versorgungsverpflichtung in einen Pensionsfonds.

Lösung:
In den Veranlagungszeiträumen 2005 und 2006 liegen die Voraussetzungen für die Gewährung des Versorgungsfreibetrags/des Zuschlags zum Versorgungsfreibetrag nicht vor. Ab dem Veranlagungszeitraum 2007 können dagegen der Versorgungsfreibetrag/der Zuschlag gewährt werden.

Die Regelung des § 52 Abs. 34c EStG greift auch dann, wenn der Zeitpunkt des erstmaligen Leistungsbezugs und der Zeitpunkt der Übertragung der Versorgungsverpflichtung auf den Pensionsfonds in denselben Monat fallen (Rz. 279 des BMF-Schreibens vom 5. 2. 08 zur Steuerlichen Förderung der privaten und betrieblichen Altersversorgung).

Hinweis zur Anpassung/Festsetzung von Vorauszahlungen:
Aufgrund der Änderung der Besteuerungsnorm (nunmehr § 22 Nr. 5 EStG statt § 19 Abs. 2 EStG) unterliegt der Versorgungsbezug nicht mehr dem Lohnsteuerabzug. Daher ist zu prüfen, ob die Einkommensteuervorauszahlungen anzupassen bzw. erstmals Einkommensteuervorauszahlungen festzusetzen sind.

Versorgungsausgleich

Einkommensteuerrechtliche Behandlung von Ausgleichszahlungen im Rahmen des Versorgungsausgleichs nach § 10 Absatz 1 Nummer 1b EStG und § 22 Nummer 1c EStG

(BMF-Schreiben vom 9. 4. 2010, BStBl I S. 323)

– Auszug –

...

2. Laufende Versorgung in Form eines Versorgungsbezugs i. S. des § 19 EStG

Wird im Wege der schuldrechtlichen Ausgleichsrente ein Anrecht auf einen Versorgungsbezug nach § 19 EStG (z. B. Beamtenpension oder Werkspension) ausgeglichen, kann anteilig der an den Versorgungsempfänger geleistete Teil der Bezüge, die nach Abzug des Versorgungsfreibetrags und des Zuschlags zum Versorgungsfreibetrag nach § 19 Absatz 2 EStG der Besteuerung unterliegen, als Sonderausgaben nach § 10 Absatz 1 Nummer 1b EStG geltend gemacht werden. Der Ausgleichsberechtigte hat die Leistungen in entsprechendem Umfang nach § 22 Nummer 1c EStG zu versteuern.

Beispiel 2:
Der *Ausgleichsverpflichtete* A bezieht im Jahr 2011 (Versorgungsbeginn 1. Januar 2011) eine Beamtenpension i. H. v. 20.000 €. Die Ausgleichsberechtigte B erhält eine Ausgleichsrente in Höhe von 10.000 € jährlich.

Lösung: B2
Nach Abzug der Freibeträge für Versorgungsbezüge nach § 19 Absatz 2 EStG in Höhe von 2.964. €, wird ein Betrag von 17.036 €, bei A der Besteuerung zugrunde gelegt. A kann einen Betrag in Höhe von 8.518 € (= 50 Prozent von 17.036 €) als Sonderausgaben geltend machen. B hat einen Betrag in Höhe von 8.416 € (= 8.518 € ./. 102 € Werbungskostenpauschbetrag bzw. ggf. abzüglich tatsächlicher Werbungskosten) nach § 22 Nummer 1c EStG zu versteuern.

...

§ 19 EStG
R 19.9   H 19.8

Versorgungsbezüge

Anhang 2 VI → BMF vom 13. 9. 2010 (BStBl I S. 681), Rz. 112 ff.
→ **BMF vom ... (BStBl I S. ...)** → Siehe hierzu Hinweise auf Seite 4!

Versorgungsfreibetrag

Beispiel zur Bemessungsgrundlage des Versorgungsfreibetrags bei Sachbezügen

Ein Arbeitnehmer scheidet zum 31.3. aus dem aktiven Dienst aus und erhält ab dem 1.4. eine Werkspension in Höhe von 300 €. Im April erhält er zusätzlich einen einmaligen Sachbezug in Höhe von 400 €.

Sachbezüge, die ein Arbeitnehmer nach dem Ausscheiden aus dem aktiven Dienst zusammen mit dem Ruhegehalt erhält, gehören zu den Versorgungsbezügen i. S. d. § 19 Abs. 2 Satz 2 EStG. Die Bemessungsgrundlage beträgt:

- laufender Bezug im ersten Versorgungsmonat
  300 € × 12 Monate .... 3 600 €
- Sachbezug .... 400 €

Bemessungsgrundlage .... 4 000 €

Vorsorgepauschale

Tz. 2 des BMF-Schreibens vom 22. 10. 2010 (BStBl I S. 1254)[1]):

„ ... Der Arbeitslohn ist für die Berechnung der Vorsorgepauschale und der Mindestvorsorgepauschale (Tz. 7) nicht (mehr) um den Versorgungsfreibetrag (§ 19 Absatz 2 EStG) und den Altersentlastungsbetrag (§ 24a EStG) zu vermindern; zur Rechtslage bis einschließlich 2009 siehe § 10c Absatz 2 Satz 3 EStG a. F. ... "

R 19.9   Zahlung von Arbeitslohn an die Erben oder Hinterbliebenen eines verstorbenen Arbeitnehmers

S 2332

(1) ¹Arbeitslohn, der nach dem Tod des Arbeitnehmers gezahlt wird, darf grundsätzlich unabhängig vom Rechtsgrund der Zahlung nicht mehr nach den steuerlichen Merkmalen des Verstorbenen versteuert werden. ²Bei laufendem Arbeitslohn, der im Sterbemonat oder für den Sterbemonat gezahlt wird, kann der Steuerabzug aus Vereinfachungsgründen noch nach den steuerlichen Merkmalen des Verstorbenen vorgenommen werden; die Lohnsteuerbescheinigung ist jedoch auch in diesem Fall für den Erben auszustellen und zu übermitteln.

(2) ¹Zahlt der Arbeitgeber den Arbeitslohn an einen Erben oder einen Hinterbliebenen aus, so ist der Lohnsteuerabzug vorbehaltlich des Absatzes 1 Satz 2 nur nach dessen Besteuerungsmerkmalen durchzuführen. ²Die an die übrigen Anspruchsberechtigten weitergegebenen Beträge stellen im Kalenderjahr der Weitergabe negative Einnahmen dar. ³Handelt es sich dabei um Versorgungsbezüge i. S. d. § 19 Abs. 2 EStG, so ist für die Berechnung der negativen Einnahmen zunächst vom Bruttobetrag der an die anderen Anspruchsberechtigten weitergegebenen Beträge auszugehen; dieser Bruttobetrag ist sodann um den Unterschied zwischen den beim Lohnsteuerabzug berücksichtigten Freibeträgen für Versorgungsbezüge und den auf den verbleibenden Anteil des Zahlungsempfängers entfallenden Freibeträgen für Versorgungsbezüge zu kürzen. ⁴Die Auseinandersetzungszahlungen sind bei den Empfängern – ggf. vermindert um die Freibeträge für Versorgungsbezüge (§ 19 Abs. 2 EStG) – als Einkünfte aus nichtselbständiger Arbeit im Rahmen einer Veranlagung zur Einkommensteuer zu erfassen (§ 46 Abs. 2 Nr. 1 EStG).

(3) Für den Steuerabzug durch den Arbeitgeber gilt im Übrigen Folgendes:

1. Beim Arbeitslohn, der noch für die aktive Tätigkeit des verstorbenen Arbeitnehmers gezahlt wird, ist, wie dies bei einer Zahlung an den Arbeitnehmer der Fall gewesen wäre, zwischen laufendem Arbeitslohn, z. B. Lohn für den Sterbemonat oder den Vormonat, und sonstigen Bezügen, z. B. Erfolgsbeteiligung, zu unterscheiden.
2. ¹Der Arbeitslohn für den Sterbemonat stellt, wenn er arbeitsrechtlich für den gesamten Lohnzahlungszeitraum zu zahlen ist, keinen Versorgungsbezug im Sinne des § 19 Abs. 2 EStG dar. ²Besteht dagegen ein Anspruch auf Lohnzahlung nur bis zum Todestag, handelt es sich bei den darüber hinausgehenden Leistungen an die Hinterbliebenen um Versorgungsbezüge. ³Dies gilt entsprechend für den Fall, dass die arbeitsrechtlichen Vereinbarungen für den Sterbemonat lediglich die Zahlung von Hinterbliebenenbezügen vorsehen oder keine vertraglichen Abmachungen über die Arbeitslohnbemessung bei Beendigung des Dienstverhältnisses im Laufe des Lohnzahlungszeitraums bestehen. ⁴Auch in diesen Fällen stellt nur der Teil der Bezüge, der

---

¹) → H 39b.7 (Vorsorgepauschale)

auf die Zeit nach dem Todestag entfällt, einen Versorgungsbezug dar. ⁵In den Fällen des Absatzes 1 Satz 2 sind die Freibeträge für Versorgungsbezüge nicht zu berücksichtigen.

3. ¹Das Sterbegeld ist ein Versorgungsbezug und stellt grundsätzlich einen sonstigen Bezug dar. ²Dies gilt auch für den Fall, dass als Sterbegeld mehrere Monatsgehälter gezahlt werden, weil es sich hierbei dem Grunde nach nur um die ratenweise Zahlung eines Einmalbetrags handelt. ³Die laufende Zahlung von Witwen- oder Hinterbliebenengeldern i. S. d. § 19 Abs. 1 Satz 1 Nr. 2 EStG durch den Arbeitgeber ist demgegenüber regelmäßig als laufender Arbeitslohn (Versorgungsbezug) zu behandeln.

4. ¹Soweit es sich bei den Zahlungen an die Erben oder Hinterbliebenen nicht um Versorgungsbezüge handelt, ist zu prüfen, ob der Altersentlastungsbetrag (§ 24a EStG) zum Ansatz kommt. ²Dabei ist auf das Lebensalter des jeweiligen Zahlungsempfängers abzustellen. ³Absatz 2 ist entsprechend anzuwenden.

5. ¹Soweit Zahlungen an im Ausland wohnhafte Erben oder Hinterbliebene erfolgen, bei denen die Voraussetzungen der §§ 1 Abs. 2 oder 3, 1a EStG nicht vorliegen, ist beim Steuerabzug nach den für Lohnzahlungen an beschränkt einkommensteuerpflichtige Arbeitnehmer geltenden Vorschriften zu verfahren (→ § 39d EStG¹) und R 39d.); Absatz 1 Satz 2 gilt auch in diesen Fällen. ²Dabei ist jedoch zu beachten, dass auf Grund eines Doppelbesteuerungsabkommens das Besteuerungsrecht dem Ansässigkeitsstaat zustehen kann.

Hinweise

Erben als Arbeitnehmer

Durch die Zahlung von dem Erblasser zustehenden Arbeitslohn an die Erben oder Hinterbliebenen werden diese steuerlich zu Arbeitnehmern; der Lohnsteuerabzug ist nach den Lohnsteuerabzugsmerkmalen (ggf. Steuerklasse VI) der Erben oder Hinterbliebenen durchzuführen (§ 1 Abs. 1 Satz 2 LStDV).

Weiterleitung von Arbeitslohn an Miterben

Beispiel:

Nach dem Tod des Arbeitnehmers A ist an die Hinterbliebenen B, C, D und E ein Sterbegeld von 4 000 € zu zahlen. Der Arbeitgeber zahlt den Versorgungsbezug an B im Jahr **2013** aus. Dabei wurde die Lohnsteuer nach den Lohnsteuerabzugsmerkmalen des B unter Berücksichtigung der Freibeträge für Versorgungsbezüge von **1 700 €** (27,2 % von 4 000 € = **1 088 €** zuzüglich **612 €**) erhoben. B gibt im Jahr **2014** je ¼ des Bruttoversorgungsbezugs an C, D und E weiter (insgesamt 3 000 €).

Im Jahr **2013** ergeben sich lohnsteuerpflichtige Versorgungsbezüge:

Versorgungsbezüge	4 000 €
./. Versorgungsfreibetrag	**1 088 €**
./. Zuschlag zum Versorgungsfreibetrag	**612 €**
lohnsteuerpflichtige Versorgungsbezüge	**2 300 €**

Durch die Weitergabe im Jahr **2014** verbleibt B ein Anteil an den Versorgungsbezügen von 1 000 €. Hierauf entfällt ein Versorgungsfreibetrag in Höhe von **272 €** (27,2 % von 1 000 €) zuzüglich eines Zuschlags zum Versorgungsfreibetrag von **612 €**, also steuerpflichtige Versorgungsbezüge von **116 €**. Bei B sind in **2014** negative Einnahmen in Höhe von **2 184 €** (**2 300 €** ./. **116 €**) anzusetzen.

§ 19a Überlassung von Vermögensbeteiligungen an Arbeitnehmer (weggefallen)

---

¹) → § 39d EStG i. d. F. des BeitrRLUmsG.
²) § 19a EStG wurde durch das Gesetz zur steuerlichen Förderung der Mitarbeiterkapitalbeteiligung ab VZ 2009 aufgehoben. § 19a EStG ist in der am 31. 12. 2008 geltenden Fassung weiter anzuwenden, wenn
1. die Vermögensbeteiligung vor dem 1. 4. 2009 überlassen wurde oder
2. auf Grund einer am 31. 3. 2009 bestehenden Vereinbarung ein Anspruch auf die unentgeltliche oder verbilligte Überlassung einer Vermögensbeteiligung besteht sowie die Vermögensbeteiligung vor dem 1. 1. 2016 überlassen wird
und der Arbeitgeber bei demselben Arbeitnehmer im Kalenderjahr nicht § 3 Nr. 39 EStG anzuwenden hat (→ § 25 Abs. 35 EStG).

§ 19a EStG
R 19a H 19a

R 19a   **Steuerbegünstigte Überlassung von Vermögensbeteiligungen**[1])

Soweit § 19a EStG nach der Übergangsregelung in § 52 Abs. 35 EStG weiter anzuwenden ist, gelten die Anweisungen in R 19a LStR 2008 fort.

H 19a   **Hinweise**

§ 19a EStG in der am 31. 12. 2008 geltenden Fassung:

Anhang 14 I

„(1) Erhält ein Arbeitnehmer im Rahmen eines gegenwärtigen Dienstverhältnisses unentgeltlich oder verbilligt Sachbezüge in Form von Vermögensbeteiligungen im Sinne des § 2 Abs. 1 Nr. 1 und Abs. 2 bis 5 des Fünften Vermögensbildungsgesetzes in der Fassung des Gesetzes vom 19. Dezember 2000 (BGBl. I S. 1790), so ist der Vorteil steuerfrei, soweit er nicht höher als der halbe Wert der Vermögensbeteiligung (Absatz 2) ist und insgesamt 135 Euro im Kalenderjahr nicht übersteigt.

Anhang 14 I

(2) ¹Als Wert der Vermögensbeteiligung ist der gemeine Wert anzusetzen. ²Werden einem Arbeitnehmer Vermögensbeteiligungen im Sinne des § 2 Abs. 1 Nr. 1 Buchstabe a, b und f des Fünften Vermögensbildungsgesetzes überlassen, die am Tag der Beschlussfassung über die Überlassung an einer deutschen Börse zum regulierten Markt zugelassen sind, so werden diese mit dem niedrigsten an diesem Tag für sie im regulierten Markt notierten Kurs angesetzt, wenn am Tag der Überlassung nicht mehr als neun Monate seit dem Tag der Beschlussfassung über die Überlassung vergangen sind. ³Liegt am Tag der Beschlussfassung über die Überlassung eine Notierung nicht vor, so werden diese Vermögensbeteiligungen mit dem letzten innerhalb von 30 Tagen vor diesem Tag im regulierten Markt notierten Kurs angesetzt. ⁴Die Sätze 2 und 3 gelten entsprechend für Vermögensbeteiligungen im Sinne des § 2 Abs. 1 Nr. 1 Buchstabe a, b und f des Fünften Vermögensbildungsgesetzes, die im Inland in den Freiverkehr einbezogen sind oder in einem anderen Staat des Europäischen Wirtschaftsraums zum Handel an einem geregelten Markt im Sinne des Artikels 1 Nr. 13 der Richtlinie 93/22/EWG des Rates vom 10. Mai 1993 über Wertpapierdienstleistungen (ABl. EG Nr. L 141 S. 27) zugelassen sind. ⁵Sind am Tag der Überlassung von Vermögensbeteiligungen im Sinne des § 2 Abs. 1 Nr. 1 Buchstabe a, b und f des Fünften Vermögensbildungsgesetzes mehr als neun Monate seit dem Tag der Beschlussfassung über die Überlassung vergangen, so tritt an die Stelle des Tages der Beschlussfassung über die Überlassung im Sinne der Sätze 2 bis 4 der Tag der Überlassung. ⁶Der Wert von Vermögensbeteiligungen im Sinne des § 2 Abs. 1 Nr. 1 Buchstabe c des Fünften Vermögensbildungsgesetzes wird mit dem Ausgabepreis am Tag der Überlassung angesetzt. ⁷Der Wert von Vermögensbeteiligungen im Sinne des § 2 Abs. 1 Nr. 1 Buchstabe g, i, k und l des Fünften Vermögensbildungsgesetzes wird mit dem Nennbetrag angesetzt, wenn nicht besondere Umstände einen höheren oder niedrigeren Wert begründen."

Anwendungsregelung (§ 52 Abs. 35 EStG):

„§ 19a EStG wurde durch das Gesetz zur steuerlichen Förderung der Mitarbeiterkapitalbeteiligung ab VZ 2009 aufgehoben. § 19a EStG ist in der am 31. 12. 2008 geltenden Fassung weiter anzuwenden, wenn

– die Vermögensbeteiligung vor dem 1. 4. 2009 überlassen wurde oder
– auf Grund einer am 31. 3. 2009 bestehenden Vereinbarung ein Anspruch auf die unentgeltliche oder verbilligte Überlassung einer Vermögensbeteiligung vor dem 1. 1. 2016 überlassen wird

und der Arbeitgeber bei demselben Arbeitnehmer im Kalenderjahr nicht § 3 Nr. 39 EStG anzuwenden hat."

Zur Übergangsregelung → auch Tz. 3 des BMF-Schreibens vom 8. 12. 2009 (BStBl I S. 1516)[2])

R 19a LStR 2008[3])

Allgemeines

(1) ¹§ 19a EStG gilt für unbeschränkt und beschränkt einkommensteuerpflichtige Arbeitnehmer, die in einem gegenwärtigen Dienstverhältnis stehen. ²Die Überlassung von Vermögensbeteiligungen an frühere Arbeitnehmer des Arbeitgebers ist nur steuerbegünstigt, soweit die unent-

---
[1]) Zur Übergangsregelung → H 19a (§ 19a in der am 31. 12. 2008 geltenden Fassung) und BMF-Schreiben vom 8. 12. 2009 – IV C 5 – S 2347/09/10002 –, BStBl I S. 1417 (→ H 3.39 „Allgemeine Grundsätze").
[2]) → H 3.39 (Allgemeine Grundsätze).
[3]) → § 52 Abs. 35 EStG.

geltliche oder verbilligte Vermögensbeteiligung im Rahmen einer Abwicklung des früheren Dienstverhältnisses noch als Arbeitslohn für die tatsächliche Arbeitsleistung überlassen wird.

(2) ¹Voraussetzung für die Steuerbegünstigung ist nicht, dass der Arbeitgeber Rechtsinhaber der zu überlassenden Vermögensbeteiligung ist. ²Die Steuerbegünstigung gilt deshalb auch für den geldwerten Vorteil, der bei Überlassung der Vermögensbeteiligung durch einen Dritten entsteht, wenn die Überlassung durch das gegenwärtige Dienstverhältnis veranlasst ist. ³Eine steuerbegünstigte Überlassung von Vermögensbeteiligungen durch Dritte liegt z. B. vor, wenn der Arbeitnehmer die Vermögensbeteiligung unmittelbar erhält
1. von einem Beauftragten des Arbeitgebers, z. B. einem Kreditinstitut, oder
2. von einem Unternehmen, das mit dem Unternehmen des Arbeitgebers in einem Konzern (§ 18 des Aktiengesetzes – AktG) verbunden ist (Ausgabe von Aktien oder anderen Vermögensbeteiligungen durch eine Konzernobergesellschaft an Arbeitnehmer der Konzernuntergesellschaft oder zwischen anderen Konzerngesellschaften), oder
3. von einem fremden Unternehmen, mit dem der Arbeitgeber entsprechende Vereinbarungen getroffen hat.

⁴Dabei kommt es nicht darauf an, ob der Arbeitgeber in die Überlassung eingeschaltet ist oder ob der Arbeitgeber dem Dritten den Preis der Vermögensbeteiligung oder die durch die Überlassung entstehenden Kosten ganz oder teilweise ersetzt.

(3) ¹Die Steuerbegünstigung gilt nur für den geldwerten Vorteil, den der Arbeitnehmer durch die unentgeltliche oder verbilligte Überlassung der Vermögensbeteiligung erhält. ²Deshalb sind Geldleistungen des Arbeitgebers an den Arbeitnehmer zur Begründung oder zum Erwerb der Vermögensbeteiligung oder für den Arbeitnehmer vereinbarte vermögenswirksame Leistungen i. S. d. VermBG, die zur Begründung oder zum Erwerb der Vermögensbeteiligung angelegt werden, nicht steuerbegünstigt. ³Die Übernahme der mit der Überlassung von Vermögensbeteiligungen verbundenen Nebenkosten durch den Arbeitgeber, z. B. Notariatsgebühren, Eintrittsgelder im Zusammenhang mit Geschäftsguthaben bei einer Genossenschaft und Kosten für Registereintragungen, ist kein Arbeitslohn. ⁴Ebenfalls kein Arbeitslohn sind vom Arbeitgeber übernommene Depotgebühren, die durch die Festlegung der Wertpapiere für die Dauer einer vertraglich vereinbarten Sperrfrist entstehen; dies gilt entsprechend bei der kostenlosen Depotführung durch den Arbeitgeber.

Umwandlung von Arbeitslohn

(4) Für die Steuerfreiheit nach § 19a EStG kommt es nicht darauf an, ob die Vermögensbeteiligungen zusätzlich zum ohnehin geschuldeten Arbeitslohn oder auf Grund einer Vereinbarung mit dem Arbeitnehmer über die Herabsetzung des individuell zu besteuernden Arbeitslohns überlassen werden.

Begriff der Vermögensbeteiligungen

(5) ¹Die Vermögensbeteiligungen, deren Überlassung nach § 19a EStG steuerbegünstigt ist, sind in § 19a Abs. 1 EStG i. V. m. § 2 Abs. 1 Nr. 1 und Abs. 2 bis 5 VermBG abschließend aufgezählt. ²Danach können sowohl Vermögensbeteiligungen am Unternehmen des Arbeitgebers (betriebliche Beteiligungen) als auch Vermögensbeteiligungen an anderen Unternehmen (außerbetriebliche Beteiligungen) steuerbegünstigt überlassen werden.

Wert der Vermögensbeteiligung

(6) Der Wert von Vermögensbeteiligungen i. S. d. § 2 Abs. 1 Nr. 1 und Abs. 2 bis 5 VermBG richtet sich auch dann nach § 19a Abs. 2 EStG auch dann, wenn die Steuerbegünstigung des § 19a Abs. 1 EStG nicht in Anspruch genommen wird.

(7) ¹Beschließt ein herrschendes Unternehmen i. S. d. § 18 Abs. 1 AktG die Überlassung von Vermögensbeteiligungen i. S. d. § 2 Abs. 1 Nr. 1 Buchstabe a, b und f i. V. m. Abs. 2 bis 5 VermBG an Arbeitnehmer des Konzerns, gilt dieser Tag als Tag der Beschlussfassung i. S. d. § 19a Abs. 2 Satz 2 EStG; dies gilt auch dann, wenn das abhängige Unternehmen in einem eigenen Beschluss den Überlassungsbeschluss des herrschenden Unternehmens nachvollzieht, ohne die Wertpapiere von diesem zu erwerben. ²Erwirbt das abhängige Unternehmen die Wertpapiere, so ist der Tag seiner Beschlussfassung maßgebend.

(8) Als Tag der Überlassung kann vom Tag der Ausbuchung beim Überlassenden oder dessen Erfüllungsgehilfen ausgegangen werden.

(9) ¹Vermögensbeteiligungen i. S. d. § 2 Abs. 1 Nr. 1 Buchstabe a, b und f, Abs. 2 und 4 VermBG, für die am Beschlusstag und innerhalb von 30 Tagen vor dem Beschlusstag ein Kurs weder im amtlichen Handel noch im geregelten Markt oder im geregelten Freiverkehr ermittelt worden ist, sind mit dem gemeinen Wert am Tag der Überlassung anzusetzen; wird an diesem Tag ein Kurs ermittelt, so ist dieser der gemeine Wert. ²Liegt bei erstmaliger Börseneinführung von Aktien weder am Beschlusstag noch am Überlassungstag ein Börsenkurs vor, so ist der gemeine Wert der neu eingeführten Aktien mit dem für Privatanleger maßgebenden Ausgabekurs anzusetzen,

wenn dieser zeitnah mit dem Beschluss- oder Überlassungstag feststeht. ³Der Wert junger Aktien, die noch nicht an der Börse eingeführt, aber schon voll dividendenberechtigt sind, kann aus Vereinfachungsgründen aus dem Kurs der Altaktien am Beschlusstag abgeleitet werden. ⁴Bei jungen Aktien, die noch nicht an der Börse eingeführt und noch nicht voll dividendenberechtigt sind, kann insgesamt ein Abschlag in Höhe von 10 % des Börsenkurses der Altaktien, höchstens von 30 % vom Nominalwert der Aktie, bei Stückaktien vom auf die Aktie entfallenden anteiligen Wert des Grundkapitals gemacht werden. ⁵Der ermittelte Wert gilt für alle jungen Aktien, die dem Arbeitnehmer innerhalb von 9 Monaten nach dem Beschlusstag überlassen werden. ⁶Nach Ablauf von 9 Monaten ist der Kurs der Altaktien am Tag der Überlassung zugrunde zu legen. ⁷Für die Bewertung innerhalb eines Konzerns ist Absatz 7 Satz 1 und 2 anzuwenden.

Ermittlung des steuerfreien geldwerten Vorteils

(10) Der geldwerte Vorteil ergibt sich aus dem Unterschied zwischen dem Wert der Vermögensbeteiligung (→ Absätze 6 bis 9) und dem Preis, zu dem die Vermögensbeteiligung dem Arbeitnehmer überlassen wird.

(11) ¹Der steuerfreie Höchstbetrag ist auf das Dienstverhältnis bezogen. ²Steht der Arbeitnehmer im Kalenderjahr nacheinander oder nebeneinander in mehreren Dienstverhältnissen, so kann der steuerfreie Höchstbetrag in jedem Dienstverhältnis in Anspruch genommen werden.

Abgrenzung zwischen stiller Beteiligung und partiarischem Darlehen

Für die Abgrenzung einer stillen Beteiligung von einem partiarischen Darlehen kommt es darauf an, ob die Vertragspartner einen gemeinsamen Zweck verfolgen (→ BFH vom 21. 6. 1983 – BStBl II S. 563). Indiz für die Verfolgung eines gemeinsamen Zwecks kann die ausdrückliche Vereinbarung von Kontrollrechten des Arbeitnehmers sein (→ BFH vom 10. 2. 1978 – BStBl II S. 256). Fehlt es an einem gemeinsamen Zweck der Vertragspartner, liegt ein partiarisches Darlehen vor.

Aktienoptionen

→ H 38.2

→ Tz. 1.1.2 des BMF-Schreibens vom 8. 12. 2009 (BStBl I S. 1516)¹⁾

Begriff der Vermögensbeteiligungen

Anhang 14 III

→ BMF-Schreiben vom 9. 8. 2004 (BStBl I S. 717), Abschnitt 4, unter Berücksichtigung der Änderungen durch BMF vom 16. 3. 2009 (BStBl I S. 501), vom 4. 2. 2010 (BStBl I S. 195), vom 2. 12. 2011 (BStBl I S. 1252) **und vom . . . (BStBl I S. . . .).** → Siehe hierzu Hinweise auf Seite 4!

Darlehensforderung

Darlehensforderungen i. S. d. § 2 Abs. 1 Nr. 1 Buchstabe k VermBG können in der Regel dann unter dem Nennwert bewertet werden, wenn die Forderung unverzinslich ist (→ R ***B 12.1*** Abs. 1 Nr. 1 ErbStR); eine Bewertung über dem Nennwert ist im Allgemeinen dann gerechtfertigt, wenn die Forderung hochverzinst und von Seiten des Schuldners (Arbeitgebers) für längere Zeit unkündbar ist (→ R ***B 12.1*** Abs. 1 Nr. 2 ErbStR).

Anhang 28
Anhang 28

Ermittlung des steuerfreien geldwerten Vorteils

Die Steuerfreiheit des geldwerten Vorteils ist der Höhe nach doppelt begrenzt, und zwar auf den halben Wert der Vermögensbeteiligung, höchstens aber auf 135 Euro jährlich (§ 19a Abs. 1 Satz 1 EStG). Daraus folgt, dass der geldwerte Vorteil nur insoweit zum steuerpflichtigen Arbeitslohn gehört, als er die Hälfte des Werts der Vermögensbeteiligung übersteigt. Ist der geldwerte Vorteil höher als 135 Euro im Kalenderjahr, so gehört der 135 Euro übersteigende Teil des geldwerten Vorteils auch dann zum steuerpflichtigen Arbeitslohn, wenn die Hälfte des Werts der Vermögensbeteiligung nicht überschritten ist.

Beispiele zur Ermittlung des steuerfreien geldwerten Vorteils

Eigenleistung des Arbeitnehmers €	Wert der Beteiligung €	steuerfrei €	steuerpflichtig €
0	50	25	25
0	500	135	365
200	400	135	65
50	250	125	75

¹⁾ → H 3.39 (Allgemeine Grundsätze).

Eigenleistung des Arbeitnehmers €	Wert der Beteiligung €	steuerfrei €	steuerpflichtig €
135	270	135	0
150	300	135	15
250	500	135	115
275	550	135	140

Genussschein

Ein Genussschein ist ein Wertpapier, wenn er ein Genussrecht verbrieft und auf Inhaber, Namen oder an Order lautet.

Gewinnschuldverschreibung

Eine Gewinnschuldverschreibung ist ein Wertpapier, das auf Inhaber, Namen oder an Order lautet und in dem die Leistung einer bestimmten Geldsumme – im Regelfall die Einlösung zum Nennwert – versprochen wird.

Junge Aktien

§ 19a Abs. 2 Satz 2 EStG findet auch dann Anwendung, wenn sich der Überlassungsbeschluss auf junge Aktien bezieht, die erst im Rahmen einer bevorstehenden Kapitalerhöhung ausgegeben werden, sofern die „Altaktie" im Zeitpunkt des Überlassungsbeschlusses an der Börse notiert ist. Der Anwendung des § 19a Abs. 2 Satz 2 EStG steht in diesem Fall nicht der Umstand entgegen, dass die jungen Aktien bei ihrer Überlassung an die Arbeitnehmer bereits an der Börse notiert sind (→ BFH vom 4. 4. 2001 – BStBl II S. 677).

Preisnachlass

Überlässt der Arbeitgeber Wertpapiere an seine Arbeitnehmer gegen einen fest und unabänderlich bezifferten Preisnachlass, so bemisst sich der geldwerte Vorteil nach diesem im Überlassungsangebot bezifferten Preisnachlass. § 19a Abs. 2 Satz 2 EStG findet in diesem Fall keine Anwendung (→ BFH vom 4. 4. 2001 – BStBl II S. 813).

Tag der Beschlussfassung

Der Arbeitgeber kann einen Beschluss über die Überlassung von Aktien an seine Arbeitnehmer aufheben und durch einen anderen Überlassungsbeschluss ersetzen. In diesem Fall ist der nach § 19a Abs. 2 Satz 2 EStG zu berechnende Vorteil auf den Tag des (Zweit-) Beschlusses zu berechnen, auf dem die Überlassung der Aktien tatsächlich beruht (→ BFH vom 4. 4. 2001 – BStBl II S. 677).

Überlassung von Vermögensbeteiligungen ab 2009

→ § 3 Nr. 39 EStG, BMF vom 8. 12. 2009 (BStBl I S. 1513)[1])

→ auch § 19a EStG a. F. i. V. m. § 52 Abs. 35 EStG

Wandeldarlehen

→ H 38.2 (Wandelschuldverschreibung)

Wandelschuldverschreibung

→ H 38.2

Wert der Vermögensbeteiligung

- Veräußerungssperren mindern den Wert der Vermögensbeteiligung nicht (→ BFH vom 7. 4. 1989 – BStBl II S. 608 und vom 30. 9. 2008 – BStBl 2009 II S. 282).
- Kann der Wert der unentgeltlich oder verbilligt überlassenen Vermögensbeteiligung auch nicht aus tatsächlichen Anteilsverkäufen abgeleitet werden, ist der Wert unter Beachtung des von der Finanzverwaltung herausgegebenen „Leitfadens zur Bewertung von Anteilen an Kapitalgesellschaften" zu ermitteln[2]).
- Der gemeine Wert nicht börsennotierter Aktien lässt sich nicht i. S. d. § 11 Abs. 2 Satz 2 BewG aus Verkäufen ableiten, wenn nach den Veräußerungen aber noch vor dem Bewertungsstichtag weitere objektive Umstände hinzutreten, die dafür sprechen, dass diese Verkäufe nicht mehr

---

[1]) → H 3.39 (Allgemeine Grundsätze).
[2]) http://www.ofd-muenster.de/die_ofd_ms/Arbeitshilfen__Leitfaeden__Praxishilfen/05_leitfaden_kapital.php

den gemeinen Wert der Aktien repräsentieren, und es an objektiven Maßstäben für Zu- und Abschläge fehlt, um von den festgestellten Verkaufspreisen der Aktien auf deren gemeinen Wert zum Bewertungsstichtag schließen zu können (→ BFH vom 29. 7. 2010 – BStBl 2011 II S. 68).

– → H 3.39 (Bewertung von Unternehmen und Anteilen an Kapitalgesellschaften)

Zuflusszeitpunkt der Vermögensbeteiligung

– Zeitpunkt des Zuflusses ist der Tag der Erfüllung des Anspruchs des Arbeitnehmers auf Verschaffung der wirtschaftlichen Verfügungsmacht über die Vermögensbeteiligung (→ BFH vom 23. 6. 2005 – BStBl II S. 770).

– **Ein solcher Zufluss liegt nicht vor, solange dem Arbeitnehmer eine Verfügung über die Aktien rechtlich unmöglich ist (→ BFH vom 30. 6. 2011 – BStBl II S. 923 zu vinkulierten Namensaktien). Im Gegensatz dazu stehen Sperr- und Haltefristen einem Zufluss nicht entgegen (BFH vom 30. 9. 2008 – BStBl 2009 II S. 282).**

e) Kapitalvermögen (§ 2 Absatz 1 Satz 1 Nummer 5)

§ 20 [Einkünfte aus Kapitalvermögen]

(1) Zu den Einkünften aus Kapitalvermögen gehören

1. Gewinnanteile (Dividenden), Ausbeuten und sonstige Bezüge aus Aktien, Genussrechten, mit denen das Recht am Gewinn und Liquidationserlös einer Kapitalgesellschaft verbunden ist, aus Anteilen an Gesellschaften mit beschränkter Haftung, an Erwerbs- und Wirtschaftsgenossenschaften sowie an bergbautreibenden Vereinigungen, die die Rechte einer juristischen Person haben. ²Zu den sonstigen Bezügen gehören auch verdeckte Gewinnausschüttungen. ³Die Bezüge gehören nicht zu den Einnahmen, soweit sie aus Ausschüttungen einer Körperschaft stammen, für die Beträge aus dem steuerlichen Einlagekonto im Sinne des § 27 des Körperschaftsteuergesetzes als verwendet gelten. ⁴Als sonstige Bezüge gelten auch Einnahmen, die anstelle der Bezüge im Sinne des Satzes 1 von einem anderen als dem Anteilseigner nach Absatz 5 bezogen werden, wenn die Aktien mit Dividendenberechtigung erworben, aber ohne Dividendenanspruch geliefert werden;
2. Bezüge, die nach der Auflösung einer Körperschaft oder Personenvereinigung im Sinne der Nummer 1 anfallen und die nicht in der Rückzahlung von Nennkapital bestehen; Nummer 1 Satz 3 gilt entsprechend. ²Gleiches gilt für Bezüge, die auf Grund einer Kapitalherabsetzung oder nach der Auflösung einer unbeschränkt steuerpflichtigen Körperschaft oder Personenvereinigung im Sinne der Nummer 1 anfallen und die als Gewinnausschüttung im Sinne des § 28 Absatz 2 Satz 2 und 4 des Körperschaftsteuergesetzes gelten;
3. (weggefallen)
4. Einnahmen aus der Beteiligung an einem Handelsgewerbe als stiller Gesellschafter und aus partiarischen Darlehen, es sei denn, dass der Gesellschafter oder Darlehensgeber als Mitunternehmer anzusehen ist. ²Auf Anteile des stillen Gesellschafters am Verlust des Betriebes sind § 15 Absatz 4 Satz 6 bis 8 und § 15a sinngemäß anzuwenden;
5. Zinsen aus Hypotheken und Grundschulden und Renten aus Rentenschulden. ²Bei Tilgungshypotheken und Tilgungsgrundschulden ist nur der Teil der Zahlungen anzusetzen, der als Zins auf den jeweiligen Kapitalrest entfällt;
6. der Unterschiedsbetrag zwischen der Versicherungsleistung und der Summe der auf sie entrichteten Beiträge (Erträge) im Erlebensfall oder bei Rückkauf des Vertrags bei Rentenversicherungen mit Kapitalwahlrecht, soweit nicht die lebenslange Rentenzahlung gewährt und erbracht wird, und bei Kapitalversicherungen mit Sparanteil, wenn der Vertrag nach dem 31. Dezember 2004 abgeschlossen worden ist. ²Wird die Versicherungsleistung nach Vollendung des 60. Lebensjahres des Steuerpflichtigen und nach Ablauf von zwölf Jahren seit dem Vertragsabschluss ausgezahlt, ist die Hälfte des Unterschiedsbetrags anzusetzen. ³Bei entgeltlichem Erwerb des Anspruchs auf die Versicherungsleistung treten die Anschaffungskosten an die Stelle der vor dem Erwerb entrichteten Beiträge. ⁴Die Sätze 1 bis 3 sind auf Erträge aus fondsgebundenen Lebensversicherungen, auf Erträge im Erlebensfall bei Rentenversicherungen ohne Kapitalwahlrecht, soweit keine lebenslange Rentenzahlung vereinbart und erbracht wird, und auf Erträge bei Rückkauf des Vertrages bei Rentenversicherungen ohne Kapitalwahlrecht entsprechend anzuwenden. ⁵Ist in einem Versicherungs-

---

¹) → Anwendungsvorschriften zur Einführung einer Abgeltungsteuer auf Kapitalerträge und Veräußerungsgewinne → § 52a EStG.
²) Absatz 1 Nr. 6 Satz 2 .i.d. F. des RV-Altersgrenzenanpassungsgesetzes ist für Vertragsabschlüsse nach dem 31. 12. 2011 mit der Maßgabe anzuwenden, dass die Versicherungsleistung nach Vollendung des 62. Lebensjahres des Stpfl. ausgezahlt wird → § 52 Abs. 36 Satz 9 EStG.

vertrag eine gesonderte Verwaltung von speziell für diesen Vertrag zusammengestellten Kapitalanlagen vereinbart, die nicht auf öffentlich vertriebene Investmentfondsanteile oder Anlagen, die die Entwicklung eines veröffentlichten Indexes abbilden, beschränkt ist, und kann der wirtschaftlich Berechtigte unmittelbar oder mittelbar über die Veräußerung der Vermögensgegenstände und die Wiederanlage der Erlöse bestimmen (vermögensverwaltender Versicherungsvertrag), sind die dem Versicherungsunternehmen zufließenden Erträge dem wirtschaftlich Berechtigten aus dem Versicherungsvertrag zuzurechnen; Sätze 1 bis 4 sind nicht anzuwenden. ⁶Satz 2 ist nicht anzuwenden, wenn

    a) in einem Kapitallebensversicherungsvertrag mit vereinbarter laufender Beitragszahlung in mindestens gleichbleibender Höhe bis zum Zeitpunkt des Erlebensfalls die vereinbarte Leistung bei Eintritt des versicherten Risikos weniger als 50 Prozent der Summe der für die gesamte Vertragsdauer zu zahlenden Beiträge beträgt und

    b) bei einem Kapitallebensversicherungsvertrag die vereinbarte Leistung bei Eintritt des versicherten Risikos das Deckungskapital oder den Zeitwert der Versicherung spätestens fünf Jahre nach Vertragsabschluss nicht um mindestens 10 Prozent des Deckungskapitals, des Zeitwerts oder der Summe der gezahlten Beiträge übersteigt. ²Dieser Prozentsatz darf bis zum Ende der Vertragslaufzeit in jährlich gleichen Schritten auf Null sinken;

7. Erträge aus sonstigen Kapitalforderungen jeder Art, wenn die Rückzahlung des Kapitalvermögens oder ein Entgelt für die Überlassung des Kapitalvermögens zur Nutzung zugesagt oder geleistet worden ist, auch wenn die Höhe der Rückzahlung oder des Entgelts von einem ungewissen Ereignis abhängt. ²Dies gilt unabhängig von der Bezeichnung und der zivilrechtlichen Ausgestaltung der Kapitalanlage. ³Erstattungszinsen im Sinne des § 233a der Abgabenordnung sind Erträge im Sinne des Satzes 1;

8. Diskontbeträge von Wechseln und Anweisungen einschließlich der Schatzwechsel;

9. Einnahmen aus Leistungen einer nicht von der Körperschaftsteuer befreiten Körperschaft, Personenvereinigung oder Vermögensmasse im Sinne des § 1 Absatz 1 Nummer 3 bis 5 des Körperschaftsteuergesetzes, die Gewinnausschüttungen im Sinne der Nummer 1 wirtschaftlich vergleichbar sind, soweit sie nicht bereits zu den Einnahmen im Sinne der Nummer 1 gehören; Nummer 1 Satz 2, 3 und Nummer 2 gelten entsprechend. ²Satz 1 ist auf Leistungen von vergleichbaren Körperschaften, Personenvereinigungen oder Vermögensmassen, die weder Sitz noch Geschäftsleitung im Inland haben, entsprechend anzuwenden;

10. a) Leistungen eines nicht von der Körperschaftsteuer befreiten Betriebs gewerblicher Art im Sinne des § 4 des Körperschaftsteuergesetzes mit eigener Rechtspersönlichkeit, die zu mit Gewinnausschüttungen im Sinne der Nummer 1 Satz 1 wirtschaftlich vergleichbaren Einnahmen führen; Nummer 1 Satz 2, 3 und Nummer 2 gelten entsprechend;

    b) der nicht den Rücklagen zugeführte Gewinn und verdeckte Gewinnausschüttungen eines nicht von der Körperschaftsteuer befreiten Betriebs gewerblicher Art im Sinne des § 4 des Körperschaftsteuergesetzes ohne eigene Rechtspersönlichkeit, der den Gewinn durch Betriebsvermögensvergleich ermittelt oder Umsätze einschließlich der steuerfreien Umsätze, ausgenommen die Umsätze nach § 4 Nummer 8 bis 10 des Umsatzsteuergesetzes, von mehr als 350 000 Euro im Kalenderjahr oder einen Gewinn von mehr als 30 000 Euro im Wirtschaftsjahr hat, sowie der Gewinn im Sinne des § 22 Absatz 4 des Umwandlungssteuergesetzes. ²Die Auflösung der Rücklagen zu Zwecken außerhalb des Betriebs gewerblicher Art führt zu einem Gewinn im Sinne des Satzes 1; in Fällen der Einbringung nach dem Sechsten und des Formwechsels nach dem Achten Teil des Umwandlungssteuergesetzes gelten die Rücklagen als aufgelöst. ³Bei dem Geschäft der Veranstaltung von Werbesendungen der inländischen öffentlich- rechtlichen Rundfunkanstalten gelten drei Viertel des Einkommens im Sinne des § 8 Absatz 1 Satz 3 des Körperschaftsteuergesetzes als Gewinn im Sinne des Satzes 1. ⁴Die Sätze 1 und 2 sind bei wirtschaftlichen Geschäftsbetrieben der von der Körperschaftsteuer befreiten Körperschaften, Personenvereinigungen oder Vermögensmassen entsprechend anzuwenden. ⁵Nummer 1 Satz 3 gilt entsprechend;

11. Stillhalterprämien, die für die Einräumung von Optionen vereinnahmt werden; schließt der Stillhalter ein Glattstellungsgeschäft ab, mindern sich die Einnahmen aus den Stillhalterprämien um die im Glattstellungsgeschäft gezahlten Prämien.

(2) ¹Zu den Einkünften aus Kapitalvermögen gehören auch

---

1) Absatz 1 Nr. 7 Satz 3 i. d. F. des JStG 2010 ist in allen Fällen anzuwenden, in denen die Steuer noch nicht bestandskräftig festgesetzt ist → § 52a Abs. 8 Satz 2 EStG.
2) Absatz 1 Nr. 9 Satz 2 i. d. F. des JStG 2010 ist erstmals für den VZ 2009 anzuwenden, soweit in den Einnahmen aus Leistungen zuzurechnende wiederkehrende Bezüge i. S. d. § 22 Nr. 1 Satz 2 Buchstabe a und b EStG enthalten sind → § 52 Abs. 37 Satz 2 EStG. Im Übrigen ist Absatz 1 Nr. 9 i. d. F. des JStG 2010 erstmals für den VZ 2011 anzuwenden → § 52 Abs. 37 Satz 1 EStG.
3) Zur zeitlichen Anwendung von Absatz 1 Nr. 10 → § 52 Abs. 37a EStG.
4) Zur zeitlichen Anwendung von Absatz 2 → § 52a Abs. 10 EStG.

1. der Gewinn aus der Veräußerung von Anteilen an einer Körperschaft im Sinne des Absatzes 1 Nummer 1. ²Anteile an einer Körperschaft sind auch Genussrechte im Sinne des Absatzes 1 Nummer 1, den Anteilen im Sinne des Absatzes 1 Nummer 1 ähnliche Beteiligungen und Anwartschaften auf Anteile im Sinne des Absatzes 1 Nummer 1;
2. der Gewinn aus der Veräußerung
   a) von Dividendenscheinen und sonstigen Ansprüchen durch den Inhaber des Stammrechts, wenn die dazugehörigen Aktien oder sonstigen Anteile nicht mitveräußert werden. ²Diese Besteuerung tritt an die Stelle der Besteuerung nach Absatz 1;
   b) von Zinsscheinen und Zinsforderungen durch den Inhaber oder ehemaligen Inhaber der Schuldverschreibung, wenn die dazugehörigen Schuldverschreibungen nicht mitveräußert werden. ²Entsprechendes gilt für die Einlösung von Zinsscheinen und Zinsforderungen durch den ehemaligen Inhaber der Schuldverschreibung.

   ²Satz 1 gilt sinngemäß für die Einnahmen aus der Abtretung von Dividenden- oder Zinsansprüchen oder sonstigen Ansprüchen im Sinne des Satzes 1, wenn die dazugehörigen Anteilsrechte oder Schuldverschreibungen nicht in einzelnen Wertpapieren verbrieft sind. ³Satz 2 gilt auch bei der Abtretung von Zinsansprüchen aus Schuldbuchforderungen, die in ein öffentliches Schuldbuch eingetragen sind;
3. der Gewinn
   a) bei Termingeschäften, durch die der Steuerpflichtige einen Differenzausgleich oder einen durch den Wert einer veränderlichen Bezugsgröße bestimmten Geldbetrag oder Vorteil erlangt;
   b) aus der Veräußerung eines als Termingeschäft ausgestalteten Finanzinstruments;
4. der Gewinn aus der Veräußerung von Wirtschaftsgütern, die Erträge im Sinne des Absatzes 1 Nummer 4 erzielen;
5. der Gewinn aus der Übertragung von Rechten im Sinne des Absatzes 1 Nummer 5;
6. der Gewinn aus der Veräußerung von Ansprüchen auf eine Versicherungsleistung im Sinne des Absatzes 1 Nummer 6. ²Das Versicherungsunternehmen hat nach Kenntniserlangung von einer Veräußerung unverzüglich Mitteilung an das für den Steuerpflichtigen zuständige Finanzamt zu machen und auf Verlangen dem Steuerpflichtigen eine Bescheinigung über die Höhe der entrichteten Beiträge im Zeitpunkt der Veräußerung zu erteilen;
7. der Gewinn aus der Veräußerung von sonstigen Kapitalforderungen jeder Art im Sinne des Absatzes 1 Nummer 7;
8. der Gewinn aus der Übertragung oder Aufgabe einer die Einnahmen im Sinne des Absatzes 1 Nummer 9 vermittelnden Rechtsposition.

²Als Veräußerung im Sinne des Satzes 1 gilt auch die Einlösung, Rückzahlung, Abtretung oder verdeckte Einlage in eine Kapitalgesellschaft; in den Fällen von Satz 1 Nummer 4 gilt auch die Vereinnahmung eines Auseinandersetzungsguthabens als Veräußerung. ³Die Anschaffung oder Veräußerung einer unmittelbaren oder mittelbaren Beteiligung an einer Personengesellschaft gilt als Anschaffung oder Veräußerung der anteiligen Wirtschaftsgüter.

(3) Zu den Einkünften aus Kapitalvermögen gehören auch besondere Entgelte oder Vorteile, die neben den in den Absätzen 1 und 2 bezeichneten Einnahmen oder an deren Stelle gewährt werden.

¹⁾ (3a) ¹Korrekturen im Sinne des § 43a Absatz 3 Satz 7 sind erst zu dem dort genannten Zeitpunkt zu berücksichtigen. ²Weist der Steuerpflichtige durch eine Bescheinigung der auszahlenden Stelle nach, dass sie die Korrektur nicht vorgenommen hat und auch nicht vornehmen wird, kann der Steuerpflichtige die Korrektur nach § 32d Absatz 4 und 6 geltend machen.

(4) ¹Gewinn im Sinne des Absatzes 2 ist der Unterschied zwischen den Einnahmen aus der Veräußerung nach Abzug der Aufwendungen, die im unmittelbaren sachlichen Zusammenhang mit dem Veräußerungsgeschäft stehen, und den Anschaffungskosten; bei nicht in Euro getätigten Geschäften sind die Einnahmen im Zeitpunkt der Veräußerung und die Anschaffungskosten im Zeitpunkt der Anschaffung in Euro umzurechnen. ²In den Fällen der verdeckten Einlage tritt an die Stelle der Einnahmen aus der Veräußerung der Wirtschaftsgüter ihr gemeiner Wert; der Gewinn ist für das Kalenderjahr der verdeckten Einlage anzusetzen. ³Ist ein Wirtschaftsgut im Sinne des Absatzes 2 in das Privatvermögen durch Entnahme oder Betriebsaufgabe überführt worden, tritt an die Stelle der Anschaffungskosten der nach § 6 Absatz 1 Nummer 4 oder § 16 Absatz 3 angesetzte Wert. ⁴In den Fällen des Absatzes 2 Satz 1 Nummer 6 gelten die entrichteten Beiträge im Sinne des Absatzes 1 Nummer 6 Satz 1 als Anschaffungskosten; ist ein entgeltlicher Erwerb vorausgegangen, gelten auch die nach dem Erwerb entrichteten Beiträge als Anschaffungskosten. ⁵Gewinn bei einem Termingeschäft ist der Differenzausgleich oder der durch den Wert einer veränderlichen Bezugsgröße bestimmte Geldbetrag oder Vorteil abzüglich der Auf-

---

¹⁾ Absatz 3a i. d. F. des JStG 2010 ist erstmals auf nach dem 31. 12. 2008 zufließende Kapitalerträge anzuwenden → § 52a Abs. 10 Satz 10 EStG.

wendungen, die im unmittelbaren sachlichen Zusammenhang mit dem Termingeschäft stehen. ⁶Bei unentgeltlichem Erwerb sind dem Einzelrechtsnachfolger für Zwecke dieser Vorschrift die Anschaffung, die Überführung des Wirtschaftsguts in das Privatvermögen, der Erwerb eines Rechts aus Termingeschäften oder die Beiträge im Sinne des Absatzes 1 Nummer 6 Satz 1 durch den Rechtsvorgänger zuzurechnen. ⁷Bei vertretbaren Wertpapieren, die einem Verwahrer zur Sammelverwahrung im Sinne des § 5 des Depotgesetzes in der Fassung der Bekanntmachung vom 11. Januar 1995 (BGBl. I S. 34), das zuletzt durch Artikel 4 des Gesetzes vom 5. April 2004 (BGBl. I S. 502) geändert worden ist, in der jeweils geltenden Fassung anvertraut worden sind, ist zu unterstellen, dass die zuerst angeschafften Wertpapiere zuerst veräußert wurden.

(4a) ¹Werden Anteile an einer Körperschaft, Vermögensmasse oder Personenvereinigung gegen Anteile an einer anderen Körperschaft, Vermögensmasse oder Personenvereinigung getauscht und wird der Tausch auf Grund gesellschaftsrechtlicher Maßnahmen vollzogen, die von den beteiligten Unternehmen ausgehen, treten abweichend von Absatz 2 Satz 1 und den §§ 13 und 21 des Umwandlungssteuergesetzes die übernommenen Anteile steuerlich an die Stelle der bisherigen Anteile, wenn das Recht der Bundesrepublik Deutschland hinsichtlich der Besteuerung des Gewinns aus der Veräußerung der erhaltenen Anteile nicht ausgeschlossen oder beschränkt ist oder die Mitgliedstaaten der Europäischen Union bei einer Verschmelzung Artikel 8 der Richtlinie 90/434/EWG anzuwenden haben; in diesem Fall ist der Gewinn aus einer späteren Veräußerung der erworbenen Anteile ungeachtet der Bestimmungen eines Abkommens zur Vermeidung der Doppelbesteuerung in der gleichen Art und Weise zu besteuern, wie die Veräußerung der Anteile an der übertragenden Körperschaft zu besteuern wäre, und § 15 Absatz 1a Satz 2 entsprechend anzuwenden. ²Erhält der Steuerpflichtige in den Fällen des Satzes 1 zusätzlich zu den Anteilen eine Gegenleistung, gilt diese als Ertrag im Sinne des Absatzes 1 Nummer 1. ³Besitzt bei sonstigen Kapitalforderungen im Sinne des Absatzes 1 Nummer 7 der Inhaber das Recht, bei Fälligkeit anstelle der Zahlung eines Geldbetrags vom Emittenten die Lieferung von Wertpapieren zu verlangen oder besitzt der Emittent das Recht, bei Fälligkeit dem Inhaber anstelle der Zahlung eines Geldbetrags Wertpapiere anzudienen und macht der Inhaber der Forderung oder der Emittent von diesem Recht Gebrauch, ist abweichend von Absatz 4 Satz 1 das Entgelt für den Erwerb der Forderung als Veräußerungspreis der Forderung und als Anschaffungskosten der erhaltenen Wertpapiere anzusetzen; Satz 2 gilt entsprechend. ⁴Werden Bezugsrechte veräußert oder ausgeübt, die nach § 186 des Aktiengesetzes, § 55 des Gesetzes betreffend die Gesellschaften mit beschränkter Haftung oder eines vergleichbaren ausländischen Rechts einen Anspruch auf Abschluss eines Zeichnungsvertrags begründen, wird der Teil der Anschaffungskosten der Altanteile, der auf das Bezugsrecht entfällt, bei der Ermittlung des Gewinns nach Absatz 4 Satz 1 mit 0 Euro angesetzt. ⁵Werden einem Steuerpflichtigen Anteile im Sinne des Absatzes 2 Satz 1 Nummer 1 zugeteilt, ohne dass dieser eine gesonderte Gegenleistung zu entrichten hat, werden der Ertrag und die Anschaffungskosten dieser Anteile mit 0 Euro angesetzt, wenn die Voraussetzungen der Sätze 3 und 4 nicht vorliegen und die Ermittlung der Höhe des Kapitalertrags nicht möglich ist. ⁶Soweit es auf die steuerliche Wirksamkeit einer Kapitalmaßnahme im Sinne der vorstehenden Sätze 1 bis 5 ankommt, ist auf den Zeitpunkt der Einbuchung in das Depot des Steuerpflichtigen abzustellen.

(5) ¹Einkünfte aus Kapitalvermögen im Sinne des Absatzes 1 Nummer 1 und 2 erzielt der Anteilseigner. ²Anteilseigner ist derjenige, dem nach § 39 der Abgabenordnung die Anteile an dem Kapitalvermögen im Sinne des Absatzes 1 Nummer 1 im Zeitpunkt des Gewinnverteilungsbeschlusses zuzurechnen sind. ³Sind einem Nießbraucher oder Pfandgläubiger die Einnahmen im Sinne des Absatzes 1 Nummer 1 oder 2 zuzurechnen, gilt er als Anteilseigner.

(6) ¹Verbleibende positive Einkünfte aus Kapitalvermögen sind nach der Verrechnung im Sinne des § 43a Absatz 3 zunächst mit Verlusten aus privaten Veräußerungsgeschäften nach Maßgabe des § 23 Absatz 3 Satz 9 und 10 zu verrechnen. ²Verluste aus Kapitalvermögen dürfen nicht mit Einkünften aus anderen Einkunftsarten ausgeglichen werden; sie dürfen auch nicht nach § 10d abgezogen werden. ³Die Verluste mindern jedoch die Einkünfte, die der Steuerpflichtige in den folgenden Veranlagungszeiträumen aus Kapitalvermögen erzielt. ⁴§ 10d Absatz 4 ist sinngemäß anzuwenden. ⁵Verluste aus Kapitalvermögen im Sinne des Absatzes 2 Satz 1 Nummer 1 Satz 1, die aus der Veräußerung von Aktien entstehen, dürfen nur mit Gewinnen aus Kapitalvermögen im Sinne des Absatzes 2 Satz 1 Nummer 1 Satz 1, die aus der Veräußerung von Aktien entstehen, ausgeglichen werden; die Sätze 3 und 4 gelten sinngemäß. ⁶Verluste aus Kapitalvermögen, die der Kapitalertragsteuer unterliegen, dürfen nur verrechnet werden oder mindern die Einkünfte, die der Steuerpflichtige in den folgenden Veranlagungszeiträu-

---

1) Die Vorschrift soll durch das Jahressteuergesetz 2013 (JStG 2013) geändert werden. Bei Redaktionsschluss war das Gesetzgebungsverfahren noch nicht abgeschlossen. Um Beachtung wird gebeten.
→ Siehe hierzu Hinweise auf Seite 4!
2) Absatz 4a Satz 3 i. d. F. des JStG 2010 ist erstmals für Wertpapiere anzuwenden, die nach dem 31. 12. 2009 geliefert wurden, sofern für die Lieferung § 20 Abs. 4 EStG anzuwenden ist → § 52a Abs. 10 Satz 11 EStG.

men aus Kapitalvermögen erzielt, wenn eine Bescheinigung im Sinne des § 43a Absatz 3 Satz 4 vorliegt.

(7) ¹§ 15b ist sinngemäß anzuwenden. ²Ein vorgefertigtes Konzept im Sinne des § 15b Absatz 2 Satz 2 liegt auch vor, wenn die positiven Einkünfte nicht der tariflichen Einkommensteuer unterliegen.

(8) ¹Soweit Einkünfte der in den Absätzen 1, 2 und 3 bezeichneten Art zu den Einkünften aus Land- und Forstwirtschaft, aus Gewerbebetrieb, aus selbständiger Arbeit oder aus Vermietung und Verpachtung gehören, sind sie diesen Einkünften zuzurechnen. ²Absatz 4a findet insoweit keine Anwendung.

S 2216
S 2210

(9) ¹Bei der Ermittlung der Einkünfte aus Kapitalvermögen ist als Werbungskosten ein Betrag von 801 Euro abzuziehen (Sparer-Pauschbetrag); der Abzug der tatsächlichen Werbungskosten ist ausgeschlossen. ²Ehegatten, die zusammen veranlagt werden, wird ein gemeinsamer Sparer-Pauschbetrag von 1 602 Euro gewährt. ³Der gemeinsame Sparer-Pauschbetrag ist bei der Einkunftsermittlung bei jedem Ehegatten je zur Hälfte abzuziehen; sind die Kapitalerträge eines Ehegatten niedriger als 801 Euro, so ist der anteilige Sparer- Pauschbetrag insoweit, als er die Kapitalerträge dieses Ehegatten übersteigt, bei dem anderen Ehegatten abzuziehen. ⁴Der Sparer-Pauschbetrag und der gemeinsame Sparer-Pauschbetrag dürfen nicht höher sein als die nach Maßgabe des Absatzes 6 verrechneten Kapitalerträge.

H 20

Hinweise

Altersversorgung

Anhang 2 IV

→ BMF-Schreiben vom 31. 3. 2010 (BStBl I S. 270); Rz. 116 und 131 ff. zur privaten Altersvorsorge und Rz. 333 zur betrieblichen Altersversorgung

Freistellungsauftrag

→ § 44a EStG und H 44a

Versicherungserträge

Besteuerung von Versicherungserträgen im Sinne des § 20 Absatz 1 Nummer 6 EStG

(BMF-Schreiben vom 1. 10. 2009 – IV C 1 – S 2252/07/0001 –, BStBl I S. 1172, unter Berücksichtigung der Änderungen durch das BMF-Schreiben vom 6. 3. 2012 – IV C 3 – S 2220/11/10002 / IV C 1 – S 2252/07/0001 :005 –, BStBl I S. 238¹))

Einkommensteuer

Im Einvernehmen mit den obersten Finanzbehörden der Länder wird das BMF-Schreiben vom 22. Dezember 2005 (BStBl I 2006 S. 92)²) wie folgt gefasst (Änderungen gegenüber dem bisherigen Text sind durch Fettdruck gekennzeichnet):

Übersicht		Rz.
I.	Versicherung im Sinne des § 20 Absatz 1 Nummer 6 EStG	1–7
II.	Allgemeine Begriffsbestimmungen	8–18
	1. Versicherungsnehmer	8
	2. Bezugsberechtigter	9–11
	3. Versicherte Person	12–12a
	4. Überschussbeteiligung	13–18
III.	Rentenversicherung mit Kapitalwahlrecht, soweit nicht die Rentenzahlung gewählt wird	19–22
IV.	Kapitalversicherung mit Sparanteil	23–30
	1. Kapitalversicherung auf den Todes- und Erlebensfall (klassische Kapital-Lebensversicherung)	24–26
	2. Unfallversicherung mit garantierter Beitragsrückzahlung	27
	3. Kapitalversicherung auf den Todes- und Erlebensfall von zwei oder mehreren Personen (Kapitalversicherung auf verbundene Leben)	28

---

¹) → Anhang 2 IX.
²) Abgedruckt in der Lohnsteuer Handausgabe 2009.

	4.	Kapitalversicherung mit festem Auszahlungszeitpunkt (Termfixversicherung)	29
	5.	Kapitalversicherung mit lebenslangem Todesfallschutz	30
V.		**Sonderformen**	**31–35**
	1.	Fondsgebundene Kapital-Lebensversicherung und fondsgebundene Rentenversicherung	31–34
	2.	Vermögensverwaltender Versicherungsvertrag	34a–34 m
	3.	Direktversicherung, Pensionskasse, Pensionsfonds	35
VI.		**Absicherung weiterer Risiken**	**36–39**
VII.		**Erlebensfall oder Rückkauf**	**40–49**
	1.	Erlebensfall	41–47
	2.	Rückkauf	48–49
VIII.		**Steuerpflichtiger**	**50–53**
IX.		**Berechnung des Unterschiedsbetrags**	**54–64b**
	1.	Versicherungsleistung	55
	2.	Summe der entrichteten Beiträge	56–59
	3.	Negativer Unterschiedsbetrag (Verlust)	60
	4.	Teilleistungen	61–64
	5.	Entgeltlicher Erwerb	64a–64b
X.		**Hälftiger Unterschiedsbetrag**	**65–78o**
	1.	Beginn der Mindestvertragsdauer	66
	2.	Neubeginn aufgrund von Vertragsänderungen	67–73e
		a) Bei Vertragsabschluss vereinbarte künftige Vertragsänderungen	68
		b) Nachträglich vereinbarte Vertragsänderungen	69–71
		c) Zahlungsschwierigkeiten	72–73
		d) Fortsetzung einer während der Elternzeit beitragsfrei gestellten Lebensversicherung	73a
		e) Umwandlung einer Kapital-Lebensversicherung in eine nach § 851c ZPO unter Pfändungsschutz stehende Rentenversicherung	73b–73e
	3.	Policendarlehen	74
	4.	Teilleistungen teilweise vor dem 60. Lebensjahr und teilweise danach	75–76
	5.	Hälftiger Unterschiedsbetrag bei Kapitalversicherungen auf verbundene Leben	77–78
	6.	Mindesttodesfallschutz	78a–78o
		a) § 20 Absatz 1 Nummer 6 Satz 6 Buchstabe a EStG („50 %-Regel")	78b–78i
		b) § 20 Absatz 1 Nummer 6 Satz 6 Buchstabe b EStG („10 %-Regel")	78j–78n
		c) Verhältnis zwischen den Regelungen zum Mindesttodesfallschutz	78o
XI.		**Werbungskosten**	**79–81a**
XIa.		**Entgeltliche Veräußerung**	**81b**
XII.		**Nachweis der Besteuerungsgrundlagen**	**82–83**
	1.	Inländische Versicherungen	82
	2.	Ausländische Versicherungen	83
XIII.		**Kapitalertragsteuer**	**84–87**
XIIIa.		**Mitteilungspflicht für inländische Versicherungsvermittler**	**87a–87c**
XIV.		**Anwendungsregelungen**	**88–97**
	1.	Zeitliche Abgrenzung von Altverträgen zu Neuverträgen	88–89
	2.	Weitergeltung von BMF-Schreiben	90
	3.	Vorratsverträge	91
	4.	Vertragsänderungen bei Altverträgen	92–94
	5.	Vertragsschluss im Namen eines minderjährigen Kindes	95–97

§ 20 EStG
H 20

I. Versicherung im Sinne des § 20 Absatz 1 Nummer 6 EStG

1 Der Besteuerung nach § 20 Absatz 1 Nummer 6 EStG unterliegen die Erträge aus folgenden Versicherungen auf den Erlebens- oder Todesfall (kapitalbildende Lebensversicherungen): Rentenversicherungen mit Kapitalwahlrecht, soweit nicht die Rentenzahlung gewählt wird, und Kapitalversicherungen mit Sparanteil. Erträge aus Unfallversicherungen mit garantierter Beitragsrückzahlung unterliegen ebenfalls der Besteuerung nach § 20 Absatz 1 Nummer 6 EStG.

2 Eine Versicherung im Sinne des § 20 Absatz 1 Nummer 6 EStG unterscheidet sich von einer Vermögensanlage ohne Versicherungscharakter dadurch, dass ein wirtschaftliches Risiko abgedeckt wird, das aus der Unsicherheit und Unberechenbarkeit des menschlichen Lebens für den Lebensplan des Menschen erwächst (biometrisches Risiko). Die durch die Lebensversicherung typischerweise abgedeckten Gefahren sind der Tod (Todesfallrisiko) oder die ungewisse Lebensdauer (Erlebensfallrisiko, Langlebigkeitsrisiko). Bei der Unfallversicherung mit garantierter Beitragsrückzahlung stellen das Unfallrisiko oder das Risiko der Beitragsrückzahlung im Todesfall die mit der Versicherung untrennbar verbundenen charakteristischen Hauptrisiken dar.

3 Es liegt kein Versicherungsvertrag im Sinne des § 20 Absatz 1 Nummer 6 EStG vor, wenn der Vertrag keine nennenswerte Risikotragung enthält. Davon ist insbesondere dann auszugehen, wenn bei Risikoeintritt nur eine Leistung der angesammelten und verzinsten Sparanteile zuzüglich einer Überschussbeteiligung vereinbart ist. In der Regel ist vom Vorliegen eines Versicherungsvertrages im Sinne des § 20 Absatz 1 Nummer 6 EStG auszugehen, wenn es sich um eine Lebensversicherung oder Unfallversicherung mit garantierter Beitragsrückzahlung im Sinne des Versicherungsaufsichtsrechts handelt. Die Regelungen zum Mindesttodesfallschutz (vgl. Rz. 23 ff. des BMF Schreibens vom 22. August 2002 – IV C 4 – S 2221–211/02 –, BStBl I S. 827)[1]) sind für nach dem 31. Dezember 2004 abgeschlossene Versicherungsverträge nicht anzuwenden; für nach dem 31. März 2009 abgeschlossene Kapital-Lebensversicherungsverträge gelten neue Regelungen zum Mindesttodesfallschutz (vgl. Rz. 78a ff.).

3a Eine Rentenversicherung liegt nur dann vor, wenn bereits am Beginn der Vertragslaufzeit ein Langlebigkeitsrisiko vom Versicherungsunternehmen übernommen wird. Dies bedeutet, dass bereits bei Vertragsabschluss die Höhe der garantierten Leibrente in Form eines konkreten Geldbetrages festgelegt wird oder ein konkret bezifferter Faktor garantiert wird, mit dem die Höhe der garantierten Leibrente durch Multiplikation mit dem am Ende der Anspar- bzw. Aufschubphase vorhandenen Fondsvermögen bzw. Deckungskapital errechnet wird (Rentenfaktor). Für einzelne Vermögensteile (z. B. durch die Kapitalanlage sichergestelltes Mindestvermögen, eventuelle über die gezahlten Beiträge erheblich hinausgehende Wertsteigerungen) können auch unterschiedliche Rentenfaktoren garantiert werden. Bei Beitragserhöhungen muss der konkrete Geldbetrag oder der Rentenfaktor spätestens im Erhöhungszeitpunkt garantiert werden. Eine vereinbarte Anpassung des Beitrags oder der Leistung gemäß § 163 VVG ist unschädlich.

3b Für vor dem 1. Juli 2010 abgeschlossene Rentenversicherungen ist es ausreichend, dass das Versicherungsunternehmen bei Vertragsabschluss bzw. im Erhöhungszeitpunkt hinreichend konkrete Grundlagen für die Berechnung der Rentenhöhe oder des Rentenfaktors zugesagt hat. Dieses Erfordernis ist auch erfüllt, wenn die bei Vertragsbeginn für die Rentenberechnung unterstellten Rechnungsgrundlagen mit Zustimmung eines unabhängigen Treuhänders, der die Voraussetzungen und die Angemessenheit prüft, geändert werden können.

Insbesondere bei den nachfolgenden Vertragsgestaltungen ist von einer hinreichenden Konkretisierung der Berechnungsgrundlagen auszugehen:

Beispiel 1:
Es gelten die am Ende der Aufschubphase gültigen Rententarife. Der maßgebende Rentenfaktor muss dabei aber mindestens 75 % des Wertes des Rentenfaktors betragen, der sich mit den bei Vertragsabschluss verwendeten Rechnungsgrundlagen ergeben würde.

Beispiel 2:
Die auszuzahlende Rente wird zu Beginn der Rentenzahlung für die gesamte Rentenbezugszeit festgelegt. Bei der Rentenberechnung werden mindestens 50 % der Sterblichkeiten der Sterbetafel DAV 2004 R und der dann aufsichtsrechtlich festgelegte Höchstrechnungszins zur Deckungsrückstellungsberechnung angesetzt.

Ein Vertrag, der keine hinreichend konkreten Berechnungsgrundlagen enthält, sondern lediglich eine Verrentung am Ende der Anspar- bzw. Aufschubphase zu den dann gültigen Bedingungen vorsieht, ist steuerrechtlich keine Rentenversicherung, sondern ein nach den allgemeinen Vorschriften zu besteuernder Sparvorgang mit einer steuerlich unbeachtlichen Verrentungsoption. Wird bei einem derartigen Vertrag während der Anspar- bzw. Aufschubphase ein Todesfallrisiko übernommen, ist von einer Kapitalversicherung und von einem Zufluss der Erträge am Ende der Anspar- bzw. Aufschubphase auszugehen (vgl. Rz. 26). Sofern vor dem 1. Juli

---

[1]) Abgedruckt in H 10 (Vertragsänderungen bei Lebensversicherungen).

2010 ein konkreter Geldbetrag oder Rentenfaktor nachträglich zugesagt wird, ist der Vertrag als Rentenversicherung zu betrachten und es ist keine steuerlich relevante Vertragsänderung anzunehmen. Bei Verträgen, bei denen vor diesem Datum die Rentenzahlung beginnt, und bei vor dem 1. Januar 2005 abgeschlossenen Rentenversicherungsverträgen ist eine nachträgliche Zusage nicht erforderlich.

Bei ab dem 1. Juli 2010 abgeschlossenen Versicherungsverträgen ist nicht von einer steuerlich anzuerkennenden Rentenversicherung auszugehen, wenn der vereinbarte Rentenzahlungsbeginn dergestalt aufgeschoben ist, dass die mittlere Lebenserwartung der versicherten Person unwesentlich unterschritten oder sogar überschritten wird. Nicht zu beanstanden ist es, wenn der Zeitraum zwischen dem vereinbarten spätesten Rentenbeginn und der mittleren Lebenserwartung mehr als 10 % der bei Vertragsabschluss verbliebenen Lebenserwartung beträgt. Maßgebend ist die dem Vertrag zu Grunde gelegte Sterbetafel. 3c

Beispiel:
Die versicherte Person ist bei Vertragsabschluss 30 Jahre alt und hat eine mittlere Lebenserwartung von 82 Jahren. Die verbleibende Lebenserwartung beträgt 52 Jahre, davon 10 % sind 5,2 Jahre. Ein vereinbarter Rentenbeginn mit 77 Jahren wäre nicht zu beanstanden.

Keine Versicherungsverträge im Sinne des § 20 Absatz 1 Nummer 6 EStG sind Kapitalisierungsgeschäfte. Als Kapitalisierungsgeschäfte gelten Geschäfte, bei denen unter Anwendung eines mathematischen Verfahrens die im Voraus festgesetzten einmaligen oder wiederkehrenden Prämien und die übernommenen Verpflichtungen nach Dauer und Höhe festgelegt sind (vgl. § 1 Absatz 4 Satz 2 des Versicherungsaufsichtsgesetzes [VAG]). 4

Bei Kapitalforderungen aus Verträgen mit Versicherungsunternehmen, bei denen es sich nicht um einen Versicherungsvertrag im oben angeführten Sinne handelt, richtet sich die Besteuerung des Kapitalertrags nach § 20 Absatz 1 Nummer 7 EStG. 5

Zu den nach § 20 Absatz 1 Nummer 6 EStG steuerpflichtigen Renten- oder Kapitalversicherungen zählen nur solche, die einen Sparanteil enthalten. Bei solchen Versicherungen setzt sich der Versicherungsbeitrag grundsätzlich zusammen aus dem 6

– **Kostenanteil** (Beitragsteil insbesondere für Verwaltungsaufgaben des Unternehmens, Abschlusskosten, Inkassokosten), dem
– **Risikoanteil** (Beitragsanteil für Leistungen bei Eintritt eines charakteristischen Hauptrisikos: Tod bei Lebensversicherungen, Unfall oder Beitragsrückzahlung im Todesfall bei Unfallversicherungen mit garantierter Beitragsrückzahlung) und dem
– **Sparanteil** (Beitragsanteil, der für die Finanzierung einer Erlebensfall-Leistung verwendet wird).

Eine Leistung aus einer **reinen Risikoversicherung**, also einer Versicherung ohne Sparanteil (z. B. Risikolebensversicherung, Unfallversicherung ohne garantierte Beitragsrückzahlung, Berufsunfähigkeitsversicherung, Erwerbsunfähigkeitsversicherung, Pflegeversicherung), fällt nicht unter § 20 Absatz 1 Nummer 6 EStG. Dies gilt sowohl für Kapitalauszahlungen aus reinen Risikoversicherungen als auch für Rentenzahlungen (z. B. Unfall-Rente, Invaliditätsrente). Bei einer Rentenzahlung kann sich jedoch eine Besteuerung aus anderen Vorschriften (insbesondere § 22 Nummer 1 Satz 1 EStG oder § 22 Nummer 1 Satz 3 Buchstabe a Doppelbuchstabe bb EStG) ergeben. Die Barauszahlung von Überschüssen (vgl. Rz. 13 ff.) sowie die Leistung aufgrund einer verzinslichen Ansammlung der Überschüsse (vgl. Rz. 17) ist bei einer reinen Risikoversicherung keine Einnahme im Sinne des § 20 Absatz 1 Nummer 6 EStG und auch nicht im Sinne des § 20 Absatz 1 Nummer 7 EStG. 7

II. Allgemeine Begriffsbestimmungen

1. Versicherungsnehmer

Der Versicherungsnehmer (vgl. § 1 des Versicherungsvertragsgesetzes [VVG]) ist der Vertragspartner des Versicherers. Er ist Träger aller Rechte des Vertrages, z. B. Recht die Versicherungsleistung zu fordern, den Vertrag zu ändern, zu kündigen, Bezugsberechtigungen zu erteilen, die Ansprüche aus dem Vertrag abzutreten oder zu verpfänden. Er ist gleichzeitig Träger aller Pflichten, z. B. Pflicht zur Beitragszahlung. 8

2. Bezugsberechtigter

Der Bezugsberechtigte (vgl. §§ 166, 167 VVG) ist derjenige, der nach den vertraglichen Vereinbarungen die Versicherungsleistung erhalten soll. In der Regel kann der Versicherungsnehmer ohne Zustimmung des Versicherers einen Dritten als Bezugsberechtigten bestimmen. Das Bezugsrecht kann getrennt für den Erlebensfall und den Rückkauf sowie für den Todesfall festgelegt sein. Es kann widerruflich oder unwiderruflich ausgesprochen sein. 9

10 Bei einem unwiderruflichen Bezugsrecht bedarf jede Änderung des Bezugsrechts der Zustimmung des Bezugsberechtigten. Dieser hat auch einen unmittelbaren Rechtsanspruch auf die Leistung.

11 Bei einem widerruflichen Bezugsrecht hat der Bezugsberechtigte nur eine Anwartschaft auf die Leistung. Das widerrufliche Bezugsrecht kann auch jederzeit durch eine Mitteilung des Versicherungsnehmers an das Versicherungsunternehmen geändert werden. Im Zeitpunkt des Versicherungsfalls wird aus der Anwartschaft ein Rechtsanspruch.

3. Versicherte Person

12 Die versicherte Person ist die Person, auf deren Leben oder Gesundheit die Versicherung abgeschlossen wird (vgl. § 150 VVG). Da von ihren individuellen Eigenschaften (insbes. Alter und Gesundheitszustand) die wesentlichen Merkmale eines Versicherungsvertrages abhängen (vgl. BFH vom 9. Mai 1974, BStBl II S. 633), ist die versicherte Person eine unveränderbare Vertragsgrundlage. Bei einem Wechsel der versicherten Person erlischt, unabhängig von der Frage, ob ein entsprechendes Optionsrecht bereits bei Vertragsabschluss vereinbart worden ist oder nicht (vgl. hierzu Rz. 68), steuerrechtlich der „alte Vertrag" und es wird steuerrechtlich vom Abschluss eines „neuen Vertrages" ausgegangen. Dabei ist für beide Verträge getrennt zu prüfen, ob die Voraussetzungen für die Anwendung des § 20 Absatz 1 Nummer 6 Satz 2 EStG erfüllt sind. Wird die auf den „alten Vertrag" entfallende Versicherungsleistung ganz oder teilweise auf den „neuen Vertrag" angerechnet, so gilt auch die angerechnete Versicherungsleistung aus dem „alten Vertrag" als zugeflossen. Die aus dem „alten Vertrag" angerechnete Versicherungsleistung gilt als Beitragszahlung auf den „neuen Vertrag".

12a Ein steuerlich relevanter Zufluss liegt nicht vor, wenn bei einer internen Teilung nach § 10 des Versorgungsausgleichsgesetzes (VersAusglG) oder bei einer externen Teilung nach § 14 VersAusglG Ansprüche aus einem Vertrag der ausgleichspflichtigen Person übertragen werden. Der Vertrag der ausgleichsberechtigten Person gilt insoweit als zum gleichen Zeitpunkt abgeschlossen wie derjenige der ausgleichspflichtigen Person, § 52 Absatz 36 Satz 12 EStG.

4. Überschussbeteiligung

13 Der Versicherungsvertrag sieht in der Regel vor, dass der Versicherungsnehmer und/oder der Bezugsberechtigte an den Überschüssen des Versicherungsunternehmens zu beteiligen ist. Überschüsse erzielen die Unternehmen vor allem aus dem Kapitalanlage-, dem Risiko- und dem Kostenergebnis.

Ein Überschuss entsteht im Kapitalanlageergebnis, wenn ein höherer Ertrag als der Rechnungszins erzielt wird. Der Rechnungszins gibt den vom Versicherungsunternehmen garantierten Zins wieder, mit dem die Deckungsrückstellung kalkuliert wird. Beim Risikoergebnis kommt es zu Überschüssen, wenn der Risikoverlauf günstiger ist als bei der Kalkulation angenommen (z. B. bei Versicherungen mit Todesfall-Leistung eine geringere Anzahl von Sterbefällen). Das Kostenergebnis ist positiv, wenn das Versicherungsunternehmen weniger Kosten für die Einrichtung und die laufende Verwaltung des Vertrages aufwendet, als veranschlagt wurde. Die Überschüsse werden jährlich ermittelt.

Die Beteiligung an den Überschüssen kann insbesondere in Form der nachfolgend beschriebenen Methoden erfolgen:

Barauszahlung

14 Die Überschüsse werden jährlich ausgezahlt (zu den steuerlichen Folgen siehe Rz. 45).

Beitragsverrechnung

15 Es kann auch vereinbart werden, dass die Überschüsse mit den Beiträgen zu verrechnen sind, so dass die laufende Beitragsleistung des Versicherungsnehmers gemindert wird. Der kalkulierte Beitrag wird in diesem Zusammenhang als Bruttobeitrag, der um Überschüsse reduzierte Beitrag als Nettobeitrag bezeichnet (zu den steuerlichen Folgen siehe Rz. 46).

Bonussystem

16 Beim Bonussystem werden die Überschussanteile als Einmalbeiträge für eine zusätzliche beitragsfreie Versicherung (Bonus) verwendet. Bei jährlichen Überschussanteilen erhöht sich dadurch die Versicherungsleistung von Jahr zu Jahr (zu den steuerlichen Folgen siehe Rzn. 47 und 57).

Verzinsliche bzw. rentierliche Ansammlung

17 Bei der verzinslichen Ansammlung werden die jährlichen Überschussanteile beim Versicherungsunternehmen einbehalten und Ertrag bringend angelegt. Die angesammelten Beträge zu-

züglich der Erträge werden zusammen mit der Versicherungssumme ausbezahlt (zu den steuerlichen Folgen siehe Rz. 47).

Schlussüberschussbeteiligung

Überschussanteile, die nicht laufend dem Vertrag unwiderruflich zugeteilt, sondern nur für den Fall einer Leistung aus dem Vertrag in einem Geschäftsjahr festgelegt werden, werden als Schlussüberschüsse, Schlussgewinne, Schlussdividende o. Ä. bezeichnet (zu den steuerlichen Folgen siehe Rz. 47). 18

III. Rentenversicherung mit Kapitalwahlrecht, soweit nicht die Rentenzahlung gewählt wird

Bei einer Rentenversicherung besteht die Versicherungsleistung grundsätzlich in der Zahlung einer lebenslänglichen Rente für den Fall, dass die versicherte Person den vereinbarten Rentenzahlungsbeginn erlebt. Zu den Einnahmen nach § 20 Absatz 1 Nummer 6 EStG rechnet die Versicherungsleistung aus einer Rentenversicherung mit Kapitalwahlrecht nur dann, wenn sie nicht in Form einer Rentenzahlung erbracht wird. Davon ist dann auszugehen, wenn eine einmalige Kapitalauszahlung erfolgt, wenn mehrere Teilauszahlungen geleistet werden oder wenn wiederkehrende Bezüge erbracht werden, die nicht die nachstehenden Anforderungen an eine Rente erfüllen (zur Berechnung des Unterschiedsbetrags bei der Leistung in Form eines wiederkehrenden Bezugs siehe Rz. 63). Ebenfalls nach § 20 Absatz 1 Nummer 6 EStG zu versteuern sind Kapitalleistungen, soweit ein Teil der Versicherungsleistung nicht als Rente gezahlt wird, oder wenn ein laufender Rentenzahlungsanspruch durch eine Abfindung abgegolten wird. Bei einer Teilverrentung kann bei der Ermittlung des Unterschiedsbetrages für die Kapitalauszahlung nur ein Teil der geleisteten Beiträge abgezogen werden. Dies gilt auch dann, wenn vereinbart ist, dass lediglich die Beiträge ausgezahlt werden sollen und der verbleibende Teil verrentet wird. Auch in diesem Fall sind die Beiträge gleichmäßig auf die Kapitalauszahlung und den nach versicherungsmathematischen Grundsätzen ermittelten Barwert der Rentenauszahlung zu verteilen (zur Berechnung des Unterschiedsbetrags in diesen Fällen siehe Rz. 64). 19

Eine die Besteuerung nach § 20 Absatz 1 Nummer 6 EStG ausschließende Rentenzahlung setzt voraus, dass gleich bleibende oder steigende wiederkehrende Bezüge zeitlich unbeschränkt für die Lebenszeit der versicherten Person (lebenslange Leibrente) vereinbart werden. Leibrenten mit einer vertraglich vereinbarten Höchstlaufzeit (abgekürzte Leibrenten) und wiederkehrende Bezüge, die nicht auf die Lebenszeit, sondern auf eine festgelegte Dauer zu entrichten sind (Zeitrenten), sind nach § 20 Absatz 1 Nummer 6 EStG zu versteuern. Leibrenten mit einer vertraglich vereinbarten Mindestlaufzeit (verlängerte Leibrenten) sind nur dann nach § 20 Absatz 1 Nummer 6 EStG zu versteuern, wenn die Rentengarantiezeit über die auf volle Jahre aufgerundete verbleibende mittlere Lebenserwartung der versicherten Person bei Rentenbeginn hinausgeht. Maßgebend ist die zum Zeitpunkt des Vertragsabschlusses zugrunde gelegte Sterbetafel und das bei Rentenbeginn vollendete Lebensjahr der versicherten Person. Entspricht die Rentengarantiezeit der Lebenserwartung oder ist sie kürzer, ist auch für den Rechtsnachfolger (in der Regel der Erbe) die Ertragsanteilsbesteuerung anzuwenden. Dabei wird der auf den Erblasser angewandte Ertragsanteil fortgeführt. 20

Wird neben einem gleich bleibenden oder steigenden Sockelbetrag eine jährlich schwankende Überschussbeteiligung gewährt, handelt es sich dennoch insgesamt um gleich bleibende oder steigende Bezüge im Sinne der Rz. 20. Sowohl auf den Sockelbetrag als auch auf die Überschussbeteiligung ist die Ertragsanteilsbesteuerung (§ 22 Nummer 1 Satz 3 Buchstabe a Doppelbuchstabe bb EStG) anzuwenden (vgl. BMF-Schreiben vom 26. November 1998, BStBl I 1998 S. 1508). 21

Die Auszahlung in Form einer konstanten Anzahl von Investmentanteilen stellt keinen gleich bleibenden Bezug und damit keine Rentenzahlung dar.

Die Todesfall-Leistung einer Rentenversicherung gehört nicht zu den Einnahmen aus § 20 Absatz 1 Nummer 6 EStG. Bei einer Rentenzahlung kann sich jedoch eine Besteuerung aus anderen Vorschriften (insbesondere § 22 Nummer 1 Satz 3 Buchstabe a Doppelbuchstabe bb EStG) ergeben. 22

IV. Kapitalversicherung mit Sparanteil

Kapitalversicherungen mit Sparanteil treten insbesondere in folgenden Ausgestaltungen auf: 23

1. Kapitalversicherung auf den Todes- und Erlebensfall (klassische Kapital-Lebensversicherung)

Bei einer Kapitalversicherung auf den Todes- und Erlebensfall leistet der Versicherer, wenn die versicherte Person den im Versicherungsschein genannten Auszahlungstermin erlebt oder 24 wenn die versicherte Person vor dem Auszahlungstermin verstirbt. Die Leistung im Todesfall unterfällt nicht der Besteuerung nach § 20 Absatz 1 Nummer 6 EStG.

25 Die Ausgestaltung des Vertrages mit oder ohne Rentenwahlrecht, gegen Einmalbeitrag oder laufende Beitragszahlung hat keinen Einfluss auf die Besteuerung nach § 20 Absatz 1 Nummer 6 EStG.

26 Wird bei einer Kapitalversicherung mit Rentenwahlrecht die Rentenzahlung gewählt, fließen die Erträge nach § 11 Absatz 1 EStG in dem Zeitpunkt zu, in dem die Kapitalleistung im Erlebensfall zu leisten wäre. Lediglich das nach Abzug von Kapitalertragsteuer vorhandene Kapital steht für die Verrentung zur Verfügung. Die Rentenzahlungen gehören zu den Einnahmen aus § 22 Nummer 1 Satz 3 Buchstabe a Doppelbuchstabe bb EStG.

2. Unfallversicherung mit garantierter Beitragsrückzahlung

27 Bei einer Unfallversicherung mit garantierter Beitragsrückzahlung wird neben den Beitragsbestandteilen für die Abdeckung des Unfallrisikos sowie des Risikos der Beitragsrückzahlung im Todesfall und der Verwaltungskosten ein Sparanteil erbracht, der verzinslich bzw. rentierlich angelegt wird. Die Versicherungsleistung bei Ablauf der Versicherungslaufzeit gehört zu den Einnahmen aus § 20 Absatz 1 Nummer 6 EStG, nicht aber die Versicherungsleistung bei Eintritt des versicherten Risikos. Sofern die Unfallversicherung mit garantierter Beitragsrückzahlung als Rentenversicherung mit Kapitalwahlrecht abgeschlossen wird, sind die unter Rzn. 19 ff. angeführten Regelungen anzuwenden.

3. Kapitalversicherung auf den Todes- und Erlebensfall von zwei oder mehreren Personen (Kapitalversicherung auf verbundene Leben)

28 Die Erlebensfall-Leistung ist bei einer Kapitalversicherung auf verbundene Leben zu erbringen, wenn beide/alle versicherten Personen den im Versicherungsschein genannten Ablauftermin erleben. Zur Ermittlung des hälftigen Unterschiedsbetrags, wenn nur einer der Steuerpflichtigen bei Auszahlung der Versicherungsleistung im Erlebensfall oder bei Rückkauf das 60. Lebensjahr vollendet hat, siehe Rzn. 77 bis 78. Die Leistung im Todesfall unterfällt nicht der Besteuerung nach § 20 Absatz 1 Nummer 6 EStG.

4. Kapitalversicherung mit festem Auszahlungszeitpunkt (Termfixversicherung)

29 Bei einer Termfixversicherung wird die Versicherungsleistung nur zu einem festen Zeitpunkt ausgezahlt. Wenn die versicherte Person vor Erreichen dieses festen Zeitpunkts verstirbt, wird die Todesfallsumme in der Regel nicht sofort ausgezahlt, sondern es endet lediglich die Beitragszahlungsdauer. Die Leistung im Todesfall gehört nicht zu den Einnahmen aus § 20 Absatz 1 Nummer 6 EStG.

5. Kapitalversicherung mit lebenslangem Todesfallschutz

30 Bei einer Kapitalversicherung mit lebenslangem Todesfallschutz leistet das Versicherungsunternehmen grundsätzlich nur, wenn die versicherte Person stirbt. Der vornehmliche Zweck eines solchen Versicherungsvertrages ist die Deckung von Kosten und Aufwendungen im Zusammenhang mit dem Todesfall, z. B. Erbschaftsteuer (Erbschaftsteuerversicherung), zivilrechtlich bedingten Ausgleichszahlungen im Rahmen einer Erbschaftsplanung (Vermögensnachfolgeversicherung) oder Deckung der Bestattungskosten (Sterbegeldversicherung). Die Versicherungsleistung im Todesfall stellt keine Einnahme im Sinne des § 20 Absatz 1 Nummer 6 EStG dar. Manche Kapitalversicherungen mit lebenslangem Todesfallschutz bieten jedoch die Möglichkeit, zu Lebzeiten der versicherten Person eine Versicherungsleistung abzurufen, so dass die Versicherung beendet wird oder mit einer reduzierten Versicherungssumme bestehen bleibt. Eine abgerufene Leistung ist nach § 20 Absatz 1 Nummer 6 EStG zu versteuern.

V. Sonderformen

1. Fondsgebundene Kapital-Lebensversicherung und fondsgebundene Rentenversicherung

31 Fondsgebundene Lebensversicherungen unterscheiden sich von konventionellen Lebensversicherungen dadurch, dass die Höhe der Leistungen direkt von der Wertentwicklung der in einem besonderen Anlagestock angesparten Vermögensanlagen abhängt, wobei üblicherweise die Sparanteile nur in Investmentanteilen angelegt werden. Die Kapitalerträge aus fondsgebundenen Lebensversicherungen gehören unter den gleichen Voraussetzungen zu den Einnahmen aus Kapitalvermögen wie Erträge aus konventionellen Lebensversicherungen.

Eine der Höhe nach garantierte Leistung gibt es bei der fondsgebundenen Lebensversicherung in der Regel nicht, selbst der Verlust des gesamten eingesetzten Kapitals ist möglich (zu einem negativen Unterschiedsbetrag siehe Rz. 60). 32

Üblich sind Verträge, bei denen der Versicherungsnehmer einen oder mehrere Investmentfonds selbst wählen kann, wobei er die Auswahl für zukünftige Sparanteile während der Versicherungsdauer in der Regel ändern kann (Switchen). Außerdem kann das Recht eingeräumt sein, bereits investierte Sparanteile in andere Fonds umzuschichten (Shiften). Solche Umschichtungen stellen keinen Zufluss dar. 33

Hinsichtlich der Versicherungsleistung kann vereinbart sein, dass der Versicherungsnehmer wählen kann, ob er statt einer Geldzahlung die Übertragung der Fondsanteile in sein Depot möchte. Sofern eine Übertragung der Fondsanteile erfolgt, ist als Versicherungsleistung der Rücknahmepreis anzusetzen, mit dem die Versicherungsleistung bei einer Geldzahlung berechnet worden wäre. 34

2. Vermögensverwaltende Versicherungsverträge

Nach § 20 Absatz 1 Nummer 6 Satz 5 EStG (in der Fassung des Artikels 1 des Gesetzes vom 19. Dezember 2008 [BGBl. I S. 2794]) werden vermögensverwaltende Versicherungsverträge von den allgemeinen Besteuerungsregelungen für Versicherungsverträge ausgenommen. Stattdessen werden derartige Verträge transparent besteuert. Das heißt, dass im Zeitpunkt, in dem Kapitalerträge z. B. in Form von Zinsen, Dividenden oder Veräußerungsgewinnen dem vom Versicherungsunternehmen gehaltenen Depot oder Konto zufließen, diese dem wirtschaftlich Berechtigten zuzurechnen sind. Dabei richtet sich die Besteuerung nach den für das jeweilige Anlagegut geltenden Regelungen (z. B. bei Zinsen nach § 20 Absatz 1 Nummer 7 EStG, bei Dividenden nach § 20 Absatz 1 Nummer 1 EStG, bei Veräußerungen nach § 20 Absatz 2 in Verbindung mit Absatz 4 EStG und bei Investmentfondserträgen nach den Vorschriften des Investmentsteuergesetzes). Die Vorschrift ist für alle Kapitalerträge anzuwenden, die dem Versicherungsunternehmen nach dem 31. Dezember 2008 zufließen (§ 52 Absatz 36 Satz 10 EStG). Dies gilt nicht für Versicherungsverträge, die vor dem 1. Januar 2005 abgeschlossen wurden. 34a

Ein vermögensverwaltender Versicherungsvertrag liegt vor, wenn die folgenden Voraussetzungen kumulativ erfüllt sind: 34b

(1) In dem Versicherungsvertrag ist eine gesonderte Verwaltung von speziell für diesen Vertrag zusammengestellten Kapitalanlagen vereinbart und

(2) die zusammengestellten Kapitalanlagen sind nicht auf öffentlich vertriebene Investmentfondsanteile oder Anlagen, die die Entwicklung eines veröffentlichten Indexes abbilden, beschränkt und

(3) der wirtschaftlich Berechtigte kann unmittelbar oder mittelbar über die Veräußerung der Vermögensgegenstände und die Wiederanlage der Erlöse bestimmen (Dispositionsmöglichkeit).

Bei einer gesonderten Verwaltung wird die Sparleistung nicht vom Versicherungsunternehmen für eine unbestimmte Vielzahl von Versicherten gemeinschaftlich, sondern separat für den einzelnen Vertrag angelegt bzw. verwaltet, wobei der wirtschaftlich Berechtigte das Kapitalanlagerisiko trägt. Typischerweise erfolgt die Kapitalanlage bei einem vermögensverwaltenden Versicherungsvertrag auf einem Konto oder Depot bei einem vom Kunden frei wählbaren Kreditinstitut. Dabei wird das Versicherungsunternehmen Eigentümer bzw. Inhaber der auf dem Konto oder Depot verwalteten Anlagegüter. 34c

Speziell für diesen Vertrag zusammengestellte Kapitalanlagen liegen vor, wenn die Anlage ganz oder teilweise gemäß den individuellen Wünschen des Versicherungsnehmers erfolgt. Dies ist insbesondere der Fall, wenn der Versicherungsnehmer einzelne Wertpapiere oder ein bereits vorhandenes Wertpapierdepot als Versicherungsbeitrag erbringt. 34d

Die ausschließliche Auswahl von im Inland oder im Ausland öffentlich vertriebenen Investmentfondsanteilen schließt die Annahme eines vermögensverwaltenden Versicherungsvertrages aus. Die Verwendung von versicherungsinternen Fonds beeinträchtigt nicht die Charakterisierung als öffentlich vertriebene Investmentfondsanteile, vorausgesetzt dass diese internen Fonds die Anlagen von einem oder mehreren öffentlich vertriebenen Investmentfonds widerspiegeln. 34e

Unter „Anlagen, die einen veröffentlichten Index abbilden" fallen auch Kombinationsmöglichkeiten mehrerer im Inland oder Ausland veröffentlichter Indizes. 34f

Eine unmittelbare Dispositionsmöglichkeit besteht, wenn der Versicherungsvertrag ein Weisungsrecht des wirtschaftlich Berechtigten gegenüber dem Versicherungsunternehmen oder gegenüber einem beauftragten Vermögensverwalter vorsieht. 34g

Von einer mittelbaren Dispositionsmöglichkeit ist insbesondere auszugehen, wenn
- die Anlageentscheidungen von einem Vermögensverwalter getroffen werden, der durch den wirtschaftlich Berechtigten beauftragt wurde,
- der wirtschaftlich Berechtigte einen Wechsel in der Person des Vermögensverwalters verlangen kann,
- eine individuelle Anlagestrategie zwischen dem Versicherungsunternehmen oder dem Vermögensverwalter und dem wirtschaftlich Berechtigten vereinbart wird.

34h Die Auswahlmöglichkeit aus standardisierten Anlagestrategien, die einer unbestimmten Vielzahl von Versicherungsnehmern angeboten werden, stellt keine unmittelbare oder mittelbare Dispositionsmöglichkeit dar; dies gilt auch dann, wenn der Versicherungsnehmer einem Vertrag mehrere derartiger standardisierter Anlagestrategien in unterschiedlicher Gewichtung zugrunde legen darf.

34i Wird ein bereits vorhandenes Depot in einen Versicherungsvertrag dergestalt eingebracht, dass die Depotführung und die Vermögensverwaltung beim bisherigen Kreditinstitut oder dem bisherigen Vermögensverwalter verbleiben, ist in der Regel von einer weiter bestehenden Dispositionsmöglichkeit des wirtschaftlich Berechtigten auszugehen. Es gilt insoweit die – widerlegbare – Vermutung, dass der wirtschaftlich Berechtigte aufgrund einer gewachsenen und weiterhin bestehenden Geschäftsbeziehung Einfluss auf die Anlageentscheidungen ausüben kann.

34j Wirtschaftlich Berechtigter ist der Inhaber des Anspruchs auf die Versicherungsleistung. Dies ist in der Regel der Versicherungsnehmer, kann in den Fällen eines unwiderruflich eingeräumten Bezugsrechts aber auch ein Dritter sein. Sicherungsübereignung oder Pfändung führt grundsätzlich nicht zu einem Wechsel in der Person des wirtschaftlich Berechtigten. Die Regelungen in Rzn. 50 bis 53 gelten entsprechend.

34k Nach § 20 Absatz 1 Nummer 6 Satz 5 EStG erfolgt eine Besteuerung der dem Versicherungsunternehmen zugeflossenen Erträge im Sinne des § 20 Absatz 1 und Absatz 2 EStG. Leistungen im Todes- oder Erlebensfall sowie bei Rückkauf des Vertrages sind hingegen einkommensteuerlich unbeachtlich, soweit die Erträge, die in diesen Versicherungsleistungen enthalten sind, nach § 20 Absatz 1 Nummer 6 Satz 5 EStG der Besteuerung unterlegen haben. Soweit in der Beitragsleistung Kosten insbesondere für die Verwaltung enthalten sind oder von dem Anlagekonto bzw. -depot entnommen werden, sind diese grundsätzlich als Werbungskosten zu betrachten. Werbungskosten werden ab dem Veranlagungszeitraum 2009 nur noch im Rahmen des Sparer-Pauschbetrages (§ 20 Absatz 9 EStG) berücksichtigt (vgl. Rz. 81a).

34l Die Übertragung von Anlagegütern auf das Versicherungsunternehmen im Zeitpunkt der Begründung eines vermögensverwaltenden Versicherungsvertrags sowie deren Rückübertragung auf den wirtschaftlich Berechtigten im Zeitpunkt der Beendigung des Vertragsverhältnisses ist steuerlich unbeachtlich und führt damit insbesondere nicht zu einer Veräußerung im Sinne des § 20 Absatz 2 EStG.

34m Ob eine Vertragsänderung, die darauf abzielt, bislang bestehende Merkmale eines vermögensverwaltenden Versicherungsvertrages nachträglich abzubedingen, steuerlich zu einer Beendigung des bisherigen Vertrages und Schaffung eines neuen Vertrages führt, hängt von den jeweiligen Umständen des Einzelfalls ab. Bei derartigen Vertragsänderungen, die vor dem 1. Juli 2010 vorgenommen werden, ist jedenfalls nicht von einer steuerrechtlich relevanten Vertragsänderung auszugehen.

3. Direktversicherung, Pensionskasse, Pensionsfonds

35 Zur steuerrechtlichen Behandlung von Leistungen aus einer Pensionskasse, aus einem Pensionsfonds oder aus einer Direktversicherung wird auf das BMF-Schreiben vom 20. Januar 2009, BStBl I S. 273[1]), Rzn. 268 bis 285 verwiesen.

VI. Absicherung weiterer Risiken

36 Neben dem der Versicherung zugrunde liegenden charakteristischen Hauptrisiko können weitere Risiken (Nebenrisiken) in Form einer Zusatzversicherung oder innerhalb einer einheitlichen Versicherung abgesichert sein. Üblich sind dabei die Invaliditäts-, Berufsunfähigkeits-, Unfalltod-, Pflege- und die Dread-Disease-Absicherung. Bei einer Dread-Disease-Absicherung wird bei Eintritt einer schweren Krankheit geleistet (engl. dread disease = furchtbare Krankheit, schlimme Leiden).

Enthält der Versicherungsvertrag andere als die oben angeführten Nebenrisiken und ist der Eintritt dieses Risikos zu erwarten oder durch die versicherte Person herbeiführbar, so dass es sich bei wirtschaftlicher Betrachtungsweise um eine Fälligkeitsregelung handelt (z. B. Beginn

---

[1]) Nachfolgeschreiben auszugsweise abgedruckt in Anhang 2 IV.

der Ausbildung, Heirat), ist die Kapitalauszahlung bei Eintritt eines solchen unechten Nebenrisikos als Erlebensfall-Leistung nach § 20 Absatz 1 Nummer 6 EStG zu versteuern.

Kapitalauszahlungen bei Eintritt eines (echten) Nebenrisikos sind nicht nach § 20 Absatz 1 Nummer 6 EStG zu versteuern. Besteht die Leistung der weiteren Absicherung in einer Beitragsbefreiung für den Hauptvertrag, ist für die Berechnung des Unterschiedsbetrags ein rechnerischer Ausgleichsposten in Höhe der angenommenen oder tatsächlich durch das Versicherungsunternehmen übernommenen Beiträge bei der Berechnung des Unterschiedsbetrags ertragsmindernd zu berücksichtigen. 37

Überschüsse und sonstige Leistungen (z. B. Rückzahlung überhobener Beiträge) aus einer weiteren Absicherung sind grundsätzlich keine Einnahmen im Sinne des § 20 Absatz 1 Nummer 6 EStG. Der hierfür erforderliche Nachweis, dass die Überschüsse und sonstigen Leistungen aus einer weiteren Absicherung stammen, setzt voraus, dass das Versicherungsunternehmen den darauf entfallenden Beitrag, den Überschussanteil und die sonstige Leistung für die weitere Absicherung getrennt ausweist. In diesem Fall ist gegebenenfalls ein Sonderausgabenabzug nach § 10 Absatz 1 Nummer 3 Buchstabe a EStG für diese Beitragsbestandteile möglich. 38

Beitragsbestandteile für die Absicherung der Nebenrisiken mindern den steuerpflichtigen Unterschiedsbetrag nicht (vgl. Rz. 58). 39

VII. Erlebensfall oder Rückkauf

Der Besteuerung nach § 20 Absatz 1 Nummer 6 EStG unterliegen nur der Erlebensfall oder der Rückkauf. Die Versicherungsleistung bei Eintritt des mit der Versicherung untrennbar verbundenen charakteristischen Hauptrisikos (Tod, Unfall) rechnet nicht zu den Einnahmen nach § 20 Absatz 1 Nummer 6 EStG (hinsichtlich weiterer versicherter Risiken siehe Rzn. 36 bis 38). 40

1. Erlebensfall

Alle Versicherungsleistungen, die vom Versicherungsunternehmen aufgrund des Versicherungsvertrages zu erbringen sind, ohne dass sich das versicherte Risiko realisiert hat (Risiko-Leistung) oder dass der Versicherungsvertrag ganz oder teilweise vorzeitig beendet wurde (Rückkauf), sind Erlebensfall-Leistungen. 41

Enthält der Versicherungsvertrag einen Anspruch auf Gewährung eines Darlehens des Versicherungsunternehmens an den Steuerpflichtigen, ohne dass sich das Versicherungsunternehmen eine freie Entscheidung über das Ob der Darlehensgewährung vorbehält, ist generell von einer steuerpflichtigen Erlebensfall-Leistung auszugehen. In allen anderen Fällen ist zu prüfen, ob ein nicht am Versicherungsvertrag beteiligter Dritter einen vergleichbaren Darlehensvertrag abschließen würde, wenn man unterstellt, dass dem Dritten die vertraglichen Ansprüche zur Sicherheit abgetreten werden. Unter Zugrundelegung des Fremdvergleichsmaßstabs ist in der Regel von einer steuerpflichtigen Erlebensfall-Leistung auszugehen, wenn insbesondere 41a

- der Versicherungsschutz (Leistung bei Eintritt des versicherten Risikos) aufgrund der Auszahlung abgesenkt wird, oder
- keine oder offensichtlich marktunüblich niedrige Darlehenszinsen zu entrichten sind, oder
- die Höhe der Darlehenszinsen und/oder die Höhe des zurückzuzahlenden Kapitals an die Höhe der Verzinsung oder Wertentwicklung des Versicherungsvertrages gekoppelt sind.

Diese Regelungen sind auf Auszahlungen nach Veröffentlichung dieses Schreibens im Bundessteuerblatt anzuwenden. Erfolgen die Auszahlungen entsprechend der Darlehensvereinbarung ratierlich, ist für die Anwendung dieser Regelung insgesamt das Datum der ersten Rate maßgeblich. Bei Altverträgen (zum Begriff siehe Rz. 88) kann eine steuerpflichtige Erlebensfall-Leistung nur vorliegen, wenn im Auszahlungszeitpunkt die Voraussetzungen für eine Steuerbefreiung im Sinne des § 20 Absatz 1 Nummer 6 Satz 2 EStG in der am 31. Dezember 2004 geltenden Fassung (a. F.) fehlen. Sofern nach den oben angeführten Grundsätzen von einer Erlebensfall-Leistung auszugehen ist, kann es sich bei Altverträgen nicht um eine schädliche Verwendung eines Policendarlehens im Sinne des § 10 Absatz 2 Satz 2 EStG a. F. handeln. Bei Endfälligkeit des Versicherungsvertrages sind bereits versteuerte außerrechnungsmäßige und rechnungsmäßige Zinsen oder Unterschiedsbeträge sowie an den Versicherer gezahlte Zinsen bei der Ermittlung des steuerpflichtigen Ertrags zum Abzug zu bringen. Ein zusätzlicher Abzug derartiger Zinsen als Werbungskosten oder Betriebsausgaben, wenn die Leistung zur Erzielung von Einkünften verwendet wird, ist ausgeschlossen.

In der Regel tritt der Erlebensfall bei Ablauf der vereinbarten Versicherungslaufzeit ein. Es können im Versicherungsvertrag mehrere konkrete Teilauszahlungstermine oder zeitlich und der Höhe nach flexible Abrufmöglichkeiten bereits in der Ansparphase bzw. Aufschubphase vereinbart sein, so dass es mehrere Erlebensfälle gibt. Beispielsweise können bei einem Versicherungsvertrag mit 30-jähriger Laufzeit Teilauszahlungen nach 20 und nach 25 Jahren vorgesehen sein. Sofern es sich dabei lediglich um ein Wahlrecht des Begünstigten handelt, das nicht 42

43 Bei einer gestreckten Kapitalauszahlung (Teilauszahlungen oder wiederkehrende Bezüge, die keine Rentenzahlung darstellen, vgl. Rz. 20) nach Ablauf der Versicherungslaufzeit liegt nur ein Erlebensfall zum Ablauftermin vor. Ein Zufluss ist jedoch erst mit Leistung des jeweiligen Teilbetrags gegeben. Davon zu unterscheiden ist der Fall, dass bei einer Kapital-Lebensversicherung mit Rentenwahlrecht für die Rentenzahlung optiert wird. In der Ausübung der Renten-Option liegt eine Verfügung über die auszahlbare Versicherungsleistung, die einen Zufluss begründet (vgl. Rz. 26).

44 Wenn sich der Steuerpflichtige das Kapital nach Erreichen des Ablauftermins nicht auszahlen lässt, sondern es gegen Entgelt oder auch ohne Entgelt bis zur Entscheidung über die endgültige Verwendung dem Versicherungsunternehmen überlässt (sog. Parkdepot), liegt aufgrund der erlangten Verfügungsmacht ein Zufluss vor. Wird die Fälligkeit einer Versicherungsleistung aufgrund einer nachträglichen Vertragsänderung während der Versicherungslaufzeit (Verlängerung der Versicherungslaufzeit) hinausgeschoben, liegt dagegen zum ursprünglichen Fälligkeitszeitpunkt kein Zufluss vor.

45 Eine laufende (z. B. jährliche) Auszahlung von Überschüssen (vgl. Rz. 14) stellt eine zugeflossene Erlebensfall-Leistung dar. Die Regelungen zur Ermittlung des Unterschiedsbetrags bei Teilauszahlungen (siehe Rzn. 61 bis 62) sind anzuwenden. Wird der Überschuss nicht zur Barauszahlung, sondern zur Reduzierung der laufenden Beitragszahlung verwendet, liegt zivilrechtlich eine Aufrechnung und damit ebenfalls eine zugeflossene Erlebensfall-Leistung vor. Bei der Berechnung des Unterschiedsbetrags ist der Bruttobeitrag (einschließlich des durch Aufrechnung gezahlten Teils) in Ansatz zu bringen.

46 Ist jedoch von vornherein keine Auszahlung der laufenden Überschüsse, sondern eine Verrechnung mit den Beiträgen vereinbart, besteht also kein Wahlrecht zwischen Auszahlung und Verrechnung, liegt hinsichtlich der Überschüsse kein Erlebensfall und kein Zufluss von Erträgen vor. Bei der Ermittlung des Unterschiedsbetrags ist nur der Netto-Beitrag (vgl. Rz. 15) anzusetzen.

47 Beim Bonussystem (vgl. Rz. 16), bei der verzinslichen bzw. rentierlichen Ansammlung (vgl. Rz. 17) und bei der Schlussüberschussbeteiligung (vgl. Rz. 18) liegt ein Zufluss von Erträgen in der Regel erst bei Ablauf der Versicherungslaufzeit vor.

2. Rückkauf

48 Ein Rückkauf liegt vor, wenn der Versicherungsvertrag vorzeitig ganz oder teilweise beendet wird (insbesondere aufgrund Rücktritt, Kündigung oder Anfechtung). Bei einer vorzeitigen Beendigung des Versicherungsvertrages ist regelmäßig vereinbart, dass das Versicherungsunternehmen einen Rückkaufswert zu erstatten hat (vgl. § 176 Absatz 1 VVG, der eine gesetzliche Verpflichtung zur Erstattung des Rückkaufswertes bei Kapitalversicherungen auf den Todesfall mit unbedingter Leistungspflicht enthält). Der Rückkaufswert ist nach den anerkannten Regeln der Versicherungsmathematik für den Schluss der laufenden Versicherungsperiode als Zeitwert der Versicherung zu berechnen. Beitragsrückstände werden vom Rückkaufswert abgesetzt. § 12 Absatz 4 Satz 1 Bewertungsgesetz ist nicht anwendbar. Ein teilweiser Rückkauf liegt insbesondere vor, wenn der Versicherungsvertrag das Recht enthält, durch Teilkündigung einen Teil der Erlebensfall-Leistung vorzeitig abzurufen.

49 In der Anfangszeit einer Versicherung ist der Rückkaufswert regelmäßig niedriger als die Summe der geleisteten Beiträge. Dies ergibt sich daraus, dass jeder Vertrag Abschlusskosten (z. B. Provision für den Versicherungsvermittler) verursacht, die zu tilgen sind. Außerdem behalten sich die Versicherer gewöhnlich vor, einen Abzug bei vorzeitiger Beendigung vorzunehmen (Stornoabschlag). Dadurch kann es insbesondere bei einem sehr frühzeitigen Rückkauf zu einem negativen Unterschiedsbetrag kommen.

VIII. Steuerpflichtiger

50 Steuerpflichtiger im Sinne des § 20 Absatz 1 Nummer 6 EStG ist grundsätzlich derjenige, der das Kapital in Form der Sparanteile im eigenen Namen und für eigene Rechnung dem Versicherungsunternehmen zur Nutzung überlassen hat. Soweit eine andere Person wirtschaftlicher Eigentümer im Sinne des § 39 Absatz 2 Nummer 1 Abgabenordnung – AO – des Anspruchs auf die steuerpflichtige Versicherungsleistung (Erlebensfall-Leistung oder Rückkaufswert) ist, sind *ihr die erzielten Erträge* zuzurechnen.

51 In der Regel ist der Versicherungsnehmer Steuerpflichtiger, da er die Sparanteile zur Nutzung überlassen hat und auch Inhaber des Rechts ist, die Versicherungsleistung zu fordern. Wechselt die Person des Versicherungsnehmers durch Gesamtrechts- oder Einzelrechtsnachfolge, wird regelmäßig der Rechtsnachfolger Steuerpflichtiger.

Mit der Einräumung eines unwiderruflichen Bezugsrechts (vgl. Rz. 10) für die steuerpflichtige Versicherungsleistung gilt grundsätzlich der Bezugsberechtigte als Steuerpflichtiger der erzielten Erträge. Bei einem widerruflichen Bezugsrecht wird der Bezugsberechtigte erst bei Eintritt des Erlebensfalls Steuerpflichtiger. 52

Bei einer Abtretung des Anspruchs auf die Versicherungsleistung wird der Abtretungsempfänger (Zessionar) nur dann Steuerpflichtiger, wenn er und nicht der Abtretende (Zedent) die Erträge erzielt. Das Erzielen von Erträgen setzt voraus, dass nach den getroffenen Vereinbarungen die Versicherungsleistung das Vermögen des Zessionars und nicht das des Zedenten mehren soll. Dient beispielsweise die Versicherungsleistung dazu, eigene Verbindlichkeiten des Zedenten gegenüber dem Zessionar zu tilgen, bleibt der Zedent Steuerpflichtiger. Typischerweise werden durch die Versicherungsleistung bei Eintritt des Sicherungsfalls bei einer Sicherungsabtretung oder bei Einziehung und Verwertung durch einen Pfandgläubiger eigene Verbindlichkeiten des Zedenten bzw. des Pfandschuldners getilgt, so dass regelmäßig der Zedent bzw. der Pfandschuldner Steuerpflichtiger der Erträge bleibt. 53

IX. Berechnung des Unterschiedsbetrags

Die Ermittlung des Ertrags nach § 20 Absatz 1 Nummer 6 EStG ist nur anzuwenden, wenn der Steuerpflichtige die Versicherung im Privatvermögen hält. Gehört der Versicherungsvertrag zu dem Betriebsvermögen des Steuerpflichtigen, sind die allgemeinen Gewinnermittlungsvorschriften anzuwenden. Für den Kapitalertragsteuerabzug gelten aber auch in diesen Fällen die Vorschriften für Versicherungen im Privatvermögen (vgl. Rzn. 84 ff.). 54

1. Versicherungsleistung

Versicherungsleistung ist grundsätzlich der Gesamtbetrag der zugeflossenen Geldleistungen (zur Übertragungsoption bei fondsgebundenen Lebensversicherungen siehe Rz. 34). In der Versicherungsleistung enthalten sind die angesammelten Sparanteile, die garantierte Verzinsung der Sparanteile und Überschüsse aus dem Kapitalanlage-, dem Risiko- und dem Kostenergebnis. Auszusondern sind die Überschussanteile und sonstige Leistungen aus Nebenrisiken (vgl. Rz. 38). 55

2. Summe der entrichteten Beiträge

Versicherungsbeiträge (Prämien) sind die aufgrund des Versicherungsvertrages erbrachten Geldleistungen. Hierzu gehören auch die Ausfertigungsgebühr, Abschlussgebühr und die Versicherungsteuer. Provisionen, die der Versicherungsvermittler von der Versicherungsgesellschaft erhält und die dieser an den Steuerpflichtigen weiterleitet, oder Provisionen, die der Steuerpflichtige unmittelbar von der Versicherungsgesellschaft erhält (sog. Eigenprovisionen), mindern die Summe der entrichteten Beiträge (BFH-Urteil vom 2. März 2004, BStBl II 2004 S. 506). Eine Vermittlungsprovision, die vom Versicherungsnehmer aufgrund eines gesonderten Vertrages an einen Versicherungsvermittler erbracht wird, ist bei der Berechnung des Unterschiedsbetrags ertragsmindernd anzusetzen. Für Zwecke der Kapitalertragsteuer ist es erforderlich, dass der Steuerpflichtige die Zahlung der Provision an den Vermittler gegenüber dem Versicherungsunternehmen belegt. 56

Zur Höhe der entrichteten Beiträge in den Fällen der Beitragsverrechnung siehe Rzn. 45 und 46. Der beim Bonussystem (vgl. Rz. 16) für eine Erhöhung der Versicherungsleistung verwendete Überschussanteil stellt keinen entrichteten Beitrag dar. 57

Die im Beitrag enthaltenen Anteile zur Absicherung des charakteristischen Hauptrisikos (Todesfallrisiko bei einer Lebensversicherung, Unfallrisiko sowie das Risiko der Beitragsrückzahlung im Todesfall bei einer Unfallversicherung mit Beitragsrückzahlung) mindern den steuerpflichtigen Ertrag. Beitragsanteile, die das Versicherungsunternehmen aufgrund individueller oder pauschaler Kalkulation den Nebenrisiken (Rzn. 36 ff.) zugeordnet hat, sind bei der Ermittlung des Unterschiedsbetrags nicht ertragsmindernd anzusetzen. 58

Für die Berechnung des Unterschiedsbetrags ist es grundsätzlich unerheblich, wer die Versicherungsbeiträge aufgewendet hat. Auch Beiträge, die nicht der Steuerpflichtige aufgewendet hat, mindern den steuerpflichtigen Ertrag. 59

3. Negativer Unterschiedsbetrag (Verlust)

Insbesondere in den Fällen eines frühzeitigen Rückkaufs (vgl. Rz. 49) des Versicherungsvertrags kann es zu einem negativen Unterschiedsbetrag kommen. Ist die Einkunftserzielungsabsicht zu überprüfen, ist vom hälftigen Unterschiedsbetrag als Ertrag auszugehen, wenn nach dem vereinbarten Versicherungsverlauf die Voraussetzungen des § 20 Absatz 1 Nummer 6 60

Satz 2 EStG erfüllt worden wären (vgl. BFH-Urteil vom 6. März 2003, BStBl II 2003 S. 702; zum Ansatz der Werbungskosten vgl. Rz. 81).

4. Teilleistungen

61 Bei Teilleistungen (Teilauszahlungen, Auszahlungen in Form von wiederkehrenden Bezügen, die keine Rentenzahlung darstellen, sowie Barauszahlungen von laufenden Überschussanteilen) sind die anteilig entrichteten Beiträge von der Auszahlung in Abzug zu bringen. Die anteilig entrichteten Beiträge sind dabei wie folgt zu ermitteln:

$$\frac{\text{Versicherungsleistung} \times (\text{Summe der entrichteten Beiträge} - \text{bereits verbrauchte Beiträge})}{\text{Zeitwert der Versicherung zum Auszahlungszeitpunkt}}$$

Die hiernach ermittelten Beiträge sind höchstens in Höhe der Teilleistung anzusetzen. Die bereits für Teilleistungen verbrauchten Beiträge mindern die bei nachfolgenden Teilleistungen zu berücksichtigenden Beiträge. Bei der Ermittlung des Unterschiedsbetrags der letzten Teilleistung bzw. der Schlussleistung sind die noch nicht angesetzten Beiträge abzuziehen.

Beispiel 1: Teilauszahlung in der Ansparphase

62 Laufzeit 20 Jahre, nach 10 Jahren Teilauszahlung i. H. v. 5 000 €, geleistete Beiträge im Auszahlungszeitpunkt: 10 000 €, Zeitwert der Versicherung im Auszahlungszeitpunkt 15 000 €, Restauszahlung nach weiteren 10 Jahren i. H. v. 25 000 €, geleistete Beiträge insgesamt: 20 000 €.

Lösung:
– Teilauszahlung i. H. v. 5 000 €

anteilige Beiträge: $\frac{5\,000 \times 10\,000}{15\,000} = 3\,333{,}33\,€$

Versicherungsleistung:	5 000,00 €	
./. anteilig geleistete Beiträge:	3 333,33 €	(= 33 %)
Ertrag nach § 20 Absatz 1 Nummer 6 EStG	1 666,67 €	

– Restauszahlung i. H. v. 25 000 €

Versicherungsleistung:	25 000,00 €
./. geleistete Beiträge (20 000 – 3 333,33)	16 666,67 €
Ertrag nach § 20 Absatz 1 Nummer 6 EStG	8 333,33 €

Kontrollrechnung:

Versicherungsleistung:	5 000,00 € + 25 000,00 € = 30 000,00 €
Summe der Beiträge:	3 333,33 € + 16 666,67 € = 20 000,00 €
Ertrag nach § 20 Absatz 1 Nummer 6 EStG	10 000,00 €

Beispiel 2: Auszahlung in Form eines wiederkehrenden Bezugs

63 Der Versicherungsvertrag sieht wiederkehrende Bezüge von jährlich 6 000 € für die Lebenszeit des Begünstigten, längstens jedoch für fünf Jahre vor. An Beiträgen wurden 12 000 € erbracht. Der Steuerpflichtige (männlich) hat zum Beginn der Auszahlung das 50. Lebensjahr vollendet.

Der nach den anerkannten Regeln der Versicherungsmathematik unter Berücksichtigung der geschlechtsspezifischen Sterbewahrscheinlichkeit ermittelte Zeitwert der Versicherung vor Auszahlung der jeweiligen Bezüge beträgt im

Jahr 01:	27 500
Jahr 02:	22 500
Jahr 03:	17 200
Jahr 04:	11 700
Jahr 05:	6 000

Lösung:

– anteilige Beiträge im Jahr 01: $\frac{6\,000 \times 12\,000}{27\,500} = 2\,618{,}18\,€$

Versicherungsleistung:	6 000,00 €
./. anteilig geleistete Beiträge:	2 618,18 €
Ertrag nach § 20 Absatz 1 Nummer 6 EStG	3 381,82 €

– anteilige Beiträge im Jahr 02: $\frac{6\,000 \times (12\,000 - 2\,618{,}18)}{22\,500} = 2\,501{,}82\,€$

Versicherungsleistung:	6 000,00 €
./. anteilig geleistete Beiträge:	2 501,82 €
Ertrag nach § 20 Absatz 1 Nummer 6 EStG	3 498,18 €

– Gesamtlösung

Jahr	Versicherungsleistung	Anteilige Beiträge	Ertrag
01	6 000,00 €	2 618,18	3 381,82
02	6 000,00 €	2 501,82	3 498,18
03	6 000,00 €	2 400,00	3 600,00
04	6 000,00 €	2 297,44	3 702,56
05	6 000,00 €	2 182,56	3 817,44
Kontrollsumme	30 000,00 €	12 000,00	18 000,00

Beispiel 3: Teilkapitalauszahlung bei einer Rentenversicherung
Rentenversicherung mit Kapitalwahlrecht, Ansparphase 20 Jahre, gezahlte Beiträge insgesamt 20 000 €, Zeitwert der Versicherung zum Ende der Ansparphase: 30 000 €, Ausübung des Kapitalwahlrechts i. H. v. 15 000 €, Verrentung des Restkapitals führt zu einer monatlichen garantierten Rente von 100 €.
Lösung:
– Teilauszahlung i. H. v. 15 000 €
anteilige Beiträge: $\dfrac{15\,000 \times 20\,000}{30\,000} = 10\,000\,€$

Versicherungsleistung	15 000 €
./. anteilig geleistete Beiträge	10 000 €
Ertrag nach § 20 Absatz 1 Nummer 6 EStG	5 000 €
– Rentenzahlung:	
Jahresbetrag der Rente (ggf. zuzüglich Überschüsse)	1 200 €

zu versteuern nach § 22 Nummer 1 Satz 3 Buchstabe a Doppelbuchstabe bb EStG

5. Entgeltlicher Erwerb

Die Aufwendungen für den Erwerb des Anspruchs auf eine Versicherungsleistung sind Anschaffungskosten (siehe Rz. 80 und Rz. 81b). Diese Anschaffungskosten treten nach § 20 Absatz 1 Nummer 6 Satz 3 EStG an die Stelle der vor dem Erwerb entrichteten Beiträge und sind bei der Ermittlung des Unterschiedsbetrags steuermindernd anzusetzen. Diese Regelung ist ab dem Veranlagungszeitraum 2008 anzuwenden (§ 52 Absatz 1 EStG in der Fassung des Unternehmensteuerreformgesetz 2008 [BGBl. I S. 1912]).

Bei einem entgeltlichen Erwerb eines vor dem 1. Januar 2005 abgeschlossenen Versicherungsvertrages ist die Steuerfreiheit der außerrechnungsmäßigen und rechnungsmäßigen Zinsen in der Regel ausgeschlossen (§ 20 Absatz 1 Nummer 6 Satz 3, in Verbindung mit § 10 Absatz 1 Nummer 2 Buchstabe b Satz 6, § 52 Absatz 36 Satz 4 und Satz 5 EStG jeweils in der am 31. Dezember 2004 geltenden Fassung). Zur weiteren Erläuterung und den Ausnahmen siehe Rz. 4 des BMF-Schreibens vom 22. August 2002 (BStBl I 2002 S. 827)[1]). § 20 Absatz 1 Nummer 6 Satz 3 EStG ist bei der Ermittlung der zu versteuernden außerrechnungsmäßigen und rechnungsmäßigen Zinsen entsprechend anzuwenden. Das heißt, dass die bis zu dem Erwerbszeitpunkt angefallenen außerrechnungsmäßigen und rechnungsmäßigen Zinsen steuermindernd zu berücksichtigen sind. Als Nachweis für die Höhe der Zinsen im Erwerbszeitpunkt ist in der Regel eine Bescheinigung des Versicherungsunternehmens vorzulegen.

X. Hälftiger Unterschiedsbetrag

Wird die Versicherungsleistung nach Vollendung des 60. Lebensjahres des Steuerpflichtigen und nach Ablauf von zwölf Jahren seit dem Vertragsabschluss ausgezahlt, ist die Hälfte des Unterschiedsbetrags anzusetzen. Bei Verträgen, die nach dem 31. Dezember 2011 abgeschlossen werden, ist die Vollendung des 62. Lebensjahres des Steuerpflichtigen erforderlich (§ 52 Absatz 36 Satz 9 EStG).

1. Beginn der Mindestvertragsdauer

Für den Beginn der Mindestvertragsdauer bestehen aus Vereinfachungsgründen keine Bedenken, als Zeitpunkt des Vertragsabschlusses den im Versicherungsschein bezeichneten Tag des Versicherungsbeginns gelten zu lassen, wenn innerhalb von drei Monaten nach diesem Tag der

---
[1]) Abgedruckt in H 10 (Vertragsänderungen bei Lebensversicherungen).

Versicherungsschein ausgestellt und der erste Beitrag gezahlt wird; ist die Frist von drei Monaten überschritten, tritt an die Stelle des im Versicherungsschein bezeichneten Tages des Versicherungsbeginns der Tag der Zahlung des ersten Beitrages.

2. Neubeginn aufgrund von Vertragsänderungen

67 Werden wesentliche Vertragsmerkmale einer Versicherung im Sinne des § 20 Absatz 1 Nummer 6 EStG (Versicherungslaufzeit, Versicherungssumme, Beitragshöhe, Beitragszahlungsdauer, vgl. BFH vom 9. Mai 1974, BStBl II S. 633) geändert, führt dies nach Maßgabe der nachfolgenden Regelungen zu einem Neubeginn der Mindestvertragsdauer. Bei einer Änderung der Person des Versicherungsnehmers ist steuerrechtlich grundsätzlich nicht von einem neuen Vertrag auszugehen.

a) Bei Vertragsabschluss vereinbarte künftige Vertragsänderungen

68 Vertragsanpassungen, die bereits bei Vertragsabschluss vereinbart worden sind, sowie hinreichend bestimmte Optionen zur Änderung des Vertrages führen vorbehaltlich der Grenzen des Gestaltungsmissbrauchs nicht zu einem Neubeginn der Mindestvertragsdauer.

b) Nachträglich vereinbarte Vertragsänderungen

69 Werden ausschließlich wesentliche Vertragsbestandteile vermindert bzw. gesenkt (z. B. Verkürzung der Laufzeit oder der Beitragszahlungsdauer, niedrigere Beitragszahlungen oder Versicherungssumme), so gilt steuerrechtlich der geänderte Vertrag als „alter Vertrag", der unverändert fortgeführt wird.

70 Nachträglich vereinbarte Änderungen der Versicherungslaufzeit oder der Beitragszahlungsdauer bleiben für die Beurteilung der Mindestvertragsdauer außer Betracht, soweit nicht die Gesamtvertragsdauer von zwölf Jahren unterschritten wird (z. B. nachträgliche Verlängerung der Versicherungslaufzeit und/oder der Beitragszahlungsdauer bei gleich bleibender Versicherungssumme aufgrund reduzierten Beitrags).

71[1]) Nachträglich vereinbarte Beitragserhöhungen und Erhöhungen der Versicherungssumme gelten steuerlich im Umfang der Erhöhung als gesonderter neuer Vertrag, für den die Mindestvertragsdauer ab dem vereinbarten Erhöhungszeitpunkt neu zu laufen beginnt.

Im Hinblick auf die gesetzliche Anhebung des Rentenalters von 65 auf 67 Jahre gilt Folgendes:

Die Verlängerung der Laufzeit eines Vertrages, der bisher einen Auszahlungszeitpunkt im 65. oder 66. Lebensjahr zum Inhalt hatte, führt nicht zu einer nachträglichen Vertragsänderung, wenn die Verlängerung einen Zeitraum von höchstens zwei Jahren umfasst. Eine entsprechende Verlängerung der Beitragszahlungsdauer ist zulässig. Eine solche Verlängerung der Laufzeit bzw. der Beitragszahlungsdauer infolge der Anhebung der Altersgrenze kann nur einmalig vorgenommen werden.

c) Zahlungsschwierigkeiten

72 Wurden Versicherungsbeiträge oder die Versicherungssumme wegen Zahlungsschwierigkeiten des Versicherungsnehmers insbesondere wegen Arbeitslosigkeit, Kurzarbeit oder Arbeitsplatzwechsel gemindert oder die Beiträge ganz oder teilweise befristet gestundet, so kann der Versicherungsnehmer innerhalb einer Frist von in der Regel drei Jahren eine Wiederherstellung des alten Versicherungsschutzes bis zur Höhe der ursprünglich vereinbarten Versicherungssumme verlangen und die Beitragsrückstände nachentrichten. Die nachentrichteten Beiträge werden als auf Grund des ursprünglichen Vertrages geleistet angesehen.

73 Konnte der Versicherungsnehmer wegen Zahlungsschwierigkeiten, insbesondere aufgrund von Arbeitslosigkeit, Kurzarbeit oder Arbeitsplatzwechsel die vereinbarten Beiträge nicht mehr aufbringen und nach Behebung seiner finanziellen Schwierigkeiten die fehlenden Beiträge nicht nachentrichten, so kann der Versicherungsnehmer innerhalb von in der Regel bis zu drei Jahren eine Wiederherstellung des alten Versicherungsschutzes bis zur Höhe der ursprünglich vereinbarten Versicherungssumme verlangen. Maßnahmen zur Schließung der Beitragslücke (z. B. Anhebung der künftigen Beiträge, Leistungsherabsetzung, Verlegung von Beginn- und Ablauftermin) führen nicht zu einem Neubeginn der Mindestvertragsdauer.

d) Fortsetzung einer während der Elternzeit beitragsfrei gestellten Lebensversicherung

73a Die Regelungen in den Rzn. 72 und 73 sind entsprechend anzuwenden, wenn eine Lebensversicherung während der Elternzeit im Sinne des Bundeselterngeld- und Elternzeitgesetzes bei-

---

[1]) Rz. 71 unter Berücksichtigung der Änderungen durch das BMF-Schreiben vom 6. 3. 2012 – IV C 3 – S 2220/11/10002 / IV C 1 – S 2252/07/0001 :005 –, BStBl I S. 238. Das BMF-Schreiben ist abgedruckt in Anhang 2 IX.

tragsfrei gestellt wurde und innerhalb von drei Monaten nach Beendigung der Elternzeit zu den vor der Umwandlung vereinbarten Bedingungen fortgeführt wird.

e) *Umwandlung einer Kapital-Lebensversicherung in eine nach § 851c ZPO unter Pfändungsschutz stehende Rentenversicherung*

Eine vor dem 1. Januar 2010 vollzogene Umwandlung einer Kapital-Lebensversicherung in eine Rentenversicherung, die die in § 10 Absatz 1 Nummer 2 Buchstabe b EStG genannten Voraussetzungen nicht erfüllt, die jedoch den Voraussetzungen des § 851c Absatz 1 ZPO entspricht, wird aus Billigkeitsgründen nicht als steuerschädliche Vertragsänderung betrachtet. Hiervon ausgenommen sind vor dem 1. Januar 2005 abgeschlossene Versicherungsverträge, wenn bei vertragsgemäßer Fortsetzung bis zum vereinbarten Ablaufzeitpunkt die rechnungsmäßigen und außerrechnungsmäßigen Zinsen nach § 20 Absatz 1 Nummer 6 Satz 1 EStG in der am 31. Dezember 2004 geltenden Fassung der Besteuerung unterlegen hätten, und Lebensversicherungsverträge, die nach dem 30. März 2007 abgeschlossen wurden. Zu den Rechtsfolgen einer Umwandlung eines Kapital-Lebensversicherungsvertrags in einen Rentenversicherungsvertrag im Sinne des § 10 Absatz 1 Nummer 2 Buchstabe b EStG (Basisrente) siehe Rz. 104 des BMF-Schreibens vom 30. Januar 2008 (BStBl I S. 390)[1]). 73b

Nach der Umwandlung geleistete Versicherungsbeiträge können als sonstige Vorsorgeaufwendungen berücksichtigt werden, wenn der Beginn des Versicherungsvertrages vor dem 1. Januar 2005 lag und ein Versicherungsbeitrag vor diesem Zeitpunkt geleistet wurde. Aus Billigkeitsgründen sind für die Frage des Versicherungsbeginns und der ersten Beitragsleistung (§ 10 Absatz 1 Nummer 3 Buchstabe b EStG) der ursprüngliche Kapital-Lebensversicherungsvertrag und der Rentenversicherungsvertrag als Einheit anzusehen. Die aus dem umgewandelten Vertrag angerechnete Versicherungsleistung kann nicht als Sonderausgabe berücksichtigt werden. 73c

Beispiel:

Unternehmer A hat in 2007 eine Kapital-Lebensversicherung vor dem 30. März 2007 abgeschlossen, die nach Ablauf der Versicherungslaufzeit eine Erlebensfall-Leistung in Form einer Kapitalauszahlung vorsieht (steuerpflichtig nach § 20 Absatz 1 Nummer 6 EStG). Im Jahre 2008 macht er von seinem Umwandlungsrecht nach § 173 VVG Gebrauch und stellt die Kapital-Lebensversicherung auf einen privaten Rentenversicherungsvertrag um, der im Todesfall während der Ansparphase eine Todesfall-Leistung in Form einer Beitragsrückgewähr vorsieht, die seine Erben erhalten sollen. 73d

Die Regelung in Rz. 58 des BMF-Schreibens vom 22. August 2002 (BStBl I 2002 S. 827)[2]), dass die Umstellung einer Kapital-Lebensversicherung in einen Vertrag im Sinne des Altersvorsorgeverträge-Zertifizierungsgesetzes keine steuerschädliche Vertragsänderung darstellt, ist auf nach dem 31. Dezember 2004 abgeschlossene Versicherungsverträge nicht anzuwenden (vgl. Rz. 90). 73e

3. Policendarlehen

Dienen die Ansprüche aus dem Versicherungsvertrag der Tilgung oder Sicherung eines Darlehens, so steht dies der Anwendung des § 20 Absatz 1 Nummer 6 Satz 2 EStG (Ansatz des hälftigen Unterschiedsbetrags) nicht entgegen. **Zur Abgrenzung zwischen Policendarlehen und steuerpflichtigen Versicherungsleistungen siehe Rz. 41a.** 74

4. Teilleistungen teilweise vor dem 60. Lebensjahr und teilweise danach

Werden mehrere Versicherungsleistungen zu unterschiedlichen Zeitpunkten ausgekehrt (z. B. bei Teilauszahlungen und Barauszahlungen von laufenden Überschussanteilen), ist jeweils gesondert zu prüfen, ob § 20 Absatz 1 Nummer 6 Satz 2 EStG zur Anwendung kommt. Die anteilig entrichteten Beiträge sind zu berücksichtigen. 75

Beispiel:

Laufzeit 20 Jahre, nach 10 Jahren Teilauszahlung i. H. v. 5 000 €, vollendetes Lebensalter des Steuerpflichtigen im Zeitpunkt der Teilauszahlung 55 Jahre, geleistete Beiträge zum Auszahlungszeitpunkt: 10 000 €, Zeitwert der Versicherung zum Auszahlungszeitpunkt 15 000 €, Restauszahlung nach weiteren 10 Jahren i. H. v. 25 000 €, geleistete Beiträge insgesamt: 20 000 €. 76

---

[1]) Nachfolgeschreiben abgedruckt in Anhang 2 VI.
[2]) Abgedruckt in H 10 (Vertragsänderungen bei Lebensversicherungen).

Lösung:

– Teilauszahlung i. H. v. 5 000 € (Laufzeit 10 Jahre, Alter 55)	
Versicherungsleistung	5 000,00 €
./. anteilig geleistete Beiträge (5 000:15 000 × 10 000)	3 333,33 €
	(= 33 %)
Ertrag nach § 20 Absatz 1 Nummer 6 Satz 1 EStG	1 666,67 €
– Restauszahlung i. H. v. 25 000 € (Laufzeit 20 Jahre, Alter 65)	
Versicherungsleistung	25 000,00 €
./. geleistete Beiträge (20 000 – 3 333,33)	16 666,67 €
Ertrag nach § 20 Absatz 1 Nummer 6 Satz 1 EStG	8 333,33 €
Davon anzusetzen nach § 20 Absatz 1 Nummer 6 Satz 2 EStG	4 166,67 €

5. Hälftiger Unterschiedsbetrag bei Kapitalversicherungen auf verbundene Leben

77 Sofern bei einer Kapitalversicherung auf verbundene Leben (vgl. Rz. 28) die Versicherungsleistung mehreren Steuerpflichtigen gemeinschaftlich zufließt, ist bei jedem Beteiligten gesondert zu prüfen, inwieweit er in seiner Person den Tatbestand des § 20 Absatz 1 Nummer 6 Satz 1 bzw. Satz 2 EStG verwirklicht. Die Aufteilung der Erträge ist dabei nach Köpfen vorzunehmen, soweit kein abweichendes Verhältnis vereinbart ist.

Beispiel:

78 Ehemann A schließt als Versicherungsnehmer eine Kapitalversicherung mit Sparanteil auf verbundene Leben ab. Versicherte Personen sind Ehemann A und Ehefrau B. Beiden steht das unwiderrufliche Bezugsrecht gemeinschaftlich zu. Laufzeit der Versicherung 20 Jahre. Erlebensfall-Leistung 30 000 €, geleistete Beiträge 20 000 €. A hat zum Auszahlungszeitpunkt das 62., B das 58. Lebensjahr vollendet.

Lösung:

Versicherungsleistung	30 000 €
./. geleistete Beiträge	20 000 €
Zwischensumme	10 000 €
Auf Ehemann A entfallen 50 %	= 5 000 €
Davon anzusetzen nach § 20 Absatz 1 Nummer 6 Satz 2 EStG	2 500 €
Auf Ehefrau B entfallen 50 %	= 5 000 €
Davon anzusetzen nach § 20 Absatz 1 Nummer 6 Satz 1 EStG	5 000 €

6. Mindesttodesfallschutz

78a Durch § 20 Absatz 1 Nummer 6 Satz 6 EStG (in der Fassung des Artikels 1 des Gesetzes vom 19. Dezember 2008 [BGBl. I S. 2794]) werden neue steuerliche Mindeststandards für die Anforderungen an die Risikoleistung aus einer Kapital-Lebensversicherung gesetzt. Sofern diese nicht erfüllt sind, ist die Steuerbegünstigung des Satzes 2 nicht anzuwenden, d. h., diese Verträge sind von einer nur hälftigen Versteuerung der Erträge ausgeschlossen. Die Neuregelung ist für alle Versicherungsverträge anzuwenden, die nach dem 31. März 2009 abgeschlossen werden oder bei denen die erstmalige Beitragsleistung nach dem 31. März 2009 erfolgt (§ 52 Absatz 36 Satz 11 EStG).

a) § 20 Absatz 1 Nummer 6 Satz 6 Buchstabe a EStG („50 %-Regel")

78b Buchstabe a des § 20 Absatz 1 Nummer 6 Satz 6 EStG (im Weiteren nur „Buchstabe a") betrifft Kapital-Lebensversicherungen mit einer vereinbarten laufenden Beitragszahlung bis zum Zeitpunkt des Erlebensfalls. Mindestens 50 % der über die gesamte Laufzeit zu zahlenden Beiträge werden als Mindesttodesfallschutz vorausgesetzt. Dies gilt nicht für Kapital-Lebensversicherungen, bei denen die Todesfallsumme mindestens der Erlebensfallsumme entspricht; bei diesen Verträgen ist die Festlegung eines Mindesttodesfallschutzes nicht erforderlich.

Beitragserhöhungen

78c Eine „vereinbarte laufende Beitragszahlung in mindestens gleich bleibender Höhe" liegt auch bei vertraglich vereinbarten Beitragserhöhungen und vertraglich vereinbarten Optionsrechten im Sinne der Rz. 68 vor. Sie stehen der Anwendung des Mindestrisikoschutzes nach Buchstabe a nicht entgegen. Bei dynamischen Tarifen ist zu unterscheiden zwischen solchen, bei denen von vornherein Beitragserhöhungen zur Erlebensfall-Leistung fest vereinbart werden, und solchen, bei denen der Versicherungsnehmer zwar das Recht auf Erhöhung des Beitrags hat, eine Verpflichtung zur Beitragserhöhung aber nicht besteht. Für die Unterscheidung sind die im Versicherungsvertrag enthaltenen Vereinbarungen maßgebend. Beitragserhöhungen, die von vornherein vereinbart werden, sind bei der Bestimmung des Mindesttodesfallschutzes zu berücksichtigen. Künftige Beitragserhöhungen sind dagegen erst dann zu berücksichtigen, wenn die Erhöhung wirksam wird.

Sofern Beitragserhöhungen eine steuerlich relevante Vertragsänderung darstellen (z. B. nachträglich vereinbarte einmalige Zuzahlungen), sind die Voraussetzungen für den Mindesttodesfallschutz für den neuen Vertagsteil separat zu prüfen. Bei einmaligen nachträglichen Zuzahlungen, die eine steuerlich relevante Vertragsänderung darstellen, kommt in der Regel der Mindesttodesfallschutz nach Buchstabe b des § 20 Absatz 1 Nummer 6 Satz 6 EStG in Betracht.

78d

Beitragsfreistellung/Beitragsherabsetzung

Ist die Beitragszahlungsdauer kürzer als die Versicherungsdauer, kommt die Anwendung des Mindesttodesfallschutzes nach Buchstabe a grundsätzlich nicht in Betracht. Das Recht des Versicherungsnehmers, jederzeit die Umwandlung der Versicherung in eine prämienfreie Versicherung zu verlangen (§ 165 VVG), schließt die Anwendbarkeit des Mindesttodesfallschutzes nach Buchstabe a jedoch nicht aus. Übt der Versicherungsnehmer dieses aus, reduziert sich der Mindesttodesfallschutz auf 50 % der sich nach der Beitragsfreistellung insgesamt für die Vertragsdauer ergebenden Beitragssumme. Entsprechendes gilt bei einer nachträglich vereinbarten Beitragsherabsetzung. Nach der Herabsetzung müssen die neuen laufenden Beiträge nach der Vereinbarung in mindestens gleich bleibender Höhe bis zum Zeitpunkt des Erlebensfalls vorgesehen werden.

78e

Kapital-Lebensversicherungen mit mehreren Erlebensfallzahlungen während der Versicherungsdauer

Nach jeder Teilauszahlung ermäßigt sich der Mindesttodesfallschutz in dem Verhältnis, in dem die Teilauszahlungssumme zum aktuellen Rückkaufswert vor Abzug von Kosten steht.

78f

Beispiel:

Vertraglich vereinbarte Beitragssumme 70 000 €, garantierte Erlebensfall-Leistung 100 000 €, Mindesttodesfallschutz: 35 000 €, Vertragsstand nach 20 Jahren: 90 000 € (Rückkaufswert), Teilauszahlung nach 20 Jahren i. H. v. 30 000 €.

Lösung:

Der Mindesttodesfallschutz ermäßigt sich im Verhältnis 30 000 zu 90 000 mithin um $^1/_3$. Der Mindesttodesfallschutz beträgt nach der Teilauszahlung 23 333 € (35 000 € × $^2/_3$).

Zuzahlungen zur Abkürzung der Versicherungsdauer

Zuzahlungen zur Abkürzung der Versicherungsdauer, bei denen der ursprünglich vereinbarte Beitrag nach erfolgter Zuzahlung in unveränderter Höhe weiterläuft, führen ebenfalls zu einer Neuberechnung des Mindesttodesfallschutzes, sofern die Zuzahlung keine steuerlich relevante Vertragsänderung darstellt (insbesondere bei gleichbleibender Versicherungssumme).

78g

Beispiel:

Vertragsdauer 30 Jahre, Jahresbeitrag 3 000 €, Beitragssumme 90 000 €, Mindesttodesfallschutz 45 000 €, garantierte Erlebensfall-Leistung 120 000 €.

Zuzahlung im Jahr 10 i. H. v. 20 000 € führt zu einer neuen Vertragslaufzeit von 20 Jahren, Versicherungssumme bleibt unverändert.

Lösung:

Die Beitragssumme reduziert sich auf 80 000 € (20 Jahre × 3 000 € + 20 000 €). Der Mindesttodesfallschutz reduziert sich ab Zuzahlung entsprechend auf 40 000 € (80 000 € × 50 %).

Zusatzversicherungen

Beitragsanteile für Nebenrisiken, die nach Rz. 58 bei der Ermittlung des Unterschiedsbetrages nicht ertragsmindernd anzusetzen sind, bleiben bei der Bestimmung des Mindesttodesfallschutzes außer Betracht.

78h

Karenzzeit

78i Ein Ausschluss der Risikotragung in den ersten Jahren der Vertragslaufzeit ist bei der Prüfung des Mindesttodesfallschutzes nach Buchstabe a nicht zulässig.

b) *§ 20 Absatz 1 Nummer 6 Satz 6 Buchstabe b EStG („10 %-Regel")*

78j Buchstabe b des § 20 Absatz 1 Nummer 6 Satz 6 EStG (im Weiteren nur: „Buchstabe b") betrifft hauptsächlich Kapital-Lebensversicherungsverträge gegen Einmalbeitrag oder mit abgekürzter Beitragszahlungsdauer. Anstatt auf die Beitragssumme werden bei diesen Verträgen die Anforderungen an den Mindesttodesfallschutz auf das Deckungskapital, auf den Zeitwert des Vertrages oder auf die Summe der gezahlten Beiträge bezogen. Als ausreichend wird eine Todesfall-Leistung betrachtet, die das Deckungskapital oder den Zeitwert um mindestens zehn Prozent des Deckungskapitals, des Zeitwerts oder die Summe der gezahlten Beiträge übersteigt.

Karenzzeit

78k Es ist zulässig, wenn der Mindesttodesfallschutz erst nach Ablauf von fünf Jahren nach Vertragsabschluss erbracht wird. Beitragserhöhungen führen nicht dazu, dass diese Frist erneut zu laufen beginnt.

Absinken des Mindesttodesfallschutzes

78l Der Mindesttodesfallschutz nach Buchstabe b darf vom Zeitpunkt des Beginns des Versicherungsschutzes an bis zum Ende der Vertragslaufzeit in jährlich gleichen Schritten auf Null sinken (§ 20 Absatz 1 Nummer 6 Satz 6 Buchstabe b Satz 2 EStG). Bei der Vereinbarung einer Karenzzeit darf das gleichmäßige Absinken des Satzes von zehn Prozent erst nach Ablauf der vereinbarten Karenzzeit einsetzen. Diese Regelung zum Absinken des Versicherungsschutzes ist nicht auf Kapital-Lebensversicherungen mit lebenslangem Todesfallschutz (vgl. Rz. 30) anwendbar, da es an einem zeitlich bestimmten Laufzeitende fehlt.

Beitragserhöhungen

78 m Vertraglich vereinbarte Beitragserhöhungen, die keine steuerlich relevante Vertragsänderung darstellen, führen zu einer Erhöhung des Deckungskapitals bzw. des Zeitwertes und sind bei der Ermittlung des Mindesttodesfallschutzes zu berücksichtigen. § 20 Absatz 1 Nummer 6 Satz 6 Buchstabe b Satz 2 EStG ist dabei mit der Maßgabe anzuwenden, dass im Zeitpunkt der Beitragserhöhung weiterhin der sich zu diesem Zeitpunkt ergebende Prozentsatz maßgeblich ist.

78n Soweit aufgrund einer Beitragserhöhung steuerlich ein neuer Vertrag vorliegt (z. B. bei einer nachträglich vereinbarten Beitragserhöhung), ist hinsichtlich des neuen Vertragsteils der Mindesttodesfallschutz einschließlich des Prozentsatzes nach § 20 Absatz 1 Nummer 6 Satz 6 Buchstabe b Satz 2 EStG neu zu ermitteln.

c) *Verhältnis zwischen den Regelungen zum Mindesttodesfallschutz*

78o Der Versicherungsvertrag muss durchgehend entweder den Mindesttodesfallschutz nach Buchstabe a oder Buchstabe b des § 20 Absatz 1 Nummer 6 Satz 6 EStG erfüllen. Ein Wechsel zwischen den beiden Varianten ist während der Vertragslaufzeit nicht möglich. Wenn ein Versicherungsvertrag die Anforderungen in Buchstabe a und Buchstabe b dergestalt miteinander verbindet, dass bei Risikoeintritt jeweils die Variante anzuwenden sei, die zu einer niedrigeren Leistung führt, ist von einem nicht ausreichenden Mindesttodesfallschutz auszugehen. Es besteht jedoch ein ausreichender Todesfallschutz, wenn der Versicherungsvertrag bei Risikoeintritt die höhere Leistung nach den Anforderungen von Buchstabe a oder Buchstabe b bietet.

XI. Werbungskosten

79 Kosten, die durch den Versicherungsvertrag veranlasst sind, können als Werbungskosten abgezogen werden. Zur Behandlung einer Vermittlungsprovision, die der Versicherungsnehmer aufgrund eines gesonderten Vertrages an den Versicherungsvermittler zahlt, siehe Rz. 56. Abschlusskosten, *die durch die Beitragsleistung bezahlt werden* (insbesondere die Vermittlungsprovision, die das Versicherungsunternehmen an den Vermittler erbringt), sind keine Werbungskosten. Die Werbungskosten sind auf den Sparer-Pauschbetrag beschränkt (Rz. 81a).

80 Die Aufwendungen für den entgeltlichen Erwerb eines Versicherungsvertrages sind Anschaffungskosten und keine Werbungskosten (siehe Rz. 64a und Rz. 81b).

Auch bei hälftigem Unterschiedsbetrag besteht der volle Werbungskostenabzug. § 3c Absatz 1 EStG ist nicht anwendbar, da § 20 Absatz 1 Nummer 6 Satz 2 EStG keine Steuerbefreiung, sondern eine Sonderregelung zur Ermittlung des anzusetzenden Ertrags enthält. 81

Ab dem 1. Januar 2009 ist der Werbungskostenabzug nach § 20 Absatz 9 EStG ausschließlich durch den Sparer-Pauschbetrag i. H. v. 801 € bzw. 1 602 € für Verheiratete möglich. Der Ansatz der tatsächlichen Werbungskosten ist ausgeschlossen. 81a

XIa. Entgeltliche Veräußerung

Nach § 20 Absatz 2 Satz 1 Nummer 6 EStG ist die Veräußerung von Ansprüchen auf eine Versicherungsleistung im Sinne des § 20 Absatz 1 Nummer 6 EStG steuerpflichtig, wenn der Verkauf nach dem 31. Dezember 2008 stattgefunden hat und der Versicherungsvertrag nach dem 31. Dezember 2004 abgeschlossen wurde. Bei Versicherungsverträgen, die vor dem 1. Januar 2005 abgeschlossen wurden, ist die Veräußerung nach § 20 Absatz 2 Satz 1 Nummer 6 EStG steuerpflichtig, wenn bei einem Rückkauf zum Veräußerungszeitpunkt die Erträge nach § 20 Absatz 1 Nummer 6 EStG in der Fassung vom 31. Dezember 2004 steuerpflichtig wären (§ 52a Absatz 10 Satz 5 EStG). 81b

XII. Nachweis der Besteuerungsgrundlagen

1. Inländische Versicherungen

Bei Versicherungen, die im Inland Sitz, Geschäftsleitung oder Niederlassung haben, dient als Nachweis für die Höhe der Kapitalerträge im Sinne des § 20 Absatz 1 Nummer 6 EStG im Rahmen der Einkommensteuererklärung bei positiven Kapitalerträgen die Steuerbescheinigung im Sinne des § 45a EStG. Negative Kapitalerträge sind in der Regel durch eine Berechnung des Versicherungsunternehmens zu belegen. 82

2. Ausländische Versicherungen

Der Steuerpflichtige hat alle für die Besteuerung nach § 20 Absatz 1 Nummer 6 EStG erforderlichen Unterlagen zu beschaffen und seiner Steuererklärung beizufügen (§ 90 Absatz 2 AO). 83

XIII. Kapitalertragsteuer

Dem Kapitalertragsteuerabzug (§ 43 Absatz 1 Satz 1 Nummer 4 Satz 1 EStG) unterliegen auch Teilleistungen (vgl. Rz. 61). 84

Bemessungsgrundlage ist im Regelfall der Unterschiedsbetrag, im Falle des § 20 Absatz 1 Nummer 6 Satz 2 EStG der halbe Unterschiedsbetrag. 85

Kapitalertragsteuer ist nach § 44a EStG nicht einzubehalten, wenn eine Nichtveranlagungsbescheinigung vorgelegt oder soweit ein Freistellungsauftrag erteilt wurde. 86

Die Kapitalertragsteuer wird von den inländischen Versicherungsunternehmen auch von den Erträgen aus Versicherungen im Sinne des § 20 Absatz 1 Nummer 6 EStG erhoben, bei denen der Steuerpflichtige nur beschränkt steuerpflichtig ist (§§ 1 Absatz 4, 49 Absatz 1 Nummer 5 EStG). Sie hat in diesen Fällen nach § 50 Absatz 2 Satz 1 EStG abgeltende Wirkung. Niedrigere Quellensteuerhöchstsätze nach den Doppelbesteuerungsabkommen sind im Erstattungsverfahren nach § 50d Absatz 1 EStG geltend zu machen. 87

XIIIa. Mitteilungspflicht für inländische Versicherungsvermittler

Ein inländischer Versicherungsvermittler ist verpflichtet, die erfolgreiche Vermittlung eines Vertrages im Sinne des § 20 Absatz 1 Nummer 6 (Kapitalversicherungen und Rentenversicherungen) nach § 45d Absatz 3 EStG bis zum 30. März des Folgejahres gegenüber dem Bundeszentralamt für Steuern (BZSt) mitzuteilen, wenn es sich um einen Vertrag zwischen einer im Inland ansässigen *Person* und einem ausländischen Versicherungsunternehmen handelt. Ausgenommen sind Verträge mit ausländischen Versicherungsunternehmen mit inländischer Niederlassung, da für diese Fälle eine Verpflichtung zum Einbehalt der Kapitalertragsteuer besteht (§ 43 Absatz 3 Satz 1 EStG). 87a

Die Verpflichtung zur Mitteilung entfällt, sofern das Versicherungsunternehmen freiwillig das BZSt bis zum 30. März des Folgejahres über den Abschluss eines Vertrages informiert hat und den Versicherungsvermittler hierüber in Kenntnis gesetzt hat.

Der Versicherungsvermittler hat die in § 45d Absatz 3 Satz 2 EStG genannten Daten dem BZSt mitzuteilen, wenn der Versicherungsvertrag nach dem 31. Dezember 2008 abgeschlossen wurde. Die erstmalige Übermittlung hat bis zum 30. März 2011 zu erfolgen, somit sind in 2011 die Vertragsabschlüsse für zwei Kalenderjahre zu übermitteln. 87b

87c Die Übermittlung hat nach amtlich vorgeschriebenen Datensatz grundsätzlich in elektronischer Form zu erfolgen (§ 45d Absatz 3 Satz 3 in Verbindung mit Absatz 1 Satz 2 bis 4 EStG, § 150 Absatz 6 AO, § 1 Absatz 1 Steuerdaten-Übermittlungsverordnung). Die Datensatzbeschreibung und Hinweise zur Übermittlung werden in einem gesonderten nachfolgenden Schreiben dargestellt.

XIV. Anwendungsregelungen

1. Zeitliche Abgrenzung von Altverträgen zu Neuverträgen

88 Durch das Alterseinkünftegesetz vom 5. Juli 2004 (BGBl. I S. 1427) ist § 20 Absatz 1 Nummer 6 EStG neu gefasst worden. Nach § 52 Absatz 36 EStG ist für vor dem 1. Januar 2005 abgeschlossene Versicherungsverträge (Altverträge) § 20 Absatz 1 Nummer 6 EStG in der am 31. Dezember 2004 geltenden Fassung (a. F.) weiter anzuwenden. Damit besteht insbesondere die Steuerbefreiung nach § 20 Absatz 1 Nummer 6 Satz 2 EStG a. F. für Altverträge fort.

89 Für die Frage, ob noch § 20 Absatz 1 Nummer 6 EStG a. F. anzuwenden ist, kommt es auf den Zeitpunkt des Vertragsabschlusses an. Die Regelung zur Rückdatierung (Rz. 66) ist in diesem Zusammenhang nicht anzuwenden. Der Versicherungsvertrag kommt mit dem Zugang der Annahmeerklärung des Versicherers beim Versicherungsnehmer zustande. Auf eine ausdrückliche Annahmeerklärung kann jedoch verzichtet werden, wenn sie nach der Verkehrssitte nicht zu erwarten ist oder der Antragende auf sie verzichtet hat (§ 151 BGB). Bei Lebensversicherungsverträgen kann aufgrund der regelmäßig erforderlichen Risikoprüfung davon ausgegangen werden, dass eine ausdrückliche Annahmeerklärung erfolgt. Für die steuerrechtliche Beurteilung ist unter dem Zeitpunkt des Vertragsabschlusses grundsätzlich das Datum der Ausstellung des Versicherungsscheines zu verstehen. Wenn der Steuerpflichtige geltend macht, der Vertragsschluss sei vor dem Datum der Ausstellung des Versicherungsscheins erfolgt, hat er dies durch geeignete Dokumente (z. B. Annahmeerklärung des Versicherers) zu belegen. Aus Vereinfachungsgründen ist es nicht erforderlich, dass der Steuerpflichtige den Zeitpunkt des Zugangs der Annahmeerklärung nachweist, sondern es ist auf das Datum der Annahmeerklärung abzustellen.

90 Die BMF-Schreiben vom 22. August 2002 – IV C 4 – S 2221–211/02 – (BStBl I S. 827)[1], vom 15. Juni 2000 – IV C 4 – S 2221–86/00 – (BStBl I S. 1118), vom 13. November 1985 – IV B 4 – S 2252–150/85 – (BStBl I S. 661) und vom 31. August 1979 – IV B 4 – S 2252–77/79 – (BStBl I S. 592) sind für Altverträge weiterhin anzuwenden. Die BMF-Schreiben vom 25. November 2004 – IV C 1 – S 2252–405/04 – (BStBl I S. 1096) und vom 22. Dezember 2005 – IV C 1 – S 2252–343/05 – (BStBl I 2006 S. 92)[2] werden aufgehoben.

3. Vorratsverträge

91 Im Abschluss so genannter Vorratsverträge ist regelmäßig ein steuerrechtlicher Gestaltungsmissbrauch im Sinne des § 42 AO zu sehen. Bei Versicherungsverträgen, die zwar noch im Jahr 2004 abgeschlossen werden, bei denen der vereinbarte Versicherungsbeginn aber erst nach dem 31. März 2005 liegt, kommt steuerlich der Vertragsabschluss zu dem Zeitpunkt zustande, zu dem die Versicherung beginnt.

4. Vertragsänderungen bei Altverträgen

92[3] Ergänzend zu dem BMF-Schreiben vom 22. August 2002 – IV C 4 – S 2221–211/02 – (BStBl I S. 827)[4] gilt für Beitragserhöhungen bei Altverträgen Folgendes: Ob im Falle von bereits bei Vertragsabschluss vereinbarten Beitragsanpassungen in vollem Umfange ein Altvertrag vorliegt, hängt davon ab, ob die vereinbarten Beitragsanpassungen als rechtsmissbräuchlich einzustufen sind (BMF-Schreiben vom 22. August 2002, BStBl I S. 827[5], Rz. 38). Ein Missbrauch rechtlicher Gestaltungsmöglichkeiten liegt insbesondere dann nicht vor, wenn die Beitragserhöhung pro Jahr 20 v. H. des bisherigen Beitrags nicht übersteigt. Dabei ist es unbeachtlich, ob die Beitragserhöhung durch Anwendung eines Vomhundertsatzes oder eines vergleichbaren Dynamisierungsfaktors, bezifferter Mehrbeträge oder durch im Voraus festgelegte feste Beiträge ausgedrückt wird. Im Falle einer Beitragserhöhung pro Jahr um mehr als 20 v. H. des bisherigen Beitrags handelt es sich nicht um einen Missbrauch steuerlicher Gestaltungsmöglichkeiten,

---

1) Abgedruckt in H 10 (Vertragsänderungen bei Lebensversicherungen).
2) Abgedruckt in H 20 der Lohnsteuer Handausgabe 2009.
3) Rz. 92 unter Berücksichtigung der Änderungen durch das BMF-Schreiben vom 6. 3. 2012 – IV C 3 – S 2220/11/10002 / IV C 1 – S 2252/07/0001 :005 –, BStBl I S. 238. Das BMF-Schreiben ist abgedruckt in Anhang 2 IX.
4) Abgedruckt in H 10 (Vertragsänderungen bei Lebensversicherungen).
5) Abgedruckt in H 10 (Vertragsänderungen bei Lebensversicherungen).

- wenn die jährliche Beitragserhöhung nicht mehr als 250 € beträgt oder
- wenn der Jahresbeitrag bis zum fünften Jahr der Vertragslaufzeit auf nicht mehr als 4 800 € angehoben wird und der im ersten Jahr der Vertragslaufzeit zu zahlende Versicherungsbeitrag mindestens 10 v. H. dieses Betrages ausmacht oder
- wenn der erhöhte Beitrag nicht höher ist als der Beitrag, der sich bei einer jährlichen Beitragserhöhung um 20 v. H. seit Vertragsabschluss ergeben hätte.

Im Hinblick auf die gesetzliche Anhebung des Rentenalters von 65 auf 67 Jahre gilt Folgendes: Die Verlängerung der Laufzeit eines Vertrages, der bisher einen Auszahlungszeitpunkt im 65. oder 66. Lebensjahr zum Inhalt hatte, führt nicht zu einer nachträglichen Vertragsänderung, wenn die Verlängerung einen Zeitraum von höchstens zwei Jahren umfasst. Eine entsprechende Verlängerung der Beitragszahlungsdauer ist zulässig. Eine solche Verlängerung der Laufzeit bzw. der Beitragszahlungsdauer infolge der Anhebung der Altersgrenze kann nur einmalig vorgenommen werden.

Ist die Erhöhung der Beitragsleistung als missbräuchlich einzustufen, sind die insgesamt auf die Beitragserhöhung entfallenden Vertragsbestandteile steuerlich als gesonderter neuer Vertrag zu behandeln. Der neue Vertrag gilt in dem Zeitpunkt als abgeschlossen, zu dem der auf den Erhöhungsbetrag entfallende Versicherungsbeginn erfolgt. Wenn die Beitragshöhe in den Kalenderjahren 2005 oder 2006 gesenkt wird und nunmehr die o. a. Grenzen nicht überschritten werden, ist kein Gestaltungsmissbrauch und steuerlich kein gesonderter neuer Vertrag anzunehmen. 93

Es wird nicht beanstandet, wenn das Versicherungsunternehmen als Einnahmen aus einem Vertrag, für den aufgrund einer Vertragsänderung nach Maßgabe des BMF-Schreibens vom 22. August 2002 (BStBl I S. 827)[1] für den „alten Vertrag" § 20 Absatz 1 Nummer 6 EStG a. F. und für den „neuen Vertrag" § 20 Absatz 1 Nummer 6 EStG n. F. Anwendung findet, insgesamt die rechnungsmäßigen und außerrechnungsmäßigen Zinsen zugrunde legt, wenn der Steuerpflichtige dem zugestimmt hat. 94

§ 20 Absatz 1 Nummer 6 Satz 2 EStG n. F. ist für den „neuen Vertrag" entsprechend anzuwenden.

5. Vertragsschluss im Namen eines minderjährigen Kindes

Fälle, in denen Eltern für ihr minderjähriges Kind einen Versicherungsvertrag dergestalt vor dem 31. Dezember 2004 abschließen, dass das Kind Versicherungsnehmer wird, sind folgendermaßen zu behandeln: 95

Nach § 1643 Absatz 1 BGB in Verbindung mit § 1822 Nummer 5 BGB bedarf ein Vertrag der Genehmigung des Familiengerichts, wenn durch den Vertrag der Minderjährige zu wiederkehrenden Leistungen verpflichtet wird und das Vertragsverhältnis länger als ein Jahr nach dem Eintritt der Volljährigkeit fortdauern soll. Enthält der Versicherungsvertrag eine Beitragszahlungsverpflichtung über den 19. Geburtstag hinaus, ist somit eine Genehmigung erforderlich. Wird das Kind volljährig, so tritt seine Genehmigung an die Stelle des Familiengerichts (§ 1829 Absatz 3 BGB). Solange keine Genehmigung erteilt wurde, ist das Rechtsgeschäft schwebend unwirksam (§ 1829 Absatz 1 Satz 1 BGB). Nach § 184 Absatz 1 BGB wirkt eine Genehmigung auf den Zeitpunkt der Vornahme des Rechtsgeschäfts zurück (ex tunc). Bei Genehmigung gilt der Vertrag als noch in 2004 geschlossen. § 20 Absatz 1 Nummer 6 EStG ist in der bis zum 31. Dezember 2004 geltenden Fassung anzuwenden. 96

Wird die Genehmigung nicht erteilt und erfolgt eine Rückabwicklung des Leistungsverhältnisses (§ 812 BGB), sind die in den Rückabwicklungsansprüchen enthaltenen Zinsanteile nach § 20 Absatz 1 Nummer 7 EStG zu versteuern. 97

Versicherungsvertragswechsel

Steuerliche Behandlung von Leistungen aus Versicherungen bei Versicherungsvertragswechsel außerhalb des „Abkommens zur Übertragung von Direktversicherungen oder Versicherungen in eine Pensionskasse bei Arbeitgeberwechsel"

(Bayerisches Landesamt für Steuern vom 5. 9. 2007 – S 2221 – 40 St 32/St 33
Bezug: FMS vom 20. 8. 2007, Gz.: 32/334 – S 2221 – 161 – 31972/07)

Für kapitalbildende Lebensversicherungen, bei denen der Versicherungsvertrag vor dem 1. Januar 2005 abgeschlossen wurde und bei denen es sich nicht um einen so genannten Vorratsvertrag handelt, ist für die steuerliche Erfassung der sich aus diesem Versicherungsvertrag ergebenden Leistungen nach § 52 Abs. 36 Satz 5 EStG weiterhin § 20 Abs. 1 Nr. 6 EStG in der bis

---

[1] Abgedruckt in H 10 (Vertragsänderungen bei Lebensversicherungen).

zum 31. Dezember 2004 geltenden Fassung anzuwenden (Altverträge). Dies gilt für Versicherungen über eine Pensionskasse entsprechend.

Für diese Versicherungsverträge (Altverträge) gelten insoweit weiterhin die im BMF-Schreiben vom 22. August 2002 BStBl 2002 I S. 827[1]) aufgestellten Grundsätze.

Wird der Versicherungsvertrag hingegen beendet und von einem neuen Versicherungsunternehmen fortgeführt, handelt es sich bei dem neu abgeschlossenen Versicherungsvertrag insoweit grundsätzlich um einen neuen Vertrag. Die Besteuerung der sich aus diesem Vertrag ergebenden Kapitalleistungen richtet sich nach § 20 Abs. 1 Nr. 6 EStG in der für den Vertrag geltenden Fassung. Für die Anwendung des § 52 Abs. 36 Satz 5 EStG ist auf den Vertragsabschluss des konkret zu beurteilenden Vertrages abzustellen.

Eine Ausnahme von diesem Grundsatz hat die Finanzverwaltung aus Billigkeitsgründen zugelassen, wenn die Direktversicherung von einem Versicherungsunternehmen auf ein anderes Versicherungsunternehmen im Rahmen des „Abkommens zur Übertragung von Direktversicherungen bei Arbeitgeberwechsel" übertragen wird (vgl. BMF-Schreiben vom 22. August 2002,[2]) Rdnr. 35). Dies gilt entsprechend für das neue „Abkommen zur Übertragung von Direktversicherungen oder Versicherungen in eine Pensionskasse bei Arbeitgeberwechsel". Voraussetzung für die Anwendung des Abkommens ist u. a. ein Arbeitgeberwechsel und die unveränderte Fortsetzung des alten Vertrages vom neuen Versicherer. Wird eine Versicherung außerhalb dieses Abkommens – z. B. weil der versicherte Arbeitnehmer seinen Arbeitgeber nicht gewechselt hat – von einem Versicherungsunternehmen auf ein anderes Versicherungsunternehmen übertragen, handelt es sich insoweit um einen neu abgeschlossenen Vertrag. In diesen Fällen sind im Zeitpunkt der Beendigung des Altvertrages die entsprechenden Leistungen nach § 20 Abs. 1 Nr. 6 EStG in der für den Vertrag geltenden Fassung des Einkommensteuergesetzes zu erfassen. Die Besteuerung des Leistungen aus dem Neuvertrag richtet sich im Leistungszeitpunkt auch nach der für diesen Vertrag geltenden Fassung des § 20 Abs. 1 Nr. 6 EStG. Erfolgt diese Übertragung – ohne dass die Voraussetzungen für die Anwendung des Übertragungsabkommens vorliegen – z. B. im Jahr 2006, ist für die Besteuerung der sich aus diesem neuen Versicherungsvertrag ergebenden Kapitalleistungen – soweit die Leistungen nicht auf geförderten Beiträgen beruhen – § 22 Nr. 5 Satz 2 Buchstabe b in Verbindung mit § 20 Abs. 1 Nr. 6 EStG anzuwenden.

Aus betriebsrentenrechtlicher Sicht ist hierbei zudem zu berücksichtigen, dass der Arbeitgeber grundsätzlich zwar frei ist, sich für einen neuen Versorgungsträger zu entscheiden. Ohne Zustimmung des Arbeitnehmers ist dies allerdings nur dann möglich, wenn dem Arbeitnehmer durch den Wechsel keine materiellen Nachteile entstehen. Im Fall der Entgeltumwandlung dürfte ein Wechsel des Versorgungsträgers im Allgemeinen nur mit Zustimmung des Arbeitnehmers möglich sein, da der Arbeitnehmer häufig ein unmittelbares Interesse hat, bei einem bestimmten Versicherungsunternehmen versichert zu sein, nicht zuletzt weil in aller Regel ihm (und nicht dem Arbeitgeber) die Überschüsse zustehen.

f) Vermietung und Verpachtung (§ 2 Absatz 1 Satz 1 Nummer 6)

§ 21 [Einkünfte aus Vermietung und Verpachtung]

(1) [1]Einkünfte aus Vermietung und Verpachtung sind

1. Einkünfte aus Vermietung und Verpachtung von unbeweglichem Vermögen, insbesondere von Grundstücken, Gebäuden, Gebäudeteilen, Schiffen, die in ein Schiffsregister eingetragen sind, und Rechten, die den Vorschriften des bürgerlichen Rechts über Grundstücke unterliegen (z. B. Erbbaurecht, Mineralgewinnungsrecht);
2. Einkünfte aus Vermietung und Verpachtung von Sachinbegriffen, insbesondere von beweglichem Betriebsvermögen;
3. Einkünfte aus zeitlich begrenzter Überlassung von Rechten, insbesondere von schriftstellerischen, künstlerischen und gewerblichen Urheberrechten, von gewerblichen Erfahrungen und von Gerechtigkeiten und Gefällen;
4. Einkünfte aus der Veräußerung von Miet- und Pachtzinsforderungen, auch dann, wenn die Einkünfte im Veräußerungspreis von Grundstücken enthalten sind und die Miet- oder Pachtzinsen sich auf einen Zeitraum beziehen, in dem der Veräußerer noch Besitzer war.

[2]§§ 15a und 15b sind sinngemäß anzuwenden.

---
[1]) Abgedruckt in H 10 (Vertragsänderungen bei Lebensversicherungen).
[2]) Abgedruckt in H 10 (Vertragsänderungen bei Lebensversicherungen).
[3]) Zur zeitlichen Anwendung von Absatz 1 Satz 2 → § 52 Abs. 37e EStG.

(2) ¹Beträgt das Entgelt für die Überlassung einer Wohnung zu Wohnzwecken weniger als 66 Prozent der ortsüblichen Marktmiete, so ist die Nutzungsüberlassung in einen entgeltlichen und einen unentgeltlichen Teil aufzuteilen. ²Beträgt das Entgelt bei auf Dauer angelegter Wohnungsvermietung mindestens 66 Prozent der ortsüblichen Miete, gilt die Wohnungsvermietung als entgeltlich.

(3) Einkünfte der in den Absätzen 1 und 2 bezeichneten Art sind Einkünften aus anderen Einkunftsarten zuzurechnen, soweit sie zu diesen gehören.

g) Sonstige Einkünfte (§ 2 Absatz 1 Satz 1 Nummer 7)

§ 22 Arten der sonstigen Einkünfte

Sonstige Einkünfte sind
1. Einkünfte aus wiederkehrenden Bezügen, soweit sie nicht zu den in § 2 Absatz 1 Nummer 1 bis 6 bezeichneten Einkunftsarten gehören; § 15b ist sinngemäß anzuwenden. ²Werden die Bezüge freiwillig oder auf Grund einer freiwillig begründeten Rechtspflicht oder einer gesetzlich unterhaltsberechtigten Person gewährt, so sind sie nicht dem Empfänger zuzurechnen; dem Empfänger sind dagegen zuzurechnen
   a) Bezüge, die von einer Körperschaft, Personenvereinigung oder Vermögensmasse außerhalb der Erfüllung steuerbegünstigter Zwecke im Sinne der §§ 52 bis 54 der Abgabenordnung gewährt werden, und
   b) Bezüge im Sinne des § 1 der Verordnung über die Steuerbegünstigung von Stiftungen, die an die Stelle von Familienfideikommissen getreten sind, in der im Bundesgesetzblatt Teil III, Gliederungsnummer 611-4-3, veröffentlichten bereinigten Fassung.
   ³Zu den in Satz 1 bezeichneten Einkünften gehören auch
   a) Leibrenten und andere Leistungen,
      aa) die aus den gesetzlichen Rentenversicherungen, *der landwirtschaftlichen Alterskasse*, den berufsständischen Versorgungseinrichtungen und aus Rentenversicherungen im Sinne des § 10 Absatz 1 Nummer 2 Buchstabe b erbracht werden, soweit sie jeweils der Besteuerung unterliegen. ²Bemessungsgrundlage für den der Besteuerung unterliegenden Anteil ist der Jahresbetrag der Rente. ³Der der Besteuerung unterliegende Anteil ist nach dem Jahr des Rentenbeginns und dem in diesem Jahr maßgebenden Prozentsatz aus der nachstehenden Tabelle zu entnehmen:

Jahr des Rentenbeginns	Besteuerungsanteil in %
bis 2005	50
ab 2006	52
2007	54
2008	56
2009	58
2010	60
2011	62
2012	64
2013	66
2014	68
2015	70
2016	72
2017	74
2018	76
2019	78
2020	80
2021	81
2022	82
2023	83
2024	84

---

1) Zur zeitlichen Anwendung → § 52 Abs. 38 EStG.
2) *Nr. 1 Satz 3 Buchstabe a Doppelbuchstabe aa) wurde durch das LSV-NOG ab VZ 2013 geändert.*

§ 22 EStG

Jahr des Rentenbeginns	Besteuerungsanteil in %
2025	85
2026	86
2027	87
2028	88
2029	89
2030	90
2031	91
2032	92
2033	93
2034	94
2035	95
2036	96
2037	97
2038	98
2039	99
2040	100

⁴Der Unterschiedsbetrag zwischen dem Jahresbetrag der Rente und dem der Besteuerung unterliegenden Anteil der Rente ist der steuerfreie Teil der Rente. ⁵Dieser gilt ab dem Jahr, das dem Jahr des Rentenbeginns folgt, für die gesamte Laufzeit des Rentenbezugs. ⁶Abweichend hiervon ist der steuerfreie Teil der Rente bei einer Veränderung des Jahresbetrags der Rente in dem Verhältnis anzupassen, in dem der veränderte Jahresbetrag der Rente zum Jahresbetrag der Rente steht, der der Ermittlung des steuerfreien Teils der Rente zugrunde liegt. ⁷Regelmäßige Anpassungen des Jahresbetrags der Rente führen nicht zu einer Neuberechnung und bleiben bei einer Neuberechnung außer Betracht. ⁸Folgen nach dem 31. Dezember 2004 Renten aus derselben Versicherung einander nach, gilt für die spätere Rente Satz 3 mit der Maßgabe, dass sich der Prozentsatz nach dem Jahr richtet, das sich ergibt, wenn die Laufzeit der vorhergehenden Renten von dem Jahr des Beginns der späteren Rente abgezogen wird; der Prozentsatz kann jedoch nicht niedriger bemessen werden als der für das Jahr 2005;

bb) die nicht solche im Sinne des Doppelbuchstaben aa sind und bei denen in den einzelnen Bezügen Einkünfte aus Erträgen des Rentenrechts enthalten sind. ²Dies gilt auf Antrag auch für Leibrenten und andere Leistungen, soweit diese auf bis zum 31. Dezember 2004 geleisteten Beiträgen beruhen, welche oberhalb des Betrags des Höchstbetrags zur gesetzlichen Rentenversicherung gezahlt wurden; der Steuerpflichtige muss nachweisen, dass der Betrag des Höchstbetrags mindestens zehn Jahre überschritten wurde; soweit hiervon im Versorgungsausgleich übertragene Rentenanwartschaften betroffen sind, gilt § 4 Absatz 1 und 2 des Versorgungsausgleichsgesetzes entsprechend. ³Als Ertrag des Rentenrechts gilt für die gesamte Dauer des Rentenbezugs der Unterschiedsbetrag zwischen dem Jahresbetrag der Rente und dem Betrag, der sich bei gleichmäßiger Verteilung des Kapitalwerts der Rente auf ihre voraussichtliche Laufzeit ergibt; dabei ist der Kapitalwert nach dieser Laufzeit zu berechnen. ⁴Der Ertrag des Rentenrechts (Ertragsanteil) ist aus der nachstehenden Tabelle zu entnehmen:

Bei Beginn der Rente vollendetes Lebensjahr des Rentenberechtigten	Ertragsanteil in %	Bei Beginn der Rente vollendetes Lebensjahr des Rentenberechtigten	Ertragsanteil in %
0 bis 1	59	51 bis 52	29
2 bis 3	58	53	28
4 bis 5	57	54	27
6 bis 8	56	55 bis 56	26
9 bis 10	55	57	25
11 bis 12	54	58	24

---

[1]) Zur Anwendung von Nummer 1 Satz 3 Buchstabe a Doppelbuchstabe bb Satz 2 → auch § 52 Abs. 36 Satz 12 EStG.

§ 22 EStG

Bei Beginn der Rente vollendetes Lebensjahr des Rentenberechtigten	Ertragsanteil in %	Bei Beginn der Rente vollendetes Lebensjahr des Rentenberechtigten	Ertragsanteil in %
13 bis 14	53	59	23
15 bis 16	52	60 bis 61	22
17 bis 18	51	62	21
19 bis 20	50	63	20
21 bis 22	49	64	19
23 bis 24	48	65 bis 66	18
25 bis 26	47	67	17
27	46	68	16
28 bis 29	45	69 bis 70	15
30 bis 31	44	71	14
32	43	72 bis 73	13
33 bis 34	42	74	12
35	41	75	11
36 bis 37	40	76 bis 77	10
38	39	78 bis 79	9
39 bis 40	38	80	8
41	37	81 bis 82	7
42	36	83 bis 84	6
43 bis 44	35	85 bis 87	5
45	34	88 bis 91	4
46 bis 47	33	92 bis 93	3
48	32	94 bis 96	2
49	31	ab 97	1
50	30		

⁵Die Ermittlung des Ertrags aus Leibrenten, die vor dem 1. Januar 1955 zu laufen begonnen haben, und aus Renten, deren Dauer von der Lebenszeit mehrerer Personen oder einer anderen Person als des Rentenberechtigten abhängt, sowie aus Leibrenten, die auf eine bestimmte Zeit beschränkt sind, wird durch eine Rechtsverordnung bestimmt;

b) Einkünfte aus Zuschüssen und sonstigen Vorteilen, die als wiederkehrende Bezüge gewährt werden;

1a. Einkünfte aus Unterhaltsleistungen, soweit sie nach § 10 Absatz 1 Nummer 1 vom Geber abgezogen werden können;

1b. Einkünfte aus Versorgungsleistungen, soweit beim Zahlungsverpflichteten die Voraussetzungen für den Sonderausgabenabzug nach § 10 Absatz 1 Nummer 1a erfüllt sind;

1c. Einkünfte aus Ausgleichszahlungen im Rahmen des Versorgungsausgleichs nach den §§ 20, 21, 22 und 26 des Versorgungsausgleichsgesetzes, §§ 1587f, 1587g, 1587i des Bürgerlichen Gesetzbuchs und § 3a des Gesetzes zur Regelung von Härten im Versorgungsausgleich, soweit bei der ausgleichspflichtigen Person die Voraussetzungen für den Sonderausgabenabzug nach § 10 Absatz 1 Nummer 1b erfüllt sind;

2. Einkünfte aus privaten Veräußerungsgeschäften im Sinne des § 23;

3. Einkünfte aus Leistungen, soweit sie weder zu anderen Einkunftsarten (§ 2 Absatz 1 Satz 1 Nummer 1 bis 6) noch zu den Einkünften im Sinne der Nummern 1, 1a, 2 oder 4 gehören, z.B. Einkünfte aus gelegentlichen Vermittlungen und aus der Vermietung beweglicher Gegenstände. ²Solche Einkünfte sind nicht einkommensteuerpflichtig, wenn sie weniger als 256 Euro im Kalenderjahr betragen haben. ³Übersteigen die Werbungskosten die Einnahmen, so darf der übersteigende Betrag bei Ermittlung des Einkommens nicht ausgeglichen werden; er darf auch nicht nach § 10d abgezogen werden. ⁴Die Verluste mindern jedoch nach Maßgabe des § 10d die Einkünfte, die der Steuerpflichtige in dem unmittelbar vorangegangenen Veranlagungszeitraum oder in den folgenden Veranlagungszeiträumen aus

---

1) Nummer 3 Satz 4 ist auch in den Fällen anzuwenden, in denen am 1. 1. 2007 die Feststellungsfrist noch nicht abgelaufen ist → § 52 Abs. 38 Satz 3 EStG.

§ 22 EStG

Leistungen im Sinne des Satzes 1 erzielt hat oder erzielt; § 10d Absatz 4 gilt entsprechend. ⁵Verluste aus Leistungen im Sinne des § 22 Nummer 3 in der bis zum 31. Dezember 2008 anzuwendenden Fassung können abweichend von Satz 3 auch mit Einkünften aus Kapitalvermögen im Sinne des § 20 Absatz 1 Nummer 11 ausgeglichen werden. ⁶Sie mindern abweichend von Satz 4 nach Maßgabe des § 10d auch die Einkünfte, die der Steuerpflichtige in den folgenden Veranlagungszeiträumen aus § 20 Absatz 1 Nummer 11 erzielt;

S 2257 4. Entschädigungen, Amtszulagen, Zuschüsse zu Kranken- und Pflegeversicherungsbeiträgen, Übergangsgelder, Überbrückungsgelder, Sterbegelder, Versorgungsabfindungen, Versorgungsbezüge, die auf Grund des Abgeordnetengesetzes oder des Europaabgeordnetengesetzes, sowie vergleichbare Bezüge, die auf Grund der entsprechenden Gesetze der Länder gezahlt werden, und die Entschädigungen, das Übergangsgeld, das Ruhegehalt und die Hinterbliebenenversorgung, die auf Grund des Abgeordnetenstatuts des Europäischen Parlaments von der Europäischen Union gezahlt werden. ²Werden zur Abgeltung des durch das Mandat veranlassten Aufwandes Aufwandsentschädigungen gezahlt, so dürfen die durch das Mandat veranlassten Aufwendungen nicht als Werbungskosten abgezogen werden. ³Wahlkampfkosten zur Erlangung eines Mandats im Bundestag, im Europäischen Parlament oder im Parlament eines Landes dürfen nicht als Werbungskosten abgezogen werden. ⁴Es gelten entsprechend

S 2257a a) für Nachversicherungsbeiträge auf Grund gesetzlicher Verpflichtung nach den Abgeordnetengesetzen im Sinne des Satzes 1 und für Zuschüsse zu Kranken- und Pflegeversicherungsbeiträgen § 3 Nummer 62,

b) für Versorgungsbezüge § 19 Absatz 2 nur bezüglich des Versorgungsfreibetrags; beim Zusammentreffen mit Versorgungsbezügen im Sinne des § 19 Absatz 2 Satz 2 bleibt jedoch insgesamt höchstens ein Betrag in Höhe des Versorgungsfreibetrags nach § 19 Absatz 2 Satz 3 im Veranlagungszeitraum steuerfrei,

c) für das Übergangsgeld, das in einer Summe gezahlt wird, und für die Versorgungsabfindung § 34 Absatz 1,

d) für die Gemeinschaftssteuer, die auf die Entschädigungen, das Übergangsgeld, das Ruhegehalt und die Hinterbliebenenversorgung auf Grund des Abgeordnetenstatuts des Europäischen Parlaments von der Europäischen Union erhoben wird, § 34c Absatz 1; dabei sind die im ersten Halbsatz genannten Einkünfte für die entsprechende Anwendung des § 34c Absatz 1 wie ausländische Einkünfte und die Gemeinschaftssteuer wie eine der deutschen Einkommensteuer entsprechende ausländische Steuer zu behandeln;

1) 2) 5. Leistungen aus Altersvorsorgeverträgen, Pensionsfonds, Pensionskassen und Direktversicherungen. ²Soweit die Leistungen nicht auf Beiträgen, auf die § 3 Nummer 63, § 10a oder Abschnitt XI angewendet wurde, nicht auf Zulagen im Sinne des Abschnitts XI, nicht auf Zahlungen im Sinne des § 92a Absatz 2 Satz 4 Nummer 1 und des § 92a Absatz 3 Satz 9 Nummer 2, nicht auf steuerfreien Leistungen nach § 3 Nummer 66 und nicht auf Ansprüchen beruhen, die durch steuerfreie Zuwendungen nach § 3 Nummer 56 oder die durch die nach § 3 Nummer 55b Satz 1 oder § 3 Nummer 55c steuerfreie Leistung aus einem neu begründeten Anrecht erworben wurden,

S 2257b a) ist bei lebenslangen Renten sowie bei Berufsunfähigkeits-, Erwerbsminderungs- und Hinterbliebenenrenten Nummer 1 Satz 3 Buchstabe a entsprechend anzuwenden,

b) ist bei Leistungen aus Versicherungsverträgen, Pensionsfonds, Pensionskassen und Direktversicherungen, die nicht solche nach Buchstabe a sind, § 20 Absatz 1 Nummer 6 in der jeweils für den Vertrag geltenden Fassung entsprechend anzuwenden,

c) unterliegt bei anderen Leistungen der Unterschiedsbetrag zwischen der Leistung und der Summe der auf sie entrichteten Beiträge der Besteuerung; § 20 Absatz 1 Nummer 6 Satz 2 gilt entsprechend.

³In den Fällen des § 93 Absatz 1 Satz 1 und 2 gilt das ausgezahlte geförderte Altersvorsorgevermögen nach Abzug der Zulagen im Sinne des Abschnitts XI als Leistung im Sinne des Satzes 2. ⁴Als Leistung im Sinne des Satzes 1 gilt auch der Verminderungsbetrag nach § 92a Absatz 2 Satz 5 und der Auflösungsbetrag nach § 92a Absatz 3 Satz 5. ⁵Der Auflösungsbetrag nach § 92a Absatz 2 Satz 6 wird zu 70 Prozent als Leistung nach Satz 1 erfasst. ⁶Tritt nach

---

¹) Zu Nummer 5 Satz 1 → § 52 Abs. 34c EStG.
„Wird eine Versorgungsverpflichtung nach § 3 Nr. 66 auf einen Pensionsfonds übertragen und hat der Stpfl. bereits vor dieser Übertragung Leistungen auf Grund dieser Versorgungsverpflichtung erhalten, so sind insoweit auf die Leistungen aus dem Pensionsfonds i. S. d. § 22 Nr. 5 Satz 1 die Beträge nach § 9a Satz 1 Nr. 1 und § 19 Abs. 2 entsprechend anzuwenden; § 9a Satz 1 Nr. 3 ist nicht anzuwenden."

²) Die Vorschrift soll durch das Gesetz zur Verbesserung der steuerlichen Förderung der privaten Altersvorsorge (Altersvorsorge-Verbesserungsgesetz – AltvVerbG) geändert werden. Bei Redaktionsschluss war das Gesetzgebungsverfahren noch nicht abgeschlossen. Um Beachtung wird gebeten. → Siehe hierzu Hinweise auf Seite 4!

dem Beginn der Auszahlungsphase zu Lebzeiten des Zulageberechtigten der Fall des § 92a Absatz 3 Satz 1 ein, dann ist
a) innerhalb eines Zeitraums bis zum zehnten Jahr nach dem Beginn der Auszahlungsphase das Eineinhalbfache,
b) innerhalb eines Zeitraums zwischen dem zehnten und 20. Jahr nach dem Beginn der Auszahlungsphase das Einfache

des nach Satz 5 noch nicht erfassten Auflösungsbetrags als Leistung nach Satz 1 zu erfassen; § 92a Absatz 3 Satz 9 gilt entsprechend mit der Maßgabe, dass als noch nicht zurückgeführter Betrag im Wohnförderkonto der noch nicht erfasste Auflösungsbetrag gilt. ⁷Bei erstmaligem Bezug von Leistungen, in den Fällen des § 93 Absatz 1 sowie bei Änderung der im Kalenderjahr auszuzahlenden Leistung hat der Anbieter (§ 80) nach Ablauf des Kalenderjahres dem Steuerpflichtigen nach amtlich vorgeschriebenem Vordruck den Betrag der im abgelaufenen Kalenderjahr zugeflossenen Leistungen im Sinne der Sätze 1 bis 6 je gesondert mitzuteilen. ⁸In den Fällen des § 92a Absatz 2 Satz 10 erster Halbsatz erhält der Steuerpflichtige die Angaben nach Satz 7 von der zentralen Stelle (§ 81). ⁹Werden dem Steuerpflichtigen Abschluss- und Vertriebskosten eines Altersvorsorgevertrages erstattet, gilt der Erstattungsbetrag als Leistung im Sinne des Satzes 1. ¹⁰In den Fällen des § 3 Nummer 55a richtet sich die Zuordnung zu Satz 1 oder Satz 2 bei der ausgleichsberechtigten Person danach, wie eine nur auf die Ehezeit bezogene Zuordnung der sich aus dem übertragenen Anrecht ergebenden Leistung zu Satz 1 oder Satz 2 bei der ausgleichspflichtigen Person im Zeitpunkt der Übertragung ohne die Teilung vorzunehmen gewesen wäre. ¹¹Dies gilt sinngemäß in den Fällen des § 3 Nummer 55 und 55e.

Hinweise

Allgemeines

→ BMF vom 31. 3. 2010 (BStBl I S. 270)   Anhang 2 IV
→ BMF vom 13. 9. 2010 (BStBl I S. 681)   Anhang 2 VI

Vordruck

Mitteilung über steuerpflichtige Leistungen aus einem Altersvorsorgevertrag oder aus einer betrieblichen Altersversorgung ab dem Kalenderjahr 2010; Amtlicher Vordruck nach § 22 Nr. 5 Satz 7 EStG

(BMF-Schreiben vom 17. 12. 2010
– IV C 3 – S 2257-b/07/10002, DOK 2010/0981008 –
BStBl 2011 I S. 6)

Nach § 22 Nummer 5 Satz 7 Einkommensteuergesetz (EStG) hat der Anbieter eines Altersvorsorgevertrags oder einer betrieblichen Altersversorgung bei erstmaligem Bezug von Leistungen, zu Beginn der Auszahlungsphase bei Bestehen eines Wohnförderkontos, in den Fällen der steuerschädlichen Verwendung nach den §§ 92a und 93 EStG sowie bei Änderung der im Kalenderjahr auszuzahlenden Leistungen dem Steuerpflichtigen nach amtlich vorgeschriebenem Vordruck den Betrag der im abgelaufenen Kalenderjahr zugeflossenen Leistungen im Sinne des § 22 Nummer 5 Satz 1 bis 6 EStG jeweils gesondert mitzuteilen. Das gilt auch für die Abschluss- und Vertriebskosten eines Altersvorsorgevertrages, die dem Steuerpflichtigen erstattet werden.

Im Einvernehmen mit den obersten Finanzbehörden der Länder wird das neue Vordruckmuster für die Mitteilung nach § 22 Nummer 5 Satz 7 EStG hiermit bekannt gemacht. Gegenüber der bisher bekannt gemachten Fassung vom März 2009 wurde der Hinweistext 2 geändert. Das in der Anlage beigefügte Vordruckmuster ist erstmals zur Bescheinigung von Leistungen des Kalenderjahres 2010 zu verwenden. Es wird jedoch von der Finanzverwaltung nicht beanstandet, wenn für das Kalenderjahr 2010 ausnahmsweise noch das mit Schreiben des Bundesministeriums der Finanzen vom 23. März 2009 (BStBl I S. 489)[1]) bekannt gegebene Muster verwendet wird.

Für die maschinelle Herstellung des Vordrucks werden folgende ergänzenden Regelungen getroffen:

Der Vordruck kann auch maschinell hergestellt werden, wenn nach Inhalt, Aufbau und Reihenfolge vom Vordruckmuster nicht abgewichen wird und die Leistungen auf Seite 2 oder 3 des

---

[1]) Abgedruckt unter H 22 der Lohnsteuer Handausgabe 2010.

Vordrucks bescheinigt werden. Der Vordruck hat das Format DIN A 4. Maschinell erstellte Bescheinigungen können zweiseitig bedruckt werden; sie brauchen nicht unterschrieben zu werden.

Folgende Abweichungen werden zugelassen:

1. Die Zeilen des Vordrucks, bei denen im Einzelfall keine Leistungen zu bescheinigen sind, können einschließlich der zugehörigen Hinweise entfallen. Dies gilt auch für die letzte Tabellenzeile einschließlich des Hinweises 15. Die Nummerierung der ausgedruckten Zeilen und Hinweise ist entsprechend dem amtlichen Vordruck beizubehalten.
2. Werden die Zeile 1 und der Hinweis 1 des amtlichen Vordrucks nicht ausgedruckt, da keine Leistungen im Sinne der Nummer 1, sondern Leistungen im Sinne der Nummer 2 dieses Vordrucks bezogen werden, kann bei der Nummer 2 des amtlichen Vordrucks auch der Klammerzusatz in Zeile 2 „(in Nummer 1 nicht enthalten)" entfallen.
3. Werden in Zeile 6 des amtlichen Vordrucks Leistungen bescheinigt, die auf Verträgen beruhen, die nach dem 31. Dezember 2004 abgeschlossen wurden, kann der Zusatz „ggf. in Verbindung mit § 52 Abs. 36 Satz 5 EStG" entfallen.
4. Werden Leistungen bescheinigt, kann unter der entsprechenden Zeile des amtlichen Vordrucks ein Hinweis auf die Zeile der Anlage R aufgenommen werden, in die der entsprechende Betrag einzutragen ist. Ebenso kann der Anbieter weitere für die Durchführung der Besteuerung erforderliche Angaben (z. B. Beginn der Rente) in den amtlichen Vordruck aufnehmen.
5. Sind Nachzahlungen zu mehr als einer Zeile zu bescheinigen, ist die Zeile 14 des Vordrucks mehrfach aufzunehmen.

Der Bescheinigung können weitere Erläuterungen beigefügt werden, sofern die Ergänzungen im Anschluss an das amtliche Muster und die Hinweise erfolgen und hiervon optisch abgesetzt werden.

§ 22 EStG
H 22

(Bezeichnung und Anschrift des Anbieters)

Datum der Absendung

(Bekanntgabeadressat)

Wichtiger Hinweis:
Diese Mitteilung informiert Sie über die Höhe der steuerpflichtigen Leistungen aus Ihrem Altersvorsorgevertrag oder aus Ihrer betrieblichen Altersversorgung. Die nachstehend mitgeteilten Beträge sind bei der Erstellung der Einkommensteuererklärung auf **Seite 2 der Anlage R** einzutragen.

Mitteilung

über steuerpflichtige Leistungen aus einem Altersvorsorgevertrag oder aus einer betrieblichen Altersversorgung (§ 22 Nr. 5 Satz 7 EStG)

für das Kalenderjahr _____

Name, Vorname	Geburtsdatum (soweit bekannt)
Straße, Hausnummer	
Postleitzahl, Wohnort	
Vertragsnummer (soweit vorhanden)	**Sozialversicherungsnummer/ Zulagenummer** (soweit vorhanden)
Anbieternummer (soweit vorhanden)	**Zertifizierungsnummer** (soweit vorhanden)

Grund für die Mitteilung:

☐ Erstmalige Leistungen im Sinne des § 22 Nr. 5 Satz 1, 2 oder 4 Alternative 1 EStG
☐ Änderung des Leistungsbetrags gegenüber dem Vorjahr
☐ Leistungen im Sinne des § 22 Nr. 5 Satz 3, 4 Alternative 2, 5, 6 oder 9 EStG
☐ Berichtigung der für dieses Kalenderjahr erstellten Mitteilung vom _____

Folgende Leistungen aus Ihrem Altersvorsorgevertrag oder aus Ihrer betrieblichen Altersversorgung im Kalenderjahr _____ unterliegen der Besteuerung nach § 22 Nr. 5 EStG:

Nr.	Besteuerung nach	Betrag in Euro / Cent
1	§ 22 Nr. 5 Satz 1 EStG [1]	
2	§ 22 Nr. 5 Satz 1 in Verbindung mit § 52 Abs. 34c EStG (in Nr. 1 nicht enthalten) [2]	
3	§ 22 Nr. 5 Satz 2 Buchstabe a in Verbindung mit § 22 Nr. 1 Satz 3 Buchstabe a Doppelbuchstabe aa EStG [3]	
4	§ 22 Nr. 5 Satz 2 Buchstabe a in Verbindung mit § 22 Nr. 1 Satz 3 Buchstabe a Doppelbuchstabe bb EStG ggf. in Verbindung mit § 55 Abs. 1 Nr. 1 EStDV [4]	
5	§ 22 Nr. 5 Satz 2 Buchstabe a in Verbindung mit § 22 Nr. 1 Satz 3 Buchstabe a Doppelbuchstabe bb Satz 5 EStG in Verbindung mit § 55 Abs. 2 EStDV ggf. in Verbindung mit § 55 Abs. 1 Nr. 1 EStDV [5]	
6	§ 22 Nr. 5 Satz 2 Buchstabe b in Verbindung mit § 20 Abs. 1 Nr. 6 EStG ggf. in Verbindung mit § 52 Abs. 36 Satz 5 EStG [6]	
7	§ 22 Nr. 5 Satz 2 Buchstabe c EStG [7]	
8a	§ 22 Nr. 5 Satz 3 in Verbindung mit Satz 2 Buchstabe a in Verbindung mit § 22 Nr. 1 Satz 3 Buchstabe a Doppelbuchstabe bb EStG ggf. in Verbindung mit § 55 Abs. 1 Nr. 1 EStDV [8]	
8b	§ 22 Nr. 5 Satz 3 in Verbindung mit Satz 2 Buchstabe a in Verbindung mit § 22 Nr. 1 Satz 3 Buchstabe a Doppelbuchstabe bb Satz 5 EStG in Verbindung mit § 55 Abs. 2 EStDV ggf. in Verbindung mit § 55 Abs. 1 Nr. 1 EStDV [8]	
8c	§ 22 Nr. 5 Satz 3 in Verbindung mit Satz 2 Buchstabe b in Verbindung mit § 20 Abs. 1 Nr. 6 EStG ggf. in Verbindung mit § 52 Abs. 36 Satz 5 EStG [8]	
8d	§ 22 Nr. 5 Satz 3 in Verbindung mit Satz 2 Buchstabe c EStG [8]	
9	§ 22 Nr. 5 Satz 4 in Verbindung mit § 92a Abs. 2 Satz 5 EStG [9]	
10	§ 22 Nr. 5 Satz 4 in Verbindung mit § 92a Abs. 3 Satz 5 EStG [10]	
11	§ 22 Nr. 5 Satz 5 EStG [11]	

12	§ 22 Nr. 5 Satz 6 EStG [12]	
13	§ 22 Nr. 5 Satz 9 EStG [13]	
14	In der Nr. ____ enthaltene Nachzahlungen für mehrere Jahre [14]	

Bei den Leistungen der Nummer(n) _____ handelt es sich um Leistungen an den Rechtsnachfolger bei vereinbarter Rentengarantiezeit. [15]

Diese Bescheinigung ist maschinell erstellt und daher nicht unterschrieben. Die bescheinigten Leistungen werden gemäß § 22a EStG auch der zentralen Stelle (§ 81 EStG) zur Übermittlung an die Landesfinanzbehörden mitgeteilt (Rentenbezugsmitteilungsverfahren).

Hinweise

Geförderte Beträge im Sinne des § 22 Nr. 5 EStG sind
- Beiträge, auf die § 3 Nr. 63, § 10a oder Abschnitt XI EStG angewendet wurde,
- steuerfreie Leistungen nach § 3 Nr. 66 EStG,
- steuerfreie Zuwendungen nach § 3 Nr. 56 EStG[1] oder
- steuerfreie Leistungen nach § 3 Nr. 55b Satz 1 EStG.

Gefördertes Kapital ist Kapital, das auf geförderten Beträgen und Zulagen im Sinne des Abschnitts XI EStG beruht.

[1] Es handelt sich um Leistungen aus einem Altersvorsorgevertrag im Sinne des § 82 EStG, einem Pensionsfonds, einer Pensionskasse oder aus einer Direktversicherung, soweit die Leistungen auf gefördertem Kapital beruhen. **Die bescheinigten Leistungen unterliegen in vollem Umfang der Besteuerung.**

[2] Es handelt sich um Leistungen aus einem Pensionsfonds, wenn laufende Versorgungsleistungen auf Grund einer Versorgungszusage in Form einer Direktzusage oder aus einer Unterstützungskasse bezogen wurden und die Ansprüche steuerfrei nach § 3 Nr. 66 EStG auf einen Pensionsfonds übertragen wurden. **Die bescheinigten Leistungen unterliegen in vollem Umfang der Besteuerung. Das Finanzamt gewährt jedoch einen Pauschbetrag für Werbungskosten nach § 9a Satz 1 Nr. 1 EStG sowie den Versorgungsfreibetrag und den Zuschlag zum Versorgungsfreibetrag nach § 19 Abs. 2 EStG, die einkunftsübergreifend im Verhältnis der Einnahmen zu berücksichtigen sind.**

---

[1] Die Steuerbefreiung nach § 3 Nr. 56 EStG ist erstmals auf Zuwendungen des Arbeitgebers anzuwenden, die nach dem 31. Dezember 2007 geleistet werden (§ 52 Abs. 5 EStG).

³ Es handelt sich um Leistungen aus einem Pensionsfonds, einer Pensionskasse oder einer Direktversicherung, soweit sie auf nicht gefördertem Kapital beruhen. Die der Leistung zu Grunde liegende Versorgungszusage wurde nach dem 31. Dezember 2004 erteilt (Neuzusage) und die Voraussetzungen des § 10 Abs. 1 Nr. 2 Buchstabe b EStG werden erfüllt. **Die Besteuerung erfolgt nach § 22 Nr. 5 Satz 2 Buchstabe a EStG in Verbindung mit § 22 Nr. 1 Satz 3 Buchstabe a Doppelbuchstabe aa EStG (Kohorte).**

⁴ Es handelt sich um eine lebenslange Leibrente aus einem Altersvorsorgevertrag im Sinne des § 82 EStG, einem Pensionsfonds, einer Pensionskasse oder einer Direktversicherung, soweit sie auf nicht gefördertem Kapital beruht. Bei der betrieblichen Altersversorgung wurde die der Leibrente zu Grunde liegende Versorgungszusage vor dem 1. Januar 2005 erteilt (Altzusage; § 10 Abs. 1 Nr. 3 Buchstabe b EStG) oder die Voraussetzungen des § 10 Abs. 1 Nr. 2 Buchstabe b EStG werden **nicht** erfüllt. **Die Rente unterliegt der Besteuerung mit dem Ertragsanteil (§ 22 Nr. 5 Satz 2 Buchstabe a EStG in Verbindung mit § 22 Nr. 1 Satz 3 Buchstabe a Doppelbuchstabe bb EStG, bei einem Rentenbeginn vor dem 1. Januar 1955 in Verbindung mit § 55 Abs. 1 Nr. 1 EStDV).**

⁵ Es handelt sich um eine abgekürzte Leibrente (Berufsunfähigkeits-, Erwerbsminderungs- und Hinterbliebenenrente) aus einem Altersvorsorgevertrag im Sinne des § 82 EStG, einem Pensionsfonds, einer Pensionskasse oder einer Direktversicherung, soweit sie auf nicht gefördertem Kapital beruht. Bei der betrieblichen Altersversorgung wurde die der abgekürzten Leibrente zu Grunde liegende Versorgungszusage vor dem 1. Januar 2005 erteilt (Altzusage; § 10 Abs. 1 Nr. 3 Buchstabe b EStG) oder die Voraussetzungen des § 10 Abs. 1 Nr. 2 Buchstabe b EStG werden **nicht** erfüllt. **Die abgekürzte Leibrente unterliegt der Besteuerung mit dem Ertragsanteil (§ 22 Nr. 5 Satz 2 Buchstabe a EStG in Verbindung mit § 22 Nr. 1 Satz 3 Buchstabe a Doppelbuchstabe bb EStG, bei einem Rentenbeginn vor dem 1. Januar 1955 in Verbindung mit § 55 Abs. 1 Nr. 1 EStDV). Der Ertragsanteil ergibt sich aus der Tabelle in § 55 Abs. 2 EStDV.**

⁶ Es handelt sich um andere Leistungen (insbesondere Kapitalauszahlungen) aus einem Altersvorsorgevertrag im Sinne des § 82 EStG, einem Pensionsfonds, einer Pensionskasse oder einer Direktversicherung (Versicherungsvertrag), soweit sie auf nicht gefördertem Kapital beruhen. Wenn der Versicherungsvertrag, der die Voraussetzungen des § 10 Abs. 1 Nr. 2 Buchstabe b EStG in der am 31. Dezember 2004 geltenden Fassung erfüllt, vor dem 1. Januar 2005 abgeschlossen wurde und die Auszahlung vor Ablauf von 12 Jahren seit Vertragsabschluss erfolgt, werden die rechnungsmäßigen und außerrechnungsmäßigen Zinsen bescheinigt. Wenn der Versicherungsvertrag nach dem 31. Dezember 2004 abgeschlossen wurde, enthält die Mitteilung den positiven oder negativen Unterschiedsbetrag zwischen der Versicherungsleistung und der Summe der auf sie entrichteten Beiträge oder - wenn die Auszahlung erst nach Vollendung des 60. Lebensjahrs erfolgt und der Vertrag im Zeitpunkt der Auszahlung mindestens 12 Jahre bestanden hat - die Hälfte dieses Unterschiedsbetrags. **Der bescheinigte Betrag unterliegt in diesem Umfang der Besteuerung.**

⁷ Bescheinigt werden die auf nicht gefördertem Kapital beruhenden Leistungen, die nicht bereits nach § 22 Nr. 5 Satz 2 Buchstabe a oder b EStG erfasst werden (z.B. Leistungen, die auf ungefördertem Kapital beruhen, aus zertifizierten Bank- oder Investmentfondssparplänen). Hierbei ist der Unterschiedsbetrag zwischen den Leistungen und der Summe der auf sie entrichteten Beiträge

anzusetzen. Wenn die Auszahlung erst nach Vollendung des 60. Lebensjahrs erfolgt und der Vertrag im Zeitpunkt der Auszahlung mindestens 12 Jahre bestanden hat, ist die Hälfte des Unterschiedsbetrags anzusetzen. **Die bescheinigten Leistungen unterliegen in diesem Umfang der Besteuerung.**

[8] Das ausgezahlte geförderte Altersvorsorgevermögen (= Kapital, das auf nach § 10a oder Abschnitt XI EStG geförderten Altersvorsorgebeiträgen und den gewährten Altersvorsorgezulagen beruht) wurde steuerschädlich im Sinne des § 93 Abs. 1 Satz 1 und 2 EStG verwendet. In welchem Umfang eine Besteuerung erfolgt, richtet sich in Anwendung des § 22 Nr. 5 Satz 2 EStG nach der Art der ausgezahlten Leistung. Hierbei ist der Hinweis 4 für Nr. 8a, der Hinweis 5 für Nr. 8b, der Hinweis 6 für Nr. 8c und der Hinweis 7 für Nr. 8d zu beachten. Als Leistung im Sinne des § 22 Nr. 5 Satz 2 EStG gilt das ausgezahlte geförderte Altersvorsorgevermögen nach Abzug der Zulagen im Sinne des Abschnitts XI EStG.

[9] Es handelt sich um die sukzessiv zu versteuernden Beträge aus dem Wohnförderkonto (Verminderungsbetrag). Als Leistung ist der Betrag zu bescheinigen, der sich ergibt, wenn der zu Beginn der Auszahlungsphase im Wohnförderkonto eingestellte Gesamtbetrag einschließlich des darin enthaltenen Erhöhungsbetrages zu gleichen Teilen auf die Jahre bis zur Vollendung des 85. Lebensjahres verteilt wird. **Der bescheinigte Betrag unterliegt in diesem Umfang der Besteuerung.**

[10] Es handelt sich um die Besteuerung des Auflösungsbetrages nach § 92a Abs. 3 Satz 5 EStG.
Das in der Wohnung gebundene geförderte Kapital wurde steuerschädlich verwendet, weil der Steuerpflichtige
- die Selbstnutzung der geförderten Wohnung nicht nur vorübergehend aufgegeben hat (dies gilt auch, wenn der Steuerpflichtige gestorben ist und das Wohnförderkonto nicht nach § 92a Abs. 3 Satz 9 Nr. 3 EStG für den überlebenden Ehegatten fortgeführt wird) oder
- seine Reinvestitionsabsicht im Sinne des § 92a Abs. 3 Satz 9 Nr. 1 und 2 EStG in Verbindung mit Satz 10 EStG aufgegeben hat.

Wird das Wohnförderkonto nach § 92a Abs. 3 Satz 9 Nr. 3 EStG für den überlebenden Ehegatten fortgeführt, tritt der überlebende Ehegatte an die Stelle des Steuerpflichtigen.
Als Leistung ist der Gesamtbetrag einschließlich des darin enthaltenen Erhöhungsbetrages zu bescheinigen, wie er im Zeitpunkt der Aufgabe der Selbstnutzung der geförderten Wohnimmobilie im Wohnförderkonto eingestellt ist. Im Falle des Todes des Steuerpflichtigen ist die Leistung dem Erblasser zuzurechnen, die Bescheinigung ist daher für den Erblasser auszustellen. **Der bescheinigte Betrag unterliegt in diesem Umfang der Besteuerung.**

[11] Es handelt sich um die Einmalbesteuerung der Beträge aus dem Wohnförderkonto zu Beginn der Auszahlungsphase. Als Leistung ist der im Wohnförderkonto eingestellte Gesamtbetrag (einschließlich des darin enthaltenen Erhöhungsbetrages) zu bescheinigen, wenn der Steuerpflichtige spätestens zu Beginn der Auszahlungsphase einen Antrag auf Einmalbesteuerung anstelle der sukzessiven Besteuerung bis zum 85. Lebensjahr stellt. **Der bescheinigte Betrag unterliegt zu 70 % der Besteuerung.**

[12] Das in der Wohnung gebundene geförderte Kapital wurde steuerschädlich verwendet, weil der Steuerpflichtige innerhalb einer Frist von 20 Jahren nach der Einmalbesteuerung gemäß § 92a Abs. 2 Satz 6 EStG
- die Selbstnutzung der geförderten Wohnung nicht nur vorübergehend aufgegeben hat oder
- seine Reinvestitionsabsicht im Sinne des § 92a Abs. 3 Satz 9 Nr. 1 und 2 EStG in Verbindung mit Satz 10 EStG aufgegeben hat.

In diesen Fällen wird
- innerhalb eines Zeitraums von zehn Jahren nach dem Beginn der Auszahlungsphase **das Eineinhalbfache** bzw.
- innerhalb eines Zeitraumes zwischen dem zehnten und zwanzigsten Jahr nach dem Beginn der Auszahlungsphase **das Einfache**

des vor der Einmalbesteuerung nicht erfassten Gesamtbetrages einschließlich des darin enthaltenen Erhöhungsbetrages nachbesteuert.

Es ist der vor der Einmalbesteuerung im Wohnförderkonto eingestellte Gesamtbetrag einschließlich des darin enthaltenen Erhöhungsbetrages zu bescheinigen. Die Berechnung des nachzubesteuernden Anteils erfolgt durch das Finanzamt.

Der Rentenempfänger muss in diesem Fall den Beginn der Auszahlungsphase und den Zeitpunkt der Aufgabe der Selbstnutzung bzw. der Reinvestitionsabsicht in die Anlage R zur Einkommensteuererklärung eintragen.

Entfällt die Selbstnutzung oder die Reinvestitionsabsicht wegen Todes des Steuerpflichtigen sind keine Leistungen zu bescheinigen.

[13] Es handelt sich um Provisionserstattungen bei geförderten Altersvorsorgeverträgen. Als Leistung sind vom Anbieter die Abschluss- und Vertriebskosten eines Altersvorsorgevertrages zu bescheinigen, die dem Steuerpflichtigen erstattet werden, unabhängig davon, ob der Erstattungsbetrag auf den Altersvorsorgevertrag eingezahlt oder an den Steuerpflichtigen ausgezahlt wurde. **Der bescheinigte Betrag unterliegt in diesem Umfang der Besteuerung.**

[14] Nachzahlungen von Leistungen nach § 22 Nr. 5 EStG sind als außerordentliche Einkünfte nach § 34 ermäßigt zu besteuern. Die bescheinigten Nachzahlungen müssen in dem bescheinigten Betrag der bezeichneten Zeile enthalten sein.

[15] Es handelt sich um eine Rentenzahlung, die für die Dauer einer Rentengarantiezeit unabhängig vom Überleben des Rentenempfängers gezahlt wird. **Die Besteuerung dieser Leistung erfolgt an den Rechtsnachfolger mit dem für die versicherte Person maßgebenden Ertragsanteil.** Der Rentenempfänger muss in diesem Fall das Geburtsdatum der versicherten Person und den Beginn der Rente an die versicherte Person in die Anlage R zur Einkommensteuererklärung eintragen.

§ 22a Rentenbezugsmitteilungen an die zentrale Stelle

EStG
S 2257c

(1) ¹Die Träger der gesetzlichen Rentenversicherung, *die landwirtschaftliche Alterskasse*, die berufsständischen Versorgungseinrichtungen, die Pensionskassen, die Pensionsfonds, die Versicherungsunternehmen, die Unternehmen, die Verträge im Sinne des § 10 Absatz 1 Nummer 2 Buchstabe b anbieten, und die Anbieter im Sinne des § 80 (Mitteilungspflichtige) haben der zentralen Stelle (§ 81) bis zum 1. März des Jahres, das auf das Jahr folgt, in dem eine Leibrente oder andere Leistung nach § 22 Nummer 1 Satz 3 Buchstabe a und § 22 Nummer 5 einem Leistungsempfänger zugeflossen ist, unter Beachtung der im Bundessteuerblatt veröffentlichten Auslegungsvorschriften der Finanzverwaltung folgende Daten zu übermitteln (Rentenbezugsmitteilung): ¹⁾ ²⁾

1. Identifikationsnummer (§ 139b der Abgabenordnung), Familienname, Vorname und Geburtsdatum des Leistungsempfängers. ²Ist dem Mitteilungspflichtigen eine ausländische Anschrift des Leistungsempfängers bekannt, ist diese anzugeben. ³In diesen Fällen ist auch die Staatsangehörigkeit des Leistungsempfängers, soweit bekannt, mitzuteilen; ³⁾

2. je gesondert den Betrag der Leibrenten und anderen Leistungen im Sinne des § 22 Nummer 1 Satz 3 Buchstabe a Doppelbuchstabe aa, bb Satz 4 und Doppelbuchstabe bb Satz 5 in Verbindung mit § 55 Absatz 2 der Einkommensteuer-Durchführungsverordnung sowie im Sinne des § 22 Nummer 5. ²Der im Betrag der Rente enthaltene Teil, der ausschließlich auf einer Anpassung der Rente beruht, ist gesondert mitzuteilen;

3. Zeitpunkt des Beginns und des Endes des jeweiligen Leistungsbezugs; folgen nach dem 31. Dezember 2004 Renten aus derselben Versicherung einander nach, ist auch die Laufzeit der vorhergehenden Renten mitzuteilen;

4. Bezeichnung und Anschrift des Mitteilungspflichtigen;

5. die Beiträge im Sinne des § 10 Absatz 1 Nummer 3 Buchstabe a Satz 1 und 2 und Buchstabe b, soweit diese vom Mitteilungspflichtigen an die Träger der gesetzlichen Kranken- und Pflegeversicherung abgeführt werden;

6. die dem Leistungsempfänger zustehenden Beitragszuschüsse nach § 106 des Sechsten Buches Sozialgesetzbuch.

²Die Datenübermittlung hat nach amtlich vorgeschriebenem Datensatz durch Datenfernübertragung zu erfolgen. ³Im Übrigen ist § 150 Absatz 6 der Abgabenordnung entsprechend anzuwenden.

(2) ¹Der Leistungsempfänger hat dem Mitteilungspflichtigen seine Identifikationsnummer mitzuteilen. ²Teilt der Leistungsempfänger die Identifikationsnummer dem Mitteilungspflichtigen trotz Aufforderung nicht mit, übermittelt das Bundeszentralamt für Steuern dem Mitteilungspflichtigen auf dessen Anfrage die Identifikationsnummer des Leistungsempfängers; weitere Daten dürfen nicht übermittelt werden. ³In der Anfrage dürfen nur die in § 139b Absatz 3 der Abgabenordnung genannten Daten des Leistungsempfängers angegeben werden, soweit sie dem Mitteilungspflichtigen bekannt sind. ⁴Die Anfrage des Mitteilungspflichtigen und die Antwort des Bundeszentralamtes für Steuern sind über die zentrale Stelle zu übermitteln. ⁵Die zentrale Stelle führt eine ausschließlich automatisierte Prüfung der ihr übermittelten Daten daraufhin durch, ob sie vollständig und schlüssig sind und ob das vorgeschriebene Datenformat verwendet worden ist. ⁶Sie speichert die Daten des Leistungsempfängers nur für Zwecke dieser Prüfung bis zur Übermittlung an das Bundeszentralamt für Steuern oder an den Mitteilungspflichtigen. ⁷Die Daten sind für die Übermittlung zwischen der zentralen Stelle und dem Bundeszentralamt für Steuern zu verschlüsseln. ⁸Für die Anfrage gilt Absatz 1 Satz 2 und 3 entsprechend. ⁹Der Mitteilungspflichtige darf die Identifikationsnummer nur verwenden, soweit dies für die Erfüllung der Mitteilungspflicht nach Absatz 1 Satz 1 erforderlich ist.

(3) Der Mitteilungspflichtige hat den Leistungsempfänger jeweils darüber zu unterrichten, dass die Leistung der zentralen Stelle mitgeteilt wird.

(4) ¹Die zentrale Stelle (§ 81) kann bei den Mitteilungspflichtigen ermitteln, ob sie ihre Pflichten nach Absatz 1 erfüllt haben. ²Die §§ 193 bis 203 der Abgabenordnung gelten sinngemäß. ³Auf Verlangen der zentralen Stelle haben die Mitteilungspflichtigen ihre Unterlagen, soweit sie im Ausland geführt und aufbewahrt werden, verfügbar zu machen. ⁴⁾

---

1) Abweichend von Absatz 1 Satz 1 kann das BZSt den Zeitpunkt der erstmaligen Übermittlung von Rentenbezugsmitteilungen durch ein im BStBl zu veröffentlichendes Schreiben mitteilen → § 52 Abs. 38a Satz 1 EStG. Absatz 1 Satz 1 i. d. F. des JStG 2010 ist erstmals für die Rentenbezugsmitteilungen anzuwenden, die für VZ 2010 zu übermitteln sind → § 52 Abs. 38a Satz 6 EStG.
2) *Absatz 1 Satz 1 wurde durch das LSV-NOG ab VZ 2013 geändert.*
3) Absatz 1 Satz 1 Nr. 1 Satz 2 und 3 i. d. F. des JStG 2010 ist erstmals für die Rentenbezugsmitteilungen anzuwenden, die für den VZ 2011 zu übermitteln sind → § 52 Abs. 38a Satz 5 EStG.
4) Absatz 4 Satz 1 i. d. F. des JStG 2010 ist erstmals für die Rentenbezugsmitteilungen anzuwenden, die für den VZ 2010 zu übermitteln sind → § 52 Abs. 38a Satz 6 EStG.

1)
(5) ¹Wird eine Rentenbezugsmitteilung nicht innerhalb der in Absatz 1 Satz 1 genannten Frist übermittelt, so ist für jeden angefangenen Monat, in dem die Rentenbezugsmitteilung noch aussteht, ein Betrag in Höhe von 10 Euro für jede ausstehende Rentenbezugsmitteilung an die zentrale Stelle zu entrichten (Verspätungsgeld). ²Die Erhebung erfolgt durch die zentrale Stelle im Rahmen ihrer Prüfung nach Absatz 4. ³Von der Erhebung ist abzusehen, soweit die Fristüberschreitung auf Gründen beruht, die der Mitteilungspflichtige nicht zu vertreten hat. ⁴Das Handeln eines gesetzlichen Vertreters oder eines Erfüllungsgehilfen steht dem eigenen Handeln gleich. ⁵Das von einem Mitteilungspflichtigen zu entrichtende Verspätungsgeld darf 50 000 Euro für alle für einen Veranlagungszeitraum zu übermittelnden Rentenbezugsmitteilungen nicht übersteigen.

H 22a

Hinweise

Allgemeines

- → BMF vom 7. 12. 2011 (BStBl I S. 1223)
- weitere Einzelheiten → „www.bzst.de" und dort unter „Steuern National/Rentenbezugsmitteilungsverfahren"

EStG
S 2256
2)

§ 23   Private Veräußerungsgeschäfte

(1) ¹Private Veräußerungsgeschäfte (§ 22 Nummer 2) sind

1. Veräußerungsgeschäfte bei Grundstücken und Rechten, die den Vorschriften des bürgerlichen Rechts über Grundstücke unterliegen (z. B. Erbbaurecht, Mineralgewinnungsrecht), bei denen der Zeitraum zwischen Anschaffung und Veräußerung nicht mehr als zehn Jahre beträgt. ²Gebäude und Außenanlagen sind einzubeziehen, soweit sie innerhalb dieses Zeitraums errichtet, ausgebaut oder erweitert werden; dies gilt entsprechend für Gebäudeteile, die selbständige unbewegliche Wirtschaftsgüter sind, sowie für Eigentumswohnungen und im Teileigentum stehende Räume. ³Ausgenommen sind Wirtschaftsgüter, die im Zeitraum zwischen Anschaffung oder Fertigstellung und Veräußerung ausschließlich zu eigenen Wohnzwecken oder im Jahr der Veräußerung und in den beiden vorangegangenen Jahren zu eigenen Wohnzwecken genutzt wurden;

2. Veräußerungsgeschäfte bei anderen Wirtschaftsgütern, bei denen der Zeitraum zwischen Anschaffung und Veräußerung nicht mehr als ein Jahr beträgt. ²Ausgenommen sind Veräußerungen von Gegenständen des täglichen Gebrauchs. ³Bei Wirtschaftsgütern im Sinne von Satz 1, aus deren Nutzung als Einkunftsquelle zumindest in einem Kalenderjahr Einkünfte erzielt werden, erhöht sich der Zeitraum auf zehn Jahre.

²Als Anschaffung gilt auch die Überführung eines Wirtschaftsguts in das Privatvermögen des Steuerpflichtigen durch Entnahme oder Betriebsaufgabe. ³Bei unentgeltlichem Erwerb ist dem Einzelrechtsnachfolger für Zwecke dieser Vorschrift die Anschaffung oder die Überführung des Wirtschaftsguts in das Privatvermögen durch den Rechtsvorgänger zuzurechnen. ⁴Die Anschaffung oder Veräußerung einer unmittelbaren oder mittelbaren Beteiligung an einer Personengesellschaft gilt als Anschaffung oder Veräußerung der anteiligen Wirtschaftsgüter. ⁵Als Veräußerung im Sinne des Satzes 1 Nummer 1 gilt auch

1. die Einlage eines Wirtschaftsguts in das Betriebsvermögen, wenn die Veräußerung aus dem Betriebsvermögen innerhalb eines Zeitraums von zehn Jahren seit Anschaffung des Wirtschaftsguts erfolgt, und

---

1) Absatz 5 i. d. F. des JStG 2010 ist erstmals für die Rentenbezugsmitteilungen anzuwenden, die für den VZ 2010 zu übermitteln sind → § 52 Abs. 38a Satz 6 EStG.
2) Zur zeitlichen Anwendung → § 52a Abs. 11 EStG.
3) Absatz 1 Satz 1 Nr. 2 i. d. F. des JStG 2010 ist erstmals auf Veräußerungsgeschäfte anzuwenden, bei denen die Gegenstände des täglichen Gebrauchs auf Grund eines nach dem 13. 12. 2010 rechtskräftig abgeschlossenen Vertrags oder gleichstehenden Rechtsakts angeschafft wurden → § 52a Abs. 11 Satz 3 EStG.
4) Absatz 1 Satz 2 und 3 in der am 12. 12. 2006 geltenden Fassung sind für Anteile, die einbringungsgeboren i. S. d. § 21 des UmwStG in der am 12. 12. 2006 geltenden Fassung sind, weiter anzuwenden → § 52a Abs. 11 Satz 9 EStG.
Absatz 1 Satz 3 in der bis 12. 12. 2006 geltenden Fassung lautet:
„³Bei unentgeltlichem Erwerb ist dem Einzelrechtsnachfolger für Zwecke dieser Vorschrift die Anschaffung, die Überführung des Wirtschaftsguts in das Privatvermögen, der Antrag nach § 21 Abs. 2 Satz 1 Nr. 1 des Umwandlungssteuergesetzes oder der Erwerb eines Rechts aus Termingeschäften durch den Rechtsvorgänger zuzurechnen."

2. die verdeckte Einlage in eine Kapitalgesellschaft.

(2) Einkünfte aus privaten Veräußerungsgeschäften der in Absatz 1 bezeichneten Art sind den Einkünften aus anderen Einkunftsarten zuzurechnen, soweit sie zu diesen gehören.

(3) ¹Gewinn oder Verlust aus Veräußerungsgeschäften nach Absatz 1 ist der Unterschied zwischen Veräußerungspreis einerseits und den Anschaffungs- oder Herstellungskosten und den Werbungskosten andererseits. ²In den Fällen des Absatzes 1 Satz 5 Nummer 1 tritt an die Stelle des Veräußerungspreises der für den Zeitpunkt der Einlage nach § 6 Absatz 1 Nummer 5 angesetzte Wert, in den Fällen des Absatzes 1 Satz 5 Nummer 2 der gemeine Wert. ³In den Fällen des Absatzes 1 Satz 2 tritt an die Stelle der Anschaffungs- oder Herstellungskosten der nach § 6 Absatz 1 Nummer 4 oder § 16 Absatz 3 angesetzte Wert. ⁴Die Anschaffungs- oder Herstellungskosten mindern sich um Absetzungen für Abnutzung, erhöhte Absetzungen und Sonderabschreibungen, soweit sie bei der Ermittlung der Einkünfte im Sinne des § 2 Absatz 1 Satz 1 Nummer 4 bis 7 abgezogen worden sind. ⁵Gewinne bleiben steuerfrei, wenn der aus den privaten Veräußerungsgeschäften erzielte Gesamtgewinn im Kalenderjahr weniger als 600 Euro betragen hat. ⁶In den Fällen des Absatzes 1 Satz 5 Nummer 1 sind Gewinne oder Verluste für das Kalenderjahr, in dem der Preis für die Veräußerung aus dem Betriebsvermögen zugeflossen ist, in den Fällen des Absatzes 1 Satz 5 Nummer 2 für das Kalenderjahr der verdeckten Einlage anzusetzen. ⁷Verluste dürfen nur bis zur Höhe des Gewinns, den der Steuerpflichtige im gleichen Kalenderjahr aus privaten Veräußerungsgeschäften erzielt hat, ausgeglichen werden; sie dürfen nicht nach § 10d abgezogen werden. ⁸Die Verluste mindern jedoch nach Maßgabe des § 10d die Einkünfte, die der Steuerpflichtige in dem unmittelbar vorangegangenen Veranlagungszeitraum oder in den folgenden Veranlagungszeiträumen aus privaten Veräußerungsgeschäften nach Absatz 1 erzielt hat oder erzielt; § 10d Absatz 4 gilt entsprechend. ⁹Verluste aus privaten Veräußerungsgeschäften, auf die § 23 in der bis zum 31. Dezember 2008 geltenden Fassung anzuwenden ist, können abweichend von Satz 7 auch mit Einkünften aus Kapitalvermögen im Sinne des § 20 Absatz 2 in der Fassung des Artikels 1 des Gesetzes vom 14. August 2007 (BGBl. I S. 1912) ausgeglichen werden. ¹⁰Sie mindern abweichend von Satz 8 nach Maßgabe des § 10d auch die Einkünfte, die der Steuerpflichtige in den folgenden Veranlagungszeiträumen aus § 20 Absatz 2 in der Fassung des Artikels 1 des Gesetzes vom 14. August 2007 (BGBl. I S. 1912) erzielt.

h) Gemeinsame Vorschriften

§ 24 [Gemeinsame Vorschriften]

Zu den Einkünften im Sinne des § 2 Absatz 1 gehören auch

1. Entschädigungen, die gewährt worden sind
    a) als Ersatz für entgangene oder entgehende Einnahmen oder
    b) für die Aufgabe oder Nichtausübung einer Tätigkeit, für die Aufgabe einer Gewinnbeteiligung oder einer Anwartschaft auf eine solche;
    c) als Ausgleichszahlungen an Handelsvertreter nach § 89b des Handelsgesetzbuchs;
2. Einkünfte aus einer ehemaligen Tätigkeit im Sinne des § 2 Absatz 1 Satz 1 Nummer 1 bis 4 oder aus einem früheren Rechtsverhältnis im Sinne des § 2 Absatz 1 Satz 1 Nummer 5 bis 7, und zwar auch dann, wenn sie dem Steuerpflichtigen als Rechtsnachfolger zufließen;
3. Nutzungsvergütungen für die Inanspruchnahme von Grundstücken für öffentliche Zwecke sowie Zinsen auf solche Nutzungsvergütungen und auf Entschädigungen, die mit der Inanspruchnahme von Grundstücken für öffentliche Zwecke zusammenhängen.

EStG
S 2258

---

1) Absatz 3 Satz 3 in der am 12. 12. 2006 geltenden Fassung ist für Anteile, die einbringungsgeboren i. S. d. § 21 des UmwStG in der am 12. 12. 2006 geltenden Fassung sind, weiter anzuwenden → § 52a Abs. 11 Satz 9 EStG (§ 52 Abs. 39 Satz 6 EStG i. d. F. vor Unternehmensteuerreformgesetz 2008).
Absatz 3 Satz 3 in der bis 12. 12. 2006 geltenden Fassung lautet:
„³In den Fällen des Absatzes 1 Satz 2 tritt an die Stelle der Anschaffungs- oder Herstellungskosten der nach den §§ 6 Abs. 1 Nr. 4, 16 Abs. 3 oder nach den §§ 20, 21 des Umwandlungssteuergesetzes angesetzte Wert."
2) Absatz 3 Satz 4 i. d. F. des JStG 2009 ist auf Veräußerungsgeschäfte anzuwenden, bei denen der Stpfl. das Wirtschaftsgut nach dem 31. Dezember 2008 anschafft oder fertigstellt → § 52a Abs. 11 Satz 8 EStG.
3) Absatz 3 Satz 9 i. d. F. des JStG 2010 ist erstmals für den VZ 2009 und letztmals für den VZ 2013 anzuwenden → § 52a Abs. 11 Satz 11 EStG.

Hinweise

Tarifermäßigung

→ § 34, § 39b Abs. 3 Satz 9 und 10 EStG

Zweifelsfragen im Zusammenhang mit der ertragsteuerlichen Behandlung von Entlassungsentschädigungen

→ BMF vom 24. 5. 2004 (BStBl I S. 505, berichtigt BStBl I S. 633), geändert durch BMF vom 17. 1. 2011 – (BStBl I S. 39).

Vorsorgepauschale

→ § 39b Abs. 2 Satz 5 Nr. 3 Satz 2 EStG; → aber auch R 39b.6 Abs. 5 LStR und BMF vom 22. 10. 2010 (BStBl I S. 1254)[1]) Tz. 2

§ 24a Altersentlastungsbetrag

[1]Der Altersentlastungsbetrag ist bis zu einem Höchstbetrag im Kalenderjahr ein nach einem Prozentsatz ermittelter Betrag des Arbeitslohns und der positiven Summe der Einkünfte, die nicht solche aus nichtselbständiger Arbeit sind. [2]Bei der Bemessung des Betrags bleiben außer Betracht:
1. Versorgungsbezüge im Sinne des § 19 Absatz 2;
2. Einkünfte aus Leibrenten im Sinne des § 22 Nummer 1 Satz 3 Buchstabe a;
3. Einkünfte im Sinne des § 22 Nummer 4 Satz 4 Buchstabe b;
4. Einkünfte im Sinne des § 22 Nummer 5 Satz 1, soweit § 52 Absatz 34c anzuwenden ist;
5. Einkünfte im Sinne des § 22 Nummer 5 Satz 2 Buchstabe a.

[3]Der Altersentlastungsbetrag wird einem Steuerpflichtigen gewährt, der vor dem Beginn des Kalenderjahres, in dem er sein Einkommen bezogen hat, das 64. Lebensjahr vollendet hatte. [4]Im Fall der Zusammenveranlagung von Ehegatten zur Einkommensteuer sind die Sätze 1 bis 3 für jeden Ehegatten gesondert anzuwenden. [5]Der maßgebende Prozentsatz und der Höchstbetrag des Altersentlastungsbetrags sind der nachstehenden Tabelle zu entnehmen:

Das auf die Vollendung des 64. Lebensjahres folgende Kalenderjahr	Altersentlastungsbetrag	
	in % der Einkünfte	Höchstbetrag in Euro
2005	40,0	1 900
2006	38,4	1 824
2007	36,8	1 748
2008	35,2	1 672
2009	33,6	1 596
2010	32,0	1 520
2011	30,4	1 444
2012	28,8	1 368
2013	27,2	1 292
2014	25,6	1 216
2015	24,0	1 140
2016	22,4	1 064
2017	20,8	988
2018	19,2	912
2019	17,6	836
2020	16,0	760
2021	15,2	722
2022	14,4	684
2023	13,6	646

---

[1]) Abgedruckt zu H 39b.7 (Ermittlung der Vorsorgepauschale im Lohnsteuerabzugsverfahren) LStH.

§§ 24a, 24b EStG
H 24a

Das auf die Vollendung des 64. Lebensjahres folgende Kalenderjahr	Altersentlastungsbetrag	
	in % der Einkünfte	Höchstbetrag in Euro
2024	12,8	608
2025	12,0	570
2026	11,2	532
2027	10,4	494
2028	9,6	456
2029	8,8	418
2030	8,0	380
2031	7,2	342
2032	6,4	304
2033	5,6	266
2034	4,8	228
2035	4,0	190
2036	3,2	152
2037	2,4	114
2038	1,6	76
2039	0,8	38
2040	0,0	0

Hinweise
H 24a

Allgemeines

→ R 24a EStR, H 24a EStH

Altersentlastungbetrag beim Lohnsteuerabzug

→ Anweisungen im Programmablaufplan für die Erstellung von Lohnsteuertabellen in 2013 (einschließlich der Berechnung des Solidaritätszuschlags und der Bemessungsgrundlage für die Kirchenlohnsteuer), veröffentlicht mit BMF-Schreiben vom 19. 11. 2012 (BStBl I S. 1125)

Vorsorgepauschale

→ Tz. 2 des BMF-Schreibens vom 22. 10. 2010 (BStBl I S. 1254)[1]):

„ ... Der Arbeitslohn ist für die Berechnung der Vorsorgepauschale und der Mindestvorsorgepauschale (Tz. 7) nicht (mehr) um den Versorgungsfreibetrag (§ 19 Absatz 2 EStG) und den Altersentlastungsbetrag (§ 24a EStG) zu vermindern; zur Rechtslage bis einschließlich 2009 siehe § 10c Absatz 2 Satz 3 EStG a. F. ... "

§ 24b Entlastungsbetrag für Alleinerziehende

EStG
S 2265a

(1) ¹Allein stehende Steuerpflichtige können einen Entlastungsbetrag in Höhe von 1 308 Euro im Kalenderjahr von der Summe der Einkünfte abziehen, wenn zu ihrem Haushalt mindestens ein Kind gehört, für das ihnen ein Freibetrag nach § 32 Absatz 6 oder Kindergeld zusteht. ²Die Zugehörigkeit zum Haushalt ist anzunehmen, wenn das Kind in der Wohnung des allein stehenden Steuerpflichtigen gemeldet ist. ³Ist das Kind bei mehreren Steuerpflichtigen gemeldet, steht der Entlastungsbetrag nach Satz 1 demjenigen Alleinstehenden zu, der die Voraussetzungen auf Auszahlung des Kindergeldes nach § 64 Absatz 2 Satz 1 erfüllt oder erfüllen würde in Fällen, in denen nur ein Anspruch auf einen Freibetrag nach § 32 Absatz 6 besteht.

(2) ¹Allein stehend im Sinne des Absatzes 1 sind Steuerpflichtige, die nicht die Voraussetzungen für die Anwendung des Splitting-Verfahrens (§ 26 Absatz 1) erfüllen oder verwitwet sind und keine Haushaltsgemeinschaft mit einer anderen volljährigen Person bilden, es sei denn, für diese steht ihnen ein Freibetrag nach § 32 Absatz 6 oder Kindergeld zu oder es handelt sich um ein Kind im Sinne des § 63 Absatz 1 Satz 1, das einen Dienst nach § 32 Absatz 5 Satz 1 Num-

---

[1]) → H 39b.7 (Ermittlung der Vorsorgepauschale im Lohnsteuerabzugsverfahren) LStH.

mer 1 und 2 leistet oder eine Tätigkeit nach § 32 Absatz 5 Satz 1 Nummer 3 ausübt. ²Ist die andere Person mit Haupt- oder Nebenwohnsitz in der Wohnung des Steuerpflichtigen gemeldet, wird vermutet, dass sie mit dem Steuerpflichtigen gemeinsam wirtschaftet (Haushaltsgemeinschaft).

³Diese Vermutung ist widerlegbar, es sei denn, der Steuerpflichtige und die andere Person leben in einer eheähnlichen Gemeinschaft oder in einer eingetragenen Lebenspartnerschaft.

(3) Für jeden vollen Kalendermonat, in dem die Voraussetzungen des Absatzes 1 nicht vorgelegen haben, ermäßigt sich der Entlastungsbetrag um ein Zwölftel.

Hinweise

Allgemeine Grundsätze

→ BMF vom 29. 10. 2004 (BStBl I S. 1042)

Verwitwete Arbeitnehmer

→ § 39a Abs. 1 Nr. 8 EStG.

III. Veranlagung

§ 25   Veranlagungszeitraum, Steuererklärungspflicht

(1) Die Einkommensteuer wird nach Ablauf des Kalenderjahres (Veranlagungszeitraum) nach dem Einkommen veranlagt, das der Steuerpflichtige in diesem Veranlagungszeitraum bezogen hat, soweit nicht nach § 43 Absatz 5 und § 46 eine Veranlagung unterbleibt.

(2) (weggefallen)

(3) ¹*Die steuerpflichtige Person hat für den Veranlagungszeitraum eine eigenhändig unterschriebene Einkommensteuererklärung abzugeben.* ²*Wählen Ehegatten die Zusammenveranlagung (§ 26b), haben sie eine gemeinsame Steuererklärung abzugeben, die von beiden eigenhändig zu unterschreiben ist.*

(4) ¹Die Erklärung nach Absatz 3 ist nach amtlich vorgeschriebenem Datensatz durch Datenfernübertragung zu übermitteln, wenn Einkünfte nach § 2 Absatz 1 Satz 1 Nummer 1 bis 3 erzielt werden und es sich nicht um einen der Veranlagungsfälle gemäß § 46 Absatz 2 Nummer 2 bis 8 handelt. ²Auf Antrag kann die Finanzbehörde zur Vermeidung unbilliger Härten auf eine Übermittlung durch Datenfernübertragung verzichten.

---

1) Zur Anwendung von Absatz 1 → § 52a Abs. 13 EStG.
2) **Absatz 3 wurde durch das Steuervereinfachungsgesetz 2011 neu gefasst und ist erstmals für den VZ 2013 anzuwenden → § 52 Abs. 68 Satz 1 EStG.**
3) Absatz 4 ist erstmals für Einkommensteuererklärungen anzuwenden, die für den VZ 2011 abzugeben sind → § 52 Abs. 39 EStG.

§ 25 EStG
H 25

Hinweise

Vordruckmuster Einkommensteuererklärung (sog. Mantelbogen)

2012

1. Einkommensteuererklärung / Antrag auf Festsetzung der Arbeitnehmer-Sparzulage
2. Erklärung zur Festsetzung der Kirchensteuer auf Kapitalerträge / Erklärung zur Feststellung des verbleibenden Verlustvortrags

Eingangsstempel

3. Steuernummer
4. Identifikationsnummer (IdNr.) — Steuerpflichtige Person (stpfl. Person), bei Ehegatten: Ehemann / Ehefrau
5. An das Finanzamt
6. Bei Wohnsitzwechsel: bisheriges Finanzamt

Allgemeine Angaben

7. Steuerpflichtige Person (stpfl. Person), bei Ehegatten: Ehemann — Telefonische Rückfragen tagsüber unter Nr.
8. Name — Geburtsdatum
9. Vorname
10. Straße und Hausnummer (derzeitige Anschrift) — Religionsschlüssel: Evangelisch = EV, Römisch-Katholisch = RK, nicht kirchensteuerpflichtig = VD, Weitere siehe Anleitung
11. Postleitzahl — Wohnort — Religion
12. Ausgeübter Beruf
13. Verheiratet seit dem / Verwitwet seit dem / Geschieden seit dem / Dauernd getrennt lebend seit dem

bei Ehegatten: Ehefrau

14. Name — Geburtsdatum
15. Vorname
16. Straße und Hausnummer (falls von Zeile 10 abweichend) — Religionsschlüssel: Evangelisch = EV, Römisch-Katholisch = RK, nicht kirchensteuerpflichtig = VD, Weitere siehe Anleitung
17. Postleitzahl — Wohnort (falls von Zeile 11 abweichend) — Religion
18. Ausgeübter Beruf

Nur von Ehegatten auszufüllen

19. Zusammenveranlagung / Getrennte Veranlagung / Besondere Veranlagung für das Jahr der Eheschließung / Wir haben Gütergemeinschaft vereinbart

Bankverbindung (entweder Kontonummer / Bankleitzahl oder IBAN / BIC) - Bitte stets angeben -

20. Kontonummer — Bankleitzahl
21. IBAN
22. BIC
23. Geldinstitut und Ort
24. Kontoinhaber lt. Zeile 8 und 9 / lt. Zeile 14 und 15 oder: Name (im Fall der Abtretung bitte amtlichen Abtretungsvordruck beifügen)

Der Steuerbescheid soll nicht mir / uns zugesandt werden, sondern:

25. Name
26. Vorname
27. Straße und Hausnummer oder Postfach
28. Postleitzahl — Wohnort

2012ESt1A011NET — Aug. 2012 — 2012ESt1A011NET

§ 25 EStG
H 25

Steuernummer

Einkünfte im Kalenderjahr 2012 aus folgenden Einkunftsarten:

Zeile	Einkunftsart	Anlage	für steuerpflichtige Person (bei Ehegatten: Ehemann)	für Ehefrau
31	Land- und Forstwirtschaft	lt. Anlage(n) L	Anzahl	
32	Gewerbebetrieb	lt. Anlage G	für steuerpflichtige Person (bei Ehegatten: Ehemann)	lt. Anlage G für Ehefrau
33	Selbständige Arbeit	lt. Anlage S	für steuerpflichtige Person (bei Ehegatten: Ehemann)	lt. Anlage S für Ehefrau
34	Nichtselbständige Arbeit	lt. Anlage N	für steuerpflichtige Person (bei Ehegatten: Ehemann)	lt. Anlage N für Ehefrau
35	Kapitalvermögen	lt. Anlage KAP	für steuerpflichtige Person (bei Ehegatten: Ehemann)	lt. Anlage KAP für Ehefrau
36	Vermietung und Verpachtung	lt. Anlage(n) V	Anzahl	
37	Sonstige Einkünfte	Renten lt. Anlage R	für steuerpflichtige Person (bei Ehegatten: Ehemann)	Renten lt. Anlage R für Ehefrau
38		lt. Anlage SO		

Angaben zu Kindern / Ausländische Einkünfte und Steuern / Förderung des Wohneigentums

| 39 | lt. Anlage(n) Kind | Anzahl | lt. Anlage(n) AUS | Anzahl | lt. Anlage(n) FW | Anzahl |

Sonderausgaben 52

40 Für Angaben zu Vorsorgeaufwendungen ist die **Anlage Vorsorgeaufwand** beigefügt. Für Angaben zu Altersvorsorgebeiträgen ist die **Anlage AV** beigefügt.

Gezahlte Versorgungsleistungen

Zeile			abziehbar	tatsächlich gezahlt EUR
41	Renten	Rechtsgrund, Datum des Vertrags	102 %	101
42	Dauernde Lasten	Rechtsgrund, Datum des Vertrags		100
43	**Ausgleichszahlungen** im Rahmen des schuldrechtlichen Versorgungsausgleichs	Rechtsgrund, Datum der erstmaligen Zahlung		121
44	**Unterhaltsleistungen** an den geschiedenen / dauernd getrennt lebenden Ehegatten lt. **Anlage U** 117	IdNr. des geschiedenen / dauernd getrennt lebenden Ehegatten		116
45	In Zeile 44 enthaltene Beiträge (abzgl. Erstattungen und Zuschüsse) zur Basis-Kranken- und gesetzlichen Pflegeversicherung 118		Davon entfallen auf Kranken-versicherungsbeiträge mit Anspruch auf Krankengeld 119	
46	**Kirchensteuer** (soweit diese nicht als Zuschlag zur Abgeltungsteuer einbehalten oder gezahlt wurde)	2012 gezahlt 103	2012 erstattet 104	

47 Aufwendungen für die eigene **Berufsausbildung der stpfl. Person / des Ehemannes**
Bezeichnung der Ausbildung, Art und Höhe der Aufwendungen 200

48 Aufwendungen für die eigene **Berufsausbildung der Ehefrau**
Bezeichnung der Ausbildung, Art und Höhe der Aufwendungen 201

Spenden und Mitgliedsbeiträge (ohne Beträge in den Zeilen 53 bis 56)

Zeile		lt. beigef. Bestätigungen EUR	lt. Nachweis Betriebsfinanzamt EUR
49	– zur Förderung steuerbegünstigter Zwecke	123	124
50	in Zeile 49 enthaltene Zuwendungen an Empfänger im EU- / EWR-Ausland	125	126
51	– an politische Parteien (§§ 34g, 10b EStG)	127	128
52	– an unabhängige Wählervereinigungen (§ 34g EStG)	129	130

Spenden in den Vermögensstock einer Stiftung

Zeile		stpfl. Person / Ehemann EUR	Ehefrau EUR
53	2012 geleistete Spenden (lt. beigefügten Bestätigungen / lt. Nachweis Betriebsfinanzamt)	208	209
54	in Zeile 53 enthaltene Spenden an Empfänger im EU- / EWR-Ausland	218	219
55	Von den Spenden in Zeile 53 sollen 2012 berücksichtigt werden	212	213
56	2012 zu berücksichtigende Spenden aus Vorjahren in den Vermögensstock einer Stiftung, die bisher noch nicht berücksichtigt wurden	214	215

2012ESt1A012NET 2012ESt1A012NE

§ 25 EStG
H 25

| | Steuernummer | | | | | | | | |

Außergewöhnliche Belastungen

Behinderte Menschen und Hinterbliebene 53

		Ausweis / Rentenbescheid / Bescheinigung ausgestellt am	gültig von	bis	unbefristet gültig	Grad der Behinderung		Nachweis ist bei- gefügt.	Nachweis hat bereits vorgelegen.
61	stpfl. Person / Ehemann		12	14	18 1 = Ja	56			
62		hinterblieben 16 1 = Ja	blind / ständig hilflos 20 1 = Ja		geh- u. stehbehindert 22 1 = Ja				
63	Ehefrau	Ausweis / Rentenbescheid / Bescheinigung ausgestellt am	13 gültig von	15 bis	19 1 = Ja unbefristet gültig	57 Grad der Behinderung		ist bei- gefügt.	hat bereits vorgelegen.
64		hinterblieben 17 1 = Ja	blind / ständig hilflos 21 1 = Ja		geh- u. stehbehindert 23 1 = Ja				

65 **Pflege-Pauschbetrag** wegen **unentgeltlicher** persönlicher Pflege einer ständig hilflosen Person in ihrer oder in meiner Wohnung im Inland   Nachweis der Hilflosigkeit ist beigefügt. hat bereits vorgelegen.

66 Name, Anschrift und Verwandtschaftsverhältnis der hilflosen Person(en)   Name anderer Pflegeperson(en)

Unterhalt für bedürftige Personen

67 Für die geleisteten Aufwendungen wird ein Abzug lt. **Anlage Unterhalt** geltend gemacht. Beigefügte **Anlage(n) Unterhalt**   Anzahl

Andere außergewöhnliche Belastungen
(z. B. Ehescheidungskosten, Fahrtkosten behinderter Menschen, Krankheitskosten, Kurkosten, Pflegekosten)

	Art der Belastung	Aufwendungen EUR	Erhaltene / Anspruch auf zu erwartende Versicherungsleistungen, Beihilfen, Unterstützungen; Wert des Nachlasses usw. EUR
68		,-	,-
69		+ ,-	+ ,-
70	Summe der Zeilen 68 und 69 63	,- 64	,-

71 Für die - wegen Abzugs der zumutbaren Belastung - nicht abziehbaren Pflegeleistungen wird die Steuerermäßigung für haushaltsnahe Dienstleistungen beantragt. Die in den Zeilen 68 und 69 enthaltenen Aufwendungen für haushaltsnahe Pflegeleistungen betragen 77   Aufwendungen (abzüglich Erstattungen) EUR ,-

Haushaltsnahe Beschäftigungsverhältnisse, Dienstleistungen und Handwerkerleistungen 18

Steuerermäßigung bei Aufwendungen für

		Aufwendungen (abzüglich Erstattungen) EUR
72	– geringfügige Beschäftigungen im Privathaushalt – sog. Minijobs – Art der Tätigkeit	202 ,-
73	– sozialversicherungspflichtige Beschäftigungen im Privathaushalt Art der Tätigkeit	207 ,-
74	– haushaltsnahe Dienstleistungen, Hilfe im eigenen Haushalt Art der Aufwendungen	210 ,-
75	– Pflege- und Betreuungsleistungen im Haushalt, in Heimunterbringungskosten enthaltene Aufwendungen für Dienstleistungen, die denen einer Haushaltshilfe vergleichbar sind (soweit nicht bereits in den Zeilen 68 und 69 berücksichtigt) Art der Aufwendungen	213 ,-
76	– Handwerkerleistungen für Renovierungs-, Erhaltungs- und Modernisierungsmaßnahmen im eigenen Haushalt (ohne öffentlich geförderte Maßnahmen, für die zinsverbilligte Darlehen oder steuerfreie Zuschüsse in Anspruch genommen werden) Art der Aufwendungen	214 ,-

77 **Nur bei Alleinstehenden und Eintragungen in den Zeilen 72 bis 76:** Es bestand ganzjährig ein gemeinsamer Haushalt mit einer anderen alleinstehenden Person   Name, Vorname, Geburtsdatum

Steuerermäßigung bei Belastung mit Erbschaftsteuer

78 Ich beantrage eine Steuerermäßigung, weil in dieser Steuererklärung Einkünfte erklärt worden sind, die als Erwerb von Todes wegen ab 2009 der Erbschaftsteuer unterlegen haben (Erläuterungen bitte auf besonderem Blatt).

Steuerbegünstigung für schutzwürdige Kulturgüter

79 Steuerbegünstigung nach § 10g EStG für schutzwürdige Kulturgüter, die weder zur Einkunftserzielung noch zu eigenen Wohnzwecken genutzt werden   Abzugsbetrag EUR 151 ,-

2012ESt1A013NET   2012ESt1A013NET

447

§ 25 EStG
H 25

	Steuernummer			

Sonstige Angaben und Anträge

91 Gesellschaften / Gemeinschaften / ähnliche Modelle i. S. d. § 2b EStG (Erläuterungen auf besonderem Blatt)

92 Es wurde ein verbleibender Verlustvortrag nach § 10d EStG / Spendenvortrag nach § 10b EStG zum 31.12.2011 festgestellt für □ stpfl. Person / Ehemann □ Ehefrau

93 Antrag auf Beschränkung des Verlustrücktrags nach 2011
Von den nicht ausgeglichenen negativen Einkünften 2012 soll folgender Gesamtbetrag nach 2011 zurückgetragen werden — EUR ____,- EUR ____,-

94 Einkommensersatzleistungen, die dem Progressionsvorbehalt unterliegen, z. B. Krankengeld, Elterngeld, Mutterschaftsgeld (soweit nicht in Zeile 27 bis 29 der Anlage N eingetragen)
stpfl. Person / Ehemann EUR 120 ____,- Ehefrau EUR 121 ____,-

Nur bei getrennter Veranlagung von Ehegatten:

95 Laut beigefügtem gemeinsamen Antrag ist die Steuerermäßigung lt. den Zeilen 71 bis 76 in einem anderen Verhältnis als je zur Hälfte aufzuteilen. Der bei mir zu berücksichtigende Anteil beträgt ____%

96 Laut beigefügtem gemeinsamen Antrag sind die außergewöhnlichen Belastungen (siehe Seite 3, Anlage Unterhalt sowie die Zeilen 51 und 52 der Anlage Kind) in einem anderen Verhältnis als je zur Hälfte des bei einer Zusammenveranlagung in Betracht kommenden Betrages aufzuteilen. Der bei mir zu berücksichtigende Anteil beträgt ____%

Nur bei zeitweiser unbeschränkter Steuerpflicht im Kalenderjahr 2012:

97 Wohnsitz oder gewöhnlicher Aufenthalt im Inland — stpfl. Person / Ehemann vom ____ bis ____

98 Ehefrau vom ____ bis ____

99 Ausländische Einkünfte, die außerhalb der in den Zeilen 97 und / oder 98 genannten Zeiträume bezogen wurden und nicht der deutschen Einkommensteuer unterlegen haben (Bitte Nachweise über die Art und Höhe dieser Einkünfte beifügen). EUR 122 ____,-

100 In Zeile 99 enthaltene außerordentliche Einkünfte i. S. d. §§ 34, 34b EStG 177 ____,-

Nur bei Personen ohne Wohnsitz oder gewöhnlichen Aufenthalt im Inland, die beantragen, als unbeschränkt steuerpflichtig behandelt zu werden:

101 □ Ich beantrage, für die Anwendung personen- und familienbezogener Steuervergünstigungen als unbeschränkt steuerpflichtig behandelt zu werden.

102 □ Die „Bescheinigung EU / EWR" ist beigefügt. □ Die „Bescheinigung außerhalb EU / EWR" ist beigefügt.

103 Summe der nicht der deutschen Einkommensteuer unterliegenden Einkünfte (ggf. „0")
stpfl. Person / Ehemann EUR 124 ____,- Ehefrau EUR 129 ____,-

104 In Zeile 103 enthaltene außerordentliche Einkünfte i. S. d. §§ 34, 34b EStG
stpfl. Person / Ehegatten EUR 177 ____,-

Nur bei im EU- / EWR-Ausland lebenden Ehegatten:

105 □ Ich beantrage als Staatsangehöriger eines EU- / EWR-Staates die Anwendung familienbezogener Steuervergünstigungen. Nachweis ist beigefügt (z. B. „Bescheinigung EU / EWR"). Die nicht der deutschen Besteuerung unterliegenden Einkünfte beider Ehegatten sind in Zeile 103 enthalten.

Nur bei Angehörigen des deutschen öffentlichen Dienstes ohne Wohnsitz oder gewöhnlichen Aufenthalt im Inland, die im dienstlichen Auftrag außerhalb der EU oder des EWR tätig sind:

106 □ Ich beantrage die Anwendung familienbezogener Steuervergünstigungen. Die „Bescheinigung EU / EWR" ist beigefügt.

107 Weiterer Wohnsitz in Belgien (abweichend von den Zeilen 10 und 11) bei Einkünften aus nichtselbständiger Arbeit und Renten

108 Unterhalten Sie auf Dauer angelegte Geschäftsbeziehungen zu Finanzinstituten im Ausland?
stpfl. Person / Ehemann 116 ____ 1 = Ja 2 = Nein
Ehefrau 117 ____ 1 = Ja 2 = Nein

Unterschrift

Die mit der Steuererklärung / dem Antrag angeforderten Daten werden aufgrund der §§ 149 ff. der Abgabenordnung, der §§ 25, 46, 10d Abs. 4 und § 51a Abs. 2d des Einkommensteuergesetzes sowie § 14 Abs. 4 des Vermögensbildungsgesetzes erhoben.

Bei der Anfertigung dieser Steuererklärung hat mitgewirkt:

109 Datum, Unterschrift(en)
Steuererklärungen sind eigenhändig - bei Ehegatten von beiden - zu unterschreiben.

2012ESt1A014NET

§ 26 Veranlagung von Ehegatten

(1) ¹Ehegatten können zwischen der Einzelveranlagung (§ 26a) und der Zusammenveranlagung (§ 26b) wählen, wenn
1. beide unbeschränkt einkommensteuerpflichtig im Sinne des § 1 Absatz 1 oder 2 oder des § 1a sind,
2. sie nicht dauernd getrennt leben und
3. bei ihnen die Voraussetzungen aus den Nummern 1 und 2 zu Beginn des Veranlagungszeitraums vorgelegen haben oder im Laufe des Veranlagungszeitraums eingetreten sind.

²Hat ein Ehegatte in dem Veranlagungszeitraum, in dem seine zuvor bestehende Ehe aufgelöst worden ist, eine neue Ehe geschlossen und liegen bei ihm und dem neuen Ehegatten die Voraussetzungen des Satzes 1 vor, bleibt die zuvor bestehende Ehe für die Anwendung des Satzes 1 unberücksichtigt.

(2) ¹Ehegatten werden einzeln veranlagt, wenn einer der Ehegatten die Einzelveranlagung wählt. ²Ehegatten werden zusammen veranlagt, wenn beide Ehegatten die Zusammenveranlagung wählen. ³Die Wahl wird für den betreffenden Veranlagungszeitraum durch Angabe in der Steuererklärung getroffen. ⁴Die Wahl der Veranlagungsart innerhalb eines Veranlagungszeitraums kann nach Eintritt der Unanfechtbarkeit des Steuerbescheids nur noch geändert werden, wenn
1. ein Steuerbescheid, der die Ehegatten betrifft, aufgehoben, geändert oder berichtigt wird und
2. die Änderung der Wahl der Veranlagungsart der zuständigen Finanzbehörde bis zum Eintritt der Unanfechtbarkeit des Änderungs- oder Berichtigungsbescheids schriftlich oder elektronisch mitgeteilt oder zur Niederschrift erklärt worden ist und
3. der Unterschiedsbetrag aus der Differenz der festgesetzten Einkommensteuer entsprechend der bisher gewählten Veranlagungsart und der festzusetzenden Einkommensteuer, die sich bei einer geänderten Ausübung der Wahl der Veranlagungsarten ergeben würde, positiv ist. ²Die Einkommensteuer der einzeln veranlagten Ehegatten ist hierbei zusammenzurechnen.

(3) Wird von dem Wahlrecht nach Absatz 2 nicht oder nicht wirksam Gebrauch gemacht, so ist eine Zusammenveranlagung durchzuführen.

§ 26a Einzelveranlagung von Ehegatten

(1) ¹Bei der Einzelveranlagung von Ehegatten sind jedem Ehegatten die von ihm bezogenen Einkünfte zuzurechnen. ²Einkünfte eines Ehegatten sind nicht allein deshalb zum Teil dem anderen Ehegatten zuzurechnen, weil dieser bei der Erzielung der Einkünfte mitgewirkt hat.

(2) ¹Sonderausgaben, außergewöhnliche Belastungen und die Steuerermäßigung nach § 35a werden demjenigen Ehegatten zugerechnet, der die Aufwendungen wirtschaftlich getragen hat. ²Auf übereinstimmenden Antrag der Ehegatten werden sie jeweils zur Hälfte abgezogen. ³Der Antrag des Ehegatten, der die Aufwendungen wirtschaftlich getragen hat, ist in begründeten Einzelfällen ausreichend. ⁴§ 26 Absatz 2 Satz 3 gilt entsprechend.

(3) Die Anwendung des § 10d für den Fall des Übergangs von der Einzelveranlagung zur Zusammenveranlagung und von der Zusammenveranlagung zur Einzelveranlagung zwischen zwei Veranlagungszeiträumen, wenn bei beiden Ehegatten nicht ausgeglichene Verluste vorliegen, wird durch Rechtsverordnung der Bundesregierung mit Zustimmung des Bundesrates geregelt.

§ 26b Zusammenveranlagung von Ehegatten

Bei der Zusammenveranlagung von Ehegatten werden die Einkünfte, die die Ehegatten erzielt haben, zusammengerechnet, den Ehegatten gemeinsam zugerechnet und, soweit nichts anderes vorgeschrieben ist, die Ehegatten sodann gemeinsam als Steuerpflichtiger behandelt.

---

1) § 26 EStG wurde durch das Steuervereinfachungsgesetz 2011 neu gefasst und ist erstmals für den VZ 2013 anzuwenden → § 52 Abs. 68 Satz 1 EStG.
2) § 26a EStG wurde durch das Steuervereinfachungsgesetz 2011 neu gefasst und ist erstmals für den VZ 2013 anzuwenden → § 52 Abs. 68 Satz 1 EStG.

EStG
S 2264a

§ 26c (weggefallen)

EStG

§ 27 (weggefallen)

EStG
S 2266

§ 28 Besteuerung bei fortgesetzter Gütergemeinschaft

Bei fortgesetzter Gütergemeinschaft gelten Einkünfte, die in das Gesamtgut fallen, als Einkünfte des überlebenden Ehegatten, wenn dieser unbeschränkt steuerpflichtig ist.

EStG

§§ 29 bis 30 (weggefallen)

IV. Tarif

EStG
S 2280

§ 31 Familienleistungsausgleich

¹Die steuerliche Freistellung eines Einkommensbetrags in Höhe des Existenzminimums eines Kindes einschließlich der Bedarfe für Betreuung und Erziehung oder Ausbildung wird im gesamten Veranlagungszeitraum entweder durch die Freibeträge nach § 32 Absatz 6 oder durch Kindergeld nach Abschnitt X bewirkt. ²Soweit das Kindergeld dafür nicht erforderlich ist, dient es der Förderung der Familie. ³Im laufenden Kalenderjahr wird Kindergeld als Steuervergütung monatlich gezahlt. ⁴Bewirkt der Anspruch auf Kindergeld für den gesamten Veranlagungszeitraum die nach Satz 1 gebotene steuerliche Freistellung nicht vollständig und werden deshalb bei der Veranlagung zur Einkommensteuer die Freibeträge nach § 32 vom Einkommen abgezogen, erhöht sich die unter Abzug dieser Freibeträge ermittelte tarifliche Einkommensteuer um den Anspruch auf Kindergeld für den gesamten Veranlagungszeitraum; bei nicht zusammenveranlagten Eltern wird der Kindergeldanspruch im Umfang des Kinderfreibetrags angesetzt. ⁵Satz 4 gilt entsprechend für mit dem Kindergeld vergleichbare Leistungen nach § 65. ⁶Besteht nach ausländischem Recht Anspruch auf Leistungen für Kinder, wird dieser insoweit nicht berücksichtigt, als er das inländische Kindergeld übersteigt.

H 31

Hinweise

Allgemeines

Anhang 30

→ R 31 EStR, H 31 EStH

EStG
S 2282

§ 32 Kinder, Freibeträge für Kinder

(1) Kinder sind
1. im ersten Grad mit dem Steuerpflichtigen verwandte Kinder,
2. Pflegekinder (Personen, mit denen der Steuerpflichtige durch ein familienähnliches, auf längere Dauer berechnetes Band verbunden ist, sofern er sie nicht zu Erwerbszwecken in seinen Haushalt aufgenommen hat und das Obhuts- und Pflegeverhältnis zu den Eltern nicht mehr besteht).

(2) ¹Besteht bei einem angenommenen Kind das Kindschaftsverhältnis zu den leiblichen Eltern weiter, ist es vorrangig als angenommenes Kind zu berücksichtigen. ²Ist ein im ersten Grad mit dem Steuerpflichtigen verwandtes Kind zugleich ein Pflegekind, ist es vorrangig als Pflegekind zu berücksichtigen.

---

1) **§ 26c EStG wurde durch das Steuervereinfachungsgesetz 2011 aufgehoben und ist letztmals für den VZ 2012 anzuwenden → § 52 Abs. 68 Satz 2 EStG.**
2) Zur Anwendung von Absatz 1 Nr. 2 → § 52 Abs. 40 Satz 1 EStG.

(3) Ein Kind wird in dem Kalendermonat, in dem es lebend geboren wurde, und in jedem folgenden Kalendermonat, zu dessen Beginn es das 18. Lebensjahr noch nicht vollendet hat, berücksichtigt.

(4) ¹Ein Kind, das das 18. Lebensjahr vollendet hat, wird berücksichtigt, wenn es
1. noch nicht das 21. Lebensjahr vollendet hat, nicht in einem Beschäftigungsverhältnis steht und bei einer Agentur für Arbeit im Inland als Arbeitsuchender gemeldet ist oder
2. noch nicht das 25. Lebensjahr vollendet hat und
   a) für einen Beruf ausgebildet wird oder
   b) sich in einer Übergangszeit von höchstens vier Monaten befindet, die zwischen zwei Ausbildungsabschnitten oder zwischen einem Ausbildungsabschnitt und der Ableistung des gesetzlichen Wehr- oder Zivildienstes, einer vom Wehr- oder Zivildienst befreienden Tätigkeit als Entwicklungshelfer oder als Dienstleistender im Ausland nach § 14b des Zivildienstgesetzes oder der Ableistung eines freiwilligen Dienstes im Sinne des Buchstaben d liegt, oder
   c) eine Berufsausbildung mangels Ausbildungsplatzes nicht beginnen oder fortsetzen kann oder
   d) ein freiwilliges soziales Jahr oder ein freiwilliges ökologisches Jahr im Sinne des Jugendfreiwilligendienstegesetzes oder einen Freiwilligendienst im Sinne des Beschlusses Nr. 1719/2006/EG des Europäischen Parlaments und des Rates vom 15. November 2006 zur Einführung des Programms „Jugend in Aktion" (ABl. EU Nr. L 327 S. 30) oder einen anderen Dienst im Ausland im Sinne von § 14b des Zivildienstgesetzes oder einen entwicklungspolitischen Freiwilligendienst „weltwärts" im Sinne der Richtlinie des Bundesministeriums für wirtschaftliche Zusammenarbeit und Entwicklung vom 1. August 2007 (BAnz. 2008 S. 1297) oder einen Freiwilligendienst aller Generationen im Sinne von § 2 Absatz 1a des Siebten Buches Sozialgesetzbuch oder einen Internationalen Jugendfreiwilligendienst im Sinne der Richtlinie des Bundesministeriums für Familie, Senioren, Frauen und Jugend vom 20. Dezember 2010 (GMBl S. 1778) oder einen Bundesfreiwilligendienst im Sinne des Bundesfreiwilligendienstgesetzes leistet oder
3. wegen körperlicher, geistiger oder seelischer Behinderung außerstande ist, sich selbst zu unterhalten; Voraussetzung ist, dass die Behinderung vor Vollendung des 25. Lebensjahres eingetreten ist.

²Nach Abschluss einer erstmaligen Berufsausbildung und eines Erststudiums wird ein Kind in den Fällen des Satzes 1 Nummer 2 nur berücksichtigt, wenn das Kind keiner Erwerbstätigkeit nachgeht. ³Eine Erwerbstätigkeit mit bis zu 20 Stunden regelmäßiger wöchentlicher Arbeitszeit, ein Ausbildungsdienstverhältnis oder ein geringfügiges Beschäftigungsverhältnis im Sinne der §§ 8 und 8a des Vierten Buches Sozialgesetzbuch sind unschädlich.

(5) ¹In den Fällen des Absatzes 4 Satz 1 Nummer 1 oder Nummer 2 Buchstabe a und b wird ein Kind, das
1. den gesetzlichen Grundwehrdienst oder Zivildienst geleistet hat, oder
2. sich an Stelle des gesetzlichen Grundwehrdienstes freiwillig für die Dauer von nicht mehr als drei Jahren zum Wehrdienst verpflichtet hat, oder
3. eine vom gesetzlichen Grundwehrdienst oder Zivildienst befreiende Tätigkeit als Entwicklungshelfer im Sinne des § 1 Absatz 1 des Entwicklungshelfer-Gesetzes ausgeübt hat,

für einen der Dauer dieser Dienste oder der Tätigkeit entsprechenden Zeitraum, höchstens für die Dauer des inländischen gesetzlichen Grundwehrdienstes oder bei anerkannten Kriegsdienstverweigerern für die Dauer des inländischen gesetzlichen Zivildienstes über das 21. oder

---

1) Zur Anwendung von Absatz 4 Satz 1 Nr. 2: Kinder, die im Jahr 2006 das 24. Lebensjahr vollendeten (also Kinder, die nach dem 1. 1. 1982 und vor dem 2. 1. 1983 geboren sind) werden bis zur Vollendung ihres 26. Lebensjahres berücksichtigt. Kinder, die im Jahr 2006 bereits das 25. oder 26. Lebensjahr vollendeten (also Kinder, die nach dem 1. 1. 1980 und vor dem 2. 1. 1982 geboren sind) werden wie bisher bis zur Vollendung des 27. Lebensjahres berücksichtigt → **§ 52 Abs. 40 Satz 7 EStG**.
2) Zur zeitlichen Anwendung von Absatz 4 Satz 1 Nr. 2 Buchstabe d (§ 52 Abs. 40 EStG).
3) Die Vorschrift soll durch das Jahressteuergesetz 2013 (JStG 2013) geändert werden. Bei Redaktionsschluss war das Gesetzgebungsverfahren noch nicht abgeschlossen. Um Beachtung wird gebeten.
→ Siehe hierzu Hinweise auf Seite 4!
4) Zur Anwendung von Absatz 4 Satz 1 Nr. 3: Kinder, die vor dem 1. 1. 2007 in der Zeit ab ihrem 25. Geburtstag und vor ihrem 27. Geburtstag die Behinderung erlitten haben, deretwegen sie außerstande sind, sich selbst zu unterhalten, werden bei Vorliegen der materiell-rechtlichen Voraussetzungen auch im VZ 2007 und darüber hinaus berücksichtigt → § 52 Abs. 40 Satz 8 EStG.
5) Die Vorschrift soll durch das Jahressteuergesetz 2013 (JStG 2013) geändert werden. Bei Redaktionsschluss war das Gesetzgebungsverfahren noch nicht abgeschlossen. Um Beachtung wird gebeten.
→ Siehe hierzu Hinweise auf Seite 4!

25. Lebensjahr hinaus berücksichtigt. ²Wird der gesetzliche Grundwehrdienst oder Zivildienst in einem Mitgliedstaat der Europäischen Union oder einem Staat, auf den das Abkommen über den Europäischen Wirtschaftsraum Anwendung findet, geleistet, so ist die Dauer dieses Dienstes maßgebend. ³Absatz 4 Satz 2 und 3 gilt entsprechend.

(6) ¹Bei der Veranlagung zur Einkommensteuer wird für jedes zu berücksichtigende Kind des Steuerpflichtigen ein Freibetrag von 2 184 Euro für das sächliche Existenzminimum des Kindes (Kinderfreibetrag) sowie ein Freibetrag von 1 320 Euro für den Betreuungs- und Erziehungs- oder Ausbildungsbedarf des Kindes vom Einkommen abgezogen. ²Bei Ehegatten, die nach den §§ 26, 26b zusammen zur Einkommensteuer veranlagt werden, verdoppeln sich die Beträge nach Satz 1, wenn das Kind zu beiden Ehegatten in einem Kindschaftsverhältnis steht. ³Die Beträge nach Satz 2 stehen dem Steuerpflichtigen auch dann zu, wenn

1. der andere Elternteil verstorben oder nicht unbeschränkt einkommensteuerpflichtig ist oder
2. der Steuerpflichtige allein das Kind angenommen hat oder das Kind nur zu ihm in einem Pflegekindschaftsverhältnis steht.

⁴Für ein nicht nach § 1 Absatz 1 oder 2 unbeschränkt einkommensteuerpflichtiges Kind können die Beträge nach den Sätzen 1 bis 3 nur abgezogen werden, soweit sie nach den Verhältnissen seines Wohnsitzstaates notwendig und angemessen sind. ⁵Für jeden Kalendermonat, in dem die Voraussetzungen für einen Freibetrag nach den Sätzen 1 bis 4 nicht vorliegen, ermäßigen sich die dort genannten Beträge um ein Zwölftel. ⁶Abweichend von Satz 1 wird bei einem unbeschränkt einkommensteuerpflichtigen Elternpaar, bei dem die Voraussetzungen des § 26 Absatz 1 Satz 1 nicht vorliegen, auf Antrag der dem anderen Elternteil zustehende Kinderfreibetrag auf ihn übertragen, wenn er, nicht jedoch der andere Elternteil, seiner Unterhaltspflicht gegenüber dem Kind für das Kalenderjahr im Wesentlichen nachkommt oder der andere Elternteil mangels Leistungsfähigkeit nicht unterhaltspflichtig ist. ⁷Eine Übertragung nach Satz 6 scheidet für Zeiträume aus, in denen Unterhaltsleistungen nach dem Unterhaltsvorschussgesetz gezahlt werden. ⁸Bei minderjährigen Kindern wird der dem Elternteil, in dessen Wohnung das Kind nicht gemeldet ist, zustehende Freibetrag für den Betreuungs- und Erziehungs- oder Ausbildungsbedarf auf Antrag des anderen Elternteils auf diesen übertragen, wenn bei dem Elternpaar die Voraussetzungen des § 26 Absatz 1 Satz 1 nicht vorliegen. ⁹Eine Übertragung nach Satz 8 scheidet aus, wenn der Übertragung widersprochen wird, weil der Elternteil, bei dem das Kind nicht gemeldet ist, Kinderbetreuungskosten trägt oder das Kind regelmäßig in einem nicht unwesentlichen Umfang betreut. ¹⁰Die den Eltern nach den Sätzen 1 bis 9 zustehenden Freibeträge können auf Antrag auch auf einen Stiefelternteil oder Großelternteil übertragen werden, wenn dieser das Kind in seinen Haushalt aufgenommen hat oder dieser einer Unterhaltspflicht gegenüber dem Kind unterliegt. ¹¹Die Übertragung nach Satz 10 kann auch mit Zustimmung des berechtigten Elternteils erfolgen, die nur für künftige Kalenderjahre widerrufen werden kann.

H 32 — Hinweise

Berücksichtigung von Kindern

Anhang 30 → R 32 EStR, H 32 EStH

---

¹⁾ Zur Anwendung von Absatz 5 Satz 1: Kinder, die im Jahr 2006 das 24. Lebensjahr vollendeten (also Kinder, die nach dem 1. 1. 1982 und vor dem 2. 1. 1983 geboren sind) und einen der genannten Dienste absolviert haben, werden über die Vollendung ihres 26. Lebensjahres hinaus berücksichtigt. Kinder, die im Jahr 2006 bereits das 25., 26. oder 27. Lebensjahr vollendeten (also Kinder, die nach dem 1. 1. 1979 und vor dem 2. 1. 1982 geboren sind) und einen der genannten Dienste absolviert haben, werden wie bisher über die Vollendung des 27. Lebensjahres hinaus berücksichtigt (→ § 52 Abs. 40 Satz 9 EStG).

Kindesunterhalt

Düsseldorfer Tabelle
(gültig ab dem 1. 1. 2013)[1][2]

A. Kindesunterhalt

Nettoeinkommen des Barunterhaltspflichtigen in Euro (Anm. 3, 4)	Altersstufen in Jahren (§ 1612a Abs. 1 BGB)				Prozentsatz	Bedarfskontrollbetrag (Anm. 6)
	0–5	6–11	12–17	ab 18		
	Alle Beträge in Euro					
1. bis 1 500	317	364	426	488	100	800/1 000
2. 1 501–2 300	333	383	448	513	105	1 100
3. 1 901–2 300	349	401	469	537	110	1 200
4. 2 301–2 700	365	419	490	562	115	1 300
5. 2 701–3 100	381	437	512	586	120	1 400
6. 3 101–3 500	406	466	546	625	128	1 500
7. 3 501–3 900	432	496	580	664	136	1 600
8. 3 901–4 300	457	525	614	703	144	1 700
9. 4 301–4 700	482	554	648	742	152	1 800
10. 4 701–5 100	508	583	682	781	160	1 900
ab 5 101	nach den Umständen des Falles					

Anmerkungen:

1. Die Tabelle hat keine Gesetzeskraft, sondern stellt eine Richtlinie dar. Sie weist den monatlichen Unterhaltsbedarf aus, bezogen auf zwei Unterhaltsberechtigte, ohne Rücksicht auf den Rang. Der Bedarf ist nicht identisch mit dem Zahlbetrag; dieser ergibt sich unter Berücksichtigung der nachfolgenden Anmerkungen.

   Bei einer größeren/geringeren Anzahl Unterhaltsberechtigter können Ab- oder Zuschläge durch Einstufung in niedrigere/höhere Gruppen angemessen sein. Anmerkung 6 ist zu beachten. Zur Deckung des notwendigen Mindestbedarfs aller Beteiligten – einschließlich des Ehegatten – ist gegebenenfalls eine Herabstufung bis in die unterste Tabellengruppe vorzunehmen. Reicht das verfügbare Einkommen auch dann nicht aus, setzt sich der Vorrang der Kinder im Sinne von Anm. 5 Abs. 1 durch. Gegebenenfalls erfolgt zwischen den erstrangigen Unterhaltsberechtigten eine Mangelberechnung nach Abschnitt C.

2. Die Richtsätze der 1. Einkommensgruppe entsprechen dem Mindestbedarf in Euro gemäß § 1612a BGB. Der Prozentsatz drückt die Steigerung des Richtsatzes der jeweiligen Einkommensgruppe gegenüber dem Mindestbedarf (= 1. Einkommensgruppe) aus. Die durch Multiplikation des nicht gerundeten Mindestbedarfs mit dem Prozentsatz errechneten Beträge sind entsprechend § 1612a Abs. 2 S. 2 BGB aufgerundet.

3. Berufsbedingte Aufwendungen, die sich von den privaten Lebenshaltungskosten nach objektiven Merkmalen eindeutig abgrenzen lassen, sind vom Einkommen abzuziehen, wobei bei entsprechenden Anhaltspunkten eine Pauschale von 5 % des Nettoeinkommens – mindestens 50 EUR, bei geringfügiger Teilzeitarbeit auch weniger, und höchstens 150 EUR mo-

---

[1] Die Düsseldorfer Tabelle enthält Leitlinien für den Unterhaltsbedarf von Unterhaltsberechtigten. Sie beruht auf Koordinierungsgesprächen zwischen Richterinnen und Richtern der Familiensenate der Oberlandesgerichte Düsseldorf, Köln, Hamm, der Unterhaltskommission des Deutschen Familiengerichtstages e. V. sowie einer Umfrage bei den übrigen Oberlandesgerichten.Die Tabelle nebst Anmerkungen beruht auf Koordinierungsgesprächen, die unter Beteiligung aller Oberlandesgerichte und der Unterhaltskommission des Deutschen Familiengerichtstages e. V. stattgefunden haben.

[2] Die vollständige Tabelle ist abrufbar unter „www.olg-duesseldorf.nrw.de" und dort unter dem Link „Rechts-InfoService – Düsseldorfer Tabelle".

natlich – geschätzt werden kann. Übersteigen die berufsbedingten Aufwendungen die Pauschale, sind sie insgesamt nachzuweisen.
4. Berücksichtigungsfähige Schulden sind in der Regel vom Einkommen abzuziehen.
5. Der notwendige Eigenbedarf (Selbstbehalt)
   – gegenüber minderjährigen unverheirateten Kindern,
   – gegenüber volljährigen unverheirateten Kindern bis zur Vollendung des 21. Lebensjahres, die im Haushalt der Eltern oder eines Elternteils leben und sich in der allgemeinen Schulausbildung befinden, beträgt beim nicht erwerbstätigen Unterhaltspflichtigen monatlich 800 EUR, beim erwerbstätigen Unterhaltspflichtigen monatlich 1 000 EUR. Hierin sind bis 360 EUR für Unterkunft einschließlich umlagefähiger Nebenkosten und Heizung (Warmmiete) enthalten. Der Selbstbehalt kann angemessen erhöht werden, wenn dieser Betrag im Einzelfall erheblich überschritten wird und dies nicht vermeidbar ist.

   Der angemessene Eigenbedarf, insbesondere gegenüber anderen volljährigen Kindern, beträgt in der Regel mindestens monatlich 1 200 EUR. Darin ist eine Warmmiete bis 450 EUR enthalten.
6. Der Bedarfskontrollbetrag des Unterhaltspflichtigen ab Gruppe 2 ist nicht identisch mit dem Eigenbedarf. Er soll eine ausgewogene Verteilung des Einkommens zwischen dem Unterhaltspflichtigen und den unterhaltsberechtigten Kindern gewährleisten. Wird er unter Berücksichtigung anderer Unterhaltspflichten unterschritten, ist der Tabellenbetrag der nächst niedrigeren Gruppe, deren Bedarfskontrollbetrag nicht unterschritten wird, anzusetzen.
7. Bei volljährigen Kindern, die noch im Haushalt der Eltern oder eines Elternteils wohnen, bemisst sich der Unterhalt nach der 4. Altersstufe der Tabelle.

   Der angemessene Gesamtunterhaltsbedarf eines Studierenden, der nicht bei seinen Eltern oder einem Elternteil wohnt, beträgt in der Regel monatlich 670 EUR. Hierin sind bis 280 EUR für Unterkunft einschließlich umlagefähiger Nebenkosten und Heizung (Warmmiete) enthalten. Dieser Bedarfssatz kann auch für ein Kind mit eigenem Haushalt angesetzt werden.
8. Die Ausbildungsvergütung eines in der Berufsausbildung stehenden Kindes, das im Haushalt der Eltern oder eines Elternteils wohnt, ist vor ihrer Anrechnung in der Regel um einen ausbildungsbedingten Mehrbedarf von monatlich 90 EUR zu kürzen.
9. In den Bedarfsbeträgen (Anmerkungen 1 und 7) sind Beiträge zur Kranken- und Pflegeversicherung sowie Studiengebühren nicht enthalten.
10. Das auf das jeweilige Kind entfallende Kindergeld ist nach § 1612b BGB auf den Tabellenunterhalt (Bedarf) anzurechnen.

...

Ländergruppeneinteilung

Zu § 32 Abs. 6 Satz 4 EStG → H 33a (Ländergruppeneinteilung)

§ 32a Einkommensteuertarif

(1) ¹Die tarifliche Einkommensteuer *im Veranlagungszeitraum 2013* bemisst sich nach dem zu versteuernden Einkommen. ²Sie beträgt vorbehaltlich der §§ 32b, 32d, 34, 34a, 34b und 34c jeweils in Euro für zu versteuernde Einkommen

1. bis *8 130* Euro (Grundfreibetrag)
   0;
2. von *8 131* Euro bis *13 469* Euro:
   (*933,70* · y + 1400) · y;
3. von *13 470* Euro bis *52 881* Euro:
   (*228,74* · z + 2397) · z + *1014*;
4. von *52 882* Euro bis *250 730* Euro:
   0,42 · x – *8 196*;
5. von *250 731* Euro an:
   0,45 · x – *15 718*.

---

[1]) Wegen des besonderen Steuersatzes beim Progressionsvorbehalt → § 32b EStG.
[2]) Wegen des gesonderten Steuertarifs für Einkünfte aus Kapitalvermögen → § 32d EStG.
[3]) Absatz 1 wurde durch das Gesetz zum Abbau der kalten Progression neu gefasst. Zur Anwendung → § 52 Abs. 41 Satz 2 EStG. Zur Anwendung ab dem VZ 2014 → § 52 Abs. 41 Satz 3 EStG.

³„y" ist ein Zehntausendstel des *den Grundfreibetrag* übersteigenden Teils des auf einen vollen Euro-Betrag abgerundeten zu versteuernden Einkommens. ⁴„z" ist ein Zehntausendstel des *13 469* Euro übersteigenden Teils des auf einen vollen Euro-Betrag abgerundeten zu versteuernden Einkommens. ⁵„x" ist das auf einen vollen Euro-Betrag abgerundete zu versteuernde Einkommen. ⁶Der sich ergebende Steuerbetrag ist auf den nächsten vollen Euro-Betrag abzurunden.

(2) bis (4) (weggefallen)

(5) Bei Ehegatten, die nach den §§ 26, 26b zusammen zur Einkommensteuer veranlagt werden, beträgt die tarifliche Einkommensteuer vorbehaltlich der §§ 32b, 32d, 34, 34a, 34b und 34c das Zweifache des Steuerbetrags, der sich für die Hälfte ihres gemeinsam zu versteuernden Einkommens nach Absatz 1 ergibt (Splitting-Verfahren).

(6) ¹Das Verfahren nach Absatz 5 ist auch anzuwenden zur Berechnung der tariflichen Einkommensteuer für das zu versteuernde Einkommen
1. bei einem verwitweten Steuerpflichtigen für den Veranlagungszeitraum, der dem Kalenderjahr folgt, in dem der Ehegatte verstorben ist, wenn der Steuerpflichtige und sein verstorbener Ehegatte im Zeitpunkt seines Todes die Voraussetzungen des § 26 Absatz 1 Satz 1 erfüllt haben,
2. bei einem Steuerpflichtigen, dessen Ehe in dem Kalenderjahr, in dem er sein Einkommen bezogen hat, aufgelöst worden ist, wenn in diesem Kalenderjahr
   a) der Steuerpflichtige und sein bisheriger Ehegatte die Voraussetzungen des § 26 Absatz 1 Satz 1 erfüllt haben,
   b) der bisherige Ehegatte wieder geheiratet hat und
   c) der bisherige Ehegatte und dessen neuer Ehegatte ebenfalls die Voraussetzungen des § 26 Absatz 1 Satz 1 erfüllen.

²Voraussetzung für die Anwendung des Satzes dass der Steuerpflichtige nicht nach den §§ 26, *einzeln* zur Einkommensteuer veranlagt wird. [1]

§ 32b Progressionsvorbehalt

(1) ¹Hat ein zeitweise oder während des gesamten Veranlagungszeitraums unbeschränkt Steuerpflichtiger oder ein beschränkt Steuerpflichtiger, auf den § 50 Absatz 2 Satz 2 Nummer 4 Anwendung findet,
1. a) Arbeitslosengeld, Teilarbeitslosengeld, Zuschüsse zum Arbeitsentgelt, Kurzarbeitergeld, Winterausfallgeld, Insolvenzgeld, Arbeitslosenhilfe, Übergangsgeld, Altersübergangsgeld, Altersübergangsgeld- Ausgleichsbetrag, Unterhaltsgeld als Zuschuss, Eingliederungshilfe nach dem Dritten Buch Sozialgesetzbuch oder dem Arbeitsförderungsgesetz, das aus dem Europäischen Sozialfonds finanzierte Unterhaltsgeld sowie Leistungen nach § 10 des Dritten Buches Sozialgesetzbuch, die dem Lebensunterhalt dienen; Insolvenzgeld, das nach § 170 Absatz 1 des Dritten Buches Sozialgesetzbuch einem Dritten zusteht, ist dem Arbeitnehmer zuzurechnen,
   b) Krankengeld, Mutterschaftsgeld, Verletztengeld, Übergangsgeld oder vergleichbare Lohnersatzleistungen nach dem Fünften, Sechsten oder Siebten Buch Sozialgesetzbuch, der Reichsversicherungsordnung, dem Gesetz über die Krankenversicherung der Landwirte oder dem Zweiten Gesetz über die Krankenversicherung der Landwirte,
   c) Mutterschaftsgeld, Zuschuss zum Mutterschaftsgeld, die Sonderunterstützung nach dem Mutterschutzgesetz sowie den Zuschuss bei Beschäftigungsverboten für die Zeit vor oder nach einer Entbindung sowie für den Entbindungstag während einer Elternzeit nach beamtenrechtlichen Vorschriften,
   d) Arbeitslosenbeihilfe oder Arbeitslosenhilfe nach dem Soldatenversorgungsgesetz,
   e) Entschädigungen für Verdienstausfall nach dem Infektionsschutzgesetz vom 20. Juli 2000 (BGBl. I S. 1045),
   f) Versorgungskrankengeld oder Übergangsgeld nach dem Bundesversorgungsgesetz,
   g) nach § 3 Nummer 28 steuerfreie Aufstockungsbeträge oder Zuschläge,
   h) Verdienstausfallentschädigung nach dem Unterhaltssicherungsgesetz,
   i) (weggefallen)
   j) Elterngeld nach dem Bundeselterngeld- und Elternzeitgesetz oder

---
[1] **Absatz 6 Satz 2 wurde durch das Steuervereinfachungsgesetz 2011 geändert und ist erstmals für den VZ 2013 anzuwenden → § 52 Abs. 68 Satz 1 EStG.**

2. ausländische Einkünfte, die im Veranlagungszeitraum nicht der deutschen Einkommensteuer unterlegen haben; dies gilt nur für Fälle der zeitweisen unbeschränkten Steuerpflicht einschließlich der in § 2 Absatz 7 Satz 3 geregelten Fälle; ausgenommen sind Einkünfte, die nach einem sonstigen zwischenstaatlichen Übereinkommen im Sinne der Nummer 4 steuerfrei sind und die nach diesem Übereinkommen nicht unter dem Vorbehalt der Einbeziehung bei der Berechnung der Einkommensteuer stehen,

3. Einkünfte, die nach einem Abkommen zur Vermeidung der Doppelbesteuerung steuerfrei sind,

4. Einkünfte, die nach einem sonstigen zwischenstaatlichen Übereinkommen unter dem Vorbehalt der Einbeziehung bei der Berechnung der Einkommensteuer steuerfrei sind,

[1] 5. Einkünfte, die bei Anwendung von § 1 Absatz 3 oder § 1a oder § 50 Absatz 2 Satz 2 Nummer 4 im Veranlagungszeitraum bei der Ermittlung des zu versteuernden Einkommens unberücksichtigt bleiben, weil sie nicht der deutschen Einkommensteuer oder einem Steuerabzug unterliegen; ausgenommen sind Einkünfte, die nach einem sonstigen zwischenstaatlichen Übereinkommen im Sinne der Nummer 4 steuerfrei sind und die nach diesem Übereinkommen nicht unter dem Vorbehalt der Einbeziehung bei der Berechnung der Einkommensteuer stehen,

bezogen, so ist auf das nach § 32a Absatz 1 zu versteuernde Einkommen ein besonderer Steuersatz anzuwenden. ²Satz 1 Nummer 3 gilt nicht für Einkünfte

1. aus einer anderen als in einem Drittstaat belegenen land- und forstwirtschaftlichen Betriebsstätte,

2. aus einer anderen als in einem Drittstaat belegenen gewerblichen Betriebsstätte, die nicht die Voraussetzungen des § 2a Absatz 2 Satz 1 erfüllt,

3. aus der Vermietung oder der Verpachtung von unbeweglichem Vermögen oder von Sachinbegriffen, wenn diese in einem anderen Staat als in einem Drittstaat belegen sind, oder

4. aus der entgeltlichen Überlassung von Schiffen, sofern diese ausschließlich oder fast ausschließlich in einem anderen als einem Drittstaat eingesetzt worden sind, es sei denn, es handelt sich um Handelsschiffe, die

   a) von einem Vercharterer ausgerüstet überlassen oder

   b) an in einem anderen als in einem Drittstaat ansässige Ausrüster, die die Voraussetzungen des § 510 Absatz 1 des Handelsgesetzbuchs erfüllen, überlassen oder

   c) insgesamt nur vorübergehend an in einem Drittstaat ansässige Ausrüster, die die Voraussetzungen des § 510 Absatz 1 des Handelsgesetzbuchs erfüllen, überlassen

   worden sind, oder

5. aus dem Ansatz des niedrigeren Teilwerts oder der Übertragung eines zu einem Betriebsvermögen gehörenden Wirtschaftsguts im Sinne der Nummern 3 und 4.

³§ 2a Absatz 2a gilt entsprechend.

(1a) Als unmittelbar von einem unbeschränkt Steuerpflichtigen bezogene ausländische Einkünfte im Sinne des Absatzes 1 Nummer 3 gelten auch die ausländischen Einkünfte, die eine Organgesellschaft im Sinne des § 14 oder des § 17 des Körperschaftsteuergesetzes bezogen hat und die nach einem Abkommen zur Vermeidung der Doppelbesteuerung steuerfrei sind, in dem Verhältnis, in dem dem unbeschränkt Steuerpflichtigen das Einkommen der Organgesellschaft bezogen auf das gesamte Einkommen der Organgesellschaft im Veranlagungszeitraum zugerechnet wird.

(2) ¹Der besondere Steuersatz nach Absatz 1 ist der Steuersatz, der sich ergibt, wenn bei der Berechnung der Einkommensteuer das nach § 32a Absatz 1 zu versteuernde Einkommen vermehrt oder vermindert wird um

1. im Fall des Absatzes 1 Nummer 1 die Summe der Leistungen nach Abzug des Arbeitnehmer-Pauschbetrags (§ 9a Satz 1 Nummer 1), soweit er nicht bei der Ermittlung der Einkünfte aus nichtselbständiger Arbeit abziehbar ist;

2. im Fall des Absatzes 1 Nummer 2 bis 5 die dort bezeichneten Einkünfte, wobei die darin enthaltenen außerordentlichen Einkünfte mit einem Fünftel zu berücksichtigen sind. ²Bei der Ermittlung der Einkünfte im Fall des Absatzes 1 Nummer 2 bis 5

---

[1] Absatz 1 Satz 1 Nr. 5 i. d. F. des JStG 2008 ist bei Staatsangehörigen eines Mitgliedstaates der Europäischen Union oder eines Staates, auf den das Abkommen über den Europäischen Wirtschaftsraum anwendbar ist, die im Hoheitsgebiet eines dieser Staaten ihren Wohnsitz oder gewöhnlichen Aufenthalt haben, auf Antrag auch für VZ vor 2008 anzuwenden, soweit Steuerbescheide noch nicht bestandskräftig sind → § 52 Abs. 43a Satz 1 EStG.

§ 32b EStG

a) ist der Arbeitnehmer-Pauschbetrag (§ 9a Satz 1 Nummer 1 Buchstabe a) abzuziehen, soweit er nicht bei der Ermittlung der Einkünfte aus nichtselbständiger Arbeit abziehbar ist;

b) sind Werbungskosten nur insoweit abzuziehen, als sie zusammen mit den bei der Ermittlung der Einkünfte aus nichtselbständiger Arbeit abziehbaren Werbungskosten den Arbeitnehmer-Pauschbetrag (§ 9a Satz 1 Nummer 1 Buchstabe a) übersteigen;

c) sind bei Gewinnermittlung nach § 4 Absatz 3 die Anschaffungs- oder Herstellungskosten für Wirtschaftsgüter des Umlaufvermögens im Zeitpunkt des Zuflusses des Veräußerungserlöses oder bei Entnahme im Zeitpunkt der Entnahme als Betriebsausgaben zu berücksichtigen. § 4 Absatz 3 Satz 5 gilt entsprechend. 1)

²Ist der für die Berechnung des besonderen Steuersatzes maßgebende Betrag höher als 250 000 Euro und sind im zu versteuernden Einkommen Einkünfte im Sinne des § 2 Absatz 1 Satz 1 Nummer 1 bis 3 enthalten, ist für den Anteil dieser Einkünfte am zu versteuernden Einkommen der Steuersatz im Sinne des Satzes 1 nach § 32a mit der Maßgabe zu berechnen, dass in Absatz 1 Satz 2 die Angabe „§ 32b" und die Nummer 5 entfallen sowie die Nummer 4 in folgender Fassung anzuwenden ist: 2)

„4. von 52 152 Euro an: 0,42 · x – 7 914."

³Für die Bemessung des Anteils im Sinne des Satzes 2 gilt § 32c Absatz 1 Satz 2 und 3 entsprechend. 3)

(3) ¹Die Träger der Sozialleistungen im Sinne des Absatzes 1 Nummer 1 haben die Daten über die im Kalenderjahr gewährten Leistungen sowie die Dauer des Leistungszeitraums für jeden Empfänger bis zum 28. Februar des Folgejahres nach amtlich vorgeschriebenem Datensatz durch amtlich bestimmte Datenfernübertragung zu übermitteln, soweit die Leistungen nicht auf der Lohnsteuerbescheinigung (§ 41b Absatz 1 Satz 2 Nummer 5) auszuweisen sind; § 41b Absatz 2 und § 22a Absatz 2 gelten entsprechend. ²Der Empfänger der Leistungen ist entsprechend zu informieren und auf die steuerliche Behandlung dieser Leistungen und seine Steuererklärungspflicht hinzuweisen. ³In den Fällen des § 170 Absatz 1 des Dritten Buches Sozialgesetzbuch ist Empfänger des an Dritte ausgezahlten Insolvenzgeldes der Arbeitnehmer, der seinen Arbeitsentgeltanspruch übertragen hat. 4)

---

1) Änderung auf Grund des Amtshilferichtlinie-Umsetzungsgesetzes. Bei Redaktionsschluss war das Gesetzgebungsverfahren noch nicht abgeschlossen. Um Beachtung wird gebeten. → Siehe hierzu Hinweise auf Seite 4!

2) Absatz 2 Satz 2 ist nur für den VZ 2007 anzuwenden → § 52 Abs. 43a Satz 3 EStG.

3) Absatz 2 Satz 3 ist nur für den VZ 2007 anzuwenden → § 52 Abs. 43a Satz 3 EStG.

4) Absatz 3 wurde durch das JStG 2008 neu gefasst und Absatz 4 aufgehoben. Abweichend davon kann das BMF den Zeitpunkt der erstmaligen Übermittlung der Mitteilungen durch ein im BStBl zu veröffentlichendes Schreiben mitteilen. Bis zu diesem Zeitpunkt sind § 32b Abs. 3 und 4 in der am 20. 12. 2003 geltenden Fassung weiter anzuwenden → § 52 Abs. 43a Satz 4 und 5 EStG.
Absatz 3 in der am 20. 12. 2003 geltenden Fassung lautet:
„(3) ¹Die Träger der Sozialleistungen im Sinne des Absatzes 1 Nr. 1 haben bei Einstellung der Leistung oder spätestens am Ende des jeweiligen Kalenderjahres dem Empfänger der Dauer des Leistungszeitraums sowie Art und Höhe der während des Kalenderjahres gezahlten Leistungen mit Ausnahme des Insolvenzgeldes zu bescheinigen. ²In der Bescheinigung ist der Empfänger auf die steuerliche Behandlung dieser Leistungen und seine Steuererklärungspflicht hinzuweisen."
Absatz 4 in der am 20. 12. 2003 geltenden Fassung lautet:
„(4) ¹Die Bundesagentur für Arbeit hat die Daten über das im Kalenderjahr gewährte Insolvenzgeld für jeden Empfänger bis zum 28. Februar des Folgejahres nach amtlich vorgeschriebenem Datensatz durch Datenfernübertragung an die amtlich bestimmte Übermittlungsstelle zu übermitteln; § 41b Abs. 2 gilt entsprechend. ²Der Arbeitnehmer ist entsprechend zu informieren und auf die steuerliche Behandlung des Insolvenzgeldes und seine Steuererklärungspflicht hinzuweisen. ³In den Fällen des § 188 Abs. 1 des Dritten Buches Sozialgesetzbuch ist Empfänger des an Dritte ausgezahlten Insolvenzgeldes der Arbeitnehmer, der seinen Arbeitsentgeltanspruch übertragen hat."
Mit BMF-Schreiben vom 22. 2. 2011 (BStBl I S. 214) wurde der Zeitpunkt der erstmaligen Übermittlung der Progressionsvorbehalt unterliegenden Leistungen an die Finanzverwaltung gemäß § 32b Abs. 3 EStG i. V. m. § 52 Abs. 43a Satz 4 EStG bekannt gegeben.

Hinweise

Arbeitslosengeld

Steuerliche Behandlung des „Arbeitslosengeldes II"

OFD Münster v. 17. 5. 2006
Kurzinformation Einkommensteuer

Die Leistungen zur Sicherung des Lebensunterhalts und zur Eingliederung in Arbeit nach dem SGB II ersetzen seit dem 01. 01. 2005 die Leistungen „Arbeitslosenhilfe" und „Sozialhilfe". Die Leistungen zur Sicherung des Lebensunterhalts und zur Eingliederung in Arbeit nach dem SGB II (sog. „Arbeitslosengeld II") sind steuerfrei gemäß § 3 Nr. 2b EStG. § 3 Nr. 2b EStG wurde eingefügt durch Art. 33 Nr. 1 des Vierten Gesetzes für moderne Dienstleistungen am Arbeitsmarkt vom 24. 12. 2003, BGBl 2003 I S. 2954.

Die Leistungen unterliegen (auch) nicht dem Progressionsvorbehalt gemäß § 32b EStG, da sie in dem dortigen abschließenden Katalog nicht aufgeführt sind. In § 32b EStG ist lediglich allgemein „Arbeitslosengeld" als dem Progressionsvorbehalt unterliegende Leistung genannt. Hierbei handelt es sich um das sog. „Arbeitslosengeld I" (lt. SGB III), das gemäß § 3 Nr. 2 EStG steuerfrei gestellt wird.

...

Elterngeld

Steuerliche Behandlung des Elterngeldes

(akt. Kurzinfo ESt 20/2008 der OFD Münster vom 16. 11. 2010)

Das Bundeselterngeldgesetz war zum 01. 01. 2007 in Kraft getreten und an die Stelle des Bundeserziehungsgeldgesetzes getreten. Es gilt für alle ab dem 01. 01. 2007 geborenen Kinder. Das einem betreuenden Elternteil zum Ausgleich des wegfallenden Erwerbseinkommens gezahlte Elterngeld beträgt 67 % seines vor der Geburt des Kindes durchschnittlich monatlich verfügbaren bereinigten Nettoeinkommens, höchstens jedoch 1.800 €. Der Mindestbetrag, der auch an vor der Geburt nicht erwerbstätige Elternteile gezahlt wird, beträgt 300 € monatlich. Bei Mehrlingsgeburten erhöht sich der Mindestbetrag um jeweils 300 € für das zweite und jedes weitere Kind. Solange ein älteres Geschwisterkind unter drei Jahren oder zwei ältere Geschwisterkinder unter 6 Jahren mit im Haushalt leben, erhöht sich das Elterngeld um 10 %, mindestens jedoch 75 €. Die Eltern haben insgesamt Anspruch auf bis zu 14 Monatsbeträge. Auf Antrag werden die einer Person monatlich zustehenden Beträge halbiert und über den doppelten Zeitraum ausgezahlt.

Das bisherige Erziehungsgeld war/ist bei der **Ermittlung der eigenen Einkünfte und Bezüge des Kindes** nach § 32 Abs. 4 Satz 2 EStG **nicht** zu berücksichtigen (H 32.10 „Nicht anrechenbare eigene Bezüge" EStH). **Elterngeld**, das ein Kind erhält, **wird** dagegen bei der Ermittlung der Einkünfte und Bezüge nach § 32 Abs. 4 Satz 2 EStG **berücksichtigt**. Auszunehmen hiervon ist aber der Mindestbetrag in Höhe von 300 € bzw. 150 € monatlich (bei Mehrlingsgeburten entsprechend vervielfacht), da dieser auch gezahlt wird, wenn vorher keine Einkünfte erzielt wurden. Dies gilt auch bei der Ermittlung der Einkünfte und Bezüge gemäß § 33a Abs. 1 Satz 4 EStG bzw. § 33a Abs. 2 Satz 2 EStG (vgl. R 32.10 Abs. 2 Satz 2 Nr. 2 EStR 2008).

Streitig war, ob das Elterngeld auch in Höhe des Sockelbetrags dem Progressionsvorbehalt unterliegt. Die Nichtzulassungsbeschwerde gegen die Entscheidung des FG Nürnberg vom 19. 02. 2009 – 6 K 1859/2008 – *wurde vom BFH zurückgewiesen (BFH vom 21. 09. 2009 – VI B 31/09). Die gegen den o. g. Beschluss des BFH eingelegte Verfassungsbeschwerde 2 BvR 2604/09 wurde mit Beschluss vom 20. 10. 2010 gemäß §§ 93a, 93b BVerfGG nicht zur Entscheidung angenommen.*

Europäischer Sozialfonds

Progressionsvorbehalt für Leistungen aus dem Europäischen Sozialfonds; Bescheinigung der Leistungen nach § 32b Abs. 3 EStG

(Verfügung der OFD Frankfurt/Main vom 3. 2. 1999 – S 2295 A – 6 – St II 25 –)

Die aus Mitteln des Europäischen Sozialfonds (ESF) mitfinanzierten arbeitspolitischen Maßnahmen im Bereich des Bundes (ESF-Bundesprogramm) unterliegen insoweit dem Progressionsvorbehalt, als nach den Richtlinien des Bundesministeriums für Arbeit und Soziales (s. Anlage) ein aus dem ESF finanziertes Unterhaltsgeld an Teilnehmer einer beruflichen Qualifizierungsmaßnahme gezahlt wird.

...

Härteausgleich

Der Härteausgleich nach § 46 Abs. 3 EStG ist nicht auf dem Progressionsvorbehalt unterliegende Lohnersatzleistungen anzuwenden (→ BFH vom 5. 5. 1994 – BStBl 1994 II S. 654).

Insolvenzverfahren

I. Steuerliche Behandlung von Zahlungen des Insolvenzverwalters an die Bundesagentur für Arbeit und andere Sozialleistungsträger aufgrund des gesetzlichen Forderungsübergangs nach § 115 SGB X

(Erlass der Senatsverwaltung für Finanzen Berlin v. 30. 09. 2011 – III B – S 2342 – 11/2007 –)

Im Rahmen von Insolvenzverfahren leisten Insolvenzverwalter als Ausschüttung von Masseverbindlichkeiten gemäß § 55 Abs. 1 Nr. 2 InsO auch Zahlungen an freigestellte Arbeitnehmer für die Zeit bis zum Ablauf der Kündigungsfrist, die bislang für diesen Zeitraum lediglich Arbeitslosengeld erhalten haben. Das bezogene Arbeitslosengeld ist vom Insolvenzverwalter der Bundesagentur für Arbeit unmittelbar zu erstatten (sogenannter Forderungsübergang nach § 115 SGB X).

Es wurde die Frage aufgeworfen, wie die Zahlungen des Insolvenzverwalters an die Bundesagentur für Arbeit aufgrund des gesetzlichen Forderungsübergangs nach § 115 SGB X steuerlich zu beurteilen sind.

Die obersten Finanzbehörden des Bundes und der Länder sind überein gekommen, dass entsprechend der Regelung in R 3.2 Abs. 1 Satz 2 LStR die Zahlungen des Insolvenzverwalters an die Bundesagentur für Arbeit nach § 3 Nr. 2 EStG steuerfrei bleiben, soweit sie aufgrund des gesetzlichen Forderungsübergangs nach § 115 SGB X geleistet werden und über das Vermögen des (früheren) Arbeitgebers das Insolvenzverfahren eröffnet worden ist. Die Regelungen zum Progressionsvorbehalt sind zu beachten.

Steuerpflichtiger Arbeitslohn liegt somit nur in Höhe der Differenz zwischen dem (erfüllten) Arbeitslohnanspruch und den an die Bundesagentur für Arbeit geleisteten Rückzahlungen des vom Arbeitnehmer bezogenen Arbeitslosengeldes vor.

Die vorstehenden Ausführungen gelten analog auch für die nachstehend aufgeführten Sozialleistungen, sofern es ebenfalls zu einem gesetzlichen Forderungsübergang nach § 115 SGB X kommt:

– von der Berufsgenossenschaft gezahlte Verletztengeldansprüche (steuerfrei nach § 3 Nr. 1 Buchst. a EStG; Progressionsvorbehalt nach § 32b Abs. 1 Nr. 1 Buchst. b EStG),
– von der gesetzlichen Krankenversicherung als Krankengeld geleistete Entgeltfortzahlung im Krankheitsfall innerhalb der Sechs-Wochen-Frist (steuerfrei nach § 3 Nr. 1 Buchst. a EStG; Progressionsvorbehalt nach § 32b Abs. 1 Nr. 1 Buchst. b EStG),
– von der Deutschen Rentenversicherung gezahltes Übergangsgeld (steuerfrei nach § 3 Nr. 1 Buchst. c EStG; Progressionsvorbehalt nach § 32b Abs. 1 Nr. 1 Buchst. b EStG),
– von der Agentur für Arbeit (JobCenter) gezahlte Leistungen zur Sicherung des Lebensunterhalts nach dem SGB II (steuerfrei nach § 3 Nr. 2b EStG; kein Progressionsvorbehalt).

II. Progressionsvorbehalt gem. § 32b EStG; Zufluss von vorfinanziertem Insolvenzgeld

(Verfügung der OFD Münster vom 18. 9. 2012 – Kurzinformation Einkommensteuer 19/2012 –)

Nach § 170 SGB III (bis 31. 3. 2012: § 188 SGB III) kann ein Arbeitnehmer vor seinem Antrag auf Insolvenzgeld Lohnansprüche an eine Bank entgeltlich übertragen, d. h. seinen Insolvenzgeldanspruch vorfinanzieren lassen. In diesem Fall steht der auf den übertragenen Lohnanspruch entfallende Anspruch auf Insolvenzgeld der Bank zu. Die Zahlung des Insolvenzgeldes durch die Bundesagentur für Arbeit an die vorfinanzierende Bank ist dem Arbeitnehmer zuzurechnen (§ 32b Abs. 1 Satz 1 Nr. 1a EStG).

Nach bisheriger Verwaltungsauffassung ist das vorfinanzierte Insolvenzgeld dem Arbeitnehmer erst mit der Zahlung der Bundesagentur für Arbeit an die Bank zugeflossen. Im Gegensatz dazu hat der BFH mit Urteil vom 1. 3. 2012, BStBl 2012 II S. 596, entschieden, dass das (vorfinanzierte) Insolvenzgeld dem Arbeitnehmer bereits zu dem Zeitpunkt zufließt, in dem er das Entgelt von der Bank erhält. Aufgrund der Veröffentlichung im BStBl II ist das Urteil in allen offenen Fällen anzuwenden. Das BMF hat die Bundesagentur für Arbeit mit Schreiben vom 6. 8. 2012 – IV C 5 – S 2295/11/10005 entsprechend informiert und darum gebeten, die geänderte Rechtsauffassung bei der elektronischen Datenübermittlung zu beachten.

Krankengeld

I. Progressionsvorbehalt für bestimmte Lohnersatzleistungen

(Erlaß des FinMin Sachsen vom 6. 1. 1992 – 32 – S 2295 – 2 – 37112 –)

Im Einvernehmen mit dem Bundesminister der Finanzen und den obersten Finanzbehörden der anderen Länder vertrete ich die Auffassung, daß das Übergangsgeld der Renten- und Unfallversicherungsträger, das Versorgungskrankengeld und das Krankengeld mit den Beträgen dem Progressionsvorbehalt unterliegen, die vor Abzug der Versichertenanteile an den Beiträgen zur Rentenversicherung, Arbeitslosenversicherung und ggf. Krankenversicherung als Leistungsbeträge festgestellt werden.

II. Progressionsvorbehalt für bestimmte Sozialleistungen: Krankengeld

(Verfügung der OFD Frankfurt/Main vom 12. 2. 1993 – S 2295 A – 6 – St II 20 –)

Nach § 32b Abs. 1 Nr. 1 Buchst. b EStG ist der Progressionsvorbehalt u. a. auf Krankengeld anzuwenden, das der Steuerpflichtige nach der Reichsversicherungsordnung (RVO) oder dem Sozialgesetzbuch (SGB) bezogen hat. Die RVO enthielt früher u. a. Regelungen über Leistungen aus der gesetzlichen Krankenversicherung, die nunmehr im SGB V enthalten sind.

Dem Progressionsvorbehalt unterliegen somit alle Krankengeldzahlungen aus der gesetzlichen Krankenversicherung, unabhängig davon, ob der Steuerpflichtige selbständig oder nichtselbständig tätig ist oder ob er in der gesetzlichen Krankenkasse pflicht- oder freiwillig versichert ist.

Krankengeld für Nichtkrankenversicherungspflichtige, die in einer privaten Krankenkasse versichert sind, wird nicht in den Progressionsvorbehalt einbezogen. Die Leistungen der privaten Krankenkasse werden weder nach der RVO noch nach dem SGB V gezahlt.

III. Vergleichbare Lohnersatzleistungen nach § 32b Abs. 1 Nr. 1 Buchst. b EStG

(Vfg. der OFD Magdeburg vom 16. 5. 2006 – S 2295 – 43 – St 223 –)

Der BFH hat mit Urteil vom 17. 6. 2005 – VI R 109/00 –) entschieden, dass Leistungen der gesetzlichen Krankenkasse für eine Ersatzkraft im Rahmen der Haushaltshilfe für nahe Angehörige (§ 38 Abs. 4 Satz 2 SGB V) nicht dem Progressionsvorbehalt nach § 32b EStG unterliegen. Nach der Entscheidung des BFH ist Versicherter i. S. des § 38 Abs. 4 Satz 2 SGB V nur, wer selbst an der Weiterführung seines Haushalts gehindert ist und deshalb Haushaltshilfe in Anspruch nimmt.

Der BFH führt aus, nur diesem Versicherten gegenüber erbringe die gesetzliche Krankenkasse ihre Leistungen. Auch die Erstattung des Verdienstausfalls Hilfe leistender naher Angehöriger erfolge daher sozialversicherungsrechtlich ausschließlich gegenüber dem Versicherten, an den die Hilfeleistung erbracht worden sei. Daraus folge, dass die Erstattung des Verdienstausfalls durch die Krankenkasse weder beim Versicherten noch beim Hilfe leistenden Angehörigen zum Bezug einer Lohnersatzleistung i. S. des § 32b Abs. 1 Nr. 1b EStG führe.

Dem Angehörigen könne aufgrund des Versicherungsverhältnisses erbrachte Leistung nicht als eigene Einnahme zugeordnet werden. Für den Versicherten als Zahlungsempfänger stelle die Erstattungsleistung keinen Lohnersatz dar, weil sie nicht an die Stelle eines eigenen Lohnanspruchs aus einem Dienstverhältnis trete.

Das BMF sprach sich für eine allgemeine Anwendung des Urteils aus. Die Grundsätze des Urteils müssen deshalb auch auf folgende Fälle angewandt werden, da die Rechtsgrundlage jeweils vergleichbar ist:

- Verdienstausfall bei häuslicher Krankenpflege nach § 37 Abs. 4 SGB V, sofern es sich um Verwandte und Verschwägerte bis zum zweiten Grad oder die Ehepartner handelt, und Mitaufnahme einer Begleitperson zur stationären Behandlung aus medizinischen Gründen nach § 11 Abs. 3 SGB V,
- Verdienstausfall an Lebend-Organ-Spender und an Begleitpersonen, die aus medizinischen Gründen zur stationären Behandlung mit aufgenommen werden,
- Verdienstausfall im Falle der Gewährung häuslicher Pflege nach § 198 RVO bzw. Haushaltshilfe nach § 199 RVO bei Schwangerschaft und Mutterschutz.

Progressionsvorbehalt

Anhang 30 → R 32b EStR, H 32b EStH

Saison-Kurzarbeitergeld

I. Gesetz zur Förderung ganzjähriger Beschäftigung (BGBl 2006 I S. 926)

(Ministerium der Finanzen Saarland v. 20. 03. 2007 – B/2 – 4 – 38/07 – S 2342)

Mit dem o. a. Gesetz wurde das so genannte **Saison-Kurzarbeitergeld** eingeführt. Saison-Kurzarbeitergeld wird bei Erfüllung der in § 175 Drittes Buch Sozialgesetzbuch (SGB III) genannten Voraussetzungen gewährt, wenn in Betrieben oder Betriebsabteilungen des Baugewerbes die regelmäßige betriebsübliche wöchentliche Arbeitszeit infolge eines saisonbedingten Arbeitsausfalles in der Schlechtwetterzeit (Dezember bis März) vorübergehend verkürzt wird.

Das Saison-Kurzarbeitergeld ist steuerfrei. Es unterliegt dem Progressionsvorbehalt.

Weitere Anreize zur Vermeidung von Arbeitslosigkeit werden durch ergänzende Leistungen (u. a. Zuschuss-Wintergeld; Mehraufwands-Wintergeld) gesetzt. Diese werden aus der **Winterbeschäftigungs-Umlage** erbracht, an deren Finanzierung sich Arbeitgeber und Arbeitnehmer beteiligen.

Die Umlage bemisst sich nach einem Prozentsatz der umlagepflichtigen Bruttoarbeitsentgelte der in den Betrieben und Betriebsabteilungen des Baugewerbes beschäftigten Arbeitnehmer. Der Arbeitnehmeranteil beträgt zur Zeit 0,8 %.

Steuerlich ist von Bedeutung, dass diese Aufwendungen dazu dienen, Arbeitsplätze in der Schlechtwetterzeit zu erhalten. Bei dem Arbeitnehmeranteil handelt es sich um Aufwendungen zur Erwerbung, Sicherung und Erhaltung der Einnahmen, mithin um Werbungskosten i. S. d. § 9 Abs. 1 Satz 1 EStG.

Das Abzugsverbot für Ausgaben, soweit sie mit steuerfreien Einnahmen in unmittelbarem wirtschaftlichem Zusammenhang stehen (§ 3c Abs. 1 EStG) steht dem nicht entgegen. Das Tatbestandsmerkmal des unmittelbaren wirtschaftlichen Zusammenhangs der Umlage mit der steuerfreien Leistung ist nicht erfüllt. Dies ergibt sich bereits aus der Tatsache, dass durch die Beiträge zur Umlage nicht allein Leistungen an Arbeitnehmer, sondern auch an Arbeitgeber in Form der Erstattung von Sozialversicherungsbeiträgen für Bezieher von Saison-Kurzarbeitergeld finanziert werden.

Das **Zuschuss-Wintergeld** beträgt zur Zeit 2,50 Euro für jede aus Arbeitszeitguthaben eingesetzte Arbeitsstunde zur Vermeidung von Arbeitsausfällen. Es ist steuerfrei, unterliegt aber nicht dem Progressionsvorbehalt.

Das **Mehraufwands-Wintergeld** beträgt zur Zeit 1,00 Euro für jede zwischen Mitte Dezember und Ende Februar geleistete Arbeitsstunde, in der Summe jedoch nicht mehr als für 450 Stunden. Es ist steuerfrei, unterliegt aber nicht dem Progressionsvorbehalt.

II. Winterbeschäftigungs-Umlage in der Bauwirtschaft

(– Kurzinformation der Steuergruppe St 3 – Einkommensteuer Nr. ST 3_2007K044)

Ab dem 1. 5. 2006 hat die Winterbeschäftigungs-Umlage die bisherige Winterbauumlage im Bauhauptgewerbe abgelöst. Die Arbeitnehmer, die nach § 1 Abs. 2 Baubetriebe-Verordnung im Bauhauptgewerbe tätig sind, werden mit 0,8 % des Bruttoarbeitslohns an der Finanzierung beteiligt (§ 356 SGB III i. V. m. § 3 Abs. 2 der Winterbeschäftigungs-Verordnung des Bundesministeriums für Arbeit und Soziales vom 26. 4. 2006). Diese Beteiligung wird aus versteuertem Einkommen finanziert und dient dazu, Arbeitsplätze in der Schlechtwetterzeit zu erhalten. Der Beitrag ist daher nach § 9 Abs. 1 Satz 1 EStG bei den Werbungskosten abzugsfähig.

Arbeitgeber können diese Umlage in einer freien Zeile der elektronischen Lohnsteuerbescheinigung als freiwillige Angabe ausweisen.

Klarstellend wird darauf hingewiesen, dass die Beteiligung der Arbeitnehmer an der Winterbeschäftigungs-Umlage nur bei Beschäftigten des Bauhauptgewerbes erfolgt. Im Baunebengewerbe (Gerüstbauerhandwerk, Dachdeckerhandwerk, Garten- und Landschaftsbau) wird weiterhin nur der Arbeitgeber zur Umlage herangezogen.

Die späteren Leistungen (Wintergeld als Zuschuss-Wintergeld und Mehraufwands-Wintergeld) nach § 175a SGB III sind nach § 3 Nr. 2 EStG steuerfrei und unterliegen nicht dem Progressionsvorbehalt.

Übergangsleistungen

I. Anwendung des Progressionsvorbehalts auf Übergangsleistungen nach der Berufskrankheiten-Verordnung

(BMF-Schreiben vom 11. 9. 1990 – IV B 6 – S 2295 – 30/90 –)

Im Einvernehmen mit den obersten Finanzbehörden der Länder teile ich Ihnen auf Ihre Anfrage mit, daß die Leistungen nach der Berufskrankheiten-Verordnung nicht dem Progressionsvorbehalt nach § 32b EStG unterliegen.

II. Anwendung des Progressionsvorbehalts auf Übergangsleistungen nach der Berufskrankheiten-Verordnung

(Verfügung der OFD Münster vom 16. 10. 1990 – S 2380 – 40 – St 15 – 31 –)

Der BMF hat dem Hauptverband der gewerblichen Berufsgenossenschaften e. V. am 11. 9. 1990 mitgeteilt, daß Leistungen nach der Berufskrankheiten-Verordnung vom 20. 6. 1968, zuletzt geändert durch Verordnung vom 22. 3. 1988 (BGBl. I S. 400), nicht dem Progressionsvorbehalt nach § 32b EStG unterliegen.

Diese Übergangsleistungen sollen wirtschaftliche Nachteile und Minderverdienste ausgleichen. Sie haben damit eher einkommensergänzenden Charakter und sind nicht den Lohnersatzleistungen i. S. des § 32b Abs. 1 Nr. 1 b EStG vergleichbar.

Übermittlung der dem Progressionsvorbehalt unterliegenden Leistungen

Bekanntgabe des Zeitpunkts der erstmaligen Übermittlung der dem Progressionsvorbehalt unterliegenden Leistungen an die Finanzverwaltung gemäß § 32b Absatz 3 Einkommensteuergesetz (EStG) i. V. m. § 52 Absatz 43a Satz 4 EStG

(BMF-Schreiben vom 22. 2. 2011 – IV C 5 – S 2295/11/10001 –, BStBl I S. 214)

Nach § 32b Absatz 3 EStG haben die Träger der Sozialleistungen im Sinne des § 32b Absatz 1 Nummer 1 EStG die Daten über die im Kalenderjahr gewährten Leistungen sowie die Dauer des Leistungszeitraums für jeden Empfänger bis zum 28. Februar des Folgejahres nach amtlich vorgeschriebenem Datensatz durch amtlich bestimmte Datenfernübertragung zu übermitteln, soweit die Leistungen nicht auf der Lohnsteuerbescheinigung (§ 41b Absatz 1 Satz 2 Nummer 5 EStG) auszuweisen sind; § 41b Absatz 2 EStG und § 22a Absatz 2 EStG gelten entsprechend. Das Bundesministerium der Finanzen kann nach § 52 Absatz 43a Satz 4 EStG abweichend von § 32b Absatz 3 EStG den Zeitpunkt der erstmaligen Übermittlung der Mitteilungen durch ein im Bundessteuerblatt zu veröffentlichendes Schreiben mitteilen.

Im Einvernehmen mit den obersten Finanzbehörden der Länder gebe ich bekannt, dass erstmalig für die im **Kalenderjahr 2011** gewährten Leistungen die Mitteilungen bis zum **28. Februar 2012** zu übermitteln sind.

Davon abweichend übermittelt die Bundesagentur für Arbeit (BA) die von ihr ausgezahlten Leistungen bereits erstmalig zum 28. Februar 2011 für die Kalenderjahre 2009 (Insolvenzgeld und Arbeitslosengeld) und 2010 (alle von der BA erbrachten Arten von Lohnersatzleistungen) im Rahmen eines vorgezogenen Verfahrensbeginns für diesen Leistungsträger (Pilotierung).

Der für die Übersendung der Mitteilung erforderliche amtlich vorgeschriebene Datensatz ist auf den Elster-Internetseiten (http://www.elster.de) nach erfolgter Registrierung im Entwicklerbereich abrufbar.

Zur Weiterleitung der Mitteilungen ist die Angabe des steuerlichen Identifikationsmerkmals (IdNr.) des Leistungsempfängers erforderlich. Für die erstmalige Übermittlung der **Daten für 2011** kann von den Mitteilungspflichtigen **ab 1. Oktober 2011** die IdNr. beim Bundeszentralamt für Steuern (BZSt) abgefragt werden (§ 52 Absatz 43a Satz 6 EStG). Für Leistungszeiträume **ab 1. Januar 2012** hat der Leistungsempfänger den Sozialleistungsträgern auf Aufforderung seine IdNr. mitzuteilen. Verläuft die Anfrage erfolglos, kann die IdNr. nach § 22a Absatz 2 EStG beim BZSt abgefragt werden. Dieses Verfahren steht ab 1. Januar 2012 zur Verfügung (BMF-Schreiben vom 15. Dezember 2010, BStBl I S. 1499).

Die Ausnahmeregelung für die Bundesagentur für Arbeit bleibt bis dahin bestehen.

§ 32c   Tarifbegrenzung bei Gewinneinkünften

(1) ¹Sind in dem zu versteuernden Einkommen Einkünfte im Sinne des § 2 Absatz 1 Nummer 1 bis 3 (Gewinneinkünfte) enthalten, ist von der tariflichen Einkommensteuer nach § 32a ein Entlastungsbetrag für den Anteil dieser Einkünfte am zu versteuernden Einkommen abzuziehen. ²Dieser Anteil bemisst sich nach dem Verhältnis der Gewinneinkünfte zur Summe der Einkünfte. ³Er beträgt höchstens 100 Prozent. ⁴Einkünfte, die nach den §§ 34, 34b ermäßigt besteuert werden, gelten nicht als Gewinneinkünfte im Sinne der Sätze 1 und 2.

(2) ¹Zur Ermittlung des Entlastungsbetrags im Sinne des Absatzes 1 wird der nach Absatz 1 Satz 2 ermittelte Anteilssatz auf den Teil des zu versteuernden Einkommens angewandt, der 250 000 Euro übersteigt. ²Der Entlastungsbetrag beträgt 3 Prozent dieses Betrags. ³Der Entlastungsbetrag ist auf den nächsten vollen Euro-Betrag aufzurunden.

(3) ¹Bei Ehegatten, die zusammen zur Einkommensteuer veranlagt werden, beträgt der Entlastungsbetrag das Zweifache des Entlastungsbetrags, der sich für die Hälfte ihres gemeinsam zu versteuernden Einkommens nach den Absätzen 1 und 2 ergibt. ²Die Ehegatten sind bei der Verhältnisrechnung nach Absatz 1 Satz 2 gemeinsam als Steuerpflichtiger zu behandeln. ³Satz 1 gilt entsprechend bei Steuerpflichtigen, deren Einkommensteuer nach § 32a Absatz 6 zu ermitteln ist.

(4) Die Absätze 1 bis 3 sind nicht anzuwenden, wenn der Steuersatz nach § 32b zu ermitteln ist.

§ 32d   Gesonderter Steuertarif für Einkünfte aus Kapitalvermögen

(1) ¹Die Einkommensteuer für Einkünfte aus Kapitalvermögen, die nicht unter § 20 Absatz 8 fallen, beträgt 25 Prozent. ²Die Steuer nach Satz 1 vermindert sich um die nach Maßgabe des Absatzes 5 anrechenbaren ausländischen Steuern. ³Im Fall der Kirchensteuerpflicht ermäßigt sich die Steuer nach den Sätzen 1 und 2 um 25 Prozent der auf die Kapitalerträge entfallenden Kirchensteuer. ⁴Die Einkommensteuer beträgt damit

$$\frac{e - 4q}{4 + k}$$

⁵Dabei sind „e" die nach den Vorschriften des § 20 ermittelten Einkünfte, „q" die nach Maßgabe des Absatzes 5 anrechenbare ausländische Steuer und „k" der für die Kirchensteuer erhebende Religionsgesellschaft (Religionsgemeinschaft) geltende Kirchensteuersatz.

(2) Absatz 1 gilt nicht
1. für Kapitalerträge im Sinne des § 20 Absatz 1 Nummer 4 und 7 sowie Absatz 2 Satz 1 Nummer 4 und 7,
   a) wenn Gläubiger und Schuldner einander nahe stehende Personen sind, soweit die den Kapitalerträgen entsprechenden Aufwendungen beim Schuldner Betriebsausgaben oder Werbungskosten im Zusammenhang mit Einkünften sind, die der inländischen Besteuerung unterliegen und § 20 Absatz 9 Satz 1 zweiter Halbsatz keine Anwendung findet,
   b) wenn sie von einer Kapitalgesellschaft oder Genossenschaft an einen Anteilseigner gezahlt werden, der zu mindestens 10 Prozent an der Gesellschaft oder Genossenschaft beteiligt ist. ²Dies gilt auch, wenn der Gläubiger der Kapitalerträge eine dem Anteilseigner nahe stehende Person ist, oder
   c) soweit ein Dritter die Kapitalerträge schuldet und diese Kapitalanlage im Zusammenhang mit einer Kapitalüberlassung an einen Betrieb des Gläubigers steht. ²Dies gilt entsprechend, wenn Kapital überlassen wird
      aa) an eine dem Gläubiger der Kapitalerträge nahestehende Person oder
      bb) an eine Personengesellschaft, bei der der Gläubiger der Kapitalerträge oder eine diesem nahestehende Person als Mitunternehmer beteiligt ist oder
      cc) an eine Kapitalgesellschaft oder Genossenschaft, an der der Gläubiger der Kapitalerträge oder eine diesem nahestehende Person zu mindestens 10 Prozent beteiligt ist,
      sofern der Dritte auf den Gläubiger oder eine diesem nahestehende Person zurückgreifen kann. ³Ein Zusammenhang ist anzunehmen, wenn die Kapitalanlage und die Kapitalüberlassung auf einem einheitlichen Plan beruhen. ⁴Hiervon ist insbesondere dann auszugehen, wenn die Kapitalüberlassung in engem zeitlichen Zusammenhang mit einer

---
1) § 32c EStG i. d. F. des JStG 2007 ist nur für den VZ 2007 anzuwenden → § 52 Abs. 44 EStG.
2) § 32d EStG i. d. F. des JStG 2009 ist erstmals für den VZ 2009 anzuwenden → § 52a Abs. 15 EStG.
3) Absatz 2 Nr. 1 Satz 1 Buchstabe a i. d. F. des JStG 2010 ist erstmals für den VZ 2011 anzuwenden → § 52a Abs. 15 Satz 2 EStG.

§ 32d EStG

Kapitalanlage steht oder die jeweiligen Zinsvereinbarungen miteinander verknüpft sind. ⁵Von einem Zusammenhang ist jedoch nicht auszugehen, wenn die Zinsvereinbarungen marktüblich sind oder die Anwendung des Absatzes 1 beim Steuerpflichtigen zu keinem Belastungsvorteil führt. ⁶Die Sätze 1 bis 5 gelten sinngemäß, wenn das überlassene Kapital vom Gläubiger der Kapitalerträge für die Erzielung von Einkünften im Sinne des § 2 Absatz 1 Satz 1 Nummer 4, 6 und 7 eingesetzt wird.

²Insoweit findet § 20 Absatz 6 und 9 keine Anwendung;

2. für Kapitalerträge im Sinne des § 20 Absatz 1 Nummer 6 Satz 2. ²Insoweit findet § 20 Absatz 6 keine Anwendung;

3. auf Antrag für Kapitalerträge im Sinne des § 20 Absatz 1 Nummer 1 und 2 aus einer Beteiligung an einer Kapitalgesellschaft, wenn der Steuerpflichtige im Veranlagungszeitraum, für den der Antrag erstmals gestellt wird, unmittelbar oder mittelbar

    a) zu mindestens 25 Prozent an der Kapitalgesellschaft beteiligt ist oder

    b) zu mindestens 1 Prozent an der Kapitalgesellschaft beteiligt und beruflich für diese tätig ist.

²Insoweit finden § 3 Nummer 40 Satz 2 und § 20 Absatz 6 und 9 keine Anwendung. ³Der Antrag gilt für die jeweilige Beteiligung erstmals für den Veranlagungszeitraum, für den er gestellt worden ist. ⁴Er ist spätestens zusammen mit der Einkommensteuererklärung für den jeweiligen Veranlagungszeitraum zu stellen und gilt, solange er nicht widerrufen wird, auch für die folgenden vier Veranlagungszeiträume, ohne dass die Antragsvoraussetzungen erneut zu belegen sind. ⁵Die Widerrufserklärung muss dem Finanzamt spätestens mit der Steuererklärung für den Veranlagungszeitraum zugehen, für den die Sätze 1 bis 4 erstmals nicht mehr angewandt werden sollen. ⁶Nach einem Widerruf ist ein erneuter Antrag des Steuerpflichtigen für diese Beteiligung an der Kapitalgesellschaft nicht mehr zulässig;

¹⁾ 4. für sonstige Bezüge im Sinne des § 20 Absatz 1 Nummer 1 Satz 2 und für Einnahmen im Sinne des § 20 Absatz 1 Nummer 9 Satz 1 zweiter Halbsatz, soweit sie das Einkommen der leistenden Körperschaft gemindert haben; dies gilt nicht, soweit die verdeckte Gewinnausschüttung das Einkommen einer dem Steuerpflichtigen nahe stehenden Person erhöht hat und § 32a des Körperschaftsteuergesetzes auf die Veranlagung dieser nahe stehenden Person keine Anwendung findet.

(3) ¹Steuerpflichtige Kapitalerträge, die nicht der Kapitalertragsteuer unterlegen haben, hat der Steuerpflichtige in seiner Einkommensteuererklärung anzugeben. ²Für diese Kapitalerträge erhöht sich die tarifliche Einkommensteuer um den nach Absatz 1 ermittelten Betrag.

(4) Der Steuerpflichtige kann mit der Einkommensteuererklärung für Kapitalerträge, die der Kapitalertragsteuer unterlegen haben, eine Steuerfestsetzung entsprechend Absatz 3 Satz 2 insbesondere in Fällen eines nicht vollständig ausgeschöpften Sparer-Pauschbetrags, einer Anwendung der Ersatzbemessungsgrundlage nach § 43a Absatz 2 Satz 7, eines noch nicht im Rahmen des § 43a Absatz 3 berücksichtigten Verlusts, eines Verlustvortrags nach § 20 Absatz 6 und noch nicht berücksichtigter ausländischer Steuern, zur Überprüfung des Steuereinbehalts dem Grund oder der Höhe nach oder zur Anwendung von Absatz 1 Satz 3 beantragen.

(5) ¹In den Fällen der Absätze 3 und 4 ist bei unbeschränkt Steuerpflichtigen, die mit ausländischen Kapitalerträgen in dem Staat, aus dem die Kapitalerträge stammen, zu einer der deutschen Einkommensteuer entsprechenden Steuer herangezogen werden, die auf ausländische Kapitalerträge festgesetzte und gezahlte und um einen entstandenen Ermäßigungsanspruch gekürzte ausländische Steuer, jedoch höchstens 25 Prozent ausländische Steuer auf den einzelnen Kapitalertrag, auf die deutsche Steuer anzurechnen. ²Soweit in einem Abkommen zur Vermeidung der Doppelbesteuerung die Anrechnung einer ausländischen Steuer einschließlich einer als gezahlt geltenden Steuer auf die deutsche Steuer vorgesehen ist, gilt Satz 1 entsprechend. ³Die ausländischen Steuern sind nur bis zur Höhe der auf die im jeweiligen Veranlagungszeitraum bezogenen Kapitalerträge im Sinne des Satzes 1 entfallenden deutschen Steuer anzurechnen.

²⁾ (6) ¹Auf Antrag des Steuerpflichtigen werden anstelle der Anwendung der Absätze 1, 3 und 4 die nach § 20 ermittelten Kapitaleinkünfte den Einkünften im Sinne des § 2 hinzugerechnet und der tariflichen Einkommensteuer unterworfen, wenn dies zu einer niedrigeren Einkommensteuer einschließlich Zuschlagsteuern führt (Günstigerprüfung). ²Absatz 5 ist mit der Maßgabe anzuwenden, dass die nach dieser Vorschrift ermittelten ausländischen Steuern auf die zusätzliche tarifliche Einkommensteuer anzurechnen sind, die auf die hinzugerechneten Kapitaleinkünfte entfällt. ³Der Antrag kann für den jeweiligen Veranlagungszeitraum nur einheitlich für sämtliche Kapitalerträge gestellt werden. ⁴Bei zusammenveranlagten Ehegatten kann der Antrag nur für sämtliche Kapitalerträge beider Ehegatten gestellt werden.

---

¹⁾ Absatz 2 Nr. 4 i. d. F. des JStG 2010 ist erstmals für den VZ 2011 anzuwenden → § 52a Abs. 15 Satz 2 EStG.

²⁾ Absatz 6 Satz 1 i. d. F. des JStG 2010 ist erstmals für den VZ 2011 anzuwenden → § 52a Abs. 15 Satz 2 EStG.

§ 33 Außergewöhnliche Belastungen

(1) Erwachsen einem Steuerpflichtigen zwangsläufig größere Aufwendungen als der überwiegenden Mehrzahl der Steuerpflichtigen gleicher Einkommensverhältnisse, gleicher Vermögensverhältnisse und gleichen Familienstands (außergewöhnliche Belastung), so wird auf Antrag die Einkommensteuer dadurch ermäßigt, dass der Teil der Aufwendungen, der die dem Steuerpflichtigen zumutbare Belastung (Absatz 3) übersteigt, vom Gesamtbetrag der Einkünfte abgezogen wird.

(2) ¹Aufwendungen erwachsen dem Steuerpflichtigen zwangsläufig, wenn er sich ihnen aus rechtlichen, tatsächlichen oder sittlichen Gründen nicht entziehen kann und soweit die Aufwendungen den Umständen nach notwendig sind und einen angemessenen Betrag nicht übersteigen. ²Aufwendungen, die zu den Betriebsausgaben, Werbungskosten oder Sonderausgaben gehören, bleiben dabei außer Betracht; das gilt für Aufwendungen im Sinne des § 10 Absatz 1 Nummer 7 und 9 nur insoweit, als sie als Sonderausgaben abgezogen werden können. ³Aufwendungen, die durch Diätverpflegung entstehen, können nicht als außergewöhnliche Belastung berücksichtigt werden.

(3) ¹Die zumutbare Belastung beträgt

bei einem Gesamtbetrag der Einkünfte	bis 15 340 EUR	über 15 340 EUR bis 51 130 EUR	über 51 130 EUR
1. bei Steuerpflichtigen, die keine Kinder haben und bei denen die Einkommensteuer			
a) nach § 32a Absatz 1,	5	6	7
b) nach § 32a Absatz 5 oder 6 (Splitting-Verfahren) zu berechnen ist;	4	5	6
2. bei Steuerpflichtigen mit			
a) einem Kind oder zwei Kindern,	2	3	4
b) drei oder mehr Kindern	1	1	2
Prozent des Gesamtbetrags der Einkünfte.			

²Als Kinder des Steuerpflichtigen zählen die, für die er Anspruch auf einen Freibetrag nach § 32 Absatz 6 oder auf Kindergeld hat.

(4) Die Bundesregierung wird ermächtigt, durch Rechtsverordnung mit Zustimmung des Bundesrates die Einzelheiten des Nachweises von Aufwendungen nach Absatz 1 zu bestimmen.

Hinweise

Außergewöhnliche Belastungen allgemeiner Art
→ R 33 EStR, H 33 EStH

§ 33a Außergewöhnliche Belastung in besonderen Fällen

(1) ¹Erwachsen einem Steuerpflichtigen Aufwendungen für den Unterhalt und eine etwaige Berufsausbildung einer dem Steuerpflichtigen oder seinem Ehegatten gegenüber gesetzlich unterhaltsberechtigten Person, so wird auf Antrag die Einkommensteuer dadurch ermäßigt, dass die Aufwendungen bis zu 8 004 Euro im Kalenderjahr vom Gesamtbetrag der Einkünfte abgezogen werden. ²Der Höchstbetrag nach Satz 1 erhöht sich um den Betrag der im jeweiligen Veranlagungszeitraum nach § 10 Absatz 1 Nummer 3 für die Absicherung der unterhaltsberechtigten Person aufgewandten Beiträge; dies gilt nicht für Kranken- und Pflegeversicherungsbeiträge, die bereits nach § 10 Absatz 1 Nummer 3 Satz 1 anzusetzen sind. ³Der gesetzlich unterhaltsberechtigten Person gleichgestellt ist eine Person, wenn bei ihr zum Unterhalt bestimmte inländische öffentliche Mittel mit Rücksicht auf die Unterhaltsleistungen des Steuerpflichtigen gekürzt werden. ⁴Voraussetzung ist, dass weder der Steuerpflichtige noch eine andere Person Anspruch auf einen Freibetrag nach § 32 Absatz 6 oder auf Kindergeld für die unterhaltene Person hat und die unterhaltene Person kein oder nur ein geringes Vermögen besitzt. ⁵Hat die unterhalte-

---

[1]) Die Vorschrift soll durch das Jahressteuergesetz 2013 (JStG 2013) geändert werden. Bei Redaktionsschluss war das Gesetzgebungsverfahren noch nicht abgeschlossen. Um Beachtung wird gebeten.
→ Siehe hierzu Hinweis auf Seite 4!

ne Person andere Einkünfte oder Bezüge, so vermindert sich die Summe der nach Satz 1 und Satz 2 ermittelten Beträge um den Betrag, um den diese Einkünfte und Bezüge den Betrag von 624 Euro im Kalenderjahr übersteigen, sowie um die von der unterhaltenen Person als Ausbildungshilfe aus öffentlichen Mitteln oder von Förderungseinrichtungen, die hierfür öffentliche Mittel erhalten, bezogenen Zuschüsse; zu den Bezügen gehören auch steuerfreie Gewinne nach den §§ 14, 16 Absatz 4, § 17 Absatz 3 und § 18 Absatz 3, die nach § 19 Absatz 2 steuerfrei bleibenden Einkünfte sowie Sonderabschreibungen und erhöhte Absetzungen, soweit sie die höchstmöglichen Absetzungen für Abnutzung nach § 7 übersteigen. ⁶Ist die unterhaltene Person nicht unbeschränkt einkommensteuerpflichtig, so können die Aufwendungen nur abgezogen werden, soweit sie nach den Verhältnissen des Wohnsitzstaates der unterhaltenen Person notwendig und angemessen sind, höchstens jedoch der Betrag, der sich nach den Sätzen 1 bis 5 ergibt; ob der Steuerpflichtige zum Unterhalt gesetzlich verpflichtet ist, ist nach inländischen Maßstäben zu beurteilen. ⁷Werden die Aufwendungen für eine unterhaltene Person von mehreren Steuerpflichtigen getragen, so wird bei jedem der Teil des sich hiernach ergebenden Betrags abgezogen, der seinem Anteil am Gesamtbetrag der Leistungen entspricht.

(2) ¹Zur Abgeltung des Sonderbedarfs eines sich in Berufsausbildung befindenden, auswärtig untergebrachten, volljährigen Kindes, für das Anspruch auf einen Freibetrag nach § 32 Absatz 6 oder Kindergeld besteht, kann der Steuerpflichtige einen Freibetrag in Höhe von 924 Euro je Kalenderjahr vom Gesamtbetrag der Einkünfte abziehen. ²Für ein nicht unbeschränkt einkommensteuerpflichtiges Kind mindert sich der vorstehende Betrag nach Maßgabe des Absatzes 1 Satz 6. ³Erfüllen mehrere Steuerpflichtige für dasselbe Kind die Voraussetzungen nach Satz 1, so kann der Freibetrag insgesamt nur einmal abgezogen werden. ⁴Jedem Elternteil steht grundsätzlich die Hälfte des Abzugsbetrags nach den Sätzen 1 und 2 zu. ⁵Auf gemeinsamen Antrag der Eltern ist eine andere Aufteilung möglich.

(3) ¹Für jeden vollen Kalendermonat, in dem die in den Absätzen 1 und 2 bezeichneten Voraussetzungen nicht vorgelegen haben, ermäßigen sich die dort bezeichneten Beträge um je ein Zwölftel. ²Eigene Einkünfte und Bezüge der unterhaltenen Person oder des Kindes, die auf diese Kalendermonate entfallen, vermindern den nach Satz 1 ermäßigten Höchstbetrag und Freibeträge nicht. ³Als Ausbildungshilfe bezogene Zuschüsse mindern nur die zeitanteiligen Höchstbeträge und Freibeträge der Kalendermonate, für die die Zuschüsse bestimmt sind.

(4) In den Fällen der Absätze 1 und 2 kann wegen der in diesen Vorschriften bezeichneten Aufwendungen der Steuerpflichtige eine Steuerermäßigung nach § 33 nicht in Anspruch nehmen.

Hinweise

Außergewöhnliche Belastung in besonderen Fällen

→ R 33a EStR, H 33a EStH

Ländergruppeneinteilung

Berücksichtigung ausländischer Verhältnisse; Ländergruppeneinteilung ab 1. Januar 2012

(BMF-Schreiben vom 4. 10. 2011
– IV C 4 – S 2285/07/0005:005 –, BStBl I S. 961)

In Abstimmung mit den obersten Finanzbehörden der Länder ist die Ländergruppeneinteilung ab dem Veranlagungszeitraum 2012 überarbeitet worden. Änderungen sind durch Fettdruck hervorgehoben. Gegenüber der Ländergruppeneinteilung zum 1. Januar 2010 ergeben sich insbesondere folgende Änderungen:

Algerien: von Gruppe 4 nach Gruppe 3,
Äquatorialguinea: von Gruppe 2 nach Gruppe 3,
Aserbaidschan: von Gruppe 4 nach Gruppe 3,
Bosnien und Herzegowina: von Gruppe 4 nach Gruppe 3,
Dominikanische Republik: von Gruppe 4 nach Gruppe 3,
Iran, Islamische Republik: von Gruppe 4 nach Gruppe 3,
Insel Man (Isle of Man): Neuaufnahme in Gruppe 1,
Israel: von Gruppe 2 nach Gruppe 1,
Jamaika: von Gruppe 4 nach Gruppe 3,
Kanalinseln bzw. Normannische Inseln (Channel Islands): Neuaufnahme in Gruppe 1,
Kolumbien: von Gruppe 4 nach Gruppe 3,
Kroatien: von Gruppe 3 nach Gruppe 2,

§ 33a EStG
H 33a

Kuba: von Gruppe 4 nach Gruppe 3,
Mazedonien, ehemalige jugoslawische Republik: von Gruppe 4 nach Gruppe 3,
Namibia: von Gruppe 4 nach Gruppe 3,
Palästinensische Gebiete: von Gruppe 2 nach Gruppe 1,
Ungarn: von Gruppe 3 nach Gruppe 2

Die Beträge des § 1 Absatz 3 Satz 2, des § 10 Absatz 1 Nummer 5 Satz 3, des § 32 Absatz 6 Satz 4, des § 33a Absatz 1 Satz 6 und Absatz 2 Satz 2 EStG sind ab dem Veranlagungszeitraum 2012 wie folgt anzusetzen:

in voller Höhe	mit ¾	mit ½	mit ¼
Wohnsitzstaat des Steuerpflichtigen bzw. der unterhaltenen Person			
1	2	3	4
Andorra	Bahamas	**Algerien**	Afghanistan
Australien	Bahrain	Antigua und Barbuda	Ägypten
Belgien	Barbados	**Äquatorialguinea**	Albanien
Brunei Darussalam	Estland	Argentinien	Angola
Dänemark	Korea, Republik	**Aserbaidschan**	Armenien
Finnland	**Kroatien**	Bosnien und Herzegowina	Äthiopien
Frankreich	Malta		Bangladesch
Griechenland	Oman	Botswana	Belize
Hongkong	Portugal	Brasilien	Benin
Insel Man/Isle of Man	Saudi Arabien	Bulgarien	Bhutan
Irland	Slowakische Republik	Chile	Bolivien
Island	Slowenien	Cookinseln	Burkina Faso
IsraelItalien	Taiwan	Costa Rica	Burundi
Japan	Trinidad und Tobago	Dominica	China (VR)
Kaiman-Inseln	Tschechische Republik	**Dominikanische Republik**	Dschibuti
Kanada			Ecuador
Kanalinseln bzw. Normannische Inseln/Channel Islands	Turks- und Caicos-Inseln	Gabun	Elfenbeinküste/Côte d'Ivoire
	Ungarn	Grenada	El Salvador
Katar		**Iran, Islamische Republik**	Eritrea
Kuwait		**Jamaika**	Fidschi
Liechtenstein		Kasachstan	Gambia
Luxemburg		**Kolumbien**	Georgien
Macau		**Kuba**	Ghana
Monaco		Lettland	Guatemala
Neuseeland		Libanon	Guinea
Niederlande		Libysch-Arabische Dschamahirija/	Guinea-Bissau
Norwegen			Guyana
Österreich		Libyen	Haiti
Palästinensische		Litauen	Honduras
Marino		Malaysia	Indien
Schweden		Mauritius	Indonesien
Schweiz		**Mazedonien, ehemalige jugoslawische Republik**	Irak
Singapur			Jemen
Spanien			Jordanien
Vereinigte Arabische Emirate		Mexiko	Kambodscha
		Montenegro	Kamerun
Vereinigte Staaten		**Namibia**	Kap Verde
Vereinigtes Königreich		Nauru	Kenia
Zypern		Niue	Kirgisistan
		Palau	Kiribati
		Panama	Komoren
		Polen	Kongo, Republik
		Rumänien	Kongo, Demokratische Republik
		Russische Föderation	Korea, Demokratische VR
		Serbien	
		Seychellen	Kosovo
		St. Kitts und Nevis	Laos, Demokratische VR
		St. Lucia	
		St. Vincent und die Grenadinen	Lesotho
		Südafrika	Liberia

§ 33a EStG
H 33a

in voller Höhe	mit ¾	mit ½	mit ¼
Wohnsitzstaat des Steuerpflichtigen bzw. der unterhaltenen Person			
1	2	3	4
		Suriname Türkei Uruguay Venezuela Weißrussland/Belarus	Madagaskar Malawi Malediven Mali Marokko Marshallinseln Mauretanien Mikronesien, Föderierte Staaten von Moldau, Republik/Moldawien Mongolei Mosambik Myanmar Nepal Nicaragua Niger Nigeria Pakistan Papua Neuguinea Paraguay Peru Philippinen Ruanda Salomonen Sambia Samoa São Tomé und Principe Senegal Sierra Leone Simbabwe Somalia Sri Lanka Sudan Swasiland Syrien, Arabische Republik Tadschikistan Tansania, Vereinigte Republik Thailand Timor-Leste Togo Tonga Tschad Tunesien Turkmenistan Tuvalu Uganda Ukraine Usbekistan Vanuatu Vietnam Zentralafrikanische Republik

Dieses Schreiben ersetzt ab dem Veranlagungszeitraum 2012 das BMF-Schreiben vom 6. November 2009 (BStBl I S. 1323)[1]).

---

[1]) Abgedruckt in der Lohnsteuer Handausgabe 2011.

§ 33b Pauschbeträge für behinderte Menschen, Hinterbliebene und Pflegepersonen

(1) ¹Wegen der Aufwendungen für die Hilfe bei den gewöhnlichen und regelmäßig wiederkehrenden Verrichtungen des täglichen Lebens, für die Pflege sowie für einen erhöhten Wäschebedarf können behinderte Menschen unter den Voraussetzungen des Absatzes 2 anstelle einer Steuerermäßigung nach § 33 einen Pauschbetrag nach Absatz 3 geltend machen (Behinderten-Pauschbetrag). ²Das Wahlrecht kann für die genannten Aufwendungen im jeweiligen Veranlagungszeitraum nur einheitlich ausgeübt werden.

(2) Die Pauschbeträge erhalten

1. behinderte Menschen, deren Grad der Behinderung auf mindestens 50 festgestellt ist;
2. behinderte Menschen, deren Grad der Behinderung auf weniger als 50, aber mindestens auf 25 festgestellt ist, wenn
   a) dem behinderten Menschen wegen seiner Behinderung nach gesetzlichen Vorschriften Renten oder andere laufende Bezüge zustehen, und zwar auch dann, wenn das Recht auf die Bezüge ruht oder der Anspruch auf die Bezüge durch Zahlung eines Kapitals abgefunden worden ist, oder
   b) die Behinderung zu einer dauernden Einbuße der körperlichen Beweglichkeit geführt hat oder auf einer typischen Berufskrankheit beruht.

(3) ¹Die Höhe des Pauschbetrags richtet sich nach dem dauernden Grad der Behinderung. ²Als Pauschbeträge werden gewährt bei einem Grad der Behinderung

von 25 und 30	310 Euro,
von 35 und 40	430 Euro,
von 45 und 50	570 Euro,
von 55 und 60	720 Euro,
von 65 und 70	890 Euro,
von 75 und 80	1 060 Euro,
von 85 und 90	1 230 Euro,
von 95 und 100	1 420 Euro.

³Für behinderte Menschen, die hilflos im Sinne des Absatzes 6 sind, und für Blinde erhöht sich der Pauschbetrag auf 3 700 Euro.

(4) ¹Personen, denen laufende Hinterbliebenenbezüge bewilligt worden sind, erhalten auf Antrag einen Pauschbetrag von 370 Euro (Hinterbliebenen-Pauschbetrag), wenn die Hinterbliebenenbezüge geleistet werden

1. nach dem Bundesversorgungsgesetz oder einem anderen Gesetz, das die Vorschriften des Bundesversorgungsgesetzes über Hinterbliebenenbezüge für entsprechend anwendbar erklärt, oder
2. nach den Vorschriften über die gesetzliche Unfallversicherung oder
3. nach den beamtenrechtlichen Vorschriften an Hinterbliebene eines an den Folgen eines Dienstunfalls verstorbenen Beamten oder
4. nach den Vorschriften des Bundesentschädigungsgesetzes über die Entschädigung für Schäden an Leben, Körper oder Gesundheit. ²Der Pauschbetrag wird auch dann gewährt, wenn das Recht auf die Bezüge ruht oder der Anspruch auf die Bezüge durch Zahlung eines Kapitals abgefunden worden ist.

(5) ¹Steht der Behinderten-Pauschbetrag oder der Hinterbliebenen-Pauschbetrag einem Kind zu, für das der Steuerpflichtige Anspruch auf einen Freibetrag nach § 32 Absatz 6 oder auf Kindergeld hat, so wird der Pauschbetrag auf Antrag auf den Steuerpflichtigen übertragen, wenn ihn das Kind nicht in Anspruch nimmt. ²Dabei ist der Pauschbetrag grundsätzlich auf beide Elternteile je zur Hälfte aufzuteilen, es sei denn, der Kinderfreibetrag wurde auf den anderen Elternteil übertragen. ³Auf gemeinsamen Antrag der Eltern ist eine andere Aufteilung möglich. ⁴In diesen Fällen besteht für Aufwendungen, für die der Behinderten-Pauschbetrag gilt, kein Anspruch auf eine Steuerermäßigung nach § 33.

(6) ¹Wegen der außergewöhnlichen Belastungen, die einem Steuerpflichtigen durch die Pflege einer Person erwachsen, die nicht nur vorübergehend hilflos ist, kann er anstelle einer Steuerermäßigung nach § 33 einen Pauschbetrag von 924 Euro im Kalenderjahr geltend machen (Pflege-Pauschbetrag), wenn er dafür keine Einnahmen erhält. ²Zu diesen Einnahmen zählt unabhängig von der Verwendung nicht das von den Eltern eines behinderten Kindes für dieses Kind empfangene Pflegegeld. ³Hilflos im Sinne des Satzes 1 ist eine Person, wenn sie für eine Reihe von häufig und regelmäßig wiederkehrenden Verrichtungen zur Sicherung ihrer persönlichen Existenz im Ablauf eines jeden Tages fremder Hilfe dauernd bedarf. ⁴Diese Voraussetzungen sind auch erfüllt, wenn die Hilfe in Form einer Überwachung oder einer Anleitung zu den in Satz 3 genannten Verrichtungen erforderlich ist oder wenn die Hilfe zwar nicht dauernd geleistet werden muss, jedoch eine ständige Bereitschaft zur Hilfeleistung erforderlich ist. ⁵*Voraussetzung ist, dass der Steuerpflichtige die Pflege entweder in seiner Wohnung oder in der Wohnung des Pflegebedürftigen persönlich durchführt und diese Wohnung in einem Mitgliedstaat der Europäischen Union oder in einem Staat belegen ist, auf den das Abkommen über den Europäischen Wirtschaftsraum anzuwenden ist.* ⁶Wird ein Pflegebedürftiger von mehreren Steuerpflichtigen im Veranlagungszeitraum gepflegt, wird der Pauschbetrag nach der Zahl der Pflegepersonen, bei denen die Voraussetzungen der Sätze 1 bis 5 vorliegen, geteilt.

(7) Die Bundesregierung wird ermächtigt, durch Rechtsverordnung mit Zustimmung des Bundesrates zu bestimmen, wie nachzuweisen ist, dass die Voraussetzungen für die Inanspruchnahme der Pauschbeträge vorliegen.

EStDV

S 2286

§ 65 *Nachweis der Behinderung*

(1) Den Nachweis einer Behinderung hat der Steuerpflichtige zu erbringen:
1. bei einer Behinderung, deren Grad auf mindestens 50 festgestellt ist, durch Vorlage eines Ausweises nach dem Neunten Buch Sozialgesetzbuch oder eines Bescheides der nach § 69 Absatz 1 des Neunten Buches Sozialgesetzbuch zuständigen Behörde,
2. bei einer Behinderung, deren Grad auf weniger als 50, aber mindestens 25 festgestellt ist,
    a) durch eine Bescheinigung der nach § 69 Absatz 1 des Neunten Buches Sozialgesetzbuch zuständigen Behörde auf Grund eines Feststellungsbescheids nach § 69 Absatz 1 des Neunten Buches Sozialgesetzbuch, die eine Äußerung darüber enthält, ob die Behinderung zu einer dauernden Einbuße der körperlichen Beweglichkeit geführt hat oder auf einer typischen Berufskrankheit beruht, oder
    b) wenn ihm wegen seiner Behinderung nach den gesetzlichen Vorschriften Renten oder andere laufende Bezüge zustehen, durch den Rentenbescheid oder den die anderen laufenden Bezüge nachweisenden Bescheid.

(2) ¹Die gesundheitlichen Merkmale „blind" und „hilflos" hat der Steuerpflichtige durch einen Ausweis nach dem Neunten Buch Sozialgesetzbuch, der mit den Merkzeichen „Bl" oder „H" gekennzeichnet ist, oder durch einen Bescheid der nach § 69 Absatz 1 des Neunten Buches Sozialgesetzbuch zuständigen Behörde, der die entsprechenden Feststellungen enthält, nachzuweisen. ²Dem Merkzeichen „H" steht die Einstufung als Schwerstpflegebedürftiger in Pflegestufe III nach dem Elften Buch Sozialgesetzbuch, dem Zwölften Buch Sozialgesetzbuch oder diesen entsprechenden gesetzlichen Bestimmungen gleich; dies ist durch Vorlage des entsprechenden Bescheides nachzuweisen.

(3) Der Steuerpflichtige hat die Unterlagen nach den Absätzen 1 und 2 zusammen mit seiner Steuererklärung oder seinem Antrag auf Lohnsteuerermäßigung der Finanzbehörde vorzulegen.

(4) ¹Ist der behinderte Mensch verstorben und kann sein Rechtsnachfolger die Unterlagen nach den Absätzen 1 und 2 nicht vorlegen, so genügt zum Nachweis eine gutachtliche Stellungnahme der nach § 69 Absatz 1 des Neunten Buches Sozialgesetzbuch zuständigen Behörde. ²Diese Stellungnahme hat die Finanzbehörde einzuholen.

---

1) Absatz 6 i. d. F. des EURLumsG ist in allen Fällen anzuwenden, in denen die Einkommensteuer noch nicht bestandskräftig festgesetzt ist → § 52 Abs. 46a EStG.
2) *Änderung auf Grund des Amtshilferichtlinie-Umsetzungsgesetzes. Bei Redaktionsschluss war das Gesetzgebungsverfahren noch nicht abgeschlossen. Um Beachtung wird gebeten.* → Siehe hierzu Hinweise auf Seite 4!

Hinweise

Pauschbeträge für behinderte Menschen, Hinterbliebene und Pflegepersonen
→ R 33b EStR, H 33b EStH

§ 34 Außerordentliche Einkünfte

(1) ¹Sind in dem zu versteuernden Einkommen außerordentliche Einkünfte enthalten, so ist die auf alle im Veranlagungszeitraum bezogenen außerordentlichen Einkünfte entfallende Einkommensteuer nach den Sätzen 2 bis 4 zu berechnen. ²Die für die außerordentlichen Einkünfte anzusetzende Einkommensteuer beträgt das Fünffache des Unterschiedsbetrags zwischen der Einkommensteuer für das um diese Einkünfte verminderte zu versteuernde Einkommen (verbleibendes zu versteuerndes Einkommen) und der Einkommensteuer für das verbleibende zu versteuernde Einkommen zuzüglich eines Fünftels dieser Einkünfte. ³Ist das verbleibende zu versteuernde Einkommen negativ und das zu versteuernde Einkommen positiv, so beträgt die Einkommensteuer das Fünffache der auf ein Fünftel des zu versteuernden Einkommens entfallenden Einkommensteuer. ⁴Die Sätze 1 bis 3 gelten nicht für außerordentliche Einkünfte im Sinne des Absatzes 2 Nummer 1, wenn der Steuerpflichtige auf diese Einkünfte ganz oder teilweise § 6b oder § 6c anwendet.

(2) Als außerordentliche Einkünfte kommen nur in Betracht:
1. Veräußerungsgewinne im Sinne der §§ 14, 14a Absatz 1, der §§ 16 und 18 Absatz 3 mit Ausnahme des steuerpflichtigen Teils der Veräußerungsgewinne, die nach § 3 Nummer 40 Buchstabe b in Verbindung mit § 3c Absatz 2 teilweise steuerbefreit sind;
2. Entschädigungen im Sinne des § 24 Nummer 1;
3. Nutzungsvergütungen und Zinsen im Sinne des § 24 Nummer 3, soweit sie für einen Zeitraum von mehr als drei Jahren nachgezahlt werden;
4. Vergütungen für mehrjährige Tätigkeiten; mehrjährig ist eine Tätigkeit, soweit sie sich über mindestens zwei Veranlagungszeiträume erstreckt und einen Zeitraum von mehr als zwölf Monaten umfasst.

(3) ¹Sind in dem zu versteuernden Einkommen außerordentliche Einkünfte im Sinne des Absatzes 2 Nummer 1 enthalten, so kann auf Antrag abweichend von Absatz 1 die auf den Teil dieser außerordentlichen Einkünfte, der den Betrag von insgesamt 5 Millionen Euro nicht übersteigt, entfallende Einkommensteuer nach einem ermäßigten Steuersatz bemessen werden, wenn der Steuerpflichtige das 55. Lebensjahr vollendet hat oder wenn er im sozialversicherungsrechtlichen Sinne dauernd berufsunfähig ist. ²Der ermäßigte Steuersatz beträgt 56 Prozent des durchschnittlichen Steuersatzes, der sich ergäbe, wenn die tarifliche Einkommensteuer nach dem gesamten zu versteuernden Einkommen zuzüglich der dem Progressionsvorbehalt unterliegenden Einkünfte zu bemessen wäre, mindestens jedoch 14 Prozent. ³Auf das um die in Satz 1 genannten Einkünfte verminderte zu versteuernde Einkommen (verbleibendes zu versteuerndes Einkommen) sind vorbehaltlich des Absatzes 1 die allgemeinen Tarifvorschriften anzuwenden. ⁴Die Ermäßigung nach den Sätzen 1 bis 3 kann der Steuerpflichtige nur einmal im Leben in Anspruch nehmen. ⁵Erzielt der Steuerpflichtige in einem Veranlagungszeitraum mehr als einen Veräußerungs- oder Aufgabegewinn im Sinne des Satzes 1, kann er die Ermäßigung nach den Sätzen 1 bis 3 nur für einen Veräußerungs- oder Aufgabegewinn beantragen. ⁶Absatz 1 Satz 4 ist entsprechend anzuwenden.

Hinweise

Abzug des Arbeitnehmer-Pauschbetrags
→ R 34.1 EStH

→ BMF vom 24. 5. 2004 (BStBl I S. 505, berichtigt BStBl I S. 633), geändert durch BMF vom 17. 1. 2011 (BStBl I S. 39), Rz. 12

Arbeitslohn *für mehrere Jahre*
→ R 34.4 EStR und H 34.4 EStH

---

1) Zur zeitlichen Anwendung des § 34 EStG → § 52 Abs. 47 EStG.
2) Absatz 3 Satz 2 i. d. F. des JStG 2010 ist erstmals für den VZ 2009 anzuwenden → § 52 Abs. 47 Satz 7 EStG.

§§ 34, 34a EStG
H 34

Entschädigungen

Anhang 30 → R 34.3 EStR und H 34.3 EStH

Ermittlung der Einkünfte

Anhang 30 → R 34.4 EStR

Fünftelungsregelung im Lohnsteuerabzugsverfahren

→ H 39b.6 (Fünftelungsregelung)

Jubiläumszuwendungen

Anhang 30 → H 34.4 EStH

Tantiemen

Anhang 30 → H 34.4 EStH

Verbesserungsvorschläge

Anhang 30 → H 34.4 EStH

Versorgungsbezüge, Nachzahlungen von

Anhang 30 → H 34.4 EStH

Zweifelsfragen im Zusammenhang mit der ertragsteuerlichen Behandlung von Entlassungsentschädigungen

Anhang 27 → BMF vom 24. 5. 2004 (BStBl I S. 505, berichtigt BStBl I S. 633), geändert durch BMF vom 17. 1. 2011 (BStBl I S. 39).

EStG
S 2290a
[1]

§ 34a Begünstigung der nicht entnommenen Gewinne

(1) ¹Sind in dem zu versteuernden Einkommen nicht entnommene Gewinne aus Land- und Forstwirtschaft, Gewerbebetrieb oder selbständiger Arbeit (§ 2 Absatz 1 Satz 1 Nummer 1 bis 3) im Sinne des Absatzes 2 enthalten, ist die Einkommensteuer für diese Gewinne auf Antrag des Steuerpflichtigen ganz oder teilweise mit einem Steuersatz von 28,25 Prozent zu berechnen; dies gilt nicht, soweit für diese Gewinne der Freibetrag nach § 16 Absatz 4 oder die Steuerermäßigung nach § 34 Absatz 3 in Anspruch genommen wird oder es sich um Gewinne im Sinne des § 18 Absatz 1 Nummer 4 handelt. ²Der Antrag nach Satz 1 ist für jeden Betrieb oder Mitunternehmeranteil für jeden Veranlagungszeitraum gesondert bei dem für die Einkommensbesteuerung zuständigen Finanzamt zu stellen. ³Bei Mitunternehmeranteilen kann der Steuerpflichtige den Antrag nur stellen, wenn sein Anteil am nach § 4 Absatz 1 Satz 1 oder § 5 ermittelten Gewinn mehr als 10 Prozent beträgt oder 10 000 Euro übersteigt. ⁴Der Antrag kann bis zur Unanfechtbarkeit des Einkommensteuerbescheids für den nächsten Veranlagungszeitraum vom Steuerpflichtigen ganz oder teilweise zurückgenommen werden; der Einkommensteuerbescheid ist entsprechend zu ändern. ⁵Die Festsetzungsfrist endet insoweit nicht, bevor die Festsetzungsfrist für den nächsten Veranlagungszeitraum abgelaufen ist.

(2) Der nicht entnommene Gewinn des Betriebs oder Mitunternehmeranteils ist der nach § 4 Absatz 1 Satz 1 oder § 5 ermittelte Gewinn vermindert um den positiven Saldo der Entnahmen und Einlagen des Wirtschaftsjahres.

(3) ¹Der Begünstigungsbetrag ist der im Veranlagungszeitraum nach Absatz 1 Satz 1 auf Antrag begünstigte Gewinn. ²Der Begünstigungsbetrag des Veranlagungszeitraums, vermindert um die darauf entfallende Steuerbelastung nach Absatz 1 und den darauf entfallenden Solidaritätszuschlag, vermehrt um den nachversteuerungspflichtigen Betrag des Vorjahres und den auf diesen Betrieb oder Mitunternehmeranteil nach Absatz 5 übertragenen nachversteuerungspflichtigen Betrag, vermindert um den Nachversteuerungsbetrag im Sinne des Absatzes 4 und den auf einen anderen Betrieb oder Mitunternehmeranteil nach Absatz 5 übertragenen nachversteuerungspflichtigen Betrag, ist der nachversteuerungspflichtige Betrag des Betriebs oder Mitunternehmeranteils zum Ende des Veranlagungszeitraums. ³Dieser ist für jeden Betrieb oder Mitunternehmeranteil jährlich gesondert festzustellen.

(4) ¹Übersteigt der positive Saldo der Entnahmen und Einlagen des Wirtschaftsjahres bei einem Betrieb oder Mitunternehmeranteil den nach § 4 Absatz 1 Satz 1 oder § 5 ermittelten Ge-

---

[1] § 34a EStG ist erstmals für den VZ 2008 anzuwenden → § 52 Abs. 48 EStG.

winn (Nachversteuerungsbetrag), ist vorbehaltlich Absatz 5 eine Nachversteuerung durchzuführen, soweit zum Ende des vorangegangenen Veranlagungszeitraums ein nachversteuerungspflichtiger Betrag nach Absatz 3 festgestellt wurde. ²Die Einkommensteuer auf den Nachversteuerungsbetrag beträgt 25 Prozent. ³Der Nachversteuerungsbetrag ist um die Beträge, die für die Erbschaftsteuer (Schenkungsteuer) anlässlich der Übertragung des Betriebs oder Mitunternehmeranteils entnommen wurden, zu vermindern.

(5) ¹Die Übertragung oder Überführung eines Wirtschaftsguts nach § 6 Absatz 5 Satz 1 bis 3 führt unter den Voraussetzungen des Absatzes 4 zur Nachversteuerung. ²Eine Nachversteuerung findet nicht statt, wenn der Steuerpflichtige beantragt, den nachversteuerungspflichtigen Betrag in Höhe des Buchwerts des übertragenen oder überführten Wirtschaftsguts, höchstens jedoch in Höhe des Nachversteuerungsbetrags, den die Übertragung oder Überführung des Wirtschaftsguts ausgelöst hätte, auf den anderen Betrieb oder Mitunternehmeranteil zu übertragen.

(6) ¹Eine Nachversteuerung des nachversteuerungspflichtigen Betrags nach Absatz 4 ist durchzuführen

1. in den Fällen der Betriebsveräußerung oder -aufgabe im Sinne der §§ 14, 16 Absatz 1 und 3 sowie des § 18 Absatz 3,
2. in den Fällen der Einbringung eines Betriebs oder Mitunternehmeranteils in eine Kapitalgesellschaft oder eine Genossenschaft sowie in den Fällen des Formwechsels einer Personengesellschaft in eine Kapitalgesellschaft oder Genossenschaft,
3. wenn der Gewinn nicht mehr nach § 4 Absatz 1 Satz 1 oder § 5 ermittelt wird oder
4. wenn der Steuerpflichtige dies beantragt.

²In den Fällen der Nummern 1 und 2 ist die nach Absatz 4 geschuldete Einkommensteuer auf Antrag des Steuerpflichtigen oder seines Rechtsnachfolgers in regelmäßigen Teilbeträgen für einen Zeitraum von höchstens zehn Jahren seit Eintritt der ersten Fälligkeit zinslos zu stunden, wenn ihre alsbaldige Einziehung mit erheblichen Härten für den Steuerpflichtigen verbunden wäre.

(7) ¹In den Fällen der unentgeltlichen Übertragung eines Betriebs oder Mitunternehmeranteils nach § 6 Absatz 3 hat der Rechtsnachfolger den nachversteuerungspflichtigen Betrag fortzuführen. ²In den Fällen der Einbringung eines Betriebs oder Mitunternehmeranteils zu Buchwerten nach § 24 des Umwandlungssteuergesetzes geht der für den eingebrachten Betrieb oder Mitunternehmeranteil festgestellte nachversteuerungspflichtige Betrag auf den neuen Mitunternehmeranteil über.

(8) Negative Einkünfte dürfen nicht mit ermäßigt besteuerten Gewinnen im Sinne von Absatz 1 Satz 1 ausgeglichen werden; sie dürfen insoweit auch nicht nach § 10d abgezogen werden.

(9) ¹Zuständig für den Erlass der Feststellungsbescheide über den nachversteuerungspflichtigen Betrag ist das für die Einkommensbesteuerung zuständige Finanzamt. ²Die Feststellungsbescheide können nur insoweit angegriffen werden, als sich der nachversteuerungspflichtige Betrag gegenüber dem nachversteuerungspflichtigen Betrag des Vorjahres verändert hat. ³Die gesonderten Feststellungen nach Satz 1 können mit dem Einkommensteuerbescheid verbunden werden.

(10) ¹Sind Einkünfte aus Land- und Forstwirtschaft, Gewerbebetrieb oder selbständiger Arbeit nach § 180 Absatz 1 Nummer 2 Buchstabe a oder b der Abgabenordnung gesondert festzustellen, können auch die Höhe der Entnahmen und Einlagen sowie weitere für die Tarifermittlung nach den Absätzen 1 bis 7 erforderliche Besteuerungsgrundlagen gesondert festgestellt werden. ²Zuständig für die gesonderten Feststellungen nach Satz 1 ist das Finanzamt, das für die gesonderte Feststellung nach § 180 Absatz 1 Nummer 2 der Abgabenordnung zuständig ist. ³Die gesonderten Feststellungen nach Satz 1 können mit der Feststellung nach § 180 Absatz 1 Nummer 2 der Abgabenordnung verbunden werden. ⁴Die Feststellungsfrist für die gesonderte Feststellung nach Satz 1 endet nicht vor Ablauf der Feststellungsfrist für die Feststellung nach § 180 Absatz 1 Nummer 2 der Abgabenordnung.

(11) ¹Der Bescheid über die gesonderte Feststellung des nachversteuerungspflichtigen Betrags ist zu erlassen, aufzuheben oder zu ändern, soweit der Steuerpflichtige einen Antrag nach Absatz 1 stellt oder diesen ganz oder teilweise zurücknimmt und sich die Besteuerungsgrundlagen im Einkommensteuerbescheid ändern. ²Dies gilt entsprechend, wenn der Erlass, die Aufhebung oder Änderung des Einkommensteuerbescheids mangels steuerlicher Auswirkung unterbleibt. ³Die Feststellungsfrist endet nicht, bevor die Festsetzungsfrist für den Veranlagungszeitraum abgelaufen ist, auf dessen Schluss der nachversteuerungspflichtige Betrag des Betriebs oder Mitunternehmeranteils gesondert festzustellen ist.

§ 34b Steuersätze bei Einkünften aus außerordentlichen Holznutzungen

(1) Außerordentliche Holznutzungen sind
1. Holznutzungen, die aus volks- oder staatswirtschaftlichen Gründen erfolgt sind. ²Sie liegen nur insoweit vor, als sie durch gesetzlichen oder behördlichen Zwang veranlasst sind;
2. Holznutzungen infolge höherer Gewalt (Kalamitätsnutzungen). ²Sie sind durch Eis-, Schnee-, Windbruch oder Windwurf, Erdbeben, Bergrutsch, Insektenfraß, Brand oder durch Naturereignisse mit vergleichbaren Folgen verursacht. ³Hierzu gehören nicht die Schäden, die in der Forstwirtschaft regelmäßig entstehen.

(2) ¹Zur Ermittlung der Einkünfte aus außerordentlichen Holznutzungen sind von den Einnahmen sämtlicher Holznutzungen die damit in sachlichem Zusammenhang stehenden Betriebsausgaben abzuziehen. ²Das nach Satz 1 ermittelte Ergebnis ist auf die ordentlichen und außerordentlichen Holznutzungsarten aufzuteilen, in dem die außerordentlichen Holznutzungen zur gesamten Holznutzung ins Verhältnis gesetzt wird. ³Bei einer Gewinnermittlung durch Betriebsvermögensvergleich sind die im Wirtschaftsjahr veräußerten Holzmengen maßgebend. ⁴Bei einer Gewinnermittlung nach den Grundsätzen des § 4 Absatz 3 ist von den Holzmengen auszugehen, die den im Wirtschaftsjahr zugeflossenen Einnahmen zugrunde liegen. ⁵Die Sätze 1 bis 4 gelten für entnommenes Holz entsprechend.

(3) Die Einkommensteuer bemisst sich für die Einkünfte aus außerordentlichen Holznutzungen im Sinne des Absatzes 1
1. nach der Hälfte des durchschnittlichen Steuersatzes, der sich ergäbe, wenn die tarifliche Einkommensteuer nach dem gesamten zu versteuernden Einkommen zuzüglich der dem Progressionsvorbehalt unterliegenden Einkünfte zu bemessen wäre;
2. nach dem halben Steuersatz der Nummer 1, soweit sie den Nutzungssatz (§ 68 der Einkommensteuer-Durchführungsverordnung) übersteigen.

(4) Einkünfte aus außerordentlichen Holznutzungen sind nur anzuerkennen, wenn
1. das im Wirtschaftsjahr veräußerte oder entnommene Holz mengenmäßig getrennt nach ordentlichen und außerordentlichen Holznutzungen nachgewiesen wird und
2. Schäden infolge höherer Gewalt unverzüglich nach Feststellung des Schadensfalls der zuständigen Finanzbehörde mitgeteilt und nach der Aufarbeitung mengenmäßig nachgewiesen werden.

(5) Die Bundesregierung wird ermächtigt, durch Rechtsverordnung mit Zustimmung des Bundesrates
1. die Steuersätze abweichend von Absatz 3 für ein Wirtschaftsjahr aus sachlichen Billigkeitsgründen zu regeln,
2. die Anwendung des § 4a des Forstschäden-Ausgleichsgesetzes für ein Wirtschaftsjahr aus sachlichen Billigkeitsgründen zu regeln,

wenn besondere Schadensereignisse nach Absatz 1 Nummer 2 vorliegen und eine Einschlagsbeschränkung (§ 1 Absatz 1 des Forstschäden-Ausgleichsgesetzes) nicht angeordnet wurde.

V. Steuerermäßigungen

1. Steuerermäßigung bei ausländischen Einkünften

§ 34c [Steuerermäßigung bei ausländischen Einkünften]

(1) ¹Bei unbeschränkt Steuerpflichtigen, die mit ausländischen Einkünften in dem Staat, aus dem die Einkünfte stammen, zu einer der deutschen Einkommensteuer entsprechenden Steuer herangezogen werden, ist die festgesetzte und gezahlte und um einen entstandenen Ermäßigungsanspruch gekürzte ausländische Steuer auf die deutsche Einkommensteuer anzurechnen, die auf die Einkünfte aus diesem Staat entfällt; das gilt nicht für Einkünfte aus Kapitalvermögen, auf die § 32d Absatz 1 und 3 bis 6 anzuwenden ist. ²Die auf die ausländischen Einkünfte nach Satz 1 erster Halbsatz entfallende deutsche Einkommensteuer ist in der Weise zu ermitteln, dass die sich bei der Veranlagung des zu versteuernden Einkommens, einschließlich der ausländischen Einkünfte, nach den §§ 32a, 32b, 34, 34a und 34b ergebende deutsche Einkommensteuer im Verhältnis dieser ausländischen Einkünfte zur Summe der Einkünfte aufgeteilt wird. ³Bei der Ermittlung des zu versteuernden Einkommens, der Summe der Einkünfte und der ausländischen Einkünfte sind die Einkünfte nach Satz 1 zweiter Halbsatz nicht zu berücksichtigen; bei der Ermittlung der ausländischen Einkünfte sind die ausländischen Einkünfte nicht zu berücksichti-

---

1) Zur Anwendung → § 52 Abs. 49 EStG.

gen, die in dem Staat, aus dem sie stammen, nach dessen Recht nicht besteuert werden. ⁴Gehören ausländische Einkünfte der in § 34d Nummer 3, 4, 6, 7 und 8 Buchstabe c genannten Art zum Gewinn eines inländischen Betriebes, sind bei ihrer Ermittlung Betriebsausgaben und Betriebsvermögensminderungen abzuziehen, die mit den diesen Einkünften zugrunde liegenden Einnahmen in wirtschaftlichem Zusammenhang stehen. ⁵Die ausländischen Steuern sind nur insoweit anzurechnen, als sie auf die im Veranlagungszeitraum bezogenen Einkünfte entfallen.

(2) Statt der Anrechnung (Absatz 1) ist die ausländische Steuer auf Antrag bei der Ermittlung der Einkünfte abzuziehen, soweit sie auf ausländische Einkünfte entfällt, die nicht steuerfrei sind.

(3) Bei unbeschränkt Steuerpflichtigen, bei denen eine ausländische Steuer vom Einkommen nach Absatz 1 nicht angerechnet werden kann, weil die Steuer nicht der deutschen Einkommensteuer entspricht oder nicht in dem Staat erhoben wird, aus dem die Einkünfte stammen, oder weil keine ausländischen Einkünfte vorliegen, ist die festgesetzte und gezahlte und um einen entstandenen Ermäßigungsanspruch gekürzte ausländische Steuer bei der Ermittlung der Einkünfte abzuziehen, soweit sie auf Einkünfte entfällt, die der deutschen Einkommensteuer unterliegen.

(4) (weggefallen)

(5) Die obersten Finanzbehörden der Länder oder die von ihnen beauftragten Finanzbehörden können mit Zustimmung des Bundesministeriums der Finanzen die auf ausländische Einkünfte entfallende deutsche Einkommensteuer ganz oder zum Teil erlassen oder in einem Pauschbetrag festsetzen, wenn es aus volkswirtschaftlichen Gründen zweckmäßig ist oder die Anwendung des Absatzes 1 besonders schwierig ist.

(6) ¹Die Absätze 1 bis 3 sind vorbehaltlich der Sätze 2 bis 6 nicht anzuwenden, wenn die Einkünfte aus einem ausländischen Staat stammen, mit dem ein Abkommen zur Vermeidung der Doppelbesteuerung besteht. ²Soweit in einem Abkommen zur Vermeidung der Doppelbesteuerung die Anrechnung einer ausländischen Steuer auf die deutsche Einkommensteuer vorgesehen ist, sind Absatz 1 Satz 2 bis 5 und Absatz 2 entsprechend auf die nach dem Abkommen anzurechnende ausländische Steuer anzuwenden; das gilt nicht für Einkünfte, auf die § 32d Absatz 1 und 3 bis 6 anzuwenden ist; bei nach dem Abkommen als gezahlt geltenden ausländischen Steuerbeträgen sind Absatz 1 Satz 3 und Absatz 2 nicht anzuwenden. ³Absatz 1 Satz 3 gilt auch dann entsprechend, wenn die Einkünfte in dem ausländischen Staat nach dem Abkommen zur Vermeidung der Doppelbesteuerung mit diesem Staat nicht besteuert werden können. ⁴Bezieht sich ein Abkommen zur Vermeidung der Doppelbesteuerung nicht auf eine Steuer vom Einkommen dieses Staates, so sind die Absätze 1 und 2 entsprechend anzuwenden. ⁵In den Fällen des § 50d Absatz 9 sind die Absätze 1 bis 3 und Satz 6 entsprechend anzuwenden. ⁶Absatz 3 ist anzuwenden, wenn der Staat, mit dem ein Abkommen zur Vermeidung der Doppelbesteuerung besteht, Einkünfte besteuert, die nicht aus diesem Staat stammen, es sei denn, die Besteuerung hat ihre Ursache in einer Gestaltung, für die wirtschaftliche oder sonst beachtliche Gründe fehlen, oder das Abkommen gestattet dem Staat die Besteuerung dieser Einkünfte.

(7) Durch Rechtsverordnung können Vorschriften erlassen werden über
1. die Anrechnung ausländischer Steuern, wenn die ausländischen Einkünfte aus mehreren fremden Staaten stammen,
2. den Nachweis über die Höhe der festgesetzten und gezahlten ausländischen Steuern,
3. die Berücksichtigung ausländischer Steuern, die nachträglich erhoben oder zurückgezahlt werden.

§ 34d Ausländische Einkünfte

Ausländische Einkünfte im Sinne des § 34c Absatz 1 bis 5 sind
1. Einkünfte aus einer in einem ausländischen Staat betriebenen Land- und Forstwirtschaft (§§ 13 und 14) und Einkünfte der in den Nummern 3, 4, 6, 7 und 8 Buchstabe c genannten Art, soweit sie zu den Einkünften aus Land- und Forstwirtschaft gehören;
2. Einkünfte aus Gewerbebetrieb (§§ 15 und 16),
   a) die durch eine in einem ausländischen Staat belegene Betriebsstätte oder durch einen in einem ausländischen Staat tätigen ständigen Vertreter erzielt werden, und Einkünfte der in den Nummern 3, 4, 6, 7 und 8 Buchstabe c genannten Art, soweit sie zu den Einkünften aus Gewerbebetrieb gehören,
   b) die aus Bürgschafts- und Avalprovisionen erzielt werden, wenn der Schuldner Wohnsitz, Geschäftsleitung oder Sitz in einem ausländischen Staat hat, oder

---

¹) Absatz 6 Satz 5 i. V. m. Satz 1 i. d. F. des JStG 2007 ist für alle VZ anzuwenden, soweit Steuerbescheide noch nicht bestandskräftig sind → § 52 Abs. 49 Satz 3 EStG.

c) die durch den Betrieb eigener oder gecharterter Seeschiffe oder Luftfahrzeuge aus Beförderungen zwischen ausländischen oder von ausländischen zu inländischen Häfen erzielt werden, einschließlich der Einkünfte aus anderen mit solchen Beförderungen zusammenhängenden, sich auf das Ausland erstreckenden Beförderungsleistungen;

3. Einkünfte aus selbständiger Arbeit (§ 18), die in einem ausländischen Staat ausgeübt oder verwertet wird oder worden ist, und Einkünfte der in den Nummern 4, 6, 7 und 8 Buchstabe c genannten Art, soweit sie zu den Einkünften aus selbständiger Arbeit gehören;

4. Einkünfte aus der Veräußerung von
   a) Wirtschaftsgütern, die zum Anlagevermögen eines Betriebs gehören, wenn die Wirtschaftsgüter in einem ausländischen Staat belegen sind,
   b) Anteilen an Kapitalgesellschaften, wenn die Gesellschaft Geschäftsleitung oder Sitz in einem ausländischen Staat hat;

5. Einkünfte aus nichtselbständiger Arbeit (§ 19), die in einem ausländischen Staat ausgeübt oder, ohne im Inland ausgeübt zu werden oder worden zu sein, in einem ausländischen Staat verwertet wird oder worden ist, und Einkünfte, die von ausländischen öffentlichen Kassen mit Rücksicht auf ein gegenwärtiges oder früheres Dienstverhältnis gewährt werden. ²Einkünfte, die von inländischen öffentlichen Kassen einschließlich der Kassen der Deutschen Bundesbahn und der Deutschen Bundesbank mit Rücksicht auf ein gegenwärtiges oder früheres Dienstverhältnis gewährt werden, gelten auch dann als inländische Einkünfte, wenn die Tätigkeit in einem ausländischen Staat ausgeübt wird oder worden ist;

6. Einkünfte aus Kapitalvermögen (§ 20), wenn der Schuldner Wohnsitz, Geschäftsleitung oder Sitz in einem ausländischen Staat hat oder das Kapitalvermögen durch ausländischen Grundbesitz gesichert ist;

7. Einkünfte aus Vermietung und Verpachtung (§ 21), soweit das unbewegliche Vermögen oder die Sachinbegriffe in einem ausländischen Staat belegen oder die Rechte zur Nutzung in einem ausländischen Staat überlassen worden sind;

8. sonstige Einkünfte im Sinne des § 22, wenn
   a) der zur Leistung der wiederkehrenden Bezüge Verpflichtete Wohnsitz, Geschäftsleitung oder Sitz in einem ausländischen Staat hat,
   b) bei privaten Veräußerungsgeschäften die veräußerten Wirtschaftsgüter in einem ausländischen Staat belegen sind,
   c) bei Einkünften aus Leistungen einschließlich der Einkünfte aus Leistungen im Sinne des § 49 Absatz 1 Nummer 9 der zur Vergütung der Leistung Verpflichtete Wohnsitz, Geschäftsleitung oder Sitz in einem ausländischen Staat hat.

2. Steuerermäßigung bei Einkünften aus Land- und Forstwirtschaft

EStG
S 2293b

§ 34e [Steuerermäßigung bei Einkünften aus Land- und Forstwirtschaft]

(1) ¹Die tarifliche Einkommensteuer ermäßigt sich in den Veranlagungszeiträumen 1999 und 2000 vorbehaltlich des Absatzes 2 um die Einkommensteuer, die auf den Gewinn dieser Veranlagungszeiträume aus einem land- und forstwirtschaftlichen Betrieb entfällt, höchstens jedoch um 1 000 Deutsche Mark, wenn der Gewinn der in diesen Veranlagungszeiträumen beginnenden Wirtschaftsjahre weder geschätzt noch nach § 13a ermittelt worden ist und den Betrag von 40 000 Deutsche Mark nicht übersteigt. ²Beträgt der Gewinn mehr als 40 000 Deutsche Mark, so vermindert sich der Höchstbetrag für die Steuerermäßigung um 10 Prozent des Betrags, um den der Gewinn den Betrag von 40 000 Deutsche Mark übersteigt. ³Sind an einem solchen land- und forstwirtschaftlichen Betrieb mehrere Steuerpflichtige beteiligt, so ist der Höchstbetrag für die Steuerermäßigung auf die Beteiligten nach ihrem Beteiligungsverhältnis aufzuteilen. ⁴Die Anteile der Beteiligten an dem Höchstbetrag für die Steuerermäßigung sind gesondert festzustellen (§ 179 Abgabenordnung).

(2) ¹Die Steuerermäßigung darf beim Steuerpflichtigen nicht mehr als insgesamt 1 000 Deutsche Mark betragen. ²Die auf den Gewinn des Veranlagungszeitraums nach Absatz 1 Satz 1 entfallende Einkommensteuer bemisst sich nach dem durchschnittlichen Steuersatz der tariflichen Einkommensteuer; dabei ist dieser Gewinn um den Teil des Freibetrags nach § 13 Absatz 3 zu kürzen, der dem Verhältnis des Gewinns zu den Einkünften des Steuerpflichtigen aus Land- und Forstwirtschaft vor Abzug des Freibetrags entspricht. ³Werden Ehegatten nach den §§ 26, 26b zusammen veranlagt, wird die Steuerermäßigung jedem der Ehegatten gewährt, soweit sie Inhaber oder Mitinhaber verschiedener land- und forstwirtschaftlicher Betriebe im Sinne des Absatzes 1 Satz 1 sind.

2a. Steuerermäßigung für Steuerpflichtige mit Kindern bei Inanspruchnahme erhöhter Absetzungen für Wohngebäude oder der Steuerbegünstigungen für eigengenutztes Wohneigentum

§ 34f [Steuerermäßigung für Steuerpflichtige mit Kindern bei Inanspruchnahme erhöhter Absetzungen für Wohngebäude oder der Steuerbegünstigung für eigengenutztes Wohneigentum]

EStG
S 2293c
1)

(1) ¹Bei Steuerpflichtigen, die erhöhte Absetzungen nach § 7b oder nach § 15 des Berlinförderungsgesetzes in Anspruch nehmen, ermäßigt sich die tarifliche Einkommensteuer, vermindert um die sonstigen Steuerermäßigungen mit Ausnahme der §§ 34g und 35, auf Antrag um je 600 Deutsche Mark für das zweite und jedes weitere Kind des Steuerpflichtigen oder seines Ehegatten. ²Voraussetzung ist,
1. dass der Steuerpflichtige das Objekt, bei einem Zweifamilienhaus mindestens eine Wohnung, zu eigenen Wohnzwecken nutzt oder wegen des Wechsels des Arbeitsortes nicht zu eigenen Wohnzwecken nutzen kann und
2. dass es sich einschließlich des ersten Kindes um Kinder im Sinne des § 32 Absatz 1 bis 5 oder 6 Satz 7 handelt, die zum Haushalt des Steuerpflichtigen gehören oder in dem für die erhöhten Absetzungen maßgebenden Begünstigungszeitraum gehört haben, wenn diese Zugehörigkeit auf Dauer angelegt ist oder war.

(2) ¹Bei Steuerpflichtigen, die die Steuerbegünstigung nach § 10e Absatz 1 bis 5 oder nach § 15b des Berlinförderungsgesetzes in Anspruch nehmen, ermäßigt sich die tarifliche Einkommensteuer, vermindert um die sonstigen Steuerermäßigungen mit Ausnahme des § 34g, auf Antrag um je 512 Euro für jedes Kind des Steuerpflichtigen oder seines Ehegatten im Sinne des § 32 Absatz 1 bis 5 oder 6 Satz 7. ²Voraussetzung ist, dass das Kind zum Haushalt des Steuerpflichtigen gehört oder in dem für die Steuerbegünstigung maßgebenden Zeitraum gehört hat, wenn diese Zugehörigkeit auf Dauer angelegt ist oder war.

(3) ¹Bei Steuerpflichtigen, die die Steuerbegünstigung nach § 10e Absatz 1, 2, 4 und 5 in Anspruch nehmen, ermäßigt sich die tarifliche Einkommensteuer, vermindert um die sonstigen Steuerermäßigungen, auf Antrag um je 512 Euro für jedes Kind des Steuerpflichtigen oder seines Ehegatten im Sinne des § 32 Absatz 1 bis 5 oder 6 Satz 7. ²Voraussetzung ist, dass das Kind zum Haushalt des Steuerpflichtigen gehört oder in dem für die Steuerbegünstigung maßgebenden Zeitraum gehört hat, wenn diese Zugehörigkeit auf Dauer angelegt ist oder war. ³Soweit sich der Betrag der Steuerermäßigung nach Satz 1 bei der Ermittlung der festzusetzenden Einkommensteuer nicht steuerentlastend auswirkt, ist er von der tariflichen Einkommensteuer der zwei vorangegangenen Veranlagungszeiträume abzuziehen. ⁴Steuerermäßigungen, die nach den Sätzen 1 und 3 nicht berücksichtigt werden können, können bis zum Ende des Abzugszeitraums im Sinne des § 10e und in den zwei folgenden Veranlagungszeiträumen abgezogen werden. ⁵Ist für einen Veranlagungszeitraum bereits ein Steuerbescheid erlassen worden, so ist er insoweit zu ändern, als die Steuerermäßigung nach den Sätzen 3 und 4 zu gewähren oder zu berichtigen ist; die Verjährungsfristen enden insoweit nicht, bevor die Verjährungsfrist für den Veranlagungszeitraum abgelaufen ist, für den die Steuerermäßigung nach Satz 1 beantragt worden ist.

(4) ¹Die Steuerermäßigungen nach den Absätzen 2 oder 3 kann der Steuerpflichtige insgesamt nur bis zur Höhe der Bemessungsgrundlage der Abzugsbeträge nach § 10e Absatz 1 oder 2 in Anspruch nehmen. ²Die Steuerermäßigung nach den Absätzen 1, 2 und 3 Satz 1 kann der Steuerpflichtige im Kalenderjahr nur für ein Objekt in Anspruch nehmen.

2b. Steuerermäßigung bei Zuwendungen an politische Parteien und an unabhängige Wählervereinigungen

§ 34g [Steuerermäßigung bei Zuwendungen an politische Parteien und an unabhängige Wählervereinigungen]

EStG
S 2293d

¹Die tarifliche Einkommensteuer, vermindert um die sonstigen Steuerermäßigungen mit Ausnahme des § 34f Absatz 3, ermäßigt sich bei Zuwendungen an
1. politische Parteien im Sinne des § 2 des Parteiengesetzes und
2. Vereine ohne Parteicharakter, wenn

---

1) Zur Anwendung → § 52 Abs. 50 EStG.

H 34g

a) der Zweck des Vereins ausschließlich darauf gerichtet ist, durch Teilnahme mit eigenen Wahlvorschlägen an Wahlen auf Bundes-, Landes- oder Kommunalebene bei der politischen Willensbildung mitzuwirken, und

b) der Verein auf Bundes-, Landes- oder Kommunalebene bei der jeweils letzten Wahl wenigstens ein Mandat errungen oder der zuständigen Wahlbehörde oder dem zuständigen Wahlorgan angezeigt hat, dass er mit eigenen Wahlvorschlägen auf Bundes-, Landes- oder Kommunalebene an der jeweils nächsten Wahl teilnehmen will.

²Nimmt der Verein an der jeweils nächsten Wahl nicht teil, wird die Ermäßigung nur für die bis zum Wahltag an ihn geleisteten Beiträge und Spenden gewährt. ³Die Ermäßigung für Beiträge und Spenden an den Verein wird erst wieder gewährt, wenn er sich mit eigenen Wahlvorschlägen an einer Wahl beteiligt hat. ⁴Die Ermäßigung wird in diesem Fall nur für Beiträge und Spenden gewährt, die nach Beginn des Jahres, in dem die Wahl stattfindet, geleistet werden.

²Die Ermäßigung beträgt 50 Prozent der Ausgaben, höchstens jeweils 825 Euro für Ausgaben nach den Nummern 1 und 2, im Fall der Zusammenveranlagung von Ehegatten höchstens jeweils 1 650 Euro. ³§ 10b Absatz 3 und 4 gilt entsprechend.

H 34g

Hinweise

Zuwendungen an politische Parteien

→ H 34g EStH

→ § 10b Abs. 2 EStG

3. Steuerermäßigung bei Einkünften aus Gewerbebetrieb

EStG
S 2296a
[1)]
[2)]

§ 35 [Steuerermäßigung bei Einkünften aus Gewerbebetrieb]

(1) ¹Die tarifliche Einkommensteuer, vermindert um die sonstigen Steuerermäßigungen mit Ausnahme der §§ 34f, 34g und 35a, ermäßigt sich, soweit sie anteilig auf die im zu versteuernden Einkommen enthaltenen gewerblichen Einkünfte entfällt (Ermäßigungshöchstbetrag),

1. bei Einkünften aus gewerblichen Unternehmen im Sinne des § 15 Absatz 1 Satz 1 Nummer 1 um das 3,8-fache des jeweils für den dem Veranlagungszeitraum entsprechenden Erhebungszeitraum nach § 14 des Gewerbesteuergesetzes für das Unternehmen festgesetzten Steuermessbetrags (Gewerbesteuer-Messbetrag); Absatz 2 Satz 5 ist entsprechend anzuwenden;

2. bei Einkünften aus Gewerbebetrieb als Mitunternehmer im Sinne des § 15 Absatz 1 Satz 1 Nummer 2 oder als persönlich haftender Gesellschafter einer Kommanditgesellschaft auf Aktien im Sinne des § 15 Absatz 1 Satz 1 Nummer 3 um das 3,8-fache des jeweils für den dem Veranlagungszeitraum entsprechenden Erhebungszeitraum festgesetzten anteiligen Gewerbesteuer-Messbetrags.

²Der Ermäßigungshöchstbetrag ist wie folgt zu ermitteln:

$$\frac{\text{Summe der positiven gewerblichen Einkünfte}}{\text{Summe aller positiven Einkünfte}} \cdot \text{geminderte tarifliche Steuer.}$$

³Gewerbliche Einkünfte im Sinne der Sätze 1 und 2 sind die der Gewerbesteuer unterliegenden Gewinne und Gewinnanteile, soweit sie nicht nach anderen Vorschriften von der Steuerermäßigung nach § 35 ausgenommen sind. ⁴Geminderte tarifliche Steuer ist die tarifliche Steuer nach Abzug von Beträgen auf Grund der Anwendung zwischenstaatlicher Abkommen und nach Anrechnung der ausländischen Steuern nach § 34c Absatz 1 und 6 dieses Gesetzes und § 12 des Außensteuergesetzes. ⁵Der Abzug des Steuerermäßigungsbetrags ist auf die tatsächlich zu zahlende Gewerbesteuer beschränkt.

(2) ¹Bei Mitunternehmerschaften im Sinne des § 15 Absatz 1 Satz 1 Nummer 2 oder bei Kommanditgesellschaften auf Aktien im Sinne des § 15 Absatz 1 Satz 1 Nummer 3 ist der Betrag des Gewerbesteuer-Messbetrags, die tatsächlich zu zahlende Gewerbesteuer und der auf die einzelnen Mitunternehmer oder auf die persönlich haftenden Gesellschafter entfallende Anteil

---

1) Zur erstmaligen Anwendung von § 35 EStG → § 52 Abs. 50a EStG.
2) Die Vorschrift soll durch das Jahressteuergesetz 2013 (JStG 2013) geändert werden. Bei Redaktionsschluss war das Gesetzgebungsverfahren noch nicht abgeschlossen. Um Beachtung wird gebeten.
→ Siehe hierzu Hinweise auf Seite 4!

gesondert und einheitlich festzustellen. ²Der Anteil eines Mitunternehmers am Gewerbesteuer-Messbetrag richtet sich nach seinem Anteil am Gewinn der Mitunternehmerschaft nach Maßgabe des allgemeinen Gewinnverteilungsschlüssels; Vorabgewinnanteile sind nicht zu berücksichtigen. ³Wenn auf Grund der Bestimmungen in einem Abkommen zur Vermeidung der Doppelbesteuerung bei der Festsetzung des Gewerbesteuer-Messbetrags für eine Mitunternehmerschaft nur der auf einen Teil der Mitunternehmer entfallende anteilige Gewerbeertrag berücksichtigt wird, ist der Gewerbesteuer-Messbetrag nach Maßgabe des allgemeinen Gewinnverteilungsschlüssels in voller Höhe auf diese Mitunternehmer entsprechend ihrer Anteile am Gewerbeertrag der Mitunternehmerschaft aufzuteilen. ⁴Der anteilige Gewerbesteuer-Messbetrag ist als Prozentsatz mit zwei Nachkommastellen gerundet zu ermitteln. ⁵Bei der Feststellung nach Satz 1 sind anteilige Gewerbesteuer-Messbeträge, die aus einer Beteiligung an einer Mitunternehmerschaft stammen, einzubeziehen.

(3) ¹Zuständig für die gesonderte Feststellung nach Absatz 2 ist das für die gesonderte Feststellung der Einkünfte zuständige Finanzamt. ²Für die Ermittlung der Steuerermäßigung nach Absatz 1 sind die Festsetzung des Gewerbesteuer-Messbetrags, die Feststellung des Anteils an dem festzusetzenden Gewerbesteuer-Messbetrag nach Absatz 2 Satz 1 und die Festsetzung der Gewerbesteuer Grundlagenbescheide. ³Für die Ermittlung des anteiligen Gewerbesteuer-Messbetrags nach Absatz 2 sind die Festsetzung des Gewerbesteuer-Messbetrags und die Festsetzung des anteiligen Gewerbesteuer-Messbetrags aus der Beteiligung an einer Mitunternehmerschaft Grundlagenbescheide.

(4) Für die Aufteilung und die Feststellung der tatsächlich zu zahlenden Gewerbesteuer bei Mitunternehmerschaften im Sinne des § 15 Absatz 1 Satz 1 Nummer 2 und bei Kommanditgesellschaften auf Aktien im Sinne des § 15 Absatz 1 Satz 1 Nummer 3 gelten die Absätze 2 und 3 entsprechend.

4. Steuerermäßigung bei Aufwendungen für haushaltsnahe Beschäftigungsverhältnisse und für die Inanspruchnahme haushaltsnaher Dienstleistungen

§ 35a Steuerermäßigung bei Aufwendungen für haushaltsnahe Beschäftigungsverhältnisse, haushaltsnahe Dienstleistungen und Handwerkerleistungen

(1) Für haushaltsnahe Beschäftigungsverhältnisse, bei denen es sich um eine geringfügige Beschäftigung im Sinne des § 8a des Vierten Buches Sozialgesetzbuch handelt, ermäßigt sich die tarifliche Einkommensteuer, vermindert um die sonstigen Steuerermäßigungen, auf Antrag um 20 Prozent, höchstens 510 Euro, der Aufwendungen des Steuerpflichtigen.

(2) ¹Für andere als in Absatz 1 aufgeführte haushaltsnahe Beschäftigungsverhältnisse oder für die Inanspruchnahme von haushaltsnahen Dienstleistungen, die nicht Dienstleistungen nach Absatz 3 sind, ermäßigt sich die tarifliche Einkommensteuer, vermindert um die sonstigen Steuerermäßigungen, auf Antrag um 20 Prozent, höchstens 4 000 Euro, der Aufwendungen des Steuerpflichtigen. ²Die Steuerermäßigung kann auch in Anspruch genommen werden für die Inanspruchnahme von Pflege- und Betreuungsleistungen sowie für Aufwendungen, die einem Steuerpflichtigen wegen der Unterbringung in einem Heim oder zur dauernden Pflege erwachsen, soweit darin Kosten für Dienstleistungen enthalten sind, die mit denen einer Hilfe im Haushalt vergleichbar sind.

(3) ¹Für die Inanspruchnahme von Handwerkerleistungen für Renovierungs-, Erhaltungs- und Modernisierungsmaßnahmen ermäßigt sich die tarifliche Einkommensteuer, vermindert um die sonstigen Steuerermäßigungen, auf Antrag um 20 Prozent der Aufwendungen des Steuerpflichtigen, höchstens jedoch um 1 200 Euro. ²Dies gilt nicht für öffentlich geförderte Maßnahmen, für die zinsverbilligte Darlehen oder steuerfreie Zuschüsse in Anspruch genommen werden.

(4) ¹Die Steuerermäßigung nach den Absätzen 1 bis 3 kann nur in Anspruch genommen werden, wenn das Beschäftigungsverhältnis, die Dienstleistung oder die Handwerkerleistung in einem in der Europäischen Union oder dem Europäischen Wirtschaftsraum liegenden Haushalt

---

1) § 35a EStG i. d. F. des FamLeistG ist erstmals für im VZ 2009 geleistete Aufwendungen anzuwenden, soweit die den Aufwendungen zu Grunde liegenden Leistungen nach dem 31. 12. 2008 erbracht worden sind → § 52 Abs. 50b Satz 5 EStG.
2) Absatz 3 i. d. F. des JStG 2010 ist erstmals für im VZ 2011 geleistete Aufwendungen anzuwenden, soweit die den Aufwendungen zu Grunde liegenden Leistungen nach dem 31. 12. 2010 erbracht worden sind → § 52 Abs. 50b Satz 6 EStG.
3) Der Höchstbetrag gilt erstmals für Aufwendungen, die im VZ 2009 geleistet und deren zu Grunde liegende Leistungen nach dem 31. 12. 2008 erbracht worden sind → § 52 Abs. 50b Satz 4 EStG.

des Steuerpflichtigen oder – bei Pflege- und Betreuungsleistungen – der gepflegten oder betreuten Person ausgeübt oder erbracht wird. ²In den Fällen des Absatzes 2 Satz 2 zweiter Halbsatz ist Voraussetzung, dass das Heim oder der Ort der dauernden Pflege in der Europäischen Union oder dem Europäischen Wirtschaftsraum liegt.

(5) ¹Die Steuerermäßigungen nach den Absätzen 1 bis 3 können nur in Anspruch genommen werden, soweit die Aufwendungen nicht Betriebsausgaben oder Werbungskosten darstellen und soweit sie nicht als Sonderausgaben oder außergewöhnliche Belastungen berücksichtigt worden sind; für Aufwendungen, die dem Grunde nach unter § 10 Absatz 1 Nummer 5 fallen, ist eine Inanspruchnahme ebenfalls ausgeschlossen. ²Der Abzug von der tariflichen Einkommensteuer nach den Absätzen 2 und 3 gilt nur für Arbeitskosten. ³Voraussetzung für die Inanspruchnahme der Steuerermäßigung für haushaltsnahe Dienstleistungen nach Absatz 2 oder für Handwerkerleistungen nach Absatz 3 ist, dass der Steuerpflichtige für die Aufwendungen eine Rechnung erhalten hat und die Zahlung auf das Konto des Erbringers der Leistung erfolgt ist. ⁴Leben zwei Alleinstehende in einem Haushalt zusammen, können sie die Höchstbeträge nach den Absätzen 1 bis 3 insgesamt jeweils nur einmal in Anspruch nehmen.

H 35a **Hinweise**

Allgemeine Grundsätze
→ H 35a EStH

Anhang 5 → BMF vom 15. 2. 2010 (BStBl I S. 140)

5. Steuerermäßigung bei Belastung mit Erbschaftsteuer

EStG
1)

§ 35b Steuerermäßigung bei Belastung mit Erbschaftsteuer

¹Sind bei der Ermittlung des Einkommens Einkünfte berücksichtigt worden, die im Veranlagungszeitraum oder in den vorangegangenen vier Veranlagungszeiträumen als Erwerb von Todes wegen der Erbschaftsteuer unterlegen haben, so wird auf Antrag die um sonstige Steuerermäßigungen gekürzte tarifliche Einkommensteuer, die auf diese Einkünfte entfällt, um den in Satz 2 bestimmten Prozentsatz ermäßigt. ²Der Prozentsatz bestimmt sich nach dem Verhältnis, in dem die festgesetzte Erbschaftsteuer zu dem Betrag steht, der sich ergibt, wenn dem steuerpflichtigen Erwerb (§ 10 Absatz 1 des Erbschaftsteuer- und Schenkungsteuergesetzes) die Freibeträge nach den §§ 16 und 17 und der steuerfreie Betrag nach § 5 des Erbschaftsteuer- und Schenkungsteuergesetzes hinzugerechnet werden. ³Die Sätze 1 und 2 gelten nicht, soweit Erbschaftsteuer nach § 10 Absatz 1 Nummer 1a abgezogen wird.

VI. Steuererhebung

1. Erhebung der Einkommensteuer

EStG
S 2298

§ 36 Entstehung und Tilgung der Einkommensteuer

(1) Die Einkommensteuer entsteht, soweit in diesem Gesetz nichts anderes bestimmt ist, mit Ablauf des Veranlagungszeitraums.

(2) Auf die Einkommensteuer werden angerechnet:
1. die für den Veranlagungszeitraum entrichteten Einkommensteuer-Vorauszahlungen (§ 37);
2. die durch Steuerabzug erhobene Einkommensteuer, soweit sie auf die bei der Veranlagung erfassten Einkünfte oder auf die nach § 3 Nummer 40 dieses Gesetzes oder nach § 8b Absatz 1 und 6 Satz 2 des Körperschaftsteuergesetzes bei der Ermittlung des Einkommens außer Ansatz bleibenden Bezüge entfällt und nicht die Erstattung beantragt oder durchgeführt worden ist. ²Die durch Steuerabzug erhobene Einkommensteuer wird nicht angerechnet, wenn die in § 45a Absatz 2 oder Absatz 3 bezeichnete Bescheinigung nicht vorgelegt worden ist. ³In den Fällen des § 8b Absatz 6 Satz 2 des Körperschaftsteuergesetzes ist es für

---

1) § 35b EStG ist erstmals für den VZ 2009 anzuwenden, wenn der Erbfall nach dem 31. 12. 2008 eingetreten ist → § 52 Abs. 50c EStG.

die Anrechnung ausreichend, wenn die Bescheinigung nach § 45a Absatz 2 und 3 vorgelegt wird, die dem Gläubiger der Kapitalerträge ausgestellt worden ist.

(3) ¹Die Steuerbeträge nach Absatz 2 Nummer 2 sind auf volle Euro aufzurunden. ²Bei den durch Steuerabzug erhobenen Steuern ist jeweils die Summe der Beträge einer einzelnen Abzugsteuer aufzurunden.

(4) ¹Wenn sich nach der Abrechnung ein Überschuss zuungunsten des Steuerpflichtigen ergibt, hat der Steuerpflichtige (Steuerschuldner) diesen Betrag, soweit er ab fällig gewordenen, aber nicht entrichteten Einkommensteuer-Vorauszahlungen entspricht, sofort, im Übrigen innerhalb eines Monats nach Bekanntgabe des Steuerbescheids zu entrichten (Abschlusszahlung). ²Wenn sich nach der Abrechnung ein Überschuss zugunsten des Steuerpflichtigen ergibt, wird dieser dem Steuerpflichtigen nach Bekanntgabe des Steuerbescheids ausgezahlt. ³Bei Ehegatten, die nach den §§ 26, 26b zusammen zur Einkommensteuer veranlagt worden sind, wirkt die Auszahlung an einen Ehegatten auch für und gegen den anderen Ehegatten.

(5) ¹In den Fällen des § 16 Absatz 3a kann auf Antrag des Steuerpflichtigen die festgesetzte Steuer, die auf den Aufgabegewinn und den durch den Wechsel der Gewinnermittlungsart erzielten Gewinn entfällt, in fünf gleichen Jahresraten entrichtet werden, wenn die Wirtschaftsgüter einem Betriebsvermögen des Steuerpflichtigen in einem anderen Mitgliedstaat der Europäischen Union oder des Europäischen Wirtschaftsraums zuzuordnen sind, sofern durch diese Staaten Amtshilfe entsprechend oder im Sinne der *Amtshilferichtlinie gemäß § 2 Absatz 2 des EU-Amtshilfegesetzes* und gegenseitige Unterstützung bei der Beitreibung im Sinne der Beitreibungsrichtlinie einschließlich der in diesem Zusammenhang anzuwendenden Durchführungsbestimmungen in den für den jeweiligen Veranlagungszeitraum geltenden Fassungen oder eines entsprechenden Nachfolgerechtsakts geleistet werden. ²Die erste Jahresrate ist innerhalb eines Monats nach Bekanntgabe des Steuerbescheids zu entrichten; die übrigen Jahresraten sind jeweils am 31. Mai der Folgejahre fällig. ³Die Jahresraten sind nicht zu verzinsen. ⁴Wird der Betrieb oder Teilbetrieb während dieses Zeitraums eingestellt, veräußert oder in andere als die in Satz 1 genannten Staaten verlegt, wird die noch nicht entrichtete Steuer innerhalb eines Monats nach diesem Zeitpunkt fällig; Satz 2 bleibt unberührt. ⁵Ändert sich die festgesetzte Steuer, sind die Jahresraten entsprechend anzupassen. ¹⁾

§ 37 Einkommensteuer-Vorauszahlung

(1) ¹Der Steuerpflichtige hat am 10. März, 10. Juni, 10. September und 10. Dezember Vorauszahlungen auf die Einkommensteuer zu entrichten, die er für den laufenden Veranlagungszeitraum voraussichtlich schulden wird. ²Die Einkommensteuer-Vorauszahlung entsteht jeweils mit Beginn des Kalendervierteljahres, in dem die Vorauszahlungen zu entrichten sind, oder, wenn die Steuerpflicht erst im Laufe des Kalendervierteljahres begründet wird, mit Begründung der Steuerpflicht.

(2) (weggefallen)

(3) ¹Das Finanzamt setzt die Vorauszahlungen durch Vorauszahlungsbescheid fest. ²Die Vorauszahlungen bemessen sich grundsätzlich nach der Einkommensteuer, die sich nach Anrechnung der Steuerabzugsbeträge (§ 36 Absatz 2 Nummer 2) bei der letzten Veranlagung ergeben hat. ³Das Finanzamt kann bis zum Ablauf des auf den Veranlagungszeitraum folgenden 15. Kalendermonats die Vorauszahlungen an die Einkommensteuer anpassen, die sich für den Veranlagungszeitraum voraussichtlich ergeben wird; dieser Zeitraum verlängert sich auf 23 Monate, wenn die Einkünfte aus Land- und Forstwirtschaft bei der erstmaligen Steuerfestsetzung die anderen Einkünfte voraussichtlich überwiegen werden. ⁴Bei der Anwendung der Sätze 2 und 3 bleiben Aufwendungen im Sinne des § 10 Absatz 1 Nummer 1, 1a, 1b, 4, 5, 7 und 9, der §§ 10b und 33 sowie die abziehbaren Beträge nach § 33a, wenn die Aufwendungen und abziehbaren Beträge insgesamt 600 Euro nicht übersteigen, außer Ansatz. ⁵Die Steuerermäßigung nach § 34a bleibt außer Ansatz. ⁶Bei der Anwendung der Sätze 2 und 3 bleibt der Sonderausgabenabzug nach § 10a Absatz 1 außer Ansatz. ⁷Außer Ansatz bleiben bis zur Anschaffung oder Fertigstellung der Objekte im Sinne des § 10e Absatz 1 und 2 und § 10h auch die Aufwendungen, die nach § 10e Absatz 6 und § 10h Satz 3 wie Sonderausgaben abgezogen werden; Entsprechendes gilt auch für Aufwendungen, die nach § 10i für nach dem Eigenheimzulagengesetz begünstigte Objekte wie Sonderausgaben abgezogen werden. ⁸Negative Einkünfte aus der Vermietung oder Verpachtung eines Gebäudes im Sinne des § 21 Absatz 1 Satz 1 Nummer 1 werden bei der Festsetzung der Vorauszahlungen nur für Kalenderjahre berücksichtigt, die nach der Anschaf- ²⁾

---

¹⁾ Änderung auf Grund des Amtshilferichtlinie-Umsetzungsgesetzes. Bei Redaktionsschluss war das Gesetzgebungsverfahren noch nicht abgeschlossen. Um Beachtung wird gebeten. → Siehe hierzu Hinweise auf Seite 4!

²⁾ Absatz 3 Satz 3 i. d. F. des Steuervereinfachungsgesetz 2011 ist erstmals für Besteuerungszeiträume anzuwenden, die nach dem 31. 12. 2009 beginnen → § 52 Abs. 50f Satz 4 EStG.

§ 37 EStG
H 37

fung oder Fertigstellung dieses Gebäudes beginnen. ⁹Wird ein Gebäude vor dem Kalenderjahr seiner Fertigstellung angeschafft, tritt an die Stelle der Anschaffung die Fertigstellung. ¹⁰Satz 8 gilt nicht für negative Einkünfte aus der Vermietung oder Verpachtung eines Gebäudes, für das erhöhte Absetzungen nach den §§ 14a, 14c oder 14d des Berlinförderungsgesetzes oder Sonderabschreibungen nach § 4 des Fördergebietsgesetzes in Anspruch genommen werden. ¹¹Satz 8 gilt für negative Einkünfte aus der Vermietung oder Verpachtung eines anderen Vermögensgegenstands im Sinne des § 21 Absatz 1 Satz 1 Nummer 1 bis 3 entsprechend mit der Maßgabe, dass an die Stelle der Anschaffung oder Fertigstellung die Aufnahme der Nutzung durch den Steuerpflichtigen tritt. ¹²In den Fällen des § 31, in denen die gebotene steuerliche Freistellung eines Einkommensbetrags in Höhe des Existenzminimums eines Kindes durch das Kindergeld nicht in vollem Umfang bewirkt wird, bleiben bei der Anwendung der Sätze 2 und 3 Freibeträge nach § 32 Absatz 6 und zu verrechnendes Kindergeld außer Ansatz.

(4) ¹Bei einer nachträglichen Erhöhung der Vorauszahlungen ist die letzte Vorauszahlung für den Veranlagungszeitraum anzupassen. ²Der Erhöhungsbetrag ist innerhalb eines Monats nach Bekanntgabe des Vorauszahlungsbescheids zu entrichten.

(5) ¹Vorauszahlungen sind nur festzusetzen, wenn sie mindestens 400 Euro im Kalenderjahr und mindestens 100 Euro für einen Vorauszahlungszeitpunkt betragen. ²Festgesetzte Vorauszahlungen sind nur zu erhöhen, wenn sich der Erhöhungsbetrag im Fall des Absatzes 3 Satz 2 bis 5 für einen Vorauszahlungszeitpunkt auf mindestens 100 Euro, im Fall des Absatzes 4 auf mindestens 5 000 Euro beläuft.

H 37 Hinweise

Allgemeines zu nichtselbständiger Arbeit

– Die Festsetzung von Einkommensteuer-Vorauszahlungen ist auch dann zulässig, wenn der Steuerpflichtige ausschließlich Einkünfte aus nichtselbständiger Arbeit erzielt, die dem Lohnsteuerabzug unterliegen (→ BFH vom 20. 12. 2004 – BStBl 2005 II S. 358).

– → „Merkblatt zur Steuerklassenwahl für das Jahr 2013 bei Ehegatten, die beide Arbeitnehmer sind"[1])

Ehegatten, die beide Arbeitslohn beziehen

Festsetzung von Vorauszahlungen bei Ehegatten, die beide Arbeitslohn beziehen

(Verfügung der OFD Magdeburg vom 25. 1. 2011 – S 2297 – 17 – St 213 –)

Ehegatten, die beide unbeschränkt steuerpflichtig sind, nicht dauernd getrennt leben und beide Arbeitslohn beziehen, können für den Lohnsteuerabzug wählen, ob sie beide in die Steuerklasse IV eingeordnet werden wollen oder ob einer von ihnen nach Steuerklasse III und der andere nach Steuerklasse V besteuert werden will. Die Steuerklassenkombination III/V ist so gestaltet, dass die Summe der Steuerabzugsbeträge beider Ehegatten in etwa der zu erwartenden Jahressteuer entspricht, wenn der in Steuerklasse III eingestufte Ehegatte ca. 60 %, der in Steuerklasse V eingestufte ca. 40 % des gemeinsamen Arbeitseinkommens erzielt. Es bleibt den Ehegatten unbenommen, sich trotzdem für die Steuerklassenkombination IV/IV zu entscheiden, wenn sie den höheren Steuerabzug bei dem Ehegatten mit der Steuerklasse V vermeiden wollen; dann entfällt jedoch für den anderen Ehegatten die günstigere Steuerklasse III. Zudem besteht die Möglichkeit, die Steuerklassenkombination IV/IV mit Faktor zu wählen.

Die vom Arbeitslohn einbehaltenen Beträge an Lohnsteuer stellen im Regelfall nur Vorauszahlungen auf die endgültige Jahressteuerschuld dar. In welcher Höhe sich nach Ablauf des Jahres Erstattungen oder Nachzahlungen ergeben, lässt sich nicht allgemein sagen; hier kommt es immer auf die Verhältnisse des Einzelfalles an. Das Finanzamt kann Einkommensteuer-Vorauszahlungen festsetzen, wenn damit zu rechnen ist, dass die Jahressteuerschuld die einzubehaltende Lohnsteuer um *mindestens 400 €* im Kalenderjahr übersteigt.

Im Rahmen der Veranlagung 2009 sind vermehrt Fälle aufgetreten, in denen maschinelle Vorauszahlungen für Ehegatten mit der Steuerklassenkombination III/V festgesetzt werden, obwohl ausschließlich Einkünfte vorhanden sind, welche dem Lohnsteuerabzug unterliegen.

---

[1]) Abrufbar unter: www.bundesfinanzministerium.de.

Zu dieser Problematik bemerke ich Folgendes:

Während bis zum Veranlagungszeitraum 2009 für Arbeitnehmer im Rahmen der Veranlagung geprüft wurde, ob die tatsächlich gezahlten Vorsorgeaufwendungen oder die Vorsorgepauschale nach § 10c Abs. 2 bis 5 EStG a. F. anzusetzen war, bewirkt das Gesetz zur verbesserten steuerlichen Berücksichtigung von Vorsorgeaufwendungen (Bürgerentlastungsgesetz Krankenversicherung) vom 16. Juli 2009 (BGBl. 2009 I S. 1959) eine grundlegende Neuregelung für die Vorsorgepauschale ab dem Veranlagungszeitraum 2010.

Die Vorsorgepauschale wird für die Renten-, Kranken- und Pflegeversicherung ab dem Veranlagungszeitraum 2010 nur noch im Lohnsteuerabzugsverfahren berücksichtigt. Im Rahmen der Veranlagung werden – entgegen der bisherigen Rechtslage – nur noch die tatsächlich geleisteten Versicherungsbeiträge berücksichtigt.

1. Berechnung der Vorsorgeaufwendungen für den Lohnsteuerabzug:

Bei der Berechnung der Lohnsteuer werden Vorsorgeaufwendungen durch eine Vorsorgepauschale im Rahmen bestimmter Höchstbeträge berücksichtigt. Als Mindestvorsorgepauschale werden 12 % des Arbeitslohns, höchstens 1 900 € in den Steuerklassen I, II, IV, V, VI und höchstens 3 000 € in der Steuerklasse III angesetzt.

Hinweis:

Bis einschließlich Veranlagungszeitraum 2009 wurde bei der Steuerklasse V keine Vorsorgepauschale im Lohnsteuerabzugsverfahren berücksichtigt. Durch die Einführung einer Vorsorgepauschale auch bei Steuerklasse V und die Beibehaltung der Pauschale in Steuerklasse III erhalten Ehegatten mit der Steuerklassenkombination III/V nun maximal eine Mindestvorsorgepauschale von 3 000 € + 1 900 € = 4 900 €, wohingegen bei Ehegatten mit der Steuerklassenkombination IV/IV eine maximale Mindestvorsorgepauschale von 1 900 € + 1 900 € = 3 800 € Berücksichtigung findet.

2. Berechnung der Vorsorgeaufwendungen für Zwecke der Vorauszahlungen

Im Vorauszahlungsverfahren werden ab dem Veranlagungszeitraum 2010 keine Vorsorgepauschalen mehr berücksichtigt. Grundsätzlich können nur noch die tatsächlich gezahlten Vorsorgeaufwendungen berücksichtigt werden. Allerdings ist in der Anfangszeit eine Übergangsregelung erforderlich, da dem Finanzamt bei der Ermittlung der Einkommensteuer-Vorauszahlungen für den Veranlagungszeitraum 2010 noch keine Angaben zur Höhe der Beiträge zum Basiskrankenversicherungsschutz der privat Krankenversicherten vorliegen (§ 52 Abs. 50f EStG n. F.). Aus diesem Grund werden als Basiskrankenversicherungsbeiträge entweder die um 20 % verminderten privaten Krankenversicherungsbeiträge der letzten Veranlagung oder die um 4 % verminderten Beiträge zur gesetzlichen Krankenversicherung angesetzt.

Für Zwecke der Vorauszahlungen werden mindestens Beiträge in Höhe von 1 500 €, im Fall der Zusammenveranlagung von Ehegatten in Höhe von 3 000 € berücksichtigt (§ 52 Abs. 50f EStG n. F.). Darüber hinaus ist auch ein gesonderter Nachweis höherer Beiträge durch den Steuerpflichtigen möglich.

In allen Fällen handelt es sich lediglich um einen vorläufigen Ansatz. In der Einkommensteuerveranlagung für das Jahr 2010 werden dann die tatsächlich gezahlten Beiträge berücksichtigt.

3. Berechnung der Vorsorgeaufwendungen für Zwecke der Veranlagung

Bei Arbeitnehmern können Vorsorgeaufwendungen grundsätzlich bis zur Höhe von 1 900 € abgezogen werden. Zusammenveranlagten Ehegatten steht ein gemeinsames Abzugsvolumen entsprechend der Summe der jedem Ehegatten zustehenden Höchstbeträge zu.

Weitere Verfahrensweise

Es können auch für Arbeitnehmer, die zur Einkommensteuer veranlagt werden, Einkommensteuer-Vorauszahlungen festgesetzt werden, wenn damit zu rechnen ist, dass die Jahressteuerschuld die einzubehaltende Lohnsteuer übersteigt.

Das Programm berechnet die Vorauszahlungen mit den vorliegenden Daten korrekt. Es besteht also grundsätzlich kein Anlass, die festgesetzten Vorauszahlungen auf die zu leistende Nachzahlung für den Veranlagungszeitraum 2009 herabzusetzen oder von einer Festsetzung von Vorauszahlungen abzusehen.

Anträgen auf Änderung oder Einsprüchen ist nur in folgenden Fällen stattzugeben:

1. Die Steuerpflichtigen haben zwar im Veranlagungszeitraum die Steuerklassen-Kombination III/V gewählt, sind jedoch im Veranlagungszeitraum 2010 auf eine andere Steuerklassenkombination übergegangen.

In diesen Fällen werden die Vorauszahlungen falsch berechnet, weil von einem Lohnsteuerabzug nach Steuerklasse III bzw. V ausgegangen wird.

2. Die Steuerpflichtigen haben höhere zu berücksichtigende Werbungskosten.
3. Die Steuerpflichtigen weisen höhere abziehbare Vorsorgeaufwendungen nach.

Die betroffenen Steuerpflichtigen sollten – zur künftigen Vermeidung der Festsetzung von Vorauszahlungen – auf das neu eingeführte Faktorverfahren verwiesen werden.

§ 37a Pauschalierung der Einkommensteuer durch Dritte

EStG S 2297a

(1) ¹Das Finanzamt kann auf Antrag zulassen, dass das Unternehmen, das Sachprämien im Sinne des § 3 Nummer 38 gewährt, die Einkommensteuer für den Teil der Prämien, der nicht steuerfrei ist, pauschal erhebt. ²Bemessungsgrundlage der pauschalen Einkommensteuer ist der gesamte Wert der Prämien, die den im Inland ansässigen Steuerpflichtigen zufließen. ³Der Pauschsteuersatz beträgt 2,25 Prozent.

(2) ¹Auf die pauschale Einkommensteuer ist § 40 Absatz 3 sinngemäß anzuwenden. ²Das Unternehmen hat die Prämienempfänger von der Steuerübernahme zu unterrichten.

(3) ¹Über den Antrag entscheidet das Betriebsstättenfinanzamt des Unternehmens (§ 41a Absatz 1 Satz 1 Nummer 1). ²Hat das Unternehmen mehrere Betriebsstättenfinanzämter, so ist das Finanzamt der Betriebsstätte zuständig, in der die für die pauschale Besteuerung maßgebenden Prämien ermittelt werden. ³Die Genehmigung zur Pauschalierung wird mit Wirkung für die Zukunft erteilt und kann zeitlich befristet werden; sie erstreckt sich auf alle im Geltungszeitraum ausgeschütteten Prämien.

(4) Die pauschale Einkommensteuer gilt als Lohnsteuer und ist von dem Unternehmen in der Lohnsteuer-Anmeldung der Betriebsstätte im Sinne des Absatzes 3 anzumelden und spätestens am zehnten Tag nach Ablauf des für die Betriebsstätte maßgebenden Lohnsteuer-Anmeldungszeitraums an das Betriebsstättenfinanzamt abzuführen.

§ 37b Pauschalierung der Einkommensteuer bei Sachzuwendungen

EStG S 2297b

(1) ¹Steuerpflichtige können die Einkommensteuer einheitlich für alle innerhalb eines Wirtschaftsjahres gewährten

1. betrieblich veranlassten Zuwendungen, die zusätzlich zur ohnehin vereinbarten Leistung oder Gegenleistung erbracht werden, und
2. Geschenke im Sinne des § 4 Absatz 5 Satz 1 Nummer 1,

die nicht in Geld bestehen, mit einem Pauschsteuersatz von 30 Prozent erheben. ²Bemessungsgrundlage der pauschalen Einkommensteuer sind die Aufwendungen des Steuerpflichtigen einschließlich Umsatzsteuer; bei Zuwendungen an Arbeitnehmer verbundener Unternehmen ist Bemessungsgrundlage mindestens der sich nach § 8 Absatz 3 Satz 1 ergebende Wert. ³Die Pauschalierung ist ausgeschlossen,

1. soweit die Aufwendungen je Empfänger und Wirtschaftsjahr oder
2. wenn die Aufwendungen für die einzelne Zuwendung den Betrag von 10 000 Euro übersteigen.

¹⁾ (2) ¹Absatz 1 gilt auch für betrieblich veranlasste Zuwendungen an Arbeitnehmer des Steuerpflichtigen, soweit sie nicht in Geld bestehen und zusätzlich zum ohnehin geschuldeten Arbeitslohn erbracht werden. ²In den Fällen des § 8 Absatz 2 Satz 2 bis 8, Absatz 3, § 40 Absatz 2 sowie in Fällen, in denen Vermögensbeteiligungen überlassen werden, ist Absatz 1 nicht anzuwenden; Entsprechendes gilt, soweit die Zuwendungen nach § 40 Absatz 1 pauschaliert worden sind. ³§ 37a Absatz 1 bleibt unberührt.

(3) ¹Die pauschal besteuerten Sachzuwendungen bleiben bei der Ermittlung der Einkünfte des Empfängers außer Ansatz. ²Auf die pauschale Einkommensteuer ist § 40 Absatz 3 sinngemäß anzuwenden. ³Der Steuerpflichtige hat den Empfänger von der Steuerübernahme zu unterrichten.

(4) ¹Die pauschale Einkommensteuer gilt als Lohnsteuer und ist von dem die Sachzuwendung gewährenden Steuerpflichtigen in der Lohnsteuer-Anmeldung der Betriebsstätte nach § 41 Absatz 2 anzumelden und spätestens am zehnten Tag nach Ablauf des für die Betriebsstätte maßge-

---

¹⁾ Die Vorschrift wurde durch das Gesetz zur Änderung und Vereinfachung der Unternehmensbesteuerung und des steuerlichen Reisekostenrechts mit Wirkung ab 2014 geändert. Um Beachtung wird gebeten.
→ Siehe hierzu Hinweise auf Seite 4!

benden Lohnsteuer-Anmeldungszeitraums an das Betriebsstättenfinanzamt abzuführen. ²Hat der Steuerpflichtige mehrere Betriebsstätten im Sinne des Satzes 1, so ist das Finanzamt der Betriebsstätte zuständig, in der die für die pauschale Besteuerung maßgebenden Sachbezüge ermittelt werden.

Hinweise

Sachzuwendungen an Arbeitnehmer
→ BMF vom 29. 4. 2008 (BStBl I S. 566)

I. Pauschalierung der Einkommensteuer bei Sachzuwendungen nach § 37b EStG

(BMF-Schreiben vom 29. 4. 2008
– IV B 2 – S 2297-b/07/0001, 2008/0210802 –,
BStBl I S. 566)

Mit dem Jahressteuergesetz 2007 vom 13. Dezember 2006 (BGBl. I 2006 S. 2878, BStBl I 2007 S. 28) wurde mit § 37b EStG eine Regelung in das Einkommensteuergesetz eingefügt, die es dem zuwendenden Steuerpflichtigen ermöglicht, die Einkommensteuer auf Sachzuwendungen an Arbeitnehmer oder Nichtarbeitnehmer mit einem Steuersatz von 30 Prozent pauschal zu übernehmen und abzuführen. Zur Anwendung dieser Regelung gilt im Einvernehmen mit den obersten Finanzbehörden der Länder Folgendes:

I. Anwendungsbereich des § 37b EStG

Zuwendender i. S. d. § 37b EStG kann jede natürliche und juristische Person sein. Macht der Zuwendende von der Wahlmöglichkeit des § 37b EStG Gebrauch, so ist er Steuerpflichtiger i. S. d. § 33 AO. Ausländische Zuwendende und nicht steuerpflichtige juristische Personen des öffentlichen Rechts werden spätestens mit der Anwendung des § 37b EStG zu Steuerpflichtigen i. S. dieser Vorschrift. 1

Zuwendungsempfänger können eigene Arbeitnehmer des Zuwendenden sowie Dritte unabhängig von ihrer Rechtsform (z. B. AGs, GmbHs, Aufsichtsräte, Verwaltungsratsmitglieder, sonstige Organmitglieder von Vereinen und Verbänden, Geschäftspartner, deren Familienangehörige, Arbeitnehmer Dritter) sein. 2

Zuwendungen an eigene Arbeitnehmer sind Sachbezüge i. S. d. § 8 Abs. 2 Satz 1 EStG, für die keine gesetzliche Bewertungsmöglichkeit nach § 8 Abs. 2 Satz 2 bis 8, Abs. 3 und § 19a EStG sowie keine Pauschalierungsmöglichkeit nach § 40 Abs. 2 EStG besteht. Für sonstige Sachbezüge, die nach § 40 Abs. 1 EStG pauschaliert besteuert werden können, kann der Steuerpflichtige auch die Pauschalierung nach § 37b EStG wählen. 3

II. Wahlrecht zur Anwendung des § 37b EStG

1. Einheitlichkeit der Wahlrechtsausübung

Das Wahlrecht zur Anwendung der Pauschalierung der Einkommensteuer ist nach § 37b Abs. 1 Satz 1 EStG einheitlich für alle innerhalb eines Wirtschaftsjahres gewährten Zuwendungen, mit Ausnahme der die Höchstbeträge nach § 37b Abs. 1 Satz 3 EStG übersteigenden Zuwendungen, auszuüben. Dabei ist es zulässig, für Zuwendungen an Dritte (Absatz 1) und an eigene Arbeitnehmer (Absatz 2) § 37b EStG jeweils gesondert anzuwenden. Die Entscheidung zur Anwendung des § 37b EStG kann nicht zurückgenommen werden. 4

Werden Zuwendungen an Arbeitnehmer verbundener Unternehmen i. S. d. §§ 15 ff. AktG oder § 271 HGB vergeben, fallen diese Zuwendungen in den Anwendungsbereich des § 37b Abs. 1 EStG und sind nach § 37b Abs. 1 Satz 2 EStG mindestens mit dem sich aus § 8 Abs. 3 Satz 1 EStG ergebenden Wert zu bemessen (Rabattgewährung an Konzernmitarbeiter). Es wird nicht beanstandet, wenn diese Zuwendungen an Arbeitnehmer verbundener Unternehmen individuell besteuert werden, auch wenn der Zuwendende für die übrigen Zuwendungen § 37b Abs. 1 EStG anwendet. Für die übrigen Zuwendungen ist das Wahlrecht einheitlich auszuüben. 5

Übt ein ausländischer Zuwendender das Wahlrecht zur Anwendung des § 37b EStG aus, sind die Zuwendungen, die unbeschränkt oder beschränkt Einkommen- oder Körperschaftsteuerpflichtigen im Inland gewährt werden, einheitlich zu pauschalieren. 6

2. Zeitpunkt der Wahlrechtsausübung

7 Die Entscheidung zur Anwendung der Pauschalierung kann für den Anwendungsbereich des § 37b Abs. 1 EStG auch im laufenden Wirtschaftsjahr, spätestens in der letzten Lohnsteuer-Anmeldung des Wirtschaftsjahres der Zuwendung getroffen werden. Eine Berichtigung der vorangegangenen einzelnen Lohnsteuer-Anmeldungen zur zeitgerechten Erfassung ist nicht erforderlich.

8 Für den Anwendungsbereich des § 37b Abs. 2 EStG ist die Entscheidung zur Anwendung der Pauschalierung spätestens bis zu dem für die Übermittlung der elektronischen Lohnsteuerbescheinigung geltenden Termin (§ 41b Abs. 1 Satz 2 EStG, 28. Februar des Folgejahres) zu treffen. Dieser Endtermin gilt auch, wenn ein Arbeitnehmer während des laufenden Kalenderjahres ausscheidet. Ist eine Änderung des Lohnsteuerabzugs gemäß § 41c EStG zum Zeitpunkt der Ausübung des Wahlrechts nicht mehr möglich, so hat der Arbeitgeber dem Arbeitnehmer eine Bescheinigung über die Pauschalierung nach § 37b Abs. 2 EStG auszustellen. Die Korrektur des bereits individuell besteuerten Arbeitslohns kann der Arbeitnehmer dann nur noch im Veranlagungsverfahren begehren.

III. Bemessungsgrundlage

1. Begriffsbestimmung

9 Besteuerungsgegenstand sind Zuwendungen, die zusätzlich zur ohnehin vereinbarten Leistung oder zum ohnehin geschuldeten Arbeitslohn erbracht werden, die nicht in Geld bestehen und die nicht gesellschaftsrechtlich veranlasst sind. Verdeckte Gewinnausschüttungen (§ 8 Abs. 3 Satz 2 KStG, R 36 KStR) sind von der Pauschalierung nach § 37b EStG ausgenommen. Bei Zuwendungen an Dritte handelt es sich regelmäßig um Geschenke i. S. d. § 4 Abs. 5 Satz 1 Nr. 1 Satz 1 EStG oder Incentives (z. B. Reise oder Sachpreise aufgrund eines ausgeschriebenen Verkaufs- oder Außendienstwettbewerbs). Geschenke in diesem Sinne sind auch Nutzungsüberlassungen. Zuzahlungen des Zuwendungsempfängers ändern nicht den Charakter als Zuwendung; sie mindern lediglich die Bemessungsgrundlage. Zuzahlungen Dritter (z. B. Beteiligung eines anderen Unternehmers an der Durchführung einer Incentive-Reise) mindern die Bemessungsgrundlage hingegen nicht.

10 Sachzuwendungen, deren Anschaffungs- oder Herstellungskosten 10 Euro nicht übersteigen, sind bei der Anwendung des § 37b EStG als Streuwerbeartikel anzusehen und fallen daher nicht in den Anwendungsbereich der Vorschrift. Die Teilnahme an einer geschäftlich veranlassten Bewirtung i. S. d. § 4 Abs. 5 Satz 1 Nr. 2 EStG ist nicht in den Anwendungsbereich des § 37b EStG einzubeziehen (R 4.7 Abs. 3 EStR, R 8.1 Abs. 8 Nr. 1 LStR 2008).

11 Zuwendungen, die ein Arbeitnehmer von einem Dritten erhalten hat, können nicht vom Arbeitgeber, der nach § 38 Abs. 1 Satz 3 EStG zum Lohnsteuerabzug verpflichtet ist, nach § 37b EStG pauschal besteuert werden. Die Pauschalierung nach § 37b EStG kann nur der Zuwendende selbst vornehmen.

12 Gibt ein Steuerpflichtiger eine Zuwendung unmittelbar weiter, die dieser selbst unter Anwendung des § 37b EStG erhalten hat, entfällt eine erneute pauschale Besteuerung nach § 37b EStG, wenn der Steuerpflichtige hierfür keinen Betriebsausgabenabzug vornimmt.

13 In die Bemessungsgrundlage sind alle Zuwendungen einzubeziehen; es kommt nicht darauf an, dass sie beim Empfänger im Rahmen einer Einkunftsart zufließen (zu den Besonderheiten bei Zuwendungen an Arbeitnehmer siehe Rdnr. 3).

2. Bewertung der Zuwendungen

14 Nach § 37b Abs. 1 Satz 2 EStG sind die Zuwendungen mit den Aufwendungen des Steuerpflichtigen einschließlich Umsatzsteuer zu bewerten. Der Bruttobetrag kann aus Vereinfachungsgründen mit dem Faktor 1,19 aus dem Nettobetrag hochgerechnet werden. In die Bemessung sind alle tatsächlich angefallenen Aufwendungen einzubeziehen, die der jeweiligen Zuwendung direkt zugeordnet werden können. Soweit diese nicht direkt ermittelt werden können, weil sie Teil einer Gesamtleistung sind, ist der auf die jeweilige Zuwendung entfallende Anteil an den Gesamtaufwendungen anzusetzen, der ggf. im Wege der Schätzung zu ermitteln ist.

15 Die bestehenden Vereinfachungsregelungen, die zur Aufteilung der Gesamtaufwendungen für VIP-Logen in Sportstätten und in ähnlichen Sachverhalten ergangen sind, gelten unverändert (Rdnrn. 14 und 19 des BMF-Schreibens vom 22. August 2005, BStBl I S. 845[1]) und BMF-Schreiben vom 11. Juli 2006, BStBl I S. 447[2])). Der danach ermittelte, auf Geschenke entfallende pauschale Anteil stellt die Aufwendungen dar, die in die Bemessungsgrundlage nach § 37b EStG

---

[1]) Abgedruckt zu H 37b (Sachzuwendungen an Arbeitnehmer; unter II.).
[2]) Abgedruckt zu H 37b (Sachzuwendungen an Arbeitnehmer; unter III.).

einzubeziehen sind. Die Vereinfachungsregelungen zur Übernahme der Besteuerung (Rdnrn. 16 und 18 des BMF-Schreibens vom 22. August 2005 und entsprechende Verweise im BMF-Schreiben vom 11. Juli 2006) sind ab dem 1. Januar 2007 nicht mehr anzuwenden.

Besteht die Zuwendung in der Hingabe eines Wirtschaftsgutes des Betriebsvermögens oder in der unentgeltlichen Nutzungsüberlassung und sind dem Zuwendenden keine oder nur unverhältnismäßig geringe Aufwendungen entstanden (z. B. zinslose Darlehensgewährung), ist als Bemessungsgrundlage für eine Besteuerung nach § 37b EStG der gemeine Wert anzusetzen. 16

3. Wirkungen auf bestehende Regelungen

Sachbezüge, die im ganz überwiegenden eigenbetrieblichen Interesse des Arbeitgebers gewährt werden, sowie steuerfreie Sachbezüge werden von § 37b Abs. 2 EStG nicht erfasst. Im Übrigen gilt Folgendes:

a) Sachbezugsfreigrenze

Wird die Freigrenze des § 8 Abs. 2 Satz 9 EStG in Höhe von 44 Euro nicht überschritten, liegt kein steuerpflichtiger Sachbezug vor. Bei der Prüfung der Freigrenze bleiben die nach § 8 Abs. 2 Satz 1 EStG zu bewertenden Vorteile, die nach §§ 37b und 40 EStG pauschal versteuert werden, außer Ansatz. 17

b) Mahlzeiten aus besonderem Anlass

Mahlzeiten aus besonderem Anlass (R 8.1 Abs. 8 Nr. 2 LStR 2008), die vom oder auf Veranlassung des Steuerpflichtigen anlässlich von Auswärtstätigkeiten an seine Arbeitnehmer abgegeben werden, können nach § 37b EStG pauschal besteuert werden, wenn der Wert der Mahlzeit 40 Euro übersteigt. 18

c) Aufmerksamkeiten

Zuwendungen des Steuerpflichtigen an seine Arbeitnehmer, die als bloße Aufmerksamkeiten (R 19.6 LStR 2008) anzusehen sind und deren jeweiliger Wert 40 Euro nicht übersteigt, gehören nicht zum Arbeitslohn und sind daher nicht in die Pauschalierung nach § 37b EStG einzubeziehen. Bei Überschreitung des Betrags von 40 Euro ist die Anwendung des § 37b EStG möglich. 19

4. Zeitpunkt der Zuwendung

Die Zuwendung ist im Zeitpunkt der Erlangung der wirtschaftlichen Verfügungsmacht zu erfassen. Das ist bei Geschenken der Zeitpunkt der Hingabe (z. B. Eintrittskarte) und bei Nutzungen der Zeitpunkt der Inanspruchnahme (z. B. bei der Einladung zu einer Veranstaltung der Zeitpunkt der Teilnahme). Es ist aber nicht zu beanstanden, wenn die Pauschalierung nach § 37b EStG bereits in dem Wirtschaftsjahr vorgenommen wird, in dem der Aufwand zu berücksichtigen ist. 20

5. Beträge nach § 37b Abs. 1 Satz 3 EStG

Die Beträge des § 37b Abs. 1 Satz 3 EStG in Höhe von 10 000 Euro sind auf die Bruttoaufwendungen anzuwenden. Bei dem Betrag nach § 37b Abs. 1 Satz 3 Nr. 1 EStG handelt es sich um einen Höchstbetrag (z. B. drei Zuwendungen im Wert von jeweils 4 000 Euro, § 37b EStG ist nicht nur für die ersten beiden Zuwendungen anwendbar, sondern auch die Hälfte der Aufwendungen für die dritte Zuwendung muss in die Pauschalbesteuerung einbezogen werden); bei dem Betrag nach § 37b Abs. 1 Satz 3 Nr. 2 EStG handelt es sich um eine Höchstgrenze (z. B. Zuwendung im Wert von 15 000 Euro, § 37b EStG ist auf diese Zuwendung nicht anwendbar). Wird die Höchstgrenze für eine Zuwendung überschritten, ist eine Pauschalierung für andere Zuwendungen an diesen Zuwendungsempfänger im Rahmen des § 37b Abs. 1 Satz 3 Nr. 1 EStG zulässig (z. B. drei Zuwendungen im Wert von 3 000 Euro, 5 000 Euro und 12 000 Euro, die Aufwendungen für die Einzelzuwendung in Höhe von 12 000 Euro können nicht nach § 37b EStG pauschal besteuert werden, in die Pauschalbesteuerung sind indes die Aufwendungen für die beiden anderen Einzelzuwendungen von insgesamt 8 000 Euro einzubeziehen). Bei Zuzahlungen durch den Zuwendungsempfänger mindert sich der Wert der Zuwendung, auf den der Höchstbetrag/die Höchstgrenze anzuwenden ist. 21

IV. Verhältnis zu anderen Pauschalierungsvorschriften

1. Lohnsteuerpauschalierung mit Nettosteuersatz

Zum Zeitpunkt der Ausübung des Wahlrechts nach § 37b Abs. 2 EStG bereits nach § 40 Abs. 1 Satz 1 EStG durchgeführte Pauschalierungen müssen nicht rückgängig gemacht werden. Eine Änderung ist aber in den Grenzen der allgemeinen Regelungen zulässig; § 37b Abs. 2 EStG 22 kann danach angewandt werden. Die Rückabwicklung eines nach § 40 Abs. 1 Satz 1 EStG pauschalierten Zuwendungsfalls muss für alle Arbeitnehmer einheitlich vorgenommen werden, die diese Zuwendung erhalten haben. Nach der Entscheidung zur Anwendung des § 37b EStG ist eine Pauschalierung nach § 40 Abs. 1 Satz 1 EStG für alle Zuwendungen, auf die § 37b EStG anwendbar ist, nicht mehr möglich.

2. Arbeitnehmer verbundener Unternehmen

23 Die Pauschalierung ist für Sachzuwendungen an Arbeitnehmer verbundener Unternehmen i. S. d. §§ 15 ff. AktG oder § 271 HGB zulässig, wenn die Voraussetzungen des § 37b Abs. 1 EStG erfüllt sind.

V. Steuerliche Behandlung beim Zuwendenden

1. Zuwendung

24 Die Aufwendungen für die Zuwendung sind nach allgemeinen steuerlichen Grundsätzen zu beurteilen; sie sind entweder in voller Höhe als Betriebsausgaben abziehbar (Geschenke an eigene Arbeitnehmer und Zuwendungen, die keine Geschenke sind) oder unter der Maßgabe des § 4 Abs. 5 Satz 1 Nr. 1 EStG beschränkt abziehbar. Die übrigen Abzugsbeschränkungen des § 4 Abs. 5 EStG, insbesondere des § 4 Abs. 5 Satz 1 Nr. 10 EStG sind ebenfalls zu beachten.

25 Bei der Prüfung der Freigrenze des § 4 Abs. 5 Satz 1 Nr. 1 Satz 2 EStG ist aus Vereinfachungsgründen allein auf den Betrag der Zuwendung abzustellen. Die übernommene Steuer ist nicht mit einzubeziehen.

2. Pauschalsteuer

26 Die Abziehbarkeit der Pauschalsteuer als Betriebsausgabe richtet sich danach, ob die Aufwendungen für die Zuwendung als Betriebsausgabe abziehbar sind.

VI. Steuerliche Behandlung beim Empfänger

27 Nach § 37b Abs. 3 Satz 1 EStG bleibt eine pauschal besteuerte Sachzuwendung bei der Ermittlung der Einkünfte des Empfängers außer Ansatz.

28 Besteht die Zuwendung in der Hingabe eines einzelnen Wirtschaftsgutes, das beim Empfänger Betriebsvermögen wird, gilt sein gemeiner Wert als Anschaffungskosten (§ 6 Abs. 4 EStG). Rdnr. 12 ist zu beachten.

VII. Verfahren zur Pauschalierung der Einkommensteuer

1. Entstehung der Steuer

29 Für den Zeitpunkt der Entstehung der Steuer ist grundsätzlich der Zeitpunkt des Zuflusses der Zuwendung maßgeblich. Dabei ist nicht auf den Entstehungszeitpunkt der Einkommen- und Körperschaftsteuer beim Zuwendungsempfänger abzustellen.

2. Unterrichtung des Empfängers der Zuwendung

30 Nach § 37b Abs. 3 Satz 3 EStG hat der Zuwendende den Empfänger der Zuwendung über die Anwendung der Pauschalierung zu unterrichten. Eine besondere Form ist nicht vorgeschrieben.

31 Arbeitnehmer sind nach § 38 Abs. 4 Satz 3 EStG verpflichtet, ihrem Arbeitgeber die ihnen von Dritten gewährten Bezüge am Ende des Lohnzahlungszeitraumes anzuzeigen. Erhält der Arbeitnehmer erst im Nachhinein eine Mitteilung vom Zuwendenden über die Anwendung des § 37b EStG, kann bei bereits durchgeführter individueller Besteuerung eine Korrektur des Lohnsteuerabzugs vorgenommen werden, wenn die Änderung des Lohnsteuerabzugs beim Arbeitnehmer noch zulässig ist.

3. Aufzeichnungspflichten

32 Die bestehenden Aufzeichnungspflichten für Geschenke nach § 4 Abs. 5 Satz 1 Nr. 1 EStG bleiben unberührt (§ 4 Abs. 7 EStG, R 4.11 EStR). Besondere Aufzeichnungspflichten für die Ermittlung der Zuwendungen, für die § 37b EStG angewandt wird, bestehen nicht. Aus der Buchführung oder den Aufzeichnungen muss sich ablesen lassen, dass bei Wahlrechtsausübung alle Zuwendungen erfasst wurden und dass die Höchstbeträge nicht überschritten wurden. Nach § 37b EStG pauschal versteuerte Zuwendungen müssen nicht zum Lohnkonto genommen werden (§ 4 Abs. 2 Nr. 8 LStDV i. V. m. § 41 Abs. 1 EStG).

33 Aus Vereinfachungsgründen kann bei Zuwendungen bis zu einem Wert von jeweils 40 Euro davon ausgegangen werden, dass der Höchstbetrag nach § 37b Abs. 1 Satz 3 Nr. 1 EStG auch beim Zusammenfallen mit weiteren Zuwendungen im Wirtschaftsjahr nicht überschritten wird. Eine Aufzeichnung der Empfänger kann insoweit unterbleiben.

§ 37b EStG kann auch angewendet werden, wenn die Aufwendungen beim Zuwendenden ganz oder teilweise unter das Abzugsverbot des § 160 AO fallen. Fallen mehrere Zuwendungen zusammen, bei denen § 160 AO zum Abzugsverbot der Aufwendungen führt, ist die Summe dieser Aufwendungen den Höchstbeträgen gegenüberzustellen.

34

4. Örtliche Zuständigkeit

Für ausländische Zuwendende ergeben sich die für die Verwaltung der Lohnsteuer zuständigen Finanzämter aus analoger Anwendung des H 41.3 LStH 2008 (wie ausländische Bauunternehmer).

35

5. Kirchensteuer

Für die Ermittlung der Kirchensteuer bei Anwendung des § 37b EStG ist in Rheinland-Pfalz nach dem Erlass des rheinland-pfälzischen Finanzministeriums vom 29. Dezember 2006 (BStBl I 2007 S. 79)[1] und in den übrigen Ländern nach den gleichlautenden Erlassen der obersten Finanzbehörden dieser Länder vom 28. Dezember 2006 (BStBl I 2007 S. 76)[2] zu verfahren.

36

6. Anrufungsauskunft

Für Sachverhalte zur Pauschalierung der Einkommensteuer bei Sachzuwendungen nach § 37b EStG kann eine Anrufungsauskunft i. S. d. § 42e EStG eingeholt werden.

37

VIII. Anwendungszeitpunkt

Nach Artikel 20 Abs. 6 des Jahressteuergesetzes 2007 tritt Artikel 1 Nr. 28 (§ 37b EStG) zum 1. Januar 2007 in Kraft. § 37b EStG ist daher erstmals auf Zuwendungen anzuwenden, die nach dem 31. Dezember 2006 gewährt werden.

38

Für Wirtschaftsjahre, die vor dem 1. Juli 2008 enden, kann das Wahlrecht zur Anwendung des § 37b EStG für diesen Zeitraum abweichend von Rdnrn. 7 und 8 ausgeübt werden.

39

II. Ertragsteuerliche Behandlung von Aufwendungen für VIP-Logen in Sportstätten[3])

(BMF-Schreiben vom 22. 8. 2005 – IV B 2 – S 2144–41/05 –, BStBl I S. 845)

Unter Aufwendungen für VIP-Logen in Sportstätten werden solche Aufwendungen eines Steuerpflichtigen verstanden, die dieser für bestimmte sportliche Veranstaltungen trägt und für die er vom Empfänger dieser Leistung bestimmte Gegenleistungen mit Werbecharakter für die „gesponserte" Veranstaltung erhält. Neben den üblichen Werbeleistungen (z. B. Werbung über Lautsprecheransagen, auf Videowänden, in Vereinsmagazinen) werden dem sponsernden Unternehmer auch Eintrittskarten für VIP-Logen überlassen, die nicht nur zum Besuch der Veranstaltung berechtigen, sondern auch die Möglichkeit der Bewirtung des Steuerpflichtigen und Dritter (z. B. Geschäftsfreunde, Arbeitnehmer) beinhalten. Regelmäßig werden diese Maßnahmen in einem Gesamtpaket vereinbart, wofür dem Sponsor ein Gesamtbetrag in Rechnung gestellt wird.

Im Einvernehmen mit den obersten Finanzbehörden der Länder gilt zur ertragsteuerlichen Behandlung der Aufwendungen für VIP-Logen in Sportstätten Folgendes:

Aufwendungen im Zusammenhang mit VIP-Logen in Sportstätten können betrieblich veranlasst (Ausnahme Rdnr. 11) und in der steuerlichen Gewinnermittlung entsprechend der Art der Aufwendungen einzeln zu berücksichtigen sein. Dabei sind die allgemeinen Regelungen des § 4 Abs. 4 und 5 EStG in Verbindung mit dem zum Sponsoring ergangenen BMF-Schreiben vom 18. Februar 1998 (BStBl I S. 212) zu beachten. Bei den Aufwendungen sind zu unterscheiden:

1

1. Aufwendungen für Werbeleistungen

Die in den vertraglich abgeschlossenen Gesamtpaketen neben den Eintrittskarten, der Bewirtung, den Raumkosten u. Ä. erfassten Aufwendungen für Werbeleistungen sind grundsätzlich als Betriebsausgaben gemäß § 4 Abs. 4 EStG abziehbar.

2

---

[1]) Abgedruckt zu H 37b (Zur Pauschalierung der Kirchensteuer; unter II.).
[2]) Abgedruckt zu H 37b (Zur Pauschalierung der Kirchensteuer; unter I.).
[3]) Siehe aber § 37b EStG. Siehe auch Rz. 15 des BMF-Schreibens vom 29. 4. 2008 (BStBl I S. 566), abgedruckt zu H 37b (Sachzuwendungen an Arbeitnehmer; unter I.).

2. Aufwendungen für eine besondere Raumnutzung

3 Wird im Einzelfall glaubhaft gemacht, dass auf der Grundlage einer vertraglichen Vereinbarung Räumlichkeiten in der Sportstätte für betriebliche Veranstaltungen (z. B. Konferenzen, Besprechungen mit Geschäftspartnern) außerhalb der Tage, an denen Sportereignisse stattfinden, genutzt werden, stellen die angemessenen, auf diese Raumnutzung entfallenden Aufwendungen ebenfalls abziehbare Betriebsausgaben dar (vgl. Rdnr. 19).

3. Aufwendungen für VIP-Maßnahmen gegenüber Geschäftsfreunden

a) Geschenke

4 Wendet der Steuerpflichtige seinen Geschäftsfreunden unentgeltlich Leistungen zu (beispielsweise Eintrittskarten), um geschäftliche Kontakte vorzubereiten und zu begünstigen oder um sich geschäftsfördernd präsentieren zu können, kann es sich um Geschenke i. S. von § 4 Abs. 5 Satz 1 Nr. 1 EStG handeln, die nur abziehbar sind, wenn die Anschaffungs- oder Herstellungskosten der dem Empfänger im Wirtschaftsjahr zugewendeten Gegenstände insgesamt 35 Euro nicht übersteigen. Der Geschenkbegriff des § 4 Abs. 5 Satz 1 Nr. 1 EStG entspricht demjenigen der bürgerlich-rechtlichen Schenkung.

5 Erfolgt die Zuwendung dagegen als Gegenleistung für eine bestimmte in engem sachlichen oder sonstigem unmittelbaren Zusammenhang stehende Leistung des Empfängers, fehlt es an der für ein Geschenk notwendigen unentgeltlichen Zuwendung. Die Aufwendungen sind dann grundsätzlich unbeschränkt als Betriebsausgaben abziehbar.

b) Bewirtung

6 Aufwendungen für die Bewirtung von Geschäftsfreunden aus geschäftlichem Anlass sind gemäß § 4 Abs. 5 Satz 1 Nr. 2 EStG unter den dort genannten Voraussetzungen beschränkt abziehbar.

c) Behandlung beim Empfänger

7 Bei den Empfängern der Geschenke ist der geldwerte Vorteil wegen der betrieblichen Veranlassung als Betriebseinnahme zu versteuern, und zwar auch dann, wenn für den Zuwendenden das Abzugsverbot des § 4 Abs. 5 Satz 1 Nr. 1 EStG gilt (BFH-Urteil vom 26. September 1995, BStBl 1996 II S. 273). Der Vorteil aus einer Bewirtung i. S. des § 4 Abs. 5 Satz 1 Nr. 2 EStG ist dagegen aus Vereinfachungsgründen beim bewirteten Steuerpflichtigen nicht als Betriebseinnahme zu erfassen (R 18 Abs. 3 EStR 2003).

4. Aufwendungen für VIP-Maßnahmen zugunsten von Arbeitnehmern

a) Geschenke

8 Aufwendungen für Geschenke an Arbeitnehmer des Steuerpflichtigen sind vom Abzugsverbot des § 4 Abs. 5 Satz 1 Nr. 1 EStG ausgeschlossen und somit in voller Höhe als Betriebsausgaben abziehbar.

b) Bewirtung

9 Bewirtungen, die der Steuerpflichtige seinen Arbeitnehmern gewährt, gelten als betrieblich veranlasst und unterliegen mithin nicht der Abzugsbeschränkung des § 4 Abs. 5 Satz 1 Nr. 2 EStG. Zu unterscheiden hiervon ist die Bewirtung aus geschäftlichem Anlass, an der Arbeitnehmer des Steuerpflichtigen lediglich teilnehmen (Beispiel: Der Unternehmer lädt anlässlich eines Geschäftsabschlusses die Geschäftspartner und seine leitenden Angestellten ein). Hier greift § 4 Abs. 5 Satz 1 Nr. 2 EStG auch für den Teil der Aufwendungen, der auf den an der Bewirtung teilnehmenden Arbeitnehmer entfällt.

c) Behandlung beim Empfänger

10 Die Zuwendung stellt für den Arbeitnehmer einen zum steuerpflichtigen Arbeitslohn gehörenden geldwerten Vorteil dar, wenn der für die Annahme von Arbeitslohn erforderliche Zusammenhang mit dem Dienstverhältnis gegeben ist (§ 8 Abs. 1 i. V. m. § 19 Abs. 1 Satz 1 Nr. 1 EStG und § 2 Abs. 1 LStDV). Der geldwerte Vorteil ist grundsätzlich nach § 8 Abs. 2 Satz 1 EStG zu bewerten. Die Freigrenze für Sachbezüge i. H. v. 44 Euro im Kalendermonat (§ 8 Abs. 2 Satz 9 EStG) und R 31 Abs. 2 Satz 9 LStR 2005 sind zu beachten.

Nicht zum steuerpflichtigen Arbeitslohn gehören insbesondere Zuwendungen, die der Arbeitgeber im ganz überwiegenden betrieblichen Interesse erbringt. Dies sind auch Zuwendungen im Rahmen einer üblichen Betriebsveranstaltung (vgl. R 72 LStR 2005) oder Zuwendungen aus geschäftlichem Anlass (Beispiel: Der Unternehmer lädt anlässlich eines Geschäftsabschlusses die Geschäftspartner und seine leitenden Angestellten ein, vgl. R 31 Abs. 8 Nr. 1 LStR 2005).

5. Privat veranlasste Aufwendungen für VIP-Maßnahmen

Ist die Leistung des Unternehmers privat veranlasst, handelt es sich gemäß § 12 Nr. 1 EStG in vollem Umfang um nicht abziehbare Kosten der privaten Lebensführung; bei Kapitalgesellschaften können verdeckte Gewinnausschüttungen vorliegen. Eine private Veranlassung ist u. a. dann gegeben, wenn der Steuerpflichtige die Eintrittskarten an Dritte überlässt, um damit gesellschaftlichen Konventionen zu entsprechen, z. B. aus Anlass eines persönlichen Jubiläums (vgl. BFH-Urteil vom 12. Dezember 1991, BStBl 1992 II S. 524; BFH-Urteil vom 29. März 1994, BStBl II S. 843).

6. Nachweispflichten

Der Betriebsausgabenabzug für Aufwendungen im Rahmen von VIP-Maßnahmen ist zu versagen, wenn keine Nachweise dafür vorgelegt worden sind, welchem konkreten Zweck der getätigte Aufwand diente, d. h. welchem Personenkreis aus welcher Veranlassung die Leistung zugewendet wurde.

Dagegen ist der Betriebsausgabenabzug nicht bereits aus dem Grunde zu versagen, dass der Nutzungsvertrag keine Aufgliederung des vereinbarten Nutzungsentgelts einerseits und der Einräumung der sonstigen werblichen Möglichkeiten andererseits zulässt. Soweit die vertraglichen Vereinbarungen keine Aufschlüsselung des Pauschalpreises in die einzelnen Arten der Ausgaben enthalten, führt dies nicht zu einem generellen Abzugsverbot. Vielmehr ist im Wege der sachgerechten Schätzung mittels Fremdvergleichs unter Mitwirkung des Unternehmers zu ermitteln, in welchem Umfang die Kosten auf die Eintrittskarten, auf die Bewirtung, auf die Werbung und/oder auf eine besondere Raumnutzung entfallen. Das vereinbarte Gesamtentgelt ist hierbei einzelfallbezogen unter Würdigung der Gesamtumstände nach dem Verhältnis der ermittelten Teilwerte für die Einzelleistungen aufzuteilen. Im Rahmen der Einzelfallprüfung ist ggf. auch eine Kürzung der ausgewiesenen Werbekosten vorzunehmen, wenn diese im Fremdvergleich unangemessen hoch ausfallen.

7. Vereinfachungsregelungen

a) Pauschale Aufteilung des Gesamtbetrages für VIP-Logen in Sportstätten

¹)Aus Vereinfachungsgründen ist es nicht zu beanstanden, wenn bei betrieblich veranlassten Aufwendungen der für das Gesamtpaket (Werbeleistungen, Bewirtung, Eintrittskarten usw.) vereinbarte Gesamtbetrag wie folgt pauschal aufgeteilt wird:

– Anteil für die Werbung: 40 v. H. des Gesamtbetrages.

   Dieser Werbeaufwand, der in erster Linie auf die Besucher der Sportstätte ausgerichtet ist, ist in vollem Umfang als Betriebsausgabe abziehbar.

– Anteil für die Bewirtung: 30 v. H. des Gesamtbetrages.

   Dieser Anteil ist gemäß § 4 Abs. 5 Satz 1 Nr. 2 EStG mit dem abziehbaren v. H.-Satz als Betriebsausgabe zu berücksichtigen.

– Anteil für Geschenke: 30 v. H. des Gesamtbetrages.

   Sofern nicht eine andere Zuordnung nachgewiesen wird, ist davon auszugehen, dass diese Aufwendungen je zur Hälfte auf Geschäftsfreunde (Rdnr. 15, 16²)) und auf eigene Arbeitnehmer (Rdnr. 17, 18³)) entfallen.

b) Geschenke an Geschäftsfreunde (z. B. andere Unternehmer und deren Arbeitnehmer)

Da diese Aufwendungen regelmäßig den Betrag von 35 Euro pro Empfänger und Wirtschaftsjahr übersteigen, sind sie gemäß § 4 Abs. 5 Satz 1 Nr. 1 EStG nicht als Betriebsausgabe abziehbar.

---

¹) Siehe auch Rz. 15 des BMF-Schreibens vom 29. 4. 2008 (BStBl I S. 566), abgedruckt zu H 37b (Sachzuwendungen an Arbeitnehmer; unter I.).
²) Die Vereinfachungsregelungen zur Übernahme der Besteuerung (Rdnrn. 16 und 18 des BMF-Schreibens vom 22. 8. 2005 und entsprechende Verweise im BMF-Schreiben vom 11. 7. 2006) sind ab dem 1. 1. 2007 nicht mehr anzuwenden; siehe Rdn. 15 des BMF-Schreibens vom 29. 4. 2008, BStBl I S. 566, abgedruckt zu H 37b (Sachzuwendungen an Arbeitnehmer; unter I.).
³) Die Vereinfachungsregelungen zur Übernahme der Besteuerung (Rdnrn. 16 und 18 des BMF-Schreibens vom 22. 8. 2005 und entsprechende Verweise im BMF-Schreiben vom 11. 7. 2006) sind ab dem 1. 1. 2007 nicht mehr anzuwenden; siehe Rdn. 15 des BMF-Schreibens vom 29. 4. 2008, BStBl I S. 566, abgedruckt zu H 37b (Sachzuwendungen an Arbeitnehmer; unter I.).

16 ¹)Bei den Empfängern der Zuwendungen ist dieser geldwerte Vorteil grundsätzlich als Betriebseinnahme/Arbeitslohn zu versteuern. Auf eine Benennung der Empfänger und die steuerliche Erfassung des geldwerten Vorteils bei den Empfängern kann jedoch verzichtet werden, wenn zur Abgeltung dieser Besteuerung 60 v. H. des auf Geschäftsfreunde entfallenden Anteils am Gesamtbetrag i. S. der Rdnr. 14²) zusätzlich der Besteuerung beim Zuwendenden unterworfen werden.

c) Geschenke an eigene Arbeitnehmer

17 Soweit die Aufwendungen auf Geschenke an eigene Arbeitnehmer entfallen, sind sie in voller Höhe als Betriebsausgabe abziehbar. Zur steuerlichen Behandlung dieser Zuwendungen bei den eigenen Arbeitnehmern vgl. Rdnr. 10.

18 ³)Bei Anwendung der Vereinfachungsregelung i. S. der Rdnr. 14 kann der Steuerpflichtige (Arbeitgeber) die Lohnsteuer für diese Zuwendungen mit einem Pauschsteuersatz in Höhe von 30 v. H. des auf eigene Arbeitnehmer entfallenden Anteils am Gesamtbetrag i. S. der Rdnr. 14 übernehmen. Die Höhe dieses Pauschsteuersatzes berücksichtigt typisierend, dass der Arbeitgeber die Zuwendungen an einen Teil seiner Arbeitnehmer im ganz überwiegenden betrieblichen Interesse erbringt (vgl. Rdnr. 10). § 40 Abs. 3 EStG gilt entsprechend.

d) Pauschale Aufteilung bei besonderer Raumnutzung

19 ⁴)In Fällen der Rdnr. 3, in denen die besondere Raumnutzung mindestens einmal wöchentlich stattfindet, kann der auf diese Raumnutzung entfallende Anteil vorab pauschal mit 15 v. H. des Gesamtbetrages ermittelt und als Betriebsausgabe abgezogen werden. Für die weitere Aufteilung nach Rdnr. 14 ist in diesen Fällen von dem um den Raumnutzungsanteil gekürzten Gesamtbetrag auszugehen.

8. Zeitliche Anwendung

20 Die vorstehenden Regelungen sind in allen offenen Fällen anzuwenden.

Die Regelungen des BMF-Schreibens vom 18. Februar 1998 (BStBl I S. 212) bleiben unberührt.

III. Ertragsteuerliche Behandlung von Aufwendungen für VIP-Logen in Sportstätten; Anwendung der Vereinfachungsregelungen auf ähnliche Sachverhalte; BMF-Schreiben vom 22. August 2005 – IV B 2 – S 2144 – 41/05 – (BStBl I S. 845)[5]

(BMF-Schreiben vom 11. 7. 2006 – IV B 2 – S 2144 – 53/06 –, BStBl I S. 447)

Mit Schreiben vom 22. August 2005 (BStBl I S. 845) hat das BMF zur ertragsteuerlichen Behandlung von Aufwendungen für VIP-Logen in Sportstätten Stellung genommen. Zur Anwendung der Vereinfachungsregelungen (Rdnrn. 14 ff.[6])) vertrete ich im Einvernehmen mit den obersten Finanzbehörden der Länder folgende Auffassung:

1. Nachweis der betrieblichen Veranlassung

Nach Rdnr. 16[7]) des o. g. BMF-Schreibens ist die Benennung der Empfänger der Zuwendung nicht erforderlich. Der Nachweis der betrieblichen Veranlassung der Aufwendungen kann dadurch erfolgen, dass z. B. die Einladung der Teilnehmer, aus der sich die betriebliche/geschäftli-

---

1) Die Vereinfachungsregelungen zur Übernahme der Besteuerung (Rdnrn. 16 und 18 des BMF-Schreibens vom 22. 8. 2005 und entsprechende Verweise im BMF-Schreiben vom 11. 7. 2006) sind ab dem 1. 1. 2007 nicht mehr anzuwenden; siehe Rdnr. 15 des BMF-Schreibens vom 29. 4. 2008, BStBl I S. 566, abgedruckt zu H 37b (Sachzuwendungen an Arbeitnehmer; unter I.).
2) Siehe auch Rz. 15 des BMF-Schreibens vom 29. 4. 2008 (BStBl I S. 566), abgedruckt zu H 37b (Sachzuwendungen an Arbeitnehmer; unter I.).
3) Die Vereinfachungsregelungen zur Übernahme der Besteuerung (Rdnrn. 16 und 18 des BMF-Schreibens vom 22. 8. 2005 und entsprechende Verweise im BMF-Schreiben vom 11. 7. 2006) sind ab dem 1. 1. 2007 nicht mehr anzuwenden; siehe Rdnr. 15 des BMF-Schreibens vom 29. 4. 2008, BStBl I S. 566, abgedruckt zu H 37b (Sachzuwendungen an Arbeitnehmer; unter I.).
4) Siehe auch Rz. 15 des BMF-Schreibens vom 29. 4. 2008 (BStBl I S. 566), abgedruckt zu H 37b (Sachzuwendungen an Arbeitnehmer; unter I.).
5) Siehe aber § 37b EStG. Siehe auch Rz. 15 des BMF-Schreibens vom 29. 4. 2008 (BStBl I S. 566), abgedruckt zu H 37b (Sachzuwendungen an Arbeitnehmer; unter I.).
6) Siehe auch Rz. 15 des BMF-Schreibens vom 29. 4. 2008 (BStBl I S. 566), abgedruckt zu H 37b (Sachzuwendungen an Arbeitnehmer; unter I.).
7) Die Vereinfachungsregelungen zur Übernahme der Besteuerung (Rdnrn. 16 und 18 des BMF-Schreibens vom 22. 8. 2005 und entsprechende Verweise im BMF-Schreiben vom 11. 7. 2006) sind ab dem 1. Januar 2007 nicht mehr anzuwenden; siehe Rdnr. 15 des BMF-Schreibens vom 29. 4. 2008, BStBl I S. 566, abgedruckt zu H 37b (Sachzuwendungen an Arbeitnehmer; unter I.).

che Veranlassung ergibt, zu den Buchungsunterlagen genommen wird. Im Zweifelsfall sollte zum Nachweis der betrieblichen/geschäftlichen Veranlassung auch eine Liste der Teilnehmer zu den Unterlagen genommen werden.

2. Geltung der gesetzlichen Aufzeichnungspflichten

Für die anteiligen Aufwendungen für die Bewirtung i. S. der Rdnr. 14[1]) müssen die Aufzeichnungen nach § 4 Abs. 5 Satz 1 Nr. 2 Satz 2 EStG nicht geführt werden.

3. Anwendung der pauschalen Aufteilung

Für Fälle, in denen im Gesamtbetrag der Aufwendungen nur die Leistungen Werbung und Eintrittskarten enthalten sind und für die Bewirtung eine Einzelabrechnung vorliegt (z. B. bei Vertrag mit externem Caterer), ist die Vereinfachungsregelung im Hinblick auf die Pauschalaufteilung 40 : 30 : 30 nicht anwendbar. Es ist für den Werbeanteil und den Ticketanteil ein anderer angemessener Aufteilungsmaßstab i. S. einer sachgerechten Schätzung zu finden. Der Bewirtungsanteil steht – soweit er angemessen ist – fest. Dessen Abziehbarkeit richtet sich nach den allgemeinen steuerlichen Regelungen des § 4 Abs. 5 Satz 1 Nr. 2 EStG. Die Versteuerung zugunsten des Geschäftsfreundes – anderer Unternehmer und dessen Arbeitnehmer – (Rdnr. 16[2]) des BMF-Schreibens) oder eine Pauschalbesteuerung für die eigenen Arbeitnehmer (Rdnr. 18[3]) des BMF-Schreibens) auf Ebene des Zuwendenden im Hinblick auf den angemessenen Geschenkanteil kommt jedoch in Betracht.

4. Anwendung der Regelungen bei sog. „Business-Seats"

Für sog. Business-Seats, bei denen im Gesamtbetrag der Aufwendungen nur die Leistungen Eintrittskarten und Rahmenprogramm (steuerlich zu beurteilen als Zuwendung) und Bewirtung enthalten sind, ist, soweit für diese ein Gesamtbetrag vereinbart wurde, dieser sachgerecht aufzuteilen (ggf. pauschale Aufteilung entsprechend Rdnr. 14[4]) mit 50 v. H. für Geschenke und 50 v. H. für Bewirtung). Die Vereinfachungsregelungen der Rdnrn. 16 und 18[5]) können angewandt werden.

Weist der Steuerpflichtige nach, dass im Rahmen der vertraglich vereinbarten Gesamtleistungen auch Werbeleistungen erbracht werden, die die Voraussetzungen des BMF-Schreibens vom 18. Februar 1998 (BStBl I S. 212) erfüllen, kann für die Aufteilung des Gesamtbetrages der Aufteilungsmaßstab der Rdnr. 14[6]) des BMF-Schreibens vom 22. August 2005 (a. a. O) angewendet werden. Der Anteil für Werbung i. H. v. 40 v. H. ist dann als Betriebsausgabe zu berücksichtigen.

5. Andere Veranstaltungen in Sportstätten

Soweit eine andere, z. B. kulturelle Veranstaltung in einer Sportstätte stattfindet, können die getroffenen Regelungen angewendet werden, sofern die Einzelfallprüfung einen gleichartigen Sachverhalt ergibt.

6. Veranstaltungen außerhalb von Sportstätten

Soweit außerhalb einer Sportstätte in einem Gesamtpaket Leistungen angeboten werden, die Eintritt, Bewirtung und Werbung enthalten (z. B. Operngala), ist eine pauschale Aufteilung möglich. Der Aufteilungsmaßstab muss sich an den Umständen des Einzelfalls orientieren. Die Übernahme der Besteuerung für die Zuwendung an Geschäftsfreunde und die eigenen Arbeit-

---

[1]) Siehe auch Rz. 15 des BMF-Schreibens vom 29. 4. 2008 (BStBl I S. 566), abgedruckt zu H 37b (Sachzuwendungen an Arbeitnehmer; unter I.).
[2]) Die Vereinfachungsregelungen zur Übernahme der Besteuerung (Rdnrn. 16 und 18 des BMF-Schreibens vom 22. 8. 2005 und entsprechende Verweise im BMF-Schreiben vom 11. 7. 2006) sind ab dem 1. 1. 2007 nicht mehr anzuwenden; siehe Rdnr. 15 des BMF-Schreibens vom 29. 4. 2008 (BStBl I S. 566, abgedruckt zu H 37b (Sachzuwendungen an Arbeitnehmer; unter I.).
[3]) Die Vereinfachungsregelungen zur Übernahme der Besteuerung (Rdnrn. 16 und 18 des BMF-Schreibens vom 22. 8. 2005 und entsprechende Verweise im BMF-Schreiben vom 11. 7. 2006) sind ab dem 1. 1. 2007 nicht mehr anzuwenden; siehe Rdnr. 15 des BMF-Schreibens vom 29. 4. 2008 (BStBl I S. 566, abgedruckt zu H 37b (Sachzuwendungen an Arbeitnehmer; unter I.).
[4]) Siehe auch Rz. 15 des BMF-Schreibens vom 29. 4. 2008 (BStBl I S. 566), abgedruckt zu H 37b (Sachzuwendungen an Arbeitnehmer; unter I.).
[5]) Die Vereinfachungsregelungen zur Übernahme der Besteuerung (Rdnrn. 16 und 18 des BMF-Schreibens vom 22. 8. 2005 und entsprechende Verweise im BMF-Schreiben vom 11. 7. 2006) sind ab dem 1. 1. 2007 nicht mehr anzuwenden; siehe Rdnr. 15 des BMF-Schreibens vom 29. 4. 2008 (BStBl I S. 566, abgedruckt zu H 37b (Sachzuwendungen an Arbeitnehmer; unter I.).
[6]) Siehe auch Rz. 15 des BMF-Schreibens vom 29. 4. 2008 (BStBl I S. 566), abgedruckt zu H 37b (Sachzuwendungen an Arbeitnehmer; unter I.).

nehmer i. S. der Vereinfachungsregelungen des BMF-Schreibens vom 22. August 2005 (a. a. O.) ist möglich.

7. Abweichende Aufteilung der Gesamtaufwendungen

Die Vereinfachungsregelungen (Übernahme der Besteuerung) gemäß Rdnrn. 16 und 18[1]) sind auch in den Fällen anwendbar, in denen nachgewiesen wird, dass eine von Rdnr. 14[2]) abweichende andere Aufteilung der Gesamtaufwendungen im Einzelfall angemessen ist.

IV. Zweifelsfragen zur Pauschalierung der Einkommensteuer bei Sachzuwendungen nach § 37b EStG

(Kurzinformation für den Lohnsteuer-Außendienst
der OFD Rheinland und der OFD Münster vom 28. 3. 2012 – Nr. 02/2012 –)

§ 37b EStG ermöglicht es dem zuwendenden Steuerpflichtigen, die Einkommensteuer auf Sachzuwendungen aus betrieblicher Veranlassung an Arbeitnehmer und Nichtarbeitnehmer pauschal mit 30 v. H. (zzgl. Annexsteuern) zu erheben. Besteuerungsgegenstand sind Zuwendungen, die zusätzlich zur ohnehin vereinbarten Leistung oder zum ohnehin geschuldeten Arbeitslohn erbracht werden, die nicht in Geld bestehen und die nicht gesellschaftsrechtlich veranlasst sind. Im Rahmen von Lohnsteueraußenprüfungen sind seit Einführung immer wieder Zweifelsfragen im Zusammenhang mit der Auslegung der Rechtsnorm aufgetreten.

Die zu diesem Bereich bisher auf Bund-Länder-Ebene erörterten Sachverhalte, sowie weitere Einzelfälle aus der Praxis werden in der vorliegenden Kurzinformation zusammengefasst. Zur besseren Übersicht orientiert sich der Aufbau dieser Kurzinformation an dem BMF-Schreiben vom 29. 4. 2008[3]) (IV B 2 – S 2297-b/07/0001, DOK 2008/0210802, BStBl I 2008, 566). Die Kurzinformationen für den Lohnsteuer-Außendienst Nr. 01 und 02/2009, 02/2011 sowie die Verfügung vom 4. 11. 2009 (OFD Rheinland, S 2334–1011 – St 213) und vom 5. 8. 2010 (OFD Münster, S 2372 – 24 – St 22 – 31) werden hiermit aufgehoben.

Anwendungsbereich des § 37b EStG

Zuwendender

Zuwendender i. S. des § 37b EStG kann jede natürliche und juristische Person sein. Macht der Zuwendende von der Wahlmöglichkeit des § 37b EStG Gebrauch, so ist er Steuerpflichtiger i. S. des § 33 AO.

Eine Pauschalierung der Einkommensteuer nach § 37b EStG ist auch bei Körperschaften des öffentlichen Rechts und damit auch bei Kommunen möglich. Nach der Intention des Gesetzes sollen jedoch von der Pauschalierungsvorschrift nur die Fälle erfasst werden, in denen Steuerpflichtige aus betrieblicher Veranlassung Sachzuwendungen an Arbeitnehmer sowie an Personen tätigen, die zu ihnen nicht in einem Dienstverhältnis stehen. Deshalb fallen Sachzuwendungen, die eine juristische Person des öffentlichen Rechts an Nichtarbeitnehmer leistet und die durch die „hoheitliche Tätigkeit" veranlasst sind, nicht in den Anwendungsbereich des § 37b Abs. 1 Satz 1 EStG. Befindet sich unter den Jubilaren ein Arbeitnehmer der juristischen Person des öffentlichen Rechts, fällt die Zuwendung dennoch in den hoheitlichen Bereich, wenn die Geschenke unabhängig von der Arbeitnehmereigenschaft allen Bürgerinnen und Bürgern zugewendet werden.

Sachverhalt:

Eine Gemeinde schenkt jedem Jubilar zum 80. Geburtstag einen Präsentkorb im Wert von 50 €; zur Goldenen Hochzeit wird jeweils ein Blumenstrauß überreicht.

Ergebnis:

Entscheidet sich z. B. eine Kommune für die Pauschalierung der Einkommensteuer nach § 37b Abs. 1 EStG, ist deshalb für jede Sachzuwendung nach dem zugrunde liegenden Veranlassungs-, Verursachungs- und Motivationshintergrund zu fragen. So kann es sich einerseits um Zuwendungen an Gemeindemitglieder im hoheitlichen Bereich handeln, die nicht der Pauschalierung nach § 37b Abs. 1 EStG unterliegen. Andererseits können Zuwendungen an Personen vorliegen, mit denen die Gemeinde in Geschäftsbeziehungen steht (Auftragnehmer der Gemeinde); in diesen Fällen ist die Regelung des § 37b Abs. 1 EStG anzuwenden.

---

[1]) *Die Vereinfachungsregelungen zur Übernahme der Besteuerung (Rdnrn. 16 und 18 des BMF-Schreibens vom 22. 8. 2005 und entsprechende Verweise im BMF-Schreiben vom 11. 7. 2006) sind ab dem 1. 1. 2007 nicht mehr anzuwenden; siehe Rdnr. 15 des BMF-Schreibens vom 29. 4. 2008, BStBl I S. 566, abgedruckt zu H 37b (Sachzuwendungen an Arbeitnehmer; unter I.).*

[2]) Siehe auch Rz. 15 des BMF-Schreibens vom 29. 4. 2008 (BStBl I S. 566), abgedruckt zu H 37b (Sachzuwendungen an Arbeitnehmer; unter I.).

[3]) Abgedruckt zu H 37b (Sachzuwendungen an Arbeitnehmer; unter I.).

§ 37b EStG
H 37b

Zu beachten ist, dass ein Betrieb gewerblicher Art als Bestandteil der juristischen Person des öffentlichen Rechts ein eigenständiger Steuerpflichtiger ist. Die Ausübung des Wahlrechts zur Anwendung des § 37b EStG durch einen Betrieb gewerblicher Art bindet nicht auch den hoheitlichen Bereich und den Bereich der Vermögensverwaltung einer Kommune. Die Anwendung des § 37b EStG durch die Kommune selbst wird dadurch nicht ausgeschlossen.

Zeitpunkt der Wahlrechtsausübung

Bindungswirkung bei abweichendem Wirtschaftsjahr

Die Entscheidung zur Anwendung der Pauschalierung kann für den Anwendungsbereich des § 37b Abs. 1 EStG auch im laufenden Wirtschaftsjahr, spätestens in der letzten Lohnsteuer-Anmeldung des Wirtschaftsjahres der Zuwendung getroffen werden. Für den Anwendungsbereich des § 37b Abs. 2 EStG ist die Entscheidung zur Anwendung der Pauschalierung spätestens bis zu dem für die Übermittlung der elektronischen Lohnsteuerbescheinigung geltenden Termin (§ 41b Abs. 1 Satz 2 EStG, 28. Februar des Folgejahres) zu treffen.

Sachverhalt:

Ein abweichendes Wirtschaftsjahr besteht zum Beispiel vom 1. August 2008 bis zum 31. Juli 2009.

Ergebnis:

Für die Sachzuwendungen an eigene Arbeitnehmer kann das Wahlrecht (Rdnr. 4 des BMF-Schrb. v. 29. 4. 2008[1]), IV B 2 – S 2297 – b/07/0001, DOK 2008/0210802, a. a. O.) zur Anwendung der Pauschalierung spätestens bis zu dem für die Übermittlung der elektronischen Lohnsteuerbescheinigung maßgeblichen Termin (28. Februar des Folgejahres) ausgeübt werden. Dies ist in dem Beispiel der 28. 2. 2009 für die Sachzuwendungen des Kalenderjahres 2008. Für den Personenkreis der eigenen Arbeitnehmer gilt bei einem abweichenden Wirtschaftsjahr die kalenderjährliche Betrachtungsweise. Das Wahlrecht wird also ausschließlich für die im Kalenderjahr 2008 ausgegebenen Sachzuwendungen ausgeübt und erstreckt sich nicht auch noch auf das Kalenderjahr 2009. Für das Kalenderjahr 2009 kann das Wahlrecht erneut ausgeübt werden. Für den Personenkreis der Geschäftsfreunde gilt die wirtschaftsjährliche Betrachtungsweise, das heißt das ausgeübte Wahlrecht erstreckt sich auch über das Kalenderjahr hinaus.

Pauschalierungswahlrecht nach Ablauf des maßgebenden Wahlrechtszeitpunkts

Nach § 37b Abs. 4 Satz 1 EStG gilt die pauschale Einkommensteuer als Lohnsteuer und ist von dem die Sachzuwendungen gewährenden Steuerpflichtigen in der Lohnsteueranmeldung anzumelden. Eine Ausschlussfrist, bis zu welchem Zeitpunkt die pauschale Einkommensteuer spätestens anzumelden ist, ist in § 37b EStG nicht genannt.

Für den Anwendungsbereich des § 37b Abs. 1 EStG (Dritte) ergibt sich auch aus dem BMF-Schreiben vom 29. 4. 2008[2]) (Rdnr. 7, IV B 2 – S 2297 – b/07/0001, DOK 2008/0210802, a. a. O.) keine solche Frist nicht. Dort ist lediglich ausgesagt, die Entscheidung zur Anwendung der Pauschalierung ist spätestens in der letzten Lohnsteuer-Anmeldung des Wirtschaftsjahres der Zuwendung zu treffen. In der letzten Lohnsteuer-Anmeldung wird die Entscheidung auch dann getroffen, wenn für den letzten Lohnsteuer-Anmeldungszeitraum eine geänderte Lohnsteuer-Anmeldung abgegeben wird, solange das verfahrensrechtlich (§ 168 Satz 1, § 164 Abs. 2 AO) noch möglich ist.

Für den Anwendungsbereich des § 37b Abs. 2 EStG (eigene Arbeitnehmer) ist die Entscheidung zur Anwendung der Pauschalierung spätestens bis zu dem für die Übermittlung der elektronischen Lohnsteuerbescheinigung geltenden Termin (§ 41b Abs. 1 Satz 2 EStG, 28. Februar des Folgejahres) zu treffen.

In den Fällen, in denen bisher noch keinerlei Sachzuwendungen an eigene Arbeitnehmer pauschal besteuert wurden und entsprechende Sachverhalte im Rahmen einer Lohnsteuer-Außenprüfung entdeckt werden, kann das Wahlrecht (erstmalig) noch ausgeübt werden und die Sachzuwendungen können nach § 37b Abs. 2 EStG pauschal besteuert werden.

Wenn andere Zuwendungen bereits nach § 37b Abs. 2 EStG pauschaliert wurden, muss bei neu aufgedeckten Sachverhalten die Pauschalierung nach § 37b EStG angewendet werden. Der Arbeitgeber hat insoweit das Wahlrecht bereits ausgeübt.

In den Fällen, in denen Sachzuwendungen bisher individuell besteuert wurden, also die Pauschalierung nach § 37b Abs. 2 EStG zum maßgeblichen Wahlrechtszeitpunkt nicht gewählt wurde, können neu aufgedeckte Sachverhalte ebenfalls nicht mehr nach § 37b Abs. 2 EStG pauschal besteuert werden.

---

[1]) Abgedruckt zu H 37b (Sachzuwendungen an Arbeitnehmer; unter I.).
[2]) Abgedruckt zu H 37b (Sachzuwendungen an Arbeitnehmer; unter I.).

Bemessungsgrundlage

1. Begriffsbestimmung

In den Anwendungsbereich nach § 37b EStG fallen u. a. Sachzuwendungen, die zusätzlich zur ohnehin vereinbarten Leistung erbracht werden. Die Anwendbarkeit des § 37b (1) Nr. 1 EStG erfordert, dass zwischen dem Zuwendenden und dem Leistungsempfänger eine Leistung oder Gegenleistung (Grundgeschäft) vereinbart ist, die Zuwendung in einem hinreichend konkreten Zusammenhang mit diesem Grundgeschäft steht und die Zuwendung zusätzlich (also freiwillig) zur geschuldeten Leistung oder Gegenleistung hinzukommt. Die durch den BFH aufgestellten Rechtsgrundsätze (BFH v. 11. 11. 2010, VI R 21/09, BStBl II 2011, 383; VI R 27/09, BStBl II 2011, 386; und VI R 41/10, BStBl II 2011, 389) zur Abgrenzung zwischen Barlohn und Sachlohn sind auch bei Zuwendungen an eigene Arbeitnehmer und Dritte im Zusammenhang mit der Pauschalierung der Einkommensteuer bei Sachzuwendungen nach § 37b EStG anzuwenden. Auf die zur Abgrenzung zwischen Bar- und Sachlohn bei Gutscheinen und Einkaufsberechtigungen ergangene gemeinsame Verfügung der OFD Rheinland und Münster vom 17. 5. 2011 (OFD Rheinland, S 2334 – 1026 – St 212; OFD Münster, S 2334 – 10 – St 22 – 31) wird verwiesen.

2. Einzelfälle

Sachverhalt 1:

Ein Versorgungsunternehmen hat seinen Kunden Sachzuwendungen und Gutscheine im Rahmen von Tombolas, Preisausschreiben und Gewinnspielen zugewendet. Der Kunde erwirbt mit Abschluss des Vertrags über die Versorgungsleistung jedoch keinen Anspruch auf die Gewährung von Sachzuwendungen.

Ergebnis:

Diese Leistungen werden zusätzlich im Rahmen eines bestehenden Vertragsverhältnisses erbracht. Die Voraussetzungen des § 37b Abs. 1 Nr. 1 EStG liegen vor.

Sachverhalt 2:

Ein Unternehmen führt eine Aktion unter dem Motto „Einkaufen – Punkte sammeln – Prämie aussuchen" durch. Hierbei wird jedem Kunden, der sich für die Teilnahme an der Aktion entschieden hat, pro 10 € Einkauf ein Punkt gutgeschrieben. Je nach Höhe der erlangten Punkte erhält der Kunde eine Prämie. Er erhält z. B. bei 25 Punkten wahlweise einen Waschstraßengutschein oder eine Isolierkanne, bei 50 Punkten einen USB-Stick oder eine elektrische Zahnbürste.

Ergebnis:

Sobald der Kunde sich für die Teilnahme an einem Bonusprogramm entscheidet, wird damit die Ausgabe der Punkte zum Bestandteil der Leistung des leistenden Unternehmers. Die Hingabe der Prämie stellt nur noch die Folge dar. Eine zusätzliche Leistung ist weder in der Gutschrift der Punkte, noch in der Hingabe der Prämie zu sehen. § 37b EStG findet in diesen Fällen somit keine Anwendung.

Sachverhalt 3:

Ein Unternehmen (A) gewährt seinen Arbeitnehmern und Unternehmen im Konzernverbund (Dritte) im Rahmen von Wettbewerben für bestimmte Leistungen Punkte, die diese gegen Prämien eintauschen können. Das Unternehmen wendet § 37b EStG an. Nun wollen die Dritten, deren eigene Arbeitnehmer bereits an dem Punktesystem teilnehmen, eigene Wettbewerbe starten und durch zusätzliche Punkte, die im Rahmen des Programms nutzbar sind, vergüten. Die Kosten werden durch einen Zuschuss durch die Dritten getragen. Das Unternehmen (A) will § 37b EStG für alle Zuwendungen anwenden.

Ergebnis:

Zuwendungen aufgrund eines Verkaufs- oder Mitarbeiterwettbewerbs fallen in der Regel in den Anwendungsbereich des § 37b EStG. In dem Sachverhalt liegt im Anwendungsfall des § 37b Abs. 1 Satz 1 Nr. 1 EStG vor. Die Pauschalierung ist insgesamt von dem zuwendenden Unternehmen A durchzuführen (Rdnr. 11 des BMF-Schrb. v. 29. 4. 2008[1]), IV B 2 – S 2297 – b/07/0001, DOK 2008/0210802, a. a. O.). Die Zuzahlungen der Dritten mindern die BMG nicht (Rdnr. 9 des v.g. BMF-Schreibens).

Sachverhalt 4:

Ein Unternehmen schließt mit einem Großkunden einen Vertrag, nach dem dessen Arbeitnehmern bei Kauf eines Wirtschaftsgutes vom Unternehmen ein besonderer Rabatt gewährt wird.

Ergebnis:

Bei der Einräumung dieses Vorteils handelt es sich weder um ein Geschenk i. S. von § 4 Abs. 5 Satz 1 Nr. 1 EStG i. V. m. R 4.10 Abs. 4 Satz 4 EStR (rechtliche Verpflichtung) noch um eine zusätzlich erbrachte Leistung in Bezug auf das Vertragsverhältnis Unternehmer/Arbeitnehmer

---

[1] Abgedruckt zu H 37b (Sachzuwendungen an Arbeitnehmer; unter I.).

des Großkunden. Es liegt kein Anwendungsfall des § 37b EStG vor. Im vorliegenden Sachverhalt liegt vielmehr eine Arbeitslohnzahlung von dritter Seite vor (§ 38 Abs. 1 Satz 3 EStG).

3. Streuwerbeartikel

Nicht besteuert werden nach der Gesetzesbegründung (BT-Drs. 16/2712, S. 55) – unabhängig von der Höhe der Zuwendung – auch weiterhin Streuwerbeartikel und geringwertige Warenproben, die nicht den Geschenkbegriff des § 4 Abs. 5 Satz 1 Nr. 1 Satz 1 EStG erfüllen. Streuwerbeartikel sind Werbemittel die durch ihre breite Streuung eine Vielzahl von Menschen erreichen und damit den Bekanntheitsgrad des Unternehmens steigern.

Sachzuwendungen, deren Anschaffungs- oder Herstellungskosten 10 € nicht übersteigen, sind bei der Anwendung des § 37b EStG als Streuwerbeartikel anzusehen und fallen daher nicht in den Anwendungsbereich der Vorschrift. Bei der Prüfung der 10-Euro-Grenze ist auf den Wert des einzelnen Werbeartikels abzustellen, auch wenn ein Zuwendungsempfänger mehrere Artikel erhält. Besteht der einzelne Werbeartikel aus einer Sachgesamtheit (Beispiel: ein Etui mit zwei Kugelschreibern im Wert von jeweils 6 €), ist für die Prüfung der 10-Euro-Grenze naturgemäß auf den Wert der Sachgesamtheit abzustellen. Die Umsatzsteuer ist für die Prüfung der 10-Euro-Grenze den Anschaffungs- bzw. Herstellungskosten dann hinzuzurechnen, wenn der Abzug als Vorsteuer ohne Berücksichtigung des § 15 Abs. 1a UStG ausgeschlossen ist (§ 9b Abs. 1 EStG im Umkehrschluss, R 9b Abs. 2 Satz 3 EStR, H 9b „Freigrenze für Geschenke nach § 4 Abs. 5 Satz 1 Nr. 1 EStH).

4. Umfang der pauschal zu besteuernden Sachzuwendungen an Empfänger

In die Bemessungsgrundlage sind alle Zuwendungen einzubeziehen; es kommt nicht darauf an, dass sie beim Empfänger im Rahmen einer Einkunftsart zufließen. Danach sind sowohl die Zuwendungen in die Bemessungsgrundlage nach § 37b EStG einzubeziehen, die an Arbeitnehmer und Dritte geleistet werden, die im Inland weder beschränkt noch unbeschränkt einkommensteuerpflichtig sind, als auch sämtliche Geschenke i. S. des § 4 Abs. 5 Satz 1 Nr. 1 Satz 1 EStG, unabhängig davon, ob der Zuwendende die Geschenkaufwendung als Betriebsausgabe abziehen darf.

Hinweis auf anhängige Verfahren:
Urteil FG Düsseldorf vom 6. 10. 2011, 8 K 4098/10 L:
Das FG Düsseldorf hat entschieden, dass die Sachzuwendungen an nicht der Besteuerung im Inland unterliegenden Empfänger von der Pauschalsteuer nicht zu erfassen sind. Nach Auffassung des FG ist die Berechnung der Lohnsteuer durch das FA unter Einbeziehung der Zuwendungen an die ausländischen Empfänger rechtswidrig und verletzt die Klägerin in ihren Rechten. Die Pauschalierung der Lohnsteuer nach § 37b EStG bezwecke lediglich eine Vereinfachung der Besteuerung. Einer derartigen Vereinfachung bedürfe es aber nicht, wenn die Zuwendungen nicht zu den im Inland zu besteuernden Einkünften gehörten.
Gegen diese Entscheidung wurde Revision eingelegt (Az. des BFH: VI R 57/11).

Urteil FG Hamburg vom 20. 9. 2011, 2 K 41/11:
§ 37b EStG findet auch auf Sachzuwendungen und Geschenke an Nichtarbeitnehmer im Wert zwischen 10 € und 35 € Anwendung. § 37b Abs. 1 Nr. 2 EStG verweist auf Geschenke i. S. des § 4 Abs. 5 Satz 1 Nr. 1 EStG und differenziert nicht danach, ob dem Zuwendenden der Betriebsausgabenabzug zusteht. Es ist daher nicht relevant für die Pauschalisierung gemäß § 37b EStG, ob ein Betriebsausgabenabzug beim Zuwendenden zulässig ist, denn auch soweit ein Betriebsausgabenabzug nicht erfolgen kann, liegt ein Geschenk i. S. des § 37b EStG wie auch im zivilrechtlichen Verständnis vor.
Gegen diese Entscheidung wurde Revision eingelegt (Az. des BFH: VI R 52/11).

5. Bewertung der Zuwendungen

Nach § 37b Abs. 1 Satz 2 EStG sind Bemessungsgrundlage der pauschalen Einkommensteuer die Aufwendungen des Steuerpflichtigen einschließlich Umsatzsteuer. Besteht die Zuwendung aber in der Hingabe eines Wirtschaftsgutes des Betriebsvermögens oder in einer unentgeltlichen Nutzungsüberlassung und sind dem Zuwendenden keine oder nur unverhältnismäßig geringe Aufwendungen entstanden, ist als Bemessungsgrundlage für eine Besteuerung nach § 37b EStG der gemeine Wert anzusetzen.

Sachverhalt:
Die Zuwendung einer Eintrittskarte beinhaltet die kostenlose Hingabe eines Rechts, an einer bestimmten Veranstaltung teilzunehmen. Soweit dieses Recht selbst geschaffen wurde und zur Veräußerung bestimmt ist, handelt es sich um ein immaterielles Wirtschaftsgut des Umlaufvermögens. Damit fällt die Zuwendung von Eintrittskarten grundsätzlich unter die erste Fallgruppe der Rdnr. 16 des BMF-Schreibens vom 29. 4. 2008[1]) (IV B 2 – S 2297 – b/07/0001, DOK 2008/0210802, a. a. O.) der Hingabe eines Wirtschaftsgutes des Betriebsvermögens.

---
[1]) Abgedruckt zu H 37b (Sachzuwendungen an Arbeitnehmer; unter I.).

Ergebnis:

Die Aufwendungen für diese Eintrittskarten entsprechen in diesen Fällen den anteiligen Herstellungskosten. Dazu zählen alle Aufwendungen, die mit der Organisation und Ausrichtung der Veranstaltung in Zusammenhang stehen und keinem anderen besonderen Zweck oder Wirtschaftsgut zugeordnet werden können (Rdnr. 14 des BMF-Schrb. v. 29. 4. 2008[1]), IV B 2 – S 2297 – b/07/0001, DOK 2008/0210802, a. a. O.). Da diese Aufwendungen im Regelfall nicht unverhältnismäßig gering i. S. der Rdnr. 16 des BMF-Schreibens vom 29. 4. 2008 (a. a. O.) sind, ist im jeweiligen Einzelsachverhalt zu prüfen, ob als Bemessungsgrundlage für die Anwendung des § 37b EStG die Aufwendungen anzusetzen sind, die der einzelnen Karte (ggf. im Schätzungswege) zugeordnet werden können, oder aber der gemeine Wert anzusetzen ist.

Wirkung auf bestehende Regelungen:

Aufmerksamkeiten:

Sachbezüge, die im ganz überwiegenden eigenbetrieblichen Interesse des Arbeitgebers gewährt werden, sowie steuerfreie Sachbezüge, werden von § 37b Abs. 2 EStG nicht erfasst. Entsprechend werden Zuwendungen des Steuerpflichtigen an seine Arbeitnehmer, die als bloße Aufmerksamkeiten (R 19.6 LStR 2011) anzusehen sind und deren Wert 40 € nicht übersteigen, nicht in die Pauschalierung nach § 37b EStG einbezogen. Gleiches gilt auch für Zuwendungen des Steuerpflichtigen i. S. von R 19.6 LStR 2011 an Dritte.

Kontrollmitteilungen:

Die Pauschalsteuer nach § 37b EStG gilt per gesetzlicher Fiktion als Lohnsteuer (§ 37b Abs. 4 Satz 1 EStG). § 37b EStG gehört grundsätzlich zum sachlichen Prüfungsumfang einer Lohnsteuer-Außenprüfung. Hat der Arbeitgeber das Wahlrecht nach § 37b EStG ausgeübt, liegt in diesen Fällen auch das förmliche Prüfungsrecht bei der Lohnsteuer-Außenprüfung. Zur Erstellung von Kontrollmitteilungen in diesem Zusammenhang wird auf Anhang 6 Tz. 6.4.5 der Anleitung für den Lohnsteuer-Außendienst verwiesen.

Zur Pauschalierung der Kirchensteuer

→ Gleich lautende Ländererlasse vom 28. 12. 2006 (BStBl 2007 I S. 76)

I. Kirchensteuer bei Pauschalierung der Einkommensteuer nach § 37b EStG

(Gleichlautender Erlass der obersten Finanzbehörden der Länder vom 28. 12. 2006, BStBl I 2007 S. 76)

Steuerpflichtige, die Sachzuwendungen nach Maßgabe des § 37b EStG gewähren, können die darauf entfallende Einkommensteuer mit einem Pauschsteuersatz von 30 % abgeltend erheben.

Die pauschale Einkommensteuer gilt als Lohnsteuer und ist von dem die Sachzuwendung gewährenden Steuerpflichtigen in der Lohnsteuer-Anmeldung anzugeben und an das Betriebsstättenfinanzamt abzuführen. In gleicher Weise ist auch hinsichtlich der zu entrichtenden Kirchensteuer zu verfahren. Bei der Erhebung der Kirchensteuer kann der Steuerpflichtige zwischen einem vereinfachten Verfahren und einem Nachweisverfahren wählen. Diese Wahl kann für jeden Lohnsteuer-Anmeldungszeitraum unterschiedlich getroffen werden. Im Einzelnen gilt Folgendes:

1. Entscheidet sich der Steuerpflichtige für die Vereinfachungsregelung, hat er für sämtliche Empfänger von Zuwendungen Kirchensteuer zu entrichten. Dabei ist ein ermäßigter Steuersatz anzuwenden, der in pauschaler Weise dem Umstand Rechnung trägt, dass nicht alle Empfänger Angehörige einer steuererhebenden Religionsgemeinschaft sind.

    Die im vereinfachten Verfahren ermittelten Kirchensteuern sind in der Lohnsteuer-Anmeldung bei Kennzahl 47 gesondert anzugeben. Die Aufteilung auf die steuererhebenden Religionsgemeinschaften wird von der Finanzverwaltung übernommen.

2. a) Macht der Steuerpflichtige Gebrauch von der ihm zustehenden Nachweismöglichkeit, dass einzelne Empfänger keiner steuererhebenden Religionsgemeinschaft angehören, kann er hinsichtlich dieser Empfänger von der Entrichtung der auf die pauschale Einkommensteuer entfallenden Kirchensteuer absehen; für die übrigen Empfänger ist der allgemeine Kirchensteuersatz anzuwenden.

    b) Als Nachweis über das Religionsbekenntnis bzw. die Nichtzugehörigkeit zu einer steuererhebenden Religionsgemeinschaft genügt eine Erklärung nach beigefügtem Muster. Die Erklärung des Empfängers muss vom Steuerpflichtigen aufbewahrt werden. Bei Ar-

---

[1]) Abgedruckt zu H 37b (Sachzuwendungen an Arbeitnehmer; unter I.).

§ 37b EStG
H 37b

      beitnehmern des Steuerpflichtigen ist die Religionszugehörigkeit anhand des in den Lohnkonten aufzuzeichnenden Religionsbekenntnisses zu ermitteln.

  c) Kann der Steuerpflichtige bei einzelnen Empfängern die Religionszugehörigkeit nicht ermitteln, kann er aus Vereinfachungsgründen die gesamte pauschale Einkommensteuer im Verhältnis der kirchensteuerpflichtigen zu den nicht kirchensteuerpflichtigen Empfängern aufteilen; der auf die kirchensteuerpflichtigen Empfänger entfallende Anteil ist Bemessungsgrundlage für die Anwendung des allgemeinen Kirchensteuersatzes. Die so ermittelte Kirchensteuer ist im Verhältnis der Konfessions- bzw. Religionszugehörigkeit der kirchensteuerpflichtigen Empfänger aufzuteilen.

      Die im Nachweisverfahren ermittelten Kirchensteuern sind in der Lohnsteuer-Anmeldung unter der jeweiligen Kirchensteuer-Kennzahl (z. B. 61, 62) anzugeben.

3. Die Höhe der Kirchensteuersätze ergibt sich sowohl bei Anwendung der Vereinfachungsregelung (Nr. 1) als auch im Nachweisverfahren (Nr. 2) aus den Kirchensteuerbeschlüssen der steuererhebenden Religionsgemeinschaften. Die in den jeweiligen Ländern geltenden Regelungen werden für jedes Kalenderjahr im Bundessteuerblatt Teil I veröffentlicht.

4. Dieser Erlass ist erstmals für Sachzuwendungen anzuwenden, die nach dem 31. Dezember 2006 gewährt werden.

[Anm.: Vom Abdruck der Aktenzeichen der obersten Finanzbehörden der Länder wird an dieser Stelle abgesehen.]

§ 37b EStG
H 37b

Anlage

Muster

Erklärung gegenüber dem Betriebsstättenfinanzamt zur Religionszugehörigkeit für die Erhebung der pauschalen Einkommensteuer nach § 37b Abs. 4 EStG

Finanzamt ....

Steuerpflichtiger:
Name der Firma ....

Anschrift: ....

Empfänger der Zuwendung
Name, Vorname ....

Anschrift: ....

Ich, der vorbezeichnete Empfänger einer Zuwendung, erkläre, dass ich

☐ keiner Religionsgemeinschaft angehöre, die Kirchensteuer erhebt.

☐ der .... angehöre.
(z.B. der Evangelischen oder Katholischen Kirche, Jüdischen Gemeinde etc.)

Ich versichere, die Angaben in dieser Erklärung wahrheitsgemäß nach bestem Wissen und Gewissen gemacht zu haben. Mir ist bekannt, dass die Erklärung als Grundlage für das Besteuerungsverfahren dient.

....
Ort, Datum Unterschrift des Zuwendungsempfängers

Diese Erklärung ist vom Zuwendenden aufzubewahren.

II. Kirchensteuer bei Pauschalierung der Einkommensteuer nach § 37b Abs. 2 EStG

(Erlass des rheinland-pfälzischen Ministeriums der Finanzen vom 29. 12. 2006 – S 2447 A – 06-001-02 – 441 –, BStBl I 2007 S. 79)

In den Fällen der Pauschalierung der Einkommensteuer nach § 37b Abs. 2 EStG ist für die Erhebung der Kirchensteuer in Rheinland-Pfalz mein Erlass vom 17. November 2006 – S 2447 – 99-001-07 – 441 – (BStBl 2006 I S. 716)[1]) zur Erhebung der Kirchensteuer bei Pauschalierung der Lohnsteuer nach Maßgabe der §§ 40, 40a Abs. 1, 2a und 3 und 40b EStG entsprechend anzuwenden.

2. Steuerabzug vom Arbeitslohn (Lohnsteuer)

§ 38 Erhebung der Lohnsteuer

(1) ¹Bei Einkünften aus nichtselbständiger Arbeit wird die Einkommensteuer durch Abzug vom Arbeitslohn erhoben (Lohnsteuer), soweit der Arbeitslohn von einem Arbeitgeber gezahlt wird, der

1. im Inland einen Wohnsitz, seinen gewöhnlichen Aufenthalt, seine Geschäftsleitung, seinen Sitz, eine Betriebsstätte oder einen ständigen Vertreter im Sinne der §§ 8 bis 13 der Abgabenordnung hat (inländischer Arbeitgeber) oder
2. einem Dritten (Entleiher) Arbeitnehmer gewerbsmäßig zur Arbeitsleistung im Inland überlässt, ohne inländischer Arbeitgeber zu sein (ausländischer Verleiher).

²Inländischer Arbeitgeber im Sinne des Satzes 1 ist in den Fällen der Arbeitnehmerentsendung auch das in Deutschland ansässige aufnehmende Unternehmen, das den Arbeitslohn für die ihm geleistete Arbeit wirtschaftlich trägt; Voraussetzung hierfür ist nicht, dass das Unternehmen dem Arbeitnehmer den Arbeitslohn im eigenen Namen und für eigene Rechnung auszahlt. ³Der Lohnsteuer unterliegt auch der im Rahmen des Dienstverhältnisses von einem Dritten gewährte Arbeitslohn, wenn der Arbeitgeber weiß oder erkennen kann, dass derartige Vergütungen erbracht werden; dies ist insbesondere anzunehmen, wenn Arbeitgeber und Dritter verbundene Unternehmen im Sinne von § 15 des Aktiengesetzes sind.

(2) ¹Der Arbeitnehmer ist Schuldner der Lohnsteuer. ²Die Lohnsteuer entsteht in dem Zeitpunkt, in dem der Arbeitslohn dem Arbeitnehmer zufließt.

(3) ¹Der Arbeitgeber hat die Lohnsteuer für Rechnung des Arbeitnehmers bei jeder Lohnzahlung vom Arbeitslohn einzubehalten. ²Bei juristischen Personen des öffentlichen Rechts hat die öffentliche Kasse, die den Arbeitslohn zahlt, die Pflichten des Arbeitgebers. ³In den Fällen der nach § 7f Absatz 1 Satz 1 Nummer 2 des Vierten Buches Sozialgesetzbuch an die Deutsche Rentenversicherung Bund übertragenen Wertguthaben hat die Deutsche Rentenversicherung Bund bei Inanspruchnahme des Wertguthabens die Pflichten des Arbeitgebers.

(3a) ¹Soweit sich aus einem Dienstverhältnis oder einem früheren Dienstverhältnis tarifvertragliche Ansprüche des Arbeitnehmers auf Arbeitslohn unmittelbar gegen einen Dritten mit Wohnsitz, Geschäftsleitung oder Sitz im Inland richten und von diesem durch die Zahlung von Geld erfüllt werden, hat der Dritte die Pflichten des Arbeitgebers. ²In anderen Fällen kann das Finanzamt zulassen, dass ein Dritter mit Wohnsitz, Geschäftsleitung oder Sitz im Inland die Pflichten des Arbeitgebers im eigenen Namen erfüllt. ³Voraussetzung ist, dass der Dritte

1. sich hierzu gegenüber dem Arbeitgeber verpflichtet hat,
2. den Lohn auszahlt oder er nur Arbeitgeberpflichten für von ihm vermittelte Arbeitnehmer übernimmt und
3. die Steuererhebung nicht beeinträchtigt wird.

⁴Die Zustimmung erteilt das Betriebsstättenfinanzamt des Dritten auf dessen Antrag im Einvernehmen mit dem Betriebsstättenfinanzamt des Arbeitgebers; sie darf mit Nebenbestimmungen versehen werden, die die ordnungsgemäße Steuererhebung sicherstellen und die Überprüfung des Lohnsteuerabzugs nach § 42f erleichtern sollen. ⁵Die Zustimmung kann mit Wirkung für die Zukunft widerrufen werden. ⁶In den Fällen der Sätze 1 und 2 sind die das Lohnsteuerverfahren betreffenden Vorschriften mit der Maßgabe anzuwenden, dass an die Stelle des Arbeitgebers der Dritte tritt; der Arbeitgeber ist von seinen Pflichten befreit, soweit der Dritte diese Pflichten erfüllt hat. ⁷Erfüllt der Dritte die Pflichten des Arbeitgebers, kann er den Arbeitslohn, der einem

---

[1]) Nunmehr Erlass vom 23. 10. 2012 – S 2447 A – 99-001-441 – (BStBl I S. 1083), abgedruckt in H 40.2 (Kirchensteuer bei Pauschalierung der Lohnsteuer).

Arbeitnehmer in dem selben Lohnabrechnungszeitraum aus mehreren Dienstverhältnissen zufließt, für die Lohnsteuerermittlung und in der Lohnsteuerbescheinigung zusammenrechnen.

(4) ¹Wenn der vom Arbeitgeber geschuldete Barlohn zur Deckung der Lohnsteuer nicht ausreicht, hat der Arbeitnehmer dem Arbeitgeber den Fehlbetrag zur Verfügung zu stellen oder der Arbeitgeber einen entsprechenden Teil der anderen Bezüge des Arbeitnehmers zurückzubehalten. ²Soweit der Arbeitnehmer seiner Verpflichtung nicht nachkommt und der Arbeitgeber den Fehlbetrag nicht durch Zurückbehaltung von anderen Bezügen des Arbeitnehmers aufbringen kann, hat der Arbeitgeber dies dem Betriebsstättenfinanzamt (§ 41a Absatz 1 Satz 1 Nummer 1) anzuzeigen. ³Der Arbeitnehmer hat dem Arbeitgeber die von einem Dritten gewährten Bezüge (Absatz 1 Satz 3) am Ende des jeweiligen Lohnzahlungszeitraums anzugeben; wenn der Arbeitnehmer keine Angabe oder eine erkennbar unrichtige Angabe macht, hat der Arbeitgeber dies dem Betriebsstättenfinanzamt anzuzeigen. ⁴Das Finanzamt hat die zu wenig erhobene Lohnsteuer vom Arbeitnehmer nachzufordern.

R 38.1 Steuerabzug vom Arbeitslohn

S 2360

¹Der Lohnsteuer unterliegt grundsätzlich jeder von einem inländischen Arbeitgeber oder ausländischen Verleiher gezahlte Arbeitslohn (→ R 38.3). ²Es ist gleichgültig, ob es sich um laufende oder einmalige Bezüge handelt und in welcher Form sie gewährt werden. ³Der Arbeitgeber hat Lohnsteuer unabhängig davon einzubehalten, ob der Arbeitnehmer zur Einkommensteuer veranlagt wird oder nicht. ⁴Bei laufendem Arbeitslohn kommt es für die Beurteilung, ob Lohnsteuer einzubehalten ist, allein auf die Verhältnisse des jeweiligen Lohnzahlungszeitraums an; eine Ausnahme gilt, wenn der so genannte permanente Lohnsteuer-Jahresausgleich nach § 39b Abs. 2 Satz 12 EStG durchgeführt wird (→ R 39b.8).

H 38.1 Hinweise

Lohnsteuerabzug

– **Keine Befreiung durch Stundung oder Aussetzung der Vollziehung**

Der Arbeitgeber kann von seiner Verpflichtung zur Einbehaltung der Lohnsteuer nicht – auch nicht durch Stundung oder Aussetzung der Vollziehung – befreit werden (→ BFH vom 8. 2. 1957 – BStBl III S. 329).

– **Keine Prüfung, ob Jahreslohnsteuer voraussichtlich anfällt**

Der Arbeitgeber hat die Frage, ob Jahreslohnsteuer voraussichtlich anfällt, nicht zu prüfen (→ BFH vom 24. 11. 1961 – BStBl 1962 III S. 37).

– **Unzutreffender Steuerabzug**

Ein unzutreffender Lohnsteuerabzug kann durch Einwendungen gegen die Lohnsteuerbescheinigung nicht berichtigt werden (→ BFH vom 13. 12. 2007 – BStBl 2008 II S. 434).

– **Verhältnis Einbehaltungspflicht/Anzeigeverpflichtung**

Die Anzeige des Arbeitgebers nach § 38 Abs. 4 Satz 2 EStG ersetzt die Erfüllung der Einbehaltungspflichten. Bei unterlassener Anzeige hat der Arbeitgeber die Lohnsteuer mit den Haftungsfolgen nicht ordnungsgemäß einbehalten (→ BFH vom 9. 10. 2002 – BStBl II S. 884).

R 38.2 Zufluss von Arbeitslohn

S 2360

(1) ¹Der Lohnsteuerabzug setzt den Zufluss von Arbeitslohn voraus. ²Hat der Arbeitgeber eine mit dem Arbeitnehmer getroffene Lohnverwendungsabrede erfüllt, ist Arbeitslohn zugeflossen.

(2) Die besondere Regelung für die zeitliche Zuordnung des – zugeflossenen – Arbeitslohns (§ 11 Abs. 1 Satz 4 i. V. m. § 38a Abs. 1 Satz 2 und 3 EStG) bleibt unberührt.

(3) ¹Der Zufluss des Arbeitslohns erfolgt bei einem Gutschein, der bei einem Dritten einzulösen ist, mit Hingabe des Gutscheins, weil der Arbeitnehmer zu diesem Zeitpunkt einen Rechtsanspruch gegenüber dem Dritten erhält. ²Ist der Gutschein beim Arbeitgeber einzulösen, fließt Arbeitslohn erst bei Einlösung des Gutscheins zu.

Hinweise

H 38.2

Aktienoptionen

- Bei nicht handelbaren Aktienoptionsrechten liegt weder bei Einräumung noch im Zeitpunkt der erstmaligen Ausübbarkeit ein Zufluss von Arbeitslohn vor (→ BFH vom 20. 6. 2001 – BStBl II S. 689).
- Auch bei handelbaren Optionsrechten fließt ein geldwerter Vorteil grundsätzlich erst zu, wenn die Aktien unentgeltlich oder verbilligt in das wirtschaftliche Eigentum des Arbeitnehmers gelangen (→ BFH vom 20. 11. 2008 – BStBl 2009 II S. 382).
- Bei einem entgeltlichen Verzicht auf ein Aktienankaufs- oder Vorkaufsrecht fließt ein geldwerter Vorteil nicht zum Zeitpunkt der Rechtseinräumung, sondern erst zum Zeitpunkt des entgeltlichen Verzichts zu (→ BFH vom 19. 6. 2008 – BStBl II S. 826).
- *Ein geldwerter Vorteil fließt nicht zu, solange dem Arbeitnehmer eine Verfügung über die im Rahmen eines Aktienoptionsplans erhaltenen Aktien rechtlich unmöglich ist (→ BFH vom 30. 6. 2011 –BStBl II S. 923 zu vinkulierten Namensaktien). Im Gegensatz dazu stehen Sperr- und Haltefristen einem Zufluss nicht entgegen (→ BFH vom 30. 9. 2008 – BStBl 2009 II S. 282).*

Steuerliche Behandlung der Überlassung von Aktienoptionsrechten an Arbeitnehmer

(Erlass des FinMin NW vom 27. 3. 2003 – S 2332 – 109 – V B 3 –)

Gewährt der Arbeitgeber seinem Arbeitnehmer auf Grund des Dienstverhältnisses Aktienoptionsrechte, ist die steuerliche Beurteilung davon abhängig, ob ein handelbares oder ein nicht handelbares Aktienoptionsrecht vorliegt. Handelbar i. d. S. ist ein Aktienoptionsrecht, das an einer Wertpapierbörse gehandelt wird.

Andere Aktienoptionsrechte gelten – auch wenn sie außerhalb einer Börse gehandelt werden – als nicht handelbar im Sinne der folgenden Ausführungen. Für die Beurteilung ist ferner unmaßgeblich, ob die Optionsrechte nach den Optionsbedingungen übertragbar oder vererbbar sind, oder ob sie einer Sperrfrist unterliegen.

Die steuerliche Behandlung richtet sich nach den folgenden Grundsätzen:

I. Handelbare Aktienoptionsrechte

Bei einem handelbaren Aktienoptionsrecht ist der Unterschiedsbetrag zwischen dem Geldwert des Optionsrechts und einem ggf. vom Arbeitnehmer gezahlten Entgelt als Arbeitslohn zu versteuern. Der Sachbezug in Form des Optionsrechts ist mit dem um übliche Preisnachlässe geminderten Endpreis am Abgabeort im Zeitpunkt der Abgabe anzusetzen (§ 8 Abs. 2 Satz 1 EStG). Zeitpunkt der Abgabe ist der Tag, an dem der Arbeitnehmer das Optionsrecht erwirbt. Fallen Bestellung und Liefertag auseinander, sind für die Preisfeststellung die Verhältnisse am Bestelltag (Kauftag) maßgebend (R 31 Abs. 2 Satz 8 LStR). In diesem Fall kann aus Vereinfachungsgründen der niedrigste Kurswert des Optionsrechts am Kauftag an einer deutschen Börse angesetzt werden; wird das Optionsrecht nur im Ausland gehandelt, ist der niedrigste Kurswert vom Kauftag dieser ausländischen Börse heranzuziehen. Eine Bewertung gem. § 19a EStG scheidet aus, weil es sich bei handelbaren Aktienoptionsrechten nicht um Vermögensbeteiligungen i. S. d. § 2 Abs. 1 Nr. 1 und Absätze 2 bis 5 des Fünften Vermögensbildungsgesetzes handelt.

II. Nicht handelbare Aktienoptionsrechte[1]

Ein nicht handelbares Aktienoptionsrecht führt weder im Zeitpunkt der Gewährung noch der erstmaligen Ausübbarkeit des Optionsrechts zu einem Lohnzufluss beim Arbeitnehmer (BFH vom 20. 6. 2001, BStBl 2001 II S. 689; BFH vom 24. 1. 2001, BStBl 2001 II S. 509, 512). Gegenstand des Lohnzuflusses ist vielmehr die unentgeltlich oder verbilligt überlassene Aktie. Da es sich bei Aktien um Vermögensbeteiligungen i. S. d. § 2 Abs. 1 Nr. 1 des Fünften Vermögensbildungsgesetzes handelt, richtet sich die steuerliche Beurteilung nach § 19a EStG und R 77 LStR.

1. Zuflusszeitpunkt

Zeitpunkt des verbilligten Aktienerwerbs und damit Zuflusszeitpunkt ist der Tag, an dem die Aktie überlassen wird. Als Tag der Überlassung ist der Tag der Ausbuchung der Aktien aus dem Depot des Überlassenden oder dessen Erfüllungsgehilfen anzunehmen (BMF vom 10. 3. 2003 IV C 5 – S 2332 11/031[1]; R 77 Abs. 8 LStR).

---

[1] → BStBl I 2003 S. 234 → Aktienoptionen.

Bei Aktienoptionsrechten, die vor dem 31. 12. 2001 ausgeübt wurden, ist es nicht zu beanstanden, wenn stattdessen der Tag der Optionsausübung als Zuflusszeitpunkt zu Grunde gelegt wird (BMF vom 10. 3. 2003 IV C 5 – S 2332 – 11/03[1]).

2. Bewertung

Die Bewertung überlassener Aktien richtet sich nach § 19a Abs. 2 Satz 2 ff EStG. Bewertungsstichtag ist danach grundsätzlich der Tag, an dem der Beschluss über die Gewährung der Optionsrechte getroffen wird (BFH vom 20. 6. 2001, BStBl 2001 II S. 689). Liegen jedoch zwischen dem Tag der Beschlussfassung und dem Tag der Überlassung der Aktien mehr als 9 Monate, ist der Tag der Überlassung maßgebend (§ 19a Abs. 2 Satz 5 EStG).

Zu den Anschaffungskosten bei der Ermittlung eines privaten Veräußerungsgewinns gem. § 23 EStG gehört neben dem vom Arbeitnehmer gezahlten Basis- bzw. Ausübungspreis u. a. auch der Wert, der als geldwerter Vorteil bei den Einkünften aus nichtselbständiger Arbeit angesetzt wird (BFH vom 20. 6. 2001, BStBl 2001 II S. 689).

3. Höhe des steuerpflichtigen Vorteils

Im Zuflusszeitpunkt liegt zu versteuernder Arbeitslohn vor in Höhe der Differenz zwischen dem Kurswert der überlassenen Aktie am maßgebenden Bewertungsstichtag und den Aufwendungen des Arbeitnehmers für die überlassenen Aktien (BFH vom 20. 6. 2001, BStBl 2001 II S. 689).

4. Zuordnung zum deutschen Besteuerungsrecht

Für die Zuweisung des Besteuerungsrechts nach den Doppelbesteuerungsabkommen (DBA) ist der bei Ausübung der Aktienoptionsrechte zugeflossene geldwerte Vorteil dem gesamten Zeitraum zwischen der Gewährung und der Ausübung der Optionsrechte zuzuordnen (zukunfts- und zeitraumbezogene Leistung). Befindet sich der Arbeitnehmer jedoch im Zeitpunkt der Ausübung bereits im Ruhestand, ist für die Aufteilung des geldwerten Vorteils nur der Zeitraum von der Gewährung bis zur Beendigung der aktiven Tätigkeit heranzuziehen. Hält sich der Arbeitnehmer während des maßgeblichen Zeitraums teilweise im Ausland auf und bezieht er für die Auslandstätigkeit Einkünfte, die nach einem DBA steuerfrei sind, ist auch der auf diesen Zeitraum entfallende Teil des geldwerten Vorteils aus der Ausübung des Optionsrechts ebenfalls steuerfrei (BFH-Urteile vom 24. 1. 2001, BStBl 2001 II S. 509 und 512). Der inländischen Besteuerung wird nur der anteilige geldwerte Vorteil unterworfen, für den Deutschland das Besteuerungsrecht hat. Dies gilt auch dann, wenn der Arbeitnehmer im Zeitpunkt der Gewährung der Aktienoptionsrechte noch nicht und im Zeitpunkt der Ausübung nicht mehr unbeschränkt einkommensteuerpflichtig ist. Die demnach steuerfrei bleibenden Einkunftsteile unterliegen ggf. dem Progressionsvorbehalt gem. § 32b Abs. 1 Nr. 3 EStG.

Es ist nicht auszuschließen, dass sich Doppelbesteuerungen ergeben, wenn hinsichtlich des Zeitpunktes der Besteuerung von Aktienoptionen Regelungen im nationalen Recht anderer Staaten vom deutschen Steuerrecht abweichen. Diese können nur mit Hilfe von Verständigungsverfahren beseitigt werden.

5. Tarifermäßigung gem. § 34 EStG

Für steuerpflichtige geldwerte Vorteile aus der Ausübung der Aktienoptionsrechte kommt die Tarifbegünstigung des § 34 Abs. 1 i. V. m. Abs. 2 Nr. 4 EStG in Betracht, wenn es sich um Vergütungen für mehrjährige Tätigkeiten handelt (BFH vom 24. 1. 2001, BStBl 2001 II S. 509). Hiervon ist in der Regel auszugehen, wenn der Zeitraum zwischen der Gewährung und der Ausübung der Aktienoptionsrechte mehr als 12 Monate beträgt. Erwirbt der Arbeitnehmer auf Grund eines einheitlichen Optionsrechts die Aktien in mehr als zwei Kalenderjahren, ist die Tarifermäßigung zu versagen (BFH vom 21. 3. 1975, BStBl 1975 II S. 690). Sofern der Arbeitnehmer jährlich Aktienoptionsrechte erhält, sind die v. g. Voraussetzungen für jedes jährlich ausgegebene Optionsrecht zu prüfen.

6. Kursveränderungen der Aktie nach dem Zuflusszeitpunkt

Veränderungen des Kurswertes der Aktie nach dem Zuflusszeitpunkt (vgl. Teil II Nr. 1) haben eine steuerliche Auswirkung grundsätzlich nur im Rahmen der Ermittlung der Einkünfte gem. § 22 Nr. 2 i. V. m. § 23 Abs. 1 Satz 1 Nr. 2 EStG. Insbesondere rechtfertigen Verschlechterungen des Kurswertes nach dem Zuflusszeitpunkt der Aktie keine sachliche Billigkeitsmaßnahme. Ein etwaiger Verlust ist der privaten Vermögensebene zuzurechnen. Dies gilt auch dann, wenn die durch Ausübung des Optionsrechts erworbenen Aktien einer gesetzlichen oder vertraglichen Sperrfrist unterliegen.

Dieser Erlass ist mit dem Bundesministerium der Finanzen und den anderen Ländern abgestimmt. Er ist in allen offenen Fällen anzuwenden.

Aktienoptionen, Zufluss, Exercise and Sell Ausübungsvariante

(Verfügung des LfSt Bayern vom 8. 5. 2009 – S 2347.1.1 – 4/1 St 33 –)

Das BMF-Schreiben vom 10. 3. 2003 (BStBl 2003 I S. 234) ist nicht mehr anzuwenden, da es nicht in die Positivliste des BMF zur Eindämmung der Normenflut (vgl. Anhang 33 Amtliches LStHB 2008 und 2009) übernommen wurde.

Es gelten die allgemeinen Grundsätze (d. h. Zufluss bei Verschaffung der wirtschaftlichen Verfügungsmacht über die Aktien, vgl. BFH vom 23. 6. 2005, BStBl 2005 II S. 770); ggf. Vereinfachungsregelung, vgl. R 19a Abs. 8 LStR 2008).

In diesem Zusammenhang wird auf Folgendes hingewiesen:

- Die Ausführungen zum Zuflusszeitpunkt bei der sog. Exercise and Sell-Ausübungsvariante (vgl. Anmerkung) gelten weiterhin.
- Im Hinblick auf abweichende BFH-Rechtsprechung wurde der ländereinheitliche Erlass zu Aktienoptionen (für Bayern: FinMin Bayern vom 10. 4. 2003 Az.: 34 – 2347 – 008 – 16034/03 ; bisher ESt-Kartei § 19 Karte 6.2 und LSt-Kartei Fach 2 Karte 5) als gegenstandslos aufgehoben (vgl. LSt Fach-Info 05-2009 Tz. 1).

Überholt waren insbesondere folgende Punkte:

An der bisherigen Unterscheidung hinsichtlich des Zuflusszeitpunkts zwischen handelbaren und nicht handelbaren Aktienoptionsrechten kann im Hinblick auf das BFH-Urteil vom 20. 11. 2008, VI R 25/05 nicht mehr festgehalten werden.

Nach Ansicht des BFH führt bei Einräumung eines handelbaren wie nicht handelbaren Aktienoptionsrechts, jedenfalls dann, wenn der Arbeitgeber Stillhalter ist, erst die Umwandlung des Rechts in Aktien zum Zufluss des geldwerten Vorteils. Damit werden handelbare und nicht handelbare Optionsrechte gleich behandelt. Ohne Optionsausübung fließt auch beim Verkauf der handelbaren Option kein Arbeitslohn zu.

Das o. g. BFH-Urteil vom 20. 11. 2008 wurde am 27. 4. 2009 in die sog. „grüne Liste" des BMF (vgl. www.bundesfinanzministerium.de unter BMF-Schreiben/BFH-Entscheidungen) aufgenommen und wird in Kürze im BStBl Teil II veröffentlicht werden.

Auch die Ausführungen zur Tarifermäßigung nach § 34 EStG sind durch das BFH-Urteil vom 18. 12. 2007 (BStBl 2008 II S. 294) hinsichtlich der Behandlung als einheitliches Optionsrecht überholt. Der BFH hat in diesem Urteil ausgeführt, dass die Tarifermäßigung i. S. des § 34 EStG auch dann angewendet werden kann, wenn dem Arbeitnehmer wiederholt Aktienoptionsrechte eingeräumt worden sind und die jeweilige Option nicht in vollem Umfang einheitlich ausgeübt worden ist.

Arbeitnehmerfinanzierte betriebliche Altersversorgung

→ BMF vom 31. 3. 2010 (BStBl I S. 270), Rz. 254 ff.

→ **BMF vom . . . (BStBl I S. . . .)** → Siehe Hinweise auf Seite 4!

Anhang 2

Einräumung eines Wohnungsrechts

Die Einräumung eines dinglichen Wohnungsrechts führt zu einem laufenden monatlichen Zufluss von Arbeitslohn (→ BFH vom 19. 8. 2004 – BStBl II S. 1076)

Kein Zufluss von Arbeitslohn

Arbeitslohn fließt nicht zu bei

- Verzicht des Arbeitnehmers auf Arbeitslohnanspruch, wenn er nicht mit einer Verwendungsauflage hinsichtlich der freiwerdenden Mittel verbunden ist (→ BFH vom 30. 7. 1993 – BStBl II S. 884);
- Verzicht des Arbeitnehmers auf Arbeitslohnanspruch zugunsten von Beitragsleistungen des Arbeitgebers an eine Versorgungseinrichtung, die dem Arbeitnehmer keine Rechtsansprüche auf Versorgungsleistungen gewährt (→ BFH vom 27. 5. 1993 – BStBl 1994 II S. 246);
- Gutschriften beim Arbeitgeber zugunsten des Arbeitnehmers auf Grund eines Gewinnbeteiligungs- und Vermögensbildungsmodells, wenn der Arbeitnehmer über die gutgeschriebenen Beträge wirtschaftlich nicht verfügen kann (→ BFH vom 14. 5. 1982 – BStBl II S. 469);
- Verpflichtung des Arbeitgebers im Rahmen eines arbeitsgerichtlichen Vergleichs zu einer Spendenzahlung, ohne dass der Arbeitnehmer auf die Person des Spendenempfängers Einfluss nehmen kann; diese Vereinbarung enthält noch keine zu Einkünften aus nichtselbständiger Arbeit führende Lohnverwendungsabrede (→ BFH vom 23. 9. 1998 – BStBl 1999 II S. 98);

- Einräumung eines Anspruchs gegen den Arbeitgeber, sondern grundsätzlich erst durch dessen Erfüllung. Das gilt auch für den Fall, dass der Anspruch – wie ein solcher auf die spätere Verschaffung einer Aktie zu einem bestimmten Preis (Aktienoptionsrecht) – lediglich die Chance eines zukünftigen Vorteils beinhaltet (→ BFH vom 24. 1. 2001 – BStBl II S. 509 und 512). Das gilt grundsätzlich auch bei handelbaren Optionsrechten (→ BFH vom 20. 11. 2008 – BStBl 2009 II S. 382);
- Einbehalt eines Betrags vom Arbeitslohn durch den Arbeitgeber und Zuführung zu einer Versorgungsrückstellung (→ BFH vom 20. 7. 2005 – BStBl II S. 890).
- **rechtlicher Unmöglichkeit der Verfügung des Arbeitnehmers über Aktien (→ BFH vom 30. 6. 2011 – BStBl II S. 923 zu vinkulierten Namensaktien); im Gegensatz dazu stehen Sperr- und Haltefristen einem Zufluss nicht entgegen (→ BFH vom 30. 9. 2008 – BStBl 2009 II S. 282).**

Versorgungsrückstellung

→ Kein Zufluss von Arbeitslohn

Verschiebung der Fälligkeit

Arbeitgeber und Arbeitnehmer können den Zeitpunkt des Zuflusses einer Abfindung oder eines Teilbetrags einer solchen beim Arbeitnehmer in der Weise steuerwirksam gestalten, dass sie deren ursprünglich vorgesehene Fälligkeit vor ihrem Eintritt auf einen späteren Zeitpunkt verschieben (→ BFH vom 11. 11. 2009 – BStBl 2010 II S. 746).

Wandelschuldverschreibung

- Wird im Rahmen eines Arbeitsverhältnisses durch Übertragung einer nicht handelbaren Wandelschuldverschreibung ein Anspruch auf die Verschaffung von Aktien eingeräumt, liegt ein Zufluss von Arbeitslohn nicht bereits durch die Übertragung der Wandelschuldverschreibung vor. Bei Ausübung des Wandlungsrechts fließt ein geldwerter Vorteil erst dann zu, wenn durch Erfüllung des Anspruchs das wirtschaftliche Eigentum an den Aktien verschafft wird. Geldwerter Vorteil ist die Differenz zwischen dem Börsenpreis der Aktien am Verschaffungstag und den Erwerbsaufwendungen (→ BFH vom 23. 6. 2005 – BStBl II S. 766).
- Bei Verkauf eines Darlehens, das mit einem Wandlungsrecht zum Bezug von Aktien ausgestattet ist, fließt der geldwerte Vorteil im Zeitpunkt des Verkaufs zu (→ BFH vom 23. 6. 2005 – BStBl II S. 770).

Zeitwertkonten

Anhang 35   → BMF vom 17. 6. 2009 (BStBl I S. 1286)

Zufluss von Arbeitslohn

Arbeitslohn fließt zu bei
- wirtschaftlicher Verfügungsmacht des Arbeitnehmers über den Arbeitslohn (→ BFH vom 30. 4. 1974 – BStBl II S. 541); dies gilt auch bei Zahlungen ohne Rechtsgrund (→ BFH vom 4. 5. 2006 – BStBl II S. 832) sowie versehentlicher Überweisung, die der Arbeitgeber zurückfordern kann (→ BFH vom 4. 5. 2006 – BStBl II S. 830); zur Rückzahlung von Arbeitslohn → H 11;
- Zahlung, Verrechnung oder Gutschrift (→ BFH vom 10. 12. 1985 – BStBl 1986 II S. 342);
- Entgegennahme eines Schecks oder Verrechnungsschecks, wenn die bezogene Bank im Fall der sofortigen Vorlage den Scheckbetrag auszahlen oder gutschreiben würde und der sofortigen Vorlage keine zivilrechtlichen Abreden entgegenstehen (→ BFH vom 30. 10. 1980 – BStBl 1981 II S. 305);
- Einlösung oder Diskontierung eines zahlungshalber hingegebenen Wechsels (→ BFH vom 5. 5. 1971 – BStBl II S. 624).
- **Verzicht des Arbeitgebers auf eine ihm zustehende Schadenersatzforderung gegenüber dem Arbeitnehmer in dem Zeitpunkt, in dem der Arbeitgeber zu erkennen gibt, dass er keinen Rückgriff nehmen wird (→ BFH vom 29.3.1992 – BStBl II S. 837);**
- Beitragsleistung des Arbeitgebers für eine Direktversicherung seines Arbeitnehmers in dem Zeitpunkt, in dem er seiner Bank einen entsprechenden Überweisungsauftrag erteilt (→ BFH vom 7. 7. 2005 – BStBl II S. 726);
- Überlassung einer Jahresnetzkarte mit uneingeschränktem Nutzungsrecht in voller Höhe im Zeitpunkt der Überlassung (→ BFH vom 12. 4. 2007 – BStBl II S. 719);
- **Ausgleichszahlungen, die der Arbeitnehmer für seine in der Arbeitsphase erbrachten Vorleistungen erhält, wenn ein im Blockmodell geführtes Altersteilzeitarbeitsverhältnis vor Ab-**

lauf der vertraglich vereinbarten Zeit beendet wird (→ *BFH vom 15.12.2011 – BStBl 2012 II S. 415);*
- → Wandelschuldverschreibung

Einbehaltungspflicht des Arbeitgebers

R 38.3

(1) ¹Zur Einbehaltung der Lohnsteuer vom Arbeitslohn ist jeder inländische Arbeitgeber verpflichtet. ²Für die Einbehaltung der Lohnsteuer seiner Leiharbeitnehmer hat der ausländische Verleiher nach § 38 Abs. 1 Satz 1 Nr. 2 EStG auch dann die gleichen Pflichten wie ein inländischer Arbeitgeber zu erfüllen, wenn er selbst nicht inländischer Arbeitgeber ist.

(2) Neben den im § 12 Satz 2 AO aufgeführten Einrichtungen sind Betriebsstätten auch Landungsbrücken (Anlegestellen von Schiffahrtsgesellschaften), Kontore und sonstige Geschäftseinrichtungen, die dem Unternehmer oder Mitunternehmer oder seinem ständigen Vertreter, z. B. einem Prokuristen, zur Ausübung des Gewerbes dienen.

(3) ¹Ständiger Vertreter nach § 13 AO kann hiernach z. B. auch eine Person sein, die eine Filiale leitet oder die Aufsicht über einen Bautrupp ausübt. ²Ständiger Vertreter ist jedoch z. B. nicht ein einzelner Monteur, der von Fall zu Fall Montagearbeiten im Inland ausführt.

(4) ¹Bei Bauausführungen oder Montagen ausländischer Arbeitgeber im Inland, die länger als sechs Monate (→ § 12 Satz 2 Nr. 8 AO) dauern, ist der ausländische Arbeitgeber zugleich als inländischer Arbeitgeber i. S. d. § 38 Abs. 1 Satz 1 Nr. 1 EStG anzusehen, gleichgültig ob die Bauausführung oder Montage nach dem Doppelbesteuerungsabkommen eine Betriebsstätte begründet. ²Begründet die Bauausführung oder Montage nach dem anzuwendenden Doppelbesteuerungsabkommen keine Betriebsstätte, sind die Arbeitslöhne, die an die im Inland eingesetzten ausländischen Arbeitnehmer gezahlt werden, in der Regel von der Lohnsteuer freizustellen, wenn sie sich höchstens an 183 Tagen im Kalenderjahr bei bestimmten Doppelbesteuerungsabkommen in einem Zwölfmonatszeitraum im Inland aufhalten.

(5) ¹In den Fällen der Arbeitnehmerentsendung ist inländischer Arbeitgeber auch das in Deutschland ansässige Unternehmen, das den Arbeitslohn für die ihm geleistete Arbeit wirtschaftlich trägt. ²Hiervon ist insbesondere dann auszugehen, wenn die von dem anderen Unternehmen gezahlte Arbeitsvergütung dem deutschen Unternehmen weiterbelastet wird. ³Die Erfüllung der Arbeitgeberpflichten setzt nicht voraus, dass das inländische Unternehmen den Arbeitslohn im eigenen Namen und für eigene Rechnung auszahlt. ⁴Die Lohnsteuer entsteht bereits im Zeitpunkt der Arbeitslohnzahlung an den Arbeitnehmer, wenn das inländische Unternehmen auf Grund der Vereinbarung mit dem ausländischen Unternehmen mit einer Weiterbelastung rechnen kann; in diesem Zeitpunkt ist die Lohnsteuer vom inländischen Unternehmen zu erheben.

Hinweise

H 38.3

Arbeitgeberbegriff

- → R 19.1, → H 19.1
- Wirtschaftlicher Arbeitgeber bei Arbeitnehmerentsendung zwischen international verbundenen Unternehmen → BMF vom 14. 9. 2006 (BStBl I S. 532), Tz. 4.3.3

Anhang 9

Inländischer Arbeitgeber

- Auch ein im Ausland ansässiger Arbeitgeber, der im Inland eine Betriebsstätte oder einen ständigen Vertreter hat, ist nach § 38 Abs. 1 Satz 1 Nr. 1 EStG inländischer Arbeitgeber (→ BFH vom 5. 10. 1977 – BStBl 1978 II S. 205).
- Bei Arbeitnehmerentsendung ist das in Deutschland ansässige aufnehmende Unternehmen, das den Arbeitslohn für die ihm geleistete Arbeit wirtschaftlich trägt, Arbeitgeber → § 38 Abs. 1 Satz 2 EStG.

Leiharbeitnehmer

Nach den neueren Abkommen zur Vermeidung der Doppelbesteuerung (z. B. DBA Frankreich, Italien, Schweden) ist die 183-Tage-Klausel auf Leiharbeitnehmer nicht anwendbar (→ BMF vom 14. 9. 2006 – BStBl I S. 532, Tz. 4.3.4.).
→ BMF vom . . . (BStBl I S. . . . .)

Anhang 9

Zuständiges Finanzamt

für ausländische Verleiher → H 41.3

§ 38 EStG
R 38.4 H 38.4

R 38.4 Lohnzahlung durch Dritte

Unechte Lohnzahlung durch Dritte

S 2360

(1) ¹Eine unechte Lohnzahlung eines Dritten ist dann anzunehmen, wenn der Dritte lediglich als Leistungsmittler fungiert. ²Das ist z. B. der Fall, wenn der Dritte im Auftrag des Arbeitgebers leistet oder die Stellung einer Kasse des Arbeitgebers innehat. ³Der den Dritten als Leistungsmittler einsetzende Arbeitgeber bleibt der den Arbeitslohn Zahlende und ist daher zum Lohnsteuerabzug verpflichtet (§ 38 Abs. 1 Satz 1 EStG).

Echte Lohnzahlung durch Dritte

(2) ¹Eine echte Lohnzahlung eines Dritten liegt dann vor, wenn dem Arbeitnehmer Vorteile von einem Dritten eingeräumt werden, die ein Entgelt für eine Leistung sind, die der Arbeitnehmer im Rahmen seines Dienstverhältnisses für den Arbeitgeber erbringt. ²In diesen Fällen hat der Arbeitgeber die Lohnsteuer einzubehalten und die damit verbundenen sonstigen Pflichten zu erfüllen, wenn er weiß oder erkennen kann, dass derartige Vergütungen erbracht werden (§ 38 Abs. 1 Satz 3 EStG). ³Die dem Arbeitgeber bei der Lohnzahlung durch Dritte auferlegte Lohnsteuerabzugspflicht erfordert, dass dieser seine Arbeitnehmer auf ihre gesetzliche Verpflichtung (§ 38 Abs. 4 Satz 3 EStG) hinweist, ihm am Ende des jeweiligen Lohnzahlungszeitraums die von einem Dritten gewährten Bezüge anzugeben. ⁴Kommt der Arbeitnehmer seiner Angabepflicht nicht nach und kann der Arbeitgeber bei der gebotenen Sorgfalt aus seiner Mitwirkung an der Lohnzahlung des Dritten oder aus der Unternehmensverbundenheit mit dem Dritten erkennen, dass der Arbeitnehmer zu Unrecht keine Angaben macht oder seine Angaben unzutreffend sind, hat der Arbeitgeber die ihm bekannten Tatsachen zur Lohnzahlung von dritter Seite dem Betriebsstättenfinanzamt anzuzeigen (§ 38 Abs. 4 Satz 3 zweiter Halbsatz EStG). ⁵Die Anzeige hat unverzüglich zu erfolgen.

H 38.4 Hinweise

Abgrenzung zwischen echter und unechter Lohnzahlung durch Dritte

- → R 38.4 und BFH vom 30. 5. 2001 (BStBl 2002 II S. 230)
- *Zu den echten Lohnzahlungen durch Dritte gehören auch die Fälle des § 13b AÜG.*

Lohnsteuerabzug

Der Arbeitgeber ist insbesondere dann zum Lohnsteuerabzug verpflichtet (unechte Lohnzahlung durch Dritte → R 38.4 Abs. 1), wenn

- er in irgendeiner Form tatsächlich oder rechtlich in die Arbeitslohnzahlung eingeschaltet ist (→ BFH vom 13. 3. 1974 – BStBl II S. 411),
- ein Dritter in der praktischen Auswirkung nur die Stellung einer zahlenden Kasse hat, z. B. selbständige Kasse zur Zahlung von Unterstützungsleistungen (→ BFH vom 28. 3. 1958 – BStBl III S. 268) oder von Erholungsbeihilfen (→ BFH vom 27. 1. 1961 – BStBl III S. 167).

Metergelder im Möbeltransportgewerbe

unterliegen in voller Höhe dem Lohnsteuerabzug, wenn auf sie ein Rechtsanspruch besteht (→ BFH vom 9. 3. 1965 – BStBl III S. 26)

Prämienprogramme

Lohnsteuerliche Behandlung des Prämienprogramms für Bahnfahrer „bahn.bonus"

(Erlass des Ministeriums der Finanzen Saarland vom 24. 10. 2005 – B/2-4 – 134/05 – S 2334 –)

Nach dem o. g. Prämienprogramm werden dem BahnCard-Inhaber Punkte gutgeschrieben, die in Prämien verschiedenster Art eingetauscht werden können.

In der Vergangenheit haben bereits verschiedene Dienstleister, z. B. Fluggesellschaften, Hotels und Autovermieter Prämienprogramme aufgelegt, in denen Bonuspunkte für die Inanspruchnahme ihrer Dienste vergeben wurden. Die Punkte werden auf einem persönlichen Konto des Kunden gesammelt und können nur für die Bezahlung an ihn selbst erbrachter Dienstleistungen eingesetzt werden. Dies ist auch im Bahn.bonus-Programm so (vgl. Tz. 4.2 der AGB).

Aus lohnsteuerlicher Sicht wird wie folgt Stellung genommen:

1. Werden Bonuspunkte im Rahmen einer dienstlichen Tätigkeit erlangt (Bonuspunkte für Bahnfahrten im Rahmen einer Dienstreise) und für private Zwecke verwendet (z. B. für eine Urlaubsreise) liegt Arbeitslohn vor.
2. Soweit privat verwertete Bonuspunkte auf privater Inanspruchnahme von Dienstleistungen beruhen (Bonuspunkte für eine Urlaubsreise werden wiederum für eine Urlaubsreise verwendet), handelt es sich nicht um einen steuerpflichtigen Vorgang.
3. Soweit Bonuspunkte wiederum beruflich verwendet werden (Bonuspunkte für eine Dienstreise werden auf Grund eines Auskehrungsanspruchs des Arbeitgebers wiederum für eine Dienstreise verwendet), handelt es sich ebenfalls nicht um einen steuerpflichtigen Vorgang.

Der unter Tz. 1 genannte Arbeitslohn unterliegt grundsätzlich dem Lohnsteuerabzug, denn nach § 38 Abs. 1 S. 3 EStG unterliegt auch der im Rahmen des Dienstverhältnisses von einem Dritten gewährte Arbeitslohn der Lohnsteuer, wenn der Arbeitgeber weiß oder erkennen kann, dass derartige Vergütungen erbracht werden.

Die dem Arbeitgeber bei der Lohnzahlung durch Dritte auferlegte Lohnsteuerabzugspflicht erfordert, dass dieser seine Arbeitnehmer auf ihre gesetzliche Verpflichtung (§ 38 Abs. 4 Satz 3 EStG) hinweist, ihm am Ende des jeweiligen Lohnzahlungszeitraums die von einem Dritten gewährten Bezüge anzugeben. Kommt der Arbeitnehmer seiner Angabepflicht nicht nach und kann der Arbeitgeber bei der gebotenen Sorgfalt aus seiner Mitwirkung an der Lohnzahlung des Dritten erkennen, dass der Arbeitnehmer zu Unrecht keine Angaben macht oder seine Angaben unzutreffend sind, hat der Arbeitgeber die ihm bekannten Tatsachen zur Lohnzahlung von dritter Seite dem Betriebsstättenfinanzamt anzuzeigen. Die Anzeige hat unverzüglich zu erfolgen (vgl. R 106 Abs. 2 LStR 2005[1]).

Der Zufluss von Arbeitslohn liegt allerdings erst im Zeitpunkt der tatsächlichen Inanspruchnahme der Bonuspunkte und nicht bereits bei der Gutschrift von Bonuspunkten auf dem Prämienkonto vor.

Es ist weiterhin zu beachten, dass nach § 3 Nr. 38 EStG die vorgenannten Sachprämien bis zu einem Höchstbetrag von **1 080 Euro** pro Empfänger und Kalenderjahr **steuerfrei** sind.

Darüber hinaus kann nach § 37a EStG das Finanzamt auf Antrag zulassen, dass das Unternehmen, das Sachprämien im Sinne des § 3 Nr. 38 gewährt, die Einkommensteuer für den Teil der Prämien, der nicht steuerfrei ist, pauschal erhebt. Das Unternehmen hat die Prämienempfänger von der Steuerübernahme zu unterrichten.

Nimmt der Arbeitgeber in diesem Falle die entsprechende Bescheinigung zum Lohnkonto, so hat er lohnsteuerlich nichts weiter zu unternehmen.

Rabatte von dritter Seite

Bei einer Mitwirkung des Arbeitgebers an der Rabattgewährung von dritter Seite (→ BMF vom 27. 9. 1993 – BStBl I S. 814, Tz. 1) ist der Arbeitgeber zum Lohnsteuerabzug verpflichtet. In anderen Fällen ist zu prüfen, ob der Arbeitgeber weiß oder erkennen kann, dass derartige Vorteile gewährt werden (§ 38 Abs. 1 Satz 3 EStG).

→ Sachbezüge von dritter Seite → H 8.2

Remunerationen

Lohnsteuerliche Behandlung von Remunerationen

(BMF-Schreiben vom 26. 10. 1998 – IV C 5 – S 2360 – 2/98 –)

Zwischen Sparkassen auf der einen und Bausparkassen bzw. Versicherungen auf der anderen Seite gibt es Kooperationsabkommen, die die Vermittlung von Dienstleistungen der Bausparkassen und Versicherungen durch die Sparkassen regeln. Aufgrund dieser Kooperation erhalten die Vorstandsmitglieder der Sparkassen von den Bausparkassen bzw. Versicherungen als Remunerationen bezeichnete Vergütungen.

Feststellungen haben ergeben, daß diese Remunerationen bisher steuerlich unterschiedlich behandelt worden sind. Die Erörterung der Angelegenheit mit den obersten Finanzbehörden der Länder ergab folgendes:

Die Remunerationen, die die Sparkassenvorstände erhalten, sind Ausfluß ihres Arbeitsverhältnisses zur Sparkasse und gehören zu den Einkünften aus nichtselbständiger Arbeit. Derartige Vergütungen sind im Kooperationsfall üblich. Mithin stellen diese Remunerationen Lohnzahlungen Dritter dar, die nach § 38 Abs. 1 Satz 2 EStG dem Lohnsteuerabzug unterliegen. Soweit die Sparkasse als Arbeitgeber diese Bezüge nicht selbst ermitteln kann, hat sie der Sparkassen-

---

[1]) Jetzt R 38.4 LStR.

vorstand für jeden Lohnzahlungszeitraum anzuzeigen (Abschnitt 106 Abs. 2 Satz 3 LStR[1])). Von dieser Behandlung sind lediglich die Fälle ausgenommen, in denen der Lohnsteuerabzug durch die Bausparkasse oder Versicherung erfolgt, weil aufgrund besonderer Vereinbarungen ein Dienstverhältnis zwischen diesem Institut und dem Sparkassenvorstand besteht.

Unerlaubte Arbeitnehmerüberlassung
→ R 19.1 Satz 6

R 38.5 Lohnsteuerabzug durch Dritte

[1]Die Übertragung der Arbeitgeberpflichten nach § 38 Abs. 3a Satz 2ff. EStG auf einen Dritten kann vom Finanzamt auf schriftlichen Antrag zugelassen werden. [2]Die Zustimmung kann nur erteilt werden, wenn der Dritte für den gesamten Arbeitslohn des Arbeitnehmers die Lohnsteuerabzugsverpflichtung übernimmt.

§ 38a Höhe der Lohnsteuer

EStG S 2360

(1) [1]Die Jahreslohnsteuer bemisst sich nach dem Arbeitslohn, den der Arbeitnehmer im Kalenderjahr bezieht (Jahresarbeitslohn). [2]Laufender Arbeitslohn gilt in dem Kalenderjahr als bezogen, in dem der Lohnzahlungszeitraum endet; in den Fällen des § 39b Absatz 5 Satz 1 tritt der Lohnabrechnungszeitraum an die Stelle des Lohnzahlungszeitraums. [3]Arbeitslohn, der nicht als laufender Arbeitslohn gezahlt wird (sonstige Bezüge), wird in dem Kalenderjahr bezogen, in dem er dem Arbeitnehmer zufließt.

(2) Die Jahreslohnsteuer wird nach dem Jahresarbeitslohn so bemessen, dass sie der Einkommensteuer entspricht, die der Arbeitnehmer schuldet, wenn er ausschließlich Einkünfte aus nichtselbständiger Arbeit erzielt.

(3) [1]Vom laufenden Arbeitslohn wird die Lohnsteuer jeweils mit dem auf den Lohnzahlungszeitraum fallenden Teilbetrag der Jahreslohnsteuer erhoben, die sich bei Umrechnung des laufenden Arbeitslohns auf einen Jahresarbeitslohn ergibt. [2]Von sonstigen Bezügen wird die Lohnsteuer mit dem Betrag erhoben, der zusammen mit der Lohnsteuer für den laufenden Arbeitslohn des Kalenderjahres und für etwa im Kalenderjahr bereits gezahlte sonstige Bezüge die voraussichtliche Jahreslohnsteuer ergibt.

(4) Bei der Ermittlung der Lohnsteuer werden die Besteuerungsgrundlagen des Einzelfalls durch die Einreihung der Arbeitnehmer in Steuerklassen (§ 38b), Feststellung von Freibeträgen und Hinzurechnungsbeträgen (§ 39a) sowie Bereitstellung von elektronischen Lohnsteuerabzugsmerkmalen (§ 39e) oder Ausstellung von entsprechenden Bescheinigungen für den Lohnsteuerabzug (§ 39 Absatz 3 und § 39e Absatz 7 und 8) berücksichtigt.

§ 38b Lohnsteuerklassen, Zahl der Kinderfreibeträge

EStG S 2361

(1) [1]Für die Durchführung des Lohnsteuerabzugs werden Arbeitnehmer in Steuerklassen eingereiht. [2]Dabei gilt Folgendes:
1. In die Steuerklasse I gehören Arbeitnehmer, die
   a) unbeschränkt einkommensteuerpflichtig und
      aa) ledig sind,
      bb) verheiratet, verwitwet oder geschieden sind und bei denen die Voraussetzungen für die Steuerklasse III oder IV nicht erfüllt sind; oder
   b) beschränkt einkommensteuerpflichtig sind;
2. in die Steuerklasse II gehören die unter Nummer 1 Buchstabe a bezeichneten Arbeitnehmer, wenn bei ihnen der Entlastungsbetrag für Alleinerziehende (§ 24b) zu berücksichtigen ist;
3. in die Steuerklasse III gehören Arbeitnehmer,
   a) die verheiratet sind, wenn beide Ehegatten unbeschränkt einkommensteuerpflichtig sind und nicht dauernd getrennt leben und
      aa) der Ehegatte des Arbeitnehmers keinen Arbeitslohn bezieht oder
      bb) der Ehegatte des Arbeitnehmers auf Antrag beider Ehegatten in die Steuerklasse V eingereiht wird,

---
[1]) Jetzt R 38.4 LStR

b) die verwitwet sind, wenn sie und ihr verstorbener Ehegatte im Zeitpunkt seines Todes unbeschränkt einkommensteuerpflichtig waren und in diesem Zeitpunkt nicht dauernd getrennt gelebt haben, für das Kalenderjahr, das dem Kalenderjahr folgt, in dem der Ehegatte verstorben ist;

c) deren Ehe aufgelöst worden ist, wenn

aa) im Kalenderjahr der Auflösung der Ehe beide Ehegatten unbeschränkt einkommensteuerpflichtig waren und nicht dauernd getrennt gelebt haben und

bb) der andere Ehegatte wieder geheiratet hat, von seinem neuen Ehegatten nicht dauernd getrennt lebt und er und sein neuer Ehegatte unbeschränkt einkommensteuerpflichtig sind,

für das Kalenderjahr, in dem die Ehe aufgelöst worden ist;

4. in die Steuerklasse IV gehören Arbeitnehmer, die verheiratet sind, wenn beide Ehegatten unbeschränkt einkommensteuerpflichtig sind und nicht dauernd getrennt leben und der Ehegatte des Arbeitnehmers ebenfalls Arbeitslohn bezieht;

5. in die Steuerklasse V gehören die unter Nummer 4 bezeichneten Arbeitnehmer, wenn der Ehegatte des Arbeitnehmers auf Antrag beider Ehegatten in die Steuerklasse III eingereiht wird;

6. die Steuerklasse VI gilt bei Arbeitnehmern, die nebeneinander von mehreren Arbeitgebern Arbeitslohn beziehen, für die Einbehaltung der Lohnsteuer vom Arbeitslohn aus dem zweiten und einem weiteren Dienstverhältnis sowie in den Fällen des § 39c.

³Als unbeschränkt einkommensteuerpflichtig im Sinne der Nummern 3 und 4 gelten nur Personen, die die Voraussetzungen des § 1 Absatz 1 oder 2 oder des § 1a erfüllen.

(2) ¹Für ein minderjähriges und nach § 1 Absatz 1 unbeschränkt einkommensteuerpflichtiges Kind im Sinne des § 32 Absatz 1 Nummer 1 und Absatz 3 werden bei der Anwendung der Steuerklassen I bis IV die Kinderfreibeträge als Lohnsteuerabzugsmerkmal nach § 39 Absatz 1 wie folgt berücksichtigt:

1. mit Zähler 0,5, wenn dem Arbeitnehmer der Kinderfreibetrag nach § 32 Absatz 6 Satz 1 zusteht, oder

2. mit Zähler 1, wenn dem Arbeitnehmer der Kinderfreibetrag zusteht, weil

a) die Voraussetzungen des § 32 Absatz 6 Satz 2 vorliegen oder

b) der andere Elternteil vor dem Beginn des Kalenderjahres verstorben ist oder

c) der Arbeitnehmer allein das Kind angenommen hat.

²Soweit dem Arbeitnehmer Kinderfreibeträge nach § 32 Absatz 1 bis 6 zustehen, ist nach nicht Satz 1 berücksichtigt werden, ist die Zahl der Kinderfreibeträge auf Antrag vorbehaltlich des § 39a Absatz 1 Nummer 6 zu Grunde zu legen. ³In den Fällen des Satzes 2 können die Kinderfreibeträge für mehrere Jahre gelten, wenn nach den tatsächlichen Verhältnissen zu erwarten ist, dass die Voraussetzungen bestehen bleiben. ⁴Bei Anwendung der Steuerklassen III und IV sind auch Kinder des Ehegatten bei der Zahl der Kinderfreibeträge zu berücksichtigen. ⁵Der Antrag kann nur nach amtlich vorgeschriebenem Vordruck gestellt werden.

(3) ¹Auf Antrag des Arbeitnehmers kann abweichend von Absatz 1 oder 2 eine für ihn ungünstigere Steuerklasse oder geringere Zahl der Kinderfreibeträge als Lohnsteuerabzugsmerkmal gebildet werden. ²Dieser Antrag ist nach amtlich vorgeschriebenem Vordruck zu stellen und vom Arbeitnehmer eigenhändig zu unterschreiben.

Hinweise

H 38b

Familienstand

→ R 26 EStR, H 26 EStH

Steuerklasse in EU/EWR-Fällen

Ein Arbeitnehmer, der als Staatsangehöriger eines Mitgliedstaats der Europäischen Union (EU) oder der Staaten Island, Liechtenstein oder Norwegen (EWR) nach § 1 Abs. 1 EStG unbeschränkt einkommensteuerpflichtig ist, ist auf Antrag in die Steuerklasse III einzuordnen, wenn der Ehegatte des Arbeitnehmers in einem EU/EWR Mitgliedstaat lebt (→ § 1a Abs. 1 Nr. 2 EStG). Es ist nicht erforderlich, dass der Ehegatte ebenfalls Staatsangehöriger eines EU/EWR-Mitgliedstaates ist. Auf die prozentuale oder absolute Höhe der nicht der deutschen Einkommensteuer unterliegenden Einkünfte beider Ehegatten kommt es nicht an.

Die Einreihung in die Steuerklasse III führt zur Veranlagungspflicht nach § 46 Abs. 2 Nr. 7 Buchstabe a EStG.

Ein allein stehender Arbeitnehmer, der Staatsangehöriger eines EU/EWR-Mitgliedstaates ist und nach § 1 Abs. 1 EStG unbeschränkt einkommensteuerpflichtig ist, ist in die Steuerklasse II einzureihen, wenn ihm der Entlastungsbetrag für Alleinerziehende zusteht.

Für die Änderung der Steuerklasse ist das Wohnsitzfinanzamt des im Inland lebenden Arbeitnehmers zuständig (→ BMF vom 29. 9. 1995 – BStBl I S. 429, Tz. 1.1 unter Berücksichtigung der zwischenzeitlich eingetretenen Rechtsänderungen).

Steuerklassenwahl

→ H 39.1

EStG

§ 39 Lohnsteuerabzugsmerkmale

S 2363

(1) ¹Für die Durchführung des Lohnsteuerabzugs werden auf Veranlassung des Arbeitnehmers Lohnsteuerabzugsmerkmale gebildet (§ 39a Absatz 1 und 4, § 39e Absatz 1 in Verbindung mit § 39e Absatz 4 Satz 1 und nach § 39e Absatz 8). ²Soweit Lohnsteuerabzugsmerkmale nicht nach § 39e Absatz 1 Satz 1 automatisiert gebildet werden oder davon abweichend zu bilden sind, ist das Finanzamt für die Bildung der Lohnsteuerabzugsmerkmale nach den §§ 38b und 39a und die Bestimmung ihrer Geltungsdauer zuständig. ³Für die Bildung der Lohnsteuerabzugsmerkmale sind die von den Meldebehörden nach § 39e Absatz 2 Satz 2 mitgeteilten Daten vorbehaltlich einer nach Satz 2 abweichenden Bildung durch das Finanzamt bindend. ⁴Die Bildung der Lohnsteuerabzugsmerkmale ist eine gesonderte Feststellung von Besteuerungsgrundlagen im Sinne des § 179 Absatz 1 der Abgabenordnung, die unter dem Vorbehalt der Nachprüfung steht. ⁵Die Bildung und die Änderung der Lohnsteuerabzugsmerkmale sind dem Arbeitnehmer bekannt zu geben. ⁶Die Bekanntgabe richtet sich nach § 119 Absatz 2 der Abgabenordnung und § 39e Absatz 6. ⁷Der Bekanntgabe braucht keine Belehrung über den zulässigen Rechtsbehelf beigefügt zu werden. ⁸Ein schriftlicher Bescheid mit einer Belehrung über den zulässigen Rechtsbehelf ist jedoch zu erteilen, wenn einem Antrag des Arbeitnehmers auf Bildung oder Änderung der Lohnsteuerabzugsmerkmale nicht oder nicht in vollem Umfang entsprochen wird oder der Arbeitnehmer die Erteilung eines Bescheids beantragt. ⁹Vorbehaltlich des Absatzes 5 ist § 153 Absatz 2 der Abgabenordnung nicht anzuwenden..

S 2363

(2) ¹Für die Bildung und die Änderung der Lohnsteuerabzugsmerkmale nach Absatz 1 Satz 2 des nach § 1 Absatz 1 unbeschränkt einkommensteuerpflichtigen Arbeitnehmers ist das Wohnsitzfinanzamt im Sinne des § 19 Absatz 1 Satz 1 und 2 der Abgabenordnung und in den Fällen des Absatzes 4 Nummer 5 das Betriebsstättenfinanzamt nach § 41a Absatz 1 Satz 1 Nummer 1 zuständig. ²Ist der Arbeitnehmer nach § 1 Absatz 2 unbeschränkt einkommensteuerpflichtig, nach § 1 Absatz 3 als unbeschränkt einkommensteuerpflichtig zu behandeln oder beschränkt einkommensteuerpflichtig, ist das Betriebsstättenfinanzamt für die Bildung und die Änderung der Lohnsteuerabzugsmerkmale zuständig. ³Ist der nach § 1 Absatz 3 als unbeschränkt einkommensteuerpflichtig zu behandelnde Arbeitnehmer gleichzeitig bei mehreren inländischen Arbeitgebern tätig, ist für die Bildung der weiteren Lohnsteuerabzugsmerkmale das Betriebsstättenfinanzamt zuständig, das erstmals Lohnsteuerabzugsmerkmale gebildet hat. ⁴Bei Ehegatten, die beide Arbeitslohn von inländischen Arbeitgebern beziehen, ist das Betriebsstättenfinanzamt des älteren Ehegatten zuständig.

S 2364

(3) ¹Wurde einem Arbeitnehmer in den Fällen des Absatzes 2 Satz 2 keine Identifikationsnummer zugeteilt, hat ihm das Betriebsstättenfinanzamt auf seinen Antrag hin eine Bescheinigung für den Lohnsteuerabzug auszustellen. ²In diesem Fall tritt an die Stelle der Identifikationsnummer das vom Finanzamt gebildete lohnsteuerliche Ordnungsmerkmal nach § 41b Absatz 2 Satz 1 und 2. ³Die Bescheinigung der Steuerklasse I kann auch der Arbeitgeber beantragen, wenn dieser den Antrag nach Satz 1 im Namen des Arbeitnehmers stellt. ⁴Diese Bescheinigung ist als Beleg zum Lohnkonto zu nehmen und während des Dienstverhältnisses, längstens bis zum Ablauf des jeweiligen Kalenderjahres, aufzubewahren.

(4) Lohnsteuerabzugsmerkmale sind

1. Steuerklasse (§ 38b Absatz 1) und Faktor (§ 39f),
2. Zahl der Kinderfreibeträge bei den Steuerklassen I bis IV (§ 38b Absatz 2),
3. Freibetrag und Hinzurechnungsbetrag (§ 39a),
4. Höhe der Beiträge für eine private Krankenversicherung und für eine private Pflege-Pflichtversicherung (§ 39b Absatz 2 Satz 5 Nummer 3 Buchstabe d) für die Dauer von zwölf Monaten, wenn der Arbeitnehmer dies beantragt,

¹⁾ Zu Absatz 4 Nr. 4 und 5 → § 52 Abs. 50g EStG.

5. Mitteilung, dass der von einem Arbeitgeber gezahlte Arbeitslohn nach einem Abkommen zur Vermeidung der Doppelbesteuerung von der Lohnsteuer freizustellen ist, wenn der Arbeitnehmer oder der Arbeitgeber dies beantragt.

(5) ¹Treten bei einem Arbeitnehmer die Voraussetzungen für eine für ihn ungünstigere Steuerklasse oder geringere Zahl der Kinderfreibeträge ein, ist der Arbeitnehmer verpflichtet, dem Finanzamt dies mitzuteilen und die Steuerklasse und die Zahl der Kinderfreibeträge umgehend ändern zu lassen. ²Dies gilt insbesondere, wenn die Voraussetzungen für die Berücksichtigung des Entlastungsbetrags für Alleinerziehende, für die Steuerklasse II zur Anwendung kommt, entfallen. ³Eine Mitteilung ist nicht erforderlich, wenn die Abweichung einen Sachverhalt betrifft, der zu einer Änderung der Daten führt, die nach § 39e Absatz 2 Satz 2 von den Meldebehörden zu übermitteln sind. ⁴Kommt der Arbeitnehmer seiner Verpflichtung nicht nach, ändert das Finanzamt die Steuerklasse und die Zahl der Kinderfreibeträge von Amts wegen. ⁵Unterbleibt die Änderung der Lohnsteuerabzugsmerkmale, hat das Finanzamt zu wenig erhobene Lohnsteuer vom Arbeitnehmer nachzufordern, wenn diese 10 Euro übersteigt.

(6) ¹Ändern sich die Voraussetzungen für die Steuerklasse oder für die Zahl der Kinderfreibeträge zu Gunsten des Arbeitnehmers, kann dieser beim Finanzamt die Änderung der Lohnsteuerabzugsmerkmale beantragen. ²Die Änderung ist mit Wirkung von dem ersten Tag des Monats an vorzunehmen, in dem erstmals die Voraussetzungen für die Änderung vorlagen. ³Ehegatten, die beide in einem Dienstverhältnis stehen, können einmalig im Laufe des Kalenderjahres beim Finanzamt die Änderung der Steuerklassen beantragen. ⁴Dies gilt unabhängig von der automatisierten Bildung der Steuerklassen nach § 39e Absatz 3 Satz 3 sowie einer von den Ehegatten gewünschten Änderung dieser automatisierten Bildung. ⁵Das Finanzamt hat eine Änderung nach Satz 3 mit Wirkung vom Beginn des Kalendermonats vorzunehmen, der auf die Antragstellung folgt. ⁶Für eine Berücksichtigung der Änderung im laufenden Kalenderjahr ist der Antrag nach Satz 1 oder 3 spätestens bis zum 30. November zu stellen.

(7) ¹Wird ein unbeschränkt einkommensteuerpflichtiger Arbeitnehmer beschränkt einkommensteuerpflichtig, hat er dies dem Finanzamt unverzüglich mitzuteilen. ²Das Finanzamt hat die Lohnsteuerabzugsmerkmale vom Zeitpunkt des Eintritts der beschränkten Einkommensteuerpflicht an zu ändern. ³Absatz 1 Satz 5 bis 8 gilt entsprechend. ⁴Unterbleibt die Mitteilung, hat das Finanzamt zu wenig erhobene Lohnsteuer vom Arbeitnehmer nachzufordern, wenn diese 10 Euro übersteigt.

(8) ¹Der Arbeitgeber darf die Lohnsteuerabzugsmerkmale nur für die Einbehaltung der Lohn- und Kirchensteuer verwenden. ²Er darf sie ohne Zustimmung des Arbeitnehmers nur offenbaren, soweit dies gesetzlich zugelassen ist.

(9) ¹Ordnungswidrig handelt, wer vorsätzlich oder leichtfertig entgegen Absatz 8 ein *Lohnsteuerabzugsmerkmal* verwendet. ²Die Ordnungswidrigkeit kann mit einer Geldbuße bis zu zehntausend Euro geahndet werden.

– unbesetzt –

R 39.1

---

¹) Änderung auf Grund des Amtshilferichtlinie-Umsetzungsgesetzes. Bei Redaktionsschluss war das Gesetzgebungsverfahren noch nicht abgeschlossen. Um Beachtung wird gebeten. → Siehe hierzu Hinweise auf Seite 4!

§ 39 EStG
H 39.1

H 39.1

Hinweise

Vordruckmuster Anträge zu den elektronischen Lohnsteuerabzugsmerkmalen

Anträge zu den elektronischen Lohnsteuerabzugsmerkmalen - ELStAM -
(Bitte Erläuterungen auf der Rückseite beachten)

Eingangsstempel

1 Steuernummer

2 Identifikationsnummer — Antragstellende Person

An das Finanzamt

3

Bei Wohnsitzwechsel: bisheriges Finanzamt

4

Ⓐ Angaben zur Person

5 Antragstellende Person/Name — Geburtsdatum T T M M J J J J

6 Vorname

7 Straße, Hausnummer

8 Postleitzahl, Wohnort

9 Telefon: Vorwahl — Rufnummer

Ⓑ Sperrung / Freischaltung der ELStAM

10 Ich bitte, meine ELStAM künftig — [1] bei mehr als 2 Angaben weiteren Antrag beifügen

11 ☒ nicht mehr zu bilden (Vollsperrung).

12 ☒ für alle Arbeitgeber freizuschalten. (nach einer Voll-/Teilsperrung)

13 ☒ für folgende(n) Arbeitgeber [1]   ☒ zu sperren (Teilsperrung).   ☒ freizuschalten.

Name — Steuernummer

14

15

Ⓒ Mitteilung der eigenen ELStAM

16 Ich beantrage, mir ☒ meine aktuellen ELStAM ☒ die ELStAM-Abrufe der Arbeitgeber für die letzten 24 Monate mitzuteilen.

Ⓓ Änderung der ELStAM

17 **I. Berücksichtigung einer ungünstigeren Steuerklasse / Reaktivierung der günstigeren Steuerklasse**

18 Ich bitte, anstatt der bisherigen Steuerklasse ___ die Steuerklasse ___ zu berücksichtigen.

19 **II. Steuerklasse III in Sonderfällen**

20 ☒ Ich bin Staatsangehöriger eines EU/EWR-Mitgliedstaats, habe meinen Wohnsitz oder gewöhnlichen Aufenthalt im Inland und mein Ehegatte lebt in einem anderen EU/EWR-Mitgliedstaat. Ich bitte, bei mir die Steuerklasse III zu berücksichtigen. Nachweis ist beigefügt (z.B. Wohnsitzbescheinigung/Anlage Grenzpendler EU/EWR)

21 ☒ Mein geschiedener Ehegatte hat im Scheidungsjahr J J J J wieder geheiratet. Ich bitte, bei mir für dieses Kalenderjahr die Steuerklasse III zu berücksichtigen. [2]

[2] Voraussetzung ist, dass im Jahr der Auflösung der Ehe beide Ehegatten unbeschränkt einkommensteuerpflichtig waren und nicht dauernd getrennt gelebt haben und dass diese Voraussetzungen auch von den Ehepartnern der neuen Ehe erfüllt werden.

2011ELSTAM611 — Juni 2011 — 2011ELSTAM611

§ 39 EStG
H 39.1

III. Ungünstigere Zahl der Kinderfreibeträge / Reaktivierung der günstigeren Zahl der Kinderfreibeträge

23 [X] Ich bitte, keine Kinderfreibeträge zu berücksichtigen.

24 [X] Ich bitte, für folgende Kinder keine Kinderfreibeträge zu berücksichtigen.

25 [X] Ich bitte, die Kinderfreibeträge für folgende Kinder wieder zu berücksichtigen. 3)

3) Der Antrag kann nur gestellt werden, wenn für diese Kinder zuvor eine ungünstigere Zahl der Kinderfreibeträge beantragt wurde.

26 Vorname des Kindes

27 ggf. abweichender Familienname

28 Geburtsdatum / Identifikationsnummer des Kindes

29 Vorname des Kindes 1)

30 ggf. abweichender Familienname

31 Geburtsdatum / Identifikationsnummer des Kindes

32 (Datum) (Unterschrift der antragstellenden Person)

Erläuterungen:

33 Die im Lohnsteuerabzugsverfahren maßgebenden Besteuerungsgrundlagen (Steuerklasse, Zahl der Kinderfreibeträge, Religionszugehörigkeit, Frei- und Hinzurechnungsbeträge) werden als ELStAM (Elektronische Lohnsteuerabzugsmerkmale) bezeichnet. Die ELStAM werden von der Finanzverwaltung elektronisch zentral verwaltet. Die An- und Abmeldung zu Beginn oder bei Beendigung des Beschäftigungsverhältnisses sowie der Abruf der ELStAM zur Durchführung des Lohnsteuerabzugs erfolgt grundsätzlich durch den Arbeitgeber. Sie haben das Recht, jederzeit Ihre ELStAM sowie die Abrufe Ihres Arbeitgebers einzusehen. Des Weiteren können Sie beantragen, dass für Sie künftig keine ELStAM mehr gebildet oder die ELStAM für von Ihnen bestimmte Arbeitgeber gesperrt oder freigeschaltet werden. Neben dem Namen des Arbeitgebers ist dabei zwingend die Steuernummer der lohnsteuerlichen Betriebsstätte anzugeben. Diese können Sie dem Ausdruck der elektronischen Lohnsteuerbescheinigung entnehmen. Der Arbeitgeber ist zudem verpflichtet, Ihnen zum Zwecke der Sperrung oder Freischaltung diese Steuernummer mitzuteilen.

Sie sind verpflichtet nach Ablauf des Kalenderjahres eine Einkommensteuererklärung abzugeben, wenn die Steuerklasse III in Sonderfällen gewährt wurde (§ 46 Abs. 2 Nr. 6 und 7a des Einkommensteuergesetzes - EStG -).

Nach den Vorschriften der Datenschutzgesetze wird darauf hingewiesen, dass die Angabe der Telefonnummer freiwillig im Sinne dieser Gesetze ist und im Übrigen die mit diesem Antrag angeforderten Daten auf Grund der §§ 149 ff. der Abgabenordnung und des § 39e EStG erhoben werden.

34	Verfügung des Finanzamts				
35	1. [ ] Mitteilung der ELStAM übergeben / versandt				
36	2. [ ] Sperrung / Freischaltung der ELStAM gespeichert				
37	3. Änderung der	Steuerklasse	in	Steuerklasse	Gültig ab
38	4. Änderung der	Zahl der Kinderfreibeträge	in	Zahl der Kinderfreibeträge	Gültig ab
39	5. z.d.A.				

40 (Sachgebietsleiter) (Datum) (Sachbearbeiter)

2011ELStAM612   2011ELStAM612

§ 39 EStG
H 39.1

Allgemeines

Anhang 17

- Zur Einführung des Verfahrens der elektronischen Lohnsteuerabzugsmerkmale (ELStAM) **für den VZ 2012** → BMF vom 6. 12. 2011 (BStBl I S. 1254)
- *Startschreiben zum erstmaligen Abruf der elektronischen Lohnsteuerabzugsmerkmale durch den Arbeitgeber und Anwendungsgrundsätze für den Einführungszeitraum 2013* → BMF vom 19. 12. 2012 (BStBl I S. 1258).
- *Lohnsteuerabzug ab dem Kalenderjahr 2013 im Verfahren der elektronischen Lohnsteuerabzugsmerkmale* → BMF Entwurf vom 11. 10. 2012 (BStBl I S. ......).

→ § 52b EStG

→ Anhang 17

Bescheinigung der Religionsgemeinschaft

- Die Bescheinigung der Religionsgemeinschaft ist verfassungsgemäß (→ BVerfG vom 25. 5. 2001 – BvR 2253/00). Dies gilt auch für die Eintragung „–", aus der sich ergibt, dass der Steuerpflichtige keiner kirchensteuererhebungsberechtigten Religionsgemeinschaft angehört (→ BVerfG vom 30. 9. 2002–1 BvR 1744/02).
- Beispiele

Konfessionszugehörigkeit		Eintragung im Feld Kirchensteuerabzug
Arbeitnehmer	Ehegatte	
ev	rk	ev rk
ev	ev	ev
rk	– –	rk
– –	ev	– –
– –	– –	– –

Die Eintragung der Religionszugehörigkeit auf der LSt-Karte verletzt keine Grundrechte von Arbeitnehmern. Sie ist insbesondere mit der Freiheit vereinbar, religiöse Überzeugungen zu verschweigen (Art. 4 GG; Art. 140 GG i. V. m. Art. 136 Absatz 3 Satz 1 WRV). Dasselbe gilt für die Eintragung „–", aus der erkennbar wird, dass ein Arbeitnehmer keiner kirchensteuererhebungs-berechtigten Religionsgemeinschaft angehört (BVerfG vom 25. 5. 2001–1 BvR 2253/00).

Eingetragene Lebenspartnerschaften

Änderung der Eintragungen auf den Lohnsteuerkarten 2001 bzw. Ausstellung der Lohnsteuerkarten 2002; steuerliche Behandlung Eingetragener Lebenspartnerschaften[1])

(Verfügung der OFD Hannover vom 3. 8. 2001 – S 2363 – 93 – StH 213/S 2363 – 69 – StO 211 –)

Nach § 1 Abs. 1 des Gesetzes über die Eingetragene Lebenspartnerschaft vom 16. Februar 2001, BGBl. 2001 I S. 266, (Lebenspartnerschaftsgesetz) begründen zwei Personen gleichen Geschlechts eine Lebenspartnerschaft, wenn sie gegenseitig persönlich und bei gleichzeitiger Anwesenheit vor der zuständigen Behörde erklären, miteinander eine Partnerschaft auf Lebenszeit führen zu wollen. Das Gesetz ist mit Wirkung vom 1. August 2001 an in Kraft getreten.

Die Eintragung einer familiengerechten Steuerklasse auf den Lohnsteuerkarten der in Lebenspartnerschaft lebenden Personen kommt nicht in Betracht, weil durch das Lebenspartnerschaftsgesetz keine völlige Gleichstellung zwischen Lebenspartnern und Ehegatten hergestellt wurde. ...

Die Eintragung einer familiengerechten Steuerklasse ist nach § 38b Satz 2 Nrn. 3 und 4 EStG nur bei verheirateten Arbeitnehmern (Ehegatten) möglich. Nach dem Beschluss des Bundesverfassungsgerichts vom 4. Oktober 1993, 1 BvR 640/93, NJW 1993 S. 3058 ist die Verschiedengeschlechtlichkeit der Partner ein prägendes Begriffsmerkmal der Ehe.

Anträge von in Lebenspartnerschaft lebenden Personen auf Gewährung der familiengerechten Steuerklasse sind abzulehnen. Rechtsbehelfe gegen entsprechende Ablehnungsbescheide sind von den Gemeinden an die Finanzämter abzugeben. In diesem Zusammenhang weise ich auf Abschn. 22 Abs. 9 meiner Bezugsverfügungen hin.

---

[1]) Gilt sinngemäß beim ELStAM-Verfahren.

Steuerklassenwahl

Merkblatt zur Steuerklassenwahl für das Jahr 2013

bei Ehegatten, die beide Arbeitnehmer sind[1]) Ehegatten, die beide unbeschränkt steuerpflichtig sind, nicht dauernd getrennt leben und **beide Arbeitslohn**[2]) beziehen, können bekanntlich für den Lohnsteuerabzug wählen, ob sie beide in die Steuerklasse IV eingeordnet werden wollen oder ob einer von ihnen (der Höherverdienende) nach Steuerklasse III und der andere nach Steuerklasse V besteuert werden will. Die Steuerklassenkombination III/V ist so gestaltet, dass die Summe der Steuerabzugsbeträge beider Ehegatten in etwa der zu erwartenden Jahressteuer entspricht, wenn der in Steuerklasse III eingestufte Ehegatte ca. 60 Prozent, der in Steuerklasse V eingestufte ca. 40 Prozent des gemeinsamen Arbeitseinkommens erzielt. Bei abweichenden Verhältnissen des gemeinsamen Arbeitseinkommens kann es aufgrund des verhältnismäßig niedrigen Lohnsteuerabzugs zu Steuernachzahlungen kommen. Aus diesem Grund besteht bei der Steuerklassenkombination III/V generell die Pflicht zur Abgabe einer Einkommensteuererklärung. Zur Vermeidung von Steuernachzahlungen bleibt es den Ehegatten daher unbenommen, sich trotzdem für die Steuerklassenkombination IV/IV zu entscheiden, wenn sie den höheren Steuerabzug bei dem Ehegatten mit der Steuerklasse V vermeiden wollen; dann entfällt jedoch für den anderen Ehegatten die günstigere Steuerklasse III. Zudem besteht die Möglichkeit, die Steuerklassenkombination IV/IV mit Faktor zu wählen (siehe „**Faktorverfahren**").

Um verheirateten Arbeitnehmern die **Steuerklassenwahl zu erleichtern**, haben das Bundesministerium der Finanzen und die obersten Finanzbehörden der Länder die in der Anlage beigefügten **Tabellen** ausgearbeitet. Aus den Tabellen können die Ehegatten nach der Höhe ihrer monatlichen Arbeitslöhne die Steuerklassenkombination feststellen, bei der sie die geringste Lohnsteuer entrichten müssen. Soweit beim Lohnsteuerabzug **Freibeträge** zu berücksichtigen sind, sind diese vor Anwendung der jeweils in Betracht kommenden Tabelle vom monatlichen Bruttoarbeitslohn **abzuziehen**.

Die Tabellen erleichtern lediglich die Wahl der für den Lohnsteuerabzug günstigsten Steuerklassenkombination. Ihre Aussagen sind auch nur in den Fällen genau, in denen die Monatslöhne über das ganze Jahr konstant bleiben. Im Übrigen besagt die im Laufe des Jahres einbehaltene Lohnsteuer noch nichts über die Höhe der Jahressteuerschuld. Die vom Arbeitslohn einbehaltenen Beträge an Lohnsteuer stellen im Regelfall nur Vorauszahlungen auf die endgültige Jahressteuerschuld dar. In welcher Höhe sich nach Ablauf des Jahres Erstattungen oder Nachzahlungen ergeben, lässt sich nicht allgemein sagen; hier kommt es immer auf die Verhältnisse des Einzelfalles an. Das Finanzamt kann Einkommensteuer-Vorauszahlungen festsetzen, wenn damit zu rechnen ist, dass die Jahressteuerschuld die einzubehaltende Lohnsteuer um mindestens 400 Euro im Kalenderjahr übersteigt. Auf die Erläuterungen im „Kleinen Ratgeber für Lohnsteuerzahler 2013", der auf der Internetseite der jeweiligen obersten Finanzbehörde des Landes abgerufen werden kann, wird hingewiesen.

Auswirkungen der Steuerklassenwahl oder des Faktorverfahrens

Bei der Wahl der Steuerklassenkombination oder der Anwendung des Faktorverfahrens sollten die Ehegatten daran denken, dass die Entscheidung auch die Höhe der Entgelt-/Lohnersatzleistungen, wie Arbeitslosengeld I, Unterhaltsgeld, Krankengeld, Versorgungskrankengeld, Verletztengeld, Übergangsgeld, Elterngeld und Mutterschaftsgeld oder die Höhe des Lohnanspruchs bei der Altersteilzeit beeinflussen kann. Eine vor Jahresbeginn getroffene Steuerklassenwahl wird bei der Gewährung von Lohnersatzleistungen von der Agentur für Arbeit grundsätzlich anerkannt. Wechseln Ehegatten im Laufe des Kalenderjahres die Steuerklassen, können sich bei der Zahlung von Entgelt-/Lohnersatzleistungen (z. B. wegen Arbeitslosigkeit eines Ehegatten oder Inanspruchnahme von Altersteilzeit) unerwartete Auswirkungen ergeben. Deshalb sollten Arbeitnehmer, die damit rechnen, in absehbarer Zeit eine Entgelt-/Lohnersatzleistung für sich in Anspruch nehmen zu müssen oder diese bereits beziehen, vor der Neuwahl der Steuerklassenkombination bzw. der Anwendung des Faktorverfahrens zu deren Auswirkung auf die Höhe der Entgelt-/Lohnersatzleistung den zuständigen Sozialleistungsträger bzw. den Arbeitgeber befragen. Zuständige Behörde für die Anträge

Anträge zum Steuerklassenwechsel oder zur Anwendung des Faktorverfahrens sind an das Finanzamt zu richten, in dessen Bezirk die Ehegatten im Zeitpunkt der Antragstellung ihren Wohnsitz haben. Die Steuerklasse ist eines der für den Lohnsteuerabzug maßgebenden Lohnsteuerabzugsmerkmale. Im Kalenderjahr 2013 gilt die im Kalenderjahr 2012 verwendete Steuer-

---

[1] Im Merkblatt sind nicht Tarifsenkungen aufgrund des Gesetzes zum Abbau der kalten Progression berücksichtigt. Das Gesetz befindet sich derzeit noch im Vermittlungsverfahren, nachdem der Bundesrat dem Gesetz nicht zugestimmt hat (s. Bundestags-Drs. 17/9644 vom 11. Mai 2012) und die Bundesregierung den Vermittlungsausschuss angerufen hat (s. Bundestags-Drs. 17/9672 vom 16. Mai 2012).
[2] Aktives Beschäftigungsverhältnis, keine Versorgungsbezüge.

§ 39 EStG
H 39.1

klasse weiter. Soll diese Steuerklasse nicht zur Anwendung kommen, kann eine andere Steuerklasse oder abweichende Steuerklassenkombination beim zuständigen Finanzamt beantragt werden. Weil ein solcher Antrag nicht als Wechsel der Steuerklassen gilt, geht das Recht, einmal jährlich die Steuerklasse zu wechseln, nicht verloren. Für das Faktorverfahren gilt dies entsprechend.

Ein Steuerklassenwechsel oder die Anwendung des Faktorverfahrens im Laufe des Jahres 2013 kann in der Regel nur einmal, und zwar spätestens bis zum 30. November 2013, beim Wohnsitzfinanzamt beantragt werden. Nur in den Fällen, in denen im Laufe des Jahres 2013 ein Ehegatte keinen Arbeitslohn mehr bezieht (z. B. Ausscheiden aus dem Dienstverhältnis) oder verstirbt, kann das Wohnsitzfinanzamt bis zum 30. November 2013 auch noch ein weiteres Mal einen Steuerklassenwechsel vornehmen oder das Faktorverfahren anwenden. Das Gleiche gilt, wenn ein Ehegatte nach vorangegangener Arbeitslosigkeit wieder Arbeitslohn bezieht, nach einer Elternzeit das Dienstverhältnis wieder aufnimmt oder wenn sich die Ehegatten im Laufe des Jahres auf Dauer trennen.

Der Antrag ist von beiden Ehegatten gemeinsam, mit dem beim Finanzamt erhältlichen Vordruck „Antrag auf Steuerklassenwechsel bei Ehegatten" oder in Verbindung mit der Berücksichtigung eines Freibetrags auf dem amtlichen Vordruck „Antrag auf Lohnsteuer-Ermäßigung" bzw. „Vereinfachter Antrag auf Lohnsteuer-Ermäßigung" zu beantragen. Bei der Wahl des Faktorverfahrens sind zusätzlich die voraussichtlichen Arbeitslöhne des Jahres 2013 aus den ersten Dienstverhältnissen anzugeben.

Steuerklassenwahl

Für die Ermittlung der Lohnsteuer sind zwei Tabellen zur Steuerklassenwahl aufgestellt worden.

- Die Tabelle I ist zu benutzen, wenn der höherverdienende Ehegatte in allen Zweigen sozialversichert ist (z. B. auch bei Pflichtversicherung in der gesetzlichen Rentenversicherung und freiwilliger Versicherung in der gesetzlichen Kranken- und sozialen Pflegeversicherung).

- Die Tabelle II ist zu benutzen, wenn der höherverdienende Ehegatte in keinem Zweig sozialversichert ist und keinen steuerfreien Zuschuss des Arbeitgebers zur Kranken- und Pflegeversicherung erhält (z. B. privat krankenversicherte Beamte).

Ist einer der Ehegatten nicht in allen Zweigen sozialversichert (z. B. rentenversicherungspflichtiger, privat krankenversicherter Arbeitnehmer) oder einer der Ehegatten in keinem Zweig sozialversichert, jedoch zuschussberechtigt (z. B. nicht rentenversicherungspflichtiger, privat krankenversicherter Arbeitnehmer mit steuerfreiem Zuschuss des Arbeitgebers zur Kranken- und Pflegeversicherung), führt die Anwendung der Tabellen zu unzutreffenden Ergebnissen.

Beide Tabellen gehen vom monatlichen Arbeitslohn A des höherverdienenden Ehegatten aus. Dazu wird jeweils der monatliche Arbeitslohn B3 des geringerverdienenden Ehegatten angegeben, der bei einer Steuerklassenkombination III (für den höherverdienenden Ehegatten) und V (für den geringerverdienenden Ehegatten) grds. nicht überschritten werden darf, wenn der geringste Lohnsteuerabzug erreicht werden soll. Die Spalten 2 und 5 sind maßgebend, wenn der geringerverdienende Ehegatte in allen Zweigen sozialversichert ist; ist der geringerverdienende Ehegatte in keinem Zweig sozialversichert und hat keinen steuerfreien Zuschuss des Arbeitgebers zur Kranken- und Pflegeversicherung erhalten, sind die Spalten 3 und 6 maßgebend. Übersteigt der monatliche Arbeitslohn des geringerverdienenden Ehegatten den nach den Spalten 2, 3 oder 5 und 6 der Tabellen in Betracht kommenden Betrag, führt die Steuerklassenkombination IV/IV für die Ehegatten grds. zu einem geringeren oder zumindest nicht höheren Lohnsteuerabzug als die Steuerklassenkombination III/V. **Beispiele:**

1. Ein Arbeitnehmer-Ehepaar, beide in allen Zweigen sozialversichert, bezieht Monatslöhne (nach Abzug etwaiger Freibeträge) von 3 000 € und 1 700 €. Da der Monatslohn des geringer ver-dienenden Ehegatten den, nach dem Monatslohn des höher verdienenden Ehegatten in der Spalte 2 der Tabelle I ausgewiesenen Betrag von 2 149 € nicht übersteigt, führt in diesem Falle die Steuerklassenkombination III/V zur geringsten Lohnsteuer.

    Vergleich der Lohnsteuerabzugsbeträge

    a) Lohnsteuer für 3 000 € nach Steuerklasse III 234,50 €

      für 1 700 € nach Steuerklasse V 346,33 €

      insgesamt also **580,83 €**

    b) Lohnsteuer für 3 000 € nach Steuerklasse IV 468,25 €

      für 1 700 € nach Steuerklasse IV 147,91 €

      insgesamt also **616,16 €**

2. Würde der Monatslohn des geringer verdienenden Ehegatten 2 500 € betragen, so würde die Steuerklassenkombination IV/IV insgesamt zur geringsten Lohnsteuer führen.
Vergleich der Lohnsteuerabzugsbeträge:
   a) Lohnsteuer für 3 000 € nach Steuerklasse III 234,50 €
      für 2 500 € nach Steuerklasse V 602,83 €
      insgesamt also **837,33 €**
   b) Lohnsteuer für 3 000 € nach Steuerklasse IV 468,25 €
      für 2 500 € nach Steuerklasse IV 337,58 €
      insgesamt also **805,83 €**

Faktorverfahren

Anstelle der Steuerklassenkombination III/V können Arbeitnehmer-Ehegatten auch die Steuerklassenkombination IV/IV mit Faktor wählen. Durch das Faktorverfahren wird erreicht, dass bei jedem Ehegatten die steuerentlastenden Vorschriften (insbesondere der Grundfreibetrag) beim eigenen Lohnsteuerabzug berücksichtigt werden (Anwendung der Steuerklasse IV). Mit dem Faktor 0,... (stets kleiner als eins) wird außerdem die steuermindernde Wirkung des Splittingverfahrens beim Lohnsteuerabzug berücksichtigt. Der Antrag kann beim Finanzamt formlos oder in Verbindung mit dem förmlichen Antrag auf Eintragung eines Freibetrags gestellt werden. Dabei sind die voraussichtlichen Arbeitslöhne des Jahres 2013 aus den ersten Dienstverhältnissen anzugeben. Das Finanzamt berechnet danach den Faktor mit drei Nachkommastellen ohne Rundung und trägt ihn jeweils zur Steuerklasse IV ein. Der Faktor wird wie folgt berechnet: voraussichtliche Einkommensteuer im Splittingverfahren („Y") geteilt durch die Summe der Lohnsteuer für die Arbeitnehmer-Ehegatten gemäß Steuerklasse IV („X"). Ein etwaiger Freibetrag wird hier nicht gesondert berücksichtigt, weil er bereits in die Berechnung der voraussichtlichen Einkommensteuer im Splittingverfahren einfließt. Die Arbeitgeber der Ehegatten ermitteln die Lohnsteuer nach Steuerklasse IV und mindern sie durch Multiplikation mit dem entsprechenden Faktor.

Die Höhe der steuermindernden Wirkung des Splittingverfahrens hängt von der Höhe der Lohnunterschiede ab. Mit dem Faktorverfahren wird der Lohnsteuerabzug der voraussichtlichen Jahressteuerschuld sehr genau angenähert. Damit können höhere Nachzahlungen (und ggf. auch Einkommensteuer-Vorauszahlungen) vermieden werden, die bei der Steuerklassenkombination III/V auftreten können. In solchen Fällen ist die Summe der Lohnsteuer im Faktorverfahren dann folgerichtig höher als bei der Steuerklassenkombination III/V. Grundsätzlich führt die Steuerklassenkombination IV/IV-Faktor zu einer erheblich anderen Verteilung der Lohnsteuer zwischen den Ehegatten als die Steuerklassenkombination III/V. Die Ehegatten sollten daher beim Faktorverfahren ebenso wie bei der Steuerklassenkombination III/V daran denken, dass dies die Höhe der Entgelt-/Lohnersatzleistungen oder die Höhe des Lohnanspruchs bei Altersteilzeit beeinflussen kann (s. oben). Das Bundesministerium der Finanzen und die obersten Finanzbehörden der Länder halten auf ihren Internetseiten neben dem Lohnsteuerrechner auch eine Berechnungsmöglichkeit für den Faktor bereit, damit die Arbeitnehmer-Ehegatten die steuerlichen Auswirkungen der jeweiligen Steuerklassenkombination prüfen können.

Wie bei der Wahl der Steuerklassenkombination III/V sind die Arbeitnehmer-Ehegatten auch bei der Wahl des Faktorverfahrens verpflichtet, eine Einkommensteuererklärung beim Finanzamt einzureichen.

Beispiel zur Ermittlung und Anwendung des Faktors: Jährliche Lohnsteuer bei Steuerklassenkombination IV/IV:
Arbeitnehmer-Ehegatte A: für 36 000 € (monatlich 3 000 € x 12) = 5 619 €
Arbeitnehmer-Ehegatte B: für 20 400 € (monatlich 1 700 € x 12) = 1 775 €
Summe der Lohnsteuer bei Steuerklassenkombination IV/IV (entspricht „X") beträgt 7 394 €. Die voraussichtliche Einkommensteuer im Splittingverfahren (entspricht „Y") beträgt 7 186 €. Der Faktor ist Y geteilt durch X, also 7 186 € : 7 394 € = 0,971
(Der Faktor wird mit drei Nachkommastellen berechnet und nur eingetragen, wenn er kleiner als 1 ist). Jährliche Lohnsteuer bei Steuerklasse IV/IV mit Faktor 0,971:
Arbeitnehmer-Ehegatte A für 36 000 € (5 619 € x 0,971) = 5 456 €
Arbeitnehmer-Ehegatte B für 20 400 € (1 775 € x 0,971) = 1 723 € **Summe der Lohnsteuer bei Steuerklassenkombination IV/IV mit Faktor 0,971 =
7 179 €.** Im Beispielsfall führt die Einkommensteuerveranlagung:
– bei der Steuerklassenkombination III/V
  zu einer Nachzahlung in Höhe von 216 €

§ 39 EStG
H 39.1

(voraussichtliche Einkommensteuer im Splittingverfahren 7 186 € – Summe Lohnsteuer bei Steuerklassenkombination III/V 6 970 € [2 814 € + 4 156 €]),
- bei der Steuerklassenkombination IV/IV
zu einer Erstattung in Höhe von 208 €
(voraussichtliche Einkommensteuer im Splittingverfahren 7 186 € – Summe Lohnsteuer bei Steuerklassenkombination IV/IV 7.394 €),
- *bei der Steuerklassenkombination IV/IV-Faktor weder zu einerhohen Nachzahlung noch zu einer Erstattung (in diesem Fall nur Rundungsdifferenz in Höhe von 7 €; voraussichtliche Einkommensteuer Splittingverfahren 7 186 € – Summe der Lohnsteuer bei Steuerklasse IV/IV mit Faktor 7 179 €). Die Lohnsteuer ist im Faktorverfahren wesentlich anders verteilt (5 456 € für A und 1 723 € für B) als bei der Steuerklassenkombination III/V (2 814 € für A und 4 156 € für B). Die Lohnsteuerverteilung im Faktorverfahren entspricht der familienrechtlichen Verteilung der Steuerlast im Innenverhältnis der Ehegatten. Tabellen zur Steuerklassenwahl*

Wahl der Steuerklassen in 2013

Tabelle I: bei **Sozialversicherungspflicht** des höher verdienenden Ehegatten

Monatlicher Arbeitslohn A[1] €	Monatlicher Arbeitslohn B[1] in € bei ... des geringerverdienenden Ehegatten		Monatlicher Arbeitslohn A[1] €	Monatlicher Arbeitslohn B[1] in € bei ... des geringerverdienenden Ehegatten	
	Sozialversicherungspflicht	Sozialversicherungsfreiheit		Sozialversicherungspflicht	Sozialversicherungsfreiheit
1	2	3	4	5	6
1 250	523	493	3 300	2 364	2 193
1 300	597	564	3 350	2 398	2 225
1 350	681	643	3 400	2 434	2 255
1 400	773	730	3 450	2 468	2 284
1 450	871	822	3 500	2 504	2 316
1 500	1 092	1 031	3 550	2 540	2 346
1 550	1 150	1 085	3 600	2 573	2 376
1 600	1 211	1 143	3 650	2 609	2 407
1 650	1 276	1 205	3 700	2 646	2 438
1 700	1 343	1 271	3 750	2 680	2 467
1 750	1 383	1 315	3 800	2 717	2 498
1 800	1 414	1 345	3 850	2 753	2 531
1 850	1 442	1 372	3 900	2 792	2 565
1 900	1 471	1 399	3 950	2 833	2 600
1 950	1 499	1 426	4 000	2 879	2 639
2 000	1 528	1 453	4 050	2 926	2 680
2 050	1 565	1 488	4 100	2 975	2 721
2 100	1 603	1 524	4 150	3 025	2 764
2 150	1 635	1 555	4 200	3 076	2 808
2 200	1 669	1 587	4 250	3 132	2 857
2 250	1 698	1 616	4 300	3 189	2 906
2 300	1 730	1 645	4 350	3 247	2 956
2 350	1 763	1 674	4 400	3 309	3 009
2 400	1 795	1 705	4 450	3 374	3 065
2 450	1 830	1 733	4 500	3 440	3 123
2 500	1 863	1 764	4 550	3 511	3 183
2 550	1 891	1 788	4 600	3 587	3 249

[1]) Nach Abzug etwaiger Freibeträge.

§ 39 EStG
H 39.1

Monatlicher Arbeitslohn A[1] €	Monatlicher Arbeitslohn B[1] in € bei … des geringerverdienenden Ehegatten		Monatlicher Arbeitslohn A[1] €	Monatlicher Arbeitslohn B[1] in € bei … des geringerverdienenden Ehegatten	
	Sozialversicherungspflicht	Sozialversicherungsfreiheit		Sozialversicherungspflicht	Sozialversicherungsfreiheit
1	2	3	4	5	6
2 600	1 920	1 813	4 650	3 669	3 318
2 650	1 944	1 833	4 700	3 756	3 393
2 700	1 969	1 853	4 750	3 845	3 471
2 750	1 986	1 871	4 800	3 942	3 556
2 800	2 008	1 887	4 850	4 044	3 652
2 850	2 044	1 919	4 900	4 152	3 756
2 900	2 079	1 949	4 950	4 280	3 879
2 950	2 114	1 980	5 000	4 433	4 022
3 000	2 149	2 012	5 050	4 637	4 216
3 050	2 186	2 041	5 100	–	–
3 100	2 219	2 070	5 150	–	–
3 150	2 256	2 104	5 200	–	–
3 200	2 290	2 133	5 250	–	–
3 250	2 327	2 163	5 300	–	–

Wahl der Steuerklassen in 2013 bei Sozialversicherungsfreiheit des höher verdienenden Ehegatten

Tabelle II:

Monatlicher Arbeitslohn A[1] €	Monatlicher Arbeitslohn B[1] in € bei … des geringerverdienenden Ehegatten		Monatlicher Arbeitslohn A[1] €	Monatlicher Arbeitslohn B[1] in € bei … des geringerverdienenden Ehegatten	
	Sozialversicherungspflicht	Sozialversicherungsfreiheit		Sozialversicherungspflicht	Sozialversicherungsfreiheit
1	2	3	4	5	6
1 250	634	598	3 300	2 842	2 608
1 300	717	677	3 350	2 888	2 647
1 350	811	766	3 400	2 936	2 688
1 400	1 061	1 002	3 450	2 985	2 730
1 450	1 120	1 058	3 500	3 036	2 774
1 500	1 183	1 117	3 550	3 088	2 819
1 550	1 250	1 180	3 600	3 144	2 867
1 600	1 321	1 248	3 650	3 200	2 915
1 650	1 366	1 296	3 700	3 259	2 967
1 700	1 400	1 332	3 750	3 322	3 021
1 750	1 436	1 365	3 800	3 388	3 077
1 800	1 473	1 400	3 850	3 457	3 136
1 850	1 510	1 435	3 900	3 530	3 200
1 900	1 553	1 477	3 950	3 607	3 266
1 950	1 609	1 529	4 000	3 689	3 336

[1] Nach Abzug etwaiger Freibeträge.

§ 39 EStG
H 39.1

Monatlicher Arbeitslohn A[1] €	Monatlicher Arbeitslohn B[1] in € bei ... des geringerverdienenden Ehegatten		Monatlicher Arbeitslohn A[1] €	Monatlicher Arbeitslohn B[1] in € bei ... des geringerverdienenden Ehegatten	
	Sozialversicherungspflicht	Sozialversicherungsfreiheit		Sozialversicherungspflicht	Sozialversicherungsfreiheit
1	2	3	4	5	6
2 000	1 668	1 586	4 050	3 776	3 412
2 050	1 730	1 645	4 100	3 872	3 495
2 100	1 795	1 706	4 150	3 973	3 584
2 150	1 863	1 761	4 200	4 076	3 683
2 200	1 921	1 813	4 250	4 194	3 795
2 250	1 978	1 863	4 300	–	3 924
2 300	2 034	1 909	4 350	–	4 085
2 350	2 085	1 953	4 400	–	4 319
2 400	2 131	1 995	4 450	–	–
2 450	2 177	2 034	4 500	–	–
2 500	2 219	2 071	4 550	–	–
2 550	2 257	2 104	4 600	–	–
2 600	2 294	2 136	4 650	–	–
2 650	2 334	2 168	4 700	–	–
2 700	2 372	2 200	4 750	–	–
2 750	2 407	2 232	4 800	–	–
2 800	2 447	2 266	4 850	–	–
2 850	2 484	2 298	4 900	–	–
2 900	2 523	2 332	4 950	–	–
2 950	2 562	2 364	5 000	–	–
3 000	2 599	2 399	5 050	–	–
3 050	2 637	2 431	5 100	–	–
3 100	2 675	2 463	5 150	–	–
1 250	634	598	3 300	2 842	2 608
1 300	717	677	3 350	2 888	2 647
1 350	811	766	3 400	2 936	2 688[1]

Steuerklassenwahl bei Arbeitnehmerehegatten und Elterngeld

(Verfügung der OFD Rheinland vom 3. 11. 2006 – S 2361–0005 – St 215 –)

Der Bundestag hat am 29. 9. 2006 das so genannte Elterngeld beschlossen. Der Bundesrat hat am 3. 11. 2006 zugestimmt. Das BEEG (Bundeselterngeld- und Elternzeitgesetz) gilt für Kinder, die ab dem 1. 1. 2007 geboren werden. Für betroffene Elternteile stellt sich nun die Frage nach der Ausgestaltung der Bemessungsgrundlage für das Elterngeld. Bei Arbeitnehmerehegatten ist die Wahl der Steuerklassen ausschlaggebend für die Berechnung des Elterngeldes.

Elterngeld erhält u. a. eine Person mit Wohnsitz bzw. gewöhnlichem Aufenthalt in Deutschland, die mit ihrem Kind in einem Haushalt lebt, dieses Kind selbst betreut und erzieht und keine (volle) Erwerbstätigkeit ausübt (§ 1 BEEG). Nach § 2 Abs. 1 BEEG beträgt das Elterngeld 67 % des in den zwölf Kalendermonaten vor dem Monat der Geburt des Kindes durchschnittlich erzielten monatlichen Einkommens aus Erwerbstätigkeit. Bei Geringverdienern erhöht sich der Prozentsatz (§ 2 Abs. 2 BEEG). Der Höhe nach ist das Elterngeld pro Kind auf mindestens 300 € *und einen Höchstbetrag von* 1 800 € begrenzt. Eine Zahlung erfolgt für volle Monate, in denen die berechtigte Person kein Einkommen aus Erwerbstätigkeit bezieht.

Zur Ermittlung des maßgeblichen Einkommens bei nichtselbständiger Arbeit wird der laufende Arbeitslohn (ohne sonstige Bezüge) um folgende Beträge gekürzt:

---

[1] Nach Abzug etwaiger Freibeträge.

– darauf entfallende Steuern (Lohnsteuer zuzüglich Annexsteuern)
– Pflichtbeiträge zur Sozialversicherung (gesetzlicher Anteil der beschäftigten Person einschließlich der Beiträge zur Arbeitsförderung)
– ein Zwölftel des Arbeitnehmer-Pauschbetrags (§ 9a Abs. 1 Satz 1 Nr. 1a EStG).

Als Grundlage dienen die monatlichen Lohn- und Gehaltsbescheinigungen des Arbeitgebers. Ehegatten, die beide Einkünfte aus nichtselbständiger Arbeit erzielen, haben das Wahlrecht folgender Konstellationen der Lohnsteuerklassen:
1. Steuerklasse III/V, wenn die Einreihung in die ungünstigere Steuerklasse V von beiden Ehegatten beantragt wird
2. beide Ehegatten in Steuerklasse IV.

Da nach der Geburt des Kindes häufig die Mutter ihre Erwerbstätigkeit vorübergehend einstellt, die wegen geringeren Arbeitslohns in die Steuerklasse V eingruppiert ist, stellt sich die Frage, ob und wann eine Änderung der Steuerklassen möglich ist, ggfs auch rückwirkend. Dies hätte zur Folge, dass die Ehefrau durch eine günstigere Steuerklasse höhere Nettoeinnahmen im für die Bemessungsgrundlage heranzuziehenden Zwölf-Monats-Zeitraum erzielen könnte und sich das Elterngeld in Anlehnung an den höheren Nettolohn entsprechend erhöhen würde.

Eine gesetzliche Neuregelung zu den Steuerklassenänderungen ist bisher nicht eingetreten, sodass keine rückwirkende Änderung der Steuerklassen in Betracht kommt. § 39 Abs. 5 Satz 3 EStG regelt, dass Arbeitnehmerehegatten im Laufe des Kalenderjahres einmal, spätestens bis 30. November bei der Gemeinde beantragen können, die auf ihren Lohnsteuerkarten eingetragenen Steuerklassen in andere in Betracht kommende Steuerklassen zu ändern. Die Gemeinde hat die Änderung mit Wirkung vom Beginn des auf die Antragstellung folgenden Kalendermonats an vorzunehmen. R 109 Abs. 5 Satz 2 LStR stellt ebenso klar, dass ein Steuerklassenwechsel frühestens mit Wirkung vom Beginn des Kalendermonats an erfolgen darf, der auf die Antragstellung folgt.

Änderungen und Ergänzungen der Lohnsteuerkarte[1])

R 39.2

(1) – unbesetzt –

S 2364

Änderung der Steuerklassen

(2) ¹Wird die Ehe eines Arbeitnehmers durch Scheidung oder Aufhebung aufgelöst oder haben die Ehegatten die dauernde Trennung herbeigeführt, dürfen Eintragungen auf der Lohnsteuerkarte nicht geändert werden; es kommt nur ein Steuerklassenwechsel nach Absatz 5 in Betracht. ²Das gilt nicht, wenn bei einer durch Scheidung oder Aufhebung aufgelösten Ehe der andere Ehegatte im selben Kalenderjahr wieder geheiratet hat, von seinem neuen Ehegatten nicht dauernd getrennt lebt und er und sein neuer Ehegatte unbeschränkt einkommensteuerpflichtig sind; in diesen Fällen ist auf der Lohnsteuerkarte des nicht wieder verheirateten Ehegatten die eingetragene Steuerklasse auf Antrag in Steuerklasse III zu ändern, wenn die Voraussetzungen des § 38b Satz 2 Nr. 3 Buchstabe c Doppelbuchstabe aa EStG erfüllt sind.

(3) ¹Wird eine Ehe durch Tod aufgelöst, ist auf der Lohnsteuerkarte des anderen Ehegatten auf Antrag mit Wirkung vom Beginn des auf den Todestag des Ehegatten folgenden Kalendermonats an die Steuerklasse III zu bescheinigen. ²Voraussetzung ist, dass der Arbeitnehmer und sein verstorbener Ehegatte zu Beginn oder im Laufe des Kalenderjahres unbeschränkt einkommensteuerpflichtig waren und nicht dauernd getrennt gelebt haben.

(4) – unbesetzt –

Steuerklassenwechsel

(5) ¹Bei Ehegatten, die beide Arbeitslohn beziehen, sind auf gemeinsamen Antrag der Ehegatten die auf den Lohnsteuerkarten eingetragenen Steuerklassen wie folgt zu ändern (Steuerklassenwechsel – § 39 Abs. 5 Satz 3 und 4 EStG):
1. Ist auf den Lohnsteuerkarten beider Ehegatten die Steuerklasse IV bescheinigt, sind diese Eintragungen auf der Lohnsteuerkarte des einen Ehegatten in Steuerklasse III und auf der Lohnsteuerkarte des anderen Ehegatten in Steuerklasse V zu ändern.
2. Ist auf der Lohnsteuerkarte des einen Ehegatten die Steuerklasse III und auf der Lohnsteuerkarte des anderen Ehegatten die Steuerklasse V bescheinigt, sind diese Eintragungen auf den Lohnsteuerkarten beider Ehegatten in Steuerklasse IV zu ändern.

---
[1]) Regelungen durch Einführung der ELStAM teilweise überholt.

3. Ist auf der Lohnsteuerkarte des einen Ehegatten die Steuerklasse III und auf der Lohnsteuerkarte des anderen Ehegatten die Steuerklasse V bescheinigt, ist die Eintragung der Steuerklasse III auf der Lohnsteuerkarte des einen Ehegatten in Steuerklasse V und die Eintragung der Steuerklasse V auf der Lohnsteuerkarte des anderen Ehegatten in Steuerklasse III zu ändern.

[2]Ein Steuerklassenwechsel darf frühestens mit Wirkung vom Beginn des Kalendermonats an erfolgen, der auf die Antragstellung folgt. [3]Der Antrag kann nur bis zum 30. 11. des Kalenderjahres gestellt werden, für das die Lohnsteuerkarten gelten. [4]In einem Kalenderjahr kann jeweils nur ein Antrag gestellt werden. [5]Das gilt nicht, wenn eine Änderung der Eintragung deshalb beantragt wird, weil ein Ehegatte keinen steuerpflichtigen Arbeitslohn mehr bezieht oder verstorben ist, weil sich die Ehegatten auf Dauer getrennt haben oder wenn nach einer Arbeitslosigkeit ein Arbeitsverhältnis wieder aufgenommen wird. [6]Eine im Kalenderjahr 2010 mit Wirkung ab dem 1. 1. 2011 vorgenommene Steuerklassenänderung ist ebenso kein Steuerklassenwechsel wie die erstmalige Änderung der Steuerklassen im Kalenderjahr 2011 aus Anlass der Eheschließung.

(6–8) – unbesetzt –

Übertragung eines Kinderfreibetrags

(9) [1]Der Zähler 1 kann bescheinigt werden, wenn der Arbeitnehmer darlegt, dass die Voraussetzungen für die Übertragung erfüllt sind und eine summarische Prüfung keine Anhaltspunkte dafür ergibt, dass die Angaben des Arbeitnehmers unzutreffend sind oder sich die Voraussetzungen im Laufe des Kalenderjahres ändern werden. [2]Dem Finanzamt des anderen Elternteils ist die Übertragung erst mitzuteilen, wenn sie im Rahmen der Veranlagung des Arbeitnehmers erfolgt ist. [3]Der andere Elternteil ist berechtigt aber nicht verpflichtet, im Übertragungsfall seine Lohnsteuerkarte ändern zu lassen.

(10) – unbesetzt –

Zeitliche Wirkung der Eintragung

(11) [1]Das Finanzamt trägt bei einer Änderung oder Ergänzung der Lohnsteuerkarte den Zeitpunkt ein, von dem an die Änderung oder Ergänzung gilt (§ 39 Abs. 5 Satz 2 EStG). [2]Als Zeitpunkt ist der Tag einzutragen, an dem alle Voraussetzungen für eine Änderung oder eine Ergänzung der Lohnsteuerkarte erstmalig erfüllt waren. [3]Es darf jedoch kein Tag eingetragen werden, der vor dem Beginn des Kalenderjahres liegt, für das die Lohnsteuerkarte gilt.

→ H 1 (Steuerpflicht, Steuerklassen)

§ 39 EStG
H 39.2

Hinweise

Vordruckmuster Antrag auf Steuerklassenwechsel bei Ehegatten

Antrag auf Steuerklassenwechsel bei Ehegatten
(Bitte Erläuterungen auf der Rückseite beachten)

Eingangsstempel

1. Steuernummer
2. Identifikationsnummer — Ehemann / Ehefrau
3. An das Finanzamt
4. Bei Wohnsitzwechsel: bisheriges Finanzamt

Ⓐ Angaben zur Person

5. Ehemann / Name — Geburtsdatum (TTMMJJJJ)
6. Vorname
7. Straße, Hausnummer
8. Postleitzahl, Wohnort
9. Verheiratet seit / Verwitwet seit / Geschieden seit / Dauernd getrennt lebend seit (TTMMJJJJ)
10. Ehefrau / Name — Geburtsdatum (TTMMJJJJ)
11. Vorname
12. Straße, Hausnummer *(falls abweichend)*
13. Postleitzahl, Wohnort *(falls abweichend)*
14. Telefon: Vorwahl / Rufnummer

Ⓑ Steuerklassenwechsel

15. Bisherige Steuerklassenkombination (Ehemann / Ehefrau): ☒ drei / fünf ☒ vier / vier ☒ fünf / drei ☒ vier / Faktor
16. Wir beantragen die Steuerklassenkombination (Ehemann / Ehefrau): ☒ drei / fünf ☒ vier / vier ☒ fünf / drei ☒ vier / Faktor *(Bitte auch Abschnitt C ausfüllen)*

17. Für ein Kalenderjahr kann grundsätzlich nur ein Antrag auf Steuerklassenwechsel gestellt werden. Es kommt jedoch ein weiterer Steuerklassenwechsel für dieses Kalenderjahr in Betracht, weil

18. ☒ ein Ehegatte keinen steuerpflichtigen Arbeitslohn mehr bezieht.
19. ☒ nach einer Arbeitslosigkeit ein Arbeitsverhältnis aufgenommen wird.
20. ☒ wir uns auf Dauer getrennt haben.

21.
22.
23.
24.

2011StKlWe601 — Juni 2011 — 2011StKlWe601

§ 39 EStG
H 39.2

Ⓒ Angaben zum Faktorverfahren für 201_

		Ehemann - EUR -	Ehefrau - EUR -
25	Voraussichtlicher Bruttoarbeitslohn aus dem ersten Dienstverhältnis	,_	,_
26	darin enthaltene Versorgungsbezüge	,_	,_

		Ehemann		Ehefrau	
		Ja	Nein	Ja	Nein
27	Ich bin in der gesetzlichen Rentenversicherung pflichtversichert oder in einer berufsständischen Versorgungseinrichtung versichert.	X	X	X	X
28	Ich bin in der gesetzlichen Kranken- und sozialen Pflegeversicherung versichert.	X	X	X	X
29	Ich habe steuerfreie Arbeitgeberzuschüsse zur privaten Krankenversicherung und zur privaten Pflege-Pflichtversicherung erhalten	X	X	X	X

		EUR	EUR
30	Beiträge zur privaten Krankenversicherung (Basisabsicherung) und zur privaten Pflege-Pflichtversicherung	,_	,_

| 31 | Ich leiste für die Pflegeversicherung einen Beitragszuschlag für Kinderlose (§ 55 Abs. 3 SGB XI). | X | X | X | X |

32	Bei der Ausfertigung des Antrags hat mitgewirkt:
33	Herr/Frau/Firma ____ in ____ Telefon ____
34	

| 35 | (Datum) / (Unterschrift Ehemann) / (Unterschrift Ehefrau) |

Der Antrag ist von beiden Ehegatten zu unterschreiben.

36	**Verfügung des Finanzamts**
37	1. Änderung der [Steuerklasse/Faktor] in [Steuerklasse/Faktor] Gültig ab
38	2. Änderung der ELStAM veranlasst / 3. Vormerkung für ESt-Veranlagung / 4. z.d.A.
39	(Sachgebietsleiter) (Datum) (Sachbearbeiter)

Erläuterungen:

Ehegatten, die beide Arbeitslohn beziehen, können auf gemeinsamen Antrag die Steuerklassen ändern lassen. Anstelle der Steuerklassenkombination III/V oder IV/IV kann die Eintragung der Steuerklasse IV in Verbindung mit einem Faktor beantragt werden. Dies hat zur Folge, dass die einzubehaltende Lohnsteuer in Anlehnung an das Splittingverfahren ermittelt wird. Falls zusätzlich Werbungskosten, Sonderausgaben, außergewöhnliche Belastungen oder andere steuermindernde Beträge beim Lohnsteuerabzug berücksichtigt werden sollen, verwenden Sie bitte den „Antrag auf Lohnsteuer-Ermäßigung".

Der Steuerklassenwechsel wird zu Beginn des Kalendermonats wirksam, der auf die Antragstellung folgt.
Der Antrag auf Steuerklassenwechsel kann nur bearbeitet werden, wenn ihn beide Ehegatten unterschrieben haben.

Sie sind verpflichtet, nach Ablauf des Kalenderjahres eine Einkommensteuererklärung abzugeben, wenn beide Ehegatten Arbeitslohn bezogen haben und im laufenden Kalenderjahr die Steuerklassenkombinationen III/V oder IV/IV mit Faktor vorlag (§ 46 Abs. 2 Nr. 3a des Einkommensteuergesetzes - EStG -).

Nach den Vorschriften der Datenschutzgesetze wird darauf hingewiesen, dass die Angabe der Telefonnummer freiwillig im Sinne dieser Gesetze ist und im Übrigen die mit diesem Antrag angeforderten Daten auf Grund der §§ 149 ff. der Abgabenordnung und der §§ 39 Abs. 6 Satz 3, 39e, 39f EStG erhoben werden.

2011StKlWe602

Steuerklassenwechsel

Steuerklassenwechsel bei Trennung von Ehegatten

(Erlaß des FinMin Sachsen vom 23. 3. 1993–32 – S 2364 – 3/3 – 13531 –)

Nach § 39 Abs. 5 Satz 3 EStG können Ehegatten, die beide in einem Dienstverhältnis stehen, im Laufe des Kalenderjahres einmal bei der Gemeinde beantragen, die auf ihren Lohnsteuerkarten eingetragenen Steuerklassen in andere nach § 38b Nr. 3 bis 5 EStG in Betracht kommende Steuerklassen zu ändern. Abweichend davon ist ein weiterer Steuerklassenwechsel auf Antrag nach Abschnitt 109 Abs. 5 Satz 5 LStR[1]) zulässig, wenn ein Ehegatte keinen steuerpflichtigen Arbeitslohn mehr bezieht oder verstorben ist oder wenn nach einer Arbeitslosigkeit ein Arbeitsverhältnis wieder aufgenommen wird. Es ist gefragt worden, ob im Jahr der Trennung von Eheleuten ebenfalls ein weiterer Steuerklassenwechsel zulässig ist. Hierzu gilt folgendes:

Soweit Ehegatten zunächst einen Wechsel der Steuerklassen (z. B. von IV/IV nach III/V) beantragt hatten, sich im Laufe desselben Kalenderjahres trennen und einen weiteren Steuerklassenwechsel aufgrund der Trennung (z. B. nach IV/IV) beantragen, kann diesem Antrag aus Billigkeitsgründen entsprochen werden.

Dieser Erlaß ergeht im Einvernehmen mit dem Bundesminister der Finanzen und den obersten Finanzbehörden der anderen Länder.

§ 39a Freibetrag und Hinzurechnungsbetrag

EStG
S 2365

(1) Auf Antrag des unbeschränkt einkommensteuerpflichtigen Arbeitnehmers ermittelt das Finanzamt die Höhe eines vom Arbeitslohn insgesamt abzuziehenden Freibetrags aus der Summe der folgenden Beträge:

1. Werbungskosten, die bei den Einkünften aus nichtselbständiger Arbeit anfallen, soweit sie den Arbeitnehmer-Pauschbetrag (§ 9a Satz 1 Nummer 1 Buchstabe a) oder bei Versorgungsbezügen den Pauschbetrag (§ 9a Satz 1 Nummer 1 Buchstabe b) übersteigen, [2])
2. Sonderausgaben im Sinne des § des § 10 Absatz 1 Nummer 1, 1a, 1b, 4, 5, 7 und 9 und des § 10b, soweit sie den Sonderausgaben-Pauschbetrag von 36 Euro übersteigen,
3. der Betrag, der nach den §§ 33, 33a und 33b Absatz 6 wegen außergewöhnlicher Belastungen zu gewähren ist,
4. die Pauschbeträge für behinderte Menschen und Hinterbliebene (§ 33b Absatz 1 bis 5),
5. die folgenden Beträge, wie sie nach § 37 Absatz 3 bei der Festsetzung von Einkommensteuer-Vorauszahlungen zu berücksichtigen sind:
   a) die Beträge, die nach § 10d Absatz 2, §§ 10e, 10f, 10g, 10h, 10i, nach § 15b des Berlinförderungsgesetzes oder nach § 7 des Fördergebietsgesetzes abgezogen werden können,
   b) die negative Summe der Einkünfte im Sinne des § 2 Absatz 1 Satz 1 Nummer 1 bis 3, 6 und 7 und der negativen Einkünfte im Sinne des § 2 Absatz 1 Satz 1 Nummer 5,
   c) das Vierfache der Steuerermäßigung nach den §§ 34f und 35a,
6. die Freibeträge nach § 32 Absatz 6 für jedes Kind im Sinne des § 32 Absatz 1 bis 4, für das kein Anspruch auf Kindergeld besteht. ²Soweit für diese Kinder Kinderfreibeträge nach § 38b Absatz 2 berücksichtigt worden sind, ist die Zahl der Kinderfreibeträge entsprechend zu vermindern. ³Der Arbeitnehmer ist verpflichtet, den nach Satz 1 ermittelten Freibetrag ändern zu lassen, wenn für das Kind ein Kinderfreibetrag nach § 38b Absatz 2 berücksichtigt wird,
7. ein Betrag für ein zweites oder ein weiteres Dienstverhältnis insgesamt bis zur Höhe des auf volle Euro abgerundeten zu versteuernden Jahresbetrags nach § 39b Absatz 2 Satz 5, bis zu dem nach der Steuerklasse des Arbeitnehmers, die für den Lohnsteuerabzug vom Arbeitslohn aus dem ersten Dienstverhältnis anzuwenden ist, Lohnsteuer nicht zu erheben ist. ²Voraussetzung ist, dass
   a) der Jahresarbeitslohn aus dem ersten Dienstverhältnis geringer ist als der nach Satz 1 maßgebende Eingangsbetrag und

---
1) Jetzt R 39.2 LStR.
2) In § 9a Satz 1 Nr. 1 Buchstabe a EStG wurde durch das Steuervereinfachungsgesetz 2011 die Angabe „920 Euro" durch die Angabe „1 000 Euro" ersetzt und ist erstmals für den VZ 2011 anzuwenden. Beim Steuerabzug vom Arbeitslohn gilt dies für laufenden Arbeitslohn, der für einen nach dem 30. 11. 2011 endenden Lohnzahlungszeitraum gezahlt wird, und für sonstige Bezüge, die nach dem 30. 11. 2011 zufließen. Dies gilt entsprechend für § 39a Abs. 1 Nr. 1 EStG → § 52 Abs. 23e Satz 1 bis 3 EStG.

§ 39a EStG

b) in Höhe des Betrags für ein zweites oder ein weiteres Dienstverhältnis zugleich für das erste Dienstverhältnis ein Betrag ermittelt wird, der dem Arbeitslohn hinzuzurechnen ist (Hinzurechnungsbetrag).

³Soll für das erste Dienstverhältnis auch ein Freibetrag nach den Nummern 1 bis 6 und 8 ermittelt werden, ist nur der diesen Freibetrag übersteigende Betrag als Hinzurechnungsbetrag zu berücksichtigen. ⁴Ist der Freibetrag höher als der Hinzurechnungsbetrag, ist nur der den Hinzurechnungsbetrag übersteigende Freibetrag zu berücksichtigen.

8. der Entlastungsbetrag für Alleinerziehende (§ 24b) bei Verwitweten, die nicht in Steuerklasse II gehören.

²Der insgesamt abzuziehende Freibetrag und der Hinzurechnungsbetrag gelten mit Ausnahme von Satz 1 Nummer 4 für die gesamte Dauer des Kalenderjahres.

(2) ¹Der Antrag nach Absatz 1 ist nach amtlich vorgeschriebenem Vordruck zu stellen und vom Arbeitnehmer eigenhändig zu unterschreiben. ²Die Frist für die Antragstellung beginnt am 1. Oktober des Vorjahres, für das der Freibetrag gelten soll. ³Sie endet am 30. November des Kalenderjahres, in dem der Freibetrag gilt. ⁴Der Antrag ist hinsichtlich eines Freibetrags aus der Summe der nach Absatz 1 Satz 1 Nummer 1 bis 3 und 8 in Betracht kommenden Aufwendungen und Beträge unzulässig, wenn die Aufwendungen im Sinne des § 9, soweit sie den Arbeitnehmer-Pauschbetrag übersteigen, die Aufwendungen im Sinne des § 10 Absatz 1 Nummer 1, 1a, 1b, 4, 5, 7 und 9, der §§ 10b und 33 sowie die abziehbaren Beträge nach §§ 24b, 33a und 33b Absatz 6 insgesamt 600 Euro nicht übersteigen. ⁵Das Finanzamt kann auf nähere Angaben des Arbeitnehmers verzichten, wenn er

1. höchstens den Freibetrag beantragt, der für das vorangegangene Kalenderjahr ermittelt wurde, und

2. versichert, dass sich die maßgebenden Verhältnisse nicht wesentlich geändert haben.

⁶Das Finanzamt hat den Freibetrag durch Aufteilung in Monatsfreibeträge, falls erforderlich in Wochen- und Tagesfreibeträge, jeweils auf die der Antragstellung folgenden Monate des Kalenderjahres gleichmäßig zu verteilen. ⁷Abweichend hiervon darf ein Freibetrag, der im Monat Januar eines Kalenderjahres beantragt wird, mit Wirkung vom 1. Januar dieses Kalenderjahres an berücksichtigt werden. ⁸Ist der Arbeitnehmer beschränkt einkommensteuerpflichtig, hat das Finanzamt den nach Absatz 4 ermittelten Freibetrag durch Aufteilung in Monatsbeträge, falls erforderlich in Wochen- und Tagesbeträge, jeweils auf die voraussichtliche Dauer des Dienstverhältnisses im Kalenderjahr gleichmäßig zu verteilen. ⁹Die Sätze 5 bis 8 gelten für den Hinzurechnungsbetrag nach Absatz 1 Satz 1 Nummer 7 entsprechend.

(3) ¹Für Ehegatten, die beide unbeschränkt einkommensteuerpflichtig sind und nicht dauernd getrennt leben, ist jeweils die Summe der nach Absatz 1 Satz 1 Nummer 2 bis 5 und 8 in Betracht kommenden Beträge gemeinsam zu ermitteln; der in Absatz 1 Satz 1 Nummer 2 genannte Betrag ist zu verdoppeln. ²Für die Anwendung des Absatzes 2 Satz 4 ist die Summe der für beide Ehegatten in Betracht kommenden Aufwendungen im Sinne des § 9, soweit sie jeweils den Arbeitnehmer-Pauschbetrag übersteigen, und der Aufwendungen im Sinne des des § 10 Absatz 1 Nummer 1, 1a, 1b, 4, 5, 7 und 9, der §§ 10b und 33 sowie der abziehbaren Beträge nach §§ 24b, 33a und 33b Absatz 6 maßgebend. ³Die nach Satz 1 ermittelte Summe ist je zur Hälfte auf die Ehegatten aufzuteilen, wenn für jeden Ehegatten Lohnsteuerabzugsmerkmale gebildet werden und die Ehegatten keine andere Aufteilung beantragen. ⁴Für eine andere Aufteilung gilt Absatz 1 Satz 2 entsprechend. ⁵Für einen Arbeitnehmer, dessen Ehe in dem Kalenderjahr, für das der Freibetrag gilt, aufgelöst worden ist und dessen bisheriger Ehegatte in demselben Kalenderjahr wieder geheiratet hat, sind die nach Absatz 1 in Betracht kommenden Beträge ausschließlich auf Grund der in seiner Person erfüllten Voraussetzungen zu ermitteln. ⁶Satz 1 zweiter Halbsatz ist auch anzuwenden, wenn die tarifliche Einkommensteuer nach § 32a Absatz 6 zu ermitteln ist.

---

1) Die Vorschrift soll durch das Jahressteuergesetz 2013 (JStG 2013) geändert werden. Bei Redaktionsschluss war im Gesetzgebungsverfahren noch nicht abgeschlossen. Um Beachtung wird gebeten.
   → Siehe hierzu Hinweise auf Seite 4!
2) Absatz 2 Satz 4 wurde durch das Steuervereinfachungsgesetz 2011 ab VZ 2012 geändert.
3) In § 9a Satz 1 Nr. 1 Buchstabe a EStG wurde durch das Steuervereinfachungsgesetz 2011 die Angabe „920 Euro" durch die Angabe „1 000 Euro" ersetzt und ist erstmals für den VZ 2011 anzuwenden. Beim Steuerabzug vom Arbeitslohn gilt dies für laufenden Arbeitslohn, der für einen nach dem 30. 11. 2011 endenden Lohnzahlungszeitraum gezahlt wird, und für sonstige Bezüge, die nach dem 30. 11. 2011 zufließen. Dies gilt entsprechend für § 39a Abs. 2 Satz 4 EStG → § 52 Abs. 23e Satz 1 bis 3 EStG.
4) Absatz 3 Satz 2 wurde durch das Steuervereinfachungsgesetz 2011 ab VZ 2012 geändert.
5) In § 9a Satz 1 Nr. 1 Buchstabe a EStG wurde durch das Steuervereinfachungsgesetz 2011 die Angabe „920 Euro" durch die Angabe „1 000 Euro" ersetzt und ist erstmals für den VZ 2011 anzuwenden. Beim Steuerabzug vom Arbeitslohn gilt dies für laufenden Arbeitslohn, der für einen nach dem 30. 11. 2011 endenden Lohnzahlungszeitraum gezahlt wird, und für sonstige Bezüge, die nach dem 30. 11. 2011 zufließen. Dies gilt entsprechend für § 39a Abs. 3 Satz 2 EStG → § 52 Abs. 23e Satz 1 bis 3 EStG.

§ 39a EStG
R 39a.1

(4) ¹Für einen beschränkt einkommensteuerpflichtigen Arbeitnehmer, für den § 50 Absatz 1 Satz 4 anzuwenden ist, ermittelt das Finanzamt auf Antrag einen Freibetrag, der vom Arbeitslohn insgesamt abzuziehen ist, aus der Summe der folgenden Beträge: S 2364
1. Werbungskosten, die bei den Einkünften aus nichtselbständiger Arbeit anfallen, soweit sie den Arbeitnehmer-Pauschbetrag) (§ 9a Satz 1 Nummer 1 Buchstabe a) oder bei Versorgungsbezügen den Pauschbetrag (§ 9a Satz 1 Nummer 1 Buchstabe b) übersteigen,
2. Sonderausgaben im Sinne des § 10b, soweit sie den Sonderausgaben-Pauschbetrag (§ 10c) übersteigen, und die wie Sonderausgaben abziehbaren Beträge nach § 10e oder § 10i, jedoch erst nach Fertigstellung oder Anschaffung des begünstigten Objekts oder nach Fertigstellung der begünstigten Maßnahme,
3. den Freibetrag oder den Hinzurechnungsbetrag nach Absatz 1 Satz 1 Nummer 7.
²Der Antrag kann nur nach amtlich vorgeschriebenem Vordruck bis zum Ablauf des Kalenderjahres gestellt werden, für das die Lohnsteuerabzugsmerkmale gelten.

(5) Ist zu wenig Lohnsteuer erhoben worden, weil ein Freibetrag unzutreffend als Lohnsteuerabzugsmerkmal ermittelt worden ist, hat das Finanzamt den Fehlbetrag vom Arbeitnehmer nachzufordern, wenn er 10 Euro übersteigt.

Verfahren bei der Eintragung eines Freibetrags oder eines Hinzurechnungsbetrags auf der Lohnsteuerkarte¹)

R 39a.1

Allgemeines

(1–2) – unbesetzt –

S 2365

(3) Soweit die Gewährung eines Freibetrags wegen der Aufwendungen für ein Kind davon abhängt, dass der Arbeitnehmer für dieses Kind einen Anspruch auf einen Freibetrag nach § 32 Abs. 6 EStG oder auf Kindergeld erhält, ist diese Voraussetzung auch erfüllt, wenn dem Arbeitnehmer im Lohnsteuer-Abzugsverfahren ein Kinderfreibetrag zusteht, er aber auf die an sich mögliche Eintragung einer Kinderfreibetragszahl für dieses Kind verzichtet hat oder Anspruch auf einen ermäßigten Freibetrag nach § 32 Abs. 6 EStG besteht.

Antragsgrenze

(4) Für die Feststellung, ob die Antragsgrenze nach § 39a Abs. 2 Satz 4 EStG überschritten wird, gilt Folgendes:
1. Soweit für Werbungskosten bestimmte Beträge gelten, z. B. für Verpflegungsmehraufwendungen bei Auswärtstätigkeit, für Wege zwischen Wohnung und Arbeitsstätte → R 9.4 bis 9.11, sind diese maßgebend.
2. ¹Bei Sonderausgaben i. S. d. § 10 Abs. 1 Nr. 1a, 1b und 4 EStG sind die tatsächlichen Aufwendungen anzusetzen, auch wenn diese Aufwendungen geringer sind als der Pauschbetrag. ²Für Sonderausgaben i. S. d. § 9c Abs. 2,²)§ 10 Abs. 1 Nr. 1, 7 und 9 EStG sind höchstens die nach diesen Vorschriften berücksichtigungsfähigen Aufwendungen anzusetzen.
3. Zuwendungen an politische Parteien sind als Sonderausgaben auch zu berücksichtigen, soweit eine Steuerermäßigung nach § 34g Satz 1 Nr. 1 EStG in Betracht kommt, nicht hingegen Zuwendungen an Vereine i. S. d. § 34g Satz 1 Nr. 2 EStG.
4. Bei außergewöhnlichen Belastungen nach § 33 ist von den dem Grunde und der Höhe nach anzuerkennenden Aufwendungen auszugehen; bei außergewöhnlicher Belastung nach § 33a und § 33b Abs. 6 EStG sind dagegen nicht die Aufwendungen, sondern die wegen dieser Aufwendungen abziehbaren Beträge maßgebend.
5. Vorsorgeaufwendungen (§ 10 Abs. 1 Nr. 2 und 3a EStG) bleiben in jedem Fall außer Betracht, auch soweit sie die Vorsorgepauschale (§ 39b Abs. 2 Satz 5 Nr. 3 EStG) übersteigen.
6. ¹Bei Anträgen von Ehegatten, die beide unbeschränkt einkommensteuerpflichtig sind und nicht dauernd getrennt leben, ist die Summe der für beide Ehegatten in Betracht kommenden Aufwendungen und abziehbaren Beträge zugrunde zu legen. ²Die Antragsgrenze ist bei Ehegatten nicht zu verdoppeln.
7. Ist für beschränkt antragsfähige Aufwendungen bereits ein Freibetrag auf der Lohnsteuerkarte eingetragen, ist bei einer Änderung dieses Freibetrags die Antragsgrenze nicht erneut zu prüfen.

(5) Die Antragsgrenze gilt nicht, soweit es sich um die Eintragung der in § 39a Abs. 1 Nr. 4 bis 7 EStG bezeichneten Beträge handelt.

---
¹) Die nachfolgenden Regelungen gelten sinngemäß beim ELStAM-Verfahren.
²) Ab VZ 2012 bei Kinderbetreuungskosten Aufhebung von § 9c EStG und Einführung von § 10 Abs. 1 Nr. 5 EStG i. d. F. des Steuervereinfachungsgesetzes 2011.

(6) ¹Wird die Antragsgrenze überschritten oder sind Beträge i. S. d. Absatzes 5 zu berücksichtigen, hat das Finanzamt den Jahresfreibetrag festzustellen und in Worten auf der Lohnsteuerkarte einzutragen. ²Außerdem ist der Zeitpunkt, von dem an die Eintragung gilt, zu vermerken. ³Bei der Berechnung des Jahresfreibetrags sind Werbungskosten – mit Ausnahme der Kinderbetreuungskosten i. S. d. § 9 Abs. 5 Satz 1 i. V. m. § 9c Abs. 1 EStG¹) – nur zu berücksichtigen, soweit sie den maßgebenden Pauschbetrag für Werbungskosten nach § 9a Satz 1 Nr. 1 EStG übersteigen, Sonderausgaben mit Ausnahme der Vorsorgeaufwendungen nur anzusetzen, soweit sie den Sonderausgaben-Pauschbetrag (§ 10c EStG) übersteigen, und außergewöhnliche Belastungen (§ 33 EStG) nur einzubeziehen, soweit sie die zumutbare Belastung (→ Absatz 7) übersteigen. ⁴Zuwendungen an politische Parteien sind auch zu berücksichtigen, soweit eine Steuerermäßigung nach § 34g Satz 1 Nr. 1 EStG in Betracht kommt, nicht hingegen Zuwendungen an Vereine i. S. d. § 34g Satz 1 Nr. 2 EStG.

Freibetrag wegen außergewöhnlicher Belastung

(7) ¹Die zumutbare Belastung ist vom voraussichtlichen Jahresarbeitslohn des Arbeitnehmers und ggf. seines von ihm nicht dauernd getrennt lebenden, unbeschränkt einkommensteuerpflichtigen Ehegatten gekürzt um den Altersentlastungsbetrag (§ 24a EStG), die Freibeträge für Versorgungsbezüge (§ 19 Abs. 2 EStG) und die Werbungskosten (§§ 9, 9a und 9c EStG) zu berechnen. ²Steuerfreie Einnahmen sowie alle Bezüge, für die die Lohnsteuer mit einem Pauschsteuersatz nach den §§ 37a, 37b, 40 bis 40b EStG erhoben wird, und etwaige weitere Einkünfte des Arbeitnehmers und seines Ehegatten bleiben außer Ansatz. ³Bei der Anwendung der Tabelle in § 33 Abs. 3 EStG zählen als Kinder des Stpfl. die Kinder, für die er einen Anspruch auf einen Freibetrag nach § 32 Abs. 6 EStG oder auf Kindergeld erhält. ⁴Bei der zumutbaren Belastung sind auch Kinder zu berücksichtigen, für die der Arbeitnehmer auf die Eintragung einer Kinderfreibetragszahl auf der Lohnsteuerkarte verzichtet hat oder Anspruch auf einen ermäßigten Freibetrag nach § 32 Abs. 6 EStG besteht. ⁵Ist im Kalenderjahr eine unterschiedliche Zahl von Kindern zu berücksichtigen, ist von der höheren Zahl auszugehen.

Freibetrag und Hinzurechnungsbetrag nach § 39a Abs. 1 Nr. 7 EStG

(8) ¹Arbeitnehmer mit mehr als einem Dienstverhältnis, deren Arbeitslohn aus dem ersten Dienstverhältnis niedriger ist als der Betrag, bis zu dem nach der Steuerklasse des ersten Dienstverhältnisses keine Lohnsteuer zu erheben ist, können die Übertragung bis zur Höhe dieses Betrags als Freibetrag auf der Lohnsteuerkarte mit der Steuerklasse VI beantragen. ²Dabei kann der Arbeitnehmer den zu übertragenden Betrag selbst bestimmen. ³Eine Verteilung auf mehrere Lohnsteuerkarten des Arbeitnehmers ist zulässig. ⁴Auf der ersten Lohnsteuerkarte wird in diesen Fällen ein Hinzurechnungsbetrag in Höhe der eingetragenen Freibeträge nach den Sätzen 1 bis 3 eingetragen oder ggf. mit einem Freibetrag nach § 39a Abs. 1 Nr. 1 bis 6 und 8 EStG verrechnet.

Umrechnung des Jahresfreibetrags oder des Jahreshinzurechnungsbetrags

(9) ¹Für die Umrechnung des Jahresfreibetrags in einen Freibetrag für monatliche Lohnzahlung ist der Jahresfreibetrag durch die Zahl der in Betracht kommenden Kalendermonate zu teilen. ²Der Wochenfreibetrag ist mit $7/30$ und der Tagesfreibetrag mit $1/30$ des Monatsbetrags anzusetzen. ³Der sich hiernach ergebende Monatsbetrag ist auf den nächsten vollen Euro-Betrag, der Wochenbetrag auf den nächsten durch 10 teilbaren Centbetrag und der Tagesfreibetrag auf den nächsten durch 5 teilbaren Centbetrag aufzurunden. ⁴Die Sätze 1 bis 3 gelten für die Umrechnung des Jahreshinzurechnungsbetrags entsprechend.

Änderung eines eingetragenen Freibetrags oder Hinzurechnungsbetrags

(10) ¹Ist bereits ein Jahresfreibetrag auf der Lohnsteuerkarte eingetragen und beantragt der Arbeitnehmer im Laufe des Kalenderjahrs die Berücksichtigung weiterer Aufwendungen oder abziehbarer Beträge, wird der Jahresfreibetrag unter Berücksichtigung der gesamten Aufwendungen und abziehbaren Beträge des Kalenderjahres neu festgestellt und auf der Lohnsteuerkarte eingetragen; für die Berechnung des Monatsfreibetrags, Wochenfreibetrags usw. ist der Freibetrag um den Teil des bisherigen Freibetrags zu kürzen, der nach den Eintragungen auf der Lohnsteuerkarte für den Zeitraum bis zur Wirksamkeit des neuen Freibetrags zu berücksichtigen war. ²Der verbleibende Betrag ist auf die Zeit vom Beginn des auf die Antragstellung folgenden Kalendermonats bis zum Schluss des Kalenderjahrs gleichmäßig zu verteilen. ³Die Sätze 1 und 2 gelten für den Hinzurechnungsbetrag entsprechend.

---

¹) Ab VZ 2012 bei Kinderbetreuungskosten Aufhebung von § 9c EStG und Einführung von § 10 Abs. 1 Nr. 5 EStG i. d. F. des Steuervereinfachungsgesetzes 2011.

§ 39a EStG
H 39a.1 R 39a.2

Hinweise

H 39a.1

Allgemeines

Zur Einführung des Verfahrens der elektronischen Lohnsteuerabzugsmerkmale (ELStAM)
→ BMF vom 6. 12. 2012 (BStBl I S. 1254)

Anhang 17

– **Startschreiben zum erstmaligen Abruf der elektronischen Lohnsteuerabzugsmerkmale durch den Arbeitgeber und Anwendungsgrundsätze für den Einführungszeitraum 2013**
→ BMF vom 19. 12. 2012 (BStBl I S. 1258).

Anhang 17

– **Lohnsteuerabzug ab dem Kalenderjahr 2013 im Verfahren der elektronischen Lohnsteuerabzugsmerkmale** → BMF Entwurf vom 11. 10. 2012.

Beispiele

– **Umrechnung des Jahresfreibetrags**
  Ein monatlich entlohnter Arbeitnehmer beantragt am 2. 5. die Berücksichtigung eines Freibetrags. Es wird vom Finanzamt ein Freibetrag von 1 555 € festgestellt, der auf die Monate Juni bis Dezember (7 Monate) zu verteilen ist. Außer dem Jahresfreibetrag von 1 555 € ist ab 1. 6. ein Monatsfreibetrag von 223 € zu berücksichtigen.

– **Erhöhung eines eingetragenen Freibetrags**
  Ein monatlich entlohnter Arbeitnehmer, für den mit Wirkung vom 1.1. an ein Freibetrag von 2 400 € (monatlich 200 €) berücksichtigt worden ist, macht am 10.3. weitere Aufwendungen von 963 € geltend. Es ergibt sich ein neuer Jahresfreibetrag von (2 400 € + 963 €) 3 363 €. Für die Berechnung des neuen Monatsfreibetrags ab April ist der Jahresfreibetrag um die bei der Lohnsteuerberechnung bisher zu berücksichtigenden Monatsfreibeträge Januar bis März von (3 × 200 € =) 600 € zu kürzen. Der verbleibende Betrag von (3 363 € ./. 600 € =) 2 763 € ist auf die Monate April bis Dezember zu verteilen, so dass ab 1.4. ein Monatsfreibetrag von 307 € zu berücksichtigen ist. Für die abgelaufenen Lohnzahlungszeiträume Januar bis März bleibt der Monatsfreibetrag von 200 € unverändert.

– **Herabsetzung eines Freibetrags**
  Ein monatlich entlohnter Arbeitnehmer, für den mit Wirkung vom 1.1. an ein Freibetrag von 4 800 € (monatlich 400 €) berücksichtigt worden ist, teilt dem Finanzamt am 10.3. mit, dass sich die Aufwendungen um 975 € vermindern. Es ergibt sich ein neuer Jahresfreibetrag von (4 800 € ./. 975 € =) 3 825 €. Für die Berechnung des neuen Monatsfreibetrags ab April ist der Jahresfreibetrag um die bei der Lohnsteuerberechnung bisher zu berücksichtigenden Monatsfreibeträge Januar bis März von (3 × 400 € =) 1 200 € zu kürzen. Der verbleibende Betrag von (3 825 € ./. 1 200 € =) 2 625 € ist auf die Monate April bis Dezember zu verteilen, so dass ab 1.4. ein Monatsfreibetrag von 292 € zu berücksichtigen ist. Für die abgelaufenen Lohnzahlungszeiträume Januar bis März bleibt der Monatsfreibetrag von 400 € unverändert.

Lohnsteuer-Ermäßigungsverfahren 2013

→ Anhang 44

Freibetrag für Fahrten zwischen Wohnung und Arbeitsstätte

→ Anhang 18

Freibetrag wegen haushaltsnaher Beschäftigungsverhältnisse und haushaltsnaher Dienstleistungen

→ BMF vom 15. 2. 2010 (BStBl I S. 140)

→ **BMF** vom ... **(BStBl I S. ...)**

→ H 35a

Freibetrag wegen negativer Einkünfte

→ R 39a.2

Freibetrag wegen negativer Einkünfte

R 39a.2

¹In die Ermittlung eines Freibetrags wegen negativer Einkünfte sind sämtliche Einkünfte aus Land- und Forstwirtschaft, Gewerbebetrieb, selbständiger Arbeit, Vermietung und Verpachtung und die sonstigen Einkünfte einzubeziehen; ist der Arbeitnehmer seit von ihm nicht dauernd getrennt lebender unbeschränkt einkommensteuerpflichtiger Ehegatte voraussichtlich erzielen werden; negative Einkünfte aus Kapitalvermögen werden nur berücksichtigt, wenn sie

S 2365

§ 39a EStG
R 39a.2, R 39a.3   H 39a.2

nicht unter das Verlustausgleichsverbot des § 20 Abs. 6 Satz 2 EStG fallen (→ § 32d Abs. 2 EStG). ²Das bedeutet, dass sich der Betrag der negativen Einkünfte des Arbeitnehmers z. B. um die positiven Einkünfte des Ehegatten vermindert. ³Außer Betracht bleiben stets die Einkünfte aus nichtselbständiger Arbeit und positive Einkünfte aus Kapitalvermögen.

H 39a.2 Hinweise

Vermietung und Verpachtung

Negative Einkünfte aus Vermietung und Verpachtung eines Gebäudes können grundsätzlich erstmals für das Kalenderjahr berücksichtigt werden, das auf das Kalenderjahr der Fertigstellung oder der Anschaffung des Gebäudes folgt (§ 39a Abs. 1 Nr. 5 i. V. m. § 37 Abs. 3 EStG). Das Objekt ist angeschafft, wenn der Kaufvertrag abgeschlossen worden ist und Besitz, Nutzungen, Lasten und Gefahr auf den Erwerber übergegangen sind. Das Objekt ist fertiggestellt, wenn es nach Abschluss der wesentlichen Bauarbeiten bewohnbar ist; die Bauabnahme ist nicht erforderlich (→ H 7.4 (Fertigstellung) EStH). Wird ein Objekt vor der Fertigstellung angeschafft, ist der Zeitpunkt der Fertigstellung maßgebend.

R 39a.3 Freibeträge bei Ehegatten

Werbungskosten

S 2365

(1) ¹Werbungskosten werden für jeden Ehegatten gesondert ermittelt. ²Von den für den einzelnen Ehegatten ermittelten Werbungskosten ist jeweils der maßgebende Pauschbetrag für Werbungskosten nach § 9a Satz 1 Nr. 1 EStG abzuziehen; dies gilt nicht bei Kinderbetreuungskosten i. S. d. § 9 Abs. 5 Satz 1 i. V. m. § 9c Abs. 1 EStG.¹⁾

Sonderausgaben

(2) ¹Sonderausgaben i. S. d. § 9c Abs. 2, § 10 Abs. 1 Nr. 1, 1a, 1b, 4, 7 und 9 EStG und des § 10b EStG sind bei Ehegatten, die beide unbeschränkt einkommensteuerpflichtig sind und nicht dauernd getrennt leben, einheitlich zu ermitteln. ²Hiervon ist der Sonderausgaben-Pauschbetrag für Ehegatten abzuziehen.

Außergewöhnliche Belastungen

(3) Bei Ehegatten, die beide unbeschränkt einkommensteuerpflichtig sind und nicht dauernd getrennt leben, genügt es für die Anwendung der §§ 33, 33a und 33b Abs. 6 EStG (außergewöhnliche Belastungen), dass die Voraussetzungen für die Eintragung eines Freibetrags in der Person eines Ehegatten erfüllt sind.

Behinderten-Pauschbetrag

(4) ¹Für die Gewährung eines Behinderten-Pauschbetrags nach § 33b EStG ist es bei Ehegatten, die beide unbeschränkt einkommensteuerpflichtig sind und nicht dauernd getrennt leben, unerheblich, wer von ihnen die Voraussetzungen erfüllt. ²Liegen bei beiden Ehegatten die Voraussetzungen für die Gewährung eines Behinderten-Pauschbetrags vor, ist für jeden Ehegatten der in Betracht kommende Pauschbetrag zu gewähren; dies gilt auch, wenn nur ein Ehegatte Arbeitnehmer ist.

Aufteilung des Freibetrags²⁾

(5) ¹Bei Ehegatten, die beide unbeschränkt einkommensteuerpflichtig sind und nicht dauernd getrennt leben, ist der Freibetrag grundsätzlich je zur Hälfte auf die Ehegatten aufzuteilen, wenn für jeden Ehegatten eine Lohnsteuerkarte ausgestellt worden ist; auf Antrag der Ehegatten ist aber eine andere Aufteilung vorzunehmen (§ 39a Abs. 3 Satz 3 EStG). ²Eine Ausnahme gilt für einen Freibetrag wegen erhöhter Werbungskosten; dieser darf nur auf der Lohnsteuerkarte des Ehegatten eingetragen werden, dem die Werbungskosten entstanden sind. ³Pauschbeträge für behinderte Menschen und Hinterbliebene dürfen abweichend von Satz 1 als Freibetrag auf der Lohnsteuerkarte des Ehegatten eingetragen werden, der die Voraussetzungen für den Pauschbetrag erfüllt. ⁴Der Freibetrag bei Ehegatten ist vor der Berücksichtigung des Hinzurechnungsbe-

---

1) Ab VZ 2012 bei Kinderbetreuungskosten Aufhebung von § 9c EStG und Einführung von § 10 Abs. 1 Nr. 5 EStG i. d. F. des Steuervereinfachungsgesetzes 2011.
2) Die nachfolgenden Regelungen gelten sinngemäß beim ELStAM-Verfahren.

trags nach § 39a Abs. 1 Nr. 7 EStG aufzuteilen; der Hinzurechnungsbetrag selbst darf nicht aufgeteilt werden.

Hinweise

Pauschbeträge für behinderte Kinder

Wegen der Übertragung der Pauschbeträge für behinderte Kinder auf deren Eltern → R 33b EStR, H 33b EStH.

§ 39b Einbehaltung der Lohnsteuer

(1) Bei unbeschränkt und beschränkt einkommensteuerpflichtigen Arbeitnehmern hat der Arbeitgeber den Lohnsteuerabzug nach Maßgabe der Absätze 2 bis 6 durchzuführen.

(2) ¹Für die Einbehaltung der Lohnsteuer vom laufenden Arbeitslohn hat der Arbeitgeber die Höhe des laufenden Arbeitslohns im Lohnzahlungszeitraum festzustellen und auf einen Jahresarbeitslohn hochzurechnen. ²Der Arbeitslohn eines monatlichen Lohnzahlungszeitraums ist mit zwölf, der Arbeitslohn eines wöchentlichen Lohnzahlungszeitraums mit 360/7 und der Arbeitslohn eines täglichen Lohnzahlungszeitraums mit 360 zu vervielfältigen. ³Von dem hochgerechneten Jahresarbeitslohn sind ein etwaiger Versorgungsfreibetrag (§ 19 Absatz 2) und Altersentlastungsbetrag (§ 24a) abzuziehen. ⁴Außerdem ist der hochgerechnete Jahresarbeitslohn um einen etwaigen als Lohnsteuerabzugsmerkmal für den Lohnzahlungszeitraum mitgeteilten Freibetrag (§ 39a Absatz 1) oder Hinzurechnungsbetrag (§ 39a Absatz 1 Satz 1 Nummer 7), vervielfältigt unter sinngemäßer Anwendung von Satz 2, zu vermindern oder zu erhöhen. ⁵Der so verminderte oder erhöhte hochgerechnete Jahresarbeitslohn, vermindert um

1. den Arbeitnehmer-Pauschbetrag (§ 9a Satz 1 Nummer 1 Buchstabe a) oder bei Versorgungsbezügen den Pauschbetrag (§ 9a Satz 1 Nummer 1 Buchstabe b) und den Zuschlag zum Versorgungsfreibetrag (§ 19 Absatz 2) in den Steuerklassen I bis V, ¹⁾

2. den Sonderausgaben-Pauschbetrag (§ 10c Satz 1) in den Steuerklassen I bis V,

3. eine Vorsorgepauschale aus den Teilbeträgen
   a) für die Rentenversicherung bei Arbeitnehmern, die in der gesetzlichen Rentenversicherung pflichtversichert oder von der gesetzlichen Rentenversicherung nach § 6 Absatz 1 Nummer 1 des Sechsten Buches Sozialgesetzbuch befreit sind, in den Steuerklassen I bis VI in Höhe des Betrags, der bezogen auf den Arbeitslohn 50 Prozent des Beitrags in der allgemeinen Rentenversicherung unter Berücksichtigung der jeweiligen Beitragsbemessungsgrenzen entspricht,
   b) für die Krankenversicherung bei Arbeitnehmern, die in der gesetzlichen Krankenversicherung versichert sind, in den Steuerklassen I bis VI in Höhe des Betrags, der bezogen auf den Arbeitslohn unter Berücksichtigung der Beitragsbemessungsgrenze und den ermäßigten Beitragssatz (§ 243 des Fünften Buches Sozialgesetzbuch) dem Arbeitnehmeranteil eines pflichtversicherten Arbeitnehmers entspricht,
   c) für die Pflegeversicherung bei Arbeitnehmern, die in der sozialen Pflegeversicherung versichert sind, in den Steuerklassen I bis VI in Höhe des Betrags, der bezogen auf den Arbeitslohn unter Berücksichtigung der Beitragsbemessungsgrenze und den bundeseinheitlichen Beitragssatz dem Arbeitnehmeranteil eines pflichtversicherten Arbeitnehmers entspricht, erhöht um den Beitragszuschlag des Arbeitnehmers nach § 55 Absatz 3 des Elften Buches Sozialgesetzbuch, wenn die Voraussetzungen dafür vorliegen,
   d) für die Krankenversicherung und für die private Pflege-Pflichtversicherung bei Arbeitnehmern, die nicht unter Buchstabe b und c fallen, in den Steuerklassen I bis V in Höhe der dem Arbeitgeber mitgeteilten Beiträge im Sinne des § 10 Absatz 1 Nummer 3, etwaig vervielfältigt unter sinngemäßer Anwendung von Satz 2 auf einen Jahresbetrag, vermindert um den Betrag, der bezogen auf den Arbeitslohn unter Berücksichtigung der Beitragsbemessungsgrenze und den ermäßigten Beitragssatz in der gesetzlichen Krankenversicherung sowie den bundeseinheitlichen Beitragssatz in der sozialen Pflegeversicherung dem Arbeitgeberanteil für einen pflichtversicherten Arbeitnehmer entspricht,

---

¹⁾ Absatz 2 Satz 5 Nr. 1 ist auf laufenden Arbeitslohn, der für einen nach dem 30. 11. 2011 aber vor dem 1. 1. 2012 endenden täglichen, wöchentlichen und monatlichen Lohnzahlungszeitraum gezahlt wird, mit der Maßgabe anzuwenden, dass der verminderte oder erhöhte hochgerechnete Jahresarbeitslohn nicht um den Arbeitnehmer-Pauschbetrag (§ 9a Satz 1 Nr. 1 Buchstabe a EStG), sondern um den lohnsteuerlichen Ausgleichsbetrag 2011 in Höhe von 1.880 Euro vermindert wird → § 52 Abs. 51 Satz 1 EStG.

§ 39b EStG

wenn der Arbeitgeber gesetzlich verpflichtet ist, Zuschüsse zu den Kranken- und Pflegeversicherungsbeiträgen des Arbeitnehmers zu leisten;

²Entschädigungen im Sinne des § 24 Nummer 1 sind bei Anwendung der Buchstaben a bis c nicht zu berücksichtigen; mindestens ist für die Summe der Teilbeträge nach den Buchstaben b und c oder für den Teilbetrag nach Buchstabe d ein Betrag in Höhe von 12 Prozent des Arbeitslohns, höchstens 1 900 Euro in den Steuerklassen I, II, IV, V, VI und höchstens 3 000 Euro in der Steuerklasse III anzusetzen,

4. den Entlastungsbetrag für Alleinerziehende (§ 24b) in der Steuerklasse II,

ergibt den zu versteuernden Jahresbetrag. ⁶Für den zu versteuernden Jahresbetrag ist die Jahreslohnsteuer in den Steuerklassen I, II und IV nach § 32a Absatz 1 sowie in der Steuerklasse III nach § 32a Absatz 5 zu berechnen. ⁷In den Steuerklassen V und VI ist die Jahreslohnsteuer zu berechnen, die sich aus dem Zweifachen des Unterschiedsbetrags zwischen dem Steuerbetrag für das Eineinviertelfache und dem Steuerbetrag für das Dreiviertelfache des zu versteuernden Jahresbetrags nach § 32a Absatz 1 ergibt; die Jahreslohnsteuer beträgt jedoch mindestens 14 Prozent des Jahresbetrags, für den 9 578 Euro übersteigenden Teil des Jahresbetrags höchstens 42 Prozent und für den 26 863 Euro übersteigenden Teil des zu versteuernden Jahresbetrags jeweils 42 Prozent sowie für den 200 000 Euro übersteigenden Teil des zu versteuernden Jahresbetrags jeweils 45 Prozent. ⁸Für die Lohnsteuerberechnung ist die als Lohnsteuerabzugsmerkmal mitgeteilte Steuerklasse maßgebend. ⁹Die monatliche Lohnsteuer ist ¹/₁₂, die wöchentliche Lohnsteuer sind ⁷/₃₆₀ und die tägliche Lohnsteuer ist ¹/₃₆₀ der Jahreslohnsteuer. ¹⁰Bruchteile eines Cents, die sich bei der Berechnung nach den Sätzen 2 und 9 ergeben, bleiben jeweils außer Ansatz. ¹¹Die auf den Lohnzahlungszeitraum entfallende Lohnsteuer ist vom Arbeitslohn einzubehalten. ¹²Das Betriebsstättenfinanzamt kann allgemein oder auf Antrag zulassen, dass die Lohnsteuer unter den Voraussetzungen des § 42b Absatz 1 nach dem voraussichtlichen Jahresarbeitslohn ermittelt wird, wenn gewährleistet ist, dass die zutreffende Jahreslohnsteuer (§ 38a Absatz 2) nicht unterschritten wird.

(3) ¹Für die Einbehaltung der Lohnsteuer von einem sonstigen Bezug hat der Arbeitgeber den voraussichtlichen Jahresarbeitslohn ohne den sonstigen Bezug festzustellen. ²Hat der Arbeitnehmer Lohnsteuerbescheinigungen aus früheren Dienstverhältnissen des Kalenderjahres nicht vorgelegt, so ist bei der Ermittlung des voraussichtlichen Jahresarbeitslohns der Arbeitslohn für Beschäftigungszeiten bei früheren Arbeitgebern mit dem Betrag anzusetzen, der sich ergibt, wenn der laufende Arbeitslohn im Monat der Zahlung des sonstigen Bezugs entsprechend der Beschäftigungsdauer bei früheren Arbeitgebern hochgerechnet wird. ³Der voraussichtliche Jahresarbeitslohn ist um den Versorgungsfreibetrag (§ 19 Absatz 2) und den Altersentlastungsbetrag (§ 24a), wenn die Voraussetzungen für den Abzug dieser Beträge jeweils erfüllt sind, sowie um einen etwaigen als Lohnsteuerabzugsmerkmal mitgeteilten Jahresfreibetrag zu vermindern und um einen etwaigen Jahreshinzurechnungsbetrag zu erhöhen. ⁴Für den so ermittelten Jahresarbeitslohn (maßgebender Jahresarbeitslohn) ist die Lohnsteuer nach Maßgabe des Absatzes 2 Satz 5 bis 7 zu ermitteln. ⁵Außerdem ist die Jahreslohnsteuer für den maßgebenden Jahresarbeitslohn unter Einbeziehung des sonstigen Bezugs zu ermitteln. ⁶Dabei ist der sonstige Bezug, soweit es sich nicht um einen sonstigen Bezug im Sinne des Satzes 9 handelt, um den Versorgungsfreibetrag und den Altersentlastungsbetrag zu vermindern, wenn die Voraussetzungen für den Abzug dieser Beträge jeweils erfüllt sind und soweit sie nicht bei der Steuerberechnung für den maßgebenden Jahresarbeitslohn berücksichtigt worden sind. ⁷Für die Lohnsteuerberechnung ist die als Lohnsteuerabzugsmerkmal mitgeteilte Steuerklasse maßgebend. ⁸Der Unterschiedsbetrag zwischen den ermittelten Jahreslohnsteuerbeträgen ist die Lohnsteuer, die vom sonstigen Bezug einzubehalten ist. ⁹Die Lohnsteuer ist bei einem sonstigen Bezug im Sinne des § 34 Absatz 1 und 2 Nummer 2 und 4 in der Weise zu ermäßigen, dass der sonstige Bezug bei der Anwendung des Satzes 5 mit einem Fünftel anzusetzen und der Unterschiedsbetrag im Sinne des Satzes 8 zu verfünffachen ist; § 34 Absatz 1 Satz 3 ist sinngemäß anzuwenden. ¹⁰Ein sonstiger Bezug im Sinne des § 34 Absatz 1 und 2 Nummer 4 ist bei der Anwendung des Satzes 4 in die Bemessungsgrundlage für die Vorsorgepauschale nach Absatz 2 Satz 5 Nummer 3 einzubeziehen.

(4) In den Kalenderjahren 2010 bis 2024 ist Absatz 2 Satz 5 Nummer 3 Buchstabe a mit der Maßgabe anzuwenden, dass im Kalenderjahr 2010 der ermittelte Betrag auf 40 Prozent begrenzt und dieser Prozentsatz in jedem folgenden Kalenderjahr um je 4 Prozentpunkte erhöht wird.

(5) ¹Wenn der Arbeitgeber für den Lohnzahlungszeitraum lediglich Abschlagszahlungen leistet und eine Lohnabrechnung für einen längeren Zeitraum (Lohnabrechnungszeitraum) vor-

---

1) Absatz 2 Satz 7 zweiter Halbsatz wurde durch das Gesetz zum Abbau der kalten Progression vom 20. 2. 2013 (BGBl. I S. 283) geändert.
2) Bei sonstigen Bezügen (§ 39b Abs. 3 EStG), die nach dem 30. 11. 2011 aber vor dem 1. 1. 2012 zufließen, beim permanenten Lohnsteuer-Jahresausgleich (§ 39b Abs. 2 Satz 12 EStG) für einen nach dem 30. 11. 2011 aber vor dem 1. 1. 2012 endenden Lohnzahlungszeitraum und beim Lohnsteuer-Jahresausgleich durch den Arbeitgeber (§ 42b) für das Ausgleichsjahr 2011 ist jeweils ein Arbeitnehmer-Pauschbetrag von 1 000 Euro zu berücksichtigen → § 52 Abs. 51 Satz 2 EStG.

§ 39b EStG

nimmt, kann er den Lohnabrechnungszeitraum als Lohnzahlungszeitraum behandeln und die Lohnsteuer abweichend von § 38 Absatz 3 bei der Lohnabrechnung einbehalten. ²Satz 1 gilt nicht, wenn der Lohnabrechnungszeitraum fünf Wochen übersteigt oder die Lohnabrechnung nicht innerhalb von drei Wochen nach dessen Ablauf erfolgt. ³Das Betriebsstättenfinanzamt kann anordnen, dass die Lohnsteuer von den Abschlagszahlungen einzubehalten ist, wenn die Erhebung der Lohnsteuer sonst nicht gesichert erscheint. ⁴Wenn wegen einer besonderen Entlohnungsart weder ein Lohnzahlungszeitraum noch ein Lohnabrechnungszeitraum festgestellt werden kann, gilt als Lohnzahlungszeitraum die Summe der tatsächlichen Arbeitstage oder Arbeitswochen.

(6) Das Bundesministerium der Finanzen hat im Einvernehmen mit den obersten Finanzbehörden der Länder auf der Grundlage der Absätze 2 und 3 einen Programmablaufplan für die maschinelle Berechnung der Lohnsteuer aufzustellen und bekannt zu machen. [1)]

(7) (weggefallen)

Aufbewahrung der Lohnsteuerkarte[2)]
– nicht mehr abgedruckt –

Hinweise

Aufbewahrung der Lohnsteuerkarte
Die dem Arbeitgeber vorliegenden Lohnsteuerkarten 2010, Bescheinigungen für den Lohnsteuerabzug und sonstige ELStAM-Papierbescheinigungen müssen während der ELStAM-Einführungsphase aufbewahrt und bei Beendigung des Dienstverhältnisses an den Arbeitnehmer herausgegeben werden → *BMF, Entwurf vom 11. 10. 2012.*

Anhang 17

Laufender Arbeitslohn und sonstige Bezüge

(1) Laufender Arbeitslohn ist der Arbeitslohn, der dem Arbeitnehmer regelmäßig fortlaufend zufließt, insbesondere:
1. Monatsgehälter,
2. Wochen- und Tagelöhne,
3. Mehrarbeitsvergütungen,
4. Zuschläge und Zulagen,
5. geldwerte Vorteile aus der ständigen Überlassung von Dienstwagen zur privaten Nutzung,
6. Nachzahlungen und Vorauszahlungen, wenn sich diese ausschließlich auf Lohnzahlungszeiträume beziehen, die im Kalenderjahr der Zahlung enden,
7. Arbeitslohn für Lohnzahlungszeiträume des abgelaufenen Kalenderjahres, der innerhalb der ersten drei Wochen des nachfolgenden Kalenderjahres zufließt.

(2) ¹Ein sonstiger Bezug ist der Arbeitslohn, der nicht als laufender Arbeitslohn gezahlt wird. ²Zu den sonstigen Bezügen gehören insbesondere einmalige Arbeitslohnzahlungen, die neben dem laufenden Arbeitslohn gezahlt werden, insbesondere:
1. dreizehnte und vierzehnte Monatsgehälter,
2. einmalige Abfindungen und Entschädigungen,
3. Gratifikationen und Tantiemen, die nicht fortlaufend gezahlt werden,
4. Jubiläumszuwendungen,
5. Urlaubsgelder, die nicht fortlaufend gezahlt werden, und Entschädigungen zur Abgeltung nicht genommenen Urlaubs,

---

[1)] *Absatz 6 wurde durch das BeitRLUmsG ab VZ 2012 aufgehoben; der bisherige Absatz 8 wurde Absatz 6. Absatz 6 in der am 31. 12. 2010 geltenden Fassung ist weiterhin anzuwenden, bis das BMF den Zeitpunkt für den erstmaligen automatisierten Abruf der Lohnsteuerabzugsmerkmale nach § 39 Abs. 4 Nr. 5 EStG mitgeteilt hat (§ 52 Abs. 50g EStG) → § 52 Abs. 51b EStG.*
Absatz 6 in der am 31. 12. 2010 geltenden Fassung lautet:
„(6) ¹Ist nach einem Abkommen zur Vermeidung der Doppelbesteuerung der von einem Arbeitgeber (§ 38) gezahlte Arbeitslohn von der Lohnsteuer freizustellen, so erteilt das Betriebsstättenfinanzamt auf Antrag des Arbeitnehmers oder des Arbeitgebers eine entsprechende Bescheinigung. ²Der Arbeitgeber hat diese Bescheinigung als Beleg zum Lohnkonto (§ 41 Absatz 1) aufzubewahren."
[2)] Nach Einführung der ELStAM überholt.

6. Vergütungen für Erfindungen,
7. Weihnachtszuwendungen,
8. ¹Nachzahlungen und Vorauszahlungen, wenn sich der Gesamtbetrag oder ein Teilbetrag der Nachzahlung oder Vorauszahlung auf Lohnzahlungszeiträume bezieht, die in einem anderen Jahr als dem der Zahlung enden. ²Nachzahlungen liegen auch vor, wenn Arbeitslohn für Lohnzahlungszeiträume des abgelaufenen Kalenderjahres später als drei Wochen nach Ablauf dieses Jahres zufließt.

H 39b.2 **Hinweise**

Altersteilzeitmodell

Ausgleichszahlungen für in der Arbeitsphase erbrachte Vorleistungen gehören zu den sonstigen Bezügen, wenn ein im Blockmodell geführtes Altersteilzeitarbeitsverhältnis vor Ablauf der vertraglich vereinbarten Zeit beendet wird (→ BFH vom 15. 12. 2011 – BStBl 2012 II S. 415).

R 39b.3 **Freibeträge für Versorgungsbezüge**

S 2345 (1) ¹Werden Versorgungsbezüge als sonstige Bezüge gezahlt, ist § 39b Abs. 3 EStG anzuwenden. ²Danach dürfen die Freibeträge für Versorgungsbezüge von dem sonstigen Bezug nur abgezogen werden, soweit sie bei der Feststellung des maßgebenden Jahresarbeitslohns nicht verbraucht sind. ³Werden laufende Versorgungsbezüge erstmals gezahlt, nachdem im selben Kalenderjahr bereits Versorgungsbezüge als sonstige Bezüge gewährt worden sind, darf der Arbeitgeber die maßgebenden Freibeträge für Versorgungsbezüge bei den laufenden Bezügen nur berücksichtigen, soweit sie sich bei den sonstigen Bezügen nicht ausgewirkt haben. ⁴Von Arbeitslohn, von dem die Lohnsteuer nach §§ 40 bis 40b EStG mit Pauschsteuersätzen erhoben wird, dürfen die Freibeträge für Versorgungsbezüge nicht abgezogen werden.

(2) Durch die Regelungen des Absatzes 1 wird die steuerliche Behandlung der Versorgungsbezüge beim Lohnsteuer-Jahresausgleich durch den Arbeitgeber oder bei einer Veranlagung zur Einkommensteuer nicht berührt.

R 39b.4 **Altersentlastungsbetrag beim Lohnsteuerabzug**

S 2365 (1) ¹Der Altersentlastungsbetrag ist auch bei beschränkt einkommensteuerpflichtigen Arbeitnehmern abzuziehen (→ § 50 Abs. 1 Satz 3 EStG).

(2) ¹Wird Arbeitslohn als sonstiger Bezug gezahlt, ist § 39b Abs. 3 EStG anzuwenden. ²Danach darf der Altersentlastungsbetrag von dem sonstigen Bezug nur abgezogen werden, soweit er bei der Feststellung des maßgebenden Jahresarbeitslohns nicht verbraucht ist. ³Wird laufender Arbeitslohn erstmals gezahlt, nachdem im selben Kalenderjahr ein Altersentlastungsbetrag bereits bei sonstigen Bezügen berücksichtigt worden ist, darf der Arbeitgeber den maßgebenden steuerfreien Höchstbetrag bei den laufenden Bezügen nur berücksichtigen, soweit er sich bei den sonstigen Bezügen nicht ausgewirkt hat. ⁴Von Arbeitslohn, von dem die Lohnsteuer nach §§ 40 bis 40b EStG mit Pauschsteuersätzen erhoben wird, darf der Altersentlastungsbetrag nicht abgezogen werden.

(3) Durch die Regelungen der Absätze 1 und 2 wird die steuerliche Behandlung des Altersentlastungsbetrags beim Lohnsteuer-Jahresausgleich durch den Arbeitgeber oder bei einer Veranlagung zur Einkommensteuer nicht berührt.

R 39b.5 **Einbehaltung der Lohnsteuer vom laufenden Arbeitslohn[1])**

Allgemeines

S 2367 (1) ¹Der Arbeitgeber hat die Lohnsteuer grundsätzlich bei jeder Zahlung vom Arbeitslohn einzubehalten (→ § 38 Abs. 3 EStG). ²Reichen die dem Arbeitgeber zur Verfügung stehenden Mittel zur Zahlung des vollen vereinbarten Arbeitslohns nicht aus, hat er die Lohnsteuer von dem tatsächlich zur Auszahlung gelangenden niedrigeren Betrag zu berechnen und einzubehalten. ³Der Lohnsteuerermittlung sind jeweils die auf der Lohnsteuerkarte eingetragenen Merkmale zugrunde zu legen, die für den Tag gelten, an dem der Lohnzahlungszeitraum endet.

---

[1]) Die nachfolgenden Regelungen gelten sinngemäß beim ELStAM-Verfahren.

Lohnzahlungszeitraum

(2) ¹Der Zeitraum, für den jeweils der laufende Arbeitslohn gezahlt wird, ist der Lohnzahlungszeitraum. ²Ist ein solcher Zeitraum nicht feststellbar, tritt an seine Stelle die Summe der tatsächlichen Arbeitstage oder der tatsächlichen Arbeitswochen (→ § 39b Abs. 5 Satz 4 EStG). ³Solange das Dienstverhältnis fortbesteht, sind auch solche in den Lohnzahlungszeitraum fallende Arbeitstage mitzuzählen, für die der Arbeitnehmer keinen steuerpflichtigen Arbeitslohn bezogen hat.

(3) ¹Wird der Arbeitslohn für einen Lohnzahlungszeitraum gezahlt, für den der steuerfreie Betrag oder der Hinzurechnungsbetrag aus der Lohnsteuerkarte nicht abgelesen werden kann, hat der Arbeitgeber für diesen Lohnzahlungszeitraum den zu berücksichtigenden Betrag selbst zu berechnen. ²Er hat dabei von dem auf der Lohnsteuerkarte für den monatlichen Lohnzahlungszeitraum eingetragenen – also aufgerundeten – steuerfreien Betrag auszugehen.

Nachzahlungen, Vorauszahlungen

(4) ¹Stellen Nachzahlungen oder Vorauszahlungen laufenden Arbeitslohn dar (→ R 39b.2 Abs. 1), ist die Nachzahlung oder Vorauszahlung für die Berechnung der Lohnsteuer den Lohnzahlungszeiträumen zuzurechnen, für die sie geleistet werden. ²Es bestehen jedoch keine Bedenken, diese Nachzahlungen und Vorauszahlungen als sonstige Bezüge nach R 39b.6 zu behandeln, wenn nicht der Arbeitnehmer die Besteuerung nach Satz 1 verlangt; die Pauschalierung nach § 40 Abs. 1 Satz 1 Nr. 1 EStG ist nicht zulässig.

Abschlagszahlungen

(5) ¹Zahlt der Arbeitgeber den Arbeitslohn für den üblichen Lohnzahlungszeitraum nur in ungefährer Höhe (Abschlagszahlung) und nimmt er eine genaue Lohnabrechnung für einen längeren Zeitraum vor, braucht er nach § 39b Abs. 5 EStG die Lohnsteuer erst bei der Lohnabrechnung einzubehalten, wenn der Lohnabrechnungszeitraum fünf Wochen nicht übersteigt und die Lohnabrechnung innerhalb von drei Wochen nach Ablauf des Lohnabrechnungszeitraums erfolgt. ²Die Lohnabrechnung gilt als abgeschlossen, wenn die Zahlungsbelege den Bereich des Arbeitgebers verlassen haben; auf den zeitlichen Zufluss der Zahlung beim Arbeitnehmer kommt es nicht an. ³Wird die Lohnabrechnung für den letzten Abrechnungszeitraum des abgelaufenen Kalenderjahres erst im nachfolgenden Kalenderjahr, aber noch innerhalb der 3-Wochen-Frist vorgenommen, handelt es sich um Arbeitslohn und einbehaltene Lohnsteuer dieses Lohnabrechnungszeitraums; der Arbeitslohn und einbehaltene Lohnsteuer sind deshalb im Lohnkonto und in den Lohnsteuerbelegen des abgelaufenen Kalenderjahres zu erfassen. ⁴Die einbehaltene Lohnsteuer ist aber für die Anmeldung und Abführung als Lohnsteuer des Kalendermonats bzw. Kalendervierteljahres zu erfassen, in dem die Abrechnung tatsächlich vorgenommen wird.

Hinweise

Abschlagszahlungen

Beispiele zum Zeitpunkt der Lohnsteuereinbehaltung:

A. Ein Arbeitgeber mit monatlichen Abrechnungszeiträumen leistet jeweils am 20. eines Monats eine Abschlagszahlung. Die Lohnabrechnung wird am 10. des folgenden Monats mit der Auszahlung von Spitzenbeträgen vorgenommen.

Der Arbeitgeber ist berechtigt, auf eine Lohnsteuereinbehaltung bei der Abschlagszahlung zu verzichten und die Lohnsteuer erst bei der Schlussabrechnung einzubehalten.

B. Ein Arbeitgeber mit monatlichen Abrechnungszeiträumen leistet jeweils am 28. für den laufenden Monat eine Abschlagszahlung und nimmt die Lohnabrechnung am 28. des folgenden Monats vor.

Die Lohnsteuer ist bereits von der Abschlagszahlung einzubehalten, da die Abrechnung nicht innerhalb von drei Wochen nach Ablauf des Lohnabrechnungszeitraums erfolgt.

C. Auf den Arbeitslohn für Dezember werden Abschlagszahlungen geleistet. Die Lohnabrechnung erfolgt am 15. 1.

Die dann einzubehaltende Lohnsteuer ist spätestens am 10. 2. als Lohnsteuer des Monats Januar anzumelden und abzuführen. Sie gehört gleichwohl zum Arbeitslohn des abgelaufenen Kalenderjahres und ist in die Lohnsteuerbescheinigung für das abgelaufene Kalenderjahr aufzunehmen.

Nachzahlungen

Beispiel zur Berechnung der Lohnsteuer:

Ein Arbeitnehmer mit einem laufenden Bruttoarbeitslohn von 2 000 € monatlich erhält im September eine Nachzahlung von 400 € für die Monate Januar bis August.

Von dem Monatslohn von 2 000 € ist nach der maßgebenden Steuerklasse eine Lohnsteuer von 100 € einzubehalten. Von dem um die anteilige Nachzahlung erhöhten Monatslohn von 2 050 € ist eine Lohnsteuer von 115 € einzubehalten. Auf die anteilige monatliche Nachzahlung von 50 € entfällt mithin eine Lohnsteuer von 15 €. Dieser Betrag, vervielfacht mit der Zahl der in Betracht kommenden Monate, ergibt dann die Lohnsteuer für die Nachzahlung (15 € × 8 =) 120 €.

R 39b.6 Einbehaltung der Lohnsteuer von sonstigen Bezügen[1])

Allgemeines

S 2368

(1) ¹Von einem sonstigen Bezug ist die Lohnsteuer stets in dem Zeitpunkt einzubehalten, in dem er zufließt. ²Der Lohnsteuerermittlung sind die auf der Lohnsteuerkarte eingetragenen Merkmale zugrunde zu legen, die für den Tag des Zuflusses gelten. ³Der maßgebende Arbeitslohn (§ 39b Abs. 3 EStG) kann nach Abzug eines Freibetrags auch negativ sein.

Voraussichtlicher Jahresarbeitslohn

(2) ¹Zur Ermittlung der von einem sonstigen Bezug einzubehaltenden Lohnsteuer ist jeweils der voraussichtliche Jahresarbeitslohn des Kalenderjahres zugrunde zu legen, in dem der sonstige Bezug dem Arbeitnehmer zufließt. ²Dabei sind der laufende Arbeitslohn, der für die im Kalenderjahr bereits abgelaufenen Lohnzahlungszeiträume zugeflossen ist, und die in diesem Kalenderjahr bereits gezahlten sonstigen Bezüge mit dem laufenden Arbeitslohn zusammenzurechnen, der sich voraussichtlich für die Restzeit des Kalenderjahres ergibt. ³Statt dessen kann der voraussichtlich für die Restzeit des Kalenderjahres zu zahlende laufende Arbeitslohn durch Umrechnung des bisher zugeflossenen laufenden Arbeitslohns ermittelt werden. ⁴Künftige sonstige Bezüge, deren Zahlung bis zum Ablauf des Kalenderjahres zu erwarten ist, sind nicht zu erfassen.

Sonstige Bezüge nach Ende des Dienstverhältnisses

(3) ¹Werden sonstige Bezüge gezahlt, nachdem der Arbeitnehmer aus dem Dienstverhältnis ausgeschieden ist und bezieht der Arbeitnehmer zur Zeit der Zahlung des sonstigen Bezugs Arbeitslohn von einem anderen Arbeitgeber, hat er dem Arbeitgeber für die Besteuerung des sonstigen Bezugs eine zweite oder weitere Lohnsteuerkarte vorzulegen. ²Der sonstige Bezug ist dann nach § 39b Abs. 3 EStG unter Anwendung der Steuerklasse VI zu besteuern. ³Bezieht der Arbeitnehmer zur Zeit der Zahlung des sonstigen Bezugs keinen Arbeitslohn von einem anderen Arbeitgeber, ist der sonstige Bezug nach § 39b Abs. 3 EStG auf Grund einer ersten Lohnsteuerkarte zu besteuern. ⁴Der voraussichtliche Jahresarbeitslohn ist dann auf der Grundlage der Angaben des Arbeitnehmers zu ermitteln. ⁵Macht der Arbeitnehmer keine Angaben, ist der beim bisherigen Arbeitgeber zugeflossene Arbeitslohn auf einen Jahresbetrag hochzurechnen. ⁶Eine Hochrechnung ist nicht erforderlich, wenn mit dem Zufließen von weiterem Arbeitslohn im Laufe des Kalenderjahres, z. B. wegen Alters oder Erwerbsunfähigkeit, nicht zu rechnen ist.

Zusammentreffen regulär und ermäßigt besteuerter sonstiger Bezüge

(4) Trifft ein sonstiger Bezug i. S. v. § 39b Abs. 3 Satz 1 bis 7 EStG mit einem sonstigen Bezug i. S. d. § 39b Abs. 3 Satz 9 EStG zusammen, ist zunächst die Lohnsteuer für den sonstigen Bezug i. S. d. § 39b Abs. 3 Satz 1 bis 7 EStG und danach die Lohnsteuer für den anderen sonstigen Bezug zu ermitteln.

Regulär zu besteuernde Entschädigungen

(5) ¹Liegen bei einer Entschädigung im Sinne des § 24 Nr. 1 EStG die Voraussetzungen für die Steuerermäßigung nach § 34 EStG nicht vor, ist die Entschädigung als regulär zu besteuernder sonstiger Bezug zu behandeln. ²Es ist aus Vereinfachungsgründen nicht zu beanstanden, wenn dieser sonstige Bezug bei der Anwendung des § 39b Abs. 2 Satz 5 Nr. 3 Buchstabe a bis c EStG berücksichtigt wird.=?show x(25)>

---

[1]) Die nachfolgenden Regelungen gelten sinngemäß beim ELStAM-Verfahren.

§ 39b EStG
H 39b.6

Hinweise

H 39b.6

Beispiele:

A. Berechnung des voraussichtlichen Jahresarbeitslohnes

Ein Arbeitgeber X zahlt im September einen sonstigen Bezug von 1 200 € an einen Arbeitnehmer. Der Arbeitnehmer hat seinem Arbeitgeber zwei Ausdrucke der elektronischen Lohnsteuerbescheinigungen seiner vorigen Arbeitgeber vorgelegt:

a) Dienstverhältnis beim Arbeitgeber A vom 1. 1. bis 31. 3., Arbeitslohn   8 400 €,
b) Dienstverhältnis beim Arbeitgeber B vom 1. 5. bis 30. 6., Arbeitslohn   4 200 €.

Der Arbeitnehmer war im April arbeitslos. Beim Arbeitgeber X steht der Arbeitnehmer seit dem 1.7. in einem Dienstverhältnis; er hat für die Monate Juli und August ein Monatsgehalt von 2 400 € bezogen, außerdem erhielt er am 20.8. einen sonstigen Bezug von 500 €. Vom ersten September an erhält er ein Monatsgehalt von 2 800 € zuzüglich eines weiteren halben (13.) Monatsgehalts am 1.12.

Der vom Arbeitgeber im September zu ermittelnde voraussichtliche Jahresarbeitslohn (ohne den sonstigen Bezug, für den die Lohnsteuer ermittelt werden soll) beträgt hiernach:

Arbeitslohn 1. 1. bis 30. 6. (8 400 € + 4 200 €)	12 600 €
Arbeitslohn 1. 7. bis 31. 8. (2 × 2 400 € + 500 €)	5 300 €
Arbeitslohn 1. 9. bis 31. 12. (voraussichtlich 4 × 2 800 €)	11 200 €
	29 100 €

Das halbe 13. Monatsgehalt ist ein zukünftiger sonstiger Bezug und bleibt daher außer Betracht.

Abwandlung 1:

Legt der Arbeitnehmer seinem Arbeitgeber X zwar den Nachweis über seine Arbeitslosigkeit im April, nicht aber die Ausdrucke der elektronischen Lohnsteuerbescheinigungen der Arbeitgeber A und B vor, ergibt sich folgender voraussichtliche Jahresarbeitslohn:

Arbeitslohn 1. 1. bis 30. 6. (5 × 2 800 €)	14 000 €
Arbeitslohn 1. 7. bis 31. 8. (2 × 2 400 € + 500 €)	5 300 €
Arbeitslohn 1. 9. bis 31. 12. (voraussichtlich 4 × 2 800 €)	11 200 €
	30 500 €

Abwandlung 2:

Ist dem Arbeitgeber X nicht bekannt, dass der Arbeitnehmer im April arbeitslos war, ist der Arbeitslohn für die Monate Januar bis Juni mit 6 × 2 800 € = 16 800 € zu berücksichtigen.

B. Berechnung des voraussichtlichen Jahresarbeitslohns bei Versorgungsbezügen i. V. m. einem sonstigen Bezug

Ein Arbeitgeber X zahlt im April einem 65jährigen Arbeitnehmer einen sonstigen Bezug (Umsatzprovision für das vorangegangene Kalenderjahr) in Höhe von 5 000 €. Der Arbeitnehmer ist am **28. 2. 2013** in den Ruhestand getreten. Der Arbeitslohn betrug bis dahin monatlich 2 300 €. Seit dem **1. 3. 2013** erhält der Arbeitnehmer neben dem Altersruhegeld aus der gesetzlichen Rentenversicherung Versorgungsbezüge i. S. d. § 19 Abs. 2 EStG von monatlich 900 €. Außerdem hat das Finanzamt einen Jahresfreibetrag von 750 € festgesetzt.

Der maßgebende Jahresarbeitslohn, der zu versteuernde Teil des sonstigen Bezugs und die einzubehaltende Lohnsteuer sind wie folgt zu ermitteln:

I. Neben dem Arbeitslohn für die Zeit vom 1. 1. bis **28.2.**
    von (2 × 2 300 € =)   4 600 €
gehören zum voraussichtlichen Jahresarbeitslohn die Versorgungsbezüge vom 1. 3. an mit monatlich 900 €;
voraussichtlich werden gezahlt (10 × 900 €)   9 000 €
Der voraussichtliche Jahresarbeitslohn beträgt somit   13 600 €

II. Vom voraussichtlichen Jahresarbeitslohn sind folgende Beträge abzuziehen (→ § 39b Abs. 3 S. 3 EStG):

a) der zeitanteilige Versorgungsfreibetrag und der Zuschlag zum Versorgungsfreibetrag, unabhängig von der Höhe der bisher berücksichtigten Freibeträge für Versorgungsbezüge
(**27,2** % von 10 800 €[1]) = **2 937,60 €** höchstens **2 040 €**
zuzüglich 612 € = **2 652 €**, davon $^{10}/_{12}$ 2 210,00 €

[1]) Maßgebend ist der erste Versorgungsbezug (900 €) × 12 Monate → § 19 Abs. 2 Satz 4 EStG.

539

§ 39b EStG
H 39b.6

    b) der Altersentlastungsbetrag unabhängig von der Höhe des bisher berücksichtigten Betrags
(**27,2** % von 4 600 € = **1 251,20 €** höchstens **1 292 €**)   1 251,20 €
    c) vom Finanzamt festgesetzter Freibetrag von jährlich   750,00 €
    Gesamtabzugsbetrag somit   **4 211,20 €**

III. Der maßgebende Jahresarbeitslohn beträgt
somit (13 600 € ./. **4 211,20 €**)   **9 388,80 €**.

IV. Von dem sonstigen Bezug in Höhe von   5 000,00 €
ist der Altersentlastungsbetrag in Höhe von **27,2** %, höchstens jedoch der Betrag, um den der Jahreshöchstbetrag von **1 292 €** den bei Ermittlung des maßgebenden Jahresarbeitslohns abgezogenen Betrag überschreitet, abzuziehen. (**27,2** % von 5 000 € = **1 360 €**, höchstens **1 292 €** abzüglich **1 251,20 €**)   40,80 €
Der zu versteuernde Teil des sonstigen Bezugs beträgt somit   **4 959,20 €**.

V. Der maßgebende Jahresarbeitslohn einschließlich des sonstigen Bezugs beträgt somit (**9 388,80 €** + **4 959,20 €** =)   **14 348,00 €**

C. **Berechnung der Lohnsteuer beim gleichzeitigen Zufluss eines regulär und eines ermäßigt besteuerten sonstigen Bezugs**

Ein Arbeitgeber zahlt seinem Arbeitnehmer, dessen Jahresarbeitslohn 40 000 € beträgt, im Dezember einen sonstigen Bezug (Weihnachtsgeld) in Höhe von 3 000 € und daneben eine Jubiläumszuwendung von 2 500 €, von dem die Lohnsteuer nach § 39b Abs. 3 Satz 9 i. V. m. § 34 EStG einzubehalten ist.

Die Lohnsteuer ist wie folgt zu ermitteln:

		darauf entfallende Lohnsteuer	
Jahresarbeitslohn	40 000 €	9 000 €	
zzgl. Weihnachtsgeld	3 000 €		
	43 000 €	10 000 € = LSt auf das Weihnachtsgeld	1 000 €
zzgl. ⅕ der Jubiläumszuwendung	500 €		
=	43 500 €	10 150 € = LSt auf ⅕ der Jubiläumszuwendung	
		= 150 € × 5	750 €
		Lohnsteuer auf beide sonstigen Bezüge =	**1 750 €**

D. **Berechnung der Lohnsteuer bei einem ermäßigt besteuerten sonstigen Bezug im Zusammenspiel mit einem Freibetrag**

Ein Arbeitgeber zahlt seinem ledigen Arbeitnehmer, dessen Jahresarbeitslohn 78 000 Euro beträgt, im Dezember eine steuerpflichtige Abfindung von 62 000 Euro, von der die Lohnsteuer nach § 39b Abs. 3 Satz 9 i. V. m. § 34 EStG einzubehalten ist. Das Finanzamt hat einen ein Freibetrag (Verlust V+V) i. H. v. 80 000 Euro festgesetzt.

Die Lohnsteuer ist wie folgt zu ermitteln:

Jahresarbeitslohn	78 000 €
abzüglich Freibetrag	80 000 €
	./. 2 000 €
zuzüglich Abfindung	62 000 €
Zwischensumme	60 000 €
Davon 1/5	12 000 €
darauf entfallende Lohnsteuer	200 €
Lohnsteuer auf die Abfindung (5 × 200 €)	**1 000 €**

Fünftelungsregelung

Anhang 27
– Allgemeine Grundsätze → BMF vom 24. 5. 2004 (BStBl I S. 505, berichtigt BStBl I S. 633) unter Berücksichtigung der Änderungen durch BMF vom 17. 1. 2011 (BStBl I S. 39).

– Die Fünftelungsregelung ist nicht anzuwenden, wenn sie zu einer höheren Steuer führt als die Besteuerung als nicht begünstigter sonstiger Bezug (→ BMF vom 10. 1. 2000 – BStBl I S. 138).

- Bei Jubiläumszuwendungen kann der Arbeitgeber im Lohnsteuerabzugsverfahren eine Zusammenballung unterstellen, wenn die Zuwendung an einen Arbeitnehmer gezahlt wird, der voraussichtlich bis Ende des Kalenderjahres nicht aus dem Dienstverhältnis ausscheidet (→ BMF vom 10. 1. 2000 – BStBl I S. 138).
- Bei Aktienoptionsprogrammen kann die Fünftelungsregelung angewendet werden, wenn die Laufzeit zwischen Einräumung und Ausübung der Optionsrechte mehr als 12 Monate beträgt und der Arbeitnehmer in dieser Zeit auch bei seinem Arbeitgeber beschäftigt ist. Dies gilt auch dann, wenn dem Arbeitnehmer wiederholt Aktienoptionen eingeräumt worden sind und die jeweilige Option nicht in vollem Umfang in einem Kalenderjahr ausgeübt worden ist (→ BFH vom 18. 12. 2007 – BStBl 2008 II S. 294).

Vergütung für eine mehrjährige Tätigkeit

→ R 34.4 EStR und H 34.4 EStH

Wechsel der Art der Steuerpflicht

Bei der Berechnung der Lohnsteuer für einen sonstigen Bezug, der einem (ehemaligen) Arbeitnehmer nach einem Wechsel von der unbeschränkten in die beschränkte Steuerpflicht in diesem Kalenderjahr zufließt, ist der während der Zeit der unbeschränkten Steuerpflicht gezahlte Arbeitslohn im Jahresarbeitslohn zu berücksichtigen (→ BFH vom 25. 8. 2009 – BStBl 2010 II S. 150).

– unbesetzt –

Hinweise

Ermittlung der Vorsorgepauschale im Lohnsteuerabzugsverfahren

→ BMF vom 22. 10. 2010 (BStBl I S. 1254)

Vorsorgepauschale ab 2010 (§ 39b Absatz 2 Satz 5 Nummer 3 und Absatz 4 EStG)[1]

(BMF-Schreiben vom 22. 10. 2010, BStBl I S. 1254)

Durch das Gesetz zur verbesserten steuerlichen Berücksichtigung von Vorsorgeaufwendungen (Bürgerentlastungsgesetz Krankenversicherung) vom 16. Juli 2009 (BGBl. I S. 1959, BStBl I S. 782) hat sich der Abzug von Vorsorgeaufwendungen mit Wirkung ab 1. Januar 2010 in wesentlichen Bereichen geändert. Dies betrifft neben dem Abzug sonstiger Vorsorgeaufwendungen als Sonderausgaben im Rahmen der Veranlagung zur Einkommensteuer auch die Berücksichtigung von Vorsorgeaufwendungen im Lohnsteuerabzugsverfahren über die Vorsorgepauschale. Im Einvernehmen mit den obersten Finanzbehörden der Länder gilt hinsichtlich der Vorsorgepauschale im Lohnsteuerabzugsverfahren (§ 39b Absatz 2 Satz 5 Nummer 3 und Absatz 4 EStG) Folgendes:

1. Allgemeines

Der pauschale Ansatz von Vorsorgeaufwendungen im Veranlagungsverfahren mittels Vorsorgepauschale (§ 10c Absatz 2 bis 5 EStG in der am 31. Dezember 2009 geltenden Fassung – a. F. –) wurde mit Wirkung ab 2010 abgeschafft. Eine Vorsorgepauschale wird ab 2010 ausschließlich im Lohnsteuerabzugsverfahren berücksichtigt (§ 39b Absatz 2 Satz 5 Nummer 3 und Absatz 4 EStG). Über die Vorsorgepauschale hinaus werden im Lohnsteuerabzugsverfahren keine weiteren Vorsorgeaufwendungen berücksichtigt; die Eintragung eines Freibetrags auf der Lohnsteuerkarte Bescheinigung für den Lohnsteuerabzug (§ 39a EStG) ist wie bisher nicht möglich. Die Günstigerprüfung bei der Vorsorgepauschale ist im Lohnsteuerabzugsverfahren weggefallen (Regelung bis einschließlich 2009 in § 39b Absatz 2 Satz 5 Nummer 3 i. V. m. § 10c Absatz 5 EStG a. F.).
Eine Vorsorgepauschale wird grundsätzlich in allen Steuerklassen berücksichtigt.

---

[1] Die Änderungen durch das BMF-Schreiben vom 22. 10. 2010 (BStBl I S. 1254) sind gegenüber dem BMF-Schreiben vom 14. 12. 2009 (BStBl I Seite 1516) durch Fettdruck hervorgehoben. Die Überschrift zu Tz. 6.3 wurde neu gefasst.

2. Bemessungsgrundlage für die Berechnung der Vorsorgepauschale (§ 39b Absatz 2 Satz 5 Nummer 3 EStG)

Die beim Lohnsteuerabzug zu berücksichtigende Vorsorgepauschale setzt sich aus folgenden Teilbeträgen zusammen:
- Teilbetrag für die Rentenversicherung (§ 39b Absatz 2 Satz 5 Nummer 3 Buchstabe a EStG),
- Teilbetrag für die gesetzliche Kranken- und soziale Pflegeversicherung (§ 39b Absatz 2 Satz 5 Nummer 3 Buchstabe b und c EStG) und
- Teilbetrag für die private Basiskranken- und Pflege-Pflichtversicherung (§ 39b Absatz 2 Satz 5 Nummer 3 Buchstabe d EStG).

Ob die Voraussetzungen für den Ansatz der einzelnen Teilbeträge vorliegen, ist jeweils gesondert zu prüfen; hierfür ist immer der Versicherungsstatus am Ende des jeweiligen Lohnzahlungszeitraums maßgebend und das Dienstverhältnis nicht auf Teilmonate aufzuteilen.[1]

Bemessungsgrundlage für die Berechnung der Teilbeträge für die Rentenversicherung und die gesetzliche Kranken- und soziale Pflegeversicherung ist der Arbeitslohn. Entschädigungen i. S. d. § 24 Nummer 1 EStG sind nicht als Arbeitslohnbestandteil zu berücksichtigen (§ 39b Absatz 2 Satz 5 Nummer 3 zweiter Teilsatz EStG); aus Vereinfachungsgründen ist es aber nicht zu beanstanden, wenn regulär zu besteuernde Entschädigungen bei der Bemessungsgrundlage für die Berechnung der Vorsorgepauschale berücksichtigt werden. Steuerfreier Arbeitslohn gehört ebenfalls nicht zur Bemessungsgrundlage für die Berechnung der entsprechenden Teilbeträge (BFH-Urteil vom 18. März 1983, BStBl II S. 475). Dies gilt auch bei der Mindestvorsorgepauschale für die Kranken- und Pflegeversicherung (§ 39b Absatz 2 Satz 5 Nummer 3 dritter Teilsatz EStG, Tz. 7).

Der Arbeitslohn ist für die Berechnung der Vorsorgepauschale und der Mindestvorsorgepauschale (Tz. 7) nicht (mehr) um den Versorgungsfreibetrag (§ 19 Absatz 2 EStG) und den Altersentlastungsbetrag (§ 24a EStG) zu vermindern; zur Rechtslage bis einschließlich 2009 siehe § 10c Absatz 2 Satz 3 EStG a. F.

Die jeweilige Beitragsbemessungsgrenze ist bei allen Teilbeträgen der Vorsorgepauschale zu beachten. Bei den Rentenversicherungsbeiträgen gilt – abhängig vom Beschäftigungsort i. S. d. § 9 SGB IV – die allgemeine Beitragsbemessungsgrenze (BBG West) und die Beitragsbemessungsgrenze Ost (BBG Ost). Dies gilt auch bei einer Versicherung in der knappschaftlichen Rentenversicherung; deren besondere Beitragsbemessungsgrenze ist hier nicht maßgeblich. **In Fällen, in denen die Verpflichtung besteht, Beiträge zur Alterssicherung an ausländische Sozialversicherungsträger abzuführen (Tz. 3), bestimmt sich die maßgebliche Beitragsbemessungsgrenze nach dem Ort der lohnsteuerlichen Betriebsstätte des Arbeitgebers (§ 41 Absatz 2 EStG).** Die Gleitzone in der Sozialversicherung (Arbeitslöhne von 400,01 Euro bis 800 Euro) ist steuerlich unbeachtlich. Ebenfalls unbeachtlich ist die Verminderung der Beitragsbemessungsgrenzen beim Zusammentreffen mehrerer Versicherungsverhältnisse (§ 22 Absatz 2 SGB IV).

Die Bemessungsgrundlage für die Ermittlung der Vorsorgepauschale (Arbeitslohn) und für die Berechnung der Sozialabgaben (Arbeitsentgelt) kann unterschiedlich sein. Für die Berechnung der Vorsorgepauschale ist das sozialversicherungspflichtige Arbeitsentgelt nicht maßgeblich.

Beispiel:
Ein Arbeitnehmer mit einem Jahresarbeitslohn von 60 000 Euro wandelt im Jahr 2010 einen Betrag von 4 000 Euro bei einer Beitragsbemessungsgrenze in der allgemeinen Rentenversicherung von 66 000 Euro zugunsten einer betrieblichen Altersversorgung im Durchführungsweg Direktzusage um.

Bemessungsgrundlage für die Berechnung des Teilbetrags der Vorsorgepauschale für die Rentenversicherung ist der steuerpflichtige Arbeitslohn i. H. v. 56 000 Euro. Das sozialversicherungspflichtige Arbeitsentgelt beträgt hingegen 57 360 Euro, weil 4 % der Beitragsbemessungsgrenze (2 640 Euro) nicht als Arbeitsentgelt im Sinne der Sozialversicherung gelten (§ 14 Absatz 1 IV).

3. Teilbetrag für die Rentenversicherung (§ 39b Absatz 2 Satz 5 Nummer 3 Buchstabe a und Absatz 4 EStG)

Auf Grundlage des steuerlichen Arbeitslohns wird unabhängig von der Berechnung der tatsächlich abzuführenden Rentenversicherungsbeiträge typisierend ein Arbeitnehmeranteil für die Rentenversicherung eines pflichtversicherten Arbeitnehmers berechnet, wenn der Arbeitnehmer in der gesetzlichen Rentenversicherung pflichtversichert und ein Arbeitnehmeranteil zu entrichten ist. Das gilt auch bei der Versicherung in einer berufsständischen Versorgungsein-

---

[1] Zu den Rundungsregelungen siehe auch BMF-Schreiben vom 14. 12. 2009 (BStBl I S. 1516), das formal durch das BMF-Schreiben vom 22. 10. 2010 (BStBl I S. 1254) aufgehoben wurde. Dort ist/war geregelt: „Die Teilbeträge sind getrennt zu berechnen; die auf volle Euro aufgerundete Summe aller Teilbeträge ergibt die anzusetzende Vorsorgepauschale."

§ 39b EStG
H 39b.7

richtung bei Befreiung von der gesetzlichen Rentenversicherung (§ 6 Absatz 1 Nummer 1 SGB VI). Das Steuerrecht folgt insoweit der sozialversicherungsrechtlichen Beurteilung, so dass der Arbeitgeber hinsichtlich der maßgeblichen Vorsorgepauschale keinen zusätzlichen Ermittlungsaufwand anstellen muss, sondern auf die ihm insoweit bekannten Tatsachen bei der Abführung der Rentenversicherungsbeiträge – bezogen auf das jeweilige Dienstverhältnis – zurückgreifen kann.

Der Teilbetrag der Vorsorgepauschale für die Rentenversicherung gilt daher bezogen auf das jeweilige Dienstverhältnis beispielsweise nicht bei

– Beamten,
– beherrschenden Gesellschafter-Geschäftsführern einer GmbH,
– Vorstandsmitgliedern von Aktiengesellschaften (§ 1 Satz 4 SGB VI),
– weiterbeschäftigten Beziehern einer Vollrente wegen Alters oder vergleichbaren Pensionsempfängern, selbst wenn gemäß § 172 Absatz 1 SGB VI ein Arbeitgeberanteil zur gesetzlichen Rentenversicherung zu entrichten ist,
– Arbeitnehmern, die von ihrem Arbeitgeber nur Versorgungsbezüge i. S. d. § 19 Absatz 2 Satz 2 Nummer 2 EStG erhalten (Werkspensionäre),
– geringfügig beschäftigten Arbeitnehmern, bei denen die Lohnsteuer nach den Merkmalen einer vorgelegten Lohnsteuerkarte/**Bescheinigung für den Lohnsteuerabzug** erhoben wird und für die nur der pauschale Arbeitgeberbeitrag zur gesetzlichen Rentenversicherung entrichtet wird (keine Aufstockung durch den Arbeitnehmer auf den regulären Beitragssatz zur allgemeinen Rentenversicherung),
– nach § 8 Absatz 1 Nummer 2 SGB IV geringfügig beschäftigten Arbeitnehmern (versicherungsfreie kurzfristige Beschäftigung), bei denen die Lohnsteuer nach den Merkmalen einer vorgelegten Lohnsteuerkarte/**Bescheinigung für den Lohnsteuerabzug** erhoben wird,
– anderen Arbeitnehmern, die nicht in der gesetzlichen Rentenversicherung pflichtversichert sind und deshalb auch keinen Arbeitnehmerbeitrag zur gesetzlichen Rentenversicherung zu leisten haben (z. B. als Praktikanten oder aus anderen Gründen).
– **Arbeitnehmern, wenn der Arbeitgeber nach § 20 Absatz 3 Satz 1 SGB IV den Gesamtsozialversicherungsbeitrag allein trägt (u. a. Auszubildende mit einem Arbeitsentgelt von bis zu monatlich 325 Euro).**

Bei Befreiung von der Versicherungspflicht in der gesetzlichen Rentenversicherung auf eigenen Antrag aufgrund einer der in R 3.62 Absatz 3 LStR genannten Vorschriften ist der Teilbetrag für die Rentenversicherung nur in den Fällen des § 3 Nummer 62 Satz 2 Buchstabe b (gesetzliche Rentenversicherung) und c (berufsständische Versorgungseinrichtung) EStG, nicht jedoch in den Fällen des § 3 Nummer 62 Satz 2 Buchstabe a EStG (Lebensversicherung) anzusetzen.

In Fällen, in denen die Verpflichtung besteht, Beiträge zur Alterssicherung an ausländische Sozialversicherungsträger abzuführen, hat der Arbeitgeber bei der Berechnung der Vorsorgepauschale einen Teilbetrag für die Rentenversicherung nur zu berücksichtigen, wenn der abzuführende Beitrag – zumindest teilweise – einen Arbeitnehmeranteil enthält und dem Grunde nach zu einem Sonderausgabenabzug führen kann (§ 10 Absatz 1 Nummer 2 Buchstabe a EStG). Es ist nicht erforderlich, dass die Bundesrepublik Deutschland über das Gemeinschaftsrecht der Europäischen Union mit dem anderen Staat auf dem Gebiet der Sozialversicherung verbunden oder dass ein Sozialversicherungsabkommen mit dem anderen Staat geschlossen worden ist. Besteht Sozialversicherungspflicht im Inland und parallel im Ausland, bleiben im Lohnsteuerabzugsverfahren die Beiträge an den ausländischen Sozialversicherungsträger unberücksichtigt.

4. Teilbetrag für die gesetzliche Krankenversicherung (§ 39b Absatz 2 Satz 5 Nummer 3 Buchstabe b EStG)

Auf Grundlage des steuerlichen Arbeitslohns wird unabhängig von der Berechnung der tatsächlich abzuführenden Krankenversicherungsbeiträge typisierend ein Arbeitnehmeranteil für die Krankenversicherung eines pflichtversicherten Arbeitnehmers berechnet, wenn der Arbeitnehmer in der gesetzlichen Krankenversicherung pflichtversichert oder freiwillig versichert ist (z. B. bei höher verdienenden Arbeitnehmern). **Der typisierte Arbeitnehmeranteil ist auch anzusetzen bei in der gesetzlichen Krankenversicherung versicherten Arbeitnehmern, die die anfallenden Krankenversicherungsbeiträge in voller Höhe allein tragen müssen (z. B. freiwillig versicherte Beamte, Empfänger von Versorgungsbezügen).** Der entsprechende Teilbetrag ist jedoch nur zu berücksichtigen, wenn der Arbeitnehmer Beiträge zur inländischen gesetzlichen Krankenversicherung leistet; andernfalls ist für Kranken- und Pflegeversicherungsbeiträge immer die Mindestvorsorgepauschale (Tz. 7) anzusetzen. Besteht Sozialversicherungspflicht im Inland und parallel im Ausland, bleiben im Lohnsteuerabzugsverfahren die Beiträge an den ausländischen Sozialversicherungsträger unberücksichtigt. Den Arbeitnehmeranteil für die Versicherung in der gesetzlichen Krankenversicherung darf der Arbeitgeber nur ansetzen, wenn er von einer entsprechenden Versicherung Kenntnis hat (z.B. **bei Zahlung eines steuerfreien Zuschusses oder** nach Vorlage eines geeigneten Nachweises durch den Arbeitnehmer).

> **Beispiel:**
> Lediglich der Beihilfestelle, nicht jedoch der Besoldungsstelle ist bekannt, dass ein Beamter freiwillig gesetzlich krankenversichert ist.
>
> Die Besoldungsstelle berücksichtigt beim Lohnsteuerabzug die Mindestvorsorgepauschale (Tz. 7).

Für geringfügig beschäftigte Arbeitnehmer (geringfügig entlohnte Beschäftigung sowie kurzfristige Beschäftigung), bei denen die Lohnsteuer nach den Merkmalen einer vorgelegten Lohnsteuerkarte/**Bescheinigung für den Lohnsteuerabzug** erhoben wird, ist kein Teilbetrag für die gesetzliche Krankenversicherung anzusetzen, wenn kein Arbeitnehmeranteil für die Krankenversicherung zu entrichten ist. Entsprechendes gilt für andere Arbeitnehmer, wenn kein Arbeitnehmeranteil zu entrichten ist; dies ist regelmäßig bei Schülern und Studenten der Fall. In den entsprechenden Fällen ist in den Lohnsteuerberechnungsprogrammen (siehe BMF-Schreiben vom 8. Oktober 2009, betreffend Programmablaufplan für die maschinelle Berechnung der vom Arbeitslohn einzubehaltenden Lohnsteuer etc. in 2010, BStBl I S. 1192, geändert durch BMF-Schreiben vom 20. November 2009, BStBl I S. 1333) unter dem Eingangsparameter „PKV" der Wert „1" einzugeben. Zum Ansatz der Mindestvorsorgepauschale vergleiche Tz. 7.

5. Teilbetrag für die soziale Pflegeversicherung (§ 39b Absatz 2 Satz 5 Nummer 3 Buchstabe c EStG)

Der Teilbetrag für die soziale Pflegeversicherung wird bei Arbeitnehmern angesetzt, die in der sozialen inländischen Pflegeversicherung versichert sind. Der Teilbetrag ist unter Berücksichtigung des Grundsatzes „Pflegeversicherung folgt Krankenversicherung" auch dann anzusetzen, wenn der Arbeitnehmer gesetzlich krankenversichert, jedoch privat pflegeversichert ist. Besteht Sozialversicherungspflicht im Inland und parallel im Ausland, bleiben im Lohnsteuerabzugsverfahren die Beiträge an den ausländischen Sozialversicherungsträger unberücksichtigt.

Länderspezifische Besonderheiten bei den Beitragssätzen sind zu berücksichtigen (höherer Arbeitnehmeranteil in Sachsen [zzt. 1,475 % statt 0,975 %]).

Der Beitragszuschlag für Arbeitnehmer ohne Kinder ist ebenfalls zu berücksichtigen (§ 55 Absatz 3 SGB XI [zzt. 0,25 %]).

6. Teilbetrag für die private Basiskranken- und Pflege-Pflichtversicherung (§ 39b Absatz 2 Satz 5 Nummer 3 Buchstabe d EStG)

Der Teilbetrag für die private Basiskranken- und Pflege-Pflichtversicherung wird bei Arbeitnehmern angesetzt, die nicht in der gesetzlichen Krankenversicherung und sozialen Pflegeversicherung versichert sind (z. B. privat versicherte Beamte, beherrschende Gesellschafter-Geschäftsführer und höher verdienende Arbeitnehmer).

In den Steuerklassen I bis V können die dem Arbeitgeber mitgeteilten privaten Basiskranken- und Pflege-Pflichtversicherungsbeiträge berücksichtigt werden (Tz. 6.1 und 6.2). Hiervon ist ein – unabhängig vom tatsächlich zu zahlenden Zuschuss – typisierend berechneter Arbeitgeberzuschuss abzuziehen, wenn der Arbeitgeber nach § 3 Nummer 62 EStG steuerfreie Zuschüsse zu einer privaten Kranken- und Pflegeversicherung des Arbeitnehmers zu leisten hat. Die Beitragsbemessungsgrenze und landesspezifische Besonderheiten bei der Verteilung des Beitragssatzes für die Pflegeversicherung auf Arbeitgeber und Arbeitnehmer (niedrigerer Arbeitgeberanteil in Sachsen [zzt. 0,475 % statt 0,975 %]) sind zu beachten.

6.1 Mitteilung der privaten Basiskranken- und Pflege-Pflichtversicherungsbeiträge durch den Arbeitnehmer

Es ist die Mindestvorsorgepauschale (Tz. 7) zu berücksichtigen, wenn der Arbeitnehmer dem Arbeitgeber die abziehbaren privaten Basiskranken- und Pflege-Pflichtversicherungsbeiträge nicht mitteilt (Beitragsbescheinigung des Versicherungsunternehmens). Die mitgeteilten Beiträge sind maßgebend, wenn sie höher sind als die Mindestvorsorgepauschale. **Beitragsbescheinigungen ausländischer Versicherungsunternehmen darf der Arbeitgeber nicht berücksichtigen. Gesetzlich versicherte Arbeitnehmer können im Lohnsteuerabzugsverfahren keine Beiträge für eine private Basiskranken- und Pflege-Pflichtversicherung nachweisen; dies gilt auch hinsichtlich der Beiträge eines privat versicherten Ehegatten des Arbeitnehmers (siehe unten).**

Die mitgeteilten Beiträge **privat versicherter Arbeitnehmer** hat der Arbeitgeber im Rahmen des Lohnsteuerabzugs zu berücksichtigen. Einbezogen werden können Beiträge für die eigene pri-

§ 39b EStG
H 39b.7

vate Basiskranken- und Pflege-Pflichtversicherung des Arbeitnehmers einschließlich der entsprechenden Beiträge für den mitversicherten, nicht dauernd getrennt lebenden, unbeschränkt einkommensteuerpflichtigen Ehegatten oder Lebenspartner im Sinne des Lebenspartnerschaftsgesetzes und für mitversicherte Kinder, für die der Arbeitnehmer einen Anspruch auf einen Freibetrag für Kinder (§ 32 Absatz 6 EStG) oder auf Kindergeld hat. Über diesen Weg sind auch private Versicherungsbeiträge eines selbst versicherten, nicht dauernd getrennt lebenden, unbeschränkt einkommensteuerpflichtigen Ehegatten des Arbeitnehmers zu berücksichtigen, sofern dieser keine Einkünfte i. S. d. § 2 Absatz 1 Nummer 1 bis 4 EStG (Einkünfte aus Land- und Forstwirtschaft, Gewerbebetrieb, selbständiger Arbeit und nichtselbständiger Arbeit) erzielt. Der Arbeitgeber hat nicht zu prüfen, ob die Voraussetzungen für die Berücksichtigung der Versicherungsbeiträge des selbst versicherten Ehegatten bei der Vorsorgepauschale des Arbeitnehmers erfüllt sind. Eine ggf. erforderliche Korrektur bleibt einer Pflichtveranlagung (§ 46 Absatz 2 Nummer 3 EStG, Tz. 9) vorbehalten. Versicherungsbeiträge des selbst versicherten Lebenspartners im Sinne des Lebenspartnerschaftsgesetzes und selbst versicherter Kinder sind nicht zu berücksichtigen.

Der Arbeitgeber kann die Beitragsbescheinigung oder die geänderte Beitragsbescheinigung entsprechend ihrer zeitlichen Gültigkeit beim Lohnsteuerabzug – auch rückwirkend – berücksichtigen. Bereits abgerechnete Lohnabrechnungszeiträume müssen nicht nachträglich geändert werden. Dies gilt nicht nur, wenn die Beiträge einer geänderten Beitragsbescheinigung rückwirkend höher sind, sondern auch im Falle niedrigerer Beiträge. Im Hinblick auf die Bescheinigungspflicht des Arbeitgebers nach § 41b Absatz 1 Satz 2 Nummer 15 EStG und die ggf. bestehende Veranlagungspflicht nach § 46 Absatz 2 Nummer 3 EStG (Tz. 9) ist keine Anzeige i. S. d. § 41c Absatz 4 EStG erforderlich.

Die dem Arbeitgeber bis zum 31. März 2011 mitgeteilten Beiträge über die voraussichtlichen privaten Basiskranken- und Pflege-Pflichtversicherungsbeiträge des Kalenderjahres 2010 sind auch im Rahmen des Lohnsteuerabzugs 2011, 2012 und 2013 (weiter) zu berücksichtigen, wenn keine neue Beitragsmitteilung erfolgt. Für den in 2011 vorzunehmenden Lohnsteuerabzug kann der Arbeitnehmer dem Arbeitgeber aber auch eine Beitragsbescheinigung des Versicherungsunternehmens vorlegen, die

– die voraussichtlichen privaten Basiskranken- und Pflege-Pflichtversicherungsbeiträge des Kalenderjahres 2011 oder
– die nach § 10 Absatz 2a Satz 4 Nummer 2 EStG übermittelten Daten für das Kalenderjahr 2010

enthält; diese Beitragsbescheinigungen sind auch im Rahmen des Lohnsteuerabzugs 2012 und 2013 (weiter) zu berücksichtigen, wenn keine neue Beitragsmitteilung erfolgt. Für den ab 2012 vorzunehmenden Lohnsteuerabzug gilt die zuvor getroffene Regelung entsprechend.
Sind die als Sonderausgaben abziehbaren privaten Kranken- und Pflege-Pflichtversicherungsbeiträge höher als die im Lohnsteuerabzugsverfahren berücksichtigten Beiträge, kann der Arbeitnehmer die tatsächlich gezahlten Beiträge bei der Veranlagung zur Einkommensteuer geltend machen. Sind die Beiträge niedriger, kommt eine Pflichtveranlagung in Betracht (§ 46 Absatz 2 Nummer 3 EStG, Tz. 9).

6.2 Mitteilung der privaten Basiskranken- und Pflege-Pflichtversicherungsbeiträge mittels ELStAM (§ 39e Absatz 2 Satz 1 Nummer 5 EStG)

Das ELStAM-Verfahren (**E**lektronische **L**ohn**St**euer**A**bzugs**M**erkmale) steht voraussichtlich ab 2012 zur allgemeinen Anwendung zur Verfügung. Im Rahmen des ELStAM-Verfahrens wird das Mitteilungsverfahren (Tz. 6.1) abgelöst, voraussichtlich ab 2013. Im ELStAM-Verfahren werden die privaten Basiskranken- und Pflege-Pflichtversicherungsbeiträge nur gespeichert, wenn der Arbeitnehmer die Speicherung beantragt hat. Damit entscheidet er wie bei dem Mitteilungsverfahren mittels Beitragsbescheinigung (Tz. 6.1) selbst, ob der Arbeitgeber die Beitragshöhe erfährt. Sind keine Beiträge gespeichert, ist auch im ELStAM-Verfahren die Mindestvorsorgepauschale (Tz. 7) zu berücksichtigen.

6.3 Bescheinigung der Beiträge des Arbeitnehmers zur gesetzlichen Krankenversicherung und zur sozialen Pflegeversicherung (§ 41b Absatz 1 Satz 2 Nummer 13 EStG)

Unter Nummer 25 und 26 der Lohnsteuerbescheinigung (s. auch BMF-Schreiben 23. August 2010, BStBl I Seite 665) sind Beiträge des Arbeitnehmers zur inländischen gesetzlichen Krankenversicherung und zur inländischen sozialen Pflegeversicherung zu bescheinigen. Beiträge an ausländische Sozialversicherungsträger sind nicht zu bescheinigen.

7. Mindestvorsorgepauschale für Kranken- und Pflegeversicherungsbeiträge (§ 39b Absatz 2 Satz 5 Nummer 3 dritter Teilsatz EStG)

Die Mindestvorsorgepauschale (§ 39b Absatz 2 Satz 5 Nummer 3 dritter Teilsatz EStG) in Höhe von 12 % des Arbeitslohns mit einem Höchstbetrag von jährlich 1 900 Euro (in Steuerklasse III

3 000 Euro) ist anzusetzen, wenn sie höher ist als die Summe der Teilbeträge für die gesetzliche Krankenversicherung (Tz. 4) und die soziale Pflegeversicherung (Tz. 5) oder die private Basiskranken- und Pflege-Pflichtversicherung (Tz. 6). Die Mindestvorsorgepauschale ist auch dann anzusetzen, wenn für den entsprechenden Arbeitslohn kein Arbeitnehmeranteil zur gesetzlichen Kranken- und sozialen Pflegeversicherung zu entrichten ist (z. B. bei geringfügig beschäftigten Arbeitnehmern, deren Arbeitslohn nicht unter Verzicht auf die Vorlage einer Lohnsteuerkarte/**Bescheinigung für den Lohnsteuerabzug** nach § 40a EStG pauschaliert wird, **und bei Arbeitnehmern, die Beiträge zu einer ausländischen Kranken- und Pflegeversicherung leisten**). Die Mindestvorsorgepauschale ist in allen Steuerklassen zu berücksichtigen.

Neben der Mindestvorsorgepauschale wird der Teilbetrag der Vorsorgepauschale für die Rentenversicherung berücksichtigt, wenn eine Pflichtversicherung in der gesetzlichen Rentenversicherung oder wegen der Versicherung in einer berufsständischen Versorgungseinrichtung eine Befreiung von der gesetzlichen Rentenversicherungspflicht vorliegt (Tz. 3).

8. Lohnsteuer-Jahresausgleich durch den Arbeitgeber (§ 42b Absatz 1 Satz 4 Nummer 5 und § 39b Absatz 2 Satz 12 EStG)

Über die in § 42b Absatz 1 Satz 4 Nummer 5 EStG genannten Ausschlusstatbestände hinaus ist ein Lohnsteuer-Jahresausgleich durch den Arbeitgeber auch dann ausgeschlossen, wenn – bezogen auf den Teilbetrag der Vorsorgepauschale für die Rentenversicherung – der Arbeitnehmer innerhalb des Kalenderjahres nicht durchgängig zum Anwendungsbereich nur einer Beitragsbemessungsgrenze (West oder Ost) gehörte oder wenn – bezogen auf den Teilbetrag der Vorsorgepauschale für die Rentenversicherung oder die gesetzliche Kranken- und soziale Pflegeversicherung – innerhalb des Kalenderjahres nicht durchgängig ein Beitragssatz anzuwenden war. Für den permanenten Lohnsteuer-Jahresausgleich (§ 39b Absatz 2 Satz 12 EStG) gilt dies entsprechend.

9. Pflichtveranlagungstatbestand (§ 46 Absatz 2 Nummer 3 EStG)

Es besteht eine Pflicht zur Veranlagung zur Einkommensteuer, wenn bei einem Steuerpflichtigen die Summe der beim Lohnsteuerabzug berücksichtigten Teilbeträge der Vorsorgepauschale für die gesetzliche und private Kranken- und Pflegeversicherung höher ist als die bei der Veranlagung als Sonderausgaben abziehbaren Vorsorgeaufwendungen nach § 10 Absatz 1 Nummer 3 und 3a in Verbindung mit Absatz 4 EStG.

Dies gilt auch, wenn die beim Lohnsteuerabzug berücksichtigte Mindestvorsorgepauschale (Tz. 7) höher ist als die bei der Veranlagung zur Einkommensteuer als Sonderausgaben abziehbaren Vorsorgeaufwendungen.

10. Lohnsteuertabellen zur manuellen Berechnung der Lohnsteuer (§ 51 Absatz 4 Nummer 1a EStG)

Aus Vereinfachungsgründen wird bei der Erstellung der Lohnsteuertabellen – bezogen auf die Berücksichtigung der Vorsorgepauschale – der Beitragszuschlag für Kinderlose (§ 55 Absatz 3 SGB XI) nicht berücksichtigt (BMF-Schreiben vom 12. Oktober 2009, betreffend Programmablaufplan für die Erstellung von Lohnsteuertabellen in 2010, BStBl I S. 1216, geändert durch BMF-Schreiben vom 20. November 2009, BStBl I S. 1337). Die länderspezifische Besonderheit bei der sozialen Pflegeversicherung (Tz. 5, höherer Arbeitnehmeranteil in Sachsen [zzt. 1,475 % statt 0,975 %]) ist jedoch bei der Erstellung von Lohnsteuertabellen zu beachten. Es bestehen keine Bedenken, wenn die Lohnsteuer mittels einer Lohnsteuertabelle berechnet wird, die die Besonderheit nicht berücksichtigt, wenn der Arbeitnehmer einer entsprechenden Lohnsteuerberechnung nicht widerspricht.

Bei geringfügig beschäftigten Arbeitnehmern (geringfügig entlohnte Beschäftigung sowie kurzfristige Beschäftigung), bei denen die Lohnsteuer nach den Merkmalen einer vorgelegten Lohnsteuerkarte/**Bescheinigung für den Lohnsteuerabzug** erhoben wird und der Arbeitnehmer keinen eigenen Beitrag zur Rentenversicherung und Kranken-/Pflegeversicherung zahlt, ist die Lohnsteuer mit der „Besonderen Lohnsteuertabelle" zu berechnen (BMF-Schreiben vom 12. Oktober 2009, a. a. O., geändert durch BMF-Schreiben vom 20. November 2009, a. a. O.).

11. Pauschalierung der Lohnsteuer in besonderen Fällen (§ 40 Absatz 1 EStG)

Bei der Berechnung des durchschnittlichen Steuersatzes kann aus Vereinfachungsgründen davon ausgegangen werden, dass die betroffenen Arbeitnehmer in allen Zweigen der Sozialversicherung versichert sind und keinen Beitragszuschlag für Kinderlose (§ 55 Absatz 3 SGB XI) leisten. Die individuellen Verhältnisse aufgrund des Faktorverfahrens nach § 39f EStG bleiben unberücksichtigt.

12. Anwendungsregelung

Die Regelungen dieses Schreibens sind spätestens ab Veröffentlichung im Bundes-steuerblatt Teil I zu beachten.

Das BMF-Schreiben vom 14. Dezember 2009 – IV C 5 – S 2367/09/10002 – (BStBl I Seite 1516) wird hiermit aufgehoben. Tz. 6.3 des BMF-Schreibens vom 14. Dezember 2009 (a. a. O.) ist jedoch für die Ausschreibung von Lohnsteuerbescheinigungen und Besonderen Lohnsteuerbescheinigungen durch den Arbeitgeber ohne maschinelle Lohnabrechnung für das Kalenderjahr 2010 (s. auch BMF-Schreiben vom 26. August 2009 – IV C 5 – S 2378/09/10002 –, BStBl I Seite 902) weiter zu beachten.

Permanenter Lohnsteuer-Jahresausgleich[1])

R 39b.8

[1]Nach § 39b Abs. 2 Satz 12 EStG darf das Betriebsstättenfinanzamt zulassen, dass die Lohnsteuer nach dem voraussichtlichen Jahresarbeitslohn ermittelt wird (sogenannter permanenter Lohnsteuer-Jahresausgleich). [2]Voraussetzung für den permanenten Lohnsteuer-Jahresausgleich ist, dass

1. der Arbeitnehmer unbeschränkt einkommensteuerpflichtig ist,
2. dem Arbeitgeber die Lohnsteuerkarte und die Lohnsteuerbescheinigungen aus etwaigen vorangegangenen Dienstverhältnissen des Arbeitnehmers vorliegen,[2])
3. der Arbeitnehmer seit Beginn des Kalenderjahres ständig in einem Dienstverhältnis gestanden hat,[3])
4. die zutreffende Jahreslohnsteuer (→ § 38a Abs. 2 EStG) nicht unterschritten wird,
5. bei der Lohnsteuerberechnung kein Freibetrag oder Hinzurechnungsbetrag zu berücksichtigen war,
5a. das Faktorverfahren nicht angewandt wurde,
6. der Arbeitnehmer kein Kurzarbeitergeld einschl. Saison-Kurzarbeitergeld, keinen Zuschuss zum Mutterschaftsgeld nach dem Mutterschutzgesetz oder § 3 der Mutterschutz- und Elternzeitverordnung oder einer entsprechenden Landesregelung, keine Entschädigung für Verdienstausfall nach dem Infektionsschutzgesetz, keine Aufstockungsbeträge nach dem AltTZG und keine Zuschläge auf Grund § 6 Abs. 2 des Bundesbesoldungsgesetzes (BBesG) bezogen hat,
7. im Lohnkonto oder in der Lohnsteuerbescheinigung kein Großbuchstabe U eingetragen ist,
8. im Kalenderjahr im Rahmen der Vorsorgepauschale jeweils nicht nur zeitweise Beträge nach § 39b Abs. 2 Satz 5 Nr. 3 Buchstabe a bis d EStG oder der Beitragszuschlag nach § 39b Abs. 2 Satz 5 Nr. 3 Buchstabe c EStG berücksichtigt wurden und – bezogen auf den Teilbetrag der Vorsorgepauschale für die Rentenversicherung – der Arbeitnehmer innerhalb des Kalenderjahres durchgängig zum Anwendungsbereich nur einer Beitragsbemessungsgrenze (West oder Ost) gehörte und – bezogen auf den Teilbetrag der Vorsorgepauschale für die Rentenversicherung oder die gesetzliche Kranken- und soziale Pflegeversicherung – innerhalb des Kalenderjahres durchgängig ein Beitragssatz anzuwenden war,
9. der Arbeitnehmer keinen Arbeitslohn bezogen hat, der nach einem Doppelbesteuerungsabkommen oder nach dem Auslandstätigkeitserlass von der deutschen Lohnsteuer freigestellt ist.

[3]Auf die Steuerklasse des Arbeitnehmers kommt es nicht an. [4]Sind die in Satz 2 bezeichneten Voraussetzungen erfüllt, gilt die Genehmigung des Betriebsstättenfinanzamts grundsätzlich als erteilt, wenn sie nicht im Einzelfall widerrufen wird. [5]Die besondere Lohnsteuerermittlung nach dem voraussichtlichen Jahresarbeitslohn beschränkt sich im Übrigen auf den laufenden Arbeitslohn; für die Lohnsteuerermittlung von sonstigen Bezügen sind § 39b Abs. 3 EStG und R 39b.6 anzuwenden. [6]Zur Anwendung des besonderen Verfahrens ist nach Ablauf eines jeden Lohnzahlungszeitraums oder – in den Fällen des § 39b Abs. 5 EStG – Lohnabrechnungszeitraums der laufende Arbeitslohn der abgelaufenen Lohnzahlungs- oder Lohnabrechnungszeiträume auf einen Jahresbetrag hochzurechnen, z. B. der laufende Arbeitslohn für die Monate Januar bis April × 3. [7]Von dem Jahresbetrag sind die Freibeträge für Versorgungsbezüge (→ § 19 Abs. 2 EStG) und der Altersentlastungsbetrag (→ § 24a EStG) abzuziehen, wenn die Voraussetzungen für den Abzug jeweils erfüllt sind. [8]Für den verbleibenden Jahreslohn ist die Jahreslohnsteuer zu ermitteln. [9]Dabei ist die auf der Lohnsteuerkarte eingetragene Steuerklasse maßgebend. [10]So-

---

[1]) Die nachfolgenden Regelungen gelten sinngemäß beim ELStAM-Verfahren.
[2]) Ab 2012 ist ein permanenter Lohnsteuer-Jahresausgleich nur zulässig, wenn seit Beginn des Kalenderjahres ein durchgängiges Dienstverhältnis zu demselben Arbeitgeber besteht (→ § 42b Abs. 1 Satz 1 EStG i. d. F. des BeitrRLUmsG).
[3]) Ab 2012 ist ein permanenter Lohnsteuer-Jahresausgleich nur zulässig, wenn seit Beginn des Kalenderjahres ein durchgängiges Dienstverhältnis zu demselben Arbeitgeber besteht (→ § 42b Abs. 1 Satz 1 EStG i. d. F. des BeitrRLUmsG).

dann ist der Teilbetrag der Jahreslohnsteuer zu ermitteln, der auf die abgelaufenen Lohnzahlungs- oder Lohnabrechnungszeiträume entfällt. [11]Von diesem Steuerbetrag ist die Lohnsteuer abzuziehen, die von den laufenden Arbeitslohn der abgelaufenen Lohnzahlungs- oder Lohnabrechnungszeiträume bereits erhoben worden ist; der Restbetrag ist die Lohnsteuer, die für den zuletzt abgelaufenen Lohnzahlungs- oder Lohnabrechnungszeitraum zu erheben ist. [12]In den Fällen, in denen die maßgebende Steuerklasse während des Kalenderjahres gewechselt hat, ist anstelle der Lohnsteuer, die vom laufenden Arbeitslohn der abgelaufenen Lohnzahlungs- oder Lohnabrechnungszeiträume erhoben worden ist, die Lohnsteuer abzuziehen, die nach der zuletzt maßgebenden Steuerklasse vom laufenden Arbeitslohn bis zum vorletzten abgelaufenen Lohnzahlungs- oder Lohnabrechnungszeitraum zu erheben gewesen wäre.

H 39b.8

Hinweise

Programmablaufpläne für den Lohnsteuerabzug 2013

(BMF-Schreiben vom 19. 11. 2012, BStBl I S. 1125)

Im Einvernehmen mit den obersten Finanzbehörden der Länder werden hiermit

– der Programmablaufplan für die maschinelle Berechnung der vom Arbeitslohn einzubehaltenden Lohnsteuer, des Solidaritätszuschlags und der Maßstabsteuer für die Kirchenlohnsteuer für 2013 – Anlage 1 – und

– der Programmablaufplan für die Erstellung von Lohnsteuertabellen für 2013 zur manuellen Berechnung der Lohnsteuer (einschließlich der Berechnung des Solidaritätszuschlags und der Bemessungsgrundlage für die Kirchenlohnsteuer) – Anlage 2 –

bekannt gemacht (§ 39b Absatz 6 und § 51 Absatz 4 Nummer 1a EStG).

Die Programmablaufpläne berücksichtigen nicht Tarifsenkungen aufgrund des Gesetzes zum Abbau der kalten Progression. Das Gesetz befindet sich derzeit noch im Vermittlungsverfahren, nachdem der Bundesrat dem Gesetz nicht zugestimmt (s. Bundestags-Drs. 17/9644 vom 11. Mai 2012) und die Bundesregierung den Vermittlungsausschuss angerufen hat (s. Bundestags-Drs. 17/9672 vom 16. Mai 2012). Der Arbeitgeber ist bis zur Bekanntmachung geänderter Programmablaufpläne nicht verpflichtet, Tarifsenkungen durch dieses Gesetz bei der Berechnung der Lohnsteuer zu berücksichtigen. Arbeitgeber, die die Lohnsteuer manuell berechnen (§ 39b i. V. m. § 51 Absatz 4 Nummer 1a EStG), können die Lohnsteuer bis zu einem noch zu bestimmenden Zeitpunkt nach Bekanntmachung geänderter Programmablaufpläne auch auf Grundlage von Lohnsteuertabellen für 2012 (Bekanntmachung vom 22. November 2011, BStBl I S. 1114, Anlage 2) ermitteln, wenn der Arbeitnehmer nicht ausdrücklich widerspricht und der Arbeitgeber den Lohnsteuerabzug bis zu einem noch zu bestimmenden Zeitpunkt nach Bekanntmachung geänderter Programmablaufpläne korrigiert. Auf die Erläuterungen unter „1. Gesetzliche Grundlagen/Allgemeines" wird im Übrigen gesondert hingewiesen. Die Terminologie in den Programmablaufplänen berücksichtigt bereits die Regelungen des Verfahrens zu den elektronischen Lohnsteuerabzugsmerkmalen (ELStAM).

(Der Programmablaufplan (Anlage1 und 2) ist hier nicht abgedruckt.)

R 39b.9

Besteuerung des Nettolohns

S 2367

(1) [1]Will der Arbeitgeber die auf den Arbeitslohn entfallende Lohnsteuer selbst tragen, sind die von ihm übernommenen Abzugsbeträge Teile des Arbeitslohns, die dem Nettolohn zur Steuerermittlung hinzugerechnet werden müssen. [2]Die Lohnsteuer ist aus dem Bruttoarbeitslohn zu berechnen, der nach Abzug der Lohnsteuer den ausgezahlten Nettobetrag ergibt. [3]Die aus dem Bruttoarbeitslohn berechnete Lohnsteuer ist vom Arbeitgeber abzuführen. [4]Übernimmt der Arbeitgeber außer der Lohnsteuer auch den Solidaritätszuschlag, die Kirchensteuer und den Arbeitnehmeranteil am Gesamtsozialversicherungsbeitrag, sind bei der Ermittlung des Bruttoarbeitslohns außer der Lohnsteuer diese weiteren Abzugsbeträge einzubeziehen. [5]Es ist aus Vereinfachungsgründen nicht zu beanstanden, wenn bereits vor der Steuerberechnung nach Satz 1 bis 4 vom hochgerechneten Nettojahresarbeitslohn die Freibeträge für Versorgungsbezüge und der Altersentlastungsbetrag abgezogen werden, sofern die Voraussetzungen für den Abzug dieser Beträge jeweils erfüllt sind.

(2) [1]Sonstige Bezüge, die netto gezahlt werden, z. B. Nettogratifikationen, sind nach § 39b Abs. 3 EStG zu besteuern. [2]R 39b.6 ist mit folgender Maßgabe anzuwenden:

1. Bei der Ermittlung des maßgebenden Jahresarbeitslohns sind der voraussichtliche laufende Jahresarbeitslohn und frühere, netto gezahlte sonstige Bezüge mit den entsprechenden Bruttobeträgen anzusetzen.
2. ¹Übernimmt der Arbeitgeber auch den auf den sonstigen Bezug entfallenden Solidaritätszuschlag, die Kirchensteuer und ggf. den Arbeitnehmeranteil am Gesamtsozialversicherungsbeitrag, sind bei der Ermittlung des Bruttobetrags des sonstigen Bezugs außer der Lohnsteuer auch diese weiteren Lohnabzugsbeträge zu berücksichtigen. ²Bruttobezug des sonstigen Bezugs ist in jedem Falle der Nettobetrag zuzüglich der tatsächlich abgeführten Beträge an Lohnsteuer, Solidaritätszuschlag, Kirchensteuer und übernommenem Arbeitnehmeranteil am Gesamtsozialversicherungsbeitrag. ³Der hiernach ermittelte Bruttobetrag ist auch bei späterer Zahlung sonstiger Bezüge im selben Kalenderjahr bei der Ermittlung des maßgebenden Jahresarbeitslohns zugrunde zu legen.

(3) Im Lohnkonto und in den Lohnsteuerbescheinigungen sind in allen Fällen von Nettolohnzahlungen die nach den Absätzen 1 und 2 ermittelten Bruttoarbeitslöhne anzugeben.

Hinweise

Anerkennung einer Nettolohnvereinbarung

Eine Nettolohnvereinbarung mit steuerlicher Wirkung kann nur bei einwandfreier Gestaltung anerkannt werden (→ BFH vom 18. 1. 1957 – BStBl III S. 116, vom 18. 5. 1972 – BStBl II S. 816, vom 12. 12. 1979 – BStBl 1980 II S. 257 und vom 28. 2. 1992 – BStBl II S. 733).

Finanzrechtsweg bei Nettolohnvereinbarung

Bei einer Nettolohnvereinbarung ist für Streitigkeiten über die Höhe des in der Lohnsteuerbescheinigung auszuweisenden Bruttoarbeitslohns der Finanzrechtsweg nicht gegeben. Ein unzutreffender Lohnsteuerabzug kann durch Einwendungen gegen die Lohnsteuerbescheinigung nicht berichtigt werden (→ BFH vom 13. 12. 2007 – BStBl 2008 II S. 434).

Steuerschuldner bei Nettolohnvereinbarung

bleibt der Arbeitnehmer (→ BFH vom 19. 12. 1960 – BStBl 1961 III S. 170)

Anwendung von Doppelbesteuerungsabkommen

¹Ist die Steuerbefreiung nach einem Doppelbesteuerungsabkommen antragsunabhängig, hat das Betriebsstättenfinanzamt gleichwohl auf Antrag eine Freistellungsbescheinigung zu erteilen. ²Das Finanzamt hat in der Bescheinigung den Zeitraum anzugeben, für den sie gilt. ³Dieser Zeitraum darf grundsätzlich drei Jahre nicht überschreiten und soll mit Ablauf eines Kalenderjahres enden. ⁴Die Bescheinigung ist vom Arbeitgeber als Beleg zum Lohnkonto aufzubewahren. ⁵Der Verzicht auf den Lohnsteuerabzug schließt die Berücksichtigung des Progressionsvorbehalts (→ § 32b EStG) bei einer Veranlagung des Arbeitnehmers zur Einkommensteuer nicht aus. ⁶Die Nachweispflicht nach § 50d Abs. 8 EStG betrifft nicht das Lohnsteuerabzugsverfahren.

Hinweise

Antragsabhängige Steuerbefreiung nach DBA

Der Lohnsteuerabzug darf nur dann unterbleiben, wenn das Betriebsstättenfinanzamt bescheinigt, dass der Arbeitslohn nicht der deutschen Lohnsteuer unterliegt (→ BFH vom 10. 5. 1989 – BStBl II S. 755).

→ H 39d
→ Antrag Bescheinigung

§ 39b EStG
H 39b.10

Antrag auf Erteilung einer Bescheinigung zur Freistellung des Arbeitslohns vom Steuerabzug nach DBA

Antrag für unbeschränkt einkommensteuerpflichtige Arbeitnehmer auf Erteilung einer Bescheinigung über die Freistellung des Arbeitslohns vom Steuerabzug auf Grund eines Abkommens zur Vermeidung der Doppelbesteuerung

Bitte dem Finanzamt mit drei Durchschriften einreichen   Weiße Felder ausfüllen oder ⊠ ankreuzen.

Hinweise

Ist nach einem Doppelbesteuerungsabkommen (DBA) die Steuerbefreiung von einem Antrag abhängig, darf der Lohnsteuerabzug nur dann unterbleiben, wenn das Betriebsstättenfinanzamt bescheinigt, dass der Arbeitslohn nicht der deutschen Lohnsteuer unterliegt. Entsprechende DBA-Regelungen bestehen u. a. mit Frankreich, Österreich, Italien, Norwegen, Schweden, USA. Ist die Steuerbefreiung nach einem DBA antragsunabhängig, hat das Betriebsstättenfinanzamt gleichwohl auf Antrag eine Freistellungsbescheinigung zu erteilen.

Dieser Vordruck gilt nur für **unbeschränkt einkommensteuerpflichtige Arbeitnehmer**. Dazu gehören auch im Inland vorübergehend beschäftigte Arbeitnehmer (z. B. Hochschullehrer, Studenten und Lehrlinge), sofern sie im Inland einen Wohnsitz oder gewöhnlichen Aufenthalt haben. Der Antrag kann vom Arbeitgeber oder vom Arbeitnehmer bei dem für den Arbeitgeber zuständigen Finanzamt (Betriebsstättenfinanzamt) gestellt werden.

Die Voraussetzungen für den Verzicht auf den Steuerabzug ergeben sich aus dem jeweiligen DBA. Die nach einem DBA freigestellten ausländischen Einkünfte sind bei der Ermittlung des Steuersatzes für andere zu versteuernde Einkünfte unbeschränkt Einkommensteuerpflichtiger zu berücksichtigen (Progressionsvorbehalt). Der Arbeitnehmer ist daher verpflichtet, bei seinem Wohnsitzfinanzamt eine Einkommensteuererklärung abzugeben. Bescheinigungen werden für die Dauer der begünstigten Tätigkeit, längstens für drei Jahre erteilt; danach ist eine neue Bescheinigung zu beantragen.

Bescheinigungen können rückwirkend nur erteilt werden, solange der Arbeitgeber den Lohnsteuerabzug ändern darf (§ 41c Einkommensteuergesetz - EStG -). Sind vom begünstigtem Arbeitslohn Steuerabzugsbeträge einbehalten worden, kann der Arbeitnehmer den Verzicht auf die Besteuerung bei seiner Veranlagung zur Einkommensteuer beantragen.

Nach den Vorschriften des Datenschutzgesetzes wird darauf hingewiesen, dass die Angabe der Telefonnummer freiwillig ist im Sinne dieser Gesetze ist und im Übrigen die mit der Steuererklärung angeforderten Daten auf Grund des §§ 149 ff. der Abgabenordnung und des § 39b Abs. 4 Nr. 5 i.V.m. § 52 Abs. 51b EStG erhoben werden.

Die in diesem Antrag enthaltenen Angaben können nach dem EG-Amtshilfe-Gesetz/EU-Amtshilfegesetz (EUAHiG) oder nach der Auskunftsklausel des jeweiligen DBA den Finanzbehörden des anderen Staates mitgeteilt werden.

Name, Vorname des Arbeitnehmers	Identifikationsnummer

Geburtsdatum	Tag	Monat	Jahr	Familienstand	Ausgeübter Beruf

Wohnsitz im Inland (Straße, Hausnummer, Postleitzahl, Ort)

Vollständige Anschrift im Ausland (Straße, Hausnummer, Postleitzahl, Ort, Staat)

Bei Zuzug aus dem Ausland: Aufenthalt im Inland	von - bis

Für den Arbeitnehmer zuständiges Finanzamt, Steuernummer im Inland	im anderen Staat - soweit vorhanden -

Tätigkeit des Arbeitnehmers in (Staat)	von - bis	voraussichtlicher Arbeitslohn €

Wird der Arbeitslohn von einer Betriebsstätte oder festen Einrichtung des (wirtschaftlichen) Arbeitgebers im o. a. Staat getragen?	Nein ☐	Ja ☐	Bitte ggf. Bescheinigung des Arbeitgebers beifügen

Arbeitgeber (Name und Anschrift im Inland)

Vollständige Anschrift/Betriebsstätte des (wirtschaftlichen) Arbeitgebers/verbundenen Unternehmens im anderen Staat (Straße, Hausnummer, Postleitzahl, Ort, Staat)

Bei der Ausfertigung dieses Antrags und der Anlagen hat mitgewirkt Herr/Frau/Firma	in	Telefonnummer

Name und Anschrift des Antragstellers ▼

(Datum)

(Unterschrift des Antragstellers)

Falls der Antrag vom Arbeitgeber gestellt wird:
Steuernummer des Arbeitgebers im Inland

Finanzamt, Steuernummer des Arbeitgebers im anderen Staat

3.12

§ 39b EStG
H 39b.10

Anwendung der 183-Tage-Klausel
→ BMF vom 14. 9. 2006 (BStBl I S. 532)   Anhang 9
→ BMF vom   (BStBl I S.   )

Doppelbesteuerungsabkommen
Stand 1. 1. 2012 → BMF vom 17. 1. 2012 (BStBl I S. 108)
Stand 1. 1. 2013 → BMF vom 22. 1. 2013 (BStBl I S. 162)
→ H 39d

EU-Tagegeld
→ BMF vom 12. 4. 2006 (BStBl I S. 340)
→ H 39d (DBA – Übersicht)

Gastlehrkräfte
→ BMF vom 10. 1. 1994 (BStBl I S. 14)
→ H 39d (Europäische Union)

Kassenstaatsprinzip

Anwendung des Kassenstaatsprinzips auf Beamte, die an eine privatisierte, vormals öffentliche Einrichtung „verliehen" werden

(Erlass des FinMin Hessen vom 31. 8. 1999 – S 2102 A – 28 – II B 2a –)

Der BFH hat in seinem Urteil vom 17. 12. 1997, I R 60 – 61/97 (BStBl 1999 II S. 13) entschieden, dass ein Beamter seine Tätigkeit nicht „in der Verwaltung" ausübt, wenn er seine Dienste aufgrund einer Dienstleistungsüberlassung tatsächlich in einem privatwirtschaftlich strukturierten Unternehmen erbringt.

Die Erörterung zwischen den obersten Finanzbehörden des Bundes und der Länder ergab, dass aufgrund der vorgenannten Entscheidung des BFH an der im Erlaß vom 23. 8. 1995 (S 2102 – A – 28 – II B 21) vertretenen Rechtsauffassung nicht mehr festgehalten werden kann.

Für die Anwendung des Kassenstaatsprinzips reicht es nicht aus, wenn dem Staat oder einer seiner Gebietskörperschaften die formale Arbeitgeberstellung verbleibt, im übrigen jedoch die gesamten Dienste des Beamten dem privaten Unternehmen zur Verfügung gestellt und auch die wesentlichen Rechte des Dienstherrn aus dem Dienstverhältnis dem privaten Unternehmen zur Ausübung überlassen werden. In einem derartigen Fall liegt keine Dienstleistung mehr vor, die „in der Verwaltung" erbracht wird. Die dem Beamten zufließenden Bezüge stellen daher keine Zahlungen aus einer öffentlichen Kasse, sondern Arbeitslohn i. S. des DBA dar.

Dieser Erlaß ergeht im Einvernehmen mit dem BMF und den obersten Finanzbehörden der anderen Länder.

Organe einer Kapitalgesellschaft
→ BMF vom 14. 9. 2006 (BStBl I S. 532)   Anhang 9
→ BMF vom   (BStBl I S.   )

Rückfallklausel
– Die Rückfallklausel nach § 50d Abs. 8 EStG gilt nicht für das Lohnsteuerabzugsverfahren und die Fälle des Auslandstätigkeitserlasses (→ BMF vom 21. 7. 2005 – BStBl I S. 821).
– Die Rückfallklausel nach § 50d Abs. 9 Satz 1 Nr. 2 EStG kann auch im Lohnsteuerabzugsverfahren in Betracht kommen (→ BMF vom 12. 11. 2008 – BStBl I S. 988).

Steuerabzugsrecht trotz DBA

Nach Art. 29 Abs. 1 DBA-USA wird das deutsche Recht zur Vornahme des Lohnsteuerabzugs nach innerstaatlichem Recht nicht berührt. Gemäß Art. 29 Abs. 2 DBA-USA ist die im Abzugsweg erhobene Steuer auf Antrag zu erstatten (→ H 41c.1 Erstattungsantrag), soweit das DBA-USA ihre Erhebung einschränkt. Daher kann der Arbeitgeber ohne eine Freistellungsbescheinigung des Betriebsstättenfinanzamts nicht vom Steuereinbehalt absehen. Das gilt entsprechend für alle anderen DBA, die vergleichbare Regelungen enthalten (→ BMF vom 25. 6. 2012 – BStBl I S. 692).

Deutsch-amerikanisches Doppelbesteuerungsabkommen (DBA-USA); BFH-Urteil vom 21. Oktober 2009 – I R 70/08 – (BStBl 2012 II S. 493)

BMF- Schreiben vom 25. 6. 2012, BStBl I S. 692

Unter Bezugnahme auf das Ergebnis der Erörterung mit den obersten Finanzbehörden der Länder ist im Zusammenhang mit der Anwendung des BFH-Urteils vom 21. Oktober 2009 – I R 70/08 – (BStBl 2012 II S. 493) Folgendes zu beachten:

In materiell-rechtlicher Hinsicht betrifft das Urteil die Zahlung solcher Erfindervergütungen, die nach Beendigung des Arbeitsverhältnisses für während des Arbeitsverhältnisses gemachte Erfindungen geleistet werden. Der Arbeitnehmer war nach Beendigung des Arbeitsverhältnisses und zum Zeitpunkt der Zahlung der Erfindervergütung in den USA ansässig. Für diesen Fall hat der BFH entschieden, dass Deutschland kein Besteuerungsrecht nach dem DBA-USA zusteht, weil es sich nicht um ein zusätzliches Entgelt für eine frühere Tätigkeit im Sinne des Artikels 15 Absatz 1 Satz 2 OECD-Musterabkommen handelt.

Klarstellend wird in verfahrensrechtlicher Hinsicht darauf hingewiesen, dass das Recht des Quellenstaats zur Vornahme des Steuerabzugs nach seinem innerstaatlichen Recht gemäß Artikel 29 DBA-USA nicht berührt wird. Nach dieser Vorschrift ist die im Abzugsweg erhobene Steuer auf Antrag zu erstatten, soweit ihre Erhebung durch das Doppelbesteuerungsabkommen eingeschränkt ist. Daher kann der Arbeitgeber ohne eine Freistellungsbescheinigung des Betriebsstättenfinanzamts nicht von einem Steuereinbehalt absehen. Das gilt entsprechend für alle anderen Doppelbesteuerungsabkommen, die vergleichbare Regelungen enthalten.

Das Erfordernis einer Freistellungsbescheinigung als Voraussetzung für den Verzicht auf den Steuerabzug entspricht auch der Rechtsprechung des BFH (Urteile vom 10. Mai 1989 – I R 50/85 –, BStBl 1989 II S. 755 Rz. 17; vom 16. Februar 1996 – I R 64/95 –, BFHE 180, 104; vom 12. Juni 1997 – I R 72/96 –, BStBl 1997 II S. 660).

EStG

S 2366

§ 39c Einbehaltung der Lohnsteuer ohne Lohnsteuerabzugsmerkmale

(1) ¹Solange der Arbeitnehmer dem Arbeitgeber zum Zweck des Abrufs der elektronischen Lohnsteuerabzugsmerkmale (§ 39e Absatz 4 Satz 1) die ihm zugeteilte Identifikationsnummer sowie den Tag der Geburt schuldhaft nicht mitteilt oder das Bundeszentralamt für Steuern die Mitteilung elektronischer Lohnsteuerabzugsmerkmale ablehnt, hat der Arbeitgeber die Lohnsteuer nach Steuerklasse VI zu ermitteln. ²Kann der Arbeitgeber die elektronischen Lohnsteuerabzugsmerkmale wegen technischer Störungen nicht abrufen oder hat der Arbeitnehmer die fehlende Mitteilung der ihm zuzuteilenden Identifikationsnummer nicht zu vertreten, hat der Arbeitgeber für die Lohnsteuerberechnung die voraussichtlichen Lohnsteuerabzugsmerkmale im Sinne des § 38b längstens für die Dauer von drei Kalendermonaten zu Grunde zu legen. ³Hat nach Ablauf der drei Kalendermonate der Arbeitnehmer die Identifikationsnummer sowie den Tag der Geburt nicht mitgeteilt, ist rückwirkend Satz 1 anzuwenden. ⁴Sobald dem Arbeitgeber in den Fällen des Satzes 2 die elektronischen Lohnsteuerabzugsmerkmale vorliegen, sind die Lohnsteuerermittlungen für die vorangegangenen Monate zu überprüfen und, falls erforderlich, zu ändern. ⁵Die zu wenig oder zu viel einbehaltene Lohnsteuer ist jeweils bei der nächsten Lohnabrechnung auszugleichen.

(2) ¹Ist ein Antrag nach § 39 Absatz 3 Satz 1 oder § 39e Absatz 8 nicht gestellt, hat der Arbeitgeber die Lohnsteuer nach Steuerklasse VI zu ermitteln. ²Legt der Arbeitnehmer binnen sechs Wochen nach Eintritt in das Dienstverhältnis oder nach Beginn des Kalenderjahres eine Bescheinigung für den Lohnsteuerabzug vor, ist Absatz 1 Satz 4 und 5 sinngemäß anzuwenden.

(3) ¹In den Fällen des § 38 Absatz 3a Satz 1 kann der Dritte die Lohnsteuer für einen sonstigen Bezug mit 20 Prozent unabhängig von den Lohnsteuerabzugsmerkmalen des Arbeitnehmers ermitteln, wenn der maßgebende Jahresarbeitslohn nach § 39b Absatz 3 zuzüglich des sonstigen Bezugs 10 000 Euro nicht übersteigt. ²Bei der Feststellung des maßgebenden Jahresarbeitslohns sind nur die Lohnzahlungen des Dritten zu berücksichtigen.

R 39c

S 2366

Nichtvorlage der Lohnsteuerkarte[1]

(1) ¹Die Ermittlung der Lohnsteuer nach der Steuerklasse VI wegen Nichtvorlage oder Nichtrückgabe der Lohnsteuerkarte setzt ein schuldhaftes Verhalten des Arbeitnehmers voraus. ²Ein schuldhaftes Verhalten liegt vor, wenn der Arbeitnehmer vorsätzlich oder fahrlässig die Vorlage oder Rückgabe der Lohnsteuerkarte verzögert.

---

[1]) Nach Einführung der ELStAM sind die Absätze 1 bis 3 überholt; Absatz 5 gilt sinngemäß.

§ 39c EStG
H 39c   R 39c

(2) ¹Der Arbeitgeber kann davon ausgehen, dass den Arbeitnehmer kein Verschulden trifft, wenn
1. die Lohnsteuerkarte für das laufende Kalenderjahr bis zum 31. März vorgelegt wird oder
2. der Arbeitnehmer binnen 6 Wochen
   a) die Lohnsteuerkarte nach Eintritt in das Dienstverhältnis, vorbehaltlich der Nummer 1, vorlegt oder
   b) eine ihm von dem Arbeitgeber während des Dienstverhältnisses ausgehändigte Lohnsteuerkarte zurückgibt.

²Werden die genannten Zeiträume überschritten, kann ein Verschulden des Arbeitnehmers unterstellt werden, es sei denn, der Arbeitnehmer weist nach, dass er die Verzögerung nicht zu vertreten hat. ³Der Nachweisbeleg ist zum Lohnkonto zu nehmen.

(3) ¹Solange nach Absatz 2 ein Verschulden nicht anzunehmen ist, hat der Arbeitgeber
1. im Falle der Nichtvorlage der Lohnsteuerkarte zu Beginn des Kalenderjahres oder bei Eintritt in das Dienstverhältnis die ihm bekannten oder durch amtliche Unterlagen nachgewiesenen Familienverhältnisse des Arbeitnehmers, d. h. Familienstand und Zahl der Kinderfreibeträge,
2. im Falle der Nichtrückgabe einer ausgehändigten Lohnsteuerkarte die bisher eingetragenen Merkmale der Lohnsteuerkarte

zugrunde zu legen. ²Nach Vorlage oder Rückgabe der Lohnsteuerkarte ist § 41c EStG anzuwenden.

(4) – unbesetzt –

(5) ¹Ist ein Dritter zum Lohnsteuerabzug verpflichtet, weil er tarifvertragliche Ansprüche eines Arbeitnehmers eines anderen Arbeitgebers unmittelbar zu erfüllen hat (§ 38 Abs. 3a Satz 1 EStG), kann der Dritte die Lohnsteuer für einen sonstigen Bezug unter den Voraussetzungen des § 39c Abs. 5 EStG mit 20 % unabhängig von einer Lohnsteuerkarte ermitteln. ²Es handelt sich dabei nicht um eine pauschale Lohnsteuer i. S. d. §§ 40ff. EStG. ³Schuldner der Lohnsteuer bleibt im Falle des § 39c Abs. 5 EStG der Arbeitnehmer. ⁴Der versteuerte Arbeitslohn ist im Rahmen einer Einkommensteuerveranlagung des Arbeitnehmers zu erfassen und die pauschal erhobene Lohnsteuer auf die Einkommensteuerschuld anzurechnen. ⁵Der Dritte hat daher dem Arbeitnehmer eine besondere Lohnsteuerbescheinigung auszustellen und die einbehaltene Lohnsteuer zu bescheinigen (§ 41b EStG).

Hinweise

H 39c

Fehlerhafte Bescheinigung

→ H 41c.3 (Einzelfälle)

Grenzpendler

Ein Arbeitnehmer, der im Inland keinen Wohnsitz oder gewöhnlichen Aufenthalt hat, wird auf Antrag nach § 1 Abs. 3 EStG als unbeschränkt einkommensteuerpflichtig behandelt, wenn seine Einkünfte **zu mindestens 90 %** der deutschen Einkommensteuer unterliegen oder die nicht der deutschen Einkommensteuer unterliegenden Einkünfte **höchstens 8 004 Euro**¹⁾ betragen.

Ein Grenzpendler, der als Staatsangehöriger eines EU/EWR-Mitgliedstaates nach § 1 Abs. 3 EStG als unbeschränkt einkommensteuerpflichtig behandelt wird, ist auf Antrag in die **Steuerklasse III** einzuordnen, wenn der Ehegatte des Arbeitnehmers in einem EU/EWR-Mitgliedstaat lebt (→ § 1a Abs. 1 Nr. 2 EStG). Es ist nicht erforderlich, dass der Ehegatte ebenfalls Staatsangehöriger eines EU/EWR-Mitgliedstaats ist. Voraussetzung ist jedoch, dass die Einkünfte beider Ehegatten zu mindestens 90 % der deutschen Einkommensteuer unterliegen oder ihre nicht der deutschen Einkommensteuer unterliegenden Einkünfte höchstens 16 008 Euro betragen. Die Steuerklasse ist in der Bescheinigung²⁾ vom Betriebsstättenfinanzamt anzugeben.

Bei Grenzpendlern i. S. d. § 1 Abs. 3 EStG, die nicht Staatsangehörige eines EU/EWR-Mitgliedstaates sind, kann der Ehegatte steuerlich nicht berücksichtigt werden. Für diese Arbeitnehmer ist in der zu erteilenden Bescheinigung¹⁾ die **Steuerklasse I** oder für das zweite oder jedes weitere Dienstverhältnis die Steuerklasse VI anzugeben; in den Fällen des § 32a Abs. 6 EStG (= Witwensplitting) Steuerklasse III.

Die nicht der deutschen Einkommensteuer unterliegenden Einkünfte sind jeweils durch eine **Bescheinigung** der zuständigen ausländischen Steuerbehörde nachzuweisen.

---

¹⁾ *8 130 Euro in 2013.*
²⁾ Zur Erteilung von Bescheinigungen für diesen Personenkreis → § 39 Abs. 3 EStG.

Die Erteilung der Bescheinigung[1]) führt zur **Veranlagungspflicht** nach § 46 Abs. 2 Nr. 7 Buchstabe b EStG.

Für Arbeitnehmer, die im Ausland ansässig sind und nicht die Voraussetzungen des § 1 Abs. 2 oder § 1 Abs. 3 EStG erfüllen, ist weiterhin das **Bescheinigungsverfahren**[1]) anzuwenden.
(→ BMF vom 29. 9. 1995 – BStBl I S. 429, Tz. 1 unter Berücksichtigung der zwischenzeitlich eingetretenen Rechtsänderungen)

Lohnsteuerabzug

Antrag einer Bescheinigung für Lohnsteuerabzug bei erweiterter unbeschränkter Einkommensteuerpflicht und für Arbeitslohn aus inländischen öffentlichen Kassen → Anhang 40

Lohnsteuer-Ermäßigungsverfahren

Im Lohnsteuer-Ermäßigungsverfahren kann auf die Bestätigung der ausländischen Steuerbehörde in der Anlage Grenzpendler EU/EWR bzw. Anlage Grenzpendler außerhalb EU/EWR verzichtet werden, wenn für einen der beiden vorangegangenen Veranlagungszeiträume bereits eine von der ausländischen Steuerbehörde bestätigte Anlage vorliegt und sich die Verhältnisse nach Angaben des Steuerpflichtigen nicht geändert haben (BMF vom 25. 11. 1999 – BStBl I S. 990).
→ H 1

Öffentlicher Dienst

Anhang 40

Bei Angehörigen des öffentlichen Dienstes i. S. d. § 1 Abs. 2 Satz 1 Nr. 1 und 2 EStG ohne diplomatischen oder konsularischen Status, die nach § 1 Abs. 3 EStG auf Antrag als unbeschränkt einkommensteuerpflichtig behandelt werden und an einem ausländischen Dienstort tätig sind, sind die unter dem Stichwort → Grenzpendler genannten Regelungen zur Eintragung der Steuerklasse III auf Antrag entsprechend anzuwenden (→ § 1a Abs. 2 EStG). Dabei muss auf den Wohnsitz, den gewöhnlichen Aufenthalt, die Wohnung oder den Haushalt im Staat des ausländischen Dienstortes abgestellt werden. Danach kann auch bei außerhalb von EU/EWR-Mitgliedstaaten tätigen Beamten weiterhin die Steuerklasse III in Betracht kommen. Dagegen erfüllen ein pensionierter Angehöriger des öffentlichen Dienstes und ein im Inland tätiger Angehöriger des öffentlichen Dienstes, die ihren Wohnsitz außerhalb eines EU/EWR-Mitgliedstaates haben, nicht die Voraussetzungen des § 1a Abs. 2 EStG. Sie können aber ggf. als Grenzpendler in die Steuerklasse III eingeordnet werden, wenn der Ehegatte in einem EU/EWR-Mitgliedstaat lebt (→ BMF vom 29. 9. 1995 – BStBl I S. 429, Tz. 1.4 unter Berücksichtigung der zwischenzeitlich eingetretenen Rechtsänderungen).

→ H 1 (Staatsangehörige EU/EWR).

→ H 1 (Steuerpflicht, Steuerklassen).

EStG
S 2369

§ 39d (weggefallen)

R 39d **Durchführung des Lohnsteuerabzugs für beschränkt einkommensteuerpflichtige Arbeitnehmer**[1])

Ausübung oder Verwertung (§ 49 Abs. 1 Nr. 4 Buchstabe a EStG)

S 2369

(1) [1]Die nichtselbständige Arbeit wird im Inland ausgeübt, wenn der Arbeitnehmer im Geltungsbereich des Einkommensteuergesetzes persönlich tätig wird. [2]Sie wird im Inland verwertet, wenn der Arbeitnehmer das Ergebnis einer außerhalb des Geltungsbereichs des Einkommensteuergesetzes ausgeübten Tätigkeit im Inland seinem Arbeitgeber zuführt. [3]Zu der im Inland ausgeübten oder verwerteten nichtselbständigen Arbeit gehört nicht die nichtselbständige Arbeit, die auf einem deutschen Schiff während seines Aufenthalts in einem ausländischen Küstenmeer, in einem ausländischen Hafen von Arbeitnehmern ausgeübt wird, die weder einen Wohnsitz noch ihren gewöhnlichen Aufenthalt im Inland haben. [4]Unerheblich ist, ob der Arbeitslohn zu Lasten eines inländischen Arbeitgebers gezahlt wird. [5]Arbeitgeber i. S. d. Satzes 2 ist die Stelle im Inland, z. B. eine Betriebsstätte oder der inländische Vertreter eines ausländischen Arbeitgebers, die unbeschadet der formalen Vertragsverhältnisse zu einem möglichen ausländischen Arbeitgeber die wesentlichen Rechte und Pflichten eines Arbeitgebers tatsächlich wahrnimmt; inländischer Arbeitgeber ist auch ein inländisches Unternehmen bezüglich der Arbeitnehmer, die bei

---

[1]) Die Vorschriften mit den Sonderregelungen für beschränkt stpfl. Arbeitnehmer werden mit dem BeitrRLUmsG ab 2012 neu strukturiert; die Regelungen in R 39d LStR 2011 sind weiter anzuwenden.

rechtlich unselbständigen Betriebsstätten, Filialen oder Außenstellen im Ausland beschäftigt sind.

Befreiung von der beschränkten Einkommensteuerpflicht

(2) Einkünfte aus der Verwertung einer außerhalb des Geltungsbereichs des Einkommensteuergesetzes ausgeübten nichtselbständigen Arbeit bleiben bei der Besteuerung außer Ansatz,
1. wenn zwischen der Bundesrepublik Deutschland und dem Wohnsitzstaat ein Doppelbesteuerungsabkommen besteht und nach R 39b.10 der Lohnsteuerabzug unterbleiben darf oder
2. in anderen Fällen, wenn nachgewiesen oder glaubhaft gemacht wird, dass von diesen Einkünften in dem Staat, in dem die Tätigkeit ausgeübt worden ist, eine der deutschen Einkommensteuer entsprechende Steuer tatsächlich erhoben wird. ²Auf diesen Nachweis ist zu verzichten bei Arbeitnehmern, bei denen die Voraussetzungen des Auslandstätigkeitserlasses vorliegen.

Künstler, Berufssportler, unterhaltend und ähnlich darbietende Personen sowie Artisten

(3) ¹Bezüge von beschränkt einkommensteuerpflichtigen Berufssportlern, darbietenden Künstlern (z. B. Musikern), werkschaffenden Künstlern (z. B. Schriftstellern, Journalisten und Bildberichterstattern), anderen unterhaltend oder ähnlich Darbietenden sowie Artisten unterliegen dem Lohnsteuerabzug gemäß § 39d EStG, wenn sie zu den Einkünften aus nichtselbständiger Arbeit gehören und von einem inländischen Arbeitgeber i. S. d. § 38 Abs. 1 Satz 1 Nr. 1 EStG gezahlt werden. ²Von den Vergütungen der Berufssportler, darbietenden Künstler, Artisten und unterhaltend oder ähnlich darbietenden Personen (§ 50a Abs. 1 Nr. 1 EStG) wird die Einkommensteuer nach Maßgabe der § 50a, § 50d EStG erhoben, wenn diese nicht von einem inländischen Arbeitgeber gezahlt werden.

(4) – unbesetzt –

Bescheinigungsverfahren

(5) ¹Die nach § 39d Abs. 1 EStG¹) auszustellende Bescheinigung kann auch vom Arbeitgeber beantragt werden, wenn dieser den Antrag im Namen des Arbeitnehmers stellt. ²Bezieht ein Arbeitnehmer gleichzeitig Arbeitslohn aus mehreren gegenwärtigen oder früheren Dienstverhältnissen, mit dem er der beschränkten Steuerpflicht unterliegt, hat das Finanzamt in der Bescheinigung für das zweite und jedes weitere Dienstverhältnis zu vermerken, dass die Steuerklasse VI anzuwenden ist. ³Bei Nichtvorlage der Bescheinigung hat der Arbeitgeber den Lohnsteuerabzug nach Maßgabe des § 39c Abs. 1 und 2 EStG vorzunehmen. ⁴R 39c ist entsprechend anzuwenden.

(6) ¹Nach § 39d Abs. 2 EStG²) ist ein Freibetrag oder ein Hinzurechnungsbetrag durch Aufteilung in Monatsbeträge, erforderlichenfalls in Wochen- und Tagesbeträge, jeweils auf die voraussichtliche Dauer des Dienstverhältnisses im Kalenderjahr gleichmäßig zu verteilen. ²Dabei sind ggf. auch die im Kalenderjahr bereits abgelaufenen Zeiträume desselben Dienstverhältnisses einzubeziehen, es sei denn, der Arbeitnehmer beantragt die Verteilung des Betrags auf die restliche Dauer des Dienstverhältnisses. ³Bei beschränkt einkommensteuerpflichtigen Arbeitnehmern, bei denen § 50 Abs. 1 Satz 4 EStG anzuwenden ist, sind Werbungskosten und Sonderausgaben insoweit einzutragen, als sie die zeitanteiligen Pauschbeträge (→ § 50 Abs. 1 Satz 5 EStG) übersteigen.

Hinweise

Arbeitnehmer mit Wohnsitz

– *in Belgien*

→ Grenzgängerregelung nach dem Zusatzabkommen zum DBA Belgien (BGBl. 2003 II S. 1615)

→ Zur Verständigungsvereinbarung zum Besteuerungsrecht von Arbeitnehmer-Abfindungen → BMF vom 10. 1. 2007 (BStBl I S. 261)

– *in Frankreich*

→ *Zur Verständigungsvereinbarung zur 183-Tage-Regelung und zur Anwendung der Grenzgängerregelung*→ *BMF vom 3. 4. 2006 (BStBl I S. 304)*

---

¹) Antrag nach § 39 Abs. 3 EStG.
²) § 39a Abs. 2 Satz 6 EStG.

§ 39d EStG
H 39d

- *in Großbritannien und Nordirland*
  - → *Zur Verständigungsvereinbarung über die Zuordnung des Besteuerungsrechts von Abfindungen* → *BMF vom 2. 12. 2011 (BStBl I S. 1221)*
- in Luxemburg
  - → Verständigungsvereinbarung betreffend die Besteuerung von Abfindungszahlungen, Abfindungen und Entschädigungen in Folge einer Kündigung und/oder eines Sozialplans sowie Arbeitslosengeld → BMF vom 19. 9. 2011 (BStBl I S. 852).
  - → *Verständigungsvereinbarung betreffend der Besteuerung von Berufskraftfahrern; Erweiterung der Verständigungsvereinbarung auf Lokomotivführer und Begleitpersonal* → *BMF vom 19. 9. 2011 (BStBl I S. 849)*
- in den Niederlanden
  - → Zur Verständigungsvereinbarung zum Besteuerungsrecht von Arbeitnehmer-Abfindungen → BMF vom 29. 10. 2007 (BStBl I S. 756)
- in Österreich
  - → Zur Konsultationsvereinbarung zum Besteuerungsrecht von Arbeitnehmer-Abfindungen → BMF vom 26. 8. 2010 (BStBl I S. 645)
- **in der Schweiz** → DBA – Schweiz
  - → Artikel 3 des Zustimmungsgesetzes vom 30. 9. 1993 (BStBl I S. 927)
  - → Einführungsschreiben zur Neuregelung der Grenzgängerbesteuerung vom 19. 9. 1994 (BStBl I S. 683)
  - → BMF vom 7. 7. 1997 (BStBl I S. 723) unter Berücksichtigung der Änderungen durch BMF vom 30. 9. 2008 (BStBl I S. 935)
  - → Zur Konsultationsvereinbarung zum Besteuerungsrecht von Arbeitnehmer-Abfindungen → BMF vom 25. 3. 2010 (BStBl I S. 268)
  - → Zur Verständigungsvereinbarung zur Behandlung von Arbeitnehmern im internationalen Transportgewerbe → BMF vom 29. 6. 2011 (BStBl I S. 621)
  - → *Zur Verständigungsvereinbarung zur Behandlung über die Besteuerung von fliegendem Personal* → *BMF vom 23. 7. 2012 (BStBl I S. 850)*

Arbeitslohn nach DBA

Anhang 9 → BMF vom 14. 9. 2006 (BStBl I 2006 S. 532)

Arbeitnehmerentsendung

Grundsätze für die Prüfung der Einkunftsabgrenzung zwischen international verbundenen Unternehmen in Fällen der Arbeitnehmerentsendung

(BMF-Schreiben vom 9. 11. 2001, BStBl I S. 796)

Unter Bezugnahme auf das Ergebnis der Erörterung mit den Vertretern der obersten Finanzbehörden der Länder gilt für die Prüfung der Einkunftsabgrenzung zwischen international verbundenen Unternehmen in Fällen der grenzüberschreitenden Arbeitnehmerentsendung im Unternehmensverbund Folgendes:

Inhaltsangabe

1. Ausgangslage und Zielsetzung
2. Begriffe
2.1 Arbeitnehmerentsendung
2.2 Arbeitgeber
2.3 Aufwand der Arbeitnehmerentsendung
3. Beurteilungskriterien für die Einkunftsabgrenzung
3.1 Veranlassungsprinzip und Fremdvergleich
3.1.1 Interesse des entsendenden Unternehmens
3.1.2 Interesse des aufnehmenden Unternehmens
3.2 Fremdvergleichsmethoden
3.2.1 Betriebsinterner Fremdvergleich
3.2.2 Betriebsexterner Fremdvergleich
3.2.3 Hypothetischer Fremdvergleich
3.3 Indizien für die Feststellung der Interessenlage

3.4   Besondere Fallgestaltungen
3.4.1 Expertenentsendung
3.4.2 Rotationsverfahren
3.4.3 Entsendung zu Ausbildungs- oder Fortbildungszwecken
3.5   Einheitlicher Aufteilungsmaßstab
4.   Steuerliche Behandlung
4.1   Unzutreffende Einkunftsabgrenzung
4.2   Know-how-Transfer
4.3   Vorteilsausgleich
4.4   Hinweise zur Besteuerung der Einkünfte aus unselbständiger Arbeit
5.   Verfahren, Mitwirkung und Nachweise
6.   Anwendung bei der Einkunftsaufteilung zwischen Betriebsstätten
7.   Anwendungsvorschriften

1. Ausgangslage und Zielsetzung

Die zunehmende industrielle Verflechtung und Globalisierung führen dazu, dass zwischen international verbundenen Unternehmen in großem Umfang Arbeitnehmer entsendet werden. Hierdurch kann z. B. ein Mangel an qualifizierten Fachkräften behoben, die einheitliche Unternehmenspolitik vor Ort durchgesetzt, der internationale Erfahrungsaustausch gefördert und Auslandserfahrung gesammelt werden. Das Interesse kann sowohl von dem entsendenden, als auch von dem aufnehmenden Unternehmen ausgehen. Zeitraum und Zweck einer Arbeitnehmerentsendung variieren in der Praxis erheblich.

Der Personalpolitik einer multinationalen Unternehmensgruppe kann es entsprechen, dass auch ein übergeordnetes Konzernunternehmen ein eigenes betriebliches Interesse an der Entsendung von Arbeitnehmern zu verbundenen Unternehmen hat. Dieses Eigeninteresse spiegelt sich in zahlreichen Tätigkeitserwartungen und ggf. in zusätzlichen Berichtspflichten wider und dokumentiert sich darüber hinaus häufig auch darin, dass den Wünschen der Arbeitnehmer nachgegeben wird, die Arbeitsverträge während der Zeit der Entsendung nicht aufzulösen, sondern aufrecht zu erhalten, auch wenn sie während dieser Zeit üblicherweise ruhen.

Für die Arbeitnehmer ist eine Auslandstätigkeit regelmäßig mit finanziellen und persönlichen Belastungen verbunden. Um sie dennoch zu einer Auslandstätigkeit zu bewegen, werden an sie daher neben der bisherigen Entlohnung und ggf. Altersversorgung zusätzliche Zahlungen geleistet, wie z. B. erhöhtes Grundgehalt, Ersatz der Mehraufwendungen für doppelte Haushaltsführung, Umzugskostenerstattung, Auslandszulagen.

Ziel dieses Schreibens ist es, Regelungen zur Anwendung des Grundsatzes des Fremdvergleichs bei der Prüfung von inländischen bzw. im Inland tätigen verbundenen Unternehmen in den Fällen der grenzüberschreitenden Arbeitnehmerentsendung zu treffen. Anhand der Regelungen soll bestimmbar sein, ob und in welchem Umfang das entsendende und/oder das aufnehmende Unternehmen jeweils ein betriebliches Interesse an der Arbeitnehmerentsendung hat und demzufolge den Aufwand bzw. Teile davon für den entsandten Arbeitnehmer tragen muss.

2. Begriffe

2.1 Arbeitnehmerentsendung

Eine Arbeitnehmerentsendung im Sinne dieses Schreibens liegt grundsätzlich dann vor, wenn ein Arbeitnehmer mit seinem bisherigen Arbeitgeber (entsendendes Unternehmen) vereinbart, *für eine befristete Zeit* bei einem verbundenen Unternehmen (aufnehmendes Unternehmen) tätig zu werden und das aufnehmende Unternehmen entweder eine arbeitsrechtliche Vereinbarung mit dem Arbeitnehmer abschließt oder als wirtschaftlicher Arbeitgeber anzusehen ist.

Keine Arbeitnehmerentsendung im Sinne dieses Schreibens liegt demnach vor, wenn ein Arbeitnehmer zur Erfüllung einer Dienst- oder Werkleistungsverpflichtung des entsendenden Unternehmens bei einem anderen verbundenen Unternehmen tätig wird und sein Arbeitslohn Preisbestandteil der Dienst- bzw. Werkleistung ist (z. B. beim gewerblichen Arbeitnehmerverleih oder beim Anlagenbau). In diesen Fällen ist zu prüfen, ob die Leistungen des entsendenden Unternehmens zu marktüblichen Preisen, d. h. regelmäßig unter Einschluss einer Gewinnkomponente vergütet worden sind und ob durch die Tätigkeit des Arbeitnehmers eine Betriebsstätte des entsendenden Unternehmens begründet worden ist.

2.2 Arbeitgeber

Der Arbeitgeberbegriff wird im Abkommensrecht, Lohnsteuerrecht, Arbeitsrecht, Zivil- und Sozialversicherungsrecht unterschiedlich definiert. Auf diese Unterschiede ist bei der Anwendung dieses Schreibens zu achten. Für Zwecke dieses Schreibens ist vom Arbeitgeberbegriff im arbeitsrechtlichen bzw. wirtschaftlichen Sinne auszugehen.

Demnach ist – u. U. neben dem entsendenden Unternehmen – als Arbeitgeber anzusehen, wer entweder eine arbeitsrechtliche Vereinbarung mit dem Arbeitnehmer abschließt oder den Arbeitnehmer in seinen Geschäftsbetrieb integriert, weisungsbefugt ist und die Vergütungen für die ihm geleistete unselbständige Arbeit wirtschaftlich trägt, sei es, dass er die Vergütung unmittelbar dem betreffenden Arbeitnehmer auszahlt oder dass ein anderes Unternehmen für ihn mit der Arbeitsvergütung in Vorlage tritt.[1])

Bei einer Entsendung von mehr als drei Monaten ist regelmäßig von einer Integration in das aufnehmende Unternehmen auszugehen.

Ist der Arbeitnehmer zwar weniger als drei Monate für das aufnehmende Unternehmen tätig, wiederholt sich dies aber mehrfach, wird das aufnehmende Unternehmen für diese Zeiten ebenfalls regelmäßig zum wirtschaftlichen Arbeitgeber.

Ist das aufnehmende Unternehmen nicht als Arbeitgeber anzusehen, ist zu prüfen, ob eine Dienstleistung seitens des entsendenden Unternehmens vorliegt.

2.3 Aufwand der Arbeitnehmerentsendung

Der Arbeitnehmerentsendung sind alle direkten und indirekten Aufwendungen zuzuordnen, soweit sie das Ergebnis des aufnehmenden und/oder des entsendenden Unternehmens gemindert haben und im wirtschaftlichen Zusammenhang mit der Tätigkeit im Entsendezeitraum stehen. Dies gilt unabhängig davon, ob sie zum steuerpflichtigen Lohn des Arbeitnehmers gehören oder nicht. Zum Aufwand gehört z. B.:

- Grundgehalt,
- laufende und einmalige Bezüge des Arbeitnehmers (z. B. Abfindungen, Boni),
- Prämien, Urlaubs- und Weihnachtsgeld,
- übernommene Steuern,
- Zuführungen zur Pensionsrückstellung,
- Sozialversicherungsbeiträge im Tätigkeitsstaat und im Heimatstaat,
- Auslandszulagen,
- Sachbezüge und sonstige Anreize (z. B. Firmenwagen, Aktienoptionen),
- Ausgleichszahlungen für höhere Lebenshaltungskosten und höhere Abgaben,
- Umzugs- und Reisebeihilfen (einschließlich Beihilfen für Angehörige),
- Ersatz der Aufwendungen im Rahmen der doppelten Haushaltsführung, Schulgeld und Internatskosten.

Da bei einer Arbeitnehmerentsendung im Sinne dieses Schreibens der Aufwand der Arbeitnehmerentsendung nach dem Veranlassungsprinzip originären Aufwand des jeweiligen wirtschaftlichen Arbeitgebers bildet, sind Gewinnzuschläge hierauf steuerlich nicht zulässig.

3. Beurteilungskriterien für die Einkunftsabgrenzung

3.1 Veranlassungsprinzip und Fremdvergleich

Ausgangspunkt für die zutreffende Einkunftsabgrenzung ist die Frage, ob die Übernahme des Aufwands für den jeweiligen Arbeitnehmer dem Fremdvergleich entspricht.

Danach ist der Aufwand von dem Unternehmen zu tragen, in dessen Interesse die Entsendung erfolgt.

Zu prüfen ist

a. dem Grunde nach die Frage, ob die Tätigkeit im ausschließlichen betrieblichen Interesse des aufnehmenden Unternehmens liegt oder ob die Tätigkeit des entsandten Arbeitnehmers ganz oder teilweise durch das Interesse des entsendenden oder eines übergeordneten Unternehmens verursacht ist, und

b. der Höhe nach die Frage, ob der ordentliche und gewissenhafte Geschäftsleiter eines unabhängigen Unternehmens für einen vergleichbaren Arbeitnehmer Aufwendungen in gleicher Höhe getragen hätte.

---

[1]) Anm.: ((BFH vom 21. 8. 1985 – BStBl 1986 II S. 4).

3.1.1 Interesse des entsendenden Unternehmens

Bei der Prüfung eines entsendenden Unternehmens ist regelmäßig davon auszugehen, dass der Arbeitnehmer im Interesse und für Rechnung des aufnehmenden Unternehmens tätig wird (BFH, Urt. v. 3. 2. 1993 – I R 80 – 81/91, BStBl II 1993, 462 – FR 1993, 336).

Es bleibt aber zu berücksichtigen, dass auch ein Interesse des entsendenden Unternehmens bestehen kann, insbesondere dann, wenn dem betreffenden Arbeitnehmer eine Vergütung gezahlt wird, die über dem Lohnniveau im Ansässigkeitsstaat des aufnehmenden Unternehmens liegt. Dieses Interesse kann sich z. B. darin zeigen, dass der entsandte Arbeitnehmer Planungs-, Koordinierungs- oder Kontrollfunktionen für das entsendende Unternehmen wahrnimmt und diese nicht gesondert abgegolten werden oder nach Rückkehr des Arbeitnehmers dessen gesammelte Auslandserfahrungen im Rahmen seiner weiteren Beschäftigung beim entsendenden Unternehmen genutzt oder Arbeitsplätze bei Tochtergesellschaften im Rotationsverfahren ständig mit Arbeitnehmern der Konzernobergesellschaft besetzt werden.

Für die Berücksichtigung von Aufwendungen beim entsendenden inländischen Unternehmen ist es erforderlich, dass es sein wirtschaftliches Interesse (siehe Tz. 3.3) für die Entsendung nachweist.

3.1.2 Interesse des aufnehmenden Unternehmens

Bei der Prüfung eines inländischen bzw. im Inland tätigen aufnehmenden verbundenen Unternehmens ist zu berücksichtigen, dass der ordentliche und gewissenhafte Geschäftsleiter eines unabhängigen Unternehmens nur Personal beschäftigen würde, das er für seinen Betrieb benötigt und nur den Aufwand tragen würde, der ihm für die Beschäftigung eines vergleichbaren Arbeitnehmers bei sonst gleichen Verhältnissen entstehen würde.

Abzustellen ist auf den gesamten Aufwand, der das Ergebnis des aufnehmenden Unternehmens gemindert hat, unabhängig davon, ob und inwieweit der Arbeitnehmer selbst von der Entsendung einen finanziellen Vorteil hat. Die ausschließliche Tätigkeit eines entsandten Arbeitnehmers für das aufnehmende verbundene Unternehmen bedeutet nicht notwendigerweise, dass stets der volle Aufwand (Tz. 2.3) als Betriebsausgabe des aufnehmenden Unternehmens zu behandeln ist.

Verursacht der entsandte Arbeitnehmer beim aufnehmenden Unternehmen höhere Aufwendungen als lokale Arbeitnehmer mit vergleichbaren Funktionen und Aufgaben, so hat das aufnehmende Unternehmen nachzuweisen, dass der höhere Teil des Gesamtaufwands in seinem Interesse gezahlt wird, z. B. weil der Arbeitnehmer über Spezialwissen verfügt, das es dem aufnehmenden Unternehmen ermöglicht, über den Ausgleich des Mehraufwands hinausgehende höhere Erlöse zu erzielen (siehe auch Tz. 3.2.3). Kann dieser Nachweis nicht geführt werden, ist davon auszugehen, dass der gesamte Mehraufwand durch das Nahestehen veranlasst und vom entsendenden Unternehmen zu tragen ist.

3.2 Fremdvergleichsmethoden

Der Fremdvergleich ist vorrangig nach der Preisvergleichsmethode vorzunehmen. Hierbei wird der angemessene Aufwand durch betriebsinternen oder betriebsexternen Fremdvergleich ermittelt. Sind keine Vergleichsdaten verfügbar, ist ein hypothetischer Fremdvergleich durchzuführen.

3.2.1 Betriebsinterner Fremdvergleich

Beim betriebsinternen Fremdvergleich wird auf der Ebene des aufnehmenden Unternehmens untersucht, welchen Aufwand dieses für vergleichbare, nicht entsandte Arbeitnehmer trägt.

3.2.2 Betriebsexterner Fremdvergleich

Beim betriebsexternen Fremdvergleich wird untersucht, welchen Aufwand unabhängige Unternehmen, die unter gleichen Bedingungen in demselben Staat wie das aufnehmende Unternehmen tätig sind, für einen vergleichbaren Arbeitnehmer tragen.

3.2.3 Hypothetischer Fremdvergleich

Beim hypothetischen Fremdvergleich ist festzustellen, ob der ordentliche und gewissenhafte Geschäftsleiter eines unabhängigen Unternehmens bei gleichen Geschäftsbedingungen den Aufwand für den entsandten Arbeitnehmer überhaupt oder in vollem Umfang allein getragen oder ob er eine Kostenbeteiligung des entsendenden Unternehmens gefordert hätte. Dabei ist zu berücksichtigen, dass ein Unternehmen beispielsweise wegen der Eigenart seines Geschäftsbetriebes speziell ausgebildete Arbeitnehmer mit besonderen Kenntnissen benötigen kann. Sind diese Arbeitnehmer auf seinem lokalen Arbeitsmarkt nicht verfügbar, würde ein ordentlicher und gewissenhafter Geschäftsleiter die mit einer Arbeitnehmerentsendung regelmäßig einhergehenden Mehraufwendungen gleichwohl nur dann übernehmen, wenn er hierdurch in einem überschaubaren Zeitraum einen wirtschaftlich nachweisbaren höheren Nutzen erwarten kann (z. B. weil er aufgrund der besonderen Eigenart der von den entsandten Arbeitnehmern geschaffenen Produkte bzw. erbrachten Leistungen die notwendigen Mehraufwendungen über entsprechend höhere Erlöse mehr als ausgleichen kann). Ein Zeitraum von drei Jahren kann regelmäßig als überschaubar angesehen werden.

Bei dem Vergleich mit fremdüblichem Verhalten sind die Möglichkeiten einer Direktanwerbung von Arbeitnehmern aus dem Entsendestaat oder die Ausbildung von Ortskräften in Betracht zu ziehen.

3.3 Indizien für die Feststellung der Interessenlage

Beurteilungskriterien für die Interessenlage bei der Arbeitnehmerentsendung sind z. B.:
– die ausgeübte Funktion,
– die benötigten Kenntnisse,
– die üblichen Aufwendungen im Arbeitsmarkt des Tätigkeitsstaats für einen vergleichbaren Arbeitnehmer,
– der Zusammenhang zwischen den Aufwendungen für den entsandten Arbeitnehmer und seinem Beitrag zum wirtschaftlichen Erfolg des Unternehmens,
– der Tätigkeitsort,
– von welchem Unternehmen die Initiative für die Arbeitnehmerentsendung ausging,
– ob die Tätigkeit des entsandten Arbeitnehmers einzelprojektbezogen ist,
– ob im Arbeitsmarkt des aufnehmenden Unternehmens ein Angebot an Arbeitskräften mit der nach objektiven Maßstäben erforderlichen Qualifikation nicht vorhanden und auch nicht im Rahmen betrieblicher Ausbildung oder Qualifizierung zu schaffen ist,
– ob gleichwertig qualifizierte Arbeitnehmer im lokalen Arbeitsmarkt des aufnehmenden Unternehmens verfügbar sind und einen geringeren Aufwand verursachen,
– ob der Arbeitnehmer Koordinierungs- bzw. Kontrolltätigkeiten ausübt,
– ob der Arbeitnehmer im Rahmen eines Rotationssystems entsandt worden ist,
– der prozentuale Anteil der entsandten Arbeitnehmer an der Gesamtbelegschaft,
– objektives Erfordernis von Sprachkenntnissen oder persönlichen Beziehungen in Verbindung mit der ausgeübten Funktion.

3.4 Besondere Fallgestaltungen

3.4.1 Expertenentsendung

Im Einzelfall kommt es, insbesondere bei projektbezogener Entsendung, dem anfordernden Unternehmen auf das besondere Fachwissen des entsandten Arbeitnehmers an. Ist ein vergleichbarer Arbeitnehmer nicht oder nur mit erheblichem Aufwand zu rekrutieren, so ist davon auszugehen, dass das aufnehmende Unternehmen den gesamten Aufwand für den Arbeitnehmer zu tragen hat.

3.4.2 Rotationsverfahren

Besetzt das entsendende Unternehmen ständig Arbeitsplätze beim aufnehmenden Unternehmen im Rotationsverfahren, so ist davon auszugehen, dass die Entsendung auch den Interessen des entsendenden Unternehmens dient und es deshalb den Aufwand, der über den für einen vergleichbaren Arbeitnehmer des aufnehmenden Unternehmens hinausgeht, zu tragen hat. Dies kann auch bei Expertenentsendung der Fall sein.

Ein so genanntes Rotationssystem liegt typischerweise vor, wenn ein Personaleinsatz- und Entwicklungskonzept der Konzernspitze dergestalt zugrunde liegt, dass das aufnehmende Unternehmen bei Stellenbesetzungen nicht frei entscheiden kann, sondern bestimmte Positionen mit Arbeitnehmern des entsendenden Unternehmens zu besetzen hat. Ob ein solches Rotationssystem vorliegt, entscheidet sich nach dem Gesamtbild der Verhältnisse. Anhaltspunkte für das Vorliegen eines derartigen Rotationssystems sind u. a.:
– die *Entsendungen* erfolgen einseitig von der Konzernobergesellschaft an nachgeordnete Gesellschaften, nicht aber wechselseitig zwischen den verbundenen Unternehmen,
– die Entsendungen sind von typischer Dauer (3 bis 5 Jahre),
– bestimmte Führungspositionen oder technische Schlüsselfunktionen bei der aufnehmenden Gesellschaft werden ständig mit Arbeitnehmern anderer Konzerngesellschaften besetzt,

- die aufnehmende Gesellschaft unternimmt keine ernsthaften Versuche (z. B. durch Schaltung von Stellenanzeigen), diese Arbeitsplätze mit Arbeitnehmern des lokalen Stellenmarktes, einschließlich selbst ausgebildeten Personals, zu besetzen.

3.4.3 Entsendung zu Ausbildungs- oder Fortbildungszwecken

Werden Arbeitnehmer ausschließlich zu Aus- oder Fortbildungszwecken entsandt, hat das entsendende Unternehmen den Mehraufwand (siehe Tz. 3.1.2) zu tragen.

3.5 Einheitlicher Aufteilungsmaßstab

Wird im Rahmen einer Außenprüfung festgestellt, dass die Entsendung zahlreicher Arbeitnehmer sowohl den Interessen des aufnehmenden, als auch des entsendenden Unternehmens dient, kann ein in Zusammenarbeit mit dem Steuerpflichtigen nach einer Funktionsanalyse für die entsandten Arbeitnehmer gefundener sachgerechter einheitlicher Aufteilungsmaßstab für alle Arbeitnehmerentsendungen im Rahmen einer typisierenden Betrachtung angewandt werden. Dieser Aufteilungsmaßstab kann von den Finanzbehörden in Abstimmung mit dem Unternehmen der steuerlichen Beurteilung im Prüfungszeitraum und für alle bis zum Prüfungsende abgelaufenen Wirtschaftsjahre zugrunde gelegt werden, wenn keine wesentliche Änderung der Verhältnisse eingetreten ist.

Auf Antrag des Steuerpflichtigen kann dieser einheitliche Aufteilungsmaßstab auch für künftige Wirtschaftsjahre angewendet werden. Die Angemessenheit des einheitlichen Aufteilungsmaßstabs ist in regelmäßigen Abständen zu überprüfen und bei Veränderungen der maßgeblichen Verhältnisse unverzüglich anzupassen.

Die Zugrundelegung eines einheitlichen Aufteilungsmaßstabs sollte mit der oder den ausländischen Finanzverwaltung(en) abgestimmt werden.

4. Steuerliche Behandlung

4.1 Unzutreffende Einkunftsabgrenzung

Sind die Aufwendungen einer Arbeitnehmerentsendung den beteiligten Unternehmen nicht sachgerecht, d. h. nicht der jeweiligen betrieblichen Interessenlage folgend zugeordnet worden, sind die Einkünfte nach den maßgeblichen Vorschriften zu berichtigen.

4.2 Know-how-Transfer

Durch die Tätigkeit entsandter Experten werden dem aufnehmenden Unternehmen regelmäßig auch Kenntnisse und Erfahrungen dieser Personen übermittelt.

Soweit dem aufnehmenden Unternehmen durch die bloße Tätigkeit der an sie entsandten Experten Kenntnisse und Erfahrungen vermittelt werden (z. B. durch Vorbildwirkung), ist dies Bestandteil und Grund der Entsendung und üblicherweise nicht gesondert zu vergüten.

Es ist jedoch zu beachten, dass darüber hinaus auch noch ein mit der Einräumung von Nutzungsrechten verbundener konkreter Transfer von Know-how (Pläne, Muster, Verfahren, Formeln, Patente, etc.) stattfinden kann, der zwischen fremden Dritten gesondert vergütet würde.

4.3 Vorteilsausgleich

Macht ein Unternehmen geltend, dass die Aufwendungen für entsandte Arbeitnehmer bei der Verrechnungspreisbildung, z. B. für den konzerninternen Warenverkehr, berücksichtigt worden sind, ist für die steuerliche Anerkennung eines Vorteilsausgleichs zu prüfen, ob die hierfür erforderlichen Voraussetzungen erfüllt sind. Tz. 2.3 der Verwaltungsgrundsätze 1983 ist zu beachten.

4.4 Hinweise zur Besteuerung der Einkünfte aus unselbständiger Arbeit

Falls der Fremdvergleich ergibt, dass der Aufwand für die entsandten Arbeitnehmer zwischen dem entsendenden und dem aufnehmenden Unternehmen aufzuteilen ist, hat nach den DBA in der Regel der Staat, in dem sich der Arbeitnehmer zur Ausführung seiner Tätigkeit persönlich aufhält, das Besteuerungsrecht für den auf diese Zeit entfallenden vollen Arbeitslohn.

Das Besteuerungsrecht für den Arbeitslohn der Arbeitnehmer richtet sich nach den einschlägigen Bestimmungen der jeweiligen DBA entsprechend Art. 15 OECD-Musterabkommen und den nationalen Vorschriften. Zu den näheren Einzelheiten wird insbesondere auf die BMF-Schreiben vom 31. Oktober 1983 (BStBl I S. 470).[1]

---

[1] (Auslandstätigkeitserlass und BMF-Schreiben vom 5. 1. 1994 (BStBl I S. 11, (DBA 183-Tage-Klausel), vom 5. 7. 1995 (BStBl I S. 373, (DBA Organe einer Kapitalgesellschaft) und vom 20. 4. 2000 (BStBl I S. 483, (DBA 183-Tage-Klausel) hingewiesen.

5. Verfahren, Mitwirkung und Nachweise

Bei einer grenzüberschreitenden Arbeitnehmerentsendung im Unternehmensverbund beziehen sich die Auskunfts- und Beweismittelbeschaffungspflichten im Sinne des § 90 Abs. 2 AO auf den Gesamtaufwand (siehe Tz. 2.3) und auf die Interessenlage, nach der sich die Zuordnung der Tätigkeit des entsandten Arbeitnehmers sowie eine ggf. vorzunehmende Aufteilung des Gesamtaufwandes richtet.

Die Interessenlage ist vom Steuerpflichtigen darzulegen und durch geeignete Nachweise zu belegen. Hierfür kommen z. B. in Betracht:

– Entsendevertrag,
– zusätzlicher Dienstleistungsvertrag,
– Beschreibung der Tätigkeit des aufnehmenden Unternehmens sowie seiner Produkte bzw. Dienstleistungen,
– Schriftverkehr zur Begründung der Entsendung,
– Tätigkeitsbeschreibungen für die entsandten Arbeitnehmer,
– konkrete Tätigkeitsnachweise, z. B. Berichte, Protokolle, die der entsandte Arbeitnehmer für das entsendende Unternehmen angefertigt hat,
– Stellenanzeigen,
– Untersuchungen über Vergleichsgehälter im lokalen Arbeitsmarkt,
– Gewinnprognosen des aufnehmenden Unternehmens,
– Arbeitsverträge des Arbeitnehmers mit dem entsendenden und aufnehmenden Unternehmen,
– Nachweis über die Höhe der Lohnaufwendungen vor der Entsendung,
– Kosten/Nutzen-Analyse (benefit test) bezüglich Lohnaufwand und Erfolgsbeitrag des entsandten Arbeitnehmers,
– Zeitnachweise für Art und Umfang der Tätigkeit,
– Reisekostenabrechnungen,
– funktionsorientiertes Arbeitnehmerorganigramm oder ähnliche Unterlagen.

6. Anwendung bei der Einkunftsaufteilung zwischen Betriebsstätten

Die vorstehenden Grundsätze gelten sinngemäß bei Prüfung der Aufteilung der Einkünfte bei Betriebsstätten international tätiger Unternehmen.

7. Anwendungsvorschriften

Dieses Schreiben ergänzt das Schreiben v. 23. 2. 1983[1]) und ist in allen noch offenen Fällen anzuwenden.

Ausländische Streitkräfte

Maßgebliche Steuerklasse für Ehegatten der in der Bundesrepublik Deutschland stationierten US-Soldaten

(Erlaß des FinMin Sachsen vom 7. 2. 1992 – 32 – S 2361 – 4/2 – 131 –)

Bei der Entscheidung, welche Steuerklasse Ehegatten der in der Bundesrepublik stationierten US-Soldaten zu bescheinigen ist, sind die Vorschriften des NATO-Truppenstatuts – NTS – (BGBl. 1961 II S. 1183) und des Zusatzabkommens zum NTS (BGBl. II S. 1218) zu beachten.

Nach Art. X Abs. 1 Satz 2 des NTS und Art. 68 Abs. 4 des Zusatzabkommens begründen die nichtdeutschen Mitglieder und technischen Fachkräfte der ausländischen Streitkräfte und deren nichtdeutsche Ehegatten und Kinder in der Bundesrepublik Deutschland keinen Wohnsitz oder gewöhnlichen Aufenthalt, wenn ihre Anwesenheit in der Bundesrepublik Deutschland allein auf dem Umstand beruht, daß einer der Ehegatten bei den Streitkräften beschäftigt ist. Sie gelten somit als beschränkt einkommensteuerpflichtig. Dem nichtdeutschen Ehegatten ist deshalb für die Durchführung des Lohnsteuerabzugs auf Antrag eine Lohnsteuerbescheinigung nach § 39d Abs. 1 EStG mit der Steuerklasse I zu erteilen.

Nach Art. X Abs. 4 NTS sind Mitglieder einer Truppe und deren durch Art. 68 Abs. 4 des Zusatzabkommens gleichgestellte Angehörige nicht durch die Regelung des Art. X NTS begünstigt, wenn sie die deutsche Staatsangehörigkeit besitzen. Die Ehepartner und Kinder eines Mitglieds einer Truppe unterliegen somit der unbeschränkten Steuerpflicht, wenn sie deutsche Staatsbürger sind und die Voraussetzungen des § 1 Abs. 1 EStG erfüllen. Dem deutschen Ehe-

---
[1]) BStBl I S. 218.

gatten bzw. dem Ehegatten, der neben der ausländischen seine deutsche Staatsangehörigkeit beibehalten hat, ist deshalb auf Antrag eine Lohnsteuerkarte mit der Steuerklasse I oder, wenn ihm der Haushaltsfreibetrag (§ 32 Abs. 7 EStG) zusteht, mit der Steuerklasse II auszustellen.

Die familiengerechte Steuerklasse kann nur bescheinigt werden, wenn beide Ehegatten aufgrund anderer Tatsachen ihren Wohnsitz in der Bundesrepublik Deutschland begründet haben und damit unbeschränkt einkommensteuerpflichtig sind. Eine gemeinsame Familienwohnung außerhalb des Kasernenbereichs reicht aber dazu für sich allein betrachtet noch nicht aus.

Dieser Erlaß ergeht im Einvernehmen mit dem Bundesminister der Finanzen und den obersten Finanzbehörden der anderen Länder.

Steuerliche Behandlung der Familienmitglieder von Angehörigen ausländischer Streitkräfte

(Verfügung des BayLfSt vom 23. 6. 2006– S 2363-9 St 32/St 33 –)

Zur Ausstellung einer Lohnsteuerkarte und zur Bescheinigung der Steuerklasse wegen der Aufnahme einer Tätigkeit des o. a. Personenkreises bei Arbeitgebern im Inland gilt folgendes:

Nach Art. X Abs. 1 Satz 2 des NATO-Truppenstatuts – NTS – (BGBl 1961 II S. 1183) und Art. 68 Abs. 4 des Zusatzabkommens zum NTS (BGBl 1961 II S. 1218) begründen die nichtdeutschen Mitglieder und technischen Fachkräfte der ausländischen Streitkräfte und deren nichtdeutsche Ehegatten und Kinder in der Bundesrepublik Deutschland keinen Wohnsitz oder gewöhnlichen Aufenthalt, wenn ihre Anwesenheit in der Bundesrepublik Deutschland allein auf dem Umstand beruht, dass einer der Ehegatten bei den Streitkräften beschäftigt ist. Entsprechendes gilt für die Mitglieder der sowjetischen Streitkräfte und deren Familienangehörigen nach Art. 16 Abs. 6 des Vertrags zwischen der Bundesrepublik Deutschland und der Union der Sozialistischen Sowjetrepubliken über die Bedingungen des befristeten Aufenthalts und die Modalitäten des planmäßigen Abzugs der sowjetischen Truppen aus dem Gebiet der Bundesrepublik Deutschland vom 12. 10. 1990 (BGBl 1991 II S. 256), der nach der Verordnung zur Inkraftsetzung des Notenwechsels vom 26. 09. 1990 (BGBl 1990 II S. 1254) seit dem 03. 10. 1990 vorläufig angewandt wird. Hieraus folgt, dass dieser Personenkreis als beschränkt einkommensteuerpflichtig anzusehen ist, soweit Einkünfte im Sinne des § 49 EStG bezogen werden. Dem nichtdeutschen Ehegatten ist deshalb für die Durchführung des Lohnsteuer-Abzugs auf Antrag eine Bescheinigung nach § 39d Abs. 1 EStG mit der Steuerklasse I zu erteilen.

Diese Regelung gilt nicht für Familienangehörige der ausländischen Streitkräfte, wenn sie die deutsche Staatsangehörigkeit besitzen (vgl. Art. X Abs. 4 NTS). Ehepartner und Kinder eines Mitglieds der ausländischen Streitkräfte unterliegen somit der unbeschränkten Steuerpflicht, wenn sie deutsche Staatsbürger sind und die Voraussetzungen des § 1 Abs. 1 EStG erfüllen. Dem deutschen Ehegatten bzw. dem Ehegatten, der neben der ausländischen seine deutsche Staatsangehörigkeit beibehalten hat, ist deshalb auf Antrag eine Lohnsteuerkarte mit der Steuerklasse I oder, wenn ihm der Haushaltsfreibetrag (§ 32 Abs. 7 EStG) zusteht, mit der Steuerklasse II auszustellen (* vgl. nachstehenden Hinweis).

Die familiengerechte Steuerklasse kann nur bescheinigt werden, wenn beide Ehegatten aufgrund anderer Tatsachen ihren Wohnsitz in der Bundesrepublik Deutschland begründet haben und damit unbeschränkt einkommensteuerpflichtig sind. *Hiervon ist z. B. bei einem Mitglied der ausländischen Streitkräfte auszugehen, das zusammen mit seinem Ehegatten, der die deutsche Staatsangehörigkeit besitzt, und ggf. seinen Kindern außerhalb des Kasernenbereichs eine gemeinsame inländische Familienwohnung bezogen hat.* (** vgl. nachstehenden Hinweis).

Dieses Schreiben tritt an die Stelle meines Schreibens vom 29. 01. 1992 Az.: 32 – S 2363-49/8 – 535 – nicht abgedruckt –. Es ergeht im Einvernehmen mit dem Bundesminister der Finanzen und den obersten Finanzbehörden der anderen Länder.Hinweise

* Ab dem VZ 2004 kommt die Steuerklasse II (bzw. der Entlastungsbetrag für Alleinerziehende) nur noch für Alleinerziehende in Betracht. Nicht dauernd getrennt lebenden Ehegatten, bei denen keine Ehegattenbesteuerung in Betracht kommt (z. B. deutschen Ehegatten von Angehörigen der US-Streitkräfte) kann die Steuerklasse II wegen Vorliegens einer Haushaltsgemeinschaft nicht gewährt werden.

** Die kursiv gekennzeichnete Aussage im o. g. FMS ist im Hinblick auf das BFH-Urteil vom 09. 11. 2005 (BStBl 2006 II S. 374) nicht mehr uneingeschränkt zutreffend. Die o.g Personen sind, auch wenn sie im Inland einen Wohnsitz oder gewöhnlichen Aufenthalt haben, nicht unbeschränkt einkommensteuerpflichtig, soweit sie sich nur in dieser Eigenschaft in Deutschland aufhalten. Dies ist der Fall, wenn nach den gesamten Lebensumständen erkennbar ist, dass sie nach Beendigung ihres Dienstes in den Ausgangsstaat oder in ihren Heimatstaat zurückkehren werden (Rückkehrwille). Maßgeblich sind insoweit die Verhältnisse aus der Sicht des jeweiligen Besteuerungszeitraums.

§ 39d EStG
H 39d

Auslandstätigkeitserlass

→ BMF vom 31. 10. 1983 (BStBl I S. 470)

Steuerliche Behandlung von Arbeitnehmereinkünften bei Auslandstätigkeiten (Auslandstätigkeitserlaß)

(BMF-Schreiben vom 31. 10. 1983, BStBl I S. 470)

Im Einvernehmen mit den obersten Finanzbehörden der Länder gilt auf Grund des § 34c Abs. 5 und des § 50 Abs. 7 EStG folgendes:

Bei Arbeitnehmern eines inländischen Arbeitgebers (Abschnitt 72 LStR[1])) wird von der Besteuerung des Arbeitslohns abgesehen, den der Arbeitnehmer auf Grund eines gegenwärtigen Dienstverhältnisses für eine begünstigte Tätigkeit im Ausland erhält.**I. Begünstigte Tätigkeit**
Begünstigt ist die Auslandstätigkeit für einen inländischen Lieferanten, Hersteller, Auftragnehmer oder Inhaber ausländischer Mineralaufsuchungs- oder -gewinnungsrechte im Zusammenhang mit

1. der Planung, Errichtung, Einrichtung, Inbetriebnahme, Erweiterung, Instandsetzung, Modernisierung, Überwachung oder Wartung von Fabriken, Bauwerken, ortsgebundenen großen Maschinen oder ähnlichen Anlagen sowie dem Einbau, der Aufstellung oder Instandsetzung sonstiger Wirtschaftsgüter; außerdem ist das Betreiben der Anlagen bis zur Übergabe an den Auftraggeber begünstigt,
2. dem Aufsuchen oder der Gewinnung von Bodenschätzen,
3. der Beratung (Consulting) ausländischer Auftraggeber oder Organisationen im Hinblick auf Vorhaben im Sinne der Nummern 1 oder 2 oder
4. der deutschen öffentlichen Entwicklungshilfe im Rahmen der technischen oder finanziellen Zusammenarbeit.

Nicht begünstigt sind die Tätigkeit des Bordpersonals auf Seeschiffen und die Tätigkeit von Leiharbeitnehmern, für deren Arbeitgeber die Arbeitnehmerüberlassung Unternehmenszweck ist, sowie die finanzielle Beratung mit Ausnahme der Nummer 4. Nicht begünstigt ist ferner das Einholen von Aufträgen (Akquisition), ausgenommen die Beteiligung an Ausschreibungen.

II. Dauer der begünstigten Tätigkeit

Die Auslandstätigkeit muß mindestens drei Monate ununterbrochen in Staaten ausgeübt werden, mit denen kein Abkommen zur Vermeidung der Doppelbesteuerung besteht, in das Einkünfte aus nichtselbständiger Arbeit einbezogen sind.

Sie beginnt mit Antritt der Reise ins Ausland und endet mit der endgültigen Rückkehr ins Inland. Eine vorübergehende Rückkehr ins Inland oder ein kurzer Aufenthalt in einem Staat, mit dem ein Abkommen zur Vermeidung der Doppelbesteuerung besteht, in das Einkünfte aus nichtselbständiger Arbeit einbezogen sind, gelten bis zu einer Gesamtaufenthaltsdauer von zehn vollen Kalendertagen innerhalb der Mindestfrist nicht als Unterbrechung der Auslandstätigkeit, wenn sie zur weiteren Durchführung oder Vorbereitung eines begünstigten Vorhabens notwendig sind. Dies gilt bei längeren Auslandstätigkeiten entsprechend für die jeweils letzten drei Monate.

Eine Unterbrechung der Tätigkeit im Falle eines Urlaubs oder einer Krankheit ist unschädlich, unabhängig davon, wo sich der Arbeitnehmer während der Unterbrechung aufhält. Zeiten der unschädlichen Unterbrechung sind bei der Dreimonatsfrist nicht mitzurechnen.

III. Begünstigter Arbeitslohn

Zum begünstigten Arbeitslohn gehören auch folgende steuerpflichtige Einnahmen, soweit sie für eine begünstigte Auslandstätigkeit gezahlt werden:

1. Zulagen, Prämien oder Zuschüsse des Arbeitgebers für Aufwendungen des Arbeitnehmers, die durch eine begünstigte Auslandstätigkeit veranlaßt sind, oder die entsprechende unentgeltliche Ausstattung oder Bereitstellung durch den Arbeitgeber,
2. Weihnachtszuwendungen, Erfolgsprämien oder Tantiemen,
3. Arbeitslohn, der auf den Urlaub – einschließlich eines angemessenen Sonderurlaubs auf Grund einer begünstigten Tätigkeit – entfällt, Urlaubsgeld oder Urlaubsabgeltung,
4. Lohnfortzahlung auf Grund einer Erkrankung während einer begünstigten Auslandstätigkeit bis zur Wiederaufnahme dieser oder einer anderen begünstigten Tätigkeit oder bis zur endgültigen Rückkehr ins Inland.

---

[1]) Jetzt: R 38.3 LStR.

Werden solche Zuwendungen nicht gesondert für die begünstigte Tätigkeit geleistet, so sind sie im Verhältnis der Kalendertage aufzuteilen.

Der begünstigte Arbeitslohn ist steuerfrei im Sinne der §§ 3c, 10 Abs. 2 Nr. 2 EStG und des § 28 Abs. 2 BerlinFG.

IV. Progressionsvorbehalt für unbeschränkt steuerpflichtige Arbeitnehmer

Auf das nach § 32a Abs. 1 EStG zu versteuernde Einkommen ist der Steuersatz anzuwenden, der sich ergibt, wenn die begünstigten Einkünfte aus nichtselbständiger Arbeit bei der Berechnung der Einkommensteuer einbezogen werden. Bei der Ermittlung der begünstigten Einkünfte ist der Arbeitslohn um die Freibeträge nach § 19 Abs. 3 und 4 EStG und um den Werbungskosten-Pauschbetrag nach § 9a Nr. 1 EStG zu kürzen, soweit sie nicht bei der Ermittlung der Einkünfte aus nicht begünstigter nichtselbständiger Arbeit berücksichtigt worden sind.

V. Nichtanwendung

Diese Regelung gilt nicht, wenn

1. der Arbeitslohn aus inländischen öffentlichen Kassen – einschließlich der Kassen der Deutschen Bundesbahn und der Deutschen Bundesbank – gezahlt wird,
2. die Tätigkeit in einem Staat ausgeübt wird, mit dem ein Abkommen zur Vermeidung der Doppelbesteuerung besteht, in das Einkünfte aus nichtselbständiger Arbeit einbezogen sind; ist ein Abkommen für die Zeit vor seinem Inkrafttreten anzuwenden, so verbleibt es bis zum Zeitpunkt des Inkrafttretens bei den vorstehenden Regelungen, soweit sie für den Arbeitnehmer günstiger sind, oder
3. es sich um eine Tätigkeit in der Deutschen Demokratischen Republik oder Berlin (Ost) handelt.

VI. Verfahrensvorschriften

1. Der Verzicht auf die Besteuerung im Steuerabzugsverfahren (Freistellungsbescheinigung) ist vom Arbeitgeber oder Arbeitnehmer beim Betriebsstättenfinanzamt zu beantragen. Ein Nachweis, daß von dem Arbeitslohn in dem Staat, in dem die Tätigkeit ausgeübt wird, eine der deutschen Lohnsteuer (Einkommensteuer) entsprechende Steuer erhoben wird, ist nicht erforderlich.

   Ist glaubhaft gemacht worden, daß die in Abschnitt I und II bezeichneten Voraussetzungen vorliegen, so kann die Freistellungsbescheinigung erteilt werden, solange dem Arbeitgeber eine Änderung des Lohnsteuerabzugs möglich ist (§ 41c EStG). Außerdem muß sich der Arbeitgeber verpflichten, das folgende Verfahren einzuhalten:

   a) Der begünstigte Arbeitslohn ist im Lohnkonto, auf der Lohnsteuerkarte, der besonderen Lohnsteuerbescheinigung sowie dem Lohnzettel getrennt von dem übrigen Arbeitslohn anzugeben.

   b) Die Freistellungsbescheinigung ist als Beleg zum Lohnkonto des Arbeitnehmers zu nehmen.

   c) Für Arbeitnehmer, die während des Kalenderjahrs begünstigten Arbeitslohn bezogen haben, darf der Arbeitgeber weder die Lohnsteuer nach dem voraussichtlichen Jahresarbeitslohn (sog. permanenter Jahresausgleich) ermitteln noch einen Lohnsteuer-Jahresausgleich durchführen.

   Der Arbeitgeber ist bis zur Ausschreibung der Lohnsteuerbescheinigung sowie des Lohnzettels berechtigt, bei der jeweils nächstfolgenden Lohnzahlung bisher noch nicht erhobene Lohnsteuer nachträglich einzubehalten, wenn er erkennt, daß die Voraussetzungen für den Verzicht auf die Besteuerung nicht vorgelegen haben. Macht er von dieser *Berechtigung* keinen Gebrauch oder kann die Lohnsteuer nicht nachträglich einbehalten werden, so ist er zu einer Anzeige an das Betriebsstättenfinanzamt verpflichtet.

2. Soweit nicht bereits vom Steuerabzug abgesehen worden ist, hat der Arbeitnehmer den Verzicht auf die Besteuerung bei seinem Wohnsitzfinanzamt zu beantragen.

VII. Anwendungszeitraum, Übergangsregelung

Diese Regelung gilt ab 1. Januar 1984. Sie ersetzt die bisher hierzu ergangenen Verwaltungsbestimmungen.

Eine vor dem 1. Januar 1984 geleistete und nach den vorstehenden Bestimmungen begünstigte Tätigkeit ist bei der Dreimonatsfrist mitzurechnen.

Bescheinigung nach dem Auslandstätigkeitserlass

Antrag auf Erteilung einer Bescheinigung nach dem Auslandstätigkeitserlass über die Freistellung des Arbeitslohns vom Steuerabzug

Berufskraftfahrer als Grenzgänger

Anwendung der Grenzgängerregelung auf Berufskraftfahrer

(Verfügung der OFD München vom 25. 6. 1996 – S 1301 Öst – 6/20 St 41/42 –)

Zur Anwendung der Grenzgängerregelung auf Berufskraftfahrer wurde folgende Verständigungsvereinbarung mit der österreichischen Steuerverwaltung getroffen:

„Verläßt ein als Grenzgänger tätiger Berufskraftfahrer in Ausübung seiner Berufstätigkeit im Zuge einer Tagestour (ein- oder mehrmals) die Grenzzone von 30 km, so ist eine Tätigkeit außerhalb der Grenzzone nur anzunehmen, wenn sich der Berufskraftfahrer während der Tagestour überwiegend (d. h. mehr als die Hälfte der täglichen Arbeitszeit) außerhalb der Grenzzone aufhält. Arbeitstage mit überwiegendem Aufenthalt außerhalb der Grenzzone sind in die '45-Tage-Frist', die für die Beibehaltung der Grenzgängereigenschaft maßgeblich ist, einzubeziehen. Arbeitstage mit überwiegendem Aufenthalt innerhalb der Grenzzone bleiben für die Anwendung der '45-Tage-Frist' außer Ansatz. Im Zuge der Sachverhaltsprüfung wird diesbezüglichen Erklärungen der betroffenen Kraftfahrer grundsätzlich gefolgt werden können, sofern nicht aufgrund der üblichen Aufzeichnungen (z. B. Fahrtenbuch) Anlaß besteht, diese Angabe in Zweifel zu ziehen".

Arbeitslohn von Berufskraftfahrern im internationalen Verkehr nach den Doppelbesteuerungsabkommen

(Verfügung der OFD Frankfurt vom 14. 8. 1996 – S 2293 A – 76 – St II 2a –)

Im Hinblick auf die bei Ressortprüfungen festgestellte hohe Fehlerquote bei der Besteuerung des Arbeitslohns grenzüberschreitend eingesetzter Berufskraftfahrer wird bei der künftigen Bearbeitung einschlägiger Fälle um genaue Beachtung der nachfolgend dargestellten Besteuerungsgrundsätze gebeten.

1. Allgemeines

Auch bei Berufskraftfahrern, zu denen auch Auslieferungsfahrer, nicht aber Reisevertreter zählen, richtet sich die eventuelle Steuerfreistellung des Arbeitslohns, der auf Auslandstätigkeiten in DBA-Staaten entfällt, nach der sog. „183-Tage-Klausel", die in allen von Deutschland abgeschlossenen DBA enthalten ist. Einzelheiten hierzu, insbesondere zur Ermittlung der 183 Tage und der Höhe des ggf. freizustellenden anteiligen Arbeitslohns, ergeben sich aus dem „Leitfaden zur Besteuerung ausländischer Einkünfte bei unbeschränkt steuerpflichtigen natürlichen Personen".

2. Besonderheiten bei Ermittlung der 183 Tage

Zur Ermittlung der 183 Tage kommt es bei der Anwendung von DBA, die – wie es weitaus überwiegend der Fall ist – eine dem Art. 15 des OECD-Musterabkommens (MA) entsprechende Regelung enthalten, darauf an, in welchem Staat die nichtselbständige Tätigkeit tatsächlich ausgeübt wird. Entscheidend ist die – durch die berufliche Tätigkeit veranlaßte – körperliche Anwesenheit (Aufenthaltstage). Mehrere Aufenthalte im gleichen Tätigkeitsstaat innerhalb eines Steuerjahrs sind für die Überprüfung der 183-Tage-Grenze zusammenzurechnen. Ganz und nicht nur zeitanteilig sind dabei – in der Regel – auch Tage bloßer Teilanwesenheit, d. h. Tage, an denen der Berufskraftfahrer nur kurzfristig im Tätigkeitsstaat anwesend ist. Ohne Belang ist es, wo der wirtschaftliche Erfolg der Tätigkeit eintritt.

Hinsichtlich der Bestimmung des Tätigkeitsstaates sind bei Berufskraftfahrern folgende Besonderheiten zu beachten:

Ein Berufskraftfahrer hat seine (regelmäßige) Arbeitsstätte in seinem Fahrzeug. Der Ort der Arbeitsausübung liegt demzufolge zwangsläufig dort, wo er sich mit seinem Fahrzeug gerade aufhält bzw. fortbewegt. Ob es sich dabei um reine Transitstrecken handelt, weil der Endpunkt des Transports in einem anderen Staat liegt, ist dabei ohne Bedeutung. Nach den für die Auslegung von DBA geltenden Grundsätzen erfordert das „Arbeitsortprinzip" grundsätzlich keine Verwurzelung der Arbeitseinkünfte mit der Wirtschaft des Tätigkeits-/Quellenstaats (BFH vom 28. 9. 1990, BStBl II 1991, 86). Das bedeutet, daß bei Berufskraftfahrern die An- und Abreisetage bei Fahrten durch mehrere Staaten nicht allein dem jeweiligen Zielstaat, sondern jedem durchfahrenen Staat und dem Zielstaat gesondert zuzuordnen sind. Fährt ein im Inland ansässiger

Berufskraftfahrer beispielsweise im maßgeblichen Steuerjahr in regelmäßigen Abständen (etwa 2 × wöchentlich) nach England, sind für die Frage der Zuweisung des Besteuerungsrechts neben dem DBA-Großbritannien die DBA der Staaten maßgeblich, durch die der Kraftfahrer fährt, um nach England zu gelangen (z. B. Frankreich, Belgien, Niederlande), und zwar jeweils für den Zeitraum, den der Kraftfahrer zur Fahrt durch das jeweilige Land benötigt. Deshalb kann im Beispielsfall davon ausgegangen werden, daß sich der Kraftfahrer in keinem der einzelnen Vertragsstaaten mehr als 183 Tage im Steuerjahr aufgehalten hat.

Der 183-Tage-Zeitraum ist für jedes Steuerjahr gesondert zu prüfen. Bei einem vom Kalenderjahr abweichenden Steuerjahr ist das Steuerjahr des Tätigkeitsstaates maßgeblich.

Das DBA-Türkei enthält in Art. 8 Abs. 1, 15 Abs. 3 eine Sonderregelung für Straßenfahrzeuge im internationalen Verkehr. Danach ist sowohl der Gewinn aus dem Betrieb des Fahrzeugs als auch die dem Kraftfahrer bezahlte Vergütung in dem Vertragsstaat zu versteuern, in dem sich der Sitz des Unternehmens befindet.

3. Der Sitz des Arbeitgebers als Kriterium der Zuweisung des Besteuerungsrechts

Unabhängig von der 183-Tage-Aufenthaltsdauer kann die Zuweisung des Besteuerungsrechts auch allein vom Sitz des Arbeitgebers des Kraftfahrers abhängig sein. Infolge des berufstypischen Tangierens zahlreicher Staaten ist dieses Abgrenzungskriterium bei Berufskraftfahrern von besonderer Wichtigkeit. Folgende Fallgestaltungen sind zu unterscheiden:

a) Der Arbeitgeber hat seinen Sitz im Wohnsitzstaat des Kraftfahrers

Bei dieser Konstellation hängt die Zuweisung des Besteuerungsrechts i. d. R. allein davon ab, ob sich der Berufskraftfahrer länger als 183 Tage im Steuerjahr des Tätigkeitsstaates dort aufgehalten hat. Weitergehende Besonderheiten bestehen nicht.

b) Der Arbeitgeber hat seinen Sitz im Tätigkeitsstaat des Kraftfahrers

Bei dieser Fallgestaltung bleibt der 183-Tage-Zeitraum ohne Bedeutung. Soweit der Kraftfahrer seine Tätigkeit im Staat des Arbeitgebersitzes ausübt, steht diesem Staat ohne weitere Voraussetzung das Besteuerungsrecht für den auf diesen Zeitraum entfallenden Arbeitslohn zu (Art. 15 Abs. 1 Satz 2 MA); soweit die Tätigkeit im Wohnsitzstaat ausgeübt wird, hat dieser das Besteuerungsrecht (Art. 15 Abs. 1 Satz 1 MA).

c) Der Arbeitgeber hat seinen Sitz in einem Drittstaat

Soweit sich der Kraftfahrer in Ausübung seiner Tätigkeit weder im Wohnsitzstaat noch im Staat des Arbeitgebersitzes aufhält, greift die Regelung des Art. 21 MA. Hiernach werden u. a. Einkünfte, die nicht in einem der beiden Vertragsstaaten erzielt werden, grundsätzlich dem Besteuerungsrecht des Wohnsitzstaates zugewiesen. Davon unabhängig gelten aber die Bestimmungen eines ggf. zwischen diesem Tätigkeitsstaat und Deutschland (als Wohnsitzstaat) abgeschlossenen DBA.

Insoweit ist allerdings zu beachten, daß einige DBA (Österreich, Ägypten, Indien, Norwegen, Pakistan) von der Regelung des Art. 15 Abs. 2 Buchst. b MA abweichen, die besagt, daß der Arbeitgeber – soll das Besteuerungsrecht bei einem Auslandsaufenthalt von weniger als 183 Tagen im Steuerjahr beim Wohnsitzstaat verbleiben – nicht im Tätigkeitsstaat ansässig sein darf; ob er im Wohnsitzstaat oder in einem Drittstaat ansässig ist, hat keine Bedeutung. Bei der hier angesprochenen DBA-Variante ist die Aufrechterhaltung des Besteuerungsrechts des Wohnsitzstaates vielmehr an die Voraussetzung geknüpft, daß der Arbeitgeber im Wohnsitzstaat des Arbeitnehmers ansässig ist.

4. Zahlung des Arbeitslohns zu Lasten einer Betriebsstätte des Arbeitgebers im Tätigkeitsstaat

Auch in diesem Fall, der in bezug auf Berufskraftfahrer nur selten anzutreffen ist, hat der Tätigkeitsstaat das Besteuerungsrecht, ohne daß es auf den 183-Tage-Zeitraum ankommt.

5. Anwendung von sog. Rückfallklauseln in den DBA; Auskunftsaustausch unter den EU-Mitgliedstaaten

Die Steuerfreistellung nach einem DBA gilt grundsätzlich unabhängig davon, ob der ausländische Staat von seinem Besteuerungsrecht Gebrauch macht oder nicht (Verbot der virtuellen Besteuerung). In einigen neueren DBA ist allerdings geregelt, daß die Freistellung von der deutschen Einkommensteuer nur dann greift, wenn die Einkünfte im Ausland tatsächlich besteuert werden. Solche Rückfallklauseln sind z. B. in Art. 23 Abs. 3 DBA-Norwegen und in Abs. 16d des Schlußprotokolls zum DBA-Italien enthalten. In diesen Fällen ist es Sache des Stpfl., die Besteuerung im Ausland nachzuweisen. Wird der Nachweis nicht erbracht, sind die ausländischen Einkünfte in die deutsche Einkommensbesteuerung einzubeziehen.

Wird Arbeitslohn von mehr als 20000 DM nach einem mit einem anderen EU-Mitgliedstaat abgeschlossenen DBA von der deutschen Einkommensteuer freigestellt, ist das zuständige deutsche Finanzamt verpflichtet, hierüber das Bundesamt für Finanzen zu unterrichten, das diese Information wiederum an den betreffenden EU-Mitgliedstaat zwecks dessen Unterstützung bei der Durchsetzung seines durch das DBA zugewiesenen Besteuerungsrechts weiterleitet.

6. Progressionsvorbehalt, Abzug von Werbungskosten und Sonderausgaben

Bei Freistellung des Arbeitslohns nach einem DBA sind die freigestellten Einkünfte ausnahmslos für die Anwendung des Progressionsvorbehalts zu berücksichtigen.

Werbungskosten, die in wirtschaftlichem Zusammenhang mit dem freigestellten Arbeitslohn stehen, sind bei der Ermittlung der im Inland zu besteuernden Einkünfte nicht abzugsfähig (§ 3c EStG). Sie mindern jedoch den dem Progressionsvorbehalt zu unterwerfenden Teil der Einkünfte. Für Veranlagungszeiträume bis 1995 ist insoweit H 185 „Besteuerungsgrundlage" EStH 1995 zu beachten.

Auch der Abzug der mit dem steuerfreien Arbeitslohn in Zusammenhang stehenden Vorsorgeaufwendungen als Sonderausgaben ist ausgeschlossen (§ 10 Abs. 2 Nr. 1 EStG, H 87a „Nichtabziehbare Vorsorgeaufwendungen", Nr. 1 EStH). Hinsichtlich des Vorwegabzugs nach § 10 Abs. 3 Nr. 2 EStG hat die (teilweise) Steuerfreistellung des Arbeitslohns jedoch keine Auswirkung auf den pauschalen Kürzungsbetrag.

Besteuerung des Arbeitslohns nach den DBA: Anwendung der 183-Tage-Regelung bei Berufskraftfahrern

(Erlaß des FinMin Hessen vom 28. 4. 1997 – S 1300 A – 23 II B 31 –)

Nach Tz. 2 des BMF-Schreibens vom 5. 1. 1994 – IV C 5 – S 1300 – 197/93 (BStBl I 1994 S. 11) werden bei der Ermittlung der 183 Tage als Tage der Anwesenheit (Aufenthaltstage) des Arbeitnehmers im Tätigkeitsstaat auch solche Tage voll mitgezählt, an denen er nur kurzfristig dort anwesend war (z. B. der Ankunfts- und Abreisetag). Auf Bruchteile solcher Tage kommt es nur bei der Ermittlung des anteilig von der deutschen Besteuerung freizustellenden Arbeitslohns an.

Bei Berufskraftfahrern werden Tage der Hin- und Rückreise nicht als Aufenthaltstage im Tätigkeitsstaat mitgezählt (Tz. 2 Abs. 5 des BMF-Schreibens). Dies gilt nur, wenn der Berufskraftfahrer am selben Tag aus seinem Ansässigkeitsstaat in den Tätigkeitsstaat einreist und wieder in den Ansässigkeitsstaat zurückkehrt. Tage, an denen der Berufskraftfahrer in den Tätigkeitsstaat einreist und von dort in einen Drittstaat wieder ausreist, werden dagegen als Aufenthaltstage im Tätigkeitsstaat gezählt. Zu den Berufsfahrern gehören auch Auslieferungsfahrer, nicht jedoch Reisevertreter.

Dieser Erlaß ergeht im Einvernehmen mit dem Bundesministerium der Finanzen und den obersten Finanzbehörden der anderen Bundesländer.

DBA – 183-Tage-Klausel

→ OECD-Musterabkommen 2003

DBA – Schweiz

Deutsch-schweizerisches Doppelbesteuerungsabkommen vom 11. August 1971; Einführungsschreiben zur Neuregelung der Grenzgängerbesteuerung

(BMF-Schreiben vom 19. 9. 1994, BStBl I S. 683)

3 Anlagen[1])

Zur einheitlichen Anwendung und Auslegung des Art. 15a des deutsch-schweizerischen Doppelbesteuerungsabkommens (DBA) in der Fassung des Protokolls vom 21. Dezember 1992 (BStBl I 1993 S. 927) haben die zuständigen Behörden, gestützt auf Art. 26 Abs. 3 und Art. 15a Abs. 4 DBA, das nachstehende Einführungsschreiben vereinbart, das hiermit veröffentlicht wird:

Einführungsschreiben zur Grenzgängerbesteuerung Schweiz

Inhaltsübersicht:	Randziffer
Ansässigkeit und Arbeitsort	01 – 08
Grundzüge der Ansässigkeit	01 – 03
Ansässigkeitsbescheinigung	04 – 07

---

[1]) Anm.: Hier nicht beigefügt.

Arbeitsort	08
Regelmäßige Rückkehr	09–10
Grundfall	09
Geringfügige Arbeitsverhältnisse	10
Nichtrückkehr/60-Tage-Grenze	11–19
Nichtrückkehrtage	11–12
Nichtrückkehr aufgrund der Arbeitsausübung	13
Eintägige Geschäftsreisen (ohne Übernachtung)	14
Kürzung der 60-Tage-Grenze	15–17
– bei Arbeitgeberwechsel	15
– bei tageweiser Teilzeitbeschäftigung	16
– bei Personen mit mehreren Arbeitsverhältnissen	17
Nachweis der Nichtrückkehrtage	18–19
Abzugsteuer	20
Beseitigung der Doppelbesteuerung	21–23
– Ansässigkeitsstaat Deutschland	21–22
– Ansässigkeitsstaat Schweiz	23
Steuerberechnung	24–31
– durch deutsche Arbeitgeber	24–27
– durch schweizerische Arbeitgeber	28–31
Verpflichtung zur Änderung der Abzugsteuer	32–33
– durch den deutschen Arbeitgeber	32
– durch den schweizerischen Arbeitgeber	33
Nachweis der Bruttovergütungen	34–36
Auskunftsklausel	37
Sonderfälle	38–45
– Drittstaateneinkünfte	38
– Leitende Angestellte	39
– Personen mit Doppelwohnsitz (Art. 4 Abs. 3 DBA)	40
– Abwanderer (Art. 4 Abs. 4 DBA)	41
– Künstler, Musiker, Sportler und Artisten (Art. 17 DBA)	42
– Grenzgänger im öffentlichen Dienst (Art. 19 DBA)	43
– Ruhegehälter aus öffentlichen Kassen	44
– Tätigkeitsvergütungen für Gesellschafter einer Personengesellschaft	45
Aufhebung bisheriger Verständigungsvereinbarungen	46

Ansässigkeit und Arbeitsort

Grundzüge der Ansässigkeit

Nach Art. 15a Abs. 1 Satz 1 DBA werden Gehälter, Löhne und ähnliche Vergütungen bei unselbständiger Tätigkeit des Grenzgängers in dem Staat besteuert, in dem er ansässig ist. Der Ansässigkeitsstaat ist nach Art. 4 Abs. 1 und 2 DBA zu bestimmen. Die in Art. 15a Abs. 2 Satz 1 DBA enthaltene Definition des Grenzgängerbegriffes schränkt den Begriff der Ansässigkeit nicht ein. Die Ansässigkeit ergibt sich in den nachfolgenden Randziffern (Rz) durch die Voranstellung „schweizerischer" oder „deutscher" Grenzgänger. 01

Ist eine Person in beiden Staaten unbeschränkt steuerpflichtig, kann die in Art. 15a Abs. 2 Satz 1 DBA genannte Grenzgängereigenschaft nur gegeben sein, wenn Ansässigkeitsstaat und Tätigkeitsstaat nicht zusammenfallen. 02

> **Beispiel:**
> Eine Person besitzt in beiden Staaten eine Wohnung. Der Arbeitsort befindet sich in der Schweiz.
> a) Der Mittelpunkt der Lebensinteressen liegt in der Bundesrepublik Deutschland.
> Da Ansässigkeits- und Tätigkeitsstaat auseinanderfallen, kann die Person grundsätzlich Grenzgänger sein.

§ 39d EStG
H 39d

b) Der Mittelpunkt der Lebensinteressen liegt in der Schweiz.

Art. 15a DBA ist nicht anwendbar.

03 Sind in einem Ansässigkeitsstaat mehrere Wohnsitze bzw. mehrere Orte des gewöhnlichen Aufenthalts gegeben, bleibt die Grenzgängereigenschaft erhalten, gleichgültig zu welchem Wohnsitz/Ort des gewöhnlichen Aufenthalts die regelmäßige Rückkehr erfolgt.

Beispiel:

Eine Person hat den Familienwohnsitz in Hamburg, daneben besitzt sie einen weiteren Wohnsitz in Deutschland in der Nähe der Grenze, von dem sie regelmäßig zu ihrem Arbeitsort in der Schweiz pendelt. Lediglich an den Wochenenden kehrt sie an den Familienwohnsitz zurück.

Die Grenzgängereigenschaft ist gegeben.

Ansässigkeitsbescheinigung

04 Der Tätigkeitsstaat kann von den Vergütungen eine Quellensteuer erheben (Art. 15a Abs. 1 Satz 2 DBA). Diese Steuer darf 4,5 v. H. des Bruttobetrags der Vergütungen nicht übersteigen, wenn die Ansässigkeit durch eine amtliche Bescheinigung der zuständigen Finanzbehörde des Ansässigkeitsstaats nachgewiesen wird (Art. 15a Abs. 1 Satz 3 DBA). Die Quellensteuer wird nicht begrenzt, wenn dem Arbeitgeber eine solche Bescheinigung nicht vorgelegt wird. Handelt es sich in diesem Fall jedoch um einen Grenzgänger im Sinne des Art. 15a Abs. 2 DBA, erfolgt die Besteuerung im Ansässigkeitsstaat unabhängig von der Erhebung der Abzugsteuer nach Art. 15a Abs. 3 DBA (vgl. Rz 22).

05 Handelt es sich bei dem Grenzgänger um eine in der Schweiz ansässige natürliche Person, die nicht die schweizerische Staatsangehörigkeit besitzt und die in der Bundesrepublik Deutschland insgesamt mindestens fünf Jahre unbeschränkt steuerpflichtig war (sog. Abwanderer), ist Art. 4 Abs. 4 DBA zu beachten (vgl. Rz 41).

06 Über die amtliche Bescheinigung haben sich die zuständigen Behörden der Vertragsstaaten zu verständigen (Art. 15a Abs. 4 DBA, Verhandlungsprotokoll vom 18. Dezember 1991 zu Art. 15a DBA, Tz. I). Die derzeit gültige Fassung des Vordrucks (Gre-1) ist als Anlage 11[1]) abgedruckt. Der Antrag auf Erteilung einer Ansässigkeitsbescheinigung ist vom Grenzgänger persönlich zu unterschreiben.

07 Die Ansässigkeitsbescheinigung gilt jeweils für ein Kalenderjahr, bei Beschäftigungsaufnahme während des Jahres bis zum Ablauf des jeweiligen Kalenderjahrs. Die Bescheinigung für das jeweilige Folgejahr (Gre-2 in der derzeit gültigen Fassung vgl. Anlage 21) wird dem Grenzgänger ohne Antrag von der zuständigen Steuerbehörde erteilt. Bei Arbeitgeberwechsel ist eine neue Bescheinigung zu beantragen.

Der Ansässigkeitsstaat kann die Erteilung der Ansässigkeitsbescheinigung nur dann verweigern, wenn die Person die Voraussetzungen des Art. 15a DBA nicht erfüllt.

Beispiel:

Eine in Deutschland wohnende Person arbeitet in Frankreich für einen schweizerischen Arbeitgeber. Die Zahlung des Arbeitslohns erfolgt durch den Arbeitgeber.

Eine Ansässigkeitsbescheinigung ist nicht zu erteilen.

08 **Arbeitsort**

Arbeitsort ist regelmäßig der Ort, an dem der Arbeitnehmer in den Betrieb seines Arbeitgebers eingegliedert ist. Übt der Arbeitnehmer nicht nur an diesem Ort seine Tätigkeit aus (z. B. Berufskraftfahrer, Außendienstmitarbeiter), sind die Tage der auswärtigen Tätigkeit als Geschäftsreisen im Rahmen der Ermittlung der Nichtrückkehrtage zu würdigen (vgl. Rz 11 ff.). Ist der Arbeitnehmer nach seinem Arbeitsvertrag in mehr als einem Betrieb seines Arbeitgebers eingegliedert, so ist Arbeitsort der Ort, an dem er seine Arbeit überwiegend auszuüben hat.

Beispiel:

Ein in Deutschland ansässiger Arbeitnehmer ist nach seinem Arbeitsvertrag verpflichtet, seine Arbeit an drei Wochen pro Monat in der Schweiz und eine Woche pro Monat in Deutschland/in einem Drittstaat auszuüben.

Sein Arbeitsort ist in der Schweiz. Liegt eine regelmäßige Rückkehr im Sinne der Rz 09 vor, sind die Arbeitstage außerhalb der Schweiz als Geschäftsreisen im Rahmen der Nichtrückkehrtage zu würdigen (vgl. Rz 11 ff.).

---

[1]) Anm.: Hier nicht beigefügt.

Regelmäßige Rückkehr

Grundfall

Nach Art. 15a Abs. 2 DBA hängt die Grenzgängereigenschaft davon ab, daß der Arbeitnehmer regelmäßig von seinem Arbeitsort an seinen Wohnsitz zurückkehrt. Dabei bleibt eine Nichtrückkehr aus beruflichen Gründen an höchstens 60 Arbeitstagen unbeachtlich (60-Tage-Grenze, vgl. Rz 11 ff.).

Geringfügige Arbeitsverhältnisse

Eine regelmäßige Rückkehr in diesem Sinne liegt auch noch vor, wenn sich der Arbeitnehmer aufgrund eines Arbeitsvertrages oder mehrerer Arbeitsverträge mindestens an einem Tag pro Woche oder mindestens an fünf Tagen pro Monat von seinem Wohnsitz an seinen Arbeitsort und zurück begibt. Sind die genannten Voraussetzungen nicht erfüllt (geringfügige Arbeitsverhältnisse), wird eine regelmäßige Rückkehr nicht angenommen.

Die Regelung über die Nichtrückkehrtage gemäß Art. 15a Abs. 2 Satz 2 DBA bleibt vorbehalten.

> **Beispiel 1:**
> Eine Arbeitnehmerin, die einmal pro Woche (aufgrund eines oder mehrerer Arbeitsverhältnisse) im anderen Vertragsstaat ihrer Arbeit nachgeht, ist Grenzgängerin.
>
> **Beispiel 2:**
> Ein Arbeitnehmer, der im Monat nur an drei Tagen seiner Arbeit im anderen Staat nachgeht, ist nicht Grenzgänger.

Nichtrückkehr/60-Tage-Grenze

Nichtrückkehrtage

Als Nichtrückkehrtage kommen nur Arbeitstage, die im persönlichen Arbeitsvertrag des Arbeitnehmers vereinbart sind, in Betracht.

Samstage, Sonn- und Feiertage können daher nur in Ausnahmefällen zu den maßgeblichen Arbeitstagen zählen. Dies käme z. B. in Frage, wenn der Arbeitgeber die Arbeit an diesen Tagen ausdrücklich anordnet und hieran anknüpfend in der Regel entweder einen Freizeitausgleich oder zusätzliche Bezahlung dafür gewährt.

Ein Nichtrückkehrtag ist nicht schon deshalb anzunehmen, weil sich die Arbeitszeit des einzelnen an seinem Arbeitsort entweder bedingt durch die Anfangszeiten oder durch die Dauer der Arbeitszeit über mehr als einen Kalendertag erstreckt. So sind Schichtarbeiter, Personal mit Nachtdiensten und Krankenhauspersonal mit Bereitschaftsdienst nicht schon aufgrund ihrer spezifischen Arbeitszeiten von der Grenzgängerregelung ausgeschlossen (Verhandlungsprotokoll, Tz. II Nr. 1). Bei den im Verhandlungsprotokoll aufgelisteten Berufsgruppen handelt es sich jedoch um keine abschließende Aufzählung. Kurzfristige Arbeitszeitunterbrechungen von weniger als vier Stunden beenden den Arbeitstag nicht.

Nichtrückkehr aufgrund der Arbeitsausübung

Tage der Nichtrückkehr sind nur dann zu berücksichtigen, wenn – wie in Art. 15a Abs. 2 Satz 2 DBA bestimmt – diese Nichtrückkehr aufgrund der Arbeitsausübung (aus beruflichen Gründen) erfolgt. Eine Nichtrückkehr aufgrund der Arbeitsausübung liegt namentlich dann vor, wenn die Rückkehr an den Wohnsitz aus beruflichen Gründen nicht möglich oder nicht zumutbar ist.

Bei einer Arbeitsunterbrechung von vier bis sechs Stunden ist eine Rückkehr an den Wohnsitz zumutbar, wenn die für die Wegstrecke von der Arbeitsstätte zur Wohnstätte benötigte Zeit (hin *und zurück*) mit den in *der Regel* benutzten Transportmitteln nicht mehr als 20 v. H. der Zeit der Arbeitsunterbrechung beträgt.

Krankheits- und unfallbedingte Abwesenheiten gelten nicht als Tage der Nichtrückkehr. Die Tage der Nichtrückkehr bestimmen sich nach der Anzahl der beruflich bedingten Übernachtungen bzw. der beruflich bedingten Nichtrückkehr bei Arbeitsunterbrechung von mindestens vier Stunden.

> **Beispiel:**
> Ein Grenzgänger unternimmt eine Geschäftsreise, die eine auswärtige Übernachtung im Tätigkeitsstaat oder Ansässigkeitsstaat bedingt.
> Es liegt ein Tag der Nichtrückkehr vor.

§ 39d EStG
H 39d

14 Eintägige Geschäftsreisen (ohne Übernachtung)
Eintägige Geschäftsreisen im Vertragstaat des Arbeitsorts und im Ansässigkeitsstaat zählen nicht zu den Nichtrückkehrtagen. Eintägige Geschäftsreisen in Drittstaaten zählen stets zu den Nichtrückkehrtagen.

Kürzung der 60-Tage-Grenze

15 **Arbeitgeberwechsel**
Findet ein Arbeitgeberwechsel innerhalb eines Kalenderjahrs im Tätigkeitsstaat statt, erfolgt die Kürzung der 60-Tage-Grenze entsprechend Tz. II Nr. 3 des Verhandlungsprotokolls bezogen auf das jeweilige Arbeitsverhältnis.

Beispiel:
B, wohnhaft in Deutschland, arbeitet bis zum 30. 04. 01 in der Schweiz. Im Februar/März wird er für seine Firma für sechs Wochen in der Innerschweiz tätig, wobei er jeweils am Montag anreist und am Samstag zurückfährt. In dieser Zeit (6 × 5 Tage) kehrt er aus beruflichen Gründen nicht an seinen Wohnsitz zurück.
Zum 01. 11. 01 beginnt er wieder in der Schweiz zu arbeiten. In der Zeit vom 01. 11.–31. 12. 01 kehrt er wegen einer Dienstreise im Tätigkeitsstaat (Anreise Montag/Rückreise Freitag) aus beruflichen Gründen nicht an seinen Wohnsitz zurück.

Lösung:
Bei seinem ersten Arbeitsverhältnis, das vier volle Monate dauerte, liegen 30 beruflich bedingte Übernachtungen (= 30 Tage der Nichtrückkehr) vor. Eine regelmäßige Rückkehr wird jedoch nur bei bis zu 20 Tagen Nichtrückkehr (4 Monate × 5 Tage) unterstellt. B ist also bezüglich dieses Arbeitsverhältnisses nicht als Grenzgänger anzusehen. Im zweiten Arbeitsverhältnis (Dauer zwei Monate) liegen lediglich vier beruflich bedingte Übernachtungen (= vier Tage der Nichtrückkehr) vor. In diesem Arbeitsverhältnis unterschreitet er die Grenze von zehn Tagen (2 Monate × 5 Tage) und ist deshalb als Grenzgänger anzusehen.

16 **Tageweise Teilzeitbeschäftigte**
Bei einem Teilzeitbeschäftigten, der nur tageweise im anderen Staat beschäftigt ist, ist die Anzahl von 60 unschädlichen Tagen durch proportionale Kürzung herabzusetzen (Verhandlungsprotokoll, Tz. II Nr. 4). Bezugsgrößen sind hierbei die im jeweiligen Arbeitsvertrag vereinbarten Arbeitstage zu den bei Vollzeitbeschäftigung betriebsüblichen Arbeitstagen. Bei einer 5-Tage-Woche ist von 250 betriebsüblichen Arbeitstagen, bei einer 6-Tage-Woche von 300 betriebsüblichen Arbeitstagen auszugehen. Urlaubstage sind bei beiden Rechengrößen aus Vereinfachungsgründen nicht abzuziehen.

Beispiel:
Eine Person, wohnhaft in Deutschland, arbeitet ganzjährig zwei Tage pro Woche in der Schweiz. An 23 Tagen kehrt sie aus beruflichen Gründen nicht an ihren Wohnsitz zurück.
a) Im Betrieb ist eine 5-Tage-Woche üblich.
b) Im Betrieb ist eine 6-Tage-Woche üblich.
Unschädlich sind bei a) 25, bei b) 21 Rückkehrtage.
Die Person ist daher bei a) Grenzgänger, bei b) nicht mehr Grenzgänger.

17 Arbeitnehmer mit mehreren Arbeitsverhältnissen im anderen Vertragsstaat
Die Berechnung der 60 Tage ist ebenso bei Arbeitnehmern, die im anderen Vertragsstaat bei mehreren Arbeitgebern angestellt sind, vorzunehmen. Die Voraussetzungen der Grenzgängereigenschaft sind für jedes Arbeitsverhältnis getrennt zu beurteilen. Nichtrückkehrtage sind dem jeweiligen Arbeitsverhältnis nach ihrer überwiegenden Veranlassung zuzuordnen. Eine mehrfache Berücksichtigung findet nicht statt.

Nachweis der Nichtrückkehrtage

18 **Bescheinigung über die Nichtrückkehrtage**
Stellt der Arbeitgeber am Ende des Jahres oder bei Beendigung des Arbeitsverhältnisses während des Kalenderjahrs fest, daß die Grenzgängereigenschaft aufgrund der entsprechenden Nichtrückkehrtage entfällt, hat er die Nichtrückkehrtage mit dem Vordruck Gre-3 (in der derzeit gültigen Fassung vgl. Anlage 31[1])) zu bescheinigen. Der Vordruck ist jeweils unaufgefordert der für den Einbehalt der Abzugsteuer zuständigen Steuerbehörde zuzuleiten, die diese Be-

---
[1]) Anm.: Hier nicht beigefügt.

scheinigung nach Überprüfung mit einem Sichtvermerk versehen an den Arbeitgeber zur Weiterleitung an den Grenzgänger zurückgibt. Es bleibt dem Ansässigkeitsstaat unbenommen, die bescheinigten Nichtrückkehrtage zu überprüfen und entsprechende Nachweise zu verlangen. Solche Nachweise sollen nur ausnahmsweise und namentlich dann verlangt werden, wenn ein begründeter Anlaß besteht. Die Vertragsstaaten haben sich verpflichtet, entsprechende Auskünfte zu erteilen (Art. 27 Abs. 1 Satz 2 DBA, vgl. auch Rz 37).

Voraussichtliche Nichtrückkehr

19

Ist für den Arbeitgeber voraussehbar, daß der Grenzgänger bei ganzjähriger Beschäftigung an mehr als 60 Tagen pro Kalenderjahr – bei zeitweiser Beschäftigung während des Kalenderjahrs nach entsprechender Kürzung – aus beruflichen Gründen nicht an seinen Wohnsitz zurückkehren wird, ist der Tätigkeitsstaat vorläufig berechtigt, Quellensteuern entsprechend seinem nationalen Recht zu erheben. Der Arbeitgeber hat dies dem Grenzgänger formlos zu bescheinigen mit dem Hinweis, daß die detaillierte Aufstellung der Tage der Nichtrückkehr nach Ablauf des Kalenderjahrs oder, wenn das Arbeitsverhältnis früher beendet wird, zum Ende des Arbeitsverhältnisses mit dem Vordruck Gre-3 zur Vorlage bei der Steuerbehörde bescheinigt wird (vgl. Rz 18).

Diesem Umstand ist im Ansässigkeitsstaat durch einen Aufschub der Besteuerung bzw. Anpassung der Einkommensteuer-Vorauszahlungen Rechnung zu tragen.

Abzugsteuer

Bemessungsgrundlage/-zeitraum

20

Bei Vorliegen der Ansässigkeitsbescheinigung bzw. der Verlängerung darf die Abzugsteuer 4,5 v. H. des Bruttobetrags der Vergütungen nicht überschreiten. Für die Berechnung ist der Lohnzahlungszeitraum (i. d. R. Kalendermonat) maßgebend. Die Bemessungsgrundlage (Bruttobetrag der Vergütungen) bestimmt sich nach dem jeweiligen nationalen Steuerrecht. Die Qualifikation durch den Tätigkeitsstaat bindet den Ansässigkeitsstaat für Zwecke der Steueranrechnung. Soweit die Grenzgängereigenschaft vorliegt, erstreckt sich der Quellensteuerabzug auf alle Vergütungen, unabhängig davon, wo die Arbeit ausgeübt wird.

Beseitigung der Doppelbesteuerung

Ansässigkeitsstaat Deutschland

Liegen die Voraussetzungen des Art. 15a Abs. 2 DBA vor, ist die Abzugsteuer höchstens mit 4,5 v. H. der Bruttovergütungen anzurechnen (Art. 15a Abs. 3 Buchst. a DBA).

21

Die Anrechnung von Abzugsteuer bei der Veranlagung erfolgt jedoch nur dann, wenn eine gesonderte Steuerbescheinigung oder ein Steuerausweis auf dem Lohnausweis über die einbehaltene Abzugsteuer vorgelegt wird. Dieser Nachweis ist auf Verlangen des Arbeitnehmers vom Arbeitgeber auszustellen (Verhandlungsprotokoll Tz. III). Ohne eine solche Bescheinigung kann auch bei Schätzungsveranlagungen eine Abzugsteuer nicht berücksichtigt werden.

Behält der Arbeitgeber bei einem Grenzgänger Quellensteuer von mehr als 4,5 v. H. der Bruttovergütungen ein (Nichtvorlage der Ansässigkeitsbescheinigung durch den Arbeitnehmer vgl. Rz 04, unzutreffende Beurteilung der voraussichtlichen Nichtrückkehrtage durch den Arbeitgeber vgl. Rz 18/19, Rechenfehler), erfolgt nur eine Anrechnung der Abzugsteuer in Höhe von 4,5 vom Hundert der Bruttovergütungen. Auch in diesen Fällen ist eine Steuerbescheinigung vorzulegen. Stellt sich heraus, daß die schweizerische Steuer, die vom Lohn des deutschen Grenzgängers einbehalten wurde, in Abweichung von den Bestimmungen des Art. 15a DBA zu hoch war, ist die Erstattung der Differenz in der Schweiz zu beantragen, vgl. Rz 33.

22

Ansässigkeitsstaat Schweiz

23

Bei schweizerischen Grenzgängern in Deutschland, die dort mit der nach Art. 15a Abs. 1 DBA auf 4,5 v. H. begrenzten Steuer belegt werden, wird der Bruttobetrag der Arbeitsvergütungen für die Zwecke der Steuerbemessung in der Schweiz um ein Fünftel herabgesetzt. Dabei gilt als Bruttolohn der Betrag, der demjenigen in Ziffer 1 B des eidgenössischen Lohnausweises Form. 11 EDP entspricht. Da gewisse Einkünfte, die nach dem eidgenössischen Lohnausweis zum Bruttolohn gehören, in Deutschland steuerfrei sind und daher im deutschen Lohnsteuerformular nicht erscheinen, werden solche Einkünfte in dem deutschen Lohnsteuerbescheinigung für schweizerische Grenzgänger zusätzlich aufgeführt. Es handelt sich dabei um Abfindungen nach § 3 Nr. 9 sowie um Zuschläge für Sonntags-, Feiertags- oder Nachtarbeiten nach § 3b des deutschen Einkommensteuergesetzes (EStG). Nicht in der Schweiz besteuert werden solche Einkünfte von Grenzgängern, die eine Ansässigkeitsbescheinigung (Formular Gre-1) in Verbindung mit der Arbeitgeberbescheinigung (Formular Gre-3) vorlegen. Diese Einkünfte können in Deutschland voll besteuert werden und sind von der schweizerischen Steuer befreit.

Steuerberechnung

Deutsche Arbeitgeber

24 Schweizerische Arbeitnehmer, die die Grenzgängereigenschaft im Sinne des Art. 15a Abs. 2 DBA erfüllen (vgl. Rz 01 ff.), sind im Regelfall beschränkt einkommensteuerpflichtig. Abweichend von § 39d EStG bedingen die zwischenstaatlichen Vereinbarungen hier ein eigenständiges Lohnsteuerabzugsverfahren (Art. 3 des Zustimmungsgesetzes vom 30. September 1993, BStBl I S. 927). Der abweichende Lohnsteuerabzug gilt auch dann, wenn der schweizerische Grenzgänger ausnahmsweise (erweitert) unbeschränkt einkommensteuerpflichtig ist, weil eine Doppelansässigkeit vorliegt und Art. 4 Abs. 3 DBA nicht anzuwenden ist oder unter den übrigen Voraussetzungen des § 1 Abs. 3 EStG der Arbeitslohn aus einer deutschen öffentlichen Kasse bezogen wird (vgl. Rz 43).

25 **Regelfall: Steuerabzug von 4,5 v. H.**

Die Lohnsteuer des schweizerischen Grenzgängers darf in all diesen Fällen höchstens 4,5 v. H. des im jeweiligen Lohnzahlungszeitraum bezogenen steuerpflichtigen Bruttoarbeitslohns betragen. Hierunter ist der nach innerstaatlichen Vorschriften lohnsteuerpflichtige Arbeitslohn zu verstehen. Für den Begriff des Arbeitslohns gilt § 2 der Lohnsteuer-Durchführungsverordnung. Persönliche Abzüge, wie Werbungskosten, Sonderausgaben und außergewöhnliche Belastungen, für die in anderen Fällen eine Freibetragseintragung in Frage kommt (§§ 39a, 39d Abs. 2 EStG), dürfen die Bemessungsgrundlage für die ermäßigte Lohnsteuer nicht kürzen.

Beispiel:

Der Arbeitslohn eines schweizerischen Grenzgängers setzt sich für den Lohnzahlungszeitraum Januar 1994 wie folgt zusammen:

– Grundlohn	3 500 DM
– Mehrarbeitsvergütung	500 DM
– Steuerfreie Nachtarbeitszuschläge	300 DM
– Vermögenswirksame Leistungen	78 DM
– Sonstiger Bezug – Urlaubsentschädigung 1993	500 DM
insgesamt	4 878 DM

Die Lohnsteuer für den Monat Januar berechnet sich mit 4,5 v. H. von 4 578 DM. Steuerfreier Arbeitslohn bleibt außer Ansatz.

Die Regelung, daß für schweizerische Grenzgänger die Lohnsteuer höchstens 4,5 v. H. des steuerpflichtigen Arbeitslohnes betragen darf, gilt auch für die Fälle der pauschalen Lohnsteuer. Der nach dem EStG maßgebliche Pauschsteuersatz von 15 v. H. bzw. 25 v. H. wird durch die zwischenstaatliche Vereinbarung ebenfalls erfaßt und entsprechend ermäßigt. Dies gilt unabhängig davon, ob eine pauschale Lohnsteuer – wie bei Aushilfs- oder Teilzeitkräften für den gesamten Arbeitslohn oder wie bei Zukunftssicherungsleistungen neben dem übrigen Arbeitslohn – in Frage kommt.

Sonderfälle

26 **Keine Begrenzung des Steuerabzugs auf 4,5 v. H.**

Liegt dem Arbeitgeber keine Ansässigkeitsbescheinigung bzw. keine Verlängerung vor oder ist der Arbeitnehmer aufgrund seiner Nichtrückkehrtage an den Wohnsitz kein Grenzgänger, ist die Lohnsteuer ausschließlich nach innerstaatlichen Vorschriften zu berechnen.

27 **Steuer nach Tabelle ist niedriger als 4,5 v. H.**

Der Steuersatz von 4,5 v. H. ist auch dann ohne Bedeutung, wenn der schweizerische Grenzgänger eine Ansässigkeitsbescheinigung bzw. eine Verlängerung vorgelegt hat, aber ein Abgleich zwischen der Lohnsteuer nach den Lohnsteuer-Tabellen und der ermäßigten Abzugsteuer ausnahmsweise ergibt, daß die normale Lohnsteuer weniger als 4,5 v. H. des gesamten steuerpflichtigen Arbeitslohns des jeweiligen Lohnzahlungszeitraums beträgt. Um eine Benachteiligung schweizerischer Grenzgänger gegenüber anderen beschränkt steuerpflichtigen Arbeitnehmern zu vermeiden, hat der deutsche Arbeitgeber insbesondere bei geringen Lohnbezügen eine Vergleichsberechnung durchzuführen.

Beispiel:
Eine in Basel wohnhafte Halbtagskraft ist in Lörrach beschäftigt. Der monatliche Bruttoarbeitslohn beträgt 1 000 DM zuzüglich einer monatlichen Zukunftssicherungsleistung von 100 DM, für die die Voraussetzungen der Lohnsteuer-Pauschalierung nach den Regeln der Direktversicherung erfüllt sind. Der Firma liegt sowohl eine Ansässigkeitsbescheinigung als auch eine besondere Bescheinigung des Betriebsstättenfinanzamts nach § 39d Abs. 2 EStG vor, aus der sich für die Arbeitnehmerin die Steuerklasse I sowie ein monatlicher Freibetrag für persönliche Abzüge in Höhe von 100 DM ergibt.

Lösung:
Der Arbeitgeber hat folgende Vergleichsberechnung durchzuführen:
– Ermäßigte Abzugsteuer
 1 100 DM (1 000 DM + 100 DM) × 4,5 v. H. =   49,50 DM
 (Maßgebliche Berechnungsgrundlage ist der gesamte steuerpflichtige Arbeitslohn einschl. pauschalbesteuerungsfähiger Bezüge ohne Kürzung um persönliche Abzüge.)
– Lohnsteuer nach allgemeinen Grundsätzen
 Lohnsteuer lt. A-Tabelle
 (Die Anwendung der Lohnsteuer-Zusatztabelle für Geringverdiener ist bei beschränkt steuerpflichtigen Arbeitnehmern nicht zulässig.)
 900 DM (1 000 DM abzügl. bescheinigtem Monatsfreibetrag) =   17,08 DM
 pauschale Lohnsteuer von 100 DM × 15 v. H. =   15,00 DM
 insgesamt   32,08 DM
Die Lohnsteuerberechnung nach allgemeinen Grundsätzen führt zu einer geringeren Steuer als die höchstens zulässige Abzugsteuer von 4,5 v. H. Die Firma hat deshalb nur 32,08 DM an Steuern für die schweizerische Teilzeitkraft einzubehalten.

Bei Arbeitnehmern mit doppeltem Wohnsitz bzw. mit Zahlungen aus öffentlichen Kassen ist zu beachten, daß auf sie die Lohnsteuer-Zusatztabellen Anwendung finden, da sie (ggf. erweitert) unbeschränkt steuerpflichtig sind. Für sie wird daher häufiger der Fall eintreten, daß die nach allgemeinen Grundsätzen ermittelte Lohnsteuer niedriger als die Abzugsteuer von 4,5 v. H. ist.

Eine Vergleichsberechnung erübrigt sich jedoch für den Arbeitgeber, wenn er einen Steuerabzug nach der Steuerklasse VI vornehmen muß, weil ihm die entsprechenden Bescheinigungen bzw. Lohnsteuerkarten nach den §§ 39d, 39c oder 39b EStG vom Arbeitnehmer nicht vorgelegt wurden. In diesen Fällen ist die nach den Steuertabellen berechnete Lohnsteuer immer höher als die nach dem ermäßigten Steuersatz von 4,5 v. H. höchstens zulässige Lohnsteuer.

Schweizerische Arbeitgeber

Regelfall: Steuerabzug von 4,5 v. H.   28

Der Arbeitgeber hat vom Bruttolohn der deutschen Grenzgänger grundsätzlich 4,5 v. H. Steuer einzubehalten (zum Begriff des Bruttolohnes vgl. Ziff. 1 B des eidgenössischen Lohnausweises Form. 11 EDP). Der Steuerabzug darf allerdings nur dann auf 4,5 v. H. begrenzt werden, wenn der Grenzgänger dem Arbeitgeber eine vom deutschen Wohnsitzfinanzamt ausgestellte Ansässigkeitsbescheinigung bzw. Verlängerung vorlegt.

Sonderfälle: Keine Begrenzung des Steuerabzugs auf 4,5 v. H.

Die Ansässigkeitsbescheinigung liegt nicht vor   29

Wenn dem Arbeitgeber im Zeitpunkt der Lohnzahlung keine gültige Ansässigkeitsbescheinigung bzw. Verlängerung vorliegt, muß er die volle Steuer und nicht nur 4,5 v. H. einbehalten.

Nichtrückkehr an den Wohnsitz   30

Wenn der Arbeitgeber während des gesamten Kalenderjahrs an mehr als 60 Tagen aufgrund seiner Arbeitsausübung nicht an den Wohnsitz zurückkehrt, ist die volle Steuer einzubehalten (vgl. Rz 33). Dies gilt auch dann, wenn der Arbeitgeber erkennt, daß der Arbeitnehmer die 60 Tage voraussichtlich überschreiten wird. Beginnt oder endet die Beschäftigung in der Schweiz im Laufe des Kalenderjahrs oder liegt eine Teilzeitbeschäftigung an bestimmten Tagen vor, sind die 60 Tage entsprechend zu kürzen.

Steuer nach Tarif ist niedriger als 4,5 v. H.   31

Wenn die Steuer nach dem kantonalen Quellensteuertarif (einschließlich Bundes- und Gemeindesteuer) unter 4,5 v. H. des Bruttolohnes liegt, ist die niedrigere Steuer einzubehalten.

Verpflichtung zur Änderung der Abzugsteuer

32 **Deutsche Arbeitgeber**

Das abweichende Steuerabzugsverfahren, nach dem die Lohnsteuer höchstens 4,5 v. H. des steuerpflichtigen Arbeitslohns betragen darf, ist nur solange zulässig, wie der Arbeitgeber erkennt, daß die Voraussetzungen der Grenzgängereigenschaft erfüllt sind. Ist der Arbeitnehmer wegen Überschreitens der 60-Tage-Grenze voraussichtlich oder tatsächlich (vgl. Rz 19) nicht mehr Grenzgänger, so ist der Arbeitgeber bereits während des Jahres verpflichtet, bei der jeweils nächstfolgenden Lohnzahlung die für die vergangenen Lohnzahlungszeiträume dieses Kalenderjahrs noch nicht erhobene Lohnsteuer nachträglich einzubehalten (Art. 3 Abs. 3 des Zustimmungsgesetzes).

Diese Verpflichtung zur Lohnsteuer-Nacherhebung bleibt auch nach Ablauf des Kalenderjahrs erhalten. Abweichend von § 41c Abs. 3 EStG ist bei schweizerischen Grenzgängern eine Änderung des Lohnsteuerabzugs für das vergangene Jahr über den Zeitpunkt der Ausschreibung der Lohnsteuerbescheinigung hinaus bei der jeweils nächstfolgenden Lohnzahlung durchzuführen. Ergibt sich im umgekehrten Fall nachträglich, daß die Voraussetzungen der Grenzgängereigenschaft vorliegen, ist der Arbeitgeber nur bis zur Ausstellung der besonderen Lohnsteuerbescheinigung berechtigt (vgl. Rz 35), die zuviel einbehaltene Lohnsteuer zu korrigieren. Das Zustimmungsgesetz sieht hier keine entsprechende Ausnahmeregelung vor. Nach diesem Zeitpunkt kann der schweizerische Grenzgänger zuviel einbehaltene Lohnsteuer beim jeweiligen Betriebsstättenfinanzamt nur noch durch einen öffentlich-rechtlichen Erstattungsanspruch nach den Vorschriften der Abgabenordnung (§ 37 Abs. 2) geltend machen.

33 **Schweizerische Arbeitgeber**

Stellt sich heraus, daß der Arbeitgeber zuviel Steuern einbehalten hat (z. B. wegen Unterschreitens der 60 Tage schädlicher Nichtrückkehr), so hat er diesem Umstand bei den nächsten Lohnzahlungen Rechnung zu tragen. Dies gilt umgekehrt auch im Fall, in dem er zuwenig Steuern einbehalten hat. Im letzteren Fall hat der Arbeitgeber für das jeweilige Arbeitsverhältnis die volle Steuer rückwirkend auf den Beginn des betreffenden Kalenderjahrs zu erheben.

Sofern eine in Abzug gebrachte zu hohe Steuer in Rechtskraft erwachsen ist, sind die Kantone berechtigt, ohne Einleitung des Verständigungsverfahrens im Einzelfall eine abkommenswidrige Besteuerung zu beseitigen. Zu beachten sind die in den Art. 147 Abs. 2 und 148 des Bundesgesetzes über die direkte Bundessteuer bzw. in Art. 51 Abs. 2 und 3 des Steuerharmonisierungsgesetzes genannten Einschränkungen. Danach kommt eine Erstattung namentlich dann nicht in Betracht, wenn der Grenzgänger die Ansässigkeitsbescheinigung bzw. die Verlängerung bei der ihm zumutbaren Sorgfalt vor Eintritt der Rechtskraft der Steuer dem Arbeitgeber hätte vorlegen können.

Nachweis der Bruttovergütungen

34 Für einen deutschen Grenzgänger hat der Lohnausweis (Bruttobetrag der Vergütungen) auf amtlichem Vordruck der schweizerischen Steuerverwaltung zu erfolgen, wobei Spesenvergütungen durch den Arbeitgeber stets im Detail aufzuführen sind (Verhandlungsprotokoll Tz. III).

35 Für einen schweizerischen Grenzgänger ergibt sich der Inhalt des auszustellenden Lohnausweises zusätzlich aus Art. 3 Abs. 2 des Zustimmungsgesetzes. Danach hat der deutsche Arbeitgeber bei Beendigung eines Dienstverhältnisses, spätestens am Ende des Kalenderjahrs auf Antrag des Grenzgängers eine besondere Lohnsteuerbescheinigung nach amtlichem Vordruck zu erteilen (Vordruck LSt 6). Dabei ist abweichend von § 41b EStG eine Lohnsteuerbescheinigung auch für den pauschal besteuerten Arbeitslohn auszustellen. Im amtlichen Vordruck ist deshalb nicht nur der normal besteuerte Arbeitslohn, sondern auch der pauschal besteuerte Arbeitslohn entweder gesondert oder in einer Summe mit dem übrigen Arbeitslohn zu bescheinigen. Zulässig ist auch die Bescheinigung des pauschal besteuerten Arbeitslohns in einer angefügten Erklärung; entsprechendes gilt für den Ausweis der Lohnsteuer, die auf diesen Arbeitslohn entfällt. Zusätzlich hat der Arbeitgeber steuerfreie Entlassungsentschädigungen (§ 3 Nr. 9 EStG) sowie steuerfreie Zuschläge für Sonntags-, Feiertags- oder Nachtarbeit (§ 3b EStG) zu bescheinigen. Die Eintragungen sind im amtlichen Vordruck in einem freien Feld vorzunehmen und als solche kenntlich zu machen.

36 Die Ausstellung falscher Lohnausweise sowie falscher Bescheinigungen über die erhobene Abzugsteuer kann den Tatbestand des Abgabenbetrugs erfüllen, für den der Rechtshilfeweg möglich ist.

Auskunftsklausel

37 Die zuständigen Behörden können Auskünfte austauschen, die zur Feststellung der Voraussetzungen für die Besteuerung nach Art. 15a DBA notwendig sind (Art. 27 Abs. 1 Sätze 1 und 2

DBA). Hierunter fallen Auskünfte zur Feststellung der Grenzgängereigenschaft, insbesondere hinsichtlich der Überprüfung von Bescheinigungen, Bewilligungen und sonstiger Belege oder Unterlagen.

Sonderfälle

Drittstaateneinkünfte 38

Grenzgänger nach Art. 15a DBA sind mit ihren gesamten Einkünften aus nichtselbständiger Tätigkeit im Wohnsitzstaat steuerpflichtig. Zur Abzugsteuer vgl. Rz 20.

Leitende Angestellte 39

Wie bisher geht die Grenzgängerregelung des Art. 15a DBA der Regelung der leitenden Angestellten in Art. 15 Abs. 4 DBA vor. Die bisherigen Verständigungsvereinbarungen zu leitenden Angestellten als Grenzgänger werden aufgehoben (vgl. Rz 46); es gelten daher die allgemeinen Ausführungen.

Schweizerische Grenzgänger mit ständiger Wohnstätte oder gewöhnlichem Aufenthalt in Deutschland (Art. 4 Abs. 3 DBA) 40

Unterliegt der Steuerpflichtige der überdachenden Besteuerung nach Art. 4 Abs. 3 DBA, entfällt die Beschränkung der Abzugsteuer. Daneben behält die Schweiz jedoch das Besteuerungsrecht nach Art. 15a DBA für den Grenzgänger. Die Doppelbesteuerung wird durch Steueranrechnung vermieden (Art. 4 Abs. 3 DBA in Verbindung mit § 34c EStG).

Abwanderer in die Schweiz (Art. 4 Abs. 4 DBA) 41

Art. 15a Abs. 1 Satz 4 DBA bekräftigt, daß die Regelung des Art. 4 Abs. 4 DBA den Regelungen über die Grenzgängerbesteuerung vorgeht. Eine Änderung gegenüber der bisherigen Rechtslage ergibt sich hieraus nicht.

Somit entfällt bei Grenzgänger-Abwanderern auch die Beschränkung des Tätigkeitsstaats Deutschland auf eine Abzugsteuer von 4,5 v. H. des Bruttobetrags der Vergütungen. Eine teilweise Freistellung von Abzugsteuern nach § 39b Abs. 6 EStG bei Arbeitslöhnen kommt bei Abwanderern so lange nicht in Betracht, wie Art. 4 Abs. 4 DBA anzuwenden ist.2

Die Regelung des Art. 4 Abs. 4 DBA ist nicht anzuwenden, wenn der Wegzug in die Schweiz wegen Heirat mit einer Person schweizerischer Staatsangehörigkeit erfolgt.

Für die Anrechnung schweizerischer Steuern im Lohnsteuerabzugsverfahren gilt:

In entsprechender Anwendung des § 39b Abs. 6 EStG rechnet der Arbeitgeber aufgrund einer Anrechnungsbescheinigung des Betriebsstättenfinanzamts einen bestimmten Betrag als schweizerische Steuer vorläufig auf die 4,5 v. H. des Bruttobetrages der Vergütungen übersteigende deutsche Lohnsteuer an. Der Grenzgänger-Abwanderer hat die Anrechnungsbescheinigung beim Betriebsstättenfinanzamt zu beantragen. Dem Antrag hat er seinen letzten schweizerischen Steuer- oder Vorauszahlungsbescheid beizufügen. Nach Ablauf des Kalenderjahrs wird zur endgültigen Anrechnung der schweizerischen Steuer auf Antrag des Grenzgänger-Abwanderers eine Veranlagung durchgeführt. Der Antrag auf Durchführung der Veranlagung ist gleichzeitig mit dem Antrag auf Erteilung der Anrechnungsbescheinigung zu stellen.

Künstler, Musiker, Sportler und Artisten (Art. 17 DBA) 42

Bei dem oben genannten Personenkreis geht die Grenzgängerregelung des Art. 15a DBA dem Art. 17 Abs. 1 DBA vor. Dies bedeutet, daß Art. 15a DBA künftig auch bei angestellten Künstlern anwendbar ist, die in einem Arbeitsverhältnis zu einem privaten Arbeitgeber stehen.

Der Steuerabzug ist nicht nach § 39d EStG, sondern nach § 50a Abs. 4 Satz 1 Nr. 2 und Satz 3 EStG durchzuführen. Er ist für den genannten Personenkreis aber ebenfalls auf 4,5 v. H. der Bruttovergütungen beschränkt. § 50d EStG bleibt unberührt. Entsprechende Freistellungsbescheinigungen sind beim Bundesamt für Finanzen, Friedhofstr. 1, 53225 Bonn mit dem Vordruck R-D 3 unter Beifügung des Vordrucks Gre-1 zu beantragen.

Grenzgänger im öffentlichen Dienst (Art. 19 DBA) 43

Grenzgänger im öffentlichen Dienst sind wie bisher den bei privaten Arbeitgebern beschäftigten Grenzgängern gleichgestellt (Art. 19 Abs. 5 DBA).

Handelt es sich bei den Grenzgängern im öffentlichen Dienst um die in Rz 42 genannte Personengruppe, ist auch hier der Steuerabzug nach § 50a Abs. 4 Satz 1 Nr. 2 und Satz 3 EStG auf 4,5 v. H. der Bruttovergütungen beschränkt. § 50d EStG bleibt unberührt. Zum Verfahren vgl. Rz 42.

44	**Ruhegehälter aus öffentlichen Kassen**

Das Besteuerungsrecht für Ruhegehälter von Grenzgängern aus öffentlichen Kassen steht weiterhin dem Ansässigkeitsstaat zu. Der Kassenstaat hat den Steuerabzug nach Art. 15a Abs. 1 DBA zu beschränken, wenn eine Ansässigkeitsbescheinigung vorliegt. Die vor Eintritt des Versorgungsfalls vorgelegte Ansässigkeitsbescheinigung gilt ohne zeitliche Beschränkung weiter, es sei denn, es findet ein Wohnungswechsel statt.

45	**Tätigkeitsvergütungen für einen Gesellschafter einer Personengesellschaft (Art. 7 Abs. 7 DBA)**

Erhält ein Gesellschafter einer Personengesellschaft Tätigkeitsvergütungen als Arbeitnehmer, richtet sich das Besteuerungsrecht nach Art. 7 Abs. 7 DBA ungeachtet des Art. 7 Abs. 8 DBA. Falls nach dem jeweiligen nationalen Steuerrecht die Tätigkeitsvergütungen dem Gewinn der Personengesellschaft nicht hinzugerechnet werden, ist Art. 15a DBA anwendbar.

46	**Aufhebung bisheriger Verständigungsvereinbarungen**

Die Ausführungen zu Art. 15 Abs. 4 DBA (alt) im Verhandlungsprotokoll vom 18. Juni 1971 und in der Verständigungsvereinbarung vom 26. November 1971 (Nr. 6) sind letztmals bei vor dem 1. Januar 1994 zugeflossenen Vergütungen anzuwenden.

Besteuerungsrecht von Abfindungen an Arbeitnehmer nach Artikeln 15 des Abkommen zwischen der Bundesrepublik Deutschland und der Schweizerischen Eidgenossenschaft zur Vermeidung der Doppelbesteuerung auf dem Gebiete der Steuern vom Einkommen und vom Vermögen

(BMF-Schreiben vom 25. 3. 2010, BStBl I S. 268)

Mit der Konsultationsvereinbarung vom 17. März 2010 zur Besteuerung von Abfindungszahlungen wurde mit der Eidgenössischen Steuerverwaltung die Verständigungsvereinbarung aus dem Jahre 1992 ergänzt und ist in der folgenden Fassung auf alle offenen Fälle anzuwenden:

Bei der steuerlichen Behandlung von Arbeitnehmer-Abfindungen nach dem deutsch-schweizerischen Doppelbesteuerungsabkommen kommt es darauf an, welchen Charakter eine Abfindung hat. Ist einer Abfindung Versorgungscharakter beizumessen – z. B. wenn laufende Pensionszahlungen kapitalisiert in einem Betrag ausgezahlt werden –, steht das Besteuerungsrecht entsprechend Artikel 18 des Abkommens dem Wohnsitzstaat zu. Dagegen hat der (frühere) Tätigkeitsstaat das Besteuerungsrecht, sofern es sich bei der Abfindung um Lohn- oder Gehaltsnachzahlungen oder Tantiemen aus dem früheren Arbeitsverhältnis handelt oder die Abfindung allgemein für das vorzeitige Ausscheiden aus dem Dienst gewährt wird. Für den Fall, dass der Arbeitnehmer in der Zeit vor dem Ausscheiden aus dem Dienst auch teils in dem Staat, in dem er ansässig ist, tätig war, ist die Abfindung zeitanteilig entsprechend der Besteuerungszuordnung der Vergütungen aufzuteilen.

Werden jedoch die Abfindungszahlungen aus Anlass der Auflösung des Arbeitsverhältnisses, die eine in einem Vertragsstaat wohnende Person nach Wegzug aus dem Tätigkeitsstaat, von ihrem ehemaligen, im anderen Vertragsstaat ansässigem Arbeitgeber erhält, nicht im ehemaligen Tätigkeitsstaat besteuert, können diese Abfindungszahlungen im Wohnsitzstaat der Person besteuert werden.

Deutsch-schweizerisches Doppelbesteuerungsabkommen vom 11. August 1971 (DBA); Grenzgängerbesteuerung, leitende Angestellte, Arbeitnehmer mit Drittstaateneinkünften

(BMF-Schreiben vom 7. 7. 1997, BStBl I S. 723)

Gestützt auf Artikel 26 Abs. 3 DBA haben die zuständigen Behörden folgende Verständigungsvereinbarungen getroffen:

1. Grenzgängerbesteuerung
– Einführungsschreiben vom 19. September 1994 –

a) Die Randziffern (Rz.) 11 und 12 des Einführungsschreibens werden wie folgt gefaßt (Ergänzungen sind unterstrichen):

Rz. 11:

Als Nichtrückkehrtage kommen nur Arbeitstage, die im persönlichen Arbeitsvertrag des Arbeitnehmers erfaßt sind, in Betracht.

Samstage, Sonn- und Feiertage können daher nur in Ausnahmefällen zu den maßgeblichen Arbeitstagen zählen. Dies käme z. B. in Frage, wenn der Arbeitgeber die Arbeit an diesen Tagen ausdrücklich anordnet und hieran anknüpfend in der Regel entweder Freizeitausgleich oder zusätzliche Bezahlung dafür gewährt. Trägt der Arbeitgeber die Reisekosten, so werden bei mehrtägigen Geschäftsreisen alle Wochenend- und Feiertage als Nichtrückkehrtage angesehen.

Rz. 12:

Ein Nichtrückkehrtag ist nicht schon deshalb anzunehmen, weil sich die Arbeitszeit des einzelnen an seinem Arbeitsort entweder bedingt durch die Anfangszeiten oder durch die Dauer der Arbeitszeit über mehr als einen Kalendertag erstreckt. So sind Schichtarbeiter, Personal mit Nachtdiensten und Krankenhauspersonal mit Bereitschaftsdienst nicht schon aufgrund ihrer spezifischen Arbeitszeiten von der Grenzgängerregelung ausgeschlossen (Verhandlungsprotokoll, Tz. II Nr. 1). Bei den im Verhandlungsprotokoll aufgelisteten Berufsgruppen handelt es sich jedoch um keine abschließende Aufzählung. Als Arbeitsausübung im Sinne der Tz. II Nr. 1 des Verhandlungsprotokolls sind daher allgemein alle Zeiten anzusehen, für die aufgrund des Arbeitsverhältnisses eine Verpflichtung des Arbeitnehmers zur Anwesenheit am Arbeitsort besteht. Kurzfristige Arbeitszeitunterbrechungen von weniger als vier Stunden beenden den Arbeitstag nicht.

b) Nach Rz. 38 wird folgende neue Rz. 38a mit der Überschrift „Bordpersonal" eingefügt:

Rz. 38a:

Bei den unter Artikel 15 Abs. 3 DBA fallenden Arbeitnehmern an Bord von Seeschiffen oder Luftfahrzeugen im internationalen Verkehr ist Artikel 15a DBA nicht anzuwenden.

2. **Leitende Angestellte von Kapitalgesellschaften (Art. 15 Abs. 4 DBA)**

   a) **Begriff**

   Es besteht Einvernehmen, daß zu den in Artikel 15 Abs. 4 DBA genannten Direktoren auch stellvertretende Direktoren oder Vizedirektoren und Generaldirektoren gehören. In der Regel sind die in Artikel 15 Abs. 4 DBA genannten Personenkategorien im Handelsregister eingetragen. Da das schweizerische wie auch das deutsche Recht die Eintragung der Vertretung im Handelsregister nicht zwingend vorschreibt, ist Artikel 15 Abs. 4 DBA nicht nur auf Personen anwendbar, die im Handelsregister namentlich eingetragen sind. Bei nicht im Handelsregister eingetragenen Personen wird aber verlangt, daß sie entweder die Prokura oder weitergehende Vertretungsbefugnisse, wie z. B. die Zeichnungsberechtigung, haben. In diesem Fall hat der leitende Angestellte eine Bestätigung seines Arbeitgebers über seine Vertretungsbefugnisse vorzulegen.

   b) **Besteuerung im Staat des Arbeitgebers**

   Für Einkünfte leitender Angestellter von Kapitalgesellschaften, die keine Grenzgänger im Sinne von Art. 15a DBA sind, hat der Staat der Ansässigkeit des Arbeitgebers (Kapitalgesellschaft) nach Art. 15 Abs. 4 DBA auch insoweit ein Besteuerungsrecht, als die Einkünfte auf Tätigkeiten im Staat der Ansässigkeit des leitenden Angestellten und in Drittstaaten entfallen. Dies folgt aus Sinn und Wortlaut des Artikel 15 Abs. 4 DBA, wonach dem Staat der Ansässigkeit des Arbeitgebers das Besteuerungsrecht für sämtliche Erwerbseinkünfte aus dieser leitenden Tätigkeit zusteht, sofern die Tätigkeit des leitenden Angestellten nicht so abgegrenzt ist, daß sie lediglich Aufgaben außerhalb des Staates der Ansässigkeit des Arbeitgebers umfaßt. Das Besteuerungsrecht des Staates der Ansässigkeit des leitenden Angestellten bleibt unberührt.

   c) **Vermeidung der Doppelbesteuerung in Deutschland**

   Bei leitenden Angestellten von schweizerischen Kapitalgesellschaften ist eine Doppelbesteuerung bei Einkünften, die durch Tätigkeiten in der Schweiz erzielt werden, in Deutschland als Ansässigkeitsstaat durch Steuerfreistellung zu beseitigen. Demgegenüber kann eine Doppelbesteuerung bei Einkünften aus Inlands- oder Drittstaatentätigkeiten nach dem eindeutigen Wortlaut in Art. 24 Abs. 1 Nr. 1d DBA nur durch Anrechnung der schweizerischen Steuern vermieden werden. Die bisher angewandte Befreiungsmethode ist ab dem Veranlagungszeitraum 1996 nicht mehr anzuwenden. Die schweizerische Seite kann sich dieser Auffassung nicht anschließen und behält sich vor, die Frage bei einer Abkommensrevision erneut anzusprechen.

   d) **Sogenannte Management-Dienstleistungsverträge**

   Die Erörterungen mit der Eidgenössischen Steuerverwaltung hierüber sind noch nicht abgeschlossen.

3. Arbeitnehmer mit Einkünften aus Drittstaaten

An der mit BMF-Schreiben vom 18. Dezember 1985 bekanntgegebenen Verständigungsvereinbarung zu Arbeitnehmereinkünften aus Tätigkeiten in Drittstaaten wird festgehalten. Danach können Arbeitseinkünfte eines Arbeitnehmers, der in der Bundesrepublik Deutschland wohnt und bei einem schweizerischen Arbeitgeber beschäftigt ist, nach Artikel 15 Abs. 1 DBA nur insoweit in der Schweiz besteuert werden, als die Arbeit dort tatsächlich ausgeübt wird. Der Ort der Arbeitsausübung ist dort anzunehmen, wo sich der Arbeitnehmer zur Ausführung seiner Tätigkeit persönlich (körperlich) aufhält. Ist zum Beispiel ein Arbeitnehmer mit Wohnsitz in der Bundesrepublik Deutschland für seinen schweizerischen Arbeitgeber 70 Tage in der Schweiz (Grenzgängereigenschaft fehlt), 120 Tage in Großbritannien und 30 Tage in Saudi-Arabien tätig, dann sind seine Einkünfte für die Tätigkeit in Großbritannien und in Saudi-Arabien in der Bundesrepublik Deutschland zu versteuern.

Das BMF-Schreiben vom 18. Dezember 1985 ist in allen noch offenen Fällen nicht mehr anzuwenden.

Arbeitnehmer mit gelegentlichem Bereitschaftsdienst als Grenzgänger

(BFH-Urteil vom 16. 5. 2001 – I R 100/00 –)

Ein Arbeitnehmer mit Wohnsitz im Inland und Arbeitsort in der Schweiz, der an mehr als 60 Arbeitstagen nicht an seinen Wohnsitz zurückkehrt, unterliegt dennoch als Grenzgänger gemäß Art. 15a DBA-Schweiz der deutschen Besteuerung, wenn die Nichtrückkehr auf die Wahrnehmung eines gelegentlichen Nachtbereitschaftsdienstes zurückzuführen ist.

DBA – Arbeitslohn

→ BMF vom 14. 9. 2006 (BStBl I S. 532)

DBA – Übersicht

Stand der Doppelbesteuerungsabkommen und anderer Abkommen im Steuerbereich sowie der Abkommensverhandlungen am 1. Januar 2013

(BMF-Schreiben vom 22. 1. 2013, BStBl I S. 162)

Hiermit übersende ich eine Übersicht über den gegenwärtigen Stand der Doppelbesteuerungsabkommen (DBA) und anderer Abkommen im Steuerbereich sowie der Abkommensverhandlungen.

Wie die Übersicht zeigt, werden verschiedene der angeführten Abkommen nach ihrem Inkrafttreten rückwirkend anzuwenden sein. In geeigneten Fällen sind Steuerfestsetzungen vorläufig durchzuführen, wenn ungewiss ist, wann ein unterzeichnetes Abkommen in Kraft treten wird, das sich zugunsten des Steuerschuldners auswirken wird. Umfang und Grund der Vorläufigkeit sind im Bescheid anzugeben. Ob bei vorläufiger Steuerfestsetzung der Inhalt eines unterzeichneten Abkommens bereits berücksichtigt werden soll, ist nach den Gegebenheiten des einzelnen Falles zwischen BMF und Ländern abgestimmt zu entscheiden.

Zur Rechtslage nach dem **Zerfall der Sozialistischen Föderativen Republik Jugoslawien (SFRJ)** ist auf Folgendes hinzuweisen:

Vereinbarungen über die Fortgeltung des DBA mit der SFRJ vom 26. März 1987 wurden geschlossen mit:

Republik Bosnien und Herzegowina (BGBl. 1992 II S. 1196),

Republik Serbien (Namensänderung; ehem. Bundesrepublik Jugoslawien BGBl. 1997 II S. 961),

Republik Kosovo (BGBl. 2011 II S. 748) und

Montenegro (BGBl. 2011 II S. 745).

Zur Rechtslage nach dem **Zerfall der Sowjetunion** ist auf Folgendes hinzuweisen:

Vereinbarungen über die Fortgeltung des DBA mit der UdSSR vom 24. November 1981 wurden geschlossen mit:

Republik Armenien (BGBl. 1993 II S. 169),

Republik Moldau (BGBl. 1996 II S. 768), und

Turkmenistan (Bericht der Botschaft Aschgabat vom 11. August 1999 – Nr. 377/99).

Zur Rechtslage nach der **Teilung der Tschechoslowakei** ist auf Folgendes hinzuweisen:

Vereinbarungen über die Fortgeltung des DBA mit der Tschechoslowakischen Sozialistischen Republik vom 19. Dezember 1980 wurden mit der Slowakischen Republik und mit der Tschechischen Republik getroffen (BGBl. 1993 II S. 762).

Hongkong wurde mit Wirkung ab 1. Juli 1997 ein besonderer Teil der VR China (Hongkong Special Administrative Region). Das allgemeine Steuerrecht der VR China gilt dort nicht. Damit ist das zwischen der Bundesrepublik Deutschland und der VR China abgeschlossene DBA vom 10. Juni 1985 in Hongkong nicht anwendbar. Eine Einbeziehung Hongkongs in den Geltungsbereich des DBA China ist nicht angestrebt. Vorgenannte Ausführungen zu Hongkong (außer Luftfahrtunternehmen) gelten in entsprechender Weise auch für **Macau** nach dessen Übergabe am 20. Dezember 1999 an die VR China (Macau Special Administrative Region).

Aufgrund des besonderen völkerrechtlichen Status von **Taiwan** wurde ein Steuerabkommen nur von den Leitern des Deutschen Instituts in Taipeh und der Taipeh Vertretung in der Bundesrepublik Deutschland unterzeichnet. Das Gesetz vom 2. Oktober 2012 zum diesbezüglichen Abkommen vom 19. und 28. Dezember 2011 zwischen dem Deutschen Institut in Taipeh und der Taipeh Vertretung in der Bundesrepublik Deutschland zur Vermeidung der Doppelbesteuerung und zur Verhinderung der Steuerverkürzung hinsichtlich der Steuern vom Einkommen und vom Vermögen ist veröffentlicht (BGBl. I 2012, S. 2079). Das Abkommen ist am 7. Dezember 2012 in Kraft getreten (BGBl. I 2012, S. 2461) und damit grundsätzlich ab 1. Januar 2013 anzuwenden.

Hinsichtlich der Abkommen auf dem Gebiet der **Kraftfahrzeugsteuer** ist zur Rechtslage nach dem Zerfall der Sowjetunion auf Folgendes hinzuweisen:

Das Abkommen mit der UdSSR vom 21. Februar 1980 ist im Verhältnis zu den Nachfolgestaaten der UdSSR sowie zu Estland, Lettland und Litauen anzuwenden, bis mit diesen Staaten eine Neuregelung vereinbart wird. Voraussetzung ist, dass die genannten Staaten die im Abkommen vereinbarte Befreiung für deutsche Fahrzeuge gewähren. Diese Gegenseitigkeit muss auch hinsichtlich neuer Abgaben gewährleistet sein, die anstelle der UdSSR-Straßengebühr oder daneben eingeführt worden sind oder eingeführt werden, sofern sie mit der Kraftfahrzeugsteuer vergleichbar sind (siehe Ländererlasse).

Stand der Doppelbesteuerungsabkommen
1. Januar 2013

(BMF-Schreiben vom 22. 1. 2013, BStBl I S. 162)

I. Geltende Abkommen[1])

Abkommen mit	vom	Fundstelle				Inkrafttreten				Anwendung grundsätzlich ab
		BGBl. II		BStBlII		BGBl. II		BStBlII		
		Jg.	S.	Jg.	S.	Jg.	S.	Jg.	S.	
1. Abkommen auf dem Gebiet der Steuern vom Einkommen und vom Vermögen										
Ägypten	08. 12. 1987	1990	278	1990	280	1991	1042	1992	7	01. 01. 1992
Algerien	12. 11. 2007	2008	1188	2009	382	2009	136	2009	396	01. 01. 2009
Albanien	06. 04. 2010	2011	1186	2012	292	2012	145	2012	305	01. 01. 2012
Argentinien	13. 07. 1978/	1979	585	1979	326	1979	1332	1980	51	01. 01. 1976
	16. 09. 1996	1998	18	1998	187	2001	694	2001	540	01. 01. 1996
Armenien (DBA mit UdSSR gilt fort, BGBl. 1993 II S. 169)	24. 11. 1981	1983	2	1983	90	1983	427	1983	352	01. 01. 1980
Aserbaidschan	25. 08. 2004	2005	1146	2006	291	2006	120	2006	304:1	01. 01. 2006
Australien	24. 11. 1972	1974	337	1974	423	1975	216	1975	386	01. 01. 1971
Bangladesch[2])	29. 05. 1990	1991	1410	1992	34	1993	847	1993	466	01. 01. 1990
Belarus (Weißrussland) 30. 09. 2005		2006	1042							01. 01. 2007
Belgien	11. 04. 1967/	1969	17	1969	38	1969	1465	1969	468	01. 01. 1966
	05. 11. 2002/	2003	1615	2005	346	2003	1744	2005	348	01. 01. 2004
Bolivien	30. 09. 1992	1994	1086	1994	575	1995	907	1995	758	01. 01. 1991
Bosnien und Herzegowina (DBA mit SFR Jugoslawien gilt fort, BGBl. 1992 II S. 1196)	26. 03. 1987	1988	744	1988	372	1988	1179	1989	35	01. 01. 1989

[1]) Änderungen sind durch seitliche Striche gekennzeichnet.
[2]) Gilt nicht für die VSt.

§ 39d EStG
H 39d

Abkommen		Fundstelle				Inkrafttreten				Anwendung grundsätzlich ab
		BGBl. II		BStBl I		BGBl. II		BStBl I		
mit	vom	Jg.	S.	Jg.	S.	Jg.	S.	Jg.	S.	
Bulgarien	02. 06. 1987/	1988	770	1988	389	1988	1179	1989	34	01. 01. 1989
	25. 01. 2010	2010	286	2011	543	2011	584	2011	558	01. 01. 2011
China (ohne Hongkong und Macau)	10. 06. 1985	1986	446	1986	329	1986	731	1986	339	01. 01. 1985
Côte d'Ivoire	03. 07. 1979	1982	153	1982	357	1982	637	1982	628	01. 01. 1982
Dänemark	22. 11. 1995	1996	2565	1996	1219	1997	728	1997	624	01. 01. 1997
Ecuador	07. 12. 1982	1984	466	1984	339	1986	781	1986	358	01. 01. 1987
Estland	29. 11. 1996	1998	547	1998	543	1999	84	1999	269	01. 01. 1994
Finnland	05. 07. 1979	1981	1164	1982	201	1982	577	1982	587	01. 01. 1981
Frankreich	21. 07. 1959/	1961	397	1961	342	1961	1659	1961	712	01. 01. 1957
	09. 06. 1969/	1970	717	1970	900	1970	1189	1970	1072	01. 01. 1968
	28. 09. 1989/	1990	770	1990	413	1991	387	1991	93	01. 01. 1990
	20. 12. 2001	2002	2370	2002	891	2003	542	2003	383	01. 01. 2002
Georgien	01. 06. 2006	2007	1034	2008	482	2008	521	2008	494	01. 01. 2008
Ghana	12. 08. 2004	2006	1018	2008	467	2008	51	2008	481	01. 01. 2008
Griechenland	18. 04. 1966	1967	852	1967	50	1968	30	1968	296	01. 01. 1964
Indien	19. 06. 1995	1996	706	1996	599	1997	751	1997	363	01. 01. 1997
Indonesien	30. 10. 1990	1991	1086	1991	1001	1991	1401	1992	186	01. 01. 1992
Iran, Islamische Republik	20. 12. 1968	1969	2133	1970	768	1969 1970	2288 282	1970	777	01. 01. 1970
Irland	17. 10. 1962/	1964	266	1964	320	1964	632	1964	366	01. 01. 1959
	25. 05. 2010	2011	250	2012	14	2011	741	2012	16	01. 01. 2011
	03. 06. 2011	2011	1042							01. 01. 2013
Island	18. 03. 1971	1973	357	1973	504	1973	1567	1973	730	01. 01. 1968
Israel	09. 07. 1962/	1966	329	1966	700	1966	767	1966	946	01. 01. 1961
	20. 07. 1977	1979	181	1979	124	1979	1031	1979	603	01. 01. 1970
Italien	18. 10. 1989	1990	742	1990	396	1993	59	1993	172	01. 01. 1993
Jamaika	08. 10. 1974	1976	1194	1976	407	1976	1703	1976	632	01. 01. 1973
Japan	22. 04. 1966/	1967	871	1967	58	1967	2028	1967	336	01. 01. 1967
	17. 04. 1979/	1980	1182	1980	649	1980	1426	1980	772	01. 01. 1977
	17. 02. 1983	1984	194	1984	216	1984	567	1984	388	01. 01. 1981
Jersey (begrenztes DBA)	04. 07. 2008	2009	589	2010	174	2010	38	2010	170	01. 01. 2010
Kanada	19. 04. 2001	2002	671	2002	505	2002	962	2002	521	01. 01. 2001
Kasachstan	26. 11. 1997	1998	1592	1998	1029	1999	86	1999	269	01. 01. 1996
Kenia	17. 05. 1977	1979	606	1979	337	1980	1357	1980	792	01. 01. 1980
Kirgisistan	01. 12. 2005	2006	1066	2007	233	2007	214	2007	246	01. 01. 2007
Korea, Republik	10. 03. 2000	2002	1630	2003	24	2002	2855	2003	36	01. 01. 2003
Kroatien	06. 02. 2006	2006	1112	2007	246	2007	213	2007	259	01. 01. 2007
Kuwait	04. 12. 1987/	1989	354	1989	150	1989	637	1989	268	01. 01. 1984– 31. 12. 1997
	18. 05. 1999	2000	390	2000	439	2000	1156	2000	1383	01. 01. 1998
Lettland	21. 02. 1997	1998	330	1998	531	1998	2630	1998	1219	01. 01. 1996
Liberia	25. 11. 1970	1973	1285	1973	615	1975	916	1975	943	01. 01. 1970
Liechtenstein	17. 11. 2011	2012	1462							01. 01. 2013
Litauen	22. 07. 1997	1998	1571	1998	1016	1998	2962	1999	121	01. 01. 1995
Luxemburg	23. 08. 1958/	1959	1269	1959	1022	1960	1532	1960	398	01. 01. 1957
	15. 06. 1973/	1978	109	1978	72	1978	1396	1979	83	01. 01. 1971
	11. 12. 2009	2010	1150	2011	837	2011	713	2011	837	01. 01. 2010
Malaysia	08. 04. 1977/	1978	925	1978	324	1979	288	1979	196	01. 01. 1971
	23. 02. 2010	2010	1310	2011	329	2011	464	2011	344	01. 01. 2011
Malta	08. 03. 2001	2001	1297	2002	76	2002	320	2002	240	01. 01. 2002
	17. 06. 2010	2011	275	2011	742	2011	640	2011	745	01. 01. 2012
Marokko	07. 06. 1972	1974	21	1974	59	1974	1325	1974	1009	01. 01. 1974
Mauritius	15. 03. 1978/	1980	1261	1980	667	1981	8	1981	34	01. 01. 1979
	07. 10. 2011	2012	1050							01. 01. 2013
Mazedonien	13. 07. 2006	2010	1153							01. 01. 2011
Mexiko	23. 02. 1993	1993	1966	1993	964	1994	617	1994	310	01. 01. 1994
	09. 07. 2008	2009	746			2010	62			01. 01. 2010

Abkommen mit	vom	Fundstelle BGBl. II Jg.	Fundstelle BGBl. II S.	Fundstelle BStBlI Jg.	Fundstelle BStBlI S.	Inkrafttreten BGBl. II Jg.	Inkrafttreten BGBl. II S.	Inkrafttreten BStBlI Jg.	Inkrafttreten BStBlI S.	Anwendung grundsätzlich ab
Moldau, Republik (DBA mit UdSSR gilt fort, BGBl. 1996 II S. 768)	24.11.1981	1983	2	1983	90	1983	427	1983	352	01.01.1980
Mongolei	22.08.1994	1995	818	1995	607	1996	1220	1996	1135	01.01.1997
Namibia	02.12.1993	1994	1262	1994	673	1995	770	1995	678	01.01.1993
Neuseeland	20.10.1978	1980	1222	1980	654	1980	1485	1980	787	01.01.1978
Niederlande	16.06.1959/	1960	1781	1960	381	1960	2216	1960	626	01.01.1956
	13.03.1980/	1980	1150	1980	646	1980	1486	1980	787	01.01.1979
	21.05.1991	1991	1428	1992	94	1992	170	1992	382	21.02.1992
	04.06.2004	2004	1653	2005	364	2005	101	2005	368	01.01.2005
Norwegen	04.10.1991	1993	970	1993	655	1993	1895	1993	926	01.01.1991
Österreich	24.08.2000/	2002	734	2002	584	2002	2435	2002	958	01.01.2003
	29.12.2010	2011	1209	2012	366	2012	146	2012	369	01.01.2013
Pakistan[1])	14.07.1994	1995	836	1995	617	1996	467	1996	445	01.01.1995
Philippinen	22.07.1983	1984	878	1984	544	1984	1008	1984	612	01.01.1985
Polen	14.05.2003	2004	1304	2005	349	2005	55	2005	363	01.01.2005
Portugal	15.07.1980	1982	129	1982	347	1982	861	1982	763	01.01.1983
Rumänien	04.07.2001	2003	1594	2004	273	2004	102	2004	286	01.01.2004
Russische Föderation (Änderungsprotokoll)	29.05.1996/-	1996	2710	1996	1490	1997	752	1997	363	01.01.1997
	15.10.2007	2008	1398	2009	831	2009	820	2009	834	01.01.2010
Sambia	30.05.1973	1975	661	1975	688	1975	2204	1976	7	01.01.1971
Schweden	14.07.1992	1994	686	1994	422	1995	29	1995	88	01.01.1995
Schweiz	11.08.1971/	1972	1021	1972	518	1973	74	1973	61	01.01.1972
	30.11.1978/	1980	751	1980	398	1980	1281	1980	678	01.01.1977
	17.10.1989/	1990	766	1990	409	1990	1698	1991	93	01.01.1990
	21.12.1992/	1993	1886	1993	927	1994	21	1994	110	01.01.1994
	12.03.2002/	2003	67	2003	165	2003	436	2003	329	01.01.02/ 01.01.04
	27.10.2010	2011	1090	2012	512	2012	279	2012	516	01.01.11/ 01.01.12
Serbien (Namensänderung: ehem. Bundesrepublik Jugoslawien) (DBA mit SFR Jugoslawien gilt fort, BGBl. 1997 II S. 961)	26.03.1987	1988	744	1988	372	1988	1179	1989	35	01.01.1989
Simbabwe	22.04.1988	1989	713	1989	310	1990	244	1990	178	01.01.1987
Singapur	28.06.2004	2006	930							01.01.2007
Slowakei (DBA mit Tschechoslowakei gilt fort, BGBl. 1993 II S. 762)	19.12.1980	1982	1022	1982	904	1983	692	1983	486	01.01.1984
Slowenien	03.05.2006/	2006	1091	2007	171	2007	213	2007	183	01.01.2007
	17.05.2011	2012	154							30.07.2012
Spanien	05.12.1966/	1968	9	1968	296	1968	140	1968	544	01.01.1968
	03.02.2011	2012	18							01.01.2013
Sri Lanka	13.09.1979	1981	630	1981	610	1982	185	1982	373	01.01.1983
Südafrika	25.01.1973	1974	1185	1974	850	1975	440	1975	640	01.01.1965
Syrien	17.02.2010	2010	1359	2011	345	2011	463	2011	358	01.01.2011
Tadschikistan	27.03.2003	2004	1034	2005	15	2004	1565	2005	27	01.01.2005
Thailand	10.07.1967	1968	589	1968	1046	1968	1104	1969	18	01.01.1967
Trinidad und Tobago	04.04.1973	1975	679	1975	697	1977	263	1977	192	01.01.1972
Tschechien (DBA mit Tschechoslowakei gilt fort, BGBl. 1993 II S. 762)	19.12.1980	1982	1022	1982	904	1983	692	1983	486	01.01.1984
Türkei	16.04.1985/	1989	866	1989	471	1989	1066	1989	482	01.01.1990
	19.09.2011	2012	526							01.01.2011

---

[1]) Gilt nicht für die VSt.

§ 39d EStG
H 39d

Abkommen		Fundstelle				Inkrafttreten				Anwendung grundsätzlich ab
		BGBl. II		BStBl		BGBl. II		BStBl		
mit	vom	Jg.	S.	Jg.	S.	Jg.	S.	Jg.	S.	
Tunesien	23. 12. 1975	1976	1653	1976	498	1976	1927	1977	4	01. 01. 1976
Turkmenistan (DBA mit UdSSR gilt fort, Bericht der Botschaft Aschgabat vom 11. August 1999 – Nr. 377/99)	24. 11. 1981	1983	2	1983	90	1983	427	1983	352	01. 01. 1980
Ukraine	03. 07. 1995	1996	498	1996	675	1996	2609	1996	1421	01. 01. 1997
Ungarn	18. 07. 1977/	1979	626	1979	348	1979	1031	1979	602	01. 01. 1980
	28. 02. 2011	2011	919	2012	155	2012	47	2012	168	01. 01. 2012
Uruguay	05. 05. 1987/	1988	1060	1988	531	1990	740	1990	365	01. 01. 1991
	09. 03. 2010	2011	954	2012	350	2012	131	2012	365	01. 01. 2012
Usbekistan	07. 09. 1999	2001	978	2001	765	2002	269	2002	239	01. 01. 2002
Venezuela	08. 02. 1995	1996	727	1996	611	1997	1809	1997	938	01. 01. 1997
Vereinigte Arabische Emirate (verlängert bis 9. August 2008; abkommensloser Zustand)	09. 04. 1995 04. 07. 2006	1996 2007	518 746	1996 2007	588 724	1996 2007	1221 1467	1996 2007	1135 726	01. 01. 1992 10. 08. 2006 01. 01. 2009
Vereinigtes Königreich	26. 11. 1964/	1966	358	1966	729	1967	828	1967	40	01. 01. 1960
	23. 03. 1970/	1971	45	1971	139	1971	841	1971	340	01. 01. 1969
	30. 03. 2010	2010	1333	2011	469	2011	536	2011	485	01. 01. 2011
Vereinigte Staaten	29. 08. 1989	1991	354	1991	94	1992	235	1992	262	01. 01. 1990
	01. 06. 2006	2006	1184	2008	766	2008	117	2008	782	01. 01. 07/ 01. 01. 08
(Bekanntmachung der Neufassung 04. 06. 2008)		2008	611/ 851	2008	783					
Vietnam	16. 11. 1995	1996	2622	1996	1422	1997	752	1997	364	01. 01. 1997
Zypern	09. 05. 1974/	1977	488	1977	340	1977	1204	1977	618	01. 01. 1970
	18. 02. 2011	2011	1068	2012	222	2012	117	2012	235	01. 01. 2012
2. Abkommen auf dem Gebiet der Erbschaft- und Schenkungsteuern										
Dänemark[1])	22. 11. 1995	1996	2565	1996	1219	1997	728	1997	624	01. 01. 1997
Frankreich	12. 10. 2006	2007	1402	2009	1258	2009	596	2009	1266	03. 04. 2009
Griechenland	18. 11. 1910/ 01. 12. 1910	1912	173[2])	–	–	1953	525	1953	377	01. 01. 1953
Schweden[1])	14. 07. 1992	1994	686	1994	422	1995	29	1995	88	01. 01. 1995
Schweiz	30. 11. 1978	1980	594	1980	243	1980	1341	1980	786	28. 09. 1980
Vereinigte Staaten	03. 12. 1980/	1982	847	1982	765	1986	860	1986	478	01. 01. 1979
	14. 12. 1998	2000	1170	2001	110	2001	62	2001	114	15. 12. 2000
3. Sonderabkommen betreffend Einkünfte und Vermögen von Schifffahrt (S)- und Luftfahrt (L)-Unternehmen[3])										
Brasilien (S) (Protokoll)	17. 08. 1950	1951	11	–	–	1952	604	–	–	10. 05. 1952
Chile (S) (Handelsvertrag)	02. 02. 1951	1952	325	–	–	1953	128	–	–	08. 01. 1952
China (S) (Seeverkehrsvertrag)	31. 10. 1975	1976	1521	1976	496	1977	428	1977	452	20. 03. 1977
Hongkong (L)	08. 05. 1997	1998	2064	1998	1156	1999	26	2000	1554	01. 01. 1998
Hongkong (S)	13. 01. 2003	2004	34	2005	610	2005	332	2005	613	01. 01. 1998

[1]) Die Erbschaftsteuer bzw. Vorschriften zur Rechts- und Amtshilfe sind in den unter I.1. bzw. II.1 aufgeführten Abkommen enthalten.
[2]) Angabe bezieht sich auf RGBl bzw. RStBl.
[3]) Siehe auch Bekanntmachung über die Steuerbefreiungen nach § 49 Abs. 4 EStG (und § 2 Abs. 3 VStG):
Äthiopien L (BStBl 1962 I S. 536), Katar L (BStBl 2006 I S. 3 – anzuwenden ab 1. Januar 2001 –
Afghanistan L (BStBl 1964 I S. 411), Libanon S, L (BStBl 1959 I S. 198),
Bangladesch L (BStBl 1996 I S. 643), Litauen L (BStBl 1995 I S. 416)
Brasilien S, L (BStBl 2006 I S. 216:1) Papua-Neuguinea L (BStBl 1989 I S. 115)
Brunei Darussalam L (BStBl 2005 I S. 962) Seychellen L (BStBl 1998 I S. 582)
Chile L (BStBl 1977 I S. 350), Sudan L (BStBl 1983 I S. 370),
China L (BStBl 1980 I S. 284), Syrien, Arabische Republik S, L (BStBl 1974 I S. 510),
Ghana S, L (BStBl 1985 I S. 222), Taiwan S (BStBl 1988 I S. 423) und
Irak S, L (BStBl 1972 I S. 490), Zaire S, L (BStBl 1990 I S. 178).
Jordanien L (BStBl 1976 I S. 278),

Abkommen mit	vom	Fundstelle BGBl. II Jg. S.	Fundstelle BStBl II Jg. S.	Inkrafttreten BGBl. II Jg. S.	Inkrafttreten BStBl II Jg. S.	Anwendung grundsätzlich ab
Insel Man (S)	02. 03. 2009	2010 968	2011 510	2011 534	2011 511	01. 01. 2010
Jemen (L)	02. 03. 2005	2006 538	– –	– –	– –	01. 01. 1982
Jugoslawien (S)	26. 06. 1954	1959 735	– –	1959 1259	– –	23. 10. 1959
Kolumbien (S, L)	10. 09. 1965	1967 762	1967 24	1971 855	1971 340	01. 01. 1962
Paraguay (L)	27. 01. 1983	1984 644	1984 456	1985 623	1985 222	01. 01. 1979
Saudi-Arabien (L)	08. 11. 2007	2008 782	2009 866	2009 1027	2009 869	01. 01. 1967
Venezuela (S, L)	23. 11. 1987	1989 373	1989 161	1989 1065	1990 2	01. 01. 1990

4. Abkommen auf dem Gebiet der Rechts- und Amtshilfe und des Auskunftsaustauschs

Abkommen mit	vom	BGBl. II Jg. S.	BStBl II Jg. S.	BGBl. II Jg. S.	BStBl II Jg. S.	Anwendung grundsätzlich ab
Andorra	25. 11. 2010	2011 1213				
Anguilla	19. 03. 2010	2010 1381		2011 948		01. 01. 2012
Antigua Barbuda	19. 10. 2010	2011 1212				
Bahamas	09. 04. 2010	2011 642				01. 01. 2012
Belgien[1]	11. 04. 1967	1969 17	1969 38	1969 1465	1969 468	01. 01. 1966
Bermuda	03. 07. 2009	2012 1306				
Britische Jungferninseln	05. 10. 2010	2011 895				01. 01. 2012
Dänemark[1]	22. 11. 1995	1996 2565	1996 1219	1997 728	1997 624	01. 01. 1997
Finnland	25. 09. 1935	1936 37[2]	1936 94[2]	1954 740	1954 404	01. 01. 1936
Frankreich[1]	21. 07. 1959	1961 397	1961 342	1961 1659	1961 712	01. 01. 1957
Gibraltar	13. 08. 2009	2010 984	2011 521	2011 535	2011 527	01. 01. 2011
Guernsey	26. 03. 2009	2010 973	2011 514	2011 535	2011 527	01. 01. 2011
Insel Man	02. 03. 2009	2010 957	2011 504	2011 534	2011 509	01. 01. 2011
Italien	09. 06. 1938	1939 124[2]	1939 377[2]	1956 2154	1957 142	23. 01. 1939
Jersey	04. 07. 2008	2009 578	2010 166	2010 38	2010 177	01. 01. 2010
Kaimaninseln	27. 05. 2010	2011 664	2011 841	2011 823	2011 848	01. 01. 2012
Liechtenstein	02. 09. 2009	2010 950	2011 286	2011 326	2011 292	01. 01. 2010
Luxemburg[1]	23. 08. 1958	1959 1269	1959 1022	1960 1532	1960 398	01. 01. 1957
Monaco	27. 07. 2010	2011 653				01. 01. 2012
Niederlande	21. 05. 1999	2001 2	2001 66	2001 691	2001 539	23. 06. 2001
Norwegen[1]	04. 10. 1991	1993 970	1993 655	1993 1895	1993 926	01. 01. 1991
Österreich	04. 10. 1954	1955 833	1955 434	1955 926	1955 743	26. 11. 1955
San Marino	21. 06. 2010	2011 908				01. 01. 2012
Schweden[1]	14. 07. 1992	1994 686	1994 422	1995 29	1995 88	01. 01. 1995
Turks und Caicos Inseln	04. 06. 2010	2011 882				

5. Abkommen auf dem Gebiet der Kraftfahrzeugsteuer

Abkommen mit	vom	BGBl. II Jg. S.	BStBl II Jg. S.	BGBl. II Jg. S.	BStBl II Jg. S.	Anwendung grundsätzlich ab
Armenien (DBA mit UdSSR gilt fort, BGBl. 93 II S. 169)	21. 02. 1980	1980 890	1980 467	1980 1484	1980 789	30. 11. 1980
Aserbaidschan (DBA mit UdSSR gilt fort, BGBl. 96 II S. 2471)	21. 02. 1980	1980 890	1980 467	1980 1484	1980 789	30. 11. 1980
Belarus (Weißrussland) (DBA mit UdSSR gilt fort, BGBl. 93 II S. 169)	21. 02. 1980	1980 890	1980 467	1980 1484	1980 789	30. 11. 1980
Belgien[1]	17. 12. 1964	1966 1508	1966 954	1967 1748	– –	01. 04. 1967
Bulgarien	12. 02. 1980	1980 888	1980 465	1980 1488	1980 789	25. 10. 1980
Dänemark	19. 07. 1931/ 25. 07. 1931	– –	1931 562[2]	– –	1954[3]	01. 11. 1953
Finnland	31. 03. 1978	1979 1317	1980 64	1980 212	1980 788	01. 03. 1980
Frankreich	03. 11. 1969	1970 1317	1971 82	1971 206	1971 305	01. 02. 1971
Georgien (DBA mit UdSSR gilt fort, BGBl. 92 II S. 1128)	21. 02. 1980	1980 890	1980 467	1980 1484	1980 789	30. 11. 1980
Griechenland	21. 09. 1977	1979 406	1979 310	1979 1049	1980 63	01. 08. 1979

---

[1]) Siehe auch Artikel 5 der Richtlinie 1999/62/EG vom 17. 06. 1999 (ABl. EG L 187 S. 42) i. V. m. § 1 Abs. 1 Nr. 2 KraftStG (BGBl. I 2002 S. 3819) und Richtlinie 83/182/EWG vom 28. 03. 1983 (ABl. EG L 105 S. 59) i. V. m. § 3 Nr. 13 KraftStG.
[2]) Angabe bezieht sich auf RGBl bzw. RStBl.
[3]) Bundesanzeiger Nr. 123 vom 01. 07. 1954 S. 2.

Abkommen		Fundstelle				Inkrafttreten				Anwendung grundsätzlich ab
		BGBl. II		BStBlI		BGBl. II		BStBlI		
mit	vom	Jg.	S.	Jg.	S.	Jg.	S.	Jg.	S.	
Iran, Islamische Republik	17. 03. 1992	1993	914	1993	640	1995	992	1995	820	12. 08. 1995
Irland	10. 12. 1976	1978	1009	1978	344	1978	1264	1978	460	01. 10. 1978
Israel	02. 12. 1983	1984	964	1984	615	1987	186	1987	374	01. 02. 1987
Italien	18. 02. 1976	1978	1005	1978	341	1979	912	1980	63	04. 01. 1979
Kasachstan (DBA mit UdSSR gilt fort, BGBl. 92 II S. 1120)	21. 02. 1980	1980	890	1980	467	1980	1484	1980	789	30. 11. 1980
Kirgisistan (DBA mit UdSSR gilt fort, BGBl. 92 II S. 1015)	21. 02. 1980	1980	890	1980	467	1980	1484	1980	789	30. 11. 1980
Kroatien	09. 12. 1996	1998	182	1998	160	1998	2373	1998	1426	25. 06. 1998
Lettland[1]	21. 02. 1997	1998	958	1998	624	1998	2947	1999	164	22. 10. 1998
Liechtenstein	29. 01. 1934/ 27. 03. 1934	–	–	1934	288[2]	–	–	1934	288[2]	01. 04. 1934
Luxemburg	31. 01. 1930/ 11. 03. 1930	–	–	1930	454[2]	–	–	1930	454[2]	01. 04. 1930
Moldau, Republik (DBA mit UdSSR gilt fort, BGBl. 96 II S. 768)	21. 02. 1980	1980	890	1980	467	1980	1484	1980	789	30. 11. 1980
Niederlande	31. 01. 1930/ 23. 04. 1930/ 19. 05. 1930	–	–	1930	454[2]	–	–	1930	454[2]	01. 06. 1930
Norwegen	11. 11. 1983	1984	675	1984	486	1984	1047	1985	125	01. 11. 1984
Österreich	18. 11. 1969	1970	1320	1971	85	1971	215	1971	305	16. 04. 1971
Polen	19. 07. 1976	1978	1012	1978	346	1978	1328	1978	589	07. 10. 1978
Portugal	24. 07. 1979	1980	886	1980	463	1982	1186	1983	17	01. 01. 1983
Rumänien[4]	31. 10. 1973	1975	453	1975	621	1975	1137	–	–	01. 07. 1975
Russische Föderation (DBA mit UdSSR gilt fort, BGBl. 92 II S. 1016)	21. 02. 1980	1980	890	1980	467	1980	1484	1980	789	30. 11. 1980
San Marino	06. 05. 1986	1987	339	1987	465	1990	14	1990	56	01. 10. 1987
Schweden	15. 07. 1977	1979	409	1979	308	1979	1140	1980	63	01. 09. 1979
Schweiz[2]	20. 06. 1928	–	–	1930	563[2]	–	–	1930	563[2]	15. 07. 1928
Slowakei (DBA mit Tschechoslowakei gilt fort, BGBl. 93 II S. 762)	08. 02. 1990	1991	662	1991	508	1992	594	1992	454	27. 05. 1992
Spanien	08. 03. 1979	1979	1320	1980	66	1980	900	1980	788	01. 06. 1980
Tadschikistan (DBA mit UdSSR gilt fort, BGBl. 95 II S. 255)	21. 02. 1980	1980	890	1980	467	1980	1484	1980	789	30. 11. 1980
Türkei	30. 05. 1983	1984	594	1984	414	1985	55	1985	12	01. 11. 1984
Tunesien	30. 03. 1984	1984	962	1984	613	1986	675	1986	319	01. 05. 1986
Ukraine (DBA mit UdSSR gilt fort, BGBl. 93 II S. 1189)	21. 02. 1980	1980	890	1980	467	1980	1484	1980	789	30. 11. 1980
Ungarn[3]	12. 02. 1981	1982	291	1982	393	1982	640	1982	630	11. 06. 1982
Usbekistan (DBA mit UdSSR gilt fort, BGBl. 95 II S. 205)	21. 02. 1980	1980	890	1980	467	1980	1484	1980	789	30. 11. 1980
Vereinigtes Königreich	05. 11. 1971	1973	340	1973	495	1975	1437	–	–	01. 09. 1973
Zypern	22. 04. 1980	1981	1018	1981	742	1982	176	1982	376	01. 02. 1982

[1] Siehe auch Interbus-Übereinkommen, welches bis 30. Juni 2001 zur Unterzeichnung auflag (Abl. EG 2002 L 321 S. 11, 44); gilt ab 1. Januar 2003 zugleich für Litauen und Slowenien.
[2] Siehe auch Verordnungen über die kraftfahrzeugsteuerliche Behandlung von schweizerischen Straßenfahrzeugen im grenzüberschreitenden Verkehr vom 27. 03. 1985 (BGBl. I S. 615) und vom 18. 05. 1994 (BGBl. I S. 1076).
[3] Siehe auch Interbus-Übereinkommen, welches bis 30. Juni 2001 zur Unterzeichnung auflag (ABl. EG 2002 L 321 S. 11, 44); gilt ab 1. Januar 2003 zugleich für Litauen und Slowenien.

§ 39d EStG
H 39d

II. Künftige Abkommen und laufende Verhandlungen

Abkommen mit	Art des Abkommens[1])	Sachstand[2])	Geltung für Veranlagungssteuern[3]) ab	Abzugssteuern[4]) ab	Bemerkungen
1. Abkommen auf dem Gebiet der Steuern vom Einkommen und vom Vermögen					
Ägypten	R-A	P: 09. 11. 2012	KR	KR	
Argentinien	R-A	V:			
Armenien	R-A	V:			
Australien	R-A	V:			
Belgien	R-A	P: 16. 10. 2009	KR	KR	
	R-P	U: 21. 01. 2010	01. 01. 2010		
China	R-A	P: 12. 07. 2011			
Costa Rica	A	P: 16. 10. 2009			
Ecuador	R-A	P: 19. 10. 2012			
Finnland	R-A	P: 31. 03. 2011			
Frankreich	E-P	P: 15. 10. 2008	KR	KR	
Georgien	R-P	P: 21. 06. 2011	KR	KR	
Ghana	R-P	V:			
Griechenland	R-A	P: 0210.2009	KR	KR	
Indien	R-P	V:			
Indonesien	R-A	V:			
Irland	R-P	V:			
Island	R-A	P: 12. 07. 2011	KR	KR	
Israel	R-A	P: 08. 06. 2009			
Italien	R-P	V:			
Japan	R-A	V:			
Jordanien	A	V:			
Katar	A	V:			
Kirgistan	R-P	V:			
Kolumbien	A	V:			
Korea, Republik	R-P	V:			
Kroatien	R-P	V:			
Kuwait	R-P	V:			
Liberia	R-P	V:			
Libyen	A	V:			
Luxemburg	R-A	U: 23. 04. 2012			
Marokko	R-A	V:			
Mazedonien	R-P	V:			
Mongolei	R-A				
Naminia	R-P	V:			
Niederlande	R-A	U: 12. 04. 2012	KR	KR	
Norwegen	R-P	P: 23. 06. 2011			
Oman	A	U: 15. 08. 2012	KR	KR	
Philippinen	R-A	P: 20. 07. 2012			
Portugal	R-A	V:			
Serbien	A	V:			
Singapur	R-P	P: 27. 09. 2012			
Sri Lanka	R-A	V:			
Südafrika	R-A	U: 09. 09. 2008	KR	KR	

[1]) A: Erstmaliges Abkommen
R-A: Revisionsabkommen als Ersatz eines bestehenden Abkommens
R-P: Revisionsprotokoll zu einem bestehenden Abkommen
E-P: Ergänzungsprotokoll zu einem bestehenden Abkommen
[2]) V: Verhandlung
P: Paraphierung
U: Unterzeichnung hat stattgefunden. Gesetzgebungs- oder Ratifikationsverfahren noch nicht abgeschlossen
[3]) Einkommen-, Körperschaft-, Gewerbe- und Vermögensteuer
KR: Keine Rückwirkung vorgesehen
[4]) Abzugsteuern von Dividenden, Zinsen und Lizenzgebühren
KR: Keine Rückwirkung vorgesehen

Abkommen mit	Art des Abkommens[1]	Sachstand[2]		Geltung für Veranlagungs-steuern[3] ab	Abzugssteu-ern[4] ab	Bemerkungen
Tadschikistan	R-P	V:				
Thailand	R-A	V:				
Tunesien	R-A	VP:	04. 06. 2010	KR	KR	
Turkmenistan	A	P:	16. 04. 2012	KR	KR	
Ukraine	R-P	V:				
Usbekistan	R-P	V:				
Vereinigtes Königreich	R-P	P:	19. 03. 2012			
Vietnam	R-P	V:				
2. ...						
3. ...						
4. ...						

Entschädigung

Anhang 9

→ BMF vom 14. 9. 2006 (BStBl I S. 532), Tz. 6.3

→ BMF vom   (BStBl I S.   )

EU/EWR-Staatsangehörige

→ H 1 (Staatsangehörige EU/EWR)

Europäische Union

EU – Tagegelder

Steuerliche Behandlung des von Organen der Europäischen Union gezahlten Tagegeldes für in ihrem Bereich verwendete Beamte

(BMF-Schreiben vom 12. 4. 2006 – IV B 3 – S 1311–75/06 –, BStBl I S. 340)

Unter Bezugnahme auf das Ergebnis der Erörterungen mit den obersten Finanzbehörden der Länder gilt für die steuerliche Behandlung des von den Organen der EU gezahlten Tagegeldes für in ihrem Geschäftsbereich verwendete Beamtinnen und Beamte Folgendes:

1. Allgemeines

   Die EU zahlt an ihren Organen zugewiesene nationale Sachverständige (Beamte) ein Tagegeld (EU-Tagegeld). Darüber hinaus erhält der Beamte während der Zuweisung bei der EU die ihm aus seinem Amt zustehende Besoldung von seiner Herkunftsdienststelle.

2. Steuerliche Behandlung nach nationalem deutschen Recht

   Wird der Beamte nach § 123a Abs. 1 Beamtenrechtsrahmengesetz (BRRG) zugewiesen und wird die Zuweisung einer Abordnung i. S. des § 58 Abs. 1 Satz 2 Bundesbesoldungsgesetz (BBesG) gleich gestellt, erhält der Beamte neben den Inlandsdienstbezügen bei Vorliegen der sonstigen Voraussetzungen von seinem deutschen Dienstherrn (steuerfreie) Auslandsdienstbezüge nach § 52 Abs. 1 BBesG.

   Das EU-Tagegeld ist Arbeitslohn, weil es auf Grund des vorübergehenden Dienstverhältnisses mit der EU gezahlt wird. Es bleibt jedoch steuerfrei, soweit es auf steuerfreie Auslandsdienstbezüge angerechnet wird (§ 3 Nr. 64 EStG i. V. m. § 9a Abs. 2 BBesG), siehe auch Nr. 5.

---

[1] A: Erstmaliges Abkommen
R-A: Revisionsabkommen als Ersatz eines bestehenden Abkommens
R-P: Revisionsprotokoll zu einem bestehenden Abkommen
E-P: Ergänzungsprotokoll zu einem bestehenden Abkommen

[2] V: Verhandlung
P: Paraphierung
U: Unterzeichnung hat stattgefunden. Gesetzgebungs- oder Ratifikationsverfahren noch nicht abgeschlossen

[3] Einkommen-, Körperschaft-, Gewerbe- und Vermögensteuer
KR: Keine Rückwirkung vorgesehen

[4] Abzugsteuern von Dividenden, Zinsen und Lizenzgebühren
KR: Keine Rückwirkung vorgesehen

3. Keine Steuerbefreiung nach Art. 13 des Protokolls über die Vorrechte und Befreiungen der Europäischen Gemeinschaft vom 8. April 1965

Die EU ist für die ihr zugewiesenen Beamten zwar auch als Arbeitgeberin i. S. des Art. 15 Abs. 2 Nr. 2 Doppelbesteuerungsabkommen-Belgien (DBA-Belgien) anzusehen, die betroffenen Personen sind aber trotzdem keine Beamten oder sonstigen Bediensteten der EU. Die vergüteten Tagegelder unterliegen daher nicht Art. 13 des Protokolls über die Vorrechte und Befreiungen der Europäischen Gemeinschaft vom 8. April 1965 und sind daher nicht steuerbefreit.

4. Zuordnung des Besteuerungsrechts nach den DBA

Für die dem Beamten gewährten Inlandsdienstbezüge steht nach den Vorschriften des jeweils einschlägigen DBA über die Bezüge aus öffentlichen Kassen der Vertragsstaaten (z. B. Art. 19 DBA-Belgien, Art. 11 DBA-Luxemburg) Deutschland als Kassenstaat das Besteuerungsrecht zu. Der inländische Dienstherr bleibt weiterhin Arbeitgeber im abkommensrechtlichen Sinne.

Für das EU-Tagegeld ist die Vorschrift über Einkünfte aus nichtselbständiger Arbeit des jeweiligen DBA anzuwenden (z. B. Art. 15 DBA-Belgien, Art. 10 DBA-Luxemburg); die Kassenstaatsklauseln finden keine Anwendung. Danach hat der Staat das Besteuerungsrecht, in dem die nichtselbständige Arbeit ausgeübt wird. Der Ort der Arbeitsausübung befindet sich grundsätzlich dort, wo sich der Arbeitnehmer zur Ausführung seiner Tätigkeit persönlich aufhält. In der Regel steht daher den Tätigkeitsstaaten (z. B. Belgien, Luxemburg) das Besteuerungsrecht zu. Das die EU-Tagegelder zahlende und wirtschaftlich tragende EU-Organ ist während der Tätigkeit des Beamten bei diesem Organ – neben dem inländischen Dienstherrn – (partiell) auch dessen Arbeitgeber im abkommensrechtlichen Sinne (BFH vom 15. März 2000, BStBl 2002 II S. 238).

Ist der Beamte (weiterhin) in Deutschland ansässig und übt er seine Tätigkeit bei einem Organ der EU (in dem maßgebenden Veranlagungszeitraum) nicht länger als 183 Tage aus, wird das EU-Tagegeld grundsätzlich in Deutschland besteuert. Dies gilt jedoch nicht, wenn das die EU-Tagegelder zahlende und wirtschaftlich tragende Organ der EU seinen Sitz im Tätigkeitsstaat hat und somit i. S. des DBA ansässig ist.

Beispiel 1:

Zuweisung des Beamten zur Europäischen Kommission, Tätigkeit in Brüssel.

Die EU-Kommission (Arbeitgeberin) hat ihren Sitz in Brüssel; sie ist damit in Belgien ansässig i. S. des Art. 4 Abs. 1 DBA-Belgien. Das Besteuerungsrecht für das EU-Tagegeld steht somit Belgien zu (Art. 15 Abs. 1 DBA-Belgien).

Beispiel 2:

Zuweisung des Beamten zur Europäischen Kommission, Tätigkeit in Luxemburg.

Die EU-Kommission (Arbeitgeberin) ist in Belgien ansässig, der Beamte ist aber in Luxemburg tätig. Das Besteuerungsrecht für die EU-Tagegelder steht Luxemburg zu, wenn sich der Beamte mehr als 183 Tage in Luxemburg aufhält (Art. 10 Abs. 1 DBA-Luxemburg; die Voraussetzungen des Art. 10 Abs. 2 Nr. 1 DBA-Luxemburg sind nicht erfüllt). Hält sich der Beamte nicht mehr als 183 Tage in Luxemburg auf, steht das Besteuerungsrecht für die EU-Tagegelder Deutschland zu, weil die Arbeitgeberin des Beamten nicht in Luxemburg ansässig ist (Art. 10 Abs. 2 Nr. 2 DBA-Luxemburg).

Wird das EU-Tagegeld nach einem DBA von der deutschen Steuer freigestellt, ist gem. § 32b Abs. 1 Nr. 2 und 3 EStG bei unbeschränkter Steuerpflicht der Steuersatz anzuwenden, der sich unter Berücksichtigung des EU-Tagegeldes ergibt (Progressionsvorbehalt). Dies gilt nicht, soweit das EU-Tagegeld gem. § 9a Abs. 2 BBesG auf steuerfreie Auslandsdienstbezüge angerechnet wird (vgl. Nr. 5).

5. Anrechnung des EU-Tagegeldes auf steuerfreie Auslandsdienstbezüge

Steuerfreie Auslandsdienstbezüge und das EU-Tagegeld werden auf Grund der besoldungsrechtlich vorgeschriebenen Anrechnung grundsätzlich nicht in voller Höhe nebeneinander gezahlt (§ 9a Abs. 2 BBesG).

Bei der Besteuerung nach dem Einkommen ist nur der Teil des EU-Tagegeldes zu berücksichtigen, der die steuerfreien Auslandsdienstbezüge, die dem Steuerpflichtigen gezahlt würden, wenn er kein EU-Tagegeld erhalten hätte, übersteigt. Bei der Berechnung dieses Teils des EU-Tagegeldes ist die Höhe der steuerfreien Auslandsdienstbezüge, die dem Steuerpflichtigen ohne Zahlung von EU-Tagegeld zustehen würden, zu ermitteln und von dem insgesamt gezahlten EU-Tagegeld abzuziehen, auch wenn der Steuerpflichtige tatsächlich keine steuerfreien Auslandsdienstbezüge erhält (fiktive Anrechnung).

Beispiel:
Ein Steuerpflichtiger übt während des gesamten Kalenderjahrs eine Tätigkeit als nationaler Sachverständiger (Beamter) bei einem Organ der EU aus. Er erhält hierfür neben seinen Inlandsdienstbezügen ein EU-Tagegeld in Höhe von 3 000 € monatlich. Würde ihm kein EU-Tagegeld gezahlt werden, hätte er steuerfreie Auslandsdienstbezüge in Höhe von insgesamt 2 500 € monatlich erhalten. Der bei der Besteuerung zu berücksichtigende Teil des EU-Tagegeldes berechnet sich wie folgt:

Jahresbetrag des EU-Tagegeldes

(12 × 3 000 EUR) 36 000 EUR

abzüglich

Jahresbetrag der steuerfreien Auslandsdienstbezüge,

die dem Steuerpflichtigen ohne Zahlung von EU-

Tagegeld zustehen würden (12 × 2 500 EUR) = 30 000 EUR

Übersteigender Betrag des EU-Tagegeldes 6 000 EUR

Bei der Besteuerung nach dem Einkommen ist das EU-Tagegeld in Höhe von 6 000 € zu berücksichtigen.

Die steuerfreien Auslandsdienstbezüge sind geregelt in §§ 52 ff. BBesG in der Fassung der Bekanntmachung vom 6. August 2002 (BGBl. I S. 3020), zuletzt geändert durch Artikel 3 Abs. 10 des Gesetzes vom 7. Juli 2005 (BGBl. I S. 1970) und durch Artikel 2 des Gesetzes vom 22. September 2005 (BGBl. I S. 2809). Bei Zweifelsfragen empfiehlt es sich, die für die Besoldung des Steuerpflichtigen zuständige Dienststelle um Amtshilfe zu bitten.

Dieses Schreiben tritt an die Stelle des BMF-Schreibens vom 12. März 2002 – IV B 6 – S 1300–157/01 – (BStBl I S. 483), welches hiermit aufgehoben wird. Es ist in allen noch offenen Fällen anzuwenden.

Gastlehrkräfte

Besteuerung von Gastlehrkräften nach den Doppelbesteuerungsabkommen (DBA)

(BMF-Schreiben vom 10. 1. 1994, BStBl I S. 14)

Unter Bezugnahme auf das Ergebnis der Erörterungen mit den obersten Finanzbehörden der Länder gilt für die Besteuerung der Gastlehrkräfte nach den Doppelbesteuerungsabkommen (DBA) folgendes:

1. Die DBA enthalten unterschiedliche Regelungen zur Befreiung von Lehrtätigkeitsvergütungen bei Gastlehrkräften. Die Befreiung von der deutschen Steuer kann davon abhängen, daß der Gastlehrer im Entsendestaat im Sinne des DBA ansässig bleibt oder daß er zumindest unmittelbar vor Aufnahme der Tätigkeit dort ansässig war. Nach einigen Abkommen setzt die Steuerfreiheit voraus, daß die Vergütungen aus Quellen außerhalb des Tätigkeitsstaats stammen. Die Besonderheiten des jeweiligen Abkommens sind zu beachten. Wird die Lehrkraft aus öffentlichen Kassen des ausländischen Entsendestaats besoldet, sind die Bestimmungen des Abkommens über Zahlungen aus öffentlichen Kassen anzuwenden.

2. Nach mehreren DBA sind die Lehrkräfte aus dem jeweiligen Partnerstaat mit ihren Einkünften aus der Lehrtätigkeit in Deutschland von der deutschen Einkommensteuer befreit, wenn sie sich hier vorübergehend für höchstens zwei Jahre zu Unterrichtszwecken aufhalten (z. B. Artikel XIII DBA-Großbritannien). Bei längerem Aufenthalt tritt für in den ersten beiden Aufenthaltsjahren erzielte Einkünfte aus Lehrtätigkeit auch dann keine Steuerbefreiung ein (wie bisher schon im Verhältnis zu Großbritannien), wenn ursprünglich eine kürzere Verweildauer geplant war und der Aufenthalt später verlängert wurde; es ist auf die objektiv feststellbare Verweildauer abzustellen (BFH-Urteil vom 22. Juli 1987, BStBl II S. 842).

Liegt ein Zeitraum von mehr als 6 Monaten zwischen zwei Aufenthalten, so gelten die Aufenthalte nicht als zusammenhängend. Beträgt der Zeitraum weniger als 6 Monate, so gilt der Aufenthalt als nicht unterbrochen, es sei denn, aus den Umständen des Einzelfalls ergibt sich, daß die beiden Aufenthalte völlig unabhängig voneinander sind.

Ist nach einem Doppelbesteuerungsabkommen die Steuerbefreiung von einem Antrag abhängig, darf der Lohnsteuerabzug nur dann unterbleiben, wenn das Betriebsstättenfinanzamt bescheinigt, daß der Arbeitslohn nicht der deutschen Lohnsteuer unterliegt (vgl. BFH-Urteil vom 10. Mai 1989 – BStBl II S. 755). Ist die Steuerbefreiung nach einem Doppelbesteuerungsabkommen antragsunabhängig, hat das Betriebsstättenfinanzamt gleichwohl auf Antrag eine Freistellungsbescheinigung zu erteilen. Wird nach einem Doppelbesteuerungsabkommen zulässigerweise kein Antrag gestellt, kann die Überprüfung der für die

Lohnsteuerbefreiung maßgebenden 2-Jahresfrist im Rahmen einer Lohnsteuer-Außenprüfung und unter Umständen die Inanspruchnahme des Arbeitgebers als Haftungsschuldner in Frage kommen.

Ist zweifelhaft, ob es bei einer ursprünglich vorgesehenen längstens zweijährigen Aufenthaltsdauer bleibt, können Freistellungsbescheinigungen unter dem Vorbehalt der Nachprüfung (§ 164 AO) erteilt werden und Steuerfestsetzungen nach § 165 AO insoweit vorläufig erfolgen oder ausgesetzt werden.

3. Unabhängig von dem in Nummer 2 dargestellten Grundsatz kann im Einzelfall nach Maßgabe der allgemeinen Vorschriften eine Billigkeitsmaßnahme in Betracht kommen, z. B. bei Verlängerung des Aufenthalts einer Gastlehrkraft im Falle einer Schwangerschaft. Ebenso kann in Fällen, in denen der vorübergehende Aufenthalt der Gastlehrkraft durch Heirat mit einem hier Ansässigen und Begründung des Familienwohnsitzes im Inland beendet wird, von einer Nachversteuerung der bis zum Zeitpunkt der Eheschließung bezogenen Bezüge abgesehen werden, sofern die bis dahin ausgeübte Gastlehrtätigkeit den Zeitraum von höchstens zwei Jahren nicht überschreitet.

4. Lehranstalten im Sinne dieser Regelungen können neben Universitäten, Schulen und anderen Lehranstalten des jeweiligen Staates auch private Institute sein. Voraussetzung ist, daß sie nach Struktur und Zielsetzung mit öffentlichen Lehranstalten, gleich welchen Typs, vergleichbar sind. Insbesondere müssen sie einen ständigen Lehrkörper besitzen, der nach einem festen Lehrplan Unterricht mit einem genau umrissenen Ziel erteilt, das auch von vergleichbaren öffentlichen Lehranstalten verfolgt wird. Das Vorliegen dieser Voraussetzungen kann im allgemeinen bei privaten Lehranstalten unterstellt werden, soweit ihnen Umsatzsteuerfreiheit nach § 4 Nr. 21 Buchstabe a oder b UStG gewährt wird. Nicht erfüllt werden diese Voraussetzungen z. B. von Fernkursveranstaltern und anderen Einrichtungen, bei denen nur ein sehr loses Verhältnis zwischen Lehranstalt und Schülern besteht oder bei denen die Lehrkräfte ihre Tätigkeit in der Hauptsache nebenberuflich ausüben.

Forschungsinstitutionen mit mehreren Instituten können nicht in ihrer Gesamtheit als Lehranstalt im Sinne der Doppelbesteuerungsabkommen anerkannt werden. Eine Anerkennung ist nur für die einzelnen Institute möglich, sofern diese die Voraussetzungen hierfür nachweisen oder sich durch Bescheinigungen der zuständigen Kultusministerien als Lehranstalten ausweisen.

5. Als Lehrer ist jede Person anzusehen, die an einer Lehranstalt eine Lehrtätigkeit hauptberuflich ausübt. Ein besonderer Nachweis der Qualifikation ist nicht zu fordern.

6. Soweit aufgrund der Nummer 2 für die ersten beiden Aufenthaltsjahre keine Steuerfreiheit eintritt, ist das BFH-Urteil vom 22. Juli 1987 (BStBl II S. 842) für Veranlagungszeiträume vor 1988 in noch offenen Fällen nicht über den entschiedenen Einzelfall hinaus anzuwenden.

7. Dieses Schreiben tritt an die Stelle meiner Schreiben vom 8. April 1953 – IV – S 2227 – 14/53 –, 4. September 1975 – IV C 5 – S 1300 – 343/75 –, 5. April 1976 – V C 5 – S 1301 Gr Br – 43/76 –, 15. Juli 1980 – IV C 5 – S 1300 – 242/80 –, 23. August 1985 – IV C 6 – S 1301 SAf – 6/85 – und 18. August 1986 – IV C 5 – S 1301 GB – 35/86 –.

Grenzpendler

innerhalb der EU/EWR und außerhalb der EU/EWR
→ H 1 (Antrag zur unbeschränkten Steuerpflicht)
→ Anhang 9
→ Anhang 40

Künstler

→ BMF vom 31. 7. 2002 (BStBl I S. 707)

Besteuerung der Einkünfte aus nichtselbständiger Arbeit bei beschränkt einkommensteuerpflichtigen Künstlern

(BMF-Schreiben vom 31. 7. 2002 – IV C 5 – S 2369 – 5/02 –, BStBl I S. 707)

Unter Bezugnahme auf das Ergebnis der Erörterung mit den obersten Finanzbehörden der Länder gilt für die Besteuerung der Einkünfte aus nichtselbständiger Arbeit bei beschränkt einkommensteuerpflichtigen Künstlern Folgendes:

1. Abgrenzung der nichtselbständigen Arbeit

Für die Abgrenzung zwischen selbständiger Tätigkeit und nichtselbständiger Tätigkeit bei beschränkter Einkommensteuerpflicht sind die Regelungen maßgebend, die für unbeschränkt einkommensteuerpflichtige Künstler in Tz. 1, insbesondere in Tz. 1.1.2, des BMF-Schreibens vom 5. Oktober 1990 (BStBl I S. 638) getroffen worden sind.

2. Steuerabzug vom Arbeitslohn

2.1 Verpflichtung zum Lohnsteuerabzug

Die Einkünfte der beschränkt einkommensteuerpflichtigen Künstler aus nichtselbständiger Arbeit unterliegen ab 1996 nicht mehr der Abzugssteuer nach § 50a Abs. 4 EStG, sondern der Lohnsteuer, wenn der Arbeitgeber ein inländischer Arbeitgeber im Sinne des § 38 Abs. 1 Satz 1 Nr. 1 EStG ist, der den Lohnsteuerabzug durchzuführen hat.

2.2 Freistellung vom Lohnsteuerabzug

Der Lohnsteuerabzug darf nur dann unterbleiben, wenn der Arbeitslohn nach den Vorschriften eines Doppelbesteuerungsabkommens von der deutschen Lohnsteuer freizustellen ist. Dies ist vielfach für künstlerische Tätigkeiten im Rahmen eines Kulturaustausches vorgesehen. Das Betriebsstättenfinanzamt hat auf Antrag des Arbeitnehmers oder des Arbeitgebers (im Namen des Arbeitnehmers) eine entsprechende Freistellungsbescheinigung nach R 123 LStR[1]) zu erteilen (§ 39b Abs. 6 in Verbindung mit § 39d Abs. 3 Satz 4 EStG).

3. Erhebung der Lohnsteuer nach den Regelvorschriften

3.1 Bescheinigung des Betriebsstättenfinanzamts

Zur Durchführung des Lohnsteuerabzugs hat das Betriebsstättenfinanzamt auf Antrag des Arbeitnehmers oder des Arbeitgebers (im Namen des Arbeitnehmers) eine Bescheinigung über die maßgebende Steuerklasse und den vom Arbeitslohn ggf. abzuziehenden Freibetrag zu erteilen (§ 39d Abs. 1 Satz 3 und Abs. 2 EStG). Dabei kommt ein Freibetrag nur in Betracht, soweit die Werbungskosten, die im wirtschaftlichen Zusammenhang mit der im Inland ausgeübten künstlerischen Tätigkeit stehen, den zeitanteiligen Arbeitnehmer-Pauschbetrag (§ 9a Satz 1 Nr. 1 EStG) und die abziehbaren Ausgaben für steuerbegünstigte Zwecke im Sinne des § 10b EStG den zeitanteiligen Sonderausgaben-Pauschbetrag (§ 10c Abs. 1 EStG) übersteigen (§ 50 Abs. 1 Satz 6 EStG).

Der Zeitanteil des Arbeitnehmer-Pauschbetrags und des Sonderausgaben-Pauschbetrags bestimmt sich nach der (voraussichtlichen) Dauer des jeweiligen Dienstverhältnisses. Dabei ist der Beginn des Dienstverhältnisses besonders anzugeben. Auf Antrag kann der Beginn des Dienstverhältnisses zurückdatiert werden, soweit glaubhaft gemacht ist, daß der Künstler in der Zwischenzeit nicht bereits bei einem anderen inländischen Arbeitgeber als Arbeitnehmer beschäftigt war. Dabei gilt jedoch die Einschränkung, daß für je zwei Tage der tatsächlichen Beschäftigungsdauer nur eine Zurückdatierung um eine Woche, insgesamt jedoch höchstens um einen Monat zulässig ist. Tz. 2.2.1 des BMF-Schreibens vom 5. Oktober 1990 (BStBl I S. 638) ist sinngemäß anzuwenden.

Der ermittelte Freibetrag ist durch Aufteilung in Monatsbeträge, erforderlichenfalls auch in Wochen- und Tagesbeträge, ebenfalls auf die (voraussichtliche) Dauer des Dienstverhältnisses zu verteilen; auf Antrag des Künstlers kann nach R 125 Abs. 8 LStR[2]) auch die restliche Dauer des Dienstverhältnisses zu Grunde gelegt werden.

Die Bescheinigung ist vom Arbeitgeber als Beleg zum Lohnkonto aufzubewahren (§ 39d Abs. 3 Satz 2 EStG). Für Künstler, die bei mehreren inländischen Arbeitgebern beschäftigt werden, sind entsprechend viele Bescheinigungen zu erteilen; R 125 Abs. 7 Satz 2 LStR[3]) ist zu beachten.

3.2 Ermittlung der Lohnsteuer

Der Arbeitgeber hat die Lohnsteuer nach Maßgabe des § 39b Abs. 2 bis 6 und § 39c Abs. 1 und 2[4]) in Verbindung mit § 39d Abs. 3 Satz 4 EStG zu ermitteln. Der Ermittlung ist der steuerpflichtige Arbeitslohn und die Vorsorgepauschale nach § 10c Abs. 2 EStG zu Grunde zu legen. Zum steuerpflichtigen Arbeitslohn gehören nicht die steuerfreien Bezüge im Sinne des § 3 EStG, insbesondere die steuerfreien Reisekostenvergütungen nach § 3 Nr. 13 und 16 EStG.

Bei täglicher Lohnzahlung ist nach den Regelungen des § 39b Abs. 2 Sätze 5 bis 12 EStG zu verfahren. Stellt sich die tägliche Lohnzahlung lediglich als Abschlagszahlung dar, kann der Lohnabrechnungszeitraum als Lohnzahlungszeitraum behandelt werden (§ 39b Abs. 5 in Verbindung mit § 39d Abs. 3 Satz 4 EStG). Auf Lohnzahlungen, die nicht als Abschlagszahlungen an-

---

[1]) Jetzt R 39b.10 LStR.
[2]) Jetzt: R 39d Abs. 6 Satz 2 LStR.
[3]) Jetzt: R 39d Abs. 5 Satz 2 LStR.
[4]) Ab VZ 2004: § 39c Abs. 1, 2 und 5 EStG.

gesehen werden können, kann der Arbeitgeber eines der Verfahren im Sinne der Tz. 2.2.1 bis 2.2.3 des BMF-Schreibens vom 5. Oktober 1990 (BStBl I S. 638[1])) anwenden. Dabei tritt anstelle des Zeitraumes, der nach der Lohnsteuerbescheinigung nicht belegt ist, der Zeitraum, um den der Beginn des Dienstverhältnisses vom Betriebsstättenfinanzamt nach Tz. 3.1 dieses Schreibens zurückdatiert worden ist.

3.3 Lohnsteuerbescheinigung

Eine Lohnsteuerbescheinigung ist vom Arbeitgeber nur auf besonderen Antrag des Künstlers zu erteilen (§ 39d Abs. 3 Satz 5 EStG). Sie ist erforderlich, wenn der Künstler Staatsangehöriger eines Mitgliedstaates der Europäischen Union oder von Island, Liechtenstein oder Norwegen ist, in einem dieser Staaten ansässig ist und eine Veranlagung zur Einkommensteuer beantragen will (vgl. § 50 Abs. 5 Satz 2 Nr. 2 EStG).

4. Pauschale Erhebung der Lohnsteuer

4.1 Vereinfachungsmaßnahme

Wegen der besonderen Schwierigkeiten, die mit der Anwendung der Regelvorschriften nach Tz. 3.1 und 3.2 zur steuerlichen Erfassung der Einkünfte bei nur kurzfristig beschäftigten Künstlern verbunden sind, wird zugelassen, dass die Lohnsteuer nach Maßgabe folgender Regelungen pauschal erhoben wird. Der Arbeitgeber hat jedoch die Regelvorschriften anzuwenden, wenn der Arbeitnehmer dies verlangt.

4.2 Pauschal zu besteuernder Personenkreis

Der inländische Arbeitgeber kann die Lohnsteuer pauschal erheben bei beschränkt einkommensteuerpflichtigen Künstlern, die
- als gastspielverpflichtete Künstler bei Theaterbetrieben,
- als freie Mitarbeiter für den Hör- oder Fernsehfunk oder als
- Mitarbeiter in der Film- und Fernsehproduktion

nach Tz. 1.1.2, Tz. 1.3.1 (Tz. 1.3.7) bzw. Tz. 1.4 des BMF-Schreibens vom 5. Oktober 1990 (BStBl I S. 638[2])) nichtselbständig tätig sind und von dem Arbeitgeber nur kurzfristig, höchstens für sechs zusammenhängende Monate, beschäftigt werden.

4.3 Höhe der pauschalen Lohnsteuer

Die pauschale Lohnsteuer bemisst sich nach den gesamten Einnahmen des Künstlers einschließlich der Beträge im Sinne des § 3 Nr. 13 und 16 EStG. Abzüge, z. B. für Werbungskosten, Sonderausgaben und Steuern, sind nicht zulässig. Die pauschale Lohnsteuer beträgt 30 v. H. (ab 2003: 25 v. H.) der Einnahmen, wenn der Künstler die Lohnsteuer trägt. Übernimmt der Arbeitgeber die Lohnsteuer und den Solidaritätszuschlag vom 5,5 v. H. der Lohnsteuer, so beträgt die Lohnsteuer 43,89 v. H. (ab 2003: 33,95 v. H.) der Einnahmen; sie beträgt 30,50 v. H. (ab 2003: 25,35 v. H.) der Einnahmen, wenn der Arbeitgeber nur den Solidaritätszuschlag übernimmt. Der Solidaritätszuschlag beträgt zusätzlich jeweils 5,5 v. H. der Lohnsteuer.

4.4 Lohnsteuerbescheinigung

Die Verpflichtung des Arbeitgebers, auf Verlangen des Künstlers eine Lohnsteuerbescheinigung zu erteilen (§ 39d Abs. 3 Satz 5 EStG), wird durch die pauschale Lohnsteuererhebung nicht berührt. Dasselbe gilt für das Veranlagungswahlrecht bestimmter Staatsangehöriger nach § 50 Abs. 5 Satz 2 Nr. 2 EStG. In der Lohnsteuerbescheinigung sind aber die Einnahmen im Sinne des § 3 Nr. 13 und 16 EStG nicht einzubeziehen. Die pauschale Lohnsteuer ist nach § 36 Abs. 2 Satz 2 Nr. 2 EStG[3]) auf die veranlagte Einkommensteuer anzurechnen.

Dieses Schreiben tritt an die Stelle der BMF-Schreiben vom 15. Januar 1996 (BStBl I S. 55) und vom 3. März 1998 (BStBl I S. 261).

OECD-Musterabkommen 2003

→ BStBl I 2004 S. 287
→ Arbeitslohn nach DBA

Öffentliche Kassen

→ H 3.11

---

[1]) → H 39d (Künstler).
[2]) → H 39d (Künstler).
[3]) Jetzt: § 36 Abs. 2 Nr. 2 EStG.

§ 39d EStG
H 39d

Ruhegehaltszahlungen

Einkommensteuerliche Behandlung der Pensionen ehemaliger Bediensteter der koordinierten Organisationen und der Europäischen Patentorganisation

→ BMF vom 3. 8. 1998 (BStBl I S. 1042)

Steuerliche Behandlung von Ruhegehaltszahlungen deutscher Arbeitgeber an ehemalige Arbeitnehmer mit Wohnsitz im Ausland nach dem Doppelbesteuerungsabkommen

(Verfügung der OFD Hannover vom 25. 1. 2005 – S 1301 – 335 – StO 1 12a –)

1. MF-Erlass vom 3. 11. 1999, S 1301 – 625 – 33 21 –

Eine Freistellung von Ruhegehaltszahlungen an im Ausland wohnhafte ehemalige Arbeitnehmer nach dem jeweils einschlägigen DBA kommt grundsätzlich nur dann in Betracht, wenn der Arbeitnehmer eine Ansässigkeitsbescheinigung des ausländischen Wohnsitzfinanzamts vorlegt.

Es bestehen jedoch keine Bedenken, wenn von dem vorstehenden Grundsatz in bestimmten Fällen abgewichen wird. Die betroffenen Fälle und die dabei vom Steuerpflichtigen (Stpfl.) bzw. dem Arbeitgeber vorzulegenden Unterlagen ergeben sich aus den nachfolgenden Ausführungen. Es wird jedoch ausdrücklich darauf hingewiesen, dass die Vereinfachungen nur gelten, wenn in dem mit dem Wohnsitzstaat des Arbeitnehmers geschlossenen DBA keine Regelung enthalten ist, die die Steuerfreistellung im Quellenstaat von einem Antrag abhängig macht (antragsgebundene Freistellung). Eine solche antragsgebundene Freistellung ist insbesondere in den DBA-Frankreich, -Italien, -Norwegen, -Schweden, -Schweiz und -USA enthalten. Die Vereinfachung ist ebenfalls nicht anzuwenden für Freistellungen nach dem DBA-Südafrika.

Wenn die nachstehenden Vereinfachungen angewendet werden sollen, sind dem FA von den betroffenen Firmen (Arbeitgebern) nach Ländern sortierte Listen der Versorgungsempfänger zu übersenden und gleichzeitig zu erklären, dass gegen eine Weiterleitung der Listen an die betreffenden ausländischen Finanzbehörden keine Einwendungen erhoben werden. Diese Listen sind – anstelle der Unterrichtung der ausländischen Finanzbehörden im Einzelfall mittels Antrag auf Erteilung einer Ansässigkeitsbescheinigung – den ausländischen Finanzbehörden im Rahmen des Auskunftsaustausches zu übermitteln.

Vereinfachungen

Fallgruppe 1

Die Ruhegehaltszahlungen an den im Ausland lebenden Empfänger erfolgen durch den Postrentendienst, aufgrund eines Firmenabkommens mit dem Postrentendienst.

Bei Vorliegen folgender Unterlagen kann von einer Ansässigkeit im Ausland ausgegangen werden:

– Abmeldebescheinigung des Mitarbeiters bei der inländischen Ordnungsbehörde und
– Erklärung des Mitarbeiters zum Wohnsitz.

(Der Postrentendienst holt vor Auszahlung der Rente einmal jährlich eine Lebensbescheinigung des Rentenempfängers ein. Sofern die jährliche Lebensbescheinigung dem Postrentendienst nicht vorliegt, wird weder eine Sozialversicherungsrente noch eine Betriebsrente ins Ausland überwiesen. Die Firma wird hierüber vom Postrentendienst informiert).

Fallgruppe 2

Zahlung von Ruhegehältern an Personen, die nach dem jeweiligen DBA-„Grenzgänger" gewesen sind.

Bereits während der aktiven Tätigkeit musste der Grenzgänger – für die Inanspruchnahme der Grenzgängerregelung des DBA – eine Bescheinigung der ausländischen Steuerbehörde darüber, dass er dort steuerlich geführt wird, vorlegen. Durch die Bestätigung der ausländischen Finanzbehörde zur steuerlichen Erfassung des Mitarbeiters während der aktiven Tätigkeit ist bereits hinreichend dokumentiert, dass der Mitarbeiter im ausländischen Wohnsitzstaat steuerlich erfasst ist. Eine nochmalige Bestätigung der ausländischen Finanzbehörde zur Ansässigkeit im Ausland nach Eintritt in den Ruhestand ist daher nicht erforderlich.

Fallgruppe 3

Zahlung von Ruhegehältern an Hinterbliebene, die ständig (bereits vor Zahlungsanspruch) ihren ausschließlichen Wohnsitz im DBA-Ausland (Heimatland) hatten.

In solchen Fällen ist die Vorlage einer Lebensbescheinigung der ausländischen Meldebehörde für die rentenberechtigte Person ausreichend, weil eine Wohnsitzverlegung nach Deutschland unwahrscheinlich ist.

Fallgruppe 4
Zahlung von Ruhegehältern an ehemalige Mitarbeiter, die nach Beendigung ihrer Tätigkeit im Inland ihren Wohnsitz in ihr Heimatland (DBA-Staat) verlegen.
Der Nachweis der Ansässigkeit im DBA-Ausland ist mit folgenden Unterlagen zu führen:
- Abmeldebescheinigung des Mitarbeiters bei der inländischen Ordnungsbehörde
- Anmeldebescheinigung durch die ausländische Meldebehörde bzw. hilfsweise gültige Lebensbescheinigung
- Nachweis der Überweisung auf das Bankkonto des Mitarbeiters im Wohnsitzstaat
- Erklärung des Mitarbeiters zum Wohnsitz

Dieser Erlass ergeht im Einvernehmen der Finanzen und den obersten Finanzbehörden der anderen Bundesländer.

2. MF-Erlass vom 25. 1. 2002, S 1301 – 625 33 3 –

Mit o. g. Erlass vom 3. 11. 1999 (s. o. Tz. 1) wurden für die Steuerfreistellung von Ruhegehaltszahlungen deutscher Arbeitgeber an im Ausland wohnhafte ehemalige Arbeitnehmer nach den Doppelbesteuerungsabkommen Verfahrensvereinfachungen zugelassen, sofern die Freistellung nach dem jeweiligen Abkommen nicht antragsgebunden ist. Darüber hinaus ist in diesen Fällen auf Antrag der betroffenen Arbeitgeber auch das folgende vereinfachte Verfahren zuzulassen.

In Altfällen, in denen ehemalige Arbeitnehmer bereits vor dem 1. 1. 2001 ihren Wohnsitz in ihren Heimatstaat zurückverlegt haben, reicht es für die Steuerfreistellung aus, wenn der Arbeitgeber dem FA entsprechend dem Erlass vom 3. 11. 1999 jährlich die nach Ländern sortierten Listen der Versorgungsempfänger übersendet, die anschließend an die betreffenden Wohnsitzstaaten weitergeleitet werden. Eines besonderen Ansässigkeitsnachweises bedarf es in diesen Fällen nicht.

In Neufällen, in denen ehemalige Arbeitnehmer ihren Wohnsitz nach dem 31. 12. 2000 in ihren Heimatstaat zurückverlegt haben, brauchen diese nur im Jahr ihres Wegzugs aus Deutschland eine Ansässigkeitsbescheinigung des ausländischen Wohnsitzfinanzamtes vorzulegen. In den Folgejahren reicht es dann ebenfalls aus, wenn der Arbeitgeber beim FA die nach Ländern sortierten Listen der Versorgungsempfänger zwecks Weiterleitung an die Wohnsitzstaaten einreicht.

Das Bundesfinanzministerium wird mit der jeweiligen ausländischen Steuerverwaltung abgestimmte zweisprachige Muster für Ansässigkeitsbescheinigungen erstellen und den Steuerverwaltungen der Länder übersenden.

Dieser Erlass ergeht im Einvernehmen mit dem Bundesministerium der Finanzen und den obersten Finanzbehörden der anderen Länder.

3. MF-Erlass vom 5. 8. 2004, S 1301 – 625 – 33 3 –

Im Einvernehmen mit dem Bundesministerium der Finanzen und den obersten Finanzbehörden der anderen Länder können die mit den (unter 1. + 2. aufgeführten) Erlassen vom 3. 11. 1999, S 1301–625–33 21 und 25. 1. 2002, S 1301–625–33 3 zugelassenen vereinfachten Verfahren zur Steuerfreistellung von Ruhegehaltszahlungen künftig auch in Fällen angewendet werden, in denen das jeweils zu berücksichtigende Doppelbesteuerungsabkommen eine antragsgebundene Freistellung von der deutschen Besteuerung vorsieht. Weiterhin nicht anzuwenden sind die Vereinfachungen für Freistellungen nach dem DBA-Südafrika (vgl. Art. 16 Abs. 1 DBA-Südafrika).

Das Bundesamt für Finanzen wird bei der Übersendung der von den Arbeitgebern einzureichenden Listen der Versorgungsempfänger im Rahmen des Informationsaustauschs an die ausländischen Staaten diese um Rückmeldung bitten, falls Ruhegehaltsempfänger dort nicht mehr ansässig sind.

Zusatz der OFD Hannover
Soweit ausnahmsweise ein Lohnsteuerabzug durch den Arbeitgeber vorgenommen wurde, ist eine nachträgliche Freistellung der Ruhegehaltszahlungen nicht mehr möglich, wenn der Arbeitgeber bereits eine Lohnsteuerbescheinigung ausgeschrieben hat (§ 14c Abs. 3 Satz 1 EStG).

Verwertungstatbestand
- → BFH vom 12. 11. 1986 (BStBl 1987 II S. 377, 379, 381, 383)
- **Beispiel:**
  Ein lediger Wissenschaftler wird im Rahmen eines Forschungsvorhabens in Südamerika tätig. Seinen inländischen Wohnsitz hat er aufgegeben. Er übergibt entsprechend den getroffenen Vereinbarungen seinem inländischen Arbeitgeber einen Forschungsbericht. Der Arbeitgeber sieht von einer kommerziellen Auswertung der Forschungsergebnisse ab.

Der Wissenschaftler ist mit den Bezügen, die er für die Forschungstätigkeit von seinem Arbeitgeber erhält, beschränkt einkommensteuerpflichtig nach § 1 Abs. 4 i. V. m. § 49 Abs. 1 Nr. 4 Buchstabe a EStG; sie unterliegen deshalb dem Lohnsteuerabzug.

§ 39e Verfahren zur Bildung und Anwendung der elektronischen Lohnsteuerabzugsmerkmale

(1) ¹Das Bundeszentralamt für Steuern bildet für jeden Arbeitnehmer grundsätzlich automatisiert die Steuerklasse und für die bei den Steuerklassen I bis IV zu berücksichtigenden Kinder die Zahl der Kinderfreibeträge nach § 38b Absatz 2 Satz 1 als Lohnsteuerabzugsmerkmale (§ 39 Absatz 4 Satz 1 Nummer 1 und 2); für Änderungen gilt § 39 Absatz 2 entsprechend. ²Soweit das Finanzamt Lohnsteuerabzugsmerkmale nach § 39 bildet, teilt es sie dem Bundeszentralamt für Steuern zum Zweck der Bereitstellung für den automatisierten Abruf durch den Arbeitgeber mit. ³Lohnsteuerabzugsmerkmale sind frühestens bereitzustellen mit Wirkung von Beginn des Kalenderjahres an, für das sie anzuwenden sind, jedoch nicht für einen Zeitpunkt vor Beginn des Dienstverhältnisses.

(2) Das Bundeszentralamt für Steuern speichert zum Zweck der Bereitstellung automatisiert abrufbarer Lohnsteuerabzugsmerkmale für den Arbeitgeber die Lohnsteuerabzugsmerkmale unter Angabe der Identifikationsnummer sowie für jeden Steuerpflichtigen folgende Daten zu den in § 139b Absatz 3 der Abgabenordnung genannten Daten hinzu:

1. rechtliche Zugehörigkeit zu einer steuererhebenden Religionsgemeinschaft sowie Datum des Eintritts und Austritts,
2. melderechtlicher Familienstand sowie den Tag der Begründung oder Auflösung des Familienstands und bei Verheirateten die Identifikationsnummer des Ehegatten,
3. Kinder mit ihrer Identifikationsnummer.

²Die nach Landesrecht für das Meldewesen zuständigen Behörden (Meldebehörden) haben dem Bundeszentralamt für Steuern unter Angabe der Identifikationsnummer und des Tages der Geburt die in Satz 1 Nummer 1 bis 3 bezeichneten Daten und deren Änderungen im Melderegister mitzuteilen. ³In den Fällen des Satzes 1 Nummer 3 besteht die Mitteilungspflicht nur, wenn das Kind mit Hauptwohnsitz oder alleinigem Wohnsitz im Zuständigkeitsbereich der Meldebehörde gemeldet ist und solange das Kind das 18. Lebensjahr noch nicht vollendet hat. ⁴Sofern die Identifikationsnummer noch nicht zugeteilt wurde, teilt die Meldebehörde die Daten unter Angabe des Vorläufigen Bearbeitungsmerkmals nach § 139b Absatz 6 Satz 2 der Abgabenordnung mit. ⁵Für die Datenübermittlung gilt § 6 Absatz 2a der Zweiten Bundesmeldedatenübermittlungsverordnung vom 31. Juli 1995 (BGBl. I S. 1011), die zuletzt durch Artikel 1 der Verordnung vom 11. März 2011 (BGBl. I S. 325) geändert worden ist, in der jeweils geltenden Fassung entsprechend.

(3) ¹Das Bundeszentralamt für Steuern hält die Identifikationsnummer, den Tag der Geburt, Merkmale für den Kirchensteuerabzug und die Lohnsteuerabzugsmerkmale des Arbeitnehmers nach § 39 Absatz 4 zum unentgeltlichen automatisierten Abruf durch den Arbeitgeber nach amtlich vorgeschriebenem Datensatz bereit (elektronische Lohnsteuerabzugsmerkmale). ²Bezieht ein Arbeitnehmer nebeneinander von mehreren Arbeitgebern Arbeitslohn, sind für jedes weitere Dienstverhältnis elektronische Lohnsteuerabzugsmerkmale zu bilden. ³Haben Arbeitnehmer im Laufe des Kalenderjahres geheiratet, gilt für die automatisierte Bildung der Steuerklassen Folgendes:¹⁾

1. Steuerklasse III ist zu bilden, wenn die Voraussetzungen des § 38b Absatz 1 Satz 2 Nummer 3 Buchstabe a Doppelbuchstabe aa vorliegen;
2. für beide Ehegatten ist Steuerklasse IV zu bilden, wenn die Voraussetzungen des § 38b Absatz 1 Satz 2 Nummer 4 vorliegen.

⁴Das Bundeszentralamt für Steuern führt die elektronischen Lohnsteuerabzugsmerkmale des Arbeitnehmers zum Zweck ihrer Bereitstellung nach Satz 1 mit der Wirtschafts-Identifikationsnummer (§ 139c der Abgabenordnung) des Arbeitgebers zusammen.

(4) ¹Der Arbeitnehmer hat jedem seiner Arbeitgeber bei Eintritt in das Dienstverhältnis zum Zweck des Abrufs der Lohnsteuerabzugsmerkmale mitzuteilen,

1. wie die Identifikationsnummer sowie der Tag der Geburt lauten,
2. ob es sich um das erste oder ein weiteres Dienstverhältnis handelt (§ 38b Absatz 1 Satz 2 Nummer 6) und
3. ob und in welcher Höhe ein nach § 39a Absatz 1 Satz 1 Nummer 7 festgestellter Freibetrag abgerufen werden soll.

---

¹) Zu Absatz 3 Satz 3 > § 52 Abs. 52 EStG.

²Der Arbeitgeber hat bei Beginn des Dienstverhältnisses die elektronischen Lohnsteuerabzugsmerkmale für den Arbeitnehmer beim Bundeszentralamt für Steuern durch Datenfernübertragung abzurufen und sie in das Lohnkonto für den Arbeitnehmer zu übernehmen. ³Für den Abruf der elektronischen Lohnsteuerabzugsmerkmale hat sich der Arbeitgeber zu authentifizieren und seine Wirtschafts-Identifikationsnummer, die Daten des Arbeitnehmers nach Satz 1 Nummer 1 und 2, den Tag des Beginns des Dienstverhältnisses und etwaige Angaben nach Satz 1 Nummer 3 mitzuteilen. ⁴Zur Plausibilitätsprüfung der Identifikationsnummer hält das Bundeszentralamt für Steuern für den Arbeitgeber entsprechende Regeln bereit. ⁵Der Arbeitgeber hat den Tag der Beendigung des Dienstverhältnisses unverzüglich dem Bundeszentralamt für Steuern durch Datenfernübertragung mitzuteilen. ⁶Beauftragt der Arbeitgeber einen Dritten mit der Durchführung des Lohnsteuerabzugs, hat sich der Dritte für den Datenabruf zu authentifizieren und zusätzlich seine Wirtschafts-Identifikationsnummer mitzuteilen. ⁷Für die Verwendung der elektronischen Lohnsteuerabzugsmerkmale gelten die Schutzvorschriften des § 39 Absatz 8 und 9 sinngemäß.

(5) ¹Die abgerufenen elektronischen Lohnsteuerabzugsmerkmale sind vom Arbeitgeber für die Durchführung des Lohnsteuerabzugs des Arbeitnehmers anzuwenden, bis

1. ihm das Bundeszentralamt für Steuern geänderte elektronische Lohnsteuerabzugsmerkmale zum Abruf bereitstellt oder
2. der Arbeitgeber dem Bundeszentralamt für Steuern die Beendigung des Dienstverhältnisses mitteilt.

²Sie sind in der üblichen Lohnabrechnung anzugeben. ³Der Arbeitgeber ist verpflichtet, die vom Bundeszentralamt für Steuern bereitgestellten Mitteilungen und elektronischen Lohnsteuerabzugsmerkmale monatlich anzufragen und abzurufen.

(6) ¹Gegenüber dem Arbeitgeber gelten die Lohnsteuerabzugsmerkmale (§ 39 Absatz 4) mit dem Abruf der elektronischen Lohnsteuerabzugsmerkmale als bekannt gegeben. ²Einer Rechtsbehelfsbelehrung bedarf es nicht. ³Die Lohnsteuerabzugsmerkmale gelten gegenüber dem Arbeitnehmer als bekannt gegeben, sobald der Arbeitgeber dem Arbeitnehmer den Ausdruck der Lohnabrechnung mit den nach Absatz 5 Satz 2 darin ausgewiesenen elektronischen Lohnsteuerabzugsmerkmalen ausgehändigt oder elektronisch bereitgestellt hat. ⁴Die elektronischen Lohnsteuerabzugsmerkmale sind dem Steuerpflichtigen auf Antrag vom zuständigen Finanzamt mitzuteilen oder elektronisch bereitzustellen. ⁵Wird dem Arbeitnehmer bekannt, dass die elektronischen Lohnsteuerabzugsmerkmale zu seinen Gunsten von den nach § 39 zu bildenden Lohnsteuerabzugsmerkmalen abweichen, ist er verpflichtet, dies dem Finanzamt unverzüglich mitzuteilen. ⁶Der Steuerpflichtige kann beim zuständigen Finanzamt

1. den Arbeitgeber benennen, der zum Abruf von elektronischen Lohnsteuerabzugsmerkmalen berechtigt ist (Positivliste) oder nicht berechtigt ist (Negativliste). ²Hierfür hat der Arbeitgeber dem Arbeitnehmer seine Wirtschafts-Identifikationsnummer mitzuteilen. ³Für die Verwendung der Wirtschafts-Identifikationsnummer gelten die Schutzvorschriften des § 39 Absatz 8 und 9 sinngemäß; oder
2. die Bildung oder die Bereitstellung der elektronischen Lohnsteuerabzugsmerkmale allgemein sperren oder allgemein freischalten lassen.

⁷Macht der Steuerpflichtige von seinem Recht nach Satz 6 Gebrauch, hat er die Positivliste, die Negativliste, die allgemeine Sperrung oder die allgemeine Freischaltung in einem bereitgestellten elektronischen Verfahren oder nach amtlich vorgeschriebenem Vordruck dem Finanzamt zu übermitteln. ⁸Werden wegen einer Sperrung nach Satz 6 einem Arbeitgeber, der Daten abrufen möchte, keine elektronischen Lohnsteuerabzugsmerkmale bereitgestellt, wird dem Arbeitgeber die Sperrung mitgeteilt und dieser hat die Lohnsteuer nach Steuerklasse VI zu ermitteln.

(7) ¹Auf Antrag des Arbeitgebers kann das Betriebsstättenfinanzamt zur Vermeidung unbilliger Härten zulassen, dass er nicht am Abrufverfahren teilnimmt. ²Dem Antrag eines Arbeitgebers ohne maschinelle Lohnabrechnung, der ausschließlich Arbeitnehmer im Rahmen einer geringfügigen Beschäftigung in seinem Privathaushalt im Sinne des § 8a des Vierten Buches Sozialgesetzbuch beschäftigt, ist stattzugeben. ³Der Arbeitgeber hat dem Antrag unter Angabe seiner Wirtschafts-Identifikationsnummer ein Verzeichnis der beschäftigten Arbeitnehmer mit Angabe der jeweiligen Identifikationsnummer und des Tages der Geburt des Arbeitnehmers beizufügen. ⁴Der Antrag ist nach amtlich vorgeschriebenem Vordruck jährlich zu stellen und vom Arbeitgeber zu unterschreiben. ⁵Das Betriebsstättenfinanzamt übermittelt dem Arbeitgeber für die Durchführung des Lohnsteuerabzugs für ein Kalenderjahr eine arbeitgeberbezogene Bescheinigung mit den Lohnsteuerabzugsmerkmalen des Arbeitnehmers (Bescheinigung für den Lohnsteuerabzug) sowie etwaige Änderungen. ⁶Diese Bescheinigung sowie die Änderungsmitteilungen sind als Belege zum Lohnkonto zu nehmen und bis zum Ablauf des Kalenderjahres aufzubewahren. ⁷Absatz 5 Satz 1 und 2 sowie Absatz 6 Satz 3 gelten entsprechend. ⁸Der Arbeitgeber hat den Tag der Beendigung des Dienstverhältnisses unverzüglich dem Betriebsstättenfinanzamt mitzuteilen.

(8) ¹Ist einem nach § 1 Absatz 1 unbeschränkt einkommensteuerpflichtigen Arbeitnehmer keine Identifikationsnummer zugeteilt, hat das Wohnsitzfinanzamt auf Antrag eine Bescheinigung für den Lohnsteuerabzug für die Dauer eines Kalenderjahres auszustellen. ²Diese Bescheinigung ersetzt die Verpflichtung und Berechtigung des Arbeitgebers zum Abruf der elektronischen Lohnsteuerabzugsmerkmale (Absätze 4 und 6). ³In diesem Fall tritt an die Stelle der Identifikationsnummer das lohnsteuerliche Ordnungsmerkmal nach § 41b Absatz 2 Satz 1 und 2. ⁴Für die Durchführung des Lohnsteuerabzugs hat der Arbeitnehmer seinem Arbeitgeber vor Beginn des Kalenderjahres oder bei Eintritt in das Dienstverhältnis die nach Satz 1 ausgestellte Bescheinigung für den Lohnsteuerabzug vorzulegen. ⁵§ 39c Absatz 1 Satz 2 bis 5 ist sinngemäß anzuwenden. ⁶Der Arbeitgeber hat die Bescheinigung für den Lohnsteuerabzug entgegenzunehmen und während des Dienstverhältnisses, längstens bis zum Ablauf des jeweiligen Kalenderjahres, aufzubewahren.

(9) Ist die Wirtschafts-Identifikationsnummer noch nicht oder nicht vollständig eingeführt, tritt an ihre Stelle die Steuernummer der Betriebsstätte oder des Teils des Betriebs des Arbeitgebers, in dem der für den Lohnsteuerabzug maßgebende Arbeitslohn des Arbeitnehmers ermittelt wird (§ 41 Absatz 2).

(10) Die beim Bundeszentralamt für Steuern nach Absatz 2 Satz 1 gespeicherten Daten können auch zur Prüfung und Durchführung der Einkommensbesteuerung (§ 2) des Steuerpflichtigen für Veranlagungszeiträume ab 2005 verwendet werden.

Hinweise

Allgemeines

Anhang 17
– Zur Einführung des Verfahrens der elektronischen Lohnsteuerabzugsmerkmale (ELStAM) → BMF vom 6. 12. 2011 (BStBl I S. 1254)
– *Startschreiben zum erstmaligen Abruf der elektronischen Lohnsteuerabzugsmerkmale durch den Arbeitgeber und Anwendungsgrundsätze für den Einführungszeitraum 2013 → BMF vom . . . (BStBl I S. .....).*
– *Lohnsteuerabzug ab dem Kalenderjahr 2013 im Verfahren der elektronischen Lohnsteuerabzugsmerkmale→ BMF vom . . . (BStBl I S. .....).*

EStG

§ 39f Faktorverfahren anstelle Steuerklassenkombination III/V

1)
(1) ¹Bei Ehegatten, die in die Steuerklasse IV gehören*(§ 38b Absatz 1 Satz 2 Nummer 5)*, hat das Finanzamt auf Antrag beider Ehegatten nach § 39a anstelle der Steuerklassenkombination III/V (§ 38b Absatz 1 Satz 2 Nummer 5) als Lohnsteuerabzugsmerkmal jeweils die Steuerklasse IV in Verbindung mit einem Faktor zur Ermittlung der Lohnsteuer zu bilden, wenn der Faktor kleiner als 1 ist. ²Der Faktor ist Y : X und vom Finanzamt mit drei Nachkommastellen ohne Rundung zu berechnen. ³„Y" ist die voraussichtliche Einkommensteuer für beide Ehegatten nach dem Splittingverfahren (§ 32a Absatz 5) unter Berücksichtigung der in § 39b Absatz 2 genannten Abzugsbeträge. ⁴„X" ist die Summe der voraussichtlichen Lohnsteuer bei Anwendung der Steuerklasse IV für jeden Ehegatten. ⁵In die Bemessungsgrundlage für Y werden jeweils neben den Jahresarbeitslöhnen der ersten Dienstverhältnisse zusätzlich nur Beträge einbezogen, die nach § 39a Absatz 1 Satz 1 Nummer 1 bis 6 als Freibetrag ermittelt und als Lohnsteuerabzugsmerkmal gebildet werden könnten; Freibeträge werden nicht als Lohnsteuerabzugsmerkmal gebildet. ⁶In den Fällen des § 39a Absatz 1 Satz 1 Nummer 7 sind bei der Ermittlung von Y und X die Hinzurechnungsbeträge zu berücksichtigen; die Hinzurechnungsbeträge sind zusätzlich als Lohnsteuerabzugsmerkmal für das erste Dienstverhältnis zu bilden. ⁷Arbeitslöhne aus zweiten und weiteren Dienstverhältnissen (Steuerklasse VI) sind im Faktorverfahren nicht zu berücksichtigen.

(2) Für die Einbehaltung der Lohnsteuer vom Arbeitslohn hat der Arbeitgeber Steuerklasse IV und den Faktor anzuwenden.

(3) ¹§ 39 Absatz 6 Satz 3 und 5 gilt sinngemäß. ²§ 39a ist anzuwenden mit der Maßgabe, dass ein Antrag nach amtlich vorgeschriebenem Vordruck (§ 39a Absatz 2) nur erforderlich ist, wenn bei der Faktorermittlung zugleich Beträge nach § 39a Absatz 1 Satz 1 Nummer 1 bis 6 berücksichtigt werden sollen.

---
¹) *Änderung auf Grund des Amtshilferichtlinie-Umsetzungsgesetzes. Bei Redaktionsschluss war das Gesetzgebungsverfahren noch nicht abgeschlossen. Um Beachtung wird gebeten. → Siehe hierzu Hinweise auf Seite 4!*

(4) Das Faktorverfahren ist im Programmablaufplan für die maschinelle Berechnung der Lohnsteuer (§ 39b Absatz 6) zu berücksichtigen.

Hinweise

Faktorverfahren

→ H 39.1 (Merkblatt zur Steuerklassenwahl bei Arbeitnehmer-Ehegatten für das Jahr 2012)

§ 40 Pauschalierung der Lohnsteuer in besonderen Fällen

(1) ¹Das Betriebsstättenfinanzamt (§ 41a Absatz 1 Satz 1 Nummer 1) kann auf Antrag des Arbeitgebers zulassen, dass die Lohnsteuer mit einem unter Berücksichtigung der Vorschriften des § 38a zu ermittelnden Pauschsteuersatz erhoben wird, soweit
1. von dem Arbeitgeber sonstige Bezüge in einer größeren Zahl von Fällen gewährt werden oder
2. in einer größeren Zahl von Fällen Lohnsteuer nachzuerheben ist, weil der Arbeitgeber die Lohnsteuer nicht vorschriftsmäßig einbehalten hat.

²Bei der Ermittlung des Pauschsteuersatzes ist zu berücksichtigen, dass die in Absatz 3 vorgeschriebene Übernahme der pauschalen Lohnsteuer durch den Arbeitgeber für den Arbeitnehmer eine in Geldeswert bestehende Einnahme im Sinne des § 8 Absatz 1 darstellt (Nettosteuersatz). ³Die Pauschalierung ist in den Fällen des Satz 1 Nummer 1 ausgeschlossen, soweit der Arbeitgeber einem Arbeitnehmer sonstige Bezüge von mehr als 1 000 Euro im Kalenderjahr gewährt. ⁴Der Arbeitgeber hat dem Antrag eine Berechnung beizufügen, aus der sich der durchschnittliche Steuersatz unter Zugrundelegung der durchschnittlichen Jahresarbeitslöhne und der durchschnittlichen Jahreslohnsteuer in jeder Steuerklasse für diejenigen Arbeitnehmer ergibt, denen die Bezüge gewährt werden sollen oder gewährt worden sind.

(2) ¹Abweichend von Absatz 1 kann der Arbeitgeber die Lohnsteuer mit einem Pauschsteuersatz von 25 Prozent erheben, soweit er
1. arbeitstäglich Mahlzeiten im Betrieb an die Arbeitnehmer unentgeltlich oder verbilligt abgibt oder Barzuschüsse an ein anderes Unternehmen leistet, das arbeitstäglich Mahlzeiten an die Arbeitnehmer unentgeltlich oder verbilligt abgibt. ²Voraussetzung ist, dass die Mahlzeiten nicht als Lohnbestandteile vereinbart sind,
2. Arbeitslohn aus Anlass von Betriebsveranstaltungen zahlt,
3. Erholungsbeihilfen gewährt, wenn diese zusammen mit Erholungsbeihilfen, die in demselben Kalenderjahr früher gewährt worden sind, 156 Euro für den Arbeitnehmer, 104 Euro für dessen Ehegatten und 52 Euro für jedes Kind nicht übersteigen und der Arbeitgeber sicherstellt, dass die Beihilfen zu Erholungszwecken verwendet werden,
4. Vergütungen für Verpflegungsmehraufwendungen anlässlich einer Tätigkeit im Sinne des § 4 Absatz 5 Satz 1 Nummer 5 Satz 2 bis 4 zahlt, soweit diese die dort bezeichneten Pauschbeträge um nicht mehr als 100 Prozent übersteigen,
5. den Arbeitnehmern zusätzlich zum ohnehin geschuldeten Arbeitslohn unentgeltlich oder verbilligt Personalcomputer übereignet; das gilt auch für Zubehör und Internetzugang. ²Das Gleiche gilt für Zuschüsse des Arbeitgebers, die zusätzlich zum ohnehin geschuldeten Arbeitslohn zu den Aufwendungen des Arbeitnehmers für die Internetnutzung gezahlt werden.

²Der Arbeitgeber kann die Lohnsteuer mit einem Pauschsteuersatz von 15 Prozent für Sachbezüge in Form der unentgeltlichen oder verbilligten Beförderung eines Arbeitnehmers zwischen Wohnung und Arbeitsstätte und für zusätzlich zum ohnehin geschuldeten Arbeitslohn geleistete Zuschüsse zu den Aufwendungen des Arbeitnehmers für Fahrten zwischen Wohnung und Arbeitsstätte erheben, soweit diese Bezüge den Betrag nicht übersteigen, den der Arbeitnehmer nach § 9 Absatz 1 Satz 3 Nummer 4 und Absatz 2 als Werbungskosten geltend machen könnte, wenn die Bezüge nicht pauschal besteuert würden. ³Die nach Satz 2 pauschal besteuerten Bezü-

---

¹⁾ Die Vorschrift wurde durch das Gesetz zur Änderung und Vereinfachung der Unternehmensbesteuerung und des steuerlichen Reisekostenrechts mit Wirkung ab 2014 geändert. Außerdem soll die Vorschrift durch das Jahressteuergesetz 2013 (JStG 2013) geändert werden. Bei Redaktionsschluss war das Gesetzgebungsverfahren noch nicht abgeschlossen. Um Beachtung wird gebeten. → Siehe hierzu Hinweise auf Seite 4!

§ 40 EStG
R 40.1

ge mindern die nach § 9 Absatz 1 Satz 3 Nummer 4 und Absatz 2 abziehbaren Werbungskosten; sie bleiben bei der Anwendung des § 40a Absatz 1 bis 4 außer Ansatz.

(3) ¹Der Arbeitgeber hat die pauschale Lohnsteuer zu übernehmen. ²Er ist Schuldner der pauschalen Lohnsteuer; auf den Arbeitnehmer abgewälzte pauschale Lohnsteuer gilt als zugeflossener Arbeitslohn und mindert nicht die Bemessungsgrundlage. ³Der pauschal besteuerte Arbeitslohn und die pauschale Lohnsteuer bleiben bei einer Veranlagung zur Einkommensteuer und beim Lohnsteuer-Jahresausgleich außer Ansatz. ⁴Die pauschale Lohnsteuer ist weder auf die Einkommensteuer noch auf die Jahreslohnsteuer anzurechnen.

R 40.1 Bemessung der Lohnsteuer nach besonderen Pauschsteuersätzen (§ 40 Abs. 1 EStG)

Größere Zahl von Fällen

S 2370

(1) ¹Eine größere Zahl von Fällen ist ohne weitere Prüfung anzunehmen, wenn gleichzeitig mindestens 20 Arbeitnehmer in die Pauschalbesteuerung einbezogen werden. ²Wird ein Antrag auf Lohnsteuerpauschalierung für weniger als 20 Arbeitnehmer gestellt, kann unter Berücksichtigung der besonderen Verhältnisse des Arbeitgebers und der mit der Pauschalbesteuerung angestrebten Vereinfachung eine größere Zahl von Fällen auch bei weniger als 20 Arbeitnehmern angenommen werden.

Beachtung der Pauschalierungsgrenze

Anhang 7

(2) ¹Der Arbeitgeber hat anhand der Aufzeichnungen im Lohnkonto (→ § 4 Abs. 2 Nr. 8 Satz 1 LStDV) vor jedem Pauschalierungsantrag zu prüfen, ob die Summe aus den im laufenden Kalenderjahr bereits gezahlten sonstigen Bezügen, für die die Lohnsteuer mit einem besonderen Steuersatz erhoben worden ist, und aus dem sonstigen Bezug, der nunmehr an den einzelnen Arbeitnehmer gezahlt werden soll, die Pauschalierungsgrenze nach § 40 Abs. 1 Satz 3 EStG übersteigt. ²Wird diese Pauschalierungsgrenze durch den sonstigen Bezug überschritten, ist der übersteigende Teil nach § 39b Abs. 3 EStG zu besteuern. ³Hat der Arbeitgeber die Pauschalierungsgrenze mehrfach nicht beachtet, sind Anträge auf Lohnsteuerpauschalierung nach § 40 Abs. 1 Satz 1 Nr. 2 EStG nicht zu genehmigen.

Berechnung des durchschnittlichen Steuersatzes

(3) ¹Die Verpflichtung, den durchschnittlichen Steuersatz zu errechnen, kann der Arbeitgeber dadurch erfüllen, dass er
1. den Durchschnittsbetrag der pauschal zu versteuernden Bezüge,
2. die Zahl der betroffenen Arbeitnehmer nach Steuerklassen getrennt in folgenden drei Gruppen:
   a) Arbeitnehmer in den Steuerklassen I, II und IV,
   b) Arbeitnehmer in der Steuerklasse III und
   c) Arbeitnehmer in den Steuerklassen V und VI sowie
3. die Summe der Arbeitslöhne der betroffenen Arbeitnehmer, gemindert um die nach § 39b Abs. 3 Satz 3 EStG abziehbaren Freibeträge und den Entlastungsbetrag für Alleinerziehende bei der Steuerklasse II, erhöht um den Hinzurechnungsbetrag,

ermittelt. ²Hierbei kann aus Vereinfachungsgründen davon ausgegangen werden, dass die betroffenen Arbeitnehmer in allen Zweigen der Sozialversicherung versichert sind und keinen Beitragszuschlag für Kinderlose (§ 55 Abs. 3 SGB XI) leisten; die individuellen Verhältnisse auf Grund des Faktorverfahrens nach § 39f EStG bleiben unberücksichtigt. ³Außerdem Vereinfachungsgründen kann für die Ermittlungen nach Satz 1 Nr. 2 und 3 eine repräsentative Auswahl der betroffenen Arbeitnehmer zugrunde gelegt werden. ⁴Zur Festsetzung eines Pauschsteuersatzes für das laufende Kalenderjahr können für die Ermittlung nach Satz 1 Nr. 3 auch die Verhältnisse des Vorjahrs zugrunde gelegt werden. ⁵Aus dem nach Satz 1 Nr. 3 ermittelten Betrag hat der Arbeitgeber den durchschnittlichen Jahresarbeitslohn der erfassten Arbeitnehmer zu berechnen. ⁶Für jede der in Satz 1 Nr. 2 bezeichneten Gruppen hat der Arbeitgeber sodann den Steuerbetrag zu ermitteln, dem der Durchschnittsbetrag der pauschal zu versteuernden Bezüge unterliegt, wenn er dem durchschnittlichen Jahresarbeitslohn hinzugerechnet wird. ⁷Dabei ist für die Gruppe nach Satz 1 Nr. 2 Buchstabe a die Steuerklasse I, für die Gruppe nach Satz 1 Nr. 2 Buchstabe b die Steuerklasse III und für die Gruppe nach Satz 1 Nr. 2 Buchstabe c die Steuerklasse V maßgebend; der Durchschnittsbetrag der pauschal zu versteuernden Bezüge ist auf den nächsten durch 216 ohne Rest teilbaren Euro-Betrag aufzurunden. ⁸Durch Multiplikation der Steuerbeträge mit der Zahl der in der entsprechenden Gruppe erfassten Arbeitnehmer und Division der sich hiernach ergebenden Summe der Steuerbeträge durch die Gesamtzahl der Arbeitnehmer und den Durchschnittsbetrag der pauschal zu besteuernden Bezüge ist hiernach die durchschnittliche Steuerbelastung zu berechnen, der die pauschal zu besteuernden Bezüge unterliegen. ⁹Das Finanzamt hat den Pauschsteuersatz nach dieser Steuerbelastung so zu berechnen, dass unter Berücksichtigung der Übernahme der pauschalen Lohnsteuer durch den Arbeitgeber insgesamt nicht zu wenig Lohnsteuer erhoben wird. ¹⁰Die Prozentsätze der durchschnittlichen Steuerbelastung und des Pauschsteuersatzes sind mit einer Dezimalstelle anzusetzen, die nachfolgenden Dezimalstellen sind fortzulassen.

Hinweise

H 40.1

Berechnung des durchschnittlichen Steuersatzes

Die in R 40.1 Abs. 3 dargestellte Berechnung des durchschnittlichen Steuersatzes ist nicht zu beanstanden (→ BFH vom 11. 3. 1988 – BStBl II S. 726). Die auf der Lohnsteuerkarte eingetragenen Kinderfreibeträge sind nicht zu berücksichtigen (→ BFH vom 26. 7. 2007 – BStBl II S. 844).

Beispiel:
1. Der Arbeitgeber ermittelt für rentenversicherungspflichtige Arbeitnehmer
   a) den durchschnittlichen Betrag der pauschal zu besteuernden Bezüge mit 550 €,
   b) die Zahl der betroffenen Arbeitnehmer
      – in den Steuerklassen I, II und IV mit 20,
      – in der Steuerklasse III mit 12 und
      – in den Steuerklassen V und VI mit 3,
   c) die Summe der Jahresarbeitslöhne der betroffenen Arbeitnehmer nach Abzug aller Freibeträge mit 610 190 €; dies ergibt einen durchschnittlichen Jahresarbeitslohn von (610 190 € : 35 =) 17 434 €.
2. Die Erhöhung des durchschnittlichen Jahresarbeitslohns um den auf 648 € aufgerundeten Durchschnittsbetrag (→ R 40.1 Abs. 3 Satz 7 zweiter Halbsatz) der pauschal zu besteuernden Bezüge ergibt für diesen Betrag folgende Jahreslohnsteuerbeträge:
   – in der Steuerklasse I = 160 €,
   – in der Steuerklasse III = 80 €,
   – in der Steuerklasse V = 180 €.
3. Die durchschnittliche Steuerbelastung der pauschal zu besteuernden Bezüge ist hiernach wie folgt zu berechnen:

$$\frac{20 \times 160 + 12 \times 80 + 3 \times 180}{35 \times 648} = 20{,}7\,\%$$

4. Der Pauschsteuersatz beträgt demnach

$$\frac{100 \times 20{,}7\,\%}{(100-20{,}7)} = 26{,}1\,\%$$

Bindung des Arbeitgebers an den Pauschalierungsbescheid

Der Arbeitgeber ist an seinen rechtswirksam gestellten Antrag auf Pauschalierung der Lohnsteuer gebunden, sobald der Lohnsteuer-Pauschalierungsbescheid wirksam wird (→ BFH vom 5. 3. 1993 – BStBl II S. 692).

Bindung des Finanzamts an den Pauschalierungsbescheid

Wird auf den Einspruch des Arbeitgebers ein gegen ihn ergangener Lohnsteuer-Pauschalierungsbescheid aufgehoben, so kann der dort berücksichtigte Arbeitslohn bei der Veranlagung des Arbeitnehmers erfasst werden (→ BFH vom 18. 1. 1991 – BStBl II S. 309).

Bindung des Finanzamts an eine Anrufungsauskunft

Hat der Arbeitgeber eine Anrufungsauskunft eingeholt und ist er danach verfahren, ist das Betriebsstättenfinanzamt im Lohnsteuer-Abzugsverfahren daran gebunden. Eine Nacherhebung der Lohnsteuer ist auch dann nicht zulässig, wenn der Arbeitgeber nach einer Lohnsteuer-Außenprüfung einer Pauschalierung nach § 40 Abs. 1 Satz 1 Nr. 2 EStG zugestimmt hat (→ BFH vom 16. 11. 2005 – BStBl 2006 II S. 210).

Dienstwagen

Der nach der sog. 1 %-Regelung gemäß § 40 Abs. 1 EStG pauschaliert besteuerte Vorteil eines vom Arbeitgeber dem Arbeitnehmer zur Privatnutzung überlassenen Dienstwagens ist nicht um die vom Arbeitnehmer selbst getragenen Treibstoffkosten zu mindern. Übernommene individuelle Kosten sind kein Entgelt für die Einräumung der Nutzungsmöglichkeit (→ BFH vom 18. 10. 2007 – BStBl 2008 II S. 198).

→ H 8.1 (9–10)

Durchschnittlicher Steuersatz

Pauschalierung der Lohnsteuer in besonderen Fällen (§ 40 Absatz 1 EStG):

R 40.1 Absatz 3 Satz 2 LStR 2008 ist überholt und nicht mehr anzuwenden. Bei der Berechnung des durchschnittlichen Steuersatzes kann aus Vereinfachungsgründen davon ausgegangen werden, dass die betroffenen Arbeitnehmer in allen Zweigen der Sozialversicherung versichert sind und keinen Beitragszuschlag für Kinderlose (§ 55 Absatz 3 SGB VI) leisten. Die individuellen Verhältnisse aufgrund des Faktorverfahrens nach § 39f EStG bleiben unberücksichtigt.

→ H 39b.7 (Vorsorgepauschale), BMF-Schreiben vom 22. 10. 2010 (BStBl I S. 1254)

Entstehung der pauschalen Lohnsteuer

In den Fällen des § 40 Abs. 1 Satz 1 Nr. 2 EStG ist der geldwerte Vorteil aus der Steuerübernahme des Arbeitgebers nicht nach den Verhältnissen im Zeitpunkt der Steuernachforderung zu versteuern. Vielmehr muss der für die pauschalierten Löhne nach den Verhältnissen der jeweiligen Zuflussjahre errechnete Bruttosteuersatz (→ Beispiel Nr. 1 bis 3) jeweils auf den Nettosteuersatz (→ Beispiel Nr. 4) der Jahre hochgerechnet werden, in denen die pauschalierten Löhne zugeflossen sind und in denen die pauschale Lohnsteuer entsteht (→ BFH vom 6. 5. 1994 – BStBl II S. 715).

Kirchensteuer bei Pauschalierung der Lohnsteuer

→ Gleichlautender Ländererlass vom **23. 10. 2012 (BStBl I S. 1083)**

→ H 40.2 (Kirchensteuer bei Pauschalierung der Lohnsteuer)

Pauschalierungsantrag

Derjenige, der für den Arbeitgeber im Rahmen der Lohnsteuer-Außenprüfung auftritt, ist in der Regel dazu befugt, einen Antrag auf Lohnsteuer-Pauschalierung zu stellen (→ BFH vom 10. 10. 2002 – BStBl 2003 II S. 156).

Pauschalierungsbescheid

Die pauschalen Steuerbeträge sind im Pauschalierungsbescheid auf die einzelnen Jahre aufzuteilen (→ BFH vom 18. 7. 1985 – BStBl 1986 II S. 152).

Pauschalierungsvoraussetzungen

Die pauschalierte Lohnsteuer darf nur für solche Einkünfte aus nichtselbstständiger Arbeit erhoben werden, die dem Lohnsteuerabzug unterliegen, wenn der Arbeitgeber keinen Pauschalierungsantrag gestellt hätte (→ BFH vom 10. 5. 2006 – BStBl II 2006 S. 669).

Wirkung einer fehlerhaften Pauschalbesteuerung

Eine fehlerhafte Pauschalbesteuerung ist für die Veranlagung zur Einkommensteuer nicht bindend (→ BFH vom 10. 6. 1988 – BStBl II S. 981).

Bemessung der Lohnsteuer nach einem festen Pauschsteuersatz (§ 40 Abs. 2 EStG)

Allgemeines

(1) Die Lohnsteuer *kann* mit einem Pauschsteuersatz von 25 % erhoben werden

1. nach § 40 Abs. 2 Satz 1 Nr. 1 EStG für den Unterschiedsbetrag zwischen dem amtlichen Sachbezugswert und dem niedrigeren Entgelt, das der Arbeitnehmer für die Mahlzeiten entrichtet (→ R 8.1 Abs. 7 Nr. 1 bis 3); gegebenenfalls ist der nach R 8.1 Abs. 7 Nr. 5 ermittelte Durchschnittswert der Besteuerung zugrunde zu legen. ²Bei der Ausgabe von Essenmarken ist die Pauschalversteuerung nur zulässig, wenn die Mahlzeit mit dem maßgebenden Sachbezugs-

wert zu bewerten ist (→ R 8.1 Abs. 7 Nr. 4 Buchstabe a) oder der Verrechnungswert der Essenmarke nach R 8.1 Abs. 7 Nr. 4 Buchstabe b anzusetzen ist;
2. nach § 40 Abs. 2 Satz 1 Nr. 2 EStG für Zuwendungen bei Betriebsveranstaltungen, wenn die Betriebsveranstaltung oder die Zuwendung nicht üblich ist (→ R 19.5);
3. nach § 40 Abs. 2 Satz 1 Nr. 3 EStG für Erholungsbeihilfen, soweit sie nicht ausnahmsweise als steuerfreie Unterstützungen anzusehen sind und wenn sie nicht die in § 40 Abs. 2 Satz 1 Nr. 3 EStG genannten Grenzen übersteigen;
4. nach § 40 Abs. 2 Satz 1 Nr. 4 EStG für Vergütungen für Verpflegungsmehraufwendungen, die anlässlich einer Auswärtstätigkeit mit einer Abwesenheitsdauer von mindestens 8 Stunden gezahlt werden, soweit die Vergütungen die in § 4 Abs. 5 Satz 1 Nr. 5 EStG bezeichneten Pauschbeträge um nicht mehr als 100 % übersteigen; die Pauschalversteuerung gilt nicht für die Erstattung von Verpflegungsmehraufwendungen wegen einer doppelten Haushaltsführung;
5. nach § 40 Abs. 2 Satz 1 Nr. 5 EStG für zusätzlich zum ohnehin geschuldeten Arbeitslohn unentgeltlich oder verbilligt übereignete Personalcomputer, Zubehör und Internetzugang sowie für zusätzlich zum ohnehin geschuldeten Arbeitslohn gezahlte Zuschüsse des Arbeitgebers zu den Aufwendungen des Arbeitnehmers für die Internetnutzung.

Verhältnis zur Pauschalierung nach § 40 Abs. 1 Satz 1 Nr. 1

(2) Die nach § 40 Abs. 2 EStG pauschal besteuerten sonstigen Bezüge werden nicht auf die Pauschalierungsgrenze (→ R 40.1 Abs. 2) angerechnet.

Erholungsbeihilfen

(3) ¹Bei der Feststellung, ob die im Kalenderjahr gewährten Erholungsbeihilfen zusammen mit früher gewährten Erholungsbeihilfen die in § 40 Abs. 2 Satz 1 Nr. 3 EStG bezeichneten Beträge übersteigen, ist von der Höhe der Zuwendungen im Einzelfall auszugehen. ²Die Jahreshöchstbeträge für den Arbeitnehmer, seinen Ehegatten und seine Kinder sind jeweils gesondert zu betrachten. ³Die Erholungsbeihilfen müssen für die Erholung dieser Personen bestimmt sein und verwendet werden. ⁴Übersteigen die Erholungsbeihilfen im Einzelfall den maßgebenden Jahreshöchstbetrag, ist auf sie insgesamt entweder § 39b Abs. 3 EStG mit Ausnahme des Satzes 9 oder § 40 Abs. 1 Satz 1 Nr. 1 EStG anzuwenden.

Reisekosten

(4) ¹Die Pauschalversteuerung mit einem Pauschsteuersatz von 25 % nach § 40 Abs. 2 Satz 1 Nr. 4 EStG ist auf einer Vergütungsbetrag bis zur Summe der wegen der Auswärtstätigkeit anzusetzenden Verpflegungspauschalen begrenzt. ²Für den darüber hinausgehenden Vergütungsbetrag kann weiterhin eine Pauschalversteuerung mit einem besonderen Pauschsteuersatz nach § 40 Abs. 1 Satz 1 Nr. 1 EStG in Betracht kommen. ³Zur Ermittlung des steuerfreien Vergütungsbetrags dürfen die einzelnen Aufwendungsarten zusammengefasst werden (→ R 3.16 Satz 1). ⁴Aus Vereinfachungsgründen bestehen auch keine Bedenken, den Betrag, der den steuerfreien Vergütungsbetrag übersteigt, einheitlich als Vergütung für Verpflegungsmehraufwendungen zu behandeln, die in den Grenzen des § 40 Abs. 2 Satz 1 Nr. 4 EStG mit 25 % pauschal versteuert werden kann.

Personalcomputer und Internet

(5) ¹Die Pauschalierung nach § 40 Abs. 2 Satz 1 Nr. 5 Satz 1 EStG kommt bei Sachzuwendungen des Arbeitgebers in Betracht. ²Hierzu rechnet die Übereignung von Hardware einschließlich technischem Zubehör und Software als Erstausstattung oder als Ergänzung, Aktualisierung und Austausch vorhandener Bestandteile. ³Die Pauschalierung ist auch möglich, wenn der Arbeitgeber ausschließlich technisches Zubehör oder Software übereignet. ⁴Telekommunikationsgeräte, die nicht Zubehör eines Personalcomputers sind oder nicht für die Internetnutzung verwendet werden können, sind von der Pauschalierung ausgeschlossen. ⁵Hat der Arbeitnehmer einen Internetzugang, sind die Barzuschüsse des Arbeitgebers für die Internetnutzung des Arbeitnehmers nach § 40 Abs. 2 Satz 1 Nr. 5 Satz 2 EStG pauschalierungsfähig. ⁶Zu den Aufwendungen für die Internetnutzung in diesem Sinne gehören sowohl die laufenden Kosten (z. B. Grundgebühr für den Internetzugang, laufende Gebühren für die Internetnutzung, Flatrate) als auch die Kosten der Einrichtung des Internetzugangs (z. B. ISDN-Anschluss, Modem, Personalcomputer). ⁷Aus Vereinfachungsgründen kann der Arbeitgeber den vom Arbeitnehmer erklärten Betrag für die laufende Internetnutzung (Gebühren) pauschal versteuern, soweit dieser 50 Euro im Monat nicht übersteigt. ⁸Der Arbeitgeber muss diese Erklärung als Beleg zum Lohnkonto aufzubewahren. ⁹Bei höheren Zuschüssen zur Internetnutzung und zur Änderung der Verhältnisse gilt R 3.50 Abs. 2 sinngemäß. ¹⁰Soweit die pauschal besteuerten Bezüge auf Werbungskosten entfallen, ist der Werbungskostenabzug grundsätzlich ausgeschlossen. ¹¹Zu Gunsten des Arbeitnehmers sind die pauschal

§ 40 EStG
R 40.2 H 40.2

besteuerten Zuschüsse zunächst auf den privat veranlassten Teil der Aufwendungen anzurechnen. [12]Aus Vereinfachungsgründen unterbleibt zu Gunsten des Arbeitnehmers eine Anrechnung auf seine Werbungskosten bei Zuschüssen bis zu 50 € im Monat.

Fahrten zwischen Wohnung und Arbeitsstätte

(6) [1]Die Lohnsteuer kann nach § 40 Abs. 2 Satz 2 EStG mit einem Pauschsteuersatz von 15 % erhoben werden:

1. für den nach R 8.1 Abs. 9 ermittelten Wert der unentgeltlichen oder teilentgeltlichen Überlassung eines Kraftfahrzeugs zu Fahrten zwischen Wohnung und Arbeitsstätte
   a) bei behinderten Arbeitnehmern im Sinne des § 9 Abs. 2 Satz 3 EStG in vollem Umfang,
   b) bei allen anderen Arbeitnehmern bis zur Höhe der Entfernungspauschale nach § 9 Abs. 1 Satz 3 Nr. 4 EStG; aus Vereinfachungsgründen kann unterstellt werden, dass das Kraftfahrzeug an 15 Arbeitstagen monatlich zu Fahrten zwischen Wohnung und Arbeitsstätte benutzt wird,[1)]

2. für den Ersatz von Aufwendungen des Arbeitnehmers für Fahrten zwischen Wohnung und Arbeitsstätte (Fahrtkostenzuschüsse)
   a) bei behinderten Arbeitnehmern im Sinne des § 9 Abs. 2 Satz 3 EStG in vollem Umfang,
   b) bei allen anderen Arbeitnehmern
      aa) bei Benutzung eines eigenen oder zur Nutzung überlassenen Kraftfahrzeugs mit Ausnahme der Nummer 1 die Aufwendungen des Arbeitnehmers in Höhe der abziehbaren Entfernungspauschale nach § 9 Abs. 1 Satz 3 Nr. 4 EStG, aus Vereinfachungsgründen kann unterstellt werden, dass an 15 Arbeitstagen monatlich Fahrten zwischen Wohnung und Arbeitsstätte unternommen werden,
      bb) bei der Benutzung öffentlicher Verkehrsmittel in Höhe der tatsächlichen Aufwendungen des Arbeitnehmers,
      cc) der Benutzung anderer Verkehrsmittel in Höhe der tatsächlichen Aufwendungen des Arbeitnehmers, höchstens bis zum Höchstbetrag der Entfernungspauschale nach § 9 Abs. 1 Satz 3 Nr. 4 EStG; bei Benutzung eines Motorrads, Motorrollers, Mopeds, Mofas oder Fahrrads können zur Ermittlung der tatsächlichen Aufwendungen auch die pauschalen Kilometersätze nach R 9.5 Abs. 1 Satz 5 angesetzt werden; aus Vereinfachungsgründen kann unterstellt werden, dass an 15 Arbeitstagen monatlich Fahrten zwischen Wohnung und Arbeitsstätte unternommen werden,

[2]Die pauschal besteuerten Bezüge mindern die nach R 9.10 abziehbaren Werbungskosten.

H 40.2

Hinweise

Abwälzung der pauschalen Lohnsteuer

– bei bestimmten Zukunftssicherungsleistungen → H 40b.1 (Abwälzung der pauschalen Lohnsteuer)

– bei Fahrtkosten (→ BMF vom 10. 1. 2000 – BStBl I S. 138)

Beispiel:

Ein Arbeitnehmer hat Anspruch auf einen Zuschuss zu seinen Pkw-Kosten für Fahrten zwischen Wohnung und regelmäßiger Arbeitsstätte in Höhe der gesetzlichen Entfernungspauschale, so dass sich für den Lohnabrechnungszeitraum ein Fahrtkostenzuschuss von insgesamt 210 € ergibt. Arbeitgeber und Arbeitnehmer haben vereinbart, dass diese Arbeitgeberleistung pauschal besteuert werden und der Arbeitnehmer die pauschale Lohnsteuer tragen soll.

Bemessungsgrundlage für die Anwendung des gesetzlichen Pauschsteuersatzes von 15 % ist der Bruttobetrag von 210 €.

Als pauschal besteuerte Arbeitgeberleistung ist der Betrag von 210 € zu bescheinigen. Dieser Betrag mindert den nach § 9 Abs. 1 Satz 3 Nr. 4 EStG wie Werbungskosten abziehbaren Betrag von 210 € auf 0 €.

– bei Teilzeitbeschäftigten → H 40.1 (Abwälzung der pauschalen Lohnsteuer)

[1)] → H 40.2 (Gestellung von Kraftfahrzeugen).

Gesetz zur Neuregelung der geringfügigen Beschäftigungsverhältnisse und Steuerentlastungsgesetz 1999/2000/2002; Anwendung von Vorschriften zum Lohnsteuerabzugsverfahren

(BMF-Schreiben vom 10. 1. 2000, BStBl I S. 138)

Unter Bezugnahme auf das Ergebnis der Erörterung mit den obersten Finanzbehörden der Länder nehme ich zu Fragen der Anwendung von Vorschriften des Lohnsteuerabzugsverfahrens, die durch das Gesetz zur Neuregelung der geringfügigen Beschäftigungsverhältnisse vom 24. März 1999 (BGBl. I S. 388; BStBl I S. 302) und das Steuerentlastungsgesetz 1999/2000/2002 vom 24. März 1999 (BGBl. I S. 402; BStBl I S. 304) geändert worden sind, wie folgt Stellung:

Gesetz zur Neuregelung der geringfügigen Beschäftigungsverhältnisse

...

Steuerentlastungsgesetz 1999/2000/2002

1. **Abwälzung von pauschaler Lohnsteuer und Annexsteuern auf Arbeitnehmer**

    Nach § 40 Abs. 3 Satz 2 EStG in der Fassung des Steuerentlastungsgesetzes 1999/2000/2002 gilt die auf den Arbeitnehmer abgewälzte pauschale Lohnsteuer als zugeflossener Arbeitslohn; sie darf die Bemessungsgrundlage nicht mindern. Dies entspricht dem in § 12 Nr. 3 EStG zum Ausdruck kommenden allgemeinen Grundsatz, dass Personensteuern nur abzugsfähig sind, wenn sie die Voraussetzungen als Betriebsausgaben oder Werbungskosten erfüllen oder ihre steuermindernde Berücksichtigung ausdrücklich zugelassen ist. Die Neuregelung gilt aufgrund von Verweisungen auch für §§ 40a und 40b EStG.

    a) Abwälzung von Lohnsteuer

    Im Fall der Abwälzung bleibt zwar der Arbeitgeber Schuldner der pauschalen Lohnsteuer, im wirtschaftlichen Ergebnis wird sie jedoch vom Arbeitnehmer getragen. Die Verlagerung der Belastung darf weder zu einer Minderung des individuell nach den Merkmalen der Lohnsteuerkarte zu versteuernden Arbeitslohns noch zu einer Minderung der Bemessungsgrundlage für die pauschale Lohnsteuer führen. Eine Abwälzung kann sich beispielsweise aus dem Arbeitsvertrag selbst, aus einer Zusatzvereinbarung zum Arbeitsvertrag ergeben oder aus dem wirtschaftlichen Ergebnis einer Gehaltsumwandlung oder Gehaltsänderungsvereinbarung. Das ist der Fall, wenn die pauschale Lohnsteuer als Abzugsbetrag in der Gehaltsabrechnung ausgewiesen wird. Dies gilt auch, wenn zur Abwälzung zwar in arbeitsrechtlich zulässiger Weise eine Gehaltsminderung vereinbart wird, der bisherige ungekürzte Arbeitslohn aber weiterhin für die Bemessung künftiger Erhöhungen des Arbeitslohns oder anderer Arbeitgeberleistungen (z. B. Weihnachtsgeld, Tantieme, Jubiläumszuwendungen) maßgebend bleibt. Eine Abwälzung der pauschalen Lohnsteuer ist hingegen nicht anzunehmen, wenn eine Gehaltsänderungsvereinbarung zu einer Neufestsetzung künftiger Arbeitslohns führt, aus der alle rechtlichen und wirtschaftlichen Folgerungen gezogen werden, also insbesondere der geminderte Arbeitslohn Bemessungsgrundlage für künftige Erhöhungen des Arbeitslohns oder andere Arbeitgeberleistungen wird. Dies gilt auch dann, wenn die Gehaltsminderung in Höhe der Pauschalsteuer vereinbart wird.

    b) Abwälzung von Annexsteuern (Kirchensteuer, Solidaritätszuschlag)

    Für im Zusammenhang mit der Pauschalierung der Lohnsteuer ebenfalls pauschal erhobene und auf den Arbeitnehmer abgewälzte Annexsteuern (Kirchensteuer, Solidaritätszuschlag) gelten die Ausführungen unter Buchstabe a entsprechend. Daher ist auch hinsichtlich der abgewälzten Annexsteuern von zugeflossenem Arbeitslohn auszugehen, der die Bemessungsgrundlage für die Lohnsteuer nicht mindert.

    c) Übergangsregelung

2. **Anwendung der Fünftelungsregelung nach § 39b Abs. 3 Satz 9 EStG bei außerordentlichen Einkünften nach § 34 Abs. 2 Nr. 4 EStG im Lohnsteuerabzugsverfahren**

    ...

Bescheinigungspflicht für Fahrgeldzuschüsse

→ § 41b Abs. 1 Satz 2 Nr. 7 EStG

Betriebsveranstaltung

– Eine nur Führungskräften eines Unternehmens vorbehaltene Abendveranstaltung ist mangels Offenheit des Teilnehmerkreises keine Betriebsveranstaltung i. S. d. § 40 Abs. 2 Satz 1 Nr. 2 EStG (→ BFH vom 15. 1. 2009 – BStBl II S. 476).

§ 40 EStG
H 40.2

- Im Rahmen einer Betriebsveranstaltung an alle Arbeitnehmer überreichte Goldmünzen unterliegen nicht der Pauschalierungsmöglichkeit des § 40 Abs. 2 Satz 1 Nr. 2 EStG (→ BFH vom 7. 11. 2006 – BStBl 2007 II S. 128).
- Während einer Betriebsveranstaltung überreichte Geldgeschenke, die kein zweckgebundenes Zehrgeld sind, können nicht nach § 40 Abs. 2 EStG pauschal besteuert werden (→ BFH vom 7. 2. 1997 – BStBl II S. 365).

Erholungsbeihilfen

→ H 3.11 (Erholungsbeihilfen und andere Beihilfen)

Fahrten zwischen Wohnung und regelmäßiger Arbeitsstätte

Anhang 25 I → BMF vom 1. 4. 2011 BStBl I S. 301

Fahrten zwischen Wohnung und Arbeitsstätte

→ Anhang 18 Tz. 5

Fahrtkostenzuschüsse

- als zusätzlich erbrachte Leistung → R 3.33 Abs. 5
- können auch bei Anrechnung auf andere freiwillige Sonderzahlungen pauschal versteuert werden (→ BFH vom 1. 10. 2009 – BStBl 2010 II S. 487)
- sind auch bei Teilzeitbeschäftigten im Sinne des § 40a EStG unter Beachtung der Abzugsbeschränkung bei der Entfernungspauschale nach § 40 Abs. 2 Satz 2 EStG pauschalierbar. Die pauschal besteuerten Beförderungsleistungen und Fahrtkostenzuschüsse sind in die Prüfung der Arbeitslohngrenzen des § 40a EStG nicht einzubeziehen (→ § 40 Abs. 2 Satz 3 EStG).

Fehlerhafte Pauschalversteuerung

→ H 40a.1 (Fehlerhafte Pauschalversteuerung)

Gestellung von Kraftfahrzeugen

Die Vereinfachungsregelung gem. R 40.2 Abs. 6 Satz 1 Nr. 1 Buchstabe b 2. Halbsatz gilt nicht bei der Einzelbewertung einer Kraftfahrzeuggestellung nach der sog. 0,002 %-Methode → BMF

Anhang 25 I vom 1. 4. 2011 (BStBl I S. 301), Rdnr. 13.

Geldgeschenke, Goldmünzen

→ Betriebsveranstaltung

Kirchensteuer bei Pauschalierung der Lohnsteuer

→ Gleichlautender Ländererlass vom **23. 10. 2012 (BStBl I S. 1083)**

Gleichlautende Erlasse der obersten Finanzbehörden der Länder betr. Kirchensteuer bei Pauschalierung der Lohnsteuer

Vom 23. Oktober 2012 (BStBl I S. 1083)

Bezug: Erlasse vom 17. November 2006 (BStBl I S. 716)

In den Fällen der Pauschalierung der Lohnsteuer nach Maßgabe der § 40, § 40a Abs. 1, 2a und 3 und § 40b EStG kann der Arbeitgeber bei der Erhebung der Kirchensteuer zwischen einem vereinfachten Verfahren und einem Nachweisverfahren wählen. Diese Wahl kann der Arbeitgeber sowohl für jeden Lohnsteuer-Anmeldungszeitraum als auch für die jeweils angewandte Pauschalierungsvorschrift und darüber hinaus für die in den einzelnen Rechtsvorschriften aufgeführten Pauschalierungstatbestände unterschiedlich treffen. Im Einzelnen gilt Folgendes:

1. Entscheidet sich der Arbeitgeber für die Vereinfachungsregelung, hat er in allen Fällen der Pauschalierung der Lohnsteuer für sämtliche Arbeitnehmer Kirchensteuer zu entrichten. Dabei ist ein ermäßigter Steuersatz anzuwenden, der in pauschaler Weise dem Umstand Rechnung trägt, dass nicht alle Arbeitnehmer Angehörige einer steuererhebenden Religionsgemeinschaft sind.
   Die im vereinfachten Verfahren ermittelten Kirchensteuern sind in der Lohnsteuer-Anmeldung bei Kennzahl 47 gesondert anzugeben. Die Aufteilung auf die steuererhebenden Religionsgemeinschaften wird von der Finanzverwaltung übernommen.

§ 40 EStG
H 40.2

2. a) Macht der Arbeitgeber Gebrauch von der ihm zustehenden Nachweismöglichkeit, dass einzelne Arbeitnehmer keiner steuererhebenden Religions-gemeinschaft angehören, kann er hinsichtlich dieser Arbeitnehmer von der Ent-richtung der auf die pauschale Lohnsteuer entfallenden Kirchensteuer absehen; für die übrigen Arbeitnehmer gilt der allgemeine Kirchensteuersatz.
   b) Als Beleg für die Nichtzugehörigkeit zu einer steuererhebenden Religionsgemeinschaft dienen in den Fällen des § 40 und § 40b EStG grundsätzlich die vom Arbeitgeber beim Bundeszentralamt für Steuern abgerufenen elektronischen Lohnsteuerabzugsmerkmale (ELStAM) oder ein Vermerk des Arbeitgebers, dass der Arbeitnehmer seine Nichtzugehörigkeit zu einer steuererhebenden Religionsgemeinschaft mit der vom Finanzamt ersatzweise ausgestellten Bescheinigung für den Lohnsteuerabzug nachgewiesen hat. Liegen dem Arbeitgeber diese amtlichen Nachweise nicht vor, bedarf es zumindest einer schriftlichen Erklärung des Arbeitnehmers nach beigefügtem Muster; in den Fällen des § 40a Abs. 1, 2a und 3 EStG genügt als Nachweis eine Erklärung nach beigefügtem Muster.
   Der Nachweis über die fehlende Kirchensteuerpflicht des Arbeitnehmers muss vom Arbeitgeber als Beleg zum Lohnkonto aufbewahrt werden.
   c) Die auf die kirchensteuerpflichtigen Arbeitnehmer entfallende pauschale Lohnsteuer hat der Arbeitgeber anhand des in den Lohnkonten aufzuzeichnenden Religionsbekenntnisses zu ermitteln; führt der Arbeitgeber ein Sammelkonto (§ 4 Abs. 2 Nr. 8 Satz 2 LStDV) oder in den Fällen des § 40a EStG entsprechende Aufzeichnungen, hat er dort das Religionsbekenntnis der betroffenen Arbeitnehmer anzugeben.
   Kann der Arbeitgeber die auf den einzelnen kirchensteuerpflichtigen Arbeitnehmer entfallende pauschale Lohnsteuer nicht ermitteln, kann er aus Vereinfachungsgründen die gesamte pauschale Lohnsteuer im Verhältnis der kirchen-steuerpflichtigen zu den nicht kirchensteuerpflichtigen Arbeitnehmern aufteilen; der auf die kirchensteuerpflichtigen Arbeitnehmer entfallende Anteil ist Bemessungsgrundlage für die Anwendung des allgemeinen Kirchensteuersatzes. Die so ermittelte Kirchensteuer ist im Verhältnis der Konfessions- bzw. Religionszugehörigkeit der kirchensteuerpflichtigen Arbeitnehmer aufzuteilen.
   Die im Nachweisverfahren ermittelten Kirchensteuern sind in der Lohnsteuer-Anmeldung unter der jeweiligen Kirchensteuer-Kennzahl (z. B. 61, 62) anzugeben.
3. Die Höhe der Kirchensteuersätze ergibt sich sowohl bei Anwendung der Vereinfachungsregelung (Nr. 1) als auch im Nachweisverfahren (Nr. 2) aus den Kirchensteuerbeschlüssen der steuererhebenden Religionsgemeinschaften. Die in den jeweiligen Ländern geltenden Regelungen werden für jedes Kalenderjahr im Bundessteuerblatt Teil I veröffentlicht.
4. Dieser Erlass ist erstmals anzuwenden
   – bei laufendem Arbeitslohn, der für einen nach dem 31. Dezember 2012 endenden Lohnzahlungszeitraum gezahlt wird und
   – bei sonstigen Bezügen, die nach dem 31. Dezember 2012 zufließen.
   Er ersetzt den Bezugserlass. Solange der Arbeitgeber das ELStAM-Verfahren noch nicht anwendet, ist nach dem Bezugserlass zu verfahren.

Muster

Erklärung gegenüber dem Betriebsstättenfinanzamt zur Religionszugehörigkeit für die Erhebung der pauschalen Lohnsteuer nach § 40, § 40a Abs. 1, 2a und 3 und § 40b EStG

Finanzamt
Arbeitgeber:
Name der Firma
Anschrift:
Arbeitnehmer:
Name, Vorname
Anschrift:

Ich, der vorbezeichnete Arbeitnehmer erkläre, dass ich

☐ bereits zu Beginn meiner Beschäftigung bei dem obengenannten Arbeitgeber

☐ seit dem ....

keiner Religionsgemeinschaft angehöre, die Kirchensteuer erhebt.

Ich versichere, die Angaben in dieser Erklärung wahrheitsgemäß nach bestem Wissen und Gewissen gemacht zu haben, und werde den Eintritt in eine steuererhebende Religionsgemeinschaft dem Arbeitgeber unverzüglich anzeigen. Mir ist bekannt, dass die Erklärung als Grundlage für das Besteuerungsverfahren dient und meinen Arbeitgeber berechtigt, von der Entrichtung von Kirchensteuer auf den Arbeitslohn abzusehen.

Ort, Datum   Unterschrift des Arbeitnehmers

Diese und jede weitere Erklärung über den Beitritt zu einer steuererhebenden Religionsgemeinschaft sind vom Arbeitgeber zum Lohnkonto zu nehmen.

Pauschalierungsbescheid

Ein Lohnsteuer-Pauschalierungsbescheid ist dann inhaltlich hinreichend bestimmt, wenn in seinem Tenor oder in seinen Anlagen der Sachkomplex bezeichnet ist, auf dem die Erhebung der pauschalen Lohnsteuer beruht (→ BFH vom 28. 11. 1990 – BStBl 1991 II S. 488).

Pauschalversteuerung von Reisekosten

   Beispiel:

   Ein Arbeitnehmer erhält wegen einer Auswärtstätigkeit von Montag 11 Uhr bis Mittwoch 20 Uhr mit kostenloser Übernachtung und Bewirtung im Gästehaus eines Geschäftsfreundes lediglich pauschalen Fahrtkostenersatz von 250 €, dem eine Fahrstrecke mit eigenem Pkw von 500 km zugrunde liegt.

   Steuerfrei sind

   – eine Fahrtkostenvergütung von (500 × 0,30 € =)   150 €
   – Verpflegungspauschalen von (6 € + 24 € + 12 € =)   42 €
   insgesamt   192 €.

   Der Mehrbetrag von (250 € ./. 192 € =) 58 € kann mit einem Teilbetrag von 42 € pauschal mit 25 % versteuert werden. Bei einer Angabe in der Lohnsteuerbescheinigung sind 42 € einzutragen (→ § 41b Abs. 1 Satz 2 Nr. 10 EStG).

EStG

§ 40a Pauschalierung der Lohnsteuer für Teilzeitbeschäftigte und geringfügig Beschäftigte

S 2372

(1) ¹Der Arbeitgeber kann unter Verzicht auf den Abruf von elektronischen Lohnsteuerabzugsmerkmalen (§ 39e Absatz 4 Satz 2) oder die Vorlage einer Bescheinigung für den Lohnsteuerabzug (§ 39 Absatz 3 oder § 39e Absatz 7 oder Absatz 8) bei Arbeitnehmern, die nur kurzfristig beschäftigt werden, die Lohnsteuer mit einem Pauschsteuersatz von 25 Prozent des Arbeitslohns erheben. ²Eine kurzfristige Beschäftigung liegt vor, wenn der Arbeitnehmer bei dem Arbeitgeber gelegentlich, nicht regelmäßig wiederkehrend beschäftigt wird, die Dauer der Beschäftigung 18 zusammenhängende Arbeitstage nicht übersteigt und

1. der Arbeitslohn während der Beschäftigungsdauer 62 Euro durchschnittlich je Arbeitstag nicht übersteigt oder

2. die Beschäftigung zu einem unvorhersehbaren Zeitpunkt sofort erforderlich wird.

(2) Der Arbeitgeber kann unter Verzicht auf den Abruf von elektronischen Lohnsteuerabzugsmerkmalen (§ 39e Absatz 4 Satz 2) oder die Vorlage einer Bescheinigung für den Lohnsteuerabzug (§ 39 Absatz 3 oder § 39e Absatz 7 oder Absatz 8) die Lohnsteuer einschließlich Solidaritätszuschlag und Kirchensteuern (einheitliche Pauschsteuer) für das Arbeitsentgelt aus geringfügigen Beschäftigungen im Sinne des § 8 Absatz 1 Nummer 1 oder des § 8a des Vierten Buches Sozialgesetzbuch, für das er Beiträge nach § 168 Absatz 1 Nummer 1b oder 1c (geringfügig versicherungspflichtig Beschäftigte) oder nach § 172 Absatz 3 oder 3a (versicherungsfrei geringfügig Beschäftigte) des Sechsten Buches Sozialgesetzbuch zu entrichten hat, mit einem einheitlichen Pauschsteuersatz in Höhe von insgesamt 2 Prozent des Arbeitsentgelts erheben.

(2a) Hat der Arbeitgeber in den Fällen des Absatzes 2 keine Beiträge nach § 168 Absatz 1 Nummer 1b oder 1c oder nach § 172 Absatz 3 oder 3a des Sechsten Buches Sozialgesetzbuch zu entrichten, kann er unter Verzicht auf den Abruf von elektronischen Lohnsteuerabzugsmerkmalen (§ 39e Absatz 4 Satz 2) oder die Vorlage einer Bescheinigung für den Lohnsteuerabzug (§ 39 Absatz 3 oder § 39e Absatz 7 oder Absatz 8) die Lohnsteuer mit einem Pauschsteuersatz in Höhe von 20 Prozent des Arbeitsentgelts erheben.

(3) ¹Abweichend von den Absätzen 1 und 2a kann der Arbeitgeber unter Verzicht auf den Abruf von elektronischen Lohnsteuerabzugsmerkmalen (§ 39e Absatz 4 Satz 2) oder die Vorla-

ge einer Bescheinigung für den Lohnsteuerabzug (§ 39 Absatz 3 oder § 39e Absatz 7 oder Absatz 8) bei Aushilfskräften, die in Betrieben der Land- und Forstwirtschaft im Sinne des § 13 Absatz 1 Nummer 1 bis 4 ausschließlich mit typisch land- oder forstwirtschaftlichen Arbeiten beschäftigt werden, die Lohnsteuer mit einem Pauschsteuersatz von 5 Prozent des Arbeitslohns erheben. ²Aushilfskräfte im Sinne dieser Vorschrift sind Personen, die für die Ausführung und für die Dauer von Arbeiten, die nicht ganzjährig anfallen, beschäftigt werden; eine Beschäftigung mit anderen land- und forstwirtschaftlichen Arbeiten ist unschädlich, wenn deren Dauer 25 Prozent der Gesamtbeschäftigungsdauer nicht überschreitet. ³Aushilfskräfte sind nicht Arbeitnehmer, die zu den land- und forstwirtschaftlichen Fachkräften gehören oder die der Arbeitgeber mehr als 180 Tage im Kalenderjahr beschäftigt.

(4) Die Pauschalierungen nach den Absätzen 1 und 3 sind unzulässig
1. bei Arbeitnehmern, deren Arbeitslohn während der Beschäftigungsdauer durchschnittlich je Arbeitsstunde 12 Euro übersteigt,
2. bei Arbeitnehmern, die für eine andere Beschäftigung von demselben Arbeitgeber Arbeitslohn beziehen, der nach den § 39b oder § 39c dem Lohnsteuerabzug unterworfen wird.

(5) Auf die Pauschalierungen nach den Absätzen 1 bis 3 ist § 40 Absatz 3 anzuwenden.

(6) ¹Für die Erhebung der einheitlichen Pauschsteuer nach Absatz 2 ist die Deutsche Rentenversicherung Knappschaft-Bahn-See/Verwaltungsstelle Cottbus zuständig. ²Die Regelungen zum Steuerabzug vom Arbeitslohn sind entsprechend anzuwenden. ³Für die Anmeldung, Abführung und Vollstreckung der einheitlichen Pauschsteuer gelten dabei die Regelungen für die Beiträge nach § 168 Absatz 1 Nummer 1b oder 1c oder nach § 172 Absatz 3 oder 3a des Sechsten Buches Sozialgesetzbuch. ⁴Die Deutsche Rentenversicherung Knappschaft-Bahn-See/Verwaltungsstelle Cottbus hat die einheitliche Pauschsteuer auf die erhebungsberechtigten Körperschaften aufzuteilen; dabei entfallen aus Vereinfachungsgründen 90 Prozent der einheitlichen Pauschsteuer auf die Lohnsteuer, 5 Prozent auf den Solidaritätszuschlag und 5 Prozent auf die Kirchensteuern. ⁵Die erhebungsberechtigten Kirchen haben sich auf eine Aufteilung des Kirchensteueranteils zu verständigen und diesen der Deutschen Rentenversicherung Knappschaft-Bahn-See/Verwaltungsstelle Cottbus mitzuteilen. ⁶Die Deutsche Rentenversicherung Knappschaft-Bahn-See/Verwaltungsstelle Cottbus ist berechtigt, die einheitliche Pauschsteuer nach Absatz 2 zusammen mit den Sozialversicherungsbeiträgen beim Arbeitgeber einzuziehen.

Kurzfristig Beschäftigte und Aushilfskräfte in der Land- und Forstwirtschaft

Allgemeines

(1) ¹Die Pauschalierung der Lohnsteuer nach § 40a Abs. 1 und 3 EStG ist sowohl für unbeschränkt als auch für beschränkt einkommensteuerpflichtige Aushilfskräfte zulässig. ²Bei der Prüfung der Voraussetzungen für die Pauschalierung ist von den Merkmalen auszugehen, die sich für das einzelne Dienstverhältnis ergeben. ³Es ist nicht zu prüfen, ob die Aushilfskraft noch in einem Dienstverhältnis zu einem anderen Arbeitgeber steht. ⁴Der Arbeitgeber darf die Pauschalbesteuerung nachholen, solange keine Lohnsteuerbescheinigung ausgeschrieben ist, eine Lohnsteuer-Anmeldung noch berichtigt werden kann und noch keine Festsetzungsverjährung eingetreten ist. ⁵Der Arbeitnehmer kann Aufwendungen, die mit dem pauschal besteuerten Arbeitslohn zusammenhängen, nicht als Werbungskosten abziehen.

Gelegentliche Beschäftigung

(2) ¹Als gelegentliche, nicht regelmäßig wiederkehrende Beschäftigung ist eine ohne feste Wiederholungsabsicht ausgeübte Tätigkeit anzusehen. ²Tatsächlich kann es zu Wiederholungen der Tätigkeit kommen. ³Entscheidend ist, dass die erneute Tätigkeit nicht bereits von vornherein vereinbart worden ist. ⁴Es kommt dann nicht darauf an, wie oft die Aushilfskräfte tatsächlich im Laufe des Jahres tätig werden. ⁵Ob sozialversicherungsrechtlich eine kurzfristige Beschäftigung vorliegt oder nicht, ist für die Pauschalierung nach § 40a Abs. 1 EStG ohne Bedeutung.

Unvorhersehbarer Zeitpunkt

(3) ¹§ 40a Abs. 1 Satz 2 Nr. 2 EStG setzt voraus, dass das Dienstverhältnis dem Ersatz einer ausgefallenen oder dem akuten Bedarf einer zusätzlichen Arbeitskraft dient. ²Die Beschäftigung von Aushilfskräften, deren Einsatzzeitpunkt längere Zeit vorher feststeht, z. B. bei Volksfesten oder Messen, kann grundsätzlich nicht als unvorhersehbar und sofort erforderlich angesehen werden; eine andere Beurteilung ist aber z. B. hinsichtlich solcher Aushilfskräfte möglich, deren Einstellung entgegen dem vorhersehbaren Bedarf an Arbeitskräften notwendig geworden ist.

---

¹) Die Vorschrift soll durch das Jahressteuergesetz 2013 (JStG 2013) geändert werden. Bei Redaktionsschluss war das Gesetzgebungsverfahren noch nicht abgeschlossen. Um Beachtung wird gebeten.
→ Siehe hierzu Hinweise auf Seite 4!

Bemessungsgrundlage für die pauschale Lohnsteuer

(4) ¹Zur Bemessungsgrundlage der pauschalen Lohnsteuer gehören alle Einnahmen, die dem Arbeitnehmer aus der Aushilfsbeschäftigung zufließen (→ § 2 LStDV). ²Steuerfreie Einnahmen bleiben außer Betracht. ³Der Arbeitslohn darf für die Ermittlung der pauschalen Lohnsteuer nicht um den Altersentlastungsbetrag (§ 24a EStG) gekürzt werden.

Pauschalierungsgrenzen

(5) ¹Bei der Prüfung der Pauschalierungsgrenzen des § 40a Abs. 1 und 3 EStG ist Absatz 4 entsprechend anzuwenden. ²Pauschal besteuerte Bezüge mit Ausnahme des § 40 Abs. 2 Satz 2 EStG sind bei der Prüfung der Pauschalierungsgrenzen zu berücksichtigen. ³Zur Beschäftigungsdauer gehören auch solche Zeiträume, in denen der Arbeitslohn wegen Urlaubs, Krankheit oder gesetzlicher Feiertage fortgezahlt wird.

Aushilfskräfte in der Land- und Forstwirtschaft

(6) ¹Eine Pauschalierung der Lohnsteuer nach § 40a Abs. 3 EStG für Aushilfskräfte in der Land- und Forstwirtschaft ist nur zulässig, wenn die Aushilfskräfte in einem Betrieb i. S. d. § 13 Abs. 1 EStG beschäftigt werden. ²Für Aushilfskräfte, die in einem Gewerbebetrieb i. S. d. § 15 EStG tätig sind, kommt die Pauschalierung nach § 40a Abs. 3 EStG selbst dann nicht in Betracht, wenn sie mit typisch land- und forstwirtschaftlichen Arbeiten beschäftigt werden; eine Pauschalierung der Lohnsteuer ist grundsätzlich zulässig, wenn ein Betrieb, der Land- und Forstwirtschaft betreibt, nur wegen seiner Rechtsform oder der Abfärbetheorie (§ 15 Abs. 3 Nr. 1 EStG) als Gewerbebetrieb gilt. ³Werden die Aushilfskräfte zwar in einem land- und forstwirtschaftlichen Betrieb i. S. d. § 13 Abs. 1 EStG beschäftigt, üben sie aber keine typische land- und forstwirtschaftliche Tätigkeit aus, z. B. Blumenbinder, Verkäufer, oder sind sie abwechselnd mit typisch land- und forstwirtschaftlichen und anderen Arbeiten betraut, z. B. auch im Gewerbebetrieb oder Nebenbetrieb desselben Arbeitgebers tätig, ist eine Pauschalierung der Lohnsteuer nach § 40a Abs. 3 EStG nicht zulässig.

Hinweise

Abwälzung der pauschalen Lohnsteuer

→ BMF vom 10. 1. 2000 (BStBl I S. 138)

→ H 40.2

Arbeitstag

Als Arbeitstag i. S. d. § 40a Abs. 1 Satz 2 Nr. 1 EStG ist grundsätzlich der Kalendertag zu verstehen. Arbeitstag kann jedoch auch eine auf zwei Kalendertage fallende Nachtschicht sein (→ BFH vom 28. 1. 1994 – BStBl II S. 421).

Arbeitsstunde

Arbeitsstunde i. S. d. § 40a Abs. 4 Nr. 1 EStG ist die Zeitstunde. Wird der Arbeitslohn für kürzere Zeiteinheiten gezahlt, z. B. für 45 Minuten, ist der Lohn zur Prüfung der Pauschalierungsgrenze nach § 40a Abs. 4 Nr. 1 EStG entsprechend umzurechnen (→ BFH vom 10. 8. 1990 – BStBl II S. 1092).

Aufzeichnungspflichten

– → § 4 Abs. 2 Nr. 8 vorletzter Satz LStDV
– Als Beschäftigungsdauer ist jeweils die Zahl der tatsächlichen Arbeitsstunden (= 60 Minuten) in dem jeweiligen Lohnzahlungs- oder Lohnabrechnungszeitraum aufzuzeichnen (→ BFH vom 10. 9. 1976 – BStBl 1977 II S. 17).
– Bei fehlenden oder fehlerhaften Aufzeichnungen ist die Lohnsteuerpauschalierung zulässig, wenn die Pauschalierungsvoraussetzungen auf andere Weise, z. B. durch Arbeitsnachweise, Zeitkontrollen, Zeugenaussagen, nachgewiesen oder glaubhaft gemacht werden (→ BFH vom 12. 6. 1986 – BStBl II S. 681).

Beschränkung auf einzelne Arbeitnehmer

Die Pauschalierung der Lohnsteuer muss nicht einheitlich für alle in Betracht kommenden Arbeitnehmer durchgeführt werden; der Arbeitgeber kann die Pauschalierung auf bestimmte Arbeitnehmer beschränken (→ BFH vom 3. 6. 1982 – BStBl II S. 710).

§ 40a EStG
H 40a.1

Fehlerhafte Pauschalversteuerung
- Eine fehlerhafte Pauschalbesteuerung ist für die Veranlagung zur Einkommensteuer nicht bindend. Das Veranlagungs-Finanzamt kann deshalb bei Verneinung der Pauschalierungsvoraussetzungen auch den pauschal besteuerten Arbeitslohn in die Veranlagung einbeziehen, ohne dass es einer vorherigen Änderung der Lohnsteueranmeldung bedarf (→ BFH vom 10. 6. 1988 – BStBl II S. 981).
- 1. Im Rahmen der Einkommensteuerveranlagung ist das Wohnsitz-FA nicht gehindert, die Zulässigkeit einer pauschalen Besteuerung vom Arbeitslohn für Teilzeitbeschäftigte nach § 40a EStG zu überprüfen und die unzutreffend pauschal besteuerten Lohnteile in der Veranlagung einzubeziehen (Anschluss an BFH-Urteil vom 10. Juni 1988 III R 232/84, BFHE 154, 68, BStBl II 1988, 981).
  2. Bei der Prüfung, ob die Pauschalierungsgrenzen des § 40a EStG eingehalten worden sind, sind auch Zukunftssicherungsleistungen des Arbeitgebers im Sinne des § 40b EStG einzubeziehen.
  3. Sonderzahlungen des Arbeitgebers sind bei der Berechnung der Wochenlohngrenze den Wochen zuzuordnen, für die sie erbracht worden sind
  (→ BFH vom 13. 1. 1989 – BStBl 1989 II S. 1030).

Kirchensteuer bei Pauschalierung der Lohnsteuer
→ Gleichlautender Ländererlass vom **23. 10. 2012 (BStBl I S. 1083)**
→ H 40.2

Land- und Forstwirtschaft
- Abgrenzung Gewerbebetrieb – Betrieb der Land- und Forstwirtschaft → R 15.5 EStR
- Die Pauschalierung nach § 40a Abs. 3 EStG ist zulässig, wenn ein Betrieb, der Land- und Forstwirtschaft betreibt, ausschließlich wegen seiner Rechtsform als Gewerbebetrieb gilt (→ BFH vom 5. 9. 1980 – BStBl 1981 II S. 76). Entsprechendes gilt, wenn der Betrieb nur wegen § 15 Abs. 3 Nr. 1 EStG (Abfärbetheorie) als Gewerbebetrieb anzusehen ist (→ BFH vom 14. 9. 2005 – BStBl 2006 II S. 92).
- Die Pauschalierung der Lohnsteuer nach § 40a Abs. 3 EStG ist nicht zulässig, wenn der Betrieb infolge erheblichen Zukaufs fremder Erzeugnisse aus dem Tätigkeitsbereich des § 13 Abs. 1 EStG ausgeschieden und einheitlich als Gewerbebetrieb zu beurteilen ist. Etwas anderes gilt auch nicht für Neben- oder Teilbetriebe, die für sich allein die Merkmale eines land- und forstwirtschaftlichen Betriebs erfüllen (→ BFH vom 3. 8. 1990 – BStBl 1991 II S. 1002).
- Auch der Wegebau kann zu den typisch land- oder forstwirtschaftlichen Arbeiten i. S. des § 40a EStG gehören . . . (→ BFH vom 12. 6. 1986 – BStBl 1986 II S. 681)

Land- und forstwirtschaftliche Arbeiten
Das Schälen von Spargel durch Aushilfskräfte eines landwirtschaftlichen Betriebs zählt nicht zu den typisch land- und forstwirtschaftlichen Arbeiten i. S. d. § 40a Abs. 3 Satz 1 EStG (→ BFH vom 8. 5. 2008 – BStBl 2009 II S. 40.

Land- und forstwirtschaftliche Fachkraft
- Ein Arbeitnehmer, der die Fertigkeiten für eine land- oder forstwirtschaftliche Tätigkeit im Rahmen einer Berufsausbildung erlernt hat, gehört zu den Fachkräften, ohne dass es darauf ankommt, ob die durchgeführten Arbeiten den Einsatz einer Fachkraft erfordern (→ BFH vom 25. 10. 2005 – BStBl 2006 II S. 208).
- Hat ein Arbeitnehmer die erforderlichen Fertigkeiten nicht im Rahmen einer Berufsausbildung erworben, gehört er nur dann zu den land- und forstwirtschaftlichen Fachkräften, wenn er anstelle einer Fachkraft eingesetzt ist (→ BFH vom 25. 10. 2005 – BStBl 2006 II S. 208).
- Ein Arbeitnehmer ist anstelle einer land- und forstwirtschaftlichen Fachkraft eingesetzt, wenn mehr als 25 % der zu beurteilenden Tätigkeit Fachkraft-Kenntnisse erfordern (→ BFH vom 25. 10. 2005 – BStBl 2006 II S. 208).
- Traktorführer sind jedenfalls dann als Fachkräfte und nicht als Aushilfskräfte zu beurteilen, wenn sie den Traktor als Zugfahrzeug mit landwirtschaftlichen Maschinen führen (→ BFH vom 25. 10. 2005 – BStBl 2006 II S. 204).

Land- und forstwirtschaftliche Saisonarbeiten
- Land- und forstwirtschaftliche Arbeiten fallen nicht ganzjährig an, wenn sie wegen der Abhängigkeit vom Lebensrhythmus der produzierten Pflanzen oder Tiere einen erkennbaren

§ 40a EStG
H 40a.1

- Abschluss in sich tragen. Dementsprechend können darunter auch Arbeiten fallen, die im Zusammenhang mit der Viehhaltung stehen (→ BFH vom 25. 10. 2005 – BStBl 2006 II S. 206).
- Wenn die Tätigkeit des Ausmistens nicht laufend, sondern nur im Zusammenhang mit dem einmal jährlich erfolgenden Vieh-Austrieb auf die Weide möglich ist, handelt es sich um eine nicht ganzjährig anfallende Arbeit. Unschädlich ist, dass ähnliche Tätigkeiten bei anderen Bewirtschaftungsformen ganzjährig anfallen können (→ BFH vom 25. 10. 2005 – BStBl 2006 II S. 206).
- Reinigungsarbeiten, die ihrer Art nach während des ganzen Jahres anfallen (hier: Reinigung der Güllekanäle und Herausnahme der Güllespalten), sind nicht vom Lebensrhythmus der produzierten Pflanzen oder Tiere abhängig und sind daher keine saisonbedingten Arbeiten (→ BFH vom 25. 10. 2005 – BStBl 2006 II S. 204).
- Die Unschädlichkeitsgrenze von 25 % der Gesamtbeschäftigungsdauer bezieht sich auf ganzjährig anfallende land- und forstwirtschaftliche Arbeiten. Für andere land- und forstwirtschaftliche Arbeiten gilt sie nicht (→ BFH vom 25. 10. 2005 – BStBl 2006 II S. 206).

Minijob und Kurzarbeit

Minijob und Kurzarbeit: Anrechnung auf Kurzarbeitergeld möglich

(OFD Koblenz, Pressemitteilung v. 29. 10. 2009)

Die OFD Koblenz weist im Rahmen einer Pressemitteilung darauf hin, dass Einkünfte aus einem sog. Minijob auf das Kurzarbeitergeld angerechnet werden können.

Hintergrund: Rund 32000 Arbeitnehmer sind allein in Rheinland-Pfalz im Zuge der Wirtschaftskrise von Kurzarbeit betroffen. Um die dadurch entstandene finanzielle Lücke zu schließen, scheint für Viele ein Minijob der Ausweg. Hierbei kann monatlich bis zu 400 Euro dazu verdient werden, ohne dass Abgaben oder Steuern anfallen. Bei einem Minijob trägt der Arbeitgeber sämtliche Abgaben wie Unfall- und Sozialversicherungsbeiträge sowie eine Pauschalsteuer, so dass dem Minijobber „Brutto für Netto" bleiben und er bis zu 400 Euro auch tatsächlich ausgezahlt bekommt.

Doch Achtung! Der Minijob kann auf das Kurzarbeitergeld angerechnet werden. Entscheiden ist hier, wann der Nebenjob angetreten wurde: War dies erst nach Beginn der Kurzarbeit der Fall, so rechnet die Arbeitsagentur einen Teil dieser zusätzlichen Einkünfte auf das Kurzarbeitergeld an. Besser dran sind dagegen diejenigen, die bereits vor Beginn der Kurzarbeit einen Nebenjob aufgenommen haben. Die Einkünfte daraus werden nämlich nicht auf das Kurzarbeitergeld angerechnet.

Muss Kurzarbeitergeld versteuert werden? Nicht direkt. Kurzarbeitergeld ist zwar steuerfrei, erhöht jedoch den Steuersatz für die übrigen steuerpflichtigen Einkünfte (sogenannter Progressionsvorbehalt, der vom Finanzamt bei der Einkommensteuerveranlagung berücksichtigt wird). Zahlt der Arbeitgeber allerdings einen Zuschuss zum Kurzarbeitergeld, so ist dieser Zuschuss steuerpflichtig.

Nachforderung pauschaler Lohnsteuer

Die Nachforderung pauschaler Lohnsteuer beim Arbeitgeber setzt voraus, dass dieser der Pauschalierung zustimmt (→ BFH vom 20. 11. 2008 – BStBl 2009 II S. 374).

Nebenbeschäftigung für denselben Arbeitgeber

Übt der Arbeitnehmer für denselben Arbeitgeber neben seiner Haupttätigkeit eine Nebentätigkeit mit den Merkmalen einer kurzfristigen Beschäftigung oder Aushilfskraft aus, ist die Pauschalierung der Lohnsteuer nach § 40a Abs. 1 und 3 EStG ausgeschlossen (→ § 40a Abs. 4 Nr. 2 EStG).

Nettolohnvereinbarung

Bei einer fehlgeschlagenen Pauschalierung nach § 40a Abs. 2 EStG kann keine Nettolohnvereinbarung zwischen Arbeitgeber und Aushilfskraft unterstellt werden (→ BFH vom 13. 10. 1989 – BStBl 1990 II S. 30).

Rückzahlung von Arbeitslohn

→ H 11

Ruhegehalt neben kurzfristiger Beschäftigung

In einer kurzfristigen Beschäftigung kann die Lohnsteuer auch dann pauschaliert werden, wenn der Arbeitnehmer vom selben Arbeitgeber ein betriebliches Ruhegeld bezieht, das dem normalen Lohnsteuerabzug unterliegt (→ BFH vom 27. 7. 1990 – BStBl II S. 931).

§§ 40a, 40b EStG
H 40a.2 R 40a.2

Geringfügig entlohnte Beschäftigte

R 40a.2

¹Die Erhebung der einheitlichen Pauschsteuer nach § 40a Abs. 2 EStG knüpft allein an die sozialversicherungsrechtliche Beurteilung als geringfügige Beschäftigung an und kann daher nur dann erfolgen, wenn der Arbeitgeber einen pauschalen Beitrag zur gesetzlichen Rentenversicherung von 15 % bzw. 5 % (geringfügig Beschäftigte im Privathaushalt) zu entrichten hat. ²Die Pauschalierung der Lohnsteuer nach § 40a Abs. 2a EStG kommt in Betracht, wenn der Arbeitgeber für einen geringfügig Beschäftigten nach §§ 8 Abs. 1 Nr. 1, 8a SGB IV keinen pauschalen Beitrag zur gesetzlichen Rentenversicherung zu entrichten hat (z. B. auf Grund der Zusammenrechnung mehrerer geringfügiger Beschäftigungsverhältnisse). ³Bemessungsgrundlage für die einheitliche Pauschsteuer (§ 40a Abs. 2 EStG) und den Pauschsteuersatz nach § 40a Abs. 2a EStG ist das sozialversicherungsrechtliche Arbeitsentgelt, unabhängig davon, ob es steuerpflichtiger oder steuerfreier Arbeitslohn ist. ⁴Für Lohnbestandteile, die nicht zum sozialversicherungsrechtlichen Arbeitsentgelt gehören, ist die Lohnsteuerpauschalierung nach § 40a Abs. 2 und 2a EStG nicht zulässig; sie unterliegen der Lohnsteuererhebung nach den allgemeinen Regelungen.

Hinweise

H 40a.2

Arbeitsentgelt, Maßgeblichkeit, Zufluss

1. Ob ein nach § 3 Nr. 39 EStG steuerfreies Arbeitsentgelt aus einer geringfügigen Beschäftigung erzielt wird, beurteilt sich ausschließlich nach sozialversicherungsrechtlichen Maßstäben. Die Geringfügigkeitsgrenze ist auch unter Einbeziehung tariflich geschuldeter, aber tatsächlich nicht ausgezahlter Löhne zu bestimmen (sozialversicherungsrechtliches „Entstehungsprinzip").
2. Der Einkommensteuer unterliegt nach einer geringfügigen Beschäftigung nur der tatsächlich zugeflossene Arbeitslohn („Zuflussprinzip").
(→ BFH vom 29. 5. 2008 – BStBl 2009 II S. 147).

Geringfügige Beschäftigung

für ehrenamtliche Feuerwehrleute → Anhang 39

Wechsel zwischen Pauschalversteuerung und Regelbesteuerung

– Es ist nicht zulässig, im Laufe eines Kalenderjahres zwischen der Regelbesteuerung und der Pauschalbesteuerung zu wechseln, wenn dadurch allein die Ausnutzung der mit Einkünften aus nichtselbständiger Arbeit verbundenen Frei- und Pauschbeträge erreicht werden soll (→ BFH vom 20. 12. 1991 – BStBl 1992 II S. 695).

– Ein Arbeitgeber ist weder unter dem Gesichtspunkt des Rechtsmissbrauchs noch durch die Zielrichtung des § 40a EStG gehindert, nach Ablauf des Kalenderjahres die Pauschalversteuerung des Arbeitslohnes für die in seinem Betrieb angestellte Ehefrau rückgängig zu machen und zur Regelbesteuerung überzugehen (→ BFH vom 26. 11. 2003 – BStBl 2004 II S. 195).

---

§ 40b Pauschalierung der Lohnsteuer bei bestimmten Zukunftssicherungsleistungen

EStG
S 2373

(1) Der Arbeitgeber kann die Lohnsteuer von den Zuwendungen zum Aufbau einer nicht kapitalgedeckten betrieblichen Altersversorgung an eine Pensionskasse mit einem Pauschsteuersatz von 20 Prozent der Zuwendungen erheben. 1)

(2) ¹Absatz 1 gilt nicht, soweit die zu besteuernden Zuwendungen des Arbeitgebers für den Arbeitnehmer 1 752 Euro im Kalenderjahr übersteigen oder nicht aus seinem ersten Dienstverhältnis bezogen werden. ²Sind mehrere Arbeitnehmer gemeinsam in der Pensionskasse versichert, so gilt als Zuwendung für den einzelnen Arbeitnehmer der Teilbetrag, der sich bei einer Aufteilung der gesamten Zuwendungen durch die Zahl der begünstigten Arbeitnehmer ergibt, wenn dieser Teilbetrag 1 752 Euro nicht übersteigt; hierbei sind Arbeitnehmer, für die Zuwendungen von mehr als 2 148 Euro im Kalenderjahr geleistet werden, nicht einzubeziehen. ³Für Zuwendungen, die der Arbeitgeber für den Arbeitnehmer aus Anlass der Beendigung des 2)

---

1) Zur Weiteranwendung von Absatz 1 in der am 31. 12. 2004 geltenden Fassung → § 52 Abs. 6 und Abs. 52a Satz 1 und 2 EStG; → H 40b.1.
2) Zur Weiteranwendung von Absatz 2 in der am 31. 12. 2004 geltenden Fassung → § 52 Abs. 6 und Abs. 52a Satz 1 und 2 EStG; → H 40b.1.

§ 40b EStG
R 40b.1

Dienstverhältnisses erbracht hat, vervielfältigt sich der Betrag von 1 752 Euro mit der Anzahl der Kalenderjahre, in denen das Dienstverhältnis des Arbeitnehmers zu dem Arbeitgeber bestanden hat; in diesem Fall ist Satz 2 nicht anzuwenden. ⁴Der vervielfältigte Betrag vermindert sich um die nach Absatz 1 pauschal besteuerten Zuwendungen, die der Arbeitgeber in dem Kalenderjahr, in dem das Dienstverhältnis beendet wird, und in den sechs vorangegangenen Kalenderjahren erbracht hat.

(3) Von den Beiträgen für eine Unfallversicherung des Arbeitnehmers kann der Arbeitgeber die Lohnsteuer mit einem Pauschsteuersatz von 20 Prozent der Beiträge erheben, wenn mehrere Arbeitnehmer gemeinsam in einem Unfallversicherungsvertrag versichert sind und der Teilbetrag, der sich bei einer Aufteilung der gesamten Beiträge nach Abzug der Versicherungsteuer durch die Zahl der begünstigten Arbeitnehmer ergibt, 62 Euro im Kalenderjahr nicht übersteigt.

1) (4) In den Fällen des § 19 Abs. 1 Satz 1 Nr. 3 Satz 2 hat der Arbeitgeber die Lohnsteuer mit einem Pauschsteuersatz in Höhe von 15 Prozent der Sonderzahlungen zu erheben.

(5) ¹§ 40 Abs. 3 ist anzuwenden. ²Die Anwendung des § 40 Abs. 1 Satz 1 Nr. 1 auf Bezüge im Sinne des Absatzes 1, des Absatzes 3 und des Absatzes 4 ist ausgeschlossen.

R 40b.1   **Pauschalierung der Lohnsteuer bei Beiträgen zu Direktversicherungen und Zuwendungen an Pensionskassen für Versorgungszusagen, die vor dem 1. Januar 2005 erteilt wurden**

Direktversicherung

S 2373

(1) ¹Eine Direktversicherung ist eine Lebensversicherung auf das Leben des Arbeitnehmers, die durch den Arbeitgeber bei einem inländischen oder ausländischen Versicherungsunternehmen abgeschlossen worden ist und bei der der Arbeitnehmer oder seine Hinterbliebenen hinsichtlich der Versorgungsleistungen des Versicherers ganz oder teilweise bezugsberechtigt sind

Anhang 2 I

(→ § 1b Abs. 2 Satz 1 BetrAVG). ²Dasselbe gilt für eine Lebensversicherung auf das Leben des Arbeitnehmers, die nach Abschluss durch den Arbeitnehmer vom Arbeitgeber übernommen worden ist. ³Der Abschluss einer Lebensversicherung durch eine mit dem Arbeitgeber verbundene Konzerngesellschaft schließt die Anerkennung als Direktversicherung nicht aus, wenn der Anspruch auf die Versicherungsleistungen durch das Dienstverhältnis veranlasst ist und der Arbeitgeber die Beitragslast trägt. ⁴Als Versorgungsleistungen können Leistungen der Alters-, Invaliditäts- oder Hinterbliebenenversorgung in Betracht kommen.

(2) ¹Es ist grundsätzlich gleichgültig, ob es sich um Kapitalversicherungen einschl. Risikoversicherungen, um Rentenversicherungen oder fondsgebundene Lebensversicherungen handelt. ²Kapitallebensversicherungen mit steigender Todesfallleistung sind als Direktversicherung anzuerkennen, wenn zu Beginn der Versicherung eine Todesfallleistung von mindestens 10 % der Kapitalleistung im Erlebensfall vereinbart und der Versicherungsvertrag vor dem 1. 8. 1994 abgeschlossen worden ist. ³Bei einer nach dem 31. 7. 1994 abgeschlossenen Kapitallebensversicherung ist Voraussetzung für die Anerkennung, dass die Todesfallleistung über die gesamte Versicherungsdauer mindestens 50 % der für den Erlebensfall vereinbarten Kapitalleistung beträgt. ⁴Eine nach dem 31. 12. 1996 abgeschlossene Kapitallebensversicherung ist als Direktversicherung anzuerkennen, wenn die Todesfallleistung während der gesamten Laufzeit des Versicherungsvertrags mindestens 60 % der Summe der Beiträge beträgt, die nach dem Versicherungsvertrag für die gesamte Vertragsdauer zu zahlen sind. ⁵Kapitalversicherungen mit einer Vertragsdauer von weniger als 5 Jahren können nicht anerkannt werden, es sei denn, dass sie im Rahmen einer Gruppenversicherung nach dem arbeitsrechtlichen Grundsatz der Gleichbehandlung abgeschlossen worden sind. ⁶Dasselbe gilt für Rentenversicherungen mit Kapitalwahlrecht, bei denen das Wahlrecht innerhalb von fünf Jahren nach Vertragsabschluss wirksam werden kann, und für Beitragserhöhungen bei bereits bestehenden Kapitalversicherungen mit einer Restlaufzeit von weniger als fünf Jahren; aus Billigkeitsgründen können Beitragserhöhungen anerkannt werden, wenn sie im Zusammenhang mit der Anhebung der Pauschalierungsgrenzen durch das Steuer-Euroglättungsgesetz erfolgt sind. ⁷Unfallversicherungen sind keine Lebensversicherungen, auch wenn bei Unfall mit Todesfolge eine Leistung vorgesehen ist. ⁸Dagegen gehören Unfallzusatzversicherungen und Berufsunfähigkeitszusatzversicherungen, die im Zusammenhang mit Lebensversicherungen abgeschlossen werden, sowie selbständige Berufsunfähigkeitsversicherungen und Unfallversicherungen mit Prämienrückgewähr, bei denen der Arbeitnehmer Anspruch auf die Prämienrückgewähr hat, zu den Direktversicherungen. ⁹Die Bezugsberechtigung des Arbeitnehmers oder seiner Hinterbliebenen muss vom Versicherungsnehmer (Arbeitgeber) der Versicherungsgesellschaft gegenüber erklärt werden (→ § 166²⁾ des Versicherungsvertragsgesetzes

---

1) Absatz 4 ist erstmals auf Sonderzahlungen anzuwenden, die nach dem 23. 8. 2006 gezahlt werden → § 52 Abs. 52b Satz 3 EStG.
2) *Jetzt* → § 159 VVG.

– VVG). ¹⁰Die Bezugsberechtigung kann widerruflich oder unwiderruflich sein; bei widerruflicher Bezugsberechtigung sind die Bedingungen eines Widerrufs steuerlich unbeachtlich. ¹¹Unbeachtlich ist auch, ob die Anwartschaft des Arbeitnehmers arbeitsrechtlich bereits unverfallbar ist.

Rückdeckungsversicherung

(3) ¹Für die Abgrenzung zwischen einer Direktversicherung und einer Rückdeckungsversicherung, die vom Arbeitgeber abgeschlossen wird und die nur dazu dient, dem Arbeitgeber die Mittel zur Leistung einer dem Arbeitnehmer zugesagten Versorgung zu verschaffen, sind regelmäßig die zwischen Arbeitgeber und Arbeitnehmer getroffenen Vereinbarungen (Innenverhältnis) maßgebend und nicht die Abreden zwischen Arbeitgeber und Versicherungsunternehmen (Außenverhältnis). ²Deshalb kann eine Rückdeckungsversicherung steuerlich grundsätzlich nur anerkannt werden, wenn die nachstehenden Voraussetzungen sämtlich erfüllt sind:
1. Der Arbeitgeber hat dem Arbeitnehmer eine Versorgung aus eigenen Mitteln zugesagt, z. B. eine Werkspension.
2. Zur Gewährleistung der Mittel für diese Versorgung hat der Arbeitgeber eine Versicherung abgeschlossen, zu der der Arbeitnehmer keine eigenen Beiträge i. S. d. § 2 Abs. 2 Nr. 2 Satz 2 LStDV leistet.
3. ¹Nur der Arbeitgeber, nicht aber der Arbeitnehmer erlangt Ansprüche gegen die Versicherung. ²Unschädlich ist jedoch die Verpfändung der Ansprüche aus der Rückdeckungsversicherung an den Arbeitnehmer, weil dieser bei einer Verpfändung gegenwärtig keine Rechte erwirbt, die ihm einen Zugriff auf die Versicherung und die darin angesammelten Werte ermöglichen. ³Entsprechendes gilt für eine aufschiebend bedingte Abtretung des Rückdeckungsanspruchs, da die Abtretung rechtlich erst wirksam wird, wenn die Bedingung eintritt (§ 158 Abs. 1 des Bürgerlichen Gesetzbuches – BGB), und für die Abtretung des Rückdeckungsanspruchs zahlungshalber im Falle der Liquidation oder der Vollstreckung in die Versicherungsansprüche durch Dritte.

³Wird ein Anspruch aus einer Rückdeckungsversicherung ohne Entgelt auf den Arbeitnehmer übertragen oder eine bestehende Rückdeckungsversicherung in eine Direktversicherung umgewandelt, fließt dem Arbeitnehmer im Zeitpunkt der Übertragung bzw. Umwandlung ein lohnsteuerpflichtiger geldwerter Vorteil zu, der grundsätzlich dem geschäftsplanmäßigen Deckungskapital zuzüglich einer bis zu diesem Zeitpunkt zugeteilten Überschussbeteiligung der Versicherung entspricht; § 3 Nr. 65 Satz 1 Buchstabe c EStG ist nicht anwendbar. ⁴Entsprechendes gilt, wenn eine aufschiebend bedingte Abtretung rechtswirksam wird (→ Satz 2 Nr. 3).

Pensionskasse

(4) ¹Als Pensionskassen sind sowohl rechtsfähige Versorgungseinrichtungen i. S. d. § 1b Abs. 3 Satz 1 BetrAVG als auch nichtrechtsfähige Zusatzversorgungseinrichtungen des öffentlichen Dienstes i. S. d. § 18 BetrAVG anzusehen, die den Leistungsberechtigten, insbesondere Arbeitnehmern und deren Hinterbliebenen, auf ihre Versorgungsleistungen einen Rechtsanspruch gewähren. ²Es ist gleichgültig, ob die Kasse ihren Sitz oder ihre Geschäftsleitung innerhalb oder außerhalb des Geltungsbereichs des Einkommensteuergesetzes hat. ³Absatz 1 Satz 4 gilt sinngemäß.

Barlohnkürzung

(5) Für die Lohnsteuerpauschalierung nach § 40b EStG kommt es nicht darauf an, ob die Beiträge oder Zuwendungen zusätzlich zu dem ohnehin geschuldeten Arbeitslohn oder auf Grund einer Vereinbarung mit dem Arbeitnehmer durch Herabsetzung des individuell zu besteuernden Arbeitslohns erbracht werden.

Voraussetzungen der Pauschalierung

(6) ¹Die Lohnsteuerpauschalierung setzt bei Beiträgen für eine Direktversicherung voraus, dass
1. die Versicherung nicht auf den Erlebensfall eines früheren als des 60. Lebensjahrs des Arbeitnehmers abgeschlossen,
2. die Abtretung oder Beleihung eines dem Arbeitnehmer eingeräumten unwiderruflichen Bezugsrechts in dem Versicherungsvertrag ausgeschlossen und
3. eine vorzeitige Kündigung des Versicherungsvertrags durch den Arbeitnehmer ausgeschlossen

worden ist. ²Der Versicherungsvertrag darf keine Regelung enthalten, nach der die Versicherungsleistung für den Erlebensfall vor Ablauf des 59. Lebensjahrs fällig werden könnte. ³Lässt der Versicherungsvertrag z. B. die Möglichkeit zu, Gewinnanteile zur Abkürzung der Versicherungsdauer zu verwenden, so muss die Laufzeitverkürzung bis zur Vollendung des 59. Lebensjahrs begrenzt sein. ⁴Der Ausschluss einer vorzeitigen Kündigung des Versicherungsvertrags ist anzunehmen, wenn in dem Versicherungsvertrag zwischen dem Arbeitgeber als Versicherungsnehmer und dem Versicherer folgende Vereinbarung getroffen worden ist:

„Es wird unwiderruflich vereinbart, dass während der Dauer des Dienstverhältnisses eine Übertragung der Versicherungsnehmer-Eigenschaft und eine Abtretung von Rechten aus diesem Vertrag auf den versicherten Arbeitnehmer bis zu dem Zeitpunkt, in dem der versicherte Arbeitnehmer sein 59. Lebensjahr vollendet, insoweit ausgeschlossen ist, als die Beiträge vom Versicherungsnehmer (Arbeitgeber) entrichtet worden sind."

[5]Wird anlässlich der Beendigung des Dienstverhältnisses die Direktversicherung auf den ausscheidenden Arbeitnehmer übertragen, bleibt die Pauschalierung der Direktversicherungsbeiträge in der Vergangenheit hiervon unberührt. [6]Das gilt unabhängig davon, ob der Arbeitnehmer den Direktversicherungsvertrag auf einen neuen Arbeitgeber überträgt, selbst fortführt oder kündigt. [7]Es ist nicht Voraussetzung, dass die Zukunftssicherungsleistungen in einer größeren Zahl von Fällen erbracht werden.

Bemessungsgrundlage der pauschalen Lohnsteuer

(7) [1]Die pauschale Lohnsteuer bemisst sich grundsätzlich nach den tatsächlichen Leistungen, die der Arbeitgeber für den einzelnen Arbeitnehmer erbringt. [2]Bei einer Verrechnung des Tarifbeitrags mit Überschussanteilen stellt deshalb der ermäßigte Beitrag die Bemessungsgrundlage für die pauschale Lohnsteuer dar. [3]Wird für mehrere Arbeitnehmer gemeinsam eine pauschale Leistung erbracht, bei der der Teil, der auf den einzelnen Arbeitnehmer entfällt, nicht festgestellt werden kann, so ist dem einzelnen Arbeitnehmer der Teil der Leistung zuzurechnen, der sich bei einer Aufteilung der Leistung nach der Zahl der begünstigten Arbeitnehmer ergibt (→ § 2 Abs. 2 Nr. 3 Satz 3 LStDV). [4]Werden Leistungen des Arbeitgebers für die tarifvertragliche Zusatzversorgung der Arbeitnehmer mit einem Prozentsatz der Bruttolohnsumme des Betriebs erbracht, ist die Arbeitgeberleistung Bemessungsgrundlage der pauschalen Lohnsteuer. [5]Für die Feststellung der Pauschalierungsgrenze (→ Absatz 8) bei zusätzlichen pauschal besteuerbaren Leistungen für einzelne Arbeitnehmer ist die Arbeitgeberleistung auf die Zahl der durch die tarifvertragliche Zusatzversorgung begünstigten Arbeitnehmer aufzuteilen.

Pauschalierungsgrenze

(8) [1]Die Pauschalierungsgrenze von 1752 Euro nach § 40b Abs. 2 Satz 1 EStG i. d. F. am 31. 12. 2004 kann auch in den Fällen voll ausgeschöpft werden, in denen feststeht, dass dem Arbeitnehmer bereits aus einem vorangegangenen Dienstverhältnis im selben Kalenderjahr pauschal besteuerte Zukunftssicherungsleistungen zugeflossen sind. [2]Soweit pauschal besteuerbare Leistungen den Grenzbetrag von 1752 Euro überschreiten, müssen sie dem normalen Lohnsteuerabzug unterworfen werden.

Durchschnittsberechnung

(9) [1]Wenn mehrere Arbeitnehmer gemeinsam in einem Direktversicherungsvertrag oder in einer Pensionskasse versichert sind, ist für die Feststellung der Pauschalierungsgrenze eine Durchschnittsberechnung anzustellen. [2]Ein gemeinsamer Direktversicherungsvertrag liegt außer bei einer Gruppenversicherung auch dann vor, wenn in einem Rahmenvertrag mit einem oder mehreren Versicherern sowohl die versicherten Personen als auch die versicherten Wagnisse bezeichnet werden und die Einzelheiten in Zusatzvereinbarungen geregelt sind. [3]Ein Rahmenvertrag, der z. B. nur den Beitragseinzug und die Beitragsabrechnung regelt, stellt keinen gemeinsamen Direktversicherungsvertrag dar. [4]Bei der Durchschnittsberechnung bleiben Beiträge des Arbeitgebers unberücksichtigt, die nach § 3 Nr. 63 EStG steuerfrei sind oder wegen der Ausübung des Wahlrechts nach § 3 Nr. 63 Satz 2 zweite Alternative EStG individuell besteuert werden. [5]Im Übrigen ist wie folgt zu verfahren:

1. [1]Sind in der Direktversicherung oder in der Pensionskasse Arbeitnehmer versichert, für die pauschalbesteuerungsfähige Leistungen von jeweils insgesamt mehr als 2148 Euro (§ 40b Abs. 2 Satz 2 EStG i. d. F. am 31. 12. 2004) jährlich erbracht werden, so scheiden die Leistungen für diese Arbeitnehmer aus der Durchschnittsberechnung aus. [2]Das gilt z. B. auch dann, wenn mehrere Direktversicherungsverträge bestehen und die Beitragsanteile für den einzelnen Arbeitnehmer insgesamt 2148 Euro übersteigen. [3]Die Erhebung der Lohnsteuer auf diese Leistungen richtet sich nach Absatz 8 Satz 2.
2. [1]Die Leistungen für die übrigen Arbeitnehmer sind zusammenzurechnen und durch die Zahl der Arbeitnehmer zu teilen, für die sie erbracht worden sind. [2]Bei einem konzernumfassenden gemeinsamen Direktversicherungsvertrag ist der Durchschnittsbetrag durch Aufteilung der Beitragszahlungen des Arbeitgebers auf die Zahl seiner begünstigten Arbeitnehmer festzustellen; es ist nicht zulässig, den Durchschnittsbetrag durch Aufteilung des Konzernbeitrags auf alle Arbeitnehmer des Konzerns zu ermitteln.
   a) [1]Übersteigt der so ermittelte Durchschnittsbetrag nicht 1752 Euro, ist dieser für jeden Arbeitnehmer der Pauschalbesteuerung zugrunde zu legen. [2]Werden für den einzelnen Ar-

beitnehmer noch weitere pauschal besteuerbare Leistungen erbracht, dürfen aber insgesamt nur 1 752 Euro pauschal besteuert werden; im Übrigen gilt Absatz 8 Satz 2.
   b) ¹Übersteigt der Durchschnittsbetrag 1 752 Euro, kommt er als Bemessungsgrundlage für die Pauschalbesteuerung nicht in Betracht. ²Der Pauschalbesteuerung sind die tatsächlichen Leistungen zugrunde zu legen, soweit sie für den einzelnen Arbeitnehmer 1 752 Euro nicht übersteigen; im Übrigen gilt Absatz 8 Satz 2.
3. ¹Ist ein Arbeitnehmer
   a) in mehreren Direktversicherungsverträgen gemeinsam mit anderen Arbeitnehmern,
   b) in mehreren Pensionskassen oder
   c) in Direktversicherungsverträgen gemeinsam mit anderen Arbeitnehmern und in Pensionskassen

   versichert, so ist jeweils der Durchschnittsbetrag aus der Summe der Beiträge für mehrere Direktversicherungen, aus der Summe der Zuwendungen an mehrere Pensionskassen oder aus der Summe der Beiträge zu Direktversicherungen und der Zuwendungen an Pensionskassen zu ermitteln. ²In diese gemeinsame Durchschnittsbildung dürfen jedoch solche Verträge nicht einbezogen werden, bei denen wegen der 2 148-Euro-Grenze (→ Nummer 1) nur noch ein Arbeitnehmer übrig bleibt; in diesen Fällen liegt eine gemeinsame Versicherung, die in die Durchschnittsberechnung einzubeziehen ist, nicht vor.

(10) Werden die pauschal besteuerbaren Leistungen nicht in einem Jahresbetrag erbracht, gilt Folgendes:
1. Die Einbeziehung der auf den einzelnen Arbeitnehmer entfallenden Leistungen in die Durchschnittsberechnung nach § 40b Abs. 2 Satz 2 EStG entfällt von dem Zeitpunkt an, in dem sich ergibt, dass die Leistungen für diesen Arbeitnehmer voraussichtlich insgesamt 2 148 Euro im Kalenderjahr übersteigen werden.
2. Die Lohnsteuerpauschalierung auf der Grundlage des Durchschnittsbetrags entfällt von dem Zeitpunkt an, in dem sich ergibt, dass der Durchschnittsbetrag voraussichtlich 1 752 Euro im Kalenderjahr übersteigen wird.
3. ¹Die Pauschalierungsgrenze von 1 752 Euro ist jeweils insoweit zu vermindern, als sie bei der Pauschalbesteuerung von früheren Leistungen im selben Kalenderjahr bereits ausgeschöpft worden ist. ²Werden die Leistungen laufend erbracht, so darf die Pauschalierungsgrenze mit dem auf den jeweiligen Lohnzahlungszeitraum entfallenden Anteil berücksichtigt werden.

Vervielfältigungsregelung

(11) ¹Die Vervielfältigung der Pauschalierungsgrenze nach § 40b Abs. 2 Satz 3 EStG steht in Zusammenhang mit der Beendigung des Dienstverhältnisses; ein solcher Zusammenhang ist insbesondere dann zu vermuten, wenn der Direktversicherungsbeitrag innerhalb von 3 Monaten vor dem Auflösungszeitpunkt geleistet wird. ²Die Vervielfältigungsregelung gilt auch bei der Umwandlung von Arbeitslohn (→ Absatz 5); nach Auflösung des Dienstverhältnisses kann sie ohne zeitliche Beschränkung angewendet werden, wenn sie spätestens bis zum Zeitpunkt der Auflösung des Dienstverhältnisses vereinbart wird. ³Die Gründe, aus denen das Dienstverhältnis beendet wird, sind für die Vervielfältigung der Pauschalierungsgrenze unerheblich. ⁴Die Vervielfältigungsregelung kann daher auch in den Fällen angewendet werden, in denen ein Arbeitnehmer wegen Erreichens der Altersgrenze aus dem Dienstverhältnis ausscheidet. ⁵Auf die vervielfältigte Pauschalierungsgrenze sind die für den einzelnen Arbeitnehmer in dem Kalenderjahr, in dem das Dienstverhältnis beendet wird, und in den sechs vorangegangenen Kalenderjahren tatsächlich entrichteten Beiträge und Zuwendungen anzurechnen, die nach § 40b Abs. 1 EStG pauschal besteuert wurden. ⁶Dazu gehören auch die 1 752 Euro übersteigenden personenbezogenen Beiträge, wenn sie nach § 40b Abs. 2 Satz 2 EStG in die Bemessungsgrundlage für die Pauschsteuer einbezogen worden sind. ⁷Ist bei Pauschalzuweisungen ein personenbezogener Beitrag nicht feststellbar, so ist als tatsächlicher Beitrag für den einzelnen Arbeitnehmer der Durchschnittsbetrag aus der Pauschalzuweisung anzunehmen.

Rückzahlung pauschal besteuerbarer Leistungen

(12) – unbesetzt –

(13) ¹Eine Arbeitslohnrückzahlung (negative Einnahme) ist anzunehmen, wenn der Arbeitnehmer sein Bezugsrecht aus einer Direktversicherung (z. B. bei vorzeitigem Ausscheiden aus dem Dienstverhältnis) ganz oder teilweise ersatzlos verliert und das Versicherungsunternehmen als Arbeitslohn versteuerte Beiträge an den Arbeitgeber zurückzahlt. ²Zahlungen des Arbeitnehmers zum Wiedererwerb des verlorenen Bezugsrechts sind der Vermögenssphäre zuzurechnen; sie stellen keine Arbeitslohnrückzahlung dar.

(14) ¹Sind nach Absatz 13 Arbeitslohnrückzahlungen aus pauschal versteuerten Beitragsleistungen anzunehmen, mindern sie die gleichzeitig (im selben Kalenderjahr) anfallenden pauschal

besteuerbaren Beitragsleistungen des Arbeitgebers. ²Übersteigen in einem Kalenderjahr die Arbeitslohnrückzahlungen betragsmäßig die Beitragsleistungen des Arbeitgebers, ist eine Minderung der Beitragsleistungen im selben Kalenderjahr nur bis auf Null möglich. ³Eine Minderung von Beitragsleistungen des Arbeitgebers aus den Vorjahren ist nicht möglich. ⁴Der Arbeitnehmer kann negative Einnahmen aus pauschal versteuerten Beitragsleistungen nicht geltend machen.

(15) ¹Wenn Arbeitslohnrückzahlungen nach Absatz 13 aus teilweise individuell und teilweise pauschal versteuerten Beitragsleistungen herrühren, ist der Betrag entsprechend aufzuteilen. ²Dabei kann aus Vereinfachungsgründen das Verhältnis zugrunde gelegt werden, das sich nach den Beitragsleistungen in den vorangegangenen fünf Kalenderjahren ergibt. ³Maßgebend sind die tatsächlichen Beitragsleistungen; § 40b Abs. 2 Satz 2 EStG ist nicht anzuwenden. ⁴Die lohnsteuerliche Berücksichtigung der dem Arbeitnehmer zuzurechnenden Arbeitslohnzahlung richtet sich nach folgenden Grundsätzen:

1. Besteht im Zeitpunkt der Arbeitslohnrückzahlung noch das Dienstverhältnis zu dem Arbeitgeber, der die Versicherungsbeiträge geleistet hat, kann der Arbeitgeber die Arbeitslohnrückzahlung mit dem Arbeitslohn des Kalenderjahres der Rückzahlung verrechnen und den so verminderten Arbeitslohn der Lohnsteuer unterwerfen.

2. ¹Soweit der Arbeitgeber von der vorstehenden Möglichkeit nicht Gebrauch macht oder machen kann, kann der Arbeitnehmer die Arbeitslohnrückzahlung – ohne Anrechnung des maßgebenden Pauschbetrags für Werbungskosten nach § 9a Satz 1 Nr. 1 EStG – als Freibetrag (→ § 39a EStG) eintragen lassen oder bei der Veranlagung zur Einkommensteuer geltend machen. ²Erzielt der Arbeitnehmer durch die Arbeitslohnrückzahlung bei seinen Einkünften aus nichtselbständiger Arbeit einen Verlust, kann er diesen mit Einkünften aus anderen Einkunftsarten ausgleichen oder unter den Voraussetzungen des § 10d EStG den Verlustabzug beanspruchen.

(16) Die Absätze 13 bis 15 gelten für Zuwendungen an Pensionskassen sinngemäß.

Hinweise

§ 40b Abs. 1 und Abs. 2 in der am 31. 12. 2004 geltenden Fassung:

Zur Anwendung → § 52 Abs. 52b EStG

(1) ¹Der Arbeitgeber kann die Lohnsteuer von den Beiträgen für eine Direktversicherung des Arbeitnehmers und von den Zuwendungen an eine Pensionskasse mit einem Pauschsteuersatz von 20 vom Hundert der Beiträge und Zuwendungen erheben. ²Die pauschale Erhebung der Lohnsteuer von Beiträgen für eine Direktversicherung ist nur zulässig, wenn die Versicherung nicht auf den Erlebensfall eines früheren als des 60. Lebensjahres abgeschlossen und eine vorzeitige Kündigung des Versicherungsvertrags durch den Arbeitnehmer ausgeschlossen worden ist.

(2) ¹Absatz 1 gilt nicht, soweit die zu besteuernden Beiträge und Zuwendungen des Arbeitgebers für den Arbeitnehmer 1 752 Euro im Kalenderjahr übersteigen oder nicht aus seinem ersten Dienstverhältnis bezogen werden. ²Sind mehrere Arbeitnehmer gemeinsam in einem Direktversicherungsvertrag oder in einer Pensionskasse versichert, so gilt als Beitrag oder Zuwendung für den einzelnen Arbeitnehmer der Teilbetrag, der sich bei einer Aufteilung der gesamten Beiträge oder der gesamten Zuwendungen durch die Zahl der begünstigten Arbeitnehmer ergibt, wenn dieser Teilbetrag 1 752 Euro nicht übersteigt; hierbei sind Arbeitnehmer, für die Beiträge und Zuwendungen von mehr als 2 148 Euro im Kalenderjahr geleistet werden, nicht einzubeziehen. ³Für Beiträge und Zuwendungen, die der Arbeitgeber für den Arbeitnehmer aus Anlass der Beendigung des Dienstverhältnisses erbracht hat, vervielfältigt sich der Betrag von 1 752 Euro mit der Anzahl der Kalenderjahre, in denen das Dienstverhältnis des Arbeitnehmers zu dem Arbeitgeber bestanden hat; in diesem Fall ist Satz 2 nicht anzuwenden. ⁴Der vervielfältigte Betrag vermindert sich um die nach Absatz 1 pauschal besteuerten Beiträge und Zuwendungen, die der Arbeitgeber in dem Kalenderjahr, in dem das Dienstverhältnis beendet wird, und in den sechs vorangegangenen Kalenderjahren erbracht hat.

44-Euro-Freigrenze

– Tarifvertraglich vereinbarte Zahlungen des Arbeitgebers an eine Zusatzversorgungskasse sind als Barlohn zu qualifizieren, wenn zwischen dem Arbeitgeber und der Zusatzversorgungskasse keine vertraglichen Beziehungen bestehen; die 44-Euro-Freigrenze findet keine Anwendung (→ BFH vom 26. 11. 2002 – BStBl 2003 II S. 331).

– Auf Zukunftssicherungsleistungen des Arbeitgebers im Sinne des § 40b EStG findet die 44-Euro-Freigrenze keine Anwendung (→ BFH vom 26. 11. 2002 – BStBl 2003 II S. 492); → R 8.1 Abs. 3 Satz 4.

§ 40b EStG
H 40b.1

Abwälzung der pauschalen Lohnsteuer

→ BMF vom 10. 1. 2000 (BStBl I S. 138) → H 40.2 (Abwälzung der pauschalen Lohnsteuer)

Beispiel

Der Arbeitnehmer erhält eine Sonderzuwendung von 2 500 €. Er vereinbart mit dem Arbeitgeber, dass hiervon 1 752 € für eine vor 2005 abgeschlossene Direktversicherung verwendet werden, die eine Kapitalauszahlung vorsieht. Der Direktversicherungsbeitrag soll pauschal versteuert werden. Der Arbeitnehmer trägt die pauschale Lohnsteuer.

Sonderzuwendung	2 500 €
abzüglich Direktversicherungsbeitrag	1 752 €
nach den Lohnsteuerabzugsmerkmalen als sonstiger Bezug zu besteuern	748 €
Bemessungsgrundlage für die pauschale Lohnsteuer	1 752 €

Allgemeines

- Der Lohnsteuerpauschalierung unterliegen nur die Arbeitgeberleistungen i. S. d. § 40b EStG zugunsten von Arbeitnehmern oder früheren Arbeitnehmern und deren Hinterbliebenen (→ BFH vom 7. 7. 1972 – BStBl II S. 890).
- Die Pauschalierung der Lohnsteuer nach § 40b EStG ist auch dann zulässig, wenn die Zukunftssicherungsleistung erst nach Ausscheiden des Arbeitnehmers aus dem Betrieb erbracht wird und er bereits in einem neuen Dienstverhältnis steht (→ BFH vom 18. 12. 1987 – BStBl 1988 II S. 554).
- Pauschalbesteuerungsfähig sind jedoch nur Zukunftssicherungsleistungen, die der Arbeitgeber auf Grund ausschließlich eigener rechtlicher Verpflichtung erbringt (→ BFH vom 29. 4. 1991 – BStBl II S. 647).
- Die Pauschalierung der Lohnsteuer nach § 40b EStG ist ausgeschlossen, wenn der Arbeitgeber für den Ehegatten eines verstorbenen früheren Arbeitnehmers eine Lebensversicherung abschließt oder wenn bei einer Versicherung das typische Todesfallwagnis und – bereits bei Vertragsabschluss – das Rentenwagnis ausgeschlossen worden sind. Hier liegt begrifflich keine Direktversicherung i. S. d. § 40b EStG vor (→ BFH vom 9. 11. 1990 – BStBl 1991 II S. 189).
- Die Pauschalierung setzt allgemein voraus, dass die Zukunftssicherungsleistungen aus einem ersten Dienstverhältnis bezogen werden. Sie ist demnach bei Arbeitnehmern nicht anwendbar, bei denen der Lohnsteuerabzug nach der Steuerklasse VI vorgenommen wird (→ BFH vom 12. 8. 1996 – BStBl 1997 II S. 143). Bei pauschal besteuerten Teilzeitarbeitsverhältnissen (→ § 40a EStG) ist die Pauschalierung zulässig, wenn es sich dabei um das erste Dienstverhältnis handelt (→ BFH vom 8. 12. 1989 – BStBl 1990 II S. 398).
- Für Zukunftssicherungsleistungen i. S. d. § 40b EStG kann die Lohnsteuerpauschalierung nach § 40 Abs. 1 Satz 1 Nr. 1 EStG nicht vorgenommen werden, selbst wenn sie als sonstige Bezüge gewährt werden (§ 40b Abs. 4 EStG).
- Zum Zeitpunkt der Beitragsleistung des Arbeitgebers für eine Direktversicherung → H 38.2 (Zufluss von Arbeitslohn).
- Die Pauschalierung setzt voraus, dass es sich bei den Beiträgen um Arbeitslohn handelt, der den Arbeitnehmern im Zeitpunkt der Abführung durch den Arbeitgeber an die Versorgungseinrichtung zufließt (→ BFH vom 12. 4. 2007 – BStBl II S. 619).
- Eine Pauschalierung der Lohnsteuer bei bestimmten Zukunftssicherungsleistungen nach § 40b EStG kann nicht im Rahmen der Einkommensteuerveranlagung des Arbeitnehmers erfolgen (→ BFH vom 15. 12. 1989, BStBl 1990 II S. 344).

Arbeitnehmerfinanzierte betriebliche Altersversorgung

→ BMF vom 31. 3. 2010 (BStBl I S. 270), Rz 247 ff.   Anhang 2 IV
→ *BMF vom . . . (BStBl I S. . . .)*

Ausscheiden des Arbeitgebers aus der VBL

Das Ausscheiden des Arbeitgebers aus der Versorgungsanstalt des Bundes und der Länder (VBL) und die damit verbundenen Folgen für die Zusatzversorgung des Arbeitnehmers führen nicht zur Rückzahlung von Arbeitslohn und damit weder zu negativem Arbeitslohn noch zu Werbungskosten bei den Einkünften aus nichtselbständiger Arbeit (→ BFH vom 7. 5. 2009 – BStBl 2010 II S. 133 und S. 135).

§ 40b EStG
H 40b.1

Barlohnkürzung

Beispiel

Der Anspruch auf das 13. Monatsgehalt entsteht gemäß Tarifvertrag zeitanteilig nach den vollen Monaten der Beschäftigung im Kalenderjahr und ist am 1. 12. fällig. Die Barlohnkürzung vom 13. Monatsgehalt zu Gunsten eines Direktversicherungsbeitrags wird im November des laufenden Kalenderjahres vereinbart.

Der Barlohn kann vor Fälligkeit, also bis spätestens 30. 11., auch um den Teil des 13. Monatsgehalts, der auf bereite abgelaufene Monate entfällt, steuerlich wirksam gekürzt werden. Auf den Zeitpunkt der Entstehung kommt es nicht an (→ R 40b.1 Abs. 5).

Beendigung einer betrieblichen Altersversorgung

Anhang 2 IV
→ BMF vom 31. 3. 2010 (BStBl I S. 270), Rz 346
→ *BMF vom . . . (BStBl I S. . . .)*

Dienstverhältnis zwischen Ehegatten

– Zur Anerkennung von Zukunftssicherungsleistungen bei Dienstverhältnissen zwischen Ehegatten → H 6a (9) EStH.
– → H 3.63 (Ehegatten-Arbeitsverhältnis)

Durchschnittsberechnung nach § 40b Abs. 2 Satz 2 EStG:

– „Eigenbeiträge" des Arbeitnehmers, die aus versteuertem Arbeitslohn stammen, sind in die Durchschnittsberechnung nicht einzubeziehen (→ BFH vom 12. 4. 2007 – BStBl II S. 619).
– Beiträge zu Direktversicherungen können nur dann in die Durchschnittsberechnung einbezogen werden, wenn ein gemeinsamer Versicherungsvertrag vorliegt. Direktversicherungen, die nach einem Wechsel des Arbeitgebers beim neuen Arbeitgeber als Einzelversicherungen fortgeführt werden, erfüllen diese Voraussetzung nicht (→ BFH vom 11. 3. 2010 – BStBl II S. 83).
– **Beispiel**
Es werden ganzjährig laufend monatliche Zuwendungen an eine Pensionskasse (Altverträge mit Kapitalauszahlung)
  a) für 2 Arbeitnehmer je 250 € =   500 €
  b) für 20 Arbeitnehmer je 175 € =   3 500 €
  c) für 20 Arbeitnehmer je 125 € =   2 500 €
  insgesamt   6 500 € geleistet.

Die Leistungen für die Arbeitnehmer zu a) betragen jeweils mehr als 2 148 € jährlich; sie sind daher in eine Durchschnittsberechnung nicht einzubeziehen. Die Leistungen für die Arbeitnehmer zu b) und c) übersteigen jährlich jeweils nicht 2 148 €; es ist daher der Durchschnittsbetrag festzustellen. Der Durchschnittsbetrag beträgt 150 € monatlich; er übersteigt hiernach 1 752 € jährlich und kommt deshalb als Bemessungsgrundlage nicht in Betracht. Der Pauschalbesteuerung sind also in allen Fällen die tatsächlichen Leistungen zugrunde zu legen. Der Arbeitgeber kann dabei

in den Fällen zu a)	im 1. bis 7. Monat je 250 € und im 8. Monat noch 2 € oder monatlich je 146 €,
in den Fällen zu b)	im 1. bis 10. Monat je 175 € und im 11. Monat noch 2 € oder monatlich je 146 €,
in den Fällen zu c)	monatlich je 125 €

pauschal versteuern.

Gewinnausschüttungen

→ Rückzahlung von Arbeitslohn

Kirchensteuer bei Pauschalierung der Lohnsteuer

→ Gleich lautender Ländererlass vom **23. 10. 2012 (BStBl I S.** 1083), → H 40.2 (Kirchensteuer bei Pauschalierung der Lohnsteuer)

Mindesttodesfallschutz

→ R 40b.1 Abs. 2

→ BMF-Schreiben vom 22. 8. 2002 (BStBl I S. 827, Rdnr. 23–30, → H 10 (Vertragsänderungen bei Lebensversicherungen)

Pensionskassen

– Wegen der Voraussetzung, dass bei nichtrechtsfähigen Zusatzversorgungseinrichtungen des öffentlichen Dienstes die Zuführungen Arbeitslohn darstellen müssen, → BFH vom 15. 7. 1977 (BStBl II S. 761).

– Pensionskasse i. S. des § 40b Abs. 1 Satz 1 EStG kann auch eine nichtrechtsfähige Zusatzversorgungseinrichtung des öffentlichen Dienstes sein (Bestätigung des Erlasses des Bundesministers der Finanzen vom 10. April 1980 – IV B 6 – S 2373 – 13/80 –, BStBl I 1980, 230; → BFH vom 22. 9. 1995 – BStBl 1996 II S. 136).

Rückdeckungsversicherung

Sicherstellung der Besteuerung des Lohnzuflusses bei Übertragung von Rückdeckungsversicherungen

(Vfg. der OFD Rheinland vom 21. 07. 2006 – S 2332 – 1001 – St 2 –)

Rückdeckungsversicherungen, die Pensionszusagen einer Kapitalgesellschaft gegenüber ihren Arbeitnehmern (regelmäßig Gesellschafter-Geschäftsführer) absichern, werden regelmäßig zugunsten des pensionsberechtigten Arbeitnehmers verpfändet oder mit aufschiebender Bedingung an ihn abgetreten. Hierin liegt noch kein Zufluss von Arbeitslohn, weil der Arbeitnehmer gegenwärtig noch keine unmittelbaren Ansprüche aus der Versicherung erwirbt (R 129 Abs. 3 Satz 2 Nr. 3 LStR)[1].

Im Zuge der Insolvenz der Kapitalgesellschaft werden solche Rückdeckungsversicherungen vielfach auf die pensionsberechtigten Arbeitnehmer übertragen. Im Zeitpunkt der Übertragung fließt dem Arbeitnehmer ein lohnsteuerpflichtiger geldwerter Vorteil zu, der regelmäßig dem geschäftsplanmäßigen Deckungskapital der Versicherung entspricht (R 129 Abs. 3 Satz 3 LStR)[2].

Nach den Feststellungen des LRH NRW ist die Besteuerung dieser Lohnzuflüsse nicht immer gewährleistet, weil der Arbeitgeber keinen Lohnsteuerabzug vornimmt und die für die Besteuerung der Arbeitnehmer zuständigen Stellen von diesem Sachverhalt keine Kenntnis erlangen. Zur Sicherstellung der Besteuerung bittet die OFD, wie folgt zu verfahren:

- Die für die Kapitalgesellschaft zuständige VST, der die Existenz der rückgedeckten Pensionszusage aus den ihr vorliegenden Verträgen und Jahresabschlüssen bekannt ist, sendet unmittelbar nach Kenntnis der Insolvenz Kontrollmitteilungen

  - an die für den Arbeitnehmer zuständige VST und
  - an die für die Kapitalgesellschaft zuständige AGST.

In die Kontrollmitteilungen sind folgende Angaben aufzunehmen:

- Eintritt der Insolvenz (Datum des Insolvenzantrags),
- Erteilung der Pensionszusage,
- Abschluss der Rückdeckungsversicherung unter Angabe des zuletzt aktivierten Deckungskapitals,
- Verpfändung bzw. Abtretung der Ansprüche aus der Rückdeckungsversicherung.

Vorliegende Verträge und Unterlagen sind in Kopie beizufügen.

- Die für die Kapitalgesellschaft zuständige AGST überprüft den Verbleib der Rückdeckungsversicherung. Sie weist den Insolvenzverwalter für den Fall der Übertragung der Rückdeckungsversicherung auf den pensionsberechtigten Arbeitnehmer auf seine Verpflichtung zum Lohnsteuerabzug und ggf. seine Anzeigepflicht nach § 38 Abs. 4 Satz 2 EStG hin und prüft, ob die Lohnsteuer durch Erlass eines Nachforderungsbescheides gegen den Arbeitnehmer zu erheben ist (R 139 Abs. 2 LStR)[3]. Über das Ergebnis ihrer Feststellungen unterrichtet die AGST die für den Arbeitnehmer zuständige VST.

- Die für den Arbeitnehmer zuständige VST vermerkt die Kontrollmitteilung im Sachbereich 05 und überprüft im Rahmen der Einkommensteuerveranlagung den Verbleib der Rückdeckungsversicherung, sofern ihr bis dahin von der AGST keine weiteren Informationen zugegangen sind.

---

[1] Jetzt: R 40b.1 Abs. 3 Satz 2 Nr. 3 LStR.
[2] Jetzt: R 40b.1 Abs. 3 Satz 2 Nr. 3 LStR.
[3] Jetzt: R 41c.3 Abs. 2 LStR.

Rückzahlung von Arbeitslohn

- Der Verlust des durch eine Direktversicherung eingeräumten Bezugsrechts bei Insolvenz des Arbeitgebers führt wegen des Ersatzanspruchs nicht zu einer Arbeitslohnrückzahlung (→ BFH vom 5. 7. 2007 – BStBl II S. 774)
- → R 40b.1 Abs. 13 ff. und → Ausscheiden des Arbeitgebers aus der VBL
- Arbeitslohnrückzahlungen setzen voraus, dass Güter in Geld oder Geldeswert beim Arbeitnehmer abfließen; schüttet eine Versorgungskasse an ihren Träger, den Arbeitgeber, Gewinne aus, wird damit kein Arbeitslohn zurückgezahlt; Gewinnausschüttungen einer Versorgungskasse können daher weder pauschal besteuerbare Beitragsleistungen des Arbeitgebers mindern noch einen Anspruch auf Lohnsteuererstattung begründen – entgegen Abschn. 129 Abs. 14, 16 LStR 1999[1]) – (→ BFH vom 12. 11. 2009, BStBl 2010 II S. 845). Für alle bis zum 31. 12. 2010 beim Arbeitgeber zugeflossenen Gewinnausschüttungen einer betrieblichen Versorgungseinrichtung wird es aber nicht beanstandet, wenn weiter nach den Grundsätzen von R 40b.1 Absatz 12 ff. LStR 2008 verfahren wird (→ BMF vom 28. 9. 2010 – BStBl I S. 760).
- → H 11 (Rückzahlung von Arbeitslohn)

Verhältnis von § 3 Nr. 63 EStG und § 40b EStG

Anhang 2 IV → BMF vom 31. 3. 2010 (BStBl I S. 270), Rz. 306 ff.
→ **BMF vom . . . (BStBl I S. . . .)**

Vervielfältigungsregelung

Die Beendigung des Dienstverhältnisses i. S. d. § 40b Abs. 2 Satz 3 1. Halbsatz EStG ist die nach bürgerlichem (Arbeits-)Recht wirksame Beendigung. Ein Dienstverhältnis kann daher auch dann beendet sein, wenn der Arbeitnehmer und sein bisheriger Arbeitgeber im Anschluss an das bisherige Dienstverhältnis ein neues vereinbaren, sofern es sich nicht als Fortsetzung des bisherigen erweist. Es liegt keine solche Beendigung vor, wenn das neue Dienstverhältnis mit demselben Arbeitgeber in Bezug auf den Arbeitsbereich, die Entlohnung und die sozialen Besitzstände im Wesentlichen dem bisherigen Dienstverhältnis entspricht (→ BFH vom 30. 10. 2008 – BStBl 2009 II S. 162).

Wahlrecht

Anhang 2 IV → BMF vom 31. 3. 2010 (BStBl I S. 270), Rz. 316–319
→ **BMF vom . . . (BStBl I S. . . .)**

Wirkung einer fehlerhaften Pauschalbesteuerung

Eine fehlerhafte Pauschalbesteuerung ist für die Veranlagung zur Einkommensteuer nicht bindend (→ BFH vom 10. 6. 1988 – BStBl II S. 981).

Zukunftssicherungsleistungen i. S. d. § 40b EStG n. F.

Anhang 2 IV → BMF vom 31. 3. 2010 (BStBl I S. 270), Rz. 304, 305
→ **BMF vom . . . (BStBl I S. . . .)**

R 40b.2 Pauschalierung der Lohnsteuer bei Beiträgen zu einer Gruppenunfallversicherung

[1]Die Lohnsteuerpauschalierung nach § 40b Abs. 3 EStG ist nicht zulässig, wenn der steuerpflichtige Durchschnittsbeitrag – ohne Versicherungsteuer – 62 Euro jährlich übersteigt; in diesem Fall ist der steuerpflichtige Durchschnittsbeitrag dem normalen Lohnsteuerabzug zu unterwerfen. [2]Bei konzernumfassenden Gruppenunfallversicherungen ist der Durchschnittsbeitrag festzustellen, der sich bei Aufteilung der Beitragszahlungen des Arbeitgebers auf die Zahl seiner begünstigten Arbeitnehmer ergibt; es ist nicht zulässig, den Durchschnittsbeitrag durch Aufteilung des Konzernbeitrags auf alle Arbeitnehmer des Konzerns zu ermitteln. [3]Ein gemeinsamer Unfallversicherungsvertrag i. S. d. § 40b Abs. 3 EStG liegt außer bei einer Gruppenversicherung auch dann vor, wenn in einem Rahmenvertrag mit einem oder mehreren Versicherern sowohl die versicherten Personen als auch die versicherten Wagnisse bezeichnet werden und die Einzelheiten in Zusatzvereinbarungen geregelt sind. [4]Ein Rahmenvertrag, der z. B. nur den Beitragseinzug und die Beitragsabrechnung regelt, stellt keinen gemeinsamen Unfallversicherungsvertrag dar.

---

[1]) → R 40b.1 Abs. 14,16 LStR 2008.

Hinweise

Allgemeine Grundsätze

Zur Ermittlung des steuerpflichtigen Beitrags für Unfallversicherungen, die das Unfallrisiko sowohl im beruflichen als auch im außerberuflichen Bereich abdecken → BMF vom 28. 10. 2009 (BStBl I S. 1275). → H 19.3 (Unfallversicherung)

§ 41 Aufzeichnungspflichten beim Lohnsteuerabzug

(1) ¹Der Arbeitgeber hat am Ort der Betriebsstätte (Absatz 2) für jeden Arbeitnehmer und jedes Kalenderjahr ein Lohnkonto zu führen. ²In das Lohnkonto sind die nach § 39e Absatz 4 Satz 2 und Absatz 5 Satz 3 abgerufenen elektronischen Lohnsteuerabzugsmerkmale sowie die für den Lohnsteuerabzug erforderlichen Merkmale aus der vom Finanzamt ausgestellten Bescheinigung für den Lohnsteuerabzug (§ 39 Absatz 3 oder § 39e Absatz 7 oder Absatz 8) zu übernehmen. ³Bei jeder Lohnzahlung für das Kalenderjahr, für das das Lohnkonto gilt, sind im Lohnkonto die Art und Höhe des gezahlten Arbeitslohns einschließlich der steuerfreien Bezüge sowie die einbehaltene oder übernommene Lohnsteuer einzutragen; an die Stelle der Lohnzahlung tritt in den Fällen des § 39b Absatz 5 Satz 1 die Lohnabrechnung. ⁴Ferner sind das Kurzarbeitergeld, das Schlechtwettergeld, das Winterausfallgeld, der Zuschuss zum Mutterschaftsgeld nach dem Mutterschutzgesetz, der Zuschuss bei Beschäftigungsverboten für die Zeit vor oder nach einer Entbindung sowie für den Entbindungstag während einer Elternzeit nach beamtenrechtlichen Vorschriften, die Entschädigungen nach dem Infektionsschutzgesetz vom 20. Juli 2000 (BGBl. I S. 1045) sowie die nach § 3 Nummer 28 steuerfreien Aufstockungsbeträge oder Zuschläge einzutragen. ⁵Ist während der Dauer des Dienstverhältnisses in anderen Fällen als in denen des Satzes 4 der Anspruch auf Arbeitslohn für mindestens fünf aufeinander folgende Arbeitstage im Wesentlichen weggefallen, so ist dies jeweils durch Eintragung des Großbuchstabens U zu vermerken. ⁶Hat der Arbeitgeber die Lohnsteuer von einem sonstigen Bezug im ersten Dienstverhältnis berechnet und ist dabei der Arbeitslohn aus früheren Dienstverhältnissen des Kalenderjahres außer Betracht geblieben, so ist dies durch Eintragung des Großbuchstabens S zu vermerken. ⁷Die Bundesregierung wird ermächtigt, durch Rechtsverordnung mit Zustimmung des Bundesrates vorzuschreiben, welche Einzelangaben im Lohnkonto aufzuzeichnen sind. ⁸Dabei können für Arbeitnehmer mit geringem Arbeitslohn und für die Fälle der §§ 40 bis 40b Aufzeichnungserleichterungen und für steuerfreie Bezüge Aufzeichnungen außerhalb des Lohnkontos zugelassen werden. ⁹Die Lohnkonten sind bis zum Ablauf des sechsten Kalenderjahres, das auf die zuletzt eingetragene Lohnzahlung folgt, aufzubewahren.

(2) ¹Betriebsstätte ist der Betrieb oder Teil des Betriebs des Arbeitgebers, in dem der für die Durchführung des Lohnsteuerabzugs maßgebende Arbeitslohn ermittelt wird. ²Wird der maßgebende Arbeitslohn nicht in dem Betrieb oder einem Teil des Betriebs des Arbeitgebers oder nicht im Inland ermittelt, so gilt als Betriebsstätte der Mittelpunkt der geschäftlichen Leitung des Arbeitgebers im Inland; im Fall des § 38 Absatz 1 Satz 1 Nummer 2 gilt als Betriebsstätte der Ort im Inland, an dem die Arbeitsleistung ganz oder vorwiegend stattfindet. ³Als Betriebsstätte gilt auch der inländische Heimathafen deutscher Handelsschiffe, wenn die Reederei im Inland keine Niederlassung hat.

§ 4 Lohnkonto

(1) Der Arbeitgeber hat im Lohnkonto des Arbeitnehmers Folgendes aufzuzeichnen:

1. *den Vornamen, den Familiennamen, den Tag der Geburt, den Wohnort, die Wohnung sowie die in einer vom Finanzamt ausgestellten Bescheinigung für den Lohnsteuerabzug eingetragenen allgemeinen Besteuerungsmerkmale. Ändern sich im Laufe des Jahres die in einer Bescheinigung für den Lohnsteuerabzug eingetragenen allgemeinen Besteuerungsmerkmale, so ist auch der Zeitpunkt anzugeben, von dem an die Änderungen gelten;*
2. *den Jahresfreibetrag oder den Jahreshinzurechnungsbetrag sowie den Monatsbetrag, Wochenbetrag oder Tagesbetrag, der in einer vom Finanzamt ausgestellten Bescheinigung für den Lohnsteuerabzug eingetragen ist, und den Zeitraum, für den die Eintragungen gelten;*
3. *bei einem Arbeitnehmer, der dem Arbeitgeber eine Bescheinigung nach § 39b Abs. 6 des Einkommensteuergesetzes in der am 31. Dezember 2010 geltenden Fassung (Freistellungsbescheinigung) vorgelegt hat, einen Hinweis darauf, dass eine Bescheinigung vorliegt, den Zeit-*

raum, für den die Lohnsteuerbefreiung gilt, das Finanzamt, das die Bescheinigung ausgestellt hat, und den Tag der Ausstellung;

4. in den Fällen des § 19 Abs. 2 des Einkommensteuergesetzes die für die zutreffende Berechnung des Versorgungsfreibetrags und des Zuschlags zum Versorgungsfreibetrag erforderlichen Angaben.

(2) Bei jeder Lohnabrechnung ist im Lohnkonto Folgendes aufzuzeichnen:

1. der Tag der Lohnzahlung und der Lohnzahlungszeitraum;

2. in den Fällen des § 41 Abs. 1 Satz 5 des Einkommensteuergesetzes jeweils der Großbuchstabe U;

3. der Arbeitslohn, getrennt nach Barlohn und Sachbezügen, und die davon einbehaltene Lohnsteuer. Dabei sind die Sachbezüge einzeln zu bezeichnen und – unter Angabe des Abgabetags oder bei laufenden Sachbezügen des Abgabezeitraums, des Abgabeorts und des Entgelts – mit dem nach § 8 Abs. 2 oder 3 des Einkommensteuergesetzes maßgebenden und um das Entgelt geminderten Wert zu erfassen. Sachbezüge im Sinne des § 8 Abs. 3 des Einkommensteuergesetzes und Versorgungsbezüge sind jeweils als solche kenntlich zu machen und ohne Kürzung um Freibeträge nach § 8 Abs. 3 oder § 19 Abs. 2 des Einkommensteuergesetzes einzutragen. Trägt der Arbeitgeber im Falle der Nettolohnzahlung die auf den Arbeitslohn entfallende Steuer selbst, ist in jedem Fall der Bruttoarbeitslohn einzutragen, die nach den Nummern 4 bis 8 gesondert aufzuzeichnenden Beträge sind nicht mitzuzählen;

4. steuerfreie Bezüge mit Ausnahme der Vorteile im Sinne des § 3 Nr. 45 des Einkommensteuergesetzes und der Trinkgelder. Das Betriebsstättenfinanzamt kann zulassen, dass auch andere nach § 3 des Einkommensteuergesetzes steuerfreie Bezüge nicht angegeben werden, wenn es sich um Fälle von geringer Bedeutung handelt oder wenn die Möglichkeit zur Nachprüfung in anderer Weise sichergestellt ist;

5. Bezüge, die nach einem Abkommen zur Vermeidung der Doppelbesteuerung oder unter Progressionsvorbehalt nach § 34c Abs. 5 des Einkommensteuergesetzes von der Lohnsteuer freigestellt sind;

6. außerordentliche Einkünfte im Sinne des § 34 Abs. 1 und Abs. 2 Nr. 2 und 4 des Einkommensteuergesetzes und die davon nach § 39b Abs. 3 Satz 9 des Einkommensteuergesetzes einbehaltene Lohnsteuer;

7. (weggefallen)

8. Bezüge, die nach den §§ 40 bis 40b des Einkommensteuergesetzes pauschal besteuert worden sind, und die darauf entfallende Lohnsteuer. Lassen sich in den Fällen des § 40 Abs. 1 Nr. 2 und Abs. 2 des Einkommensteuergesetzes die auf den einzelnen Arbeitnehmer entfallenden Beträge nicht ohne weiteres ermitteln, so sind sie in einem Sammelkonto anzuschreiben. Das Sammelkonto muss die folgenden Angaben enthalten: Tag der Zahlung, Zahl der bedachten Arbeitnehmer, Summe der insgesamt gezahlten Bezüge, Höhe der Lohnsteuer und Hinweise auf die als Belege zum Sammelkonto aufzubewahrenden Unterlagen, insbesondere Zahlungsnachweise, Bestätigung des Finanzamts über die Zulassung der Lohnsteuerpauschalierung. In den Fällen des § 40a des Einkommensteuergesetzes genügt es, wenn der Arbeitgeber Aufzeichnungen führt, aus denen sich für die einzelnen Arbeitnehmer Name und Anschrift, Dauer der Beschäftigung, Tag der Zahlung, Höhe des Arbeitslohns und in den Fällen des § 40a Abs. 3 des Einkommensteuergesetzes auch die Art der Beschäftigung ergeben. Sind in den Fällen der Sätze 3 und 4 Bezüge nicht mit dem ermäßigten Kirchensteuersatz besteuert worden, so ist zugleich der fehlende Kirchensteuerabzug aufzuzeichnen und auf die als Beleg aufzubewahrende Unterlage hinzuweisen, aus der hervorgeht, dass der Arbeitnehmer keiner Religionsgemeinschaft angehört, für die die Kirchensteuer von den Finanzbehörden erhoben wird.

(3) Das Betriebsstättenfinanzamt kann bei Arbeitgebern, die für die Lohnabrechnung ein maschinelles Verfahren anwenden, Ausnahmen von den Vorschriften der Absätze 1 und 2 zulassen, wenn die Möglichkeit zur Nachprüfung in anderer Weise sichergestellt ist. Das Betriebsstättenfinanzamt soll zulassen, dass Sachbezüge im Sinne des § 8 Abs. 2 Satz 9 und Abs. 3 des Einkommensteuergesetzes für solche Arbeitnehmer nicht aufzuzeichnen sind, für die durch betriebliche Regelungen und entsprechende Überwachungsmaßnahmen gewährleistet ist, dass die in § 8 Abs. 2 Satz 9 oder Abs. 3 des Einkommensteuergesetzes genannten Beträge nicht überschritten werden.

(4) In den Fällen des § 38 Abs. 3a des Einkommensteuergesetzes ist ein Lohnkonto vom Dritten zu führen. In den Fällen des § 38 Abs. 3a Satz 2 ist der Arbeitgeber anzugeben und auch der Arbeitslohn einzutragen, der nicht vom Dritten, sondern vom Arbeitgeber selbst gezahlt wird. In den Fällen des § 38 Abs. 3a Satz 7 ist der Arbeitslohn für jedes Dienstverhältnis gesondert aufzuzeichnen.

§ 5 Besondere Aufzeichnungs- und Mitteilungspflichten im Rahmen der betrieblichen Altersversorgung

LStDV
Anhang 7

(1) Der Arbeitgeber hat bei Durchführung einer kapitalgedeckten betrieblichen Altersversorgung über einen Pensionsfonds, eine Pensionskasse oder eine Direktversicherung ergänzend zu den in § 4 Abs. 2 Nr. 4 und 8 angeführten Aufzeichnungspflichten gesondert je Versorgungszusage und Arbeitnehmer Folgendes aufzuzeichnen:

1. *bei Inanspruchnahme der Steuerbefreiung nach § 3 Nr. 63 Satz 3 des Einkommensteuergesetzes den Zeitpunkt der Erteilung, den Zeitpunkt der Übertragung nach dem „Abkommen zur Übertragung von Direktversicherungen oder Versicherungen in eine Pensionskasse bei Arbeitgeberwechsel" oder nach vergleichbaren Regelungen zur Übertragung von Versicherungen in Pensionskassen oder Pensionsfonds, bei der Änderung einer vor dem 1. Januar 2005 erteilten Versorgungszusage alle Änderungen der Zusage nach dem 31. Dezember 2004;*
2. *bei Anwendung des § 40b des Einkommensteuergesetzes in der am 31. Dezember 2004 geltenden Fassung den Inhalt der am 31. Dezember 2004 bestehenden Versorgungszusagen, sowie im Fall des § 52 Abs. 6 Satz 1 des Einkommensteuergesetzes die erforderliche Verzichtserklärung und bei der Übernahme einer Versorgungszusage nach § 4 Abs. 2 Nr. 1 des Betriebsrentengesetzes vom 19. Dezember 1974 (BGBl. I S. 3610), das zuletzt durch Artikel 2 des Gesetzes vom 29. August 2005 (BGBl. I S. 2546) geändert worden ist, in der jeweils geltenden Fassung oder bei einer Übertragung nach dem „Abkommen zur Übertragung von Direktversicherungen oder Versicherungen in eine Pensionskasse bei Arbeitgeberwechsel" oder nach vergleichbaren Regelungen zur Übertragung von Versicherungen in Pensionskassen oder Pensionsfonds im Falle einer vor dem 1. Januar 2005 erteilten Versorgungszusage zusätzlich die Erklärung des ehemaligen Arbeitgebers, dass diese Versorgungszusage vor dem 1. Januar 2005 erteilt und dass diese bis zur Übernahme nicht als Versorgungszusage im Sinne des § 3 Nr. 63 Satz 3 des Einkommensteuergesetzes behandelt wurde.*

(2) Der Arbeitgeber hat der Versorgungseinrichtung (Pensionsfonds, Pensionskasse, Direktversicherung), die für ihn die betriebliche Altersversorgung durchführt, spätestens zwei Monate nach Ablauf des Kalenderjahres oder nach Beendigung des Dienstverhältnisses im Laufe des Kalenderjahres gesondert je Versorgungszusage die für den einzelnen Arbeitnehmer geleisteten und

1. *nach § 3 Nr. 56 und 63 des Einkommensteuergesetzes steuerfrei belassenen,*
2. *nach § 40b des Einkommensteuergesetzes in der am 31. Dezember 2004 geltenden Fassung pauschal besteuerten oder*
3. *individuell besteuerten*

Beiträge mitzuteilen. Ferner hat der Arbeitgeber oder die Unterstützungskasse die nach § 3 Nr. 66 des Einkommensteuergesetzes steuerfrei belassenen Leistungen mitzuteilen. Die Mitteilungspflicht des Arbeitgebers oder der Unterstützungskasse kann durch einen Auftragnehmer wahrgenommen werden.

(3) Eine Mitteilung nach Absatz 2 kann unterbleiben, wenn die Versorgungseinrichtung die steuerliche Behandlung der für den einzelnen Arbeitnehmer im Kalenderjahr geleisteten Beiträge bereits kennt oder aus den bei ihr vorhandenen Daten feststellen kann, und dieser Umstand dem Arbeitgeber mitgeteilt worden ist. Unterbleibt die Mitteilung des Arbeitgebers, ohne dass ihm eine entsprechende Mitteilung der Versorgungseinrichtung vorliegt, so hat die Versorgungseinrichtung davon auszugehen, dass es sich insgesamt bis zu den in § 3 Nr. 56 oder 63 des Einkommensteuergesetzes genannten Höchstbeträgen um steuerbegünstigte Beiträge handelt, die in der Auszahlungsphase als Leistungen im Sinne von § 22 Nr. 5 Satz 1 des Einkommensteuergesetzes zu besteuern sind.

Aufzeichnungserleichterungen, Aufzeichnung der Religionsgemeinschaft

R 41.1

S 2375

(1) ¹Die nach §§ 40 Abs. 1 Satz 1 Nr. 1 und 40b EStG pauschal besteuerten Bezüge und die darauf entfallende pauschale Lohnsteuer sind grundsätzlich in dem für jeden Arbeitnehmer zu führenden Lohnkonto aufzuzeichnen. ²Soweit die Lohnsteuerpauschalierung nach § 40b EStG auf der Grundlage des Durchschnittsbetrags durchgeführt wird (→ § 40b Abs. 2 Satz 2 EStG), ist dieser aufzuzeichnen.

(2) ¹Die vorgesetzten Behörden¹⁾ können nach § 4 Abs. 3 Satz 1 LStDV Ausnahmen von der Aufzeichnung im Lohnkonto zulassen, wenn die Möglichkeit zur Nachprüfung in anderer Weise sichergestellt ist. ²Die Möglichkeit zur Nachprüfung ist in den bezeichneten Fällen nur dann gege-

---

¹⁾ Jetzt das Betriebsstättenfinanzamt.

ben, wenn die Zahlung der Bezüge und die Art ihrer Aufzeichnung im Lohnkonto vermerkt werden.

(3) ¹Das Finanzamt hat Anträgen auf Befreiung von der Aufzeichnungspflicht nach § 4 Abs. 3 Satz 2 LStDV im Allgemeinen zu entsprechen, wenn es im Hinblick auf die betrieblichen Verhältnisse nach der Lebenserfahrung so gut wie ausgeschlossen ist, dass der Rabattfreibetrag (→ § 8 Abs. 3 EStG) oder die Freigrenze nach § 8 Abs. 2 Satz 9 EStG im Einzelfall überschritten wird. ²Zusätzlicher Überwachungsmaßnahmen durch den Arbeitgeber bedarf es in diesen Fällen nicht.

(4) ¹Der Arbeitgeber hat die auf der Lohnsteuerkarte des Arbeitnehmers oder einer entsprechenden Bescheinigung eingetragene Religionsgemeinschaft im Lohnkonto aufzuzeichnen (§ 4 Abs. 1 Nr. 1 LStDV)¹). ²Erhebt der Arbeitgeber von pauschal besteuerten Bezügen (§§ 37b, 40, 40a Abs. 1, 2a und 3, § 40b EStG) keine Kirchensteuer, weil der Arbeitnehmer keiner Religionsgemeinschaft angehört, für die die Kirchensteuer von den Finanzbehörden erhoben wird, so hat er die Unterlage hierüber als Beleg zu den nach § 4 Abs. 2 Nr. 8 Satz 3 und 4 LStDV zu führenden Unterlagen zu nehmen (§ 4 Abs. 2 Nr. 8 Satz 5 LStDV). ³Als Beleg gilt ein Vermerk des Arbeitgebers darüber, dass der Arbeitnehmer seine Nichtzugehörigkeit zu einer kirchensteuererhebenden Religionsgemeinschaft durch Vorlage einer Bescheinigung nachgewiesen hat; der Vermerk muss die ausstellende Gemeindebehörde enthalten²). ⁴In den Fällen des § 37b EStG und des § 40a Abs. 1, 2a und 3 EStG kann der Arbeitgeber auch eine Erklärung zur Religionszugehörigkeit nach amtlichem Muster als Beleg verwenden.

R 41.2 Aufzeichnung des Großbuchstabens U

S 2375 ¹Der Anspruch auf Arbeitslohn ist im Wesentlichen weggefallen, wenn z. B. lediglich vermögenswirksame Leistungen oder Krankengeldzuschüsse gezahlt werden, oder wenn während unbezahlter Fehlzeiten (z. B. Elternzeit) eine Beschäftigung mit reduzierter Arbeitszeit aufgenommen wird. ²Der Großbuchstabe U ist je Unterbrechung einmal im Lohnkonto einzutragen. ³Wird Kurzarbeitergeld einschl. Saison-Kurzarbeitergeld, der Zuschuss zum Mutterschaftsgeld nach dem Mutterschutzgesetz, der Zuschuss nach § 3 der Mutterschutz- und Elternzeitverordnung oder einer entsprechenden Landesregelung, die Entschädigung für Verdienstausfall nach dem Infektionsschutzgesetz oder werden Aufstockungsbeträge nach dem AltTZG gezahlt, ist kein Großbuchstabe U in das Lohnkonto einzutragen.

R 41.3 Betriebsstätte

S 2376 ¹Die lohnsteuerliche Betriebsstätte ist der im Inland gelegene Betrieb oder Betriebsteil des Arbeitgebers, an dem der für die Durchführung des Lohnsteuerabzugs maßgebende Arbeitslohn insgesamt ermittelt wird, d. h. wo die einzelnen Lohnbestandteile oder bei maschineller Lohnabrechnung die Eingabewerte zu dem für die Durchführung des Lohnsteuerabzugs maßgebenden Arbeitslohn zusammengefasst werden. ²Es kommt nicht darauf an, wo einzelne Lohnbestandteile ermittelt, die Berechnung der Lohnsteuer vorgenommen wird und die für den Lohnsteuerabzug maßgebenden Unterlagen aufbewahrt werden. ³Bei einem ausländischen Arbeitgeber mit Wohnsitz und Geschäftsleitung im Ausland, der im Inland einen ständigen Vertreter (§ 13 AO) hat, aber keine Betriebsstätte unterhält, gilt als Mittelpunkt der geschäftlichen Leitung der Wohnsitz oder der gewöhnliche Aufenthalt des ständigen Vertreters.⁴ Ein selbständiges Dienstleistungsunternehmen, das für einen Arbeitgeber tätig wird, kann nicht als Betriebsstätte dieses Arbeitgebers angesehen werden. ⁵Bei einer Arbeitnehmerüberlassung (→ R 42d.2) kann nach § 41 Abs. 2 Satz 2 EStG eine abweichende lohnsteuerliche Betriebsstätte in Betracht kommen. ⁶Erlangt ein Finanzamt von Umständen Kenntnis, die auf eine Zentralisierung oder Verlegung von lohnsteuerlichen Betriebsstätten in seinem Zuständigkeitsbereich hindeuten, hat es vor einer Äußerung gegenüber dem Arbeitgeber die anderen betroffenen Finanzämter unverzüglich hierüber zu unterrichten und sich mit ihnen abzustimmen.

---

1) Die Regelung gilt sinngemäß beim ELStAM-Verfahren.
2) Absatz 4 Satz 3 ist überholt; nach Einführung der ELStAM dienen in den Fällen des § 40 und des § 40b EStG als Beleg grundsätzlich die vom Arbeitgeber beim Bundeszentralamt für Steuern abgerufenen ELStAM oder ein Vermerk des Arbeitgebers, dass der Arbeitnehmer seine Nichtzugehörigkeit zu einer steuererhebenden Religionsgemeinschaft mit der vom Finanzamt ersatzweise ausgestellten Bescheinigung für den Lohnsteuerabzug nachgewiesen hat. Liegen ihm diese amtlichen Nachweise nicht vor, bedarf es – wie schon bisher nach Satz 4 – zumindest einer schriftlichen Erklärung des Arbeitnehmers nach amtlichem Muster; in den Fällen des § 40a Abs. 1, 2a und 3 EStG genügt als Nachweis diese Erklärung nach amtlichem Muster (→ gleichlautende Ländererlasse vom **23. 10. 2012** – BStBl I S. 1083). → H 40.2

Hinweise

Betriebsstätte

Lohnsteuerliche Betriebsstätte bei Wohnungseigentümergemeinschaften

(Verfügung OFD Bremen vom 28. 7. 1997 – S 2376 – St 22 –)

Lohnsteuerliche Betriebsstätte ist der Betrieb oder Teil des Betriebes des Arbeitgebers, in dem der für die Durchführung des Lohnsteuer-Abzugs maßgebende Arbeitslohn ermittelt wird (§ 41 Abs. 2 Satz 1 EStG). Ist – wie bei Wohnungseigentümergemeinschaften – ein Betrieb im vorstehenden Sinne nicht vorhanden, gilt der Mittelpunkt der geschäftlichen Leitung des Arbeitgebers im Inland als Betriebsstätte (§ 41 Abs. 2 Satz 2 EStG).

Erfüllt bei einer Wohnungseigentümergemeinschaft der Verwalter sämtliche die Gemeinschaft betreffenden Arbeitgeberpflichten (Einstellung bzw. Entlassung des Personals, Zusammenstellung der für den Lohnsteuer-Abzug maßgebenden Lohnteile, Abgabe der Lohnsteuer-Anmeldungen und Abführung der Lohnsteuer-Abzugsbeträge), so befindet sich der Mittelpunkt der geschäftlichen Leitung am Sitz des Verwalters. Hat der Verwalter die Rechtsform einer juristischen Person, so ist das für die juristische Person zuständige Finanzamt auch Betriebsstätten-Finanzamt für die Wohnungseigentümergemeinschaft. Somit ist das für die Verwaltungsfirma zuständige Finanzamt zugleich Betriebsstätten-Finanzamt für die Wohnungseigentümergemeinschaft.

Zu beachten ist, daß für jede vom Verwalter betreute Wohnungseigentümergemeinschaft eine gesonderte Lohnsteuer-Anmeldung abzugeben ist und daß auch ggf. Prüfungsanordnungen nur für die einzelne Wohnungseigentümergemeinschaft ergehen dürfen.

→ H 19.1 (Hausverwaltungen) LStH

Zuständige Finanzämter für ausländische Bauunternehmer

Für ausländische Bauunternehmer sind die in der Umsatzsteuerzuständigkeitsverordnung genannten Finanzämter für die Verwaltung der Lohnsteuer zuständig (→ BMF vom 27. 12. 2002 – BStBl I S. 1399, Tz. 100).

Ansässigkeitsstaat	Finanzamt	Adresse
Belgien	Trier	Hubert-Neuerburg-Straße 1 54290 Trier
Bulgarien	Neuwied	Augustastraße 54 56564 Neuwied
Dänemark	Flensburg	Duburger Straße 58–64 24939 Flensburg
Estland	Rostock	Möllner Straße 13 18109 Rostock
Finnland	Bremen-Mitte	Rudolf-Hilferding-Platz 1 28195 Bremen
Frankreich	Offenburg	Zeller Straße 1–3 77654 Offenburg
Großbritannien (einschließlich Nordirland)	Hannover-Nord	Vahrenwalder Straße 206 30165 Hannover
Griechenland	Neukölln	Thiemannstraße 1 12059 Berlin
Irland	Hamburg-Nord	Borsteler Chaussee 45 22453 Hamburg
Italien	München II	Finanzamt München Abteilung Körperschaften 80275 München
Kroatien	Kassel II-Hofgeismar	Altmarkt 1 34125 Kassel
Lettland	Bremen-Mitte	Rudolf-Hilferding-Platz 1 28195 Bremen

§ 41 EStG
H 41.3

Ansässigkeitsstaat	Finanzamt	Adresse
Liechtenstein	Konstanz	Byk-Gulden-Str. 2a 78467 Konstanz
Litauen	Mühlhausen	Martinistraße 22 99974 Mühlhausen
Luxemburg	Saarbrücken	Am Stadtgraben 2–4 66111 Saarbrücken
Mazedonien	Neukölln	Thiemannstraße 1 12059 Berlin
Niederlande	Kleve	Emmericher Straße 182 47533 Kleve
Norwegen	Bremen-Mitte	Rudolf-Hilferding-Platz 1 28195 Bremen
Österreich	München II	Finanzamt München Abteilung Körperschaften 80275 München
Polen	Oranienburg (Nach- bzw. Firmenname A bis M)	Heinrich-Grüber-Platz 3 16515 Oranienburg
	Cottbus (Nach- bzw. Firmenname N bis Z)	Vom-Stein-Straße 29 03050 Cottbus
Portugal	Kassel II -Hofgeismar	Altmarkt 1 34125 Kassel
Rumänien	Chemnitz-Süd	Paul-Bertz-Straße 1 09120 Chemnitz
Russland	Magdeburg	Tessenowstraße 10 39114 Magdeburg
Schweden	Hamburg-Nord	Borsteler Chaussee 45 22453 Hamburg
Schweiz	Konstanz	Byk-Gulden-Str. 2a 78467 Konstanz
Slowakei	Chemnitz-Süd	Paul-Bertz-Straße 1 09120 Chemnitz
Spanien	Kassel II -Hofgeismar	Altmarkt 1 34125 Kassel
Slowenien	Oranienburg	Heinrich-Grüber-Platz 3 16515 Oranienburg
Tschechische Republik	Chemnitz-Süd	Paul-Bertz-Straße 1 09120 Chemnitz
Türkei	Dortmund-Unna	Trakehnerweg 4 44143 Dortmund
Ukraine	Magdeburg	Tessenowstraße 10 39114 Magdeburg
Ungarn	Zentralfinanzamt Nürnberg	Thomas-Mann-Straße 50 90471 Nürnberg
Vereinigte Staaten von Amerika	Bonn-Innenstadt	Welschnonnenstraße 15 53111 Bonn
Weißrussland	Magdeburg	Tessenowstraße 10 39114 Magdeburg
Übriges Ausland	Neukölln	Thiemannstraße 1 12059 Berlin

Zuständige Finanzämter für ausländische Verleiher

Die Zuständigkeit für ausländische Verleiher (ohne Bauunternehmen) ist in den Ländern bei folgenden Finanzämtern zentralisiert:

Land	Finanzamt	Adresse
Baden-Württemberg	Offenburg	Zeller Straße 1–3 77654 Offenburg
Bayern	München Zentralfinanzamt Nürnberg	Finanzamt München Abteilung Körperschaften 80275 München Thomas-Mann-Straße 50 90471 Nürnberg
Berlin	für Körperschaften III	Volkmarstraße 13 12099 Berlin
Brandenburg	Oranienburg	Heinrich-Grüber-Platz 3 16515 Oranienburg
Bremen	Bremen Mitte	Rudolf-Hilferding-Platz 1 28195 Bremen
Hamburg	Hamburg-Nord	Borsteler Chaussee 45 22453 Hamburg
Hessen	Kassel II -Hofgeismar	Altmarkt 1 34125 Kassel
Mecklenburg-Vorpommern	Pasewalk	Torgelower Straße 32 17309 Pasewalk
Niedersachsen	Bad Bentheim	Heinrich-Böll-Straße 2 48455 Bad Bentheim
Nordrhein-Westfalen	Düsseldorf Altstadt	Kaiserstraße 52 40479 Düsseldorf
Rheinland-Pfalz	Kaiserslautern	Eisenbahnstraße 56 67655 Kaiserslautern
Saarland	Saarbrücken	Am Stadtgraben 2-4 66111 Saarbrücken
Sachsen	Chemnitz-Süd	Paul-Bertz-Straße 1 09120 Chemnitz
Sachsen-Anhalt	Magdeburg	Tersenowstraße 10 39114 Magdeburg
Schleswig-Holstein	Kiel-Nord	Holtenauer Straße 183 24118 Kiel
Thüringen	Mühlhausen	Martinistraße 22 99974 Mühlhausen

§ 41a Anmeldung und Abführung der Lohnsteuer

(1) ¹Der Arbeitgeber hat spätestens am zehnten Tag nach Ablauf eines jeden Lohnsteuer-Anmeldungszeitraums
1. dem Finanzamt, in dessen Bezirk sich die Betriebsstätte (§ 41 Absatz 2) befindet (Betriebsstättenfinanzamt), eine Steuererklärung einzureichen, in der er die Summen der im Lohnsteuer-Anmeldungszeitraum einzubehaltenden und zu übernehmenden Lohnsteuer angibt (Lohnsteuer-Anmeldung),
2. die im Lohnsteuer-Anmeldungszeitraum insgesamt einbehaltene und übernommene Lohnsteuer an das Betriebsstättenfinanzamt abzuführen.

²Die Lohnsteuer-Anmeldung ist nach amtlich vorgeschriebenem Datensatz durch Datenfernübertragung nach Maßgabe der Steuerdaten-Übermittlungsverordnung zu übermitteln. ³Auf Antrag kann das Finanzamt zur Vermeidung unbilliger Härten auf eine elektronische Übermitt-

lung verzichten; in diesem Fall ist die Lohnsteuer-Anmeldung nach amtlich vorgeschriebenem Vordruck abzugeben und vom Arbeitgeber oder von einer zu seiner Vertretung berechtigten Person zu unterschreiben. ⁴Der Arbeitgeber wird von der Verpflichtung zur Abgabe weiterer Lohnsteuer-Anmeldungen befreit, wenn er Arbeitnehmer, für die er Lohnsteuer einzubehalten oder zu übernehmen hat, nicht mehr beschäftigt und das dem Finanzamt mitteilt.

(2) ¹Lohnsteuer-Anmeldungszeitraum ist grundsätzlich der Kalendermonat. ²Lohnsteuer-Anmeldungszeitraum ist das Kalendervierteljahr, wenn die abzuführende Lohnsteuer für das vorangegangene Kalenderjahr mehr als 1 000 Euro, aber nicht mehr als 4 000 Euro betragen hat; Lohnsteuer-Anmeldungszeitraum ist das Kalenderjahr, wenn die abzuführende Lohnsteuer für das vorangegangene Kalenderjahr nicht mehr als 1 000 Euro betragen hat. ³Hat die Betriebsstätte nicht während des ganzen vorangegangenen Kalenderjahres bestanden, so ist die für das vorangegangene Kalenderjahr abzuführende Lohnsteuer für die Feststellung des Lohnsteuer-Anmeldungszeitraums auf einen Jahresbetrag umzurechnen. ⁴Wenn die Betriebsstätte im vorangegangenen Kalenderjahr noch nicht bestanden hat, ist die auf einen Jahresbetrag umgerechnete für den ersten vollen Kalendermonat nach der Eröffnung der Betriebsstätte abzuführende Lohnsteuer maßgebend.

(3) ¹Die oberste Finanzbehörde des Landes kann bestimmen, dass die Lohnsteuer nicht dem Betriebsstättenfinanzamt, sondern einer anderen öffentlichen Kasse anzumelden und an diese abzuführen ist; die Kasse erhält insoweit die Stellung einer Landesfinanzbehörde. ²Das Betriebsstättenfinanzamt oder die zuständige andere öffentliche Kasse können anordnen, dass die Lohnsteuer abweichend von dem nach Absatz 1 maßgebenden Zeitpunkt anzumelden und abzuführen ist, wenn die Abführung der Lohnsteuer nicht gesichert erscheint.

(4) ¹Arbeitgeber, die eigene oder gecharterte Handelsschiffe betreiben, dürfen vom Gesamtbetrag der anzumeldenden und abzuführenden Lohnsteuer einen Betrag von 40 Prozent der Lohnsteuer der auf solchen Schiffen in einem zusammenhängenden Arbeitsverhältnis mehr als 183 Tagen beschäftigten Besatzungsmitglieder abziehen und einbehalten. ²Die Handelsschiffe müssen in einem inländischen Seeschiffsregister eingetragen sein, die deutsche Flagge führen und zur Beförderung von Personen oder Gütern im Verkehr mit oder zwischen ausländischen Häfen, innerhalb eines ausländischen Hafens oder zwischen einem ausländischen Hafen und der Hohen See betrieben werden. ³Die Sätze 1 und 2 sind entsprechend anzuwenden, wenn Seeschiffe im Wirtschaftsjahr überwiegend außerhalb der deutschen Hoheitsgewässer zum Schleppen, Bergen oder zur Aufsuchung von Bodenschätzen unter dem Meeresboden eingesetzt werden. ⁴Ist für den Lohnsteuerabzug die Lohnsteuer nach der Steuerklasse V oder VI zu ermitteln, so bemisst sich der Betrag nach Satz 1 nach der Lohnsteuer der Steuerklasse I.

R 41a.1   Lohnsteuer-Anmeldung

S 2377

(1) ¹Der Arbeitgeber ist von der Verpflichtung befreit, eine weitere Lohnsteuer-Anmeldung einzureichen, wenn er dem Betriebsstättenfinanzamt mitteilt, dass er im Lohnsteuer-Anmeldungszeitraum keine Lohnsteuer einzubehalten oder zu übernehmen hat, weil der Arbeitslohn nicht steuerbelastet ist. ²Dies gilt auch, wenn der Arbeitgeber nur Arbeitnehmer beschäftigt, für die er lediglich die Pauschsteuer nach § 40a Abs. 2 EStG an die Deutsche Rentenversicherung Knappschaft-Bahn-See entrichtet.

(2) ¹Für jede Betriebsstätte (→ § 41 Abs. 2 EStG) und für jeden Lohnsteuer-Anmeldungszeitraum ist eine einheitliche Lohnsteuer-Anmeldung einzureichen. ²Die Abgabe mehrerer Lohnsteuer-Anmeldungen für dieselbe Betriebsstätte und denselben Lohnsteuer-Anmeldungszeitraum, etwa getrennt nach den verschiedenen Bereichen der Lohnabrechnung, z. B. gewerbliche Arbeitnehmer, Gehaltsempfänger, Pauschalierungen nach den §§ 37a, 37b, 40 bis 40b EStG, ist nicht zulässig.

(3) Der für den Lohnsteuer-Anmeldungszeitraum maßgebende Betrag der abzuführenden Lohnsteuer (→ § 41a Abs. 2 EStG) ist die Summe der einbehaltenen und übernommenen Lohnsteuer ohne Kürzung um das ihr entnommene Kindergeld (→ § 72 Abs. 7 EStG).

(4) ¹Das Betriebsstättenfinanzamt hat den rechtzeitigen Eingang der Lohnsteuer-Anmeldung zu überwachen. ²Es kann bei nicht rechtzeitigem Eingang der Lohnsteuer-Anmeldung einen Verspätungszuschlag nach § 152 AO festsetzen oder erforderlichenfalls die Abgabe der Lohnsteuer-Anmeldung mit Zwangsmitteln nach §§ 328 bis 335 AO durchsetzen. ³Wird eine Lohnsteuer-Anmeldung nicht eingereicht, kann das Finanzamt die Lohnsteuer im Schätzungswege ermitteln und den Arbeitgeber durch Steuerbescheid in Anspruch nehmen (→ §§ 162, 167 Abs. 1 AO). ⁴Pauschale Lohnsteuer kann im Schätzungswege ermittelt und in einem Steuerbescheid festgesetzt werden, wenn der Arbeitgeber mit dem Pauschalierungsverfahren einverstanden ist.

(5) ¹Bemessungsgrundlage für den Steuereinbehalt nach § 41a Abs. 4 EStG ist die Lohnsteuer, die auf den für die Tätigkeit an Bord von Schiffen gezahlten Arbeitslohn entfällt, wenn der betref-

§ 41a EStG
H 41a.1   R 41a.1

fende Arbeitnehmer mehr als 183 Tage bei dem betreffenden Reeder beschäftigt ist. ²Der Lohnsteuereinbehalt durch den Reeder nach § 41a Abs. 4 EStG gilt für den Kapitän und alle Besatzungsmitglieder – einschl. des Servicepersonals –, die über ein Seefahrtsbuch verfügen und deren Arbeitgeber er ist. ³Der Lohnsteuereinbehalt kann durch Korrespondent- oder Vertragsreeder nur vorgenommen werden, wenn diese mit der Bereederung des Schiffes in ihrer Eigenschaft als Mitgesellschafter an der Eigentümergesellschaft beauftragt sind. ⁴Bei Vertragsreedern ist dies regelmäßig nicht der Fall. ⁵Bei Korrespondentreedern ist der Lohnsteuereinbehalt nur für die Heuern der Seeleute zulässig, die auf den Schiffen tätig sind, bei denen der Korrespondentreeder auch Miteigentümer ist.

Hinweise

H 41a.1

Änderung der Lohnsteuer-Anmeldung durch das Finanzamt
Eine Erhöhung der Lohnsteuer-Entrichtungsschuld ist unter den Voraussetzungen des § 164 Abs. 2 Satz 1 AO auch nach Übermittlung oder Ausschreibung der Lohnsteuerbescheinigung zulässig (→ BFH vom 30. 10. 2008 – BStBl 2009 II S. 354).

Anfechtung der Lohnsteuer-Anmeldung durch den Arbeitnehmer
Ein Arbeitnehmer kann die Lohnsteuer-Anmeldung des Arbeitgebers aus eigenem Recht anfechten, soweit sie ihn betrifft (→ BFH vom 20. 7. 2005 – BStBl II S. 890).

Elektronische Abgabe der Lohnsteuer-Anmeldung
Die Verpflichtung eines Arbeitgebers, seine Steueranmeldung dem Finanzamt grundsätzlich elektronisch zu übermitteln, ist verfassungsgemäß (→ BFH vom 14. 3. 2012 – BStBl II S. 477).

→ Steuerdaten-Übermittlungsverordnung (StDÜV)   Anhang 12 I
→ BMF vom **16. 11. 2011** (BStBl I S. **1063**)   Anhang 12 II

Härtefallregelung
Ein Härtefall liegt vor, wenn dem Arbeitgeber die elektronische Datenübermittlung wirtschaftlich oder persönlich unzumutbar ist. Dies ist z. B. der Fall, wenn ihm nicht zuzumuten ist, die technischen Voraussetzungen für die elektronische Übermittlung einzurichten (→ BFH vom 14. 3. 2012 – BStBl II S. 477).

Elektronische Übermittlung von (Vor-)Anmeldungen, Verpflichtung

Verpflichtung zur elektronischen Übermittlung von (Vor-)Anmeldungen
(Verfügung der OFD Chemnitz vom 4. 7. 2005 – O 2000 – 56/13 – St 11 –)

Die bisher offenen Fragen zur elektronischen Übermittlung von (Vor-)Anmeldungen wurden auf Bundesebene zwischenzeitlich abgestimmt. Im Ergebnis ist zukünftig Folgendes zu beachten:

– Fälle, in denen trotz fehlender Anerkennung als Härtefall die (Vor-)Anmeldung weiterhin in Papierform/Telefax abgegeben wird: Es bestehen bis auf weiteres keine Bedenken, die Abgabe der Steueranmeldung regelmäßig als entsprechenden Härtefall-Antrag des Unternehmers bzw. Arbeitgebers anzusehen, dem das FA nicht förmlich zuzustimmen braucht. Dies bedeutet, dass bei Stpfl., die bisher keinen Härtefallantrag gestellt haben und ihren steuerlichen Verpflichtungen uneingeschränkt auf herkömmlichem Übermittlungsweg nachkommen, von einer separaten Antragsbearbeitung und weiteren Zwangsmaßnahmen abzusehen ist.

– Beantragte und abgelehnte Härtefallanträge: Wurde ein Härtefallantrag durch gesonderte Entscheidung abgelehnt und ist einem ggf. hiergegen gerichteten Einspruch nicht abzuhelfen (z. B. alle technischen Voraussetzungen für eine elektronische Übermittlung sind vorhanden), können Zwangsmaßnahmen (insbes. Verspätungszuschläge und Zwangsgeld) eingeleitet werden, wenn der Stpfl. auch weiterhin seine (Vor-)Anmeldungen nicht in elektronischer Form einreicht. Die Steuer ist entsprechend der in herkömmlicher Form erklärten Besteuerungsgrundlagen durch Bescheid festzusetzen.

– Bei der Entscheidung über anhängige ausdrückliche Härtefall-Anträge bzw. über Einsprüche gegen die Ablehnung der Anerkennung eines Härtefalls ist zu berücksichtigen, dass ein Härtefall insbesondere dann anzunehmen sein wird, wenn der Stpfl. nicht über die technischen Voraussetzungen verfügt, die für die Übermittlung nach der Steuerdaten-Übermitt-

lungsverordnung eingehalten werden müssen. Abweichend von der bisherigen Verfahrensweise erübrigt sich damit eine Prüfung, ob der Stpfl. finanziell in der Lage ist, bisher nicht vorhandene IT-Technik zu beschaffen.
- Härtefall-Anerkennungen sind grundsätzlich mit Widerrufsvorbehalt zu versehen.
- Über eine Befristung von Härtefall-Anerkennungen ist nach den Umständen des Einzelfalls zu entscheiden; dies schließt ein, dass eine Härtefall-Anerkennung nach Maßgabe der Umstände des Einzelfalls auch über den 31. 12. 2005 hinaus ausgesprochen werden kann. Abweichend von der bisherigen Verfahrensweise können z. B. bei Kleinstunternehmen (Ich-AG), bei denen kurzfristig mit keiner Änderung der wirtschaftlichen Verhältnisse zu rechnen ist, Härtefallanerkennungen über den 31. 12. 2005 hinaus erteilt werden.

Offene Vorgänge sollen in diesem Sinn entschieden werden. Dies gilt auch für das Einspruchsverfahren. ...

Ein BMF-Schreiben zu dem Thema ist in nächster Zeit nicht vorgesehen.

ELSTER, Elektronische Übermittlung von Steuererklärungen

(Erlass des FinMin Berlin vom 9. 5. 2007 – III E – O 2398 – 28/2007 –)

1 Anlage

Die Steuerverwaltung hat in den letzten Jahren das Verfahren ELSTER (ELektronische STeuerERklärung) erfolgreich für die sichere Übermittlung von Steuerdaten etabliert. Für die Abgabe von Umsatzsteuervoranmeldungen und Lohnsteuer-Anmeldungen besteht seit 1. 1. 2005 eine gesetzliche Verpflichtung zur elektronischen Übermittlung. Auch der Anteil der elektronisch abgegebenen Jahressteuer-Erklärungen steigt stetig. Mittlerweile wird in Berlin jede 6. Steuererklärung per ELSTER-Software übermittelt. Um diesen Anteil weiter auszubauen, weise ich gerne noch einmal auf Ihre Möglichkeiten hin, ELSTER auch für die Übermittlung von Einkommen-, Umsatz- und Gewerbesteuererklärungen zu nutzen. Mittels der von Ihnen verwendeten Software, in die ein ELSTER-Modul integriert ist, können die Daten in zwei Varianten übermittelt werden. Sie müssen sich dabei zwischen der Datenübermittlung mit Abgabe einer komprimierten Steuererklärung oder der neuen authentifizierten Datenübermittlung der Steuererklärung entscheiden.

Datenübermittlung mit Abgabe einer komprimierten Steuererklärung

Diese Möglichkeit der Abgabe einer Steuererklärung ist seit Jahren bewährte Praxis. Die Daten der Steuererklärung werden von Ihrer Software per ELSTER gesendet. Die nach dem Sendevorgang ausgedruckte Steuererklärung, die nur die gesendeten Daten enthält (= komprimierte Steuererklärung) ist vom/von den Steuerpflichtigen zu unterschreiben und beim FA einzureichen. Die von Ihnen gesendeten Daten werden vom FA bei Bearbeitung der komprimierten Steuererklärung aufgerufen und für die Festsetzung übernommen, soweit die sachliche Prüfung keine Abweichungen erfordert.

Neue authentifizierte Datenübermittlung

Mit der Änderung von § 87a Abs. 6 AO (BGBl 2006 I Nr. 60 vom 18. 12. 2006; Art. 10 – Änderung der Abgabenordnung) und der Steuerdaten-Übermittlungsverordnung – StDÜV – (BGBl 2006 I Nr. 65 S. 3380) wurden die gesetzlichen Voraussetzungen für eine vereinfachte Übermittlung papierloser Steuererklärungen geschaffen.

Bei der Übermittlung der Steuererklärungsdaten ersetzt die Authentifizierung des Datenübermittlers die Vorlage einer vom Steuerpflichtigen zu unterschreibenden Steuererklärung (§ 6 Abs. 1 StDÜV). Als Datenübermittler müssen Sie lediglich Ihrem Auftraggeber die übermittelten Daten in einer für ihn leicht nachprüfbaren Form zur Verfügung stellen (§ 6 Abs. 2 StDÜV); dies wird meist von Ihrer Software durch Ausdrucke bereits entsprechend unterstützt.

Das für die Authentifizierung erforderliche elektronische Zertifikat wird vom Elster-Online-Portal (www.elsteronline.de) im Rahmen der Registrierung kostenlos für Sie erstellt und kann dann von Ihnen für die Datenübermittlung verwendet werden (Registrierungsart ELSTERBasis). Sie haben auch die Möglichkeit, ihr elektronisches Zertifikat auf einen speziellen USB-Sicherheits-Chip (ELSTER-Stick) laden zu lassen (Registrierungsart ELSTERSpezial). Vorhandene von ELSTER unterstützte Signaturkarten können alternativ für das Authentifizierungsverfahren registriert werden (Registrierungsart ELSTERPlus).

Kanzleien, die Steuererklärungen über das Datev-Rechenzentrum übermitteln, benötigen für eine authentifizierte Übermittlung keine Registrierung im ElsterOnline-Portal. Die Datev hat hierzu Erläuterungen in der Datev-Informationsdatenbank abgelegt. Diese erhalten Sie unter www.datev.de mittels Eingabe der Dokumentennummern 1034534 und 1020909 in der Suchmaske.

Im FA werden die von Ihnen authentifiziert übermittelten Steuererklärungsdaten dem jeweiligen zuständigen Sachbearbeiter im FA zur Bearbeitung/Prüfung auf dem Monitor bereitgestellt. Gesetzlich erforderliche Belege sind nach der Datenübermittlung formlos beim FA zur Steuernummer einzureichen; die elektronische Steuererklärung kann in diesen Fällen mit der Option „Belege werden noch eingereicht" gesendet werden.

Die auf dem Markt angebotene Software hat zwischenzeitlich diese neue Übermittlungsvariante weitestgehend integriert. In 2006 wurden in Berlin etwa 7 % der ELSTER-Erklärungen authentifiziert übermittelt. Im laufenden Jahr ist bereits eine deutliche Steigerung bei der Nutzung dieser neuen Möglichkeit zu beobachten. Das Verfahren hat sich bewährt und ist in allen Berliner Finanzämtern einsatzbereit.

Vorteile des ELSTER-Verfahrens

- Von Steuerberatern, die ELSTER nutzen, wird insbesondere die angebotene Möglichkeit der Bescheiddatenbereitstellung/-abholung als sinnvolle Unterstützung des täglichen Arbeitsablaufs erwähnt. Diese Option ist in der eingesetzten Software zu aktivieren und wird beim Senden der Erklärungsdaten mit übermittelt. Nach Festsetzung/Absendung des Steuerbescheids werden die Bescheiddaten von der Steuerverwaltung über ELSTER zusätzlich elektronisch für Sie bereitgestellt. Mittels Ihrer Software können die Bescheiddaten abgeholt/übernommen werden und dann maschinell mit den erklärten Daten abgeglichen werden; Abweichungen werden Ihnen angezeigt.
- Massenanwender berichten zudem von einem deutlichen Rückgang fehlerbehafteter Steuerbescheide, weil Erfassungsfehler im FA durch die Übernahme der gesendeten Daten ausgeschlossen werden; Anträge auf schlichte Änderung sind nur noch die Ausnahme.
- Die Festsetzung und ggf. Erstattung der Steuer kann in der Regel schneller, meist innerhalb von 4–5 Wochen erfolgen, weil eine erneute Erfassung der Steuererklärungsdaten im FA nicht mehr erforderlich ist.
- Belege sind nur in dem der beigefügten Aufstellung zu entnehmenden Rahmen einzureichen.

Ihre Teilnahme am Verfahren ELSTER ist erwünscht!

Sofern Sie Steuererklärungen noch nicht per ELSTER übermitteln, bitte ich Sie, den Umstieg jetzt zu prüfen. Nutzen Sie bitte künftig die Möglichkeiten und Vorteile der elektronischen Steuererklärung!

Sollten Sie Steuererklärungen bereits über ELSTER einreichen, danke ich Ihnen für Ihre Unterstützung. Bitte prüfen Sie auch die Möglichkeit zur Abgabe papierloser Steuererklärungen durch authentifizierte Übermittlung. Dies wird mit dazu beitragen, die Verfahrensabläufe in den Finanzämtern zu straffen sowie Steuern zügig festsetzen und erstatten zu können.

Anlage

Aufstellung der mit einer Steuererklärung einzureichenden/nicht einzureichenden Belege

Einzureichen sind insbesondere

- Bescheinigung über Lohnersatzleistungen
- Unterlagen über die Gewinnermittlung
- Steuerbescheinigung über anrechenbare Körperschaftsteuer und Kapitalertragsteuer/Zinsabschlag
- Bescheinigung über anrechenbare ausländische Steuern
- Zuwendungsnachweis (Spendenbescheinigung)
- Nachweis der außergewöhnlichen Belastungen
- Nachweis der Behinderung
- Nachweis der Unterhaltsbedürftigkeit
- Nachweis der haushaltsnahen Dienstleistung (Rechnung des Dienstleisters und Beleg des Kreditinstituts – Kontoauszug über die Zahlung auf das Konto des Erbringers der Dienstleistung)
- Nachweis der Kinderbetreuungskosten (Rechnung des Dienstleisters und Beleg des Kreditinstituts – Kontoauszug über die Zahlung auf das Konto des Erbringers der Dienstleistung)
- Soweit die Lohnsteuerbescheinigungsdaten nicht durch den Arbeitgeber elektronisch an das FA übermittelt wurden: die Lohnsteuerkarte bzw. die besondere Lohnsteuerbescheinigung
- Bescheinigung über vermögenswirksame Leistungen
- Bescheinigung über geleistete Altersvorsorgebeiträge

Nicht einzureichen sind

- Belege über Arbeitsmittel

- Nachweise über Beiträge an Berufsverbände
- Bestätigungen zu Lebens- oder Haftpflichtversicherungen
- vom Arbeitgeber ausgehändigter Ausdruck der elektronischen Lohnsteuerbescheinigung

Diese Unterlagen sind jedoch bis zur Bestandskraft des Bescheides aufzubewahren. Sie müssen dem FA auf Verlangen vorgelegt werden.

Wenn außergewöhnliche oder erstmalige Umstände die Höhe der Steuer beeinflussen, wird eine sofortige Belegeinreichung empfohlen. Dies ist beispielsweise bei beruflich bedingten Umzugsaufwendungen, der Begründung einer doppelten Haushaltsführung oder der Einrichtung eines häuslichen Arbeitszimmers der Fall.

Elektronische Kommunikation

Elektronische Kommunikation mit der Finanzverwaltung

(Verfügung der OFD Frankfurt vom 31. 1. 2005 – S 0222a A – 2 – St II 4.03 –)

1. Zugangseröffnung

Die Übermittlung elektronischer Dokumente an die Finanzbehörden und an die Steuerpflichtigen ist zulässig, soweit der Empfänger hierfür einen Zugang eröffnet (§ 87a Abs. 1 Satz 1 AO). Die Zugangseröffnung kann durch ausdrückliche Erklärung oder konkludent sowie generell oder nur für bestimmte Fälle erfolgen. Vorbehaltlich einer ausdrücklichen gesetzlichen Anordnung besteht weder für die Steuerpflichtigen noch für die Finanzbehörden ein Zwang zur Übermittlung elektronischer Dokumente.

Finanzbehörden, die eine E-Mail-Adresse angeben, erklären damit ihre Bereitschaft zur Entgegennahme elektronischer Dokumente; für die Übermittlung elektronisch signierter Dokumente (vgl. Nr. 3) muss der Zugang gesondert eröffnet werden. Wegen der elektronischen Übermittlung von Steuererklärungsdaten Hinweis auf § 150 Abs. 1 Satz 2 AO und die Steuerdaten-Übermittlungsverordnung.

Bei natürlichen oder juristischen Personen, die eine gewerbliche oder berufliche Tätigkeit selbstständig ausüben und die auf einem im Verkehr mit der Finanzbehörde verwendeten Briefkopf, in einer Steuererklärung oder in einem Antrag an die Finanzbehörde ihre E-Mail-Adresse angegeben oder sich per E-Mail an die Finanzbehörde gewandt haben, kann in der Regel davon ausgegangen werden, dass sie damit konkludent ihre Bereitschaft zur Entgegennahme elektronischer Dokumente erklärt haben. Bei Steuerpflichtigen, die keine gewerbliche oder berufliche Tätigkeit selbstständig ausüben (z. B. Arbeitnehmer), ist dagegen derzeit nur bei Vorliegen einer ausdrücklichen, aber nicht formgebundenen Einverständniserklärung von einer Zugangseröffnung i. S. des § 87a Abs. 1 Satz 1 AO auszugehen.

2. Zugang

Ein elektronisches Dokument ist zugegangen, sobald die für den Empfang bestimmte Einrichtung es in für den Empfänger bearbeitbarer Weise aufgezeichnet hat (§ 87a Abs. 1 Satz 2 AO). Ob und wann der Empfänger das bearbeitbare Dokument tatsächlich zur Kenntnis nimmt, ist für den Zeitpunkt des Zugangs unbeachtlich. Zur widerlegbaren Vermutung des Tags des Zugangs elektronischer Verwaltungsakte vgl. § 122 Abs. 2a und § 123 Sätze 2 und 3 AO. Ein für den Empfänger nicht bearbeitbares Dokument ist nicht i. S. des § 87a Abs. 1 Satz 2 AO zugegangen und löst somit noch keine Rechtsfolgen (z. B. die Wahrung einer Antrags- oder Rechtsbehelfsfrist oder das Wirksamwerden eines Verwaltungsakts) aus. Zum Verfahren nach Übermittlung eines nicht bearbeitbaren elektronischen Dokuments vgl. § 87a Abs. 2 AO.

3. Elektronisch signierte Dokumente

Soweit durch Gesetz die Schriftform vorgeschrieben ist, kann dieser Form grundsätzlich auch durch Übermittlung in elektronischer Form entsprochen werden. Hierbei muss das Dokument mit einer qualifizierten elektronischen Signatur i. S. des § 2 Nr. 3 des Signaturgesetzes (BStBl 2001 I S. 351) versehen sein (§ 87a Abs. 3 und 4 AO).

§ 87a Abs. 3 AO gilt auch, wenn eine eigenhändige Unterschrift gesetzlich vorgeschrieben ist. In diesem Fall ist das Dokument von derjenigen Person elektronisch zu signieren, die zur eigenhändigen Unterschrift verpflichtet ist, bzw. in den Fällen des § 150 Abs. 3 von der bevollmächtigten Person.

Elektronische Dokumente, die mit einem Wahlnamen signiert worden sind, dem die Funktion des bürgerlichen Namens zukommt, sind von den Finanzbehörden nicht unter Berufung auf § 87a Abs. 3 Satz 3 zurückzuweisen.

4. Beweis durch elektronische Dokumente

Ist ein elektronisches Dokument Gegenstand eines Beweises, wird der Beweis durch Vorlegung oder Übermittlung der Datei angetreten. Befindet sich das vorzulegende elektronische Dokument weder im Besitz des Steuerpflichtigen noch im Besitz der Finanzbehörde, gilt hinsichtlich der Vorlage- bzw. Übermittlungspflicht Dritter § 97 Abs. 1 und 3 AO entsprechend (§ 87a Abs. 5 Satz 1 AO). Die Finanzbehörde hat bei ihrem Herausgabeverlangen anzugeben, dass das elektronische Dokument für die Besteuerung einer anderen Person benötigt wird (§ 97 Abs. 1 Satz 2 AO). Sie kann das elektronische Dokument an Amtsstelle oder bei dem Dritten einsehen, wenn dieser damit einverstanden ist (§ 97 Abs. 3 Satz 1 AO). Der Dritte hat ggf. auf seine Kosten diejenigen Hilfsmittel zur Verfügung zu stellen, die erforderlich sind, um das Dokument lesbar zu machen (§ 97 Abs. 3 Satz 2 i. V. m. § 147 Abs. 5 AO).

Der Anschein der Echtheit eines mit einer qualifizierten elektronischen Signatur nach dem Signaturgesetz übermittelten Dokuments, der sich auf Grund der Prüfung nach dem Signaturgesetz ergibt, kann nur durch Tatsachen erschüttert werden, die ernstliche Zweifel daran begründen, dass das Dokument mit dem Willen des Signaturschlüsselinhabers übermittelt wurde (§ 87a Abs. 5 Satz 2 AO). Für die Beurteilung der Frage, wann „ernstliche Zweifel" vorliegen, können die Auslegungsgrundsätze zu § 361 Abs. 2 Satz 2 AO (vgl. zu § 361, Nr. 2.5) herangezogen werden. Für die Widerlegung der Echtheitsvermutung ist daher erforderlich, dass die vorgetragenen Tatsachen ergeben, dass die Wahrscheinlichkeit, dass das Dokument nicht mit dem Willen des Signaturschlüssel-Inhabers übermittelt worden ist, zumindest ebenso hoch ist wie die Wahrscheinlichkeit, dass das übermittelte Dokument dem Willen des Signaturschlüssel-Inhabers entspricht.

Die Vermutung des § 87a Abs. 5 Satz 2 AO gilt nicht, wenn das übermittelte elektronische Dokument mit einer „einfachen" elektronischen Signatur (§ 2 Nr. 1 des Signaturgesetzes), mit einer „fortgeschrittenen elektronischen Signatur" (§ 2 Nr. 2 des Signaturgesetzes) oder mit einer Signatur i. S. des § 87a Abs. 6 AO versehen worden ist.

Zusatz der OFD:

Mit der Einfügung eines § 87a in die AO durch das Dritte Gesetz zur Änderung verwaltungsverfahrensrechtlicher Vorschriften vom 21. 8. 2002 (BStBl 2002 I S. 820) hat der Gesetzgeber lediglich die rechtlichen Rahmenbedingungen dafür geschaffen, dass Erklärungen und Anträge der Steuerpflichtigen und Verwaltungsakte der Finanzbehörden rechtsverbindlich elektronisch übermittelt werden können. Die (voll-)elektronischen Steuererklärungen und der Elektronische Verwaltungsakt können jedoch erst dann zur Praxis werden, wenn hierfür auch die technischen und organisatorischen Voraussetzungen realisiert worden sind.

Die Finanzverwaltung des Landes Hessen ist zur Zeit noch nicht in der Lage, Steuerbescheide auf elektronischem Wege bekannt zu geben, da die dazu notwendigen technischen Rahmenbedingungen sowohl auf Seiten der Finanzverwaltung als auch bei den Steuerpflichtigen noch nicht erfüllt sind.

Die Umsetzung eines solchen Verfahrens erfordert eine erhebliche Vorlaufzeit und es ist derzeit nicht absehbar, bis wann mit dem Einsatz eines solchen Verfahrens gerechnet werden kann.

Lohnsteuer-Anmeldung

Abgabe durch Verwalter einer Wohnungseigentümergemeinschaft

→ H 41.3 LStH (Betriebsstätte)

Härtefallregelung

§ 150 Abs. 8 AO:

(8) ¹Ordnen die Steuergesetze an, dass die Finanzbehörde auf Antrag zur Vermeidung unbilliger Härten auf eine Übermittlung der Steuererklärung nach amtlich vorgeschriebenem Datensatz durch Datenfernübertragung verzichten kann, ist einem solchen Antrag zu entsprechen, wenn eine Erklärungsabgabe nach amtlich vorgeschriebenem Datensatz durch Datenfernübertragung für den Steuerpflichtigen wirtschaftlich oder persönlich unzumutbar ist. ²Dies ist insbesondere der Fall, wenn die Schaffung der technischen Möglichkeiten für eine Datenfernübertragung des amtlich vorgeschriebenen Datensatzes nur mit einem nicht unerheblichen finanziellen Aufwand möglich wäre oder wenn der Steuerpflichtige nach seinen individuellen Kenntnissen und Fähigkeiten nicht oder nur eingeschränkt in der Lage ist, die Möglichkeiten der Datenfernübertragung zu nutzen.

Elektronische Übermittlung von Steuererklärungsdaten, Härtefallregelung

(Verfügung des LfSt Bayern vom 4. 2. 2009 – S 0321.1.1 – 3/3 St 41 –)

Am 19. 12. 2008 wurde das Gesetz zur Modernisierung und Entbürokratisierung des Steuerverfahrens (kurz: Steuerbürokratieabbaugesetz oder SteuBAG) verabschiedet (BGBl 2008 I

S. 2850–2858). Darin sind zahlreiche Regelungen enthalten, mit denen eine Vereinfachung und Entbürokratisierung des Besteuerungsverfahrens gelingen soll.

1. Gesetzliche Verpflichtungen zur Nutzung elektronischer Kommunikationsmittel

Ein Großteil des Gesetzes enthält neue Verpflichtungen zur Nutzung elektronischer Kommunikationsmittel:

- ...
- § 15 Abs. 1 Satz 2 bis 5 VermBG: elektronische Übermittlung der Anlage VL (Anwendung: nach Erlass einer entsprechenden Rechtsverordnung)

2. Härtefallregelung (§ 150 Abs. 8 AO)

§ 150 Abs. 8 AO enthält – in Ergänzung der einzelgesetzlichen Regelungen – eine Härtefallregelung, nach der das FA auf die elektronische Datenübermittlung verzichten kann, wenn sie für den Steuerpflichtigen wirtschaftlich oder persönlich unzumutbar ist. Dies ist insbesondere der Fall, wenn der Steuerpflichtige nicht über die erforderliche technische Ausstattung verfügt und die Schaffung der technischen Möglichkeiten für eine Datenfernübertragung des amtlich vorgeschriebenen Datensatzes nur mit einem nicht unerheblichen finanziellen Aufwand möglich wäre. Darüber hinaus ist eine unbillige Härte anzunehmen, wenn der Steuerpflichtige nach seinen individuellen Kenntnissen und Fähigkeiten nicht oder nur eingeschränkt in der Lage ist, die Möglichkeiten der Datenfernübertragung zu nutzen.

In der Gesetzesbegründung hierzu heißt es:

„In der Praxis dürften diese Voraussetzungen insbesondere bei Kleinstbetrieben gegeben sein. Der Härtefall-Antrag kann auch konkludent (z. B. in Gestalt der Abgabe einer herkömmlichen Steuer- oder Feststellungserklärung auf Papier) gestellt werden. In diesem Fall sind Sachverhaltsermittlungen der Finanzbehörde nur geboten, wenn das Vorliegen eines Härtefalls nicht als glaubhaft angesehen werden kann."

Die Härtefallregelung ist bereits zum 1. 1. 2009 in Kraft getreten und gilt daher auch für schon bestehende Verpflichtungen, z. B. für die elektronische Abgabe von Umsatzsteuer-Voranmeldungen, Lohnsteuer-Anmeldungen oder Kapitalertragsteuer-Anmeldungen.

Muster für 2013

Bekanntmachung des Musters für die Lohnsteuer-Anmeldung 2013

(BMF-Schreiben vom 30. 8. 2012 – IV C 5 – S 2533/12/10001 –, 2012/0759545 –, BStBl I S. 907)

Das Vordruckmuster der Lohnsteuer-Anmeldung für Lohnsteuer-Anmeldungszeiträume ab Januar 2013 ist gemäß § 51 Absatz 4 Nummer 1 Buchstabe d des Einkommensteuergesetzes bestimmt worden. Das Vordruckmuster und die „Übersicht über die länderunterschiedlichen Werte in der Lohnsteuer-Anmeldung 2013" werden hiermit bekannt gemacht. Das Vordruckmuster ist auch für die Gestaltung der Vordrucke maßgebend, die mit Hilfe automatischer Einrichtungen ausgefüllt werden (vgl. BMF-Schreiben vom 3 April 2012, BStBl I Seite 522).

§ 41a EStG
H 41a.1

Lohnsteuer-Anmeldung 2013

- Bitte weiße Felder ausfüllen oder ☒ ankreuzen und Hinweise auf der Rückseite beachten -

Zeile		
1	Fallart	Unterfallart
2	11	62

Steuernummer

2013

30 Eingangsstempel oder -datum

Anmeldungszeitraum
bei **monatlicher** Abgabe bitte ankreuzen / bei **vierteljährlicher** Abgabe bitte ankreuzen

13 01	Jan.	13 07	Juli	13 41	I. Kalendervierteljahr
13 02	Feb.	13 08	Aug.	13 42	II. Kalendervierteljahr
13 03	März	13 09	Sept.	13 43	III. Kalendervierteljahr
13 04	April	13 10	Okt.	13 44	IV. Kalendervierteljahr
13 05	Mai	13 11	Nov.		bei jährlicher Abgabe bitte ankreuzen
13 06	Juni	13 12	Dez.	13 19	Kalenderjahr

Finanzamt

Arbeitgeber - Anschrift der Betriebsstätte - Telefonnummer - E-Mail

Berichtigte Anmeldung (falls ja, bitte eine „1" eintragen).............. **10**

Zahl der Arbeitnehmer (einschl. Aushilfs- und Teilzeitkräfte)................ **86**

		EUR	Ct
17	Summe der einzubehaltenden Lohnsteuer [1)2)]	42	
18	Summe der pauschalen Lohnsteuer - ohne § 37b EStG - [1)]	41	
19	Summe der pauschalen Lohnsteuer nach § 37b EStG [1)]	44	
20	abzüglich an Arbeitnehmer ausgezahltes Kindergeld	43	
21	abzüglich Kürzungsbetrag für Besatzungsmitglieder von Handelsschiffen	33	
22	Verbleiben [1)]	48	
23	Solidaritätszuschlag [1)2)]	49	
24	pauschale Kirchensteuer im vereinfachten Verfahren	47	
25	Evangelische Kirchensteuer [1)2)]	61	
26	Römisch-Katholische Kirchensteuer [1)2)]	62	
27			
28			
29			
30			
31			
32	Gesamtbetrag [1)] 1) Negativen Beträgen ist ein **Minuszeichen** voranzustellen 2) Nach Abzug der im Lohnsteuer-Jahresausgleich erstatteten Beträge	83	

33 Ein Erstattungsbetrag wird auf das dem Finanzamt benannte Konto überwiesen, soweit der Betrag nicht mit Steuerschulden verrechnet wird.
34 **Verrechnung des Erstattungsbetrags erwünscht/Erstattungsbetrag ist abgetreten** (falls ja, bitte eine „1" eintragen)............ **29**
35 Geben Sie bitte die Verrechnungswünsche auf einem besonderen Blatt oder auf dem beim Finanzamt erhältlichen Vordruck „Verrechnungsantrag" an.
36 Die **Einzugsermächtigung** wird ausnahmsweise (z.B. wegen Verrechnungswünschen) für diesen Anmeldungszeitraum **widerrufen** (falls ja, bitte eine „1" eintragen).............. **26**
37 Ein ggf. verbleibender Restbetrag ist gesondert zu entrichten.

Hinweis nach den Vorschriften der Datenschutzgesetze:
Die mit der Steueranmeldung angeforderten Daten werden auf Grund der §§ 149 ff. der Abgabenordnung und des § 41a des Einkommensteuergesetzes erhoben.
Die Angabe der Telefonnummer und der E-Mail-Adresse ist freiwillig.

39 Datum, Unterschrift

Vom Finanzamt auszufüllen

Bearbeitungshinweis
40 1. Die aufgeführten Daten sind mit Hilfe des geprüften und genehmigten Programms sowie ggf. unter Berücksichtigung der gespeicherten Daten maschinell zu verarbeiten.
42 2. Die weitere Bearbeitung richtet sich nach den Ergebnissen der maschinellen Verarbeitung.

11   19
12

Kontrollzahl und/oder Datenerfassungsvermerk

Datum, Namenszeichen/Unterschrift

3.12 - **LStA** - Lohnsteuer-Anmeldung 2013 -

Hinweise für den Arbeitgeber

Datenübermittlung oder Steueranmeldung auf Papier?

1. Bitte beachten Sie, dass die Lohnsteuer-Anmeldung nach amtlich vorgeschriebenem Datensatz durch Datenfernübertragung nach Maßgabe der Steuerdaten-Übermittlungsverordnung zu übermitteln ist. Für die elektronische authentifizierte Übermittlung, die ab 2013 gesetzlich vorgeschrieben ist, benötigen Sie ein Zertifikat. Dieses erhalten Sie nach kostenloser Registrierung auf der Internetseite www.elsteronline.de/eportal. Bitte beachten Sie, dass die Registrierung bis zu zwei Wochen dauern kann. Unter www.elster.de/elster_soft_nw.php finden Sie Programme zur elektronischen Übermittlung. Auf Antrag kann das Finanzamt zur Vermeidung von unbilligen Härten auf eine elektronische Übermittlung verzichten; in diesem Fall haben Sie oder eine zu Ihrer Vertretung berechtigte Person die Lohnsteuer-Anmeldung nach amtlich vorgeschriebenem Vordruck abzugeben und zu unterschreiben.

Abführung der Steuerabzugsbeträge

2. Tragen Sie bitte die Summe der einzubehaltenden Steuerabzugsbeträge (§§ 39b und 39c EStG) in Zeile 17 ein. Die Summe der mit festen oder besonderen Pauschsteuersätzen erhobenen Lohnsteuer nach den §§ 37a, 40 bis 40b EStG tragen Sie bitte in Zeile 18 ein. Nicht einzubeziehen ist die an die Deutsche Rentenversicherung Knappschaft-Bahn-See abzuführende 2 %-ige Pauschsteuer für geringfügig Beschäftigte i.S.d. § 8 Abs. 1 Nr. 1 und § 8a SGB IV. In Zeile 19 tragen Sie bitte gesondert die pauschale Lohnsteuer nach § 37b EStG ein. Vergessen Sie bitte nicht, auf dem Zahlungsabschnitt die Steuernummer, den Zeitraum, in dem die Beträge einbehalten worden sind, und je gesondert den Gesamtbetrag der Lohnsteuer, des Solidaritätszuschlags zur Lohnsteuer und der Kirchensteuer anzugeben oder durch Ihre Bank oder Sparkasse angeben zu lassen.

   Sollten Sie mehr Lohnsteuer erstatten, als Sie einzubehalten haben (z.B. wegen einer Neuberechnung der Lohnsteuer für bereits abgelaufene Lohnzahlungszeiträume desselben Kalenderjahres), kennzeichnen Sie bitte den Betrag mit einem deutlichen Minuszeichen. Der Erstattungsantrag ist durch Übermittlung oder Abgabe der Anmeldung gestellt.

3. Reichen die Ihnen zur Verfügung stehenden Mittel zur Zahlung des vollen vereinbarten Arbeitslohns nicht aus, so ist die Lohnsteuer von dem tatsächlich zur Auszahlung gelangenden niedrigeren Betrag zu berechnen und einzubehalten.

4. Eine Eintragung in Zeile 20 (ausgezahltes Kindergeld) kommt grundsätzlich nur bei Arbeitgebern des öffentlichen Rechts in Betracht.

   Arbeitgeber, die eigene oder gecharterte Handelsschiffe betreiben, dürfen einen Betrag von 40 % der Lohnsteuer der auf solchen Schiffen in einem zusammenhängenden Arbeitsverhältnis von mehr als 183 Tagen beschäftigten Besatzungsmitgliedern abziehen. Dieser Betrag ist in Zeile 21 einzutragen.

5. Haben Sie in den Fällen der Lohnsteuerpauschalierung nach den §§ 40 bis 40b EStG die Kirchensteuer im vereinfachten Verfahren mit einem ermäßigten Steuersatz ermittelt, tragen Sie bitte diese (pauschale) Kirchensteuer in einer Summe in Zeile 24 ein. Die Aufteilung der pauschalen Kirchensteuer auf die steuererhebenden Religionsgemeinschaften wird von der Finanzverwaltung übernommen.

6. Abführungszeitpunkt ist
   a) spätestens der zehnte Tag nach Ablauf eines jeden Kalendermonats, wenn die abzuführende Lohnsteuer für das vorangegangene Kalenderjahr mehr als 4.000 € betragen hat,
   b) spätestens der zehnte Tag nach Ablauf eines jeden Kalendervierteljahres, wenn die abzuführende Lohnsteuer für das vorangegangene Kalenderjahr mehr als 1.000 €, aber nicht mehr als 4.000 € betragen hat,
   c) spätestens der zehnte Tag nach Ablauf eines jeden Kalenderjahres, wenn die abzuführende Lohnsteuer für das vorangegangene Kalenderjahr nicht mehr als 1.000 € betragen hat.

   Hat Ihr Betrieb nicht während des ganzen vorangegangenen Kalenderjahres bestanden, so ist die für das vorangegangene Kalenderjahr abzuführende Lohnsteuer für die Feststellung des Lohnsteuer-Anmeldungszeitraums auf einen Jahresbetrag umzurechnen.

   Hat Ihr Betrieb im vorangegangenen Kalenderjahr noch nicht bestanden, so ist der auf einen Jahresbetrag umgerechnete, für den ersten vollen Kalendermonat nach der Eröffnung des Betriebs abzuführende Lohnsteuer maßgebend.

7. Im Falle nicht rechtzeitiger Abführung der Steuerabzugsbeträge ist ein Säumniszuschlag zu entrichten. Der Säumniszuschlag beträgt 1 % des rückständigen Steuerbetrages für jeden angefangenen Monat der Säumnis.

8. Verbleibende Beträge von insgesamt weniger als 1 € werden weder erhoben noch erstattet, weil dadurch unverhältnismäßige Kosten entstehen.

Anmeldung der Steuerabzugsbeträge

9. Übermitteln oder übersenden Sie bitte unabhängig davon, ob Sie Lohnsteuer einzubehalten hatten oder ob die einbehaltenen Steuerabzugsbeträge an das Finanzamt abgeführt worden sind, dem Finanzamt der Betriebsstätte spätestens bis zum Abführungszeitpunkt (siehe oben Nummer 6) eine Lohnsteuer-Anmeldung nach amtlich vorgeschriebenem Datensatz oder Vordruck.

   Sie sind aber künftig von der Verpflichtung zur Übermittlung oder Abgabe weiterer Lohnsteuer-Anmeldungen befreit, wenn Sie Ihrem Betriebsstättenfinanzamt mitteilen, dass Sie keine Lohnsteuer einzubehalten oder zu übernehmen haben. Gleiches gilt, wenn Sie nur Arbeitnehmer beschäftigen, für die Sie lediglich die 2 %-ige Pauschsteuer an die Deutsche Rentenversicherung Knappschaft-Bahn-See abzuführen haben.

10. Trifft die Anmeldung nicht rechtzeitig ein, so kann das Finanzamt zu der Lohnsteuer einen **Verspätungszuschlag** bis zu 10 % des anzumeldenden Betrages festsetzen.

11. Um Rückfragen des Finanzamts zu vermeiden, geben Sie bitte in Zeile 15 stets die Zahl der Arbeitnehmer – einschließlich Aushilfs- und Teilzeitkräfte, zu denen auch die an die Deutsche Rentenversicherung Knappschaft-Bahn-See gemeldeten geringfügig Beschäftigten i.S.d. § 8 Abs. 1 Nr. 1 und § 8a SGB IV gehören – an.

Berichtigung von Lohnsteuer-Anmeldungen

12. Wenn Sie feststellen, dass eine bereits eingereichte Lohnsteuer-Anmeldung fehlerhaft oder unvollständig ist, so ist für den betreffenden Anmeldungszeitraum eine berichtigte Lohnsteuer-Anmeldung zu übermitteln oder einzureichen. Dabei sind Eintragungen auch in den Zeilen vorzunehmen, in denen sich keine Änderung ergeben hat. Es ist nicht zulässig, nur Einzel- oder Differenzbeträge nachzumelden. Für die Berichtigung mehrerer Anmeldungszeiträume sind jeweils gesonderte berichtigte Lohnsteuer-Anmeldungen einzureichen. Den Berichtigungsgrund teilen Sie bitte Ihrem Finanzamt gesondert mit.

§ 41a EStG
H 41a.1

Übersicht über länderunterschiedliche Werte in der Lohnsteuer-Anmeldung 2013

Land	Zeilen-Nr.	Bedeutung	Kennzahl
Baden-Württemberg	25	Evangelische Kirchensteuer – ev [1)2)]	61
	26	Römisch-Katholische Kirchensteuer – rk [1)2)]	62
	27	Kirchensteuer der Israelitischen Religionsgemeinschaft Baden – ib [1)2)]	78
	28	Kirchensteuer der Freireligiösen Landesgemeinde Baden – fb [1)2)]	67
	29	Kirchensteuer der Israelitischen Religionsgemeinschaft Württembergs – iw [1)2)]	73
	30	Altkatholische Kirchensteuer – ak [1)2)]	63
Bayern	25	Evangelische Kirchensteuer – ev (lt/rf) [1)2)]	61
	26	Römisch-Katholische Kirchensteuer – rk [1)2)]	62
	27	Israelitische Bekenntnissteuer – is [1)2)]	64
	28	Altkatholische Kirchensteuer – ak [1)2)]	63
Berlin	25	Evangelische Kirchensteuer – ev [1)2)]	61
	26	Römisch-Katholische Kirchensteuer – rk [1)2)]	62
	27	Altkatholische Kirchensteuer – ak [1)2)]	63
Brandenburg	25	Evangelische Kirchensteuer – ev [1)2)]	61
	26	Römisch-Katholische Kirchensteuer – rk [1)2)]	62
	27	Israelitische/Jüdische Kultussteuer – is/jh/jd [1)2)]	64
	28	Freireligiöse Gemeinde Mainz – fm [1)2)]	65
	29	Israelitische Kultussteuer der kultussteuerberechtigten Gemeinden Hessen – il [1)2)]	74
	30	Altkatholische Kirchensteuer – ak [1)2)]	63
Bremen	25	Evangelische Kirchensteuer – ev [1)2)]	61
	26	Römisch-Katholische Kirchensteuer – rk [1)2)]	62
	27	Beiträge zur Arbeitnehmerkammer	68
Hamburg	27	Jüdische Kultussteuer – jh [1)2)]	64
	28	Altkatholische Kirchensteuer – ak [1)2)]	63
Hessen	25	Evangelische Kirchensteuer – ev (lt/rf/fr) [1)2)]	61
	26	Römisch-Katholische Kirchensteuer – rk [1)2)]	62
	27	Freireligiöse Gemeinde Offenbach/M. – fs [1)2)]	66
	28	Freireligiöse Gemeinde Mainz – fm [1)2)]	65
	29	Israelitische Kultussteuer Frankfurt – is [1)2)]	64
	30	Israelitische Kultussteuer der kultussteuerberechtigten Gemeinden – il [1)2)]	74
	31	Altkatholische Kirchensteuer – ak [1)2)]	63
Niedersachsen	25	Evangelische Kirchensteuer – lt/rf [1)2)3)]	61
	26	Römisch-Katholische Kirchensteuer – rk [1)2)3)]	62
	27	Altkatholische Kirchensteuer – ak [1)2)3)]	63

§ 41a EStG
H 41a.1

Land	Zeilen-Nr.	Bedeutung	Kenn-zahl
Nordrhein-Westfalen	25	Evangelische Kirchensteuer – ev/lt/rf/fr [1)2)]	61
	26	Römisch-Katholische Kirchensteuer – rk [1)2)]	62
	27	Jüdische Kultussteuer – jd [1)2)]	64
	28	Altkatholische Kirchensteuer – ak [1)2)]	63
Rheinland-Pfalz	25	Evangelische Kirchensteuer – ev [1)2)]	61
	26	Römisch-Katholische Kirchensteuer – rk [1)2)]	62
	27	Jüdische Kultussteuer – is [1)2)]	64
	28	Freireligiöse Landesgemeinde Pfalz – fg [1)2)]	68
	29	Freireligiöse Gemeinde Mainz – fm [1)2)]	65
	30	Freie Religionsgemeinschaft Alzey – fa [1)2)]	72
	31	Altkatholische Kirchensteuer – ak [1)2)]	63
Saarland	25	Evangelische Kirchensteuer [1)2)]	61
	26	Römisch-Katholische Kirchensteuer [1)2)]	62
	27	Israelitische Kultussteuer [1)2)]	64
	28	Altkatholische Kirchensteuer [1)2)]	63
	29	Beiträge zur Arbeitskammer	70
Schleswig-Holstein	27	Jüdische Kultussteuer – ih [1)2)]	64
	28	Altkatholische Kirchensteuer – ak [1)2)]	63

1) Negativen Beträgen ist ein Minuszeichen voranzustellen
2) Nach Abzug der im Lohnsteuer-Jahresausgleich erstatteten Beträge
3) Kann auf volle Cent zugunsten des Arbeitgebers gerundet werden

Maschinelle Erstellung der Lohnsteuer-Anmeldungen

→ Vordrucke für die maschinelle Erstellung der Lohnsteuer-Anmeldungen

Steuerdaten-Übermittlungsverordnung

Anhang 12 I

Verordnung zur elektronischen Übermittlung von Steuererklärungen und sonstigen für das Besteuerungsverfahren erforderlichen Daten (Steuerdaten-Übermittlungsverordnung – StDÜV)

(Verfügung der OFD Berlin vom 12. 2. 2003 – StD 107 – O 2200 – 25/98 –)

1. Ausgangslage

Die Steueranmeldungs-Datenübermittlungs-Verordnung (StADÜV) vom 21. 10. 1998 (BStBl II 1998, 1292) ist durch die neue Steuerdaten-Übermittlungsverordnung (StDÜV) vom 28. 1. 2003, veröffentlicht im Bundesgesetzblatt 2003 Teil I S. 139–141, in Kraft seit dem 5. 2. 2003, ersetzt worden.

Danach können Steuerpflichtige oder beauftragte Dritte u. a. die folgenden Steueranmeldungen über Datenfernübertragung übermitteln:

1. Steueranmeldungen nach § 18 Abs. 1 bis 2a und 4a des UStG,
2. Anträge auf Dauerfristverlängerung und Anmeldungen von Sondervorauszahlungen nach § 18 Abs. 6 des UStG i. V. m. den §§ 46 bis 48 der UStDV
3. Steueranmeldungen nach § 41a des EStG.

2. Voraussetzungen

Die Anwendung des Datenübermittlungsverfahrens setzt voraus, dass der Steuerpflichtige auf einem amtlich vorgeschriebenen Vordruck eine eigenhändig unterschriebene Teilnahmeerklärung an das für ihn zuständige Finanzamt abgegeben hat (§ 6 StDÜV). Die Teilnahmeerklärung ist in der Regel in den Software-Produkten enthalten bzw. wird unter www.elster.de im Bereich „Infos und News", „Anmeldungssteuern", zum Download bereit gestellt.

Eine nach § 12 StADÜV eingereichte Teilnahmeerklärung gilt auch weiterhin für das neue Verfahren. Eine erneute Erklärung nach § 6 StDÜV ist insoweit nicht erforderlich. Sind die Voraussetzungen erfüllt, steht eine über Datenfernübertragung abgegebene Steueranmeldung einer auf amtlich vorgeschriebenem Vordruck abgegebenen Steueranmeldung gleich.

3. Teilnahme des Steuerpflichtigen an der Datenübermittlung

Die Teilnahmeerklärung des Steuerpflichtigen ist formell zu prüfen. Danach ist über den Grundinformationsdienst der Zusatzkennbuchstabe DTU für USt-VA bzw. DTA für LSt-A zu speichern. Im Übrigen wird auf die Regelungen in den Fächern 6 Teil 10 und 12 Teil 10 der DA-ADV Bln verwiesen, die zu gegebener Zeit aktualisiert werden.

4. Sonstiges

Die Datenlieferer müssen nunmehr keine Anträge auf Zulassung zur Datenlieferung (§ 8 StDÜV an die OFD) stellen. Die Software-Hersteller sind über die Änderungen informiert. Die bisherigen Vordrucke A 500 – A 502 sind zu vernichten.

Die Rundverfügung Nr. 41/2000, Org.-Nr. 696, sowie die beiden Schnellmitteilungen sind als gegenstandslos anzusehen und werden hiermit aufgehoben.

Unterschrift

Unterschriftsleistungen bei Steuererklärungen

(Verfügung der OFD Hannover vom 27. 1. 2003 – S 0321 – 3 – StH 462 –, – S 0321 – 1 – StO 321 –)

1. Allgemeines

Der Steuerpflichtige (Stpfl.) kann sich bei allen das Verwaltungsverfahren betreffenden Verfahrenshandlungen durch einen Bevollmächtigten vertreten lassen (§ 80 Abs. 1 Satz 2 AO). Zu diesen Verfahrenshandlungen gehört auch die Abgabe von Steuererklärungen, sodass der Bevollmächtigte grundsätzlich die Steuererklärung im Auftrag des Stpfl. unterzeichnen darf. Sehen jedoch die Einzelsteuergesetze die **eigenhändige** Unterschrift des Stpfl. vor, so ist die Unterzeichnung durch einen Bevollmächtigten nur unter den Voraussetzungen des § 150 Abs. 3 AO zulässig. Das Recht zur gewillkürten Vertretung (§ 80 Abs. 1 AO) wird insoweit eingeschränkt.

2. Gesetzliche Verpflichtung zur eigenhändigen Unterschrift

Die eigenhändige Unterschrift des zur Abgabe der Steuererklärung Verpflichteten ist u. a. vorgeschrieben:

a) für die Einkommensteuererklärung (§ 25 Abs. 3 Sätze 4 und 5 EStG),
b) für die Gewerbesteuererklärung (§ 14a Satz 3 GewStG),
c) für die Umsatzsteuererklärung (§ 18 Abs. 3 letzter Satz UStG).

In diesen Fällen genügt die Unterschrift eines Bevollmächtigten nur dann, wenn der Stpfl. infolge seines körperlichen oder geistigen Zustandes oder durch längere Abwesenheit an der Unterschrift gehindert ist. Ein Fall der längeren Abwesenheit liegt z. B. vor, wenn der Stpfl. sich dauernd im Ausland aufhält oder in das Ausland verzogen ist. Nach Wegfall des Hinderungsgrunds kann verlangt werden, dass der Stpfl. die eigenhändige Unterschrift nachholt (§ 150 Abs. 3 AO).

Ferner ist die Bevollmächtigung offen zu legen. Die verdeckte Stellvertretung reicht nicht aus. Unterschreibt der Bevollmächtigte mit dem Namen des Stpfl., so hat er deshalb auf die Bevollmächtigung hinzuweisen.

Hat ein Bevollmächtigter die Steuererklärung unterschrieben, bestehen aber Zweifel, ob ein Verhinderungsfall des § 150 Abs. 3 AO vorliegt, so ist der Bevollmächtigte aufzufordern, entweder die Voraussetzungen für seine Unterschriftsleistung nachzuweisen oder die Unterschrift durch den Stpfl. nachholen zu lassen. Weigert sich der Stpfl. ohne zureichenden Grund, die Erklärung nachträglich zu unterzeichnen, so muss daraus geschlossen werden, dass er sie nicht abgeben will. In diesen Fällen können Zwangsgelder angedroht und festgesetzt sowie Verspätungszuschläge auferlegt werden. Ferner sind antragsgebundene Steuervergünstigungen nicht zu gewähren, wenn die Veranlagung nach den Angaben in der nicht mit rechtsgültiger Unterschrift versehenen Steuererklärung durchgeführt wird.

Bei einem Freistellungsauftrag i. S. des § 44a Abs. 2 Nr. 1 EStG handelt es sich weder um eine Steuererklärung i. S. des § 150 AO noch ergibt sich aus § 44a Abs. 2 Nr. 1 EStG eine Verpflichtung zur eigenhändigen Unterschrift eines Freistellungsauftrages. § 150 AO steht dementsprechend einer Vertretung bei der Stellung eines Freistellungsauftrages nicht entgegen.

3. Umsatzsteuer-Voranmeldungen; Lohnsteuer-Anmeldungen

Das UStG sieht nicht vor, dass der Stpfl. die Umsatzsteuer-Voranmeldung (§ 18 Abs. 1u. 2 UStG) eigenhändig zu unterschreiben hat. Auch für die Lohnsteuer-Anmeldung wird die eigenhändige Unterschrift des Arbeitgebers nicht verlangt; die Unterschrift einer zu seiner Vertretung berechtigten Person ist ausdrücklich zugelassen (§ 41a Abs. 1 Satz 2 EStG). Danach reicht es aus, wenn die Erklärung (Anmeldung) von dem steuerlichen Vertreter unterzeichnet wird, der sie erstellt hat. Bei entsprechender Bevollmächtigung kann auch ein Angestellter des steuerlichen Vertreters die Erklärung (Anmeldung) unterzeichnen. Das gilt jedoch nur, wenn der Angestellte zu dem in § 3 StBerG bezeichneten Personenkreis gehört.

In Einzelfällen von besonderer Bedeutung (z. B. bei hohen Vorsteuerüberschüssen) bleibt es dem Finanzamt unbenommen, sich an den Stpfl. selbst zu wenden (§ 80 Abs. 3 AO).

4. Straf- und bußgeldrechtliche Verantwortung bei Unterzeichnung durch einen Bevollmächtigten

Für den Inhalt der Erklärung (Anmeldung) bleibt der Stpfl. auch dann verantwortlich, wenn er mit ihrer Erstellung einen Bevollmächtigten beauftragt hat. Zusätzlich übernimmt der Bevollmächtigte mit seiner Unterschrift die straf- und bußgeldrechtliche Verantwortung dafür, dass er die erklärten Angaben auf ihre Richtigkeit und Vollständigkeit gewissenhaft überprüft hat.

Ich bitte, diesen Gesichtspunkt besonders zu beachten, wenn in Erklärungen, die von Bevollmächtigten unterzeichnet sind, falsche oder unvollständige Angaben festgestellt werden.

5. Übermittlung von Steueranmeldungen und anderen Steuererklärungen per Telefax

Nach dem BFH-Urteil vom 4. Juli 2002 – V R 31/01 – kann eine Umsatzsteuer-Voranmeldung per Telefax wirksam übermittelt werden.

Unter Bezugnahme auf das Ergebnis der Erörterung der zuständigen Vertreter der obersten Finanzbehörden des Bundes und der Länder sind die Grundsätze dieses Urteils zur Telefax-Übermittlung auf sämtliche Steuererklärungen anzuwenden, für die das Gesetz keine eigenhändige Unterschrift des Stpfl. vorschreibt. Somit können z. B. **Lohnsteuer-Anmeldungen, Umsatzsteuer-Voranmeldungen und Kapitalertragsteuer-Anmeldungen** per Telefax wirksam übermittelt werden, nicht jedoch beispielsweise Einkommensteuererklärungen und Umsatzsteuererklärungen für das Kalenderjahr oder für den kürzeren Besteuerungszeitraum. Die Übermittlung anderer Steuererklärungen per Telefax scheidet bereits durch die im BMF-Schreiben vom 27. Dezember 1999 – IV D 4 – O 2250 – 120/99/IV D 6 – S 0082 – 17/99 – geforderte „Mantelbogenfunktion" aus, die einer Verwendung im Telefaxverfahren entgegenstehen würde.

Vordrucke für die maschinelle Erstellung der Lohnsteuer-Anmeldungen

Grundsätze für die Verwendung von Steuererklärungsvordrucken;

Amtlich vorgeschriebene Vordrucke

(BMF-Schreiben vom 3. 4. 2012, BStBl I S. 522)

Unter Bezugnahme auf das Ergebnis der Abstimmung mit den obersten Finanzbehörden der Länder gilt Folgendes:

Soweit Steuererklärungen nicht nach Maßgabe der Steuerdaten-Übermittlungsverordnung ausschließlich elektronisch übermittelt werden, sind sie nach amtlich vorgeschriebenem Vordruck abzugeben (§ 150 Abs. 1 AO). Mehrseitige Vordrucke sind vollständig abzugeben.

1. Amtlich vorgeschriebene Vordrucke

Amtlich vorgeschriebene Vordrucke sind:

1.1 Vordrucke, die mit den von den zuständigen Finanzbehörden freigegebenen Druckvorlagen hergestellt worden sind (amtliche Vordrucke), einschließlich der Formulare, die auf den Internetseiten der Steuerverwaltungen angeboten werden (Internetformulare);

1.2 Vordrucke, die im Rahmen einer elektronischen Übermittlung von Steuererklärungsdaten nach Tz. 2 Abs. 2 Sätze 3 bis 5 des BMF-Schreibens vom 16. November 2011 (BStBl I S. 1063) erstellt und ausgefüllt worden sind (komprimierte Vordrucke);

1.3 Vordrucke, die nach dem Muster einer amtlichen Druckvorlage durch Druck, Ablichtung oder mit Hilfe von Datenverarbeitungsanlagen hergestellt worden sind (nichtamtliche Vordrucke).

2. Verwendung nichtamtlicher Vordrucke

Die Verwendung nichtamtlicher Vordrucke (Tz. 1.3) ist zulässig, wenn diese in der drucktechnischen Ausgestaltung (Layout), in der Papierqualität und in den Abmessungen den amtlichen Vordrucken entsprechen.

Die Vordrucke müssen danach insbesondere

- im Wortlaut, im Format und in der Seitenzahl sowie Seitenfolge mit den amtlichen Vordrucken übereinstimmen und
- über einen Zeitraum von mindestens 15 Jahren haltbar und gut lesbar sein.

Geringfügige Veränderungen der Zeilen- und Schreibabstände sowie des Papierformats sind zugelassen; sofern diese gleichmäßig über die ganze Seite erfolgen und das Seitenverhältnis in Längs- und in Querrichtung beibehalten wird. Der Gründruck muss durch entsprechende Graustufen ersetzt werden.

Ein doppelseitiger Druck ist nicht erforderlich und die Verbindung der Seiten mehrseitiger Vordrucke ist zu vermeiden.

Sofern der amtliche Vordruck einen Barcode enthält, ist dieser in den nichtamtlichen Vordruck nicht aufzunehmen; die Eintragung des entsprechenden Formularschlüssels ist vorzunehmen. Weitere aufzunehmende Unterscheidungsmerkmale (z. B. Kennzahl und Wert) ergeben sich aus dem jeweiligen Vordruck.

Weitere Anforderungen an Vordrucke, die mit Hilfe von Datenverarbeitungsanlagen hergestellt wurden, ergeben sich aus dem als Anlage beigefügten Merkblatt.

3. Verwendung von Internetformularen und komprimierten Vordrucken

Bei der Verwendung von Internetformularen und komprimierten Vordrucken sind die Anforderungen an die Papierqualität nichtamtlicher Vordrucke (Tz. 2) einzuhalten.

4. Grundsätze für das maschinelle Ausfüllen von Vordrucken

4.1 Die für die Bearbeitung im Finanzamt erforderlichen Ordnungsangaben sind in dem dafür vorgesehenen Bereich (Vordruckfeld) im Kopf des Vordrucks anzugeben. Die Steuernummern sind nach dem Format aufzubereiten, das für das Land vorgesehen ist, in dem die Steuererklärung abzugeben ist.

4.2 Bei negativen Beträgen ist das Minuszeichen vor den Betrag zu setzen.

4.3 Feldeinteilungen sind einzuhalten. Es ist zu gewährleisten, dass die maschinell vorgenommenen Eintragungen deutlich erkennbar sind (z. B. Fettdruck), die Zuordnung von Beträgen zu den Kennzahlen eindeutig ist und die Kennzahlen nicht überschrieben werden.

4.4 In der Fußzeile des Vordrucks ist zusätzlich der Name des Herstellers des verwendeten Computerprogramms anzugeben.

5. Schlussbestimmungen

Dieses Schreiben tritt mit Veröffentlichung im Bundessteuerblatt Teil I an die Stelle des BMF-Schreibens vom 11. März 2011, BStBl I S. 247.

Anlage

Technisches Merkblatt für Vordrucke, die mit Hilfe von Datenverarbeitungsanlagen hergestellt werden

Das technische Merkblatt richtet sich an Hersteller von Steuersoftware und Betreiber von Portalen zum Download von Steuerformularen aus dem Internet. Die nachfolgend aufgeführten Anforderungen sollen eine reibungslose maschinelle Bearbeitung von Steuererklärungen auf nichtamtlichen Vordrucken ermöglichen. Die Anbieter der Softwarepakete bzw. Portaldienste haben diese Vorgaben einzuhalten.

Ausdruck muss im Grauraster erfolgen

Bei der maschinellen Beleglesung im Finanzamt dient die grüne Farbe in den amtlichen Vordrucken als Blindfarbe. Gründruck in nichtamtlichen Vordrucken, insbesondere bei Ausdrucken aus gängigen Bürodruckern, kann diese Anforderung nicht erfüllen.

Die mit einer Steuersoftware oder mit Formularen aus dem Internet erstellten Steuererklärungen müssen daher im Grauraster ausgedruckt werden.

Technische Vorgaben:

Grüner Hintergrund: Graurasterung 15 % Deckung, 40er Auflösung.
Grüne Schrift und grüne Linien sind schwarz zu drucken.

Auf den Ausdrucken benötigte Merkmale

Keinen Barcode aufdrucken

Das für die steuerliche Beleglesung relevante Unterscheidungsmerkmal zwischen amtlichen und nichtamtlichen Vordrucken ist der Barcode, der als Erkennungsmerkmal für amtliche Vordrucke dient. Der Barcode darf nur bei amtlichen Vordrucken, nicht aber bei nichtamtlichen Vordrucken aufgebracht sein.

Formularschlüssel

Bei nichtamtlichen Vordrucken erfolgt die Identifizierung der einzelnen Anlagen über den Formularschlüssel. Bei fehlenden Formularschlüsseln kann der Vordruck nicht maschinell zugeordnet werden und muss personell bearbeitet werden.

Der Zusatz 'NET' im Formularschlüssel ist für die Internetformulare der Steuerverwaltung reserviert und darf nicht von Softwareherstellern und anderen Portalen verwendet werden.

Bei nichtamtlichen Vordrucken ist derselbe Schlüssel zu verwenden wie bei den amtlichen (grünen) Vordrucken. Der Schlüssel muss exakt an der gleichen Position erscheinen wie bei einem amtlichen Formular. Die Schlüssel müssen freistehen. Dies bedeutet, dass die Formularschlüssel keine anderen Objekte berühren dürfen. Der Abstand zur Formular-Begrenzungslinie und allen anderen Objekten muss mindestens 2 mm betragen. Die Vermaßung ist der untenstehenden Skizze „Ankerwinkel" zu entnehmen.

Name des Herstellers bzw. Formularquelle

Die Herstellerbezeichnung in der Fußzeile muss einen hinreichenden Abstand zum Formularschlüssel einhalten. Aufgrund des begrenzten Platzes ist die zusätzliche Angabe der vollständigen Herstelleranschrift nicht erforderlich.

....

Lohnsteuereinbehalt durch Reeder

Arbeitgeber i. S. d. § 41a Abs. 4 EStG ist der zum Lohnsteuereinbehalt nach § 38 Abs. 3 EStG Verpflichtete. Dies ist regelmäßig der Vertragspartner des Arbeitnehmers aus dem Dienstvertrag(→ BFH vom 13. 7. 2011 – BStBl II S. 986).

Schätzungsbescheid

Wenn ein Arbeitgeber die Lohnsteuer trotz gesetzlicher Verpflichtung nicht anmeldet und abführt, kann das Finanzamt sie durch Schätzungsbescheid festsetzen. Die Möglichkeit, einen Haftungsbescheid zu erlassen, steht dem nicht entgegen (→ BFH vom 7. 7. 2004 – BStBl II S. 1087).

R 41a.2   **Abführung der Lohnsteuer**

S 2377   ¹Der Arbeitgeber hat die Lohnsteuer in einem Betrag an die Kasse des Betriebsstättenfinanzamts (→ § 41 Abs. 2 EStG) oder an eine von den obersten Finanzbehörde des Landes bestimmte öffentliche Kasse (→ § 41a Abs. 3 EStG) abzuführen. ²Der Arbeitgeber muss auf dem Zahlungsabschnitt angeben oder durch sein Kreditinstitut angeben lassen: die Steuernummer, die Bezeichnung der Steuer und den Lohnsteuer-Anmeldungszeitraum. ³Eine Stundung der einzubehaltenden oder einbehaltenen Lohnsteuer ist nicht möglich (→ § 222 Satz 3 und 4 AO).

Hinweis

Stundung

Stundung von Steuerabzugsbeträgen

(Erlaß des FinMin Thüringen vom 14. 7. 1997–201.1 – S 0453 A – 5/97 –)

Die Referatsleiter AO hielten an ihrem Beschluß fest, wonach § 222 AO eine Verrechnungsstundung auch in den Fällen nicht erlaubt, in denen durch sie die Zahlung des Arbeitgebers an das FA und eine umgehende Rückzahlung eines Erstattungsanspruchs durch das FA vermieden werden könnte. Die Finanzämter sind anzuweisen, keine Stundungen von Steuerabzugsbeträgen durchzuführen und entsprechende Anträge abzulehnen.

Ob ein Erlaß von Säumniszuschlägen in Betracht kommt, ist in jedem Einzelfall zu prüfen.

Dieser Erlaß ergeht im Einvernehmen mit den obersten Finanzbehörden des Bundes und der anderen Länder.

§ 41b Abschluss des Lohnsteuerabzugs

(1) ¹Bei Beendigung eines Dienstverhältnisses oder am Ende des Kalenderjahres hat der Arbeitgeber das Lohnkonto des Arbeitnehmers abzuschließen. ²Auf Grund der Eintragungen im Lohnkonto hat der Arbeitgeber spätestens bis zum 28. Februar des Folgejahres nach amtlich vorgeschriebenem Datensatz auf elektronischem Weg nach Maßgabe der Steuerdaten-Übermittlungsverordnung vom 28. Januar 2003 (BGBl. I S. 139), zuletzt geändert durch Artikel 1 der Verordnung vom 26. Juni 2007 (BGBl. I S. 1185), in der jeweils geltenden Fassung, insbesondere folgende Angaben zu übermitteln (elektronische Lohnsteuerbescheinigung):

1. Name, Vorname, Tag der Geburt und Anschrift des Arbeitnehmers, die abgerufenen elektronischen Lohnsteuerabzugsmerkmale oder die auf der entsprechenden Bescheinigung für den Lohnsteuerabzug eingetragenen Lohnsteuerabzugsmerkmale, die Bezeichnung und die Nummer des Finanzamts, an das die Lohnsteuer abgeführt worden ist, sowie die Steuernummer des Arbeitgebers,
2. die Dauer des Dienstverhältnisses während des Kalenderjahres sowie die Anzahl der nach § 41 Abs. 1 Satz 6 vermerkten Großbuchstaben U,
3. die Art und Höhe des gezahlten Arbeitslohns sowie den nach § 41 Abs. 1 Satz 7 vermerkten Großbuchstaben S,
4. die einbehaltene Lohnsteuer, den Solidaritätszuschlag und die Kirchensteuer,
5. das Kurzarbeitergeld, das Schlechtwettergeld, das Winterausfallgeld, den Zuschuss zum Mutterschaftsgeld nach dem Mutterschutzgesetz, die Entschädigungen für Verdienstausfall nach dem Infektionsschutzgesetz vom 20. Juli 2000 (BGBl. I S. 1045), zuletzt geändert durch Artikel 11 § 3 des Gesetzes vom 6. August 2002 (BGBl. I S. 3082), in der jeweils geltenden Fassung, sowie die nach § 3 Nr. 28 steuerfreien Aufstockungsbeträge oder Zuschläge,
6. die auf die Entfernungspauschale anzurechnenden steuerfreien Arbeitgeberleistungen für Fahrten zwischen Wohnung und Arbeitsstätte,
7. die pauschal besteuerten Arbeitgeberleistungen für Fahrten zwischen Wohnung und Arbeitsstätte,
8. (weggefallen)
9. für die steuerfreie Sammelbeförderung nach § 3 Nr. 32 den Großbuchstaben F,
10. die nach § 3 Nr. 13 und 16 steuerfrei gezahlten Verpflegungszuschüsse und Vergütungen bei doppelter Haushaltsführung,
11. Beiträge zu den gesetzlichen Rentenversicherungen und an berufsständische Versorgungseinrichtungen, getrennt nach Arbeitgeber- und Arbeitnehmeranteil,
12. die nach § 3 Nr. 62 gezahlten Zuschüsse zur Kranken- und Pflegeversicherung,
13. die Beiträge des Arbeitnehmers zur gesetzlichen Krankenversicherung und zur sozialen Pflegeversicherung,
14. die Beiträge des Arbeitnehmers zur Arbeitslosenversicherung,

---
1) Zur Anwendung von Absatz 1 Satz 2 Satzteil vor Nummer 1 → § 52 Abs. 52c EStG.
2) Die Vorschrift wurde durch das Gesetz zur Änderung und Vereinfachung der Unternehmensbesteuerung und des steuerlichen Reisekostenrechts mit Wirkung ab 2014 geändert. Um Beachtung wird gebeten. → Siehe hierzu Hinweise auf Seite 4!

15. den nach § 39b Absatz 2 Satz 5 Nummer 3 Buchstabe d berücksichtigten Teilbetrag der Vorsorgepauschale.

³Der Arbeitgeber hat dem Arbeitnehmer einen nach amtlich vorgeschriebenem Muster gefertigten Ausdruck der elektronischen Lohnsteuerbescheinigung mit Angabe des lohnsteuerlichen Ordnungsmerkmals (Absatz 2) auszuhändigen oder elektronisch bereitzustellen. ⁴Soweit der Arbeitgeber nicht zur elektronischen Übermittlung nach Absatz 1 Satz 2 verpflichtet ist, hat er nach Ablauf des Kalenderjahres oder wenn das Dienstverhältnis vor Ablauf des Kalenderjahres beendet wird, auf der vom Finanzamt ausgestellten Bescheinigung für den Lohnsteuerabzug (§ 39 Absatz 3, § 39e Absatz 7 oder Absatz 8) eine Lohnsteuerbescheinigung auszustellen. ⁵Er hat dem Arbeitnehmer diese Bescheinigung auszuhändigen. ⁶Nicht ausgehändigte Bescheinigungen für den Lohnsteuerabzug mit Lohnsteuerbescheinigungen hat der Arbeitgeber dem Betriebsstättenfinanzamt einzureichen.

(2) ¹Für die Datenübermittlung nach Absatz 1 Satz 2 hat der Arbeitgeber aus dem Namen, Vornamen und Geburtsdatum des Arbeitnehmers ein Ordnungsmerkmal nach amtlich festgelegter Regel für den Arbeitnehmer zu bilden und zu verwenden. ²Das lohnsteuerliche Ordnungsmerkmal darf nur erhoben, gebildet, verarbeitet oder genutzt werden für die Zuordnung der elektronischen Lohnsteuerbescheinigung oder sonstiger für das Besteuerungsverfahren erforderlicher Daten zu einem bestimmten Steuerpflichtigen und für Zwecke des Besteuerungsverfahrens. ³Nach Vergabe der Identifikationsnummer (§ 139b der Abgabenordnung) hat der Arbeitgeber für die Datenübermittlung anstelle des lohnsteuerlichen Ordnungsmerkmals die Identifikationsnummer des Arbeitnehmers zu verwenden. ⁴Das Bundesministerium der Finanzen teilt den Zeitpunkt der erstmaligen Verwendung durch ein im Bundessteuerblatt zu veröffentlichendes Schreiben mit. ⁵Der nach Maßgabe der Steuerdaten-Übermittlungsverordnung authentifizierte Arbeitgeber kann die Identifikationsnummer des Arbeitnehmers für die Übermittlung der Lohnsteuerbescheinigung 2010 beim Bundeszentralamt für Steuern erheben. ⁶Das Bundeszentralamt für Steuern teilt dem Arbeitgeber die Identifikationsnummer des Arbeitnehmers mit, sofern die übermittelten Daten mit den nach § 139b Absatz 3 der Abgabenordnung beim Bundeszentralamt für Steuern gespeicherten Daten übereinstimmen. ⁷Die Anfrage des Arbeitgebers und die Antwort des Bundeszentralamtes für Steuern sind über die zentrale Stelle (§ 81) zu übermitteln. ⁸§ 22a Absatz 2 Satz 5 bis 8 ist entsprechend anzuwenden.

(3) ¹Ein Arbeitgeber ohne maschinelle Lohnabrechnung, der ausschließlich Arbeitnehmer im Rahmen einer geringfügigen Beschäftigung in seinem Privathaushalt im Sinne des § 8a des Vierten Buches Sozialgesetzbuch beschäftigt und keine elektronische Lohnsteuerbescheinigung erteilt, hat an Stelle der elektronischen Lohnsteuerbescheinigung eine entsprechende Lohnsteuerbescheinigung nach amtlich vorgeschriebenem Muster auszustellen. ²Der Arbeitgeber hat dem Arbeitnehmer die Lohnsteuerbescheinigung auszuhändigen. ³In den übrigen Fällen hat der Arbeitgeber die Lohnsteuerbescheinigung dem Betriebsstättenfinanzamt einzureichen.

(4) Die Absätze 1 bis 3 gelten nicht für Arbeitnehmer, soweit sie Arbeitslohn bezogen haben, der nach den §§ 40 bis 40b pauschal besteuert worden ist.

R 41b Abschluss des Lohnsteuerabzugs

Lohnsteuerbescheinigungen

S 2378

(1) Die Lohnsteuerbescheinigung richtet sich nach § 41b EStG und der im Bundessteuerblatt Teil I bekannt gemachten Datensatzbeschreibung für die elektronische Übermittlung sowie dem entsprechenden Vordruckmuster.

Lohnsteuerbescheinigungen von öffentlichen Kassen

(2) ¹Wird ein Arbeitnehmer, der den Arbeitslohn im Voraus für einen Lohnzahlungszeitraum erhalten hat, während dieser Zeit einer anderen Dienststelle zugewiesen und geht die Zahlung des Arbeitslohns auf die Kasse dieser Dienststelle über, hat die früher zuständige Kasse in der Lohnsteuerbescheinigung (→ Absatz 1) den vollen von ihr gezahlten Arbeitslohn und die davon einbehaltene Lohnsteuer auch dann aufzunehmen, wenn ihr ein Teil des Arbeitslohns von der nunmehr zuständigen Kasse erstattet wird; der Arbeitslohn darf nicht um die Freibeträge für Versorgungsbezüge (→ § 19 Abs. 2 EStG) und den Altersentlastungsbetrag (→ § 24a EStG) gekürzt werden. ²Die nunmehr zuständige Kasse hat den der früher zuständigen Kasse erstatteten Teil des Arbeitslohns nicht in die Lohnsteuerbescheinigung aufzunehmen.

Hinweise

Ausdruck der elektronischen Lohnsteuerbescheinigung *2013* und Besondere Lohnsteuerbescheinigung *2013* einschließlich Ausstellungsschreiben

→ BMF vom *4. 9. 2012* (BStBl I S. *912*)

Ausstellung von elektronischen Lohnsteuerbescheinigungen 2013;

Bekanntgabe des Musters für den Ausdruck der elektronischen Lohnsteuerbescheinigung 2013;

Ausstellung von Besonderen Lohnsteuerbescheinigungen durch den Arbeitgeber ohne maschinelle Lohnabrechnung für das Kalenderjahr 2013

(BMF vom 4. 9. 2012 (BStBl I S. 912)[1]) – IV C 5 – S 2378/12/10001 – 2012/0247351)

2 Anlagen

Im Einvernehmen mit den obersten Finanzbehörden der Länder wird auf Folgendes hingewiesen:

Die Arbeitgeber sind grundsätzlich verpflichtet, der Finanzverwaltung bis zum 28. Februar des Folgejahres eine elektronische Lohnsteuerbescheinigung zu übermitteln (§ 41b Absatz 1 Satz 2 des Einkommensteuergesetzes – EStG –). Die Datenübermittlung ist nach amtlich vorgeschriebenem Datensatz nach Maßgabe der Steuerdaten-Übermittlungsverordnung authentifiziert vorzunehmen. Das für die Authentifizierung erforderliche Zertifikat muss vom Datenübermittler einmalig im ElsterOnline-Portal (www.elsteronline.de) beantragt werden. Ohne Authentifizierung ist eine elektronische Übermittlung der Lohnsteuerbescheinigung nicht möglich. Einzelheiten zum amtlich vorgeschriebenen Datensatz sind unter www.elster.de abrufbar

Davon abweichend können Arbeitgeber ohne maschinelle Lohnabrechnung, die ausschließlich Arbeitnehmer im Rahmen einer geringfügigen Beschäftigung in ihren Privathaushalten im Sinne des § 8a SGB IV beschäftigen, anstelle der elektronischen Lohnsteuerbescheinigung eine entsprechende manuelle Lohnsteuerbescheinigung erteilen.

Für die elektronische Lohnsteuerbescheinigung und die Ausschreibung von Besonderen Lohnsteuerbescheinigungen für das Kalenderjahr *2013* sind § 41b EStG sowie die Anordnungen in R 41b der Lohnsteuer-Richtlinien (LStR) maßgebend. Lohnsteuerbescheinigungen sind hiernach sowohl für unbeschränkt als auch für beschränkt einkommensteuerpflichtige Arbeitnehmer zu erstellen.

Die jeweilige Bescheinigung richtet sich nach den beigefügten Vordruckmustern (Anlagen 1 und 2).

Für Arbeitnehmer, für die der Arbeitgeber die Lohnsteuer ausschließlich nach den §§ 40 bis 40b EStG pauschal erhoben hat, ist keine Lohnsteuerbescheinigung zu erstellen.

I. Ausstellung von elektronischen Lohnsteuerbescheinigungen 2013; Bekanntgabe des Musters für den Ausdruck der elektronischen Lohnsteuerbescheinigung für das Kalenderjahr 2013

Dem Arbeitnehmer ist ein nach amtlich vorgeschriebenem Muster gefertigter Ausdruck der elektronischen Lohnsteuerbescheinigung mit Angabe der Identifikationsnummer (IdNr.) auszuhändigen oder elektronisch bereitzustellen (§ 41b Absatz 1 Satz 3 EStG). Sofern für den Arbeitnehmer keine IdNr. vergeben wurde oder der Arbeitnehmer diese dem Arbeitgeber nicht mitgeteilt hat, ist weiter die elektronische Übermittlung der Lohnsteuerbescheinigung mit der eTIN (= elektronische Transfer-Identifikations-Nummer) zulässig. Außerdem gilt Folgendes:

1. Es sind die abgerufenen elektronischen Lohnsteuerabzugsmerkmale (ELStAM) oder die auf der entsprechenden Bescheinigung für den Lohnsteuerabzug eingetragenen Lohnsteuerabzugsmerkmale zu bescheinigen. *Die hierfür im amtlichen Muster des Ausdrucks vorgesehene Anzahl der Eintragungszeilen ist variabel.*

2. Unter **Nummer 2** des Ausdrucks sind in dem dafür vorgesehenen Teilfeld die nachfolgenden Großbuchstaben zu bescheinigen:

   „S" ist einzutragen, wenn die Lohnsteuer von einem sonstigen Bezug im ersten Dienstverhältnis berechnet wurde und dabei der Arbeitslohn aus früheren Dienstverhältnissen des Kalenderjahres außer Betracht geblieben ist.

---

[1]) Die Änderungen (auch redaktionelle Änderungen) gegenüber dem BMF-Schreiben vom 22. 8. 2011 (BStBl I S. 813) sind durch Fett- und Kursivdruck hervorgehoben.

§ 41b EStG
H 41b

„F" ist einzutragen, wenn eine steuerfreie Sammelbeförderung eines Arbeitnehmers zwischen Wohnung und regelmäßiger Arbeitsstätte nach § 3 Nummer 32 EStG erfolgte.

3. Unter **Nummer 3** des Ausdrucks ist der Gesamtbetrag des steuerpflichtigen Bruttoarbeitslohns – einschließlich des Werts der Sachbezüge – zu bescheinigen, den der Arbeitnehmer aus dem Dienstverhältnis im Kalenderjahr bezogen hat. Bruttoarbeitslohn ist die Summe aus dem laufenden Arbeitslohn, der für Lohnzahlungszeiträume gezahlt worden ist, die im Kalenderjahr geendet haben, und den sonstigen Bezügen, die dem Arbeitnehmer im Kalenderjahr zugeflossen sind. Netto gezahlter Arbeitslohn ist mit dem hochgerechneten Bruttobetrag anzusetzen. Zum Bruttoarbeitslohn rechnen auch die laufend und einmalig gezahlten Versorgungsbezüge einschließlich Sterbegelder und Abfindungen/Kapitalauszahlungen solcher Ansprüche (Nummer 8 und Nummer 32 des Ausdrucks). Versorgungsbezüge für mehrere Jahre, die ermäßigt besteuert wurden, sind ausschließlich in **Nummer 9** zu bescheinigen. Der Bruttoarbeitslohn darf nicht um die Freibeträge für Versorgungsbezüge (§ 19 Absatz 2 EStG) und den Altersentlastungsbetrag (§ 24a EStG) gekürzt werden. *Andere* Freibeträge sind gleichfalls nicht abzuziehen und Hinzurechnungsbeträge nicht hinzuzurechnen. Arbeitslöhne im Sinne des § 8 Absatz 3 EStG sind um den Rabatt-Freibetrag nach § 8 Absatz 3 Satz 2 EStG zu kürzen.

Hat der Arbeitgeber steuerpflichtigen Arbeitslohn zurückgefordert, ist unter Nummer 3 bei fortbestehendem Dienstverhältnis nur der gekürzte steuerpflichtige Bruttoarbeitslohn zu bescheinigen. Ergibt die Verrechnung von ausgezahltem und zurückgefordertem Arbeitslohn einen negativen Betrag, so ist dieser Betrag mit einem Minuszeichen zu versehen.

Nicht zum steuerpflichtigen Bruttoarbeitslohn gehören steuerfreie Bezüge, z. B. steuerfreie Zuschläge für Sonntags-, Feiertags- und Nachtarbeit, steuerfreie Umzugskostenvergütungen, steuerfreier Reisekostenersatz, steuerfreier Auslagenersatz, die nach § 3 Nummer 56 und 63 EStG steuerfreien Beiträge des Arbeitgebers an einen Pensionsfonds, eine Pensionskasse

oder für eine Direktversicherung sowie Bezüge, für die die Lohnsteuer nach §§ 37b, 40 bis 40b EStG pauschal erhoben wurde. Nicht unter Nummer 3, sondern gesondert zu bescheinigen sind insbesondere ermäßigt besteuerte Entschädigungen, ermäßigt besteuerter Arbeitslohn für mehrere Kalenderjahre sowie die auf Grund eines Doppelbesteuerungsabkommens oder des Auslandstätigkeitserlasses von der Lohnsteuer freigestellten Bezüge.

4. Unter **Nummer 4** bis **6** des Ausdrucks sind die Lohnsteuer, der Solidaritätszuschlag und die Kirchensteuer zu bescheinigen, die der Arbeitgeber vom bescheinigten Bruttoarbeitslohn einbehalten hat. Wurden Lohnsteuer, Solidaritätszuschlag oder Kirchensteuer nicht einbehalten, ist das jeweilige Eintragungsfeld durch einen waagerechten Strich auszufüllen.

5. Bei konfessionsverschiedenen Ehen (z. B. Ehemann ev, Ehefrau rk) ist der auf den Ehegatten entfallende Teil der Kirchensteuer unter **Nummer 7** oder **Nummer 14** des Ausdrucks anzugeben (Halbteilung der Lohnkirchensteuer). Diese Halbteilung der Lohnkirchensteuer kommt in Bayern, Bremen und Niedersachsen nicht in Betracht. Deshalb ist in diesen Ländern die einbehaltene Kirchensteuer immer nur unter Nummer 6 oder Nummer 13 einzutragen.

6. Unter **Nummer 8** des Ausdrucks sind die in Nummer 3 enthaltenen Versorgungsbezüge nach § 19 Absatz 2 EStG (z. B. auch regelmäßige Anpassungen von Versorgungsbezügen nach § 19 Absatz 2 Satz 9 EStG) einzutragen.

Werden einem Versorgungsempfänger zusätzlich zum laufenden Versorgungsbezug weitere Zuwendungen und geldwerte Vorteile (z. B. steuerpflichtige Fahrtkosten-zuschüsse, Freifahrtberechtigungen, Kontoführungsgebühren) gewährt, zählen diese ebenfalls zu den unter Nummer 8 zu bescheinigenden Versorgungsbezügen.

7. Im Lohnsteuerabzugsverfahren ermäßigt besteuerte Entschädigungen (z. B. Abfindungen) und ermäßigt besteuerter Arbeitslohn für mehrere Kalenderjahre (z. B. Jubiläumszuwendungen) sind in einer Summe unter **Nummer 10** des Ausdrucks gesondert zu bescheinigen.

Entschädigungen und Arbeitslohn für mehrere Kalenderjahre, die nicht ermäßigt besteuert wurden, können unter **Nummer 19** eingetragen werden; diese Beträge müssen in dem unter Nummer 3 bescheinigten Bruttoarbeitslohn enthalten sein.

Gesondert zu bescheinigen sind unter **Nummer 11** bis **14** des Ausdrucks die Lohnsteuer, der Solidaritätszuschlag und die Kirchensteuer, die der Arbeitgeber von ermäßigt besteuerten Versorgungsbezügen für mehrere Kalenderjahre, Entschädigungen und Vergütungen für eine mehrjährige Tätigkeit im Sinne des § 34 EStG einbehalten hat.

8. Das Kurzarbeitergeld einschließlich Saison-Kurzarbeitergeld, der Zuschuss zum Mutterschaftsgeld, der Zuschuss bei Beschäftigungsverbot für die Zeit vor oder nach einer Entbindung sowie für den Entbindungstag während der Elternzeit nach beamtenrechtlichen Vorschriften, die Verdienstausfallentschädigung nach dem Infektionsschutzgesetz, Aufstockungsbeträge und Altersteilzeitzuschläge sind in einer Summe unter **Nummer 15** des Aus-

drucks zu bescheinigen. Hat der Arbeitgeber Kurzarbeitergeld zurückgefordert, sind nur die so gekürzten Beträge zu bescheinigen. Ergibt die Verrechnung von ausgezahlten und zurückgeforderten Beträgen einen negativen Betrag, so ist dieser Betrag mit einem deutlichen Minuszeichen zu bescheinigen. Wurde vom Arbeitgeber in Fällen des § 47b Absatz 4 SGB V Krankengeld in Höhe des Kurzarbeitergeldes gezahlt, ist dieses nicht unter Nummer 15 des Ausdrucks anzugeben.

9. Unter **Nummer 16a)** des Ausdrucks ist der nach Doppelbesteuerungsabkommen und unter **Nummer 16b)** der nach dem Auslandstätigkeitserlass steuerfreie Arbeitslohn auszuweisen.

10. Unter **Nummer 17** des Ausdrucks sind die steuerfreien Sachbezüge für Fahrten zwischen Wohnung und Arbeitsstätte (§ 8 Absatz 2 Satz 9 EStG – Job-Ticket – oder § 8 Absatz 3 EStG – Verkehrsträger –) betragsmäßig zu bescheinigen. Im Einzelnen wird auf Textziffer II. 1 des BMF-Schreibens vom 27. Januar 2004 (BStBl I S. 173) hingewiesen.

    Bei steuerfreier Sammelbeförderung nach § 3 Nummer 32 EStG ist der Großbuchstabe „F" unter Nummer 2 des Ausdrucks einzutragen; vgl. Textziffer II. 2 des BMF-Schreibens vom 27. Januar 2004 (a. a. O.).

11. Unter **Nummer 18** des Ausdrucks sind pauschalbesteuerte Arbeitgeberleistungen für Fahrten zwischen Wohnung und Arbeitsstätte zu bescheinigen.

12. Unter **Nummer 20** des Ausdrucks sind die **nach § 3 Nummer 13 oder 16 EStG steuerfreien Leistungen (Verpflegungszuschüsse oder geldwerte Vorteile aus gestellten Mahlzeiten)** bei beruflich veranlassten Auswärtstätigkeiten zu bescheinigen.

    Werden dem Arbeitnehmer anlässlich einer beruflichen Auswärtstätigkeit Mahlzeiten vom Arbeitgeber gewährt, kann der Arbeitgeber die Mahlzeit mit dem tatsächlichen Wert (§ 8 Absatz 2 Satz 1 EStG) oder dem Sachbezugswert bewerten, sofern es sich um eine übliche Beköstigung (Wert der Mahlzeit bis zu 40 €) handelt (R 8.1 Absatz 8 Nummer 2 LStR).

    Hat der Arbeitgeber die anlässlich einer beruflichen Auswärtstätigkeit gestellte Mahlzeit mit dem tatsächlichen Wert bewertet, ist der nach § 3 Nummer 13 oder 16 EStG steuerfreie Anteil der Mahlzeit zu bescheinigen. Die Steuerfreiheit setzt jedoch voraus, dass der steuerfreie Verpflegungs-Pauschbetrag durch daneben geleistete Verpflegungszuschüsse noch nicht oder noch nicht vollständig ausgeschöpft ist.

    Wird die anlässlich einer beruflichen Auswärtstätigkeit gestellte und mit dem Sachbezugswert bewertete Mahlzeit aufgrund eines Einbehalts durch den Arbeitgeber nicht als Arbeitslohn versteuert, ist der ungekürzte steuerfreie Verpflegungszuschuss (vor Arbeitgebereinbehalt) zu bescheinigen. In Fällen, in denen die Mahlzeit mit dem Sachbezugswert bewertet und trotz eines Einbehalts durch den Arbeitgeber als Arbeitslohn versteuert wird, ist der tatsächlich steuerfrei ausgezahlte Verpflegungszuschuss zu bescheinigen (BMF-Schreiben vom 27. September 2011, BStBl I S. 976).

    Steuerfreie Vergütungen bei doppelter Haushaltsführung sind unter **Nummer 21** des Ausdrucks zu bescheinigen.

13. Bei der Bescheinigung von Zukunftssicherungsleistungen ist Folgendes zu beachten:

    a) **Beiträge und Zuschüsse zur Alterssicherung**

    Der **Arbeitgeber**anteil der Beiträge zu den gesetzlichen Rentenversicherungen und an berufsständische Versorgungseinrichtungen, die den gesetzlichen Rentenversicherungen vergleichbare Leistungen erbringen (vgl. BMF-Schreiben vom 7. Februar 2007, BStBl I S. 262), ist **getrennt** unter **Nummer 22a)** und **b)** des Ausdrucks auszuweisen, der entsprechende **Arbeitnehmer**anteil unter **Nummer 23a)** und **b)**. Gleiches gilt für **Beiträge zur Alterssicherung, wenn darin zumindest teilweise ein Arbeitnehmeranteil enthalten ist,** die auf Grund einer nach ausländischen Gesetzen bestehenden Verpflichtung an ausländische Sozialversicherungsträger, die den inländischen Sozialversicherungsträgern vergleichbar sind, geleistet werden. **Beiträge zur Alterssicherung an ausländische Versicherungsunternehmen sind nicht zu bescheinigen.**

    Werden von ausländischen Sozialversicherungsträgern Globalbeiträge erhoben, ist eine Aufteilung vorzunehmen. In diesen Fällen ist unter Nummer 22a) und Nummer 23a) der auf die Rentenversicherung entfallende Teilbetrag zu bescheinigen. Die für die Aufteilung maßgebenden staatenbezogenen Prozentsätze werden für den Veranlagungszeitraum **2013** durch ein gesondertes BMF-Schreiben bekannt gegeben.

    Unter Nummer 22a) und Nummer 23a) sind auch Beiträge zur umlagefinanzierten Hüttenknappschaftlichen Zusatzversicherung im Saarland zu bescheinigen. Das Gleiche gilt für Rentenversicherungsbeiträge bei geringfügiger Beschäftigung, wenn die Lohnsteuer nicht pauschal erhoben wurde (der Arbeitgeberbeitrag in Höhe von 15 % oder 5 % und der Arbeitnehmerbeitrag bei Verzicht auf die Rentenversicherungsfreiheit). **Dies gilt** für den Arbeitgeberbeitrag auch dann, wenn der Arbeitnehmer auf die Rentenversicherungsfreiheit nicht verzichtet hat.

Arbeitgeberbeiträge zur gesetzlichen Rentenversicherung für Beschäftigte nach § 172 Absatz 1 SGB VI (z. B. bei weiterbeschäftigten Rentnern) gehören nicht zum steuerpflichtigen Arbeitslohn; sie sind nicht als steuerfreie Arbeitgeberanteile im Sinne des § 3 Nummer 62 EStG unter Nummer 22a) zu bescheinigen. Dies gilt auch, wenn diese Arbeitnehmerkreis geringfügig beschäftigt ist (§ 172 Absatz 3 und 3a SGB VI).

Arbeitgeberbeiträge zur Rentenversicherung und an berufsständische Versorgungseinrichtungen, die im Zusammenhang mit nach § 3 Nummer 2 EStG steuerfreiem Kurzarbeitergeld stehen, sind ebenfalls nicht zu bescheinigen.

Zahlt der Arbeitgeber steuerfreie Beiträge zur gesetzlichen Rentenversicherung im Sinne des § 3 Nummer 28 EStG (z. B. bei Altersteilzeit), können diese nicht als Sonderausgaben berücksichtigt werden und sind daher nicht in der Bescheinigung anzugeben. Werden darüber hinaus steuerpflichtige Beiträge zum Ausschluss einer Minderung der Altersrente gezahlt, sind diese **an die gesetzliche Rentenversicherung abgeführten Beiträge** als Sonderausgaben abziehbar und deshalb unter Nummer 23a) zu bescheinigen.

In Fällen, in denen der Arbeitgeber die Beiträge nicht unmittelbar an eine berufs-ständische Versorgungseinrichtung, sondern dem Arbeitnehmer einen zweckgebundenen steuerfreien Zuschuss zahlt, darf der Arbeitgeber unter Nummer 22b) und Nummer 23b) weder einen Arbeitgeber- noch einen Arbeitnehmeranteil bescheinigen. Der steuerfreie Arbeitgeberzuschuss kann in den nicht amtlich belegten Zeilen mit der Beschreibung „Steuerfreier Arbeitgeberzuschuss zu berufsständischen Versorgungseinrichtungen" bescheinigt werden.

b) *Zuschüsse zur Kranken- und Pflegeversicherung*

Steuerfreie Zuschüsse des Arbeitgebers zur gesetzlichen Krankenversicherung bei freiwillig in der gesetzlichen Krankenversicherung versicherten Arbeitnehmern, **soweit** der Arbeitgeber zur Zuschussleistung gesetzlich verpflichtet ist, sind unter **Nummer 24a)** des Ausdrucks einzutragen. Entsprechende Zuschüsse zu privaten Krankenversicherungen sind unter **Nummer 24b)** zu bescheinigen. Unter **Nummer 24c)** sind steuerfreie Zuschüsse des Arbeitgebers zu gesetzlichen Pflegeversicherungen (soziale Pflegeversicherung und private Pflege-Pflichtversicherung) einzutragen. Bei **freiwillig in der gesetzlichen Krankenversicherung versicherten oder privat versicherten Arbeitnehmern, die Kurzarbeitergeld beziehen, sind unter Nummer 24a) bis c) die** gesamten vom Arbeitgeber gewährten **Zuschüsse** zu bescheinigen.

Zu bescheinigen sind auch Zuschüsse des Arbeitgebers **zur Kranken- und Pflegeversicherung bei ausländischen Versicherungsunternehmen und bei ausländischen Sozialversicherungsträgern.** Nicht einzutragen ist der Arbeitgeberanteil zur gesetzlichen Kranken- und sozialen Pflegeversicherung bei pflichtversicherten Arbeitnehmern.

c) *Beiträge zur gesetzlichen Kranken- und sozialen Pflegeversicherung*

Der Arbeitnehmerbeitrag zur inländischen **gesetzlichen** Krankenversicherung bei pflichtversicherten Arbeitnehmern ist unter **Nummer 25** einzutragen. Es sind die an die Krankenkasse abgeführten Beiträge zu bescheinigen, d. h. ggf. mit Beitragsanteilen für Krankengeld. Wurde ein Sozialausgleich für den Zusatzbeitrag durchgeführt, ist der dadurch geminderte **oder erhöhte** Beitrag zu bescheinigen.

Die Beiträge des **Arbeitnehmers** zur **inländischen** sozialen Pflegeversicherung sind unter **Nummer 26** des Ausdrucks zu bescheinigen.

Bei **freiwillig** *in der gesetzlichen Krankenversicherung* versicherten Arbeitnehmern ist unter Nummer 25 und 26 der **gesamte** Beitrag zu bescheinigen, wenn der Arbeitgeber die Beiträge an die Krankenkasse abführt (sog. **Firmenzahler**); *dies gilt auch in den Fällen des Bezugs von Kurzarbeitergeld. Wurde ein Sozialausgleich für den Zusatzbeitrag durchgeführt, ist der dadurch geminderte oder erhöhte Beitrag zu bescheinigen.* Arbeitgeberzuschüsse sind **nicht** von den Arbeitnehmerbeiträgen abzuziehen, sondern gesondert unter Nummer 24 zu bescheinigen.

In Fällen, in denen der **freiwillig** *in der gesetzlichen Krankenversicherung* versicherte Arbeitnehmer und nicht der Arbeitgeber die Beiträge an die Krankenkasse abführt (sog. **Selbstzahler**), sind unter Nummer 25 und 26 keine Eintragungen vorzunehmen; *dies gilt auch in den Fällen des Bezugs von Kurzarbeitergeld.* Arbeitgeberzuschüsse sind unabhängig davon **ungekürzt** unter Nummer 24 zu bescheinigen.

Beiträge *zur Kranken- und Pflegeversicherung* an ausländische Sozialversicherungsträger sind nicht zu bescheinigen.

d) *Beiträge zur Arbeitslosenversicherung*

Arbeitnehmerbeiträge zur Arbeitslosenversicherung sind unter **Nummer 27** des Ausdrucks zu bescheinigen; dies gilt auch bei Beitragszahlungen an ausländische Sozialversicherungsträger.

e) **Bescheinigung bei steuerfreiem oder pauschal besteuertem Arbeitslohn**

Unter Nummer 22 bis 27 des Ausdrucks dürfen keine Beiträge oder Zuschüsse bescheinigt werden, die mit steuerfreiem Arbeitslohn in unmittelbarem wirtschaftlichen Zusammenhang stehen, z. B. Arbeitslohn, der nach dem Auslandstätigkeitserlass oder auf Grund eines Doppelbesteuerungsabkommens steuerfrei **ist. Somit sind die auf** den nach § 3 Nummer 63 Satz 3 EStG steuerfreien Arbeitslohn (zusätzlicher Höchstbetrag von 1 800 €; vgl. Rz. 28 des BMF-Schreibens vom 13. September 2010, BStBl I S. 681) oder auf den im Zusammenhang mit nach § 3 Nummer 56 EStG steuerfreiem Arbeitslohn stehenden Hinzurechnungsbetrag nach § 1 Absatz 1 Satz 3 und 4 SvEV **entfallenden, nicht als Sonderausgaben abziehbaren Beiträge** nicht zu bescheinigen. **Gleiches gilt in den Fällen, in denen Beiträge oder Zuschüsse des Arbeitgebers nicht nach § 3 Nummer 62 EStG, sondern nach einer anderen Vorschrift steuerfrei sind.**

Im Fall der beitragspflichtigen Umwandlung von Arbeitslohn zugunsten einer Direktzusage oberhalb von 4 % der Beitragsbemessungsgrenze in der allgemeinen Rentenversicherung sind die Beiträge unter Nummer 22 bis 27 des Ausdrucks zu bescheinigen (§ 14 Absatz 1 Satz 2 SGB IV).

Werden bei einem sozialversicherungspflichtigen Arbeitnehmer Beiträge von pauschal besteuertem Arbeitslohn (z. B. nach § 37b Absatz 2, § 40b EStG ggf. i. V. m. § 1 Absatz 1 Satz 3 und 4 SvEV) erhoben, sind diese unter Nummer 22 bis 27 des Ausdrucks zu bescheinigen.

Bei steuerfreien und steuerpflichtigen Arbeitslohnteilen im Lohnzahlungszeitraum ist nur der Anteil der Sozialversicherungsbeiträge zu bescheinigen, der sich nach dem Verhältnis des steuerpflichtigen Arbeitslohns zum gesamten Arbeitslohn des Lohnzahlungszeitraums (höchstens maßgebende Beitragsbemessungsgrenze) ergibt. Hierbei sind steuerpflichtige Arbeitslohnanteile, die nicht der Sozialversicherungspflicht unterliegen (z. B. Entlassungsabfindungen), nicht in die Verhältnisrechnung einzubeziehen. Erreicht der steuerpflichtige Arbeitslohn im Lohnzahlungszeitraum die für die Beitragsberechnung maßgebende Beitragsbemessungsgrenze, sind die Sozialversicherungsbeiträge des Lohnzahlungszeitraums folglich insgesamt dem steuerpflichtigen Arbeitslohn zuzuordnen und in vollem Umfang zu bescheinigen.

Werden Sozialversicherungsbeiträge erstattet, sind unter Nummer 22 bis 27 nur die gekürzten Beiträge zu bescheinigen.

f) **Teilbeträge der Vorsorgepauschale für die private Basis-Kranken- und private Pflege-Pflichtversicherung**

Unter **Nummer 28** des Ausdrucks ist der tatsächlich im Lohnsteuerabzugsverfahren berücksichtigte Teilbetrag der Vorsorgepauschale nach § 39b Absatz 2 Satz 5 Nummer 3 Buchstabe d EStG (Beiträge zur privaten Basis-Krankenversicherung und privaten Pflege-Pflichtversicherung) zu bescheinigen (z. B. **bei Arbeitnehmern ohne Arbeitgeberzuschuss mit einem** Monatsbeitrag von 500 €, Beschäftigungsdauer drei Monate, Bescheinigung 1 500 €). Wurde beim Lohnsteuerabzug die Mindestvorsorgepauschale berücksichtigt (ggf. auch nur in einzelnen Lohnabrechnungszeiträumen), ist auch diese zu bescheinigen (z. B. Ansatz der Mindestvorsorgepauschale für zwei Monate, Bescheinigung von 2/12 der Mindestvorsorgepauschale).

Bei geringfügig Beschäftigten, bei denen die Lohnsteuer nach den Lohnsteuerabzugsmerkmalen des Arbeitnehmers erhoben wird, ist an Stelle des Teilbetrags für die gesetzliche Krankenversicherung die Mindestvorsorgepauschale anzusetzen und unter Nummer 28 des Ausdrucks zu bescheinigen. Entsprechendes gilt für andere Arbeitnehmer (z. B. Praktikanten, Schüler, Studenten), wenn kein Arbeitnehmeranteil zu entrichten ist. Siehe auch Programmablaufplan für den Lohnsteuerabzug zu „VKVLZZ" und „VKVSONST". Ist der berechnete Betrag negativ, ist der Wert mit einem deutlichen Minuszeichen zu versehen.

Beiträge **zur Kranken- und Pflegeversicherung** an ausländische Versicherungsunternehmen sind nicht zu bescheinigen. Werden vom Arbeitnehmer Beiträge zur privaten Krankenversicherung und Pflege-Pflichtversicherung nachgewiesen, wird jedoch kein Arbeitslohn gezahlt, ist keine Lohnsteuerbescheinigung auszustellen.

14. Für die Ermittlung des bei Versorgungsbezügen nach § 19 Absatz 2 EStG zu berücksichtigenden Versorgungsfreibetrags sowie des Zuschlags zum Versorgungsfreibetrag (Freibeträge für Versorgungsbezüge) sind die Bemessungsgrundlage des Versorgungsfreibetrags, das Jahr des Versorgungsbeginns und bei unterjähriger Zahlung von Versorgungsbezügen der erste und letzte Monat, für den Versorgungsbezüge gezahlt werden, maßgebend.

Folgt ein Hinterbliebenenbezug einem Versorgungsbezug, bestimmen sich der Prozentsatz, der Höchstbetrag des Versorgungsfreibetrags und der Zuschlag zum Versorgungsfreibetrag für den Hinterbliebenenbezug nach dem Jahr des Beginns des Versorgungsbezugs des Ver-

§ 41b EStG
H 41b

storben (§ 19 Absatz 2 Satz 7 EStG). Unabhängig davon ist bei erstmaliger Zahlung dieses Hinterbliebenenbezugs im laufenden Kalenderjahr unter Nummer 31 des Ausdrucks eine unterjährige Zahlung zu bescheinigen.

Sterbegelder und Kapitalauszahlungen/Abfindungen von Versorgungsbezügen sowie Nachzahlungen von Versorgungsbezügen, die sich ganz oder teilweise auf vorangegangene Kalenderjahre beziehen, sind als eigenständige zusätzliche Versorgungsbezüge zu behandeln. Für diese Bezüge sind die Höhe des gezahlten Bruttobetrags im Kalenderjahr und das maßgebende Kalenderjahr des Versorgungsbeginns anzugeben. In diesen Fällen sind die maßgebenden Freibeträge für Versorgungsbezüge in voller Höhe und nicht zeitanteilig zu berücksichtigen (Rz. 127 bis 130 des BMF-Schreibens vom 13. September 2010, a. a. O.).

Der Arbeitgeber ist verpflichtet, die für die Berechnung der Freibeträge für Versorgungsbezüge erforderlichen Angaben für jeden Versorgungsbezug gesondert im Lohnkonto aufzuzeichnen (§ 4 Absatz 1 Nummer 4 LStDV i. V. m. Rz. 132 des BMF-Schreibens vom 13. September 2010, a. a. O.). Die hiernach im Lohnkonto aufgezeichneten Angaben zu Versorgungsbezügen sind in den Ausdruck wie folgt zu übernehmen (§ 41b Absatz 1 Satz 2 EStG):

a) **Versorgungsbezug, der laufenden Arbeitslohn darstellt**

Unter **Nummer 29** des Ausdrucks ist die nach § 19 Absatz 2 Sätze 4 bis 11 EStG ermittelte Bemessungsgrundlage für den Versorgungsfreibetrag (das Zwölffache des Versorgungsbezugs für den ersten vollen Monat zuzüglich voraussichtlicher Sonderzahlungen) einzutragen. In die Bemessungsgrundlage sind auch zusätzlich zu den laufenden Versorgungsbezügen gewährte weitere Zuwendungen und geldwerte Vorteile (z. B. steuerpflichtige Fahrtkostenzuschüsse, Freifahrtberechtigungen, Kontoführungsgebühren) einzubeziehen.

Unter **Nummer 30** ist das maßgebende Kalenderjahr des Versorgungsbeginns (vierstellig) zu bescheinigen.

Unter **Nummer 31** ist nur bei unterjähriger Zahlung eines laufenden Versorgungsbezugs der erste und letzte Monat (zweistellig mit Bindestrich, z. B. „02–12" oder „01–08"), für den Versorgungsbezüge gezahlt wurden, einzutragen. Dies gilt auch bei unterjährigem Wechsel des Versorgungsträgers.

b) **Versorgungsbezug, der einen sonstigen Bezug darstellt**

Sterbegelder, Kapitalauszahlungen/Abfindungen von Versorgungsbezügen und die als sonstige Bezüge zu behandelnden Nachzahlungen von Versorgungsbezügen, die in Nummer 3 und Nummer 8 des Ausdrucks enthalten sind, sind unter **Nummer 32** gesondert zu bescheinigen.

Nach § 34 EStG ermäßigt zu besteuernde Versorgungsbezüge für mehrere Kalenderjahre sind dagegen nur unter Nummer 9 des Ausdrucks zu bescheinigen. Zusätzlich ist zu den in Nummer 9 oder Nummer 32 bescheinigten Versorgungsbezügen jeweils unter Nummer 30 des Ausdrucks das Kalenderjahr des Versorgungsbeginns anzugeben.

c) **Mehrere Versorgungsbezüge**

Fällt der maßgebende Beginn mehrerer laufender Versorgungsbezüge in dasselbe Kalenderjahr (Nummer 30 des Ausdrucks), kann der Arbeitgeber unter Nummer 29 des Ausdrucks die zusammengerechneten Bemessungsgrundlagen dieser Versorgungsbezüge in einem Betrag bescheinigen (Rz. 120 des BMF-Schreibens vom 13. September 2010, a. a. O.). In diesem Fall sind auch die unter Nummer 8 zu bescheinigenden Versorgungsbezüge zusammenzufassen.

Bei mehreren als sonstige Bezüge gezahlten Versorgungsbezügen mit maßgebendem Versorgungsbeginn in demselben Kalenderjahr können die Nummer 8 und/oder Nummer 9 sowie Nummer 30 und Nummer 32 zusammengefasst werden. Gleiches gilt, wenn der Versorgungsbeginn laufender Versorgungsbezüge und als sonstige Bezüge gezahlter Versorgungsbezüge in dasselbe Kalenderjahr fällt.

Bei mehreren laufenden Versorgungsbezügen und als sonstige Bezüge gezahlten Versorgungsbezügen mit unterschiedlichen Versorgungsbeginnen nach § 19 Absatz 2 Satz 3 EStG sind die Angaben zu Nummer 8 und/oder Nummer 9 sowie Nummer 29 bis 32 jeweils **getrennt** zu bescheinigen (Rz. 120 des BMF-Schreibens vom 13. September 2010, a. a. O.).

15. Unter **Nummer 33** des Ausdrucks ist die Summe des vom Arbeitgeber an Angehörige des öffentlichen Dienstes im Kalenderjahr ausgezahlten Kindergeldes zu bescheinigen, wenn es zusammen mit den Bezügen oder dem Arbeitsentgelt ausgezahlt wird (§ 72 Absatz 7 Satz 2 EStG).

16. In der letzten Zeile des Ausdrucks ist stets das Finanzamt, an das die Lohnsteuer abgeführt wurde, und dessen vierstellige Nummer einzutragen. Bei Finanzamtsaußenstellen mit eigener Nummer ist diese Nummer einzutragen.

Das Muster für den Ausdruck der elektronischen Lohnsteuerbescheinigung für das Kalenderjahr 2013 wird hiermit bekannt gemacht (Anlage 1). Der Ausdruck hat das Format DIN A 4.
In den nicht amtlich belegten Zeilen des Ausdrucks sind freiwillig vom Arbeitgeber übermittelte Daten zu bescheinigen, z. B.
- „Arbeitnehmerbeitrag zur Winterbeschäftigungs-Umlage",
- bei Arbeitgeberbeiträgen zur Zusatzversorgung, die nach den **Lohnsteuerabzugsmerkmalen** versteuert wurden: „Steuerpflichtiger Arbeitgeberbeitrag zur Zusatzversorgung",
- „Arbeitnehmerbeitrag/-anteil zur Zusatzversorgung",
- bei Fahrten zwischen Wohnung und Arbeitsstätte: „Anzahl der Arbeitstage",
- bei steuerfreiem Fahrtkostenersatz für beruflich veranlasste Auswärtstätigkeiten: „Steuerfreie Fahrtkosten bei beruflich veranlasster Auswärtstätigkeit",
- „Versorgungsbezüge für mehrere Kalenderjahre, die nicht ermäßigt besteuert wurden
  – in 3. und 8. enthalten".

Außerdem sind weitere, nicht der Finanzverwaltung übermittelte Angaben zulässig (betriebsinterne, für den Arbeitnehmer bestimmte Informationen); dies ist entsprechend zu kennzeichnen.
Der Ausdruck der elektronischen Lohnsteuerbescheinigung kann von dem amtlichen Muster abweichen, wenn er sämtliche Angaben in derselben Reihenfolge des amtlichen Musters enthält.
Die Anschrift des Arbeitnehmers kann im Ausdruck – abweichend von der im Datensatz elektronisch übermittelten Adresse – so gestaltet sein, dass sie den Gegebenheiten des Unternehmens entspricht (z. B. Übermittlung durch Hauspost, Auslandszustellung). Eintragungsfelder (Tabellen) mit zeitraumbezogenen Angaben (Historie) können variabel – je nach Füllungsgrad – ausgedruckt werden. Es ist darauf zu achten, dass die IdNr./eTIN bei Benutzung von Fensterbriefumschlägen im Adressfeld nicht sichtbar ist.
Neben der Anschrift des Arbeitgebers ist **die Steuernummer seiner lohnsteuerlichen Betriebsstätte** anzugeben. Hat ein Dritter für den Arbeitgeber die lohnsteuerlichen Pflichten übernommen (§ 38 Absatz 3a EStG), ist die Anschrift und **Steuernummer des Dritten** anzugeben.
Damit gewährleistet ist, dass die Daten der elektronischen Lohnsteuerbescheinigung(en) der Finanzverwaltung vollständig zur Verfügung stehen, muss nach der elektronischen Übermittlung das Verarbeitungsprotokoll abgerufen werden. Im Ausdruck der elektronischen Lohnsteuerbescheinigung ist als Transferticket die elektronisch vergebene Quittungsnummer des Verarbeitungsprotokolls anzugeben, soweit dies technisch möglich ist.
Eine Korrektur der elektronisch an das Finanzamt übermittelten Lohnsteuerbescheinigung ist zulässig, wenn es sich um eine bloße Berichtigung eines zunächst unrichtig übermittelten Datensatzes handelt (R 41c.1 Absatz 7 LStR). Die erneute Übermittlung kann nur dann als Korrektur erkannt werden, wenn das vorher verwendete steuerliche (Ordnungs-)Merkmal unverändert beibehalten wird (z. B. auch eTIN).
Stellen Nachzahlungen laufenden Arbeitslohn dar, sind diese für die Berechnung der Lohnsteuer den Lohnzahlungszeiträumen zuzurechnen, für die sie geleistet werden (R 39b.5 Absatz 4 Satz 1 LStR). Wird eine solche Nachzahlung nach Beendigung des Dienstverhältnisses im selben Kalenderjahr für Lohnzahlungszeiträume bis zur Beendigung des Dienstverhältnisses geleistet, ist die bereits erteilte und übermittelte Lohnsteuerbescheinigung zu korrigieren. Sonstige Bezüge, die nach Beendigung des Dienstverhältnisses oder in folgenden Kalenderjahren gezahlt werden, sind gesondert zu bescheinigen; als Dauer des Dienstverhältnisses ist in diesen Fällen der Monat der Zahlung anzugeben.

II. Ausstellung von Besonderen Lohnsteuerbescheinigungen durch den Arbeitgeber ohne maschinelle Lohnabrechnung für das Kalenderjahr 2013

Die unter I. Nummer 1 bis 16 aufgeführten Regelungen für den Ausdruck der elektronischen Lohnsteuerbescheinigung gelten für die Ausschreibung von Besonderen Lohnsteuerbescheinigungen für das Kalenderjahr **2013** entsprechend. Eine Besondere Lohnsteuerbescheinigung kann von Arbeitgebern ausgestellt werden, für die das Betriebsstättenfinanzamt zugelassen hat, dass diese nicht am elektronischen Abrufverfahren teilnehmen (§§ 39e Absatz 7, 41b Absatz 1 Sätze 4 bis 6 EStG). Dies gilt insbesondere für Arbeitgeber ohne maschinelle Lohnabrechnung, die ausschließlich Arbeitnehmer im Rahmen einer geringfügigen Beschäftigung nach § 8a SGB IV im Privathaushalt beschäftigen und die Lohnsteuerbescheinigung nicht elektronisch an die Finanzverwaltung übermitteln.
Ein Muster des Vordrucks „Besondere Lohnsteuerbescheinigung für das Kalenderjahr 2013" ist als Anlage 2 beigefügt. Der Vordruck wird dem Arbeitgeber auf Anforderung kostenlos vom Finanzamt zur Verfügung gestellt.

§ 41b EStG
H 41b

Anlage 1

Ausdruck der elektronischen Lohnsteuerbescheinigung für 2013
Nachstehende Daten wurden maschinell an die Finanzverwaltung übertragen.

1.	Dauer des Dienstverhältnisses	vom - bis	
2.	Zeiträume ohne Anspruch auf Arbeitslohn	Anzahl „U"	
	Großbuchstaben (S, F)		
		EUR	Ct
3.	Bruttoarbeitslohn einschl. Sachbezüge ohne 9. und 10.		
4.	Einbehaltene Lohnsteuer von 3.		
5.	Einbehaltener Solidaritätszuschlag von 3.		
6.	Einbehaltene Kirchensteuer des Arbeitnehmers von 3.		
7.	Einbehaltene Kirchensteuer des Ehegatten von 3. (nur bei konfessionsverschiedener Ehe)		
8.	In 3. enthaltene Versorgungsbezüge		
9.	Ermäßigt besteuerte Versorgungsbezüge für mehrere Kalenderjahre		
10.	Ermäßigt besteuerter Arbeitslohn für mehrere Kalenderjahre (ohne 9.) und ermäßigt besteuerte Entschädigungen		
11.	Einbehaltene Lohnsteuer von 9. und 10.		
12.	Einbehaltener Solidaritätszuschlag von 9. und 10.		
13.	Einbehaltene Kirchensteuer des Arbeitnehmers von 9. und 10.		
14.	Einbehaltene Kirchensteuer des Ehegatten von 9. und 10. (nur bei konfessionsverschiedener Ehe)		
15.	Kurzarbeitergeld, Zuschuss zum Mutterschaftsgeld, Verdienstausfallentschädigung (Infektionsschutzgesetz), Aufstockungsbetrag und Altersteilzeitzuschlag		
16. Steuerfreier Arbeitslohn nach	a) Doppelbesteuerungsabkommen		
	b) Auslandstätigkeitserlass		
17.	Steuerfreie Arbeitgeberleistungen für Fahrten zwischen Wohnung und Arbeitsstätte		
18.	Pauschalbesteuerte Arbeitgeberleistungen für Fahrten zwischen Wohnung und Arbeitsstätte		
19.	Steuerpflichtige Entschädigungen und Arbeitslohn für mehrere Kalenderjahre, die nicht ermäßigt besteuert wurden - in 3. enthalten		
20.	Steuerfreie Verpflegungszuschüsse bei Auswärtstätigkeit		
21.	Steuerfreie Arbeitgeberleistungen bei doppelter Haushaltsführung		
22. Arbeitgeberanteil	a) zur gesetzlichen Rentenversicherung		
	b) an berufsständische Versorgungseinrichtungen		
23. Arbeitnehmeranteil	a) zur gesetzlichen Rentenversicherung		
	b) an berufsständische Versorgungseinrichtungen		
24. Steuerfreie Arbeitgeberzuschüsse	a) zur gesetzlichen Krankenversicherung		
	b) zur privaten Krankenversicherung		
	c) zur gesetzlichen Pflegeversicherung		
25.	Arbeitnehmerbeiträge zur gesetzlichen Krankenversicherung		
26.	Arbeitnehmerbeiträge zur sozialen Pflegeversicherung		
27.	Arbeitnehmerbeiträge zur Arbeitslosenversicherung		
28.	Beiträge zur privaten Kranken- und Pflege-Pflichtversicherung (ggf. Mindestvorsorgepauschale)		
29.	Bemessungsgrundlage für den Versorgungsfreibetrag zu 8.		
30.	Maßgebendes Kalenderjahr des Versorgungsbeginns zu 8. und/oder 9.		
31.	Zu 8. bei unterjähriger Zahlung: Erster und letzter Monat, für den Versorgungsbezüge gezahlt wurden		
32.	Sterbegeld, Kapitalauszahlungen/Abfindungen und Nachzahlungen von Versorgungsbezügen - in 3. und 8. enthalten		
33.	Ausgezahltes Kindergeld		
	Finanzamt, an das die Lohnsteuer abgeführt wurde (Name und vierstellige Nr.)		

Datum:

eTIN:

Identifikationsnummer:

Personalnummer:

Geburtsdatum:

Transferticket:

Dem Lohnsteuerabzug wurden zugrunde gelegt:

Steuerklasse/Faktor	gültig ab

Zahl der Kinderfreibeträge	gültig ab

Steuerfreier Jahresbetrag	gültig ab

Jahreshinzurechnungsbetrag	gültig ab

Kirchensteuermerkmale	gültig ab

Anschrift und Steuernummer des Arbeitgebers:

§ 41b EStG
H 41b

Anlage 2

- Bitte Rückseite beachten -

Besondere Lohnsteuerbescheinigung für das Kalenderjahr 2013
Auf Verlangen des Arbeitnehmers aushändigen, sonst bis zum 31. Dezember 2014 dem Finanzamt der Betriebsstätte einsenden.

		vom - bis
1.	Dauer des Dienstverhältnisses	
2.	Zeiträume ohne Anspruch auf Arbeitslohn	Anzahl „U"
	Großbuchstaben (S, F)	

		EUR	Ct
3.	Bruttoarbeitslohn einschl. Sachbezüge ohne 9. und 10.		
4.	Einbehaltene Lohnsteuer von 3.		
5.	Einbehaltener Solidaritätszuschlag von 3.		
6.	Einbehaltene Kirchensteuer des Arbeitnehmers von 3.		
7.	Einbehaltene Kirchensteuer des Ehegatten von 3. (nur bei konfessionsverschiedener Ehe)		
8.	In 3. enthaltene Versorgungsbezüge		
9.	Ermäßigt besteuerte Versorgungsbezüge für mehrere Kalenderjahre		
10.	Ermäßigt besteuerter Arbeitslohn für mehrere Kalenderjahre (ohne 9.) und ermäßigt besteuerte Entschädigungen		
11.	Einbehaltene Lohnsteuer von 9. und 10.		
12.	Einbehaltener Solidaritätszuschlag von 9. und 10.		
13.	Einbehaltene Kirchensteuer des Arbeitnehmers von 9. und 10.		
14.	Einbehaltene Kirchensteuer des Ehegatten von 9. und 10. (nur bei konfessionsverschiedener Ehe)		
15.	Kurzarbeitergeld, Zuschuss zum Mutterschaftsgeld, Verdienstausfallentschädigung (Infektionsschutzgesetz), Aufstockungsbetrag und Altersteilzeitzuschlag		
16. Steuerfreier Arbeitslohn nach	a) Doppelbesteuerungsabkommen		
	b) Auslandstätigkeitserlass		
17.	Steuerfreie Arbeitgeberleistungen für Fahrten zwischen Wohnung und Arbeitsstätte		
18.	Pauschalbesteuerte Arbeitgeberleistungen für Fahrten zwischen Wohnung und Arbeitsstätte		
19.	Steuerpflichtige Entschädigungen und Arbeitslohn für mehrere Kalenderjahre, die nicht ermäßigt besteuert wurden - in 3. enthalten		
20.	Steuerfreie Verpflegungszuschüsse bei Auswärtstätigkeit		
21.	Steuerfreie Arbeitgeberleistungen bei doppelter Haushaltsführung		
22. Arbeitgeberanteil	a) zur gesetzlichen Rentenversicherung		
	b) an berufsständische Versorgungseinrichtungen		
23. Arbeitnehmeranteil	a) zur gesetzlichen Rentenversicherung		
	b) an berufsständische Versorgungseinrichtungen		
24. Steuerfreie Arbeitgeberzuschüsse	a) zur gesetzlichen Krankenversicherung		
	b) zur privaten Krankenversicherung		
	c) zur gesetzlichen Pflegeversicherung		
25.	Arbeitnehmerbeiträge zur gesetzlichen Krankenversicherung		
26.	Arbeitnehmerbeiträge zur sozialen Pflegeversicherung		
27.	Arbeitnehmerbeiträge zur Arbeitslosenversicherung		
28.	Beiträge zur privaten Kranken- und Pflege-Pflichtversicherung (ggf. Mindestvorsorgepauschale)		
29.	Bemessungsgrundlage für den Versorgungsfreibetrag zu 8.		
30.	Maßgebendes Kalenderjahr des Versorgungsbeginns zu 8. und/oder 9.		
31.	Zu 8. bei unterjähriger Zahlung: Erster und letzter Monat, für den Versorgungsbezüge gezahlt wurden		
32.	Sterbegeld; Kapitalauszahlungen/Abfindungen und Nachzahlungen von Versorgungsbezügen - in 3. und 8. enthalten		
33.	Ausgezahltes Kindergeld		–
Finanzamt, an das die Lohnsteuer abgeführt wurde (Name und vierstellige Nr.)			

Arbeitnehmer
Herr/Frau

Identifikationsnummer:

Personalnummer:

Geburtsdatum:

Dem Lohnsteuerabzug wurden zugrunde gelegt:

Gültig ab

Steuerklasse / Faktor

Zahl der Kinderfreibeträge

Steuerfreier Jahresbetrag   €   €

Jahreshinzurechnungsbetrag   €   €

Kirchensteuermerkmale

Vorgelegen hat
☐ Bescheinigung des Finanzamts

Arbeitgeber

Anschrift der Betriebsstätte (Straße, Hausnummer, Ort)

Steuernummer   (Stempel, Unterschrift)

Finanzamt

6.12

Hinweise für den Arbeitgeber

Eine Besondere Lohnsteuerbescheinigung kann von Arbeitgebern ausgestellt werden, für die das Betriebsstättenfinanzamt zugelassen hat, dass diese nicht am elektronischen Abrufverfahren teilnehmen (§§ 39e Absatz 7, 41b Absatz 1 Sätze 4 bis 6 EStG). Dies gilt insbesondere für Arbeitgeber ohne maschinelle Lohnabrechnung, die ausschließlich Arbeitnehmer im Rahmen einer geringfügigen Beschäftigung nach § 8a SGB IV im Privathaushalt beschäftigen und die Lohnsteuerbescheinigung nicht elektronisch an die Finanzverwaltung übermitteln.

Die Besondere Lohnsteuerbescheinigung ist nach amtlich vorgeschriebenem Muster auszuschreiben. Erhebt der Arbeitgeber die Lohnsteuer ausschließlich pauschal, ist keine Lohnsteuerbescheinigung auszuschreiben.

Vorsorgeaufwendungen

Aufteilung eines einheitlichen Sozialversicherungsbeitrags (Globalbeitrag); Anpassung der Aufteilungsmaßstäbe für den Veranlagungszeitraum 2013

(BMF-Schreiben vom 29. 10. 2012 –
IV C 3 – S 2221/09/10013 :001, 2012/0953221 –, BStBl I S. 1013)

Im Einvernehmen mit den obersten Finanzbehörden der Länder sind zur Ermittlung der steuerlich berücksichtigungsfähigen Vorsorgeaufwendungen die vom Steuerpflichtigen geleisteten einheitlichen Sozialversicherungsbeiträge (Globalbeiträge) staatenbezogen wie folgt aufzuteilen:[1]

Vorsorgeaufwendungen nach	Belgien	Irland	Lettland	Malta	Norwegen
§ 10 Absatz 1 Nummer 2 Buchstabe a EStG	50,26 %	77,78 %	85,21 %	47,80 %	55,37 %
§ 10 Absatz 1 Nummer 3 Satz 1 Buchstabe a und b EStG (ohne Krankengeldanteil)	40,51 %	7,94 %	–	43,42 %	44,63 %
§ 10 Absatz 1 Nummer 3a EStG (Anteil vom Globalbeitrag für Krankengeld)	9,23 % (1,54 %)	14,28 % (2,38 %)	11,94 % (6,50 %)	8,78 % (1,46 %)	–
Gesamtaufwand	100,00 %	100,00 %	97,15 % (2,85 % sonstige nicht Abziehbare)	100,00 %	100,00 %
Für Höchstbetragsberechnung gemäß § 10 Absatz 3 EStG anzusetzender Arbeitgeberanteil	95,25 %	82,64 %	186,61 %	47,80 %	100,09 %

Vorsorgeaufwendungen nach	Portugal	Spanien	Verein.Königreich (GB)	Zypern
§ 10 Absatz 1 Nummer 2 Buchstabe a EStG	84,48 %	97,03 %	84,48 %	88,82 %
§ 10 Absatz 1 Nummer 3 Satz 1 Buchstabe a und b EStG (ohne Krankengeldanteil)	–	–	–	–
§ 10 Absatz 1 Nummer 3a EStG (Anteil vom Globalbeitrag für Krankengeld)	15,52 % (2,59 %)	2,97 % (2,97 %)	15,52 % (2,59 %)	11,18 % (2,72 %)
Gesamtaufwand	100,00 %	100,00 %	100,00 %	100,00 %
Für Höchstbetragsberechnung gemäß § 10 Absatz 3 EStG anzusetzender Arbeitgeberanteil	178,56 %	487,21 %	97,15 %	88,82 %

Anwendungsbeispiel:
Der ledige Arbeitnehmer A leistet für das Jahr 2013 in Belgien einen Globalbeitrag i. H. v. 1 000 Euro.

---

[1] Angaben in Prozent des vom Arbeitnehmer geleisteten Globalbeitrags.

§ 41b EStG
H 41b

> **Lösung:**
> A kann an Vorsorgeaufwendungen geltend machen:
> - Altersvorsorgeaufwendungen i. S. d. § 10 Absatz 1 Nummer 2 Buchstabe a EStG i. H. v. 502,60 Euro (= 50,26 % von 1 000 Euro),
> - Beiträge zur Basiskranken- und gesetzlichen Pflegeversicherung i. S. d. § 10 Absatz 1 Nummer 3 Satz 1 Buchstabe a und Buchstabe b EStG i. H. v. 405,10 Euro (= 40,51 % von 1 000 Euro),
> - Beiträge für sonstige Vorsorgeaufwendungen i. S. d. § 10 Absatz 1 Nummer 3a EStG i. H. v. 92,30 Euro (= 9,23 % von 1 000 Euro, darin enthalten 15,40 Euro = 1,54 % von 1 000 Euro für Krankengeld und 76,90 Euro = 7,69 % von 1 000 Euro für die weiteren sonstigen Vorsorgeaufwendungen).
>
> Im Rahmen der Höchstbetragsberechnung gemäß § 10 Absatz 3 EStG ist ein Arbeitgeberanteil i. H. v. 952,50 Euro (= 95,25 % von 1 000 Euro) anzusetzen.
>
> Eine entsprechende Aufteilung ist hinsichtlich der Altersvorsorgeaufwendungen auch bei der Ausstellung von Lohnsteuerbescheinigungen und Besonderen Lohnsteuerbescheinigungen durch den Arbeitgeber für das Kalenderjahr 2013 vorzunehmen (s. Abschnitt I Tz. 13 Buchstabe a des BMF-Schreibens vom 4. September 2012, BStBl I Seite 912).
>
> Die Tabellen sind für den Veranlagungszeitraum 2013 anzuwenden. Sie gelten für den gesamten Veranlagungszeitraum.
>
> Die Aufteilung von Globalbeiträgen, die an Sozialversicherungsträger in Ländern außerhalb Europas geleistet werden, ist nach den Umständen des Einzelfalls vorzunehmen.

Berichtigung der Lohnsteuerbescheinigung
Der Arbeitnehmer kann nach Übermittlung oder Ausschreibung der Lohnsteuerbescheinigung deren Berichtigung nicht mehr verlangen (→ BFH vom 13. 12. 2007 – BStBl 2008 II S. 434).

Bescheinigung zu Unrecht einbehaltener Lohnsteuer
Wird von steuerfreien Einnahmen aus nichtselbständiger Arbeit (zu Unrecht) Lohnsteuer einbehalten und an ein inländisches Finanzamt abgeführt, so ist auch diese Lohnsteuer in der Lohnsteuerbescheinigung einzutragen und auf die für den Veranlagungszeitraum festgesetzte Einkommensteuerschuld des Arbeitnehmers anzurechnen (→ BFH vom 23. 5. 2000 – BStBl II S. 581).

→ Korrektur elektronisch übermittelter Daten

Finanzamtsverzeichnis
Eine Liste der Finanzämter mit den bundeseinheitlichen Finanzamtnummern kann im Internet-Angebot des Bundeszentralamts für Steuern eingesehen und abgerufen werden.

Suchfunktion zur Ermittlung der örtlich und sachlich zuständigen Finanzämter:

Das System GEMFA ist ein Auskunftssystem, mit dessen Hilfe die örtlich und sachlich zuständigen Finanzämter ermittelt werden können. Die Abkürzung GEMFA steht für Gemeinde und Finanzamt. Es werden Daten des Statistischen Bundesamtes, der Deutschen Post AG und der Finanzverwaltung der Länder und des Bundes verwendet.

Neben einem Gemeinde- und Finanzamtsverzeichnis bietet das Bundeszentralamt für Steuern an folgender Stelle auch ein Download an:

http://www.bzst.bund.de/

unter „Online Dienste", „Finanzamtssuche".

Finanzrechtsweg
Bei einer Nettolohnvereinbarung ist für Streitigkeiten über die Höhe des in der Lohnsteuerbescheinigung auszuweisenden Bruttoarbeitslohns der Finanzrechtsweg nicht gegeben (→ BFH vom 13. 12. 2007 – BStBl 2008 II S. 434).

Korrektur elektronisch übermittelter Daten

Elektronische Lohnsteuerbescheinigung – Korrektur elektronisch übermittelter Daten sowie Verfahrensweise bei der Lohnsteuerzerlegung

(Verfügung der OFD Erfurt vom 30. 5. 2005 – S 2378 A – 10 – L 222 –)

Der Arbeitgeber hat die Korrektur elektronisch übermittelter LSt-Bescheinigungsdaten grundsätzlich elektronisch vorzunehmen. Eine solche Korrektur ist nur dann zulässig, wenn es sich um die bloße Korrektur eines zunächst unrichtig übermittelten Datensatzes handelt (R 137 Abs. 6a LStR 2005). Den Arbeitnehmern sind die Ausdrucke der erneut übermittelten Daten mit dem Hinweis, die darauf enthaltenen Daten der ESt-Erklärung zugrunde zu legen, zu übergeben. Wegen der Verwendung der Daten für die ESt-Veranlagung hat die Korrektur zeitnah zu erfolgen.

Eine Änderung des LSt-Abzugs darf nach Übermittlung der LSt-Bescheinigung in keinem Fall erfolgen. Sollte eine nachträgliche Erhöhung LSt-Abzugs erforderlich sein, ist dies nur über eine Anzeige nach § 41c Abs. 4 EStG möglich. Eine nachträgliche Minderung des LSt-Abzugs ist gesetzlich nicht vorgesehen und kann auch nicht mit einer Korrektur i. S. der R 137 Abs. 6a LStR 2005 erfolgen.

In diesen Fällen ist die zu Unrecht einbehaltene und abgeführte LSt in der LSt-Bescheinigung einzutragen und, auf die für den Vz festgesetzte ESt-Schuld des Arbeitnehmers anzurechnen (H 135 „Bescheinigung zu Unrecht einbehaltener LSt" und H 137 „Erstattungsantrag").

Sollte durch den Arbeitgeber die Korrektur nach R 137 Abs. 6a LStR 2005 ausnahmsweise nicht elektronisch, sondern in Papierform mittels LSt-Karte oder besonderer LSt-Bescheinigung vorgenommen worden sein, sind diese LSt-Bescheinigungen für Zwecke der LSt-Zerlegung an das Statistische Landesamt weiterzuleiten; eine Reservierung der fehlerhaften Daten im e-Speicher hat nicht zu erfolgen.

Lohnsteuerbescheinigung

Regelungen zur elektronischen Übermittlung und zum Ausdruck der elektronischen Lohnsteuerbescheinigung für den Arbeitnehmer

→ Ausdruck der elektronischen Lohnsteuerbescheinigung 2013 und Besondere Lohnsteuerbescheinigung 2013 einschließlich Ausstellungsschreiben

→ Korrektur elektronisch übermittelter Daten

→ Anhang 17

Unzutreffender Steuerabzug

Ein unzutreffender Lohnsteuerabzug kann durch Einwendungen gegen die Lohnsteuerbescheinigung nicht berichtigt werden (→ BFH vom 13. 12. 2007 – BStBl 2008 II S. 434).

§ 41c Änderung des Lohnsteuerabzugs

(1) ¹Der Arbeitgeber ist berechtigt, bei der jeweils nächstfolgenden Lohnzahlung bisher erhobene Lohnsteuer zu erstatten oder noch nicht erhobene Lohnsteuer nachträglich einzubehalten,
1. wenn ihm elektronische Lohnsteuerabzugsmerkmale zum Abruf zur Verfügung gestellt werden oder ihm der Arbeitnehmer eine Bescheinigung für den Lohnsteuerabzug mit Eintragungen vorlegt, die auf einen Zeitpunkt vor Abruf der Lohnsteuerabzugsmerkmale oder vor Vorlage der Bescheinigung für den Lohnsteuerabzug zurückwirken, oder
2. wenn er erkennt, dass er die Lohnsteuer bisher nicht vorschriftsmäßig einbehalten hat; dies gilt auch bei rückwirkender Gesetzesänderung.

²In den Fällen des Satzes 1 Nummer 2 ist der Arbeitgeber jedoch verpflichtet, wenn ihm dies wirtschaftlich zumutbar ist.

(2) ¹Die zu erstattende Lohnsteuer ist dem Betrag zu entnehmen, den der Arbeitgeber für seine Arbeitnehmer insgesamt an Lohnsteuer einbehalten oder übernommen hat. ²Wenn die zu erstattende Lohnsteuer aus dem Betrag nicht gedeckt werden kann, der insgesamt an Lohnsteuer einzubehalten oder zu übernehmen ist, wird der Fehlbetrag dem Arbeitgeber auf Antrag vom Betriebsstättenfinanzamt ersetzt.

(3) ¹Nach Ablauf des Kalenderjahres oder, wenn das Dienstverhältnis vor Ablauf des Kalenderjahres endet, nach Beendigung des Dienstverhältnisses, ist die Änderung des Lohnsteuerabzugs nur bis zur Übermittlung oder Ausschreibung der Lohnsteuerbescheinigung zulässig. ²Bei Änderung des Lohnsteuerabzugs nach Ablauf des Kalenderjahres ist die nachträglich einzubehaltende Lohnsteuer nach dem Jahresarbeitslohn zu ermitteln. ³Eine Erstattung von Lohnsteuer ist nach Ablauf des Kalenderjahres nur im Wege des Lohnsteuer-Jahresausgleichs nach § 42b zulässig.

(4) ¹Der Arbeitgeber hat die Fälle, in denen er die Lohnsteuer nach Absatz 1 nicht nachträglich einbehält oder die Lohnsteuer nicht nachträglich einbehalten kann, weil
1. der Arbeitnehmer vom Arbeitgeber Arbeitslohn nicht mehr bezieht oder

2. der Arbeitgeber nach Ablauf des Kalenderjahres bereits die Lohnsteuerbescheinigung übermittelt oder ausgeschrieben hat,

dem Betriebsstättenfinanzamt unverzüglich anzuzeigen. ²Das Finanzamt hat die zu wenig erhobene Lohnsteuer vom Arbeitnehmer nachzufordern, wenn der nachzufordernde Betrag 10 Euro übersteigt. ³§ 42d bleibt unberührt.

R 41c.1 Änderung des Lohnsteuerabzugs

S 2379

(1) ¹Unabhängig von der Verpflichtung des Arbeitgebers, nach § 39c Abs. 2 EStG den Lohnsteuerabzug für den Monat Januar erforderlichenfalls zu ändern¹), ist der Arbeitgeber in den in § 41c Abs. 1 EStG bezeichneten Fällen zu einer Änderung des Lohnsteuerabzugs bei der jeweils nächstfolgenden Lohnzahlung berechtigt. ²Die Änderung ist zugunsten oder zuungunsten des Arbeitnehmers zulässig, ohne dass es dabei auf die Höhe der zu erstattenden oder nachträglich einzubehaltenden Steuer ankommt. ³Für die nachträgliche Einbehaltung durch den Arbeitgeber gilt der Mindestbetrag für die Nachforderung durch das Finanzamt (§ 41c Abs. 4 Satz 2 EStG) nicht.

(2) ¹Der Arbeitgeber ist zur Änderung des Lohnsteuerabzugs nur berechtigt, soweit die Lohnsteuer von ihm einbehalten worden ist oder einzubehalten war. ²Bei Nettolöhnen (→ R 39b.9) gilt dies für die zu übernehmende Steuer. ³Bei Eintragungen auf der Lohnsteuerkarte eines Arbeitnehmers, die auf einen Zeitpunkt vor Beginn des Dienstverhältnisses zurückwirken, wird auf die Anzeigepflicht des Arbeitgebers (→ R 41c.2) verwiesen.²)

(3) ¹Die Änderung des Lohnsteuerabzugs auf Grund rückwirkender Eintragungen auf der Lohnsteuerkarte ist nicht auf die Fälle beschränkt, in denen die Gemeinde oder das Finanzamt Eintragungen auf der Lohnsteuerkarte zuungunsten des Arbeitnehmers mit Wirkung von einem zurückliegenden Zeitpunkt an ändert oder ergänzt. ²Die Änderung des Lohnsteuerabzugs ist ebenso zulässig, wenn der Arbeitgeber wegen Nichtvorlage der Lohnsteuerkarte den Lohnsteuerabzug gemäß § 39c Abs. 1 EStG vorgenommen hat und der Arbeitnehmer erstmals eine Lohnsteuerkarte vorlegt oder wenn der Zeitpunkt der Vorauszahlung des Arbeitslohns der Geltungsbeginn einer Eintragung auf der Lohnsteuerkarte in einen bereits abgerechneten Lohnzahlungszeitraum fällt. ³Der Inhalt der nach § 39b Abs. 6, § 39c Abs. 3 und § 39d Abs. 1 EStG ausgestellten Bescheinigungen ist ebenso wie die Eintragungen auf der Lohnsteuerkarte zu berücksichtigen.³)

(4) ¹Die Änderung des Lohnsteuerabzugs ist, sofern der Arbeitgeber von seiner Berechtigung hierzu Gebrauch macht, bei der nächsten Lohnzahlung vorzunehmen, die auf die Vorlage der Lohnsteuerkarte mit den rückwirkenden Eintragungen oder das Erkennen einer nicht vorschriftsmäßigen Lohnsteuereinbehaltung folgt. ²Der Arbeitgeber darf in Fällen nachträglicher Einbehaltung von Lohnsteuer die Einbehaltung nicht auf mehrere Lohnzahlungen verteilen. ³Die nachträgliche Einbehaltung ist auch insoweit zulässig, als dadurch die Pfändungsfreigrenzen unterschritten werden; wenn die nachträglich einzubehaltende Lohnsteuer den auszuzahlenden Barlohn übersteigt, ist die nachträgliche Einbehaltung in Höhe des auszuzahlenden Barlohns vorzunehmen und dem Finanzamt für den übersteigenden Betrag eine Anzeige nach § 41c Abs. 4 EStG zu erstatten.⁴)

(5) ¹Im Falle der Erstattung von Lohnsteuer hat der Arbeitgeber die zu erstattende Lohnsteuer dem Gesamtbetrag der von ihm abzuführenden Lohnsteuer zu entnehmen. ²Als Antrag auf Ersatz eines etwaigen Fehlbetrags reicht es aus, wenn in der Lohnsteuer-Anmeldung der Erstattungsbetrag kenntlich gemacht wird. ³Macht der Arbeitgeber von seiner Berechtigung zur Lohnsteuererstattung nach § 41c Abs. 1 und 2 EStG keinen Gebrauch, kann der Arbeitnehmer die Erstattung beim Finanzamt beantragen.

(6) ¹Nach Ablauf des Kalenderjahres ist eine Änderung des Lohnsteuerabzugs in der Weise vorzunehmen, dass die Jahreslohnsteuer festzustellen und durch Gegenüberstellung mit der insgesamt einbehaltenen Lohnsteuer der nachträglich einzubehaltende oder zu erstattende Steuerbetrag zu ermitteln ist. ²Die Erstattung der Lohnsteuer darf aber nur im Lohnsteuer-Jahresausgleich unter den Voraussetzungen des § 42b EStG vorgenommen werden. ³Wenn der Arbeitgeber nach § 42b Abs. 1 EStG den Lohnsteuer-Jahresausgleich nicht durchführen darf, ist auch eine Änderung des Lohnsteuerabzugs mit Erstattungsfolge nicht möglich; der Arbeitnehmer kann in diesen Fällen die Erstattung im Rahmen einer Veranlagung zur Einkommensteuer erreichen. ⁴Soweit der Arbeitgeber auf Grund einer Änderung des Lohnsteuerabzugs nach Ablauf des Kalenderjahres nachträglich Lohnsteuer *einbehält*, handelt es sich um Lohnsteuer des abgelaufenen Kalenderjahres, die zu-

---

¹) Durch das BeitrRLUmsG wurde die Sonderregelung für den Monat Januar in § 39c Abs. 2 EStG i. d. F. für 2011 aufgehoben und zudem § 39c Abs. 1 und 2 EStG ab 2012 neu gefasst.
²) Absatz 2 Satz 3 nach Einführung der ELStAM überholt.
³) Absatz 3 gilt sinngemäß beim ELStAM-Verfahren.
⁴) Absatz 4 gilt sinngemäß beim ELStAM-Verfahren.

sammen mit der übrigen einbehaltenen Lohnsteuer des abgelaufenen Kalenderjahres in einer Summe in der Lohnsteuerbescheinigung zu übermitteln oder anzugeben ist.

(7) ¹Hat der Arbeitgeber die Lohnsteuerbescheinigung übermittelt oder ausgestellt, ist eine Änderung des Lohnsteuerabzuges nicht mehr möglich. ²Die bloße Korrektur eines zunächst unrichtig übermittelten Datensatzes ist zulässig. ³Die Anzeigeverpflichtung nach § 41c Abs. 4 Satz 1 Nr. 3 EStG¹) bleibt unberührt.

(8) ¹Bei beschränkt Stpfl. ist auch nach Ablauf des Kalenderjahres eine Änderung des Lohnsteuerabzugs nur für die Lohnzahlungszeiträume vorzunehmen, auf die sich die Änderungen beziehen. ²Eine Änderung mit Erstattungsfolge kann in diesem Falle nur das Finanzamt durchführen.

Hinweise

Änderung der Festsetzung

Eine Erhöhung der Lohnsteuer-Entrichtungsschuld ist unter den Voraussetzungen des § 164 Abs. 2 Satz 1 AO auch nach Übermittlung oder Ausschreibung der Lohnsteuerbescheinigung zulässig (→ BFH vom 30. 10. 2008 – BStBl 2009 II S. 354).

Erstattungsantrag

– Erstattungsansprüche des Arbeitnehmers wegen zu Unrecht einbehaltener Lohnsteuer sind nach Ablauf des Kalenderjahres im Rahmen einer Veranlagung zur Einkommensteuer geltend zu machen. Darüber hinaus ist ein Erstattungsantrag gemäß § 37 AO nicht zulässig (→ BFH vom 20. 5. 1983 – BStBl II S. 584). Dies gilt auch für zu Unrecht angemeldete und abgeführte Lohnsteuerbeträge, wenn der Lohnsteuerabzug nach § 41c Abs. 3 EStG nicht mehr geändert werden kann (→ BFH vom 17. 6. 2009 – BStBl 2010 II S. 72).

Wird eine Zahlung des Arbeitgebers zu Unrecht dem Lohnsteuerabzug unterworfen, weil die Besteuerung abkommensrechtlich dem Wohnsitzstaat des Arbeitnehmers zugewiesen ist, hat der Arbeitnehmer eine Veranlagung zur Einkommensteuer zu beantragen (§ 50 Abs. 2 Satz 2 Nr. 4 Buchstabe b i. V. m. Satz 7 EStG). Für die übrigen Arbeitnehmer besteht ein Erstattungsanspruch in analoger Anwendung des § 50d Abs. 1 Satz 2 EStG, der gegen das Betriebsstättenfinanzamt des Arbeitgebers zu richten ist (→ BFH vom 21. 10. 2009 – I R 70/08).

Anzeigepflichten des Arbeitgebers

(1) ¹Der Arbeitgeber hat die Anzeigepflichten nach § 38 Abs. 4, § 41c Abs. 4 EStG unverzüglich zu erfüllen. ²Sobald der Arbeitgeber erkennt, dass der Lohnsteuerabzug in zu geringer Höhe vorgenommen worden ist, hat er dies dem Betriebsstättenfinanzamt anzuzeigen, wenn er die Lohnsteuer nicht nachträglich einbehalten kann oder von seiner Berechtigung hierzu keinen Gebrauch macht; dies gilt auch bei rückwirkender Gesetzesänderung. ³Der Arbeitgeber hat die Anzeige über die zu geringe Einbehaltung der Lohnsteuer ggf. auch für die zurückliegenden vier Kalenderjahre zu erstatten. ⁴Die Anzeigepflicht besteht unabhängig von dem Mindestbetrag (§ 41c Abs. 4 Satz 2 EStG) für die Nachforderung durch das Finanzamt.

(2) ¹Die Anzeige ist schriftlich zu erstatten. ²In ihr sind der Name und die Anschrift des Arbeitnehmers, die auf der Lohnsteuerkarte eingetragenen Besteuerungsmerkmale, nämlich Geburtsdatum, Steuerklasse/Faktor, Zahl der Kinderfreibeträge, Kirchensteuermerkmal und ggf. ein Freibetrag oder Hinzurechnungsbetrag, sowie der Anzeigegrund und die für die Berechnung einer Lohnsteuer-Nachforderung erforderlichen Mitteilungen über Höhe und Art des Arbeitslohns, z. B. Auszug aus dem Lohnkonto, anzugeben.²)

(3) ¹Das Betriebsstättenfinanzamt hat die Anzeige an das für die Einkommensbesteuerung des Arbeitnehmers zuständige Finanzamt weiterzuleiten, wenn es zweckmäßig erscheint, die Lohnsteuer-Nachforderung nicht sofort durchzuführen, z. B. weil es wahrscheinlich ist, dass der Arbeitnehmer zur Einkommensteuer veranlagt wird. ²Das ist auch angebracht in Fällen, in denen bei Eingang der Anzeige nicht abzusehen ist, ob sich bei Änderung des Lohnsteuerabzugs nach Ablauf des Kalenderjahres (→ § 41c Abs. 3 Satz 2 EStG) eine Lohnsteuer-Nachforderung ergeben wird.

---

¹) → § 41c Abs. 4 Satz 1 Nr. 2 EStG i. d. F. des BeitrRLUmsG ab 2012.
²) Absatz 2 gilt sinngemäß beim ELStAM-Verfahren.

§ 41c EStG
R 41c.3

R 41c.3 Nachforderung von Lohnsteuer

S 2379

(1) In den Fällen des § 38 Abs. 4 und des § 41c Abs. 4 EStG ist das Betriebsstättenfinanzamt für die Nachforderung dann zuständig, wenn die zuwenig erhobene Lohnsteuer bereits im Laufe des Kalenderjahres nachgefordert werden soll.

(2) ¹Im Falle des § 41c Abs. 4 EStG gilt für die Berechnung der nachzufordernden Lohnsteuer nach Ablauf des Kalenderjahres R 41c.1 Abs. 6 Satz 1 und Abs. 8 Satz 1 entsprechend. ²In allen anderen Fällen ist die Jahreslohnsteuer wie folgt zu ermitteln:

1		Bruttoarbeitslohn
2	+	ermäßigt besteuerte Entschädigungen und ermäßigt besteuerte Vergütungen für mehrjährige Tätigkeit i. S. d. § 34 EStG
3	=	Jahresarbeitslohn
4	−	Freibeträge für Versorgungsbezüge (§ 19 Abs. 2 EStG)
5	−	Werbungskosten, maßgebender Pauschbetrag für Werbungskosten (§§ 9, 9a EStG)
	−	Erwerbsbedingte Kinderbetreuungskosten (§ 9 Abs. 5 Satz 1 i. V. m. § 9c Abs. 1 EStG[1]))
6	−	Altersentlastungsbetrag (§ 24a EStG)
7	−	Entlastungsbetrag für Alleinerziehende (§ 24b EStG)
8	=	Gesamtbetrag der Einkünfte (§ 2 Abs. 3 EStG)
9	−	Sonderausgaben (§§ 9c Abs. 2[2]), 10, 10b, 10c, 39b Abs. 2 Satz 5 Nr. 3 EStG)
10	−	außergewöhnliche Belastungen (§§ 33 bis 33b EStG)
11	=	Einkommen (§ 2 Abs. 4 EStG)
12	−	Freibeträge für Kinder (nur für Kinder, für die kein Anspruch auf Kindergeld besteht; § 39a Abs. 1 Nr. 6 EStG)
13	=	zu versteuerndes Einkommen (§ 2 Abs. 5 EStG)
14	−	Entschädigungen und Vergütungen i. S. d. § 34 EStG (Zeile 2)
15	=	verbleibendes zu versteuerndes Einkommen
16	+	ein Fünftel der Entschädigungen und Vergütungen i. S. d. § 34 EStG (Zeile 2)
17	=	Summe
18	−	Steuerbetrag für die Summe (Zeile 17) laut Grundtarif/Splittingtarif
19	−	Steuerbetrag für das verbleibende zu versteuernde Einkommen (Zeile 15) laut Grundtarif/Splittingtarif
20	=	Unterschiedsbetrag

³Hat der Arbeitnehmer keine Entschädigungen und Vergütungen i. S. d. § 34 EStG bezogen, ist der für das zu versteuernde Einkommen (Zeile 13) nach dem Grundtarif/Splittingtarif ermittelte Steuerbetrag die Jahreslohnsteuer (tarifliche Einkommensteuer – § 32a Abs. 1, 5 EStG). ⁴Hat der Arbeitnehmer Entschädigungen und Vergütungen i. S. d. § 34 EStG bezogen, ist der Steuerbetrag für das verbleibende zu versteuernde Einkommen (Zeile 19) zuzüglich des Fünffachen des Unterschiedsbetrags (Zeile 20) die Jahreslohnsteuer (tarifliche Einkommensteuer – § 32a Abs. 1, 5 EStG).

(4) ¹Will das Finanzamt zu wenig einbehaltene Lohnsteuer vom Arbeitnehmer nachfordern, erlässt es gegen diesen einen Steuerbescheid. ²Nach Ablauf des Kalenderjahres kommt eine Nachforderung von Lohnsteuer oder Einkommensteuer ggf. auch durch erstmalige oder geänderte Veranlagung zur Einkommensteuer in Betracht. ³Die Nachforderung von Lohnsteuer oder Einkommensteuer erfolgt durch erstmalige oder geänderte Veranlagung zur Einkommensteuer, wenn auf der Lohnsteuerkarte ein Hinzurechnungsbetrag eingetragen ist (→ § 46 Abs. 2 Nr. 2 EStG).[3])

(5) ¹Außer im Falle des § 38 Abs. 4 EStG unterbleibt die Nachforderung, wenn die nachzufordernde Lohnsteuer den Mindestbetrag nach § 41c Abs. 4 Satz 2 EStG nicht übersteigt. ²Bezieht sich die Nachforderung auf mehrere Kalenderjahre, ist für jedes Kalenderjahr gesondert festzustellen, ob der Mindestbetrag überschritten wird. ³Treffen in einem Kalenderjahr mehrere Nachforderungsgründe zusammen, gilt der Mindestbetrag für die insgesamt nachzufordernde Lohnsteuer.

---

[1]) Ab VZ 2012 bei Kinderbetreuungskosten Aufhebung von § 9c EStG und Einführung von § 10 Abs. 1 Nr. 5 EStG i. d. F. des Steuervereinfachungsgesetzes 2011.
[2]) Ab VZ 2012 bei Kinderbetreuungskosten Aufhebung von § 9c EStG und Einführung von § 10 Abs. 1 Nr. 5 EStG i. d. F. des Steuervereinfachungsgesetzes 2011.
[3]) Absatz 4 gilt auch beim ELStAM-Verfahren.

Hinweise

Einzelfälle

Das Finanzamt hat die zu wenig einbehaltene Lohnsteuer vom Arbeitnehmer nachzufordern, wenn

- der Barlohn des Arbeitnehmers zur Deckung der Lohnsteuer nicht ausreicht und die Steuer weder aus zurückbehaltenen anderen Bezügen des Arbeitnehmers noch durch einen entsprechenden Barzuschuss des Arbeitnehmers aufgebracht werden kann (→ § 38 Abs. 4 EStG),
- eine Änderung der Lohnsteuerabzugsmerkmale erforderlich war, diese aber unterblieben ist,
- in den Fällen des § 39a Abs. 5 EStG ein Freibetrag rückwirkend herabgesetzt worden ist und der Arbeitgeber die zu wenig erhobene Lohnsteuer nicht nachträglich einbehalten kann,
- die rückwirkende Änderung eines Pauschbetrags für behinderte Menschen und Hinterbliebene (→ § 33b EStG) wegen der bereits erteilten Lohnsteuerbescheinigung nicht zu einer Nacherhebung von Lohnsteuer durch den Arbeitgeber führen kann (→ BFH vom 24. 9. 1982 – BStBl 1983 II S. 60),
- der Arbeitgeber dem Finanzamt angezeigt hat, dass er von seiner Berechtigung, Lohnsteuer nachträglich einzubehalten, keinen Gebrauch macht, oder die Lohnsteuer nicht nachträglich einbehalten kann (→ § 41c Abs. 4 EStG),
- der Arbeitnehmer in den Fällen des § 42d Abs. 3 Satz 4 EStG für die nicht vorschriftsmäßig einbehaltene oder angemeldete Lohnsteuer in Anspruch zu nehmen ist; wegen der Wahl der Inanspruchnahme → R 42d.1 Abs. 3 und 4 oder
- die Voraussetzungen der unbeschränkten Einkommensteuerpflicht nach § 1 Abs. 3 EStG nicht vorgelegen haben und es dies bereits bei Erteilung der Bescheinigung hätte bemerken können (→ § 50 Abs. 2 Satz 2 Nr. 2 EStG); auch bei einer fehlerhaft erteilten Bescheinigung kann das Finanzamt die zu wenig erhobene Lohnsteuer nachfordern (→ BFH vom 23. 9. 2008 – BStBl 2009 II S. 666).

Erkenntnisse aus rechtswidriger Außenprüfung

→ BFH vom 9. 11. 1984 (BStBl 1985 II S. 191).

Freibeträge, rückwirkende Änderung

Wird Lohnsteuer nach Ablauf des Kalenderjahres wegen der rückwirkenden Änderung eines Pauschbetrags für behinderte Menschen und Hinterbliebene (→ § 33b EStG) und einer bereits erteilten Lohnsteuerbescheinigung nachgefordert, bedarf es keiner förmlichen Berichtigung des Freibetrags; es genügt, wenn die Inanspruchnahme des Arbeitnehmers ausdrücklich mit der rückwirkenden Änderung des eingetragenen Freibetrags begründet wird (→ BFH vom 24. 9. 1982 – BStBl 1983 II S. 60).

Zuständigkeit

Für die Nachforderung ist im Allgemeinen das für die Einkommensbesteuerung des Arbeitnehmers zuständige Finanzamt zuständig. Ist keine Pflicht- oder Antragsveranlagung nach § 46 Abs. 2 EStG durchzuführen, ist die Nachforderung vom Betriebsstättenfinanzamt vorzunehmen (→ BFH vom 21. 2. 1992 – BStBl II S. 565); Entsprechendes gilt, wenn zu wenig erhobene Lohnsteuer nach §§ 38 Abs. 4 und 41c Abs. 4 EStG bereits im Laufe des Kalenderjahres nachgefordert werden soll. Für die Nachforderung zu wenig einbehaltener Lohnsteuer von beschränkt einkommensteuerpflichtigen Arbeitnehmern ist stets das Betriebsstättenfinanzamt zuständig (→ BFH vom 20. 6. 1990 – BStBl 1992 II S. 43).

§§ 42 und 42a (weggefallen)

§ 42b Lohnsteuer-Jahresausgleich durch den Arbeitgeber

(1) ¹Der Arbeitgeber ist berechtigt, seinen unbeschränkt einkommensteuerpflichtigen Arbeitnehmern, die während des abgelaufenen Kalenderjahres (Ausgleichsjahr) ständig in einem zu ihm bestehenden Dienstverhältnis gestanden haben, die für das Ausgleichsjahr einbehaltene Lohnsteuer insoweit zu erstatten, als sie die auf den Jahresarbeitslohn entfallende Jahreslohnsteuer übersteigt (Lohnsteuer-Jahresausgleich). ²Er ist zur Durchführung des Lohnsteuer-Jahresausgleichs verpflichtet, wenn er am 31. Dezember des Ausgleichsjahrs mindestens zehn Ar-

beitnehmer beschäftigt. ³Der Arbeitgeber darf den Lohnsteuer-Jahresausgleich nicht durchführen, wenn

1. der Arbeitnehmer es beantragt oder
2. der Arbeitnehmer für das Ausgleichsjahr oder für einen Teil des Ausgleichsjahres nach den Steuerklassen V oder VI zu besteuern war oder
3. der Arbeitnehmer für einen Teil des Ausgleichsjahres nach den Steuerklassen II, III oder IV zu besteuern war oder
3a. bei der Lohnsteuerberechnung ein Freibetrag oder Hinzurechnungsbetrag zu berücksichtigen war oder
3b. das Faktorverfahren angewandt wurde oder
4. der Arbeitnehmer im Ausgleichsjahr Kurzarbeitergeld, Schlechtwettergeld, Winterausfallgeld, Zuschuss zum Mutterschaftsgeld nach dem Mutterschutzgesetz, Zuschuss bei Beschäftigungsverboten für die Zeit vor oder nach einer Entbindung sowie für den Entbindungstag während einer Elternzeit nach beamtenrechtlichen Vorschriften, Entschädigungen für Verdienstausfall nach dem Infektionsschutzgesetz vom 20. Juli 2000 (BGBl. I S. 1045) oder nach § 3 Nummer 28 steuerfreie Aufstockungsbeträge oder Zuschläge bezogen hat oder
4a. die Anzahl der im Lohnkonto oder in der Lohnsteuerbescheinigung eingetragenen Großbuchstaben U mindestens eins beträgt oder
5. für den Arbeitnehmer im Ausgleichsjahr im Rahmen der Vorsorgepauschale jeweils nur zeitweise Beträge nach § 39b Absatz 2 Satz 5 Nummer 3 Buchstabe a bis d oder der Beitragszuschlag nach § 39b Absatz 2 Satz 5 Nummer 3 Buchstabe c berücksichtigt wurden oder
6. der Arbeitnehmer im Ausgleichsjahr ausländische Einkünfte aus nichtselbstständiger Arbeit bezogen hat, die nach einem Abkommen zur Vermeidung der Doppelbesteuerung oder unter Progressionsvorbehalt nach § 34c Absatz 5 von der Lohnsteuer freigestellt waren.

(2) ¹Für den Lohnsteuer-Jahresausgleich hat der Arbeitgeber den Jahresarbeitslohn aus dem zu ihm bestehenden Dienstverhältnis festzustellen. ²Dabei bleiben Bezüge im Sinne des § 34 Absatz 1 und 2 Nummer 2 und 4 außer Ansatz, wenn der Arbeitnehmer nicht jeweils die Einbeziehung in den Lohnsteuer-Jahresausgleich beantragt. ³Vom Jahresarbeitslohn sind der etwa in Betracht kommende Versorgungsfreibetrag und Zuschlag zum Versorgungsfreibetrag und der etwa in Betracht kommende Altersentlastungsbetrag abzuziehen. ⁴Für den so geminderten Jahresarbeitslohn ist die Jahreslohnsteuer nach § 39b Absatz 2 Satz 6 und 7 zu ermitteln nach Maßgabe der Steuerklasse, die für den letzten Lohnzahlungszeitraum des Ausgleichsjahres als elektronisches Lohnsteuerabzugsmerkmal abgerufen oder auf der Bescheinigung für den Lohnsteuerabzug oder etwaigen Mitteilungen über Änderungen zuletzt eingetragen wurde. ⁵Den Betrag, um den die sich hiernach ergebende Jahreslohnsteuer die Lohnsteuer unterschreitet, die von dem zugrunde gelegten Jahresarbeitslohn insgesamt erhoben worden ist, hat der Arbeitgeber dem Arbeitnehmer zu erstatten. ⁶Bei der Ermittlung der insgesamt erhobenen Lohnsteuer ist die Lohnsteuer auszuscheiden, die von den nach Satz 2 außer Ansatz gebliebenen Bezügen einbehalten worden ist.

(3) ¹Der Arbeitgeber darf den Lohnsteuer-Jahresausgleich frühestens bei der Lohnabrechnung für den letzten im Ausgleichsjahr endenden Lohnzahlungszeitraum, spätestens bei der Lohnabrechnung für den letzten Lohnzahlungszeitraum, der im Monat März des dem Ausgleichsjahr folgenden Kalenderjahres endet, durchführen. ²Die zu erstattende Lohnsteuer ist dem Betrag zu entnehmen, den der Arbeitgeber für seine Arbeitnehmer für den Lohnzahlungszeitraum insgesamt an Lohnsteuer erhoben hat. ³§ 41c Absatz 2 Satz 2 ist anzuwenden.

(4) ¹Im Lohnkonto für das Ausgleichsjahr ist die im Lohnsteuer-Jahresausgleich erstattete Lohnsteuer gesondert einzutragen. ²In der Lohnsteuerbescheinigung für das Ausgleichsjahr ist der sich nach Verrechnung der erhobenen Lohnsteuer mit der erstatteten Lohnsteuer ergebende Betrag als erhobene Lohnsteuer einzutragen.

R 42b Durchführung des Lohnsteuer-Jahresausgleichs durch den Arbeitgeber

(1) ¹Der Arbeitgeber darf den Lohnsteuer-Jahresausgleich nur für unbeschränkt einkommensteuerpflichtige Arbeitnehmer durchführen,

1. die während des Ausgleichsjahrs ständig in einem Dienstverhältnis gestanden haben,
2. die am 31. Dezember des Ausgleichsjahres in seinen Diensten stehen oder zu diesem Zeitpunkt von ihm Arbeitslohn aus einem früheren Dienstverhältnis beziehen und

§§ 42b–42d EStG
H 42b R 42b

3. bei denen kein Ausschlusstatbestand nach § 42b Abs. 1 Satz 3 und 4 EStG[1]) vorliegt.
²In die Feststellung, ob die Voraussetzung des Satzes 1 Nr. 1 erfüllt ist, sind auch Zeiträume einzubeziehen, für die der Arbeitnehmer laufenden Arbeitslohn aus einem früheren Dienstverhältnis erhalten hat. ³Beginnt oder endet die unbeschränkte Einkommensteuerpflicht im Laufe des Kalenderjahres, darf der Arbeitgeber den Lohnsteuer-Jahresausgleich nicht durchführen.[2])

(2) Beantragt der Arbeitnehmer, Entschädigungen oder Vergütungen für mehrjährige Tätigkeit im Sinne des § 34 EStG in den Lohnsteuer-Jahresausgleich einzubeziehen (→ § 42b Abs. 2 Satz 2 EStG), gehören die Entschädigungen und Vergütungen zum Jahresarbeitslohn, für den die Jahreslohnsteuer zu ermitteln ist.

(3) ¹Bei Arbeitnehmern, für die der Arbeitgeber nach § 42b Abs. 1 EStG einen Lohnsteuer-Jahresausgleich durchführen darf, darf der Arbeitgeber den Jahresausgleich mit der Ermittlung der Lohnsteuer für den letzten im Ausgleichsjahr endenden Lohnzahlungszeitraum zusammenfassen (→ § 42b Abs. 3 Satz 1 EStG). ²Hierbei ist die Jahreslohnsteuer nach § 42b Abs. 2 Satz 1 bis 3 EStG zu ermitteln und der Lohnsteuer, die von dem Jahresarbeitslohn erhoben worden ist, gegenüberzustellen. ³Übersteigt die ermittelte Jahreslohnsteuer die erhobene Lohnsteuer, ist der Unterschiedsbetrag die Lohnsteuer, die für den letzten Lohnzahlungszeitraum des Ausgleichsjahres einzubehalten ist. ⁴Übersteigt die erhobene Lohnsteuer die ermittelte Jahreslohnsteuer, ist der Unterschiedsbetrag dem Arbeitnehmer zu erstatten; § 42b Abs. 3 Satz 2 und 3 sowie Abs. 4 EStG ist hierbei anzuwenden.

Hinweise   H 42b

Lohnsteuer-Jahresausgleich bei Nettolohnvereinbarung

→ Anhang 32

Vorsorgepauschale

Zum Ausschluss des Lohnsteuer-Jahresausgleichs → § 42b Abs. 1 Satz 3 Nr. 5 EStGund → BMF vom 22. 10. 2010 (BStBl I S. 1254), Tz. 8   H 39b.7

§ 42c (weggefallen)   EStG

§ 42d Haftung des Arbeitgebers und Haftung bei Arbeitnehmerüberlassung   EStG
S 2383

(1) Der Arbeitgeber haftet
1. für die Lohnsteuer, die er einzubehalten und abzuführen hat,
2. für die Lohnsteuer, die er beim Lohnsteuer-Jahresausgleich zu Unrecht erstattet hat,
3. für die Einkommensteuer (Lohnsteuer), die auf Grund fehlerhafter Angaben im Lohnkonto oder in der Lohnsteuerbescheinigung verkürzt wird,
4. für die Lohnsteuer, die in den Fällen des § 38 Absatz 3a der Dritte zu übernehmen hat.

(2) Der Arbeitgeber haftet nicht, soweit Lohnsteuer nach § 39 Absatz 5 oder § 39a Absatz 5 nachzufordern ist und in den vom Arbeitgeber angezeigten Fällen des § 38 Absatz 4 Satz 2 und 3 und des § 41c Absatz 4.

(3) ¹Soweit die Haftung des Arbeitgebers reicht, sind der Arbeitgeber und der Arbeitnehmer Gesamtschuldner. ²Das Betriebsstättenfinanzamt kann die Steuerschuld oder Haftungsschuld nach pflichtgemäßem Ermessen gegenüber jedem Gesamtschuldner geltend machen. ³Der Arbeitgeber kann auch dann in Anspruch genommen werden, wenn der Arbeitnehmer zur Einkommensteuer veranlagt wird. ⁴Der Arbeitnehmer kann im Rahmen der Gesamtschuldnerschaft nur in Anspruch genommen werden,
1. wenn der Arbeitgeber die Lohnsteuer nicht vorschriftsmäßig vom Arbeitslohn einbehalten hat,

---

[1]) → § 42b Abs. 1 Satz 3 EStG i. d. F. des BeitrRLUmsG ab 2012.
[2]) Ab 2012 ist ein Lohnsteuer-Jahresausgleich nur zulässig, wenn seit Beginn des Kalenderjahres ein durchgängiges Dienstverhältnis zu demselben Arbeitgeber bestanden hat (→ § 42b Abs. 1 Satz 1 EStG i. d. F. des BeitrRLUmsG).

§ 42d EStG

2. wenn der Arbeitnehmer weiß, dass der Arbeitgeber die einbehaltene Lohnsteuer nicht vorschriftsmäßig angemeldet hat. ²Dies gilt nicht, wenn der Arbeitnehmer den Sachverhalt dem Finanzamt unverzüglich mitgeteilt hat.

(4) ¹Für die Inanspruchnahme des Arbeitgebers bedarf es keines Haftungsbescheids und keines Leistungsgebots, soweit der Arbeitgeber

1. die einzubehaltende Lohnsteuer angemeldet hat oder
2. nach Abschluss einer Lohnsteuer-Außenprüfung seine Zahlungsverpflichtung schriftlich anerkennt.

²Satz 1 gilt entsprechend für die Nachforderung zu übernehmender pauschaler Lohnsteuer.

(5) Von der Geltendmachung der Steuernachforderung oder Haftungsforderung ist abzusehen, wenn diese insgesamt 10 Euro nicht übersteigt.

S 2384
¹⁾

(6) ¹Soweit einem Dritten (Entleiher) Arbeitnehmer gewerbsmäßig zur Arbeitsleistung überlassen werden, haftet er mit Ausnahme der Fälle, in denen eine Arbeitnehmerüberlassung nach § 1 Absatz 3 des Arbeitnehmerüberlassungsgesetzes vorliegt, neben dem Arbeitgeber. ²Der Entleiher haftet nicht, wenn der Überlassung eine Erlaubnis nach § 1 des Arbeitnehmerüberlassungsgesetzes in der Fassung der Bekanntmachung vom 3. Februar 1995 (BGBl. I S. 158), das zuletzt durch Artikel 11 Nummer 21 des Gesetzes vom 30. Juli 2004 (BGBl. I S. 1950) geändert worden ist, in der jeweils geltenden Fassung zugrunde liegt und soweit er nachweist, dass er den nach § 51 Absatz 1 Nummer 2 Buchstabe d vorgesehenen Mitwirkungspflichten nachgekommen ist. ³Der Entleiher haftet ferner nicht, wenn er über das Vorliegen einer Arbeitnehmerüberlassung ohne Verschulden irrte. ⁴Die Haftung beschränkt sich auf die Lohnsteuer für die Zeit, für die ihm der Arbeitnehmer überlassen worden ist. ⁵Soweit die Haftung des Entleihers reicht, sind der Arbeitgeber, der Entleiher und der Arbeitnehmer Gesamtschuldner. ⁶Der Entleiher darf auf Zahlung nur in Anspruch genommen werden, soweit die Vollstreckung in das inländische bewegliche Vermögen des Arbeitgebers fehlgeschlagen ist oder keinen Erfolg verspricht; § 219 Satz 2 der Abgabenordnung ist entsprechend anzuwenden. ⁷Ist durch die Umstände der Arbeitnehmerüberlassung die Lohnsteuer schwer zu ermitteln, so ist die Haftungsschuld mit 15 Prozent des zwischen Verleiher und Entleiher vereinbarten Entgelts ohne Umsatzsteuer anzunehmen, solange der Entleiher nicht glaubhaft macht, dass die Lohnsteuer, für die er haftet, niedriger ist. ⁸Die Absätze 1 bis 5 sind entsprechend anzuwenden. ⁹Die Zuständigkeit des Finanzamts richtet sich nach dem Ort der Betriebsstätte des Verleihers.

(7) Soweit der Entleiher Arbeitgeber ist, haftet der Verleiher wie ein Entleiher nach Absatz 6.

(8) ¹Das Finanzamt kann hinsichtlich der Lohnsteuer der Leiharbeitnehmer anordnen, dass der Entleiher einen bestimmten Teil des mit dem Verleiher vereinbarten Entgelts einzubehalten und abzuführen hat, wenn dies zur Sicherung des Steueranspruchs notwendig ist; Absatz 6 Satz 4 ist anzuwenden. ²Der Verwaltungsakt kann auch mündlich erlassen werden. ³Die Höhe des einzubehaltenden und abzuführenden Teiles des Entgelts bedarf keiner Begründung, wenn der in Absatz 6 Satz 7 genannte Prozentsatz nicht überschritten wird.

(9) ¹Der Arbeitgeber haftet auch dann, wenn ein Dritter nach § 38 Absatz 3a dessen Pflichten trägt. ²In diesen Fällen haftet der Dritte neben dem Arbeitgeber. ³Soweit die Haftung des Dritten reicht, sind der Arbeitgeber, der Dritte und der Arbeitnehmer Gesamtschuldner. ⁴Absatz 3 Satz 2 bis 4 ist anzuwenden; Absatz 4 gilt auch für die Inanspruchnahme des Dritten. ⁵Im Fall des § 38 Absatz 3a Satz 2 beschränkt sich die Haftung des Dritten auf die Lohnsteuer, die für die Zeit zu erheben ist, für die er sich gegenüber dem Arbeitgeber zur Vornahme des Lohnsteuerabzugs verpflichtet hat; der maßgebende Zeitraum endet nicht, bevor der Dritte seinem Betriebsstättenfinanzamt die Beendigung seiner Verpflichtung gegenüber dem Arbeitgeber angezeigt hat. ⁶In den Fällen des § 38 Absatz 3a Satz 7 ist als Haftungsschuld der Betrag zu ermitteln, um den die Lohnsteuer, die für den gesamten Arbeitslohn des Lohnzahlungszeitraums zu berechnen und einzubehalten ist, die insgesamt tatsächlich einbehaltene Lohnsteuer übersteigt. ⁷Betrifft die Haftungsschuld mehrere Arbeitgeber, so ist sie bei fehlerhafter Lohnsteuerberechnung nach dem Verhältnis der Arbeitslöhne und für nachträglich zu erfassende Arbeitslohnbeträge nach dem Verhältnis dieser Beträge auf die Arbeitgeber aufzuteilen. ⁸In den Fällen des § 38 Absatz 3a ist das Betriebsstättenfinanzamt des Dritten für die Geltendmachung der Steuer- oder Haftungsschuld zuständig.

---

¹⁾ Die Vorschrift soll durch das Jahressteuergesetz 2013 (JStG 2013) geändert werden. Bei Redaktionsschluss war das Gesetzgebungsverfahren noch nicht abgeschlossen. Um Beachtung wird gebeten.
→ Siehe hierzu Hinweise auf Seite 4!

²⁾ Das Arbeitnehmerüberlassungsgesetz wurde zuletzt durch Artikel 26 des Gesetzes zur Verbesserung der Eingliederungschancen am Arbeitsmarkt vom 20. 12. 2011 (BGBl. I S. 2854) geändert.

§ 42d EStG
R 42d.1

Inanspruchnahme des Arbeitgebers

R 42d.1

Allgemeines

S 2383

(1) ¹Der Arbeitnehmer ist – vorbehaltlich § 40 Abs. 3 EStG – Schuldner der Lohnsteuer (§ 38 Abs. 2 EStG); dies gilt auch für den Fall einer Nettolohnvereinbarung (→ R 39b.9). ²Für diese Schuld kann der Arbeitgeber als Haftender in Anspruch genommen werden, soweit seine Haftung reicht (§ 42d Abs. 1 und 2 EStG); die Haftung entfällt auch in den vom Arbeitgeber angezeigten Fällen des § 38 Abs. 4 Satz 3 EStG. ³Dies gilt auch bei Lohnzahlung durch Dritte, soweit der Arbeitgeber zur Einbehaltung der Lohnsteuer verpflichtet ist (§ 38 Abs. 1 Satz 3 EStG), und in Fällen des § 38 Abs. 3a EStG.

Haftung anderer Personen

(2) ¹Soweit Dritte für Steuerleistungen in Anspruch genommen werden können, z. B. gesetzliche Vertreter juristischer Personen, Vertreter, Bevollmächtigte, Vermögensverwalter, Rechtsnachfolger, haften sie als Gesamtschuldner neben dem Arbeitgeber als weiterem Haftenden und neben dem Arbeitnehmer als Steuerschuldner (§ 44 AO). ²Die Haftung kann sich z. B. aus §§ 69 bis 77 AO ergeben.

Gesamtschuldner

(3) ¹Soweit Arbeitgeber, Arbeitnehmer und ggf. andere Personen Gesamtschuldner sind, schuldet jeder die gesamte Leistung (§ 44 Abs. 1 Satz 2 AO). ²Das Finanzamt muss die Wahl, an welchen Gesamtschuldner es sich halten will, nach pflichtgemäßem Ermessen unter Beachtung der durch Recht und Billigkeit gezogenen Grenzen und unter verständiger Abwägung der Interessen aller Beteiligten treffen.

Ermessensprüfung

(4) ¹Die Haftung des Arbeitgebers ist von einem Verschulden grundsätzlich nicht abhängig. ²Ein geringfügiges Verschulden oder ein schuldloses Verhalten des Arbeitgebers ist aber bei der Frage zu würdigen, ob eine Inanspruchnahme des Arbeitgebers im Rahmen des Ermessens liegt. ³Die Frage, ob der Arbeitgeber vor dem Arbeitnehmer in Anspruch genommen werden darf, hängt wesentlich von den Gesamtumständen des Einzelfalles ab, wobei von dem gesetzgeberischen Zweck des Lohnsteuerverfahrens, durch den Abzug an der Quelle den schnellen Eingang der Lohnsteuer in einem vereinfachten Verfahren sicherzustellen, auszugehen ist. ⁴Die Inanspruchnahme des Arbeitgebers kann ausgeschlossen sein, wenn er den individuellen Lohnsteuerabzug ohne Berücksichtigung von Gesetzesänderungen durchgeführt hat, soweit es ihm in der kurzen Zeit zwischen der Verkündung des Gesetzes und den folgenden Lohnabrechnungen bei Anwendung eines strengen Maßstabs nicht zumutbar war, die Gesetzesänderungen zu berücksichtigen.

Haftungsbescheid

(5) ¹Wird der Arbeitgeber nach § 42d EStG als Haftungsschuldner in Anspruch genommen, ist, vorbehaltlich § 42d Abs. 4 Nr. 1 und 2 EStG, ein Haftungsbescheid zu erlassen. ²Darin sind die für das Entschließungs- und Auswahlermessen maßgebenden Gründe anzugeben. ³Hat der Arbeitgeber nach Abschluss einer Lohnsteuer-Außenprüfung eine Zahlungsverpflichtung schriftlich anerkannt, steht die Anerkenntniserklärung einer Lohnsteuer-Anmeldung gleich (§ 167 Abs. 1 Satz 3 AO). ⁴Ein Haftungsbescheid lässt die Lohnsteuer-Anmeldungen unberührt.

Nachforderungsbescheid

(6) ¹Wird pauschale Lohnsteuer nacherhoben, die der Arbeitgeber zu übernehmen hat (§ 40 Abs. 3 EStG), ist ein Nachforderungsbescheid (Steuerbescheid) zu erlassen; Absatz 5 Satz 3 und 4 gilt entsprechend. ²Der Nachforderungsbescheid bezieht sich auf bestimmte steuerpflichtige Sachverhalte. ³Die Änderung ist hinsichtlich der ihm zugrunde liegenden Sachverhalte – außer in den Fällen der §§ 172 und 175 AO – wegen der Änderungssperre des § 173 Abs. 2 AO nur bei Steuerhinterziehung oder leichtfertiger Steuerverkürzung möglich.

Zahlungsfrist

(7) Für die durch Haftungsbescheid (→ Absatz 5) oder Nachforderungsbescheid (→ Absatz 6) angeforderten Steuerbeträge ist eine Zahlungsfrist von einem Monat zu setzen.

§ 42d EStG
H 42d.1

Hinweise

Allgemeines zur Arbeitgeberhaftung

- Wegen der Einschränkung der Haftung in den Fällen, in denen sich der Arbeitgeber und der Arbeitnehmer über die Zugehörigkeit von Bezügen zum Arbeitslohn und damit auch über die Notwendigkeit der Eintragung der mit diesen Bezügen zusammenhängenden Werbungskosten irrten und irren konnten, → BFH vom 5. 11. 1971 (BStBl 1972 II S. 137).
- Die Lohnsteuer ist nicht vorschriftsmäßig einbehalten, wenn der Arbeitgeber im Lohnsteuer-Jahresausgleich eine zu hohe Lohnsteuer erstattet (→ BFH vom 24. 1. 1975 – BStBl II S. 420).
- Wurde beim Arbeitgeber eine Lohnsteuer-Außenprüfung durchgeführt, bewirkt dies nicht zugleich eine Hemmung der Verjährungsfrist in Bezug auf den Steueranspruch gegen den Arbeitnehmer (→ BFH vom 15. 12. 1989 – BStBl 1990 II S. 526).
- Der Arbeitgeber hat den Arbeitslohn vorschriftsmäßig gekürzt, wenn er die Lohnsteuer entsprechend den Lohnsteuerabzugsmerkmalen berechnet hat und wenn er der Berechnung der Lohnsteuer die für das maßgebende Jahr gültigen Lohnsteuertabellen zugrunde gelegt hat (→ BFH vom 9. 3. 1990 – BStBl II S. 608).
- Die Lohnsteuer ist dann vorschriftsmäßig einbehalten, wenn in der betreffenden Lohnsteuer-Anmeldung die mit dem Zufluss des Arbeitslohns entstandene Lohnsteuer des Anmeldungszeitraums erfasst wurde. Maßgebend für das Entstehen der Lohnsteuer sind dabei nicht die Kenntnisse und Vorstellungen des Arbeitgebers, sondern die Verwirklichung des Tatbestandes, an den das Gesetz die Besteuerung knüpft. (→ BFH vom 4. 6. 1993 – BStBl II S. 687).
- Bei einer fehlerhaft ausgestellten Lohnsteuerbescheinigung beschränkt sich die Haftung des Arbeitgebers auf die Lohnsteuer, die sich bei der Einkommensteuerveranlagung des Arbeitnehmers ausgewirkt hat (→ BFH vom 22. 7. 1993 – BStBl II S. 775).
- Führt der Arbeitgeber trotz fehlender Kenntnis der individuellen Lohnsteuerabzugsmerkmale des Arbeitnehmers den Lohnsteuerabzug nicht nach der Steuerklasse VI, sondern nach der Steuerklasse I bis V durch, kann der Arbeitgeber auch nach Ablauf des Kalenderjahrs grundsätzlich nach Steuerklasse VI (§ 42d Abs. 1 Nr. 1 EStG) in Haftung genommen werden (→ BFH vom 12. 1. 2001 – BStBl 2003 II S. 151).
- Die Anzeige des Arbeitgebers nach § 38 Abs. 4 Satz 2 EStG ersetzt die Erfüllung der Einbehaltungspflichten. Bei unterlassener Anzeige hat der Arbeitgeber die Lohnsteuer mit den Haftungsfolgen nicht ordnungsgemäß einbehalten (→ BFH vom 9. 10. 2002 – BStBl II S. 884).
- Hat der Arbeitgeber auf Grund unrichtiger Angaben in den Lohnkonten oder den Lohnsteuerbescheinigungen vorsätzlich Lohnsteuer verkürzt, ist ihm als Steuerstraftäter der Einwand verwehrt, das Finanzamt hätte statt seiner die Arbeitnehmer in Anspruch nehmen müssen (→ BFH vom 12. 2. 2009 – BStBl II S. 478).

Aufhebung des Vorbehalts der Nachprüfung

Aufhebung des Vorbehalts der Nachprüfung nach einer Lohnsteuer-Außenprüfung

(Verfügung der OFD Cottbus vom 17. 06. 1999 – S 0337 – 1 – St 212 –)

Hebt das Finanzamt im Anschluss an eine Lohnsteuer-Außenprüfung den Vorbehalt der Nachprüfung für die Lohnsteuer-Anmeldungen des Prüfungszeitraums ohne jede Bedingung und Einschränkung" auf, darf es nach dem BFH-Urteil vom 17. 02. 1995 (BFH, Urteil vom 17. 02. 1995, VI R 52/94, BStBl II 1995, 555) aufgrund der Änderungssperre des § 173 Abs. 2 AO den Arbeitgeber selbst dann nicht mehr als Haftungsschuldner in Anspruch nehmen, wenn im Prüfungsbericht auf die Möglichkeit einer späteren Inanspruchnahme für den Fall hingewiesen wird, dass die Lohnsteuer von den Arbeitnehmern nicht gezahlt wird.

Um in derartigen Fällen den Eintritt der Änderungssperre verfahrensrechtlich auszuschließen, bitte ich künftig wie folgt zu verfahren:

Sollen vorrangig Arbeitnehmer für Teile der nachzufordernden Lohnsteuer in Anspruch genommen werden, so ist

1. ein Haftungsbescheid (mit Leistungsgebot) über die unstreitig beim Arbeitgeber anzufordernden Beträge zu erlassen und
2. ein weiterer – zunächst nicht mit einem Leistungsgebot versehener – Haftungsbescheid über diejenigen Beträge zu erlassen, die vorerst bei den Arbeitnehmern angefordert werden.

In dem zweiten Haftungsbescheid ist der Arbeitgeber darauf hinzuweisen, dass er diese festgesetzte Haftungsforderung vorerst nicht zu begleichen hat, weil insoweit vorrangig die Arbeitnehmer in Anspruch zu nehmen sind. Dieser Hinweis ist als abweichende Fälligkeitsbestimmung im Sinne des § 220 Abs. 2 Satz 1, 2. Halbsatz AO anzusehen, so dass die Haftungsforderung nicht bereits nach § 220 Abs. 2 Satz 1, 1. Halbsatz und Satz 2 AO mit Bekanntgabe des Haftungsbescheides fällig wird. Im Erhebungsverfahren unterbleibt deshalb zunächst die Sollstellung dieses Betrages beim Arbeitgeber.

Die Nachholung des Leistungsgebots ist innerhalb der fünfjährigen Zahlungsverjährung möglich. Die Zahlungsverjährung beginnt mit Ablauf des Jahres, in dem der Haftungsbescheid bekanntgegeben wird (§ 229 Abs. 2 AO).

Es ist darauf zu achten, dass bei Aufhebung des Vorbehalts der Nachprüfung für die Lohnsteuer-Anmeldungen beide Haftungsbescheide bekanntgegeben worden sind. Die Aufhebung des Vorbehalts der Nachprüfung sollte daher mit dem zuletzt ergehenden Haftungs- und Nachforderungsbescheid erfolgen.

Innerhalb der Zahlungsverjährungsfrist ist zu überwachen, ob die Steuererhebung bei den Arbeitnehmern erfolgreich verläuft.

Soweit nur ein Teil der betroffenen Arbeitnehmer die festgesetzten Steuerbeträge gezahlt hat, ist der unter 2. gegen den Arbeitgeber ergangene Haftungsbescheid nach § 130 AO zu ändern und mit einem Leistungsgebot zu versehen. Im geänderten Haftungsbescheid sind nur noch die Steuerabzugsbeträge aufzunehmen, die durch die Arbeitnehmer nicht gezahlt wurden. Die Sollstellung in Höhe dieses Betrages ist von der LSt-Arbeitgeberstelle über die Buchhaltung 1 der Finanzkasse der Datenerfassung zuzuleiten.

Werden die festgesetzten Steuerbeträge von keinem der betroffenen Arbeitnehmer gezahlt, ist dem Arbeitgeber über den im Haftungsbescheid zu 2. enthaltenen Gesamtbetrag ein Leistungsgebot zu erteilen und zum Soll zu stellen.

Im Falle eines Einspruchs des Arbeitgebers gegen den unter 2. ergangenen Haftungsbescheid ist dieser gemäß § 361 Abs. 2 AO von der Vollziehung auszusetzen, bis ermittelt ist, ob die Arbeitnehmer ihre Lohnsteuer selbst zahlen können.

Sollte im Verlauf des Einspruchsverfahrens bekannt werden, dass für einen oder mehrere Arbeitnehmer keine Lohnsteuer nachzuerheben ist, ist der Haftungsbescheid spätestens im Rahmen der Einspruchsentscheidung insoweit zu ändern, da der Arbeitgeber für diese Beträge nicht haftet.

Die im BFH-Urteil vom 17. 02. 1995 aufgezeigte erste Variante, wonach der gegenüber dem Arbeitgeber ergehende Haftungsbescheid zunächst nicht die bei den Arbeitnehmern angeforderten Steuerbeträge umfassen und die Lohnsteuer-Außenprüfung erst abgeschlossen werden soll, wenn feststeht, ob die bei den Arbeitnehmern angeforderten Beträge gezahlt werden, wird rechtlich nicht für zulässig angesehen, weil die Lohnsteuer-Außenprüfung grundsätzlich spätestens mit Erlass der auf den Prüfungsergebnissen beruhenden Nachforderungs- und Haftungsbescheide abgeschlossen ist.

Ermessensausübung

– Die Grundsätze von Recht und Billigkeit verlangen keine vorrangige Inanspruchnahme des Arbeitnehmers (→ BFH vom 6. 5. 1959 – BStBl III S. 292).

– Eine vorrangige Inanspruchnahme des Arbeitgebers vor dem Arbeitnehmer kann unzulässig sein, wenn die Lohnsteuer ebenso schnell und ebenso einfach vom Arbeitnehmer nacherhoben werden kann, weil z. B. der Arbeitnehmer ohnehin zu veranlagen ist (→ BFH vom 30. 11. 1966 – BStBl 1967 III S. 331 und vom 12. 1. 1968 – BStBl II S. 324); das gilt insbesondere dann, wenn der Arbeitnehmer inzwischen aus dem Betrieb ausgeschieden ist (→ BFH vom 10. 1. 1964 – BStBl III S. 213).

– Zur Ermessensprüfung bei geringfügigem Verschulden → BFH vom 21. 1. 1972 (BStBl II S. 364).

– Der Inanspruchnahme des Arbeitgebers steht nicht entgegen, dass das Finanzamt über einen längeren Zeitraum von seinen Befugnissen zur Überwachung des Lohnsteuerabzugs und zur Beitreibung der Lohnabzugsbeträge keinen Gebrauch gemacht hat (→ BFH vom 11. 8. 1978 – BStBl II S. 683).

– War die Inanspruchnahme des Arbeitgebers nach der Ermessensprüfung unzulässig, so kann er trotzdem in Anspruch genommen werden, wenn der Versuch des Finanzamts, die Lohnsteuer beim Arbeitnehmer nachzuerheben, erfolglos verlaufen ist (→ BFH vom 18. 7. 1958 – BStBl III S. 384) und § 173 Abs. 2 AO dem Erlass eines Haftungsbescheids nicht entgegensteht (→ BFH vom 17. 2. 1995 – BStBl II S. 555).

→ **Aufhebung des Vorbehalts der Nachprüfung**

– Eine vorsätzliche Steuerstraftat prägt das Auswahlermessen für die Festsetzung der Lohnsteuerhaftungsschuld; eine besondere Begründung der Ermessensentscheidung ist entbehrlich (→ BFH vom 12. 2. 2009 – BStBl II S. 478).

§ 42d EStG
H 42d.1

Eine Inanspruchnahme des Arbeitgebers kann ausgeschlossen sein, wenn z. B.
- der Arbeitgeber eine bestimmte Methode der Steuerberechnung angewendet und das Finanzamt hiervon Kenntnis erlangt und nicht beanstandet hat oder wenn der Arbeitgeber durch Prüfung und Erörterung einer Rechtsfrage durch das Finanzamt in einer unrichtigen Rechtsauslegung bestärkt wurde (→ BFH vom 20. 7. 1962 – BStBl 1963 III S. 23),
- der Arbeitgeber einem entschuldbaren Rechtsirrtum unterlegen ist, weil das Finanzamt eine unklare oder falsche Auskunft gegeben hat (→ BFH vom 24. 11. 1961 – BStBl 1962 III S. 37) oder weil er den Angaben in einem Manteltarifvertrag über die Steuerfreiheit vertraut hat (→ BFH vom 18. 9. 1981 – BStBl II S. 801),
- der Arbeitgeber den Lohnsteuerabzug entsprechend der von einer **Mittelbehörde** i. S. v. § 2a FVG in einer Verfügung geäußerten Auffassung durchführt, auch wenn er die Verfügung nicht gekannt hat (→ BFH vom 25. 10. 1985 – BStBl 1986 II S. 98); das gilt aber nicht, wenn dem Arbeitgeber bekannt war, dass das für ihn zuständige Betriebsstättenfinanzamt eine andere Auffassung vertritt.

Die Inanspruchnahme des Arbeitgebers ist in aller Regel ermessensfehlerfrei, wenn
- die Einbehaltung der Lohnsteuer in einem rechtlich einfach und eindeutig vorliegenden Fall nur deshalb unterblieben ist, weil der Arbeitgeber sich über seine Verpflichtungen nicht hinreichend unterrichtet hat (→ BFH vom 5. 2. 1971 – BStBl II S. 353),
- das Finanzamt auf Grund einer fehlerhaften Unterlassung des Arbeitgebers aus tatsächlichen Gründen nicht in der Lage ist, die Arbeitnehmer als Schuldner der Lohnsteuer heranzuziehen (→ BFH vom 7. 12. 1984 – BStBl 1985 II S. 164),
- im Falle einer Nettolohnvereinbarung der Arbeitnehmer nicht weiß, dass der Arbeitgeber die Lohnsteuer nicht angemeldet hat (→ BFH vom 8. 11. 1985 – BStBl 1986 II S. 186),
- sie der Vereinfachung dient, weil gleiche oder ähnliche Berechnungsfehler bei einer größeren Zahl von Arbeitnehmern gemacht worden sind (→ BFH vom 16. 3. 1962 – BStBl III S. 282, vom 6. 3. 1980 – BStBl II S. 289 und vom 24. 1. 1992 – BStBl II S. 696: regelmäßig bei mehr als 40 Arbeitnehmern),
- die individuelle Ermittlung der Lohnsteuer schwierig ist und der Arbeitgeber bereit ist, die Lohnsteuerschulden seiner Arbeitnehmer endgültig zu tragen und keinen Antrag auf Pauschalierung stellt. In diesen und vergleichbaren Fällen kann die nachzufordernde Lohnsteuer unter Anwendung eines durchschnittlichen Bruttosteuersatzes – ggf. im Schätzungswege – ermittelt werden (→ BFH vom 7. 12. 1984 – BStBl 1985 II S. 170, vom 12. 6. 1986 – BStBl II S. 681 und vom 29. 10. 1993 – BStBl 1994 II S. 197),

→ Nettosteuersatz

- der Arbeitgeber in schwierigen Fällen, in denen bei Anwendung der gebotenen Sorgfalt Zweifel über die Rechtslage kommen müssen, einem Rechtsirrtum unterliegt, weil er von der Möglichkeit der Anrufungsauskunft (§ 42e EStG) keinen Gebrauch gemacht hat (→ BFH vom 18. 8. 2005 – BStBl 2006 II S. 30 und vom 29. 5. 2008 – BStBl II S. 933).

Ermessensbegründung
- Die Ermessensentscheidung des Finanzamts muss im Haftungsbescheid, spätestens aber in der Einspruchsentscheidung begründet werden, andernfalls ist sie im Regelfall fehlerhaft. Dabei müssen die bei der Ausübung des Verwaltungsermessens angestellten Erwägungen – die Abwägung des Für und Wider der Inanspruchnahme des Haftungsschuldners – aus der Entscheidung erkennbar sein. Insbesondere muss zum Ausdruck kommen, warum der Haftungsschuldner anstatt des Steuerschuldners oder an Stelle anderer ebenfalls für die Haftung in Betracht kommender Personen in Anspruch genommen wird (→ BFH vom 8. 11. 1988 – BStBl 1989 II S. 219).
- Enthält der Haftungsbescheid keine Aufgliederung des Haftungsbetrags auf die Anmeldungszeiträume, so ist er nicht deshalb nichtig (→ BFH vom 22. 11. 1988 – BStBl 1989 II S. 220).
- Nimmt das Finanzamt sowohl den Arbeitgeber nach § 42d EStG als auch den früheren Gesellschafter-Geschäftsführer u. a. wegen Lohnsteuer-Hinterziehung nach § 71 AO in Haftung, so hat es insoweit eine Ermessensentscheidung nach § 191 Abs. 1 i. V. m. § 5 AO zu treffen und die Ausübung dieses Ermessens regelmäßig zu begründen (→ BFH vom 9. 8. 2002 – BStBl 2003 II S. 160).

Haftung anderer Personen
- Zur Frage der Pflichtverletzung bei der Abführung von Lohnsteuer durch den Geschäftsführer einer GmbH → BFH vom 20. 4. 1982 (BStBl II S. 521).
- Zur Frage der Pflichtverletzung des Geschäftsführers bei Zahlung von Arbeitslohn aus dem eigenen Vermögen → BFH vom 22. 11. 2005 (BStBl 2006 II S. 397).

§ 42d EStG
H 42d.1

- Die steuerrechtlich und die insolvenzrechtlich unterschiedliche Bewertung der Lohnsteuer-Abführungspflicht des Arbeitgebers in insolvenzreifer Zeit kann zu einer Pflichtenkollision führen. Eine solche steht der Haftung des Geschäftsführers wegen Nichtabführung der Lohnsteuer aber jedenfalls dann nicht entgegen, wenn der Insolvenzverwalter die Beträge im gedachten Falle der pflichtgemäßen Zahlung der Lohnsteuer vom FA deshalb nicht herausverlangen kann, weil die Anfechtungsvoraussetzungen nach §§ 129 ff. InsO nicht vorliegen (→ BFH vom 27. 2. 2007 – BStBl 2008 II S. – VII R 67/05 –).
- Die gesellschaftsrechtliche Pflicht des Geschäftsführers zur Sicherung der Masse i. S. d. § 64 Abs. 2 GmbHG kann die Verpflichtung zur Vollabführung der Lohnsteuer allenfalls in den drei Wochen suspendieren, die dem Geschäftsführer ab Kenntnis der Überschuldung bzw. Zahlungsunfähigkeit der GmbH nach § 64 Abs. 1 GmbHG eingeräumt sind, um die Sanierungsfähigkeit der GmbH zu prüfen und Sanierungsversuche durchzuführen. Nur in diesem Zeitraum kann das die Haftung nach § 69 AO begründende Verschulden ausgeschlossen sein (→ BFH vom 27. 2. 2007 – BStBl 2008 II S. – VII R 67/05 –).
- Der Geschäftsführer einer GmbH kann als Haftungsschuldner für die von der GmbH nicht abgeführten Lohnsteuer auch insoweit in Anspruch genommen werden, als die Steuer auf seinen eigenen Arbeitslohn entfällt (→ BFH vom 15. 4. 1987 – BStBl 1988 II S. 167).
- Zu den Anforderungen an die inhaltliche Bestimmtheit von Lohnsteuerhaftungsbescheiden bei der Haftung von Vertretern → BFH vom 8. 3. 1988 (BStBl II S. 480).
- Zum Umfang der Haftung bei voller Auszahlung der Nettolöhne → BFH vom 26. 7. 1988 (BStBl II S. 859).
- Durch privatrechtliche Vereinbarungen im Gesellschaftsvertrag kann die Haftung der Gesellschafter einer Gesellschaft bürgerlichen Rechts nicht auf das Gesellschaftsvermögen beschränkt werden (→ BFH vom 27. 3. 1990 – BStBl II S. 939).
- Das Auswahlermessen für die Inanspruchnahme eines von zwei jeweils alleinvertretungsberechtigten GmbH-Geschäftsführern als Haftungsschuldner ist in der Regel nicht sachgerecht ausgeübt, wenn das Finanzamt hierfür allein auf die Beteiligungsverhältnisse der Geschäftsführer am Gesellschaftskapital abstellt (→ BFH vom 29. 5. 1990 – BStBl II S. 1008).
- Zum Zeitpunkt der Anmeldung und Fälligkeit der einzubehaltenden Lohnsteuer und seine Auswirkung auf die Geschäftsführerhaftung → BFH vom 17. 11. 1992 (BStBl 1993 II S. 471).
- Ein ehrenamtlich und unentgeltlich tätiger Vorsitzender eines Vereins, der sich als solcher wirtschaftlich betätigt und zur Erfüllung seiner Zwecke Arbeitnehmer beschäftigt, haftet für die Erfüllung der steuerlichen Verbindlichkeiten des Vereins grundsätzlich nach denselben Grundsätzen wie ein Geschäftsführer einer GmbH (→ BFH vom 23. 6. 1998 – BStBl II S. 761).
- Eine unzutreffende, jedoch bestandskräftig gewordene Lohnsteuer-Anmeldung muss sich der als Haftungsschuldner in Anspruch genommene Geschäftsführer einer GmbH dann nicht nach § 166 AO entgegenhalten lassen, wenn er nicht während der gesamten Dauer der Rechtsbehelfsfrist Vertretungsmacht und damit das Recht hatte, namens der GmbH zu handeln (→ BFH vom 24. 8. 2004 – BStBl 2005 II S. 127).

Haftungsbefreiende Anzeige

- Die haftungsbefreiende Wirkung der Anzeige nach § 41c Abs. 4 EStG setzt voraus, dass die nicht vorschriftsmäßige Einbehaltung der Lohnsteuer vom Arbeitgeber erkannt worden ist. Weicht der Arbeitgeber von einer erteilten Anrufungsauskunft ab, kann er nicht dadurch einen Haftungsausschluss bewirken, indem er die Abweichung dem Betriebsstättenfinanzamt anzeigt (→ BFH vom 4. 6. 1993 – BStBl II S. 687).
- Der Haftungsausschluss nach § 42d Abs. 2 i. V. m. § 41c Abs. 4 EStG setzt stets eine Korrekturberechtigung i. S. d. § 41c Abs. 1 EStG voraus. Daran fehlt es, wenn eine Lohnsteuer-Anmeldung vorsätzlich fehlerhaft abgegeben worden war und dies dem Arbeitgeber zuzurechnen ist (→ BFH vom 21. 4. 2010 – BStBl II S. 833).

Haftungsverfahren

- Wurde nach einer ergebnislosen Lohnsteuer-Außenprüfung der Vorbehalt der Nachprüfung aufgehoben, steht einer Änderung der Lohnsteuer-Anmeldung nach § 173 Abs. 1 AO durch Erlass eines Lohnsteuer-Haftungsbescheides die Änderungssperre des § 173 Abs. 2 AO entgegen, es sei denn, es liegt eine Steuerhinterziehung oder eine leichtfertige Steuerverkürzung vor (→ BFH vom 15. 5. 1992 – BStBl 1993 II S. 840 und vom 7. 2. 2008 – BStBl II 2009 S. 703 –). Gleiches gilt, wenn nach einer Lohnsteuer-Außenprüfung bereits ein Lohnsteuer-Haftungsbescheid ergangen ist und der Vorbehalt der Nachprüfung für die betreffenden Lohnsteuer-Anmeldungen aufgehoben worden ist (→ BFH vom 15. 5. 1992 – BStBl 1993 II S. 829).
- Wird im Anschluss an eine Außenprüfung pauschale Lohnsteuer fälschlicherweise durch einen Haftungsbescheid geltend gemacht, kann mit der Aufhebung des Haftungsbescheides

- die Unanfechtbarkeit i. S. des § 171 Abs. 4 Satz 1 AO und damit das Ende der Ablaufhemmung für die Festsetzungsfrist eintreten. Der Eintritt der Festsetzungsverjährung kann nur vermieden werden, wenn der inkorrekte Haftungsbescheid erst dann aufgehoben wird, nachdem zuvor der formell korrekte Nachforderungsbescheid erlassen worden ist (→ BFH vom 6. 5. 1994 – BStBl II S. 715).
- Wird vom Arbeitgeber Lohnsteuer in einer Vielzahl von Fällen nachgefordert, so ist die Höhe der Lohnsteuer trotz des damit verbundenen Arbeitsaufwands grundsätzlich individuell zu ermitteln. Etwas anderes gilt dann, wenn entweder die Voraussetzungen des § 162 AO für eine Schätzung der Lohnsteuer vorliegen oder der Arbeitgeber der Berechnung der Haftungsschuld mit einem durchschnittlichen Steuersatz zugestimmt hat (→ BFH vom 17. 3. 1994 – BStBl II S. 536).
- Auch die Ansprüche gegenüber dem Haftenden unterliegen der Verjährung (→ § 191 Abs. 3 AO). Die Festsetzungsfrist für einen Lohnsteuer-Haftungsbescheid endet nicht vor Ablauf der Festsetzungsfrist für die Lohnsteuer (§ 191 Abs. 3 Satz 4 1. Halbsatz AO). Der Beginn der Festsetzungsfrist für die Lohnsteuer richtet sich nach § 170 Abs. 2 Satz 1 Nr. 1 AO. Für den Beginn der die Lohnsteuer betreffenden Festsetzungsfrist ist die Lohnsteuer-Anmeldung (Steueranmeldung) und nicht die Einkommensteuererklärung der betroffenen Arbeitnehmer maßgebend (→ BFH vom 6. 3. 2008 – BStBl II S. 597). Bei der Berechnung der für die Lohnsteuer maßgebenden Festsetzungsfrist sind Anlauf- und Ablaufhemmungen nach §§ 170, 171 AO zu berücksichtigen, soweit sie gegenüber dem Arbeitgeber wirken (→ AEAO § 191 **Nr. 9**).
- Wenn ein Arbeitgeber die Lohnsteuer trotz gesetzlicher Verpflichtung nicht anmeldet und abführt, kann das Finanzamt sie durch Schätzungsbescheid festsetzen. Die Möglichkeit, einen Haftungsbescheid zu erlassen, steht dem nicht entgegen (→ BFH vom 7. 7. 2004 – BStBl II S. 1087).

Inanspruchnahme des Arbeitnehmers

Die Beschränkung der Inanspruchnahme des Arbeitnehmers innerhalb des Lohnsteuerabzugsverfahrens nach § 42d Abs. 3 Satz 4 EStG steht einer uneingeschränkten Inanspruchnahme im Einkommensteuerveranlagungsverfahren nicht entgegen (→ BFH vom 13. 1. 2011 – BStBl II S. 479).

Nachforderungsverfahren

- Hat der Arbeitgeber Arbeitslohn nach § 40a Abs. 3 EStG pauschal versteuert, obwohl nicht die Voraussetzungen dieser Vorschrift, sondern die des § 40a Abs. 2 EStG erfüllt sind, so kann ein Nachforderungsbescheid nur erlassen werden, wenn sich der Arbeitgeber eindeutig zu einer Pauschalierung nach § 40a Abs. 2 EStG bereit erklärt hat (→ BFH vom 25. 5. 1984 – BStBl II S. 569).
- Wird Lohnsteuer für frühere Kalenderjahre nachgefordert, so braucht die Steuerschuld nur nach Kalenderjahren aufgegliedert zu werden (→ BFH vom 18. 7. 1985 – BStBl 1986 II S. 152).
- Die Nachforderung pauschaler Lohnsteuer beim Arbeitgeber setzt voraus, dass der Arbeitgeber der Pauschalierung zustimmt (→ BFH vom 20. 11. 2008 – BStBl 2009 II S. 374).

Nettosteuersatz

Haftung des Arbeitgebers: Nachzuerhebende Lohnsteuer nach dem Nettosteuersatz

(Verfügung der OFD Cottbus vom 19. 7. 1996 – S 2383 – 3 – St 117 –)

Nach dem BFH-Urteil vom 29. 10. 1993 (BStBl II 1994, 197) ist die Haftungsschuld grundsätzlich mit dem Bruttosteuersatz und nicht mit dem Nettosteuersatz zu berechnen, es sei denn, daß für den nachzuversteuernden Arbeitslohn eine Nettolohnvereinbarung getroffen wurde. Nach Auffassung des BFH bleibt es dem Finanzamt unbenommen, nach der Zahlung der Haftungsschuld durch den Arbeitgeber zu prüfen, ob durch die Übernahme der Lohnsteuer durch den Arbeitgeber weiterer Arbeitslohn zugeflossen ist und ggf. ein weiterer Haftungsbescheid zu erteilen ist.

Die strikte Anwendung des o. g. BFH-Urteils würde sowohl bei den Finanzämtern als auch bei den Arbeitgebern einen nicht unerheblichen Arbeitsaufwand nach sich ziehen. Die Finanzämter hätten zu überwachen oder zu überprüfen, ob für die übernommene Lohnsteuer weitere Lohnsteuer angemeldet worden ist, und bei Nichtanmeldung ggf. einen weiteren Haftungsbescheid zu erteilen. Für die Arbeitgeber wären die Folgerungen aus den Prüfungsfeststellungen mit der Erteilung des Haftungsbescheids nicht abgeschlossen, sondern eine Berechnung und Anmeldung weiterer Lohnsteuer zu einem späteren Zeitpunkt erforderlich.

Aus diesem Grund halte ich es für vertretbar, daß in den Haftungsbescheiden aufgrund einer Lohnsteuer-Außenprüfung der Nettosteuersatz in den Fällen anzuwenden ist, in denen der Arbeitgeber die Lohnsteuer übernehmen will und der Anwendung des Nettosteuersatzes ausdrücklich zustimmt.

Alternativ wäre auch denkbar, daß der Arbeitgeber sowohl für die auf die Prüfungsfeststellungen entfallende Lohnsteuer als auch für die auf die Übernahme dieser Lohnsteuer entfallende Lohnsteuer seine Zahlungsverpflichtung mit dem Nettosteuersatz gemäß § 42d Abs. 4 Nr. 2 EStG anerkennt. Weiterhin hat der Arbeitgeber die Möglichkeit, die Erhebung der Lohnsteuer mit einem Pauschsteuersatz zu beantragen (§ 40 Abs. 1 Nr. 2 EStG). Da die in § 40 Abs. 3 EStG vorgeschriebene Übernahme einen geldwerten Vorteil darstellt, handelt es sich bei dem Pauschsteuersatz regelmäßig um einen Nettosteuersatz.

Erklärt sich der Arbeitgeber nicht von vornherein bereit, die Lohnsteuer zu übernehmen, oder ist er mit keinem der o. g. Verfahren einverstanden, so ist ein Haftungsbescheid entsprechend dem BFH-Urteil auf der Grundlage des Bruttosteuersatzes zu erteilen. In dem neu aufgelegten Vordruck "Bericht über die Lohnsteuer-Außenprüfung" ist im Abschnitt V der Arbeitgeber durch Ankreuzen des ersten Auswahlfeldes mit die lohnsteuerlichen Konsequenzen der Zahlung der Haftungsschuld in Verbindung mit einem Regreßverzicht hinzuweisen. Durch diesen Hinweis kann ggf. auch erreicht werden, daß sich die Verjährungsfrist für die anzumeldende Lohnsteuer auf fünf oder zehn Jahre verlängert (§ 169 Abs. 2 Satz 2 AO), wenn der Arbeitgeber trotz Hinweises auf die Rechtslage keine weitere Lohnsteuer anmeldet. ...

Pauschalierung der Lohnsteuer

Geschäftsführerhaftung nach § 69 AO – Pauschalierung der Lohnsteuer im Rahmen einer Lohnsteuer-Außenprüfung

(Verfügung der OFD Erfurt vom 26. 2. 1996 – S 0151 A – 04 – St 223 –)

Eine Pauschalierung der LSt. kommt unter den Voraussetzungen des § 40 EStG bzw. des § 40a EStG in Betracht. Dies ist unter anderem dann gegeben, wenn in einer größeren Zahl von Fällen LSt. nachzuerheben ist, weil der Arbeitgeber die LSt. nicht vorschriftsmäßig einbehalten hat (§ 40 Abs. 1 Nr. 2 EStG). Die LSt. wird hierbei mit einem unter Berücksichtigung der Vorschriften des § 38a EStG zu ermittelnden Pauschsteuersatz erhoben.

Im Urteil vom 3. 5. 1990 (BStBl II 1990 S. 767) vertrat der BFH die Auffassung, daß sich die Pflichtverletzung und das Verschulden des Geschäftsführers bei der Haftungsinanspruchnahme gem. § 69 AO nach dem Zeitpunkt der Fälligkeit der pauschalen Lohnsteuer richte. Bei Pauschalierungen im Anschluß an eine LSt.-Außenprüfung sei dies der Zeitpunkt der Fälligkeit des Nachforderungs-(Steuer-)bescheids, da die LSt.-Schuld des Arbeitgebers erst mit der Durchführung der Pauschalierung, d. h. mit dem Erlaß des Nachforderungsbescheids entstehe (BFH-Urteil vom 5. 11. 1982, BStBl II 1983 S. 91]92[).

Abweichend von dieser Rechtsprechung vertritt der BFH nunmehr die Meinung, daß die pauschale LSt. sowie die nach einer Außenprüfung zu erhebende Pauschalsteuer bereits im Zeitpunkt des Zuflusses des Lohns beim Arbeitnehmer entsteht (BFH-Urteil vom 6. 5. 1994, BStBl II 1994 S. 715), da es sich bei der pauschalen LSt. materiell-rechtlich um die vom Arbeitgeber übernommene LSt. des Arbeitnehmers handelt.

Der Tatbestand der Pflichtverletzung und des Verschuldens des Haftungsschuldners richten sich somit auch in den Fällen der LSt.-Pauschalierung – wie in Fällen der Haftung des Geschäftsführers für die individuelle LSt. – nach dem in § 41a Abs. 1 EStG geregelten Zeitpunkt der Anmeldung und Abführung der LSt. (bei nicht ausreichenden Zahlungsmitteln ggf. sogar rückbezogen auf den Zeitpunkt der Lohnzahlung).

Rechtsbehelf gegen den Haftungsbescheid

- Der Arbeitnehmer hat gegen diesen Haftungsbescheid insoweit ein Einspruchsrecht, als er persönlich für die nachgeforderte Lohnsteuer in Anspruch genommen werden kann (→ BFH vom 29. 6. 1973 – BStBl II S. 780).
- Wird der Arbeitgeber nach dem Entscheidungssatz des Bescheids als Haftender in Anspruch genommen, so ist der Bescheid unwirksam, wenn nach seiner Begründung pauschale Lohnsteuer nachgefordert wird (→ BFH vom 15. 3. 1985 – BStBl II S. 581).
- Wird Lohnsteuer für frühere Kalenderjahre nachgefordert, so braucht der Haftungsbetrag nur nach Kalenderjahren aufgegliedert zu werden (→ BFH vom 18. 7. 1985 – BStBl 1986 II S. 152).
- Der Haftungsbetrag ist grundsätzlich auf die einzelnen Arbeitnehmer aufzuschlüsseln; wegen der Ausnahmen → BFH vom 8. 11. 1985 (BStBl 1986 II S. 274) und die dort genannten Urteile.
- Werden zu verschiedenen Zeiten und auf Grund unterschiedlicher Tatbestände entstandene Haftungsschulden in einem Haftungsbescheid festgesetzt und ficht der Haftungsschuldner diesen Sammelhaftungsbescheid nur hinsichtlich ganz bestimmter Haftungsfälle an, so er-

- wächst der restliche Teil des Bescheids in Bestandskraft (→ BFH vom 4. 7. 1986 – BStBl II S. 921).
- Der Arbeitnehmer kann sich als Steuerschuldner nicht darauf berufen, dass die haftungsweise Inanspruchnahme des Arbeitgebers wegen Nichtbeanstandung seines Vorgehens bei einer vorangegangenen Außenprüfung gegen Treu und Glauben verstoßen könnte (→ BFH vom 27. 3. 1991 – BStBl II S. 720).
- In einem allein vom Arbeitnehmer veranlassten Einspruchsverfahren ist der Arbeitgeber hinzuzuziehen (→ § 360 AO).

Zusammengefasster Steuer- und Haftungsbescheid

- Steuerschuld und Haftungsschuld können äußerlich in einer Verfügung verbunden werden (→ BFH vom 16. 11. 1984 – BStBl 1985 II S. 266).
- Wird vom Arbeitgeber pauschale Lohnsteuer nacherhoben und wird er zugleich als Haftungsschuldner in Anspruch genommen, so ist die Steuerschuld von der Haftungsschuld zu trennen. Dies kann im Entscheidungssatz des zusammengefassten Steuer- und Haftungsbescheids, in der Begründung dieses Bescheids oder in dem dem Arbeitgeber bereits bekannten oder beigefügten Bericht einer Lohnsteuer-Außenprüfung, auf den zur Begründung Bezug genommen ist, geschehen (→ BFH vom 1. 8. 1985 – BStBl II S. 664).

R 42d.2 Haftung bei Arbeitnehmerüberlassung

Allgemeines

S 2384

(1) ¹Bei Arbeitnehmerüberlassung ist steuerrechtlich grundsätzlich der Verleiher Arbeitgeber der Leiharbeitnehmer (→ R 19.1 Satz 5). ²Dies gilt für einen ausländischen Verleiher (→ R 38.3 Abs. 1 Satz 2) selbst dann, wenn der Entleiher Arbeitgeber im Sinne eines Doppelbesteuerungsabkommens ist; die Arbeitgebereigenschaft des Entleihers nach einem Doppelbesteuerungsabkommen hat nur Bedeutung für die Zuweisung des Besteuerungsrechts. ³Wird der Entleiher als Haftungsschuldner in Anspruch genommen, ist wegen der unterschiedlichen Voraussetzungen und Folgen stets danach zu unterscheiden, ob er als Arbeitgeber der Leiharbeitnehmer oder als Dritter nach § 42d Abs. 6 EStG neben dem Verleiher als dem Arbeitgeber der Leiharbeitnehmer haftet.

Inanspruchnahme des Entleihers nach § 42d Abs. 6 EStG

Anhang 3

(2) ¹Der Entleiher haftet nach § 42d Abs. 6 EStG wie der Verleiher (Arbeitgeber), jedoch beschränkt auf die Lohnsteuer für die Zeit, für die ihm der Leiharbeitnehmer überlassen worden ist. ²Die Haftung des Entleihers richtet sich deshalb nach denselben Grundsätzen wie die Haftung des Arbeitgebers. ³Sie scheidet aus, wenn der Verleiher als Arbeitgeber nicht haften würde. ⁴Die Haftung des Entleihers kommt nur bei gewerbsmäßiger Arbeitnehmerüberlassung nach § 1 AÜG in Betracht. ⁵Die Arbeitnehmerüberlassung ist gewerbsmäßig, wenn die gewerberechtlichen Voraussetzungen vorliegen. ⁶Gewerbsmäßig handelt danach derjenige Unternehmer (Verleiher), der Arbeitnehmerüberlassung nicht nur gelegentlich, sondern auf Dauer betreibt und damit wirtschaftliche Vorteile erzielen will. ⁷Die Voraussetzungen können z. B. nicht erfüllt sein, wenn Arbeitnehmer gelegentlich zwischen selbständigen Betrieben zur Deckung eines kurzfristigen Personalmehrbedarfs ausgeliehen werden, in andere Betriebsstätten ihres Arbeitgebers entsandt oder zu Arbeitsgemeinschaften freigestellt werden. ⁸Arbeitnehmerüberlassung liegt nicht vor, wenn das Überlassen von Arbeitnehmern als Nebenleistung zu einer anderen Leistung anzusehen ist, wenn z. B. im Falle der Vermietung von Maschinen und Überlassung des Bedienungspersonals der wirtschaftliche Wert der Vermietung überwiegt. ⁹In den Fällen des § 1 Abs. 1 Satz 2 und Abs. 3 AÜG ist ebenfalls keine Arbeitnehmerüberlassung anzunehmen.

(3) ¹Zur rechtlichen Würdigung eines Sachverhalts mit drittbezogener Tätigkeit als Arbeitnehmerüberlassung und ihre Abgrenzung insbesondere gegenüber einem Werkvertrag ist entscheidend auf das Gesamtbild der Tätigkeit abzustellen. ²Auf die Bezeichnung des Rechtsgeschäfts, z. B. als Werkvertrag, kommt es nicht entscheidend an. ³Auf Arbeitnehmerüberlassung weisen z. B. folgende Merkmale hin:

1. Der Inhaber der Drittfirma (Entleiher) nimmt im Wesentlichen das Weisungsrecht des Arbeitgebers wahr;
2. der mit dem Einsatz des Arbeitnehmers verfolgte Leistungszweck stimmt mit dem Betriebszweck der Drittfirma überein;
3. das zu verwendende Werkzeug wird im Wesentlichen von der Drittfirma gestellt, es sei denn auf Grund von Sicherheitsvorschriften;
4. die mit anderen Vertragstypen, insbesondere Werkvertrag, verbundenen Haftungsrisiken sind ausgeschlossen oder beschränkt worden;

5. die Arbeit des eingesetzten Arbeitnehmers gegenüber dem entsendenden Arbeitgeber wird auf der Grundlage von Zeiteinheiten vergütet.

⁴Bei der Prüfung der Frage, ob Arbeitnehmerüberlassung vorliegt, ist die Auffassung der Bundesagentur für Arbeit zu berücksichtigen. ⁵Eine Inanspruchnahme des Entleihers kommt regelmäßig nicht in Betracht, wenn die Bundesagentur für Arbeit gegenüber dem Entleiher die Auffassung geäußert hat, bei dem verwirklichten Sachverhalt liege Arbeitnehmerüberlassung nicht vor.

(4) ¹Ausnahmen von der Entleiherhaftung enthält § 42d Abs. 6 Satz 2 und 3 EStG. ²Der Überlassung liegt eine Erlaubnis nach § 1 AÜG i. S. d. § 42d Abs. 6 Satz 2 EStG immer dann zugrunde, wenn der Verleiher eine Erlaubnis nach § 1 AÜG zur Zeit des Verleihs besessen hat oder die Erlaubnis in dieser Zeit nach § 2 Abs. 4 AÜG als fortbestehend gilt, d. h. bis zu zwölf Monaten nach Erlöschen der Erlaubnis für die Abwicklung der erlaubt abgeschlossenen Verträge. ³Der Überlassung liegt jedoch keine Erlaubnis zugrunde, wenn Arbeitnehmer gewerbsmäßig in Betriebe des Baugewerbes für Arbeiten überlassen werden, die üblicherweise von Arbeitern verrichtet werden, weil dies nach § 1b AÜG unzulässig ist und sich die Erlaubnis nach § 1 AÜG auf solchen Verleih nicht erstreckt, es sei denn, die Überlassung erfolgt zwischen Betrieben des Baugewerbes, die von denselben Rahmen- und Sozialkassentarifverträgen oder von der Allgemeinverbindlichkeit erfasst werden. ⁴Bei erlaubtem Verleih durch einen inländischen Verleiher haftet der Entleiher nicht. ⁵Der Entleiher trägt die Feststellungslast, wenn er sich darauf beruft, dass er über das Vorliegen einer Arbeitnehmerüberlassung ohne Verschulden irrte (§ 42d Abs. 6 Satz 3 EStG). ⁶Bei der Inanspruchnahme des Entleihers ist Absatz 3 zu berücksichtigen. ⁷Im Bereich unzulässiger Arbeitnehmerüberlassung sind wegen des Verbots in § 1b AÜG strengere Maßstäbe anzulegen, wenn sich der Entleiher darauf beruft, ohne Verschulden einem Irrtum erlegen zu sein. ⁸Dies gilt insbesondere, wenn das Überlassungsentgelt deutlich günstiger ist als dasjenige von anderen Anbietern. ⁹Ob der Verleiher eine Erlaubnis nach § 1 AÜG hat, muss der Verleiher in dem schriftlichen Überlassungsvertrag nach § 12 Abs. 1 AÜG erklären und kann der Entleiher selbst oder das Finanzamt durch Anfrage bei der Regionaldirektion der Bundesagentur für Arbeit erfahren oder überprüfen.

(5) ¹Die Höhe des Haftungsbetrags ist auf die Lohnsteuer begrenzt, die vom Verleiher ggf. anteilig für die Zeit einzubehalten war, für die der Leiharbeitnehmer dem Entleiher überlassen war. ²Hat der Verleiher einen Teil der von ihm insgesamt einbehaltenen und angemeldeten Lohnsteuer für den entsprechenden Lohnsteuer-Anmeldungszeitraum gezahlt, wobei er auch die Lohnsteuer des dem Entleiher überlassenen Leiharbeitnehmers berücksichtigt hat, mindert sich der Haftungsbetrag im Verhältnis von angemeldeter zu gezahlter Lohnsteuer.

(6) ¹Der Haftungsbescheid kann gegen den Entleiher ergehen, wenn die Voraussetzungen der Haftung erfüllt sind. ²Auf Zahlung darf er jedoch erst in Anspruch genommen werden nach einem fehlgeschlagenen Vollstreckungsversuch in das inländische bewegliche Vermögen des Verleihers oder wenn die Vollstreckung keinen Erfolg verspricht (§ 42d Abs. 6 Satz 6 EStG). ³Eine vorherige Zahlungsaufforderung an den Arbeitnehmer oder ein Vollstreckungsversuch bei diesem ist nicht erforderlich (entsprechende Anwendung des § 219 Satz 2 AO).

Inanspruchnahme des Verleihers nach § 42d Abs. 7 EStG

(7) ¹Nach § 42d Abs. 7 EStG kann der Verleiher, der steuerrechtlich nicht als Arbeitgeber zu behandeln ist, wie ein Entleiher nach § 42d Abs. 6 EStG als Haftender in Anspruch genommen werden. ²Insoweit kann er erst nach dem Entleiher auf Zahlung in Anspruch genommen werden. ³Davon zu unterscheiden ist der Erlass des Haftungsbescheids, der vorher ergehen kann. ⁴Gegen den Haftungsbescheid kann sich der Verleiher deswegen nicht mit Erfolg darauf berufen, der Entleiher sei auf Grund der tatsächlichen Abwicklung einer unerlaubten Arbeitnehmerüberlassung als Arbeitgeber aller oder eines Teils der überlassenen Leiharbeitnehmer zu behandeln.

Sicherungsverfahren nach § 42d Abs. 8 EStG

(8) ¹Als Sicherungsmaßnahme kann das Finanzamt den Entleiher verpflichten, einen bestimmten Euro-Betrag oder einen als Prozentsatz bestimmten Teil des vereinbarten Überlassungsentgelts einzubehalten und abzuführen. ²Hat der Entleiher bereits einen Teil der geschuldeten Überlassungsvergütung an den Verleiher geleistet, kann der Sicherungsbetrag mit einem bestimmten Euro-Betrag oder als Prozentsatz bis zur Höhe des Restentgelts festgesetzt werden. ³Die Sicherungsmaßnahme ist nur anzuordnen in Fällen, in denen eine Haftung in Betracht kommen kann. ⁴Dabei darf berücksichtigt werden, dass sie den Entleiher im Ergebnis weniger belasten kann als die nachfolgende Haftung, wenn er z. B. einen Rückgriffsanspruch gegen den Verleiher nicht durchsetzen kann.

Haftungsverfahren

(9) Wird der Entleiher oder Verleiher als Haftungsschuldner in Anspruch genommen, ist ein Haftungsbescheid zu erlassen (→ R 42d.1 Abs. 5).

§ 42d EStG
R 42d.2, R 42d.3   H 42d.2

Zuständigkeit

(10) ¹Zuständig für den Haftungsbescheid gegen den Entleiher oder Verleiher ist das Betriebsstättenfinanzamt des Verleihers (§ 42d Abs. 6 Satz 9 EStG). ²Wird bei einem Entleiher festgestellt, dass seine Inanspruchnahme als Haftungsschuldner nach § 42d Abs. 6 EStG in Betracht kommt, ist das Betriebsstättenfinanzamt des Verleihers einzuschalten. ³Bei Verleih durch einen ausländischen Verleiher (→ § 38 Abs. 1 Satz 1 Nr. 2 EStG) ist das Betriebsstättenfinanzamt des Entleihers zuständig, wenn dem Finanzamt keine andere Überlassung des Verleihers im Inland bekannt ist, da es zugleich Betriebsstättenfinanzamt des Verleihers nach § 41 Abs. 2 Satz 2 EStG ist. ⁴Dies gilt grundsätzlich auch für eine Sicherungsmaßnahme nach § 42d Abs. 8 EStG. ⁵Darüber hinaus ist für eine Sicherungsmaßnahme jedes Finanzamt zuständig, in dessen Bezirk der Anlass für die Amtshandlung hervortritt, insbesondere bei Gefahr im Verzug (§§ 24, 29 AO).

H 42d.2   **Hinweise**

Abgrenzungsfragen

Zur Abgrenzung zwischen Arbeitnehmerüberlassung und Werk- oder Dienstverträgen bei Einsatz hochqualifizierter Mitarbeiter des Auftragnehmers → BFH vom 18. 1. 1991 (BStBl II S. 409).

Arbeitnehmerüberlassung im Baugewerbe

Die Haftung des Entleihers nach § 42d Abs. 6 EStG sowie die Anordnung einer Sicherungsmaßnahme nach § 42d Abs. 8 EStG sind ausgeschlossen, soweit der zum Steuerabzug nach § 48 Abs. 1 EStG verpflichtete Leistungsempfänger den Abzugsbetrag einbehalten und abgeführt hat bzw. dem Leistungsempfänger im Zeitpunkt der Abzugsverpflichtung eine Freistellungsbescheinigung des Leistenden vorliegt, auf deren Rechtmäßigkeit er vertrauen durfte (→ §§ 48 Abs. 4 Nr. 2, 48b Abs. 5 EStG).

Arbeitnehmerüberlassung im Konzern

Überlässt eine im Ausland ansässige Kapitalgesellschaft von ihr eingestellte Arbeitnehmer an eine inländische Tochtergesellschaft gegen Erstattung der von ihr gezahlten Lohnkosten, so ist die inländische Tochtergesellschaft nicht Arbeitgeber im lohnsteuerlichen Sinne. Sie haftet daher für nicht einbehaltene Lohnsteuer nur unter den Voraussetzungen des § 42d Abs. 6 EStG (→ BFH vom 24. 3. 1999 – BStBl 2000 II S. 41).

Steuerrechtlicher Arbeitgeber

Der Verleiher ist grundsätzlich auch bei unerlaubter Arbeitnehmerüberlassung Arbeitgeber der Leiharbeitnehmer, da § 10 Abs. 1 AÜG, der den Entleiher bei unerlaubter Arbeitnehmerüberlassung als Arbeitgeber der Leiharbeitnehmer bestimmt, steuerrechtlich nicht maßgebend ist. Der Entleiher kann jedoch nach dem Gesamtbild der tatsächlichen Gestaltung der Beziehungen zu den für ihn tätigen Leiharbeitnehmern und zum Verleiher, insbesondere bei Entlohnung der Leiharbeitnehmer, steuerrechtlich Arbeitgeber sein (→ BFH vom 2. 4. 1982 – BStBl II S. 502).

Zuständige Finanzämter für ausländische Verleiher

→ H 41.3

R 42d.3   **Haftung bei Lohnsteuerabzug durch einen Dritten**

¹In den Fällen der Lohnzahlung durch Dritte haftet der Dritte in beiden Fallgestaltungen des § 38 Abs. 3a EStG neben dem Arbeitgeber (§ 42d Abs. 9 EStG). ²Es besteht eine Gesamtschuldnerschaft zwischen Arbeitgeber, dem Dritten und dem Arbeitnehmer. ³Das Finanzamt muss die Wahl, an welchen Gesamtschuldner es sich halten will, nach pflichtgemäßem Ermessen unter Beachtung der durch Recht und Billigkeit gezogenen Grenzen und unter verständiger Abwägung der Interessen aller Beteiligten treffen. ⁴Eine Haftungsinanspruchnahme des Arbeitgebers unterbleibt, wenn beim Arbeitnehmer selbst eine Nachforderung unzulässig ist, weil der Mindestbetrag nach § 42d Abs. 5 EStG nicht überschritten wird. ⁵Für die durch Haftungsbescheid angeforderten Steuerbeträge ist eine Zahlungsfrist von einem Monat zu setzen.

§ 42e Anrufungsauskunft

¹Das Betriebsstättenfinanzamt hat auf Anfrage eines Beteiligten darüber Auskunft zu geben, ob und inwieweit im einzelnen Fall die Vorschriften über die Lohnsteuer anzuwenden sind. ²Sind für einen Arbeitgeber mehrere Betriebsstättenfinanzämter zuständig, so erteilt das Finanzamt die Auskunft, in dessen Bezirk sich die Geschäftsleitung (§ 10 der Abgabenordnung) des Arbeitgebers im Inland befindet. ³Ist dieses Finanzamt kein Betriebsstättenfinanzamt, so ist das Finanzamt zuständig, in dessen Bezirk sich die Betriebsstätte mit den meisten Arbeitnehmern befindet. ⁴In den Fällen der Sätze 2 und 3 hat der Arbeitgeber sämtliche Betriebsstättenfinanzämter, das Finanzamt der Geschäftsleitung und erforderlichenfalls die Betriebsstätte mit den meisten Arbeitnehmern anzugeben sowie zu erklären, für welche Betriebsstätten die Auskunft von Bedeutung ist.

Anrufungsauskunft

(1) ¹Einen Anspruch auf gebührenfreie Auskunft haben sowohl der Arbeitgeber als auch der Arbeitnehmer. ²In beiden Fällen ist das Betriebsstättenfinanzamt für die Erteilung der Auskunft zuständig; bei Anfragen eines Arbeitnehmers soll es jedoch seine Auskunft mit dessen Wohnsitzfinanzamt abstimmen. ³Das Finanzamt soll die Auskunft unter ausdrücklichem Hinweis auf § 42e EStG schriftlich erteilen und kann sie befristen; das gilt auch, wenn der Beteiligte die Auskunft nur formlos erbeten hat.

(2) ¹Hat ein Arbeitgeber mehrere Betriebsstätten, hat das zuständige Finanzamt seine Auskunft mit den anderen Betriebsstättenfinanzämtern abzustimmen, soweit es sich um einen Fall von einigem Gewicht handelt und die Auskunft auch für die anderen Betriebsstätten von Bedeutung ist. ²Bei Anrufungsauskünften grundsätzlicher Art informiert das zuständige Finanzamt die übrigen betroffenen Finanzämter.

(3) ¹Sind mehrere Arbeitgeber unter einer einheitlichen Leitung zusammengefasst (Konzernunternehmen), bleiben für die einzelnen Arbeitgeber entsprechend der Regelung des § 42e Satz 1 und 2 EStG das Betriebsstättenfinanzamt bzw. das Finanzamt der Geschäftsleitung für die Erteilung der Anrufungsauskunft zuständig. ²Sofern es sich bei einer Anrufungsauskunft um einen Fall von einigem Gewicht handelt und erkennbar ist, dass die Auskunft auch für andere Arbeitgeber des Konzerns von Bedeutung ist oder bereits Entscheidungen anderer Finanzämter vorliegen, ist insbesondere auf Antrag des Auskunftsersuchenden die zu erteilende Auskunft mit den übrigen betroffenen Finanzämtern abzustimmen. ³Dazu informiert das für die Auskunftserteilung zuständige Finanzamt das Finanzamt der Konzernzentrale. ⁴Dieses koordiniert daraufhin die Abstimmung mit den Finanzämtern der anderen Arbeitgeber des Konzerns, die von der zu erteilenden Auskunft betroffen sind. ⁵Befindet sich die Konzernzentrale im Ausland, koordiniert das Finanzamt die Abstimmung, das als erstes mit der Angelegenheit betraut war.

(4) ¹In Fällen der Lohnzahlung durch Dritte, in denen der Dritte die Pflichten des Arbeitgebers trägt, ist die Anrufungsauskunft bei dem Betriebsstättenfinanzamt des Dritten zu stellen. ²Fasst der Dritte die Arbeitslöhne des Arbeitnehmers in demselben Lohnzahlungszeitraum aus mehreren Dienstverhältnissen zufließenden Arbeitslöhne zusammen, ist die Anrufungsauskunft bei dem Betriebsstättenfinanzamt des Dritten zu stellen. ³Dabei hat das Betriebsstättenfinanzamt seine Auskunft in Fällen von einigem Gewicht mit den anderen Betriebsstättenfinanzämtern abzustimmen.

Hinweise

Allgemeines

- Eine dem Arbeitgeber erteilte Anrufungsauskunft stellt nicht nur eine Wissenserklärung (unverbindliche Rechtsauskunft) des Betriebsstättenfinanzamts dar, sondern ist ein feststellender Verwaltungsakt i. S. d. § 118 Satz 1 AO, mit dem sich das Finanzamt selbst bindet. Der Arbeitgeber hat ein Recht auf förmliche Bescheidung seines Antrags und kann eine ihm erteilte Anrufungsauskunft im Klageweg inhaltlich überprüfen lassen. (→ BFH vom 30. 4. 2010 – BStBl II S. 996 und vom 2. 9. 2010 – BStBl 2011 II S. 233).

- BMF vom 18. 2. 2011 (BStBl I S. 213), → auch zur Aufhebung/Änderung einer erteilten Anrufungsauskunft

§ 42e EStG
H 42e

Anrufungsauskunft als feststellender Verwaltungsakt;
Anwendung der BFH-Urteile vom 30. April 2009 – VI R 54/07 –
und vom 2. September 2010 – VI R 3/09 –

(BMF-Schreiben vom 18. 2. 2011 – IV C 5 – S 2388/0-01; 2011/0110501 –)

Mit Urteilen vom 30. April 2009 – VI R 54/07 – (BStBl II 2010 Seite 996) und vom 2. September 2010 – VI R 3/09 – (BStBl II 2011 Seite 233) hat der BFH unter Abänderung seiner bisherigen Rechtsprechung entschieden, dass die Erteilung und die Aufhebung (Rücknahme, Widerruf) einer Anrufungsauskunft nach § 42e Einkommensteuergesetz (EStG) nicht nur Wissenserklärungen (unverbindliche Rechtsauskünfte) des Betriebsstättenfinanzamts darstellen, sondern vielmehr feststellende Verwaltungsakte im Sinne des § 118 Satz 1 Abgabenordnung (AO) sind.

Zu den Urteilen gilt im Einvernehmen mit den obersten Finanzbehörden der Länder Folgendes:
Die Rechtsgrundsätze der Urteile sind über die entschiedenen Einzelfälle hinaus anzuwenden. Für die Anrufungsauskunft nach § 42e EStG gelten die Regelungen in §§ 118 ff. AO unmittelbar, und zwar insbesondere:

– die Anforderungen an Bestimmtheit und Form gemäß § 119 AO,
– die Regelungen über mögliche Nebenbestimmungen gemäß § 120 AO,
– die Regelungen über die Bekanntgabe gemäß § 122 AO,
– die Regelungen über die Berichtigung offenbarer Unrichtigkeiten gemäß § 129 AO.

Die Anrufungsauskunft kann darüber hinaus mit Wirkung für die Zukunft aufgehoben oder geändert werden; § 207 Absatz 2 AO ist sinngemäß anzuwenden. Hierbei handelt es sich um eine Ermessensentscheidung, die zu begründen ist (vgl. BFH vom 2. September 2010 – VI R 3/09 –, BStBl II 2011 Seite 233). Im Falle einer zeitlichen Befristung der Anrufungsauskunft (vgl. R 42e Absatz 1 Satz 3 Lohnsteuerrichtlinie [LStR]) endet die Wirksamkeit des Verwaltungsaktes durch Zeitablauf (§ 124 Absatz 2 AO). Außerdem tritt eine Anrufungsauskunft außer Kraft, wenn die Rechtsvorschriften, auf denen die Entscheidung beruht, geändert werden (analoge Anwendung des § 207 Absatz 1 AO). Die Anweisungen im Anwendungserlass zu § 207 AO sind sinngemäß anzuwenden.

Die Anrufungsauskunft soll grundsätzlich schriftlich erteilt werden; wird eine Anrufungsauskunft abgelehnt oder abweichend vom Antrag erteilt, hat die Auskunft oder die Ablehnung der Erteilung schriftlich zu erfolgen.

Mögliche Antragsteller (Beteiligte im Sinne von § 42e Satz 1 EStG) sind der Arbeitgeber, der die Pflichten des Arbeitgebers erfüllende Dritte im Sinne von § 38 Absatz 3a EStG und der Arbeitnehmer. Auch als feststellender Verwaltungsakt wirkt die Anrufungsauskunft nur gegenüber demjenigen, der sie beantragt hat. Das Betriebsstättenfinanzamt ist daher durch eine vom Arbeitgeber beantragte und ihm erteilte Anrufungsauskunft nicht gehindert, gegenüber dem Arbeitnehmer einen für ihn ungünstigeren Rechtsstandpunkt einzunehmen (BFH vom 28. August 1991 – BStBl 1992 II Seite 107).

Das Wohnsitzfinanzamt ist bei der Einkommensteuerfestsetzung gegenüber dem Arbeitnehmer nicht an die Anrufungsauskunft des Betriebsstättenfinanzamts gebunden (BFH vom 9. Oktober 1992 – BStBl 1993 II Seite 166).

Die Regelungen über das außergerichtliche Rechtsbehelfsverfahren (§§ 347 ff. AO) sind anzuwenden. Im Falle der Ablehnung einer Anrufungsauskunft nach § 42e EStG kommt eine Aussetzung der Vollziehung allerdings nicht in Betracht, da es sich nicht um einen vollziehbaren Verwaltungsakt handelt. Das Gleiche gilt bei einer Aufhebung oder Änderung einer Anrufungsauskunft (Nummer 2.3.2 des Anwendungserlasses zu § 361 AO).

Bindungswirkung

– Die Auskunft bindet das Finanzamt nur gegenüber dem, der sie erbeten hat. Durch eine dem Arbeitgeber erteilte Auskunft ist das Finanzamt nicht gehindert, gegenüber dem Arbeitnehmer einen für ihn ungünstigeren Rechtsstandpunkt einzunehmen (→ BFH vom 28. 8. 1991 – BStBl 1992 II S. 107).
– Das Wohnsitzfinanzamt ist bei der Einkommensteuerveranlagung des Arbeitnehmers nicht an die im Lohnsteuerabzugsverfahren vom Betriebsstättenfinanzamt an den Arbeitgeber erteilte Anrufungsauskunft gebunden (→ BFH vom 13. 1. 2011 – BStBl II S. 479).
– Auskünfte des Betriebsstättenfinanzamts an einen Arbeitnehmer binden dessen Wohnsitzfinanzamt bei der Einkommensteuerveranlagung nicht (→ BFH vom 9. 10. 1992 – BStBl 1993 II S. 166).
– Hat der Arbeitgeber eine Anrufungsauskunft eingeholt und ist er danach verfahren, ist das Betriebsstättenfinanzamt im Lohnsteuer-Abzugsverfahren daran gebunden. Eine Nacherhebung der Lohnsteuer ist auch dann nicht zulässig, wenn der Arbeitgeber nach einer Lohn-

steuer-Außenprüfung einer Pauschalierung nach § 40 Abs. 1 Satz 1 Nr. 2 EStG zugestimmt hat (→ BFH vom 16. 11. 2005 – BStBl 2006 II S. 210).

Gebührenberechnung bei Anträgen auf Erteilung einer verbindlichen Auskunft
Verbindliche Auskünfte, Zweifelsfragen

(BMF, Schreiben vom 27. 6. 2008 – IV A 3 – S 0224/08/10005 –)

Das BMF hat die aufgeworfenen Fragen zur Gebührenberechnung bei Anträgen auf Erteilung einer verbindlichen Auskunft mit den obersten Finanzbehörden der Länder mit folgendem Ergebnis erörtert:

Zu 1. – Keine Gebührenpflicht bei Beantwortung einfacher an das FA gerichteter Anfragen?

Nur ein ausdrücklich als solcher bezeichneter Antrag auf Erteilung einer verbindlichen Auskunft im Sinne des § 89 Abs. 2 AO zieht eine Gebührenpflicht nach § 89 Abs. 3 bis 5 AO nach sich.

Die (grds. unverbindliche) Beantwortung sonstiger Anfragen an die Finanzbehörden richtet sich nach den Bestimmungen des § 89 Abs. 1 AO und der Nr. 2 des AEAO zu § 89. Nach Nr. 2 Satz 2 des AEAO zu § 89 ist die Erteilung von Auskünften materieller Art den Finanzbehörden gestattet; der Steuerpflichtige hat jedoch keinen Anspruch auf entsprechende Auskünfte. Werden „unverbindliche" Auskünfte im Sinne von Nr. 2 Satz 2 des AEAO zu § 89 erteilt, wird dafür keine Gebühr erhoben.

...

Zu 4. – Keine Gebührenpflicht bei Auskünften zu Quellensteuern?

Die Erteilung verbindlicher Auskünfte nach § 89 Abs. 2 AO gehört nicht zu den in § 85 AO geregelten Hauptaufgaben der Finanzverwaltung – nämlich der gleichmäßigen Festsetzung und Erhebung von Steuern nach Maßgabe der Gesetze. In der Gesetzesbegründung hat der Gesetzgeber bewusst zwischen „regulären" Tätigkeiten zur Festsetzung und Erhebung von Steuern auf der Grundlage bereits verwirklichter Besteuerungstatbestände und Sachverhalte als Hauptaufgabe im Sinne des § 85 AO einerseits und der auf die Zukunft gerichteten steuerlichen Beurteilung noch nicht verwirklichter Sachverhalte andererseits unterschieden. Da nur nicht verwirklichte Sachverhalte einer verbindlichen Auskunft überhaupt zugänglich sind, unterliegen auch verbindliche Auskünfte zu Fragen der Quellensteuern, z. B. zu den bei einem geplanten Sachverhalt auftretenden Risiken für einen potentiellen Haftungsschuldner, grds. der Gebührenpflicht. Eine Ausnahme stellt allerdings die in § 42e EStG eigenständig geregelte Lohnsteuer-Anrufungsauskunft dar (vgl. auch R 42e Abs. 1 Satz 1 LStR 2008).

...

§ 42f Lohnsteuer-Außenprüfung

(1) Für die Außenprüfung der Einbehaltung oder Übernahme und Abführung der Lohnsteuer ist das Betriebsstättenfinanzamt zuständig.

(2) ¹Für die Mitwirkungspflicht des Arbeitgebers bei der Außenprüfung gilt § 200 der Abgabenordnung. ²Darüber hinaus haben die Arbeitnehmer des Arbeitgebers dem mit der Prüfung Beauftragten jede gewünschte Auskunft über Art und Höhe ihrer Einnahmen zu geben und auf Verlangen die etwa in ihrem Besitz befindlichen Bescheinigungen für den Lohnsteuerabzug sowie die Belege über bereits entrichtete Lohnsteuer vorzulegen. ³Dies gilt auch für Personen, bei denen es streitig ist, ob sie Arbeitnehmer des Arbeitgebers sind oder waren.

(3) ¹In den Fällen des § 38 Absatz 3a ist für die Außenprüfung das Betriebsstättenfinanzamt des Dritten zuständig; § 195 Satz 2 der Abgabenordnung bleibt unberührt. ²Die Außenprüfung ist auch beim Arbeitgeber zulässig; dessen Mitwirkungspflichten bleiben neben den Pflichten des Dritten bestehen.

(4) Auf Verlangen des Arbeitgebers können die Außenprüfung und die Prüfungen durch die Träger der Rentenversicherung (§ 28p des Vierten Buches Sozialgesetzbuch) zur gleichen Zeit durchgeführt werden.

Lohnsteuer-Außenprüfung

(1) ¹Für die Lohnsteuer-Außenprüfung gelten die §§ 193 bis 207 AO. ²Die §§ 5 bis 12, 20 bis 24, 29 und 30 Betriebsprüfungsordnung sind mit Ausnahme des § 5 Abs. 4 Satz 2 sinngemäß anzuwenden.

(2) ¹Der Lohnsteuer-Außenprüfung unterliegen sowohl private als auch öffentlich-rechtliche Arbeitgeber. ²Prüfungen eines öffentlich-rechtlichen Arbeitgebers durch die zuständige Aufsichts- und Rechnungsprüfungsbehörde stehen der Zulässigkeit einer Lohnsteuer-Außenprüfung nicht entgegen.

(3) ¹Die Lohnsteuer-Außenprüfung hat sich hauptsächlich darauf zu erstrecken, ob sämtliche Arbeitnehmer, auch die nicht ständig beschäftigten, erfasst wurden und alle zum Arbeitslohn gehörigen Einnahmen, gleichgültig in welcher Form sie gewährt wurden, dem Steuerabzug unterworfen wurden und ob bei der Berechnung der Lohnsteuer von der richtigen Lohnhöhe ausgegangen wurde. ²Privathaushalte, in denen nur gering entlohnte Hilfen beschäftigt werden, sind in der Regel nicht zu prüfen.

(4) ¹Über das Ergebnis der Außenprüfung ist dem Arbeitgeber ein Prüfungsbericht zu übersenden (→ § 202 Abs. 1 AO). ²Führt die Außenprüfung zu keiner Änderung der Besteuerungsgrundlagen, genügt es, wenn dies dem Arbeitgeber schriftlich mitgeteilt wird (→ § 202 Abs. 3 Satz 3 AO). ³In den Fällen, in denen ein Nachforderungsbescheid oder ein Haftungsbescheid nicht zu erteilen ist (→ § 42d Abs. 4 EStG), kann der Arbeitgeber auf die Übersendung eines Prüfungsberichts verzichten.

(5) Das Recht auf Anrufungsauskunft nach § 42e EStG steht dem Recht auf Erteilung einer verbindlichen Zusage auf Grund einer Außenprüfung nach § 204 AO nicht entgegen.

H 42f

Hinweise

Aufhebung des Vorbehalts der Nachprüfung

→ § 164 Abs. 3 Satz 3 AO.

→ H 42d.1

Digitale LohnSchnittstelle

→ BMF vom 29. 6. 2011 (BStBl I S. 675)

Empfehlung zur Anwendung eines einheitlichen Standarddatensatzes als Schnittstelle für die Lohnsteuer-Außenprüfung; Digitale LohnSchnittstelle (DLS)

(BMF-Schreiben vom 29. 6. 2011 – IV C 5 – S 2386/07/0005; 2011/0501455 –)

Seit dem 1. Januar 2002 hat die Finanzverwaltung das Recht, im Rahmen von Außenprüfungen die mit Hilfe eines Datenverarbeitungssystems erstellte Buchführung durch Datenzugriff zu prüfen [§ 147 Absatz 6 Abgabenordnung (AO)]. Das Datenzugriffsrecht erstreckt sich auf alle steuerrelevanten Daten (z. B. Lohnbuchhaltung, Finanzbuchhaltung, Anlagenbuchhaltung usw.). Eine wesentliche Form der Umsetzung ist die Überlassung von Datenträgern an Außenprüfer zur Auswertung auf den Notebooks der Prüfer. Die Finanzverwaltung empfiehlt hierzu den GDPdU-Beschreibungsstandard[1]. Die Struktur und die Bezeichnung der steuerrelevanten Daten sind innerhalb dieses Standards nicht definiert.

In Deutschland werden von den Arbeitgebern zurzeit ca. 260 verschiedene Lohnabrechnungsprogramme eingesetzt. Jedes Programm ist anders aufgebaut und strukturiert, so dass auch die Dateien und Felder mit den steuerlich relevanten Daten entsprechend unterschiedlich aufgebaut, bezeichnet, formatiert und verknüpft sind.

Um

– Zweifelsfragen und Unklarheiten zu den Inhalten von elektronischen Dateien und Datenfeldern,

– technische Schwierigkeiten beim Aufbereiten der elektronischen Daten sowie

– Datennachforderungen durch den Außenprüfer (auf weiteren Datenträgern)

zu vermeiden, hat die Finanzverwaltung die „Digitale LohnSchnittstelle" (DLS) erarbeitet und beschrieben.

Die DLS ist eine Schnittstellenbeschreibung für den Export von Daten aus dem Lohnbuchhaltungssystem des Arbeitgebers zur Übergabe an den Lohnsteuer-Außenprüfer. Sie soll dabei eine einheitliche Strukturierung und Bezeichnung der Dateien und Datenfelder gemäß den An-

---

[1] Grundsätze zum Datenzugriff und zur Prüfbarkeit digitaler Unterlagen (GDPdU), (BMF-Schreiben vom 16. Juli 2001 – IV D 2 – S 0316 136/01 – BStBl I Seite 415).

forderungen der GDPdU unabhängig von dem beim Arbeitgeber eingesetzten Lohnabrechnungsprogramm sicherstellen.

Im Einvernehmen mit den obersten Finanzbehörden der Länder wird empfohlen, diese einheitliche Schnittstellenbeschreibung möglichst in den Lohnabrechnungsprogrammen vorzusehen und bereitzuhalten.

Mit dieser einheitlichen Schnittstellenbeschreibung soll zum einen erreicht werden, dass die nach § 41 Einkommensteuergesetz (EStG) und § 4 Lohnsteuer-Durchführungsverordnung (LStDV) im Lohnkonto aufzuzeichnenden Angaben in den dem Lohnsteuer-Außenprüfer überlassenen Daten enthalten sind. Zum anderen sollen die Voraussetzungen dafür geschaffen werden, die elektronischen Daten innerhalb kurzer Zeit zu erhalten und mittels der von der Finanzverwaltung eingesetzten Prüfsoftware auszuwerten.

Dies führt zu

– einer wesentlichen Vereinfachung des technischen Prozesses der Datenbereitstellung durch den Arbeitgeber,
– einer Vermeidung inhaltlicher Fehldeutungen von elektronischen Datei- und Feldinhalten,
– einer Verringerung der personellen Kapazitäten zur Betreuung der Datenbereitstellung,
– einer Zeit- und Kostenersparnis auf beiden Seiten und
– einem einheitlichen logischen Datenbestand in den Datenverarbeitungssystemen (auf den zu überlassenden Datenträgern).

Die DLS stellt jedoch im Rahmen der digitalen Zugriffsmöglichkeit keine abschließende Definition und Aufzählung der steuerrelevanten Daten dar, sondern liefert eine Datensatzbeschreibung für den Kernbereich der Lohndaten, die für die weitaus überwiegende Mehrzahl der Prüfungen als ausreichend angesehen werden können. Das Datenzugriffsrecht nach § 147 Absatz 6 Satz 2 AO auf darüber hinausgehende prüfungsrelevante steuerliche Daten bleibt hiervon unberührt.

Für die Bereitstellung der Daten wird der GDPdU-Beschreibungsstandard empfohlen. Die jeweils aktuelle Version der DLS mit weitergehenden Informationen steht auf den Internetseiten des Bundeszentralamtes für Steuern (www.bzst.bund.de) ab dem 1. Juli 2011 zum Download bereit.

Festsetzungsverjährung

Wurde beim Arbeitgeber eine Lohnsteuer-Außenprüfung durchgeführt, bewirkt dies nicht zugleich eine Hemmung der Verjährungsfrist in Bezug auf den Steueranspruch gegen den Arbeitnehmer (→ BFH vom 15. 12. 1989 – BStBl 1990 II S. 526).

Mitwirkungspflichten des Arbeitgebers

Hinweise auf die wesentlichen Rechte und Mitwirkungspflichten des Steuerpflichtigen bei der Außenprüfung (§ 5 Abs. 2 Satz 2 BpO 2000)

(BMF-Schreiben vom 20. 7. 2001, BStBl I S. 502)

1 Anlage

Unter Bezugnahme auf das Ergebnis der Erörterungen mit den obersten Finanzbehörden der Länder sind der Prüfungsanordnung (§ 196 AO) für Außenprüfungen, die nach dem 31. Dezember 2001 beginnen, die anliegenden Hinweise beizufügen. Dieses Schreiben tritt an die Stelle des BMF-Schreibens vom 13. März 1989 – IV A 7 – S 1506 – 5/89 – (BStBl 1989 I S. 122, AO-Kartei § 196 Karte 2).

Anlage

Ihre wesentlichen Rechte und Mitwirkungspflichten bei der Außenprüfung

Die Außenprüfung soll dazu beitragen, dass die Steuergesetze gerecht und gleichmäßig angewendet werden; deshalb ist auch zu Ihren Gunsten zu prüfen (§ 199 Abs. 1 Abgabenordnung – AO –).

Beginn der Außenprüfung

Wenn Sie wichtige Gründe gegen den vorgesehenen Zeitpunkt der Prüfung haben, können Sie beantragen, dass ihr Beginn hinausgeschoben wird (§ 197 Abs. 2 AO). Wollen Sie wegen der Prüfungsanordnung Rückfragen stellen, wenden Sie sich bitte an die prüfende Stelle und geben Sie hierbei den Namen des Prüfers an. Über den Prüfungsbeginn sollten Sie ggf. Ihren Steuerberater unterrichten.

§ 42f EStG
H 42f

Der Prüfer wird sich zu Beginn der Außenprüfung unter Vorlage seines Dienstausweises bei Ihnen vorstellen (§ 198 AO).

Ablauf der Außenprüfung

Haben Sie bitte Verständnis dafür, dass Sie für einen reibungslosen Ablauf der Prüfung zur Mitwirkung verpflichtet sind. Aus diesem Grunde sollten Sie Ihren nachstehenden Mitwirkungspflichten unverzüglich nachkommen. Sie können darüber hinaus auch sachkundige Auskunftspersonen benennen.

Stellen Sie dem Prüfer zur Durchführung der Außenprüfung bitte einen geeigneten Raum oder Arbeitsplatz sowie die erforderlichen Hilfsmittel unentgeltlich zur Verfügung (§ 200 Abs. 2 AO).

Legen Sie ihm bitte Ihre Aufzeichnungen, Bücher, Geschäftspapiere und die sonstigen Unterlagen vor, die er benötigt, erteilen Sie ihm die erbetenen Auskünfte, erläutern Sie ggf. die Aufzeichnungen und unterstützen Sie ihn beim Datenzugriff (§ 200 Abs. 1 AO).

Werden die Unterlagen in Form der Wiedergabe auf einem Bildträger oder auf anderen Datenträgern aufbewahrt, kann der Prüfer verlangen, dass Sie auf Ihre Kosten diejenigen Hilfsmittel zur Verfügung stellen, die zur Lesbarmachung erforderlich sind, bzw. dass Sie auf Ihre Kosten die Unterlagen unverzüglich ganz oder teilweise ausdrucken oder ohne Hilfsmittel lesbare Reproduktionen beibringen (§ 147 Abs. 5 AO).

Wenn Unterlagen und sonstige Aufzeichnungen mit Hilfe eines DV-Systems erstellt worden sind, kann der Prüfer auf Ihre Daten zugreifen (§ 147 Abs. 6 AO).[1] Dazu kann er verlangen, dass Sie ihm die dafür erforderlichen Geräte und sonstigen Hilfsmittel zur Verfügung stellen. Dies umfasst unter Umständen die Einweisung in das DV-System und die Bereitstellung von fachkundigem Personal zur Auswertung der Daten. Auf Anforderung sind dem Prüfer die Daten auf Datenträgern für Prüfungszwecke zu übergeben.

Über alle Feststellungen von Bedeutung wird Sie der Prüfer während der Außenprüfung unterrichten, es sei denn, Zweck und Ablauf der Prüfung werden dadurch beeinträchtigt (§ 199 Abs. 2 AO).

Ergebnis der Außenprüfung

Wenn sich die Besteuerungsgrundlagen durch die Prüfung ändern, haben Sie das Recht auf eine Schlussbesprechung. Sie erhalten dabei Gelegenheit, einzelne Prüfungsfeststellungen nochmals zusammenfassend zu erörtern (§ 201 AO).

Über das Ergebnis der Außenprüfung ergeht bei Änderung der Besteuerungsgrundlagen ein schriftlicher Prüfungsbericht, der Ihnen auf Antrag vor seiner Auswertung übersandt wird. Zu diesem Bericht können Sie Stellung nehmen (§ 202 AO).

Rechtsbehelfe können Sie allerdings nicht gegen den Bericht, sondern nur gegen die aufgrund der Außenprüfung ergehenden Steuerbescheide einlegen.

Wird bei Ihnen eine abgekürzte Außenprüfung (§ 203 AO) durchgeführt, findet eine Schlussbesprechung nicht statt. Anstelle des schriftlichen Prüfungsberichts erhalten Sie spätestens mit den Steuer-/Feststellungsbescheiden eine schriftliche Mitteilung über die steuerlich erheblichen Prüfungsfeststellungen.

Ablauf der Außenprüfung beim Verdacht einer Steuerstraftat oder einer Steuerordnungswidrigkeit

Ergibt sich während der Außenprüfung der Verdacht einer Steuerstraftat oder einer Steuerordnungswidrigkeit gegen Sie, so dürfen hinsichtlich des Sachverhalts, auf den sich der Verdacht bezieht, die Ermittlungen bei Ihnen erst fortgesetzt werden, wenn Ihnen die Einleitung eines Steuerstraf- oder Bußgeldverfahrens mitgeteilt worden ist (vgl. § 397 AO). Soweit die Prüfungsfeststellungen auch für Zwecke eines Steuerstraf- oder Bußgeldverfahrens verwendet werden können, darf Ihre Mitwirkung bei der Aufklärung des Sachverhalte nicht erzwungen werden (§ 393 Abs. 1 Satz 2 AO). Wirken Sie bei der Aufklärung der Sachverhalte nicht mit (vgl. §§ 90, 93 Abs. 1, 200 Abs. 1 AO), können daraus allerdings im Besteuerungsverfahren für Sie nachteilige Folgerungen gezogen werden; ggf. sind die Besteuerungsgrundlagen zu schätzen, wenn eine zutreffende Ermittlung des Sachverhalts deswegen nicht möglich ist (§ 162 AO).

---

[1] Dies gilt nicht für vor dem 1. Januar 2002 archivierte Daten, wenn ein Datenzugriff (§ 147 Abs. 6 AO) des Prüfers mit einem unverhältnismäßigen Aufwand verbunden wäre. Die Lesbarmachung der Daten muss jedoch während der gesamten Aufbewahrungsfrist sichergestellt sein.

Außenprüfung: Mitwirkungspflichten des Steuerpflichtigen

(Verfügung der OFD Hannover vom 2. 1. 2006 – S 1400 – 12 – StO 121 –)

1. Die Bestimmung des Umfangs der Mitwirkung des Steuerpflichtigen (Stpfl.) liegt im pflichtgemäßen Ermessen der Finanzbehörde. Auf Anforderung hat der Stpfl. vorhandene Aufzeichnungen und Unterlagen vorzulegen, die nach Einschätzung der Finanzbehörde für eine ordnungsgemäße und effiziente Abwicklung der Außenprüfung erforderlich sind, ohne dass es ihm gegenüber einer zusätzlichen Begründung hinsichtlich der steuerlichen Bedeutung bedarf.

Konzernunternehmen haben auf Anforderung insbesondere vorzulegen:

...

Ort der Lohnsteuer-Außenprüfung

Ort der Lohnsteuer-Außenprüfung

(Verfügung der OFD Bremen vom 31. 8. 1995 – S 2386 – St 2000 –)[1]

1. Prüfungen im Büro des Steuerberaters

Der BFH hat zwar in einem besonders gelagerten Fall durch Beschluß vom 30. 11. 1988 I B 73/88, BStBl II 1989, 256, entschieden, daß auf Antrag des Arbeitgebers auch eine Prüfung im Büro des Steuerberaters in Betracht kommen kann, wenn der Prüfung dort keine zumindest gleichwertigen Verwaltungsinteressen entgegenstehen.

Ich halte indes an meiner wiederholt vertretenen Auffassung fest, daß eine Lohnsteueraußenprüfung im Regelfall in den Geschäftsräumen des Arbeitgebers und nur unter bestimmten Voraussetzungen im Büro des steuerlichen Beraters durchzuführen ist, wenn z. B. der Arbeitgeber keinen geeigneten Raum oder Arbeitsplatz für die Prüfungsdurchführung zur Verfügung stellen kann. Bei Abwägung der Interessen von Verwaltung und Arbeitgeber wird zugunsten der Verwaltung immer zu berücksichtigen sein, daß eine Prüfung in den Geschäftsräumen des Arbeitgebers dem Zweck der Lohnsteueraußenprüfung am besten gerecht wird. Insbesondere lassen sich vor Ort eher die folgenden gesetzlich vorgesehenen Ermittlungen anstellen:

– Auskunftserteilung durch den Arbeitgeber (§ 200 Abs. 1 Satz 2 AO);
– Auskunftserteilung durch andere Betriebsangehörige z. B. Arbeitnehmer (§ 200 Abs. 1 Satz 3 AO);
– Besichtigung von Grundstücken und Betriebsräumen (§ 200 Abs. 3 Satz 2 AO).

Sofern doch ausnahmsweise eine Prüfung im Büro des Steuerberaters in Betracht kommt, sollte von der Möglichkeit einer Besichtigung des Betriebs gleichwohl in der Regel nicht abgesehen werden. Bei der Abwägung für oder gegen eine Besichtigung wird der Betriebsart und -größe sowie der Anzahl von Arbeitnehmern immer besonderes Gewicht beizumessen sein.

2. Prüfung an Amtsstelle

Die nach § 200 Abs. 2 AO vorgesehene Prüfung an Amtsstelle wird – wegen der eingeschränkten Ermittlungsmöglichkeiten – Ausnahmefällen vorbehalten bleiben müssen, z. B. wenn der Arbeitgeber keinen geeigneten Platz zur Verfügung stellen kann und das Steuerberatungsbüro sich außerhalb des Finanzamtsbezirks bzw. des Bezirks der stadtbremischen Finanzämter befindet.

Außenprüfung : Mitwirkungspflichten des Steuerpflichtigen

(Verfügung der OFD Hannover vom 2. 1. 2006 – S 1400 – 12 – StO 121 –)

...

2. Eine Außenprüfung in den Geschäftsräumen des Stpfl. [Steuerpflichtigen] verstößt nicht gegen Art. 13 GG (BFH-Urteil vom 20. 10. 1988, BStBl 1989 II S. 180). Ist ein geeigneter Geschäftsraum vorhanden, so muss die Außenprüfung dort stattfinden. Der Vorrang der Geschäftsräume vor allen anderen Orten ergibt sich aus dem Wortlaut des § 200 Abs. 2 und aus dem Sinn und Zweck der Außenprüfung. Sind keine geeigneten Geschäftsräume vorhanden, ist in den Wohnräumen oder an Amtsstelle zu prüfen. Nur im Ausnahmefall wird auf Antrag kommen andere Prüfungsorte in Betracht, wenn schützenswerte Interessen des Stpfl. von besonders großem Gewicht die Interessen der Finanzbehörden an einem effizienten Prüfungsablauf in den Geschäftsräumen verdrängen.

---

[1] Zum Ort der Außenprüfung → § 6 der Betriebsprüfungsordnung (BpO 2000) vom 15. März 2000 – BStBl I S. 368 – → Anhang 6.

Rechte und Mitwirkungspflichten des Arbeitgebers
→ BMF vom 20. 7. 2001 (BStBl I S. 502)

→ Mitwirkungspflichten des Arbeitgebers

---

3. Steuerabzug vom Kapitalertrag (Kapitalertragsteuer)

§ 43 Kapitalerträge mit Steuerabzug

(1) ¹Bei den folgenden inländischen und in den Fällen der Nummern 6, 7 Buchstabe a und Nummern 8 bis 12 sowie Satz 2 auch ausländischen Kapitalerträgen wird die Einkommensteuer durch Abzug vom Kapitalertrag (Kapitalertragsteuer) erhoben:

1. Kapitalerträgen im Sinne des § 20 Absatz 1 Nummer 1, soweit diese nicht nachfolgend in Nummer 1a gesondert genannt sind, und Kapitalerträgen im Sinne des § 20 Absatz 1 Nummer 2. ²Entsprechendes gilt für Kapitalerträge im Sinne des § 20 Absatz 2 Satz 1 Nummer 2 Buchstabe a und Nummer 2 Satz 2;

1a. Kapitalerträgen im Sinne des § 20 Absatz 1 Nummer 1 aus Aktien, die entweder gemäß § 5 des Depotgesetzes zur Sammelverwahrung durch eine Wertpapiersammelbank zugelassen sind und dieser zur Sammelverwahrung im Inland anvertraut wurden, bei denen eine Sonderverwahrung gemäß § 2 Satz 1 des Depotgesetzes erfolgt oder bei denen die Erträge gegen Aushändigung der Dividendenscheine ausgezahlt oder gutgeschrieben werden;

2. Zinsen aus Teilschuldverschreibungen, bei denen neben der festen Verzinsung ein Recht auf Umtausch in Gesellschaftsanteile (Wandelanleihen) oder eine Zusatzverzinsung, die sich nach der Höhe der Gewinnausschüttungen des Schuldners richtet (Gewinnobligationen), eingeräumt ist, und Zinsen aus Genussrechten, die nicht in § 20 Absatz 1 Nummer 1 genannt sind. ²Zu den Gewinnobligationen gehören nicht solche Teilschuldverschreibungen, bei denen der Zinsfuß nur vorübergehend herabgesetzt und gleichzeitig eine von dem jeweiligen Gewinnergebnis des Unternehmens abhängige Zusatzverzinsung bis zur Höhe des ursprünglichen Zinsfußes festgelegt worden ist. ³Zu den Kapitalerträgen im Sinne des Satzes 1 gehören nicht die Bundesbankgenussrechte im Sinne des § 3 Absatz 1 des Gesetzes über die Liquidation der Deutschen Reichsbank und der Deutschen Golddiskontbank in der im Bundesgesetzblatt Teil III, Gliederungsnummer 7620-6, veröffentlichten bereinigten Fassung, das zuletzt durch das Gesetz vom 17. Dezember 1975 (BGBl. I S. 3123) geändert worden ist;

3. Kapitalerträgen im Sinne des § 20 Absatz 1 Nummer 4;

4. Kapitalerträgen im Sinne des § 20 Absatz 1 Nummer 6; § 20 Absatz 1 Nummer 6 Satz 2 und 3 in der am 1. Januar 2008 anzuwendenden Fassung bleiben für Zwecke der Kapitalertragsteuer unberücksichtigt. ²Der Steuerabzug vom Kapitalertrag ist in den Fällen des § 20 Absatz 1 Nummer 6 Satz 4 in der am 31. Dezember 2004 geltenden Fassung nur vorzunehmen, wenn das Versicherungsunternehmen auf Grund einer Mitteilung des Finanzamts oder infolge der Verletzung eigener Anzeigeverpflichtungen nicht weiß, dass die Kapitalerträge nach dieser Vorschrift zu den Einkünften aus Kapitalvermögen gehören;

5. (weggefallen)

6. ausländischen Kapitalerträgen im Sinne der Nummern 1 und 1a;

7. Kapitalerträgen im Sinne des § 20 Absatz 1 Nummer 7 außer bei Kapitalerträgen im Sinne der Nummer 2, wenn

   a) es sich um Zinsen aus Anleihen und Forderungen handelt, die in ein öffentliches Schuldbuch oder in ein ausländisches Register eingetragen oder über die Sammelurkunden im Sinne des § 9a des Depotgesetzes oder Teilschuldverschreibungen ausgegeben sind;

---

1) § 43 EStG i. d. F. des Unternehmensteuerreformgesetzes 2008 ist erstmals auf Kapitalerträge anzuwenden, die dem Gläubiger nach dem 31. 12. 2008 zufließen → § 52a Abs. 1 EStG.
2) Absatz 1 i. d. F. des OGAW-IV-UmsG ist erstmals auf Kapitalerträge anzuwenden, die dem Gläubiger nach dem 31. 12. 2011 zufließen → § 52a Abs. 16b EStG.
3) Absatz 1 i. d. F. des OGAW-IV-UmsG ist erstmals auf Kapitalerträge anzuwenden, die dem Gläubiger nach dem 31. 12. 2011 zufließen → § 52a Abs. 16b EStG.
4) Die Vorschrift soll durch das Jahressteuergesetz 2013 (JStG 2013) geändert werden. Bei Redaktionsschluss war das Gesetzgebungsverfahren noch nicht abgeschlossen. Um Beachtung wird gebeten. → Siehe hierzu Hinweise auf Seite 4!
5) Die Vorschrift soll durch das Jahressteuergesetz 2013 (JStG 2013) geändert werden. Bei Redaktionsschluss war das Gesetzgebungsverfahren noch nicht abgeschlossen. Um Beachtung wird gebeten. → Siehe hierzu Hinweise auf Seite 4!
6) Absatz 1 i. d. F. des OGAW-IV-UmsG ist erstmals auf Kapitalerträge anzuwenden, die dem Gläubiger nach dem 31. 12. 2011 zufließen → § 52a Abs. 16b EStG.

b) der Schuldner der nicht in Buchstabe a genannten Kapitalerträge ein inländisches Kreditinstitut oder ein inländisches Finanzdienstleistungsinstitut im Sinne des Gesetzes über das Kreditwesen ist. ²Kreditinstitut in diesem Sinne ist auch die Kreditanstalt für Wiederaufbau, eine Bausparkasse, ein Versicherungsunternehmen für Erträge aus Kapitalanlagen, die mit Einlagegeschäften bei Kreditinstituten vergleichbar sind, die Deutsche Postbank AG, die Deutsche Bundesbank bei Geschäften mit jedermann einschließlich ihrer Betriebsangehörigen im Sinne der §§ 22 und 25 des Gesetzes über die Deutsche Bundesbank und eine inländische Zweigstelle eines ausländischen Kreditinstituts oder eines ausländischen Finanzdienstleistungsinstituts im Sinne der §§ 53 und 53b des Gesetzes über das Kreditwesen, nicht aber eine ausländische Zweigstelle eines inländischen Kreditinstituts oder eines inländischen Finanzdienstleistungsinstituts. ³Die inländische Zweigstelle gilt anstelle des ausländischen Kreditinstituts oder des ausländischen Finanzdienstleistungsinstituts als Schuldner der Kapitalerträge;

7a. Kapitalerträgen im Sinne des § 20 Absatz 1 Nummer 9;
7b. Kapitalerträgen im Sinne des § 20 Absatz 1 Nummer 10 Buchstabe a;
7c. Kapitalerträgen im Sinne des § 20 Absatz 1 Nummer 10 Buchstabe b;
8. Kapitalerträgen im Sinne des § 20 Absatz 1 Nummer 11;
9. Kapitalerträgen im Sinne des § 20 Absatz 2 Satz 1 Nummer 1 Satz 1 und 2;
10. Kapitalerträgen im Sinne des § 20 Absatz 2 Satz 1 Nummer 2 Buchstabe b und Nummer 7;
11. Kapitalerträgen im Sinne des § 20 Absatz 2 Satz 1 Nummer 3;
12. Kapitalerträgen im Sinne des § 20 Absatz 2 Satz 1 Nummer 8.

²Dem Steuerabzug unterliegen auch Kapitalerträge im Sinne des § 20 Absatz 3, die neben den in den Nummern 1 bis 12 bezeichneten Kapitalerträgen oder an deren Stelle gewährt werden. ³Der Steuerabzug ist ungeachtet des § 3 Nummer 40 und des § 8b des Körperschaftsteuergesetzes vorzunehmen. ⁴Für Zwecke des Kapitalertragsteuerabzugs gilt die Übertragung eines von einer auszahlenden Stelle verwahrten oder verwalteten Wirtschaftsguts im Sinne des § 20 Absatz 2 auf einen anderen Gläubiger als Veräußerung des Wirtschaftsguts. ⁵Satz 4 gilt nicht, wenn der Steuerpflichtige der auszahlenden Stelle unter Benennung der in Satz 6 Nummer 4 bis 6 bezeichneten Daten mitteilt, dass es sich um eine unentgeltliche Übertragung handelt. ⁶Die auszahlende Stelle hat in den Fällen des Satzes 5 folgende Daten dem für sie zuständigen Betriebsstättenfinanzamt bis zum 31. Mai des jeweiligen Folgejahres nach amtlich vorgeschriebenem Datensatz auf elektronischem Weg nach Maßgabe der Steuerdaten-Übermittlungsverordnung in der jeweils geltenden Fassung mitzuteilen:

1. Bezeichnung der auszahlenden Stelle,
2. das zuständige Betriebsstättenfinanzamt,
3. das übertragene Wirtschaftsgut, den Übertragungszeitpunkt, den Wert zum Übertragungszeitpunkt und die Anschaffungskosten des Wirtschaftsguts,
4. Name, Geburtsdatum, Anschrift und Identifikationsnummer des Übertragenden,
5. Name, Geburtsdatum, Anschrift und Identifikationsnummer des Empfängers, sowie die Bezeichnung des Kreditinstituts, der Nummer des Depots, des Kontos oder des Schuldbuchkontos,
6. soweit bekannt, das persönliche Verhältnis (Verwandtschaftsverhältnis, Ehe, Lebenspartnerschaft) zwischen Übertragendem und Empfänger.

(2) ¹Der Steuerabzug ist außer in den Fällen des Absatzes 1 Satz 1 Nummer 1a und 7c nicht vorzunehmen, wenn Gläubiger und Schuldner der Kapitalerträge (Schuldner) oder die auszahlende Stelle im Zeitpunkt des Zufließens dieselbe Person sind. ²Der Steuerabzug ist außerdem nicht vorzunehmen, wenn in den Fällen des Absatzes 1 Satz 1 Nummer 6, 7 und 8 bis 12 Gläubiger der Kapitalerträge ein inländisches Kreditinstitut oder inländisches Finanzdienstleistungsinstitut nach Absatz 1 Satz 1 Nummer 7 Buchstabe b oder eine inländische Kapitalanlagegesellschaft ist. ³Bei Kapitalerträgen im Sinne des Absatzes 1 Satz 1 Nummer 6 und 8 bis 12 ist ebenfalls kein Steuerabzug vorzunehmen, wenn

1. eine unbeschränkt steuerpflichtige Körperschaft, Personenvereinigung oder Vermögensmasse, die nicht unter Satz 2 oder § 44a Absatz 4 Satz 1 fällt, Gläubigerin der Kapitalerträge ist, oder

---

1) Zur zeitlichen Anwendung von Absatz 1 Satz 1 Nr. 7 Buchstabe b Satz 2 → § 52 Abs. 53a Satz 2 EStG.
2) Absatz 1 Satz 5 und 6 i. d. F. des JStG 2010 sind erstmals auf Übertragungen anzuwenden, die nach dem 31. 12. 2011 vorgenommen werden → § 52a Abs. 15a EStG.
3) Absatz 1a wurde durch das JStG 2010 aufgehoben. Absatz 1a ist letztmals auf Kapitalerträge anzuwenden, die dem Gläubiger vor dem 1. 1. 2009 zufließen → § 52a Abs. 1 EStG.
4) Absatz 2 i. d. F. des OGAW-IV-UmsG ist erstmals auf Kapitalerträge anzuwenden, die dem Gläubiger nach dem 31. 12. 2011 zufließen → § 52a Abs. 16b EStG.

2. die Kapitalerträge Betriebseinnahmen eines inländischen Betriebs sind und der Gläubiger der Kapitalerträge dies gegenüber der auszahlenden Stelle nach amtlich vorgeschriebenem Muster erklärt; dies gilt entsprechend für Kapitalerträge aus Options- und Termingeschäften im Sinne des Absatzes 1 Satz 1 Nummer 8 und 11, wenn sie zu den Einkünften aus Vermietung und Verpachtung gehören.

⁴Im Fall des § 1 Absatz 1 Nummer 4 und 5 des Körperschaftsteuergesetzes ist Satz 3 Nummer 1 nur anzuwenden, wenn die Körperschaft, Personenvereinigung oder Vermögensmasse durch eine Bescheinigung des für sie zuständigen Finanzamts ihre Zugehörigkeit zu dieser Gruppe von Steuerpflichtigen nachweist. ⁵Die Bescheinigung ist unter dem Vorbehalt des Widerrufs auszustellen.

⁶Die Fälle des Satzes 3 Nummer 2 hat die auszahlende Stelle gesondert aufzuzeichnen und die Erklärung der Zugehörigkeit der Kapitalerträge zu den Betriebseinnahmen oder zu den Einnahmen aus Vermietung und Verpachtung sechs Jahre aufzubewahren; die Frist beginnt mit dem Schluss des Kalenderjahres, in dem die Freistellung letztmalig berücksichtigt wird. ⁷Die auszahlende Stelle hat in den Fällen des Satzes 3 Nummer 2 daneben die Konto- oder Depotbezeichnung oder die sonstige Kennzeichnung des Geschäftsvorgangs, Vor- und Zunamen des Gläubigers sowie die Identifikationsnummer nach § 139b der Abgabenordnung bzw. bei Personenmehrheit den Firmennamen und die zugehörige Steuernummer nach amtlich vorgeschriebenem Datensatz zu speichern und durch Datenfernübertragung zu übermitteln. ⁸Das Bundesministerium der Finanzen wird den Empfänger der Datenlieferungen sowie den Zeitpunkt der erstmaligen Übermittlung durch ein im Bundessteuerblatt zu veröffentlichendes Schreiben mitteilen.

¹⁾ (3) ¹Kapitalerträge im Sinne des Absatzes 1 Satz 1 Nummer 1 Satz 1 sowie Nummer 1a bis 4 sind inländische, wenn der Schuldner Wohnsitz, Geschäftsleitung oder Sitz im Inland hat; Kapitalerträge im Sinne des Absatzes 1 Satz 1 Nummer 4 sind auch inländische, wenn der Schuldner eine Niederlassung im Sinne des § 106, § 110a oder § 110d des Versicherungsaufsichtsgesetzes im Inland hat. ²Kapitalerträge im Sinne des Absatzes 1 Satz 1 Nummer 1 Satz 2 sind inländische, wenn der Schuldner der veräußerten Ansprüche die Voraussetzungen des Satzes 1 erfüllt. ³Kapitalerträge im Sinne des § 20 Absatz 1 Nummer 1 Satz 4 sind inländische, wenn der Emittent der Aktien Geschäftsleitung oder Sitz im Inland hat. ⁴Kapitalerträge im Sinne des Absatzes 1 Satz 1 Nummer 6 sind ausländische, wenn weder die Voraussetzungen nach Satz 1 noch nach Satz 2 vorliegen.

(4) Der Steuerabzug ist auch dann vorzunehmen, wenn die Kapitalerträge beim Gläubiger zu den Einkünften aus Land- und Forstwirtschaft, aus Gewerbebetrieb, aus selbständiger Arbeit oder aus Vermietung und Verpachtung gehören.

(5) ¹Für Kapitalerträge im Sinne des § 20, soweit sie der Kapitalertragsteuer unterlegen haben, ist die Einkommensteuer mit dem Steuerabzug abgegolten; die Abgeltungswirkung des Steuerabzugs tritt nicht ein, wenn der Gläubiger nach § 44 Absatz 1 Satz 8 und 9 und Absatz 5 in Anspruch genommen werden kann. ²Dies gilt nicht in Fällen des § 32d Absatz 2 und für Kapitalerträge, die zu den Einkünften aus Land- und Forstwirtschaft, aus Gewerbebetrieb, aus selbständiger Arbeit oder aus Vermietung und Verpachtung gehören. ³Auf Antrag des Gläubigers werden Kapitalerträge im Sinne des Satzes 1 in die besondere Besteuerung von Kapitalerträgen nach § 32d einbezogen. ⁴Eine vorläufige Festsetzung der Einkommensteuer im Sinne des § 165 Absatz 1 Satz 2 Nummer 2 bis 4 der Abgabenordnung umfasst auch Einkünfte im Sinne des Satzes 1, für die der Antrag nach Satz 3 nicht gestellt worden ist.

EStG
S 2406
²⁾

§ 43a Bemessung der Kapitalertragsteuer

(1) ¹Die Kapitalertragsteuer beträgt

1. in den Fällen des § 43 Absatz 1 Satz 1 Nummer 1 bis 4, 6 bis 7a und 8 bis 12 sowie Satz 2:

   25 Prozent des Kapitalertrags;

2. in den Fällen des § 43 Absatz 1 Satz 1 Nummer 7b und 7c:

   15 Prozent des Kapitalertrags.

²Im Fall einer Kirchensteuerpflicht ermäßigt sich die Kapitalertragsteuer um 25 Prozent der auf die Kapitalerträge entfallenden Kirchensteuer. ³§ 32d Absatz 1 Satz 4 und 5 gilt entsprechend.

(2) ¹Dem Steuerabzug unterliegen die vollen Kapitalerträge ohne jeden Abzug. ²In den Fällen des § 43 Absatz 1 Satz 1 Nummer 9 bis 12 bemisst sich der Steuerabzug nach § 20 Absatz 4 und

---

1) Absatz 3 i. d. F. des OGAW-IV-UmsG ist erstmals auf Kapitalerträge anzuwenden, die dem Gläubiger nach dem 31. 12. 2011 zufließen → § 52a Abs. 16b EStG.
2) § 43a EStG i. d. F. des Unternehmensteuerreformgesetzes 2008 ist erstmals auf Kapitalerträge anzuwenden, die dem Gläubiger nach dem 31. 12. 2008 zufließen → § 52a Abs. 1 EStG.

4a, wenn die Wirtschaftsgüter von der die Kapitalerträge auszahlenden Stelle erworben oder veräußert und seitdem verwahrt oder verwaltet worden sind. ³Überträgt der Steuerpflichtige die Wirtschaftsgüter auf ein anderes Depot, hat die abgebende inländische auszahlende Stelle der übernehmenden inländischen auszahlenden Stelle die Anschaffungsdaten mitzuteilen. ⁴Satz 3 gilt in den Fällen des § 43 Absatz 1 Satz 5 entsprechend. ⁵Handelt es sich bei der abgebenden auszahlenden Stelle um ein Kreditinstitut oder Finanzdienstleistungsinstitut mit Sitz in einem anderen Mitgliedstaat der Europäischen Gemeinschaft, in einem anderen Vertragsstaat des EWR-Abkommens vom 3. Januar 1994 (ABl. EG Nr. L 1 S. 3) in der jeweils geltenden Fassung oder in einem anderen Vertragsstaat nach Artikel 17 Absatz 2 Ziffer i der Richtlinie 2003/48/EG vom 3. Juni 2003 im Bereich der Besteuerung von Zinserträgen (ABl. EU Nr. L 157 S. 38), kann der Steuerpflichtige den Nachweis nur durch eine Bescheinigung des ausländischen Instituts führen; dies gilt entsprechend für eine in diesem Gebiet belegene Zweigstelle eines inländischen Kreditinstituts oder Finanzdienstleistungsinstituts. ⁶In allen anderen Fällen ist ein Nachweis der Anschaffungsdaten nicht zulässig. ⁷Sind die Anschaffungsdaten nicht nachgewiesen, bemisst sich der Steuerabzug nach 30 Prozent der Einnahmen aus der Veräußerung oder Einlösung der Wirtschaftsgüter. ⁸In den Fällen des § 43 Absatz 1 Satz 4 gelten der Börsenpreis zum Zeitpunkt der Übertragung zuzüglich Stückzinsen als Einnahmen aus der Veräußerung und die mit dem Depotübertrag verbundenen Kosten als Veräußerungskosten im Sinne des § 20 Absatz 4 Satz 1. ⁹Zur Ermittlung des Börsenpreises ist der niedrigste am Vortag der Übertragung im regulierten Markt notierte Kurs anzusetzen; liegt am Vortag eine Notierung nicht vor, so werden die Wirtschaftsgüter mit dem letzten innerhalb von 30 Tagen vor dem Übertragungstag im regulierten Markt notierten Kurs angesetzt; Entsprechendes gilt für Wertpapiere, die im Inland in den Freiverkehr einbezogen sind oder in einem anderen Staat des Europäischen Wirtschaftsraums zum Handel an einem geregelten Markt im Sinne des Artikels 1 Nummer 13 der Richtlinie 93/22/EWG des Rates vom 10. Mai 1993 über Wertpapierdienstleistungen (ABl. EG Nr. L 141 S. 27) zugelassen sind. ¹⁰Liegt ein Börsenpreis nicht vor, bemisst sich die Steuer nach 30 Prozent der Anschaffungskosten. ¹¹Die übernehmende auszahlende Stelle hat als Anschaffungskosten den von der abgebenden Stelle angesetzten Börsenpreis anzusetzen und die bei der Übertragung als Einnahmen aus der Veräußerung angesetzten Stückzinsen nach Absatz 3 zu berücksichtigen. ¹²Satz 9 gilt entsprechend. ¹³Liegt ein Börsenpreis nicht vor, bemisst sich der Steuerabzug nach 30 Prozent der Einnahmen aus der Veräußerung oder Einlösung der Wirtschaftsgüter. ¹⁴Hat die auszahlende Stelle die Wirtschaftsgüter vor dem 1. Januar 1994 erworben oder veräußert und seitdem verwahrt oder verwaltet, kann sie den Steuerabzug nach 30 Prozent der Einnahmen aus der Veräußerung oder Einlösung der Wertpapiere oder Kapitalforderungen bemessen. ¹⁵Abweichend von den Sätzen 2 bis 14 bemisst sich der Steuerabzug bei Kapitalerträgen aus nicht für einen marktmäßigen Handel bestimmten schuldbuchfähigen Wertpapieren des Bundes und der Länder oder bei Kapitalerträgen im Sinne des § 43 Absatz 1 Satz 1 Nummer 7 Buchstabe b als nicht in Inhaber- oder Orderschuldverschreibungen verbrieften Kapitalforderungen nach dem vollen Kapitalertrag ohne jeden Abzug.

(3) ¹Die auszahlende Stelle hat ausländische Steuern auf Kapitalerträge nach Maßgabe des § 32d Absatz 5 zu berücksichtigen. ²Sie hat unter Berücksichtigung des § 20 Absatz 6 Satz 5 im Kalenderjahr negative Kapitalerträge einschließlich gezahlter Stückzinsen bis zur Höhe der positiven Kapitalerträge auszugleichen; liegt ein gemeinsamer Freistellungsauftrag im Sinne des § 44a Absatz 2 Satz 1 Nummer 1 in Verbindung mit § 20 Absatz 9 Satz 2 vor, erfolgt ein gemeinsamer Ausgleich. ³Der nicht ausgeglichene Verlust ist auf das nächste Kalenderjahr zu übertragen. ⁴Auf Verlangen des Gläubigers der Kapitalerträge hat sie über die Höhe eines nicht ausgeglichenen Verlustes eine Bescheinigung nach amtlich vorgeschriebenem Muster zu erteilen; der Verlustübertrag entfällt in diesem Fall. ⁵Der unwiderrufliche Antrag auf Erteilung der Bescheinigung muss bis zum 15. Dezember des laufenden Jahres der auszahlenden Stelle zugehen. ⁶Überträgt der Gläubiger der Kapitalerträge seine in ein Depot befindlichen Wirtschaftsgüter vollständig auf ein anderes Depot, hat die abgebende auszahlende Stelle der übernehmenden auszahlenden Stelle auf Verlangen des Gläubigers der Kapitalerträge die Höhe des nicht ausgeglichenen Verlusts mitzuteilen; eine Bescheinigung nach Satz 4 darf in diesem Fall nicht erteilt werden. ⁷Erfährt eine auszahlende Stelle nach Ablauf des Kalenderjahres von der Veränderung einer Bemessungsgrundlage oder einer zu erhebenden Kapitalertragsteuer, hat sie die entsprechende Korrektur erst zum Zeitpunkt ihrer Kenntnisnahme vorzunehmen; § 44 Absatz 5 bleibt unberührt. ⁸Die vorstehenden Sätze gelten nicht in den Fällen des § 20 Absatz 8 und des § 44 Absatz 1 Satz 4 Nummer 1 Buchstabe a Doppelbuchstabe bb sowie bei Körperschaften, Personenvereinigungen oder Vermögensmassen.

(4) ¹Die Absätze 2 und 3 gelten entsprechend für die das Bundesschuldbuch führende Stelle oder eine Landesschuldenverwaltung als auszahlende Stelle. ²Werden die Wertpapiere oder Forderungen von einem Kreditinstitut oder einem Finanzdienstleistungsinstitut mit der Maßgabe der Verwahrung und Verwaltung durch die das Bundesschuldbuch führende Stelle oder eine

---

1) Absatz 3 Satz 2 ist erstmals für Kapitalerträge anzuwenden, die dem Gläubiger nach dem 31. 12. 2009 zufließen → § 52a Abs. 16 Satz 2 EStG.

Landesschuldenverwaltung erworben, hat das Kreditinstitut oder das Finanzdienstleistungsinstitut der das Bundesschuldbuch führenden Stelle oder einer Landesschuldenverwaltung zusammen mit den im Schuldbuch einzutragenden Wertpapieren und Forderungen den Erwerbszeitpunkt und die Anschaffungsdaten sowie in Fällen des Absatzes 2 den Erwerbspreis der für einen marktmäßigen Handel bestimmten schuldbuchfähigen Wertpapiere des Bundes oder der Länder und außerdem mitzuteilen, dass es diese Wertpapiere und Forderungen erworben oder veräußert und seitdem verwahrt oder verwaltet hat.

EStG

§ 43b Bemessung der Kapitalertragsteuer bei bestimmten Gesellschaften

1)

(1) ¹Auf Antrag wird die Kapitalertragsteuer für Kapitalerträge im Sinne des § 20 Absatz 1 Nummer 1, die einer Muttergesellschaft, die weder ihren Sitz noch ihre Geschäftsleitung im Inland hat, oder einer in einem anderen Mitgliedstaat der Europäischen Union gelegenen Betriebsstätte dieser Muttergesellschaft, aus Ausschüttungen einer Tochtergesellschaft zufließen, nicht erhoben. ²Satz 1 gilt auch für Ausschüttungen einer Tochtergesellschaft, die einer in einem anderen Mitgliedstaat der Europäischen Union gelegenen Betriebsstätte einer unbeschränkt steuerpflichtigen Muttergesellschaft zufließen. ³Ein Zufluss an die Betriebsstätte liegt nur vor, wenn die Beteiligung an der Tochtergesellschaft tatsächlich zu dem Betriebsvermögen der Betriebsstätte gehört. ⁴Die Sätze 1 bis 3 gelten nicht für Kapitalerträge im Sinne des § 20 Absatz 1 Nummer 1, die anlässlich der Liquidation oder Umwandlung einer Tochtergesellschaft zufließen.

2)

(2) ¹ *Muttergesellschaft im Sinne des Absatzes 1 ist jede Gesellschaft, die die in der Anlage 2 zu diesem Gesetz bezeichneten Voraussetzungen erfüllt und nach Artikel 3 Absatz 1 Buchstabe a der Richtlinie 2011/96/EU des Rates vom 30. November 2011 über das gemeinsame Steuersystem der Mutter und Tochtergesellschaften verschiedener Mitgliedstaaten (ABl. L 345 vom 29. 12. 2011, S. 8) zum Zeitpunkt der Entstehung der Kapitalertragsteuer nach § 44 Absatz 1 Satz 2 nachweislich mindestens zu 10 Prozent unmittelbar am Kapital der Tochtergesellschaft (Mindestbeteiligung) beteiligt ist.*²Ist die Mindestbeteiligung zu diesem Zeitpunkt nicht erfüllt, ist der Zeitpunkt des Gewinnverteilungsbeschlusses maßgeblich. ³Tochtergesellschaft im Sinne des Absatzes 1 sowie des Satzes 1 ist jede unbeschränkt steuerpflichtige Gesellschaft, die die in der Anlage 2 zu diesem Gesetz und in Artikel 3 Absatz 1 Buchstabe b der *Richtlinie 90/435/EWG¹* bezeichneten Voraussetzungen erfüllt. ⁴Weitere Voraussetzung ist, dass die Beteiligung nachweislich ununterbrochen zwölf Monate besteht. ⁵Wird dieser Beteiligungszeitraum nach dem Zeitpunkt der Entstehung der Kapitalertragsteuer gemäß § 44 Absatz 1 Satz 2 vollendet, ist die einbehaltene und abgeführte Kapitalertragsteuer nach § 50d Absatz 1 zu erstatten; das Freistellungsverfahren nach § 50d Absatz 2 ist ausgeschlossen.

(2a) Betriebsstätte im Sinne der Absätze 1 und 2 ist eine feste Geschäftseinrichtung in einem anderen Mitgliedstaat der Europäischen Union, durch die die Tätigkeit der Muttergesellschaft ganz oder teilweise ausgeübt wird, wenn das Besteuerungsrecht für die Gewinne dieser Geschäftseinrichtung nach dem jeweils geltenden Abkommen zur Vermeidung der Doppelbesteuerung dem Staat, in dem sie gelegen ist, zugewiesen wird und diese Gewinne in diesem Staat der Besteuerung unterliegen.

(3) *weggefallen* ¹

3)
4)

Anlage 2 (zu § 43b)

Gesellschaften im Sinne der Richtlinie Nr. 90/435/EWG

Gesellschaft im Sinne der genannten Richtlinie ist jede Gesellschaft, die

1. eine der aufgeführten Formen aufweist:

---

¹) Änderungen in Absatz 2 S. 1 und S. 3 und Absatz 3 auf Grund des Amtshilferichtlinie-Umsetzungsgesetzes. Bei Redaktionsschluss war das Gesetzgebungsverfahren noch nicht abgeschlossen. Um Beachtung wird gebeten. → Siehe hierzu Hinweise auf Seite 4!
²) Absatz 2 Satz 1 ist auf Ausschüttungen, die nach dem 31. 12. 2008 zufließen, mit der Maßgabe anzuwenden, dass an die Stelle der Angabe „15 Prozent" die Angabe „10 Prozent" tritt → § 52 Abs. 55c EStG.
³) Die Anlage 2 ist auf Ausschüttungen i. S. d. § 43b EStG anzuwenden, die nach dem 31. 12. 2006 zufließen → § 52 Abs. 55a EStG.
⁴) Änderung der Anlage 2 zur § 43b EStG auf Grund des Amtshilferichtlinie-Umsetzungsgesetzes. Bei Redaktionsschluss war das Gesetzgebungsverfahren noch nicht abgeschlossen. Um Beachtung wird gebeten. → Siehe hierzu Hinweise auf Seite 4!

§ 43b EStG

a) Eine Gesellschaft, die gemäß der Verordnung (EG) Nr. 2157/2001 des Rates vom 8. Oktober 2001 über das Statut der Europäischen Gesellschaft (SE) und der Richtlinie 2001/86/EG des Rates vom 8. Oktober 2001 zur Ergänzung des Statuts der Europäischen Gesellschaft hinsichtlich der Beteiligung der Arbeitnehmer gegründet wurde sowie eine Genossenschaft, die gemäß der Verordnung (EG) Nr. 1435/2003 des Rates vom 22. Juli 2003 über das Statut der Europäischen Genossenschaft (SCE) und gemäß der Richtlinie 2003/72/EG des Rates vom 22. Juli 2003 zur Ergänzung des Statuts der Europäischen Genossenschaft hinsichtlich der Beteiligung der Arbeitnehmer gegründet wurde;

b) Gesellschaften belgischen Rechts mit der Bezeichnung „société anonyme"/„naamloze vennootschap", „société en commandite par actions"/„commanditaire vennootschap op aandelen", „société privée à responsabilité limitée"/„besloten vennootschap met beperkte aansprakelijkheid", „société coopérative à responsabilité limitée"/„coöperatieve vennootschap met beperkte aansprakelijkheid", „société coopérative à responsabilité illimitée"/„coöperatieve vennootschap met onbeperkte aansprakelijkheid", „société en nom collectif"/„vennootschap onder firma" oder „société en commandite simple"/„gewone commanditaire vennootschap", öffentliche Unternehmen, die eine der genannten Rechtsformen angenommen haben, und andere nach belgischem Recht gegründete Gesellschaften, die der belgischen Körperschaftsteuer unterliegen,

c) Gesellschaften bulgarischen Rechts mit der Bezeichnung „събирателното дружество", „командитното дружество", „дружеството с ограничена отговорност", „акционерното дружество", „командитното дружество с акции", „неперсонифицирано дружество", „кооперации", „кооперативни съюзи", „държавни предприятия", die nach bulgarischem Recht gegründet wurden und gewerbliche Tätigkeiten ausüben;

d) Gesellschaften tschechischen Rechts mit der Bezeichnung „akciová společnost", „společnost s ručením omezen'ym";

e) Gesellschaften dänischen Rechts mit der Bezeichnung „aktieselskab" oder „anpartsselskab". ²Weitere nach dem Körperschaftsteuergesetz steuerpflichtige Gesellschaften, soweit steuerbarer Gewinn nach den allgemeinen steuerrechtlichen Bestimmungen für die „aktieselskaber" ermittelt und besteuert wird;

f) Gesellschaften deutschen Rechts mit der Bezeichnung „Aktiengesellschaft", „Kommanditgesellschaft auf Aktien", „Gesellschaft mit beschränkter Haftung", „Versicherungsverein auf Gegenseitigkeit", „Erwerbs- und Wirtschaftsgenossenschaft", „Betrieb gewerblicher Art von juristischen Personen des öffentlichen Rechts", und andere nach deutschem Recht gegründete Gesellschaften, die der deutschen Körperschaftsteuer unterliegen;

g) Gesellschaften estnischen Rechts mit der Bezeichnung „täisühing", „usaldusühing", „osaühing", „aktsiaselts", „tulundusühistu";

h) nach irischem Recht gegründete oder eingetragene Gesellschaften, gemäß dem Industrial and Provident Societies Act eingetragene Körperschaften, gemäß dem Building Societies Act gegründete „building societies" und „trustee savings banks" im Sinne des Trustee Savings Banks Act von 1989,

i) Gesellschaften griechischen Rechts mit der Bezeichnung „ανώνυμη εταιρεία", „εταιρεία περιορισμένης ευθύνης (Ε.Π.Ε.)" und andere nach griechischem Recht gegründete Gesellschaften, die der griechischen Körperschaftsteuer unterliegen;

j) Gesellschaften spanischen Rechts mit der Bezeichnung „sociedad anónima", „sociedad comanditaria por acciones", „sociedad de responsabilidad limitada", die öffentlich-rechtlichen Körperschaften, deren Tätigkeit unter das Privatrecht fällt. Andere nach spanischem Recht gegründete Körperschaften, die der spanischen Körperschaftsteuer („impuesto sobre sociedades") unterliegen;

k) Gesellschaften französischen Rechts mit der Bezeichnung „société anonyme", „société en commandite par actions", „société à responsabilité limitée", „sociétés par actions simplifiées", „sociétés d'assurances mutuelles", „caisses d'épargne et de prévoyance", „sociétés civiles", die automatisch der Körperschaftsteuer unterliegen, „coopératives", „unions de coopératives", die öffentlichen Industrie- und Handelsbetriebe und -unternehmen und andere nach französischem Recht gegründete Gesellschaften, die der französischen Körperschaftsteuer unterliegen;

l) Gesellschaften italienischen Rechts mit der Bezeichnung „società per azioni", „società in accomandita per azioni", „società a responsabilità limitata", „società cooperative" oder „società di mutua assicurazione" sowie öffentliche und private Körperschaften, deren Tätigkeit ganz oder überwiegend handelsgewerblicher Art ist;

m) Gesellschaften zyprischen Rechts mit der Bezeichnung „εταιρείες" im Sinne der Einkommensteuergesetze;

n) Gesellschaften lettischen Rechts mit der Bezeichnung „akciju sabiedrība", „sabiedrība ar ierobezotu atbildību";
o) Gesellschaften litauischen Rechts;
p) Gesellschaften luxemburgischen Rechts mit der Bezeichnung „société anonyme", „société en commandite par actions", „société à responsabilité limitée", „société coopérative", „société coopérative organisée comme une société anonyme", „association d'assurances mutuelles", „association dépargne-pension", „entreprise de nature commerciale, industrielle ou minière de ÍEtat, des communes, des syndicats de communes, des établissements publics et des autres personnes morales de droit public" sowie andere nach luxemburgischem Recht gegründete Gesellschaften, die der luxemburgischen Körperschaftsteuer unterliegen;
q) Gesellschaften ungarischen Rechts mit der Bezeichnung „közkereseti társaság", „betéti társaság", „közös vállalat", „korlátolt felelősségű társaság", „részvénytársaság", „egyesülés", „szövetkezet";
r) Gesellschaften maltesischen Rechts mit der Bezeichnung „Kumpaniji ta' Responsabilita' Limitata", „Soċjetajiet en commandite li l-kapitaltagħhom maqsum f'azzjonijiet";
s) Gesellschaften niederländischen Rechts mit der Bezeichnung „naamloze vennootschap", „besloten vennootschap met beperkte aansprakelijkheid", „Open commanditare vennootschap", „Coöperatie", „onderlinge waarborgmaatschappij", „Fonds voor gemene rekening", „vereniging op coöperatieve grondslag", „vereniging welke op onderlinge grondslag als verzekeraar of kredietinstelling optreedt" und andere nach niederländischem Recht gegründete Gesellschaften, die der niederländischen Körperschaftsteuer unterliegen;
t) Gesellschaften österreichischen Rechts mit der Bezeichnung „Aktiengesellschaft", „Gesellschaft mit beschränkter Haftung", „Versicherungsvereine auf Gegenseitigkeit", „Erwerbs- und Wirtschaftsgenossenschaften", „Betriebe gewerblicher Art von Körperschaften des öffentlichen Rechts", „Sparkassen" und andere nach österreichischem Recht gegründete Gesellschaften, die der österreichischen Körperschaftsteuer unterliegen;
u) Gesellschaften polnischen Rechts mit der Bezeichnung „spólka akcyjna", „spólka z ograniczoną odpowiedzialnością";
v) die nach portugiesischem Recht gegründeten Handelsgesellschaften oder zivilrechtlichen Handelsgesellschaften, Genossenschaften und öffentlichen Unternehmen;
w) Gesellschaften rumänischen Rechts mit der Bezeichnung „societăţi pe acţiuni", „societăţi în comandită pe acţiuni", „societăţi cu răspundere limitată";
x) Gesellschaften slowenischen Rechts mit der Bezeichnung „delniška družba", „komanditna družba", „družba z omejeno odgovornostjo";
y) Gesellschaften slowakischen Rechts mit der Bezeichnung „akciová spoločnosť", „spoločnosť s ručením obmedzen'ym", „komanditná spoločnosť";
z) Gesellschaften finnischen Rechts mit der Bezeichnung „osakeyhtiö"/„aktiebolag", „osuuskunta"/ „andelslag", „säästöpankki"/„sparbank" und „vakuutusyhtiö"/„försäkringsbolag";
aa) Gesellschaften schwedischen Rechts mit der Bezeichnung „aktiebolag", „örsäkringsaktiebolag", „ekonomiska föreningar", „sparbanker", „ömsesidiga försäkringsbolag";
ab) nach dem Recht des Vereinigten Königreichs gegründete Gesellschaften.

2. nach dem Steuerrecht eines Mitgliedstaats in Bezug auf den steuerlichen Wohnsitz als in diesem Staat ansässig und auf Grund eines mit einem dritten Staat geschlossenen Doppelbesteuerungsabkommens in Bezug auf den steuerlichen Wohnsitz nicht als außerhalb der Gemeinschaft ansässig betrachtet wird und
3. ohne Wahlmöglichkeit einer der nachstehenden Steuern unterliegt oder irgendeiner Steuer, die eine dieser Steuern ersetzt, ohne davon befreit zu sein:
   – vennootschapsbelasting/impôt des sociétés in Belgien,
   – корпоративен данък in Bulgarien,
   – daň z příjmů právnick'ych osob in der Tschechischen Republik,
   – selskabsskat in Dänemark,
   – Körperschaftsteuer in Deutschland,
   – tulumaks in Estland,
   – corporation tax in Irland,
   – όρ ισδήματ νμικών πρσώπων κρδσκπικύ χαρκτήρα in Griechenland,
   – impuesto sobre sociedades in Spanien,
   – impôt sur les sociétés in Frankreich,

§§ 43b, 44 EStG

- imposta sul reddito delle persone giuridiche in Italien,
- όρ ισδήματ in Zypern,
- uzņēmumu ienākuma nodoklis in Lettland,
- pelno mokestis in Litauen,
- impôt sur le revenu des collectivités in Luxemburg,
- társasági adó, osztalékadó in Ungarn,
- taxxa fuq l-income in Malta,
- vennootschapsbelasting in den Niederlanden,
- Körperschaftsteuer in Österreich,
- podatek dochodowy od osób prawnych in Polen,
- imposto sobre o rendimento das pessoas colectivas in Portugal,
- impozit pe profit in Rumänien,
- davek od dobička pravnih oseb in Slowenien,
- daň z príjmov právnick'ých osôb in der Slowakei,
- yhteisöjen tulovero/inkomstskatten för samfund in Finnland,
- statlig inkomstskatt in Schweden,
- corporation tax im Vereinigten Königreich.

§ 44 Entrichtung der Kapitalertragsteuer

EStG
[1)]

S 2407
[2)]

(1) ¹Schuldner der Kapitalertragsteuer ist in den Fällen des § 43 Absatz 1 Satz 1 Nummer 1 bis 7b und 8 bis 12 sowie Satz 2 der Gläubiger der Kapitalerträge. ²Die Kapitalertragsteuer entsteht in dem Zeitpunkt, in dem die Kapitalerträge dem Gläubiger zufließen. ³In diesem Zeitpunkt haben in den Fällen des § 43 Absatz 1 Satz 1 Nummer 1, 2 bis 4 sowie 7a und 7b der Schuldner der Kapitalerträge, jedoch in den Fällen des § 43 Absatz 1 Satz 1 Nummer 1 Satz 2 die für den Verkäufer der Wertpapiere den Verkaufsauftrag ausführende Stelle im Sinne des Satzes 4 Nummer 1, und in den Fällen des § 43 Absatz 1 Nummer 1a, 6, 7 und 8 bis 12 sowie Satz 2 die die Kapitalerträge auszahlende Stelle den Steuerabzug für Rechnung des Gläubigers der Kapitalerträge vorzunehmen. ⁴Die die Kapitalerträge auszahlende Stelle ist

1. in den Fällen des § 43 Absatz 1 Satz 1 Nummer 6, 7 Buchstabe a und Nummer 8 bis 12 sowie Satz 2
   a) das inländische Kreditinstitut oder das inländische Finanzdienstleistungsinstitut im Sinne des § 43 Absatz 1 Satz 1 Nummer 7 Buchstabe b, das inländische Wertpapierhandelsunternehmen oder die inländische Wertpapierhandelsbank,
      aa) das die Teilschuldverschreibungen, die Anteile an einer Sammelschuldbuchforderung, die Wertrechte, die Zinsscheine oder sonstigen Wirtschaftsgüter verwahrt oder verwaltet oder deren Veräußerung durchführt und die Kapitalerträge auszahlt oder gutschreibt oder in den Fällen des § 43 Absatz 1 Satz 1 Nummer 8 und 11 die Kapitalerträge auszahlt oder gutschreibt,
      bb) das die Kapitalerträge gegen Aushändigung der Zinsscheine oder der Teilschuldverschreibungen einem anderen als einem ausländischen Kreditinstitut oder einem ausländischen Finanzdienstleistungsinstitut auszahlt oder gutschreibt;
   b) der Schuldner der Kapitalerträge in den Fällen des § 43 Absatz 1 Satz 1 Nummer 7 Buchstabe a und Nummer 10 unter den Voraussetzungen des Buchstabens a, wenn kein inländisches Kreditinstitut oder kein inländisches Finanzdienstleistungsinstitut die die Kapitalerträge auszahlende Stelle ist;
2. in den Fällen des § 43 Absatz 1 Satz 1 Nummer 7 Buchstabe b das inländische Kreditinstitut oder das inländische Finanzdienstleistungsinstitut, das die Kapitalerträge als Schuldner auszahlt oder gutschreibt;
3. in den Fällen des § 43 Absatz 1 Satz 1 Nummer 1a
   a) das inländische Kredit- oder Finanzdienstleistungsinstitut im Sinne des § 43 Absatz 1 Satz 1 Nummer 7 Buchstabe b, das inländische Wertpapierhandelsunternehmen oder die inländische Wertpapierhandelsbank, welche die Anteile verwahrt oder verwaltet und

---

1) Die Vorschrift soll durch das Jahressteuergesetz 2013 (JStG 2013) geändert werden. Bei Redaktionsschluss war das Gesetzgebungsverfahren noch nicht abgeschlossen. Um Beachtung wird gebeten. → Siehe hierzu firmeninfo auf Seite 4!
2) Absatz 1 i. d. F. des OGAW-IV-UmsG ist erstmals auf Kapitalerträge anzuwenden, die dem Gläubiger nach dem 31. 12. 2011 zufließen → § 52a Abs. 16b EStG.

691

§ 44 EStG

die Kapitalerträge auszahlt oder gutschreibt oder die Kapitalerträge gegen Aushändigung der Dividendenscheine auszahlt oder gutschreibt oder die Kapitalerträge an eine ausländische Stelle auszahlt,

b) die Wertpapiersammelbank, der die Anteile zur Sammelverwahrung anvertraut wurden, wenn sie die Kapitalerträge an eine ausländische Stelle auszahlt.

⁵Die innerhalb eines Kalendermonats einbehaltene Steuer ist jeweils bis zum zehnten des folgenden Monats an das Finanzamt abzuführen, das für die Besteuerung

1. des Schuldners der Kapitalerträge,
2. der den Verkaufsauftrag ausführenden Stelle oder
3. der die Kapitalerträge auszahlenden Stelle

nach dem Einkommen zuständig ist; bei Kapitalerträgen im Sinne des § 43 Absatz 1 Satz 1 Nummer 1 ist die einbehaltene Steuer, soweit es sich nicht um Kapitalerträge im Sinne des § 20 Absatz 1 Nummer 1 Satz 4 handelt, in dem Zeitpunkt abzuführen, in dem die Kapitalerträge dem Gläubiger zufließen. ⁶Dabei ist die Kapitalertragsteuer, die zu demselben Zeitpunkt abzuführen ist, jeweils auf den nächsten vollen Eurobetrag abzurunden. ⁷Wenn Kapitalerträge ganz oder teilweise nicht in Geld bestehen (§ 8 Absatz 2) und der in Geld geleistete Kapitalertrag nicht zur Deckung der Kapitalertragsteuer ausreicht, hat der Gläubiger der Kapitalerträge dem zum Steuerabzug Verpflichteten den Fehlbetrag zur Verfügung zu stellen. ⁸Soweit der Gläubiger seiner Verpflichtung nicht nachkommt, hat der zum Steuerabzug Verpflichtete dies dem für ihn zuständigen Betriebsstättenfinanzamt anzuzeigen. ⁹Das Finanzamt hat die zu wenig erhobene Kapitalertragsteuer vom Gläubiger der Kapitalerträge nachzufordern.

S 2408

(2) ¹Gewinnanteile (Dividenden) und andere Kapitalerträge im Sinne des § 43 Absatz 1 Satz 1 Nummer 1, deren Ausschüttung von einer Körperschaft beschlossen wird, fließen dem Gläubiger der Kapitalerträge an dem Tag zu (Absatz 1), der im Beschluss als Tag der Auszahlung bestimmt worden ist. ²Ist die Ausschüttung nur festgesetzt, ohne dass über den Zeitpunkt der Auszahlung ein Beschluss gefasst worden ist, so gilt als Zeitpunkt des Zufließens der Tag nach der Beschlussfassung. ³Für Kapitalerträge im Sinne des § 20 Absatz 1 Nummer 1 Satz 4 gelten diese Zuflusszeitpunkte entsprechend.

S 2408

(3) ¹Ist bei Einnahmen aus der Beteiligung an einem Handelsgewerbe als stiller Gesellschafter in dem Beteiligungsvertrag über den Zeitpunkt der Ausschüttung keine Vereinbarung getroffen, so gilt der Kapitalertrag am Tag nach der Aufstellung der Bilanz oder einer sonstigen Feststellung des Gewinnanteils des stillen Gesellschafters, spätestens jedoch sechs Monate nach Ablauf des Wirtschaftsjahres, für das der Kapitalertrag ausgeschüttet oder gutgeschrieben werden soll, als zugeflossen. ²Bei Zinsen aus partiarischen Darlehen gilt Satz 1 entsprechend.

S 2408

(4) Haben Gläubiger und Schuldner der Kapitalerträge vor dem Zufließen ausdrücklich Stundung des Kapitalertrags vereinbart, weil der Schuldner vorübergehend zur Zahlung nicht in der Lage ist, so ist der Steuerabzug erst mit Ablauf der Stundungsfrist vorzunehmen.

S 2408a

(5) ¹Die Schuldner der Kapitalerträge, die den Verkaufsauftrag ausführenden Stellen oder die die Kapitalerträge auszahlenden Stellen haften für die Kapitalertragsteuer, die sie einzubehalten und abzuführen haben, es sei denn, sie weisen nach, dass sie die ihnen auferlegten Pflichten weder vorsätzlich noch grob fahrlässig verletzt haben. ²Der Gläubiger der Kapitalerträge wird nur in Anspruch genommen, wenn

1. der Schuldner, die den Verkaufsauftrag ausführende Stelle oder die die Kapitalerträge auszahlende Stelle die Kapitalerträge nicht vorschriftsmäßig gekürzt hat,
2. der Gläubiger weiß, dass der Schuldner, die den Verkaufsauftrag ausführende Stelle oder die die Kapitalerträge auszahlende Stelle die einbehaltene Kapitalertragsteuer nicht vorschriftsmäßig abgeführt hat, und dies dem Finanzamt nicht unverzüglich mitteilt oder
3. das die Kapitalerträge auszahlende inländische Kreditinstitut oder das inländische Finanzdienstleistungsinstitut die Kapitalerträge zu Unrecht ohne Abzug der Kapitalertragsteuer ausgezahlt hat.

³Für die Inanspruchnahme des Schuldners der Kapitalerträge, der den Verkaufsauftrag ausführenden Stelle und der die Kapitalerträge auszahlenden Stelle bedarf es keines Haftungsbescheids, soweit der Schuldner, die den Verkaufsauftrag ausführende Stelle oder die die Kapitalerträge auszahlende Stelle die einbehaltene Kapitalertragsteuer richtig angemeldet hat oder soweit sie ihre Zahlungsverpflichtung gegenüber dem Finanzamt oder dem Prüfungsbeamten des Finanzamts schriftlich anerkennen.

S 2408 [1)]

(6) ¹In den Fällen des § 43 Absatz 1 Satz 1 Nummer 7c gilt die juristische Person des öffentlichen Rechts und die von der Körperschaftsteuer befreite Körperschaft, Personenvereinigung oder Vermögensmasse als Gläubiger und der Betrieb gewerblicher Art und der wirtschaftliche

---

[1)] Absatz 6 i. d. F. des JStG 2007 ist für alle Kapitalerträge anzuwenden, für die § 52 Abs. 53 Satz 1 EStG nicht gilt → § 52 Abs. 53 Satz 5 EStG.

Geschäftsbetrieb als Schuldner der Kapitalerträge. ²Die Kapitalertragsteuer entsteht, auch soweit sie auf verdeckte Gewinnausschüttungen entfällt, die im abgelaufenen Wirtschaftsjahr vorgenommen worden sind, im Zeitpunkt der Bilanzerstellung; sie entsteht spätestens acht Monate nach Ablauf des Wirtschaftsjahres; in den Fällen des § 20 Absatz 1 Nummer 10 Buchstabe b Satz 2 am Tag nach der Beschlussfassung über die Verwendung und in den Fällen des § 22 Absatz 4 des Umwandlungssteuergesetzes am Tag nach der Veräußerung. ³Die Kapitalertragsteuer entsteht in den Fällen des § 20 Absatz 1 Nummer 10 Buchstabe b Satz 3 zum Ende des Wirtschaftsjahres. ⁴Die Absätze 1 bis 4 und 5 Satz 2 sind entsprechend anzuwenden. ⁵Der Schuldner der Kapitalerträge haftet für die Kapitalertragsteuer, soweit sie auf verdeckte Gewinnausschüttungen und auf Veräußerungen im Sinne des § 22 Absatz 4 des Umwandlungssteuergesetzes entfällt.

(7) ¹In den Fällen des § 14 Absatz 3 des Körperschaftsteuergesetzes entsteht die Kapitalertragsteuer in dem Zeitpunkt der Feststellung der Handelsbilanz der Organgesellschaft; sie entsteht spätestens acht Monate nach Ablauf des Wirtschaftsjahrs der Organgesellschaft. ²Die entstandene Kapitalertragsteuer ist an dem auf den Entstehungszeitpunkt nachfolgenden Werktag an das Finanzamt abzuführen, das für die Besteuerung der Organgesellschaft nach dem Einkommen zuständig ist. ³Im Übrigen sind die Absätze 1 bis 4 entsprechend anzuwenden.

§ 44a   Abstandnahme vom Steuerabzug

(1) Bei Kapitalerträgen im Sinne des § 43 Absatz 1 Satz 1 Nummer 3, 4, 6, 7 und 8 bis 12 sowie Satz 2, die einem unbeschränkt einkommensteuerpflichtigen Gläubiger zufließen, ist der Steuerabzug nicht vorzunehmen,

1. soweit die Kapitalerträge zusammen mit den Kapitalerträgen, für die die Kapitalertragsteuer nach § 44b zu erstatten ist oder nach Absatz 10 kein Steuerabzug vorzunehmen ist, den Sparer-Pauschbetrag nach § 20 Absatz 9 nicht übersteigen,
2. wenn anzunehmen ist, dass auch für Fälle der Günstigerprüfung nach § 32d Absatz 6 keine Steuer entsteht.

(2) ¹Voraussetzung für die Abstandnahme vom Steuerabzug nach Absatz 1 ist, dass dem nach § 44 Absatz 1 zum Steuerabzug Verpflichteten in den Fällen

1. des Absatzes 1 Nummer 1 ein Freistellungsauftrag des Gläubigers der Kapitalerträge nach amtlich vorgeschriebenem Muster oder
2. des Absatzes 1 Nummer 2 eine Nichtveranlagungs-Bescheinigung des für den Gläubiger zuständigen Wohnsitzfinanzamts

vorliegt. ²In den Fällen des Satzes 1 Nummer 2 ist die Bescheinigung unter dem Vorbehalt des Widerrufs auszustellen. ³Ihre Geltungsdauer darf höchstens drei Jahre betragen und muss am Schluss eines Kalenderjahres enden. ⁴Fordert das Finanzamt die Bescheinigung zurück oder erkennt der Gläubiger, dass die Voraussetzungen für ihre Erteilung weggefallen sind, so hat er dem Finanzamt die Bescheinigung zurückzugeben.

(2a) ¹Ein Freistellungsauftrag kann nur erteilt werden, wenn der Gläubiger der Kapitalerträge seine Identifikationsnummer (§ 139b der Abgabenordnung) und bei gemeinsamen Freistellungsaufträgen auch die Identifikationsnummer des Ehegatten mitteilt. ²Ein Freistellungsauftrag ist ab dem 1. Januar 2016 unwirksam, wenn der Meldestelle im Sinne des § 45d Absatz 1 Satz 1 keine Identifikationsnummer des Gläubigers der Kapitalerträge und bei gemeinsamen Freistellungsaufträgen auch keine der Ehegatten vorliegt. ³Die Meldestelle im Sinne des § 45d Absatz 1 Satz 1 kann die Identifikationsnummer beim Bundeszentralamt für Steuern anfragen, sofern der Gläubiger der Kapitalerträge nicht widerspricht; Gleiches gilt für die Identifikationsnummer des Ehegatten bei gemeinsamen Freistellungsaufträgen, sofern dieser nicht widerspricht. ⁴In der Anfrage dürfen nur die in § 139b Absatz 3 der Abgabenordnung genannten

---

1) Absatz 6 Satz 2 ist für Anteile, die bereits am 12.12.2006 einbringungsgeboren waren, in der am 12.12.2006 geltenden Fassung weiter anzuwenden → § 52 Abs. 55e Satz 2 EStG
2) Absatz 6 Satz 5 ist für Anteile, die bereits am 12.12.2006 einbringungsgeboren waren, in der am 12.12.2006 geltenden Fassung weiter anzuwenden → § 52 Abs. 55e Satz 2 EStG
3) Zur zeitlichen Anwendung von Absatz 7 → BMF vom 5.4.2005 (BStBl I S. 617).
4) Absatz 1 i. d. F. des OGAW-IV-UmsG ist erstmals auf Kapitalerträge anzuwenden, die dem Gläubiger nach dem 31.12.2011 zufließen → § 52a Abs. 16b EStG.
5) Die Vorschrift soll durch das Jahressteuergesetz 2013 (JStG 2013) geändert werden. Bei Redaktionsschluss war das Gesetzgebungsverfahren noch nicht abgeschlossen. Um Beachtung wird gebeten. → Siehe hierzu Hinweise auf Seite 4!
6) Die Vorschrift soll durch das Jahressteuergesetz 2013 (JStG 2013) geändert werden. Bei Redaktionsschluss war das Gesetzgebungsverfahren noch nicht abgeschlossen. Um Beachtung wird gebeten. → Siehe hierzu Hinweise auf Seite 4!
7) Absatz 2a i. d. F. des JStG 2010 ist ab dem 1.1.2011 anzuwenden → § 52a Abs. 16 Satz 3 EStG.

§ 44a EStG

Daten des Gläubigers der Kapitalerträge und bei gemeinsamen Freistellungsaufträgen die des Ehegatten angegeben werden, soweit sie der Meldestelle bekannt sind. ⁵Die Anfrage hat nach amtlich vorgeschriebenem Datensatz durch Datenfernübertragung zu erfolgen. ⁶Im Übrigen ist § 150 Absatz 6 der Abgabenordnung entsprechend anzuwenden. ⁷Das Bundeszentralamt für Steuern teilt der Meldestelle die Identifikationsnummer mit, sofern die übermittelten Daten mit den nach § 139b Absatz 3 der Abgabenordnung beim Bundeszentralamt für Steuern gespeicherten Daten übereinstimmen. ⁸Die Meldestelle darf die Identifikationsnummer nur verwenden, soweit dies zur Erfüllung von steuerlichen Pflichten erforderlich ist.

(3) Der nach § 44 Absatz 1 zum Steuerabzug Verpflichtete hat in seinen Unterlagen das Finanzamt, das die Bescheinigung erteilt hat, den Tag der Ausstellung der Bescheinigung und die in der Bescheinigung angegebene Steuer- und Listennummer zu vermerken sowie die Freistellungsaufträge aufzubewahren.

S 2405 [1)]

(4) ¹Ist der Gläubiger

1. eine von der Körperschaftsteuer befreite inländische Körperschaft, Personenvereinigung oder Vermögensmasse oder

2. eine inländische juristische Person des öffentlichen Rechts,

so ist der Steuerabzug bei Kapitalerträgen im Sinne des § 43 Absatz 1 Satz 1 Nummer 4, 6, 7 und 8 bis 12 sowie Satz 2 nicht vorzunehmen. ²Dies gilt auch, wenn es sich bei den Kapitalerträgen um Bezüge im Sinne des § 20 Absatz 1 Nummer 1 und 2 handelt, die der Gläubiger von einer von der Körperschaftsteuer befreiten Körperschaft bezieht. ³Voraussetzung ist, dass der Gläubiger den Schuldner oder dem Schuldner der Kapitalerträge auszahlenden inländischen Kreditinstitut oder inländischen Finanzdienstleistungsinstitut durch eine Bescheinigung des für seine Geschäftsleitung oder seinen Sitz zuständigen Finanzamts nachweist, dass er eine Körperschaft, Personenvereinigung oder Vermögensmasse im Sinne des Satzes 1 Nummer 1 oder 2 ist. ⁴Absatz 2 Satz 2 bis 4 und Absatz 3 gelten entsprechend. ⁵Die in Satz 3 bezeichnete Bescheinigung wird nicht erteilt, wenn die Kapitalerträge in den Fällen des Satzes 1 Nummer 1 in einem wirtschaftlichen Geschäftsbetrieb anfallen, für den die Befreiung von der Körperschaftsteuer ausgeschlossen ist, oder wenn sie in den Fällen des Satzes 1 Nummer 2 in einem nicht von der Körperschaftsteuer befreiten Betrieb gewerblicher Art anfallen. ⁶Ein Steuerabzug ist auch nicht vorzunehmen bei Kapitalerträgen im Sinne des § 49 Absatz 1 Nummer 5 Buchstabe c und d, die einem Anleger zufließen, der eine nach den Rechtsvorschriften eines Mitgliedstaates der Europäischen Union oder des Europäischen Wirtschaftsraums gegründete Gesellschaft im Sinne des Artikels 54 des Vertrags über die Arbeitsweise der Europäischen Union oder des Artikels 34 des Abkommens über den Europäischen Wirtschaftsraum mit Sitz und Ort der Geschäftsleitung innerhalb des Hoheitsgebietes eines dieser Staaten ist, und der einer Körperschaft im Sinne des § 5 Absatz 1 Nummer 3 des Körperschaftsteuergesetzes vergleichbar ist; soweit es sich um eine nach den Rechtsvorschriften eines Mitgliedstaates des Europäischen Wirtschaftsraums gegründete Gesellschaft oder eine Gesellschaft mit Ort und Geschäftsleitung in diesem Staat handelt, ist zusätzlich Voraussetzung, dass mit diesem Staat ein Amtshilfeabkommen besteht.

(4a) Absatz 4 ist entsprechend auf Personengesellschaften im Sinne des § 212 Absatz 1 des Fünften Buches Sozialgesetzbuch anzuwenden. Dabei tritt die Personengesellschaft an die Stelle des Gläubigers der Kapitalerträge.

[2)]

(4b) ¹Werden Kapitalerträge im Sinne des § 43 Absatz 1 Satz 1 Nummer 1 von einer Genossenschaft an ihre Mitglieder gezahlt, hat sie den Steuerabzug nicht vorzunehmen, wenn ihr für das jeweilige Mitglied

1. eine Nichtveranlagungs-Bescheinigung nach Absatz 2 Satz 1 Nummer 2,

2. eine Bescheinigung nach Absatz 5 Satz 4,

3. eine Bescheinigung nach Absatz 7 Satz 4 oder

4. eine Bescheinigung nach Absatz 8 Satz 3 vorliegt; in diesen Fällen ist ein Steuereinbehalt in Höhe von drei Fünfteln vorzunehmen.

²Eine Genossenschaft hat keinen Steuerabzug vorzunehmen, wenn ihr ein Freistellungsauftrag erteilt wurde, der auch Kapitalerträge im Sinne des Satzes 1 erfasst, soweit die Kapitalerträge zusammen mit den übrigen Kapitalerträgen, für die kein Steuerabzug vorzunehmen ist oder für die die Kapitalertragsteuer nach § 44b zu erstatten ist, den mit dem Freistellungsauftrag beantragten Freibetrag nicht übersteigen. ³Dies gilt auch, wenn die Genossenschaft einen Verlustausgleich nach § 43a Absatz 3 Satz 2 unter Einbeziehung von Kapitalerträgen im Sinne des Satzes 1 durchgeführt hat.

---
1) Absatz 4 Satz 1 i. d. F. des Unternehmensteuerreformgesetzes 2008 ist erstmals auf Kapitalerträge anzuwenden, die dem Gläubiger nach dem 31. 12. 2008 zufließen → § 52a Abs. 1 EStG.
2) Absatz 4b i. d. F. des Steuervereinfachungsgesetzes 2011 ist erstmals auf Kapitalerträge anzuwenden, die dem Gläubiger nach dem 31. 12. 2011 zufließen → § 52a Abs. 16a Satz 2 EStG.

(5) ¹Bei Kapitalerträgen im Sinne des § 43 Absatz 1 Satz 1 Nummer 6, 7 und 8 bis 12 sowie Satz 2, die einem unbeschränkt oder beschränkt einkommensteuerpflichtigen Gläubiger zufließen, ist der Steuerabzug nicht vorzunehmen, wenn die Kapitalerträge Betriebseinnahmen des Gläubigers sind und die Kapitalertragsteuer bei ihm auf Grund der Art seiner Geschäfte auf Dauer höher wäre als die gesamte festzusetzende Einkommensteuer oder Körperschaftsteuer. ²Ist der Gläubiger ein Lebens- oder Krankenversicherungsunternehmen als Organgesellschaft, ist für die Anwendung des Satzes 1 eine bestehende Organschaft im Sinne des § 14 des Körperschaftsteuergesetzes nicht zu berücksichtigen, wenn die beim Organträger anzurechnende Kapitalertragsteuer, einschließlich der Kapitalertragsteuer des Lebens- oder Krankenversicherungsunternehmens, die auf Grund von § 19 Absatz 5 des Körperschaftsteuergesetzes anzurechnen wäre, höher wäre, als die gesamte festzusetzende Körperschaftsteuer. ³Für die Prüfung der Voraussetzung des Satzes 2 ist auf die Verhältnisse der dem Antrag auf Erteilung einer Bescheinigung im Sinne des Satzes 4 vorangehenden drei Veranlagungszeiträume abzustellen. ⁴Die Voraussetzung des Satzes 1 ist durch eine Bescheinigung des für den Gläubiger zuständigen Finanzamts nachzuweisen. ⁵Die Bescheinigung ist unter dem Vorbehalt des Widerrufs auszustellen. ⁶Die Voraussetzung des Satzes 2 ist gegenüber dem für den Gläubiger zuständigen Finanzamt durch eine Bescheinigung des für den Organträger zuständigen Finanzamts nachzuweisen.

S 2404a
1)

(6) ¹Voraussetzung für die Abstandnahme vom Steuerabzug nach den Absätzen 1, 4 und 5 bei Kapitalerträgen im Sinne des § 43 Absatz 1 Satz 1 Nummer 6, 7 und 8 bis 12 sowie Satz 2 ist, dass die Teilschuldverschreibungen, die Anteile an der Sammelschuldbuchforderung, die Wertrechte, die Einlagen und Guthaben oder sonstigen Wirtschaftsgüter im Zeitpunkt des Zufließens der Einnahmen unter dem Namen des Gläubigers der Kapitalerträge bei der die Kapitalerträge auszahlenden Stelle verwahrt oder verwaltet werden. ²Ist dies nicht der Fall, ist die Bescheinigung nach § 45a Absatz 2 durch einen entsprechenden Hinweis zu kennzeichnen. ³Wird bei einem inländischen Kredit- oder Finanzdienstleistungsinstitut im Sinne des § 43 Absatz 1 Satz 1 Nummer 7 Buchstabe b ein Konto oder Depot für eine gemäß § 5 Absatz 1 Nummer 9 des Körperschaftsteuergesetzes befreite Stiftung im Sinne des § 1 Absatz 1 Nummer 5 des Körperschaftsteuergesetzes auf den Namen eines anderen Berechtigten geführt und ist das Konto oder Depot durch einen Zusatz zur Bezeichnung eindeutig sowohl vom übrigen Vermögen des anderen Berechtigten zu unterscheiden als auch steuerlich der Stiftung zuzuordnen, so gilt es für die Anwendung des Absatzes 4, des Absatzes 7, des Absatzes 10 Satz 1 Nummer 3 und des § 44b Absatz 6 in Verbindung mit Absatz 7 als im Namen der Stiftung geführt.

2)

(7) ¹Ist der Gläubiger eine inländische

S 2405
3)
4)

1. Körperschaft, Personenvereinigung oder Vermögensmasse im Sinne des § 5 Absatz 1 Nummer 9 des Körperschaftsteuergesetzes oder
2. Stiftung des öffentlichen Rechts, die ausschließlich und unmittelbar gemeinnützigen oder mildtätigen Zwecken dient, oder
3. juristische Person des öffentlichen Rechts, die ausschließlich und unmittelbar kirchlichen Zwecken dient,

so ist der Steuerabzug bei Kapitalerträgen im Sinne des § 43 Absatz 1 Satz 1 Nummer 7a bis 7c nicht vorzunehmen. ²Der Steuerabzug vom Kapitalertrag ist außerdem nicht vorzunehmen bei Kapitalerträgen im Sinne des § 43 Absatz 1 Satz 1 Nummer 1, soweit es sich um Erträge aus Anteilen an Gesellschaften mit beschränkter Haftung, Namensaktien nicht börsennotierter Aktiengesellschaften und aus Genussrechten handelt, und bei Kapitalerträgen im Sinne des § 43 Absatz 1 Satz 1 Nummer 2 und 3; Voraussetzung für die Abstandnahme bei Kapitalerträgen aus Genussrechten im Sinne des § 43 Absatz 1 Satz 1 Nummer 1 und Kapitalerträgen im Sinne des § 43 Absatz 1 Satz 1 Nummer 2 ist, dass die Genussrechte und Wirtschaftsgüter im Sinne des § 43 Absatz 1 Satz 1 Nummer 2 nicht sammelverwahrt werden. ³Bei allen übrigen Kapitalerträgen nach § 43 Absatz 1 Satz 1 Nummer 1 und 2 ist § 44b Absatz 6 sinngemäß anzuwenden. ⁴Voraussetzung für die Anwendung der Sätze 1 und 2 ist, dass der Gläubiger durch eine Bescheinigung des für seine Geschäftsleitung oder seinen Sitz zuständigen Finanzamts nachweist, dass er eine Körperschaft, Personenvereinigung oder Vermögensmasse nach Satz 1 ist. ⁵Absatz 4 gilt entsprechend.

---

1) Die Vorschrift soll durch das Jahressteuergesetz 2013 (JStG 2013) geändert werden. Bei Redaktionsschluss war das Gesetzgebungsverfahren noch nicht abgeschlossen. Um Beachtung wird gebeten. → Siehe hierzu Hinweise auf Seite 4!
2) Absatz 6 i. d. F. des Steuervereinfachungsgesetzes 2011 ist erstmals auf Kapitalerträge anzuwenden, die dem Gläubiger nach dem 31. 12. 2011 zufließen → § 52a Abs. 16a Satz 2 EStG.
3) Absatz 7 i. d. F. des Steuervereinfachungsgesetzes 2011 ist erstmals auf Kapitalerträge anzuwenden, die dem Gläubiger nach dem 31. 12. 2011 zufließen → § 52a Abs. 16a Satz 2 EStG.
4) Die Vorschrift soll durch das Jahressteuergesetz 2013 (JStG 2013) geändert werden. Bei Redaktionsschluss war das Gesetzgebungsverfahren noch nicht abgeschlossen. Um Beachtung wird gebeten. → Siehe hierzu Hinweise auf Seite 4!

§ 44a EStG

(8) ¹Ist der Gläubiger

1. eine nach § 5 Absatz 1 mit Ausnahme der Nummer 9 des Körperschaftsteuergesetzes oder nach anderen Gesetzen von der Körperschaftsteuer befreite Körperschaft, Personenvereinigung oder Vermögensmasse oder

2. eine inländische juristische Person des öffentlichen Rechts, die nicht in Absatz 7 bezeichnet ist,

so ist der Steuerabzug bei Kapitalerträgen im Sinne des § 43 Absatz 1 Satz 1 Nummer 1, soweit es sich um Erträge aus Anteilen an Gesellschaften mit beschränkter Haftung und Namensaktien nicht börsennotierter Aktiengesellschaften und Erwerbs- und Wirtschaftsgenossenschaften handelt, sowie von Erträgen aus Genussrechten im Sinne des § 43 Absatz 1 Satz 1 Nummer 1 und Kapitalerträgen im Sinne des § 43 Absatz 1 Satz 1 Nummer 2 und 3 unter der Voraussetzung, dass diese Wirtschaftsgüter nicht sammelverwahrt werden, und bei Kapitalerträgen im Sinne des § 43 Absatz 1 Satz 1 Nummer 7a nur in Höhe von drei Fünfteln vorzunehmen. ²Bei allen übrigen Kapitalerträgen nach § 43 Absatz 1 Satz 1 Nummer 1 bis 3 ist § 44b Absatz 6 in Verbindung mit Satz 1 sinngemäß anzuwenden (Erstattung von zwei Fünfteln der gesetzlich in § 43a vorgeschriebenen Kapitalertragsteuer). ³Voraussetzung für die Anwendung des Satzes 1 ist, dass der Gläubiger durch eine Bescheinigung des für seine Geschäftsleitung oder seinen Sitz zuständigen Finanzamts nachweist, dass er eine Körperschaft, Personenvereinigung oder Vermögensmasse im Sinne des Satzes 1 ist. ⁴Absatz 4 gilt entsprechend.

(8a) ¹Absatz 8 ist entsprechend auf Personengesellschaften im Sinne des § 212 Absatz 1 des Fünften Buches Sozialgesetzbuch anzuwenden. ²Dabei tritt die Personengesellschaft an die Stelle des Gläubigers der Kapitalerträge.

(9) ¹Ist der Gläubiger der Kapitalerträge im Sinne des § 43 Absatz 1 eine beschränkt steuerpflichtige Körperschaft im Sinne des § 2 Nummer 1 des Körperschaftsteuergesetzes, so werden zwei Fünftel der einbehaltenen und abgeführten Kapitalertragsteuer erstattet. ²§ 50d Absatz 1 Satz 3 bis 11, Absatz 3 und 4 ist entsprechend anzuwenden. ³Der Anspruch auf eine weitergehende Freistellung und Erstattung nach § 50d Absatz 1 in Verbindung mit § 43b oder § 50g oder nach einem Abkommen zur Vermeidung der Doppelbesteuerung bleibt unberührt. ⁴Verfahren nach den vorstehenden Sätzen und nach § 50d Absatz 1 soll das Bundeszentralamt für Steuern verbinden.

(10) ¹Werden Kapitalerträge im Sinne des § 43 Absatz 1 Satz 1 Nummer 1a gezahlt, hat die auszahlende Stelle keinen Steuerabzug vorzunehmen, wenn

1. der auszahlenden Stelle eine Nichtveranlagungs-Bescheinigung nach Absatz 2 Satz 1 Nummer 2 für den Gläubiger vorgelegt wird,

2. der auszahlenden Stelle eine Bescheinigung nach Absatz 5 für den Gläubiger vorgelegt wird,

3. der auszahlenden Stelle eine Bescheinigung nach Absatz 7 Satz 4 für den Gläubiger vorgelegt wird oder

4. der auszahlenden Stelle eine Bescheinigung nach Absatz 8 Satz 3 für den Gläubiger vorgelegt wird; in diesen Fällen ist ein Steuereinbehalt in Höhe von drei Fünfteln vorzunehmen.

²Wird der auszahlenden Stelle ein Freistellungsauftrag erteilt, der auch Kapitalerträge im Sinne des Satzes 1 erfasst, oder führt diese einen Verlustausgleich nach § 43a Absatz 3 Satz 2 unter Einbeziehung von Kapitalerträgen im Sinne des Satzes 1 durch, so hat sie den Steuerabzug nicht vorzunehmen, soweit die Kapitalerträge zusammen mit den Kapitalerträgen, für die nach Absatz 1 kein Steuerabzug vorzunehmen ist oder die Kapitalertragsteuer nach § 44b zu erstatten ist, den mit dem Freistellungsauftrag beantragten Freistellungsbetrag nicht übersteigen. ³Absatz 6 ist entsprechend anzuwenden. ⁴Werden Kapitalerträge im Sinne des § 43 Absatz 1 Satz 1 Nummer 1a von einer auszahlenden Stelle im Sinne des § 44 Absatz 1 Satz 4 Nummer 3 an eine ausländische Stelle ausgezahlt, hat diese auszahlende Stelle über den von ihr vor der

---

1) Absatz 8 i.d.F. des Steuervereinfachungsgesetzes 2011 ist erstmals auf Kapitalerträge anzuwenden, die dem Gläubiger nach dem 31.12.2011 zufließen → § 52a Abs. 16a Satz 2 EStG.
2) Die Vorschrift soll durch das Jahressteuergesetz 2013 (JStG 2013) geändert werden. Bei Redaktionsschluss war das Gesetzgebungsverfahren noch nicht abgeschlossen. Um Beachtung wird gebeten. → Siehe hierzu Hinweise auf Seite 4!
3) Absatz 9 i.d.F. des OGAW-IV-UmsG ist erstmals auf Kapitalerträge anzuwenden, die dem Gläubiger nach dem 31.12.2011 zufließen → § 52a Abs. 16b EStG.
4) Die Vorschrift soll durch das Jahressteuergesetz 2013 (JStG 2013) geändert werden. Bei Redaktionsschluss war das Gesetzgebungsverfahren noch nicht abgeschlossen. Um Beachtung wird gebeten. → Siehe hierzu Hinweise auf Seite 4!
5) Absatz 10 i.d.F. des OGAW-IV-UmsG ist erstmals auf Kapitalerträge anzuwenden, die dem Gläubiger nach dem 31.12.2011 zufließen → § 52a Abs. 16b EStG.
6) Die Vorschrift soll durch das Jahressteuergesetz 2013 (JStG 2013) geändert werden. Bei Redaktionsschluss war das Gesetzgebungsverfahren noch nicht abgeschlossen. Um Beachtung wird gebeten. → Siehe hierzu Hinweise auf Seite 4!

§ 44a EStG
H 44a

Zahlung in das Ausland von diesen Kapitalerträgen vorgenommenen Steuerabzug der letzten inländischen auszahlenden Stelle in der Wertpapierverwahrkette, welche die Kapitalerträge auszahlt oder gutschreibt, auf deren Antrag eine Sammel-Steuerbescheinigung für die Summe der eigenen und der für Kunden verwahrten Aktien nach amtlich vorgeschriebenem Muster auszustellen. [5]Der Antrag darf nur für Aktien gestellt werden, die mit Dividendenberechtigung erworben und mit Dividendenanspruch geliefert wurden. [6]Wird eine solche Sammel-Steuerbescheinigung beantragt, ist die Ausstellung von Einzel-Steuerbescheinigungen oder die Weiterleitung eines Antrags auf Ausstellung einer Einzel-Steuerbescheinigung über den Steuerabzug von denselben Kapitalerträgen ausgeschlossen; die Sammel-Steuerbescheinigung ist als solche zu kennzeichnen. [7]Auf die ihr ausgestellte Sammel-Steuerbescheinigung wendet die letzte inländische auszahlende Stelle § 44b Absatz 6 mit der Maßgabe an, dass sie von den ihr nach dieser Vorschrift eingeräumten Möglichkeiten Gebrauch zu machen hat.

Hinweise
H 44a

Freistellungsauftrag ab 2011

→ BMF vom 9. 10. 2012 (BStBl I S. 953), Anlage 2

§ 44a EStG
H 44a

Anlage 2

Muster
- Freistellungsauftrag für Kapitalerträge und Antrag auf ehegattenübergreifende Verlustverrechnung -
(Gilt nicht für Betriebseinnahmen und Einnahmen aus Vermietung und Verpachtung)

_____   _____
(Name, abweichender Geburtsname, Vorname,   (Straße, Hausnummer)
Geburtsdatum des Gläubigers der Kapitalerträge)

_____
(Identifikationsnummer des Gläubigers)

[ ] Gemeinsamer Freistellungsauftrag *)

_____   _____
(ggf. Name, abweichender Geburtsname, Vorname,   (Postleitzahl, Ort)
Geburtsdatum des Ehegatten)

_____
(Identifikationsnummer des Ehegatten
bei gemeinsamem Freistellungsauftrag)

An

_____
(z. B. Kreditinstitut/Bausparkasse/Lebensversicherungsunternehmen/Bundes-/Landesschuldenverwaltung)

_____   _____
(Straße, Hausnummer)   (Postleitzahl, Ort)

Hiermit erteile ich/erteilen wir**) Ihnen den Auftrag, meine / unsere**) bei Ihrem Institut anfallenden Kapitalerträge vom Steuerabzug freizustellen und/oder bei Dividenden und ähnlichen Kapitalerträgen die Erstattung von Kapitalertragsteuer zu beantragen, und zwar

☐ bis zu einem Betrag von .... € (bei Verteilung des Sparer-Pauschbetrages auf mehrere Kreditinstitute).

☐ bis zur Höhe des für mich / uns**) geltenden Sparer-Pauschbetrages von insgesamt 801 € / 1.602 €**).

☐ über 0 €***) (sofern lediglich eine ehegattenübergreifende Verlustverrechnung beantragt werden soll).

Dieser Auftrag gilt ab dem 01.01.XXXX bzw. ab Beginn der Geschäftsverbindung

☐ so lange, bis Sie einen anderen Auftrag von mir / uns**) erhalten.

☐ bis zum 31.12.XXXX

Die in dem Auftrag enthaltenen Daten werden dem Bundeszentralamt für Steuern (BZSt) übermittelt. Sie dürfen zur Durchführung eines Verwaltungsverfahrens oder eines gerichtlichen Verfahrens in Steuersachen oder eines Strafverfahrens wegen einer Steuerstraftat oder eines Bußgeldverfahrens wegen einer Steuerordnungswidrigkeit verwendet sowie vom BZSt den

§ 44a EStG
H 44a

Sozialleistungsträgern übermittelt werden, soweit dies zur Überprüfung des bei der Sozialleistung zu berücksichtigenden Einkommens oder Vermögens erforderlich ist (§ 45 d EStG).

Ich versichere / Wir versichern**), dass mein / unser**) Freistellungsauftrag zusammen mit Freistellungsaufträgen an andere Kreditinstitute, Bausparkassen, das BZSt usw. den für mich / uns**) geltenden Höchstbetrag von insgesamt 801 €/1.602 €**) nicht übersteigt. Ich versichere / Wir versichern**) außerdem, dass ich / wir**) mit allen für das Kalenderjahr erteilten Freistellungsaufträgen für keine höheren Kapitalerträge als insgesamt 801 €/1.602 €**) im Kalenderjahr die Freistellung oder Erstattung von Kapitalertragsteuer in Anspruch nehme(n)**).

Die mit dem Freistellungsauftrag angeforderten Daten werden auf Grund von § 44a Absatz 2 und 2a, § 45b Absatz 1 und § 45d Absatz 1 EStG erhoben. Die Angabe der steuerlichen Identifikationsnummer ist für die Übermittlung der Freistellungsdaten an das BZSt erforderlich. Die Rechtsgrundlagen für die Erhebung der Identifikationsnummer ergeben sich aus § 139a Absatz 1 Satz 1 2. Halbsatz AO, § 139b Absatz 2 AO und § 45d EStG. Die Identifikationsnummer darf nur für Zwecke des Besteuerungsverfahrens verwendet werden.

_____ _____ _____
(Datum) (Unterschrift) (ggf. Unterschrift Ehegatte, gesetzliche (r) Vertreter)

☐ Zutreffendes bitte ankreuzen

*) Angaben zum Ehegatten und dessen Unterschrift sind nur bei einem gemeinsamen Freistellungsauftrag erforderlich
**) Nichtzutreffendes bitte streichen
***) Möchten Sie mit diesem Antrag lediglich eine ehegattenübergreifende Verlustverrechnung beantragen, so kreuzen Sie bitte dieses Feld an

Der Höchstbetrag von 1.602 € gilt nur bei Ehegatten, die einen gemeinsamen Freistellungsauftrag erteilen und bei denen die Voraussetzungen einer Zusammenveranlagung i. S. des § 26 Absatz 1 Satz 1 EStG vorliegen. Der gemeinsame Freistellungsauftrag ist z. B. nach Auflösung der Ehe oder bei dauerndem Getrenntleben zu ändern. Erteilen Ehegatten einen gemeinsamen Freistellungsauftrag, führt dies am Jahresende zu einer Verrechnung der Verluste des einen Ehegatten mit den Gewinnen und Erträgen des anderen Ehegatten. **Freistellungsaufträge können nur mit Wirkung zum Kalenderjahresende befristet werden. Eine Herabsetzung bis zu dem im Kalenderjahr bereits ausgenutzten Betrag ist jedoch zulässig. Sofern ein Freistellungsauftrag im laufenden Jahr noch nicht genutzt wurde, kann er auch zum 1. Januar des laufenden Jahres widerrufen werden. Der Freistellungsauftrag kann nur für sämtliche Depots oder Konten bei einem Kreditinstitut oder einem anderen Auftragnehmer gestellt werden**

§ 44b   Erstattung der Kapitalertragsteuer

(1) ¹Bei Kapitalerträgen im Sinne des § 43 Absatz 1 Satz 1 Nummer 1 und 2, die einem unbeschränkt einkommensteuerpflichtigen und in den Fällen des § 44a Absatz 5 auch einem beschränkt einkommensteuerpflichtigen Gläubiger zufließen, wird auf Antrag die einbehaltene und abgeführte Kapitalertragsteuer unter den Voraussetzungen des § 44a Absatz 1 Nummer 2, Absatz 2 Satz 1 Nummer 2 und Absatz 5 in dem dort bestimmten Umfang erstattet. ²Dem Antrag auf Erstattung sind

a) die Nichtveranlagungs-Bescheinigung nach § 44a Absatz 2 Satz 1 Nummer 2 sowie eine Steuerbescheinigung nach § 45a Absatz 3 oder

b) die Bescheinigung nach § 44a Absatz 5 sowie eine Steuerbescheinigung nach § 45a Absatz 2 oder Absatz 3 beizufügen.

(2) ¹Für die Erstattung ist das Bundeszentralamt für Steuern zuständig. ²Der Antrag ist nach amtlich vorgeschriebenem Muster zu stellen und zu unterschreiben.

(3) ¹Die Antragsfrist endet am 31. Dezember des Jahres, das dem Kalenderjahr folgt, in dem die Einnahmen zugeflossen sind. ²Die Frist kann nicht verlängert werden.

(4) Die Erstattung ist ausgeschlossen, wenn die vorgeschriebenen Steuerbescheinigungen nicht vorgelegt oder durch einen Hinweis nach § 44a Absatz 6 Satz 2 gekennzeichnet worden sind.

(5) ¹Ist Kapitalertragsteuer einbehalten oder abgeführt worden, obwohl eine Verpflichtung hierzu nicht bestand, oder hat der Gläubiger dem nach § 44 Absatz 1 zum Steuerabzug Verpflichteten die Bescheinigung nach § 43 Absatz 2 Satz 4, den Freistellungsauftrag, die Nichtveranlagungs-Bescheinigung oder die Bescheinigungen nach § 44a Absatz 4 oder Absatz 5 erst zu einem Zeitpunkt vorgelegt, zu dem die Kapitalertragsteuer bereits abgeführt war, oder nach diesem Zeitpunkt erst die Erklärung nach § 43 Absatz 2 Satz 3 Nummer 2 abgegeben, ist auf Antrag des nach § 44 Absatz 1 zum Steuerabzug Verpflichteten die Steueranmeldung (§ 45a Absatz 1) insoweit zu ändern; stattdessen kann der zum Steuerabzug Verpflichtete bei der folgenden Steueranmeldung die abzuführende Kapitalertragsteuer entsprechend kürzen. ²Erstattungsberechtigt ist der Antragsteller. ³Die vorstehenden Sätze sind in den Fällen des Absatzes 6 nicht anzuwenden.

(6) ¹Werden Kapitalerträge im Sinne des § 43 Absatz 1 Satz 1 Nummer 1 und 2 durch ein inländisches Kredit- oder Finanzdienstleistungsinstitut im Sinne des § 43 Absatz 1 Satz 1 Nummer 7 Buchstabe b, das die Wertpapiere, Wertrechte oder sonstigen Wirtschaftsgüter unter dem Namen des Gläubigers verwahrt oder verwaltet, als Schuldner der Kapitalerträge oder für Rechnung des Schuldners gezahlt, kann das Kredit- oder Finanzdienstleistungsinstitut die einbehaltene und abgeführte Kapitalertragsteuer dem Gläubiger der Kapitalerträge bis zur Ausstellung einer Steuerbescheinigung, längstens bis zum 31. März des auf den Zufluss der Kapitalerträge folgenden Kalenderjahres, unter den folgenden Voraussetzungen erstatten:

1. dem Kredit- oder Finanzdienstleistungsinstitut wird eine Nichtveranlagungs-Bescheinigung nach § 44a Absatz 2 Satz 1 Nummer 2 für den Gläubiger vorgelegt,

2. dem Kredit- oder Finanzdienstleistungsinstitut wird eine Bescheinigung nach § 44a Absatz 5 für den Gläubiger vorgelegt,

3. dem Kredit- oder Finanzdienstleistungsinstitut wird eine Bescheinigung nach § 44a Absatz 7 Satz 4 für den Gläubiger vorgelegt und eine Abstandnahme war nicht möglich oder

4. dem Kredit- oder Finanzdienstleistungsinstitut wird eine Bescheinigung nach § 44a Absatz 8 Satz 3 für den Gläubiger vorgelegt und die teilweise Abstandnahme war nicht möglich; in diesen Fällen darf die Kapitalertragsteuer nur in Höhe von zwei Fünfteln erstattet werden.

²Das erstattende Kredit- oder Finanzdienstleistungsinstitut haftet in sinngemäßer Anwendung des § 44 Absatz 5 für zu Unrecht vorgenommene Erstattungen; für die Zahlungsaufforderung gilt § 219 Satz 2 der Abgabenordnung entsprechend. ³Das Kredit- oder Finanzdienstleistungsinstitut hat die Summe der Erstattungsbeträge in der Steueranmeldung gesondert anzugeben und von der von ihm abzuführenden Kapitalertragsteuer abzusetzen. ⁴Wird dem Kredit- oder Finanzdienstleistungsinstitut ein Freistellungsauftrag erteilt, der auch Kapitalerträge im Sinne des Satzes 1 erfasst, oder führt das Institut einen Verlustausgleich nach § 43a Absatz 3 Satz 2 unter Einbeziehung von Kapitalerträgen im Sinne des Satzes 1 aus, so hat es bis zur Ausstellung der Steuerbescheinigung, längstens bis zum 31. März des auf den Zufluss der Kapitalerträge

---

¹) Die Vorschrift soll durch das Jahressteuergesetz 2013 (JStG 2013) geändert werden. Bei Redaktionsschluss war das Gesetzgebungsverfahren noch nicht abgeschlossen. Um Beachtung wird gebeten.
→ Siehe hierzu Hinweise auf Seite 4!

²) Absatz 1 i. d. F. des Unternehmensteuerreformgesetzes 2008 ist erstmals auf Kapitalerträge anzuwenden, die dem Gläubiger nach dem 31. 12. 2008 zufließen → § 52a Abs. 1 EStG. Absatz 1 Satz 1 wurde durch das JStG 2009 geändert und ist erstmals auf Kapitalerträge anzuwenden, die dem Gläubiger nach dem 31. 12. 2009 zufließen → § 52a Abs. 16 Satz 7 EStG.

folgenden Kalenderjahres, die einbehaltene und abgeführte Kapitalertragsteuer auf diese Kapitalerträge zu erstatten; Satz 2 ist entsprechend anzuwenden.

§ 45 Ausschluss der Erstattung von Kapitalertragsteuer

EStG
S 2401a

¹In den Fällen, in denen die Dividende an einen anderen als an den Anteilseigner ausgezahlt wird, ist die Erstattung von Kapitalertragsteuer an den Zahlungsempfänger ausgeschlossen. ²Satz 1 gilt nicht für den Erwerber eines Dividendenscheins in den Fällen des § 20 Absatz 2 Satz 1 Nummer 2 Buchstabe a. ³In den Fällen des § 20 Absatz 2 Satz 1 Nummer 2 Buchstabe b ist die Erstattung von Kapitalertragsteuer an den Erwerber von Zinsscheinen nach § 37 Absatz 2 der Abgabenordnung ausgeschlossen.

§ 45a Anmeldung und Bescheinigung der Kapitalertragsteuer

EStG

(1) ¹Die Anmeldung der einbehaltenen Kapitalertragsteuer ist dem Finanzamt innerhalb der in § 44 Absatz 1 oder Absatz 7 bestimmten Frist nach amtlich vorgeschriebenem Vordruck auf elektronischem Weg nach Maßgabe der Steuerdaten-Übermittlungsverordnung zu übermitteln; die auszahlende Stelle hat die Kapitalertragsteuer auf die Erträge im Sinne des § 43 Absatz 1 Satz 1 Nummer 1a jeweils gesondert für das Land, in dem sich der Ort der Geschäftsleitung des Schuldners der Kapitalerträge befindet, anzugeben ²Satz 1 gilt entsprechend, wenn ein Steuerabzug nicht oder nicht in voller Höhe vorzunehmen ist. ³Der Grund für die Nichtabführung ist anzugeben. ⁴Auf Antrag kann das Finanzamt zur Vermeidung unbilliger Härten auf eine elektronische Übermittlung verzichten; in diesem Fall ist die Kapitalertragsteuer- Anmeldung von dem Schuldner, der den Verkaufsauftrag ausführenden Stelle, der auszahlenden Stelle oder einer vertretungsberechtigten Person zu unterschreiben.

S 2401
1)

(2) ¹In den Fällen des § 43 Absatz 1 Satz 1 Nummer 1,2 bis 4, 7a und 7b sind der Schuldner der Kapitalerträge und in den Fällen des § 43 Absatz 1 Satz 1 Nummer 1a, 6, 7 und 8 bis 12 sowie Satz 2 die die Kapitalerträge auszahlende Stelle vorbehaltlich des Absatzes 3 verpflichtet, dem Gläubiger der Kapitalerträge auf Verlangen eine Bescheinigung nach amtlich vorgeschriebenem Muster auszustellen, die die nach § 32d erforderlichen Angaben enthält. ²Die Bescheinigung braucht nicht unterschrieben zu werden, wenn sie in einem maschinellen Verfahren ausgedruckt worden ist und den Aussteller erkennen lässt. ³§ 44a Absatz 6 gilt sinngemäß; über die zu kennzeichnenden Bescheinigungen haben die genannten Institute und Unternehmen Aufzeichnungen zu führen. ⁴Diese müssen einen Hinweis auf den Buchungsbeleg über die Auszahlung an den Empfänger der Bescheinigung enthalten.

2)
3)

(3) ¹Werden Kapitalerträge für Rechnung des Schuldners durch ein inländisches Kreditinstitut oder ein inländisches Finanzdienstleistungsinstitut gezahlt, so hat anstelle des Schuldners das Kreditinstitut oder das Finanzdienstleistungsinstitut die Bescheinigung zu erteilen, sofern nicht die Voraussetzungen des Absatzes 2 Satz 1 erfüllt sind. ²Satz 1 gilt in den Fällen des § 20 Absatz 1 Nummer 1 Satz 4 entsprechend; der Emittent der Aktien gilt insoweit als Schuldner der Kapitalerträge.

4)

(4) ¹Eine Bescheinigung nach Absatz 2 oder Absatz 3 ist auch zu erteilen, wenn in Vertretung des Gläubigers ein Antrag auf Erstattung der Kapitalertragsteuer nach § 44b gestellt worden ist oder gestellt wird. ²Satz 1 gilt entsprechend, wenn nach § 44a Absatz 8 Satz 1 der Steuerabzug nur nicht in voller Höhe vorgenommen worden ist.

5)

6)

(5) ¹Eine Ersatzbescheinigung darf nur ausgestellt werden, wenn die Urschrift nach den Angaben des Gläubigers abhanden gekommen oder vernichtet ist. ²Die Ersatzbescheinigung muss als solche gekennzeichnet sein. ³Über die Ausstellung von Ersatzbescheinigungen hat der Aussteller Aufzeichnungen zu führen.

---

1) § 45a Abs. 1 i. d. F. des OGAW-IV-UmsG ist erstmals auf Kapitalerträge anzuwenden, die dem Gläubiger nach dem 31. 12. 2011 zufließen → § 52a Abs. 16b EStG.
2) § 45a Abs. 2 EStG i. d. F. des OGAW-IV-UmsG ist erstmals auf Kapitalerträge anzuwenden, die dem Gläubiger nach dem 31. 12. 2011 zufließen → § 52a Abs. 16b EStG.
3) Die Vorschrift soll durch das Jahressteuergesetz 2013 (JStG 2013) geändert werden. Bei Redaktionsschluss war das Gesetzgebungsverfahren noch nicht abgeschlossen. Um Beachtung wird gebeten. → Siehe hierzu Hinweise auf Seite 4!
4) Absatz 3 i. d. F. des OGAW-IV-UmsG ist erstmals auf Kapitalerträge anzuwenden, die dem Gläubiger nach dem 31. 12. 2011 zufließen → § 52a Abs. 16b EStG.
5) Absatz 4 i. d. F. des Unternehmensteuerreformgesetzes 2008 ist erstmals auf Kapitalerträge anzuwenden, die dem Gläubiger nach dem 31. 12. 2008 zufließen → § 52a Abs. 1 EStG.
6) Das Wort „nur" ist durch ein Redaktionsversehen nicht gestrichen worden.

(6) ¹Eine Bescheinigung, die den Absätzen 2 bis 5 nicht entspricht, hat der Aussteller zurückzufordern und durch eine berichtigte Bescheinigung zu ersetzen. ²Die berichtigte Bescheinigung ist als solche zu kennzeichnen. ³Wird die zurückgeforderte Bescheinigung nicht innerhalb eines Monats nach Zusendung der berichtigten Bescheinigung an den Aussteller zurückgegeben, hat der Aussteller das nach seinen Unterlagen für den Empfänger zuständige Finanzamt schriftlich zu benachrichtigen.

(7) ¹Der Aussteller einer Bescheinigung, die den Absätzen 2 bis 5 nicht entspricht, haftet für die auf Grund der Bescheinigung verkürzten Steuern oder zu Unrecht gewährten Steuervorteile. ²Ist die Bescheinigung nach Absatz 3 durch ein inländisches Kreditinstitut oder ein inländisches Finanzdienstleistungsinstitut auszustellen, so haftet der Schuldner auch, wenn er zum Zweck der Bescheinigung unrichtige Angaben macht. ³Der Aussteller haftet nicht

1. in den Fällen des Satzes 2,
2. wenn er die ihm nach Absatz 6 obliegenden Verpflichtungen erfüllt hat.

§ 45b Erstattung von Kapitalertragsteuer auf Grund von Sammelanträgen

(1) ¹Wird in den Fällen des § 44b Absatz 1 der Antrag auf Erstattung von Kapitalertragsteuer in Vertretung des Gläubigers der Kapitalerträge durch einen Vertreter im Sinne des Absatzes 2 gestellt, kann von der Nichtveranlagungs-Bescheinigung nach § 44a Absatz 2 Satz 1 Nummer 2 oder der Bescheinigung nach § 44a Absatz 5 sowie der Steuerbescheinigung nach § 45a Absatz 2 oder 3 abgesehen werden, wenn der Vertreter versichert, dass

1. eine Bescheinigung im Sinne des § 45a Absatz 2 oder 3 als ungültig gekennzeichnet oder nach den Angaben des Gläubigers der Kapitalerträge abhanden gekommen oder vernichtet ist,
2. die Wertpapiere oder die Kapitalforderungen im Zeitpunkt des Zufließens der Einnahmen in einem auf den Namen des Vertreters lautenden Wertpapierdepot bei einem inländischen Kreditinstitut oder bei der inländischen Zweigniederlassung eines der in § 53b Absatz 1 oder Absatz 7 des Gesetzes über das Kreditwesen genannten Institute oder Unternehmen verzeichnet waren oder bei Vertretern im Sinne des Absatzes 2 Satz 1 Nummer 3 zu diesem Zeitpunkt der Geschäftsanteil vom Vertreter verwaltet wurde,
3. eine Nichtveranlagungs-Bescheinigung nach § 44a Absatz 2 Satz 1 Nummer 2 oder eine Bescheinigung nach § 44a Absatz 5 vorliegt und
4. die Angaben in dem Antrag wahrheitsgemäß nach bestem Wissen und Gewissen gemacht worden sind.

²Über Anträge, in denen ein Vertreter versichert, dass die Bescheinigung im Sinne des § 45a Absatz 2 oder Absatz 3 als ungültig gekennzeichnet oder nach den Angaben des Gläubigers der Kapitalerträge abhanden gekommen oder vernichtet ist, haben die Vertreter Aufzeichnungen zu führen. ³Die Sätze 1 und 2 sind entsprechend anzuwenden, wenn der Gläubiger der Kapitalerträge dem Vertreter einen Freistellungsauftrag erteilt hat.

(2) ¹Absatz 1 gilt für Anträge, die

1. eine Kapitalgesellschaft in Vertretung ihrer Arbeitnehmer stellt, soweit es sich um Einnahmen aus Anteilen handelt, die den Arbeitnehmern von der Kapitalgesellschaft überlassen worden sind und von ihr, einem inländischen Kreditinstitut oder einer inländischen Zweigniederlassung eines der in § 53b Absatz 1 oder 7 des Gesetzes über das Kreditwesen genannten Institute oder Unternehmen verwahrt werden;
2. der von einer Kapitalgesellschaft bestellte Treuhänder in Vertretung der Arbeitnehmer dieser Kapitalgesellschaft stellt, soweit es sich um Einnahmen aus Anteilen handelt, die den Arbeitnehmern von der Kapitalgesellschaft überlassen worden sind und von dem Treuhänder, einem inländischen Kreditinstitut oder einer inländischen Zweigniederlassung eines der in § 53b Absatz 1 oder 7 des Gesetzes über das Kreditwesen genannten Institute oder Unternehmen verwahrt werden.

---

¹⁾ Die Vorschrift soll durch das Jahressteuergesetz 2013 (JStG 2013) aufgehoben werden. Bei Redaktionsschluss war das Gesetzgebungsverfahren noch nicht abgeschlossen. Um Beachtung wird gebeten. → Siehe hierzu Hinweise auf Seite 4!
²⁾ Absatz 2 i. d. F. des Steuervereinfachungsgesetzes 2011 ist erstmals auf Kapitalerträge anzuwenden, die dem Gläubiger nach dem 31. 12. 2011 zufließen → § 52a Abs. 16a Satz 2 EStG.

²Den Arbeitnehmern im Sinne des Satzes 1 Nummer 1 und 2 stehen Arbeitnehmer eines mit der Kapitalgesellschaft verbundenen Unternehmens (§ 15 des Aktiengesetzes) sowie frühere Arbeitnehmer der Kapitalgesellschaft oder eines mit ihr verbundenen Unternehmens gleich. ³Den von der Kapitalgesellschaft überlassenen Anteilen stehen Aktien gleich, die den Arbeitnehmern bei einer Kapitalerhöhung auf Grund ihres Bezugsrechts aus den von der Kapitalgesellschaft überlassenen Aktien zugeteilt worden sind oder die den Arbeitnehmern auf Grund einer Kapitalerhöhung aus Gesellschaftsmitteln gehören.

(2a) ¹Sammelanträge auf volle oder teilweise Erstattung können auch Gesamthandsgemeinschaften für ihre Mitglieder im Sinne von § 44a Absatz 7 und 8 stellen. ²Die Absätze 1 und 2 sind entsprechend anzuwenden.

(3) ¹Erkennt der Vertreter des Gläubigers der Kapitalerträge vor Ablauf der Festsetzungsfrist im Sinne der §§ 169 bis 171 der Abgabenordnung, dass die Erstattung ganz oder teilweise zu Unrecht festgesetzt worden ist, so hat er dies dem Bundeszentralamt für Steuern anzuzeigen. ²Das Bundeszentralamt für Steuern hat die zu Unrecht erstatteten Beträge von dem Gläubiger zurückzufordern, für den sie festgesetzt worden sind. ³Der Vertreter des Gläubigers haftet für die zurückzuzahlenden Beträge.

(4) ¹§ 44b Absatz 1 bis 4 gilt entsprechend. ²Die Antragsfrist gilt als gewahrt, wenn der Gläubiger die beantragende Stelle bis zu dem in § 44b Absatz 3 bezeichneten Zeitpunkt schriftlich mit der Antragstellung beauftragt hat.

(5) Die Vollmacht, den Antrag auf Erstattung von Kapitalertragsteuer zu stellen, ermächtigt zum Empfang der Steuererstattung.

§ 45c (weggefallen)

§ 45d Mitteilungen an das Bundeszentralamt für Steuern

(1) ¹Wer nach § 44 Absatz 1 dieses Gesetzes und § 7 des Investmentsteuergesetzes zum Steuerabzug verpflichtet ist oder auf Grund von Sammelanträgen nach § 45b Absatz 1 und 2 die Erstattung von Kapitalertragsteuer beantragt (Meldestelle), hat dem Bundeszentralamt für Steuern bis zum 1. März des Jahres, das auf das Jahr folgt, in dem die Kapitalerträge den Gläubigern zufließen, folgende Daten zu übermitteln:

1. Vor- und Zuname, Identifikationsnummer (§ 139b der Abgabenordnung) sowie das Geburtsdatum des Gläubigers der Kapitalerträge; bei einem gemeinsamen Freistellungsauftrag sind die Daten beider Ehegatten zu übermitteln,
2. Anschrift des Gläubigers der Kapitalerträge,
3. bei den Kapitalerträgen, für die ein Freistellungsauftrag erteilt worden ist,
   a) die Kapitalerträge, bei denen vom Steuerabzug Abstand genommen worden ist oder bei denen auf Grund des Freistellungsauftrags gemäß § 44b Absatz 6 Satz 4 dieses Gesetzes oder gemäß § 7 Absatz 5 Satz 1 des Investmentsteuergesetzes Kapitalertragsteuer erstattet wurde,
   b) die Kapitalerträge, bei denen die Erstattung von Kapitalertragsteuer beim Bundeszentralamt für Steuern beantragt worden ist,
4. die Kapitalerträge, bei denen auf Grund einer Nichtveranlagungs-Bescheinigung einer natürlichen Person nach § 44a Absatz 2 Satz 1 Nummer 2 vom Steuerabzug Abstand genommen oder eine Erstattung vorgenommen wurde,

---

1) Absatz 2 Satz 1 Nr. 3 wurde durch das Steuervereinfachungsgesetz 2011 aufgehoben.
   Absatz 2 Satz 1 Nr. 3 in der bis 31. 12. 2010 geltenden Fassung lautet:
   „3. eine Erwerbs- oder Wirtschaftsgenossenschaft in Vertretung ihrer Mitglieder stellt, soweit es sich um Einnahmen aus Anteilen an dieser Genossenschaft handelt und nicht die Abstandnahme gemäß § 44a Absatz 8 durchgeführt wurde."
   Absatz 2 i. d. F. des Steuervereinfachungsgesetzes 2011 ist erstmals auf Kapitalerträge anzuwenden, die dem Gläubiger nach dem 31. 12. 2011 zufließen → § 52a Abs. 16a Satz 2 EStG.
2) § 45c EStG wurde durch das Unternehmensteuerreformgesetz 2008 ab VZ 2009 aufgehoben → § 52a Abs. 1 EStG.
3) **§ 45d Abs. 1 EStG wurde durch das JStG 2010 neu gefasst. Die Neufassung ist erstmals für Kapitalerträge anzuwenden, die ab dem 1. 1. 2011 zufließen; die Übermittlung der Identifikationsnummer hat für Kapitalerträge, die vor dem 1. 1. 2016 zufließen, nur zu erfolgen, wenn sie der Meldestelle vorliegt → § 52a Abs. 16 Satz 9 EStG.**
4) Die Vorschrift soll durch das Jahressteuergesetz 2013 (JStG 2013) geändert werden. Bei Redaktionsschluss war das Gesetzgebungsverfahren noch nicht abgeschlossen. Um Beachtung wird gebeten. → Siehe hierzu Hinweise auf Seite 4!

5. Name und Anschrift der Meldestelle.

²Die Daten sind nach amtlich vorgeschriebenem Datensatz durch Datenfernübertragung zu übermitteln; im Übrigen ist § 150 Absatz 6 der Abgabenordnung entsprechend anzuwenden.

(2) ¹Das Bundeszentralamt für Steuern darf den Sozialleistungsträgern die Daten nach Absatz 1 mitteilen, soweit dies zur Überprüfung des bei der Sozialleistung zu berücksichtigenden Einkommens oder Vermögens erforderlich ist oder der Betroffene zustimmt. ²Für Zwecke des Satzes 1 ist das Bundeszentralamt für Steuern berechtigt, die ihm von den Sozialleistungsträgern übermittelten Daten mit den vorhandenen Daten nach Absatz 1 im Wege des automatisierten Datenabgleichs zu überprüfen und das Ergebnis den Sozialleistungsträgern mitzuteilen.

¹⁾ (3) ¹Ein inländischer Versicherungsvermittler im Sinne des § 59 Absatz 1 des Versicherungsvertragsgesetzes hat bis zum 30. März des Folgejahres das Zustandekommen eines Vertrages im Sinne des § 20 Absatz 1 Nummer 6 zwischen einer im Inland ansässigen Person und einem Versicherungsunternehmen mit Sitz und Geschäftsleitung im Ausland gegenüber dem Bundeszentralamt für Steuern mitzuteilen; dies gilt nicht, wenn das Versicherungsunternehmen eine Niederlassung im Inland hat oder das Versicherungsunternehmen dem Bundeszentralamt für Steuern bis zu diesem Zeitpunkt das Zustandekommen eines Vertrages angezeigt und den Versicherungsvermittler hierüber in Kenntnis gesetzt hat. ²Folgende Daten sind zu übermitteln:

1. Vor- und Zuname sowie Geburtsdatum, Anschrift und Identifikationsnummer des Versicherungsnehmers,
2. Name und Anschrift des Versicherungsunternehmens sowie Vertragsnummer oder sonstige Kennzeichnung des Vertrages,
3. Name und Anschrift des Versicherungsvermittlers, wenn die Mitteilung nicht vom Versicherungsunternehmen übernommen wurde,
4. Laufzeit und garantierte Versicherungssumme oder Beitragssumme für die gesamte Laufzeit,
5. Angabe, ob es sich um einen konventionellen, einen fondsgebundenen oder einen vermögensverwaltenden Versicherungsvertrag handelt.

³Die Daten sind nach amtlich vorgeschriebenem Datensatz durch Datenfernübertragung zu übermitteln; im Übrigen ist § 150 Absatz 6 der Abgabenordnung entsprechend anzuwenden.

EStG
S 2402

§ 45e Ermächtigung für Zinsinformationsverordnung

¹Die Bundesregierung wird ermächtigt, durch Rechtsverordnung mit Zustimmung des Bundesrates die Richtlinie 2003/48/EG des Rates vom 3. Juni 2003 (ABl. EU Nr. L 157 S. 38) in der jeweils geltenden Fassung im Bereich der Besteuerung von Zinserträgen umzusetzen. ²§ 45d Absatz 1 Satz 2 bis 4 und Absatz 2 sind entsprechend anzuwenden.

4. Veranlagung von Steuerpflichtigen mit steuerabzugspflichtigen Einkünften

EStG

§ 46 Veranlagung bei Bezug von Einkünften aus nichtselbständiger Arbeit

S 2270

(1) (weggefallen)

(2) Besteht das Einkommen ganz oder teilweise aus Einkünften aus nichtselbständiger Arbeit, von denen ein Steuerabzug vorgenommen worden ist, so wird eine Veranlagung nur durchgeführt,

1. wenn die positive Summe der einkommensteuerpflichtigen Einkünfte, die nicht dem Steuerabzug vom Arbeitslohn zu unterwerfen waren, vermindert um die darauf entfallenden Beträge nach § 13 Absatz 3 und § 24a, oder die positive Summe der Einkünfte und Leistungen, die dem Progressionsvorbehalt unterliegen, jeweils mehr als 410 Euro beträgt;
2. wenn der Steuerpflichtige nebeneinander von mehreren Arbeitgebern Arbeitslohn bezogen hat; das gilt nicht, soweit nach § 38 Absatz 3a Satz 7 Arbeitslohn von mehreren Arbeitgebern für den Lohnsteuerabzug zusammengerechnet worden ist;

---

¹⁾ § 45d Abs. 3 i. d. F. des JStG 2013 ist für Versicherungsverträge anzuwenden, die nach dem 31. 12. 2008 abgeschlossen werden; die erstmalige Übermittlung hat bis zum 30. 3. 2011 zu erfolgen → § 52a Abs. 16 Satz 10 EStG i. d. F. des JStG 2010.

3. wenn bei einem Steuerpflichtigen die Summe der beim Steuerabzug vom Arbeitslohn nach § 39b Absatz 2 Satz 5 Nummer 3 Buchstabe b bis d berücksichtigten Teilbeträge der Vorsorgepauschale größer ist als die abziehbaren Vorsorgeaufwendungen nach § 10 Absatz 1 Nummer 3 und Nummer 3a in Verbindung mit Absatz 4 und der im Kalenderjahr insgesamt erzielte Arbeitslohn *10 500* Euro übersteigt, oder bei Ehegatten, die die Voraussetzungen des § 26 Absatz 1 erfüllen, der im Kalenderjahr von den Ehegatten insgesamt erzielte Arbeitslohn *19 700* Euro übersteigt; [1] [2]

3a. wenn von Ehegatten, die nach den §§ 26, 26b zusammen zur Einkommensteuer zu veranlagen sind, beide Arbeitslohn bezogen haben und einer für den Veranlagungszeitraum oder einen Teil davon nach der Steuerklasse V oder VI besteuert oder bei Steuerklasse IV der Faktor (§ 39f) eingetragen worden ist;

4. wenn für einen Steuerpflichtigen ein Freibetrag im Sinne des § 39a Absatz 1 Nummer 1 bis 3, 5 oder Nummer 6 ermittelt worden ist und der im Kalenderjahr insgesamt erzielte Arbeitslohn *10 500* Euro übersteigt oder bei Ehegatten, die die Voraussetzungen des § 26 Absatz 1 erfüllen, der im Kalenderjahr von den Ehegatten insgesamt erzielte Arbeitslohn *19 700* Euro übersteigt; dasselbe gilt für einen Steuerpflichtigen, der zum Personenkreis des § 1 Absatz 2 gehört oder für einen beschränkt einkommensteuerpflichtigen Arbeitnehmer, wenn diese Eintragungen auf einer Bescheinigung für den Lohnsteuerabzug (§ 39 Absatz 3 Satz 1) erfolgt sind;

4a. wenn bei einem Elternpaar, bei dem die Voraussetzungen des § 26 Absatz 1 Satz 1 nicht vorliegen,

a) bis c) (weggefallen)

d) im Fall des § 33a Absatz 2 Satz 5 das Elternpaar gemeinsam eine Aufteilung des Abzugsbetrags in einem anderen Verhältnis als je zur Hälfte beantragt oder

e) im Fall des § 33b Absatz 5 Satz 3 das Elternpaar gemeinsam eine Aufteilung des Pauschbetrags für behinderte Menschen oder des Pauschbetrags für Hinterbliebene in einem anderen Verhältnis als je zur Hälfte beantragt.

²Die Veranlagungspflicht besteht für jeden Elternteil, der Einkünfte aus nichtselbständiger Arbeit bezogen hat;

5. wenn bei einem Steuerpflichtigen die Lohnsteuer für einen sonstigen Bezug im Sinne des § 34 Absatz 1 Nummer 2 und 4 nach § 39b Absatz 3 Satz 9 oder für einen sonstigen Bezug nach § 39c Absatz 3 ermittelt wurde;

5a. wenn der Arbeitgeber die Lohnsteuer von einem sonstigen Bezug berechnet hat und dabei der Arbeitslohn aus früheren Dienstverhältnissen des Kalenderjahres außer Betracht geblieben ist (§ 39b Absatz 3 Satz 2, § 41 Absatz 1 Satz 7, Großbuchstabe S);

6. wenn die Ehe des Arbeitnehmers im Veranlagungszeitraum durch Tod, Scheidung oder Aufhebung aufgelöst worden ist und er oder sein Ehegatte der aufgelösten Ehe im Veranlagungszeitraum wieder geheiratet hat;

7. wenn

a) für einen unbeschränkt Steuerpflichtigen im Sinne des § 1 Absatz 1 bei der Bildung der Lohnsteuerabzugsmerkmale (§ 39) ein Ehegatte im Sinne des § 1a Absatz 1 Nummer 2 berücksichtigt worden ist oder

b) für einen Steuerpflichtigen, der zum Personenkreis des § 1 Absatz 3 oder des § 1a gehört, Lohnsteuerabzugsmerkmale nach § 39 Absatz 2 gebildet worden sind; das nach § 39 Absatz 2 Satz 2 bis 4 zuständige Betriebsstättenfinanzamt ist dann auch für die Veranlagung zuständig.

8. wenn die Veranlagung beantragt wird, insbesondere zur Anrechnung von Lohnsteuer auf die Einkommensteuernummer ²Der Antrag ist durch Abgabe einer Einkommensteuererklärung zu stellen. [3]

(3) ¹In den Fällen des Absatzes 2 ist ein Betrag in Höhe der einkommensteuerpflichtigen Einkünfte, von denen der Steuerabzug vom Arbeitslohn nicht vorgenommen worden ist, vom Einkommen abzuziehen, wenn diese Einkünfte insgesamt nicht mehr als 410 Euro betragen. ²Der Betrag nach Satz 1 vermindert sich um den Altersentlastungsbetrag, soweit dieser den unter Verwendung des nach § 24a Satz 5 maßgebenden Prozentsatzes zu ermittelnden Anteil des Ar-

---

[1] Absatz 2 Nr. 3 wurde durch das Steuervereinfachungsgesetz 2011 geändert und ist erstmals für den VZ 2010 anzuwenden → § 52 Abs. 55j Satz 2 EStG.
[2] Absatz 2 Nr. 3 und 4 wurden durch das Gesetz zum Abbau der kalten Progression vom 20. Februar 2013 (BGBl I S. 283) geändert.
[3] Absatz 2 Nr. 8 i. d. F. des JStG 2008 ist erstmals für den VZ 2005 anzuwenden und in Fällen, in denen am 28. 12. 2007 über einen Antrag auf Veranlagung zur Einkommensteuer noch nicht bestandskräftig entschieden ist → § 52 Abs. 55j Satz 2 EStG.

§ 46 EStG §§ 56, 70 EStDV
H 46

beitslohns mit Ausnahme der Versorgungsbezüge im Sinne des § 19 Absatz 2 übersteigt, und um den nach § 13 Absatz 3 zu berücksichtigenden Betrag.

(4) ¹Kommt nach Absatz 2 eine Veranlagung zur Einkommensteuer nicht in Betracht, so gilt die Einkommensteuer, die auf die Einkünfte aus nichtselbständiger Arbeit entfällt, für den Steuerpflichtigen durch den Lohnsteuerabzug als abgegolten, soweit er nicht für zu wenig erhobene Lohnsteuer in Anspruch genommen werden kann. ²§ 42b bleibt unberührt.

(5) Durch Rechtsverordnung kann in den Fällen des Absatzes 2 Nummer 1, in denen die einkommensteuerpflichtigen Einkünfte, von denen der Steuerabzug vom Arbeitslohn nicht vorgenommen worden ist, den Betrag von 410 Euro übersteigen, die Besteuerung so gemildert werden, dass auf die volle Besteuerung dieser Einkünfte stufenweise übergeleitet wird.

EStDV

§ 56 Steuererklärungspflicht

¹Unbeschränkt Steuerpflichtige haben eine jährliche Einkommensteuererklärung für das abgelaufene Kalenderjahr (Veranlagungszeitraum) in den folgenden Fällen abzugeben:

1. Ehegatten, bei denen im Veranlagungszeitraum die Voraussetzungen des § 26 Abs. 1 des Gesetzes vorgelegen haben und von denen keiner die getrennte Veranlagung nach § 26a des Gesetzes oder die besondere Veranlagung nach § 26c des Gesetzes wählt,
    a) wenn keiner der Ehegatten Einkünfte aus nichtselbständiger Arbeit, von denen ein Steuerabzug vorgenommen worden ist, bezogen und der Gesamtbetrag der Einkünfte mehr als das Zweifache des Grundfreibetrages nach § 32a Absatz 1 Satz 2 Nummer 1 des Gesetzes in der jeweils geltenden Fassung betragen hat,
    b) wenn mindestens einer der Ehegatten Einkünfte aus nichtselbständiger Arbeit, von denen ein Steuerabzug vorgenommen worden ist, bezogen hat und eine Veranlagung nach § 46 Abs. 2 Nr. 1 bis 7 des Gesetzes in Betracht kommt,
    c) wenn eine Veranlagung nach § 46 Abs. 2a des Gesetzes in Betracht kommt;
2. Personen, bei denen im Veranlagungszeitraum die Voraussetzungen des § 26 Abs. 1 des Gesetzes nicht vorgelegen haben,
    a) wenn der Gesamtbetrag der Einkünfte den Grundfreibetrag nach § 32a Absatz 1 Satz 2 Nummer 1 des Gesetzes in der jeweils geltenden Fassung überstiegen hat und darin keine Einkünfte aus nichtselbständiger Arbeit, von denen ein Steuerabzug vorgenommen worden ist, enthalten sind,
    b) wenn in dem Gesamtbetrag der Einkünfte aus nichtselbständiger Arbeit, von denen ein Steuerabzug vorgenommen worden ist, enthalten sind und eine Veranlagung nach § 46 Abs. 2 Nr. 1 bis 6 und 7 Buchstabe b des Gesetzes in Betracht kommt,
    c) wenn eine Veranlagung nach § 46 Abs. 2a des Gesetzes in Betracht kommt.

²Eine Steuererklärung ist außerdem abzugeben, wenn zum Schluss des vorangegangenen Veranlagungszeitraums ein verbleibender Verlustabzug festgestellt worden ist.

§ 70 Ausgleich von Härten in bestimmten Fällen

¹Betragen in den Fällen des § 46 Abs. 2 Nr. 1 bis 7 des Gesetzes die einkommensteuerpflichtigen Einkünfte, von denen der Steuerabzug vom Arbeitslohn nicht vorgenommen worden ist, insgesamt mehr als 410 Euro, so ist vom Einkommen der Betrag abzuziehen, um den die bezeichneten Einkünfte, vermindert um den auf sie entfallenden Altersentlastungsbetrag (§ 24a des Gesetzes) und den nach § 13 Abs. 3 des Gesetzes zu berücksichtigenden Betrag, niedriger als 820 Euro sind (Härteausgleichsbetrag). ²Der Härteausgleichsbetrag darf nicht höher sein als die nach Satz 1 verminderten Einkünfte.

H 46
Hinweise

Abtretung/Verpfändung

AO § 46 Abtretung, Verpfändung, Pfändung

(1) Ansprüche auf Erstattung von Steuern, Haftungsbeträgen, steuerlichen Nebenleistungen und auf Steuervergütungen können abgetreten, verpfändet und gepfändet werden.

(2) Die Abtretung wird jedoch erst wirksam, wenn sie der Gläubiger in der nach Absatz 3 vorgeschriebenen Form der zuständigen Finanzbehörde nach Entstehung des Anspruchs anzeigt.

(3) ¹Die Abtretung ist der zuständigen Finanzbehörde unter Angabe des Abtretenden, des Abtretungsempfängers sowie der Art und Höhe des abgetretenen Anspruchs und des Abtretungsgrundes auf einem amtlich vorgeschriebenen Vordruck anzuzeigen. ²Die Anzeige ist vom Abtretenden und vom Abtretungsempfänger zu unterschreiben.

(4) ¹Der geschäftsmäßige Erwerb von Erstattungs- oder Vergütungsansprüchen zum Zwecke der Einziehung oder sonstigen Verwertung auf eigene Rechnung ist nicht zulässig. ²Dies gilt nicht für die Fälle der Sicherungsabtretung. ³Zum geschäftsmäßigen Erwerb und zur geschäftsmäßigen Einziehung der zur Sicherung abgetretenen Ansprüche sind nur Unternehmen befugt, denen das Betreiben von Bankgeschäften erlaubt ist.

(5) Wird der Finanzbehörde die Abtretung angezeigt, so müssen Abtretender und Abtretungsempfänger der Finanzbehörde gegenüber die angezeigte Abtretung gegen sich gelten lassen, auch wenn sie nicht erfolgt oder nicht wirksam oder wegen Verstoßes gegen Absatz 4 nichtig ist.

(6) ¹Ein Pfändungs- und Überweisungsbeschluss oder eine Pfändungs- und Einziehungsverfügung dürfen nicht erlassen werden, bevor der Anspruch entstanden ist. ²Ein entgegen diesem Verbot erwirkter Pfändungs- und Überweisungsbeschluss oder eine erwirkte Pfändungs- und Einziehungsverfügung sind nichtig. ³Die Vorschriften der Absätze 2 bis 5 sind auf die Verpfändung sinngemäß anzuwenden.

(7) Bei Pfändung eines Erstattungs- oder Vergütungsanspruchs gilt die Finanzbehörde, die über den Anspruch entschieden oder zu entscheiden hat, als Drittschuldner im Sinne der §§ 829, 845 der Zivilprozessordnung.

Anwendungserlass zur Abgabenordnung (AEAO)
– Auszug –

(BMF-Schreiben vom 2. 1. 2008, BStBl I S. 26)

Zu § 46 – Abtretung, Verpfändung, Pfändung:

1. Der Gläubiger kann die Abtretung oder Verpfändung der zuständigen Finanzbehörde wirksam nur nach Entstehung des Anspruchs anzeigen. Die Anzeige wirkt nicht auf den Zeitpunkt des Abtretungs- oder Verpfändungsvertrages zurück. Vor Entstehung des Steueranspruchs sind Pfändungen wirkungslos; sie werden auch nicht mit Entstehung des Anspruchs wirksam. Da z. B. der Einkommensteuererstattungsanspruch aus überzahlter Lohnsteuer grundsätzlich mit Ablauf des für die Steuerfestsetzung maßgebenden Erhebungszeitraums entsteht (§ 38 AO i. V. m. § 36 Abs. 1 EStG), sind während des betreffenden Erhebungszeitraums (bis 31. 12.) angezeigte Lohnsteuer-Abtretungen bzw. Verpfändungen und ausgebrachte Pfändungen wirkungslos. Ein auf einem Verlustrücktrag nach § 10d Abs. 1 EStG beruhender Erstattungsanspruch ist nur dann wirksam abgetreten, gepfändet oder verpfändet, wenn die Abtretung, Verpfändung oder Pfändung erst nach Ablauf des Verlustentstehungsjahres angezeigt ist bzw. ausgebracht worden ist (vgl. zu § 38, Nr. 1 Satz 3). Der Anspruch auf Erstattungszinsen nach § 233a entsteht erst, wenn eine Steuerfestsetzung zu einer Steuererstattung führt und die übrigen Voraussetzungen des § 233a in diesem Zeitpunkt erfüllt sind. Eine vor der Steuerfestsetzung angezeigte Abtretung des Anspruchs auf Erstattungszinsen ist unwirksam (BFH-Urteil vom 14. 5. 2002 – VII R 6/01 – BStBl II S. 677).

2. Der geschäftsmäßige Erwerb und die geschäftsmäßige Einziehung von Erstattungs- oder Vergütungsansprüchen ist nur bei Sicherungsabtretungen und nur Bankunternehmen gestattet (BFH-Urteil vom 23. 10. 1985, VII R 196/82, BStBl 1986 II S. 124). Verstöße gegen § 46 Abs. 4 werden als Steuerordnungswidrigkeiten geahndet (§ 383). Auskünfte darüber, inwieweit einem Unternehmen das Betreiben von Bankgeschäften nach § 32 des Kreditwesengesetzes erlaubt worden ist, können bei der Bundesanstalt für Finanzdienstleistungsaufsicht oder auch bei der für den Sitz des betreffenden Unternehmens zuständigen Landeszentralbank *eingeholt werden*. Die Geschäftsmäßigkeit wird stets zu bejahen sein, wenn für den Erwerb von Erstattungsansprüchen organisatorische Vorkehrungen getroffen werden (z. B. vorbereitete Formulare, besondere Karten). Für die Annahme der Geschäftsmäßigkeit reicht es nicht aus, dass die – vereinzelte – Abtretung im Rahmen eines Handelsgeschäfts vorgenommen wurde.

3. Auch bei einem Verstoß gegen § 46 Abs. 4 Satz 1 oder bei sonstiger Unwirksamkeit des der Abtretung oder Verpfändung zugrunde liegenden Rechtsgeschäfts kann die Finanzbehörde nach erfolgter Anzeige mit befreiender Wirkung an den Abtretungsempfänger zahlen, soweit nicht Rechte anderer Gläubiger entgegenstehen.

4. Mit der wirksam angezeigten Abtretung oder Verpfändung (bzw. ausgebrachten Pfändung) geht nicht die gesamte Rechtsstellung des Steuerpflichtigen über (BFH-Urteile vom

21. 3. 1975, VI R 238/71, BStBl 1975 II S. 669, vom 15. 5. 1975, V R 84/70, BStBl 1976 II S. 41, vom 25. 4. 1978, VII R 2/75, BStBl 1978 II S. 464 und vom 27. 1. 1993, II S 10/92, BFH/NV 1993 S. 350). Übertragen wird nur der Zahlungsanspruch. Auch nach einer Abtretung, Pfändung oder Verpfändung ist der Steuerbescheid nur dem Steuerpflichtigen bekannt zu geben. Der neue Gläubiger des Erstattungsanspruchs kann nicht den Steuerbescheid anfechten. Dem neuen Gläubiger des Erstattungsanspruchs muss nur mitgeteilt werden, ob und ggf. in welcher Höhe sich aus der Veranlagung ein Erstattungsanspruch ergeben hat und ob und ggf. in welcher Höhe aufgrund der Abtretung, Pfändung oder Verpfändung an ihn zu leisten ist. Über Streitigkeiten hierüber ist durch Verwaltungsakt nach § 218 Abs. 2 zu entscheiden. Der neue Gläubiger des Erstattungsanspruchs ist nicht befugt, einen Antrag auf Einkommensteuerveranlagung gemäß § 46 Abs. 2 Nr. 8 EStG zu stellen. Der neue Gläubiger des Erstattungsanspruchs ist nicht befugt, einen Antrag auf Einkommensteuerveranlagung gemäß § 46 Abs. 2 Nr. 8 EStG zu stellen (vgl. BFH-Urteil vom 18. 8. 1998, VII R 114/97, BStBl 1999 II S. 84). Dieser Antrag ist ein von den Rechtswirkungen des § 46 nicht erfasstes höchstpersönliches steuerliches Gestaltungsrecht. Die vorstehenden Sätze gelten entsprechend für Fälle einer Überleitung von Steuererstattungsansprüchen gemäß § 90 BSHG.

5. Fehlt in der Abtretungsanzeige, nach der die Erstattungsansprüche aus der Zusammenveranlagung abgetreten worden sind, die Unterschrift eines Ehegatten, so wird dadurch die Wirksamkeit der Abtretung des Anspruchs, soweit er auf den Ehegatten entfällt, der die Anzeige unterschrieben hat, nicht berührt (BFH-Urteil vom 13. 3. 1997, VII R 39/96, BStBl 1997 II S. 522). Zum Erstattungsanspruch bei zusammenveranlagten Ehegatten vgl. zu § 37, Nr. 2.

6. Für die Anzeige der Abtretung oder Pfändung eines Erstattungs- oder Vergütungsanspruches wird der in der Anlage abgedruckte Vordruck[1]) bestimmt.

7. Die auf einem vollständig ausgefüllten amtlichen Vordruck erklärte, vom Abtretenden und vom Abtretungsempfänger jeweils eigenhändig unterschriebene Abtretungsanzeige kann der zuständigen Finanzbehörde auch per Telefax übermittelt werden (vgl. BFH-Urteil vom 8. 6. 2010 – VII R 39/09 – BStBl II, S. 839). Dies gilt entsprechend, wenn eine Abtretungsanzeige im Sinne des Satzes 1 eingescannt per E-Mail übermittelt wird. Die Anzeige der Abtretung wird wirksam, sobald die Kenntnisnahme durch die Finanzbehörde möglich und nach der Verkehrsanschauung zu erwarten ist (§ 130 Abs. 1 Satz 1 BGB). Dies bedeutet: Eintritt der Wirksamkeit bei Übermittlung

– während der üblichen Dienststunden der Finanzbehörde im Zeitpunkt der vollständigen Übermittlung;

– außerhalb der üblichen Dienststunden der Finanzbehörde zum Zeitpunkt des Dienstbeginns

am nächsten Arbeitstag.[2])

---

[1]) → Anlage zum AEAO zu § 46.
[2]) Nr. 7 angefügt durch Nr. 3 des BMF-Schreibens vom 11. 07. 2011,

§ 46 EStG
AEAO

Anlage zum AEAO zu § 46 [Abtretungs-/Verpfändungsanzeige]

Anlage zum AEAO zu § 46

ACHTUNG Beachten Sie unbedingt die Hinweise in Abschnitt V. des Formulars ! Zutreffendes bitte ankreuzen bzw. leserlich ausfüllen !	Eingangsstempel
Finanzamt	Raum für Bearbeitungsvermerke

☐ Abtretungsanzeige
☐ Verpfändungsanzeige

I. Abtretende(r) / Verpfänder(in)

Familienname bzw. Firma (bei Gesellschaften)	Vorname	Geburtsdatum
	Steuernummer	
Ehegatte: Familienname	Vorname	Geburtsdatum
Anschrift(en)		

II. Abtretungsempfänger(in) / Pfandgläubiger(in)

Name / Firma und Anschrift

III. Anzeige

Folgender Erstattungs- bzw. Vergütungsanspruch ist abgetreten / verpfändet worden:

1. Bezeichnung des Anspruchs:

☐	Einkommensteuer-Veranlagung	für	☐ Umsatzsteuerfestsetzung	für	Kalenderjahr
☐	_____	für Zeitraum	☐ Umsatzsteuervoranmeldung	für	Monat bzw. Quartal / Jahr
☐	_____	für Kalenderjahr			
☐	_____				

2. Umfang der Abtretung bzw. Verpfändung:

☐ **VOLL**-Abtretung / Verpfändung   voraussichtliche Höhe   €
☐ **TEIL**-Abtretung / Verpfändung   in Höhe von   €

3. Grund der Abtretung / Verpfändung:

☐ Sicherungsabtretung   oder   _____

§ 46 EStG
AEAO

Seite 2

IV. Überweisung / Verrechnung

Der abgetretene / verpfändete Betrag soll ausgezahlt werden durch:

☐ **Überweisung** auf Konto-Nr. _____ Bankleitzahl _____

Geldinstitut (Zweigstelle) und Ort

Kontoinhaber, wenn abweichend von Abschnitt II.

☐ **Verrechnung** mit Steuerschulden des / der Abtretungsempfängers(in) / Pfandgläubigers(in)

beim Finanzamt _____ Steuernummer _____

Steuerart _____ Zeitraum _____

(für genauere Anweisungen bitte einen gesonderten Verrechnungsantrag beifügen !)

V. Wichtige Hinweise

Unterschreiben Sie bitte kein Formular, das nicht ausgefüllt ist oder dessen Inhalt Sie nicht verstehen !

Prüfen Sie bitte sorgfältig, ob sich eine Abtretung für Sie überhaupt lohnt ! Denn das Finanzamt bemüht sich, Erstattungs- und Vergütungsansprüche schnell zu bearbeiten.

Vergleichen Sie nach Erhalt des Steuerbescheids den Erstattungsbetrag mit dem Betrag, den Sie gegebenenfalls im Wege der Vorfinanzierung erhalten haben.

Denken Sie daran, dass die Abtretung aus unterschiedlichen Gründen unwirksam sein kann, dass das Finanzamt dies aber nicht zu prüfen braucht ! Der geschäftsmäßige Erwerb von Steuererstattungsansprüchen ist nur Kreditinstituten (Banken und Sparkassen) im Rahmen von Sicherungsabtretungen gestattet. Die Abtretung an andere Unternehmen und Privatpersonen ist nur zulässig, wenn diese nicht geschäftsmäßig handeln. Haben Sie z.B. Ihren Anspruch an eine Privatperson abgetreten, die den Erwerb von Steuererstattungsansprüchen geschäftsmäßig betreibt, dann ist die Abtretung unwirksam. Hat aber das Finanzamt den Erstattungsbetrag bereits an den / die von Ihnen angegebenen neuen Gläubiger ausgezahlt, dann kann es nicht mehr in Anspruch genommen werden, das heißt: Sie haben selbst dann keinen Anspruch mehr gegen das Finanzamt auf den Erstattungsanspruch, wenn die Abtretung nicht wirksam ist.

Abtretungen / Verpfändungen können gem. § 46 Abs. 2 der Abgabenordnung dem Finanzamt erst dann wirksam angezeigt werden, wenn der abgetretene / verpfändete Erstattungsanspruch entstanden ist. Der Erstattungsanspruch entsteht nicht vor Ablauf des Besteuerungszeitraums (bei der Einkommensteuer / Lohnsteuer: grundsätzlich Kalenderjahr; bei der Umsatzsteuer: Monat, Kalendervierteljahr bzw. Kalenderjahr).

Die Anzeige ist an das für die Besteuerung des / der Abtretenden / Verpfändenden zuständige Finanzamt zu richten. So ist z.B. für den Erstattungsanspruch aus der Einkommensteuer-Veranlagung das Finanzamt zuständig, in dessen Bereich der / die Abtretende / Verpfändende seinen / ihren Wohnsitz hat.

Bitte beachten Sie, dass neben den beteiligten Personen bzw. Gesellschaften auch der abgetretene / verpfändete Erstattungsanspruch für die Finanzbehörde zweifelsfrei erkennbar sein muss. Die Angaben in Abschnitt III. der Anzeige dienen dazu, die gewünschte Abtretung / Verpfändung schnell und problemlos ohne weitere Rückfragen erledigen zu können !

Die Abtretungs- / Verpfändungsanzeige ist sowohl von dem / der Abtretenden / Verpfändenden als auch von dem / der Abtretungsempfänger(in) / Pfandgläubiger(in) zu unterschreiben. Dies gilt z.B. auch, wenn der / die zeichnungsberechtigte Vertreter(in) einer abtretenden juristischen Person (z.B. GmbH) oder sonstigen Gesellschaft und der / die Abtretungsempfänger(in) / Pfandgläubiger(in) personengleich sind (2 Unterschriften).

VI. Unterschriften

1. Abtretende(r) / Verpfänder(in) lt. Abschnitt I. – Persönliche Unterschrift –
   Ort, Datum

   _____

   (Werden bei der Einkommensteuer-Zusammenveranlagung die Ansprüche beider Ehegatten abgetreten, ist unbedingt erforderlich, dass **beide** Ehegatten persönlich unterschreiben.)

2. Abtretungsempfänger(in) / Pfandgläubiger(in) lt. Abschnitt II. – Unterschrift unbedingt erforderlich –
   Ort, Datum

   _____

Antragsveranlagung

Anhang 30   → R 46.2 EStR, H 46.2 EStH

Arbeitnehmerveranlagung

Veranlagung von Arbeitnehmern

(Verfügung der OFD Hannover vom 4. 3. 2009 – S 2270-280-StO 216 –)

1. Antragsveranlagung (§ 46 Abs. 2 Nr. 8 EStG)

Mit dem JStG 2008 ist die zweijährige Antragsfrist des § 46 Abs. 2 Nr. 8 EStG aufgehoben worden. Gem. § 52 Abs. 55j EStG i. d. F. des JStG 2008 ist diese Gesetzesfassung erstmals für den VZ 2005 anzuwenden und in Fällen, in denen am 28. Dezember 2007 (Tag der Verkündung des JStG im BGBl) über einen Antrag auf Veranlagung zur Einkommensteuer noch nicht bestandskräftig entschieden worden ist.

Die Neuregelung gilt somit nicht für Fälle, in denen der Antrag auf Veranlagung für einen VZ vor 2005 erst nach dem 28. Dezember 2007 beim Finanzamt eingeht (vgl. auch Bericht des Finanzausschusses zum JStG 2008 vom 8. November 2007 – BT Drs. 16/7036 –, S. 17 m. w. V., wonach für VZ vor 2005, für die die bisherige zweijährige Antragsfrist im Zeitpunkt der Gesetzesänderung bereits abgelaufen ist, ein Antrag auf Veranlagung grundsätzlich nicht mehr ermöglicht werden soll; eine Ausnahme soll nur für bereits anhängige Fälle gelten). Entsprechende Anträge sind daher abzulehnen.

Einsprüche gegen die Ablehnungsbescheide ruhen nach § 363 Abs. 2 Satz 2 AO im Hinblick auf das anhängige Revisionsverfahren VI R 1/09. Dieses Verfahren richtet sich gegen das Urteil des FG Rheinland-Pfalz vom 11. Dezember 2008–6 K 1801/08 –, in dem die Auffassung vertreten wird, dass die Weitergeltung der zweijährigen Antragsfrist für Kalenderjahre vor 2005 in Fällen, in denen die Einkommensteuererklärung erst nach dem 28. Dezember 2007 beim Finanzamt eingegangen ist, verfassungsgemäß ist. Die Einsprüche sind im REBE-Register „Verfassungswidrig" unter der ID-Nr. 291 zu erfassen.

Einsprüche gegen die Ablehnung von Antragsveranlagungen wegen des Ablaufs der früheren Zweijahresfrist ruhten bisher nach § 363 Abs. 2 Satz 2 AO, da vor dem Bundesverfassungsgericht unter den Az. 2 BvL 55/06 und 2 BvL 56/06 Verfahren zur Verfassungsmäßigkeit der früheren Zweijahresfrist bei der Antragsveranlagung anhängig waren. Mit Eilmitteilung vom 22. April 2008 habe ich Sie gebeten, die Bearbeitung der Einsprüche wieder aufzunehmen, da die BFH-Verfahren, die den beiden Vorlagebeschlüssen zugrunde lagen, in der Hauptsache für erledigt erklärt wurden.

Bei der Bearbeitung der Fälle bitte ich Folgendes zu berücksichtigen:

a) Festsetzungsverjährung

Nach Wegfall der Zweijahresfrist kann der Antrag auf Durchführung einer Einkommensteuerveranlagung innerhalb der Festsetzungsfrist gestellt werden. Diese beträgt vier Jahre (§ 169 Abs. 2 AO) und beginnt mit Ablauf des Kalenderjahres, für das der Antrag auf Einkommensteuerveranlagung gestellt wird (§ 170 Abs. 1 AO). Der erstmalige Antrag auf Durchführung einer Veranlagung für den VZ 2005 kann somit noch bis zum 31. Dezember 2009 gestellt werden.

Nach § 170 Abs. 2 Satz 1 Nr. 1 AO beginnt die Festsetzungsfrist in Fällen, in denen eine Einkommensteuererklärung abzugeben ist, abweichend von § 170 Abs. 1 AO mit Ablauf des Kalenderjahres, in dem die Steuererklärung eingereicht wird, spätestens jedoch mit Ablauf des dritten Kalenderjahres, das auf das Jahr folgt, in dem die Steuer entstanden ist. Diese Regelung betrifft ausschließlich Fälle, in denen der Steuerpflichtige aufgrund einer gesetzlichen Regelung zur Abgabe einer Einkommensteuererklärung verpflichtet ist oder das Finanzamt ihn zur Abgabe der Steuererklärung aufgefordert hat. Die Anlaufhemmung des § 170 Abs. 2 Satz 1 Nr. 1 AO gilt damit nicht, wenn ohne Aufforderung durch das Finanzamt eine Steuererklärung eingereicht wird, durch die der Antrag auf Einkommensteuerveranlagung gestellt wird.

Erstmalige Anträge auf Einkommensteuerveranlagung nach § 46 Abs. 2 Nr. 8 EStG sind *daher auch dann abzulehnen*, wenn sie zwar bis zum 28. Dezember 2007, aber nach Ablauf der vierjährigen Festsetzungsfrist beim Finanzamt eingegangen sind. Einsprüche gegen entsprechende Ablehnungsbescheide können ruhen, da das Finanzgericht Düsseldorf mit Urteil vom 24. April 2008–12 K 4730/04 E – entschieden hat, dass die Anlaufhemmung des § 170 Abs. 2 Satz 1 Nr. 1 AO auch bei der Antragsveranlagung zu beachten ist und das Revisionsverfahren gegen diese Entscheidung unter dem Az. VI R 23/08 anhängig ist.

b) Bestandskräftige Ablehnung eines Antrags auf Durchführung einer Einkommensteuerveranlagung

Hat das Finanzamt einen Antrag auf Einkommensteuerveranlagung nach § 46 Abs. 2 Nr. 8 EStG bereits wegen Ablaufs der bisherigen Zweijahresfrist bestandskräftig abgelehnt, kann einem erneuten Antrag des Steuerpflichtigen nicht entsprochen werden. § 52 Abs. 55j

Satz 2 EStG i. d. F. des JStG 2008 regelt ausdrücklich, dass § 46 Abs. 2 Nr. 8 EStG i. d. F. des JStG 2008 für VZ vor 2005 nur anzuwenden ist, wenn über einen Antrag auf Veranlagung zur Einkommensteuer am Tag der Verkündung des JStG 2008 noch nicht bestandskräftig entschieden ist.

2. Pflichtveranlagung nach § 46 Abs. 2 Nr. 1 EStG

§ 46 Abs. 2 Nr. 1 EStG i. d. F. vor dem JStG 2007 regelte, dass eine Pflichtveranlagung u. a. durchzuführen ist, wenn die Summe der steuerpflichtigen Einkünfte, die nicht dem Lohnsteuerabzug zu unterwerfen waren, vermindert um die darauf entfallenden Beträge nach §§ 13 Abs. 3 und 24a EStG mehr als 410,00 EUR beträgt.

Mit Urteilen vom 21. September 2006, u. a. VI R 47/05 und VI R 52/04, hat der Bundesfinanzhof (BFH) entschieden, dass die Voraussetzungen für eine Pflichtveranlagung auch dann erfüllt sind, wenn die Summe der nicht dem Lohnsteuerabzug zu unterwerfenden Einkünfte negativ ist und der Verlust 410,00 EUR übersteigt. Durch das JStG 2007 wurde § 46 Abs. 2 Nr. 1 EStG zur Klarstellung dahingehend geändert, dass die Summe der nicht dem Lohnsteuerabzug unterliegenden Einkünfte positiv sein muss. Diese Änderung ist nach § 52 Abs. 55j EStG i. d. F. des JStG 2007 auch für Veranlagungszeiträume vor 2006 anzuwenden.

Die Gesetzesänderung wird ggf. auch bei der Entscheidung des noch anhängigen Revisionsverfahren VI R 63/06 zu berücksichtigen sein, in dem strittig ist, ob für einen Arbeitnehmer, der die Einkommensteuererklärung 2000 erst im fünften Jahr nach Ablauf des Veranlagungszeitraums beim Finanzamt eingereicht hat, auch dann eine Pflichtveranlagung durchzuführen ist, wenn die Summe der nicht dem Lohnsteuerabzug zu unterwerfenden Einkünfte negativ ist und der Verlust 410,00 EUR übersteigt (in diesem Fall würde beim Bestehen einer Steuererklärungspflicht die Anlaufhemmung nach § 170 Abs. 2 Nr. 1 AO eingreifen).

Beantragt ein Arbeitnehmer mit Verlusten aus Einkünften, die nicht dem Lohnsteuerabzug unterliegen, nach Ablauf der vierjährigen Festsetzungsfrist unter Hinweis auf die BFH-Urteile vom 21. September 2006 die Durchführung einer Pflichtveranlagung nach § 46 Abs. 2 Nr. 1 EStG, ist der Antrag unter Hinweis auf den geänderten Gesetzeswortlaut und den Ablauf der Festsetzungsfrist abzulehnen.

Einsprüche gegen die Ablehnungsbescheide, die unter Hinweis auf das BFH-Verfahren VI R 63/06 eingelegt werden, ruhen nach § 363 Abs. 2 Satz 2 AO kraft Gesetzes.

. . .

Härteausgleich

Anhang 30 → H 46.3 EStH

→ Der Härteausgleich nach § 46 Abs. 3 EStG ist nicht auf dem Progressionsvorbehalt unterliegende Lohnersatzleistungen anzuwenden (→ BFH vom 5. 5. 1994 – BStBl II S. 654).

NV-Bescheinigung

Zinsabschlaggesetz – Erteilung von NV-Bescheinigungen bei Arbeitnehmern

(Erlaß des FinMin Brandenburg vom 18. 6. 1993 – III/4 – S 2000 – 5/93 –)

Nach Wegfall des Lohnsteuer-Jahresausgleichsverfahrens durch das StÄndG 1992 können Arbeitnehmer ab dem Veranlagungszeitraum 1991 die Veranlagung zur Einkommensteuer beantragen (§ 46 Abs. 2 Nr. 8 EStG). Für diesen Personenkreis konnten bis einschließlich 1990 im Altbundesgebiet grundsätzlich NV-Bescheinigungen ausgestellt werden. Nunmehr stellt sich die Frage, ob die mögliche Veranlagung auf Antrag der Veranlagung von Amts wegen gleichzustellen ist und damit keine NV-Bescheinigung ausgestellt werden darf (vgl. Abschn. 213k Abs. 1 Nr. 1 Satz 3 EStR 1990). Hierzu ist folgende Auffassung zu vertreten: Steuerpflichtigen, für die eine Veranlagung auf Antrag in Betracht kommt, ist keine NV-Bescheinigung zu erteilen. Bisher ausgestellte NV-Bescheinigungen sollen jedoch weiter gültig bleiben.

Dieser Erlaß ist im Einvernehmen mit den obersten Finanzbehörden des Bundes und der anderen Länder ergangen.

Örtliche Zuständigkeit für Arbeitnehmer

Arbeitnehmer-Zuständigkeitsverordnung-Bau
Örtliche Zuständigkeit für die Einkommensteuer bei Angehörigen der Bundeswehr

Anhang 16 I

(Verfügung der OFD Münster vom 20. 6. 1994 – S 0122 – 28 – St 31 – 34 –)

Nach einer bundeseinheitlichen Vereinfachungsregelung ist hinsichtlich der örtlichen Zuständigkeit für die Einkommensteuer bei Angehörigen der Bundeswehr wie folgt zu verfahren:
1. Für nicht verheiratete Soldaten ist das Finanzamt des Wohnsitzes örtlich zuständig, den der Soldat in seinem Antrag oder seiner Steuererklärung angibt.
2. Für verheiratete Soldaten ist das Finanzamt des Familienwohnsitzes zuständig.

Diese Regelung gilt sinngemäß auch für Angehörige des Bundesgrenzschutzes und Angehörige der Polizei, die in Kasernen oder ähnlichen Unterkünften zusammengezogen sind.

Die Verfügung vom 7. 7. 1992 (S 2380 – 38 – St 15 – 31, StEK EStG § 46 Nr. 61) wird aufgehoben.

→ Umsatzsteuerzuständigkeitsverordnung

Anhang 16 II

Ausländische Werkvertragsunternehmer, zentrale Zuständigkeit

(Verfügung des LfSt Bayern vom 13. 6. 2008 – S 0123.2.1 – 2/1 St 41 –)

1. Werkvertragsunternehmer und deren Arbeitnehmer

1.1. Baubereich

– **Unternehmer**

...

– **Arbeitnehmer**

Die Einkommensbesteuerung der mit einem Wohnsitz im Ausland ansässigen Werkvertragsarbeitnehmer des Baugewerbes richtet sich nach der umsatzsteuerlichen Zuständigkeit (§ 20a Abs. 3 AO i. V. m. der Arbeitnehmer-Zuständigkeitsverordnung-Bau, BStBl 2001 I S. 605, im amtlichen AO-Handbuch abgedruckt zu § 20a).

Zur Frage, in welchen Fällen eine abweichende Zuständigkeitsvereinbarung nach § 27 AO herbeigeführt werden soll, wird auf AEAO zu § 20a, Nr. 2 verwiesen.

1.2. Nichtbaubereich

– **Unternehmer**

– **Arbeitnehmer**

Für die Besteuerung ausländischer Werkvertragsunternehmer und deren Arbeitnehmer, die nicht unter Tz. 1.1 fallen, gilt diese nach Herkunftsländern gegliederte Zuständigkeit nach § 21 AO nicht. Hier greift die zentrale bayerische Zuständigkeit aufgrund der Verordnung über Organisation und Zuständigkeiten in der Bayer. Steuerverwaltung (ZustVSt; AIS: AO/Zuständigkeit). Danach sind das FA München II bzw. das Zentralfinanzamt Nürnberg für diese Werkvertragsunternehmer und deren Arbeitnehmer zuständig.

2. Ausländische Arbeitnehmerverleiher und deren Arbeitnehmer

2.1. Einkommensbesteuerung (ESt, KSt) der ausländischen Verleiher

Die Zuständigkeit in Bayern richtet sich für diesen Personenkreis ausschließlich nach den §§ 19, 20 AO und den hierfür in Betracht kommenden Finanzämtern, weil der Verleiher nicht unter den Personenkreis des § 20a Abs. 1 Satz 1 AO (Einbringung von Bauleistungen) fällt.

2.2. *Umsatzbesteuerung* der ausländischen Verleiher

Die Zuständigkeit bestimmt sich nach § 21 Abs. 1 Satz 2 AO i. V. m. der UStZustV.

2.3. Lohnsteuererhebung (§ 38 EStG) durch den ausländischen Verleiher

2.3.1 Arbeitnehmerüberlassung im Baubereich

...

2.3.2 Arbeitnehmerüberlassung im Nichtbaubereich

Die Zuständigkeit ergibt sich aus der bayerischen ZustVSt (s. Tz. 1.2). Die Regelung des § 20a Abs. 2 Satz 1 AO wird durch Satz 2 für den Nichtbaubereich ausgeschlossen. Danach obliegt die Durchführung des Steuerabzugs nach § 38 Abs. 1 Satz 2 EStG dem FA München II und dem Zentralfinanzamt Nürnberg.

2.4. Einkommensbesteuerung der ausländischen Leiharbeitnehmer
2.4.1 im Baubereich
Die Zuständigkeit richtet sich ausschließlich nach der umsatzsteuerlichen Zuständigkeit (§ 20a Abs. 3 AO und UStZustV i. V. m. der Arbeitnehmer-Zuständigkeitsverordnung-Bau, BStBl 2001 I S. 605, im amtlichen AO-Handbuch abgedruckt zu § 20a) im Nichtbaubereich.

Es besteht keine zentrale Zuständigkeit, weil § 20a Abs. 2 und 3 AO und die Arbeitnehmer-Zuständigkeitsverordnung-Bau für den Nichtbaubereich keine Anwendung finden. Die Zuständigkeit bestimmt sich daher nach § 19 AO, insbesondere nach § 19 Abs. 2 Satz 2 AO. Es kann jedoch auch eine Zuständigkeitsvereinbarung nach § 27 AO mit dem nach Tz. 2.3.2 zuständigen Arbeitgeberfinanzamt geschlossen werden, wenn dies zweckmäßig ist und der Arbeitnehmer nicht widerspricht.

Hinweis:
Bezüglich der Zuständigkeit für Arbeitnehmer ohne Wohnsitz oder gewöhnlichen Aufenthalt im Inland, die bei einem inländischen Arbeitgeber beschäftigt werden, wird auf Karte 2 zu § 19 AO verwiesen.

Progressionsvorbehalt

**Veranlagung von Arbeitnehmern mit Einkünften/Bezügen,
die dem Progressionsvorbehalt unterliegen**

(Erlaß des FinMin Sachsen vom 13. 5. 1993 – 32 – S 2270 – 6/3 – 24147 –)

Es ist die Frage gestellt worden, ob für einen Antragsteller auf Kindergeldzuschlag, der Einkünfte aus nichtselbständiger Arbeit erzielt hat, von denen wegen der geringen Höhe kein Lohnsteuerabzug vorgenommen wurde und der daneben dem Progressionsvorbehalt unterliegende Leistungen von mehr als 800 DM bezogen hat, Veranlagungspflicht nach dem EStG besteht.

Hierzu nehme ich wie folgt Stellung:

§ 46 EStG gilt für Einkünfte, die grundsätzlich dem Steuerabzug vom Arbeitslohn unterliegen (vgl. § 38 Abs. 1 i. V. m. § 46 Abs. 4 EStG, Umkehrschluß von § 46 Abs. 2 Nr. 1 EStG). Auf die Höhe der steuerabzugsfähigen Einkünfte und der tatsächlich einbehaltenen Lohnsteuer kommt es nicht an.

Demnach besteht nach § 46 Abs. 2 Nr. 1 EStG eine Veranlagungspflicht für Steuerpflichtige, die Einkünfte aus nichtselbständiger Arbeit erzielt haben, von denen wegen der geringen Höhe kein Lohnsteuerabzug vorgenommen worden ist und die daneben Leistungen von mehr als 800 DM bezogen haben, die dem Progressionsvorbehalt unterliegen.[1)]

---

§ 47 (weggefallen)

VII. Steuerabzug bei Bauleistungen

§ 48 Steuerabzug[2)]

(1) [1]Erbringt jemand im Inland eine Bauleistung (Leistender) an einen Unternehmer im Sinne des § 2 des Umsatzsteuergesetzes oder an eine juristische Person des öffentlichen Rechts (Leistungsempfänger), ist der Leistungsempfänger verpflichtet, von der Gegenleistung einen Steuerabzug in Höhe von 15 Prozent für Rechnung des Leistenden vorzunehmen. [2]Vermietet der Leistungsempfänger Wohnungen, so ist Satz 1 nicht auf Bauleistungen für diese Wohnungen anzuwenden, wenn er nicht mehr als zwei Wohnungen vermietet. [3]Bauleistungen sind alle Leistungen, die der Herstellung, Instandsetzung, Instandhaltung, Änderung oder Beseitigung von Bauwerken dienen. [4]Als Leistender gilt auch derjenige, der über eine Leistung abrechnet, ohne sie erbracht zu haben.

(2) [1]Der Steuerabzug muss nicht vorgenommen werden, wenn der Leistende dem Leistungsempfänger eine im Zeitpunkt der Gegenleistung gültige Freistellungsbescheinigung nach § 48b Absatz 1 Satz 1 vorlegt oder die Gegenleistung im laufenden Kalenderjahr den folgenden Betrag voraussichtlich nicht übersteigen wird:

---

1) Ab 1. 1. 2002: „mehr als 410 Euro".
2) Zur erstmaligen Anwendung von § 48 EStG → § 52 Abs. 56 EStG.

1. 15 000 Euro, wenn der Leistungsempfänger ausschließlich steuerfreie Umsätze nach § 4 Nummer 12 Satz 1 des Umsatzsteuergesetzes ausführt,
2. 5 000 Euro in den übrigen Fällen.

²Für die Ermittlung des Betrags sind die für denselben Leistungsempfänger erbrachten und voraussichtlich zu erbringenden Bauleistungen zusammenzurechnen.

(3) Gegenleistung im Sinne des Absatzes 1 ist das Entgelt zuzüglich Umsatzsteuer.

(4) Wenn der Leistungsempfänger den Steuerabzugsbetrag angemeldet und abgeführt hat,
1. ist § 160 Absatz 1 Satz 1 der Abgabenordnung nicht anzuwenden,
2. sind § 42d Absatz 6 und 8 und § 50a Absatz 7 nicht anzuwenden.

§ 48a Verfahren

(1) ¹Der Leistungsempfänger hat bis zum zehnten Tag nach Ablauf des Monats, in dem die Gegenleistung im Sinne des § 48 erbracht wird, eine Anmeldung nach amtlich vorgeschriebenem Vordruck abzugeben, in der er den Steuerabzug für den Anmeldungszeitraum selbst zu berechnen hat. ²Der Abzugsbetrag ist am zehnten Tag nach Ablauf des Anmeldungszeitraums fällig und an das für den Leistenden zuständige Finanzamt für Rechnung des Leistenden abzuführen. ³Die Anmeldung des Abzugsbetrags steht einer Steueranmeldung gleich.

(2) Der Leistungsempfänger hat mit dem Leistenden unter Angabe
1. des Namens und der Anschrift des Leistenden,
2. des Rechnungsbetrags, des Rechnungsdatums und des Zahlungstags,
3. der Höhe des Steuerabzugs und
4. des Finanzamts, bei dem der Abzugsbetrag angemeldet worden ist,

über den Steuerabzug abzurechnen.

(3) ¹Der Leistungsempfänger haftet für einen nicht oder zu niedrig abgeführten Abzugsbetrag. ²Der Leistungsempfänger haftet nicht, wenn ihm im Zeitpunkt der Gegenleistung eine Freistellungsbescheinigung (§ 48b) vorgelegen hat, auf deren Rechtmäßigkeit er vertrauen konnte. ³Er darf insbesondere dann nicht auf eine Freistellungsbescheinigung vertrauen, wenn diese durch unlautere Mittel oder durch falsche Angaben erwirkt wurde und ihm dies bekannt oder infolge grober Fahrlässigkeit nicht bekannt war. ⁴Den Haftungsbescheid erlässt das für den Leistenden zuständige Finanzamt.

(4) § 50b gilt entsprechend.

§ 48b Freistellungsbescheinigung

(1) ¹Auf Antrag des Leistenden hat das für ihn zuständige Finanzamt, wenn der zu sichernde Steueranspruch nicht gefährdet erscheint und ein inländischer Empfangsbevollmächtigter bestellt ist, eine Bescheinigung nach amtlich vorgeschriebenem Vordruck zu erteilen, die den Leistungsempfänger von der Pflicht zum Steuerabzug befreit. ²Eine Gefährdung kommt insbesondere dann in Betracht, wenn der Leistende
1. Anzeigepflichten nach § 138 der Abgabenordnung nicht erfüllt,
2. seiner Auskunfts- und Mitwirkungspflicht nach § 90 der Abgabenordnung nicht nachkommt,
3. den Nachweis der steuerlichen Ansässigkeit durch Bescheinigung der zuständigen ausländischen Steuerbehörde nicht erbringt.

(2) Eine Bescheinigung soll erteilt werden, wenn der Leistende glaubhaft macht, dass keine zu sichernden Steueransprüche bestehen.

(3) In der Bescheinigung sind anzugeben:
1. Name, Anschrift und Steuernummer des Leistenden,
2. Geltungsdauer der Bescheinigung,
3. Umfang der Freistellung sowie der Leistungsempfänger, wenn sie nur für bestimmte Bauleistungen gilt,
4. das ausstellende Finanzamt.

(4) Wird eine Freistellungsbescheinigung aufgehoben, die nur für bestimmte Bauleistungen gilt, ist dies den betroffenen Leistungsempfängern mitzuteilen.

(5) Wenn eine Freistellungsbescheinigung vorliegt, gilt § 48 Absatz 4 entsprechend.

(6) ¹Das Bundeszentralamt für Steuern erteilt dem Leistungsempfänger im Sinne des § 48 Absatz 1 Satz 1 im Wege einer elektronischen Abfrage Auskunft über die beim Bundeszentralamt für Steuern gespeicherten Freistellungsbescheinigungen. ²Mit dem Antrag auf die Erteilung einer Freistellungsbescheinigung stimmt der Antragsteller zu, dass seine Daten nach § 48b Absatz 3 beim Bundeszentralamt für Steuern gespeichert werden und dass über die gespeicherten Daten an die Leistungsempfänger Auskunft gegeben wird.

§ 48c Anrechnung

(1) ¹Soweit der Abzugsbetrag einbehalten und angemeldet worden ist, wird er auf vom Leistenden zu entrichtende Steuern nacheinander wie folgt angerechnet:
1. die nach § 41a Absatz 1 einbehaltene und angemeldete Lohnsteuer,
2. die Vorauszahlungen auf die Einkommen- oder Körperschaftsteuer,
3. die Einkommen- oder Körperschaftsteuer des Besteuerungs- oder Veranlagungszeitraums, in dem die Leistung erbracht worden ist, und
4. die vom Leistenden im Sinne der §§ 48, 48a anzumeldenden und abzuführenden Abzugsbeträge.

²Die Anrechnung nach Satz 1 Nummer 2 kann nur für Vorauszahlungszeiträume innerhalb des Besteuerungs- oder Veranlagungszeitraums erfolgen, in dem die Leistung erbracht worden ist. ³Die Anrechnung nach Satz 1 Nummer 2 darf nicht zu einer Erstattung führen.

(2) ¹Auf Antrag des Leistenden erstattet das nach § 20a Absatz 1 der Abgabenordnung zuständige Finanzamt den Abzugsbetrag. ²Die Erstattung setzt voraus, dass der Leistende nicht zur Abgabe von Lohnsteueranmeldungen verpflichtet ist und eine Veranlagung zur Einkommen- oder Körperschaftsteuer nicht in Betracht kommt oder der Leistende glaubhaft macht, dass im Veranlagungszeitraum keine zu sichernden Steueransprüche entstehen werden. ³Der Antrag ist nach amtlich vorgeschriebenem Muster bis zum Ablauf des zweiten Kalenderjahres zu stellen, das auf das Jahr folgt, in dem der Abzugsbetrag angemeldet worden ist; weitergehende Fristen nach einem Abkommen zur Vermeidung der Doppelbesteuerung bleiben unberührt.

(3) Das Finanzamt kann die Anrechnung ablehnen, soweit der angemeldete Abzugsbetrag nicht abgeführt worden ist und Anlass zu der Annahme besteht, dass ein Missbrauch vorliegt.

§ 48d Besonderheiten im Fall von Doppelbesteuerungsabkommen

(1) ¹Können Einkünfte, die dem Steuerabzug nach § 48 unterliegen, nach einem Abkommen zur Vermeidung der Doppelbesteuerung nicht besteuert werden, so sind die Vorschriften über die Einbehaltung, Abführung und Anmeldung der Steuer durch den Schuldner der Gegenleistung ungeachtet des Abkommens anzuwenden. ²Unberührt bleibt der Anspruch des Gläubigers der Gegenleistung auf Erstattung der einbehaltenen und abgeführten Steuer. ³Der Anspruch ist durch Antrag nach § 48c Absatz 2 geltend zu machen. ⁴Der Gläubiger der Gegenleistung hat durch eine Bestätigung der für ihn zuständigen Steuerbehörde des anderen Staates nachzuweisen, dass er dort ansässig ist. ⁵§ 48b gilt entsprechend. ⁶Der Leistungsempfänger kann sich im Haftungsverfahren nicht auf die Rechte des Gläubigers aus dem Abkommen berufen.

(2) Unbeschadet des § 5 Absatz 1 Nummer 2 des Finanzverwaltungsgesetzes liegt die Zuständigkeit für Entlastungsmaßnahmen nach Absatz 1 bei dem nach § 20a der Abgabenordnung zuständigen Finanzamt.

VIII. Besteuerung beschränkt Steuerpflichtiger

§ 49 Beschränkt steuerpflichtige Einkünfte

(1) Inländische Einkünfte im Sinne der beschränkten Einkommensteuerpflicht (§ 1 Absatz 4) sind
1. Einkünfte aus einer im Inland betriebenen Land- und Forstwirtschaft (§§ 13, 14);
2. Einkünfte aus Gewerbebetrieb (§§ 15 bis 17),
    a) für den im Inland eine Betriebsstätte unterhalten wird oder ein ständiger Vertreter bestellt ist,
    b) die durch den Betrieb eigener oder gecharterter Seeschiffe oder Luftfahrzeuge aus Beförderungen zwischen inländischen und von inländischen zu ausländischen Häfen er-

zielt werden, einschließlich der Einkünfte aus anderen mit solchen Beförderungen zusammenhängenden, sich auf das Inland erstreckenden Beförderungsleistungen,

c) die von einem Unternehmen im Rahmen einer internationalen Betriebsgemeinschaft oder eines Pool-Abkommens, bei denen ein Unternehmen mit Sitz oder Geschäftsleitung im Inland die Beförderung durchführt, aus Beförderungen und Beförderungsleistungen nach Buchstabe b erzielt werden,

d) die, soweit sie nicht zu den Einkünften im Sinne der Nummern 3 und 4 gehören, durch im Inland ausgeübte oder verwertete künstlerische, sportliche, artistische, unterhaltende oder ähnliche Darbietungen erzielt werden, einschließlich der Einkünfte aus anderen mit diesen Leistungen zusammenhängenden Leistungen, unabhängig davon, wem die Einnahmen zufließen,

e) die unter den Voraussetzungen des § 17 erzielt werden, wenn es sich um Anteile an einer Kapitalgesellschaft handelt,

    aa) die ihren Sitz oder ihre Geschäftsleitung im Inland hat oder

    bb) bei deren Erwerb auf Grund eines Antrags nach § 13 Absatz 2 oder § 21 Absatz 2 Satz 3 Nummer 2 des Umwandlungssteuergesetzes nicht der gemeine Wert der eingebrachten Anteile angesetzt worden ist oder auf die § 17 Absatz 5 Satz 2 anzuwenden war,

f) die, soweit sie nicht zu den Einkünften im Sinne des Buchstaben a gehören, durch

    aa) Vermietung und Verpachtung oder

    bb) Veräußerung

von inländischem unbeweglichem Vermögen, von Sachinbegriffen oder Rechten, die im Inland belegen oder in ein inländisches öffentliches Buch oder Register eingetragen sind oder deren Verwertung in einer inländischen Betriebsstätte oder anderen Einrichtung erfolgt, erzielt werden. ²Als Einkünfte aus Gewerbebetrieb gelten auch die Einkünfte aus Tätigkeiten im Sinne dieses Buchstabens, die von einer Körperschaft im Sinne des § 2 Nummer 1 des Körperschaftsteuergesetzes erzielt werden, die mit einer Kapitalgesellschaft oder sonstigen juristischen Person im Sinne des § 1 Absatz 1 Nummer 1 bis 3 des Körperschaftsteuergesetzes vergleichbar ist oder

g) die aus der Verschaffung der Gelegenheit erzielt werden, einen Berufssportler als solchen im Inland vertraglich zu verpflichten; dies gilt nur, wenn die Gesamteinnahmen 10 000 Euro übersteigen;

3. Einkünfte aus selbständiger Arbeit (§ 18), die im Inland ausgeübt oder verwertet wird oder worden ist, oder für die im Inland eine feste Einrichtung oder eine Betriebsstätte unterhalten wird;

4. Einkünfte aus nichtselbständiger Arbeit (§ 19), die

  a) im Inland ausgeübt oder verwertet wird oder worden ist,

  b) aus inländischen öffentlichen Kassen einschließlich der Kassen des Bundeseisenbahnvermögens und der Deutschen Bundesbank mit Rücksicht auf ein gegenwärtiges oder früheres Dienstverhältnis gewährt werden, ohne dass ein Zahlungsanspruch gegenüber der inländischen öffentlichen Kasse bestehen muss,

  c) als Vergütung für eine Tätigkeit als Geschäftsführer, Prokurist oder Vorstandsmitglied einer Gesellschaft mit Geschäftsleitung im Inland bezogen werden,

  d) als Entschädigung im Sinne des § 24 Nummer 1 für die Auflösung eines Dienstverhältnisses gezahlt werden, soweit die für die zuvor ausgeübte Tätigkeit bezogenen Einkünfte der inländischen Besteuerung unterlegen haben,

  e) an Bord eines im internationalen Luftverkehr eingesetzten Luftfahrzeugs ausgeübt wird, das von einem Unternehmen mit Geschäftsleitung im Inland betrieben wird;

5. Einkünfte aus Kapitalvermögen im Sinne des [1]

  a) § 20 Absatz 1 Nummer 1 mit Ausnahme der Erträge aus Investmentanteilen im Sinne des § 2 des Investmentsteuergesetzes, Nummern 2, 4, 6 und 9, wenn der Schuldner Wohnsitz, Geschäftsleitung oder Sitz im Inland hat oder wenn es sich um Fälle des § 44 Absatz 1 Satz 4 Nummer 1 Buchstabe a Doppelbuchstabe bb dieses Gesetzes handelt; dies gilt auch für Erträge aus Wandelanleihen und Gewinnobligationen,

  b) § 20 Absatz 1 Nummer 1 in Verbindung mit den §§ 2 und 7 des Investmentsteuergesetzes,

    aa) bei Erträgen im Sinne des § 7 Absatz 3 des Investmentsteuergesetzes,

---

[1] Zur Anwendung von Absatz 1 Nr. 5 Buchstaben a und b → § 52 Abs. 57a EStG.

bb) bei Erträgen im Sinne des § 7 Absatz 1, 2 und 4 des Investmentsteuergesetzes, wenn es sich um Fälle des § 44 Absatz 1 Satz 4 Nummer 1 Buchstabe a Doppelbuchstabe bb dieses Gesetzes handelt,

c) § 20 Absatz 1 Nummer 5 und 7, wenn

aa) das Kapitalvermögen durch inländischen Grundbesitz, durch inländische Rechte, die den Vorschriften des bürgerlichen Rechts über Grundstücke unterliegen, oder durch Schiffe, die in ein inländisches Schiffsregister eingetragen sind, unmittelbar oder mittelbar gesichert ist. ²Ausgenommen sind Zinsen aus Anleihen und Forderungen, die in ein öffentliches Schuldbuch eingetragen oder über die Sammelurkunden im Sinne des § 9a des Depotgesetzes oder Teilschuldverschreibungen ausgegeben sind, oder

bb) das Kapitalvermögen aus Genussrechten besteht, die nicht in § 20 Absatz 1 Nummer 1 genannt sind, oder

1) d) § 43 Absatz 1 Satz 1 Nummer 7 Buchstabe a, Nummer 9 und 10 sowie Satz 2, wenn sie von einem Schuldner oder von einem inländischen Kreditinstitut oder einem inländischen Finanzdienstleistungsinstitut im Sinne des § 43 Absatz 1 Satz 1 Nummer 7 Buchstabe b einem anderen als einem ausländischen Kreditinstitut oder einem ausländischen Finanzdienstleistungsinstitut

aa) gegen Aushändigung der Zinsscheine ausgezahlt oder gutgeschrieben werden und die Teilschuldverschreibungen nicht von dem Schuldner, dem inländischen Kreditinstitut oder dem inländischen Finanzdienstleistungsinstitut verwahrt werden oder

bb) gegen Übergabe der Wertpapiere ausgezahlt oder gutgeschrieben werden und diese vom Kreditinstitut weder verwahrt noch verwaltet werden.

2) ²§ 20 Absatz 2 gilt entsprechend;

6. Einkünfte aus Vermietung und Verpachtung (§ 21), soweit sie nicht zu den Einkünften im Sinne der Nummern 1 bis 5 gehören, wenn das unbewegliche Vermögen, die Sachinbegriffe oder Rechte im Inland belegen oder in ein inländisches öffentliches Buch oder Register eingetragen sind oder in einer inländischen Betriebsstätte oder in einer anderen Einrichtung verwertet werden;

3) 7. sonstige Einkünfte im Sinne des § 22 Nummer 1 Satz 3 Buchstabe a, die von den inländischen gesetzlichen Rentenversicherungsträgern, *der* inländischen landwirtschaftlichen *Alterskasse*, den inländischen berufsständischen Versorgungseinrichtungen, den inländischen Versicherungsunternehmen oder sonstigen inländischen Zahlstellen gewährt werden; dies gilt entsprechend für Leibrenten und andere Leistungen ausländischer Zahlstellen, wenn die Beiträge, die den Leistungen zugrunde liegen, nach § 10 Absatz 1 Nummer 2 ganz oder teilweise bei der Ermittlung der Sonderausgaben berücksichtigt wurden;

4) 8. sonstige Einkünfte im Sinne des § 22 Nummer 2, soweit es sich um private Veräußerungsgeschäfte handelt, mit

a) inländischen Grundstücken,

b) inländischen Rechten, die den Vorschriften des bürgerlichen Rechts über Grundstücke unterliegen;

c) (weggefallen)

8a. sonstige Einkünfte im Sinne des § 22 Nummer 4;

9. sonstige Einkünfte im Sinne des § 22 Nummer 3, auch wenn sie bei Anwendung dieser Vorschrift einer anderen Einkunftsart zuzurechnen wären, soweit es sich um Einkünfte aus inländischen unterhaltenden Darbietungen, aus der Nutzung beweglicher Sachen im Inland oder aus der Überlassung der Nutzung oder des Rechts auf Nutzung von gewerblichen, technischen, wissenschaftlichen und ähnlichen Erfahrungen, Kenntnissen und Fertigkeiten, zum Beispiel Plänen, Mustern und Verfahren, handelt, die im Inland genutzt werden oder worden sind; dies gilt nicht, soweit es sich um steuerpflichtige Einkünfte im Sinne der Nummern 1 bis 8 handelt;

10. sonstige Einkünfte im Sinne des § 22 Nummer 5; dies gilt auch für Leistungen ausländischer Zahlstellen, soweit die Leistungen bei einem unbeschränkt Steuerpflichtigen zu Einkünften nach § 22 Nummer 5 Satz 1 führen würden oder wenn die Beiträge, die den Leistungen zu-

---

¹) Absatz 1 Nr 5 Satz 1 Buchstabe d und Satz 2 i. d. F. des Unternehmensteuerreformgesetzes 2008 sind erstmals auf Kapitalerträge anzuwenden, die nach dem 31. 12. 2008 zufließen → § 52a Abs. 17 EStG.
²) Absatz 1 Nr 5 Satz 1 Buchstabe d und Satz 2 i. d. F. des Unternehmensteuerreformgesetzes 2008 sind erstmals auf Kapitalerträge anzuwenden, die nach dem 31. 12. 2008 zufließen → § 52a Abs. 17 EStG.
3) Absatz 1 Nr. 7 wurde durch das LSV-NOG ab VZ 2013 geändert.
⁴) Absatz 1 Nr. 8 i. d. F. des Unternehmensteuerreformgesetzes 2008 ist erstmals auf Kapitalerträge anzuwenden, die nach dem 31. 12. 2008 zufließen → § 52a Abs. 17 EStG.

grunde liegen, nach § 10 Absatz 1 Nummer 2 ganz oder teilweise bei der Ermittlung der Sonderausgaben berücksichtigt wurden.

(2) Im Ausland gegebene Besteuerungsmerkmale bleiben außer Betracht, soweit bei ihrer Berücksichtigung inländische Einkünfte im Sinne des Absatzes 1 nicht angenommen werden könnten.

(3) ¹Bei Schifffahrt- und Luftfahrtunternehmen sind die Einkünfte im Sinne des Absatzes 1 Nummer 2 Buchstabe b mit 5 Prozent der für diese Beförderungsleistungen vereinbarten Entgelte anzusetzen. ²Das gilt auch, wenn solche Einkünfte durch eine inländische Betriebsstätte oder einen inländischen ständigen Vertreter erzielt werden (Absatz 1 Nummer 2 Buchstabe a). ³Das gilt nicht in den Fällen des Absatzes 1 Nummer 2 Buchstabe c oder soweit das deutsche Besteuerungsrecht nach einem Abkommen zur Vermeidung der Doppelbesteuerung ohne Begrenzung des Steuersatzes aufrechterhalten bleibt.

(4) ¹Abweichend von Absatz 1 Nummer 2 sind Einkünfte steuerfrei, die ein beschränkt Steuerpflichtiger mit Wohnsitz oder gewöhnlichem Aufenthalt in einem ausländischen Staat durch den Betrieb eigener oder gecharterter Schiffe oder Luftfahrzeuge aus einem Unternehmen bezieht, dessen Geschäftsleitung sich in dem ausländischen Staat befindet. ²Voraussetzung für die Steuerbefreiung ist, dass dieser ausländische Staat Steuerpflichtigen mit Wohnsitz oder gewöhnlichem Aufenthalt im Geltungsbereich dieses Gesetzes eine entsprechende Steuerbefreiung für derartige Einkünfte gewährt und dass das Bundesministerium für Verkehr, Bau und Stadtentwicklung die Steuerbefreiung nach Satz 1 für verkehrspolitisch unbedenklich erklärt hat.

§ 50 Sondervorschriften für beschränkt Steuerpflichtige[1)]

(1) ¹Beschränkt Steuerpflichtige dürfen Betriebsausgaben (§ 4 Absatz 4 bis 8) oder Werbungskosten (§ 9) nur insoweit abziehen, als sie mit inländischen Einkünften in wirtschaftlichem Zusammenhang stehen. ²§ 32a Absatz 1 ist mit der Maßgabe anzuwenden, dass das zu versteuernde Einkommen um den Grundfreibetrag des § 32a Absatz 1 Satz 2 Nummer 1 erhöht wird; dies gilt bei Einkünften nach § 49 Absatz 1 Nummer 4 nur in Höhe des diese Einkünfte abzüglich der nach Satz 4 abzuziehenden Aufwendungen übersteigenden Teils des Grundfreibetrags. ³§§ 10, 10a, 10c, 16 Absatz 4, die §§ 24b, 32, 32a Absatz 6, die §§ 33, 33a, 33b und 35a sind nicht anzuwenden. ⁴Hiervon abweichend sind bei Arbeitnehmern, die Einkünfte aus nichtselbständiger Arbeit im Sinne des § 49 Absatz 1 Nummer 4 beziehen, § 10 Absatz 1 Nummer 2 Buchstabe a, Nummer 3 und Absatz 3 sowie § 10c anzuwenden, soweit die Aufwendungen auf die Zeit entfallen, in der Einkünfte im Sinne des § 49 Absatz 1 Nummer 4 erzielt wurden und die Einkünfte nach § 49 Absatz 1 Nummer 4 nicht übersteigen. ⁵Die Jahres- und Monatsbeträge der Pauschalen nach § 9a Satz 1 Nummer 1 und § 10c ermäßigen sich zeitanteilig, wenn Einkünfte im Sinne des § 49 Absatz 1 Nummer 4 nicht während eines vollen Kalenderjahres oder Kalendermonats zugeflossen sind.

(2) ¹Die Einkommensteuer für Einkünfte, die dem Steuerabzug vom Arbeitslohn oder vom Kapitalertrag oder dem Steuerabzug auf Grund des § 50a unterliegen, gilt bei beschränkt Steuerpflichtigen durch den Steuerabzug als abgegolten. ²Satz 1 gilt nicht

1. für Einkünfte eines inländischen Betriebs;
2. wenn nachträglich festgestellt wird, dass die Voraussetzungen der unbeschränkten Einkommensteuerpflicht im Sinne des § 1 Absatz 2 oder Absatz 3 oder des § 1a nicht vorgelegen haben; § 39 Absatz 7 ist sinngemäß anzuwenden;
3. in Fällen des § 2 Absatz 7 Satz 3;
4. für Einkünfte aus nichtselbständiger Arbeit im Sinne des § 49 Absatz 1 Nummer 4,
    a) wenn als Lohnsteuerabzugsmerkmal ein Freibetrag nach § 39a Absatz 4 gebildet worden ist oder
    b) wenn die Veranlagung zur Einkommensteuer beantragt wird (§ 46 Absatz 2 Nummer 8);
5. für Einkünfte im Sinne des § 50a Absatz 1 Nummer 1, 2 und 4, wenn die Veranlagung zur Einkommensteuer beantragt wird.

³In den Fällen des Satzes 2 Nummer 4 erfolgt die Veranlagung durch das Betriebsstättenfinanzamt, das nach § 39 Absatz 2 Satz 2 oder Satz 4 für die Bildung und die Änderung der Lohnsteuerabzugsmerkmale zuständig ist. ⁴Bei mehreren Betriebsstättenfinanzämtern ist das Betriebs-

---
[1)] Absatz 1 i. d. F. des JStG 2008 ist bei Staatsangehörigen eines Mitgliedstaates der Europäischen Union oder eines Staates, auf den das Abkommen über den Europäischen Wirtschaftsraum anwendbar ist, die im Hoheitsgebiet eines dieser Staaten ihren Wohnsitz oder gewöhnlichen Aufenthalt haben, auf Antrag auch für VZ vor 2008 anzuwenden, soweit Steuerbescheide noch nicht bestandskräftig sind → § 52 Abs. 58 Satz 1 EStG.

stättenfinanzamt zuständig, in dessen Bezirk der Arbeitnehmer zuletzt beschäftigt war. ⁵Bei Arbeitnehmern mit Steuerklasse VI ist das Betriebsstättenfinanzamt zuständig, in dessen Bezirk der Arbeitnehmer zuletzt unter Anwendung der Steuerklasse I beschäftigt war. ⁶Hat der Arbeitgeber für den Arbeitnehmer keine elektronischen Lohnsteuerabzugsmerkmale (§ 39e Absatz 4 Satz 2) abgerufen und wurde keine Bescheinigung für den Lohnsteuerabzug nach § 39 Absatz 3 Satz 1 oder § 39e Absatz 7 Satz 5 ausgestellt, ist das Betriebsstättenfinanzamt zuständig, in dessen Bezirk der Arbeitnehmer zuletzt beschäftigt war. ⁷Satz 2 Nummer 4 Buchstabe b und Nummer 5 gilt nur für Staatsangehörige eines Mitgliedstaats der Europäischen Union oder eines anderen Staates, auf den das Abkommen über den Europäischen Wirtschaftsraum Anwendung findet, die im Hoheitsgebiet eines dieser Staaten ihren Wohnsitz oder gewöhnlichen Aufenthalt haben. ⁸In den Fällen des Satzes 2 Nummer 5 erfolgt die Veranlagung durch das Bundeszentralamt für Steuern.

(3) § 34c Absatz 1 bis 3 ist bei Einkünften aus Land- und Forstwirtschaft, Gewerbebetrieb oder selbständiger Arbeit, für die im Inland ein Betrieb unterhalten wird, entsprechend anzuwenden, soweit darin nicht Einkünfte aus einem ausländischen Staat enthalten sind, mit denen der beschränkt Steuerpflichtige dort in einem der unbeschränkten Steuerpflicht ähnlichen Umfang zu einer Steuer vom Einkommen herangezogen wird.

(4) Die obersten Finanzbehörden der Länder oder die von ihnen beauftragten Finanzbehörden können mit Zustimmung des Bundesministeriums der Finanzen die Einkommensteuer bei beschränkt Steuerpflichtigen ganz oder zum Teil erlassen oder in einem Pauschbetrag festsetzen, wenn dies im besonderen öffentlichen Interesse liegt; ein besonderes öffentliches Interesse besteht insbesondere

1. an der inländischen Veranstaltung international bedeutsamer kultureller und sportlicher Ereignisse, um deren Ausrichtung ein internationaler Wettbewerb stattfindet, oder
2. am inländischen Auftritt einer ausländischen Kulturvereinigung, wenn ihr Auftritt wesentlich aus öffentlichen Mitteln gefördert wird.

§ 50a Steuerabzug bei beschränkt Steuerpflichtigen

(1) Die Einkommensteuer wird bei beschränkt Steuerpflichtigen im Wege des Steuerabzugs erhoben

1. bei Einkünften, die durch im Inland ausgeübte künstlerische, sportliche, artistische, unterhaltende oder ähnliche Darbietungen erzielt werden, einschließlich der Einkünfte aus anderen mit diesen Leistungen zusammenhängenden Leistungen, unabhängig davon, wem die Einkünfte zufließen (§ 49 Absatz 1 Nummer 2 bis 4 und 9), es sei denn, es handelt sich um Einkünfte aus nichtselbständiger Arbeit, die bereits dem Steuerabzug vom Arbeitslohn nach § 38 Absatz 1 Satz 1 Nummer 1 unterliegen,
2. bei Einkünften aus der inländischen Verwertung von Darbietungen im Sinne der Nummer 1 (§ 49 Absatz 1 Nummer 2 bis 4 und 6),
3. bei Einkünften, die aus Vergütungen für die Überlassung der Nutzung oder des Rechts auf Nutzung von Rechten, insbesondere von Urheberrechten und gewerblichen Schutzrechten, von gewerblichen, technischen, wissenschaftlichen und ähnlichen Erfahrungen, Kenntnissen und Fertigkeiten, zum Beispiel Plänen, Mustern und Verfahren, herrühren, sowie bei Einkünften, die aus der Verschaffung der Gelegenheit erzielt werden, einen Berufssportler über einen begrenzten Zeitraum vertraglich zu verpflichten (§ 49 Absatz 1 Nummer 2, 3, 6 und 9),
4. bei Einkünften, die Mitgliedern des Aufsichtsrats, Verwaltungsrats, Grubenvorstands oder anderen mit der Überwachung der Geschäftsführung von Körperschaften, Personenvereinigungen und Vermögensmassen im Sinne des § 1 des Körperschaftsteuergesetzes beauftragten Personen sowie von anderen inländischen Personenvereinigungen des privaten und öffentlichen Rechts, bei denen die Gesellschafter nicht als Unternehmer (Mitunternehmer) anzusehen sind, für die Überwachung der Geschäftsführung gewährt werden (§ 49 Absatz 1 Nummer 3).

(2) ¹Der Steuerabzug beträgt 15 Prozent, in den Fällen des Absatzes 1 Nummer 4 beträgt er 30 Prozent der gesamten Einnahmen. ²Vom Schuldner der Vergütung ersetzte oder übernommene Reisekosten gehören nur insoweit zu den Einnahmen, als die Fahrt- und Übernachtungsauslagen die tatsächlichen Kosten und die Vergütungen für Verpflegungsmehraufwand die Pauschbeträge nach § 4 Absatz 5 Satz 1 Nummer 5 übersteigen. ³Bei Einkünften im Sinne des Absatzes 1 Nummer 1 wird ein Steuerabzug nicht erhoben, wenn die Einnahmen je Darbietung 250 Euro nicht übersteigen.

---

¹) Zur Anwendung von § 50a EStG → § 52 Abs. 58a EStG.

§ 50a EStG

(3) ¹Der Schuldner der Vergütung kann von den Einnahmen in den Fällen des Absatzes 1 Nummer 1, 2 und 4 mit ihnen in unmittelbarem wirtschaftlichem Zusammenhang stehende Betriebsausgaben oder Werbungskosten abziehen, die ihm ein beschränkt Steuerpflichtiger in einer für das Bundeszentralamt für Steuern nachprüfbaren Form nachgewiesen hat oder die vom Schuldner der Vergütung übernommen worden sind. ²Das gilt nur, wenn der beschränkt Steuerpflichtige Staatsangehöriger eines Mitgliedstaats der Europäischen Union oder eines anderen Staates ist, auf den das Abkommen über den Europäischen Wirtschaftsraum Anwendung findet, und im Hoheitsgebiet eines dieser Staaten seinen Wohnsitz oder gewöhnlichen Aufenthalt hat. ³Es gilt entsprechend bei einer beschränkt steuerpflichtigen Körperschaft, Personenvereinigung oder Vermögensmasse im Sinne des § 32 Absatz 4 des Körperschaftsteuergesetzes. ⁴In diesen Fällen beträgt der Steuerabzug von den nach Abzug der Betriebsausgaben oder Werbungskosten verbleibenden Einnahmen (Nettoeinnahmen), wenn

1. Gläubiger der Vergütung eine natürliche Person ist, 30 Prozent,
2. Gläubiger der Vergütung eine Körperschaft, Personenvereinigung oder Vermögensmasse ist, 15 Prozent.

(4) ¹Hat der Gläubiger einer Vergütung seinerseits Steuern für Rechnung eines anderen beschränkt steuerpflichtigen Gläubigers einzubehalten (zweite Stufe), kann er vom Steuerabzug absehen, wenn seine Einnahmen bereits dem Steuerabzug nach Absatz 2 unterlegen haben. ²Wenn der Schuldner der Vergütung auf zweiter Stufe Betriebsausgaben oder Werbungskosten nach Absatz 3 geltend macht, die Veranlagung nach § 50 Absatz 2 Satz 2 Nummer 5 beantragt oder die Erstattung der Abzugsteuer nach § 50d Absatz 1 oder einer anderen Vorschrift beantragt, hat er die sich nach Absatz 2 oder Absatz 3 ergebende Steuer zu diesem Zeitpunkt zu entrichten; Absatz 5 gilt entsprechend.

(5) ¹Die Steuer entsteht in dem Zeitpunkt, in dem die Vergütung dem Gläubiger zufließt. ²In diesem Zeitpunkt hat der Schuldner der Vergütung den Steuerabzug für Rechnung des Gläubigers (Steuerschuldner) vorzunehmen. ³Er hat die innerhalb eines Kalendervierteljahres einbehaltene Steuer jeweils bis zum zehnten des dem Kalendervierteljahr folgenden Monats an das für ihn zuständige Bundeszentralamt für Steuern abzuführen. ⁴Der Schuldner der Vergütung haftet für die Einbehaltung und Abführung der Steuer ⁵Der Steuerschuldner kann in Anspruch genommen werden, wenn der Schuldner der Vergütung den Steuerabzug nicht vorschriftsmäßig vorgenommen hat. ⁶Der Schuldner der Vergütung ist verpflichtet, dem Gläubiger auf Verlangen die folgenden Angaben nach amtlich vorgeschriebenem Muster zu bescheinigen:

1. den Namen und die Anschrift des Gläubigers,
2. die Art der Tätigkeit und Höhe der Vergütung in Euro,
3. den Zahlungstag,
4. den Betrag der einbehaltenen und abgeführten Steuer nach Absatz 2 oder Absatz 3,
5. das Finanzamt, an das die Steuer abgeführt worden ist.

(6) Die Bundesregierung kann durch Rechtsverordnung mit Zustimmung des Bundesrates bestimmen, dass bei Vergütungen für die Nutzung oder das Recht auf Nutzung von Urheberrechten (Absatz 1 Nummer 3), die nicht unmittelbar an den Gläubiger, sondern an einen Beauftragten geleistet werden, anstelle des Schuldners der Vergütung der Beauftragte die Steuer einzubehalten und abzuführen hat und für die Einbehaltung und Abführung haftet.

(7) ¹Das Finanzamt des Vergütungsgläubigers kann anordnen, dass der Schuldner der Vergütung für Rechnung des Gläubigers (Steuerschuldner) die Einkommensteuer von beschränkt steuerpflichtigen Einkünften, soweit diese nicht bereits dem Steuerabzug unterliegen, im Wege des Steuerabzugs einzubehalten und abzuführen hat, wenn dies zur Sicherung des Steueranspruchs zweckmäßig ist. ²Der Steuerabzug beträgt 25 Prozent der gesamten Einnahmen, bei Körperschaften, Personenvereinigungen oder Vermögensmassen 15 Prozent der gesamten Einnahmen, wenn der Vergütungsgläubiger nicht glaubhaft macht, dass die voraussichtlich geschuldete Steuer niedriger ist. ³Absatz 5 gilt entsprechend mit der Maßgabe, dass die Steuer bei dem Finanzamt anzumelden und abzuführen ist, das den Steuerabzug angeordnet hat. ⁴§ 50 Absatz 2 Satz 1 ist nicht anzuwenden.

---

1) Der Zeitpunkt der erstmaligen Anwendung von Absatz 3 i. d. F. des Begleitgesetzes zur zweiten Föderalismusreform wird durch eine Rechtsverordnung der Bundesregierung bestimmt, die der Zustimmung des Bundesrates bedarf; dieser Zeitpunkt darf nicht vor dem 31. 12. 2011 liegen → § 52 Abs. 58a Satz 2 EStG.
2) Der Zeitpunkt der erstmaligen Anwendung von Absatz 5 i. d. F. des Begleitgesetzes zur zweiten Föderalismusreform wird durch eine Rechtsverordnung der Bundesregierung bestimmt, die der Zustimmung des Bundesrates bedarf; dieser Zeitpunkt darf nicht vor dem 31. 12. 2011 liegen → § 52 Abs. 58a Satz 2 EStG.

§ 50a EStG
H 50a

Hinweise

Allgemeines

→ R 50a.2 EStR, H 50a.2 EStH

Neuregelung Steuerabzug

Beschränkt Steuerpflichtige, Steuerabzug, Neuregelung

(Verfügung der OFD Karlsruhe vom 14. 1. 2009 – S 230.3/48 – St 111/St 142 –)

Nachfolgend erhalten Sie einen Überblick zu den Rechtsänderungen beim Steuerabzug nach § 50a EStG bei Zahlungen an beschränkt steuerpflichtige Personen ab dem VZ 2009. Die Änderungen sind aufgrund der Rechtsprechung des EuGH vom 3. 10. 2006 in der Rs C-290/04, FKP Scorpio Konzertproduktionen GmbH, notwendig und durch das JStG 2009 umgesetzt worden.

1. Neustrukturierung von § 50a EStG ab VZ 2009

Bislang waren die einzelnen Tatbestände für die Verpflichtung zum Steuerabzug nach § 50a EStG auf die Abs. 1 und 4 verteilt. Nunmehr werden alle Tatbestände in Abs. 1 zusammengefasst, die Unterteilung wird durch Nummerierung vorgenommen:

Die Einkommensteuer wird bei beschränkt Steuerpflichtigen im Wege des Steuerabzugs erhoben

Nr. 1

bei Einkünften durch im Inland ausgeübte künstlerische, sportliche, artistische, unterhaltende oder ähnliche Darbietungen, einschließlich aus damit usw. zusammenhängenden Leistungen (§ 49 Abs. 1 Nrn. 2 bis 4 und Nr. 9 EStG), unabhängig davon, wem die Einnahmen zufließen und soweit es sich nicht um Einkünfte aus nichtselbstständiger Arbeit, die dem Lohnsteuerabzug unterliegen, handelt.

Nr. 2

bei Einkünften aus der inländischen Verwertung der vorstehenden Darbietungen (§ 49 Abs. 1 Nrn. 2 bis 4 und 6 EStG).

Nr. 3

bei Einkünften aus Vergütungen für die Überlassung der Nutzung oder des Rechts auf Nutzung von Rechte, insbesondere von Urheberrechten und gewerblichen Schutzrechten, von gewerblichen, technischen, wissenschaftlichen und ähnlichen Erfahrungen, Kenntnissen und Fertigkeiten, z. B. Plänen, Mustern, Verfahren (§ 49 Abs. 1 Nrn. 2, 3, 6 und 9 EStG).

Nr. 4

bei Einkünften, die Mitgliedern des Aufsichtsrats, Verwaltungsrats, Grubenvorstands und anderen mit der Überwachung der Geschäftsführung von Körperschaften, Personenvereinigungen und Vermögensmassen beauftragten Personen sowie von anderen inländischen Personenvereinigungen des privaten und öffentlichen Rechts, bei denen die Gesellschafter nicht als Unternehmer (Mitunternehmer) anzusehen sind, für die Überwachung der Geschäftsführung gewährt werden (§ 49 Abs. 1 Nr. 3 EStG).

2. Wegfall bzw. Erweiterung von Tatbeständen ab VZ 2009

Dem Steuerabzug unterliegen auch weiterhin Einkünfte aus im Inland ausgeübten sportlichen, artistischen oder ähnlichen Darbietungen.

Allerdings wurde in § 50a Abs. 1 Nr. 1 EStG auch das Merkmal „unterhaltende" Tätigkeit aufgenommen, um hier den Steuerabzug mit den einschlägigen DBA-Regelungen möglichst konform gehen zu lassen. Nach den DBA kommt es nämlich weniger auf den Status als Künstler, Sportler oder Artist der auftretenden Person an, als auf den unterhaltenden Charakter der Darbietung. Entsprechend wurde auch § 49 Abs. 1 Nr. 2 Buchst. d und Nr. 9 EStG angepasst, um diese Tatbestände auch der beschränkten Steuerpflicht zu unterwerfen.

Die Einkünfte sog. werkschaffender Künstler unterliegen nicht mehr dem Steuerabzug nach § 50a Abs. 1 Nr. 2 EStG. Dies waren Künstler, die keine Darbietung im Inland erbracht haben, aber z. B. ein Bild/eine Statue im Inland verkauft haben (bis 2008 konnten derartige Einkünfte bei bestehender beschränkter Steuerpflicht aufgrund § 50a Abs. 4 Nr. 2 EStG a. F. dem Steuerabzug unterliegen).

Ebenso fallen die Einkünfte bestimmter Berufsgruppen (z. B. Schriftsteller, Journalisten oder Bildberichterstatter) ab 2009 nicht mehr unter den Steuerabzug nach § 50a Abs. 1 Nr. 2 EStG (bis 2008 erfolgte der Steuerabzug aufgrund § 50a Abs. 4 Nr. 2 EStG a. F. beim Vorliegen einer beschränkten Steuerpflicht). Dies trägt nach der Gesetzesbegründung dem Umstand Rechnung, dass nach den einschlägigen DBA das Besteuerungsrecht nur dann dem Quellenstaat zusteht, wenn die Vergütung aufgrund einer persönlich im Inland ausgeübten Tätigkeit bezahlt wird. Daher wird zukünftig – vorbehaltlich § 50a Abs. 1 Nr. 3 EStG – der Steuerabzug nur noch auf die Verwertung inländischer Tätigkeiten beschränkt.

§ 50a Abs. 1 Nr. 2 EStG enthält keine Ausweitung mehr auf die selbstständigen Einkünfte, da bereits § 50a Abs. 1 Nr. 1 EStG ohne Beschränkung auf die (gewerbliche) Einkunftsart abgefasst ist.

Die Veräußerung von Rechten, die ab VZ 2007 durch eine Änderung in § 50a Abs. 4 Nr. 3 EStG a. F. dem Steuerabzug unterlegen hatte, ist ab VZ 2009 wieder aus dem Gesetz gestrichen worden (§ 50a Abs. 1 Nr. 3 EStG). Auch hier hat Deutschland aufgrund der abgeschlossenen DBA grundsätzlich kein Besteuerungsrecht, was zu einem hohen administrativen Aufwand geführt hat (entweder Erteilung einer Freistellungsbescheinigung oder aber Erstattung der Steuern durch das Bundeszentralamt für Steuern).

Die zeitlich befristete Überlassung von Rechten unterliegt dagegen grundsätzlich weiterhin dem Steuerabzug nach § 50a Abs. 1 Nr. 3 EStG, da für derartige Einkünfte Deutschland häufig in den DBA ein Quellensteuereinbehalt zugestanden wird.

Der Steuerabzug bei Einkünften aus Aufsichtsratsvergütungen bleibt unverändert erhalten (§ 50a Abs. 1 Nr. 4 EStG).

3. Änderungen beim Steuersatz (§ 50a Abs. 2 EStG)

Der Steuersatz für Einkünfte, die dem Steuerabzug nach § 50a Abs. 1 Nrn. 1 bis 3 EStG unterliegen, beträgt künftig 15 % der gesamten Einnahmen (bis 2008: 20 %). Die Absenkung berücksichtigt, dass ein Abzug von Betriebsausgaben/Werbungskosten auch weiterhin nicht möglich ist (§ 50a Abs. 2 EStG). Nicht zu den Einnahmen gehören die tatsächlichen Übernachtungskosten sowie Kosten i.H. der abzugsfähigen Verpflegungsmehraufwandspauschalen i. S. von § 4 Abs. 5 Nr. 5 EStG. Höhere Beträge zählen aber zu den Einnahmen, die dem Steuerabzug unterliegen.

Der bisherige Staffeltarif (§ 50a Abs. 4 Satz 4 Nrn. 1 bis 4 EStG a. F.) entfällt ab VZ 2009, dafür wird eine neue Geringfügigkeitsgrenze eingeführt. Bei Einkünften, die dem Steuerabzug nach § 50a Abs. 1 Nr. 1 EStG unterliegen, wird auf den Steuerabzug verzichtet, wenn die Einnahmen aus der einzelnen Darbietung 250 Euro nicht übersteigen.

Für Einkünfte aus Aufsichtsratsvergütungen beträgt der Steuersatz unverändert 3 % der Einnahmen: 30 %.

4. Betriebsausgaben-/Werbungskostenabzug (§ 50a Abs. 3 EStG)

Wenn der Vergütungsgläubiger Angehöriger eines EU-/EWR-Staates ist und auch in einem EU-/EWR-Staat seinen Wohnsitz/gewöhnlichen Aufenthalt unterhält, ist ein Betriebsausgaben- bzw. Werbungskostenabzug zulässig.

Bei Einkünften, die dem Steuerabzug nach § 50a Abs. 1 Nrn. 1, 2 und 4 EStG unterliegen, kann der Vergütungsschuldner die damit in unmittelbarem Zusammenhang stehenden Betriebsausgaben/Werbungskosten abziehen, die der Vergütungsgläubiger in vom FA nachprüfbarer Form nachweist oder die der Vergütungsschuldner übernimmt.

In diesen Fällen beträgt der Steuersatz für Vergütungen an natürliche Personen und Personenvereinigungen 30 % (statt 15 %) bei Körperschaften u.ä. bleibt es beim Steuersatz von 15 %.

Für Einkünfte aus Lizenzvergütungen usw. ist eine Berücksichtigung von Betriebsausgaben/Werbungskosten bei Vornahme des Steuerabzugs weiterhin ausgeschlossen.

5. Änderungen beim Steuerabzug auf der zweiten Stufe (§ 50a Abs. 4 EStG)

Bei Vornahme des Steuerabzugs von der Bruttovergütung entfällt zukünftig die Verpflichtung zur nochmaligen Vornahme des Steuerabzugs auf der zweiten Stufe.

Praxis-Beispiel
Beispiel 1:
Der inländische Konzertveranstalter A engagiert über eine beschränkt steuerpflichtige Konzertagentur B einen beschränkt steuerpflichtigen Künstler C.

Inland	1. Stufe	Ausland	2. Stufe
A →	Vergütung	B →	Vergütung C

Lösung:
Der Steuerabzug nach § 50a EStG ist nur noch für die Zahlung von A an B vorzunehmen, bei der Zahlung von B an C ist kein Steuerabzug mehr vorzunehmen. Der Verzicht auf die Vornahme des Steuerabzugs auf der zweiten Stufe ist gerechtfertigt, um zu hohe Steuerabzugsbeträge zu vermeiden. Der Verzicht auf den Steuerabzug auf der zweiten Stufe ist nicht möglich, wenn bereits bei Vornahme des Steuerabzugs nach § 50a EStG auf der ersten

Stufe Betriebsausgaben/Werbungskosten berücksichtigt werden, eine Veranlagung zur beschränkten Steuerpflicht oder eine Erstattung der Abzugsteuer beantragt wird (§ 50a Abs. 4 EStG).

Beispiel 2:

Der inländische Konzertveranstalter A engagiert über eine beschränkt steuerpflichtige Konzertagentur B (Einzelunternehmen mit Sitz im EU-/EWR-Ausland, B hat eine EU-/EWR-Staatsangehörigkeit) einen beschränkt steuerpflichtigen Künstler C. B macht gegenüber dem A Betriebsausgaben im Zusammenhang mit der inländischen Tätigkeit geltend.

Inland	1. Stufe	EU-/EWR Ausland	2. Stufe
A →	Vergütung	B →	Vergütung C

Lösung:

Der Steuerabzug nach § 50a EStG ist nun sowohl für die Zahlung von A an B als auch bei der Zahlung von B an C vorzunehmen. Der Steuersatz für die Zahlung von A an B erhöht sich auf 30 % (Empfänger der Zahlung = natürliche Person). Wenn der C gegenüber dem B keine Betriebsausgaben geltend macht, beträgt der Steuersatz auf der zweiten Stufe 15 %.

6. Sonstige Änderungen

Die verfahrensrechtlichen Vorschriften in § 50a Abs. 5 EStG sind – bis auf redaktionelle Anpassungen – unverändert.

§ 50a Abs. 6 EStG wurde nur redaktionell an die Änderungen angepasst. Weiterhin können Institutionen, wie die GEMA u. a., den Steuerabzug für den Vergütungsschuldner vornehmen, vgl. auch die entsprechenden Änderungen in §§ 73 ff. EStDV.

§ 50a Abs. 7 EStG ist – bis auf die Anpassung des Steuersatzes – unverändert.

Die Steueranmeldung ist ab 2009 grundsätzlich elektronisch an die Finanzverwaltung zu übermitteln, vgl. § 73e EStDV.

Die Vorschriften zum Freistellungs-, Erstattungs- bzw. Kontrollmeldeverfahren in § 50d EStG wurden gleichfalls nur redaktionell angepasst.

7. Änderungen in § 50 EStG mit Auswirkungen auf den Steuerabzug

Zusätzlich zu den bisherigen Möglichkeiten, eine Freistellung vom Steuerabzug vor Zahlung der Vergütung bzw. eine Erstattung des einbehaltenen Steuerabzugsbetrages nach Zahlung der Vergütung, zu beantragen, besteht ab VZ 2009 die Möglichkeit, eine Veranlagung zur beschränkten Steuerpflicht zu beantragen. Voraussetzung dafür ist, dass Einkünfte dem Steuerabzug nach § 50a Abs. 1 Nrn. 1, 2 und 4 EStG unterlegen haben (§ 50 Abs. 2 Nr. 5 EStG), und dass der Vergütungsgläubiger Staatsangehöriger eines EU-/EWR-Staates ist und auch in einem EU-/EWR-Staat seinen Wohnsitz/gewöhnlichen Aufenthalt hat. Die Regelungen waren bis VZ 2008 in § 50 Abs. 5 EStG enthalten und enthielten weitere Voraussetzungen, die ab VZ 2009 entfallen sind.

8. Abstandnahme vom Steuerabzug nach § 50 Abs. 4 EStG

Die bis VZ 2008 in § 50 Abs. 7 EStG enthaltene Ermächtigung, wonach die obersten Finanzbehörden der Länder mit Zustimmung des BMF aus volkswirtschaftlichen Gründen und, wenn dies im öffentlichen Interesse liegt, auf die Erhebung der Einkommensteuer bei beschränkt Steuerpflichtigen verzichten konnten, wird konkreter formuliert. Ein besonderes öffentliches Interesse ist gegeben

1. im Zusammenhang mit der inländischen Veranstaltung international bedeutsamer kultureller und sportlicher Ereignisse, um deren Ausrichtung ein internationaler Wettbewerb stattfindet, oder

2. im Zusammenhang mit dem inländischen Auftritt einer ausländischen Kulturvereinigung, wenn ihr Auftritt wesentlich aus öffentlichen Mitteln gefördert wird.

9. Neue Vordrucke/neues Merkblatt

Den neuen Vordruck zum Steuerabzug nach § 50a EStG ab VZ 2009 sowie das überarbeitete Merkblatt finden Sie in der FAIR-Datenbank unter LSt → Aktuell.

Sportler in europäischen Vereinswettbewerben von Mannschaftssportarten

Steuererlass für beschränkt Steuerpflichtige im Zusammenhang mit inländischen Spielen der europäischen Vereinswettbewerbe von Mannschaftssportarten

(BMF-Schreiben vom 20. 3. 2008, BStBl I S. 538)

Unter Bezugnahme auf das Ergebnis der Erörterungen mit den obersten Finanzbehörden der Länder gilt für die steuerliche Behandlung von Einkünften, die beschränkt Steuerpflichtige im Zusammenhang mit inländischen Spielen in europäischen Vereinswettbewerben von Mannschaftssportarten erzielen, Folgendes:

Die Einkommensteuer oder Körperschaftsteuer auf Einkünfte, die beschränkt steuerpflichtige Teilnehmer (ausländische Vereine und deren Spieler) an inländischen Spielen im Rahmen europäischer Vereinswettbewerbe in Mannschaftssportarten aus diesen Spielen erzielen, wird gemäß § 50 Abs. 7 EStG erlassen, wenn der jeweilige Ansässigkeitsstaat im Gegenzug auf die Besteuerung der Einkünfte von Teilnehmern, die in Deutschland ansässig sind, in Zusammenhang mit den auf seinem Hoheitsgebiet ausgetragenen Spielen ebenfalls verzichtet. Der Steuererlass gilt auch für Einkünfte von beschränkt steuerpflichtigen europäischen Dachverbänden, die in unmittelbarem Zusammenhang mit der Veranstaltung der inländischen Spiele in europäischen Vereinswettbewerben stehen. Die Einkünfte unterliegen nicht dem Steuerabzug nach § 50a Abs. 4 EStG.

Der Steuererlass gilt für Einkünfte aus Spielen im Rahmen der europäischen Vereinswettbewerbe im Basketball, Eishockey, Fußball, Handball, Volleyball sowie in vergleichbaren Mannschaftssportarten.

Im Vorgriff auf die mit den jeweiligen Ansässigkeitsstaaten abzuschließenden Gegenseitigkeitsvereinbarungen sind die vorstehenden Grundsätze bereits auf alle Einkünfte im unmittelbaren Zusammenhang mit den o. g. Veranstaltungen anzuwenden, die beschränkt steuerpflichtigen Teilnehmern ab dem 1. Januar 2008 zufließen. Ist der Ansässigkeitsstaat zu einem Verzicht im entsprechenden Umfang nicht bereit, findet der Steuererlass auf Einkünfte von beschränkt steuerpflichtigen Teilnehmern, die in diesem Staat ansässig sind, nach dem Ende des Kalenderjahrs keine Anwendung mehr, in dem dieser Staat den Verzicht auf eine Quellenbesteuerung abgelehnt hat. Äußert sich die zuständige Behörde eines Staates trotz wiederholter deutscher Anfrage nicht, entscheidet das Bundesministerium der Finanzen unter Berücksichtigung der Besteuerungspraxis jenes Staates, ob gleichwohl von Gegenseitigkeit ausgegangen werden kann. Das Bundesministerium der Finanzen veröffentlicht eine Liste der Staaten, für die keine Gegenseitigkeit hinsichtlich des Quellensteuerverzichts besteht.

Steuererlass für beschränkt Steuerpflichtige im Zusammenhang mit inländischen Spielen der europäischen Vereinswettbewerbe von Mannschaftssportarten; Negativliste zu den Vereinbarungen der Gegenseitigkeit zum 31. Dezember 2009

(BMF-Schreiben vom 21. 1. 2010, BStBl I S. 49)

Nach den Grundsätzen des BMF-Schreibens vom 20. März 2008 wird die Einkommen- oder Körperschaftsteuer auf Einkünfte, die beschränkt steuerpflichtige Teilnehmer an inländischen Spielen im Rahmen europäischer Vereinswettbewerbe in Mannschaftssportarten aus diesen Spielen erzielen, gemäß § 50 Absatz 4 EStG (§ 50 Absatz 7 EStG a. F.) erlassen, wenn der jeweilige Ansässigkeitsstaat im Gegenzug auf die Besteuerung der Einkünfte von Teilnehmern, die in Deutschland ansässig sind, in Zusammenhang mit den auf seinem Hoheitsgebiet ausgetragenen Spielen ebenfalls verzichtet. Im Vorgriff auf die mit den jeweiligen Ansässigkeitsstaaten abzuschließenden Gegenseitigkeitsvereinbarungen hatte Deutschland in diesem Zusammenhang bereits einseitig auf die Einkommen- und Körperschaftsteuer für Einkünfte verzichtet, die seit dem 1. Januar 2008 zugeflossen sind.

Ist der Ansässigkeitsstaat zu einem Verzicht im entsprechenden Umfang nicht bereit, findet der Steuererlass auf Einkünfte von beschränkt steuerpflichtigen Teilnehmern, die in diesem Staat ansässig sind, nach dem Kalenderjahr keine Anwendung mehr, in dem dieser Staat den Verzicht auf die Besteuerung abgelehnt hat.

Die Länder
- Bulgarien,
- Österreich,
- Großbritannien (Landesverbände – England, Nordirland, Schottland, Wales),
- Griechenland,
- Luxemburg,
- Spanien,

- Schweiz,
- Ungarn und
- Zypern

haben den Abschluss von Gegenseitigkeitsvereinbarungen im Jahr 2009 abgelehnt. Entsprechend findet der Steuererlass auf Einkünfte von beschränkt steuerpflichtigen Teilnehmern, die in diesen Staaten ansässig sind, nach dem Ende des Kalenderjahrs 2009 keine Anwendung mehr. Ab diesem Zeitpunkt hat die Besteuerung dieser Teilnehmer nach den allgemeinen Regelungen zu erfolgen.

IX. Sonstige Vorschriften, Bußgeld-, Ermächtigungs- und Schlussvorschriften

§ 50b Prüfungsrecht

EStG [1]
S 2304
S 2409

¹Die Finanzbehörden sind berechtigt, Verhältnisse, die für die Anrechnung oder Vergütung von Körperschaftsteuer, für die Anrechnung oder Erstattung von Kapitalertragsteuer, für die Nichtvornahme des Steuerabzugs, für die Ausstellung der Jahresbescheinigung nach § 24c oder für die Mitteilungen an das Bundeszentralamt für Steuern nach § 45e von Bedeutung sind oder der Aufklärung bedürfen, bei den am Verfahren Beteiligten zu prüfen. ²Die §§ 193 bis 203 der Abgabenordnung gelten sinngemäß.

§ 50c (weggefallen)

EStG [2]

§ 50d Besonderheiten im Fall von Doppelbesteuerungsabkommen und der §§ 43b und 50g

EStG [3]

(1) ¹Können Einkünfte, die dem Steuerabzug vom Kapitalertrag oder dem Steuerabzug auf Grund des § 50a unterliegen, nach den §§ 43b, 50g oder nach einem Abkommen zur Vermeidung der Doppelbesteuerung nicht oder nur nach einem niedrigeren Steuersatz besteuert werden, so sind die Vorschriften über die Einbehaltung, Abführung und Anmeldung der Steuer ungeachtet der §§ 43b und 50g sowie des Abkommens anzuwenden. ²Unberührt bleibt der Anspruch des Gläubigers der Kapitalerträge oder Vergütungen auf völlige oder teilweise Erstattung der einbehaltenen und abgeführten oder der auf Grund Haftungsbescheid oder Nachforderungsbescheid entrichteten Steuer. ³Die Erstattung erfolgt auf Antrag des Gläubigers der Kapitalerträge oder Vergütungen auf der Grundlage eines Freistellungsbescheids; der Antrag ist nach amtlich vorgeschriebenem Vordruck bei dem Bundeszentralamt für Steuern zu stellen. [4] ⁴Dem Vordruck ist in den Fällen des § 43 Absatz 1 Satz 1 Nummer 1a eine Bescheinigung nach § 45a Absatz 2 beizufügen. ⁵Der zu erstattende Betrag wird nach Bekanntgabe des Freistellungsbescheids ausgezahlt. ⁶Hat der Gläubiger der Vergütungen im Sinne des § 50a nach § 50a Absatz 5 Steuern für Rechnung beschränkt steuerpflichtiger Gläubiger einzubehalten, kann die Auszahlung des Erstattungsanspruchs davon abhängig gemacht werden, dass er die Zahlung der von ihm einzubehaltenden Steuer nachweist, hierfür Sicherheit leistet oder unwiderruflich die Zustimmung zur Verrechnung seines Erstattungsanspruchs mit seiner Steuerzahlungsschuld erklärt. ⁷Das Bundeszentralamt für Steuern kann zulassen, dass Anträge auf maschinell verwertbaren Datenträgern gestellt werden. ⁸Der Antragsteller hat in den Fällen des § 43 Absatz 1 Satz 1 Nummer 1a zu versichern, dass ihm eine Bescheinigung im Sinne des § 45a Absatz 2 vorliegt oder, soweit er selbst die Kapitalerträge als auszahlende Stelle dem Steuerabzug unterworfen hat, nicht ausgestellt wurde; er hat die Bescheinigung zehn Jahre nach Antrag-

---

1) 50b EStG i.d.F. des JStG 2007 ist erstmals für Jahresbescheinigungen anzuwenden, die nach dem 31.12.2004 ausgestellt werden → § 52 Abs. 58c EStG.
2) § 50c EStG wurde durch das StSenkG aufgehoben. Zur zeitlichen Anwendung → § 52 Abs. 59 EStG: § 50c i.d.F. des Gesetzes vom 24.3.1999 (BGBl. I S. 402) ist weiter anzuwenden, wenn für die Anteile vor Ablauf des ersten Wirtschaftsjahrs, für das das Körperschaftsteuergesetz in der Fassung des Artikels 3 des Gesetzes vom 23.10.2000 (BGBl. I S. 1433) erstmals anzuwenden ist, ein Sperrbetrag zu bilden war.
3) Die Vorschrift soll durch das Jahressteuergesetz 2013 (JStG 2013) geändert werden. Bei Redaktionsschluss war das Gesetzgebungsverfahren noch nicht abgeschlossen. Um Beachtung wird gebeten. → Siehe hierzu Hinweise auf Seite 4!
4) Absatz 1 i.d.F. des OGAW-IV-UmsG ist erstmals auf Kapitalerträge anzuwenden, die dem Gläubiger nach dem 31.12.2011 zufließen → § 52a Abs. 16b EStG.

stellung aufzubewahren. ⁹Die Frist für den Antrag auf Erstattung beträgt vier Jahre nach Ablauf des Kalenderjahres, in dem die Kapitalerträge oder Vergütungen bezogen worden sind. ¹⁰Die Frist nach Satz 9 endet nicht vor Ablauf von sechs Monaten nach dem Zeitpunkt der Entrichtung der Steuer. ¹¹Für die Erstattung der Kapitalertragsteuer gilt § 45 entsprechend. ¹²Der Schuldner der Kapitalerträge oder Vergütungen kann sich vorbehaltlich des Absatzes 2 nicht auf die Rechte des Gläubigers aus dem Abkommen berufen.

(1a) ¹Der nach Absatz 1 in Verbindung mit § 50g zu erstattende Betrag ist zu verzinsen. ²Der Zinslauf beginnt zwölf Monate nach Ablauf des Monats, in dem der Antrag auf Erstattung und alle für die Entscheidung erforderlichen Nachweise vorliegen, frühestens am Tag der Entrichtung der Steuer durch den Schuldner der Kapitalerträge oder Vergütungen. ³Er endet mit Ablauf des Tages, an dem der Freistellungsbescheid wirksam wird. ⁴Wird der Freistellungsbescheid aufgehoben, geändert oder nach § 129 der Abgabenordnung berichtigt, ist eine bisherige Zinsfestsetzung zu ändern. ⁵§ 233a Absatz 5 der Abgabenordnung gilt sinngemäß. ⁶Für die Höhe und Berechnung der Zinsen gilt § 238 der Abgabenordnung. ⁷Auf die Festsetzung der Zinsen ist § 239 der Abgabenordnung sinngemäß anzuwenden. ⁸Die Vorschriften dieses Absatzes sind nicht anzuwenden, wenn der Steuerabzug keine abgeltende Wirkung hat (§ 50 Absatz 2).

(2) ¹In den Fällen der §§ 43b, § 50a Absatz 1, § 50g kann der Schuldner der Kapitalerträge oder Vergütungen den Steuerabzug nach Maßgabe von § 43b oder § 50g oder des Abkommens unterlassen oder nach einem niedrigeren Steuersatz vornehmen, wenn das Bundeszentralamt für Steuern dem Gläubiger auf Grund eines von ihm nach amtlich vorgeschriebenem Vordruck gestellten Antrags bescheinigt, dass die Voraussetzungen dafür vorliegen (Freistellung im Steuerabzugsverfahren); dies gilt auch bei Kapitalerträgen, die einer nach einem Abkommen zur Vermeidung der Doppelbesteuerung im anderen Vertragsstaat ansässigen Kapitalgesellschaft, die am Nennkapital einer unbeschränkt steuerpflichtigen Kapitalgesellschaft im Sinne des § 1 Absatz 1 Nummer 1 des Körperschaftsteuergesetzes zu mindestens einem Zehntel unmittelbar beteiligt ist und im Staat ihrer Ansässigkeit den Steuern vom Einkommen oder Gewinn unterliegt, ohne davon befreit zu sein, von der unbeschränkt steuerpflichtigen Kapitalgesellschaft zufließen. ²Die Freistellung kann unter dem Vorbehalt des Widerrufs erteilt und von Auflagen oder Bedingungen abhängig gemacht werden. ³Sie kann in den Fällen des § 50a Absatz 1 von der Bedingung abhängig gemacht werden, dass die Erfüllung der Verpflichtungen nach § 50a Absatz 5 nachgewiesen werden, soweit die Vergütungen an andere beschränkt Steuerpflichtige weitergeleitet werden. ⁴Die Geltungsdauer der Bescheinigung nach Satz 1 beginnt frühestens an dem Tag, an dem der Antrag beim Bundeszentralamt für Steuern eingeht; sie beträgt mindestens ein Jahr und darf drei Jahre nicht überschreiten; der Gläubiger der Kapitalerträge oder der Vergütungen ist verpflichtet, den Wegfall der Voraussetzungen für die Freistellung unverzüglich dem Bundeszentralamt für Steuern mitzuteilen. ⁵Voraussetzung für die Abstandnahme vom Steuerabzug ist, dass dem Schuldner der Kapitalerträge oder Vergütungen die Bescheinigung nach Satz 1 vorliegt. ⁶Über den Antrag ist innerhalb von drei Monaten zu entscheiden. ⁷Die Frist beginnt mit der Vorlage aller für die Entscheidung erforderlichen Nachweise. ⁸Bestehende Anmeldeverpflichtungen bleiben unberührt.

(3) ¹Eine ausländische Gesellschaft hat keinen Anspruch auf völlige oder teilweise Entlastung nach Absatz 1 oder Absatz 2, soweit Personen an ihr beteiligt sind, denen die Erstattung oder Freistellung nicht zuständig, wenn sie die Einkünfte unmittelbar erzielten, und *die von der ausländischen Gesellschaft im betreffenden Wirtschaftsjahr erzielten Bruttoerträge nicht aus eigener Wirtschaftstätigkeit stammen, sowie*

1. *in Bezug auf diese Erträge* für die Einschaltung der ausländischen Gesellschaft wirtschaftliche oder sonst beachtliche Gründe fehlen oder

2. die ausländische Gesellschaft nicht mit einem für ihren Geschäftszweck angemessen eingerichteten Geschäftsbetrieb am allgemeinen wirtschaftlichen Verkehr teilnimmt.

²Maßgebend sind ausschließlich die Verhältnisse der ausländischen Gesellschaft; organisatorische, wirtschaftliche oder sonst beachtliche Merkmale der Unternehmen, die der ausländischen Gesellschaft nahe stehen (§ 1 Absatz 2 des Außensteuergesetzes), bleiben außer Betracht. ³An einer eigenen Wirtschaftstätigkeit fehlt es, soweit die ausländische Gesellschaft ihre Bruttoerträge aus der Verwaltung von Wirtschaftsgütern erzielt oder ihre wesentlichen Geschäftstätigkeiten auf Dritte überträgt. ⁴*Die Feststellungslast für das Vorliegen wirtschaftlicher oder sonst beachtlicher Gründe im Sinne von Satz 1 Nummer 1 sowie des Geschäftsbetriebs im Sinne von Satz 1 Nummer 2 obliegt der ausländischen Gesellschaft.* ⁵Die Sätze 1 bis 3 sind nicht anzuwenden, wenn mit der Hauptgattung der Aktien der ausländischen Gesellschaft ein wesentlicher und regelmäßiger Handel an einer anerkannten Börse stattfindet oder für die ausländische Gesellschaft die Vorschriften des Investmentsteuergesetzes gelten.

(4) ¹Der Gläubiger der Kapitalerträge oder Vergütungen im Sinne des § 50a hat nach amtlich vorgeschriebenem Vordruck durch eine Bestätigung der für ihn zuständigen Steuerbehörde des anderen Staates nachzuweisen, dass er dort ansässig ist oder die Voraussetzungen des § 50g Absatz 3 Nummer 5 Buchstabe c erfüllt sind ²Das Bundesministerium der Finanzen kann

im Einvernehmen mit den obersten Finanzbehörden der Länder erleichterte Verfahren oder vereinfachte Nachweise zulassen.

(5) ¹Abweichend von Absatz 2 kann das Bundeszentralamt für Steuern in den Fällen des § 50a Absatz 1 Nummer 3 den Schuldner der Vergütung auf Antrag allgemein ermächtigen, den Steuerabzug zu unterlassen oder nach einem niedrigeren Steuersatz vorzunehmen (Kontrollmeldeverfahren). ²Die Ermächtigung kann in Fällen geringer steuerlicher Bedeutung erteilt und mit Auflagen verbunden werden. ³Einer Bestätigung nach Absatz 4 Satz 1 bedarf es im Kontrollmeldeverfahren nicht. ⁴Inhalt der Auflage kann die Angabe des Namens, des Wohnortes oder des Ortes des Sitzes oder der Geschäftsleitung des Schuldners und des Gläubigers, der Art der Vergütung, des Bruttobetrags und des Zeitpunkts der Zahlungen sowie des einbehaltenen Steuerbetrags sein. ⁵Mit dem Antrag auf Teilnahme am Kontrollmeldeverfahren gilt die Zustimmung des Gläubigers und des Schuldners zur Weiterleitung der Angaben des Schuldners an den Wohnsitz- oder Sitzstaat des Gläubigers als erteilt. ⁶Die Ermächtigung ist als Beleg aufzubewahren. ⁷Absatz 2 Satz 8 gilt entsprechend.

(6) Soweit Absatz 2 nicht anwendbar ist, gilt Absatz 5 auch für Kapitalerträge im Sinne des § 43 Absatz 1 Satz 1 Nummer 1 und 4, wenn sich im Zeitpunkt der Zahlung des Kapitalertrags der Anspruch auf Besteuerung nach einem niedrigeren Steuersatz ohne nähere Ermittlung feststellen lässt.

(7) Werden Einkünfte im Sinne des § 49 Absatz 1 Nummer 4 aus einer Kasse einer juristischen Person des öffentlichen Rechts im Sinne der Vorschrift eines Abkommens zur Vermeidung der Doppelbesteuerung über den öffentlichen Dienst gewährt, so ist diese Vorschrift bei dem Bestehen eines Dienstverhältnisses mit einer anderen Person in der Weise auszulegen, dass die Vergütungen für der erstgenannten Person geleistete Dienste gezahlt werden, wenn sie ganz oder im Wesentlichen aus öffentlichen Mitteln aufgebracht werden.

(8) ¹Sind Einkünfte eines unbeschränkt Steuerpflichtigen aus nichtselbständiger Arbeit (§ 19) nach einem Abkommen zur Vermeidung der Doppelbesteuerung von der Bemessungsgrundlage der deutschen Steuer auszunehmen, wird die Freistellung bei der Veranlagung ungeachtet des Abkommens nur gewährt, soweit der Steuerpflichtige nachweist, dass der Staat, dem nach dem Abkommen das Besteuerungsrecht zusteht, auf dieses Besteuerungsrecht verzichtet hat oder dass die in diesem Staat auf die Einkünfte festgesetzten Steuern entrichtet wurden. ²Wird ein solcher Nachweis erst geführt, nachdem die Einkünfte in eine Veranlagung zur Einkommensteuer einbezogen wurden, ist der Steuerbescheid insoweit zu ändern. ³§ 175 Absatz 1 Satz 2 der Abgabenordnung ist entsprechend anzuwenden.

¹⁾ (9) ¹Sind Einkünfte eines unbeschränkt Steuerpflichtigen nach einem Abkommen zur Vermeidung der Doppelbesteuerung von der Bemessungsgrundlage der deutschen Steuer auszunehmen, so wird die Freistellung der Einkünfte ungeachtet des Abkommens nicht gewährt, wenn

1. der andere Staat die Bestimmungen des Abkommens so anwendet, dass die Einkünfte in diesem Staat von der Besteuerung auszunehmen sind oder nur zu einem durch das Abkommen begrenzten Steuersatz besteuert werden können, oder

2. die Einkünfte in dem anderen Staat nur deshalb nicht steuerpflichtig sind, weil sie von einer Person bezogen werden, die in diesem Staat nicht auf Grund ihres Wohnsitzes, ständigen Aufenthalts, des Ortes ihrer Geschäftsleitung, des Sitzes oder eines ähnlichen Merkmals unbeschränkt steuerpflichtig ist.

²Nummer 2 gilt nicht für Dividenden, die nach einem Abkommen zur Vermeidung der Doppelbesteuerung von der Bemessungsgrundlage der deutschen Steuer auszunehmen sind, es sei denn, die Dividenden sind bei der Ermittlung des Gewinns der ausschüttenden Gesellschaft abgezogen worden. ³Bestimmungen eines Abkommens zur Vermeidung der Doppelbesteuerung, die die Freistellung von Einkünften in einem weitergehenden Umfang einschränken, sowie Absatz 8 und § 20 Absatz 2 des Außensteuergesetzes bleiben unberührt.

²⁾ (10) ¹Sind auf Vergütungen im Sinne des § 15 Absatz 1 Satz 1 Nummer 2 Satz 1 zweiter Halbsatz und Nummer 3 zweiter Halbsatz die Vorschriften eines Abkommens zur Vermeidung der Doppelbesteuerung anzuwenden und enthält das Abkommen keine solche Vergütungen betreffende ausdrückliche Regelung, gelten diese Vergütungen für Zwecke der Anwendung des Abkommens ausschließlich als Unternehmensgewinne. ²Absatz 9 Nummer 1 bleibt unberührt.

³⁾ *(11) ¹Sind Dividenden beim Zahlungsempfänger nach einem Abkommen zur Vermeidung der Doppelbesteuerung von der Bemessungsgrundlage der deutschen Steuer auszunehmen, wird die Freistellung ungeachtet des Abkommens nur insoweit gewährt, als die Dividenden nach*

---

¹⁾ *Absatz 9 Satz 1 Nr. 1 i. d. F. des JStG 2007 ist für alle VZ anzuwenden, soweit Steuerbescheide noch nicht bestandskräftig sind* → § 52 Abs. 59a Satz 6 EStG.

²⁾ *Absatz 10 i. d. F. des JStG 2009 ist in allen Fällen anzuwenden, in denen die Einkommen- und Körperschaftsteuer noch nicht bestandskräftig festgesetzt ist* → § 52 Abs. 59a Satz 8 EStG.

³⁾ **Absatz 11 wurde durch das Gesetz zur Änderung des Gemeindefinanzreformgesetzes und von steuerlichen Vorschriften angefügt und ist erstmals auf Zahlungen anzuwenden, die nach dem 31. 12. 2011 erfolgen** → *§ 52 Abs. 59a Satz 9 EStG.*

deutschem Steuerrecht nicht einer anderen Person zuzurechnen sind. ²Soweit die Dividenden nach deutschem Steuer-recht einer anderen Person zuzurechnen sind, werden sie bei dieser Person freigestellt, wenn sie bei ihr als Zahlungsempfänger nach Maßgabe des Abkommens freigestellt würden.

§ 50e Bußgeldvorschriften; Nichtverfolgung von Steuerstraftaten bei geringfügiger Beschäftigung in Privathaushalten

(1) ¹Ordnungswidrig handelt, wer vorsätzlich oder leichtfertig entgegen § 45d Absatz 1 Satz 1, § 45d Absatz 3 Satz 1, der nach § 45e erlassenen Rechtsverordnung oder den unmittelbar geltenden Verträgen mit den in Artikel 17 der Richtlinie 2003/48/EG genannten Staaten und Gebieten eine Mitteilung nicht, nicht richtig, nicht vollständig oder nicht rechtzeitig abgibt. ²Die Ordnungswidrigkeit kann mit einer Geldbuße bis zu fünftausend Euro geahndet werden.

(2) ¹Liegen die Voraussetzungen des § 40a Absatz 2 vor, werden Steuerstraftaten (§§ 369 bis 376 der Abgabenordnung) als solche nicht verfolgt, wenn der Arbeitgeber in den Fällen des § 8a des Vierten Buches Sozialgesetzbuch entgegen § 41a Absatz 1 Nummer 1, auch in Verbindung mit Abs. 2 und 3 und § 51a, und § 40a Absatz 6 Satz 3 dieses Gesetzes in Verbindung mit § 28a Absatz 7 Satz 1 des Vierten Buches Sozialgesetzbuch für das Arbeitsentgelt die Lohnsteuer-Anmeldung und die Anmeldung der einheitlichen Pauschsteuer nicht oder nicht rechtzeitig durchführt und dadurch Steuern verkürzt oder für sich oder einen anderen nicht gerechtfertigte Steuervorteile erlangt. ²Die Freistellung von der Verfolgung nach Satz 1 gilt auch für den Arbeitnehmer einer in Satz 1 genannten Beschäftigung, der die Finanzbehörde pflichtwidrig über steuerlich erhebliche Tatsachen aus dieser Beschäftigung in Unkenntnis lässt. ³die Bußgeldvorschriften der §§ 377 bis 384 der Abgabenordnung bleiben mit der Maßgabe anwendbar, dass § 378 der Abgabenordnung auch bei vorsätzlichem Handeln anwendbar ist.

§ 50f Bußgeldvorschriften

(1) Ordnungswidrig handelt, wer vorsätzlich oder leichtfertig

1. entgegen § 22a Absatz 1 Satz 1 und 2 dort genannte Daten nicht, nicht richtig, nicht vollständig oder nicht rechtzeitig übermittelt oder eine Mitteilung nicht, nicht richtig, nicht vollständig oder nicht rechtzeitig macht oder
2. entgegen § 22a Absatz 2 Satz 9 die Identifikationsnummer für andere als die dort genannten Zwecke verwendet.

(2) Die Ordnungswidrigkeit kann in den Fällen des Absatzes 1 Nummer 1 mit einer Geldbuße bis zu fünfzigtausend Euro und in den übrigen Fällen mit einer Geldbuße bis zu zehntausend Euro geahndet werden.

(3) Verwaltungsbehörde im Sinne des § 36 Absatz 1 Nummer 1 des Gesetzes über Ordnungswidrigkeiten ist die zentrale Stelle nach § 81.

§ 50g Entlastung vom Steuerabzug bei Zahlungen von Zinsen und Lizenzgebühren zwischen verbundenen Unternehmen verschiedener Mitgliedstaaten der Europäischen Union

(1) ¹Auf Antrag werden die Kapitalertragsteuer für Zinsen und die Steuer auf Grund des § 50a für Lizenzgebühren, die von einem Unternehmen der Bundesrepublik Deutschland oder einer dort gelegenen Betriebsstätte eines Unternehmens eines anderen Mitgliedstaates der Europäischen Union als Schuldner an ein Unternehmen eines anderen Mitgliedstaates der Europäischen Union oder an eine in einem anderen Mitgliedstaat der Europäischen Union gelegene Betriebsstätte eines Unternehmens eines Mitgliedstaates der Europäischen Union als Gläubiger gezahlt werden, nicht erhoben. ²Erfolgt die Besteuerung durch Veranlagung, werden die Zinsen und Lizenzgebühren bei der Ermittlung der Einkünfte nicht erfasst. ³Voraussetzung für die Anwendung der Sätze 1 und 2 ist, dass der Gläubiger der Zinsen oder Lizenzgebühren ein mit dem Schuldner verbundenes Unternehmen oder dessen Betriebsstätte ist. ⁴Die Sätze 1 bis 3 sind nicht anzuwenden, wenn die Zinsen oder Lizenzgebühren an eine Betriebsstätte eines Unternehmens eines Mitgliedstaates der Europäischen Union als Gläubiger gezahlt werden, die in

---

1) § 50f EStG i. d. F. des JStG 2010 ist erstmals für die Rentenbezugsmitteilungen anzuwenden, die für den VZ 2010 zu übermitteln sind → § 52 Abs. 59b EStG.

einem Staat außerhalb der Europäischen Union oder im Inland gelegen ist und in der die Tätigkeit des Unternehmens ganz oder teilweise ausgeübt wird.

(2) Absatz 1 ist nicht anzuwenden auf die Zahlung von
1. Zinsen,
   a) die nach deutschem Recht als Gewinnausschüttung behandelt werden (§ 20 Absatz 1 Nummer 1 Satz 2) oder
   b) die auf Forderungen beruhen, die einen Anspruch auf Beteiligung am Gewinn des Schuldners begründen,
2. Zinsen oder Lizenzgebühren, die den Betrag übersteigen, den der Schuldner und der Gläubiger ohne besondere Beziehungen, die zwischen den beiden oder einem von ihnen und einem Dritten auf Grund von Absatz 3 Nummer 5 Buchstabe b bestehen, vereinbart hätten.

(3) Für die Anwendung der Absätze 1 und 2 gelten die folgenden Begriffsbestimmungen und Beschränkungen:
1. Der Gläubiger muss der Nutzungsberechtigte sein. Nutzungsberechtigter ist
   a) ein Unternehmen, wenn es die Einkünfte im Sinne von § 2 Absatz 1 erzielt;
   b) eine Betriebsstätte, wenn
      aa) die Forderung, das Recht oder der Gebrauch von Informationen, auf Grund derer/dessen Zahlungen von Zinsen oder Lizenzgebühren geleistet werden, tatsächlich zu der Betriebsstätte gehört und
      bb) die Zahlungen der Zinsen oder Lizenzgebühren Einkünfte darstellen, auf Grund derer die Gewinne der Betriebsstätte in dem Mitgliedstaat der Europäischen Union, in dem sie gelegen ist, zu einer in Nummer 5 Buchstabe a Doppelbuchstabe cc genannten Steuer beziehungsweise im Fall Belgiens dem „impôt des non-résidents / belasting der nietverblijfhouders" beziehungsweise im Fall Spaniens dem „Impuesto sobre la Renta de no Residentes" beziehungsweise zu einer mit diesen Steuern identischen oder weitgehend ähnlichen Steuer herangezogen werden, die nach dem jeweiligen Zeitpunkt des Inkrafttretens der Richtlinie 2003/49/EG des Rates vom 3. Juni 2003 über eine gemeinsame Steuerregelung für Zahlungen von Zinsen und Lizenzgebühren zwischen verbundenen Unternehmen verschiedener Mitgliedstaaten (ABl. EU Nr. L 157 S. 49), zuletzt geändert durch die Richtlinie 2006/98/EG des Rates vom 20. November 2006 (ABl. EU Nr. L 363 S. 129), anstelle der bestehenden Steuern oder ergänzend zu ihnen eingeführt wird.
2. Eine Betriebsstätte gilt nur dann als Schuldner der Zinsen oder Lizenzgebühren, wenn die Zahlung bei der Ermittlung des Gewinns der Betriebsstätte eine steuerlich abzugsfähige Betriebsausgabe ist.
3. Gilt eine Betriebsstätte eines Unternehmens eines Mitgliedstaats der Europäischen Union als Schuldner oder Gläubiger von Zinsen oder Lizenzgebühren, so wird kein anderer Teil des Unternehmens als Schuldner oder Gläubiger der Zinsen oder Lizenzgebühren angesehen.
4. Im Sinne des Absatzes 1 sind
   a) „Zinsen" Einkünfte aus Forderungen jeder Art, auch wenn die Forderungen durch Pfandrechte an Grundstücken gesichert sind, insbesondere Einkünfte aus öffentlichen Anleihen und aus Obligationen einschließlich der damit verbundenen Aufgelder und der Gewinne aus Losanleihen; Zuschläge für verspätete Zahlung und die Rückzahlung von Kapital gelten nicht als Zinsen;
   b) „Lizenzgebühren" Vergütungen jeder Art, die für die Nutzung oder für das Recht auf Nutzung von Urheberrechten an literarischen, künstlerischen oder wissenschaftlichen Werken, einschließlich kinematografischer Filme und Software, von Patenten, Marken, Mustern oder Modellen, Plänen, geheimen Formeln oder Verfahren oder für die Mitteilung gewerblicher, kaufmännischer oder wissenschaftlicher Erfahrungen gezahlt werden; Zahlungen für die Nutzung oder das Recht auf Nutzung gewerblicher, kaufmännischer oder wissenschaftlicher Ausrüstungen gelten als Lizenzgebühren.
5. Die Ausdrücke „Unternehmen eines Mitgliedstaates der Europäischen Union", „verbundenes Unternehmen" und „Betriebsstätte" bedeuten:
   a) „Unternehmen eines Mitgliedstaates der Europäischen Union" jedes Unternehmen, das
      aa) eine der in Anlage 3 Nummer 1 zu diesem Gesetz aufgeführten Rechtsformen aufweist und
      bb) nach dem Steuerrecht eines Mitgliedstaates in diesem Mitgliedstaat ansässig ist und nicht nach einem zwischen dem betreffenden Staat und einem Staat außerhalb der Europäischen Union geschlossenen Abkommen zur Vermeidung der Doppelbe-

§ 50g EStG

steuerung von Einkünften für steuerliche Zwecke als außerhalb der Gemeinschaft ansässig gilt und

cc) einer der in Anlage 3 Nummer 2 zu diesem Gesetz aufgeführten Steuern unterliegt und nicht von ihr befreit ist. Entsprechendes gilt für eine mit diesen Steuern identische oder weitgehend ähnliche Steuer, die nach dem jeweiligen Zeitpunkt des Inkrafttretens der Richtlinie 2003/49/EG des Rates vom 3. Juni 2003 (ABl. EU Nr. L 157 S. 49), zuletzt geändert durch die Richtlinie 2006/98/EG des Rates vom 20. November 2006 (ABl. EU Nr. L 363 S. 129), anstelle der bestehenden Steuern oder ergänzend zu ihnen eingeführt wird.

²Ein Unternehmen ist im Sinne von Doppelbuchstabe bb in einem Mitgliedstaat der Europäischen Union ansässig, wenn es der unbeschränkten Steuerpflicht im Inland oder einer vergleichbaren Besteuerung in einem anderen Mitgliedstaat der Europäischen Union nach dessen Rechtsvorschriften unterliegt.

b) „Verbundes Unternehmen" jedes Unternehmen, das dadurch mit einem zweiten Unternehmen verbunden ist, dass

aa) das erste Unternehmen unmittelbar mindestens zu 25 Prozent an dem Kapitel des zweiten Unternehmens beteiligt ist oder

bb) das zweite Unternehmen unmittelbar mindestens zu 25 Prozent an dem Kapital des ersten Unternehmens beteiligt ist oder

cc) ein drittes Unternehmen unmittelbar mindestens zu 25 Prozent an dem Kapital des ersten Unternehmens und dem Kapital des zweiten Unternehmens beteiligt ist.

Die Beteiligungen dürfen nur an Unternehmen bestehen, die in einem Mitgliedstaat der Europäischen Union ansässig sind.

c) „Betriebsstätte" eine feste Geschäftseinrichtung in einem Mitgliedstaat der Europäischen Union, in der die Tätigkeit eines Unternehmens eines anderen Mitgliedstaates der Europäischen Union ganz oder teilweise ausgeübt wird.

(4) Die Entlastung nach Absatz 1 ist zu versagen oder zu entziehen, wenn der hauptsächliche Beweggrund oder einer der hauptsächlichen Beweggründe für Geschäftsvorfälle die Steuervermeidung oder der Missbrauch sind. § 50d Absatz 3 bleibt unberührt.

(5) Entlastungen von der Kapitalertragsteuer für Zinsen und der Steuer auf Grund des § 50a nach einem Abkommen zur Vermeidung der Doppelbesteuerung, die weiter gehen als die nach Absatz 1 gewährten, werden durch Absatz 1 nicht eingeschränkt.

(6) ¹Ist im Fall des Absatzes 1 Satz 1 eines der Unternehmen ein Unternehmen der Schweizerischen Eidgenossenschaft oder ist eine in der Schweizerischen Eidgenossenschaft gelegene Betriebsstätte eines Unternehmens eines anderen Mitgliedstaats der Europäischen Union Gläubiger der Zinsen oder Lizenzgebühren, gelten die Absätze 1 bis 5 entsprechend mit der Maßgabe, dass die Schweizerische Eidgenossenschaft insoweit einem Mitgliedstaat der Europäischen Union gleichgestellt ist. ²Absatz 3 Nummer 5 Buchstabe a gilt entsprechend mit der Maßgabe, dass ein Unternehmen der Schweizerischen Eidgenossenschaft jedes Unternehmen ist, das

1. eine der folgenden Rechtsformen aufweist:
   – Aktiengesellschaft/société anonyme/società anonima;
   – Gesellschaft mit beschränkter Haftung/société à responsabilité limitée/società a responsabilità limitata;
   – Kommanditaktiengesellschaft/société en commandite par actions/società in accomandita per azioni, und

2. nach dem Steuerrecht der Schweizerischen Eidgenossenschaft dort ansässig ist und nicht nach einem zwischen der Schweizerischen Eidgenossenschaft und einem Staat außerhalb der Europäischen Union geschlossenen Abkommen zur Vermeidung der Doppelbesteuerung von Einkünften für steuerliche Zwecke als außerhalb der Gemeinschaft oder der Schweizerischen Eidgenossenschaft ansässig gilt, und

3. unbeschränkt der schweizerischen Körperschaftsteuer unterliegt, ohne von ihr befreit zu sein.

§ 50g EStG

Anlage 3
(zu § 50g)[1]

– auf nach dem 31. Dezember 2006 erfolgende Zahlungen anzuwenden –

1. Unternehmen im Sinne von § 50g Absatz 3 Nummer 5 Buchstabe a Doppelbuchstabe aa sind:
   a) Gesellschaften belgischen Rechts mit der Bezeichnung:
      „naamloze vennootschap"/„société anonyme", „commanditaire vennootschap op aandelen"/„société en commandite par actions", „besloten vennootschap met beperkte aansprakelijkheid"/„société privée à responsabilité limitée" sowie öffentlich-rechtliche Körperschaften, deren Tätigkeit unter das Privatrecht fällt;
   b) Gesellschaften dänischen Rechts mit der Bezeichnung:
      „aktieselskab" und „anpartsselskab";
   c) Gesellschaften deutschen Rechts mit der Bezeichnung:
      „Aktiengesellschaft", „Kommanditgesellschaft auf Aktien" und „Gesellschaft mit beschränkter Haftung";
   d) Gesellschaften griechischen Rechts mit der Bezeichnung:
      „ανώνυμη εταιρία";
   e) Gesellschaften spanischen Rechts mit der Bezeichnung:
      „sociedad anónima", „sociedad comanditaria por acciones", „sociedad de responsabilidad limitada" sowie öffentlich-rechtliche Körperschaften, deren Tätigkeit unter das Privatrecht fällt;
   f) Gesellschaften französischen Rechts mit der Bezeichnung:
      „société anonyme", „société en commandite par actions", „société à responsabilité limitée" sowie die staatlichen Industrie- und Handelsbetriebe und -unternehmen;
   g) Gesellschaften irischen Rechts mit der Bezeichnung:
      „public companies limited by shares or by guarantee", „private companies limited by shares or by guarantee", gemäß den „Industrial and Provident Societies Acts" eingetragene Einrichtungen oder gemäß den „Building Societies Acts" eingetragene „building societies";
   h) Gesellschaften italienischen Rechts mit der Bezeichnung:
      „società per azioni", „società in accomandita per azioni", „società a responsabilità limitata" sowie staatliche und private Industrie- und Handelsunternehmen;
   i) Gesellschaften luxemburgischen Rechts mit der Bezeichnung:
      „société anonyme", „société en commandite par actions" und „société à responsabilité limitée";
   j) Gesellschaften niederländischen Rechts mit der Bezeichnung:
      „naamloze vennootschap" und „besloten vennootschap met beperkte aansprakelijkheid";
   k) Gesellschaften österreichischen Rechts mit der Bezeichnung:
      „Aktiengesellschaft" und „Gesellschaft mit beschränkter Haftung";
   l) Gesellschaften portugiesischen Rechts in Form von Handelsgesellschaften oder zivilrechtlichen Handelsgesellschaften sowie Genossenschaften und öffentliche Unternehmen;
   m) Gesellschaften finnischen Rechts mit der Bezeichnung:
      „osakeyhtiö/aktiebolag", „osuuskunta/andelslag", „säästöpankki/sparbank" und „vakuutusyhtiö/försäkringsbolag";
   n) Gesellschaften schwedischen Rechts mit der Bezeichnung:
      „aktiebolag" und „försäkringsaktiebolag";
   o) nach dem Recht des Vereinigten Königreichs gegründete Gesellschaften;
   p) Gesellschaften tschechischen Rechts mit der Bezeichnung:
      „akciová společnost", „společnost s ručením omezen'ym", „veřejná obchodní společnost", „komanditní společnost", und „družstvo";
   q) Gesellschaften estnischen Rechts mit der Bezeichnung:
      „täisühing", „usaldusühing", „osaühing", „aktsiaselts", und „tulundusühistu";

---

[1] Anlage 3 ist auf Zahlungen anzuwenden, die nach dem 31. 12. 2006 erfolgen → § 52 Abs. 59c EStG.

§ 50g EStG

r) Gesellschaften zyprischen Rechts, die nach dem Gesellschaftsrecht als Gesellschaften bezeichnet werden, Körperschaften des öffentlichen Rechts und sonstige Körperschaften, die als Gesellschaft im Sinne der Einkommensteuergesetze gelten;
s) Gesellschaften lettischen Rechts mit der Bezeichnung:
„akciju sabiedrība" und „sabiedrība ar ierobežotu atbildību";
t) nach dem Recht Litauens gegründete Gesellschaften;
u) Gesellschaften ungarischen Rechts mit der Bezeichnung:
„közkereseti társaság", „betéti társaság", „közös vállalat", „korlátolt felelösségü társaság", „részvénytársaság", „egyesülés", „közhasznú társaság" und „szövetkezet";
v) Gesellschaften maltesischen Rechts mit der Bezeichnung:
„Kumpaniji ta' Responsabilita' Limitata", und „Soċjetajiet in akkomandita li l-kapital tagħhom maqsum f'azzjonijiet";
w) Gesellschaften polnischen Rechts mit der Bezeichnung:
„spólka akcyjna" und „spólka z ograniczoną odpowiedzialnością";
x) Gesellschaften slowenischen Rechts mit der Bezeichnung:
„delniška družba", „komanditna delniška družba", „komanditna družba", „družba z omejeno odgovornostjo" und „družba z neomejeno odgovornostjo";
y) Gesellschaften slowakischen Rechts mit der Bezeichnung:
„akciová spoločnos", „spoločnos̆ s ručením obmedzen'ym", „komanditná spoločnos", „verejná obchodná spoločnos" und „družstvo";
aa) Gesellschaften bulgarischen Rechts mit der Bezeichnung:
„събирателното дружество", „командитното дружество", „дружеството с ограничена отговорност", „акционерното дружество", „командитното дружество с акции", „кооперации", „кооперативни съюзи", „държавни предприятия", die nach bulgarischem Recht gegründet wurden und gewerbliche Tätigkeiten ausüben;
ab) Gesellschaften rumänischen Rechts mit der Bezeichnung:
„societăți pe acțiuni", „societăți în comandită pe acțiuni", „societăți cu răspundere limitată".
2. Steuern im Sinne von § 50g Absatz 3 Nummer 5 Buchstabe a Doppelbuchstabe cc sind:
- impôt des sociétés/vennootschapsbelasting in Belgien,
- selskabsskat in Dänemark,
- Körperschaftsteuer in Deutschland,
- Φόρος εισοδήματος νομικών προσώπων in Griechenland,
- impuesto sobre sociedades in Spanien,
- impôt sur les sociétés in Frankreich,
- corporation tax in Irland,
- imposta sul reddito delle persone giuridiche in Italien,
- impôt sur le revenu des collectivités in Luxemburg,
- vennootschapsbelasting in den Niederlanden,
- Körperschaftsteuer in Österreich,
- imposto sobre o rendimento da pessoas colectivas in Portugal,
- yhteisöjen tulovero/inkomstskatten för samfund in Finnland,
- statlig inkomstskatt in Schweden,
- corporation tax im Vereinigten Königreich,
- Daň z příjmů právnick'ych osob in der Tschechischen Republik,
- Tulumaks in Estland,
- φόρος εισοδήματος in Zypern,
- Uzņēmumu ienākuma nodoklis in Lettland,
- Pelno mokestis in Litauen,
- Társasági adó in Ungarn,
- Taxxa fuq l-income in Malta,
- Podatek dochodowy od osób prawnych in Polen,
- Davek od dobička pravnih oseb in Slowenien,
- Daň z príjmov právnick'ych osôb in der Slowakei,
- корпоративен данък in Bulgarien,

– impozit pe profit, impozitul pe veniturile obținute din România de nerezidenți in Rumänien.

§ 50h Bestätigung für Zwecke der Entlastung von Quellensteuern in einem anderen Mitgliedstaat der Europäischen Union oder der Schweizerischen Eidgenossenschaft

Auf Antrag hat das Finanzamt, das für die Besteuerung eines Unternehmens der Bundesrepublik Deutschland oder einer dort gelegenen Betriebsstätte eines Unternehmens eines anderen Mitgliedstaats der Europäischen Union im Sinne des § 50g Absatz 3 Nummer 5 oder eines Unternehmens der Schweizerischen Eidgenossenschaft im Sinne des § 50g Absatz 6 Satz 2 zuständig ist, für die Entlastung von der Quellensteuer dieses Staats auf Zinsen oder Lizenzgebühren im Sinne des § 50g zu bescheinigen, dass das empfangende Unternehmen steuerlich im Inland ansässig ist oder die Betriebsstätte im Inland gelegen ist.

§ 51 Ermächtigungen

(1) Die Bundesregierung wird ermächtigt, mit Zustimmung des Bundesrates

1. zur Durchführung dieses Gesetzes Rechtsverordnungen zu erlassen, soweit dies zur Wahrung der Gleichmäßigkeit bei der Besteuerung, zur Beseitigung von Unbilligkeiten in Härtefällen, zur Steuerfreistellung des Existenzminimums oder zur Vereinfachung des Besteuerungsverfahrens erforderlich ist, und zwar:
    a) über die Abgrenzung der Steuerpflicht, die Beschränkung der Steuererklärungspflicht auf die Fälle, in denen eine Veranlagung in Betracht kommt, über die den Einkommensteuererklärungen beizufügenden Unterlagen und über die Beistandspflichten Dritter;
    b) über die Ermittlung der Einkünfte und die Feststellung des Einkommens einschließlich der abzugsfähigen Beträge;
    c) über die Höhe von besonderen Betriebsausgaben-Pauschbeträgen für Gruppen von Betrieben, bei denen hinsichtlich der Besteuerungsgrundlagen annähernd gleiche Verhältnisse vorliegen, wenn der Steuerpflichtige Einkünfte aus Gewerbebetrieb (§ 15) oder selbständiger Arbeit (§ 18) erzielt, in Höhe eines Prozentsatzes der Umsätze im Sinne des § 1 Absatz 1 Nummer 1 des Umsatzsteuergesetzes; Umsätze aus der Veräußerung von Wirtschaftsgütern des Anlagevermögens sind nicht zu berücksichtigen. ²Einen besonderen Betriebsausgaben-Pauschbetrag dürfen nur Steuerpflichtige in Anspruch nehmen, die ihren Gewinn durch Einnahme-Überschussrechnung nach § 4 Absatz 3 ermitteln. ³Bei der Festlegung der Höhe des besonderen Betriebsausgaben-Pauschbetrags ist der Zuordnung der Betriebe entsprechend der Klassifikation der Wirtschaftszweige, Fassung für Steuerstatistiken, Rechnung zu tragen. ⁴Bei der Ermittlung der besonderen Betriebsausgaben-Pauschbeträge sind alle Betriebsausgaben mit Ausnahme der an das Finanzamt gezahlten Umsatzsteuer zu berücksichtigen. ⁵Bei der Veräußerung oder Entnahme von Wirtschaftsgütern des Anlagevermögens sind die Anschaffungs- oder Herstellungskosten, vermindert um die Absetzungen für Abnutzung nach § 7 Absatz 1 oder 4 sowie die Veräußerungskosten neben dem besonderen Betriebsausgaben-Pauschbetrag abzugsfähig. ⁶Der Steuerpflichtige kann im folgenden Veranlagungszeitraum zur Ermittlung der tatsächlichen Betriebsausgaben übergehen. ⁷Wechselt der Steuerpflichtige zur Ermittlung der tatsächlichen Betriebsausgaben, sind die abnutzbaren Wirtschaftsgüter des Anlagevermögens mit ihren Anschaffungs- oder Herstellungskosten, vermindert um die Absetzungen für Abnutzung nach § 7 Absatz 1 oder 4, in ein laufend zu führendes Verzeichnis aufzunehmen. ⁸§ 4 Absatz 3 Satz 5 bleibt unberührt. ⁹Nach dem Wechsel zur Ermittlung der tatsächlichen Betriebsausgaben ist eine erneute Inanspruchnahme des besonderen Betriebsausgaben-Pauschbetrags erst nach Ablauf der folgenden vier Veranlagungszeiträume zulässig; die §§ 140 und 141 der Abgabenordnung bleiben unberührt;
    d) über die Veranlagung, die Anwendung der Tarifvorschriften und die Regelung der Steuerentrichtung einschließlich der Steuerabzüge;
    e) über die Besteuerung der beschränkt Steuerpflichtigen einschließlich eines Steuerabzugs;
    f) in Fällen, in denen ein Sachverhalt zu ermitteln und steuerrechtlich zu beurteilen ist, der sich auch auf Vorgänge außerhalb des Geltungsbereichs dieses Gesetzes bezieht und außerhalb des Geltungsbereichs dieses Gesetzes ansässige Beteiligte oder andere Personen nicht wie bei Vorgängen innerhalb des Geltungsbereichs dieses Gesetzes zur Mit-

wirkung bei der Ermittlung des Sachverhalts herangezogen werden können, zu bestimmen,

    aa) in welchem Umfang Aufwendungen im Sinne des § 4 Absatz 4 oder des § 9 den Gewinn oder den Überschuss der Einnahmen über die Werbungskosten nur unter Erfüllung besonderer Mitwirkungs- und Nachweispflichten mindern dürfen. ²Die besonderen Mitwirkungs- und Nachweispflichten können sich erstrecken auf

        aaa) die Angemessenheit der zwischen nahestehenden Personen im Sinne des § 1 Absatz 2 des Außensteuergesetzes in ihren Geschäftsbeziehungen vereinbarten Bedingungen,

        bbb) die Angemessenheit der Gewinnabgrenzung zwischen unselbständigen Unternehmensteilen,

        ccc) die Pflicht zur Einhaltung von für nahestehende Personen geltenden Dokumentations- und Nachweispflichten auch bei Geschäftsbeziehungen zwischen nicht nahestehenden Personen,

        ddd) die Bevollmächtigung der Finanzbehörde durch den Steuerpflichtigen, in seinem Namen mögliche Auskunftsansprüche gegenüber den von der Finanzbehörde benannten Kreditinstituten außergerichtlich und gerichtlich geltend zu machen;

    bb) dass eine ausländische Gesellschaft ungeachtet des § 50d Absatz 3 nur dann einen Anspruch auf völlige oder teilweise Entlastung vom Steuerabzug nach § 50d Absatz 1 und 2 oder § 44a Absatz 9 hat, soweit sie die Ansässigkeit der an ihr unmittelbar oder mittelbar beteiligten natürlichen Personen, deren Anteil unmittelbar oder mittelbar 10 Prozent übersteigt, darlegt und nachweisen kann;

    cc) dass § 2 Absatz 5b Satz 1, § 32d Absatz 1 und § 43 Absatz 5 in Bezug auf Einkünfte im Sinne des § 20 Absatz 1 Nummer 1 und die steuerfreien Einnahmen nach § 3 Nummer 40 Satz 1 und 2 nur dann anzuwenden sind, wenn die Finanzbehörde bevollmächtigt wird, im Namen des Steuerpflichtigen mögliche Auskunftsansprüche gegenüber den von der Finanzbehörde benannten Kreditinstituten außergerichtlich und gerichtlich geltend zu machen.

²Die besonderen Nachweis- und Mitwirkungspflichten auf Grund dieses Buchstabens gelten nicht, wenn die außerhalb des Geltungsbereichs dieses Gesetzes ansässigen Beteiligten oder andere Personen in einem Staat oder Gebiet ansässig sind, mit dem ein Abkommen besteht, das die Erteilung von Auskünften entsprechend Artikel 26 des Musterabkommens der OECD zur Vermeidung der Doppelbesteuerung auf dem Gebiet der Steuern vom Einkommen und vom Vermögen in der Fassung von 2005 vorsieht oder der Staat oder das Gebiet Auskünfte in einem vergleichbaren Umfang erteilt oder die Bereitschaft zu einer entsprechenden Auskunftserteilung besteht;

2. Vorschriften durch Rechtsverordnung zu erlassen

    a) über die sich aus der Aufhebung oder Änderung von Vorschriften dieses Gesetzes ergebenden Rechtsfolgen, soweit dies zur Wahrung der Gleichmäßigkeit bei der Besteuerung oder zur Beseitigung von Unbilligkeiten in Härtefällen erforderlich ist;

    b) (weggefallen);

    c) über den Nachweis von Zuwendungen im Sinne des § 10b einschließlich erleichterter Nachweisanforderungen; [1)]

    d) über Verfahren, die in den Fällen des § 38 Absatz 1 Nummer 2 den Steueranspruch der Bundesrepublik Deutschland sichern oder die sicherstellen, dass bei Befreiungen im Ausland ansässiger Leiharbeitnehmer von der Steuer der Bundesrepublik Deutschland auf Grund von Abkommen zur Vermeidung der Doppelbesteuerung die ordnungsgemäße Besteuerung im Ausland gewährleistet ist. ²Hierzu kann nach Maßgabe zwischenstaatlicher Regelungen bestimmt werden, dass

        aa) der Entleiher in dem hierzu notwendigen Umfang an derartigen Verfahren mitwirkt,

        bb) er sich im Haftungsverfahren nicht auf die Freistellungsbestimmungen des Abkommens berufen kann, wenn er seine Mitwirkungspflichten verletzt;

    e) bis m) (weggefallen);

    n) über Sonderabschreibungen

        aa) im Tiefbaubetrieb des Steinkohlen-, Pechkohlen-, Braunkohlen- und Erzbergbaues bei Wirtschaftsgütern des Anlagevermögens unter Tage und bei bestimmten mit dem Grubenbetrieb unter Tage in unmittelbarem Zusammenhang stehenden, der Förderung, Seilfahrt, Wasserhaltung und Wetterführung sowie der Aufbereitung des Minerals dienenden Wirtschaftsgütern des Anlagevermögens über Tage, soweit die Wirtschaftsgüter

---

[1)] Absatz 1 Nr. 2 Buchstabe c wurde durch das Steuervereinfachungsgesetz 2011 ab VZ 2011 geändert.

für die Errichtung von neuen Förderschachtanlagen, auch in Form von Anschlussschachtanlagen,

für die Errichtung neuer Schächte sowie die Erweiterung des Grubengebäudes und den durch Wasserzuflüsse aus stillliegenden Anlagen bedingten Ausbau der Wasserhaltung bestehender Schachtanlagen,

für Rationalisierungsmaßnahmen in der Hauptschacht-, Blindschacht-, Strecken- und Abbauförderung, im Streckenvortrieb, in der Gewinnung, Versatzwirtschaft, Seilfahrt, Wetterführung und Wasserhaltung sowie in der Aufbereitung,

für die Zusammenfassung von mehreren Förderschachtanlagen zu einer einheitlichen Förderschachtanlage und

für den Wiederaufschluss stillliegender Grubenfelder und Feldesteile,

bb) im Tagebaubetrieb des Braunkohlen- und Erzbergbaues bei bestimmten Wirtschaftsgütern des beweglichen Anlagevermögens (Grubenaufschluss, Entwässerungsanlagen, Großgeräte sowie Einrichtungen des Grubenrettungswesens und der ersten Hilfe und im Erzbergbau auch Aufbereitungsanlagen), die

für die Erschließung neuer Tagebaue, auch in Form von Anschlusstagebauen, für Rationalisierungsmaßnahmen bei laufenden Tagebauen,

beim Übergang zum Tieftagebau für die Freilegung und Gewinnung der Lagerstätte und

für die Wiederinbetriebnahme stillgelegter Tagebaue

von Steuerpflichtigen, die den Gewinn nach § 5 ermitteln, vor dem 1. Januar 1990 angeschafft oder hergestellt werden. ²Die Sonderabschreibungen können bereits für Anzahlungen auf Anschaffungskosten und für Teilherstellungskosten zugelassen werden. ³Hat der Steuerpflichtige vor dem 1. Januar 1990 die Wirtschaftsgüter bestellt oder mit ihrer Herstellung begonnen, so können die Sonderabschreibungen auch für nach dem 31. Dezember 1989 und vor dem 1. Januar 1991 angeschaffte oder hergestellte Wirtschaftsgüter sowie für vor dem 1. Januar 1991 geleistete Anzahlungen auf Anschaffungskosten und entstandene Teilherstellungskosten in Anspruch genommen werden. ⁴Voraussetzung für die Inanspruchnahme der Sonderabschreibungen ist, dass die Förderungswürdigkeit der bezeichneten Vorhaben von der obersten Landesbehörde für Wirtschaft im Einvernehmen mit dem Bundesministerium für Wirtschaft und Technologie bescheinigt worden ist. ⁵Die Sonderabschreibungen können im Wirtschaftsjahr der Anschaffung oder Herstellung und in den vier folgenden Wirtschaftsjahren in Anspruch genommen werden, und zwar bei beweglichen Wirtschaftsgütern des Anlagevermögens bis zu insgesamt 50 Prozent, bei unbeweglichen Wirtschaftsgütern des Anlagevermögens bis zu insgesamt 30 Prozent der Anschaffungs- oder Herstellungskosten. ⁶Bei den begünstigten Vorhaben im Tagebaubetrieb des Braunkohlen- und Erzbergbaues kann außerdem zugelassen werden, dass die vor dem 1. Januar 1991 aufgewendeten Kosten für den Vorabraum bis zu 50 Prozent als sofort abzugsfähige Betriebsausgaben behandelt werden;

o) (weggefallen);

p) über die Bemessung der Absetzungen für Abnutzung oder Substanzverringerung bei nicht zu einem Betriebsvermögen gehörenden Wirtschaftsgütern, die vor dem 21. Juni 1948 angeschafft oder hergestellt oder die unentgeltlich erworben sind. ²Hierbei kann bestimmt werden, dass die Absetzungen für Abnutzung oder Substanzverringerung nicht nach den Anschaffungs- oder Herstellungskosten, sondern nach Hilfswerten (am 21. Juni 1948 maßgebender Einheitswert, Anschaffungs- oder Herstellungskosten des Rechtsvorgängers abzüglich der von ihm vorgenommenen Absetzungen, fiktive Anschaffungskosten an einem noch zu bestimmenden Stichtag) zu bemessen sind. ³Zur Vermeidung von Härten kann zugelassen werden, dass anstelle der Absetzungen für Abnutzung, die nach dem am 21. Juni 1948 maßgebenden Einheitswert zu bemessen sind, der Betrag abgezogen wird, der für das Wirtschaftsgut in dem Veranlagungszeitraum 1947 als Absetzung für Abnutzung geltend gemacht werden konnte. ⁴Für das Land Berlin tritt in den Sätzen 1 bis 3 an die Stelle des 21. Juni 1948 jeweils der 1. April 1949;

q) über erhöhte Absetzungen bei Herstellungskosten

aa) für Maßnahmen, die für den Anschluss eines im Inland belegenen Gebäudes an eine Fernwärmeversorgung einschließlich der Anbindung an das Heizsystem erforderlich sind, wenn die Fernwärmeversorgung überwiegend aus Anlagen der Kraft-Wärme-Kopplung, zur Verbrennung von Müll oder zur Verwertung von Abwärme gespeist wird,

bb) für den Einbau von Wärmepumpenanlagen, Solaranlagen und Anlagen zur Wärmerückgewinnung in einem im Inland belegenen Gebäude einschließlich der Anbindung an das Heizsystem,

cc) für die Errichtung von Windkraftanlagen, wenn die mit diesen Anlagen erzeugte Energie überwiegend entweder unmittelbar oder durch Verrechnung mit Elektrizitätsbezügen des Steuerpflichtigen von einem Elektrizitätsversorgungsunternehmen zur Versorgung eines im Inland belegenen Gebäudes des Steuerpflichtigen verwendet wird, einschließlich der Anbindung an das Versorgungssystem des Gebäudes,

dd) für die Errichtung von Anlagen zur Gewinnung von Gas, das aus pflanzlichen oder tierischen Abfallstoffen durch Gärung unter Sauerstoffabschluss entsteht, wenn dieses Gas zur Beheizung eines im Inland belegenen Gebäudes des Steuerpflichtigen oder zur Warmwasserbereitung in einem solchen Gebäude des Steuerpflichtigen verwendet wird, einschließlich der Anbindung an das Versorgungssystem des Gebäudes,

ee) für den Einbau einer Warmwasseranlage zur Versorgung von mehr als einer Zapfstelle und einer zentralen Heizungsanlage oder bei einer zentralen Heizungs- und Warmwasseranlage für den Einbau eines Heizkessels, eines Brenners, einer zentralen Steuerungseinrichtung, einer Wärmeabgabeeinrichtung und eine Änderung der Abgasanlage in einem im Inland belegenen Gebäude oder in einer im Inland belegenen Eigentumswohnung, wenn mit dem Einbau nicht vor Ablauf von zehn Jahren seit Fertigstellung dieses Gebäudes begonnen worden ist und der Einbau nach dem 30. Juni 1985 fertig gestellt worden ist; Entsprechendes gilt bei Anschaffungskosten für neue Einzelöfen, wenn keine Zentralheizung vorhanden ist.

²Voraussetzung für die Gewährung der erhöhten Absetzungen ist, dass die Maßnahmen vor dem 1. Januar 1992 fertig gestellt worden sind; in den Fällen des Satzes 1 Doppelbuchstabe aa müssen die Gebäude vor dem 1. Juli 1983 fertig gestellt worden sein, es sei denn, dass der Anschluss nicht schon im Zusammenhang mit der Errichtung des Gebäudes möglich war. ³Die erhöhten Absetzungen dürfen jährlich 10 Prozent der Aufwendungen nicht übersteigen. ⁴Sie dürfen nicht gewährt werden, wenn für dieselbe Maßnahme eine Investitionszulage in Anspruch genommen wird. ⁵Sind die Aufwendungen Erhaltungsaufwand und entstehen sie bei einer zu eigenen Wohnzwecken genutzten Wohnung im eigenen Haus, für die der Nutzungswert nicht mehr besteuert wird, und liegen in den Fällen des Satzes 1 Doppelbuchstabe aa die Voraussetzungen des Satzes 2 zweiter Halbsatz vor, so kann der Abzug dieser Aufwendungen wie Sonderausgaben mit gleichmäßiger Verteilung auf das Kalenderjahr, in dem die Arbeiten abgeschlossen worden sind, und die neun folgenden Kalenderjahre zugelassen werden, wenn die Maßnahme vor dem 1. Januar 1992 abgeschlossen worden ist;

r) nach denen Steuerpflichtige größere Aufwendungen

aa) für die Erhaltung von nicht zu einem Betriebsvermögen gehörenden Gebäuden, die überwiegend Wohnzwecken dienen,

bb) zur Erhaltung eines Gebäudes in einem förmlich festgelegten Sanierungsgebiet oder städtebaulichen Entwicklungsbereich, die für Maßnahmen im Sinne des § 177 des Baugesetzbuchs sowie für bestimmte Maßnahmen, die der Erhaltung, Erneuerung und funktionsgerechten Verwendung eines Gebäudes dienen, das wegen seiner geschichtlichen, künstlerischen oder städtebaulichen Bedeutung erhalten bleiben soll, und zu deren Durchführung sich der Eigentümer neben bestimmten Modernisierungsmaßnahmen gegenüber der Gemeinde verpflichtet hat, aufgewendet worden sind,

cc) zur Erhaltung von Gebäuden, die nach den jeweiligen landesrechtlichen Vorschriften Baudenkmale sind, soweit die Aufwendungen nach Art und Umfang zur Erhaltung des Gebäudes als Baudenkmal und zu seiner sinnvollen Nutzung erforderlich sind,

auf zwei bis fünf Jahre gleichmäßig verteilen können. ²In den Fällen der Doppelbuchstaben bb und cc ist Voraussetzung, dass der Erhaltungsaufwand vor dem 1. Januar 1990 entstanden ist. ³In den Fällen von Doppelbuchstabe cc sind die Denkmaleigenschaft des Gebäudes und die Voraussetzung, dass die Aufwendungen nach Art und Umfang zur Erhaltung des Gebäudes als Baudenkmal und zu seiner sinnvollen Nutzung erforderlich sind, durch eine Bescheinigung der nach Landesrecht zuständigen oder von der Landesregierung bestimmten Stelle nachzuweisen;

s) nach denen bei Anschaffung oder Herstellung von abnutzbaren beweglichen und bei Herstellung von abnutzbaren unbeweglichen Wirtschaftsgütern des Anlagevermögens auf Antrag ein Abzug von der Einkommensteuer für den Veranlagungszeitraum der Anschaffung oder Herstellung bis zur Höhe von 7,5 Prozent der Anschaffungs- oder Herstellungskosten dieser Wirtschaftsgüter vorgenommen werden kann, wenn eine Störung des gesamtwirtschaftlichen Gleichgewichts eingetreten ist oder sich abzeichnet, die eine nachhaltige Verringerung der Umsätze oder der Beschäftigung zur Folge hatte oder erwarten lässt, insbesondere bei einem erheblichen Rückgang der Nachfrage nach Investitionsgütern oder Bauleistungen. ²Bei der Bemessung des von der Einkommensteuer abzugsfähigen Betrags dürfen nicht berücksichtigt werden

aa) die Anschaffungs- oder Herstellungskosten von beweglichen Wirtschaftsgütern, die innerhalb eines jeweils festzusetzenden Zeitraums, der ein Jahr nicht übersteigen darf (Begünstigungszeitraum), angeschafft oder hergestellt werden,

§ 51 EStG

bb) die Anschaffungs- oder Herstellungskosten von beweglichen Wirtschaftsgütern, die innerhalb des Begünstigungszeitraums bestellt und angezahlt werden oder mit deren Herstellung innerhalb des Begünstigungszeitraums begonnen wird, wenn sie innerhalb eines Jahres, bei Schiffen innerhalb zweier Jahre nach Ablauf des Begünstigungszeitraums geliefert oder fertig gestellt werden. ²Soweit bewegliche Wirtschaftsgüter im Sinne des Satzes 1 mit Ausnahme von Schiffen nach Ablauf eines Jahres, aber vor Ablauf zweier Jahre nach dem Ende des Begünstigungszeitraums geliefert oder fertig gestellt werden, dürfen bei Bemessung des Abzugs von der Einkommensteuer die bis zum Ablauf eines Jahres nach dem Ende des Begünstigungszeitraums aufgewendeten Anzahlungen und Teilherstellungskosten berücksichtigt werden,

cc) die Herstellungskosten von Gebäuden, bei denen innerhalb des Begünstigungszeitraums der Antrag auf Baugenehmigung gestellt wird, wenn sie bis zum Ablauf von zwei Jahren nach dem Ende des Begünstigungszeitraums fertig gestellt werden;

dabei scheiden geringwertige Wirtschaftsgüter im Sinne des § 6 Absatz 2 und Wirtschaftsgüter, die in gebrauchtem Zustand erworben werden, aus. ³Von der Begünstigung können außerdem Wirtschaftsgüter ausgeschlossen werden, für die Sonderabschreibungen, erhöhte Absetzungen oder die Investitionszulage nach § 19 des Berlinförderungsgesetzes in Anspruch genommen werden. ⁴In den Fällen des Satzes 2 Doppelbuchstaben bb und cc können bei Bemessung des von der Einkommensteuer abzugsfähigen Betrags bereits die im Begünstigungszeitraum, im Fall des Satzes 2 Doppelbuchstaben bb Satz 2 auch die bis zum Ablauf eines Jahres nach dem Ende des Begünstigungszeitraums aufgewendeten Anzahlungen und Teilherstellungskosten berücksichtigt werden; der Abzug von der Einkommensteuer kann insoweit schon für den Veranlagungszeitraum vorgenommen werden, in dem die Anzahlungen oder Teilherstellungskosten aufgewendet worden sind. ⁵Übersteigt der Abzug von der Einkommensteuer abzugsfähige Betrag die für den Veranlagungszeitraum der Anschaffung oder Herstellung geschuldete Einkommensteuer, so kann der übersteigende Betrag von der Einkommensteuer für den darauf folgenden Veranlagungszeitraum abgezogen werden. ⁶Entsprechendes gilt, wenn in den Fällen des Satzes 2 Doppelbuchstaben bb und cc der Abzug von der Einkommensteuer bereits für Anzahlungen oder Teilherstellungskosten geltend gemacht wird. ⁷Der Abzug von der Einkommensteuer darf jedoch die für den Veranlagungszeitraum der Anschaffung oder Herstellung und den folgenden Veranlagungszeitraum insgesamt zu entrichtende Einkommensteuer nicht übersteigen. ⁸In den Fällen des Satzes 2 Doppelbuchstaben bb Satz 2 gilt dies mit der Maßgabe, dass an die Stelle des Veranlagungszeitraums der Anschaffung oder Herstellung der Veranlagungszeitraum tritt, in dem zuletzt Anzahlungen oder Teilherstellungskosten aufgewendet worden sind. ⁹Werden begünstigte Wirtschaftsgüter von Gesellschaften im Sinne des § 15 Absatz 1 Satz 1 Nummer 2 und 3 angeschafft oder hergestellt, so ist der abzugsfähige Betrag nach dem Verhältnis der Gewinnanteile einschließlich der Vergütungen aufzuteilen. ¹⁰Die Anschaffungs- oder Herstellungskosten der Wirtschaftsgüter, die bei Bemessung des von der Einkommensteuer abzugsfähigen Betrags berücksichtigt worden sind, werden durch den Abzug von der Einkommensteuer nicht gemindert. ¹¹Rechtsverordnungen auf Grund dieser Ermächtigung bedürfen der Zustimmung des Bundestages. ¹²Die Zustimmung gilt als erteilt, wenn der Bundestag nicht binnen vier Wochen nach Eingang der Vorlage der Bundesregierung die Zustimmung verweigert hat;

t) (weggefallen);

u) über Sonderabschreibungen bei abnutzbaren Wirtschaftsgütern des Anlagevermögens, die der Forschung oder Entwicklung dienen und nach dem 18. Mai 1983 und vor dem 1. Januar 1990 angeschafft oder hergestellt werden. ²Voraussetzung für die Inanspruchnahme der Sonderabschreibungen ist, dass die beweglichen Wirtschaftsgüter ausschließlich und die unbeweglichen Wirtschaftsgüter zu mehr als 33 ¹/₃ Prozent der Forschung oder Entwicklung dienen. ³Die Sonderabschreibungen können auch für Ausbauten und Erweiterungen an bestehenden Gebäuden, Gebäudeteilen, Eigentumswohnungen oder im Teileigentum stehenden Räumen zugelassen werden, wenn die ausgebauten oder neu hergestellten Gebäudeteile zu mehr als 33 ¹/₃ Prozent der Forschung oder Entwicklung dienen. ⁴Die Wirtschaftsgüter dienen der Forschung oder Entwicklung, wenn sie verwendet werden

aa) zur Gewinnung von neuen wissenschaftlichen oder technischen Erkenntnissen und Erfahrungen allgemeiner Art (Grundlagenforschung) oder

bb) zur Neuentwicklung von Erzeugnissen oder Herstellungsverfahren oder

cc) zur Weiterentwicklung von Erzeugnissen oder Herstellungsverfahren, soweit wesentliche Änderungen dieser Erzeugnisse oder Verfahren entwickelt werden.

⁵Die Sonderabschreibungen können im Wirtschaftsjahr der Anschaffung oder Herstellung und in den vier folgenden Wirtschaftsjahren in Anspruch genommen werden, und zwar

§ 51 EStG

aa) bei beweglichen Wirtschaftsgütern des Anlagevermögens bis zu insgesamt 40 Prozent,

bb) bei unbeweglichen Wirtschaftsgütern des Anlagevermögens, die zu mehr als 66 $^2/_3$ Prozent der Forschung oder Entwicklung dienen, bis zu insgesamt 15 Prozent, die nicht zu mehr als 66 $^2/_3$ Prozent, aber zu mehr als 33 $^1/_3$ Prozent der Forschung oder Entwicklung dienen, bis zu insgesamt 10 Prozent,

cc) bei Ausbauten und Erweiterungen an bestehenden Gebäuden, Gebäudeteilen, Eigentumswohnungen oder im Teileigentum stehenden Räumen, wenn die ausgebauten oder neu hergestellten Gebäudeteile zu mehr als 66 $^2/_3$ Prozent der Forschung oder Entwicklung dienen, bis zu insgesamt 15 Prozent, zu nicht mehr als 66 $^2/_3$ Prozent, aber zu mehr als 33 $^1/_3$ Prozent der Forschung oder Entwicklung dienen, bis zu insgesamt 10 Prozent

der Anschaffungs- oder Herstellungskosten. [6]Sie können bereits für Anzahlungen auf Anschaffungskosten und für Teilherstellungskosten zugelassen werden. [7]Die Sonderabschreibungen sind nur unter der Bedingung zuzulassen, dass die Wirtschaftsgüter und die ausgebauten oder neu hergestellten Gebäudeteile mindestens drei Jahre nach ihrer Anschaffung oder Herstellung in dem erforderlichen Umfang der Forschung oder Entwicklung in einer inländischen Betriebsstätte des Steuerpflichtigen dienen;

v) (weggefallen);

w) über Sonderabschreibungen bei Handelsschiffen, die auf Grund eines vor dem 25. April 1996 abgeschlossenen Schiffbauvertrags hergestellt, in einem inländischen Seeschiffsregister eingetragen und vor dem 1. Januar 1999 von Steuerpflichtigen angeschafft oder hergestellt worden sind, die den Gewinn nach § 5 ermitteln. [2]Im Fall der Anschaffung eines Handelsschiffes ist weitere Voraussetzung, dass das Schiff vor dem 1. Januar 1996 in ungebrauchtem Zustand vom Hersteller oder nach dem 31. Dezember 1995 auf Grund eines vor dem 25. April 1996 abgeschlossenen Kaufvertrags bis zum Ablauf des vierten auf das Jahr der Fertigstellung folgenden Jahres erworben worden ist. [3]Bei Steuerpflichtigen, die in eine Gesellschaft im Sinne des § 15 Absatz 1 Satz 1 Nummer 2 und Absatz 3 nach Abschluss des Schiffbauvertrags (Unterzeichnung des Hauptvertrags) eingetreten sind, dürfen Sonderabschreibungen nur zugelassen werden, wenn sie der Gesellschaft vor dem 1. Januar 1999 beitreten. [4]Die Sonderabschreibungen können im Wirtschaftsjahr der Anschaffung oder Herstellung und in den vier folgenden Wirtschaftsjahren bis zu insgesamt 40 Prozent der Anschaffungs- oder Herstellungskosten in Anspruch genommen werden. [5]Sie können bereits für Anzahlungen auf Anschaffungskosten und für Teilherstellungskosten zugelassen werden. [6]Die Sonderabschreibungen sind nur unter der Bedingung zuzulassen, dass die Handelsschiffe innerhalb eines Zeitraums von acht Jahren nach ihrer Anschaffung oder Herstellung nicht veräußert werden; für Anteile an einem Handelsschiff gilt dies entsprechend. [7]Die Sätze 1 bis 6 gelten für Schiffe, die der Seefischerei dienen, entsprechend. [8]Für Luftfahrzeuge, die vom Steuerpflichtigen hergestellt oder in ungebrauchtem Zustand vom Hersteller erworben worden sind und die zur gewerbsmäßigen Beförderung von Personen oder Sachen im internationalen Luftverkehr oder zur Verwendung zu sonstigen gewerblichen Zwecken im Ausland bestimmt sind, gelten die Sätze 1 bis 4 und 6 mit der Maßgabe entsprechend, dass an die Stelle der Eintragung in ein inländisches Seeschiffsregister die Eintragung in die deutsche Luftfahrzeugrolle, an die Stelle des Höchstsatzes von 40 Prozent ein Höchstsatz von 30 Prozent und bei der Vorschrift des Satzes 6 an die Stelle des Zeitraums von acht Jahren ein Zeitraum von sechs Jahren treten;

x) über erhöhte Absetzungen bei Herstellungskosten für Modernisierungs- und Instandsetzungsmaßnahmen im Sinne des § 177 des Baugesetzbuchs sowie für bestimmte Maßnahmen, die der Erhaltung, Erneuerung und funktionsgerechten Verwendung eines Gebäudes dienen, das wegen seiner geschichtlichen, künstlerischen oder städtebaulichen Bedeutung erhalten bleiben soll, und zu deren Durchführung sich der Eigentümer neben bestimmten Modernisierungsmaßnahmen gegenüber der Gemeinde verpflichtet hat, die für Gebäude in einem förmlich festgelegten Sanierungsgebiet oder städtebaulichen Entwicklungsbereich aufgewendet worden sind; Voraussetzung ist, dass die Maßnahmen vor dem 1. Januar 1991 abgeschlossen worden sind. [2]Die erhöhten Absetzungen dürfen jährlich 10 Prozent der Aufwendungen nicht übersteigen; S 2185

y) über erhöhte Absetzungen für Herstellungskosten an Gebäuden, die nach den jeweiligen landesrechtlichen Vorschriften Baudenkmale sind, soweit die Aufwendungen nach Art und Umfang zur Erhaltung des Gebäudes als Baudenkmal und zu seiner sinnvollen Nutzung erforderlich sind; Voraussetzung ist, dass die Maßnahmen vor dem 1. Januar 1991 abgeschlossen worden sind. [2]Die Denkmaleigenschaft des Gebäudes und die Voraussetzung, dass die Aufwendungen nach Art und Umfang zur Erhaltung des Gebäudes als Baudenkmal und zu seiner sinnvollen Nutzung erforderlich sind, sind durch eine Bescheinigung der nach Landesrecht zuständigen oder von der Landesregierung bestimmten Stelle nachzuweisen. [3]Die erhöhten Absetzungen dürfen jährlich 10 Prozent der Aufwendungen nicht übersteigen; S 2198a

§ 51 EStG

S 2198b
3. die in § 4a Absatz 1 Satz 2 Nummer 1, § 10 Absatz 5, § 22 Nummer 1 Satz 3 Buchstabe a, § 26a Absatz 3, § 34c Absatz 7, § 46 Absatz 5 und § 50a Absatz 6 vorgesehenen Rechtsverordnungen zu erlassen.

S 1987
(2) ¹Die Bundesregierung wird ermächtigt, durch Rechtsverordnung Vorschriften zu erlassen, nach denen die Inanspruchnahme von Sonderabschreibungen und erhöhten Absetzungen sowie die Bemessung der Absetzung für Abnutzung in fallenden Jahresbeträgen ganz oder teilweise ausgeschlossen werden können, wenn eine Störung des gesamtwirtschaftlichen Gleichgewichts eingetreten ist oder sich abzeichnet, die erhebliche Preissteigerungen mit sich gebracht hat oder erwarten lässt, insbesondere, wenn die Inlandsnachfrage nach Investitionsgütern oder Bauleistungen das Angebot wesentlich übersteigt. ²Die Inanspruchnahme von Sonderabschreibungen und erhöhten Absetzungen sowie die Bemessung der Absetzung für Abnutzung in fallenden Jahresbeträgen darf nur ausgeschlossen werden

1. für bewegliche Wirtschaftsgüter, die innerhalb eines jeweils festzusetzenden Zeitraums, der frühestens mit dem Tage beginnt, an dem die Bundesregierung ihren Beschluss über die Verordnung bekanntgibt, und der ein Jahr nicht übersteigen darf, angeschafft oder hergestellt werden. ²Für bewegliche Wirtschaftsgüter, die vor Beginn dieses Zeitraums bestellt und angezahlt worden sind oder mit deren Herstellung vor Beginn dieses Zeitraums angefangen worden ist, darf jedoch die Inanspruchnahme von Sonderabschreibungen und erhöhten Absetzungen sowie die Bemessung der Absetzung für Abnutzung in fallenden Jahresbeträgen nicht ausgeschlossen werden;

2. für bewegliche Wirtschaftsgüter und für Gebäude, die in dem in Nummer 1 bezeichneten Zeitraum bestellt werden oder mit deren Herstellung in diesem Zeitraum begonnen wird. ²Als Beginn der Herstellung gilt bei Gebäuden der Zeitpunkt, in dem der Antrag auf Baugenehmigung gestellt wird.

³Rechtsverordnungen auf Grund dieser Ermächtigung bedürfen der Zustimmung des Bundestages und des Bundesrates. ⁴Die Zustimmung gilt als erteilt, wenn der Bundesrat nicht binnen drei Wochen, der Bundestag nicht binnen vier Wochen nach Eingang der Vorlage der Bundesregierung die Zustimmung verweigert hat.

(3) ¹Die Bundesregierung wird ermächtigt, durch Rechtsverordnung mit Zustimmung des Bundesrates Vorschriften zu erlassen, nach denen die Einkommensteuer einschließlich des Steuerabzugs vom Arbeitslohn, des Steuerabzugs vom Kapitalertrag und des Steuerabzugs bei beschränkt Steuerpflichtigen

1. um höchstens 10 Prozent herabgesetzt werden kann. ²Der Zeitraum, für den die Herabsetzung gilt, darf ein Jahr nicht übersteigen; er soll sich mit dem Kalenderjahr decken. ³Voraussetzung ist, dass eine Störung des gesamtwirtschaftlichen Gleichgewichts eingetreten ist oder sich abzeichnet, die eine nachhaltige Verringerung der Umsätze oder der Beschäftigung zur Folge hatte oder erwarten lässt, insbesondere bei einem erheblichen Rückgang der Nachfrage nach Investitionsgütern und Bauleistungen oder Verbrauchsgütern;

2. um höchstens 10 Prozent erhöht werden kann. ²Der Zeitraum, für den die Erhöhung gilt, darf ein Jahr nicht übersteigen; er soll sich mit dem Kalenderjahr decken. ³Voraussetzung ist, dass eine Störung des gesamtwirtschaftlichen Gleichgewichts eingetreten ist oder sich abzeichnet, die erhebliche Preissteigerungen mit sich gebracht hat oder erwarten lässt, insbesondere, wenn die Nachfrage nach Investitionsgütern und Bauleistungen oder Verbrauchsgütern das Angebot wesentlich übersteigt.

²Rechtsverordnungen auf Grund dieser Ermächtigung bedürfen der Zustimmung des Bundestages.

(4) Das Bundesministerium der Finanzen wird ermächtigt,

1. im Einvernehmen mit den obersten Finanzbehörden der Länder die Vordrucke für

    a) (weggefallen),

    b) die Erklärungen zur Einkommensbesteuerung,

    c)[1)] die Anträge nach *§ 38b Absatz 2*, nach § 39a Absatz 2, in dessen Vordrucke der Antrag nach § 39f einzubeziehen ist, *die Anträge nach § 39a Absatz 4 sowie die Anträge zu den* elektronischen Lohnsteuerabzugsmerkmalen (§ 38b Absatz 3 und § 39e Absatz 6 Satz 7),

    d) die Lohnsteuer-Anmeldung (§ 41a Absatz 1),

    e) die Anmeldung der Kapitalertragsteuer (§ 45a Absatz 1) und den Freistellungsauftrag nach § 44a Absatz 2 Satz 1 Nummer 1,

    f) die Anmeldung des Abzugsbetrags (§ 48a),

    g) die Erteilung der Freistellungsbescheinigung (§ 48b),

    h) die Anmeldung der Abzugsteuer (§ 50a),

---

1) Absatz 4 Nr. 1 Buchstabe c wurde durch das BeitrRLUmsG ab VZ 2012 neu gefasst.

i) die Entlastung von der Kapitalertragsteuer und vom Steuerabzug nach § 50a auf Grund von Abkommen zur Vermeidung der Doppelbesteuerung

und die Muster der *Bescheinigungen für den Lohnsteuerabzug nach § 39 Absatz 3 Satz 1 und § 39e Absatz 7 Satz 5*, des Ausdrucks der elektronischen Lohnsteuerbescheinigung (§ 41b Absatz 1), das Muster der Lohnsteuerbescheinigung nach § 41b Absatz 3 *Satz 1*, der Anträge auf Erteilung einer Bescheinigung *für den Lohnsteuerabzug nach § 39 Absatz 3 Satz 1 und § 39e Absatz 7 Satz 1 sowie* der in § 45a Absatz 2 und 3 und § 50a Absatz 5 Satz 6 vorgesehenen Bescheinigungen zu bestimmen; [1]

1a. im Einvernehmen mit den obersten Finanzbehörden der Länder auf der Basis der §§ 32a und 39b einen Programmablaufplan für die Herstellung von Lohnsteuertabellen zur manuellen Berechnung der Lohnsteuer aufzustellen und bekannt zu machen. ²Der Lohnstufenabstand beträgt bei den Jahrestabellen 36. ³Die in den Tabellenstufen auszuweisende Lohnsteuer ist aus der Obergrenze der Tabellenstufen zu berechnen und muss an der Obergrenze mit der maschinell berechneten Lohnsteuer übereinstimmen. ⁴Die Monats-, Wochen- und Tagestabellen sind aus den Jahrestabellen abzuleiten;

1b. im Einvernehmen mit den obersten Finanzbehörden der Länder den Mindestumfang der nach § 5b elektronisch zu übermittelnden Bilanz und Gewinn- und Verlustrechnung zu bestimmen;

1c. durch Rechtsverordnung zur Durchführung dieses Gesetzes mit Zustimmung des Bundesrates Vorschriften über einen von dem vorgesehenen erstmaligen Anwendungszeitpunkt gemäß § 52 Absatz 15a in der Fassung des Artikels 1 des Gesetzes vom 20. Dezember 2008 (BGBl. I S. 2580) abweichenden späteren Anwendungszeitpunkt zu erlassen, wenn bis zum 31. Dezember 2010 erkennbar ist, dass die technischen oder organisatorischen Voraussetzungen für eine Umsetzung der in § 5b Absatz 1 in der Fassung des Artikels 1 des Gesetzes vom 20. Dezember 2008 (BGBl. I S. 2580) vorgesehenen Verpflichtung nicht ausreichen.

2. den Wortlaut dieses Gesetzes und der zu diesem Gesetz erlassenen Rechtsverordnungen in der jeweils geltenden Fassung satzweise nummeriert mit neuem Datum und in neuer Paragraphenfolge bekanntzumachen und dabei Unstimmigkeiten im Wortlaut zu beseitigen.

§ 51a Festsetzung und Erhebung von Zuschlagsteuern [2]

(1) Auf die Festsetzung und Erhebung von Steuern, die nach der Einkommensteuer bemessen werden (Zuschlagsteuern), sind die Vorschriften dieses Gesetzes entsprechend anzuwenden.

(2) ¹Bemessungsgrundlage ist die Einkommensteuer, die abweichend von § 2 Absatz 6 unter Berücksichtigung von Freibeträgen nach § 32 Absatz 6 in allen Fällen des § 32 festzusetzen wäre. ²Zur Ermittlung der Einkommensteuer im Sinne des Satzes 1 ist das zu versteuernde Einkommen um die nach § 3 Nummer 40 steuerfreien Beträge zu erhöhen und um die nach § 3c Absatz 2 nicht abziehbaren Beträge zu mindern. ³§ 35 ist bei der Ermittlung der festzusetzenden Einkommensteuer nach Satz 1 nicht anzuwenden.

(2a) ¹Vorbehaltlich des § 40a Absatz 2 in der Fassung des Gesetzes vom 23. Dezember 2002 (BGBl. I S. 4621) ist beim Steuerabzug vom Arbeitslohn Bemessungsgrundlage die Lohnsteuer; beim Steuerabzug vom laufenden Arbeitslohn und beim Jahresausgleich ist die Lohnsteuer maßgebend, die sich ergibt, wenn der nach § 39b Absatz 2 Satz 5 zu versteuernde Jahresbetrag für die Steuerklassen I, II und III um den Kinderfreibetrag von 4 368 Euro sowie den Freibetrag für den Betreuungs- und Erziehungs- oder Ausbildungsbedarf von 2 640 Euro und für die Steuerklasse IV um den Kinderfreibetrag von 2 184 Euro sowie den Freibetrag für den Betreuungs- und Erziehungs- oder Ausbildungsbedarf von 1 320 Euro für jedes Kind vermindert wird, für das eine Kürzung der Freibeträge für Kinder nach § 32 Absatz 6 Satz 4 nicht in Betracht kommt. ²Bei der Anwendung des § 39b für die Ermittlung der Zuschlagsteuern ist die *als Lohnsteuerabzugsmerkmal gebildete* Zahl der Kinderfreibeträge maßgebend. ³Bei Anwendung des § 39f ist beim Steuerabzug vom laufenden Arbeitslohn die Lohnsteuer maßgebend, die sich bei Anwendung des nach § 39f Absatz 1 ermittelten Faktors auf den nach den Sätzen 1 und 2 ermittelten Betrag ergibt. [3]

---

[1] In Absatz 4 Nr. 1 wurde der nach Buchstabe i folgende Satzteil durch das BeitrRLUmsG ab VZ 2012 geändert.

[2] Die Vorschrift soll durch das Jahressteuergesetz 2013 (JStG 2013) geändert werden. Bei Redaktionsschluss war das Gesetzgebungsverfahren noch nicht abgeschlossen. Um Beachtung wird gebeten. → Siehe hierzu Hinweise auf Seite 4!

[3] Absatz 2a Satz 2 wurde durch das BeitrRLUmsG ab VZ 2012 geändert.

§ 51a EStG

[1] (2b) Wird die Einkommensteuer nach § 43 Absatz 1 durch Abzug vom Kapitalertrag (Kapitalertragsteuer) erhoben, wird die darauf entfallende Kirchensteuer nach dem Kirchensteuersatz der Religionsgemeinschaft, der der Kirchensteuerpflichtige angehört, als Zuschlag zur Kapitalertragsteuer erhoben.

[2] (2c) ¹Der zur Vornahme des Steuerabzugs verpflichtete Schuldner der Kapitalerträge oder die auszahlende Stelle im Sinne des § 44 Absatz 1 Satz 3 oder in den Fällen des Satzes 2 die Person oder Stelle, die die Auszahlung an den Gläubiger vornimmt, hat die auf die Kapitalertragsteuer nach Absatz 2b entfallende Kirchensteuer auf schriftlichen Antrag des Kirchensteuerpflichtigen

---

[1] Absatz 2b ist erstmals auf nach dem 31. 12. 2008 zufließende Kapitalerträge anzuwenden → § 52a Abs. 18 *Satz 1 EStG*.
[2] *Absatz 2c wurde durch das BeitrRLUmsG neu gefasst und ist erstmals auf nach dem 31. 12. 2013 zufließende Kapitalerträge anzuwenden → § 52a Abs. 18 Satz 2 EStG.*
Absatz 2c i. d. F. des BeitrRLUmsG lautet (die grau unterlegten Zusätze in Klammern sind Änderungen auf Grund des Amtshilferichtlinie-Umsetzungsgesetzes. Bei Redaktionsschluss war das Gesetzgebungsverfahren noch nicht abgeschlossen. → Siehe hierzu Hinweise auf Seite 4!):
„*(2c)* ¹*Der zur Vornahme des Steuerabzugs vom Kapitalertrag Verpflichtete (Kirchensteuerabzugsverpflichteter) hat die auf die Kapitalertragsteuer nach Absatz 2b entfallende Kirchensteuer nach folgenden Maßgaben einzubehalten:*
1. *Das Bundeszentralamt für Steuern speichert unabhängig von und zusätzlich zu den in § 139b Absatz 3 der Abgabenordnung genannten und nach §39e gespeicherten Daten des Steuerpflichtigen den Kirchensteuersatz der steuererhebenden Religionsgemeinschaft des Kirchensteuerpflichtigen sowie die ortsbezogenen Daten, mit deren Hilfe der Kirchensteuerpflichtige seiner Religionsgemeinschaft zugeordnet werden kann.* ²*Die Daten werden als automatisiert abrufbares Merkmal für den Kirchensteuerabzug bereitgestellt;*
2. *sofern den Kirchensteuerabzugsverpflichteten die Identifikationsnummer des Schuldners der Kapitalertragsteuer nicht bereits bekannt ist, kann er sie beim Bundeszentralamt für Steuern anfragen.* ²*In der Anfrage dürfen nur die in § 139b Absatz 3 der Abgabenordnung genannten Daten des Schuldners der Kapitalertragsteuer angegeben werden, soweit sie dem Kirchensteuerabzugsverpflichteten bekannt sind.* ³*Die Anfrage hat nach amtlich vorgeschriebenem Datensatz durch Datenfernübertragung zu erfolgen.* ⁴*Im Übrigen ist die Steuerdaten-Übermittlungsverordnung entsprechend anzuwenden.* ⁵*Das Bundeszentralamt für Steuern teilt dem Kirchensteuerabzugsverpflichteten die Identifikationsnummer mit, sofern die übermittelten Daten mit den nach § 139b Absatz 3 der Abgabenordnung beim Bundeszentralamt für Steuern gespeicherten Daten übereinstimmen;*
3. *der Kirchensteuerabzugsverpflichtete hat unter Angabe der Identifikationsnummer (und des Geburtsdatums) des Schuldners der Kapitalertragsteuer einmal jährlich im Zeitraum vom 1. September bis 31. Oktober beim Bundeszentralamt für Steuern anzufragen, ob der Schuldner der Kapitalertragsteuer am 31. August des betreffenden Jahres (Stichtag) kirchensteuerpflichtig ist (Regelabfrage).* ²*Für Kapitalerträge im Sinne des § 43 Absatz 1 Nummer 4 aus Versicherungsverträgen hat der Kirchensteuerabzugsverpflichtete eine auf den Zuflusszeitpunkt der Kapitalerträge bezogene Abfrage (Anlassabfrage) an das Bundeszentralamt für Steuern zu richten.* ³*(Im Übrigen kann der Kirchensteuerabzugsverpflichtete eine Anlassabfrage bei Begründung einer Geschäftsbeziehung oder auf Veranlassung des Kunden an das Bundeszentralamt für Steuern richten.)* ⁴*Auf die Anfrage hin teilt das Bundeszentralamt für Steuern dem Kirchensteuerabzugsverpflichteten die rechtliche Zugehörigkeit zu einer steuererhebenden Religionsgemeinschaft und den für die Religionsgemeinschaft geltenden Kirchensteuersatz zum Zeitpunkt der Anfrage als automatisiert abrufbares Merkmal nach Nummer 1 mit.* ⁵⁴*Rechtzeitig vor Regel- oder Anlassabfrage ist der Schuldner der Kapitalertragsteuer vom Kirchensteuerabzugsverpflichteten auf die bevorstehende Datenabfrage sowie das gegenüber dem Bundeszentralamt für Steuern bestehende Widerspruchsrecht, das sich auf die Übermittlung von Daten zur Religionszugehörigkeit bezieht (Absatz 2e Satz 1), schriftlich oder in anderer geeigneter Form hinzuweisen.* ⁶*(Anträge auf das Setzen der Sperrvermerke, die im aktuellen Kalenderjahr für eine Regelabfrage berücksichtigt werden sollen, müssen bis zum 30. Juni beim Bundeszentralamt für Steuern eingegangen sein. Alle übrigen Sperrvermerke können nur berücksichtigt werden, wenn sie spätestens zwei Monate vor der Abfrage des Kirchensteuerabzugsverpflichteten eingegangen sind. Dies gilt für den Widerruf entsprechend.)* ⁶*Der Hinweis hat individuell zu erfolgen.* ⁶*Gehört der Schuldner der Kapitalertragsteuer keiner steuererhebenden Religionsgemeinschaft an oder hat er dem Abruf von Daten zur Religionszugehörigkeit widersprochen (Sperrvermerk), so teilt das Bundeszentralamt für Steuern dem Kirchensteuerabzugsverpflichteten zur Religionszugehörigkeit einen neutralen Wert (Nullwert) mit.* ⁷*Der Kirchensteuerabzugsverpflichtete hat die vorhandenen Daten zur Religionszugehörigkeit unverzüglich zu löschen, wenn ein Nullwert übermittelt wurde;*
4. *im Falle einer am Stichtag oder im Zuflusszeitpunkt bestehenden Kirchensteuerpflicht hat der Kirchensteuerabzugsverpflichtete den Kirchensteuerabzug für die steuererhebende Religionsgemeinschaft auch durchzuführen und den Kirchensteuerbetrag an das für ihn zuständige Finanzamt abzuführen.* ²*§ 45a Absatz 1 gilt entsprechend; in der Steueranmeldung sind die nach Satz 1 einbehaltenen Kirchensteuerbeträge für jede steuererhebende Religionsgemeinschaft jeweils als Summe anzumelden.* ³*Die auf Grund der Regelabfrage vom Bundeszentralamt für Steuern bestätigte Kirchensteuerpflicht hat der Kirchensteuerabzugsverpflichtete dem Kirchensteuerabzug des auf den Stichtag folgenden Kalenderjahres zu Grunde zu legen.* ⁴*Das Ergebnis einer Anlassabfrage wirkt anlassbezogen.*
²*Die Daten gemäß Nummer 3 sind nach amtlich vorgeschriebenem Datensatz durch Datenfernübertragung zu übermitteln.* ³*Die Verbindung der Anfrage nach Nummer 2 mit der Anfrage nach Nummer 3 zu einer Anfrage ist zulässig.* ⁴*Auf Antrag kann das Bundeszentralamt für Steuern zur Vermeidung unbilliger Härten auf eine elektronische Übermittlung verzichten.* ⁵*§ 44 Absatz 5 ist mit der Maßgabe anzuwenden, dass der Haftungsbescheid von dem für den Kirchensteuerabzugsverpflichteten zuständigen Finanzamt erlassen wird.* ⁶*§ 45a Absatz 2 ist mit der Maßgabe anzuwenden, dass die steuererhebende*

hin einzubehalten (Kirchensteuerabzugsverpflichteter). ²Zahlt der Abzugsverpflichtete die Kapitalerträge nicht unmittelbar an den Gläubiger aus, ist Kirchensteuerabzugsverpflichteter die Person oder Stelle, die die Auszahlung für die Rechnung des Schuldners an den Gläubiger vornimmt; in diesem Fall hat der Kirchensteuerabzugsverpflichtete zunächst die vom Schuldner der Kapitalerträge erhobene Kapitalertragsteuer gemäß § 43a Absatz 1 Satz 3 in Verbindung mit § 32d Absatz 1 Satz 4 und 5 zu ermäßigen und im Rahmen seiner Steueranmeldung nach § 45a Absatz 1 die abzuführende Kapitalertragsteuer entsprechend zu kürzen. ³Der Antrag nach Satz 1 kann nicht auf Teilbeträge des Kapitalertrags eingeschränkt werden; er kann nicht rückwirkend widerrufen werden. ⁴Der Antrag hat die Religionsangehörigkeit des Steuerpflichtigen zu benennen. ⁵Der Kirchensteuerabzugsverpflichtete hat den Kirchensteuerabzug getrennt nach Religionsangehörigkeiten an das für ihn zuständige Finanzamt abzuführen. ⁶Der abgeführte Steuerabzug ist an die Religionsgemeinschaft weiterzuleiten. ⁷§ 44 Absatz 5 ist mit der Maßgabe anzuwenden, dass der Haftungsbescheid von dem für den Kirchensteuerabzugsverpflichteten zuständigen Finanzamt erlassen wird. ⁸Satz 6 gilt entsprechend. ⁹§ 45a Absatz 2 ist mit der Maßgabe anzuwenden, dass auch die Religionsgemeinschaft angegeben wird. ¹⁰Sind an den Kapitalerträgen mehrere Personen beteiligt, kann der Antrag nach Satz 1 nur gestellt werden, wenn es sich um Ehegatten handelt oder alle Beteiligten derselben Religionsgemeinschaft angehören. ¹¹Sind an den Kapitalerträgen Ehegatten beteiligt, haben diese mit dem Antrag nach Satz 1 übereinstimmend zu erklären, in welchem Verhältnis der auf jeden Ehegatten entfallende Anteil der Kapitalerträge zu diesen Erträgen steht. ¹²Die Kapitalerträge sind entsprechend diesem Verhältnis aufzuteilen und die Kirchensteuer ist einzubehalten, soweit ein Anteil einem kirchensteuerpflichtigen Ehegatten zuzuordnen ist. ¹³Wird das Verhältnis nicht erklärt, wird der Anteil nach dem auf ihn entfallenden Kopfteil ermittelt. ¹⁴Der Kirchensteuerabzugsverpflichtete darf die durch den Kirchensteuerabzug erlangten Daten nur für den Kirchensteuerabzug verwenden; für andere Zwecke darf er sie nur verwenden, soweit der Kirchensteuerpflichtige zustimmt oder dies gesetzlich zugelassen ist.

(2d) ¹Wird die nach Absatz 2b zu erhebende Kirchensteuer nicht nach Absatz 2c als Kirchensteuerabzug vom Kirchensteuerabzugsverpflichteten einbehalten, wird sie nach Ablauf des Kalenderjahres nach dem Kapitalertragsteuerbetrag veranlagt, der sich ergibt, wenn die Steuer auf Kapitalerträge nach § 32d Absatz 1 Satz 4 und 5 errechnet wird; wenn Kirchensteuer als Kirchensteuerabzug nach Absatz 2c erhoben wurde, wird eine Veranlagung auf Antrag des Steuerpflichtigen durchgeführt. ²Der Abzugsverpflichtete hat dem Kirchensteuerpflichtigen auf dessen Verlangen hin eine Bescheinigung über die einbehaltene Kapitalertragsteuer zu erteilen. ³Der Kirchensteuerpflichtige hat die erhobene Kapitalertragsteuer zu erklären und die Bescheinigung nach Satz 2 oder nach § 45a Absatz 2 oder 3 vorzulegen. ¹⁾

(2e) ¹Die Auswirkungen der Absätze 2c bis 2d werden unter Beteiligung von Vertretern von Kirchensteuern erhebenden Religionsgemeinschaften und weiteren Sachverständigen durch die Bundesregierung mit dem Ziel überprüft, einen umfassenden verpflichtenden Quellensteu- ²⁾

(Fortsetzung Fußnote 2 von Seite 742)
Religionsgemeinschaft angegeben wird. ⁷Sind an den Kapitalerträgen ausschließlich Ehegatten beteiligt, wird der Anteil an der Kapitalertragsteuer hälftig ermittelt. ⁸Der Kirchensteuerabzugsverpflichtete darf die von ihm für die Durchführung des Kirchensteuerabzugs erhobenen Daten ausschließlich für diesen Zweck verwenden. ⁹Er hat organisatorisch dafür Sorge zu tragen, dass ein Zugriff auf diese Daten für andere Zwecke gesperrt ist. ¹⁰Für andere Zwecke dürfen der Kirchensteuerabzugsverpflichtete und die beteiligte Finanzbehörde die Daten nur verwenden, soweit der Kirchensteuerpflichtige zustimmt oder dies gesetzlich zugelassen ist."

1) Absatz 2d ist erstmals auf nach dem 31. 12. 2008 zufließende Kapitalerträge anzuwenden → § 52a Abs. 18 *Satz 1* EStG.
2) *Absatz 2e wurde durch das BeitrRLUmsG neu gefasst und ist erstmals auf nach dem 31. 12. 2013 zufließende Kapitalerträge anzuwenden → § 52a Abs. 18 Satz 2 EStG.*
Absatz 2e i. d. F. des BeitrRLUmsG lautet:
„(2e) ¹Der Schuldner der Kapitalertragsteuer kann unter Angabe seiner Identifikationsnummer (nach amtlich vorgeschriebenem Vordruck) schriftlich beim Bundeszentralamt für Steuern beantragen, dass der automatisierte Datenabruf seiner rechtlichen Zugehörigkeit zu einer steuererhebenden Religionsgemeinschaft bis auf schriftlichen Widerruf unterbleibt (Sperrvermerk). ²Das Bundeszentralamt für Steuern kann für die Abgabe der Erklärungen nach Satz 1 ein anderes sicheres Verfahren zur Verfügung stellen. ³Der Sperrvermerk verpflichtet den Kirchensteuerpflichtigen zur Abgabe einer Steuererklärung zum Zwecke der Veranlagung nach Absatz 2d Satz 1. ⁴Den Sperrvermerk übermittelt das Bundeszentralamt für Steuern dem für den Kirchensteuerpflichtigen zuständigen Wohnsitz-Finanzamt, das diesen zur Abgabe einer Steuererklärung auffordert (§ 149 Absatz 1 Satz 2 der Abgabenordnung)."
Sätze 3 bis 5 lauten nach der Änderung durch das Amtshilferichtlinien-Umsetzungsgesetz (s. o.) wie folgt: ³Der Sperrvermerk verpflichtet den Kirchensteuerpflichtigen für jeden Veranlagungszeitraum, in dem Kapitalertragsteuer einbehalten worden ist, zur Abgabe einer Steuererklärung zum Zwecke der Veranlagung nach Absatz 2d Satz 1. ⁴Das Bundeszentralamt für Steuern meldet für jeden Veranlagungszeitraum, in dem der Sperrvermerk abgerufen worden ist, an das Wohnsitzfinanzamt Name und Anschrift des Kirchensteuerabzugsverpflichteten, an den im Fall des Absatzes 2c Nummer 3 auf Grund des Sperrvermerks im Nullwert im Sinne des Absatzes 2c Satz 1 Nummer 3 Satz 6 mitgeteilt worden ist. ⁵Das Wohnsitzfinanzamt fordert den Kirchensteuerpflichtigen zur Abgabe einer Steuererklärung nach § 149 Absatz 1 Satz 1 und 2 der Abgabenordnung auf.

§ 51a EStG
H 51a

erabzug auf der Grundlage eines elektronischen Informationssystems, das den Abzugsverpflichteten Auskunft über die Zugehörigkeit zu einer Kirchensteuer erhebenden Religionsgemeinschaft gibt, einzuführen. ²Die Bundesregierung unterrichtet den Bundestag bis spätestens zum 30. Juni 2010 über das Ergebnis.

(3) Ist die Einkommensteuer für Einkünfte, die dem Steuerabzug unterliegen, durch den Steuerabzug abgegolten oder werden solche Einkünfte bei der Veranlagung zur Einkommensteuer oder beim Lohnsteuer-Jahresausgleich nicht erfasst, gilt dies für die Zuschlagsteuer entsprechend.

(4) ¹Die Vorauszahlungen auf Zuschlagsteuern sind gleichzeitig mit den festgesetzten Vorauszahlungen auf die Einkommensteuer zu entrichten; § 37 Absatz 5 ist nicht anzuwenden. ²Solange ein Bescheid über die Vorauszahlungen auf Zuschlagsteuern nicht erteilt worden ist, sind die Vorauszahlungen ohne besondere Aufforderung nach Maßgabe der für die Zuschlagsteuern geltenden Vorschriften zu entrichten. ³§ 240 Absatz 1 Satz 3 der Abgabenordnung ist insoweit nicht anzuwenden; § 254 Absatz 2 der Abgabenordnung gilt insoweit sinngemäß.

(5) ¹Mit einem Rechtsbehelf gegen die Zuschlagsteuer kann weder die Bemessungsgrundlage noch die Höhe des zu versteuernden Einkommens angegriffen werden. ²Wird die Bemessungsgrundlage geändert, ändert sich die Zuschlagsteuer entsprechend.

(6) Die Absätze 1 bis 5 gelten für die Kirchensteuern nach Maßgabe landesrechtlicher Vorschriften.

H 51a — Hinweise

Kirchensteuersatz 2013 – Mindestkirchensteuer

→ auch H 40.

Der gesetzliche Kirchensteuersatz beträgt in allen Bundesländern 9 % der anfallenden Lohnsteuer und 8 % in Baden Württemberg und Bayern. Manche Bundesländer verlangen eine Mindestkirchensteuer. Wenn die Lohnsteuer pauschal ermittelt wird, ist die Kirchensteuer ebenfalls pauschal anzusetzen.

Bundesland	Allgemeiner Kirchensteuersatz	Kirchensteuersatz bei LSt-Pauschalierung Vereinfachtes Verfahren	Mindest KiSt im Jahr
Baden-Württemberg	8 %	6,5 %	
Bayern	8 %	7 %	
Berlin	9 %	5 %	
Brandenburg	9 %	5 %	
Bremen	9 %	7 %	
Hamburg	9 %	4 %	3,60 EUR
Hessen	9 %	7 %	1,80 EUR
Mecklenburg-Vorpommern	9 %	5 %	3,60 EUR
Niedersachsen	9 %	6 %	
Nordrhein-Westfalen	9 %	7 %	
Rheinland-Pfalz	9 %	7 %	
Saarland	9 %	7 %	
Sachsen	9 %	5 %	3,60 EUR[1]
Sachsen-Anhalt	9 %	5 %	3,60 EUR[2]
Schleswig-Holstein	9 %	6 %	3,60 EUR[3]
Thüringen	9 %	5 %	3,60 EUR[4]

Der Arbeitgeber kann zwischen einem vereinfachten Verfahren und Nachweisverfahren wählen. Bei 400-EUR-Jobs wird eine Pauschalsteuer von 2 % erhoben, mit der auch die Kirchen-

[1] Die Mindestkirchensteuer verlangt in diesen Ländern nur die evangelische Kirche.
[2] Die Mindestkirchensteuer verlangt in diesen Ländern nur die evangelische Kirche.
[3] Die Mindestkirchensteuer verlangt in diesen Ländern nur die evangelische Kirche.
[4] Die Mindestkirchensteuer verlangt in diesen Ländern nur die evangelische Kirche.

steuer abgegolten ist. Die Sätze für das vereinfachte Verfahren können sie der Tabelle oben entnehmen. Eine prozentuale Aufteilung der pauschalierten Kirchensteuer nach einem Verteilungsschlüssel ist zum 1. 1. 2007 weggefallen. Danach wurde zum Beispiel in Bayern die Kirchensteuer zu 70 % auf die katholische und zu 30 % auf die evangelische Kirche aufgeteilt.

§ 52 Anwendungsvorschriften

EStG
S 2259
[1]

(1) ¹*Diese Fassung des Gesetzes ist, soweit in den folgenden Absätzen und in § 52a nichts anderes bestimmt ist, erstmals für den Veranlagungszeitraum 2013 anzuwenden.* ²*Beim Steuerabzug vom Arbeitslohn gilt Satz 1 mit der Maßgabe, dass diese Fassung erstmals auf den laufenden Arbeitslohn anzuwenden ist, der für einen nach dem 31. Dezember 2012 endenden Lohnzahlungszeitraum gezahlt wird, und auf sonstige Bezüge, die nach dem 31. Dezember 2012 zufließen.*¹

(1a) § 1 Absatz 3 Satz 4 in der Fassung des Artikels 1 des Gesetzes vom 20. Dezember 2007 (BGBl. I S. 3150) ist für Staatsangehörige eines Mitgliedstaates der Europäischen Union oder eines Staates, auf den das Abkommen über den Europäischen Wirtschaftsraum anwendbar ist, auf Antrag auch für Veranlagungszeiträume vor 2008 anzuwenden, soweit Steuerbescheide noch nicht bestandskräftig sind.

(2) § 1a Absatz 1 ist für Staatsangehörige eines Mitgliedstaates der Europäischen Union auf Antrag auch für Veranlagungszeiträume vor 1996 anzuwenden, soweit Steuerbescheide noch nicht bestandskräftig sind; für Staatsangehörige und für das Hoheitsgebiet Finnlands, Islands, Norwegens, Österreichs und Schwedens gilt dies ab dem Veranlagungszeitraum 1994.

(3) ¹§ 2a Absatz 1 Satz 1 Nummer 6 Buchstabe b in der Fassung der Bekanntmachung vom 22. Dezember 1999 (BGBl. I S. 2601) ist erstmals auf negative Einkünfte eines Steuerpflichtigen anzuwenden, die er aus einer entgeltlichen Überlassung von Schiffen auf Grund eines nach dem 31. Dezember 1999 rechtswirksam abgeschlossenen obligatorischen Vertrags oder gleichstehenden Rechtsakts erzielt. ²§ 2a Absatz 1 bis 2a in der Fassung des Artikels 1 des Gesetzes vom 19. Dezember 2008 (BGBl. I S. 2794) ist in allen Fällen anzuwenden, in denen die Steuer noch nicht bestandskräftig festgesetzt ist. ³Für negative Einkünfte im Sinne des § 2a Absatz 1 und 2, die vor der ab dem 24. Dezember 2008 geltenden Fassung nach § 2a Absatz 1 Satz 5 bestandskräftig gesondert festgestellt wurden, ist § 2a Absatz 1 Satz 3 bis 5 in der vor dem 24. Dezember 2008 geltenden Fassung weiter anzuwenden. ⁴§ 2a Absatz 3 und 4 in der Fassung der Bekanntmachung vom 16. April 1997 (BGBl. I S. 821) ist letztmals für die Veranlagungszeiträume 1998 anzuwenden. ⁵§ 2a Absatz 3 Satz 3, 5 und 6 in der Fassung der Bekanntmachung vom 16. April 1997 (BGBl. I S. 821) ist für Veranlagungszeiträume ab 1999 weiter anzuwenden, soweit sich ein positiver Betrag im Sinne des § 2a Absatz 3 Satz 3 ergibt oder soweit eine in einem ausländischen Staat belegene Betriebsstätte im Sinne der § 2a Absatz 4 in der Fassung des Satzes 8 in eine Kapitalgesellschaft umgewandelt, übertragen oder aufgegeben wird. ⁶Insoweit ist in § 2a Absatz 3 Satz 5 letzter Halbsatz die Bezeichnung „§ 10d Absatz 3" durch „§ 10d Absatz 4" zu ersetzen. ⁷§ 2a Absatz 4 ist für die Veranlagungszeiträume 1999 bis 2005 in der folgenden Fassung anzuwenden:

„(4) Wird eine in einem ausländischen Staat belegene Betriebsstätte
1. in eine Kapitalgesellschaft umgewandelt oder
2. entgeltlich oder unentgeltlich übertragen oder
3. aufgegeben, jedoch die ursprünglich von der Betriebsstätte ausgeübte Geschäftstätigkeit ganz oder teilweise von einer Gesellschaft, an der der inländische Steuerpflichtige zu mindestens 10 Prozent unmittelbar oder mittelbar beteiligt ist, oder von einer ihm nahestehenden Person im Sinne des § 1 Absatz 2 des Außensteuergesetzes in der Fassung der Bekanntmachung vom 20. Dezember 1996 (BGBl. I S. 2049) fortgeführt,

so ist ein nach Absatz 3 Satz 1 und 2 abgezogener Verlust, soweit er nach Absatz 3 Satz 3 nicht wieder hinzugerechnet worden ist oder nicht noch hinzuzurechnen ist, im Veranlagungszeitraum der Umwandlung, Übertragung oder Aufgabe in entsprechender Anwendung des Absatzes 3 Satz 3 dem Gesamtbetrag der Einkünfte hinzuzurechnen."

⁸§ 2a Absatz 4 ist für Veranlagungszeiträume ab 2006 in der folgenden Fassung anzuwenden:

„(4) Wird eine in einem ausländischen Staat belegene Betriebsstätte
1. in eine Kapitalgesellschaft umgewandelt oder
2. entgeltlich oder unentgeltlich übertragen oder

---

[1] *Änderungen in Absatz 1 Satz 1, Absatz 16 Satz 11, Absatz 43a, Absatz 55 und die Aufhebung der Absätze 55c und 55d erfolgen auf Grund des Amtshilferichtlinie-Umsetzungsgesetzes. Bei Redaktionsschluss war das Gesetzgebungsverfahren allerdings noch nicht abgeschlossen. Um Beachtung wird gebeten.*
→ *Siehe hierzu Hinweise auf Seite 4!*

3. aufgegeben, jedoch die ursprünglich von der Betriebsstätte ausgeübte Geschäftstätigkeit ganz oder teilweise von einer Gesellschaft, an der der inländische Steuerpflichtige zu mindestens 10 Prozent unmittelbar oder mittelbar beteiligt ist, oder von einer ihm nahe stehenden Person im Sinne des § 1 Absatz 2 des Außensteuergesetzes fortgeführt,

so ist ein nach Absatz 3 Satz 1 und 2 abgezogener Verlust, soweit er nach Absatz 3 Satz 3 nicht wieder hinzugerechnet worden ist oder nicht noch hinzuzurechnen ist, im Veranlagungszeitraum der Umwandlung, Übertragung oder Aufgabe in entsprechender Anwendung des Absatzes 3 Satz 3 dem Gesamtbetrag der Einkünfte hinzuzurechnen. ²Satz 1 gilt entsprechend bei Beendigung der unbeschränkten Einkommensteuerpflicht (§ 1 Absatz 1) durch Aufgabe des Wohnsitzes oder des gewöhnlichen Aufenthalts oder bei Beendigung der unbeschränkten Körperschaftsteuerpflicht (§ 1 Absatz 1 des Körperschaftsteuergesetzes) durch Verlegung des Sitzes oder des Orts der Geschäftsleitung sowie bei unbeschränkter Einkommensteuerpflicht (§ 1 Absatz 1) oder unbeschränkter Körperschaftsteuerpflicht (§ 1 Absatz 1 des Körperschaftsteuergesetzes) bei Beendigung der Ansässigkeit im Inland auf Grund der Bestimmungen eines Abkommens zur Vermeidung der Doppelbesteuerung."

(4) § 2b in der Fassung der Bekanntmachung vom 19. Oktober 2002 (BGBl. I S. 4210, 2003 I S. 179) ist weiterhin für Einkünfte aus einer Einkunftsquelle im Sinne des § 2b anzuwenden, die der Steuerpflichtige nach dem 4. März 1999 und vor dem 11. November 2005 rechtswirksam erworben oder begründet hat.

(4a) ¹§ 3 Nummer 8a in der Fassung des Artikels 2 des Gesetzes vom 7. Dezember 2011 (BGBl. I S. 2592) ist in allen Fällen anzuwenden, in denen die Steuer noch nicht bestandskräftig festgesetzt ist. ²§ 3 Nummer 9 in der bis zum 31. Dezember 2005 geltenden Fassung ist weiter anzuwenden für vor dem 1. Januar 2006 entstandene Ansprüche der Arbeitnehmer auf Abfindungen oder für Abfindungen wegen einer vor dem 1. Januar 2006 getroffenen Gerichtsentscheidung oder einer am 31. Dezember 2005 anhängigen Klage, soweit die Abfindungen dem Arbeitnehmer vor dem 1. Januar 2008 zufließen. ³Gleiches gilt für Abfindungen auf Grund eines vor dem 1. Januar 2006 abgeschlossenen Sozialplans, wenn die Arbeitnehmer in dem zugrunde liegenden und vor dem 1. Januar 2006 vereinbarten Interessenausgleich namentlich bezeichnet worden sind (§ 1 Absatz 5 Satz 1 des Kündigungsschutzgesetzes sowie § 125 der Insolvenzordnung in der jeweils am 31. Dezember 2005 geltenden Fassung); ist eine Abfindung in einem vor dem 25. Dezember 2008 ergangenen Steuerbescheid als steuerpflichtige Einnahme berücksichtigt worden, ist dieser Bescheid insoweit auf Antrag des Arbeitnehmers zu ändern. ⁴§ 3 Nummer 10 in der bis zum 31. Dezember 2005 geltenden Fassung ist weiter anzuwenden für Entlassungen vor dem 1. Januar 2006, soweit die Übergangsgelder und Übergangsbeihilfen dem Arbeitnehmer vor dem 1. Januar 2008 zufließen, und für an Soldatinnen auf Zeit und Soldaten auf Zeit gezahlte Übergangsbeihilfen, wenn das Dienstverhältnis vor dem 1. Januar 2006 begründet wurde. ⁵§ 3 Nummer 13 und 16 in der Fassung des Gesetzes vom 20. April 2009 (BGBl. I S. 774) ist erstmals ab dem Veranlagungszeitraum 2007 anzuwenden. ⁶Auf fortlaufende Leistungen nach dem Gesetz über die Heimkehrerstiftung vom 21. Dezember 1992 (BGBl. I S. 2094, 2101), das zuletzt durch Artikel 1 des Gesetzes vom 10. Dezember 2007 (BGBl. I S. 2830) geändert worden ist, ist § 3 Nummer 19 in der bis zum 31. Dezember 2010 geltenden Fassung dieses Gesetzes weiter anzuwenden.

(4b) ¹§ 3 Nummer 26 und 26a in der Fassung des Artikels 1 des Gesetzes vom 19. Dezember 2008 (BGBl. I S. 2794) ist in allen Fällen anzuwenden, in denen die Steuer noch nicht bestandskräftig festgesetzt ist. ²§ 3 Nummer 26a Satz 2 und Nummer 26b in der Fassung des Artikels 1 des Gesetzes vom 8. Dezember 2010 (BGBl. I S. 1768) ist erstmals ab dem Veranlagungszeitraum 2011 anzuwenden.

(4c) § 3 Nummer 34 in der Fassung des Artikels 1 des Gesetzes vom 19. Dezember 2008 (BGBl. I S. 2794) ist erstmals auf Leistungen des Arbeitgebers im Kalenderjahr 2008 anzuwenden.

(4d) ¹§ 3 Nummer 40 ist erstmals anzuwenden für

1. Gewinnausschüttungen, auf die bei der ausschüttenden Körperschaft der nach Artikel 3 des Gesetzes vom 23. Oktober 2000 (BGBl. I S. 1433) aufgehobene Vierte Teil des Körperschaftsteuergesetzes nicht mehr anzuwenden ist; für die übrigen in § 3 Nummer 40 genannten Erträge im Sinne des § 20 gilt Entsprechendes;

2. Erträge im Sinne des § 3 Nummer 40 Satz 1 Buchstabe a, b, c und j nach Ablauf des ersten Wirtschaftsjahres der Gesellschaft, an der die Anteile bestehen, für das das Körperschaftsteuergesetz in der Fassung des Artikels 3 des Gesetzes vom 23. Oktober 2000 (BGBl. I S. 1433) erstmals anzuwenden ist.

²§ 3 Nummer 40 Satz 3 und 4 in der am 12. Dezember 2006 geltenden Fassung ist für Anteile, die einbringungsgeboren im Sinne des § 21 des Umwandlungssteuergesetzes in der am 12. Dezember 2006 geltenden Fassung sind, weiter anzuwenden. ³§ 3 Nummer 40 Satz 1 Buchstabe d in der Fassung des Artikels 1 des Gesetzes vom 13. Dezember 2006 (BGBl. I S. 2878) ist erstmals

§ 52 EStG

auf Bezüge im Sinne des § 20 Absatz 1 Nummer 1 und auf Einnahmen im Sinne des § 20 Absatz 1 Nummer 9 anzuwenden, die nach dem 18. Dezember 2006 zugeflossen sind.

(4e) ¹§ 3 Nummer 40a in der Fassung des Gesetzes vom 30. Juli 2004 (BGBl. I S. 2013) ist auf Vergütungen im Sinne des § 18 Absatz 1 Nummer 4 anzuwenden, wenn die vermögensverwaltende Gesellschaft oder Gemeinschaft nach dem 31. März 2002 und vor dem 1. Januar 2009 gegründet worden ist oder soweit die Vergütungen in Zusammenhang mit der Veräußerung von Anteilen an Kapitalgesellschaften stehen, die nach dem 7. November 2003 und vor dem 1. Januar 2009 erworben worden sind. ²§ 3 Nummer 40a in der Fassung des Artikels 3 des Gesetzes vom 12. August 2008 (BGBl. I S. 1672) ist erstmals auf Vergütungen im Sinne des § 18 Absatz 1 Nummer 4 anzuwenden, wenn die vermögensverwaltende Gesellschaft oder Gemeinschaft nach dem 31. Dezember 2008 gegründet worden ist.

(4f) § 3 Nummer 41 ist erstmals auf Gewinnausschüttungen oder Gewinne aus der Veräußerung eines Anteils an einer ausländischen Kapitalgesellschaft sowie aus deren Auflösung oder Herabsetzung ihres Kapitals anzuwenden, wenn auf die Ausschüttung oder auf die Gewinne aus der Veräußerung § 3 Nummer 40 Buchstabe a, b, c und d des Einkommensteuergesetzes in der Fassung des Artikels 3 des Gesetzes vom 23. Oktober 2000 (BGBl. I S. 1433) anwendbar wäre.

(4g) § 3 Nummer 45 in der Fassung des Artikels 3 des Gesetzes vom 8. Mai 2012 (BGBl. I S. 1030) ist erstmals anzuwenden auf Vorteile, die in einem nach dem 31. Dezember 1999 endenden Lohnzahlungszeitraum oder als sonstige Bezüge nach dem 31. Dezember 1999 zugewendet werden. ¹⁾ (5) § 3 Nummer 55e in der Fassung des Artikels 2 des Gesetzes vom 7. Dezember 2011 (BGBl. I S. 2592) ist auch auf Übertragungen vor dem 1. Januar 2012, für die noch keine bestandskräftige Steuerfestsetzung erfolgt ist, anzuwenden, es sei denn der Steuerpflichtige beantragt die Nichtanwendung.

(6) ¹§ 3 Nummer 63 ist bei Beiträgen für eine Direktversicherung nicht anzuwenden, wenn die entsprechende Versorgungszusage vor dem 1. Januar 2005 erteilt wurde und der Arbeitnehmer gegenüber dem Arbeitgeber für diese Beiträge auf die Anwendung des § 3 Nummer 63 verzichtet hat. ²Der Verzicht gilt für die Dauer des Dienstverhältnisses; er ist bis zum 30. Juni 2005 oder bei einem späteren Arbeitgeberwechsel bis zur ersten Beitragsleistung zu erklären. ³§ 3 Nummer 63 Satz 3 und 4 ist nicht anzuwenden, wenn § 40b Absatz 1 und 2 in der am 31. Dezember 2004 geltenden Fassung angewendet wird.

(7) § 3 Nummer 65 in der Fassung des Artikels 1 des Gesetzes vom 13. Dezember 2006 (BGBl. I S. 2878) ist in allen Fällen anzuwenden, in denen die Einkommensteuer noch nicht bestandskräftig festgesetzt ist.

(8) § 3 Nummer 70 Satz 3 Buchstabe b in der Fassung des Artikels 7 des Gesetzes vom 22. Juni 2011 (BGBl. I S. 1126) ist erstmals ab dem 1. Januar 2011 anzuwenden.

(8a) ¹ § 3c Absatz 2 ist erstmals auf Aufwendungen anzuwenden, die mit Erträgen im wirtschaftlichen Zusammenhang stehen, auf die § 3 Nummer 40 erstmals anzuwenden ist. ²§ 3c Absatz 2 Satz 3 und 4 in der am 12. Dezember 2006 geltenden Fassung ist für Anteile, die einbringungsgeboren im Sinne des § 21 des Umwandlungssteuergesetzes in der am 12. Dezember 2006 geltenden Fassung sind, weiter anzuwenden. ³§ 3c Absatz 2 Satz 2 in der Fassung des Artikels 1 des Gesetzes vom 8. Dezember 2010 (BGBl. I S. 1768) ist erstmals ab dem Veranlagungszeitraum 2011 anzuwenden.

(8b) ¹§ 4 Absatz 1 in der Fassung des Artikels 1 des Gesetzes vom 7. Dezember 2006 (BGBl. I S. 2782) ist erstmals für nach dem 31. Dezember 2005 endende Wirtschaftsjahre anzuwenden. ²Für Wirtschaftsjahre, die vor dem 1. Januar 2006 enden, gilt § 4 Absatz 1 Satz 3 für Fälle, in denen ein bisher einer inländischen Betriebsstätte eines unbeschränkt Steuerpflichtigen zuzuordnendes Wirtschaftsgut einer ausländischen Betriebsstätte dieses Steuerpflichtigen zuzuordnen ist, deren Einkünfte durch ein Abkommen zur Vermeidung der Doppelbesteuerung freigestellt sind oder wenn das Wirtschaftsgut bei einem beschränkt Steuerpflichtigen nicht mehr einer inländischen Betriebsstätte zuzuordnen ist. ³§ 4 Absatz 1 Satz 4 in der Fassung des Artikels 1 des Gesetzes vom 8. Dezember 2010 (BGBl. I S. 1768) gilt in allen Fällen, in denen § 4 Absatz 1 Satz 3 anzuwenden ist.

(9) § 4 Absatz 2 Satz 2 in der Fassung des Gesetzes vom 22. Dezember 1999 (BGBl. I S. 2601) ist auch für Veranlagungszeiträume vor 1999 anzuwenden.

(10) ¹§ 4 Absatz 3 Satz 4 ist nicht anzuwenden, soweit die Anschaffungs- oder Herstellungskosten vor dem 1. Januar 1971 als Betriebsausgaben abgesetzt worden sind. ²§ 4 Absatz 3 Satz 4 und 5 in der Fassung des Artikels 1 des Gesetzes vom 28. April 2006 (BGBl. I S. 1095) ist erstmals für Wirtschaftsgüter anzuwenden, die nach dem 5. Mai 2006 angeschafft, hergestellt oder in das Betriebsvermögen eingelegt werden. ³Die Anschaffungs- oder Herstellungskosten für nicht abnutzbare Wirtschaftsgüter des Anlagevermögens, die vor dem 5. Mai 2006 angeschafft,

---

¹⁾ Absatz 4g wurde durch das Gesetz zur Änderung des Gemeindefinanzreformgesetzes und von steuerlichen Vorschriften (Inkrafttreten 1. 1. 2012) eingefügt.

hergestellt oder in das Betriebsvermögen eingelegt wurden, sind erst im Zeitpunkt des Zuflusses des Veräußerungserlöses oder im Zeitpunkt der Entnahme als Betriebsausgaben zu berücksichtigen.

(11) ¹§ 4 Absatz 4a in der Fassung des Gesetzes vom 22. Dezember 1999 (BGBl. I S. 2601) ist erstmals für das Wirtschaftsjahr anzuwenden, das nach dem 31. Dezember 1998 endet. ²Über- und Unterentnahmen vorangegangener Wirtschaftsjahre bleiben unberücksichtigt. ³Bei vor dem 1. Januar 1999 eröffneten Betrieben sind im Falle der Betriebsaufgabe bei der Überführung von Wirtschaftsgütern aus dem Betriebsvermögen in das Privatvermögen die Buchwerte nicht als Entnahme anzusetzen; im Falle der Betriebsveräußerung ist nur der Veräußerungsgewinn als Entnahme anzusetzen. ⁴Die Aufzeichnungspflichten im Sinne des § 4 Absatz 4a Satz 7 sind erstmals ab dem 1. Januar 2000 zu erfüllen.

(12) ¹§ 4 Absatz 5 Satz 1 Nummer 1 Satz 2 in der Fassung des Artikels 9 des Gesetzes vom 29. Dezember 2003 (BGBl. I S. 3076) ist erstmals für Wirtschaftsjahre anzuwenden, die nach dem 31. Dezember 2003 beginnen. ²§ 4 Absatz 5 Satz 1 Nummer 2 Satz 1 in der Fassung des Artikels 9 des Gesetzes vom 29. Dezember 2003 (BGBl. I S. 3076) ist erstmals für Wirtschaftsjahre anzuwenden, die nach dem 31. Dezember 2003 beginnen. ³§ 4 Absatz 5 Satz 1 Nummer 6 Satz 3 in der Fassung des Artikels 1 des Gesetzes vom 28. April 2006 (BGBl. I S. 1095) ist erstmals für Wirtschaftsjahre anzuwenden, die nach dem 31. Dezember 2005 beginnen. ⁴§ 4 Absatz 5 Satz 1 Nummer 6a in der Fassung der Bekanntmachung vom 19. Oktober 2002 (BGBl. I S. 4210) ist letztmals für den Veranlagungszeitraum 2002 anzuwenden. ⁵In den Fällen, in denen die Einkommensteuer für Veranlagungszeiträume bis einschließlich 2002 noch nicht formell bestandskräftig oder hinsichtlich der Aufwendungen für eine betrieblich veranlasste doppelte Haushaltsführung vorläufig festgesetzt ist, ist § 9 Absatz 1 Satz 3 Nummer 5 in der Fassung des Artikels 1 des Gesetzes vom 15. Dezember 2003 (BGBl. I S. 2645) anzuwenden; dies gilt auch für unter dem Vorbehalt der Nachprüfung ergangene Einkommensteuerbescheide für Veranlagungszeiträume bis einschließlich 2002, soweit nicht bereits Festsetzungsverjährung eingetreten ist. ⁶§ 4 Absatz 5 Satz 1 Nummer 11 in der Fassung des Artikels 1 des Gesetzes vom 28. Dezember 2003 (BGBl. I S. 2840) ist erstmals für das Wirtschaftsjahr anzuwenden, das nach dem 31. Dezember 2003 endet. ⁷§ 4 Absatz 5b in der Fassung des Artikels 1 des Gesetzes vom 14. August 2007 (BGBl. I S. 1912) gilt erstmals für Gewerbesteuer, die für Erhebungszeiträume festgesetzt wird, die nach dem 31. Dezember 2007 enden. ⁸§ 4 Absatz 5 Satz 1 Nummer 6 in der Fassung des Gesetzes vom 20. April 2009 (BGBl. I S. 774) ist erstmals ab dem Veranlagungszeitraum 2007 anzuwenden. ⁹§ 4 Absatz 5 Satz 1 Nummer 6b Satz 2 und Satz 3 in der Fassung des Artikels 1 des Gesetzes vom 8. Dezember 2010 (BGBl. I S. 1768) ist erstmals ab dem Veranlagungszeitraum 2007 anzuwenden. ¹⁰§ 4 Absatz 5 Satz 1 Nummer 13 in der Fassung des Gesetzes vom 9. Dezember 2010 (BGBl. I S. 1900) ist erstmals für Wirtschaftsjahre anzuwenden, die nach dem 30. September 2010 beginnen. ¹¹§ 4 Absatz 9 in der Fassung des Artikels 2 des Gesetzes vom 7. Dezember 2011 (BGBl. I S. 2592) ist für Veranlagungszeiträume ab 2004 anzuwenden.

(12a) ¹§ 4d Absatz 1 Satz 1 Nummer 1 Satz 1 Buchstabe b Satz 1 in der Fassung des Artikels 1 des Gesetzes vom 19. Dezember 2008 (BGBl. I S. 2794) ist erstmals für das Wirtschaftsjahr anzuwenden, das nach dem 31. Dezember 2007 endet. ²§ 4d Absatz 1 Satz 1 Nummer 1 Satz 1 in der Fassung des Artikels 5 Nummer 1 des Gesetzes vom 10. Dezember 2007 (BGBl. I S. 2838) ist erstmals bei nach dem 31. Dezember 2008 zugesagten Leistungen der betrieblichen Altersversorgung anzuwenden.

(12b) § 4e in der Fassung des Artikels 6 des Gesetzes vom 26. Juni 2001 (BGBl. I S. 1310) ist erstmals für das Wirtschaftsjahr anzuwenden, das nach dem 31. Dezember 2001 endet.

(12c) (weggefallen)

(12d) ¹§ 4h in der Fassung des Artikels 1 des Gesetzes vom 14. August 2007 (BGBl. I S. 1912) ist erstmals für Wirtschaftsjahre anzuwenden, die nach dem 25. Mai 2007 beginnen und nicht vor dem 1. Januar 2008 enden. ²§ 4h Absatz 5 Satz 3 in der Fassung des Artikels 1 des Gesetzes vom 19. Dezember 2008 (BGBl. I S. 2794) ist erstmals auf schädliche Beteiligungserwerbe nach dem 28. November 2008 anzuwenden, deren sämtliche Erwerbe und gleichgestellte Rechtsakte nach dem 28. November 2008 stattfinden. ³§ 4h Absatz 2 Satz 1 Buchstabe a in der Fassung des Artikels 1 des Gesetzes vom 16. Juli 2009 (BGBl. I S. 1959) ist erstmals für Wirtschaftsjahre anzuwenden, die nach dem 25. Mai 2007 beginnen und nicht vor dem 1. Januar 2008 enden. ⁴§ 4h Absatz 1, 2 Satz 1 Buchstabe c Satz 2, Absatz 4 Satz 1 und 4 und Absatz 5 Satz 1 und 2 in der Fassung des Artikels 1 des Gesetzes vom 22. Dezember 2009 (BGBl. I S. 3950) ist erstmals für Wirtschaftsjahre anzuwenden, die nach dem 31. Dezember 2009 enden. ⁵Nach den Grundsätzen des § 4h Absatz 1 Satz 1 bis 3 in der Fassung des Artikels 1 des Gesetzes vom 22. Dezember 2009 (BGBl. I S. 3950) zu ermittelnde EBITDA-Vorträge für Wirtschaftsjahre, die nach dem 31. Dezember 2006 beginnen und vor dem 1. Januar 2010 enden, erhöhen auf Antrag das verrechenbare EBITDA des ersten Wirtschaftsjahres, das nach dem 31. Dezember 2009 endet; § 4h Absatz 5 des Einkommensteuergesetzes, § 8a Absatz 1 des Körperschaftsteuergesetzes und § 2 Absatz 4 Satz 1, § 4 Absatz 2 Satz 2, § 9 Absatz 3, § 15 Absatz 3, § 20 Absatz 9 des Umwandlungssteuergesetzes in der Fassung des Gesetzes vom 22. Dezember 2009 (BGBl. I S. 3950) sind dabei sinngemäß anzuwenden.

(12e) ¹§ 5 Absatz 1a in der Fassung des Artikels 3 des Bilanzrechtsmodernisierungsgesetzes vom 25. Mai 2009 (BGBl. I S. 1102) ist erstmals für Wirtschaftsjahre anzuwenden, die nach dem 31. Dezember 2009 beginnen. ²§ 5 Absatz 1a in der Fassung des Artikels 3 des Bilanzrechtsmodernisierungsgesetzes vom 25. Mai 2009 (BGBl. I S. 1102) ist erstmals für Wirtschaftsjahre anzuwenden, die nach dem 31. Dezember 2008 beginnen, wenn das Wahlrecht nach Artikel 66 Absatz 3 Satz 6 des Einführungsgesetzes zum Handelsgesetzbuch in der Fassung des Artikels 2 des Bilanzrechtsmodernisierungsgesetzes vom 25. Mai 2009 (BGBl. I S. 1102) ausgeübt wird.

(13) ¹§ 5 Absatz 4a ist erstmals für das Wirtschaftsjahr anzuwenden, das nach dem 31. Dezember 1996 endet. ²Rückstellungen für drohende Verluste aus schwebenden Geschäften, die am Schluss des letzten vor dem 1. Januar 1997 endenden Wirtschaftsjahres zulässigerweise gebildet worden sind, sind in den Schlussbilanzen des ersten nach dem 31. Dezember 1996 endenden Wirtschaftsjahres und der fünf folgenden Wirtschaftsjahre mit mindestens 25 Prozent im ersten und jeweils mindestens 15 Prozent im zweiten bis sechsten Wirtschaftsjahr gewinnerhöhend aufzulösen.

(14) Soweit Rückstellungen für Aufwendungen, die Anschaffungs- oder Herstellungskosten für ein Wirtschaftsgut sind, in der Vergangenheit gebildet worden sind, sind sie in dem ersten Veranlagungszeitraum, dessen Veranlagung noch nicht bestandskräftig ist, in vollem Umfang aufzulösen.

(15) ¹Für Gewerbebetriebe, in denen der Steuerpflichtige vor dem 1. Januar 1999 bereits Einkünfte aus dem Betrieb von Handelsschiffen im internationalen Verkehr erzielt hat, kann der Antrag nach § 5a Absatz 3 Satz 1 auf Anwendung der Gewinnermittlung nach § 5a Absatz 1 in dem Wirtschaftsjahr, das nach dem 31. Dezember 1998 endet, oder in einem der beiden folgenden Wirtschaftsjahre gestellt werden (Erstjahr). ²§ 5a Absatz 3 in der Fassung des Artikels 9 des Gesetzes vom 29. Dezember 2003 (BGBl. I S. 3076) ist erstmals für das Wirtschaftsjahr anzuwenden, das nach dem 31. Dezember 2005 endet. ³§ 5a Absatz 3 Satz 1 in der am 31. Dezember 2003 geltenden Fassung ist weiterhin anzuwenden, wenn der Steuerpflichtige im Fall der Anschaffung das Handelsschiff auf Grund eines vor dem 1. Januar 2006 rechtswirksam abgeschlossenen schuldrechtlichen Vertrags oder gleichgestellten Rechtsaktes angeschafft oder im Fall der Herstellung mit der Herstellung des Handelsschiffs vor dem 1. Januar 2006 begonnen hat. ⁴In Fällen des Satzes 3 muss der Antrag auf Anwendung des § 5a Absatz 1 spätestens bis zum Ablauf des Wirtschaftsjahres gestellt werden, das vor dem 1. Januar 2008 endet. ⁵§ 5a Absatz 5 Satz 3 in der Fassung des Artikels 1 des Gesetzes vom 14. August 2007 (BGBl. I. 1912) ist erstmals für Wirtschaftsjahre anzuwenden, die nach dem 17. August 2007 enden. ⁶Soweit Ansparabschreibungen im Sinne von § 7g Absatz 3 in der bis zum 17. August 2007 geltenden Fassung zum Zeitpunkt des Übergangs zur Gewinnermittlung nach § 5a Absatz 1 noch nicht gewinnerhöhend aufgelöst worden sind, ist § 5a Absatz 5 Satz 3 in der bis zum 17. August 2007 geltenden Fassung weiter anzuwenden.

(15a) § 5b in der Fassung des Artikels 1 des Gesetzes vom 20. Dezember 2008 (BGBl. I S. 2850) ist erstmals für Wirtschaftsjahre anzuwenden, die nach dem 31. Dezember 2010 beginnen.

(16) ¹§ 6 Absatz 1 in der Fassung des Artikels 1 des Gesetzes vom 7. Dezember 2006 (BGBl. I S. 2782) ist erstmals für nach dem 31. Dezember 2005 endende Wirtschaftsjahre anzuwenden. ²§ 6 Absatz 1 in der Fassung des Gesetzes vom 24. März 1999 (BGBl. I S. 402) ist erstmals für das erste nach dem 31. Dezember 1998 endende Wirtschaftsjahr (Erstjahr) anzuwenden. ³In Höhe von vier Fünfteln des im Erstjahr durch die Anwendung des § 6 Absatz 1 Nummer 1 und 2 in der Fassung des Gesetzes vom 24. März 1999 (BGBl. I S. 402) entstehenden Gewinns kann im Erstjahr eine den steuerlichen Gewinn mindernde Rücklage gebildet werden, die in dem Erstjahr folgenden vier Wirtschaftsjahren jeweils mit mindestens einem Viertel gewinnerhöhend aufzulösen ist (Auflösungszeitraum). ⁴Scheidet ein der Regelung nach den Sätzen 1 bis 3 unterliegendes Wirtschaftsgut im Auflösungszeitraum ganz oder teilweise aus, ist im Wirtschaftsjahr des Ausscheidens der für das Wirtschaftsgut verbleibende Teil der Rücklage nach Satz 3 in vollem Umfang oder teilweise gewinnerhöhend aufzulösen. ⁵Soweit ein der Regelung nach den Sätzen 1 bis 3 unterliegendes Wirtschaftsgut im Auflösungszeitraum erneut auf den niedrigeren Teilwert abgeschrieben wird, ist der für das Wirtschaftsgut verbleibende Teil der Rücklage nach Satz 3 in Höhe der Abschreibung gewinnerhöhend aufzulösen. ⁶§ 3 Nummer 40 Satz 1 Buchstabe a Satz 2 in der Fassung des Gesetzes vom 23. Oktober 2000 (BGBl. I S. 1433) und § 8b Absatz 2 Satz 2 des Körperschaftsteuergesetzes in der Fassung des Gesetzes vom 23. Oktober 2000 (BGBl. I S. 1433) sind in den Fällen der Sätze 3 bis 5 entsprechend anzuwenden. ⁷§ 6 Absatz 1 Nummer 1a in der Fassung des Artikels 1 des Gesetzes vom 15. Dezember 2003 (BGBl. I S. 2645) ist erstmals für Baumaßnahmen anzuwenden, mit denen nach dem 31. Dezember 2003 begonnen wird. ⁸Als Beginn gilt bei Baumaßnahmen, für die eine Baugenehmigung erforderlich ist, der Zeitpunkt, in dem der Bauantrag gestellt wird, bei baugenehmigungsfreien Bauvorhaben, für die Bauunterlagen einzureichen sind, der Zeitpunkt, in dem die Bauunterlagen eingereicht werden. ⁹Sämtliche Baumaßnahmen im Sinne des § 6 Absatz 1 Nummer 1a Satz 1 an

einem Objekt gelten als eine Baumaßnahme im Sinne des Satzes 7. ¹⁰§ 6 Absatz 1 Nummer 2b und 3a Buchstabe f in der Fassung des Artikels 3 des Bilanzrechtsmodernisierungsgesetzes vom 25. Mai 2009 (BGBl. I S. 1102) sind erstmals für Wirtschaftsjahre anzuwenden, die nach dem 31. Dezember 2009 beginnen; § 6 Absatz 1 Nummer 2b und § 6 Absatz 1 Nummer 3a Buchstabe f in der Fassung des Artikels 3 des Bilanzrechtsmodernisierungsgesetzes vom 25. Mai 2009 (BGBl. I S. 1102) sind erstmals für Wirtschaftsjahre anzuwenden, die nach dem 31. Dezember 2008 beginnen, wenn das Wahlrecht nach Artikel 66 Absatz 3 Satz 6 des Einführungsgesetzes zum Handelsgesetzbuch in der Fassung des Artikels 2 des Bilanzrechtsmodernisierungsgesetzes vom 25. Mai 2009 (BGBl. I S. 1102) ausgeübt wird; für die Hälfte des Gewinns, der sich aus der erstmaligen Anwendung des § 6 Absatz 1 Nummer 2b ergibt, kann eine den Gewinn mindernde Rücklage gebildet werden, die im folgenden Wirtschaftsjahr gewinnerhöhend aufzulösen ist. ¹¹ *§ 6 Absatz 1 Nummer 4 Satz 2 und 3 in der Fassung des Artikels ... des Gesetzes vom ... (BGBl. I S. ...) ist für Fahrzeuge mit Antrieb ausschließlich durch Elektromotoren, die ganz oder überwiegend aus mechanischen oder elektrochemischen Energiespeichern oder aus emissionsfrei betriebenen Energiewandlern gespeist werden (Elektrofahrzeuge), oder für extern aufladbare Hybridelektrofahrzeuge, anzuwenden, die vor dem 1. Januar 2023 angeschafft werden.*¹)¹²§ 6 Absatz 1 Nummer 4 Satz 6 in der am 24. Dezember 2008 geltenden Fassung ist letztmalig für das Wirtschaftsjahr anzuwenden, das vor dem 1. Januar 2009 endet. ¹³§ 6 Absatz 1 Nummer 4 Satz 6 in der Fassung des Artikels 1 des Gesetzes vom 19. Dezember 2008 (BGBl. I S. 2794) ist erstmalig für Wirtschaftsjahre, die nach dem 31. Dezember 2008 beginnen, anzuwenden. ¹⁴§ 6 Absatz 2 und 2a in der Fassung des Artikels 1 des Gesetzes vom 22. Dezember 2009 (BGBl. I S. 3950) ist erstmals bei Wirtschaftsgütern anzuwenden, die nach dem 31. Dezember 2009 angeschafft, hergestellt oder in das Betriebsvermögen eingelegt werden. ¹⁵§ 6 Absatz 6 Satz 2 und 3 ist erstmals für Einlagen anzuwenden, die nach dem 31. Dezember 1998 vorgenommen werden.

(16a) ¹§ 6 Absatz 5 Satz 1 zweiter Halbsatz in der Fassung des Artikels 1 des Gesetzes vom 8. Dezember 2010 (BGBl. I S. 1768) gilt in allen Fällen, in denen § 4 Absatz 1 Satz 3 anzuwenden ist. ²§ 6 Absatz 5 Satz 3 bis 5 in der Fassung des Gesetzes vom 20. Dezember 2001 (BGBl. I S. 3858) ist erstmals auf Übertragungsvorgänge nach dem 31. Dezember 2000 anzuwenden. ³§ 6 Absatz 5 Satz 6 in der Fassung des Gesetzes vom 20. Dezember 2001 (BGBl. I S. 3858) ist erstmals auf Anteilsbegründungen und Anteilserhöhungen nach dem 31. Dezember 2000 anzuwenden.

(16b) § 6a Absatz 2 Nummer 1 erste Alternative und Absatz 3 Satz 2 Nummer 1 Satz 6 erster Halbsatz in der Fassung des Artikels 6 des Gesetzes vom 26. Juni 2001 (BGBl. I S. 1310) ist bei Pensionsverpflichtungen gegenüber Berechtigten anzuwenden, denen der Pensionsverpflichtete erstmals eine Pensionszusage nach dem 31. Dezember 2000 erteilt hat; § 6a Absatz 2 Nummer 1 zweite Alternative sowie § 6a Absatz 3 Satz 2 Nummer 1 Satz 1 und § 6a Absatz 3 Satz 2 Nummer 1 Satz 6 zweiter Halbsatz sind bei Pensionsverpflichtungen anzuwenden, die auf einer nach dem 31. Dezember 2000 vereinbarten Entgeltumwandlung im Sinne von § 1 Absatz 2 des Betriebsrentengesetzes beruhen.

(17) § 6a Absatz 2 Nummer 1 und Absatz 3 Satz 2 Nummer 1 Satz 6 in der Fassung des Artikels 5 Nummer 2 des Gesetzes vom 10. Dezember 2007 (BGBl. I S. 2838) sind erstmals bei nach dem 31. Dezember 2008 erteilten Pensionszusagen anzuwenden.

(18) ¹§ 6b in der Fassung des Gesetzes vom 24. März 1999 (BGBl. I S. 402) ist erstmals auf Veräußerungen anzuwenden, die nach dem 31. Dezember 1998 vorgenommen werden. ²Für Veräußerungen, die vor diesem Zeitpunkt vorgenommen worden sind, ist § 6b in der im Veräußerungszeitpunkt geltenden Fassung weiter anzuwenden.

(18a) ¹§ 6b in der Fassung des Artikels 1 des Gesetzes vom 20. Dezember 2001 (BGBl. I S. 3858) ist erstmals auf Veräußerungen anzuwenden, die nach dem 31. Dezember 2001 vorgenommen werden. ²Für Veräußerungen, die vor diesem Zeitpunkt vorgenommen worden sind, ist § 6b in der im Veräußerungszeitpunkt geltenden Fassung weiter anzuwenden.

(18b) ¹§ 6b in der Fassung des Artikels 1 des Gesetzes vom 26. April 2006 (BGBl. I S. 1091) ist erstmals auf Veräußerungen nach dem 31. Dezember 2005 anzuwenden. ²Für Veräußerungen, die vor diesem Zeitpunkt vorgenommen werden, ist § 6b in der im Veräußerungszeitpunkt geltenden Fassung weiter anzuwenden. ³§ 6b Absatz 10 Satz 11 in der am 12. Dezember 2006 geltenden Fassung ist für Anteile, die einbringungsgeboren im Sinne des § 21 des Umwandlungssteuergesetzes in der am 12. Dezember 2006 geltenden Fassung sind, weiter anzuwenden.

(19) ¹§ 6c in der Fassung des Gesetzes vom 24. März 1999 (BGBl. I S. 402) ist erstmals auf Veräußerungen anzuwenden, die nach dem 31. Dezember 1998 vorgenommen werden. ²Für Veräußerungen, die vor diesem Zeitpunkt vorgenommen worden sind, ist § 6c in der im Veräußerungszeitpunkt geltenden Fassung weiter anzuwenden.

(20) § 6d ist erstmals für das Wirtschaftsjahr anzuwenden, das nach dem 31. Dezember 1998 endet.

---

¹) *Änderung auf Grund des Amtshilferichtlinie-Umsetzungsgesetzes. Bei Redaktionsschluss war das Gesetzgebungsverfahren noch nicht abgeschlossen. Um Beachtung wird gebeten.* → *Siehe hierzu Hinweise auf Seite 4!*

(21) [1]§ 7 Absatz 1 Satz 4 in der Fassung des Gesetzes vom 24. März 1999 (BGBl. I S. 402) ist erstmals für Einlagen anzuwenden, die nach dem 31. Dezember 1998 vorgenommen werden. [2]§ 7 Absatz 1 Satz 6 in der Fassung des Gesetzes vom 24. März 1999 (BGBl. I S. 402) ist erstmals für das nach dem 31. Dezember 1998 endende Wirtschaftsjahr anzuwenden. [3]§ 7 Absatz 1 Satz 4 in der Fassung des Artikels 9 des Gesetzes vom 29. Dezember 2003 (BGBl. I S. 3076) ist erstmals bei Wirtschaftsgütern anzuwenden, die nach dem 31. Dezember 2003 angeschafft oder hergestellt worden sind. [4]§ 7 Absatz 1 Satz 5 zweiter Halbsatz in der Fassung des Artikels 1 des Gesetzes vom 8. Dezember 2010 (BGBl. I S. 1768) ist erstmals für Einlagen anzuwenden, die nach dem 31. Dezember 2010 vorgenommen werden.

(21a) [1]§ 7 Absatz 2 Satz 2 in der Fassung des Gesetzes vom 23. Oktober 2000 (BGBl. I S. 1433) ist erstmals bei Wirtschaftsgütern anzuwenden, die nach dem 31. Dezember 2000 angeschafft oder hergestellt worden sind. [2]Bei Wirtschaftsgütern, die vor dem 1. Januar 2001 angeschafft oder hergestellt worden sind, ist § 7 Absatz 2 Satz 2 des Einkommensteuergesetzes in der Fassung des Gesetzes vom 22. Dezember 1999 (BGBl. I S. 2601) weiter anzuwenden. [3]§ 7 Absatz 2 und 3 in der bis zum 31. Dezember 2007 geltenden Fassung ist letztmalig anzuwenden für vor dem 1. Januar 2008 angeschaffte oder hergestellte bewegliche Wirtschaftsgüter.

(21b) [1]Bei Gebäuden, soweit sie zu einem Betriebsvermögen gehören und nicht Wohnzwecken dienen, ist § 7 Absatz 4 Satz 1 und 2 in der Fassung des Gesetzes vom 22. Dezember 1999 (BGBl. I S. 2601) weiter anzuwenden, wenn der Steuerpflichtige im Falle der Herstellung vor dem 1. Januar 2001 mit der Herstellung des Gebäudes begonnen hat oder im Falle der Anschaffung das Objekt auf Grund eines vor dem 1. Januar 2001 rechtswirksam abgeschlossenen obligatorischen Vertrags oder gleichstehenden Rechtsakts angeschafft hat. [2]Als Beginn der Herstellung gilt bei Gebäuden, für die eine Baugenehmigung erforderlich ist, der Zeitpunkt, in dem der Bauantrag gestellt wird; bei baugenehmigungsfreien Gebäuden, für die Bauunterlagen einzureichen sind, der Zeitpunkt, in dem die Bauunterlagen eingereicht werden.

(21c) § 7 Absatz 5 in der Fassung des Artikels 1 des Gesetzes vom 8. April 2010 (BGBl. I S. 386) ist auf Antrag auch für Veranlagungszeiträume vor 2010 anzuwenden, soweit Steuerbescheide noch nicht bestandskräftig sind.

(22) § 7a Absatz 6 des Einkommensteuergesetzes 1979 in der Fassung der Bekanntmachung vom 21. Juni 1979 (BGBl. I S. 721) ist letztmals für das Wirtschaftsjahr anzuwenden, das dem Wirtschaftsjahr vorangeht, für das § 15a erstmals anzuwenden ist.

(23) [1]§ 7g Absatz 1 bis 4 und 7 in der Fassung des Artikels 1 des Gesetzes vom 14. August 2007 (BGBl. I S. 1912) ist erstmals für Wirtschaftsjahre anzuwenden, die nach dem 17. August 2007 enden. [2]§ 7g Absatz 5 und 6 in der Fassung des Artikels 1 des Gesetzes vom 14. August 2007 (BGBl. I S. 1912) ist erstmals bei Wirtschaftsgütern anzuwenden, die nach dem 31. Dezember 2007 angeschafft oder hergestellt werden. [3]Bei Ansparabschreibungen, die in vor dem 18. August 2007 endenden Wirtschaftsjahren gebildet worden sind, und Wirtschaftsgütern, die vor dem 1. Januar 2008 angeschafft oder hergestellt worden sind, ist § 7g in der bis zum 17. August 2007 geltenden Fassung weiter anzuwenden. [4]Soweit Ansparabschreibungen noch nicht gewinnerhöhend aufgelöst worden sind, vermindert sich der Höchstbetrag von 200 000 Euro nach § 7g Absatz 1 Satz 4 in der Fassung des Artikels 1 des Gesetzes vom 14. August 2007 (BGBl. I S. 1912) um die noch vorhandenen Ansparabschreibungen. [5]In Wirtschaftsjahren, die nach dem 31. Dezember 2008 und vor dem 1. Januar 2011 enden, ist § 7g Absatz 1 Satz 2 Nummer 1 mit der Maßgabe anzuwenden, dass bei Gewerbebetrieben oder der selbständigen Arbeit dienenden Betrieben, die ihren Gewinn nach § 4 Absatz 1 oder § 5 ermitteln, ein Betriebsvermögen von 335 000 Euro, bei Betrieben der Land- und Forstwirtschaft ein Wirtschaftswert oder Ersatzwirtschaftswert von 175 000 Euro und bei Betrieben, die ihren Gewinn nach § 4 Absatz 3 ermitteln, ohne Berücksichtigung von Investitionsabzugsbeträgen ein Gewinn von 200 000 Euro nicht überschritten wird. [6]Bei Wirtschaftsgütern, die nach dem 31. Dezember 2008 und vor dem 1. Januar 2011 angeschafft oder hergestellt werden, ist § 7g Absatz 6 Nummer 1 mit der Maßgabe anzuwenden, dass der Betrieb zum Schluss des Wirtschaftsjahres, das der Anschaffung oder Herstellung vorangeht, die Größenmerkmale des Satzes 5 nicht überschreitet.

(23a) [1]§ 7h Absatz 1 Satz 1 und 3 in der Fassung des Artikels 9 des Gesetzes vom 29. Dezember 2003 (BGBl. I S. 3076) sind erstmals für Modernisierungs- und Instandsetzungsmaßnahmen anzuwenden, mit denen nach dem 31. Dezember 2003 begonnen wird. [2]Als Beginn gilt bei Baumaßnahmen, für die eine Baugenehmigung erforderlich ist, der Zeitpunkt, in dem der Bauantrag gestellt wird, bei baugenehmigungsfreien Bauvorhaben, für die Bauunterlagen einzureichen sind, der Zeitpunkt, in dem die Bauunterlagen eingereicht werden.

(23b) [1]§ 7i Absatz 1 Satz 1 und 5 in der Fassung des Artikels 9 des Gesetzes vom 29. Dezember 2003 (BGBl. I S. 3076) sind erstmals für Baumaßnahmen anzuwenden, mit denen nach dem

---

[1]) Durch das Gesetzes zur Verbesserung der steuerlichen Förderung der privaten Altersvorsorge (Altersvorsorge-Verbesserungsgesetz – AltvVerbG) soll nach Absatz 23 ein neuer Absatz 23h eingefügt werden. Bei Redaktionsschluss war das Gesetzgebungsverfahren noch nicht abgeschlossen. Um Beachtung wird gebeten. → Siehe hierzu Hinweise auf Seite 4!

31. Dezember 2003 begonnen wird. ²Als Beginn gilt bei Baumaßnahmen, für die eine Baugenehmigung erforderlich ist, der Zeitpunkt, in dem der Bauantrag gestellt wird, bei baugenehmigungsfreien Bauvorhaben, für die Bauunterlagen einzureichen sind, der Zeitpunkt, in dem die Bauunterlagen eingereicht werden.

(23c) § 8 Absatz 2 in der Fassung des Gesetzes vom 20. April 2009 (BGBl. I S. 774) ist erstmals ab dem Veranlagungszeitraum 2007 anzuwenden.

(23d) ¹§ 9 Absatz 1 Satz 3 Nummer 4 und 5 und Absatz 2 in der Fassung des Gesetzes vom 20. April 2009 (BGBl. I S. 774) ist erstmals ab dem Veranlagungszeitraum 2007 anzuwenden. ²§ 9 Absatz 1 Satz 3 Nummer 5 in der Fassung des Artikels 1 des Gesetzes vom 15. Dezember 2003 (BGBl. I S. 2645) ist erstmals ab dem Veranlagungszeitraum 2003 anzuwenden und in Fällen, in denen die Einkommensteuer noch nicht formell bestandskräftig oder hinsichtlich der Aufwendungen für eine beruflich veranlasste doppelte Haushaltsführung vorläufig festgesetzt ist. ³§ 9 Absatz 1 Satz 3 Nummer 7 Satz 2 in der Fassung des Artikels 1 des Gesetzes vom 22. Dezember 2009 (BGBl. I S. 3950) ist erstmals für die im Veranlagungszeitraum 2010 angeschafften oder hergestellten Wirtschaftsgüter anzuwenden. ⁴Für die Anwendung des § 9 Absatz 5 Satz 2 in der Fassung des Artikels 1 des Gesetzes vom 15. Dezember 2003 (BGBl. I S. 2645) gilt Absatz 16 Satz 7 bis 9 entsprechend. ⁵§ 9 Absatz 6 in der Fassung des Artikels 2 des Gesetzes vom 7. Dezember 2011 (BGBl. I S. 2592) ist für Veranlagungszeiträume ab 2004 anzuwenden.

(23e) ¹§ 9a Satz 1 Nummer 1 Buchstabe a in der Fassung des Artikels 1 Nummer 5 Buchstabe a des Gesetzes vom 1. November 2011 (BGBl. I S. 2131) ist erstmals für den Veranlagungszeitraum 2011 anzuwenden. ²Beim Steuerabzug vom Arbeitslohn ist er auf laufenden Arbeitslohn, der für einen nach dem 30. November 2011 endenden Lohnzahlungszeitraum gezahlt wird, und auf sonstige Bezüge, die nach dem 30. November 2011 zufließen, erstmals anzuwenden. ³Dies gilt entsprechend für § 39a Absatz 1 Nummer 1, Absatz 2 Satz 4, Absatz 3 Satz 2 und § 39d Absatz 2 Satz 1 Nummer 1.

(23f) § 9c in der Fassung des Artikels 1 des Gesetzes vom 22. Dezember 2008 (BGBl. I S. 2955) gilt auch für Kinder, die wegen einer vor dem 1. Januar 2007 in der Zeit ab Vollendung des 25. Lebensjahres und vor Vollendung des 27. Lebensjahres eingetretenen körperlichen, geistigen oder seelischen Behinderung außerstande sind, sich selbst zu unterhalten.

(23g) ¹§ 10 Absatz 1 Nummer 1a in der Fassung des Artikels 1 des Gesetzes vom 20. Dezember 2007 (BGBl. I S. 3150) ist auf alle Versorgungsleistungen anzuwenden, die auf nach dem 31. Dezember 2007 vereinbarten Vermögensübertragungen beruhen. ²Für Versorgungsleistungen, die auf vor dem 1. Januar 2008 vereinbarten Vermögensübertragungen beruhen, gilt dies nur, wenn das übertragene Vermögen nur deshalb einen ausreichenden Ertrag bringt, weil ersparte Aufwendungen mit Ausnahme des Nutzungsvorteils eines zu eigenen Zwecken vom Vermögensübernehmer genutzten Grundstücks zu den Erträgen des Vermögens gerechnet werden.

¹⁾ (24) ¹§ 10 Absatz 1 Nummer 2 Buchstabe b Satz 1 ist für Vertragsabschlüsse nach dem 31. Dezember 2011 mit der Maßgabe anzuwenden, dass der Vertrag die Zahlung der Leibrente nicht vor Vollendung des 62. Lebensjahres vorsehen darf. ²Für Verträge im Sinne des § 10 Absatz 1 Nummer 2 Buchstabe b, die vor dem 1. Januar 2011 abgeschlossen wurden, und bei Kranken- und Pflegeversicherungen im Sinne des § 10 Absatz 1 Nummer 3, bei denen das Versicherungsverhältnis vor dem 1. Januar 2011 bestanden hat, ist § 10 Absatz 2 Satz 2 Nummer 2 und Satz 3 mit der Maßgabe anzuwenden, dass

1. die erforderliche Einwilligung zur Datenübermittlung als erteilt gilt, wenn die übermittelnde Stelle den Steuerpflichtigen schriftlich darüber informiert, dass vom Vorliegen einer Einwilligung ausgegangen wird, das in Nummer 2 beschriebene Verfahren Anwendung findet und die Daten an die zentrale Stelle übermittelt werden, wenn der Steuerpflichtige dem nicht innerhalb einer Frist von vier Wochen nach Erhalt dieser schriftlichen Information schriftlich widerspricht;

2. die übermittelnde Stelle, wenn die nach § 10 Absatz 2 Satz 2 Nummer 2 oder Satz 3 erforderliche Einwilligung des Steuerpflichtigen vorliegt oder als erteilt gilt, die für die Datenübermittlung nach § 10 Absatz 2a erforderliche Identifikationsnummer (§ 139b Absatz 2 der Abgabenordnung) der versicherten Person und des Versicherungsnehmers abweichend von § 22a Absatz 2 Satz 1 und 2 beim Bundeszentralamt für Steuern erheben kann. ²Das Bundeszentralamt für Steuern teilt der übermittelnden Stelle die Identifikationsnummer der versicherten Person und des Versicherungsnehmers mit, sofern die übermittelten Daten mit den nach § 139b Absatz 3 der Abgabenordnung beim Bundeszentralamt für Steuern gespeicherten Daten übereinstimmen. ³Stimmen die Daten nicht überein, findet § 22a Absatz 2 Satz 1 und 2 Anwendung.

---

¹⁾ Durch das Gesetz zur Verbesserung der steuerlichen Förderung der privaten Altersvorsorge (Altersvorsorge-Verbesserungsgesetz – AltvVerbG) soll Absatz 24 Satz 1 geändert werden. Bei Redaktionsschluss war das Gesetzgebungsverfahren noch nicht abgeschlossen. Um Beachtung wird gebeten. → Siehe hierzu Hinweise auf Seite 4!

³§ 10 Absatz 1 Nummer 3 Satz 4 in der Fassung des Artikels 1 des Gesetzes vom 8. Dezember 2010 (BGBl. I S. 1768) ist erstmals für den Veranlagungszeitraum 2011 anzuwenden. ⁴§ 10 Absatz 2 Satz 3 und Absatz 2a Satz 4 in der Fassung des Artikels 1 des Gesetzes vom 8. Dezember 2010 (BGBl. I S. 1768) ist erstmals für die Übermittlung der Daten des Veranlagungszeitraumes 2011 anzuwenden. ⁵§ 10 Absatz 2a Satz 8 in der Fassung des Artikels 2 des Gesetzes vom 7. Dezember 2011 (BGBl. I S. 2592) gilt auch für den Veranlagungszeitraum 2011 sowie für den Veranlagungszeitraum 2010, soweit am 14. Dezember 2011 noch keine erstmalige Steuerfestsetzung erfolgt ist.

(24a) ¹§ 10 Absatz 1 Nummer 4 in der Fassung des Artikels 1 des Gesetzes vom 8. Dezember 2010 (BGBl. I S. 1768) ist erstmals ab dem Veranlagungszeitraum 2011 anzuwenden. ²§ 10 Absatz 1 Nummer 5 in der Fassung des Artikels 1 des Gesetzes vom 1. November 2011 (BGBl. I S. 2131) gilt auch für Kinder, die wegen einer vor dem 1. Januar 2007 in der Zeit ab Vollendung des 25. Lebensjahres und vor Vollendung des 27. Lebensjahres eingetretenen körperlichen, geistigen oder seelischen Behinderung außerstande sind, sich selbst zu unterhalten. ³§ 10 Absatz 1 Nummer 7 Satz 1 in der Fassung des Artikels 2 des Gesetzes vom 7. Dezember 2011 (BGBl. I S. 2592) ist für Veranlagungszeiträume ab 2012 anzuwenden.

(24a) ¹§ 10 Absatz 1 Nummer 9 in der Fassung des Artikels 1 des Gesetzes vom 19. Dezember 2008 (BGBl. I S. 2794) ist erstmals für den Veranlagungszeitraum 2008 anzuwenden. ²Für Schulgeldzahlungen an Schulen in freier Trägerschaft oder an überwiegend privat finanzierte Schulen, die in einem anderen Mitgliedstaat der Europäischen Union oder in einem Staat belegen sind, auf den das Abkommen über den Europäischen Wirtschaftsraum Anwendung findet, und die zu einem von dem zuständigen inländischen Ministerium eines Landes, von der Kultusministerkonferenz der Länder oder von einer inländischen Zeugnisanerkennungsstelle anerkannten oder einem inländischen Abschluss an einer öffentlichen Schule als gleichwertig anerkannten allgemein bildenden oder berufsbildenden Schul-, Jahrgangs- oder Berufsabschluss führen, gilt § 10 Absatz 1 Nummer 9 in der Fassung des Artikels 1 Nummer 7 Buchstabe a Doppelbuchstabe cc des Gesetzes vom 13. Dezember 2006 (BGBl. I S. 2878) für noch nicht bestandskräftige Steuerfestsetzungen der Veranlagungszeiträume vor 2 008 mit der Maßgabe, dass es sich nicht um eine gemäß Artikel 7 Absatz 4 des Grundgesetzes staatlich genehmigte oder nach Landesrecht erlaubte Ersatzschule oder eine nach Landesrecht anerkannte allgemein bildende Ergänzungsschule handeln muss.

(24b) § 10 Absatz 5 in der am 31. Dezember 2009 geltenden Fassung ist auf Beiträge zu Versicherungen im Sinne des § 10 Absatz 1 Nummer 2 Buchstabe b Doppelbuchstabe bb bis dd in der am 31. Dezember 2004 geltenden Fassung weiterhin anzuwenden, wenn die Laufzeit dieser Versicherungen vor dem 1. Januar 2005 begonnen hat und ein Versicherungsbeitrag bis zum 31. Dezember 2004 entrichtet wurde.

(24c) ¹§ 10a Absatz 1 Satz 4 in der Fassung des Artikels 1 des Gesetzes vom 19. Dezember 2008 (BGBl. I S. 2794) sowie § 81a Satz 1 Nummer 5 und § 86 Absatz 1 Satz 2 Nummer 4 in der Fassung des Artikels 1 des Gesetzes vom 29. Juli 2008 (BGBl. I S. 1509) sind erstmals für den Veranlagungszeitraum 2008 anzuwenden. ²Für die Anwendung des § 10a stehen den in der inländischen gesetzlichen Rentenversicherung Pflichtversicherten nach § 10a Absatz 1 Satz 1 die Pflichtmitglieder in einem ausländischen gesetzlichen Alterssicherungssystem gleich, wenn diese Pflichtmitgliedschaft

1. mit einer Pflichtmitgliedschaft in einem inländischen Alterssicherungssystem nach § 10a Absatz 1 Satz 1 oder Satz 3 vergleichbar ist und
2. vor dem 1. Januar 2010 begründet wurde.

³Für die Anwendung des § 10a stehen den Steuerpflichtigen nach § 10a Absatz 1 Satz 4 die Personen gleich,

1. die aus einem ausländischen gesetzlichen Alterssicherungssystem eine Leistung erhalten, die den in § 10a Absatz 1 Satz 4 genannten Leistungen vergleichbar ist,
2. unmittelbar vor dem Bezug der entsprechenden Leistung einer der in Satz 1 oder Satz 3 genannten begünstigten Personengruppen angehörten und
3. noch nicht das 67. Lebensjahr vollendet haben.

⁴Als Altersvorsorgebeiträge (§ 82) sind bei den in den Sätzen 2 und 3 genannten Personengruppen nur diejenigen Beiträge zu berücksichtigen, die vom Abzugsberechtigten zugunsten seines vor dem 1. Januar 2010 abgeschlossenen Vertrags geleistet wurden.

(24d) ¹§ 10a Absatz 5 Satz 3 in der Fassung des Artikels 1 des Gesetzes vom 20. Dezember 2007 (BGBl. I S. 3150) ist auch für Veranlagungszeiträume vor 2008 anzuwenden, soweit
1. sich dies zugunsten des Steuerpflichtigen auswirkt oder

---

[1]) Durch das Gesetz zur Verbesserung der steuerlichen Förderung der privaten Altersvorsorge (Altersvorsorge-Verbesserungsgesetz – AltvVerbG) soll Absatz 24c Satz 3 Nr. 2 geändert werden. Bei Redaktionsschluss war das Gesetzgebungsverfahren noch nicht abgeschlossen. Um Beachtung wird gebeten.
→ Siehe hierzu Hinweise auf Seite 4!

§ 52 EStG

2. die Steuerfestsetzung bei Inkrafttreten des Jahressteuergesetzes 2008 vom 20. Dezember 2007 (BGBl. I S. 3150) noch nicht unanfechtbar war oder unter dem Vorbehalt der Nachprüfung stand.
²Für Verträge, auf die bereits vor dem 1. Januar 2010 Altersvorsorgebeiträge im Sinne des § 82 eingezahlt wurden, kann die übermittelnde Stelle, wenn die nach § 10a Absatz 2a erforderliche Einwilligung des Steuerpflichtigen vorliegt, die für die Übermittlung der Daten nach § 10a Absatz 5 Satz 1 in der Fassung des Artikels 1 des Gesetzes vom 16. Juli 2009 (BGBl. I S. 1959) erforderliche Identifikationsnummer (§ 139b der Abgabenordnung) des Steuerpflichtigen abweichend von § 22a Absatz 2 Satz 1 und 2 beim Bundeszentralamt für Steuern erheben. ³Das Bundeszentralamt für Steuern teilt dem Anbieter die Identifikationsnummer des Steuerpflichtigen mit, sofern die übermittelten Daten mit den nach § 139b Absatz 3 der Abgabenordnung beim Bundeszentralamt für Steuern gespeicherten Daten übereinstimmen. ⁴Stimmen die Daten nicht überein, findet § 22a Absatz 2 Satz 1 und 2 Anwendung.

(24e) ¹§ 10b Absatz 1 Satz 3 und Absatz 1a in der Fassung des Gesetzes vom 14. Juli 2000 (BGBl. I S. 1034) sind auf Zuwendungen anzuwenden, die nach dem 31. Dezember 1999 geleistet werden. ²§ 10b Absatz 1 und 1a in der Fassung des Artikels 1 des Gesetzes vom 10. Oktober 2007 (BGBl. I S. 2332) sind auf Zuwendungen anzuwenden, die nach dem 31. Dezember 2006 geleistet werden. ³Für Zuwendungen, die im Veranlagungszeitraum 2007 geleistet werden, gilt auf Antrag des Steuerpflichtigen § 10b Absatz 1 in der am 26. Juli 2000 geltenden Fassung. ⁴§ 10b Absatz 1 Satz 2 in der Fassung des Artikels 1 des Gesetzes vom 19. Dezember 2008 (BGBl. I S. 2794) ist auf Mitgliedsbeiträge anzuwenden, die nach dem 31. Dezember 2006 geleistet werden. ⁵§ 10b Absatz 1 Satz 1 bis 5, Absatz 1a Satz 1 und Absatz 4 Satz 4 in der Fassung des Artikels 1 des Gesetzes vom 8. April 2010 (BGBl. I S. 386) ist in allen Fällen anzuwenden, in denen die Einkommensteuer noch nicht bestandskräftig festgesetzt ist; bei Anwendung dieses Satzes gelten jedoch die bisherigen für den jeweiligen Veranlagungszeitraum festgelegten Höchstabzugsgrenzen des § 10b Absatz 1 und 1a unverändert fort. ⁶§ 10b Absatz 1 Satz 6 in der Fassung des Artikels 1 des Gesetzes vom 8. April 2010 (BGBl. I S. 386) ist auf Zuwendungen anzuwenden, die nach dem 31. Dezember 2009 geleistet werden. ⁷§ 10b Absatz 1 Satz 7 in der Fassung des Artikels 1 des Gesetzes vom 8. April 2010 (BGBl. I S. 386) ist in allen Fällen anzuwenden, in denen die Einkommensteuer noch nicht bestandskräftig festgesetzt ist und in denen die Mitgliedsbeiträge nach dem 31. Dezember 2006 geleistet werden. ⁸§ 10b Absatz 1 Satz 7 in der Fassung des Artikels 1 des Gesetzes vom 8. Dezember 2010 (BGBl. I S. 1768) ist in allen Fällen anzuwenden, in denen die Einkommensteuer noch nicht bestandskräftig festgesetzt ist und in denen die Mitgliedsbeiträge nach dem 31. Dezember 2006 geleistet werden. ⁹§ 10b Absatz 1 Satz 8 in der Fassung des Artikels 1 des Gesetzes vom 8. Dezember 2010 (BGBl. I S. 1768) ist in allen Fällen anzuwenden, in denen die Einkommensteuer noch nicht bestandskräftig festgesetzt ist.

(25) ¹Auf den am Schluss des Veranlagungszeitraums 1998 festgestellten verbleibenden Verlustabzug ist § 10d in der Fassung des Gesetzes vom 16. April 1997 (BGBl. I S. 821) anzuwenden. ²Satz 1 ist letztmals für den Veranlagungszeitraum 2003 anzuwenden. ³§ 10d in der Fassung des Artikels 1 des Gesetzes vom 22. Dezember 2003 (BGBl. I S. 2840) ist erstmals für den Veranlagungszeitraum 2004 anzuwenden. ⁴Auf den Verlustrücktrag aus dem Veranlagungszeitraum 2004 in den Veranlagungszeitraum 2003 ist § 10d Absatz 1 in der für den Veranlagungszeitraum 2004 geltenden Fassung anzuwenden. ⁵§ 10d Absatz 4 Satz 4 und 5 in der Fassung des Artikels 1 des Gesetzes vom 8. Dezember 2010 (BGBl. I S. 1768) gilt erstmals für Verluste, für die nach dem 13. Dezember 2010 eine Erklärung zur Feststellung des verbleibenden Verlustvortrags abgegeben wird. ⁶§ 10d Absatz 4 Satz 6 in der Fassung des Artikels 1 des Gesetzes vom 13. Dezember 2006 (BGBl. I S. 2878) gilt für alle bei Inkrafttreten dieses Gesetzes noch nicht abgelaufenen Feststellungsfristen.

(26) ¹Für nach dem 31. Dezember 1986 und vor dem 1. Januar 1991 hergestellte oder angeschaffte Wohnungen im eigenen Haus oder Eigentumswohnungen sowie in diesem Zeitraum fertig gestellte Ausbauten oder Erweiterungen ist § 10e des Einkommensteuergesetzes 1990 in der Fassung der Bekanntmachung vom 7. September 1990 (BGBl. I S. 1898) weiter anzuwenden. ²Für nach dem 31. Dezember 1990 hergestellte oder angeschaffte Wohnungen im eigenen Haus oder Eigentumswohnungen sowie in diesem Zeitraum fertig gestellte Ausbauten oder Erweiterungen ist § 10e des Einkommensteuergesetzes in der durch Gesetz vom 24. Juni 1991 (BGBl. I S. 1322) geänderten Fassung weiter anzuwenden. ³Abweichend von Satz 2 ist § 10e Absatz 1 bis 5 und 6 bis 7 in der durch Gesetz vom 25. Februar 1992 (BGBl. I S. 297) geänderten Fassung erstmals für den Veranlagungszeitraum 1991 bei Objekten im Sinne des § 10e Absatz 1 und 2 anzuwenden, wenn im Falle der Herstellung der Steuerpflichtige nach dem 30. September 1991 den Bauantrag gestellt oder mit der Herstellung begonnen hat oder im Falle der Anschaffung der Steuerpflichtige das Objekt nach dem 30. September 1991 auf Grund eines nach diesem Zeitpunkt rechtswirksam abgeschlossenen obligatorischen Vertrags oder gleichstehenden Rechtsakts angeschafft hat oder mit der Herstellung des Objekts nach dem 30. September 1991 begonnen worden ist. ⁴§ 10e Absatz 5a ist erstmals bei in § 10e Absatz 1 und 2 bezeichneten Objekten anzuwenden, wenn im Falle der Herstellung der Steuerpflichtige den Bauantrag nach dem

31. Dezember 1991 gestellt oder, falls ein solcher nicht erforderlich ist, mit der Herstellung nach diesem Zeitpunkt begonnen hat, oder im Falle der Anschaffung der Steuerpflichtige das Objekt auf Grund eines nach dem 31. Dezember 1991 rechtswirksam abgeschlossenen obligatorischen Vertrags oder gleichstehenden Rechtsakts angeschafft hat. [5]§ 10e Absatz 1 Satz 4 in der Fassung des Gesetzes vom 23. Juni 1993 (BGBl. I S. 944) und Absatz 6 Satz 3 in der Fassung des Gesetzes vom 21. Dezember 1993 (BGBl. I S. 2310) ist erstmals anzuwenden, wenn der Steuerpflichtige das Objekt auf Grund eines nach dem 31. Dezember 1993 rechtswirksam abgeschlossenen obligatorischen Vertrags oder gleichstehenden Rechtsakts angeschafft hat. [6]§ 10e ist letztmals anzuwenden, wenn der Steuerpflichtige im Falle der Herstellung vor dem 1. Januar 1996 mit der Herstellung des Objekts begonnen hat oder im Falle der Anschaffung das Objekt auf Grund eines vor dem 1. Januar 1996 rechtswirksam abgeschlossenen obligatorischen Vertrags oder gleichstehenden Rechtsakts angeschafft hat. [7]Als Beginn der Herstellung gilt bei Objekten, für die eine Baugenehmigung erforderlich ist, der Zeitpunkt, in dem der Bauantrag gestellt wird; bei baugenehmigungsfreien Objekten, für die Bauunterlagen einzureichen sind, der Zeitpunkt, in dem die Bauunterlagen eingereicht werden.

(27) [1]§ 10f Absatz 1 in der Fassung des Artikels 9 des Gesetzes vom 29. Dezember 2003 (BGBl. I S. 3076) ist erstmals für Baumaßnahmen anzuwenden, die nach dem 31. Dezember 2003 begonnen wurden. [2]Als Beginn gilt bei Baumaßnahmen, für die eine Baugenehmigung erforderlich ist, der Zeitpunkt, in dem der Bauantrag gestellt wird, bei baugenehmigungsfreien Bauvorhaben, für die Bauunterlagen einzureichen sind, der Zeitpunkt, in dem die Bauunterlagen eingereicht werden. [3]§ 10f Absatz 2 Satz 1 in der Fassung des Artikels 9 des Gesetzes vom 29. Dezember 2003 (BGBl. I S. 3076) ist erstmals auf Erhaltungsaufwand anzuwenden, der nach dem 31. Dezember 2003 entstanden ist.

(27a) [1]§ 10g in der Fassung des Artikels 9 des Gesetzes vom 29. Dezember 2003 (BGBl. I S. 3076) ist erstmals auf Aufwendungen anzuwenden, die auf nach dem 31. Dezember 2003 begonnene Herstellungs- und Erhaltungsmaßnahmen entfallen. [2]Als Beginn gilt bei Baumaßnahmen, für die eine Baugenehmigung erforderlich ist, der Zeitpunkt, in dem der Bauantrag gestellt wird, bei baugenehmigungsfreien Bauvorhaben, für die Bauunterlagen einzureichen sind, der Zeitpunkt, in dem die Bauunterlagen eingereicht werden.

(28) [1]§ 10h ist letztmals anzuwenden, wenn der Steuerpflichtige vor dem 1. Januar 1996 mit der Herstellung begonnen hat. [2]Als Beginn der Herstellung gilt bei Baumaßnahmen, für die eine Baugenehmigung erforderlich ist, der Zeitpunkt, in dem der Bauantrag gestellt wird; bei baugenehmigungsfreien Baumaßnahmen, für die Bauunterlagen einzureichen sind, der Zeitpunkt, in dem die Bauunterlagen eingereicht werden.

(29) [1]§ 10i in der Fassung der Bekanntmachung vom 16. April 1997 (BGBl. I S. 821) ist letztmals anzuwenden, wenn der Steuerpflichtige im Falle der Herstellung vor dem 1. Januar 1999 mit der Herstellung des Objekts begonnen hat oder im Falle der Anschaffung das Objekt auf Grund eines vor dem 1. Januar 1999 rechtswirksam abgeschlossenen obligatorischen Vertrags oder gleichstehenden Rechtsakts angeschafft hat. [2]Als Beginn der Herstellung gilt bei Objekten, für die eine Baugenehmigung erforderlich ist, der Zeitpunkt, in dem der Bauantrag gestellt wird; bei baugenehmigungsfreien Objekten, für die Bauunterlagen einzureichen sind, der Zeitpunkt, in dem die Bauunterlagen eingereicht werden.

(30) [1]§ 11 Absatz 1 Satz 3 und Absatz 2 Satz 3 in der Fassung des Artikels 1 des Gesetzes vom 9. Dezember 2004 (BGBl. I S. 3310) ist in Hinblick auf Erbbauzinsen und andere Entgelte für die Nutzung eines Grundstücks erstmals für Vorauszahlungen anzuwenden, die nach dem 31. Dezember 2003 geleistet wurden. [2]§ 11 Absatz 2 Satz 4 in der Fassung des Artikels 1 des Gesetzes vom 13. Dezember 2006 (BGBl. I S. 2878) ist erstmals auf ein Damnum oder Disagio im Zusammenhang mit einem Kredit für ein Grundstück anzuwenden, das nach dem 31. Dezember 2003 geleistet wurde, in anderen Fällen für ein Damnum oder Disagio, das nach dem 31. Dezember 2004 geleistet wurde.

(30a) § 12 Nummer 5 in der Fassung des Artikels 2 des Gesetzes vom 7. Dezember 2011 (BGBl. I S. 2592) ist für Veranlagungszeiträume ab 2004 anzuwenden.

(30b) [1]Für die Anwendung des § 13 Absatz 7 in der Fassung des Artikels 1 des Gesetzes vom 22. Dezember 2005 (BGBl. I S. 3683) gilt Absatz 33a entsprechend. [2]§ 13 Absatz 7, § 15 Absatz 1a sowie § 18 Absatz 4 Satz 2 in der Fassung des Artikels 1 des Gesetzes vom 7. Dezember 2006 (BGBl. I S. 2782) sind erstmals für nach dem 31. Dezember 2005 endende Wirtschaftsjahre anzuwenden.

(31) [1]§ 13a in der Fassung des Gesetzes vom 19. Dezember 2000 (BGBl. I S. 1790) ist erstmals für das Wirtschaftsjahr anzuwenden, das nach dem 31. Dezember 2001 endet. [2]§ 13a in der Fassung des Gesetzes vom 20. Dezember 2001 (BGBl. I S. 3794) ist erstmals für Wirtschaftsjahre anzuwenden, die nach dem 31. Dezember 2001 beginnen.

(32) § 14a in der Fassung des Gesetzes vom 19. Dezember 2000 (BGBl. I S. 1790) ist erstmals für das Wirtschaftsjahr anzuwenden, das nach dem 31. Dezember 2001 endet.

§ 52 EStG

(32a) § 15 Absatz 3 Nummer 1 in der Fassung des Artikels 1 des Gesetzes vom 13. Dezember 2006 (BGBl. I S. 2878) ist auch für Veranlagungszeiträume vor 2006 anzuwenden.

(32b) § 15 Absatz 4 Satz 3 bis 5 ist erstmals auf Verluste anzuwenden, die nach Ablauf des ersten Wirtschaftsjahres der Gesellschaft, auf deren Anteile sich die in § 15 Absatz 4 Satz 4 bezeichneten Geschäfte beziehen, entstehen, für das das Körperschaftsteuergesetz in der Fassung des Artikels 3 des Gesetzes vom 23. Oktober 2000 (BGBl. I S. 1433) erstmals anzuwenden ist.

(33) ¹§ 15a ist nicht auf Verluste anzuwenden, soweit sie

1. durch Sonderabschreibungen nach § 82f der Einkommensteuer-Durchführungsverordnung,
2. durch Absetzungen für Abnutzung in fallenden Jahresbeträgen nach § 7 Absatz 2 von den Herstellungskosten oder von den Anschaffungskosten von in ungebrauchtem Zustand vom Hersteller erworbenen Seeschiffen, die in einem inländischen Seeschiffsregister eingetragen sind,

entstehen; Nummer 1 gilt nur bei Schiffen, deren Anschaffungs- oder Herstellungskosten zu mindestens 30 Prozent durch Mittel finanziert werden, die weder unmittelbar noch mittelbar in wirtschaftlichem Zusammenhang mit der Aufnahme von Krediten durch den Gewerbebetrieb stehen, zu dessen Betriebsvermögen das Schiff gehört. ²§ 15a ist in diesen Fällen erstmals anzuwenden auf Verluste, die in nach dem 31. Dezember 1999 beginnenden Wirtschaftsjahren entstehen, wenn der Schiffbauvertrag vor dem 25. April 1996 abgeschlossen worden ist und der Gesellschafter der Gesellschaft vor dem 1. Januar 1999 beigetreten ist; soweit Verluste, die in dem Betrieb der Gesellschaft entstehen und nach Satz 1 oder nach § 15a Absatz 1 Satz 1 ausgleichsfähig sind oder abzugsfähig sind, zusammen das Eineinviertelfache der insgesamt geleisteten Einlage übersteigen, ist § 15a auf Verluste anzuwenden, die in nach dem 31. Dezember 1994 beginnenden Wirtschaftsjahren entstehen. ³Scheidet ein Kommanditist oder ein anderer Mitunternehmer, dessen Haftung der eines Kommanditisten vergleichbar ist und dessen Kapitalkonto in der Steuerbilanz der Gesellschaft auf Grund von ausgleichs- oder abzugsfähigen Verlusten negativ geworden ist, aus der Gesellschaft aus oder wird in einem solchen Falle die Gesellschaft aufgelöst, so gilt der Betrag, den der Mitunternehmer nicht ausgleichen muss, als Veräußerungsgewinn im Sinne des § 16. ⁴In Höhe der nach Satz 3 als Gewinn zuzurechnenden Beträge sind bei den anderen Mitunternehmern unter Berücksichtigung der für die Zurechnung von Verlusten geltenden Grundsätze Verlustanteile anzusetzen. ⁵Bei der Anwendung des § 15a Absatz 3 sind nur Verluste zu berücksichtigen, auf die § 15a Absatz 1 anzuwenden ist. ⁶§ 15a Absatz 1a, 2 Satz 1 und Absatz 5 in der Fassung des Artikels 1 des Gesetzes vom 19. Dezember 2008 (BGBl. I S. 2794) sind erstmals auf Einlagen anzuwenden, die nach dem 24. Dezember 2008 getätigt werden.

(33a) ¹§ 15b in der Fassung des Artikels 1 des Gesetzes vom 22. Dezember 2005 (BGBl. I S. 3683) ist nur auf Verluste der dort bezeichneten Steuerstundungsmodelle anzuwenden, denen der Steuerpflichtige nach dem 10. November 2005 beigetreten ist oder für die nach dem 10. November 2005 mit dem Außenvertrieb begonnen wurde. ²Der Außenvertrieb beginnt in dem Zeitpunkt, in dem die Voraussetzungen für die Veräußerung der konkret bestimmbaren Fondsanteile erfüllt sind und die Gesellschaft selbst oder über ein Vertriebsunternehmen mit Außenwirkung an den Markt herangetreten ist. ³Dem Beginn des Außenvertriebs stehen der Beschluss von Kapitalerhöhungen und die Reinvestition von Erlösen in neue Projekte gleich. ⁴Besteht das Steuerstundungsmodell nicht im Erwerb eines Anteils an einem geschlossenen Fonds, ist § 15b in der Fassung des Artikels 1 des Gesetzes vom 22. Dezember 2005 (BGBl. I S. 3683) anzuwenden, wenn die Investition nach dem 10. November 2005 rechtsverbindlich getätigt wurde.

(34) ¹§ 16 Absatz 1 in der Fassung des Artikels 1 des Gesetzes vom 20. Dezember 2001 (BGBl. I S. 3858) ist erstmals auf Veräußerungen anzuwenden, die nach dem 31. Dezember 2001 erfolgen. ²§ 16 Absatz 2 Satz 3 und Absatz 3 Satz 2 in der Fassung der Bekanntmachung vom 16. April 1997 (BGBl. I S. 821) ist erstmals auf Veräußerungen anzuwenden, die nach dem 31. Dezember 1993 erfolgen. ³§ 16 Absatz 3 Satz 1 und 2 in der Fassung des Gesetzes vom 24. März 1999 (BGBl. I S. 402) ist erstmals auf Veräußerungen und Realteilungen anzuwenden, die nach dem 31. Dezember 1998 erfolgen. ⁴§ 16 Absatz 3 Satz 2 bis 4 in der Fassung des Gesetzes vom 20. Dezember 2001 (BGBl. I S. 3858) ist erstmals auf Veräußerungen anzuwenden, die nach dem 31. Dezember 2000 anzuwenden. ⁵§ 16 Absatz 3a in der Fassung des Artikels 1 des Gesetzes vom 8. Dezember 2010 (BGBl. I S. 1768) ist in allen offenen Fällen anzuwenden. ⁶§ 16 Absatz 4 in der Fassung der Bekanntmachung vom 16. April 1997 (BGBl. I S. 821) ist erstmals auf Veräußerungen anzuwenden, die nach dem 31. Dezember 1995 erfolgen; hat der Steuerpflichtige bereits für Veräußerungen vor dem 1. Januar 1996 Veräußerungsfreibeträge in Anspruch genommen, bleiben diese unberücksichtigt. ⁷§ 16 Absatz 4 in der Fassung des Gesetzes vom 23. Oktober 2000 (BGBl. I S. 1433) ist erstmals auf Veräußerungen und Realteilungen anzuwenden, die nach dem 31. Dezember 2000 erfolgen. ⁸§ 16 Absatz 5 in der Fassung des Gesetzes vom 7. Dezember 2006 (BGBl. I S. 2782) ist erstmals anzuwenden, wenn die ursprüngliche Übertragung der veräußerten Anteile nach dem 12. Dezember 2006 erfolgt ist. ⁹§ 16 Absatz 3b in der Fassung des Arti-

§ 52 EStG

kels 1 des Gesetzes vom 1. November 2011 (BGBl. I S. 2131) ist nur auf Aufgaben im Sinne des § 16 Absatz 3 Satz 1 nach dem 4. November 2011 anzuwenden.

(34a) ¹§ 17 in der Fassung des Artikels 1 des Gesetzes vom 23. Oktober 2000 (BGBl. I S. 1433) ist, soweit Anteile an unbeschränkt körperschaftsteuerpflichtigen Gesellschaften veräußert werden, erstmals auf Veräußerungen anzuwenden, die nach Ablauf des ersten Wirtschaftsjahres der Gesellschaft, deren Anteile veräußert werden, vorgenommen werden, für das das Körperschaftsteuergesetz in der Fassung des Artikels 3 des Gesetzes vom 23. Oktober 2000 (BGBl. I S. 1433) erstmals anzuwenden ist; für Veräußerungen, die vor diesem Zeitpunkt vorgenommen werden, ist § 17 in der Fassung des Gesetzes vom 22. Dezember 1999 (BGBl. I S. 2601) anzuwenden. ²§ 17 Absatz 2 Satz 4 in der Fassung des Gesetzes vom 24. März 1999 (BGBl. I S. 402) ist auch für Veranlagungszeiträume vor 1999 anzuwenden.

(34b) Für die Anwendung des § 18 Absatz 4 Satz 2 in der Fassung des Artikels 1 des Gesetzes vom 22. Dezember 2005 (BGBl. I S. 3683) gilt Absatz 33a entsprechend.

(34c) Wird eine Versorgungsverpflichtung nach § 3 Nummer 66 auf einen Pensionsfonds übertragen und hat der Steuerpflichtige bereits vor dieser Übertragung Leistungen auf Grund dieser Versorgungsverpflichtung erhalten, so sind insoweit auf die Leistungen aus dem Pensionsfonds im Sinne des § 22 Nummer 5 Satz 1 die Beträge nach § 9a Satz 1 Nummer 1 und § 19 Absatz 2 entsprechend anzuwenden; § 9a Satz 1 Nummer 3 ist nicht anzuwenden.

(35) § 19a in der am 31. Dezember 2008 geltenden Fassung ist weiter anzuwenden, wenn

1. die Vermögensbeteiligung vor dem 1. April 2009 überlassen wird oder

2. auf Grund einer am 31. März 2009 bestehenden Vereinbarung ein Anspruch auf die unentgeltliche oder verbilligte Überlassung einer Vermögensbeteiligung besteht sowie die Vermögensbeteiligung vor dem 1. Januar 2016 überlassen wird

und der Arbeitgeber bei demselben Arbeitnehmer im Kalenderjahr nicht § 3 Nummer 39 anzuwenden hat.

(36) ¹§ 20 Absatz 1 Nummer 1 bis 3 in der Fassung des Gesetzes vom 24. März 1999 (BGBl. I S. 402) ist letztmals anzuwenden für Ausschüttungen, für die der Vierte Teil des Körperschaftsteuergesetzes nach § 34 Absatz 10a des Körperschaftsteuergesetzes in der Fassung des Artikels 3 des Gesetzes vom 23. Oktober 2000 (BGBl. I S. 1433) letztmals anzuwenden ist. ²§ 20 Absatz 1 Nummer 1 und 2 in der Fassung des Gesetzes vom 23. Oktober 2000 (BGBl. I S. 1433) ist erstmals für Erträge anzuwenden, für die Satz 1 nicht gilt. ³§ 20 Absatz 1 Nummer 6 in der Fassung des Gesetzes vom 7. September 1990 (BGBl. I S. 1898) ist erstmals auf nach dem 31. Dezember 1974 zugeflossene Zinsen aus Versicherungsverträgen anzuwenden, die nach dem 31. Dezember 1973 abgeschlossen worden sind. ⁴§ 20 Absatz 1 Nummer 6 in der Fassung des Gesetzes vom 20. Dezember 1996 (BGBl. I S. 2049) ist erstmals auf Zinsen aus Versicherungsverträgen anzuwenden, bei denen die Ansprüche nach dem 31. Dezember 1996 entgeltlich erworben worden sind. ⁵Für Kapitalerträge aus Versicherungsverträgen, die vor dem 1. Januar 2005 abgeschlossen werden, ist § 20 Absatz 1 Nummer 6 in der am 31. Dezember 2004 geltenden Fassung mit der Maßgabe weiterhin anzuwenden, dass in Satz 3 die Angabe „§ 10 Absatz 1 Buchstabe b Satz 5" durch die Angabe „§ 10 Absatz 1 Nummer 2 Buchstabe b Satz 6" ersetzt wird. ⁶§ 20 Absatz 1 Nummer 1 Satz 4, § 43 Absatz 3, § 44 Absatz 1, 2 und 5 und § 45a Absatz 1 und 3 in der Fassung des Artikels 1 des Gesetzes vom 13. Dezember 2006 (BGBl. I S. 2878) sind erstmals auf Verkäufe weiterhin anzuwenden, die nach dem 31. Dezember 2006 getätigt werden. ⁷§ 20 Absatz 1 Nummer 6 Satz 1 in der Fassung des Artikels 1 des Gesetzes vom 13. Dezember 2006 (BGBl. I S. 2878) ist auf Erträge aus Versicherungsverträgen, die nach dem 31. Dezember 2004 abgeschlossen werden, anzuwenden. ⁸§ 20 Absatz 1 Nummer 6 Satz 3 in der Fassung des Artikels 1 des Gesetzes vom 13. Dezember 2006 (BGBl. I S. 2878) ist erstmals anzuwenden auf Versicherungsleistungen im Erlebensfall bei Versicherungsverträgen, die nach dem 31. Dezember 2006 abgeschlossen werden, und auf Versicherungsleistungen bei Rückkauf eines Vertrages nach dem 31. Dezember 2006. ⁹§ 20 Absatz 1 Nummer 6 Satz 2 ist für Vertragsabschlüsse nach dem 31. Dezember 2011 mit der Maßgabe anzuwenden, dass die Versicherungsleistung nach Vollendung des 62. Lebensjahres des Steuerpflichtigen ausgezahlt wird. ¹⁰§ 20 Absatz 1 Nummer 6 Satz 5 in der Fassung des Artikels 1 des Gesetzes vom 19. Dezember 2008 (BGBl. I S. 2794) ist für alle Kapitalerträge anzuwenden, die dem Versicherungsunternehmen nach dem 31. Dezember 2008 zufließen. ¹¹§ 20 Absatz 1 Nummer 6 Satz 6 in der Fassung des Artikels 1 des Gesetzes vom 19. Dezember 2008 (BGBl. I S. 2794) ist für alle Versicherungsverträge anzuwenden, die nach dem 31. März 2009 abgeschlossen werden oder bei denen die erstmalige Beitragsleistung nach dem 31. März 2009 erfolgt. ¹²Wird auf Grund einer internen Teilung nach § 10 des Versorgungsausgleichsgesetzes oder einer externen Teilung nach § 14 des Versorgungsausgleichsgesetzes ein Anrecht in Form eines Versicherungsvertrags zugunsten der ausgleichsberechtigten Person begründet, gilt dieser Vertrag insoweit zu dem gleichen Zeitpunkt als abgeschlossen wie derjenige der ausgleichspflichtigen Person.

757

§ 52 EStG

¹)
(36a) Für die Anwendung des § 20 Absatz 1 Nummer 4 Satz 2 in der Fassung des Artikels 1 des Gesetzes vom 22. Dezember 2005 (BGBl. I S. 3683) gilt Absatz 33a entsprechend.

(37) ¹§ 20 Absatz 1 Nummer 9 in der Fassung des Artikels 1 des Gesetzes vom 8. Dezember 2010 (BGBl. I S. 1768) ist erstmals für den Veranlagungszeitraum 2011 anzuwenden. ²§ 20 Absatz 1 Nummer 9 Satz 2 in der Fassung des Artikels 1 des Gesetzes vom 8. Dezember 2010 (BGBl. I S. 1768) ist erstmals für den Veranlagungszeitraum 2009 anzuwenden, soweit in den Einnahmen aus Leistungen zuzurechnende wiederkehrende Bezüge im Sinne des § 22 Nummer 1 Satz 2 Buchstabe a und b enthalten sind.

(37a) ¹§ 20 Absatz 1 Nummer 10 Buchstabe a ist erstmals auf Leistungen anzuwenden, die nach Ablauf des ersten Wirtschaftsjahres des Betriebs gewerblicher Art mit eigener Rechtspersönlichkeit erzielt werden, für das das Körperschaftsteuergesetz in der Fassung des Artikels 3 des Gesetzes vom 23. Oktober 2000 (BGBl. I S. 1433) erstmals anzuwenden ist. ²§ 20 Absatz 1 Nummer 10 Buchstabe b ist erstmals auf Gewinne anzuwenden, die nach Ablauf des ersten Wirtschaftsjahres des Betriebs gewerblicher Art ohne eigene Rechtspersönlichkeit oder des wirtschaftlichen Geschäftsbetriebs erzielt werden, für das das Körperschaftsteuergesetz in der Fassung des Artikels 3 des Gesetzes vom 23. Oktober 2000 (BGBl. I S. 1433) erstmals anzuwenden ist. ³§ 20 Absatz 1 Nummer 10 Buchstabe b Satz 3 ist erstmals für den Veranlagungszeitraum 2001 anzuwenden. ⁴§ 20 Absatz 1 Nummer 10 Buchstabe b Satz 1 in der Fassung des Artikels 1 des Gesetzes vom 31. Juli 2003 (BGBl. I S. 1550) ist erstmals ab dem Veranlagungszeitraum 2004 anzuwenden. ⁵§ 20 Absatz 1 Nummer 10 Buchstabe b Satz 1 in der am 12. Dezember 2006 geltenden Fassung gilt für Anteile, die einbringungsgeboren im Sinne des § 21 des Umwandlungssteuergesetzes in der am 12. Dezember 2006 geltenden Fassung sind, weiter anzuwenden. ⁶§ 20 Absatz 1 Nummer 10 Buchstabe b Satz 2 zweiter Halbsatz in der Fassung des Artikels 1 des Gesetzes vom 7. Dezember 2006 (BGBl. I S. 2782) ist erstmals auf Einbringungen oder Formwechsel anzuwenden, für die das Umwandlungssteuergesetz in der Fassung des Artikels 6 des Gesetzes vom 7. Dezember 2006 (BGBl. I S. 2782) anzuwenden ist. ⁷§ 20 Absatz 1 Nummer 10 Buchstabe b Satz 2 zweiter Halbsatz ist auf Einbringungen oder Formwechsel, für die das Umwandlungssteuergesetz in der Fassung des Artikels 6 des Gesetzes vom 7. Dezember 2006 (BGBl. I S. 2782) noch nicht anzuwenden ist, in der folgenden Fassung anzuwenden:

„in Fällen der Einbringung nach dem Achten und des Formwechsels nach dem Zehnten Teil des Umwandlungssteuergesetzes gelten die Rücklagen als aufgelöst."

⁸§ 20 Absatz 1 Nummer 10 Buchstabe b Satz 3 in der Fassung des Artikels 1 des Gesetzes vom 19. Dezember 2008 (BGBl. I S. 2794) ist erstmals für den Veranlagungszeitraum 2009 anzuwenden.

(37b) § 20 Absatz 2 Satz 1 Nummer 4 Sätze 2 und 4 in der Fassung des Gesetzes vom 20. Dezember 2001 (BGBl. I S. 3794) ist für alle Veranlagungszeiträume anzuwenden, soweit Steuerbescheide noch nicht bestandskräftig sind.

(37c) § 20 Absatz 2a Satz 1 in der Fassung des Gesetzes vom 24. März 1999 (BGBl. I S. 402) ist letztmals anzuwenden für Ausschüttungen, für die der Vierte Teil des Körperschaftsteuergesetzes nach § 34 Körperschaftsteuergesetzes in der Fassung des Artikels 3 des Gesetzes vom 23. Oktober 2000 (BGBl. I S. 1433) letztmals anzuwenden ist.

(37d) ¹§ 20 Absatz 1 Nummer 4 Satz 2 und Absatz 2b in der Fassung des Artikels 1 des Gesetzes vom 13. Dezember 2006 (BGBl. I S. 2878) ist erstmals für den Veranlagungszeitraum 2006 anzuwenden. ²Absatz 33a gilt entsprechend.

(37e) Für die Anwendung des § 21 Absatz 1 Satz 2 in der Fassung des Artikels 1 des Gesetzes vom 22. Dezember 2005 (BGBl. I S. 3683) gilt Absatz 33a entsprechend.

(38) ¹§ 22 Nummer 1 Satz 2 ist erstmals auf Bezüge anzuwenden, die nach Ablauf des Wirtschaftsjahres der Körperschaft, Personenvereinigung oder Vermögensmasse erzielt werden, die die Bezüge gewährt, für das das Körperschaftsteuergesetz in der Fassung der Bekanntmachung vom 22. April 1999 (BGBl. I S. 817), zuletzt geändert durch Artikel 4 des Gesetzes vom 14. Juli 2000 (BGBl. I S. 1034), letztmalig anzuwenden ist. ²Für die Anwendung des § 22 Nummer 1 Satz 1 zweiter Halbsatz in der Fassung des Artikels 1 des Gesetzes vom 22. Dezember 2005 (BGBl. I S. 3683) gilt Absatz 33a entsprechen. ³§ 22 Nummer 3 Satz 4 zweiter Halbsatz in der Fassung des Artikels 1 des Gesetzes vom 13. Dezember 2006 (BGBl. I S. 2878) ist auch in den Fällen anzuwenden, in denen am 1. Januar 2007 die Feststellungsfrist noch nicht abgelaufen ist. ⁴Wird auf Grund einer internen Teilung nach § 10 des Versorgungsausgleichsgesetzes oder einer externen Teilung nach § 14 des Versorgungsausgleichsgesetzes ein Anrecht zugunsten der ausgleichsberechtigten Person begründet, gilt dieser Vertrag insoweit zu den gleichen Zeitpunkt als abgeschlossen wie derjenige der ausgleichspflichtigen Person, wenn die aus diesem Vertrag ausgezahlten Leistungen zu einer Besteuerung nach § 22 Nummer 5 Satz 2 Buchstabe b in Verbindung mit § 20 Absatz 1 Nummer 6 oder nach § 22 Nummer 5 Satz 2 Buchstabe c in Verbindung mit § 20 Absatz 1 Nummer 6 Satz 2 führen.

---

¹) → § 52 Absatz 37d EStG.

§ 52 EStG

(38a) ¹Abweichend von § 22a Absatz 1 Satz 1 kann das Bundeszentralamt für Steuern den Zeitpunkt der erstmaligen Übermittlung von Rentenbezugsmitteilungen durch ein im Bundessteuerblatt zu veröffentlichendes Schreiben mitteilen. ²Der Mitteilungspflichtige nach § 22a Absatz 1 kann die Identifikationsnummer (§ 139b der Abgabenordnung) eines Leistungsempfängers, dem in den Jahren 2005 bis 2008 Leistungen zugeflossen sind, abweichend von § 22a Absatz 2 Satz 1 und 2 beim Bundeszentralamt für Steuern erheben. ³Das Bundeszentralamt für Steuern teilt dem Mitteilungspflichtigen die Identifikationsnummer des Leistungsempfängers mit, sofern die übermittelten Daten mit den nach § 139b Absatz 3 der Abgabenordnung beim Bundeszentralamt für Steuern gespeicherten Daten übereinstimmen. ⁴Stimmen die Daten nicht überein, findet § 22a Absatz 2 Satz 1 und 2 Anwendung. ⁵§ 22a Absatz 1 Satz 1 Nummer 1 Satz 2 und 3 in der Fassung des Artikels 1 des Gesetzes vom 8. Dezember 2010 (BGBl. I S. 1768) ist erstmals für die Rentenbezugsmitteilungen anzuwenden, die für den Veranlagungszeitraum 2011 zu übermitteln sind. ⁶Im Übrigen ist § 22a in der Fassung des Artikels 1 des Gesetzes vom 8. Dezember 2010 (BGBl. I S. 1768) erstmals für die Rentenbezugsmitteilungen anzuwenden, die für den Veranlagungszeitraum 2010 zu übermitteln sind.

(39) § 25 Absatz 4 in der Fassung des Artikels 1 des Gesetzes 20. Dezember 2008 (BGBl. I S. 2850) ist erstmals für Einkommensteuererklärungen anzuwenden, die für den Veranlagungszeitraum 2011 abzugeben sind.

(40) ¹§ 32 Absatz 1 Nummer 2 in der Fassung des Artikels 1 des Gesetzes vom 15. Dezember 2003 (BGBl. I S. 2645) ist in allen Fällen anzuwenden, in denen die Einkommensteuer noch nicht bestandskräftig festgesetzt ist. ²§ 32 Absatz 4 Satz 1 Nummer 2 Buchstabe d ist für den Veranlagungszeitraum 2000 in der folgenden Fassung anzuwenden:

„d) ein freiwilliges soziales Jahr im Sinne des Gesetzes zur Förderung eines freiwilligen sozialen Jahres, ein freiwilliges ökologisches Jahr im Sinne des Gesetzes zur Förderung eines freiwilligen ökologischen Jahres oder einen Freiwilligendienst im Sinne des Beschlusses Nummer 1686/98/EG des Europäischen Parlaments und des Rates vom 20. Juli 1998 zur Einführung des gemeinschaftlichen Aktionsprogramms „Europäischer Freiwilligendienst für junge Menschen" (ABl. EG Nummer L 214 S. 1) oder des Beschlusses Nummer 1031/2000/EG des Europäischen Parlaments und des Rates vom 13. April 2000 zur Einführung des gemeinschaftlichen Aktionsprogramms „Jugend" (ABl. EG Nummer L 117 S. 1) leistet oder"

³§ 32 Absatz 4 Satz 1 Nummer 2 Buchstabe d in der Fassung des Gesetzes vom 16. August 2001 (BGBl. I S. 2074) ist erstmals für den Veranlagungszeitraum 2001 anzuwenden. ⁴§ 32 Absatz 4 Satz 1 Nummer 2 Buchstabe d in der Fassung des Artikels 2 Absatz 5 Buchstabe d des Gesetzes vom 16. Mai 2008 (BGBl. I S. 842) ist auf Freiwilligendienste im Sinne des Beschlusses Nummer 1719/2006/EG des Europäischen Parlaments und des Rates vom 15. November 2006 zur Einführung des Programms „Jugend in Aktion" (ABl. EU Nummer L 327 S. 30), die ab dem 1. Januar 2007 begonnen wurden, ab dem Veranlagungszeitraum 2007 anzuwenden. ⁵Die Regelungen des § 32 Absatz 4 Satz 1 Nummer 2 Buchstabe d in der bis zum 31. Dezember 2007 anzuwendenden Fassung sind, bezogen auf die Ableistung eines freiwilligen sozialen Jahres im Sinne des Gesetzes zur Förderung eines freiwilligen sozialen Jahres oder eines freiwilligen ökologischen Jahres im Sinne des Gesetzes zur Förderung eines freiwilligen ökologischen Jahres auch über den 31. Dezember 2007 hinaus anzuwenden, soweit die vorstehend genannten freiwilligen Jahre vor dem 1. Juni 2008 vereinbart oder begonnen wurden und über den 31. Mai 2008 hinausgehen und die Beteiligten nicht die Anwendung der Vorschriften des Jugendfreiwilligendienstegesetzes vereinbaren. ⁶§ 32 Absatz 4 Satz 1 Nummer 2 Buchstabe d in der Fassung des Artikels 1 des Gesetzes vom 16. Juli 2009 (BGBl. I S. 1959) ist auf einen Freiwilligendienst aller Generationen im Sinne von § 2 Absatz 1a des Siebten Buches Sozialgesetzbuch ab dem Veranlagungszeitraum 2009 anzuwenden. ⁷§ 32 Absatz 4 Satz 1 Nummer 2 in der Fassung des Artikels 1 des Gesetzes vom 19. Juli 2006 (BGBl. I S. 1652) ist für Kinder, die im Veranlagungszeitraum 2006 das 24. Lebensjahr vollendeten, mit der Maßgabe anzuwenden, dass an die Stelle der Angabe „noch nicht das 25. Lebensjahr vollendet hat" die Angabe „noch nicht das 26. Lebensjahr vollendet hat" tritt; für Kinder, die im Veranlagungszeitraum 2006 das 25. oder 26. Lebensjahr vollendeten, ist § 32 Absatz 4 Satz 1 Nummer 2 weiterhin in der bis zum 31. Dezember 2006 geltenden Fassung anzuwenden. ⁸§ 32 Absatz 4 Satz 1 Nummer 3 in der Fassung des Artikels 1 des Gesetzes vom 19. Juli 2006 (BGBl. I S. 1652) ist erstmals für Kinder anzuwenden, die im Veranlagungszeitraum 2007 wegen einer vor Vollendung des 25. Lebensjahres eingetretenen körperlichen, geistigen oder seelischen Behinderung außerstande sind, sich selbst zu unterhalten; für Kinder, die wegen einer vor dem 1. Januar 2007 in der Zeit ab der Vollendung des 25. Lebensjahres und vor Vollendung des 27. Lebensjahres eingetretenen körperlichen, geistigen oder seelischen Behinderung außerstande sind, sich selbst zu unterhalten, ist § 32 Absatz 4 Satz 1 Nummer 3 weiterhin in der bis zum 31. Dezember 2006 geltenden Fassung anzuwenden. ⁹§ 32 Absatz 5 Satz 1 in der Fassung des Artikels 1 des Gesetzes vom 19. Juli 2006 (BGBl. I S. 1652) ist für Kinder, die im Veranlagungszeitraum 2006 das 24. Lebensjahr vollendeten, mit der Maßgabe anzuwenden, dass an die Stelle der Angabe „über das 21. oder 25. Lebensjahr hinaus" die Angabe über das 21. oder 26. Lebensjahr hinaus" tritt; für Kinder, die im Veranla-

gungszeitraum 2006 das 25., 26. oder 27. Lebensjahr vollendeten, ist § 32 Absatz 5 Satz 1 weiterhin in der bis zum 31. Dezember 2006 geltenden Fassung anzuwenden. ¹⁰Für die nach § 10 Absatz 1 Nummer 2 Buchstabe b und §§ 10a, 82 begünstigten Verträge, die vor dem 1. Januar 2007 abgeschlossen wurden, gelten für das Vorliegen einer begünstigten Hinterbliebenenversorgung die Altersgrenzen des § 32 in der bis zum 31. Dezember 2006 geltenden Fassung. ¹¹Dies gilt entsprechend für die Anwendung des § 93 Absatz 1 Satz 3 Buchstabe b.

(40a) (weggefallen)

¹⁾ (41) § 32a Absatz 1 ist ab dem Veranlagungszeitraum 2010 in der folgenden Fassung anzuwenden:

„(1) ¹Die tarifliche Einkommensteuer bemisst sich nach dem zu versteuernden Einkommen. ²Sie beträgt vorbehaltlich der §§ 32b, 32d, 34, 34a, 34b und 34c jeweils in Euro für zu versteuernde Einkommen

1. bis 8 004 Euro (Grundfreibetrag):
   0;
2. von 8 005 Euro bis 13 469 Euro:
   $(912{,}17 \cdot y + 1\,400) \cdot y$;
3. von 13 470 Euro bis 52 881 Euro:
   $(228{,}74 \cdot z + 2\,397) \cdot z + 1\,038$;
4. von 52 882 Euro bis 250 730 Euro:
   $0{,}42 \cdot x - 8\,172$;
5. von 250 731 Euro an:
   $0{,}45 \cdot x - 15\,694$.

³„y" ist ein Zehntausendstel des 8 004 Euro übersteigenden Teils des auf einen vollen Euro-Betrag abgerundeten zu versteuernden Einkommens. ⁴„z" ist ein Zehntausendstel des 13 469 Euro übersteigenden Teils des auf einen vollen Euro-Betrag abgerundeten zu versteuernden Einkommens. ⁵„x" ist das auf einen vollen Euro-Betrag abgerundete zu versteuernde Einkommen. ⁶Der sich ergebende Steuerbetrag ist auf den nächsten vollen Euro-Betrag abzurunden."

(42) und (43) (weggefallen)

(43a) ¹§ 32b Absatz 1 Nummer 5 in der Fassung des Artikels 1 des Gesetzes vom 20. Dezember 2007 (BGBl. I S. 3150) ist bei Staatsangehörigen eines Mitgliedstaates der Europäischen Union oder eines Staates, auf den das Abkommen über den Europäischen Wirtschaftsraum anwendbar ist, die im Hoheitsgebiet eines dieser Staaten ihren Wohnsitz oder gewöhnlichen Aufenthalt haben, auf Antrag auch für Veranlagungszeiträume vor 2008 anzuwenden, soweit Steuerbescheide noch nicht bestandskräftig sind. ²§ 32b Absatz 1 Satz 2 und 3 in der Fassung des Artikels 1 des Gesetzes vom 19. Dezember 2008 (BGBl. I S. 2794) ist erstmals für den Veranlagungszeitraum 2008 anzuwenden. ³§ 32b Absatz 2 Satz 2 und 3 in der Fassung des Artikels 1 des Gesetzes vom 13. Dezember 2006 (BGBl. I S. 2878) ist letztmals für den Veranlagungszeitraum 2007 anzuwenden. ⁴Abweichend von § 32b Absatz 3 kann das Bundesministerium der Finanzen den Zeitpunkt der erstmaligen Übermittlung der Mitteilungen durch ein im Bundessteuerblatt zu veröffentlichendes Schreiben mitteilen. ⁵Bis zu diesem Zeitpunkt sind § 32b Absatz 3 und 4 in der am 20. Dezember 2003 geltenden Fassung weiter anzuwenden. ⁶Der Träger der Sozialleistungen nach § 32b Absatz 1 Nummer 1 darf die Identifikationsnummer (§ 139b der Abgabenordnung) eines Leistungsempfängers, dem im Kalenderjahr vor dem Zeitpunkt der erstmaligen Übermittlung Leistungen zugeflossen sind, abweichend von § 22a Absatz 2 Satz 1 und 2 beim Bundeszentralamt für Steuern erheben. ⁷Das Bundeszentralamt für Steuern teilt dem Träger der Sozialleistungen die Identifikationsnummer des Leistungsempfängers mit, sofern die ihm vom Träger der Sozialleistungen übermittelten Daten mit den nach § 139b der Abgabenordnung beim Bundeszentralamt für Steuern gespeicherten Daten übereinstimmen. ⁸Stimmen die Daten nicht überein, findet § 22a Absatz 2 Satz 1 und 2 Anwendung. ⁹Die Anfrage des Trägers der Sozialleistungen und die Antwort des Bundeszentralamtes für Steuern sind über die zentrale Stelle (§ 81) zu übermitteln. ¹⁰Die zentrale Stelle führt eine ausschließlich automatisierte Prüfung der übermittelten Daten daraufhin durch, ob sie vollständig und schlüssig sind und ob das vorge-

---

1) Absatz 41 soll durch das Gesetz zum Abbau der kalten Progression geändert werden. Bei Redaktionsschluss war das Gesetzgebungsverfahren noch nicht abgeschlossen. Um Beachtung wird gebeten:
Absatz 41 soll wie folgt geändert geändert werden:
  a) In dem einleitenden Satzteil werden die Wörter „ab dem Veranlagungszeitraum 2010"
     durch die Wörter „für die Veranlagungszeiträume 2010 bis 2012" ersetzt.
  b) Folgender Satz 2 soll angefügt werden:
     „Für den Veranlagungszeitraum 2013 ist § 32a Absatz 1 in der Fassung des Artikels 1 Nummer 1 Buchstabe a des Gesetzes vom ... (BGBl. I S. ...) anzuwenden."
  c) Folgender Satz 3 soll angefügt werden:
     „§ 32a Absatz 1 in der Fassung des Artikels 1 Nummer 1 Buchstabe b des Gesetzes vom... (BGBl. I S. ...) ist erstmals für den Veranlagungszeitraum 2014 anzuwenden."

schriebene Datenformat verwendet worden ist. *§ 32b Absatz 2 Satz 1 Nummer 2 Satz 2 Buchstabe c ist erstmals auf Wirtschaftsgüter des Umlaufvermögens anzuwenden, die nach dem ... [einsetzen: Tag des Gesetzesbeschlusses des Deutschen Bundestags] angeschafft, hergestellt oder in das Betriebsvermögen eingelegt werden.*

(44) § 32c in der Fassung des Artikels 1 des Gesetzes vom 13. Dezember 2006 (BGBl. I S. 2878) ist letztmals für den Veranlagungszeitraum 2007 anzuwenden. [1)]

(45) und (46) (weggefallen)

(46a) § 33b Absatz 6 in der Fassung des Artikels 1 des Gesetzes vom 9. Dezember 2004 (BGBl. I S. 3310) ist in allen Fällen anzuwenden, in denen die Einkommensteuer noch nicht bestandskräftig festgesetzt ist.

(47) [1]§ 34 Absatz 1 Satz 1 in der Fassung des Gesetzes vom 23. Oktober 2000 (BGBl. I S. 1433) ist erstmals für den Veranlagungszeitraum 1999 anzuwenden. [2]Auf § 34 Absatz 2 Nummer 1 in der Fassung des Gesetzes vom 23. Oktober 2000 (BGBl. I S. 1433) ist Absatz 4a in der Fassung des Gesetzes vom 23. Oktober 2000 (BGBl. I S. 1433) entsprechend anzuwenden. [3]Satz 2 gilt nicht für die Anwendung des § 34 Absatz 3 in der Fassung des Gesetzes vom 19. Dezember 2000 (BGBl. I S. 1812). [4]In den Fällen, in denen nach dem 31. Dezember eines Jahres mit zulässiger steuerlicher Rückwirkung eine Vermögensübertragung nach dem Umwandlungssteuergesetz erfolgt oder ein Veräußerungsgewinn im Sinne des § 34 Absatz 2 Nummer 1 in der Fassung des Gesetzes vom 23. Oktober 2000 (BGBl. I S. 1433) erzielt wird, gelten die außerordentlichen Einkünfte als nach dem 31. Dezember dieses Jahres erzielt. [5]§ 34 Absatz 3 Satz 1 in der Fassung des Gesetzes vom 19. Dezember 2000 (BGBl. I S. 1812) ist ab dem Veranlagungszeitraum 2 002 mit der Maßgabe anzuwenden, dass an die Stelle der Angabe „10 Millionen Deutsche Mark" die Angabe „5 Millionen Euro" tritt. [6]§ 34 Absatz 3 Satz 2 in der Fassung des Artikels 9 des Gesetzes vom 29. Dezember 2003 (BGBl. I S. 3076) ist erstmals für den Veranlagungszeitraum 2004 und für die Veranlagungszeiträume 2005 bis 2008 mit der Maßgabe anzuwenden, dass an die Stelle der Angabe „16 Prozent" die Angabe „15 Prozent" tritt. [7]§ 34 Absatz 3 Satz 2 in der Fassung des Artikels 1 des Gesetzes vom 8. Dezember 2010 (BGBl. I S. 1768) ist erstmals für den Veranlagungszeitraum 2009 anzuwenden. [8]Für die Anwendung des § 34 Absatz 3 Satz 4 in der Fassung des Gesetzes vom 19. Dezember 2000 (BGBl. I S. 1812) ist die Inanspruchnahme einer Steuerermäßigung nach § 34 in Veranlagungszeiträumen vor dem 1. Januar 2001 unbeachtlich.

(48) § 34a in der Fassung des Artikels 1 des Gesetzes vom 19. Dezember 2008 (BGBl. I S. 2794) ist erstmals für den Veranlagungszeitraum 2008 anzuwenden.

(49) [1]§ 34c Absatz 1 Satz 1 bis 3 sowie § 34c Absatz 6 Satz 2 in der Fassung des Artikels 1 des Gesetzes vom 19. Dezember 2008 (BGBl. I S. 2794) sind erstmals für den Veranlagungszeitraum 2009 anzuwenden. [2]§ 34c Absatz 1 Satz 2 ist für den Veranlagungszeitraum 2008 in der folgenden Fassung anzuwenden:

„Die auf diese ausländischen Einkünfte entfallende deutsche Einkommensteuer ist in der Weise zu ermitteln, dass die sich bei der Veranlagung des zu versteuernden Einkommens, einschließlich der ausländischen Einkünfte, nach den §§ 32a, 32b, 34, 34a und 34b ergebende deutsche Einkommensteuer im Verhältnis dieser ausländischen Einkünfte zur Summe der Einkünfte aufgeteilt wird."

[3]§ 34c Absatz 6 Satz 5 in Verbindung mit Satz 1 in der Fassung des Artikels 1 des Gesetzes vom 13. Dezember 2006 (BGBl. I S. 2878) ist für alle Veranlagungszeiträume anzuwenden, soweit Steuerbescheide noch nicht bestandskräftig sind.

(50) [1]§ 34f Absatz 3 und 4 Satz 2 in der Fassung des Gesetzes vom 25. Februar 1992 (BGBl. I S. 297) ist erstmals anzuwenden bei Inanspruchnahme der Steuerbegünstigung nach § 10e Absatz 1 bis 5 in der Fassung des Gesetzes vom 25. Februar 1992 (BGBl. I S. 297). [2]§ 34f Absatz 4 Satz 1 ist erstmals anzuwenden bei Inanspruchnahme der Steuerbegünstigung nach § 10e Absatz 1, 5 oder nach § 15b des Berlinförderungsgesetzes für nach dem 31. Dezember 1991 hergestellte oder angeschaffte Objekte.

(50a) [1]§ 35 in der Fassung des Artikels 1 des Gesetzes vom 19. Dezember 2008 (BGBl. I S. 2794) ist erstmals für den Veranlagungszeitraum 2008 anzuwenden. [2]Gewerbesteuer-Messbeträge, die Erhebungszeiträumen zuzuordnen sind, die vor dem 1. Januar 2008 enden, sind abweichend von § 35 Absatz 1 Satz 1 nur mit dem 1,8-fachen des Gewerbesteuer-Messbetrags zu berücksichtigen.

(50b) [1]§ 35a in der Fassung des Gesetzes vom 23. Dezember 2002 (BGBl. I S. 4621) ist erstmals für im Veranlagungszeitraum 2003 geleistete Aufwendungen anzuwenden, soweit die den Aufwendungen zu Grunde liegenden Leistungen nach dem 31. Dezember 2002 erbracht worden sind. [2]§ 35a in der Fassung des Artikels 1 des Gesetzes vom 13. Dezember 2006 (BGBl. I S. 2878) ist erstmals für im Veranlagungszeitraum 2006 geleistete Aufwendungen anzuwenden, soweit

---

[1)] *Änderung auf Grund des Amtshilferichtlinie-Umsetzungsgesetzes. Bei Redaktionsschluss war das Gesetzgebungsverfahren noch nicht abgeschlossen. Um Beachtung wird gebeten.* → *Siehe hierzu Hinweise auf Seite 4!*

die den Aufwendungen zu Grunde liegenden Leistungen nach dem 31. Dezember 2005 erbracht worden sind. ³§ 35a Absatz 1 Satz 1 und Absatz 2 Satz 1 und 2 in der Fassung des Artikels 1 des Gesetzes vom 20. Dezember 2007 (BGBl. I S. 3150) ist in allen Fällen anzuwenden, in denen die Einkommensteuer noch nicht bestandskräftig festgesetzt ist. ⁴§ 35a in der Fassung des Artikels 1 des Gesetzes vom 21. Dezember 2008 (BGBl. I S. 2896) ist erstmals anzuwenden bei Aufwendungen, die im Veranlagungszeitraum 2009 geleistet und deren zu Grunde liegende Leistungen nach dem 31. Dezember 2008 erbracht worden sind. ⁵§ 35a in der Fassung des Artikels 1 des Gesetzes vom 22. Dezember (BGBl. I S. 2955) ist erstmals für im Veranlagungszeitraum 2009 geleistete Aufwendungen anzuwenden, soweit die den Aufwendungen zu Grunde liegenden Leistungen nach dem 31. Dezember 2008 erbracht worden sind. ⁶§ 35a Absatz 3 in der Fassung des Artikels 1 des Gesetzes vom 8. Dezember 2010 (BGBl. I S. 1768) ist erstmals für im Veranlagungszeitraum 2011 geleistete Aufwendungen anzuwenden, soweit die den Aufwendungen zu Grunde liegenden Leistungen nach dem 31. Dezember 2010 erbracht worden sind. ⁷§ 35a Absatz 5 Satz 1 in der Fassung des Artikels 1 des Gesetzes vom 8. Dezember 2010 (BGBl. I S. 1768) ist erstmals für im Veranlagungszeitraum 2009 geleistete Aufwendungen anzuwenden, soweit die den Aufwendungen zu Grunde liegenden Leistungen nach dem 31. Dezember 2008 erbracht worden sind.

(50c) § 35b in der Fassung des Artikels 5 des Gesetzes vom 24. Dezember 2008 (BGBl. I S. 3018) ist erstmals für den Veranlagungszeitraum 2009 anzuwenden, wenn der Erbfall nach dem 31. Dezember 2008 eingetreten ist.

(50d) ¹§ 36 Absatz 2 Nummer 2 und 3 und Absatz 3 Satz 1 in der Fassung des Gesetzes vom 24. März 1999 (BGBl. I S. 402) ist letztmals anzuwenden für Ausschüttungen, für die der Vierte Teil des Körperschaftsteuergesetzes nach § 34 Absatz 10a des Körperschaftsteuergesetzes in der Fassung des Artikels 3 des Gesetzes vom 23. Oktober 2000 (BGBl. I S. 1433) letztmals anzuwenden ist. ²§ 36 Absatz 2 Nummer 2 und Absatz 3 Satz 1 in der Fassung des Gesetzes vom 23. Oktober 2000 (BGBl. I S. 1433) ist erstmals für Erträge anzuwenden, für die Satz 1 nicht gilt. ³§ 36 Absatz 5 in der Fassung des Artikels 1 des Gesetzes vom 8. Dezember 2010 (BGBl. I S. 1768) gilt in allen Fällen, in denen § 16 Absatz 3a anzuwenden ist.

(50e) Die §§ 36a bis 36e in der Fassung des Gesetzes vom 24. März 1999 (BGBl. I S. 402) sind letztmals anzuwenden für Ausschüttungen, für die der Vierte Teil des Körperschaftsteuergesetzes nach § 34 Absatz 10a des Körperschaftsteuergesetzes in der Fassung des Artikels 3 des Gesetzes vom 23. Oktober 2000 (BGBl. I S. 1433) letztmals anzuwenden ist.

(50f) ¹§ 37 Absatz 3 ist, soweit die erforderlichen Daten nach § 10 Absatz 2 Satz 3 noch nicht nach § 10 Absatz 2a übermittelt wurden, mit der Maßgabe anzuwenden, dass

1. als Beiträge im Sinne des § 10 Absatz 1 Nummer 3 Buchstabe a die für den letzten Veranlagungszeitraum geleisteten Beiträge zugunsten einer privaten Krankenversicherung vermindert um 20 Prozent oder Beiträge zur gesetzlichen Krankenversicherung vermindert um 4 Prozent,

2. als Beiträge im Sinne des § 10 Absatz 1 Nummer 3 Buchstabe b die bei der letzten Veranlagung berücksichtigten Beiträge zugunsten einer gesetzlichen Pflegeversicherung

anzusetzen sind; mindestens jedoch 1 500 Euro. ²Bemessen sich die Vorauszahlungen auf der Veranlagung des Veranlagungszeitraums 2008, dann sind 1 500 Euro als Beiträge im Sinne des § 10 Absatz 1 Nummer 3 anzusetzen, wenn der Steuerpflichtige keine höheren Beiträge gegenüber dem Finanzamt nachweist. 3Bei zusammen veranlagten Ehegatten ist der in den Sätzen 1 und 2 genannte Betrag von 1 500 Euro zu verdoppeln. ⁴§ 37 Absatz 3 Satz 3 in der Fassung des Artikels 1 des Gesetzes vom 1. November 2011 (BGBl. I S. 2131) ist erstmals für Besteuerungszeiträume anzuwenden, die nach dem 31. Dezember 2009 beginnen.

(50g) ¹Das Bundesministerium der Finanzen kann im Einvernehmen mit den obersten Finanzbehörden der Länder in einem Schreiben mitteilen, wann die in § 39 Absatz 4 Nummer 4 und 5 genannten Lohnsteuerabzugsmerkmale erstmals abgerufen werden können (§ 39e Absatz 3 Satz 1). ²Dieses Schreiben ist im Bundessteuerblatt zu veröffentlichen.

(51) § 39b Absatz 2 Satz 5 Nummer 1 ist auf den laufenden Arbeitslohn, der für einen nach dem 30. November 2011 aber vor dem 1. Januar 2012 endenden täglichen, wöchentlichen und monatlichen endenden Lohnzahlungszeitraum gezahlt wird, und auf sonstige Bezüge, die nach dem 31. Dezember 2009 zufließen, mit der Maßgabe anzuwenden, dass der verminderte oder erhöhte hochgerechnete Jahresarbeitslohn nicht um den Arbeitnehmer-Pauschbetrag (§ 9a Satz 1 Nummer 1 Buchstabe a), sondern um den lohnsteuerlichen Ausgleichsbetrag 2011 in Höhe von 1 880 Euro vermindert wird. ²Bei sonstigen Bezügen (§ 39b Absatz 3), die nach dem 30. November 2011, aber vor dem 1. Januar 2012 zufließen, beim permanenten Lohnsteuer-Jahresausgleich (§ 39b Absatz 2 Satz 12) für einen nach dem 30. November 2011, aber vor dem 1. Januar 2012 endenden Lohnzahlungszeitraum und beim Lohnsteuer-Jahresausgleich durch den Arbeitgeber (§ 42b) für das Ausgleichsjahr 2011 ist jeweils ein Arbeitnehmer-Pauschbetrag von 1 000 Euro zu berücksichtigen.

§ 52 EStG

(51a) § 39b Absatz 3 Satz 10 ist auf sonstige Bezüge, die nach dem 31. Dezember 2008 und vor dem 1. Januar 2010 zufließen, in folgender Fassung anzuwenden:
„Ein sonstiger Bezug im Sinne des § 34 Absatz 1 und 2 Nummer 2 und Nummer 4 ist bei der Anwendung des Satzes 4 in die Bemessungsgrundlage für die Vorsorgepauschale nach Absatz 2 Satz 5 Nummer 3 einzubeziehen."

(51b) § 39b Absatz 6 in der am 31. Dezember 2010 geltenden Fassung ist weiterhin anzuwenden, bis das Bundesministerium der Finanzen den Zeitpunkt für den erstmaligen automatisierten Abruf der Lohnsteuerabzugsmerkmale nach § 39 Absatz 4 Nummer 5 mitgeteilt hat (Absatz 50g).

(52) Haben Arbeitnehmer im Laufe des Kalenderjahres geheiratet, wird abweichend von § 39e Absatz 3 Satz 3 für jeden Ehegatten automatisiert die Steuerklasse IV gebildet, wenn die Voraussetzungen des § 38b Absatz 1 Satz 2 Nummer 3 oder Nummer 4 vorliegen. [1]

(52) § 39f in der Fassung des Artikels 1 des Gesetzes vom 19. Dezember 2008 (BGBl. I S. 2794) ist erstmals für den Lohnsteuerabzug 2010 anzuwenden.

(52a) § 40 Absatz 2 Satz 2 und 3 in der Fassung des Gesetzes vom 20. April 2009 (BGBl. I S. 774) ist erstmals anzuwenden auf den laufenden Arbeitslohn, der für einen nach dem 31. Dezember 2006 endenden Lohnzahlungszeitraum gezahlt wird, und auf sonstige Bezüge, die nach dem 31. Dezember 2006 zufließen.

(52b) ¹§ 40b Absatz 1 und 2 in der am 31. Dezember 2004 geltenden Fassung ist weiter anzuwenden auf Beiträge für eine Direktversicherung des Arbeitnehmers und Zuwendungen an eine Pensionskasse, die auf Grund einer Versorgungszusage geleistet werden, die vor dem 1. Januar 2005 erteilt wurde. ²Sofern die Beiträge für eine Direktversicherung die Voraussetzungen des § 3 Nummer 63 erfüllen, gilt dies nur, wenn der Arbeitnehmer nach Absatz 6 gegenüber dem Arbeitgeber für diese Beiträge auf die Anwendung des § 3 Nummer 63 verzichtet hat. ³§ 40b Absatz 4 in der Fassung des Artikels 1 des Gesetzes vom 13. Dezember 2006 (BGBl. I S. 2878) ist erstmals anzuwenden auf Sonderzahlungen, die nach dem 23. August 2006 gezahlt werden.

(52c) § 41b Absatz 1 Satz 2 Satzteil vor Nummer 1 in der Fassung des Artikels 1 des Gesetzes vom 20. Dezember 2007 (BGBl. I S. 3150) ist erstmals anzuwenden für Lohnsteuerbescheinigungen von laufendem Arbeitslohn, der für einen nach dem 31. Dezember 2008 endenden Lohnzahlungszeitraum gezahlt wird, und von sonstigen Bezügen, die nach dem 31. Dezember 2008 zufließen.

(53) ¹Die §§ 43 bis 45c in der Fassung des Gesetzes vom 22. Dezember 1999 (BGBl. I S. 2601) sind letztmals anzuwenden für Ausschüttungen, für die der Vierte Teil des Körperschaftsteuergesetzes nach § 34 Absatz 10a des Körperschaftsteuergesetzes in der Fassung des Artikels 3 des Gesetzes vom 23. Oktober 2000 (BGBl. I S. 1433) letztmals anzuwenden ist. ²Die §§ 43 bis 45c in der Fassung des Artikels 1 des Gesetzes vom 23. Oktober 2000 (BGBl. I S. 1433), dieses wiederum geändert durch Artikel 2 des Gesetzes vom 19. Dezember 2000 (BGBl. I S. 1812), sind auf Kapitalerträge anzuwenden, für die Satz 1 nicht gilt. ³§ 44 Absatz 6 Satz 3 in der Fassung des Gesetzes vom 20. Dezember 2001 (BGBl. I S. 3858) ist erstmals für den Veranlagungszeitraum 2001 anzuwenden. ⁴§ 45d Absatz 1 Satz 1 in der Fassung des Gesetzes vom 20. Dezember 2001 (BGBl. I S. 3794) ist für Mitteilungen auf Grund der Steuerabzugspflicht nach § 18a des Auslandinvestment-Gesetzes auf Kapitalerträge anzuwenden, die den Gläubigern nach dem 31. Dezember 2001 zufließen. ⁵§ 44 Absatz 6 in der Fassung des Artikels 1 des Gesetzes vom 13. Dezember 2006 (BGBl. I S. 2878) ist erstmals für Kapitalerträge anzuwenden, für die Satz 1 nicht gilt.

(53a) ¹§ 43 Absatz 1 Satz 1 Nummer 1 Satz 2 und Absatz 3 Satz 2 sind erstmals auf Entgelte anzuwenden, die nach dem 31. Dezember 2004 zufließen, es sei denn, die Veräußerung ist vor dem 29. Juli 2004 erfolgt. ²§ 43 Absatz 1 Satz 1 Nummer 7 Buchstabe b Satz 2 in der Fassung des Artikels 1 des Gesetzes vom 13. Dezember 2006 (BGBl. I S. 2878) ist erstmals auf Verträge anzuwenden, die nach dem 31. Dezember 2006 abgeschlossen werden.

(54) Bei der Veräußerung oder Einlösung von Wertpapieren und Kapitalforderungen, die von der das Bundesschuldbuch führenden Stelle oder einer Landesschuldenverwaltung verwahrt oder verwaltet werden können, bemisst sich der Steuerabzug nach den bis zum 31. Dezember 1993 geltenden Vorschriften, wenn sie vor dem 1. Januar 1994 emittiert worden sind; dies gilt nicht für besonders in Rechnung gestellte Stückzinsen.

---

[1] Absatz 51c soll durch das Gesetz zum Abbau der kalten Progression eingefügt werden. Bei Redaktionsschluss war das Gesetzgebungsverfahren noch nicht abgeschlossen. Um Beachtung wird gebeten: „(51c) Für Lohnzahlungszeiträume, die nach dem 31. Dezember 2012 und vor dem 1. Januar 2014 enden, ist § 39b Absatz 2 Satz 7 in der Fassung des Artikels 1 Nummer 2 Buchstabe a des Gesetzes vom ... (BGBl. I S.)anzuwenden." Nach Absatz 51c soll folgender Absatz eingefügt werden: „(51d) § 39b Absatz 2 Satz 7 in der Fassung des Artikels 1 Nummer 2 Buchstabe b des Gesetzes vom ... (BGBl. I S.).. ist erstmals für Lohnzahlungszeiträume anzuwenden, die nach dem 31. Dezember 2013 enden."

(55) § 43a Absatz 2 Satz 7 ist erstmals auf Erträge aus Wertpapieren und Kapitalforderungen anzuwenden, die nach dem 31. Dezember 2001 erworben worden sind.

[1)] (55a) § 43b und die Anlage 2 (zu § 43b) in der Fassung des Artikels ... des Gesetzes vom ... (BGBl. I S. ... [einsetzen: Datum und Fundstelle des vorliegenden Änderungsgesetzes]) sind erstmals auf Ausschüttungen anzuwenden, die nach dem 31. Dezember 2011 zufließen.

(55b) (weggefallen)

(55c) (weggefallen)[33]

(55d) (weggefallen)[33]

(55e) ¹§ 44 Absatz 1 Satz 5 in der Fassung des Gesetzes vom 21. Juli 2004 (BGBl. I S. 1753) ist erstmals auf Ausschüttungen anzuwenden, die nach dem 31. Dezember 2004 erfolgen. ²§ 44 Absatz 6 Satz 2 und 5 in der am 12. Dezember 2006 geltenden Fassung sind für Anteile, die einbringungsgeboren im Sinne des § 21 des Umwandlungssteuergesetzes in der am 12. Dezember 2006 geltenden Fassung sind, weiter anzuwenden.

(55f) Für die Anwendung des § 44a Absatz 1 Nummer 1 und Absatz 2 Satz 1 Nummer 1 auf Kapitalerträge, die nach dem 31. Dezember 2006 zufließen, gilt Folgendes:

„¹Ist ein Freistellungsauftrag vor dem 1. Januar 2007 unter Beachtung des § 20 Absatz 4 in der bis dahin geltenden Fassung erteilt worden, darf der nach § 44 Absatz 1 zum Steuerabzug Verpflichtete den angegebenen Freistellungsbetrag nur zu 56,37 Prozent berücksichtigen. ²Sind in dem Freistellungsauftrag der gesamte Sparer-Freibetrag nach § 20 Absatz 4 in der Fassung des Artikels 1 des Gesetzes vom 19. Juli 2006 (BGBl. I S. 1652) und der gesamte Werbungskosten-Pauschbetrag nach § 9a Satz 1 Nummer 2 in der Fassung des Artikels 1 des Gesetzes vom 19. Juli 2006 (BGBl. I S. 1652) angegeben, ist der Werbungskosten-Pauschbetrag in voller Höhe zu berücksichtigen."

(55g) ¹§ 44a Absatz 7 und 8 in der Fassung des Artikels 1 des Gesetzes vom 15. Dezember 2003 (BGBl. I S. 2645) ist erstmals für Ausschüttungen anzuwenden, die nach dem 31. Dezember 2003 erfolgen. ²Für Ausschüttungen, die vor dem 1. Januar 2004 erfolgen, sind § 44a Absatz 7 und § 44c in der Fassung der Bekanntmachung vom 19. Oktober 2002 (BGBl. I S. 4210, 2003 I S. 179) weiterhin anzuwenden. ³§ 44a Absatz 7 und 8 in der Fassung des Artikels 1 des Gesetzes vom 9. Dezember 2004 (BGBl. I S. 3310) und § 45b Absatz 2a sind erstmals auf Ausschüttungen anzuwenden, die nach dem 31. Dezember 2004 erfolgen.

(55h) § 44b Absatz 1 Satz 2 in der Fassung des Artikels 1 des Gesetzes vom 13. Dezember 2006 (BGBl. I S. 2878) ist erstmals auf Kapitalerträge anzuwenden, die nach dem 31. Dezember 2006 zufließen.

(55i) § 45a Absatz 4 Satz 2 in der Fassung des Artikels 1 des Gesetzes vom 13. Dezember 2006 (BGBl. I S. 2878) ist erstmals ab dem 1. Januar 2007 anzuwenden.

[2)] (55j) ¹§ 46 Absatz 2 Nummer 1 in der Fassung des Artikels 1 des Gesetzes vom 13. Dezember 2006 (BGBl. I S. 2878) ist auch auf Veranlagungszeiträume vor 2006 anzuwenden. ²§ 46 Absatz 2 Nummer 3 in der Fassung des Artikels 1 des Gesetzes vom 1. November 2011 (BGBl. I S. 2131) ist erstmals für den Veranlagungszeitraum 2010 anzuwenden. ³§ 46 Absatz 2 Nummer 4 in der Fassung des Artikels 1 des Gesetzes vom 8. Dezember 2010 (BGBl. I S. 1768) ist erstmals für den Veranlagungszeitraum 2009 anzuwenden. ⁴§ 46 Absatz 2 Nummer 8 in der Fassung des Artikels 1 des Gesetzes vom 20. Dezember 2007 (BGBl. I S. 3150) ist erstmals für den Veranlagungszeitraum 2005 anzuwenden und in Fällen, in denen am 28. Dezember 2007 über einen Antrag auf Veranlagung zur Einkommensteuer noch nicht bestandskräftig entschieden ist.

(56) § 48 in der Fassung des Gesetzes vom 30. August 2001 (BGBl. I S. 2267) ist erstmals auf Gegenleistungen anzuwenden, die nach dem 31. Dezember 2001 erbracht werden.

(57) § 49 Absatz 1 Nummer 2 Buchstaben e und f sowie Nummer 8 in der Fassung des Gesetzes vom 7. Dezember 2006 (BGBl. I S. 2782) ist erstmals für den Veranlagungszeitraum 2006 anzuwenden.

(57a) ¹§ 49 Absatz 1 Nummer 5 Buchstabe a in der Fassung des Gesetzes vom 22. Dezember 1999 (BGBl. I S. 2601) ist letztmals anzuwenden für Ausschüttungen, für die der Vierte Teil des Körperschaftsteuergesetzes nach § 34 Absatz 10a des Körperschaftsteuergesetzes in der Fassung des Artikels 3 des Gesetzes vom 23. Oktober 2000 (BGBl. I S. 1433) letztmals anzuwenden

---

1) Änderung auf Grund des Amtshilferichtlinie-Umsetzungsgesetzes. Bei Redaktionsschluss war das Gesetzgebungsverfahren noch nicht abgeschlossen. Um Beachtung wird gebeten. → Siehe hierzu Hinweise auf Seite 4!

2) Absatz 55j soll durch das Gesetz zum Abbau der kalten Progression neugefasst werden. Bei Redaktionsschluss war das Gesetzgebungsverfahren noch nicht abgeschlossen. Um Beachtung wird gebeten:
„(55j) Für den Veranlagungszeitraum 2013 ist § 46 Absatz 2 Nummer 3 und 4 in der Fassung des Artikels 1 Nummer 3 Buchstabe a und c des Gesetzes vom ... (BGBl. I S.   ) anzuwenden."
Nach Absatz 55j folgender Absatz 55k eingefügt wird:
„(55k) § 46 Absatz 2 Nummer 3 und 4 in der Fassung des Artikels 1 Nummer 3 Buchstabe b und d des Gesetzes vom ... (BGBl. I S.   ) ist erstmals für den Veranlagungszeitraum 2014 anzuwenden."

ist. ²§ 49 Absatz 1 Nummer 5 Buchstabe a in der Fassung des Gesetzes vom 23. Oktober 2000 (BGBl. I S. 1433) ist erstmals für Kapitalerträge anzuwenden, für die Satz 1 nicht gilt. ³§ 49 Absatz 1 Nummer 5 Buchstabe b in der Fassung des Gesetzes vom 22. Dezember 1999 (BGBl. I S. 2601) ist letztmals anzuwenden für Ausschüttungen, für die der Vierte Teil des Körperschaftsteuergesetzes nach § 34 Absatz 10a des Körperschaftsteuergesetzes in der Fassung des Artikels 3 des Gesetzes vom 23. Oktober 2000 (BGBl. I S. 1433) letztmals anzuwenden ist. ⁴Für die Anwendung des § 49 Absatz 1 Nummer 5 Buchstabe a in der Fassung des Gesetzes vom 20. Dezember 2001 (BGBl. I S. 3794) gelten bei Kapitalerträgen, die nach dem 31. Dezember 2000 zufließen, die Sätze 1 und 2 entsprechend. ⁵§ 49 Absatz 1 Nummer 5 Buchstabe a und b in der Fassung des Gesetzes vom 9. Dezember 2004 (BGBl. I S. 3310) ist erstmals auf Kapitalerträge, die nach dem 31. Dezember 2003 zufließen, anzuwenden.

(58) ¹§ 50 Absatz 1 in der Fassung des Artikels 1 des Gesetzes vom 20. Dezember 2007 (BGBl. I S. 3150) ist bei Staatsangehörigen eines Mitgliedstaates der Europäischen Union oder eines Staates, auf den das Abkommen über den Europäischen Wirtschaftsraum anwendbar ist, die im Hoheitsgebiet eines dieser Staaten ihren Wohnsitz oder gewöhnlichen Aufenthalt haben, auf Antrag auch für Veranlagungszeiträume vor 2008 anzuwenden, soweit Steuerbescheide noch nicht bestandskräftig sind. ²§ 50 Absatz 5 Satz 2 Nummer 3 in der Fassung der Bekanntmachung vom 19. Oktober 2002 (BGBl. I S. 4210; 2003 I S. 179) ist letztmals anzuwenden auf Vergütungen, die vor dem 1. Januar 2009 zufließen. ³Der Zeitpunkt der erstmaligen Anwendung des § 50 Absatz 2 in der Fassung des Artikels 8 des Gesetzes vom 10. August 2009 (BGBl. I S. 2702) wird durch eine Rechtsverordnung der Bundesregierung bestimmt, die der Zustimmung des Bundesrates bedarf; dieser Zeitpunkt darf nicht vor dem 31. Dezember 2011 liegen.

(58a) ¹§ 50a in der Fassung des Artikels 1 des Gesetzes vom 19. Dezember 2008 (BGBl. I S. 2794) ist erstmals auf Vergütungen anzuwenden, die nach dem 31. Dezember 2008 zufließen. ³Der Zeitpunkt der erstmaligen Anwendung des § 50a Absatz 3 und 5 in der Fassung des Artikels 8 des Gesetzes vom 10. August 2009 (BGBl. I S. 2702) wird durch eine Rechtsverordnung der Bundesregierung bestimmt, die der Zustimmung des Bundesrates bedarf; dieser Zeitpunkt darf nicht vor dem 31. Dezember 2011 liegen.

(58b) § 50a Absatz 7 Satz 3 in der Fassung des Gesetzes vom 20. Dezember 2001 (BGBl. I S. 3794) ist erstmals auf Vergütungen anzuwenden, für die der Steuerabzug nach dem 22. Dezember 2001 angeordnet worden ist.

(58c) § 50b in der Fassung des Artikels 1 des Gesetzes vom 13. Dezember 2006 (BGBl. I S. 2878) ist erstmals anzuwenden für Jahresbescheinigungen, die nach dem 31. Dezember 2004 ausgestellt werden.

(59) § 50c in der Fassung des Gesetzes vom 24. März 1999 (BGBl. I S. 402) ist weiter anzuwenden, wenn für die Anteile vor Ablauf des ersten Wirtschaftsjahrs, für das das Körperschaftsteuergesetz in der Fassung des Artikels 3 des Gesetzes vom 23. Oktober 2000 (BGBl. I S. 1433) erstmals anzuwenden ist, ein Sperrbetrag zu bilden war.

(59a) ¹§ 50d in der Fassung des Gesetzes vom 22. Dezember 1999 (BGBl. I S. 2601) ist letztmals anzuwenden für Ausschüttungen, für die der Vierte Teil des Körperschaftsteuergesetzes nach § 34 Absatz 10a des Körperschaftsteuergesetzes in der Fassung des Artikels 3 des Gesetzes vom 23. Oktober 2000 (BGBl. I S. 1433) letztmals anzuwenden ist. ²§ 50d in der Fassung des Gesetzes vom 23. Oktober 2000 (BGBl. I S. 1433) ist erstmals auf Kapitalerträge anzuwenden, für die Satz 1 nicht gilt. ³§ 50d in der Fassung des Gesetzes vom 20. Dezember 2001 (BGBl. I S. 3794) ist ab 1. Januar 2002 anzuwenden; für Anträge auf die Erteilung von Freistellungsbescheinigungen, die bis zum 31. Dezember 2001 gestellt worden sind, ist § 50d Absatz 2 Satz 4 nicht anzuwenden. ⁴§ 50d Absatz 1 in der Fassung des Artikels 1 des Gesetzes vom 15. Dezember 2003 (BGBl. I S. 2645) ist ab 1. Januar 2002 anzuwenden. ⁵§ 50d Absatz 1, 1a, 2 und 4 in der Fassung des Gesetzes vom 2. Dezember 2004 (BGBl. I S. 3112) ist erstmals auf Zahlungen anzuwenden, die nach dem 31. Dezember 2003 erfolgen. ⁶§ 50d Absatz 9 Satz 1 Nummer 1 in der Fassung des Artikels 1 des Gesetzes vom 13. Dezember 2006 (BGBl. I S. 2878) ist für alle Veranlagungszeiträume anzuwenden, soweit Steuerbescheide noch nicht bestandskräftig sind. ⁷§ 50d Absatz 1, 1a, 2 und 5 in der Fassung des Artikels 1 des Gesetzes vom 19. Dezember 2008 (BGBl. I S. 2794) ist erstmals auf Vergütungen anzuwenden, die nach dem 31. Dezember 2008 zufließen. ⁸§ 50d Absatz 10 in der Fassung des Artikels 1 des Gesetzes vom 19. Dezember 2008 (BGBl. I S. 2794) ist in allen Fällen anzuwenden, in denen die Einkommen- und Körperschaftsteuer noch nicht bestandskräftig festgesetzt ist. ⁹*§ 50d Absatz 11 in der Fassung des Artikels 3 des Gesetzes vom 8. Mai 2012 (BGBl. I S. 1030) ist erstmals auf Zahlungen anzuwenden, die nach dem 31. Dezember 2011 erfolgen.* (59b) § 50f in der Fassung des Artikels 1 des Gesetzes vom 8. Dezember 2010 (BGBl. I S. 1768) ist erstmals für die Rentenbezugsmitteilungen anzuwenden, die für den Veranlagungszeitraum 2010 zu übermitteln sind.

---

1) Absatz 59a Satz 9 wurde durch das Gesetz zur Änderung des Gemeindefinanzreformgesetzes und von steuerlichen Vorschriften (Inkrafttreten 1. 1. 2012) eingefügt.

(59c) Die Anlage 3 (zu § 50g) in der Fassung des Artikels 1 des Gesetzes vom 20. Dezember 2007 (BGBl. I S. 3150) ist auf Zahlungen anzuwenden, die nach dem 31. Dezember 2006 erfolgen.

(59d) § 51 Absatz 4 Nummer 1 in der Fassung des Gesetzes vom 24. März 1999 (BGBl. I S. 402) ist letztmals anzuwenden für Ausschüttungen, für die der Vierte Teil des Körperschaftsteuergesetzes nach § 34 Absatz 10a des Körperschaftsteuergesetzes in der Fassung des Artikels 3 des Gesetzes vom 23. Oktober 2000 (BGBl. I S. 1433) letztmals anzuwenden ist.

(59e) ¹§ 52 Absatz 8 in der Fassung des Artikels 1 Nummer 59 des Jahressteuergesetzes 1996 vom 11. Oktober 1995 (BGBl. I S. 1250) ist nicht anzuwenden. ²§ 52 Absatz 8 in der Fassung des Artikels 8 Nummer 5 des Dritten Finanzmarktförderungsgesetzes vom 24. März 1998 (BGBl. I S. 529) ist in folgender Fassung anzuwenden:

„(8) § 6b Absatz 1 Satz 2 Nummer 5 und Absatz 4 Satz 1 Nummer 2 ist erstmals auf Veräußerungen anzuwenden, die nach dem Inkrafttreten des Artikels 7 des Dritten Finanzmarktförderungsgesetzes vorgenommen werden."

(60) § 55 in der Fassung des Gesetzes vom 24. März 1999 (BGBl. I S. 402) ist auch für Veranlagungszeiträume vor 1999 anzuwenden.

(61) Die §§ 62 und 65 in der Fassung des Gesetzes vom 16. Dezember 1997 (BGBl. I S. 2970) sind erstmals für den Veranlagungszeitraum 1998 anzuwenden.

(61a) ¹§ 62 Absatz 2 in der Fassung des Gesetzes vom 30. Juli 2004 (BGBl. I S. 1950) ist erstmals für den Veranlagungszeitraum 2005 anzuwenden. ²§ 62 Absatz 2 in der Fassung des Artikels 2 Nummer 2 des Gesetzes vom 13. Dezember 2006 (BGBl. I S. 2915) ist in allen Fällen anzuwenden, in denen das Kindergeld noch nicht bestandskräftig festgesetzt ist.

(62) § 66 Absatz 3 in der Fassung der Bekanntmachung vom 16. April 1997 (BGBl. I S. 821) ist letztmals für das Kalenderjahr 1997 anzuwenden, so dass Kindergeld auf einen nach dem 31. Dezember 1997 gestellten Antrag rückwirkend längstens bis einschließlich Juli 1997 gezahlt werden kann.

(62a) § 70 Absatz 4 in der am 31. Dezember 2011 geltenden Fassung ist weiter für Kindergeldfestsetzungen anzuwenden, die Zeiträume betreffen, die vor dem 1. Januar 2012 enden.

(63) § 73 in der Fassung der Bekanntmachung vom 16. April 1997 (BGBl. I S. 821) ist weiter für Kindergeld anzuwenden, das der private Arbeitgeber für Zeiträume vor dem 1. Januar 1999 auszuzahlen hat.

(63a) ¹§ 79 Satz 1 gilt entsprechend für die in Absatz 24c Satz 2 und 3 genannten Personen, sofern sie unbeschränkt steuerpflichtig sind oder für das Beitragsjahr nach § 1 Absatz 3 als unbeschränkt steuerpflichtig behandelt werden. ²Der Anbieter eines Altersvorsorgevertrages hat seinen Vertragspartner bis zum 31. Juli 2012 in hervorgehobener Weise schriftlich darauf hinzuweisen, dass ab dem Beitragsjahr 2012 eine weitere Voraussetzung für das Bestehen einer mittelbaren Zulageberechtigung nach § 79 Satz 2 die Zahlung von eigenen Altersvorsorgebeiträgen in Höhe von mindestens 60 Euro pro Beitragsjahr ist.

(63b) ¹Der Zulageberechtigte kann für ein abgelaufenes Beitragsjahr bis zum Beitragsjahr 2011 Altersvorsorgebeiträge auf einen auf seinen Namen lautenden Altersvorsorgevertrag leisten, wenn

1. der Anbieter des Altersvorsorgevertrages davon Kenntnis erhält, in welcher Höhe und für welches Beitragsjahr die Altersvorsorgebeiträge berücksichtigt werden sollen,
2. in dem Beitragsjahr, für das die Altersvorsorgebeiträge berücksichtigt werden sollen, ein Altersvorsorgevertrag bestanden hat,
3. im fristgerechten Antrag auf Zulage für dieses Beitragsjahr eine Zulageberechtigung nach § 79 Satz 2 angegeben wurde, aber tatsächlich eine Zulageberechtigung nach § 79 Satz 1 vorliegt,
4. die Zahlung der zurück zu beziehenden Altersvorsorgebeiträge bis zum Ablauf von zwei Jahren nach Erteilung der Bescheinigung nach § 92, mit der zuletzt Ermittlungsergebnisse für dieses Beitragsjahr bescheinigt wurden, längstens jedoch bis zum Beginn der Auszahlungsphase des Altersvorsorgevertrages erfolgt und
5. der Zulageberechtigte vom Anbieter in hervorgehobener Weise darüber informiert wurde oder dem Anbieter seine Kenntnis darüber versichert, dass die Leistungen aus diesen Altersvorsorgebeiträgen der vollen nachgelagerten Besteuerung nach § 22 Nummer 5 Satz 1 unterliegen.

²Wurden die Altersvorsorgebeiträge dem Altersvorsorgevertrag gutgeschrieben und sind die Voraussetzungen nach Satz 1 erfüllt, hat der Anbieter der zentralen Stelle (§ 81) die entsprechenden Daten nach § 89 Absatz 2 Satz 1 für das zurückliegende Beitragsjahr nach einem mit der zentralen Stelle abgestimmten Verfahren mitzuteilen. ³Die Beträge nach Satz 1 gelten für die Ermittlung der zu zahlenden Altersvorsorgezulage nach § 83 als Altersvorsorgebeiträge für das Beitragsjahr, für das sie gezahlt wurden. ⁴Für die Anwendung des § 10a Absatz 1 Satz 1

sowie bei der Ermittlung der dem Steuerpflichtigen zustehenden Zulage im Rahmen des § 2 Absatz 6 und des § 10a sind die nach Satz 1 gezahlten Altersvorsorgebeiträge weder für das Beitragsjahr nach Satz 1 Nummer 2 noch für das Beitragsjahr der Zahlung zu berücksichtigen.

(64) § 86 in der Fassung des Gesetzes vom 15. Januar 2003 ist erstmals für den Veranlagungszeitraum 2002 anzuwenden. [1]

(65) ¹§ 91 Absatz 1 Satz 4 in der Fassung des Artikels 1 des Gesetzes vom 20. Dezember 2007 (BGBl. I S. 3150) ist ab Veranlagungszeitraum 2002 anzuwenden. ²§ 91 Absatz 1 Satz 1 in der Fassung des Artikels 1 des Gesetzes vom 19. Dezember 2008 (BGBl. I S. 2794) ist bis zum 31. Dezember 2008 mit der Maßgabe anzuwenden, dass die Wörter „Spitzenverband der landwirtschaftlichen Sozialversicherung" durch die Wörter „Gesamtverband der landwirtschaftlichen Alterskassen" zu ersetzen sind.

(66) Endet die unbeschränkte Steuerpflicht eines Zulageberechtigten im Sinne des Absatzes 24c Satz 2 und 3 durch Aufgabe des inländischen Wohnsitzes oder gewöhnlichen Aufenthalts und wird die Person nicht nach § 1 Absatz 3 als unbeschränkt einkommensteuerpflichtig behandelt, gelten die §§ 93 und 94 entsprechend; § 95 Absatz 2 und 3 und § 99 Absatz 1 in der am 31. Dezember 2008 geltenden Fassung sind anzuwenden.

(67) ¹Wurde der Rückzahlungsbetrag nach § 95 Absatz 1 in Verbindung mit den §§ 93 und 94 Absatz 2 Satz 1 bis zum 9. September 2009 bestandskräftig festgesetzt oder ist die Frist für den Festsetzungsantrag nach § 94 Absatz 2 Satz 2 in Verbindung mit § 90 Absatz 4 Satz 1 bis zu diesem Zeitpunkt bereits abgelaufen, findet § 95 Absatz 2 und 3 und § 99 Absatz 1 in der am 31. Dezember 2008 geltenden Fassung weiter Anwendung. ²Handelt es sich nicht um einen Fall des Satzes 1 ist § 95 in der Fassung des Artikels 1 des Gesetzes vom 8. April 2010 (BGBl. I S. 386) anzuwenden; bereits vor dem 15. April 2010 erlassene Bescheide können entsprechend aufgehoben oder geändert werden. ³Wurde ein Stundungsbescheid nach § 95 Absatz 2 Satz 2 in der am 31. Dezember 2008 geltenden Fassung bekannt gegeben, ist § 95 Absatz 2 Satz 3 in der am 31. Dezember 2008 geltenden Fassung dieses Gesetzes weiter anzuwenden.

(68) ¹§ 25 Absatz 3, die §§ 26, 26a und 32a Absatz 6 in der Fassung des Artikels 1 des Gesetzes vom 1. November 2011 (BGBl. I S. 2131) sind erstmals für den Veranlagungszeitraum 2013 anzuwenden. ²§ 26c in der am 31. Dezember 2011 geltenden Fassung ist letztmals für den Veranlagungszeitraum 2012 anzuwenden.

§ 52a Anwendungsvorschriften zur Einführung einer Abgeltungsteuer auf Kapitalerträge und Veräußerungsgewinne

EStG [2]

(1) Beim Steuerabzug vom Kapitalertrag ist diese Fassung des Gesetzes erstmals auf Kapitalerträge anzuwenden, die dem Gläubiger nach dem 31. Dezember 2008 zufließen, soweit in den folgenden Absätzen nichts anderes bestimmt ist.

(2) § 2 Absatz 2 und 5a bis 6 in der Fassung des Artikels 1 des Gesetzes vom 14. August 2007 (BGBl. I S. 1912) ist erstmals ab dem Veranlagungszeitraum 2009 anzuwenden.

(3) ¹§ 3 Nummer 40 Satz 1 und 2 in der Fassung des Artikels 1 des Gesetzes vom 14. August 2007 (BGBl. I S. 1912) ist erstmals ab dem Veranlagungszeitraum 2009 anzuwenden. ²Abweichend von Satz 1 ist § 3 Nummer 40 in der bis zum 31. Dezember 2008 anzuwendenden Fassung bei Veräußerungsgeschäften, bei denen § 23 Absatz 1 Satz 1 Nummer 2 in der bis zum 31. Dezember 2008 anzuwendenden Fassung nach dem 31. Dezember 2008 Anwendung findet, weiterhin anzuwenden.

(4) ¹§ 3c Absatz 2 Satz 1 in der Fassung des Artikels 1 des Gesetzes vom 14. August 2007 (BGBl. I S. 1912) ist erstmals ab dem Veranlagungszeitraum 2009 anzuwenden. ²Abweichend von Satz 1 ist § 3c Absatz 2 Satz 1 in der bis zum 31. Dezember 2008 anzuwendenden Fassung bei Veräußerungsgeschäften, bei denen § 23 Absatz 1 Satz 1 Nummer 2 in der bis zum 31. Dezember 2008 anzuwendenden Fassung nach dem 31. Dezember 2008 Anwendung findet, weiterhin anzuwenden.

(5) § 6 Absatz 1 Nummer 5 Satz 1 Buchstabe c in der Fassung des Artikels 1 des Gesetzes vom 14. August 2007 (BGBl. I S. 1912) ist auf Einlagen anzuwenden, die nach dem 31. Dezember 2008 erfolgen.

(6) § 9a in der Fassung des Artikels 1 des Gesetzes vom 14. August 2007 (BGBl. I S. 1912) ist erstmals ab dem Veranlagungszeitraum 2009 anzuwenden.

---

[1] Durch das Gesetz zur Verbesserung der steuerlichen Förderung der privaten Altersvorsorge (Altersvorsorge-Verbesserungsgesetz – AltvVerbG) soll Absatz 64 neu gefasst werden. Bei Redaktionsschluss war das Gesetzgebungsverfahren noch nicht abgeschlossen. Um Beachtung wird gebeten. → Siehe hierzu Hinweise auf Seite 4!

[2] Die Vorschrift soll durch das Jahressteuergesetz 2013 (JStG 2013) geändert werden. Bei Redaktionsschluss war das Gesetzgebungsverfahren noch nicht abgeschlossen. Um Beachtung wird gebeten

§ 52a EStG

(7) § 10 Absatz 1 Nummer 4 in der Fassung des Artikels 1 des Gesetzes vom 14. August 2007 (BGBl. I S. 1912) ist erstmals auf Kapitalerträge anzuwenden, die nach dem 31. Dezember 2008 zufließen und auf die § 51a Absatz 2b bis 2d anzuwenden ist.

(8) [1]§ 20 Absatz 1 Nummer 7 in der Fassung des Artikels 1 des Gesetzes vom 14. August 2007 (BGBl. I S. 1912) ist vorbehaltlich der Regelungen in Absatz 10 Satz 6 bis 8 erstmals auf Kapitalerträge anzuwenden, die dem Gläubiger nach dem 31. Dezember 2008 zufließen. [2]§ 20 Absatz 1 Nummer 7 Satz 3 ist in allen Fällen anzuwenden, in denen die Steuer noch nicht bestandskräftig festgesetzt ist.

(9) § 20 Absatz 1 Nummer 11 in der Fassung des Artikels 1 des Gesetzes vom 14. August 2007 (BGBl. I S. 1912) ist erstmals auf nach dem 31. Dezember 2008 zufließende Stillhalterprämien anzuwenden.

(10) [1]§ 20 Absatz 2 Satz 1 Nummer 1 in der Fassung des Artikels 1 des Gesetzes vom 14. August 2007 (BGBl. I S. 1912) ist erstmals auf Gewinne aus der Veräußerung von Anteilen anzuwenden, die nach dem 31. Dezember 2008 erworben werden. [2]§ 20 Absatz 2 Satz 1 Nummer 2 in der Fassung des Artikels 1 des Gesetzes vom 14. August 2007 (BGBl. I S. 1912) ist erstmals auf Veräußerungen nach dem 31. Dezember 2008 anzuwenden. [3]§ 20 Absatz 2 Satz 1 Nummer 3 in der Fassung des Artikels 1 des Gesetzes vom 14. August 2007 (BGBl. I S. 1912) ist erstmals auf Gewinne aus Termingeschäften anzuwenden, bei denen der Rechtserwerb nach dem 31. Dezember 2008 erfolgt. [4]§ 20 Absatz 2 Satz 1 Nummer 4, 5 und 8 in der Fassung des Artikels 1 des Gesetzes vom 14. August 2007 (BGBl. I S. 1912) ist erstmals auf Gewinne anzuwenden, bei denen die zugrunde liegenden Wirtschaftsgüter, Rechte oder Rechtspositionen nach dem 31. Dezember 2008 erworben oder geschaffen werden. [5]§ 20 Absatz 2 Satz 1 Nummer 6 in der Fassung des Artikels 1 des Gesetzes vom 14. August 2007 (BGBl. I S. 1912) ist erstmals auf die Veräußerung von Ansprüchen nach dem 31. Dezember 2008 anzuwenden, bei denen der Versicherungsvertrag nach dem 31. Dezember 2004 abgeschlossen wurde; dies gilt auch für Versicherungsverträge, die vor dem 1. Januar 2005 abgeschlossen wurden, sofern bei einem Rückkauf zum Veräußerungszeitpunkt die Erträge nach § 20 Absatz 1 Nummer 6 in der am 31. Dezember 2004 geltenden Fassung steuerpflichtig wären. [6]§ 20 Absatz 2 Satz 1 Nummer 7 in der Fassung des Artikels 1 des Gesetzes vom 14. August 2007 (BGBl. I S. 1912) ist erstmals auf nach dem 31. Dezember 2008 zufließende Kapitalerträge aus der Veräußerung sonstiger Kapitalforderungen anzuwenden. [7]Für Kapitalerträge aus Kapitalforderungen, die zum Zeitpunkt des vor dem 1. Januar 2009 erfolgten Erwerbs zwar Kapitalforderungen im Sinne des § 20 Absatz 1 Nummer 7 in der am 31. Dezember 2008 anzuwendenden Fassung, aber nicht Kapitalforderungen im Sinne des § 20 Absatz 2 Satz 1 Nummer 4 in der am 31. Dezember 2008 anzuwendenden Fassung sind, ist § 20 Absatz 2 Satz 1 Nummer 7 nicht anzuwenden; für die bei der Veräußerung in Rechnung gestellten Stückzinsen ist Satz 6 anzuwenden; Kapitalforderungen im Sinne des § 20 Absatz 2 Satz 1 Nummer 4 in der am 31. Dezember 2008 anzuwendenden Fassung liegen auch vor, wenn die Rückzahlung nur teilweise garantiert ist oder wenn eine Trennung zwischen Ertrags- und Vermögensebene möglich erscheint. [8]Bei Kapitalforderungen, die zwar nicht die Voraussetzungen von § 20 Absatz 1 Nummer 7 in der am 31. Dezember 2008 anzuwendenden Fassung, aber die Voraussetzungen von § 20 Absatz 1 Nummer 7 in der Fassung des Artikels 1 des Gesetzes vom 14. August 2007 (BGBl. I S. 1912) erfüllen, ist § 20 Absatz 2 Satz 1 Nummer 7 in Verbindung mit § 20 Absatz 1 Nummer 7 vorbehaltlich der Regelung in Absatz 11 Satz 4 und 6 auf alle nach dem 30. Juni 2009 zufließenden Kapitalerträge anzuwenden, es sei denn, die Kapitalforderung wurde vor dem 15. März 2007 angeschafft. [9]§ 20 Absatz 2 Satz 2 und 3 in der Fassung des Artikels 1 des Gesetzes vom 14. August 2007 (BGBl. I S. 1912) ist erstmals auf Veräußerungen, Einlösungen, Abtretungen oder verdeckte Einlagen nach dem 31. Dezember 2008 anzuwenden. [10]§ 20 Absatz 3 bis 9 in der Fassung des Artikels 1 des Gesetzes vom 19. Dezember 2008 (BGBl. I S. 2794), geändert durch Artikel 1 des Gesetzes vom 8. Dezember 2010 (BGBl. I S. 1768), ist erstmals auf nach dem 31. Dezember 2008 zufließende Kapitalerträge anzuwenden. [11]§ 20 Absatz 4a Satz 3 in der Fassung des Artikels 1 des Gesetzes vom 8. Dezember 2010 (BGBl. I S. 1768) ist erstmals für Wertpapiere anzuwenden, die nach dem 31. Dezember 2009 geliefert wurden, sofern für die Lieferung § 20 Absatz 4 anzuwenden ist.

(10a) § 22 Nummer 3 Satz 5 und 6 in der Fassung des Artikels 1 des Gesetzes vom 19. Dezember 2008 (BGBl. I S. 2794) ist letztmals für den Veranlagungszeitraum 2013 anzuwenden.

(11) [1]§ 23 Absatz 1 Satz 1 Nummer 1 in der am 1. Januar 2000 geltenden Fassung und § 23 Absatz 1 Satz 1 Nummer 2 und 3 in der am 1. Januar 1999 geltenden Fassung sind auf Veräußerungsgeschäfte anzuwenden, bei denen die Veräußerung auf einem nach dem 31. Dezember 1998 rechtswirksam abgeschlossenen obligatorischen Vertrag oder gleichstehenden Rechtsakt beruht. [2]§ 23 Absatz 1 Satz 1 Nummer 2 Satz 2 und 3 in der am 16. Dezember 2004 geltenden Fassung ist erstmals für den Veranlagungszeitraum 2005 anzuwenden. [3]§ 23 Absatz 1 Satz 1 Nummer 2 in der Fassung des Artikels 1 des Gesetzes vom 14. August 2007 (BGBl. I S. 1912) ist erstmals auf Veräußerungsgeschäfte anzuwenden, bei denen die Wirtschaftsgüter nach dem 31. Dezember 2008 auf Grund eines nach diesem Zeitpunkt rechtswirksam abgeschlossenen obligatorischen Vertrags oder gleichstehenden Rechtsakts angeschafft wurden; § 23 Absatz 1

§ 52a EStG

Satz 1 Nummer 2 Satz 2 in der Fassung des Artikels 1 des Gesetzes vom 8. Dezember 2010 (BGBl. I S. 1768) ist erstmals auf Veräußerungsgeschäfte anzuwenden, bei denen die Gegenstände des täglichen Gebrauchs auf Grund eines nach dem 13. Dezember 2010 rechtskräftig abgeschlossenen Vertrags oder gleichstehenden Rechtsakts angeschafft wurden. [4]§ 23 Absatz 1 Satz 1 Nummer 2 in der am 1. Januar 1999 geltenden Fassung ist letztmals auf Veräußerungsgeschäfte anzuwenden, bei denen die Wirtschaftsgüter vor dem 1. Januar 2009 erworben wurden. [5]§ 23 Absatz 1 Satz 1 Nummer 3 in der am 1. Januar 1999 geltenden Fassung ist letztmals auf Veräußerungsgeschäfte anzuwenden, bei denen die Veräußerung auf einem vor dem 1. Januar 2009 rechtswirksam abgeschlossenen obligatorischen Vertrag oder gleichstehenden Rechtsakt beruht. [6]§ 23 Absatz 1 Satz 1 Nummer 4 ist auf Termingeschäfte anzuwenden, bei denen der Erwerb des Rechts auf einen Differenzausgleich, Geldbetrag oder Vorteil nach dem 31. Dezember 1998 und vor dem 1. Januar 2009 erfolgt. [7]§ 23 Absatz 1 Satz 5 ist erstmals für Einlagen und verdeckte Einlagen anzuwenden, die nach dem 31. Dezember 1999 vorgenommen werden. [8]§ 23 Absatz 3 Satz 4 in der Fassung des Gesetzes vom 22. Dezember 1999 (BGBl. I S. 2601) ist auf Veräußerungsgeschäfte anzuwenden, bei denen der Steuerpflichtige das Wirtschaftsgut nach dem 31. Juli 1995 und vor dem 1. Januar 2009 anschafft oder nach dem 31. Dezember 1998 und vor dem 1. Januar 2009 fertig stellt; § 23 Absatz 3 Satz 4 in der Fassung des Artikels 1 des Gesetzes vom 19. Dezember 2008 (BGBl. I S. 2794) ist auf Veräußerungsgeschäfte anzuwenden, bei denen der Steuerpflichtige das Wirtschaftsgut nach dem 31. Dezember 2008 anschafft oder fertig stellt. [9]§ 23 Absatz 1 Satz 2 und 3 sowie § 23 Absatz 3 Satz 3 in der am 12. Dezember 2006 geltenden Fassung sind für Anteile, die einbringungsgeboren im Sinne des § 21 des Umwandlungssteuergesetzes in der am 12. Dezember 2006 geltenden Fassung sind, weiter anzuwenden. [10]§ 23 Absatz 3 Satz 9 zweiter Halbsatz in der Fassung des Artikels 1 des Gesetzes vom 13. Dezember 2006 (BGBl. I S. 2878) ist auch in den Fällen anzuwenden, in denen am 1. Januar 2007 die Feststellungsfrist noch nicht abgelaufen ist. [11]§ 23 Absatz 3 Satz 9 und 10 in der Fassung des Artikels 1 des Gesetzes vom 14. August 2007 (BGBl. I S. 1912), geändert durch Artikel 1 des Gesetzes vom 8. Dezember 2010 (BGBl. I S. 1768), ist erstmals für den Veranlagungszeitraum 2009 und ist letztmals für den Veranlagungszeitraum 2013 anzuwenden.

(12) § 24c ist letztmals für den Veranlagungszeitraum 2008 anzuwenden.

(13) § 25 Absatz 1 in der Fassung des Artikels 1 des Gesetzes vom 14. August 2007 (BGBl. I S. 1912) ist erstmals für den Veranlagungszeitraum 2009 anzuwenden.

(14) § 32 Absatz 4 Satz 4 in der Fassung des Artikels 1 des Gesetzes vom 14. August 2007 (BGBl. I S. 1912) ist erstmals ab dem Veranlagungszeitraum 2009 anzuwenden.

(15) [1]§ 32d in der Fassung des Artikels 1 des Gesetzes vom 19. Dezember 2008 (BGBl. I S. 2794) ist erstmals für den Veranlagungszeitraum 2009 anzuwenden. [2]§ 32d in der Fassung des Artikels 1 des Gesetzes vom 8. Dezember 2010 (BGBl. I S. 1768) ist erstmals für den Veranlagungszeitraum 2011 anzuwenden.

(15a) § 43 Absatz 1 Satz 5 und 6 in der Fassung des Artikels 1 des Gesetzes vom 8. Dezember 2010 (BGBl. I S. 1768) ist erstmals auf Übertragungen anzuwenden, die nach dem 31. Dezember 2011 vorgenommen werden.

(16) [1]§ 43 Absatz 3 Satz 1, zweiter Halbsatz in der Fassung des Artikels 1 des Gesetzes vom 19. Dezember 2008 (BGBl. I S. 2794) ist erstmals für Kapitalerträge anzuwenden, die dem Gläubiger nach dem 31. Dezember 2009 zufließen. [2]§ 43a Absatz 3 Satz 2 in der Fassung des Artikels 1 des Gesetzes vom 19. Dezember 2008 (BGBl. I S. 2794) ist erstmals für Kapitalerträge anzuwenden, die dem Gläubiger nach dem 31. Dezember 2009 zufließen. [3]§ 44a Absatz 2a in der Fassung des Artikels 1 des Gesetzes vom 8. Dezember 2010 (BGBl. I S. 1768) ist ab dem 1. Januar 2011 anzuwenden. [4]§ 44a Absatz 8 Satz 1 in der Fassung des Artikels 1 des Gesetzes vom 14. August 2007 (BGBl. I S. 1912) und Satz 2 in der Fassung des Artikels 1 des Gesetzes vom 19. Dezember 2008 (BGBl. I S. 2794) sind erstmals auf Kapitalerträge anzuwenden, die dem Gläubiger nach dem 31. Dezember 2007 zufließen. [5]Für Kapitalerträge im Sinne des § 43 Absatz 1 Satz 1 Nummer 1, die nach dem 31. Dezember 2007 und vor dem 1. Januar 2009 zufließen, ist er mit der Maßgabe anzuwenden, dass an die Stelle der Wörter „drei Fünftel" die Wörter „drei Viertel" und an die Stelle der Wörter „zwei Fünftel" die Wörter „ein Viertel" treten. [6]§ 44a Absatz 9 in der Fassung des Artikels 1 des Gesetzes vom 8. Dezember 2010 (BGBl. I S. 1768) ist auf Kapitalerträge anzuwenden, die dem Gläubiger nach dem 31. Dezember 2008 zufließen. [7]§ 44b Absatz 1 Satz 1 in der Fassung des Artikels 1 des Gesetzes vom 19. Dezember 2008 (BGBl. I S. 2794) ist erstmals für Kapitalerträge anzuwenden, die dem Gläubiger nach dem 31. Dezember 2009 zufließen. [8]§ 45a Absatz 4 Satz 2 in der Fassung des Artikels 1 des Gesetzes vom 20. Dezember 2007 (BGBl. I S. 3150) ist erstmals auf Kapitalerträge anzuwenden, die dem Gläubiger nach dem 31. Dezember 2007 zufließen. [9]§ 45d Absatz 1 in der Fassung des Artikels 1 des Gesetzes vom 8. Dezember 2010 (BGBl. I S. 1768) ist erstmals für Kapitalerträge anzuwenden, die ab dem 1. Januar 2013 zufließen; eine Übermittlung der Identifikationsnummer hat für Kapitalerträge, die vor dem 1. Januar 2016 zufließen, nur zu erfolgen, wenn sie der Meldestelle vorliegt. [10]§ 45d Absatz 3 in der Fassung des Artikels 1 des Gesetzes vom 8. Dezember 2010

(BGBl. I S. 1768) ist für Versicherungsverträge anzuwenden, die nach dem 31. Dezember 2008 abgeschlossen werden; die erstmalige Übermittlung hat bis zum 30. März 2011 zu erfolgen.

(16a) § 44a Absatz 7 und 8, § 44b Absatz 5 und 6, § 45b und § 45d Absatz 1 in der Fassung des Artikels 1 des Gesetzes vom 16. Juli 2009 (BGBl. I S. 19121959), geändert durch Artikel 1 des Gesetzes vom 8. Dezember 2010 (BGBl. I S. 1768), sind erstmals auf Kapitalerträge anzuwenden, die dem Gläubiger nach dem 31. Dezember 2009 zufließen. ²§ 44a Absatz 4b, 6, 7 und 8 und § 45b Absatz 2 in der Fassung des Artikels 1 des Gesetzes vom 1. November 2011 (BGBl. I S. 2131) sind erstmals auf Kapitalerträge anzuwenden, die dem Gläubiger nach dem 31. Dezember 2011 zufließen.

(16b) § 43 Absatz 1 bis 3, § 44 Absatz 1, § 44a Absatz 1 und 9, § 45a Absatz 1 bis 3 und § 50d Absatz 1 in der Fassung des Artikels 7 des Gesetzes vom 22. Juni 2011 (BGBl. I S. 1126) und § 44a Absatz 10 in der Fassung des Artikels 2 des Gesetzes vom 7. Dezember 2011 (BGBl. I S. 2592) sind erstmals auf Kapitalerträge anzuwenden, die dem Gläubiger nach dem 31. Dezember 2011 zufließen.

(17) § 49 Absatz 1 Nummer 5 Satz 1 Buchstabe d, Satz 2 und Nummer 8 in der Fassung des Artikels 1 des Gesetzes vom 14. August 2007 (BGBl. I S. 1912) ist erstmals auf Kapitalerträge anzuwenden, die nach dem 31. Dezember 2008 zufließen.

(18) ¹§ 51a Absatz 2b bis 2d in der Fassung des Artikels 1 des Gesetzes vom 14. August 2007 (BGBl. I S. 1912) ist erstmals auf nach dem 31. Dezember 2008 zufließende Kapitalerträge anzuwenden. ²§ 51a Absatz 2c und 2e in der Fassung des Artikels 2 des Gesetzes vom 7. Dezember 2011 (BGBl. I S. 2592) ist erstmals auf nach dem *31. Dezember 2014* zufließende Kapitalerträge anzuwenden.[1)]

EStG[2)]

§ 52b Übergangsregelung bis zur Anwendung der elektronischen Lohnsteuerabzugsmerkmale

(1) ¹Die Lohnsteuerkarte 2010 und die Bescheinigung für den Lohnsteuerabzug (Absatz 3) gelten mit den eingetragenen Lohnsteuerabzugsmerkmalen auch für den Steuerabzug vom Arbeitslohn ab dem 1. Januar 2011 bis zur erstmaligen Anwendung der elektronischen Lohnsteuerabzugsmerkmale durch den Arbeitgeber (Übergangszeitraum). ²Voraussetzung ist, dass dem Arbeitgeber entweder die Lohnsteuerkarte 2010 oder die Bescheinigung für den Lohnsteuerabzug vorliegt. ³In diesem Übergangszeitraum hat der Arbeitgeber die Lohnsteuerkarte 2010 und die Bescheinigung für den Lohnsteuerabzug

1. während des Dienstverhältnisses aufzubewahren, er darf sie nicht vernichten;
2. dem Arbeitnehmer zur Vorlage beim Finanzamt vorübergehend zu überlassen sowie
3. nach Beendigung des Dienstverhältnisses innerhalb einer angemessenen Frist herauszugeben.

⁴Nach Ablauf des auf den Einführungszeitraum (Absatz 5 Satz 2) folgenden Kalenderjahres darf der Arbeitgeber die Lohnsteuerkarte 2010 und die Bescheinigung für den Lohnsteuerabzug vernichten. Ist auf der Lohnsteuerkarte 2010 eine Lohnsteuerbescheinigung erteilt und ist die Lohnsteuerkarte an den Arbeitnehmer herausgegeben worden, kann der Arbeitgeber bei fortbestehendem Dienstverhältnis die Lohnsteuerabzugsmerkmale der Lohnsteuerkarte 2010 im Übergangszeitraum weiter anwenden, wenn der Arbeitnehmer schriftlich erklärt, dass die Lohnsteuerabzugsmerkmale der Lohnsteuerkarte 2010 weiterhin zutreffend sind.

(2) ¹Für Eintragungen auf der Lohnsteuerkarte 2010 und in der Bescheinigung für den Lohnsteuerabzug im Übergangszeitraum ist das Finanzamt zuständig. ²Der Arbeitnehmer ist verpflichtet, die Eintragung der Steuerklasse und der Zahl der Kinderfreibeträge auf der Lohnsteuerkarte 2010 und in der Bescheinigung für den Lohnsteuerabzug umgehend durch das Finanzamt ändern zu lassen, wenn die Eintragung von den Verhältnissen zu Beginn des jeweiligen Kalenderjahres im Übergangszeitraum zu seinen Gunsten abweicht. ³Diese Verpflichtung gilt auch in den Fällen, in denen die Steuerklasse II bescheinigt ist und die Voraussetzungen für die Berücksichtigung des Entlastungsbetrags für Alleinerziehende (§ 24b) im Laufe des Kalenderjahres entfallen. ⁴Kommt der Arbeitnehmer seiner Verpflichtung nicht nach, so hat das Finanzamt die Eintragung von Amts wegen zu ändern; der Arbeitnehmer hat die Lohnsteuerkarte 2010 und die Bescheinigung für den Lohnsteuerabzug dem Finanzamt auf Verlangen vorzulegen.

(3) ¹Hat die Gemeinde für den Arbeitnehmer keine Lohnsteuerkarte für das Kalenderjahr 2010 ausgestellt oder ist die Lohnsteuerkarte 2010 verloren gegangen, unbrauchbar geworden oder zerstört

---

[1)] *Änderung auf Grund des Amtshilferichtlinie-Umsetzungsgesetzes. Bei Redaktionsschluss war das Gesetzgebungsverfahren noch nicht abgeschlossen. Um Beachtung wird gebeten.* → *Siehe hierzu Hinweise auf Seite 4!*
[2)] *Neufassung des § 52b EStG auf Grund des Amtshilferichtlinie-Umsetzungsgesetzes. Bei Redaktionsschluss war das Gesetzgebungsverfahren noch nicht abgeschlossen. Um Beachtung wird gebeten.* → *Siehe hierzu Hinweise auf Seite 4!*

worden, hat das Finanzamt im Übergangszeitraum auf Antrag des Arbeitnehmers eine Bescheinigung für den Lohnsteuerabzug nach amtlich vorgeschriebenem Muster (Bescheinigung für den Lohnsteuerabzug) auszustellen. ²Diese Bescheinigung tritt an die Stelle der Lohnsteuerkarte.

(4) ¹Beginnt ein nach § 1 Absatz 1 unbeschränkt einkommensteuerpflichtiger lediger Arbeitnehmer im Übergangszeitraum ein Ausbildungsdienstverhältnis als erstes Dienstverhältnis, kann der Arbeitgeber auf die Vorlage einer Bescheinigung für den Lohnsteuerabzug verzichten. ²In diesem Fall hat der Arbeitgeber die Lohnsteuer nach der Steuerklasse I zu ermitteln; der Arbeitnehmer hat dem Arbeitgeber seine Identifikationsnummer sowie den Tag der Geburt und die rechtliche Zugehörigkeit zu einer steuererhebenden Religionsgemeinschaft mitzuteilen und schriftlich zu bestätigen, dass es sich um das erste Dienstverhältnis handelt. ³Der Arbeitgeber hat die Erklärung des Arbeitnehmers bis zum Ablauf des Kalenderjahres als Beleg zum Lohnkonto aufzubewahren.

(5) ¹Das Bundesministerium der Finanzen hat im Einvernehmen mit den obersten Finanzbehörden der Länder den Zeitpunkt der erstmaligen Anwendung der ELStAM für die Durchführung des Lohnsteuerabzugs ab dem Kalenderjahr 2013 oder einem späteren Anwendungszeitpunkt sowie den Zeitpunkt des erstmaligen Abrufs der ELStAM durch den Arbeitgeber (Starttermin) in einem Schreiben zu bestimmen, das im Bundessteuerblatt zu veröffentlichen ist. ²Darin ist für die Einführung des Verfahrens der elektronischen Lohnsteuerabzugsmerkmale ein Zeitraum zu bestimmen (Einführungszeitraum). ³Der Arbeitgeber oder sein Vertreter (§ 39e Absatz 4 Satz 6) hat im Einführungszeitraum die nach § 39e gebildeten ELStAM abzurufen und für die auf den Abrufzeitpunkt folgende nächste Lohnabrechnung anzuwenden. ⁴Für den Abruf der ELStAM hat sich der Arbeitgeber oder sein Vertreter zu authentifizieren und die Steuernummer der Betriebsstätte oder des Teils des Betriebs des Arbeitgebers, in dem der für die Durchführung des Lohnsteuerabzugs maßgebende Arbeitslohn des Arbeitnehmers ermittelt wird (§ 41 Absatz 2), die Identifikationsnummer und den Tag der Geburt des Arbeitnehmers sowie, ob es sich um das erste oder ein weiteres Dienstverhältnis handelt, mitzuteilen. ⁵Er hat ein erstes Dienstverhältnis mitzuteilen, wenn auf der Lohnsteuerkarte 2010 oder der Bescheinigung für den Lohnsteuerabzug eine der Steuerklassen I bis V (§ 38b Absatz 1 Satz 2 Nummer 1 bis 5) eingetragen ist oder wenn die Lohnsteuerabzugsmerkmale nach Absatz 4 gebildet worden sind. ⁶Ein weiteres Dienstverhältnis (§ 38b Absatz 1 Satz 2 Nummer 6) ist mitzuteilen, wenn die Voraussetzungen des Satzes 5 nicht vorliegen. Der Arbeitgeber hat die ELStAM in das Lohnkonto zu übernehmen und gemäß der übermittelten zeitlichen Gültigkeitsangabe anzuwenden.

(5a) ¹Nachdem der Arbeitgeber die ELStAM für die Durchführung des Lohnsteuerabzugsangewandt hat, sind die Übergangsregelungen im Absatz 1 Satz 1 und in den Absätzen 2 bis 5 nicht mehr anzuwenden. ²Die Lohnsteuerabzugsmerkmale der vorliegenden Lohnsteuerkarte 2010 und der Bescheinigung für den Lohnsteuerabzug gelten nicht mehr. ³Wenn die nach § 39e Absatz 1 Satz 1 gebildeten Lohnsteuerabzugsmerkmale den tatsächlichen Verhältnissen des Arbeitnehmers nicht entsprechen, hat das Finanzamt auf dessen Antrag eine besondere Bescheinigung für den Lohnsteuerabzug (Besondere Bescheinigung für den Lohnsteuerabzug) mit den Lohnsteuerabzugsmerkmalen des Arbeitnehmers auszustellen sowie etwaige Änderungen einzutragen (§ 39 Absatz 1 Satz 2) und die Abrufberechtigung des Arbeitgebers auszusetzen. ⁴Die Gültigkeit dieser Bescheinigung ist auf längstens zwei Kalenderjahre zu begrenzen. ⁵§ 39e Absatz 5 Satz 1 und Absatz 7 Satz 6 gilt entsprechend. ⁶Die Lohnsteuerabzugsmerkmale der Besonderen Bescheinigung für den Lohnsteuerabzug sind für die Durchführung des Lohnsteuerabzugs nur dann für den Arbeitgeber maßgebend, wenn ihm gleichzeitig die Lohnsteuerkarte 2010 vorliegt oder unter den Voraussetzungen des Absatzes 1 Satz 5 vorgelegen hat oder eine Bescheinigung für den Lohnsteuerabzug für das erste Dienstverhältnis des Arbeitnehmers vorliegt. ⁷Abweichend von Absatz 5 Satz 3 und 7 kann der Arbeitgeber nach dem erstmaligen Abruf der ELStAM die Lohnsteuer im Einführungszeitraum längstens für die Dauer von sechs Kalendermonaten weiter nach den Lohnsteuerabzugsmerkmalen der Lohnsteuerkarte 2010, der Bescheinigung für den Lohnsteuerabzug oder den nach Absatz 4 maßgebenden Lohnsteuerabzugsmerkmalen erheben, wenn der Arbeitnehmer zustimmt. ⁸Dies gilt auch, wenn der Arbeitgeber die ELStAM im Einführungszeitraum erstmals angewandt hat.

(6) bis (8) (weggefallen)

(9) Ist der unbeschränkt einkommensteuerpflichtige Arbeitnehmer seinen Verpflichtungen nach Absatz 2 Satz 2 und 3 nicht nachgekommen und kommt eine Veranlagung zur Einkommensteuer nach § 46 Absatz 2 Nummer 1 bis 7 nicht in Betracht, kann das Finanzamt den Arbeitnehmer zur Abgabe einer Einkommensteuererklärung auffordern und eine Veranlagung zur Einkommensteuer durchführen.

Hinweise

Einführungszeitraum

Startschreiben zum erstmaligen Abruf der elektronischen Lohnsteuerabzugsmerkmale durch den Arbeitgeber und Anwendungsgrundsätze für die Einführungszeitraum 2013 → BMF vom ... (BStBl I S. . . . .) [– Entwurf –]   Anhang 17

Elektronische Lohnsteuermerkmale
Startschreiben zum erstmaligen Abruf und zur Anwendung ab dem Kalenderjahr 2013 vom 19. 12. 2013 (BStBl I S. 1258)

EStG

§ 53 Sondervorschrift zur Steuerfreistellung des Existenzminimums eines Kindes in den Veranlagungszeiträumen 1983 bis 1995

S 2282a

¹In den Veranlagungszeiträumen 1983 bis 1995 sind in Fällen, in denen die Einkommensteuer noch nicht formell bestandskräftig oder hinsichtlich der Höhe der Kinderfreibeträge vorläufig festgesetzt ist, für jedes bei der Festsetzung berücksichtigte Kind folgende Beträge als Existenzminimum des Kindes steuerfrei zu belassen:

1983	3 732 Deutsche Mark,
1984	3 864 Deutsche Mark,
1985	3 924 Deutsche Mark,
1986	4 296 Deutsche Mark,
1987	4 416 Deutsche Mark,
1988	4 572 Deutsche Mark,
1989	4 752 Deutsche Mark,
1990	5 076 Deutsche Mark,
1991	5 388 Deutsche Mark,
1992	5 676 Deutsche Mark,
1993	5 940 Deutsche Mark,
1994	6 096 Deutsche Mark,
1995	6 168 Deutsche Mark.

²Im Übrigen ist § 32 in der für den jeweiligen Veranlagungszeitraum geltenden Fassung anzuwenden. ³Für die Prüfung, ob die nach Satz 1 und 2 gebotene Steuerfreistellung bereits erfolgt ist, ist das dem Steuerpflichtigen im jeweiligen Veranlagungszeitraum zustehende Kindergeld mit dem auf das bisherige zu versteuernde Einkommen des Steuerpflichtigen in denselben Veranlagungszeitraum anzuwendenden Grenzsteuersatz in einem Freibetrag umzurechnen; dies gilt auch dann, soweit das Kindergeld dem Steuerpflichtigen im Wege eines zivilrechtlichen Ausgleichs zusteht. ⁴Die Umrechnung des zustehenden Kindergeldes ist entsprechend dem Umfang der bisher abgezogenen Kinderfreibeträge vorzunehmen. ⁵Bei einem unbeschränkt einkommensteuerpflichtigen Elternpaar, bei dem die Voraussetzungen des § 26 Absatz 1 Satz 1 nicht vorliegen, ist eine Änderung der bisherigen Inanspruchnahme der Kinderfreibeträgs unzulässig. ⁶Erreicht die Summe aus dem bei der bisherigen Einkommensteuerfestsetzung abgezogenen Kinderfreibetrag und dem nach Satz 3 und 4 berechneten Freibetrag nicht den nach Satz 1 und 2 für den jeweiligen Veranlagungszeitraum maßgeblichen Betrag, ist der Unterschiedsbetrag vom bisherigen zu versteuernden Einkommen abzuziehen und die Einkommensteuer neu festzusetzen. ⁷Im Zweifel hat der Steuerpflichtige die Voraussetzungen durch Vorlage entsprechender Unterlagen nachzuweisen.

53 H

Hinweis

Umsetzung der Entscheidung des Bundesverfassungsgerichts vom 16. 11. 1998

→ BMF-Schreiben vom 14. 3. 2000 (BStBl I S. 413)

EStG

§ 54 (weggefallen)

§ 55 Schlussvorschriften
(Sondervorschriften für die Gewinnermittlung nach § 4 oder nach Durchschnittssätzen bei vor dem 1. Juli 1970 angeschafftem Grund und Boden)

(1) ¹Bei Steuerpflichtigen, deren Gewinn für das Wirtschaftsjahr, in das der 30. Juni 1970 fällt, nicht nach § 5 zu ermitteln ist, gilt bei Grund und Boden, der mit Ablauf des 30. Juni 1970 zu ihrem Anlagevermögen gehört hat, als Anschaffungs- oder Herstellungskosten (§ 4 Absatz 3 Satz 4 und § 6 Absatz 1 Nummer 2 Satz 1) das Zweifache des nach den Absätzen 2 bis 4 zu ermittelnden Ausgangsbetrags. ²Zum Grund und Boden im Sinne des Satzes 1 gehören nicht die mit ihm in Zusammenhang stehenden Wirtschaftsgüter und Nutzungsbefugnisse.

(2) ¹Bei der Ermittlung des Ausgangsbetrags des zum land- und forstwirtschaftlichen Vermögen (§ 33 Absatz 1 Satz 1 des Bewertungsgesetzes in der Fassung der Bekanntmachung vom 10. Dezember 1965 – BGBl. I S. 1861 –, zuletzt geändert durch das Bewertungsänderungsgesetz 1971 vom 27. Juli 1971 – BGBl. I S. 1157) gehörenden Grund und Bodens ist seine Zuordnung zu den Nutzungen und Wirtschaftsgütern (§ 34 Absatz 2 des Bewertungsgesetzes) am 1. Juli 1970 maßgebend; dabei sind die Hof- und Gebäudeflächen sowie die Hausgärten im Sinne des § 40 Absatz 3 des Bewertungsgesetzes nicht in die einzelne Nutzung einzubeziehen. ²Es sind anzusetzen:

1. bei Flächen, die nach dem Bodenschätzungsgesetz vom 20. Dezember 2007 (BGBl. I S. 3150, 3176) in der jeweils geltenden Fassung zu schätzen sind, für jedes katastermäßig abgegrenzte Flurstück der Betrag in Deutsche Mark, der sich ergibt, wenn die für das Flurstück am 1. Juli 1970 im amtlichen Verzeichnis nach § 2 Absatz 2 der Grundbuchordnung (Liegenschaftskataster) ausgewiesene Ertragsmesszahl vervierfacht wird. ²Abweichend von Satz 1 sind für Flächen der Nutzungsteile
    a) Hopfen, Spargel, Gemüsebau und Obstbau
       2,05 Euro je Quadratmeter,
    b) Blumen- und Zierpflanzenbau sowie Baumschulen
       2,56 Euro je Quadratmeter
anzusetzen, wenn der Steuerpflichtige dem Finanzamt gegenüber bis zum 30. Juni 1972 eine Erklärung über die Größe, Lage und Nutzung der betreffenden Flächen abgibt,
2. für Flächen der forstwirtschaftlichen Nutzung
   je Quadratmeter 0,51 Euro,
3. für Flächen der weinbaulichen Nutzung der Betrag, der sich unter Berücksichtigung der maßgebenden Lagenvergleichszahl (Vergleichszahl der einzelnen Weinbaulage, § 39 Absatz 1 Satz 3 und § 57 Bewertungsgesetz), die für ausbauende Betriebsweise mit Fassweinerzeugung anzusetzen ist, aus der nachstehenden Tabelle ergibt:

Lagenvergleichszahl	Ausgangsbetrag je Quadratmeter in Euro
bis 20	1,28
21 bis 30	1,79
31 bis 40	2,56
41 bis 50	3,58
51 bis 60	4,09
61 bis 70	4,60
71 bis 100	5,11
über 100	6,39

4. für Flächen der sonstigen land- und forstwirtschaftlichen Nutzung, auf die Nummer 1 keine Anwendung findet,
   je Quadratmeter ..... 0,51 Euro,
5. für Hofflächen, Gebäudeflächen und Hausgärten im Sinne des § 40 Absatz 3 des Bewertungsgesetzes
   je Quadratmeter ..... 2,56 Euro,
6. für Flächen des Geringstlandes
   je Quadratmeter ..... 0,13 Euro,
7. für Flächen des Abbaulandes
   je Quadratmeter ..... 0,26 Euro,
8. für Flächen des Unlandes
   je Quadratmeter ..... 0,05 Euro.

(3) ¹Lag am 1. Juli 1970 kein Liegenschaftskataster vor, in dem Ertragsmesszahlen ausgewiesen sind, so ist der Ausgangsbetrag in sinngemäßer Anwendung des Absatzes 2 Satz 2 Nummer 1 Satz 1 auf der Grundlage der durchschnittlichen Ertragsmesszahl der landwirtschaftlichen Nutzung eines Betriebs zu ermitteln, die die Grundlage für die Hauptfeststellung des Einheitswerts auf den 1. Januar 1964 bildet. ²Absatz 2 Satz 2 Nummer 1 Satz 2 bleibt unberührt.

(4) Bei nicht zum land- und forstwirtschaftlichen Vermögen gehörendem Grund und Boden ist als Ausgangsbetrag anzusetzen:
1. Für unbebaute Grundstücke der auf den 1. Januar 1964 festgestellte Einheitswert. ²Wird auf den 1. Januar 1964 kein Einheitswert festgestellt oder hat sich der Bestand des Grundstücks nach dem 1. Januar 1964 und vor dem 1. Juli 1970 verändert, so ist der Wert maßgebend, der sich ergeben würde, wenn das Grundstück nach seinem Bestand vom 1. Juli 1970 und nach den Wertverhältnissen vom 1. Januar 1964 zu bewerten wäre;
2. für bebaute Grundstücke der Wert, der sich nach Nummer 1 ergeben würde, wenn das Grundstück unbebaut wäre.

(5) ¹Weist der Steuerpflichtige nach, dass der Teilwert für Grund und Boden im Sinne des Absatzes 1 am 1. Juli 1970 höher ist als das Zweifache des Ausgangsbetrags, so ist auf Antrag des Steuerpflichtigen der Teilwert als Anschaffungs- oder Herstellungskosten anzusetzen. ²Der Antrag ist bis zum 31. Dezember 1975 bei dem Finanzamt zu stellen, das für die Ermittlung des Gewinns aus dem Betrieb zuständig ist. ³Der Teilwert ist gesondert festzustellen. ⁴Vor dem 1. Januar 1974 braucht diese Feststellung nur zu erfolgen, wenn ein berechtigtes Interesse des Steuerpflichtigen gegeben ist. ⁵Die Vorschriften der Abgabenordnung und der Finanzgerichtsordnung über die gesonderte Feststellung von Besteuerungsgrundlagen gelten entsprechend.

(6) ¹Verluste, die bei der Veräußerung oder Entnahme von Grund und Boden im Sinne des Absatzes 1 entstehen, dürfen bei der Ermittlung des Gewinns in Höhe des Betrags nicht berücksichtigt werden, um den der ausschließlich auf den Grund und Boden entfallende Veräußerungspreis oder der an dessen Stelle tretende Wert nach Abzug der Veräußerungskosten unter dem Zweifachen des Ausgangsbetrags liegt. ²Entsprechendes gilt bei Anwendung des § 6 Absatz 1 Nummer 2 Satz 2.

(7) Grund und Boden, der nach § 4 Absatz 1 Satz 5 des Einkommensteuergesetzes 1969 nicht anzusetzen war, ist wie eine Einlage zu behandeln; er ist dabei mit dem nach Absatz 1 oder Absatz 5 maßgebenden Wert anzusetzen.

§ 56 Sondervorschriften für Steuerpflichtige in dem in Artikel 3 des Einigungsvertrages genannten Gebiet

Bei Steuerpflichtigen, die am 31. Dezember 1990 einen Wohnsitz oder ihren gewöhnlichen Aufenthalt in dem in Artikel 3 des Einigungsvertrages genannten Gebiet und im Jahre 1990 keinen Wohnsitz oder gewöhnlichen Aufenthalt im bisherigen Geltungsbereich dieses Gesetzes hatten, gilt Folgendes:

§ 7 Absatz 5 ist auf Gebäude anzuwenden, die in dem in Artikel 3 des Einigungsvertrages genannten Gebiet nach dem 31. Dezember 1990 angeschafft oder hergestellt worden sind.

§ 57 Besondere Anwendungsregeln aus Anlass der Herstellung der Einheit Deutschlands

(1) Die §§ 7c, 7f, 7g, 7k und 10e dieses Gesetzes, die §§ 76, 78, 82a und 82f der Einkommensteuer-Durchführungsverordnung sowie die §§ 7 und 12 Absatz 3 des Schutzbaugesetzes sind auf Tatbestände anzuwenden, die in dem in Artikel 3 des Einigungsvertrages genannten Gebiet nach dem 31. Dezember 1990 verwirklicht worden sind.

(2) Die §§ 7b und 7d dieses Gesetzes sowie die §§ 81, 82d, 82g und 82i der Einkommensteuer-Durchführungsverordnung sind nicht auf Tatbestände anzuwenden, die in dem in Artikel 3 des Einigungsvertrages genannten Gebiet verwirklicht worden sind.

(3) Bei der Anwendung des § 7g Absatz 2 Nummer 1, und des § 14a Absatz 1 ist in dem in Artikel 3 des Einigungsvertrages genannten Gebiet anstatt vom maßgebenden Einheitswert des Betriebs der Land- und Forstwirtschaft und den darin ausgewiesenen Werten vom Ersatzwirtschaftswert nach § 125 des Bewertungsgesetzes auszugehen.

(4) ¹§ 10d Absatz 1 ist mit der Maßgabe anzuwenden, dass der Sonderausgabenabzug erstmals von dem für die zweite Hälfte des Veranlagungszeitraums 1990 ermittelten Gesamtbetrag der Einkünfte vorzunehmen ist. ²§ 10d Absatz 2 und 3 ist auch für Verluste anzuwenden, die in dem

in Artikel 3 des Einigungsvertrages genannten Gebiet im Veranlagungszeitraum 1990 entstanden sind.

(5) § 22 Nummer 4 ist auf vergleichbare Bezüge anzuwenden, die auf Grund des Gesetzes über Rechtsverhältnisse der Abgeordneten der Volkskammer der Deutschen Demokratischen Republik vom 31. Mai 1990 (GBl. I Nr. 30 S. 274) gezahlt worden sind.

(6) § 34f Absatz 3 Satz 3 ist erstmals auf die in dem in Artikel 3 des Einigungsvertrags genannten Gebiet für die zweite Hälfte des Veranlagungszeitraums 1990 festgesetzte Einkommensteuer anzuwenden.

§ 58 Weitere Anwendung von Rechtsvorschriften, die vor Herstellung der Einheit Deutschlands in dem in Artikel 3 des Einigungsvertrages genannten Gebiet gegolten haben

(1) Die Vorschriften über Sonderabschreibungen nach § 3 Absatz 1 des Steueränderungsgesetzes vom 6. März 1990 (GBl. I Nr. 17 S. 136) in Verbindung mit § 7 der Durchführungsbestimmung zum Gesetz zur Änderung der Rechtsvorschriften über die Einkommen-, Körperschaft- und Vermögensteuer – Steueränderungsgesetz – vom 16. März 1990 (GBl. I Nr. 21 S. 195) sind auf Wirtschaftsgüter weiter anzuwenden, die nach dem 31. Dezember 1989 und vor dem 1. Januar 1991 in dem in Artikel 3 des Einigungsvertrages genannten Gebiet angeschafft oder hergestellt worden sind.

(2) ¹Rücklagen nach § 3 Absatz 2 des Steueränderungsgesetzes vom 6. März 1990 (GBl. I Nr. 17 S. 136) in Verbindung mit § 8 der Durchführungsbestimmung zum Gesetz zur Änderung der Rechtsvorschriften über die Einkommen-, Körperschaft- und Vermögensteuer – Steueränderungsgesetz – vom 16. März 1990 (GBl. I Nr. 21 S. 195) dürfen, soweit sie zum 31. Dezember 1990 zulässigerweise gebildet worden sind, auch nach diesem Zeitpunkt fortgeführt werden. ²Sie sind spätestens im Veranlagungszeitraum 1995 gewinn- oder sonst einkünfteerhöhend aufzulösen. ³Sind vor dieser Auflösung begünstigte Wirtschaftsgüter angeschafft oder hergestellt worden, sind die in Rücklage eingestellten Beträge von den Anschaffungs- oder Herstellungskosten abzuziehen; die Rücklage ist in Höhe des abgezogenen Betrags im Veranlagungszeitraum der Anschaffung oder Herstellung gewinn- oder sonst einkünfteerhöhend aufzulösen.

(3) Die Vorschrift über den Steuerabzugsbetrag nach § 9 Absatz 1 der Durchführungsbestimmung zum Gesetz zur Änderung der Rechtsvorschriften über die Einkommen-, Körperschaft- und Vermögensteuer – Steueränderungsgesetz – vom 16. März 1990 (GBl. I Nr. 21 S. 195) ist für Steuerpflichtige weiter anzuwenden, die vor dem 1. Januar 1991 in dem in Artikel 3 des Einigungsvertrages genannten Gebiet eine Betriebsstätte begründet haben, wenn sie von dem Tag der Begründung der Betriebsstätte an zwei Jahre lang die Tätigkeit ausüben, die Gegenstand der Betriebsstätte ist.

§§ 59 bis 61 (weggefallen)

X. Kindergeld

§ 62 Anspruchsberechtigte

(1) Für Kinder im Sinne des § 63 hat Anspruch auf Kindergeld nach diesem Gesetz, wer
1. im Inland einen Wohnsitz oder seinen gewöhnlichen Aufenthalt hat oder
2. ohne Wohnsitz oder gewöhnlichen Aufenthalt im Inland
   a) nach § 1 Absatz 2 unbeschränkt einkommensteuerpflichtig ist oder
   b) nach § 1 Absatz 3 als unbeschränkt einkommensteuerpflichtig behandelt wird.

(2) Ein nicht freizügigkeitsberechtigter Ausländer erhält Kindergeld nur, wenn er
1. eine Niederlassungserlaubnis besitzt,
2. eine Aufenthaltserlaubnis besitzt, die zur Ausübung einer Erwerbstätigkeit berechtigt oder berechtigt hat, es sei denn, die Aufenthaltserlaubnis wurde
   a) nach § 16 oder § 17 des Aufenthaltsgesetzes erteilt,
   b) nach § 18 Absatz 2 des Aufenthaltsgesetzes erteilt und die Zustimmung der Bundesagentur für Arbeit darf nach der Beschäftigungsverordnung nur für einen bestimmten Höchstzeitraum erteilt werden,

---

1) Absatz 2 ist in allen Fällen anzuwenden, in denen das Kindergeld noch nicht bestandskräftig festgesetzt ist → § 52 Abs. 61a Satz 2 EStG.

c) nach § 23 Absatz 1 des Aufenthaltsgesetzes wegen eines Krieges in seinem Heimatland oder nach den §§ 23a, 24, 25 Absatz 3 bis 5 des Aufenthaltsgesetzes erteilt

oder

3. eine in Nummer 2 Buchstabe c genannte Aufenthaltserlaubnis besitzt und
   a) sich seit mindestens drei Jahren rechtmäßig, gestattet oder geduldet im Bundesgebiet aufhält und
   b) im Bundesgebiet berechtigt erwerbstätig ist, laufende Geldleistungen nach dem Dritten Buch Sozialgesetzbuch bezieht oder Elternzeit in Anspruch nimmt.

§ 63 Kinder

(1) ¹Als Kinder werden berücksichtigt
1. Kinder im Sinne des § 32 Absatz 1,
2. vom Berechtigten in seinen Haushalt aufgenommene Kinder seines Ehegatten,
3. vom Berechtigten in seinen Haushalt aufgenommene Enkel.

²§ 32 Absatz 3 bis 5 gilt entsprechend. ³Kinder, die weder einen Wohnsitz noch ihren gewöhnlichen Aufenthalt im Inland, in einem Mitgliedstaat der Europäischen Union oder in einem Staat, auf den das Abkommen über den Europäischen Wirtschaftsraum Anwendung findet, haben, werden nicht berücksichtigt, es sei denn, sie leben im Haushalt eines Berechtigten im Sinne des § 62 Absatz 1 Nummer 2 Buchstabe a. ⁴Kinder im Sinne von § 2 Absatz 4 Satz 2 des Bundeskindergeldgesetzes werden nicht berücksichtigt.

(2) Die Bundesregierung wird ermächtigt, durch Rechtsverordnung, die nicht der Zustimmung des Bundesrates bedarf, zu bestimmen, dass einem Berechtigten, der im Inland erwerbstätig ist oder sonst seine hauptsächlichen Einkünfte erzielt, für seine in Absatz 1 Satz 3 erster Halbsatz bezeichneten Kinder Kindergeld ganz oder teilweise zu leisten ist, soweit dies mit Rücksicht auf die durchschnittlichen Lebenshaltungskosten für Kinder in deren Wohnsitzstaat und auf die dort gewährten dem Kindergeld vergleichbaren Leistungen geboten ist.

§ 64 Zusammentreffen mehrerer Ansprüche

(1) Für jedes Kind wird nur einem Berechtigten Kindergeld gezahlt.

(2) ¹Bei mehreren Berechtigten wird das Kindergeld demjenigen gezahlt, der das Kind in seinen Haushalt aufgenommen hat. ²Ist ein Kind in den gemeinsamen Haushalt von Eltern, einem Elternteil und dessen Ehegatten, Pflegeeltern oder Großeltern aufgenommen worden, so bestimmen diese untereinander den Berechtigten. ³Wird eine Bestimmung nicht getroffen, so bestimmt das Familiengericht auf Antrag den Berechtigten. ⁴Den Antrag kann stellen, wer ein berechtigtes Interesse an der Zahlung des Kindergeldes hat. ⁵Lebt ein Kind im gemeinsamen Haushalt von Eltern und Großeltern, so wird das Kindergeld vorrangig einem Elternteil gezahlt; es wird an einen Großelternteil gezahlt, wenn der Elternteil gegenüber der zuständigen Stelle auf seinen Vorrang schriftlich verzichtet hat.

(3) ¹Ist das Kind nicht in den Haushalt eines Berechtigten aufgenommen, so erhält das Kindergeld derjenige, der dem Kind eine Unterhaltsrente zahlt. ²Zahlen mehrere Berechtigte dem Kind Unterhaltsrenten, so erhält das Kindergeld derjenige, der dem Kind die höchste Unterhaltsrente zahlt. ³Werden gleich hohe Unterhaltsrenten gezahlt oder zahlt keiner der Berechtigten dem Kind Unterhalt, so bestimmen die Berechtigten untereinander, wer das Kindergeld erhalten soll. ⁴Wird eine Bestimmung nicht getroffen, so gilt Absatz 2 Satz 3 und 4 entsprechend.

§ 65 Andere Leistungen für Kinder

(1) ¹Kindergeld wird nicht für ein Kind gezahlt, für das eine der folgenden Leistungen zu zahlen ist oder bei entsprechender Antragstellung zu zahlen wäre:
1. Kinderzulagen aus der gesetzlichen Unfallversicherung oder Kinderzuschüsse aus den gesetzlichen Rentenversicherungen,
2. Leistungen für Kinder, die im Ausland gewährt werden und dem Kindergeld oder einer der unter Nummer 1 genannten Leistungen vergleichbar sind,

---

¹⁾ Die Vorschrift soll durch das JStG 2013 geändert werden. Bei Redaktionsschluss war das Gesetzgebungsverfahren noch nicht abgeschlossen. Um Beachtung wird gebeten. → Siehe hierzu Hinweise auf Seite 4!

3. Leistungen für Kinder, die von einer zwischen- oder überstaatlichen Einrichtung gewährt werden und dem Kindergeld vergleichbar sind.

²Soweit es für die Anwendung von Vorschriften dieses Gesetzes auf den Erhalt von Kindergeld ankommt, stehen die Leistungen nach Satz 1 dem Kindergeld gleich. ³Steht ein Berechtigter in einem Versicherungspflichtverhältnis zur Bundesagentur für Arbeit nach § 24 des Dritten Buches Sozialgesetzbuch oder ist er versicherungsfrei nach § 28 Nummer 1 des Dritten Buches Sozialgesetzbuch oder steht er im Inland in einem öffentlich-rechtlichen Dienst- oder Amtsverhältnis, so wird sein Anspruch auf Kindergeld für ein Kind nicht nach Satz 1 Nummer 3 mit Rücksicht darauf ausgeschlossen, dass sein Ehegatte als Beamter, Ruhestandsbeamter oder sonstiger Bediensteter der Europäischen Gemeinschaften für das Kind Anspruch auf Kinderzulage hat.

(2) Ist in den Fällen des Absatzes 1 Satz 1 Nummer 1 der Bruttobetrag der anderen Leistung niedriger als das Kindergeld nach § 66, wird Kindergeld in Höhe des Unterschiedsbetrags gezahlt, wenn er mindestens 5 Euro beträgt.

§ 66 Höhe des Kindergeldes, Zahlungszeitraum

(1) ¹Das Kindergeld beträgt monatlich für erste und zweite Kinder jeweils 184 Euro, für dritte Kinder 190 Euro und für das vierte und jedes weitere Kind jeweils 215 Euro. ²Darüber hinaus wird für jedes Kind, für das im Kalenderjahr 2009 mindestens für einen Kalendermonat ein Anspruch auf Kindergeld besteht, für das Kalenderjahr 2009 ein Einmalbetrag in Höhe von 100 Euro gezahlt.

(2) Das Kindergeld wird monatlich vom Beginn des Monats an gezahlt, in dem die Anspruchsvoraussetzungen erfüllt sind, bis zum Ende des Monats, in dem die Anspruchsvoraussetzungen wegfallen.

§ 67 Antrag

¹Das Kindergeld ist bei der zuständigen Familienkasse schriftlich zu beantragen. ²Den Antrag kann außer dem Berechtigten auch stellen, wer ein berechtigtes Interesse an der Leistung des Kindergeldes hat.

§ 68 Besondere Mitwirkungspflichten

(1) ¹Wer Kindergeld beantragt oder erhält, hat Änderungen in den Verhältnissen, die für die Leistung erheblich sind oder über die im Zusammenhang mit der Leistung Erklärungen abgegeben worden sind, unverzüglich der zuständigen Familienkasse mitzuteilen. ²Ein Kind, das das 18. Lebensjahr vollendet hat, ist auf Verlangen der Familienkasse verpflichtet, an der Aufklärung des für die Kindergeldzahlung maßgebenden Sachverhalts mitzuwirken; § 101 der Abgabenordnung findet insoweit keine Anwendung.

(2) (weggefallen)

(3) Auf Antrag des Berechtigten erteilt die das Kindergeld auszahlende Stelle eine Bescheinigung über das für das Kalenderjahr ausgezahlte Kindergeld.

(4) Die Familienkassen dürfen den die Bezüge im öffentlichen Dienst anweisenden Stellen Auskunft über den für die jeweilige Kindergeldzahlung maßgebenden Sachverhalt erteilen.

§ 69 Überprüfung des Fortbestehens von Anspruchsvoraussetzungen durch Meldedaten-Übermittlung

Die Meldebehörden übermitteln in regelmäßigen Abständen den Familienkassen nach Maßgabe einer auf Grund des § 20 Absatz 1 des Melderechtsrahmengesetzes zu erlassenden Rechtsverordnung die in § 18 Absatz 1 des Melderechtsrahmengesetzes genannten Daten aller Einwohner, zu deren Person im Melderegister Daten von minderjährigen Kindern gespeichert sind, und dieser Kinder, soweit die Daten nach ihrer Art für die Prüfung der Rechtmäßigkeit des Bezuges von Kindergeld geeignet sind.

§ 70 Festsetzung und Zahlung des Kindergeldes

(1) Das Kindergeld nach § 62 wird von den Familienkassen durch Bescheid festgesetzt und ausgezahlt.

(2) Soweit in den Verhältnissen, die für den Anspruch auf Kindergeld erheblich sind, Änderungen eintreten, ist die Festsetzung des Kindergeldes mit Wirkung vom Zeitpunkt der Änderung der Verhältnisse aufzuheben oder zu ändern. ²Ist die Änderung einer Kindergeldfestsetzung nur wegen einer Anhebung der in § 66 Absatz 1 genannten Kindergeldbeträge erforderlich, kann von der Erteilung eines schriftlichen Änderungsbescheides abgesehen werden.

(3) ¹Materielle Fehler der letzten Festsetzung können durch Neufestsetzung oder durch Aufhebung der Festsetzung beseitigt werden. ²Neu festgesetzt oder aufgehoben wird mit Wirkung ab dem auf die Bekanntgabe der Neufestsetzung oder der Aufhebung der Festsetzung folgenden Monat. ³Bei der Neufestsetzung oder Aufhebung der Festsetzung nach Satz 1 ist § 176 der Abgabenordnung entsprechend anzuwenden; dies gilt nicht für Monate, die nach der Verkündung der maßgeblichen Entscheidung eines obersten Gerichtshofes des Bundes beginnen.

¹⁾

§ 71 (weggefallen)

§ 72 Festsetzung und Zahlung des Kindergeldes an Angehörige des öffentlichen Dienstes

(1) ¹Steht Personen, die

1. in einem öffentlich-rechtlichen Dienst-, Amts- oder Ausbildungsverhältnis stehen, mit Ausnahme der Ehrenbeamten, oder
2. Versorgungsbezüge nach beamten- oder soldatenrechtlichen Vorschriften oder Grundsätzen erhalten oder
3. Arbeitnehmer des Bundes, eines Landes, einer Gemeinde, eines Gemeindeverbandes oder einer sonstigen Körperschaft, einer Anstalt oder einer Stiftung des öffentlichen Rechts sind, einschließlich der zu ihrer Berufsausbildung Beschäftigten,

Kindergeld nach Maßgabe dieses Gesetzes zu, wird es von den Körperschaften, Anstalten oder Stiftungen des öffentlichen Rechts festgesetzt und ausgezahlt. ²Die genannten juristischen Personen sind insoweit Familienkasse.

(2) Der Deutschen Post AG, der Deutschen Postbank AG und der Deutschen Telekom AG obliegt die Durchführung dieses Gesetzes für ihre jeweiligen Beamten und Versorgungsempfänger in Anwendung des Absatzes 1.

(3) Absatz 1 gilt nicht für Personen, die ihre Bezüge oder Arbeitsentgelt

1. von einem Dienstherrn oder Arbeitgeber im Bereich der Religionsgesellschaften des öffentlichen Rechts oder
2. von einem Spitzenverband der Freien Wohlfahrtspflege, einem diesem unmittelbar oder mittelbar angeschlossenen Mitgliedsverband oder einer einem solchen Verband angeschlossenen Einrichtung oder Anstalt

erhalten.

(4) Die Absätze 1 und 2 gelten nicht für Personen, die voraussichtlich nicht länger als sechs Monate in den Kreis der in Absatz 1 Satz 1 Nummer 1 bis 3 und Absatz 2 Bezeichneten eintreten.

(5) Obliegt mehreren Rechtsträgern die Zahlung von Bezügen oder Arbeitsentgelt (Absatz 1 Satz 1) gegenüber einem Berechtigten, so ist für die Durchführung dieses Gesetzes zuständig:

1. bei Zusammentreffen von Versorgungsbezügen mit anderen Bezügen oder Arbeitsentgelt der Rechtsträger, dem die Zahlung der anderen Bezüge oder des Arbeitsentgelts obliegt;
2. bei Zusammentreffen mehrerer Versorgungsbezüge der Rechtsträger, dem die Zahlung der neuen Versorgungsbezüge im Sinne der beamtenrechtlichen Ruhensvorschriften obliegt;

---

¹⁾ § 70 Abs. 4 EStG wurde durch das Steuervereinfachungsgesetz 2011 ab VZ 2012 aufgehoben; Absatz 4 ist weiter für Kindergeldfestsetzungen anzuwenden, die Zeiträume betreffen, die vor dem 1. 1. 2012 enden → § 52 Abs. 62a EStG.
§ 70 Abs. 4 EStG in der bisherigen Fassung lautet:
„(4) Eine Kindergeldfestsetzung ist aufzuheben oder zu ändern, wenn nachträglich bekannt wird, dass die Einkünfte und Bezüge des Kindes den Grenzbetrag nach § 32 Absatz 4 über- oder unterschreiten."

3. bei Zusammentreffen von Arbeitsentgelt (Absatz 1 Satz 1 Nummer 3) mit Bezügen aus einem der in Absatz 1 Satz 1 Nummer 1 bezeichneten Rechtsverhältnisse der Rechtsträger, dem die Zahlung dieser Bezüge obliegt;
4. bei Zusammentreffen mehrerer Arbeitsentgelte (Absatz 1 Satz 1 Nr. 3) der Rechtsträger, dem die Zahlung des höheren Arbeitsentgelts obliegt, oder – falls die Arbeitsentgelte gleich hoch sind – der Rechtsträger, zu dem das zuerst begründete Arbeitsverhältnis besteht.

(6) ¹Scheidet der Berechtigter im Laufe eines Monats aus dem Kreis der in Absatz 1 Satz 1 Nummer 1 bis 3 Bezeichneten aus oder tritt er im Laufe eines Monats in diesen Kreis ein, so wird das Kindergeld für diesen Monat von der Stelle gezahlt, die bis zum Ausscheiden oder Eintritt des Berechtigten zuständig war. ²Dies gilt nicht, soweit die Zahlung von Kindergeld für ein Kind in Betracht kommt, das erst nach dem Ausscheiden oder Eintritt bei dem Berechtigten nach § 63 zu berücksichtigen ist. ³Ist in einem Fall des Satzes 1 das Kindergeld bereits für einen folgenden Monat gezahlt worden, so muss der für diesen Monat Berechtigte die Zahlung gegen sich gelten lassen.

(7) ¹In den Abrechnungen der Bezüge und des Arbeitsentgelts ist das Kindergeld gesondert auszuweisen, wenn es zusammen mit den Bezügen oder dem Arbeitsentgelt ausgezahlt wird. ²Der Rechtsträger hat die Summe des von ihm für alle Berechtigten ausgezahlten Kindergeldes dem Betrag, den er insgesamt an Lohnsteuer einzubehalten hat, zu entnehmen und bei der nächsten Lohnsteuer-Anmeldung gesondert abzusetzen. ³Übersteigt das insgesamt ausgezahlte Kindergeld den Betrag, der insgesamt an Lohnsteuer abzuführen ist, so wird der übersteigende Betrag dem Rechtsträger auf Antrag von dem Finanzamt, an das die Lohnsteuer abzuführen ist, aus den Einnahmen der Lohnsteuer ersetzt.

(8) ¹Abweichend von Absatz 1 Satz 1 werden Kindergeldansprüche auf Grund über- oder zwischenstaatlicher Rechtsvorschriften durch die Familienkassen der Bundesagentur für Arbeit festgesetzt und ausgezahlt. ²Dies gilt auch für Fälle, in denen Kindergeldansprüche sowohl nach Maßgabe dieses Gesetzes als auch auf Grund über- oder zwischenstaatlicher Rechtsvorschriften bestehen.

§ 73 (weggefallen)

§ 74 Zahlung des Kindergeldes in Sonderfällen

(1) ¹Das für ein Kind festgesetzte Kindergeld nach § 66 Absatz 1 kann an das Kind ausgezahlt werden, wenn der Kindergeldberechtigte ihm gegenüber seiner gesetzlichen Unterhaltspflicht nicht nachkommt. ²Kindergeld kann an Kinder, die bei der Festsetzung des Kindergeldes berücksichtigt werden, bis zur Höhe des Betrags, der sich bei entsprechender Anwendung des § 76 ergibt, ausgezahlt werden. ³Dies gilt auch, wenn der Kindergeldberechtigte mangels Leistungsfähigkeit nicht unterhaltspflichtig ist oder nur Unterhalt in Höhe eines Betrags zu leisten braucht, der geringer ist als das für die Auszahlung in Betracht kommende Kindergeld. ⁴Die Auszahlung kann auch an die Person oder Stelle erfolgen, die dem Kind Unterhalt gewährt.

(2) Für Erstattungsansprüche der Träger von Sozialleistungen gegen die Familienkasse gelten die §§ 102 bis 109 und 111 bis 113 des Zehnten Buches Sozialgesetzbuch entsprechend.

§ 75 Aufrechnung

(1) Mit Ansprüchen auf Rückzahlung von Kindergeld kann die Familienkasse gegen Ansprüche auf laufendes Kindergeld bis zu deren Hälfte aufrechnen, wenn der Leistungsberechtigte nicht nachweist, dass er dadurch hilfebedürftig im Sinne der Vorschriften des Bundessozialhilfegesetzes über die Hilfe zum Lebensunterhalt oder im Sinne der Vorschriften des Zweiten Buches Sozialgesetzbuch über die Leistungen zur Sicherung des Lebensunterhalts wird.

(2) Absatz 1 gilt für die Aufrechnung eines Anspruchs auf Erstattung von Kindergeld gegen einen späteren Kindergeldanspruch eines mit dem Erstattungspflichtigen in Haushaltsgemeinschaft lebenden Berechtigten entsprechend, soweit es sich um laufendes Kindergeld für ein Kind handelt, das bei beiden berücksichtigt werden kann oder konnte.

§ 76 Pfändung

¹Der Anspruch auf Kindergeld kann nur wegen gesetzlicher Unterhaltsansprüche eines Kindes, das bei der Festsetzung des Kindergeldes berücksichtigt wird, gepfändet werden. ²Für die Höhe des pfändbaren Betrags gilt:

1. ¹Gehört das unterhaltsberechtigte Kind zum Kreis der Kinder, für die dem Leistungsberechtigten Kindergeld gezahlt wird, so ist eine Pfändung bis zu dem Betrag möglich, der bei gleichmäßiger Verteilung des Kindergeldes auf jedes dieser Kinder entfällt. ²Ist das Kindergeld durch die Berücksichtigung eines weiteren Kindes erhöht, für das einer dritten Person Kindergeld oder dieser oder dem Leistungsberechtigten eine andere Geldleistung für Kinder zusteht, so bleibt der Erhöhungsbetrag bei der Bestimmung des pfändbaren Betrags des Kindergeldes nach Satz 1 außer Betracht;
2. der Erhöhungsbetrag nach Nummer 1 Satz 2 ist zugunsten jedes bei der Festsetzung des Kindergeldes berücksichtigten unterhaltsberechtigten Kindes zu dem Anteil pfändbar, der sich bei gleichmäßiger Verteilung auf alle Kinder, die bei der Festsetzung des Kindergeldes zugunsten des Leistungsberechtigten berücksichtigt werden, ergibt.

§ 76a (weggefallen)[1)]

§ 77 Erstattung von Kosten im Vorverfahren

(1) ¹Soweit der Einspruch gegen die Kindergeldfestsetzung erfolgreich ist, hat die Familienkasse demjenigen, der den Einspruch erhoben hat, die zur zweckentsprechenden Rechtsverfolgung oder Rechtsverteidigung notwendigen Aufwendungen zu erstatten. ²Dies gilt auch, wenn der Einspruch nur deshalb keinen Erfolg hat, weil die Verletzung einer Verfahrens- oder Formvorschrift nach § 126 der Abgabenordnung unbeachtlich ist. ³Aufwendungen, die durch das Verschulden eines Erstattungsberechtigten entstanden sind, hat dieser selbst zu tragen; das Verschulden eines Vertreters ist dem Vertretenen zuzurechnen.

(2) Die Gebühren und Auslagen eines Bevollmächtigten oder Beistandes, der nach den Vorschriften des Steuerberatungsgesetzes zur geschäftsmäßigen Hilfeleistung in Steuersachen befugt ist, sind erstattungsfähig, wenn dessen Zuziehung notwendig war.

(3) ¹Die Familienkasse setzt auf Antrag den Betrag der zu erstattenden Aufwendungen fest. ²Die Kostenentscheidung bestimmt auch, ob die Zuziehung eines Bevollmächtigten oder Beistandes im Sinne des Absatzes 2 notwendig war.

§ 78 Übergangsregelungen

(1) bis (4) (weggefallen)

(5) ¹Abweichend von § 64 Absatz 2 und 3 steht Berechtigten, die für Dezember 1990 für ihre Kinder Kindergeld in dem in Artikel 3 des Einigungsvertrages genannten Gebiet bezogen haben, das Kindergeld für diese Kinder auch für die folgende Zeit zu, solange sie ihren Wohnsitz oder gewöhnlichen Aufenthalt in diesem Gebiet beibehalten und die Kinder die Voraussetzungen ihrer Berücksichtigung weiterhin erfüllen. ²§ 64 Absatz 2 und 3 ist insoweit erst für die Zeit vom Beginn des Monats an anzuwenden, in dem ein hierauf gerichteter Antrag bei der zuständigen Stelle eingegangen ist; der hiernach Berechtigte muss die nach Satz 1 geleisteten Zahlungen gegen sich gelten lassen.

[1)] § 76a EStG wird durch das Gesetz zur Reform des Kontopfändungsschutzes vom 7. 7. 2009 (BGBl. I S. 1707) am 1. 1. 2012 aufgehoben.

§§ 79–82 EStG

XI. Altersvorsorgezulage

§ 79 Zulageberechtigte — EStG [1)]

¹Die in § 10a Absatz 1 genannten Personen haben Anspruch auf eine Altersvorsorgezulage (Zulage). ² Leben die Ehegatten nicht dauernd getrennt (§ 26 Absatz 1) und haben sie ihren Wohnsitz oder gewöhnlichen Aufenthalt in einem Mitgliedstaat der Europäischen Union oder einem Staat, auf den das Abkommen über den Europäischen Wirtschaftsraum (EWR-Abkommen) anwendbar ist, und ist nur ein Ehegatte nach Satz 1 begünstigt, so ist auch der andere Ehegatte zulageberechtigt, wenn ein auf seinen Namen lautender Altersvorsorgevertrag besteht und er zugunsten dieses Altersvorsorgevertrages im jeweiligen Beitragsjahr mindestens 60 Euro geleistet hat.

S 2490 [2) 3)]

§ 80 Anbieter — EStG

Anbieter im Sinne des Gesetzes sind Anbieter von Altersvorsorgeverträgen gemäß § 1 Absatz 2 des Altersvorsorgeverträge-Zertifizierungsgesetzes sowie die in § 82 Absatz 2 genannten Versorgungseinrichtungen.

S 2490

§ 81 Zentrale Stelle — EStG

Zentrale Stelle im Sinne dieses Gesetzes ist die Deutsche Rentenversicherung Bund.

S 2490

§ 81a Zuständige Stelle — EStG

¹Zuständige Stelle ist bei einem

1. Empfänger von Besoldung nach dem Bundesbesoldungsgesetz oder einem Landesbesoldungsgesetz die die Besoldung anordnende Stelle,
2. Empfänger von Amtsbezügen im Sinne des § 10a Absatz 1 Satz 1 Nummer 2 die die Amtsbezüge anordnende Stelle,
3. versicherungsfrei Beschäftigten sowie bei einem von der Versicherungspflicht befreiten Beschäftigten im Sinne des § 10a Absatz 1 Satz 1 Nummer 3 der die Versorgung gewährleistende Arbeitgeber der rentenversicherungsfreien Beschäftigung ,
4. Beamten, Richter, Berufssoldaten und Soldaten auf Zeit im Sinne des § 10a Absatz 1 Satz 1 Nummer 4 der zur Zahlung des Arbeitsentgelts verpflichtete Arbeitgeber und
5. Empfänger einer Versorgung im Sinne des § 10a Absatz 1 Satz 4 die die Versorgung anordnende Stelle.

²Für die in § 10a Absatz 1 Satz 1 Nummer 5 genannten Steuerpflichtigen gilt Satz 1 entsprechend.

S 2490

§ 82 Altersvorsorgebeiträge — EStG

(1) ¹Geförderte Altersvorsorgebeiträge sind im Rahmen der in § 10a genannten Grenzen
1. Beiträge,

S 2491 [4)]

---

1) Zur zeitlichen Anwendung von § 79 Satz 1 EStG → § 52 Abs. 63a **Satz 1** EStG:
2) Durch das Gesetz zur Verbesserung der steuerlichen Förderung der privaten Altersvorsorge (Altersvorsorge-Verbesserungsgesetz – AltvVerbG) soll § 79 Satz 2 EStG geändert werden. Bei Redaktionsschluss war das Gesetzgebungsverfahren noch nicht abgeschlossen. Um Beachtung wird gebeten. → Siehe hierzu Hinweise auf Seite 4!
3) § 79 Satz 2 EStG wurde durch das BeitrRLUmsG ab VZ 2012 geändert. Der Anbieter eines Altersvorsorgevertrages hat seinen Vertragspartner bis zum 31. 7. 2012 in hervorgehobener Weise schriftlich darauf hinzuweisen, dass ab dem Beitragsjahr 2012 eine weitere Voraussetzung für das Bestehen einer mittelbaren Zulageberechtigung nach Satz 2 eine Leistung eigener Altersvorsorgebeiträge in Höhe von mindestens 60 Euro pro Beitragsjahr ist → § 52 Abs. 63a Satz 2 EStG.
4) Durch das Gesetz zur Verbesserung der steuerlichen Förderung der privaten Altersvorsorge (Altersvorsorge-Verbesserungsgesetz – AltvVerbG) soll § 82 Abs. 1 EStG geändert werden. Bei Redaktionsschluss war das Gesetzgebungsverfahren noch nicht abgeschlossen. Um Beachtung wird gebeten. → Siehe hierzu Hinweise auf Seite 4!

2. Tilgungsleistungen,

die der Zulageberechtigte (§ 79) bis zum Beginn der Auszahlungsphase zugunsten eines auf seinen Namen lautenden Vertrags leistet, der nach § 5 des Altersvorsorgeverträge-Zertifizierungsgesetzes zertifiziert ist. ²Die Zertifizierung ist Grundlagenbescheid im Sinne des § 171 Absatz 10 der Abgabenordnung. ³Als Tilgungsleistungen gelten auch Beiträge, die vom Zulageberechtigten zugunsten eines auf seinen Namen lautenden Altersvorsorgevertrags im Sinne des § 1 Absatz 1a Satz 1 Nummer 3 des Altersvorsorgeverträge-Zertifizierungsgesetzes erbracht wurden und die zur Tilgung eines im Rahmen des Altersvorsorgevertrags abgeschlossenen Darlehens abgetreten wurden. ⁴Im Fall der Übertragung von gefördertem Altersvorsorgevermögen nach § 1 Absatz 1 Satz 1 Nummer 10 Buchstabe b des Altersvorsorgeverträge-Zertifizierungsgesetzes in einen Altersvorsorgevertrag im Sinne des § 1 Absatz 1a Satz 1 Nummer 3 des Altersvorsorgeverträge-Zertifizierungsgesetzes gelten die Beiträge nach Satz 1 Nummer 1 ab dem Zeitpunkt der Übertragung als Tilgungsleistungen nach Satz 3; eine erneute Förderung nach § 10a oder Abschnitt XI erfolgt insoweit nicht. ⁵Tilgungsleistungen nach Satz 1 und Satz 3 werden nur berücksichtigt, wenn das zugrunde liegende Darlehen für eine nach dem 31. Dezember 2007 vorgenommene wohnungswirtschaftliche Verwendung im Sinne des § 92a Absatz 1 Satz 1 eingesetzt wurde.

(2) ¹Zu den Altersvorsorgebeiträgen gehören auch

a) die aus dem individuell versteuerten Arbeitslohn des Arbeitnehmers geleisteten Beiträge an einen Pensionsfonds, eine Pensionskasse oder eine Direktversicherung zum Aufbau einer kapitalgedeckten betrieblichen Altersversorgung und

b) Beiträge des Arbeitnehmers und des ausgeschiedenen Arbeitnehmers, die dieser im Fall der zunächst durch Entgeltumwandlung (§ 1a des Betriebsrentengesetzes) finanzierten und nach § 3 Nummer 63 und § 10a und diesem Abschnitt geförderten kapitalgedeckten betrieblichen Altersversorgung nach Maßgabe des § 1a Absatz 4 und § 1b Absatz 5 Satz 1 Nummer 2 des Betriebsrentengesetzes selbst erbringt,

wenn eine Auszahlung der zugesagten Altersversorgungsleistung in Form einer Rente oder eines Auszahlungsplans (§ 1 Absatz 1 Satz 1 Nummer 4 des Altersvorsorgeverträge-Zertifizierungsgesetzes) vorgesehen ist. ²Die §§ 3 und 4 des Betriebsrentengesetzes stehen dem vorbehaltlich des § 93 nicht entgegen.

(3) Zu den Altersvorsorgebeiträgen gehören auch die Beitragsanteile, die zur Absicherung der verminderten Erwerbsfähigkeit des Zulageberechtigten und zur Hinterbliebenenversorgung verwendet werden, wenn in der Leistungsphase die Auszahlung in Form einer Rente erfolgt.

(4) Nicht zu den Altersvorsorgebeiträgen zählen

1. Aufwendungen, die vermögenswirksame Leistungen nach dem Fünften Vermögensbildungsgesetz in der jeweils geltenden Fassung darstellen,

2. prämienbegünstigte Aufwendungen nach dem Wohnungsbau-Prämiengesetz in der Fassung der Bekanntmachung vom 30. Oktober 1997 (BGBl. I S. 2678), zuletzt geändert durch Artikel 5 des Gesetzes vom 29. Juli 2008 (BGBl. I S. 1509), in der jeweils geltenden Fassung,

3. Aufwendungen, die im Rahmen des § 10 als Sonderausgaben geltend gemacht werden,

4. Zahlungen nach § 92a Absatz 2 Satz 4 Nummer 1 und Absatz 3 Satz 9 Nummer 2 oder

5. Übertragungen im Sinne des § 3 Nummer 55 bis 55c.

§ 83 Altersvorsorgezulage

In Abhängigkeit von den geleisteten Altersvorsorgebeiträgen wird eine Zulage gezahlt, die sich aus einer Grundzulage (§ 84) und einer Kinderzulage (§ 85) zusammensetzt.

§ 84 Grundzulage

¹Jeder Zulageberechtigte erhält eine Grundzulage; diese beträgt jährlich 154 Euro. ²Für Zulageberechtigte nach § 79 Satz 1, die zu Beginn des Beitragsjahrs (§ 88) das 25. Lebensjahr noch nicht vollendet haben, erhöht sich die Grundzulage nach Satz 1 um einmalig 200 Euro. ³Die Erhöhung nach Satz 2 ist für das erste nach dem 31. Dezember 2007 beginnende Beitragsjahr zu gewähren, für das eine Altersvorsorgezulage beantragt wird.

§ 85 Kinderzulage

(1) ¹Die Kinderzulage beträgt für jedes Kind, für das dem Zulageberechtigten Kindergeld ausgezahlt wird, jährlich 185 Euro. ²Für ein nach dem 31. Dezember 2007 geborenes Kind erhöht sich die Kinderzulage nach Satz 1 auf 300 Euro. ³Der Anspruch auf Kinderzulage entfällt für den Veranlagungszeitraum, für das das Kindergeld insgesamt zurückgefordert wird. ⁴Erhalten mehrere Zulageberechtigte für dasselbe Kind Kindergeld, steht die Kinderzulage demjenigen zu, dem für den ersten Anspruchszeitraum (§ 66 Absatz 2) im Kalenderjahr Kindergeld ausgezahlt worden ist.

(2) ¹Bei Eltern, die miteinander verheiratet sind, nicht dauernd getrennt leben (§ 26 Absatz 1) und ihren Wohnsitz oder gewöhnlichen Aufenthalt in einem Mitgliedstaat der Europäischen Union oder einem Staat haben, auf den das Abkommen über den Europäischen Wirtschaftsraum (EWR-Abkommen) anwendbar ist, wird die Kinderzulage der Mutter zugeordnet, auf Antrag beider Eltern dem Vater. ²Der Antrag kann für ein abgelaufenes Beitragsjahr nicht zurückgenommen werden.

§ 86 Mindesteigenbeitrag

(1) ¹Die Zulage nach den §§ 84 und 85 wird gekürzt, wenn der Zulageberechtigte nicht den Mindesteigenbeitrag leistet. ²Dieser beträgt jährlich 4 Prozent der Summe der in dem dem Kalenderjahr vorangegangenen Kalenderjahr

1. erzielten beitragspflichtigen Einnahmen im Sinne des Sechsten Buches Sozialgesetzbuch,
2. bezogenen Besoldung und Amtsbezüge,
3. in den Fällen des § 10a Absatz 1 Satz 1 Nummer 3 und Nummer 4 erzielten Einnahmen, die beitragspflichtig waren, wenn die Versicherungsfreiheit in der gesetzlichen Rentenversicherung nicht bestehen würde und
4. bezogenen Rente wegen voller Erwerbsminderung oder Erwerbsunfähigkeit oder abgesenkten Versorgungsbezüge wegen Dienstunfähigkeit in den Fällen des § 10a Absatz 1 Satz 4,

jedoch nicht mehr als die in § 10a Absatz 1 Satz 1 genannten Beträge, vermindert um die Zulage nach den §§ 84 und 85; gehört der Ehegatte zum Personenkreis nach § 79 Satz 2, berechnet sich der Mindesteigenbeitrag des nach § 79 Satz 1 Begünstigten unter Berücksichtigung der den Ehegatten insgesamt zustehenden Zulagen. ³Auslandsbezogene Bestandteile nach den §§ 52 ff. des Bundesbesoldungsgesetzes oder entsprechender Regelungen eines Landesbesoldungsgesetzes bleiben unberücksichtigt. ⁴Als Sockelbetrag sind ab dem Jahr 2005 jährlich 60 Euro zu leisten. ⁵Ist der Sockelbetrag höher als der Mindesteigenbeitrag nach Satz 2, so ist der Sockelbetrag als Mindesteigenbeitrag zu leisten. ⁶Die Kürzung der Zulage ermittelt sich nach dem Verhältnis der Altersvorsorgebeiträge zum Mindesteigenbeitrag.

(2) ¹Ein nach § 79 Satz 2 begünstigter Ehegatte hat Anspruch auf eine ungekürzte Zulage, wenn der zum begünstigten Personenkreis nach § 79 Satz 1 gehörende Ehegatte seinen geförderten Mindesteigenbeitrag unter Berücksichtigung der den Ehegatten insgesamt zustehenden Zulagen erbracht hat. ²Werden bei einer in der gesetzlichen Rentenversicherung pflichtversicherten Person beitragspflichtige Einnahmen zu Grunde gelegt, die höher sind als das tatsächlich erzielte Entgelt oder die Entgeltersatzleistung, ist das tatsächlich erzielte Entgelt oder der Zahlbetrag der Entgeltersatzleistung für die Berechnung des Mindesteigenbeitrags zu berücksichtigen. ³Satz 2 gilt auch in den Fällen, in denen im vorangegangenen Jahr keine der in Absatz 1 Satz 2 genannten Beträge bezogen wurden.

(3) ¹Für Versicherungspflichtige nach dem Gesetz über die Alterssicherung der Landwirte ist Absatz 1 mit der Maßgabe anzuwenden, dass auch die Einkünfte aus Land- und Forstwirtschaft im Sinne des § 13 des zweiten Beitragsjahr vorangegangenen Veranlagungszeitraums als beitragspflichtige Einnahmen des vorangegangenen Kalenderjahres gelten. ²Negative Einkünfte im Sinne des Satzes 1 bleiben unberücksichtigt, wenn weitere nach Absatz 1 oder Absatz 2 zu berücksichtigende Einnahmen erzielt werden.

(4) Wird nach Ablauf des Beitragsjahres festgestellt, dass die Voraussetzungen für die Gewährung einer Kinderzulage nicht vorgelegen haben, ändert sich dadurch die Berechnung des Mindesteigenbeitrags für dieses Beitragsjahr nicht.

---

¹) Durch das Gesetz zur Verbesserung der steuerlichen Förderung der privaten Altersvorsorge (Altersvorsorge-Verbesserungsgesetz – AltvVerbG) soll § 86 EStG neu gefasst werden. Bei Redaktionsschluss war das Gesetzgebungsverfahren noch nicht abgeschlossen. Um Beachtung wird gebeten. → Siehe hierzu Hinweise auf Seite 4!

§ 87 Zusammentreffen mehrerer Verträge

(1) ¹Zahlt der nach § 79 Satz 1 Zulageberechtigte Altersvorsorgebeiträge zugunsten mehrerer Verträge, so wird die Zulage nur für zwei dieser Verträge gewährt. ²Der insgesamt nach § 86 zu leistende Mindesteigenbeitrag muss zugunsten dieser Verträge geleistet worden sein. ³Die Zulage ist entsprechend dem Verhältnis der auf diese Verträge geleisteten Beiträge zu verteilen.

(2) ¹Der nach § 79 Satz 2 Zulageberechtigte kann die Zulage für das jeweilige Beitragsjahr nicht auf mehrere Altersvorsorgeverträge verteilen. ²Es ist nur der Altersvorgevertrag begünstigt, für den zuerst die Zulage beantragt wird.

§ 88 Entstehung des Anspruchs auf Zulage

Der Anspruch auf die Zulage entsteht mit Ablauf des Kalenderjahres, in dem die Altersvorsorgebeiträge geleistet worden sind (Beitragsjahr).

§ 89 Antrag

(1) ¹Der Zulageberechtigte hat den Antrag auf Zulage nach amtlich vorgeschriebenen Vordruck bis zum Ablauf des zweiten Kalenderjahres, das auf das Beitragsjahr (§ 88) folgt, bei dem Anbieter seines Vertrages einzureichen. ²Hat der Zulageberechtigte im Beitragsjahr Altersvorsorgebeiträge für mehrere Verträge gezahlt, so hat er mit dem Zulageantrag zu bestimmen, auf welche Verträge die Zulage überwiesen werden soll. ³Beantragt der Zulageberechtigte die Zulage für mehr als zwei Verträge, so wird die Zulage nur für die zwei Verträge mit den höchsten Altersvorsorgebeiträgen gewährt. ⁴Sofern eine Zulagenummer (§ 90 Absatz 1 Satz 2) durch die zentrale Stelle (§ 81) oder eine Versicherungsnummer nach § 147 des Sechsten Buches Sozialgesetzbuch für den nach § 79 Satz 2 berechtigten Ehegatten noch nicht vergeben ist, hat dieser über seinen Anbieter eine Zulagenummer bei der zentralen Stelle zu beantragen. ⁵Der Antragsteller ist verpflichtet, dem Anbieter unverzüglich eine Änderung der Verhältnisse mitzuteilen, die zu einer Minderung oder zum Wegfall des Zulageanspruchs führt.

(1a) ¹Der Zulageberechtigte kann den Anbieter seines Vertrages schriftlich bevollmächtigen, für ihn abweichend von Absatz 1 die Zulage für jedes Beitragsjahr zu beantragen. ²Absatz 1 Satz 5 gilt mit Ausnahme der Mitteilung geänderter beitragspflichtiger Einnahmen entsprechend. ³Ein Widerruf der Vollmacht ist bis zum Ablauf des Beitragsjahres, für das der Anbieter keinen Antrag auf Zulage stellen soll, gegenüber dem Anbieter zu erklären.

(2) ¹Der Anbieter ist verpflichtet,

a) die Vertragsdaten,
b) die Versicherungsnummer nach § 147 des Sechsten Buches Sozialgesetzbuch oder die Zulagennummer des Zulageberechtigten und dessen Ehegatten, oder einen Antrag auf Vergabe einer Zulagenummer eines nach § 79 Satz 2 berechtigten Ehegatten,
c) die vom Zulageberechtigten mitgeteilten Angaben zur Ermittlung des Mindesteigenbeitrages (§ 86),
d) die für die Gewährung der Kinderzulage erforderlichen Daten,
e) die Höhe der geleisteten Altersvorsorgebeiträge und
f) das Vorliegen einer nach Absatz 1a erteilten Vollmacht

als die für die Ermittlung und Überprüfung des Zulageanspruchs und Durchführung des Zulageverfahrens erforderlichen Daten zu erfassen. ²Er hat die Daten der bei ihm im Laufe eines Kalendervierteljahres eingegangenen Anträge bis zum Ende des folgenden Monats nach amtlich vorgeschriebenem Datensatz durch amtlich bestimmte Datenfernübertragung an die zentrale Stelle zu übermitteln. ³Dies gilt auch im Fall des Absatzes 1 Satz 5.

(3) ¹Ist der Anbieter nach Absatz 1a Satz 1 bevollmächtigt worden, hat er der zentralen Stelle die nach Absatz 2 Satz 1 erforderlichen Angaben für jedes Kalenderjahr bis zum Ablauf des auf das Beitragsjahr folgenden Kalenderjahrs zu übermitteln. ²Liegt die Bevollmächtigung erst nach dem in Satz 1 genannten Meldetermin vor, hat der Anbieter die Angaben bis zum Ende des folgenden Kalendervierteljahres nach der Bevollmächtigung, spätestens jedoch bis zum Ablauf der in Absatz 1 Satz 1 genannten Antragsfrist, zu übermitteln. Absatz 2 Satz 2 und 3 gilt sinngemäß.

§ 90 Verfahren

(1) ¹Die zentrale Stelle ermittelt auf Grund der von ihr erhobenen oder der ihr übermittelten Daten, ob und in welcher Höhe ein Zulageanspruch besteht. ²Soweit der zuständige Träger der Rentenversicherung keine Versicherungsnummer vergeben hat, vergibt die zentrale Stelle zur Erfüllung der ihr nach diesem Abschnitt zugewiesenen Aufgaben eine Zulagenummer. ³Die zentrale Stelle teilt im Fall eines Antrags nach § 10a Absatz 1a der zuständigen Stelle, im Fall eines Antrags nach § 89 Absatz 1 Satz 4 dem Anbieter die Zulagenummer mit; von dort wird sie an den Antragsteller weitergeleitet.

(2) ¹Die zentrale Stelle veranlasst die Auszahlung an den Anbieter zugunsten der Zulageberechtigten durch die zuständige Kasse. ²Ein gesonderter Zulagenbescheid ergeht vorbehaltlich des Absatzes 4 nicht. ³Der Anbieter hat die erhaltenen Zulagen unverzüglich den begünstigten Verträgen gutzuschreiben. ⁴Zulagen, die nach Beginn der Auszahlungsphase für das Altersvorsorgevermögen von der zentralen Stelle an den Anbieter überwiesen werden, können vom Anbieter an den Anleger ausgezahlt werden. ⁵Besteht kein Zulageanspruch, so teilt die zentrale Stelle dies dem Anbieter durch Datensatz mit. ⁶Die zentrale Stelle teilt dem Anbieter die Altersvorsorgebeiträge im Sinne des § 82, auf die § 10a oder dieser Abschnitt angewendet wurden, durch Datensatz mit.

(3) ¹Erkennt die zentrale Stelle nachträglich, dass der Zulageanspruch ganz oder teilweise nicht besteht oder weggefallen ist, so hat sie zu Unrecht gutgeschriebene oder ausgezahlte Zulagen zurückzufordern und dies dem Anbieter durch Datensatz mitzuteilen. ²Bei bestehendem Vertragsverhältnis hat der Anbieter das Konto zu belasten. ³Die ihm im Kalendervierteljahr mitgeteilten Rückforderungsbeträge hat er bis zum zehnten Tag des dem Kalendervierteljahr folgenden Monats in einem Betrag bei der zentralen Stelle anzumelden und an diese abzuführen. ⁴Die Anmeldung nach Satz 3 ist nach amtlich vorgeschriebenem Vordruck abzugeben. ⁵Sie gilt als Steueranmeldung im Sinne der Abgabenordnung.

(4) ¹Eine Festsetzung der Zulage erfolgt nur auf besonderen Antrag des Zulageberechtigten. ²Der Antrag ist schriftlich innerhalb eines Jahres nach Erteilung der Bescheinigung nach § 92 durch den Anbieter vom Antragsteller an den Anbieter zu richten. ³Der Anbieter leitet den Antrag der zentralen Stelle zur Festsetzung zu. ⁴Er hat dem Antrag eine Stellungnahme und die zur Festsetzung erforderlichen Unterlagen beizufügen. ⁵Die zentrale Stelle teilt die Festsetzung auch dem Anbieter mit. ⁶Im Übrigen gilt Absatz 3 entsprechend.

§ 91 Datenerhebung und Datenabgleich

(1) ¹Für die Berechnung und Überprüfung der Zulage sowie die Überprüfung des Vorliegens der Voraussetzungen des Sonderausgabenabzugs nach § 10a übermitteln die Träger der gesetzlichen Rentenversicherung, *die landwirtschaftliche Alterskasse*, die Bundesagentur für Arbeit, die Meldebehörden, die Familienkassen und die Finanzämter der zentralen Stelle auf Anforderung die bei ihnen vorhandenen Daten nach § 89 Absatz 2 durch Datenfernübertragung; für Zwecke der Berechnung des Mindesteigenbeitrags für ein Beitragsjahr darf die zentrale Stelle bei den Trägern der gesetzlichen Rentenversicherung und *der landwirtschaftlichen Alterskasse* die bei ihnen vorhandenen Daten zu den beitragspflichtigen Einnahmen sowie in den Fällen des § 10a Absatz 1 Satz 4 zur Höhe der bezogenen Rente wegen voller Erwerbsminderung oder Erwerbsunfähigkeit erheben, sofern diese nicht nach § 89 Absatz 2 übermittelt worden sind. ²Für Zwecke der Überprüfung nach Satz 1 darf die zentrale Stelle die ihr nach Satz 1 übermittelten Daten mit den ihr nach § 89 Absatz 2 übermittelten Daten automatisiert abgleichen. ³Führt die Überprüfung zu einer Änderung der ermittelten oder festgesetzten Zulage, ist dies dem Anbieter mitzuteilen. ⁴Ergibt die Überprüfung eine Abweichung von dem in der Steuerfestsetzung berücksichtigten Sonderausgabenabzug nach § 10a oder der gesonderten Feststellung nach § 10a Absatz 4, ist dies dem Finanzamt mitzuteilen; die Steuerfestsetzung oder die gesonderte Feststellung ist insoweit zu ändern.

(2) ¹Die zuständige Stelle hat der zentralen Stelle die Daten nach § 10a Absatz 1 Satz 1 zweiter Halbsatz bis zum 31. März des dem Beitragsjahr folgenden Kalenderjahres durch Datenfernübertragung zu übermitteln. ²Liegt die Einwilligung nach § 10a Absatz 1 Satz 1 zweiter Halbsatz erst nach dem im Satz 1 genannten Meldetermin vor, hat die zuständige Stelle die Daten spätestens bis zum Ende des folgenden Kalendervierteljahres nach Erteilung der Einwilligung nach Maßgabe von Satz 1 zu übermitteln.

---

¹⁾ *Absatz 1 Satz 1 wurde durch das LSV-NOG ab VZ 2013 geändert.*

§ 92 Bescheinigung

[EStG S 2495 1)]

¹Der Anbieter hat dem Zulageberechtigten jährlich eine Bescheinigung nach amtlich vorgeschriebenem Vordruck zu erteilen über

1. die Höhe der im abgelaufenen Beitragsjahr geleisteten Altersvorsorgebeiträge (Beiträge und Tilgungsleistungen),
2. die im abgelaufenen Beitragsjahr getroffenen, aufgehobenen oder geänderten Ermittlungsergebnisse (§ 90),
3. die Summe der bis zum Ende des abgelaufenen Beitragsjahres dem Vertrag gutgeschriebenen Zulagen,
4. die Summe der bis zum Ende des abgelaufenen Beitragsjahres geleisteten Altersvorsorgebeiträge (Beiträge und Tilgungsleistungen),
5. den Stand des Altersvorsorgevermögens,
6. den Stand des Wohnförderkontos (§ 92a Absatz 2 Satz 1) und
7. die Bestätigung der durch den Anbieter erfolgten Datenübermittlung an die zentrale Stelle im Fall des § 10a Absatz 5 Satz 1.

²In den Fällen des § 92a Absatz 2 Satz 10 erster Halbsatz bedarf es keiner jährlichen Bescheinigung, wenn zu Satz 1 Nummer 1 und 2 keine Angaben erforderlich sind, sich zu Satz 1 Nummer 3 bis 5 keine Änderungen gegenüber der zuletzt erteilten Bescheinigung ergeben und der Anbieter dem Zulageberechtigten eine Bescheinigung ausgestellt hat, in der der jährliche Stand des Wohnförderkontos bis zum Beginn der vereinbarten Auszahlungsphase ausgewiesen wurde. ³Der Anbieter kann dem Zulageberechtigten mit dessen Einverständnis die Bescheinigung auch elektronisch bereitstellen.

§ 92a Verwendung für eine selbst genutzte Wohnung

[EStG S 2496 2)]

(1) ¹Der Zulageberechtigte kann das in einem Altersvorsorgevertrag gebildete und nach § 10a oder diesem Abschnitt geförderte Kapital bis zu 75 Prozent oder zu 100 Prozent wie folgt verwenden (Altersvorsorge-Eigenheimbetrag):

1. bis zum Beginn der Auszahlungsphase unmittelbar für die Anschaffung oder Herstellung einer Wohnung oder
2. zu Beginn der Auszahlungsphase zur Entschuldung einer Wohnung oder
3. bis zum Beginn der Auszahlungsphase unmittelbar für den Erwerb von Geschäftsanteilen (Pflichtanteilen) an einer eingetragenen Genossenschaft für die Selbstnutzung einer Genossenschaftswohnung.

²Eine nach Satz 1 begünstigte Wohnung ist

1. eine Wohnung in einem eigenen Haus oder
2. eine eigene Eigentumswohnung oder
3. eine Genossenschaftswohnung einer eingetragenen Genossenschaft,

wenn diese Wohnung in einem Mitgliedstaat der Europäischen Union oder in einem Staat, auf den das Abkommen über den Europäischen Wirtschaftsraum (EWR-Abkommen) anwendbar ist, belegen ist und die Hauptwohnung oder den Mittelpunkt der Lebensinteressen des Zulageberechtigten darstellt. ³Der Altersvorsorge-Eigenheimbetrag nach Satz 1 gilt nicht als Leistung aus einem Altersvorsorgevertrag, die dem Zulageberechtigten im Zeitpunkt der Auszahlung zufließt. ⁴Einer Wohnung im Sinne des Satzes 2 steht ein eigentumsähnliches oder lebenslanges Dauerwohnrecht nach § 33 des Wohnungseigentumsgesetzes gleich, soweit Vereinbarungen nach § 39 des Wohnungseigentumsgesetzes getroffen werden.

(2) ¹Der Altersvorsorge-Eigenheimbetrag, die Tilgungsleistungen im Sinne des § 82 Absatz 1 Satz 1 Nummer 2 und die hierfür gewährten Zulagen sind vom jeweiligen Anbieter gesondert zu erfassen (Wohnförderkonto). ²Beiträge, die nach § 82 Absatz 1 Satz 3 wie Tilgungsleistungen behandelt wurden, sind im Zeitpunkt der unmittelbaren Darlehenstilgung einschließlich der zur Tilgung eingesetzten Zulagen und Erträge in das Wohnförderkonto aufzunehmen; dies gilt

---

1) Durch das Gesetz zur Verbesserung der steuerlichen Förderung der privaten Altersvorsorge (Altersvorsorge-Verbesserungsgesetz – AltvVerbG) soll § 92 EStG neu gefasst werden. Bei Redaktionsschluss war das Gesetzgebungsverfahren noch nicht abgeschlossen. Um Beachtung wird gebeten. → Siehe hierzu Hinweise auf Seite 4!

2) Durch das Gesetz zur Verbesserung der steuerlichen Förderung der privaten Altersvorsorge (Altersvorsorge-Verbesserungsgesetz – AltvVerbG) soll § 92a EStG neu gefasst werden. Bei Redaktionsschluss war das Gesetzgebungsverfahren noch nicht abgeschlossen. Um Beachtung wird gebeten. → Siehe hierzu Hinweise auf Seite 4!

nicht, wenn Absatz 3 Satz 8 anzuwenden ist. ³Nach Ablauf eines Beitragsjahres, letztmals für das Beitragsjahr des Beginns der Auszahlungsphase, ist der sich aus dem Wohnförderkonto ergebende Gesamtbetrag um 2 Prozent zu erhöhen. ⁴Das Wohnförderkonto ist zu vermindern um

1. Zahlungen des Zulageberechtigten auf einen auf seinen Namen lautenden zertifizierten Altersvorsorgevertrag nach § 1 Absatz 1 des Altersvorsorgeverträge-Zertifizierungsgesetzes bis zum Beginn der Auszahlungsphase zur Minderung der in das Wohnförderkonto eingestellten Beträge; erfolgt die Einzahlung nicht beim Anbieter, der das Wohnförderkonto führt, hat der Zulageberechtigte dies den Anbietern, in den Fällen des Satzes 10 erster Halbsatz auch der zentralen Stelle mitzuteilen,

2. den Verminderungsbetrag nach Satz 5.

⁵Verminderungsbetrag ist der sich mit Ablauf des Kalenderjahres des Beginns der Auszahlungsphase ergebende Stand des Wohnförderkontos dividiert durch die Anzahl der Jahre bis zur Vollendung des 85. Lebensjahres des Zulageberechtigten; als Beginn der Auszahlungsphase gilt der vom Zulageberechtigten und Anbieter vereinbarte Zeitpunkt, der zwischen der Vollendung des 60. Lebensjahres und des 68. Lebensjahres des Zulageberechtigten liegen muss; ist ein Auszahlungszeitpunkt nicht vereinbart, so gilt die Vollendung des 67. Lebensjahres als Beginn der Auszahlungsphase. ⁶Anstelle einer Verminderung nach Satz 5 kann der Zulageberechtigte zu Beginn der Auszahlungsphase von seinem Anbieter, in den Fällen des Satzes 10 erster Halbsatz von der zentralen Stelle die Auflösung des Wohnförderkontos verlangen (Auflösungsbetrag). ⁷Der Anbieter hat bei Einstellung in das Wohnförderkonto die Beträge nach Satz 2 und Satz 4 Nummer 1 und zu Beginn der Auszahlungsphase den vertraglich vorgesehenen Beginn der Auszahlungsphase sowie ein Verlangen nach Satz 6 der zentralen Stelle nach amtlich vorgeschriebenem Datensatz durch Datenfernübertragung mitzuteilen. ⁸Wird gefördertes Altersvorsorgevermögen nach § 93 Absatz 2 Satz 1 von einem Anbieter auf einen anderen auf den Namen des Zulageberechtigten lautenden Altersvorsorgevertrag übertragen und wird für den Zulageberechtigten zugleich ein Wohnförderkonto geführt, so ist das Wohnförderkonto beim Anbieter des bisherigen Vertrags zu schließen und vom Anbieter des neuen Altersvorsorgevertrags fortzuführen. ⁹Dies gilt entsprechend bei Übertragungen nach § 93 Absatz 1 Satz 4 Buchstabe c und § 93 Absatz 1a. ¹⁰Wurde die Geschäftsbeziehung im Hinblick auf den jeweiligen Altersvorsorgevertrag zwischen dem Zulageberechtigten und dem Anbieter beendet, weil das angesparte Kapital vollständig aus dem Altersvorsorgevertrag entnommen oder das gewährte Darlehen vollständig getilgt wurde, wird das Wohnförderkonto bei diesem Anbieter geschlossen und von der zentralen Stelle weitergeführt; erfolgt eine Zahlung nach Satz 4 Nr. 1 oder nach Abs. 3 Satz 9 Nummer 2 wird das Wohnförderkonto zum Zeitpunkt der Einzahlung vom Anbieter, bei dem die Einzahlung erfolgt, weitergeführt. ¹¹Der Zulageberechtigte kann abweichend von Satz 10 bestimmen, dass das Wohnförderkonto nicht von der zentralen Stelle weitergeführt, sondern mit dem Wohnförderkonto eines weiteren Anbieters, der ebenfalls ein Wohnförderkonto für den Zulageberechtigten führt, zusammengeführt wird. ¹²Der Zulageberechtigte hat dies beiden Anbietern schriftlich mitzuteilen. ¹³In den Fällen des Satzes 10 erster Halbsatz teilt der Anbieter dem Zulageberechtigten die beabsichtigte Übertragung des Wohnförderkontos auf die zentrale Stelle mit. ¹⁴Erhält der Anbieter innerhalb von vier Wochen nach Übersendung der Mitteilung nach Satz 13 keine Mitteilung des Zulageberechtigten nach Satz 12, teilt der Anbieter der zentralen Stelle nach amtlich vorgeschriebenem Datensatz durch amtlich bestimmte Datenfernübertragung den Stand des Wohnförderkontos und den Zeitpunkt der Beendigung der Geschäftsbeziehung mit. ¹⁵In den Fällen des Satzes 11 hat der Anbieter die Mitteilung des Satzes 14 ergänzt um die Angaben zu dem neuen Anbieter der zentralen Stelle zu übermitteln. ¹⁶In den Fällen des Satzes 10 zweiter Halbsatz teilt die zentrale Stelle dem Anbieter nach amtlich vorgeschriebenem Datensatz durch amtlich bestimmte Datenfernübertragung den Stand des Wohnförderkontos mit.

(2a) ¹Geht im Rahmen der Regelung von Scheidungsfolgen der Eigentumsanteil des Zulageberechtigten an der Wohnung im Sinne des Absatzes 1 Satz 2 ganz oder teilweise auf den anderen Ehegatten über, geht das Wohnförderkonto in Höhe des Anteils, der dem Verhältnis des übergegangenen Eigentumsanteils zum verbleibenden Eigentumsanteil entspricht, mit allen Rechten und Pflichten auf den anderen Ehegatten über; dabei ist auf das Lebensalter des anderen Ehegatten abzustellen. ²Hat der andere Ehegatte das Lebensalter für den vertraglich vereinbarten Beginn der Auszahlungsphase oder, soweit kein Beginn der Auszahlungsphase vereinbart wurde, das 67. Lebensjahr im Zeitpunkt des Übergangs des Wohnförderkontos bereits überschritten, so gilt als Beginn der Auszahlungsphase der Zeitpunkt des Übergangs des Wohnförderkontos. ³Der Anbieter, der das Wohnförderkonto für den Zulageberechtigten führt, in den Fällen des Absatzes 2 Satz 10 erster Halbsatz die zentrale Stelle, hat auch das übergegangene Wohnförderkonto zu führen. ⁴Der Zulageberechtigte hat den Übergang des Eigentumsanteils dem Anbieter, in den Fällen des Absatzes 2 Satz 10 erster Halbsatz der zentralen Stelle, nachzuweisen. ⁵Dazu hat er die für die Anlage eines Wohnförderkontos erforderlichen Daten des anderen Ehegatten mitzuteilen. ⁶Der Anbieter hat der zentralen Stelle die Daten des anderen Ehegatten und den Stand des übergegangenen Wohnförderkontos nach amtlich vorgeschriebenem Da-

§ 92a EStG

tensatz durch amtlich bestimmte Datenfernübertragung zu übermitteln, es sei denn, es liegt ein Fall des Absatzes 2 Satz 10 vor.

(3) ¹Nutzt der Zulageberechtigte die Wohnung im Sinne des Absatzes 1 Satz 2, für die ein Altersvorsorge-Eigenheimbetrag verwendet oder für die eine Tilgungsförderung im Sinne des § 82 Absatz 1 in Anspruch genommen worden ist, nicht nur vorübergehend nicht mehr zu eigenen Wohnzwecken, hat er dies dem Anbieter, in der Auszahlungsphase der zentralen Stelle, unter Angabe des Zeitpunkts der Aufgabe der Selbstnutzung mitzuteilen; eine Aufgabe der Selbstnutzung liegt auch vor, soweit der Zulageberechtigte das Eigentum an der Wohnung aufgibt. ²In den Fällen des Absatzes 2 Satz 10 erster Halbsatz besteht die Mitteilungspflicht auch in der Zeit bis zum Beginn der Auszahlungsphase gegenüber der zentralen Stelle. ³Die Mitteilungspflicht gilt entsprechend für den Rechtsnachfolger der begünstigten Wohnung, wenn der Zulageberechtigte stirbt. ⁴Die Anzeigepflicht entfällt, wenn das Wohnförderkonto vollständig zurückgeführt worden ist, es sei denn, es liegt ein Fall des § 22 Nummer 5 Satz 6 vor. ⁵Im Falle des Satzes 1 gelten bei einem bestehenden Wohnförderkonto die erfassten Beträge als Leistungen aus einem Altersvorsorgevertrag, die dem Zulageberechtigten im Zeitpunkt der Aufgabe zufließen; das Wohnförderkonto ist aufzulösen (Auflösungsbetrag). ⁶Verstirbt der Zulageberechtigte, ist der Auflösungsbetrag ihm noch zuzurechnen. ⁷Der Anbieter hat den Auflösungsbetrag der zentralen Stelle nach amtlich vorgeschriebenem Datensatz durch Datenfernübertragung unter Angabe des Zeitpunkts der Aufgabe mitzuteilen. ⁸Wurde im Falle des Satzes 1 eine Tilgungsförderung nach § 82 Absatz 1 Satz 3 in Anspruch genommen und erfolgte keine Einstellung in das Wohnförderkonto nach Absatz 2 Satz 2, gelten die Tilgungsleistungen sowie die darauf entfallenden Zulagen und Erträge als gefördertes Altersvorsorgevermögen. ⁹Die Sätze 5 und 6 sind nicht anzuwenden, wenn

1. der Zulageberechtigte einen Betrag in Höhe des noch nicht zurückgeführten Betrags im Wohnförderkonto innerhalb eines Jahres vor und von vier Jahren nach Ablauf des Veranlagungszeitraums, in dem er die Wohnung letztmals zu eigenen Wohnzwecken genutzt hat, für eine weitere Wohnung im Sinne des Absatzes 1 Satz 2 verwendet,

2. der Zulageberechtigte einen Betrag in Höhe des noch nicht zurückgeführten Betrags im Wohnförderkonto innerhalb eines Jahres nach Ablauf des Veranlagungszeitraums, in dem er die Wohnung letztmals zu eigenen Wohnzwecken genutzt hat, auf einen auf seinen Namen lautenden zertifizierten Altersvorsorgevertrag zahlt; Absatz 2 Satz 4 Nummer 1 und Satz 7 sind entsprechend anzuwenden,

3. der Ehegatte des verstorbenen Zulageberechtigten innerhalb eines Jahres Eigentümer der Wohnung wird, er sie zu eigenen Wohnzwecken nutzt und die Ehegatten im Zeitpunkt des Todes des Zulageberechtigten nicht dauernd getrennt gelebt haben (§ 26 Absatz 1) und ihren Wohnsitz oder gewöhnlichen Aufenthalt in einem Mitgliedstaat der Europäischen Union oder einem Staat hatten, auf den das Abkommen über den Europäischen Wirtschaftsraum (EWR-Abkommen) anwendbar ist; dem vollständigen Übergang des Eigentumsanteils des verstorbenen Zulageberechtigten an den Ehegatten steht ein anteiliger Übergang gleich, wenn der Stand des Wohnförderkontos zum Todeszeitpunkt die auf den übergehenden Anteil entfallenden originären Anschaffungs- oder Herstellungskosten nicht übersteigt; in diesem Fall führt der Anbieter das Wohnförderkonto für den überlebenden Ehegatten fort und teilt dies der zentralen Stelle mit,

4. die Ehewohnung auf Grund einer richterlichen Entscheidung nach § 1361b des Bürgerlichen Gesetzbuchs oder nach der Verordnung über die Behandlung der Ehewohnung und des Hausrats dem anderen Ehegatten zugewiesen wird.

5. der Zulageberechtigte krankheits- oder pflegebedingt die Wohnung nicht mehr bewohnt, sofern er Eigentümer dieser Wohnung bleibt, sie ihm weiterhin zur Selbstnutzung zur Verfügung steht und sie nicht von Dritten, mit Ausnahme seines Ehegatten, genutzt wird.

¹⁰In den Fällen des Satzes 9 Nr. 1 hat der Zulageberechtigte dem Anbieter, in den Fällen des Absatzes 2 Satz 10 erster Halbsatz und in der Auszahlungsphase der zentralen Stelle, die Reinvestitionsabsicht und den Zeitpunkt der Reinvestition oder die Aufgabe der Reinvestitionsabsicht mitzuteilen; in den Fällen des Satzes 9 Nummer 3 und 4 gelten die Sätze 1 bis 9 entsprechend für den Ehegatten, wenn er die Wohnung nicht nur vorübergehend nicht mehr zu eigenen Wohnzwecken nutzt. ¹¹Satz 5 ist mit der Maßgabe anzuwenden, dass der Eingang der Mitteilung der aufgegebenen Reinvestitionsabsicht als Zeitpunkt der Aufgabe gilt.

(4) ¹Absatz 3 ist auf Antrag des Steuerpflichtigen nicht anzuwenden, wenn er

1. die Wohnung im Sinne des Absatzes 1 Satz 2 auf Grund eines beruflich bedingten Umzugs für die Dauer der beruflich bedingten Abwesenheit nicht selbst nutzt; wird während dieser Zeit mit einer anderen Person ein Nutzungsrecht für die Wohnung vereinbart, ist diese Vereinbarung von vornherein entsprechend zu befristen,

2. beabsichtigt, die Selbstnutzung wieder aufzunehmen und

3. die Selbstnutzung spätestens mit der Vollendung seines 67. Lebensjahres des Steuerpflichtigen aufnimmt.

²Der Steuerpflichtige hat den Antrag bei der zentralen Stelle zu stellen und dabei die notwendigen Nachweise zu erbringen. ³Die zentrale Stelle erteilt dem Steuerpflichtigen einen Bescheid über die Bewilligung des Antrags. ⁴Entfällt eine der in Satz 1 genannten Voraussetzungen, ist Absatz 3 mit der Maßgabe anzuwenden, dass bei einem Wegfall der Voraussetzung nach Satz 1 Nummer 1 als Zeitpunkt der Aufgabe der Zeitpunkt des Wegfalls der Voraussetzung und bei einem Wegfall der Voraussetzung nach Satz 1 Nummer 2 oder Nummer 3 der Eingang der Mitteilung des Steuerpflichtigen nach Absatz 3 als Zeitpunkt der Aufgabe gilt, spätestens jedoch die Vollendung des 67. Lebensjahres des Steuerpflichtigen.

§ 92b Verfahren bei Verwendung für eine selbst genutzte Wohnung

(1) ¹Der Zulageberechtigte hat die Verwendung des Kapitals nach § 92a Absatz 1 Satz 1 bei der zentralen Stelle zu beantragen und dabei die notwendigen Nachweise zu erbringen. ²Er hat zu bestimmen, aus welchen Altersvorsorgeverträgen welche Beträge ausgezahlt werden sollen. ³Die zentrale Stelle teilt dem Zulageberechtigten durch Bescheid und den Anbietern der in Satz 2 genannten Altersvorsorgeverträge nach amtlich vorgeschriebenem Datensatz durch Datenfernübertragung mit, welche Beträge förderunschädlich ausgezahlt werden können.

(2) ¹Die Anbieter der in Absatz 1 Satz 2 genannten Altersvorsorgeverträge dürfen den Altersvorsorge-Eigenheimbetrag auszahlen, sobald sie die Mitteilung nach Absatz 1 Satz 3 erhalten haben. ²Sie haben der zentralen Stelle nach amtlich vorgeschriebenem Datensatz durch Datenfernübertragung Folgendes anzuzeigen:
1. den Auszahlungszeitpunkt und den Auszahlungsbetrag,
2. die Summe der bis zum Auszahlungszeitpunkt dem Altersvorsorgevertrag gutgeschriebenen Zulagen,
3. die Summe der bis zum Auszahlungszeitpunkt geleisteten Altersvorsorgebeiträge und
4. den Stand des geförderten Altersvorsorgevermögens im Zeitpunkt der Auszahlung.

(3) ¹Die zentrale Stelle stellt zu Beginn der Auszahlungsphase und in den Fällen des § 92a Absatz 2 Satz 8 bis 11, Absatz 2a und 3 Satz 5 den Stand des Wohnförderkontos, soweit für die Besteuerung erforderlich den Verminderungsbetrag und den Auflösungsbetrag von Amts wegen gesondert fest. ²Die zentrale Stelle teilt die Feststellung dem Zulageberechtigten, in den Fällen des § 92a Absatz 2a und den anderen Ehegatten, durch Bescheid und den Anbieter nach amtlich vorgeschriebenem Datensatz durch Datenfernübertragung mit. ³Der Anbieter hat auf Anforderung der zentralen Stelle die zur Feststellung erforderlichen Unterlagen vorzulegen. ⁴Auf Antrag des Zulageberechtigten stellt die zentrale Stelle den Stand des Wohnförderkontos gesondert fest. ⁵§ 90 Absatz 4 Satz 2 bis 5 gilt entsprechend.

§ 93 Schädliche Verwendung

(1) ¹Wird gefördertes Altersvorsorgevermögen nicht unter den in § 1 Absatz 1 Satz 1 Nr. 4, 5 und 10 Buchstabe c des Altersvorsorgeverträge-Zertifizierungsgesetzes oder § 1 Absatz 1 Nummer 4, 5 und 10 Buchstabe c des Altersvorsorgeverträge-Zertifizierungsgesetzes in der bis zum 31. Dezember 2004 geltenden Fassung genannten Voraussetzungen an den Zulageberechtigten ausgezahlt (schädliche Verwendung), sind die auf das ausgezahlte geförderte Altersvorsorgevermögen entfallenden Zulagen und die nach § 10a Absatz 4 gesondert festgestellten Beträge (Rückzahlungsbetrag) zurückzuzahlen. ²Dies gilt auch bei einer Auszahlung nach Beginn der Auszahlungsphase (§ 1 Absatz 1 Nummer 2 des Altersvorsorgeverträge-Zertifizierungsgesetzes) und bei Auszahlungen im Falle des Todes des Zulageberechtigten. ³Hat der Zulageberechtigte Zahlungen im Sinne des § 92a Absatz 2 Satz 4 Nummer 1 oder § 92a Absatz 2 Satz 9 Nummer 2 geleistet, dann handelt es sich bei dem hierauf beruhenden Altersvorsorgevermögen um gefördertes Altersvorsorgevermögen im Sinne des Satzes 1, der Rückzahlungsbetrag bestimmt sich insoweit nach der für die in das Wohnförderkonto eingestellten Beträge gewährten Förderung. ⁴Eine Rückzahlungsverpflichtung besteht nicht für den Teil der Zulagen und der Steuerermäßigung,
a) der auf nach § 1 Absatz 1 Nr. 6 des Altersvorsorgeverträge-Zertifizierungsgesetzes angespartes gefördertes Altersvorsorgevermögen entfällt, wenn es in Form einer Hinterbliebenenrente an die dort genannten Hinterbliebenen ausgezahlt wird. Dies gilt auch für Leistungen im Sinne des § 82 Absatz 3 an Hinterbliebene des Steuerpflichtigen;

---

¹⁾ Durch das Gesetz zur Verbesserung der steuerlichen Förderung der privaten Altersvorsorge (Altersvorsorge-Verbesserungsgesetz – AltvVerbG) soll § 92a EStG neu gefasst werden. Bei Redaktionsschluss war das Gesetzgebungsverfahren noch nicht abgeschlossen. Um Beachtung wird gebeten. → Siehe hierzu Hinweise auf Seite 4!

b) der den Beitragsanteilen zuzuordnen ist, die für die zusätzliche Absicherung der verminderten Erwerbsfähigkeit und eine zusätzliche Hinterbliebenenabsicherung ohne Kapitalbildung verwendet worden sind;

c) der auf gefördertes Altersvorsorgevermögen entfällt, das im Falle des Todes des Zulageberechtigten auf einen auf den Namen des Ehegatten lautenden Altersvorsorgevertrag übertragen wird, wenn die Ehegatten im Zeitpunkt des Todes des Zulageberechtigten die Voraussetzungen des § 26 Absatz 1 erfüllt haben;

d) der auf den Altersvorsorge-Eigenheimbetrag entfällt.

(1a) ¹Eine schädliche Verwendung liegt nicht vor, wenn gefördertes Altersvorsorgevermögen auf Grund einer internen Teilung nach § 10 des Versorgungsausgleichsgesetzes oder auf Grund einer externen Teilung nach § 14 des Versorgungsausgleichsgesetzes auf einen zertifizierten Altersvorsorgevertrag oder eine nach § 82 Absatz 2 begünstigte betriebliche Altersversorgung übertragen wird; die auf das übertragene Anrecht entfallende steuerliche Förderung geht mit allen Rechten und Pflichten auf die ausgleichsberechtigte Person über. ²Eine schädliche Verwendung liegt ebenfalls nicht vor, wenn gefördertes Altersvorsorgevermögen auf Grund einer externen Teilung nach § 14 des Versorgungsausgleichsgesetzes auf die Versorgungsausgleichskasse oder die gesetzliche Rentenversicherung übertragen wird; die Rechte und Pflichten der ausgleichsberechtigten Person aus der steuerlichen Förderung des übertragenen Anteils entfallen. ³In den Fällen der Sätze 1 und 2 teilt die zentrale Stelle der ausgleichspflichtigen Person die Höhe der auf die Ehezeit im Sinne des § 3 Absatz 1 des Versorgungsausgleichsgesetzes entfallenden gesondert festgestellten Beträge nach § 10a Absatz 4 und die ermittelten Zulagen mit. ⁴Die entsprechenden Beträge sind monatsweise zuzuordnen. ⁵Die zentrale Stelle teilt die geänderte Zuordnung der gesondert festgestellten Beträge nach § 10a Absatz 4 sowie der ermittelten Zulagen der ausgleichspflichtigen und in den Fällen des Satzes 1 auch der ausgleichsberechtigten Person durch Feststellungsbescheid mit. ⁶Nach Eintritt der Unanfechtbarkeit dieses Feststellungsbescheids informiert die zentrale Stelle den Anbieter durch einen Datensatz über die geänderte Zuordnung.

(2) ¹Die Übertragung von gefördertem Altersvorsorgevermögen auf einen anderen auf den Namen des Zulageberechtigten lautenden Altersvorsorgevertrag (§ 1 Absatz 1 Satz 1 Nr. 10 Buchstabe b des Altersvorsorgeverträge-Zertifizierungsgesetzes) stellt keine schädliche Verwendung dar. ²Dies gilt sinngemäß in den Fällen des § 4 Absatz 2 und 3 des Betriebsrentengesetzes, wenn das geförderte Altersvorsorgevermögen auf eine der in § 82 Absatz 2 Buchstabe a genannten Einrichtungen der betrieblichen Altersversorgung zum Aufbau einer kapitalgedeckten betrieblichen Altersversorgung übertragen wird und eine lebenslange Altersversorgung im Sinne des § 1 Absatz 1 Satz 1 Nummer 4 des Altersvorsorgeverträge-Zertifizierungsgesetzes oder § 1 Absatz 1 Satz 1 Nr. 4 und 5 des Altersvorsorgeverträge-Zertifizierungsgesetzes in der bis zum 31. Dezember 2004 geltenden Fassung vorgesehen wird. ³In den übrigen Fällen der Abfindung von Anwartschaften der betrieblichen Altersversorgung gilt dies, soweit das geförderte Altersvorsorgevermögen zugunsten eines auf den Namen des Zulageberechtigten lautenden Altersvorsorgevertrages geleistet wird.

(3) ¹Auszahlungen zur Abfindung einer Kleinbetragsrente zu Beginn der Auszahlungsphase gelten nicht als schädliche Verwendung. ²Eine Kleinbetragsrente ist eine Rente, die bei gleichmäßiger Verrentung des gesamten zu Beginn der Auszahlungsphase zur Verfügung stehenden Kapitals eine monatliche Rente ergibt, die 1 Prozent der monatlichen Bezugsgröße nach § 18 des Vierten Buches Sozialgesetzbuch nicht übersteigt. ³Bei der Berechnung dieses Betrags sind alle bei einem Anbieter bestehenden Verträge des Zulageberechtigten insgesamt zu berücksichtigen, auf die nach diesem Abschnitt geförderte Altersvorsorgebeiträge geleistet wurden.

(4)¹) ¹Wird bei einem Altersvorsorgevertrag nach § 1 Absatz 1a des Altersvorsorgeverträge-Zertifizierungsgesetzes das Darlehen nicht wohnungswirtschaftlich im Sinne des § 92a Absatz 1 Satz 1 verwendet oder tritt ein Fall des § 92a Absatz 3 Satz 8 ein, kommt es zum Zeitpunkt der Darlehensauszahlung oder in Fällen des § 92a Absatz 3 Satz 8 zum Zeitpunkt der Aufgabe der Wohnung zu einer schädlichen Verwendung des geförderten Altersvorsorgevermögens, es sei denn, das geförderte Altersvorsorgevermögen wird innerhalb eines Jahres nach Ablauf des Veranlagungszeitraums, in dem das Darlehen ausgezahlt wurde oder der Zulageberechtigte die Wohnung letztmals zu eigenen Wohnzwecken nutzte, auf einen anderen zertifizierten Altersvorsorgevertrag übertragen, der auf den Namen des Zulageberechtigten lautet. ²Der Zulageberechtigte hat dem Anbieter die Absicht zur Kapitalübertragung, den Zeitpunkt der Kapitalübertragung und die Aufgabe der Absicht zur Kapitalübertragung mitzuteilen. ³Wird die Absicht zur Kapitalübertragung aufgegeben, tritt die schädliche Verwendung zu dem Zeitpunkt ein, zu dem die Mitteilung des Zulageberechtigten hierzu beim Anbieter eingeht, spätestens aber am 1. Ja-

---

¹) Durch das Gesetz zur Verbesserung der steuerlichen Förderung der privaten Altersvorsorge (Altersvorsorge-Verbesserungsgesetz – AltvVerbG) soll § 93 Abs. 4 EStG neu gefasst werden. Bei Redaktionsschluss war das Gesetzgebungsverfahren noch nicht abgeschlossen. Um Beachtung wird gebeten. → Siehe hierzu Hinweise auf Seite 4!

nuar des zweiten Jahres nach dem Jahr, in dem das Darlehen ausgezahlt wurde oder der Zulageberechtigte die Wohnung letztmals zu eigenen Wohnzwecken nutzte.

§ 94 Verfahren bei schädlicher Verwendung

(1) ¹In den Fällen des § 93 Absatz 1 hat der Anbieter der zentralen Stelle vor der Auszahlung des geförderten Altersvorsorgevermögens die schädliche Verwendung nach amtlich vorgeschriebenem Datensatz durch amtlich bestimmte Datenfernübertragung anzuzeigen. ²Die zentrale Stelle ermittelt den Rückzahlungsbetrag und teilt diesen dem Anbieter durch Datensatz mit. ³Der Anbieter hat den Rückzahlungsbetrag einzubehalten, mit der nächsten Anmeldung nach § 90 Absatz 3 anzumelden und an die zentrale Stelle abzuführen. ⁴Der Anbieter hat die einbehaltenen und abgeführten Beträge sowie die dem Vertrag bis zur schädlichen Verwendung gutgeschriebenen Erträge dem Zulageberechtigten nach amtlich vorgeschriebenem Vordruck zu bescheinigen und der zentralen Stelle nach amtlich vorgeschriebenem Datensatz durch amtlich bestimmte Datenfernübertragung mitzuteilen und diese Beträge sowie die dem Vertrag bis zur schädlichen Verwendung gutgeschriebenen Erträge dem Zulageberechtigten zu bescheinigen. ⁵Die zentrale Stelle unterrichtet das für den Zulageberechtigten zuständige Finanzamt. ⁶In den Fällen des § 93 Absatz 3 gilt Satz 1 entsprechend.

(2) ¹Eine Festsetzung des Rückzahlungsbetrags erfolgt durch die zentrale Stelle auf besonderen Antrag des Zulageberechtigten oder sofern die Rückzahlung nach Absatz 1 ganz oder teilweise nicht möglich oder nicht erfolgt ist. ²§ 90 Absatz 4 Satz 2 bis 6 gilt entsprechend; § 90 Absatz 4 Satz 5 gilt nicht, wenn die Geschäftsbeziehung im Hinblick auf den jeweiligen Altersvorsorgevertrag zwischen dem Zulageberechtigten und dem Anbieter beendet wurde. ³Im Rückforderungsbescheid sind auf den Rückzahlungsbetrag die vom Anbieter bereits einbehaltenen und abgeführten Beträge nach Maßgabe der Bescheinigung nach Absatz 1 Satz 4 anzurechnen. ⁴Der Zulageberechtigte hat den verbleibenden Rückzahlungsbetrag innerhalb eines Monats nach Bekanntgabe des Rückforderungsbescheids an die zuständige Kasse zu entrichten. ⁵Die Frist für die Festsetzung des Rückzahlungsbetrags beträgt vier Jahre und beginnt mit Ablauf des Kalenderjahres, in dem die Auszahlung im Sinne des § 93 Absatz 1 erfolgt ist.

§ 95 Sonderfälle der Rückzahlung

(1) Die §§ 93 und 94 gelten entsprechend, wenn
1. sich der Wohnsitz oder gewöhnliche Aufenthalt des Zulageberechtigten außerhalb der Mitgliedstaaten der Europäischen Union und der Staaten befindet, auf die das Abkommen über den Europäischen Wirtschaftsraum (EWR-Abkommen) anwendbar ist, oder wenn der Zulageberechtigte ungeachtet eines Wohnsitzes oder gewöhnlichen Aufenthaltes in einem dieser Staaten nach einem Abkommen zur Vermeidung der Doppelbesteuerung mit einem dritten Staat als außerhalb des Hoheitsgebiets dieser Staaten ansässig gilt und
2. entweder die Zulageberechtigung endet oder die Auszahlungsphase des Altersvorsorgevertrags begonnen hat.

---

1) Durch das Gesetz zur Verbesserung der steuerlichen Förderung der privaten Altersvorsorge (Altersvorsorge-Verbesserungsgesetz – AltvVerbG) soll § 94 Abs. 1 Satz 4 EStG geändert werden. Bei Redaktionsschluss war das Gesetzgebungsverfahren noch nicht abgeschlossen. Um Beachtung wird gebeten.
→ Siehe hierzu Hinweise auf Seite 4!

2) Durch das Gesetz zur Verbesserung der steuerlichen Förderung der privaten Altersvorsorge (Altersvorsorge-Verbesserungsgesetz – AltvVerbG) soll § 95 EStG geändert werden. Bei Redaktionsschluss war das Gesetzgebungsverfahren noch nicht abgeschlossen. Um Beachtung wird gebeten. → Siehe hierzu Hinweise auf Seite 4!

3) Zur zeitlichen Anwendung → § 52 Abs. 67 EStG: 1Wurde der Rückzahlungsbetrag nach § 95 Absatz 1 in Verbindung mit den §§ 93 und 94 Absatz 2 Satz 1 bis zum 9. September 2009 bestandskräftig festgesetzt oder ist die Frist für den Festsetzungsantrag nach § 94 Absatz 2 Satz 2 in Verbindung mit § 90 Absatz 4 Satz 2 bis zu diesem Zeitpunkt bereits abgelaufen, finden § 95 Absatz 2 und 3 und § 99 Absatz 1 in der am 31. 12. 2008 geltenden Fassung weiter Anwendung. 2Handelt es sich nicht um einen Fall des Satzes 1, ist § 95 i. d. F. des Artikels 1 des Gesetzes vom 8. 4. 2010 (BGBl. I S. 386) anzuwenden; bereits vor dem 15. 4. 2010 erlassene Bescheide können entsprechend aufgehoben oder geändert werden. 3Wurde ein Stundungsbescheid nach § 95 Absatz 2 Satz 2 in der am 31. 12. 2008 geltenden Fassung bekannt gegeben, ist § 95 Absatz 2 Satz 3 in der am 31. 12. 2008 geltenden Fassung dieses Gesetzes weiter anwenden.

→ auch § 52 Abs. 66 EStG: Endet die unbeschränkte Steuerpflicht eines Zulageberechtigten im Sinne des Absatzes 24c Satz 2 und 3 durch Aufgabe des inländischen Wohnsitzes oder gewöhnlichen Aufenthalts und wird die Person nicht nach § 1 Absatz 3 als unbeschränkt einkommensteuerpflichtig behandelt, gelten die §§ 93 und 94 entsprechend; § 95 Absatz 2 und 3 und § 99 Absatz 1 in der am 31. 12. 2008 geltenden Fassung sind anzuwenden.

(2) ¹Auf Antrag des Zulageberechtigten ist der Rückzahlungsbetrag (§ 93 Absatz 1 Satz 1) zunächst bis zum Beginn der Auszahlung (§ 1 Absatz 1 Nummer 2 des Altersvorsorgeverträge-Zertifizierungsgesetzes oder § 92a Absatz 2 Satz 5) zu stunden. ²Die Stundung ist zu verlängern, wenn der Rückzahlungsbetrag mit mindestens 15 Prozent der Leistungen aus dem Altersvorsorgevertrag getilgt wird. ³Die Stundung endet, wenn das geförderte Altersvorsorgevermögen nicht unter den in § 1 Absatz 1 Nummer 4 des Altersvorsorgeverträge-Zertifizierungsgesetzes genannten Voraussetzungen an den Zulageberechtigten ausgezahlt wird. ⁴Der Stundungsantrag ist über den Anbieter an die zentrale Stelle zu richten. ⁵Die zentrale Stelle teilt ihre Entscheidung auch dem Anbieter mit.

(3) Wurde der Rückzahlungsbetrag nach Absatz 2 gestundet und

1. verlegt der ehemals Zulageberechtigte seinen ausschließlichen Wohnsitz oder gewöhnlichen Aufenthalt in einen Mitgliedstaat der Europäischen Union oder einen Staat, auf den das Abkommen über den Europäischen Wirtschaftsraum (EWR-Abkommen) anwendbar ist, oder

2. wird der ehemals Zulageberechtigte erneut zulageberechtigt,

sind der Rückzahlungsbetrag und die bereits entstandenen Stundungszinsen von der zentralen Stelle zu erlassen.

§ 96 Anwendung der Abgabenordnung, allgemeine Vorschriften

(1) ¹Auf die Zulagen und die Rückzahlungsbeträge sind die für Steuervergütungen geltenden Vorschriften der Abgabenordnung entsprechend anzuwenden. ²Dies gilt nicht für § 163 der Abgabenordnung.

(2) ¹Der Anbieter haftet als Gesamtschuldner neben dem Zulageempfänger für die Zulagen und die nach § 10a Absatz 4 gesondert festgestellten Beträge, die wegen seiner vorsätzlichen oder grob fahrlässigen Pflichtverletzung zu Unrecht gezahlt, nicht einbehalten oder nicht zurückgezahlt worden sind. ²Für die Inanspruchnahme des Anbieters ist die zentrale Stelle zuständig.

(3) Die zentrale Stelle hat auf Anfrage des Anbieters Auskunft über die Anwendung des Abschnitts XI zu geben.

(4) ¹Die zentrale Stelle kann beim Anbieter ermitteln, ob er seine Pflichten erfüllt hat. ²Die §§ 193 bis 203 der Abgabenordnung gelten sinngemäß. ³Auf Verlangen der zentralen Stelle hat der Anbieter ihr Unterlagen, soweit sie im Ausland geführt und aufbewahrt werden, verfügbar zu machen.

(5) Der Anbieter erhält vom Bund oder den Ländern keinen Ersatz für die ihm aus diesem Verfahren entstehenden Kosten.

(6) ¹Der Anbieter darf die im Zulageverfahren bekannt gewordenen Verhältnisse der Beteiligten nur für das Verfahren verwerten. ²Er darf sie ohne Zustimmung der Beteiligten nur offenbaren, soweit dies gesetzlich zugelassen ist.

(7) ¹Für die Zulage gelten die Strafvorschriften des § 370 Absatz 1 bis 4, der §§ 371, 375 Absatz 1 und des § 376 sowie die Bußgeldvorschriften der §§ 378, 379 Absatz 1 und 4 und §§ 383 und 384 der Abgabenordnung entsprechend. ²Für das Strafverfahren wegen einer Straftat nach Satz 1 sowie der Begünstigung einer Person, die eine solche Tat begangen hat, gelten die §§ 385 bis 408, für das Bußgeldverfahren wegen einer Ordnungswidrigkeit nach Satz 1 die §§ 409 bis 412 der Abgabenordnung entsprechend.

§ 97 Übertragbarkeit

¹Das nach § 10a oder Abschnitt XI geförderte Altersvorsorgevermögen einschließlich seiner Erträge, die geförderten laufenden Altersvorsorgebeiträge und der Anspruch auf die Zulage sind nicht übertragbar. ²§ 93 Absatz 1a und § 4 des Betriebsrentengesetzes bleiben unberührt.

§ 98 Rechtsweg

In öffentlich-rechtlichen Streitigkeiten über die auf Grund des Abschnitts XI ergehenden Verwaltungsakte ist der Finanzrechtsweg gegeben.

§ 99 Ermächtigung

(1) Das Bundesministerium der Finanzen wird ermächtigt, die Vordrucke für die Anträge nach § 89, für die Anmeldung nach § 90 Absatz 3 und für die in den §§ 92 und 94 Absatz 1 Satz 4 vorgesehenen Bescheinigungen und im Einvernehmen mit den obersten Finanzbehörden der Länder den Vordruck für die nach § 22 Nummer 5 Satz 7 vorgesehene Bescheinigung und den Inhalt und Aufbau der für die Durchführung des Zulageverfahrens zu übermittelnden Datensätze zu bestimmen.

(2) ¹Das Bundesministerium der Finanzen wird ermächtigt, im Einvernehmen mit dem Bundesministerium für Arbeit und Soziales und dem Bundesministerium des Innern durch Rechtsverordnung mit Zustimmung des Bundesrates Vorschriften zur Durchführung dieses Gesetzes über das Verfahren für die Ermittlung, Festsetzung, Auszahlung, Rückzahlung und Rückforderung der Zulage sowie die Rückzahlung und Rückforderung der nach § 10a Absatz 4 festgestellten Beträge zu erlassen. ²Hierzu gehören insbesondere

1. Vorschriften über Aufzeichnungs-, Aufbewahrungs-, Bescheinigungs- und Anzeigepflichten des Anbieters,
2. Grundsätze des vorgesehenen Datenaustausches zwischen den Anbietern, der zentralen Stelle, den Trägern der gesetzlichen Rentenversicherung, der Bundesagentur für Arbeit, den Meldebehörden, den Familienkassen, den zuständigen Stellen und den Finanzämtern und
3. Vorschriften über Mitteilungspflichten, die für die Erteilung der Bescheinigungen nach § 22 Nummer 5 Satz 7 und § 92 erforderlich sind.

---

¹) Zur Anwendung von § 99 Abs. 1 EStG → § 52 Abs. 66 und 67 EStG.

Anlage 1 zum Einkommensteuergesetz
(zu § 4d Absatz 1)

Tabelle für die Errechnung des Deckungskapitals für lebenslänglich laufende Leistungen von Unterstützungskassen

Erreichtes Alter des Leistungsempfängers (Jahre)	Die Jahresbeträge der laufenden Leistungen sind zu vervielfachen bei Leistungen	
	an männliche Leistungsempfänger mit	an weibliche Leistungsempfänger mit
1	2	3
bis 26	11	17
27 bis 29	12	17
30	13	17
31 bis 35	13	16
36 bis 39	14	16
40 bis 46	14	15
47 und 48	14	14
49 bis 52	13	14
53 bis 56	13	13
57 und 58	13	12
59 und 60	12	12
61 bis 63	12	11
64	11	11
65 bis 67	11	10
68 bis 71	10	9
72 bis 74	9	8
75 bis 77	8	7
78	8	6
79 bis 81	7	6
82 bis 84	6	5
85 bis 87	5	4
88	4	4
89 und 90	4	3
91 bis 93	3	3
94	3	2
95 und älter	2	2

# B.
Anhänge

Übersicht

I. Altersteilzeitgesetz
II. Altersteilzeitzuschlagsverordnung

I.
Altersteilzeitgesetz

(Art. 1 des Gesetzes zur Förderung eines gleitenden Übergangs in den Ruhestand)

vom 23. 7. 1996 (BGBl. I S. 1078)
zuletzt geändert durch

Artikel 13 Absatz 7 des Gesetzes zur Neuordnung der Organisation der landwirtschaftlichen Sozialversicherung (LSV-Neuordnungsgesetz – LSV-NOG) vom 12. 4. 2012 (BGBl. I S. 579)

§ 1 Grundsatz

(1) Durch Altersteilzeitarbeit soll älteren Arbeitnehmern ein gleitender Übergang vom Erwerbsleben in die Altersrente ermöglicht werden.

(2) Die Bundesagentur für Arbeit (Bundesagentur) fördert durch Leistungen nach diesem Gesetz die Teilzeitarbeit älterer Arbeitnehmer, die ihre Arbeitszeit ab Vollendung des 55. Lebensjahres spätestens ab 31. Dezember 2009 vermindern und damit die Einstellung eines sonst arbeitslosen Arbeitnehmers ermöglichen.

(3) Altersteilzeit im Sinne dieses Gesetzes liegt unabhängig von einer Förderung durch die Bundesagentur auch vor bei einer Teilzeitarbeit älterer Arbeitnehmer, die ihre Arbeitszeit ab Vollendung des 55. Lebensjahres nach dem 31. Dezember 2009 vermindern. Für die Anwendung des § 3 Nr. 28 des Einkommensteuergesetzes kommt es nicht darauf an, dass die Altersteilzeit vor dem 1. Januar 2010 begonnen wurde und durch die Bundesagentur nach § 4 gefördert wird.

§ 2 Begünstigter Personenkreis

(1) Leistungen werden für Arbeitnehmer gewährt, die
1. das 55. Lebensjahr vollendet haben,
2. nach dem 14. Februar 1996 auf Grund einer Vereinbarung mit ihrem Arbeitgeber, die sich zumindest auf die Zeit erstrecken muß, bis eine Rente wegen Alters beansprucht werden kann, ihre Arbeitszeit auf die Hälfte der bisherigen wöchentlichen Arbeitszeit vermindert haben, und versicherungspflichtig beschäftigt im Sinne des Dritten Buches Sozialgesetzbuch sind (Altersteilzeitarbeit) und
3. innerhalb der letzten fünf Jahre vor Beginn der Altersteilzeitarbeit mindestens 1080 Kalendertage in einer versicherungspflichtigen Beschäftigung nach dem Dritten Buch Sozialgesetzbuch oder nach den Vorschriften eines Mitgliedstaates, der Europäischen Union, eines Vertragsstaates des Abkommens über den Europäischen Wirtschaftsraum oder der Schweiz, gestanden haben. Zeiten mit Anspruch auf Arbeitslosengeld oder Arbeitslosenhilfe, Zeiten des Bezugs von Arbeitslosengeld II sowie Zeiten, in denen Versicherungspflicht nach § 26 Abs. 2 des Dritten Buches Sozialgesetzbuch bestand, stehen der versicherungspflichtigen Beschäftigung gleich.[1])

(2) Sieht die Vereinbarung über die Altersteilzeitarbeit unterschiedliche wöchentliche Arbeitszeiten oder eine unterschiedliche Verteilung der wöchentlichen Arbeitszeit vor, ist die Voraussetzung nach Absatz 1 Nr. 2 auch erfüllt, wenn
1. die wöchentliche Arbeitszeit im Durchschnitt eines Zeitraums von bis zu drei Jahren oder bei Regelung in einem Tarifvertrag, auf Grund eines Tarifvertrages in einer Betriebsvereinbarung oder in einer Regelung der Kirchen und der öffentlich-rechtlichen Religionsgesellschaften im Durchschnitt eines Zeitraums von bis zu sechs Jahren die Hälfte der bisherigen wöchentlichen Arbeitszeit nicht überschreitet und der Arbeitnehmer versicherungspflichtig beschäftigt im Sinne des Dritten Buches Sozialgesetzbuch ist und

---

[1]) § 2 Abs. 1 Nr. 3 Satz 3 AltTZG wurde durch das Gesetz zur Verbesserung der Eingliederungschancen am Arbeitsmarkt vom 20. 12. 2011 (BGBl. I S. 2854) ab 1. 4. 2012 aufgehoben.

Anhang 1
Altersteilzeit

2. das Arbeitsentgelt für die Altersteilzeitarbeit sowie der Aufstockungsbetrag nach § 3 Abs. 1 Nr. 1 Buchstabe a fortlaufend gezahlt werden.

Im Geltungsbereich eines Tarifvertrages nach Satz 1 Nr. 1 kann die tarifvertragliche Regelung im Betrieb eines nicht tarifgebundenen Arbeitgebers durch Betriebsvereinbarung oder, wenn ein Betriebsrat nicht besteht, durch schriftliche Vereinbarung zwischen dem Arbeitgeber und dem Arbeitnehmer übernommen werden. Können auf Grund eines solchen Tarifvertrages abweichende Regelungen in einer Betriebsvereinbarung getroffen werden, kann auch in Betrieben eines nicht tarifgebundenen Arbeitgebers davon Gebrauch gemacht werden. Satz 1 Nr. 1, 2. Alternative gilt entsprechend. In einem Bereich, in dem tarifvertragliche Regelungen zur Verteilung der Arbeitszeit nicht getroffen sind oder üblicherweise nicht getroffen werden, kann eine Regelung im Sinne des Satzes 1 Nr. 1, 2. Alternative auch durch Betriebsvereinbarung oder, wenn ein Betriebsrat nicht besteht, durch schriftliche Vereinbarung zwischen Arbeitgeber und Arbeitnehmer getroffen werden.

(3) Sieht die Vereinbarung über die Altersteilzeitarbeit unterschiedliche wöchentliche Arbeitszeiten oder eine unterschiedliche Verteilung der wöchentlichen Arbeitszeit über einen Zeitraum von mehr als sechs Jahren vor, ist die Voraussetzung nach Absatz 1 Nr. 2 auch erfüllt, wenn die wöchentliche Arbeitszeit im Durchschnitt eines Zeitraums von sechs Jahren, der innerhalb des Gesamtzeitraums der vereinbarten Altersteilzeitarbeit liegt, die Hälfte der bisherigen wöchentlichen Arbeitszeit nicht überschreitet, der Arbeitnehmer versicherungspflichtig beschäftigt im Sinne des Dritten Buches Sozialgesetzbuch ist und die weiteren Voraussetzungen des Absatzes 2 vorliegen. Die Leistungen nach § 3 Abs. 1 Nr. 1 sind nur in dem in Satz 1 genannten Zeitraum von sechs Jahren zu erbringen.

§ 3 Anspruchsvoraussetzungen

(1) Der Anspruch auf die Leistungen nach § 4 setzt voraus, daß

1. der Arbeitgeber auf Grund eines Tarifvertrages, einer Regelung der Kirchen und der öffentlich-rechtlichen Religionsgesellschaften, einer Betriebsvereinbarung oder einer Vereinbarung mit dem Arbeitnehmer

    a) das Regelarbeitsentgelt für die Altersteilzeit um mindestens 20 vom Hundert aufgestockt hat, wobei die Aufstockung auch weitere Entgeltbestandteile umfassen kann, und

    b) für den Arbeitnehmer zusätzlich Beiträge zur gesetzlichen Rentenversicherung mindestens in Höhe des Beitrags entrichtet hat, der auf 80 vom Hundert des Regelarbeitsentgelts für die Altersteilzeitarbeit, begrenzt auf den Unterschiedsbetrag zwischen 90 vom Hundert der monatlichen Beitragsbemessungsgrenze und dem Regelarbeitsentgelt, entfällt, höchstens bis zur Beitragsbemessungsgrenze, sowie

2. der Arbeitgeber aus Anlass des Übergangs des Arbeitnehmers in die Altersteilzeitarbeit

    a) einen bei einer Agentur für Arbeit arbeitslos gemeldeten Arbeitnehmer, einen Bezieher von Arbeitslosengeld II oder einen Arbeitnehmer nach Abschluss der Ausbildung auf dem freigemachten oder auf einem in diesem Zusammenhang durch Umsetzung freigewordenen Arbeitsplatz versicherungspflichtig im Sinne des Dritten Buches Sozialgesetzbuch beschäftigt; bei Arbeitgebern, die in der Regel nicht mehr als 50 Arbeitnehmer beschäftigen, wird unwiderleglich vermutet, dass der Arbeitnehmer auf dem freigemachten oder auf einem in diesem Zusammenhang durch Umsetzung frei gewordenen Arbeitsplatz beschäftigt wird, oder

    b) einen Auszubildenden versicherungspflichtig im Sinne des Dritten Buches Sozialgesetzbuch beschäftigt, wenn der Arbeitgeber in der Regel nicht mehr als 50 Arbeitnehmer beschäftigt und

3. die freie Entscheidung des Arbeitgebers bei einer über fünf vom Hundert der Arbeitnehmer des Betriebes hinausgehenden Inanspruchnahme sichergestellt ist oder eine Ausgleichskasse der Arbeitgeber oder eine gemeinsame Einrichtung der Tarifvertragsparteien besteht, wobei beide Voraussetzungen in Tarifverträgen verbunden werden können.

(1a) Die Voraussetzungen des Absatzes 1 Nr. 1 Buchstabe a sind auch erfüllt, wenn Bestandteile des Arbeitsentgelts, die für den Zeitraum der vereinbarten Altersteilzeitarbeit vermindert worden sind, bei der Aufstockung außer Betracht bleiben.

(2) Für die Zahlung der Beiträge nach Absatz 1 Nr. 1 Buchstabe b gelten die Bestimmungen des Sechsten Buches Sozialgesetzbuch über die Beitragszahlung aus dem Arbeitsentgelt.

(3) Hat der in Altersteilzeitarbeit beschäftigte Arbeitnehmer die Arbeitsleistung oder Teile der Arbeitsleistung im voraus erbracht, so ist die Voraussetzung nach Absatz 1 Nr. 2 bei Arbeitszeiten nach § 2 Abs. 2 und 3 erfüllt, wenn die Beschäftigung eines bei einer Agentur für Arbeit arbeitslos gemeldeten Arbeitnehmers oder eines Arbeitnehmers nach Abschluß der Ausbildung auf dem

freigemachten oder durch Umsetzung freigewordenen Arbeitsplatz erst nach Erbringung der Arbeitsleistung erfolgt.

§ 4 Leistungen

(1) Die Bundesagentur erstattet dem Arbeitgeber für längstens sechs Jahre
1. den Aufstockungsbetrag nach § 3 Abs. 1 Nr. 1 Buchstabe a in Höhe von 20 vom Hundert des für die Altersteilzeitarbeit gezahlten Regelarbeitsentgelts und
2. den Betrag, der nach § 3 Abs. 1 Nr. 1 Buchstabe b in Höhe des Beitrags geleistet worden ist, der auf den Betrag entfällt, der sich aus 80 vom Hundert des Regelarbeitsentgeltes für die Altersteilzeitarbeit ergibt, jedoch höchstens des auf den Unterschiedsbetrag zwischen 90 vom Hundert der monatlichen Beitragsbemessungsgrenze und dem Regelarbeitsentgelt entfallenden Beitrages.

(2) Bei Arbeitnehmern, die nach § 6 Abs. 1 Satz 1 Nr. 1 oder § 231 Abs. 1 und 2 des Sechsten Buches Sozialgesetzbuch von der Versicherungspflicht befreit sind, werden Leistungen nach Absatz 1 auch erbracht, wenn die Voraussetzung des § 3 Abs. 1 Nr. 1 Buchstabe b nicht erfüllt ist. Dem Betrag nach Absatz 1 Nr. 2 stehen in diesem Fall vergleichbare Aufwendungen des Arbeitgebers bis zur Höhe des Beitrags gleich, den die Bundesagentur nach Absatz 1 Nr. 2 zu tragen hätte, wenn der Arbeitnehmer nicht von der Versicherungspflicht befreit wäre.

§ 5 Erlöschen und Ruhen des Anspruchs

(1) Der Anspruch auf die Leistungen nach § 4 erlischt
1. mit Ablauf des Kalendermonats, in dem der Arbeitnehmer die Altersteilzeitarbeit beendet hat,
2. mit Ablauf des Kalendermonats vor dem Kalendermonat, für den der Arbeitnehmer eine Rente wegen Alters oder, wenn er von der Versicherungspflicht in der gesetzlichen Rentenversicherung befreit ist, das 65. Lebensjahr vollendet hat oder eine der Rente vergleichbare Leistung einer Versicherungs- oder Versorgungseinrichtung oder eines Versicherungsunternehmens beanspruchen kann; dies gilt nicht für Renten, die vor dem für den Versicherten maßgebenden Rentenalter in Anspruch genommen werden können oder
3. mit Beginn des Kalendermonats, für den der Arbeitnehmer eine Rente wegen Alters, eine Knappschaftsausgleichsleistung, eine ähnliche Leistung öffentlich-rechtlicher Art oder, wenn er von der Versicherungspflicht in der gesetzlichen Rentenversicherung befreit ist, eine vergleichbare Leistung einer Versicherungs- oder Versorgungseinrichtung oder eines Versicherungsunternehmens bezieht.

(2) Der Anspruch auf die Leistungen besteht nicht, solange der Arbeitgeber auf dem freigemachten oder durch Umsetzung freigewordenen Arbeitsplatz keinen Arbeitnehmer mehr beschäftigt, der bei Beginn der Beschäftigung die Voraussetzungen des § 3 Abs. 1 Nr. 2 erfüllt hat. Dies gilt nicht, wenn der Arbeitsplatz mit einem Arbeitnehmer, der diese Voraussetzungen erfüllt, innerhalb von drei Monaten erneut wiederbesetzt wird oder der Arbeitgeber insgesamt für vier Jahre die Leistungen erhalten hat.

(3) Der Anspruch auf die Leistungen ruht während der Zeit, in der der Arbeitnehmer neben seiner Altersteilzeitarbeit Beschäftigungen oder selbständige Tätigkeiten ausübt, die die Geringfügigkeitsgrenze des § 8 des Vierten Buches Sozialgesetzbuch überschreiten oder auf Grund solcher Beschäftigungen eine Entgeltersatzleistung erhält. Der Anspruch auf die Leistungen erlischt, wenn er mindestens 150 Kalendertage geruht hat. Mehrere Ruhenszeiträume sind zusammenzurechnen. Beschäftigungen oder selbständige Tätigkeiten bleiben unberücksichtigt, soweit der altersteilzeitarbeitende Arbeitnehmer sie bereits innerhalb der letzten fünf Jahre vor Beginn der Altersteilzeitarbeit ständig ausgeübt hat.

(4) Der Anspruch auf die Leistungen ruht während der Zeit, in der der Arbeitnehmer über die Altersteilzeitarbeit hinaus Mehrarbeit leistet, die den Umfang der Geringfügigkeitsgrenze des § 8 des Vierten Buches Sozialgesetzbuch überschreitet. Absatz 3 Satz 2 und 3 gilt entsprechend.

(5) § 48 Abs. 1 Nr. 3 des Zehnten Buches Sozialgesetzbuch findet keine Anwendung.

§ 6 Begriffsbestimmungen

(1) Das Regelarbeitsentgelt für die Altersteilzeit im Sinne dieses Gesetzes ist das auf einen Monat entfallende vom Arbeitgeber regelmäßig zu zahlende sozialversicherungspflichtige Arbeitsentgelt, soweit es die Beitragsbemessungsgrenze des Dritten Buches Sozialgesetzbuch nicht überschreitet. Entgeltbestandteile, die nicht laufend gezahlt werden, sind nicht berücksichtigungsfähig.

(2) Als bisherige wöchentliche Arbeitszeit ist die wöchentliche Arbeitszeit zugrunde zu legen, die mit dem Arbeitnehmer vor dem Übergang in die Altersteilzeitarbeit vereinbart war. Zugrunde zu legen ist höchstens die Arbeitszeit, die im Durchschnitt der letzten 24 Monate vor dem Übergang in die Altersteilzeit vereinbart war. Die ermittelte durchschnittliche Arbeitszeit kann auf die nächste volle Stunde gerundet werden.

(3) (weggefallen)

§ 7 Berechnungsvorschriften

(1) Ein Arbeitgeber beschäftigt in der Regel nicht mehr als 50 Arbeitnehmer, wenn er in dem Kalenderjahr, das demjenigen, für das die Feststellung zu treffen ist, vorausgegangen ist, für einen Zeitraum von mindestens acht Kalendermonaten nicht mehr als 50 Arbeitnehmer beschäftigt hat. Hat das Unternehmen nicht während des ganzen nach Satz 1 maßgebenden Kalenderjahrs bestanden, so beschäftigt der Arbeitgeber in der Regel nicht mehr als 50 Arbeitnehmer, wenn er während des Zeitraums des Bestehens des Unternehmens in der überwiegenden Zahl der Kalendermonate nicht mehr als 50 Arbeitnehmer beschäftigt hat. Ist das Unternehmen im Laufe des Kalenderjahrs errichtet worden, in dem die Feststellung nach Satz 1 zu treffen ist, so beschäftigt der Arbeitgeber in der Regel nicht mehr als 50 Arbeitnehmer, wenn nach der Art des Unternehmens anzunehmen ist, dass die Zahl der beschäftigten Arbeitnehmer während der überwiegenden Kalendermonate dieses Kalenderjahrs 50 nicht überschreiten wird.

(2) Für die Berechnung der Zahl der Arbeitnehmer nach § 3 Abs. 1 Nr. 3 ist der Durchschnitt der letzten zwölf Kalendermonate vor dem Beginn der Altersteilzeitarbeit des Arbeitnehmers maßgebend. Hat ein Betrieb noch nicht zwölf Monate bestanden, ist der Durchschnitt der Kalendermonate während des Zeitraums des Bestehens des Betriebes maßgebend.

(3) Bei der Feststellung der Zahl der beschäftigten Arbeitnehmer nach Absatz 1 und 2 bleiben schwerbehinderte Menschen und Gleichgestellte im Sinne des Neunten Buches Sozialgesetzbuch sowie Auszubildende außer Ansatz. Teilzeitbeschäftigte Arbeitnehmer mit einer regelmäßigen wöchentlichen Arbeitszeit von nicht mehr als 20 Stunden sind mit 0,5 und mit einer regelmäßigen wöchentlichen Arbeitszeit von nicht mehr als 30 Stunden mit 0,75 zu berücksichtigen.

(4) Bei der Ermittlung der Zahl der in Altersteilzeit beschäftigten Arbeitnehmer nach § 3 Abs. 1 Nr. 3 sind schwerbehinderte Menschen und Gleichgestellte im Sinne des Neunten Buches Sozialgesetzbuch zu berücksichtigen.

§ 8 Arbeitsrechtliche Regelungen

(1) Die Möglichkeit eines Arbeitnehmers zur Inanspruchnahme von Altersteilzeitarbeit gilt nicht als eine die Kündigung des Arbeitsverhältnisses durch den Arbeitgeber begründende Tatsache im Sinne des § 1 Abs. 2 Satz 1 des Kündigungsschutzgesetzes; sie kann auch nicht bei der sozialen Auswahl nach § 1 Abs. 3 Satz 1 des Kündigungsschutzgesetzes zum Nachteil des Arbeitnehmers berücksichtigt werden.

(2) Die Verpflichtung des Arbeitgebers zur Zahlung von Leistungen nach § 3 Abs. 1 Nr. 1 kann nicht für den Fall ausgeschlossen werden, daß der Anspruch des Arbeitgebers auf die Leistungen nach § 4 nicht besteht, weil die Voraussetzung des § 3 Abs. 1 Nr. 2 nicht vorliegt. Das gleiche gilt für den Fall, daß der Arbeitgeber die Leistungen nur deshalb nicht erhält, weil er den Antrag nach § 12 nicht, nicht richtig, nicht vollständig oder nicht rechtzeitig gestellt hat oder seinen Mitwirkungspflichten nicht nachgekommen ist, ohne daß dafür eine Verletzung der Mitwirkungspflichten des Arbeitnehmers ursächlich war.

(3) Eine Vereinbarung zwischen Arbeitnehmer und Arbeitgeber über die Altersteilzeitarbeit, die die Beendigung des Arbeitsverhältnisses ohne Kündigung zu einem Zeitpunkt vorsieht, in dem der Arbeitnehmer Anspruch auf eine Rente wegen Alters hat, ist zulässig.

§ 8a Insolvenzsicherung

(1) Führt eine Vereinbarung über die Altersteilzeitarbeit im Sinne von § 2 Abs. 2 zum Aufbau eines Wertguthabens, das den Betrag des Dreifachen des Regelarbeitsentgelts nach § 6 Abs. 1 einschließlich des darauf entfallenden Arbeitgeberanteils am Gesamtsozialversicherungsbeitrag übersteigt, ist der Arbeitgeber verpflichtet, das Wertguthaben einschließlich des darauf entfallenden Arbeitgeberanteils am Gesamtsozialversicherungsbeitrag mit der ersten Gutschrift in geeigneter Weise gegen das Risiko seiner Zahlungsunfähigkeit abzusichern. § 7e des Vierten Buches Sozialgesetzbuch findet keine Anwendung. Bilanzielle Rückstellungen sowie zwischen Konzernunternehmen (§ 18 Aktiengesetz) begründete Einstandspflichten, insbesondere Bürgschaften, Patronatserklärungen oder Schuldbeitritte, gelten nicht als geeignete Sicherungsmittel im Sinne des Satzes 1.

(2) Bei der Ermittlung der Höhe des zu sichernden Wertguthabens ist eine Anrechnung der Leistungen nach § 3 Abs. 1 Nr. 1 Buchstabe a und b und § 4 Abs. 2 sowie der Zahlungen des Arbeitgebers zur Übernahme der Beiträge im Sinne des § 187a des Sechsten Buches Sozialgesetzbuch unzulässig.

(3) Der Arbeitgeber hat dem Arbeitnehmer die zur Sicherung des Wertguthabens ergriffenen Maßnahmen mit der ersten Gutschrift und danach alle sechs Monate in Textform nachzuweisen. Die Betriebsparteien können eine andere gleichwertige Art und Form des Nachweises vereinbaren; Absatz 4 bleibt hiervon unberührt.

(4) Kommt der Arbeitgeber seiner Verpflichtung nach Absatz 3 nicht nach oder sind die nachgewiesenen Maßnahmen nicht geeignet und weist er auf schriftliche Aufforderung des Arbeitnehmers nicht innerhalb eines Monats eine geeignete Insolvenzsicherung des bestehenden Wertguthabens in Textform nach, kann der Arbeitnehmer verlangen, dass Sicherheit in Höhe des bestehenden Wertguthabens geleistet wird. Die Sicherheitsleistung kann nur erfolgen durch Stellung eines tauglichen Bürgen oder Hinterlegung von Geld oder solchen Wertpapieren, die nach § 234 Abs. 1 und 3 des Bürgerlichen Gesetzbuchs zur Sicherheitsleistung geeignet sind. Die Vorschriften der §§ 233, 234 Abs. 2, §§ 235 und 239 des Bürgerlichen Gesetzbuchs sind entsprechend anzuwenden.

(5) Vereinbarungen über den Insolvenzschutz, die zum Nachteil des in Altersteilzeitarbeit beschäftigten Arbeitnehmers von den Bestimmungen dieser Vorschrift abweichen, sind unwirksam.

(6) Die Absätze 1 bis 5 finden keine Anwendung gegenüber dem Bund, den Ländern, den Gemeinden, Körperschaften, Stiftungen und Anstalten des öffentlichen Rechts, über deren Vermögen die Eröffnung eines Insolvenzverfahrens nicht zulässig ist sowie solchen juristischen Personen des öffentlichen Rechts, bei denen der Bund, ein Land oder eine Gemeinde kraft Gesetzes die Zahlungsfähigkeit sichert.

§ 9 Ausgleichskassen, gemeinsame Einrichtungen

(1) Werden die Leistungen nach § 3 Abs. 1 Nr. 1 auf Grund eines Tarifvertrages von einer Ausgleichskasse der Arbeitgeber erbracht oder dem Arbeitgeber erstattet, gewährt die Bundesagentur auf Antrag der Tarifvertragsparteien die Leistungen nach § 4 der Ausgleichskasse.

(2) Für gemeinsame Einrichtungen der Tarifvertragsparteien gilt Absatz 1 entsprechend.

§ 10 Soziale Sicherung des Arbeitnehmers

(1) Beansprucht ein Arbeitnehmer, der Altersteilzeitarbeit (§ 2) geleistet hat und für den der Arbeitgeber Leistungen nach § 3 Abs. 1 Nr. 1 erbracht hat, Arbeitslosengeld oder Arbeitslosenhilfe, erhöht sich das Bemessungsentgelt, das sich nach den Vorschriften des Dritten Buches Sozialgesetzbuch ergibt, bis zu dem Betrag, der als Bemessungsentgelt zugrunde zu legen wäre, wenn der Arbeitnehmer seine Arbeitszeit nicht im Rahmen der Altersteilzeit vermindert hätte. Kann der Arbeitnehmer eine Rente wegen Alters in Anspruch nehmen, ist von dem Tage an, an dem die Rente erstmals beansprucht werden kann, das Bemessungsentgelt maßgebend, das ohne die Erhöhung nach Satz 1 zugrunde zu legen gewesen wäre. Änderungsbescheide werden mit dem Tag wirksam, an dem die Altersrente erstmals beansprucht werden konnte.

(2) Bezieht ein Arbeitnehmer, für den die Bundesagentur Leistungen nach § 4 erbracht hat, Krankengeld, Versorgungskrankengeld, Verletztengeld oder Übergangsgeld und liegt der Bemessung dieser Leistungen ausschließlich die Altersteilzeit zugrunde, oder bezieht der Arbeitnehmer Krankentagegeld von einem privaten Krankenversicherungsunternehmen erbringt die Bundesagentur anstelle des Arbeitgebers die Leistungen nach § 3 Abs. 1 Nr. 1 in Höhe der Erstattungsleistungen nach § 4. Durch die Leistungen darf der Höchstförderzeitraum nach § 4 Abs. 1 nicht überschritten werden. Satz 1 gilt soweit und solange nicht, als Leistungen nach § 3 Abs. 1 Nr. 1 vom Arbeitgeber erbracht werden. § 5 Abs. 1 gilt entsprechend.

(3) Absatz 2 gilt entsprechend für Arbeitnehmer, die nur wegen Inanspruchnahme der Altersteilzeit nach § 2 Abs. 1 Nr. 1 und 2 des Zweiten Gesetzes über die Krankenversicherung der Landwirte versicherungspflichtig in der Krankenversicherung der Landwirte sind, soweit und solange ihnen Krankengeld gezahlt worden wäre, falls sie nicht Mitglied der landwirtschaftlichen Krankenkasse geworden wären.[1)]

(4) Bezieht der Arbeitnehmer Kurzarbeitergeld, gilt für die Berechnung der Leistungen des § 3 Abs. 1 Nr. 1 und des § 4 das Entgelt für die vereinbarte Arbeitszeit als Arbeitsentgelt für die Altersteilzeitarbeit.

---

1) § 10 Abs. 3 AltTZG wurde durch das LSV-NOG vom 12. 4. 2012 (BGBl. I S. 579) ab 1. 1. 2013 geändert.

(5) Sind für den Arbeitnehmer Aufstockungsleistungen nach § 3 Abs. 1 Nr. 1 Buchstaben a und b gezahlt worden, gilt in den Fällen der nicht zweckentsprechenden Verwendung von Wertguthaben für die Berechnung der Beiträge zur gesetzlichen Rentenversicherung der Unterschiedsbetrag zwischen dem Betrag, den der Arbeitgeber der Berechnung der Beiträge nach § 3 Abs. 1 Nr. 1 Buchstabe b zugrunde gelegt hat, und dem Doppelten des Regelarbeitsentgelts zum Zeitpunkt der nicht zweckentsprechenden Verwendung, höchstens bis zur Beitragsbemessungsgrenze, als beitragspflichtige Einnahme aus dem Wertguthaben; für die Beiträge zur Krankenversicherung, Pflegeversicherung oder nach dem Recht der Arbeitsförderung gilt § 23b Abs. 2 bis 3 des Vierten Buches Sozialgesetzbuch. Im Falle der Zahlungsunfähigkeit des Arbeitgebers gilt Satz 1 entsprechend, soweit Beiträge gezahlt werden.

§ 11 Mitwirkungspflichten des Arbeitnehmers

(1) Der Arbeitnehmer hat Änderungen der ihn betreffenden Verhältnisse, die für die Leistungen nach § 4 erheblich sind, dem Arbeitgeber unverzüglich mitzuteilen. Werden im Fall des § 9 die Leistungen von der Ausgleichskasse der Arbeitgeber oder der gemeinsamen Einrichtung der Tarifvertragsparteien erbracht, hat der Arbeitnehmer Änderungen nach Satz 1 diesen gegenüber unverzüglich mitzuteilen.

(2) Der Arbeitnehmer hat der Bundesagentur die dem Arbeitgeber zu Unrecht gezahlten Leistungen zu erstatten, wenn der Arbeitnehmer die unrechtmäßige Zahlung dadurch bewirkt hat, daß er vorsätzlich oder grob fahrlässig

1. Angaben gemacht hat, die unrichtig oder unvollständig sind, oder
2. der Mitteilungspflicht nach Absatz 1 nicht nachgekommen ist.

Die zu erstattende Leistung ist durch schriftlichen Verwaltungsakt festzusetzen. Eine Erstattung durch den Arbeitgeber kommt insoweit nicht in Betracht.

§ 12 Verfahren

(1) Die Agentur für Arbeit entscheidet auf schriftlichen Antrag des Arbeitgebers, ob die Voraussetzungen für die Erbringung von Leistungen nach § 4 vorliegen. Der Antrag wirkt vom Zeitpunkt des Vorliegens der Anspruchsvoraussetzungen, wenn er innerhalb von drei Monaten nach deren Vorliegen gestellt wird, andernfalls wirkt er vom Beginn des Monats der Antragstellung. In den Fällen des § 3 Abs. 3 kann die Agentur für Arbeit auch vorab entscheiden, ob die Voraussetzungen des § 2 vorliegen. Mit dem Antrag sind die Namen, Anschriften und Versicherungsnummern der Arbeitnehmer mitzuteilen, für die Leistungen beantragt werden. Zuständig ist die Agentur für Arbeit, in dessen Bezirk der Betrieb liegt, in dem der Arbeitnehmer beschäftigt ist. Die Bundesagentur erklärt eine andere Agentur für Arbeit für zuständig, wenn der Arbeitgeber dafür ein berechtigtes Interesse glaubhaft macht.

(2) Die Höhe der Leistungen nach § 4 wird zu Beginn des Erstattungsverfahrens in monatlichen Festbeträgen für die gesamte Förderdauer festgelegt. Die monatlichen Festbeträge werden nur angepasst, wenn sich das berücksichtigungsfähige Regelarbeitsentgelt um mindestens zehn Euro verringert. Leistungen nach § 4 werden auf Antrag erbracht und nachträglich jeweils für den Kalendermonat ausgezahlt, in dem die Anspruchsvoraussetzungen vorgelegen haben. Leistungen nach § 10 Abs. 2 werden auf Antrag des Arbeitnehmers oder, im Falle einer Leistungserbringung des Arbeitgebers an den Arbeitnehmer gemäß § 10 Abs. 2 Satz 2, auf Antrag des Arbeitgebers monatlich nachträglich ausgezahlt.

(3) In den Fällen des § 3 Abs. 3 werden dem Arbeitgeber die Leistungen nach Absatz 1 erst von dem Zeitpunkt an ausgezahlt, in dem der Arbeitgeber auf dem freigemachten oder durch Umsetzung freigewordenen Arbeitsplatz einen Arbeitnehmer beschäftigt, der bei Beginn der Beschäftigung die Voraussetzungen des § 3 Abs. 1 Nr. 2 erfüllt hat. Endet die Altersteilzeitarbeit in den Fällen des § 3 Abs. 3 vorzeitig, erbringt die Agentur für Arbeit dem Arbeitgeber die Leistungen für zurückliegende Zeiträume nach Satz 3, solange die Voraussetzungen des § 3 Abs. 1 Nr. 2 erfüllt sind und soweit dem Arbeitgeber entsprechende Aufwendungen für Aufstockungsleistungen nach § 3 Abs. 1 Nr. 1 und § 4 Abs. 2 verblieben sind. Die Leistungen für zurückliegende Zeiten werden zusammen mit den laufenden Leistungen jeweils in monatlichen Teilbeträgen ausgezahlt. Die Höhe der Leistungen für zurückliegende Zeiten bestimmt sich nach der Höhe der laufenden Leistungen.

(4) Über die Erbringung von Leistungen kann die Agentur für Arbeit vorläufig entscheiden, wenn die Voraussetzungen für den Anspruch mit hinreichender Wahrscheinlichkeit vorliegen und zu ihrer Feststellung voraussichtlich längere Zeit erforderlich ist. Aufgrund der vorläufigen Entscheidung erbrachte Leistungen sind auf die zustehende Leistung anzurechnen. Sie sind zu erstatten, soweit mit der abschließenden Entscheidung ein Anspruch nicht oder nur in geringerer Höhe zuerkannt wird.

Anhang 1

Altersteilzeit

§ 13 Auskünfte und Prüfung

Die §§ 315 und 319 des Dritten Buches und das Zweite Kapitel des Zehnten Buches Sozialgesetzbuch gelten entsprechend. § 2 Abs. 1 Nr. 3 des Schwarzarbeitsbekämpfungsgesetzes bleibt unberührt.

§ 14 Bußgeldvorschriften

(1) Ordnungswidrig handelt, wer vorsätzlich oder fahrlässig

1. entgegen § 11 Abs. 1 oder als Arbeitgeber entgegen § 60 Abs. 1 Nr. 2 des Ersten Buches Sozialgesetzbuch eine Mitteilung nicht, nicht richtig, nicht vollständig oder nicht rechtzeitig macht,

[1])2. entgegen § 13 Satz 1 in Verbindung mit § 315 Abs. 1, 2 Satz 1, Abs. 3 oder 5 Satz 1 **und** 2 des Dritten Buches Sozialgesetzbuch eine Auskunft nicht, nicht richtig, nicht vollständig oder nicht rechtzeitig erteilt,

3. entgegen § 13 Satz 1 in Verbindung mit § 319 Abs. 1 Satz 1 des Dritten Buches Sozialgesetzbuch Einsicht oder Zutritt nicht gewährt oder[1])

4. entgegen § 13 Satz 1 in Verbindung mit § 319 Abs. 2 Satz 1 des Dritten Buches Sozialgesetzbuch Daten nicht, nicht richtig, nicht vollständig, nicht in der vorgeschriebenen Weise oder nicht rechtzeitig zur Verfügung stellt.[1])

(2) Die Ordnungswidrigkeit kann in den Fällen des Absatzes 1 Nr. 4 mit einer Geldbuße bis zu dreißigtausend Euro, in den übrigen Fällen mit einer Geldbuße bis zu tausend Euro geahndet werden.

(3) Verwaltungsbehörden im Sinne des § 36 Abs. 1 Nr. 1 des Gesetzes über Ordnungswidrigkeiten sind die Agenturen für Arbeit.

(4) Die Geldbußen fließen in die Kasse der Bundesagentur. § 66 des Zehnten Buches Sozialgesetzbuch gilt entsprechend.

(5) Die notwendigen Auslagen trägt abweichend von § 105 Abs. 2 des Gesetzes über Ordnungswidrigkeiten die Bundesagentur; diese ist auch ersatzpflichtig im Sinne des § 110 Abs. 4 des Gesetzes über Ordnungswidrigkeiten.

§ 15 Verordnungsermächtigung

Das Bundesministerium für Arbeit und Soziales kann durch Rechtsverordnungen die Mindestnettobeträge nach § 3 Abs. 1 Nr. 1 Buchstabe a in der bis zum 30. Juni 2004 gültigen Fassung bestimmen. Die Vorschriften zum Leistungsentgelt des Dritten Buches Sozialgesetzbuch gelten entsprechend. Das bisherige Arbeitsentgelt im Sinne des § 6 Abs. 1 in der bis zum 30. Juni 2004 gültigen Fassung ist auf den nächsten durch fünf teilbaren Euro-Betrag zu runden. Der Kalendermonat ist mit 30 Tagen anzusetzen.

§ 15a Übergangsregelung nach dem Gesetz zur Reform der Arbeitsförderung

Haben die Voraussetzungen für die Erbringung von Leistungen nach § 4 vor dem 1. April 1997 vorgelegen, erbringt die Bundesagentur die Leistungen nach § 4 auch dann, wenn die Voraussetzungen des § 2 Abs. 1 Nr. 2 und Abs. 2 Nr. 1 in der bis zum 31. März 1997 geltenden Fassung vorliegen.

§ 15b Übergangsregelung nach dem Gesetz zur Reform der gesetzlichen Rentenversicherung

Abweichend von § 5 Abs. 1 Nr. 2 erlischt der Anspruch auf die Leistungen nach § 4 nicht, wenn mit der Altersteilzeit vor dem 1. Juli 1998 begonnen worden ist und Anspruch auf eine ungeminderte Rente wegen Alters besteht, weil 45 Jahre mit Pflichtbeiträgen für eine versicherte Beschäftigung oder Tätigkeit vorliegen.

§ 15c Übergangsregelung nach dem Gesetz zur Fortentwicklung der Altersteilzeit

Ist eine Vereinbarung über Altersteilzeitarbeit vor dem 1. Januar 2000 abgeschlossen worden, erbringt die Bundesagentur die Leistungen nach § 4 auch dann, wenn die Voraussetzungen des § 2 Abs. 1 Nr. 2 und 3 in der bis zum 1. Januar 2000 geltenden Fassung vorliegen.

---

[1]) § 14 Abs. 1 Nr. 2 AltTZG wurde durch das Gesetz zur Verbesserung der Eingliederungschancen am Arbeitsmarkt vom 20. 12. 2011 (BGBl. I S. 2854) ab 1. 4. 2012 geändert.

§ 15d Übergangsregelung zum Zweiten Gesetz zur Fortentwicklung der Altersteilzeit

Ist eine Vereinbarung über Altersteilzeitarbeit vor dem 1. Juli 2000 abgeschlossen worden, gelten § 5 Abs. 2 Satz 2 und § 6 Abs. 2 Satz 2 in der bis zum 1. Juli 2000 geltenden Fassung. Sollen bei einer Vereinbarung nach Satz 1 Leistungen nach § 4 für einen Zeitraum von länger als fünf Jahren beansprucht werden, gilt § 5 Abs. 2 Satz 2 in der ab dem 1. Juli 2000 geltenden Fassung.

§ 15e Übergangsregelung nach dem Gesetz zur Reform der Renten wegen verminderter Erwerbsfähigkeit

Abweichend von § 5 Abs. 1 Nr. 2 erlischt der Anspruch auf die Leistungen nach § 4 nicht, wenn mit der Altersteilzeit vor dem 17. November 2000 begonnen worden ist und Anspruch auf eine ungeminderte Rente wegen Alters besteht, weil die Voraussetzungen nach § 236a Satz 5 Nr. 1 des Sechsten Buches Sozialgesetzbuch vorliegen.

§ 15f Übergangsregelung nach dem Zweiten Gesetz für moderne Dienstleistungen am Arbeitsmarkt

Wurde mit der Altersteilzeit vor dem 1. Januar 2003 begonnen, gelten Arbeitnehmer, die bis zu diesem Zeitpunkt in einer versicherungspflichtigen Beschäftigung nach dem Dritten Buch Sozialgesetzbuch gestanden haben, auch nach dem 1. Januar 2003 als versicherungspflichtig beschäftigt, wenn sie die bis zum 31. Dezember 2002 geltenden Voraussetzungen für das Vorliegen einer versicherungspflichtigen Beschäftigung weiterhin erfüllen.

§ 15g Übergangsregelung zum Dritten Gesetz für moderne Dienstleistungen am Arbeitsmarkt

Wurde mit der Altersteilzeit vor dem 1. Juli 2004 begonnen, sind die Vorschriften in der bis zum 30. Juni 2004 geltenden Fassung mit Ausnahme des § 15 weiterhin anzuwenden. Auf Antrag des Arbeitgebers erbringt die Bundesagentur abweichend von Satz 1 Leistungen nach § 4 in der ab dem 1. Juli 2004 geltenden Fassung, wenn die hierfür ab dem 1. Juli 2004 maßgebenden Voraussetzungen erfüllt sind.

§ 16 Befristung der Förderungsfähigkeit

Für die Zeit ab dem 1. Januar 2010 sind Leistungen nach § 4 nur noch zu erbringen, wenn die Voraussetzungen des § 2 erstmals vor diesem Zeitpunkt vorgelegen haben.

II.
Verordnung über die Gewährung eines Zuschlags bei Altersteilzeit (Altersteilzeitzuschlagsverordnung – ATZV)

vom 23. 8. 2001 (BGBl. I S. 2239)
zuletzt geändert durch Artikel 15 Abs. 38 des Gesetzes zur Neuordnung und Modernisierung des Bundesdienstrechts (Dienstrechtsneuordnungsgesetz – DNeuG)
vom 5. 2. 2009 (BGBl. I S. 160)

§ 1 Gewährung eines Altersteilzeitzuschlags

Den in § 6 Abs. 2 des Bundesbesoldungsgesetzes genannten Beamten und Richtern wird ein nichtruhegehaltfähiger Altersteilzeitzuschlag gewährt, soweit die Altersteilzeit mindestens mit der Hälfte der bisherigen Arbeitszeit, die für die Bemessung der ermäßigten Arbeitszeit während der Altersteilzeit zugrunde gelegt worden ist, durchgeführt wird.

§ 2 Höhe und Berechnung

(1) Der Zuschlag wird gewährt in Höhe des Unterschiedsbetrages zwischen der Nettobesoldung, die sich aus dem Umfang der Teilzeitbeschäftigung ergibt, und 83 vom Hundert der Nettobesoldung, die nach der bisherigen Arbeitszeit, die für die Bemessung der ermäßigten Arbeitszeit während der Altersteilzeit zugrunde gelegt worden ist, bei Beamten mit begrenzter Dienstfähigkeit (§ 45 des Bundesbeamtengesetzes oder entsprechendes Landesrecht) unter Berücksichtigung des § 72a des Bundesbesoldungsgesetzes, zustehen würde. Zur Ermittlung dieser letztgenannten Nettobesoldung ist die Bruttobesoldung um die Lohnsteuer entsprechend der individuellen Steuerklasse (§§ 38a, 38b des Einkommensteuergesetzes), den Solidaritätszuschlag (§ 4 Satz 1 des Solidaritätszuschlaggesetzes 1995) und um einen Abzug in Höhe von

8 vom Hundert der Lohnsteuer zu vermindern; Freibeträge (§ 39a des Einkommensteuergesetzes) oder sonstige individuelle Merkmale bleiben unberücksichtigt.

(2) Brutto- und Nettobesoldung im Sinne des Absatzes 1 sind das Grundgehalt, der Familienzuschlag, Amtszulagen, Stellenzulagen, Zuschüsse zum Grundgehalt für Professoren an Hochschulen und die bei der Deutschen Bundesbank gewährte Bankzulage, Überleitungszulagen und Ausgleichszulagen, die wegen des Wegfalls oder der Verminderung solcher Bezüge zustehen, sowie die jährlichen Sonderzahlungen.

(3) Für Beamte im Geschäftsbereich des Bundesministeriums der Verteidigung, deren Dienstposten durch Auflösung oder Verkleinerung von Dienststellen oder durch eine wesentliche Änderung des Aufbaus oder der Aufgaben einer Dienststelle einschließlich der damit verbundenen Umgliederung oder Verlegung auf Grund der Neuausrichtung der Bundeswehr wegfallen, gelten die Absätze 1 bis 3 mit der Maßgabe, dass der Zuschlag auf der Grundlage von 88 vom Hundert der maßgebenden Nettobesoldung bemessen wird. Dies gilt entsprechend für Beamte, deren Dienstposten mit Beamten nach Satz 1 neu besetzt werden.

§ 2a Ausgleich bei vorzeitiger Beendigung der Altersteilzeit

Wenn die Altersteilzeit mit ungleichmäßiger Verteilung der Arbeitszeit (Blockmodell) vorzeitig endet und die insgesamt gezahlten Altersteilzeitbezüge geringer sind als die Besoldung, die nach der tatsächlichen Beschäftigung ohne Altersteilzeit zugestanden hätte, ist ein Ausgleich in Höhe des Unterschiedsbetrages zu gewähren. Dabei bleiben Zeiten ohne Dienstleistung in der Arbeitsphase, soweit sie insgesamt sechs Monate überschreiten, unberücksichtigt. Abweichendes Landesrecht bleibt unberührt.

§ 3

(Inkrafttreten)

Anhang 2

Altersversorgung

Übersicht

I. Gesetz zur Verbesserung der betrieblichen Altersversorgung (Betriebsrentengesetz – BetrAVG) – Auszug –

II. Gesetz über die Zertifizierung von Altersvorsorge- und Basisrentenverträgen (Altersvorsorgeverträge-Zertifizierungsgesetz – AltZertG) – Auszug –

III. Verordnung zur Durchführung der steuerlichen Vorschriften des Einkommensteuergesetzes zur Altersvorsorge und zum Rentenbezugsmitteilungsverfahren sowie zum weiteren Datenaustausch mit der zentralen Stelle (Altersvorsorge-Durchführungsverordnung – AltvDV)

IV. Steuerliche Förderung der privaten Altersvorsorge und betrieblichen Altersversorgung
BMF vom 31. 3. 2010 (BStBl I S. 270)[1]

V. Zusagen auf Leistungen der betrieblichen Altersversorgung; Hinterbliebenenversorgung für die Lebensgefährtin oder den Lebensgefährten
BMF-Schreiben vom 25. 7. 2002 (BStBl I S. 706)

VI. Einkommensteuerrechtliche Behandlung von Vorsorgeaufwendungen und Altersbezügen
BMF vom 13. 9. 2010 (BStBl I S. 681)[2]

VII. Vorgezogene Leistungen in Form eines Übergangsgelds vor dem 60. Lebensjahr
BMF-Schreiben vom 26. 1. 2006 – IV C 5 – S 2333 – 2/06 –

VIII. Steuerliche Behandlung einer selbständigen Berufsunfähigkeitsversicherung als Direktversicherung
BMF-Schreiben vom 1. 8. 2006 – IV C 5 – S 2333 – 87/06 –

IX. Anhebung der Altersgrenzen;
Erhöhungen im Bereich Versicherungen im Sinne des § 20 Absatz 1 Nummer 6 EStG, Altersvorsorgeverträge, Basisrentenverträge, betriebliche Altersversorgung
BMF-Schreiben vom 6. 3. 2012 (BStBl I S. 238)

I.
Gesetz zur Verbesserung der betrieblichen Altersversorgung (Betriebsrentengesetz – BetrAVG)

vom 19. 12. 1974 (BGBl. I S. 3610, BStBl 1975 I S. 22), zuletzt geändert durch Artikel 4e des Gesetzes zur Verbesserung der Rahmenbedingungen für die Absicherung flexibler Arbeitszeitregelungen und zur Änderung anderer Gesetze vom 21. 12. 2008 (BGBl. I S. 2940)

– Auszug –

§ 1 Zusage des Arbeitgebers auf betriebliche Altersversorgung

(1) Werden einem Arbeitnehmer Leistungen der Alters-, Invaliditäts- oder Hinterbliebenenversorgung aus Anlass seines Arbeitsverhältnisses vom Arbeitgeber zugesagt (betriebliche Altersversorgung), gelten die Vorschriften dieses Gesetzes. Die Durchführung der betrieblichen Altersversorgung kann unmittelbar über den Arbeitgeber oder über einen der in § 1b Abs. 2 bis 4 genannten Versorgungsträger erfolgen. Der Arbeitgeber steht für die Erfüllung der von ihm zugesagten Leistungen auch dann ein, wenn die Durchführung nicht unmittelbar über ihn erfolgt.

(2) Betriebliche Altersversorgung liegt auch vor, wenn

1. der Arbeitgeber sich verpflichtet, bestimmte Beiträge in einer Anwartschaft auf Alters-, Invaliditäts- oder Hinterbliebenenversorgung umzuwandeln (beitragsorientierte Leistungszusage),

2. der Arbeitgeber sich verpflichtet, Beiträge zur Finanzierung von Leistungen der betrieblichen Altersversorgung an einen Pensionsfonds, eine Pensionskasse oder eine Direktversicherung zu zahlen und für Leistungen zur Altersversorgung das planmäßig zuzurechnende Versorgungskapital auf der Grundlage der gezahlten Beiträge (Beiträge und die daraus erzielten Erträge), mindestens die Summe der zugesagten Beiträge, soweit sie nicht rechnungsmäßig für einen biometrischen Risikoausgleich verbraucht wurden, hierfür zur Verfügung zu stellen (Beitragszusage mit Mindestleistung),

3. künftige Entgeltansprüche in eine wertgleiche Anwartschaft auf Versorgungsleistungen umgewandelt werden (Entgeltumwandlung) oder

4. der Arbeitnehmer Beiträge aus seinem Arbeitsentgelt zur Finanzierung von Leistungen der betrieblichen Altersversorgung an einen Pensionsfonds, eine Pensionskasse oder eine Direktversicherung leistet und die Zusage des Arbeitgebers auch die Leistungen aus diesen Beiträ-

---

[1] Das BMF-Schreiben befand sich bei Redaktionsschluss in der Überarbeitung.
[2] Das BMF-Schreiben befand sich bei Redaktionsschluss in der Überarbeitung.

gen umfasst; die Regelungen für Entgeltumwandlung sind hierbei entsprechend anzuwenden, soweit die zugesagten Leistungen aus diesen Beiträgen im Wege der Kapitaldeckung finanziert werden.

§ 1a Anspruch auf betriebliche Altersversorgung durch Entgeltumwandlung

(1) Der Arbeitnehmer kann vom Arbeitgeber verlangen, dass von seinen künftigen Entgeltansprüchen bis zu 4 vom Hundert der jeweiligen Beitragsbemessungsgrenze in der allgemeinen Rentenversicherung durch Entgeltumwandlung für seine betriebliche Altersversorgung verwendet werden. Die Durchführung des Anspruchs des Arbeitnehmers wird durch Vereinbarung geregelt. Ist der Arbeitgeber zu einer Durchführung über einen Pensionsfonds oder eine Pensionskasse (§ 1b Abs. 3) bereit, ist die betriebliche Altersversorgung dort durchzuführen; andernfalls kann der Arbeitnehmer verlangen, dass der Arbeitgeber für ihn eine Direktversicherung (§ 1b Abs. 2) abschließt. Soweit der Anspruch geltend gemacht wird, muss der Arbeitnehmer jährlich einen Betrag in Höhe von mindestens einem Hundertsechzigstel der Bezugsgröße nach § 18 Abs. 1 des Vierten Buches Sozialgesetzbuch für seine betriebliche Altersversorgung verwenden. Soweit der Arbeitnehmer Teile seines regelmäßigen Entgelts für betriebliche Altersversorgung verwendet, kann der Arbeitgeber verlangen, dass während eines laufenden Kalenderjahres gleich bleibende monatliche Beträge verwendet werden.

(2) Soweit eine durch Entgeltumwandlung finanzierte betriebliche Altersversorgung besteht, ist der Anspruch des Arbeitnehmers auf Entgeltumwandlung ausgeschlossen.

(3) Soweit der Arbeitnehmer einen Anspruch auf Entgeltumwandlung für betriebliche Altersversorgung nach Abs. 1 hat, kann er verlangen, dass die Voraussetzungen für eine Förderung nach den §§ 10a, 82 Abs. 2 des Einkommensteuergesetzes erfüllt werden, wenn die betriebliche Altersversorgung über einen Pensionsfonds, eine Pensionskasse oder eine Direktversicherung durchgeführt wird.

(4) Falls der Arbeitnehmer bei fortbestehendem Arbeitsverhältnis kein Entgelt erhält, hat er das Recht, die Versicherung oder Versorgung mit eigenen Beiträgen fortzusetzen. Der Arbeitgeber steht auch für die Leistungen aus diesen Beiträgen ein. Die Regelungen über Entgeltwandlung gelten entsprechend.

§ 1b Unverfallbarkeit und Durchführung der betrieblichen Altersversorgung

(1) Einem Arbeitnehmer, dem Leistungen aus der betrieblichen Altersversorgung zugesagt worden sind, bleibt die Anwartschaft erhalten, wenn das Arbeitsverhältnis vor Eintritt des Versorgungsfalls, jedoch nach Vollendung des 25. Lebensjahres endet und die Versorgungszusage zu diesem Zeitpunkt mindestens fünf Jahre bestanden hat (unverfallbare Anwartschaft). Ein Arbeitnehmer behält seine Anwartschaft auch dann, wenn er aufgrund einer Vorruhestandsregelung ausscheidet und ohne das vorherige Ausscheiden die Wartezeit und die sonstigen Voraussetzungen für den Bezug von Leistungen der betrieblichen Altersversorgung hätte erfüllen können. Eine Änderung der Versorgungszusage oder ihre Übernahme durch eine andere Person unterbricht nicht den Ablauf der Fristen nach Satz 1. Der Verpflichtungen aus einer Versorgungszusage stehen Versorgungsverpflichtungen gleich, die auf betrieblicher Übung oder dem Grundsatz der Gleichbehandlung beruhen. Der Ablauf einer vorgesehenen Wartezeit wird durch die Beendigung des Arbeitsverhältnisses nach Erfüllung der Voraussetzungen der Sätze 1 und 2 nicht berührt. Wechselt ein Arbeitnehmer vom Geltungsbereich dieses Gesetzes in einen anderen Mitgliedstaat der Europäischen Union, bleibt die Anwartschaft in gleichem Umfange wie für Personen erhalten, die auch nach Beendigung eines Arbeitsverhältnisses innerhalb des Geltungsbereichs dieses Gesetzes verbleiben.

(2) Wird für die betriebliche Altersversorgung eine Lebensversicherung auf das Leben des Arbeitnehmers durch den Arbeitgeber abgeschlossen und sind der Arbeitnehmer oder seine Hinterbliebenen hinsichtlich der Leistungen des Versicherers ganz oder teilweise bezugsberechtigt (Direktversicherung), so ist der Arbeitgeber verpflichtet, wegen Beendigung des Arbeitsverhältnisses nach Erfüllung der in Absatz 1 Satz 1 und 2 genannten Voraussetzungen das Bezugsrecht nicht mehr zu widerrufen. Eine Vereinbarung, nach der das Bezugsrecht durch die Beendigung des Arbeitsverhältnisses nach Erfüllung der in Absatz 1 Satz 1 und 2 genannten Voraussetzungen auflösend bedingt ist, ist unwirksam. Hat der Arbeitgeber die Ansprüche aus dem Versicherungsvertrag abgetreten oder beliehen, so ist er verpflichtet, den Arbeitnehmer, dessen Arbeitsverhältnis nach Erfüllung der in Absatz 1 Satz 1 und 2 genannten Voraussetzungen geendet hat, bei Eintritt des Versicherungsfalles so zu stellen, als ob die Abtretung oder Beleihung nicht erfolgt wäre. Als Zeitpunkt der Erteilung der Versorgungszusage im Sinne des Absatzes 1 gilt der Versicherungsbeginn, frühestens jedoch der Beginn der Betriebszugehörigkeit.

(3) Wird die betriebliche Altersversorgung von einer rechtsfähigen Versorgungseinrichtung durchgeführt, die dem Arbeitnehmer oder seinen Hinterbliebenen auf ihre Leistungen einen Rechtsanspruch gewährt (Pensionskasse und Pensionsfonds), so gilt Absatz 1 entsprechend. Als

Anhang 2
Altersversorgung

Zeitpunkt der Erteilung der Versorgungszusage im Sinne des Absatzes 1 gilt der Versicherungsbeginn, frühestens jedoch der Beginn der Betriebszugehörigkeit.

(4) Wird die betriebliche Altersversorgung von einer rechtsfähigen Versorgungseinrichtung durchgeführt, die auf ihre Leistungen keinen Rechtsanspruch gewährt (Unterstützungskasse), so sind die nach Erfüllung der in Absatz 1 Satz 1 und 2 genannten Voraussetzungen und vor Eintritt des Versorgungsfalles aus dem Unternehmen ausgeschiedenen Arbeitnehmer und ihre Hinterbliebenen den bis zum Eintritt des Versorgungsfalles dem Unternehmen angehörenden Arbeitnehmern und deren Hinterbliebenen gleichgestellt. Die Versorgungszusage gilt in dem Zeitpunkt als erteilt im Sinne des Absatzes 1, von dem an der Arbeitnehmer zum Kreis der Begünstigten der Unterstützungskasse gehört.

(5) Soweit betriebliche Altersversorgung durch Entgeltumwandlung erfolgt, behält der Arbeitnehmer seine Anwartschaft, wenn sein Arbeitsverhältnis vor Eintritt des Versorgungsfalles endet; in den Fällen der Absätze 2 und 3

1. dürfen die Überschussanteile nur zur Verbesserung der Leistung verwendet,
2. muss dem ausgeschiedenen Arbeitnehmer das Recht zur Fortsetzung der Versicherung oder Versorgung mit eigenen Beiträgen eingeräumt und
3. muss das Recht zur Verpfändung, Abtretung oder Beleihung durch den Arbeitgeber ausgeschlossen werden.

Im Fall einer Direktversicherung ist dem Arbeitnehmer darüber hinaus mit Beginn der Entgeltumwandlung ein unwiderrufliches Bezugsrecht einzuräumen.

§ 2 Höhe der unverfallbaren Anwartschaft

(1) Bei Eintritt des Versorgungsfalles wegen Erreichens der Altersgrenze, wegen Invalidität oder Tod haben ein vorher ausgeschiedener Arbeitnehmer, dessen Anwartschaft nach § 1b fortbesteht, und seine Hinterbliebenen einen Anspruch mindestens in Höhe des Teiles der ohne das vorherige Ausscheiden zustehenden Leistung, der dem Verhältnis der Dauer der Betriebszugehörigkeit zu der Zeit vom Beginn der Betriebszugehörigkeit bis zum Erreichen der Regelaltersgrenze in der gesetzlichen Rentenversicherung entspricht; an die Stelle des Erreichens der Regelaltersgrenze tritt ein früherer Zeitpunkt, wenn dieser in der Versorgungsregelung als feste Altersgrenze vorgesehen ist, spätestens der Zeitpunkt, in dem der Arbeitnehmer ausscheidet und gleichzeitig eine Altersrente aus der gesetzlichen Rentenversicherung für besonders langjährig Versicherte in Anspruch nimmt. Der Mindestanspruch auf Leistungen wegen Invalidität oder Tod vor Erreichen der Altersgrenze ist jedoch nicht höher als der Betrag, den der Arbeitnehmer oder seine Hinterbliebenen erhalten hätten, wenn im Zeitpunkt des Ausscheidens der Versorgungsfall eingetreten wäre und die sonstigen Leistungsvoraussetzungen erfüllt gewesen wären.

(2) Ist bei einer Direktversicherung der Arbeitnehmer nach Erfüllung der Voraussetzungen des § 1b Abs. 1 und 5 vor Eintritt des Versorgungsfalls ausgeschieden, so gilt Absatz 1 mit der Maßgabe, daß sich der vom Arbeitgeber zu finanzierende Teilanspruch nach Absatz 1, soweit er über die von dem Versicherer nach dem Versicherungsvertrag auf Grund der Beiträge des Arbeitgebers zu erbringende Versicherungsleistung hinausgeht, gegen den Arbeitgeber richtet. An die Stelle der Ansprüche nach Satz 1 tritt auf Verlangen des Arbeitgebers die von dem Versicherer auf Grund des Versicherungsvertrags zu erbringende Versicherungsleistung, wenn

1. spätestens nach 3 Monaten seit dem Ausscheiden des Arbeitnehmers das Bezugsrecht unwiderruflich ist und eine Abtretung oder Beleihung des Rechts aus dem Versicherungsvertrag durch den Arbeitgeber und Beitragsrückstände nicht vorhanden sind,
2. vom Beginn der Versicherung, frühestens jedoch vom Beginn der Betriebszugehörigkeit an nach dem Versicherungsvertrag die Überschußanteile nur zur Verbesserung der Versicherungsleistung zu verwenden sind und
3. der ausgeschiedene Arbeitnehmer nach dem Versicherungsvertrag das Recht zur Fortsetzung der Versicherung mit eigenen Beiträgen hat.

Der Arbeitgeber kann sein Verlangen nach Satz 2 nur innerhalb von 3 Monaten seit dem Ausscheiden des Arbeitnehmers diesem und dem Versicherer mitteilen. Der ausgeschiedene Arbeitnehmer darf die Ansprüche aus dem Versicherungsvertrag in Höhe des durch Beitragszahlungen des Arbeitgebers gebildeten geschäftsplanmäßigen Deckungskapitals oder, soweit die Berechnung des Deckungskapitals nicht zum Geschäftsplan gehört, das nach § 169 Abs. 3 und 4 des Versicherungsvertragsgesetzes berechneten Wertes weder abtreten noch beleihen. In dieser Höhe darf der Rückkaufswert auf Grund einer Kündigung des Versicherungsvertrags nicht in Anspruch genommen werden; im Falle einer Kündigung wird die Versicherung in eine prämienfreie Versicherung umgewandelt. § 169 Abs. 1 des Versicherungsvertragsgesetzes findet insoweit keine Anwendung. Eine Abfindung des Anspruchs nach § 3 ist weiterhin möglich.

(3) Für Pensionskassen gilt Absatz 1 mit der Maßgabe, daß sich der vom Arbeitgeber zu finanzierende Teilanspruch nach Absatz 1, soweit er über die von der Pensionskasse nach dem aufsichtsbehördlich genehmigten Geschäftsplan oder, soweit eine aufsichtsbehördliche Genehmigung nicht vorgeschrieben ist, nach den allgemeinen Versicherungsbedingungen und den fachlichen Geschäftsunterlagen im Sinne des § 5 Abs. 3 Nr. 2 Halbsatz 2 des Versicherungsaufsichtsgesetzes (Geschäftsunterlagen) auf Grund der Beiträge des Arbeitgebers zu erbringende Leistung hinausgeht, gegen den Arbeitgeber richtet. An die Stelle der Ansprüche nach Satz 1 tritt auf Verlangen des Arbeitgebers die von der Pensionskasse auf Grund des Geschäftsplans oder der Geschäftsunterlagen zu erbringende Leistung, wenn nach dem aufsichtsbehördlich genehmigten Geschäftsplan oder den Geschäftsunterlagen

1. vom Beginn der Versicherung, frühestens jedoch vom Beginn der Betriebszugehörigkeit an, Überschußanteile, die auf Grund des Finanzierungsverfahrens regelmäßig entstehen, nur zur Verbesserung der Versicherungsleistung zu verwenden sind oder die Steigerung der Versorgungsanwartschaften des Arbeitnehmers der Entwicklung seines Arbeitsentgelts, soweit es unter den jeweiligen Beitragsbemessungsgrenzen der gesetzlichen Rentenversicherungen liegt, entspricht und
2. der ausgeschiedene Arbeitnehmer das Recht zur Fortsetzung der Versicherung mit eigenen Beiträgen hat.

Absatz 2 Satz 3 bis 7 gilt entsprechend.

(3a) Für Pensionsfonds gilt Absatz 1 mit der Maßgabe, dass sich der vom Arbeitgeber zu finanzierende Teilanspruch, soweit er über die vom Pensionsfonds auf der Grundlage der nach dem geltenden Pensionsplan im Sinne des § 112 Abs. 1 Satz 2 in Verbindung mit § 113 Abs. 2 Nr. 5 des Versicherungsaufsichtsgesetzes berechnete Deckungsrückstellung hinausgeht, gegen den Arbeitgeber richtet.

(4) Eine Unterstützungskasse hat bei Eintritt des Versorgungsfalls einem vorzeitig ausgeschiedenen Arbeitnehmer, der nach § 1b Abs. 4 gleichgestellt ist, und seinen Hinterbliebenen mindestens den nach Absatz 1 berechneten Teil der Versorgung zu gewähren.

(5) Bei der Berechnung des Teilanspruchs nach Absatz 1 bleiben Veränderungen der Versorgungsregelung und der Bemessungsgrundlagen für die Leistung der betrieblichen Altersversorgung, soweit sie nach dem Ausscheiden des Arbeitnehmers eintreten, außer Betracht; dies gilt auch für die Bemessungsgrundlagen anderer Versorgungsbezüge, die bei der Berechnung der Leistung der betrieblichen Altersversorgung zu berücksichtigen sind. Ist eine Rente der gesetzlichen Rentenversicherung zu berücksichtigen, so kann das bei der Berechnung von Pensionsrückstellungen allgemein zulässige Verfahren zugrunde gelegt werden, wenn nicht der ausgeschiedene Arbeitnehmer der Anzahl der im Zeitpunkt des Ausscheidens erreichten Entgeltpunkte nachweist; bei Pensionskassen sind der aufsichtsbehördlich genehmigte Geschäftsplan oder die Geschäftsunterlagen maßgebend. Bei Pensionsfonds sind der Pensionsplan und die sonstigen Geschäftsunterlagen maßgebend. Versorgungsanwartschaften, die der Arbeitnehmer nach seinem Ausscheiden erwirbt, dürfen zu keiner Kürzung des Teilanspruchs nach Absatz 1 führen.

(5a) Bei einer unverfallbaren Anwartschaft aus Entgeltumwandlung tritt an die Stelle der Ansprüche nach Absatz 1, 3a oder 4 die vom Zeitpunkt der Zusage auf betriebliche Altersversorgung bis zum Ausscheiden des Arbeitnehmers erreichte Anwartschaft auf Leistungen aus den bis dahin umgewandelten Entgeltbestandteilen; dies gilt entsprechend für eine unverfallbare Anwartschaft aus Beiträgen im Rahmen einer beitragsorientierten Leistungszusage.

(5b) An die Stelle der Ansprüche nach den Absätzen 2, 3, 3a und 5a tritt bei einer Beitragszusage mit Mindestleistung das dem Arbeitnehmer planmäßig zuzurechnende Versorgungskapital auf der Grundlage der bis zu seinem Ausscheiden geleisteten Beiträge (einschließlich der bis zum Eintritt des Versorgungsfalls erzielten Erträge), mindestens die Summe der bis dahin zugesagten Beiträge, soweit sie nicht rechnungsmäßig für einen biometrischen Risikoausgleich verbraucht wurden.

§ 3 Abfindung

(1) Unverfallbare Anwartschaften im Falle der Beendigung des Arbeitsverhältnisses und laufende Leistungen dürfen nur unter den Voraussetzungen der folgenden Absätze abgefunden werden.

(2) Der Arbeitgeber kann eine Anwartschaft ohne Zustimmung des Arbeitnehmers abfinden, wenn der Monatsbetrag der aus der Anwartschaft resultierenden laufenden Leistung bei Erreichen der vorgesehenen Altersgrenze 1 vom Hundert, bei Kapitalleistungen zwölf Zehntel der monatlichen Bezugsgröße nach § 18 des Vierten Buches Sozialgesetzbuch nicht übersteigen würde. Dies gilt entsprechend für die Abfindung einer laufenden Leistung. Die Abfindung ist unzulässig, wenn der Arbeitnehmer von seinem Recht auf Übertragung der Anwartschaft Gebrauch macht.

(3) Die Anwartschaft ist auf Verlangen des Arbeitnehmers abzufinden, wenn die Beiträge zur gesetzlichen Rentenversicherung erstattet worden sind.

(4) Der Teil der Anwartschaft, der während eines Insolvenzverfahrens erdient worden ist, kann ohne Zustimmung des Arbeitnehmers abgefunden werden, wenn die Betriebstätigkeit vollständig eingestellt und das Unternehmen liquidiert wird.

(5) Für die Berechnung des Abfindungsbetrages gilt § 4 Abs. 5 entsprechend.

(6) Die Abfindung ist gesondert auszuweisen und einmalig zu zahlen.

§ 4 Übertragung

(1) Unverfallbare Anwartschaften und laufende Leistungen dürfen nur unter den Voraussetzungen der folgenden Absätze übertragen werden.

(2) Nach Beendigung des Arbeitsverhältnisses kann im Einvernehmen des ehemaligen mit dem neuen Arbeitgeber sowie dem Arbeitnehmer

1. die Zusage vom neuen Arbeitgeber übernommen werden oder
2. der Wert der vom Arbeitnehmer erworbenem unverfallbaren Anwartschaft auf betriebliche Altersversorgung (Übertragungswert) auf den neuen Arbeitgeber übertragen werden, wenn dieser eine wertgleiche Zusage erteilt; für die neue Anwartschaft gelten die Regelungen über Entgeltumwandlung entsprechend.

(3) Der Arbeitnehmer kann innerhalb eines Jahres nach Beendigung des Arbeitsverhältnisses von seinem ehemaligen Arbeitgeber verlangen, dass der Übertragungswert auf den neuen Arbeitgeber übertragen wird, wenn

1. die betriebliche Altersversorgung über einen Pensionsfonds, eine Pensionskasse oder eine Direktversicherung durchgeführt worden ist und
2. der Übertragungswert die Beitragsbemessungsgrenze in der allgemeinen Rentenversicherung nicht übersteigt.

Der Anspruch richtet sich gegen den Versorgungsträger, wenn der ehemalige Arbeitgeber die versicherungsförmige Lösung nach § 2 Abs. 2 oder 3 gewählt hat oder soweit der Arbeitnehmer die Versicherung oder Versorgung mit eigenen Beiträgen fortgeführt hat. Der neue Arbeitgeber ist verpflichtet, eine den Übertragungswert wertgleiche Zusage zu erteilen und über einen Pensionsfonds, eine Pensionskasse oder eine Direktversicherung durchzuführen. Für die neue Anwartschaft gelten die Regelungen über Entgeltumwandlung entsprechend.

(4) Wird die Betriebstätigkeit eingestellt und das Unternehmen liquidiert, kann eine Zusage von einer Pensionskasse oder einem Unternehmen der Lebensversicherung ohne Zustimmung des Arbeitnehmers oder Versorgungsempfängers übernommen werden, wenn sichergestellt ist, dass die Überschussanteile ab Rentenbeginn entsprechend § 16 Abs. 3 Nr. 2 verwendet werden. § 2 Abs. 2 Satz 4 bis 6 gilt entsprechend.

(5) Der Übertragungswert entspricht bei einer unmittelbar über den Arbeitgeber oder über eine Unterstützungskasse durchgeführten betrieblichen Altersversorgung dem Barwert der nach § 2 bemessenen künftigen Versorgungsleistung im Zeitpunkt der Übertragung; bei der Berechnung des Barwerts sind die Rechnungsgrundlagen sowie die anerkannten Regeln der Versicherungsmathematik maßgebend. Soweit die betriebliche Altersversorgung über einen Pensionsfonds, eine Pensionskasse oder eine Direktversicherung durchgeführt worden ist, entspricht der Übertragungswert dem gebildeten Kapital im Zeitpunkt der Übertragung.

(6) Mit der vollständigen Übertragung des Übertragungswerts erlischt die Zusage des ehemaligen Arbeitgebers.

§ 4a Auskunftsanspruch

(1) Der Arbeitgeber oder der Versorgungsträger hat dem Arbeitnehmer bei einem berechtigten Interesse auf dessen Verlangen schriftlich mitzuteilen,

1. in welcher Höhe aus der bisher erworbenen unverfallbaren Anwartschaft bei Erreichen der in der Versorgungsregelung vorgesehenen Altersgrenze ein Anspruch auf Altersversorgung besteht und
2. wie hoch bei einer Übertragung der Anwartschaft nach § 4 Abs. 3 der Übertragungswert ist.

(2) Der neue Arbeitgeber oder der Versorgungsträger hat dem Arbeitnehmer auf dessen Verlangen schriftlich mitzuteilen, in welcher Höhe aus dem Übertragungswert ein Anspruch auf Altersversorgung und ob eine Invaliditäts- oder Hinterbliebenenversorgung bestehen würde.

§ 5 Auszehrung und Anrechnung

(1) Die bei Eintritt des Versorgungsfalls festgesetzten Leistungen der betrieblichen Altersversorgung dürfen nicht mehr dadurch gemindert oder entzogen werden, daß Beträge, um die sich andere Versorgungsbezüge nach diesem Zeitpunkt durch Anpassung an die wirtschaftliche Entwicklung erhöhen, angerechnet oder bei der Begrenzung der Gesamtversorgung auf einen Höchstbetrag berücksichtigt werden.

(2) Leistungen der betrieblichen Altersversorgung dürfen durch Anrechnung oder Berücksichtigung anderer Versorgungsbezüge, soweit sie auf eigenen Beiträgen des Versorgungsempfängers beruhen, nicht gekürzt werden. Dies gilt nicht für Renten aus den gesetzlichen Rentenversicherungen, soweit sie auf Pflichtbeiträgen beruhen, sowie für sonstige Versorgungsbezüge, die mindestens zur Hälfte auf Beiträgen oder Zuschüssen des Arbeitgebers beruhen.

§ 6 Vorzeitige Altersleistung

Einem Arbeitnehmer, der die Altersrente aus der gesetzlichen Rentenversicherung als Vollrente in Anspruch nimmt, sind auf sein Verlangen nach Erfüllung der Wartezeit und sonstiger Leistungsvoraussetzungen Leistungen der betrieblichen Altersversorgung zu gewähren. Fällt die Altersrente aus der gesetzlichen Rentenversicherung wieder weg oder wird sie auf einen Teilbetrag beschränkt, so können auch die Leistungen der betrieblichen Altersversorgung eingestellt werden. Der ausgeschiedene Arbeitnehmer ist verpflichtet, die Aufnahme oder Ausübung einer Beschäftigung oder Erwerbstätigkeit, die zu einem Wegfall oder zu einer Beschränkung der Altersrente aus der gesetzlichen Rentenversicherung führt, dem Arbeitgeber oder sonstigen Versorgungsträger unverzüglich anzuzeigen.

§ 7 Umfang des Versicherungsschutzes

(1) Versorgungsempfänger, deren Ansprüche aus einer unmittelbaren Versorgungszusage des Arbeitgebers nicht erfüllt werden, weil über das Vermögen des Arbeitgebers oder über seinen Nachlaß das Insolvenzverfahren eröffnet worden ist, und ihre Hinterbliebenen haben gegen den Träger der Insolvenzsicherung einen Anspruch in Höhe der Leistung, die der Arbeitgeber aufgrund der Versorgungszusage zu erbringen hätte, wenn das Insolvenzverfahren nicht eröffnet worden wäre. Satz 1 gilt entsprechend,
1. wenn Leistungen aus einer Direktversicherung aufgrund der in § 1b Abs. 2 Satz 3 genannten Tatbestände nicht gezahlt werden und der Arbeitgeber seiner Verpflichtung nach § 1b Abs. 2 Satz 3 wegen der Eröffnung des Insolvenzverfahrens nicht nachkommt,
2. wenn eine Unterstützungskasse oder ein Pensionsfonds die nach ihrer Versorgungsregelung vorgesehene Versorgung nicht erbringt, weil über das Vermögen oder den Nachlass eines Arbeitgebers, der der Unterstützungskasse oder dem Pensionsfonds Zuwendungen leistet (Trägerunternehmen), das Insolvenzverfahren eröffnet worden ist.

§ 14 des Versicherungsvertragsgesetzes findet entsprechende Anwendung. Der Eröffnung des Insolvenzverfahrens stehen bei der Anwendung der Sätze 1 bis 3 gleich
1. die Abweisung des Antrags auf Eröffnung des Insolvenzverfahrens mangels Masse,
2. der außergerichtliche Vergleich (Stundungs-, Quoten- oder Liquidationsvergleich) des Arbeitgebers mit seinen Gläubigern zur Abwendung eines Insolvenzverfahrens, wenn ihm der Träger der Insolvenzsicherung zustimmt,
3. die vollständige Beendigung der Betriebstätigkeit im Geltungsbereich dieses Gesetzes, wenn ein Antrag auf Eröffnung des Insolvenzverfahrens nicht gestellt worden ist und ein Insolvenzverfahren offensichtlich mangels Masse nicht in Betracht kommt.

(1a) Der Anspruch gegen den Träger der Insolvenzsicherung entsteht mit dem Beginn des Kalendermonats, der auf den Eintritt des Sicherungsfalles folgt. Der Anspruch endet mit Ablauf des Sterbemonats des Begünstigten, soweit in der Versorgungszusage des Arbeitgebers nicht etwas anderes bestimmt ist. In den Fällen des Absatzes 1 Satz 1 und 4 Nr. 1 und 3 umfaßt der Anspruch auch *rückständige Versorgungsleistungen*, soweit diese bis zu zwölf Monaten vor Entstehen der Leistungspflicht des Trägers der Insolvenzsicherung entstanden sind.

(2) Personen, die bei Eröffnung des Insolvenzverfahrens oder bei Eintritt der nach Absatz 1 Satz 4 gleichstehenden Voraussetzungen (Sicherungsfall) eine nach § 1b unverfallbare Versorgungsanwartschaft haben, und ihre Hinterbliebenen haben bei Eintritt des Versorgungsfalls einen Anspruch gegen den Träger der Insolvenzsicherung, wenn die Anwartschaft beruht
1. auf einer unmittelbaren Versorgungszusage des Arbeitgebers oder
2. auf einer Direktversicherung und der Arbeitnehmer hinsichtlich der Leistungen des Versicherers widerruflich bezugsberechtigt ist oder die Leistungen aufgrund der in § 1b Abs. 2 Satz 3 genannten Tatbestände nicht gezahlt werden und der Arbeitgeber seiner Verpflichtung aus § 1b Abs. 2 Satz 3 wegen der Eröffnung des Insolvenzverfahrens nicht nachkommt.

Satz 1 gilt entsprechend für Personen, die zum Kreis der Begünstigten einer Unterstützungskasse oder eines Pensionsfonds gehören, wenn der Sicherungsfall bei einem Trägerunternehmen eingetreten ist.

(3) Ein Anspruch auf laufende Leistungen gegen den Träger der Insolvenzsicherung beträgt jedoch im Monat höchstens das Dreifache der im Zeitpunkt der ersten Fälligkeit maßgebenden monatlichen Bezugsgröße gemäß § 18 des Vierten Buches Sozialgesetzbuch. Satz 1 gilt entsprechend bei einem Anspruch auf Kapitalleistungen mit der Maßgabe, daß zehn vom Hundert der Leistung als Jahresbetrag einer laufenden Leistung anzusetzen sind. Im Falle einer Entgeltumwandlung (§ 1 Abs. 5) treten anstelle der Höchstgrenzen drei Zehntel der monatlichen Bezugsgröße gemäß § 18 des Vierten Buches Sozialgesetzbuch, wenn nicht eine nach Barwert oder Deckungskapital mindestens gleichwertige, vom Arbeitgeber finanzierte betriebliche Altersversorgung besteht. Satz 3 findet keine Anwendung auf die nach § 1b Abs. 5 unverfallbaren Anwartschaften, soweit sie auf einer Entgeltumwandlung in Höhe der Beträge nach § 1a Abs. 1 beruhen.

(4) Ein Anspruch auf Leistungen gegen den Träger der Insolvenzsicherung vermindert sich in dem Umfang, in dem der Arbeitgeber oder sonstige Träger der Versorgung die Leistungen der betrieblichen Altersversorgung erbringt. Wird im Insolvenzverfahren ein Insolvenzplan bestätigt, vermindert sich der Anspruch auf Leistungen gegen den Träger der Insolvenzsicherung insoweit, als nach dem Insolvenzplan der Arbeitgeber oder sonstige Träger der Versorgung einen Teil der Leistungen selbst zu erbringen hat. Sieht der Insolvenzplan vor, daß der Arbeitgeber oder sonstige Träger der Versorgung die Leistungen der betrieblichen Altersversorgung von einem bestimmten Zeitpunkt an selbst zu erbringen hat, so entfällt der Anspruch auf Leistungen gegen den Träger der Insolvenzsicherung von diesem Zeitpunkt an. Die Sätze 2 und 3 sind für den außergerichtlichen Vergleich nach Absatz 1 Satz 4 Nr. 2 entsprechend anzuwenden. Im Insolvenzplan soll vorgesehen werden, daß bei einer nachhaltigen Besserung der wirtschaftlichen Lage des Arbeitgebers die vom Träger der Insolvenzsicherung zu erbringenden Leistungen ganz oder zum Teil vom Arbeitgeber oder sonstigen Träger der Versorgung wieder übernommen werden.

(5) Ein Anspruch gegen den Träger der Insolvenzsicherung besteht nicht, soweit nach den Umständen des Falles die Annahme gerechtfertigt ist, daß es der alleinige oder überwiegende Zweck der Versorgungszusage oder ihre Verbesserung oder der für die Direktversicherung in § 1b Abs. 2 Satz 3 genannten Tatbestände gewesen ist, den Träger der Insolvenzsicherung in Anspruch zu nehmen. Diese Annahme ist insbesondere dann gerechtfertigt, wenn bei Erteilung oder Verbesserung der Versorgungszusage wegen der wirtschaftlichen Lage des Arbeitgebers zu erwarten war, daß die Zusage nicht erfüllt werde. Ein Anspruch auf Leistungen gegen den Träger der Insolvenzsicherung besteht bei Zusagen und Verbesserungen von Zusagen, die in den beiden letzten Jahren vor dem Eintritt des Sicherungsfalls erfolgt sind, nur

1. für ab dem 1. Januar 2002 gegebene Zusagen, soweit bei Entgeltumwandlung Beträge von bis zu 4 vom Hundert der Beitragsbemessungsgrenze in der allgemeinen Rentenversicherung für eine betriebliche Altersversorgung verwendet werden oder

2. für im Rahmen von Übertragungen gegebene Zusagen, soweit der Übertragungswert die Beitragsbemessungsgrenze in der allgemeinen Rentenversicherung nicht übersteigt.

(6) Ist der Sicherungsfall durch kriegerische Ereignisse, innere Unruhen, Naturkatastrophen oder Kernenergie verursacht worden, kann der Träger der Insolvenzsicherung mit Zustimmung der Bundesanstalt für Finanzdienstleistungsaufsicht die Leistungen nach billigem Ermessen abweichend von den Absätzen 1 bis 5 festsetzen.

§ 8 Übertragung der Leistungspflicht und Abfindung

(1) Ein Anspruch gegen den Träger der Insolvenzsicherung auf Leistungen nach § 7 besteht nicht, wenn eine Pensionskasse oder ein Unternehmen der Lebensversicherung sich dem Träger der Insolvenzsicherung gegenüber verpflichtet, diese Leistungen zu erbringen, und die nach § 7 Berechtigten ein unmittelbares Recht erwerben, die Leistungen zu fordern.

(1a) Der Träger der Insolvenzsicherung hat die gegen ihn gerichteten Ansprüche auf den Pensionsfonds, dessen Trägerunternehmen die Eintrittspflicht nach § 7 ausgelöst hat, im Sinne von Absatz 1 zu übertragen, wenn die Bundesanstalt für Finanzdienstleistungsaufsicht hierzu die Genehmigung erteilt. Die Genehmigung kann nur erteilt werden, wenn durch Auflagen der Bundesanstalt für Finanzdienstleistungsaufsicht die dauernde Erfüllbarkeit der Leistungen aus dem Pensionsplan sichergestellt werden kann. Die Genehmigung der Bundesanstalt für Finanzdienstleistungsaufsicht kann der Pensionsfonds nur innerhalb von drei Monaten nach Eintritt des Sicherungsfalles beantragen.

(2) Der Träger der Insolvenzsicherung kann eine Anwartschaft ohne Zustimmung des Arbeitnehmers abfinden, wenn der Monatsbetrag der aus der Anwartschaft resultierenden laufenden Leistung bei Erreichen der vorgesehenen Altersgrenze 1 vom Hundert, bei Kapitalleistungen zwölf Zehntel der monatlichen Bezugsgröße nach § 18 des Vierten Buches Sozialgesetzbuch nicht

übersteigen würde oder wenn dem Arbeitnehmer die Beiträge zur gesetzlichen Rentenversicherung erstattet worden sind. Dies gilt entsprechend für die Abfindung einer laufenden Leistung. Die Abfindung ist darüber hinaus möglich, wenn sie ein Unternehmen der Lebensversicherung gezahlt wird, bei dem der Versorgungsberechtigte im Rahmen einer Direktversicherung versichert ist. § 2 Abs. 2 Satz 4 bis 6 und § 3 Abs. 5 gelten entsprechend.

§ 9 Mitteilungspflicht, Forderungs- und Vermögensübergang

(1) Der Träger der Insolvenzsicherung teilt dem Berechtigten die ihm nach § 7 oder § 8 zustehenden Ansprüche oder Anwartschaften schriftlich mit. Unterbleibt die Mitteilung, so ist der Anspruch oder die Anwartschaft spätestens ein Jahr nach dem Sicherungsfall bei dem Träger der Insolvenzsicherung anzumelden; erfolgt die Anmeldung später, so beginnen die Leistungen frühestens mit dem Ersten des Monats der Anmeldung, es sei denn, daß der Berechtigte an der rechtzeitigen Anmeldung ohne sein Verschulden verhindert war.

(2) Ansprüche oder Anwartschaften des Berechtigten gegen den Arbeitgeber auf Leistungen der betrieblichen Altersversorgung, die den Anspruch gegen den Träger der Insolvenzsicherung begründen, gehen im Falle eines Insolvenzverfahrens mit dessen Eröffnung, in den übrigen Sicherungsfällen dann auf den Träger der Insolvenzsicherung über, wenn dieser nach Absatz 1 Satz 1 dem Berechtigten die ihm zustehenden Ansprüche oder Anwartschaften mitteilt. Der Übergang kann nicht zum Nachteil des Berechtigten geltend gemacht werden. Die mit der Eröffnung des Insolvenzverfahrens übergegangenen Anwartschaften werden im Insolvenzverfahren als unbedingte Forderungen nach § 45 der Insolvenzordnung geltend gemacht.

(3) Ist der Träger der Insolvenzsicherung zu Leistungen verpflichtet, die ohne den Eintritt des Sicherungsfalls eine Unterstützungskasse erbringen würde, geht deren Vermögen einschließlich der Verbindlichkeiten auf ihn über; die Haftung für die Verbindlichkeiten beschränkt sich auf das übergegangene Vermögen. Wenn die übergegangenen Vermögenswerte den Barwert der Ansprüche und Anwartschaften gegen den Träger der Insolvenzsicherung übersteigen, hat dieser den übersteigenden Teil entsprechend der Satzung der Unterstützungskasse zu verwenden. Bei einer Unterstützungskasse mit mehreren Trägerunternehmen hat der Träger der Insolvenzsicherung einen Anspruch gegen die Unterstützungskasse auf einen Betrag, der dem Teil des Vermögens der Kasse entspricht, der auf das Unternehmen entfällt, bei dem der Sicherungsfall eingetreten ist. Die Sätze 1 bis 3 gelten nicht, wenn der Sicherungsfall auf dem in § 7 Abs. 1 Satz 4 Nr. 2 genannten Gründen beruht, es sei denn, daß das Trägerunternehmen seine Betriebstätigkeit nach Eintritt des Sicherungsfalls nicht fortsetzt und aufgelöst wird (Liquidationsvergleich).

(3a) Absatz 3 findet entsprechende Anwendung auf einen Pensionsfonds, wenn die Bundesanstalt für Finanzdienstleistungsaufsicht die Genehmigung für die Übertragung der Leistungspflicht durch den Träger der Insolvenzsicherung nach § 8 Abs. 1a nicht erteilt.

(4) In einem Insolvenzplan, der die Fortführung des Unternehmens oder eines Betriebes vorsieht, kann für den Träger der Insolvenzsicherung eine besondere Gruppe gebildet werden. Sofern im Insolvenzplan nichts anderes vorgesehen ist, kann der Träger der Insolvenzsicherung, wenn innerhalb von drei Jahren nach der Aufhebung des Insolvenzverfahrens ein Antrag auf Eröffnung eines neuen Insolvenzverfahrens über das Vermögen des Arbeitgebers gestellt wird, in diesem Verfahren als Insolvenzgläubiger Erstattung der von ihm erbrachten Leistungen verlangen.

(5) Dem Träger der Insolvenzsicherung steht gegen den Beschluß, durch den das Insolvenzverfahren eröffnet wird, die sofortige Beschwerde zu.

§ 10 Beitragspflicht und Beitragsbemessung

(1) Die Mittel für die Durchführung der Insolvenzsicherung werden auf Grund öffentlich-rechtlicher Verpflichtung durch Beiträge aller Arbeitgeber aufgebracht, die Leistungen der betrieblichen Altersversorgung unmittelbar zugesagt haben oder eine betriebliche Altersversorgung über eine Unterstützungskasse, eine Direktversicherung der in § 7 Abs. 1 Satz 2 und Absatz 2 Satz 1 Nr. 2 bezeichneten Art oder einen Pensionsfonds durchführen.

(2) Die Beiträge müssen den Barwert der im laufenden Kalenderjahr entstehenden Ansprüche auf Leistungen der Insolvenzsicherung decken zuzüglich eines Betrages für die aufgrund eingetretener Insolvenzen zu sichernden Anwartschaften, der sich aus dem Unterschied der Barwerte dieser Anwartschaften am Ende des Kalenderjahres und am Ende des Vorjahres bemisst. Der Rechnungszinsfuß bei der Berechnung des Barwerts der Ansprüche auf Leistungen der Insolvenzsicherung bestimmt sich nach § 65 des Versicherungsaufsichtsgesetzes; soweit keine Übertragung nach § 8 Abs. 1 stattfindet, ist der Rechnungszinsfuß bei der Berechnung des Barwerts der Anwartschaften um ein Drittel höher. Darüber hinaus müssen die Beiträge die im gleichen Zeitraum entstehenden Verwaltungskosten und sonstigen Kosten, die mit der Gewährung der Leistungen zusammenhängen, und die Zuführung zu einem von der Bundesanstalt für Finanz-

Anhang 2
Altersversorgung

dienstleistungsaufsicht festgesetzten Ausgleichsfonds decken; § 37 des Versicherungsaufsichtsgesetzes bleibt unberührt. Auf die am Ende des Kalenderjahres fälligen Beiträge können Vorschüsse erhoben werden. Sind die nach den Sätzen 1 bis 3 erforderlichen Beiträge höher als im vorangegangenen Kalenderjahr, so kann der Unterschiedsbetrag auf das laufende und die folgenden vier Kalenderjahre verteilt werden. In Jahren, in denen sich außergewöhnlich hohe Beiträge ergeben würden, kann zu deren Ermäßigung der Ausgleichsfonds in einem von der Bundesanstalt für Finanzdienstleistungsaufsicht zu genehmigenden Umfang herangezogen werden.

(3) Die nach Absatz 2 erforderlichen Beiträge werden auf die Arbeitgeber nach Maßgabe der nachfolgenden Beträge umgelegt, soweit sie sich auf die laufenden Versorgungsleistungen und die nach § 1b unverfallbaren Versorgungsanwartschaften beziehen (Beitragsbemessungsgrundlage); diese Beträge sind festzustellen auf den Schluß des Wirtschaftsjahrs des Arbeitgebers, das im abgelaufenen Kalenderjahr geendet hat:

1. Bei Arbeitgebern, die Leistungen der betrieblichen Altersversorgung unmittelbar zugesagt haben, ist Beitragsbemessungsgrundlage der Teilwert der Pensionsverpflichtung (§ 6a Abs. 3 des Einkommensteuergesetzes).

2. Bei Arbeitgebern, die eine betriebliche Altersversorgung über eine Direktversicherung mit widerruflichem Bezugsrecht durchführen, ist Beitragsbemessungsgrundlage das geschäftsplanmäßige Deckungskapital oder, soweit die Berechnung des Deckungskapitals nicht zum Geschäftsplan gehört, die Deckungsrückstellung. Für Versicherungen, bei denen der Versicherungsfall bereits eingetreten ist, und für Versicherungsanwartschaften, für die ein unwiderrufliches Bezugsrecht eingeräumt ist, ist das Deckungskapital oder die Deckungsrückstellung nur insoweit zu berücksichtigen, als die Versicherungen abgetreten oder beliehen sind.

3. Bei Arbeitgebern, die eine betriebliche Altersversorgung über eine Unterstützungskasse durchführen, ist Beitragsbemessungsgrundlage das Deckungskapital für die laufenden Leistungen (§ 4d Abs. 1 Nr. 1 Buchstabe a des Einkommensteuergesetzes) zuzüglich des Zwanzigfachen der nach § 4d Abs. 1 Nr. 1 Buchstabe b Satz 1 des Einkommensteuergesetzes errechneten jährlichen Zuwendungen für Leistungsanwärter im Sinne von § 4d Abs. 1 Nr. 1 Buchstabe b Satz 2 des Einkommensteuergesetzes.

4. Bei Arbeitgebern, soweit sie betriebliche Altersversorgung über einen Pensionsfonds durchführen, ist Beitragsbemessungsgrundlage 20 vom Hundert des entsprechend Nummer 1 ermittelten Betrages.

(4) Aus den Beitragsbescheiden des Trägers der Insolvenzsicherung findet die Zwangsvollstreckung in entsprechender Anwendung der Vorschriften der Zivilprozeßordnung statt. Die vollstreckbare Ausfertigung erteilt der Träger der Insolvenzsicherung.

§ 10a Säumniszuschläge, Zinsen, Verjährung

(1) Für Beiträge, die wegen Verstoßes des Arbeitgebers gegen die Meldepflicht erst nach Fälligkeit erhoben werden, kann der Träger der Insolvenzsicherung für jeden angefangenen Monat vom Zeitpunkt der Fälligkeit an einen Säumniszuschlag in Höhe von bis zu eins vom Hundert der nacherhobenen Beiträge erheben.

(2) Für festgesetzte Beiträge und Vorschüsse, die der Arbeitgeber nach Fälligkeit zahlt, erhebt der Träger der Insolvenzsicherung für jeden Monat Verzugszinsen in Höhe von 0,5 vom Hundert der rückständigen Beiträge. Angefangene Monate bleiben außer Ansatz.

(3) Vom Träger der Insolvenzsicherung zu erstattende Beiträge werden vom Tage der Fälligkeit oder bei Feststellung des Erstattungsanspruchs durch gerichtliche Entscheidung vom Tage der Rechtshängigkeit an für jeden Monat mit 0,5 vom Hundert verzinst. Angefangene Monate bleiben außer Ansatz.

(4) Ansprüche auf Zahlung der Beiträge zur Insolvenzsicherung gemäß § 10 sowie Erstattungsansprüche nach Zahlung nicht geschuldeter Beiträge zur Insolvenzsicherung verjähren in sechs Jahren. Die Verjährungsfrist beginnt mit Ablauf des Kalenderjahres, in dem die Beitragspflicht entstanden oder der Erstattungsanspruch fällig geworden ist. Auf die Verjährung sind die Vorschriften des Bürgerlichen Gesetzbuchs anzuwenden.

§ 11 Melde-, Auskunfts- und Mitteilungspflichten

(1) Der Arbeitgeber hat dem Träger der Insolvenzsicherung eine betriebliche Altersversorgung nach § 1b Abs. 1, 2 und 4 für seine Arbeitnehmer innerhalb von 3 Monaten nach Erteilung der unmittelbaren Versorgungszusage, dem Abschluß einer Direktversicherung oder der Errichtung einer Unterstützungskasse oder eines Pensionsfonds mitzuteilen. Der Arbeitgeber, der sonstige Träger der Versorgung, der Insolvenzverwalter und die nach § 7 Berechtigten sind verpflichtet, dem Träger der Insolvenzsicherung alle Auskünfte zu erteilen, die zur Durchführung der Vor-

schriften dieses Abschnitts erforderlich sind, sowie Unterlagen vorzulegen, aus denen die erforderlichen Angaben ersichtlich sind.

(2) Ein beitragspflichtiger Arbeitgeber hat dem Träger der Insolvenzsicherung spätestens bis zum 30. September eines jeden Kalenderjahrs die Höhe des nach § 10 Abs. 3 für die Bemessung des Beitrages maßgebenden Betrages bei unmittelbaren Versorgungszusagen und Pensionsfonds auf Grund eines versicherungsmathematischen Gutachtens, bei Direktversicherungen auf Grund einer Bescheinigung des Versicherers und bei Unterstützungskassen auf Grund einer nachprüfbaren Berechnung mitzuteilen. Der Arbeitgeber hat die in Satz 1 bezeichneten Unterlagen mindestens 6 Jahre aufzubewahren.

(3) Der Insolvenzverwalter hat dem Träger der Insolvenzsicherung die Eröffnung des Insolvenzverfahrens, Namen und Anschriften der Versorgungsempfänger und die Höhe ihrer Versorgung nach § 7 unverzüglich mitzuteilen. Er hat zugleich Namen und Anschriften der Personen, die bei Eröffnung des Insolvenzverfahrens eine nach § 1 unverfallbare Versorgungsanwartschaft haben, sowie die Höhe ihrer Anwartschaft nach § 7 mitzuteilen.

(4) Der Arbeitgeber, der sonstige Träger der Versorgung und die nach § 7 Berechtigten sind verpflichtet, dem Insolvenzverwalter Auskünfte über alle Tatsachen zu erteilen, auf die sich die Mitteilungspflicht nach Absatz 3 bezieht.

(5) In den Fällen, in denen ein Insolvenzverfahren nicht eröffnet wird (§ 7 Abs. 1 Satz 4) oder nach § 207 der Insolvenzordnung eingestellt worden ist, sind die Pflichten des Insolvenzverwalters nach Absatz 3 vom Arbeitgeber oder dem sonstigen Träger der Versorgung zu erfüllen.

(6) Kammern und andere Zusammenschlüsse von Unternehmern oder anderen selbständigen Berufstätigen, die als Körperschaften des öffentlichen Rechts errichtet sind, ferner Verbände und andere Zusammenschlüsse, denen Unternehmer oder andere selbständige Berufstätige kraft Gesetzes angehören oder anzugehören haben, haben den Träger der Insolvenzsicherung bei der Ermittlung der nach § 10 beitragspflichtigen Arbeitgeber zu unterstützen.

(7) Die nach den Absätzen 1 bis 3 und 5 zu Mitteilungen und Auskünften und die nach Absatz 6 zur Unterstützung Verpflichteten haben die vom Träger der Insolvenzsicherung vorgesehenen Vordrucke zu verwenden.

(8) Zur Sicherung der vollständigen Erfassung der nach § 10 beitragspflichtigen Arbeitgeber können die Finanzämter dem Träger der Insolvenzsicherung mitteilen, welche Arbeitgeber für die Beitragspflicht in Betracht kommen. Die Bundesregierung wird ermächtigt, durch Rechtsverordnung mit Zustimmung des Bundesrates das Nähere zu bestimmen und Einzelheiten des Verfahrens zu regeln.

§ 12 Ordnungswidrigkeiten

(1) Ordnungswidrig handelt, wer vorsätzlich oder fahrlässig
1. entgegen § 11 Abs. 1 Satz 1, Abs. 2, Satz 1, Abs. 3 oder Abs. 5 eine Mitteilung nicht, nicht richtig, nicht vollständig oder nicht rechtzeitig vornimmt,
2. entgegen § 11 Abs. 1 Satz 2 oder Abs. 4 eine Auskunft nicht, nicht richtig, nicht vollständig oder nicht rechtzeitig erteilt oder
3. entgegen § 11 Abs. 1 Satz 2 Unterlagen nicht, nicht richtig, nicht vollständig oder nicht rechtzeitig vorlegt oder entgegen § 11 Abs. 2 Satz 2 Unterlagen nicht aufbewahrt.

(2) Die Ordnungswidrigkeit kann mit einer Geldbuße bis zu zweitausendfünfhundert Euro geahndet werden.

(3) Verwaltungsbehörde im Sinne des § 36 Abs. 1 Nr. 1 des Gesetzes über Ordnungswidrigkeiten ist die Bundesanstalt für Finanzdienstleistungsaufsicht.

§ 13

(weggefallen)

§ 14 Träger der Insolvenzsicherung

(1) Träger der Insolvenzsicherung ist der Pensions-Sicherungs-Verein Versicherungsverein auf Gegenseitigkeit. Er ist zugleich Träger der Insolvenzsicherung von Versorgungszusagen Luxemburger Unternehmen nach Maßgabe des Abkommens vom 22. September 2000 zwischen der Bundesrepublik Deutschland und dem Großherzogtum Luxemburg über Zusammenarbeit im Bereich der Insolvenzsicherung betrieblicher Altersversorgung. Er unterliegt der Aufsicht durch die Bundesanstalt für Finanzdienstleistungsaufsicht. Die Vorschriften des Versicherungsaufsichtsgesetzes gelten, soweit dieses Gesetz nichts anderes bestimmt.

(2) Der Bundesminister für Arbeit und Sozialordnung weist durch Rechtsverordnung mit Zustimmung des Bundesrates die Stellung des Trägers der Insolvenzsicherung der Kreditanstalt für Wiederaufbau zu, bei der ein Fonds zur Insolvenzsicherung der betrieblichen Altersversorgung gebildet wird, wenn

1. bis zum 31. Dezember 1974 nicht nachgewiesen worden ist, daß der in Absatz 1 genannte Träger die Erlaubnis der Aufsichtsbehörde zum Geschäftsbetrieb erhalten hat,
2. der in Absatz 1 genannte Träger aufgelöst worden ist oder
3. die Aufsichtsbehörde den Geschäftsbetrieb des in Absatz 1 genannten Trägers untersagt oder die Erlaubnis zum Geschäftsbetrieb widerruft.

In den Fällen der Nummern 2 und 3 geht das Vermögen des in Absatz 1 genannten Trägers einschließlich der Verbindlichkeiten auf die Kreditanstalt für Wiederaufbau über, die es dem Fonds zur Insolvenzsicherung der betrieblichen Altersversorgung zuweist.

(3) Wird die Insolvenzsicherung von der Kreditanstalt für Wiederaufbau durchgeführt, gelten die Vorschriften dieses Abschnittes mit folgenden Abweichungen:

1. In § 7 Abs. 6 entfällt die Zustimmung der Bundesanstalt für Finanzdienstleistungsaufsicht.
2. § 10 Abs. 2 findet keine Anwendung. Die von der Kreditanstalt für Wiederaufbau zu erhebenden Beiträge müssen den Bedarf für die laufenden Leistungen der Insolvenzsicherung im laufenden Kalenderjahr und die im gleichen Zeitraum entstehenden Verwaltungskosten und sonstigen Kosten, die mit der Gewährung der Leistungen zusammenhängen, decken. Bei einer Zuweisung nach Absatz 2 Nr. 1 beträgt der Beitrag für die ersten 3 Jahre mindestens 0,1 vom Hundert der Beitragsbemessungsgrundlage gemäß § 10 Abs. 3; der nicht benötigte Teil dieses Beitragsaufkommens wird einer Betriebsmittelreserve zugeführt. Bei einer Zuweisung nach Absatz 2 Nr. 2 oder 3 wird in den ersten 3 Jahren zu dem Beitrag nach Nummer 2 Satz 2 ein Zuschlag von 0,08 vom Hundert der Beitragsbemessungsgrundlage gemäß § 10 Abs. 3 zur Bildung einer Betriebsmittelreserve erhoben. Auf die Beiträge können Vorschüsse erhoben werden.
3. In § 12 Abs. 3 tritt an die Stelle der Bundesanstalt für Finanzdienstleistungsaufsicht die Kreditanstalt für Wiederaufbau.

Die Kreditanstalt für Wiederaufbau verwaltet den Fonds im eigenen Namen. Für Verbindlichkeiten des Fonds haftet sie nur mit dem Vermögen des Fonds. Dieser haftet nicht für die sonstigen Verbindlichkeiten der Bank. § 11 Abs. 1 Satz 1 des Gesetzes über die Kreditanstalt für Wiederaufbau in der Fassung der Bekanntmachung vom 23. Juni 1969 (BGBl. I S. 573), das zuletzt durch Artikel 14 des Gesetzes vom 21. Juni 2002 (BGBl. I S. 2010) geändert worden ist, ist in der jeweils geltenden Fassung auch für den Fonds anzuwenden.

§ 15 Verschwiegenheitspflicht

Personen, die bei dem Träger der Insolvenzsicherung beschäftigt oder für ihn tätig sind, dürfen fremde Geheimnisse, insbesondere Betriebs- oder Geschäftsgeheimnisse, nicht unbefugt offenbaren oder verwerten. Sie sind nach dem Gesetz über die förmliche Verpflichtung nichtbeamteter Personen vom 2. März 1974 (Bundesgesetzblatt I S. 469, 547) von der Bundesanstalt für Finanzdienstleistungsaufsicht auf die gewissenhafte Erfüllung ihrer Obliegenheiten zu verpflichten.

§ 16 Anpassungsprüfungspflicht

(1) Der Arbeitgeber hat alle drei Jahre eine Anpassung der laufenden Leistungen der betrieblichen Altersversorgung zu prüfen und hierüber nach billigem Ermessen zu entscheiden; dabei sind insbesondere die Belange des Versorgungsempfängers und die wirtschaftliche Lage des Arbeitgebers zu berücksichtigen.

(2) Die Verpflichtung nach Absatz 1 gilt als erfüllt, wenn die Anpassung nicht geringer ist als der Anstieg

1. des Verbraucherpreisindexes für Deutschland oder
2. der Nettolöhne vergleichbarer Arbeitnehmergruppen des Unternehmens

im Prüfungszeitraum.

(3) Die Verpflichtung nach Absatz 1 entfällt wenn

1. der Arbeitgeber sich verpflichtet, die laufenden Leistungen jährlich um wenigstens eins vom Hundert anzupassen,
2. die betriebliche Altersversorgung über eine Direktversicherung im Sinne des § 1b Abs. 2 oder über eine Pensionskasse im Sinne des § 1b Abs. 3 durchgeführt wird, ab Rentenbeginn sämtliche auf den Rentenbestand entfallende Überschußanteile zur Erhöhung der laufenden Leistungen verwendet werden und zur Berechnung der garantierten Leistung der nach § 65

Abs. 1 Nr. 1 Buchstabe a des Versicherungsaufsichtsgesetzes festgesetzte Höchstzinssatz zur Berechnung der Deckungsrückstellung nicht überschritten wird oder

3. eine Beitragszusage mit Mindestleistung erteilt wurde; Absatz 5 findet insoweit keine Anwendung.

(4) Sind laufende Leistungen nach Absatz 1 nicht oder nicht in vollem Umfang anzupassen (zu Recht unterbliebene Anpassung), ist der Arbeitgeber nicht verpflichtet, die Anpassung zu einem späteren Zeitpunkt nachzuholen. Eine Anpassung gilt als zu Recht unterblieben, wenn der Arbeitgeber dem Versorgungsempfänger die wirtschaftliche Lage des Unternehmens schriftlich dargelegt, der Versorgungsempfänger nicht binnen drei Kalendermonaten nach Zugang der Mitteilung schriftlich widersprochen hat und er auf die Rechtsfolgen eines nicht fristgemäßen Widerspruchs hingewiesen wurde.

(5) Soweit betriebliche Altersversorgung durch Entgeltumwandlung finanziert wird, ist der Arbeitgeber verpflichtet, die Leistungen mindestens entsprechend Absatz 3 Nr. 1 anzupassen oder im Falle der Durchführung über eine Direktversicherung oder eine Pensionskasse sämtliche Überschussanteile entsprechend Absatz 3 Nr. 2 zu verwenden.

(6) Eine Verpflichtung zur Anpassung besteht nicht für monatliche Raten im Rahmen eines Auszahlungsplans sowie für Renten ab Vollendung des 85. Lebensjahres im Anschluss an einen Auszahlungsplan.

§ 17 Persönlicher Geltungsbereich und Tariföffnungsklausel

(1) Arbeitnehmer im Sinne der §§ 1 bis 16 sind Arbeiter und Angestellte einschließlich der zu ihrer Berufsausbildung Beschäftigten; ein Berufsausbildungsverhältnis steht einem Arbeitsverhältnis gleich. Die §§ 1 bis 16 gelten entsprechend für Personen, die nicht Arbeitnehmer sind, wenn ihnen Leistungen der Alters-, Invaliditäts- oder Hinterbliebenenversorgung aus Anlass ihrer Tätigkeit für ein Unternehmen zugesagt worden sind. Arbeitnehmer im Sinne von § 1a Abs. 1 sind nur Personen nach den Sätzen 1 und 2, soweit sie aufgrund der Beschäftigung oder Tätigkeit bei dem Arbeitgeber, gegen den sich der Anspruch nach § 1a richten würde, in der gesetzlichen Rentenversicherung pflichtversichert sind.

(2) Die §§ 7 bis 15 gelten nicht für den Bund, die Länder, die Gemeinden sowie die Körperschaften, Stiftungen und Anstalten des öffentlichen Rechts, bei denen das Insolvenzverfahren nicht zulässig ist, und solche juristische Personen des öffentlichen Rechts, bei denen der Bund, ein Land oder eine Gemeinde die Zahlungsfähigkeit sichert.

(3) Von den §§ 1a, 2 bis 5, 16, 18a Satz 1, §§ 27 und 28 kann in Tarifverträgen abgewichen werden. Die abweichenden Bestimmungen haben zwischen nichttarifgebundenen Arbeitgebern und Arbeitnehmern Geltung, wenn zwischen diesen die Anwendung der einschlägigen tariflichen Regelung vereinbart ist. Im übrigen kann von den Bestimmungen dieses Gesetzes nicht zuungunsten des Arbeitnehmers abgewichen werden.

(4) Gesetzliche Regelungen über Leistungen der betrieblichen Altersversorgung werden unbeschadet des § 18 durch die §§ 1 bis 16 und 26 bis 30 nicht berührt.

(5) Soweit Entgeltansprüche auf einem Tarifvertrag beruhen, kann für diese eine Entgeltumwandlung nur vorgenommen werden, soweit dies durch Tarifvertrag vorgesehen oder durch Tarifvertrag zugelassen ist.

§ 18 Sonderregelungen für den öffentlichen Dienst

(1) Für Personen, die
1. bei der Versorgungsanstalt des Bundes und der Länder (VBL) oder bei einer kommunalen oder kirchlichen Zusatzversorgungseinrichtung pflichtversichert sind, oder
2. bei einer anderen Zusatzversorgungseinrichtung pflichtversichert sind, die mit einer der Zusatzversorgungseinrichtungen nach Nummer 1 ein Überleitungsabkommen abgeschlossen hat oder aufgrund satzungsrechtlicher Vorschriften von Zusatzversorgungseinrichtungen nach Nummer 1 ein solches Abkommen abschließen kann, oder
3. unter das Gesetz über die zusätzliche Alters- und Hinterbliebenenversorgung für Angestellte und Arbeiter der Freien und Hansestadt Hamburg (Erstes Ruhegeldgesetz – 1. RGG), das Gesetz zur Neuregelung der zusätzlichen Alters- und Hinterbliebenenversorgung für Angestellte und Arbeiter der Freien und Hansestadt Hamburg (Zweites Ruhegeldgesetz – 2. RGG) oder unter das Bremische Ruhelohngesetz in ihren jeweiligen Fassungen fallen oder auf die diese Gesetze sonst Anwendung finden,

gelten die §§ 2, 5, 16, 27 und 28 nicht, soweit sich aus den nachfolgenden Regelungen nichts Abweichendes ergibt; § 4 gilt nicht, wenn die Anwartschaft oder die laufende Leistung ganz oder teilweise umlage- oder haushaltsfinanziert ist.

(2) Bei Eintritt des Versorgungsfalles erhalten die in Absatz 1 Nr. 1 und 2 bezeichneten Personen, deren Anwartschaft nach § 1b fortbesteht und deren Arbeitsverhältnis vor Eintritt des Versorgungsfalles geendet hat, von der Zusatzversorgungseinrichtung eine Zusatzrente nach folgenden Maßgaben:

1. Der monatliche Betrag der Zusatzrente beträgt für jedes Jahr der aufgrund des Arbeitsverhältnisses bestehenden Pflichtversicherung bei einer Zusatzversorgungseinrichtung 2,25 vom Hundert, höchstens jedoch 100 vom Hundert der Leistung, die bei dem höchstmöglichen Versorgungssatz zugestanden hätte (Voll-Leistung). Für die Berechnung der Voll-Leistung

    a) ist der Versicherungsfall der Regelaltersrente maßgebend,

    b) ist das Arbeitsentgelt maßgebend, das nach der Versorgungsregelung für die Leistungsbemessung maßgebend wäre, wenn im Zeitpunkt des Ausscheidens der Versicherungsfall im Sinne der Versorgungsregelung eingetreten wäre,

    c) finden § 2 Abs. 5 Satz 1 und § 2 Abs. 6 entsprechend Anwendung,

    d) ist im Rahmen einer Gesamtversorgung der im Falle einer Teilzeitbeschäftigung oder Beurlaubung nach der Versorgungsregelung für die gesamte Dauer des Arbeitsverhältnisses Beschäftigungsquotient nach der Versorgungsregelung als Beschäftigungsquotient auch für die übrige Zeit maßgebend,

    e) finden die Vorschriften der Versorgungsregelung über eine Mindestleistung keine Anwendung und

    f) ist eine anzurechnende Grundversorgung nach dem bei der Berechnung von Pensionsrückstellungen für die Berücksichtigung von Renten aus der gesetzlichen Rentenversicherung allgemein zulässigen Verfahren zu ermitteln. Hierbei ist das Arbeitsentgelt nach Buchstabe b zugrunde zu legen und – soweit während der Pflichtversicherung Teilzeitbeschäftigung bestand – diese nach Maßgabe der Versorgungsregelung zu berücksichtigen.

2. Die Zusatzrente vermindert sich um 0,3 vom Hundert für jeden vollen Kalendermonat, den der Versorgungsfall vor Vollendung des 65. Lebensjahres eintritt, höchstens jedoch um den in der Versorgungsregelung für die Voll-Leistung vorgesehenen Vomhundertsatz.

3. Übersteigt die Summe der Vomhundertsätze nach Nummer 1 aus unterschiedlichen Arbeitsverhältnissen 100, sind die einzelnen Leistungen im gleichen Verhältnis zu kürzen.

4. Die Zusatzrente muss monatlich mindestens den Betrag erreichen, der sich aufgrund des Arbeitsverhältnisses nach der Versorgungsregelung als Versicherungsrente aus den jeweils maßgeblichen Vomhundertsätzen der zusatzversorgungspflichtigen Entgelte oder der gezahlten Beiträge und Erhöhungsbeträge ergibt.

5. Die Vorschriften der Versorgungsregelung über das Erlöschen, das Ruhen und die Nichtleistung der Versorgungsrente gelten entsprechend. Soweit die Versorgungsregelung eine Mindestleistung in Ruhensfällen vorsieht, gilt dies nur, wenn die Mindestleistung der Leistung im Sinne der Nummer 4 entspricht.

6. Verstirbt die in Absatz 1 genannte Person, erhält eine Witwe oder ein Witwer 60 vom Hundert, eine Witwe oder ein Witwer im Sinne des § 46 Abs. 1 des Sechsten Buches Sozialgesetzbuch 42 vom Hundert, eine Halbwaise 12 vom Hundert und eine Vollwaise 20 vom Hundert der unter Berücksichtigung in diesem Absatz genannten Maßgaben zu berechnenden Zusatzrente; die §§ 46, 48, 103 bis 105 des Sechsten Buches Sozialgesetzbuch sind entsprechend anzuwenden. Die Leistungen an mehrere Hinterbliebene dürfen den Betrag der Zusatzrente nicht übersteigen; gegebenenfalls sind die Leistungen im gleichen Verhältnis zu kürzen.

7. Versorgungsfall ist der Versicherungsfall im Sinne der Versorgungsregelung.

(3) Personen, auf die bis zur Beendigung ihres Arbeitsverhältnisses die Regelungen des Ersten Ruhegeldgesetzes, des Zweiten Ruhegeldgesetzes oder des Bremischen Ruhelohngesetzes in ihren jeweiligen Fassungen Anwendung gefunden haben, haben Anspruch gegenüber ihrem ehemaligen Arbeitgeber auf Leistungen in sinngemäßer Anwendung des Absatzes 2 mit Ausnahme von Absatz 2 Nr. 3 und 4 sowie Nr. 5 Satz 2; bei Anwendung des Zweiten Ruhegeldgesetzes bestimmt sich der monatliche Betrag der Zusatzrente abweichend von Absatz 2 nach der nach dem Zweiten Ruhegeldgesetz maßgebenden Berechnungsweise.

(4) Die Leistungen nach den Absätzen 2 und 3 werden, mit Ausnahme der Leistungen nach Absatz 2 Nr. 4, jährlich zum 1. Juli um 1 vom Hundert erhöht, soweit in diesem Jahr eine allgemeine Erhöhung der Versorgungsrenten erfolgt.

(5) Besteht der Eintritt des Versorgungsfalles neben dem Anspruch auf Zusatzrente oder auf die in Absatz 3 oder Absatz 7 bezeichneten Leistungen auch Anspruch auf eine Versorgungsrente oder Versicherungsrente der in Absatz 1 Satz 1 Nr. 1 und 2 bezeichneten Zusatzversorgungseinrichtungen oder Anspruch auf entsprechende Versorgungsleistungen der Versorgungsanstalt der deutschen Kulturorchester oder der Versorgungsanstalt der deutschen Bühnen oder nach den Regelungen des Ersten Ruhegeldgesetzes, des Zweiten Ruhegeldgesetzes oder des Bremischen Ru-

helohngesetzes, in deren Berechnung auch die der Zusatzrente zugrunde liegenden Zeiten berücksichtigt sind, ist nur die im Zahlbetrag höhere Rente zu leisten.

(6) Eine Anwartschaft auf Zusatzrente nach Absatz 2 oder auf Leistungen nach Absatz 3 kann bei Übertritt der anwartschaftsberechtigten Person in ein Versorgungssystem einer überstaatlichen Einrichtung in das Versorgungssystem dieser Einrichtung übertragen werden, wenn ein entsprechendes Abkommen zwischen der Zusatzversorgungseinrichtung oder der Freien und Hansestadt Hamburg oder der Freien Hansestadt Bremen und der überstaatlichen Einrichtung besteht.

(7) Für Personen, die bei der Versorgungsanstalt der deutschen Kulturorchester oder der Versorgungsanstalt der deutschen Bühnen pflichtversichert sind, gelten die §§ 2 bis 5, 16, 27 und 28 nicht. Bei Eintritt des Versorgungsfalles treten an die Stelle der Zusatzrente und der Leistungen an Hinterbliebene nach Absatz 2 und an die Stelle der Regelung in Absatz 4 die satzungsgemäß vorgesehenen Leistungen; Absatz 2 Nr. 5 findet entsprechend Anwendung. Die Höhe der Leistungen kann nach dem Ausscheiden aus dem Beschäftigungsverhältnis nicht mehr geändert werden. Als pflichtversichert gelten auch die freiwillig Versicherten der Versorgungsanstalt der deutschen Kulturorchester und der Versorgungsanstalt der deutschen Bühnen.

(8) Gegen Entscheidungen der Zusatzversorgungseinrichtungen über Ansprüche nach diesem Gesetz ist der Rechtsweg gegeben, der für Versicherte der Einrichtung gilt.

(9) Bei Personen, die aus einem Arbeitsverhältnis ausscheiden, in dem sie nach § 5 Abs. 1 Satz 1 Nr. 2 des Sechsten Buches Sozialgesetzbuch versicherungsfrei waren, dürfen die Ansprüche nach § 2 Abs. 1 Satz 1 und 2 nicht hinter dem Rentenanspruch zurückbleiben, der sich ergeben hätte, wenn der Arbeitnehmer für die Zeit der versicherungsfreien Beschäftigung in der gesetzlichen Rentenversicherung nachversichert worden wäre; die Vergleichsberechnung ist im Versorgungsfall aufgrund einer Auskunft der Deutschen Rentenversicherung Bund vorzunehmen.

§ 18a Verjährung

Der Anspruch auf Leistungen aus der betrieblichen Altersversorgung verjährt in 30 Jahren. Ansprüche auf regelmäßig wiederkehrende Leistungen unterliegen der regelmäßigen Verjährungsfrist nach den Vorschriften des Bürgerlichen Gesetzbuchs.

§ 30b

§ 4 Abs. 3 gilt nur für Zusagen, die nach dem 31. Dezember 2004 erteilt wurden.

§ 30c

(1) § 16 Abs. 3 Nr. 1 gilt nur für laufende Leistungen, die auf Zusagen beruhen, die nach dem 31. Dezember 1998 erteilt werden.

(2) § 16 Abs. 4 gilt nicht für vor dem 1. Januar 1999 zu Recht unterbliebene Anpassungen.

(3) § 16 Abs. 5 gilt nur für laufende Leistungen, die auf Zusagen beruhen, die nach dem 31. Dezember 2000 erteilt werden.

(4) Für die Erfüllung der Anpassungsprüfungspflicht für Zeiträume vor dem 1. Januar 2003 gilt § 16 Abs. 2 Nr. 1 mit der Maßgabe, dass an die Stelle des Verbraucherpreisindexes für Deutschland der Preisindex für die Lebenshaltung von 4-Personen-Haushalten von Arbeitern und Angestellten mit mittlerem Einkommen tritt.

§ 30d Übergangsregelung zu § 18

(1) Ist der Versorgungsfall vor dem 1. Januar 2001 eingetreten oder ist der Arbeitnehmer vor dem 1. Januar 2001 aus dem Beschäftigungsverhältnis bei einem öffentlichen Arbeitgeber ausgeschieden und der Versorgungsfall nach dem 31. Dezember 2000 eingetreten, sind für die Berechnung der Voll-Leistung die Regelungen der Zusatzversorgungseinrichtungen nach § 18 Abs. 1 Satz 1 Nr. 1 und 2 oder die Gesetze im Sinne des § 18 Abs. 1 Satz 1 Nr. 3 sowie die weiteren Berechnungsfaktoren jeweils in der am 31. Dezember 2000 geltenden Fassung maßgebend; § 18 Abs. 2 Nr. 1 Buchstabe b bleibt unberührt. Die Steuerklasse III/O ist zugrunde zu legen. Ist der Versorgungsfall vor dem 1. Januar 2001 eingetreten, besteht der Anspruch auf Zusatzrente mindestens in der Höhe, wie er sich aus § 18 in der Fassung vom 16. Dezember 1997 (BGBl. I S. 2998) ergibt.

(2) Die Anwendung des § 18 ist in den Fällen des Absatzes 1 ausgeschlossen, soweit eine Versorgungsrente der in § 18 Abs. 1 Satz 1 Nr. 1 und 2 bezeichneten Zusatzversorgungseinrichtungen oder eine entsprechende Leistung aufgrund der Regelungen des Ersten Ruhegeldgesetzes,

des Zweiten Ruhegeldgesetzes oder des Bremischen Ruhelohngesetzes bezogen wird, oder eine Versicherungsrente abgefunden wurde.

(3) Für Arbeitnehmer im Sinne des § 18 Abs. 1 Satz 1 Nr. 4, 5 und 6 in der bis zum 31. Dezember 1998 geltenden Fassung, für die bis zum 31. Dezember 1998 ein Anspruch auf Nachversicherung nach § 18 Abs. 6 entstanden ist, gilt Absatz 1 Satz 1 für die aufgrund der Nachversicherung zu ermittelnde Voll-Leistung entsprechend mit der Maßgabe, dass sich der nach § 2 zu ermittelnde Anspruch gegen den ehemaligen Arbeitgeber richtet. Für den nach § 2 zu ermittelnden Anspruch gilt § 18 Abs. 2 Nr. 1 Buchstabe b entsprechend; für die übrigen Bemessungsfaktoren ist auf die Rechtslage am 31. Dezember 2000 abzustellen. Leistungen der gesetzlichen Rentenversicherung, die auf einer Nachversicherung wegen Ausscheidens aus einem Dienstordnungsverhältnis beruhen, und Leistungen, die die zuständige Versorgungseinrichtung aufgrund von Nachversicherungen im Sinne des § 18 Abs. 6 in der am 31. Dezember 1998 geltenden Fassung gewährt, werden auf den Anspruch nach § 2 angerechnet. Hat das Arbeitsverhältnis im Sinne des § 18 Abs. 9 bereits am 31. Dezember 1998 bestanden, ist in die Vergleichsberechnung nach § 18 Abs. 9 auch die Zusatzrente nach § 18 in der bis zum 31. Dezember 1998 geltenden Fassung einzubeziehen.

§ 30e

(1) § 1 Abs. 2 Nr. 4 zweiter Halbsatz gilt für Zusagen, die nach dem 31. Dezember 2002 erteilt werden.

(2) § 1 Abs. 2 Nr. 4 zweiter Halbsatz findet auf Pensionskassen, deren Leistungen der betrieblichen Altersversorgung durch Beiträge der Arbeitnehmer und Arbeitgeber gemeinsam finanziert und die als beitragsorientierte Leistungszusage oder als Leistungszusage durchgeführt werden, mit der Maßgabe Anwendung, dass dem ausgeschiedenen Arbeitnehmer das Recht zur Fortführung mit eigenen Beiträgen nicht eingeräumt werden und eine Überschussverwendung gemäß § 1b Abs. 5 Nr. 1 nicht erfolgen muss. Wird dem ausgeschiedenen Arbeitnehmer ein Recht zur Fortführung nicht eingeräumt, gilt für die Höhe der unverfallbaren Anwartschaft § 2 Abs. 5a entsprechend. Für die Anpassung laufender Leistungen gelten die Regelungen nach § 16 Abs. 1 bis 4. Die Regelung in Absatz 1 bleibt unberührt.

§ 30f

(1) Wenn Leistungen der betrieblichen Altersversorgung vor dem 1. Januar 2001 zugesagt worden sind, ist § 1b Abs. 1 mit der Maßgabe anzuwenden, dass die Anwartschaft erhalten bleibt, wenn das Arbeitsverhältnis vor Eintritt des Versorgungsfalles, jedoch nach Vollendung des 35. Lebensjahres endet und die Versorgungszusage zu diesem Zeitpunkt

1. mindestens zehn Jahre oder
2. bei mindestens zwölfjähriger Betriebszugehörigkeit mindestens drei Jahre

bestanden hat; in diesen Fällen bleibt die Anwartschaft auch erhalten, wenn die Zusage ab dem 1. Januar 2001 fünf Jahre bestanden hat und bei Beendigung des Arbeitsverhältnisses das 30. Lebensjahr vollendet ist. § 1b Abs. 5 findet für Anwartschaften aus diesen Zusagen keine Anwendung.

(2) Wenn Leistungen der betrieblichen Altersversorgung vor dem 1. Januar 2009 und nach dem 31. Dezember 2000 zugesagt worden sind, ist § 1b Abs. 1 Satz 1 mit der Maßgabe anzuwenden, dass die Anwartschaft erhalten bleibt, wenn das Arbeitsverhältnis vor Eintritt des Versorgungsfalls, jedoch nach Vollendung des 30. Lebensjahres endet und die Versorgungszusage zu diesem Zeitpunkt fünf Jahre bestanden hat; in diesen Fällen bleibt die Anwartschaft auch erhalten, wenn die Zusage ab dem 1. Januar 2009 fünf Jahre bestanden hat und bei Beendigung des Arbeitsverhältnisses das 25. Lebensjahr vollendet ist.

§ 30g

(1) § 2 Abs. 5a gilt nur für Anwartschaften, die auf Zusagen beruhen, die nach dem 31. Dezember 2000 erteilt worden sind. Im Einvernehmen zwischen Arbeitgeber und Arbeitnehmer kann § 2 Abs. 5a auch auf Anwartschaften angewendet werden, die auf Zusagen beruhen, die vor dem 1. Januar 2001 erteilt worden sind.

(2) § 3 findet keine Anwendung auf laufende Leistungen, die vor dem 1. Januar 2005 erstmals gezahlt worden sind.

§ 30h

§ 17 Abs. 5 gilt für Entgeltumwandlungen, die auf Zusagen beruhen, die nach dem 29. Juni 2001 erteilt werden.

§ 30i

(1) Der Barwert der bis zum 31. Dezember 2005 aufgrund eingetretener Insolvenzen zu sichernden Anwartschaften wird einmalig auf die beitragspflichtigen Arbeitgeber entsprechend § 10 Abs. 3 umgelegt und vom Träger der Insolvenzsicherung nach Maßgabe der Beträge zum Schluss des Wirtschaftsjahres, das im Jahr 2004 geendet hat, erhoben. Der Rechnungszinsfuß bei der Berechnung des Barwerts beträgt 3,67 vom Hundert.

(2) Der Betrag ist in 15 gleichen Raten fällig. Die erste Rate wird am 31. März 2007 fällig, die weiteren zum 31. März der folgenden Kalenderjahre. Bei vorfälliger Zahlung erfolgt eine Diskontierung der einzelnen Jahresraten mit dem zum Zeitpunkt der Zahlung um ein Drittel erhöhten Rechnungszinsfuß nach § 65 des Versicherungsaufsichtsgesetzes, wobei nur volle Monate berücksichtigt werden.

(3) Der abgezinste Gesamtbetrag ist gemäß Absatz 2 am 31. März 2007 fällig, wenn die sich ergebende Jahresrate nicht höher als 50 Euro ist.

(4) Insolvenzbedingte Zahlungsausfälle von ausstehenden Raten werden im Jahr der Insolvenz in die erforderlichen jährlichen Beiträge gemäß § 10 Abs. 2 eingerechnet.

§ 31

Auf Sicherungsfälle, die vor dem 1. Januar 1999 eingetreten sind, ist dieses Gesetz in der bis zu diesem Zeitpunkt geltenden Fassung anzuwenden.

II.

Gesetz über die Zertifizierung von Altersvorsorge- und Basisrentenverträgen (Altersvorsorgeverträge-Zertifizierungsgesetz – AltZertG)[1])[2])

vom 26. 6. 2001 (BGBl. I S. 1310, 1322),
zuletzt geändert durch Artikel 12 des Jahressteuergesetzes 2010
vom 8. 12. 2010 (BGBl. I S. 1768, BStBl I S. 1394)

– Auszug –

§ 1 Begriffsbestimmungen zum Altersvorsorgevertrag

(1) Ein Altersvorsorgevertrag im Sinne dieses Gesetzes liegt vor, wenn zwischen dem Anbieter und einer natürlichen Person (Vertragspartner) eine Vereinbarung in deutscher Sprache geschlossen wird,
1. (weggefallen)
2. die für den Vertragspartner eine lebenslange und unabhängig vom Geschlecht berechnete Altersversorgung vorsieht, die nicht vor Vollendung des 60. Lebensjahres oder einer vor Vollendung des 60. Lebensjahres beginnenden Leistung aus einem gesetzlichen Alterssicherungssystem des Vertragspartners (Beginn der Auszahlungsphase) gezahlt werden darf; Leistungen aus einer ergänzenden Absicherung der verminderten Erwerbsfähigkeit oder Dienstunfähigkeit und einer zusätzlichen Absicherung der Hinterbliebenen können vereinbart werden; Hinterbliebene in diesem Sinne sind der Ehegatte und die Kinder, für die dem Vertragspartner zum Zeitpunkt des Eintritts des Versorgungsfalles ein Anspruch auf Kindergeld oder ein Freibetrag nach § 32 Abs. 6 des Einkommensteuergesetzes zugestanden hätte; der Anspruch auf Waisenrente oder Waisengeld darf längstens für den Zeitraum bestehen, in dem der Rentenberechtigte die Voraussetzungen für die Berücksichtigung als Kind im Sinne des § 32 des Einkommensteuergesetzes erfüllt;
3. in welcher der Anbieter zusagt, dass zu Beginn der Auszahlungsphase zumindest die eingezahlten Altersvorsorgebeiträge für die Auszahlungsphase zur Verfügung stehen und für die Leistungserbringung genutzt werden; sofern Beitragsanteile zur Absicherung der verminderten Erwerbsfähigkeit oder Dienstunfähigkeit oder zur Hinterbliebenenabsicherung verwendet werden, sind bis zu 15 vom Hundert der Gesamtbeiträge in diesem Zusammenhang nicht zu berücksichtigen;
4. die monatliche Leistungen für den Vertragspartner in Form einer

---

[1]) → u. a. § 3 Nr. 55c, 56 und 63 sowie § 82 Abs. 2 Satz 1 EStG.
[2]) Das Gesetz soll durch das Gesetz zur Verbesserung der steuerlichen Förderung der privaten Altersvorsorge (Altersvorsorge-Verbesserungsgesetz – AltvVerbG) geändert werden. Bei Redaktionsschluss war das Gesetzgebungsverfahren noch nicht abgeschlossen. Um Beachtung wird gebeten. → Siehe hierzu Hinweise auf Seite 4!

Anhang 2
II Altersversorgung

a) lebenslangen Leibrente oder Ratenzahlungen im Rahmen eines Auszahlungsplans mit einer anschließenden Teilkapitalverrentung ab spätestens dem 85. Lebensjahr vorsieht; die Leistungen müssen während der gesamten Auszahlungsphase gleich bleiben oder steigen; Anbieter und Vertragspartner können vereinbaren, dass bis zu zwölf Monatsleistungen in einer Auszahlung zusammengefasst werden oder eine Kleinbetragsrente nach § 93 Abs. 3 des Einkommensteuergesetzes abgefunden wird; bis zu 30 Prozent des zu Beginn der Auszahlungsphase zur Verfügung stehenden Kapitals kann an den Vertragspartner außerhalb der monatlichen Leistungen ausgezahlt werden; die gesonderte Auszahlung der in der Auszahlungsphase anfallenden Zinsen und Erträge ist zulässig;
b) lebenslangen Verminderung des monatlichen Nutzungsentgelts für eine vom Vertragspartner selbst genutzte Genossenschaftswohnung vorsieht oder eine zeitlich befristete Verminderung mit einer anschließenden Teilkapitalverrentung ab spätestens dem 85. Lebensjahr vorsieht; die Leistungen müssen während der gesamten Auszahlungsphase gleich bleiben oder steigen; die Ansparleistung muss in diesem Fall durch die Einzahlung auf weitere Geschäftsanteile an einer eingetragenen Genossenschaft erfolgen; die weiteren Geschäftsanteile gelten mit Beginn der Auszahlungsphase als gekündigt; Buchstabe a Teilsatz 3 bis 5 gilt entsprechend;

5. die einen Erwerb weiterer Geschäftsanteile an einer eingetragenen Genossenschaft nur zulässt, wenn der Vertragspartner im Zeitpunkt des Erwerbs eine Genossenschaftswohnung des Anbieters selbst nutzt und bei Erwerb weiterer Geschäftsanteile an einer eingetragenen Genossenschaft vorsieht, dass
    a) im Fall der Aufgabe der Selbstnutzung der Genossenschaftswohnung, des Ausschlusses, des Ausscheidens des Mitglieds oder der Auflösung der Genossenschaft die Möglichkeit eingeräumt wird, dass mindestens die eingezahlten Altersvorsorgebeiträge und die gutgeschriebenen Erträge auf einen vom Vertragspartner zu bestimmenden Altersvorsorgevertrag übertragen werden, und
    b) die auf die weiteren Geschäftsanteile entfallenden Erträge nicht ausgezahlt, sondern für den Erwerb weiterer Geschäftsanteile verwendet werden;
6. (weggefallen)
7. (weggefallen)
8. die vorsieht, dass die angesetzten Abschluss- und Vertriebskosten gleichmäßig mindestens auf die ersten fünf Vertragsjahre verteilt werden, soweit sie nicht als Prozentsatz von den Altersvorsorgebeiträgen abgezogen werden;
9. (weggefallen)
10. die dem Vertragspartner bis zum Beginn der Auszahlungsphase einen Anspruch gewährt,
    a) den Vertrag ruhen zu lassen,
    b) den Vertrag mit einer Frist von drei Monaten zum Ende eines Kalendervierteljahres zu kündigen, um das gebildete Kapital auf einen anderen auf seinen Namen lautenden Altersvorsorgevertrag mit einer Vertragsgestaltung nach diesem Absatz desselben oder eines anderen Anbieters übertragen zu lassen, oder
    c) mit einer Frist von drei Monaten zum Ende eines Kalendervierteljahres eine Auszahlung des gebildeten Kapitals für eine Verwendung im Sinne des § 92a des Einkommensteuergesetzes zu verlangen;
    soweit es sich um den Erwerb weiterer Geschäftsanteile an einer Genossenschaft handelt, gilt der erste Halbsatz mit der Maßgabe, dass die weiteren Geschäftsanteile mit einer Frist von drei Monaten zum Ende des Geschäftsjahres gekündigt werden können und die Auszahlung des auf die weiteren Geschäftsanteile entfallenden Geschäftsguthabens binnen sechs Monaten nach Wirksamwerden der Kündigung verlangt werden kann;
11. die im Fall der Verminderung des monatlichen Nutzungsentgelts für eine vom Vertragspartner selbst genutzte Genossenschaftswohnung dem Vertragspartner bei Aufgabe der Selbstnutzung der Genossenschaftswohnung in der Auszahlungsphase einen Anspruch gewährt, den Vertrag mit einer Frist von nicht mehr als drei Monaten zum Ende des Geschäftsjahres zu kündigen, um spätestens binnen sechs Monaten nach Wirksamwerden der Kündigung das noch nicht verbrauchte Kapital auf einen anderen auf seinen Namen lautenden Altersvorsorgevertrag desselben oder eines anderen Anbieters übertragen zu lassen.

Ein Altersvorsorgevertrag im Sinne dieses Gesetzes kann zwischen dem Anbieter und dem Vertragspartner auch auf Grundlage einer rahmenvertraglichen Vereinbarung mit einer Vereinigung geschlossen werden, wenn der begünstigte Personenkreis die Voraussetzungen des § 10a des Einkommensteuergesetzes erfüllt.

(1a) Als Altersvorsorgevertrag gilt auch ein Vertrag,
1. der für den Vertragspartner einen Rechtsanspruch auf Gewährung eines Darlehens vorsieht,
2. der dem Vertragspartner einen Rechtsanspruch auf Gewährung eines Darlehens einräumt, sowie der darauf beruhende Darlehensvertrag; der Vertrag kann auch mit einer Vertragsgestaltung nach Absatz 1 zu einem einheitlichen Vertrag zusammengefasst werden,

3. der dem Vertragspartner einen Rechtsanspruch auf Gewährung eines Darlehens einräumt und bei dem unwiderruflich vereinbart wird, dass dieses Darlehen durch Altersvorsorgevermögen getilgt wird, welches in einem Altersvorsorgevertrag nach Absatz 1 oder Nummer 2 gebildet wird; beide Vertragsbestandteile (Darlehensvertrag und Altersvorsorgevertrag nach Absatz 1 oder Nummer 2) gelten als einheitlicher Vertrag.

Das Darlehen ist für eine wohnungswirtschaftliche Verwendung im Sinne des § 92a Abs. 1 Satz 1 des Einkommensteuergesetzes einzusetzen und ist spätestens bis zur Vollendung des 68. Lebensjahres des Vertragspartners zu tilgen. Absatz 1 Satz 1 Nr. 8 gilt entsprechend.

(2) Anbieter eines Altersvorsorgevertrages im Sinne dieses Gesetzes sind
1. mit Sitz im Inland:
    a) Lebensversicherungsunternehmen, soweit ihnen hierfür eine Erlaubnis nach dem Versicherungsaufsichtsgesetz in der Fassung der Bekanntmachung vom 17. Dezember 1992 (BGBl. 1993 I S. 2), zuletzt geändert durch Artikel 11 des Gesetzes vom 28. Mai 2008 (BGBl. I S. 874), in der jeweils geltenden Fassung erteilt worden ist,
    b) Kreditinstitute, die eine Erlaubnis zum Betreiben des Einlagengeschäfts im Sinne des § 1 Abs. 1 Satz 2 Nr. 1 des Kreditwesengesetzes haben,
    c) Bausparkassen im Sinne des Gesetzes über Bausparkassen in der Fassung der Bekanntmachung vom 15. Februar 1991 (BGBl. I S. 454), zuletzt geändert durch Artikel 13a Nr. 3 des Gesetzes vom 16. Juli 2007 (BGBl. I S. 1330), in der jeweils geltenden Fassung,
    d) Kapitalanlagegesellschaften mit Sitz im Inland;
2. mit Sitz in einem anderen Staat des Europäischen Wirtschaftsraums:
    a) Lebensversicherungsunternehmen im Sinne der Richtlinie 2002/83/EG des Europäischen Parlaments und des Rates vom 5. November 2002 über Lebensversicherungen (ABl. EG Nr. L 345 S. 1), zuletzt geändert durch die Richtlinie 2007/44/EG des Europäischen Parlaments und des Rates vom 5. September 2007 (ABl. EU Nr. L 247 S. 1), soweit sie nach § 110a Abs. 2 und 2a des Versicherungsaufsichtsgesetzes entsprechende Geschäfte im Inland betreiben dürfen,
    b) Kreditinstitute im Sinne der Richtlinie 2006/48/EG des Europäischen Parlaments und des Rates vom 14. Juni 2006 über die Aufnahme und Ausübung der Tätigkeit der Kreditinstitute (ABl. EU Nr. L 177 S. 1), zuletzt geändert durch die Richtlinie 2007/64/EG des Europäischen Parlaments und des Rates vom 13. November 2007 (ABl. EU Nr. L 319 S. 1), soweit sie nach § 53b Abs. 1 Satz 1 des Kreditwesengesetzes entsprechende Geschäfte im Inland betreiben dürfen,
    c) Verwaltungs- oder Investmentgesellschaften im Sinne der Richtlinie 85/611/EWG des Rates vom 20. Dezember 1985 zur Koordinierung der Rechts- und Verwaltungsvorschriften betreffend bestimmte Organismen für gemeinsame Anlagen in Wertpapieren (OGAW) (ABl. EG Nr. L 375 S. 3), zuletzt geändert durch die Richtlinie 2005/1/EG des Europäischen Parlaments und des Rates vom 9. März 2005 (ABl. EU Nr. L 79 S. 9);
3. mit Sitz außerhalb des Europäischen Wirtschaftsraums, soweit die Zweigstellen die Voraussetzungen des § 105 Abs. 1 des Versicherungsaufsichtsgesetzes oder des § 53, auch in Verbindung mit § 53c, des Kreditwesengesetzes erfüllen, inländische Zweigstellen von Lebensversicherungsunternehmen oder Kreditinstituten, die eine Erlaubnis zum Betreiben des Einlagengeschäfts im Sinne von § 1 Abs. 1 Satz 2 Nr. 1 des Kreditwesengesetzes haben;
4. in das Genossenschaftsregister eingetragene Genossenschaften,
    a) bei denen nach einer gutachterlichen Äußerung des Prüfungsverbands, von dem die Genossenschaft geprüft wird, keine Feststellungen zur Einschränkung der Ordnungsmäßigkeit der Geschäftsführung zu treffen sind, keine Tatsachen vorliegen, die den Bestand der Genossenschaft gefährden oder ihre Entwicklung wesentlich beeinträchtigen könnten und keine Anhaltspunkte dafür vorliegen, dass die von der Genossenschaft abgeschlossenen Altersvorsorgeverträge nicht ordnungsgemäß erfüllt werden,
    b) die entweder eine Erlaubnis nach dem Kreditwesengesetz besitzen oder wenn sie Leistungen nach Absatz 1 Satz 1 Nr. 4 Buchstabe b anbieten, deren Satzungszweck ist, ihren Mitgliedern Wohnraum zur Verfügung zu stellen, und die Erfüllung der Verpflichtungen nach Absatz 1 Satz 1 Nr. 3 und 10 durch eine Versicherung bei einem im Geltungsbereich dieses Gesetzes zum Geschäftsbetrieb befugten Versicherungsunternehmen oder durch ein Zahlungsversprechen eines im Geltungsbereich dieses Gesetzes zum Geschäftsbetrieb befugten Kreditinstituts gesichert ist; die Sicherung kann auf 20 000 Euro pro Vertrag begrenzt werden; und
    c) deren Satzung zum einen eine Beteiligung mit mehreren Geschäftsanteilen erlaubt und zum anderen für Mitglieder, die weitere Geschäftsanteile zum Zwecke der Durchführung eines Altersvorsorgevertrages angeschafft haben, hinsichtlich dieser weiteren Geschäftsanteile keine Verpflichtung zu Nachschüssen zur Insolvenzmasse oder zu weiteren Einzahlungen nach § 87a Abs. 2 des Genossenschaftsgesetzes oder zur Verlustzuschreibung im Sinne des § 19 Absatz 1 des Genossenschaftsgesetzes sowie keine längere Kündigungsfrist als die des § 65 Abs. 2 Satz 1 des Genossenschaftsgesetzes und keine abweichenden Regelungen

für die Auszahlung des Auseinandersetzungsguthabens im Sinne des § 73 Abs. 4 des Genossenschaftsgesetzes vorsieht; das Vorliegen dieser Voraussetzungen ist durch den Prüfungsverband, von dem die Genossenschaft geprüft wird, zu bestätigen.

Finanzdienstleistungsinstitute sowie Kreditinstitute mit Sitz im Inland, die keine Erlaubnis zum Betreiben des Einlagengeschäfts im Sinne des § 1 Abs. 1 Satz 2 Nr. 1 des Kreditwesengesetzes haben, und Wertpapierdienstleistungsunternehmen im Sinne der Richtlinie 2004/39/EG des Europäischen Parlaments und des Rates vom 21. April 2004 über Märkte für Finanzinstrumente, zur Änderung der Richtlinien 85/611/EWG und 93/6/EWG des Rates und der Richtlinie 2000/12/EG des Europäischen Parlaments und des Rates und zur Aufhebung der Richtlinie 93/22/EWG des Rates (ABl. EU Nr. L 145 S. 1, 2005 Nr. L 45 S. 18), zuletzt geändert durch die Richtlinie 2007/44/EG des Europäischen Parlaments und des Rates vom 5. September 2007 (ABl. EU Nr. L 247 S. 1), mit Sitz in einem anderen Staat des Europäischen Wirtschaftsraums können Anbieter sein, wenn sie

1. nach ihrem Erlaubnisumfang nicht unter die Ausnahmeregelungen nach § 2 Abs. 7 oder Abs. 8 des Kreditwesengesetzes fallen oder im Fall von Wertpapierdienstleistungsunternehmen vergleichbaren Einschränkungen der Solvenzaufsicht in dem anderen Staat des Europäischen Wirtschaftsraums unterliegen,
2. ein Anfangskapital im Sinne von § 10 Abs. 2a Satz 1 Nr. 1 bis 7 des Kreditwesengesetzes (Anfangskapital) in Höhe von mindestens 730 000 Euro nachweisen und
3. nach den Bedingungen des Altersvorsorgevertrages die Gelder nur anlegen bei Kreditinstituten im Sinne des Satzes 1.

(3) Die Zertifizierung eines Altersvorsorgevertrages nach diesem Gesetz ist die Feststellung, dass die Vertragsbedingungen des Altersvorsorgevertrages dem Absatz 1, 1a oder beiden Absätzen entsprechen und der Anbieter den Anforderungen des Absatzes 2 entspricht. Eine Zertifizierung im Sinne des § 4 Abs. 2 Satz 1 stellt ausschließlich die Übereinstimmung des Vertrages mit den Anforderungen des Absatzes 1 oder 1a oder beiden fest.

(4) (weggefallen)

(5) Gebildetes Kapital im Sinne dieses Gesetzes ist

a) bei Versicherungsverträgen das nach den anerkannten Regeln der Versicherungsmathematik mit den Rechnungsgrundlagen der Beitragskalkulation berechnete Deckungskapital der Versicherung zuzüglich bereits zugeteilter Überschussanteile, des übertragungsfähigen Werts aus Schlussüberschussanteilen sowie der nach § 153 Abs. 1 und 3 des Versicherungsvertragsgesetzes zuzuteilenden Bewertungsreserven, § 169 Abs. 6 des Versicherungsvertragsgesetzes gilt entsprechend; bei fondsgebundenen Versicherungen und anderen Versicherungen, die Leistungen der in § 54b des Versicherungsaufsichtsgesetzes bezeichneten Art vorsehen, abweichend hiervon die Summe aus dem vorhandenen Wert der Anteilseinheiten und der im sonstigen Vermögen angelegten verzinsten Beitrags- und Zulagenteile, abzüglich der tariflichen Kosten, zuzüglich zugeteilter Überschussanteile, des übertragungsfähigen Werts aus Schlussüberschussanteilen und der nach § 153 Abs. 1 und 3 des Versicherungsvertragsgesetzes zuzuteilenden Bewertungsreserven,
b) bei Investmentsparverträgen der Wert der Fondsanteile zum Stichtag,
c) bei Sparverträgen der Wert des Guthabens einschließlich der bis zum Stichtag entstandenen, aber noch nicht fälligen Zinsen,
d) bei Geschäftsanteilen an einer Genossenschaft der jeweilige Anschaffungspreis; bei Verträgen nach Absatz 1a Satz 1 Nummer 3 jeweils abzüglich des Darlehens, soweit es noch nicht getilgt ist.

Abzüge, soweit sie nicht in diesem Gesetz vorgesehen sind, sind nicht zulässig.

III.
Verordnung zur Durchführung der steuerlichen Vorschriften des Einkommensteuergesetzes zur Altersvorsorge und zum Rentenbezugsmitteilungsverfahren sowie zum weiteren Datenaustausch mit der zentralen Stelle (Altersvorsorge-Durchführungsverordnung – AltvDV)[1])[2])

vom 28. 2. 2005 (BGBl. I S. 487, BStBl I S. 452),
zuletzt geändert durch **Artikel 13 Absatz 23 des Gesetzes zur Neuordnung der Organisation der landwirtschaftlichen Sozialversicherung (LSV-Neuordnungsgesetz – LSV-NOG) vom 12. 4. 2012 (BGBl. I S. 579)**

Abschnitt 1
Grundsätze der Datenübermittlung

§ 1 Datensätze[3])[4])

(1) Eine nach den § 10 Absatz 2a, §§ 10a, 22a, 41b Absatz 2, § 52 Absatz 24, 24d, 38a, 43a oder Abschnitt XI des Einkommensteuergesetzes oder nach dieser Verordnung vorgeschriebene Übermittlung von Daten und eine nach diesen Vorschriften bestehende Anzeige- oder Mitteilungspflicht zwischen den am Verfahren Beteiligten erfolgt in Form eines amtlich vorgeschriebenen Datensatzes.

(2) Absatz 1 gilt nicht für Mitteilungen an den Zulageberechtigten nach § 90 Abs. 1 Satz 3 des Einkommensteuergesetzes durch die zuständige Stelle (§ 81a des Einkommensteuergesetzes) und den Anbieter (§ 80 des Einkommensteuergesetzes), für Mitteilungen der zentralen Stelle (§ 81 des Einkommensteuergesetzes) an den Zulageberechtigten nach § 92a Abs. 4 Satz 3 und § 92b Abs. 1 Satz 3 des Einkommensteuergesetzes, für Mitteilungen des Zulageberechtigten nach § 92a des Einkommensteuergesetzes, für Anzeigen nach den §§ 5 und 13 sowie für Mitteilungen nach den §§ 6, 10 Abs. 2 Satz 2 und § 11 Abs. 1 und 3. Wird die Mitteilung nach § 11 Abs. 1 und 3 über die zentrale Stelle übermittelt, ist Absatz 1 anzuwenden. Die Mitteilung des Anbieters an den Zulageberechtigten nach § 90 Abs. 1 Satz 3 des Einkommensteuergesetzes kann mit der Bescheinigung nach § 10a Abs. 5 Satz 1 oder § 92 des Einkommensteuergesetzes erfolgen.

§ 2 Technisches Übermittlungsformat[5])[6])

(1) Die Datensätze sind im XML-Format zu übermitteln.

(2) Der codierte Zeichensatz für eine nach § 10a oder Abschnitt XI des Einkommensteuergesetzes oder nach einer im Abschnitt 2 dieser Verordnung vorzunehmenden Datenübermittlung hat den Anforderungen der DIN 66303, Ausgabe Juni 2000, zu entsprechen. Der Zeichensatz ist gemäß der Vorgabe der zentralen Stelle an den jeweiligen Stand der Technik anzupassen.

(3) Der codierte Zeichensatz für eine nach § 10 Absatz 2a, den §§ 22a, 41b Absatz 2, § 52 Absatz 24, 24d, 38a oder Absatz 43a des Einkommensteuergesetzes oder nach einer in den Abschnitten 3 und 4 dieser Verordnung vorzunehmenden Datenübermittlung hat den Anforderungen der ISO/IEC 8859-15, Ausgabe März 1999, zu entsprechen. Absatz 2 Satz 2 gilt entsprechend.

---

[1]) Die Verordnung soll durch das Jahressteuergesetz 2013 (JStG 2013) geändert werden. U.a. soll ein neuer § 24 angefügt werde. Bei Redaktionsschluss war das Gesetzgebungsverfahren noch nicht abgeschlossen. Um Beachtung wird gebeten. → Siehe hierzu Hinweise auf Seite 4!

[2]) Der Verordnung soll durch das Gesetz zur Verbesserung der steuerlichen Förderung der privaten Altersvorsorge (Altersvorsorge-Verbesserungsgesetz – AltvVerbG) geändert werden. Bei Redaktionsschluss war das Gesetzgebungsverfahren noch nicht abgeschlossen. Um Beachtung wird gebeten. → Siehe hierzu Hinweise auf Seite 4!

[3]) Die Vorschrift soll durch das Jahressteuergesetz 2013 (JStG 2013) geändert werden. Bei Redaktionsschluss war das Gesetzgebungsverfahren noch nicht abgeschlossen. Um Beachtung wird gebeten. → Siehe hierzu Hinweise auf Seite 4!

[4]) Die Vorschrift soll durch das Gesetz zur Verbesserung der steuerlichen Förderung der privaten Altersvorsorge (Altersvorsorge-Verbesserungsgesetz – AltvVerbG) geändert werden. Bei Redaktionsschluss war das Gesetzgebungsverfahren noch nicht abgeschlossen. Um Beachtung wird gebeten. → Siehe hierzu Hinweise auf Seite 4!

[5]) Die Vorschrift soll durch das Jahressteuergesetz 2013 (JStG 2013) geändert werden. Bei Redaktionsschluss war das Gesetzgebungsverfahren noch nicht abgeschlossen. Um Beachtung wird gebeten. → Siehe hierzu Hinweise auf Seite 4!

[6]) Die Vorschrift soll durch das Gesetz zur Verbesserung der steuerlichen Förderung der privaten Altersvorsorge (Altersvorsorge-Verbesserungsgesetz – AltvVerbG) geändert werden. Bei Redaktionsschluss war das Gesetzgebungsverfahren noch nicht abgeschlossen. Um Beachtung wird gebeten. → Siehe hierzu Hinweise auf Seite 4!

§ 2a DIN- und ISO/IEC-Normen

DIN- und ISO/IEC-Normen DIN- und ISO/IEC-Normen, auf die in dieser Verordnung verwiesen wird, sind im Beuth-Verlag GmbH, Berlin und Köln, erschienen und beim Deutschen Patent- und Markenamt in München archivmäßig gesichert niedergelegt.

§ 3 Verfahren der Datenübermittlung, Schnittstellen

(1) Die Übermittlung der Datensätze hat durch Datenfernübertragung zu erfolgen.

(1a) Bei der elektronischen Übermittlung sind die für den jeweiligen Besteuerungszeitraum oder -zeitpunkt bestimmten Schnittstellen ordnungsgemäß zu bedienen. Die für die Datenübermittlung erforderlichen Schnittstellen und die dazu gehörige Dokumentation werden über das Internet in einem geschützten Bereich der zentralen Stelle zur Verfügung gestellt.

(2) Werden Mängel festgestellt, die eine ordnungsgemäße Übernahme der Daten beeinträchtigen, kann die Übernahme der Daten abgelehnt werden. Der Absender ist über die Mängel zu unterrichten.

(3) Die technischen Einrichtungen für die Datenübermittlung stellt jede übermittelnde Stelle für ihren Bereich bereit.

§ 4 Übermittlung durch Datenfernübertragung

(1) Bei der Datenfernübertragung sind dem jeweiligen Stand der Technik entsprechende Maßnahmen zur Sicherstellung von Datenschutz und Datensicherheit zu treffen, die insbesondere die Vertraulichkeit und Unversehrtheit der Daten sowie die Authentifizierung der übermittelnden und empfangenden Stelle gewährleisten. Bei der Nutzung allgemein zugänglicher Netze sind Verschlüsselungsverfahren zu verwenden. Die zentrale Stelle bestimmt das einzusetzende Verschlüsselungsverfahren, das dem jeweiligen Stand der Technik entsprechen muss.

(2) Die zentrale Stelle bestimmt den zu nutzenden Übertragungsweg. Hierbei soll der Übertragungsweg zugelassen werden, der von den an der Datenübermittlung Beteiligten gewünscht wird.

(3) Die erforderlichen Daten können unter den Voraussetzungen des § 11 des Bundesdatenschutzgesetzes oder der vergleichbaren Vorschriften der Landesdatenschutzgesetze durch einen Auftragnehmer der übermittelnden Stelle an die zentrale Stelle übertragen werden. Geeignet ist ein Auftragnehmer, der die Anforderungen an den Datenschutz und die Datensicherheit gemäß dieser Verordnung erfüllt.

(4) Der nach Absatz 3 mit der Datenfernübertragung beauftragte Auftragnehmer gilt als Empfangsbevollmächtigter für Mitteilungen der zentralen Stelle an den Auftraggeber, solange dieser nicht widerspricht.

§ 5 Identifikation der am Verfahren Beteiligten[1]

(1) Der Anbieter, die zuständige Stelle und die Familienkassen haben der zentralen Stelle auf Anforderung anzuzeigen:

1. die Kundenart,
2. den Namen und die Anschrift,
3. soweit erforderlich die E-Mail-Adresse,
4. die Telefon- und soweit vorhanden die Telefaxnummer,
5. die Betriebsnummer und
6. die Art der Verbindung.

(2) Der Anbieter hat zusätzlich zu den in Absatz 1 aufgeführten Angaben eine Zertifizierungsnummer sowie die Bankverbindung, über welche die Zulagenzahlungen abgewickelt werden sollen, anzuzeigen. Hat der Anbieter ausschließlich Daten nach § 10 Absatz 2a des Einkommensteuergesetzes zu übermitteln, ist die Angabe der Bankverbindung nicht erforderlich.

(2a) Die Familienkassen haben zusätzlich zu den in Absatz 1 aufgeführten Angaben eine von ihnen im Außenverhältnis gegenüber dem Kindergeldempfänger verwendete Kurzbezeichnung der Familienkasse anzuzeigen.

---

[1] Die Vorschrift soll durch das Jahressteuergesetz 2013 (JStG 2013) geändert werden. Bei Redaktionsschluss war das Gesetzgebungsverfahren noch nicht abgeschlossen. Um Beachtung wird gebeten.
→ Siehe hierzu Hinweise auf Seite 4!

(3) Im Fall der Beauftragung eines Auftragnehmers (§ 4 Abs. 3) hat der Auftraggeber der zentralen Stelle auch die in Absatz 1 genannten Daten des Auftragnehmers anzuzeigen. Eine Mandanten- oder Institutionsnummer des Beteiligten beim Auftragnehmer ist ebenfalls anzuzeigen.

(4) Die am Verfahren Beteiligten (übermittelnde Stellen und ihre Auftragnehmer) erhalten von der zentralen Stelle eine Kundennummer und ein Passwort, die den Zugriff auf den geschützten Bereich des Internets der zentralen Stelle ermöglichen.

(5) Jede Änderung der in den Absätzen 1 bis 3 genannten Daten ist der zentralen Stelle von dem am Verfahren Beteiligten unter Angabe der Kundennummer (Absatz 4) unverzüglich anzuzeigen.

(6) Die Absätze 1 und 3 bis 5 gelten für übermittelnde Stellen im Sinne des § 10 Absatz 2a des Einkommensteuergesetzes, für Mitteilungspflichtige (§ 22a Absatz 1 Satz 1 des Einkommensteuergesetzes) und für Träger der Sozialleistungen (§ 32b Absatz 3 des Einkommensteuergesetzes) entsprechend. Die Teilnahme der Arbeitgeber am maschinellen Anfrageverfahren der Identifikationsnummer (§ 139b der Abgabenordnung) nach § 41b Absatz 2 des Einkommensteuergesetzes setzt voraus, dass diese bereits durch die Finanzverwaltung authentifiziert wurden; eine weitere Identifikation bei der zentralen Stelle findet nicht statt.

Abschnitt 2
Vorschriften zur Altersvorsorge
nach § 10a oder Abschnitt XI des Einkommensteuergesetzes
Unterabschnitt 1
Mitteilungs- und Anzeigepflichten

§ 6 Mitteilungspflichten des Arbeitgebers

(1) Der Arbeitgeber hat der Versorgungseinrichtung (Pensionsfonds, Pensionskasse, Direktversicherung), die für ihn die betriebliche Altersversorgung durchführt, spätestens zwei Monate nach Ablauf des Kalenderjahres oder nach Beendigung des Dienstverhältnisses im Laufe des Kalenderjahres gesondert je Versorgungszusage mitzuteilen, in welcher Höhe die für den einzelnen Arbeitnehmer geleisteten Beiträge individuell besteuert wurden. Die Mitteilungspflicht des Arbeitgebers kann durch einen Auftragnehmer wahrgenommen werden.

(2) Eine Mitteilung nach Absatz 1 kann unterbleiben, wenn die Versorgungseinrichtung dem Arbeitgeber mitgeteilt hat, dass

1. sie die Höhe der individuell besteuerten Beiträge bereits kennt oder aus den bei ihr vorhandenen Daten feststellen kann oder
2. eine Förderung nach § 10a oder Abschnitt XI des Einkommensteuergesetzes nicht möglich ist.

(3) Der Arbeitnehmer kann gegenüber der Versorgungseinrichtung für die individuell besteuerten Beiträge insgesamt auf die Förderung nach § 10a oder Abschnitt XI des Einkommensteuergesetzes verzichten; der Verzicht kann für die Zukunft widerrufen werden.

(4) Soweit eine Mitteilung nach Absatz 1 unterblieben ist und die Voraussetzungen des Absatzes 2 Nr. 1 nicht vorliegen oder der Arbeitnehmer nach Absatz 3 verzichtet hat, hat die Versorgungseinrichtung davon auszugehen, dass es sich nicht um Altersvorsorgebeiträge im Sinne des § 82 Abs. 2 des Einkommensteuergesetzes handelt.

§ 7 Besondere Mitteilungspflichten der zuständigen Stelle

(1) Beantragt ein Steuerpflichtiger, der zu dem in § 10a Abs. 1 Satz 1 zweiter Halbsatz des Einkommensteuergesetzes bezeichneten Personenkreis gehört, über die für ihn zuständige Stelle (§ 81a des Einkommensteuergesetzes) eine Zulagenummer (§ 10a Abs. 1a des Einkommensteuergesetzes), übermittelt die zuständige Stelle die Angaben des Steuerpflichtigen an die zentrale Stelle. Für Empfänger einer Versorgung im Sinne des § 10a Abs. 1 Satz 4 des Einkommensteuergesetzes gilt Satz 1 entsprechend.

(2) Hat der Steuerpflichtige die nach § 10a Abs. 1 Satz 1 zweiter Halbsatz des Einkommensteuergesetzes erforderliche Einwilligung erteilt, hat die zuständige Stelle die Zugehörigkeit des Steuerpflichtigen zum begünstigten Personenkreis für das Beitragsjahr zu bestätigen und die für die Ermittlung des Mindesteigenbeitrags und für die Gewährung der Kinderzulage erforderlichen Daten an die zentrale Stelle zu übermitteln. Sind für ein Beitragsjahr oder für ein vorangegangene Kalenderjahr mehrere zuständige Stellen nach § 91 Abs. 2 des Einkommensteuergesetzes zur Meldung der Daten nach § 10a Abs. 1 Satz 1 zweiter Halbsatz des Einkommensteuergesetzes verpflichtet, meldet jede zuständige Stelle die Daten für den Zeitraum, für den jeweils das Beschäftigungs-, Amts- oder Dienstverhältnis bestand und auf den sich jeweils die zu übermittelnden Daten beziehen. Gehört der Steuerpflichtige im Beitragsjahr nicht mehr zum berechtigten Personenkreis im Sinne des § 10a Abs. 1 Satz 1 zweiter Halbsatz des Einkommensteuergesetzes oder

ist er nicht mehr Empfänger einer Versorgung im Sinne des § 10a Abs. 1 Satz 4 des Einkommensteuergesetzes oder hat er im Beitragsjahr erstmalig einen Altersvorsorgevertrag (§ 82 Abs. 1 des Einkommensteuergesetzes) abgeschlossen, hat die zuständige Stelle die für die Ermittlung des Mindesteigenbeitrags erforderlichen Daten an die zentrale Stelle zu übermitteln, wenn ihr eine Einwilligung des Steuerpflichtigen vorliegt. Sind die zuständige Stelle und die Familienkasse verschiedenen juristischen Personen zugeordnet, entfällt die Meldung der kinderbezogenen Daten nach Satz 1. In den anderen Fällen kann eine Übermittlung der Kinderdaten durch die zuständige Stelle entfallen, wenn sichergestellt ist, dass die Familienkasse die für die Gewährung der Kinderzulage erforderlichen Daten an die zentrale Stelle übermittelt oder ein Datenabgleich (§ 91 Abs. 1 Satz 1 erster Halbsatz des Einkommensteuergesetzes) erfolgt.

(3) Hat die zuständige Stelle die für die Gewährung der Kinderzulage erforderlichen Daten an die zentrale Stelle übermittelt (§ 91 Abs. 2 des Einkommensteuergesetzes) und wird für diesen gemeldeten Zeitraum das Kindergeld insgesamt zurückgefordert, hat die zuständige Stelle dies der zentralen Stelle bis zum 31. März des Kalenderjahres, das dem Kalenderjahr der Rückforderung folgt, mitzuteilen.

§ 8

(weggefallen)

§ 9   Besondere Mitteilungspflicht der Familienkasse

Hat die zuständige Familienkasse der zentralen Stelle die Daten für die Gewährung der Kinderzulage übermittelt und wird für diesen gemeldeten Zeitraum das Kindergeld insgesamt zurückgefordert, hat die Familienkasse dies der zentralen Stelle unverzüglich mitzuteilen.

§ 10   Besondere Mitteilungspflichten des Anbieters

(1) Der Anbieter hat die vom Antragsteller im Zulageantrag anzugebenden Daten sowie die Mitteilungen nach § 89 Abs. 1 Satz 5 des Einkommensteuergesetzes zu erfassen und an die zentrale Stelle zu übermitteln. Erfolgt eine Datenübermittlung nach § 89 Abs. 3 des Einkommensteuergesetzes, gilt Satz 1 entsprechend.

(2) Der Anbieter hat einen ihm bekannt gewordenen Tatbestand des § 95 Absatz 1 des Einkommensteuergesetzes der zentralen Stelle mitzuteilen. Wenn dem Anbieter ausschließlich eine Anschrift des Zulageberechtigten außerhalb der Mitgliedstaaten der Europäischen Union und der Staaten, auf die das Abkommen über den Europäischen Wirtschaftsraum (EWR-Abkommen) anwendbar ist, bekannt ist, teilt er dies der zentralen Stelle mit.

(3) Der Anbieter hat der zentralen Stelle die Zahlung des nach § 90 Abs. 3 Satz 3 des Einkommensteuergesetzes abzuführenden Rückforderungsbetrages und des nach § 94 Abs. 1 Satz 3 des Einkommensteuergesetzes abzuführenden Rückzahlungsbetrages, jeweils bezogen auf den Zulageberechtigten, sowie die Zahlung von ihm geschuldeter Verspätungs- oder Säumniszuschläge mitzuteilen.

§ 11   Anbieterwechsel[1)]

(1) Im Fall der Übertragung von Altersvorsorgevermögen nach § 1 Abs. 1 Satz 1 Nr. 10 Buchstabe b des Altersvorsorgeverträge-Zertifizierungsgesetzes sowie in den Fällen des § 93 Abs. 1 Satz 4 Buchstabe c, Abs. 2 Satz 2 und 3 des Einkommensteuergesetzes hat der Anbieter des bisherigen Vertrags dem Anbieter des neuen Vertrags die in § 92 des Einkommensteuergesetzes genannten Daten einschließlich der auf den Zeitpunkt der Übertragung fortgeschriebenen Beträge im Sinne des § 19 Abs. 1 und 2 mitzuteilen. Bei der Übermittlung hat er die bisherige Vertragsnummer, die Zertifizierungsnummer und die Anbieternummer anzugeben. Der Anbieter des bisherigen Vertrags kann die Mitteilung nach Satz 1 über die zentrale Stelle dem Anbieter des neuen Vertrags übermitteln. Die zentrale Stelle leitet die Mitteilung ohne inhaltliche Prüfung an den Anbieter des neuen Vertrags. Der Anbieter des bisherigen Vertrags hat den Anbieter des neuen Vertrags über eine Abweisung eines Datensatzes nach § 12 Abs. 1 Satz 3 oder 4 unverzüglich zu unterrichten.

(2) Wird das Altersvorsorgevermögen im laufenden Beitragsjahr vollständig auf einen neuen Anbieter übertragen, ist dieser Anbieter zur Ausstellung der Bescheinigung nach § 92 des Einkommensteuergesetzes sowie zur Übermittlung der Daten nach § 10a Abs. 5 des Einkommensteuergesetzes an die zentrale Stelle für das gesamte Beitragsjahr verpflichtet.

[1)] Die Vorschrift soll durch das Gesetz zur Verbesserung der steuerlichen Förderung der privaten Altersvorsorge (Altersvorsorge-Verbesserungsgesetz – AltvVerbG) geändert werden. Bei Redaktionsschluss war das Gesetzgebungsverfahren noch nicht abgeschlossen. Um Beachtung wird gebeten. → Siehe hierzu Hinweise auf Seite 4!

(3) In den Fällen des § 92a Abs. 2 Satz 8 und 9 des Einkommensteuergesetzes hat der Anbieter nach § 1 Abs. 2 des Altersvorsorgeverträge-Zertifizierungsgesetzes des bisherigen Vertrags dem Anbieter nach § 1 Abs. 2 des Altersvorsorgeverträge-Zertifizierungsgesetzes des neuen Vertrags den Stand des Wohnförderkontos (§ 92a Abs. 2 Satz 1 des Einkommensteuergesetzes) zu übermitteln. Der Anbieter des bisherigen Vertrags kann die Mitteilung nach Satz 1 über die zentrale Stelle dem Anbieter des neuen Vertrags übermitteln. Die zentrale Stelle leitet die Mitteilung ohne inhaltliche Prüfung an den Anbieter des neuen Vertrags weiter. Die Sätze 1 bis 3 gelten entsprechend in den Fällen des § 92a Abs. 2 Satz 11 des Einkommensteuergesetzes. Erfolgt die Einzahlung nach § 92a Abs. 2 Satz 4 Nr. 1 oder § 92a Abs. 3 Satz 9 Nr. 2 des Einkommensteuergesetzes nicht beim Anbieter, der das Wohnförderkonto führt, hat der Anbieter, bei dem die Einzahlung erfolgt, dem anderen Anbieter die Höhe der Zahlungen des Zulageberechtigten auf den Altersvorsorgevertrag zu übermitteln. Der Anbieter, der das Wohnförderkonto führt, teilt dem anderen Anbieter den Betrag mit, um den das Wohnförderkonto gemindert wurde.

(4) In den Fällen des Absatzes 1 Satz 1 hat der Anbieter des bisherigen Vertrags sowie der Anbieter des neuen Vertrags die Übertragung der zentralen Stelle mitzuteilen. Satz 1 gilt entsprechend in den Fällen des § 92a Abs. 2 Satz 11 des Einkommensteuergesetzes. Liegt ein Fall des § 82 Abs. 1 Satz 4 des Einkommensteuergesetzes vor, hat der Anbieter des neuen Vertrags dies der zentralen Stelle ergänzend mitzuteilen. In den Fällen der Übertragung von Altersvorsorgevermögen nach § 93 Absatz 1a Satz 2 des Einkommensteuergesetzes hat der Anbieter des bisherigen Vertrags die Übertragung der zentralen Stelle mitzuteilen. In den Fällen der Übertragung von Altersvorsorgevermögen nach § 93 Absatz 1a Satz 1 und 2 des Einkommensteuergesetzes hat der Anbieter des bisherigen Vertrags der zentralen Stelle außerdem die vom Familiengericht angegebene Ehezeit mitzuteilen.

(5) Wird Altersvorsorgevermögen auf Grund vertraglicher Vereinbarung nur teilweise auf einen anderen Vertrag übertragen, gehen Zulagen, Beiträge und Erträge anteilig auf den neuen Vertrag über. Die Absätze 1 und 4 gelten entsprechend.

§ 12 Besondere Mitteilungspflichten der zentralen Stelle gegenüber dem Anbieter

(1) Die zentrale Stelle hat dem Anbieter das Ermittlungsergebnis (§ 90 Abs. 1 Satz 1 des Einkommensteuergesetzes) mitzuteilen. Die Mitteilung steht unter dem Vorbehalt der Nachprüfung (§ 164 der Abgabenordnung). Das Ermittlungsergebnis kann auch durch Abweisung des nach § 89 Abs. 2 des Einkommensteuergesetzes übermittelten Datensatzes, der um eine in dem vom Bundesministerium der Finanzen veröffentlichten Fehlerkatalog besonders gekennzeichnete Fehlermeldung ergänzt wird, übermittelt werden. Ist der Datensatz nach § 89 Abs. 2 des Einkommensteuergesetzes auf Grund von unzureichenden oder fehlerhaften Angaben des Zulageberechtigten abgewiesen sowie um eine Fehlermeldung ergänzt worden und werden die Angaben innerhalb der Antragsfrist des § 89 Abs. 1 Satz 1 des Einkommensteuergesetzes von dem Zulageberechtigten an den Anbieter nicht nachgereicht, gilt auch diese Abweisung des Datensatzes als Übermittlung des Ermittlungsergebnisses.

(2) Die zentrale Stelle hat dem Anbieter die Auszahlung der Zulage nach § 90 Abs. 2 Satz 1 des Einkommensteuergesetzes und § 15, jeweils bezogen auf den Zulageberechtigten, mitzuteilen. Mit Zugang der Mitteilung nach Satz 1 entfällt der Vorbehalt der Nachprüfung der Mitteilung nach Absatz 1 Satz 2. Die zentrale Stelle kann eine Mahnung (§ 259 der Abgabenordnung) nach amtlich vorgeschriebenem Datensatz an den Anbieter übermitteln.

(3) Wird der Rückzahlungsbetrag nach § 95 Abs. 3 Satz 1 des Einkommensteuergesetzes erlassen, hat die zentrale Stelle dies dem Anbieter mitzuteilen.

§ 13 Anzeigepflichten des Zulageberechtigten

(1) (weggefallen)

(2) Liegt ein Tatbestand des § 95 Absatz 1 des Einkommensteuergesetzes vor, hat der Zulageberechtigte dies dem Anbieter auch dann anzuzeigen, wenn aus dem Vertrag bereits Leistungen bezogen werden.

Unterabschnitt 2
Ermittlung, Festsetzung, Auszahlung, Rückforderung und Rückzahlung der Zulagen

§ 14 Nachweis der Rentenversicherungspflicht und der Höhe der maßgebenden Einnahmen

(1) Weichen die Angaben des Zulageberechtigten zur Rentenversicherungspflicht oder zu den beitragspflichtigen Einnahmen oder zu der bezogenen Rente wegen voller Erwerbsminderung oder Erwerbsunfähigkeit im Sinne des Sechsten Buches Sozialgesetzbuch – Gesetzliche Rentenversicherung – in der Fassung der Bekanntmachung vom 19. Februar 2002 (BGBl. I S. 754, 1404, 3384), zuletzt geändert durch Artikel 5 des Gesetzes vom 23. Juli 2002 (BGBl. I S. 2787), in der je-

weils geltenden Fassung von den nach § 91 Abs. 1 Satz 1 des Einkommensteuergesetzes übermittelten Angaben des zuständigen Sozialversicherungsträgers ab, sind für den Nachweis der Rentenversicherungspflicht oder der Berechnung des Mindesteigenbeitrags die Angaben des zuständigen Sozialversicherungsträgers maßgebend. Für die **von der landwirtschaftlichen Alterskasse**[1] übermittelten Angaben gilt Satz 1 entsprechend; § 52 Abs. 65 Satz 2 des Einkommensteuergesetzes findet entsprechend Anwendung. Wird abweichend vom tatsächlich erzielten Entgelt oder vom Zahlbetrag der Entgeltersatzleistung ein höherer Betrag als beitragspflichtige Einnahmen im Sinne des § 86 Abs. 1 Satz 2 Nr. 1 des Einkommensteuergesetzes berücksichtigt und stimmen der vom Zulageberechtigten angegebene und der bei dem zuständigen Sozialversicherungsträger ermittelte Zeitraum überein, ist Satz 1 insoweit nicht anzuwenden. Im Festsetzungsverfahren ist dem Zulageberechtigten Gelegenheit zu geben, eine Klärung mit dem Sozialversicherungsträger herbeizuführen.

(2) Liegt der zentralen Stelle eine Bestätigung der zuständigen Stelle über die Zugehörigkeit des Zulageberechtigten zu dem in § 10a Abs. 1 Satz 1 Nr. 1 bis 5 und Satz 4 des Einkommensteuergesetzes genannten Personenkreis vor, gilt Absatz 1 entsprechend.

§ 15 Auszahlung der Zulage

Die Zulagen werden jeweils am 15. der Monate Februar, Mai, August und November eines Jahres zur Zahlung angewiesen. Zum jeweiligen Auszahlungstermin werden angewiesen:

a) Zulagen, die bis zum Ablauf des dem Auszahlungstermin vorangegangenen Kalendervierteljahres über den Anbieter beantragt worden sind und von der zentralen Stelle bis zum Ablauf des dem Auszahlungstermin vorangehenden Kalendermonats ermittelt wurden,

b) Erhöhungen von Zulagen, die bis zum Ablauf des dem Auszahlungstermin vorangehenden Kalendervierteljahres ermittelt oder festgesetzt wurden.

§ 16 Kleinbetragsgrenze für Rückforderungen gegenüber dem Zulageberechtigten

Ein Rückzahlungsbetrag nach § 94 Abs. 2 des Einkommensteuergesetzes, der nicht über den Anbieter zurückgefordert werden kann, wird nur festgesetzt, wenn die Rückforderung mindestens 10 Euro beträgt.

§ 17 Vollstreckung von Bescheiden über Forderungen der zentralen Stelle

Bescheide über Forderungen der zentralen Stelle werden von den Hauptzollämtern vollstreckt. Zuständig ist das Hauptzollamt, in dessen Vollstreckungsbezirk der Schuldner oder die Schuldnerin einen Wohnsitz oder gewöhnlichen Aufenthalt hat. Mangelt es an einem Wohnsitz oder gewöhnlichen Aufenthalt im Inland, ist das Hauptzollamt Potsdam zuständig. Über die Niederschlagung (§ 261 der Abgabenordnung) entscheidet die zentrale Stelle.

Unterabschnitt 3
Bescheinigungs-, Aufzeichnungs- und Aufbewahrungspflichten

§ 18 Erteilung der Anbieterbescheinigungen[2]

(1) Werden Bescheinigungen nach § 10a Abs. 5 Satz 1, § 22 Nr. 5 Satz 7, § 92 oder § 94 Abs. 1 Satz 4 des Einkommensteuergesetzes mit Hilfe automatischer Einrichtungen erstellt, können Unterschrift und Namenswiedergabe des Anbieters oder des Vertretungsberechtigten fehlen.

(2) Wird die Bescheinigung nach § 92 oder § 94 Abs. 1 Satz 4 des Einkommensteuergesetzes durch die Post übermittelt, ist das Datum der Aufgabe bei der Post auf der Bescheinigung anzugeben. Für die Berechnung der Frist nach § 90 Abs. 4 Satz 2 des Einkommensteuergesetzes ist § 122 Abs. 2 und 2a der Abgabenordnung sinngemäß anzuwenden.

§ 19 Aufzeichnungs- und Aufbewahrungspflichten[3]

(1) Der Anbieter nach § 1 Abs. 2 des Altersvorsorgeverträge-Zertifizierungsgesetzes hat für jedes Kalenderjahr Aufzeichnungen zu führen über

---

[1] § 14 Abs. 1 Satz 2 AltvDV wurde durch das LSV-NOG vom 12. 4. 2012 (BGBl. I S. 579) ab 1. 1. 2013 geändert.

[2] Die Vorschrift soll durch das Gesetz zur Verbesserung der steuerlichen Förderung der privaten Altersvorsorge (Altersvorsorge-Verbesserungsgesetz – AltvVerbG) geändert werden. Bei Redaktionsschluss war das Gesetzgebungsverfahren noch nicht abgeschlossen. Um Beachtung wird gebeten. → Siehe hierzu Hinweise auf Seite 4!

[3] Die Vorschrift soll durch das Gesetz zur Verbesserung der steuerlichen Förderung der privaten Altersvorsorge (Altersvorsorge-Verbesserungsgesetz – AltvVerbG) geändert werden. Bei Redaktionsschluss war das Gesetzgebungsverfahren noch nicht abgeschlossen. Um Beachtung wird gebeten. → Siehe hierzu Hinweise auf Seite 4!

1. Name und Anschrift des Anlegers,
2. Vertragsnummer und Vertragsdatum,
3. Altersvorsorgebeiträge, auf die § 10a oder Abschnitt XI des Einkommensteuergesetzes angewendet wurde,
4. dem Vertrag gutgeschriebene Zulagen,
5. dem Vertrag insgesamt gutgeschriebene Erträge,
6. Beiträge, auf die § 10a oder Abschnitt XI des Einkommensteuergesetzes nicht angewendet wurde,
7. Beiträge und Zulagen, die zur Absicherung der verminderten Erwerbsfähigkeit verwendet wurden,
8. Beiträge und Zulagen, die zur Hinterbliebenenabsicherung im Sinne des § 1 Abs. 1 Satz 1 Nr. 2 des Altersvorsorgeverträge-Zertifizierungsgesetzes oder § 1 Abs. 1 Satz 1 Nr. 6 des Altersvorsorgeverträge-Zertifizierungsgesetzes in der bis zum 31. Dezember 2004 geltenden Fassung verwendet wurden, und
9. die im Wohnförderkonto (§ 92a Abs. 2 Satz 1 des Einkommensteuergesetzes) zu berücksichtigenden Beträge.

Werden zugunsten des Altersvorsorgevertrags auch nicht geförderte Beiträge geleistet, sind die Erträge anteilig den geförderten und den nicht geförderten Beiträgen zuzuordnen und entsprechend aufzuzeichnen. Die auf den 31. Dezember des jeweiligen Kalenderjahres fortgeschriebenen Beträge sind gesondert aufzuzeichnen.

(2) Für einen Anbieter nach § 80 zweite Alternative des Einkommensteuergesetzes gilt Absatz 1 sinngemäß.

Darüber hinaus hat er Aufzeichnungen zu führen über
1. Beiträge, auf die § 3 Nr. 63 des Einkommensteuergesetzes angewendet wurde; hierzu gehören auch die Beiträge im Sinne des § 5 Abs. 3 Satz 2 der Lohnsteuer-Durchführungsverordnung,
2. Beiträge, auf die § 40b des Einkommensteuergesetzes in der am 31. Dezember 2004 geltenden Fassung angewendet wurde, und
3. Leistungen, auf die § 3 Nr. 66 des Einkommensteuergesetzes angewendet wurde.

(3) Für die Aufbewahrung der Aufzeichnungen nach den Absätzen 1 und 2, der Mitteilungen nach § 5 Abs. 2 der Lohnsteuer-Durchführungsverordnung und des Antrags auf Altersvorsorgezulage oder der einer Antragstellung nach § 89 Abs. 3 des Einkommensteuergesetzes zugrunde liegenden Unterlagen gilt § 147 Abs. 3 der Abgabenordnung entsprechend. Die Unterlagen sind spätestens am Ende des zehnten Kalenderjahres zu löschen oder zu vernichten, das auf die Mitteilung nach § 22 Nr. 5 Satz 7 des Einkommensteuergesetzes folgt. Satz 2 gilt nicht, soweit die Löschung oder Vernichtung schutzwürdige Interessen des Anlegers oder die Wahrnehmung von Aufgaben oder berechtigten Interessen des Anbieters beeinträchtigen würde.

(3a) Unterlagen, die eine wohnungswirtschaftliche Verwendung im Sinne des § 92a Abs. 1 Satz 1 des Einkommensteuergesetzes nach dem 31. Dezember 2007 eines Darlehens im Sinne des § 1 Abs. 1a des Altersvorsorgeverträge-Zertifizierungsgesetzes nachweisen, sind für die Dauer von zehn Jahren nach der Auflösung oder der Schließung des bei dem Anbieter geführten Wohnförderkontos (§ 92a Abs. 2 Satz 1) aufzubewahren.

(4) Nach Absatz 3 Satz 1 und Absatz 3a aufzubewahrende schriftliche Unterlagen können als Wiedergabe auf einem Bild- oder anderen dauerhaften Datenträger aufbewahrt werden, wenn sichergestellt ist, dass
1. die Wiedergabe während der Dauer der Aufbewahrungsfrist verfügbar bleibt und innerhalb angemessener Zeit lesbar gemacht werden kann und
2. die lesbar gemachte Wiedergabe mit der schriftlichen Unterlage bildlich und inhaltlich übereinstimmt.

Das Vorliegen der Voraussetzung nach Satz 1 Nr. 2 ist vor der Vernichtung der schriftlichen Unterlage zu dokumentieren.

(5) Sonstige Vorschriften über Aufzeichnungs- und Aufbewahrungspflichten bleiben unberührt.

(6) Der Anbieter hat der zentralen Stelle auf Anforderung den Inhalt der Aufzeichnungen mitzuteilen und die für die Überprüfung der Zulage erforderlichen Unterlagen zur Verfügung zu stellen.

Abschnitt 3
Vorschriften zu Rentenbezugsmitteilungen

§ 20 Aufzeichnungs- und Aufbewahrungspflichten

Der Mitteilungspflichtige hat die übermittelten Daten aufzuzeichnen und die zugrunde liegenden Unterlagen für die Dauer von sechs Jahren nach dem Ende des Jahres, für das die Übermittlung erfolgt ist, geordnet aufzubewahren. § 19 Abs. 4 bis 6 gilt entsprechend.

§ 21 Erprobung des Verfahrens

(1) Die zentrale Stelle kann bei den Mitteilungspflichtigen Daten nach § 22a Abs. 1 Satz 1 des Einkommensteuergesetzes erheben zum Zweck der Erprobung

1. des Verfahrens der Datenübermittlung von den Mitteilungspflichtigen an die zentrale Stelle,
2. der bei der zentralen Stelle einzusetzenden Programme,
3. der Weiterleitung an die Finanzverwaltung und
4. der Weiterverarbeitung der Daten in der Finanzverwaltung.

(2) Das Bundeszentralamt für Steuern kann bei den Mitteilungspflichtigen Daten nach § 22a Abs. 2 Satz 3 des Einkommensteuergesetzes in Verbindung mit § 139b Abs. 3 der Abgabenordnung erheben zum Zweck der Erprobung

1. des Verfahrens der Datenübermittlung von den Mitteilungspflichtigen an das Bundeszentralamt für Steuern,
2. des Verfahrens der Datenübermittlung von dem Bundeszentralamt für Steuern an die Mitteilungspflichtigen,
3. der vom Bundeszentralamt für Steuern und der zentralen Stelle einzusetzenden Programme, mit denen den Mitteilungspflichtigen die Daten zur Verfügung gestellt werden.

(3) Die Datenübermittlung erfolgt durch Datenfernübertragung; § 4 Abs. 1 gilt entsprechend.

(4) Die Daten dürfen nur für die in Absatz 1 und 2 genannten Zwecke verwendet werden. Sie sind unmittelbar nach Beendigung der Erprobung, spätestens am 31. Dezember 2009, zu löschen.

Abschnitt 4
Vorschriften zum weiteren Datenaustausch
mit der zentralen Stelle

§ 22 Aufzeichnungs- und Aufbewahrungspflichten

Soweit nicht bereits eine Aufzeichnungs- und Aufbewahrungspflicht nach § 19 oder § 20 dieser Verordnung besteht, hat die übermittelnde Stelle die übermittelten Daten aufzuzeichnen und die zugrunde liegenden Unterlagen für die Dauer von sechs Jahren nach dem Ende des Jahres, in dem die Übermittlung erfolgt ist, geordnet aufzubewahren. § 19 Absatz 4 bis 6 gilt entsprechend.

§ 23 Erprobung des Verfahrens[1])

§ 21 Absatz 1 dieser Verordnung gilt für die Erprobung des Verfahrens nach § 10 Absatz 2a des Einkommensteuergesetzes entsprechend mit der Maßgabe, dass die zentrale Stelle bei den übermittelnden Stellen die Daten nach § 10 Absatz 2a des Einkommensteuergesetzes erheben kann.

IV.
Steuerliche Förderung der privaten Altersvorsorge und betrieblichen Altersversorgung[2])

BMF-Schreiben vom 31. 3. 2010 (BStBl I S. 270)[3])
IV C 3 – S 2222/09/10041
IV C 5 – S 2333/07/0003
2010/0256374

Zur steuerlichen Förderung der privaten Altersvorsorge und betrieblichen Altersversorgung nehme ich im Einvernehmen mit den obersten Finanzbehörden der Länder wie folgt Stellung:

---

[1]) Die Vorschrift soll durch das Jahressteuergesetz 2013 (JStG 2013) geändert werden. Bei Redaktionsschluss war das Gesetzgebungsverfahren noch nicht abgeschlossen. Um Beachtung wird gebeten.
→ Siehe hierzu Hinweise auf Seite 4!
[2]) Änderungen sind durch Fettdruck hervorgehoben.
[3]) *Das BMF-Schreiben befand sich bei Redaktionsschluss in der Überarbeitung.*

Anhang 2
Altersversorgung
IV

Für die Inanspruchnahme des Sonderausgabenabzugs nach § 10a EStG wird, was die Prüfungskompetenz der Finanzämter betrifft, vorab auf § 10a Abs. 5 Satz 3 EStG hingewiesen, wonach die in der Bescheinigung des Anbieters mitgeteilten übrigen Voraussetzungen für den Sonderausgabenabzug nach § 10a Abs. 1 bis 3 EStG im Wege des automatisierten Datenabgleichs nach § 91 EStG durch die zentrale Stelle (Zentrale Zulagenstelle für Altersvermögen – ZfA –) überprüft werden.

– Auszug –

Inhaltsübersicht

A.	**Private Altersvorsorge**[1])	**1–246**
I.	Förderung durch Zulage und Sonderausgabenabzug	1–11
1.	Begünstigter Personenkreis	1–21
	a) Allgemeines	1
	b) Unmittelbar begünstigte Personen	2–16
	aa) Pflichtversicherte in der **inländischen** gesetzlichen Rentenversicherung (§ 10a Abs. 1 Satz 1 Halbsatz 1 EStG) und Pflichtversicherte nach dem Gesetz über die Alterssicherung der Landwirte (§ 10a Abs. 1 Satz 3 EStG)	2–3
	bb) Empfänger von Besoldung und diesen gleichgestellten Personen (§ 10a Abs. 1 Satz 1 Halbsatz 2 EStG)	4–5
	cc) Pflichtversicherten gleichstehende Personen	6
	dd) Pflichtversicherte in einer ausländischen Rentenversicherung	7
	ee) Sonderfall: Beschäftigte internationaler Institutionen	8
	ff) **Entsendete** Pflichtversicherte **und Beamte, denen eine Tätigkeit im Ausland zugewiesen wurde**	9–10
	gg) Bezieher einer Rente wegen voller Erwerbsminderung oder Erwerbsunfähigkeit oder einer Versorgung wegen Dienstunfähigkeit (§ 10a Abs. 1 Satz 4 EStG)	11–16
	c) nicht unmittelbar begünstigte Personen	17
	d) Mittelbar zulageberechtigte Personen	18–21
2.	Altersvorsorgebeiträge (§ 82 EStG)	22–32
	a) Private Altersvorsorgebeiträge	22–27
	b) Beiträge im Rahmen der betrieblichen Altersversorgung	28
	c) Altersvorsorgebeiträge nach Beginn der Auszahlungsphase	29
	d) Beiträge, die über den Mindesteigenbeitrag hinausgehen	30–31
	e) **Beiträge von Versicherten in einer ausländischen gesetzlichen Rentenversicherung**	32
3.	Zulage	33–79
	a) Grundzulage	33–34
	b) Kinderzulage	35–49
	aa) Allgemeines	35–38
	bb) Kinderzulageberechtigung bei **miteinander verheirateten** Eltern	39–41
	cc) Kinderzulageberechtigung in anderen Fällen	42–45
	dd) Wechsel des Kindergeldempfängers im Laufe des Beitragsjahres	46–48
	ee) Kindergeldrückforderung	49
	c) Mindesteigenbeitrag	50–79
	aa) Allgemeines	50–57
	bb) Berechnungsgrundlagen	58–72
	(1) Beitragspflichtige Einnahmen	59–62
	(2) Besoldung und Amtsbezüge	63–65
	(3) Land- und Forstwirte	66
	(4) Bezieher einer Rente wegen voller Erwerbsminderung/Erwerbsunfähigkeit oder einer Versorgung wegen Dienstunfähigkeit	67–69
	(5) Elterngeld	70
	(6) Sonderfälle	71–72
	cc) Besonderheiten bei Ehegatten, die die Voraussetzungen des § 26 Abs. 1 EStG erfüllen	73–76
	dd) Kürzung der Zulage	78–79
4.	Sonderausgabenabzug	**80–106**
	a) Umfang des Sonderausgabenabzugs bei Ehegatten	84–85
	b) Günstigerprüfung	86–99
	aa) Anrechnung des Zulageanspruchs	92
	bb) Ehegatten	93–99
	c) Gesonderte Feststellung der zusätzlichen Steuerermäßigung	100–106

[1]) Teil A wird in der Einkommensteuer Handausgabe 2012 Anhang 1 I abgedruckt.

	5. Zusammentreffen mehrerer Verträge	107–11
	a) Altersvorsorgezulage	107–111
	b) Sonderausgabenabzug	112–113
II.	Nachgelagerte Besteuerung nach § 22 Nr. 5 EStG	11–158
	1. Allgemeines	114–118
	2. Abgrenzung der geförderten und der nicht geförderten Beiträge	119–123
	a) Geförderte Beiträge	119–121
	b) Nicht geförderte Beiträge	122–123
	3. Leistungen, die ausschließlich auf geförderten Altersvorsorgebeiträgen beruhen (§ 22 Nr. 5 Satz 1 EStG)	124–125
	4. Leistungen, die zum Teil auf geförderten, zum Teil auf nicht geförderten Altersvorsorgebeiträgen beruhen (§ 22 Nr. 5 Satz 1 und 2 EStG)	126–133
	5. Leistungen, die ausschließlich auf nicht geförderten Altersvorsorgebeiträgen beruhen	134
	6. Wohnförderkonto	135–152
	7. Nachträgliche Änderung der Vertragsbedingungen	153–154
	8. Provisionserstattungen bei geförderten Altersvorsorgeverträgen	155
	9. Bonusleistungen bei geförderten Altersvorsorgeverträgen	**156**
	10. Bescheinigungspflicht des Anbieters	157–158
III.	Schädliche Verwendung von Altersvorsorgevermögen	159–199
	1. Allgemeines	159–175
	2. Auszahlung von gefördertem Altersvorsorgevermögen	176–194
	a) Möglichkeiten der schädlichen Verwendung	176
	b) Folgen der schädlichen Verwendung	177–190
	aa) Rückzahlung der Förderung	177–185
	bb) Besteuerung nach § 22 Nr. 5 Satz 3 EStG	186–190
	c) Übertragung begünstigten Altersvorsorgevermögens auf den überlebenden Ehegatten	191–194
	3. Auszahlung von nicht gefördertem Altersvorsorgevermögen	195–196
	4. Sonderfälle der Rückzahlung	**197–199**
IV.	Altersvorsorge-Eigenheimbetrag und Tilgungsförderung für eine wohnungswirtschaftliche Verwendung	200–227
	1. Allgemeines	200–201
	2. Zulageberechtigter als Entnahmeberechtigter	202
	3. Entnehmbare Beträge	203–207
	4. Begünstigte Verwendung (§ 92a Abs. 1 EStG)	208–214
	a) Unmittelbare Anschaffung oder Herstellung	209–210
	b) Entschuldung	211
	c) Genossenschaftsanteile	212–214
	5. Begünstigte Wohnung	215–219
	6. Anschaffung oder Herstellung	220
	7. Selbstnutzung	221–223
	8. Aufgabe der Selbstnutzung der eigenen Wohnung	224–227
V.	Sonstiges	228–246
	1. Pfändungsschutz (§ 97 EStG)	228–230
	2. Verfahrensfragen	231–246
	a) Zulageantrag	231–236
	b) Festsetzungsfrist	237–242
	c) Bescheinigungs- und Informationspflichten des Anbieters	243–246
B.	**Betriebliche Altersversorgung**	**247–355**
I.	Allgemeines	247–252
II.	Lohnsteuerliche Behandlung von Zusagen auf Leistungen der betrieblichen Altersversorgung	253–325
	1. Allgemeines	253
	2. Entgeltumwandlung zugunsten betrieblicher Altersversorgung	254–257
	3. Behandlung laufender Zuwendungen des Arbeitgebers und Sonderzahlungen an umlagefinanzierte Pensionskassen (§ 19 Abs. 1 Satz 1 Nr. 3 EStG)	258–262
	4. Steuerfreiheit nach § 3 Nr. 63 EStG	263–280
	a) Steuerfreiheit nach § 3 Nr. 63 Satz 1 und 3 EStG	263–275
	aa) Begünstigter Personenkreis	263–264
	bb) Begünstigte Aufwendungen	265–271
	cc) Begünstigte Auszahlungsformen	272
	dd) Sonstiges	273–275
	b) Ausschluss der Steuerfreiheit nach § 3 Nr. 63 Satz 2 EStG	276–279
	aa) Personenkreis	276
	bb) Höhe und Zeitpunkt der Ausübung des Wahlrechts	277–279

	c) Vervielfältigungsregelung nach § 3 Nr. 63 Satz 4 EStG	280
5.	Steuerfreiheit nach § 3 Nr. 66 EStG	281
6.	Steuerfreiheit nach § 3 Nr. 55 EStG	282–287
7.	Übernahme von Pensionsverpflichtungen gegen Entgelt durch Beitritt eines Dritten in eine Pensionsverpflichtung (Schuldbeitritt) oder Ausgliederung von Pensionsverpflichtungen	288
8.	Förderung durch Sonderausgabenabzug nach § 10a EStG und Zulage nach Abschnitt XI EStG	289–296
9.	Steuerfreiheit nach § 3 Nr. 56 EStG	297–303
	a) Begünstigter Personenkreis	297
	b) Begünstigte Aufwendungen	298–303
10.	Anwendung des § 40b EStG in der ab 1. Januar 2005 geltenden Fassung	304–305
11.	Übergangsregelungen § 52 Abs. 6 und 52a EStG zur Anwendung der §§ 3 Nr. 63 EStG und 40b EStG a. F.	306–325
	a) Abgrenzung von Alt- und Neuzusage	306–315
	b) Weiteranwendung des § 40b Abs. 1 und 2 EStG a. F.	316–319
	c) Verhältnis von § 3 Nr. 63 Satz 3 EStG und § 40b Abs. 1 und 2 Satz 1 und 2 EStG a. F.	320–321
	d) Verhältnis von § 3 Nr. 63 Satz 4 EStG und § 40b Abs. 1 und 2 Satz 3 und 4 EStG a. F.	322
	e) Keine weitere Anwendung von § 40b Abs. 1 und 2 EStG a. F. auf Neuzusagen	323
	f) Verhältnis von § 3 Nr. 63 EStG und § 40b EStG a. F., wenn die betriebliche Altersversorgung nebeneinander bei verschiedenen Versorgungseinrichtungen durchgeführt wird	324–325
III.	Steuerliche Behandlung der Versorgungsleistungen	326–346
1.	Allgemeines	326
2.	Direktzusage und Unterstützungskasse	327–328
3.	Direktversicherung, Pensionskasse und Pensionsfonds	329–346
	a) Leistungen, die ausschließlich auf nicht geförderten Beiträgen beruhen	331–333
	b) Leistungen, die ausschließlich auf geförderten Beiträgen beruhen	334
	c) Leistungen, die auf geförderten und nicht geförderten Beiträgen beruhen	335–337
	d) Sonderzahlungen des Arbeitgebers nach § 19 Abs. 1 Satz 1 Nr. 3 EStG	338
	e) Bescheinigungspflichten	339
	f) Sonderregelungen	340–346
	aa) Leistungen aus einem Pensionsfonds aufgrund der Übergangsregelung nach § 52 Abs. 34c EStG	340–341
	bb) Arbeitgeberzahlungen infolge der Anpassungsverpflichtung nach § 16 BetrAVG	342–345
	cc) Beendigung der betrieblichen Altersversorgung	346
IV.	Schädliche Auszahlung von gefördertem Altersvorsorgevermögen	347–355
1.	Allgemeines	347–348
2.	Abfindungen von Anwartschaften, die auf nach § 10a/Abschnitt XI EStG geförderten Beiträgen beruhen	349
3.	Abfindungen von Anwartschaften, die auf steuerfreien und nicht geförderten Beiträgen beruhen	350–351
4.	Portabilität	352–353
5.	Entschädigungsloser Widerruf eines noch verfallbaren Bezugsrechts	354–355
C.	**Besonderheiten beim Versorgungsausgleich**	**356–390**
I.	Allgemeines	356–366
1.	Gesetzliche Neuregelung des Versorgungsausgleichs	356–363
2.	Besteuerungszeitpunkte	364–366
II.	Interne Teilung (§ 10 VersAusglG)	367–370
1.	Steuerfreiheit nach § 3 Nr. 55a EStG	367
2.	Besteuerung	368–370
III.	Externe Teilung (§ 14 VersAusglG)	371–377
1.	Steuerfreiheit nach § 3 Nr. 55b EStG	371–372
2.	Besteuerung bei der ausgleichsberechtigten Person	373
3.	Beispiele	374–376
4.	Verfahren	377
IV.	Steuerunschädliche Übertragung im Sinne des § 93 Absatz 1a EStG	378–387
V.	Leistungen an die ausgleichsberechtigte Person als Arbeitslohn	388–390
D.	**Anwendungsregelung**	**391–393**

A. Private Altersvorsorge[1]

– nicht abgedruckt –

B. Betriebliche Altersversorgung

I. Allgemeines

247 Betriebliche Altersversorgung liegt vor, wenn dem Arbeitnehmer aus Anlass seines Arbeitsverhältnisses vom Arbeitgeber Leistungen zur Absicherung mindestens eines biometrischen Risikos (Alter, Tod, Invalidität) zugesagt werden und Ansprüche auf diese Leistungen erst mit dem Eintritt des biologischen Ereignisses fällig werden (§ 1 BetrAVG). Werden mehrere biometrische Risiken abgesichert, ist aus steuerrechtlicher Sicht die gesamte Vereinbarung/Zusage nur dann als betriebliche Altersversorgung anzuerkennen, wenn für alle Risiken die Vorgaben der Rz. **247** bis **252** beachtet werden. Keine betriebliche Altersversorgung in diesem Sinne liegt vor, wenn vereinbart ist, dass ohne Eintritt eines biometrischen Risikos die Auszahlung an beliebige Dritte (z. B. die Erben) erfolgt. Dies gilt für alle Auszahlungsformen (z. B. lebenslange Rente, Auszahlungsplan mit Restkapitalverrentung, Einmalkapitalauszahlung und ratenweise Auszahlung). Als Durchführungswege der betrieblichen Altersversorgung kommen die Direktzusage (§ 1 Abs. 1 Satz 2 BetrAVG), die Unterstützungskasse (§ 1b Abs. 4 BetrAVG), die Direktversicherung (§ 1b Abs. 2 BetrAVG), die Pensionskasse (§ 1b Abs. 3 BetrAVG) oder der Pensionsfonds (§ 1b Abs. 3 BetrAVG, § 112 VAG) in Betracht.

248 Nicht um betriebliche Altersversorgung handelt es sich, wenn der Arbeitgeber oder eine Versorgungseinrichtung dem nicht bei ihm beschäftigten Ehegatten eines Arbeitnehmers eigene Versorgungsleistungen zur Absicherung seiner biometrischen Risiken (Alter, Tod, Invalidität) verspricht, da hier keine Versorgungszusage aus Anlass eines Arbeitsverhältnisses zwischen dem Arbeitgeber und dem Ehegatten vorliegt (§ 1 BetrAVG).

249 Das biologische Ereignis ist bei der Altersversorgung das altersbedingte Ausscheiden aus dem Erwerbsleben, bei der Hinterbliebenenversorgung der Tod des Arbeitnehmers und bei der Invaliditätsversorgung der Invaliditätseintritt. Als Untergrenze für betriebliche Altersversorgungsleistungen bei altersbedingtem Ausscheiden aus dem Erwerbsleben gilt im Regelfall das 60. Lebensjahr. In Ausnahmefällen können betriebliche Altersversorgungsleistungen auch schon vor dem 60. Lebensjahr gewährt werden, so z. B. bei Berufsgruppen wie Piloten, bei denen schon vor dem 60. Lebensjahr Versorgungsleistungen üblich sind. Ob solche Ausnahmefälle vorliegen, ergibt sich aus Gesetz, Tarifvertrag oder Betriebsvereinbarung. Erreicht der Arbeitnehmer im Zeitpunkt der Auszahlung das 60. Lebensjahr, hat aber seine berufliche Tätigkeit noch nicht beendet, so ist dies in der Regel (insbesondere bei Direktversicherung, Pensionskasse und Pensionsfonds) unschädlich; die bilanzielle Behandlung beim Arbeitgeber bleibt davon unberührt. Für Versorgungszusagen, die nach dem 31. Dezember 2011 erteilt werden, tritt an die Stelle des 60. Lebensjahres regelmäßig das 62. Lebensjahr (siehe auch BT-Drucksache 16/3794 vom 12. Dezember 2006, S. 31 unter „IV. Zusätzliche Altersvorsorge" zum RV-Altersgrenzenanpassungsgesetz vom 20. April 2007, BGBl. I 2007 S. 554). **Bei der Invaliditätsversorgung kommt es auf den Invaliditätsgrad nicht an.**

250 Eine Hinterbliebenenversorgung im steuerlichen Sinne darf nur Leistungen an die Witwe des Arbeitnehmers oder den Witwer der Arbeitnehmerin, die Kinder im Sinne des § 32 Abs. 3, 4 Satz 1 Nr. 1 bis 3 und Abs. 5 EStG, den früheren Ehegatten oder die Lebensgefährtin/den Lebensgefährten vorsehen. Der Arbeitgeber hat bei Erteilung oder Änderung der Versorgungszusage zu prüfen, ob die Versorgungsvereinbarung insoweit generell diese Voraussetzungen erfüllt; ob im Einzelfall Hinterbliebene in diesem Sinne vorhanden sind, ist letztlich vom Arbeitgeber/Versorgungsträger erst im Zeitpunkt der Auszahlung der Hinterbliebenenleistung zu prüfen. Als Kind kann auch ein im Haushalt des Arbeitnehmers auf Dauer aufgenommenes Kind begünstigt werden, wenn zwischen ihm und dem Kind ein Obhuts- und Pflegeverhältnis zu ihm steht und nicht die Voraussetzungen des § 32 EStG **zu ihm erfüllt** (Pflegekind/Stiefkind und faktisches Stiefkind). Dabei ist es – anders als bei der Gewährung von staatlichen Leistungen – unerheblich, **ob noch ein Obhuts- und Pflegeverhältnis zu einem** leiblichen Elternteil des Kindes besteht, **der ggf. ebenfalls im Haushalt des Arbeitnehmers lebt. Es muss jedoch spätestens zu Beginn der Auszahlungsphase der Hinterbliebenenleistung eine schriftliche Versicherung des Arbeitnehmers vorliegen, in der, neben der geforderten namentlichen Benennung des Pflegekindes/Stiefkindes und faktischen Stiefkindes, bestätigt wird, dass ein entsprechendes Kindschaftsverhältnis besteht.**. Entsprechendes gilt, wenn ein Enkelkind auf Dauer im Haushalt der Großeltern aufgenommen und versorgt wird. Bei Versorgungszusagen, die vor dem 1. Januar 2007 erteilt wurden, sind für das Vorliegen einer begünstigten Hinterbliebenenversorgung die Altersgrenzen des § 32 EStG in der bis zum 31. Dezember 2006 geltenden Fassung (27. Lebensjahr) maßgebend. Der Begriff des/der Lebensgefährten/in ist als Oberbegriff zu verstehen, der auch die gleichgeschlechtliche Lebenspart-

---

[1] Teil A ist in der Einkommensteuer Handausgabe 2012 Anhang 1 I abgedruckt.

nerschaft mit erfasst. Ob eine gleichgeschlechtliche Lebenspartnerschaft eingetragen wurde oder nicht, ist dabei zunächst unerheblich. Für Partner einer eingetragenen Lebenspartnerschaft besteht allerdings die Besonderheit, dass sie einander nach § 5 Lebenspartnerschaftsgesetz zum Unterhalt verpflichtet sind. Insoweit liegt eine mit der zivilrechtlichen Ehe vergleichbare Partnerschaft vor. Handelt es sich dagegen um eine andere Form der nicht ehelichen Lebensgemeinschaft, muss anhand der im BMF-Schreiben vom 25. Juli 2002, BStBl I S. 706¹) genannten Voraussetzungen geprüft werden, ob diese als Hinterbliebenenversorgung anerkannt werden kann. Ausreichend ist dabei regelmäßig, dass spätestens zu Beginn der Auszahlungsphase der Hinterbliebenenleistung eine schriftliche Versicherung des Arbeitnehmers vorliegt, in der neben der geforderten namentlichen Benennung des/der Lebensgefährten/in bestätigt wird, dass eine gemeinsame Haushaltsführung besteht.

Die Möglichkeit, andere als die in Rz. **250** genannten Personen als Begünstigte für den Fall des Todes des Arbeitnehmers zu benennen, führt steuerrechtlich dazu, dass es sich nicht mehr um eine Hinterbliebenenversorgung handelt, sondern von einer Vererblichkeit der Anwartschaften auszugehen ist. Gleiches gilt, wenn z. B. bei einer vereinbarten Rentengarantiezeit die Auszahlung auch an andere als die in Rz. **250** genannten Personen möglich ist. Ist die Auszahlung der garantierten Leistungen nach dem Tod des Berechtigten hingegen ausschließlich an Hinterbliebene im engeren Sinne (Rz. **250**) möglich, ist eine vereinbarte Rentengarantiezeit ausnahmsweise unschädlich. Ein Wahlrecht des Arbeitnehmers zur Einmal- oder Teilkapitalauszahlung ist in diesem Fall nicht zulässig. Es handelt sich vielmehr nur dann um unschädliche Zahlungen nach dem Tod des Berechtigten, wenn die garantierte Rente in unveränderter Höhe (einschließlich Dynamisierungen) an die versorgungsberechtigten Hinterbliebenen im engeren Sinne weiter gezahlt wird. Dabei ist zu beachten, dass die Zahlungen einerseits durch die garantierte Zeit und andererseits durch das Vorhandensein eines entsprechenden Hinterbliebenen begrenzt werden. Die Zusammenfassung von bis zu 12 Monatsleistungen in einer Auszahlung sowie die gesonderte Auszahlung der zukünftig in der Auszahlungsphase anfallenden Zinsen und Erträge sind dabei unschädlich. Im Fall der/des Witwe(rs) oder der Lebensgefährtin/des Lebensgefährten wird dabei nicht beanstandet, wenn anstelle der Zahlung der garantierten Rentenleistung in unveränderter Höhe das im Zeitpunkt des Todes des Berechtigten noch vorhandene „Restkapital" ausnahmsweise lebenslang verrentet wird. Die Möglichkeit, ein einmaliges angemessenes Sterbegeld an andere Personen als die in Rz. **250** genannten Hinterbliebenen auszuzahlen, führt nicht zur Versagung der Anerkennung als betriebliche Altersversorgung; bei Auszahlung ist das Sterbegeld gem. § 19 EStG oder § 22 Nr. 5 EStG zu besteuern (vgl. Rz. **326**ff.). Im Fall der Pauschalbesteuerung von Beiträgen für eine Direktversicherung nach § 40b EStG in der am 31. Dezember 2004 geltenden Fassung (§ 40b EStG a. F.) ist es ebenfalls unschädlich, wenn eine beliebige Person als Bezugsberechtigte für den Fall des Todes des Arbeitnehmers benannt wird.

251

Keine betriebliche Altersversorgung liegt vor, wenn zwischen Arbeitnehmer und Arbeitgeber die Vererblichkeit von Anwartschaften vereinbart wird. Auch Vereinbarungen, nach denen Arbeitslohn gutgeschrieben und ohne Abdeckung eines biometrischen Risikos zu einem späteren Zeitpunkt (z. B. bei Ausscheiden aus dem Dienstverhältnis) ggf. mit Wertsteigerung ausgezahlt wird, sind nicht dem Bereich der betrieblichen Altersversorgung zuzuordnen. Gleiches gilt, wenn von vornherein eine Abfindung der Versorgungsanwartschaft, z. B. zu einem bestimmten Zeitpunkt oder bei Vorliegen bestimmter Voraussetzungen, vereinbart ist und dadurch nicht mehr von der Absicherung eines biometrischen Risikos ausgegangen werden kann. Demgegenüber führt allein die Möglichkeit einer Beitragserstattung einschließlich der gutgeschriebenen Erträge bzw. einer entsprechenden Abfindung für den Fall des Ausscheidens aus dem Dienstverhältnis vor Erreichen der gesetzlichen Unverfallbarkeit und/oder für den Fall des Todes vor Ablauf einer arbeitsrechtlich vereinbarten Wartezeit sowie der Abfindung einer Witwenrente/Witwerrente für den Fall der Wiederheirat nicht nicht zur Versagung der Anerkennung als betriebliche Altersversorgung. **Ebenfalls unschädlich für das Vorliegen von betrieblicher Altersversorgung ist die Abfindung vertraglich unverfallbarer Anwartschaften; dies gilt sowohl bei Beendigung als auch während des bestehenden Arbeitsverhältnisses.** Zu den steuerlichen Folgen im Auszahlungsfall siehe Rz. 265 ff.

252

II. Lohnsteuerliche Behandlung von Zusagen auf Leistungen der betrieblichen Altersversorgung

1. Allgemeines

Der Zeitpunkt des Zuflusses von Arbeitslohn richtet sich bei einer arbeitgeberfinanzierten und einer steuerlich anzuerkennenden durch Entgeltumwandlung finanzierten betrieblichen Altersversorgung nach dem Durchführungsweg der betrieblichen Altersversorgung (vgl. auch R 40b.1 LStR zur Abgrenzung). Bei der Versorgung über eine Direktversicherung, eine Pensionskasse oder einen Pensionsfonds liegt Zufluss von Arbeitslohn im Zeitpunkt der Zahlung der Beiträge

253

---

¹) → Anhang 2 V.

durch den Arbeitgeber an die entsprechende Versorgungseinrichtung vor. Erfolgt die Beitragszahlung durch den Arbeitgeber vor „Versicherungsbeginn", liegt ein Zufluss von Arbeitslohn jedoch erst im Zeitpunkt des „Versicherungsbeginns" vor. Die Einbehaltung der Lohnsteuer richtet sich nach § 38a Abs. 1 und 3 EStG (vgl. auch R 39b.2, 39b.5 und 39b.6 LStR). Bei der Versorgung über eine Direktzusage oder Unterstützungskasse fließt der Arbeitslohn erst im Zeitpunkt der Zahlung der Altersversorgungsleistungen an den Arbeitnehmer zu.

2. Entgeltumwandlung zugunsten betrieblicher Altersversorgung

254 Um durch Entgeltumwandlung finanzierte betriebliche Altersversorgung handelt es sich, wenn Arbeitgeber und Arbeitnehmer vereinbaren, künftige Arbeitslohnansprüche zugunsten einer betrieblichen Altersversorgung herabzusetzen (Umwandlung in eine wertgleiche Anwartschaft auf Versorgungsleistungen – Entgeltumwandlung – § 1 Abs. 2 Nr. 3 BetrAVG). Davon zu unterscheiden sind die sog. Eigenbeiträge des Arbeitnehmers (§ 1 Abs. 2 Nr. 4 BetrAVG), bei denen der Arbeitnehmer aus seinem bereits zugeflossenen und versteuerten Arbeitsentgelt Beiträge zur Finanzierung der betrieblichen Altersversorgung leistet.

255 Eine Herabsetzung von Arbeitslohnansprüchen zugunsten betrieblicher Altersversorgung ist steuerlich als Entgeltumwandlung auch dann anzuerkennen, wenn die in § 1 Abs. 2 Nr. 3 BetrAVG geforderte Wertgleichheit außerhalb versicherungsmathematischer Grundsätze berechnet wird. Entscheidend ist allein, dass die Versorgungsleistung zur Absicherung mindestens eines biometrischen Risikos (Alter, Tod, Invalidität) zugesagt und erst bei Eintritt des biologischen Ereignisses fällig wird.

256 Die Herabsetzung von Arbeitslohn (laufender Arbeitslohn, Einmal- und Sonderzahlungen) zugunsten der betrieblichen Altersversorgung wird aus Vereinfachungsgründen grundsätzlich auch dann als Entgeltumwandlung steuerlich anerkannt, wenn die Gehaltsänderungsvereinbarung bereits erdiente, aber noch nicht fällig gewordene Anteile umfasst. Dies gilt auch, wenn eine Einmal- oder Sonderzahlung einen Zeitraum von mehr als einem Jahr betrifft.

257 Bei einer Herabsetzung laufenden Arbeitslohns zugunsten einer betrieblichen Altersversorgung hindert es die Annahme einer Entgeltumwandlung nicht, wenn der bisherige ungekürzte Arbeitslohn weiterhin Bemessungsgrundlage für künftige Erhöhungen des Arbeitslohns oder andere Arbeitgeberleistungen (wie z. B. Weihnachtsgeld, Tantieme, Jubiläumszuwendungen, betriebliche Altersversorgung) bleibt, die Gehaltsminderung zeitlich begrenzt oder vereinbart wird, dass der Arbeitnehmer oder der Arbeitgeber sie für künftigen Arbeitslohn einseitig ändern können.

3. Behandlung laufender Zuwendungen des Arbeitgebers und Sonderzahlungen an umlagefinanzierte Pensionskassen (§ 19 Abs. 1 Satz 1 Nr. 3 EStG)

258 Laufende Zuwendungen sind regelmäßig fortlaufend geleistete Zahlungen des Arbeitgebers für eine betriebliche Altersversorgung an eine Pensionskasse, die nicht im Kapitaldeckungsverfahren, sondern im Umlageverfahren finanziert wird. Hierzu gehören insbesondere Umlagen an die Versorgungsanstalt des Bundes und der Länder – VBL – bzw. an eine kommunale oder kirchliche Zusatzversorgungskasse.

259 Sonderzahlungen des Arbeitgebers sind insbesondere Zahlungen, die an die Stelle der bei regulärem Verlauf zu entrichtenden laufenden Zuwendungen treten oder neben laufenden Beiträgen oder Zuwendungen entrichtet werden und zur Finanzierung des nicht kapitalgedeckten Versorgungssystems dienen. Hierzu gehören beispielsweise Zahlungen, die der Arbeitgeber anlässlich seines Ausscheidens aus einem umlagefinanzierten Versorgungssystem, des Wechsels von einem umlagefinanzierten zu einem anderen umlagefinanzierten Versorgungssystem oder der Zusammenlegung zweier nicht kapitalgedeckter Versorgungssysteme zu leisten hat.

260 Beispiel zum Wechsel der Zusatzversorgungskasse (ZVK):

Die ZVK A wird auf die ZVK B überführt. Der Umlagesatz der ZVK A betrug bis zur Überführung 6 % vom zusatzversorgungspflichtigen Entgelt. Die ZVK B erhebt nur 4 % vom zusatzversorgungspflichtigen Entgelt. Der Arbeitgeber zahlt nach der Überführung auf die ZVK B für seine Arbeitnehmer zusätzlich zu den 4 % Umlage einen festgelegten Betrag, durch den die Differenz bei der Umlagenhöhe (6 % zu 4 % vom zusatzversorgungspflichtigen Entgelt) ausgeglichen wird.

Bei dem Differenzbetrag, den der Arbeitgeber nach der Überführung auf die ZVK B zusätzlich leisten muss, handelt es sich um eine steuerpflichtige Sonderzahlung gem. § 19 Abs. 1 Satz 1 Nr. 3 Satz 2 Buchstabe b EStG, die mit 15 % gem. § 40b Abs. 4 EStG pauschal zu besteuern ist.

261 Zu den nicht zu besteuernden Sanierungsgeldern gehören die Sonderzahlungen des Arbeitgebers, die er anlässlich der Umstellung der Finanzierung des Versorgungssystems von der Umlagefinanzierung auf die Kapitaldeckung für die bis zur Umstellung bereits entstandenen Versorgungsverpflichtungen oder -anwartschaften noch zu leisten hat. Gleiches gilt für die Zahlungen,

die der Arbeitgeber im Fall der Umstellung auf der Leistungsseite für diese vor Umstellung bereits entstandenen Versorgungsverpflichtungen und -anwartschaften in das Versorgungssystem leistet. Davon ist z. B. auszugehen, wenn

- eine deutliche Trennung zwischen bereits entstandenen und neu entstehenden Versorgungsverpflichtungen sowie -anwartschaften sichtbar wird,
- der finanzielle Fehlbedarf zum Zeitpunkt der Umstellung hinsichtlich der bereits entstandenen Versorgungsverpflichtungen sowie -anwartschaften ermittelt wird und
- dieser Betrag ausschließlich vom Arbeitgeber als Zuschuss geleistet wird.

Beispiel zum Sanierungsgeld: 262

Die ZVK A stellt ihre betriebliche Altersversorgung auf der Finanzierungs- und Leistungsseite um. Bis zur Systemumstellung betrug die Umlage 6,2 % vom zusatzversorgungspflichtigen Entgelt. Nach der Systemumstellung beträgt die Zahlung insgesamt 7,7 % vom zusatzversorgungspflichtigen Entgelt. Davon werden 4 % zugunsten der nun im Kapitaldeckungsverfahren finanzierten Neuanwartschaften und 3,7 % für die weiterhin im Umlageverfahren finanzierten Anwartschaften einschließlich eines Sanierungsgeldes geleistet.

Die Ermittlung des nicht zu besteuernden Sanierungsgeldes erfolgt nach § 19 Abs. 1 Satz 1 Nr. 3 Satz 4 Halbsatz 2 EStG. Ein solches nicht zu besteuerndes Sanierungsgeld liegt nur vor, soweit der bisherige Umlagesatz überstiegen wird.

Zahlungen nach der Systemumstellung insgesamt	7,7 %
Zahlungen vor der Systemumstellung	6,2 %
Nicht zu besteuerndes Sanierungsgeld	1,5 %
Ermittlung der weiterhin nach § 19 Abs. 1 Satz 1 Nr. 3 Satz 1 EStG grundsätzlich zu besteuernden Umlagezahlung:	
Nach der Systemumstellung geleistete Zahlung für das Umlageverfahren einschließlich des Sanierungsgeldes	3,7 %
Nicht zu besteuerndes Sanierungsgeld	1,5 %
grundsätzlich zu besteuernde Umlagezahlung	2,2 %

Eine Differenzrechnung nach § 19 Abs. 1 Satz 1 Nr. 3 Satz 4 Halbsatz 2 EStG entfällt, wenn es an laufenden und wiederkehrenden Zahlungen entsprechend dem periodischen Bedarf fehlt, also das zu erbringende Sanierungsgeld als Gesamtfehlbetrag feststeht und lediglich ratierlich getilgt wird.

4. Steuerfreiheit nach § 3 Nr. 63 EStG

a) Steuerfreiheit nach § 3 Nr. 63 Satz 1 und 3 EStG

aa) Begünstigter Personenkreis

Zu dem durch § 3 Nr. 63 EStG begünstigten Personenkreis gehören alle Arbeitnehmer (§ 1 LStDV), unabhängig davon, ob sie in der gesetzlichen Rentenversicherung pflichtversichert sind oder nicht (z. B. beherrschende Gesellschafter-Geschäftsführer, geringfügig Beschäftigte, in einem berufsständischen Versorgungswerk Versicherte). 263

Die Steuerfreiheit setzt lediglich ein bestehendes erstes Dienstverhältnis voraus. Diese Voraussetzung kann auch erfüllt sein, wenn es sich um ein geringfügiges Beschäftigungsverhältnis oder eine Aushilfstätigkeit handelt. Die Steuerfreiheit ist jedoch nicht bei Arbeitnehmern zulässig, die dem Arbeitgeber eine Lohnsteuerkarte mit der Steuerklasse VI vorgelegt haben. 264

bb) Begünstigte Aufwendungen

Zu den nach § 3 Nr. 63 EStG begünstigten Aufwendungen gehören nur Beiträge an Pensionsfonds, Pensionskassen und Direktversicherungen, die zum Aufbau einer betrieblichen Altersversorgung im Kapitaldeckungsverfahren erhoben werden. Für Umlagen, die vom Arbeitgeber an eine Versorgungseinrichtung entrichtet werden, kommt die Steuerfreiheit nach § 3 Nr. 63 EStG dagegen nicht in Betracht (siehe aber § 3 Nr. 56 EStG, Rz. **297**ff.). Werden sowohl Umlagen als auch Beiträge im Kapitaldeckungsverfahren erhoben, gehören letztere nur dann zu den begünstigten Aufwendungen, wenn eine getrennte Verwaltung und Abrechnung beider Vermögensmassen erfolgt (Trennungsprinzip). 265

Steuerfrei sind sowohl die Beiträge des Arbeitgebers, die zusätzlich zum ohnehin geschuldeten Arbeitslohn erbracht werden (rein arbeitgeberfinanzierte Beiträge) als auch die Beiträge des Arbeitgebers, die durch Entgeltumwandlung finanziert werden (vgl. Rz. **254**ff.). Im Fall der Finanzierung der Beiträge durch eine Entgeltumwandlung ist die Beachtung des Mindestbetrages 266 gem. § 1a BetrAVG für die Inanspruchnahme der Steuerfreiheit nicht erforderlich. Eigenbeiträge des Arbeitnehmers (§ 1 Abs. 2 Nr. 4 BetrAVG) sind dagegen vom Anwendungsbereich des § 3 Nr. 63 EStG ausgeschlossen, auch wenn sie vom Arbeitgeber an die Versorgungseinrichtung abgeführt werden.

267 Die Steuerfreiheit nach § 3 Nr. 63 EStG kann nur dann in Anspruch genommen werden, wenn der vom Arbeitgeber zur Finanzierung der zugesagten Versorgungsleistung gezahlte Beitrag nach bestimmten individuellen Kriterien dem einzelnen Arbeitnehmer zugeordnet wird. Allein die Verteilung eines vom Arbeitgeber gezahlten Gesamtbeitrags nach der Anzahl der begünstigten Arbeitnehmer genügt hingegen für die Anwendung des § 3 Nr. 63 EStG nicht. Für die Anwendung des § 3 Nr. 63 EStG ist nicht Voraussetzung, dass sich die Höhe der zugesagten Versorgungsleistung an der Höhe des eingezahlten Beitrags des Arbeitgebers orientiert, da der Arbeitgeber nach § 1 BetrAVG nicht nur eine Beitragszusage mit Mindestleistung oder eine beitragsorientierte Leistungszusage, sondern auch eine Leistungszusage erteilen kann.

268 Maßgeblich für die betragsmäßige Begrenzung der Steuerfreiheit auf 4 % der Beitragsbemessungsgrenze in der allgemeinen Rentenversicherung ist auch bei einer Beschäftigung in den neuen Ländern oder Berlin (Ost) die in dem Kalenderjahr gültige Beitragsbemessungsgrenze (West). Zusätzlich zu diesem Höchstbetrag können Beiträge, die vom Arbeitgeber aufgrund einer nach dem 31. Dezember 2004 erteilten Versorgungszusage (Neuzusage, vgl. Rz. **306**ff.) geleistet werden, bis zur Höhe von 1 800 € steuerfrei bleiben. Dieser zusätzliche Höchstbetrag kann jedoch nicht in Anspruch genommen werden, wenn für den Arbeitnehmer in dem Kalenderjahr Beiträge nach § 40b Abs. 1 und 2 EStG a. F. pauschal besteuert werden (vgl. Rz. **320**). Bei den Höchstbeträgen des § 3 Nr. 63 EStG handelt es sich jeweils um Jahresbeträge. Eine zeitanteilige Kürzung der Höchstbeträge ist daher nicht vorzunehmen, wenn das Arbeitsverhältnis nicht während des ganzen Jahres besteht oder nicht für das ganze Jahr Beiträge gezahlt werden. Die Höchstbeträge können erneut in Anspruch genommen werden, wenn der Arbeitnehmer sie in einem vorangegangenen Dienstverhältnis bereits ausgeschöpft hat. Im Fall der Gesamtrechtsnachfolge und des Betriebsübergangs nach § 613a BGB kommt dies dagegen nicht in Betracht.

269 Soweit die Beiträge die Höchstbeträge übersteigen, sind sie individuell zu besteuern. Für die individuell besteuerten Beiträge kann eine Förderung durch Sonderausgabenabzug nach § 10a und Zulage nach Abschnitt XI EStG in Betracht kommen (vgl. Rz. **289**ff.). Zur Übergangsregelung des § 52 Abs. 52a EStG siehe Rz. **316**ff.

270 Bei monatlicher Zahlung der Beiträge bestehen keine Bedenken, wenn die Höchstbeträge in gleichmäßige monatliche Teilbeträge aufgeteilt werden. Stellt der Arbeitgeber vor Ablauf des Kalenderjahres, z. B. bei Beendigung des Dienstverhältnisses fest, dass die Steuerfreiheit im Rahmen der monatlichen Teilbeträge nicht in vollem Umfang ausgeschöpft worden ist oder werden kann, muss eine ggf. vorgenommene Besteuerung der Beiträge rückgängig gemacht (spätester Zeitpunkt hierfür ist die Übermittlung oder Erteilung der Lohnsteuerbescheinigung) oder der monatliche Teilbetrag künftig so geändert werden, dass die Höchstbeträge ausgeschöpft werden.

271 Rein arbeitgeberfinanzierte Beiträge sind steuerfrei, soweit sie die Höchstbeträge (4 % der Beitragsbemessungsgrenze in der allgemeinen Rentenversicherung sowie 1 800 €) nicht übersteigen. Die Höchstbeträge werden zunächst durch diese Beiträge ausgefüllt. Sofern die Höchstbeträge dadurch nicht ausgeschöpft worden sind, sind die auf Entgeltumwandlung beruhenden Beiträge zu berücksichtigen.

cc) Begünstigte Auszahlungsformen

272 Voraussetzung für die Steuerfreiheit ist, dass die Auszahlung der zugesagten Alters-, Invaliditäts- oder Hinterbliebenenversorgungsleistungen in Form einer lebenslangen Rente oder eines Auszahlungsplans mit anschließender lebenslanger Teilkapitalverrentung (§ 1 Abs. 1 Satz 1 Nr. 4 **Buchstabe a** AltZertG) vorgesehen ist. Im Hinblick auf die entfallende Versorgungsbedürftigkeit z. B. für den Fall der Vollendung des 25. Lebensjahres der Kinder (siehe auch Rz. **250**; bei Versorgungszusagen, die vor dem 1. Januar 2007 erteilt wurden, ist grundsätzlich das 27. Lebensjahr maßgebend), der Wiederheirat der Witwe/des Witwers, dem Ende der Erwerbsminderung durch Wegfall der Voraussetzungen für den Bezug (insbesondere bei Verbesserung des Gesundheitssituation oder Erreichen der Altersgrenze) ist es nicht zu beanstanden, wenn eine Rente oder ein Auszahlungsplan zeitlich befristet ist. Von einer Rente oder einem Auszahlungsplan ist auch noch auszugehen, wenn bis zu 30 % des zu Beginn der Auszahlungsphase zur Verfügung stehenden Kapitals außerhalb der monatlichen Leistungen ausgezahlt werden. Die zu Beginn der Auszahlungsphase zu treffende Entscheidung und Entnahme des Teilkapitalbetrags aus diesem Vertrag (Rz. **170**) führt zur Besteuerung nach § 22 Nr. 5 EStG. Allein die Möglichkeit, anstelle dieser Auszahlungsformen eine Einmalkapitalauszahlung (100 % des zu Beginn der Auszahlungsphase zur Verfügung stehenden Kapitals) zu wählen, steht der Steuerfreiheit nicht entgegen. Die Möglichkeit, eine Einmalkapitalauszahlung anstelle einer Rente oder eines Auszahlungsplans zu wählen, gilt nicht nur für Altersversorgungsleistungen, sondern auch für Invaliditäts- oder Hinter-

bliebenenversorgungsleistungen. Entscheidet sich der Arbeitnehmer zugunsten einer Einmalkapitalauszahlung, so sind von diesem Zeitpunkt an die Voraussetzungen des § 3 Nr. 63 EStG nicht mehr erfüllt und die Beitragsleistungen zu besteuern. Erfolgt die Ausübung des Wahlrechtes innerhalb des letzten Jahres vor dem altersbedingten Ausscheiden aus dem Erwerbsleben, so ist es aus Vereinfachungsgründen nicht zu beanstanden, wenn die Beitragsleistungen weiterhin nach § 3 Nr. 63 EStG steuerfrei belassen werden. Für die Berechnung der Jahresfrist ist dabei auf das im Zeitpunkt der Ausübung des Wahlrechts vertraglich vorgesehene Ausscheiden aus dem Erwerbsleben (vertraglich vorgesehener Beginn der Altersversorgungsleistung) abzustellen. Da die Auszahlungsphase bei der Hinterbliebenenleistung erst mit dem Zeitpunkt des Todes des ursprünglich Berechtigten beginnt, ist es in diesem Fall aus steuerlicher Sicht nicht zu beanstanden, wenn das Wahlrecht im zeitlichen Zusammenhang mit dem Tod des ursprünglich Berechtigten ausgeübt wird. Bei Auszahlung oder anderweitiger wirtschaftlicher Verfügung ist der Einmalkapitalbetrag gem. § 22 Nr. 5 EStG zu besteuern (siehe dazu Rz. 329ff.).

dd) Sonstiges

Eine Steuerfreiheit der Beiträge kommt nicht in Betracht, soweit es sich hierbei nicht um Arbeitslohn im Rahmen eines Dienstverhältnisses, sondern um eine verdeckte Gewinnausschüttung im Sinne des § 8 Abs. 3 Satz 2 KStG handelt. Die allgemeinen Grundsätze zur Abgrenzung zwischen verdeckter Gewinnausschüttung und Arbeitslohn sind hierbei zu beachten. 273

Beiträge an Pensionsfonds, Pensionskassen und – bei Direktversicherungen – an Versicherungsunternehmen in der EU sowie in Drittstaaten, mit denen besondere Abkommen abgeschlossen worden sind **(z. B. DBA USA)**, können nach § 3 Nr. 63 EStG begünstigt sein, wenn der ausländische Pensionsfonds, die ausländischen Pensionskassen oder das ausländische Versicherungsunternehmen versicherungsaufsichtsrechtlich zur Ausübung ihrer Tätigkeit zugunsten von Arbeitnehmern in inländischen Betriebsstätten befugt sind. 274

Unter den vorgenannten Voraussetzungen sind auch die Beiträge des Arbeitgebers an eine **Zusatzversorgungskasse** (wie z. B. zur Versorgungsanstalt der deutschen Bühnen – VddB –, zur Versorgungsanstalt der deutschen Kulturorchester – VddKO – oder zum Zusatzversorgungswerk für Arbeitnehmer in der Land- und Forstwirtschaft – ZLF –), die er nach der jeweiligen Satzung der Versorgungseinrichtung als Pflichtbeiträge für die Altersversorgung seiner Arbeitnehmer zusätzlich zu den nach § 3 Nr. 62 EStG steuerfreien Beiträgen zur gesetzlichen Rentenversicherung zu erbringen hat, ebenfalls im Rahmen des § 3 Nr. 63 EStG steuerfrei. Die Steuerfreiheit nach § 3 Nr. 62 Satz 1 EStG kommt für diese Beiträge nicht in Betracht. Die Steuerbefreiung des § 3 Nr. 63 (und auch Nr. 56) EStG ist nicht nur der Höhe, sondern dem Grunde nach vorrangig anzuwenden; die Steuerbefreiung nach § 3 Nr. 62 EStG ist bei Vorliegen von Zukunftssicherungsleistungen im Sinne des § 3 Nr. 63 (und auch Nr. 56) EStG daher auch dann ausgeschlossen, wenn die Höchstbeträge des § 3 Nr. 63 (und Nr. 56) EStG bereits voll ausgeschöpft werden. 275

b) Ausschluss der Steuerfreiheit nach § 3 Nr. 63 Satz 2 EStG

aa) Personenkreis

Auf die Steuerfreiheit können grundsätzlich nur Arbeitnehmer verzichten, die in der gesetzlichen Rentenversicherung pflichtversichert sind (§§ 1a, 17 Abs. 1 Satz 3 BetrAVG). Alle anderen Arbeitnehmer können von dieser Möglichkeit nur dann Gebrauch machen, wenn der Arbeitgeber zustimmt. 276

bb) Höhe und Zeitpunkt der Ausübung des Wahlrechts

Soweit der Arbeitnehmer einen Anspruch auf Entgeltumwandlung nach § 1a BetrAVG hat, ist eine individuelle Besteuerung dieser Beiträge bereits auf Verlangen des Arbeitnehmers durchzuführen. In allen anderen Fällen der Entgeltumwandlung (z. B. Entgeltumwandlungsvereinbarung aus dem Jahr 2001 oder früher) ist die individuelle Besteuerung der Beiträge hingegen nur aufgrund einvernehmlicher Vereinbarung zwischen Arbeitgeber und Arbeitnehmer möglich. Bei rein arbeitgeberfinanzierten Beiträgen kann auf die Steuerfreiheit nicht verzichtet werden (vgl. Rz. 271). 277

Die Ausübung des Wahlrechts nach § 3 Nr. 63 Satz 2 EStG muss bis zu dem Zeitpunkt erfolgen, zu dem die entsprechende Gehaltsänderungsvereinbarung steuerlich noch anzuerkennen ist (vgl. Rz. 256). 278

Eine nachträgliche Änderung der steuerlichen Behandlung der im Wege der Entgeltumwandlung finanzierten Beiträge ist nicht zulässig. 279

c) Vervielfältigungsregelung nach § 3 Nr. 63 Satz 4 EStG

280 Beiträge an einen Pensionsfonds, eine Pensionskasse oder für eine Direktversicherung, die der Arbeitgeber aus Anlass der Beendigung des Dienstverhältnisses leistet, können im Rahmen des § 3 Nr. 63 Satz 4 EStG steuerfrei belassen werden. Die Höhe der Steuerfreiheit ist dabei begrenzt auf den Betrag, der sich ergibt aus 1 800 € vervielfältigt mit der Anzahl der Kalenderjahre, in denen das Dienstverhältnis des Arbeitnehmers zu dem Arbeitgeber bestanden hat; der vervielfältigte Betrag vermindert sich um die nach § 3 Nr. 63 EStG steuerfreien Beiträge, die der Arbeitgeber in dem Kalenderjahr, in dem das Dienstverhältnis beendet wird, und in den sechs vorangegangenen Jahren erbracht hat. Sowohl bei der Ermittlung der zu vervielfältigenden als auch der zu kürzenden Jahre sind nur die Kalenderjahre ab 2005 zu berücksichtigen. Dies gilt unabhängig davon, wie lange das Dienstverhältnis zu dem Arbeitgeber tatsächlich bestanden hat. Die Vervielfältigungsregelung steht jedem Arbeitnehmer aus demselben Dienstverhältnis insgesamt nur einmal zu. Werden die Beiträge statt als Einmalbeitrag in Teilbeträgen geleistet, sind diese so lange steuerfrei, bis der für den Arbeitnehmer maßgebende Höchstbetrag ausgeschöpft ist. Eine Anwendung der Vervielfältigungsregelung des § 3 Nr. 63 EStG ist nicht möglich, wenn gleichzeitig die Vervielfältigungsregelung des § 40b Abs. 2 Satz 3 und 4 EStG a. F. auf die Beiträge, die der Arbeitgeber aus Anlass der Beendigung des Dienstverhältnisses leistet, angewendet wird (vgl. Rz. **322**). Eine Anwendung ist ferner nicht möglich, wenn der Arbeitnehmer bei Beiträgen für eine Direktversicherung auf die Steuerfreiheit der Beiträge zu dieser Direktversicherung zugunsten der Weiteranwendung des § 40b EStG a. F. verzichtet hatte (vgl. Rz. **316ff.**).

5. Steuerfreiheit nach § 3 Nr. 66 EStG

281 Voraussetzung für die Steuerfreiheit ist, dass vom Arbeitgeber ein Antrag nach § 4d Abs. 3 EStG oder § 4e Abs. 3 EStG gestellt worden ist. Die Steuerfreiheit nach § 3 Nr. 66 EStG gilt auch dann, wenn dem übertragenden Unternehmen keine Zuwendungen im Sinne von § 4d Abs. 3 EStG oder Leistungen im Sinne von § 4e Abs. 3 EStG im Zusammenhang mit der Übernahme einer Versorgungsverpflichtung durch einen Pensionsfonds anfallen. Bei einer entgeltlichen Übertragung von Versorgungsanwartschaften aktiver Beschäftigter kommt die Anwendung von § 3 Nr. 66 EStG nur für Zahlungen an den Pensionsfonds in Betracht, die für die bis zum Zeitpunkt der Übertragung bereits erdienten Versorgungsanwartschaften geleistet werden (sog. „Past-Service"); Zahlungen an den Pensionsfonds für zukünftig noch zu erdienende Anwartschaften (sog. „Future-Service") sind ausschließlich in dem begrenzten Rahmen des § 3 Nr. 63 EStG lohnsteuerfrei; zu weiteren Einzelheiten, insbesondere zur Abgrenzung von „Past-" und „Future-Service", siehe BMF-Schreiben vom 26. Oktober 2006, BStBl I S. 709[1]).

6. Steuerfreiheit nach § 3 Nr. 55 EStG

282 Gem. § 4 Abs. 2 Nr. 2 BetrAVG kann nach Beendigung des Arbeitsverhältnisses im Einvernehmen des ehemaligen Arbeitgebers mit dem neuen Arbeitgeber sowie dem Arbeitnehmer der Wert der vom Arbeitnehmer erworbenen Altersversorgung (Übertragungswert nach § 4 Abs. 5 BetrAVG) auf den neuen Arbeitgeber übertragen werden, wenn dieser eine wertgleiche Zusage erteilt. § 4 Abs. 3 BetrAVG gibt dem Arbeitnehmer für Versorgungszusagen, die nach dem 31. Dezember 2004 erteilt werden, das Recht, innerhalb eines Jahres nach Beendigung des Arbeitsverhältnisses von seinem ehemaligen Arbeitgeber zu verlangen, dass der Übertragungswert auf den neuen Arbeitgeber übertragen wird, wenn die betriebliche Altersversorgung beim ehemaligen Arbeitgeber über einen Pensionsfonds, eine Pensionskasse oder eine Direktversicherung durchgeführt worden ist und der Übertragungswert die im Zeitpunkt der Übertragung maßgebliche Beitragsbemessungsgrenze in der allgemeinen Rentenversicherung nicht übersteigt.

283 **Die Anwendung der Steuerbefreiungsvorschrift des § 3 Nr. 55 EStG setzt aufgrund des Verweises auf die Vorschriften des Betriebsrentengesetzes die Beendigung des bisherigen Dienstverhältnisses und ein anderes Dienstverhältnis voraus. Die Übernahme der Versorgungszusage durch einen Arbeitgeber, bei dem der Arbeitnehmer bereits beschäftigt ist, ist betriebsrentenrechtlich unschädlich und steht daher der Anwendung der Steuerbefreiungsvorschrift nicht entgegen.** § 3 Nr. 55 EStG und Rz. **282** gelten entsprechend für Arbeitnehmer, die nicht in der gesetzlichen Rentenversicherung pflichtversichert sind (z. B. beherrschende Gesellschafter-Geschäftsführer oder geringfügig Beschäftigte).

284 Der geleistete Übertragungswert ist nach § 3 Nr. 55 Satz 1 EStG steuerfrei, wenn die betriebliche Altersversorgung sowohl beim ehemaligen Arbeitgeber als auch beim neuen Arbeitgeber über einen Pensionsfonds, eine Pensionskasse oder eine Direktversicherung durchgeführt wird. Es ist nicht Voraussetzung, dass beide Arbeitgeber auch den gleichen Durchführungsweg gewählt haben. Um eine Rückabwicklung der steuerlichen Behandlung der Beitragsleistungen an einen Pensionsfonds, eine Pensionskasse oder eine Direktversicherung vor der Übertragung (Steuerfreiheit nach § 3 Nr. 63, 66 EStG, individuelle Besteuerung, Besteuerung nach § 40b EStG) zu ver-

---
1) Abgedruckt in H 3.66 LStH.

hindern, bestimmt § 3 Nr. 55 Satz 3 EStG, dass die auf dem Übertragungsbetrag beruhenden Versorgungsleistungen weiterhin zu den Einkünften gehören, zu denen sie gehört hätten, wenn eine Übertragung nach § 4 BetrAVG nicht stattgefunden hätte.

Der Übertragungswert ist gem. § 3 Nr. 55 Satz 2 EStG auch steuerfrei, wenn er vom ehemaligen Arbeitgeber oder von einer Unterstützungskasse an den neuen Arbeitgeber oder an eine andere Unterstützungskasse geleistet wird. 285

Die Steuerfreiheit des § 3 Nr. 55 EStG kommt jedoch nicht in Betracht, wenn die betriebliche Altersversorgung beim ehemaligen Arbeitgeber als Direktzusage oder mittels einer Unterstützungskasse ausgestaltet war, während sie beim neuen Arbeitgeber über einen Pensionsfonds, eine Pensionskasse oder eine Direktversicherung abgewickelt wird. Dies gilt auch für den umgekehrten Fall. Ebenso kommt die Steuerfreiheit nach § 3 Nr. 55 EStG bei einem Betriebsübergang nach § 613a BGB nicht in Betracht, da in einem solchen Fall die Regelung des § 4 BetrAVG keine Anwendung findet. 286

Wird die betriebliche Altersversorgung sowohl beim alten als auch beim neuen Arbeitgeber über einen Pensionsfonds, eine Pensionskasse oder eine Direktversicherung abgewickelt, liegt im Fall der Übernahme der Versorgungszusage nach § 4 Abs. 2 Nr. 1 BetrAVG lediglich ein Schuldnerwechsel und damit für den Arbeitnehmer kein lohnsteuerlich relevanter Vorgang vor. Entsprechendes gilt im Fall der Übernahme der Versorgungszusage nach § 4 Abs. 2 Nr. 1 BetrAVG, wenn die betriebliche Altersversorgung sowohl beim alten als auch beim neuen Arbeitgeber über eine Direktzusage oder Unterstützungskasse durchgeführt wird. Zufluss von Arbeitslohn liegt hingegen vor im Fall der Ablösung einer gegenüber einem beherrschenden Gesellschafter-Geschäftsführer erteilten Pensionszusage, bei der auf Ausübung eines zuvor eingeräumten Wahlrechtes auf Verlangen des Gesellschafter-Geschäftsführers der Ablösungsbetrag zur Übernahme der Pensionsverpflichtung an einen Dritten gezahlt wird (BFH-Urteil vom 12. April 2007 – VI R 6/02 –, BStBl II S. 581). 287

7. Übernahme von Pensionsverpflichtungen gegen Entgelt durch Beitritt eines Dritten in eine Pensionsverpflichtung (Schuldbeitritt) oder Ausgliederung von Pensionsverpflichtungen

Bei der Übernahme von Pensionsverpflichtungen gegen Entgelt durch Beitritt eines Dritten in eine Pensionsverpflichtung (Schuldbeitritt) oder durch Ausgliederung von Pensionsverpflichtungen – ohne inhaltliche Veränderung der Zusage – handelt es sich weiterhin um eine Direktzusage des Arbeitgebers (siehe dazu auch BMF-Schreiben vom 16. Dezember 2005, BStBl I S. 1052). Aus lohnsteuerlicher Sicht bleibt es folglich bei den für eine Direktzusage geltenden steuerlichen Regelungen, d. h. es liegen erst bei Auszahlung der Versorgungsleistungen – durch den Dritten bzw. durch die Pensionsgesellschaft anstelle des Arbeitgebers – Einkünfte im Sinne des § 19 EStG vor. Der Lohnsteuerabzug kann in diesem Fall mit Zustimmung des Finanzamts anstelle vom Arbeitgeber auch von dem Dritten bzw. der Pensionsgesellschaft vorgenommen werden (§ 38 Abs. 3a Satz 2 EStG). 288

8. Förderung durch Sonderausgabenabzug nach § 10a EStG und Zulage nach Abschnitt XI EStG

Zahlungen im Rahmen der betrieblichen Altersversorgung an einen Pensionsfonds, eine Pensionskasse oder eine Direktversicherung können als Altersvorsorgebeiträge durch Sonderausgabenabzug nach § 10a EStG und Zulage nach Abschnitt XI EStG gefördert werden (§ 82 Abs. 2 EStG). Die zeitliche Zuordnung der Altersvorsorgebeiträge im Sinne des § 82 Abs. 2 EStG richtet sich grundsätzlich nach den für die Zuordnung des Arbeitslohns geltenden Vorschriften (§ 38a Abs. 3 EStG; R 39b.2, 39b.5 und 39b.6 LStR). 289

Um Beiträge im Rahmen der betrieblichen Altersversorgung handelt es sich nur, wenn die Beiträge für eine vom Arbeitgeber aus Anlass des Arbeitsverhältnisses zugesagte Versorgungsleistung erbracht werden (§ 1 BetrAVG). Dies gilt unabhängig davon, ob die Beiträge ausschließlich vom Arbeitgeber finanziert werden, auf einer Entgeltumwandlung beruhen oder es sich um Eigenbeiträge des Arbeitnehmers handelt (§ 1 Abs. 1 und 2 BetrAVG). Im Übrigen sind Rz. 248ff. zu beachten. 290

Voraussetzung für die steuerliche Förderung ist neben der individuellen Besteuerung der Beiträge, dass die Auszahlung der zugesagten Altersversorgungsleistung in Form einer lebenslangen Rente oder eines Auszahlungsplans mit anschließender lebenslanger Teilkapitalverrentung (§ 1 Abs. 1 Satz 1 Nr. 4 **Buchstabe a** AltZertG) vorgesehen ist. Die steuerliche Förderung von Beitragsteilen, die zur Absicherung einer Invaliditäts- oder Hinterbliebenenversorgung verwendet werden, kommt nur dann in Betracht, wenn die Auszahlung in Form einer Rente (§ 1 Abs. 1 Satz 1 Nr. 4 **Buchstabe a** AltZertG; vgl. Rz. **272**) erfolgt. Eine Auszahlung als Rente oder Auszahlungsplan im Sinne liegt auch dann vor, wenn bis zu 30 % des zu Beginn der Auszahlungsphase zur Verfügung stehenden Kapitals außerhalb der monatlichen Leistungen ausgezahlt werden. Die zu Beginn der Auszahlungsphase zu treffende Entscheidung und Entnahme des Teilkapitalbetrags aus diesem 291

Vertrag (Rz. 170) führt zur Besteuerung nach § 22 Nr. 5 EStG. Allein die Möglichkeit, anstelle dieser Auszahlungsformen eine Einmalkapitalauszahlung (100 % des zu Beginn der Auszahlungsphase zur Verfügung stehenden Kapitals) zu wählen, steht der Förderung noch nicht entgegen. Die Möglichkeit, eine Einmalkapitalauszahlung anstelle einer Rente oder eines Auszahlungsplans zu wählen, gilt nicht nur für Altersversorgungsleistungen, sondern auch für Invaliditäts- oder Hinterbliebenenversorgungsleistungen. Entscheidet sich der Arbeitnehmer zugunsten einer Einmalkapitalauszahlung, so sind von diesem Zeitpunkt an die Voraussetzungen des § 10a und Abschnitt XI EStG nicht mehr erfüllt und die Beitragsleistungen können nicht mehr gefördert werden. Erfolgt die Ausübung des Wahlrechtes innerhalb des letzten Jahres vor dem altersbedingten Ausscheiden aus dem Erwerbsleben, so ist es aus Vereinfachungsgründen nicht zu beanstanden, wenn die Beitragsleistungen weiterhin nach § 10a/Abschnitt XI EStG gefördert werden. Für die Berechnung der Jahresfrist ist dabei auf das im Zeitpunkt der Ausübung des Wahlrechts vertraglich vorgesehene Ausscheiden aus dem Erwerbsleben (vertraglich vorgesehener Beginn der Altersversorgungsleistung) abzustellen. Da die Auszahlungsphase bei der Hinterbliebenenleistung erst mit dem Zeitpunkt des Todes des ursprünglich Berechtigten beginnt, ist es in diesem Fall aus steuerlicher Sicht nicht zu beanstanden, wenn das Wahlrecht zu diesem Zeitpunkt ausgeübt wird. Bei Auszahlung des Einmalkapitalbetrags handelt es sich um eine schädliche Verwendung im Sinne des § 93 EStG (vgl. Rz. 347f.), soweit sie auf steuerlich gefördertem Altersvorsorgevermögen beruht. Da es sich bei der Teil- bzw. Einmalkapitalauszahlung nicht um außerordentliche Einkünfte im Sinne des § 34 Abs. 2 EStG (weder eine Entschädigung noch eine Vergütung für eine mehrjährige Tätigkeit) handelt, kommt eine Anwendung der Fünftelungsregelung des § 34 EStG auf diese Zahlungen nicht in Betracht.

292 Altersvorsorgebeiträge im Sinne des § 82 Abs. 2 EStG sind auch die Beiträge des ehemaligen Arbeitnehmers, die dieser im Fall einer zunächst ganz oder teilweise durch Entgeltumwandlung finanzierten und nach § 3 Nr. 63 oder § 10a/Abschnitt XI EStG geförderten betrieblichen Altersversorgung nach der Beendigung des Arbeitsverhältnisses nach Maßgabe des § 1b Abs. 5 Nr. 2 BetrAVG selbst erbringt. Dies gilt entsprechend in den Fällen der Finanzierung durch Eigenbeiträge des Arbeitnehmers.

293 Die vom Steuerpflichtigen nach Maßgabe des § 1b Abs. 5 **Satz 1** Nr. 2 BetrAVG selbst zu erbringenden Beiträge müssen nicht aus individuell versteuertem Arbeitslohn stammen (z. B. Finanzierung aus steuerfreiem Arbeitslosengeld). Gleiches gilt, soweit der Arbeitnehmer trotz eines weiter bestehenden Arbeitsverhältnisses keinen Anspruch auf Arbeitslohn mehr hat und anstelle der Beiträge aus einer Entgeltumwandlung die Beiträge selbst erbringt (z. B. während der Schutzfristen des § 3 Abs. 2 und § 6 Abs. 1 des Mutterschutzgesetzes, der Elternzeit, des Bezugs von Krankengeld oder auch § 1a Abs. 4 BetrAVG) oder aufgrund einer gesetzlichen Verpflichtung Beiträge zur betrieblichen Altersversorgung entrichtet werden (z. B. nach §§ 14a und 14b des Arbeitsplatzschutzgesetzes).

294 Voraussetzung für die Förderung durch Sonderausgabenabzug nach § 10a EStG und Zulage nach Abschnitt XI EStG ist in den Fällen der Rz. 292f., dass der Steuerpflichtige zum begünstigten Personenkreis gehört. Die zeitliche Zuordnung dieser Altersvorsorgebeiträge richtet sich grundsätzlich nach § 11 Abs. 2 EStG.

295 Zu den begünstigten Altersvorsorgebeiträgen gehören nur Beiträge, die zum Aufbau einer betrieblichen Altersversorgung im Kapitaldeckungsverfahren erhoben werden. Für Umlagen, die an eine Versorgungseinrichtung gezahlt werden, kommt die Förderung dagegen nicht in Betracht. Werden sowohl Umlagen als auch Beiträge im Kapitaldeckungsverfahren erhoben, gehören letztere nur dann zu den begünstigten Aufwendungen, wenn eine getrennte Verwaltung und Abrechnung beider Vermögensmassen erfolgt (Trennungsprinzip).

296 Die Versorgungseinrichtung hat dem Zulageberechtigten jährlich eine Bescheinigung zu erteilen (§ 92 EStG). Diese Bescheinigung muss u. a. den Stand des Altersvorsorgevermögens ausweisen (§ 92 Nr. 5 EStG). Bei einer Leistungszusage (§ 1 Abs. 1 Satz 2 Halbsatz 2 BetrAVG) und einer beitragsorientierten Leistungszusage (§ 1 Abs. 2 Nr. 1 BetrAVG) kann stattdessen der Barwert der erdienten Anwartschaft bescheinigt werden.

9. Steuerfreiheit nach § 3 Nr. 56 EStG

a) Begünstigter Personenkreis

297 Rz. 263f. gelten entsprechend.

b) Begünstigte Aufwendungen

298 Zu den nach § 3 Nr. 56 EStG begünstigten Aufwendungen gehören nur laufende Zuwendungen des Arbeitgebers für eine betriebliche Altersversorgung an eine Pensionskasse, die nicht im Kapitaldeckungsverfahren, sondern im Umlageverfahren finanziert wird (wie z. B. Umlagen an die Versorgungsanstalt des Bundes und der Länder – VBL – bzw. an eine kommunale oder kirchliche

Zusatzversorgungskasse). Soweit diese Zuwendungen nicht nach § 3 Nr. 56 EStG steuerfrei bleiben, können sie individuell oder nach § 40b Abs. 1 und 2 EStG pauschal besteuert werden. Im Übrigen gelten Rz. **266** bis **268** Satz 1 und 4 ff., Rz. **270** bis **272** entsprechend. Danach ist z. B. der Arbeitnehmereigenanteil an einer Umlage nicht steuerfrei nach § 3 Nr. 56 EStG.

Werden von der Versorgungseinrichtung sowohl Zuwendungen/Umlagen als auch Beiträge im Kapitaldeckungsverfahren erhoben, ist § 3 Nr. 56 EStG auch auf die im Kapitaldeckungsverfahren erhobenen Beiträge anwendbar, wenn eine getrennte Verwaltung und Abrechnung beider Vermögensmassen (Trennungsprinzip, Rz. **265**) nicht erfolgt. 299

Erfolgt eine getrennte Verwaltung und Abrechnung beider Vermögensmassen, ist die Steuerfreiheit nach § 3 Nr. 63 EStG für die im Kapitaldeckungsverfahren erhobenen Beiträge vorrangig zu berücksichtigen. Dies gilt unabhängig davon, ob diese Beiträge rein arbeitgeberfinanziert sind oder auf einer Entgeltumwandlung beruhen. Die nach § 3 Nr. 63 EStG steuerfreien Beträge mindern den Höchstbetrag des § 3 Nr. 56 EStG (§ 3 Nr. 56 Satz 3 EStG). Zuwendungen nach § 3 Nr. 56 EStG sind daher nur steuerfrei, soweit die nach § 3 Nr. 63 EStG steuerfreien Beiträge den Höchstbetrag des § 3 Nr. 56 EStG unterschreiten. Eine Minderung nach § 3 Nr. 56 Satz 3 EStG ist immer nur in dem jeweiligen Dienstverhältnis vorzunehmen; die Steuerfreistellung nach § 3 Nr. 56 EStG bleibt somit unberührt, wenn z. B. erst in einem späteren ersten Dienstverhältnis Beiträge nach § 3 Nr. 63 EStG steuerfrei bleiben. 300

Beispiel: 301

Arbeitgeber A zahlt in 2008 an seine **Zusatzversorgungskasse** einen Betrag i. H. v.:

– 240 € (12 × 20 €) zugunsten einer getrennt verwalteten und abgerechneten kapitalgedeckten betrieblichen Altersversorgung und
– 1 680 € (12 × 140 €) zugunsten einer umlagefinanzierten betrieblichen Altersversorgung.

Der Beitrag i. H. v. 240 € ist steuerfrei gem. § 3 Nr. 63 EStG, denn der entsprechende Höchstbetrag wird nicht überschritten.

Von der Umlage sind 396 € steuerfrei gem. § 3 Nr. 56 Satz 1 und 3 EStG (grundsätzlich 1 680 €, aber maximal 1 % der Beitragsbemessungsgrenze 2008 in der allgemeinen Rentenversicherung i. H. v. 636 € abzüglich 240 €). Die verbleibende Umlage i. H. v. 1 284 € (1 680 € abzüglich 396 €) ist individuell oder gem. § 40b Abs. 1 und 2 EStG pauschal zu besteuern.

Es bestehen keine Bedenken gegen eine Kalenderjahr bezogene Betrachtung hinsichtlich der gem. § 3 Nr. 56 Satz 3 EStG vorzunehmenden Verrechnung, wenn sowohl nach § 3 Nr. 63 EStG steuerfreie Beiträge als auch nach § 3 Nr. 56 EStG steuerfreie Zuwendungen erbracht werden sollen. Stellt der Arbeitgeber vor Übermittlung der elektronischen Lohnsteuerbescheinigung fest (z. B. wegen einer erst im Laufe des Kalenderjahres vereinbarten nach § 3 Nr. 63 EStG steuerfreien Entgeltumwandlung aus einer Sonderzuwendung), dass die ursprüngliche Betrachtung nicht mehr zutreffend ist, hat er eine Korrektur vorzunehmen. 302

Beispiel: 303

Arbeitgeber A zahlt ab dem 1. Januar 2008 monatlich an eine **Zusatzversorgungskasse** 140 € zugunsten einer umlagefinanzierten betrieblichen Altersversorgung; nach § 3 Nr. 63 EStG steuerfreie Beiträge werden nicht entrichtet. Aus dem Dezembergehalt (Gehaltszahlung 15. Dezember 2008) wandelt der Arbeitnehmer einen Betrag i. H. v. 240 € zugunsten einer kapitalgedeckten betrieblichen Altersversorgung um (wobei die Mitteilung an den Arbeitgeber am 5. Dezember 2008 erfolgt).

Der Beitrag i. H. v. 240 € ist vorrangig steuerfrei nach § 3 Nr. 63 EStG.

Von der Umlage wurde bisher ein Betrag i. H. v. 583 € (= 11 × 53 € [1 % der Beitragsbemessungsgrenze 2008 in der allgemeinen Rentenversicherung i. H. v. 636 €, verteilt auf 12 Monate]) nach § 3 Nr. 56 EStG steuerfrei belassen.

Im Monat Dezember 2008 ist die steuerliche Behandlung der Umlagezahlung zu korrigieren, denn nur ein Betrag i. H. v. 396 € (636 € abzüglich 240 €) kann steuerfrei gezahlt werden. Ein Betrag i. H. v. 187 € (583 € abzüglich 396 €) ist noch individuell oder pauschal zu besteuern. Der Arbeitgeber kann wahlweise den Lohnsteuerabzug der Monate 01/2008 bis 11/2008 korrigieren oder im Dezember 2008 den Betrag als sonstigen Bezug behandeln. Der Betrag für den Monat Dezember 2008 i. H. v. 140 € ist individuell oder pauschal zu besteuern.

10. Anwendung des § 40b EStG in der ab 1. Januar 2005 geltenden Fassung

§ 40b EStG erfasst nur noch Zuwendungen des Arbeitgebers für eine betriebliche Altersversorgung an eine Pensionskasse, die nicht im Kapitaldeckungsverfahren, sondern im Umlageverfahren finanziert wird (wie z. B. Umlagen an die Versorgungsanstalt des Bundes und der Länder – VBL – bzw. an eine kommunale oder kirchliche Zusatzversorgungskasse). Werden für den Arbeitnehmer solche Zuwendungen laufend geleistet, bleiben diese ab 1. Januar 2008 zunächst im Rahmen des § 3 Nr. 56 EStG steuerfrei. Die den Rahmen des § 3 Nr. 56 EStG übersteigenden Zuwen- 304 dungen können dann nach § 40b Abs. 1 und 2 EStG pauschal besteuert werden. Dies gilt unabhängig davon, ob die Zuwendungen aufgrund einer Alt- oder Neuzusage geleistet werden. Lediglich für den Bereich der kapitalgedeckten betrieblichen Altersversorgung wurde die Möglichkeit der Pauschalbesteuerung nach § 40b EStG grundsätzlich zum 1. Januar 2005 aufgehoben. Werden von einer Versorgungseinrichtung sowohl Umlagen als auch Beiträge im Kapitaldeckungsverfahren erhoben, ist dann § 40b EStG auch auf die im Kapitaldeckungsverfahren erhobenen Beiträge anwendbar, wenn eine getrennte Verwaltung und Abrechnung beider Vermögensmassen (Trennungsprinzip, Rz. **265**) nicht erfolgt.

305 Zuwendungen des Arbeitgebers im Sinne des § 19 Abs. 1 Satz 1 Nr. 3 Satz 2 EStG an eine Pensionskasse sind in voller Höhe pauschal nach § 40b Abs. 4 EStG i. d. F. des Jahressteuergesetzes 2007 mit 15 % zu besteuern. Dazu gehören z. B. Gegenwertzahlungen nach § 23 Abs. 2 der Satzung der Versorgungsanstalt des Bundes und der Länder – VBL –. Für die Anwendung des § 40b Abs. 4 EStG ist es unerheblich, wenn an die Versorgungseinrichtung keine weiteren laufenden Beiträge oder Zuwendungen geleistet werden.

11. Übergangsregelungen § 52 Abs. 6 und 52a EStG zur Anwendung der §§ 3 Nr. 63 EStG und 40b EStG a. F.

a) Abgrenzung von Alt- und Neuzusage

306 Für die Anwendung von § 3 Nr. 63 Satz 3 EStG sowie § 40b Abs. 1 und 2 EStG a. F. kommt es darauf an, ob die entsprechenden Beiträge aufgrund einer Versorgungszusage geleistet werden, die vor dem 1. Januar 2005 (Altzusage) oder nach dem 31. Dezember 2004 (Neuzusage) erteilt wurde.

307 Für die Frage, zu welchem Zeitpunkt eine Versorgungszusage erstmalig erteilt wurde, ist grundsätzlich die zu einem Rechtsanspruch führende arbeitsrechtliche bzw. betriebsrentenrechtliche Verpflichtungserklärung des Arbeitgebers maßgebend (z. B. Einzelvertrag, Betriebsvereinbarung oder Tarifvertrag). Entscheidend ist danach nicht, wann Mittel an die Versorgungseinrichtung fließen. Bei kollektiven, rein arbeitgeberfinanzierten Versorgungsregelungen ist die Zusage daher in der Regel mit Abschluss der Versorgungsregelung bzw. mit Beginn des Dienstverhältnisses des Arbeitnehmers erteilt. Ist die erste Dotierung durch den Arbeitgeber erst nach Ablauf einer von vornherein arbeitsrechtlich festgelegten Wartezeit vorgesehen, so wird der Zusagezeitpunkt dadurch nicht verändert. Im Fall der ganz oder teilweise durch Entgeltumwandlung finanzierten Zusage gilt diese regelmäßig mit Abschluss der erstmaligen Gehaltsänderungsvereinbarung (vgl. auch Rz. **254**ff.) als erteilt. Liegen zwischen der Gehaltsänderungsvereinbarung und der erstmaligen Herabsetzung des Arbeitslohns mehr als 12 Monate, gilt die Versorgungszusage erst im Zeitpunkt der erstmaligen Herabsetzung als erteilt.

308 Die Änderung einer solchen Versorgungszusage stellt aus steuerrechtlicher Sicht unter dem Grundsatz der Einheit der Versorgung insbesondere dann keine Neuzusage dar, wenn bei ansonsten unveränderter Versorgungszusage:

– die Beiträge und/oder die Leistungen erhöht oder vermindert werden,
– die Finanzierungsform ersetzt oder ergänzt wird (rein arbeitgeberfinanziert, Entgeltumwandlung oder Eigenbeiträge im Sinne des § 1 Abs. 1 und 2 BetrAVG),
– der Versorgungsträger/Durchführungsweg gewechselt wird,
– die zu Grunde liegende Rechtsgrundlage gewechselt wird (z. B. bisher tarifvertraglich jetzt einzelvertraglich),
– eine befristete Entgeltumwandlung erneut befristet oder unbefristet fortgesetzt wird.

309 Eine Altzusage liegt auch im Fall der Übernahme der Zusage (Schuldübernahme) nach § 4 Abs. 2 Nr. 1 BetrAVG durch den neuen Arbeitgeber und bei Betriebsübergang nach § 613a BGB vor.

310 Um eine Neuzusage handelt es sich neben den in Rz. **307** aufgeführten Fällen insbesondere,

– soweit die bereits erteilte Versorgungszusage um zusätzliche biometrische Risiken erweitert wird und dies mit einer Beitragserhöhung verbunden ist,
– im Fall der Übertragung der Zusage beim Arbeitgeberwechsel nach § 4 Abs. 2 Nr. 2 und Abs. 3 BetrAVG.

311 Werden einzelne Leistungskomponenten der Versorgungszusage im Rahmen einer von vornherein vereinbarten Wahloption verringert, erhöht oder erstmals aufgenommen (z. B. Einbeziehung der Hinterbliebenenabsicherung nach Heirat) und kommt es infolge dessen nicht zu einer Beitragsanpassung, liegt keine Neuzusage vor; es handelt sich weiterhin um eine Altzusage.

312 Aus steuerlicher Sicht ist es möglich, mehrere Versorgungszusagen nebeneinander, also neben einer Altzusage auch eine Neuzusage zu erteilen (z. B. „alte" Direktversicherung und „neuer" Pensionsfonds).

Wurde vom Arbeitgeber vor dem 1. Januar 2005 eine Versorgungszusage erteilt (Altzusage) und im Rahmen eines Pensionsfonds, einer Pensionskasse oder Direktversicherung durchgeführt, bestehen aus steuerlicher Sicht keine Bedenken, wenn auch nach einer Übertragung auf einen neuen Arbeitgeber unter Anwendung des „Abkommens zur Übertragung von Direktversicherungen oder Versicherungen in einer Pensionskasse" oder vergleichbaren Regelungen zur Übertragung von Versicherungen in Pensionskassen oder Pensionsfonds weiterhin von einer Altzusage ausgegangen wird. Dies gilt auch, wenn sich dabei die bisher abgesicherten biometrischen Risiken ändern, ohne dass damit eine Beitragsänderung verbunden ist. Die Höhe des Rechnungszinses spielt dabei für die lohnsteuerliche Beurteilung keine Rolle. Es wird in diesen Fällen nicht beanstandet, wenn die Beiträge für die Direktversicherung vom neuen Arbeitgeber weiter pauschal besteuert werden (§ 52 Abs. 6 und § 52b EStG i. V. m. § 40b EStG a. F.). Zu der Frage der Novation und des Zuflusses von Zinsen siehe Rz. 35 des BMF-Schreibens vom 22. August 2002[1]), BStBl I S. 827 und Rz. 88ff. des BMF-Schreibens vom **1. Oktober 2009**[2]), BStBl I S. 1172. 313

Entsprechendes gilt, wenn der (Alt-)Vertrag unmittelbar vom neuen Arbeitgeber fortgeführt wird. Auch insoweit bestehen keine Bedenken, wenn weiterhin von einer Altzusage ausgegangen wird und die Beiträge nach § 40b EStG a. F. pauschal besteuert werden. 314

Wird eine vor dem 1. Januar 2005 abgeschlossene Direktversicherung (Altzusage) oder Versicherung in einer Pensionskasse nach § 2 Abs. 2 oder 3 BetrAVG infolge der Beendigung des Dienstverhältnisses auf den Arbeitnehmer übertragen (versicherungsvertragliche Lösung), dann von diesem zwischenzeitlich privat (z. B. während der Zeit einer Arbeitslosigkeit) und später von einem neuen Arbeitgeber wieder als Direktversicherung oder Pensionskasse fortgeführt, bestehen ebenfalls keine Bedenken, wenn unter Berücksichtigung der übrigen Voraussetzungen bei dem neuen Arbeitgeber weiterhin von einer Altzusage ausgegangen wird. Das bedeutet insbesondere, dass der Versicherungsvertrag trotz der privaten Fortführung und der Übernahme durch den neuen Arbeitgeber – abgesehen von den in Rz. **308**f. genannten Fällen – keine wesentlichen Änderungen erfahren darf. Der Zeitraum der privaten Fortführung sowie die Tatsache, ob in dieser Zeit Beiträge geleistet oder der Vertrag beitragsfrei gestellt wurde, ist insoweit unmaßgeblich. Es wird in diesen Fällen nicht beanstandet, wenn die Beiträge für die Direktversicherung oder Pensionskasse vom neuen Arbeitgeber weiter pauschal besteuert werden (§ 52 Abs. 6 und § 52b EStG i. v. m. § 40b EStG a. F.). 315

b) Weiteranwendung des § 40b Abs. 1 und 2 EStG a. F.

Auf Beiträge zugunsten einer kapitalgedeckten betrieblichen Altersversorgung, die aufgrund von Altzusagen geleistet werden, kann § 40b Abs. 1 und 2 EStG a. F. unter folgenden Voraussetzungen weiter angewendet werden: 316

Beiträge für eine Direktversicherung, die die Voraussetzungen des § 3 Nr. 63 EStG nicht erfüllen, können weiterhin vom Arbeitgeber nach § 40b Abs. 1 und 2 EStG a. F. pauschal besteuert werden, ohne dass es hierfür einer Verzichtserklärung des Arbeitnehmers bedarf. 317

Beiträge für eine Direktversicherung, die die Voraussetzungen des § 3 Nr. 63 EStG erfüllen, können nur dann nach § 40b Abs. 1 und 2 EStG a. F. pauschal besteuert werden, wenn der Arbeitnehmer zuvor gegenüber dem Arbeitgeber für diese Beiträge auf die Anwendung des § 3 Nr. 63 EStG verzichtet hat; dies gilt auch, wenn der Höchstbetrag nach § 3 Nr. 63 Satz 1 EStG bereits durch anderweitige Beitragsleistungen vollständig ausgeschöpft wird. Handelt es sich um rein arbeitgeberfinanzierte Beiträge und wird die Pauschalsteuer nicht auf den Arbeitnehmer abgewälzt, kann von einer solchen Verzichtserklärung bereits dann ausgegangen werden, wenn der Arbeitnehmer der Weiteranwendung des § 40b EStG a. F. bis zum Zeitpunkt der ersten Beitragsleistung in 2005 nicht ausdrücklich widersprochen hat. In allen anderen Fällen ist eine Weiteranwendung des § 40b EStG a. F. möglich, wenn der Arbeitnehmer dem Angebot des Arbeitgebers, die Beiträge weiterhin nach § 40b EStG a. F. pauschal zu versteuern, spätestens bis zum 30. Juni 2005 zugestimmt hat. Erfolgte die Verzichtserklärung erst nach Beitragszahlung, kann § 40b EStG a. F. für diese Beitragszahlung/en nur dann weiter angewendet und die Steuerfreiheit nach § 3 Nr. 63 EStG rückgängig gemacht werden, wenn die Lohnsteuerbescheinigung im Zeitpunkt der Verzichtserklärung noch nicht übermittelt oder ausgeschrieben worden war. Im Fall eines späteren Arbeitgeberwechsels ist in den Fällen des § 4 Abs. 2 Nr. 1 BetrAVG die Weiteranwendung des § 40b EStG a. F. möglich, wenn der Arbeitnehmer dem Angebot des Arbeitgebers, die Beiträge weiterhin nach § 40b EStG a. F. pauschal zu versteuern, spätestens bis zur ersten Beitragsleistung zustimmt. 318

Beiträge an Pensionskassen können nach § 40b EStG a. F. insbesondere dann weiterhin pauschal besteuert werden, wenn die Summe der nach § 3 Nr. 63 EStG steuerfreien Beiträge und der Bei- 319

---
[1]) Abgedruckt in H 10 LStH.
[2]) Abgedruckt in H 20 LStH.

träge, die wegen der Ausübung des Wahlrechts nach § 3 Nr. 63 Satz 2 EStG individuell versteuert werden, 4 % der Beitragsbemessungsgrenze in der allgemeinen Rentenversicherung übersteigt. Wurde im Fall einer Altzusage bisher lediglich § 3 Nr. 63 EStG angewendet und wird der Höchstbetrag von 4 % der Beitragsbemessungsgrenze in der allgemeinen Rentenversicherung erst nach dem 31. Dezember 2004 durch eine Beitragserhöhung überschritten, ist eine Pauschalbesteuerung nach § 40b EStG a. F. für die übersteigenden Beiträge möglich. Der zusätzliche Höchstbetrag von 1 800 € bleibt in diesen Fällen unberücksichtigt, da er nur dann zur Anwendung gelangt, wenn es sich um eine Neuzusage handelt.

c) Verhältnis von § 3 Nr. 63 Satz 3 EStG und § 40b Abs. 1 und 2 Satz 1 und 2 EStG a. F.

320 Der zusätzliche Höchstbetrag von 1 800 € nach § 3 Nr. 63 Satz 3 EStG für eine Neuzusage kann dann nicht in Anspruch genommen werden, wenn die für den Arbeitnehmer aufgrund einer Altzusage geleisteten Beiträge bereits nach § 40b Abs. 1 und 2 Satz 1 und 2 EStG a. F. pauschal besteuert werden. Dies gilt unabhängig von der Höhe der pauschal besteuerten Beiträge und somit auch unabhängig davon, ob der Dotierungsrahmen des § 40b Abs. 2 Satz 1 EStG a. F. (1 752 €) voll ausgeschöpft wird oder nicht. Eine Anwendung des zusätzlichen Höchstbetrags von 1 800 € kommt aber dann in Betracht, wenn z. B. bei einem Beitrag zugunsten der Altzusage statt der Weiteranwendung des § 40b Abs. 1 Satz 1 und 2 EStG a. F. dieser Beitrag individuell besteuert wird.

321 Werden für den Arbeitnehmer im Rahmen einer umlagefinanzierten betrieblichen Altersversorgung Zuwendungen an eine Pensionskasse geleistet und werden diese – soweit sie nicht nach § 3 Nr. 56 EStG steuerfrei bleiben (vgl. Rz. **297**ff.) – pauschal besteuert, ist § 40b Abs. 1 und 2 EStG anzuwenden. Dies gilt unabhängig davon, ob die umlagefinanzierten Zuwendungen aufgrund einer Alt- oder Neuzusage geleistet werden. Lediglich für den Bereich der kapitalgedeckten betrieblichen Altersversorgung wurde die Möglichkeit der Pauschalbesteuerung nach § 40b EStG grundsätzlich zum 1. Januar 2005 aufgehoben. Werden von einer Versorgungseinrichtung sowohl Umlagen als auch Beiträge im Kapitaldeckungsverfahren erhoben, wird die Inanspruchnahme des zusätzlichen Höchstbetrags von 1 800 € nach § 3 Nr. 63 Satz 3 EStG für getrennt im Kapitaldeckungsverfahren erhobene Beiträge (Rz. **265**) somit durch nach § 40b EStG pauschal besteuerte Zuwendungen zugunsten der umlagefinanzierten betrieblichen Altersversorgung nicht ausgeschlossen.

d) Verhältnis von § 3 Nr. 63 Satz 4 EStG und § 40b Abs. 1 und 2 Satz 3 und 4 EStG a. F.

322 Begünstigte Aufwendungen (Rz. **265**ff.), die der Arbeitgeber aus Anlass der Beendigung des Dienstverhältnisses nach dem 31. Dezember 2004 leistet, können entweder nach § 3 Nr. 63 Satz 4 EStG steuerfrei belassen oder nach § 40b Abs. 2 Satz 3 und 4 EStG a. F. pauschal besteuert werden. Für die Anwendung der Vervielfältigungsregelung nach § 3 Nr. 63 Satz 4 EStG kommt es nicht darauf an, ob die Zusage vor oder nach dem 1. Januar 2005 erteilt wurde; sie muss allerdings die Voraussetzungen des § 3 Nr. 63 EStG erfüllen (vgl. insbesondere Rz. **272** und **392**). Die Anwendung von § 3 Nr. 63 Satz 4 EStG ist allerdings ausgeschlossen, wenn gleichzeitig § 40b Abs. 2 Satz 3 und 4 EStG a. F. auf die Beiträge, die der Arbeitgeber aus Anlass der Beendigung des Dienstverhältnisses leistet, angewendet wird. Eine Anwendung ist ferner nicht möglich, wenn der Arbeitnehmer bei Beiträgen für eine Direktversicherung auf die Steuerfreiheit der Beiträge zu dieser Direktversicherung zugunsten der Weiteranwendung des § 40b EStG a. F. verzichtet hatte (vgl. Rz. **316**ff.). Bei einer Pensionskasse hindert die Pauschalbesteuerung nach § 40b Abs. 1 und 2 Satz 1 und 2 EStG a. F. die Inanspruchnahme des § 3 Nr. 63 Satz 4 EStG nicht. Für die Anwendung der Vervielfältigungsregelung nach § 40b Abs. 2 Satz 3 und 4 EStG a. F. ist allerdings Voraussetzung, dass die begünstigten Aufwendungen zugunsten einer Altzusage geleistet werden. Da allein die Erhöhung der Beiträge und/oder Leistungen bei einer ansonsten unveränderten Versorgungszusage nach Rz. **308** noch nicht zu einer Neuzusage führt, kann die Vervielfältigungsregelung des § 40b EStG a. F. auch dann genutzt werden, wenn der Arbeitnehmer erst nach dem 1. Januar 2005 aus dem Dienstverhältnis ausscheidet. Die Höhe der begünstigten Beiträge muss dabei nicht bereits bei Erteilung dieser Zusage bestimmt worden sein. Entsprechendes gilt in den Fällen, in denen bei einer Altzusage bisher lediglich § 3 Nr. 63 EStG angewendet wurde und der Höchstbetrag von 4 % der Beitragsbemessungsgrenze in der allgemeinen Rentenversicherung erst durch die Beiträge, die der Arbeitgeber aus Anlass der Beendigung des Dienstverhältnisses nach dem 31. Dezember 2004 leistet, überschritten wird.

e) Keine weitere Anwendung von § 40b Abs. 1 und 2 EStG a. F. auf Neuzusagen

323 Auf Beiträge, die aufgrund von Neuzusagen geleistet werden, kann § 40b Abs. 1 und 2 EStG a. F. nicht mehr angewendet werden. Die Beiträge bleiben bis zur Höhe von 4 % der Beitragsbemessungsgrenze in der allgemeinen Rentenversicherung zuzüglich 1 800 € grundsätzlich nach § 3 Nr. 63 EStG steuerfrei.

f) Verhältnis von § 3 Nr. 63 EStG und § 40b EStG a. F., wenn die betriebliche Altersversorgung nebeneinander bei verschiedenen Versorgungseinrichtungen durchgeführt wird

Leistet der Arbeitgeber nach § 3 Nr. 63 Satz 1 EStG begünstigte Beiträge an verschiedene Versorgungseinrichtungen, kann er § 40b EStG a. F. auf Beiträge an Pensionskassen unabhängig von der zeitlichen Reihenfolge der Beitragszahlung anwenden, wenn die Voraussetzungen für die weitere Anwendung der Pauschalbesteuerung dem Grunde nach vorliegen. Allerdings muss zum Zeitpunkt der Anwendung des § 40b EStG a. F. bereits feststehen oder zumindest konkret beabsichtigt sein, die nach § 3 Nr. 63 Satz 1 EStG steuerfreien Beiträge in voller Höhe zu zahlen. Stellt der Arbeitgeber fest, dass die Steuerfreiheit noch nicht oder nicht in vollem Umfang ausgeschöpft worden ist oder werden kann, muss die Pauschalbesteuerung nach § 40b EStG a. F. – ggf. teilweise – rückgängig gemacht werden; spätester Zeitpunkt hierfür ist die Übermittlung oder Erteilung der Lohnsteuerbescheinigung. 324

Im Jahr der Errichtung kann der Arbeitgeber für einen neu eingerichteten Durchführungsweg die Steuerfreiheit in Anspruch nehmen, die er für den bestehenden Durchführungsweg bereits in Anspruch genommene Steuerfreiheit rückgängig gemacht und die Beiträge nachträglich bis zum Dotierungsrahmen des § 40b EStG a. F. (1 752 €) pauschal besteuert hat. 325

III. Steuerliche Behandlung der Versorgungsleistungen
1. Allgemeines

Die Leistungen aus einer Versorgungszusage des Arbeitgebers können Einkünfte aus nichtselbständiger Arbeit oder sonstige Einkünfte sein oder nicht der Besteuerung unterliegen. 326

2. Direktzusage und Unterstützungskasse

Versorgungsleistungen des Arbeitgebers aufgrund einer Direktzusage und Versorgungsleistungen einer Unterstützungskasse führen zu Einkünften aus nichtselbständiger Arbeit (§ 19 EStG). 327

Werden solche Versorgungsleistungen nicht fortlaufend, sondern in einer Summe gezahlt, handelt es sich um Vergütungen (Arbeitslohn) für mehrjährige Tätigkeiten im Sinne des § 34 Abs. 2 Nr. 4 EStG (vgl. BFH-Urteil vom 12. April 2007, BStBl II S. 581), die bei Zusammenballung als außerordentliche Einkünfte nach § 34 Abs. 1 EStG zu besteuern sind. Die Gründe für eine Kapitalisierung von Versorgungsbezügen sind dabei unerheblich. Im Fall von Teilkapitalauszahlungen ist dagegen der Tatbestand der Zusammenballung nicht erfüllt; eine Anwendung des § 34 EStG kommt daher für diese Zahlungen nicht in Betracht. 328

3. Direktversicherung, Pensionskasse und Pensionsfonds

Die steuerliche Behandlung der Leistungen aus einer Direktversicherung, Pensionskasse und Pensionsfonds in der Auszahlungsphase erfolgt nach § 22 Nr. 5 EStG (lex specialis, vgl. Rz. **114**f.). Der Umfang der Besteuerung hängt davon ab, inwieweit die Beiträge in der Ansparphase durch die Steuerfreiheit nach § 3 Nr. 63 EStG (vgl. Rz. **263**ff.), nach § 3 Nr. 66 EStG (vgl. Rz. **281**) oder durch Sonderausgabenabzug nach § 10a EStG und Zulage nach Abschnitt XI EStG (vgl. Rz. **289**ff.) gefördert wurden oder die Leistungen auf steuerfreien Zuwendungen nach § 3 Nr. 56 EStG basieren. Dies gilt auch für Leistungen aus einer ergänzenden Absicherung der Invalidität oder von Hinterbliebenen. Dabei ist grundsätzlich von einer einheitlichen Versorgungszusage und somit für den Aufteilungsmaßstab von einer einheitlichen Behandlung der Beitragskomponenten für Alter und Zusatzrisiken auszugehen. Ist nur die Absicherung von Zusatzrisiken Gegenstand einer Versorgungszusage, ist für den Aufteilungsmaßstab auf die gesamte Beitragsphase und nicht allein auf den letzten geleisteten Beitrag abzustellen. Zu den nicht geförderten Beiträgen gehören insbesondere die nach § 40b EStG a. F. pauschal besteuerten sowie die vor dem 1. Januar 2002 erbrachten Beiträge an eine Pensionskasse oder für eine Direktversicherung. Die Besteuerung erfolgt auch dann nach § 22 Nr. 5 EStG, wenn ein Direktversicherungsvertrag ganz oder teilweise privat fortgeführt wird. 329

Im Fall von Teil- bzw. Einmalkapitalauszahlungen handelt es sich nicht um außerordentliche Einkünfte im Sinne des § 34 Abs. 2 EStG. Es liegt weder eine Entschädigung noch eine Vergütung für eine mehrjährige Tätigkeit vor. Daher kommt eine Anwendung der Fünftelungsregelung des § 34 EStG auf diese Zahlungen nicht in Betracht. 330

a) Leistungen, die ausschließlich auf nicht geförderten Beiträgen beruhen

Leistungen aus Altzusagen (vgl. Rz. **306**ff.), die ausschließlich auf nicht geförderten Beiträgen beruhen, sind, wenn es sich um eine lebenslange Rente, eine Berufsunfähigkeits-, Erwerbsminderungs- oder eine Hinterbliebenenrente handelt, als sonstige Einkünfte gem. § 22 Nr. 5 Satz 2 Buchstabe a i. V. m. § 22 Nr. 1 Satz 3 Buchstabe a Doppelbuchstabe bb EStG mit dem Ertragsanteil zu besteuern. 331

Anhang 2
IV Altersversorgung

332 Handelt es sich um Renten im Sinne der Rz. **331** aus Neuzusagen (vgl. Rz. **306**ff.), die die Voraussetzungen des § 10 Abs. 1 Nr. 2 Satz 1 Buchstabe b EStG erfüllen, sind diese als sonstige Einkünfte gem. § 22 Nr. 5 Satz 2 Buchstabe a i. V. m. § 22 Nr. 1 Satz 3 Buchstabe a Doppelbuchstabe aa EStG zu besteuern. Liegen die Voraussetzungen des § 10 Abs. 1 Nr. 2 Satz 1 Buchstabe b EStG nicht vor, erfolgt die Besteuerung gem. § 22 Nr. 5 Satz 2 Buchstabe a i. V. m. § 22 Nr. 1 Satz 3 Buchstabe a Doppelbuchstabe bb EStG mit dem Ertragsanteil.

333 Auf andere als die in Rz. **331**f. genannten Leistungen (z. B. Kapitalauszahlungen, Teilraten aus Auszahlungsplänen, Abfindungen) sind die Regelungen in Rz. **131** entsprechend anzuwenden. Zu Leistungen aus einer reinen Risikoversicherung vgl. insoweit Rz. 7 des BMF-Schreibens vom **1. Oktober 2009**[1]), BStBl I 2006 S. 1172.

b) Leistungen, die ausschließlich auf geförderten Beiträgen beruhen

334 Leistungen, die ausschließlich auf geförderten Beiträgen beruhen, unterliegen als sonstige Einkünfte nach § 22 Nr. 5 Satz 1 EStG in vollem Umfang der Besteuerung (vgl. auch Rz. **124**f.).

c) Leistungen, die auf geförderten und nicht geförderten Beiträgen beruhen

335 Beruhen die Leistungen sowohl auf geförderten als auch auf nicht geförderten Beiträgen, müssen die Leistungen in der Auszahlungsphase aufgeteilt werden (vgl. Rz. **126**ff.). Für die Frage des Aufteilungsmaßstabs ist das BMF-Schreiben vom 11. November 2004, BStBl I S. 1061 anzuwenden.

336 Soweit die Leistungen auf geförderten Beiträgen beruhen, unterliegen sie als sonstige Einkünfte nach § 22 Nr. 5 Satz 1 EStG in vollem Umfang der Besteuerung. Dies gilt unabhängig davon, ob sie in Form der Rente oder als Kapitalauszahlung geleistet werden.

337 Soweit die Leistungen auf nicht geförderten Beiträgen beruhen, gelten die Regelungen in Rz. **331** bis **333** entsprechend.

d) Sonderzahlungen des Arbeitgebers nach § 19 Abs. 1 Satz 1 Nr. 3 EStG

338 Sonderzahlungen des Arbeitgebers im Sinne des § 19 Abs. 1 Satz 1 Nr. 3 Satz 2 EStG einschließlich der Zahlungen des Arbeitgebers zur Erfüllung der Solvabilitätsvorschriften nach den §§ 53c und 114 des Versicherungsaufsichtsgesetzes (VAG), der Zahlungen des Arbeitgebers in der Rentenbezugszeit nach § 112 Abs. 1a VAG und der Sanierungsgelder sind bei der Ermittlung des Aufteilungsmaßstabs nicht zu berücksichtigen.

e) Bescheinigungspflicht

339 Nach § 22 Nr. 5 Satz 7 EStG hat der Anbieter beim erstmaligen Bezug von Leistungen sowie bei Änderung der im Kalenderjahr auszuzahlenden Leistungen dem Steuerpflichtigen nach amtlich vorgeschriebenem Vordruck den Betrag der im abgelaufenen Kalenderjahr zugeflossenen Leistungen zu bescheinigen. In dieser Bescheinigung sind die Leistungen entsprechend den Grundsätzen in Rz. **124**ff. gesondert auszuweisen.

f) Sonderregelungen

aa) Leistungen aus einem Pensionsfonds aufgrund der Übergangsregelung nach § 52 Abs. 34c EStG

340 Haben Arbeitnehmer schon von ihrem Arbeitgeber aufgrund einer Direktzusage oder von einer Unterstützungskasse laufende Versorgungsleistungen erhalten und ist diese Versorgungsverpflichtung nach § 3 Nr. 66 EStG auf einen Pensionsfonds übertragen worden, werden bei den Leistungsempfängern nach § 52 Abs. 34c EStG weiterhin der Arbeitnehmer-Pauschbetrag (§ 9a Satz 1 Nr. 1 Buchstabe a EStG) bzw. der Pauschbetrag für Werbungskosten nach § 9a Satz 1 Nr. 1 Buchstabe b EStG und der Versorgungsfreibetrag sowie der Zuschlag zum Versorgungsfreibetrag (§ 19 Abs. 2 EStG) berücksichtigt. Dies gilt auch, wenn der Zeitpunkt des erstmaligen Leistungsbezugs und der Zeitpunkt der Übertragung der Versorgungsverpflichtung auf den Pensionsfonds in demselben Monat fallen. Die Leistungen unterliegen unabhängig davon als sonstige Einkünfte nach § 22 Nr. 5 Satz 1 EStG der Besteuerung.

341 Handelt es sich bereits beim erstmaligen Bezug der Versorgungsleistungen um Versorgungsbezüge im Sinne des § 19 Abs. 2 EStG, wird der Pauschbetrag nach § 9a Satz 1 Nr. 1 Buchstabe b EStG abgezogen; zusätzlich werden der Versorgungsfreibetrag und der Zuschlag zum Versorgungsfreibetrag mit dem für das Jahr des Versorgungsbeginns maßgebenden Vomhundertsatz und Beträgen berücksichtigt. Handelt es sich beim erstmaligen Bezug der Versorgungsleistungen

---
[1]) Abgedruckt in H 20 LStH.

nicht um Versorgungsbezüge im Sinne des § 19 Abs. 2 EStG, weil z. B. keine der Altersgrenzen in § 19 Abs. 2 EStG erreicht sind, ist lediglich der Arbeitnehmer-Pauschbetrag (§ 9a Satz 1 Nr. 1 Buchstabe a EStG) abzuziehen. Wird eine der Altersgrenzen in § 19 Abs. 2 EStG erst zu einem späteren Zeitpunkt erreicht, sind ab diesem Zeitpunkt der für dieses Jahr maßgebende Versorgungsfreibetrag und der Zuschlag zum Versorgungsfreibetrag abzuziehen sowie anstelle des Arbeitnehmer-Pauschbetrags der Pauschbetrag nach § 9a Satz 1 Nr. 1 Buchstabe b EStG. Ein Abzug des Versorgungs-Freibetrags nach § 19 Abs. 2 EStG in der bis zum 31. Dezember 2004 geltenden Fassung kommt nach dem 31. Dezember 2004 nicht mehr in Betracht. Dies gilt unabhängig vom Zeitpunkt der Übertragung der Versorgungsverpflichtung auf den Pensionsfonds.

bb) Arbeitgeberzahlungen infolge der Anpassungsprüfungspflicht nach § 16 BetrAVG

Leistungen des Arbeitgebers aufgrund der Anpassungsprüfungspflicht nach § 16 Abs. 1 BetrAVG, mit der die Leistungen einer Versorgungseinrichtung ergänzt werden, gehören zu den Einkünften nach § 19 Abs. 1 Satz 1 Nr. 2 EStG. Rz. **341** gilt entsprechend. Als Versorgungsbeginn im Sinne des § 19 Abs. 2 EStG ist der Beginn der Zahlung durch den Arbeitgeber anzusehen. 342

Erhöhen sich die Zahlungen des Arbeitgebers infolge der Anpassungsprüfungspflicht nach § 16 BetrAVG, liegt eine regelmäßige Anpassung vor, die nicht zu einer Neuberechnung des Versorgungsfreibetrags und des Zuschlags zum Versorgungsfreibetrag führen. 343

Ändert sich die Höhe der Arbeitgeberzahlung unabhängig von der Anpassungsprüfungspflicht, gilt Folgendes: 344

Übernimmt die Versorgungseinrichtung die Arbeitgeberzahlung nur zum Teil, ist dies als Anrechnungs-/Ruhensregelung im Sinne des § 19 Abs. 2 Satz 10 EStG anzusehen und führt zu einer Neuberechnung. Gleiches gilt für den Fall, dass die Versorgungseinrichtung die Zahlungen nicht mehr erbringen kann und sich die Arbeitgeberzahlung wieder erhöht.

Kann die Versorgungseinrichtung die Arbeitgeberzahlungen zunächst vollständig übernehmen und stellt diese später (z. B. wegen Liquiditätsproblemen) wieder ein, so dass der Arbeitgeber die Zahlungsverpflichtung wieder vollständig erfüllen muss, lebt der Anspruch wieder auf. Dies führt nicht zu einem neuen Versorgungsbeginn, so dass für die (Neu-)Berechnung des Versorgungsfreibetrags und des Zuschlags zum Versorgungsfreibetrag die „alte" Kohorte maßgebend ist. 345

cc) Beendigung einer betrieblichen Altersversorgung

Bei Beendigung einer nach § 3 Nr. 63 EStG geförderten betrieblichen Altersversorgung gilt Folgendes: 346

Liegt eine betriebliche Altersversorgung im Sinne des BetrAVG vor und wird diese lediglich mit Wirkung für die Zukunft beendet, z. B. durch eine Abfindung (ggf. auch in Form der Beitragsrückerstattung), dann handelt es sich bei der Zahlung der Versorgungseinrichtung an den Arbeitnehmer um sonstige Einkünfte im Sinne des § 22 Nr. 5 EStG und nicht um Einkünfte nach § 19 EStG.

Im Fall einer kompletten Rückabwicklung des Vertragsverhältnisses mit Wirkung für die Vergangenheit handelt es sich bei der Zahlung der Versorgungseinrichtung an den Arbeitnehmer um eine Arbeitslohnzahlung im Sinne des § 19 Abs. 1 EStG, die im Zeitpunkt des Zuflusses nach den allgemeinen lohnsteuerlichen Grundsätzen behandelt wird.

IV. Schädliche Auszahlung von gefördertem Altersvorsorgevermögen

1. Allgemeines

Wird das nach § 10a/Abschnitt XI EStG steuerlich geförderte Altersvorsorgevermögen an den Arbeitnehmer nicht als Rente oder im Rahmen eines Auszahlungsplans ausgezahlt, handelt es sich grundsätzlich um eine schädliche Verwendung (§ 93 Abs. 1 EStG; Rz. **159**ff.). Im Bereich der betrieblichen Altersversorgung kann eine solche schädliche Verwendung u. a. dann gegeben sein, wenn Versorgungsanwartschaften abgefunden oder übertragen werden. Entsprechendes gilt, wenn der Arbeitnehmer im Versorgungsfall ein bestehendes Wahlrecht auf Einmalkapitalauszahlung ausübt (vgl. Rz. **291**). 347

Liegt eine schädliche Verwendung von gefördertem Altersvorsorgevermögen vor, gelten Rz. **163**ff. sowie **177** bis **199**. 348

2. Abfindungen von Anwartschaften, die auf nach § 10a/Abschnitt XI EStG geförderten Beiträgen beruhen

Im Fall der Abfindung von Anwartschaften der betrieblichen Altersversorgung gem. § 3 BetrAVG handelt es sich gem. § 93 Abs. 2 Satz 3 EStG um keine schädliche Verwendung, soweit das nach 349

§ 10a/Abschnitt XI EStG geförderte Altersvorsorgevermögen zugunsten eines auf den Namen des Zulageberechtigten lautenden zertifizierten privaten Altersvorsorgevertrags geleistet wird. Der Begriff der Abfindung umfasst außerdem auch Abfindungen, die in arbeitsrechtlich zulässiger Weise außerhalb des Regelungsbereiches des § 3 BetrAVG erfolgen, wie z. B. den Fall der Abfindung ohne Ausscheiden aus dem Arbeitsverhältnis. Liegen die übrigen Voraussetzungen des § 93 Abs. 2 Satz 3 EStG vor, kann somit auch in anderen Abfindungsfällen als denen des § 3 BetrAVG gefördertes Altersvorsorgevermögen aus der betrieblichen Altersversorgung auf einen zertifizierten privaten Altersvorsorgevertrag übertragen werden, ohne dass eine schädliche Verwendung vorliegt.

3. Abfindungen von Anwartschaften, die auf steuerfreien und nicht geförderten Beiträgen beruhen

350   Wird eine Anwartschaft der betrieblichen Altersversorgung abgefunden, die ganz oder teilweise auf nach § 3 Nr. 63 EStG, § 3 Nr. 66 EStG steuerfreien oder nicht geförderten Beiträgen beruht und zugunsten eines auf den Namen des Steuerpflichtigen lautenden zertifizierten Altersvorsorgevertrags geleistet, unterliegt der Abfindungsbetrag im Zeitpunkt der Abfindung nicht der Besteuerung.

351   Wird der Abfindungsbetrag nicht entsprechend der Rz. **350** verwendet, erfolgt eine Besteuerung des Abfindungsbetrags im Zeitpunkt der Abfindung entsprechend den Grundsätzen der Rz. **331** bis **337**.

4. Portabilität

352   Bei einem Wechsel des Arbeitgebers kann der Arbeitnehmer für Versorgungszusagen, die nach dem 31. Dezember 2004 erteilt werden, gem. § 4 Abs. 3 BetrAVG verlangen, dass der bisherige Arbeitgeber den Übertragungswert (§ 4 Abs. 5 BetrAVG) auf eine Versorgungseinrichtung des neuen Arbeitgebers überträgt. Die Übertragung ist gem. § 93 Abs. 2 Satz 2 EStG dann keine schädliche Verwendung, wenn auch nach der Übertragung eine lebenslange Altersversorgung des Arbeitnehmers im Sinne des § 1 Abs. 1 Satz 1 Nr. 4 **Buchstabe a** AltZertG gewährleistet wird. Dies gilt auch, wenn der alte und neue Arbeitgeber sowie der Arbeitnehmer sich gem. § 4 Abs. 2 Nr. 2 BetrAVG freiwillig auf eine Übertragung der Versorgungsanwartschaften mittels Übertragungswert von einer Versorgungseinrichtung im Sinne des § 82 Abs. 2 EStG auf eine andere Versorgungseinrichtung im Sinne des § 82 Abs. 2 EStG verständigen.

353   Erfüllt die Versorgungseinrichtung des neuen Arbeitgebers nicht die Voraussetzungen des § 1 Abs. 1 Satz 1 Nr. 4 **Buchstabe a** AltZertG, gelten Rz. **331** bis **337** entsprechend.

5. Entschädigungsloser Widerruf eines noch verfallbaren Bezugsrechts

354   Hat der Arbeitnehmer für arbeitgeberfinanzierte Beiträge an eine Direktversicherung, eine Pensionskasse oder einen Pensionsfonds die Förderung durch Sonderausgabenabzug nach § 10a EStG und Zulage nach Abschnitt XI EStG erhalten und verliert er vor Eintritt der Unverfallbarkeit sein Bezugsrecht durch einen entschädigungslosen Widerruf des Arbeitgebers, handelt es sich um eine schädliche Verwendung im Sinne des § 93 Abs. 1 EStG. Das Versicherungsunternehmen oder die Pensionskasse hat der ZfA die schädliche Verwendung nach § 94 Abs. 1 EStG anzuzeigen. Die gutgeschriebenen Zulagen sind vom Anbieter einzubehalten. Darüber hinaus hat die ZfA den steuerlichen Vorteil aus dem Sonderausgabenabzug nach § 10a EStG beim Arbeitnehmer nach § 94 Abs. 2 EStG zurückzufordern. Der maßgebliche Zeitpunkt für die Rückforderung der Zulagen und des steuerlichen Vorteils ist der Zeitpunkt, in dem die den Verlust des Bezugsrechts begründenden Willenserklärungen (z. B. Kündigung oder Widerruf) wirksam geworden sind. Im Übrigen gilt R 40b.1 Abs. 13 ff. LStR.

355   Zahlungen, die das Versicherungsunternehmen, die Pensionskasse oder der Pensionsfonds an den Arbeitgeber leistet, weil der Arbeitnehmer für eine arbeitgeberfinanzierte betriebliche Altersversorgung vor Eintritt der Unverfallbarkeit sein Bezugsrecht verloren hat (z. B. bei vorzeitigem Ausscheiden aus dem Dienstverhältnis), stellen Betriebseinnahmen dar. §§ 43 ff. EStG sind in diesem Fall zu beachten.

C. Besonderheiten beim Versorgungsausgleich

I. Allgemeines

1. Gesetzliche Neuregelung des Versorgungsausgleichs

356   Mit dem VersAusglG vom 3. April 2009 wurden die Vorschriften zum Versorgungsausgleich grundlegend geändert. Es gilt künftig für alle ausgleichsreifen Anrechte auf Altersversorgung der Grundsatz der internen Teilung, der bisher schon bei der gesetzlichen Rentenversicherung zur Anwendung kam. Bisher wurden alle von den Ehegatten während der Ehe erworbenen An-

rechte auf eine Versorgung wegen Alter und Invalidität bewertet und im Wege eines Einmalausgleichs ausgeglichen, vorrangig über die gesetzliche Rentenversicherung.

Das neue VersAusglG sieht dagegen die interne Teilung als Grundsatz des Versorgungsausgleichs auch für alle Systeme der betrieblichen Altersversorgung und privaten Altersvorsorge vor. Hierbei werden die von den Ehegatten in den unterschiedlichen Altersversorgungssystemen erworbenen Anrechte zum Zeitpunkt der Scheidung innerhalb des jeweiligen Systems geteilt und für den ausgleichsberechtigten Ehegatten eigenständige Versorgungsanrechte geschaffen, die unabhängig von den Versorgungsanrechten des ausgleichspflichtigen Ehegatten im jeweiligen System gesondert weitergeführt werden. 357

Zu einem Ausgleich über ein anderes Versorgungssystem (externe Teilung) kommt es nur noch in den in §§ 14 bis 17 VersAusglG geregelten Ausnahmefällen. Bei einer externen Teilung entscheidet die ausgleichsberechtigte Person über die Zielversorgung. Sie bestimmt also, in welches Versorgungssystem der Ausgleichswert zu transferieren ist (ggf. Aufstockung einer bestehenden Anwartschaft, ggf. Neubegründung einer Anwartschaft). Dabei darf die Zahlung des Kapitalbetrags an die gewählte Zielversorgung nicht zu nachteiligen steuerlichen Folgen bei der ausgleichspflichtigen Person führen, es sei denn, sie stimmt der Wahl der Zielversorgung zu. 358

Die gesetzliche Rentenversicherung ist Auffang-Zielversorgung, wenn die ausgleichsberechtigte Person ihr Wahlrecht nicht ausübt und es sich nicht um eine betriebliche Altersversorgung handelt. Bei einer betrieblichen Altersversorgung wird bei fehlender Ausübung des Wahlrechts ein Anspruch in der Versorgungsausgleichskasse begründet. 359

Verbunden ist die externe Teilung mit der Leistung eines Kapitalbetrags in Höhe des Ausgleichswerts, der vom Versorgungsträger der ausgleichspflichtigen Person an den Versorgungsträger der ausgleichsberechtigten Person gezahlt wird. (Ausnahme: Externe Teilung von Beamtenversorgungen nach § 16 VersAusglG; hier findet wie nach dem bisherigen Quasi-Splitting zwischen der gesetzlichen Rentenversicherung und dem Träger der Beamtenversorgung ein Erstattungsverfahren im Leistungsfall statt.) 360

Kommt in Einzelfällen weder die interne Teilung noch die externe Teilung in Betracht, etwa weil ein Anrecht zum Zeitpunkt des Versorgungsausgleichs nicht ausgleichsreif ist (§ 19 VersAusglG), z. B. ein Anrecht bei einem ausländischen, zwischenstaatlichen oder überstaatlichen Versorgungsträger oder ein Anrecht im Sinne des BetrAVG, das noch verfallbar ist, kommt es zu Ausgleichsansprüchen nach der Scheidung (§ 20 ff. VersAusglG). Zur steuerlichen Behandlung der Ausgleichsansprüche nach der Scheidung vgl. BMF-Schreiben vom 30. Januar 2008, BStBl I S. 390. 361

Nach § 20 des Lebenspartnerschaftsgesetzes – LPartG – (BGBl. I 2001 S. 266) findet, wenn eine Lebenspartnerschaft aufgehoben wird, in entsprechender Anwendung des VersAusglG mit Ausnahme der §§ 32 bis 38 VersAusglG ein Ausgleich von im In- oder Ausland bestehenden Anrechten (§ 2 Abs. 1 VersAusglG) statt, soweit sie in der Lebenspartnerschaftszeit begründet oder aufrechterhalten worden sind. Schließen die Lebenspartner in einem Lebenspartnerschaftsvertrag (§ 7 LPartG) Vereinbarungen über den Versorgungsausgleich, so sind die §§ 6 bis 8 VersAusglG entsprechend anzuwenden. Die Ausführungen zum VersAusglG gelten dementsprechend auch in diesen Fällen. 362

Von den nachfolgenden Ausführungen unberührt bleiben steuerliche Auswirkungen, die sich in Zusammenhang mit Pensionszusagen ergeben, die durch Körperschaften an ihre Gesellschafter erteilt wurden und die ganz oder teilweise gesellschaftsrechtlich veranlasst sind. 363

2. Besteuerungszeitpunkte

Bei der steuerlichen Beurteilung des Versorgungsausgleichs ist zwischen dem Zeitpunkt der Teilung eines Anrechts im Versorgungsausgleich durch gerichtliche Entscheidung und dem späteren Zufluss der Leistungen aus den unterschiedlichen Versorgungssystemen zu unterscheiden. 364

Bei der internen Teilung wird die Übertragung der Anrechte auf die ausgleichsberechtigte Person zum Zeitpunkt des Versorgungsausgleichs für beide Ehegatten nach § 3 Nr. 55a EStG steuerfrei gestellt, weil auch bei den im Rahmen eines Versorgungsausgleichs übertragenen Anrechten auf eine Alters- und Invaliditätsversorgung das Prinzip der nachgelagerten Besteuerung eingehalten wird. Die Besteuerung erfolgt erst während der Auszahlungsphase. Die später zufließenden Leistungen gehören dabei bei beiden Ehegatten zur gleichen Einkunftsart, da die Versorgungsanrechte innerhalb des jeweiligen Systems geteilt wurden. Ein Wechsel des Versorgungssystems und ein damit möglicherweise verbundener Wechsel der Besteuerung weg von der nachgelagerten Besteuerung hat nicht stattgefunden. Lediglich die individuellen Merkmale für die Besteuerung sind bei jedem Ehegatten gesondert zu ermitteln. 365

366 Bei einer externen Teilung kann dagegen die Übertragung der Anrechte zu einer Besteuerung führen, da sie mit einem Wechsel des Versorgungsträgers und damit regelmäßig mit einem Wechsel des Versorgungssystems verbunden ist. § 3 Nr. 55b Satz 1 EStG stellt deshalb die Leistung des Ausgleichswerts in den Fällen der externen Teilung für beide Ehegatten steuerfrei, soweit das Prinzip der nachgelagerten Besteuerung insgesamt eingehalten wird. Soweit die späteren Leistungen bei der ausgleichsberechtigten Person jedoch nicht der nachgelagerten Besteuerung unterliegen werden (z. B. Besteuerung nach § 20 Abs. 1 Nr. 6 EStG oder nach § 22 Nr. 1 Satz 3 Buchstabe a Doppelbuchstabe bb EStG mit dem Ertragsanteil), greift die Steuerbefreiung gem. § 3 Nr. 55b Satz 2 EStG nicht, und die Leistung des Ausgleichswerts ist bereits im Zeitpunkt der Übertragung beim ausgleichspflichtigen Ehegatten zu besteuern. Die Besteuerung der später zufließenden Leistungen erfolgt bei jedem Ehegatten unabhängig davon, zu welchen Einkünften die Leistungen beim jeweils anderen Ehegatten führen, und richtet sich danach, aus welchem Versorgungssystem sie jeweils geleistet werden.

II. Interne Teilung (§ 10 VersAusglG)

1. Steuerfreiheit nach § 3 Nr. 55a EStG

367 § 3 Nr. 55a EStG stellt klar, dass die aufgrund einer internen Teilung durchgeführte Übertragung von Anrechten steuerfrei ist; dies gilt sowohl für die ausgleichspflichtige als auch für die ausgleichsberechtigte Person.

2. Besteuerung

368 Die Leistungen aus den übertragenen Anrechten gehören bei der ausgleichsberechtigten Person zu den Einkünften, zu denen die Leistungen bei der ausgleichspflichtigen Person gehören würden, wenn die interne Teilung nicht stattgefunden hätte. Die (späteren) Versorgungsleistungen sind daher (weiterhin) Einkünfte aus nichtselbständiger Arbeit (§ 19 EStG) oder aus Kapitalvermögen (§ 20 EStG) oder sonstige Einkünfte (§ 22 EStG). Ausgleichspflichtige Person und ausgleichsberechtigte Person versteuern beide die ihnen jeweils zufließenden Leistungen. Liegen Einkünfte aus nichtselbständiger Arbeit vor, gilt Rz. 328 auch für die ausgleichberechtigte Person.

369 Für die Ermittlung des Versorgungsfreibetrags und des Zuschlags zum Versorgungsfreibetrag nach § 19 Abs. 2 EStG, des Besteuerungsanteils nach § 22 Nr. 1 Satz 3 Buchstabe a Doppelbuchstabe aa EStG sowie des Ertragsanteils nach § 22 Nr. 1 Satz 3 Buchstabe a Doppelbuchstabe bb EStG bei der ausgleichsberechtigten Person ist auf deren Versorgungsbeginn, deren Rentenbeginn bzw. deren Lebensalter abzustellen. Die Art einer Versorgungszusage (Alt-/Neuzusage) bei der ausgleichsberechtigten Person entspricht grundsätzlich der Art der Versorgungszusage der ausgleichspflichtigen Person. Dies gilt auch bei einer Änderung des Leistungsspektrums nach § 11 Abs. 1 Nr. 3 VersAusglG. Bei einer Hinterbliebenenversorgung zugunsten von Kindern ändert sich die bisher maßgebende Altersgrenze (Rz. 250) nicht. Die Aufstockung eines zugesagten Sterbegeldes (vgl. Rz. 251) ist möglich. Sofern die Leistungen bei der ausgleichsberechtigten Person nach § 22 Nr. 5 EStG zu besteuern sind, ist für die Besteuerung auf die der ausgleichspflichtigen Person gewährten Förderung abzustellen, soweit diese auf die übertragene Anwartschaft entfällt (vgl. Rz. 117).

370 Wird das Anrecht aus einem Altersvorsorgevertrag oder einem Direktversicherungsvertrag intern geteilt und somit ein eigenes Anrecht der ausgleichsberechtigten Person begründet, gilt der Altersvorsorge- oder Direktversicherungsvertrag der ausgleichsberechtigten Person insoweit zu dem gleichen Zeitpunkt als abgeschlossen wie derjenige der ausgleichspflichtigen Person (§ 52 Abs. 36 Satz 12 EStG). Dies gilt entsprechend, wenn die Leistungen bei der ausgleichsberechtigten Person nach § 22 Nr. 5 Satz 2 Buchstabe c i. V. m. § 20 Abs. 1 Nr. 6 EStG zu besteuern sind.

III. Externe Teilung (§ 14 VersAusglG)

1. Steuerfreiheit nach § 3 Nr. 55b EStG

371 Nach § 3 Nr. 55b Satz 1 EStG ist der aufgrund einer externen Teilung an den Träger der Zielversorgung geleistete Ausgleichswert grundsätzlich steuerfrei, soweit die späteren Leistungen aus den dort begründeten Anrechten zu steuerpflichtigen Einkünften bei der ausgleichsberechtigten Person führen würden. Soweit die Übertragung von Anrechten im Rahmen des Versorgungsausgleichs zu keinen Einkünften im Sinne des EStG führt, bedarf es keiner Steuerfreistellung nach § 3 Nr. 55b EStG. Die Steuerfreiheit nach § 3 Nr. 55b Satz 1 EStG greift gemäß § 3 Nr. 55b Satz 2 EStG nicht, soweit Leistungen, die auf dem begründeten Anrecht beruhen, bei der ausgleichsberechtigten Person zu Einkünften nach § 20 Abs. 1 Nr. 6 EStG oder § 22 Nr. 1 Satz 3 Buchstabe a Doppelbuchstabe bb EStG führen würden.

Wird bei der externen Teilung einer betrieblichen Altersversorgung für die ausgleichsberechtigte Person ein Anrecht in einer betrieblichen Altersversorgung begründet, richtet sich die Art der Versorgungszusage (Alt-/Neuzusage) bei der ausgleichsberechtigten Person grundsätzlich nach der Art der Versorgungszusage der ausgleichspflichtigen Person. Dies gilt auch bei einer Änderung des Leistungsspektrums nach § 11 Abs. 1 Satz 2 Nr. 3 VersAusglG. Bei einer Hinterbliebenenversorgung zugunsten von Kindern ändert sich die bisher maßgebende Altersgrenze (Rz. 250) nicht. Die Aufstockung eines zugesagten Sterbegeldes (vgl. Rz. 251) ist möglich. Wird im Rahmen der externen Teilung eine bestehende Versorgungszusage der ausgleichsberechtigten Person aufgestockt, richtet sich die Art der Versorgungszusage nach den Rz. 306 ff. 372

2. Besteuerung bei der ausgleichsberechtigten Person

Für die Besteuerung bei der ausgleichsberechtigten Person ist unerheblich, zu welchen Einkünften die Leistungen aus dem übertragenen Anrecht bei der ausgleichspflichtigen Person geführt hätten, da mit der externen Teilung ein neues Anrecht begründet wird. Bei der ausgleichsberechtigten Person unterliegen Leistungen aus Altersvorsorgeverträgen, Pensionsfonds, Pensionskassen oder Direktversicherungen, die auf dem nach § 3 Nr. 55b Satz 1 EStG steuerfrei geleisteten Ausgleichswert beruhen, insoweit in vollem Umfang der nachgelagerten Besteuerung nach § 22 Nr. 5 Satz 1 EStG. 373

3. Beispiele

Beispiel 1: 374

Im Rahmen einer externen Teilung zahlt das Versicherungsunternehmen X, bei dem der Arbeitnehmerehegatte A eine betriebliche Altersversorgung über eine Direktversicherung (Kapitalversicherung mit Sparanteil) aufgebaut hat, den vom Familiengericht festgesetzten Ausgleichswert an das Versicherungsunternehmen Y zugunsten von Ehegatte B in einen zertifizierten Altersvorsorgevertrag in Form einer Rentenversicherung. Die Beiträge an das Versicherungsunternehmen X wurden in der Vergangenheit ausschließlich pauschal besteuert (§ 40b Abs. 1 und 2 EStG in der am 31. Dezember 2004 geltenden Fassung i. V. m. § 52 Abs. 52b EStG).

Der Ausgleichswert führt nicht zu steuerbaren Einkünften, da kein Erlebensfall oder Rückkauf vorliegt (§ 22 Nr. 5 Satz 2 Buchstabe b i. V. m. § 20 Abs. 1 Nr. 6 EStG). Der Steuerbefreiung nach § 3 Nr. 55b EStG bedarf es daher nicht. Die spätere durch die externe Teilung gekürzte Kapitalleistung unterliegt bei A der Besteuerung nach § 22 Nr. 5 Satz 2 Buchstabe b i. V. m. § 20 Abs. 1 Nr. 6 EStG (ggf. steuerfrei wenn die Direktversicherung vor dem 1. Januar 2005 abgeschlossen wurde, § 52 Abs. 36 Satz 5 EStG i. V. m. § 20 Abs. 1 Nr. 6 Satz 2 EStG a. F.). Die Leistungen aus dem zertifizierten Altersvorsorgevertrag, die auf dem eingezahlten Ausgleichswert beruhen, unterliegen bei B der Besteuerung nach § 22 Nr. 5 Satz 2 EStG (vgl. Rz. 129 bis 134).

Beispiel 2: 375

Im Rahmen einer externen Teilung zahlt ein Versicherungsunternehmen X, bei der der Arbeitnehmerehegatte A eine betriebliche Altersversorgung über eine Direktversicherung (Rentenversicherung) aufgebaut hat, einen Ausgleichswert an das Versicherungsunternehmen Y zugunsten von Ehegatte B in einen zertifizierten Altersvorsorgevertrag. Die Beiträge an das Versicherungsunternehmen X waren steuerfrei (§ 3 Nr. 63 EStG).

Der Ausgleichswert ist steuerfrei nach § 3 Nr. 55b EStG. Die spätere geminderte Leistung unterliegt bei A der Besteuerung nach § 22 Nr. 5 Satz 1 EStG. Die Leistung bei B unterliegt – soweit diese auf dem eingezahlten Ausgleichswert beruht – ebenfalls der Besteuerung nach § 22 Nr. 5 Satz 1 EStG (vgl. Rz. 124 ff.).

Beispiel 3: 376

Im Rahmen einer externen Teilung zahlt der Arbeitgeber des Arbeitnehmerehegatten A mit dessen Zustimmung (§§ 14 Abs. 4 i. V. m. 15 Abs. 3 VersAusglG) den hälftigen Kapitalwert aus einer Direktzusage in einen privaten Rentenversicherungsvertrag mit Kapitalwahlrecht des Ehegatten B ein.

Der Ausgleichswert ist steuerpflichtig, da die späteren Leistungen aus dem Rentenversicherungsvertrag zu lediglich mit dem Ertragsanteil steuerpflichtigen Einkünften beim Ehegatten B führen (§ 3 Nr. 55b Satz 2 EStG). Beim Ausgleichswert handelt es sich um steuerpflichtigen – ggf. nach der Fünftelregelung ermäßigt zu besteuernden – Arbeitslohn des Arbeitnehmerehegatten A.

4. Verfahren

Der Versorgungsträger der ausgleichspflichtigen Person hat grundsätzlich den Versorgungsträger der ausgleichsberechtigten Person über die für die Besteuerung der Leistungen erforder- 377 lichen Grundlagen zu informieren. Andere Mitteilungs-, Informations- und Aufzeichnungspflichten bleiben hiervon unberührt.

IV. Steuerunschädliche Übertragung im Sinne des § 93 Absatz 1a EStG

378 Eine steuerunschädliche Übertragung im Sinne des § 93 Abs. 1a Satz 1 EStG liegt vor, wenn auf Grund einer Entscheidung des Familiengerichts im Wege der internen Teilung nach § 10 VersAusglG oder externen Teilung nach § 14 VersAusglG während der Ehezeit (§ 3 Abs. 1 VersAusglG) gebildetes gefördertes Altersvorsorgevermögen auf einen zertifizierten Altersvorsorgevertrag oder in eine nach § 82 Abs. 2 EStG begünstigte betriebliche Altersversorgung (einschließlich der Versorgungsausgleichskasse) übertragen wird. Dies ist bei der internen Teilung immer der Fall. Es ist unerheblich, ob die ausgleichsberechtigte Person selbst zulageberechtigt ist. Werden die bei einer internen Teilung entstehenden Kosten mit dem Altersvorsorgevermögen verrechnet (§ 13 VersAusglG), liegt insoweit keine schädliche Verwendung vor. Im Falle der Verrechnung reduziert sich die Beitragszusage (§ 1 Abs. 1 Satz 1 Nr. 3 AltZertG) des Anbieters entsprechend dem Verhältnis von Verrechnungsbetrag zu dem unmittelbar vor der Verrechnung vorhandenen Altersvorsorgekapital.

379 Die Übertragung auf Grund einer internen Teilung nach § 10 VersAusglG oder einer externen Teilung nach § 14 VersAusglG auf einen Altersvorsorgevertrag oder eine nach § 82 Abs. 2 EStG begünstigte betriebliche Altersversorgung (einschließlich Versorgungsausgleichskasse) der ausgleichsberechtigten Person führt nicht zu steuerpflichtigen Einnahmen.

380 Beruht das auf die Ehezeit entfallende, aufzuteilende Altersvorsorgevermögen auf geförderten und ungeförderten Beiträgen, ist das zu übertragende Altersvorsorgevermögen entsprechend dem Verhältnis der hierin enthaltenen geförderten und ungeförderten Beiträge aufzuteilen und anteilig zu übertragen.

381 Im Fall der Übertragung im Sinne des § 93 Abs. 1a Satz 1 EStG erfolgt die Mitteilung über die Durchführung der Kapitalübertragung nach dem Verfahren gemäß § 11 AltvDV. Bei der internen Teilung entfällt der Datenaustausch zwischen den Anbietern nach § 11 Abs. 1 bis 3 AltvDV. Der Anbieter der ausgleichspflichtigen Person teilt der ZfA in seiner Meldung zur Kapitalübertragung (§ 11 Abs. 4 AltvDV) neben dem Prozentsatz des geförderten Altersvorsorgekapitals, das übertragen wird, auch die vom Familiengericht angegebene Ehezeit im Sinne des § 3 Abs. 1 VersAusglG mit.

382 Erfolgt die interne Teilung und damit verbunden die Übertragung eines Anrechts im Bereich der betrieblichen Altersversorgung, erlangt die ausgleichsberechtigte Person die versorgungsrechtliche Stellung eines ausgeschiedenen Arbeitnehmers im Sinne des BetrAVG (§ 12 VersAusglG). Damit erlangt sie bei einem Pensionsfonds, einer Pensionskasse oder einer Direktversicherung auch das Recht zur Fortsetzung der betrieblichen Versorgung mit eigenen Beiträgen, die nach § 82 Abs. 2 Buchstabe b EStG zu den Altersvorsorgebeiträgen gehören können, wenn ein Fortsetzungsrecht bei der ausgleichspflichtigen Person für die Versorgung bestanden hätte. Rz. 292 ff. gelten entsprechend.

383 Die ZfA teilt der ausgleichspflichtigen Person den Umfang der auf die Ehezeit entfallenden steuerlichen Förderung nach § 10a/Abschnitt XI EStG mit. Diese Mitteilung beinhaltet die beitragsjahrbezogene Auflistung der ermittelten Zulagen sowie die nach § 10a Abs. 4 EStG gesondert festgestellten Beträge, soweit der ZfA diese bekannt sind, für die innerhalb der Ehezeit liegenden Beitragsjahre. Für die Beitragsjahre, in die der Beginn oder das Ende der Ehezeit fällt, wird die Förderung monatsweise zugeordnet, indem jeweils ein Zwölftel der für das betreffende Beitragsjahr gewährten Förderung den zu der Ehezeit zählenden Monaten zugerechnet wird. Die monatsweise Zuordnung erfolgt unabhängig davon, ob für diese Beitragsjahre gezahlten Beiträge vor, nach oder während der Ehezeit auf den Altersvorsorgevertrag eingezahlt wurden. Die Mitteilung der Höhe der für den Vertrag insgesamt gewährten Förderung ist kein Verwaltungsakt.

384 Soweit das während der Ehezeit gebildete geförderte Altersvorsorgevermögen im Rahmen des § 93 Abs. 1a Satz 1 EStG übertragen wird, geht die steuerliche Förderung mit allen Rechten und Pflichten auf die ausgleichsberechtigte Person über. Dies hat zur Folge, dass im Falle einer schädlichen Verwendung des geförderten Altersvorsorgevermögens derjenige Ehegatte die Förderung zurückzahlen muss, der über das ihm zugerechnete geförderte Altersvorsorgevermögen schädlich verfügt. Leistungen aus dem geförderten Altersvorsorgevermögen sind beim Leistungsempfänger nachgelagert zu besteuern. Die Feststellung der geänderten Zuordnung der steuerlichen Förderung erfolgt beitragsjahrbezogen durch die ZfA. Sie erteilt sowohl der ausgleichspflichtigen als auch der ausgleichsberechtigten Person einen Feststellungsbescheid über die Zuordnung der nach § 10a Abs. 4 EStG gesondert festgestellten Beträge sowie der ermittelten Zulagen. Einwände gegen diese Bescheide können nur erhoben werden, soweit sie sich gegen die geänderte Zuordnung der steuerlichen Förderung richten. Nach Eintritt der Un-

anfechtbarkeit dieser Feststellungsbescheide werden auch die Anbieter durch einen Datensatz nach § 90 Abs. 2 Satz 6 EStG von der ZfA über die geänderte Zuordnung informiert.

Die ZfA kann die Mitteilung über den Umfang der auf die Ehezeit entfallenden steuerlichen Förderung (§ 93 Abs. 1a Satz 2 EStG, vgl. Rz. 383) und den Feststellungsbescheid über die geänderte Zuordnung der steuerlichen Förderung (§ 93 Abs. 1a Satz 5 EStG, vgl. Rz. 384) an die ausgleichspflichtige Person in einem Schreiben zusammenfassen, sofern deutlich wird, dass ein Einspruch nur zulässig ist, soweit er sich gegen die Zuordnung der steuerlichen Förderung richtet. 385

Stellt die ausgleichspflichtige Person nach der Übertragung im Sinne des § 93 Abs. 1a Satz 1 EStG einen Antrag auf Altersvorsorgezulage für ein Beitragsjahr in der Ehezeit, sind bei der Ermittlung des Zulageanspruchs die gesamten von der ausgleichspflichtigen Person gezahlten Altersvorsorgebeiträge des Beitragsjahrs – also auch der übertragene Teil der Altersvorsorgebeiträge – zugrunde zu legen. Die Zulage wird vollständig dem Vertrag der ausgleichspflichtigen Person gutgeschrieben. Die Zuordnung der Steuerverstrickung auf die ausgleichspflichtige und die ausgleichsberechtigte Person erfolgt, als wenn die Zulage bereits vor der Übertragung dem Vertrag gutgeschrieben worden wäre. 386

Werden nach Erteilung der Mitteilung über den Umfang der auf die Ehezeit entfallenden steuerlichen Förderung und der Feststellungsbescheide über die geänderte Zuordnung der steuerlichen Förderung für die Ehezeit Ermittlungsergebnisse getroffen, aufgehoben oder geändert, so hat die ZfA eine geänderte Mitteilung über den Umfang der auf die Ehezeit entfallenden steuerlichen Förderung zu erteilen und die Feststellungsbescheide über die geänderte Zuordnung der steuerlichen Förderung nach § 175 AO zu ändern. Nach Eintritt der Unanfechtbarkeit dieser geänderten Feststellungsbescheide werden auch die Anbieter durch einen Datensatz nach § 90 Abs. 2 Satz 6 EStG von der ZfA über die geänderte Zuordnung informiert. 387

V. Leistungen an die ausgleichsberechtigte Person

Nach § 19 Abs. 1 Nr. 2 EStG sind Leistungen, die die ausgleichsberechtigte Person auf Grund der internen oder externen Teilung später aus einer Direktzusage oder von einer Unterstützungskasse erhält, Einkünfte aus nichtselbständiger Arbeit; Rz. 328 gilt entsprechend. Sie unterliegen der Lohnsteuererhebung nach den allgemeinen Regelungen. Bei der ausgleichspflichtigen Person liegen Einkünfte aus nichtselbständiger Arbeit nur hinsichtlich der durch die Teilung gekürzten Leistungen vor. 388

Sowohl bei der ausgleichspflichtigen Person als auch bei der ausgleichsberechtigten Person werden der Arbeitnehmer-Pauschbetrag (§ 9a Satz 1 Nr. 1 Buchstabe a EStG) oder, soweit die Voraussetzungen dafür jeweils vorliegen, der Pauschbetrag für Werbungskosten (§ 9a Satz 1 Nr. 1 Buchstabe b EStG), der Versorgungsfreibetrag und der Zuschlag zum Versorgungsfreibetrag (§ 19 Abs. 2 EStG) berücksichtigt. Die steuerlichen Abzugsbeträge sind nicht auf die ausgleichspflichtige Person und die ausgleichsberechtigte Person aufzuteilen. 389

Zur Neuberechnung des Versorgungsfreibetrags und des Zuschlags zum Versorgungsfreibetrag vgl. Rz. 369. 390

D. Anwendungsregelung

Dieses Schreiben ist mit Wirkung ab **1. Januar 2010** anzuwenden. **Soweit die Regelungen den ab dem 1. September 2009 geltenden Versorgungsausgleich betreffen, sind die entsprechenden Rz. bereits ab diesem Zeitpunkt anzuwenden.** 391

Bei Versorgungszusagen, die vor dem 1. Januar 2005 erteilt wurden (Altzusagen, vgl. Rz. **306**ff.), ist es nicht zu beanstanden, wenn in den Versorgungsordnungen in Abweichung von Rz. **247**ff. die Möglichkeit einer Elternrente oder der Beitragserstattung einschließlich der gutgeschriebenen Erträge an die in Rz. **250** genannten Personen im Fall des Versterbens vor Erreichen der Altersgrenze und in Abweichung von Rz. **272** lediglich für die zugesagte Altersversorgung, nicht aber für die Hinterbliebenen- oder Invaliditätsversorgung die Auszahlung in Form einer Rente oder eines Auszahlungsplans vorgesehen ist. Dagegen sind Versorgungszusagen, die nach dem 31. Dezember 2004 (Neuzusagen, vgl. Rz. **306**ff.) aufgrund von Versorgungsordnungen erteilt werden, die die Voraussetzungen dieses Schreibens nicht erfüllen, aus steuerlicher Sicht nicht mehr als betriebliche Altersversorgung anzuerkennen und eine steuerliche Förderung ist hierfür nicht mehr möglich. Im Fall der nach § 40b EStG a. F. pauschal besteuerten (Alt-)Direktversicherungen gilt nach Rz. **251** weiterhin keine Begrenzung bezüglich des Kreises der Bezugsberechtigten. 392

Anhang 2 — IV–VI — Altersversorgung

393 Das BMF-Schreiben vom **20. Januar 2009 – IV C 3 – S 2496/08/10011/IV C 5 – S 2333/07/0003 –,** BStBl I S. 273¹) wird mit Wirkung ab **1. Januar 2010** aufgehoben.

Anlagen 1 und 2²)

– nicht abgedruckt –

V.
Zusagen auf Leistungen der betrieblichen Altersversorgung; Hinterbliebenenversorgung für die Lebensgefährtin oder den Lebensgefährten

BMF-Schreiben vom 25. 7. 2002 (BStBl I S. 706)

Zur Frage der steuerrechtlichen Anerkennung von Zusagen auf Hinterbliebenenversorgung für den in eheähnlicher Gemeinschaft lebenden Partner des versorgungsberechtigten Arbeitnehmers nehme ich nach Abstimmung mit den obersten Finanzbehörden der Länder wie folgt Stellung:

Aufwendungen für Versorgungszusagen an Arbeitnehmer, die eine Hinterbliebenenversorgung für den in eheähnlicher Gemeinschaft lebenden Partner des Versorgungsberechtigten vorsehen, können nur dann nach Maßgabe von § 4 Abs. 4, § 4c, § 4d oder § 4e EStG als Betriebsausgaben abgezogen werden, wenn die in Aussicht gestellten Leistungen betrieblich veranlasst sind. Die Zusage auf eine Hinterbliebenenversorgung ist als Pensionsrückstellung nach § 6a EStG zu passivieren und darf nur angesetzt werden, wenn die übrigen Voraussetzungen für die Bildung von Rückstellungen (R 31c Abs. 2 EStR) vorliegen.

Die betriebliche Veranlassung dieser Hinterbliebenenzusagen und die Wahrscheinlichkeit der Inanspruchnahme aus der Verpflichtung ist unter Berücksichtigung der Umstände des jeweiligen Einzelfalls zu prüfen. Anhaltspunkte können beispielsweise eine von der Lebenspartnerin oder dem Lebenspartner schriftlich bestätigte Kenntnisnahme der in Aussicht gestellten Versorgungsleistungen, eine zivilrechtliche Unterhaltspflicht des Arbeitnehmers gegenüber dem Lebenspartner oder eine gemeinsame Haushaltsführung sein.

Die versorgungsberechtigte Lebenspartnerin oder der versorgungsberechtigte Lebenspartner muss in der schriftlich erteilten Zusage namentlich mit Anschrift und Geburtsdatum genannt werden.

Pensionsrückstellungen nach § 6a EStG sind entsprechend dem Geschlecht des begünstigten Hinterbliebenen zu bewerten. Soweit der Berechnung die „Richttafeln 1998" von Prof. Klaus Heubeck zu Grunde gelegt werden, hat die Bewertung anhand des Hinterbliebenenbestandes zu erfolgen.

Die Grundsätze zur steuerlichen Anerkennung von Versorgungszusagen gegenüber dem Arbeitgeber nahestehenden Personen (z. B. beherrschende Gesellschafter-Geschäftsführer, nahe Familienangehörige) bleiben unberührt.

VI. Einkommensteuerrechtliche Behandlung von Vorsorgeaufwendungen und Altersbezügen³)⁴)

BMF-Schreiben vom 13. 9. 2010 (BStBl I S. 681)

IV C 3 – S 2222/09/10041
IV C 5 – S 2345/08/0001
2010/0628045

Zum Sonderausgabenabzug für Beiträge nach § 10 Absatz 1 und zur Besteuerung von Versorgungsbezügen nach § 19 Absatz 2 sowie von Einkünften nach § 22 Nummer 1 Satz 3 Buchstabe a des Einkommensteuergesetzes (EStG) gilt im Einvernehmen mit den obersten Finanzbehörden der Länder Folgendes:

Inhaltsübersicht

	Randziffer
A. Abzug von Altersvorsorgeaufwendungen – § 10 EStG –	1–111
I. Sonderausgabenabzug für Beiträge nach § 10 Absatz 1 Nummer 2 EStG	1–52

---

¹) Abgedruckt in der Lohnsteuer Handausgabe 2010.
²) Die Anlagen 1 und 2 werden in der Einkommensteuer Handausgabe 2012 Anhang 1 I abgedruckt.
³) Änderungen sind durch Fettdruck hervorgehoben.
⁴) *Das BMF-Schreiben befand sich bei Redaktionsschluss in der Überarbeitung.*

Anhang 2
Altersversorgung

1.	Begünstigte Beiträge	1–29
	a) Beiträge im Sinne des § 10 Absatz 1 Nummer 2 **Satz 1** Buchstabe a EStG	1–7
	aa) Beiträge zu den gesetzlichen Rentenversicherungen	1–4
	bb) Beiträge zu den landwirtschaftlichen Alterskassen	5
	cc) Beiträge zu berufsständischen Versorgungseinrichtungen	6–7
	b) Beiträge im Sinne des § 10 Absatz 1 Nummer 2 Satz 1 Buchstabe b EStG	8–27
	aa) Allgemeines	**8–16**
	bb) Absicherung von Berufsunfähigkeit, verminderter Erwerbsfähigkeit und Hinterbliebenen	**17–24**
	cc) Weitere Vertragsvoraussetzungen	**25–27**
	c) Zusammenhang mit steuerfreien Einnahmen	28
	d) Beitragsempfänger	29
2.	Ermittlung des Abzugsbetrags nach § 10 Absatz 3 EStG	**30–52**
	a) Höchstbetrag	30
	b) Kürzung des Höchstbetrags nach § 10 Absatz 3 Satz 3 EStG	31–43
	aa) Kürzung des Höchstbetrags beim Personenkreis des § 10 Absatz 3 **Satz 3** Nummer 1 **Buchstabe a** EStG	33–35
	bb) Kürzung des Höchstbetrags beim Personenkreis des § 10 Absatz 3 **Satz 3** Nummer **Buchstabe b** EStG	36–39
	cc) Kürzung des Höchstbetrags **beim Personenkreis des § 10 Absatz 3 Satz 3 Nummer 2** EStG	40–43
	c) Kürzung des Höchstbetrags bei Ehegatten	44
	d) Übergangsregelung (2005 bis 2024)	45
	e) Kürzung des Abzugsbetrags bei Arbeitnehmern nach § 10 Absatz 3 Satz 5 EStG	46–52
II.	Sonderausgabenabzug für **sonstige Vorsorgeaufwendungen** nach § 10 Absatz 1 **Nummer 3 und Nummer 3a** EStG	53–107
1.	**Allgemeines**	53
2.	**Sonstige Vorsorgeaufwendungen**	**54–80**
	a) Beiträge zur Basiskrankenversicherung (§ 10 Absatz 1 Nummer 3 Satz 1 Buchstabe a EStG)	54–75
	aa) Beiträge zur gesetzlichen Krankenversicherung	58–67
	1) Allgemeines	58–60
	2) Einzelne Personengruppen	61–67
	(a) Pflichtversicherte Arbeitnehmer	61
	(b) Freiwillig versicherte Arbeitnehmer	62
	(c) Freiwillig gesetzlich versicherte Selbständige	63
	(d) Pflichtversicherte selbständige Künstler und Publizisten	64
	(e) Freiwillig gesetzlich versicherte Künstler und Publizisten	65
	(f) Pflichtversicherte Rentner	66
	(g) Freiwillig versicherte Rentner	67
	bb) Beiträge zur privaten Krankenversicherung	68–75
	1) Allgemeines	68–71
	2) Einzelne Personengruppen	72–75
	(a) Privat versicherte Arbeitnehmer	72–73
	(b) Privat versicherte Künstler und Publizisten	74
	(c) Privat versicherte Rentner	75
	b) Beiträge zur gesetzlichen Pflegeversicherung (§ 10 Absatz 1 Nummer 3 Satz 1 Buchstabe b EStG)	76
	c) Weitere sonstige Vorsorgeaufwendungen (§ 10 Absatz 1 Nummer 3a EStG)	77–80
3.	Ermittlung des Abzugsbetrags	81–87
	a) Höchstbetrag nach § 10 Absatz 4 EStG	81–84
	b) Mindestansatz	85
	c) Abzugsbetrag bei Ehegatten	86–87
	aa) Zusammenveranlagung nach § 26b EStG	86
	bb) Getrennte Veranlagung nach § 26a EStG	87
4.	Verfahren	88–104
	a) Gesetzlich Versicherte	91–100
	aa) Pflichtversicherte Arbeitnehmer	92
	bb) Freiwillig gesetzlich versicherte Arbeitnehmer	93–94
	cc) Freiwillig gesetzlich versicherte Selbständige	95
	dd) Pflichtversicherte selbständige Künstler und Publizisten	96
	ee) Freiwillig gesetzlich versicherte Künstler und Publizisten	97

	ff)	Pflichtversicherte Rentner	98
	gg)	Pflichtversicherte Empfänger einer Kapitalleistung aus der betrieblichen Altersversorgung	99
	hh)	Freiwillig gesetzlich versicherte Rentner	100
b)		Privat Versicherte	101–104
	aa)	Privat versicherte Arbeitnehmer	101–102
	bb)	Privat versicherte Künstler und Publizisten	103
	cc)	Privat versicherte Rentner	104

5. Einwilligung in die Datenübermittlung — 105–106
6. Nachweis bei fehlgeschlagener Datenübermittlung — 107

III. Günstigerprüfung nach § 10 Absatz 4a EStG — 108–111

B. Besteuerung von Versorgungsbezügen – § 19 Absatz 2 EStG – — 112–132

I. Arbeitnehmer-/Werbungskosten-Pauschbetrag/Zuschlag zum Versorgungsfreibetrag — 112

II. Versorgungsfreibetrag/Zuschlag zum Versorgungsfreibetrag — 113–131
 1. Allgemeines — 113
 2. Berechnung des Versorgungsfreibetrags und des Zuschlags zum Versorgungsfreibetrag — 114
 3. Festschreibung des Versorgungsfreibetrags und des Zuschlags zum Versorgungsfreibetrag — 115
 4. Neuberechnung des Versorgungsfreibetrags und des Zuschlags zum Versorgungsfreibetrag — 116–118
 5. Zeitanteilige Berücksichtigung des Versorgungsfreibetrags und des Zuschlags zum Versorgungsfreibetrag — 119
 6. Mehrere Versorgungsbezüge — 120–122
 7. Hinterbliebenenversorgung — 123–126
 8. Berechnung des Versorgungsfreibetrags im Falle einer Kapitalauszahlung/Abfindung — 127–130
 9. Zusammentreffen von Versorgungsbezügen (§ 19 EStG) und Rentenleistungen (§ 22 EStG) — 131

III. Aufzeichnungs- und Bescheinigungspflichten — 132

C. Besteuerung von Einkünften gem. § 22 Nummer 1 Satz 3 Buchstabe a EStG — 133–203

I. Allgemeines — 133–134

II. Leibrenten und andere Leistungen im Sinne des § 22 Nummer 1 Satz 3 Buchstabe a Doppelbuchstabe aa EStG — 135–150
 1. Leistungen aus den gesetzlichen Rentenversicherungen, aus den landwirtschaftlichen Alterskassen und aus den berufsständischen Versorgungseinrichtungen — 135–144
   a) Besonderheiten bei Leibrenten und anderen Leistungen aus den gesetzlichen Rentenversicherungen — 136–138
   b) Besonderheiten bei Leibrenten und anderen Leistungen aus den landwirtschaftlichen Alterskassen — 139–140
   c) Besonderheiten bei Leibrenten und anderen Leistungen aus den berufsständischen Versorgungseinrichtungen — 141–144
 2. Leibrenten und andere Leistungen aus Rentenversicherungen im Sinne des § 10 Absatz 1 Nummer 2 **Satz 1** Buchstabe b EStG — 145–150

III. Leibrenten und andere Leistungen im Sinne des § 22 Nummer 1 Satz 3 Buchstabe a Doppelbuchstabe bb EStG — 151–154

IV. Besonderheiten bei der kapitalgedeckten betrieblichen Altersversorgung — 155

V. Durchführung der Besteuerung — 156–203
 1. Leibrenten und andere Leistungen im Sinne des § 22 Nummer 1 Satz 3 Buchstabe a Doppelbuchstabe aa EStG — 156–174
   a) Allgemeines — 156
   b) Jahresbetrag der Rente — 157
   c) Bestimmung des Prozentsatzes — 158–168
     aa) Allgemeines — 158–161
     bb) Erhöhung oder Herabsetzung der Rente — 162
     cc) Besonderheiten bei Folgerenten aus derselben Versicherung **oder demselben Vertrag** — 163–168
   d) Ermittlung des steuerfreien Teils der Rente — 169–174
     aa) Allgemeines — 169
     bb) Bemessungsgrundlage für die Ermittlung des steuerfreien Teils der Rente — 170
     cc) Neuberechnung des steuerfreien Teils der Rente — 171–174
 2. Leibrenten und andere Leistungen im Sinne des § 22 Nummer 1 Satz 3 Buchstabe a Doppelbuchstabe bb EStG — 175–176

	3.	Öffnungsklausel		177–203
		a) Allgemeines		177
		b) Antrag		178
		c) 10-Jahres-Grenze		179
		d) Maßgeblicher Höchstbeitrag		180
		e) Ermittlung der geleisteten Beiträge		181–185
		f) Nachweis der gezahlten Beiträge		186
		g) Ermittlung des auf Beiträgen oberhalb des Betrags des Höchstbeitrags beruhenden Teils der Leistung		187–189
		h) Aufteilung bei Beiträgen an mehr als einen Versorgungsträger		190–194
			aa) Beiträge an mehr als eine berufsständische Versorgungseinrichtung	191
			bb) Beiträge an die gesetzliche Rentenversicherung und an berufsständische Versorgungseinrichtungen	192–194
		i) Öffnungsklausel bei einmaligen Leistungen		195–196
		j) Versorgungsausgleich unter Ehegatten oder unter Lebenspartnern		197–202
		k) Bescheinigung der Leistung nach § 22 Nummer 1 Satz 3 Buchstabe a Doppelbuchstabe bb Satz 2 EStG		203
D	Besonderheiten beim Versorgungsausgleich			204–222
	I. Allgemeines			204–212
		1. Gesetzliche Neuregelung des Versorgungsausgleichs		204–209
		2. Besteuerungszeitpunkte		210–212
	II. Interne Teilung (§ 10 VersAuslG)			213–216
		1. Steuerfreiheit nach § 3 Nummer 55a EStG		213
		2. Besteuerung bei der ausgleichsberechtigten Person		214–216
	III. Externe Teilung (§ 14 VersAusglG)			217–221
		1. Steuerfreiheit nach § 3 Nummer 55b EStG		217
		2. Besteuerung der ausgleichsberechtigten Person		218
		3. Beispiele		219–220
		4. Verfahren		221
	IV. Neuberechnung des Versorgungsfreibetrags und des Zuschlags zum Versorgungsfreibetrag			222
E.	(aufgehoben)[1])			
F.	Anwendungsregelung			248–249

A. Abzug von Altersvorsorgeaufwendungen – § 10 EStG –

I. Sonderausgabenabzug für Beiträge nach § 10 Absatz 1 Nummer 2 EStG

1. Begünstigte Beiträge

a) Beiträge im Sinne des § 10 Absatz 1 Nummer 2 Buchstabe a EStG

aa) Beiträge zu den gesetzlichen Rentenversicherungen

Als Beiträge zur gesetzlichen Rentenversicherung sind Beiträge an folgende Träger der gesetzlichen Rentenversicherung zu berücksichtigen: 1

– Deutsche Rentenversicherung Bund,
– Deutsche Rentenversicherung Knappschaft-Bahn-See,
– Deutsche Rentenversicherung Regionalträger.

Die Beiträge können wie folgt erbracht und nachgewiesen werden: 2

Art der Beitragsleistung	Nachweis durch
Pflichtbeiträge aufgrund einer abhängigen Beschäftigung einschließlich des nach § 3 Nummer 62 EStG steuerfreien Arbeitgeberanteils	Lohnsteuerbescheinigung
Pflichtbeiträge aufgrund einer selbständigen Tätigkeit (mit Ausnahme von selbständigen Künstlern und Publizisten)	Beitragsbescheinigung des Rentenversicherungsträgers **oder der Künstlersozialkasse**
freiwillige Beiträge	Beitragsbescheinigung des Rentenversicherungsträgers

---

[1]) Abschnitt E des BMF-Schreibens vom 13. 9. 2010 – IV C 3 – S 2222/09/10041/IV C 5 – S 2345/08/0001 –, BStBl I S. 681, wurde mit Wirkung ab 1. 1. 2012 durch Rz. 115 des BMF-Schreibens vom 7. 12. 2011 – IV C 3 – S 2257-c/10/10005 :003 –, BStBl I S. 1223, aufgehoben.

Art der Beitragsleistung	Nachweis durch
Nachzahlung von freiwilligen Beiträgen	Beitragsbescheinigung des Rentenversicherungsträgers
freiwillige Zahlung von Beiträgen zum Ausgleich einer Rentenminderung (bei vorzeitiger Inanspruchnahme einer Altersrente) § 187a des Sechsten Buches Sozialgesetzbuch – SGB VI –	Beitragsbescheinigung des Rentenversicherungsträgers
freiwillige Zahlung von Beiträgen zum Auffüllen von Rentenanwartschaften, die durch einen Versorgungsausgleich gemindert worden sind § 187 SGB VI	Besondere Beitragsbescheinigung des Rentenversicherungsträgers
Abfindung von Anwartschaften auf betriebliche Altersversorgung § 187b SGB VI	Besondere Beitragsbescheinigung des Rentenversicherungsträgers

3   Bei selbständigen Künstlern und Publizisten, die nach Maßgabe des Künstlersozialversicherungsgesetzes versicherungspflichtig sind, ist als Beitrag zur gesetzlichen Rentenversicherung der von diesen entrichtete Beitrag an die Künstlersozialkasse zu berücksichtigen. Die Künstlersozialkasse fungiert als Einzugsstelle und nicht als Träger der gesetzlichen Rentenversicherung. Der Beitrag des Versicherungspflichtigen stellt den hälftigen Gesamtbeitrag dar. Der andere Teil wird in der Regel von der Künstlersozialkasse aufgebracht und setzt sich aus der Künstlersozialabgabe und einem Zuschuss des Bundes zusammen. Der von der Künstlersozialkasse gezahlte Beitragsanteil ist bei der Ermittlung der nach § 10 Absatz 1 Nummer 2 EStG zu berücksichtigenden Aufwendungen nicht anzusetzen.

4   Zu den Beiträgen zur gesetzlichen Rentenversicherung gehören auch Beiträge an ausländische gesetzliche Rentenversicherungsträger **(vgl. BFH vom 24. Juni 2009,** BStBl II S. 1000**)**. Der Beitrag eines inländischen Arbeitgebers, den dieser an eine ausländische Rentenversicherung zahlt, ist dem Arbeitnehmer zuzurechnen, wenn die Abführung auf vertraglicher und nicht auf gesetzlicher Grundlage erfolgte (BFH vom 18. Mai 2004, BStBl II S. 1014). Die Anwendung des § 3 Nummer 62 EStG kommt in diesen Fällen nicht in Betracht.

bb) Beiträge zu den landwirtschaftlichen Alterskassen

5   In der Alterssicherung der Landwirte können der Landwirt, sein Ehegatte oder in bestimmten Fällen mitarbeitende Familienangehörige versichert sein. Beiträge zu den landwirtschaftlichen Alterskassen können, soweit sie zum Aufbau einer eigenen Altersversorgung führen, von dem zur Zahlung Verpflichteten als Beiträge im Sinne des § 10 Absatz 1 Nummer 2 **Satz 1** Buchstabe a EStG geltend gemacht werden. Werden dem Versicherungspflichtigen aufgrund des Gesetzes zur Alterssicherung der Landwirte Beitragszuschüsse gewährt, mindern diese die nach § 10 Absatz 1 Nummer 2 Buchstabe a EStG anzusetzenden Beiträge.

cc) Beiträge zu berufsständischen Versorgungseinrichtungen

6   Bei berufsständischen Versorgungseinrichtungen im steuerlichen Sinne handelt es sich um öffentlich-rechtliche Versicherungs- oder Versorgungseinrichtungen für Beschäftigte und selbständig tätige Angehörige der kammerfähigen freien Berufe, die den gesetzlichen Rentenversicherungen vergleichbare Leistungen erbringen. Die Mitgliedschaft in der berufsständischen Versorgungseinrichtung tritt aufgrund einer gesetzlichen Verpflichtung bei Aufnahme der betreffenden Berufstätigkeit ein. Die Mitgliedschaft in einer berufsständischen Versorgungseinrichtung führt in den in § 6 Absatz 1 SGB VI genannten Fallgestaltungen auf Antrag zu einer Befreiung von der gesetzlichen Rentenversicherungspflicht.

7   Welche berufsständischen Versorgungseinrichtungen diese Voraussetzung erfüllen, wird **jeweils** durch gesondertes BMF-Schreiben bekannt gegeben.

b) Beiträge im Sinne des § 10 Absatz 1 Nummer 2 Buchstabe b EStG

aa) Allgemeines

8   Eigene Beiträge (H 10.1 [abzugsberechtigte Person] der Einkommensteuer-Hinweise **2008** – EStH 2007 –) zum Aufbau einer eigenen kapitalgedeckten Altersversorgung liegen vor, wenn Personenidentität zwischen dem Beitragszahler, der versicherten Person und dem Leistungsempfänger besteht (für Ehegatten siehe R 10.1 der Einkommensteuer-Richtlinien **2008** – EStR **2008** –). Im Fall einer ergänzenden Hinterbliebenenabsicherung ist insoweit ein abweichender Leistungsempfänger zulässig.

Die Beiträge können als Sonderausgaben berücksichtigt werden, wenn die Laufzeit des Vertrages nach dem 31. Dezember 2004 beginnt (zu Versicherungsverträgen mit einem Beginn der Laufzeit und mindestens einer Beitragsleistung vor dem 1. Januar 2005 vgl. Rz. **78**) und der Vertrag nur die Zahlung einer monatlichen, gleich bleibenden oder steigenden, lebenslangen Leibrente vorsieht, die nicht vor Vollendung des 60. Lebensjahres des Steuerpflichtigen beginnt (bei nach dem 31. Dezember 2011 abgeschlossenen Verträgen ist regelmäßig die Vollendung des 62. Lebensjahres maßgebend). 9

Ein Auszahlungsplan erfüllt dieses Kriterium nicht. Bei einem Auszahlungsplan wird nur ein bestimmtes zu Beginn der Auszahlungsphase vorhandenes Kapital über eine gewisse Laufzeit verteilt. Nach Laufzeitende ist das Kapital aufgebraucht, so dass die Zahlungen dann enden. Insoweit ist eine lebenslange Auszahlung nicht gewährleistet. Eine andere Wertung ergibt sich auch nicht durch eine Kombination eines Auszahlungsplans mit einer sich anschließenden Teilkapitalverrentung. Begrifflich ist die „Teilverrentung" zwar eine Leibrente, allerdings wird der Auszahlungsplan durch die Verknüpfung mit einer Rente nicht selbst zu einer Leibrente. 10

Ein planmäßiges Sinken der Rentenhöhe ist nicht zulässig. Geringfügige Schwankungen in der Rentenhöhe, sofern diese Schwankungen auf in einzelnen Jahren unterschiedlich hohen Überschussanteilen in der Auszahlungsphase beruhen, die für die ab Beginn der Auszahlung garantierten Rentenleistungen gewährt werden, sind unschädlich. D. h. der auf Basis des zu Beginn der Auszahlungsphase garantierten Kapitals zuzügl. der unwiderruflich zugeteilten Überschüsse zu errechnende Rentenbetrag darf während der gesamten Auszahlungsphase nicht unterschritten werden. Ein Anlageprodukt, bei dem dem Anleger lediglich eine Rente zugesichert wird, die unter diesen Rentenbetrag sinken kann, erfüllt demnach nicht die an eine Leibrente im Sinne des § 10 Absatz 1 Nummer 2 **Satz 1** Buchstabe b EStG zu stellenden steuerlichen Voraussetzungen. 11

Eine Auszahlung durch die regelmäßige Gutschrift einer gleich bleibenden oder steigenden Anzahl von Investmentanteilen sowie die Auszahlung von regelmäßigen Raten im Rahmen eines Auszahlungsplans sind keine lebenslange Leibrente im Sinne des § 10 Absatz 1 Nummer 2 Buchstabe b EStG. 12

Damit sichergestellt ist, dass die Voraussetzungen für eine Leibrente im Sinne des § 10 Absatz 1 Nummer 2 Satz 1 Buchstabe b EStG vorliegen, insbesondere dass die Rente während ihrer Laufzeit nicht sinken kann, muss der Vertrag die Verpflichtung des Anbieters enthalten, vor Rentenbeginn die Leibrente auf Grundlage einer anerkannten Sterbetafel zu berechnen und dabei den während der Laufzeit der Rente geltenden Zinsfaktor festzulegen. 13

In der vertraglichen Vereinbarung muss geregelt sein, dass die Ansprüche aus dem Vertrag nicht vererblich, nicht übertragbar, nicht beleihbar, nicht veräußerbar und nicht kapitalisierbar sind. 14

Ab dem Veranlagungszeitraum 2010 ist für die Berücksichtigung von Beiträgen im Sinne des § 10 Absatz 1 Nummer 2 Satz 1 Buchstabe b EStG als Sonderausgaben Voraussetzung, dass 15

– die Beiträge zugunsten eines Vertrages geleistet wurden, der nach § 5a des Altersvorsorgeverträge-Zertifizierungsgesetzes – AltZertG – zertifiziert ist (Grundlagenbescheid im Sinne des § 171 Absatz 10 AO), und

– **der Steuerpflichtige gegenüber dem Anbieter in die Datenübermittlung nach § 10 Absatz 2a EStG eingewilligt hat.** Die Einwilligung muss dem Anbieter spätestens bis zum Ablauf des zweiten Kalenderjahres, das auf das Beitragsjahr folgt, vorliegen. Die Einwilligung gilt auch für folgende Beitragsjahre, wenn der Steuerpflichtige sie nicht gegenüber seinem Anbieter schriftlich widerruft.

Der Anbieter hat bei Vorliegen einer Einwilligung des Steuerpflichtigen die im jeweiligen Beitragsjahr zu berücksichtigenden Beiträge unter Angabe der steuerlichen Identifikationsnummer (§ 139b AO) und der Vertragsdaten an die zentrale Stelle (§ 81 EStG) zu übermitteln. Der Anbieter kann davon ausgehen, dass die zugunsten des Vertrages geleisteten Beiträge der Person zuzurechnen sind, die einen vertraglichen Anspruch auf die Altersleistung hat. Werden die erforderlichen Daten aus Gründen, die der Steuerpflichtige nicht zu vertreten hat (z. B. technische Probleme), vom Anbieter nicht übermittelt, kann der Steuerpflichtige den Nachweis über die Beiträge im Sinne des § 10 Absatz 1 Nummer 2 Satz 1 Buchstabe b EStG auf andere Weise erbringen. Sind die übermittelten Daten unzutreffend und werden sie daher nach Bekanntgabe des Steuerbescheids vom Anbieter aufgehoben und korrigiert, kann der Steuerbescheid insoweit geändert werden. Werden die Daten innerhalb der Frist des § 10 Absatz 2a Satz 4 und 6 EStG und erstmalig nach Bekanntgabe des Steuerbescheids übermittelt, kann der Steuerbescheid ebenfalls insoweit geändert werden.

Es reicht für die Berücksichtigung sämtlicher im Veranlagungszeitraum 2010 geleisteter Beiträge im Sinne des § 10 Absatz 1 Nummer 2 Satz 1 Buchstabe b EStG aus, wenn der Vertrag im Laufe des Kalenderjahres 2010 zertifiziert wurde. 16

bb) Absicherung von Berufsunfähigkeit, verminderter Erwerbsfähigkeit und Hinterbliebenen

17 Ergänzend können der Eintritt der Berufsunfähigkeit, der verminderten Erwerbsfähigkeit oder auch Hinterbliebene abgesichert werden, wenn die Zahlung einer Rente vorgesehen ist **Eine zeitliche Befristung einer Berufsunfähigkeits- oder Erwerbsminderungsrente ist ausschließlich im Hinblick auf die entfallende Versorgungsbedürftigkeit (Verbesserung der Gesundheitssituation oder Erreichen der Altersgrenze für den Bezug der Altersrente aus dem entsprechenden Vertrag) nicht zu beanstanden.** Ebenso ist es unschädlich, wenn der Vertrag bei Eintritt der Berufsunfähigkeit oder der verminderten Erwerbsfähigkeit anstelle oder ergänzend zu einer Rentenzahlung eine Beitragsfreistellung vorsieht.

18 Die ergänzende Absicherung des Eintritts der Berufsunfähigkeit, der verminderten Erwerbsfähigkeit und von Hinterbliebenen ist nur dann unschädlich, wenn mehr als 50 % der Beiträge auf die eigene Altersversorgung des Steuerpflichtigen entfallen. Für das Verhältnis der Beitragsanteile zueinander ist regelmäßig auf den konkret vom Steuerpflichtigen zu zahlenden (Gesamt-)Beitrag abzustellen. Dabei dürfen die Überschussanteile aus den entsprechenden Risiken die darauf entfallenden Beiträge mindern.

19 Sieht der Basisrentenvertrag vor, dass der Steuerpflichtige bei Eintritt der Berufsunfähigkeit oder einer verminderten Erwerbsfähigkeit von der Verpflichtung zur Beitragszahlung für diesen Vertrag – vollständig oder teilweise – freigestellt wird, sind die insoweit auf die Absicherung dieses Risikos entfallenden Beitragsanteile der Altersvorsorge zuzuordnen. Das gilt jedoch nur, wenn sie der Finanzierung der vertraglich vereinbarten lebenslangen Leibrente im Sinne des § 10 Absatz 1 Nummer 2 **Satz 1** Buchstabe b EStG dienen und aus diesen Beitragsanteilen keine Leistungen wegen Berufsunfähigkeit oder verminderter Erwerbsfähigkeit gezahlt werden, d. h. es wird lediglich der Anspruch auf eine Altersversorgung weiter aufgebaut. Eine Zuordnung zur Altersvorsorge kann jedoch nicht vorgenommen werden, wenn der Steuerpflichtige vertragsgemäß wählen kann, ob er eine Rente wegen Berufsunfähigkeit oder verminderter Erwerbsfähigkeit erhält oder die Beitragsfreistellung in Anspruch nimmt.

20 Sieht der Basisrentenvertrag vor, dass der Steuerpflichtige eine Altersrente und nach seinem Tode der überlebende Ehepartner seinerseits eine lebenslange Leibrente im Sinne des § 10 Absatz 1 Nummer 2 **Satz 1** Buchstabe b EStG (insbesondere nicht vor Vollendung seines 60. bzw. 62. Lebensjahres für Verträge die nach dem 31. Dezember 2011 abgeschlossen wurden) erhält, handelt es sich nicht um eine ergänzende Hinterbliebenenabsicherung, sondern insgesamt um eine Altersvorsorge. Der Beitrag ist deshalb in vollem Umfang der Altersvorsorge zuzurechnen. Erfüllt dagegen die zugesagte Rente für den hinterbliebenen Ehegatten nicht die Voraussetzungen des § 10 Absatz 1 Nummer 2 **Satz 1** Buchstabe b EStG (insbesondere im Hinblick auf das Mindestalter für den Beginn der Rentenzahlung), liegt eine ergänzende Hinterbliebenenabsicherung vor. Die Beitragsanteile, die nach versicherungsmathematischen Grundsätzen auf das Risiko der Rentenzahlung an den hinterbliebenen Ehegatten entfallen, sind daher der ergänzenden Hinterbliebenenabsicherung zuzuordnen.

21 Wird die Hinterbliebenenversorgung ausschließlich aus dem bei Tod des Steuerpflichtigen vorhandenen Altersversorge-(Rest)Kapitals finanziert, handelt es sich bei der Hinterbliebenenabsicherung nicht um eine Risikoabsicherung und der Beitrag ist insoweit der Altersvorsorge zuzurechnen. Das gilt auch, wenn der Steuerpflichtige eine entsprechend gestaltete Absicherung des Ehegatten als besondere Komponente im Rahmen seines (einheitlichen) Basisrentenvertrages hinzu- oder später wieder abwählen kann (z. B. bei Scheidung, Wiederheirat etc.).

22 Sowohl die Altersversorgung als auch die ergänzenden Absicherungen müssen in einem einheitlichen Vertrag geregelt sein. Andernfalls **handelt es sich nicht um ergänzende Absicherungen zu einem Basisrentenvertrag, sondern um eigenständige Versicherungen. In diesem Fall** sind die Aufwendungen **hier**für unter den Voraussetzungen des § 10 Absatz 1 Nummer **3a** EStG als sonstige Vorsorgeaufwendungen zu berücksichtigen (Rz. **77**ff.).

23 Bei einem Basisrentenvertrag auf Grundlage von Investmentfonds kann der Einschluss einer ergänzenden Absicherung des Eintritts der Berufsunfähigkeit, der verminderten Erwerbsfähigkeit oder einer zusätzlichen Hinterbliebenenrente im Wege eines einheitlichen Vertrags zugunsten Dritter gem. §§ 328ff. des Bürgerlichen Gesetzbuchs – BGB – erfolgen. Hierbei ist die Kapitalanlagegesellschaft Versicherungsnehmer, während der Steuerpflichtige die versicherte Person ist und den eigentlichen (Renten-)Anspruch gegen das entsprechende Versicherungsunternehmen erhält. Dies wird im Fall der Vereinbarung einer Berufsunfähigkeits- bzw. Erwerbsunfähigkeitsrente in den Vertragsbedingungen durch Abtretung des Bezugsrechts an den Steuerpflichtigen ermöglicht. Im Falle der Vereinbarung einer zusätzlichen Hinterbliebenenrente erfolgt die Abtretung des Bezugsrechts an den privilegierten Hinterbliebenen. Die Kapitalanlagegesellschaft leitet die Beiträge des Steuerpflichtigen, soweit sie für die ergänzende Absicherung bestimmt sind, an den Versicherer weiter.

Zu den Hinterbliebenen, die zusätzlich abgesichert werden können, gehören nur der Ehegatte des Steuerpflichtigen und Kinder im Sinne des § 32 EStG. Der Anspruch auf Waisenrente ist dabei auf den Zeitraum zu begrenzen, in dem das Kind die Voraussetzungen des § 32 EStG erfüllt. Es ist nicht zu beanstanden, wenn die Waisenrente auch für den Zeitraum gezahlt wird, in dem das Kind nur die Voraussetzungen nach § 32 Absatz 4 Satz 1 EStG erfüllt. Für die vor dem 1. Januar 2007 abgeschlossenen Verträge gilt für das Vorliegen einer begünstigten Hinterbliebenenversorgung die Altersgrenze des § 32 EStG in der bis zum 31. Dezember 2006 geltenden Fassung (§ 52 Absatz 40 Satz 7 EStG). In diesen Fällen können z. B. Kinder in Berufsausbildung in der Regel bis zur Vollendung des 27. Lebensjahres berücksichtigt werden. 24

cc) Weitere Vertragsvoraussetzungen

Für die Anerkennung als Beiträge zur eigenen kapitalgedeckten Altersversorgung im Sinne des § 10 Absatz 1 Nummer 2 **Satz 1** Buchstabe b EStG müssen die Ansprüche aus dem Vertrag folgende weitere Voraussetzungen erfüllen: 25

- **Nichtvererblichkeit:**

    Es darf nach den Vertragsbedingungen nicht zu einer Auszahlung an die Erben kommen; im Todesfall kommt das vorhandene Vermögen der Versichertengemeinschaft bzw. der Gemeinschaft der verbleibenden Vorsorgesparer zugute. Die Nichtvererblichkeit wird z. B. nicht ausgeschlossen durch gesetzlich zugelassene Hinterbliebenenleistungen im Rahmen der ergänzenden Hinterbliebenenabsicherung (Rz. **17**ff.) und durch Rentenzahlungen für die Zeit bis zum Ablauf des Todesmonats an die Erben.

    Eine Rentengarantiezeit, also die Vereinbarung, dass die Altersrente unabhängig vom Tod der versicherten Person mindestens bis zum Ablauf einer vereinbarten Garantiezeit gezahlt wird, widerspricht der im EStG geforderten Nichtvererblichkeit.

    Im Rahmen von Fondsprodukten (Publikumsfonds) kann die Nichtvererblichkeit dadurch sichergestellt werden, dass keine erbrechtlich relevanten Vermögenswerte aufgrund des Basisrentenvertrages beim Steuerpflichtigen vorhanden sind. Diese Voraussetzung kann entweder über eine auflösend bedingte Ausgestaltung des schuldrechtlichen Leistungsanspruchs („Treuhandlösung") oder im Wege spezieller Sondervermögen erfüllt werden, deren Vertragsbedingungen vorsehen, dass im Falle des Todes des Anlegers dessen Anteile zugunsten des Sondervermögens eingezogen werden („Fondslösung"). Ebenso kann diese Voraussetzung durch eine vertragliche Vereinbarung zwischen dem Anbieter und dem Steuerpflichtigen erfüllt werden, nach der im Falle des Todes des Steuerpflichtigen der Gegenwert seiner Fondsanteile der Spargemeinschaft zugute kommt („vertragliche Lösung").

    Für die bei einem fondsbasierten Basis-/Rürup-Rentenprodukt im Rahmen der „vertraglichen Lösung" anfallenden „Sterblichkeitsgewinne" sowie für den Einzug der Anteile am Sondervermögen und die anschließende Verteilung bei der „Treuhandlösung" fällt mit Blick auf die persönlichen Freibeträge der Erwerber keine Erbschaftsteuer an.

- **Nichtübertragbarkeit:**

    Der Vertrag darf keine Übertragung der Ansprüche des Leistungsempfängers auf eine andere Person vorsehen z. B. im Wege der Schenkung; die Pfändbarkeit nach den Vorschriften der Zivilprozessordnung (ZPO) steht dem nicht entgegen. Die **Übertragung** zur Regelung von Scheidungsfolgen **nach dem Versorgungsausgleichsgesetz – VersAusglG – vom 3. April 2009 (BGBl. I S. 700)**, insbesondere im Rahmen einer internen (§ 10 VersAusglG) oder externen Teilung (§ 14 VersAusglG), ist unschädlich. Der Vertrag darf zulassen, dass die Ansprüche des Leistungsempfängers aus dem Vertrag unmittelbar auf einen Vertrag auch bei einem anderen Unternehmen übertragen werden, sofern der neue Vertrag die Voraussetzungen des § 10 Absatz 1 Nummer 2 **Satz 1** Buchstabe b EStG ebenfalls erfüllt.

- **Nichtbeleihbarkeit:**

    Es muss vertraglich ausgeschlossen sein, dass die Ansprüche z. B. sicherungshalber abgetreten oder verpfändet werden können.

- **Nichtveräußerbarkeit:**

    Der Vertrag muss so gestaltet sein, dass die Ansprüche nicht an einen Dritten veräußert werden können.

- **Nichtkapitalisierbarkeit:**

    Es darf vertraglich kein Recht auf Kapitalisierung des Rentenanspruchs vorgesehen sein mit Ausnahme der Abfindung einer Kleinbetragsrente in Anlehnung an § 93 Absatz 3 Satz 2 und 3 EStG. Die Abfindungsmöglichkeit besteht erst mit dem Beginn der Auszahlungsphase, frühestens mit Vollendung des 60. Lebensjahres des Leistungsempfängers (bei nach dem 31. Dezember 2011 abgeschlossenen Verträgen ist grundsätzlich die Vollendung des 62. Lebensjahres maßgebend, vgl. Rz. 9).

26 Zu den nach § 10 Absatz 1 Nummer 2 **Satz 1** Buchstabe b EStG begünstigten Beiträgen können auch Beiträge **an Pensionsfonds, Pensionskassen und Direktversicherungen** gehören, die im Rahmen der betrieblichen Altersversorgung erbracht werden (rein arbeitgeberfinanzierte und durch Entgeltumwandlung finanzierte Beiträge sowie Eigenbeiträge), **sofern es sich um Beiträge zu einem entsprechend zertifizierten Vertrag handelt (vgl. Rz. 15)**. Nicht zu berücksichtigen sind steuerfreie Beiträge, pauschal besteuerte Beiträge (H **10.1** [Zukunftssicherungsleistungen] EStH **2008**) und Beiträge, die aufgrund einer Altzusage geleistet werden (vgl. Rz. **306 ff., 331 und 333** des BMF-Schreibens vom **31. März 2010**, BStBl I S. 270).[1]

27 Werden Beiträge zugunsten von Vorsorgeverträgen geleistet, die u. a. folgende Möglichkeiten vorsehen, liegen keine Beiträge im Sinne des § 10 Absatz 1 Nummer 2 **Satz 1** Buchstabe b EStG vor:

– Kapitalwahlrecht,
– Anspruch bzw. Optionsrecht auf (Teil-)Auszahlung nach Eintritt des Versorgungsfalls,
– Zahlung eines Sterbegeldes,
– Abfindung einer Rente – Abfindungsansprüche und Beitragsrückerstattungen im Fall einer Kündigung des Vertrags; dies gilt nicht für gesetzliche Abfindungsansprüche (z. B. § 3 **Betriebsrentengesetz – BetrAVG**) oder die Abfindung einer Kleinbetragsrente (vgl. Rz. 25).

c) Zusammenhang mit steuerfreien Einnahmen

28 Voraussetzung für die Berücksichtigung von Vorsorgeaufwendungen im Sinne des § 10 Absatz 1 Nummer 2 EStG ist, dass sie nicht in unmittelbarem wirtschaftlichen Zusammenhang mit steuerfreien Einnahmen stehen. Beiträge – z. B. zur gesetzlichen Rentenversicherung – in unmittelbarem wirtschaftlichen Zusammenhang mit steuerfreiem Arbeitslohn (z. B. nach dem Auslandstätigkeitserlass, aufgrund eines Doppelbesteuerungsabkommens oder aufgrund des zusätzlichen Höchstbetrags von 1 800 € nach § 3 Nummer 63 Satz 3 EStG) sind nicht als Sonderausgaben abziehbar. Dies gilt nicht, wenn Arbeitslohn nicht zum Zufluss von Arbeitslohn führt, jedoch beitragspflichtig ist (z. B. Umwandlung zugunsten einer Direktzusage oberhalb von 4 % der Beitragsbemessungsgrenze in der allgemeinen Rentenversicherung; § 115 des Vierten Buches Sozialgesetzbuch – SGB IV –). Die Hinzurechnung des nach § 3 Nummer 62 EStG steuerfreien Arbeitgeberanteils oder eines gleichgestellten steuerfreien Zuschusses des Arbeitgebers nach § 10 Absatz 1 Nummer 2 Satz 2 EStG bleibt hiervon unberührt; dies gilt nicht, soweit der steuerfreie Arbeitgeberanteil auf steuerfreien Arbeitslohn entfällt.

d) Beitragsempfänger

29 Zu den Beitragsempfängern im Sinne des § 10 Absatz 2 **Satz 1** Nummer 2 Buchstabe a EStG gehören auch Pensionsfonds, die wie Versicherungsunternehmen den aufsichtsrechtlichen Regelungen des Versicherungsaufsichtsgesetzes unterliegen und – seit 1. Januar 2006 – Anbieter im Sinne des § 80 EStG. Die Produktvoraussetzungen für das Vorliegen einer Basisrente (§ 10 Absatz 1 **Satz 1** Nummer 2 Buchstabe b EStG) werden dadurch nicht erweitert.

2. Ermittlung des Abzugsbetrags nach § 10 Absatz 3 EStG

a) Höchstbetrag

30 Die begünstigten Beiträge sind nach § 10 Absatz 3 EStG bis zu 20 000 € als Sonderausgaben abziehbar. Im Falle der Zusammenveranlagung von Ehegatten verdoppelt sich der Betrag auf 40 000 €, unabhängig davon, wer von den Ehegatten die begünstigten Beiträge entrichtet hat.

b) Kürzung des Höchstbetrags nach § 10 Absatz 3 Satz 3 EStG

31 Der Höchstbetrag ist bei einem Steuerpflichtigen, der zum Personenkreis des § 10c Absatz 3 **Satz 3** Nummer 1 oder 2 EStG gehört, um den Betrag zu kürzen, der dem Gesamtbeitrag (Arbeitgeber- und Arbeitnehmeranteil) zur allgemeinen Rentenversicherung entspricht. Der Gesamtbeitrag ist dabei anhand der Einnahmen aus der Tätigkeit zu ermitteln, die die Zugehörigkeit zum genannten Personenkreis begründen.

32 Für die Berechnung des Kürzungsbetrages ist auf den zu Beginn des jeweiligen Kalenderjahres geltenden Beitragssatz in der allgemeinen Rentenversicherung abzustellen.

aa) Kürzung des Höchstbetrags beim Personenkreis des § 10 Absatz 3 Satz 3 Nummer 1 Buchstabe a EStG

33 Zum Personenkreis des § 10 Absatz 3 **Satz 3** Nummer 1 EStG **Buchstabe a** gehören insbesondere

---
[1] Abgedruckt in Anhang 2 IV.

- Beamte, Richter, Berufssoldaten, Soldaten auf Zeit, Amtsträger,
- Arbeitnehmer, die nach § 5 Absatzatz1 Nummer 2 und 3 SGB VI oder § 230 SGB VI versicherungsfrei sind (z. B. Beschäftigte bei Trägern der Sozialversicherung, Geistliche der als öffentlich-rechtliche Körperschaften anerkannten Religionsgemeinschaften),
- Arbeitnehmer, die auf Antrag des Arbeitgebers von der gesetzlichen Rentenversicherungspflicht befreit worden sind, z. B. eine Lehrkraft an nicht öffentlichen Schulen, bei der eine Altersversorgung nach beamtenrechtlichen oder entsprechenden kirchenrechtlichen Grundsätzen gewährleistet ist.

Der Höchstbetrag nach § 10 Absatz 3 Satz 1 EStG ist um einen fiktiven Gesamtbeitrag zur allgemeinen Rentenversicherung zu kürzen. Bemessungsgrundlage für den Kürzungsbetrag sind die erzielten steuerpflichtigen Einnahmen aus der Tätigkeit, die die Zugehörigkeit zum Personenkreis des § 10 Absatz 3 **Satz 3** Nummer 1 EStG begründen, höchstens bis zum Betrag der Beitragsbemessungsgrenze in der allgemeinen Rentenversicherung. 34

Es ist unerheblich, ob die Zahlungen insgesamt beitragspflichtig gewesen wären, wenn Versicherungspflicht in der gesetzlichen Rentenversicherung bestanden hätte. Aus Vereinfachungsgründen ist einheitlich auf die Beitragsbemessungsgrenze (Ost) in der allgemeinen Rentenversicherung abzustellen. 35

bb) Kürzung des Höchstbetrags beim Personenkreis des § 10 Absatz 3 Satz 3 Nummer 1 Buchstabe b EStG

Zum Personenkreis des § 10 Absatz 3 **Satz 3 Nummer 1 Buchstabe b** EStG gehören Arbeitnehmer, die während des ganzen oder eines Teils des Kalenderjahres nicht der gesetzlichen Rentenversicherungspflicht unterliegen und denen eine betriebliche Altersversorgung **im Zusammenhang mit einem im betreffenden Veranlagungszeitraum bestehenden Dienstverhältnis** zugesagt worden ist. 36

Hierzu **können** insbesondere beherrschende Gesellschafter-Geschäftsführer einer GmbH oder Vorstandsmitglieder einer Aktiengesellschaft **gehören.** Für die Beurteilung der Zugehörigkeit zu diesem Personenkreis sind alle Formen der betrieblichen Altersversorgung zu berücksichtigen. Ohne Bedeutung sind dabei die Art der Finanzierung, die Höhe der Versorgungszusage und die Art des Durchführungswegs. Ebenso ist unerheblich, ob im betreffenden Veranlagungszeitraum Beiträge erbracht wurden oder die Versorgungsanwartschaft angewachsen ist.

Für die Beurteilung, ob eine Kürzung vorzunehmen ist, ist auf das konkrete Dienstverhältnis in dem jeweiligen Veranlagungszeitraum abzustellen. Nicht einzubeziehen sind Anwartschaftsrechte aus einer im gesamten Veranlagungszeitraum privat fortgeführten Direktversicherung, bei der der Arbeitnehmer selbst Versicherungsnehmer ist. 37

Für Veranlagungszeiträume von 2005 bis 2007 wird hinsichtlich der Zugehörigkeit zum Personenkreis des § 10 Absatz 3 **Satz 3 Nummer 1 Buchstabe b** EStG **(bis zum 31. Dezember 2009 war der betroffene Personenkreis in** § 10c Absatz 3 Nummer 2 EStG **geregelt)** danach differenziert, ob das Anwartschaftsrecht ganz oder teilweise ohne eigene Beitragsleistung bzw. durch nach § 3 Nummer 63 EStG steuerfreie Beiträge aufgebaut wurde; siehe hierzu BMF-Schreiben vom 22. Mai 2007, BStBl I S. 493. 38

Kommt eine Kürzung des Höchstbetrages nach § 10 Absatz 3 Satz 3 EStG in Betracht, gelten die Rz. 34 und Rz. 35 entsprechend. 39

cc) Kürzung des Höchstbetrags bei Steuerpflichtigen mit Einkünften im Sinne des § 22 Nummer 4 EStG

Zu den Steuerpflichtigen, die Einkünfte im Sinne des § 22 Nummer 4 EStG beziehen, gehören insbesondere 40
- Bundestagsabgeordnete,
- Landtagsabgeordnete,
- Abgeordnete des Europaparlaments.

Nicht zu diesem Personenkreis gehören z. B. 41
- ehrenamtliche Mitglieder kommunaler Vertretungen,
- kommunale Wahlbeamte wie Landräte und Bürgermeister.

Eine Kürzung des Höchstbetrags nach § 10 Absatz 3 **Satz 3 Nummer** 2 EStG ist jedoch nur vorzunehmen, wenn der Steuerpflichtige zum genannten Personenkreis gehört und ganz oder teilweise ohne eigene Beitragsleistung einen Anspruch auf Altersversorgung nach dem Abgeordnetengesetz, dem Europaabgeordnetengesetz oder entsprechenden Gesetzen der Länder erwirbt. 42

43 Bemessungsgrundlage für den Kürzungsbetrag sind die Einnahmen im Sinne des § 22 Nummer 4 EStG, soweit sie die Zugehörigkeit zum Personenkreis im Sinne der Rz. 42 begründen, höchstens der Betrag der Beitragsbemessungsgrenze in der allgemeinen Rentenversicherung. Aus Vereinfachungsgründen ist einheitlich auf die Beitragsbemessungsgrenze (Ost) in der allgemeinen Rentenversicherung abzustellen.

c) Kürzung des Höchstbetrags bei Ehegatten

44 Bei Ehegatten ist für jeden Ehegatten gesondert zu prüfen, ob und ggf. in welcher Höhe der gemeinsame Höchstbetrag von 40 000 € zu kürzen ist (Rz. **31**ff.).

d) Übergangsregelung (2005 bis 2024)

45 Für den Übergangszeitraum von 2005 bis 2024 sind die nach Rz. 1 bis **26** und **29** bis **44** zu berücksichtigenden Aufwendungen mit dem sich aus § 10 Absatz 3 Satz 4 und 6 EStG ergebenden Prozentsatz anzusetzen:

Jahr	Prozentsatz
2005	60
2006	62
2007	64
2008	66
2009	68
2010	70
2011	72
2012	74
2013	76
2014	78
2015	80
2016	82
2017	84
2018	86
2019	88
2020	90
2021	92
2022	94
2023	96
2024	98
ab 2025	100

e) Kürzung des Abzugsbetrags bei Arbeitnehmern nach § 10 Absatz 3 Satz 5 EStG

46 Bei Arbeitnehmern, die steuerfreie Arbeitgeberleistungen nach § 3 Nummer 62 EStG oder diesen gleichgestellte steuerfreie Zuschüsse des Arbeitgebers erhalten haben, ist der sich nach Rz. **45** ergebende Abzugsbetrag um diese Beträge zu kürzen (nicht jedoch unter 0 €). Haben beide Ehegatten steuerfreie Arbeitgeberleistungen erhalten, ist der Abzugsbetrag um beide Beträge zu kürzen.

Beispiele

47 Bei der Berechnung der Beispiele wurde ein Beitragssatz zur allgemeinen Rentenversicherung (RV) i. H. v. 19,9 % unterstellt.

48 Beispiel 1:

Ein lediger Arbeitnehmer zahlt im Jahr **2010** einen Arbeitnehmeranteil zur allgemeinen Rentenversicherung i. H. v. 4 000 €. Zusätzlich wird ein steuerfreier Arbeitgeberanteil in gleicher Höhe gezahlt. Daneben hat der Arbeitnehmer noch eine Leibrentenversicherung im Sinne des § 10 Absatz 1 Nummer 2 **Satz 1** Buchstabe b EStG abgeschlossen und dort Beiträge i. H. v. 3 000 € eingezahlt.

Im Jahr **2010** können Altersvorsorgeaufwendungen i. H. v. **3 700 €** als Sonderausgaben nach § 10 Absatz 1 Nummer 2 i. V. m. Absatz 3 EStG abgezogen werden:

Arbeitnehmerbeitrag	4 000 €
Arbeitgeberbeitrag	4 000 €
Leibrentenversicherung	3 000 €
insgesamt	11 000 €
Höchstbetrag	20 000 €

Anhang 2
Altersversorgung
VI

70 % des geringeren Beitrages	**7 700 €**
abzüglich steuerfreier Arbeitgeberanteil	4 000 €
verbleibender Betrag	**3 700 €**

Zusammen mit dem steuerfreien Arbeitgeberbeitrag werden damit Altersvorsorgeaufwendungen i. H. v. **7 700 €** von der Besteuerung freigestellt. Dies entspricht **70 %** der insgesamt geleisteten Beiträge.

Beispiel 2: 49

Ein lediger Beamter zahlt 3 000 € in eine begünstigte Leibrentenversicherung im Sinne des § 10 Absatz 1 Nummer 2 **Satz 1** Buchstabe b EStG, um zusätzlich zu seinem Pensionsanspruch eine Altersversorgung zu erwerben. Seine Einnahmen aus dem Beamtenverhältnis betragen **40 202 €**.

Im Jahr **2010** können Altersvorsorgeaufwendungen i. H. v. **2 100 €** als Sonderausgaben abgezogen werden:

Leibrentenversicherung	3 000 €
Höchstbetrag	20 000 €
abzgl. fiktiver Gesamtbeitrag RV (**40 202 €** × 19,9 % =)	8 000 €
gekürzter Höchstbetrag	12 000 €
70 % des geringeren Beitrages	**2 100 €**

Auch bei diesem Steuerpflichtigen werden 66 % der Beiträge von der Besteuerung freigestellt.

Beispiel 3: 50

Die Eheleute A und B zahlen im Jahr **2010** jeweils 8 000 € für eine Leibrentenversicherung im Sinne des § 10 Absatz 1 Nummer 2 **Satz 1** Buchstabe b EStG. A ist im Jahr **2010** als selbständiger Steuerberater tätig und zahlt darüber hinaus 15 000 € in die berufsständische Versorgungseinrichtung der Steuerberater, die der gesetzlichen Rentenversicherung vergleichbare Leistungen erbringt. B ist Beamtin ohne eigene Aufwendungen für ihre künftige Pension. Ihre Einnahmen aus dem Beamtenverhältnis betragen **40 202 €**.

Im Jahr **2010** können Altersvorsorgeaufwendungen i. H. v. **21 700 €** als Sonderausgaben abgezogen werden:

berufsständische Versorgungseinrichtung	15 000 €
Leibrentenversicherung	16 000 €
insgesamt	31 000 €
Höchstbetrag	40 000 €
abzgl. fiktiver Gesamtbeitrag RV (40 202 € × 19,9 % =)	8 000 €
gekürzter Höchstbetrag	32 000 €
70 % des geringeren Beitrages	**21 700 €**

Die Beiträge nach § 168 Absatz 1 Nummer 1b oder 1c SGB VI (geringfügig versicherungspflichtig Beschäftigte) oder nach § 172 Absatz 3 oder 3a SGB VI (versicherungsfrei geringfügig Beschäftigte) vermindern den abziehbaren Betrag nur, wenn der Steuerpflichtige die Hinzurechnung dieser Beiträge zu den Vorsorgeaufwendungen nach § 10 Absatz 1 Nummer 2 Satz 3 beantragt hat. Dies gilt, obwohl der Arbeitgeberbeitrag nach § 3 Nummer 62 EStG steuerfrei ist. 51

Für Veranlagungszeiträume vor 2008 erfolgt hingegen eine Hinzurechnung und Kürzung unabhängig davon, ob der Beitrag in einer Lohnsteuerbescheinigung ausgewiesen wird oder ob eine Pauschalbesteuerung nach § 40a EStG erfolgt ist. Im Fall der Zusammenveranlagung von Ehegatten ist dieses Verfahren entsprechend anzuwenden. Eine Einzelbetrachtung der Ehegatten ist nicht vorzunehmen. Der bei den Ehegatten insgesamt zu berücksichtigende Abzugsbetrag für Altersvorsorgeaufwendungen ist folglich um die Summe der für einen oder beide Ehegatten erbrachten steuerfreien Arbeitgeberleistungen nach § 3 Nummer 62 EStG oder diesen gleichgestellten steuerfreien Zuschüsse des Arbeitgebers zu mindern; das Ergebnis dieser Berechnung darf 0 € nicht unterschreiten. 52

II. Sonderausgabenabzug für sonstige Vorsorgeaufwendungen nach § 10 Absatz 1 Nummer 3 und Nummer 3a EStG

1. Allgemeines

Mit dem Gesetz zur verbesserten steuerlichen Berücksichtigung von Vorsorgeaufwendungen (Bürgerentlastungsgesetz Krankenversicherung vom 16. Juli 2009) hat der Gesetzgeber die steuerliche Berücksichtigung von Kranken- und Pflegeversicherungsbeiträgen zum 1. Januar 2010 neu geregelt. Die vom Steuerpflichtigen tatsächlich geleisteten Beiträge für eine Absiche- 53 rung auf sozialhilfegleichem Versorgungsniveau (Basisabsicherung) zur privaten und gesetzlichen Krankenversicherung und zur gesetzlichen Pflegeversicherung werden in vollem Umfang steuerlich berücksichtigt. Ab dem Veranlagungszeitraum 2010 ist deshalb innerhalb der sonstigen Vorsorgeaufwendungen zwischen den Basiskrankenversicherungsbeiträgen (Rz. 54 ff.) und den Beiträgen zur gesetzlichen Pflegeversicherung in § 10 Absatz 1 Nummer 3 EStG (Rz. 76) sowie den weiteren sonstigen Vorsorgeaufwendungen in § 10 Absatz 1 Nummer 3a EStG (Rz. 77 ff.) zu unterscheiden. Die Beiträge können grundsätzlich vom Versicherungsnehmer, in den Fällen des § 10 Absatz 1 Nummer 3 Satz 2 EStG aber abweichend auch vom Unterhaltsverpflichteten geltend gemacht werden, wenn dieser die eigenen Beiträge eines Kindes, für das ein Anspruch auf einen Kinderfreibetrag oder auf Kindergeld besteht, wirtschaftlich getragen hat.

2. Sonstige Vorsorgeaufwendungen

a) Beiträge zur Basiskrankenversicherung (§ 10 Absatz 1 Nummer 3 Satz 1 Buchstabe a EStG)

54 Begünstigt sind nach § 10 Absatz 1 Nummer 3 Satz 1 Buchstabe a EStG Beiträge zur Krankenversicherung, soweit diese zur Erlangung eines durch das Zwölfte Buch Sozialgesetzbuch bestimmten sozialhilfegleichen Versorgungsniveaus erforderlich sind (Basiskrankenversicherung):

– Für Beiträge zur gesetzlichen Krankenversicherung (GKV) sind dies die nach dem Dritten Titel des Ersten Abschnitts des Achten Kapitels des Fünften Buches Sozialgesetzbuch (SGB V) oder die nach dem Sechsten Abschnitt des Zweiten Gesetzes über die Krankenversicherung der Landwirte festgesetzten Beiträge, ggf. gemindert um 4 % des Beitrags, soweit sich aus diesem ein Anspruch auf Krankengeld oder ein Anspruch auf eine Leistung, die anstelle von Krankengeld gewährt wird, ergeben kann.

– Für Beiträge zu einer privaten Krankenversicherung (PKV) sind dies die Beitragsanteile, die auf Vertragsleistungen entfallen, die, mit Ausnahme der auf das Krankengeld entfallenden Beitragsanteile, in Art, Umfang und Höhe den Leistungen nach dem Dritten Kapitel des SGB V vergleichbar sind, auf die ein Anspruch besteht.

55 Die im einkommensteuerrechtlichen Zusammenhang verwendeten Begriffe Basisabsicherung und Basiskrankenversicherung sind vom Basistarif im Sinne des § 12 Absatz 1a des Versicherungsaufsichtsgesetzes (VAG) abzugrenzen. Der Basistarif wurde zum 1. Januar 2009 eingeführt und ist ein besonders gestalteter Tarif. Dieser muss grundsätzlich von jedem privaten Krankenversicherungsunternehmen angeboten werden. Die Leistungen des Basistarifs entsprechen den Pflichtleistungen der GKV. Die so genannte Basisabsicherung im Sinne des Einkommensteuerrechts ist jedoch kein spezieller Tarif, sondern die Absicherung der Leistungen auf dem Niveau der GKV (mit Ausnahme des Krankengeldes), die auch in jedem anderen Tarif als dem Basistarif enthalten sein kann. Für die Absicherung solcher Leistungen gezahlte Beitragsanteile können nach § 10 Absatz 1 Nummer 3 Satz 1 Buchstabe a EStG steuerlich geltend gemacht werden.

56 Beitragsrückerstattungen mindern – unabhängig von ihrer Bezeichnung, z. B. als Pauschalleistung, und soweit sie auf die Basisabsicherung entfallen – die nach § 10 Absatz 1 Nummer 3 Satz 1 Buchstabe a EStG abziehbaren Krankenversicherungsbeiträge in dem Jahr, in dem sie zufließen. Beitragsrückerstattungen in diesem Sinne sind z. B. auch Prämienzahlungen nach § 53 SGB V und Bonuszahlungen nach § 65a SGB V. Zur Ermittlung der auf die Basisabsicherung entfallenden Höhe der Beitragsrückerstattung ist der Vertragsstand zugrunde zu legen, der den erstatteten Beitragszahlungen zugrunde lag, unabhängig vom Vertragsstand zum Zuflusszeitpunkt der Beitragsrückerstattung.

57 Keine Beiträge im Sinne des § 10 Absatz 1 Nummer 3 Satz 1 Buchstabe a EStG sind Beiträge zu einer Auslandskrankenversicherung (Reisekrankenversicherung), die zusätzlich zu einem bestehenden Versicherungsschutz in der GKV oder PKV ohne eingehende persönliche Risikoprüfung abgeschlossen werden.

aa) Beiträge zur gesetzlichen Krankenversicherung

1) Allgemeines

58 Die Beiträge zur GKV sowie die Beiträge zur landwirtschaftlichen Krankenkasse gehören grundsätzlich zu den Beiträgen für eine Basiskrankenversicherung. Hierzu zählt auch ein eventuell von der Krankenkasse erhobener kassenindividueller Zusatzbeitrag im Sinne des § 242 SGB V.

59 Nicht der Basisabsicherung zuzurechnen ist hingegen der Beitragsanteil, der der Finanzierung des Krankengeldes dient. Dieser Anteil wird mit einem pauschalen Abschlag in Höhe von 4 % bemessen und von der Finanzverwaltung von den übermittelten Beträgen (Beitrag einschließlich eines kassenindividuellen Zusatzbeitrags im Sinne des § 242 SGB V) abgezogen. Der Abschlag ist allerdings nur dann vorzunehmen, wenn der Steuerpflichtige im Krankheitsfall einen

Anspruch auf Krankengeldzahlung oder einen Anspruch auf eine Leistung hat, die anstelle von Krankengeld gewährt wird. Werden über die GKV auch Leistungen abgesichert, die über die Pflichtleistungen hinausgehen, so sind auch die darauf entfallenden Beitragsanteile nicht der Basisabsicherung zuzurechnen. Hierzu gehören Beiträge für Wahl- und Zusatztarife, die z. B. Leistungen wie Chefarztbehandlung oder Einbettzimmer abdecken.

Ermittelt sich bei einem freiwillig Versicherten der Beitrag unter Berücksichtigung mehrerer Einkunftsarten nach einem einheitlichen Beitragssatz, ist die Kürzung um 4 % für den gesamten Beitrag vorzunehmen, auch wenn nur ein Teil der Einkünfte bei der Bemessung der Höhe des Krankengeldes berücksichtigt wird. 60

2) Einzelne Personengruppen

(a) Pflichtversicherte Arbeitnehmer

Der dem pflichtversicherten Arbeitnehmer zuzurechnende GKV-Beitrag ist grundsätzlich von der Finanzverwaltung um 4 % zu mindern. Ist der Finanzverwaltung bekannt, dass der Arbeitnehmer im Einzelfall keinen Anspruch hat auf Krankengeld bzw. eine Leistung, die anstelle von Krankengeld gewährt wird, ist bei Berücksichtigung des Sonderausgabenabzugs von der Finanzverwaltung keine Minderung in Höhe von 4 % vorzunehmen. 61

(b) Freiwillig gesetzlich versicherte Arbeitnehmer

Bei Arbeitnehmern, bei denen der Arbeitgeber den Gesamtbeitrag des Arbeitnehmers an die GKV abführt (Firmenzahler) oder bei Arbeitnehmern, bei denen der Beitrag an die GKV vom Arbeitnehmer selbst gezahlt wird (Selbstzahler), ist der Beitrag nach Abzug des steuerfreien Arbeitgeberzuschusses (§ 3 Nummer 62 EStG) von der Finanzverwaltung um 4 % zu mindern, soweit grundsätzlich ein Anspruch auf Krankengeld oder auf eine Leistung besteht, die anstelle von Krankengeld gewährt wird. 62

(c) Freiwillig gesetzlich versicherte Selbständige

Besteht bei Selbständigen ein Anspruch auf Krankengeld oder ein Anspruch auf eine Leistung, die anstelle von Krankengeld gewährt wird, ist der Beitrag von der Finanzverwaltung um 4 % zu mindern. 63

(d) Pflichtversicherte selbständige Künstler und Publizisten

Wird von der Künstlersozialkasse an Stelle der steuerfreien Arbeitgeberanteile ein steuerfreier Betrag abgeführt, ist der Beitrag um diesen Betrag zu kürzen. Besteht ein Anspruch auf Krankengeld oder ein Anspruch auf eine Leistung, die anstelle von Krankengeld gewährt wird, ist der ggf. um den steuerfreien Betrag gekürzte Beitrag von der Finanzverwaltung um 4 % zu mindern. 64

(e) Freiwillig gesetzlich versicherte Künstler und Publizisten

Der Beitrag ist um den von der Künstlersozialkasse gewährten steuerfreien Beitragszuschuss zu kürzen. Besteht ein Anspruch auf Krankengeld oder ein Anspruch auf eine Leistung, die anstelle von Krankengeld gewährt wird, ist der ggf. um den steuerfreien Zuschuss gekürzte Beitrag von der Finanzverwaltung um 4 % zu mindern. 65

(f) Pflichtversicherte Rentner

Der im Rahmen der Krankenversicherung der Rentner (KVdR) erhobene Beitrag ist nicht um 4 % zu mindern. 66

(g) Freiwillig gesetzlich versicherte Rentner

Der Beitrag ist um einen gewährten steuerfreien Zuschuss zur Krankenversicherung zu kürzen. Bezieht ein freiwillig gesetzlich versicherter Rentner neben der Rente noch andere Einkünfte und besteht im Zusammenhang mit diesen anderen Einkünften ein Anspruch auf Krankengeld oder ein Anspruch auf eine Leistung, die anstelle von Krankengeld gewährt wird, ist der ggf. um den von der Rentenversicherung gezahlten steuerfreien Zuschuss gekürzte Beitrag von der Finanzverwaltung um 4 % zu mindern. 67

bb) Beiträge zur privaten Krankenversicherung

1) Allgemeines

Der Basisabsicherung in einer PKV dienen die jeweiligen Beitragsanteile, mit denen Versicherungsleistungen finanziert werden, die in Art, Umfang und Höhe den Leistungen nach dem 68

Dritten Kapitel des SGB V – also den Pflichtleistungen der GKV – vergleichbar sind und auf die ein Anspruch besteht. Nicht zur Basisabsicherung gehören – wie bei der GKV – Beitragsanteile, die der Finanzierung von Wahlleistungen (z. B. Chefarztbehandlung, Einbettzimmer) im Sinne des § 1 Absatz 1 i. V. m. § 2 Absatz 1 KVBEVO (vgl. Rz. 69), des Krankenhaustagegeldes oder des Krankentagegeldes dienen.

69 Sind in einem Versicherungstarif begünstigte und nicht begünstigte Versicherungsleistungen abgesichert, muss der vom Versicherungsnehmer geleistete Beitrag durch das Krankenversicherungsunternehmen aufgeteilt werden. Wie diese Aufteilung in typisierender Weise zu erfolgen hat, wird durch die „Verordnung zur tarifbezogenen Ermittlung der steuerlich berücksichtigungsfähigen Beiträge zum Erwerb eines Krankenversicherungsschutzes im Sinne des § 10 Absatz 1 Nummer 3 Satz 1 Buchstabe a des Einkommensteuergesetzes (Krankenversicherungsbeitragsanteil-Ermittlungsverordnung; KVBEVO)" (BGBl I 2009, S. 2730) geregelt. Die wesentlichen Grundsätze der Beitragsaufteilung lassen sich wie folgt zusammenfassen:

- Enthält ein Tarif nur Leistungen, mit denen eine Basisabsicherung gewährleistet wird, ist eine tarifbezogene Beitragsaufteilung nicht erforderlich. Der für diesen Tarif geleistete Beitrag ist insgesamt abziehbar. Dies gilt auch für Beiträge zum Basistarif im Sinne des § 12 Absatz 1a VAG. Ergibt sich im Rahmen des Basistarifs ein Anspruch auf Krankengeld, ist vom Beitrag ein Abschlag von 4 % vorzunehmen.

- Enthält ein Tarif nur Wahlleistungen ist eine tarifbezogene Beitragsaufteilung nicht durchzuführen. Der für diesen Tarif geleistete Beitrag ist insgesamt nicht nach § 10 Absatz 1 Nummer 3 EStG abziehbar.

- Enthält ein Tarif sowohl Leistungen, mit denen eine Basisabsicherung gewährleistet wird, als auch solche, die darüber hinausgehen, hat das Krankenversicherungsunternehmen nach den Vorschriften der KVBEVO den nicht nach § 10 Absatz 1 Nummer 3 EStG abziehbaren Beitragsanteil zu ermitteln.

- Enthält ein erstmals nach dem 1. Mai 2009 für das Neugeschäft angebotener Tarif nur in geringerem Umfang Leistungen, mit denen eine Basisabsicherung gewährleistet wird, und ansonsten Leistungen, die diesem Niveau nicht entsprechen, hat das Krankenversicherungsunternehmen vom geleisteten Beitrag einen Abschlag in Höhe von 99 % vorzunehmen. Gleiches gilt, wenn – mit Ausnahme des Basistarifs im Sinne des § 12 Absatz 1a VAG – Krankentagegeld oder Krankenhaustagegeld zusammen mit anderen Leistungen in einem Tarif abgesichert ist.

70 Zahlt der Versicherte für seine Basisabsicherung zunächst einen erhöhten Beitrag, um ab einem bestimmten Alter durch eine entsprechend erhöhte Alterungsrückstellung i. S. d. § 12 Absatz 4a VAG eine zuvor vereinbarte zeitlich unbefristete Beitragsentlastung für seine Basisabsicherung zu erhalten, ist auch der auf die Basisabsicherung entfallende Beitragsanteil für die erhöhte Alterungsrückstellung nach § 10 Absatz 1 Nummer 3 Satz 1 Buchstabe a EStG abziehbar.

71 Mit Beiträgen zugunsten einer so genannten Anwartschaftsversicherung erwirbt der Versicherungsnehmer den Anspruch, zu einem späteren Zeitpunkt eine private Krankenversicherung zu einem ermäßigten Beitrag zu erhalten. Der Versicherungsnehmer wird dabei hinsichtlich seines der Beitragsbemessung zugrunde gelegten Gesundheitszustands und ggf. auch hinsichtlich der Alterungsrückstellung so gestellt, als sei der Krankenversicherungsvertrag bereits zu einem früheren Zeitpunkt abgeschlossen worden. Übersteigen die Beiträge für eine Anwartschaftsversicherung jährlich nicht einen Betrag in Höhe von 100 €, sind sie aus Billigkeitsgründen insgesamt wie Beiträge zu einer Basiskrankenversicherung zu behandeln. Die den Betrag von 100 € übersteigenden Beiträge für eine Anwartschaftsversicherung sind nur insoweit wie Beiträge zu einer Basiskrankenversicherung zu behandeln, als sie auf die Minderung von Beitragsbestandteilen gerichtet sind, die der Basiskrankenversicherung zuzurechnen sind.

2) Einzelne Personengruppen

(a) Privat versicherte Arbeitnehmer

72 Hat ein Arbeitnehmer mit dem Lohn einen steuerfreien Zuschuss für seine Krankenversicherung erhalten, steht dieser insgesamt in unmittelbarem Zusammenhang mit den Vorsorgeaufwendungen im Sinne des § 10 Absatz 1 Nummer 3 EStG (§ 10 Absatz 2 Satz 1 Nummer 1 EStG). Dies gilt auch, wenn der Arbeitnehmer Wahlleistungen abgesichert hat. Der Zuschuss mindert in vollem Umfang die Beiträge zur Basisabsicherung.

73 Beispiel:

A ist privat krankenversicherter Arbeitnehmer und hat für seine Krankenversicherung einen Beitrag in Höhe von insgesamt 6.000 € jährlich an seine Krankenversicherung zu leisten. Diese Summe setzt sich zusammen aus einem Beitrag in Höhe von 500 € für einen Tarif, der ausschließlich Wahlleistungen abdeckt und einem Beitrag in Höhe von 5.500 € für einen Tarif, der sowohl Leistungen abdeckt, die der Basisabsicherung dienen, als auch darüber hinausgehende Leistungen. Der Beitrag in Höhe von 5.500 € für einen Tarif, der sowohl Leistungen abdeckt, die der Basisabsicherung dienen als auch darüber hinausgehende Leistungen, ist durch das Versicherungsunternehmen nach der KVBEVO aufzuteilen. Nach der Aufteilung ergibt sich für die Absicherung von Leistungen, die der Basisabsicherung dienen, ein Beitragsanteil in Höhe von 4.500 € und für die Absicherung von Leistungen, die nicht der Basisabsicherung dienen, ein Beitragsanteil in Höhe von 1.000 €. Das Versicherungsunternehmen übermittelt einen Beitrag für die Basisabsicherung in Höhe von 4.500 € an die Finanzverwaltung (ZfA). A erhält von seinem Arbeitgeber jährlich einen steuerfreien Zuschuss in Höhe von 3.000 € zu seinem Krankenversicherungsbeitrag.

Lösung:
Der Beitrag in Höhe von 500 € für einen Tarif, der ausschließlich Wahlleistungen abdeckt, ist insgesamt nicht nach § 10 Absatz 1 Nummer 3 EStG zu berücksichtigen. Eine Aufteilung nach der KVBEVO ist insoweit nicht erforderlich. Der Beitrag für die Basisabsicherung in Höhe von 4.500 € wurde der Finanzverwaltung vom Versicherungsunternehmen per Datensatz übermittelt. Dieser wird von der Finanzverwaltung um den vom Arbeitgeber steuerfrei gezahlten Zuschuss in Höhe von 3.000 € vermindert. Es verbleibt danach ein Beitrag in Höhe von 1.500 €, der als sonstige Vorsorgeaufwendungen im Sinne des § 10 Absatz 1 Nummer 3 EStG bei der Ermittlung des entsprechenden Abzugsvolumens zu berücksichtigen ist.

(b) Privat versicherte Künstler und Publizisten
Der Beitrag ist um einen gewährten steuerfreien Zuschuss zur Krankenversicherung zu kürzen. 74

(c) Privat versicherte Rentner
Der Beitrag ist um einen gewährten steuerfreien Zuschuss zur Krankenversicherung zu kürzen. 75

b) Beiträge zur gesetzlichen Pflegeversicherung
Begünstigt sind nach § 10 Absatz 1 Nummer 3 Satz 1 Buchstabe b EStG Beiträge zur gesetzlichen Pflegeversicherung, d. h. zur sozialen Pflegeversicherung und zur privaten Pflege-Pflichtversicherung. Die Beiträge sind nach Abzug des steuerfreien Arbeitgeberzuschusses (§ 3 Nummer 62 EStG) bzw. des an Stelle des steuerfreien Arbeitgeberzuschusses gezahlten Betrags, z. B. von der Künstlersozialkasse, ungekürzt anzusetzen. Für Beiträge zugunsten einer Anwartschaftsversicherung zur Pflegeversicherung gilt Rz. 71 entsprechend. 76

c) Weitere sonstige Vorsorgeaufwendungen
Begünstigt sind nach § 10 Absatz 1 **Nummer 3a** EStG Beiträge zu 77
- gesetzlichen oder privaten Kranken- und Pflegeversicherungen, **soweit diese nicht nach § 10 Absatz 1 Nummer 3 EStG zu berücksichtigen sind;** hierzu zählen z. B. Beitragsanteile, die auf Wahlleistungen entfallen, Beiträge zur freiwilligen privaten Pflegeversicherung oder Basiskrankenversicherungsbeiträge und Beiträge zur gesetzlichen Pflegeversicherung bei fehlender Einwilligung nach § 10 Absatz 2a EStG,
- Versicherungen gegen Arbeitslosigkeit (gesetzliche Beiträge an die Bundesagentur für Arbeit und Beiträge zu privaten Versicherungen),
- Erwerbs- und Berufsunfähigkeitsversicherungen, die nicht Bestandteil einer Versicherung im Sinne des § 10 Absatz 1 Nummer 2 **Satz 1** Buchstabe b EStG sind; dies gilt auch für Beitragsbestandteile einer kapitalbildenden Lebensversicherung im Sinne des § 20 Absatz 1 Nummer 6 EStG, die bei der Ermittlung des steuerpflichtigen Ertrags nicht abgezogen werden dürfen,
- Unfallversicherungen, wenn es sich nicht um eine Unfallversicherung mit garantierter Beitragsrückzahlung handelt, die insgesamt als Rentenversicherung oder Kapitalversicherung behandelt wird,
- Haftpflichtversicherungen,
- Lebensversicherungen, die nur für den Todesfall eine Leistung vorsehen (Risikolebensversicherung).

Rz. **28** gilt entsprechend.

Beiträge zu nachfolgenden Versicherungen sind ebenfalls nach § 10 Absatz 1 Nummer 3a EStG begünstigt, wenn die Laufzeit dieser Versicherungen vor dem 1. Januar 2005 begonnen hat und mindestens ein Versicherungsbeitrag bis zum 31. Dezember 2004 entrichtet wurde; der Zeitpunkt des Vertragsabschlusses ist insoweit unmaßgeblich: 78
- Rentenversicherungen ohne Kapitalwahlrecht, die die Voraussetzungen des § 10 Absatz 1 Satz 1 Nummer 2 EStG nicht erfüllen,

- Rentenversicherungen mit Kapitalwahlrecht gegen laufende Beitragsleistungen, wenn das Kapitalwahlrecht nicht vor Ablauf von zwölf Jahren seit Vertragsabschluss ausgeübt werden kann,
- Kapitalversicherungen gegen laufende Beitragsleistungen mit Sparanteil, wenn der Vertrag für die Dauer von mindestens zwölf Jahren abgeschlossen worden ist.

79 Ein Versicherungsbeitrag ist bis zum 31. **Dezember** 2004 entrichtet, wenn nach § 11 Absatz 2 EStG der Beitrag einem Kalenderjahr vor 2005 zuzuordnen ist. Für Beiträge im Rahmen der betrieblichen Altersversorgung an einen Pensionsfonds, an eine Pensionskasse oder für eine Direktversicherung gilt **Rz. 289 des BMF-Schreibens vom 31. März 2010,** BStBl I S. 270.[1])

80 Für die Berücksichtigung von Beiträgen nach § 10 Absatz 1 Nummer 3 Buchstabe b EStG gelten außerdem die bisherigen Regelungen zu § 10 Absatz 1 Nummer 2 Satz 2 bis **6** und Absatz 2 Satz 2 EStG in der am 31. Dezember 2004 geltenden Fassung.

2. Ermittlung des Abzugsbetrags

a) Höchstbetrag nach § 10 Absatz 4 EStG

81 Vorsorgeaufwendungen im Sinne des § 10 Absatz 1 Nummer 3 **und Nummer 3a** EStG können (vorbehaltlich **der Rz. 85 und der Günstigerprüfung Rz. 108 ff.**) grundsätzlich bis zur Höhe von 2 400 € abgezogen werden (z. B. bei Steuerpflichtigen, die Aufwendungen für ihre Krankenversicherung und Krankheitskosten vollständig aus eigenen Mitteln tragen oder bei Angehörigen von Beihilfeberechtigten, die nach den beihilferechtlichen Bestimmungen nicht über einen eigenen Beihilfeanspruch verfügen).

82 Bei einem Steuerpflichtigen, der ganz oder teilweise ohne eigene Aufwendungen einen eigenen Anspruch auf vollständige oder teilweise Erstattung oder Übernahme von Krankheitskosten hat oder für dessen Krankenversicherung Leistungen im Sinne des § 3 Nummer **9,** 14, 57 oder 62 EStG erbracht werden, vermindert sich der Höchstbetrag auf **1 900 €**. Dies gilt auch, wenn die Voraussetzungen nur in einem Teil des Kalenderjahres vorliegen. Ohne Bedeutung ist hierbei, ob aufgrund eines Anspruches tatsächlich Leistungen erbracht werden, sowie die konkrete Höhe des Anspruchs. Es kommt nur darauf an, dass ganz oder teilweise ohne eigene Aufwendungen ein eigener Anspruch besteht. Ein vom Arbeitgeber im Rahmen einer geringfügigen Beschäftigung erbrachter pauschaler Beitrag zur **GKV** führt nicht zum Ansatz des verminderten Höchstbetrages.

83 Der Höchstbetrag i. H. v. **1 900 €** gilt z. B. für
- Rentner, die aus der gesetzlichen Rentenversicherung nach § 3 Nummer 14 EStG steuerfreie Zuschüsse zu den Krankenversicherungsbeiträgen erhalten,
- Rentner, bei denen der Träger der gesetzlichen Rentenversicherung Beiträge an eine **GKV** zahlt,
- sozialversicherungspflichtige Arbeitnehmer, für die der Arbeitgeber nach § 3 Nummer 62 EStG steuerfreie Beiträge zur Krankenversicherung leistet; das gilt auch dann, wenn der Arbeitslohn aus einer Auslandstätigkeit aufgrund eines DBA steuerfrei gestellt wird,
- Besoldungsempfänger oder gleichgestellte Personen, die von ihrem Arbeitgeber nach § 3 Nummer 11 EStG steuerfreie Beihilfen zu Krankheitskosten erhalten,
- Beamte, die in der **GKV** freiwillig versichert sind und deshalb keine Beihilfe zu ihren Krankheitskosten – trotz eines grundsätzlichen Anspruchs – erhalten,
- Versorgungsempfänger im öffentlichen Dienst mit Beihilfeanspruch oder gleichgestellte Personen,
- in der **GKV** ohne eigene Beiträge familienversicherte Angehörige.
- Personen, für die steuerfreie Leistungen der Künstlersozialkasse nach § 3 Nummer 57 EStG erbracht werden.

84 Der nach § 3 Nummer 62 EStG **steuerfreie Arbeitgeberanteil zur gesetzlichen Kranken- und Pflegeversicherung ist bei der Ermittlung des Höchstbetrages nach § 10 Absatz 4 EStG nicht zu berücksichtigen.**

b) Mindestansatz

85 Übersteigen die vom Steuerpflichtigen geleisteten Beiträge für die Basisabsicherung (Basiskrankenversicherung – Rz. 54 ff. – und gesetzliche Pflegeversicherung – Rz. 76 –) den Höchstbetrag von 2.800 €/1.900 €, sind diese Beiträge für die Basisabsicherung als Sonderausgaben anzusetzen. Eine betragsmäßige Deckelung auf den Höchstbetrag erfolgt in diesen Fällen nicht. Ein

---
[1]) Abgedruckt in Anhang 2 IV.

c) Abzugsbetrag bei Ehegatten

aa) Zusammenveranlagung nach § 26b EStG

Bei zusammen veranlagten Ehegatten ist zunächst für jeden Ehegatten nach dessen persönlichen Verhältnissen der ihm zustehende Höchstbetrag zu bestimmen. Die Summe der beiden Höchstbeträge ist der gemeinsame Höchstbetrag (§ 10 Absatz 4 Satz 3 EStG). Übersteigen die von den Ehegatten geleisteten Beiträge für die Basisabsicherung (Basiskrankenversicherung – Rz. 54 ff. – und gesetzliche Pflegeversicherung – Rz. 76) in der Summe den gemeinsamen Höchstbetrag, sind diese Beiträge für die Basisabsicherung als Sonderausgaben zu berücksichtigen. Eine betragsmäßige Deckelung auf den gemeinsamen Höchstbetrag erfolgt in diesen Fällen nicht (vorbehaltlich der Günstigerprüfung Rz. 108 ff.). 86

bb) Getrennte Veranlagung nach § 26a EStG

Wird von den Ehegatten die getrennte Veranlagung beantragt, wird der Höchstbetrag sowie der Mindestansatz für jeden Ehegatten gesondert ermittelt. Für die Berechnung des Mindestansatzes ist bei jedem Ehegatten der von ihm als Versicherungsnehmer geleistete Beitrag zur Basisabsicherung anzusetzen. Ist ein Kind Versicherungsnehmer, werden die Beiträge zur Kranken- und Pflegeversicherung im Sinne des § 10 Absatz 1 Nummer 3 Satz 2 EStG jedoch von den Ehegatten getragen, können die Ehegatten die Zuordnung der geleisteten Beiträge einvernehmlich bestimmen; im Übrigen erfolgt die Zuordnung entsprechend der Zuordnung der Kinderfreibeträge. 87

Beispiel:
Ehemann A ist selbständig tätig und privat versichert. Er leistet als Versicherungsnehmer (VN) für seine Basiskrankenversicherung einen Jahresbeitrag in Höhe von 6.000 € bei Versicherung X. Seine Ehefrau B ist Beamtin und privat versichert bei Versicherung Y. Der von B als VN zu leistende Jahresbeitrag zur Basiskrankenversicherung beträgt 3.500 €. Der gemeinsame Sohn S ist im Vertrag von B mitversichert. Der hierfür zu leistende Jahresbeitrag zur Basiskrankenversicherung beträgt 1.000 €. Die Tochter T (24 Jahre alt) ist in der studentischen Krankenversicherung (KVdS) versichert und zahlt als VN einen Jahresbeitrag zu ihrer Basiskrankenversicherung in Höhe von 2.000 €. A und B erstatten T den von ihr geleisteten Jahresbeitrag im Rahmen ihrer Unterhaltsverpflichtung. Die Eheleute A und B beantragen die getrennte Veranlagung nach § 26a EStG.

Lösung:
Der Höchstbetrag für Vorsorgeaufwendungen nach § 10 Absatz 4 EStG beträgt für A 2.800 € nach § 10 Absatz 4 Satz 1 EStG, da er seine Krankenversicherung vollständig aus eigenen Mitteln finanziert und auch keine steuerfreien Leistungen zu seinen Krankheitskosten erhält. Für B mindert sich der Höchstbetrag nach § 10 Absatz 4 Satz 2 EStG auf 1.900 €, da B einen Anspruch auf steuerfreie Beihilfen zu ihren Krankheitskosten hat. Dem für jeden Ehegatten gesondert ermittelten Höchstbetrag sind die jeweils von A bzw. von B als VN geleisteten Jahresbeiträge zur Basiskrankenversicherung gegenüberzustellen. Sowohl bei A als auch bei B übersteigen die als VN geleisteten Jahresbeiträge zur Basiskrankenversicherung die Höchstbeträge nach § 10 Absatz 4 EStG. Daher sind jeweils die Beiträge zur Basiskrankenversicherung anzusetzen (Mindestansatz).

A kann den Basiskrankenversicherungsbeitrag in Höhe von 6.000 € geltend machen. B kann in ihrer Veranlagung den von ihr als VN geleisteten Basiskrankenversicherungsbeitrag in Höhe von 3.500 € zuzüglich des Basiskrankenversicherungsbeitrags für ihren Sohn S in Höhe 1.000 €, zusammen = 4.500 € ansetzen. Den von A und B an T erstatteten Basiskrankenversicherungsbeitrag in Höhe von 2.000 € können A und B jeweils hälftig – entsprechend dem ihnen jeweils zustehenden Kinderfreibetrag – im Rahmen der Sonderausgaben geltend machen, es sei denn, sie bestimmen einvernehmlich eine andere Aufteilung.

4. Verfahren

Die erforderlichen Daten werden von den übermittelnden Stellen entweder mit der elektronischen Lohnsteuerbescheinigung, der Rentenbezugsmitteilung oder bei Vorliegen der Einwilligung nach § 10 Absatz 2a Satz 1 EStG nach amtlich vorgeschriebenem Datensatz durch Datenfernübertragung übermittelt. Übermittelnde Stellen sind die Versicherungsunternehmen, die Träger der gesetzlichen Kranken- und Pflegeversicherung und die Künstlersozialkasse. Die übermittelnden Stellen haben die geleisteten und erstatteten Beiträge im Sinne des § 10 Absatz 1 Nummer 3 EStG sowie die weiteren nach § 10 Absatz 2a Satz 4 Nummer 2 EStG erforderlichen Daten nach amtlich vorgeschriebenem Datensatz durch Datenfernübertragung an die Finanzverwaltung zu übermitteln; für die zeitliche Zuordnung ist § 11 EStG zu beachten (vgl. 88

auch H 11 EStH). Der Abzug der steuerfreien Zuschüsse zu den Kranken- und Pflegeversicherungsbeiträgen und die Minderung um 4 % bei den Beiträgen zur gesetzlichen Krankenversicherung, wenn ein Anspruch auf Krankengeld oder ein Anspruch auf eine Leistung besteht, die anstelle von Krankengeld gewährt wird, werden von der Finanzverwaltung vorgenommen (im Einzelnen vgl. Rz. 61 ff.). Die Beiträge zu einer privaten Krankenversicherung werden bereits durch das Versicherungsunternehmen um einen Beitragsanteil, der auf Krankentagegeld entfällt, gemindert, so dass die Finanzverwaltung hier nur noch ggf. gewährte Zuschüsse abziehen muss.

89 Sind die übermittelten Daten unzutreffend und werden sie daher nach Bekanntgabe des Steuerbescheids von der übermittelnden Stelle aufgehoben oder korrigiert, kann der Steuerbescheid insoweit geändert werden. Werden die Daten innerhalb der Frist des § 10 Absatz 2a Satz 4 und 6 EStG und erstmalig nach Bekanntgabe des Steuerbescheids übermittelt, kann der Steuerbescheid ebenfalls insoweit geändert werden.

90 Werden steuerfreie Zuschüsse von anderen Stellen als den Mitteilungspflichtigen (§ 22a EStG), den Arbeitgebern oder der Künstlersozialkasse gewährt (z. B. bei Wehrpflichtigen oder in der Elternzeit), sind diese vom Steuerpflichtigen in der Einkommensteuererklärung anzugeben.

a) Gesetzlich Versicherte

91 Bei Vorliegen einer Familienversicherung i. S. d. § 10 SGB V ist für die mitversicherte Person mangels eigener Beitragsleistung kein Datensatz zu übermitteln.

aa) Pflichtversicherte Arbeitnehmer

92 Der vom Arbeitgeber einbehaltene und abgeführte Arbeitnehmerkranken- und Arbeitnehmerpflegeversicherungsbeitrag zur GKV wird im Rahmen der elektronischen Lohnsteuerbescheinigung an die Finanzverwaltung übermittelt. Erstattet die GKV Beiträge oder erhebt sie vom Versicherten unmittelbar einen kassenindividuellen Zusatzbeitrag im Sinne des § 242 SGB V, sind die jeweiligen Beträge – sofern sie auf die Basisabsicherung entfallen – unmittelbar von der GKV an die Finanzverwaltung (ZfA) zu übermitteln.

bb) Freiwillig gesetzlich versicherte Arbeitnehmer

93 Für Arbeitnehmer, bei denen der Arbeitgeber den Gesamtbeitrag des Arbeitnehmers zur Kranken- und Pflegeversicherung an die GKV abführt (Firmenzahler), hat der Arbeitgeber in der elektronischen Lohnsteuerbescheinigung der Finanzverwaltung den abgeführten Beitrag und den geleisteten steuerfreien Arbeitgeberzuschuss (§ 3 Nummer 62 EStG) mitzuteilen. Erstattet die GKV Beiträge oder erhebt sie vom Versicherten unmittelbar einen kassenindividuellen Zusatzbeitrag im Sinne des § 242 SGB V, sind die jeweiligen Beträge – sofern sie auf die Basisabsicherung entfallen – unmittelbar von der GKV an die Finanzverwaltung (ZfA) zu übermitteln.

94 Für Arbeitnehmer, bei denen der Kranken- und Pflegeversicherungsbeitrag an die GKV vom Arbeitnehmer selbst gezahlt wird (Selbstzahler), hat der Arbeitgeber in der elektronischen Lohnsteuerbescheinigung der Finanzverwaltung den geleisteten steuerfreien Arbeitgeberzuschuss (§ 3 Nummer 62 EStG) mitzuteilen. Die vom Arbeitnehmer unmittelbar an die GKV geleisteten oder von der GKV erstatteten Beiträge einschließlich eines kassenindividuellen Zusatzbeitrags im Sinne des § 242 SGB V sind – sofern sie auf die Basisabsicherung entfallen – von der GKV an die Finanzverwaltung (ZfA) zu übermitteln. Hat der Arbeitnehmer aus der GKV einen Anspruch auf Krankengeld bzw. eine Leistung, die anstelle von Krankengeld gewährt wird, ist dies bei der Übermittlung anzugeben.

cc) Freiwillig gesetzlich versicherte Selbständige

95 Die vom Selbständigen an die GKV geleisteten oder von der GKV erstatteten Beiträge einschließlich eines kassenindividuellen Zusatzbeitrags im Sinne des § 242 SGB V sind – sofern sie auf die Basisabsicherung entfallen – von der GKV an die Finanzverwaltung (ZfA) zu übermitteln. Hat der Selbständige aus der GKV einen Anspruch auf Krankengeld bzw. eine Leistung, die anstelle von Krankengeld gewährt wird, ist dies bei der Übermittlung anzugeben.

dd) Pflichtversicherte selbständige Künstler und Publizisten

96 Die Künstlersozialkasse übermittelt die Höhe der vom Künstler oder Publizisten geleisteten oder von der Künstlersozialkasse erstatteten Beiträge zur gesetzlichen Kranken- und Pflegeversicherung an die Finanzverwaltung (ZfA). Die an Stelle der steuerfreien Arbeitgeberanteile von der Künstlersozialkasse gezahlten steuerfreien Beträge sind gesondert auszuweisen und zu übermitteln. Hat der Künstler oder Publizist aus der GKV einen Anspruch auf Krankengeld

bzw. eine Leistung, die anstelle von Krankengeld gewährt wird, ist dies bei der Übermittlung anzugeben.

ee) Freiwillig gesetzlich versicherte Künstler und Publizisten

Die vom Künstler oder Publizisten an die GKV geleisteten oder von der GKV erstatteten Beiträge einschließlich eines kassenindividuellen Zusatzbeitrags im Sinne des § 242 SGB V sind – sofern sie auf die Basisabsicherung entfallen – von der GKV an die Finanzverwaltung (ZfA) zu übermitteln. Hat der Künstler oder Publizist aus der GKV einen Anspruch auf Krankengeld bzw. eine Leistung, die anstelle von Krankengeld gewährt wird, ist dies bei der Übermittlung anzugeben. Die Künstlersozialkasse übermittelt die Höhe des an den Künstler oder Publizisten steuerfrei gezahlten Beitragszuschusses an die Finanzverwaltung (ZfA). 97

ff) Pflichtversicherte Rentner

Bei den Empfängern einer Rente aus der gesetzlichen Rentenversicherung oder aus einer betrieblichen Altersversorgung wird in der Regel der Kranken- und Pflegeversicherungsbeitrag zur GKV unmittelbar vom Rentenversicherungs-/Versorgungsträger einbehalten und abgeführt. Die entsprechenden Daten werden zusammen mit der Rentenbezugsmitteilung vom Träger der gesetzlichen Rentenversicherung bzw. vom Versorgungsträger an die Finanzverwaltung (ZfA) übermittelt. Erstattet die GKV Beiträge oder erhebt sie vom Versicherten unmittelbar einen kassenindividuellen Zusatzbeitrag im Sinne des § 242 SGB V, sind die jeweiligen Beträge – sofern sie auf die Basisabsicherung entfallen – unmittelbar von der GKV an die Finanzverwaltung (ZfA) zu übermitteln. 98

gg) Pflichtversicherte Empfänger einer Kapitalleistung aus der betrieblichen Altersversorgung

Die vom Empfänger einer Kapitalleistung aus der betrieblichen Altersversorgung unmittelbar an die GKV geleisteten oder von der GKV erstatteten Kranken- und Pflegeversicherungsbeiträge sind von der GKV an die Finanzverwaltung (ZfA) zu übermitteln. 99

hh) Freiwillig gesetzlich versicherte Rentner

Die vom Empfänger einer Rente unmittelbar an die GKV geleisteten oder von der GKV erstatteten Kranken- und Pflegeversicherungsbeiträge einschließlich eines kassenindividuellen Zusatzbeitrags im Sinne des § 242 SGB V sind – sofern sie auf die Basisabsicherung entfallen – von der GKV an die Finanzverwaltung (ZfA) zu übermitteln. Die Höhe des vom Mitteilungspflichtigen im Sinne des § 22a Absatz 1 EStG (z. B. Träger der gesetzlichen Rentenversicherung) gewährten steuerfreien Zuschusses zu den Krankenversicherungsbeiträgen ist im Rahmen der Rentenbezugsmitteilung an die Finanzverwaltung (ZfA) zu übermitteln. 100

b) Privat Versicherte

aa) Privat versicherte Arbeitnehmer

Bei privat versicherten Arbeitnehmern übermittelt das Versicherungsunternehmen die Höhe der geleisteten und erstatteten Beiträge zur Basiskrankenversicherung und zur privaten Pflege-Pflichtversicherung an die Finanzverwaltung (ZfA). 101

Bei Arbeitnehmern, denen mit dem Lohn ein steuerfreier Zuschuss gezahlt wird, hat der Arbeitgeber in der elektronischen Lohnsteuerbescheinigung der Finanzverwaltung die Höhe des geleisteten steuerfreien Arbeitgeberzuschusses mitzuteilen. 102

bb) Privat versicherte Künstler und Publizisten

Bei Künstlern und Publizisten, für die von der Künstlersozialkasse ein Zuschuss zur Krankenversicherung abgeführt wird, hat die Künstlersozialkasse die Höhe des Zuschusses der Finanzverwaltung mitzuteilen. 103

cc) Privat versicherte Rentner

Die vom Empfänger einer Rente unmittelbar an die PKV geleisteten oder von der PKV erstatteten Kranken- und Pflegeversicherungsbeiträge sind von der PKV an die Finanzverwaltung (ZfA) zu übermitteln. Der vom Mitteilungspflichtigen im Sinne des § 22a Absatz 1 EStG (z. B. Träger der gesetzlichen Rentenversicherung) gewährte steuerfreie Zuschuss zu den Krankenversicherungsbeiträgen ist im Rahmen der Rentenbezugsmitteilung an die Finanzverwaltung (ZfA) zu übermitteln. 104

5. Einwilligung in die Datenübermittlung

105 Voraussetzung für den Sonderausgabenabzug nach § 10 Absatz 1 Nummer 3 EStG ist, dass der Steuerpflichtige in die Übertragung der erforderlichen Daten schriftlich einwilligt. Die Finanzverwaltung geht von einer Einwilligung aus, wenn die entsprechenden Daten von der übermittelnden Stelle nach § 10 Absatz 2a Satz 1 EStG an die Finanzverwaltung (ZfA) übertragen wurden. Entsprechendes gilt bei einer Einwilligung nach § 52 Absatz 24 EStG.

106 Legt der Steuerpflichtige eine Bescheinigung eines ausländischen Versicherungsunternehmens oder des Trägers einer ausländischen gesetzlichen Krankenversicherung über die Höhe der nach § 10 Absatz 1 Nummer 3 EStG abziehbaren Beiträge im Rahmen der Einkommensteuerveranlagung vor, gilt die Einwilligung als erteilt.

6. Nachweis bei fehlgeschlagener Datenübermittlung

107 Werden die erforderlichen Daten aus Gründen, die der Steuerpflichtige nicht zu vertreten hat (z. B. technische Probleme), vom Versicherungsunternehmen, dem Träger der gesetzlichen Kranken- und Pflegeversicherung, der Künstlersozialkasse, einem Mitteilungspflichtigen (§ 22a EStG) oder dem Arbeitgeber nicht übermittelt, kann der Steuerpflichtige den Nachweis über die geleisteten und erstatteten Beiträge im Sinne von § 10 Absatz 1 Nummer 3 EStG auch in anderer Weise erbringen.

III. Günstigerprüfung nach § 10 Absatz 4a EStG

108 Die Regelungen zum Abzug von Vorsorgeaufwendungen nach § 10 Absatz 1 Nummer 2, **3** und **3a** EStG sind in bestimmten Fällen ungünstiger als nach der für das Kalenderjahr 2004 geltenden Fassung des § 10 Absatz 3 EStG. Zur Vermeidung einer Schlechterstellung wird in diesen Fällen der höhere Betrag berücksichtigt. Die Überprüfung erfolgt von Amts wegen. Einbezogen in die Überprüfung werden nur Vorsorgeaufwendungen, die nach dem ab 2005 geltenden Recht abziehbar sind. Hierzu gehört der nach § 10 Absatz 1 Nummer 2 Satz 2 EStG hinzuzurechnende Betrag (steuerfreier Arbeitgeberanteil zur gesetzlichen Rentenversicherung und ein diesem gleichgestellter steuerfreier Zuschuss des Arbeitgebers).

109 Für die Jahre 2011 bis 2019 werden bei der Anwendung des § 10 Absatz 3 EStG in der für das Kalenderjahr 2004 geltenden Fassung die Höchstbeträge für den Vorwegabzug schrittweise gekürzt; Einzelheiten ergeben sich aus der Tabelle zu § 10 Absatz 4a EStG.

110 Ab dem Jahr 2006 werden in die Günstigerprüfung nach § 10 Absatz 4a Satz 1 EStG zunächst nur die Vorsorgeaufwendungen ohne die Beiträge nach § 10 Absatz 1 Nummer 2 **Satz 1 Buchstabe b** EStG einbezogen. Die Beiträge zu einer eigenen kapitalgedeckten Altersversorgung im Sinne des § 10 Absatz 1 Nummer 2 **Satz 1** Buchstabe b EStG (siehe Rz. 8 bis **26**) werden gesondert, und zwar stets mit dem sich aus § 10 Absatz 3 Satz 4 und 6 EStG ergebenden Prozentsatz berücksichtigt. Hierfür erhöhen sich die nach der Günstigerprüfung als Sonderausgaben zu berücksichtigenden Beträge um einen Erhöhungsbetrag (§ 10 Absatz 4a Satz 1 und 3 EStG) für Beiträge nach § 10 Absatz 1 Nummer 2 **Satz 1** Buchstabe b EStG. Es ist jedoch im Rahmen der Günstigerprüfung mindestens der Betrag anzusetzen, der sich ergibt, wenn auch die Beiträge nach § 10 Absatz 1 Nummer 2 **Satz 1** Buchstabe b EStG in die Günstigerprüfung nach § 10 Absatz 4a Satz 1 EStG einbezogen werden, allerdings ohne Hinzurechnung des Erhöhungsbetrags nach § 10 Absatz 4a Satz 1 und 3 EStG. Der jeweils höhere Betrag (Vorsorgeaufwendungen nach dem ab 2005 geltenden Recht, Vorsorgeaufwendungen nach dem für das Jahr 2004 geltenden Recht zuzügl. Erhöhungsbetrag oder Vorsorgeaufwendungen nach dem für das Jahr 2004 geltenden Recht einschließlich Beiträge nach § 10 Absatz 1 Nummer 2 **Satz 1** Buchstabe b EStG) wird dann als Sonderausgaben berücksichtigt.

111 Beispiel:

Die Eheleute A (Gewerbetreibender) und B (Hausfrau) zahlen im Jahr **2008** folgende Versicherungsbeiträge:

Basisrente (§ 10 Absatz 1 Nummer 2 **Satz 1** Buchstabe b EStG)	2 000 €
Private Krankenversicherung (Basisabsicherung – § 10 Absatz 1 Nummer 3 Satz 1 Buchstabe a EStG)	5 000 €
Private Krankenversicherung (Wahlleistungen – § 10 Absatz 1 Nummer 3a EStG)	500 €
Beiträge zur gesetzlichen Pflegeversicherung	500 €
Haftpflichtversicherungen	1 200 €
Kapitalversicherung (Versicherungsbeginn 1995, Laufzeit 25 Jahre)	3 600 €
Kapitalversicherung (Versicherungsbeginn 2005, Laufzeit 20 Jahre)	2 400 €
Insgesamt	15 200 €

Altersversorgung

Anhang 2

Die Beiträge zu der Kapitalversicherung mit Versicherungsbeginn im Jahr 2005 sind nicht zu berücksichtigen, weil sie nicht die Voraussetzungen des § 10 Absatz 1 Nummer 2 und 3a EStG erfüllen.

Abziehbar nach § 10 Absatz 1 Nummer 2 i. V. m. § 10 Absatz 3 EStG und § 10 Absatz 1 Nummer 3 **und 3a** i. V. m. § 10 Absatz 4 EStG (abziehbare Vorsorgeaufwendungen nach dem ab **2010** geltenden Recht):

a) Beiträge zur Altersversorgung:

Höchstbetrag (ungekürzt)	2 000 €	
zu berücksichtigen	40 000 €	
davon **70** %	2 000 €	
		1 400 €

b) sonstige Vorsorgeaufwendungen:

Private Krankenversicherung (Basisabsicherung – § 10 Absatz 1 Nummer 3 Satz 1 Buchstabe a EStG)	5 000 €	
Private Krankenversicherung (Wahlleistungen – § 10 Absatz 1 Nummer 3a EStG)	500 €	
Gesetzliche Pflegepflichtversicherung	500 €	
Haftpflichtversicherungen	1 200 €	
Kapitalversicherung (88 % v. 3 600 €)	3 168 €	
Zwischensumme	10 368 €	
Höchstbetrag nach § 10 Absatz 4 EStG:	5 600 €	
Beiträge nach § 10 Absatz 1 Nummer 3 EStG (Basisabsicherung + gesetzliche Pflegeversicherung)	5 000 €	
Anzusetzen **somit**		5 600 €

c) Abziehbar **insgesamt** 7 000 €

Günstigerprüfung nach § 10 Absatz 4a Satz 1 EStG:

Abziehbare Vorsorgeaufwendungen in der für das Kalenderjahr 2004 geltenden Fassung des § 10 Absatz 3 EStG (ohne Beiträge im Sinne des § 10 Absatz 1 Nummer 2 **Satz 1** Buchstabe b EStG) zuzügl. Erhöhungsbetrag nach § 10 Absatz 4a Satz 3 EStG:

a)

Private Krankenversicherung (Basisabsicherung – § 10 Absatz 1 Nummer 3 Satz 1 Buchstabe a EStG)	5 000 €	
Private Krankenversicherung (Wahlleistungen – § 10 Absatz 1 Nummer 3a EStG)	500 €	
Gesetzliche Pflegepflichtversicherung	500 €	
Haftpflichtversicherungen	1 200 €	
Kapitalversicherung	3 168 €	
Summe	10 368 €	
davon abziehbar:		
Vorwegabzug	6 136 €	6 136 €
verbleibende Aufwendungen	4 232 €	
Grundhöchstbetrag	2 668 €	2 668 €
verbleibende Aufwendungen	1 564 €	
hälftige Aufwendungen	782 €	
hälftiger Höchstbetrag	1 334 €	782 €
Zwischensumme		9 586 €

b) zuzüglich Erhöhungsbetrag nach § 10 Absatz 4a Satz 3 EStG/Leibrentenversicherung (§ 10 Absatz 1 Nummer 2 Buchstabe b EStG)

	2 000 €	
davon **70** %	1 400 €	
Erhöhungsbetrag		1 400 €

c) Abzugsvolumen nach § 10 Absatz 4a Satz 1 EStG somit: 10 986 €

Ermittlung des Mindestbetrags nach § 10a Absatz 4a Satz 2 EStG:

Nach § 10 Absatz 4a Satz 2 EStG ist bei Anwendung der Günstigerprüfung aber mindestens der Betrag anzusetzen, der sich ergibt, wenn auch die Beiträge zur **Basisrente** (§ 10 Absatz 1 Nummer 2 **Satz 1** Buchstabe b EStG) in die Berechnung des Abzugsvolumens nach dem bis 2004 geltenden Recht einbezogen werden:

a) Basisrente		2 000 €	
Private Krankenversicherung (Basisabsicherung – § 10 Absatz 1 Nummer 3 Satz 1 Buchstabe a EStG)		5 000 €	
Private Krankenversicherung (Wahlleistungen – § 10 Absatz 1 Nummer 3a EStG)		500 €	
Gesetzliche Pflegepflichtversicherung		500 €	
Haftpflichtversicherungen		1 200 €	
Kapitalversicherung		3 168 €	
Summe		12 368 €	
davon abziehbar:			
Vorwegabzug		6 136 €	6 136 €
verbleibende Aufwendungen		6 232 €	
Grundhöchstbetrag		2 668 €	2 668 €
verbleibende Aufwendungen		3 564 €	
hälftige Aufwendungen		1 782 €	
hälftiger Höchstbetrag		1 334 €	1 334 €
Zwischensumme			10 138 €
b) Mindestabzugsvolumen nach § 10 Absatz 4a Satz 2 EStG			10 138 €
Zusammenstellung:			
Abzugsvolumen nach neuem Recht			7 000 €
Günstigerprüfung nach § 10a Absatz 4a Satz 1 EStG			10 986 €
Mindestabzugsvolumen nach § 10 Absatz 4a Satz 2 EStG			10 138 €

Die Eheleute A können somit für das Jahr **2010** einen Betrag von **10 986 €** als Vorsorgeaufwendungen abziehen.

B. Besteuerung von Versorgungsbezügen – § 19 Absatz 2 EStG –

I. Arbeitnehmer-/Werbungskosten-Pauschbetrag/Zuschlag zum Versorgungsfreibetrag

112 Ab 2005 ist der Arbeitnehmer-Pauschbetrag (§ 9a Satz 1 Nummer 1 Buchstabe a EStG) bei Versorgungsbezügen im Sinne des § 19 Absatz 2 EStG nicht mehr anzuwenden. Stattdessen wird – wie auch bei den Renten – ein Werbungskosten-Pauschbetrag von 102 € berücksichtigt (§ 9a Satz 1 Nummer 1 Buchstabe b EStG). Als Ausgleich für den Wegfall des Arbeitnehmer-Pauschbetrags wird dem Versorgungsfreibetrag ein Zuschlag von zunächst 900 € hinzugerechnet, der für jeden ab 2006 neu in den Ruhestand tretenden Jahrgang abgeschmolzen wird (§ 19 Absatz 2 Satz 3 EStG). Bei Einnahmen aus nichtselbständiger Arbeit im Sinne des § 19 Absatz 1 EStG und Versorgungsbezügen im Sinne des § 19 Absatz 2 EStG kommen der Arbeitnehmer-Pauschbetrag und der Werbungskosten-Pauschbetrag nebeneinander zur Anwendung. Der Werbungskosten-Pauschbetrag ist auch zu berücksichtigen, wenn bei Einnahmen aus nichtselbständiger Arbeit im Sinne des § 19 Absatz 1 EStG höhere Werbungskosten anzusetzen sind.

II. Versorgungsfreibetrag/Zuschlag zum Versorgungsfreibetrag

1. Allgemeines

113 Der maßgebende **Prozentsatz** für den steuerfreien Teil der Versorgungsbezüge und der Höchstbetrag des Versorgungsfreibetrags sowie die Höhe der Zuschlag zum Versorgungsfreibetrag bestimmen sich ab 2005 nach dem Jahr des Versorgungsbeginns (§ 19 Absatz 2 Satz 3 EStG). Sie werden für jeden ab 2006 neu in den Ruhestand tretenden Jahrgang abgeschmolzen.

2. Berechnung des Versorgungsfreibetrags und des Zuschlags zum Versorgungsfreibetrag

114 Der Versorgungsfreibetrag und der Zuschlag zum Versorgungsfreibetrag (Freibeträge für Versorgungsbezüge) berechnen sich auf der Grundlage des Versorgungsbezugs für Januar 2005 bei Versorgungsbeginn vor 2005 bzw. des Versorgungsbezugs für den ersten vollen Monat bei Versorgungsbeginn ab 2005; wird der Versorgungsbezug insgesamt nicht für einen vollen Monat gezahlt (z. B. wegen Todes des Versorgungsempfängers), ist der Bezug des Teilmonats auf einen Monatsbetrag hochzurechnen. Bei einer nachträglichen Festsetzung von Versorgungsbezügen ist der Monat maßgebend, für den die Versorgungsbezüge erstmals festgesetzt werden; auf den Zahlungstermin kommt es nicht an. Bei Bezügen und Vorteilen aus früheren Dienstleistungen im

Sinne des § 19 Absatz 2 Satz 2 Nummer 2 EStG, die wegen Erreichens einer Altersgrenze gezahlt werden, ist der Monat maßgebend, in dem der Steuerpflichtige das 63. Lebensjahr oder, wenn er schwerbehindert ist, das 60. Lebensjahr vollendet hat, da die Bezüge erst mit Erreichen dieser Altersgrenzen als Versorgungsbezüge gelten. Der maßgebende Monatsbetrag ist jeweils mit zwölf zu vervielfältigen und um Sonderzahlungen zu erhöhen, auf die zu diesem Zeitpunkt (erster voller Monat bzw. Januar 2005) ein Rechtsanspruch besteht (§ 19 Absatz 2 Satz 4 EStG). Die Sonderzahlungen (z. B. Urlaubs- oder Weihnachtsgeld) sind mit dem Betrag anzusetzen, auf den bei einem Bezug von Versorgungsbezügen für das ganze Jahr des Versorgungsbeginns ein Rechtsanspruch besteht. Bei Versorgungsempfängern, die schon vor dem 1. Januar 2005 in Ruhestand gegangen sind, können aus Vereinfachungsgründen die Sonderzahlungen 2004 berücksichtigt werden.

3. Festschreibung des Versorgungsfreibetrags und des Zuschlags zum Versorgungsfreibetrag

Der nach Rz. **114** ermittelte Versorgungsfreibetrag und der Zuschlag zum Versorgungsfreibetrag gelten grundsätzlich für die gesamte Laufzeit des Versorgungsbezugs (§ 19 Absatz 2 Satz 8 EStG). 115

4. Neuberechnung des Versorgungsfreibetrags und des Zuschlags zum Versorgungsfreibetrag

Regelmäßige Anpassungen des Versorgungsbezugs (laufender Bezug und Sonderzahlungen) führen nicht zu einer Neuberechnung (§ 19 Absatz 2 Satz 9 EStG). Zu einer Neuberechnung führen nur Änderungen des Versorgungsbezugs, die ihre Ursache in der Anwendung von Anrechnungs-, Ruhens-, Erhöhungs- oder Kürzungsregelungen haben (§ 19 Absatz 2 Satz 10 EStG), z. B. Wegfall, Hinzutreten oder betragsmäßige Änderungen. Dies ist insbesondere der Fall, wenn der Versorgungsempfänger neben seinen Versorgungsbezügen 116

– Erwerbs- oder Erwerbsersatzeinkommen (§ 53 des Beamtenversorgungsgesetzes – BeamtVG –),
– andere Versorgungsbezüge (§ 54 BeamtVG),
– Renten (§ 55 BeamtVG) oder
– Versorgungsbezüge aus zwischenstaatlicher und überstaatlicher Verwendung (§ 56 BeamtVG)

erzielt, wenn sich die Voraussetzungen für die Gewährung des Familienzuschlags oder des Unterschiedsbetrags nach § 50 BeamtVG ändern oder wenn in Witwen- oder Waisengeld nach einer Unterbrechung der Zahlung wieder bewilligt wird. Ändert sich der anzurechnende Betrag aufgrund einer einmaligen Sonderzahlung und hat dies nur eine einmalige Minderung des Versorgungsbezugs zur Folge, so kann auf eine Neuberechnung verzichtet werden. Auf eine Neuberechnung kann aus Vereinfachungsgründen auch verzichtet werden, wenn der Versorgungsbezug, der bisher Bemessungsgrundlage für den Versorgungsfreibetrag war, vor und nach einer Anpassung aufgrund von Anrechnungs-, Ruhens-, Erhöhungs- und Kürzungsregelungen mindestens 7 500 € jährlich/625 € monatlich beträgt, also die Neuberechnung zu keiner Änderung der Freibeträge für Versorgungsbezüge führen würde.

In den Fällen einer Neuberechnung ist der geänderte Versorgungsbezug, ggf. einschließlich zwischenzeitlicher Anpassungen, Bemessungsgrundlage für die Berechnung der Freibeträge für Versorgungsbezüge (§ 19 Absatz 2 Satz 11 EStG). 117

Bezieht ein Steuerpflichtiger zunächst Versorgungsbezüge wegen verminderter Erwerbsfähigkeit, bestimmen sich der Prozentsatz, der Höchstbetrag des Versorgungsfreibetrags und der Zuschlag zum Versorgungsfreibetrag nach dem Jahr des Beginns dieses Versorgungsbezugs. Wird der Versorgungsbezug wegen verminderter Erwerbsfähigkeit mit Vollendung des 63. Lebensjahres des Steuerpflichtigen oder, wenn er schwerbehindert ist, mit Vollendung des 60. Lebensjahres, in einen Versorgungsbezug wegen Erreichens der Altersgrenze umgewandelt, bestimmen sich der Prozentsatz, der Höchstbetrag des Versorgungsfreibetrags und der Zuschlag zum *Versorgungsfreibetrag* weiterhin nach dem Jahr des Beginns des Versorgungsbezugs wegen verminderter Erwerbsfähigkeit. Da es sich bei der Umwandlung des Versorgungsbezugs nicht um eine regelmäßige Anpassung handelt, ist eine Neuberechnung des Versorgungsfreibetrags erforderlich. 118

5. Zeitanteilige Berücksichtigung des Versorgungsfreibetrags und des Zuschlags zum Versorgungsfreibetrag

Werden Versorgungsbezüge nur für einen Teil des Kalenderjahres gezahlt, so ermäßigen sich der Versorgungsfreibetrag und der Zuschlag zum Versorgungsfreibetrag für jeden vollen Kalendermonat, für den keine Versorgungsbezüge geleistet werden, in diesem Kalenderjahr um ein Zwölftel (§ 19 Absatz 2 Satz 12 EStG). Bei Zahlung mehrerer Versorgungsbezüge erfolgt eine Kürzung nur für Monate, für die keiner der Versorgungsbezüge geleistet wird. Ändern sich der Versor- 119 gungsfreibetrag und/oder der Zuschlag zum Versorgungsfreibetrag im Laufe des Kalenderjahrs aufgrund einer Neuberechnung nach Rz. **116f.**, sind in diesem Kalenderjahr die höchsten Freibeträge für Versorgungsbezüge maßgebend (§ 19 Absatz 2 Satz 11 2. Halbsatz EStG); eine zeitanteilige Aufteilung ist nicht vorzunehmen. Die Änderung der Freibeträge für Versorgungsbezüge kann im Lohnsteuerabzugsverfahren berücksichtigt werden (R 39b.3 Absatz 1 Satz 4 **bis 6 der Lohnsteuer-Richtlinien 2008 – LStR 2008 –**).

6. Mehrere Versorgungsbezüge

120 Bei mehreren Versorgungsbezügen bestimmen sich der maßgebende **Prozentsatz** für den steuerfreien Teil der Versorgungsbezüge und der Höchstbetrag des Versorgungsfreibetrags sowie der Zuschlag zum Versorgungsfreibetrag nach dem Beginn des jeweiligen Versorgungsbezugs. Die Summe aus den jeweiligen Freibeträgen für Versorgungsbezüge wird nach § 19 Absatz 2 Satz 6 EStG auf den Höchstbetrag des Versorgungsfreibetrags und den Zuschlag zum Versorgungsfreibetrag nach dem Beginn des ersten Versorgungsbezugs begrenzt. Fällt der maßgebende Beginn mehrerer laufender Versorgungsbezüge in dasselbe Kalenderjahr, können die Bemessungsgrundlagen aller Versorgungsbezüge zusammengerechnet werden, da in diesen Fällen für sie jeweils dieselben Höchstbeträge gelten.

121 Werden mehrere Versorgungsbezüge von unterschiedlichen Arbeitgebern gezahlt, ist die Begrenzung der Freibeträge für Versorgungsbezüge im Lohnsteuerabzugsverfahren nicht anzuwenden; die Gesamtbetrachtung und ggf. die Begrenzung erfolgt im Veranlagungsverfahren. Treffen mehrere Versorgungsbezüge bei demselben Arbeitgeber zusammen, ist die Begrenzung auch im Lohnsteuerabzugsverfahren zu beachten.

122 Beispiel:

Zwei Ehegatten erhalten jeweils eigene Versorgungsbezüge. Der Versorgungsbeginn des einen Ehegatten liegt im Jahr 2005, der des anderen im Jahr 2006. Im Jahr 2010 verstirbt der Ehegatte, der bereits seit 2005 Versorgungsbezüge erhalten hatte. Dem überlebenden Ehegatten werden ab 2010 zusätzlich zu seinen eigenen Versorgungsbezügen i. H. v. monatlich 400 € Hinterbliebenenbezüge i. H. v. monatlich 250 € gezahlt.

Für die eigenen Versorgungsbezüge des überlebenden Ehegatten berechnen sich die Freibeträge für Versorgungsbezüge nach dem Jahr des Versorgungsbeginns 2006. Der Versorgungsfreibetrag beträgt demnach 38,4 % von 4 800 € (= 400 € Monatsbezug × 12) = 1 844 € (aufgerundet); der Zuschlag zum Versorgungsfreibetrag beträgt 864 €.

Für den Hinterbliebenenbezug sind mit Versorgungsbeginn im Jahr 2010 die Freibeträge für Versorgungsbezüge nach § 19 Absatz 2 Satz 7 EStG unter Zugrundelegung des maßgeblichen Prozentsatzes, des Höchstbetrags und des Zuschlags zum Versorgungsfreibetrag des verstorbenen Ehegatten zu ermitteln (siehe dazu Rz. **123** bis **126**). Für die Berechnung sind also die Beträge des maßgebenden Jahres 2005 zugrunde zu legen. Der Versorgungsfreibetrag für die Hinterbliebenenbezüge beträgt demnach 40 % von 3 000 € (= 250 € Monatsbezug × 12) = 1 200 €; der Zuschlag zum Versorgungsfreibetrag beträgt 900 €.

Die Summe der Versorgungsfreibeträge ab 2010 beträgt (1 844 € zuzügl. 1 200 €) 3 044 €. Der insgesamt berücksichtigungsfähige Höchstbetrag bestimmt sich nach dem Jahr des Beginns des ersten Versorgungsbezugs (2005: 3 000 €). Da der Höchstbetrag überschritten ist, ist der Versorgungsfreibetrag auf insgesamt 3 000 € zu begrenzen. Auch die Summe der Zuschläge zum Versorgungsfreibetrag (864 € zuzügl. 900 €) 1 764 € ist nach dem maßgebenden Jahr des Versorgungsbeginns (2005) auf insgesamt 900 € zu begrenzen.

7. Hinterbliebenenversorgung

123 Folgt ein Hinterbliebenenbezug einem Versorgungsbezug, bestimmen sich der **Prozentsatz**, der Höchstbetrag des Versorgungsfreibetrags und der Zuschlag zum Versorgungsfreibetrag für den Hinterbliebenenbezug nach dem Jahr des Beginns des Versorgungsbezugs des Verstorbenen (§ 19 Absatz 2 Satz 7 EStG). Bei Bezug von Witwen- oder Waisengeld ist für die Berechnung der Freibeträge für Versorgungsbezüge das Jahr des Versorgungsbeginns des Verstorbenen maßgebend, der diesen Versorgungsanspruch zuvor begründete.

124 Beispiel:

Im Oktober **2009** verstirbt ein 67-jähriger Ehegatte, der seit dem 63. Lebensjahr Versorgungsbezüge erhalten hat. Der überlebende Ehegatte erhält ab November **2009** Hinterbliebenenbezüge.

Für den verstorbenen Ehegatten sind die Freibeträge für Versorgungsbezüge bereits mit der Pensionsabrechnung für Januar 2005 (40 % der voraussichtlichen Versorgungsbezüge 2005, maximal 3 000 € zuzügl. 900 € Zuschlag) festgeschrieben worden. Im Jahr **2009** sind die Freibeträge für Versorgungsbezüge des verstorbenen Ehegatten mit zehn Zwölfteln zu berücksichtigen. Für den überlebenden Ehegatten sind mit der Pensionsabrechnung für November **2009** eigene Freibeträge für Versorgungsbezüge zu ermitteln. Zugrunde gelegt werden dabei die hochgerechneten Hinterbliebenenbezüge (einschl. Sonderzahlungen). Darauf sind nach § 19 Absatz 2 Satz 7 EStG der maßgebliche Prozentsatz, der Höchstbetrag und der Zuschlag zum Versorgungsfreibetrag des verstorbenen Ehegatten (40 %, maximal 3 000 € zuzügl. 900 € Zuschlag) anzuwenden. Im Jahr **2009** sind die Freibeträge für Versorgungsbezüge des überlebenden Ehegatten mit zwei Zwölfteln zu berücksichtigen.

Erhält ein Hinterbliebener Sterbegeld, stellt dieses gem. R 19.8 Absatz 1 Nummer 1 **und** R 19.9 Absatz 3 Nummer 3 LStR 2008 ebenfalls einen Versorgungsbezug dar. Für das Sterbegeld gelten zur Berechnung der Freibeträge für Versorgungsbezüge ebenfalls der **Prozentsatz**, der Höchstbetrag und der Zuschlag zum Versorgungsfreibetrag des Verstorbenen. Das Sterbegeld darf als Leistung aus Anlass des Todes die Berechnung des Versorgungsfreibetrags für etwaige sonstige Hinterbliebenenbezüge nicht beeinflussen und ist daher nicht in deren Berechnungsgrundlage einzubeziehen. Das Sterbegeld ist vielmehr als eigenständiger – zusätzlicher – Versorgungsbezug zu behandeln. Die Zwölftelungsregelung ist für das Sterbegeld nicht anzuwenden. Als Bemessungsgrundlage für die Freibeträge für Versorgungsbezüge ist die Höhe des Sterbegeldes im Kalenderjahr anzusetzen, unabhängig von der Zahlungsweise und Berechnungsart. 125

Beispiel: 126

Im April **2009** verstirbt ein Ehegatte, der zuvor seit 2004 Versorgungsbezüge i. H. v. 1 500 € monatlich erhalten hat. Der überlebende Ehegatte erhält ab Mai **2009** laufende Hinterbliebenenbezüge i. H. v. 1 200 € monatlich. Daneben wird ihm einmalig Sterbegeld i. H. v. zwei Monatsbezügen des verstorbenen Ehegatten, also 3 000 € gezahlt.

Laufender Hinterbliebenenbezug:

Monatsbetrag 1 200 € × 12 = 14 400 €. Auf den hochgerechneten Jahresbetrag werden der für den Verstorbenen maßgebende **Prozentsatz** und Höchstbetrag des Versorgungsfreibetrags (2005), zuzügl. des Zuschlags von 900 € angewandt. Das bedeutet im vorliegenden Fall 14 400 € × 40 % = 5 760 €, höchstens 3 000 €. Da der laufende Hinterbliebenenbezug nur für acht Monate gezahlt wurde, erhält der überlebende Ehegatte acht Zwölftel dieses Versorgungsfreibetrags, 3 000 €: 12 = 250 € × 8 = 2 000 €. Der Versorgungsfreibetrag für den laufenden Hinterbliebenenbezug beträgt somit 2 000 €, der Zuschlag zum Versorgungsfreibetrag 600 € (acht Zwölftel von 900 €).

Sterbegeld:

Gesamtbetrag des Sterbegelds 2 × 1 500 € = 3 000 €. Auf diesen Gesamtbetrag von 3 000 € werden ebenfalls der für den Verstorbenen maßgebende **Prozentsatz** und Höchstbetrag des Versorgungsfreibetrags (2005), zuzügl. des Zuschlags von 900 € angewandt, 3 000 € × 40 % = 1 200 €. Der Versorgungsfreibetrag für das Sterbegeld beträgt 1 200 €, der Zuschlag zum Versorgungsfreibetrag 900 €.

Beide Versorgungsfreibeträge ergeben zusammen einen Betrag von 3 200 €, auf den der insgesamt berücksichtigungsfähige Höchstbetrag nach dem maßgebenden Jahr 2005 anzuwenden ist. Der Versorgungsfreibetrag für den laufenden Hinterbliebenenbezug und das Sterbegeld zusammen beträgt damit 3 000 €. Dazu kommt der Zuschlag zum Versorgungsfreibetrag von insgesamt 900 €.

8. Berechnung des Versorgungsfreibetrags im Falle einer Kapitalauszahlung/Abfindung

Wird anstelle eines monatlichen Versorgungsbezugs eine Kapitalauszahlung/Abfindung an den Versorgungsempfänger gezahlt, so handelt es sich um einen sonstigen Bezug. Für die Ermittlung der Freibeträge für Versorgungsbezüge ist das Jahr des Versorgungsbeginns zugrunde zu legen, die Zwölftelregelung ist für diesen sonstigen Bezug nicht anzuwenden. Bemessungsgrundlage ist der Betrag der Kapitalauszahlung/Abfindung im Kalenderjahr. 127

Beispiel: 128

Dem Versorgungsempfänger wird im Jahr **2009** eine Abfindung i. H. v. 10 000 € gezahlt. Der Versorgungsfreibetrag beträgt (**33,6** % von 10 000 € = **3 360** €, höchstens) **2 520** €; der Zuschlag zum Versorgungsfreibetrag beträgt **756** €.

Bei Zusammentreffen mit laufenden Bezügen darf der Höchstbetrag, der sich nach dem Jahr des Versorgungsbeginns bestimmt, nicht überschritten werden (siehe dazu Beispiele in Rz. **124** und **126** zum Sterbegeld). 129

Die gleichen Grundsätze gelten auch, wenn Versorgungsbezüge in einem späteren Kalenderjahr nachgezahlt oder berichtigt werden. 130

9. Zusammentreffen von Versorgungsbezügen (§ 19 EStG) und Rentenleistungen (§ 22 EStG)

Die Frei- und Pauschbeträge sind für jede Einkunftsart gesondert zu berechnen. Der Lohnsteuerabzug ist weiterhin nur für die Versorgungsbezüge vorzunehmen. 131

III. Aufzeichnungs- und Bescheinigungspflichten

132 Nach § 4 Absatz 1 Nummer 4 LStDV hat der Arbeitgeber im Lohnkonto des Arbeitnehmers in den Fällen des § 19 Absatz 2 EStG die für die zutreffende Berechnung des Versorgungsfreibetrags und des Zuschlags zum Versorgungsfreibetrag erforderlichen Angaben aufzuzeichnen. Aufzuzeichnen sind die Bemessungsgrundlage für den Versorgungsfreibetrag (Jahreswert, Rz. **114**), das Jahr des Versorgungsbeginns und die Zahl der Monate (Zahl der Zwölftel), für die Versorgungsbezüge gezahlt werden. Bei mehreren Versorgungsbezügen sind die Angaben für jeden Versorgungsbezug getrennt aufzuzeichnen, soweit die maßgebenden Versorgungsbeginne in unterschiedliche Kalenderjahre fallen (vgl. Rz. **120**). Demnach können z. B. alle Versorgungsbezüge mit Versorgungsbeginn bis zum Jahre 2005 zusammengefasst werden. Zu den Bescheinigungspflichten wird auf die jährlichen BMF-Schreiben zu den Lohnsteuerbescheinigungen hingewiesen.

C. Besteuerung von Einkünften gem. § 22 Nummer 1 Satz 3 Buchstabe a EStG

I. Allgemeines

133 Leibrenten und andere Leistungen aus den gesetzlichen Rentenversicherungen, den landwirtschaftlichen Alterskassen, den berufsständischen Versorgungseinrichtungen und aus Leibrentenversicherungen im Sinne des § 10 Absatz 1 Nummer 2 Buchstabe b EStG (vgl. Rz. 8 bis **26**) werden innerhalb eines bis in das Jahr 2039 reichenden Übergangszeitraums in die vollständige nachgelagerte Besteuerung überführt (§ 22 Nummer 1 Satz 3 Buchstabe a Doppelbuchstabe aa EStG). Diese Regelung gilt sowohl für Leistungen von inländischen als auch von ausländischen Versorgungsträgern.

134 Bei den übrigen Leibrenten erfolgt die Besteuerung auch weiterhin mit dem Ertragsanteil (§ 22 Nummer 1 Satz 3 Buchstabe a Doppelbuchstabe bb EStG ggf. i. V. m. § 55 Absatz 2 EStDV; vgl. Rz. **175** und **176**), es sei denn, es handelt sich um nach dem 31. Dezember 2004 abgeschlossene Rentenversicherungen, bei denen keine lebenslange Rentenzahlung vereinbart und erbracht wird. In diesen Fällen wird die Besteuerung im Wege der Ermittlung des Unterschiedsbetrags nach § 20 Absatz 1 Nummer 6 EStG **vorgenommen**. Die Regelungen in § 22 Nummer 5 EStG bleiben unberührt (vgl. insoweit auch BMF-Schreiben vom **31. 3. 2010**, BStBl I S. 270[1])).

II. Leibrenten und andere Leistungen im Sinne des § 22 Nummer 1 Satz 3 Buchstabe a Doppelbuchstabe aa EStG

1. Leistungen aus den gesetzlichen Rentenversicherungen, aus den landwirtschaftlichen Alterskassen und aus den berufsständischen Versorgungseinrichtungen

135 § 22 Nummer 1 Satz 3 Buchstabe a Doppelbuchstabe aa EStG erfasst alle Leistungen unabhängig davon, ob sie als Rente oder Teilrente (z. B. Altersrente, Erwerbsminderungsrente, Hinterbliebenenrente als Witwen- oder Witwerrente, Waisenrente oder Erziehungsrente) oder als einmalige Leistung (z. B. Sterbegeld oder Abfindung von **Kleinbetragsrenten**) ausgezahlt werden.

a) Besonderheiten bei Leibrenten und anderen Leistungen aus den gesetzlichen Rentenversicherungen

136 Zu den Leistungen im Sinne des § 22 Nummer 1 Satz 3 Buchstabe a Doppelbuchstabe aa EStG gehören auch Zusatzleistungen und andere Leistungen wie Zinsen.

137 § 22 Nummer 1 Satz 3 Buchstabe a Doppelbuchstabe aa EStG gilt nicht für Einnahmen im Sinne des § 3 EStG wie z. B.

– Leistungen aus der gesetzlichen Unfallversicherung wie z. B. Berufsunfähigkeits- oder Erwerbsminderungsrenten der Berufsgenossenschaft (§ 3 Nummer 1 Buchstabe a EStG),

– Sachleistungen und Kinderzuschüsse (§ 3 Nummer 1 Buchstabe b EStG),

– Übergangsgelder nach dem Sechsten Buch Sozialgesetzbuch – SGB VI – (§ 3 Nummer 1 Buchstabe c EStG),

– den Abfindungsbetrag einer Witwen- oder Witwerrente wegen Wiederheirat des Berechtigten nach § 107 SGB VI (§ 3 Nummer 3 Buchstabe a EStG),

– die Erstattung von Versichertenbeiträgen, in Fällen, in denen das mit der Einbeziehung in die Rentenversicherung verfolgte Ziel eines Rentenanspruchs nicht oder voraussichtlich nicht erreicht oder nicht vollständig erreicht werden kann (§§ 210 und 286d SGB VI), die Erstattung von freiwilligen Beiträgen im Zusammenhang mit Nachzahlungen von Beiträgen in besonderen Fällen (§§ 204, 205 und 207 des SGB VI) sowie die Erstattung der vom Versicherten zu Unrecht geleisteten Beiträge nach § 26 SGB IV (§ 3 Nummer 3 Buchstabe b EStG),

---

[1]) Abgedruckt in Anhang 2 IV.

- Ausgleichszahlungen nach § 86 Bundesversorgungsgesetz (§ 3 Nummer 6 EStG),
- Renten, die als Entschädigungsleistungen aufgrund gesetzlicher Vorschriften – insbesondere des Bundesentschädigungsgesetzes – zur Wiedergutmachung nationalsozialistischen Unrechts gewährt werden (§ 3 Nummer 8 EStG),
- Zuschüsse zur freiwilligen oder privaten Krankenversicherung (§ 3 Nummer 14 EStG),
- Leistungen nach den §§ 294 bis 299 SGB VI für Kindererziehung an Mütter der Geburtsjahrgänge vor 1921 (§ 3 Nummer 67 EStG); aus Billigkeitsgründen gehören dazu auch Leistungen nach § 294a Satz 2 SGB VI für Kindererziehung an Mütter der Geburtsjahrgänge vor 1927, die am 18. Mai 1990 ihren gewöhnlichen Aufenthalt im Beitrittsgebiet und am 31. Dezember 1991 keinen eigenen Anspruch auf Rente aus eigener Versicherung hatten.

Renten im Sinne des § 9 Anspruchs- und Anwartschaftsüberführungsgesetz (AAÜG) werden zwar von der Deutschen Rentenversicherung Bund ausgezahlt, es handelt sich jedoch nicht um Leistungen aus der gesetzlichen Rentenversicherung. Die Besteuerung erfolgt nach § 22 Nummer 1 Satz 3 Buchstabe a Doppelbuchstabe bb EStG ggf. i. V. m. § 55 Absatz 2 EStDV, soweit die Rente nicht nach § 3 Nummer 6 EStG steuerfrei ist. 138

b) Besonderheiten bei Leibrenten und anderen Leistungen aus den landwirtschaftlichen Alterskassen

Die Renten wegen Alters, wegen Erwerbsminderung und wegen Todes nach dem Gesetz über die Alterssicherung der Landwirte (ALG) gehören zu den Leistungen im Sinne des § 22 Nummer 1 Satz 3 Buchstabe a Doppelbuchstabe aa EStG. 139

Steuerfrei sind z. B. Sachleistungen nach dem ALG (§ 3 Nummer 1 Buchstabe b EStG), Geldleistungen nach den §§ 10, 36 bis 39 ALG (§ 3 Nummer 1 Buchstabe c EStG) sowie Beitragserstattungen nach den §§ 75 und 117 ALG (§ 3 Nummer 3 Buchstabe b EStG). 140

c) Besonderheiten bei Leibrenten und anderen Leistungen aus den berufsständischen Versorgungseinrichtungen

Leistungen aus berufsständischen Versorgungseinrichtungen werden nach § 22 Nummer 1 Satz 3 Buchstabe a Doppelbuchstabe aa EStG besteuert, unabhängig davon, ob die Beiträge als Sonderausgaben nach § 10 Absatz 1 Nummer 2 **Satz 1** Buchstabe a EStG berücksichtigt wurden. Die Besteuerung erfolgt auch dann nach § 22 Nummer 1 Satz 3 Buchstabe a Doppelbuchstabe aa EStG, wenn die berufsständische Versorgungseinrichtung keine den gesetzlichen Rentenversicherungen vergleichbaren Leistungen erbringt. 141

Unselbständige Bestandteile der Rente (z. B. Kinderzuschüsse) werden zusammen mit der Rente nach § 22 Nummer 1 Satz 3 Buchstabe a Doppelbuchstabe aa EStG besteuert. 142

Einmalige Leistungen (z. B. Kapitalauszahlungen, Sterbegeld, Abfindung von **Kleinbetragsrenten**) unterliegen ebenfalls der Besteuerung nach § 22 Nummer 1 Satz 3 Buchstabe a Doppelbuchstabe aa EStG. Das gilt auch für Kapitalauszahlungen, bei denen die erworbenen Anwartschaften auf Beiträgen beruhen, die vor dem 1. Januar 2005 erbracht worden sind. 143

Entsprechend den Regelungen zur gesetzlichen Rentenversicherung sind ab dem Veranlagungszeitraum 2007 folgende Leistungen nach § 3 Nummer 3 Buchstabe c EStG i. V. m. § 3 Nummer 3 Buchstabe a und b EStG steuerfrei: 144

- Witwen- und Witwerrentenabfindungen (§ 3 Nummer 3 Buchstabe c EStG i. V. m. § 3 Nummer 3 Buchstabe a EStG) bei der ersten Wiederheirat, wenn der Abfindungsbetrag das 60-fache der abzufindenden Monatsrente nicht übersteigt. Übersteigt die Abfindung den genannten Betrag, dann handelt es sich bei der Zahlung insgesamt nicht um eine dem § 3 Nummer 3 Buchstabe a EStG entsprechende Abfindung.
- Beitragserstattungen (§ 3 Nummer 3 Buchstabe c EStG i. V. m. § 3 Nummer 3 Buchstabe b EStG), wenn nicht mehr als 59 Beitragsmonate und höchstens die Beiträge abzügl. des steuerfreien Arbeitgeberanteils bzw. -zuschusses (§ 3 Nummer 62 EStG) nominal erstattet werden. Werden bis zu 60 % der für den Versicherten geleisteten Beiträge erstattet, handelt es sich aus Vereinfachungsgründen insgesamt um eine steuerfreie Beitragserstattung.

Die Möglichkeit der steuerfreien Erstattung von Beiträgen, die nicht Pflichtbeiträge sind, besteht für den Versicherten insgesamt nur einmal. Eine bestimmte Wartefrist – vgl. § 210 Absatz 2 SGB VI – ist insoweit nicht zu beachten. Damit die berufsständische Versorgungseinrichtung erkennen kann, ob es sich um eine steuerfreie Beitragserstattung oder steuerpflichtige Leistung handelt, hat derjenige, der die Beitragserstattung beantragt, gegenüber der berufsständischen Versorgungseinrichtung zu versichern, dass er eine entsprechende Beitragserstattung bisher noch nicht beantragt hat.

Wird die Erstattung von Pflichtbeiträgen beantragt, ist eine steuerfreie Beitragserstattung erst möglich, wenn nach dem Ausscheiden aus der Versicherungspflicht mindestens 24 Monate vergangen sind und nicht erneut eine Versicherungspflicht eingetreten ist. Unter diesen Voraussetzungen kann eine steuerfreie Beitragserstattung auch mehrmals in Betracht kommen, wenn nach einer Beitragserstattung für den Steuerpflichtigen erneut eine Versicherungspflicht in einer berufsständischen Versorgungseinrichtung begründet wird und diese zu einem späteren Zeitpunkt wieder erlischt. Beantragt der Steuerpflichtige somit aufgrund seines Ausscheidens aus der Versicherungspflicht erneut eine Beitragserstattung, dann handelt es sich nur dann um eine steuerfreie Beitragserstattung, wenn lediglich die geleisteten Pflichtbeiträge erstattet werden. Erfolgt eine darüber hinausgehende Erstattung, handelt es sich insgesamt um eine nach § 22 Nummer 1 Satz 3 Buchstabe a Doppelbuchstabe aa EStG steuerpflichtige Leistung. Damit die berufsständische Versorgungseinrichtung die Leistungen zutreffend zuordnen kann, hat derjenige, der die Beitragserstattung beantragt, in den Fällen des Ausscheidens aus der Versicherungspflicht auch im Falle der Erstattung von Pflichtbeiträgen gegenüber der berufsständischen Versorgungseinrichtung zu erklären, ob er bereits eine Beitragserstattung aus einer berufsständischen Versorgungseinrichtung in Anspruch genommen hat.

Nach § 3 Nummer 3 Buchstabe b EStG sind auch Beitragserstattungen nach den §§ 204, 205, 207, 286d SGB VI, § 26 SGB IV steuerfrei. Liegen die in den Vorschriften genannten Voraussetzungen auch bei der von einer berufsständischen Versorgungseinrichtung durchgeführten Beitragserstattung vor, handelt es sich insoweit um eine steuerfreie Leistung.

2. Leibrenten und andere Leistungen aus Rentenversicherungen im Sinne des § 10 Absatz 1 Nummer 2 Satz 1 Buchstabe b EStG

145 Leistungen aus Rentenversicherungen im Sinne des § 10 Absatz 1 Nummer 2 **Satz 1** Buchstabe b EStG **(vgl. Rz. 8 ff.)** unterliegen der nachgelagerten Besteuerung gem. § 22 Nummer 1 Satz 3 Buchstabe a Doppelbuchstabe aa EStG. Vgl. im Einzelnen die Ausführungen unter Rz. 8 ff.

146 Für Renten aus Rentenversicherungen, die nicht den Voraussetzungen des § 10 Absatz 1 Nummer 2 **Satz 1** Buchstabe b EStG entsprechen – insbesondere für Renten aus Verträgen im Sinne des § 10 Absatz 1 Nummer **3a** Buchstabe b EStG – bleibt es bei der Ertragsanteilsbesteuerung **(vgl. insoweit Rz. 151 ff.)**, es sei denn, es handelt sich um nach dem 31. Dezember 2004 abgeschlossene Rentenversicherungen, bei denen keine lebenslange Rentenzahlung vereinbart und erbracht wird. **Dann erfolgt die Besteuerung nach** § 20 Absatz 1 Nummer 6 EStG **im Wege der Ermittlung des Unterschiedsbetrags**. Die Regelungen in § 22 Nummer 5 EStG bleiben unberührt (vgl. BMF-Schreiben vom **31. März 2010,** BStBl I S. 270).[1]

147 Wird ein Rentenversicherungsvertrag mit Versicherungsbeginn vor dem 1. Januar 2005 in einen **zertifizierten Basisrentenvertrag** umgewandelt, der die Voraussetzungen des § 10 Absatz 1 Nummer 2 Buchstabe b EStG erfüllt, ist für die steuerliche Beurteilung der Versicherungsbeginn des ursprünglichen Vertrages maßgebend. Beiträge zu dem umgewandelten Vertrag sind daher nicht nach § 10 Absatz 1 Nummer 2 **Satz 1** Buchstabe b EStG als Sonderausgaben abziehbar und die Rente aus dem umgewandelten Vertrag unterliegt der Besteuerung mit dem Ertragsanteil (§ 22 Nummer 1 Satz 3 Buchstabe a Doppelbuchstabe bb EStG).

148 Wird ein Kapitallebensversicherungsvertrag in einen Rentenversicherungsvertrag im Sinne des § 10 Absatz 1 Nummer 2 Buchstabe b EStG umgewandelt, führt auch dies zur Beendigung des bestehenden Vertrages – mit den entsprechenden steuerlichen Konsequenzen – und zum Abschluss eines neuen Basisrentenvertrages im Zeitpunkt der Umstellung. Die Beiträge einschließlich des aus dem Altvertrag übertragenen Kapitals können im Rahmen des Sonderausgabenabzugs nach § 10 Absatz 1 Nummer 2 **Satz 1** Buchstabe b EStG berücksichtigt werden. Die sich aus dem Basisrentenvertrag ergebenden Leistungen unterliegen insgesamt der Besteuerung nach § 22 Nummer 1 Satz 3 Buchstabe a Doppelbuchstabe aa EStG.

149 Wird entgegen der ursprünglichen vertraglichen Vereinbarung (vgl. Rz. 9) **ein zertifizierter Basisrentenvertrag** mit Versicherungsbeginn nach dem 31. Dezember 2004, der die Voraussetzungen des **des § 10 Absatz 1 Nummer 2 Satz 1 Buchstabe b EStG** nicht erfüllt, ist steuerlich von einem neuen Vertrag auszugehen. Wird dabei die auf den „alten" Vertrag entfallende Versicherungsleistung ganz oder teilweise auf den „neuen" Vertrag angerechnet, fließt die angerechnete Versicherungsleistung dem Versicherungsnehmer zu und unterliegt im Zeitpunkt der Umwandlung des Vertrags der Besteuerung nach § 22 Nummer 1 Satz 3 Buchstabe a Doppelbuchstabe aa EStG. Ist die Umwandlung als Missbrauch von rechtlichen Gestaltungsmöglichkeiten (§ 42 der Abgabenordnung – AO –) anzusehen, z. B. Umwandlung innerhalb kurzer Zeit nach Vertragsabschluss ohne erkennbaren sachlichen Grund, ist für die vor der Umwandlung geleisteten Beiträge der Sonderausgabenabzug nach § 10 Absatz 1 Nummer 2 **Satz 1** Buchstabe b EStG zu versagen oder rückgängig zu machen.

---

[1] Abgedruckt in Anhang 2 IV.

Anhang 2
Altersversorgung

Werden Ansprüche des Leistungsempfängers aus einem Versicherungsvertrag mit Versicherungsbeginn nach dem 31. Dezember 2004, der die Voraussetzungen des § 10 Absatz 1 Nummer 2 Buchstabe b EStG erfüllt, unmittelbar auf einen Vertrag bei einem anderen Unternehmen übertragen, gilt die Versicherungsleistung nicht als dem Leistungsempfänger zugeflossen, wenn der neue Vertrag **nach § 5a AltZertG zertifiziert ist.** Sie unterliegt daher im Zeitpunkt der Übertragung nicht der Besteuerung. 150

III. Leibrenten und andere Leistungen im Sinne des § 22 Nummer 1 Satz 3 Buchstabe a Doppelbuchstabe bb EStG

Der Anwendungsbereich des § 22 Nummer 1 Satz 3 Buchstabe a Doppelbuchstabe bb EStG umfasst diejenigen Leibrenten und anderen Leistungen, die nicht bereits unter Doppelbuchstabe aa der Vorschrift (vgl. Rz. 135ff.) oder § 22 Nummer 5 EStG einzuordnen sind, wie Renten aus 151

– Rentenversicherungen, die nicht den Voraussetzungen des § 10 Absatz 1 Nummer 2 **Satz 1** Buchstabe b EStG entsprechen, weil sie z. B. eine Teilkapitalisierung oder Einmalkapitalauszahlung (Kapitalwahlrecht) oder einen Rentenbeginn vor Vollendung des 60. Lebensjahres vorsehen (bei nach dem 31. Dezember 2011 abgeschlossenen Verträgen ist regelmäßig die Vollendung des 62. Lebensjahres maßgebend) oder die Laufzeit der Versicherung vor dem 1. Januar 2005 begonnen hat, oder

– Verträgen im Sinne des § 10 Absatz 1 Nummer **3a** Buchstabe b EStG.

Bei nach dem 31. Dezember 2004 abgeschlossenen Rentenversicherungen muss eine lebenslange Rentenzahlung vereinbart und erbracht werden.

Werden neben einer Grundrente Überschussbeteiligungen in Form einer Bonusrente gezahlt, so ist der gesamte Auszahlungsbetrag mit einem einheitlichen Ertragsanteil der Besteuerung zu unterwerfen. **Mit der Überschussbeteiligung in Form einer Bonusrente wird** kein neues Rentenrecht begründet (**R 22.4 Absatz 1 Satz 2 EStR 2008**). In der Mitteilung nach § 22a EStG (bei Leistungen i. S. d. § 22 Nummer 5 Satz 2 Buchstabe a EStG in der Mitteilung nach § 22 Nummer 5 Satz **7** EStG) ist der Betrag von Grund- und Bonusrente in einer Summe auszuweisen. 152

Dem § 22 Nummer 1 Satz 3 Buchstabe a Doppelbuchstabe bb EStG zuzuordnen sind auch abgekürzte Leibrenten, die nicht unter § 22 Nummer 1 Satz 3 Buchstabe a Doppelbuchstabe aa EStG fallen (z. B. private selbständige Erwerbsminderungsrente, Waisenrente aus einer privaten Versicherung, die die Voraussetzungen des § 10 Absatz 1 Nummer 2 **Satz 1** Buchstabe b EStG nicht erfüllt). **Dies gilt bei Rentenversicherungen (vgl. Rz. 19 des BMF-Schreibens vom 1. Oktober 2009**[1]**), BStBl I S. 1172) nur, wenn sie vor dem 1. Januar 2005 abgeschlossen wurden.** 153

Auf Antrag des Steuerpflichtigen sind unter bestimmten Voraussetzungen auch Leibrenten und andere Leistungen im Sinne des § 22 Nummer 1 Satz 3 Buchstabe a Doppelbuchstabe aa EStG nach § 22 Nummer 1 Satz 3 Buchstabe a Doppelbuchstabe bb EStG zu versteuern (sog. Öffnungsklausel). Wegen der Einzelheiten hierzu vgl. die Ausführungen unter Rz. **177**ff. 154

IV. Besonderheiten bei der betrieblichen Altersversorgung

Die Versorgungsleistungen einer Pensionskasse, eines Pensionsfonds oder aus einer Direktversicherung (z. B. Rente, Auszahlungsplan, Teilkapitalauszahlung, Einmalkapitalauszahlung) unterliegen der Besteuerung nach § 22 Nummer 5 EStG. Einzelheiten zur Besteuerung von Leistungen aus der betrieblichen Altersversorgung sind im BMF-Schreiben vom **31. März 2010**, BStBl I S. 270,[2] **Rz. 326 ff.** geregelt. 155

V. Durchführung der Besteuerung

1. Leibrenten und andere Leistungen im Sinne des § 22 Nummer 1 Satz 3 Buchstabe a Doppelbuchstabe aa EStG

a) Allgemeines

In der Übergangszeit bis zur vollständigen nachgelagerten Besteuerung unterliegt nur ein Teil der Leibrenten und anderen Leistungen der Besteuerung. In Abhängigkeit vom Jahresbetrag der Rente und dem Jahr des Rentenbeginns wird der steuerfreie Teil der Rente ermittelt, der grundsätzlich für die gesamte Laufzeit der Rente gilt. Diese Regelung bewirkt, dass Rentenerhöhungen, die auf einer regelmäßigen Rentenanpassung beruhen, vollständig nachgelagert besteuert werden. 156

---

[1] Abgedruckt zu H 20 (Versicherungsverträge).
[2] Abgedruckt in Anhang 2 IV.

b) Jahresbetrag der Rente

157 Bemessungsgrundlage für die Ermittlung des der Besteuerung unterliegenden Anteils der Rente ist der Jahresbetrag der Rente (§ 22 Nummer 1 Satz 3 Buchstabe a Doppelbuchstabe aa Satz 2 EStG). Jahresbetrag der Rente ist die Summe der im Kalenderjahr zugeflossenen Rentenbeträge einschließlich der bei Auszahlung einbehaltenen eigenen Beitragsanteile zur Kranken- und Pflegeversicherung. Steuerfreie Zuschüsse zu den Krankenversicherungsbeiträgen sind nicht Bestandteil des Jahresbetrags der Rente. Zum Jahresbetrag der Rente gehören auch die im Kalenderjahr zugeflossenen anderen Leistungen. Bei rückwirkender Zubilligung der Rente ist ggf. Rz. **229** zu beachten. **Eine Pfändung der Rente hat keinen Einfluss auf die Höhe des nach § 22 EStG zu berücksichtigenden Jahresbetrags der Rente.**

c) Bestimmung des Prozentsatzes

aa) Allgemeines

158 Der **Prozentsatz** in der Tabelle in § 22 Nummer 1 Satz 3 Buchstabe a Doppelbuchstabe aa Satz 3 EStG bestimmt sich grundsätzlich nach dem Jahr des Rentenbeginns.

159 Unter Beginn der Rente ist der Zeitpunkt zu verstehen, ab dem die Rente (ggf. nach rückwirkender Zubilligung) tatsächlich bewilligt wird (siehe Rentenbescheid).

160 Wird die bewilligte Rente bis auf 0 € gekürzt, z. B. weil eigene Einkünfte anzurechnen sind, steht dies dem Beginn der Rente nicht entgegen und unterbricht die Laufzeit der Rente nicht. Verzichtet der Rentenberechtigte in Kenntnis der Kürzung der Rente auf die Beantragung, beginnt die Rente jedoch nicht zu laufen, solange sie mangels Beantragung nicht dem Grunde nach bewilligt wird.

161 Fließt eine andere Leistung vor dem Beginn der Leibrente zu, bestimmt sich der **Prozentsatz** für die Besteuerung der anderen Leistung nach dem Jahr ihres Zuflusses, andernfalls nach dem Jahr des Beginns der Leibrente.

bb) Erhöhung oder Herabsetzung der Rente

162 Soweit Renten im Sinne des § 22 Nummer 1 Satz 3 Buchstabe a Doppelbuchstabe aa EStG später z. B. wegen Anrechnung anderer Einkünfte erhöht oder herabgesetzt werden, ist keine neue Rente anzunehmen. Gleiches gilt, wenn eine Teil-Altersrente in eine volle Altersrente oder eine volle Altersrente in eine Teil-Altersrente umgewandelt wird (§ 42 SGB VI). Für den erhöhten oder verminderten Rentenbetrag bleibt der ursprünglich ermittelte **Prozentsatz** maßgebend (zur Neuberechnung des Freibetrags vgl. Rz. **171**ff.).

cc) Besonderheiten bei Folgerenten aus derselben Versicherung oder demselben Vertrag

163 Renten aus derselben Versicherung oder demselben Vertrag liegen vor, wenn Renten auf ein und demselben Rentenrecht beruhen. Das ist beispielsweise der Fall, wenn eine Rente wegen voller Erwerbsminderung einer Rente wegen teilweiser Erwerbsminderung folgt oder umgekehrt, bei einer Altersrente, der eine (volle oder teilweise) Erwerbsminderungsrente vorherging, oder wenn eine kleine Witwen- oder Witwerrente einer großen Witwen- oder Witwerrente folgt und umgekehrt oder eine Altersrente einer Erziehungsrente folgt. Das gilt auch dann, wenn die Rentenempfänger nicht identisch sind wie z. B. bei einer Altersrente mit nachfolgender Witwen- oder Witwerrente oder Waisenrente. **Leistungen aus Anrechten, die im Rahmen des Versorgungsausgleichs durch interne Teilung auf die ausgleichsberechtigte Person übertragen wurden oder die zu Lasten der Anrechte der ausgleichspflichtigen Person für die ausgleichsberechtigte Person durch externe Teilung begründet wurden, stellen einen eigenen Rentenanspruch der ausgleichsberechtigten Person dar. Die Rente der ausgleichsberechtigten Person ist daher keine Rente aus der Versicherung oder dem Vertrag der ausgleichspflichtigen Person.**

164 Folgen nach dem 31. Dezember 2004 Renten aus derselben Versicherung oder demselben Vertrag einander nach, wird bei der Ermittlung des Prozentsatzes nicht der tatsächliche Beginn der Folgerente herangezogen. Vielmehr wird ein fiktives Jahr des Rentenbeginns ermittelt, indem vom tatsächlichen Rentenbeginn der Folgerente die Laufzeiten vorhergehender Renten abgezogen werden. Dabei darf der Prozentsatz von 50 % nicht unterschritten werden.

165 Beispiel:

A bezieht von Oktober 2003 bis Dezember 2006 (= 3 Jahre und 3 Monate) eine Erwerbsminderungsrente i. H. v. 1 000 €. Anschließend ist er wieder erwerbstätig. Ab Februar 2013 erhält er seine Altersrente i. H. v. 2 000 €.

In 2003 und 2004 ist die Erwerbsminderungsrente gem. § 55 Absatz 2 EStDV mit einem Ertragsanteil von 4 % zu versteuern, in 2005 und 2006 gem. § 22 Nummer 1 Satz 3 Buchstabe a

Doppelbuchstabe aa EStG mit einem Besteuerungsanteil von 50 %. Der der Besteuerung unterliegende Teil für die ab Februar 2013 gewährte Altersrente ermittelt sich wie folgt:

Rentenbeginn der Altersrente	Februar 2013
abzgl. der Laufzeit der Ewerbsminderungsrente (3 Jahre und 3 Monate)	
= fiktiver Rentenbeginn	November 2009
Besteuerungsanteil lt. Tabelle	58 %
Jahresbetrag der Rente in 2013: 11 × 2 000 €	22 000 €
Betragsmäßiger Besteuerungsanteil (58 % von 22 000 €)	12 760 €

Renten, die vor dem 1. Januar 2005 geendet haben, werden nicht als vorhergehende Renten berücksichtigt und wirken sich daher auf die Höhe des Prozentsatzes für die Besteuerung der nachfolgenden Rente nicht aus. 166

Abwandlung des Beispiels in Rz. **165**: 167

Die Erwerbsminderungsrente wurde von Oktober 2000 bis Dezember 2004 bezogen.

In diesem Fall folgen nicht nach dem 31. Dezember 2004 mehrere Renten aus derselben Versicherung einander nach mit der Folge, dass für die Ermittlung des Besteuerungsanteils für die Altersrente das Jahr 2013 maßgebend ist und folglich ein Besteuerungsanteil von 66 %.

Lebt eine wegen Wiederheirat des Berechtigten weggefallene Witwen- oder Witwerrente wegen Auflösung oder Nichtigerklärung der erneuten Ehe oder der erneuten Lebenspartnerschaft wieder auf (§ 46 Absatz 3 SGB VI), ist bei Wiederaufleben der Witwen- oder Witwerrente für die Ermittlung des **Prozentsatzes** nach § 22 Nummer 1 Satz 3 Buchstabe a Doppelbuchstabe aa Satz 3 EStG der Rentenbeginn des erstmaligen Bezugs maßgebend. 168

d) Ermittlung des steuerfreien Teils der Rente

aa) Allgemeines

Nach § 22 Nummer 1 Satz 3 Buchstabe a Doppelbuchstabe aa Satz 4 und 5 EStG gilt der steuerfreie Teil der Rente für die gesamte Laufzeit des Rentenbezugs. Der steuerfreie Teil der Rente wird in dem Jahr ermittelt, das dem Jahr des Rentenbeginns folgt. Bei Renten, die vor dem 1. Januar 2005 begonnen haben, ist der steuerfreie Teil der Rente des Jahres 2005 maßgebend. 169

bb) Bemessungsgrundlage für die Ermittlung des steuerfreien Teils der Rente

Bemessungsgrundlage für die Ermittlung des steuerfreien Teils der Rente ist der Jahresbetrag der Rente in dem Jahr, das dem Jahr des Rentenbeginns folgt. Bei Renten mit Rentenbeginn vor dem 1. Januar 2005 ist der Jahresbetrag der Rente des Jahres 2005 maßgebend. Zum Jahresbetrag der Rente vgl. Rz. 157. 170

cc) Neuberechnung des steuerfreien Teils der Rente

Ändert sich der Jahresbetrag der Rente und handelt es sich hierbei nicht um eine regelmäßige Anpassung (z. B. jährliche Rentenerhöhung), ist der steuerfreie Teil der Rente auf der Basis des bisher maßgebenden Prozentsatzes mit der veränderten Bemessungsgrundlage neu zu ermitteln. Auch Rentennachzahlungen oder -rückzahlungen sowie der Wegfall des Kinderzuschusses zur Rente aus einer berufsständischen Versorgungseinrichtung können zu einer Neuberechnung des steuerfreien Teils der Rente führen. 171

Der steuerfreie Teil der Rente ist in dem Verhältnis anzupassen, in dem der veränderte Jahresbetrag der Rente zum Jahresbetrag der Rente steht, der der Ermittlung des bisherigen steuerfreien Teils der Rente zugrunde gelegen hat. Regelmäßige Anpassungen des Jahresbetrags der Rente bleiben dabei außer Betracht (§ 22 Nummer 1 Satz 3 Buchstabe a Doppelbuchstabe aa Satz 7 EStG). Die für die Berechnung erforderlichen Angaben ergeben sich aus der Rentenbezugsmitteilung (vgl. Rz. 223ff.). 172

Beispiel: 173

R bezieht ab Mai **2008** eine monatliche Witwenrente aus der gesetzlichen Rentenversicherung i. H. v. 1 100 €. Die Rente wird aufgrund regelmäßiger Anpassungen zum 1. Juli **2008**, zum 1. Juli **2009**, zum 1. Juli **2010** und zum 1. Juli **2011** jeweils um 10 € erhöht. Wegen anderer Einkünfte wird die Rente ab August **2011** auf 830 € gekürzt.

Anhang 2

Altersversorgung

Rentenzeitraum	Monatsbetrag	Betrag im Zahlungszeitraum
1.5.–30.6.**2008**	1 100,00 €	2 200,00 €
1.7.–31.12.**2008**	1 110,00 €	6 660,00 €
Jahresrente 2008		**8 860,00 €**
1.1. –30.6.**2009**	1 110,00 €	6 660,00 €
1.7. –31.12.**2009**	1 120,00 €	6 720,00 €
Jahresrente 2009		**13 380,00 €**
1.1. –30.6.**2010**	1 120,00 €	6 720,00 €
1.7. –31.12.**2010**	1 130,00 €	6 780,00 €
Jahresrente 2010		**13 500,00 €**
1.1. –30.6.**2011**	1 130,00 €	6 780,00 €
1.7. –31.7.**2011**	1 140,00 €	1 140,00 €
1.8. –31.12.**2011**	830,00 €	4 150,00 €
Jahresrente 2011		**12 070,00 €**

Dem Finanzamt liegen die folgenden Rentenbezugsmitteilungen vor:

Jahr	Leistungsbetrag	Anpassungsbetrag
2008	8 860,00 €	0,00 €
2009	13 380,00 €	0,00 €
2010	13 500,00 €	120,00 €
2011	12 070,00 €	206,00 €

Berechnung des steuerfreien Teils der Rente 2009

Jahresrente **2009**	13 380,00 €
– der Besteuerung unterliegender Teil (56 % von 13 380,00 €) =	– 7 492,80 €
= steuerfreier Teil der Rente	5 887,20 €

Neuberechnung des steuerfreien Teils der Rente im Jahr 2011
Jahresrente **2011** ohne regelmäßige Anpassungen

(12 070,00 € – 206,00 €) =	11 864,00 €
(11 864,00 €/13 380,00 €) × 5 887,20 € =	5 220,16 €

Ermittlung des der Besteuerung unterliegenden Teils der Rente in Anlehnung an den Wortlaut des § 22 Nummer 1 Satz 3 Buchstabe a Doppelbuchstabe aa Satz 3 bis 7 EStG

Jahr	Besteuerungsanteil der Rente	
2008	56 % von 8 860,00 € =	4 961,60 €
2009	56 % von 13 380,00 € =	7 492,80 €
2010	13 500,00 € – 5 887,20 € =	7 612,80 €
2011	12 070,00 € – 5 220,16 € =	6 849,84 €

Ermittlung des der Besteuerung unterliegenden Teils der Rente in Anlehnung an die Einkommensteuererklärung/die Rentenbezugsmitteilung

	2008	2009	2010	2011
Jahresrente lt. Rentenbezugsmitteilung	8 860,00 €	13 380,00 €	13 500,00 €	12 070,00 €
– Anpassungsbetrag lt. Rentenbezugsmitteilung	– 0,00 €	– 0,00 €	– 120,00 €	– 206,00 €
Zwischensumme	8 860,00 €	13 380,00 €	13 380,00 €	11 864,00 €
darauf fester Prozentsatz (hier: 56 %)	4 961,60 €	7 492,80 €	7 492,80 €	6 643,84 €
+ Anpassungsbetrag lt. Rentenbezugsmitteilung	+ 0,00 €	+ 0,00 €	+ 120,00 €	+ 206,00 €
= der Besteuerung unterliegende Anteil der Rente	4 961,60 €	7 492,80 €	7 612,80 €	6 849,84 €

Folgerenten im Sinne des § 22 Nummer 1 Satz 3 Buchstabe a Doppelbuchstabe aa Satz 8 EStG (vgl. Rz. 163ff.) werden für die Berechnung des steuerfreien Teils der Rente (§ 22 Nummer 1 Satz 3 Buchstabe a Doppelbuchstabe aa Satz 3 bis 7 EStG) als eigenständige Renten behandelt. Das gilt nicht, wenn eine wegen Wiederheirat weggefallene Witwen- oder Witwerrente (vgl. Rz. 168) wieder auflebt. In diesem Fall berechnet sich der steuerfreie Teil der Rente nach der ursprünglichen, später weggefallenen Rente (vgl. Rz. 169 und 170).   174

2. Leibrenten und andere Leistungen im Sinne des § 22 Nummer 1 Satz 3 Buchstabe a Doppelbuchstabe bb EStG

Leibrenten im Sinne des § 22 Nummer 1 Satz 3 Buchstabe a Doppelbuchstabe bb EStG (vgl. Rz. 151) unterliegen auch ab dem Veranlagungszeitraum 2005 nur mit dem Ertragsanteil der Besteuerung. Die Ertragsanteile sind gegenüber dem bisherigen Recht abgesenkt worden. Sie ergeben sich aus der Tabelle in § 22 Nummer 1 Satz 3 Buchstabe a Doppelbuchstabe bb Satz 4 EStG. Die neuen Ertragsanteile gelten sowohl für Renten, deren Rentenbeginn vor dem 1. Januar 2005 liegt, als auch für Renten, die erst nach dem 31. Dezember 2004 zu laufen beginnen.   175

Für abgekürzte Leibrenten (vgl. Rz. 153) – z. B. aus einer privaten selbständigen Erwerbsminderungsversicherung, die nur bis zum 65. Lebensjahr gezahlt wird – bestimmen sich die Ertragsanteile auch weiterhin nach § 55 Absatz 2 EStDV.   176

3. Öffnungsklausel

a) Allgemeines

Durch die Öffnungsklausel in § 22 Nummer 1 Satz 3 Buchstabe a Doppelbuchstabe bb Satz 2 EStG werden auf Antrag des Steuerpflichtigen Teile der Leibrenten oder anderer Leistungen, die anderenfalls der nachgelagerten Besteuerung nach § 22 Nummer 1 Satz 3 Buchstabe a Doppelbuchstabe aa EStG unterliegen würden, nach § 22 Nummer 1 Satz 3 Buchstabe a Doppelbuchstabe bb EStG besteuert.   177

b) Antrag

Der Antrag ist vom Steuerpflichtigen beim zuständigen Finanzamt in der Regel im Rahmen der Einkommensteuererklärung formlos zu stellen. Der Antrag kann nicht vor Beginn des Leistungsbezugs gestellt werden. Die Öffnungsklausel in § 22 Nummer 1 Satz 3 Buchstabe a Doppelbuchstabe bb Satz 2 EStG ist nicht von Amts wegen anzuwenden.   178

c) 10-Jahres-Grenze

Die Anwendung der Öffnungsklausel setzt voraus, dass bis zum 31. Dezember 2004 **über einen Zeitraum von** mindestens zehn **Jahren** Beiträge oberhalb des Betrags des Höchstbeitrags zur gesetzlichen Rentenversicherung gezahlt wurden. Dabei ist jedes Kalenderjahr getrennt zu betrachten. Die Jahre müssen nicht unmittelbar aufeinander folgen. **Dabei sind Beiträge grundsätzlich dem Jahr zuzurechnen, in dem sie gezahlt oder für das sie bescheinigt werden. Sofern Beiträge jedoch rentenrechtlich (als Nachzahlung) in einem anderen Jahr wirksam werden, sind diese dem Jahr zuzurechnen, in dem sie rentenrechtlich wirksam werden. Für die Prüfung, ob die 10-Jahres-Grenze erfüllt ist, sind nur Zahlungen zu berücksichtigen, die bis zum 31. Dezember 2004 geleistet wurden (BFH vom 19. Januar 2010 – X R 53/08 RdNummer 85). Sie müssen außerdem „für" Beitragsjahre vor dem 1. Januar 2005 gezahlt worden sein.** Der jährliche Höchstbeitrag ist auch dann maßgebend, wenn nur für einen Teil des Jahres Versicherungspflicht bestand oder während des ganzen Jahres Beiträge geleistet wurden **(BFH vom 4. Februar 2010 – X R 58/08 RdNummer 83)**.   179

d) Maßgeblicher Höchstbeitrag

Für die Prüfung, ob Beiträge oberhalb des Betrags des Höchstbeitrags gezahlt wurden, ist grundsätzlich der Höchstbeitrag zur gesetzlichen Rentenversicherung der Angestellten und Arbeiter (West) **des Jahres heranzuziehen, dem die Beiträge zuzurechnen sind**. In den Jahren, in denen im gesamten Kalenderjahr eine Versicherung in der knappschaftlichen Rentenversicherung bestand, ist deren Höchstbeitrag maßgebend. Bis 1949 galten in den gesetzlichen Rentenversicherungen unterschiedliche Höchstbeiträge für Arbeiter und Angestellte. Sofern keine Versicherungspflicht in den gesetzlichen Rentenversicherungen bestand, ist stets der Höchstbeitrag für Angestellte in der gesetzlichen Rentenversicherung der Arbeiter und Angestellten zugrunde zu legen. Höchstbeitrag ist die Summe des Arbeitgeberanteils und des Arbeitnehmeranteils zur jeweiligen gesetzlichen Rentenversicherung. Die maßgeblichen Höchstbeiträge ergeben sich für die Jahre 1927 bis 2004 aus der Anlage beigefügten Tabelle.   180

e) Ermittlung der geleisteten Beiträge

181 Für die Frage, ob in einem Jahr Beiträge oberhalb des Betrags des Höchstbetrags gezahlt wurden, sind sämtliche Beiträge **an gesetzliche Rentenversicherungen, an landwirtschaftliche Alterskassen und an berufsständische Versorgungseinrichtungen** zusammenzurechnen, die **dem einzelnen** Jahr zuzurechnen sind (Rz. 179). Beiträge zur gesetzlichen Rentenversicherung aufgrund eines Versorgungsausgleichs (§ 187 Absatz 1 Nummer 1 SGB VI), bei vorzeitiger Inanspruchnahme einer Altersrente (§ 187a SGB VI) oder zur Erhöhung der Rentenanwartschaft (§ 187b SGB VI) **sind in dem Jahr zu berücksichtigen, in dem sie** geleistet **wurden**. Dies gilt entsprechend für Beitragszahlungen **dieser Art** an landwirtschaftliche Alterskassen und berufsständische Versorgungseinrichtungen.

182 Für die Anwendung der Öffnungsklausel werden nur Beiträge berücksichtigt, die eigene Beitragsleistungen des Steuerpflichtigen enthalten. Bei der Ermittlung der gezahlten Beiträge kommt es nicht darauf an, ob die Beiträge vom Steuerpflichtigen vollständig oder teilweise selbst getragen wurden. Es ist auch unerheblich, ob es sich um Pflichtbeiträge, freiwillige Beiträge oder Beiträge zur Höherversicherung handelt.

183 Beiträge aufgrund von Nachversicherungen in gesetzliche Rentenversicherungen, an landwirtschaftliche Alterskassen und an berufsständische Versorgungseinrichtungen sind nicht zu berücksichtigen. Eine Nachversicherung wird durchgeführt, wenn ein Beschäftigungsverhältnis, das unter bestimmten Voraussetzungen nicht der Versicherungspflicht in der gesetzlichen Rentenversicherung oder in einer berufsständischen Versorgungseinrichtung unterlag (z. B. als Beamtenverhältnis), unter Verlust der Versorgungszusage gelöst wird.

184 Zuschüsse zum Beitrag nach § 32 des Gesetzes über die Alterssicherung der Landwirte werden bei der Berechnung mit einbezogen.

185 Der jährliche Höchstbeitrag ist auch dann maßgebend, wenn nur für einen Teil des Jahres eine Versicherungspflicht bestand oder nicht während des ganzen Jahres Beiträge geleistet wurden (**BFH vom 4. Februar 2010 – X R 58/08 RdNummer 83**). Ein anteiliger Ansatz des Höchstbeitrags erfolgt nicht.

f) Nachweis der gezahlten Beiträge

186 Der Steuerpflichtige muss einmalig nachweisen, dass er **über einen Zeitraum von** mindestens zehn Jahren vor dem 1. Januar 2005 Beiträge oberhalb des Betrags des Höchstbeitrags gezahlt hat. Der Nachweis ist durch Bescheinigungen der Versorgungsträger, an die die Beiträge geleistet wurden – bzw. von deren Rechtsnachfolgern –, zu erbringen. **Aus der Bescheinigung muss sich ergeben, dass die Beiträge vor dem 1. Januar 2005 geleistet wurden und welchem Jahr sie zugerechnet wurden.** Soweit der Versorgungsträger **für Beiträge zur Zahlung vor dem 1. Januar 2005** nicht bescheinigen kann, hat er in der Bescheinigung ausdrücklich darauf hinzuweisen. In diesen Fällen obliegt es dem Steuerpflichtigen, den Zahlungszeitpunkt **vor dem 1. Januar 2005** nachzuweisen. Wird der Nachweis nicht geführt, sind diese Beträge nicht in die Berechnung einzubeziehen, Pflichtbeiträge gelten **hierbei** als in dem Jahr gezahlt, für das sie bescheinigt werden. Beiträge oberhalb des Höchstbeitrags, die nach dem 31. Dezember 2004 geleistet worden sind, bleiben für die Anwendung der Öffnungsklausel auch dann außer Betracht, wenn im Übrigen vor dem 1. Januar 2005 **über einen Zeitraum von** von mindestens zehn Jahren Beiträge oberhalb des Betrags des Höchstbeitrags zur gesetzlichen Rentenversicherung geleistet worden sind. **Wurde vom Steuerpflichtigen eine von den Grundsätzen dieses BMF-Schreibens abweichende Bescheinigung vorgelegt, ist als Folge der durch die BFH-Rechtsprechung vom 19. Januar 2010 (Az. X R 53/08) geänderten Rechtslage bis spätestens für den VZ 2011 eine den Grundsätzen dieses BMF-Schreibens entsprechende neue Beitragsbescheinigung vorzulegen** (vgl. auch Rz. 203).

g) Ermittlung des auf Beiträgen oberhalb des Betrags des Höchstbeitrags beruhenden Teils der Leistung

187 Der Teil der Leibrenten oder anderen Leistungen, der auf Beiträgen oberhalb des Betrags des Höchstbeitrags beruht, wird vom Versorgungsträger nach denselben Grundsätzen zu ermitteln wie in Leistungsfällen, bei denen keine Beiträge oberhalb des Betrags des Höchstbeitrags geleistet wurden. Dieser Teil wird bezogen auf jeden einzelnen Rentenanspruch getrennt ermittelt. Dabei sind die insgesamt in den einzelnen Kalenderjahren – ggf. zu verschiedenen Versorgungsträgern – geleisteten Beiträge nach Maßgabe der Rz. **191** bis **193** zu berücksichtigen. Jedes Kalenderjahr ist getrennt zu betrachten. Für jedes Jahr ist der Teil der Leistung, der auf Beiträgen oberhalb des Betrags des Höchstbeitrags beruht, gesondert zu ermitteln. Eine Zusammenrechnung der **den** einzelnen **Jahren zuzurechnenden** Beiträge und eine daraus resultierende Durchschnittsbildung sind nicht zulässig. **Sofern Beiträge zur gesetzlichen Rentenversicherung oberhalb des Betrags des Höchstbeitrags geleistet werden und in diesen Beiträgen Höherversicherungsbeiträge enthalten sind, sind diese vorrangig als oberhalb des Betrags des Höchstbeitrags geleistet anzusehen.** Wurde vom Steuerpflichtigen eine von den Grundsätzen dieses BMF-Schreibens abwei-

Anhang 2
Altersversorgung
VI

chende Bescheinigung vorgelegt, ist bis spätestens für den VZ 2011 eine den Grundsätzen dieses BMF-Schreibens entsprechende neue Beitragsbescheinigung vorzulegen (vgl. auch Rz. 203).

Abweichend hiervon wird bei berufsständischen Versorgungseinrichtungen zugelassen, dass die tatsächlich geleisteten Beiträge und die den Höchstbeitrag übersteigenden Beiträge zum im entsprechenden Jahr maßgebenden Höchstbeitrag ins Verhältnis gesetzt werden. Aus dem Verhältnis der Summen der sich daraus ergebenden Prozentsätze ergibt sich der Prozentsatz für den Teil der Leistung, der auf Beiträge oberhalb des Betrags des Höchstbeitrags entfällt. Für Beitragszahlungen ab dem Jahr 2005 ist für übersteigende Beiträge kein Prozentsatz anzusetzen. Diese Vereinfachungsregelung ist zulässig, wenn 188

– alle Mitglieder der einheitlichen Anwendung der Vereinfachungsregelung zugestimmt haben oder

– die berufsständische Versorgungseinrichtung für das Mitglied den Teil der Leistung, der auf Beiträge oberhalb des Betrags des Höchstbeitrags zur gesetzlichen Rentenversicherung beruht, nicht nach Rz. **187** ermitteln kann.

Beispiel: 189
Der Versicherte V war in den Jahren 1969 bis 2005 bei einer berufsständischen Versorgungseinrichtung versichert. Die Aufteilung kann wie folgt durchgeführt werden:

Jahr	tatsächlich geleistete Beiträge in DM/€	Höchstbeitrag zur gesetzlichen Rentenversicherung (HB) in DM/€	übersteigende Beiträge in DM/€	tatsächlich geleistete Beiträge in % des HB	übersteigende Beiträge in % des HB
1969	2 321,00 DM	3 264,00 DM	0 DM	71,11 %	0,00 %
1970	3 183,00 DM	3 672,00 DM	0 DM	86,68 %	0,00 %
1971	2 832,00 DM	3 876,00 DM	0 DM	73,07 %	0,00 %
1972	10 320,00 DM	4 284,00 DM	6 036,00 DM	240,90 %	140,90 %
1973	11 520,00 DM	4 968,00 DM	6 552,00 DM	231,88 %	131,88 %
1974	12 600,00 DM	5 400,00 DM	7 200,00 DM	233,33 %	133,33 %
1975	13 632,00 DM	6 048,00 DM	7 584,00 DM	225,40 %	125,40 %
1976	15 024,00 DM	6 696,00 DM	8 328,00 DM	224,37 %	124,37 %
1977	16 344,00 DM	7 344,00 DM	9 000,00 DM	222,55 %	122,55 %
1978	14 400,00 DM	7 992,00 DM	6 408,00 DM	180,18 %	80,18 %
1979	16 830,00 DM	8 640,00 DM	8 190,00 DM	194,79 %	94,79 %
1980	12 510,00 DM	9 072,00 DM	3 438,00 DM	137,90 %	37,90 %
1981	13 500,00 DM	9 768,00 DM	3 732,00 DM	138,21 %	38,21 %
1982	12 240,00 DM	10 152,00 DM	2 268,00 DM	122,34 %	22,34 %
1983	14 670,00 DM	10 900,00 DM	3 770,00 DM	134,59 %	34,59 %
1984	19 440,00 DM	11 544,00 DM	7 896,00 DM	168,40 %	68,40 %
1985	23 400,00 DM	12 306,60 DM	11 093,40 DM	190,14 %	90,14 %
1986	18 360,00 DM	12 902,40 DM	5 457,60 DM	142,30 %	42,30 %
1987	17 730,00 DM	12 790,80 DM	4 939,20 DM	138,62 %	38,62 %
1988	12 510,00 DM	13 464,00 DM	0 DM	92,91 %	0,00 %
1989	14 310,00 DM	13 688,40 DM	621,60 DM	104,54 %	4,54 %
1990	16 740,00 DM	14 137,20 DM	2 602,80 DM	118,41 %	18,41 %
1991	18 000,00 DM	14 001,00 DM	3 999,00 DM	128,56 %	28,56 %
1992	16 110,00 DM	14 443,20 DM	1 666,80 DM	111,54 %	11,54 %
1993	16 020,00 DM	15 120,00 DM	900,00 DM	105,95 %	5,95 %
1994	17 280,00 DM	17 510,40 DM	0 DM	96,68 %	0,00 %
1995	16 020,00 DM	17 409,60 DM	0 DM	92,02 %	0,00 %
1996	20 340,00 DM	18 432,00 DM	1 908,00 DM	110,35 %	10,35 %
1997	22 140,00 DM	19 975,20 DM	2 164,80 DM	110,84 %	10,84 %
1998	23 400,00 DM	20 462,40 DM	2 937,60 DM	114,36 %	14,36 %
1999	22 500,00 DM	20 094,00 DM	2 406,00 DM	111,97 %	11,97 %
2000	24 210,00 DM	19 917,60 DM	4 292,40 DM	121,55 %	21,55 %
2001	22 230,00 DM	19 940,40 DM	2 289,60 DM	111,48 %	11,48 %

Anhang 2
VI Altersversorgung

Jahr	tatsächlich geleistete Beiträge in DM/€	Höchstbeitrag zur gesetzlichen Rentenversicherung (HB) in DM/€	übersteigende Beiträge in DM/€	tatsächlich geleistete Beiträge in % des HB	übersteigende Beiträge in % des HB
2002	12 725,00 €	10 314,00 €	2 411,00 €	123,88 %	23,38 %
2003	14 721,80 €	11 934,00 €	2 787,80 €	123,36 %	23,36 %
2004	14 447,00 €	12 051,00 €	2 396,00 €	119,88 %	19,88 %
2005	13 274,50 €	12 168,00 €	0,00 €	109,09 %	0,00 %
			Summe entspricht	5 165,63 % **100 %**	1 542,07 % **29,85 %**

Von den Leistungen unterliegt ein Anteil von 29,85 % der Besteuerung nach § 22 Nummer 1 Satz 3 Buchstabe a Doppelbuchstabe bb EStG.

h) Aufteilung bei Beiträgen an mehr als einen Versorgungsträger

190 Weist der Steuerpflichtige die Zahlung von Beiträgen an mehr als einen Versorgungsträger nach, gilt im Einzelnen Folgendes:

aa) Beiträge an mehr als eine berufsständische Versorgungseinrichtung

191 Die Beiträge bis zum jeweiligen Höchstbeitrag sind vorrangig vom Steuerpflichtigen zu bestimmenden berufsständischen Versorgungseinrichtung vorrangig zuzuordnen. Die berufsständischen Versorgungseinrichtungen haben entsprechend dieser Zuordnung den Teil der Leistung zu ermitteln, der auf Beiträgen beruht, die **jährlich isoliert betrachtet** oberhalb des Betrags des Höchstbeitrags zur gesetzlichen Rentenversicherung gezahlt wurden.

bb) Beiträge an die gesetzliche Rentenversicherung und an berufsständische Versorgungseinrichtungen

192 Die Beiträge bis zum jeweiligen Höchstbeitrag sind vorrangig der gesetzlichen Rentenversicherung zuzuordnen. Die berufsständische Versorgungseinrichtung hat den Teil der Leistung zu ermitteln, der auf Beiträgen beruht, die jährlich isoliert betrachtet oberhalb des Betrags des Höchstbeitrags zur gesetzlichen Rentenversicherung gezahlt wurden. Dies gilt für den Träger der gesetzlichen Rentenversicherung entsprechend, wenn die Beiträge zur gesetzlichen Rentenversicherung bereits oberhalb des Höchstbeitrags zur gesetzlichen Rentenversicherung liegen.

193 Beiträge an die landwirtschaftlichen Alterskassen sind für die Frage der Anwendung der Öffnungsklausel wie Beiträge zur gesetzlichen Rentenversicherung zu behandeln. Sind Beiträge an die gesetzliche Rentenversicherung und an die landwirtschaftlichen Alterskassen geleistet worden, sind die Beiträge bis zum jeweiligen Höchstbeitrag vorrangig der gesetzlichen Rentenversicherung zuzuordnen.

194 Beispiel:
Der Steuerpflichtige N hat in den Jahren 1980 bis 1990 folgende Beiträge zur gesetzlichen Rentenversicherung der Arbeiter und Angestellten und an eine berufsständische Versorgungseinrichtung gezahlt. Im Jahr 1981 **hat er** i. H. v. 22 100 DM Rentenversicherungsbeiträge für die Jahre **1967** bis **1979** nachentrichtet, **dabei entfielen auf jedes Jahr 1 700 DM. Im Jahr 1982 hat er neben seinem Grundbeitrag von 2 200 DM außerdem einen Höherversicherungsbeitrag nach § 11 Angestelltenversicherungsgesetz in Höhe von 8 000 DM an die gesetzliche Rentenversicherung gezahlt.** Er beantragt die Anwendung der Öffnungsklausel.

Jahr	Beiträge zur gesetzlichen Rentenversicherung	Beiträge an die berufsständische Versorgungseinrichtung	Höchstbeitrag zur gesetzlichen Rentenversicherung	übersteigende Beiträge
1	2	3	4	5
1967	1 700,00 DM		2 352,00 DM	–
1968	1 700,00 DM	–	2 880,00 DM	
1969	1 700,00 DM	–	3 264,00 DM	
1970	1 700,00 DM	–	3 672,00 DM	
1971	1 700,00 DM	–	3 876,00 DM	

Anhang 2

Altersversorgung

VI

Jahr	Beiträge zur gesetzlichen Rentenversicherung	Beiträge an die berufsständische Versorgungseinrichtung	Höchstbeitrag zur gesetzlichen Rentenversicherung	übersteigende Beiträge
1972	1 700,00 DM	–	4 284,00 DM	–
1973	1 700,00 DM	–	4 968,00 DM	–
1974	1 700,00 DM	–	5 400,00 DM	–
1975	1 700,00 DM	–	6 048,00 DM	–
1976	1 700,00 DM	–	6 696,00 DM	–
1977	1 700,00 DM	–	7 344,00 DM	–
1978	1 700,00 DM	–	7 992,00 DM	–
1979	1 700,00 DM	–	8 640,00 DM	–
1980	2 000,00 DM	8 000,00 DM	9 072,00 DM	928,00 DM
1981	2 100,00 DM	8 600,00 DM	9 768,00 DM	932,00 DM
1982	10 200,00 DM	8 200,00 DM	10 152,00 DM	8 248,00 DM
1983	2 300,00 DM	9 120,00 DM	10 900,00 DM	520,00 DM
1984	2 400,00 DM	9 500,00 DM	11 544,00 DM	356,00 DM
1985	2 500,00 DM	9 940,00 DM	12 306,60 DM	133,40 DM
1986	2 600,00 DM	10 600,00 DM	12 902,40 DM	297,60 DM
1987	2 700,00 DM	11 300,00 DM	12 790,80 DM	1 209,20 DM
1988	2 800,00 DM	11 800,00 DM	13 464,00 DM	1 136,00 DM
1989	2 900,00 DM	12 400,00 DM	13 688,40 DM	1 611,60 DM
1990	3 000,00 DM	12 400,00 DM	14 137,20 DM	1 262,80 DM

Die Nachzahlung im Jahr 1981 allein führt nicht zur Anwendung der Öffnungsklausel, **auch wenn in diesem Jahr Beiträge oberhalb des 1981 geltenden Höchstbeitrags und über einen Zeitraum von mindestens 10 Jahren gezahlt wurden**, da die **Jahresbeiträge in den Jahren, denen die jeweiligen Nachzahlungen zuzurechnen sind, jeweils nicht** oberhalb des Betrags des Höchstbeitrags **liegen**.

Im Beispielsfall ist die Öffnungsklausel jedoch anzuwenden, da unabhängig von der Nachzahlung in die gesetzliche Rentenversicherung durch die zusätzliche Zahlung von Beiträgen an eine berufsständische Versorgungseinrichtung **über einen Zeitraum von** mindestens zehn **Jahren** Beiträge oberhalb des Betrags des Höchstbeitrags zur gesetzlichen Rentenversicherung geleistet wurden **(Jahre 1980 bis 1990)**. Die Öffnungsklausel ist vorrangig auf die Rente aus der berufsständischen Versorgungseinrichtung anzuwenden. Für die Berechnung durch die berufsständische Versorgungseinrichtung, welcher Teil der Rente auf Beiträgen oberhalb des Betrags des Höchstbeitrags beruht, sind die übersteigenden Beiträge (Spalte 5 der Tabelle) – höchstens jedoch die tatsächlich an die berufsständische Versorgungseinrichtung geleisteten Beiträge – heranzuziehen. Es ist ausreichend, wenn die berufsständische Versorgungseinrichtung dem Steuerpflichtigen den prozentualen Anteil der auf die übersteigenden Beiträge entfallenden Leistungen mitteilt. Auf dieser Grundlage hat der Steuerpflichtige selbst in der Auszahlungsphase jährlich den konkreten Anteil der Rente zu ermitteln, der nach § 22 Nummer 1 Satz 3 Buchstabe a Doppelbuchstabe bb EStG der Besteuerung unterliegt.

Eine Besonderheit ergibt sich im Beispielsfall für das Jahr **1982**. **Aufgrund** der **Zahlung von Höherversicherungsbeiträgen** im Jahr **1982 wurden auch** an die gesetzliche Rentenversicherung Beiträge oberhalb des Höchstbetrags zur gesetzlichen Rentenversicherung geleistet. Diese Beiträge sind der gesetzlichen Rentenversicherung zuzuordnen. Die gesetzliche Rentenversicherung hat auf der Grundlage der Entgeltpunkte des Jahres 1982 den Anteil der Rente aus der gesetzlichen Rentenversicherung zu ermitteln, der auf Beiträge oberhalb des Höchstbeitrags entfällt. **Dabei gelten die fiktiven Entgeltpunkte für die Höherversicherungsbeiträge innerhalb der Rentenversicherung vorrangig als oberhalb des Höchstbeitrags zur gesetzlichen Rentenversicherung geleistet.** Die Öffnungsklausel ist **im Beispielsfall** sowohl auf die Rente aus der berufsständischen Versorgungseinrichtung **(8 200 DM)** als auch auf die Rente aus der gesetzlichen Rentenversicherung **(48 DM)** anzuwenden.

Die Ermittlung des Teils der Leistung, der auf Beiträgen oberhalb des Betrags des Höchstbetrags zur gesetzlichen Rentenversicherung (Spalte 5 der Tabelle) beruht, erfolgt durch den Versorgungsträger. Hierbei ist nach den Grundsätzen in Rz. **187** bis **189** zu verfahren.

i) Öffnungsklausel bei einmaligen Leistungen

195 Einmalige Leistungen unterliegen nicht der Besteuerung, soweit auf sie die Öffnungsklausel Anwendung findet.

196 Beispiel:
Nach der Bescheinigung der Versicherung beruhen 12 % der Leistungen auf Beiträgen, die oberhalb des Betrags des Höchstbeitrags geleistet wurden. Nach dem Tod des Steuerpflichtigen erhält die Witwe W ein einmaliges Sterbegeld und eine monatliche Witwenrente.

Von der Witwenrente unterliegt ein Anteil von 88 % der nachgelagerten Besteuerung nach § 22 Nummer 1 Satz 3 Buchstabe a Doppelbuchstabe aa EStG und ein Anteil von 12 % der Besteuerung mit dem Ertragsanteil nach § 22 Nummer 1 Satz 3 Buchstabe a Doppelbuchstabe bb EStG. Der Ertragsanteil bestimmt sich nach dem Lebensjahr der rentenberechtigten Witwe W bei Beginn der Witwenrente; die Regelung zur Folgerente findet bei der Ertragsanteilsbesteuerung keine Anwendung.

Das Sterbegeld unterliegt zu einem Anteil von 88 % der nachgelagerten Besteuerung nach § 22 Nummer 1 Satz 3 Buchstabe a Doppelbuchstabe aa EStG. 12 % des Sterbegelds unterliegen nicht der Besteuerung.

j) Versorgungsausgleich unter Ehegatten oder unter Lebenspartnern

197 **Anrechte**, auf deren Leistungen die Öffnungsklausel anzuwenden ist, können in einen Versorgungsausgleich unter Ehegatten oder Lebenspartnern einbezogen worden sein. Soweit ein solches **Anrecht** auf **die ausgleichsberechtigte Person** übertragen bzw. soweit zu Lasten **eines solchen Anrechts** für **die ausgleichsberechtigte Person** ein **Anrecht** begründet wurde (**§§ 10, 14 VersAusglG**), kann auf Antrag **der ausgleichsberechtigten Person** auf die darauf beruhenden Leistungen die Öffnungsklausel ebenfalls Anwendung finden. **Es besteht insoweit ein Auskunftsanspruch gegen die ausgleichspflichtige Person** bzw. **den Versorgungsträger** (§ 4 VersAusglG). In dem Umfang, wie **die ausgleichsberechtigte Person** für übertragene oder begründete **Anrechte** die Öffnungsklausel anwenden kann, entfällt für **die ausgleichspflichtige Person** die Anwendbarkeit der Öffnungsklausel. Dabei kommt es nicht darauf an, ob **die ausgleichsberechtigte Person** tatsächlich von der Anwendbarkeit der Öffnungsklausel Gebrauch macht.

198 Die Anwendung der Öffnungsklausel **bei der ausgleichsberechtigten Person** setzt voraus, dass **die ausgleichspflichtige Person** bis zum 31. Dezember 2004 **über einen Zeitraum von** mindestens zehn **Jahren** Beiträge oberhalb des Betrages des Höchstbetrags zur gesetzlichen Rentenversicherung gezahlt hat (vgl. Rz. 179). Dabei sind sämtliche Beitragszahlungen **der ausgleichspflichtigen Person** ohne Beschränkung auf die Ehe- bzw. Lebenspartnerschaftszeit heranzuziehen.

Bei Ehen bzw. Lebenspartnerschaften, die nach dem 31. Dezember 2004 geschlossen werden, kommt die Öffnungsklausel hinsichtlich der Leistungen an **die ausgleichsberechtigte Person**, die auf im Wege des Versorgungsausgleichs übertragenen oder begründeten **Anrechten** beruhen, nicht zur Anwendung, da die während der Ehe- bzw. Lebenspartnerschaftszeit erworbenen Leistungen **der ausgleichspflichtigen Person** insgesamt nicht auf bis zum 31. Dezember 2004 geleisteten Beiträgen oberhalb des Höchstbeitrags beruhen.

Erhält **die ausgleichsberechtigte Person** neben der **Leistung, die** sich aus **dem** im Rahmen des Versorgungsausgleichs übertragenen oder begründeten **Anrecht ergibt,** noch eine auf „eigenen" Beiträgen beruhende Leistung, ist das Vorliegen der 10-Jahres-Grenze für diese Leistung gesondert zu prüfen. Die Beitragszahlungen **der ausgleichspflichtigen Person** sind dabei nicht zu berücksichtigen.

199 Der auf **dem** im Rahmen des Versorgungsausgleichs übertragenen oder begründeten **Anrecht** beruhende Teil der Leistung, der auf Beiträgen oberhalb des Betrags des Höchstbeitrags zur gesetzlichen Rentenversicherung beruht, ermittelt sich ehe- bzw. lebenspartnerschaftszeitbezogen. Dazu ist der Teil der Leistung, der auf in der Ehe- bzw. Lebenspartnerschaftszeit **von der ausgleichspflichtigen Person** geleisteten Beiträgen oberhalb des Höchstbeitrags beruht, ins Verhältnis zu der insgesamt während der Ehe- bzw. Lebenspartnerschaftszeit erworbenen Leistung **der ausgleichspflichtigen Person** zu setzen. Als insgesamt während der Ehe- bzw. Lebenspartnerschaftszeit **erworbenes Anrecht** ist stets der durch das Familiengericht dem Versorgungsausgleich zugrunde gelegte Wert maßgeblich. Abänderungsverfahren nach **§§ 225, 226 des Gesetzes über das Verfahren in Familiensachen und in den Angelegenheiten der freiwilligen Gerichtsbarkeit (FamFG) oder § 51 VersAusglG** sind zu berücksichtigen. Mit dem sich danach ergebenden prozentualen Anteil unterliegt die sich aus **dem** im Rahmen des Versorgungsausgleichs übertragenen oder begründeten **Anrecht** ergebende Leistung an **die ausgleichsberechtigte Person** der Besteuerung nach § 22 Nummer 1 Satz 3 Buchstabe a Doppelbuchstabe bb EStG. Entsprechend reduziert sich der Teil der Leistung **der ausgleichspflichtigen Person**, auf den die Öffnungsklausel anwendbar ist. Hierzu ist zunächst **bei der ausgleichspflichtigen Person** der Betrag

der Leistung zu ermitteln, der sich aus allen durch eigene Versicherung erworbenen **Anrechten** ergibt und auf bis zum 31. Dezember 2004 gezahlten Beiträgen oberhalb des Höchstbetrags zur gesetzlichen Rentenversicherung beruht, wenn kein Versorgungsausgleich durchgeführt worden wäre. Dabei sind auch diejenigen **Anrechte**, die **der ausgleichspflichtigen Person** infolge des durchgeführten Versorgungsausgleichs nicht mehr zustehen, weil sie übertragen worden sind bzw. zu ihren Lasten ein **Anrecht** für **die ausgleichsberechtigte Person** begründet worden ist, zu berücksichtigen. Von diesem Betrag wird der Betrag der Leistung abgezogen, der auf **Anrechten** beruht, die auf **die ausgleichsberechtigte Person** im Rahmen des Versorgungsausgleichs übertragen wurden und für die **die ausgleichsberechtigte Person** die Öffnungsklausel in Anspruch nehmen kann. Der verbleibende Betrag ist ins Verhältnis zu der **der ausgleichspflichtigen Person** nach Berücksichtigung des Versorgungsausgleichs tatsächlich verbleibenden Leistung zu setzen. Mit diesem Prozentsatz unterliegt die nach Durchführung des Versorgungsausgleichs verbleibende Leistung **der ausgleichspflichtigen Person** der Öffnungsklausel nach § 22 Nummer 1 Satz 3 Buchstabe a Doppelbuchstabe bb Satz 2 EStG. Diese Berechnung ist auch dann vorzunehmen, wenn **die ausgleichsberechtigte Person** die Anwendung der Öffnungsklausel auf **das** im Versorgungsausgleich übertragene oder begründete **Anrecht** nicht geltend macht.

Die Anwendung der Öffnungsklausel auf im Rahmen des Versorgungsausgleichs übertragene bzw. begründete **Anrechte** ist unabhängig vom Rentenbeginn **der ausgleichspflichtigen Person** und unabhängig davon, ob **diese** für sich selbst die Öffnungsklausel beantragt. Der **bei der ausgleichsberechtigten Person** nach § 22 Nummer 1 Satz 3 Buchstabe a Doppelbuchstabe aa EStG anzuwendende Prozentsatz (für die Kohortenbesteuerung) bestimmt sich nach dem Jahr **ihres** Rentenbeginns. 200

Bezieht **die ausgleichsberechtigte Person** vom gleichen Versorgungsträger neben **der Leistung, die** auf **dem** im Rahmen des Versorgungsausgleichs übertragenen oder begründeten **Anrecht beruht**, eine durch eigene Versicherung erworbene Leistung, ist die Anwendung der Öffnungsklausel und deren Umfang für die Leistung aus eigener Versicherung gesondert zu ermitteln. Die Beitragszahlungen **der ausgleichspflichtigen Person** sind dabei nicht zu berücksichtigen. Der sich insoweit ergebende Prozentsatz kann von demjenigen abweichen, der auf **das von der ausgleichspflichtigen Person** auf **die ausgleichsberechtigte Person** übertragene bzw. begründete **Anrecht** anzuwenden ist. Wird vom Versorgungsträger eine einheitliche Leistung erbracht, die sich aus der eigenen und **dem** im Rahmen des Versorgungsausgleichs übertragenen bzw. begründeten **Anrecht** zusammensetzt, kann vom Versorgungsträger ein sich auf die Gesamtleistung ergebender einheitlicher Prozentsatz ermittelt werden. Dabei sind ggf. weitere Rentenanteile, die auf einem durchgeführten Versorgungsausgleich beruhen und für die die Anwendbarkeit der Öffnungsklausel nicht gegeben ist, mit einem Verhältniswert von 0 einzubringen. Solange für Rentenanteile aus dem Versorgungsausgleich die Anwendbarkeit der Öffnungsklausel und der entsprechende Verhältniswert nicht festgestellt sind, ist stets von einem Wert von 0 auszugehen. Wird kein auf die Gesamtleistung anzuwendender Wert ermittelt, sind die einzelnen Leistungsteile, auf die der/die berechnete/n Verhältniswert/e anzuwenden ist/sind, anzugeben. 201

Beispiel: 202
Berechnung für **die ausgleichsberechtigte Person**:

Nach dem Ausscheiden aus dem Erwerbsleben erhält A von einer berufsständischen Versorgungseinrichtung eine Rente i. H. v. monatlich 1 000 €. Diese Rente beruht zu 200 € auf im Rahmen des Versorgungsausgleichs auf A übertragenen Rentenanwartschaften von seiner geschiedenen Ehefrau. Die Voraussetzungen der Öffnungsklausel liegen vor. Nach Ermittlung der berufsständischen Versorgungseinrichtung unterliegen 25 % der übertragenen und 5 %-der durch eigene Versicherung erworbenen Rentenanwartschaft des A nach § 22 Nummer 1 Satz 3 Buchstabe a Doppelbuchstabe bb Satz 2 EStG der Ertragsanteilsbesteuerung.

Weist die berufsständische Versorgungseinrichtung die Renten jährlich getrennt aus, sind die jeweiligen Prozentsätze unmittelbar auf die einzelnen Renten anzuwenden.

800 € × 12 = 9 600 €
95 % nach § 22 Nummer 1 Satz 3
Buchstabe a Doppelbuchstabe aa EStG 9 120 €
5 % nach § 22 Nummer 1 Satz 3
Buchstabe a Doppelbuchstabe bb EStG 480 €

200 € × 12 = 2 400 €
75 % nach § 22 Nummer 1 Satz 3
Buchstabe a Doppelbuchstabe aa EStG 1 800 €
25 % nach § 22 Nummer 1 Satz 3
Buchstabe a Doppelbuchstabe bb EStG 600 €

Ingesamt zu versteuern
nach § 22 Nummer 1 Satz 3
Buchstabe a Doppelbuchstabe aa EStG   10 920 €
nach § 22 Nummer 1 Satz 3
Buchstabe a Doppelbuchstabe bb EStG   1 080 €

Weist die berufsständische Versorgungseinrichtung einen einheitlichen Rentenbetrag aus, kann anstelle der Rentenaufteilung auch ein einheitlicher Prozentsatz ermittelt werden.

Der einheitliche Wert für die gesamte Leistung berechnet sich wie folgt:
[(800 € × 5 %) + (200 € × 25 %)]/1 000 € = 9 %
1 000 € × 12 = 12 000 €

91 % nach § 22 Nummer 1 Satz 3
Buchstabe a Doppelbuchstabe aa EStG   10 920 €
9 % nach § 22 Nummer 1 Satz 3
Buchstabe a Doppelbuchstabe bb EStG   1 080 €

9 % der Rente aus der berufsständischen Versorgungseinrichtung unterliegen der Besteuerung nach § 22 Nummer 1 Satz 3 Buchstabe a Doppelbuchstabe bb EStG.

Berechnung für **die ausgleichspflichtige Person**:

B hat Rentenanwartschaften bei einer berufsständischen Versorgungseinrichtung von insgesamt 1 500 € erworben. Davon wurden im Versorgungsausgleich 200 € auf ihren geschiedenen Ehemann A übertragen. B erfüllt die Voraussetzungen für die Anwendung der Öffnungsklausel. 35 % der gesamten Anwartschaft von 1 500 € beruhen auf bis zum 31. Dezember 2004 gezahlten Beiträgen oberhalb des Höchstbeitrags zur gesetzlichen Rentenversicherung. Für die Ehezeit hat der Träger der berufsständischen Versorgungseinrichtung einen Anteil von 25 % ermittelt.

Der auf die nach Durchführung des Versorgungsausgleichs der B noch zustehende Rente von 1 300 € anwendbare Prozentsatz für die Öffnungsklausel ermittelt sich wie folgt:

Rente **der ausgleichspflichtigen Person** *vor* Versorgungsausgleich:
1 500 € × 12 = 18 000 €

Anteilsberechnung für Öffnungsklausel, wenn kein Versorgungsausgleich erfolgt wäre:
35 % von 18 000 € = 6 300 €;

6 300 € der insgesamt von B erworbenen Rentenanwartschaften unterliegen (auf Antrag) der Ertragsanteilsbesteuerung (§ 22 Nummer 1 Satz 3 Buchstabe a Doppelbuchstabe bb EStG), die restlichen 11 700 € sind nach § 22 Nummer 1 Satz 3 Buchstabe a Doppelbuchstabe aa EStG zu versteuern.

Im Versorgungsausgleich übertragene Rentenanwartschaft:
200 € × 12 = 2 400 €
25 % von 2 400 € = 600 €

Von den im Versorgungsausgleich auf den geschiedenen Ehemann A übertragenen Rentenanwartschaften können 600 € mit dem Ertragsanteil besteuert werden.

Verbleibender Betrag **bei der ausgleichspflichtigen Person** für die Anteilsberechnung im Rahmen der Öffnungsklausel:
6 300 € − 600 € = 5 700 €

Der für B verbleibende Betrag, der mit dem Ertragsanteil (§ 22 Nummer 1 Satz 3 Buchstabe a Doppelbuchstabe bb EStG) besteuert werden kann, beträgt 5 700 €.

Rente **der ausgleichspflichtigen Person** *nach* Versorgungsausgleich:
1 300 € × 12 = 15 600 €

Anteilsberechnung **bei der ausgleichspflichtigen Person**:
5 700 € von 15 600 € = 36,54 %

Dies entspricht 36,54 % der B nach Durchführung des Versorgungsausgleichs zustehenden Rente. Dieser Anteil der Rente ist nach § 22 Nummer 1 Satz 3 Buchstabe a Doppelbuchstabe bb EStG zu versteuern. Für den übrigen Anteil i. H. v. 63,46 % (9 900 € von 15 600 €) ist § 22 Nummer 1 Satz 3 Buchstabe a Doppelbuchstabe aa EStG anzuwenden.

Rechenweg für die Anteilsberechnung (Öffnungsklausel) **bei der ausgleichspflichtigen Person** in verkürzter Darstellung:
(18 000 € × 35 % − 2 400 € × 25 %)/15 600 € × 100 = 36,54 %

k) Bescheinigung der Leistung nach § 22 Nummer 1 Satz 3 Buchstabe a Doppelbuchstabe bb Satz 2 EStG

203 Der Versorgungsträger hat dem Steuerpflichtigen auf dessen Verlangen den prozentualen Anteil der Leistung zu bescheinigen, der auf bis zum 31. Dezember 2004 geleisteten Beiträgen beruht, die oberhalb des Betrags des Höchstbeitrags zur gesetzlichen Rentenversicherung gezahlt wur-

den. Im Fall der Anwendung der Vereinfachungsregelung (Rz. **188**) hat der Versorgungsträger die Berechnung – entsprechend dem Beispielsfall in Rz. **189** – darzustellen.

Wurden Beiträge an mehr als einen Versorgungsträger gezahlt und ist der Höchstbetrag – auch unter Berücksichtigung der Zusammenrechnung nach Rz. **181** – nur bei einem Versorgungsträger überschritten, ist nur von diesem Versorgungsträger eine Bescheinigung zur Aufteilung der Leistung auszustellen. Der dort bescheinigte Prozentsatz ist nur auf die Leistung dieses Versorgungsträgers anzuwenden. Für die Leistungen der übrigen Versorgungsträger kommt die Öffnungsklausel nicht zur Anwendung. Diese unterliegen in vollem Umfang der Besteuerung nach § 22 Nummer 1 Satz 3 Buchstabe a Doppelbuchstabe aa EStG.

Stellt die gesetzliche Rentenversicherung fest, dass **geleistete** Beiträge zur gesetzlichen Rentenversicherung mindestens **einem** Jahr **zugerechnet wurden, für welches die geleisteten Beiträge** oberhalb des Betrags des Höchstbetrags **lagen**, so stellt sie – unabhängig davon, ob die Voraussetzungen für die Öffnungsklausel erfüllt sind – eine Mitteilung aus, in der bescheinigt wird, welcher Teil der Leistung auf Beiträgen oberhalb des Betrags des Höchstbetrags beruht. **Für die Frage, welchem Jahr die geleisteten Beiträge zuzurechnen sind, ist Rz. 179 zu beachten.** In dieser Bescheinigung wird ausdrücklich darauf hingewiesen, **über** wie viele Jahre der Betrag des Höchstbetrags überschritten wurde und dass die Öffnungsklausel nur zur Anwendung kommt, wenn **bis zum 31. Dezember 2004 über einen Zeitraum von** mindestens zehn **Jahren** Beiträge oberhalb des Betrags des Höchstbetrags geleistet wurden. Sind die Voraussetzungen der Öffnungsklausel durch Beiträge an weitere Versorgungsträger erfüllt, dient diese Mitteilung der gesetzlichen Rentenversicherung als Bescheinigung zur Aufteilung der Leistung. Der darin mitgeteilte Prozentsatz ist in diesem Fall auf die Leistung der gesetzlichen Rentenversicherung anzuwenden; eine weitere Bescheinigung ist nicht erforderlich.

Die endgültige Entscheidung darüber, ob die Öffnungsklausel zur Anwendung kommt, obliegt ausschließlich der Finanzverwaltung und nicht der die Rente auszahlenden Stelle. Der Steuerpflichtige muss deshalb die Anwendung der Öffnungsklausel beim Finanzamt und nicht beim Versorgungsträger beantragen. Der Versorgungsträger ermittelt hierfür den Teil der Leistung, der auf Beiträgen oberhalb des Betrags des Höchstbetrags beruht und bescheinigt diesen. **Für VZ ab 2011 kommt die Öffnungsklausel nur dann zur Anwendung, wenn der Steuerpflichtige das Vorliegen der Voraussetzungen (vgl. Rz. 179 und 181) nachweist.** Der Versorgungsträger erstellt ihm hierfür auf Antrag eine entsprechende Bescheinigung. Wenn bei einer vorangegangenen Bescheinigung von den Grundsätzen dieses BMF-Schreibens nicht abgewichen wurde, genügt eine Bestätigung des Versorgungsträgers, dass die vorangegangene Bescheinigung den Grundsätzen dieses BMF-Schreibens entspricht.

D. Besonderheiten beim Versorgungsausgleich

I. Allgemeines

1. Gesetzliche Neuregelung des Versorgungsausgleichs

Mit dem VersAusglG wurden die Vorschriften zum Versorgungsausgleich grundlegend geändert. Es gilt künftig für alle ausgleichsreifen Anrechte auf Altersversorgung der Grundsatz der internen Teilung, der bisher schon bei der gesetzlichen Rentenversicherung zur Anwendung kam. Bisher wurden alle von den Ehegatten während der Ehe erworbenen Anrechte auf eine Versorgung wegen Alter und Invalidität bewertet und im Wege eines Einmalausgleichs ausgeglichen, vorrangig über die gesetzliche Rentenversicherung. 204

Das neue VersAusglG sieht dagegen die interne Teilung als Grundsatz des Versorgungsausgleichs auch für alle Systeme der betrieblichen Altersversorgung und privaten Altersvorsorge vor. Hierbei werden die von den Ehegatten in den unterschiedlichen Altersversorgungssystemen erworbenen Anrechte zum Zeitpunkt der Scheidung innerhalb des jeweiligen Systems geteilt und für den ausgleichsberechtigten Ehegatten eigenständige Versorgungsanrechte geschaffen, die unabhängig von den Versorgungsanrechten des ausgleichspflichtigen Ehegatten *im jeweiligen System* gesondert weitergeführt werden. 205

Zu einem Ausgleich über ein anderes Versorgungssystem (externe Teilung) kommt es nur noch in den in §§ 14 bis 17 VersAusglG geregelten Ausnahmefällen. Bei einer externen Teilung entscheidet die ausgleichsberechtigte Person über die Zielversorgung. Sie bestimmt also, in welches Versorgungssystem der Ausgleichswert zu transferieren ist (ggf. Aufstockung einer bestehenden Anwartschaft, ggf. Neubegründung einer Anwartschaft). Dabei darf die Zahlung des Kapitalbetrags an die gewählte Zielversorgung nicht zu nachteiligen steuerlichen Folgen bei der ausgleichspflichtigen Person führen, es sei denn, sie stimmt der Wahl der Zielversorgung zu. 206

Die gesetzliche Rentenversicherung ist Auffang-Zielversorgung, wenn die ausgleichsberechtigte Person ihr Wahlrecht nicht ausübt und es sich nicht um eine betriebliche Altersversorgung 207 handelt. Bei einer betrieblichen Altersversorgung wird bei fehlender Ausübung des Wahlrechts ein Anspruch in der Versorgungsausgleichskasse begründet.

208 Verbunden ist die externe Teilung mit der Leistung eines Kapitalbetrags in Höhe des Ausgleichswerts, der vom Versorgungsträger der ausgleichspflichtigen Person an den Versorgungsträger der ausgleichsberechtigten Person gezahlt wird. (Ausnahme: Externe Teilung von Beamtenversorgungen nach § 16 VersAusglG; hier findet wie nach dem bisherigen Quasi-Splitting zwischen der gesetzlichen Rentenversicherung und dem Träger der Beamtenversorgung ein Erstattungsverfahren im Leistungsfall statt.)

209 Kommt in Einzelfällen weder die interne Teilung noch die externe Teilung in Betracht, etwa weil ein Anrecht zum Zeitpunkt des Versorgungsausgleichs nicht ausgleichsreif ist (§ 19 VersAusglG), z. B. ein Anrecht bei einem ausländischen, zwischenstaatlichen oder überstaatlichen Versorgungsträger oder ein Anrecht im Sinne des Betriebsrentengesetzes, das noch verfallbar ist, kommt es zu Ausgleichsansprüchen nach der Scheidung (§ 20 ff. VersAusglG). Zur steuerlichen Behandlung der Ausgleichsansprüche nach der Scheidung vgl. BMF-Schreiben vom 31. März 2010, BStBl I S. 270.[1])

2. Besteuerungszeitpunkte

210 Bei der steuerlichen Beurteilung des Versorgungsausgleichs ist zwischen dem Zeitpunkt der Teilung eines Anrechts im Versorgungsausgleich durch gerichtliche Entscheidung und dem späteren Zufluss der Leistungen aus den unterschiedlichen Versorgungssystemen zu unterscheiden.

211 Bei der internen Teilung wird die Übertragung der Anrechte auf die ausgleichsberechtigte Person zum Zeitpunkt des Versorgungsausgleichs für beide Ehegatten nach § 3 Nummer 55a EStG steuerfrei gestellt, weil auch bei den im Rahmen eines Versorgungsausgleichs übertragenen Anrechten auf eine Alters- und Invaliditätsversorgung das Prinzip der nachgelagerten Besteuerung eingehalten wird. Die Besteuerung erfolgt erst während der Auszahlungsphase. Die später zufließenden Leistungen gehören dabei bei beiden Ehegatten zur gleichen Einkunftsart, da die Versorgungsanrechte innerhalb des jeweiligen Systems geteilt wurden. Ein Wechsel des Versorgungssystems und ein damit möglicherweise verbundener Wechsel der Besteuerung weg von der nachgelagerten Besteuerung hat nicht stattgefunden. Lediglich die individuellen Merkmale für die Besteuerung sind bei jedem Ehegatten gesondert zu ermitteln.

212 Bei einer externen Teilung kann dagegen die Übertragung der Anrechte zu einer Besteuerung führen, da sie mit einem Wechsel des Versorgungsträgers und damit regelmäßig mit einem Wechsel des Versorgungssystems verbunden ist. § 3 Nummer 55b Satz 1 EStG stellt deshalb die Leistung des Ausgleichswerts in den Fällen der externen Teilung für beide Ehegatten steuerfrei, soweit das Prinzip der nachgelagerten Besteuerung insgesamt eingehalten wird. Soweit die späteren Leistungen bei der ausgleichsberechtigten Person jedoch nicht der nachgelagerten Besteuerung unterliegen werden (z. B. Besteuerung nach § 20 Absatz 1 Nummer 6 EStG oder nach § 22 Nummer 1 Satz 3 Buchstabe a Doppelbuchstabe bb EStG mit dem Ertragsanteil), greift die Steuerbefreiung gem. § 3 Nummer 55b Satz 2 EStG nicht, und die Leistung des Ausgleichswerts ist bereits im Zeitpunkt der Übertragung beim ausgleichspflichtigen Ehegatten zu besteuern. Die Besteuerung der später zufließenden Leistungen erfolgt bei jedem Ehegatten unabhängig davon, zu welchen Einkünften die Leistungen beim jeweils anderen Ehegatten führen, und richtet sich danach, aus welchem Versorgungssystem sie jeweils geleistet werden.

II. Interne Teilung (§ 10 VersAusglG)

1. Steuerfreiheit des Teilungsvorgangs nach § 3 Nummer 55a EStG

213 § 3 Nummer 55a EStG stellt klar, dass die aufgrund einer internen Teilung durchgeführte Übertragung von Anrechten steuerfrei ist; dies gilt sowohl für die ausgleichspflichtige als auch für die ausgleichsberechtigte Person.

2. Besteuerung bei der ausgleichsberechtigten Person

214 Die Leistungen aus den übertragenen Anrechten gehören bei der ausgleichsberechtigten Person zu den Einkünften, zu denen die Leistungen bei der ausgleichspflichtigen Person gehören würden, wenn die interne Teilung nicht stattgefunden hätte. Die (späteren) Versorgungsleistungen sind daher (weiterhin) Einkünfte aus nichtselbständiger Arbeit (§ 19 EStG) oder aus Kapitalvermögen (§ 20 EStG) oder sonstige Einkünfte (§ 22 EStG). Ausgleichspflichtige und ausgleichsberechtigte Person versteuern beide die ihnen jeweils zufließenden Leistungen.

---

[1]) Abgedruckt in Anhang 2 IV.

Für die Ermittlung des Versorgungsfreibetrags und des Zuschlags zum Versorgungsfreibetrag nach § 19 Absatz 2 EStG, des Besteuerungsanteils nach § 22 Nummer 1 Satz 3 Buchstabe a Doppelbuchstabe aa EStG sowie des Ertragsanteils nach § 22 Nummer 1 Satz 3 Buchstabe a Doppelbuchstabe bb EStG bei der ausgleichsberechtigten Person ist auf deren Versorgungsbeginn, deren Rentenbeginn bzw. deren Lebensalter abzustellen. 215

Zu Besonderheiten bei der Öffnungsklausel s. Rz. 197 ff. 216

III. Externe Teilung (§ 14 VersAusglG)

1. Steuerfreiheit nach § 3 Nummer 55b EStG

Nach § 3 Nummer 55b Satz 1 EStG ist der aufgrund einer externen Teilung an den Träger der Zielversorgung geleistete Ausgleichswert grundsätzlich steuerfrei, soweit die späteren Leistungen aus den dort begründeten Anrechten zu steuerpflichtigen Einkünften bei der ausgleichsberechtigten Person führen würden. Soweit die Übertragung von Anrechten im Rahmen des Versorgungsausgleichs zu keinen Einkünften im Sinne des EStG führt, bedarf es keiner Steuerfreistellung nach § 3 Nummer 55b EStG. Die Steuerfreiheit nach § 3 Nummer 55b Satz 1 EStG greift gemäß § 3 Nummer 55b Satz 2 EStG nicht, soweit Leistungen, die auf dem begründeten Anrecht beruhen, bei der ausgleichsberechtigten Person zu Einkünften nach § 20 Absatz 1 Nummer 6 EStG oder § 22 Nummer 1 Satz 3 Buchstabe a Doppelbuchstabe bb EStG führen würden. 217

2. Besteuerung bei der ausgleichsberechtigten Person

Für die Besteuerung bei der ausgleichsberechtigten Person ist unerheblich, zu welchen Einkünften die Leistungen aus den übertragenen Anrechten bei der ausgleichspflichtigen Person geführt hätten, da mit der externen Teilung ein neues Anrecht begründet wird. 218

3. Beispiele

Beispiel 1: 219

Im Rahmen einer externen Teilung zahlt das Versicherungsunternehmen X, bei dem der ausgleichspflichtige Ehegatte A eine private Rentenversicherung mit Kapitalwahlrecht abgeschlossen hat, einen Ausgleichswert an das Versicherungsunternehmen Y zugunsten des ausgleichsberechtigten Ehegatten B in eine private Rentenversicherung, die dieser als Zielversorgung gewählt hat.

Der Ausgleichswert ist nicht steuerfrei nach § 3 Nummer 55b Satz 1 EStG, da sich aus der Übertragung keine Einkünfte im Sinne des EStG ergeben (kein Fall des § 20 Absatz 1 Nummer 6 EStG, da es sich weder um einen Erlebensfall noch um einen Rückkauf handelt); mangels Anwendbarkeit von § 3 Nummer 55b Satz 1 EStG kann auch kein Fall des Satzes 2 dieser Vorschrift vorliegen. Bei Ausübung des Kapitalwahlrechts unterliegt die spätere geminderte Kapitalleistung bei A der Besteuerung nach § 20 Absatz 1 Nummer 6 EStG (ggf. keine Besteuerung wegen § 52 Absatz 36 EStG); Rentenleistungen sind bei A steuerpflichtig nach § 22 Nummer 1 Satz 3 Buchstabe a Doppelbuchstabe bb EStG. Die Leistungen werden bei B in gleicher Weise besteuert.

Beispiel 2: 220

Im Rahmen einer externen Teilung zahlt das Versicherungsunternehmen X, bei dem der ausgleichspflichtige Ehegatte A eine Basisrentenversicherung (§ 10 Absatz 1 Nummer 2 Satz 1 Buchstabe b EStG) abgeschlossen hat, einen Ausgleichswert an das Versicherungsunternehmen Y zugunsten des ausgleichsberechtigten Ehegatten B in eine private Rentenversicherung, die dieser als Zielversorgung gewählt hat.

Der Ausgleichswert ist nicht steuerfrei nach § 3 Nummer 55b Satz 2 EStG, denn die Leistungen, die auf dem begründeten Anrecht beruhen, würden bei der ausgleichsberechtigten Person zu Einkünften nach § 20 Absatz 1 Nummer 6 EStG (bei Ausübung eines Kapitalwahlrechts) oder nach § 22 Nummer 1 Satz 3 Buchstabe a Doppelbuchstabe bb EStG (bei Rentenzahlungen) führen. A hat im Zeitpunkt der Zahlung durch das Versicherungsunternehmen X einen Betrag in Höhe des Ausgleichswerts nach § 22 Nummer 1 Satz 3 Buchstabe a Doppelbuchstabe aa EStG zu versteuern. Die späteren durch den Versorgungsausgleich gekürzten Leistungen unterliegen bei A ebenfalls der Besteuerung nach § 22 Nummer 1 Satz 3 Buchstabe a Doppelbuchstabe aa EStG. Bei Ausübung des Kapitalwahlrechts unterliegt die spätere Kapitalleistung bei B der Besteuerung nach § 20 Absatz 1 Nummer 6 EStG; Rentenleistungen sind bei B steuerpflichtig nach § 22 Nummer 1 Satz 3 Buchstabe a Doppelbuchstabe bb EStG.

4. Verfahren

Der Versorgungsträger der ausgleichspflichtigen Person hat grundsätzlich den Versorgungsträger der ausgleichsberechtigten Person über die für die Besteuerung der Leistungen erforder- 221 lichen Grundlagen zu informieren. Andere Mitteilungs-, Informations- und Aufzeichnungspflichten bleiben hiervon unberührt.

IV. Neuberechnung des Versorgungsfreibetrags und des Zuschlags zum Versorgungsfreibetrag

222 Werden im Zeitpunkt der Wirksamkeit der Teilung bereits Versorgungsbezüge bezogen, erfolgt bei der ausgleichspflichtigen Person eine Neuberechnung des Versorgungsfreibetrags und des Zuschlags zum Versorgungsfreibetrag entsprechend § 19 Absatz 2 Satz 10 EStG. Bei der ausgleichsberechtigten Person sind der Versorgungsfreibetrag und der Zuschlag zum Versorgungsfreibetrag erstmals zu berechnen, da es sich um einen neuen Versorgungsbezug handelt. Dabei bestimmen sich der Prozentsatz, der Höchstbetrag des Versorgungsfreibetrags und der Zuschlag zum Versorgungsfreibetrag nach dem Jahr, für das erstmals Anspruch auf den Versorgungsbezug auf Grund der internen oder externen Teilung besteht.

E. (aufgehoben)[1]

F. Anwendungsregelung

248 Dieses Schreiben ist mit Wirkung ab 1. Januar 2010 anzuwenden. Soweit die Regelungen den ab dem 1. September 2009 geltenden Versorgungsausgleich betreffen, sind die entsprechenden Rz. bereits ab diesem Zeitpunkt anzuwenden.

249 Das BMF-Schreiben vom 30. Januar 2008 – IV C 8 – S 2222/07/0003/IV C 5 – S 2345/08/0001 (2008/0017104) –, BStBl I S. 390 (unter Berücksichtigung der Änderungen durch das BMF-Schreiben vom 18. September 2008 – IV C 3 – S 2496/08/10011 (2008/0502682) –, BStBl I S. 887),[2] wird mit Wirkung ab 1. Januar 2010 aufgehoben.

Anlage

Zusammenstellung der Höchstbeiträge in der gesetzlichen Rentenversicherung der Arbeiter und Angestellten und in der knappschaftlichen Rentenversicherung (jeweils Arbeitgeber- und Arbeitnehmeranteil) für die Jahre 1927 bis 2004

Jahr	Gesetzliche Rentenversicherung der Arbeiter und Angestellten		Knappschaftliche Rentenversicherung	
	Arbeiter	Angestellte	Arbeiter	Angestellte
1927	83,43 RM	240,00 RM	383,67 RM	700,00 RM
1928	104,00 RM	280,00 RM	371,25 RM	816,00 RM
1929	104,00 RM	360,00 RM	355,50 RM	901,60 RM
1930	104,00 RM	360,00 RM	327,83 RM	890,40 RM
1931	104,00 RM	360,00 RM	362,48 RM	915,60 RM
1932	104,00 RM	360,00 RM	405,40 RM	940,80 RM
1933	104,00 RM	360,00 RM	405,54 RM	940,80 RM
1934	124,80 RM	300,00 RM	456,00 RM	806,40 RM
1935	124,80 RM	300,00 RM	456,00 RM	806,40 RM
1936	124,80 RM	300,00 RM	456,00 RM	806,40 RM
1937	124,80 RM	300,00 RM	456,00 RM	806,40 RM
1938	136,37 RM	300,00 RM	461,93 RM	1 767,60 RM
1939	140,40 RM	300,00 RM	471,90 RM	1 771,20 RM
1940	140,40 RM	300,00 RM	471,90 RM	1 771,20 RM
1941	140,40 RM	300,00 RM	472,73 RM	1 767,60 RM
1942	171,00 RM	351,60 RM	478,50 RM	1 764,00 RM
1943	201,60 RM	403,20 RM	888,00 RM	1 032,00 RM
1944	201,60 RM	403,20 RM	888,00 RM	1 032,00 RM
1945	201,60 RM	403,20 RM	888,00 RM	1 032,00 RM
1946	201,60 RM	403,20 RM	888,00 RM	1 032,00 RM
1947	201,60 RM	403,20 RM	888,00 RM	1 462,00 RM

---

[1] Abschnitt E des BMF-Schreibens vom 13. 9. 2010 – IV C 3 – S 2222/09/10041/IV C 5 – S 2345/08/0001 –, BStBl I S. 681, wurde mit Wirkung ab 1. 1. 2012 durch Rz. 115 des BMF-Schreibens vom 7. 12. 2011 – IV C 3 – S 2257-c/10/10005 :003 –, BStBl I S. 1223, aufgehoben.
[2] Abgedruckt in der Lohnsteuer Handausgabe 2010.

Altersversorgung

Jahr	Gesetzliche Rentenversicherung der Arbeiter und Angestellten		Knappschaftliche Rentenversicherung	
	Arbeiter	Angestellte	Arbeiter	Angestellte
1948	201,60 DM[1]	403,20 DM[1]	888,00 DM[1]	1 548,00 DM[1]
1949	504,00 DM	588,00 DM	1 472,50 DM	1 747,50 DM
1950	720,00 DM		1 890,00 DM	
1951	720,00 DM		1 890,00 DM	
1952	780,00 DM		2 160,00 DM	
1953	900,00 DM		2 700,00 DM	
1954	900,00 DM		2 700,00 DM	
1955	967,50 DM		2 700,00 DM	
1956	990,00 DM		2 700,00 DM	
1957	1 215,00 DM		2 770,00 DM	
1958	1 260,00 DM		2 820,00 DM	
1959	1 344,00 DM		2 820,00 DM	
1960	1 428,00 DM		2 820,00 DM	
1961	1 512,00 DM		3 102,00 DM	
1962	1 596,00 DM		3 102,00 DM	
1963	1 680,00 DM		3 384,00 DM	
1964	1 848,00 DM		3 948,00 DM	
1965	2 016,00 DM		4 230,00 DM	
1966	2 184,00 DM		4 512,00 DM	
1967	2 352,00 DM		4 794,00 DM	
1968	2 880,00 DM		5 358,00 DM	
1969	3 264,00 DM		5 640,00 DM	
1970	3 672,00 DM		5 922,00 DM	
1971	3 876,00 DM		6 486,00 DM	
1972	4 284,00 DM		7 050,00 DM	
1973	4 968,00 DM		7 896,00 DM	
1974	5 400,00 DM		8 742,00 DM	
1975	6 048,00 DM		9 588,00 DM	
1976	6 696,00 DM		10 716,00 DM	
1977	7 344,00 DM		11 844,00 DM	
1978	7 992,00 DM		12 972,00 DM	
1979	8 640,00 DM		13 536,00 DM	
1980	9 072,00 DM		14 382,00 DM	
1981	9 768,00 DM		15 876,00 DM	
1982	10 152,00 DM		16 356,00 DM	
1983	10 900,00 DM		17 324,00 DM	
1984	11 544,00 DM		18 624,00 DM	
1985	12 306,60 DM		19 892,30 DM	
1986	12 902,40 DM		20 658,60 DM	
1987	12 790,80 DM		20 831,40 DM	
1988	13 464,00 DM		21 418,20 DM	
1989	13 688,40 DM		22 005,00 DM	
1990	14 137,20 DM		22 885,20 DM	
1991	14 001,00 DM		22 752,00 DM	
1992	14 443,20 DM		23 637,60 DM	
1993	15 120,00 DM		24 831,00 DM	
1994	17 510,40 DM		28 764,00 DM	

[1]) Die im Jahr 1948 vor der Währungsreform geltenden Höchstbeiträge wurden entsprechend der Umstellung der Renten im Verhältnis 1:1 von Reichsmark (RM) in Deutsche Mark (DM) umgerechnet.

Jahr	Gesetzliche Rentenversicherung der Arbeiter und Angestellten		Knappschaftliche Rentenversicherung	
	Arbeiter	Angestellte	Arbeiter	Angestellte
1995	17 409,60 DM		28 454,40 DM	
1996	18 432,00 DM		29 988,00 DM	
1997	19 975,20 DM		32 602,80 DM	
1998	20 462,40 DM		33 248,40 DM	
1999	20 094,00 DM		32 635,20 DM	
2000	19 917,60 DM		32 563,20 DM	
2001	19 940,40 DM		32 613,60 DM	
2002	10 314,00 Euro		16 916,40 Euro	
2003	11 934,00 Euro		19 425,00 Euro	
2004	12 051,00 Euro		19 735,80 Euro	

VII. Vorgezogene Leistungen in Form eines Übergangsgelds vor dem 60. Lebensjahr

BMF-Schreiben vom 26. 1. 2006 – IV C 5 – S 2333 – 2/06 –

In Ihrer Eingabe war darauf hingewiesen worden, dass in einzelnen Versorgungssystemen vorgesehen ist, bereits vor dem 60. Lebensjahr vorgezogene Leistungen in Form eines Übergangsgelds zu zahlen. Es stellt sich die Frage nach der Bildung von Pensionsrückstellungen sowie der lohnsteuerlichen Anerkennung, insbesondere vor dem Hintergrund, dass nach dem BMF-Schreiben vom 17. November 2004 (BStBl I S. 1065) als Untergrenze bei altersbedingtem Ausscheiden im Regelfall das 60. Lebensjahr gilt.

Nach Abstimmung mit dem für das Betriebsrentengesetz zuständigen Bundesministerium für Arbeit und Soziales und den obersten Finanzbehörden der Länder wird als Antwort auf die Eingabe Folgendes mitgeteilt:

Überbrückungshilfen oder Übergangsleistungen sind keine Leistungen der betrieblichen Altersversorgung und stehen damit nicht unter dem Schutz des Betriebsrentengesetzes. Es handelt sich dabei um Übergangsgelder, wenn die Regelung der konkreten betrieblichen Altersversorgung bezweckt, den Einkommensverlust des vorzeitig ausgeschiedenen Arbeitnehmers bis zum Eintritt in den Ruhestand auszugleichen.

Wenn man im Einzelfall zu dem Ergebnis gelangt, dass eine Zusage des Arbeitgebers in „Übergangsleistungen" und „Leistungen der betrieblichen Altersversorgung" aufzusplitten ist, so ist dies für letztere betriebsrentenrechtlich unschädlich. Die Folge ist lediglich eine Aufteilung in Arbeitgeberleistungen, die nicht dem Schutz des Betriebsrentengesetzes unterliegen, und Leistungen der betrieblichen Altersversorgung, für die die Regelungen des Betriebsrentengesetzes gelten.

Berücksichtigt man die betriebsrentenrechtliche Behandlung bei der lohnsteuerlichen Beurteilung, gelangt man zu dem Ergebnis, dass die Zahlung von vorgezogenen Leistungen in Form eines Übergangsgelds vor dem 60. Lebensjahr dann lohnsteuerlich unschädlich ist, wenn im Einzelfall eine Trennung der vorgezogenen Leistungen in Form eines Übergangsgelds von den Leistungen der betrieblichen Altersversorgung möglich ist. Ein Anhaltspunkt hierfür kann sein, dass sich die zugesagte Altersleistung lediglich durch das vorgezogene Ausscheiden des Arbeitnehmers aus dem Arbeitsverhältnis gemäß § 2 Abs. 1 des Betriebsrentengesetzes, nicht aber durch die als „Übergangsgeld" erbrachten Leistungen verringert. Bei einer Trennung der Leistungen ist für den Teil „Übergangsgeld" in der Regel ebenfalls erst bei Auszahlung ein Lohnzufluss anzunehmen. Ist eine Trennung nicht möglich, ist die gesamte Vereinbarung aus lohnsteuerlicher Sicht nicht als betriebliche Altersversorgung anzuerkennen. Siehe dazu Rz. 154 ff. des BMF-Schreibens vom 17. November 2004 (a. a. O.).

Hinsichtlich der Bildung von Pensionsrückstellungen nach § 6a des Einkommensteuergesetzes ist R 6a Abs. 2 Satz 3 EStR einschlägig, d. h. das Einkommensteuerrecht folgt dem Betriebsrentenrecht. Für den Teil „Übergangsgeld" ist eine allgemeine Rückstellung zu bilden.

VIII. Steuerliche Behandlung einer selbständigen Berufsunfähigkeitsversicherung als Direktversicherung

BMF-Schreiben vom 1. 8. 2006 – IV C 5 – S 2333 – 87/06 –

Auf eine Anfrage hin hat das BMF Folgendes mitgeteilt:

Voraussetzung für die Steuerfreiheit nach § 3 Nr. 63 EStG ist, dass die Auszahlung der zugesagten Versorgungsleistung in Form einer lebenslangen Rente oder eines Auszahlungsplans mit anschließender lebenslanger Teilkapitalverrentung (§ 1 Abs. 1 Satz 1 Nr. 4 des Altersvorsorgeverträge-Zertifizierungsgesetzes) vorgesehen ist. Liegt diese Voraussetzung bei einer selbständigen Berufsunfähigkeitsversicherung vor, wird auch diese vom Anwendungsbereich des § 3 Nr. 63 EStG erfasst.

Im Hinblick auf die entfallende Versorgungsbedürftigkeit, z. B. für den Fall der Vollendung des 27. Lebensjahres der Kinder, der Wiederheirat der Witwe/des Witwers, des Endes der Erwerbsminderung durch Wegfall der Voraussetzungen für den Bezug (insbesondere bei Verbesserung der Gesundheitssituation oder Erreichen der Altersgrenze), wird es von der Verwaltung nicht beanstandet, wenn eine Rente oder ein Auszahlungsplan zeitlich befristet ist (Rz. 177 Satz 2 des BMF-Schreibens vom 17. November 2004, BStBl I S. 1065). Somit ist es unschädlich, wenn z. B. eine Berufsunfähigkeitsrente lediglich bis zum Beginn des Bezugs einer Altersrente aus der gesetzlichen Rentenversicherung gezahlt wird.

Eine laufende Verrechnung von Überschussanteilen steht der Steuerfreiheit nach § 3 Nr. 63 EStG grundsätzlich nicht entgegen. Vor diesem Hintergrund können die verzinslich angesammelten Überschüsse einer Berufsunfähigkeitsversicherung auch am Ende der Laufzeit der Versicherung oder nach Eintritt des Versicherungsfalls als einmalige Kapitalsumme ausbezahlt werden. Eine unzulässige Beitragserstattung liegt nicht vor, denn es wird praktisch nur eine Überzahlung (zuviel gezahlte Risikoprämien) korrigiert. Die Auszahlung der Überschüsse unterliegt dann der Besteuerung nach § 22 Nr. 5 EStG (d. h., bei Anwendung von § 3 Nr. 63 EStG vollständige Besteuerung der Auszahlung nach § 22 Nr. 5 Satz 1 EStG).

IX. Anhebung der Altersgrenzen; Erhöhungen im Bereich Versicherungen im Sinne des § 20 Absatz 1 Nummer 6 EStG, Altersvorsorgeverträge, Basisrentenverträge, betriebliche Altersversorgung

BMF-Schreiben vom 6. 3. 2012 (BStBl I S. 238)
IV C 3 – S 2220/11/10002
IV C 1 – S 2252/07/0001 :005
2012/0186064

In Abstimmung mit den obersten Finanzbehörden der Länder gilt im Hinblick auf die steuerlichen Auswirkungen einer Anpassung von Vorsorgeverträgen an die Anhebung des Mindestrentenalters vom 60. auf das 62. Lebensjahr Folgendes:

I. Versicherungsleistungen, die nach § 20 Absatz 1 Nummer 6 EStG zu versteuern sind

Bei Versicherungsverträgen, die nach dem 31. Dezember 2011 abgeschlossen werden, ist der hälftige Unterschiedsbetrag nach § 20 Absatz 1 Nummer 6 Satz 2 EStG mit der Maßgabe anzuwenden, dass die Versicherungsleistung nach Vollendung des 62. Lebensjahres des Steuerpflichtigen ausgezahlt wird.

Werden wesentliche Vertragsmerkmale einer Versicherung (Versicherungslaufzeit, Versicherungssumme, Beitragshöhe, Beitragszahlungsdauer), die vor dem 1. Januar 2012 abgeschlossen wurde, geändert **und** führt dies nach den Ausführungen im BMF-Schreiben vom 22. August 2002[1]) (BStBl I S. 827) und den Rz. 67 ff. des BMF-Schreibens vom 1. Oktober 2009[2]) (BStBl I S. 1172) zu einem Neubeginn der Mindestvertragsdauer, dann ist **bei** Vertragsänderung nach dem 31. Dezember 2011 der hälftige Unterschiedsbetrag nur dann anzusetzen, wenn

– die Versicherungsleistungen nach Vollendung des 62. Lebensjahres des Steuerpflichtigen und
– nach Ablauf von zwölf Jahren seit der Vertragsänderung ausgezahlt werden.

---
[1]) Abgedruckt in H 10 LStH.
[2]) Abgedruckt in H 20 LStH.

Soweit nachträglich vereinbarte Beitragserhöhungen oder Erhöhungen der Versicherungssumme im Umfang der Erhöhung steuerlich zu einem gesonderten neuen Vertrag führen, gelten die v. g. Regelungen nur für diesen neuen Vertrag.

Führt die Vertragsänderung bei vor dem 1. Januar 2012 abgeschlossenen Versicherungsverträgen nicht zu einem Neubeginn der Mindestvertragsdauer, bspw. weil sie bereits bei Vertragsabschluss vereinbart wurde, kommt es für die Anwendung des § 20 Absatz 1 Nummer 6 Satz 2 EStG nicht zu einer Anhebung der Altersgrenze auf das 62. Lebensjahr. Der Zeitpunkt der Vertragsänderung ist insoweit ohne Bedeutung.

Darüber hinaus werden Rz. 71 und Rz. 92 des BMF-Schreibens vom 1. Oktober 2009[1]) (BStBl I S. 1172) um folgende Sätze ergänzt:

„Im Hinblick auf die gesetzliche Anhebung des Rentenalters von 65 auf 67 Jahre gilt Folgendes:

Die Verlängerung der Laufzeit eines Vertrages, der bisher einen Auszahlungszeitpunkt im 65. oder 66. Lebensjahr zum Inhalt hatte, führt nicht zu einer nachträglichen Vertragsänderung, wenn die Verlängerung einen Zeitraum von höchstens zwei Jahren umfasst. Eine entsprechende Verlängerung der Beitragszahlungsdauer ist zulässig. Eine solche Verlängerung der Laufzeit bzw. der Beitragszahlungsdauer infolge der Anhebung der Altersgrenze kann nur einmalig vorgenommen werden."

II. Zertifizierte Altersvorsorgeverträge

Bei Altersvorsorgeverträgen, die nach dem 31. Dezember 2011 abgeschlossen werden, dürfen die sich ergebenden Altersleistungen nicht vor Vollendung des 62. Lebensjahres oder einer vor Vollendung des 62. Lebensjahres beginnenden Leistung aus einem gesetzlichen Alterssicherungssystem des Anlegers ausgezahlt werden.

Bei Altersvorsorgeverträgen ist im Hinblick auf die **Förderbarkeit der Beiträge** (§ 10a Abschnitt XI EStG) insgesamt auf das Datum des ursprünglichen Vertragsabschlusses und das dem Vertragsabschluss zugrunde liegende Vertragsmuster abzustellen. D. h., wurde der Altersvorsorgevertrag vor dem 1. Januar 2012 abgeschlossen und sieht dieser für den Beginn der Altersleistungen ein Mindestrentenalter von 60 Jahren vor, dann gilt dies auch für eine nach dem 31. Dezember 2011 vorgenommene Erhöhung des Beitrags bzw. der Versicherungssumme.

Die sich aus den geförderten Beträgen ergebenden Leistungen unterliegen der **nachgelagerten Besteuerung** nach § 22 Nummer 5 Satz 1 EStG. Der Zeitpunkt der Beitragserhöhung ist insoweit ohne Bedeutung.

Für die Besteuerung von Leistungen aus Altersvorsorgeverträgen, die auf ungeförderten Beiträgen beruhen, ist § 22 Nummer 5 Satz 2 EStG anzuwenden. Im Hinblick auf den Ansatz des hälftigen Unterschiedsbetrags nach § 20 Absatz 1 Nummer 6 Satz 2 EStG gelten für Versicherungsverträge die unter I. genannten Grundsätze. Für die Frage der anwendbaren Altersgrenze kommt es somit auf den Zeitpunkt des Vertragsabschlusses an. Für Altersvorsorgeverträge, deren Leistungen nach § 22 Nummer 5 Satz 2 Buchstabe c EStG besteuert werden, gelten die oben genannten Grundsätze entsprechend.

III. Basisrentenverträge

Bei Basisrentenverträgen, die nach dem 31. Dezember 2011 abgeschlossen werden, dürfen die sich ergebenden Altersleistungen nicht vor Vollendung des 62. Lebensjahres des Anlegers ausgezahlt werden.

Wurde der Basisrentenvertrag vor dem 1. Januar 2012 abgeschlossen, dann führt die Erhöhung der Versicherungssumme bzw. der Beiträge nicht zu einer steuerlichen Aufteilung des Vertrags. Die zugunsten des Basisrentenvertrags geleisteten Beiträge sind nach § 10 Absatz 1 Nummer 2 Buchstabe b EStG begünstigt, da sie zugunsten eines zertifizierten Basisrentenvertrags gezahlt werden.

Die sich aus dem Basisrentenvertrag ergebenden Leistungen sind nach § 22 Nummer 1 Satz 3 Buchstabe a Doppelbuchstabe aa EStG nachgelagert zu versteuern. Der Zeitpunkt der Beitragserhöhung ist insoweit ohne Bedeutung.

IV. Betriebliche Altersversorgung

Im Bereich der betrieblichen Altersversorgung gilt als Untergrenze für betriebliche Altersversorgungsleistungen bei altersbedingtem Ausscheiden aus dem Erwerbsleben im Regelfall das 60. Lebensjahr. Für Versorgungszusagen, die nach dem 31. Dezember 2011 erteilt werden, tritt

---

[1]) Abgedruckt in H 20 LStH.

an die Stelle des 60. Lebensjahres regelmäßig das 62. Lebensjahr (Rz. 249 des BMF-Schreibens vom 31. März 2010¹), BStBl I S. 270).

Wird in einer vor dem 1. Januar 2012 erteilten Zusage die Untergrenze für betriebliche Altersversorgungsleistungen bei altersbedingtem Ausscheiden aus dem Erwerbsleben entsprechend erhöht, führt dies allein nicht zu einer Neuzusage (s. auch Rz. 306 ff. des BMF-Schreibens vom 31. März 2010²)). Dabei ist es unerheblich, ob dies zusammen mit einer Verlängerung der Beitragszahlungsdauer erfolgt oder nicht.

Hinsichtlich der Besteuerung der Leistungen aus einer betrieblichen Altersversorgung in den Durchführungswegen Direktversicherung, Pensionskasse und Pensionsfonds gelten die Ausführungen unter Abschnitt I. bis III. entsprechend. Wird bei einem vor dem 1. Januar 2012 abgeschlossenen Vertrag die Untergrenze für betriebliche Altersversorgungsleistungen bis auf das 62. Lebensjahr erhöht und dadurch die Laufzeit des Vertrages verlängert, führt auch dies allein zu keiner nachträglichen Vertragsänderung, wenn die Verlängerung einen Zeitraum von höchstens zwei Jahren umfasst. Eine entsprechende Verlängerung der Beitragszahlungsdauer ist zulässig. Eine Verlängerung der Laufzeit bzw. der Beitragszahlungsdauer infolge der Anhebung der Altersgrenze kann nur einmalig vorgenommen werden.

---

¹) Abgedruckt in Anhang 2 IV.
²) Abgedruckt in Anhang 2 IV.

Gesetz zur Regelung der Arbeitnehmerüberlassung (Arbeitnehmerüberlassungsgesetz – AÜG)

vom 3. 2. 1995 (BGBl. I S. 158)
zuletzt geändert durch **Artikel 26 des Gesetzes zur Verbesserung der Eingliederungschancen am Arbeitsmarkt vom 20. 12. 2011 (BGBl. I S. 2854)**

§ 1 Erlaubnispflicht

(1) Arbeitgeber, die als Verleiher Dritten (Entleihern) Arbeitnehmer (Leiharbeitnehmer) im Rahmen ihrer wirtschaftlichen Tätigkeit zur Arbeitsleistung überlassen wollen, bedürfen der Erlaubnis. Die Überlassung von Arbeitnehmern an Entleiher erfolgt vorübergehend. Die Abordnung von Arbeitnehmern zu einer zur Herstellung eines Werkes gebildeten Arbeitsgemeinschaft ist keine Arbeitnehmerüberlassung, wenn der Arbeitgeber Mitglied der Arbeitsgemeinschaft ist, für alle Mitglieder der Arbeitsgemeinschaft Tarifverträge desselben Wirtschaftszweiges gelten und alle Mitglieder der Arbeitsgemeinschaft auf Grund des Arbeitsgemeinschaftsvertrages zur selbständigen Erbringung von Vertragsleistungen verpflichtet sind. Für einen Arbeitgeber mit Geschäftssitz in einem anderen Mitgliedstaat des Europäischen Wirtschaftsraumes ist die Abordnung von Arbeitnehmern zu einer zur Herstellung eines Werkes gebildeten Arbeitsgemeinschaft auch dann keine Arbeitnehmerüberlassung, wenn für ihn deutsche Tarifverträge desselben Wirtschaftszweiges wie für die anderen Mitglieder der Arbeitsgemeinschaft nicht gelten, er aber die übrigen Voraussetzungen des Satzes 2 erfüllt.

(2) Werden Arbeitnehmer Dritten zur Arbeitsleistung überlassen und übernimmt der Überlassende nicht die üblichen Arbeitgeberpflichten oder das Arbeitgeberrisiko (§ 3 Abs. 1 Nr. 1 bis 3), so wird vermutet, daß der Überlassende Arbeitsvermittlung betreibt.

(3) Dieses Gesetz ist mit Ausnahme des § 1b Satz 1, des § 16 Abs. 1 Nr. 1b und Abs. 2 bis 5 sowie der §§ 17 und 18 nicht anzuwenden auf die Arbeitnehmerüberlassung
1. zwischen Arbeitgebern desselben Wirtschaftszweiges zur Vermeidung von Kurzarbeit oder Entlassungen, wenn ein für den Entleiher und Verleiher geltender Tarifvertrag dies vorsieht,
2. zwischen Konzernunternehmen im Sinne des § 18 des Aktiengesetzes, wenn der Arbeitnehmer nicht zum Zweck der Überlassung eingestellt und beschäftigt wird,
2a. zwischen Arbeitgebern, wenn die Überlassung nur gelegentlich erfolgt und der Arbeitnehmer nicht zum Zweck der Überlassung eingestellt und beschäftigt wird, oder
3. in das Ausland, wenn der Leiharbeitnehmer in ein auf der Grundlage zwischenstaatlicher Vereinbarungen begründetes deutsch-ausländisches Gemeinschaftsunternehmen verliehen wird, an dem der Verleiher beteiligt ist.

§ 1a Anzeige der Überlassung

(1) Keiner Erlaubnis bedarf ein Arbeitgeber mit weniger als 50 Beschäftigten, der zur Vermeidung von Kurzarbeit oder Entlassungen an einen Arbeitgeber einen Arbeitnehmer, der nicht zum Zweck der Überlassung eingestellt und beschäftigt wird, bis zur Dauer von zwölf Monaten überläßt, wenn er die Überlassung vorher schriftlich der Bundesagentur für Arbeit angezeigt hat.

(2) In der Anzeige sind anzugeben
1. Vor- und Familiennamen, Wohnort und Wohnung, Tag und Ort der Geburt des Leiharbeitnehmers,
2. Art der vom Leiharbeitnehmer zu leistenden Tätigkeit und etwaige Pflicht zur auswärtigen Leistung,
3. Beginn und Dauer der Überlassung,
4. Firma und Anschrift des Entleihers.

§ 1b Einschränkungen im Baugewerbe

Arbeitnehmerüberlassung nach § 1 in Betriebe des Baugewerbes für Arbeiten, die üblicherweise von Arbeitern verrichtet werden, ist unzulässig. Sie ist gestattet
a) zwischen Betrieben des Baugewerbes und anderen Betrieben, wenn diese Betriebe erfassende, für allgemein verbindlich erklärte Tarifverträge dies bestimmen,
b) zwischen Betrieben des Baugewerbes, wenn der verleihende Betrieb nachweislich seit mindestens drei Jahren von denselben Rahmen- und Sozialkassentarifverträgen oder von deren Allgemeinverbindlichkeit erfasst wird.

Abweichend von Satz 2 ist für Betriebe des Baugewerbes mit Geschäftssitz in einem anderen Mitgliedstaat des Europäischen Wirtschaftsraumes Arbeitnehmerüberlassung auch gestattet, wenn die ausländischen Betriebe nicht von deutschen Rahmen- und Sozialkassentarifverträgen oder für allgemeinverbindlich erklärten Tarifverträgen erfasst werden, sie aber nachweislich seit mindestens drei Jahren überwiegend Tätigkeiten ausüben, die unter den Geltungsbereich derselben Rahmen- und Sozialkassentarifverträge fallen, von denen der Betrieb des Entleihers erfasst wird.

§ 2 Erteilung und Erlöschen der Erlaubnis

(1) Die Erlaubnis wird auf schriftlichen Antrag erteilt.

(2) Die Erlaubnis kann unter Bedingungen erteilt und mit Auflagen verbunden werden, um sicherzustellen, daß keine Tatsachen eintreten, die nach § 3 die Versagung der Erlaubnis rechtfertigen. Die Aufnahme, Änderung oder Ergänzung von Auflagen sind auch nach Erteilung der Erlaubnis zulässig.

(3) Die Erlaubnis kann unter dem Vorbehalt des Widerrufs erteilt werden, wenn eine abschließende Beurteilung des Antrags noch nicht möglich ist.

(4) Die Erlaubnis ist auf ein Jahr zu befristen. Der Antrag auf Verlängerung der Erlaubnis ist spätestens drei Monate vor Ablauf des Jahres zu stellen. Die Erlaubnis verlängert sich um ein weiteres Jahr, wenn die Erlaubnisbehörde die Verlängerung nicht vor Ablauf des Jahres ablehnt. Im Fall der Ablehnung gilt die Erlaubnis für die Abwicklung der nach § 1 erlaubt abgeschlossenen Verträge als fortbestehend, jedoch nicht länger als zwölf Monate.

(5) Die Erlaubnis kann unbefristet erteilt werden, wenn der Verleiher drei aufeinanderfolgende Jahre lang nach § 1 erlaubt tätig war. Sie erlischt, wenn der Verleiher von der Erlaubnis drei Jahre lang keinen Gebrauch gemacht hat.

§ 2a Kosten

(1) Für die Bearbeitung von Anträgen auf Erteilung und Verlängerung der Erlaubnis werden vom Antragsteller Kosten (Gebühren und Auslagen) erhoben.

(2) Die Vorschriften des Verwaltungskostengesetzes sind anzuwenden. Die Bundesregierung wird ermächtigt, durch Rechtsverordnung die gebührenpflichtigen Tatbestände näher zu bestimmen und dabei feste Sätze und Rahmensätze vorzusehen. Die Gebühr darf im Einzelfall 2 500 Euro nicht überschreiten.

§ 3 Versagung

(1) Die Erlaubnis oder ihre Verlängerung ist zu versagen, wenn Tatsachen die Annahme rechtfertigen, daß der Antragsteller
1. die für die Ausübung der Tätigkeit nach § 1 erforderliche Zuverlässigkeit nicht besitzt, insbesondere weil er die Vorschriften des Sozialversicherungsrechts, über die Einbehaltung und Abführung der Lohnsteuer, über die Arbeitsvermittlung, über die Anwerbung im Ausland oder über die Ausländerbeschäftigung, die Vorschriften des Arbeitsschutzrechts oder die arbeitsrechtlichen Pflichten nicht einhält;
2. nach der Gestaltung seiner Betriebsorganisation nicht in der Lage ist, die üblichen Arbeitgeberpflichten ordnungsgemäß zu erfüllen;
3. dem Leiharbeitnehmer für die Zeit der Überlassung an einen Entleiher die im Betrieb dieses Entleihers für einen vergleichbaren Arbeitnehmer des Entleihers geltenden wesentlichen Arbeitsbedingungen einschließlich des Arbeitsentgelts nicht gewährt. Ein Tarifvertrag kann abweichende Regelungen zulassen, soweit er nicht die in einer Rechtsverordnung nach § 3a Absatz 2 festgesetzten Mindeststundenentgelte unterschreitet. Im Geltungsbereich eines solchen Tarifvertrages können nicht tarifgebundene Arbeitgeber und Arbeitnehmer die Anwendung der tariflichen Regelungen vereinbaren. Eine abweichende tarifliche Regelung gilt nicht für Leiharbeitnehmer, die in den letzten sechs Monaten vor der Überlassung an den Entleiher aus einem Arbeitsverhältnis bei diesem oder einem Arbeitgeber, der mit dem Entleiher einen Konzern im Sinne des § 18 des Aktiengesetzes bildet, ausgeschieden sind.
4. – 6. (weggefallen)

(2) Die Erlaubnis oder ihre Verlängerung ist ferner zu versagen, wenn für die Ausübung der Tätigkeit nach § 1 Betriebe, Betriebsteile oder Nebenbetriebe vorgesehen sind, die nicht in einem Mitgliedstaat der Europäischen Wirtschaftsgemeinschaft oder einem anderen Vertragsstaat des Abkommens über den Europäischen Wirtschaftsraum liegen.

(3) Die Erlaubnis kann versagt werden, wenn der Antragsteller nicht Deutscher im Sinne des Artikels 116 des Grundgesetzes ist oder wenn eine Gesellschaft oder juristische Person den Antrag stellt, die entweder nicht nach deutschem Recht gegründet ist oder die weder ihren satzungsmäßigen Sitz noch ihre Hauptverwaltung noch ihre Hauptniederlassung im Geltungsbereich dieses Gesetzes hat.

(4) Staatsangehörige der Mitgliedstaaten der Europäischen Wirtschaftsgemeinschaft oder eines anderen Vertragsstaates des Abkommens über den Europäischen Wirtschaftsraum erhalten die Erlaubnis unter den gleichen Voraussetzungen wie deutsche Staatsangehörige. Den Staatsangehörigen dieser Staaten stehen gleich Gesellschaften und juristische Personen, die nach den Rechtsvorschriften dieser Staaten gegründet sind und ihren satzungsgemäßen Sitz, ihre Hauptverwaltung oder ihre Hauptniederlassung innerhalb dieser Staaten haben. Soweit diese Gesellschaften oder juristischen Personen zwar ihren satzungsmäßigen Sitz, jedoch weder ihre Hauptverwaltung noch ihre Hauptniederlassung innerhalb dieser Staaten haben, gilt Satz 2 nur, wenn ihre Tätigkeit in tatsächlicher und dauerhafter Verbindung mit der Wirtschaft eines Mitgliedstates oder eines Vertragsstaates des Abkommens über den Europäischen Wirtschaftsraum steht.

(5) Staatsangehörige anderer als der in Absatz 4 genannten Staaten, die sich aufgrund eines internationalen Abkommens im Geltungsbereich dieses Gesetzes niederlassen und hierbei sowie bei ihrer Geschäftstätigkeit nicht weniger günstig behandelt werden dürfen als deutsche Staatsangehörige, erhalten die Erlaubnis unter den gleichen Voraussetzungen wie deutsche Staatsangehörige. Den Staatsangehörigen nach Satz 1 stehen gleich Gesellschaften, die nach den Rechtsvorschriften des anderen Staates gegründet sind.

§ 3a Lohnuntergrenze

(1) Gewerkschaften und Vereinigungen von Arbeitgebern, die zumindest auch für ihre jeweiligen in der Arbeitnehmerüberlassung tätigen Mitglieder zuständig sind (vorschlagsberechtigte Tarifvertragsparteien) und bundesweit tarifliche Mindeststundenentgelte im Bereich der Arbeitnehmerüberlassung miteinander vereinbart haben, können dem Bundesministerium für Arbeit und Soziales gemeinsam vorschlagen, diese als Lohnuntergrenze in einer Rechtsverordnung verbindlich festzusetzen; die Mindeststundenentgelte können nach dem jeweiligen Beschäftigungsort differenzieren. Der Vorschlag muss für Verleihzeiten und verleihfreie Zeiten einheitliche Mindeststundenentgelte sowie eine Laufzeit enthalten. Der Vorschlag ist schriftlich zu begründen.

(2) Das Bundesministerium für Arbeit und Soziales kann in einer Rechtsverordnung ohne Zustimmung des Bundesrates bestimmen, dass die vorgeschlagenen tariflichen Mindeststundenentgelte nach Absatz 1 als verbindliche Lohnuntergrenze auf alle in den Geltungsbereich der Verordnung fallenden Arbeitgeber sowie Leiharbeitnehmer Anwendung findet. Der Verordnungsgeber kann den Vorschlag nur inhaltlich unverändert in die Rechtsverordnung übernehmen.

(3) Bei der Entscheidung nach Absatz 2 findet § 5 Absatz 1 Satz 1 Nummer 2 des Tarifvertragsgesetzes entsprechende Anwendung. Der Verordnungsgeber hat bei seiner Entscheidung nach Absatz 2 im Rahmen einer Gesamtabwägung neben den Zielen dieses Gesetzes zu prüfen, ob eine Rechtsverordnung nach Absatz 2 insbesondere geeignet ist, die finanzielle Stabilität der sozialen Sicherungssysteme zu gewährleisten. Der Verordnungsgeber hat zu berücksichtigen

1. die bestehenden bundesweiten Tarifverträge in der Arbeitnehmerüberlassung und
2. die Repräsentativität der vorschlagenden Tarifvertragsparteien.

(4) Liegen mehrere Vorschläge nach Absatz 1 vor, hat der Verordnungsgeber bei seiner Entscheidung nach Absatz 2 im Rahmen der nach Absatz 3 erforderlichen Gesamtabwägung die Repräsentativität der vorschlagenden Tarifvertragsparteien besonders zu berücksichtigen. Bei der Feststellung der Repräsentativität ist vorrangig abzustellen auf

1. die Zahl der jeweils in den Geltungsbereich einer Rechtsverordnung nach Absatz 2 fallenden Arbeitnehmer, die bei Mitgliedern der vorschlagenden Arbeitgebervereinigung beschäftigt sind;
2. die Zahl der jeweils in den Geltungsbereich einer Rechtsverordnung nach Absatz 2 fallenden Mitglieder der vorschlagenden Gewerkschaften.

(5) Vor Erlass ist ein Entwurf der Rechtsverordnung im Bundesanzeiger bekannt zu machen. Das Bundesministerium für Arbeit und Soziales gibt Verleihern und Leiharbeitnehmern sowie den Gewerkschaften und Vereinigungen von Arbeitgebern, die im Geltungsbereich der Rechtsverordnung zumindest teilweise tarifzuständig sind, Gelegenheit zur schriftlichen Stellungnahme innerhalb von drei Wochen ab dem Tag der Bekanntmachung des Entwurfs der Rechtsverordnung im Bundesanzeiger. Nach Ablauf der Stellungnahmefrist wird der in § 5 Absatz 1 Satz 1 des Tarifvertragsgesetzes genannte Ausschuss mit dem Vorschlag befasst.

(6) Nach Absatz 1 vorschlagsberechtigte Tarifvertragsparteien können gemeinsam die Änderung einer nach Absatz 2 erlassenen Rechtsverordnung vorschlagen. Die Absätze 1 bis 5 finden entsprechende Anwendung.

§ 4 Rücknahme

(1) Eine rechtswidrige Erlaubnis kann mit Wirkung für die Zukunft zurückgenommen werden. § 2 Abs. 4 Satz 4 gilt entsprechend.

(2) Die Erlaubnisbehörde hat dem Verleiher auf Antrag den Vermögensnachteil auszugleichen, den dieser dadurch erleidet, daß er auf den Bestand der Erlaubnis vertraut hat, soweit sein Vertrauen unter Abwägung mit dem öffentlichen Interesse schutzwürdig ist. Auf Vertrauen kann sich der Verleiher nicht berufen, wenn er
1. die Erlaubnis durch arglistige Täuschung, Drohung oder eine strafbare Handlung erwirkt hat;
2. die Erlaubnis durch Angaben erwirkt hat, die in wesentlicher Beziehung unrichtig oder unvollständig waren, oder
3. die Rechtswidrigkeit der Erlaubnis kannte oder infolge grober Fahrlässigkeit nicht kannte.

Der Vermögensnachteil ist jedoch nicht über den Betrag des Interesses hinaus zu ersetzen, das der Verleiher an dem Bestand der Erlaubnis hat. Der auszugleichende Vermögensnachteil wird durch die Erlaubnisbehörde festgesetzt. Der Anspruch kann nur innerhalb eines Jahres geltend gemacht werden; die Frist beginnt, sobald die Erlaubnisbehörde den Verleiher auf sie hingewiesen hat.

(3) Die Rücknahme ist nur innerhalb eines Jahres seit dem Zeitpunkt zulässig, in dem die Erlaubnisbehörde von den Tatsachen Kenntnis erhalten hat, die die Rücknahme der Erlaubnis rechtfertigen.

§ 5 Widerruf

(1) Die Erlaubnis kann mit Wirkung für die Zukunft widerrufen werden, wenn
1. der Widerruf bei ihrer Erteilung nach § 2 Abs. 3 vorbehalten worden ist;
2. der Verleiher eine Auflage nach § 2 nicht innerhalb einer ihm gesetzten Frist erfüllt hat;
3. die Erlaubnisbehörde aufgrund nachträglich eingetretener Tatsachen berechtigt wäre, die Erlaubnis zu versagen, oder
4. die Erlaubnisbehörde aufgrund einer geänderten Rechtslage berechtigt wäre, die Erlaubnis zu versagen; § 4 Abs. 2 gilt entsprechend.

(2) Die Erlaubnis wird mit dem Wirksamwerden des Widerrufs unwirksam. § 2 Abs. 4 Satz 4 gilt entsprechend.

(3) Der Widerruf ist unzulässig, wenn eine Erlaubnis gleichen Inhalts erneut erteilt werden müßte.

(4) Der Widerruf ist nur innerhalb eines Jahres seit dem Zeitpunkt zulässig, in dem die Erlaubnisbehörde von den Tatsachen Kenntnis erhalten hat, die den Widerruf der Erlaubnis rechtfertigen.

§ 6 Verwaltungszwang

Werden Leiharbeitnehmer von einem Verleiher ohne die erforderliche Erlaubnis überlassen, so hat die Erlaubnisbehörde dem Verleiher dies zu untersagen und das weitere Überlassen nach den Vorschriften des Verwaltungsvollstreckungsgesetzes zu verhindern.

§ 7 Anzeigen und Auskünfte

(1) Der Verleiher hat der Erlaubnisbehörde nach Erteilung der Erlaubnis unaufgefordert die Verlegung, Schließung und Errichtung von Betrieben, Betriebsteilen oder Nebenbetrieben vorher anzuzeigen, soweit diese die Ausübung der Arbeitnehmerüberlassung zum Gegenstand haben. Wenn die Erlaubnis Personengesamtheiten, Personengesellschaften oder juristischen Personen erteilt ist und nach ihrer Erteilung eine andere Person zur Geschäftsführung oder Vertretung nach Gesetz, Satzung oder Gesellschaftsvertrag berufen wird, ist auch dies unaufgefordert anzuzeigen.

(2) Der Verleiher hat der Erlaubnisbehörde auf Verlangen die Auskünfte zu erteilen, die zur Durchführung des Gesetzes erforderlich sind. Die Auskünfte sind wahrheitsgemäß, vollständig, fristgemäß und unentgeltlich zu erteilen. Auf Verlangen der Erlaubnisbehörde hat der Verleiher die geschäftlichen Unterlagen vorzulegen, aus denen sich die Richtigkeit seiner Angaben ergibt, oder seine Angaben auf sonstige Weise glaubhaft zu machen. Der Verleiher hat seine Geschäftsunterlagen drei Jahre lang aufzubewahren.

(3) In begründeten Einzelfällen sind die von der Erlaubnisbehörde beauftragten Personen befugt, Grundstücke und Geschäftsräume des Verleihers zu betreten und dort Prüfungen vorzunehmen. Der Verleiher hat die Maßnahmen nach Satz 1 zu dulden. Das Grundrecht der Unverletzlichkeit der Wohnung (Artikel 13 des Grundgesetzes) wird insoweit eingeschränkt.

(4) Durchsuchungen können nur auf Anordnung des Richters bei dem Amtsgericht, in dessen Bezirk die Durchsuchung erfolgen soll, vorgenommen werden. Auf die Anfechtung dieser Anord-

nung finden die §§ 304 bis 310 der Strafprozeßordnung entsprechende Anwendung. Bei Gefahr im Verzug können die von der Erlaubnisbehörde beauftragten Personen während der Geschäftszeit die erforderlichen Durchsuchungen ohne richterliche Anordnung vornehmen. An Ort und Stelle ist eine Niederschrift über die Durchsuchung und ihr wesentliches Ergebnis aufzunehmen, aus der sich, falls keine richterliche Anordnung ergangen ist, auch die Tatsachen ergeben, die zur Annahme einer Gefahr im Verzug geführt haben.

(5) Der Verleiher kann die Auskunft auf solche Fragen verweigern, deren Beantwortung ihn selbst oder einen der in § 383 Abs. 1 Nr. 1 bis 3 der Zivilprozeßordnung bezeichneten Angehörigen der Gefahr strafgerichtlicher Verfolgung oder eines Verfahrens nach dem Gesetz über Ordnungswidrigkeiten aussetzen würde.

§ 8 Statistische Meldungen

(1) Der Verleiher hat der Erlaubnisbehörde halbjährlich statistische Meldungen über
1. die Zahl der überlassenen Leiharbeitnehmer getrennt nach Geschlecht, nach der Staatsangehörigkeit, nach Berufsgruppen und nach der Art der vor der Begründung des Vertragsverhältnisses zum Verleiher ausgeübten Beschäftigung,
2. die Zahl der Überlassungsfälle, gegliedert nach Wirtschaftsgruppen,
3. die Zahl der Entleiher, denen er Leiharbeitnehmer überlassen hat, gegliedert nach Wirtschaftsgruppen,
4. die Zahl und die Dauer der Arbeitsverhältnisse, die er mit jedem überlassenen Leiharbeitnehmer eingegangen ist,
5. die Zahl der Beschäftigungstage jedes überlassenen Leiharbeitnehmers, gegliedert nach Überlassungsfällen, zu erstatten. Die Erlaubnisbehörde kann die Meldepflicht nach Satz 1 einschränken.

(2) Die Meldungen sind für das erste Kalenderhalbjahr bis zum 1. September des laufenden Jahres, für das zweite Kalenderhalbjahr bis zum 1. März des folgenden Jahres zu erstatten.

(3) Die Erlaubnisbehörde gibt zur Durchführung des Absatzes 1 Erhebungsvordrucke aus. Die Meldungen sind auf diesen Vordrucken zu erstatten. Die Richtigkeit der Angaben ist durch Unterschrift zu bestätigen.

(4) Einzelangaben nach Absatz 1 sind von der Erlaubnisbehörde geheimzuhalten. Die §§ 93, 97, 105 Abs. 1, § 111 Abs. 5 in Verbindung mit § 105 Abs. 1 sowie § 116 Abs. 1 der Abgabenordnung gelten nicht. Dies gilt nicht, soweit die Finanzbehörden die Kenntnisse für die Durchführung eines Verfahrens wegen einer Steuerstraftat sowie eines damit zusammenhängenden Besteuerungsverfahrens benötigen, an deren Verfolgung ein zwingendes öffentliches Interesse besteht, oder soweit es sich um vorsätzlich falsche Angaben des Auskunftspflichtigen oder der für ihn tätigen Personen handelt. Veröffentlichungen von Ergebnissen auf Grund von Meldungen nach Absatz 1 dürfen keine Einzelangaben enthalten. Eine Zusammenfassung von Angaben mehrerer Auskunftspflichtiger ist keine Einzelangabe im Sinne dieses Absatzes.

§ 9 Unwirksamkeit

Unwirksam sind:
1. Verträge zwischen Verleihern und Entleihern sowie zwischen Verleihern und Leiharbeitnehmern, wenn der Verleiher nicht die nach § 1 erforderliche Erlaubnis hat,
2. Vereinbarungen, die für den Leiharbeitnehmer für die Zeit der Überlassung an einen Entleiher schlechtere als die im Betrieb des Entleihers für einen vergleichbaren Arbeitnehmer des Entleihers geltenden wesentlichen Arbeitsbedingungen einschließlich des Arbeitsentgelts vorsehen; ein Tarifvertrag kann abweichende Regelungen zulassen, soweit er nicht die in einer Rechtsverordnung nach § 3a Absatz 2 festgesetzten Mindeststundenentgelte unterschreitet; im Geltungsbereich eines solchen Tarifvertrages können nicht tarifgebundene Arbeitgeber und Arbeitnehmer die Anwendung der tariflichen Regelungen vereinbaren; eine abweichende tarifliche Regelung gilt nicht für Leiharbeitnehmer, die in den letzten sechs Monaten vor der Überlassung an den Entleiher aus einem Arbeitsverhältnis bei diesem oder einem Arbeitgeber, der mit dem Entleiher einen Konzern im Sinne des § 18 des Aktiengesetzes bildet, ausgeschieden sind,
2a. Vereinbarungen, die den Zugang des Leiharbeitnehmers zu den Gemeinschaftseinrichtungen oder -diensten im Unternehmen des Entleihers entgegen § 13b beschränken,
3. Vereinbarungen, die dem Entleiher untersagen, den Leiharbeitnehmer zu einem Zeitpunkt einzustellen, in dem dessen Arbeitsverhältnis zum Verleiher nicht mehr besteht; dies schließt die Vereinbarung einer angemessenen Vergütung zwischen Verleiher und Entleiher für die nach vorangegangenem Verleih oder mittels vorangegangenem Verleih erfolgte Vermittlung nicht aus,

4. Vereinbarungen, die dem Leiharbeitnehmer untersagen, mit dem Entleiher zu einem Zeitpunkt, in dem das Arbeitsverhältnis zwischen Verleiher und Leiharbeitnehmer nicht mehr besteht, ein Arbeitsverhältnis einzugehen,
5. Vereinbarungen, nach denen der Leiharbeitnehmer eine Vermittlungsvergütung an den Verleiher zu zahlen hat.

§ 10 Rechtsfolgen bei Unwirksamkeit, Pflichten des Arbeitgebers zur Gewährung von Arbeitsbedingungen

(1) Ist der Vertrag zwischen einem Verleiher und einem Leiharbeitnehmer nach § 9 Nr. 1 unwirksam, so gilt ein Arbeitsverhältnis zwischen Entleiher und Leiharbeitnehmer zu dem zwischen dem Entleiher und dem Verleiher für den Beginn der Tätigkeit vorgesehenen Zeitpunkt als zustande gekommen; tritt die Unwirksamkeit erst nach Aufnahme der Tätigkeit beim Entleiher ein, so gilt das Arbeitsverhältnis zwischen Entleiher und Leiharbeitnehmer mit dem Eintritt der Unwirksamkeit als zustande gekommen. Das Arbeitsverhältnis nach Satz 1 gilt als befristet, wenn die Tätigkeit des Leiharbeitnehmers bei dem Entleiher nur befristet vorgesehen war und ein die Befristung des Arbeitsverhältnisses sachlich rechtfertigender Grund vorliegt. Für das Arbeitsverhältnis nach Satz 1 gilt die zwischen dem Verleiher und dem Entleiher vorgesehene Arbeitszeit als vereinbart. Im übrigen bestimmen sich Inhalt und Dauer dieses Arbeitsverhältnisses nach den für den Betrieb des Entleihers geltenden Vorschriften und sonstigen Regelungen; sind solche nicht vorhanden, gelten diejenigen vergleichbarer Betriebe. Der Leiharbeitnehmer hat gegen den Entleiher mindestens Anspruch auf das mit dem Verleiher vereinbarte Arbeitsentgelt.

(2) Der Leiharbeitnehmer kann im Fall der Unwirksamkeit seines Vertrags mit dem Verleiher nach § 9 Nr. 1 von diesem Ersatz des Schadens verlangen, den er dadurch erleidet, daß er auf die Gültigkeit des Vertrags vertraut. Die Ersatzpflicht tritt nicht ein, wenn der Leiharbeitnehmer den Grund der Unwirksamkeit kannte.

(3) Zahlt der Verleiher das vereinbarte Arbeitsentgelt oder Teile des Arbeitsentgelts an den Leiharbeitnehmer, obwohl der Vertrag nach § 9 Nr. 1 unwirksam ist, so hat er auch sonstige Teile des Arbeitsentgelts, die bei einem wirksamen Arbeitsvertrag für den Leiharbeitnehmer an einen anderen zu zahlen wären, an den anderen zu zahlen. Hinsichtlich dieser Zahlungspflicht gilt der Verleiher neben dem Entleiher als Arbeitgeber; beide haften insoweit als Gesamtschuldner.

(4) Der Verleiher ist verpflichtet, dem Leiharbeitnehmer für die Zeit der Überlassung an den Entleiher die im Betrieb des Entleihers für einen vergleichbaren Arbeitnehmer des Entleihers geltenden wesentlichen Arbeitsbedingungen einschließlich des Arbeitsentgelts zu gewähren. Soweit ein auf das Arbeitsverhältnis anzuwendender Tarifvertrag abweichende Regelungen trifft (§ 3 Absatz 1 Nummer 3, § 9 Nummer 2), hat der Verleiher dem Leiharbeitnehmer die nach diesem Tarifvertrag geschuldeten Arbeitsbedingungen zu gewähren. Soweit ein solcher Tarifvertrag die in einer Rechtsverordnung nach § 3a Absatz 2 festgesetzten Mindeststundenentgelte unterschreitet, hat der Verleiher dem Leiharbeitnehmer für jede Arbeitsstunde das im Betrieb des Entleihers für einen vergleichbaren Arbeitnehmer des Entleihers für eine Arbeitsstunde zu zahlende Arbeitsentgelt zu gewähren. Im Falle der Unwirksamkeit der Vereinbarung zwischen Verleiher und Leiharbeitnehmer nach § 9 Nummer 2 hat der Verleiher dem Leiharbeitnehmer die im Betrieb des Entleihers für einen vergleichbaren Arbeitnehmer des Entleihers geltenden wesentlichen Arbeitsbedingungen einschließlich des Arbeitsentgelts zu gewähren.

(5) Der Verleiher ist verpflichtet, dem Leiharbeitnehmer mindestens das in einer Rechtsverordnung nach § 3a Absatz 2 für die Zeit der Überlassung und für Zeiten ohne Überlassung festgesetzte Mindeststundenentgelt zu zahlen.

§ 11 Sonstige Vorschriften über das Leiharbeitsverhältnis

(1) Der Nachweis der wesentlichen Vertragsbedingungen des Leiharbeitsverhältnisses richtet sich nach den Bestimmungen des Nachweisgesetzes. Zusätzlich zu den in § 2 Abs. 1 des Nachweisgesetzes genannten Angaben sind in die Niederschrift aufzunehmen:
1. Firma und Anschrift des Verleihers, die Erlaubnisbehörde sowie Ort und Datum der Erteilung der Erlaubnis nach § 1,
2. Art und Höhe der Leistungen für Zeiten, in denen der Leiharbeitnehmer nicht verliehen ist.

(2) Der Verleiher ist ferner verpflichtet, dem Leiharbeitnehmer bei Vertragsschluß ein Merkblatt der Erlaubnisbehörde über den wesentlichen Inhalt dieses Gesetzes auszuhändigen. Nichtdeutsche Leiharbeitnehmer erhalten das Merkblatt und den Nachweis (BGBl. 2002 I S. 4619) nach Absatz 1 auf Verlangen in ihrer Muttersprache. Die Kosten des Merkblatts trägt der Verleiher.

(3) Der Verleiher hat den Leiharbeitnehmer unverzüglich über den Zeitpunkt des Wegfalls der Erlaubnis zu unterrichten. In den Fällen der Nichtverlängerung (§ 2 Abs. 4 Satz 3), der Rücknahme (§ 4) oder des Widerrufs (§ 5) hat er ihn ferner auf das voraussichtliche Ende der Abwicklung

(§ 2 Abs. 4 Satz 4) und die gesetzliche Abwicklungsfrist (§ 2 Abs. 4 Satz 4 letzter Halbsatz) hinzuweisen.

(4) § 622 Abs. 5 Nr. 1 des Bürgerlichen Gesetzbuchs ist nicht auf Arbeitsverhältnisse zwischen Verleihern und Leiharbeitnehmern anzuwenden. Das Recht des Leiharbeitnehmers auf Vergütung bei Annahmeverzug des Verleihers (§ 615 Satz 1 des Bürgerlichen Gesetzbuchs) kann nicht durch Vertrag aufgehoben oder beschränkt werden; § 615 Satz 2 des Bürgerlichen Gesetzbuchs bleibt unberührt. Das Recht des Leiharbeitnehmers auf Vergütung kann durch Vereinbarung von Kurzarbeit für die Zeit aufgehoben werden, für die dem Leiharbeitnehmer Kurzarbeitergeld nach dem Dritten Buch Sozialgesetzbuch gezahlt wird; eine solche Vereinbarung kann das Recht des Leiharbeitnehmers auf Vergütung bis längstens zum **31. Dezember 2011**[1] ausschließen.

(5) Der Leiharbeitnehmer ist nicht verpflichtet, bei einem Entleiher tätig zu sein, soweit dieser durch einen Arbeitskampf unmittelbar betroffen ist. In den Fällen eines Arbeitskampfs nach Satz 1 hat der Verleiher den Leiharbeitnehmer auf das Recht, die Arbeitsleistung zu verweigern, hinzuweisen.

(6) Die Tätigkeit des Leiharbeitnehmers bei dem Entleiher unterliegt den für den Betrieb des Entleihers geltenden öffentlich-rechtlichen Vorschriften des Arbeitsschutzrechts; die hieraus sich ergebenden Pflichten für den Arbeitgeber obliegen dem Entleiher unbeschadet der Pflichten des Verleihers. Insbesondere hat der Entleiher den Leiharbeitnehmer vor Beginn der Beschäftigung und bei Veränderungen in seinem Arbeitsbereich über Gefahren für Sicherheit und Gesundheit, denen er bei der Arbeit ausgesetzt sein kann, sowie über die Maßnahmen und Einrichtungen zur Abwendung dieser Gefahren zu unterrichten. Der Entleiher hat den Leiharbeitnehmer zusätzlich über die Notwendigkeit besonderer Qualifikationen oder beruflicher Fähigkeiten oder einer besonderen ärztlichen Überwachung sowie über erhöhte besondere Gefahren des Arbeitsplatzes zu unterrichten.

(7) Hat der Leiharbeitnehmer während der Dauer der Tätigkeit bei dem Entleiher eine Erfindung oder einen technischen Verbesserungsvorschlag gemacht, so gilt der Entleiher als Arbeitgeber im Sinne des Gesetzes über Arbeitnehmererfindungen.

§ 12 Rechtsbeziehungen zwischen Verleiher und Entleiher

(1) Der Vertrag zwischen dem Verleiher und dem Entleiher bedarf der Schriftform. In der Urkunde hat der Verleiher anzugeben, ob er die Erlaubnis nach § 1 besitzt. Der Entleiher hat in der Urkunde anzugeben, welche besonderen Merkmale die für den Leiharbeitnehmer vorgesehene Tätigkeit hat und welche berufliche Qualifikation dafür erforderlich ist sowie welche im Betrieb des Entleihers für einen vergleichbaren Arbeitnehmer des Entleihers wesentlichen Arbeitsbedingungen einschließlich des Arbeitsentgelts gelten; Letzteres gilt nicht, soweit die Voraussetzungen der in § 3 Abs. 1 Nr. 3 und § 9 Nr. 2 genannten Ausnahme vorliegen.

(2) Der Verleiher hat den Entleiher unverzüglich über den Zeitpunkt des Wegfalls der Erlaubnis zu unterrichten. In den Fällen der Nichtverlängerung (§ 2 Abs. 4 Satz 3), der Rücknahme (§ 4) oder des Widerrufs (§ 5) hat er ihn ferner auf das voraussichtliche Ende der Abwicklung (§ 2 Abs. 4 Satz 4) und die gesetzliche Abwicklungsfrist (§ 2 Abs. 4 Satz 4 letzter Halbsatz) hinzuweisen.

(3) (weggefallen)

§ 13 Auskunftsanspruch des Leiharbeitnehmers

Der Leiharbeitnehmer kann im Fall der Überlassung von seinem Entleiher Auskunft über die im Betrieb des Entleihers für einen vergleichbaren Arbeitnehmer des Entleihers geltenden wesentlichen Arbeitsbedingungen einschließlich des Arbeitsentgelts verlangen; dies gilt nicht, soweit die Voraussetzungen der in § 3 Abs. 1 Nr. 3 und § 9 Nr. 2 genannten Ausnahme vorliegen.

§ 13a Informationspflicht des Entleihers über freie Arbeitsplätze

Der Entleiher hat den Leiharbeitnehmer über Arbeitsplätze des Entleihers, die besetzt werden sollen, zu informieren. Die Information kann durch allgemeine Bekanntgabe an geeigneter, dem Leiharbeitnehmer zugänglicher Stelle im Betrieb und Unternehmen des Entleihers erfolgen.

§ 13b Zugang des Leiharbeitnehmers zu Gemeinschaftseinrichtungen oder -diensten

Der Entleiher hat dem Leiharbeitnehmer Zugang zu den Gemeinschaftseinrichtungen und -diensten im Unternehmen unter den gleichen Bedingungen zu gewähren wie vergleichbaren Arbeitnehmern in dem Betrieb, in dem der Leiharbeitnehmer seine Arbeitsleistung erbringt, es sei

---

[1] *§ 11 Abs. 4 Satz 3 AÜG wurde durch das Gesetz zur Verbesserung der Eingliederungschancen am Arbeitsmarkt vom 20. Dezember 2011 (BGBl. I S. 2854) ab 28. 12. 2011 geändert.*

denn, eine unterschiedliche Behandlung ist aus sachlichen Gründen gerechtfertigt. Gemeinschaftseinrichtungen oder -dienste im Sinne des Satzes 1 sind insbesondere Kinderbetreuungseinrichtungen, Gemeinschaftsverpflegung und Beförderungsmittel.

§ 14 Mitwirkungs- und Mitbestimmungsrechte

(1) Leiharbeitnehmer bleiben auch während der Zeit ihrer Arbeitsleistung bei einem Entleiher Angehörige des entsendenden Betriebs des Verleihers.

(2) Leiharbeitnehmer sind bei der Wahl der Arbeitnehmervertreter in den Aufsichtsrat im Entleiherunternehmen und bei der Wahl der betriebsverfassungsrechtlichen Arbeitnehmervertretungen im Entleiherbetrieb nicht wählbar. Sie sind berechtigt, die Sprechstunden dieser Arbeitnehmervertretungen aufzusuchen und an den Betriebs- und Jugendversammlungen im Entleiherbetrieb teilzunehmen. Die §§ 81, 82 Abs. 1 und die §§ 84 bis 86 des Betriebsverfassungsgesetzes gelten im Entleiherbetrieb auch in bezug auf die dort tätigen Leiharbeitnehmer.

(3) Vor der Übernahme eines Leiharbeitnehmers zur Arbeitsleistung ist der Betriebsrat des Entleiherbetriebs nach § 99 des Betriebsverfassungsgesetzes zu beteiligen. Dabei hat der Entleiher dem Betriebsrat auch die schriftliche Erklärung des Verleihers nach § 12 Abs. 1 Satz 2 vorzulegen. Er ist ferner verpflichtet, Mitteilungen des Verleihers nach § 12 Abs. 2 unverzüglich dem Betriebsrat bekanntzugeben.

(4) Die Absätze 1 und 2 Satz 1 und 2 sowie Absatz 3 gelten für die Anwendung des Bundespersonalvertretungsgesetzes sinngemäß.

§ 15 Ausländische Leiharbeitnehmer ohne Genehmigung

(1) Wer als Verleiher einen Ausländer, der einen erforderlichen Aufenthaltstitel nach § 4 Abs. 3 des Aufenthaltsgesetzes, eine Aufenthaltsgestattung oder eine Duldung, die zur Ausbildung der Beschäftigung berechtigen, oder eine Genehmigung nach § 284 Abs. 1 des Dritten Buches Sozialgesetzbuch nicht besitzt, entgegen § 1 einem Dritten ohne Erlaubnis überlässt, wird mit Freiheitsstrafe bis zu drei Jahren oder mit Geldstrafe bestraft.

(2) In besonders schweren Fällen ist die Strafe Freiheitsstrafe von sechs Monaten bis zu fünf Jahren. Ein besonders schwerer Fall liegt in der Regel vor, wenn der Täter gewerbsmäßig oder aus grobem Eigennutz handelt.

§ 15a Entleih von Ausländern ohne Genehmigung

(1) Wer als Entleiher einen ihm überlassenen Ausländer, der einen erforderlichen Aufenthaltstitel nach § 4 Abs. 3 des Aufenthaltsgesetzes, eine Aufenthaltsgestattung oder eine Duldung, die zur Ausbildung der Beschäftigung berechtigen, oder eine Genehmigung nach § 284 Abs. 1 des Dritten Buches Sozialgesetzbuch nicht besitzt, zu Arbeitsbedingungen des Leiharbeitsverhältnisses tätig werden lässt, die in einem auffälligen Mißverhältnis zu den Arbeitsbedingungen deutscher Leiharbeitnehmer stehen, die die gleiche oder eine vergleichbare Tätigkeit ausüben, wird mit Freiheitsstrafe bis zu drei Jahren oder mit Geldstrafe bestraft. In besonders schweren Fällen ist die Strafe Freiheitsstrafe von sechs Monaten bis zu fünf Jahren; ein besonders schwerer Fall liegt in der Regel vor, wenn der Täter gewerbsmäßig oder aus grobem Eigennutz handelt.

(2) Wer als Entleiher
1. gleichzeitig mehr als fünf Ausländer, die einen erforderlichen Aufenthaltstitel nach § 4 Abs. 3 des Aufenthaltsgesetzes, eine Aufenthaltsgestattung oder eine Duldung, die zur Ausbildung der Beschäftigung berechtigen, oder eine Genehmigung nach § 284 Abs. 1 des Dritten Buches Sozialgesetzbuch nicht besitzen, tätig werden lässt oder
2. eine in § 16 Abs. 1 Nr. 2 bezeichnete vorsätzliche Zuwiderhandlung beharrlich wiederholt,

wird mit Freiheitsstrafe bis zu einem Jahr oder mit Geldstrafe bestraft. Handelt der Täter aus grobem Eigennutz, ist die Strafe Freiheitsstrafe bis zu drei Jahren oder Geldstrafe.

§ 16 Ordnungswidrigkeiten

(1) Ordnungswidrig handelt, wer vorsätzlich oder fahrlässig
1. entgegen § 1 einen Leiharbeitnehmer einem Dritten ohne Erlaubnis überläßt,
1a. einen ihm von einem Verleiher ohne Erlaubnis überlassenen Leiharbeitnehmer tätig werden läßt,
1b. entgegen § 1b Satz 1 Arbeitnehmer überläßt oder tätig werden läßt,
2. einen ihm überlassenen ausländischen Leiharbeitnehmer, der einen erforderlichen Aufenthaltstitel nach § 4 Abs. 3 des Aufenthaltsgesetzes, eine Aufenthaltsgestattung oder eine Dul-

dung, die zur Ausbildung der Beschäftigung berechtigen, oder eine Genehmigung nach § 284 Abs. 1 des Dritten Buches Sozialgesetzbuch nicht besitzt, tätig werden lässt,

2a. eine Anzeige nach § 1a nicht richtig, nicht vollständig oder nicht rechtzeitig erstattet,

3. einer Auflage nach § 2 Abs. 2 nicht, nicht vollständig oder nicht rechtzeitig nachkommt,

4. eine Anzeige nach § 7 Abs. 1 nicht, nicht richtig, nicht vollständig oder nicht rechtzeitig erstattet,

5. eine Auskunft nach § 7 Abs. 2 Satz 1 nicht, nicht richtig, nicht vollständig oder nicht rechtzeitig erteilt,

6. seiner Aufbewahrungspflicht nach § 7 Abs. 2 Satz 4 nicht nachkommt,

6a. entgegen § 7 Abs. 3 Satz 2 eine dort genannte Maßnahme nicht duldet,

7. eine statistische Meldung nach § 8 Abs. 1 nicht, nicht richtig, nicht vollständig oder nicht rechtzeitig erteilt,

7a. entgegen § 10 Absatz 4 eine Arbeitsbedingung nicht gewährt,

7b. entgegen § 10 Absatz 5 in Verbindung mit einer Rechtsverordnung nach § 3a Absatz 2 Satz 1 das dort genannte Mindeststundenentgelt nicht zahlt,

8. einer Pflicht nach § 11 Abs. 1 oder Abs. 2 nicht nachkommt,

9. entgegen § 13a Satz 1 den Leiharbeitnehmer nicht, nicht richtig oder nicht vollständig informiert,

10. entgegen § 13b Satz 1 Zugang nicht gewährt,

11. entgegen § 17a in Verbindung mit § 5 Absatz 1 Satz 1 des Schwarzarbeitsbekämpfungsgesetzes eine Prüfung nicht duldet oder bei dieser Prüfung nicht mitwirkt,

12. entgegen § 17a in Verbindung mit § 5 Absatz 1 Satz 2 des Schwarzarbeitsbekämpfungsgesetzes das Betreten eines Grundstücks oder Geschäftsraums nicht duldet,

13. entgegen § 17a in Verbindung mit § 5 Absatz 3 Satz 1 des Schwarzarbeitsbekämpfungsgesetzes Daten nicht, nicht richtig, nicht vollständig, nicht in der vorgeschriebenen Weise oder nicht rechtzeitig übermittelt,

14. entgegen § 17b Absatz 1 Satz 1 eine Anmeldung nicht, nicht richtig, nicht vollständig, nicht in der vorgeschriebenen Weise oder nicht rechtzeitig zuleitet,

15. entgegen § 17b Absatz 1 Satz 2 eine Änderungsmeldung nicht, nicht richtig, nicht vollständig, nicht in der vorgeschriebenen Weise oder nicht rechtzeitig macht,

16. entgegen § 17b Absatz 2 eine Versicherung nicht beifügt,

17. entgegen § 17c Absatz 1 eine Aufzeichnung nicht, nicht richtig, nicht vollständig erstellt oder nicht mindestens zwei Jahre aufbewahrt oder

18. entgegen § 17c Absatz 2 eine Unterlage nicht, nicht richtig, nicht vollständig oder nicht in der vorgeschriebenen Weise bereithält.

(2) Die Ordnungswidrigkeit nach Absatz 1 Nummer 1 bis 1b, 6 und 11 bis 18 kann mit einer Geldbuße bis zu dreißigtausend Euro, die Ordnungswidrigkeit nach Absatz 1 Nummer 2, 7a und 7b mit einer Geldbuße bis zu fünfhunderttausend Euro, die Ordnungswidrigkeit nach Absatz 1 Nummer 2a, 3, 9 und 10 mit einer Geldbuße bis zu zweitausendfünfhundert Euro, die Ordnungswidrigkeit nach Absatz 1 Nummer 4, 5, 6a, 7 und 8 mit einer Geldbuße bis zu tausend Euro geahndet werden.

(3) Verwaltungsbehörden im Sinne des § 36 Abs. 1 Nr. 1 des Gesetzes über Ordnungswidrigkeiten sind für die Ordnungswidrigkeiten nach Absatz 1 Nr. 1 bis 2a, 7b sowie 11 bis 18 die Behörden der Zollverwaltung, für die Ordnungswidrigkeiten nach Absatz 1 Nr. 3 bis 7a sowie 8 bis 10 die Bundesagentur für Arbeit.

(4) §§ 66 des Zehnten Buches Sozialgesetzbuch gilt entsprechend.

(5) Die Geldbußen fließen in die Kasse der zuständigen Verwaltungsbehörde. Sie trägt abweichend von § 105 Abs. 2 des Gesetzes über Ordnungswidrigkeiten die notwendigen Auslagen und ist auch ersatzpflichtig im Sinne des § 110 Abs. 4 des Gesetzes über Ordnungswidrigkeiten.

§ 17 Durchführung

(1) Die Bundesagentur für Arbeit führt dieses Gesetz nach fachlichen Weisungen des Bundesministeriums für Arbeit und Soziales durch. Verwaltungskosten werden nicht erstattet.

(2) Die Prüfung der Arbeitsbedingungen nach § 10 Absatz 5 obliegt zudem den Behörden der Zollverwaltung nach Maßgabe der §§ 17a bis 18a.

Anhang 3
Arbeitnehmerüberlassungsgesetz

§ 17a Befugnisse der Behörden der Zollverwaltung

Die §§ 2, 3 bis 6 und 14 bis 20, 22, 23 des Schwarzarbeitsbekämpfungsgesetzes sind entsprechend anzuwenden mit der Maßgabe, dass die dort genannten Behörden auch Einsicht in Arbeitsverträge, Niederschriften nach § 2 des Nachweisgesetzes und andere Geschäftsunterlagen nehmen können, die mittelbar oder unmittelbar Auskunft über die Einhaltung der Arbeitsbedingungen nach § 10 Absatz 5 geben.

§ 17b Meldepflicht

(1) Überlässt ein Verleiher mit Sitz im Ausland einen Leiharbeitnehmer zur Arbeitsleistung einem Entleiher, hat der Entleiher, sofern eine Rechtsverordnung nach § 3a auf das Arbeitsverhältnis Anwendung findet, vor Beginn jeder Überlassung der zuständigen Behörde der Zollverwaltung eine schriftliche Anmeldung in deutscher Sprache mit folgenden Angaben zuzuleiten:

1. Familienname, Vornamen und Geburtsdatum des überlassenen Leiharbeitnehmers,
2. Beginn und Dauer der Überlassung,
3. Ort der Beschäftigung,
4. Ort im Inland, an dem die nach § 17c erforderlichen Unterlagen bereitgehalten werden,
5. Familienname, Vornamen und Anschrift in Deutschland eines oder einer Zustellungsbevollmächtigten des Verleihers,
6. Branche, in die die Leiharbeitnehmer überlassen werden sollen, und
7. Familienname, Vornamen oder Firma sowie Anschrift des Verleihers.

Änderungen bezüglich dieser Angaben hat der Entleiher unverzüglich zu melden.

(2) Der Entleiher hat der Anmeldung eine Versicherung des Verleihers beizufügen, dass dieser seine Verpflichtungen nach § 10 Absatz 5 einhält.

(3) Das Bundesministerium der Finanzen kann durch Rechtsverordnung im Einvernehmen mit dem Bundesministerium für Arbeit und Soziales ohne Zustimmung des Bundesrates bestimmen,

1. dass und auf welche Weise und unter welchen technischen und organisatorischen Voraussetzungen eine Anmeldung, Änderungsmeldung und Versicherung abweichend von den Absätzen 1 und 2 elektronisch übermittelt werden kann,
2. unter welchen Voraussetzungen eine Änderungsmeldung ausnahmsweise entfallen kann und
3. wie das Meldeverfahren vereinfacht oder abgewandelt werden kann.

(4) Das Bundesministerium der Finanzen kann durch Rechtsverordnung ohne Zustimmung des Bundesrates die zuständige Behörde nach Absatz 1 Satz 1 bestimmen.

§ 17c Erstellen und Bereithalten von Dokumenten

(1) Sofern eine Rechtsverordnung nach § 3a auf ein Arbeitsverhältnis Anwendung findet, ist der Entleiher verpflichtet, Beginn, Ende und Dauer der täglichen Arbeitszeit des Leiharbeitnehmers aufzuzeichnen und diese Aufzeichnungen mindestens zwei Jahre aufzubewahren.

(2) Jeder Verleiher ist verpflichtet, die für die Kontrolle der Einhaltung einer Rechtsverordnung nach § 3a erforderlichen Unterlagen im Inland für die gesamte Dauer der tatsächlichen Beschäftigung des Leiharbeitnehmers im Geltungsbereich dieses Gesetzes, insgesamt jedoch nicht länger als zwei Jahre, in deutscher Sprache bereitzuhalten. Auf Verlangen der Prüfbehörde sind die Unterlagen auch am Ort der Beschäftigung bereitzuhalten.

§ 18 Zusammenarbeit mit anderen Behörden

(1) Zur Verfolgung und Ahndung der Ordnungswidrigkeiten nach § 16 arbeiten die Bundesagentur für Arbeit und die Behörden der Zollverwaltung insbesondere mit folgenden Behörden zusammen:

1. den Trägern der Krankenversicherung als Einzugsstellen für die Sozialversicherungsbeiträge,
2. den in § 71 des Aufenthaltsgesetzes genannten Behörden,
3. den Finanzbehörden,
4. den nach Landesrecht für die Verfolgung und Ahndung von Ordnungswidrigkeiten nach dem Schwarzarbeitsbekämpfungsgesetz zuständigen Behörden,
5. den Trägern der Unfallversicherung,

6. den für den Arbeitsschutz zuständigen Landesbehörden,
7. den Rentenversicherungsträgern,
8. den Trägern der Sozialhilfe.

(2) Ergeben sich für die Bundesagentur für Arbeit oder die Behörden der Zollverwaltung bei der Durchführung dieses Gesetzes im Einzelfall konkrete Anhaltspunkte für

1. Verstöße gegen das Schwarzarbeitsbekämpfungsgesetz,
2. eine Beschäftigung oder Tätigkeit von Ausländern ohne erforderlichen Aufenthaltstitel nach § 4 Abs. 3 des Aufenthaltsgesetzes, eine Aufenthaltsgestattung oder eine Duldung, die zur Ausbildung oder Beschäftigung berechtigen, oder eine Genehmigung nach § 284 Abs. 1 des Dritten Buches Sozialgesetzbuch,
3. Verstöße gegen die Mitwirkungspflicht nach § 60 Abs. 1 Satz 1 Nr. 2 des Ersten Buches Sozialgesetzbuch gegenüber einer Dienststelle der Bundesagentur für Arbeit, einem Träger der gesetzlichen Kranken-, Pflege-, Unfall- oder Rentenversicherung oder einem Träger der Sozialhilfe oder gegen die Meldepflicht nach § 8a des Asylbewerberleistungsgesetzes,
4. Verstöße gegen die Vorschriften des Vierten und Siebten Buches Sozialgesetzbuch über die Verpflichtung zur Zahlung von Sozialversicherungsbeiträgen, soweit sie im Zusammenhang mit den in den Nummern 1 bis 3 genannten Verstößen sowie mit Arbeitnehmerüberlassung entgegen § 1 stehen,
5. Verstöße gegen die Steuergesetze,
6. Verstöße gegen das Aufenthaltsgesetz,

unterrichten sie die für die Verfolgung und Ahndung zuständigen Behörden, die Träger der Sozialhilfe sowie die Behörden nach § 71 des Aufenthaltsgesetzes.

(3) In Strafsachen, die Straftaten nach den §§ 15 und 15a zum Gegenstand haben, sind der Bundesagentur für Arbeit und den Behörden der Zollverwaltung zur Verfolgung von Ordnungswidrigkeiten

1. bei Einleitung des Strafverfahrens die Personendaten des Beschuldigten, der Straftatbestand, die Tatzeit und der Tatort,
2. im Falle der Erhebung der öffentlichen Klage die das Verfahren abschließende Entscheidung mit Begründung

zu übermitteln. Ist mit der in Nummer 2 genannten Entscheidung ein Rechtsmittel verworfen worden oder wird darin auf die angefochtene Entscheidung Bezug genommen, so ist auch die angefochtene Entscheidung zu übermitteln. Die Übermittlung veranlaßt die Strafvollstreckungs- oder die Strafverfolgungsbehörde. Eine Verwendung

1. der Daten des Arbeitnehmers für Maßnahmen zu ihren Gunsten,
2. der Daten des Arbeitgebers zur Besetzung seiner offenen Arbeitsplätze, die im Zusammenhang mit dem Strafverfahren bekanntgeworden sind,
3. der in den Nummern 1 und 2 genannten Daten für Entscheidungen über die Einstellung oder Rückforderung von Leistungen der Bundesagentur für Arbeit

ist zulässig.

(4) Gerichte, Strafverfolgungs- oder Strafvollstreckungsbehörden sollen den Behörden der Zollverwaltung Erkenntnisse aus sonstigen Verfahren, die aus ihrer Sicht zur Verfolgung von Ordnungswidrigkeiten nach § 16 Abs. 1 Nr. 1 bis 2 erforderlich sind, übermitteln, soweit nicht für die übermittelnde Stelle erkennbar ist, daß schutzwürdige Interessen der Betroffenen oder anderer Verfahrensbeteiligter an dem Ausschluß der Übermittlung überwiegen. Dabei ist zu berücksichtigen, wie gesichert die zu übermittelnden Erkenntnisse sind.

(5) Die Behörden der Zollverwaltung unterrichten die zuständigen Finanzämter über den Inhalt von Meldungen nach § 17b.

(6) Die Behörden der Zollverwaltung und die übrigen in § 2 des Schwarzarbeitsbekämpfungsgesetzes genannten Behörden dürfen nach Maßgabe der jeweils einschlägigen datenschutzrechtlichen Bestimmungen auch mit Behörden anderer Vertragsstaaten des Abkommens über den Europäischen Wirtschaftsraum zusammenarbeiten, die dem § 17 Absatz 2 entsprechende Aufgaben durchführen oder für die Bekämpfung illegaler Beschäftigung zuständig sind oder Auskünfte geben können, ob ein Arbeitgeber seine Verpflichtungen nach § 10 Absatz 5 erfüllt. Die Regelungen über die internationale Rechtshilfe in Strafsachen bleiben hiervon unberührt.

§ 18a Ersatzzustellung an den Verleiher

Für die Ersatzzustellung an den Verleiher auf Grund von Maßnahmen nach diesem Gesetz gilt der im Inland gelegene Ort der konkreten Beschäftigung des Leiharbeitnehmers sowie das vom

Anhang 3

Arbeitnehmerüberlassungsgesetz

Verleiher eingesetzte Fahrzeug als Geschäftsraum im Sinne des § 5 Absatz 2 Satz 2 Nummer 1 des Verwaltungszustellungsgesetzes in Verbindung mit § 178 Absatz 1 Nummer 2 der Zivilprozessordnung.

§ 19 Übergangsvorschrift

§ 3 Absatz 1 Nummer 3 Satz 4 und § 9 Nummer 2 letzter Halbsatz finden keine Anwendung auf Leiharbeitsverhältnisse, die vor dem 15. Dezember 2010 begründet worden sind.

§ 20

(weggefallen)

Anhang 4
Sozialversicherungsentgeltverordnung

Verordnung über die sozialversicherungsrechtliche Beurteilung von Zuwendungen des Arbeitgebers als Arbeitsentgelt
(Sozialversicherungsentgeltverordnung – SvEV)

vom 21. 12. 2006 (BGBl. I S. 3385, BStBl I 2006 S. 782)
zuletzt geändert durch **Artikel 2 der Fünften Verordnung zur Änderung der Sozialversicherungsentgeltverordnung vom 19. 12. 2012 (BGBl. I S. 2714)**

§ 1 Dem sozialversicherungspflichtigen Arbeitsentgelt nicht zuzurechnende Zuwendungen

(1) Dem Arbeitsentgelt sind nicht zuzurechnen:

1. einmalige Einnahmen, laufende Zulagen, Zuschläge, Zuschüsse sowie ähnliche Einnahmen, die zusätzlich zu Löhnen oder Gehältern gewährt werden, soweit sie lohnsteuerfrei sind; dies gilt nicht für Sonntags-, Feiertags- und Nachtarbeitszuschläge, soweit das Entgelt, auf dem sie berechnet werden, mehr als 25 Euro für jede Stunde beträgt,
2. sonstige Bezüge nach § 40 Abs. 1 Satz 1 Nr. 1 des Einkommensteuergesetzes, die nicht einmalig gezahltes Arbeitsentgelt nach § 23a des Vierten Buches Sozialgesetzbuch sind,
3. Einnahmen nach § 40 Abs. 2 des Einkommensteuergesetzes,
4. Beiträge, nach § 40b des Einkommensteuergesetzes in der am 31. Dezember 2004 geltenden Fassung, die zusätzlich zu Löhnen und Gehältern gewährt werden; dies gilt auch für darin enthaltene Beiträge, die aus einer Entgeltumwandlung (§ 1 Abs. 2 Nr. 3 des Betriebsrentengesetzes) stammen,
4a. Zuwendungen nach § 3 Nr. 56 und § 40b des Einkommensteuergesetzes, die zusätzlich zu Löhnen und Gehältern gewährt werden und für die Satz 3 und 4 nichts Abweichendes bestimmen,
5. Beträge nach § 10 des Entgeltfortzahlungsgesetzes,
6. Zuschüsse zum Mutterschaftsgeld nach § 14 des Mutterschutzgesetzes,
7. in den Fällen des § 3 Abs. 3 der vom Arbeitgeber insoweit übernommene Teil des Gesamtsozialversicherungsbeitrags,
[1]8. Zuschüsse des Arbeitgebers zum Kurzarbeitergeld und Saison-Kurzarbeitergeld, soweit sie zusammen mit dem Kurzarbeitergeld 80 Prozent des Unterschiedsbetrages zwischen dem Sollentgelt und dem Ist-Entgelt nach **§ 106** des Dritten Buches Sozialgesetzbuch nicht übersteigen,
9. steuerfreie Zuwendungen an Pensionskassen, Pensionsfonds oder Direktversicherungen nach § 3 Nr. 63 Satz 1 und 2 des Einkommensteuergesetzes im Kalenderjahr bis zur Höhe von insgesamt 4 Prozent der Beitragsbemessungsgrenze in der allgemeinen Rentenversicherung; dies gilt auch für darin enthaltene Beträge, die aus einer Entgeltumwandlung (§ 1 Abs. 2 Nr. 3 des Betriebsrentengesetzes) stammen,
10. Leistungen eines Arbeitgebers oder einer Unterstützungskasse an einen Pensionsfonds zur Übernahme bestehender Versorgungsverpflichtungen oder Versorgungsanwartschaften durch den Pensionsfonds, soweit diese nach § 3 Nr. 66 des Einkommensteuergesetzes steuerfrei sind,
11. steuerlich nicht belastete Zuwendungen des Beschäftigten zugunsten von durch Naturkatastrophen im Inland Geschädigten aus Arbeitsentgelt einschließlich Wertguthaben,
12. Sanierungsgelder der Arbeitgeber zur Deckung eines finanziellen Fehlbetrages an die Einrichtungen, für die Satz 3 gilt,
13. Sachprämien nach § 37a des Einkommensteuergesetzes,
14. Zuwendungen nach § 37b Abs. 1 des Einkommensteuergesetzes, soweit die Zuwendungen an Arbeitnehmer eines Dritten erbracht werden und diese Arbeitnehmer nicht Arbeitnehmer eines mit dem Zuwendenden verbundenen Unternehmens sind,[2]
15. vom Arbeitgeber getragene oder übernommene Studiengebühren für ein Studium des Beschäftigten, soweit sie steuerrechtlich kein Arbeitslohn sind.

[2] Die in Satz 1 Nr. 2 bis 4 genannten Einnahmen, Beiträge und Zuwendungen sind nicht dem Arbeitsentgelt zuzurechnen, soweit die Arbeitgeber die Lohnsteuer mit einem Pauschsteuersatz erheben kann und er die Lohnsteuer nicht nach den Vorschriften **des** § 39b, **oder** § 39c des Einkommensteuergesetzes erhebt. Die Summe der in Satz 1 Nr. 4a genannten Zuwendungen nach § 3 Nr. 56 und § 40b des Einkommensteuergesetzes, höchstens jedoch monatlich 100 Euro, sind bis zur Höhe von 2,5 Prozent des für ihre Bemessung maßgebenden Entgelts dem Arbeitsentgelt zuzurechnen, wenn die Versorgungsregelung mindestens bis zum 31. 12. 2000 vor der Anwendung

---
[1] § 1 Abs. 1 Nr. 8 SvEV wurde durch das Gesetz zur Verbesserung der Eingliederungschancen am Arbeitsmarkt (Inkrafttreten 1. 4. 2012) geändert.
[2] § 1 Abs. 1 Satz 2 SvEV wurde durch das BeitrRLUmsG ab 1. 1. 2012 geändert.

etwaiger Nettobegrenzungsregelungen eine allgemein erreichbare Gesamtversorgung von mindestens 75 Prozent des gesamtversorgungsfähigen Entgelts und nach dem Eintritt des Versorgungsfalles eine Anpassung nach Maßgabe der Entwicklung der Arbeitsentgelte im Bereich der entsprechenden Versorgungsregelung oder gesetzlicher Versorgungsbezüge vorsieht; die dem Arbeitsentgelt zuzurechnenden Beiträge und Zuwendungen vermindern sich um monatlich 13,30 Euro. Satz 3 gilt mit der Maßgabe, dass die Zuwendungen nach § 3 Nr. 56 und § 40b des Einkommensteuergesetzes dem Arbeitsentgelt insoweit zugerechnet werden, als sie in der Summe monatlich 100 Euro übersteigen.

(2) In der gesetzlichen Unfallversicherung und in der Seefahrt sind auch lohnsteuerfreie Zuschläge für Sonntags-, Feiertags- und Nachtarbeit dem Arbeitsentgelt zuzurechnen; dies gilt in der Unfallversicherung nicht für Erwerbseinkommen, das bei einer Hinterbliebenenrente zu berücksichtigen ist.

§ 2 Verpflegung, Unterkunft und Wohnung als Sachbezug

(1)[1] Der Wert der als Sachbezug zur Verfügung gestellten Verpflegung wird auf monatlich 224 Euro festgesetzt. Dieser Wert setzt sich zusammen aus dem Wert für
1. Frühstück von 48 Euro,
2. Mittagessen von 88 Euro und
3. Abendessen von 88 Euro.

(2) Für Verpflegung, die nicht nur dem Beschäftigten, sondern auch seinen nicht bei demselben Arbeitgeber beschäftigten Familienangehörigen zur Verfügung gestellt wird, erhöhen sich die nach Absatz 1 anzusetzenden Werte je Familienangehörigen,
1. der das 18. Lebensjahr vollendet hat, um 100 Prozent,
2. der das 14., aber noch nicht das 18. Lebensjahr vollendet hat, um 80 Prozent,
3. der das 7., aber noch nicht das 14. Lebensjahr vollendet hat, um 40 Prozent und
4. der das 7. Lebensjahr noch nicht vollendet hat, um 30 Prozent.

Bei der Berechnung des Wertes ist das Lebensalter des Familienangehörigen im ersten Entgeltabrechnungszeitraum des Kalenderjahres maßgebend. Sind Ehegatten bei demselben Arbeitgeber beschäftigt, sind die Erhöhungswerte nach Satz 1 für Verpflegung der Kinder beiden Ehegatten je zur Hälfte zuzurechnen.

(3)[2] Der Wert einer als Sachbezug zur Verfügung gestellten Unterkunft wird auf monatlich 216 Euro festgesetzt. Der Wert der Unterkunft nach Satz 1 vermindert sich
1. bei Aufnahme des Beschäftigten in den Haushalt des Arbeitgebers oder bei Unterbringung in einer Gemeinschaftsunterkunft um 15 Prozent,
2. für Jugendliche bis zur Vollendung des 18. Lebensjahres und Auszubildende um 15 Prozent und
3. bei der Belegung
    a) mit zwei Beschäftigten um 40 Prozent,
    b) mit drei Beschäftigten um 50 Prozent und
    c) mit mehr als drei Beschäftigten um 60 Prozent.

Ist es nach Lage des einzelnen Falles unbillig, den Wert einer Unterkunft nach Satz 1 zu bestimmen, kann die Unterkunft mit dem ortsüblichen Mietpreis bewertet werden; Absatz 4 Satz 2 gilt entsprechend.

(4)[3] Für eine als Sachbezug zur Verfügung gestellte Wohnung ist als Wert der ortsübliche Mietpreis unter Berücksichtigung der sich aus der Lage der Wohnung zum Betrieb ergebenden Beeinträchtigungen anzusetzen. Ist im Einzelfall die Feststellung des ortsüblichen Mietpreises mit außergewöhnlichen Schwierigkeiten verbunden, kann die Wohnung mit 3,80 Euro je Quadratmeter monatlich, bei einfacher Ausstattung (ohne Sammelheizung oder ohne Bad oder Dusche) mit 3,10 Euro je Quadratmeter monatlich bewertet werden. Bestehen gesetzliche Mietpreisbeschränkungen, sind die durch diese Beschränkungen festgelegten Mietpreise als Werte anzusetzen. Dies gilt auch für die vertraglichen Mietpreisbeschränkungen im sozialen Wohnungsbau, die nach den jeweiligen Förderrichtlinien des Landes für den betreffenden Förderjahrgang sowie für die mit Wohnungsfürsorgemitteln aus öffentlichen Haushalten geförderten Wohnungen vorgese-

---

[1] § 2 Abs. 1 Satz 1 und 2 Nr. 1, 2 und 3 wurden durch Artikel 1 der Fünften Verordnung zur Änderung der Sozialversicherungsentgeltverordnung vom 19. 12. 2012 (BGBl. I S. 2714) ab 1. 1. 2013 geändert.
[2] § 2 Abs. 3 Satz 1 wurde durch Artikel 1 der Fünften Verordnung zur Änderung der Sozialversicherungsentgeltverordnung vom 19. 12. 2012 (BGBl. I S. 2714) ab 1. 1. 2013 geändert.
[3] § 2 Abs. 4 Satz 2 wurde durch Artikel 1 der Fünften Verordnung zur Änderung der Sozialversicherungsentgeltverordnung vom 19. 12. 2012 (BGBl. I S. 2714) ab 1. 1. 2013 geändert.

hen sind. Für Energie, Wasser und sonstige Nebenkosten ist der übliche Preis am Abgabeort anzusetzen.

(5) Werden Verpflegung, Unterkunft oder Wohnung verbilligt als Sachbezug zur Verfügung gestellt, ist der Unterschiedsbetrag zwischen dem vereinbarten Preis und dem Wert, der sich bei freiem Bezug nach den Absätzen 1 bis 4 ergeben würde, dem Arbeitsentgelt zuzurechnen.

(6) Bei der Berechnung des Wertes für kürzere Zeiträume als einen Monat ist für jeden Tag ein Dreißigstel der Werte nach den Absätzen 1 bis 5 zugrunde zu legen. Die Prozentsätze der Absätze 2 und 3 sind auf den Tageswert nach Satz 1 anzuwenden. Die Berechnungen werden jeweils auf 2 Dezimalstellen durchgeführt; die zweite Dezimalstelle wird um 1 erhöht, wenn sich in der dritten Dezimalstelle eine der Zahlen 5 bis 9 ergibt.

§ 3 Sonstige Sachbezüge

(1) Werden Sachbezüge, die nicht von § 2 erfasst werden, unentgeltlich zur Verfügung gestellt, ist als Wert für diese Sachbezüge der um übliche Preisnachlässe geminderte übliche Endpreis am Abgabeort anzusetzen. Sind auf Grund des § 8 Abs. 2 Satz 8 des Einkommensteuergesetzes Durchschnittswerte festgesetzt worden, sind diese Werte maßgebend. Findet § 8 Abs. 2 Satz 2, 3, 4 oder 5 oder Abs. 3 Satz 1 des Einkommensteuergesetzes Anwendung, sind die dort genannten Werte maßgebend. § 8 Abs. 2 Satz 9 des Einkommensteuergesetzes gilt entsprechend.

(2) Werden Sachbezüge, die nicht von § 2 erfasst werden, verbilligt zur Verfügung gestellt, ist als Wert für diese Sachbezüge der Unterschiedsbetrag zwischen dem vereinbarten Preis und dem Wert, der sich bei freiem Bezug nach Absatz 1 ergeben würde, dem Arbeitsentgelt zuzurechnen.

(3) Waren und Dienstleistungen, die vom Arbeitgeber nicht überwiegend für den Bedarf seiner Arbeitnehmer hergestellt, vertrieben oder erbracht werden und die nach § 40 Abs. 1 Satz 1 Nr. 1 des Einkommensteuergesetzes pauschal versteuert werden, können mit dem Durchschnittsbetrag der pauschal versteuerten Waren und Dienstleistungen angesetzt werden; dabei kann der Durchschnittsbetrag des Vorjahres angesetzt werden. Besteht das Beschäftigungsverhältnis nur während eines Teils des Kalenderjahres, ist für jeden Tag des Beschäftigungsverhältnisses der dreihundertsechzigste Teil des Durchschnittswertes nach Satz 1 anzusetzen. Satz 1 gilt nur, wenn der Arbeitgeber den von dem Beschäftigten zu tragenden Teil des Gesamtsozialversicherungsbeitrags übernimmt. Die Sätze 1 bis 3 gelten entsprechend für Sachzuwendungen im Wert von nicht mehr als 80,00 Euro, die der Arbeitnehmer für Verbesserungsvorschläge sowie für Leistungen in der Unfallverhütung und im Arbeitsschutz erhält. Die mit einem Durchschnittswert angesetzten Sachbezüge, die in einem Kalenderjahr gewährt werden, sind insgesamt dem letzten Entgeltabrechnungszeitraum in diesem Kalenderjahr zuzuordnen.

§ 4 Übergangsregelungen

(weggefallen)

Haushaltsnahe Beschäftigungsverhältnisse

Anhang 5

Anwendungsschreiben zu § 35a EStG;
Überarbeitung des BMF-Schreibens vom 26. 10. 2007
– IV C 4 – S 2296-b/07/0003 (2007/0484038) –; BStBl 2007 I S. 783

BMF-Schreiben vom 15. 2. 2010[1])
– IV C 4 – S 2296-b/07/0003 – 2010/0014334 –, BStBl 2010 I S. 140

Unter Bezugnahme auf das Ergebnis der Erörterungen mit den obersten Finanzbehörden der Länder gilt für die Anwendung des § 35a EStG Folgendes:

I. Überblick über die zum 1. 1. 2009 in Kraft getretenen Gesetzesänderungen

1. Gesetz zur Umsetzung steuerrechtlicher Regelungen des Maßnahmenpakets „Beschäftigungssicherung durch Wachstumsstärkung" vom 21. 12. 2008 (BGBl. I S. 2896, BStBl 2009 I S. 133)

Die Steuerermäßigung für die Inanspruchnahme von Handwerkerleistungen für Renovierungs-, Erhaltungs- und Modernisierungsmaßnahmen wurde zum 1. 1. 2009 auf 20 Prozent von 6 000 Euro (= 1 200 Euro) verdoppelt. Nach § 52 Abs. 50b Satz 4 EStG ist die Regelung erstmals für im Veranlagungszeitraum 2009 geleistete Aufwendungen anzuwenden, soweit die den Aufwendungen zu Grunde liegenden Leistungen nach dem 31. 12. 2008 erbracht worden sind.   1

2. Gesetz zur Förderung von Familien und haushaltsnahen Dienstleistungen (Familienleistungsgesetz – FamLeistG) vom 22. 12. 2008 (BGBl. I S. 2955, BStBl 2009 I S. 136)

Die Regelungen über die Steuerermäßigung für haushaltsnahe sozialversicherungspflichtige Beschäftigungsverhältnisse und haushaltsnahe Dienstleistungen einschließlich Pflegeleistungen, die bisher in mehreren gesonderten Tatbeständen erfasst waren, wurden in einer Vorschrift zur Förderung privater Haushalte als Auftraggeber einer Dienstleistung bzw. als Arbeitgeber sozialversicherungspflichtig Beschäftigter zusammengefasst. Die Förderung wurde auf einheitlich 20 Prozent der Aufwendungen von bis zu 20 000 Euro, höchstens 4 000 Euro pro Jahr ausgeweitet. Auch für geringfügige Beschäftigungsverhältnisse i. S. d. § 8a SGB IV gilt ab 1. 1. 2009 der einheitliche Satz von 20 Prozent; es bleibt aber bei dem Ermäßigungshöchstbetrag von 510 Euro. Nach § 52 Abs. 50b Satz 5 EStG ist die Regelung erstmals für im Veranlagungszeitraum 2009 geleistete Aufwendungen anzuwenden, soweit die den Aufwendungen zu Grunde liegenden Leistungen nach dem 31. 12. 2008 erbracht worden sind.   2

Im Rahmen der Zusammenfassung und Vereinheitlichung der Fördertatbestände ist die Zwölftelungsregelung des § 35a Abs. 1 Satz 2 EStG a. F. entfallen. Außerdem wurde die Regelung des § 33a Abs. 3 EStG zum Abzug von Aufwendungen für Haushaltshilfen als außergewöhnliche Belastung mit Wirkung ab dem Veranlagungszeitraum 2009 aufgehoben. Für die Tatbestände, die bisher unter diese Regelung gefallen sind, kann ab 2009 die Steuerermäßigung nach Maßgabe der einheitlichen Förderung des § 35a Abs. 2 EStG in Anspruch genommen werden. Zum Ausschluss der Steuerermäßigung bei Berücksichtigung der Aufwendungen als Sonderausgaben oder außergewöhnliche Belastungen (§ 35a Abs. 5 EStG, § 35a Abs. 2 Satz 3 EStG a. F.) s. Rdnrn. 28, 29.   3

II. Haushaltsnahe Beschäftigungsverhältnisse oder Dienstleistungen i. S. d. § 35a EStG

1. Haushaltsnahe Beschäftigungsverhältnisse

Der Begriff des haushaltsnahen Beschäftigungsverhältnisses ist gesetzlich nicht definiert. Im Rahmen eines solchen Beschäftigungsverhältnisses werden Tätigkeiten ausgeübt, die einen engen Bezug zum Haushalt haben. Zu diesen Tätigkeiten gehören u. a. die Zubereitung von Mahlzeiten im Haushalt, die Reinigung der Wohnung des Steuerpflichtigen, die Gartenpflege und die Pflege, Versorgung und Betreuung von Kindern sowie von kranken, alten oder pflegebedürftigen Personen. Die Erteilung von Unterricht (z. B. Sprachunterricht), die Vermittlung besonderer Fähigkeiten sowie sportliche und andere Freizeitbetätigungen fallen nicht darunter.   4

2. Geringfügige Beschäftigung i. S. d. § 8a SGB IV

Die Steuerermäßigung nach § 35a Abs. 1 EStG (§ 35a Abs. 1 Satz 1 Nr. 1 EStG a. F.) kann der Steuerpflichtige nur beanspruchen, wenn es sich bei dem haushaltsnahen Beschäftigungsver-   5

---

[1]) Das BMF-Schreiben wird z. Zt. überarbeitet.

hältnis um eine geringfügige Beschäftigung i. S. d. § 8a SGB IV handelt. Es handelt sich nur dann um ein geringfügiges Beschäftigungsverhältnis i. S. dieser Vorschrift, wenn der Steuerpflichtige am Haushaltsscheckverfahren teilnimmt und die geringfügige Beschäftigung in seinem inländischen oder in einem anderen Mitgliedstaat der Europäischen Union oder im Europäischen Wirtschaftsraum liegenden Haushalt ausgeübt wird.

6 Wohnungseigentümergemeinschaften und Vermieter können im Rahmen ihrer Vermietertätigkeit nicht am Haushaltsscheckverfahren teilnehmen. Die von ihnen eingegangenen geringfügigen Beschäftigungsverhältnisse sind nicht nach § 35a Abs. 1 EStG (§ 35a Abs. 1 Satz 1 Nr. 1 EStG a. F.) begünstigt. Sie fallen unter die haushaltsnahen Dienstleistungen. Zur Berücksichtigung der Aufwendungen siehe Rdnr. 10.

3. Beschäftigungsverhältnisse in nicht inländischen Haushalten

7 Bei einem nicht inländischen Haushalt, der in einem Staat liegt, der der Europäischen Union oder dem Europäischen Wirtschaftsraum angehört, setzt die Inanspruchnahme der Steuerermäßigung nach § 35a Abs. 1 EStG (§ 35a Abs. 1 Satz 1 Nr. 1 EStG a. F.) voraus, dass das monatliche Arbeitsentgelt 400 Euro nicht übersteigt, die Sozialversicherungsbeiträge ausschließlich von dem Arbeitgeber zu entrichten sind und von ihm auch entrichtet werden. Bei anderen haushaltsnahen Beschäftigungsverhältnissen ist für die Gewährung einer Steuerermäßigung nach § 35a Abs. 2 Satz 1 Alt. 1 EStG (§ 35a Abs. 1 Satz 1 Nr. 2 EStG a. F.) Voraussetzung, dass aufgrund des Beschäftigungsverhältnisses Arbeitgeber- und Arbeitnehmerbeiträge an die Sozialversicherung in dem jeweiligen Staat der Europäischen Union oder des Europäischen Wirtschaftsraums entrichtet werden.

4. Beschäftigungsverhältnisse mit nahen Angehörigen oder zwischen Partnern einer eingetragenen Lebenspartnerschaft bzw. einer nicht ehelichen Lebensgemeinschaft

8 Da familienrechtliche Verpflichtungen grundsätzlich nicht Gegenstand eines steuerlich anzuerkennenden Vertrags sein können, sind entsprechende Vereinbarungen zwischen in einem Haushalt zusammenlebenden Ehegatten (§§ 1360, 1356 Abs. 1 BGB) oder zwischen Eltern und in dem Haushalt lebenden Kindern (§ 1619 BGB) nicht begünstigt. Dies gilt entsprechend für die Partner einer eingetragenen Lebenspartnerschaft. Auch bei in einem Haushalt zusammenlebenden Partnern einer nicht ehelichen Lebensgemeinschaft oder einer nicht eingetragenen Lebenspartnerschaft kann regelmäßig nicht von einem begünstigten Beschäftigungsverhältnis ausgegangen werden, weil jeder Partner auch seinen eigenen Haushalt führt und es deshalb an dem für Beschäftigungsverhältnisse typischen Über- und Unterordnungsverhältnis fehlt. Zur haushaltsbezogenen Inanspruchnahme der Steuerermäßigung vgl. Rdnr. 50.

9 Haushaltsnahe Beschäftigungsverhältnisse mit Angehörigen, die nicht im Haushalt des Steuerpflichtigen leben (z. B. mit Kindern, die in einem eigenen Haushalt leben), können steuerlich nur anerkannt werden, wenn die Verträge zivilrechtlich wirksam zustande gekommen sind, inhaltlich dem zwischen Fremden Üblichen entsprechen und tatsächlich auch so durchgeführt werden.

5. Haushaltsnahe Dienstleistung

Grundsatz

10[1)] Zu den haushaltsnahen Dienstleistungen i. S. d. § 35a Abs. 2 Satz 1 EStG gehören nur Tätigkeiten, die nicht zu den handwerklichen Leistungen i. S. d. § 35a Abs. 3 EStG (§ 35a Abs. 2 Satz 2 EStG a. F.) gehören, gewöhnlich durch Mitglieder des privaten Haushalts erledigt werden und für die eine Dienstleistungsagentur oder ein selbstständiger Dienstleister in Anspruch genommen wird. Dazu gehören auch geringfügige Beschäftigungsverhältnisse, die durch Wohnungseigentümergemeinschaften und Vermieter im Rahmen ihrer Vermietertätigkeit eingegangen werden. Eine beispielhafte Aufzählung begünstigter und nicht begünstigter haushaltsnaher Dienstleistungen enthält Anlage 1. Keine begünstigte haushaltsnahe Dienstleistung ist die als eigenständige Leistung vergütete Bereitschaft auf Erbringung einer Leistung im Bedarfsfall. Etwas anderes gilt nur dann, wenn der Bereitschaftsdienst Nebenleistung einer ansonsten begünstigten Hauptleistung ist. S. auch Rdnrn. 17 und 25.

Personenbezogene Dienstleistungen

11 Personenbezogene Dienstleistungen (z. B. Frisör- oder Kosmetikerleistungen) sind keine haushaltsnahen Dienstleistungen, selbst wenn sie im Haushalt des Steuerpflichtigen erbracht wer-

---

[1)] Verrichtungen, die zwar im Haushalt des Stpfl. ausgeübt werden, aber keinen Bezug zur Hauswirtschaft haben, zählen nicht zu den haushaltsnahen Dienstleistungen i. S. d. § 35a Abs. 2 EStG (BFH vom 6. 5. 2010 – BStBl 2011 II S. 909).

den. Diese Leistungen können jedoch zu den Pflege- und Betreuungsleistungen i. S. der Rdnr. 13 gehören, wenn sie im Leistungskatalog der Pflegeversicherung aufgeführt sind.

Öffentliches Gelände, Privatgelände, nicht begünstigte Aufwendungen

Bei Dienstleistungen, die sowohl auf öffentlichem Gelände als auch auf Privatgelände durchgeführt werden (z. B. Straßen- und Gehwegreinigung, Winterdienst), sind nur Aufwendungen für Dienstleistungen auf Privatgelände begünstigt. Das gilt auch dann, wenn eine konkrete Verpflichtung besteht (z. B. zur Reinigung und Schneeräumung von öffentlichen Gehwegen und Bürgersteigen). Zur betrags- oder verhältnismäßigen Aufteilung auf öffentliche Flächen und Privatgelände s. Rdnr. 36. Nicht begünstigt sind Aufwendungen, bei denen die Entsorgung im Vordergrund steht (z. B. Müllabfuhr). Etwas anderes gilt, wenn die Entsorgung als Nebenleistung zur Hauptleistung anzusehen ist. Auch Aufwendungen, bei denen eine Gutachtertätigkeit im Vordergrund steht, sind nicht begünstigt. Das Gleiche gilt für Verwaltergebühren.

12

Pflege- und Betreuungsleistungen

Bis einschließlich Veranlagungszeitraum 2008 verdoppelt sich der Höchstbetrag der Steuerermäßigung für Pflege- und Betreuungsleistungen für Personen, bei denen ein Schweregrad der Pflegebedürftigkeit der Pflegestufen I bis III i. S. der §§ 14, 15 SGB XI besteht, die nach § 43 Abs. 3 SGB XI als Härtefall anerkannt sind oder die Leistungen der Pflegeversicherung beziehen (§ 35a Abs. 2 Satz 1, 2. Halbsatz EStG a. F.). Dies gilt nicht für Aufwendungen von Personen der sog. Pflegestufe 0, die nach dem BFH-Urteil vom 10. 5. 2007 (BStBl II S. 764) ihnen gesondert in Rechnung gestellte Pflegesätze nach § 33 EStG als außergewöhnliche Belastung geltend machen können. Der Nachweis ist durch eine Bescheinigung (z. B. Leistungsbescheid oder -mitteilung) der sozialen Pflegekasse oder des privaten Versicherungsunternehmens, das die private Pflege-Pflichtversicherung durchführt, durch ein amtsärztliches Attest oder nach § 65 Abs. 2 EStDV zu führen. Ab dem Veranlagungszeitraum 2009 sind die Aufwendungen für haushaltsnahe Pflege- und Betreuungsleistungen in dem Fördertatbestand des § 35a Abs. 2 EStG mit aufgegangen (vgl. Rdnr. 2). Die Feststellung und der Nachweis einer Pflegebedürftigkeit oder der Bezug von Leistungen der Pflegeversicherung sowie eine Unterscheidung nach Pflegestufen ist ab 2009 nicht mehr erforderlich. Es reicht aus, wenn Dienstleistungen zur Grundpflege, d. h. zur unmittelbaren Pflege am Menschen (Körperpflege, Ernährung und Mobilität) oder zur Betreuung in Anspruch genommen werden. Die Steuerermäßigung steht neben der pflegebedürftigen Person auch anderen Personen zu, wenn diese für Pflege- oder Betreuungsleistungen aufkommen, die in ihrem inländischen oder in einem anderen Mitgliedstaat der Europäischen Union oder im Europäischen Wirtschaftsraum liegenden Haushalt bzw. im Haushalt der gepflegten oder betreuten Person durchgeführt werden. Die Steuerermäßigung ist haushaltsbezogen. Werden z. B. zwei pflegebedürftige Personen in einem Haushalt gepflegt, kann die Steuerermäßigung nur einmal in Anspruch genommen werden.

13

6. Haushalt des Steuerpflichtigen

Voraussetzung

Das haushaltsnahe Beschäftigungsverhältnis, die haushaltsnahe Dienstleistung oder die Handwerkerleistung müssen in einem inländischen oder in einem anderen in der Europäischen Union oder im Europäischen Wirtschaftsraum liegenden Haushalt des Steuerpflichtigen ausgeübt oder erbracht werden. Beschäftigungsverhältnisse oder Dienstleistungen, die ausschließlich Tätigkeiten zum Gegenstand haben, die außerhalb des Haushalts des Steuerpflichtigen ausgeübt oder erbracht werden, sind nicht begünstigt. Danach gehört z. B. die Tätigkeit einer Tagesmutter nur zu den begünstigten Tätigkeiten i. S. d. § 35a EStG, wenn die Betreuung im Haushalt des Steuerpflichtigen erfolgt. Die Begleitung von Kindern, kranken, alten oder pflegebedürftigen Personen bei Einkäufen und Arztbesuchen sowie kleine Botengänge usw. sind nur dann begünstigt, wenn sie zu den Nebenpflichten der Haushaltshilfe, des Pflegenden oder Betreuenden im Haushalt gehören. Pflege- und Betreuungsleistungen sind begünstigt, wenn die Pflege und Betreuung im Haushalt der gepflegten oder betreuten Person durchgeführt wird. In diesem Fall ist Voraussetzung, dass der Haushalt der gepflegten oder betreuten Person im Inland, in einem anderen Mitgliedstaat der Europäischen Union oder im Europäischen Wirtschaftsraum liegt (§ 35a Abs. 4 EStG, § 35a Abs. 2 Satz 1, 2. Halbsatz EStG a. F.).

14

Zubehörräume und Außenanlagen

Zur Haushaltsführung gehört auch das Bewirtschaften von Zubehörräumen und Außenanlagen. Die Grenzen des Haushalts i. S. des § 35a EStG werden daher regelmäßig – unabhängig von den Eigentumsverhältnissen – durch die Grundstücksgrenzen abgesteckt. Maßgeblich ist, dass der Steuerpflichtige den ggf. gemeinschaftlichen Besitz über diesen Bereich ausübt und für Dritte dieser Bereich nach der Verkehrsanschauung der (Wohn-)Anlage, in der der Steuerpflichtige seinen Haushalt betreibt, zugeordnet wird. So gehört z. B. auch eine an ein Mietwohngrundstück angrenzende, im Gemeinschaftseigentum der Wohnungseigentümer stehende Gar-

15

tenanlage zum Haushalt der Bewohner, und zwar unabhängig davon, ob der Bewohner diese Gartenanlage als Miteigentümer kraft eigenen Rechts oder als Mieter kraft abgeleiteten Rechts bewirtschaften darf.

Wohnen in einem Alten(wohn)heim, einem Pflegeheim oder einem Wohnstift

16 Eine Inanspruchnahme der Steuerermäßigung nach § 35a Abs. 1 bis 3 EStG (§ 35a Abs. 1 und 2 EStG a. F.) ist auch möglich, wenn sich der eigenständige und abgeschlossene Haushalt in einem Heim, wie z. B. einem Altenheim, einem Altenwohnheim, einem Pflegeheim oder einem Wohnstift befindet. Ein Haushalt in einem Heim ist gegeben, wenn die Räumlichkeiten des Steuerpflichtigen nach ihrer Ausstattung für eine Haushaltsführung geeignet sind (Bad, Küche, Wohn- und Schlafbereich), individuell genutzt werden können (Abschließbarkeit) und eine eigene Wirtschaftsführung des Steuerpflichtigen nachgewiesen oder glaubhaft gemacht wird.

17 Zu den begünstigten haushaltsnahen Dienstleistungen bei einer Heimunterbringung gehören neben den in dem eigenständigen und abgeschlossenen Haushalt des Steuerpflichtigen durchgeführten und individuell abgerechneten Leistungen (z. B. Reinigung des Appartements, Pflege- oder Handwerkerleistungen im Appartement) u. a. die Hausmeisterarbeiten, die Gartenpflege sowie kleinere Reparaturarbeiten, die Dienstleistungen des Haus- und Etagenpersonals sowie die Reinigung der Gemeinschaftsflächen, wie Flure, Treppenhäuser und Gemeinschaftsräume (BFH, Urteil v. 29. 1. 2009, HFR 2009 S. 572 [VI R 28/08]). Reparatur- und Instandsetzungskosten, die ausschließlich auf Gemeinschaftsflächen entfallen, sind regelmäßig nicht begünstigt. Dies gilt unabhängig davon, ob es sich um kalkulatorische Kosten handelt oder die Aufwendungen gegenüber dem Heimbewohner (einzeln) abgerechnet werden. Die Tätigkeit von Haus- und Etagendamen, deren Aufgabe neben der Betreuung des Bewohners noch zusätzlich in der Begleitung des Steuerpflichtigen, dem Empfang von Besuchern und der Erledigung kleiner Botengänge besteht, ist grundsätzlich den haushaltsnahen Dienstleistungen zuzurechnen. Zur Anspruchsberechtigung im Einzelnen s. Rdnr. 25.

Weitere Fälle eines Haushalts des Steuerpflichtigen

18 Zu dem inländischen oder in einem anderen Mitgliedstaat der Europäischen Union oder im Europäischen Wirtschaftsraum liegenden Haushalt des Steuerpflichtigen gehört auch eine Wohnung, die der Steuerpflichtige einem bei ihm zu berücksichtigenden Kind (§ 32 EStG) zur unentgeltlichen Nutzung überlässt. Das Gleiche gilt für eine vom Steuerpflichtigen tatsächlich eigen genutzte Zweit-, Wochenend- oder Ferienwohnung sowie eine tatsächlich eigen genutzte geerbte Wohnung. Der Steuerpflichtige kann deshalb für Leistungen, die in diesen Wohnungen durchgeführt werden, bei Vorliegen der sonstigen Voraussetzungen die Steuerermäßigung nach § 35a EStG in Anspruch nehmen; dies gilt auch, wenn die Leistungen für die eigen genutzte geerbte Wohnung noch vom Erblasser in Anspruch genommen und die Rechnungsbeträge vom Erben überwiesen worden sind. Die Steuerermäßigung wird – auch bei Vorhandensein mehrerer Wohnungen – insgesamt nur einmal bis zu den jeweiligen Höchstbeträgen gewährt.

Wohnungswechsel, Umzug

19 Der Begriff „im Haushalt" ist nicht in jedem Fall mit „tatsächlichem Bewohnen" gleichzusetzen. Beabsichtigt der Steuerpflichtige umzuziehen, und hat er für diesen Zweck bereits eine Wohnung oder ein Haus gemietet oder gekauft, gehört auch diese Wohnung oder dieses Haus zu seinem Haushalt, wenn er tatsächlich dorthin umzieht. Hat der Steuerpflichtige seinen Haushalt durch Umzug in eine andere Wohnung oder ein anderes Haus verlegt, gelten Maßnahmen zur Beseitigung der durch die bisherige Haushaltsführung veranlassten Abnutzung (z. B. Renovierungsarbeiten eines ausziehenden Mieters) noch als im Haushalt erbracht. Voraussetzung ist, dass die Maßnahmen in einem engen zeitlichen Zusammenhang zu dem Umzug stehen. Für die Frage, ab wann oder bis wann es sich um einen Haushalt des Steuerpflichtigen handelt, kommt es im Übrigen grundsätzlich auf das wirtschaftliche Eigentum an. Bei einem Mietverhältnis ist deshalb der im Mietvertrag vereinbarte Beginn des Mietverhältnisses oder bei Beendigung das Ende der Kündigungsfrist und bei einem Kauf der Übergang von Nutzen und Lasten entscheidend. Ein früherer oder späterer Zeitpunkt für den Ein- oder Auszug ist durch geeignete Unterlagen (z. B. Meldebestätigung der Gemeinde, Bestätigung des Vermieters) nachzuweisen. In Zweifelsfällen kann auf das in der Regel anzufertigende Übergabe-/Übernahmeprotokoll abgestellt werden.

III. Inanspruchnahme von Handwerkerleistungen

20[1)] § 35a Abs. 3 EStG (§ 35a Abs. 2 Satz 2 EStG a. F.) gilt für alle handwerklichen Tätigkeiten für Renovierungs-, Erhaltungs- und Modernisierungsmaßnahmen, die in einem inländischen, in der Europäischen Union oder dem Europäischen Wirtschaftsraum liegenden Haushalt des Steuerpflichtigen erbracht werden, unabhängig davon, ob es sich um regelmäßig vorzunehmende Renovierungsarbeiten oder kleine Ausbesserungsarbeiten handelt, die gewöhnlich durch

---
1) Rdnr. 20 wird derzeit überarbeitet.

Anhang 5

Mitglieder des privaten Haushalts erledigt werden, oder um Erhaltungs- und Modernisierungsmaßnahmen, die im Regelfall nur von Fachkräften durchgeführt werden. Eine beispielhafte Aufzählung begünstigter und nicht begünstigter handwerklicher Tätigkeiten enthält Anlage 1. Handwerkliche Tätigkeiten im Rahmen einer Neubaumaßnahme sind nicht begünstigt. Als Neubaumaßnahmen gelten alle Maßnahmen, die im Zusammenhang mit einer Nutz- oder Wohnflächenschaffung bzw. -erweiterung anfallen.

Das beauftragte Unternehmen muss nicht in die Handwerksrolle eingetragen sein; es können auch Kleinunternehmer i. S. d. § 19 Abs. 1 Umsatzsteuergesetz mit der Leistung beauftragt werden. 21

IV. Anspruchsberechtigte

Arbeitgeber, Auftraggeber

Der Steuerpflichtige kann die Steuerermäßigung nach § 35a EStG grundsätzlich nur in Anspruch nehmen, wenn er entweder Arbeitgeber des haushaltsnahen Beschäftigungsverhältnisses oder Auftraggeber der haushaltsnahen Dienstleistungen oder Handwerkerleistung ist. 22

Wohnungseigentümergemeinschaften

Besteht ein Beschäftigungsverhältnis zu einer Wohnungseigentümergemeinschaft (z. B. bei Reinigung und Pflege von Gemeinschaftsräumen) oder ist eine Wohnungseigentümergemeinschaft Auftraggeber der haushaltsnahen Dienstleistung bzw. der handwerklichen Leistung, kommt für den einzelnen Wohnungseigentümer eine Steuerermäßigung in Betracht, wenn in der Jahresabrechnung 23

- die im Kalenderjahr unbar gezahlten Beträge nach den begünstigten haushaltsnahen Beschäftigungsverhältnissen, Dienstleistungen und Handwerkerleistungen jeweils gesondert aufgeführt sind (zur Berücksichtigung von geringfügigen Beschäftigungsverhältnissen – siehe Rdnr. 10),
- der Anteil der steuerbegünstigten Kosten ausgewiesen ist (Arbeits- und Fahrtkosten, siehe auch Rdnr. 35) und

der Anteil der jeweiligen Wohnungseigentümers individuell errechnet wurde. Die Aufwendungen für Dienstleistungen, die sowohl auf öffentlichem Gelände als auch auf Privatgelände durchgeführt werden (vgl. Rdnr. 12), sind entsprechend aufzuteilen (vgl. Rdnr. 36).

Hat die Wohnungseigentümergemeinschaft zur Wahrnehmung ihrer Aufgaben und Interessen einen Verwalter bestellt und ergeben sich die Angaben nicht aus der Jahresabrechnung, ist der Nachweis durch eine Bescheinigung des Verwalters über den Anteil des jeweiligen Wohnungseigentümers zu führen. Ein Muster für eine derartige Bescheinigung ist als Anlage 2 beigefügt. Das Datum über die Beschlussfassung der Jahresabrechnung kann formlos bescheinigt oder auf der Bescheinigung vermerkt werden.

Mieter

Auch der Mieter einer Wohnung kann die Steuerermäßigung nach § 35a EStG beanspruchen, wenn die von ihm zu zahlenden Nebenkosten Beträge umfassen, die für ein haushaltsnahes Beschäftigungsverhältnis, für haushaltsnahe Dienstleistungen oder für handwerkliche Tätigkeiten geschuldet werden und sein Anteil an den vom Vermieter unbar gezahlten Aufwendungen entweder aus der Jahresabrechnung hervorgeht oder durch eine Bescheinigung (vgl. Rdnr. 23) des Vermieters oder seines Verwalters nachgewiesen wird. Das gilt auch für den Fall der unentgeltlichen Überlassung einer Wohnung, wenn der Nutzende die entsprechenden Aufwendungen getragen hat. 24

Wohnen in einem Alten(wohn)heim, einem Pflegeheim oder einem Wohnstift

Für Bewohner eines Altenheims, eines Altenwohnheims, eines Pflegeheims oder eines Wohnstiftes (vgl. Rdnr. 16) gilt nach Abschluss eines sog. Heimvertrages Folgendes: Aufwendungen für Dienstleistungen, die innerhalb des Appartements erbracht werden, wie z. B. die Reinigung des Appartements oder die Pflege und Betreuung des Heimbewohners, sind begünstigt. Aufwendungen für Dienstleistungen, die außerhalb des Appartements erbracht werden, sind im Rahmen der Rdnrn. 16 und 17 begünstigt. Das gilt jeweils auch für die von dem Heimbetreiber pauschal erhobenen Kosten, sofern die damit abgegoltene Dienstleistung gegenüber dem einzelnen Heimbewohner nachweislich tatsächlich erbracht worden ist. Darüber hinausgehende Dienstleistungen fallen grundsätzlich nicht unter die Steuerermäßigungsregelung des § 35a EStG, es sei denn, es wird nachgewiesen, dass die jeweilige haushaltsnahe Dienstleistung im Bedarfsfall von dem Heimbewohner abgerufen worden ist. Das gilt sowohl für Dienstleistungen des Heimbetreibers selbst, ggf. mittels eigenen Personals, als auch für Dienstleistungen eines externen Anbieters. Rdnrn. 23 und 24 gelten sinngemäß. Aufwendungen für die Möglichkeit, bei Bedarf bestimmte Pflege- oder Betreuungsleistungen in Anspruch zu nehmen, sind begünstigt. 25

Arbeitgeber-Pool

26 Schließen sich mehrere Steuerpflichtige als Arbeitgeber für ein haushaltsnahes Beschäftigungsverhältnis zusammen (sog. Arbeitgeber-Pool), kann jeder Steuerpflichtige die Steuerermäßigung für seinen Anteil an den Aufwendungen in Anspruch nehmen, wenn für die an dem Arbeitgeber-Pool Beteiligten eine Abrechnung über die im jeweiligen Haushalt ausgeführten Arbeiten vorliegt. Wird der Gesamtbetrag der Aufwendungen für das Beschäftigungsverhältnis durch ein Pool-Mitglied überwiesen, gelten die Regelungen für Wohnungseigentümer und Mieter (vgl. Rdnr. 23 und 24) entsprechend.

V. Begünstigte Aufwendungen

1. Ausschluss der Steuerermäßigung bei Betriebsausgaben oder Werbungskosten

27 Die Steuerermäßigung für Aufwendungen ist ausgeschlossen, soweit diese zu den Betriebsausgaben oder Werbungskosten gehören oder wie solche behandelt werden. Gemischte Aufwendungen (z. B. für eine Reinigungskraft, die auch das beruflich genutzte Arbeitszimmer reinigt) sind unter Berücksichtigung des zeitlichen Anteils der zu Betriebsausgaben oder Werbungskosten führenden Tätigkeiten an der Gesamtarbeitszeit sachgerecht aufzuteilen.

2. Ausschluss der Steuerermäßigung bei Berücksichtigung der Aufwendungen als Sonderausgaben oder außergewöhnliche Belastungen; Aufwendungen für Kinderbetreuung

Sonderausgaben, außergewöhnliche Belastungen

28 Eine Steuerermäßigung nach § 35a EStG kommt nur in Betracht, soweit die Aufwendungen nicht vorrangig als Sonderausgaben (z. B. Erhaltungsmaßnahme nach § 10f EStG) oder als außergewöhnliche Belastungen berücksichtigt werden. Für den Teil der Aufwendungen, der durch den Ansatz der zumutbaren Belastung nach § 33 Abs. 3 EStG nicht als außergewöhnliche Belastung berücksichtigt wird, kann der Steuerpflichtige die Steuerermäßigung nach § 35a EStG in Anspruch nehmen. Werden im Rahmen des § 33 EStG Aufwendungen geltend gemacht, die dem Grunde nach sowohl bei § 33 EStG als auch bei § 35a EStG berücksichtigt werden können, ist davon auszugehen, dass die zumutbare Belastung vorrangig auf die nach § 35a EStG begünstigten Aufwendungen entfällt.

Behinderten-Pauschbetrag

29 Nimmt die pflegebedürftige Person einen Behinderten-Pauschbetrag nach § 33b Abs. 1 Satz 1 i. V. mit Abs. 3 Satz 2 oder 3 EStG (bis VZ 2007: den erhöhten Behinderten-Pauschbetrag nach § 33b Abs. 3 Satz 3 EStG) in Anspruch, schließt dies eine Berücksichtigung der Pflegeaufwendungen nach § 35a EStG bei ihr aus. Das Gleiche gilt für einen Angehörigen, wenn der einem Kind zustehende Behinderten-Pauschbetrag auf ihn übertragen wird.

Kinderbetreuungskosten

30 Fallen Kinderbetreuungskosten dem Grunde nach unter die Regelungen des § 9c EStG[1]) (§§ 4f oder 9 Abs. 5 Satz 1 bzw. § 10 Abs. 1 Nr. 5 oder 8 EStG a. F.), kommt ein Abzug nach § 35a EStG nicht in Betracht (§ 35a Abs. 5 Satz 1 EStG, § 35a Abs. 2 Satz 1 und Abs. 2 Satz 2 EStG a. F.). Dies gilt sowohl für den Betrag, der zwei Drittel der Aufwendungen für Dienstleistungen übersteigt, als auch für alle Aufwendungen, die den Höchstbetrag von 4 000 Euro je Kind übersteigen.

Au-pair

31 Bei Aufnahme eines Au-pairs in eine Familie fallen in der Regel neben den Aufwendungen für die Betreuung der Kinder auch Aufwendungen für leichte Hausarbeiten an. Wird der Umfang der Kinderbetreuungskosten nicht nachgewiesen (vgl. Rdnr. 5 des BMF-Schreibens vom 19. 1. 2007, BStBl I S. 184), kann ein Anteil von 50 Prozent der Gesamtaufwendungen im Rahmen der Steuerermäßigung für haushaltsnahe Dienstleistungen nach § 35a Abs. 2 Satz 1 EStG berücksichtigt werden, wenn die übrigen Voraussetzungen des § 35a EStG (insbesondere die Zahlung auf ein Konto des Au-pairs) vorliegen.

3. Umfang der begünstigten Aufwendungen

Arbeitsentgelt

32 Zu den begünstigten Aufwendungen des Steuerpflichtigen nach § 35a Abs. 1 und Abs. 2 Alt. 1 EStG (§ 35a Abs. 1 EStG a. F.) gehört der Bruttoarbeitslohn oder das Arbeitsentgelt (bei Anwendung des Haushaltsscheckverfahrens und geringfügiger Beschäftigung i. S. d. § 8a SGB IV) sowie die vom Steuerpflichtigen getragenen Sozialversicherungsbeiträge, die Lohnsteuer ggf.

---

[1]) Ab 1. 1. 2012: § 10 Abs. 1 Nr. 5 EStG.

Anhang 5
Haushaltsnahe Beschäftigungsverhältnisse

zuzüglich Solidaritätszuschlag und Kirchensteuer, die Umlagen nach dem Aufwendungsausgleichsgesetz (U 1 und U 2) und die Unfallversicherungsbeiträge, die an den Gemeindeunfallversicherungsverband abzuführen sind.

Nachweis des Arbeitsentgelts

Als Nachweis dient bei geringfügigen Beschäftigungsverhältnissen (s. Rdnr. 5), für die das Haushaltsscheckverfahren Anwendung findet, die dem Arbeitgeber von der Einzugsstelle (Minijob-Zentrale) zum Jahresende erteilte Bescheinigung nach § 28h Abs. 4 SGB IV. Diese enthält den Zeitraum, für den Beiträge zur Rentenversicherung gezahlt wurden, die Höhe des Arbeitsentgelts sowie die vom Arbeitgeber getragenen Gesamtsozialversicherungsbeiträge und Umlagen. Zusätzlich wird in der Bescheinigung die Höhe der einbehaltenen Pauschsteuer beziffert. 33

Bei sozialversicherungspflichtigen haushaltsnahen Beschäftigungsverhältnissen, für die das allgemeine Beitrags- und Meldeverfahren zur Sozialversicherung gilt und bei denen die Lohnsteuer pauschal oder nach Maßgabe der vorgelegten Lohnsteuerkarte erhoben wird, sowie bei geringfügigen Beschäftigungsverhältnissen ohne Haushaltsscheckverfahren gelten die allgemeinen Nachweisregeln für die Steuerermäßigung. 34

Arbeitskosten, Materialkosten

Begünstigt sind generell nur die Arbeitskosten. Das sind die Aufwendungen für die Inanspruchnahme der haushaltsnahen Tätigkeit selbst, für Pflege- und Betreuungsleistungen bzw. für Handwerkerleistungen einschließlich der in Rechnung gestellten Maschinen- und Fahrtkosten. Materialkosten oder sonstige im Zusammenhang mit der Dienstleistung, den Pflege- und Betreuungsleistungen bzw. den Handwerkerleistungen gelieferte Waren bleiben mit Ausnahme von Verbrauchsmitteln außer Ansatz. 35

Der Anteil der Arbeitskosten muss grundsätzlich anhand der Angaben in der Rechnung gesondert ermittelt werden können. Auch eine prozentuale Aufteilung des Rechnungsbetrages in Arbeitskosten und Materialkosten durch den Rechnungsaussteller ist zulässig. Bei Wartungsverträgen ist es nicht zu beanstanden, wenn der Anteil der Arbeitskosten, der sich auch pauschal aus einer Mischkalkulation ergeben kann, aus einer Anlage zur Rechnung hervorgeht. Dienstleistungen, die sowohl auf öffentlichem Gelände als auch auf Privatgelände durchgeführt werden (vgl. Rdnr. 12), sind vom Rechnungsaussteller entsprechend aufzuteilen. Zur Aufteilung solcher Aufwendungen bei Wohnungseigentümergemeinschaften genügt eine Jahresbescheinigung des Grundstücksverwalters, die die betrags- oder verhältnismäßige Aufteilung auf öffentliche Flächen und Privatgelände enthält. Entsprechendes gilt für die Nebenkostenabrechnung der Mieter. Abschlagszahlungen können nur dann berücksichtigt werden, wenn hierfür eine Rechnung vorliegt, welche die Voraussetzungen des § 35a EStG erfüllt. Ein gesonderter Ausweis der auf die Arbeitskosten entfallenden Mehrwertsteuer ist nicht erforderlich. 36

Versicherungsleistungen

Aufwendungen für haushaltsnahe Dienstleistungen oder Handwerkerleistungen, die im Zusammenhang mit Versicherungsschadensfällen entstehen, können nur berücksichtigt werden, soweit sie nicht von der Versicherung erstattet werden. Dabei sind nicht nur erhaltene sondern auch in späteren Veranlagungszeiträumen zu erwartende Versicherungsleistungen zu berücksichtigen. Das gilt auch für Versicherungsleistungen, die zur medizinischen Rehabilitation erbracht werden, wie z. B. für Haushaltshilfen nach § 10 Abs. 2 Satz 2, § 36 Abs. 1 Satz 2, § 37 Abs. 1 Satz 2, § 39 Abs. 1 Satz 2 des Gesetzes über die Alterssicherung der Landwirte, § 10 des Zweiten Gesetzes über die Krankenversicherung der Landwirte, § 38 Abs. 4 Satz 1 Alt. 2 SGB V, § 54 Abs. 2, § 55 SGB VII, § 54 SGB IX. In solchen Fällen ist nur die Selbstbeteiligung nach § 35a EStG begünstigt. 37

Empfangene Leistungen der Pflegeversicherung des Steuerpflichtigen sowie die Leistungen im Rahmen des Persönlichen Budgets i. S. d. § 17 SGB IX sind anzurechnen, soweit sie ausschließlich und zweckgebunden für Pflege- und Betreuungsleistungen sowie für haushaltsnahe Dienstleistungen i. S. d. § 35a Abs. 2 i. V. m. Abs. 5 EStG (§ 35a Abs. 2 Satz 1 i. V. m. Satz 5 EStG a. F.), die keine Handwerkerleistungen i. S. d. § 35a Abs. 3 EStG (§ 35a Abs. 2 Satz 2 EStG a. F.) sind, gewährt werden. Danach sind Pflegesachleistungen nach § 36 SGB XI und der Kostenersatz für zusätzliche Betreuungsleistungen nach § 45b SGB XI auf die entstandenen Aufwendungen anzurechnen. Leistungen der Pflegeversicherung i. S. d. § 37 SGB XI (sog. Pflegegeld) sind dagegen nicht anzurechnen, weil sie nicht zweckgebunden für professionelle Pflegedienste bestimmt sind, die die Voraussetzungen des § 35a Abs. 5 EStG (§ 35a Abs. 2 Satz 5 EStG a. F.) erfüllen (Ausstellung einer Rechnung, Überweisung auf ein Konto des Empfängers). 38

> **Beispiel 1:**
> Ein pflegebedürftiger Steuerpflichtiger der Pflegestufe II mit dauerhafter erheblicher Einschränkung seiner Alltagskompetenz erhält im Veranlagungsjahr 2009 in seinem eigenen Haushalt Pflegesachleistungen in der Form einer häuslichen Pflegehilfe sowie zusätzliche Betreuung. Er nimmt dafür einen professionellen Pflegedienst in Anspruch. Die monatlichen Aufwendungen betragen 1 400 €. Die Pflegeversicherung übernimmt die Aufwendun-

gen in Höhe von monatlich 980 € (§ 36 Abs. 3 Nr. 2. a SGB XI). Darüber hinaus erhält der Steuerpflichtige einen zusätzlichen Kostenersatz nach § 45b SGB XI in Höhe von monatlich 100 €.

Es handelt sich um die Inanspruchnahme von Pflege- und Betreuungsleistungen i. S. des § 35a Abs. 2 Satz 2 EStG, für die der Steuerpflichtige eine Steuerermäßigung in Anspruch nehmen kann. Die Beträge nach § 36 SGB XI sowie der Kostenersatz nach § 45b SGB XI sind anzurechnen.

Die Steuerermäßigung für die Pflege- und Betreuungsleistungen wird für den Veranlagungszeitraum 2009 wie folgt berechnet:

1 400 € × 12 Monate	16 800 €
− (980 € + 100 €) × 12 Monate	−12 960 €
verbleibende Eigenleistung	3 840 €

Davon 20 % = 768 €. Der Steuerpflichtige kann 768 € als Steuerermäßigungsbetrag in Anspruch nehmen.

Beispiel 2:

Eine pflegebedürftige Steuerpflichtige der Pflegestufe I beantragt anstelle der häuslichen Pflegehilfe (§ 36 SGB XI) ein Pflegegeld nach § 37 SGB XI. Im Veranlagungsjahr 2009 erhält sie monatlich 215 €. Die Steuerpflichtige nimmt zur Deckung ihres häuslichen Pflege- und Betreuungsbedarfs zusätzlich einzelne Pflegeeinsätze eines professionellen Pflegedienstes in Anspruch. Die Aufwendungen dafür betragen jährlich 1 800 €.

Es handelt sich um die Inanspruchnahme von Pflege- und Betreuungsleistungen i. S. des § 35a Abs. 2 Satz 2 EStG, für die die Steuerpflichtige eine Steuerermäßigung in Anspruch nehmen kann. Das Pflegegeld ist nicht anzurechnen.

Die Steuerermäßigung für die Pflege- und Betreuungsleistungen wird für den Veranlagungszeitraum 2009 wie folgt berechnet:

20 % von 1 800 € = 360 €. Die Steuerpflichtige kann 360 € als Steuerermäßigungsbetrag in Anspruch nehmen.

Beispiel 3:

Ein pflegebedürftiger Steuerpflichtiger der Pflegestufe II nimmt im Veranlagungszeitraum 2009 die ihm nach § 36 Abs. 3 SGB XI zustehende Sachleistung nur zur Hälfte in Anspruch (490 €/Monat). Er erhält daneben ein anteiliges Pflegegeld (§ 38 i. V. mit § 37 SGB XI) in Höhe von monatlich 210 €. Die durch die Pflegeversicherung im Wege der Sachleistung zur Verfügung gestellten regelmäßigen professionellen Pflegeeinsätze werden durch den Steuerpflichtigen durch gelegentliche zusätzliche Beauftragungen eines Pflegedienstes ergänzt. Die Aufwendungen hierfür betragen jährlich 1 800 Euro. Die weiteren Pflege- und Betreuungsdienstleistungen erfolgen durch Freunde des Steuerpflichtigen, von denen eine Person im Rahmen einer geringfügigen Beschäftigung i. S. des § 8a SGB IV zu einem Monatslohn einschließlich der pauschalen Abgaben i. H. von 380 € beschäftigt wird. Einen Teil des Pflegegeldes leitet der Steuerpflichtige an die anderen Hilfspersonen weiter.

Die Inanspruchnahme des Pflegedienstes ist nach § 35a Abs. 2 Satz 2 EStG begünstigt. Die Beträge nach § 36 Abs. 3 SGB XI sind anzurechnen, das Pflegegeld nach § 37 SGB XI ist nicht anzurechnen. Das geringfügige Beschäftigungsverhältnis fällt unter § 35a Abs. 1 EStG.

Die Steuerermäßigung für das geringfügige Beschäftigungsverhältnis wird für den Veranlagungszeitraum 2009 wie folgt berechnet:

380 € × 12 Monate	4 560 €

Davon 20 % = 912 €. Der Steuerpflichtige kann 510 € (= Höchstbetrag) als Steuerermäßigung in Anspruch nehmen.

Die Steuerermäßigung für die zusätzlich zu den Sachleistungen der Pflegeversicherung selbst finanzierten externen Pflegeeinsätze wird für den Veranlagungszeitraum 2009 wie folgt berechnet:

20 % von 1 800 € = 360 €. Der Steuerpflichtige kann (510 € + 360 € =) 870 € als Steuerermäßigungsbetrag in Anspruch nehmen.

39 Wird die Steuerermäßigung für Pflege- und Betreuungsaufwendungen von einem Angehörigen oder einer anderen Person geltend gemacht, ist Rdnr. 38 entsprechend anzuwenden, wenn das Pflegegeld an diese Person weitergeleitet wird.

Beispiel 4:

Eine pflegebedürftige Person der Pflegestufe II nimmt im Veranlagungsjahr 2009 in ihrem eigenen Haushalt einen professionellen Pflegedienst in Anspruch. Die monatlichen Ge-

samtaufwendungen hierfür betragen 1 300 €. Durch die Pflegeversicherung werden Pflegesachleistungen nach § 36 Abs. 3 Nr. 2. a SGB XI in Höhe von 980 € monatlich übernommen. Die darüber hinausgehenden Aufwendungen trägt der Sohn in Höhe von monatlich 320 €.
Es handelt sich um die Inanspruchnahme von Pflege- und Betreuungsleistungen i. S. des § 35a Abs. 2 Satz 2 EStG, für die der Sohn eine Steuerermäßigung in Anspruch nehmen kann. Die Beträge nach § 36 SGB XI sind anzurechnen.
Die Steuerermäßigung für die Pflege- und Betreuungsleistungen wird für den Veranlagungszeitraum 2009 wie folgt berechnet:

Steuerpflichtiger:

1 300 € × 12 Monate	15 600 €
– 980 € × 12 Monate	11 760 €
Eigenleistung des Sohnes	3 840 €

Davon 20 % = 768 €. Der Sohn kann 768 € als Steuerermäßigungsbetrag in Anspruch nehmen.

Beispiel 5:
Ein pflegebedürftiger Steuerpflichtiger der Pflegestufe II beantragt anstelle der häuslichen Pflegehilfe (§ 36 SGB XI) ein Pflegegeld nach § 37 SGB XI. Im Veranlagungsjahr 2009 erhält er monatlich 420 €. Der Steuerpflichtige wird grundsätzlich von seiner Tochter betreut und gepflegt. Er reicht das Pflegegeld an die Tochter weiter. Zu ihrer Unterstützung beauftragt die Tochter gelegentlich zusätzlich einen professionellen Pflegedienst. Die Aufwendungen hierfür haben 2009 insgesamt 1 800 € betragen. Diese Kosten hat die Tochter getragen.
Bei der Beauftragung des Pflegedienstes handelt es sich um die Inanspruchnahme von Pflege- und Betreuungsleistungen i. S. des § 35a Abs. 2 Satz 2 EStG, für die die Tochter eine Steuerermäßigung in Anspruch nehmen kann. Die an sie weitergeleiteten Beträge nach § 37 SGB XI sind nicht anzurechnen.
Die Steuerermäßigung für die Pflege- und Betreuungsleistungen wird bei der Tochter für den Veranlagungszeitraum 2009 wie folgt berechnet:
20 % von 1 800 € = 360 €. Die Tochter kann 360 € als Steuerermäßigungsbetrag in Anspruch nehmen.
Den Pflege-Pauschbetrag nach § 33b Abs. 6 Satz 1 EStG kann die Tochter nicht in Anspruch nehmen, da sie durch Weiterleitung des Pflegegeldes durch den Vater an sie Einnahmen i. S. des § 33b Abs. 6 Satz 1 und 2 EStG erhält und sie das Pflegegeld nicht nur treuhänderisch für den Vater verwaltet, um daraus Aufwendungen des Pflegebedürftigen zu bestreiten (vgl. H 33b „Pflege-Pauschbetrag" EStH 2008).

Beispiel 6:
Ein pflegebedürftiges Ehepaar lebt mit seiner Tochter in einem Haushalt. Der Vater hat Pflegestufe II, die Mutter Pflegestufe I. Der Vater wird täglich durch einen professionellen Pflegedienst gepflegt und betreut. Die Aufwendungen wurden 2009 von der Pflegeversicherung als Pflegesachleistung in Höhe von monatlich 980 € übernommen (§ 36 Abs. 3 Nr. 2. a SGB XI). Die Mutter hat 2009 Pflegegeld nach § 37 SGB XI in monatlich 215 € bezogen. Bei ihrer Pflege hilft die Tochter. Sie erhält als Anerkennung das Pflegegeld von der Mutter.
Die monatlichen Aufwendungen für den Pflegedienst des Vaters betragen nach Abzug der Leistungen der Pflegeversicherung 320 €. Zu ihrer Unterstützung beauftragt die Tochter gelegentlich zusätzlich einen Pflegedienst für die Mutter. Die Aufwendungen hierfür haben 2009 insgesamt 1 200 € betragen. Diese Kosten hat die Tochter getragen.
Es handelt sich um die Inanspruchnahme von Pflege- und Betreuungsleistungen i. S. des § 35a Abs. 2 Satz 2 EStG, für die die Eltern und die Tochter eine Steuerermäßigung in Anspruch nehmen können. Die Beträge nach § 36 SGB XI sind anzurechnen, die Beträge nach § 37 SGB XI sind nicht anzurechnen.
Die Steuerermäßigung für die Pflege- und Betreuungsleistungen wird für den Veranlagungszeitraum 2009 wie folgt berechnet:

Eltern: Eigenleistung 320 € × 12 Monate	3 840 €

Davon 20 % = 768 €. Die Eltern können 768 € als Steuerermäßigungsbetrag in Anspruch nehmen.

Tochter: Eigenleistung	1 200 €

Davon 20 % = 240 €. Die Tochter kann 240 € als Steuerermäßigung in Anspruch nehmen.
Den Pflege-Pauschbetrag nach § 33b Abs. 6 Satz 1 EStG kann die Tochter nicht in Anspruch nehmen, da sie durch Weiterleitung des Pflegegeldes durch die Mutter an sie Einnahmen

i. S. des § 33b Abs. 6 Satz 1 und 2 EStG erhält und sie das Pflegegeld nicht nur treuhänderisch für die Mutter verwaltet, um daraus Aufwendungen der Pflegebedürftigen zu bestreiten (vgl. H 33b „Pflege-Pauschbetrag" EStH 2008).

Zahlungszeitpunkt

40 Für die Inanspruchnahme der Steuerermäßigung ist auf den Veranlagungszeitraum der Zahlung abzustellen (§ 11 Abs. 2 EStG). Bei regelmäßig wiederkehrenden Ausgaben (z. B. nachträgliche monatliche Zahlung oder monatliche Vorauszahlung einer Pflegeleistung), die innerhalb eines Zeitraums von bis zu zehn Tagen nach Beendigung bzw. vor Beginn eines Kalenderjahres fällig und geleistet worden sind, werden die Ausgaben dem Kalenderjahr zugerechnet, zu dem sie wirtschaftlich gehören. Bei geringfügigen Beschäftigungsverhältnissen gehören die Abgaben für das in den Monaten Juli bis Dezember erzielte Arbeitsentgelt, die erst am 15.1. des Folgejahres fällig werden, noch zu den begünstigten Aufwendungen des Vorjahres.

Dienst- oder Werkswohnung

41 Für vom Arbeitnehmer bewohnte Dienst- oder Werkswohnungen gilt Folgendes: Lässt der Arbeitgeber haushaltsnahe Dienstleistungen oder Handwerkerleistungen von einem (fremden) Dritten durchführen und trägt er hierfür die Aufwendungen, kann der Arbeitnehmer die Steuerermäßigung nach § 35a EStG nur in Anspruch nehmen, wenn er die Aufwendungen – neben dem Mietwert der Wohnung – als Arbeitslohn (Sachbezug) versteuert hat und der Arbeitgeber eine Bescheinigung erteilt hat, aus der eine Aufteilung der Aufwendungen nach haushaltsnahen Dienstleistungen und Handwerkerleistungen, jeweils unterteilt nach Arbeitskosten und Materialkosten, hervorgeht. Zusätzlich muss aus der Bescheinigung hervorgehen, dass die Leistungen durch (fremde) Dritte ausgeführt worden sind und zu welchem Wert sie zusätzlich zum Mietwert der Wohnung als Arbeitslohn versteuert worden sind. Die Steuerermäßigung kann nicht in Anspruch genommen werden, wenn die haushaltsnahen Dienstleistungen oder Handwerkerleistungen durch eigenes Personal des Arbeitgebers durchgeführt worden sind.

Wohnungseigentümer und Mieter

42 Bei Wohnungseigentümern und Mietern ist erforderlich, dass die auf den einzelnen Wohnungseigentümer und Mieter entfallenden Aufwendungen für haushaltsnahe Beschäftigungsverhältnisse und Dienstleistungen sowie für Handwerkerleistungen entweder in der Jahresabrechnung gesondert aufgeführt oder durch eine Bescheinigung des Verwalters oder Vermieters nachgewiesen sind. Aufwendungen für regelmäßig wiederkehrende Dienstleistungen (wie z. B. Reinigung des Treppenhauses, Gartenpflege, Hausmeister) werden grundsätzlich anhand der geleisteten Vorauszahlungen im Jahr der Vorauszahlungen berücksichtigt, einmalige Aufwendungen (wie z. B. Handwerkerrechnungen) dagegen erst im Jahr der Genehmigung der Jahresabrechnung. Soweit einmalige Aufwendungen durch eine Entnahme aus der Instandhaltungsrücklage finanziert werden, können die Aufwendungen erst im Jahr des Abflusses aus der Instandhaltungsrücklage oder im Jahr der Genehmigung der Jahresabrechnung, die den Abfluss aus der Instandhaltungsrücklage beinhaltet, berücksichtigt werden. Wird eine Jahresabrechnung von einer Verwaltungsgesellschaft mit abweichendem Wirtschaftsjahr erstellt, gilt nichts anderes. Es ist aber auch nicht zu beanstanden, wenn Wohnungseigentümer die gesamten Aufwendungen erst in dem Jahr geltend machen, in dem die Jahresabrechnung im Rahmen der Eigentümerversammlung genehmigt worden ist. Für die zeitliche Berücksichtigung von Nebenkosten bei Mietern gelten die vorstehenden Ausführungen entsprechend. Handwerkerleistungen, die im Jahr 2005 erbracht worden sind, sind auch dann nicht begünstigt, wenn die Jahresabrechnung 2005 im Jahr 2006 durch die Eigentümerversammlung genehmigt worden ist. Zu den Höchstbeträgen in den Veranlagungszeiträumen 2008 und 2009 vgl. Rdnr. 48.

43 Die Entscheidung, die Steuerermäßigung hinsichtlich der Aufwendungen für die regelmäßig wiederkehrenden Dienstleistungen im Jahr der Vorauszahlung und für die einmaligen Aufwendungen im Jahr der Beschlussfassung oder für die gesamten Aufwendungen die Steuerermäßigung erst im Jahr der Beschlussfassung in Anspruch zu nehmen, hat jeder einzelne Eigentümer bzw. Mieter im Rahmen seiner Einkommensteuererklärung zu treffen. Zur Bescheinigung des Datums über die Beschlussfassung s. Rdnr. 23. Hat sich der Wohnungseigentümer bei einer Abrechnung mit einem abweichenden Wirtschaftsjahr dafür entschieden, die gesamten Aufwendungen erst in dem Jahr geltend zu machen, in dem die Jahresabrechnung im Rahmen der Eigentümerversammlung genehmigt worden ist, hat das zur Folge, dass hinsichtlich der regelmäßig wiederkehrenden Dienstleistungen die Aufwendungen des abweichenden Wirtschaftsjahres maßgebend sind. Eine davon abweichende andere zeitanteilige Aufteilung der Aufwendungen ist nicht möglich. Auch für den Fall, dass die Beschlussfassungen über die Jahresabrechnungen für zwei Kalenderjahre in einem Kalenderjahr getroffen werden, kann die Entscheidung für alle in einem Jahr genehmigten Abrechnungen, die Steuerermäßigung im Jahr der Vorauszahlung oder in dem der Beschlussfassung in Anspruch zu nehmen, nur einheitlich getroffen werden. Für die Frage der Höhe der zulässigen Steuerermäßigung nach den zum 1.1.2009 in Kraft getretenen Gesetzesänderungen gelten die Erläuterungen in Rdnr. 48 entsprechend.

4. Nachweis

Bis einschließlich Veranlagungszeitraum 2007

Sowohl bei Aufwendungen im Rahmen einer haushaltsnahen Dienstleistung als auch bei Handwerker- oder Pflege- und Betreuungsleistungen ist die Steuerermäßigung bis einschließlich Veranlagungszeitraum 2007 davon abhängig, dass der Steuerpflichtige die Aufwendungen durch Vorlage einer Rechnung[1]) und die Zahlung auf ein Konto des Erbringers der Leistung durch einen Beleg des Kreditinstituts nachweist (§ 35a Abs. 2 Satz 5 EStG i. d. F. des Jahressteuergesetzes 2007). Bei Wohnungseigentümern und Mietern sind die sich aus Rdnr. 42 ergebenden Nachweise mit der Antragstellung vorzulegen. 44

Ab Veranlagungszeitraum 2008

Ab Veranlagungszeitraum 2008 ist die Steuerermäßigung davon abhängig, dass der Steuerpflichtige für die Aufwendungen eine Rechnung[2]) erhalten hat und die Zahlung auf das Konto des Erbringers der haushaltsnahen Dienstleistung, der Handwerkerleistung oder der Pflege- oder Betreuungsleistung erfolgt ist (§ 35a Abs. 2 Satz 5 i. V. mit § 52 Abs. 1 und Abs. 50b EStG i. d. F. des Jahressteuergesetzes 2008, § 35a Abs. 5 Satz 3 EStG i. d. F. des FamLeistG). Bei Wohnungseigentümern und Mietern müssen die sich aus Rdnr. 42 ergebenden Nachweise vorhanden sein. Daraus folgt, dass es ab dem Veranlagungszeitraum 2008 ausreicht, wenn der Steuerpflichtige die Nachweise auf Verlangen des Finanzamtes vorlegen kann. 45

Zahlungsarten

Die Zahlung auf das Konto des Erbringers der Leistung erfolgt in der Regel durch Überweisung. Beträge, für deren Begleichung ein Dauerauftrag eingerichtet worden ist oder die durch eine Einzugsermächtigung abgebucht oder im Wege des Online-Bankings überwiesen wurden, können in Verbindung mit dem Kontoauszug, der die Abbuchung ausweist, anerkannt werden. Das gilt auch bei Übergabe eines Verrechnungsschecks oder der Teilnahme am Electronic-Cash-Verfahren oder am elektronischen Lastschriftverfahren. Barzahlungen, Baranzahlungen oder Barteilzahlungen können nicht anerkannt werden (BFH, Urteil vom 20. 11. 2008, BStBl 2009 II S. 307). Das gilt selbst dann, wenn die Barzahlung von dem Erbringer der haushaltsnahen Dienstleistung, der Pflege- und Betreuungsleistung oder der Handwerkerleistung tatsächlich ordnungsgemäß verbucht worden ist und der Steuerpflichtige einen Nachweis über die ordnungsgemäße Verbuchung erhalten hat oder wenn eine Barzahlung durch eine später veranlasste Zahlung auf das Konto des Erbringers der Leistung ersetzt wird. 46

Konto eines Dritten

Die Inanspruchnahme der Steuerermäßigung durch den Steuerpflichtigen ist auch möglich, wenn die haushaltsnahe Dienstleistung, Pflege- oder Betreuungsleistung oder die Handwerkerleistung, für die der Steuerpflichtige eine Rechnung erhalten hat, von dem Konto eines Dritten bezahlt worden ist. 47

VI. Höchstbeträge

Übergang von Veranlagungszeitraum 2008 auf Veranlagungszeitraum 2009

Für die Höhe der zulässigen Steuerermäßigung nach den zum 1. 1. 2009 in Kraft getretenen Gesetzesänderungen (vgl. hierzu Rdnrn. 1 bis 3) kommt es nach § 52 Abs. 50b Satz 4 und 5 EStG darauf an, wann die den Aufwendungen zugrunde liegende Leistung erbracht worden ist. Danach gilt der erhöhte Förderbetrag erstmals für Aufwendungen, die im Veranlagungszeitraum 2009 bezahlt **und** deren zu Grunde liegende Leistungen nach den 31. 12. 2008 erbracht worden sind. Die höheren Förderbeträge sind daher z. B. nicht zu gewähren, wenn 49

- haushaltsnahe Dienstleistungen oder Handwerkerleistungen 2008 erbracht worden sind, die Rechnung aber erst im Veranlagungszeitraum 2009 bezahlt wurde,
- im Fall von Wohnungseigentümern und Mietern die Jahresabrechnung 2008 erst im Jahr 2009 durch die Eigentümerversammlung genehmigt worden ist (s. Rdnr. 42), die zugrunde liegenden Leistungen aber schon 2008 erbracht wurden.

In diesen Fällen richtet sich die Steuerermäßigung auch im Veranlagungszeitraum 2009 noch nach den Höchstbeträgen des § 35a EStG a. F. Sind dem Steuerpflichtigen im Veranlagungszeitraum 2009 weitere nach § 35a EStG begünstigte Aufwendungen entstanden, bei denen sowohl die Durchführung als auch die Bezahlung der Leistung erst 2009 erfolgte, richtet sich die Bemessung der Steuerermäßigung für diese Aufwendungen nach § 35a EStG i. d. F. des FamLeistG. Die für Maßnahmen aus dem Veranlagungszeitraum 2008 im Veranlagungszeitraum 2009 gel-

---

[1]) Aus der Rechnung müssen sich der Erbringer der haushaltsnahen Dienstleistung oder der Handwerkerleistung als Rechnungsaussteller, der Empfänger dieser Dienstleistung, die Art, der Zeitpunkt und der Inhalt der Dienstleistung sowie die Höhe der dafür vom Stpfl. jeweils geschuldeten Entgelte ergeben (→ BFH vom 29. 1. 2009 – BStBl 2010 II S. 166).

[2]) → Fußnote zu Rdnr. 44.

tend zu machenden Aufwendungen einschließlich der für den Veranlagungszeitraum 2009 zu gewährenden Steuerermäßigungsbeträge dürfen die jeweiligen Höchstbeträge nach § 35a EStG i. d. F. des FamLeistG insgesamt nicht überschreiten. Auf den für den Veranlagungszeitraum 2009 maßgebenden Höchstbetrag nach § 35a Abs. 3 EStG von 1 200 Euro werden ggf. im Jahr 2009 in Anspruch genommene Steuerermäßigungsbeträge für Handwerkerleistungen aus 2008, max. also bis 600 Euro, angerechnet. Es ist nicht möglich, im Jahr 2009 beide Höchstbetragsregelungen für Handwerkerleistungen kumulativ in Anspruch zu nehmen. Bei Aufwendungen für sozialversicherungspflichtige Beschäftigungen oder für die Inanspruchnahme von haushaltsnahen Dienstleistungen gilt Entsprechendes. Zur mehrfachen Inanspruchnahme der Steuerermäßigungen s. im Übrigen Rdnr. 51.

Zwölftelungsregelung

49 Bis einschl. Veranlagungszeitraum 2 008 mindern sich die Höchstbeträge nach § 35a Abs. 1 Satz 1 Nr. 1 und 2 EStG a. F. für jeden vollen Kalendermonat, in dem die Voraussetzungen nach § 35a Abs. 1 Satz 1 EStG nicht vorgelegen haben, um ein Zwölftel. Dies gilt sinngemäß, wenn ein Staat erst im Laufe eines Kalenderjahres der Europäischen Union oder dem Europäischen Wirtschaftsraum beigetreten ist. Diese Zwölftelungsregelung ist im Rahmen der Vereinheitlichung und Zusammenfassung (vgl. Rdnrn. 2, 3) ab dem Veranlagungszeitraum 2009 weggefallen.

Haushaltsbezogene Inanspruchnahme

50 Die Höchstbeträge nach § 35a EStG können nur haushaltsbezogen in Anspruch genommen werden (§ 35a Abs. 5 Satz 4 EStG, § 35a Abs. 3 EStG a. F.). Leben z. B. zwei Alleinstehende im gesamten Veranlagungszeitraum in einem Haushalt und sind beide Arbeitgeber im Rahmen eines haushaltsnahen Beschäftigungsverhältnisses oder Auftraggeber haushaltsnaher Dienstleistungen, von Pflege- und Betreuungsleistungen oder von Handwerkerleistungen, kann jeder seine tatsächlichen Aufwendungen grundsätzlich nur bis zur Höhe des hälftigen Abzugshöchstbetrages geltend machen. Etwas anderes gilt nur dann, wenn beide einvernehmlich eine andere Aufteilung wählen und dies gegenüber dem Finanzamt anzeigen. Das gilt auch für Partner einer eingetragenen Lebenspartnerschaft.

VII. Mehrfache Inanspruchnahme der Steuerermäßigungen

51 Neben der Steuerermäßigung für ein geringfügiges Beschäftigungsverhältnis i. S. d. § 8a SGB IV kann der Steuerpflichtige auch die Steuerermäßigung für ein sozialversicherungspflichtiges Beschäftigungsverhältnis beanspruchen. Liegen die Voraussetzungen für die Inanspruchnahme der Steuerermäßigung nach § 35a Abs. 1 Satz 1 Nr. 1 oder 2 EStG a. F. vor, ist für das hiernach förderbare Beschäftigungsverhältnis die Steuerermäßigung nach § 35a Abs. 2 Satz 1 und 2 EStG a. F. ausgeschlossen (§ 35a Abs. 2 Satz 4 EStG a. F.). Ab dem Veranlagungszeitraum 2009 sind die Fördertatbestände – abgesehen von der Steuerermäßigung für ein geringfügiges Beschäftigungsverhältnis i. S. d. § 8a SGB IV (§ 35a Abs. 1 EStG) und der Steuerermäßigung für die Inanspruchnahme von Handwerkerleistungen (§ 35a Abs. 3 EStG) – vereinheitlicht und zusammengefasst worden; nach § 35a Abs. 2 EStG können für die anderen haushaltsnahen Beschäftigungsverhältnisse oder für die Inanspruchnahme von haushaltsnahen Dienstleistungen zusammengefasst und einheitlich auf Antrag 20 Prozent der gesamten begünstigten Aufwendungen, höchstens insgesamt 4 000 Euro als Steuerermäßigung in Anspruch genommen werden. Die Förderung von Pflege- und Betreuungsleistungen sowie der Aufwendungen, die einem Steuerpflichtigen wegen der Unterbringung in einem Heim oder zur dauernden Pflege erwachsen, soweit darin Kosten für Dienstleistungen enthalten sind, die mit denen einer Hilfe im Haushalt vergleichbar sind, sind in diesem Höchstbetrag mit aufgegangen (§ 35a Abs. 2 Satz 2 EStG).

VIII. Anrechnungsüberhang

52 Entsteht bei einem Steuerpflichtigen infolge der Inanspruchnahme der Steuerermäßigung nach § 35a EStG ein sog. Anrechnungsüberhang, kann der Steuerpflichtige weder die Festsetzung einer negativen Einkommensteuer in Höhe dieses Anrechnungsüberhangs noch die Feststellung einer rück- oder vortragsfähigen Steuerermäßigung beanspruchen (BFH, Urteil vom 29. 1. 2009, BStBl II S. 411).

IX. Anwendungsregelung

53 Dieses Schreiben ersetzt das BMF-Schreiben vom 26. 10. 2007 (BStBl I S. 783). Es ist ab dem Veranlagungszeitraum 2006 anzuwenden und ersetzt ab diesem Zeitraum die BMF-Schreiben vom 1. 11. 2004 (BStBl I S. 958) und vom 3. 11. 2006 (BStBl I S. 711). Für die Inanspruchnahme

Anhang 5
Haushaltsnahe Beschäftigungsverhältnisse

des § 35a Abs. 2 Satz 2 EStG im Veranlagungszeitraum 2006 ist erforderlich, dass sowohl die Erbringung der Leistung als auch die Bezahlung im Veranlagungszeitraum 2006 erfolgte (§ 52 Abs. 50b Satz 2 EStG).

Rdnrn. 15 bis 17 und 23 bis 26 sind in allen noch offenen Fällen ab dem Veranlagungszeitraum 2003 anzuwenden (Heimbewohner, Wohnungseigentümergemeinschaften, Mieter), soweit es um die Anwendung des § 35a Abs. 1 und Abs. 2 Satz 1 EStG a. F. geht. Für Kalenderjahre bis einschließlich 2006 kann abweichend von Rdnr. 36 Satz 1 der Anteil der steuerbegünstigten Arbeitskosten an den Aufwendungen im Schätzungswege ermittelt werden; in den Fällen der Rdnr. 42 Satz 2 zweiter Halbsatz und Satz 3 können die in Rechnungen des Jahres 2006 im Schätzungswege ermittelten Arbeitskosten auch im Veranlagungszeitraum 2007 geltend gemacht werden.

54

Anlagen[1])

– nicht abgedruckt –

---
1) Die Anlagen sind in der Datenbank der Lohnsteuer Handausgabe 2011 enthalten.

Allgemeine Verwaltungsvorschrift für die Betriebsprüfung
(Betriebsprüfungsordnung – BpO 2000)

vom 15. 3. 2000 (BStBl I S. 368)
zuletzt geändert durch die Allgemeine Verwaltungsvorschrift zur Änderung der Betriebsprüfungsordnung vom 20. 7. 2011 (BStBl I S. 710)
– Auszug –

I. Allgemeine Vorschriften

§ 1 Anwendungsbereich der Betriebsprüfungsordnung

(1) Diese Verwaltungsvorschrift gilt für Außenprüfungen der Landesfinanzbehörden und des Bundeszentralamtes für Steuern.

(2) Für besondere Außenprüfungen der Landesfinanzbehörden und des Bundeszentralamtes für Steuern (z. B. Lohnsteueraußenprüfung und Umsatzsteuersonderprüfung) sind die §§ 5 bis 12, 20 bis 24, 29 und 30 mit Ausnahme des § 5 Abs. 4 Satz 2 sinngemäß anzuwenden.

§ 2 Aufgaben der Betriebsprüfungsstellen

(1) Zweck der Außenprüfung ist die Ermittlung und Beurteilung der steuerlich bedeutsamen Sachverhalte, um die Gleichmäßigkeit der Besteuerung sicherzustellen (§§ 85, 199 Abs. 1 AO). Bei der Anordnung und Durchführung von Prüfungsmaßnahmen sind im Rahmen der Ermessensausübung die Grundsätze der Verhältnismäßigkeit der Mittel und des geringstmöglichen Eingriffs zu beachten.

(2) Den Betriebsprüfungsstellen können auch Außenprüfungen im Sinne des § 193 Abs. 2 AO, Sonderprüfungen sowie andere Tätigkeiten mit Prüfungscharakter, zum Beispiel Liquiditätsprüfungen, übertragen werden; dies gilt nicht für Steuerfahndungsprüfungen.

(3) Die Finanzbehörde entscheidet nach pflichtgemäßem Ermessen, ob und wann eine Außenprüfung durchgeführt wird. Dies gilt auch, wenn der Steuerpflichtige eine baldige Außenprüfung begehrt.

§ 3 Größenklassen

Steuerpflichtige, die der Außenprüfung unterliegen, werden in die Größenklassen
- Großbetriebe (G)
- Mittelbetriebe (M)
- Kleinbetriebe (K) und
- Kleinstbetriebe (Kst)

eingeordnet. Der Stichtag, der maßgebende Besteuerungszeitraum und die Merkmale für diese Einordnung werden jeweils von den obersten Finanzbehörden der Länder im Benehmen mit dem Bundesministerium der Finanzen festgelegt.

II. Durchführung der Außenprüfung

§ 4 Umfang der Außenprüfung

(1) Die Finanzbehörde bestimmt den Umfang der Außenprüfung nach pflichtgemäßem Ermessen.

(2) Bei Großbetrieben und Unternehmen im Sinne der §§ 13 und 19 soll der Prüfungszeitraum an den vorhergehenden Prüfungszeitraum anschließen. Eine Anschlussprüfung ist auch in den Fällen des § 18 möglich.

(3) Bei anderen Betrieben soll der Prüfungszeitraum in der Regel nicht mehr als drei zusammenhängende Besteuerungszeiträume umfassen. Der Prüfungszeitraum kann insbesondere drei Besteuerungszeiträume übersteigen, wenn mit nicht unerheblichen Änderungen der Besteuerungsgrundlagen zu rechnen ist oder wenn der Verdacht einer Steuerstraftat oder einer Steuerordnungswidrigkeit besteht. Anschlussprüfungen sind zulässig.

(4) Für die Entscheidung, ob ein Betrieb nach Absatz 2 oder Absatz 3 geprüft wird, ist grundsätzlich die Größenklasse maßgebend, in die der Betrieb im Zeitpunkt der Bekanntgabe der Prüfungsanordnung eingeordnet ist.

(5) Hält die Finanzbehörde eine umfassende Ermittlung der steuerlichen Verhältnisse im Einzelfall nicht für erforderlich, kann sie eine abgekürzte Außenprüfung (§ 203 AO) durchführen. Diese beschränkt sich auf die Prüfung einzelner Besteuerungsgrundlagen eines Besteuerungszeitraums oder mehrere Besteuerungszeiträume.

§ 4a Zeitnahe Betriebsprüfung

(1) Die Finanzbehörde kann Steuerpflichtige unter den Voraussetzungen des Absatzes 2 für eine zeitnahe Betriebsprüfung auswählen. Eine Betriebsprüfung ist zeitnah, wenn der Prüfungszeitraum einen oder mehrere gegenwartsnahe Besteuerungszeiträume umfasst.

(2) Grundlage zeitnaher Betriebsprüfungen sind die Steuererklärungen im Sinne des § 150 der Abgabenordnung der zu prüfenden Besteuerungszeiträume (Absatz 1 Satz 2). Zur Sicherstellung der Mitwirkungsrechte des Bundeszentralamtes für Steuern ist der von der Finanzbehörde ausgewählte Steuerpflichtige dem Bundeszentralamt für Steuern abweichend von der Frist des § 21 Absatz 1 Satz 1 unverzüglich zu benennen.

(3) Über das Ergebnis der zeitnahen Betriebsprüfung ist ein Prüfungsbericht oder eine Mitteilung über die ergebnislose Prüfung anzufertigen (§ 202 der Abgabenordnung).

§ 5 Anordnung der Außenprüfung

(1) Die für die Besteuerung zuständige Finanzbehörde ordnet die Außenprüfung an. Die Befugnis zur Anordnung kann auch der beauftragten Finanzbehörde übertragen werden.

(2) Die Prüfungsanordnung hat die Rechtsgrundlage der Außenprüfung, die zu prüfenden Steuerarten, Steuervergütungen, Prämien, Zulagen, gegebenenfalls zu prüfende bestimmte Sachverhalte sowie den Prüfungszeitraum zu enthalten. Ihr sind Hinweise auf die wesentliche Rechte und Pflichten des Steuerpflichtigen bei der Außenprüfung beizufügen. Die Mitteilung über den voraussichtlichen Beginn und die Festlegung des Ortes der Außenprüfung kann mit der Prüfungsanordnung verbunden werden. Handelt es sich um eine abgekürzte Außenprüfung nach § 203 AO, ist die Prüfungsanordnung um diese Rechtsgrundlage zu ergänzen. Soll der Umfang einer Außenprüfung nachträglich erweitert werden, ist eine ergänzende Prüfungsanordnung zu erlassen.

(3) Der Name des Betriebsprüfers, eines Betriebsprüfungshelfers und andere prüfungsleitende Bestimmungen können in die Prüfungsanordnung aufgenommen werden.

(4) Die Prüfungsanordnung und die Mitteilungen nach den Absätzen 2 und 3 sind dem Steuerpflichtigen angemessene Zeit vor Beginn der Prüfung bekanntzugeben, wenn der Prüfungszweck dadurch nicht gefährdet wird. In der Regel sind bei Großbetrieben 4 Wochen und in anderen Fällen 2 Wochen angemessen.

(5) Wird beantragt, den Prüfungsbeginn zu verlegen, können als wichtige Gründe zum Beispiel Erkrankung des Steuerpflichtigen, seines steuerlichen Beraters oder eines für Auskünfte maßgeblichen Betriebsangehörigen, beträchtliche Betriebsstörungen durch Umbau oder höhere Gewalt anerkannt werden. Dem Antrag des Steuerpflichtigen kann auch unter Auflage, zum Beispiel Erledigung von Vorbereitungsarbeiten für die Prüfung, stattgegeben werden.

(6) Werden die steuerlichen Verhältnisse von Gesellschaftern und Mitgliedern sowie von Mitgliedern der Überwachungsorgane in die Außenprüfung einbezogen, so ist für jeden Beteiligten eine Prüfungsanordnung unter Beachtung der Voraussetzungen des § 193 AO zu erteilen.

§ 6 Ort der Außenprüfung

Die Außenprüfung ist in den Geschäftsräumen des Steuerpflichtigen durchzuführen. Ist ein geeigneter Geschäftsraum nachweislich nicht vorhanden und kann die Außenprüfung nicht in den Wohnräumen des Steuerpflichtigen stattfinden, ist an Amtsstelle zu prüfen (§ 200 Abs. 2 AO). Ein anderer Prüfungsort kommt nur ausnahmsweise in Betracht.

§ 7 Prüfungsgrundsätze

Die Außenprüfung ist auf das Wesentliche abzustellen. Ihre Dauer ist auf das notwendige Maß zu beschränken. Sie hat sich in erster Linie auf solche Sachverhalte zu erstrecken, die zu endgültigen *Steuerausfällen oder* Steuererstattungen oder -vergütungen oder zu nicht unbedeutenden Gewinnverlagerungen führen können.

§ 8 Mitwirkungspflichten

(1) Der Steuerpflichtige ist zu Beginn der Prüfung darauf hinzuweisen, dass er Auskunftspersonen benennen kann. Ihre Namen sind aktenkundig zu machen. Die Auskunfts- und sonstigen Mitwirkungspflichten des Steuerpflichtigen erlöschen nicht mit der Benennung von Auskunftspersonen.

(2) Der Betriebsprüfer darf im Rahmen seiner Ermittlungsbefugnisse unter den Voraussetzungen des § 200 Abs. 1 Sätze 3 und 4 AO auch Betriebsangehörige um Auskunft ersuchen, die nicht als Auskunftspersonen benannt worden sind.

(3) Die Vorlage von Büchern, Aufzeichnungen, Geschäftspapieren und anderen Unterlagen, die nicht unmittelbar den Prüfungszeitraum betreffen, kann ohne Erweiterung des Prüfungszeitraums verlangt werden, wenn dies zur Feststellung von Sachverhalten des Prüfungszeitraums für erforderlich gehalten wird.

§ 9 Kontrollmitteilungen

Feststellungen, die nach § 194 Abs. 3 AO für die Besteuerung anderer Steuerpflichtiger ausgewertet werden können, sollen der zuständigen Finanzbehörde mitgeteilt werden. Kontrollmaterial über Auslandsbeziehungen ist auch dem Bundeszentralamt für Steuern zur Auswertung zu übersenden.

§ 10 Verdacht einer Steuerstraftat oder -ordnungswidrigkeit

(1) Ergeben sich während einer Außenprüfung zureichende tatsächliche Anhaltspunkte für eine Straftat (§ 152 Abs. 2 StPO), deren Ermittlung der Finanzbehörde obliegt, so ist die für die Bearbeitung dieser Straftat zuständige Stelle unverzüglich zu unterrichten. Dies gilt auch, wenn lediglich die Möglichkeit besteht, dass ein Strafverfahren durchgeführt werden muss. Richtet sich der Verdacht gegen den Steuerpflichtigen, dürfen hinsichtlich des Sachverhalts, auf den sich der Verdacht bezieht, die Ermittlungen (§ 194 AO) bei ihm erst fortgesetzt werden, wenn ihm die Einleitung des Strafverfahrens mitgeteilt worden ist. Der Steuerpflichtige ist dabei, soweit die Feststellungen auch für Zwecke des Strafverfahrens verwendet werden können, darüber zu belehren, dass seine Mitwirkung im Besteuerungsverfahren nicht mehr erzwungen werden kann (§ 393 Abs. 1 AO). Die Belehrung ist unter Angabe von Datum und Uhrzeit aktenkundig zu machen und auf Verlangen schriftlich zu bestätigen (§ 397 Abs. 2 AO).

(2) Absatz 1 gilt beim Verdacht einer Ordnungswidrigkeit sinngemäß.

§ 11 Schlussbesprechung

(1) Findet eine Schlussbesprechung statt, so sind die Besprechungspunkte und der Termin der Schlussbesprechung dem Steuerpflichtigen angemessene Zeit vor der Besprechung bekannt zu geben. Diese Bekanntgabe bedarf nicht der Schriftform.

(2) Hinweise nach § 201 Abs. 2 AO sind aktenkundig zu machen.

§ 12 Prüfungsbericht und Auswertung der Prüfungsfeststellungen

(1) Wenn zu einem Sachverhalt mit einem Rechtsbehelf oder mit einem Antrag auf verbindliche Zusage zu rechnen ist, soll der Sachverhalt umfassend im Prüfungsbericht dargestellt werden.

(2) Ist bei der Auswertung des Prüfungsberichts oder im Rechtsbehelfsverfahren beabsichtigt, von den Feststellungen der Außenprüfung abzuweichen, so ist der Betriebsprüfungsstelle Gelegenheit zur Stellungnahme zu geben. Dies gilt auch für die Erörterung des Sach- und Rechtsstandes gemäß § 364a AO. Bei wesentlichen Abweichungen zuungunsten des Steuerpflichtigen soll auch diesem Gelegenheit gegeben werden, sich hierzu zu äußern.

(3) In dem durch die Prüfungsordnung vorgegebenen Rahmen muss die Außenprüfung entweder durch Steuerfestsetzung oder durch Mitteilung über eine ergebnislose Prüfung abgeschlossen werden.

IV. Mitwirkung des Bundes an Außenprüfungen der Landesfinanzbehörden

§ 20 Art der Mitwirkung

(1) Das Bundeszentralamt für Steuern wirkt an Außenprüfungen der Landesfinanzbehörden durch Prüfungstätigkeit und Beteiligung an Besprechungen mit.

(2) Art und Umfang der Mitwirkung werden jeweils von den beteiligten Behörden im gegenseitigen Einvernehmen festgelegt.

(3) Die Landesfinanzbehörde bestimmt den für den Ablauf der Außenprüfung verantwortlichen Prüfer.

§ 21 Auswahl der Betriebe und Unterrichtung über die vorgesehene Mitwirkung

(1) Die Landesfinanzbehörden stellen dem Bundeszentralamt für Steuern die Prüfungsgeschäftspläne für Großbetriebe spätestens 10 Tage vor dem Beginn des Zeitraums, für den sie aufgestellt worden sind, zur Verfügung. Betriebe, bei deren Prüfung eine Mitwirkung des Bundeszentralamtes für Steuern von den Landesfinanzbehörden für zweckmäßig gehalten wird, sollen

kenntlich gemacht werden. Das Bundeszentralamt für Steuern teilt den Landesfinanzbehörden unverzüglich die Betriebe mit, an deren Prüfung es mitwirken will.

(2) Sobald die Landesfinanzbehörde den Prüfungsbeginn mitgeteilt hat, wird sie vom Bundeszentralamt für Steuern über die vorgesehene Mitwirkung unterrichtet.

§ 22 Mitwirkung durch Prüfungstätigkeit

(1) Wirkt das Bundeszentralamt für Steuern durch Prüfungstätigkeit mit, so hat der Bundesbetriebsprüfer regelmäßig in sich geschlossene Prüfungsfelder zu übernehmen und diesen Teil des Prüfungsberichts zu entwerfen. Der Prüfungsstoff wird im gegenseitigen Einvernehmen auf die beteiligten Betriebsprüfer aufgeteilt.

(2) Hat das Bundeszentralamt für Steuern an einer Außenprüfung mitgewirkt, so erhält es eine Ausfertigung des Prüfungsberichts.

§ 23 (weggefallen)

§ 24 Verfahren bei Meinungsverschiedenheiten zwischen dem Bundeszentralamt für Steuern und der Landesfinanzbehörde

Soweit Meinungsverschiedenheiten, die sich bei der Mitwirkung an Außenprüfungen zwischen dem Bundeszentralamt für Steuern und der Landesfinanzbehörde ergeben, von den Beteiligten nicht ausgeräumt werden können, ist den obersten Finanzbehörden des Bundes und des Landes zu berichten und die Entscheidung abzuwarten.

§ 29 Prüferausweis

Für Sachgebietsleiter für Betriebsprüfung und Betriebsprüfer ist jeweils ein Ausweis auszustellen. Der Ausweis hat zu enthalten:
1. die Bezeichnung der ausstellenden Landesfinanzverwaltung oder der ausstellenden Finanzbehörde
2. das Lichtbild des Inhabers
3. den Vor- und Familiennamen
4. die laufende Nummer
5. die Gültigkeitsdauer und
6. die Befugnisse des Inhabers.

§ 30 Prüferbesprechungen

Die Sachgebietsleiter für Betriebsprüfung sollen mit den Prüfern ihrer Sachgebiete, die zuständigen vorgesetzten Finanzbehörden mit den Sachgebietsleitern für Betriebsprüfung oder mit den Betriebsprüfern ihrer Oberfinanzbezirke regelmäßig Zweifelsfragen aus der Prüfungstätigkeit erörtern, sie über neuere Rechtsprechung und neueres Schrifttum unterrichten sowie Richtlinien und Anregungen für ihre Arbeit geben.

IX. Inkrafttreten

§ 39 Inkrafttreten

Diese allgemeine Verwaltungsvorschrift tritt am Tage nach der Veröffentlichung im Bundesanzeiger in Kraft. Gleichzeitig tritt die Allgemeine Verwaltungsvorschrift für die Betriebsprüfung – Betriebsprüfungsordnung – vom 17. Dezember 1987 (BAnz. Nr. 241a vom 24. Dezember 1987) außer Kraft.

Lohnsteuer-Durchführungsverordnung 1990 (LStDV 1990)

vom 10. 10. 1989 (BGBl. I S. 1848, BStBl I S. 405)

zuletzt geändert durch **Artikel 3 des Gesetzes zur Umsetzung der Beitreibungsrichtlinie sowie zur Änderung steuerlicher Vorschriften (Beitreibungsrichtlinie-Umsetzungsgesetzes – BeitrRLUmsG) vom 7. 12. 2011 (BGBl. I S. 2592, BStBl I S. 1171)**[1)]

§ 1 Arbeitnehmer, Arbeitgeber

(1) ¹Arbeitnehmer sind Personen, die in öffentlichem oder privatem Dienst angestellt oder beschäftigt sind oder waren und die aus diesem Dienstverhältnis oder einem früheren Dienstverhältnis Arbeitslohn beziehen. ²Arbeitnehmer sind auch die Rechtsnachfolger dieser Personen, soweit sie Arbeitslohn aus dem früheren Dienstverhältnis ihres Rechtsvorgängers beziehen.

(2) ¹Ein Dienstverhältnis (Absatz 1) liegt vor, wenn der Angestellte (Beschäftigte) dem Arbeitgeber (öffentliche Körperschaft, Unternehmer, Haushaltsvorstand) seine Arbeitskraft schuldet. ²Dies ist der Fall, wenn die tätige Person in der Betätigung ihres geschäftlichen Willens unter der Leitung des Arbeitgebers steht oder im geschäftlichen Organismus des Arbeitgebers dessen Weisungen zu folgen verpflichtet ist.

(3) Arbeitnehmer ist nicht, wer Lieferungen und sonstige Leistungen innerhalb der von ihm selbständig ausgeübten gewerblichen oder beruflichen Tätigkeit im Inland gegen Entgelt ausführt, soweit es sich um die Entgelte für diese Lieferungen und sonstigen Leistungen handelt.

§ 2 Arbeitslohn

(1) Arbeitslohn sind alle Einnahmen, die dem Arbeitnehmer aus dem Dienstverhältnis zufließen. Es ist unerheblich, unter welcher Bezeichnung oder in welcher Form die Einnahmen gewährt werden.

(2) Zum Arbeitslohn gehören auch

1. Einnahmen im Hinblick auf ein künftiges Dienstverhältnis;
2. Einnahmen aus einem früheren Dienstverhältnis, unabhängig davon, ob sie dem zunächst Bezugsberechtigten oder seinem Rechtsnachfolger zufließen. Bezüge, die ganz oder teilweise auf früheren Beitragsleistungen des Bezugsberechtigten oder seines Rechtsvorgängers beruhen, gehören nicht zum Arbeitslohn, es sei denn, daß die Beitragsleistungen Werbungskosten gewesen sind;
3. Ausgaben, die ein Arbeitgeber leistet, um einen Arbeitnehmer oder diesem nahestehende Personen für den Fall der Krankheit, des Unfalls, der Invalidität, des Alters oder des Todes abzusichern (Zukunftssicherung). Voraussetzung ist, daß der Arbeitnehmer der Zukunftssicherung ausdrücklich oder stillschweigend zustimmt. Ist bei einer Zukunftssicherung für mehrere Arbeitnehmer oder diesen nahestehende Personen in Form einer Gruppenversicherung oder Pauschalversicherung der für den einzelnen Arbeitnehmer geleistete Teil der Ausgaben nicht in anderer Weise zu ermitteln, so sind die Ausgaben nach der Zahl der gesicherten Arbeitnehmer auf diese aufzuteilen. Nicht zum Arbeitslohn gehören Ausgaben, die nur dazu dienen, dem Arbeitgeber die Mittel zur Leistung einer dem Arbeitnehmer zugesagten Versorgung zu verschaffen;
4. Entschädigungen, die dem Arbeitnehmer oder seinem Rechtsnachfolger als Ersatz für entgangenen oder entgehenden Arbeitslohn oder für die Aufgabe oder Nichtausübung einer Tätigkeit gewährt werden;
5. besondere Zuwendungen, die auf Grund des Dienstverhältnisses oder eines früheren Dienstverhältnisses gewährt werden, zum Beispiel Zuschüsse im Krankheitsfall;
6. besondere Entlohnungen für Dienste, die über die regelmäßige Arbeitszeit hinaus geleistet werden, wie Entlohnung für Überstunden, Überschichten, Sonntagsarbeit;
7. Lohnzuschläge, die wegen der Besonderheit der Arbeit gewährt werden;
8. Entschädigungen für Nebenämter und Nebenbeschäftigungen im Rahmen eines Dienstverhältnisses.

§ 3

(weggefallen)

[1)] Zuletzt geändert durch Artikel 5 des Gesetzes zur Änderung und Vereinfachung der Unternehmensbesteuerung und des steuerlichen Reisekostenrechts vom 20. 2. 2013 (BGBl. I S. 285).

Anhang 7
LStDV

§ 4 Lohnkonto

(1) Der Arbeitgeber hat im Lohnkonto des Arbeitnehmers Folgendes aufzuzeichnen: [1]
1. den Vornamen, den Familiennamen, den **Tag der Geburt**, den Wohnort, die Wohnung, sowie die **in einer ausgestellten Bescheinigung für den Lohnsteuerabzug** eingetragenen allgemeinen Besteuerungsmerkmale. Ändern sich im Laufe des Jahres **die** in einer Bescheinigung **für den Lohnsteuerabzug eingetragenen allgemeinen** Besteuerungsmerkmale, so ist auch der Zeitpunkt anzugeben, von dem an die **Änderungen gelten**;
2. den Jahresfreibetrag oder **den** Jahreshinzurechnungsbetrag sowie den Monatsbetrag, Wochenbetrag oder Tagesbetrag, der in einer **vom Finanzamt ausgestellten** Bescheinigung **für den Lohnsteuerabzug** eingetragen ist, und den Zeitraum, für den die **Eintragungen gelten**;
3. bei einem Arbeitnehmer, der dem Arbeitgeber eine Bescheinigung nach § 39b Abs. 6 des Einkommensteuergesetzes **in der am 31. Dezember 2010 geltenden Fassung** (Freistellungsbescheinigung) vorgelegt hat, einen Hinweis darauf, daß eine Bescheinigung vorliegt, den Zeitraum, für den die Lohnsteuerbefreiung gilt, das Finanzamt, das die Bescheinigung ausgestellt hat, und den Tag der Ausstellung; [2]
4. in den Fällen des § 19 Abs. 2 des Einkommensteuergesetzes die für die zutreffende Berechnung des Versorgungsfreibetrags und des Zuschlags zum Versorgungsfreibetrag erforderlichen Angaben.

(2) Bei jeder Lohnabrechnung ist im Lohnkonto folgendes aufzuzeichnen:
1. der Tag der Lohnzahlung und der Lohnzahlungszeitraum;
2. in den Fällen des § 41 Absatz 1 Satz 5 des Einkommensteuergesetzes jeweils der Großbuchstabe U;
3. der Arbeitslohn, getrennt nach Barlohn und Sachbezügen, und die davon einbehaltene Lohnsteuer. Dabei sind die Sachbezüge einzeln zu bezeichnen und – unter Angabe des Abgabetags oder bei laufenden Sachbezügen des Abgabezeitraums, des Abgabeorts und des Entgelts – mit dem nach § 8 Abs. 2 des Einkommensteuergesetzes maßgebenden und um das Entgelt geminderten Wert zu erfassen. Sachbezüge im Sinne des § 8 Abs. 3 des Einkommensteuergesetzes und Versorgungsbezüge sind jeweils als solche kenntlich zu machen und ohne Kürzung um Freibeträge nach § 8 Abs. 3 oder § 19 Abs. 2 des Einkommensteuergesetzes einzutragen. Trägt der Arbeitgeber im Falle der Nettolohnzahlung die auf den Arbeitslohn entfallende Steuer selbst, ist in jedem Fall der Bruttoarbeitslohn einzutragen, die nach den Nummern 4 bis 8 gesondert aufzuzeichnenden Beträge sind nicht mitzuzählen;
4. steuerfreie Bezüge mit Ausnahme der Vorteile im Sinne des § 3 Nr. 5 des Einkommensteuergesetzes und der Trinkgelder. Das Betriebsstättenfinanzamt kann zulassen, daß auch andere nach § 3 des Einkommensteuergesetzes steuerfreie Bezüge nicht angegeben werden, wenn es sich um Fälle von geringer Bedeutung handelt oder wenn die Möglichkeit zur Nachprüfung in anderer Weise sichergestellt ist;
5. Bezüge, die nach einem Abkommen zur Vermeidung der Doppelbesteuerung oder unter Progressionsvorbehalt nach § 34c Abs. 5 des Einkommensteuergesetzes von der Lohnsteuer freigestellt sind;
6. außerordentliche Einkünfte im Sinne des § 34 Abs. 1 und Abs. 2 Nr. 2 und 4 des Einkommensteuergesetzes und die davon nach § 39b Abs. 3 Satz 9 des Einkommensteuergesetzes einbehaltene Lohnsteuer;
7. (weggefallen)
8. Bezüge, die nach den §§ 40 bis 40b des Einkommensteuergesetzes pauschal besteuert worden sind, und die darauf entfallende Lohnsteuer. Lassen sich in den Fällen des § 40 Absatz 1 Satz 1 Nummer 2 und Absatz 2 des Einkommensteuergesetzes die auf den einzelnen Arbeitnehmer entfallenden Beträge nicht ohne weiteres ermitteln, so sind sie in einem Sammelkonto anzuschreiben. Das Sammelkonto muß die folgenden Angaben enthalten: Tag der Zahlung, Zahl der bedachten Arbeitnehmer, Summe der insgesamt gezahlten Bezüge, Höhe der Lohnsteuer sowie Hinweise auf die als Belege zum Sammelkonto aufzubewahrenden Unterlagen, insbesondere Zahlungsnachweise, Bestätigung des Finanzamts über die Zulassung der Lohnsteuerpauschalierung. In den Fällen des § 40a des Einkommensteuergesetzes genügt es, wenn der Arbeitgeber Aufzeichnungen führt, aus denen sich für die einzelnen Arbeitnehmer Name und Anschrift, Dauer der Beschäftigung, Tag der Zahlung, Höhe des Arbeitslohns und in den Fällen des § 40a Abs. 3 des Einkommensteuergesetzes auch die Art der Beschäftigung ergeben. Sind in den Fällen der Sätze 3 und 4 Bezüge nicht mit dem ermäßigten Kirchensteuersatz besteuert worden, so ist zusätzlich der fehlende Kirchensteuerabzug aufzuzeichnen

---

[1] § 4 Abs. 1 Nr. 1 und 2 LStDV 1990 wurden durch das BeitrRLUmsG vom 7. 12. 2011 (BGBl. I S. 2592) ab 1. 1. 2012 neu gefasst.
[2] § 4 Abs. 1 Nr. 3 LStDV 1990 wurde durch das BeitrRLUmsG vom 7. 12. 2011 (BGBl. I S. 2592) ab 1. 1. 2012 geändert.

und auf die als Beleg aufzubewahrende Unterlage hinzuweisen, aus der hervorgeht, daß der Arbeitnehmer keiner Religionsgemeinschaft angehört, für die die Kirchensteuer von den Finanzbehörden erhoben wird.

¹⁾ (3) Das Betriebsstättenfinanzamt kann bei Arbeitgebern, die für die Lohnabrechnung ein maschinelles Verfahren anwenden, Ausnahmen von den Vorschriften der Absätze 1 und 2 zulassen, wenn die Möglichkeit zur Nachprüfung in anderer Weise sichergestellt ist. Das Betriebsstättenfinanzamt soll zulassen, daß Sachbezüge im Sinne des § 8 Abs. 2 Satz 9 und Abs. 3 des Einkommensteuergesetzes für solche Arbeitnehmer nicht aufzuzeichnen sind, für die durch betriebliche Regelungen und entsprechende Überwachungsmaßnahmen gewährleistet ist, daß die in § 8 Abs. 2 Satz 9 oder Abs. 3 des Einkommensteuergesetzes genannten Beträge nicht überschritten werden.

(4) In den Fällen des § 38 Abs. 3a des Einkommensteuergesetzes ist ein Lohnkonto vom Dritten zu führen. In den Fällen des § 38 Abs. 3a Satz 2 ist der Arbeitgeber anzugeben und auch der Arbeitslohn einzutragen, der nicht vom Dritten, sondern vom Arbeitgeber selbst gezahlt wird. In den Fällen des § 38 Abs. 3a Satz 7 ist der Arbeitslohn für jedes Dienstverhältnis gesondert aufzuzeichnen.

§ 5 Besondere Aufzeichnungs- und Mitteilungspflichten im Rahmen der betrieblichen Altersversorgung

(1) Der Arbeitgeber hat bei Durchführung einer kapitalgedeckten betrieblichen Altersversorgung über einen Pensionsfonds, eine Pensionskasse oder eine Direktversicherung ergänzend zu den in § 4 Abs. 2 Nr. 4 und 8 angeführten Aufzeichnungspflichten gesondert je Versorgungszusage und Arbeitnehmer Folgendes aufzuzeichnen:

1. bei Inanspruchnahme der Steuerbefreiung nach § 3 Nr. 63 Satz 3 des Einkommensteuergesetzes den Zeitpunkt der Erteilung, den Zeitpunkt der Übertragung nach dem „Abkommen zur Übertragung von Direktversicherungen oder Versicherungen in eine Pensionskasse bei Arbeitgeberwechsel" oder nach vergleichbaren Regelungen zur Übertragung von Versicherungen in Pensionskassen oder Pensionsfonds, bei der Änderung einer vor dem 1. Januar 2005 erteilten Versorgungszusage alle Änderungen der Zusage nach dem 31. Dezember 2004;

2. bei Anwendung des § 40b des Einkommensteuergesetzes in der am 31. Dezember 2004 geltenden Fassung den Inhalt der am 31. Dezember 2004 bestehenden Versorgungszusagen, sowie im Fall des § 52 Abs. 6 Satz 1 des Einkommensteuergesetzes die erforderliche Verzichtserklärung und bei der Übernahme einer Versorgungszusage nach § 4 Abs. 2 Nr. 1 des Betriebsrentengesetzes vom 19. Dezember 1974 (BGBl. I S. 3610), das zuletzt durch Artikel 2 des Gesetzes vom 29. August 2005 (BGBl. I S. 2546) geändert worden ist, in der jeweils geltenden Fassung oder bei Übertragung nach dem „Abkommen zur Übertragung von Direktversicherungen oder Versicherungen in eine Pensionskasse bei Arbeitgeberwechsel" oder nach vergleichbaren Regelungen zur Übertragung von Versicherungen in Pensionskassen oder Pensionsfonds im Falle einer vor dem 1. Januar 2005 erteilten Versorgungszusage zusätzlich die Erklärung des ehemaligen Arbeitgebers, dass diese Versorgungszusage vor dem 1. Januar 2005 erteilt und dass diese bis zur Übernahme nicht als Versorgungszusage im Sinne des § 3 Nr. 63 Satz 3 des Einkommensteuergesetzes behandelt wurde.

(2) ¹Der Arbeitgeber hat der Versorgungseinrichtung (Pensionsfonds, Pensionskasse, Direktversicherung), die für ihn die betriebliche Altersversorgung durchführt, spätestens zwei Monate nach Ablauf des Kalenderjahres oder nach Beendigung des Dienstverhältnisses im Laufe des Kalenderjahres gesondert je Versorgungszusage die für den einzelnen Arbeitnehmer geleisteten und

1. nach § 3 Nr. 56 und 63 des Einkommensteuergesetzes steuerfrei belassenen,

2. nach § 40b des Einkommensteuergesetzes in der am 31. Dezember 2004 geltenden Fassung pauschal besteuerten oder

3. individuell besteuerten

Beiträge mitzuteilen. ²Ferner hat der Arbeitgeber oder die Unterstützungskasse die nach § 3 Nr. 66 des Einkommensteuergesetzes steuerfrei belassenen Leistungen mitzuteilen. ³Die Mitteilungspflicht des Arbeitgebers oder der Unterstützungskasse kann durch einen Auftragnehmer wahrgenommen werden.

---

¹⁾ In Absatz 3 Satz 2 werden ab 1. 1. 2014 durch das Gesetz zur Änderung und Vereinfachung der Unternehmensbesteuerung und des steuerlichen Reisekostenrechts vom 20. 2. 2013 (BGBl. I S. 285) die Wörter „§ 8 Abs. 2 Satz 9 und Abs. 3" durch die Wörter „§ 8 Absatz 2 Satz 11 und Absatz 3" und die Wörter „§ 8 Abs. 2 Satz 9 oder Abs. 3" durch die Wörter „§ 8 Absatz 2 Satz 11 oder Absatz 3" ersetzt.

(3) ¹Eine Mitteilung nach Absatz 2 kann unterbleiben, wenn die Versorgungseinrichtung die steuerliche Behandlung der für den einzelnen Arbeitnehmer im Kalenderjahr geleisteten Beiträge bereits kennt oder aus den bei ihr vorhandenen Daten feststellen kann, und dieser Umstand dem Arbeitgeber mitgeteilt worden ist. ²Unterbleibt die Mitteilung des Arbeitgebers, ohne dass ihm eine entsprechende Mitteilung der Versorgungseinrichtung vorliegt, so hat die Versorgungseinrichtung davon auszugehen, dass es sich insgesamt bis zu den in § 3 Nr. 56 oder 63 des Einkommensteuergesetzes genannten Höchstbeträgen um steuerbegünstigte Beiträge handelt, die in der Auszahlungsphase als Leistungen im Sinne von § 22 Nr. 5 Satz 1 des Einkommensteuergesetzes zu besteuern sind.

§§ 6–7
(weggefallen)

§ 8 Anwendungszeitraum

(1) Die Vorschriften dieser Verordnung in der Fassung des Artikels 2 des Gesetzes vom 13. Dezember 2006 (BGBl. I S. 2878) sind erstmals anzuwenden auf laufenden Arbeitslohn, der für einen nach dem 31. Dezember 2006 endenden Lohnzahlungszeitraum gezahlt wird und auf sonstige Bezüge, die nach dem 31. Dezember 2006 zufließen.

(2) § 6 Abs. 3 und 4 sowie § 7 in der am 31. Dezember 2001 geltenden Fassung sind weiter anzuwenden im Falle einer schädlichen Verfügung vor dem 1. Januar 2002. Die Nachversteuerung nach § 7 Abs. 1 Satz 1 unterbleibt, wenn der nachzufordernde Betrag 10 Euro nicht übersteigt.

Anhang 8

Umzugskosten

Übersicht

I. Bundesumzugskostengesetz (BUKG)
II. Verwaltungsvorschrift zum Bundesumzugskostengesetz (BUKGVwV)
III. Auslandsumzugskostenverordnung (AUV)
IV. Steuerliche Anerkennung von Umzugskosten nach R 9.9 Absatz 2 LStR 2011;
Änderung der maßgebenden Beträge für umzugsbedingte Unterrichtskosten und sonstige Umzugsauslagen ab 1. Januar 2012

I.
Gesetz über die Umzugskostenvergütung für die Bundesbeamten, Richter im Bundesdienst und Soldaten
(Bundesumzugskostengesetz – BUKG)

vom 11. 12. 1990 (BGBl. I S. 2682)
zuletzt geändert durch Artikel 15 Abs. 42 des Gesetzes
zur Neuordnung und Modernisierung des Bundesdienstrechts
(Dienstrechtsneuordnungsgesetz – DNeuG) vom 5. 2. 2009 (BGBl. I S. 160)

§ 1 Anwendungsbereich

(1) Dieses Gesetz regelt Art und Umfang der Erstattung von Auslagen aus Anlaß der in den §§ 3 und 4 bezeichneten Umzüge und der in § 12 genannten Maßnahmen. Berechtigte sind:

1. Bundesbeamte und in den Bundesdienst abgeordnete Beamte,
2. Richter im Bundesdienst und in den Bundesdienst abgeordnete Richter,
3. Berufssoldaten und Soldaten auf Zeit,
4. Beamte und Richter (Nummern 1 und 2) und Berufssoldaten im Ruhestand,
5. frühere Beamte und Richter (Nummern 1 und 2) und Berufssoldaten, die wegen Dienstunfähigkeit oder Erreichen der Altersgrenze entlassen worden sind,
6. Hinterbliebene der in den Nummern 1 bis 5 bezeichneten Personen.

(2) Hinterbliebene sind der Ehegatte, Lebenspartner, Verwandte bis zum vierten Grade, Verschwägerte bis zum zweiten Grade, Pflegekinder und Pflegeeltern, wenn diese Personen zur Zeit des Todes zur häuslichen Gemeinschaft des Verstorbenen gehört haben.

(3) Eine häusliche Gemeinschaft im Sinne dieses Gesetzes setzt ein Zusammenleben in gemeinsamer Wohnung oder in enger Betreuungsgemeinschaft in demselben Hause voraus.

§ 2 Anspruch auf Umzugskostenvergütung

(1) Voraussetzung für den Anspruch auf Umzugskostenvergütung ist die schriftliche oder elektronische Zusage. Sie soll gleichzeitig mit der den Umzug veranlassenden Maßnahme erteilt werden. In den Fällen des § 4 Abs. 3 muß die Umzugskostenvergütung vor dem Umzug zugesagt werden.

(2) Die Umzugskostenvergütung wird nach Beendigung des Umzuges gewährt. Sie ist innerhalb einer Ausschlußfrist von einem Jahr bei der Beschäftigungsbehörde, in den Fällen des § 4 Abs. 3 bei der letzten Beschäftigungsbehörde, schriftlich oder elektronisch zu beantragen. Die Frist beginnt mit dem Tage nach Beendigung des Umzuges, in den Fällen des § 11 Abs. 3 Satz 1 mit der Bekanntgabe des Widerrufs.

(3) Umzugskostenvergütung wird nicht gewährt, wenn nicht innerhalb von fünf Jahren nach Wirksamwerden der Zusage der Umzugskostenvergütung umgezogen wird. Die oberste Dienstbehörde kann diese Frist in besonders begründeten Ausnahmefällen um längstens zwei Jahre verlängern. § 4 Abs. 3 Satz 2 bleibt unberührt.

§ 3 Zusage der Umzugskostenvergütung

(1) Die Umzugskostenvergütung ist zuzusagen für Umzüge

1. aus Anlaß der Versetzung aus dienstlichen Gründen an einen anderen Ort als den bisherigen Dienstort, es sei denn, daß
    a) mit einer baldigen weiteren Versetzung an einen anderen Dienstort zu rechnen ist,
    b) der Umzug aus besonderen Gründen nicht durchgeführt werden soll,
    c) die Wohnung auf einer üblicherweise befahrenen Strecke weniger als 30 Kilometer von der neuen Dienststätte entfernt ist oder im neuen Dienstort liegt (Einzugsgebiet) oder

d) der Berechtigte auf die Zusage der Umzugskostenvergütung unwiderruflich verzichtet und dienstliche Gründe den Umzug nicht erfordern,
2. auf Anweisung des Dienstvorgesetzten, die Wohnung innerhalb bestimmter Entfernung von der Dienststelle zu nehmen oder eine Dienstwohnung zu beziehen,
3. aus Anlaß der Räumung einer Dienstwohnung auf dienstliche Weisung,
4. aus Anlaß der Aufhebung einer Versetzung nach einem Umzug mit Zusage der Umzugskostenvergütung.

(2) Absatz 1 Nr. 1 gilt entsprechend für Umzüge aus Anlaß
1. der Verlegung der Beschäftigungsbehörde,
2. der nicht nur vorübergehenden Zuteilung aus dienstlichen Gründen zu einem anderen Teil der Beschäftigungsbehörde,
3. der Übertragung eines anderen Richteramtes nach § 32 Abs. 2 des Deutschen Richtergesetzes oder eines weiteren Richteramtes nach § 27 Abs. 2 des vorgenannten Gesetzes.

§ 4 Zusage der Umzugskostenvergütung in besonderen Fällen

(1) Die Umzugskostenvergütung kann in entsprechender Anwendung des § 3 Abs. 1 Nr. 1 zugesagt werden für Umzüge aus Anlaß
1. der Einstellung,
2. der Abordnung oder Kommandierung,
3. der vorübergehenden Zuteilung aus dienstlichen Gründen zu einem anderen Teil der Beschäftigungsbehörde,
4. der vorübergehenden dienstlichen Tätigkeit bei einer anderen Stelle als einer Dienststelle.

(2) Die Umzugskostenvergütung kann ferner zugesagt werden für Umzüge aus Anlaß
1. der Aufhebung oder Beendigung einer Maßnahme nach Absatz 1 Nr. 2 bis 4 nach einem Umzug mit Zusage der Umzugskostenvergütung,
2. der Räumung einer bundeseigenen oder im Besetzungsrecht des Bundes stehenden Mietwohnung, wenn sie auf Veranlassung der obersten Dienstbehörde oder der von ihr ermächtigten Behörde im dienstlichen Interesse geräumt werden soll,
3. einer Versetzung oder eines Wohnungswechsels wegen des Gesundheitszustandes des Berechtigten, des mit ihm in häuslicher Gemeinschaft lebenden Ehegatten oder Lebenspartners oder der mit ihm in häuslicher Gemeinschaft lebenden, beim Familienzuschlag nach dem Bundesbesoldungsgesetz berücksichtigungsfähigen Kinder, wobei die Notwendigkeit des Umzuges amts- oder vertrauensärztlich bescheinigt sein muß,
4. eines Wohnungswechsels, der notwendig ist, weil die Wohnung wegen der Zunahme der Zahl der zur häuslichen Gemeinschaft gehörenden, beim Familienzuschlag nach dem Bundesbesoldungsgesetz berücksichtigungsfähigen Kinder unzureichend geworden ist. Unzureichend ist eine Wohnung, wenn die Zimmerzahl der bisherigen Wohnung um mindestens zwei hinter der zustehenden Zimmerzahl zurückbleibt. Dabei darf für jede vor und nach dem Umzug zur häuslichen Gemeinschaft des Berechtigten gehörende Person (§ 6 Abs. 3 Satz 2 und 3) nur ein Zimmer zugebilligt werden.

(3) Die Umzugskostenvergütung kann ferner für Umzüge aus Anlaß der Beendigung des Dienstverhältnisses Berechtigten nach § 1 Abs. 1 Satz 2 Nr. 4 bis 6 zugesagt werden, wenn
1. ein Verbleiben an Grenzorten, kleineren abgelegenen Plätzen oder Inselorten nicht zumutbar ist oder
2. in den vorausgegangenen zehn Jahren mindestens ein Umzug mit Zusage der Umzugskostenvergütung an einen anderen Ort durchgeführt wurde.

Die Umzugskostenvergütung wird nur gewährt, wenn innerhalb von zwei Jahren nach Beendigung des Dienstverhältnisses umgezogen wird. Sie wird nicht gewährt, wenn das Dienstverhältnis aus Disziplinargründen oder zur Aufnahme einer anderen Tätigkeit beendet wurde.

(4) Der Abordnung nach Absatz 1 Nr. 2 stehen die Zuweisung nach § 29 des Bundesbeamtengesetzes oder nach § 20 Beamtenstatusgesetzes gleich.

§ 5 Umzugskostenvergütung

(1) Die Umzugskostenvergütung umfaßt
1. Beförderungsauslagen (§ 6),
2. Reisekosten (§ 7),
3. Mietentschädigung (§ 8),

4. andere Auslagen (§ 9),
5. Pauschvergütung für sonstige Umzugsauslagen (§ 10),
6. Auslagen nach § 11.

(2) Zuwendungen, die für denselben Umzug von einer anderen Dienst- oder Beschäftigungsstelle gewährt werden, sind auf die Umzugskostenvergütung insoweit anzurechnen, als für denselben Zweck Umzugskostenvergütung nach diesem Gesetz gewährt wird.

(3) Die aufgrund einer Zusage nach § 4 Abs. 1 Nr. 1 oder Abs. 2 Nr. 3 oder 4 gewährte Umzugskostenvergütung ist zurückzuzahlen, wenn der Berechtigte vor Ablauf von zwei Jahren nach Beendigung des Umzuges aus einem von ihm zu vertretenden Grunde aus dem Bundesdienst ausscheidet. Die oberste Dienstbehörde kann hiervon Ausnahmen zulassen, wenn der Berechtigte unmittelbar in ein Dienst- oder Beschäftigungsverhältnis zu einem anderen öffentlich-rechtlichen Dienstherrn im Geltungsbereich dieses Gesetzes oder zu einer in § 40 Abs. 6 Satz 2 und 3 des Bundesbesoldungsgesetzes bezeichneten Einrichtung übertritt.

§ 6 Beförderungsauslagen

(1) Die notwendigen Auslagen für das Befördern des Umzugsgutes von der bisherigen zur neuen Wohnung werden erstattet. Liegt die neue Wohnung im Ausland, so werden in den Fällen des § 3 Abs. 1 Nr. 3, § 4 Abs. 2 Nr. 2 und Abs. 3 Satz 1 die Beförderungsauslagen bis zum inländischen Grenzort erstattet.

(2) Auslagen für das Befördern von Umzugsgut, das sich außerhalb der bisherigen Wohnung befindet, werden höchstens insoweit erstattet, als sie beim Befördern mit dem übrigen Umzugsgut erstattungsfähig wären.

(3) Umzugsgut sind die Wohnungseinrichtung und in angemessenem Umfang andere bewegliche Gegenstände und Haustiere, die sich am Tage vor dem Einladen des Umzugsgutes im Eigentum, Besitz oder Gebrauch des Berechtigten oder anderer Personen befinden, die mit ihm in häuslicher Gemeinschaft leben. Andere Personen im Sinne des Satzes 1 sind der Ehegatte, der Lebenspartner sowie die ledigen Kinder, Stief- und Pflegekinder. Es gehören ferner dazu die nicht ledigen in Satz 2 genannten Kinder und Verwandte bis zum vierten Grade, Verschwägerte bis zum zweiten Grade und Pflegeeltern, wenn der Berechtigte diesen Personen aus gesetzlicher oder sittlicher Verpflichtung nicht nur vorübergehend Unterkunft und Unterhalt gewährt, sowie Hausangestellte und solche Personen, deren Hilfe der Berechtigte aus beruflichen oder gesundheitlichen Gründen nicht nur vorübergehend bedarf.

§ 7 Reisekosten

(1) Die Auslagen für die Reise des Berechtigten und der zur häuslichen Gemeinschaft gehörenden Personen (§ 6 Abs. 3 Satz 2 und 3) von der bisherigen zur neuen Wohnung werden wie bei Dienstreisen des Berechtigten erstattet, in den Fällen des § 4 Abs. 3 Satz 1 Nr. 1 wie sie bei Dienstreisen im letzten Dienstverhältnis zu erstatten wären. Tagegeld wird vom Tage des Einladens des Umzugsgutes an bis zum Tage des Ausladens mit der Maßgabe gewährt, daß auch diese beiden Tage als volle Reisetage gelten. Übernachtungsgeld wird für den Tag des Ausladens des Umzugsgutes nur gewährt, wenn eine Übernachtung außerhalb der neuen Wohnung notwendig gewesen ist.

(2) Absatz 1 Satz 1 gilt entsprechend für zwei Reisen einer Person oder eine Reise von zwei Personen zum Suchen oder Besichtigen einer Wohnung mit der Maßgabe, daß die Fahrkosten bis zur Höhe der billigsten Fahrkarte der allgemein niedrigsten Klasse eines regelmäßig verkehrenden Beförderungsmittels erstattet werden. Tage- und Übernachtungsgeld wird je Reise für höchstens zwei Reise- und zwei Aufenthaltstage gewährt.

(3) Für eine Reise des Berechtigten zur bisherigen Wohnung zur Vorbereitung und Durchführung des Umzuges werden Fahrkosten gemäß Absatz 2 Satz 1 erstattet. Die Fahrkosten einer anderen Person für eine solche Reise werden im gleichen Umfang erstattet, wenn sich zur Zeit des Umzuges am bisherigen Wohnort weder der Berechtigte noch eine andere Person (§ 6 Abs. 3 Satz 2 und 3) befunden hat, der die Vorbereitung und Durchführung des Umzuges zuzumuten war. Wird der Umzug vor dem Wirksamwerden einer Maßnahme nach den §§ 3, 4 Abs. 1 durchgeführt, so werden die Fahrkosten für die Rückreise von der neuen Wohnung zum Dienstort, in den Fällen des § 4 Abs. 1 Nr. 1 zur bisherigen Wohnung, gemäß Absatz 2 Satz 1 erstattet.

(4) § 6 Abs. 1 Satz 2 gilt entsprechend.

§ 8 Mietentschädigung

(1) Miete für die bisherige Wohnung wird bis zu dem Zeitpunkt, zu dem das Mietverhältnis frühestens gelöst werden konnte, längstens jedoch für sechs Monate, erstattet, wenn für dieselbe

Zeit Miete für die neue Wohnung gezahlt werden mußte. Ferner werden die notwendigen Auslagen für das Weitervermieten der Wohnung innerhalb der Vertragsdauer bis zur Höhe der Miete für einen Monat erstattet. Die Sätze 1 und 2 gelten auch für die Miete einer Garage.

(2) Miete für die neue Wohnung, die nach Lage des Wohnungsmarktes für eine Zeit gezahlt werden mußte, während der die Wohnung noch nicht benutzt werden konnte, wird längstens für drei Monate erstattet, wenn für dieselbe Zeit Miete für die bisherige Wohnung gezahlt werden mußte. Entsprechendes gilt für die Miete einer Garage.

(3) Die bisherige Wohnung im eigenen Haus oder die Eigentumswohnung steht der Mietwohnung gleich mit der Maßgabe, daß die Mietentschädigung längstens für ein Jahr gezahlt wird. Die oberste Dienstbehörde kann diese Frist in besonders begründeten Ausnahmefällen um längstens sechs Monate verlängern. An die Stelle der Miete tritt der ortsübliche Mietwert der Wohnung. Entsprechendes gilt für die eigene Garage. Für die neue Wohnung im eigenen Haus oder die neue Eigentumswohnung wird Mietentschädigung nicht gewährt.

(4) Miete nach den Absätzen 1 bis 3 wird nicht für eine Zeit erstattet, in der die Wohnung oder die Garage ganz oder teilweise anderweitig vermietet oder benutzt worden ist.

§ 9 Andere Auslagen

(1) Die notwendigen ortsüblichen Maklergebühren für die Vermittlung einer Mietwohnung und einer Garage oder die entsprechenden Auslagen bis zu dieser Höhe für eine eigene Wohnung werden erstattet.

(2) Die Auslagen für einen durch den Umzug bedingten zusätzlichen Unterricht der Kinder des Berechtigten (§ 6 Abs. 3 Satz 2) werden bis zu vierzig vom Hundert des im Zeitpunkt der Beendigung des Umzuges maßgebenden Endgrundgehaltes der Besoldungsgruppe A 12 des Bundesbesoldungsgesetzes für jedes Kind erstattet, und zwar bis zu fünfzig vom Hundert dieses Betrages voll und darüber hinaus zu drei Vierteln.

(3) Die Auslagen für einen Kochherd werden bis zu einem Betrag von 450 Deutsche Mark[1] erstattet, wenn seine Beschaffung beim Bezug der neuen Wohnung notwendig ist. Sofern die neue Wohnung eine Mietwohnung ist, werden unter den gleichen Voraussetzungen auch die Auslagen für Öfen bis zu einem Betrag von 320 Deutsche Mark[1] für jedes Zimmer erstattet.

§ 10 Pauschvergütung für sonstige Umzugsauslagen

(1) Berechtigte, die am Tage vor dem Einladen des Umzugsgutes eine Wohnung hatten und nach dem Umzug wieder eingerichtet haben, erhalten eine Pauschvergütung für sonstige Umzugsauslagen. Sie beträgt für verheiratete oder in einer Lebenspartnerschaft lebende Angehörige der Besoldungsgruppen B 3 bis B 11, C 4 sowie R 3 bis R 10 28,6, der Besoldungsgruppen B 1 und B 2, A 13 bis A 16, C 1 bis C 3 sowie R 1 und R 2 24,1, der Besoldungsgruppen A 9 bis A 12 21,4 sowie der Besoldungsgruppen A 1 bis A 8 20,2 Prozent des Endgrundgehaltes der Besoldungsgruppe A 13 nach Anlage IV des Bundesbesoldungsgesetzes. Ledige erhalten 50 Prozent des Betrages nach Satz 2. Die Beträge nach den Sätzen 2 und 3 erhöhen sich für jede in § 6 Abs. 3 Satz 2 und 3 bezeichnete Person mit Ausnahme des Ehegatten oder Lebenspartners um 6,3 Prozent des Endgrundgehaltes der Besoldungsgruppe A 13 nach Anlage IV des Bundesbesoldungsgesetzes, wenn sie auch nach dem Umzug mit dem Umziehenden in häuslicher Gemeinschaft lebt.

(2) Dem Verheirateten stehen gleich der Verwitwete und der Geschiedene sowie derjenige, dessen Ehe aufgehoben oder für nichtig erklärt ist, ferner der Ledige, der auch in der neuen Wohnung Verwandten bis zum vierten Grade, Verschwägerten bis zum zweiten Grade, Pflegekindern oder Pflegeeltern aus gesetzlicher oder sittlicher Verpflichtung nicht nur vorübergehend Unterkunft und Unterhalt gewährt, sowie der Ledige, der auch in der neuen Wohnung eine andere Person aufgenommen hat, deren Hilfe er aus beruflichen oder gesundheitlichen Gründen nicht nur vorübergehend bedarf. Dem in einer Lebenspartnerschaft Lebenden stehen gleich derjenige, der seinen Lebenspartner überlebt hat, und derjenige, dessen Lebenspartnerschaft aufgehoben wurde.

(3) Eine Wohnung im Sinne des Absatzes 1 besteht aus einer geschlossenen Einheit von mehreren Räumen, in der ein Haushalt geführt werden kann, darunter stets eine Küche oder ein Raum mit Kochgelegenheit. Zu einer Wohnung gehören außerdem Wasserversorgung, Ausguß und Toilette.

(4) Sind die Voraussetzungen des Absatzes 1 Satz 1 nicht gegeben, so beträgt die Pauschvergütung bei Verheirateten 30 vom Hundert, bei Ledigen 20 vom Hundert des Betrages nach Absatz 1 Satz 2 oder 3. Die volle Pauschvergütung wird gewährt, wenn das Umzugsgut aus Anlaß einer vorangegangenen Auslandsverwendung untergestellt war.

---

[1]) BMI-Schreiben vom 6. 6. 2001 (GMBl S. 415): 230,08 € bzw. 163,61 €.

(5) In den Fällen des § 11 Abs. 3 werden die nachgewiesenen notwendigen Auslagen bis zur Höhe der Pauschvergütung erstattet.

(6) Ist innerhalb von fünf Jahren ein Umzug mit Zusage der Umzugskostenvergütung nach den §§ 3, 4 Abs. 1 Nr. 2 bis 4 oder Abs. 2 Nr. 1 vorausgegangen, so wird ein Häufigkeitszuschlag in Höhe von 50 vom Hundert der Pauschvergütung nach Absatz 1 gewährt, wenn beim vorausgegangenen und beim abzurechnenden Umzug die Voraussetzungen des Absatzes 1 Satz 1 vorgelegen haben.

(7) Stehen für denselben Umzug mehrere Pauschvergütungen zu, wird nur eine davon gewährt; sind die Pauschvergütungen unterschiedlich hoch, so wird die höhere gewährt.

§ 11 Umzugskostenvergütung in Sonderfällen

(1) Ein Beamter mit Wohnung im Sinne des § 10 Abs. 3, dem Umzugskostenvergütung für einen Umzug nach § 3 Abs. 1 Nr. 1, 3 oder 4, § 4 Abs. 1 Nr. 1 bis 4, § 4 Abs. 2 Nr. 1 zugesagt ist, kann für den Umzug in eine vorläufige Wohnung Umzugskostenvergütung erhalten, wenn die zuständige Behörde diese Wohnung vorher schriftlich oder elektronisch als vorläufige Wohnung anerkannt hat. Bis zum Umzug in die endgültige Wohnung darf eine Wohnung nur einmal als vorläufige Wohnung anerkannt werden.

(2) In den Fällen des § 4 Abs. 2 Nr. 3 und 4 werden höchstens die Beförderungsauslagen (§ 6) und die Reisekosten (§ 7) erstattet, die bei einem Umzug über eine Entfernung von fünfundzwanzig Kilometern entstanden wären. Im Falle des § 4 Abs. 3 Satz 1 Nr. 2 werden nur die Beförderungsauslagen (§ 6) erstattet. Satz 2 gilt auch für das Befördern des Umzugsgutes des Ehegatten oder Lebenspartners, wenn der Berechtigte innerhalb von sechs Monaten nach dem Tag geheiratet oder die Lebenspartnerschaft begründet hat, an dem die Umzugskostenvergütung nach § 3 Abs. 1 Nr. 1 oder 2 oder Abs. 2 oder § 4 Abs. 1 oder Abs. 2 Nr. 1 zugesagt worden ist.

(3) Wird die Zusage der Umzugskostenvergütung aus von dem Berechtigten nicht zu vertretenden Gründen widerrufen, so werden die durch die Vorbereitung des Umzuges entstandenen notwendigen, nach diesem Gesetz erstattungsfähigen Auslagen erstattet. Muß in diesem Fall ein anderer Umzug durchgeführt werden, so wird dafür Umzugskostenvergütung gewährt; Satz 1 bleibt unberührt. Die Sätze 1 und 2 gelten entsprechend, wenn die Zusage der Umzugskostenvergütung zurückgenommen, anderweitig aufgehoben wird oder sich auf andere Weise erledigt.

§ 12 Trennungsgeld

(1) Trennungsgeld wird gewährt
1. in den Fällen des § 3 Abs. 1 Nr. 1, 3 und 4 sowie Abs. 2, ausgenommen bei Vorliegen der Voraussetzungen des § 3 Abs. 1 Nr. 1 Buchstaben c und d,
2. in den Fällen des § 4 Abs. 1 Nr. 2 bis 4 und Abs. 2 Nr. 1 oder 3, soweit der Berechtigte an einen anderen Ort als den bisherigen Dienstort versetzt wird, und
3. bei der Einstellung mit Zusage der Umzugskostenvergütung

für die dem Berechtigten durch die getrennte Haushaltsführung, das Beibehalten der Wohnung oder der Unterkunft am bisherigen Wohnort oder das Unterstellen des zur Führung eines Haushalts notwendigen Teils der Wohnungseinrichtung entstehenden notwendigen Auslagen unter Berücksichtigung der häuslichen Ersparnis.

(2) Ist dem Berechtigten die Umzugskostenvergütung zugesagt worden, so darf Trennungsgeld nur gewährt werden, wenn er uneingeschränkt umzugswillig ist und nachweislich wegen Wohnungsmangels am neuen Dienstort einschließlich des Einzugsgebietes (§ 3 Abs. 1 Nr. 1 Buchstabe c) nicht umziehen kann. Diese Voraussetzungen müssen seit dem Tage erfüllt sein, an dem die Umzugskostenvergütung zugesagt worden oder, falls für den Berechtigten günstiger, die Maßnahme wirksam geworden oder die Dienstwohnung geräumt worden ist.

(3) Nach Wegfall des Wohnungsmangels darf Trennungsgeld nur weitergewährt werden, wenn und solange dem Umzug des umzugswilligen Berechtigten einer der folgenden Hinderungsgründe entgegensteht:
1. Vorübergehende schwere Erkrankung des Berechtigten oder eines seiner Familienangehörigen (§ 6 Abs. 3 Satz 2 und 3) bis zur Dauer von einem Jahr;
2. Beschäftigungsverbote für die Berechtigte oder eine Familienangehörige (§ 6 Abs. 3 Satz 2 und 3) für die Zeit vor oder nach einer Entbindung nach mutterschutzrechtlichen Vorschriften;
3. Schul- oder Berufsausbildung eines Kindes (§ 6 Abs. 3 Satz 2 und 3) bis zum Ende des Schul- oder Ausbildungsjahres. Befindet sich das Kind in der Jahrgangsstufe 12 einer Schule, so verlängert sich die Gewährung des Trennungsgeldes bis zum Ende des folgenden Schuljahres; befindet sich das Kind im vorletzten Ausbildungsjahr eines Berufsausbildungsverhältnisses,

so verlängert sich die Gewährung des Trennungsgeldes bis zum Ende des folgenden Ausbildungsjahres;
4. Schul- oder Berufsausbildung eines schwerbehinderten Kindes (§ 6 Abs. 3 Satz 2 und 3). Trennungsgeld wird bis zur Beendigung der Ausbildung gewährt, solange diese am neuen Dienst- oder Wohnort oder in erreichbarer Entfernung davon wegen der Behinderung nicht fortgesetzt werden kann;
5. Akute lebensbedrohende Erkrankung eines Elternteiles des Berechtigten oder seines Ehegatten oder Lebenspartners, wenn dieser in hohem Maße Hilfe des Ehegatten, Lebenspartners oder Familienangehörigen des Berechtigten erhält;
6. Schul- oder erste Berufsausbildung des Ehegatten oder Lebenspartners in entsprechender Anwendung der Nummer 3.

Trennungsgeld darf auch gewährt werden, wenn zum Zeitpunkt des Wirksamwerdens der dienstlichen Maßnahme kein Wohnungsmangel, aber einer dieser Hinderungsgründe vorliegt. Liegt bei Wegfall des Hinderungsgrundes ein neuer Hinderungsgrund vor, kann mit Zustimmung der obersten Dienstbehörde Trennungsgeld bis zu längstens einem Jahr weiterbewilligt werden. Nach Wegfall des Hinderungsgrundes darf Trennungsgeld auch bei erneutem Wohnungsmangel nicht gewährt werden.

(4) Der Bundesminister des Innern wird ermächtigt, durch Rechtsverordnung Vorschriften über die Gewährung des Trennungsgeldes zu erlassen. Dabei kann bestimmt werden, daß Trennungsgeld auch bei der Einstellung ohne Zusage der Umzugskostenvergütung gewährt wird und daß in den Fällen des § 3 Abs. 1 Nr. 1 Buchstabe d der Berechtigte für längstens ein Jahr Reisebeihilfen für Heimfahrten erhält.

§ 13 Auslandsumzüge

(1) Auslandsumzüge sind Umzüge zwischen Inland und Ausland sowie im Ausland.

(2) Als Auslandsumzüge gelten nicht die Umzüge
1. der im Grenzverkehr tätigen Beamten, und zwar auch dann nicht, wenn sie im Anschluß an die Tätigkeit im Grenzverkehr in das Inland oder in den Fällen des § 3 Abs. 1 Nr. 3, § 4 Abs. 2 Nr. 2 bis 4, Abs. 3 Satz 1 im Ausland umziehen,
2. in das Ausland in den Fällen des § 3 Abs. 1 Nr. 3, § 4 Abs. 2 Nr. 2 bis 4, Abs. 3 Satz 1,
3. in das Inland in den Fällen des § 3 Abs. 1 Nr. 2 und 3,
4. aus Anlaß einer Einstellung, Versetzung, Abordnung oder Kommandierung und der in § 3 Abs. 2, § 4 Abs. 1 Nr. 3, Abs. 2 Nr. 2 bis 4 bezeichneten Maßnahmen im Inland einschließlich ihrer Aufhebung, wenn die bisherige oder die neue Wohnung im Ausland liegt.

In den Fällen des Satzes 1 Nr. 2 bis 4 wird für die Umzugsreise (§ 7 Abs. 1) Tage- und Übernachtungsgeld nur für die notwendige Reisedauer gewährt; § 7 Abs. 2 und 3 findet keine Anwendung.

§ 14 Sondervorschriften für Auslandsumzüge

(1) Der Bundesminister des Auswärtigen wird ermächtigt, im Einvernehmen mit dem Bundesminister des Innern, dem Bundesminister der Verteidigung und dem Bundesminister der Finanzen für Auslandsumzüge durch Rechtsverordnungen nähere Vorschriften über die notwendige Umzugskostenvergütung (Auslandsumzugskostenverordnung, Absatz 2) sowie das notwendige Trennungsgeld (Auslandstrennungsgeldverordnung, Absatz 3) zu erlassen, soweit die besonderen Bedürfnisse im Ausland es erfordern. Soweit aufgrund dieser Ermächtigung keine Sonderregelungen ergangen sind, finden auch auf Auslandsumzüge die §§ 6 bis 12 Anwendung.

(2) In der Auslandsumzugskostenverordnung sind insbesondere zu regeln:
1. Erstattung der Auslagen für Umzugsvorbereitungen einschließlich Wohnungsbesichtigungsreisen,
2. Erstattung der Beförderungsauslagen,
3. Berücksichtigung bis zu 50 vom Hundert der eingesparten Beförderungsauslagen für zurückgelassene Personenkraftfahrzeuge,
4. Erstattung der Auslagen für die Umzugsreise des Berechtigten und der zu seiner häuslichen Gemeinschaft gehörenden Personen,
5. Gewährung von Beihilfen zu den Fahrkosten von Personen, die mit der Reise in die häusliche Gemeinschaft aufgenommen werden, und zu den Kosten des Beförderns des Heiratsgutes an den Auslandsdienstort, wenn der Anspruchsberechtigte nach seinem Umzug in das Ausland heiratet,

6. Gewährung von Beihilfen zu den Fahrkosten sowie zu den Kosten der Beförderung des anteiligen Umzugsgutes eines Mitglieds der häuslichen Gemeinschaft, wenn es sich vom Berechtigten während seines Auslandsdienstes auf Dauer trennt, bis zur Höhe der Kosten für eine Rückkehr an den letzten Dienstort im Inland,
7. Gewährung der Mietentschädigung,
8. Gewährung der Pauschvergütung für sonstige Umzugsauslagen und Aufwand,
9. Erstattung der nachgewiesenen sonstigen Umzugsauslagen,
10. Erstattung der Lagerkosten oder der Auslagen für das Unterstellen zurückgelassenen Umzugsgutes,
11. Berücksichtigung bis zu 50 vom Hundert der eingesparten Lagerkosten für zurückgelassenes Umzugsgut,
12. Erstattung der Kosten für das Beibehalten der Wohnung im Inland in den Fällen des Absatzes 5,
13. Erstattung der Auslagen für umzugsbedingten zusätzlichen Unterricht,
14. Erstattung der Mietvertragsabschluß-, Gutachter-, Makler- oder vergleichbarer Kosten für die eigene Wohnung,
15. Beiträge zum Beschaffen oder Instandsetzen von Wohnungen,
16. Beiträge zum Beschaffen technischer Geräte und Einrichtungen, die aufgrund der örtlichen Gegebenheiten notwendig sind,
17. Beitrag zum Beschaffen klimabedingter Kleidung,
18. Ausstattungsbeitrag bei Auslandsverwendung,
19. Einrichtungsbeitrag für Leiter von Auslandsvertretungen und funktionell selbständigen Delegationen, die von Botschaftern geleitet werden, sowie für ständige Vertreter und Leiter von Außenstellen von Auslandsvertretungen,
20. Erstattung der Auslagen für die Rückführung von Personen und Umzugsgut aus Sicherheitsgründen,
21. Erstattung der Auslagen für Umzüge in besonderen Fällen,
22. Erstattung der Auslagen für Umzüge in eine vorläufige Wohnung,
23. Erstattung der Umzugsauslagen beim Ausscheiden aus dem Dienst im Ausland.

(3) In der Auslandstrennungsgeldverordnung sind insbesondere zu regeln:
1. Entschädigung für getrennte Haushaltsführung,
2. Entschädigung für getrennte Haushaltsführung aus zwingenden persönlichen Gründen,
3. Entschädigung bei täglicher Rückkehr zum Wohnort,
4. Mietersatz,
5. Gewährung von Trennungsgeld, wenn keine Auslandsdienstbezüge gewährt werden,
6. Gewährung von Trennungsgeld im Einzelfall aus Sicherheitsgründen oder wegen anderer außergewöhnlicher Verhältnisse im Ausland (Trennungsgeld in Krisenfällen),
7. Gewährung von Reisebeihilfen für Heimfahrten für je drei Monate, in besonderen Fällen für je zwei Monate der Trennung. Dies gilt auch für längstens ein Jahr, wenn der Berechtigte auf die Zusage der Umzugskostenvergütung unwiderruflich verzichtet und dienstliche Gründe den Umzug nicht erfordern.

(4) Abweichend von § 2 Abs. 2 Satz 1 entsteht der Anspruch auf die Pauschvergütung, den Beitrag zum Beschaffen klimabedingter Kleidung, den Ausstattungsbeitrag und den Einrichtungsbeitrag zu dem Zeitpunkt, an dem die Umzugskostenvergütung nach § 3 oder § 4 zugesagt wird.

(5) Abweichend von den §§ 3 und 4 kann die Umzugskostenvergütung auch in Teilen zugesagt werden, wenn dienstliche Gründe es erfordern.

(6) Abweichend von § 2 Abs. 2 Satz 2 beträgt die Ausschlußfrist bei Auslandsumzügen zwei Jahre. Wird in den Fällen des Absatzes 2 Nr. 16 die Beitragsfähigkeit erst nach Beendigung des Umzuges anerkannt, beginnt die Ausschlußfrist mit der Anerkennung. In den Fällen des Absatzes 2 Nr. 5 und 6 beginnt sie mit dem Eintreffen am beziehungsweise der Abreise vom Dienstort. Bei laufenden Zahlungen muß die erste Zahlung innerhalb der Frist geleistet werden. Auf einen vor Fristablauf gestellten Antrag können in besonderen Fällen auch später geleistete Zahlungen berücksichtigt werden.

(7) Die oberste Dienstbehörde kann die Umzugskostenvergütung allgemein oder im Einzelfall ermäßigen, soweit besondere Verhältnisse es rechtfertigen.

§ 15 Dienstortbestimmung, Verwaltungsvorschriften

(1) Die oberste Dienstbehörde wird ermächtigt, im Einvernehmen mit dem Bundesminister des Innern benachbarte Gemeinden zu einem Dienstort zu bestimmen, wenn sich Liegenschaften derselben Dienststelle über das Gebiet mehrerer Gemeinden erstrecken.

(2) Die allgemeinen Verwaltungsvorschriften zu diesem Gesetz erläßt der Bundesminister des Innern im Einvernehmen mit dem Bundesminister der Justiz und dem Bundesminister der Verteidigung.

§ 16 Übergangsvorschrift

Ist ein Mietbeitrag vor der Verkündung dieses Gesetzes bewilligt worden, wird er nach bisherigem Recht weiter gewährt.

II.
Allgemeine Verwaltungsvorschrift zum Bundesumzugskostengesetz (BUKGVwV)

vom 2. 1. 1991 (GMBl. 1991 S. 66)
i. d. F. der Verwaltungsvorschrift vom 25. 10. 1999 (GMBl S. 787); GMBl 2000 S. 306
geändert durch die Sechste Verwaltungsvorschrift zur Änderung der Allgemeinen Verwaltungsvorschrift zum Bundesumzugskostengesetz (BUKGVwV)
vom 25. 11. 2004 (GMBl S. 1076)

– Auszug –

5. **Zu § 5**

5.1 **Zu Absatz 1** (bleibt frei)

5.2 **Zu Absatz 2**

Zuwendungen im Sinne des § 5 Abs. 2 sind sowohl Geldbeträge als auch Sachleistungen.

Beschäftigungsstelle kann auch eine Stelle außerhalb des öffentlichen Dienstes sein.

5.3 **Zu Absatz 3**

Die Vorschrift des § 5 Abs. 3 setzt nicht voraus, dass die Umzugskostenvergütung während des Beamtenverhältnisses gewährt worden ist; sie erfasst auch die Umzugskostenvergütung aus der Zeit vorausgegangenen Arbeitsverhältnisses. Bei Anwendung der Vorschrift sind das Arbeitsverhältnis und das sich anschließende Beamtenverhältnis als eine Einheit anzusehen.

Ein Statuswechsel ist kein vom Berechtigten zu vertretender Grund im Sinne der genannten Vorschrift.

6. **Zu § 6**

6.1 **Zu Absatz 1**

6.1.1 Für die Erstattung der Beförderungsauslagen sind die Textziffern 6.1.2 bis 6.1.7 maßgebend.

6.1.2 Wird zur Durchführung des Umzuges ein Speditionsunternehmen in Anspruch genommen, ist zur Ermittlung der notwendigen Auslagen für das Befördern des Umzugsgutes wie folgt zu verfahren:

Der Berechtigte ist in der Wahl des Möbelspediteurs grundsätzlich frei. Zur Ermittlung der notwendigen Beförderungsauslagen hat er vor Durchführung des Umzuges mindestens zwei rechtlich und wirtschaftlich selbständige Spediteure unabhängig voneinander und ohne gegenseitige Kenntnis mit der Besichtigung des Umzugsgutes und der Abgabe je eines vollständigen und umfassenden Kostenvoranschlages zu beauftragen. Es ist nicht zulässig, dass der Spediteur für den Berechtigten ein Konkurrenzangebot einholt. Die Besichtigung des Umzugsgutes ist vom Berechtigten im Antrag auf Abschlag und in der Umzugskostenrechnung zu bestätigen.

Die Kostenvoranschläge müssen einen verbindlichen Höchstpreis enthalten, der bei der Abrechnung des tatsächlichen erbrachten Leistungsumfangs auf der Grundlage der in dem Kostenvoranschlag ausgewiesenen Einheitspreise für die Beförderungsleistung und Nebenleistungen nicht überschritten werden darf.

Erstattet werden die Beförderungsauslagen nach dem Kostenvoranschlag mit dem niedrigsten Höchstpreis, und zwar auf der Grundlage einer Abrechnung der tatsächlichen erbrachten Beförderungsleistung und Nebenleistungen zu den Einheitspreisen im Kostenvoranschlag. Ist der Umfang des Umzugsgutes oder der Zeitaufwand größer als im Kostenvoranschlag angegeben, ist jedoch nur der vereinbarte Höchstpreis erstattungsfähig.

Bei einem Umzug aus Anlass einer personellen Maßnahme im Zusammenhang mit dem Beschluss des Deutschen Bundestages vom 20. Juni 1991 zur Vollendung der Einheit Deutschlands (§ 1 des Dienstrechtlichen Begleitgesetzes vom 30. Juli 1996, BGBl. I S. 1183) hat der Berechtigte keinen zweiten Kostenvoranschlag vorzulegen, falls er einen Möbelspediteur wählt, mit dem der Rahmenvertrag für Umzüge von Bediensteten anlässlich der Umsetzung des Berlin/Bonn-Gesetzes abgeschlossen worden ist. Falls kein Rahmenvertragspartner gewählt wird, sind die Beförderungsauslagen nach dem Rahmenvertrag der erstattungsfähige Höchstbetrag.

Der Berechtigte hat die Kostenvoranschläge so rechtzeitig vorzulegen, dass eine Kostenprüfung vor Auftragserteilung erfolgen kann. Zum Preisvergleich können in Zweifelsfällen weitere Vergleichsangebote eingeholt werden; dies könnte etwa erforderlich werden, wenn Anlass zu der Annahme besteht, dass die beiden vorgelegten Kostenvoranschläge abgesprochen sind.

Sobald die zuständige Dienststelle die Kostenvoranschläge geprüft und mitgeteilt hat, welches Angebot erstattungsfähig ist, kann der Berechtigte mit dem Umzug beginnen.

6.1.3 Zu den Beförderungsauslagen gehören auch die Auslagen für die Versicherung des Umzugsgutes gegen Transport- und Bruchschäden. Über die Haftung des Unternehmens nach § 451 in Verbindung mit §§ 425 ff., §§ 451d bis 451g HGB hinaus können Transportversicherungsauslagen oder Prämien zur Haftungserweiterung für diejenige Versicherungssumme erstattet werden, die der privaten Hausrat- und Feuerversicherungssumme entspricht. Eine höhere Versicherungssumme kann berücksichtigt werden, wenn sie durch eine Umzugsgutliste nach dem Muster der Anlage zu Textziffer 6.1.2 mit jeweiligen Wertangaben (Zeitwert) nachgewiesen wird. Als notwendige Auslagen für die Transportversicherung können bis zu 2,5v. T. der maßgebenden Versicherungssumme erstattet werden.

Hat die Behörde für Umzüge ihrer Bediensteten mit bestimmten Versicherungsunternehmen Rahmenverträge abgeschlossen, ist die Transportversicherungsprämie nach dem Rahmenvertrag gleichzeitig der erstattungsfähige Höchstbetrag.

6.1.4 Bei Umzügen vom Inland an einen Ort außerhalb eines EU-Mitgliedstaates und umgekehrt ist für den Möbeltransport insgesamt grundsätzlich keine Umsatzsteuer zu entrichten. Das gilt auch für die mit dem Umzug notwendigerweise verbundenen Nebenleistungen (z. B. Ein- und Auspacken des Umzugsgutes, Gestellung von Packmaterial), wenn diese Nebenleistungen von demselben Unternehmer bewirkt werden, der auch den Möbeltransport durchführt. Umsatzsteuerbeträge, die bei diesen Umzügen den Umziehenden vom Unternehmer für die Beförderung des Umzugsgutes und für die bezeichneten Nebenleistungen in Rechnung gestellt werden, sind deshalb nicht erstattungsfähig.

Die Beförderung von Umzugsgut, die in dem Gebiet von zwei verschiedenen Mitgliedstaaten der Europäischen Union beginnt und endet (innergemeinschaftliche Umzüge), wird an dem Ort ausgeführt, an dem die Beförderung beginnt. Demnach unterliegen innergemeinschaftliche Umzüge der deutschen Umsatzsteuer, wenn die Beförderung im Bundesgebiet beginnt. Beginnt die Beförderung des Umzugsgutes in einem anderen Mitgliedstaat, unterliegt sie der Umsatzbesteuerung dieses Mitgliedstaates. Es kommt nicht darauf an, ob der Beförderungsunternehmer in dem Mitgliedstaat, in dem die Beförderung beginnt, ansässig ist.

Bei innergemeinschaftlichen Umzügen von Mitgliedern einer in dem Gebiet eines anderen EU-Mitgliedstaates ansässigen ständigen diplomatischen Mission oder berufskonsularischen Vertretung an einen Ort außerhalb des Bundesgebietes wird nach Regelungen des Gemeinschaftsrechts Umsatzsteuerbefreiung gewährt, wenn die genannten Personen im Zeitpunkt der Inanspruchnahme der Speditionsleistung bereits Mitglied der im Gastmitgliedstaat ansässigen Auslandsvertretung sind und die Voraussetzungen und Beschränkungen des Gastmitgliedstaates für die Steuerbefreiung erfüllen bzw. einhalten. Bei Umzügen des vorgenannten Personenkreises von einem anderen EU-Mitgliedstaat in das Bundesgebiet richtet sich die umsatzsteuerliche Behandlung nach dem Recht des Mitgliedstaates, in dem die Beförderung beginnt. Dies gilt auch für Umzüge, die für deutsche Truppenangehörige, die in anderen Mitgliedstaaten stationiert sind, oder für Mitglieder einer im Gebiet eines anderen Mitgliedstaates ansässigen zwischenstaatlichen Einrichtung durchgeführt werden. Mitgliedern einer im Bundesgebiet ansässigen zwischenstaatlichen Einrichtung werden jedoch nach dem geltenden Privilegienübereinkommen und Sitzstaatabkommen grundsätzlich keine umsatzsteuerlichen Privilegien eingeräumt.

Vom Spediteur in Rechnung gestellte Versicherungsbeiträge unterliegen als Teil seiner Gesamtleistung der Umsatzsteuer, die jedoch umzugskostenrechtlich nicht als notwendig und erstattungsfähig anerkannt werden kann.

6.1.5	Bei Umzügen ohne Inanspruchnahme eines Spediteurs (z. B. Umzüge in Eigenregie) werden die nachgewiesenen notwendigen Auslagen erstattet. Das gilt nicht, wenn die Arbeiten vom Berechtigten selbst oder von mit ihm in häuslicher Gemeinschaft lebenden Personen (§ 6 Abs. 3 Satz 2 und 3) durchgeführt werden.
6.1.6	Auslagen für das Befördern eines Kraftfahrzeugs durch einen Spediteur sind keine notwendigen Beförderungsauslagen im Sinne des § 6 Abs. 1. Für das Überführen des zum Umzugsgut gehörenden privaten Kraftfahrzeugs durch den Bediensteten oder einen Angehörigen vom bisherigen zum neuen Wohnort wird eine Entschädigung nach § 6 Abs. 1 Satz 1 BRKG gewährt.
	Für die Überführung eines zum Umzugsgut gehörenden Wohnwagenanhängers oder eines anderen im Straßenverkehr zugelassenen Pkw-Anhängers von der bisherigen zur neuen Wohnung wird unabhängig von dessen Größe daneben eine Entschädigung von 0,12 DM/km[1]) gewährt.
6.1.7	Maßstab für die Angemessenheit sind die Transportmittel, die üblicherweise für einen Umzug benötigt werden. Üblich sind Möbelwagen und selbständig zu überführende eigene Kraftfahrzeuge, Wohnwagenanhänger oder andere im Straßenverkehr zugelassene Pkw-Anhänger. Ein unverhältnismäßig großer Möbelwagenraum übersteigt die Grenze der Angemessenheit. Dies ist auch der Fall, wenn für den Transport andere als die genannten Fahrzeuge benötigt werden. Ein oder zwei Pferde gehören daher zum Umzugsgut, wenn sie als Anhängerlast mit einem Personenkraftwagen transportiert werden (BVerwG, Urteil v. 17. 9. 1987–6 C 28.86 – Buchholz 261 § 4 Nr. 2).
6.2	**Zu Absatz 2**
	Die Kosten für das Einlagern von Umzugsgut werden nicht berücksichtigt.
7.	**Zu § 7**
7.1	**Zu Absatz 1**
7.1.1	Wenn einem ledigen Berechtigten ohne Wohnung im Sinne des § 10 Abs. 3 die Zusage der Umzugskostenvergütung aus Anlass der Einstellung (§ 4 Abs. 1 Nr. 1), Abordnung (§ 4 Abs. 1 Nr. 2) oder Versetzung (§ 3 Abs. 1 Nr. 1) erteilt wird, ist die Einstellungs-, Dienstantritts- oder Versetzungsreise als Umzugsreise nach § 7 Abs. 1 mit der Folge abzurechnen, dass in diesen Fällen kein Anspruch auf Erstattung der Auslagen für eine Reise zur Vorbereitung und Durchführung des Umzugs besteht. Auf den Umfang des Umzugsgutes kommt es dabei nicht an.
	Voraussetzung hierfür ist, dass dem Berechtigten die Zusage der Umzugskostenvergütung vor Antritt der Reise bekanntgegeben wurde und dass er sein gesamtes Umzugsgut (§ 6 Abs. 3) auf der Reise mit sich führt; der Umzug gilt sodann als beendet. Eine entsprechende Erklärung ist von dem Berechtigten bei Abrechnung der Reisekostenvergütung abzugeben.
7.1.2	Benutzt ein Berechtigter bei Durchführung der Umzugsreise sein privateigenes Kraftfahrzeug, so ist bei der Festsetzung der Reisekostenvergütung von der Einschränkung des § 6 Abs. 1 Satz 2 BRKG aus triftigen Gründen abzusehen, sofern nicht bereits Wegstreckenentschädigung für dieses Kraftfahrzeug gewährt worden ist.
7.2	**Zu Absatz 2** (bleibt frei)
7.3	**Zu Absatz 3**
	§ 7 Abs. 3 Satz 3 behandelt den Fall des Vorwegumzugs. Die Vorschrift geht davon aus, dass die Reise vom bisherigen zum neuen Wohnort die Umzugsreise (§ 7 Abs. 1) und die spätere Reise aus Anlass des Dienstantritts eine Dienstreise (§ 16 Abs. 1 Satz 1 BRKG) ist.
8.	**Zu § 8**
8.0	**Allgemeines**
8.0.1	Mietentschädigung kommt nur in Betracht, wenn für dieselbe Zeit Miete aus zwei Mietverhältnissen zu zahlen ist. In diesem Fall wird eine Miete erstattet.
	Der Zwang zur doppelten Mietzahlung besteht im Regelfalle erst von dem Zeitpunkt an, zu dem die dienstliche Maßnahme mit Zusage der Umzugskostenvergütung wirksam wird. Er kann jedoch auch vorliegen, wenn der Umzug vor dem Wirksamwerden der dienstlichen Maßnahme (sog. Vorwegumzug) aus Fürsorge- oder fiskalischen Gründen (z. B. zur Einsparung von Trennungsgeld) als notwendig anerkannt werden kann. Solche Gründe können z. B. der Schulbesuch eines Kindes zum Beginn eines Schuljahres sein.
8.0.2	Die Miete wird ohne Rücksicht auf die Größe der Wohnung erstattet. Die Erstattung ist jedoch in offenkundigen Missbrauchsfällen einzuschränken, z. B. bei außergewöhnlich luxuriösen Wohnungen.

[1]) BMI-Schreiben vom 6. 6. 2001 (GMBl S. 415): 0,06 €/km.

Anhang 8
Umzugskosten

8.0.3 Nach Lage des Einzelfalles kann eine Mietentschädigung nach § 8 Abs. 2 von einer Mietentschädigung nach § 8 Abs. 1 innerhalb eines Monats abgelöst werden. Steht Mietentschädigung nicht für einen vollen Kalendermonat zu, ist die Entschädigung in Anlehnung an § 3 Abs. 4 BBesG tageweise festzusetzen.

8.1 Zu Absatz 1
Mietentschädigung wird für die bisherige Wohnung im eigenen Haus oder die Eigentumswohnung nach § 8 Abs. 1 in Verbindung mit § 8 Abs. 3 auch erstattet, wenn die neue Wohnung ein eigenes Haus oder eine Eigentumswohnung ist.

8.2 Zu Absatz 2
Die neue Wohnung kann noch nicht benutzt werden, wenn noch notwendige umfangreiche Instandsetzungsarbeiten oder Schönheitsreparaturen durchzuführen sind und für diese Zeit bereits Miete gezahlt werden muss.

9. Zu § 9

9.1 Zu Absatz 1
Entsprechende Auslagen für eine eigene Wohnung sind auch die Maklergebühren für den Erwerb eines Grundstücks, auf dem die eigene Wohnung errichtet wird. Ein Einstellplatz o. Ä. ist wie eine Garage zu behandeln.

9.2 Zu Absatz 2
Ob der zusätzliche Unterricht durch den Umzug bedingt ist, hat der Berechtigte in geeigneter Weise nachzuweisen, z. B. durch eine Bescheinigung der Schule.

9.3 Zu Absatz 3

9.3.1 Zu den Auslagen für einen Kochherd bzw. für Öfen gehören die Anschaffungskosten, die evtl. anfallenden Auslagen für die Anlieferung der Gegenstände und ggf. anfallende Kosten für das Anschließen der Geräte. Bei den Anschlusskosten handelt es sich um Auslagen, die für die notwendige Verbindung der Geräte an das vorhandene Energienetz bzw. an vorhandene Schornsteine anfallen, um sie gebrauchsfertig zu machen. Reichen die vorhandenen Anschlüsse nicht aus und werden deshalb zusätzliche Arbeiten für die Verlegung von Anschlussleitungen oder ähnlichem erforderlich, bleiben die dadurch entstehenden Auslagen unberücksichtigt.

9.3.2 Die Worte „unter den gleichen Voraussetzungen" in § 9 Abs. 3 Satz 2 bedeuten, dass auch die Erstattung von Auslagen für Öfen in Mietwohnungen davon abhängt, dass die Ofenbeschaffung beim Bezug der neuen Wohnung notwendig ist.

10. Zu § 10

10.0 Allgemeines
Mit der Pauschvergütung werden alle sonstigen, nicht in den §§ 6 bis 9 bezeichneten Umzugsauslagen pauschal abgegolten.

10.1 Zu Absatz 1
Maßgebend ist die Besoldungsgruppe, in der sich der Berechtigte am Tag vor dem Einladen des Umzugsgutes befindet, für Beamte auf Widerruf im Vorbereitungsdienst die Eingangsbesoldungsgruppe ihrer Laufbahn. Bei Berechtigten nach § 1 Abs. 1 Satz 2 Nr. 4 und 5 ist die Besoldungsgruppe maßgebend, der sie bei Beendigung des Dienstverhältnisses angehört haben oder, wenn dies günstiger ist, nach der ihre Versorgungsbezüge berechnet sind. Bei Berechtigten nach § 1 Abs. 1 Satz 2 Nr. 6 ist die Besoldungsgruppe maßgebend, der der Verstorbene zuletzt angehört hat oder, wenn dies günstiger ist, nach der ihre Versorgungsbezüge berechnet sind. Die Rückwirkung der Einweisung in eine Planstelle bleibt unberücksichtigt.

Der Tag vor dem Einladen des Umzugsgutes ist auch für die Bestimmung des Familienstandes maßgebend.

10.2 Zu Absatz 2 (bleibt frei)

10.3 Zu Absatz 3
Die volle Pauschvergütung wird gewährt, wenn vor und nach dem Umzug eine Wohnung vorhanden ist. Der Wohnungsbegriff ergibt sich aus § 10 Abs. 3. Ein einzelner Raum ist hiernach nur eine Wohnung, auch wenn er mit einer Kochgelegenheit und den zur Führung eines Haushalts notwendigen Einrichtungen ausgestattet ist. Ist nur ein Raum gemietet und wird daneben das Bad, die Küche und die Toilette mitbenutzt, so ist der Wohnungsbegriff des § 10 Abs. 3 ebenfalls nicht erfüllt. Den Wohnungsbegriff erfüllt jedoch ein Einzimmerappartement mit Kochgelegenheit und Toilette als Nebenraum. Die Voraussetzungen sind auch erfüllt, wenn bei Altbauwohnungen die sanitären Anlagen außerhalb der Wohnung liegen.

Für die Erfüllung des Wohnungsbegriffs kommt es nicht darauf an, ob der Berechtigte das ausschließliche (alleinige) Verfügungsrecht über die Wohnung hat oder sie mit anderen Personen gemeinsam gemietet hat, z. B. im Rahmen einer Wohngemeinschaft.

Die Wohnungsvoraussetzungen sind in geeigneter Weise, z. B. durch Vorlage des Mietvertrags, nachzuweisen.

10.4 **Zu Absatz 4** (bleibt frei)

10.5 **Zu Absatz 5**

§ 10 Abs. 5 stellt klar, dass für Umzugsvorbereitungen (§ 11 Abs. 3) eine Pauschvergütung für sonstige Umzugsauslagen nicht gewährt wird, dass aber die sonstigen notwendigen Umzugsauslagen bis zur Höhe der Pauschvergütung erstattet werden. Andere nach dem Gesetz erstattungsfähige Umzugsauslagen (§§ 6 bis 9) werden daneben erstattet.

10.6 **Zu Absatz 6**

Wenn der vorausgegangene Umzug ein Umzug aus Anlass der Einstellung (§ 4 Abs. 1 Nr. 1) oder der Räumung einer Mietwohnung auf dienstliche Veranlassung (§ 4 Abs. 2 Nr. 2) war, wird ein Häufigkeitszuschlag nicht gewährt.

10.7 **Zu Absatz 7**

Um denselben Umzug handelt es sich immer dann, wenn neben dem Berechtigten weitere nach § 6 Abs. 3 berücksichtigungsfähige Personen mit jeweils eigener Zusage der Umzugskostenvergütung aus einer gemeinsamen bisherigen Wohnung in eine gemeinsame neue Wohnung umziehen. In allen anderen Fällen handelt es sich nicht um denselben Umzug, so dass jedem Berechtigten die jeweilige Pauschvergütung zusteht.

11. **Zu § 11**

11.1 **Zu Absatz 1**

11.1.1 Die Gründe für die Anerkennung als vorläufige Wohnung können z. B. in der weiten Entfernung zum Dienstort, in der Größe oder der Beschaffenheit der Wohnung oder in der Höhe der Miete liegen.

11.1.2 Eine Anerkennung als vorläufige Wohnung kann bezüglich der Höhe der Miete erfolgen, wenn die Nettokaltmiete der neuen Wohnung die der bisherigen um mindestens zehn Prozent übersteigt. Befindet sich die bisherige Wohnung im eigenen Haus oder ist eine Eigentumswohnung, tritt an die Stelle der Miete der ortsübliche Mietwert der Wohnung.

11.1.3 Hinsichtlich des Umfangs der Umzugskostenvergütung gibt es zwischen dem Umzug in eine vorläufige Wohnung und dem Umzug in eine endgültige Wohnung keinen Unterschied. Für den Umzug in eine vorläufige Wohnung kann daher ein Häufigkeitszuschlag nach § 10 Abs. 6 gewährt werden.

11.1.4 Das Erfordernis der vorherigen Anerkennung ist erfüllt, wenn eine zeitgerechte Entscheidung aus Gründen verzögert worden ist, die der Berechtigte nicht zu vertreten hat.

11.1.5 Der Widerruf der Zusage der Umzugskostenvergütung erstreckt sich sowohl auf den Umzug in die vorläufige als auch auf den Umzug in die endgültige Wohnung, wenn die vorläufige Wohnung noch nicht bezogen worden ist. Evtl. Auslagen für Umzugsvorbereitungen werden nach § 11 Abs. 3 erstattet.

11.1.6 Wird die vorläufige Wohnung zur endgültigen Wohnung, ist die Anerkennung zu widerrufen.

11.2 **Zu Absatz 2** (bleibt frei)

11.3 **Zu Absatz 3**

11.3.1 Nach § 11 Abs. 3 können die Auslagen, die durch die Vorbereitung des Umzugs entstanden sind, nur insoweit erstattet werden, als sie bei durchgeführtem Umzug zu erstatten wären. Erstattet werden in der Regel nur durch Belege nachgewiesene notwendige und nach diesem Gesetz erstattungsfähige Auslagen für Umzugsvorbereitungen (§§ 6 bis 9). In Betracht kommen z. B. Auslagen für Reisen zum Suchen oder Besichtigen einer Wohnung und Maklergebühren. Sonstige mit der Umzugsvorbereitung zusammenhängende Auslagen werden nach § 10 Abs. 5 bis zur Höhe der Pauschvergütung erstattet, z. B. Zeitungsanzeigen zum Vermieten der alten und Suchen einer neuen Wohnung.

11.3.2 Die Durchführung eines anderen Umzugs kann in Betracht kommen, wenn das Mietverhältnis der alten Wohnung gekündigt und ein neuer Vertragsabschluss mit dem Vermieter der alten Wohnung nicht möglich ist. Ein anderer Umzug kann auch ein Vorwegumzug sein.

III.
Verordnung über die Umzugskostenvergütung bei Auslandsumzügen (Auslandsumzugskostenverordnung – AUV)

vom 26. 11. 2012 (BGBl. S. 2349)

Auf Grund des § 14 Absatz 1 des Bundesumzugskostengesetzes in der Fassung der Bekanntmachung vom 11. Dezember 1990 (BGBl. I S. 2682) und des § 82 Absatz 3 des Bundesbeamtengesetzes vom 5. Februar 2009 (BGBl. I S. 160) verordnet das Auswärtige Amt im Einvernehmen mit dem Bundesministerium des Innern, dem Bundesministerium der Verteidigung und dem Bundesministerium der Finanzen:

Inhaltsübersicht
Abschnitt 1
Allgemeines

- § 1 Regelungsgegenstand
- § 2 Begriffsbestimmungen
- § 3 Antrag und Anzeigepflicht
- § 4 Bemessung der Umzugskostenvergütung, berücksichtigungsfähige Kosten

Abschnitt 2
Erstattungsfähige Kosten
Unterabschnitt 1
Beförderung und Lagerung des Umzugsguts

- § 5 Umzugsgut
- § 6 Umzugsvolumen
- § 7 Personenkraftfahrzeuge
- § 8 Tiere
- § 9 Zwischenlagern von Umzugsgut
- § 10 Lagern von Umzugsgut

Unterabschnitt 2
Reisen

- § 11 Wohnungsbesichtigungsreise, Umzugsabwicklungsreise
- § 12 Umzugsreise
- § 13 Reisegepäck

Unterabschnitt 3
Wohnung

- § 14 Vorübergehende Unterkunft
- § 15 Mietentschädigung
- § 16 Wohnungsbeschaffungskosten
- § 17 Technische Geräte

Unterabschnitt 4
Pauschalen und zusätzlicher Unterricht

- § 18 Umzugspauschale
- § 19 Ausstattungspauschale
- § 20 Einrichtungspauschale
- § 21 Pauschale für klimagerechte Kleidung
- § 22 Zusätzlicher Unterricht

Abschnitt 3
Sonderfälle

- § 23 Umzug am ausländischen Dienstort
- § 24 Umzugsbeihilfe
- § 25 Widerruf der Zusage der Umzugskostenvergütung
- § 26 Umzugskostenvergütung bei einer Auslandsverwendung von bis zu zwei Jahren

§ 27 Rückführung aus Gefährdungsgründen
§ 28 Umzug bei Beendigung des Beamtenverhältnisses

Abschnitt 4
Schlussvorschriften

§ 29 Übergangsregelungen
§ 30 Inkrafttreten, Außerkrafttreten

Abschnitt 1
Allgemeines

§ 1
Regelungsgegenstand

Diese Verordnung regelt die bei Auslandsumzügen erforderlichen Abweichungen von den allgemein für Beamtinnen und Beamte des Bundes geltenden Vorschriften über die Umzugskostenvergütung.

§ 2
Begriffsbestimmungen

(1) Berücksichtigungsfähige Personen sind:
1. die Ehegattin oder der Ehegatte der berechtigten Person,
2. die Lebenspartnerin oder der Lebenspartner der berechtigten Person,
3. Kinder der berechtigten Person oder der berücksichtigungsfähigen Person nach Nummer 1 oder Nummer 2., die beim Auslandszuschlag berücksichtigungsfähig sind oder spätestens 40 Wochen nach dem Einladen des Umzugsguts geboren worden sind,
4. der gemeinsam mit der berechtigten Person sorgeberechtigte Elternteil eines eigenen Kindes der berechtigten Person,
5. pflegebedürftige Eltern der berechtigten Person oder der berücksichtigungsfähigen Person nach Nummer 1 oder Nummer 2 (mindestens Pflegestufe I nach § 15 des Elften Buches Sozialgesetzbuch); alle weiteren Maßnahmen, die der Gesundheitszustand dieser Personen erfordert, sind im Rahmen der Umzugskosten nicht berücksichtigungsfähig, sowie
6. im Einzelfall weitere Personen, die nach § 6 Absatz 3 des Bundesumzugskostengesetzes berücksichtigungsfähig sind, soweit ihre Berücksichtigung im Einzelfall nach pflichtgemäßem Ermessen geboten ist, insbesondere, weil die berechtigte Person ihnen aufgrund gesetzlicher oder sittlicher Verpflichtung nicht nur vorübergehend Unterkunft und Unterhalt gewährt,

soweit sie nach dem Umzug zur häuslichen Gemeinschaft der berechtigten Person gehören. Die Personen nach Satz 1 Nummer 3, 4 und 6 sind nur berücksichtigungsfähig, wenn sie auch vor dem Umzug zur häuslichen Gemeinschaft der berechtigten Person gehören.

(2) Eine eigene Wohnung ist eine Wohnung, deren Eigentümerin oder Eigentümer oder Hauptmieterin oder Hauptmieter die berechtigte Person oder eine berücksichtigungsfähige Person ist.

§ 3
Antrag und Anzeigepflicht

(1) Die Ausschlussfrist für die Beantragung der Umzugskostenvergütung nach § 14 Absatz 6 Satz 1 des Bundesumzugskostengesetzes beginnt mit Beendigung des Umzugs.

(2) Die berechtigte Person hat jede Änderung der tatsächlichen Verhältnisse, die die Höhe der Umzugskostenvergütung beeinflussen kann, unverzüglich anzuzeigen. Entsprechendes gilt für Rabatte, Geld- und Sachzuwendungen sowie für unentgeltliche Leistungen. Leistungen von dritter Seite sind anzurechnen.

§ 4
Bemessung der Umzugskostenvergütung, berücksichtigungsfähige Kosten

(1) Die Bemessung der Umzugskostenvergütung richtet sich nach den persönlichen Verhältnissen der berechtigten Person am Tag des Dienstantritts am neuen Dienstort. Bei Umzügen aus dem Ausland ins Inland und bei Umzügen aus Anlass der Beendigung des Beamtenverhältnis-

ses (§ 28) sind die persönlichen Verhältnisse an dem Tag, für den zuletzt Auslandsdienstbezüge gewährt worden sind, maßgeblich.

(2) Wenn bei einem Umzug aus dem Ausland ins Inland die berechtigte Person den Wohnort so wählt, dass sie in der ordnungsgemäßen Wahrnehmung ihrer Dienstgeschäfte beeinträchtigt ist, werden höchstens die Umzugskosten erstattet, die bei einem Umzug an den neuen Dienstort entstanden wären; Maklerkosten werden nicht erstattet; Mietentschädigung wird nicht gewährt. Wird ein Umzug ins Ausland oder im Ausland an einen anderen Ort als den neuen Dienstort oder dessen Einzugsgebiet durchgeführt, werden keine Umzugskosten erstattet.

(3) Wird eine eigene Wohnung nicht innerhalb eines Jahres nach dem Dienstantritt der berechtigten Person am neuen Dienstort bezogen, kann eine solche Wohnung im Rahmen der Umzugskostenvergütung nicht berücksichtigt werden. In den Fällen des § 28 Absatz 1 und 2 tritt der Tag nach dem Eintritt des maßgeblichen Ereignisses an die Stelle des Tages des Dienstantritts. Wird die Umzugskostenvergütung erst nach dem Dienstantritt zugesagt, tritt der Tag des Zugangs der Zusage an die Stelle des Tages des Dienstantritts. Ist die Wohnung wegen Wohnungsmangels oder aus anderen von der obersten Dienstbehörde als zwingend anerkannten Gründen erst nach Ablauf eines Jahres bezogen worden, kann sie berücksichtigt werden, wenn die berechtigte Person den Antrag auf Fristverlängerung vor Ablauf der Jahresfrist stellt.

(4) Leistungen nach den §§ 18 bis 21, die vor dem Umzug gewährt werden, stehen unter dem Vorbehalt, dass zu viel erhaltene Beträge zurückgefordert werden können, wenn der Umzug anders als zunächst geplant durchgeführt wird.

(5) Kosten werden nur berücksichtigt, soweit sie notwendig und nachgewiesen sind.

Abschnitt 2
Erstattungsfähige Kosten

Unterabschnitt 1
Beförderung und Lagerung des Umzugsguts

§ 5
Umzugsgut

(1) Die Auslagen für die Beförderung des Umzugsguts (Beförderungsauslagen) von der bisherigen zur neuen Wohnung werden erstattet.

(2) Zu den Beförderungsauslagen gehören auch:
1. die Kosten für das Ein- und Auspacken des Umzugsguts, die Montage und Installation der üblichen Haushaltsgeräte, das Zwischenlagern (§ 9) und die Transportversicherung sowie
2. Gebühren und Abgaben, die bei der Beförderung des Umzugsguts anfallen.

(3) Wird das Umzugsgut getrennt befördert, ohne dass die oberste Dienstbehörde die Gründe dafür vorher als zwingend anerkannt hat, werden höchstens die Beförderungsauslagen erstattet, die bei nicht getrennter Beförderung entstanden wären.

(4) Bei Umzügen im oder ins Ausland gehören zum Umzugsgut auch Einrichtungsgegenstände und Personenkraftfahrzeuge, für die die berechtigte Person innerhalb von drei Monaten nach dem Bezug der neuen Wohnung den Lieferauftrag erteilt hat; Absatz 3 gilt entsprechend.

(5) Hat die berechtigte Person nach einer Auslandsverwendung mit ausgestatteter Dienstwohnung bei einem folgenden Umzug im Ausland mit Zusage der Umzugskostenvergütung den Lieferauftrag für Einrichtungsgegenstände innerhalb der in Absatz 4 genannten Frist erteilt, um mit diesen Einrichtungsgegenständen eine nicht ausgestattete Wohnung beziehen zu können, werden die Beförderungsauslagen erstattet.

§ 6
Umzugsvolumen

(1) Der berechtigten Person werden Beförderungsauslagen für ein Umzugsvolumen von bis zu 100 Kubikmetern erstattet. Zieht eine berücksichtigungsfähige Person mit um, werden die Auslagen für die Beförderung weiterer 30 Kubikmeter erstattet; für jede weitere mitumziehende berücksichtigungsfähige Person werden die Auslagen für die Beförderung weiterer 10 Kubikmeter erstattet.

(2) Bei Leiterinnen und Leitern von Auslandsvertretungen kann die oberste Dienstbehörde in Einzelfällen der Erstattung der Auslagen für die Beförderung weiterer 50 Kubikmeter zustimmen. Dies gilt im Geschäftsbereich des Bundesministeriums der Verteidigung nach näherer Be-

stimmung durch die oberste Dienstbehörde auch für sonstige Berechtigte in vergleichbaren Dienststellungen.

(3) Wird der berechtigten Person eine voll oder teilweise ausgestattete Dienstwohnung zugewiesen, kann die oberste Dienstbehörde die Volumengrenzen nach Absatz 1 herabsetzen.

(4) Der Dienstherr kann eine amtliche Vermessung des Umzugsguts veranlassen.

§ 7
Personenkraftfahrzeuge

(1) Die Kosten der Beförderung eines Personenkraftfahrzeugs werden erstattet.

(2) Kosten der Beförderung eines zweiten Personenkraftfahrzeugs mit bis zu 1,8 Litern Hubraum und einem Volumen von höchstens 11 Kubikmetern werden nur erstattet, wenn zum Haushalt am neuen Dienstort mindestens eine berücksichtigungsfähige Person gehört. Innerhalb Europas werden nur die Kosten der Selbstüberführung eines zweiten Personenkraftfahrzeugs bis zur Höhe der Beförderungsauslagen nach dem Bundesreisekostengesetz erstattet; die Kosten der Beförderung eines zweiten Personenkraftfahrzeugs nach Island, Malta, in die Russische Föderation, die Türkei, die Ukraine, nach Weißrussland und Zypern werden jedoch nach Satz 1 erstattet.

(3) Personenkraftfahrzeuge, die beim Umzug berücksichtigt werden, werden nicht in die Berechnung des Umzugsvolumens einbezogen.

(4) Bei einem Umzug im Ausland kann die oberste Dienstbehörde Auslagen für die Beförderung des am bisherigen Dienstort genutzten Personenkraftfahrzeugs nach Deutschland und für die Beförderung eines Fahrzeugs aus Deutschland zum neuen Dienstort erstatten, wenn bezüglich des bisher genutzten Fahrzeugs sowohl die Einfuhr am neuen Dienstort als auch der Verkauf am bisherigen Dienstort verboten sind.

§ 8
Tiere

Beförderungsauslagen für bis zu zwei Haustiere werden erstattet, soweit diese üblicherweise in der Wohnung gehalten werden. Kosten für Transportbehältnisse, Tierheime, Quarantäne und andere Nebenkosten werden nicht erstattet.

§ 9
Zwischenlagern von Umzugsgut

(1) Auslagen für das Zwischenlagern einschließlich der Lagerversicherung sind nur erstattungsfähig, wenn die berechtigte Person den Grund für das Zwischenlagern nicht zu vertreten hat oder wenn die berechtigte Person vorübergehend keine angemessene Leerraumwohnung am neuen Dienstort beziehen kann.

(2) Diese Auslagen werden für die Zeit vom Tag des Einladens des Umzugsguts bis zum Tag des Ausladens des Umzugsguts in der endgültigen Wohnung erstattet.

§ 10
Lagern von Umzugsgut

(1) Zieht die berechtigte Person in eine ganz oder teilweise ausgestattete Dienstwohnung, werden ihr die Auslagen für das Verpacken, Versichern und Lagern des Umzugsguts erstattet, das nicht in die neue Wohnung mitgenommen wird. Daneben werden die notwendigen Auslagen für die Beförderung zum Lagerort erstattet, höchstens jedoch bis zur Höhe der Auslagen für die Beförderung bis zum Sitz der obersten Dienstbehörde (erster Dienstsitz) oder bis zu einem anderen Ort im Inland mit unentgeltlicher Lagermöglichkeit. Bezüglich des berücksichtigungsfähigen Volumens sind Absatz 6 Satz 2 und § 6 Absatz 1 entsprechend anzuwenden.

(2) Wird das nach Absatz 1 eingelagerte Umzugsgut bei einem folgenden Umzug wieder hinzugezogen und ist für diesen Umzug Umzugskostenvergütung zugesagt, werden die Beförderungsauslagen erstattet.

(3) Die Absätze 1 und 2 gelten entsprechend, wenn
1. die Mitnahme des Umzugsguts an den neuen Dienstort aus besonderen Gründen, insbesondere aus klimatischen oder Sicherheitsgründen, nicht zumutbar ist oder
2. während der Dauer der Verwendung an diesem Ort keine Möglichkeit besteht, eine Leerraumwohnung zu mieten, in der das Umzugsgut untergebracht werden kann.

(4) Absatz 1 gilt entsprechend, wenn die berechtigte Person bei einem Umzug ins Ausland einen Teil des Umzugsguts nicht mitnehmen möchte. Kosten für das Lagern werden nur für die Zeit bis zur nächsten Inlandsverwendung übernommen. Kosten für das Hinzuziehen des Lagerguts während einer Auslandsverwendung werden nicht übernommen.

(5) Ist die Verwendung im Inland von vornherein voraussichtlich auf weniger als ein Jahr beschränkt, können Kosten für das Lagern des Umzugsguts erstattet werden.

(6) Kann bei einem Umzug ins Ausland aufgrund der Beschränkung des Umzugsvolumens nach § 6 ein Teil des Umzugsguts nicht mitgeführt werden, gilt Absatz 4 entsprechend. Kosten für das Lagern des Umzugsguts, das die Volumengrenzen nach § 6 Absatz 1 übersteigt, können nur für ein Volumen von bis zu 20 Kubikmetern für die berechtigte Person und von 10 Kubikmetern für jede mitumziehende berücksichtigungsfähige Person erstattet werden. Insgesamt können bei Übersteigen der Volumengrenzen nach § 6 Absatz 1 Kosten für das Lagern von bis zu 50 Kubikmetern Umzugsgut erstattet werden.

Unterabschnitt 2
Reisen

§ 11
Wohnungsbesichtigungsreise, Umzugsabwicklungsreise

(1) Die Auslagen für eine gemeinsame Reise der berechtigten Person und einer berücksichtigungsfähigen Person nach § 2 Absatz 1 Satz 1 Nummer 1, 2 oder 4 vom bisherigen an den neuen Dienstort zur Wohnungssuche (Wohnungsbesichtigungsreise) oder für eine Reise einer dieser Personen vom neuen zum bisherigen Dienstort zur Vorbereitung und Durchführung des Umzugs (Umzugsabwicklungsreise) werden mit der Maßgabe erstattet, dass gezahlt werden:
1. die Kosten der billigsten Fahrkarte für ein regelmäßig verkehrendes Beförderungsmittel und
2. Tage- und Übernachtungsgeld wie bei Dienstreisen der berechtigten Person für höchstens vier Aufenthaltstage sowie für die notwendigen Reisetage.

(2) Mehreren berechtigten Personen, denen jeweils eine eigene Umzugskostenvergütung zugesagt wurde und die am neuen Dienstort eine gemeinsame Wohnung suchen, stehen die Ansprüche nach Absatz 1 nur für eine gemeinsame Reise zu.

(3) Auslagen für eine Wohnungsbesichtigungsreise zu einer Dienstwohnung werden nicht erstattet.

§ 12
Umzugsreise

(1) Die Auslagen für die Umzugsreise vom bisherigen zum neuen Dienstort werden unter Berücksichtigung der notwendigen Reisedauer nach Maßgabe der folgenden Absätze erstattet.

(2) Die Auslagen für die Umzugsreise der berechtigten Person und der berücksichtigungsfähigen Personen werden wie bei Dienstreisen erstattet. Für die Berechnung des Tagesgelds gelten die Abreise- und Ankunftstage als volle Reisetage.

(3) Die Reisekosten für einen dienstlich angeordneten Umweg der berechtigten Person werden auch für die berücksichtigungsfähige Personen erstattet, wenn sie mit der berechtigten Person gemeinsam reisen und ihr Verbleib am bisherigen Dienstort unzumutbar ist oder Mietzuschuss nach § 54 des Bundesbesoldungsgesetzes eingespart wird.

(4) Für eine angestellte Betreuungsperson werden die Kosten der billigsten Fahrkarte für ein regelmäßig verkehrendes Beförderungsmittel erstattet, wenn die berechtigte Person betreuungsbedürftig ist oder zum Haushalt der berechtigten Person am neuen Dienstort eine berücksichtigungsfähige Person gehört, die minderjährig, schwerbehindert oder pflegebedürftig (mindestens Pflegestufe I nach § 15 des Elften Buches Sozialgesetzbuch) ist; der Antrag muss spätestens drei Monate nach dem Bezug der neuen Wohnung gestellt werden. Für eine angestellte Betreuungsperson, die im Ausland aus wichtigem Grund aus dem Arbeitsverhältnis ausscheidet, können Fahrtkosten bis zur Höhe der Kosten der billigsten Fahrkarte für ein regelmäßig verkehrendes Beförderungsmittel zum Sitz der obersten Bundesbehörde erstattet werden, auch wenn die Fahrtkosten nach Ablauf der Frist nach § 3 Absatz 1 entstanden sind; der Antrag muss innerhalb von sechs Monaten nach dem Ausscheiden gestellt werden. Für eine Ersatzperson können Fahrtkosten erstattet werden, wenn zum Zeitpunkt ihrer Ankunft die Voraussetzungen nach Satz 1 erfüllt sind; der Erstattungsantrag muss innerhalb von drei Monaten nach Ausscheiden der vorherigen Betreuungsperson, für die Reisekosten erstattet worden sind, gestellt werden.

(5) Verbindet eine berechtigte oder eine berücksichtigungsfähige Person die Umzugsreise mit Urlaub, werden die Auslagen für die Reise zum neuen Dienstort abweichend von § 13 des Bundesreisekostengesetzes bis zu der Höhe erstattet, bis zu der sie erstattet würden, wenn die Umzugsreise unmittelbar vom bisherigen zum neuen Dienstort erfolgt wäre.

(6) Wird die berechtigte Person im Anschluss an einen Heimaturlaub an einen anderen Dienstort versetzt oder abgeordnet, erhält sie für die Reise vom bisherigen Dienstort zum Sitz der für sie zuständigen Dienststelle im Inland (Heimaturlaubsreise) und für die Reise von dort zum neuen Dienstort Reisekostenvergütung wie bei einer Umzugsreise. Dabei werden im anzuwendenden Kostenrahmen die fiktiven Fahrtkosten der Heimaturlaubsreise berücksichtigt, der Anspruch auf Fahrtkostenzuschuss nach der Heimaturlaubsverordnung entfällt. Die Auslagen für die Versicherung des Reisegepäcks werden für die Dauer des Heimaturlaubs erstattet, höchstens jedoch für die Zeit von der Abreise vom bisherigen Dienstort bis zur Ankunft am neuen Dienstort.

(7) Für die berücksichtigungsfähigen Personen gilt Absatz 6 entsprechend.

§ 13
Reisegepäck

(1) Die Auslagen für die Beförderung unbegleiteten Reisegepäcks anlässlich der Umzugsreise vom bisherigen zum neuen Dienstort werden erstattet bis zu einem Gewicht des Reisegepäcks von 200 Kilogramm. Die Obergrenze erhöht sich
1. um 100 Kilogramm für die mitumziehende berücksichtigungsfähige Person nach § 2 Absatz 1 Satz 1 Nummer 1 oder Nummer 2,
2. um 50 Kilogramm für jede mitumziehende berücksichtigungsfähige Person nach § 2 Absatz 1 Satz 1 Nummer 3 bis 6 und in den Fällen des § 12 Absatz 4 für die angestellte Betreuungsperson oder Ersatzkraft.

(2) Bei Flugreisen werden die Auslagen für die Beförderung unbegleiteten Luftgepäcks nach Maßgabe des Absatzes 1 erstattet. Auslagen für die Beförderung begleiteten Luftgepäcks werden bis zu 50 Prozent der Gewichtsgrenzen nach Absatz 1 erstattet, wenn
1. es aus Sicherheitsgründen notwendig ist, das Gepäck als begleitetes Luftgepäck mitzuführen, oder nicht gewährleistet ist, dass das Gepäck in einem zumutbaren Zeitraum ausgelöst werden kann, und
2. die oberste Dienstbehörde vor der Aufgabe des Gepäcks der Erstattung zugestimmt hat.

Unterabschnitt 3
Wohnung

§ 14
Vorübergehende Unterkunft

(1) Auslagen für eine vorübergehende Unterkunft am bisherigen und am neuen Dienstort werden für die Zeit vom Tag des Einladens des Umzugsguts bis zum Tag nach dem Ausladen des Umzugsguts in der endgültigen Wohnung auf Antrag erstattet, soweit sie 25 Prozent der Bezüge übersteigen, die für die Berechnung des Mietzuschusses nach § 54 des Bundesbesoldungsgesetzes maßgeblich sind. Bei Umzügen mit Umzugskostenvergütung nach § 26 gilt Satz 1 für die Zeit vom Tag nach Beendigung der Hinreise bis zum Tag vor Antritt der Rückreise.

(2) Zum Ausgleich des Mehraufwands für die Verpflegung der berechtigten Person und der berücksichtigungsfähigen Personen während des in Absatz 1 genannten Zeitraums wird ohne Vorlage von Einzelnachweisen ein Zuschuss gezahlt. Der Zuschuss beträgt für die ersten 14 Tage des Aufenthalts
1. am ausländischen Wohn- oder Dienstort 75 Prozent des Auslandstagegelds nach § 3 der Auslandsreisekostenverordnung,
2. am inländischen Wohn- oder Dienstort 75 Prozent des Inlandstagegelds nach § 6 Absatz 1 des Bundesreisekostengesetzes.

Vom 15. Tag an wird der Zuschuss auf 50 Prozent des Auslands- oder Inlandstagegelds gesenkt.

(3) Ist die Unterkunft mit einer Kochgelegenheit ausgestattet, werden 50 Prozent der Beträge nach Absatz 2 Satz 2 und 3 gezahlt. Handelt es sich um eine Wohnung mit ausgestatteter Küche oder halten sich die in Absatz 2 Satz 1 genannten Personen bei Verwandten oder Bekannten auf, wird kein Zuschuss gezahlt. Werden nach Absatz 1 Kosten für eine Unterkunft übernommen, in denen Kosten für ein Frühstück enthalten sind, ist der Mehraufwand für Verpflegung um 20 Prozent zu kürzen.

(4) Die Zahlungen nach den Absätzen 1 bis 3 werden nicht für die Tage geleistet, an denen die berechtigte Person
1. Heimaturlaub hat,
2. Urlaub an einem anderen als dem bisherigen oder neuen Wohn- oder Dienstort verbringt oder
3. Auslandstrennungsgeld oder vergleichbare Leistungen erhält.

§ 15
Mietentschädigung

(1) Muss für dieselbe Zeit sowohl für die bisherige als auch für die neue eigene Wohnung der berechtigten Person Miete gezahlt werden, wird die Miete für die bisherige Wohnung bis zu dem Zeitpunkt erstattet, zu dem das Mietverhältnis frühestens gelöst werden kann, höchstens jedoch für drei Monate für eine Wohnung im Inland und für neun Monate für eine Wohnung im Ausland (Mietentschädigung). Die oberste Dienstbehörde kann die Frist für eine Wohnung im Ausland um höchstens ein Jahr verlängern, wenn dies wegen der ortsüblichen Verhältnisse erforderlich ist. Ausgaben für das Weitervermieten der Wohnung innerhalb der Vertragsdauer und für Maßnahmen, durch die Mietentschädigung eingespart wird, werden erstattet. Die Sätze 1 bis 3 gelten entsprechend für die Miete für eine Garage.

(2) Abweichend von § 8 Absatz 4 des Bundesumzugskostengesetzes wird Mietentschädigung auch nicht gewährt
1. für eine Zeit, für die die berechtigte Person Auslandstrennungsgeld oder vergleichbare Leistungen erhält,
2. für eine Wohnung oder Garage, für die Mietzuschuss (§ 54 des Bundesbesoldungsgesetzes) gewährt wird.

(3) Muss die berechtigte Person aufgrund der Lage des Wohnungsmarktes eine Wohnung am neuen Dienstort oder in dessen Einzugsgebiet mieten, die sie noch nicht nutzen kann, und muss für dieselbe Zeit für die bisherige eigene Wohnung der berechtigten Person oder für eine vorübergehende Unterkunft am neuen Dienstort Miete gezahlt werden, wird die Miete für die endgültige Wohnung höchstens für drei Monate erstattet. Wenn die im oder ins Ausland versetzte berechtigte Person eine Wohnung nach Satz 1 schon vor Dienstantritt nutzt und noch keine Auslandsdienstbezüge für den neuen Dienstort erhält, kann mit Zustimmung der obersten Dienstbehörde ein Zuschuss gewährt werden, für dessen Höhe § 54 Absatz 1 des Bundesbesoldungsgesetzes entsprechend gilt.

(4) Zu der Miete für die bisherige Wohnung im Ausland kann auch ohne Anmietung einer neuen Wohnung ein Zuschuss für die Zeit gewährt werden, für die die berechtigte Person weder Auslandstrennungsgeld noch vergleichbare Leistungen erhält. Für die Höhe des Zuschusses gilt § 54 Absatz 1 des Bundesbesoldungsgesetzes entsprechend.

(5) Die oberste Dienstbehörde kann einer berechtigten Person, die im Ausland aus dem Dienst ausgeschieden ist, einen Mietzuschuss nach Absatz 1 bis zur frühesten Kündigungsmöglichkeit, höchstens drei Monate, auch dann bewilligen, wenn sie die Wohnung noch nutzt und keine neue Wohnung gemietet hat. Für die Höhe des Zuschusses gilt § 54 des Bundesbesoldungsgesetzes entsprechend.

(6) Die bisherige Wohnung im eigenen Haus oder die Eigentumswohnung steht der Mietwohnung in Bezug auf Mietentschädigung gleich, sofern eine Vermietung nicht möglich ist; in diesem Fall wird die Mietentschädigung längstens für ein Jahr gezahlt. An die Stelle der Miete tritt der ortsübliche Mietwert der Wohnung. Entsprechendes gilt für die eigene Garage. Für die neue Wohnung im eigenen Haus oder die neue Eigentumswohnung wird keine Mietentschädigung gewährt.

§ 16
Wohnungsbeschaffungskosten

(1) Gutachterkosten, Maklerkosten, ortsübliche Mietvertragsabschlussgebühren, Kosten für Garantieerklärungen und Bürgschaften sowie vergleichbare Kosten, die beim Auszug aus der Wohnung am ausländischen Dienstort oder bei der Beschaffung einer neuen angemessenen Wohnung am ausländischen Dienstort anfallen, werden erstattet.

(2) Wird dem Vermieter einer Wohnung am neuen ausländischen Dienstort eine Kaution geleistet, wird ein unverzinslicher Gehaltsvorschuss bis zum Dreifachen der Mieteigenbelastung der berechtigten Person gewährt, die sich bei entsprechender Anwendung des § 54 des Bundesbesoldungsgesetzes ergibt. Der Vorschuss ist in höchstens 20 gleichen Monatsraten zurückzuzahlen. Die Raten werden von den Dienstbezügen der berechtigten Person einbehalten. Bei vorzeitiger Versetzung oder Beendigung des Dienstverhältnisses ist der Rest des Vorschusses in einer

Summe zurückzuzahlen. Soweit die ortsübliche Kaution den Gehaltsvorschuss übersteigt, wird sie erstattet.

(3) Rückzahlungsansprüche gegenüber der Vermieterin oder dem Vermieter sind an den Dienstherrn abzutreten. Soweit die Kaution von der Vermieterin oder vom Vermieter berechtigterweise in Anspruch genommen wird, ist die berechtigte Person zur Rückzahlung des Erstattungsbetrags an den Dienstherrn verpflichtet.

(4) Bei Umzügen aus dem Ausland ins Inland ist § 9 Absatz 1 des Bundesumzugskostengesetzes anzuwenden.

(5) Soweit die Verhältnisse im Zusammenhang mit dem Bezug oder dem Auszug aus einer Wohnung am Auslandsdienstort von im Ausland typischen Verhältnissen abweichen und dies zu einer außergewöhnlichen, von der berechtigten Person nicht zu vertretenden Härte führt, kann die oberste Dienstbehörde eine Leistung zur Milderung der Härte gewähren. Die Entscheidung ist besonders zu begründen und zu dokumentieren.

§ 17
Technische Geräte

(1) Müssen beim Bezug der neuen Wohnung aufgrund der örtlichen Verhältnisse Klimageräte oder Notstromerzeuger beschafft werden, werden die Auslagen für das Beschaffen und den Einbau dieser Geräte sowie die Kosten für die bauliche Herrichtung der betreffenden Räume erstattet.

(2) Die berechtigte Person hat die Geräte auf ihre Kosten regelmäßig zu warten.

(3) Beim Auszug hat die berechtigte Person die Geräte dem Dienstherrn zur Verfügung zu stellen oder den nach Absatz 1 erstatteten Betrag zurückzuzahlen.

Unterabschnitt 4
Pauschalen und zusätzlicher Unterricht

§ 18
Umzugspauschale

(1) Eine berechtigte Person, die eine eigene Wohnung einrichtet, erhält für sich und die berücksichtigungsfähigen Personen eine Pauschale für sonstige Umzugskosten (Umzugspauschale), die sich aus Teilbeträgen nach den folgenden Absätzen zusammensetzt.

(2) Bei einem Auslandsumzug innerhalb der Europäischen Union erhält die berechtigte Person einen Betrag in Höhe von 20 Prozent des Grundgehalts der Stufe 8 der Besoldungsgruppe A 13. Für berücksichtigungsfähige Personen erhält die berechtigte Person zusätzlich folgende Beträge:
1. für eine Person nach § 2 Absatz 1 Satz 1 Nummer 1 oder Nummer 2 einen Betrag in Höhe von 19 Prozent des Grundgehalts der Stufe 8 der Besoldungsgruppe A 13,
2. für eine Person nach § 2 Absatz 1 Satz 1 Nummer 4 bis 6 einen Betrag in Höhe von 7 Prozent des Grundgehalts der Stufe 8 der Besoldungsgruppe A 13,
3. für ein Kind nach § 2 Absatz 1 Satz 1 Nummer 3 einen Betrag in Höhe von 10 Prozent des Grundgehalts der Stufe 8 der Besoldungsgruppe A 13,
4. für ein Kind nach § 2 Absatz 1 Satz 1 Nummer 3, für das ein Auslandszuschlag gezahlt wird, das aber nicht mitumzieht, einen Betrag in Höhe von 10 Prozent des Grundgehalts der Stufe 8 der Besoldungsgruppe A 13,
5. für ein Kind nach § 2 Absatz 1 Satz 1 Nummer 3, für das ein Auslandszuschlag gezahlt wird, das aber im Inland bleibt, einen Betrag in Höhe von 7 Prozent des Grundgehalts der Stufe 8 der Besoldungsgruppe A 13.

(3) Bei einem Umzug außerhalb der Europäischen Union, aus einem Mitgliedstaat der Europäischen Union in einen Staat außerhalb der Europäischen Union oder aus einem Staat außerhalb der Europäischen Union in einen Mitgliedstaat der Europäischen Union erhält die berechtigte Person einen Betrag in Höhe von 21 Prozent des Grundgehalts der Stufe 8 der Besoldungsgruppe A 13. Für berücksichtigungsfähige Personen erhält die berechtigte Person zusätzlich folgende Beträge:
1. für eine Person nach § 2 Absatz 1 Satz 1 Nummer 1 oder Nummer 2 einen Betrag in Höhe von 21 Prozent des Grundgehalts der Stufe 8 der Besoldungsgruppe A 13,
2. für eine Person nach § 2 Absatz 1 Satz 1 Nummer 4 bis 6 einen Betrag in Höhe von 10,5 Prozent des Grundgehalts der Stufe 8 der Besoldungsgruppe A 13,
3. für ein Kind nach § 2 Absatz 1 Satz 1 Nummer 3 einen Betrag in Höhe von 14 Prozent des Grundgehalts der Stufe 8 der Besoldungsgruppe A 13,

4. für ein Kind nach § 2 Absatz 1 Satz 1 Nummer 3, für das ein Auslandszuschlag gezahlt wird, das aber nicht mitumzieht, einen Betrag in Höhe von 14 Prozent des Grundgehalts der Stufe 8 der Besoldungsgruppe A 13,
5. für ein Kind nach § 2 Absatz 1 Satz 1 Nummer 3, für das ein Auslandszuschlag gezahlt wird, das aber im Inland bleibt, einen Betrag in Höhe von 7 Prozent des Grundgehalts der Stufe 8 der Besoldungsgruppe A 13.

(4) Bei einem Umzug aus einem anderen Mitgliedstaat der Europäischen Union ins Inland erhält die berechtigte Person 80 Prozent der Beträge nach Absatz 2, bei einem Umzug aus einem Staat außerhalb der Europäischen Union ins Inland erhält die berechtigte Person 80 Prozent der Beträge nach Absatz 3.

(5) Bei einem Umzug am Wohnort oder in dessen Einzugsgebiet nach § 23 erhält die berechtigte Person 60 Prozent der Beträge nach den Absätzen 2 und 3.

(6) Eine berechtigte Person, die keine Wohnung einrichtet oder eine ausgestattete Wohnung bezieht, erhält 25 Prozent der Beträge nach den Absätzen 2 und 3 für sich und die Person nach § 2 Absatz 1 Satz 1 Nummer 1 oder Nummer 2. Ist nur ein Teil der Privaträume ausgestattet, wird der Betrag nach Satz 1 verhältnismäßig erhöht.

(7) Ist innerhalb der letzten fünf Jahre ein Umzug mit Zusage der Umzugskostenvergütung nach § 3 oder § 4 Absatz 1 Nummer 2 bis 4 oder Absatz 2 des Bundesumzugskostengesetzes an einen anderen Wohnort durchgeführt worden und ist auch bei diesem Umzug eine eigene Wohnung für die Berechnung der pauschalen Vergütung berücksichtigt worden, wird ein Zuschlag in Höhe von 50 Prozent der Beträge nach den Absätzen 2 bis 6 gezahlt.

(8) Besteht am neuen Wohnort eine andere Netzspannung oder Netzfrequenz als am bisherigen Wohnort und ist die neue Wohnung nicht mit einer der bisherigen Wohnung entsprechenden Stromversorgung oder nicht mit den notwendigen elektrischen Geräten ausgestattet, wird ein Zuschlag in Höhe von 13 Prozent des Grundgehalts der Stufe 8 der Besoldungsgruppe A 13 gewährt. Besteht am neuen Wohnort eine andere Fernsehnorm als am bisherigen Wohnort, wird ein weiterer Zuschlag in Höhe von 10 Prozent des Grundgehalts der Stufe 8 der Besoldungsgruppe A 13 gewährt.

(9) Berechtigten Personen, die jeweils eine eigene Zusage der Umzugskostenvergütung erhalten haben und die eine gemeinsame Wohnung beziehen, wird insgesamt nur eine Umzugspauschale gewährt. In diesem Fall gilt eine der beiden Personen als berücksichtigungsfähige Person nach § 2 Absatz 1 Nummer 1 oder Nummer 2. Sind die Pauschalen der berechtigten Personen unterschiedlich hoch, wird die höhere gezahlt.

§ 19
Ausstattungspauschale

(1) Bei der ersten Verwendung im Ausland erhält die verheiratete oder in einer Lebenspartnerschaft lebende berechtigte Person eine Ausstattungspauschale in Höhe von 70 Prozent des Grundgehalts der Stufe 8 der Besoldungsgruppe A 13, zuzüglich des Grundgehalts der Stufe 8 der jeweiligen Besoldungsgruppe, mindestens der Besoldungsgruppe A 5, höchstens der Besoldungsgruppe B 3. Eine berechtigte Person, die weder verheiratet ist noch in einer Lebenspartnerschaft lebt, und die berechtigte Person, deren Ehegattin oder Ehegatte oder Lebenspartnerin oder Lebenspartner nicht an den neuen Dienstort umzieht, erhält 90 Prozent des sich nach Satz 1 ergebenden Betrages. Für jedes Kind, für das ihr Auslandskinderzuschlag zusteht, erhält die berechtigte Person einen Betrag in Höhe von 14 Prozent des Grundgehalts der Stufe 8 der Besoldungsgruppe A 13. Soweit die oberste Dienstbehörde besondere Verpflichtungen der dienstlichen Repräsentation anerkennt, erhöht sich die Ausstattungspauschale nach Satz 1 oder Satz 2 um 30 Prozent; dies gilt nicht für Empfängerinnen oder Empfänger einer Einrichtungspauschale nach § 20.

(2) Die berechtigte Person, die am neuen Dienstort keine Wohnung einrichtet oder eine ausgestattete Wohnung bezieht, erhält eine Ausstattungspauschale in Höhe von 50 Prozent der Beträge nach Absatz 1. Ist nur ein Teil der Privaträume einer Dienstwohnung ausgestattet, wird die Ausstattungspauschale nach Satz 1 verhältnismäßig erhöht.

(3) Bei einer weiteren Verwendung im Ausland wird eine Ausstattungspauschale gezahlt, wenn die berechtigte Person
1. innerhalb der letzten drei Jahre vor der neuen Verwendung nicht oder nur vorübergehend Dienstbezüge im Ausland oder entsprechende von einer zwischen- oder überstaatlichen Organisation gezahlte Bezüge erhalten hat,
2. bei vorausgegangenen Umzügen innerhalb der letzten drei Jahre keine Ausstattungspauschale aufgrund des § 14 Absatz 7 des Bundesumzugskostengesetzes erhalten hat oder
3. bei vorausgegangenen Umzügen innerhalb der letzten drei Jahre eine verminderte Ausstattungspauschale aufgrund des § 14 Absatz 7 des Bundesumzugskostengesetzes oder nach

§ 26 Absatz 1 Nummer 9 oder Absatz 5 Nummer 2 dieser Verordnung erhalten hat; in diesem Fall sind die Beträge anzurechnen, die bei den vorausgegangenen Umzügen gezahlt worden sind.

(4) Berechtigte Personen, denen bereits anlässlich einer Verwendung in einem Mitgliedstaat der Europäischen Union eine Ausstattungspauschale gewährt wurde, erhalten bei einem erneuten Umzug in einen Mitgliedstaat der Europäischen Union keine weitere Ausstattungspauschale.

(5) Berechtigte Personen, die eine Gemeinschaftsunterkunft beziehen, erhalten keine Ausstattungspauschale.

(6) § 18 Absatz 9 gilt entsprechend.

§ 20
Einrichtungspauschale

(1) Bei der Bestellung zur Leiterin oder zum Leiter einer Auslandsvertretung erhält die berechtigte Person, die eine ausgestattete Dienstwohnung bezieht oder eine möblierte Wohnung mietet, eine Einrichtungspauschale in Höhe von 140 Prozent des Grundgehalts der Stufe 1 ihrer jeweiligen Besoldungsgruppe. Berechtigte Personen, die einer Besoldungsgruppe der Bundesbesoldungsordnung B angehören, erhalten eine Einrichtungspauschale in Höhe von 120 Prozent des jeweiligen Grundgehalts. Für zusätzliche Einrichtungsgegenstände im Zusammenhang mit der Anwesenheit der Ehegattin oder des Ehegatten oder der Lebenspartnerin oder des Lebenspartners am Dienstort erhöht sich die Einrichtungspauschale um 10 Prozent.

(2) Bezieht die berechtigte Person eine Leerraumwohnung, erhöht sich die Pauschale nach Absatz 1 für die Einrichtung der Empfangsräume und der privaten Wohn- und Esszimmer jeweils um 50 Prozent. Ist die Wohnung teilweise ausgestattet, verringert sich der Prozentsatz verhältnismäßig.

(3) Die ständige Vertreterin oder der ständige Vertreter der Leiterin oder des Leiters einer Auslandsvertretung sowie die Leiterin oder der Leiter einer Außenstelle einer Auslandsvertretung erhalten bei ihrer Bestellung eine Einrichtungspauschale in Höhe von 50 Prozent der Pauschale nach Absatz 1. Bezieht die berechtigte Person eine Leerraumwohnung, erhält sie 75 Prozent der Pauschale nach Absatz 1. Absatz 2 Satz 2 gilt entsprechend.

(4) Früher gezahlte Einrichtungspauschalen sind anzurechnen. Übersteigen diese 80 Prozent der neuen Einrichtungspauschale, wird eine Einrichtungspauschale in Höhe von 20 Prozent gezahlt.

(5) Einer berechtigten Person, die während einer Auslandsverwendung zur Leiterin oder zum Leiter einer Auslandsvertretung bestellt wird, wird die Einrichtungspauschale nur gezahlt, wenn ihr aus Anlass der Bestellung die Umzugskostenvergütung zugesagt worden ist.

(6) Eine berechtigte Person, deren neuer Dienstort in einem Mitgliedstaat der Europäischen Union liegt, ist verpflichtet, die zweckentsprechende Verwendung der Einrichtungspauschale, die aus Anlass des Umzugs an diesen Dienstort gewährt worden ist, der obersten Dienstbehörde auf Verlangen nachzuweisen. Die dafür erforderlichen Belege sind für die Dauer des Verbleibs an diesem Dienstort aufzubewahren und der obersten Dienstbehörde auf Verlangen vorzulegen.

(7) § 18 Absatz 9 gilt entsprechend. (8) Das Bundesministerium der Verteidigung kann bestimmen, dass die Absätze 1 bis 7 in seinem Geschäftsbereich auch für sonstige berechtigte Personen in vergleichbaren Dienststellungen gelten.

§ 21
Pauschale für klimagerechte Kleidung

(1) Bei der ersten Verwendung an einem Auslandsdienstort mit einem Klima, das vom mitteleuropäischen Klima erheblich abweicht, wird eine Pauschale für das Beschaffen klimagerechter Kleidung gezahlt, die sich aus folgenden Teilbeträgen zusammensetzt:
1. an einem Dienstort mit extrem niedrigen Temperaturen
    a) für die berechtigte Person und die berücksichtigungsfähige Person nach § 2 Absatz 1 Satz 1 Nummer 1 oder Nummer 2 jeweils 30 Prozent des Grundgehalts der Stufe 8 der Besoldungsgruppe A 13,
    b) für jedes mitumziehende berücksichtigungsfähige Kind 15 Prozent des Grundgehalts der Stufe 8 der Besoldungsgruppe A 13,
2. an einem Dienstort mit extrem hohen Temperaturen für die berechtigte Person und die berücksichtigungsfähige Person nach § 2 Absatz 1 Satz 1 Nummer 1 oder Nummer 2 jeweils 15 Prozent des Grundgehalts der Stufe 8 der Besoldungsgruppe A 13.

Wird klimagerechte Kleidung von Amts wegen bereitgestellt, ist die Pauschale um 25 Prozent zu kürzen.

(2) Das Auswärtige Amt stellt im Einvernehmen mit dem Bundesministerium der Verteidigung durch Allgemeinverfügung die Auslandsdienstorte fest, deren Klima vom mitteleuropäischen Klima erheblich abweicht.

(3) Bei einer weiteren Verwendung an einem Auslandsdienstort nach Absatz 1 wird eine weitere Pauschale gezahlt, wenn
1. die berechtigte Person innerhalb der letzten drei Jahre vor der neuen Verwendung nicht an einem solchen Dienstort Auslandsdienstbezüge oder entsprechende von einer zwischen- oder überstaatlichen Organisation gezahlte Bezüge erhalten hat,
2. am neuen Dienstort Klimaverhältnisse herrschen, die denen am vorigen Dienstort entgegengesetzt sind, oder
3. die berechtigte Person bei den vorausgegangenen Umzügen innerhalb der letzten drei Jahre eine ermäßigte Pauschale aufgrund des § 26 Absatz 1 Nummer 10 oder Absatz 5 Nummer 3 erhalten hat und beim neuen Umzug keine Gründe für eine Ermäßigung vorliegen; in diesem Fall ist die bei den vorausgegangenen Umzügen gezahlte Pauschale anzurechnen.

(4) Gibt es am Dienstort während der Verwendung sowohl Zeiträume mit extrem niedrigen als auch Zeiträume mit extrem hohen Temperaturen, wird sowohl der Teilbetrag für Dienstorte mit extrem niedrigen Temperaturen als auch der Teilbetrag für Dienstorte mit extrem hohen Temperaturen gewährt.

(5) Ergeht die Feststellung nach Absatz 2 erst nach dem Dienstantritt der berechtigten Person, beginnt die Ausschlussfrist nach § 3 Absatz 1 für den Antrag auf Gewährung der Pauschale für das Beschaffen klimagerechter Kleidung mit der Feststellung der erheblichen Abweichung vom mitteleuropäischen Klima nach Absatz 2, sofern die berechtigte Person zum Zeitpunkt der Antragstellung noch für diesen Dienstort Auslandsdienstbezüge erhält.

(6) § 18 Absatz 9 gilt entsprechend.

§ 22
Zusätzlicher Unterricht

(1) Benötigt ein berücksichtigungsfähiges Kind aufgrund des Umzugs zusätzlichen Unterricht, werden die Unterrichtskosten für höchstens ein Jahr zu 90 Prozent erstattet. Die Frist beginnt spätestens ein Jahr nach Beendigung des Umzugs des Kindes.

(2) Insgesamt wird für jedes berücksichtigungsfähige Kind höchstens ein Betrag in Höhe des zum Zeitpunkt der Beendigung des Umzugs maßgeblichen Grundgehalts der Stufe 1 der Besoldungsgruppe A 14 erstattet. Mit Zustimmung der obersten Dienstbehörde können höhere Kosten erstattet werden, wenn die Anwendung des Satzes 1 für eine berechtigte Person mit häufigen Auslandsverwendungen eine unzumutbare Härte bedeuten würde.

Abschnitt 3
Sonderfälle

§ 23
Umzug am ausländischen Dienstort

(1) Für einen Umzug am ausländischen Dienstort kann Umzugskostenvergütung zugesagt werden, wenn die Gesundheit oder die Sicherheit der berechtigten Person oder der berücksichtigungsfähigen Personen erheblich gefährdet sind oder wenn ein Umzug aus anderen zwingenden Gründen, die sich aus dem Auslandsdienst und den besonderen Verhältnissen im Ausland ergeben, erforderlich ist. In diesen Fällen werden neben den Beförderungsauslagen nach § 5 Absatz 1 bis 3 auch die Auslagen für Wohnungsbeschaffungskosten nach § 16 sowie die Umzugspauschale nach § 18 Absatz 5 gezahlt. Soweit erforderlich, können auch Auslagen nach § 17 erstattet werden.

(2) Bei Umzügen nach Absatz 1 aus gesundheitlichen Gründen kann die Umzugskostenvergütung nur zugesagt werden, wenn die Notwendigkeit amts- oder vertrauensärztlich bescheinigt worden ist.

(3) Die Umzugskostenvergütung ist so rechtzeitig zu beantragen, dass über sie vor Beginn des geplanten Umzugs entschieden werden kann.

(4) Die berechtigte Person, der die Umzugskostenvergütung für einen Umzug nach § 3 Absatz 1 Nummer 1, 3 oder Nummer 4, nach § 4 Absatz 1 Nummer 2 bis 4 des Bundesumzugskostengesetzes oder in den Fällen des § 28 Absatz 1 und 2 dieser Verordnung zugesagt worden ist, erhält

für den Umzug in eine vorläufige Wohnung Umzugskostenvergütung, wenn der Dienstherr die neue Wohnung vorher schriftlich als vorläufige Wohnung anerkannt hat.

§ 24
Umzugsbeihilfe

(1) Wenn einer berechtigten Person mit Dienstbezügen die Umzugskostenvergütung zugesagt worden ist und sie nach dem Dienstantritt am neuen ausländischen Dienstort heiratet oder eine Lebenspartnerschaft begründet, können ihr für die Umzugsreise ihrer Ehegattin oder ihres Ehegatten oder ihrer Lebenspartnerin oder ihres Lebenspartners und der zu deren oder dessen häuslicher Gemeinschaft gehörenden minderjährigen Kinder, die durch die Reise in die häusliche Gemeinschaft der berechtigten Person aufgenommen werden, die notwendigen Fahrtkosten erstattet werden. Fahrtkosten werden nur erstattet bis zur Höhe der Kosten der billigsten Fahrkarte für ein regelmäßig verkehrendes Beförderungsmittel für eine Reise vom Wohnort der Ehegattin oder des Ehegatten oder der Lebenspartnerin oder des Lebenspartners zum Dienstort der berechtigten Person, höchstens jedoch für eine solche Reise vom letzten inländischen Dienstort der berechtigten Person an deren neuen ausländischen Dienstort. Die notwendigen Auslagen für das Befördern des Umzugsguts der Ehegattin oder des Ehegatten oder der Lebenspartnerin oder des Lebenspartners und des Umzugsguts ihrer oder seiner Kinder an den ausländischen Dienstort können bis zur Höhe der Auslagen erstattet werden, die entstanden wären, wenn das Umzugsgut vom letzten inländischen an den ausländischen Dienstort befördert worden wäre. § 6 Absatz 1 und § 10 Absatz 6 sind entsprechend anzuwenden.

(2) Bei dauerhafter Trennung im Ausland und bei Beendigung der Beurlaubung der berücksichtigungsfähigen Person nach § 2 Absatz 1 Satz 1 Nummer 1 oder Nummer 2 nach § 24 Absatz 2 des Gesetzes über den Auswärtigen Dienst auf Betreiben des Dienstherrn der berücksichtigungsfähigen Person ist Absatz 1 entsprechend anzuwenden, wenn die berücksichtigungsfähige Person bis zur Trennung zur häuslichen Gemeinschaft der berechtigten Person gehört hat. Die Auslagen werden für die Reise und die Beförderungskosten vom ausländischen Wohnort zum neuen Wohnort entsprechend erstattet, höchstens jedoch bis zur Höhe der Kosten für eine Rückkehr an den letzten inländischen Dienstort der berechtigten Person. Mehrkosten für das getrennte Versenden von Umzugsgut (§ 5 Absatz 3) werden nicht erstattet, wenn die berechtigte Person innerhalb von drei Monaten ins Inland versetzt wird.

(3) Die Absätze 1 und 2 gelten entsprechend für minderjährige Kinder, die erstmals zu dem in einem anderen Staat lebenden anderen Elternteil übersiedeln, sowie einmalig für Kinder der berechtigten Person, für die ein Anspruch auf Kindergeld besteht, bis längstens drei Monate nach Wegfall des Anspruchs für einen Umzug vom Inland ins Ausland oder im Ausland.

(4) Absatz 2 gilt entsprechend für berücksichtigungsfähige Kinder bei
1. Rückkehr ins Inland innerhalb von 18 Monaten nach Abschluss der Schulausbildung am ausländischen Dienstort,
2. Rückkehr ins Inland zur Fortsetzung der Schulausbildung, sofern es am Dienstort keine geeignete Schule gibt, oder
3. erstmaliger Aufnahme einer Berufsausbildung oder eines Studiums im Ausland innerhalb von 18 Monaten nach Abschluss der Schulausbildung am ausländischen Dienstort bis zur Höhe der Kosten für eine Rückkehr an den letzten inländischen Dienstort.

§ 25
Widerruf der Zusage der Umzugskostenvergütung

(1) Die Zusage der Umzugskostenvergütung kann ganz oder teilweise widerrufen werden, wenn
1. mit einer baldigen weiteren Versetzung an einen anderen Dienstort zu rechnen ist,
2. der Umzug aus besonderen Gründen nicht durchgeführt werden soll oder
3. die berechtigte Person stirbt, bevor sie an den neuen Dienstort umgezogen ist.

(2) Die Zusage der Umzugskostenvergütung gilt als ganz widerrufen, wenn vor dem Bezug der neuen Wohnung die Umzugskostenvergütung für einen anderen Umzug zugesagt worden ist.

(3) Wird die Zusage der Umzugskostenvergütung ganz oder teilweise widerrufen, hat die berechtigte Person
1. die Pauschalen nach den §§ 18 bis 21 zurückzuzahlen, soweit sie bis zur Bekanntgabe des Widerrufs nicht bestimmungsgemäß verbraucht worden sind;
2. alle Möglichkeiten zur Vermeidung von Kosten für Umzugsvorbereitungen zu nutzen. Andere notwendige Auslagen, die der berechtigten Person im Zusammenhang mit dem erwarteten Umzug entstanden sind, und Schäden, die als unmittelbare Folge des Widerrufs entstanden sind, können erstattet werden.

(4) Wird innerhalb von sechs Monaten nach dem Widerruf der Zusage die Umzugskostenvergütung für einen Umzug an einen anderen Ort zugesagt, werden die Pauschalen nach den §§ 18 bis 21, die die berechtigte Person aufgrund der ersten Zusage erhalten hat, auf die Beträge angerechnet, die ihr aufgrund der neuen Zusage gewährt werden. Die Anrechnung unterbleibt, soweit die berechtigte Person die Pauschalen bis zur Bekanntgabe des Widerrufs der ersten Zusage bestimmungsgemäß verbraucht hat und die daraus beschafften Gegenstände am neuen Dienstort nicht verwendbar sind.

(5) Wird die Zusage der Umzugskostenvergütung aus Gründen widerrufen, die die berechtigte Person zu vertreten hat, hat sie abweichend von den Absätzen 3 und 4 die schon erhaltene Umzugskostenvergütung insoweit zurückzuzahlen, als die Zusage widerrufen worden ist.

(6) Bei Rücknahme, Aufhebung oder Erledigung der Zusage der Umzugskostenvergütung auf andere Weise gelten die Absätze 3 bis 5 entsprechend.

§ 26
Umzugskostenvergütung bei einer Auslandsverwendung von bis zu zwei Jahren

(1) Soweit von vornherein feststeht, dass die berechtigte Person für nicht mehr als zwei Jahre ins Ausland oder im Ausland versetzt, abgeordnet oder abkommandiert wird, wird für den Hin- und Rückumzug Umzugskostenvergütung höchstens in folgendem Umfang gewährt:
1. Erstattung der Auslagen für die Umzugsreise nach § 12,
2. Erstattung der Auslagen für die Beförderung von Reisegepäck nach § 13,
3. Erstattung der Auslagen für eine vorübergehende Unterkunft nach § 14,
4. Erstattung der Beförderungsauslagen für bis zu 200 Kilogramm Umzugsgut für die berechtigte Person und jede mitumziehende berücksichtigungsfähige Person,
5. Erstattung der notwendigen Auslagen für das Beibehalten der bisherigen Wohnung im Inland, und zwar in voller Höhe, wenn diese aufgrund der dienstlichen Maßnahme nicht bewohnt wird, im Übrigen anteilig entsprechend der Zahl der Personen, die die Wohnung aufgrund der dienstlichen Maßnahme nicht mehr nutzen, oder Erstattung der notwendigen Auslagen für das Lagern des Umzugsguts,
6. Erstattung der notwendigen Garagenmiete für ein am bisherigen Dienst- oder Wohnort zurückgelassenes Personenkraftfahrzeug, sofern weder das Fahrzeug noch die Garage anderweitig genutzt wird,
7. Mietentschädigung nach § 15,
8. Erstattung der Wohnungsbeschaffungskosten nach § 16,
9. 40 Prozent der Umzugspauschale nach § 18 sowie 40 Prozent der Ausstattungspauschale nach § 19,
10. die Pauschale für klimagerechte Kleidung nach § 21; für jede mitumziehende berücksichtigungsfähige Person 40 Prozent dieser Pauschale.

(2) Leistungen nach Absatz 1 Nummer 5 und 6 werden nicht für Tage gewährt, für die die berechtigte Person Auslandstrennungsgeld oder vergleichbare Leistungen erhält. Leistungen nach Absatz 1 Nummer 9 und 10 werden für den Hin- und Rückumzug nur einmal gewährt.

(3) Anstelle der Erstattung der Auslagen nach Absatz 1 Nummer 5 können für die Beförderung des Umzugsguts an den ausländischen Dienstort Auslagen bis zur Höhe der Kosten erstattet werden, die durch eine Einlagerung im Inland entstanden wären, höchstens jedoch bis zur Höhe der Kosten für das Beibehalten der bisherigen Wohnung. Kann das Umzugsgut an einem anderen Ort unentgeltlich gelagert werden, können anstelle der Erstattung der Auslagen nach Absatz 1 Nummer 5 die Beförderungsauslagen nach § 10 Absatz 1 erstattet werden.

(4) Die oberste Dienstbehörde kann im Einzelfall aus dienstlichen Gründen
1. die Umzugskostenvergütung erweitern,
2. insbesondere aus Gründen der Sicherheit oder aus fiskalischen Gründen die Zusage der Umzugskostenvergütung auf die berechtigte Person beschränken.

(5) Bei einer Auslandsverwendung mit einer vorgesehenen Dauer von bis zu acht Monaten wird Umzugskostenvergütung nur gewährt, wenn Auslandsdienstbezüge (§ 52 des Bundesbesoldungsgesetzes) gezahlt werden. Die Absätze 1 bis 4 gelten in diesem Fall mit folgenden Maßgaben:
1. für die berechtigte Person und jede berücksichtigungsfähige Person, die an der Umzugsreise teilnimmt, werden die Auslagen für die Beförderung von bis zu 100 Kilogramm Umzugsgut erstattet;
2. 20 Prozent der Umzugspauschale nach § 18 sowie 10 Prozent der Ausstattungspauschale nach § 19 werden gezahlt,
3. für die berechtigte Person werden 50 Prozent und für jede mitumziehende berücksichtigungsfähige Person werden 20 Prozent der Pauschale für klimagerechte Kleidung nach § 21 gezahlt.

(6) Dauert die Auslandsverwendung nach Absatz 5 länger als ursprünglich vorgesehen, kann die Umzugskostenvergütung gezahlt werden, die für die längere Verwendungsdauer zusteht. In diesem Fall beginnt die Ausschlussfrist nach § 3 Absatz 1 für die Zahlung der zusätzlichen Umzugskostenvergütung an dem Tag, an dem der berechtigten Person die Verlängerung ihrer Verwendung bekannt gegeben wird.

§ 27
Rückführung aus Gefährdungsgründen

(1) Sind an einem ausländischen Dienstort Leben oder Gesundheit der berechtigten Person oder der zu ihrer häuslichen Gemeinschaft gehörenden berücksichtigungsfähigen Personen und von Betreuungspersonen, für die Kosten nach § 12 Absatz 4 erstattet wurden, erheblich gefährdet, kann die oberste Dienstbehörde Umzugskostenvergütung für die Rückführung oder den Umzug der berechtigten Person oder der zu ihrer häuslichen Gemeinschaft gehörenden berücksichtigungsfähigen Personen und der Betreuungspersonen sowie von Umzugsgut zusagen.

(2) Ist an einem ausländischen Dienstort das Eigentum der berechtigten Person oder der zu ihrer häuslichen Gemeinschaft gehörenden berücksichtigungsfähigen Personen erheblich gefährdet, kann die oberste Dienstbehörde Umzugskostenvergütung für die Rückführung von Umzugsgut zusagen.

(3) Die Zusage kann für eine Rückführung oder einen Umzug ins Inland oder im Ausland erteilt werden. Die Umzugskostenvergütung darf jedoch nur in dem Umfang zugesagt werden, wie es den Umständen nach notwendig ist. Die Sätze 1 und 2 gelten entsprechend für die Rückkehr zum Dienstort.

(4) Die oberste Dienstbehörde bestimmt im Einzelfall, in welchem Umfang Umzugskosten erstattet werden, wenn wegen erheblicher Gefährdung des Lebens, der Gesundheit oder des Eigentums oder wegen anderer außergewöhnlicher Verhältnisse im Ausland andere als die im Bundesumzugskostengesetz vorgesehenen dienstlichen Maßnahmen erforderlich sind. Dabei berücksichtigt sie die nach § 12 Absatz 8 der Auslandstrennungsgeldverordnung getroffenen Regelungen. Werden für einen Dienstort, an dem sich eine Auslandsvertretung befindet, Maßnahmen nach Satz 1 erforderlich, bestimmt das Auswärtige Amt den Umfang der Umzugskostenvergütung für alle an diesem Dienstort tätigen und von der Maßnahme betroffenen berechtigten Personen.

(5) Die berechtigte Person erhält eine pauschale Vergütung nach § 18 Absatz 6, wenn außer dem Reisegepäck Teile des Hausrats zurückgeführt werden müssen und sich die Zusage der Umzugskostenvergütung hierauf erstreckt.

§ 28
Umzug bei Beendigung des Beamtenverhältnisses

(1) Einer berechtigten Person mit Dienstort im Ausland, die in den Ruhestand tritt oder deren Beamtenverhältnis auf Zeit endet, ist Umzugskostenvergütung für einen Umzug an einen Ort ihrer Wahl im Inland zuzusagen. Umzugskostenvergütung wird nur gezahlt, wenn der Umzug spätestens zwei Jahre nach der Beendigung des Beamtenverhältnisses durchgeführt wird. Die oberste Dienstbehörde kann diese Frist in Ausnahmefällen um ein Jahr verlängern.

(2) Absatz 1 gilt nach dem Tod einer berechtigten Person, deren letzter Dienstort im Ausland liegt, entsprechend für berücksichtigungsfähige Personen, die am Todestag der berechtigten Person zu deren häuslicher Gemeinschaft gehört haben. Gibt es keine solchen berücksichtigungsfähigen Personen oder ziehen diese berücksichtigungsfähigen Personen nicht ins Inland um, können den Erbinnen und Erben die notwendigen Auslagen für das Befördern beweglicher Nachlassgegenstände an einen Ort im Inland sowie sonstige berücksichtigungsfähige Auslagen, die durch den Umzug nachweislich entstanden sind, erstattet werden, wenn die Auslagen innerhalb der in Absatz 1 genannten Frist entstanden sind. Für angestellte Betreuungspersonen gilt § 12 Absatz 4 entsprechend.

(3) Soweit in den Fällen der Absätze 1 und 2 Satz 1 Umzüge im Ausland durchgeführt werden, können die notwendigen Umzugsauslagen erstattet werden, höchstens jedoch in dem Umfang, in dem Auslagen bei einem Umzug an den Sitz der obersten Dienstbehörde entstanden wären. Wird später, jedoch noch innerhalb der Frist nach Absatz 1, ein Umzug ins Inland durchgeführt, ist der nach Satz 1 erstattete Betrag auf die nach Absatz 1 oder Absatz 2 zustehende Umzugskostenvergütung anzurechnen.

(4) Endet das Beamtenverhältnis einer berechtigten Person mit Dienstort im Ausland aus einem von ihr zu vertretenden Grund und zieht diese Person spätestens sechs Monate danach ins Inland um, können ihr und den berücksichtigungsfähigen Personen für diesen Umzug die Beför-

derungsauslagen und Fahrtkosten bis zur Höhe der Kosten der billigsten Fahrkarte für ein regelmäßig verkehrendes Beförderungsmittel erstattet werden, höchstens jedoch die Beförderungsauslagen und Fahrtkosten, die durch einen Umzug an den Sitz der obersten Dienstbehörde entstanden wären.

Abschnitt 4
Schlussvorschriften

§ 29
Übergangsregelungen

(1) Die Kosten für die Beförderung und die Einlagerung von Umzugsgut werden der berechtigten Person, die bereits vor Inkrafttreten dieser Verordnung über höheres Umzugsvolumen verfügt als nach dieser Verordnung berücksichtigt werden kann, bis zum nächsten Umzug ins Inland mit Zusage der Umzugskostenvergütung nach § 3 Absatz 1 Nummer 1 des Bundesumzugskostengesetzes in dem Umfang erstattet, in dem sie vor Inkrafttreten dieser Verordnung erstattungsfähig waren. Reisekosten für Hausangestellte, deren Kosten für die Reise zum bisherigen Dienstort im Rahmen der Auslandsumzugskostenverordnung vor Inkrafttreten dieser Verordnung erstattet wurden, können beim nächsten Umzug mit Zusage der Umzugskostenvergütung nach § 3 Absatz 1 Nummer 1 des Bundesumzugskostengesetzes im Rahmen der Kosten einer Reise ins Inland geltend gemacht werden.

(2) Hat die berechtigte Person den Dienst am neuen Dienstort infolge einer Maßnahme, für die Umzugskostenvergütung zugesagt worden ist, nach dem 30. Juni 2010, aber vor dem Inkrafttreten dieser Verordnung angetreten, bemisst sich die Höhe des Ausstattungs- und des Einrichtungsbeitrags nach den §§ 12 und 13 der Auslandsumzugskostenverordnung in der am 30. Juni 2010 geltenden Fassung und dem Bundesbesoldungsgesetz.

§ 30
Inkrafttreten, Außerkrafttreten

Diese Verordnung tritt am 1. Dezember 2012 in Kraft. Gleichzeitig tritt die Auslandsumzugskostenverordnung in der Fassung der Bekanntmachung vom 25. November 2003 (BGBl. I S. 2360), die zuletzt durch Artikel 15 Absatz 44 des Gesetzes vom 5. Februar 2009 (BGBl. I S. 160) geändert worden ist, außer Kraft.

Berlin, den 26. November 2012

IV.
Steuerliche Anerkennung von Umzugskosten nach R 9.9 Absatz 2 LStR;
Änderung der maßgebenden Beträge für umzugsbedingte Unterrichtskosten und sonstige Umzugsauslagen ab 1. März 2012, 1. Januar 2013 und 1. August 2013

BMF vom 23. 2. 2012 – IV C 5 – S 2353/08/10007 – 2012/0161821 – (BStBl I S. 262[1])

BMF vom 1. 10. 2012 (BStBl I S. 942)
IV C 5 – S 2353/08/10007 – 2012/0899967

Im Einvernehmen mit den obersten Finanzbehörden der Länder gilt zur Anwendung der §§ 6 bis 10 des Bundesumzugskostengesetzes (BUKG) für Umzüge ab **1. März 2012, ab 1. Januar 2013 sowie 1. August 2012** jeweils Folgendes:

1. Der Höchstbetrag, der für die Anerkennung umzugsbedingter Unterrichtskosten für ein Kind nach § 9 Absatz 2 BUKG maßgebend ist, beträgt bei Beendigung des Umzugs **ab**
   - **1. März 2012**   1 711 Euro;
   - **1. Januar 2013**   1 732 Euro;
   - **1. August 2013**   1 752 Euro.
2. Der Pauschbetrag für sonstige Umzugsauslagen nach § 10 Absatz 1 BUKG beträgt
   a) für Verheiratete bei Beendigung des Umzugs
   - **ab 1. März 2012**   1 357 Euro;
   - **ab 1. Januar 2013**   1 374 Euro;
   - **ab 1. August 2013**   1 390 Euro.

---
[1]) Die Umzugsauslagen ab 1. 1. 2012 bis 29. 2. 2012 → BMF vom 23. 2. 2012 (BStBl I S. 262).

b) für Ledige bei Beendigung des Umzugs
- ab 1. März 2012   *679 Euro;*
- ab 1. Januar 2013   *687 Euro;*
- ab 1. August 2013   *695 Euro.*

Der Pauschbetrag erhöht sich für jede in § 6 Absatz 3 Sätze 2 und 3 BUKG bezeichnete weitere Person mit Ausnahme des Ehegatten:
- zum 1. März 2012 um   *299 Euro;*
- zum 1. Januar 2013 um   *303 Euro;*
- zum 1. August 2013 um   *306 Euro.*

Das BMF-Schreiben vom 23. Februar 2012 – IV C 5 – S 2353/08/10007; DOK: 2012/0161821 (BStBl I S. 262) ist auf Umzüge, die nach dem 29. Februar 2012 beendet werden, nicht mehr anzuwenden.

Anhang 9

Doppelbesteuerungsabkommen

Steuerliche Behandlung des Arbeitslohns nach den Doppelbesteuerungsabkommen

BMF-Schreiben vom 14. 9. 2006 (BStBl I S. 532)

IV B 6 – S 1300 – 367/06

Unter Bezugnahme auf das Ergebnis der Erörterungen mit den obersten Finanzbehörden der Länder gilt für die Besteuerung der Einkünfte aus nichtselbständiger Arbeit nach den DBA Folgendes:

Inhaltsübersicht

1 Allgemeines
   1.1 Regelungsbereich eines DBA
   1.2 OECD-Musterabkommen
      1.2.1 Bestimmung der Ansässigkeit – Artikel 4 OECD-MA
      1.2.2. Vergütung aus unselbständiger Arbeit
         1.2.2.1 Artikel 15 OECD-MA
         1.2.2.2 Grenzgängerregelung
         1.2.2.3 Abgrenzung zu anderen Abkommensbestimmungen
      1.2.3 Vermeidung der Doppelbesteuerung – Artikel 23 OED-MA
2 Besteuerung im Inland
   2.1 Steuerpflicht nach Einkommensteuergesetz
   2.2 Progressionsvorbehalt
   2.3 Anwendung des § 50d Abs. 8 EStG
3 Besteuerung im Tätigkeitsstaat – Artikel 15 Abs. 1 OECD-MA
4 Besteuerung im Ansässigkeitsstaat – Artikel 15 Abs. 2 OECD-MA (183-Tage-Klausel)
   4.1 Voraussetzungen
   4.2 Artikel 15 Abs. 2 Buchstabe a OECD-MA – Aufenthalt bis zu 183 Tagen
      4.2.1 Ermittlung der Aufenthalts-/Ausübungstage
      4.2.2 183-Tage-Frist – Aufenthalt im Tätigkeitsstaat
      4.2.3 183-Tage-Frist – Dauer der Ausübung unselbständiger Arbeit im Tätigkeitsstaat
      4.2.4 Anwendung der 183-Tage-Frist auf das Steuerjahr/Kalenderjahr
      4.2.5 Anwendung der 183-Tage-Frist auf einen 12-Monats-Zeitraum
   4.3 Artikel 15 Abs. 2 Buchstabe b OECD-MA – Zahlung durch einen im Tätigkeitsstaat ansässigen Arbeitgeber
      4.3.1 Allgemeines
      4.3.2 Auslandstätigkeit für den zivilrechtlichen Arbeitgeber
      4.3.3 Arbeitnehmerentsendung zwischen international verbundenen Unternehmen
         4.3.3.1 Wirtschaftlicher Arbeitgeber
         4.3.3.2 Vereinfachungsregelung
         4.3.3.3 Entsendendes und aufnehmendes Unternehmer sind Arbeitgeber
         4.3.3.4 Gestaltungsmissbrauch i. S. des § 42 AO
         4.3.3.5 Arbeitgeber im Rahmen einer Poolvereinbarung
      4.3.4 Gewerbliche Arbeitnehmerüberlassung
      4.3.5 Gelegentliche Arbeitnehmerüberlassung zwischen fremden Dritten
      4.3.6 Beispiele
   4.4 Artikel 15 Abs. 2 Buchstabe c OECD-MA – Zahlung des Arbeitslohns zu Lasten einer Betriebsstätte des Arbeitgeber im Tätigkeitsstaat
5 Ermittlung des steuerpflichtigen/steuerfreien Arbeitslohns
   5.1 Differenzierung zwischen Anwendung der 183-Tage-Klausel und der Ermittlung des steuerpflichtigen/steuerfreien Arbeitslohns
   5.2 Grundsätze bei der Ermittlung des steuerpflichtigen/steuerfreien Arbeitslohns
   5.3 Direkte Zuordnung
   5.4 Aufteilung des verbleibenden Arbeitslohns
   5.5 Besonderheiten bei der Aufteilung bestimmter Lohnbestandteile
   5.6 Beispiele

6 Abkommensrechtliche Beurteilung bestimmter Auslandstätigkeiten
   6.1 Organe von Kapitalgesellschaften
   6.2 Sich-zur-Verfügung-Halten
   6.3 Abfindung
   6.4 Konkurrenz- oder Wettbewerbsverbot
   6.5 Tantiemen und andere jahresbezogene Erfolgsvergütungen
   6.6 Optionsrecht auf den Erwerb von Aktien („Stock Options")
      6.6.1 Handelbare Optionsrechte
      6.6.2 Nicht handelbare Optionsrechte
   6.7 Altersteilzeit nach Blockmodell
7 Besonderheiten bei Berufskraftfahrern
   7.1 Allgemeines
   7.2 Der Berufskraftfahrer und der Arbeitgeber sind im Inland ansässig; der Arbeitslohn wird nicht von einer ausländischen Betriebsstätte getragen
   7.3 Der Berufskraftfahrer ist im Inland ansässig, der Arbeitgeber ist im Ausland ansässig oder der Arbeitslohn wird von einer ausländischen Betriebsstätte getragen
   7.4 Sonderregelung im DBA-Türkei
8 Personal auf Schiffen und in Flugzeugen
9 Rückfallklauseln
   9.1 „Subject-to-tax"-Klausel
   9.2 „Remittance-base"-Klausel
10 Verständigungsvereinbarungen
11 Aufhebung von Verwaltungsanweisungen
12 Erstmalige Anwendung

1 Allgemeines

1.1 Regelungsbereich eines DBA

Die DBA enthalten Regelungen für die Zuweisung des Besteuerungsrechts sowie zur Vermeidung einer Doppelbesteuerung im Verhältnis der beiden vertragsschließenden Staaten zueinander. Die Abkommen werden häufig durch Protokolle, Briefwechsel oder andere Dokumente ergänzt und erläutert. Diese Dokumente sind Bestandteile des Abkommens und in gleicher Weise verbindlich.

Im Nachfolgenden werden die Regeln für die abkommensrechtliche Behandlung der Vergütungen aus unselbständiger Arbeit anhand des OECD-MA dargestellt. Dieses Musterabkommen entfaltet selbst keine rechtliche Bindungswirkung; die vor. Deutschland abgeschlossenen und rechtlich wirksamen DBA orientieren sich jedoch regelmäßig nach Inhalt und Aufbau am OECD-MA. Im konkreten Einzelfall sind die jeweiligen Vorschriften des anzuwendenden DBA maßgeblich, nicht das OECD-MA.

1.2 OECD-Musterabkommen

Sowohl das OECD-MA als auch der Musterkommentar werden vom Steuerausschuss der OECD laufend weiterentwickelt. Die deutsche Übersetzung des OECD-MA unter Berücksichtigung der am 28. Januar 2003 vom Steuerausschuss der OECD beschlossenen Änderungen enthält das BMF-Schreiben vom 18. Februar 2004, BStBl I S. 286.

Bei der steuerlichen Beurteilung von Vergütungen aus unselbständiger Arbeit sind insbesondere die Bestimmungen des nationalen Rechts und die des jeweils einschlägigen DBA zu beachten, wobei die nachfolgenden Regelungen des OECD-MA für die Auslegung einzubeziehen sind.

1.2.1 Bestimmung der Ansässigkeit – Artikel 4 OECD-MA

Für die Anwendung eines DBA ist die Bestimmung der Ansässigkeit des Arbeitnehmers und ggf. des Arbeitgebers entsprechend Art. 1 in Verbindung mit Art. 4 OECD-MA erforderlich. Der abkommensrechtliche Begriff der Ansässigkeit entspricht nicht dem im innerstaatlichen Recht verwendeten Begriff der unbeschränkten Steuerpflicht.

Während die unbeschränkte Steuerpflicht eine umfassende Steuerpflicht begründet, führt die Ansässigkeit einer Person in einem der Vertragsstaaten zu ihrer Abkommensberechtigung (vgl.

Art. 1 OECD-MA). Zugleich wird mit der Bestimmung der Ansässigkeit einer Person in einem Vertragsstaat dieser Staat für die Anwendung des Abkommens zum Ansässigkeitsstaat; der andere Vertragsstaat ist Quellenstaat. Eine Person kann zwar in beiden Vertragsstaaten z. B. aufgrund doppelten Wohnsitzes unbeschränkt steuerpflichtig sein, dagegen kann sie nur in einem der beiden Vertragsstaaten als ansässig im Sinne eines DBA gelten.

7   Eine natürliche Person ist nach Art. 4 Abs. 1 OECD-MA in einem Staat ansässig, wenn sie dort aufgrund ihres Wohnsitzes, ihres ständigen Aufenthaltes oder eines anderen ähnlichen Merkmals steuerpflichtig ist. Ist die Person danach in beiden Vertragsstaaten ansässig, ist nach der im Art. 4 Abs. 2 OECD-MA festgelegten Prüfungsreihenfolge festzustellen, in welchem Vertragsstaat die Person als ansässig gilt.

8   Zu berücksichtigen ist jedoch, dass nach Art. 4 Abs. 1 Satz 2 OECD-MA eine Ansässigkeit in einem Staat nicht begründet wird, wenn die Person in diesem Staat nur mit Einkünften aus Quellen in diesem Staat oder mit in diesem Staat gelegenem Vermögen steuerpflichtig ist, die Person nach deutschem Rechtsverständnis dort also nur der beschränkten Steuerpflicht unterliegt.

1.2.2 Vergütungen aus unselbständiger Arbeit

1.2.2.1 Artikel 15 OECD-MA

9   Nach Art. 15 Abs. 1 OECD-MA können die Vergütungen aus unselbständiger Arbeit ausschließlich im Ansässigkeitsstaat des Arbeitnehmers besteuert werden, es sei denn, die Tätigkeit wird im anderen Staat ausgeübt. Wird die unselbständige Arbeit im anderen Staat ausgeübt, steht grundsätzlich diesem Staat (Tätigkeitsstaat) das Besteuerungsrecht für die bezogenen Vergütungen zu. Abweichend hiervon steht unter den Voraussetzungen des Art. 15 Abs. 2 OECD-MA (sog. 183-Tage-Klausel) das Besteuerungsrecht für solche Vergütungen nur dem Ansässigkeitsstaat des Arbeitnehmers zu.

10 Art. 15 Abs. 3 OECD-MA enthält eine gesonderte Bestimmung für die Besteuerung der Vergütungen des Bordpersonals von Seeschiffen und Luftfahrzeugen im internationalen Verkehr und des Bordpersonals von Schiffen im Binnenverkehr (s. Tz. 8).

1.2.2.2 Grenzgängerregelung

11 Grenzgänger sind Arbeitnehmer, die i. d. R. im Grenzbereich des einen Staates arbeiten und täglich zu ihrem Wohnsitz im Grenzbereich des anderen Staates zurückkehren. Für diese gelten Besonderheiten nach den DBA mit Frankreich (Art. 13 Abs. 5 – i. d. R. Wohnsitzprinzip), Österreich (Art. 15 Abs. 6 – i. d. R. Wohnsitzprinzip) und der Schweiz (Art. 15a – begrenzte Besteuerung im Tätigkeitsstaat und Wohnsitzbesteuerung mit Anrechnungssystem).

1.2.2.3 Abgrenzung zu anderen Abkommensbestimmungen

12 Das OECD-MA und die einzelnen DBA enthalten darüber hinaus besondere Regelungen für die Zuweisung des Besteuerungsrechts bei bestimmten Arbeitnehmern, insbesondere für das für die Geschäftsführung eines Unternehmens verantwortliche Personal (z. B. Art. 16 Abs. 2 DBA-Österreich; Art. 16 Abs. 2 DBA-Polen; Art. 15 Abs. 4 DBA-Schweiz; s. auch Tz. 6.1), für Künstler und Sportler (Art. 17 OECD-MA), für Ruhegehälter (Art. 18 OECD-MA), für Studenten, Schüler, Lehrlinge und sonstige Auszubildende (Art. 20 OECD-MA), für Hochschullehrer und Lehrer (z. B. Art. 21 DBA-Italien; Art. 20 Abs. 1 DBA-Österreich; Art. 20 Abs. 1 DBA-USA) sowie für Mitglieder diplomatischer Missionen und konsularischer Vertretungen (Art. 28 OECD-MA).

13 Art. 15 OECD-MA betrifft nicht Vergütungen und Ruhegehälter im öffentlichen Dienst. Hierfür hat gemäß Art. 19 OECD-MA i. d. R. der Staat der zahlenden Kasse das Besteuerungsrecht. Ausnahmen bestehen für Arbeitnehmer, die die Staatsangehörigkeit des Tätigkeitsstaates besitzen (sog. Ortskräfte) oder deren Vergütungen im Zusammenhang mit einer gewerblichen Tätigkeit eines der Vertragsstaaten stehen.

1.2.3 Vermeidung der Doppelbesteuerung – Artikel 23 OECD-MA

14 Deutschland als Ansässigkeitsstaat vermeidet bei Einkünften aus unselbständiger Arbeit die Doppelbesteuerung regelmäßig durch Anwendung der Freistellungsmethode (entsprechend Art. 23 A OECD-MA). Das bedeutet, dass die Einkünfte aus unselbständiger Arbeit, die nach den Bestimmungen des anzuwendenden Abkommens im jeweils anderen Vertragsstaat (Tätigkeitsstaat) besteuert werden können, unter Berücksichtigung des Progressionsvorbehalts (§ 32b EStG) von der deutschen Besteuerung ausgenommen werden. Hiervon abweichende Regelungen in einzelnen Abkommen (z. B. Art. 24 Abs. 1 Buchstabe b Doppelbuchstabe bb DBA-Dänemark; Art. 20 Abs. 1 Buchstabe c DBA-Frankreich; Abs. 13 des Protokolls zum DBA-Italien bei gewerbsmäßiger Arbeitnehmerüberlassung) sind zu berücksichtigen.

Zu den Besonderheiten, die bei der Freistellung im deutschen Lohnsteuerabzugsverfahren zu beachten sind, wird auf R 123 LStR[1]) verwiesen.

In Ergänzung der abkommensrechtlichen Regelungen setzt die Steuerfreistellung im Veranlagungsverfahren grundsätzlich die ausländische Besteuerung voraus. Hierzu wird auf die Ausführungen zu § 50d Abs. 8 EStG und zu den Rückfallklauseln in den DBA verwiesen (s. Tz. 2.3 und 9).

2 Besteuerung im Inland

2.1 Steuerpflicht nach dem Einkommensteuergesetz

Steuerliche Sachverhalte mit Auslandsbezug, die nach dem nationalen Recht der Besteuerung im Inland unterliegen, können im Verhältnis zu DBA-Staaten nur besteuert werden, wenn das jeweils anzuwendende DBA das deutsche Besteuerungsrecht nicht ausschließt.

Hat ein Arbeitnehmer einen Wohnsitz oder seinen gewöhnlichen Aufenthalt in Deutschland, unterliegt er als unbeschränkt Steuerpflichtiger grundsätzlich mit seinem gesamten Welteinkommen der inländischen Besteuerung (§ 1 Abs. 1 EStG i. V. m. § 2 Abs. 1 EStG). Fehlt es an einem solchen Wohnsitz oder gewöhnlichen Aufenthalt und werden vom Arbeitnehmer, der inländische Einkünfte i. S. des § 49 Abs. 1 Nr. 4 EStG erzielt, nach § 1 Abs. 4 EStG beschränkt steuerpflichtig. Die Erzielung inländischer Einkünfte nach § 49 Abs. 1 Nr. 4 EStG ist nicht von einem Mindestaufenthalt im Inland abhängig.

Auf die unbeschränkte Steuerpflicht nach § 1 Abs. 2 und 3 EStG sowie § 1a EStG wird hingewiesen.

Beispiel:
Der in den Niederlanden wohnhafte Arbeitnehmer A ist für den in Aachen ansässigen Arbeitgeber B tätig.
A übt seine Tätigkeit zu 60 % in Deutschland und zu 40 % in den Niederlanden aus.

Soweit A seine Tätigkeit im Inland ausübt, erzielt er inländische Einkünfte i. S. des § 49 Abs. 1 Nr. 4 Buchstabe a EStG. Nur für den auf diese Tätigkeit entfallenden Arbeitslohn besteht eine beschränkte Steuerpflicht nach § 1 Abs. 4 EStG.

Besteht eine beschränkte Steuerpflicht i. S. des § 1 Abs. 4 EStG, kann der Arbeitnehmer bei Vorliegen der Voraussetzungen des § 1 Abs. 3 EStG (bei EU/EWR-Staatsangehörigen i. V. m. § 1a EStG) als unbeschränkt Steuerpflichtiger behandelt werden.

2.2 Progressionsvorbehalt

Besteht im Inland ein Wohnsitz oder gewöhnlicher Aufenthalt, unterliegen die nach einem DBA in Deutschland steuerfreien Einkünfte dem Progressionsvorbehalt nach § 32b Abs. 1 Nr. 3 erster Halbsatz EStG. Bei einer im Veranlagungszeitraum nur zeitweise bestehenden unbeschränkten Steuerpflicht sind die ausländischen Einkünfte, die im Veranlagungszeitraum nicht der deutschen Einkommensteuer unterlegen haben, ebenfalls in den Progressionsvorbehalt einzubeziehen (§ 32b Abs. 1 Nr. 2 EStG).

Verfügt der Arbeitnehmer im Inland über keinen Wohnsitz oder hat er keinen gewöhnlichen Aufenthalt und wird § 1 Abs. 3 EStG, § 1a EStG oder § 50 Abs. 5 Satz 2 Nr. 2 EStG angewendet, ist der Progressionsvorbehalt ebenfalls zu berücksichtigen, wenn die Summe der dem deutschen Einkommensteuerpflicht unterliegenden Einkünfte positiv ist (§ 32b Abs. 1 Nr. 3 zweiter Halbsatz EStG). Wird eine Einkommensteuerveranlagung nach § 50 Abs. 5 Satz 2 Nr. 2 EStG auf Antrag durchgeführt, sind zusätzlich die Einkünfte, die dem Steuerabzug vom Kapitalertrag oder dem Steuerabzug aufgrund des § 50a EStG unterliegen, in den Progressionsvorbehalt einzubeziehen (§ 50 Abs. 5 Satz 2 Nr. 2 Satz 6 EStG).

Die Höhe der Einkünfte, die dem Progressionsvorbehalt unterliegen, ist nach deutschem Steuerrecht zu ermitteln (BFH-Urteil vom 22. Mai 1991, BStBl 1992 II S. 94). Dies bedeutet, dass beispielsweise ausländische Werbungskostenpauschalen oder Steuerbefreiungsvorschriften nicht zu berücksichtigen sind. Die steuerfreien ausländischen Einkünfte aus nichtselbständiger Arbeit i. S. des § 32b Abs. 1 Nr. 2 und 3 EStG sind als Überschuss der Einnahmen über die Werbungskosten zu berechnen. Dabei sind die tatsächlich angefallenen Werbungskosten oder der Arbeitnehmer-Pauschbetrag auch dann zu berücksichtigen, wenn bei der Ermittlung des im Inland zu versteuernden Einkommens der Arbeitnehmer-Pauschbetrag gemäß § 9a Satz 1 Nr. 1 Buchstabe a EStG gewährt wurde (BFH-Urteil vom 17. Dezember 2003, BStBl 2005 II S. 96).

---
[1]) Jetzt: R 39b.10 LStR.

2.3 Anwendung des § 50d Abs. 8 EStG

24 Ab dem Veranlagungszeitraum 2004 ist gemäß § 50d Abs. 8 EStG zu beachten, dass die in einem DBA vereinbarte Freistellung der Einkünfte eines unbeschränkt Steuerpflichtigen aus nichtselbständiger Arbeit in Deutschland nur zu gewähren ist, soweit der Steuerpflichtige nachweist, dass der Staat, dem nach dem Abkommen das Besteuerungsrecht zusteht (Tätigkeitsstaat), auf dieses Besteuerungsrecht verzichtet hat oder dass die in diesem Staat auf die Einkünfte festgesetzten Steuern entrichtet wurden.

25 Zu weiteren Einzelheiten hierzu wird auf die Ausführungen im BMF-Schreiben vom 21. Juli 2005, BStBl I S. 821 verwiesen.

3 Besteuerung im Tätigkeitsstaat – Artikel 15 Abs. 1 OECD-MA

26 Nach Art. 15 Abs. 1 OECD-MA können die Vergütungen aus unselbständiger Arbeit ausschließlich im Ansässigkeitsstaat des Arbeitnehmers besteuert werden, es sei denn, die Tätigkeit wird im anderen Staat ausgeübt. Wird die unselbständige Arbeit im anderen Staat ausgeübt, steht grundsätzlich diesem Staat (Tätigkeitsstaat) das Besteuerungsrecht für die bezogenen Vergütungen zu.

27 Der Ort der Arbeitsausübung ist grundsätzlich der Ort, an dem sich der Arbeitnehmer zur Ausführung seiner Tätigkeit persönlich aufhält. Unerheblich ist, woher oder wohin die Zahlung des Arbeitslohns geleistet wird oder wo der Arbeitgeber ansässig ist.

4 Besteuerung im Ansässigkeitsstaat – Artikel 15 Abs. 2 OECD-MA (183-Tage-Klausel)

4.1 Voraussetzungen

28 Abweichend von Art. 15 Abs. 1 OECD-MA steht dem Ansässigkeitsstaat des Arbeitnehmers das ausschließliche Besteuerungsrecht für eine nicht in diesem Staat ausgeübte nichtselbständige Arbeit zu, wenn sich der Arbeitnehmer insgesamt nicht länger als 183 Tage innerhalb eines im jeweiligen Abkommen näher beschriebenen Zeitraums im Tätigkeitsstaat aufgehalten oder die Tätigkeit dort ausgeübt hat (Tz. 4.2) **und**

der Arbeitgeber, der die Vergütungen zahlt, nicht im Tätigkeitsstaat ansässig ist (Tz. 4.3) **und**

der Arbeitslohn nicht von einer Betriebsstätte oder einer festen Einrichtung, die der Arbeitgeber im Tätigkeitsstaat hat, getragen wurde (Tz. 4.4).

29 Nach einigen DBA ist weitere Voraussetzung, dass der Arbeitgeber im selben Staat wie der Arbeitnehmer ansässig ist, z. B. Art. 15 Abs. 2 Buchstabe b DBA-Norwegen.

30 Nur wenn alle drei Voraussetzungen zusammen vorliegen, steht dem Ansässigkeitsstaat des Arbeitnehmers das Besteuerungsrecht für Vergütungen, die für eine im Ausland ausgeübte Tätigkeit gezahlt werden, zu.

31 Liegen dagegen nicht sämtliche Voraussetzungen des Art. 15 Abs. 2 OECD-MA zusammen vor, steht nach Art. 15 Abs. 1 OECD-MA dem Tätigkeitsstaat das Besteuerungsrecht für die vom Arbeitnehmer dort ausgeübte unselbständige Arbeit zu.

32 Ist in einem solchen Fall Deutschland der Ansässigkeitsstaat des Arbeitnehmers, sind die Vergütungen unter Beachtung des § 50d Abs. 8 EStG im Inland freizustellen und nur im Rahmen des Progressionsvorbehalts zu berücksichtigen.

33 Ist in einem solchen Fall Deutschland der Tätigkeitsstaat, ist nach den Vorschriften des nationalen Rechts zu prüfen, ob die Vergütungen des Arbeitnehmers aus seiner im Inland ausgeübten Tätigkeit im Wege der unbeschränkten oder der beschränkten Steuerpflicht der inländischen Besteuerung unterliegen.

4.2 Artikel 15 Abs. 2 Buchstabe a OECD-MA – Aufenthalt bis zu 183 Tagen

4.2.1 Ermittlung der Aufenthalts-/Ausübungstage

34 Die in den DBA genannte 183-Tage-Frist bezieht sich häufig auf den **Aufenthalt** im Tätigkeitsstaat (z. B. Art. 13 Abs. 4 Nr. 1 DBA-Frankreich; Art. 15 Abs. 2 Buchstabe a DBA-Italien; Art. 15 Abs. 2 Buchstabe a DBA-Österreich). Nach einigen DBA ist jedoch die Dauer der **Ausübung** der nichtselbständigen Arbeit im Tätigkeitsstaat maßgebend (Art. 15 Abs. 2 Nr. 1 DBA-Belgien; Art. 15 Abs. 2 Buchstabe a DBA-Dänemark).

35 Die genannte 183-Tage-Frist kann sich entweder auf das Steuerjahr beziehen oder auf das Kalenderjahr (z. B. Art. 15 Abs. 2 Buchstabe a DBA-Italien; Art. 15 Abs. 2 Buchstabe a DBA-Schweiz; Art. 15 Abs. 2 Nr. 1 DBA-Luxemburg) oder auch auf einen Zeitraum von zwölf Monaten (z. B. Art. 15 Abs. 2 Buchstabe a DBA-Kanada 2001; Art. 15 Abs. 2 Buchstabe a DBA-Russische Föderation; Art. 15 Abs. 2 Buchstabe a DBA-Norwegen). Zum Übergang vom Steuerjahr auf einen

Zwölfmonatszeitraum als Bezugszeitraum nach dem DBA-Polen wird auf das BMF-Schreiben vom 29. Oktober 2004, BStBl I S. 1029 verwiesen.

Da es sich bei der Ermittlung der Aufenthalts-/Ausübungstage um ein Besteuerungsmerkmal handelt, das ausschließlich Aufenthalts- oder Ausübungstage im Tätigkeitsstaat betrifft, ist ein Wechsel der Ansässigkeit innerhalb der vorgenannten Bezugszeiträume unbeachtlich. Demzufolge sind die nach der 183-Tage-Klausel zu berücksichtigenden Tage im Tätigkeitsstaat ohne Beachtung der Ansässigkeit zusammenzurechnen. 36

Beispiel:

Der in Schweden ansässige A ist für seinen schwedischen Arbeitgeber ab dem 1. Juni 01 für eine Probezeit von drei Monaten in Deutschland tätig. Ab dem 1. September 01 wird A in Deutschland dauerhaft tätig und soll ab diesem Zeitpunkt als in Deutschland ansässig gelten. A hält sich während des genannten Zeitraums an mehr als 183 Tagen in Deutschland auf.

Für die Ermittlung der Aufenthaltstage ist es unerheblich, dass A ab dem 1. September 01 in Deutschland ansässig ist. Deutschland steht das Besteuerungsrecht für die vom 1. Juni bis 31. Dezember 01 erzielten Vergütungen zu.

4.2.2 183-Tage-Frist – Aufenthalt im Tätigkeitsstaat

Wird in einem DBA zur Ermittlung der Aufenthalts-/Ausübungstage auf den **Aufenthalt** im Tätigkeitsstaat abgestellt, so ist hierbei nicht die Dauer der beruflichen Tätigkeit maßgebend, sondern allein die körperliche Anwesenheit im Tätigkeitsstaat. Es kommt darauf an, ob der Arbeitnehmer an mehr als 183 Tagen im Tätigkeitsstaat anwesend war. Dabei ist auch eine nur kurzfristige Anwesenheit an einem Tag als voller Aufenthaltstag im Tätigkeitsstaat zu berücksichtigen. Es muss sich nicht um einen zusammenhängenden Aufenthalt im Tätigkeitsstaat handeln; mehrere Aufenthalte im selben Tätigkeitsstaat sind zusammenzurechnen. 37

Als volle Tage des Aufenthalts im Tätigkeitsstaat werden u. a. mitgezählt: 38

- der Ankunfts- und Abreisetag,
- alle Tage der Anwesenheit im Tätigkeitsstaat unmittelbar vor, während und unmittelbar nach der Tätigkeit, z. B. Samstage, Sonntage, öffentliche Feiertage,
- Tage der Anwesenheit im Tätigkeitsstaat während Arbeitsunterbrechungen, z. B. bei Streik, Aussperrung, Ausbleiben von Lieferungen oder Krankheit, es sei denn, die Krankheit steht der Abreise des Arbeitnehmers entgegen und er hätte ohne sie die Voraussetzungen für die Steuerbefreiung im Tätigkeitsstaat erfüllt,
- Urlaubstage, die unmittelbar oder in einem engen zeitlichen Zusammenhang vor, während und nach der Tätigkeit im Tätigkeitsstaat verbracht werden.

Tage, die ausschließlich außerhalb des Tätigkeitsstaats verbracht werden, unabhängig davon, ob aus beruflichen oder privaten Gründen, werden nicht mitgezählt. Auch zählen Tage des Transits in einem Durchreisestaat nicht als Aufenthaltstage für diesen Staat. 39

Kehrt der Arbeitnehmer täglich zu seinem Wohnsitz im Ansässigkeitsstaat zurück, so ist er täglich im Tätigkeitsstaat anwesend (BFH-Urteil vom 10. Juli 1996, BStBl 1997 II S. 15). 40

Zur Ermittlung der Aufenthaltstage nach dem DBA-Frankreich wird auf die Verständigungsvereinbarung mit Frankreich vom 16. Februar 2006 (BMF-Schreiben vom 3. April 2006, BStBl I S. 304) hingewiesen. 41

Beispiel 1: 42

A ist für seinen deutschen Arbeitgeber mehrere Monate lang jeweils von Montag bis Freitag in den Niederlanden tätig. Seine Wochenenden verbringt er bei seiner Familie in Deutschland. Dazu fährt er an jedem Freitag nach Arbeitsende nach Deutschland. Er verlässt Deutschland jeweils am Montagmorgen, um in den Niederlanden seiner Berufstätigkeit nachzugehen.

Die Tage von Montag bis Freitag sind jeweils als volle Anwesenheitstage in den Niederlanden zu berücksichtigen, weil sich A dort zumindest zeitweise aufgehalten hat. Dagegen können die Samstage und Sonntage mangels Aufenthalt in den Niederlanden nicht als Anwesenheitstage im Sinne der 183-Tage-Klausel berücksichtigt werden.

Beispiel 2: 43

Wie Fall 1. Jedoch fährt A an jedem Samstagmorgen von den Niederlanden nach Deutschland und an jedem Sonntagabend zurück in die Niederlande.

Bei diesem Sachverhalt sind auch die Samstage und Sonntage als volle Anwesenheitstage in den Niederlanden im Sinne der 183-Tage-Klausel zu berücksichtigen, weil sich A an diesen Tagen zumindest zeitweise dort aufgehalten hat.

Doppelbesteuerungsabkommen

44 **Beispiel 3:**

B ist für seinen deutschen Arbeitgeber vom 1. Januar bis 15. Juni in Schweden tätig. Vom 25. Juni bis 24. Juli verbringt er dort seinen Urlaub.

Das Besteuerungsrecht für den Arbeitslohn hat Schweden, weil sich B länger als 183 Tage im Kalenderjahr in Schweden aufgehalten hat (Art. 15 DBA-Schweden), denn die Urlaubstage, die B im Anschluss an seine Tätigkeit in Schweden verbringt, stehen in einem engen zeitlichen Zusammenhang mit dieser Tätigkeit und werden daher für die Aufenthaltsdauer berücksichtigt.

45 **Beispiel 4:**

C fährt für seinen deutschen Arbeitgeber an einem Montag mit dem Pkw von Hamburg nach Mailand, um dort eine Montagetätigkeit auszuüben. Er unterbricht seine Fahrt in Österreich, wo er übernachtet. Am folgenden Tag fährt C weiter nach Mailand. Am Freitag fährt C von Mailand über Österreich nach Hamburg zurück.

C durchquert Österreich lediglich für Zwecke des Transits. Zur Berechnung der Aufenthaltstage in Österreich werden daher die Tage, die C auf seiner Fahrt von und nach Mailand in Österreich verbringt, nicht gezählt; damit sind für Italien vier Tage zu zählen, für Österreich ist kein Tag zu berücksichtigen.

4.2.3 183-Tage-Frist – Dauer der Ausübung der unselbständigen Arbeit im Tätigkeitsstaat

46 Wird in einem DBA zur Ermittlung der Aufenthalts-/Ausübungstage auf die Dauer der **Ausübung** der unselbständigen Arbeit im Tätigkeitsstaat abgestellt, so ist hierbei jeder Tag zu berücksichtigen, an dem sich der Arbeitnehmer, sei es auch nur für kurze Zeit, in dem anderen Vertragsstaat zur Arbeitsausübung tatsächlich aufgehalten hat.

47 Tage der Anwesenheit im Tätigkeitsstaat, an denen eine Ausübung der beruflichen Tätigkeit ausnahmsweise nicht möglich ist, werden mitgezählt, z. B. bei Streik, Aussperrung,

Ausbleiben von Lieferungen oder Krankheit, es sei denn, die Krankheit steht der Abreise des Arbeitnehmers entgegen und er hätte ohne sie die Voraussetzungen für die Steuerbefreiung im Tätigkeitsstaat erfüllt. Abweichend von Tz. 4.2.2 sind alle arbeitsfreien Tage der Anwesenheit im Tätigkeitsstaat vor, während und nach der Tätigkeit, z. B. Samstage, Sonntage, öffentliche Feiertage, Urlaubstage, nicht zu berücksichtigen.

48 Im Verhältnis zu Belgien gilt die Besonderheit, dass für die Berechnung der Tage der Arbeitsausübung übliche Arbeitsunterbrechungen mitgezählt werden. Daraus folgt, dass z. B.

Tage wie Samstage, Sonntage, Krankheits- und Urlaubstage, auch wenn sie nicht im Tätigkeitsstaat verbracht werden, mitzuzählen sind, soweit sie auf den Zeitraum der Auslandstätigkeit entfallen (Art. 15 Abs. 2 Nr. 1 DBA-Belgien).

49 **Beispiel 1:**

A ist für seinen deutschen Arbeitgeber mehrere Monate lang jeweils von Montag bis Freitag in Dänemark tätig. Seine Wochenenden verbringt er bei seiner Familie in Deutschland. Dazu fährt er an jedem Samstagmorgen von Dänemark nach Deutschland und an jedem Sonntagabend zurück nach Dänemark.

Die Tage von Montag bis Freitag sind jeweils als volle Tage in Dänemark zu berücksichtigen, weil A an diesen Tagen dort seine berufliche Tätigkeit ausgeübt hat. Dagegen können die Samstage und Sonntage mangels Ausübung der Tätigkeit in Dänemark nicht als Tage im Sinne der 183-Tage-Klausel berücksichtigt werden.

50 **Beispiel 2:**

B ist für seinen deutschen Arbeitgeber zwei Wochen in Belgien tätig. Hierzu reist B am Sonntag nach Brüssel und nimmt dort am Montag seine Tätigkeit auf. Am folgenden Wochenende fährt B am Samstag nach Deutschland und kehrt am Montagmorgen zurück nach Brüssel. Nach Beendigung seiner Tätigkeit am darauf folgenden Freitag kehrt B am Samstag nach Deutschland zurück.

Der Anreisetag sowie der Abreisetag werden nicht als Tage in Belgien berücksichtigt, weil B an diesen Tagen dort seine berufliche Tätigkeit nicht ausgeübt hat und eine Arbeitsunterbrechung nicht gegeben ist. Die Tage von Montag bis Freitag sind jeweils als Tage in Belgien zu berücksichtigen, weil B an diesen Tagen dort seine berufliche Tätigkeit ausgeübt hat. Das dazwischen liegende Wochenende wird unabhängig vom Aufenthaltsort für Belgien berücksichtigt, weil eine übliche Arbeitsunterbrechung vorliegt.

4.2.4 Anwendung der 183-Tage-Frist auf das Steuerjahr/Kalenderjahr

51 Wird in einem DBA zur Ermittlung der Aufenthalts-/Ausübungstage auf das Steuerjahr oder Kalenderjahr abgestellt, so sind die Aufenthalts-/Ausübungstage für jedes Steuer- oder Kalenderjahr gesondert zu ermitteln. Weicht das Steuerjahr des anderen Vertragsstaats vom Steuerjahr Deutschlands (= Kalenderjahr) ab, ist jeweils das Steuerjahr des Vertragsstaats maßgebend, in dem die Tätigkeit ausgeübt wird.

Folgende Vertragsstaaten haben ein vom Kalenderjahr abweichendes Steuerjahr: 52

Australien	01.07. bis 30.06
Bangladesch	01.07. bis 30.06
Großbritannien	06.04. bis 05.04
Indien	01.04. bis 31.03
Iran	21.03. bis 20.03.
Mauritius	01.07. bis 30.06.
Namibia	01.03. bis 28./29.02
Neuseeland	01.04. bis 31.03.
Pakistan	01.07. bis 30.06.
Sri Lanka	01.04. bis 31.03.
Südafrika	01.03. bis 28./29.02.

Irland hat sein Steuerjahr zum 1. Januar 2002 auf das Kalenderjahr umgestellt. 53

Beispiel 1: 54
A ist vom 1. Oktober 01 bis 31. Mai 02 für seinen deutschen Arbeitgeber in Schweden tätig.
Die Aufenthaltstage sind für jedes Kalenderjahr getrennt zu ermitteln. A hält sich weder im Kalenderjahr 01 noch im Kalenderjahr 02 länger als 183 Tage in Schweden auf.

Beispiel 2: 55
B ist für seinen deutschen Arbeitgeber vom 1. Januar bis 31. Juli 02 in Großbritannien (Steuerjahr 6. April bis 5. April) tätig.
Die Aufenthaltstage sind für jedes Steuerjahr getrennt zu ermitteln. Maßgeblich ist das Steuerjahr des Tätigkeitsstaates. Da das Steuerjahr 01/02 in Großbritannien am 5. April 02 endet, hält sich B weder im Steuerjahr 01/02 noch im Steuerjahr 02/03 länger als 183 Tage in Großbritannien auf.

4.2.5 Anwendung der 183-Tage-Frist auf einen 12-Monats-Zeitraum

Wird in einem DBA statt auf das Steuer- oder Kalenderjahr auf einen „Zeitraum von zwölf Monaten" abgestellt, so sind hierbei alle denkbaren 12-Monats-Zeiträume in Betracht zu ziehen, auch wenn sie sich zum Teil überschneiden. Immer wenn sich der Arbeitnehmer in einem beliebigen 12-Monats-Zeitraum an mehr als 183 Tagen in dem anderen Vertragsstaat aufhält, steht diesem für die Einkünfte, die auf diese Tage entfallen, das Besteuerungsrecht zu. Mit jedem Aufenthaltstag des Arbeitnehmers in dem anderen Vertragsstaat ergeben sich somit neue zu beachtende 12-Monats-Zeiträume. 56

Beispiel 1: 57
A ist für seinen deutschen Arbeitgeber vom 1. April 01 bis 20. April 01, zwischen dem 1. August 01 und dem 31. März 02 für 90 Tage sowie vom 25. April 02 bis zum 31. Juli 02 für 97 Tage in Norwegen tätig.
Für die Vergütungen, die innerhalb des Zeitraums 1. August 01 bis 31. Juli 02 auf Tage entfallen, an denen sich A in Norwegen aufhält, hat Norwegen das Besteuerungsrecht, da sich A innerhalb eines 12-Monats-Zeitraums dort an insgesamt mehr als 183 Tagen aufgehalten hat. Deutschland stellt insoweit die Vergütungen des A unter Beachtung des § 50d Abs. 8 EStG und des Progressionsvorbehalts frei (Art. 23 Abs. 2 DBA-Norwegen). Das Besteuerungsrecht für die Einkünfte, die auf den Zeitraum 1. April bis 20. April 01 entfallen, steht dagegen Deutschland zu, da in allen auf diesen Zeitraum bezogenen denkbaren 12-Monats-Zeiträumen sich A an nicht mehr als 183 Tagen in Norwegen aufgehalten hat.

Beispiel 2: 58
B ist für seinen deutschen Arbeitgeber zwischen dem 1. Januar 01 und dem 28. Februar 01 sowie vom 1. Mai 01 bis zum 30. April 02 für jeweils monatlich 20 Tage in Norwegen tätig.
Das Besteuerungsrecht für die Vergütungen, die innerhalb des Zeitraums 1. Mai 01 bis 30. April 02 auf Tage entfallen, an denen sich B in Norwegen aufhält, hat Norwegen, da sich B innerhalb eines 12-Monats-Zeitraums dort an insgesamt mehr als 183 Tagen (= 240 Tage) aufgehalten hat. Gleiches gilt für den Zeitraum 1. Januar 01 bis 28. Februar 01, da sich B

auch innerhalb des 12-Monats-Zeitraums vom 1. Januar 01 bis zum 31. Dezember 01 an insgesamt mehr als 183 Tagen (= 200 Tage) in Norwegen aufgehalten hat. Deutschland stellt insoweit die Vergütungen des B unter Beachtung des § 50d Abs. 8 EStG und des Progressionsvorbehalts frei (Art. 23 Abs. 2 DBA-Norwegen).

4.3 Artikel 15 Abs. 2 Buchstabe b OECD-MA – Zahlung durch einen im Tätigkeitsstaat ansässigen Arbeitgeber

4.3.1 Allgemeines

59 Die im Ausland ausgeübte unselbständige Tätigkeit eines Arbeitnehmers kann für seinen zivilrechtlichen Arbeitgeber (Tz. 4.3.2), im Rahmen einer Arbeitnehmerentsendung zwischen verbundenen Unternehmen (Tz. 4.3.3) oder aber für einen fremden dritten Arbeitgeber (Tz. 4.3.4 und 4.3.5) erfolgen.

60 Eine Betriebsstätte kommt zivilrechtlich nicht als Arbeitgeberin in Betracht (BFH-Urteile vom 29. Januar 1986, BStBl II S. 442 und BStBl II S. 513). Jedoch ist eine Personengesellschaft regelmäßig zivilrechtlich Arbeitgeberin. Die Ansässigkeit des Unternehmens bestimmt sich in diesem Fall nach dem Ort der Geschäftsleitung. Entsprechendes gilt für eine Personengesellschaft, die im anderen Staat wie eine Kapitalgesellschaft besteuert wird.

61 **Beispiel:**

A ist Arbeitnehmer des ausländischen (britischen) Unternehmens B. Er wohnt seit Jahren in Deutschland und ist bei einer deutschen unselbständigen Betriebsstätte des B in Hamburg beschäftigt. Im Jahr 01 befindet er sich an fünf Arbeitstagen bei Kundenbesuchen in der Schweiz und an fünf Arbeitstagen bei Kundenbesuchen in Norwegen.

Aufenthalt in der Schweiz: Maßgeblich ist das DBA-Schweiz, da A in Deutschland ansässig ist (Art. 1, 4 Abs. 1 DBA-Schweiz) und die „Quelle" der Einkünfte aus nichtselbständiger Arbeit in dem Staat liegt, in dem die Tätigkeit ausgeübt wird. Nach Art. 15 Abs. 2 DBA-Schweiz hat Deutschland das Besteuerungsrecht, da neben der Erfüllung der weiteren Voraussetzungen dieser Vorschrift A von einem Arbeitgeber entlohnt wird, der nicht in der Schweiz ansässig ist.

Aufenthalt in Norwegen: Maßgeblich ist das DBA-Norwegen. Deutschland hat kein Besteuerungsrecht für die Tätigkeit in Norwegen. Zwar hält sich A nicht länger als 183 Tage in Norwegen auf. Das Besteuerungsrecht steht Deutschland nach Art. 15 Abs. 2 Buchstabe b DBA-Norwegen aber nur dann zu, wenn der Arbeitgeber in dem Staat ansässig ist, in dem auch der Arbeitnehmer ansässig ist. Arbeitgeber ist hier das ausländische (britische) Unternehmen B; die inländische unselbständige Betriebsstätte kann nicht Arbeitgeber i. S. des DBA sein. Deutschland stellt die Vergütungen unter Beachtung des § 50d Abs. 8 EStG und des Progressionsvorbehalts frei (Art. 23 Abs. 2 DBA-Norwegen).

4.3.2 Auslandstätigkeit für den zivilrechtlichen Arbeitgeber

62 Sofern der im Inland ansässige Arbeitnehmer für seinen zivilrechtlichen Arbeitgeber z. B. im Rahmen einer Lieferung- oder Werkleistung bei einem nicht verbundenen Unternehmen im Ausland tätig ist, ist regelmäßig davon auszugehen, dass der zivilrechtliche Arbeitgeber auch der Arbeitgeber i S. des DBA ist.

63 Entsprechendes gilt für einen im Ausland ansässigen Arbeitnehmer, der für seinen zivilrechtlichen Arbeitgeber im Inland tätig ist.

4.3.3 Arbeitnehmerentsendung zwischen international verbundenen Unternehmen

4.3.3.1 Wirtschaftlicher Arbeitgeber

64 Arbeitgeber i S. des DBA kann nicht nur der zivilrechtliche Arbeitgeber, sondern auch eine andere natürliche oder juristische Person sein, die die Vergütung für die ihr geleistete nichtselbständige Tätigkeit wirtschaftlich trägt (BFH-Urteil vom 23. Februar 2005, BStBl II S. 547). Entsprechendes gilt für Personengesellschaften (vgl. Tz. 4.3.1). Wird die unselbständige Tätigkeit eines im Inland ansässigen Arbeitnehmers bei einem im Ausland ansässigen verbundenen Unternehmen (Art. 9 OECD-MA) ausgeübt, ist zu prüfen, welches dieser Unternehmen als Arbeitgeber i. S. des DBA anzusehen ist. Hierbei ist auf den wirtschaftlichen Gehalt und die tatsächliche Durchführung der zugrunde liegenden Vereinbarungen abzustellen.

65 Entsprechendes gilt, wenn ein im Ausland ansässiger Arbeitnehmer bei einem im Inland ansässigen verbundenen Unternehmen (Art. 9 OECD-MA) tätig ist.

66 Wird der Arbeitnehmer zur Erfüllung einer Lieferungs- oder Werkleistungsverpflichtung des entsendenden Unternehmens bei einem verbundenen Unternehmen tätig und ist sein Arbeitslohn Preisbestandteil der Lieferung oder Werkleistung, ist der zivilrechtliche Arbeitgeber (= entsen-

dendes Unternehmen) auch Arbeitgeber i. S. des DBA. Die Grundsätze des BMF-Schreibens vom 9. November 2001, BStBl I S. 796 (Grundsätze für die Prüfung der Einkunftsabgrenzung zwischen international verbundenen Unternehmen in Fällen der Arbeitnehmerentsendung – [Verwaltungsgrundsätze – Arbeitnehmerentsendung]) sind bei der Abgrenzung zu beachten. Einzeln abgrenzbare Leistungen sind gesondert zu betrachten.

Dagegen wird das aufnehmende verbundene Unternehmen Arbeitgeber im abkommensrechtlichen Sinne (wirtschaftlicher Arbeitgeber), wenn 67
- der Arbeitnehmer in das aufnehmende Unternehmen eingebunden ist und
- das aufnehmende Unternehmen den Arbeitslohn (infolge seines eigenen betrieblichen Interesses an der Entsendung des Arbeitnehmers) wirtschaftlich trägt. Hierbei ist es unerheblich, ob die Vergütungen unmittelbar dem betreffenden Arbeitnehmer ausgezahlt werden, oder ein anderes Unternehmen mit diesen Arbeitsvergütungen in Vorlage tritt.

Für die Entscheidung, ob der Arbeitnehmer in das aufnehmende Unternehmen eingebunden ist, 68
ist das Gesamtbild der Verhältnisse maßgebend. Hierbei ist insbesondere zu berücksichtigen, ob
   das aufnehmende Unternehmen die Verantwortung oder das Risiko für die durch die Tätigkeit des Arbeitnehmers erzielten Ergebnisse trägt, und
   der Arbeitnehmer den Weisungen des aufnehmenden Unternehmens unterworfen ist.

Darüber hinaus kann für die vorgenannte Entscheidung u. a. zu berücksichtigen sein, wer über 69
Art und Umfang der täglichen Arbeit, die Höhe der Bezüge, die Teilnahme an einem etwaigen Erfolgsbonus- und Aktienerwerbsplan des Konzerns oder die Urlaubsgewährung entscheidet, wer die Arbeitsmittel stellt, das Risiko für eine Lohnzahlung im Nichtleistungsfall trägt, das Recht der Entscheidung über Kündigung oder Entlassung hat, oder für die Sozialversicherungsbelange des Arbeitnehmers verantwortlich ist, in wessen Räumlichkeiten die Arbeit erbracht wird, welchen Zeitraum das Tätigwerden im aufnehmenden Unternehmen umfasst, wem gegenüber Abfindungs- und Pensionsansprüche erwachsen und mit wem der Arbeitnehmer Meinungsverschiedenheiten aus dem Arbeitsvertrag auszutragen hat.

Ein aufnehmendes Unternehmen wird regelmäßig als wirtschaftlicher Arbeitgeber anzusehen 70
sein, wenn es nach den Verwaltungsgrundsätzen-Arbeitnehmerentsendung (BMF-Schreiben vom 9. November 2001, BStBl I S. 796) die Lohnaufwendungen getragen hat oder nach dem Fremdvergleich hätte tragen müssen.

Zu einem Wechsel der Arbeitgeberstellung bedarf es weder einer förmlichen Änderung des 71
Dienstvertrages zwischen dem Arbeitnehmer und dem entsendenden Unternehmen noch ist der Abschluss eines zusätzlichen Arbeitsvertrages zwischen dem Arbeitnehmer und dem aufnehmenden Unternehmen oder eine im Vorhinein getroffene Verrechnungspreisabrede zwischen den betroffenen verbundenen Unternehmen erforderlich (s. auch BFH-Urteil vom 23. Februar 2005, BStBl II S. 547).

Zu dem Sonderfall eines Arbeitnehmers, der im Interesse seines inländischen Arbeitgebers die 72
Funktion als Verwaltungsratsmitglied oder -beirat bei einem ausländischen verbundenen Unternehmen wahrnimmt, s. BFH-Urteil vom 23. Februar 2005, a. a. O.

Auf die in den Fällen der Arbeitnehmerentsendung mögliche Lohnsteuerabzugsverpflichtung für 73
das aufnehmende Unternehmen nach § 38 Abs. 1 Satz 2 EStG wird hingewiesen.

4.3.3.2 Vereinfachungsregelung

Bei einer Entsendung von nicht mehr als drei Monaten (jahresübergreifend für sachlich zusam- 74
menhängende Tätigkeiten) spricht eine widerlegbare Anscheinsvermutung dafür, dass das aufnehmende Unternehmen mangels Einbindung des Arbeitnehmers nicht als wirtschaftlicher Arbeitgeber anzusehen ist.

4.3.3.3 Entsendendes und aufnehmendes Unternehmen sind Arbeitgeber

Ist ein Arbeitnehmer abwechselnd sowohl für seinen inländischen zivilrechtlichen Arbeitgeber 75
als auch für ein weiteres im Ausland ansässiges verbundenes Unternehmen tätig, können abkommensrechtlich beide Unternehmen „Arbeitgeber" des betreffenden Arbeitnehmers sein. Voraussetzung ist, dass nach den vorgenannten Grundsätzen beide Unternehmen für die jeweils anteiligen Vergütungen als Arbeitgeber i. S. des DBA anzusehen sind. Dies kann z. B. der Fall sein, wenn sowohl das entsendende als auch das aufnehmende Unternehmen ein Interesse an der Entsendung haben, weil der Arbeitnehmer Planungs-, Koordinierungs- oder Kontrollfunktionen für das entsendende Unternehmen ausübt (Tz. 3.1.1 der Verwaltungsgrundsätze-Arbeitnehmerentsendung; BMF-Schreiben vom 9. November 2001, BStBl I S. 796). Es liegen in einem solchen Fall zwei Arbeitsverhältnisse vor, die mit ihren (zeit-)anteiligen Vergütungen getrennt zu beurteilen sind.

76 Erhält der Arbeitnehmer seine Vergütungen aus unselbständiger Tätigkeit in vollem Umfang von seinem zivilrechtlichen Arbeitgeber und trägt das im Ausland ansässige verbundene Unternehmen wirtschaftlich die an den Arbeitnehmer gezahlten (zeit-)anteiligen Vergütungen für die in diesem Unternehmen ausgeübte Tätigkeit, indem die (zeit-)anteiligen Vergütungen zwischen den verbundenen Unternehmen verrechnet werden, ist zu prüfen, ob der Betrag dieser (zeit-)anteiligen Vergütungen höher ist, als sie ein anderer Arbeitnehmer unter gleichen oder ähnlichen Bedingungen für diese Tätigkeit in diesem anderen Staat erhalten hätte. Der übersteigende Betrag stellt keine Erstattung von Arbeitslohn dar, sondern ist Ausfluss des Verhältnisses der beiden verbundenen Unternehmen zueinander. Der übersteigende Betrag gehört nicht zum Arbeitslohn für die für das im Ausland ansässige verbundene Unternehmen ausgeübte Tätigkeit.

4.3.3.4 Gestaltungsmissbrauch i. S. des § 42 AO

77 Dient eine Arbeitnehmerentsendung ausschließlich oder fast ausschließlich dazu, die deutsche Besteuerung zu vermeiden, ist im Einzelfall zu prüfen, ob ein Missbrauch rechtlicher Gestaltungsmöglichkeiten nach § 42 AO vorliegt.

78 **Beispiel:**

Ein in der Schweiz ansässiger Gesellschafter-Geschäftsführer einer inländischen Kapitalgesellschaft unterlag in der Vergangenheit der inländischen Besteuerung nach Art. 15 Abs. 4 DBA-Schweiz. Er legt diese Beteiligung in eine Schweizer AG ein, an der er ebenfalls als Gesellschafter-Geschäftsführer wesentlich beteiligt ist. Dieser Ertrag ist nach Art. 13 Abs. 3 i. V. m. Abs. 4 DBA-Schweiz in Deutschland steuerfrei. Sein inländischer Anstellungsvertrag wird aufgelöst, er wird ab der Umstrukturierung als Arbeitnehmer der neuen Muttergesellschaft im Rahmen eines Managementverleihvertrags für die deutsche Tochtergesellschaft tätig.

Dient die gewählte Gestaltung nur dazu, die Anwendung des Art. 15 Abs. 4 DBA-Schweiz zu vermeiden, ist die Gestaltung ungeachtet der ggf. erfüllten Kriterien der Tz. 4.3.3.1 nach § 42 AO nicht anzuerkennen.

4.3.3.5 Arbeitgeber im Rahmen einer Poolvereinbarung

79 Schließen sich verbundene Unternehmen zu einem Pool zusammen, handelt es sich steuerlich um eine Innengesellschaft (Verwaltungsgrundsätze-Umlageverträge, BMF-Schreiben vom 30. Dezember 1999, BStBl I S. 1122). Das gegebene zivilrechtliche Arbeitsverhältnis bleibt in diesen Fällen unverändert bestehen. Maßgeblich für die Anwendung des DBA ist dieses Arbeitsverhältnis.

80 **Beispiel:**

Fünf europäische Landesgesellschaften eines international tätigen Maschinenbau-Konzerns schließen sich zusammen, um für Notfälle eine Einsatzgruppe von Technikern zusammen zu stellen, die je nach Bedarf in Notfällen in den einzelnen Ländern tätig werden sollen. Jede Landesgesellschaft stellt hierfür drei Techniker; die Kosten der Gruppe werden nach einem Umsatzschlüssel auf die Gesellschaften verteilt.

Arbeitgeber i. S. des DBA ist der jeweilige zivilrechtliche Arbeitgeber (Landesgesellschaft) des Technikers.

4.3.4 Gewerbliche Arbeitnehmerüberlassung

81 Gewerbliche Arbeitnehmerüberlassung liegt bei Unternehmen vor, die als Verleiher Dritten (Entleiher) Arbeitnehmer (Leiharbeitnehmer) gewerbsmäßig zur Arbeitsleistung überlassen.

82 Bei einer grenzüberschreitenden Arbeitnehmerüberlassung nimmt der Entleiher grundsätzlich die wesentlichen Arbeitgeberfunktionen wahr. Die entliehenen Arbeitnehmer sind regelmäßig in den Betrieb des Entleihers eingebunden. Dementsprechend ist in Abweichung von Tz. 4.3.3.2 mit Aufnahme der Tätigkeit des Leiharbeitnehmers beim Entleiher dieser als Arbeitgeber i. S. des DBA anzusehen.

83 In Einzelfällen, z. B. bei nur kurzfristiger Überlassung (s. auch BFH-Beschluss vom 4. September 2002, BStBl 2003 II S. 306), können auch wesentliche Arbeitgeberfunktionen beim Verleiher verbleiben. In diesen Fällen ist zu prüfen, ob nach dem Gesamtbild der Verhältnisse der Verleiher oder der Entleiher überwiegend die wesentlichen Arbeitgeberfunktionen wahrnimmt und damit als Arbeitgeber i. S. des DBA anzusehen ist. Folgende Kriterien sind bei der Prüfung insbesondere zu beachten:

Wer trägt die Verantwortung oder das Risiko für die durch die Tätigkeit des Arbeitnehmers erzielten Ergebnisse?

Wer hat das Recht, dem Arbeitnehmer Weisungen zu erteilen?

Unter wessen Kontrolle und Verantwortung steht die Einrichtung, in der der Arbeitnehmer seine Tätigkeit ausübt?

Wer stellt dem Arbeitnehmer im Wesentlichen die Werkzeuge und das Material zur Verfügung?

Wer bestimmt die Zahl und die Qualifikation der Arbeitnehmer?

Nach einigen DBA ist die 183-Tage-Klausel auf Leiharbeitnehmer nicht anwendbar (z. B. Art. 13 Abs. 6 DBA-Frankreich; Protokoll Ziffer 13 zum DBA-Italien; Art. 15 Abs. 4 DBA-Schweden). In diesen Fällen haben beide Vertragsstaaten das Besteuerungsrecht. Die Doppelbesteuerung wird durch Steueranrechnung vermieden. 84

Nach dem DBA-Österreich steht im Rahmen der Arbeitnehmerüberlassung das Besteuerungsrecht für den Arbeitslohn des überlassenen Arbeitnehmers nur dem Wohnsitzstaat des Arbeitnehmers zu, sofern er sich nicht länger als 183 Tage während des betreffenden Kalenderjahrs in jeweils anderen Staat aufhält und die übrigen Voraussetzungen des Art. 15 Abs. 2 DBA-Österreich erfüllt sind. Hält sich der Arbeitnehmer länger als 183 Tage im Tätigkeitsstaat auf, steht diesem das Besteuerungsrecht zu (Art. 15 Abs. 2, 3 DBA-Österreich). 85

4.3.5 Gelegentliche Arbeitnehmerüberlassung zwischen fremden Dritten

Sofern gelegentlich ein Arbeitnehmer bei einem fremden Dritten eingesetzt wird, kann entweder eine Arbeitnehmerüberlassung oder eine Tätigkeit zur Erfüllung einer Lieferungs- oder Werkleistungsverpflichtung vorliegen. 86

Eine gelegentliche Arbeitnehmerüberlassung liegt grundsätzlich dann vor, wenn der zivilrechtliche Arbeitgeber, dessen Unternehmenszweck nicht die Arbeitnehmerüberlassung ist, mit einem nicht verbundenen Unternehmen vereinbart, den Arbeitnehmer für eine befristete Zeit bei letztgenanntem Unternehmen tätig werden zu lassen und das aufnehmende Unternehmen entweder eine arbeitsrechtliche Vereinbarung (Arbeitsverhältnis) mit dem Arbeitnehmer schließt oder als wirtschaftlicher Arbeitgeber anzusehen ist. 87

Bezogen auf die vom Entleiher gezahlten Vergütungen ist in diesen Fällen regelmäßig der Entleiher als Arbeitgeber i. S. des DBA anzusehen. 88

4.3.6 Beispiele

Beispiel 1: 89

Das in Spanien ansässige Unternehmen S ist spezialisiert auf die Installation von Computeranlagen. D, ein im Inland ansässiges Unternehmen, hat kürzlich eine neue Computeranlage angeschafft und schließt für die Durchführung der Installation dieser Anlage einen Vertrag mit S ab. X, ein in Spanien ansässiger Angestellter von S, wird für vier Monate an den Firmensitz von D im Inland gesandt, um die vereinbarte Installation durchzuführen.

X wird im Rahmen einer Werkleistungsverpflichtung und nicht im Rahmen einer Arbeitnehmerentsendung des S bei D tätig. Vorausgesetzt, X hält sich nicht mehr als 183 Tage während des betreffenden Steuerjahrs in Deutschland auf und S hat in Deutschland keine Betriebsstätte, der die Gehaltszahlungen an X zuzurechnen sind, findet Art. 15 Abs. 2 DBA-Spanien Anwendung mit der Folge, dass das Besteuerungsrecht für die Vergütungen aus nichtselbständiger Arbeit Spanien zugewiesen wird. Deutschland stellt die Vergütungen steuerfrei.

Beispiel 2: 90

Das in Spanien ansässige Unternehmen S ist die Muttergesellschaft einer Firmengruppe. Zu dieser Gruppe gehört auch D, ein im Inland ansässiges Unternehmen, welches Produkte der Gruppe verkauft. S hat eine neue weltweite Marktstrategie für die Produkte der Gruppe entwickelt. Um sicherzustellen, dass diese Strategie von D richtig verstanden und umgesetzt wird, wird X, ein in Spanien ansässiger Angestellter von S, der an der Entwicklung der Marktstrategie mitgearbeitet hat, für vier Monate an den Firmensitz von D gesandt. Das Gehalt von X wird ausschließlich von S getragen.

Auch wenn X länger als drei Monate bei D tätig wird, ist D nicht als wirtschaftlicher Arbeitgeber des X anzusehen. S trägt alleine die Gehaltsaufwendungen des X. Zudem übt X seine Tätigkeit im alleinigen Interesse von S aus. Eine Eingliederung in die organisatorischen Strukturen des D erfolgt nicht. Das Besteuerungsrecht für die Vergütungen des X wird Spanien zugewiesen (Art. 15 Abs. 2 DBA-Spanien). Deutschland stellt die Vergütungen steuerfrei.

Beispiel 3: 91

Ein internationaler Hotelkonzern betreibt durch eine Anzahl von Tochtergesellschaften weltweit Hotels. S, eine in Spanien ansässige Tochtergesellschaft, betreibt in Spanien ein Hotel. D, eine weitere Tochtergesellschaft der Gruppe, betreibt ein Hotel in Deutschland. D benötigt für fünf Monate einen Arbeitnehmer mit spanischen Sprachkenntnissen. Aus diesem Grund wird X, ein in Spanien ansässiger Angestellter der S, zu D entsandt, um während dieser Zeit an der Rezeption im Inland tätig zu sein. X bleibt während dieser Zeit bei S angestellt und wird auch weiterhin von S bezahlt. D übernimmt die Reisekosten von X und bezahlt an S eine

Gebühr, die auf dem Gehalt, den Sozialabgaben und weiteren Vergütungen des X für diese Zeit basiert.

Für den Zeitraum der Tätigkeit des X im Inland ist D als wirtschaftlicher Arbeitgeber des X anzusehen. Die Entsendung des X zwischen den international verbundenen Unternehmen erfolgt im Interesse des aufnehmenden Unternehmens D. X ist in dem genannten Zeitraum in den Geschäftsbetrieb des D eingebunden. Zudem trägt D wirtschaftlich die Arbeitsvergütungen. Die Tatbestandsvoraussetzung des Art. 15 Abs. 2 Buchstabe b DBA-Spanien sind damit nicht gegeben. Obwohl X weniger als 183 Tage in Deutschland tätig ist, wird Deutschland gemäß Art. 15 Abs. 1 DBA-Spanien das Besteuerungsrecht für die Vergütungen des X für den genannten Zeitraum zugewiesen.

92 **Beispiel 4:**

S ist ein in Spanien ansässiges Unternehmen. Es betreibt eine gewerbliche Arbeitnehmerüberlassung für hoch qualifiziertes Personal. D ist ein in Deutschland ansässiges Unternehmen für hochwertige Dienstleistungen im Bausektor. Zur Fertigstellung eines Auftrages im Inland benötigt D für fünf Monate einen Spezialisten und wendet sich deswegen an S. X, ein in Spanien ansässiger Spezialist, wird daraufhin von S für fünf Monate eingestellt. Gemäß einem separaten Vertrag zwischen S und D erklärt sich S damit einverstanden, dass die Arbeitsleistungen von X während dieser Zeit an D erbracht werden. Gemäß diesem Vertrag zahlt D das Gehalt, Sozialversicherungsabgaben, Reisekosten und andere Vergütungen des X.

Im Rahmen der internationalen Arbeitnehmerüberlassung wird D wirtschaftlicher Arbeitgeber des X. D nimmt während des genannten Zeitraums die wesentlichen Arbeitgeberfunktionen wahr. X ist in den Geschäftsbetrieb des D eingebunden. Die Tatbestandsvoraussetzung des Art. 15 Abs. 2 Buchstabe b DBA-Spanien sind damit nicht erfüllt. Gemäß Art. 15 Abs. 1 DBA-Spanien wird somit Deutschland das Besteuerungsrecht für die Vergütungen des X für den genannten Zeitraum zugewiesen.

93 **Beispiel 5:**

S, ein in Spanien ansässiges Unternehmen, und D, ein in Deutschland ansässiges Unternehmen, sind ausschließlich mit der Ausübung technischer Dienstleistungen befasst. Sie sind keine verbundenen Unternehmen i. S. des Art. 9 OECD-MA. D benötigt für eine Übergangszeit die Leistungen eines Spezialisten, um eine Bauleistung im Inland fertig zu stellen und wendet sich deswegen an S. Beide Unternehmen vereinbaren, dass X, ein in Spanien ansässiger Angestellter von S, für die Dauer von vier Monaten für D unter der direkten Aufsicht von dessen erstem Ingenieur arbeiten soll. X bleibt während dieser Zeit formal weiterhin bei S angestellt. D zahlt S einen Betrag, der dem Gehalt, Sozialversicherungsabgaben, Reisekosten und andere Vergütungen des Technikers für diesen Zeitraum entspricht. Zusätzlich wird ein Aufschlag von 5 % gezahlt. Es wurde vereinbart, dass S von allen Schadenersatzansprüchen, die in dieser Zeit aufgrund der Tätigkeit von X entstehen sollten, befreit ist.

Es liegt eine gelegentliche Arbeitnehmerüberlassung zwischen fremden Unternehmen vor. D ist während des genannten Zeitraums von vier Monaten als wirtschaftlicher Arbeitgeber des X anzusehen. Die Tatbestandsvoraussetzung des Art. 15 Abs. 2 Buchstabe b DBA-Spanien sind damit nicht erfüllt. Gemäß Art. 15 Abs. 1 DBA-Spanien wird somit Deutschland das Besteuerungsrecht für die Vergütungen des X für den genannten Zeitraum zugewiesen. Der Aufschlag in Höhe von 5 % stellt keinen Arbeitslohn des X dar.

4.4 Artikel 15 Abs. 2 Buchstabe c OECD-MA – Zahlung des Arbeitslohns zu Lasten einer Betriebsstätte des Arbeitgebers im Tätigkeitsstaat

94 Maßgebend für den Begriff der „Betriebsstätte" ist die Definition in dem jeweiligen Abkommen (vgl. Art. 5 OECD-MA). Nach mehreren DBA ist z. B. eine Bau- oder Montagestelle (anders als nach § 12 AO – 6 Monate) erst ab einem Zeitraum von mehr als 12 Monaten eine Betriebsstätte (vgl. z. B. Art. 5 Abs. 2 Buchstabe g DBA-Schweiz).

95 Der Arbeitslohn wird zu Lasten einer Betriebsstätte gezahlt, wenn die Zahlungen wirtschaftlich der Betriebsstätte zuzuordnen sind. Nicht entscheidend ist, wer die Vergütungen ausbezahlt oder wer die Vergütungen in einer Teilbuchführung abrechnet. Entscheidend ist allein, ob und ggf. in welchem Umfang die ausgeübte Tätigkeit des Arbeitnehmers nach dem jeweiligen DBA (z. B. Art. 7 DBA-Schweiz) der Betriebsstätte zuzuordnen ist und die Vergütung deshalb wirtschaftlich zu Lasten der Betriebsstätte geht (BFH-Urteil vom 24. Februar 1988, BStBl II S. 819). Wenn der Arbeitslohn lediglich Teil von Verrechnungen für Lieferungen oder Leistungen im Verhältnis zur Betriebsstätte ist, wird der Arbeitslohn als solcher nicht von der Betriebsstätte getragen (BFH-Urteil vom 24. Februar 1988, a. a. O.).

96 Eine selbständige Tochtergesellschaft (z. B. GmbH) ist nicht Betriebsstätte der Muttergesellschaft, kann aber ggf. eine Vertreterbetriebsstätte begründen oder selbst Arbeitgeber sein.

Anhang 9
Doppelbesteuerungsabkommen

Im Übrigen wird auf die „Verwaltungsgrundsätze-Arbeitnehmerentsendung", BMF-Schreiben vom 9. November 2001, BStBl I S. 796, verwiesen. 97

Die Grundsätze zum wirtschaftlichen Arbeitgeberbegriff sind entsprechend anzuwenden (Tz. 4.3). 98

Beispiel: 99
Fallvariante 1:
A ist vom 1. Januar 01 bis 31. März 01 bei einer Betriebsstätte seines deutschen Arbeitgebers in Frankreich tätig. Der Lohnaufwand ist der Betriebsstätte als Betriebsausgabe zuzuordnen.

Das Besteuerungsrecht für den Arbeitslohn steht Frankreich zu. A ist zwar nicht mehr als 183 Tage in Frankreich tätig, da der Arbeitslohn aber zu Lasten einer französischen Betriebsstätte des Arbeitgebers geht, bleibt das Besteuerungsrecht Deutschland nicht erhalten (Art. 13 Abs. 4 DBA-Frankreich). Frankreich kann als Tätigkeitsstaat den Arbeitslohn besteuern (Art. 13 Abs. 1 DBA-Frankreich). Deutschland stellt die Einkünfte unter Beachtung des § 50d Abs. 8 EStG und des Progressionsvorbehalts frei (Art. 20 Abs. 1 Buchstabe a DBA-Frankreich).

Fallvariante 2:
Der in Frankreich ansässige B ist bei einer deutschen Betriebsstätte seines französischen Arbeitgebers vom 1. Januar 01 bis 31. März 01 in Deutschland tätig. Der Lohnaufwand ist der Betriebsstätte als Betriebsausgabe zuzuordnen.

Das Besteuerungsrecht für den Arbeitslohn hat Deutschland. B ist zwar nicht mehr als 183 Tage in Deutschland tätig, der Arbeitslohn aber zu Lasten einer deutschen Betriebsstätte. Deutschland kann daher als Tätigkeitsstaat den Arbeitslohn besteuern (Art. 13 Abs. 1 DBA-Frankreich i. V. m. §§ 1 Abs. 4 und 49 Abs. 1 Nr. 4 Buchstabe a EStG).

5 Ermittlung des steuerpflichtigen/steuerfreien Arbeitslohns

5.1 Differenzierung zwischen der Anwendung der 183-Tage-Klausel und der Ermittlung des steuerpflichtigen/steuerfreien Arbeitslohns

Nach Art. 15 Abs. 1 OECD-MA können die Vergütungen aus unselbständiger Arbeit ausschließlich im Ansässigkeitsstaat des Arbeitnehmers besteuert werden, es sei denn, die Tätigkeit wird im anderen Staat ausgeübt. Wird die unselbständige Arbeit im anderen Staat ausgeübt, steht diesem Staat das Besteuerungsrecht für Vergütungen zu, die für die dort ausgeübte Tätigkeit gezahlt werden (s. Tz. 3). Gemäß Art. 15 Abs. 2 OECD-MA ist zu prüfen, ob trotz der Auslandstätigkeit dem Ansässigkeitsstaat des Arbeitnehmers das Besteuerungsrecht an den Vergütungen aus unselbständiger Arbeit verbleibt (s. Tz. 4). Im Rahmen dieser Prüfung wird u. a. eine Berechnung der nach dem jeweils anzuwendenden DBA maßgeblichen Aufenthaltstage im Ausland anhand der 183-Tage-Klausel vorgenommen. 100

Die Ermittlung des steuerpflichtigen/steuerfreien Arbeitslohns erfolgt sodann in einem weiteren gesonderten Schritt. 101

5.2 Grundsätze bei der Ermittlung des steuerpflichtigen/steuerfreien Arbeitslohns

Nach § 90 Abs. 2 AO hat der Steuerpflichtige den Nachweis über die Ausübung der Tätigkeit in dem anderen Staat und deren Zeitdauer durch Vorlage geeigneter Aufzeichnungen (z. B. Stundenprotokolle, Terminkalender, Reisekostenabrechnungen) zu führen. 102

Ist der Arbeitslohn in Deutschland nach einem DBA freizustellen, ist zunächst zu prüfen, inwieweit die Vergütungen unmittelbar der Auslandstätigkeit oder unmittelbar der Inlandstätigkeit zugeordnet werden können (Tz. 5.3). Soweit eine derartige Zuordnung nicht möglich ist, ist der verbleibende, nicht unmittelbar zuzuordnende Arbeitslohn aufzuteilen. Die Aufteilung hat bereits der Arbeitgeber im Lohnsteuerabzugsverfahren unter Beachtung der R 123 LStR[1]) vorzunehmen. Darüber hinaus hat er jeweils den steuerfrei belassenen Arbeitslohn in der Lohnsteuerbescheinigung anzugeben. Im Hinblick auf den vorläufigen Charakter des Lohnsteuerabzugsverfahrens ist das Finanzamt nicht gehindert, im Einkommensteuerveranlagungsverfahren die Aufteilung zu überprüfen. 103

5.3 Direkte Zuordnung

Gehaltsbestandteile, die unmittelbar aufgrund einer konkreten inländischen oder ausländischen Arbeitsleistung gewährt werden, sind vorab direkt zuzuordnen. Dies können z. B. Reisekosten, Überstundenvergütungen, Zuschläge für Sonntags-, Feiertags- und Nachtarbeit, Auslandszulagen, projektbezogene Erfolgsprämien oder die Gestellung einer Wohnung im Tätigkeitsstaat sein. 104

---
[1]) Jetzt: R 39b.10 LStR.

983

5.4 Aufteilung des verbleibenden Arbeitslohns

105 Die Aufteilung des verbleibenden Arbeitslohns erfolgt nach den Grundsätzen des BFH-Urteils vom 29. Januar 1986, BStBl II S. 479. Grundlage für die Berechnung des steuerfreien Arbeitslohns ist die Zahl der vertraglich vereinbarten Arbeitstage. Die vertraglich vereinbarten Arbeitstage sind die Kalendertage pro Jahr abzüglich der Tage, an denen der Arbeitnehmer laut Arbeitsvertrag nicht verpflichtet ist zu arbeiten (z. B. Urlaubstage, Wochenendtage, gesetzliche Feiertage).

106 Den vereinbarten Arbeitstagen ist das für die entsprechende Zeit vereinbarte und nicht nach Tz. 5.3 direkt zugeordnete Arbeitsentgelt gegenüberzustellen. Hierzu gehören neben den laufenden Vergütungen (z. B. Lohn, Gehalt, sonstige Vorteile) auch Zusatzvergütungen, die auf die unselbständige Arbeit des Arbeitnehmers innerhalb des gesamten Berechnungszeitraums entfallen (z. B. Weihnachtsgeld, Urlaubsgeld). Hat sich das vereinbarte Gehalt während des Kalenderjahres verändert, so ist dieser Veränderung Rechnung zu tragen.

107 Das aufzuteilende Arbeitsentgelt ist in Bezug zu den vereinbarten Arbeitstagen zu setzen. Daraus ergibt sich ein vereinbartes Arbeitsentgelt pro vereinbartem Arbeitstag.

108 Das aufzuteilende Arbeitsentgelt pro vereinbartem Arbeitstag ist mit den vereinbarten Arbeitstagen zu multiplizieren, an denen sich der Arbeitnehmer tatsächlich im anderen Staat aufgehalten hat. Sollte sich der Arbeitnehmer auch an Tagen in dem anderen Staat aufgehalten haben, die nicht zu den vereinbarten Arbeitstagen zählen (z. B. Verlängerung eines Aufenthalts aus privaten Gründen), fallen diese Tage aus der Berechnung der steuerfreien Einkünfte heraus.

109 Hält sich der Arbeitnehmer nicht vollständig an einem vereinbarten Arbeitstag im anderen Staat auf (z. B. an Reisetagen), so ist das Arbeitsentgelt pro vereinbartem Arbeitstag zeitanteilig aufzuteilen. Dies muss ggf. im Schätzungswege erfolgen. Hierbei ist die für diesen Tag vereinbarte Arbeitszeit zugrunde zu legen.

110 Abgeleistete Überstunden sind gesondert zu berücksichtigen, soweit der Arbeitgeber für sie tatsächlich einen Ausgleich leistet.

111 Darüber hinaus ist bei der Aufteilung zu berücksichtigen, dass vereinbarte Arbeitszeiten, die in Transitländern verbracht werden, dem Ansässigkeitsstaat zuzuordnen sind.

5.5 Besonderheiten bei der Aufteilung bestimmter Lohnbestandteile

112 Eine einmalige Zahlung (z. B. Jubiläumszahlung), die eine Nachzahlung für eine frühere aktive Tätigkeit darstellt und anteilig auf die Auslands- und Inlandstätigkeit entfällt, ist nach den vorgenannten Grundsätzen aufzuteilen. Für die Zuweisung des Besteuerungsrechts kommt es nicht darauf an, zu welchem Zeitpunkt und wo die Vergütung bezahlt wird, sondern allein darauf, dass sie dem Arbeitnehmer für eine Auslandstätigkeit gezahlt wird (BFH-Urteil vom 5. Februar 1992, BStBl II S. 660). Eine Nachzahlung für eine frühere aktive Tätigkeit liegt nicht vor, wenn die einmalige Zahlung ganz oder teilweise der Versorgung dient (BFH-Urteil vom 5. Februar 1992, BStBl II S. 660; BFH-Urteil vom 12. Oktober 1978, BStBl II S. 64).

113 Urlaubsentgelte sind in die Aufteilung einzubeziehen. Dies gilt sowohl für Urlaubsgeld als auch für Bezüge, die für den Verzicht auf den Urlaub gezahlt werden (Urlaubsabgeltung für nicht genommenen Urlaub). Der auf Urlaub entfallende Teil des Arbeitslohns ist dabei im Inland freizustellen, soweit er der im Ausland ausgeübten Tätigkeit entspricht. Weichen die tatsächlichen Arbeitstage von den vereinbarten Arbeitstagen ab, weil der Arbeitnehmer in dem zu beurteilenden Kalenderjahr entweder Urlaub nicht oder aus einem anderen Kalenderjahr genommen hat, sind die vereinbarten Arbeitstage für die Aufteilung des Arbeitslohns entsprechend zu erhöhen oder zu mindern. Hiervon kann aus Vereinfachungsgründen abgesehen werden, wenn die Anzahl der übertragenen Urlaubstage nicht mehr als zehn beträgt. Für Arbeitslohn, der auf Urlaub oder Urlaubsabgeltung eines vorangegangenen Kalenderjahrs entfällt, ist das Aufteilungsverhältnis dieses vorangegangenen Kalenderjahrs maßgeblich.

114 Übt der Arbeitnehmer seine Tätigkeit an Tagen aus, die gemäß dem Arbeitsvertrag den vereinbarten Tagen nicht zuzuordnen sind und erhält er für diese Tätigkeit kein gesondert berechnetes übliches Entgelt sondern einen Freizeitausgleich, sind diese Tage bei den vereinbarten Arbeitstagen zu berücksichtigen.

115 Wird Arbeitslohn für die Zeit der Erkrankung fortgezahlt, zählen die Krankheitszeiten zu den vereinbarten Arbeitstagen. Arbeitslohn für die Zeit einer im Ausland verbrachten Erkrankung ist daher im Inland steuerfrei. Krankheitstage ohne Lohnfortzahlung mindern dagegen die vereinbarten Arbeitstage.

5.6 Beispiele

Beispiel 1: 116

A ist vom 1. Januar 01 bis 31. Juli 01 für seinen deutschen Arbeitgeber in Japan tätig. Seinen Familienwohnsitz in Deutschland behält er bei. Er erhält im Jahr 01 einen Arbeitslohn einschließlich Weihnachtsgeld und Urlaubsgeld in Höhe von 80 000 €. Für die Tätigkeit in Japan erhält er zusätzlich eine Zulage in Höhe von 30 000 €.

Deutschland hat für den Arbeitslohn, der auf die Tätigkeit in Japan entfällt, kein Besteuerungsrecht, da sich A länger als 183 Tage im Kalenderjahr 01 in Japan aufgehalten hat (Art. 15, 23 Abs. 1 Buchstabe a DBA-Japan). Der steuerfreie Arbeitslohn berechnet sich wie folgt:

Die Zulage in Höhe von 30 000 € ist der Auslandstätigkeit unmittelbar zuzuordnen und deshalb im Inland steuerfrei. Der übrige Arbeitslohn in Höhe von 80 000 € ist nach den vereinbarten Arbeitstagen aufzuteilen. Die vereinbarten Arbeitstage im Jahr 01 sollen hier 220 Tage betragen (= Kalendertage im Jahr, abzüglich der Tage, an denen der Arbeitnehmer laut Arbeitsvertrag nicht verpflichtet ist zu arbeiten). Den vereinbarten Arbeitstagen im Jahr 01 ist das im Jahr 01 aufzuteilende Arbeitsentgelt von 80 000 € gegenüberzustellen. Es ergibt sich ein aufzuteilendes Arbeitsentgelt pro vereinbartem Arbeitstag in Höhe von 363,64 €. Dieses Entgelt ist mit den vereinbarten Arbeitstagen zu multiplizieren, an denen sich A tatsächlich in Japan aufgehalten hat, hier 140 Tage. Von den 80 000 € Arbeitslohn sind daher 140 × 363,64 € = 50 910 € im Inland steuerfrei. Der insgesamt steuerfreie Arbeitslohn in Höhe von 80 910 € (30 000 € + 50 910 €) ist nach Abzug von Werbungskosten, die im Zusammenhang mit der Tätigkeit in Japan angefallen sind, freizustellen und nur im Wege des Progressionsvorbehalts zu berücksichtigen (§ 50d Abs. 8 EStG ist zu beachten). Der übrige Arbeitslohn in Höhe von 29 090 € ist im Inland steuerpflichtig.

Beispiel 2: 117

B ist in 01 und 02 für seinen deutschen Arbeitgeber sowohl im Inland als auch in Schweden tätig. Seinen Familienwohnsitz in Deutschland behält er bei. In beiden Jahren hält sich B länger als 183 Tage in Schweden auf. Die vereinbarten Arbeitstage des B belaufen sich in den Kalenderjahren 01 und 02 auf jeweils 220 Tage. Die vertraglichen Urlaubstage betragen je 30 Tage. Der Urlaub von 01 und 02 wurde vollständig in 02 genommen. Die tatsächlichen Arbeitstage in 01 betrugen in Schweden 230 Tage, auf das Inland entfielen 20 Arbeitstage. In 02 entfielen 150 tatsächliche Arbeitstage auf Schweden und 40 tatsächliche Arbeitstage auf das Inland. Der aufzuteilende Arbeitslohn beträgt in 01 50 000 €, in 02 60 000 €.

Deutschland hat für den Arbeitslohn, der auf die Tätigkeit in Schweden entfällt, kein Besteuerungsrecht, da sich B länger als 183 Tage in 01 und 02 in Schweden aufgehalten hat (Art. 15, 23 Abs. 1 Buchstabe a DBA-Schweden). Der steuerfreie Arbeitslohn berechnet sich wie folgt:

Jahr 01:

Die vereinbarten Arbeitstage von 220 sind zu erhöhen um die in 01 nicht genommenen Urlaubstage (30). Die ermittelten 250 Tage sind dem aufzuteilenden Arbeitsentgelt von 50 000 € gegenüberzustellen. Das aufzuteilende Arbeitsentgelt pro vereinbartem Arbeitstag beträgt 200 €. Dieser Betrag ist mit den vereinbarten Arbeitstagen zu multiplizieren, an denen sich B tatsächlich in Schweden aufgehalten hat. Von den 50 000 € Jahresarbeitslohn sind in 01 daher 46 000 € (230 × 200 €) im Inland unter Beachtung des § 50d Abs. 8 EStG steuerfrei und nach Abzug von Werbungskosten, die im Zusammenhang mit der in Schweden ausgeübten Tätigkeit angefallen sind, beim Progressionsvorbehalt zu berücksichtigen. Der übrige Arbeitslohn in Höhe von 4 000 € ist im Inland steuerpflichtig.

Jahr 02:

Soweit der Arbeitslohn des Jahres 02 auf den Urlaub des Jahres 01 entfällt, ist für die Aufteilung des Arbeitslohns das Aufteilungsverhältnis des Jahres 01 maßgebend. 30/220 von 60 000 € = 8 182 € sind deshalb nach dem Aufteilungsverhältnis des Jahres 01 aufzuteilen. Das ergibt einen im Inland steuerfreien Betrag von 7 528 € (8 182 € : 250 × 230). Die verbleibenden 51 818 € (60 000 € – 8 182 €) sind den – um die in 02 genommenen Urlaubstage des Jahres 01 geminderten – vereinbarten Arbeitstagen des Jahres 02 (= 190) gegenüberzustellen. Das aufzuteilende Arbeitsentgelt pro vereinbartem Arbeitstag beträgt damit 272,73 €. Dieses Entgelt ist zu multiplizieren mit den vereinbarten Arbeitstagen, an denen sich B tatsächlich in Schweden aufgehalten hat. Von den 51 818 € des verbleibenden Jahresarbeitslohns sind daher 150 × 272,73 € = 40 910 € im Inland steuerfrei. In 02 sind danach insgesamt 48 438 € (40 910 € + 7 528 €) im Inland unter Beachtung des § 50d Abs. 8 EStG steuerfrei und nach Abzug von Werbungskosten, die im Zusammenhang mit der Tätigkeit in Schweden angefallen sind, beim Progressionsvorbehalt zu berücksichtigen. Der verbleibende Arbeitslohn in Höhe von 11 562 € ist im Inland steuerpflichtig.

118 **Beispiel 3:**
C arbeitet laut Arbeitsvertrag von montags bis freitags. Er macht eine Auslandsdienstreise von Freitag bis Montag, wobei C auch am Samstag und Sonntag für seinen Arbeitgeber tätig ist. Statt einer besonderen Vergütung für die Wochenendtätigkeit erhält C am Dienstag und Mittwoch Freizeitausgleich.

Bei einer unveränderten Anzahl der vereinbarten Arbeitstage in dem entsprechenden Kalenderjahr hat sich C an vier vereinbarten Arbeitstagen im Ausland aufgehalten.

6 Abkommensrechtliche Beurteilung bestimmter Auslandstätigkeiten
6.1 Organe von Kapitalgesellschaften

119 Organe von Kapitalgesellschaften fallen regelmäßig in den Anwendungsbereich des Art. 15 OECD-MA. Sie üben ihre Tätigkeit grundsätzlich an dem Ort aus, an dem sie sich persönlich aufhalten (BFH-Urteil vom 5. Oktober 1994, BStBl 1995 II S. 95). Die entgegenstehende Entscheidung des Großen Senats des BFH vom 15. November 1971 (BStBl 1972 II S. 68) über den Tätigkeitsort des Geschäftsführers einer GmbH am Sitz der Gesellschaft ist zum DBA-Schweiz 1931/1959 ergangen und auf andere DBA nicht übertragbar. Zu beachten sind jedoch die in einigen DBA enthaltenen Sonderregelungen über Geschäftsführervergütungen (z. B. Art. 16 DBA-Japan; Art. 16 Abs. 2 DBA-Dänemark; Art. 16 DBA-Schweden; s. auch Tz. 1.2.2.3).

6.2 Sich-zur-Verfügung-Halten

120 Soweit die Arbeitsleistung in einem Sich-zur-Verfügung-Halten (z. B. Bereitschaftsdienst, Zeiträume der Arbeitsfreistellung im Zusammenhang mit der Beendigung des Dienstverhältnisses) besteht, ohne dass es zu einer Tätigkeit kommt, wird die Arbeitsleistung dort erbracht, wo sich der Arbeitnehmer während der Dauer des Sich-zur-Verfügung-Haltens tatsächlich aufhält (BFH-Urteil vom 9. September 1970, BStBl II S. 867).

6.3 Abfindung

121 Abfindungen, die dem Arbeitnehmer anlässlich seines Ausscheidens aus dem Arbeitsverhältnis gezahlt werden, sind regelmäßig den Vergütungen aus unselbständiger Arbeit i. S. des Art. 15 Abs. 1 OECD-MA als nachträglich gezahlte Tätigkeitsvergütungen zuzuordnen. Unter Abfindungen in diesem Sinne sind Zahlungen i. S. des § 3 Nr. 9 EStG in der bis zum 31. 12. 2005 geltenden Fassung in Verbindung mit R 9 LStR[1]) zu verstehen. Sie stellen jedoch kein zusätzliches Entgelt für die frühere Tätigkeit dar und werden nicht für eine konkrete im In- oder Ausland ausgeübte Tätigkeit gezahlt. Abfindungen sind daher im Ansässigkeitsstaat des Arbeitnehmers (Art. 15 Abs. 1 Satz 1 erster Halbsatz OECD-MA) zu besteuern. Maßgeblich hierfür ist grundsätzlich der Zeitpunkt der Auszahlung (BFH-Urteil vom 24. Februar 1988, BStBl II S. 819; BFH-Urteil vom 10. Juli 1996, BStBl 1997 II S. 341).

122 Keine Abfindungen im vorstehenden Sinne stellen Zahlungen zur Abgeltung bereits vertraglich erdienter Ansprüche dar (z. B. Ausgleichszahlungen für Urlaubs- oder Tantiemeansprüche). Diese sind entsprechend den Aktivbezügen zu behandeln.

123 Bei Abfindungen zur Ablösung eines Pensionsanspruchs handelt es sich um laufende Vergütungen aus unselbständiger Arbeit i. S. des Art. 15 Abs. 1 OECD-MA, für die dem Tätigkeitsstaat das Besteuerungsrecht zusteht. Dagegen fallen Einmalzahlungen mit Versorgungscharakter, die bei Beendigung des Arbeitsverhältnisses an die Stelle einer Betriebspension gezahlt werden, unter Art. 18 OECD-MA (BFH-Urteil vom 19. September 1975, BStBl 1976 II S. 65).

124 Im Ausnahmefall kann eine Abfindung auch ein Ruhegehalt i. S. des Art. 18 OECD-MA darstellen. Bei der Abgrenzung zwischen einer Vergütung gemäß Art. 15 und Art. 18 OECD-MA ist nicht auf den Zeitpunkt, sondern auf den Grund der Zahlung abzustellen. Ein Ruhegehalt liegt vor, wenn eine laufende Pensionszahlung kapitalisiert und in einem Betrag ausgezahlt wird (BFH-Urteil vom 19. September 1975, BStBl 1976 II S. 65).

125 Zur steuerlichen Behandlung von Abfindungen nach dem DBA-Schweiz wird auf die Verständigungsvereinbarung mit der Schweiz vom 13. Oktober 1992 (BMF-Schreiben vom 20. Mai 1997, BStBl I S. 560) hingewiesen.

6.4 Konkurrenz- oder Wettbewerbsverbot

126 Vergütungen an den Arbeitnehmer für ein Konkurrenz- oder Wettbewerbsverbot fallen unter Art. 15 OECD-MA. Die Arbeitsleistung, das Nicht-Tätig-Werden, wird in dem Staat erbracht, in dem sich der Arbeitnehmer während der Dauer des Verbotes aufhält. Hält sich der Arbeitnehmer während dieses Zeitraums in mehreren Staaten auf, ist das Entgelt entsprechend aufzuteilen.

---
[1]) Jetzt: R 9 LStR 2008.

Die BFH-Urteile vom 9. September 1970, BStBl II S. 867 und vom 9. November 1977, BStBl 1978 II S. 195 sind insoweit überholt. Der BFH geht im Urteil vom 12. Juni 1996, BStBl II S. 516, davon aus, dass die Zahlungen für ein Konkurrenz- oder Wettbewerbsverbot auf die Zukunft gerichtet sind. Außerdem hat der BFH im Urteil vom 5. Oktober 1994, BStBl 1995 II S. 95 die Fiktion eines Tätigkeitsortes unabhängig von der körperlichen Anwesenheit des Arbeitnehmers abgelehnt.

6.5 Tantiemen und andere jahresbezogene Erfolgsvergütungen

Unabhängig vom Zuflusszeitpunkt ist eine nachträglich gewährte Erfolgsvergütung nach den Verhältnissen des Zeitraums zuzuordnen, für die sie gewährt wird (BFH-Urteil vom 27. Januar 1972, BStBl II S. 459) und ggf. unter Beachtung des § 50d Abs. 8 EStG und des Progressionsvorbehalts von der inländischen Besteuerung freizustellen.

6.6 Optionsrecht auf den Erwerb von Aktien („Stock Options")

Der geldwerte Vorteil aus der Gewährung von Kaufoptionsrechten ist den Einkünften aus unselbständiger Arbeit nach Art. 15 OECD-MA zuzuordnen. Ungeachtet dessen sind die Einkünfte, die der Arbeitnehmer nach Ausübung des Optionsrechts aus dem Halten der erworbenen Anteile oder ihrer späteren Veräußerung erzielt, gesondert zu beurteilen.

Bei der Gewährung von Kaufoptionsrechten auf Aktien ist zu unterscheiden zwischen handelbaren und nicht handelbaren Optionsrechten. Ein Optionsrecht ist handelbar, wenn es an einer Wertpapierbörse gehandelt wird. Für die Abgrenzung unmaßgeblich ist, ob das Optionsrecht nach den Optionsbedingungen übertragbar oder vererbbar ist oder ob es einer Sperrfrist unterliegt. Das Optionsrecht kann direkt vom Arbeitgeber oder von einem konzernverbundenen Unternehmen gewährt werden. Entscheidend ist, dass die Zuwendung des Dritten sich für den Arbeitnehmer als Lohn für seine Arbeit für seinen Arbeitgeber darstellt und aus Sicht des Zuwendenden im Zusammenhang mit diesem Dienstverhältnis erbracht wird (BFH-Urteil vom 24. Januar 2001, BStBl II S. 509).

6.6.1 Handelbare Optionsrechte

Dem Arbeitnehmer fließt mit der Gewährung des handelbaren Optionsrechts ein geldwerter Vorteil zu. Dieser wird regelmäßig gewährt, um in der Vergangenheit geleistete Tätigkeiten zu honorieren. Unabhängig vom Zuflusszeitpunkt ist daher der geldwerte Vorteil nach den Verhältnissen des Zeitraums zuzuordnen, für den er gewährt wird. Der Vorteil ist daher ggf. unter Beachtung des § 50d Abs. 8 EStG und des Progressionsvorbehalts zeitanteilig von der inländischen Besteuerung freizustellen.

6.6.2 Nicht handelbare Optionsrechte

Wird einem Arbeitnehmer im Rahmen seines Arbeitsverhältnisses ein nicht handelbares Optionsrecht auf den Erwerb von Aktien zu einem bestimmten Übernahmepreis gewährt, so liegt darin die Einräumung einer Chance. Ein geldwerter Vorteil fließt dem Berechtigten erst zu, wenn dieser die Option tatsächlich ausübt und der Kurswert der Aktien den Übernahmepreis übersteigt (BFH-Urteile vom 24. Januar 2001, BStBl II S. 509 und 512). Der Zeitpunkt der erstmalig möglichen Ausübung des Optionsrechts ist insoweit unbeachtlich (BFH-Urteil vom 20. Juni 2001, BStBl II S. 689). Der geldwerte Vorteil ermittelt sich aus der Differenz zwischen dem Kurswert bei tatsächlicher Ausübung und dem vom Arbeitnehmer gezahlten Ausübungspreis.

Ein nicht handelbares Optionsrecht wird regelmäßig nicht gewährt, um dadurch in der Vergangenheit erbrachte Leistungen abzugelten, sondern um eine zusätzliche Erfolgsmotivation für die Zukunft zu schaffen. Es stellt damit eine Vergütung für den Zeitraum zwischen der Gewährung und der erstmalig tatsächlich möglichen Ausübung des Optionsrechts durch den Arbeitnehmer dar. Soweit die von dem Arbeitnehmer in dem genannten Zeitraum bezogenen Einkünfte aus nichtselbständiger Arbeit wegen einer Auslandstätigkeit nach DBA in Deutschland steuerfrei sind, ist deshalb auch der bei tatsächlicher Ausübung des Optionsrechts zugeflossene geldwerte Vorteil auf den Zeitraum zwischen der Gewährung des Optionsrechts und dem Zeitpunkt der erstmalig möglichen Ausübung aufzuteilen und zeitanteilig unter Beachtung des § 50d Abs. 8 EStG und des Progressionsvorbehalts von der inländischen Besteuerung freizustellen.

Befindet sich der Arbeitnehmer im Zeitpunkt der erstmalig möglichen Ausübung des Optionsrechts bereits im Ruhestand, ist für die Aufteilung des geldwerten Vorteils nur der Zeitraum von der Gewährung des Optionsrechts bis zur Beendigung der aktiven Tätigkeit heranzuziehen. Sofern das Arbeitsverhältnis vor erstmalig möglicher Ausübung des Optionsrechts aus anderen Gründen beendet worden ist, ist für die Aufteilung des geldwerten Vorteils entsprechend der Zeitraum von der Gewährung des Optionsrechts bis zum Ausscheiden des Arbeitnehmers aus dem Arbeitsverhältnis maßgeblich.

135 Vorgenannte Ausführungen gelten unbeschadet eines Wechsels der Steuerpflicht des Arbeitnehmers während des genannten Zeitraums.

136 Vergütungen aus Optionen, die nicht auf den Erwerb von Aktien sondern auf die Zahlung eines Geldbetrages in Abhängigkeit von einer Kursentwicklung gerichtet sind (sog. virtuelle Aktienoptionen) stellen wirtschaftlich betrachtet Entgelt für die in der Vergangenheit geleistete Arbeit dar. Die vorgenannten Ausführungen gelten entsprechend.

6.7 Altersteilzeit nach dem Blockmodell

137 Für den Arbeitnehmer besteht im Rahmen des Altersteilzeitgesetzes unter bestimmten Voraussetzungen die Möglichkeit, seine Arbeitszeit zu halbieren. Beim sog. Blockmodell schließt sich dabei an eine Phase der Vollzeitarbeit (Arbeitsphase) eine gleich lange Freistellungsphase an. Das Arbeitsverhältnis besteht bis zum Ende der Freistellungsphase weiter fort. Der Arbeitgeber zahlt dem Arbeitnehmer für die von ihm geleistete Tätigkeit Arbeitslohn. Dieser wird durch den sog. Aufstockungsbetrag erhöht. Den Anspruch auf Zahlung des Arbeitslohns während der Freistellungsphase erwirbt der Arbeitnehmer dabei durch seine Tätigkeit in den Zeiten der Vollzeitbeschäftigung.

138 Der Arbeitslohn und der Aufstockungsbetrag stellen während der Arbeits- und der Freistellungsphase Vergütungen dar, auf die die DBA-Regelungen entsprechend Art. 15 OECD-MA anzuwenden sind. Während der Freistellungsphase handelt es sich dabei einheitlich um nachträglich gezahlten Arbeitslohn. Dieser ist entsprechend der Aufteilung der Vergütungen zwischen dem Wohnsitzstaat und dem Tätigkeitsstaat während der Arbeitsphase aufzuteilen.

139 **Beispiel:**

Ausgangssachverhalt: Arbeitnehmer A ist für seinen in Deutschland ansässigen Arbeitgeber B tätig. Zwischen A und B ist für die Jahre 01 und 02 eine Altersteilzeit nach dem Blockmodell vereinbart, d. h. im ersten Jahr liegt die Arbeitsphase, das zweite Jahr umfasst die Freistellungsphase.

Fall 1:

A arbeitet im Jahr 01 für 60 vereinbarte Arbeitstage auf einer langjährigen Betriebsstätte seines Arbeitgebers in Korea. Der Arbeitslohn wird während dieser Zeit von der Betriebsstätte getragen. Die übrigen 180 vereinbarten Arbeitstage ist A in Deutschland tätig. Seinen deutschen Wohnsitz behält A bei. Die Freistellungsphase verbringt A ausschließlich im Inland.

In 01 steht Korea als Tätigkeitsstaat des Arbeitnehmers das Besteuerungsrecht anteilig mit 60/240 zu, da die Voraussetzung des Art. 15 Abs. 2 Buchstabe c DBA-Korea nicht erfüllt ist. Deutschland stellt die Vergütungen insoweit unter Beachtung des § 50d Abs. 8 EStG und des Progressionsvorbehalts frei (Art. 23 Abs. 1 Buchstabe a DBA-Korea). Für die übrigen 180/240 der Vergütungen steht Deutschland das Besteuerungsrecht zu. Entsprechend der Aufteilung während der Arbeitsphase steht Korea das Besteuerungsrecht für die Vergütungen des A im Jahr 02 zu 60/240 und zu 180/240 Deutschland zu.

Fall 2:

A ist während der Arbeitsphase und während der Freistellungsphase i. S. des DBA-Dänemark in Dänemark ansässig. Er arbeitet während der Arbeitsphase ausschließlich in Deutschland.

Da sich A im Jahr 01 mehr als 183 Tage in Deutschland aufgehalten hat, steht Deutschland als Tätigkeitsstaat für das Jahr 01 das Besteuerungsrecht in vollem Umfang zu (Art. 15 Abs. 1 DBA-Dänemark). Das Besteuerungsrecht in der Freistellungsphase folgt der Aufteilung zwischen dem Ansässigkeitsstaat und dem Tätigkeitsstaat des A während der Arbeitsphase. Entsprechend steht Deutschland auch im Jahr 02 das volle Besteuerungsrecht zu.

Fall 3:

Im Jahr 01 hat A seinen Wohnsitz in Deutschland und arbeitet auch ausschließlich im Inland. Anfang 02 zieht A nach Spanien.

Im Jahr 01 unterliegt A im Inland der unbeschränkten Steuerpflicht. Ein DBA-Fall ist nicht gegeben. Im Jahr 02 steht ausschließlich Deutschland das Besteuerungsrecht zu, da die Tätigkeit im Jahr 01 in Deutschland ausgeübt worden ist (Art. 15 Abs. 1 DBA-Spanien).

7 Besonderheiten bei Berufskraftfahrern

7.1 Allgemeines

140 Berufskraftfahrer halten sich während der Arbeitsausübung in oder bei ihrem Fahrzeug auf. Das Fahrzeug ist daher ihre regelmäßige Arbeitsstätte. Der Ort der Arbeitsausübung des Berufskraftfahrers bestimmt sich nach dem jeweiligen Aufenthalts- oder Fortbewegungsort des Fahrzeugs. Zu den Berufskraftfahrern i. S. dieses Schreibens zählen auch Auslieferungsfahrer, nicht aber Rei-

severtreter. Fahrten zwischen der Wohnung und dem Standort des Fahrzeugs gehören nicht zur beruflichen Tätigkeit des Berufskraftfahrers i. S. der DBA.

7.2 Der Berufskraftfahrer und der Arbeitgeber sind im Inland ansässig; der Arbeitslohn wird nicht von einer ausländischen Betriebsstätte getragen

Soweit die Vergütungen aus nichtselbständiger Arbeit auf Tätigkeiten des Berufskraftfahrers in Deutschland entfallen, ist der Anwendungsbereich der DBA nicht betroffen. Die Vergütungen des Berufskraftfahrers unterliegen der inländischen unbeschränkten Einkommensteuerpflicht. 141

Soweit der Berufskraftfahrer seine Tätigkeit in einem anderen Staat ausübt, ist anhand der 183-Tage-Klausel zu prüfen, welchem der beiden Vertragsstaaten das Besteuerungsrecht für die auf das Ausland entfallenden Einkünfte zusteht. 142

Die Berechnung der 183-Tage-Frist ist dabei für jeden Vertragsstaat gesondert durchzuführen. In Abweichung von den Regelungen in Tz. 4.2.2 führt die von einem Berufskraftfahrer ausgeübte Fahrtätigkeit dazu, dass auch Anwesenheitstage der Durchreise in einem Staat bei der Ermittlung der 183-Tage-Frist als volle Tage der Anwesenheit in diesem Staat zu berücksichtigen sind. Durchquert der Fahrer an einem Tag mehrere Staaten, so zählt dieser Tag für Zwecke der Ermittlung der 183-Tage-Frist in jedem dieser Staaten als voller Anwesenheitstag. 143

Für die Zuordnung des Arbeitslohns gelten die Ausführungen der Tz. 5.2 bis 5.5 entsprechend. 144

Beispiel: 145

Der in München wohnhafte Berufskraftfahrer A nimmt seine Fahrt morgens in München auf, und fährt über Österreich nach Italien. Von dort kehrt er am selben Tage über die Schweiz nach München zurück.

Bei Berufskraftfahrern sind auch Tage der Durchreise als volle Anwesenheitstage im jeweiligen Staat zu berücksichtigen. Für die Ermittlung der 183-Tage-Frist ist damit für Österreich, Italien und die Schweiz jeweils ein Tag zu zählen.

7.3 Der Berufskraftfahrer ist im Inland ansässig; der Arbeitgeber ist im Ausland ansässig oder der Arbeitslohn wird von einer ausländischen Betriebsstätte getragen

In den Fällen, in denen der Berufskraftfahrer in Deutschland, sein Arbeitgeber aber in dem anderen Vertragsstaat ansässig ist, steht Deutschland das Besteuerungsrecht für die Vergütungen des Berufskraftfahrers aus unselbständiger Arbeit zu, soweit die Vergütungen auf Tätigkeiten des Berufskraftfahrers im Inland entfallen. 146

Soweit der Berufskraftfahrer seine Tätigkeit in dem Staat ausübt, in dem der Arbeitgeber ansässig ist, ist die Anwendung des Art. 15 Abs. 2 OECD-MA ausgeschlossen, da die Voraussetzungen des Art. 15 Abs. 2 Buchstabe b OECD-MA nicht vorliegen. Mit dem Tätigwerden des Berufskraftfahrers im Ansässigkeitsstaat des Arbeitgebers steht diesem als Tätigkeitsstaat das Besteuerungsrecht insoweit zu (Art. 15 Abs. 1 OECD-MA). 147

Übt der Berufskraftfahrer seine Tätigkeit in einem Drittstaat aus, d. h. weder in Deutschland noch in dem Staat, in dem der Arbeitgeber ansässig ist, steht das Besteuerungsrecht für die auf den Drittstaat entfallenden Arbeitsvergütungen im Verhältnis zum Ansässigkeitsstaat des Arbeitgebers Deutschland als Ansässigkeitsstaat des Berufskraftfahrers zu (Art. 21 Abs. 1 OECD-MA). Besteht mit dem jeweiligen Drittstaat ein DBA, ist im Verhältnis zu diesem Staat nach diesem DBA zu prüfen, welchem Staat das Besteuerungsrecht zusteht. Soweit die Tätigkeit im jeweiligen Drittstaat an nicht mehr als 183 Tagen ausgeübt wird, verbleibt das Besteuerungsrecht regelmäßig bei Deutschland. Eine Ausnahme hierzu enthält Art. 15 Abs. 2 Buchstabe b und Art. 23 Abs. 2 DBA-Norwegen. 148

Die vorgenannten Ausführungen gelten entsprechend für die Fälle, in denen der Arbeitgeber in Deutschland ansässig ist, die Arbeitsvergütungen aber von einer Betriebsstätte oder einer ständigen Einrichtung im Ausland getragen werden, vgl. hierzu Tz. 4.4. 149

Auf die Verständigungsvereinbarung mit Luxemburg vom 8. März 2005, BStBl I S. 696 wird hingewiesen. 150

Beispiel: 151

A, ansässig im Inland, ist für seinen in Österreich ansässigen Arbeitgeber als Berufskraftfahrer tätig. Im Jahr 01 war A das ganze Jahr über im In- und Ausland tätig. Lediglich zwei Arbeitstage hat A in Österreich und zwei Arbeitstage in Italien verbracht. A ist kein Grenzgänger i. S. von Art. 15 Abs. 6 DBA-Österreich.

Deutschland hat als Ansässigkeitsstaat des A das Besteuerungsrecht für die Arbeitsvergütungen, die auf die Arbeitstage entfallen, an denen A seine Tätigkeit in Deutschland ausgeübt hat (Art. 15 Abs. 1 DBA-Österreich). Zudem hat Deutschland das Besteuerungsrecht für die Arbeitsvergütungen, die auf die in Italien verbrachten Arbeitstage entfallen, da sich A nicht mehr als 183 Tage in Italien aufgehalten hat (Art. 15 Abs. 1, 2 DBA-Italien). Dagegen wird Österreich das Besteuerungsrecht für die Arbeitsvergütungen zugewiesen, die auf die Tage entfallen, an denen A in Österreich seine Tätigkeit ausgeübt hat (Art. 15 Abs. 1 DBA-Österreich). Insoweit stellt Deutschland die Einkünfte unter Beachtung des § 50d Abs. 8 EStG und des Progressionsvorbehalts frei (Art. 23 Abs. 1 DBA-Österreich).

7.4 Sonderregelung im DBA-Türkei

152 Abweichend von den vorgenannten Ausführungen wird nach Art. 15 Abs. 3 DBA-Türkei das Besteuerungsrecht für Vergütungen für unselbständige Arbeit, die an Bord eines Straßenfahrzeuges im internationalen Verkehr ausgeübt wird, dem Vertragsstaat zugewiesen, in dem sich der Sitz des Unternehmens befindet.

8 Personal auf Schiffen und Flugzeugen

153 Für Vergütungen des Bordpersonals von Seeschiffen und Luftfahrzeugen im internationalen Verkehr und des Bordpersonals von Schiffen im Binnenverkehr enthalten die Abkommen entsprechend dem Art. 15 Abs. 3 OECD-MA in der Regel gesonderte Bestimmungen. Das Besteuerungsrecht für diese Vergütungen wird grundsätzlich dem Vertragsstaat zugewiesen, in dem sich der Ort der tatsächlichen Geschäftsleitung des Unternehmens befindet, das das Seeschiff oder Luftfahrzeug betreibt.

154 Abweichend hiervon regeln die DBA-Liberia sowie DBA-Trinidad und Tobago die Zuweisung des Besteuerungsrechts der Vergütungen aus unselbständiger Arbeit des Bordpersonals von Schiffen und Flugzeugen nicht besonders. Es sind damit die allgemeinen Regelungen des Art. 15 Abs. 1 und 2 DBA-Liberia oder des Art. 15 Abs. 1 und 2 DBA-Trinidad und Tobago anzuwenden. Soweit sich ein Schiff, das unter liberianischer Flagge oder unter der Flagge von Trinidad und Tobago fährt, im Hoheitsgebiet von Liberia oder Trinidad und Tobago oder auf hoher See aufhält, ist Liberia oder Trinidad und Tobago als Tätigkeitsstaat des Personals an Bord des Schiffes anzusehen. Das Besteuerungsrecht für diese Einkünfte steht damit grundsätzlich Liberia oder Trinidad und Tobago zu. Liberia macht von seinem Besteuerungsrecht allerdings keinen Gebrauch (s. auch Tz. 3.3 des BMF-Schreibens vom 21. Juli 2005, BStBl I S. 821).

9 Rückfallklauseln

155 Um zu vermeiden, dass Vergütungen in keinem der beiden Vertragsstaaten einer Besteuerung unterliegen, enthalten einige Abkommen Klauseln, die eine Besteuerung zumindest in einem der beiden Staaten gewährleisten sollen. Diese Klauseln sind in den Abkommen unterschiedlich ausgestaltet; überwiegend handelt es sich um sog. subject-to-tax-Klauseln oder um remittance-base-Klauseln.

9.1 „Subject-to-tax"-Klausel

156 In einigen Abkommen ist allgemein geregelt, dass Vergütungen für Zwecke des DBA nur dann als aus dem anderen Vertragsstaat stammend gelten, wenn sie dort besteuert werden. Ist dies nicht der Fall, fällt das Besteuerungsrecht an den Ansässigkeitsstaat zurück; ist Deutschland in solchen Fällen der Ansässigkeitsstaat, werden die Vergütungen nicht von der deutschen Besteuerung freigestellt. Nach dem BFH-Urteil vom 17. Dezember 2003, BStBl 2004 II S. 260, ist die subject-to-tax-Klausel für Einkünfte aus nichtselbständiger Arbeit nur bei folgenden DBA anzuwenden:

Abs. 16d des Protokolls zum DBA-Italien;
Art. 15 Abs. 4 DBA-Österreich;
Art. 15 Abs. 4 DBA-Schweiz;
Art. 14 Abs. 2 Buchstabe d DBA-Singapur.

157 Ist die subject-to-tax-Klausel anzuwenden, gilt Folgendes:

Unterliegen die Vergütungen nach den Bestimmungen des DBA der ausländischen Besteuerung, ist es für die Freistellung von der deutschen Besteuerung unbeachtlich, in welchem Umfang sie von der ausländischen Besteuerung erfasst werden oder ob dort alle Einkunftsteile im Rahmen der ausländischen Veranlagung zu einer konkreten Steuerzahlungspflicht führen (BFH-Urteil vom 27. August 1997, BStBl 1998 II S. 58). Eine ausländische Besteuerung ist auch anzunehmen, wenn die ausländische Steuer aufgrund von Freibeträgen, aufgrund eines Verlustausgleichs oder Verlustabzugs entfällt oder wenn die betreffenden Vergütungen im Ergebnis zu negativen Einkünften bei der ausländischen Besteuerung führen.

158 Bei Bestehen solcher Klauseln muss der Steuerpflichtige im Rahmen seiner erhöhten Mitwirkungspflicht nach § 90 Abs. 2 AO den Nachweis erbringen, dass die Vergütungen im Ausland der Besteuerung unterworfen wurden. Wird der Nachweis nicht erbracht, sind die ausländischen

Vergütungen grundsätzlich in die Besteuerung im Inland einzubeziehen. Sollte später der Nachweis der Besteuerung erbracht werden, ist der Einkommensteuerbescheid gemäß § 175 Abs. 1 Satz 1 Nr. 2 AO zu ändern (BFH-Urteil vom 11. Juni 1996, EStBl 1997 II S. 117).

9.2 „Remittance-base"-Klausel

Nach dem innerstaatlichen Recht einiger Staaten können ausländische Vergütungen von dort ansässigen Personen nur dann der dortigen Besteuerung unterworfen werden, wenn sie vom Ausland dorthin überwiesen („remitted") oder dort bezogen worden sind. Die Abkommen mit Großbritannien (Art. II Abs. 2), Irland (Art. II Abs. 2), Israel (Art. 2 Abs. 2), Jamaika (Art. 3 Abs. 3), Malaysia (Protokoll zum DBA, Ziffer 2), Singapur (Art. 21), Trinidad und Tobago (Protokoll zum DBA Ziffer 1 Buchstabe a) sowie mit Zypern (Protokoll zum DBA Ziffer 2) sehen dementsprechend vor, dass der Quellenstaat eine Freistellung oder Steuerermäßigung nur gewährt, soweit die Vergütungen in den Wohnsitzstaat überwiesen oder dort bezogen worden sind und damit der dortigen Besteuerung unterliegen. Der Quellenstaat beschränkt die von ihm zu gewährende Steuerbefreiung oder Steuerermäßigung auf die in den Wohnsitzstaat überwiesenen oder dort bezogenen Vergütungen. Besonderheiten der jeweils unterschiedlichen Klauseln sind zu beachten. 159

Auch in den Fällen der Remittance-base-Klauseln setzt die Steuerfreistellung den Nachweis der Besteuerung durch den ausländischen Tätigkeitsstaat voraus (BFH-Urteil vom 29. November 2000, BStBl 2001 II S. 195). 160

10 Verständigungsvereinbarungen

Verständigungsvereinbarungen zwischen den zuständigen Behörden der Vertragsstaaten werden durch die vorstehenden Regelungen nicht berührt. 161

Sofern sich bei der Anwendung der oben genannten Grundsätze eine Doppelbesteuerung ergibt, bleibt es dem Abkommensberechtigten vorbehalten, die Einleitung eines Verständigungsverfahrens zu beantragen (vgl. BMF-Schreiben vom 13. Juli 2006, BStBl I S. 461). 162

11 Aufhebung von Verwaltungsanweisungen

Die BMF-Schreiben vom 5. Januar 1994, BStBl I S. 11, vom 5. Juli 1995, BStBl I S. 373 und vom 20. April 2000, BStBl I S. 483 (BMF-Schreiben zur Besteuerung des Arbeitslohns nach den Doppelbesteuerungsabkommen; Anwendung der 183-Tage-Klausel), sowie das BMF-Schreiben vom 13. März 2002, BStBl I S. 485 (BMF-Schreiben zur Besteuerung von Berufskraftfahrern mit luxemburgischen Arbeitgebern und Wohnsitz in Deutschland), werden aufgehoben. 163

12 Erstmalige Anwendung

Die vorstehenden Regelungen sind in allen noch nicht bestandskräftigen Fällen anzuwenden. 164

In Fällen der Tz. 6.6.2 bestehen keine Bedenken, als Erdienungszeitraum den Zeitraum zwischen der Gewährung des Optionsrechts und der tatsächlichen Ausübung anzunehmen, wenn der Zufluss des geldwerten Vorteils vor dem 1. Januar 2006 erfolgte. 165

Anhang 10
Solidaritätszuschlag

Übersicht
I. Solidaritätszuschlaggesetz 1995
II. Merkblatt zum Solidaritätszuschlag im Lohnsteuer-Abzugsverfahren ab 1995

Solidaritätszuschlag

I.
Solidaritätszuschlaggesetz 1995

in der Fassung vom 15. 10. 2002 (BGBl. I 4131)
zuletzt geändert durch **Artikel 6 des Gesetzes zur Umsetzung der Beitreibungsrichtlinie sowie zur Änderung steuerlicher Vorschriften (Beitreibungsrichtlinie-Umsetzungsgesetz – BeitrRLUmsG) vom 7. 12. 2011 (BGBl I S. 2582, BStBl I S. 1171)**

§ 1 Erhebung eines Solidaritätszuschlags

(1) Zur Einkommensteuer und zur Körperschaftsteuer wird ein Solidaritätszuschlag als Ergänzungsabgabe erhoben.

(2) Auf die Festsetzung und Erhebung des Solidaritätszuschlags sind die Vorschriften des Einkommensteuergesetzes und des Körperschaftsteuergesetzes entsprechend anzuwenden.

(3) Ist die Einkommen- oder Körperschaftsteuer für Einkünfte, die dem Steuerabzug unterliegen, durch den Steuerabzug abgegolten oder werden solche Einkünfte bei der Veranlagung zur Einkommen- oder Körperschaftsteuer oder beim Lohnsteuer-Jahresausgleich nicht erfasst, gilt dies für den Solidaritätszuschlag entsprechend.

(4) Die Vorauszahlungen auf den Solidaritätszuschlag sind gleichzeitig mit den festgesetzten Vorauszahlungen auf die Einkommensteuer oder Körperschaftsteuer zu entrichten; § 37 Abs. 5 des Einkommensteuergesetzes ist nicht anzuwenden. Solange ein Bescheid über die Vorauszahlungen auf den Solidaritätszuschlag nicht erteilt worden ist, sind die Vorauszahlungen ohne besondere Aufforderung nach Maßgabe der für den Solidaritätszuschlag geltenden Vorschriften zu entrichten. § 240 Abs. 1 Satz 3 der Abgabenordnung ist insoweit nicht anzuwenden; § 254 Abs. 2 der Abgabenordnung gilt insoweit sinngemäß.

(5) Mit einem Rechtsbehelf gegen den Solidaritätszuschlag kann weder die Bemessungsgrundlage noch die Höhe des zu versteuernden Einkommens angegriffen werden. Wird die Bemessungsgrundlage geändert, ändert sich der Solidaritätszuschlag entsprechend.

§ 2 Abgabepflicht

Abgabepflichtig sind
1. natürliche Personen, die nach § 1 des Einkommensteuergesetzes einkommensteuerpflichtig sind,
2. natürliche Personen, die nach § 2 des Außensteuergesetzes erweitert beschränkt steuerpflichtig sind,
3. Körperschaften, Personenvereinigungen und Vermögensmassen, die nach § 1 oder § 2 des Körperschaftsteuergesetzes körperschaftsteuerpflichtig sind.

§ 3 Bemessungsgrundlage und zeitliche Anwendung

(1) Der Solidaritätszuschlag bemißt sich vorbehaltlich der Absätze 2 bis 5,
1. soweit eine Veranlagung zur Einkommensteuer oder Körperschaftsteuer vorzunehmen ist:
nach der nach Absatz 2 berechneten Einkommensteuer oder der festgesetzten Körperschaftsteuer für Veranlagungszeiträume ab 1998, vermindert um die anzurechnende oder vergütete Körperschaftsteuer, wenn ein positiver Betrag verbleibt;
2. soweit Vorauszahlungen zur Einkommensteuer oder Körperschaftsteuer zu leisten sind:
nach den Vorauszahlungen auf die Steuer für Veranlagungszeiträume ab 2002;
3. soweit Lohnsteuer zu erheben ist:
nach der nach Absatz 2a berechneten Lohnsteuer für
   a) laufenden Arbeitslohn, der für einen nach dem 31. Dezember 1997 endenden Lohnzahlungszeitraum gezahlt wird,
   b) sonstige Bezüge, die nach dem 31. Dezember 1997 zufließen;
4. soweit ein Lohnsteuer-Jahresausgleich durchzuführen ist:
nach der nach Absatz 2a sich ergebenden Jahreslohnsteuer für Ausgleichsjahre ab 1998;

5. soweit Kapitalertragsteuer oder Zinsabschlag zu erheben ist: außer in den Fällen des § 43b des Einkommensteuergesetzes:
   nach der ab 1. Januar 1998 zu erhebenden Kapitalertragsteuer oder dem ab diesem Zeitpunkt zu erhebenden Zinsabschlag;
6. soweit bei beschränkt Steuerpflichtigen ein Steuerabzugsbetrag nach § 50a des Einkommensteuergesetzes zu erheben ist:
   nach dem ab 1. Januar 1998 zu erhebenden Steuerabzugsbetrag.

(2) Bei der Veranlagung zur Einkommensteuer ist Bemessungsgrundlage für den Solidaritätszuschlag die Einkommensteuer, die abweichend von § 2 Abs. 6 des Einkommensteuergesetzes unter Berücksichtigung von Freibeträgen nach § 32 Abs. 6 des Einkommensteuergesetzes in allen Fällen des § 32 des Einkommensteuergesetzes festzusetzen wäre.

(2a) ¹Vorbehaltlich des § 40a Abs. 2 des Einkommensteuergesetzes in der Fassung des Gesetzes vom 23. Dezember 2002 (BGBl. I S. 4621) ist beim Steuerabzug vom Arbeitslohn Bemessungsgrundlage die Lohnsteuer; beim Steuerabzug vom laufenden Arbeitslohn und beim Jahresausgleich ist die Lohnsteuer maßgebend, die sich ergibt, wenn der nach § 39b Abs. 2 Satz 5 des Einkommensteuergesetzes zu versteuernde Jahresbetrag für die Steuerklassen I, II und III im Sinne des § 38b des Einkommensteuergesetzes um den Kinderfreibetrag von 4 368 Euro sowie den Freibetrag für den Betreuungs- und Erziehungs- oder Ausbildungsbedarf von 2 640 Euro und für die Steuerklasse IV im Sinne des § 38b des Einkommensteuergesetzes um den Kinderfreibetrag von 2 184 Euro sowie den Freibetrag für den Betreuungs- und Erziehungs- oder Ausbildungsbedarf von 1 320 Euro für jedes Kind vermindert wird, für das eine Kürzung der Freibeträge für Kinder nach § 32 Abs. 6 Satz 4 des Einkommensteuergesetzes nicht in Betracht kommt. ¹⁾²Bei der Anwendung des § 39b des Einkommensteuergesetzes ist die Ermittlung des Solidaritätszuschlages die **als Lohnsteuerabzugsmerkmal gebildete** Zahl der Kinderfreibeträge maßgebend. ³Bei Anwendung des § 39f des Einkommensteuergesetzes ist beim Steuerabzug vom laufenden Arbeitslohn die Lohnsteuer maßgebend, die sich bei Anwendung des nach § 39f Abs. 1 des Einkommensteuergesetzes ermittelten Faktors auf den nach den Sätzen 1 und 2 ermittelten Betrag ergibt.

(3) ¹Der Solidaritätszuschlag ist von einkommensteuerpflichtigen Personen nur zu erheben, wenn die Bemessungsgrundlage nach Absatz 1 Nummer 1 und 2, vermindert um die Einkommensteuer nach § 32d Absatz 3 und 4 des Einkommensteuergesetzes,
1. in den Fällen des § 32a Absatz 5 und 6 des Einkommensteuergesetzes 1 944 Euro,
2. in anderen Fällen 972 Euro

übersteigt. ²Auf die Einkommensteuer nach § 32d Absatz 3 und 4 des Einkommensteuergesetzes ist der Solidaritätszuschlag ungeachtet des Satzes 1 zu erheben.

(4) Beim Abzug vom laufenden Arbeitslohn ist der Solidaritätszuschlag nur zu erheben, wenn die Bemessungsgrundlage im jeweiligen Lohnzahlungszeitraum
1. bei monatlicher Lohnzahlung
   a) in der Steuerklasse III mehr als 162 Euro und
   b) in den Steuerklassen I, II, IV bis VI mehr als 81 Euro
2. bei wöchentlicher Lohnzahlung
   a) in der Steuerklasse III mehr als 37,80 Euro und
   b) in den Steuerklassen I, II, IV bis VI mehr als 18,90 Euro,
3. bei täglicher Lohnzahlung
   a) in der Steuerklasse III mehr als 5,40 Euro und
   b) in den Steuerklassen I, II, IV bis VI mehr als 2,70 Euro

beträgt. § 39b Abs. 4 des Einkommensteuergesetzes ist sinngemäß anzuwenden.

(5) Beim Lohnsteuer-Jahresausgleich ist der Solidaritätszuschlag nur zu ermitteln, wenn die Bemessungsgrundlage in Steuerklasse III mehr als 1 944 Euro und in den Steuerklassen I, II oder IV mehr als 972 Euro beträgt.

§ 4 Zuschlagsatz

¹Der Solidaritätszuschlag beträgt 5,5 Prozent der Bemessungsgrundlage. ²Er beträgt nicht mehr als 20 Prozent des Unterschiedsbetrages zwischen der Bemessungsgrundlage, vermindert um die Einkommensteuer nach § 32d Absatz 3 und 4 des Einkommensteuergesetzes, und der nach § 3 Absatz 3 bis 5 jeweils maßgebenden Freigrenze. ³Bruchteile eines Cents bleiben außer Ansatz.

---

1) *§ 3 Abs. 2a Satz 2 SolzG 1995 wurde durch das BeitrRLUmsG geändert und ist erstmals für den VZ 2012 anzuwenden* → *§ 6 Abs. 13 SolzG 1995.*

⁴Der Solidaritätszuschlag auf die Einkommensteuer nach § 32d Absatz 3 und 4 des Einkommensteuergesetzes beträgt ungeachtet des Satzes 2 5,5 Prozent.

§ 5 Doppelbesteuerungsabkommen

Werden auf Grund eines Abkommens zur Vermeidung der Doppelbesteuerung im Geltungsbereich dieses Gesetzes erhobene Steuern vom Einkommen ermäßigt, so ist diese Ermäßigung zuerst auf den Solidaritätszuschlag zu beziehen.

§ 6 Anwendungsvorschrift

(1) § 2 in der Fassung des Gesetzes vom 18. Dezember 1995 (BGBl. I S. 1959) ist ab dem Veranlagungszeitraum 1995 anzuwenden.

(2) Das Gesetz in der Fassung des Gesetzes vom 11. Oktober 1995 (BGBl. I S. 1250) ist erstmals für den Veranlagungszeitraum 1996 anzuwenden.

(3) Das Gesetz in der Fassung des Gesetzes vom 21. November 1997 (BGBl. I S. 2743) ist erstmals für den Veranlagungszeitraum 1998 anzuwenden.

(4) Das Gesetz in der Fassung des Gesetzes vom 23. Oktober 2000 (BGBl. I S. 1433) ist erstmals für den Veranlagungszeitraum 2001 anzuwenden.

(5) Das Gesetz in der Fassung des Gesetzes vom 21. Dezember 2000 (BGBl. I S. 1978) ist erstmals für den Veranlagungszeitraum 2001 anzuwenden.

(6) Das Solidaritätszuschlagsgesetz 1995 in der Fassung des Artikels 6 des Gesetzes vom 19. Dezember 2000 (BGBl. I S. 1790) ist erstmals für den Veranlagungszeitraum 2002 anzuwenden.

(7) § 1 Abs. 2a in der Fassung des Gesetzes zur Regelung der Bemessungsgrundlage für Zuschlagsteuern vom 21. Dezember 2000 (BGBl. I S. 1978, 1979) ist letztmals für den Veranlagungszeitraum 2001 anzuwenden.

(8) § 3 Abs. 2a in der Fassung des Gesetzes zur Regelung der Bemessungsgrundlage für Zuschlagsteuern vom 21. Dezember 2000 (BGBl. I S. 1978, 1979) ist erstmals für den Veranlagungszeitraum 2002 anzuwenden.

(9) § 3 in der Fassung des Artikels 7 des Gesetzes vom 20. Dezember 2007 (BGBl. I S. 3150) ist erstmals für den Veranlagungszeitraum 2008 anzuwenden.

(10) § 3 in der Fassung des Artikels 5 des Gesetzes vom 22. Dezember 2008 (BGBl. I S. 2955) ist erstmals für den Veranlagungszeitraum 2009 anzuwenden.

(11) § 3 in der Fassung des Artikels 9 des Gesetzes vom 22. Dezember 2009 (BGBl. I S. 3950) ist erstmals für den Veranlagungszeitraum 2010 anzuwenden.

(12) ¹§ 3 Absatz 3 und § 4 in der Fassung des Artikels 31 des Gesetzes vom 8. Dezember 2010 (BGBl. IS. 1768) sind erstmals für den Veranlagungszeitraum 2011 anzuwenden. ²Abweichend von Satz 1 sind § 3 Absatz 3 und § 4 in der Fassung des Artikels 31 des Gesetzes vom 8. Dezember 2010 (BGBl. IS. 1768) auch für die Veranlagungszeiträume 2009 und 2010 anzuwenden, soweit sich dies zu Gunsten des Steuerpflichtigen auswirkt.

¹⁾**(13) § 3 Absatz 2a Satz 2 in der Fassung des Artikels 6 des Gesetzes vom 7. Dezember 2011 (BGBl. I S. 2592) ist erstmals für den Veranlagungszeitraum 2012 anzuwenden.**

II.
Merkblatt zum Solidaritätszuschlag im Lohnsteuer-Abzugsverfahren ab 1995

vom 20. 9. 1994 (BStBl I S. 757)

1 Erhebung des Solidaritätszuschlags

1.1 Zeitraum und Bemessungsgrundlage

Der Solidaritätszuschlag ist

– vom laufenden Arbeitslohn zu erheben, der für einen nach dem 31. Dezember 1994 endenden Lohnzahlungszeitraum gezahlt wird und

– von sonstigen Bezügen zu erheben, die nach dem 31. Dezember 1994 zufließen.

Bemessungsgrundlage des Solidaritätszuschlags ist die jeweilige Lohnsteuer.

---

¹⁾ *§ 6 Abs. 13 SolzG 1995 wurde durch das BeitrRLUmsG ab VZ 2012 angefügt.*

Anhang 10
Solidaritätszuschlag

1.2 Höhe des Solidaritätszuschlags

Der Solidaritätszuschlag ist für den Steuerabzug vom laufenden Arbeitslohn, für den Steuerabzug von sonstigen Bezügen und für die Steuerpauschalierung nach den §§ 40 bis 40b EStG jeweils gesondert zu ermitteln.

1.2.1 Für den Steuerabzug vom laufenden Arbeitslohn ist der Solidaritätszuschlag bei monatlicher Lohnzahlung aus der Tabelle in Anlage 1, bei wöchentlicher Lohnzahlung aus der Tabelle in Anlage 2 und bei täglicher Lohnzahlung aus der Tabelle in Anlage 3 zu ermitteln. Bei höheren als in den Tabellen ausgewiesenen Lohnsteuerbeträgen ist der Solidaritätszuschlag mit 7,5 v. H.[1]) der Lohnsteuer zu berechnen.

1.2.2 Bei von monatlichen, wöchentlichen oder täglichen Lohnzahlungszeiträumen abweichenden Lohnzahlungszeiträumen ist die Lohnsteuer nach § 39b Abs. 4 EStG unter Anwendung der Wochen- oder Tageslohnsteuertabelle zu ermitteln. Für den Wochen- oder Tageslohnsteuerbetrag ist der Solidaritätszuschlag aus den Tabellen in Anlagen 2 oder 3 zu ermitteln bzw. entsprechend Tz. 1.2.1 Satz 2 zu berechnen. Der sich ergebende Betrag ist mit der Zahl der in den abweichenden Lohnzahlungszeitraum fallenden Wochen oder Kalendertage zu vervielfältigen.

1.2.3 Für den Steuerabzug von sonstigen Bezügen und für die Steuerpauschalierung ist der Solidaritätszuschlag stets mit 7,5 v. H.8 der entsprechenden Lohnsteuer zu berechnen.

1.3 Übernimmt der Arbeitgeber in den Fällen einer Nettolohnvereinbarung auch den Solidaritätszuschlag, so ist die Lohnsteuer nach dem Bruttoarbeitslohn zu berechnen, der nach Kürzung um die Lohnabzüge einschließlich des Solidaritätszuschlags den ausgezahlten Nettolohnbetrag ergibt. Übernimmt der Arbeitgeber den Solidaritätszuschlag nicht, so bleibt dieser bei der Berechnung des Bruttoarbeitslohns außer Betracht. Der Nettolohn ist um den Solidaritätszuschlag zu mindern.

1.4 Wird die Lohnsteuer nach dem voraussichtlichen Jahresarbeitslohn des Arbeitnehmers unter Anwendung der Jahreslohnsteuertabelle berechnet (permanenter Lohnsteuer-Jahresausgleich – § 39b Abs. 2 letzter Satz EStG, Abschnitt 121 Abs. 2 LStR[2])), so ist der Solidaritätszuschlag entsprechend den für die Lohnsteuer geltenden Regeln aus der Tabelle in Anlage 4 zu ermitteln. Bei höheren Jahreslohnsteuerbeträgen ist der Solidaritätszuschlag mit 7,5 v. H. der Jahreslohnsteuer zu berechnen.

1.5 Bruchteile eines Pfennigs, die sich bei der Berechnung des Solidaritätszuschlags nach Tz. 1.2.1, 1.2.2, 1.2.3 und 1.4 ergeben, bleiben jeweils außer Betracht.

1.6 Wird die Lohnsteuer infolge rückwirkender Änderungen von Besteuerungsmerkmalen (z. B. rückwirkende Änderungen der Zahl der Kinderfreibeträge) neu ermittelt, so ist auch der Solidaritätszuschlag neu zu ermitteln; in diesen Fällen ist ein etwa zuviel einbehaltener Solidaritätszuschlag dem Arbeitnehmer zu erstatten; ein etwa zu wenig einbehaltener Solidaritätszuschlag ist nachzuerheben. Das gilt auch bei nachträglicher Eintragung von Freibeträgen auf der Lohnsteuerkarte.

2 Behandlung des Solidaritätszuschlags im Lohnsteuer-Jahresausgleich durch den Arbeitgeber

2.1 Wenn der Arbeitgeber für den Arbeitnehmer einen Lohnsteuer-Jahresausgleich durchführt, ist auch für den Solidaritätszuschlag ein Jahresausgleich durchzuführen.

2.2 Der Jahresbetrag des Solidaritätszuschlags ergibt sich aus der Tabelle in Anlage 4. Bei höheren als in der Tabelle ausgewiesenen Jahreslohnsteuerbeträgen ist der Solidaritätszuschlag mit 7,5 v. H.9 der Jahreslohnsteuer zu berechnen. Tz. 1.5 ist anzuwenden.

2.3 Übersteigt die Summe der einbehaltenen Zuschlagsbeträge den Jahresbetrag des Solidaritätszuschlags, so ist der Unterschiedsbetrag dem Arbeitnehmer vom Arbeitgeber zu erstatten. Übersteigt der Jahresbetrag des Solidaritätszuschlags die Summe der einbehaltenen Zuschlagsbeträge, so kommt eine nachträgliche Einbehaltung des Unterschiedsbetrags durch den Arbeitgeber nur nach Maßgabe des § 41c EStG in Betracht.

3 Verhältnis des Solidaritätszuschlags zur Kirchensteuer

Der Solidaritätszuschlag bezieht sich nur auf die Lohnsteuer, nicht auf die Kirchensteuer. Die Kirchensteuer bemißt sich nach der Lohnsteuer ohne den Solidaritätszuschlag.

4 Aufzeichnung, Anmeldung und Bescheinigung des Solidaritätszuschlags

Der Solidaritätszuschlag ist im Lohnkonto (§ 41 EStG), in der Lohnsteuer-Anmeldung (§ 41a EStG) und in der Lohnsteuerbescheinigung (z. B. auf der Lohnsteuerkarte – § 41b EStG) gesondert neben der Lohnsteuer und Kirchensteuer einzutragen.

---

[1]) Jetzt: 5,5 %.
[2]) Jetzt: R 39b.8 LStR.

Anhang 10
Solidaritätszuschlag

5   Maschinelle Berechnung des Solidaritätszuschlags

Es wird auf den Programmablaufplan zur maschinellen Berechnung der vom laufenden Arbeitslohn einzubehaltenden Lohnsteuer hingewiesen, der mit BMF-Schreiben vom 18. August 1994 im Bundessteuerblatt Teil I S. 713 veröffentlicht worden ist.

Anhang 11

Steuerbegünstige Zwecke (§ 10b EStG)

Übersicht

I. Steuer**begünstigte Zwecke (§ 10b EStG)** Gesetz zur weiteren Stärkung des bürgerschaftlichen Engagements vom 10. Oktober 2007; **Anwendungsschreiben zu § 10b EStG BMF vom 18. 12. 2008 (BStBl 2009 I S. 16)**

II. Steuerlicher Spendenabzug (§ 10b EStG); Muster für Zuwendungsbestätigungen BMF vom 30. 8. 2012 (BStBl I S. 884)

I.
Steuerbegünstigte Zwecke (§ 10b EStG)

Gesetz zur weiteren Stärkung des bürgerschaftlichen Engagements vom 10. Oktober 2007

Anwendungsschreiben zu § 10b EStG

BMF vom 18. 12. 2008, IV C 4 – S 2223/07/0020200 3/0731361 (BStBl I 2009 S. 16)

Durch das Gesetz zur weiteren Stärkung des bürgerschaftlichen Engagements vom 10. Oktober 2007 (BGBl. I S. 2332, BStBl I S. 815) haben sich u. a. Änderungen im Spendenrecht ergeben, die grundsätzlich rückwirkend zum 1. Januar 2007 gelten.

Die Neuregelungen sind auf Zuwendungen anzuwenden, die nach dem 31. Dezember 2006 geleistet werden. Für Zuwendungen, die im Veranlagungszeitraum 2007 geleistet werden, gilt auf Antrag des Steuerpflichtigen § 10b Abs. 1 EStG in der für den Veranlagungszeitraum 2006 geltenden Fassung (vgl. § 52 Abs. 24d Satz 2 und 3 EStG).

Unter Bezugnahme auf das Ergebnis der Erörterungen mit den obersten Finanzbehörden der Länder gilt für die Anwendung des § 10b EStG ab dem Veranlagungszeitraum 2007 Folgendes:

1. Großspenden

Nach der bisherigen Großspendenregelung waren Einzelzuwendungen von mindestens 25 565 Euro zur Förderung wissenschaftlicher, mildtätiger oder als besonders förderungswürdig anerkannter kultureller Zwecke, die die allgemeinen Höchstsätze überschreiten, im Rahmen der Höchstsätze im Jahr der Zuwendung, im vorangegangenen und in den fünf folgenden Veranlagungszeiträumen abzuziehen.

Für den verbleibenden Großspendenvortrag zum 31. Dezember 2006 gilt damit die alte Regelung fort, d. h. dieser Vortrag ist weiterhin verbunden mit der Anwendung der alten Höchstbeträge und der zeitlichen Begrenzung. Dies bedeutet, dass bei vorhandenen Großspenden ggf. noch für fünf Veranlagungszeiträume altes Recht neben neuem Recht anzuwenden ist.

Für im Veranlagungszeitraum 2007 geleistete Spenden kann auf Antrag § 10b Abs. 1 EStG a. F. in Anspruch genommen werden. Dann gilt für diese Spenden auch der zeitlich begrenzte Großspendenvortrag nach altem Recht.

Im Hinblick auf die Abzugsreihenfolge ist der zeitlich begrenzte Altvortrag von verbleibenden Großspenden mit entsprechender Anwendung der Höchstbeträge vorrangig.

2. Zuwendungen an Stiftungen

Durch das Gesetz zur weiteren Stärkung des bürgerschaftlichen Engagements vom 10. Oktober 2007 (a. a. O.) wurden die Regelungen zur steuerlichen Berücksichtigung von Zuwendungen vereinfacht. Differenziert werden muss nur noch, ob es sich bei einer Zuwendung zur Förderung steuerbegünstigter Zwecke im Sinne der §§ 52 bis 54 AO um eine Zuwendung in den Vermögensstock einer Stiftung handelt oder nicht. Der Höchstbetrag für Zuwendungen an Stiftungen in Höhe von 20 450 Euro ist entfallen, hier gelten wie für alle anderen Zuwendungen die Höchstbeträge von 20 Prozent des Gesamtbetrags der Einkünfte oder 4 Promille der Summe der gesamten Umsätze und der im Kalenderjahr aufgewendeten Löhne und Gehälter. Dafür wurden die Regelungen zur steuerlichen Berücksichtigung von Zuwendungen in den Vermögensstock einer Stiftung ausgeweitet (siehe Ausführungen zu 3.).

Für im Veranlagungszeitraum 2007 geleistete Spenden kann auf Antrag § 10b Abs. 1 EStG a. F. in Anspruch genommen werden.

3. Vermögensstockspenden

Der Sonderausgabenabzug nach § 10b Abs. 1a EStG ist nur auf Antrag des Steuerpflichtigen vorzunehmen; stellt der Steuerpflichtige keinen Antrag, gelten auch für Vermögensstockspenden die allgemeinen Regelungen nach § 10b Abs. 1 EStG. Im Antragsfall kann die Vermögensstockspende nach § 10b Abs. 1a EStG innerhalb eines Zeitraums von 10 Jahren vom Spender beliebig auf die einzelnen Jahre verteilt werden. Der bisherige Höchstbetrag von 307 000 Euro wurde auf 1 Mio. Euro angehoben und die Voraussetzung, dass die Spende anlässlich der Neugründung der Stiftung geleistet werden muss, ist entfallen, so dass auch Spenden in den Vermögensstock bereits bestehender Stiftungen (sog. Zustiftungen) begünstigt sind.

Der Steuerpflichtige beantragt in seiner Einkommensteuererklärung erstens, in welcher Höhe die Zuwendung als Vermögensstockspende im Sinne von § 10b Abs. 1a EStG behandelt werden soll, und zweitens, in welcher Höhe er in dem entsprechenden Zeitraum eine Berücksichtigung wünscht. Leistet ein Steuerpflichtiger im VZ 2008 beispielsweise 100 000 Euro in den Vermögensstock, entscheidet er im Rahmen seiner Einkommensteuererklärung 2008 über den Betrag, der als Vermögensstockspende nach § 10b Abs. 1a EStG behandelt werden soll – z. B. 80 000 Euro –, dann sind die übrigen 20 000 Euro Spenden im Rahmen der Höchstbeträge nach § 10b Abs. 1 EStG zu berücksichtigen. Leistet ein Steuerpflichtiger einen höheren Betrag als 1 Mio. Euro in den Vermögensstock einer Stiftung, kann er den 1 Mio. Euro übersteigenden Betrag ebenfalls nach § 10b Abs. 1 EStG geltend machen. Im zweiten Schritt entscheidet der Steuerpflichtige über den Anteil der Vermögensstockspende, die er im VZ 2008 abziehen möchte. Innerhalb des 10-Jahreszeitraums ist ein Wechsel zwischen § 10b Abs. 1a EStG und § 10b Abs. 1 EStG nicht zulässig.

Durch das Gesetz zur weiteren Stärkung des bürgerschaftlichen Engagements vom 10. Oktober 2007 (a. a. O.) wurde kein neuer 10-Jahreszeitraum im Sinne des § 10b Abs. 1a Satz 2 EStG geschaffen. Wurde also bereits vor 2007 eine Vermögensstockspende geleistet, beginnt der 10jährige-Abzugszeitraum im Sinne des § 10b Abs. 1a Satz 1 EStG entsprechend früher. Mit jeder Spende in den Vermögensstock beginnt ein neuer 10jähriger-Abzugszeitraum. Mehrere Vermögensstockspenden einer Person innerhalb eines Veranlagungszeitraums sind zusammenzufassen.

Beispiel:

Ein Stpfl. hat im Jahr 2005 eine Zuwendung i. H. v. 300 000 Euro in den Vermögensstock einer neu gegründeten Stiftung geleistet. Diese wurde antragsgemäß mit je 100 000 Euro im VZ 2005 und 2006 gemäß § 10b Abs. 1a Satz 1 EStG a. F. abgezogen.

Im Jahr 2007 leistet der Stpfl. eine Vermögensstockspende i. H. v. 1 200 000 Euro und beantragt 900 000 Euro im Rahmen des § 10b Abs. 1a EStG zu berücksichtigen. Im VZ 2007 beantragt er einen Abzugsbetrag nach § 10b Abs. 1a EStG i. H. v. 800 000 Euro (100 000 Euro zuzüglich 700 000 Euro). Die verbleibenden 200 000 Euro (900 000 Euro abzüglich 700 000 Euro) sollen im Rahmen des § 10b Abs. 1a EStG in einem späteren VZ abgezogen werden.

Die übrigen 300 000 Euro (1 200 000 Euro abzüglich 900 000 Euro) fallen unter die allgemeinen Regelungen nach § 10b Abs. 1 EStG.

VZ 2005 § 10b Abs. 1a EStG a. F. 100 000 Euro

VZ 2006 § 10b Abs. 1a EStG a. F. 100 000 Euro

VZ 2007 § 10b Abs. 1a EStG n. F. 800 000 Euro (= 100 000 aus VZ 2005 +

700 000 aus VZ 2007)

Beginn des ersten 10jährigen-Abzugszeitraums ist der VZ 2005 und dessen Ende der VZ 2014; somit ist für die Jahre 2008 bis 2014 der Höchstbetrag von 1 000 000 Euro durch die Inanspruchnahme der 800 000 Euro im VZ 2007 ausgeschöpft.

Beginn des zweiten 10jährigen-Abzugszeitraums ist der VZ 2007 und dessen Ende der VZ 2016. In den VZ 2015 und 2016 verbleiben daher maximal noch 200 000 Euro als Abzugsvolumen nach § 10b Abs. 1a EStG (1 000 000 Euro abzüglich 800 000 Euro, siehe VZ 2007). Die verbleibenden Vermögensstockspenden i. H. v. 200 000 Euro aus der Zuwendung im VZ 2007 können somit entsprechend dem Antrag des Stpfl. in den VZ 2015 und/oder 2016 abgezogen werden.

Stellt der Stpfl. (z. B. aufgrund eines negativen GdE) in den VZ 2015 und 2016 keinen Antrag zum Abzug der verbleibenden Vermögensstockspenden, gehen diese zum 31. 12. 2016 in den allgemeinen unbefristeten Spendenvortrag nach § 10b Abs. 1 EStG über.

4. Zuwendungsvortrag

a) Vortrag von Vermögensstockspenden

Vermögensstockspenden, die nicht innerhalb des 10jährigen-Abzugszeitraums nach § 10b Abs. 1a Satz 1 EStG verbraucht wurden, gehen in den allgemeinen unbefristeten Spendenvortrag nach § 10b Abs. 1 EStG über.

Die Vorträge von Vermögensstockspenden sind für jeden Ehegatten getrennt festzustellen.

b) Großspendenvortrag

Für den Übergangszeitraum von maximal sechs Jahren ist neben der Feststellung des Vortrages von Vermögensstockspenden und der Feststellung des allgemeinen unbefristeten Spendenvortrags ggf. auch eine Feststellung des befristeten Großspendenvortrags nach altem Recht vorzunehmen. Verbleibt nach Ablauf der fünf Vortragsjahre ein Restbetrag, geht dieser nicht in den allgemeinen unbefristeten Spendenvortrag über, sondern ist verloren.

c) Allgemeiner unbefristeter Spendenvortrag

In den allgemeinen unbefristeten Spendenvortrag werden die abziehbaren Zuwendungen aufgenommen, die die Höchstbeträge im Veranlagungszeitraum der Zuwendung überschreiten oder die den um die Beträge nach § 10 Abs. 3 und 4, § 10c und 10d verminderten Gesamtbetrag der Einkünfte übersteigen und nicht dem Vortrag von Vermögensstockspenden bzw. dem Großspendenvortrag zuzuordnen sind. Die Beträge nach § 10 Abs. 4a EStG stehen den Beträgen nach Absatz 3 und 4 gleich.

Der am Schluss eines Veranlagungszeitraums verbleibende Spendenvortrag ist entsprechend § 10d Abs. 4 EStG für die verschiedenen Vorträge – Vortrag von Vermögensstockspenden, Großspendenvortrag und allgemeiner unbefristeter Spendenvortrag – gesondert festzustellen.

Ein Wechsel zwischen den verschiedenen Zuwendungsvorträgen, mit Ausnahme des unter a) genannten Übergangs vom Vortrag für Vermögensstockspenden zum allgemeinen unbefristeten Zuwendungsvortrag, ist nicht möglich.

5. Übergang von altem in neues Recht

Die Änderungen des § 10b Abs. 1 und 1a EStG gelten rückwirkend ab dem 1. Januar 2007.

§ 52 Abs. 24d Satz 3 EStG eröffnet dem Spender die Möglichkeit, hinsichtlich der Regelungen des § 10b Abs. 1 EStG für den Veranlagungszeitraum 2007 die Anwendung des bisherigen Rechts zu wählen. Wenn er sich hierzu entschließt, gilt dies einheitlich für den gesamten Spendenabzug im Jahr 2007.

6. Haftungsregelung

Maßgeblicher Zeitpunkt für die Haftungsreduzierung im Sinne des § 10b Abs. 4 EStG durch das Gesetz zur weiteren Stärkung des bürgerschaftlichen Engagements vom 10. Oktober 2007 (BGBl. I S. 2332, BStBl I S. 815) von 40 % auf 30 % des zugewendeten Betrags ist der Zeitpunkt der Haftungsinanspruchnahme, somit der Zeitpunkt der Bekanntgabe des Haftungsbescheides. Dies ist unabhängig davon, für welchen Veranlagungszeitraum die Haftungsinanspruchnahme erfolgt.

7. Anwendungsregelung

Dieses Schreiben ist ab dem Veranlagungszeitraum 2007 anzuwenden.

II.
Steuerlicher Spendenabzug (§ 10b EStG);
Muster für Zuwendungsbestätigungen

BMF vom 30. 8. 2012 (BStBl I S. 884) – IV C 4 – S 2223/07/0018 :005 –

Im Einvernehmen mit den obersten Finanzbehörden der Länder sind die in der Anlage beigefügten Muster für Zuwendungen an inländische Zuwendungsempfänger zu verwenden.

Anhang 11

Steuerbegünstige Zwecke (§ 10b EStG)

Für die Verwendung der aktualisierten Muster für Zuwendungsbestätigungen gilt Folgendes:

1. Die in der Anlage beigefügten Muster für Zuwendungsbestätigungen sind verbindliche Muster (vgl. § 50 Absatz 1 EStDV). Die Zuwendungsbestätigungen können vom jeweiligen Zuwendungsempfänger anhand dieser Muster selbst hergestellt werden. In einer auf einen bestimmten Zuwendungsempfänger zugeschnittenen Zuwendungsbestätigung müssen nur die Angaben aus den veröffentlichten Mustern übernommen werden, die im Einzelfall einschlägig sind. Die in den Mustern vorgesehenen Hinweise zu den haftungsrechtlichen Folgen der Ausstellung einer unrichtigen Zuwendungsbestätigung und zur steuerlichen Anerkennung der Zuwendungsbestätigung sind stets in die Zuwendungsbestätigungen zu übernehmen.

2. Die Wortwahl und die Reihenfolge der vorgegebenen Textpassagen in den Mustern sind beizubehalten, Umformulierungen sind unzulässig. Auf der Zuwendungsbestätigung dürfen weder Danksagungen an den Zuwendenden noch Werbung für die Ziele der begünstigten Einrichtung angebracht werden. Entsprechende Texte sind jedoch auf der Rückseite zulässig.
Die Zuwendungsbestätigung darf die Größe einer DIN A 4 – Seite nicht überschreiten.

3. Es bestehen keine Bedenken, wenn der Zuwendungsempfänger in seinen Zuwendungsbestätigungen alle ihn betreffenden steuerbegünstigten Zwecke nennt. Aus steuerlichen Gründen bedarf es keiner Kenntlichmachung, für welchen konkreten steuerbegünstigten Zweck die Zuwendung erfolgt bzw. verwendet wird.

4. Der zugewendete Betrag ist sowohl in Ziffern als auch in Buchstaben zu benennen. Für die Benennung in Buchstaben ist es nicht zwingend erforderlich, dass der zugewendete Betrag in einem Wort genannt wird; ausreichend ist die Buchstabenbenennung der jeweiligen Ziffern. So kann z.B. ein Betrag in Höhe von 1.322 Euro als „eintausenddreihundertzweiundzwanzig" oder „eins – drei – zwei – zwei" bezeichnet werden. In diesen Fällen sind allerdings die Leerräume vor der Nennung der ersten Ziffer und hinter der letzten Ziffer in geeigneter Weise (z.B. durch „X") zu entwerten.

5. Handelt es sich um eine Sachspende, so sind in die Zuwendungsbestätigung genaue Angaben über den zugewendeten Gegenstand aufzunehmen (z.B. Alter, Zustand historischer Kaufpreis, usw.). Für die Sachspende zutreffende Sätze sind in den entsprechenden Mustern anzukreuzen.
<u>Sachspende aus einem Betriebsvermögen:</u>
Stammt die Sachzuwendung nach den Angaben des Zuwendenden aus dessen Betriebsvermögen, ist die Sachzuwendung mit dem Entnahmewert (zuzüglich der bei der Entnahme angefallenen Umsatzsteuer; vgl. R 10b.1 Absatz 1 Satz 4 EStR) anzusetzen. In diesen Fällen braucht der Zuwendungsempfänger keine zusätzlichen Unterlagen in seine Buchführung aufzunehmen, ebenso sind Angaben über die Unterlagen, die zur Wertermittlung gedient haben, nicht erforderlich. Der Entnahmewert ist grundsätzlich der Teilwert. Der Entnahmewert kann auch der Buchwert sein, wenn das Wirtschaftsgut unmittelbar nach der Entnahme für steuerbegünstigte Zwecke gespendet wird (sog. Buchwertprivileg § 6 Absatz 1 Nummer 4 Satz 4 und 5 EStG). Der auf der Zuwendungsbestätigung ausgewiesene Betrag darf den bei der Entnahme angesetzten Wert nicht überschreiten.
<u>Sachspende aus dem Privatvermögen:</u>
Handelt es sich um eine Sachspende aus dem Privatvermögen des Zuwendenden, ist der gemeine Wert des gespendeten Wirtschaftsguts maßgebend, wenn dessen Veräußerung im Zeitpunkt der Zuwendung keinen Besteuerungstatbestand erfüllen würde (§ 10b Absatz 3 Satz 3 EStG). Ansonsten sind die fortgeführten Anschaffungs- oder Herstellungskosten als Wert der Zuwendung auszuweisen. Dies gilt insbesondere bei Veräußerungstatbeständen, die unter § 17 oder § 23 EStG fallen (z.B. Zuwendung einer mindestens 1 %igen Beteiligung an einer Kapitalgesellschaft (§ 17 EStG), einer Immobilie, die sich weniger als zehn Jahre im Eigentum des Spenders befindet (§ 23 Absatz 1 Satz 1 Nummer 1 EStG), eines anderen Wirtschaftsguts im Sinne des § 23 Absatz 1 Satz 1 Nummer 2 EStG mit einer Eigentumsdauer von nicht mehr als einem Jahr). Der Zuwendungsempfänger hat anzugeben, welche Unterlagen er zur Ermittlung des angesetzten Wertes herangezogen hat. In Betracht kommt in diesem Zusammenhang z.B. ein Gutachten über den aktuellen Wert der zugewendeten Sache oder der sich aus der ursprünglichen Rechnung ergebende historische Kaufpreis unter Berücksichtigung einer Absetzung für Abnutzung. Diese Unterlagen hat der Zuwendungsempfänger zusammen mit der Zuwendungsbestätigung in seine Buchführung aufzunehmen.

6. Die Zeile: „Es handelt sich um den Verzicht auf die Erstattung von Aufwendungen Ja ☐ Nein ☐" auf den Mustern für Zuwendungsbestätigungen von Körperschaften, Personenvereinigungen oder Vermögensmassen im Sinne des § 5 Absatz 1 Nummer 9 KStG, von politischen Parteien im Sinne des Parteiengesetzes, von unabhängigen Wählervereinigungen und von Stiftungen des privaten Rechts, ist stets in die Zuwendungsbestätigungen über Geldzuwendungen/Mitgliedsbeiträge zu übernehmen und entsprechend anzukreuzen.

Dies gilt auch in den Fällen, in denen ein Zuwendungsempfänger grundsätzlich keine Zuwendungsbestätigungen für die Erstattung von Aufwendungen ausstellt.
7. Werden Zuwendungen an eine juristische Person des öffentlichen Rechts von dieser an andere juristische Personen des öffentlichen Rechts weitergeleitet und werden von diesen die steuerbegünstigten Zwecke verwirklicht, so hat der „Erstempfänger" die in den amtlichen Vordrucken enthaltene Bestätigung wie folgt zu fassen:

Die Zuwendung wird entsprechend den Angaben des Zuwendenden an ....
[Name des Letztempfängers verbunden mit dem Hinweis auf dessen öffentlich-rechtliche Organisationsform] weitergeleitet.
8. Erfolgt der Nachweis in Form der Sammelbestätigung, so ist der bescheinigte Gesamtbetrag auf der zugehörigen Anlage in sämtliche Einzelzuwendungen aufzuschlüsseln.
9. Für maschinell erstellte Zuwendungsbestätigungen ist R 10b.1 Absatz 4 EStR zu beachten.
10. Nach § 50 Absatz 4 EStDV hat die steuerbegünstigte Körperschaft ein Doppel der Zuwendungsbestätigung aufzubewahren. Es ist in diesem Zusammenhang zulässig, das Doppel in elektronischer Form zu speichern. Die Grundsätze ordnungsmäßiger DV-gestützter Buchführungssysteme (BMF-Schreiben vom 7. November 1995, BStBl. I Seite 738) sind zu beachten.
11. Für Zuwendungen nach dem 31. Dezember 1999 ist das Durchlaufspendenverfahren keine zwingende Voraussetzung mehr für die steuerliche Begünstigung von Spenden. Ab 1. Januar 2000 sind alle steuerbegünstigten Körperschaften im Sinne des § 5 Absatz 1 Nummer 9 KStG zum unmittelbaren Empfang und zur Bestätigung von Zuwendungen berechtigt. Dennoch dürfen juristische Personen des öffentlichen Rechts oder öffentliche Dienststellen auch weiterhin als Durchlaufstelle auftreten und Zuwendungsbestätigungen ausstellen (vgl. R 10b.1 Absatz 2 EStR). Sie unterliegen dann aber auch – wie bisher – der Haftung nach § 10b Absatz 4 EStG. Dach- und Spitzenorganisationen können für die ihnen angeschlossenen Vereine dagegen nicht mehr als Durchlaufstelle fungieren.
12. Die neuen Muster für Zuwendungsbestätigungen werden als ausfüllbare Formulare unter https://www.formulare-bfinv.de zur Verfügung stehen.
13. Für den Abzug steuerbegünstigter Zuwendungen an nicht im Inland ansässige Empfänger wird auf das BMF-Schreiben vom 16. Mai 2011 – IV C 4 – S 2223/07/0005 :008, 2011/0381377 –, (BStBl I Seite 559) hingewiesen.

Das BMF-Schreiben vom 13. Dezember 2007 – IV C 4 – S 2223/07/0018, 2007/0582656 –; (BStBl I 2008, Seite 4) sowie das BMF-Schreiben vom 17. Juni 2011 – IV C 4 – S 2223/07/0018 :004, 2011/0474108 –; (BStBl I Seite 623) werden hiermit aufgehoben.

Es wird seitens der Finanzverwaltung nicht beanstandet, wenn bis zum 31. Dezember 2012 die bisherigen Muster für Zuwendungsbestätigungen verwendet werden.

Anhang 11
II Steuerbegünstige Zwecke (§ 10b EStG)

Anlage

Aussteller (Bezeichnung und Anschrift der inländischen juristischen Person des öffentlichen Rechts oder der inländischen öffentlichen Dienststelle)

Bestätigung über Geldzuwendungen
im Sinne des § 10b des Einkommensteuergesetzes an inländische juristische Personen des öffentlichen Rechts oder inländische öffentliche Dienststellen

Name und Anschrift des Zuwendenden

Betrag der Zuwendung - in Ziffern -	- in Buchstaben -	Tag der Zuwendung:

Es wird bestätigt, dass die Zuwendung nur zur Förderung (Angabe des begünstigten Zwecks / der begünstigten Zwecke)

verwendet wird.

Die Zuwendung wird

☐ von uns unmittelbar für den angegebenen Zweck verwendet

☐ entsprechend den Angaben des Zuwendenden an .... weitergeleitet, die/der vom Finanzamt .... StNr .... mit Freistellungsbescheid bzw. nach der Anlage zum Körperschaftsteuerbescheid vom .... von der Körperschaftsteuer und Gewerbesteuer befreit ist.

☐ entsprechend den Angaben des Zuwendenden an .... weitergeleitet, die/der vom Finanzamt .... StNr .... mit vorläufiger Bescheinigung (gültig ab:..........) vom .... als steuerbegünstigten Zwecken dienend anerkannt ist.

(Ort, Datum und Unterschrift des Zuwendungsempfängers)

Hinweis:
Wer vorsätzlich oder grob fahrlässig eine unrichtige Zuwendungsbestätigung erstellt oder wer veranlasst, dass Zuwendungen nicht zu den in der Zuwendungsbestätigung angegebenen steuerbegünstigten Zwecken verwendet werden, haftet für die entgangene Steuer (§ 10b Abs. 4 EStG, § 9 Abs. 3 KStG, § 9 Nr. 5 GewStG).

Nur in den Fällen der Weiterleitung an steuerbegünstigte Körperschaften im Sinne von § 5 Abs. 1 Nr. 9 KStG:
Diese Bestätigung wird nicht als Nachweis für die steuerliche Berücksichtigung der Zuwendung anerkannt, wenn das Datum des Freistellungsbescheides länger als 5 Jahre bzw. das Datum der vorläufigen Bescheinigung länger als 3 Jahre seit Ausstellung der Bestätigung zurückliegt (BMF vom 15.12.1994 - BStBl I S. 884)

Anhang 11

Steuerbegünstige Zwecke (§ 10b EStG)

II

Aussteller (Bezeichnung und Anschrift der inländischen juristischen Person des öffentlichen Rechts oder der inländischen öffentlichen Dienststelle)

Bestätigung über Sachzuwendungen
im Sinne des § 10b des Einkommensteuergesetzes an inländische juristische Personen des öffentlichen Rechts oder inländische öffentliche Dienststellen

Name und Anschrift des Zuwendenden

Wert der Zuwendung - in Ziffern -	- in Buchstaben -	Tag der Zuwendung:

Genaue Bezeichnung der Sachzuwendung mit Alter, Zustand, Kaufpreis usw.

☐ Die Sachzuwendung stammt nach den Angaben des Zuwendenden aus dem Betriebsvermögen und ist mit dem Entnahmewert (ggf. mit dem niedrigeren gemeinen Wert) bewertet.

☐ Die Sachzuwendung stammt nach den Angaben des Zuwendenden aus dem Privatvermögen.

☐ Der Zuwendende hat trotz Aufforderung keine Angaben zur Herkunft der Sachzuwendung gemacht.

☐ Geeignete Unterlagen, die zur Wertermittlung gedient haben, z. B. Rechnung, Gutachten, liegen vor.

Es wird bestätigt, dass die Zuwendung nur zur Förderung (Angabe des begünstigten Zwecke / der begünstigten Zwecke)

verwendet wird.

Die Zuwendung wird

☐ von uns unmittelbar für den angegebenen Zweck verwendet

☐ entsprechend den Angaben des Zuwendenden an .... weitergeleitet, die/der vom Finanzamt .... StNr .... mit Freistellungsbescheid bzw. nach der Anlage zum Körperschaftsteuerbescheid vom .... von der Körperschaftsteuer und Gewerbesteuer befreit ist.

☐ entsprechend den Angaben des Zuwendenden an .... weitergeleitet, die/der vom Finanzamt .... StNr .... mit vorläufiger Bescheinigung (gültig ab:..........) vom .... als steuerbegünstigten Zwecken dienend anerkannt ist.

(Ort, Datum und Unterschrift des Zuwendungsempfängers)

Hinweis:
Wer vorsätzlich oder grob fahrlässig eine unrichtige Zuwendungsbestätigung erstellt oder wer veranlasst, dass Zuwendungen nicht zu den in der Zuwendungsbestätigung angegebenen steuerbegünstigten Zwecken verwendet werden, haftet für die entgangene Steuer (§ 10b Abs. 4 EStG, § 9 Abs. 3 KStG, § 9 Nr. 5 GewStG).

Nur in den Fällen der Weiterleitung an steuerbegünstigte Körperschaften im Sinne von § 5 Abs. 1 Nr. 9 KStG:
Diese Bestätigung wird nicht als Nachweis für die steuerliche Berücksichtigung der Zuwendung anerkannt, wenn das Datum des Freistellungsbescheides länger als 5 Jahre bzw. das Datum der vorläufigen Bescheinigung länger als 3 Jahre seit Ausstellung der Bestätigung zurückliegt (BMF vom 15.12.1994 - BStBl I S. 884).

Anhang 11

II   Steuerbegünstige Zwecke (§ 10b EStG)

Aussteller (Bezeichnung und Anschrift der steuerbegünstigten Einrichtung)

Bestätigung über Geldzuwendungen/Mitgliedsbeitrag
im Sinne des § 10b des Einkommensteuergesetzes an eine der in § 5 Abs. 1 Nr. 9 des Körperschaftsteuergesetzes bezeichneten Körperschaften, Personenvereinigungen oder Vermögensmassen

Name und Anschrift des Zuwendenden:

Betrag der Zuwendung - in Ziffern -	- in Buchstaben -	Tag der Zuwendung:

Es handelt sich um den Verzicht auf Erstattung von Aufwendungen   Ja ☐   Nein ☐

☐ Wir sind wegen Förderung (Angabe des begünstigten Zwecks / der begünstigten Zwecke) ....
nach dem letzten uns zugegangenen Freistellungsbescheid bzw. nach der Anlage zum Körperschaftsteuerbescheid des
Finanzamtes ...., StNr ...., vom .... nach
§ 5 Abs. 1 Nr. 9 des Körperschaftsteuergesetzes von der Körperschaftsteuer und nach § 3 Nr. 6 des Gewerbesteuer-
gesetzes von der Gewerbesteuer befreit.

☐ Wir sind wegen Förderung (Angabe des begünstigten Zwecks / der begünstigten Zwecke) ....
durch vorläufige Bescheinigung des Finanzamtes ...., StNr ...., vom
.... ab .... als steuerbegünstigten Zwecken dienend anerkannt.

Es wird bestätigt, dass die Zuwendung nur zur Förderung (Angabe des begünstigten Zwecks / der begünstigten Zwecke)

verwendet wird.

Nur für steuerbegünstigte Einrichtungen, bei denen die Mitliedsbeiträge steuerlich nicht abziehbar sind:
☐ Es wird bestätigt, dass es sich nicht um einen Mitgliedsbeitrag handelt, dessen Abzug nach § 10b Abs. 1 des Einkommensteuergesetzes ausgeschlossen ist.

(Ort, Datum und Unterschrift des Zuwendungsempfängers)

Hinweis:
Wer vorsätzlich oder grob fahrlässig eine unrichtige Zuwendungsbestätigung erstellt oder wer veranlasst, dass Zuwendungen nicht zu den in der Zuwendungsbestätigung angegebenen steuerbegünstigten Zwecken verwendet werden, haftet für die entgangene Steuer (§ 10b Abs. 4 EStG, § 9 Abs. 3 KStG, § 9 Nr. 5 GewStG).

Diese Bestätigung wird nicht als Nachweis für die steuerliche Berücksichtigung der Zuwendung anerkannt, wenn das Datum des Freistellungsbescheides länger als 5 Jahre bzw. das Datum der vorläufigen Bescheinigung länger als 3 Jahre seit Ausstellung der Bestätigung zurückliegt (BMF vom 15.12.1994 - BStBl I S. 884).

Anhang 11
II

Steuerbegünstige Zwecke (§ 10b EStG)

Aussteller (Bezeichnung und Anschrift der steuerbegünstigten Einrichtung)

Bestätigung über Sachzuwendungen
im Sinne des § 10b des Einkommensteuergesetzes an eine der in § 5 Abs. 1 Nr. 9 des Körperschaftsteuergesetzes bezeichneten Körperschaften, Personenvereinigungen oder Vermögensmassen

Name und Anschrift des Zuwendenden:

Wert der Zuwendung - in Ziffern -   - in Buchstaben -   Tag der Zuwendung:

Genaue Bezeichnung der Sachzuwendung mit Alter, Zustand, Kaufpreis usw.

☐ Die Sachzuwendung stammt nach den Angaben des Zuwendenden aus dem Betriebsvermögen und ist mit dem Entnahmewert (ggf. mit dem niedrigeren gemeinen Wert) bewertet.

☐ Die Sachzuwendung stammt nach den Angaben des Zuwendenden aus dem Privatvermögen.

☐ Der Zuwendende hat trotz Aufforderung keine Angaben zur Herkunft der Sachzuwendung gemacht.

☐ Geeignete Unterlagen, die zur Wertermittlung gedient haben, z. B. Rechnung, Gutachten, liegen vor.

☐ Wir sind wegen Förderung (Angabe des begünstigten Zwecks / der begünstigten Zwecke).................................
nach dem letzten uns zugegangenen Freistellungsbescheid bzw. nach der Anlage zum Körperschaftsteuerbescheid des Finanzamtes ...., StNr ...., vom .... nach § 5 Abs. 1 Nr. 9 des Körperschaftsteuergesetzes von der Körperschaftsteuer und nach § 3 Nr. 6 des Gewerbesteuergesetzes von der Gewerbesteuer befreit.

☐ Wir sind wegen Förderung (Angabe des begünstigten Zwecks / der begünstigten Zwecke).................................
durch vorläufige Bescheinigung des Finanzamtes ...., StNr ...., vom .... ab .... als steuerbegünstigten Zwecken dienend anerkannt.

Es wird bestätigt, dass die Zuwendung nur zur Förderung (Angabe des begünstigten Zwecks /der begünstigten Zwecke)

verwendet wird.

(Ort, Datum und Unterschrift des Zuwendungsempfängers)

Hinweis:
Wer vorsätzlich oder grob fahrlässig eine unrichtige Zuwendungsbestätigung erstellt oder wer veranlasst, dass Zuwendungen nicht zu den in der Zuwendungsbestätigung angegebenen steuerbegünstigten Zwecken verwendet werden, haftet für die entgangene Steuer (§ 10b Abs. 4 EStG, § 9 Abs. 3 KStG, § 9 Nr. 5 GewStG).

Diese Bestätigung wird nicht als Nachweis für die steuerliche Berücksichtigung der Zuwendung anerkannt, wenn das Datum des Freistellungsbescheides länger als 5 Jahre bzw. das Datum der vorläufigen Bescheinigung länger als 3 Jahre seit Ausstellung der Bestätigung zurückliegt (BMF vom 15.12.1994 - BStBl I S. 884).

Anhang 11

II Steuerbegünstige Zwecke (§ 10b EStG)

Bezeichnung und Anschrift der Partei

Bestätigung über Geldzuwendungen/Mitgliedsbeitrag
im Sinne des § 34g, § 10b des Einkommensteuergesetzes an politische Parteien im Sinne des Parteiengesetzes

Name und Anschrift des Zuwendenden:

| Betrag der Zuwendung - in Ziffern - | - in Buchstaben - | Tag der Zuwendung: |

Es handelt sich um den Verzicht auf die Erstattung von Aufwendungen   Ja ☐   Nein ☐

Es wird bestätigt, dass diese Zuwendung ausschließlich für die satzungsgemäßen Zwecke verwendet wird.

(Ort, Datum, Unterschrift(en) und Funktion(en))

Hinweis:
Wer vorsätzlich oder grob fahrlässig eine unrichtige Zuwendungsbestätigung erstellt oder wer veranlasst, dass Zuwendungen nicht zu den in der Zuwendungsbestätigung angegebenen steuerbegünstigten Zwecken verwendet werden, haftet für die entgangene Steuer (§ 34g Satz 3, § 10b Abs. 4 EStG).

Anhang 11

Steuerbegünstige Zwecke (§ 10b EStG)

II

Bezeichnung und Anschrift der Partei

Bestätigung über Sachzuwendungen
im Sinne des § 34g, § 10b des Einkommensteuergesetzes an politische Parteien im Sinne des Parteiengesetzes

Name und Anschrift des Zuwendenden:

Wert der Zuwendung - in Ziffern -	- in Buchstaben -	Tag der Zuwendung:

Genaue Bezeichnung der Sachzuwendung mit Alter, Zustand, Kaufpreis usw.

- ☐ Die Sachzuwendung stammt nach den Angaben des Zuwendenden aus dem Betriebsvermögen und ist mit dem Entnahmewert (ggf. mit dem niedrigeren gemeinen Wert) bewertet.
- ☐ Die Sachzuwendung stammt nach den Angaben des Zuwendenden aus dem Privatvermögen.
- ☐ Der Zuwendende hat trotz Aufforderung keine Angaben zur Herkunft der Sachzuwendung gemacht.
- ☐ Geeignete Unterlagen, die zur Wertermittlung gedient haben, z. B. Rechnung, Gutachten, liegen vor.

Es wird bestätigt, dass diese Zuwendung ausschließlich für die satzungsgemäßen Zwecke verwendet wird.

_____
(Ort, Datum, Unterschrift(en) und Funktion(en))

Hinweis:
Wer vorsätzlich oder grob fahrlässig eine unrichtige Zuwendungsbestätigung erstellt oder wer veranlasst, dass Zuwendungen nicht zu den in der Zuwendungsbestätigung angegebenen steuerbegünstigten Zwecken verwendet werden, haftet für die entgangene Steuer (§ 34g Satz 3, § 10b Abs. 4 EStG).

Anhang 11
II   Steuerbegünstige Zwecke (§ 10b EStG)

Bezeichnung und Anschrift der unabhängigen Wählervereinigung

Bestätigung über Geldzuwendungen/Mitgliedsbeitrag
im Sinne des § 34g des Einkommensteuergesetzes an unabhängige Wählervereinigungen

Name und Anschrift des Zuwendenden:

Betrag der Zuwendung - in Ziffern -	- in Buchstaben -	Tag der Zuwendung:

Es handelt sich um den Verzicht auf die Erstattung von Aufwendungen   Ja ☐   Nein ☐

Wir sind ein   ☐ rechtsfähiger   ☐ nichtrechtsfähiger   Verein ohne Parteicharakter

Der Zweck unseres Vereins ist ausschließlich darauf gerichtet, durch Teilnahme mit eigenen Wahlvorschlägen bei der politischen Willensbildung mitzuwirken, und zwar an Wahlen auf

☐   Bundesebene   ☐   Landesebene   ☐   Kommunalebene

Wir bestätigen, dass wir die Zuwendung nur für diesen Zweck verwenden werden.

☐   Wir sind mit mindestens einem Mandat vertreten im (Parlament/Rat)

☐   Wir haben der Wahlbehörde / dem Wahlorgan der ....am .... angezeigt, dass wir uns an der ....(folgenden Wahl)..........................am.........................mit eigenen Wahlvorschlägen beteiligen werden.

☐   An der letzten ....(Wahl).....................am.........................haben wir uns mit eigenen Wahlvorschlägen beteiligt.

☐   An der letzten oder einer früheren Wahl haben wir uns nicht mit eigenen Wahlvorschlägen beteiligt und eine Beteiligung der zuständigen Wahlbehörde / dem zuständigen Wahlorgan auch nicht angezeigt.

☐   Wir sind beim Finanzamt..   StNr ....   erfasst.

☐   Wir sind steuerlich nicht erfasst.

(Ort, Datum, Unterschrift(en) und Funktion(en))

Hinweis:
Wer vorsätzlich oder grob fahrlässig eine unrichtige Zuwendungsbestätigung erstellt oder wer veranlasst, dass Zuwendungen nicht zu den in der Zuwendungsbestätigung angegebenen steuerbegünstigten Zwecken verwendet werden, haftet für die entgangene Steuer (§ 34g Satz 3, § 10b Abs. 4 EStG).

Anhang 11

Steuerbegünstige Zwecke (§ 10b EStG)

II

Bezeichnung und Anschrift der unabhängigen Wählervereinigung

Bestätigung über Sachzuwendungen
im Sinne des § 34g des Einkommensteuergesetzes an unabhängige Wählervereinigungen

---

Name und Anschrift des Zuwendenden:

Wert der Zuwendung - in Ziffern -	- in Buchstaben -	Tag der Zuwendung:

Genaue Bezeichnung der Sachzuwendung mit Alter, Zustand, Kaufpreis usw.

☐ Die Sachzuwendung stammt nach den Angaben des Zuwendenden aus dem Betriebsvermögen und ist mit dem Entnahmewert (ggf. mit dem niedrigeren gemeinen Wert) bewertet.

☐ Die Sachzuwendung stammt nach den Angaben des Zuwendenden aus dem Privatvermögen.

☐ Der Zuwendende hat trotz Aufforderung keine Angaben zur Herkunft der Sachzuwendung gemacht.

☐ Geeignete Unterlagen, die zur Wertermittlung gedient haben, z. B. Rechnung, Gutachten, liegen vor.

Wir sind ein   ☐ rechtsfähiger   ☐ nichtrechtsfähiger   Verein ohne Parteicharakter

Der Zweck unseres Vereins ist ausschließlich darauf gerichtet, durch Teilnahme mit eigenen Wahlvorschlägen bei der politischen Willensbildung mitzuwirken, und zwar an Wahlen auf

☐ Bundesebene   ☐ Landesebene   ☐ Kommunalebene

Wir bestätigen, dass wir die Zuwendung nur für diesen Zweck verwenden werden.

☐ Wir sind mit mindestens einem Mandat vertreten im (Parlament/Rat) ....

☐ Wir haben der Wahlbehörde / dem Wahlorgan der .... am .... angezeigt, dass wir uns an der .... (folgenden Wahl) .... am .... mit eigenen Wahlvorschlägen beteiligen werden.

☐ An der letzten .... (Wahl).................. am .... haben wir uns mit eigenen Wahlvorschlägen beteiligt.

☐ An der letzten oder einer früheren Wahl haben wir uns nicht mit eigenen Wahlvorschlägen beteiligt und eine Beteiligung der zuständigen Wahlbehörde / dem zuständigen Wahlorgan auch nicht angezeigt.

☐ Wir sind beim Finanzamt.. StNr .... erfasst.

☐ Wir sind steuerlich nicht erfasst.

(Ort, Datum, Unterschrift(en) und Funktion(en))

Hinweis:
Wer vorsätzlich oder grob fahrlässig eine unrichtige Zuwendungsbestätigung erstellt oder wer veranlasst, dass Zuwendungen nicht zu den in der Zuwendungsbestätigung angegebenen steuerbegünstigten Zwecken verwendet werden, haftet für die entgangene Steuer (§ 34g Satz 3, § 10b Abs. 4 EStG).

Anhang 11
II   Steuerbegünstige Zwecke (§ 10b EStG)

Aussteller (Bezeichnung und Anschrift der inländischen Stiftung des öffentlichen Rechts)

Bestätigung über Geldzuwendungen
im Sinne des § 10b des Einkommensteuergesetzes an inländische Stiftungen des öffentlichen Rechts

Name und Anschrift des Zuwendenden:

Betrag der Zuwendung - in Ziffern -	- in Buchstaben -	Tag der Zuwendung:

Es wird bestätigt, dass die Zuwendung nur zur Förderung (Angabe des begünstigten Zwecks / der begünstigten Zwecke)

verwendet wird.

☐   Die Zuwendung erfolgte in unseren **Vermögensstock**

☐   Es handelt sich **nicht** um eine Verbrauchsstiftung von begrenzter Dauer

Die Zuwendung wird

☐   von uns unmittelbar für den angegebenen Zweck verwendet.

☐   entsprechend den Angaben des Zuwendenden an .... weitergeleitet, die/der vom Finanzamt .... StNr .... mit Freistellungsbescheid bzw. nach der Anlage zum Körperschaftsteuerbescheid vom .... von der Körperschaft- und Gewerbesteuer befreit ist.

☐   entsprechend den Angaben des Zuwendenden an .... weitergeleitet, die/der vom Finanzamt .... StNr .... mit vorläufiger Bescheinigung (gültig ab:.....................) vom .... als steuerbegünstigten Zwecken dienend anerkannt ist.

(Ort, Datum und Unterschrift des Zuwendungsempfängers)

Hinweis:
Wer vorsätzlich oder grob fahrlässig eine unrichtige Zuwendungsbestätigung erstellt oder wer veranlasst, dass Zuwendungen nicht zu den in der Zuwendungsbestätigung angegebenen steuerbegünstigten Zwecken verwendet werden, haftet für die entgangene Steuer (§ 10b Abs. 4 EStG, § 9 Abs. 3 KStG, § 9 Nr. 5 GewStG).

Nur in Fällen der Weiterleitung an steuerbegünstigte Körperschaften im Sinne von § 5 Abs. 1 Nr. 9 KStG:
Diese Bestätigung wird nicht als Nachweis für die steuerliche Berücksichtigung der Zuwendung anerkannt, wenn das Datum des Freistellungsbescheides länger als 5 Jahre bzw. das Datum der vorläufigen Bescheinigung länger als 3 Jahre seit Ausstellung der Bestätigung zurückliegt (BMF vom 15.12.1994 - BStBl. I S. 884).

Anhang 11
Steuerbegünstige Zwecke (§ 10b EStG)
II

Aussteller (Bezeichnung und Anschrift der inländischen Stiftung des öffentlichen Rechts)

Bestätigung über Sachzuwendungen
im Sinne des § 10b des Einkommensteuergesetzes an inländische Stiftungen des öffentlichen Rechts

Name und Anschrift des Zuwendenden:

Wert der Zuwendung - in Ziffern -	- in Buchstaben -	Tag der Zuwendung:

Genaue Bezeichnung der Sachzuwendung mit Alter, Zustand, Kaufpreis usw.

☐ Die Sachzuwendung stammt nach den Angaben des Zuwendenden aus dem Betriebsvermögen und ist mit dem Entnahmewert (ggf. mit dem niedrigeren gemeinen Wert) bewertet.

☐ Die Sachzuwendung stammt nach den Angaben des Zuwendenden aus dem Privatvermögen.

☐ Der Zuwendende hat trotz Aufforderung keine Angaben zur Herkunft der Sachzuwendung gemacht.

☐ Geeignete Unterlagen, die zur Wertermittlung gedient haben, z. B. Rechnung, Gutachten, liegen vor.

Es wird bestätigt, dass die Zuwendung nur zur Förderung (Angabe des begünstigten Zwecks der begünstigten Zwecke)

verwendet wird.

☐ Die Zuwendung erfolgte in unseren **Vermögensstock**

☐ Es handelt sich **nicht** um eine Verbrauchsstiftung von begrenzter Dauer

Die Zuwendung wird

☐ von uns unmittelbar für den angegebenen Zweck verwendet.

☐ entsprechend den Angaben des Zuwendenden an .... weitergeleitet, die/der vom Finanzamt .... StNr .... mit Freistellungsbescheid bzw. nach der Anlage zum Körperschaftsteuerbescheid vom .... von der Körperschaft- und Gewerbesteuer befreit ist.

☐ entsprechend den Angaben des Zuwendenden an .... weitergeleitet, die/der vom Finanzamt.. StNr.....................mit vorläufiger Bescheinigung (gültig ab:.................................) vom................................... als steuerbegünstigten Zwecken dienend anerkannt ist.

(Ort, Datum und Unterschrift des Zuwendungsempfängers)

Hinweis:
Wer vorsätzlich oder grob fahrlässig eine unrichtige Zuwendungsbestätigung erstellt oder wer veranlasst, dass Zuwendungen nicht zu den in der Zuwendungsbestätigung angegebenen steuerbegünstigten Zwecken verwendet werden, haftet für die entgangene Steuer (§ 10b Abs. 4 EStG, § 9 Abs. 3 KStG, § 9 Nr. 5 GewStG).

Nur in Fällen der Weiterleitung an steuerbegünstigte Körperschaften im Sinne von § 5 Abs. 1 Nr. 9 KStG:
Diese Bestätigung wird nicht als Nachweis für die steuerliche Berücksichtigung der Zuwendung anerkannt, wenn das Datum des Freistellungsbescheides länger als 5 Jahre bzw. das Datum der vorläufigen Bescheinigung länger als 3 Jahre seit Ausstellung der Bestätigung zurückliegt (BMF vom 15.12.1994 - BStBl. I S. 884).

Anhang 11

Steuerbegünstige Zwecke (§ 10b EStG)

Aussteller (Bezeichnung und Anschrift der inländischen Stiftung des privaten Rechts)

Bestätigung über Geldzuwendungen
im Sinne des § 10b Einkommensteuergesetzes an inländische Stiftungen des privaten Rechts

Name und Anschrift des Zuwendenden:

Betrag der Zuwendung - in Ziffern -	- in Buchstaben -	Tag der Zuwendung:

Es handelt sich um den Verzicht auf Erstattung von Aufwendungen   Ja ☐   Nein ☐

☐ Wir sind wegen Förderung (Angabe des begünstigten Zwecks / der begünstigten Zwecke)...
nach dem letzten uns zugegangenen Freistellungsbescheid bzw. nach der Anlage zum Körperschaftsteuerbescheid des
Finanzamtes ...., StNr ...., vom ....nach
§ 5 Abs. 1 Nr. 9 des Körperschaftsteuergesetzes von der Körperschaftsteuer und nach § 3 Nr. 6 des Gewerbesteuergesetzes von der Gewerbesteuer befreit.

☐ Wir sind wegen Förderung (Angabe des begünstigten Zwecks / der begünstigten Zwecke)...
durch vorläufige Bescheinigung des Finanzamtes ...., StNr ...., vom
..........................ab..als steuerbegünstigten Zwecken dienend anerkannt.

Es wird bestätigt, dass die Zuwendung nur zur Förderung (Angabe des begünstigten Zwecks / der begünstigten Zwecke)

verwendet wird.

☐ Die Zuwendung erfolgte in unseren **Vermögensstock**

☐ Es handelt sich **nicht** um eine Verbrauchsstiftung von begrenzter Dauer

(Ort, Datum und Unterschrift des Zuwendungsempfängers)

Hinweis:
Wer vorsätzlich oder grob fahrlässig eine unrichtige Zuwendungsbestätigung erstellt oder wer veranlasst, dass Zuwendungen nicht zu den in der Zuwendungsbestätigung angegebenen steuerbegünstigten Zwecken verwendet werden, haftet für die entgangene Steuer (§ 10b Abs. 4 EStG, § 9 Abs. 3 KStG, § 9 Nr. 5 GewStG).

Diese Bestätigung wird nicht als Nachweis für die steuerliche Berücksichtigung der Zuwendung anerkannt, wenn das Datum des Freistellungsbescheides länger als 5 Jahre bzw. das Datum der vorläufigen Bescheinigung länger als 3 Jahre seit Ausstellung der Bestätigung zurückliegt (BMF vom 15.12.1994 - BStBl I S. 884).

Anhang 11
II

Steuerbegünstige Zwecke (§ 10b EStG)

Aussteller (Bezeichnung und Anschrift der inländischen Stiftung des privaten Rechts)

Bestätigung über Sachzuwendungen
im Sinne des § 10b des Einkommensteuergesetzes an inländische Stiftungen des privaten Rechts

Name und Anschrift des Zuwendenden:

Wert der Zuwendung - in Ziffern -	- in Buchstaben -	Tag der Zuwendung:

Genaue Bezeichnung der Sachzuwendung mit Alter, Zustand, Kaufpreis usw.

☐ Die Sachzuwendung stammt nach den Angaben des Zuwendenden aus dem Betriebsvermögen und ist mit dem Entnahmewert (ggf. mit dem niedrigeren gemeinen Wert) bewertet.

☐ Die Sachzuwendung stammt nach den Angaben des Zuwendenden aus dem Privatvermögen.

☐ Der Zuwendende hat trotz Aufforderung keine Angaben zur Herkunft der Sachzuwendung gemacht.

☐ Geeignete Unterlagen, die zur Wertermittlung gedient haben, z. B. Rechnung, Gutachten, liegen vor.

☐ Wir sind wegen Förderung (Angabe des begünstigten Zwecks / der begünstigten Zwecke) ....
nach dem letzten uns zugegangenen Freistellungsbescheid bzw. nach der Anlage zum Körperschaftsteuerbescheid des
Finanzamtes ...., StNr ...., vom .... nach
§ 5 Abs. 1 Nr. 9 des Körperschaftsteuergesetzes von der Körperschaftsteuer und nach § 3 Nr. 6 des Gewerbesteuergesetzes von der Gewerbesteuer befreit.

☐ Wir sind wegen Förderung (Angabe des begünstigten Zwecks / der begünstigten Zwecke) ....
durch vorläufige Bescheinigung des Finanzamtes ...., StNr ...., vom
.... ab .... als steuerbegünstigten Zwecken dienend anerkannt.

Es wird bestätigt, dass die Zuwendung nur zur Förderung (Angabe des begünstigten Zwecks / der begünstigten Zwecke)

verwendet wird.

☐ Die Zuwendung erfolgte in unseren **Vermögensstock**

☐ Es handelt sich **nicht** um eine Verbrauchsstiftung von begrenzter Dauer

(Ort, Datum und Unterschrift des Zuwendungsempfängers)

Hinweis:
Wer vorsätzlich oder grob fahrlässig eine unrichtige Zuwendungsbestätigung erstellt oder wer veranlasst, dass Zuwendungen nicht zu den in der Zuwendungsbestätigung angegebenen steuerbegünstigten Zwecken verwendet werden, haftet für die entgangene Steuer (§ 10b Abs. 4 EStG, § 9 Abs. 3 KStG, § 9 Nr. 5 GewStG).

Diese Bestätigung wird nicht als Nachweis für die steuerliche Berücksichtigung der Zuwendung anerkannt, wenn das Datum des Freistellungsbescheides länger als 5 Jahre bzw. das Datum der vorläufigen Bescheinigung länger als 3 Jahre seit Ausstellung der Bestätigung zurückliegt (BMF vom 15.12.1994 - BStBl I S. 884).

Anhang 11

Steuerbegünstigte Zwecke (§ 10b EStG)

Aussteller (Bezeichnung und Anschrift der steuerbegünstigten Einrichtung)

Sammelbestätigung über Geldzuwendungen/Mitgliedsbeiträge
im Sinne des § 10b des Einkommensteuergesetzes an eine der in § 5 Abs. 1 Nr. 9 des Körperschaftsteuergesetzes bezeichneten Körperschaften, Personenvereinigungen oder Vermögensmassen

---

Name und Anschrift des Zuwendenden:

Gesamtbetrag der Zuwendung - in Ziffern -	- in Buchstaben -	Zeitraum der Sammelbestätigung:

☐ Wir sind wegen Förderung (Angabe des begünstigten Zwecks / der begünstigten Zwecke)..
  nach dem letzten uns zugegangenen Freistellungsbescheid bzw. nach der Anlage zum Körperschaftsteuerbescheid des
  Finanzamtes ...., StNr ...., vom ...., nach
  § 5 Abs. 1 Nr. 9 des Körperschaftsteuergesetzes von der Körperschaftsteuer und nach § 3 Nr. 6 des Gewerbesteuer-
  gesetzes von der Gewerbesteuer befreit.

☐ Wir sind wegen Förderung (Angabe des begünstigten Zwecks / der begünstigten Zwecke)..
  durch vorläufige Bescheinigung des Finanzamtes ...., StNr ...., vom
  .... ab ....als steuerbegünstigten Zwecken dienend anerkannt.

Es wird bestätigt, dass die Zuwendung nur zur Förderung (Angabe des begünstigten Zwecks / der begünstigten Zwecke)

verwendet wird.

Nur für steuerbegünstigte Einrichtungen, bei denen die Mitgliedsbeiträge steuerlich nicht abziehbar sind:
☐ Es wird bestätigt, dass es sich nicht um einen Mitgliedsbeitrag handelt, dessen Abzug nach § 10b Abs. 1 des Einkommensteuergesetzes ausgeschlossen ist

Es wird bestätigt, dass über die in der Gesamtsumme enthaltenen Zuwendungen keine weiteren Bestätigungen, weder formelle Zuwendungsbestätigungen noch Beitragsquittungen oder ähnliches ausgestellt wurden und werden.

Ob es sich um den Verzicht auf Erstattung von Aufwendungen handelt, ist der Anlage zur Sammelbestätigung zu entnehmen.

(Ort, Datum und Unterschrift des Zuwendungsempfängers)

Hinweis:
Wer vorsätzlich oder grob fahrlässig eine unrichtige Zuwendungsbestätigung erstellt oder wer veranlasst, dass Zuwendungen nicht zu den in der Zuwendungsbestätigung angegebenen steuerbegünstigten Zwecken verwendet werden, haftet für die entgangene Steuer (§ 10b Abs. 4 EStG, § 9 Abs. 3 KStG, § 9 Nr. 5 GewStG).

Diese Bestätigung wird nicht als Nachweis für die steuerliche Berücksichtigung der Zuwendung anerkannt, wenn das Datum des Freistellungsbescheides länger als 5 Jahre bzw. das Datum der vorläufigen Bescheinigung länger als 3 Jahre seit Ausstellung der Bestätigung zurückliegt (BMF vom 15.12.1994 - BStBl I S. 884).

Anhang 11

Steuerbegünstige Zwecke (§ 10b EStG)

Anlage zur Sammelbestätigung

Datum der Zuwendung	Art der Zuwendung (Geldspende/ Mitgliedsbeitrag)	Verzicht auf die Erstattung von Aufwendungen (ja/nein)	Betrag

Gesamtsumme _____ €

Anhang 11
II — Steuerbegünstige Zwecke (§ 10b EStG)

Bezeichnung und Anschrift der Partei

Sammelbestätigung über Geldzuwendungen/Mitgliedsbeiträge
im Sinne des § 34g, § 10b des Einkommensteuergesetzes an politische Parteien im Sinne des Parteiengesetzes

Name und Anschrift des Zuwendenden:

Gesamtbetrag der Zuwendung - in Ziffern -	- in Buchstaben -	Zeitraum der Sammelbestätigung:

Es wird bestätigt, dass diese Zuwendung ausschließlich für die satzungsmäßigen Zwecke verwendet wird.

Es wird bestätigt, dass über die in der Gesamtsumme enthaltenen Zuwendungen keine weiteren Bestätigungen, weder formelle Zuwendungsbestätigungen noch Beitragsquittungen oder ähnliches ausgestellt wurden und werden.

Ob es sich um den Verzicht auf Erstattung von Aufwendungen handelt, ist der Anlage zur Sammelbestätigung zu entnehmen.

(Ort, Datum, Unterschrift(en) und Funktion(en))

Hinweis:
Wer vorsätzlich oder grob fahrlässig eine unrichtige Zuwendungsbestätigung erstellt oder wer veranlasst, dass Zuwendungen nicht zu den in der Zuwendungsbestätigung angegebenen steuerbegünstigten Zwecken verwendet werden, haftet für die entgangene Steuer (§ 34g Satz 3, § 10b Abs. 4 EStG).

Anhang 11

Steuerbegünstige Zwecke (§ 10b EStG)

Anlage zur Sammelbestätigung

Datum der Zuwendung	Art der Zuwendung (Geldspende/ Mitgliedsbeitrag)	Verzicht auf die Erstattung von Aufwendungen (ja/nein)	Betrag

Gesamtsumme _____ €

Anhang 11
II
Steuerbegünstige Zwecke (§ 10b EStG)

Bezeichnung und Anschrift der unabhängigen Wählervereinigung

Sammelbestätigung über Geldzuwendungen/Mitgliedsbeiträge
im Sinne des § 34g des Einkommensteuergesetzes an unabhängige Wählervereinigungen

Name und Anschrift des Zuwendenden:

Gesamtbetrag der Zuwendung - in Ziffern -	- in Buchstaben -	Zeitraum der Sammelbestätigung:

Wir sind ein ☐ rechtsfähiger ☐ nichtrechtsfähiger Verein ohne Parteicharakter

Der Zweck unseres Vereins ist ausschließlich darauf gerichtet, durch Teilnahme mit eigenen Wahlvorschlägen bei der politischen Willensbildung mitzuwirken, und zwar an Wahlen auf

☐ Bundesebene ☐ Landesebene ☐ Kommunalebene

Wir bestätigen, dass wir die Zuwendung nur für diesen Zweck verwenden werden.

☐ Wir sind mit mindestens einem Mandat vertreten im (Parlament/Rat)

☐ Wir haben der Wahlbehörde / dem Wahlorgan der .... am ....
angezeigt, dass wir uns an der .... (folgenden Wahl) .... am .... mit eigenen Wahlvorschlägen beteiligen werden.

☐ An der letzten .... (Wahl) .... am .... haben wir uns mit eigenen Wahlvorschlägen beteiligt.

☐ An der letzten oder einer früheren Wahl haben wir uns nicht mit eigenen Wahlvorschlägen beteiligt und eine Beteiligung der zuständigen Wahlbehörde / dem zuständigen Wahlorgan auch nicht angezeigt.

☐ Wir sind beim Finanzamt.. StNr .... erfasst.

☐ Wir sind steuerlich nicht erfasst.

Es wird bestätigt, dass über die in der Gesamtsumme enthaltenen Zuwendungen keine weiteren Bestätigungen, weder formelle Zuwendungsbestätigungen noch Beitragsquittungen oder ähnliches ausgestellt wurden und werden.
Ob es sich um den Verzicht auf Erstattung von Aufwendungen handelt, ist der Anlage zur Sammelbestätigung zu entnehmen.

(Ort, Datum, Unterschrift(en) und Funktion(en))

Hinweis:
Wer vorsätzlich oder grob fahrlässig eine unrichtige Zuwendungsbestätigung erstellt oder wer veranlasst, dass Zuwendungen nicht zu den in der Zuwendungsbestätigung angegebenen steuerbegünstigten Zwecken verwendet werden, haftet für die entgangene Steuer (§ 34g Satz 3, § 10b Abs. 4 EStG).

Anhang 11

Steuerbegünstige Zwecke (§ 10b EStG)

Anlage zur Sammelbestätigung

Datum der Zuwendung	Art der Zuwendung (Geldspende/ Mitgliedsbeitrag)	Verzicht auf die Erstattung von Aufwendungen (ja/nein)	Betrag

Gesamtsumme _____ €

Übersicht
I. Steuerdaten-Übermittlungsverordnung (StDÜV)
II. Automation in der Steuerverwaltung (BMF-Schreiben)

I.
Verordnung über die elektronische Übermittlung von für das Besteuerungsverfahren erforderlichen Daten (Steuerdaten-Übermittlungsverordnung – StDÜV)[1])

vom 28. 1. 2003 (BGBl. I S. 139, BStBl I S. 162)
zuletzt geändert durch Artikel 6 des Steuervereinfachungsgesetzes 2011
vom 1. 11. 2011 (BGBl. I S. 2131, **BStBl I S. 986**)

Auf Grund

– des § 87a Abs. 6 Satz 1 der Abgabenordnung, der durch Artikel 10 Nr. 8 des Gesetzes vom 13. Dezember 2006 (BGBl. I S. 2878, BStBl. 2007 I S. 28) neu gefasst worden ist,

– des § 150 Abs. 6 Satz 1 und 3 Nr. 2, 3, 5 und 6 der Abgabenordnung in der Fassung der Bekanntmachung vom 1. Oktober 2002 (BGBl. I S. 3866, 2003 I S. 61, BStBl I S. 1056) in Verbindung mit Artikel 5 des Gesetzes vom 22. September 2005 (BGBl. I S. 2809),

– des § 22a Abs. 1 Satz 3 und Abs. 2 Satz 4 des Einkommensteuergesetzes in der Fassung der Bekanntmachung vom 19. Oktober 2002 (BGBl. I S. 4210, 2003 I S. 179, BStBl I S. 1209), der zuletzt durch Artikel 1 Nr. 15 des Jahressteuergesetzes vom 13. 12. 2006 (BGBl. I S. 2878, BStBl 2007 I S. 28) geändert worden ist, in Verbindung mit § 150 Abs. 6 Satz 1 und 3 Nr. 1 bis 3, 5 und 6 der Abgabenordnung,

– des § 45d Abs. 1 Satz 3 des Einkommensteuergesetzes in Verbindung mit § 150 Abs. 6 Satz 3 Nr. 2 der Abgabenordnung sowie

– des § 18a Abs. 9 Satz 2 Nr. 2 des Umsatzsteuergesetzes in der Fassung der Bekanntmachung vom 21. Februar 2005 (BGBl. I S. 386, BStBl I S. 505)

verordnet das Bundesministerium der Finanzen:

§ 1 Allgemeines

(1) ¹Diese Verordnung gilt für die Übermittlung von für das Besteuerungsverfahren erforderlichen Daten mit Ausnahme solcher Daten, die für die Festsetzung von Verbrauchsteuern bestimmt sind, durch Datenfernübertragung (elektronische Übermittlung) an die Finanzverwaltung. ²Mit der elektronischen Übermittlung können Dritte beauftragt werden.

(2) ¹Das Bundesministerium der Finanzen bestimmt in Abstimmung mit den obersten Finanzbehörden der Länder Art und Einschränkungen der elektronischen Übermittlung von Daten nach Absatz 1 Satz 1 durch ein im Bundessteuerblatt zu veröffentlichendes Schreiben. ²In diesem Rahmen bestimmte Anforderungen an die Sicherheit der elektronischen Übermittlung sind im Einvernehmen mit dem Bundesamt für Sicherheit in der Informationstechnik festzulegen. ³Einer Abstimmung mit den obersten Finanzbehörden der Länder bedarf es nicht, soweit ausschließlich die Übermittlung von Daten an Bundesfinanzbehörden betroffen ist.

(3) Bei der elektronischen Übermittlung sind dem jeweiligen Stand der Technik entsprechende Verfahren einzusetzen, die die Authentizität, Vertraulichkeit und Integrität der Daten gewährleisten; im Falle der Nutzung allgemein zugänglicher Netze sind Verschlüsselungsverfahren anzuwenden.

(4) Die in dieser Verordnung genannten Pflichten der Programmhersteller sind ausschließlich öffentlich-rechtlicher Art.

§ 2 Schnittstellen

Bei der elektronischen Übermittlung sind die hierfür aufgrund des § 1 Abs. 2 für den jeweiligen Besteuerungszeitraum oder -zeitpunkt bestimmten Schnittstellen ordnungsgemäß zu bedienen. Die für die Übermittlung benötigten Schnittstellen werden über das Internet zur Verfügung gestellt.

---

[1]) Die Verpflichtungen aus der Richtlinie 98/34/EG des Europäischen Parlaments und des Rates vom 22. 6. 1998 über ein Informationsverfahren auf dem Gebiet der Normen und technischen Vorschriften und der Vorschriften für die Dienste der Informationsgesellschaft (ABl. EG Nr. L 204 S. 37), geändert durch die Richtlinie 98/48/EG des Europäischen Parlaments und des Rates vom 20. 7. 1998 (ABl. EG Nr. L 217 S. 18), sind beachtet worden.

§ 3 Anforderungen an die Programme

(1) Programme, die für die Verarbeitung von für das Besteuerungsverfahren erforderlichen Daten bestimmt sind, müssen im Rahmen des in der Programmbeschreibung angegebenen Programmumfangs die richtige und vollständige Verarbeitung der für das Besteuerungsverfahren erforderlichen Daten gewährleisten.

(2) Auf den Programmumfang sowie auf Fallgestaltungen, in denen eine richtige und vollständige Erhebung, Verarbeitung und Übermittlung ausnahmsweise nicht möglich ist (Ausschlussfälle), ist in der Programmbeschreibung an hervorgehobener Stelle hinzuweisen.

§ 4 Prüfung der Programme

(1) ¹Programme, die für die Verarbeitung von für das Besteuerungsverfahren erforderlichen Daten bestimmt sind, sind vom Hersteller vor der ersten Nutzung und nach jeder Änderung daraufhin zu prüfen, ob sie die Anforderungen nach § 3 Abs. 1 erfüllen. ²Hierbei sind ein Protokoll über den letzten durchgeführten Testlauf und eine Programmauflistung zu erstellen, die fünf Jahre aufzubewahren sind. Die Aufbewahrungsfrist nach Satz 2 beginnt mit Ablauf des Kalenderjahres der erstmaligen Nutzung zur Datenübermittlung. Elektronische, magnetische und optische Speicherverfahren, die eine jederzeitige Wiederherstellung der eingesetzten Programmversion in Papierform ermöglichen, sind der Programmauflistung gleichgestellt. Die Finanzbehörden sind befugt, die für die Erfassung, Verarbeitung oder elektronische Übermittlung der Daten bestimmten Programme und Dokumentationen zu überprüfen. § 200 der Abgabenordnung in der Fassung der Bekanntmachung vom 1. Oktober 2002 (BGBl. I S. 3866) in der jeweils geltenden Fassung gilt entsprechend. Der Hersteller oder Vertreiber eines fehlerhaften Programms ist unverzüglich zur Nachbesserung oder Ablösung aufzufordern. Soweit eine unverzügliche Nachbesserung bzw. Ablösung nicht erfolgt, sind die Finanzbehörden berechtigt, die Programme des Herstellers von der elektronischen Übermittlung nach § 1 technisch auszuschließen. Die Finanzbehörden sind nicht verpflichtet, die Programme zu prüfen.

(2) Sind Programme nach Absatz 1 zum allgemeinen Vertrieb vorgesehen, hat der Hersteller den Finanzbehörden auf Verlangen Muster zum Zwecke der Prüfung kostenfrei zur Verfügung zu stellen.

§ 5 Haftung

(1) ¹Der Hersteller von Programmen, die für die Verarbeitung von für das Besteuerungsverfahren erforderlichen Daten bestimmt sind, haftet, soweit die Daten infolge einer Verletzung einer Pflicht nach dieser Verordnung unrichtig oder unvollständig verarbeitet und dadurch Steuern verkürzt oder zu Unrecht steuerliche Vorteile erlangt werden. ²Die Haftung entfällt, soweit der Hersteller nachweist, dass die Pflichtverletzung nicht auf grober Fahrlässigkeit oder Vorsatz beruht.

(2) ¹Wer Programme nach Absatz 1 zur elektronischen Übermittlung im Auftrag (§ 1 Abs. 1 Satz 2) einsetzt, haftet, soweit aufgrund unrichtiger oder unvollständiger Übermittlung Steuern verkürzt oder zu Unrecht steuerliche Vorteile erlangt werden. ²Die Haftung entfällt, soweit er nachweist, dass die unrichtige oder unvollständige Übermittlung der Daten nicht auf grober Fahrlässigkeit oder Vorsatz beruht.

(3) Die Absätze 1 und 2 gelten nicht für Zusammenfassende Meldungen im Sinne von § 18a Abs. 1 des Umsatzsteuergesetzes.

§ 6 Authentifizierung, Datenübermittlung im Auftrag

¹)(1) Bei der elektronischen Übermittlung ist ein sicheres Verfahren zu verwenden, das den Datenübermittler authentifiziert und die Vertraulichkeit und Integrität des elektronisch übermittelten Datensatzes gewährleistet (§ 150 Absatz 6 der Abgabenordnung).

(2) ¹Im Falle der Übermittlung im Auftrag (§ 1 Abs. 1 Satz 2) hat der Dritte die Daten dem Auftraggeber unverzüglich in leicht nachprüfbarer Form zur Überprüfung zur Verfügung zu stellen. ²Der Auftraggeber hat die Daten unverzüglich zu überprüfen.

§ 7 Rentenbezugsmitteilungen

Für das Rentenbezugsmitteilungsverfahren nach § 22a, auch in Verbindung mit § 52 Abs. 38a, des Einkommensteuergesetzes findet ausschließlich die Altersvorsorge-Durchführungsverordnung in der Fassung der Bekanntmachung vom 28. Februar 2005 (BGBl. I S. 487), die zuletzt durch Artikel 1 der Verordnung vom 8. Januar 2009 (BGBl. I S. 31) geändert worden ist, in der jeweils geltenden Fassung Anwendung.

---

¹) *§ 6 Abs. 1 Satz 2 StDÜV wurde durch das Steuervereinfachungsgesetz 2011 ab 1. 1. 2013 aufgehoben.*

Anhang 12
I, II Steuerdaten-Übermittlungsverordnung

§ 8
(weggefallen)

II.
Automation in der Steuerverwaltung;
Steuerdaten-Übermittlungsverordnung – StDÜV –
Steuerdaten-Abrufverordnung – StDAV –

BMF-Schreiben vom 15. Januar 2007 – IV C 6 – O 2250 – 138/06 – (BStBl I S. 95)
BMF-Schreiben vom 14. Dezember 1999 – IV D 4 – O 2374 – 18/99 – (BStBl I S. 1055)

BMF vom 16. 11. 2011 (BStBl I S. 1063)
IV A 7 – O 2200/09/10009 :001 – 2011/0877760

Aufgrund § 1 Absatz 2 der Steuerdaten-Übermittlungsverordnung – StDÜV – vom 28. Januar 2003 (BGBl. I, S. 139)[1], die zuletzt durch das Steuervereinfachungsgesetz 2011 vom 1. November 2011 (BGBl. I, Seite 2131)[2] geändert worden ist, § 8 der Steuerdaten-Abrufverordnung– StDAV – vom 13. Oktober 2005 (BGBl. I, S. 3021)[3] und unter Bezugnahme auf das Ergebnis der Erörterungen mit den obersten Finanzbehörden der Länder (AO II/2011 zu TOP 10, AutomSt/O II/2011 zu TOP O 5) werden die folgenden Regelungen getroffen.

1. Anwendungsbereich

Die Steuerdaten-Übermittlungsverordnung (StDÜV) bzw. die Steuerdaten-Abrufverordnung (StDAV) regeln die elektronische Übermittlung steuerlich erheblicher Daten an die Finanzverwaltung bzw. den Abruf steuerlich erheblicher Daten von der Finanzverwaltung.

Nicht geregelt werden

– die Übermittlung steuerlich erheblicher Daten an Dritte (z. B. Zahlungsverkehrsdaten an Banken) bzw. der Abruf solcher Daten <u>durch die Finanzverwaltung</u>,

– die <u>verwaltungsübergreifende Übermittlung</u> steuerlich erheblicher Daten (Datenübermittlungen zwischen der Finanzverwaltung und anderen Verwaltungen, z. B. Datenübermittlungen nach dem Steuerstatistikgesetz),

– die <u>finanzverwaltungsinterne Übermittlung</u> (Datenübermittlungen zwischen den Finanzverwaltungen des Bundes und der Länder bzw. der Länder untereinander) und

– sonstige <u>explizit ausgenommene Übermittlungen</u> (insbesondere die Übermittlung von Rentenbezugsmitteilungen an die Zentrale Stelle für Altersvermögen (ZfA) sowie die Übermittlung von Verbrauchsteuerdaten).

2. Zugänge und Authentifizierung des Datenübermittlers

(1) Die elektronische Übermittlung von für das automatisierte Besteuerungsverfahren erforderlichen Daten ist nur zulässig, soweit die Finanzverwaltung hierfür einen Zugang eröffnet hat (§ 87a Absatz 1 Satz 1 Abgabenordnung (AO)). Ein Zugang wird eröffnet, soweit Art, Umfang und Organisation des Einsatzes automatischer Einrichtungen in den Finanzverwaltungen des Bundes und der Länder die elektronische Datenübermittlung ermöglichen. Eine aktuelle Übersicht der eröffneten Zugänge ist als Anlage beigefügt und wird im Internet unter http://www.eSteuer.de veröffentlicht.

(2) Bei der elektronischen Übermittlung ist ein sicheres Verfahren zu verwenden, das den Datenübermittler authentifiziert und die Vertraulichkeit und Integrität des elektronisch übermittelten Datensatzes gewährleistet (§ 150 Absatz 6 Satz 3 AO). Die Authentifizierung erfolgt grundsätzlich elektronisch. Wird für die Übermittlung der elektronischen Steuererklärung ein Zugang ohne elektronische Authentifizierung genutzt, ist für die Übermittlung und den Ausdruck der elektronisch übermittelten Daten (komprimierter Vordruck) das von der Finanzverwaltung erstellte Softwarepaket (ERiC) zu verwenden. Der Steuerpflichtige hat auf dem komprimierten Vordruck zu versichern, dass er die Daten überprüft und nach der elektronischen Übermittlung keine Änderungen vorgenommen hat. Der komprimierte Vordruck ist zu unterschreiben und dem zuständigen Finanzamt einzureichen. Eine Authentifizierung des Datenübermittlers ist zwingend, soweit ein freier (nicht authentifizierter) Zugang nicht eröffnet ist.

---
1) BStBl I S. 162.
2) BStBl I S. 986.
3) BStBl I S. 950.

3. Bereitstellung von Schnittstellen

Aus Sicherheitsgründen werden die für den jeweiligen Besteuerungszeitraum oder -zeitpunkt bestimmten und zur elektronischen Datenübermittlung benötigten Daten- und Programmschnittstellen sowie die dazugehörige Dokumentation in einem geschützten Bereich des Internets bereitgestellt. Der Zugang wird Personen, die eine Herstellung von Programmen zur Datenübermittlung nach § 1 StDÜV beabsichtigen, auf Antrag gewährt. Informationen hierzu stehen unter http://www.eSteuer.de zur Verfügung. Der Antrag auf Zugang ist abzulehnen, wenn berechtigte Zweifel bestehen, dass Programme zur Datenübermittlung nach § 1 StDÜV hergestellt werden sollen.

4. Ordnungsgemäße Bedienung der Schnittstellen

Die für die Datenübermittlung nach § 1 Absatz 2 StDÜV für den jeweiligen Besteuerungszeitraum oder -zeitpunkt bestimmten Schnittstellen sind ordnungsgemäß zu bedienen. Eine ordnungsgemäße Bedienung der Schnittstellen ist bei

a) Fehlern im Datei- oder Schnittstellenaufbau oder in der Datendarstellung

b) Verstößen gegen technische Festlegungen

nicht gegeben. In diesen Fällen gilt die elektronische Übermittlung als nicht erfolgt.

5. Datenübermittlung im Auftrag

(1) Im Fall der Übermittlung im Auftrag hat der Dritte (Datenübermittler) die Daten dem Auftraggeber unverzüglich in leicht nachprüfbarer Form zur Überprüfung zur Verfügung zu stellen. Der Auftraggeber hat die Daten unverzüglich zu überprüfen (§ 6 Absatz 2 StDÜV) und gegebenenfalls zu berichtigen.

(2) Der Dritte (Datenübermittler) kann die Erfüllung dieser Verpflichtung sowohl durch eigene Aufzeichnungen als auch durch einen vom Auftraggeber unterschriebenen Ausdruck der elektronisch übermittelten Daten nachweisen. Nach den Grundsätzen des Beweises des ersten Anscheins ist davon auszugehen, dass eine von einer Person oder Gesellschaft im Sinne der §§ 3 und 4 des Steuerberatungsgesetzes (StBerG) übermittelte Steuererklärung tatsächlich von dem betreffenden Steuerpflichtigen genehmigt worden ist.

6. Zugang elektronisch übermittelter Steuererklärungen

Elektronisch übermittelte Steuererklärungen gelten an dem Tag als zugegangen, an dem die für den Empfang bestimmte Einrichtung die elektronisch übermittelten Daten in bearbeitbarer Weise aufgezeichnet hat (§ 87a Absatz 1 Satz 2 AO). In den Fällen der Tz. 2 Absatz 2 Satz 3 gilt die elektronische Steuererklärung erst mit Eingang des unterschriebenen komprimierten Vordrucks als zugegangen, da eine Bearbeitung der Daten durch die Finanzbehörden erst ab diesem Zeitpunkt möglich ist.

7. Elektronischer Abruf von Bescheiddaten

Der elektronische Abruf von Bescheiddaten ersetzt nicht die Bekanntgabe des Steuerbescheides. Auf die elektronische Bereitstellung von Bescheiddaten wird im Steuerbescheid hingewiesen. Für diesen Fall sichert die Finanzverwaltung zu, dass die elektronisch bereitgestellten Daten mit dem bekannt gegebenen Bescheid übereinstimmen. Wird ein Einspruch nur deshalb verspätet eingelegt, weil im Vertrauen auf diese Zusicherung oder in Erwartung einer mit der elektronisch übermittelten Steuererklärung beantragten Bescheiddatenbereitstellung eine Überprüfung des Steuerbescheids innerhalb der Einspruchsfrist unterblieb, ist unter analoger Anwendung des § 126 Absatz 3 AO eine Wiedereinsetzung in den vorigen Stand möglich.

8. Schlussbestimmungen

Dieses Schreiben ersetzt die BMF-Schreiben vom 15. Januar 2007 (BStBl I, S. 95) und vom 14. Dezember 1999 (BStBl I, S. 1055).

Anhang 12

A. Übersicht der von den Finanzverwaltungen der Länder eröffneten Zugänge

(Stand 1. Januar 2012)

Einkommensteuer				
– Jahreserklärung	bundesweit	bundesweit	–	Nur unbeschränkt Steuerpflichtige
– Feststellungserklärung	bundesweit	–	–	bis 10 Beteiligte
Steuerabzug bei beschränkt Steuerpflichtigen nach § 50a EStG	bundesweit	–	–	
Körperschaftsteuer				
– Jahreserklärung	bundesweit	–	–	
Lohnsteuer				
– Anmeldung	bundesweit	–	bundesweit	Der freie Zugang wird zum 31. Dezember 2012 geschlossen.
– Bescheinigung	bundesweit	–	–	
Umsatzsteuer				
– Jahreserklärung	bundesweit	bundesweit	–	
– Voranmeldungen	bundesweit	–	bundesweit	Der freie Zugang wird zum 31. Dezember 2012 geschlossen.
Anmeldung von Sondervorauszahlungen	bundesweit	–	bundesweit	Der freie Zugang wird zum 31. Dezember 2012 geschlossen.
Antrag auf Dauerfristverlängerung	bundesweit	–	bundesweit	Der freie Zugang wird zum 31. Dezember 2012 geschlossen.
Gewerbesteuer				
– Jahreserklärung	bundesweit	bundesweit	–	
– Erklärung zur Zerlegung des Messbetrages	bundesweit	bundesweit	–	
– Hebenummern	Niedersachsen	–	–	Besonderer Zugang nur für Gemeinden
Kapitalertragsteuer				
– Anmeldung nach dem EStG	bundesweit	–	–	
– Anmeldung nach dem InvStG	bundesweit	–	–	
Bilanzen sowie Gewinn- und Verlustrechnungen	bundesweit	–	–	

Anhang 12

Steuerdaten-Übermittlungsverordnung

Einkommensteuer				
Erbschaftsteuer				
– Sterbefallanzeigen	Bayern, Nordrhein-Westfalen	–	–	Besonderer Zugang nur für Gemeinden
Kraftfahrzeugsteuer				Besonderer Zugang nur für Gemeinden
– Anmeldeliste	Niedersachsen, Saarland, Sachsen-Anhalt, Schleswig-Holstein	–	–	Besonderer Zugang nur für Gemeinden
– Zulassungsdaten	Bayern, Brandenburg, Niedersachsen, Nordrhein-Westfalen, Saarland, Sachsen, Sachsen-Anhalt, Schleswig-Holstein, Thüringen	–	–	Besonderer Zugang nur für Gemeinden
Mitteilungen nach der Mitteilungsverordnung	Nordrhein-Westfalen	–	–	
Insolvenzgeld	–	–	–	Besonderer Zugang nur für die Bundesagentur für Arbeit
Einsprüche gegen bestimmte Verwaltungsakte, gegebenenfalls einschließlich Antrag auf Aussetzung der Vollziehung	Berlin	–	–	
Einnahmenüberschussrechnung	bundesweit	bundesweit		
Antrag auf Begünstigung des nicht entnommenen Gewinns nach § 34a EStG	bundesweit	bundesweit		
Steuerkontoabfrage				
– mit Steuernummer	bundesweit	–	–	
– mit Identifikationsnummer	Hessen	–	–	

1025

B. Übersicht der von der Bundesfinanzverwaltung eröffneten Zugänge
(Stand 1. Januar 2012)

	authentisierter Zugang		freier Zugang	Bemerkungen
	mit elektronischem Zertifikat	mit komprimierter Steuererklärung		
Mitteilungen nach § 45d EStG	Ja	–	–	
Mitteilungen nach der Zinsinformationsrichtlinie	Ja	–	–	
Sammelanträge	Ja	–	–	
Umsatzsteuer				
– Zusammenfassende Meldungen	Ja	–	Ja	Der freie Zugang wird zum 31. Dezember 2012 geschlossen.
– Vergütungsanträge	Ja	–	–	
– Meldungen nach der Fahrzeuglieferungs-Meldepflichtverordnung	Ja	–	–	

Steuerliche Beurteilung gemischter Aufwendungen; Beschluss des Großen Senats des BFH vom 21. September 2009 – GrS 1/06 (BStBl 2010 II Seite 672)

BMF vom 6. 7. 2010 (BStBl I S. 614)
– IV C 3 – S 2227/07/10003: 002 – 2010/0522213

Inhaltsverzeichnis

		Rn.
1.	Allgemeines	1 – 3
2.	Nicht abziehbare Aufwendungen der Lebensführung	4 – 7
3.	Grundsätze der Aufteilung gemischter Aufwendungen	8 – 9
	a) Durch die Einkunftserzielung (mit)veranlasste Aufwendungen	10 – 12
	b) Höhe der abziehbaren Aufwendungen	13 – 16
	c) Nicht aufteilbare gemischte Aufwendungen	17 – 19
4.	Anwendungsregelung	20

Der Große Senat des Bundesfinanzhofs hat mit dem o. a. Beschluss entschieden, dass § 12 Nummer 1 Satz 2 EStG kein allgemeines Aufteilungs- und Abzugsverbot für Aufwendungen normiert, die sowohl durch die Einkunftserzielung als auch privat veranlasste Teile enthalten (gemischte Aufwendungen). Unter Bezugnahme auf das Ergebnis der Erörterungen mit den obersten Finanzbehörden der Länder gelten zur steuerlichen Beurteilung gemischter Aufwendungen für alle Einkunftsarten und für die verschiedenen Arten der Gewinnermittlung die folgenden Grundsätze:

1. Allgemeines

Gemischte Aufwendungen eines Steuerpflichtigen können nach Maßgabe der folgenden Ausführungen grundsätzlich in als Betriebsausgaben oder Werbungskosten abziehbare sowie in privat veranlasste und damit nicht abziehbare Teile aufgeteilt werden, soweit nicht gesetzlich etwas anderes geregelt ist oder es sich um Aufwandspositionen handelt, die durch das steuerliche Existenzminimum abgegolten oder als Sonderausgaben oder als außergewöhnliche Belastungen abziehbar sind. 1

Eine Aufteilung der Aufwendungen kommt nur in Betracht, wenn der Steuerpflichtige die betriebliche oder berufliche Veranlassung im Einzelnen umfassend dargelegt und nachgewiesen hat. Bestehen gewichtige Zweifel an einer betrieblichen oder beruflichen (Mit)-Veranlassung der Aufwendungen, so kommt für die Aufwendungen schon aus diesem Grund ein Abzug insgesamt nicht in Betracht. 2

Die Aufteilung gemisch veranlasster Aufwendungen hat nach einem an objektiven Kriterien orientierten Maßstab der Veranlassungsbeiträge zu erfolgen. Ist eine verlässliche Aufteilung nur mit unverhältnismäßigem Aufwand möglich, erfolgt die Aufteilung im Wege der Schätzung. Fehlt es an einer geeigneten Schätzungsgrundlage oder sind die Veranlassungsbeiträge nicht trennbar, gelten die Aufwendungen als insgesamt privat veranlasst. 3

2. Nicht abziehbare Aufwendungen der Lebensführung

Nach § 12 Nummer 1 Satz 1 EStG sind Aufwendungen für den Haushalt des Steuerpflichtigen und für den Unterhalt seiner Familienangehörigen vollständig vom Betriebsausgaben-/Werbungskostenabzug ausgeschlossen und demzufolge nicht in einen abziehbaren und nicht abziehbaren Teil aufzuteilen. Sie sind durch die Vorschriften zur Berücksichtigung des steuerlichen Existenzminimums (Grundfreibetrag, Freibeträge für Kinder) pauschal abgegolten oder als Sonderausgaben oder als außergewöhnliche Belastungen abziehbar. 4

Kosten der Lebensführung in diesem Sinne sind insbesondere Aufwendungen für
– Wohnung,
– Ernährung,
– Kleidung,
– allgemeine Schulausbildung,
– Kindererziehung,
– persönliche Bedürfnisse des täglichen Lebens, z. B. Erhaltung der Gesundheit, Pflege, Hygieneartikel,
– Zeitung,
– Rundfunk oder
– Besuch kultureller und sportlicher Veranstaltungen.

Anhang 13
Gemischte Aufwendungen

5   Vollumfänglich nicht abziehbar und demzufolge nicht aufzuteilen sind ferner Aufwendungen nach § 12 Nummer 1 Satz 2 EStG. Das sind Aufwendungen für die Lebensführung, die zwar der Förderung des Berufs oder der Tätigkeit dienen können, die aber grundsätzlich die wirtschaftliche oder gesellschaftliche Stellung des Steuerpflichtigen mit sich bringt. Hierbei handelt es sich um Aufwendungen, die mit dem persönlichen Ansehen des Steuerpflichtigen in Zusammenhang stehen, d. h. der Pflege der sozialen Verpflichtungen dienen (sog. Repräsentationsaufwendungen).

Ob Aufwendungen Repräsentationsaufwendungen im Sinne des § 12 Nummer 1 Satz 2 EStG oder (zumindest teilweise) Betriebsausgaben/Werbungskosten darstellen, ist stets durch eine Gesamtwürdigung aller Umstände des Einzelfalls festzustellen. Bei Veranstaltungen, die vom Steuerpflichtigen ausgerichtet werden, stellt ein persönlicher Anlass (z. B. Geburtstag, Trauerfeier) regelmäßig ein bedeutendes Indiz für die Annahme nicht abziehbarer Repräsentationsaufwendungen dar. Auch Aufwendungen für gesellschaftliche Veranstaltungen fallen in der Regel unter § 12 Nummer 1 Satz 2 EStG.

6   Aufwendungen nach § 12 Nummer 1 EStG sind selbst im Falle einer betrieblichen/beruflichen Mitveranlassung nicht als Betriebsausgaben/Werbungskosten abziehbar.

7   Aufwendungen im Sinne der Rn. 4 und 5 sind Betriebsausgaben oder Werbungskosten, soweit sie ausschließlich oder nahezu ausschließlich betrieblich/beruflich veranlasst sind (z. B. § 4 Absatz 5 Satz 1 Nummer 6b EStG: Arbeitszimmer; § 9 Absatz 1 Satz 3 Nummer 6 EStG: Arbeitsmittel, typische Berufskleidung) oder ein abgegrenzter betrieblicher/beruflicher Mehraufwand gegeben ist. Die Abzugsbeschränkungen des § 4 Absatz 5 Satz 1 Nummer 5 EStG (Verpflegungsmehraufwendungen) und § 9 Absatz 1 Satz 3 Nummer 5 EStG (Doppelte Haushaltsführung) sind zu beachten.[1]

3. Grundsätze der Aufteilung gemischter Aufwendungen

8   Gemäß § 4 Absatz 4 EStG (Betriebsausgaben) und § 9 Absatz 1 EStG (Werbungskosten) werden bei der Ermittlung der Einkünfte nur Aufwendungen berücksichtigt, die durch die Einkunftserzielung veranlasst sind. Ein Veranlassungszusammenhang in diesem Sinne besteht, wenn die Aufwendungen mit der Einkunftserzielung objektiv zusammenhängen und ihr subjektiv zu dienen bestimmt sind, d. h. wenn sie in unmittelbarem oder mittelbarem wirtschaftlichem Zusammenhang mit einer der Einkunftsarten des Einkommensteuergesetzes stehen.

9   Aufwendungen, die eindeutig und klar abgrenzbar ausschließlich betrieblich/beruflich oder privat veranlasst sind, sind unmittelbar dem betrieblichen/beruflichen oder privaten Teil der Aufwendungen zuzuordnen.

a) Durch die Einkunftserzielung (mit)veranlasste Aufwendungen

10 Nicht von § 12 Nummer 1 EStG erfasste Aufwendungen, die nicht eindeutig zugeordnet werden können, aber einen nachgewiesenen abgrenzbaren betrieblichen oder beruflichen Anteil enthalten, sind nach dem jeweiligen Veranlassungsanteil in abziehbare und nicht abziehbare Aufwendungen aufzuteilen.

11 Bei einer untergeordneten betrieblichen/beruflichen Mitveranlassung (< 10 %) sind die Aufwendungen in vollem Umfang nicht als Betriebsausgaben/Werbungskosten abziehbar.

Wird ein Sachverhalt insgesamt als privat veranlasst gewürdigt und werden die Aufwendungen dementsprechend steuerlich nicht berücksichtigt, so können zusätzliche ausschließlich betrieblich/beruflich veranlasste Aufwendungen für sich genommen als Betriebsausgaben oder Werbungskosten abzuziehen sein (vgl. Rn. 9).[2]

Beispiel 1:

Ein Steuerpflichtiger nimmt während seiner 14-tägigen Urlaubsreise an einem eintägigen Fachseminar teil.

> B1 Die Aufwendungen für die Urlaubsreise sind nicht abziehbar. Die Aufwendungen, die unmittelbar mit dem Fachseminar zusammenhängen (Seminargebühren, Fahrtkosten vom Urlaubsort zum Tagungsort, ggf. Pauschbetrag für Verpflegungsmehraufwendungen), sind als Betriebsausgaben/Werbungskosten abziehbar.

12 Bei einer untergeordneten privaten Mitveranlassung (< 10 %) sind die Aufwendungen in vollem Umfang als Betriebsausgaben/Werbungskosten abziehbar; die Abzugsbeschränkungen des § 4 Absatz 5 EStG und § 9 Absatz 5 EStG bleiben unberührt.

---
[1] Vgl. C III. 4. a der Entscheidungsgründe des GrS.
[2] Vgl. C. III. 3f der Entscheidungsgründe des GrS.

Gemischte Aufwendungen

Von einer untergeordneten privaten Mitveranlassung der Kosten für die Hin- und Rückreise ist auch dann auszugehen, wenn der Reise ein eindeutiger unmittelbarer betrieblicher/beruflicher Anlass zugrunde liegt (z. B. ein Arbeitnehmer nimmt aufgrund einer Weisung seines Arbeitgebers einen ortsgebundenen Pflichttermin wahr oder ein Nichtarbeitnehmer tätigt einen ortsgebundenen Geschäftsabschluss oder ist Aussteller auf einer auswärtigen Messe), den der Steuerpflichtige mit einem vorangehenden oder nachfolgenden Privataufenthalt verbindet.

b) Höhe der abziehbaren Aufwendungen

Sind die Aufwendungen sowohl durch betriebliche/berufliche als auch private Gründe von jeweils nicht untergeordneter Bedeutung (vgl. Rn. 11 und 12 veranlasst, ist nach Möglichkeit eine Aufteilung der Aufwendungen nach Veranlassungsbeiträgen vorzunehmen (vgl. BFH vom 21. April 2010 VI R 66/04 – BStBl II Seite 685; siehe aber Rn. 18). 13

Es ist ein geeigneter, den Verhältnissen im Einzelfall gerecht werdender Aufteilungsmaßstab zu finden. Der Maßstab muss nach objektivierbaren – d. h. nach außen hin erkennbaren und nachvollziehbaren – Kriterien ermittelt und hinsichtlich des ihm zugrunde liegenden Veranlassungsbeitrags dokumentiert werden. 14

Der betrieblich/beruflich und privat veranlasste Teil der Aufwendungen kann beispielsweise nach folgenden Kriterien ermittelt werden: Zeit-, Mengen- oder Flächenanteile sowie Aufteilung nach Köpfen. 15

Beispiel 2:
An der Feier zum 30. Firmenjubiläum des Einzelunternehmens Y nehmen 100 Personen teil (80 Kunden und Geschäftsfreunde und 20 private Gäste des Firmeninhabers). Die Gesamtkosten der Feier betragen 5 000 €, auf Essen und Getränke entfallen 4 000 €.

B2 Aufgrund der Teilnahme privater Gäste handelt es sich um eine gemischt betrieblich und privat veranlasste Veranstaltung. Zwar liegt der Anlass der Veranstaltung im betrieblichen Bereich (Firmenjubiläum). Die Einladung der privaten Gäste erfolgte allerdings ausschließlich aus privaten Gründen, so dass die Kosten der Verköstigung und Unterhaltung der privaten Gäste als privat veranlasst zu behandeln sind. Sachgerechtes objektivierbares Kriterium für eine Aufteilung ist eine Aufteilung nach Köpfen. 80 Personen nehmen aus betrieblichen Gründen an dem Firmenjubiläum teil, 20 aus privaten Gründen. Damit sind 1 000 € (20 % des Gesamtkosten), die anteilig auf die privaten Gäste entfallen, nicht als Betriebsausgaben abziehbar. Von den verbleibenden betrieblich veranlassten Kosten in Höhe von 4 000 € sind unter Berücksichtigung des § 4 Absatz 5 Satz 1 Nummer 2 EStG 3 040 € (80 % von 1 000 € + 70 % von 80 % von 4 000 €) als Betriebsausgaben abziehbar.

Beispiel 3:
Ein niedergelassener Arzt besucht einen Fachkongress in London. Er reist Samstagfrüh an. Die Veranstaltung findet ganztägig von Dienstag bis Donnerstag statt. Am Sonntagabend reist er nach Hause zurück.

B3 Da Reisen nach dem Beschluss des Großen Senats des BFH entgegen der bisherigen Rechtsprechung nicht mehr in jedem Fall ein Einheit sind, sind die Kosten für 2 Übernachtungen (von Dienstag bis Donnerstag) sowie die Kongressgebühren ausschließlich dem betrieblichen Bereich zuzuordnen und daher vollständig als Betriebsausgaben abziehbar. Die Flugkosten sind gemischt veranlasst und entsprechend den Veranlassungsbeiträgen aufzuteilen. Sachgerechter Aufteilungsmaßstab ist das Verhältnis der betrieblichen und privaten Zeitanteile der Reise (betrieblich veranlasst sind $3/9$). Ein Abzug der Verpflegungskosten als Betriebsausgaben ist nur in Höhe der Pauschbeträge für Verpflegungsmehraufwendungen für die betrieblich veranlassten Tage zulässig.

Abwandlung:
Der Arzt fährt nicht als Zuhörer, sondern als Mitveranstalter zu dem Fachkongress.

B4 Die Kosten für die Hin- und Rückreise sind vollständig dem betrieblichen Bereich zuzurechnen und daher nicht aufzuteilen (vgl. Rn. 12).

Bestehen keine Zweifel daran, dass ein nach objektivierbaren Kriterien abgrenzbarer Teil der Aufwendungen betrieblich/beruflich veranlasst ist, bereitet seine Quantifizierung aber Schwierigkeiten, so ist dieser Anteil unter Berücksichtigung aller maßgeblichen Umstände zu schätzen (§ 162 AO). Ist also zweifelsfrei ein betrieblicher/beruflicher Kostenanteil entstanden, kann aber dessen jeweiliger Umfang mangels geeigneter Unterlagen nicht belegt werden, ist wie bisher eine Schätzung geboten. 16

c) Nicht aufteilbare gemischte Aufwendungen

Ein Abzug der Aufwendungen kommt insgesamt nicht in Betracht, wenn die – für sich gesehen jeweils nicht unbedeutenden – betrieblichen/beruflichen und privaten Veranlassungsbeiträge so 17 ineinander greifen, dass eine Trennung nicht möglich und eine Grundlage für die Schätzung nicht erkennbar ist. Das ist insbesondere der Fall, wenn es an objektivierbaren Kriterien für eine Aufteilung fehlt.

Beispiel 4:
Ein Steuerberater begehrt die hälftige Anerkennung der Kosten eines Abonnements einer überregionalen Zeitung, die er neben der regionalen Tageszeitung bezieht, als Betriebsausgaben, weil die überregionale Zeitung umfassend auch über die steuerrechtliche Entwicklung informiere.

B5 Die Kosten sind insgesamt nicht als Betriebsausgaben abziehbar. Die betrieblichen und privaten Veranlassungsbeiträge greifen so ineinander, dass eine Trennung nicht möglich ist. Soweit die Zeitung nicht bereits durch das steuerliche Existenzminimum abgegolten ist, fehlt es an einer Aufteilbarkeit der Veranlassungsbeiträge. Denn keine Rubrik oder Seite einer Zeitung kann ausschließlich dem betrieblichen Bereich zugeordnet werden, sondern dient stets auch dem privaten Informationsinteresse. Es fehlt damit an einer Möglichkeit zur Aufteilung nach objektivierbaren Kriterien.

18 Die für Auslandsgruppenreisen aufgestellten Abgrenzungsmerkmale gelten grundsätzlich weiter (BFH vom 27. November 1978 – BStBl 1979 II Seite 213; zuletzt BFH vom 21. April 2010 VI R 5/07 – BStBl II Seite 687).[1]) Eine Aufteilung der Kosten und damit ein teilweiser Abzug als Betriebsausgaben/Werbungskosten kommt bei solchen Reisen regelmäßig nur in Betracht, soweit die beruflichen und privaten Veranlassungsbeiträge voneinander abgrenzbar sind (vgl. BFH vom 21. April 2010 VI R 5/07 – BStBl II Seite 687).

19 Soweit der BFH bisher die Abziehbarkeit anderer gemischter Aufwendungen mangels objektiver Aufteilungskriterien abgelehnt hat, ist weiterhin von der Nichtabziehbarkeit auszugehen.

Beispiele:

B6 Aufwendungen für Sicherheitsmaßnahmen eines Steuerpflichtigen zum Schutz von Leben, Gesundheit, Freiheit und Vermögen seiner Person (BFH vom 5. April 2006 – BStBl II Seite 541),

B7 Aufwendungen eines in Deutschland lebenden Ausländers für das Erlernen der deutschen Sprache (BFH vom 15. März 2007 – BStBl II Seite 814),

B8 Aufwendungen einer Landärztin für einen Schutzhund (BFH vom 29. März 1979 – BStBl II Seite 512),

B9 Einbürgerungskosten zum Erwerb der deutschen Staatsangehörigkeit (BFH vom 18. Mai 1984 – BStBl II Seite 588),

B10 Kosten für den Erwerb eines Führerscheins (BFH vom 8. April 1964 – BStBl III Seite 431).

4. Anwendungsregelung

20 Dieses Schreiben ist vorbehaltlich des § 176 Absatz 1 Satz 1 Nummer 3 AO für alle offenen Fälle anzuwenden.

---

[1]) Vgl. C. III. 4e der Entscheidungsgründe des GrS.

Anhang 14

5. Vermögensbildungsgesetz

Übersicht

I. Fünftes Gesetz zur Förderung der Vermögensbildung der Arbeitnehmer (Fünftes Vermögensbildungsgesetz – 5. VermBG)

II. Verordnung zur Durchführung des Fünften Vermögensbildungsgesetzes (VermBDV 1994)

III. Anwendung des Fünften Vermögensbildungsgesetzes ab 2009
BMF-Schreiben vom 9. 8. 2004 – IV C 5 – S 2430 – 18/04 – (BStBl I S. 717), geändert durch BMF-Schreiben vom 16. 3. 2009 – IV C 5 – S 2430/09/10001 – 2009/0171679 – (BStBl I S. 501), BMF-Schreiben vom 4. 2. 2010 – IV C 5 – S 2430/09/10002 – 2010/0076244 – (BStBl I S. 195) und BMF-Schreiben vom 2. 12. 2011 – IV C 5 – S 2430/11/10002 – 2011/0926778 – (BStBl I S. 1252)

IV. Bekanntmachung der Vordruckmuster für Anzeigen nach § 8 Absatz 1 Nummer 1 bis 3 VermBDV 1994 (VermB 12) und nach § 8 Absatz 1 Nummer 4 bis 6 VermBDV 1994 (VermB 13) sowie der Datensatzbeschreibung für die Zuleitung durch Datenfernübertragung BMF-Schreiben vom 16. 8. 2011 – IV C 5 – S 2439/10/10002 – (BStBl I S. 801)

V. BMF-Schreiben vom 13. 12. 2001 – IV C 5 – S 2436 – 10/01 – zum vereinfachten nachträglichen Beantragungsverfahren für die Arbeitnehmer-Sparzulage

VI. Beiträge zum Erwerb von Miteigentum an so genannten Immobiliensparges ellschaften

VII. Antragsfrist – Arbeitnehmer-Sparzulage

VIII. Bekanntmachung des Vordruckmusters für die Bescheinigung der 2012 angelegten vermögenswirksamen Leistungen (Anlage VL 2012) BMF-Schreiben vom 24. 8. 2012 – IV C 5 – S 2439/12/10002 – (BStBl I S. 905)

I.
Fünftes Gesetz
zur Förderung der Vermögensbildung der Arbeitnehmer
(Fünftes Vermögensbildungsgesetz – 5. VermBG)

vom 4. 3. 1994 (BGBl. I S. 406, BStBl I S. 237)
zuletzt geändert durch Artikel 13 des Gesetzes zur Umsetzung der Beitreibungsrichtlinie sowie zur Änderung steuerlicher Vorschriften (Beitreibungsrichtlinie-Umsetzungsgesetzes – BeitrRLUmsG) vom 7. 12. 2011 (BGBl. I S. 2592 **BStBl I S. 1171**)

§ 1 Persönlicher Geltungsbereich

(1) Die Vermögensbildung der Arbeitnehmer durch vereinbarte vermögenswirksame Leistungen der Arbeitgeber wird nach den Vorschriften dieses Gesetzes gefördert.

(2) Arbeitnehmer im Sinne dieses Gesetzes sind Arbeiter und Angestellte einschließlich der zu ihrer Berufsausbildung Beschäftigten. Als Arbeitnehmer gelten auch die in Heimarbeit Beschäftigten.

(3) Die Vorschriften dieses Gesetzes gelten nicht
1. für vermögenswirksame Leistungen juristischer Personen an Mitglieder des Organs, das zur gesetzlichen Vertretung der juristischen Person berufen ist,
2. für vermögenswirksame Leistungen von Personengesamtheiten an die durch Gesetz, Satzung oder Gesellschaftsvertrag zur Vertretung der Personengesamtheit berufenen Personen.

(4) Für Beamte, Richter, Berufssoldaten und Soldaten auf Zeit gelten die nachstehenden Vorschriften dieses Gesetzes entsprechend.

§ 2 Vermögenswirksame Leistungen, Anlageformen

(1) Vermögenswirksame Leistungen sind Geldleistungen, die der Arbeitgeber für den Arbeitnehmer anlegt
1. als Sparbeiträge des Arbeitnehmers auf Grund eines Sparvertrags über Wertpapiere oder andere Vermögensbeteiligungen (§ 4)
    a) zum Erwerb von Aktien, die vom Arbeitgeber ausgegeben werden oder an einer deutschen Börse zum regulierten Markt zugelassen oder in den Freiverkehr einbezogen sind,
    b) zum Erwerb von Wandelschuldverschreibungen, die vom Arbeitgeber ausgegeben werden oder an einer deutschen Börse zum regulierten Markt zugelassen oder in den Freiverkehr einbezogen sind, sowie von Gewinnschuldverschreibungen, die vom Arbeitgeber ausgegeben werden, zum Erwerb von Namensschuldverschreibungen des Arbeitgebers jedoch nur dann, wenn auf dessen Kosten die Ansprüche des Arbeitnehmers aus der Schuldverschreibung durch ein Kreditinstitut verbürgt oder durch ein Versicherungsun-

ternehmen privatrechtlich gesichert sind und das Kreditinstitut oder Versicherungsunternehmen im Geltungsbereich dieses Gesetzes zum Geschäftsbetrieb befugt ist,

c) zum Erwerb von Anteilen an Sondervermögen nach den §§ 46 bis 65 und den §§ 83 bis 86 des Investmentgesetzes sowie von ausländischen Investmentanteilen, die nach dem Investmentgesetz öffentlich vertrieben werden dürfen, wenn nach dem Jahresbericht für das vorletzte Geschäftsjahr, das dem Kalenderjahr des Abschlusses des Vertrags im Sinne des § 4 oder des § 5 vorausgeht, der Wert der Aktien in diesem Sondervermögen 60 Prozent des Werts dieses Sondervermögens nicht unterschreitet; für neu aufgelegte Sondervermögen ist für das erste und zweite Geschäftsjahr der erste Jahresbericht oder der erste Halbjahresbericht nach Auflegung des Sondervermögens maßgebend,

d) zum Erwerb von Anteilen an einem Mitarbeiterbeteiligungs-Sondervermögen nach Abschnitt 7a des Investmentgesetzes vom 15. Dezember 2003 (BGBl. I S. 2676), zuletzt geändert durch Artikel 3 des Gesetzes vom 7. März 2009 (BGBl. I S. 451), in der jeweils geltenden Fassung,

e) aufgehoben,

f) zum Erwerb von Genußscheinen, die vom Arbeitgeber als Wertpapiere ausgegeben werden oder an einer deutschen Börse zum regulierten Markt zugelassen oder in den Freiverkehr einbezogen sind und von Unternehmen mit Sitz und Geschäftsleitung im Geltungsbereich dieses Gesetzes, die keine Kreditinstitute sind, ausgegeben werden, wenn mit den Genußscheinen das Recht am Gewinn eines Unternehmens verbunden ist und der Arbeitnehmer nicht als Mitunternehmer im Sinne des § 15 Abs. 1 Satz 1 Nr. 2 des Einkommensteuergesetzes anzusehen ist,

g) zur Begründung oder zum Erwerb eines Geschäftsguthabens bei einer Genossenschaft mit Sitz und Geschäftsleitung im Geltungsbereich dieses Gesetzes; ist die Genossenschaft nicht der Arbeitgeber, so setzt die Anlage vermögenswirksamer Leistungen voraus, daß die Genossenschaft entweder ein Kreditinstitut oder eine Bau- oder Wohnungsgenossenschaft im Sinne des § 2 Abs. 1 Nr. 2 des Wohnungsbau-Prämiengesetzes ist, die zum Zeitpunkt der Begründung oder des Erwerbs des Geschäftsguthabens seit mindestens drei Jahren in das Genossenschaftsregister ohne wesentliche Änderung ihres Unternehmensgegenstandes eingetragen und nicht aufgelöst ist oder Sitz und Geschäftsleitung in dem in Artikel 3 des Einigungsvertrages genannten Gebiet hat und dort entweder am 1. Juli 1990 als Arbeiterwohnungsbaugenossenschaft, Gemeinnützige Wohnungsbaugenossenschaft oder sonstige Wohnungsbaugenossenschaft bestanden oder einen nicht unwesentlichen Teil von Wohnungen aus dem Bestand einer solchen Bau- oder Wohnungsgenossenschaft erworben hat,

h) zur Übernahme einer Stammeinlage oder zum Erwerb eines Geschäftsanteils an einer Gesellschaft mit beschränkter Haftung mit Sitz und Geschäftsleitung im Geltungsbereich dieses Gesetzes, wenn die Gesellschaft das Unternehmen des Arbeitgebers ist,

i) zur Begründung oder zum Erwerb einer Beteiligung als stiller Gesellschafter im Sinne des § 230 des Handelsgesetzbuchs am Unternehmen des Arbeitgebers mit Sitz und Geschäftsleitung im Geltungsbereich dieses Gesetzes, wenn der Arbeitnehmer nicht als Mitunternehmer im Sinne des § 15 Abs. 1 Nr. 2 des Einkommensteuergesetzes anzusehen ist,

k) zur Begründung oder zum Erwerb einer Darlehensforderung gegen den Arbeitgeber, wenn auf dessen Kosten die Ansprüche des Arbeitnehmers aus dem Darlehensvertrag durch ein Kreditinstitut verbürgt oder durch ein Versicherungsunternehmen privatrechtlich gesichert sind und das Kreditinstitut oder Versicherungsunternehmen im Geltungsbereich dieses Gesetzes zum Geschäftsbetrieb befugt ist,

l) zur Begründung oder zum Erwerb eines Genußrechts am Unternehmen des Arbeitgebers mit Sitz und Geschäftsleitung im Geltungsbereich dieses Gesetzes, wenn damit das Recht am Gewinn dieses Unternehmens verbunden ist, der Arbeitnehmer nicht als Mitunternehmer im Sinne des § 15 Abs. 1 Nr. 2 des Einkommensteuergesetzes anzusehen ist und über das Genußrecht kein Genußschein im Sinne des Buchstabens f ausgegeben wird,

2. als Aufwendungen des Arbeitnehmers auf Grund eines Wertpapier-Kaufvertrags (§ 5),

3. als Aufwendungen des Arbeitnehmers auf Grund eines Beteiligungs-Vertrags (§ 6) oder eines Beteiligungs-Kaufvertrags (§ 7),

4. als Aufwendungen des Arbeitnehmers nach den Vorschriften des Wohnungsbau-Prämiengesetzes; die Voraussetzungen für die Gewährung einer Prämie nach dem Wohnungsbau-Prämiengesetz brauchen nicht vorzuliegen; die Anlage vermögenswirksamer Leistungen als Aufwendungen nach § 2 Abs. 1 Nr. 2 des Wohnungsbau-Prämiengesetzes für den ersten Erwerb von Anteilen an Bau- und Wohnungsgenossenschaften setzt voraus, daß die Voraussetzungen der Nummer 1 Buchstabe g zweiter Halbsatz erfüllt sind,

5. als Aufwendungen des Arbeitnehmers
   a) zum Bau, zum Erwerb, zum Ausbau oder zur Erweiterung eines im Inland belegenen Wohngebäudes oder einer im Inland belegenen Eigentumswohnung,
   b) zum Erwerb eines Dauerwohnrechts im Sinne des Wohnungseigentumsgesetzes an einer im Inland belegenen Wohnung,
   c) zum Erwerb eines im Inland belegenen Grundstücks zum Zwecke des Wohnungsbaus oder
   d) zur Erfüllung von Verpflichtungen, die im Zusammenhang mit den in den Buchstaben a bis c bezeichneten Vorhaben eingegangen sind,

   sofern der Anlage nicht ein von einem Dritten vorgefertigtes Konzept zu Grunde liegt, bei dem der Arbeitnehmer vermögenswirksame Leistungen zusammen mit mehr als 15 anderen Arbeitnehmern anlegen kann; die Förderung der Aufwendungen nach den Buchstaben a bis c setzt voraus, daß sie unmittelbar für die dort bezeichneten Vorhaben verwendet werden,

6. als Sparbeiträge des Arbeitnehmers auf Grund eines Sparvertrags (§ 8),
7. als Beiträge des Arbeitnehmers auf Grund eines Kapitalversicherungsvertrags (§ 9),
8. als Aufwendungen des Arbeitnehmers, der nach § 18 Abs. 2 oder 3 die Mitgliedschaft in einer Genossenschaft oder Gesellschaft mit beschränkter Haftung gekündigt hat, zur Erfüllung von Verpflichtungen aus der Mitgliedschaft, die nach dem 31. Dezember 1994 fortbestehen oder entstehen.

(2) Aktien, Wandelschuldverschreibungen, Gewinnschuldverschreibungen oder Genußscheine eines Unternehmens, das im Sinne des § 18 Abs. 1 des Aktiengesetzes als herrschendes Unternehmen mit dem Unternehmen des Arbeitgebers verbunden ist, stehen Aktien, Wandelschuldverschreibungen, Gewinnschuldverschreibungen oder Genußscheinen im Sinne des Absatzes 1 Nr. 1 Buchstabe a, b oder f gleich, die vom Arbeitgeber ausgegeben werden. Ein Geschäftsguthaben bei einer Genossenschaft mit Sitz und Geschäftsleitung im Geltungsbereich dieses Gesetzes, die im Sinne des § 18 Abs. 1 des Aktiengesetzes als herrschendes Unternehmen mit dem Unternehmen des Arbeitgebers verbunden ist, steht einem Geschäftsguthaben im Sinne des Absatzes 1 Nr. 1 Buchstabe g bei einer Genossenschaft, die das Unternehmen des Arbeitgebers ist, gleich. Eine Stammeinlage oder ein Geschäftsanteil an einer Gesellschaft mit beschränkter Haftung mit Sitz und Geschäftsleitung im Geltungsbereich dieses Gesetzes, die im Sinne des § 18 Abs. 1 des Aktiengesetzes als herrschendes Unternehmen mit dem Unternehmen des Arbeitgebers verbunden ist, stehen einer Stammeinlage oder einem Geschäftsanteil im Sinne des Absatzes 1 Nr. 1 Buchstabe h an einer Gesellschaft, die das Unternehmen des Arbeitgebers ist, gleich. Eine Beteiligung als stiller Gesellschafter an einem Unternehmen mit Sitz und Geschäftsleitung im Geltungsbereich dieses Gesetzes, das im Sinne des § 18 Abs. 1 des Aktiengesetzes als herrschendes Unternehmen mit dem Unternehmen des Arbeitgebers verbunden ist oder das auf Grund eines Vertrags mit dem Arbeitgeber an dessen Unternehmen gesellschaftsrechtlich beteiligt ist, steht einer Beteiligung als stiller Gesellschafter im Sinne des Absatzes 1 Nr. 1 Buchstabe i gleich. Eine Darlehensforderung gegen ein Unternehmen mit Sitz und Geschäftsleitung im Geltungsbereich dieses Gesetzes, das im Sinne des § 18 Abs. 1 des Aktiengesetzes als herrschendes Unternehmen mit dem Unternehmen des Arbeitgebers verbunden ist, oder ein Genußrecht an einem solchen Unternehmen stehen einer Darlehensforderung oder einem Genußrecht im Sinne des Absatzes 1 Nr. 1 Buchstabe k oder l gleich.

(3) Die Anlage vermögenswirksamer Leistungen in Gewinnschuldverschreibungen im Sinne des Absatzes 1 Nr. 1 Buchstabe b und des Absatzes 2 Satz 1, in denen neben der gewinnabhängigen Verzinsung eine gewinnunabhängige Mindestverzinsung zugesagt ist, setzt voraus, daß

1. der Aussteller in der Gewinnschuldverschreibung erklärt, die gewinnunabhängige Mindestverzinsung werde im Regelfall die Hälfte der Gesamtverzinsung nicht überschreiten, oder
2. die gewinnunabhängige Mindestverzinsung zum Zeitpunkt der Ausgabe der Gewinnschuldverschreibung die Hälfte der Emissionsrendite festverzinslicher Wertpapiere nicht überschreitet, die in den Monatsberichten der Deutschen Bundesbank für den viertletzten Kalendermonat ausgewiesen wird, der dem Kalendermonat der Ausgabe vorausgeht.

(4) Die Anlage vermögenswirksamer Leistungen in Genußscheinen und Genußrechten im Sinne des Absatzes 1 Nr. 1 Buchstabe f und l und des Absatzes 2 Satz 1 und 5 setzt voraus, daß eine Rückzahlung zum Nennwert nicht zugesagt ist; ist neben dem Recht am Gewinn eine gewinnunabhängige Mindestverzinsung zugesagt, gilt Absatz 3 entsprechend.

(5) Der Anlage vermögenswirksamer Leistungen nach Absatz 1 Nr. 1 Buchstabe f, i bis l, Absatz 2 Satz 1, 4 und 5 sowie Absatz 4 in einer Genossenschaft mit Sitz und Geschäftsleitung im Geltungsbereich dieses Gesetzes stehen § 19 und eine Festsetzung durch Satzung gemäß § 20 des Genossenschaftsgesetzes nicht entgegen.

(5a) Der Arbeitgeber hat vor der Anlage vermögenswirksamer Leistungen im eigenen Unternehmen in Zusammenarbeit mit dem Arbeitnehmer Vorkehrungen zu treffen, die der Absicherung der angelegten vermögenswirksamen Leistungen bei einer während der Dauer der Sperrfrist eintretenden Zahlungsunfähigkeit des Arbeitgebers dienen. Das Bundesministerium für Arbeit und Sozialordnung berichtet den gesetzgebenden Körperschaften bis zum 30. Juni 2002 über die nach Satz 1 getroffenen Vorkehrungen.

(6) Vermögenswirksame Leistungen sind steuerpflichtige Einnahmen im Sinne des Einkommensteuergesetzes und Einkommen, Verdienst oder Entgelt (Arbeitsentgelt) im Sinne der Sozialversicherung und des Dritten Buches Sozialgesetzbuch. Reicht der nach Abzug der vermögenswirksamen Leistung verbleibende Arbeitslohn zur Deckung der einzubehaltenden Steuern, Sozialversicherungsbeiträge und Beiträge zur Bundesagentur für Arbeit nicht aus, so hat der Arbeitnehmer dem Arbeitgeber den zur Deckung erforderlichen Betrag zu zahlen.

(7) Vermögenswirksame Leistungen sind arbeitsrechtlich Bestandteil des Lohns oder Gehalts. Der Anspruch auf die vermögenswirksame Leistung ist nicht übertragbar.

§ 3 Vermögenswirksame Leistungen für Angehörige, Überweisung durch den Arbeitgeber, Kennzeichnungs-, Bestätigungs- und Mitteilungspflichten[1])

(1) Vermögenswirksame Leistungen können auch angelegt werden

1. zugunsten des Ehegatten des Arbeitnehmers (§ 26 Abs. 1 des Einkommensteuergesetzes),
2. zugunsten der in § 32 Abs. 1 des Einkommensteuergesetzes bezeichneten Kinder, die zu Beginn des maßgebenden Kalenderjahrs das 17. Lebensjahr noch nicht vollendet hatten oder die in diesem Kalenderjahr lebend geboren wurden oder
3. zugunsten der Eltern oder eines Elternteils des Arbeitnehmers, wenn der Arbeitnehmer als Kind die Voraussetzungen der Nummer 2 erfüllt.

Dies gilt nicht für die Anlage vermögenswirksamer Leistungen auf Grund von Verträgen nach den §§ 5 bis 7.

(2) Der Arbeitgeber hat die vermögenswirksamen Leistungen für den Arbeitnehmer unmittelbar an das Unternehmen oder Institut zu überweisen, bei dem sie angelegt werden sollen. Er hat dabei gegenüber dem Unternehmen oder Institut die vermögenswirksamen Leistungen zu kennzeichnen. Das Unternehmen oder Institut hat die nach § 2 Abs. 1 Nr. 1 bis 5, Abs. 2 bis 4 angelegten vermögenswirksamen Leistungen und die Art ihrer Anlage zu kennzeichnen. Kann eine vermögenswirksame Leistung nicht oder nicht mehr die Voraussetzungen des § 2 Abs. 1 bis 4 erfüllen, so hat das Unternehmen oder Institut dies dem Arbeitgeber unverzüglich schriftlich mitzuteilen. Die Sätze 1 bis 4 gelten nicht für die Anlage vermögenswirksamer Leistungen auf Grund von Verträgen nach den §§ 5, 6 Abs. 1 und § 7 Abs. 1 mit dem Arbeitgeber.

(3) Für eine vom Arbeitnehmer gewählte Anlage nach § 2 Abs. 1 Nr. 5 hat der Arbeitgeber auf Verlangen des Arbeitnehmers die vermögenswirksamen Leistungen an den Arbeitnehmer zu überweisen, wenn dieser dem Arbeitgeber eine schriftliche Bestätigung seines Gläubigers vorgelegt hat, daß die Anlage bei ihm die Voraussetzungen des § 2 Abs. 1 Nr. 5 erfüllt; Absatz 2 gilt in diesem Falle nicht. Der Arbeitgeber hat die Richtigkeit der Bestätigung nicht zu prüfen.

§ 4 Sparvertrag über Wertpapiere oder andere Vermögensbeteiligungen[2])

(1) Ein Sparvertrag über Wertpapiere oder andere Vermögensbeteiligungen im Sinne des § 2 Abs. 1 Nr. 1 ist ein Sparvertrag mit einem Kreditinstitut oder eine Kapitalanlagegesellschaft, in dem sich der Arbeitnehmer verpflichtet, als Sparbeiträge zum Erwerb von Wertpapieren im Sinne des § 2 Abs. 1 Nr. 1 Buchstabe a bis f, Abs. 2 Satz 1, Abs. 3 oder 4 oder zur Begründung oder zum Erwerb von Rechten im Sinne des § 2 Abs. 1 Nr. 1 Buchstabe g bis l, Abs. 2 Satz 2 bis 5 und Abs. 4 einmalig oder für die Dauer von sechs Jahren seit Vertragsabschluß laufend vermögenswirksame Leistungen einzahlen zu lassen oder andere Beträge einzuzahlen.

(2) Die Förderung der auf Grund eines Vertrags nach Absatz 1 angelegten vermögenswirksamen Leistungen setzt voraus, daß

1. die Leistungen eines Kalenderjahrs, vorbehaltlich des Absatzes 3, spätestens bis zum Ablauf des folgenden Kalenderjahrs zum Erwerb der Wertpapiere oder zur Begründung oder zum Erwerb der Rechte verwendet und bis zur Verwendung festgelegt werden und

---

[1]) Die Vorschrift soll durch das Jahressteuergesetz 2013 (JStG 2013) geändert werden. Bei Redaktionsschluss war das Gesetzgebungsverfahren noch nicht abgeschlossen. Um Beachtung wird gebeten.
→ Siehe hierzu Hinweise auf Seite 4!

[2]) Die Vorschrift soll durch das Jahressteuergesetz 2013 (JStG 2013) geändert werden. Bei Redaktionsschluss war das Gesetzgebungsverfahren noch nicht abgeschlossen. Um Beachtung wird gebeten.
→ Siehe hierzu Hinweise auf Seite 4!

2. die mit den Leistungen erworbenen Wertpapiere unverzüglich nach ihrem Erwerb bis zum Ablauf einer Frist von sieben Jahren (Sperrfrist) festgelegt werden und über die Wertpapiere oder die mit den Leistungen begründeten oder erworbenen Rechte bis zum Ablauf der Sperrfrist nicht durch Rückzahlung, Abtretung, Beleihung oder in anderer Weise verfügt wird.

Die Sperrfrist gilt für alle auf Grund des Vertrags angelegten vermögenswirksamen Leistungen und beginnt am 1. Januar des Kalenderjahrs, in dem der Vertrag abgeschlossen worden ist. Als Zeitpunkt des Vertragsabschlusses gilt der Tag, an dem die vermögenswirksame Leistung, bei Verträgen über laufende Einzahlungen die erste vermögenswirksame Leistung, beim Kreditinstitut oder bei der Kapitalanlagegesellschaft eingeht.

(3) Vermögenswirksame Leistungen, die nicht bis zum Ablauf der Frist nach Absatz 2 Nr. 1 verwendet worden sind, gelten als rechtzeitig verwendet, wenn sie am Ende eines Kalenderjahrs insgesamt 150 Euro nicht übersteigen und bis zum Ablauf der Sperrfrist nach Absatz 2 verwendet oder festgelegt werden.

(4) Eine vorzeitige Verfügung ist abweichend von Absatz 2 unschädlich, wenn

1. der Arbeitnehmer oder sein von ihm nicht dauernd getrennt lebender Ehegatte (§ 26 Abs. 1 Satz 1 des Einkommensteuergesetzes) nach Vertragsabschluß gestorben oder völlig erwerbsunfähig geworden ist,
2. der Arbeitnehmer nach Vertragsabschluß, aber vor der vorzeitigen Verfügung geheiratet hat und im Zeitpunkt der vorzeitigen Verfügung mindestens zwei Jahre seit Beginn der Sperrfrist vergangen sind,
3. der Arbeitnehmer nach Vertragsabschluß arbeitslos geworden ist und die Arbeitslosigkeit mindestens ein Jahr lang ununterbrochen bestanden hat und im Zeitpunkt der vorzeitigen Verfügung noch besteht,
4. der Arbeitnehmer den Erlös innerhalb der folgenden drei Monate unmittelbar für die eigene Weiterbildung oder für die seines von ihm nicht dauernd getrennt lebenden Ehegatten einsetzt und die Maßnahme außerhalb des Betriebes, dem er oder der Ehegatte angehört, durchgeführt wird und Kenntnisse und Fertigkeiten vermittelt werden, die dem beruflichen Fortkommen dienen und über arbeitsplatzbezogene Anpassungsfortbildungen hinausgehen; für vermögenswirksame Leistungen, die der Arbeitgeber für den Arbeitnehmer nach § 2 Abs. 1 Nr. 1 Buchstabe a, b, d, f bis l angelegt hat und die Rechte am Unternehmen des Arbeitgebers begründen, gilt dies nur bei Zustimmung des Arbeitgebers; bei nach § 2 Abs. 2 gleichgestellten Anlagen gilt dies nur bei Zustimmung des Unternehmens, das im Sinne des § 18 Abs. 1 des Aktiengesetzes als herrschendes Unternehmen mit dem Unternehmen des Arbeitgebers verbunden ist,
5. der Arbeitnehmer nach Vertragsabschluß unter Aufgabe der nichtselbständigen Arbeit eine Erwerbstätigkeit, die nach § 138 Abs. 1 der Abgabenordnung der Gemeinde mitzuteilen ist, aufgenommen hat oder
6. festgelegte Wertpapiere veräußert werden und der Erlös bis zum Ablauf des Kalendermonats, der dem Kalendermonat der Veräußerung folgt, zum Erwerb von in Absatz 1 bezeichneten Wertpapieren wiederverwendet wird; der bis zum Ablauf des der Veräußerung folgenden Kalendermonats nicht wiederverwendete Erlös gilt als rechtzeitig wiederverwendet, wenn er am Ende eines Kalendermonats insgesamt 150 Euro nicht übersteigt.

(5) Unschädlich ist auch, wenn in die Rechte und Pflichten des Kreditinstituts oder der Kapitalanlagegesellschaft aus dem Sparvertrag an seine Stelle ein anderes Kreditinstitut oder eine andere Kapitalanlagegesellschaft während der Laufzeit des Vertrags durch Rechtsgeschäft eintritt.

(6) Werden auf einen Vertrag über laufend einzuzahlende vermögenswirksame Leistungen oder andere Beträge in einem Kalenderjahr, das dem Kalenderjahr des Vertragsabschlusses folgt, weder vermögenswirksame Leistungen noch andere Beträge eingezahlt, so ist der Vertrag unterbrochen und kann nicht fortgeführt werden. Das gleiche gilt, wenn mindestens alle Einzahlungen eines Kalenderjahrs zurückgezahlt oder die Rückzahlungsansprüche aus dem Vertrag abgetreten oder beliehen werden.

§ 5 Wertpapier-Kaufvertrag

(1) Ein Wertpapier-Kaufvertrag im Sinne des § 2 Abs. 1 Nr. 2 ist ein Kaufvertrag zwischen dem Arbeitnehmer und dem Arbeitgeber zum Erwerb von Wertpapieren im Sinne des § 2 Abs. 1 Nr. 1 Buchstabe a bis f, Abs. 2 Satz 1, Abs. 3 und 4 mit dem Arbeitnehmer mit der Vereinbarung, den vom Arbeitnehmer geschuldeten Kaufpreis mit vermögenswirksamen Leistungen zu verrechnen oder mit anderen Beträgen zu zahlen.

(2) Die Förderung der auf Grund eines Vertrags nach Absatz 1 angelegten vermögenswirksamen Leistungen setzt voraus, daß

1. mit den Leistungen eines Kalenderjahrs spätestens bis zum Ablauf des folgenden Kalenderjahrs die Wertpapiere erworben werden und
2. die mit den Leistungen erworbenen Wertpapiere unverzüglich nach ihrem Erwerb bis zum Ablauf einer Frist von sechs Jahren (Sperrfrist) festgelegt werden und über die Wertpapiere bis zum Ablauf der Sperrfrist nicht durch Rückzahlung, Abtretung, Beleihung oder in anderer Weise verfügt wird; die Sperrfrist beginnt am 1. Januar des Kalenderjahrs, in dem das Wertpapier erworben worden ist; § 4 Abs. 4 Nr. 1 bis 5 gilt entsprechend.

§ 6 Beteiligungs-Vertrag

(1) Ein Beteiligungs-Vertrag im Sinne des § 2 Abs. 1 Nr. 3 ist ein Vertrag zwischen dem Arbeitnehmer und dem Arbeitgeber über die Begründung von Rechten im Sinne des § 2 Abs. 1 Nr. 1 Buchstabe g bis l und Abs. 4 für den Arbeitnehmer am Unternehmen des Arbeitgebers mit der Vereinbarung, die vom Arbeitnehmer für die Begründung geschuldete Geldsumme mit vermögenswirksamen Leistungen zu verrechnen oder mit anderen Beträgen zu zahlen.

(2) Ein Beteiligungs-Vertrag im Sinne des § 2 Abs. 1 Nr. 3 ist auch ein Vertrag zwischen dem Arbeitnehmer und

1. einem Unternehmen, das nach § 2 Abs. 2 Satz 2 bis 5 mit dem Unternehmen des Arbeitgebers verbunden oder nach § 2 Abs. 2 Satz 4 an diesem Unternehmen beteiligt ist, über die Begründung von Rechten im Sinne des § 2 Abs. 1 Nr. 1 Buchstabe g bis l, Abs. 2 Satz 2 bis 5 und Abs. 4 für den Arbeitnehmer an diesem Unternehmen oder
2. einer Genossenschaft mit Sitz und Geschäftsleitung im Geltungsbereich dieses Gesetzes, die ein Kreditinstitut oder eine Bau- oder Wohnungsgenossenschaft ist, die die Voraussetzungen des § 2 Abs. 1 Nr. 1 Buchstabe g zweiter Halbsatz erfüllt, über die Begründung eines Geschäftsguthabens für den Arbeitnehmer bei dieser Genossenschaft mit der Vereinbarung, die vom Arbeitnehmer für die Begründung der Rechte oder des Geschäftsguthabens geschuldete Geldsumme mit vermögenswirksamen Leistungen zahlen zu lassen oder mit anderen Beträgen zu zahlen.

(3) Die Förderung der auf Grund eines Vertrags nach Absatz 1 oder 2 angelegten vermögenswirksamen Leistungen setzt voraus, daß

1. mit den Leistungen eines Kalenderjahrs spätestens bis zum Ablauf des folgenden Kalenderjahrs die Rechte begründet werden und
2. über die mit den Leistungen begründeten Rechte bis zum Ablauf einer Frist von sechs Jahren (Sperrfrist) nicht durch Rückzahlung, Abtretung, Beleihung oder in anderer Weise verfügt wird; die Sperrfrist beginnt am 1. Januar des Kalenderjahrs, in dem das Recht begründet worden ist; § 4 Abs. 4 Nr. 1 bis 5 gilt entsprechend.

§ 7 Beteiligungs-Kaufvertrag

(1) Ein Beteiligungs-Kaufvertrag im Sinne des § 2 Abs. 1 Nr. 3 ist ein Kaufvertrag zwischen dem Arbeitnehmer und dem Arbeitgeber über den Erwerb von Rechten im Sinne des § 2 Abs. 1 Nr. 1 Buchstabe g bis l, Abs. 2 Satz 2 bis 5 und Abs. 4 durch den Arbeitnehmer mit der Vereinbarung, den vom Arbeitnehmer geschuldeten Kaufpreis mit vermögenswirksamen Leistungen zu verrechnen oder mit anderen Beträgen zu zahlen.

(2) Ein Beteiligungs-Kaufvertrag im Sinne des § 2 Abs. 1 Nr. 3 ist auch ein Kaufvertrag zwischen dem Arbeitnehmer und einer Gesellschaft mit beschränkter Haftung, die nach § 2 Abs. 2 Satz 3 mit dem Unternehmen des Arbeitgebers verbunden ist, zum Erwerb eines Geschäftsanteils im Sinne des § 2 Abs. 1 Nr. 1 Buchstabe h an dieser Gesellschaft durch den Arbeitnehmer mit der Vereinbarung, den vom Arbeitnehmer geschuldeten Kaufpreis mit vermögenswirksamen Leistungen zahlen zu lassen oder mit anderen Beträgen zu zahlen.

(3) Für die Förderung der auf Grund eines Vertrags nach Absatz 1 oder 2 angelegten vermögenswirksamen Leistungen gilt § 6 Abs. 3 entsprechend.

§ 8 Sparvertrag[1])

(1) Ein Sparvertrag im Sinne des § 2 Abs. 1 Nr. 6 ist ein Sparvertrag zwischen dem Arbeitnehmer und einem Kreditinstitut, in dem die in den Absätzen 2 bis 5 bezeichneten Vereinbarungen, mindestens aber die in den Absätzen 2 und 3 bezeichneten Vereinbarungen, getroffen sind.

(2) Der Arbeitnehmer ist verpflichtet,

---

[1]) Die Vorschrift soll durch das Jahressteuergesetz 2013 (JStG 2013) geändert werden. Bei Redaktionsschluss war das Gesetzgebungsverfahren noch nicht abgeschlossen. Um Beachtung wird gebeten.
→ Siehe hierzu Hinweise auf Seite 4!

1. einmalig oder für die Dauer von sechs Jahren seit Vertragsabschluß laufend, mindestens aber einmal im Kalenderjahr, als Sparbeiträge vermögenswirksame Leistungen einzahlen zu lassen oder andere Beträge einzuzahlen und
2. bis zum Ablauf einer Frist von sieben Jahren (Sperrfrist) die eingezahlten vermögenswirksamen Leistungen bei dem Kreditinstitut festzulegen und die Rückzahlungsansprüche aus dem Vertrag weder abzutreten noch zu beleihen.

Der Zeitpunkt des Vertragsabschlusses und der Beginn der Sperrfrist bestimmen sich nach den Regelungen des § 4 Abs. 2 Satz 2 und 3.

(3) Der Arbeitnehmer ist abweichend von der in Absatz 2 Satz 1 Nr. 2 bezeichneten Vereinbarung zu vorzeitiger Verfügung berechtigt, wenn eine der in § 4 Abs. 4 Nr. 1 bis 5 bezeichneten Voraussetzungen erfüllt ist.

(4) Der Arbeitnehmer ist abweichend von der in Absatz 2 Satz 1 Nr. 2 bezeichneten Vereinbarung auch berechtigt, vor Ablauf der Sperrfrist mit eingezahlten vermögenswirksamen Leistungen zu erwerben

1. Wertpapiere im Sinne des § 2 Abs. 1 Nr. 1 Buchstabe a bis f, Abs. 2 Satz 1, Abs. 3 und 4,
2. Schuldverschreibungen, die vom Bund, von den Ländern, von den Gemeinden, von anderen Körperschaften des öffentlichen Rechts, vom Arbeitgeber, von einem im Sinne des § 18 Abs. 1 des Aktiengesetzes als herrschendes Unternehmen mit dem Unternehmen des Arbeitgebers verbundenen Unternehmen oder von einem Kreditinstitut mit Sitz und Geschäftsleitung im Geltungsbereich dieses Gesetzes ausgegeben werden, Namensschuldverschreibungen des Arbeitgebers jedoch nur dann, wenn auf dessen Kosten die Ansprüche des Arbeitnehmers aus der Schuldverschreibung durch ein Kreditinstitut verbürgt oder durch ein Versicherungsunternehmen privatrechtlich gesichert sind und das Kreditinstitut oder Versicherungsunternehmen im Geltungsbereich dieses Gesetzes zum Geschäftsbetrieb befugt ist,
3. Genußscheine, die von einem Kreditinstitut mit Sitz und Geschäftsleitung im Geltungsbereich dieses Gesetzes, das nicht der Arbeitgeber ist, als Wertpapiere ausgegeben werden, wenn mit den Genußscheinen das Recht am Gewinn des Kreditinstituts verbunden ist, der Arbeitnehmer nicht als Mitunternehmer im Sinne des § 15 Abs. 1 Nr. 2 des Einkommensteuergesetzes anzusehen ist und die Voraussetzungen des § 2 Abs. 4 erfüllt sind,
4. Anleiheforderungen, die in ein Schuldbuch des Bundes oder eines Landes eingetragen werden,
5. Anteile an einem Sondervermögen, die von Kapitalanlagegesellschaften im Sinne des Investmentgesetzes ausgegeben werden und nicht unter § 2 Abs. 1 Nr. 1 Buchstabe c oder d fallen, oder
6. ausländische Investmentanteile, die nach dem Investmentgesetz im Wege des öffentlichen Anbietens, der öffentlichen Werbung oder in ähnlicher Weise vertrieben werden dürfen und nicht unter § 2 Abs. 1 Nr. 1 Buchstabe e fallen.

Der Arbeitnehmer ist verpflichtet, bis zum Ablauf der Sperrfrist die nach Satz 1 erworbenen Wertpapiere bei dem Kreditinstitut, mit dem der Sparvertrag abgeschlossen ist, festzulegen und über die Wertpapiere nicht zu verfügen; diese Verpflichtung besteht nicht, wenn eine der in § 4 Abs. 4 Nr. 1 bis 5 bezeichneten Voraussetzungen erfüllt ist.

(5) Der Arbeitnehmer ist abweichend von der in Absatz 2 Satz 1 Nr. 2 bezeichneten Vereinbarung auch berechtigt, vor Ablauf der Sperrfrist die Überweisung eingezahlter vermögenswirksamer Leistungen auf einen von ihm oder seinem Ehegatten (§ 26 Abs. 1 des Einkommensteuergesetzes) abgeschlossenen Bausparvertrag zu verlangen, wenn weder mit der Auszahlung der Bausparsumme begonnen worden ist noch die überwiesenen Beträge vor Ablauf der Sperrfrist ganz oder zum Teil zurückgezahlt, noch Ansprüche aus dem Bausparvertrag abgetreten oder beliehen werden oder wenn eine solche vorzeitige Verfügung nach § 2 Abs. 3 Satz 2 Nr. 1 und 2 des Wohnungsbau-Prämiengesetzes in der Fassung der Bekanntmachung vom 30. Oktober 1997 (BGBl. I S. 2678), das zuletzt durch Artikel 6 des Gesetzes vom 29. Juli 2008 (BGBl. I S. 1509) geändert worden ist, in der jeweils geltenden Fassung unschädlich ist. Satz 1 gilt für vor dem 1. Januar 2009 und nach dem 31. Dezember 2008 abgeschlossene Bausparverträge.

§ 9 Kapitalversicherungsvertrag

(1) Ein Kapitalversicherungsvertrag im Sinne des § 2 Abs. 1 Nr. 7 ist ein Vertrag über eine Kapitalversicherung auf den Erlebens- und Todesfall gegen laufenden Beitrag, der für die Dauer von mindestens zwölf Jahren und mit den in den Absätzen 2 bis 5 bezeichneten Vereinbarungen zwischen dem Arbeitnehmer und einem Versicherungsunternehmen abgeschlossen ist, das im Geltungsbereich dieses Gesetzes zum Geschäftsbetrieb befugt ist.

(2) Der Arbeitnehmer ist verpflichtet, als Versicherungsbeiträge vermögenswirksame Leistungen einzahlen zu lassen oder andere Beträge einzuzahlen.

(3) Die Versicherungsbeiträge enthalten keine Anteile für Zusatzleistungen wie für Unfall, Invalidität oder Krankheit.

(4) Der Versicherungsvertrag sieht vor, daß bereits ab Vertragsbeginn ein nicht kürzbarer Anteil von mindestens 50 Prozent des gezahlten Beitrags als Rückkaufswert (§ 169 des Versicherungsvertragsgesetzes) erstattet oder der Berechnung der prämienfreien Versicherungsleistung § 165 des Versicherungsvertragsgesetzes) zugrunde gelegt wird.

(5) Die Gewinnanteile werden verwendet
1. zur Erhöhung der Versicherungsleistung oder
2. auf Verlangen des Arbeitnehmers zur Verrechnung mit fälligen Beiträgen, wenn er nach Vertragsabschluß arbeitslos geworden ist und die Arbeitslosigkeit mindestens ein Jahr lang ununterbrochen bestanden hat und im Zeitpunkt der Verrechnung noch besteht.

§ 10 Vereinbarung zusätzlicher vermögenswirksamer Leistungen

(1) Vermögenswirksame Leistungen können in Verträgen mit Arbeitnehmern, in Betriebsvereinbarungen, in Tarifverträgen oder in bindenden Festsetzungen (§ 19 des Heimarbeitsgesetzes) vereinbart werden.

(2) – (4) (aufgehoben)

(5) Der Arbeitgeber kann auf tarifvertraglich vereinbarte vermögenswirksame Leistungen die betrieblichen Sozialleistungen anrechnen, die dem Arbeitnehmer in dem Kalenderjahr bisher schon als vermögenswirksame Leistungen erbracht worden sind.

§ 11 Vermögenswirksame Anlage von Teilen des Arbeitslohns

(1) Der Arbeitgeber hat auf schriftliches Verlangen des Arbeitnehmers einen Vertrag über die vermögenswirksame Anlage von Teilen des Arbeitslohns abzuschließen.

(2) Auch vermögenswirksam angelegte Teile des Arbeitslohns sind vermögenswirksame Leistungen im Sinne dieses Gesetzes.

(3) Zum Abschluß eines Vertrags nach Absatz 1, wonach die Lohnteile nicht zusammen mit anderen vermögenswirksamen Leistungen für den Arbeitnehmer angelegt und überwiesen werden sollen, ist der Arbeitgeber nur dann verpflichtet, wenn der Arbeitnehmer die Anlage von Teilen des Arbeitslohns in monatlichen der Höhe nach gleichbleibenden Beträgen von mindestens 13 Euro oder in vierteljährlichen der Höhe nach gleichbleibenden Beträgen von mindestens 39 Euro oder nur einmal im Kalenderjahr in Höhe eines Betrags von mindestens 39 Euro verlangt. Der Arbeitnehmer kann bei der Anlage in monatlichen Beträgen während des Kalenderjahrs die Art der vermögenswirksamen Anlage und das Unternehmen oder Institut, bei dem sie erfolgen soll, nur mit Zustimmung des Arbeitgebers wechseln.

(4) Der Arbeitgeber kann einen Termin im Kalenderjahr bestimmen, zu dem die Arbeitnehmer des Betriebs oder Betriebsteils die einmalige Anlage von Teilen des Arbeitslohns nach Absatz 3 verlangen können. Die Bestimmung dieses Termins unterliegt der Mitbestimmung des Betriebsrats oder der zuständigen Personalvertretung; das für die Mitbestimmung in sozialen Angelegenheiten vorgeschriebene Verfahren ist einzuhalten. Der nach Satz 1 bestimmte Termin ist den Arbeitnehmern in jedem Kalenderjahr erneut in geeigneter Form bekanntzugeben. Zu einem anderen als dem nach Satz 1 bestimmten Termin kann der Arbeitnehmer eine einmalige Anlage nach Absatz 3 nur verlangen
1. von Teilen des Arbeitslohns, den er im letzten Lohnzahlungszeitraum des Kalenderjahrs erzielt, oder
2. von Teilen besonderer Zuwendungen, die im Zusammenhang mit dem Weihnachtsfest oder Jahresende gezahlt werden.

(5) Der Arbeitnehmer kann jeweils einmal im Kalenderjahr von dem Arbeitgeber schriftlich verlangen, daß der Vertrag über die vermögenswirksame Anlage von Teilen des Arbeitslohns aufgehoben, eingeschränkt oder erweitert wird. Im Fall der Aufhebung ist der Arbeitgeber nicht verpflichtet, in demselben Kalenderjahr einen neuen Vertrag über die vermögenswirksame Anlage von Teilen des Arbeitslohns abzuschließen.

(6) In Tarifverträgen oder Betriebsvereinbarungen kann von den Absätzen 3 bis 5 abgewichen werden.

§ 12 Freie Wahl der Anlage

Vermögenswirksame Leistungen werden nur dann nach den Vorschriften dieses Gesetzes gefördert, wenn der Arbeitnehmer die Art der vermögenswirksamen Anlage und das Unternehmen oder Institut, bei dem sie erfolgen soll, frei wählen kann. Einer Förderung steht jedoch nicht entgegen, daß durch Tarifvertrag die Anlage auf die Formen des § 2 Abs. 1 Nr. 1 bis 5, Abs. 2 bis 4 beschränkt wird. Eine Anlage im Unternehmen des Arbeitgebers nach § 2 Abs. 1 Nr. 1 Buchstabe g bis l und Abs. 4 ist nur mit Zustimmung des Arbeitgebers zulässig.

§ 13 Anspruch auf Arbeitnehmer-Sparzulage[1])

(1) Der Arbeitnehmer hat Anspruch auf eine Arbeitnehmer-Sparzulage nach Absatz 2, wenn sein Einkommen folgende Grenzen nicht übersteigt:
1. bei nach § 2 Abs. 1 Nr. 1 bis 3, Abs. 2 bis 4 angelegten vermögenswirksamen Leistungen die Einkommensgrenze von 20 000 Euro oder bei einer Zusammenveranlagung von Ehegatten nach § 26b des Einkommensteuergesetzes von 40 000 Euro oder
2. bei nach § 2 Abs. 1 Nr. 4 und 5 angelegten vermögenswirksamen Leistungen die Einkommensgrenze von 17 900 Euro oder bei einer Zusammenveranlagung von Ehegatten nach § 26b des Einkommensteuergesetzes von 35 800 Euro.

Maßgeblich ist das zu versteuernde Einkommen nach § 2 Absatz 5 des Einkommensteuergesetzes in dem Kalenderjahr, in dem die vermögenswirksamen Leistungen angelegt worden sind.

(2) Die Arbeitnehmer-Sparzulage beträgt 20 Prozent der nach § 2 Abs. 1 Nummer 1 bis 3, Absatz 2 bis 4 angelegten vermögenswirksamen Leistungen, soweit sie 400 Euro im Kalenderjahr nicht übersteigen, und 9 Prozent der nach § 2 Abs. 1 Nummer 4 und 5 angelegten vermögenswirksamen Leistungen, soweit sie 470 Euro im Kalenderjahr nicht übersteigen.

(3) Die Arbeitnehmer-Sparzulage gilt weder als steuerpflichtige Einnahme im Sinne des Einkommensteuergesetzes noch als Einkommen, Verdienst oder Entgelt (Arbeitsentgelt) im Sinne der Sozialversicherung und des Dritten Buches Sozialgesetzbuch; sie gilt arbeitsrechtlich nicht als Bestandteil des Lohns oder Gehalts. Der Anspruch auf Arbeitnehmer-Sparzulage ist nicht übertragbar.

(4) Der Anspruch auf Arbeitnehmer-Sparzulage entsteht mit Ablauf des Kalenderjahrs, in dem die vermögenswirksamen Leistungen angelegt worden sind.

(5) Der Anspruch auf Arbeitnehmer-Sparzulage entfällt rückwirkend, soweit die in den §§ 4 bis 7 genannten Fristen oder bei einer Anlage nach § 2 Abs. 1 Nr. 4 die in § 2 Abs. 1 Nr. 3 und 4 und Abs. 3 Satz 1 des Wohnungsbau-Prämiengesetzes vorgesehenen Voraussetzungen nicht eingehalten werden. Satz 1 gilt für vor dem 1. Januar 2009 und nach dem 31. Dezember 2008 abgeschlossene Bausparverträge. Der Anspruch entfällt nicht, wenn die Sperrfrist nicht eingehalten wird, weil
1. der Arbeitnehmer das Umtausch- oder Abfindungsangebot eines Wertpapier-Emittenten angenommen hat oder Wertpapiere dem Aussteller nach Auslosung oder Kündigung durch den Aussteller zur Einlösung vorgelegt worden sind,
2. die mit den vermögenswirksamen Leistungen erworbenen oder begründeten Wertpapiere oder Rechte im Sinne des § 2 Abs. 1 Nr. 1, Abs. 2 bis 4 ohne Mitwirkung des Arbeitnehmers wertlos geworden sind oder
3. der Arbeitnehmer über nach § 2 Abs. 1 Nr. 4 angelegte vermögenswirksame Leistungen nach Maßgabe des § 4 Abs. 4 Nr. 4 in Höhe von mindestens 30 Euro verfügt.

§ 14 Festsetzung der Arbeitnehmer-Sparzulage, Anwendung der Abgabenordnung, Verordnungsermächtigung, Rechtsweg[2])

(1) Die Verwaltung der Arbeitnehmer-Sparzulage obliegt den Finanzämtern. Die Arbeitnehmer-Sparzulage wird aus den Einnahmen an Lohnsteuer gezahlt.

(2) Auf die Arbeitnehmer-Sparzulage sind die für Steuervergütungen geltenden Vorschriften der Abgabenordnung entsprechend anzuwenden. Dies gilt nicht für § 163 der Abgabenordnung.

(3) Für die Arbeitnehmer-Sparzulage gelten die Strafvorschriften des § 370 Abs. 1 bis 4, der §§ 371, 375 Abs. 1 und des § 376 sowie die Bußgeldvorschriften der §§ 378, 379 Abs. 1 und 4 und der §§ 383 und 384 der Abgabenordnung entsprechend. Für das Strafverfahren wegen einer Straftat nach Satz 1 sowie der Begünstigung einer Person, die eine solche Tat begangen hat, gelten die §§ 385 bis 408, für das Bußgeldverfahren wegen einer Ordnungswidrigkeit nach Satz 1 die §§ 409 bis 412 der Abgabenordnung entsprechend.

---

[1]) Die Vorschrift soll durch das Jahressteuergesetz 2013 (JStG 2013) geändert werden. Bei Redaktionsschluss war das Gesetzgebungsverfahren noch nicht abgeschlossen. Um Beachtung wird gebeten.
→ Siehe hierzu Hinweise auf Seite 4!
[2]) Die Vorschrift soll durch das Jahressteuergesetz 2013 (JStG 2013) geändert werden. Bei Redaktionsschluss war das Gesetzgebungsverfahren noch nicht abgeschlossen. Um Beachtung wird gebeten.
→ Siehe hierzu Hinweise auf Seite 4!

(4) Die Arbeitnehmer-Sparzulage wird auf Antrag durch das für die Besteuerung des Arbeitnehmers nach dem Einkommen zuständige Finanzamt festgesetzt. Der Arbeitnehmer hat den Antrag nach amtlich vorgeschriebenem Vordruck zu stellen. Der Arbeitnehmer hat die vermögenswirksamen Leistungen durch die Bescheinigung nach § 15 Abs. 1 nachzuweisen[1]). Die Arbeitnehmer-Sparzulage wird fällig

a) mit Ablauf der für die Anlageform vorgeschriebenen Sperrfrist nach diesem Gesetz,
b) mit Ablauf der im Wohnungsbau-Prämiengesetz oder in der Verordnung zur Durchführung des Wohnungsbau-Prämiengesetzes genannten Sperr- und Rückzahlungsfristen. Bei Bausparverträgen gelten die in § 2 Abs. 3 Satz 1 des Wohnungsbau-Prämiengesetzes genannten Sperr- und Rückzahlungsfristen und zwar unabhängig davon, ob der Vertrag vor dem 1. Januar 2009 oder nach dem 31. Dezember 2008 abgeschlossen worden ist,
c) mit Zuteilung des Bausparvertrags oder
d) in den Fällen unschädlicher Verfügung.

(5) Wird im Besteuerungsverfahren die Entscheidung über die Höhe des zu versteuernden Einkommens nachträglich in der Weise geändert, dass dadurch die Einkommensgrenzen des § 13 Abs. 1 unterschritten werden und entsteht für Aufwendungen, die vermögenswirksame Leistungen darstellen, erstmals ein Anspruch auf Arbeitnehmer-Sparzulage, kann der Arbeitnehmer den Antrag auf Arbeitnehmer-Sparzulage abweichend von Absatz 4 innerhalb eines Jahres nach Bekanntgabe der Änderung stellen.

(6) Besteht für Aufwendungen, die vermögenswirksame Leistungen darstellen, ein Anspruch auf Arbeitnehmer-Sparzulage und hat der Arbeitnehmer hierfür abweichend von § 1 Satz 2 Nr. 1 des Wohnungsbau-Prämiengesetzes Wohnungsbauprämie beantragt, kann der Arbeitnehmer die Arbeitnehmer-Sparzulage abweichend von Absatz 4 innerhalb eines Jahres nach Bekanntgabe der Mitteilung über die Änderung des Prämienanspruchs (§ 4a Abs. 4 Satz 1 und 2, § 4b Abs. 2 Satz 3 des Wohnungsbau-Prämiengesetzes) erstmalig beantragen.

(7) Die Bundesregierung wird ermächtigt, durch Rechtsverordnung mit Zustimmung des Bundesrates das Verfahren bei der Festsetzung und der Auszahlung der Arbeitnehmer-Sparzulage näher zu regeln, soweit dies zur Vereinfachung des Verfahrens erforderlich ist. Dabei kann auch bestimmt werden, daß der Arbeitgeber, das Unternehmen, das Institut oder der in § 3 Abs. 3 genannte Gläubiger bei der Antragstellung mitwirkt und ihnen die Arbeitnehmer-Sparzulage zugunsten des Arbeitnehmers überwiesen wird.

(8) In öffentlich-rechtlichen Streitigkeiten über die auf Grund dieses Gesetzes ergehenden Verwaltungsakte der Finanzbehörden ist der Finanzrechtsweg gegeben.

§ 15 Bescheinigungspflichten, Haftung, Verordnungsermächtigung, Anrufungsauskunft[2])

(1) Das Unternehmen, das Institut oder der in § 3 Abs. 3 genannte Gläubiger hat dem Arbeitnehmer auf Verlangen eine Bescheinigung auszustellen[3]) über

1. den jeweiligen Jahresbetrag der nach § 2 Abs. 1 Nr. 1 bis 5, Abs. 2 bis 4 angelegten vermögenswirksamen Leistungen sowie die Art ihrer Anlage,
2. das Kalenderjahr, dem diese vermögenswirksamen Leistungen zuzuordnen sind, und
3. entweder das Ende der für die Anlageform vorgeschriebenen Sperrfrist nach diesem Gesetz oder bei einer Anlage nach § 2 Abs. 1 Nr. 4 das Ende der im Wohnungsbau-Prämiengesetz oder in der Verordnung zur Durchführung des Wohnungsbau-Prämiengesetzes genannten Sperr- und Rückzahlungsfristen. Bei Bausparverträgen sind die in § 2 Abs. 3 Satz 1 des Wohnungsbau-Prämiengesetzes genannten Sperr- und Rückzahlungsfristen zu bescheinigen unabhängig davon, ob der Vertrag vor dem 1. Januar 2009 oder nach dem 31. Dezember 2008 abgeschlossen worden ist.

Das Bundesministerium der Finanzen kann mit Zustimmung des Bundesrates durch Rechtsverordnung bestimmen, dass die Bescheinigung nach Satz 1 nach amtlich vorgeschriebenem Datensatz durch Datenfernübertragung an eine amtlich bestimmte Stelle zu übermitteln ist. In der Rechtsverordnung können Ausnahmen zugelassen werden. In den Fällen des Satzes 2 kann auf das Ausstellen einer Bescheinigung nach Satz 1 verzichtet werden, wenn der Arbeitnehmer entsprechend unterrichtet wird. Durch die Datenfernübertragung gilt der Nachweis im Sinne des § 14 Abs. 4 Satz 3 als erbracht.

---

[1]) → Anhang 14 VIII zum Vordruckmuster.
[2]) Die Vorschrift soll durch das Jahressteuergesetz 2013 (JStG 2013) geändert werden. Bei Redaktionsschluss war das Gesetzgebungsverfahren noch nicht abgeschlossen. Um Beachtung wird gebeten. → Siehe hierzu Hinweise auf Seite 4!
[3]) → Anhang 14 VIII zum Vordruckmuster.

(2) Die Bundesregierung wird ermächtigt, durch Rechtsverordnung mit Zustimmung des Bundesrates weitere Vorschriften zu erlassen über

1. Aufzeichnungs- und Mitteilungspflichten des Arbeitgebers und des Unternehmens oder Instituts, bei dem die vermögenswirksamen Leistungen angelegt sind, und
2. die Festlegung von Wertpapieren und die Art der Festlegung, soweit dies erforderlich ist, damit nicht die Arbeitnehmer-Sparzulage zu Unrecht gezahlt, versagt, nicht zurückgefordert oder nicht einbehalten wird.

(3) Haben der Arbeitgeber, das Unternehmen, das Institut oder der in § 3 Abs. 3 genannte Gläubiger ihre Pflichten nach diesem Gesetz oder nach einer auf Grund dieses Gesetzes erlassenen Rechtsverordnung verletzt, so haften sie für die Arbeitnehmer-Sparzulage, die wegen ihrer Pflichtverletzung zu Unrecht gezahlt, nicht zurückgefordert oder nicht einbehalten worden ist.

(4) Das Finanzamt, das für die Besteuerung der in Absatz 3 Genannten zuständig ist, hat auf deren Anfrage Auskunft darüber zu erteilen, wie im einzelnen Fall die Vorschriften über vermögenswirksame Leistungen anzuwenden sind, die nach § 2 Abs. 1 Nr. 1 bis 5, Abs. 2 bis 4 angelegt werden.

(5) Das für die Lohnsteuer-Außenprüfung zuständige Finanzamt kann bei den in Absatz 3 Genannten eine Außenprüfung durchführen, um festzustellen, ob sie ihre Pflichten nach diesem Gesetz oder nach einer auf Grund dieses Gesetzes erlassenen Rechtsverordnung, soweit diese mit der Anlage vermögenswirksamer Leistungen nach § 2 Abs. 1 Nr. 1 bis 5, Abs. 2 bis 4 zusammenhängen, erfüllt haben. Die §§ 195 bis 202 der Abgabenordnung gelten entsprechend.

§ 16 Berlin-Klausel

(gegenstandslos)

§ 17 Anwendungsvorschriften[1])

(1) Die vorstehenden Vorschriften dieses Gesetzes gelten vorbehaltlich der nachfolgenden Absätze für vermögenswirksame Leistungen, die nach dem 31. Dezember 1993 angelegt werden.

(2) Für vermögenswirksame Leistungen, die vor dem 1. Januar 1994 angelegt werden, gilt, soweit Absatz 5 nichts anderes bestimmt, § 17 des Fünften Vermögensbildungsgesetzes in der Fassung der Bekanntmachung vom 19. Januar 1989 (BGBl. I S. 137) – Fünftes Vermögensbildungsgesetz 1989 –, unter Berücksichtigung der Änderung durch Artikel 2 Nr. 1 des Gesetzes vom 13. Dezember 1990 (BGBl. I S. 2749).

(3) Für vermögenswirksame Leistungen, die im Jahr 1994 angelegt werden auf Grund eines vor dem 1. Januar 1994 abgeschlossenen Vertrags

1. nach § 4 Abs. 1 oder § 5 Abs. 1 des Fünften Vermögensbildungsgesetzes 1989 zum Erwerb von Aktien oder Wandelschuldverschreibungen, die keine Aktien oder Wandelschuldverschreibungen im Sinne des vorstehenden § 2 Abs. 1 Nr. 1 Buchstabe a oder b, Abs. 2 Satz 1 sind, oder
2. nach § 6 Abs. 2 des Fünften Vermögensbildungsgesetzes 1989 über die Begründung eines Geschäftsguthabens bei einer Genossenschaft, die keine Genossenschaft im Sinne des vorstehenden § 2 Abs. 1 Nr. 1 Buchstabe g, Abs. 2 Satz 2 ist, oder
3. nach § 6 Abs. 2 oder § 7 Abs. 2 des Fünften Vermögensbildungsgesetzes 1989 über die Übernahme einer Stammeinlage oder zum Erwerb eines Geschäftsanteils an einer Gesellschaft mit beschränkter Haftung, die keine Gesellschaft im Sinne des vorstehenden § 2 Abs. 1 Nr. 1 Buchstabe h, Abs. 2 Satz 3 ist,

gelten statt der vorstehenden §§ 2, 4, 6 und 7 die §§ 2, 4, 6 und 7 des Fünften Vermögensbildungsgesetzes 1989.

(4) Für vermögenswirksame Leistungen, die nach dem 31. Dezember 1993 auf Grund eines Vertrags im Sinne des § 17 Abs. 5 Satz 1 des Fünften Vermögensbildungsgesetzes 1989 angelegt werden, gilt § 17 Abs. 5 und 6 des Fünften Vermögensbildungsgesetzes 1989.

(5) Für vermögenswirksame Leistungen, die vor dem 1. Januar 1994 auf Grund eines Vertrags im Sinne des Absatzes 3 angelegt worden sind, gelten § 4 Abs. 2 bis 5, § 5 Abs. 2, § 6 Abs. 3 und § 7 Abs. 3 des Fünften Vermögensbildungsgesetzes 1989 über Fristen für die Verwendung vermögenswirksamer Leistungen und über Sperrfristen nach dem 31. Dezember 1993 nicht mehr. Für

---

[1]) Die Vorschrift soll durch das Jahressteuergesetz 2013 (JStG 2013) geändert werden. Bei Redaktionsschluss war das Gesetzgebungsverfahren noch nicht abgeschlossen. Um Beachtung wird gebeten.
→ Siehe hierzu Hinweise auf Seite 4!

vermögenswirksame Leistungen, die vor dem 1. Januar 1990 auf Grund eines Vertrags im Sinne des § 17 Abs. 2 des Fünften Vermögensbildungsgesetzes 1989 über die Begründung einer oder mehrerer Beteiligungen als stiller Gesellschafter angelegt worden sind, gilt § 7 Abs. 3 des Fünften Vermögensbildungsgesetzes in der Fassung der Bekanntmachung vom 19. Februar 1987 (BGBl. I S. 630) über die Sperrfrist nach dem 31. Dezember 1993 nicht mehr.

(6) Für vermögenswirksame Leistungen, die vor dem 1. Januar 1999 angelegt worden sind, gilt § 13 Abs. 1 und 2 dieses Gesetzes in der Fassung der Bekanntmachung vom 4. März 1994 (BGBl. I S. 406).

(7) § 13 Abs. 1 Satz 1 und Abs. 2 in der Fassung des Artikels 2 des Gesetzes vom 7. März 2009 (BGBl. I S. 451) ist erstmals für vermögenswirksame Leistungen anzuwenden, die nach dem 31. Dezember 2008 angelegt werden.

(8) § 8 Abs. 5, § 13 Abs. 5 Satz 1 und 2, § 14 Abs. 4 Satz 4 Buchstabe b und § 15 Abs. 1 Nr. 3 in der Fassung des Artikels 7 des Gesetzes vom 29. Juli 2008 (BGBl. I S. 1509) sind erstmals für vermögenswirksame Leistungen anzuwenden, die nach dem 31. Dezember 2008 angelegt werden.

(9) § 4 Abs. 4 Nr. 4 und § 13 Abs. 5 Satz 3 Nr. 3 in der Fassung des Artikels 1 des Gesetzes vom 8. Dezember 2008 (BGBl. I S. 2373) ist erstmals bei Verfügungen nach dem 31. Dezember 2008 anzuwenden.

(10) § 14 Absatz 4 Satz 2 in der Fassung des Artikels 12 des Gesetzes vom 16. Juli 2009 (BGBl. I S. 1959) ist erstmals für vermögenswirksame Leistungen anzuwenden, die nach dem 31. Dezember 2006 angelegt werden, und in Fällen, in denen am 22. Juli 2009 über einen Antrag auf Arbeitnehmer-Sparzulage noch nicht bestandskräftig entschieden ist.

(11) § 13 Absatz 1 Satz 2 in der Fassung des Artikels 10 des Gesetzes vom 8. 12. 2010 (BGBl. I S. 1768) ist erstmals für vermögenswirksame Leistungen anzuwenden, die nach dem 31. Dezember 2008 angelegt werden.

(12) § 2 Absatz 1 Nummer 5 in der Fassung des Artikels 13 des Gesetzes vom 7. Dezember 2011 (BGBl. I S. 2592) ist erstmals für vermögenswirksame Leistungen anzuwenden, die nach dem 31. Dezember 2011 angelegt werden.

§ 18 Kündigung eines vor 1994 abgeschlossenen Anlagevertrags und der Mitgliedschaft in einer Genossenschaft oder Gesellschaft mit beschränkter Haftung

(1) Hat sich der Arbeitnehmer in einem Vertrag im Sinne des § 17 Abs. 3 verpflichtet, auch nach dem 31. Dezember 1994 vermögenswirksame Leistungen überweisen zu lassen oder andere Beträge zu zahlen, so kann er den Vertrag bis zum 30. September 1994 auf den 31. Dezember 1994 mit der Wirkung schriftlich kündigen, daß auf Grund dieses Vertrags vermögenswirksame Leistungen oder andere Beträge nach dem 31. Dezember 1994 nicht mehr zu zahlen sind.

(2) Ist der Arbeitnehmer im Zusammenhang mit dem Abschluß eines Vertrags im Sinne des § 17 Abs. 3 Nr. 2 Mitglied in einer Genossenschaft geworden, so kann er die Mitgliedschaft bis zum 30. September 1994 auf den 31. Dezember 1994 mit der Wirkung schriftlich kündigen, daß nach diesem Zeitpunkt die Verpflichtung, Einzahlungen auf einen Geschäftsanteil zu leisten und ein Eintrittsgeld zu zahlen, entfällt. Weitergehende Rechte des Arbeitnehmers nach dem Statut der Genossenschaft bleiben unberührt. Der ausgeschiedene Arbeitnehmer kann die Auszahlung des Auseinandersetzungsguthabens, die Genossenschaft kann die Zahlung eines den ausgeschiedenen Arbeitnehmer treffenden Anteils an einem Fehlbetrag zum 1. Januar 1998 verlangen.

(3) Ist der Arbeitnehmer im Zusammenhang mit dem Abschluß eines Vertrags im Sinne des § 17 Abs. 3 Nr. 3 Gesellschafter einer Gesellschaft mit beschränkter Haftung geworden, so kann er die Mitgliedschaft bis zum 30. September 1994 auf den 31. Dezember 1994 schriftlich kündigen. Weitergehende Rechte des Arbeitnehmers nach dem Gesellschaftsvertrag bleiben unberührt. Der zum Austritt berechtigte Arbeitnehmer kann von der Gesellschaft als Abfindung den Verkehrswert seines Geschäftsanteils verlangen; maßgebend ist der Verkehrswert im Zeitpunkt des Zugangs der Kündigungserklärung. Der Arbeitnehmer kann die Abfindung nur verlangen, wenn die Gesellschaft sie ohne Verstoß gegen § 30 Abs. 1 des Gesetzes betreffend die Gesellschaften mit beschränkter Haftung zahlen kann. Hat die Gesellschaft die Abfindung bezahlt, so stehen dem Arbeitnehmer aus seinem Geschäftsanteil keine Rechte mehr zu. Kann die Gesellschaft bis zum 31. Dezember 1996 die Abfindung nicht gemäß Satz 4 zahlen, so ist sie auf Antrag des zum Austritt berechtigten Arbeitnehmers aufzulösen. § 61 Abs. 1, Abs. 2 Satz 1 und Abs. 3 des Gesetzes betreffend die Gesellschaften mit beschränkter Haftung gilt im übrigen entsprechend.

(4) Werden auf Grund der Kündigung nach Absatz 1, 2 oder 3 Leistungen nicht erbracht, so hat der Arbeitnehmer dies nicht zu vertreten.

(5) Hat der Arbeitnehmer nach Absatz 1 einen Vertrag im Sinne des § 17 Abs. 3 Nr. 2 oder nach Absatz 2 die Mitgliedschaft in einer Genossenschaft gekündigt, so gelten beide Kündigungen als erklärt, wenn der Arbeitnehmer dies nicht ausdrücklich ausgeschlossen hat. Entsprechendes gilt, wenn der Arbeitnehmer nach Absatz 1 einen Vertrag im Sinne des § 17 Abs. 3 Nr. 3 oder nach Absatz 3 die Mitgliedschaft in einer Gesellschaft mit beschränkter Haftung gekündigt hat.

(6) Macht der Arbeitnehmer von seinem Kündigungsrecht nach Absatz 1 keinen Gebrauch, so gilt die Verpflichtung, vermögenswirksame Leistungen überweisen zu lassen, nach dem 31. Dezember 1994 als Verpflichtung, andere Beträge in entsprechender Höhe zu zahlen.

II.
Verordnung zur Durchführung des Fünften Vermögensbildungsgesetzes (VermBDV 1994)

vom 20. 12. 1994 (BGBl. 1994 I S. 3904)
zuletzt geändert durch Artikel 14 des Gesetzes zur Modernisierung und Entbürokratisierung des Steuerverfahrens (Steuerbürokratieabbaugesetz) vom 20. 12. 2008 (BGBl I S. 2850)

§ 1 Verfahren

Auf das Verfahren bei der Festsetzung, Auszahlung und Rückzahlung der Arbeitnehmer-Sparzulage sind neben den in § 14 Abs. 2 des Gesetzes bezeichneten Vorschriften die für die Einkommensteuer und Lohnsteuer geltenden Regelungen sinngemäß anzuwenden, soweit sich aus den nachstehenden Vorschriften nichts anderes ergibt.

§ 2 Mitteilungspflichten des Arbeitgebers, des Kreditinstituts oder des Unternehmens[1])

(1) Der Arbeitgeber hat bei Überweisung vermögenswirksamer Leistungen im Dezember und Januar eines Kalenderjahres dem Kreditinstitut oder dem Unternehmen, bei dem die vermögenswirksamen Leistungen angelegt werden, das Kalenderjahr mitzuteilen, dem die vermögenswirksamen Leistungen zuzuordnen sind.

(2) Werden bei einer Anlage nach § 2 Abs. 1 Nr. 4 des Gesetzes oder § 17 Abs. 5 Satz 1 Nr. 1 des Fünften Vermögensbildungsgesetzes in der Fassung der Bekanntmachung vom 19. Januar 1989 (BGBl. I S. 137)

1. Wohnbau-Sparverträge in Baufinanzierungsverträge umgewandelt (§ 12 Abs. 1 Nr. 2 der Verordnung zur Durchführung des Wohnungsbau-Prämiengesetzes in der Fassung der Bekanntmachung vom 29. Juni 1994, BGBl. I S. 1446),
2. Baufinanzierungsverträge in Wohnbau-Sparverträge umgewandelt (§ 18 Abs. 1 Nr. 2 der Verordnung zur Durchführung des Wohnungsbau-Prämiengesetzes in der Fassung der Bekanntmachung vom 29. Juni 1994, BGBl. I S. 1446) oder
3. Sparbeiträge auf einen von dem Arbeitnehmer oder seinem Ehegatten abgeschlossenen Bausparvertrag überwiesen (§ 4 Abs. 3 Nr. 7 des Fünften Vermögensbildungsgesetzes in der Fassung der Bekanntmachung vom 19. Februar 1987, BGBl. I S. 630),

so hat das Kreditinstitut oder Unternehmen, bei dem die vermögenswirksamen Leistungen angelegt worden sind, dem neuen Kreditinstitut oder Unternehmen den Betrag der vermögenswirksamen Leistungen, das Kalenderjahr, dem sie zuzuordnen sind, das Ende der Sperrfrist, seinen Institutsschlüssel (§ 5 Abs. 2) und die bisherige Vertragsnummer des Arbeitnehmers unverzüglich schriftlich mitzuteilen. Das neue Kreditinstitut oder Unternehmen hat die Angaben aufzuzeichnen.

(3) Das Kreditinstitut oder die Kapitalanlagegesellschaft, bei dem vermögenswirksame Leistungen auf Grund eines Vertrags im Sinne des § 4 des Gesetzes angelegt werden, hat

1. dem Arbeitgeber, der mit den vermögenswirksamen Leistungen erworbene Wertpapiere verwahrt oder an dessen Unternehmen eine nichtverbriefte Vermögensbeteiligung im Sinne des § 2 Abs. 1 Nr. 1 Buchstabe g bis l des Gesetzes mit den vermögenswirksamen Leistungen begründet oder erworben wird, oder
2. dem Unternehmen, an dem eine nichtverbriefte Vermögensbeteiligung im Sinne des § 2 Abs. 1 Nr. 1 Buchstabe g bis l des Gesetzes mit den vermögenswirksamen Leistungen begründet oder erworben wird,

---
[1]) Die Vorschrift soll durch das Jahressteuergesetz 2013 (JStG 2013) geändert werden. Bei Redaktionsschluss war das Gesetzgebungsverfahren noch nicht abgeschlossen. Um Beachtung wird gebeten.
→ Siehe hierzu Hinweise auf Seite 4!

das Ende der für die vermögenswirksamen Leistungen geltenden Sperrfrist unverzüglich schriftlich mitzuteilen. Wenn über die verbrieften oder nichtverbrieften Vermögensbeteiligungen vor Ablauf der Sperrfrist verfügt worden ist, hat dies der Arbeitgeber oder das Unternehmen dem Kreditinstitut oder der Kapitalanlagegesellschaft unverzüglich mitzuteilen.

(4) Der Arbeitgeber, bei dem vermögenswirksame Leistungen auf Grund eines Vertrags im Sinne des § 5 des Gesetzes angelegt werden, hat dem vom Arbeitnehmer benannten Kreditinstitut, das die erworbenen Wertpapiere verwahrt, oder dem vom Arbeitnehmer benannten Kapitalanlagegesellschaft, die die erworbenen Wertpapiere verwahrt, das Ende der für die vermögenswirksamen Leistungen geltenden Sperrfrist unverzüglich schriftlich mitzuteilen. Wenn über die Wertpapiere vor Ablauf der Sperrfrist verfügt worden ist, hat dies das Kreditinstitut oder die Kapitalanlagegesellschaft dem Arbeitgeber unverzüglich mitzuteilen.

§ 3 Aufzeichnungspflichten des Beteiligungsunternehmens

(1) Das Unternehmen, an dem eine nichtverbriefte Vermögensbeteiligung im Sinne des § 2 Abs. 1 Nr. 1 Buchstabe g bis l des Gesetzes auf Grund eines Vertrags im Sinne des § 6 Abs. 2 oder des § 7 Abs. 2 des Gesetzes mit vermögenswirksamen Leistungen begründet oder erworben wird, hat den Betrag der vermögenswirksamen Leistungen und das Kalenderjahr, dem sie zuzuordnen sind, sowie das Ende der Sperrfrist aufzuzeichnen. Bei Verträgen im Sinne des § 4 des Gesetzes genügt die Aufzeichnung des Endes der Sperrfrist.

(2) Zu den Aufzeichnungen nach Absatz 1 Satz 1 ist auch der Arbeitgeber verpflichtet, an dessen Unternehmen eine nichtverbriefte Vermögensbeteiligung im Sinne des § 2 Abs. 1 Nr. 1 Buchstabe g bis l des Gesetzes auf Grund eines Vertrags im Sinne des § 6 Abs. 1 oder des § 7 Abs. 1 des Gesetzes mit vermögenswirksamen Leistungen begründet oder erworben wird.

§ 4 Festlegung von Wertpapieren

(1) Wertpapiere, die auf Grund eines Vertrags im Sinne des § 4 des Gesetzes mit vermögenswirksamen Leistungen erworben werden, sind auf den Namen des Arbeitnehmers dadurch festzulegen, daß sie für die Dauer der Sperrfrist wie folgt in Verwahrung gegeben werden:

1. Erwirbt der Arbeitnehmer Einzelurkunden, so müssen diese in das Depot bei dem Kreditinstitut oder der Kapitalanlagegesellschaft gegeben werden, mit dem er den Sparvertrag abgeschlossen hat. Das Kreditinstitut oder die Kapitalanlagegesellschaft muß in den Depotbüchern einen Sperrvermerk für die Dauer der Sperrfrist anbringen. Bei Drittverwahrung genügt ein Sperrvermerk im Kundenkonto beim erstverwahrenden Kreditinstitut oder bei der erstverwahrenden Kapitalanlagegesellschaft.

2. Erwirbt der Arbeitnehmer Anteile an einem Sammelbestand von Wertpapieren oder werden Wertpapiere bei einer Wertpapiersammelbank in Sammelverwahrung gegeben, so muß das Kreditinstitut oder die Kapitalanlagegesellschaft einen Sperrvermerk in das Depotkonto eintragen.

(2) Wertpapiere nach Absatz 1 Satz 1

1. die eine Vermögensbeteiligung an Unternehmen des Arbeitgebers oder eine gleichgestellte Vermögensbeteiligung (§ 2 Abs. 2 Satz 1 des Gesetzes) verbriefen oder

2. die der Arbeitnehmer vom Arbeitgeber erwirbt,

können auch vom Arbeitgeber verwahrt werden. Der Arbeitgeber hat die Verwahrung sowie das Ende der Sperrfrist aufzuzeichnen.

(3) Wertpapiere, die auf Grund eines Vertrags im Sinne des § 5 des Gesetzes erworben werden, sind festzulegen durch Verwahrung

1. beim Arbeitgeber oder

2. im Auftrag des Arbeitgebers bei einem Dritten oder

3. bei einem vom Arbeitnehmer benannten inländischen Kreditinstitut oder bei einer vom Arbeitnehmer benannten inländischen Kapitalanlagegesellschaft.

In den Fällen der Nummern 1 und 2 hat der Arbeitgeber die Verwahrung, den Betrag der vermögenswirksamen Leistungen, das Kalenderjahr, dem sie zuzuordnen sind, und das Ende der Sperrfrist aufzuzeichnen. Im Falle der Nummer 3 hat das Kreditinstitut oder die Kapitalanlagegesellschaft das Ende der Sperrfrist aufzuzeichnen.

(4) Bei einer Verwahrung durch ein Kreditinstitut oder eine Kapitalanlagegesellschaft hat der Arbeitnehmer innerhalb von drei Monaten nach dem Erwerb der Wertpapiere dem Arbeitgeber eine Bescheinigung des Kreditinstituts oder der Kapitalanlagegesellschaft darüber vorzulegen, daß die Wertpapiere entsprechend Absatz 1 in Verwahrung genommen worden sind.

§ 5 Bescheinigung vermögenswirksamer Leistungen[1])

(1) Die Bescheinigung nach § 15 Abs. 1 des Gesetzes ist nach amtlich vorgeschriebenem Vordruck zu erteilen. Vermögenswirksame Leistungen, die nach dem 31. Dezember 1994 angelegt werden, sind nach amtlich vorgeschriebenem datenerfassungsgerechten Vordruck zu bescheinigen.

(2) Das Kreditinstitut, das Unternehmen oder der Arbeitgeber, bei dem vermögenswirksame Leistungen nach § 2 Abs. 1 Nr. 1 bis 4, Abs. 2 bis 4 des Gesetzes oder nach § 17 Abs. 5 Satz 1 des Fünften Vermögensbildungsgesetzes in der am 19. Januar 1989 geltenden Fassung (BGBl. I S. 137) angelegt werden, hat in der Bescheinigung seinen Institutsschlüssel und die Vertragsnummer des Arbeitnehmers anzugeben; dies gilt nicht für Anlagen nach § 2 Abs. 1 Nr. 4 des Gesetzes in Verbindung mit § 2 Abs. 1 Nr. 2 des Wohnungsbau-Prämiengesetzes. Der Institutsschlüssel ist bei der Zentralstelle der Länder anzufordern. Bei der Anforderung sind anzugeben
1. Name und Anschrift des anfordernden Kreditinstituts, Unternehmens oder Arbeitgebers,
2. Bankverbindung für die Überweisung der Arbeitnehmer-Sparzulagen,
3. Lieferanschrift für die Übersendung von Datenträgern.

Die Vertragsnummer darf keine Sonderzeichen enthalten.

(3) Der Arbeitgeber oder das Unternehmen, bei dem vermögenswirksame Leistungen nach § 2 Abs. 1 Nr. 2 und 3, Abs. 2 bis 4 des Gesetzes angelegt werden, hat in der Bescheinigung für vermögenswirksame Leistungen, die noch nicht zum Erwerb von Wertpapieren oder zur Begründung von Rechten verwendet worden sind, als Ende der Sperrfrist den 31. Dezember des sechsten Kalenderjahrs nach dem Kalenderjahr anzugeben, dem die vermögenswirksamen Leistungen zuzuordnen sind.

(4) In der Bescheinigung über vermögenswirksame Leistungen, die nach § 2 Abs. 1 Nr. 1 oder 4 des Gesetzes oder nach § 17 Abs. 5 Satz 1 des Fünften Vermögensbildungsgesetzes in der am 19. Januar 1989 geltenden Fassung (BGBl. I S. 137) bei Kreditinstituten, Kapitalanlagegesellschaften oder Versicherungsunternehmen angelegt worden sind, ist bei einer unschädlichen vorzeitigen Verfügung als Ende der Sperrfrist der Zeitpunkt dieser Verfügung anzugeben. Dies gilt bei Zuteilung eines Bausparvertrags entsprechend.

(5) Bei einer schädlichen vorzeitigen Verfügung über vermögenswirksame Leistungen, die nach § 2 Abs. 1 Nr. 1 oder 4 des Gesetzes oder nach § 17 Abs. 5 Satz 1 des Fünften Vermögensbildungsgesetzes in der am 19. Januar 1989 geltenden Fassung (BGBl. I S. 137) bei Kreditinstituten, Kapitalanlagegesellschaften oder Versicherungsunternehmen angelegt worden sind, darf eine Bescheinigung nicht erteilt werden.

§ 6 Festsetzung der Arbeitnehmer-Sparzulage, Mitteilungspflichten der Finanzämter

(1) Die Festsetzung der Arbeitnehmer-Sparzulage ist regelmäßig mit der Einkommensteuererklärung zu beantragen. Die festzusetzende Arbeitnehmer-Sparzulage ist auf den nächsten vollen Euro-Betrag aufzurunden. Sind für den Arbeitnehmer die vermögenswirksamen Leistungen eines Kalenderjahres auf mehr als einem der in § 2 Abs. 1 Nr. 1 bis 5 des Gesetzes und der in § 17 Abs. 5 Satz 1 des Fünften Vermögensbildungsgesetzes in der am 19. Januar 1989 geltenden Fassung (BGBl. I S. 137) bezeichneten Anlageverträge angelegt worden, so gilt die Aufrundung für jeden Vertrag.

(2) Festgesetzte, noch nicht fällige Arbeitnehmer-Sparzulagen sind der Zentralstelle der Länder zur Aufzeichnung der für ihre Auszahlung notwendigen Daten mitzuteilen. Das gilt auch für die Änderung festgesetzter Arbeitnehmer-Sparzulagen sowie in den Fällen, in denen festgesetzte Arbeitnehmer-Sparzulagen nach Auswertung einer Anzeige über die teilweise schädliche vorzeitige Verfügung (§ 8 Abs. 4 Satz 2) unberührt bleiben.

(3) Werden bei einer Anlage nach § 2 Abs. 1 Nr. 1 bis 4, Abs. 2 bis 4 des Gesetzes oder nach § 17 Abs. 5 Satz 1 des Fünften Vermögensbildungsgesetzes in der am 19. Januar 1989 geltenden Fassung (BGBl. I S. 137) vor Ablauf der Sperrfrist teilweise Beträge zurückgezahlt, Ansprüche aus dem Vertrag abgetreten oder beliehen, die Bauspar- oder Versicherungssumme ausgezahlt, die Festlegung aufgehoben oder Spitzenbeträge nach § 4 Abs. 3 des Gesetzes oder des § 5 Abs. 3 des Fünften Vermögensbildungsgesetzes in der am 19. Februar 1987 geltenden Fassung (BGBl. I S. 630) von mehr als 150 Euro nicht rechtzeitig verwendet, so gelten für die Festsetzung oder Neufestsetzung der Arbeitnehmer-Sparzulage die Beträge in folgender Reihenfolge als zurückgezahlt:

---

[1]) Die Vorschrift soll durch das Jahressteuergesetz 2013 (JStG 2013) geändert werden. Bei Redaktionsschluss war das Gesetzgebungsverfahren noch nicht abgeschlossen. Um Beachtung wird gebeten.
→ Siehe hierzu Hinweise auf Seite 4!

1. Beträge, die keine vermögenswirksamen Leistungen sind,
2. vermögenswirksame Leistungen, für die keine Arbeitnehmer-Sparzulage festgesetzt worden ist,
3. vermögenswirksame Leistungen, für die eine Arbeitnehmer-Sparzulage festgesetzt worden ist.

(4) In den Fällen des § 4 Abs. 4 Nr. 6 des Gesetzes oder des § 5 Abs. 4 des Fünften Vermögensbildungsgesetzes in der am 19. Februar 1987 geltenden Fassung (BGBl. I S. 630) gilt für die Festsetzung oder Neufestsetzung der Arbeitnehmer-Sparzulage der nicht wiederverwendete Erlös, wenn er 150 Euro übersteigt, in folgender Reihenfolge als zurückgezahlt:
1. Beträge, die keine vermögenswirksamen Leistungen sind,
2. vermögenswirksame Leistungen, für die keine Arbeitnehmer-Sparzulage festgesetzt worden ist,
3. vermögenswirksame Leistungen, für die eine Arbeitnehmer-Sparzulage festgesetzt worden ist.

Maßgebend sind die bis zum Ablauf des Kalenderjahres, das dem Kalenderjahr der Veräußerung vorangeht, angelegten Beträge.

§ 7 Auszahlung der Arbeitnehmer-Sparzulage[1])

(1) Die festgesetzte Arbeitnehmer-Sparzulage ist vom Finanzamt an den Arbeitnehmer auszuzahlen
1. bei einer Anlage nach § 2 Abs. 1 Nr. 4 des Gesetzes in Verbindung mit § 2 Abs. 1 Nr. 2 des Wohnungsbau-Prämiengesetzes sowie bei einer Anlage nach § 2 Abs. 1 Nr. 5 des Gesetzes;
2. bei einer Anlage nach § 2 Abs. 1 Nr. 1 bis 4, Abs. 2 bis 4 des Gesetzes oder nach § 17 Abs. 5 Satz 1 des Gesetzes in der am 1. Januar 1989 geltenden Fassung, wenn im Zeitpunkt der Bekanntgabe des Bescheids über die Festsetzung der Arbeitnehmer-Sparzulage die für die Anlageform vorgeschriebene Sperrfrist oder die im Wohnungsbau-Prämiengesetz oder in der Verordnung zur Durchführung des Wohnungsbau-Prämiengesetzes in der Fassung der Bekanntmachung vom 29. Juni 1994 (BGBl. I S. 1446) genannten Sperr- und Rückzahlungsfristen abgelaufen sind. Bei Bausparverträgen gelten die in § 2 Abs. 3 Satz 1 des Wohnungsbau-Prämiengesetzes genannten Sperr- und Rückzahlungsfristen unabhängig davon, ob der Vertrag vor dem 1. Januar 2009 oder nach dem 31. Dezember 2008 abgeschlossen worden ist;
3. in den Fällen des § 5 Abs. 4;
4. bei einer Anlage nach § 2 Abs. 1 Nr. 2 und 3 des Gesetzes, wenn eine unschädliche vorzeitige Verfügung vorliegt.

(2) Die bei der Zentralstelle der Länder aufgezeichneten Arbeitnehmer-Sparzulagen für Anlagen nach § 2 Abs. 1 Nr. 1 bis 4, Abs. 2 bis 4 des Gesetzes oder nach § 17 Abs. 5 Satz 1 des Fünften Vermögensbildungsgesetzes in der am 19. Januar 1989 geltenden Fassung (BGBl. I S. 137) sind dem Kreditinstitut, dem Unternehmen oder dem Arbeitgeber, bei dem die vermögenswirksamen Leistungen angelegt worden sind, zugunsten des Arbeitnehmers zu überweisen. Die Überweisung ist in den Fällen des § 14 Abs. 4 Satz 4 Buchstabe c und d des Gesetzes bis zum Ende des Kalendermonats vorzunehmen, der auf den Kalendermonat folgt, in dem die Zuteilung oder die unschädliche vorzeitige Verfügung angezeigt worden ist.

§ 8 Anzeigepflichten des Kreditinstituts, des Unternehmens oder des Arbeitgebers[2])

(1) Der Zentralstelle der Länder ist anzuzeigen,
1. von dem Kreditinstitut, der Kapitalanlagegesellschaft oder dem Versicherungsunternehmen, das bei ihm nach § 2 Abs. 1 Nr. 1 oder 4 des Gesetzes oder § 17 Abs. 5 Satz 1 des Fünften Vermögensbildungsgesetzes in der am 19. Januar 1989 geltenden Fassung (BGBl. I S. 137) angelegte vermögenswirksame Leistungen nach § 15 Abs. 1 des Gesetzes bescheinigt hat, wenn vor Ablauf der Sperrfrist
   a) vermögenswirksame Leistungen zurückgezahlt werden,
   b) über Ansprüche aus einem Vertrag im Sinne des § 4 des Gesetzes, einem Bausparvertrag oder einem Vertrag nach § 17 Abs. 5 Satz 1 des Fünften Vermögensbildungsgesetzes in der am 19. Januar 1989 geltenden Fassung (BGBl. I S. 137) durch Rückzahlung, Abtretung, Beleihung oder in anderer Weise verfügt wird,

---
[1]) Die Vorschrift soll durch das Jahressteuergesetz 2013 (JStG 2013) geändert werden. Bei Redaktionsschluss war das Gesetzgebungsverfahren noch nicht abgeschlossen. Um Beachtung wird gebeten.
→ Siehe hierzu Hinweise auf Seite 4!
[2]) → Anhang 17 IV zu den Vordrucken und zur Datensatzbeschreibung.

c) die Festlegung erworbener Wertpapiere aufgehoben oder über solche Wertpapiere verfügt wird,

d) der Bausparvertrag zugeteilt oder die Bausparsumme ausgezahlt wird oder

e) die Versicherungssumme ausgezahlt oder der Versicherungsvertrag in einen Vertrag umgewandelt wird, der die Voraussetzungen des in § 17 Abs. 5 Satz 1 Nr. 3 des Fünften Vermögensbildungsgesetzes in der am 19. Januar 1989 geltenden Fassung (BGBl. I S. 137) bezeichneten Vertrags nicht erfüllt;

2. von dem Kreditinstitut oder der Kapitalanlagegesellschaft, bei dem vermögenswirksame Leistungen nach § 4 des Gesetzes oder § 17 Abs. 5 Satz 1 Nr. 2 des Fünften Vermögensbildungsgesetzes in der am 19. Januar 1989 geltenden Fassung (BGBl. I S. 137) angelegt worden sind, wenn Spitzenbeträge nach § 4 Abs. 3 oder Abs. 4 Nr. 5 des Gesetzes oder § 5 Abs. 3 oder 4 des Fünften Vermögensbildungsgesetzes in der am 19. Februar 1987 geltenden Fassung (BGBl. I S. 630) von mehr als 150 Euro nicht rechtzeitig verwendet oder wiederverwendet worden sind;

3. von dem Kreditinstitut oder der Kapitalanlagegesellschaft, dem nach § 2 Abs. 3 Satz 2 mitgeteilt worden ist, daß über verbriefte oder nichtverbriefte Vermögensbeteiligungen vor Ablauf der Sperrfrist verfügt worden ist;

4. von dem Unternehmen oder Arbeitgeber, bei dem eine nichtverbriefte Vermögensbeteiligung nach § 2 Abs. 1 Nr. 1 Buchstabe g bis l des Gesetzes aufgrund eines Vertrags nach § 6 oder § 7 des Gesetzes mit vermögenswirksamen Leistungen begründet oder erworben worden ist, wenn vor Ablauf der Sperrfrist über die Vermögensbeteiligung verfügt wird oder wenn der Arbeitnehmer die Vermögensbeteiligung nicht bis zum Ablauf des Kalenderjahres erhalten hat, das auf das Kalenderjahr der vermögenswirksamen Leistungen folgt;

5. von dem Arbeitgeber, der Wertpapiere nach § 4 Abs. 3 Satz 1 Nr. 1 oder 2 verwahrt oder bei einem Dritten verwahren läßt, wenn vor Ablauf der Sperrfrist die Festlegung von Wertpapieren aufgehoben oder über Wertpapiere verfügt wird oder wenn bei einer Verwahrung nach § 4 Abs. 3 Satz 1 Nr. 3 der Arbeitnehmer die Verwahrungsbescheinigung nach § 4 Abs. 4 nicht rechtzeitig vorlegt;

6. von dem Arbeitgeber, bei dem vermögenswirksame Leistungen aufgrund eines Vertrags im Sinne des § 5 des Gesetzes angelegt werden, wenn ihm die Mitteilung des Kreditinstituts oder der Kapitalanlagegesellschaft nach § 2 Abs. 4 Satz 2 zugegangen ist oder wenn der Arbeitnehmer mit den vermögenswirksamen Leistungen eines Kalenderjahres nicht bis zum Ablauf des folgenden Kalenderjahres die Wertpapiere erworben hat.

(2) Das Kreditinstitut, die Kapitalanlagegesellschaft oder das Versicherungsunternehmen hat in den Anzeigen nach Absatz 1 Nr. 1 bis 3 zu kennzeichnen, ob eine unschädliche, vollständig schädliche oder teilweise schädliche vorzeitige Verfügung vorliegt. Der Betrag, über den schädlich vorzeitig verfügt worden ist, sowie die in den einzelnen Kalenderjahren jeweils angelegten vermögenswirksamen Leistungen sind nur in Anzeigen über teilweise schädliche vorzeitige Verfügungen anzugeben.

(3) Die Anzeigen nach Absatz 1 sind nach amtlich vorgeschriebenem Vordruck oder nach amtlich vorgeschriebenem Datensatz durch Datenfernübertragung für die innerhalb eines Kalendermonats bekannt gewordenen vorzeitigen Verfügungen der Zentralstelle der Länder jeweils spätestens bis zum 15. Tag des folgenden Kalendermonats zuzuleiten.

(4) Sind bei der Zentralstelle der Länder Arbeitnehmer-Sparzulagen für Fälle aufgezeichnet,

1. die nach Absatz 1 Nr. 4 bis 6 angezeigt werden oder

2. die nach Absatz 1 Nr. 1 bis 3 angezeigt werden, wenn die Anzeigen als vollständig oder teilweise schädliche vorzeitige Verfügung gekennzeichnet sind,

so hat die Zentralstelle die Auszahlung der aufgezeichneten Arbeitnehmer-Sparzulagen zu sperren. Die Zentralstelle hat die Anzeigen um ihre Aufzeichnungen zu ergänzen und zur Auswertung dem Finanzamt zu übermitteln, das nach Kenntnis der Zentralstelle zuletzt eine Arbeitnehmer-Sparzulage für den Arbeitnehmer festgesetzt hat.

§ 9 Rückforderung der Arbeitnehmer-Sparzulage durch das Finanzamt

Das für die Besteuerung des Arbeitnehmers nach dem Einkommen zuständige Finanzamt (§ 19 der Abgabenordnung) hat eine zu Unrecht gezahlte Arbeitnehmer-Sparzulage vom Arbeitnehmer zurückzufordern. Die Rückforderung unterbleibt, wenn der zurückzufordernde Betrag fünf Euro nicht übersteigt.

§ 10 Anwendungszeitraum

§ 8 dieser Verordnung ist auf vermögenswirksame Leistungen, über die nach dem 31. Dezember 1994 vorzeitig verfügt worden ist, anzuwenden. Im übrigen ist diese Verordnung auf vermögenswirksame Leistungen, die nach dem 31. Dezember 1993 angelegt werden, anzuwenden.

§ 11 Inkrafttreten, weiter anzuwendende Vorschriften[1])

(1) Diese Verordnung in der Fassung des Artikels 14 des Gesetzes vom 20. Dezember 2008 (BGBl. I S. 2850) ist ab 1. Januar 2009 anzuwenden.

(2) Die Verordnung zur Durchführung des Fünften Vermögensbildungsgesetzes vom 4. Dezember 1991 (BGBl. I S. 1556), geändert durch Artikel 4 des Gesetzes vom 21. Dezember 1993 (BGBl. I S. 2310), tritt am Tage nach der Verkündung dieser Verordnung außer Kraft. Sie ist auf vermögenswirksame Leistungen, die vor dem 1. Januar 1994 angelegt worden sind, weiter anzuwenden; § 7 ist auch auf vermögenswirksame Leistungen, über die vor dem 1. Januar 1995 vorzeitig verfügt worden ist, weiter anzuwenden. Im übrigen ist die Verordnung zur Durchführung des Fünften Vermögensbildungsgesetzes vom 4. Dezember 1991 auf vermögenswirksame Leistungen, die nach dem 31. Dezember 1993 angelegt worden sind, nicht mehr anzuwenden.

III.
Anwendung des Fünften Vermögensbildungsgesetzes ab 2009

BMF-Schreiben vom 9. 8. 2004 – IV C 5 – S 2430 – 18/04 – (BStBl I S. 717) geändert durch BMF-Schreiben vom 16. 3. 2009 – IV C 5 – S 2430/09/10001 – 2009/0171679 – (BStBl I S. 501), BMF-Schreiben vom 4. 2. 2010 – IV C 5 – S 2430/09/10002 – 2010/0076244 – (BStBl I S. 195) und BMF-Schreiben vom 2. 12. 2011 – IV C 5 – S 2430/11/10002 – 2011/0926778 – (**BStBl I S. 1252**)[2])

Inhaltsverzeichnis

1. Persönlicher Geltungsbereich (§ 1 VermBG)
2. Begriff der vermögenswirksamen Leistungen, Überweisung (§ 2, § 3 Abs. 2 und 3 VermBG)
3. Zeitliche Zuordnung der vermögenswirksamen Leistungen (§ 2 Abs. 6 VermBG)
4. Vermögensbeteiligungen (§ 2 Abs. 1 Nr. 1 VermBG)
5. Anlagen auf Grund von Sparverträgen über Wertpapiere oder andere Vermögensbeteiligungen (§ 2 Abs. 1 Nr. 1, § 4 VermBG)
6. Anlagen auf Grund von Wertpapier-Kaufverträgen (§ 2 Abs. 1 Nr. 2, § 5 VermBG)
7. Anlagen auf Grund von Beteiligungs-Verträgen und Beteiligungs-Kaufverträgen (§ 2 Abs. 1 Nr. 3, §§ 6 und 7 VermBG)
8. Insolvenzschutz (§ 2 Abs. 5a VermBG)
9. Anlagen nach dem Wohnungsbau-Prämiengesetz (§ 2 Abs. 1 Nr. 4 VermBG)
10. Anlagen für den Bau, den Erwerb, den Ausbau, die Erweiterung oder die Entschuldung eines Wohngebäudes usw. (§ 2 Abs. 1 Nr. 5 VermBG)
11. Anlagen auf Grund von Verträgen des Ehegatten, der Kinder oder der Eltern (§ 3 Abs. 1 VermBG)
12. Vereinbarung der vermögenswirksamen Leistungen, freie Wahl der Anlage (§§ 10, 11, 12 VermBG)
13. Kennzeichnungs- und Mitteilungspflichten (§ 3 Abs. 2 VermBG, § 2 Abs. 1 VermBDV 1994)
14. Bescheinigung vermögenswirksamer Leistungen (§ 15 Abs. 1 VermBG, § 5 VermBDV 1994)
15. Festsetzung der Arbeitnehmer-Sparzulage (§§ 13, 14 VermBG, § 6 Abs. 1 VermBDV 1994)
16. Höhe der Arbeitnehmer-Sparzulage (§ 13 Abs. 2 VermBG)
17. Auszahlung der Arbeitnehmer-Sparzulage (§ 14 Abs. 4 und 5 VermBG, § 7 VermBDV 1994)
18. Wegfall der Zulagebegünstigung (§ 13 Abs. 5 Satz 1 VermBG)
19. Zulageunschädliche Verfügungen (§ 4 Abs. 4 VermBG)
20. Nachweis einer zulageunschädlichen Verfügung (§ 4 Abs. 4 VermBG, § 8 VermBDV 1994)
21. Anzeigepflichten (§ 8 VermBDV 1994)

---

[1]) Die Vorschrift soll durch das Jahressteuergesetz 2013 (JStG 2013) geändert werden. Bei Redaktionsschluss war das Gesetzgebungsverfahren noch nicht abgeschlossen. Um Beachtung wird gebeten. → Siehe hierzu Hinweise auf Seite 4!

[2]) Die Änderungen durch die BMF-Schreiben vom 16. 3. 2009 (BStBl I S. 501), vom 4. 2. 2010 (BStBl I S. 195) **und vom 2. 12. 2011 (BStBl I S. 1252)** sind durch Fettdruck hervorgehoben.

22. Änderung der Festsetzung, Rückforderung von Arbeitnehmer-Sparzulagen (§ 13 Abs. 5 VermBG, § 6 Abs. 2 und 3, § 8 Abs. 4, § 9 VermBDV 1994)
23. Außenprüfung (§ 15 Abs. 5 VermBG)
24. Übergangsregelungen

Unter Bezugnahme auf das Ergebnis der Erörterungen mit den obersten Finanzbehörden der Länder und mit dem Bundesministerium für **Wirtschaft und Technologie** wird zur Anwendung des Fünften Vermögensbildungsgesetzes in der Fassung der Bekanntmachung vom 4. März 1994 (BGBl. I S. 406, BStBl I S. 237), zuletzt geändert durch **Artikel 2 des Gesetzes vom 7. März 2009 (BGBl. I S. 451, BStBl I S. 436)**, – VermBG – auf ab **2009** angelegte vermögenswirksame Leistungen wie folgt Stellung genommen:

1. Persönlicher Geltungsbereich (§ 1 VermBG)

(1) Das VermBG gilt für unbeschränkt und beschränkt einkommensteuerpflichtige Arbeitnehmer im arbeitsrechtlichen Sinne (Angestellte, Arbeiter) und Auszubildende, deren Arbeitsverhältnis oder Ausbildungsverhältnis deutschem Arbeitsrecht unterliegt (§ 1 Abs. 1, Abs. 2 Satz 1 VermBG). Das VermBG gilt auch für in Heimarbeit Beschäftigte (§ 1 Abs. 2 Satz 2 VermBG) und für Beamte, Richter, Berufssoldaten und Soldaten auf Zeit (§ 1 Abs. 4 VermBG). Soldaten auf Zeit, für die das VermBG gilt, sind auch Bezieher von Ausbildungsgeld, das nach § 30 Abs. 2 Soldatengesetz während des Studiums gezahlt wird.

(2) Das VermBG gilt für die in Absatz 1 Satz 1 bezeichneten Arbeitnehmer, z. B. auch dann, wenn sie
1. ihren Wohnsitz im Ausland haben und als entsandte Kräfte oder deutsche Ortskräfte an Auslandsvertretungen der Bundesrepublik beschäftigt sind,
2. ausländische Arbeitnehmer sind und als Grenzgänger in der Bundesrepublik arbeiten,
3. Kommanditisten oder stille Gesellschafter eines Unternehmens sind und mit der Kommanditgesellschaft oder dem Unternehmen einen Arbeitsvertrag abgeschlossen haben, der sie in eine abhängige Stellung zu der Gesellschaft oder dem Unternehmen bringt und sie deren Weisungsrecht unterstellt,
4. **freiwillig Wehrdienstleistende sind** und in einem ruhenden Arbeitsverhältnis stehen (§ 1 **Absatz 1 des Arbeitsplatzschutzgesetzes**), aus dem sie noch Arbeitslohn erhalten,
5. behinderte Menschen im Arbeitsbereich anerkannter Werkstätten für behinderte Menschen sind und zu den Werkstätten in einem arbeitnehmerähnlichen Rechtsverhältnis stehen (§ 138 Abs. 1 SGB IX),
6. kurzfristig Beschäftigte, Aushilfskräfte in der Land- und Forstwirtschaft und geringfügig entlohnte Beschäftigte sind, deren Arbeitslohn nach § 40a EStG pauschal versteuert wird.

(3) Im Zweifel ist eine Person Arbeitnehmer im arbeitsrechtlichen Sinne, wenn sie Arbeitslohn im steuerlichen Sinne aus einem gegenwärtigen Dienstverhältnis bezieht. Gleiches gilt für einen Gesellschafter, wenn für ihn Sozialversicherungspflicht besteht.

(4) Das VermBG wird darüber hinaus angewendet auf
1. Arbeitnehmer, die als Grenzgänger im benachbarten Ausland nach ausländischem Arbeitsrecht beschäftigt sind, aber ihren ständigen Wohnsitz und den Mittelpunkt ihrer Lebensinteressen im Inland haben (vgl. auch Abschnitt 2 Abs. 3),
2. Personen, die aus dem Arbeitsverhältnis ausgeschieden sind, aber im Rahmen seiner Abwicklung noch Entgelt für geleistete Arbeit erhalten.

(5) Das VermBG gilt vorbehaltlich der Sätze 3 und 4 nicht für Mitglieder des zur gesetzlichen Vertretung berufenen Organs einer juristischen Person und durch Gesetz, Satzung oder Gesellschaftsvertrag zur Vertretung einer Personengesamtheit berufene Personen (§ 1 Abs. 3 VermBG), weil sie in dieser Eigenschaft nicht Arbeitnehmer im arbeitsrechtlichen Sinne sind. Zu diesen Organmitgliedern oder Vertretern einer Personengesamtheit gehören insbesondere Vorstandsmitglieder von Aktiengesellschaften, rechtsfähigen oder nichtrechtsfähigen Vereinen, Stiftungen, Versicherungsvereinen auf Gegenseitigkeit und Genossenschaften sowie Geschäftsführer von Gesellschaften mit beschränkter Haftung und Vorstände von Orts- und Innungskrankenkassen (vgl. BFH-Urteil vom 15. Oktober 1976, BStBl 1977 II S. 53). Für die bezeichneten Organmitglieder einer juristischen Person und Vertreter einer Personengesamtheit gilt das VermBG jedoch dann, wenn sie mit einem Dritten einen Arbeitsvertrag abgeschlossen haben und deshalb Arbeitnehmer im Sinne des Absatzes 1 Satz 1 sind, oder wenn sie zu den in § 1 Abs. 4 VermBG bezeichneten Personen gehören (Absatz 1 Satz 2, Absatz 8). Für Vorstandsmitglieder einer Genossenschaft gilt das VermBG darüber hinaus dann, wenn sie mit der Genossenschaft selbst einen Arbeitsvertrag abgeschlossen haben und wenn die Stellung und Tätigkeit auf Grund des Arbeitsverhältnisses von der Stellung und Tätigkeit als Vorstandsmitglied klar abgrenzbar ist und das Arbeitsverhältnis unabhängig von der Vorstandstätigkeit begründet wurde. Eine solche unterscheidbare

und trennbare Doppelstellung als Vorstandsmitglied und Arbeitnehmer der Genossenschaft liegt z. B. dann vor, wenn eine vor der Berufung in den Vorstand ausgeübte Tätigkeit als Arbeitnehmer der Genossenschaft danach unverändert fortgesetzt wird, wenn diese Tätigkeit wie bisher bezahlt, die hinzugekommene Vorstandstätigkeit dagegen unentgeltlich geleistet wird, und wenn beide Tätigkeiten sich deutlich voneinander unterscheiden.

(6) Das VermBG gilt außerdem z. B. nicht für folgende Personen, weil sie nicht Arbeitnehmer im arbeitsrechtlichen Sinne sind:

1. **freiwillig Wehrdienstleistende, wenn** sie nicht in einem ruhenden Arbeitsverhältnis stehen (vgl. auch Absatz 2 **Nummer** 4),
2. Bezieher von Renten aus den gesetzlichen Rentenversicherungen und Empfänger von arbeitsrechtlichen Versorgungsbezügen einschließlich Vorruhestandsbezügen, wenn sie nicht weiter in einem Arbeitsverhältnis stehen,
3. Personen, die ein freiwilliges soziales **Jahr oder ein** freiwilliges ökologisches Jahr im Sinne des Jugendfreiwilligendienstegesetzes oder einen Freiwilligendienst im Sinne des Beschlusses Nr. 1719/2006/EG des Europäischen Parlaments und des Rates vom 15. November 2006 zur Einführung des Programms „Jugend in Aktion" (ABl. EU Nr. L 327 S. 30) oder einen anderen Dienst im Ausland im Sinne von § 14b des Zivildienstgesetzes oder einen entwicklungspolitischen Freiwilligendienst „weltwärts" im Sinne der Richtlinie des Bundesministeriums für wirtschaftliche Zusammenarbeit und Entwicklung vom 1. August 2007 (BAnz. 2008 S. 1297) **oder einen Freiwilligendienst aller Generationen im Sinne des § 2 Absatz 1a des Siebten Buches Sozialgesetzbuch oder einen Internationalen Jugendfreiwilligendienst im Sinne der Richtlinie des Bundesministeriums für Familie, Senioren, Frauen und Jugend vom 20. Dezember 2010 (GMBl S. 1778) oder den Bundesfreiwilligendienst** leisten,
4. Entwicklungshelfer im Sinne des Entwicklungshelfer-Gesetzes.

Das VermBG gilt auch nicht für Bedienstete internationaler Organisationen, deren Arbeitsverhältnis nicht deutschem Arbeitsrecht unterliegt.

(7) In Heimarbeit Beschäftigte, für die das VermBG gilt (Absatz 1 Satz 2), sind Heimarbeiter und Hausgewerbetreibende (§ 1 Abs. 1 Heimarbeitsgesetz – HAG). Heimarbeiter sind Personen, die in selbst gewählter Arbeitsstätte (eigener Wohnung oder selbst gewählter Betriebsstätte) allein oder mit Familienangehörigen im Auftrag von Gewerbetreibenden oder Zwischenmeistern erwerbsmäßig arbeiten, jedoch die Verwertung der Arbeitsergebnisse dem unmittelbar oder mittelbar auftraggebenden Gewerbetreibenden überlassen (§ 2 Abs. 1 HAG). Hausgewerbetreibende sind Personen, die in eigener Arbeitsstätte (eigener Wohnung oder Betriebsstätte) mit nicht mehr als zwei fremden Hilfskräften oder Heimarbeitern im Auftrag von Gewerbetreibenden oder Zwischenmeistern Waren herstellen, bearbeiten oder verpacken, wobei sie selbst wesentlich am Stück mitarbeiten, jedoch die Verwertung der Arbeitsergebnisse dem unmittelbar auftraggebenden Gewerbetreibenden überlassen; unschädlich ist es, wenn Hausgewerbetreibende vorübergehend, d. h. in nur unbedeutendem Umfang, unmittelbar für den Absatzmarkt arbeiten (§ 2 Abs. 2 HAG). Das VermBG gilt nicht für die den in Heimarbeit Beschäftigten gemäß § 1 Abs. 2 HAG Gleichgestellten.

(8) Das VermBG gilt nicht für

1. sog. Ehrenbeamte (z. B. ehrenamtliche Bürgermeister), weil sie keine beamtenrechtliche Besoldung beziehen,
2. Empfänger beamtenrechtlicher Versorgungsbezüge,
3. entpflichtete Hochschullehrer, wenn sie nach Landesrecht nicht weiter Beamte im beamtenrechtlichen Sinne sind.

2. Begriff der vermögenswirksamen Leistungen, Überweisung (§ 2, § 3 Abs. 2 und 3 VermBG)

(1) Vermögenswirksame Leistungen sind Geldleistungen, die der Arbeitgeber für den Arbeitnehmer in einer der in § 2 Abs. 1 VermBG genannten Anlageformen anlegt; der Arbeitgeber hat für den Arbeitnehmer grundsätzlich unmittelbar an das Unternehmen, das Institut oder den Gläubiger zu leisten, bei dem nach Wahl des Arbeitnehmers (Abschnitt 12 Abs. 6) die vermögenswirksame Anlage erfolgen soll. Ausnahmen bestehen nach Absatz 3 und in folgenden Fällen:

1. Bei einer Anlage nach § 2 Abs. 1 Nr. 2 und 3 VermBG in Beteiligungen auf Grund von Verträgen mit dem Arbeitgeber werden die vermögenswirksamen Leistungen verrechnet (Abschnitt 6 Abs. 1 und 2, Abschnitt 7 Abs. 2).
2. Bei einer Anlage nach § 2 Abs. 1 Nr. 5 VermBG für den Wohnungsbau (Abschnitt 10) können die vermögenswirksamen Leistungen auch unmittelbar an den Arbeitnehmer zur Weiterleitung an den Gläubiger gezahlt werden.

Im Übrigen kann nur Arbeitslohn vermögenswirksam angelegt werden, der dem Arbeitnehmer noch nicht zugeflossen ist; die nachträgliche Umwandlung von zugeflossenem Arbeitslohn in vermögenswirksame Leistungen nach § 11 VermBG (Abschnitt 12 Abs. 2 und 3) ist nur im Fall des Absatzes 3 möglich. **Geldwerte Vorteile aus der verbilligten Überlassung von Vermögensbeteiligungen sind keine vermögenswirksamen Leistungen.**

(2) Vermögenswirksame Leistungen liegen auch insoweit vor, als Anspruch auf Arbeitnehmer-Sparzulage nicht besteht, weil z. B.

1. auf Grund eines Sparvertrags oder Kapitalversicherungsvertrags (§ 2 Abs. 1 Nr. 6 und 7, § 13 Abs. 2 VermBG) angelegt wird,
2. die zulagebegünstigten Höchstbeträge von 400 Euro bzw. 470 Euro überschritten sind (§ 13 Abs. 2 VermBG)

oder

3. die Einkommensgrenze überschritten ist (§ 13 Abs. 1 VermBG).

(3) Für den Grenzgänger (Abschnitt 1 Abs. 4 Nr. 1) kann der ausländische Arbeitgeber vermögenswirksame Leistungen auch dadurch anlegen, dass er eine andere Person mit der Überweisung oder Einzahlung in seinem Namen und für seine Rechnung beauftragt. Geht dies aus dem Überweisungsauftrag oder dem Einzahlungsbeleg eindeutig hervor, bestehen keine Bedenken, wenn es sich bei der beauftragten Person um den Begünstigten selbst handelt. Lehnt es der ausländische Arbeitgeber ab, mit dem bei ihm beschäftigten Grenzgänger einen Vertrag nach § 11 Abs. 1 VermBG abzuschließen, so kann statt des Arbeitgebers ein inländisches Kreditinstitut **oder eine inländische Kapitalanlagegesellschaft** mit dem Arbeitnehmer die vermögenswirksame Anlage von Lohnteilen vereinbaren. Voraussetzung ist, dass der ausländische Arbeitgeber den Arbeitslohn auf ein Konto des Arbeitnehmers bei dem Kreditinstitut überweist und dieses sodann die vermögenswirksam anzulegenden Beträge zu Lasten dieses Kontos unmittelbar an das Unternehmen, das den Vertrag oder den Gläubiger leistet; **wird der Vertrag mit der Kapitalanlagegesellschaft abgeschlossen**, gilt dies sinngemäß. Diese Regelungen gelten auch für Arbeitnehmer, die bei diplomatischen und konsularischen Vertretungen ausländischer Staaten im Inland beschäftigt sind, wenn das Arbeitsverhältnis deutschem Arbeitsrecht unterliegt.

(4) Der Anspruch des Arbeitnehmers auf vermögenswirksame Leistungen ist bis zum Betrag von 870 Euro im Kalenderjahr unabhängig von der Anlageart nicht übertragbar und damit auch nicht pfändbar und nicht verpfändbar (§ 2 Abs. 7 Satz 2 VermBG, § 851 Abs. 1 ZPO, § 1274 Abs. 2 BGB. Dies gilt auch, soweit der Arbeitgeber die vermögenswirksamen Leistungen aus dem Arbeitslohn anzulegen hat (§ 11 VermBG) und unabhängig davon, ob und wieweit die vermögenswirksamen Leistungen zulagebegünstigt sind.

(5) **Aufwendungen, die vermögenswirksame Leistungen darstellen, zählen nicht zu den Altersvorsorgebeiträgen (§ 82 Abs. 4 Nr. 1 EStG). Auf eine Förderung mittels einer Arbeitnehmer-Sparzulage kommt es nicht an.**

3. Zeitliche Zuordnung der vermögenswirksamen Leistungen (§ 2 Abs. 6 VermBG)

(1) Vermögenswirksame Leistungen sind Arbeitslohn (§ 2 Abs. 6 VermBG). Die zeitliche Zuordnung vermögenswirksamer Leistungen richtet sich nach den für die Zuordnung des Arbeitslohns geltenden Vorschriften (vgl. § 38a Abs. 1 Satz 2 und 3 EStG, R 39b.5 und 39b.6 LStR). Für die Zurechnung vermögenswirksamer Leistungen zum abgelaufenen Kalenderjahr kommt es auf den Zeitpunkt des Eingangs beim Anlageinstitut nicht an (vgl. Abschnitt 13 Abs. 1).

(2) Die zeitliche Zuordnung vermögenswirksamer Leistungen ist auf den Beginn der Sperrfrist ohne Einfluss. Die Sperrfrist für auf Sparverträge über Wertpapiere oder andere Vermögensbeteiligungen (§ 4 VermBG) angelegte vermögenswirksame Leistungen beginnt stets am 1. Januar des Kalenderjahrs, in dem die einmalige oder die erste laufende vermögenswirksame Leistung beim Kreditinstitut **oder der Kapitalanlagegesellschaft** eingeht.

4. Vermögensbeteiligungen (§ 2 Abs. 1 Nr. 1 VermBG)

(1) Die Vermögensbeteiligungen, deren Begründung oder Erwerb nach dem VermBG mit der Arbeitnehmer-Sparzulage begünstigt ist, sind in § 2 Abs. 1 Nr. 1 i. V. m. Abs. 2 bis 4 VermBG abschließend aufgezählt. Danach können sowohl Vermögensbeteiligungen am Unternehmen des Arbeitgebers (betriebliche Beteiligungen) als auch Vermögensbeteiligungen an anderen Unternehmen (außerbetriebliche Beteiligungen) begründet oder erworben werden. Eine Vermögensbeteiligung kann jedoch nur begründet oder erworben werden, wenn ihre Laufzeit nicht vor der für die gewählte Anlage geltenden Sperrfrist endet.

(2) Aktien und Wandelschuldverschreibungen sind Vermögensbeteiligungen, wenn sie

1. vom inländischen oder ausländischen Arbeitgeber oder von einem Unternehmen, das als herrschendes Unternehmen mit dem Unternehmen des Arbeitgebers verbunden ist (§ 18 Abs. 1 des Aktiengesetzes – AktG –) ausgegeben werden oder

2. an einer deutschen Börse zum **regulierten** Markt zugelassen oder in den Freiverkehr einbezogen sind.

(3) Eine Gewinnschuldverschreibung ist ein Wertpapier, das auf Inhaber, Namen oder an Order lautet und in dem die Leistung einer bestimmten Geldsumme – im Regelfall die Einlösung zum Nennwert – versprochen wird. Ob die Einlösung nach Fristablauf, Kündigung oder Rückgabe vorgesehen ist, ist dabei ohne Bedeutung. Unerheblich ist ebenfalls, ob neben Geldsummenansprüchen Geldwertansprüche verbrieft sind; so liegt z. B. eine Gewinnschuldverschreibung auch vor, wenn die Einlösung zum Kurs einer entsprechenden Aktie, mindestens jedoch zu einer bestimmten Geldsumme vereinbart ist. Voraussetzung ist in allen Fällen, dass neben einer bestimmten Geldsumme eine Verzinsung zugesagt ist, die mit dem Gewinn zusammenhängt. Auf die Bezeichnung als Zins kommt es dabei nicht an. Neben dem gewinnabhängigen Zins kann ein fester Zins zugesagt bzw. ein gewinnunabhängiger Mindestzins vereinbart sein. Gewinnschuldverschreibungen sind Vermögensbeteiligungen, wenn sie vom inländischen oder ausländischen Arbeitgeber oder von einem Unternehmen ausgegeben werden, das als herrschendes Unternehmen mit dem Unternehmen des Arbeitgebers verbunden ist (§ 18 Abs. 1 AktG). Sofern in solchen Gewinnschuldverschreibungen eine gewinnunabhängige Mindestverzinsung zugesagt ist, muss eine der in § 2 Abs. 3 VermBG geforderten Voraussetzungen erfüllt sein; die Mindestverzinsung im Sinne des § 2 Abs. 3 Nr. 2 VermBG bestimmt sich nach dem Ausgabepreis, nicht nach dem Nennwert oder Tageskurs der Gewinnschuldverschreibung.

(4) Wandel- und Gewinnschuldverschreibungen, die Namensschuldverschreibungen des Arbeitgebers sind, sind Vermögensbeteiligungen, wenn die Ansprüche des Arbeitnehmers aus der Schuldverschreibung auf Kosten des Arbeitgebers durch ein inländisches Kreditinstitut verbürgt oder durch ein inländisches Versicherungsunternehmen privatrechtlich gesichert sind; ein Wechsel des Bürgen oder des Versicherungsunternehmens während der für die gewählte Anlage geltenden Sperrfrist ist zulässig, wenn der neue Bürge oder das neue Versicherungsunternehmen die bisher entstandenen Verpflichtungen übernimmt. Durch den Eintritt des Sicherungsfalls wird die für die gewählte Anlage geltende Sperrfrist nicht berührt. Die Sicherung ist nicht erforderlich, wenn der Arbeitgeber ein inländisches Kreditinstitut ist.

(5) Anteile an richtlinienkonformen Sondervermögen im Sinne von § 46 bis 65 des Investmentgesetzes – InvG – und gemischten Sondervermögen im Sinne von § 83 bis 86 InvG (§ 2 Abs. 1 Nr. 1 Buchstabe c VermBG) bleiben Vermögensbeteiligungen bei Änderung der in der maßgebenden Jahresbericht oder im ersten Halbjahresbericht nach Auflegung des Sondervermögens festgestellten Zusammensetzung des Sondervermögens, die während der Laufzeit eines Vertrags nach § 4 VermBG über den Erwerb von entsprechenden Anteilen mit laufenden vermögenswirksamen Leistungen eintreten kann. Das gilt auch für ausländische Investmentanteile (§ 2 Abs. 1 Nr. 1 Buchstabe c VermBG) mit der Maßgabe, dass im Zeitpunkt des Vertragsabschlusses der Jahresbericht über das vorletzte Geschäftsjahr stets vorliegen muss. Beim Erwerb verbriefter EG-Investmentanteile gemäß § 2 Abs. 10 des Investmentgesetzes kann für neu aufgelegte Vermögen aus Wertpapieren auch der erste Halbjahresbericht nach Auflegung des Vermögens zugrunde gelegt werden. Die Anlage in Immobilien-Sondervermögen, Altersvorsorge-Sondervermögen und Spezial-Sondervermögen wird nicht gefördert.

(5a) – **unbesetzt** –

(6) Ein Genussschein ist ein Wertpapier, wenn er ein Genussrecht verbrieft und auf Inhaber, Namen oder an Order lautet. Ein Genussschein kann grundsätzlich von Unternehmen jeder Rechtsform ausgegeben werden. Genussrechte können alle Vermögensrechte sein, wie sie typischerweise Aktionären zustehen. Sie unterscheiden sich von Mitgliedschaftsrechten durch das Fehlen der Kontroll- und Verwaltungsrechte. Genussscheine sind Vermögensbeteiligungen, wenn sie

1. vom inländischen oder ausländischen Arbeitgeber oder von einem Unternehmen, das als herrschendes Unternehmen mit dem Unternehmen des Arbeitgebers verbunden ist (§ 18 Abs. 1 AktG), ausgegeben werden oder
2. von einem inländischen Unternehmen, das kein Kreditinstitut ist, ausgegeben werden und an einer deutschen Börse zum **regulierten** Markt zugelassen oder in den Freiverkehr einbezogen sind.

Voraussetzung ist stets, dass mit dem Genussrecht das Recht am Gewinn des Unternehmens verbunden ist. Die Zusage eines gewinnunabhängigen Mindest- bzw. Festzinses steht damit grundsätzlich nicht im Einklang. Ein gewinnunabhängiger Mindest- oder Festzins ist z. B. dann nicht zugesagt, wenn die Zinszahlung ausdrücklich von einem ausreichenden Unternehmensgewinn abhängig gemacht ist oder das Genussrechtskapital am Verlust teilnimmt (vgl. § 10 Abs. 5 Gesetz über das Kreditwesen). Sofern eine gewinnunabhängige Mindestverzinsung zugesagt ist, muss eine der in § 2 Abs. 4 i. V. m. Abs. 3 VermBG geforderten Voraussetzungen erfüllt sein. Die Mindestverzinsung im Sinne des § 2 Abs. 3 Nr. 2 VermBG bestimmt sich nach dem Ausgabepreis, nicht nach dem Nennwert oder Tageskurs des Genussscheins. Sind neben dem Recht am Gewinn eines Unternehmens andere Rechte vereinbart, die ebenfalls typische Vermögensrechte eines Aktionärs sein können (z. B. Bezugsrechte), steht das der Annahme eines Genussrechts nicht entgegen. Voraussetzung ist außerdem, dass Rückzahlung zum Nennwert nicht zugesagt ist. Diese Voraussetzung ist z. B. in folgenden Fällen erfüllt:

1. Ausschluss der Rückzahlbarkeit (Unkündbarkeit, keine Rücknahme des Genussscheins);
2. Rückzahlbarkeit bei Kündigung, bei Rückgabe oder nach Fristablauf, wenn sich der Rückzahlungsanspruch nach der Wertentwicklung eines Unternehmens richtet (z. B. unmittelbar auf einen Anteil am Liquidationserlös gerichtet ist oder sich nach dem Börsenkurs einer entsprechenden Aktie des Unternehmens richtet);
3. Rückzahlbarkeit bei Kündigung, bei Rückgabe oder nach Fristablauf, wenn eine Beteiligung am Verlust vereinbart ist (das ist auch dann der Fall, wenn im Verlustfalle weniger als der Nennwert zurückgezahlt wird);
4. Rückzahlbarkeit bei Kündigung, bei Rückgabe oder nach Fristablauf, wenn eine Rückzahlung nur aus dem Gewinn erfolgen darf.

Ist Rückzahlung zum Nennwert zugesagt, kann es sich um eine Gewinnschuldverschreibung handeln (Absatz 3).

(7) Beteiligungen an einer Genossenschaft durch Begründung oder Erwerb eines Geschäftsguthabens sind Vermögensbeteiligungen, wenn die Genossenschaft

1. der inländische Arbeitgeber oder ein inländisches Unternehmen ist, das als herrschendes Unternehmen mit dem inländischen Unternehmen des Arbeitgebers verbunden ist (§ 18 Abs. 1 AktG), oder
2. ein inländisches Kreditinstitut oder ein Post-, Spar- oder Darlehensverein ist oder
3. eine Bau- oder Wohnungsgenossenschaft im Sinne des § 2 Abs. 1 Nr. 2 des Wohnungsbau-Prämiengesetzes – WoPG – ist, welche die in § 2 Abs. 1 Nr. 1 Buchstabe g VermBG geforderten Voraussetzungen erfüllt.

Die Begründung oder der Erwerb eines Geschäftsguthabens bei einer Genossenschaft setzt voraus, dass der Arbeitnehmer bereits Mitglied der Genossenschaft ist oder vereinbart ist, dass er von der Genossenschaft als Mitglied aufgenommen wird. Zur Begründung von Geschäftsguthaben bei einer Genossenschaft werden auch die vermögenswirksamen Leistungen angelegt, die als Anzahlungen oder als Einzahlung auf den Geschäftsanteil des Arbeitnehmers geleistet werden, nachdem das Geschäftsguthaben durch Verlust gemindert oder der Geschäftsanteil durch Beschluss der Generalversammlung erhöht worden ist. Ist die Sperrfrist nicht eingehalten, gehören Aufwendungen für den ersten Erwerb von Anteilen an Bau- und Wohnungsgenossenschaften (§ 2 Abs. 1 Nr. 2 WoPG) zu den Anlagen nach § 2 Abs. 1 Nr. 4 VermBG (Abschnitt 9 Abs. 3).

(8) Beteiligungen an einer Gesellschaft mit beschränkter Haftung – GmbH – durch Übernahme einer Stammeinlage oder Erwerb eines Geschäftsanteils sind Vermögensbeteiligungen, wenn die GmbH der inländische Arbeitgeber oder ein inländisches Unternehmen ist, das als herrschendes Unternehmen mit dem inländischen Unternehmen des Arbeitgebers verbunden ist (§ 18 Abs. 1 AktG). Zur Übernahme einer Stammeinlage bei einer GmbH durch den Arbeitnehmer können vermögenswirksame Leistungen

1. bei Errichtung der GmbH auf Grund des mit dem Arbeitnehmer abgeschlossenen Gesellschaftsvertrags oder
2. bei Erhöhung des Stammkapitals der GmbH auf Grund einer Übernahmeerklärung des Arbeitnehmers (§ 55 Abs. 1 GmbH-Gesetz)

nach den Vorschriften des § 6 VermBG über den Beteiligungsvertrag angelegt werden. Zum Erwerb eines Geschäftsanteils an einer GmbH durch den Arbeitnehmer können vermögenswirksame Leistungen auf Grund eines Abtretungsvertrags des Arbeitnehmers mit der arbeitgebenden GmbH oder dem genannten verbundenen Unternehmen, nach den Vorschriften des § 7 VermBG über den Beteiligungs-Kaufvertrag (Abschnitt 7) angelegt werden. Nach den Vorschriften des § 4 VermBG angelegte vermögenswirksame Leistungen können zur Übernahme einer Stammeinlage auf Grund eines Gesellschaftsvertrags oder einer Übernahmeerklärung des Arbeitnehmers und zum Erwerb eines Geschäftsanteils auf Grund eines Abtretungsvertrags verwendet werden (§ 4 Abs. 2 Satz 1 Nr. 1 VermBG). Zur Übernahme einer Stammeinlage können vermögenswirksame Leistungen bereits dann angelegt oder verwendet werden, wenn der Gesellschaftsvertrag abgeschlossen oder die Übernahme der Stammeinlage erklärt, aber die Gesellschaft oder die Erhöhung des Stammkapitals noch nicht in das Handelsregister eingetragen worden ist. Unterbleibt die Eintragung, so sind Abschnitt 18 Abs. 1 Nr. 3 und § 8 Abs. 1 Nr. 4 der Verordnung zur Durchführung des Fünften Vermögensbildungsgesetzes – VermBDV 1994 – zu beachten.

(9) Stille Beteiligungen an einem Unternehmen sind Vermögensbeteiligungen, wenn dieses
1. der inländische Arbeitgeber oder ein inländisches Unternehmen ist, das als herrschendes Unternehmen mit dem inländischen Unternehmen des Arbeitgebers verbunden ist (§ 18 Abs. 1 AktG), oder
2. ein inländisches Unternehmen ist, das auf Grund eines Vertrags mit dem Arbeitgeber an dessen inländischem Unternehmen gesellschaftsrechtlich beteiligt ist (indirekte betriebliche stille Beteiligung über eine so genannte Mitarbeiterbeteiligungsgesellschaft).

Als Vermögensbeteiligungen sind auch stille Beteiligungen an einem inländischen Unternehmen anzusehen, das auf Grund eines Vertrags mit einem anderen inländischen Unternehmen an diesem gesellschaftsrechtlich beteiligt ist, wenn dieses als herrschendes Unternehmen mit dem inländischen Unternehmen des Arbeitgebers verbunden ist (§ 18 Abs. 1 AktG). Die stille Beteiligung muss die im Handelsgesetzbuch für sie vorgeschriebenen Voraussetzungen erfüllen. Die stille Beteiligung an einem Unternehmen ist danach unabhängig von dessen Rechtsform möglich, wenn das Unternehmen ein Handelsgewerbe betreibt, oder wenn das Unternehmen z. B. wegen seiner Rechtsform oder wegen seiner Eintragung im Handelsregister als Unternehmen gilt, das ein Handelsgewerbe betreibt. An einer Gesellschaft, die kein Handelsgewerbe betreibt, aber – zu Unrecht – als Kommanditgesellschaft im Handelsregister eingetragen ist, kann eine stille Beteiligung begründet werden, wenn die eingetragene Gesellschaft ein Gewerbe betreibt. Ob diese Voraussetzung erfüllt ist, ist jeweils unter Berücksichtigung der Umstände des Einzelfalls ausschließlich nach handelsrechtlichen Grundsätzen festzustellen. Für die Abgrenzung einer stillen Beteiligung von einem partiarischen Darlehen kommt es darauf an, ob die Vertragspartner einen gemeinsamen Zweck verfolgen (vgl. BFH-Urteil vom 21. Juni 1983, BStBl II S. 563). Indiz für die Verfolgung eines gemeinsamen Zwecks kann die ausdrückliche Vereinbarung von Kontrollrechten des Arbeitnehmers sein. Fehlt es an einem gemeinsamen Zweck der Vertragspartner, liegt ein partiarisches Darlehen vor (Absatz 10).

(10) Darlehensforderungen sind Vermögensbeteiligungen, wenn
1. sie Forderungen gegen den Arbeitgeber oder gegen ein inländisches Unternehmen sind, das als herrschendes Unternehmen mit dem Unternehmen des Arbeitgebers verbunden ist (§ 18 Abs. 1 AktG) und
2. die Ansprüche des Arbeitnehmers aus dem Darlehensvertrag gesichert sind.

Absatz 4 gilt entsprechend.

(11) Genussrechte an einem Unternehmen, über die keine Genussscheine mit Wertpapiercharakter ausgegeben werden, sind Vermögensbeteiligungen, wenn
1. das Unternehmen der inländische Arbeitgeber oder ein inländisches Unternehmen ist, das als herrschendes Unternehmen mit dem inländischen Unternehmen des Arbeitgebers verbunden ist (§ 18 Abs. 1 AktG), und
2. die Voraussetzungen des Absatzes 6 erfüllt sind.

Ist Rückzahlung zum Nennwert vereinbart, kann es sich um ein partiarisches Darlehen handeln (Absatz 10).

(12) Mit vermögenswirksamen Leistungen können auch Nebenkosten der Begründung oder des Erwerbs einer Vermögensbeteiligung beglichen werden. Nebenkosten sind z. B. Provisionen, Notariatsgebühren, Eintrittsgelder im Zusammenhang mit Geschäftsguthaben bei einer Genossenschaft, Aufgelder im Zusammenhang mit Stammeinlagen bei einer GmbH und Kosten für Registereintragungen. Keine Nebenkosten in diesem Sinne sind z. B. Stückzinsen und Verwaltungskosten wie z. B. Depot- oder Kontoführungsgebühren.

5. Anlagen auf Grund von Sparverträgen über Wertpapiere oder andere Vermögensbeteiligungen (§ 2 Abs. 1 Nr. 1, § 4 VermBG)

(1) Sparverträge über Wertpapiere oder andere Vermögensbeteiligungen (Abschnitt 4) können mit inländischen Kreditinstituten, **inländischen Kapitalanlagegesellschaften** und Kreditinstituten **oder Verwaltungsgesellschaften im Sinne der Richtlinie 85/611/EWG in anderen** EU-Mitgliedstaaten abgeschlossen werden. Die Verträge brauchen die Voraussetzungen des § 21 Abs. 4 der **Kreditinstituts-Rechnungslegungsverordnung** nicht zu erfüllen, d. h., es können auch ohne Ausfertigung eines Sparbuchs mit jeder Einzahlung unmittelbar wertpapiermäßig verbriefte Vermögensbeteiligungen erworben werden. Die Verträge können auf den Erwerb oder die Begründung bestimmter Vermögensbeteiligungen beschränkt sein (z. B. auf den Erwerb von Aktien eines bezeichneten Unternehmens). Die Beschränkung kann geändert oder aufgehoben werden.

(2) Ein Vertrag über eine einmalige Einzahlung ist ein Vertrag über eine einzige, der Höhe nach bestimmte Einzahlung. Ein Vertrag über laufende Einzahlungen liegt vor, wenn auf diesen Vertrag für die Dauer von sechs Jahren seit Vertragsabschluss mindestens einmal in jedem Kalenderjahr Beträge eingezahlt werden sollen; die einzuzahlenden Beträge brauchen der Höhe nach

nicht bestimmt zu sein. Als Zeitpunkt des Vertragsabschlusses gilt der Tag, an dem die vermögenswirksame Leistung, bei Verträgen über laufende Einzahlungen die erste vermögenswirksame Leistung, beim Kreditinstitut **oder bei der Kapitalanlagegesellschaft** eingeht. Aus Vereinfachungsgründen bestehen keine Bedenken dagegen, Einzahlungen auf einen Sparvertrag über laufende Einzahlungen noch bis zum letzten Tag des Kalendermonats zuzulassen, in dem die Frist von sechs Jahren endet.

(3) Die siebenjährige Sperrfrist gilt einheitlich für Verträge über die einmalige oder laufende Anlage vermögenswirksamer Leistungen. Sie beginnt am 1. Januar des Kalenderjahrs, in dem die vermögenswirksame Leistung, bei Verträgen über laufende Einzahlungen die erste vermögenswirksame Leistung beim Kreditinstitut **oder bei der Kapitalanlagegesellschaft** eingeht. Die Einzahlung anderer Beträge ist auf den Beginn der Sperrfrist ohne Einfluss.

Beispiel:
Der Arbeitnehmer unterschreibt den Sparvertrag über laufende Einzahlungen am 29. Juli **2009**. Die erste vermögenswirksame Leistung geht am 20. August **2009 bei der Kapitalanlagegesellschaft** ein. Der Sparvertrag gilt am 20. August **2009** als abgeschlossen, **so dass** die sechsjährige Einzahlungsfrist am 19. August **2015** endet. Auf Grund der Vereinfachungsregelung ist die letzte Einzahlung aber auch noch am 31. August **2015** möglich. Die siebenjährige Sperrfrist endet am 31. Dezember **2015**.

(4) Der Vertrag über die laufende Anlage vermögenswirksamer Leistungen ist unterbrochen, wenn in einem Kalenderjahr, das dem Kalenderjahr des Vertragsabschlusses folgt, weder vermögenswirksame Leistungen noch andere Beträge eingezahlt werden; dabei liegt z. B. eine Einzahlung anderer Beträge auch dann vor, wenn Zinsen für eingezahlte Beträge gutgeschrieben bleiben.

Beispiele:
A. Der Arbeitnehmer unterschreibt den Sparvertrag über laufende Einzahlungen am 30. September **2009**. Die erste vermögenswirksame Leistung geht am 4. November **2009**, weitere vermögenswirksame Leistungen gehen bis einschließlich März **2010 bei der Kapitalanlagegesellschaft** ein. Ab 1. April **2010** werden keine Beträge mehr eingezahlt, weil der Arbeitnehmer arbeitslos geworden ist. Die gutgeschriebenen Zinsen und die gutgeschriebenen Erträge aus Vermögensbeteiligungen hat sich der Arbeitnehmer auszahlen lassen. Am 2. November **2011** werden erneut vermögenswirksame Leistungen eingezahlt. Der Vertrag ist nicht unterbrochen, weil in den Kalenderjahren **2010** und **2011** vermögenswirksame Leistungen angelegt worden sind.

B. Der Arbeitnehmer unterschreibt den Sparvertrag über laufende Einzahlungen am 30. September **2009**. Die erste vermögenswirksame Leistung geht am 4. November **2009 bei der Kapitalanlagegesellschaft** ein. Ab 1. Januar **2010** werden keine Beträge mehr eingezahlt, weil der Arbeitnehmer arbeitslos geworden ist. Die gutgeschriebenen Zinsen und die gutgeschriebenen Erträge aus Vermögensbeteiligungen hat sich der Arbeitnehmer auszahlen lassen. Ab 1. Februar **2011** werden erneut vermögenswirksame Leistungen eingezahlt. Der Vertrag ist unterbrochen, weil im Kalenderjahr **2010** keine Einzahlungen vorliegen.

(5) Nach einer Unterbrechung können auf den Sparvertrag keine vermögenswirksamen Leistungen mehr angelegt werden.

(6) Endet für vermögenswirksame Leistungen die Verwendungsfrist (§ 4 Abs. 2 Nr. 1 VermBG) mit oder nach Ablauf der Sperrfrist, so werden sie auch dann gefördert, wenn keine Vermögensbeteiligungen erworben werden.

(7) Die Festlegung erworbener Wertpapiere und die Aufzeichnungspflichten bei ihrer Verwahrung durch den Arbeitgeber sind in § 4 Abs. 1 und 2 VermBDV 1994 geregelt. Die Mitteilungspflichten des Kreditinstituts **oder der Kapitalanlagegesellschaft** und des Arbeitgebers bei Verwahrung der erworbenen Wertpapiere durch den Arbeitgeber sind in § 2 Abs. 3 VermBDV 1994 geregelt.

(8) Die erworbenen Wertpapiere können vor Ablauf der Sperrfrist zulageunschädlich gegen andere verbriefte Vermögensbeteiligungen ausgetauscht werden (§ 4 Abs. 4 Nr. 6 VermBG). Dieser Austausch ist nur möglich, wenn die Wertpapiere **bei einem** Kreditinstitut **oder bei einer Kapitalanlagegesellschaft** verwahrt werden. Der Erlös aus der Veräußerung einschließlich etwaiger Kursgewinne ist bis zum Ablauf des folgenden Kalendermonats zum Erwerb der für den Rest der Sperrfrist festzulegenden anderen Wertpapiere zu verwenden. Dabei übrig bleibende vermögenswirksame Leistungen bleiben gefördert, wenn sie 150 Euro nicht übersteigen; aus mehreren Veräußerungsvorgängen übrig bleibende vermögenswirksame Leistungen sind zusammenzurechnen. Wird die 150-Euro-Grenze überschritten, wird die Förderung für die nicht wieder verwendeten vermögenswirksamen Leistungen rückgängig gemacht, weil in dieser Höhe eine unschädliche Verfügung nicht vorliegt. Sind zum Erwerb von Wertpapieren neben vermögenswirksamen

Leistungen auch andere Beträge verwendet worden, so gelten beim Austausch von Wertpapieren zuerst die anderen Beträge als übrig bleibend; diese Beträge bleiben bei der Ermittlung der **150-Euro**-Grenze außer Ansatz.

6. Anlagen auf Grund von Wertpapier-Kaufverträgen (§ 2 Abs. 1 Nr. 2, § 5 VermBG)

(1) Auf Grund eines Wertpapier-Kaufvertrags mit dem inländischen Arbeitgeber werden vermögenswirksame Leistungen durch Verrechnung mit dem Kaufpreis zum Erwerb von Wertpapieren (§ 2 Abs. 1 Nr. 1 Buchstaben a bis d und f VermBG) angelegt. Der Kaufpreis kann mit vermögenswirksamen Leistungen entrichtet werden durch

– einmalige Verrechnung als Vorauszahlung oder nachträgliche Zahlung,
– laufende Verrechnung als Anzahlungen oder Abzahlungen.

(2) Ist der Kaufpreis durch einmalige Verrechnung vorausgezahlt oder durch laufende Verrechnung angezahlt worden, so hat der Arbeitgeber ein Anzahlungskonto zu führen.

(3) Die Festlegung erworbener Wertpapiere und die Aufzeichnungspflichten bei ihrer Verwahrung sind in § 4 Abs. 3 VermBDV 1994 geregelt. Die Mitteilungspflichten des Arbeitgebers und des Kreditinstituts **oder der Kapitalanlagegesellschaft** bei Verwahrung der erworbenen Wertpapiere durch ein vom Arbeitnehmer benanntes Kreditinstitut **oder eine vom Arbeitnehmer benannte Kapitalanlagegesellschaft** sind in § 2 Abs. 4 VermBDV 1994 geregelt. Der sparzulagenunschädliche Austausch von Wertpapieren (Abschnitt 5 Abs. 8) ist nicht möglich, wenn diese auf Grund eines Wertpapier-Kaufvertrags erworben worden sind.

7. Anlagen auf Grund von Beteiligungs-Verträgen und Beteiligungs-Kaufverträgen (§ 2 Abs. 1 Nr. 3, §§ 6 und 7 VermBG)

(1) Beteiligungs-Verträge (§ 6 VermBG) unterscheiden sich von Beteiligungs-Kaufverträgen (§ 7 VermBG) hauptsächlich dadurch, dass Beteiligungs-Verträge nicht verbriefte Vermögensbeteiligungen erstmals begründen, während auf Grund von Beteiligungs-Kaufverträgen bereits bestehende nicht verbriefte Vermögensbeteiligungen erworben werden.

(2) Auf Grund eines Beteiligungs-Vertrags nach § 6 Abs. 1 VermBG und auf Grund eines Beteiligungs-Kaufvertrags nach § 7 Abs. 1 VermBG zwischen dem Arbeitnehmer und dem inländischen Arbeitgeber können vermögenswirksame Leistungen in nicht verbrieften betrieblichen Vermögensbeteiligungen angelegt werden. Auf Grund eines Beteiligungs-Kaufvertrags nach § 7 Abs. 1 VermBG können außerdem insbesondere außerbetriebliche Vermögensbeteiligungen in Form von Geschäftsguthaben bei inländischen Kredit-, Bau- oder Wohnungsbaugenossenschaften sowie stille Beteiligungen an sog. Mitarbeiterbeteiligungsgesellschaften (Abschnitt 4 Abs. 9) erworben werden. Die vermögenswirksamen Leistungen sind zu verrechnen (Abschnitt 6 Abs. 1 und 2).

(3) Ein Beteiligungs-Vertrag nach § 6 Abs. 2 VermBG kann vom Arbeitnehmer mit einem Unternehmen, das mit dem Unternehmen des Arbeitgebers verbunden ist, mit einer sog. Mitarbeiterbeteiligungsgesellschaft oder mit einer Kredit-, Bau- oder Wohnungsgenossenschaft zur Begründung nicht verbriefter Vermögensbeteiligungen an dem vertragschließenden Unternehmen abgeschlossen werden. Ein Beteiligungs-Kaufvertrag nach § 7 Abs. 2 VermBG kann vom Arbeitnehmer mit der GmbH, die mit dem Unternehmen des Arbeitgebers verbunden ist, zum Erwerb von Geschäftsanteilen an der vertragschließenden GmbH abgeschlossen werden. Die vermögenswirksamen Leistungen sind vom Arbeitgeber zu überweisen; die einmalige Überweisung als Voraus- oder nachträgliche Zahlung sowie laufende Überweisungen als An- oder Abzahlungen sind zulässig. So kann in einem Beteiligungs-Vertrag nach § 6 Abs. 2 VermBG vereinbart sein, dass der Arbeitgeber an eine Genossenschaft vermögenswirksame Leistungen laufend als Anzahlungen zum Zwecke der Begründung von Geschäftsguthaben vom Arbeitgeber überweisen lässt, damit die Genossenschaft für den Arbeitnehmer die Einzahlungen erbringt, die zu leisten sind, sobald er der Genossenschaft beigetreten ist und die Geschäftsanteile übernommen hat.

(4) Ist die für die Begründung der Vermögensbeteiligung geschuldete Geldsumme (§ 6 Abs. 1 und 2 VermBG) oder der Kaufpreis (§ 7 Abs. 1 und 2 VermBG) durch einmalige vermögenswirksame Leistung vorausgezahlt oder durch laufende vermögenswirksame Leistungen angezahlt worden, so hat der Arbeitgeber oder das Unternehmen ein Anzahlungskonto zu führen.

(5) Die Aufzeichnungspflichten während der Dauer der Sperrfrist (§ 6 Abs. 3 Nr. 2, § 7 Abs. 3 VermBG) sind in § 3 VermBDV 1994 geregelt.

8. Insolvenzschutz (§ 2 Abs. 5a VermBG)

Der Arbeitgeber hat vor der Anlage vermögenswirksamer Leistungen im eigenen Unternehmen in Zusammenarbeit mit dem Arbeitnehmer Vorkehrungen zu treffen, die der Absicherung der angelegten vermögenswirksamen Leistungen bei einer während der Dauer der Sperrfrist eintretenden Zahlungsunfähigkeit des Arbeitgebers dienen (§ 2 Abs. 5a VermBG). Vorkehrungen des Arbeitgebers gegen Insolvenz sind nicht Voraussetzung für den Anspruch des Arbeitnehmers auf die Arbeitnehmer-Sparzulage.

9. Anlagen nach dem Wohnungsbau-Prämiengesetz (§ 2 Abs. 1 Nr. 4 VermBG)

(1) Als Aufwendungen des Arbeitnehmers nach dem WoPG können vermögenswirksame Leistungen auf Grund von Verträgen angelegt werden, die nach den Vorschriften des WoPG abgeschlossen worden sind. Bei der Anlage vermögenswirksamer Leistungen nach § 2 Abs. 1 Nr. 2 WoPG als Aufwendungen für den ersten Erwerb von Anteilen an Bau- und Wohnungsgenossenschaften müssen jedoch die Voraussetzungen des § 2 Abs. 1 Nr. 1 Buchstabe g zweiter Halbsatz VermBG erfüllt sein. Eine Anlage nach dem WoPG liegt auch vor, wenn der Arbeitnehmer unbeschränkt einkommensteuerpflichtig nach § 1 Abs. 3 EStG ist und die Voraussetzungen des § 1 Abs. 2 Satz 1 Nr. 1 und 2 EStG nicht erfüllt oder beschränkt einkommensteuerpflichtig ist (§ 1 Abs. 4 EStG) oder wenn das Einkommen des Arbeitnehmers die Einkommensgrenze (§ 2a WoPG) überschritten hat.

(2) Beiträge an Bausparkassen zur Erlangung von Baudarlehen setzen den Abschluss eines Bausparvertrags mit einer Bausparkasse voraus (§ 2 Abs. 1 Nr. 1 WoPG). Bausparkassen sind Kreditinstitute im Sinne des § 1 Abs. 1 des Gesetzes über Bausparkassen.

(3) Vermögenswirksame Leistungen können als Aufwendungen für den ersten Erwerb von Anteilen an Bau- und Wohnungsgenossenschaften erbracht werden (§ 2 Abs. 1 Nr. 2 WoPG). Wegen der Zuordnung zu einer Anlage nach § 2 Abs. 1 Nr. 1 Buchstabe g VermBG und den Wegfall dieser Zulagenbegünstigung vgl. Abschnitt 4 Abs. 7 und Abschnitt 18 Abs. 1 Nr. 3.

(4) Wohnbau-Sparverträge im Sinne des WoPG sind Sparverträge mit einem Kreditinstitut oder einem am 31. Dezember 1989 als gemeinnützig anerkannten. Wohnungsunternehmen oder einem am 31. Dezember 1989 als Organ der staatlichen Wohnungspolitik anerkannten Unternehmen, wenn diese Unternehmen eigene Spareinrichtungen unterhalten, auf die die Vorschriften des Gesetzes über das Kreditwesen anzuwenden sind. Die eingezahlten Sparbeiträge und die Prämien müssen zum Bau oder Erwerb selbst genutzten Wohneigentums oder zum Erwerb eines eigentumsähnlichen Dauerwohnrechts verwendet werden; die Wohnbau-Sparverträge müssen auf die Dauer von drei bis sechs Jahren als allgemeine Sparverträge oder als Sparverträge mit festgelegten Sparraten abgeschlossen werden (§ 2 Abs. 1 Nr. 3 WoPG).

(5) Baufinanzierungsverträge im Sinne des WoPG sind Verträge mit einem Wohnungs- und Siedlungsunternehmen oder einem am 31. Dezember 1989 anerkannten Organ der staatlichen Wohnungspolitik, die nach der Art von Sparverträgen mit festgelegten Sparraten auf die Dauer von drei bis acht Jahren mit dem Zweck einer Kapitalansammlung abgeschlossen werden; Voraussetzung ist, dass die eingezahlten Beiträge und die Prämien zum Bau oder Erwerb selbst genutzten Wohneigentums oder zum Erwerb eines eigentumsähnlichen Dauerwohnrechts verwendet werden (§ 2 Abs. 1 Nr. 4 WoPG). Baufinanzierungsverträge unterscheiden sich von den Wohnbau-Sparverträgen mit festgelegten Sparraten (Absatz 4) dadurch, dass außer den Verpflichtungen des Arbeitnehmers auch die Verpflichtungen des Unternehmens zur Erbringung der vertraglichen Leistungen von vornherein festgelegt sein müssen (vgl. BFH-Urteil vom 17. März 1972, BStBl II S. 601).

10. Anlagen für den Bau, den Erwerb, den Ausbau, die Erweiterung oder die Entschuldung eines Wohngebäudes usw. (§ 2 Abs. 1 Nr. 5 VermBG)

Bei einer Anlage unmittelbar für den Bau, den Erwerb, den Ausbau, die Erweiterung oder die Entschuldung eines im Inland belegenen Wohngebäudes usw. gilt Folgendes:

1. Wohngebäude sind Gebäude, soweit sie Wohnzwecken dienen.
2. Für die Anlage ist Voraussetzung, dass der Arbeitnehmer entweder Alleineigentümer oder Miteigentümer des Wohngebäudes ist; mindestens muss jedoch eine Auflassungsvormerkung zu seinen Gunsten im Grundbuch eingetragen sein. **Keine Anlage in diesem Sinne liegt vor, sofern der Anlage ein von einem Dritten vorgefertigtes Konzept zu Grunde liegt, bei dem der Arbeitnehmer vermögenswirksame Leistungen zusammen mit mehr als 15 anderen Arbeitnehmern anlegen kann (§ 2 Absatz 1 Nummer 5 VermBG).**
3. Eine Anlage liegt u. a. vor, wenn es sich bei den Aufwendungen um Anschaffungskosten, Herstellungskosten und Erhaltungsaufwendungen bei Instandsetzung und Modernisierung handelt (vgl. BMF-Schreiben vom 18. Juli 2003, BStBl I S. 386).
4. Als Aufwendungen für den Bau, den Erwerb, den Ausbau, die Erweiterung oder die Entschuldung eines Wohngebäudes usw. können die vermögenswirksamen Leistungen nur erbracht werden, soweit im Zeitpunkt ihres Zuflusses die Schuld des Arbeitnehmers, für die die Leistungen erbracht werden, nicht bereits getilgt ist.

5. Sparleistungen an Treuhand- und Immobiliensparagesellschaften sind keine Aufwendungen für den Bau, den Erwerb, den Ausbau, die Erweiterung oder die Entschuldung eines Wohngebäudes u.s.w.

11. Anlagen auf Grund von Verträgen des Ehegatten, der Kinder oder der Eltern (§ 3 Abs. 1 VermBG)

(1) Der Arbeitnehmer kann vermögenswirksame Leistungen auch auf Grund von Sparverträgen über Wertpapiere oder andere Vermögensbeteiligungen (Abschnitt 5), auf Grund von Verträgen nach den Vorschriften des WoPG (Abschnitt 9), auf Grund von Sparverträgen (§ 8 VermBG) und auf Grund von Kapitalversicherungsverträgen (§ 9 VermBG) anlegen lassen, die von seinem Ehegatten abgeschlossen worden sind, mit dem der Arbeitnehmer die Zusammenveranlagung zur Einkommensteuer wählen kann (§ 26 Abs. 1 Satz 1 EStG). Das gilt auch, wenn die genannten Verträge von Kindern des Arbeitnehmers (§ 32 Abs. 1 EStG) abgeschlossen worden sind, solange die Kinder zu Beginn des Kalenderjahrs der vermögenswirksamen Leistung das 17. Lebensjahr noch nicht vollendet haben. Hat der Arbeitnehmer zu Beginn des Kalenderjahrs der vermögenswirksamen Leistungen das 17. Lebensjahr noch nicht vollendet, so können vermögenswirksame Leistungen auch auf die genannten Verträge angelegt werden, die von seinen Eltern oder einem Elternteil abgeschlossen worden sind. Die vom Arbeitnehmer zugunsten des Ehegatten, der Kinder oder der Eltern auf deren Sparverträge über Wertpapiere oder andere Vermögensbeteiligungen angelegten vermögenswirksamen Leistungen sind vom Vertragsinhaber vertragsgemäß zu verwenden; der Vertragsinhaber kann mit diesen Leistungen auch betriebliche Vermögensbeteiligungen erwerben (z. B. Gewinnschuldverschreibungen oder Genussscheine seines Arbeitgebers). Eine Abtretung der Ansprüche aus den genannten Verträgen an den Arbeitnehmer steht der Anlage seiner vermögenswirksamen Leistungen auf diese Verträge nicht entgegen.

(2) Absatz 1 gilt entsprechend bei Anlagen für den Bau, den Erwerb, den Ausbau, die Erweiterung oder die Entschuldung eines Wohngebäudes usw. (Abschnitt 10), wenn die in Absatz 1 genannten Personen Alleineigentümer oder Miteigentümer des Wohngebäudes sind. sind oder zu ihren Gunsten eine Auflassungsvormerkung im Grundbuch eingetragen ist (Abschnitt 10 Nr. 2).

(3) Die Absätze 1 und 2 gelten auch bei steuerlich anerkannten Dienstverhältnissen zwischen Ehegatten (vgl. R 4.8 Abs. 1 EStR, H 4.8 – Arbeitsverhältnisse zwischen Ehegatten – EStH).

(4) Vermögenswirksame Leistungen können auch auf Gemeinschaftskonten/-depots angelegt werden. Abschnitt 14 Abs. 2 und Abschnitt 19 Abs. 1 Satz 3 sind zu beachten.

12. Vereinbarung der vermögenswirksamen Leistungen, freie Wahl der Anlage (§§ 10, 11, 12 VermBG)

(1) Vermögenswirksame Leistungen, die zusätzlich zum sonstigen Arbeitslohn zu erbringen sind, können in Verträgen mit Arbeitnehmern, in Betriebsvereinbarungen, in Tarifverträgen sowie in bindenden Festsetzungen nach dem Heimarbeitsgesetz vereinbart werden (§ 10 VermBG); für Beamte, Richter, Berufssoldaten und Soldaten auf Zeit werden zusätzliche vermögenswirksame Leistungen auf Grund eines Gesetzes erbracht.

(2) Die vermögenswirksame Anlage von Teilen des Arbeitslohns (Absatz 3) wird in einem Vertrag vereinbart, den der Arbeitgeber auf schriftlichen Antrag des Arbeitnehmers mit diesem abschließen muss (§ 11 Abs. 1 VermBG; bezüglich der Grenzgänger vgl. Abschnitt 2 Abs. 3). Macht ein Tarifvertrag den Anspruch auf zusätzliche vermögenswirksame Leistungen davon abhängig, dass der Arbeitnehmer als Eigenleistung auch Teile des Arbeitslohns vermögenswirksam anlegt, so ist für die vermögenswirksame Anlage ein schriftlicher Antrag des Arbeitnehmers nicht erforderlich. Der Arbeitgeber muss auf Verlangen des Arbeitnehmers die vermögenswirksame Anlage von Lohnteilen auch dann vereinbaren, wenn der Arbeitnehmer für diese Anlage eine der nicht zulagebegünstigten Anlageformen (Abschnitt 2 Abs. 2 Nr. 1) wählt. Der Arbeitgeber muss dem Verlangen des Arbeitnehmers aber insoweit nicht folgen, als die anzulegende Lohnteile für sich oder zusammen mit anderen vermögenswirksamen Leistungen den Betrag von 870 Euro im Kalenderjahr übersteigen. Soweit der Arbeitgeber zur Anlage von Lohnteilen nicht verpflichtet ist, kann er sich freiwillig bereit erklären, die vom Arbeitnehmer verlangte Anlage von Lohnteilen zu vereinbaren.

(3) Vermögenswirksam angelegt werden können nur Teile des Arbeitslohns, der zu den Einkünften aus nichtselbständiger Arbeit nach § 19 EStG gehört (Arbeitslohn im steuerlichen Sinne) und der dem Arbeitnehmer noch nicht zugeflossen ist; die nachträgliche Umwandlung von zugeflossenem Arbeitslohn in vermögenswirksame Leistungen ist nur im Fall der Grenzgänger (Abschnitt 2 Abs. 3) möglich. Auch pauschal besteuerter oder steuerfreier Arbeitslohn kann vermögenswirksam angelegt werden, also z. B. Teile

1. des pauschal besteuerten Arbeitslohns von kurzfristig Beschäftigten, Aushilfskräften in der Land- und Forstwirtschaft und geringfügig entlohnten Beschäftigten (§ 40a EStG),

2. der pauschal besteuerten sonstigen Bezüge (§ 40 Abs. 1 EStG),
3. des steuerfreien Zuschusses zum Mutterschaftsgeld (§ 3 Nr. 1 Buchstabe d EStG).

Kein Arbeitslohn in diesem Sinne sind z. B. die steuerfreien Lohnersatzleistungen (wie **Wintergeld – Mehraufwands-Wintergeld, Zuschuss-Wintergeld –, Insolvenzgeld**, Mutterschaftsgeld), der Ersatz von Aufwendungen des Arbeitnehmers, die Arbeitnehmer-Sparzulage **und** die Vergütungen, die ein Kommanditist für seine Tätigkeit im Dienst der Kommanditgesellschaft erhält; diese Bezüge können deshalb nicht vermögenswirksam angelegt werden.

(4) Bei einem minderjährigen Arbeitnehmer, den sein gesetzlicher Vertreter zum Abschluss des Arbeitsvertrags ermächtigt hat, ist im Allgemeinen davon auszugehen, dass er ohne eine ausdrückliche Zustimmung des Vertreters Verträge mit dem Arbeitgeber über vermögenswirksame Leistungen abschließen kann; denn ein solcher Arbeitnehmer ist für alle das Arbeitsverhältnis der gestatteten Art betreffenden Rechtsgeschäfte unbeschränkt geschäftsfähig, wenn die Ermächtigung keine Einschränkungen enthält.

(5) Der Arbeitnehmer hat dem Arbeitgeber mitzuteilen, in welcher Anlageform und bei welchem Unternehmen, Institut oder Gläubiger vermögenswirksame Leistungen nach seiner Wahl (Absatz 6) angelegt werden sollen; er hat dabei anzugeben, wann und in welcher Höhe er die Anlage verlangt, und den Anlagevertrag – z. B. durch dessen Konto- oder Vertragsnummer – näher zu bezeichnen.

(6) Die Zulagebegünstigung vermögenswirksamer Leistungen (§ 13 VermBG) setzt voraus, dass der Arbeitnehmer frei wählen kann, in welcher der Anlageformen und bei welchem Unternehmen, Institut oder Gläubiger (§ 3 Abs. 3 Satz 1 VermBG) der Arbeitgeber die vermögenswirksamen Leistungen anlegen soll (§ 12 Satz 1 VermBG); einer Förderung steht jedoch nicht entgegen, dass durch Tarifvertrag die Anlage auf die Formen des § 2 Abs. 1 Nr. 1 bis 5, Abs. 2 bis 4 beschränkt wird (§ 12 Satz 2 VermBG). Der Arbeitnehmer kann aber eine Vermögensbeteiligung am Unternehmen des Arbeitgebers in einer der in § 2 Abs. 1 Nr. 1 Buchstabe g bis l und Abs. 4 VermBG bezeichneten Formen (Abschnitt 4) nur dann begründen oder erwerben, wenn der Arbeitgeber zustimmt (§ 12 Satz 3 VermBG). Deshalb verstößt es nicht gegen § 12 VermBG, wenn ein Arbeitgeber nur bestimmten Arbeitnehmern oder Arbeitnehmergruppen die Möglichkeit einräumt, mit ihren vermögenswirksamen Leistungen Vermögensbeteiligungen am Unternehmen des Arbeitgebers im Sinne des § 2 Abs. 1 Nr. 1 Buchstabe g bis l und Abs. 4 VermBG – z. B. Darlehensforderungen oder stille Beteiligungen – zu begründen.

(7) Der Arbeitnehmer kann verlangen, dass die für ihn zu erbringenden vermögenswirksamen Leistungen auf verschiedene Anlageformen verteilt werden oder dass die Anlageform gewechselt wird, wenn er daran ein berechtigtes Interesse hat, das gegenüber dem Interesse des Arbeitgebers an möglichst geringem Verwaltungsaufwand überwiegt. An der Verteilung auf verschiedene Anlageformen oder am Wechsel der Anlageform kann der Arbeitnehmer z. B. dann ein berechtigtes Interesse haben, wenn er dadurch die Förderung voll ausschöpfen möchte. Für den Wechsel der Anlageform bei vermögenswirksamer Anlage von Lohnteilen (Absatz 2) ist § 11 Abs. 5 VermBG zu beachten.

13. Kennzeichnungs- und Mitteilungspflichten (§ 3 Abs. 2 VermBG, § 2 Abs. 1 VermBDV 1994)

(1) Bei Überweisung der vermögenswirksam anzulegenden Beträge an das Unternehmen, Institut oder den Gläubiger (Abschnitt 2 Abs. 1) hat der Arbeitgeber die Beträge als vermögenswirksame Leistung besonders kenntlich zu machen und den Namen des Arbeitnehmers sowie dessen Konto- oder Vertragsnummer anzugeben. Zusätzlich ist bei Überweisungen im Dezember und Januar anzugeben, welchem Kalenderjahr die überwiesenen Beträge zuzuordnen sind (vgl. Abschnitt 3 Abs. 1).

(2) Geht bei dem Unternehmen, dem Institut oder dem Gläubiger ein vom Arbeitgeber als vermögenswirksame Leistung gekennzeichneter Betrag ein und kann dieser nicht nach den Vorschriften des VermBG angelegt werden (z. B. weil ein Anlagevertrag i. S. des VermBG nicht besteht oder bereits erfüllt ist oder weil bei einem Bausparvertrag die Bausparsumme ausgezahlt worden ist), so ist das Unternehmen, das Institut oder der Gläubiger verpflichtet, dies dem Arbeitgeber unverzüglich schriftlich mitzuteilen; nach Eingang einer solchen Mitteilung darf der Arbeitgeber für den Arbeitnehmer keine vermögenswirksame Leistungen mehr überweisen.

14. Bescheinigung vermögenswirksamer Leistungen (§ 15 Abs. 1 VermBG, § 5 VermBDV 1994)

(1) Das Kreditinstitut, die Bausparkasse, das Unternehmen, der Arbeitgeber oder der Gläubiger, mit dem der Arbeitnehmer den Anlagevertrag abgeschlossen hat, hat die vermögenswirksamen Leistungen zu bescheinigen, die im Kalenderjahr angelegt worden sind (§ 15 Abs. 1 VermBG, § 5 VermBDV 1994). Für vermögenswirksame Leistungen, die auf nicht zulagebegünstigte Anlagearten angelegt worden sind, ist die Ausstellung einer Bescheinigung nicht zulässig. Außerdem darf eine Bescheinigung nicht mehr erteilt werden, wenn über sämtliche vermögens-

wirksame Leistungen schädlich verfügt worden ist, die nach § 2 Abs. 1 Nr. 1 oder 4 VermBG (Abschnitte 5 und 9) angelegt worden sind (§ 5 Abs. 5 VermBDV 1994).

(2) Die Bescheinigung ist auf den Arbeitnehmer auszustellen, für den der Arbeitgeber die vermögenswirksamen Leistungen erbracht hat. Das gilt auch dann, wenn die vermögenswirksamen Leistungen zugunsten des Ehegatten, der Kinder, der Eltern oder eines Elternteils angelegt worden sind (§ 3 Abs. 1 VermBG), wenn mehrere Personen Vertragsinhaber sind (Gemeinschaftsvertrag) oder die vermögenswirksamen Leistungen auf Gemeinschaftskonten/-depots angelegt wurden (vgl. Abschnitt 11 Abs. 4).

(3) Für die Bescheinigung ist der amtlich vorgeschriebene Vordruck zu verwenden; das für das jeweilige Kalenderjahr geltende Vordruckmuster wird im Bundessteuerblatt Teil I bekannt gemacht. Im Einzelnen gilt Folgendes:

1. Der „Institutsschlüssel für die Arbeitnehmer-Sparzulage" wird von der Zentralstelle der Länder **beim Technischen Finanzamt Berlin – ZPS ZANS –, Klosterstraße 59, 10179 Berlin** vergeben (§ 5 Abs. 2 Satz 2 und 3 VermBDV 1994). Er ist bei Anlagearten erforderlich, die einer Sperrfrist unterliegen. Sperrfristen gelten nicht bei Anlagen zum Wohnungsbau (Abschnitt 10) und bei Anlagen für den ersten Erwerb von Anteilen an Bau- und Wohnungsgenossenschaften gemäß § 2 Abs. 1 Nr. 4 VermBG (Abschnitt 9 Abs. 3). In der Bescheinigung kann auf die Angabe dieses Institutsschlüssels nur dann verzichtet werden, wenn im Zeitpunkt der Ausstellung die für die Anlageart geltende Sperrfrist abgelaufen ist.

2. Die Vertragsnummer darf höchstens 14-stellig sein und keine Sonderzeichen enthalten. Es ist nicht zulässig, für mehrere Arbeitnehmer dieselbe Vertragsnummer zu verwenden. Werden vermögenswirksame Leistungen auf von Dritten abgeschlossene Verträge oder auf Gemeinschaftsverträge angelegt (Absatz 2), so sind die vermögenswirksamen Leistungen jedes Arbeitnehmers unter einer eigenen Vertragsnummer zu bescheinigen; eine gemeinsame Vertragsnummer ist nur bei Ehegatten zulässig.

3. Der „Institutsschlüssel für die Arbeitnehmer-Sparzulage", die Vertragsnummer und die Sperrfrist (vgl. Nummer 4) bilden den Ordnungsbegriff für das automatisierte Festsetzungs- und Auszahlungsverfahren der Arbeitnehmer-Sparzulage. Das automatisierte Verfahren setzt voraus, dass Inhalt und Darstellung der Vertragsnummer bei der Bescheinigung vermögenswirksamer Leistungen sowie bei der Anzeige über eine vorzeitige Verfügung (durch Datensatz oder Vordruck, vgl. Abschnitt 21 Abs. 1) übereinstimmen.

4. Das Ende der für die vermögenswirksamen Leistungen geltenden Sperrfrist (vgl. Nummer 1) ist stets anzugeben. Bei der Bescheinigung vermögenswirksamer Leistungen, die auf Verträge nach §§ 5 bis 7 VermBG angelegt und noch nicht für Vermögensbeteiligungen verwendet worden sind, ist als Ende der Sperrfrist der 31. Dezember des sechsten Kalenderjahrs nach dem Kalenderjahr der vermögenswirksamen Anlage anzugeben (§ 5 Abs. 3 VermBDV 1994). Ist über vermögenswirksame Leistungen unschädlich vorzeitig verfügt worden, die nach § 2 Abs. 1 Nr. 1 oder 4 VermBG angelegt worden sind, so ist in der Bescheinigung als Ende der Sperrfrist der Zeitpunkt dieser Verfügung anzugeben (§ 5 Abs. 4 VermBDV 1994); das gilt auch für die Bescheinigung der vermögenswirksamen Leistungen, die weiter auf den Anlagevertrag angelegt werden (Abschnitt 17 Abs. 5). Entsprechendes gilt bei Zuteilung eines Bausparvertrags.

(4) Sind vermögenswirksame Leistungen für die Anlage zum Wohnungsbau an den Arbeitnehmer ausgezahlt worden (Abschnitt 2 Abs. 1 Nr. 2), hat der Gläubiger die Bescheinigung auszustellen, wenn der Arbeitnehmer schriftlich erklärt, in welcher Höhe vermögenswirksame Leistungen zum Wohnungsbau verwendet werden.

(5) Die Bescheinigung ist grundsätzlich erst nach Ablauf des Kalenderjahrs zu erteilen, in dem die vermögenswirksamen Leistungen angelegt worden sind. Davon abweichend können die vermögenswirksamen Leistungen bereits im laufenden Kalenderjahr bescheinigt werden, wenn

1. bei Anlageverträgen nach § 2 Abs. 1 Nr. 1 VermBG die Einzahlungsfrist abgelaufen ist (Abschnitt 5 Abs. 2),

2. auf Anlageverträge nach §§ 5, 6 und 7 VermBG keine vermögenswirksamen Leistungen mehr angelegt werden können,

3. Anlageverträge nach § 2 Abs. 1 Nr. 1 oder 4 VermBG mit Kreditinstituten, **Kapitalanlagegesellschaften**, Bausparkassen oder Versicherungsunternehmen im Falle einer unschädlichen vorzeitigen Verfügung aufgehoben werden.

(6) In der Bescheinigung sind die angelegten vermögenswirksamen Leistungen auf den nächsten vollen Euro aufzurunden.

15. Festsetzung der Arbeitnehmer-Sparzulage (§§ 13, 14 VermBG, § 6 Abs. 1 VermBDV 1994)

(1) Der Antrag auf Festsetzung der Arbeitnehmer-Sparzulage ist regelmäßig mit der Einkommensteuererklärung zu stellen. Für den Antrag auf Festsetzung der Arbeitnehmer-Sparzulage ist auch dann der Vordruck für die Einkommensteuererklärung zu verwenden, wenn der Arbeitnehmer keinen Antrag auf Veranlagung zur Einkommensteuer stellt und auch nicht zur Einkommensteuer zu veranlagen ist, z. B. weil er nur pauschal besteuerten Arbeitslohn bezogen hat.

(2) Die Arbeitnehmer-Sparzulage kann auch dann erst nach Ablauf des Kalenderjahrs, in dem die vermögenswirksamen Leistungen angelegt worden sind (§ 13 Abs. 4 VermBG), festgesetzt werden, wenn der Antrag schon vorher gestellt ist.

(3) Zuständig ist das Finanzamt, in dessen Bezirk der Arbeitnehmer im Zeitpunkt der Antragstellung seinen Wohnsitz oder gewöhnlichen Aufenthalt hat. Bei Wegfall der unbeschränkten Einkommensteuerpflicht im Laufe eines Kalenderjahrs ist das Finanzamt zuständig, in dessen Bezirk der Arbeitnehmer seinen Wohnsitz oder gewöhnlichen Aufenthalt hatte. Hat der Arbeitnehmer im Inland weder einen Wohnsitz noch seinen gewöhnlichen Aufenthalt, so tritt an die Stelle des Wohnsitzfinanzamts das Betriebsstättenfinanzamt des Arbeitgebers.

(4) Übersteigen die für den Arbeitnehmer erbrachten vermögenswirksamen Leistungen die geförderten Höchstbeträge und sind die Leistungen auf mehrere Anlagearten aufgeteilt worden, kann der Arbeitnehmer durch Vorlage nur einzelner Bescheinigungen (Abschnitt 14) die vermögenswirksamen Leistungen bestimmen, die mit Arbeitnehmer-Sparzulage begünstigt werden sollen. Legt der Arbeitnehmer sämtliche Bescheinigungen vor, begünstigt das Finanzamt die vermögenswirksamen Leistungen in einer Reihenfolge, die im Regelfall für den Arbeitnehmer günstig ist.

(5) Für die Anwendung der Einkommensgrenze von 35 800/40 000 Euro für Ehegatten ist allein maßgeblich, ob tatsächlich eine Zusammenveranlagung durchgeführt wird. Aus diesem Grunde ist die 35 800/40 000-Euro-Grenze auch bei der Zusammenveranlagung des überlebenden Ehegatten mit dem verstorbenen Ehegatten im Todesjahr anzuwenden. Von dem auf das Todesjahr folgenden Kalenderjahr an gilt die 17 900/20 000-Euro-Grenze (BFH-Urteil vom 14. Mai 1976, BStBl II S. 546). Haben Ehegatten die **Einzelveranlagung** gewählt, ist für jeden Ehegatten gesondert zu prüfen, ob das von ihm zu versteuernde Einkommen die Einkommensgrenze von 17 900/**20 000** Euro überschreitet. Bei der Ermittlung des zu versteuernden Einkommens sind auch in den Fällen, in denen es auf Grund der Vorschriften zum Familienleistungsausgleich (§ 31 EStG) beim auszuzahlenden Kindergeld verbleibt, stets die in Betracht kommenden Freibeträge für Kinder (§ 32 EStG) abzuziehen (§ 2 Abs. 5 Satz 2 EStG); dabei sind stets die Freibeträge für das gesamte Sparjahr zugrunde zu legen.

(6) Die Einkommensgrenzen des § 13 Abs. 1 VermBG gelten nicht für beschränkt einkommensteuerpflichtige Arbeitnehmer, die nicht zur Einkommensteuer veranlagt werden, da bei diesem Personenkreis ein zu versteuerndes Einkommen im Sinne des § 2 Absatz 5 EStG EStG nicht festgestellt wird; diesen Arbeitnehmern steht deshalb die Arbeitnehmer-Sparzulage ohne Rücksicht auf die Höhe ihres Einkommens zu.

(7) Die Arbeitnehmer-Sparzulage ist für jeden Anlagevertrag auf volle Euro aufzurunden. Das Finanzamt soll die Entscheidung über die Arbeitnehmer-Sparzulage mit dem Einkommensteuerbescheid verbinden.

16. Höhe der Arbeitnehmer-Sparzulage (§ 13 Abs. 2 VermBG)

(1) Die Arbeitnehmer-Sparzulage beträgt **20 %** für vermögenswirksame Leistungen von höchstens 400 Euro, die in Vermögensbeteiligungen (Abschnitt 4) angelegt werden, d. h. auf
1. Sparverträge über Wertpapiere oder andere Vermögensbeteiligungen (§ 4 VermBG; Abschnitt 5),
2. Wertpapier-Kaufverträge (§ 5 VermBG; Abschnitt 6),
3. Beteiligungs-Verträge (§ 6 VermBG; Abschnitt 7) und
4. Beteiligungs-Kaufverträge (§ 7 VermBG; Abschnitt 7).

(2) Die Arbeitnehmer-Sparzulage beträgt 9 % für vermögenswirksame Leistungen von höchstens 470 Euro, die angelegt werden
1. nach dem Wohnungsbau-Prämiengesetz (§ 2 Abs. 1 Nr. 4 VermBG; Abschnitt 9) und
2. für den Bau, den Erwerb, den Ausbau, die Erweiterung oder die Entschuldung eines Wohngebäudes usw. (§ 2 Abs. 1 Nr. 5 VermBG; Abschnitt 10).

(3) Die beiden Zulagen (Absatz 1 und 2) können nebeneinander in Anspruch genommen werden. Insgesamt werden also vermögenswirksame Leistungen bis 870 Euro jährlich mit der Arbeitnehmer-Sparzulage begünstigt. Die Förderung gilt im Übrigen auch für Verträge, die vor 1999 abgeschlossen worden sind.

(4) Die höchstmögliche Arbeitnehmer-Sparzulage kann nur erhalten, wer sowohl in Vermögensbeteiligungen als auch in Bausparen bzw. in Anlagen für den Wohnungsbau anlegt. Dies bedingt zwei Anlageverträge. Da nur Zahlungen durch den Arbeitgeber mit Zulage begünstigt sind (Abschnitt 2), muss dieser zwei Verträge bedienen.

17. Auszahlung der Arbeitnehmer-Sparzulage (§ 14 Abs. 4 und 5 VermBG, § 7 VermBDV 1994)

(1) Die festgesetzten Arbeitnehmer-Sparzulagen werden regelmäßig erst mit Ablauf der für die vermögenswirksamen Leistungen geltenden Sperrfrist an das Kreditinstitut, **die Kapitalanlagegesellschaft**, die Bausparkasse, das Unternehmen oder den Arbeitgeber überwiesen, mit denen der Anlagevertrag abgeschlossen worden ist (§ 7 Abs. 2 VermBDV 1994). Die Zentralstelle der Länder in Berlin erstellt über jeden auszuzahlenden (= je Kalenderjahr festgesetzten) Betrag einen **Datensatz**, der im Aufbau und Inhalt den Datensätzen des maschinellen Steuererstattungsverfahrens entspricht. Der **Datensatz** wird der zuständigen Landesfinanzbehörde zugeleitet, die die Auszahlung veranlasst. Der **Auszahlungsdatensatz** enthält im festen Teil die Kontonummer des Instituts, das die vermögenswirksame Anlage verwaltet; für andere Teile gilt Folgendes:

1. Der Verwendungszweck des konstanten Teils (27 Stellen) ist wie folgt aufgebaut:
   - „SPZ" (3 Stellen)
   - IFAS (7 Stellen und eine Leerstelle)
   - Vertrags-Nr. der vermögenswirksamen Anlage (14 Stellen)
   - Kalenderjahr (2 Stellen)
2. Der Erweiterungsteil des ersten Satzes des variablen Teils enthält folgende Informationen:
   - Finanzamtsnummer (3 Stellen)
   - Name und Vorname (18 Stellen)
   - Geburtsdatum (6 Stellen)
3. Der Erweiterungsteil des zweiten Satzes des variablen Teils enthält folgende Informationen:
   - Steuernummer (11 Stellen)
   - Fälligkeit = Ende der Sperrfrist (8 Stellen) bzw. bei unschädlicher Verfügung das Erstelldatum des Datensatzes.

(2) Die Anlageinstitute haben die überwiesenen Arbeitnehmer-Sparzulagen an die Arbeitnehmer auszuzahlen. Im Innenverhältnis zwischen Anlageinstitut und Arbeitnehmer kann vereinbart werden, dass die an das Anlageinstitut überwiesenen Arbeitnehmer-Sparzulagen in einer der in § 2 Abs. 1 VermBG genannten Anlageformen angelegt werden. Ist dem Anlageinstitut in Einzelfällen die Auszahlung der Arbeitnehmer-Sparzulage an den Arbeitnehmer nicht möglich, z. B. weil der Wohnort nicht ermittelt werden konnte, hat das Anlageinstitut diese Arbeitnehmer-Sparzulage der Finanzbehörde zu überweisen, von der sie die Arbeitnehmer-Sparzulage erhalten hat; dabei sind die im Auszahlungsdatensatz für den Arbeitnehmer enthaltenen Angaben vollständig mitzuteilen.

(3) Die festgesetzten Arbeitnehmer-Sparzulagen werden in folgenden Fällen vom Finanzamt unmittelbar an den Arbeitnehmer ausgezahlt (§ 7 Abs. 1 VermBDV 1994):

1. bei Anlagen zum Wohnungsbau (Abschnitt 10) und bei Anlagen für den ersten Erwerb von Anteilen an Bau- und Wohnungsgenossenschaften gemäß § 2 Abs. 1 Nr. 4 VermBG (Abschnitt 9 Abs. 3),
2. wenn die für die vermögenswirksamen Leistungen geltende Sperrfrist im Zeitpunkt der Bekanntgabe des Bescheids über die Festsetzung der Arbeitnehmer-Sparzulage abgelaufen ist,
3. wenn über die angelegten vermögenswirksamen Leistungen unschädlich vorzeitig verfügt oder der Bausparvertrag zugeteilt worden ist (Abschnitt 14 Abs. 3 Nr. 4).

(4) **Wenn** Arbeitnehmer-Sparzulagen für vermögenswirksame Leistungen, über die unschädlich vorzeitig verfügt worden sind, bei der Zentralstelle der Länder in Berlin aufgezeichnet sind, wird die Arbeitnehmer-Sparzulage an die Anlageinstitute ausgezahlt (Absatz 1). Abweichend davon ist die Arbeitnehmer-Sparzulage für vermögenswirksame Leistungen, die auf Anlageverträge nach §§ 5 bis 7 VermBG angelegt worden sind, vom Finanzamt unmittelbar an den Arbeitnehmer auszuzahlen.

(5) Ist über angelegte vermögenswirksame Leistungen unschädlich vorzeitig verfügt worden, so endet für diesen Anlagevertrag die Sperrfrist im Zeitpunkt dieser Verfügung (Abschnitt 14 Abs. 3 Nr. 4). Deshalb sind Arbeitnehmer-Sparzulagen für vermögenswirksame Leistungen, die weiter auf diesen Anlagevertrag angelegt werden, vom Finanzamt unmittelbar an den Arbeitnehmer auszuzahlen.

(6) Ergeben sich Nachfragen hinsichtlich der Auszahlung der Arbeitnehmer-Sparzulage, sind diese nicht an die Zentralstelle der Länder, sondern an die zuständigen Stellen in den Ländern zu richten. Arbeitnehmer können die zuständige Stelle bei ihrem Wohnsitzfinanzamt erfragen.

18. Wegfall der Zulagebegünstigung (§ 13 Abs. 1 Satz 1 VermBG)

(1) Die Zulagebegünstigung für vermögenswirksame Leistungen entfällt vorbehaltlich des Absatzes 2 und des Abschnitts 19 rückwirkend,

1. soweit bei Anlagen auf Grund von Sparverträgen über Wertpapiere oder andere Vermögensbeteiligungen (Abschnitt 5) vor Ablauf der siebenjährigen Sperrfrist zulagebegünstigte vermögenswirksame Leistungen zurückgezahlt werden, die Festlegung unterblieben ist oder aufgehoben wird oder über die Vermögensbeteiligungen verfügt wird. Die Zulagebegünstigung entfällt auch für Spitzenbeträge, wenn diese 150 Euro übersteigen (§ 4 Abs. 3 VermBG). Die Förderung entfällt ebenfalls für Beträge, die beim zulageunschädlichen Austausch von Wertpapieren übrig bleiben, wenn die 150-Euro-Grenze überschritten wird (Abschnitt 5 Abs. 8),

2. wenn bei Anlagen auf Grund von Wertpapier-Kaufverträgen (Abschnitt 6) die Wertpapiere, mit deren Kaufpreis die vermögenswirksamen Leistungen eines Kalenderjahrs verrechnet worden sind, nicht spätestens bis zum Ablauf des folgenden Kalenderjahrs erworben werden oder wenn die Festlegung unterblieben ist oder soweit vor Ablauf der sechsjährigen Sperrfrist die Festlegung aufgehoben wird oder über die Wertpapiere verfügt wird,

3. wenn bei Anlagen auf Grund von Beteiligungs-Verträgen oder Beteiligungs-Kaufverträgen (Abschnitt 7) der Arbeitnehmer die nicht verbrieften Vermögensbeteiligungen, für deren Begründung oder Erwerb die vermögenswirksamen Leistungen eines Kalenderjahrs verrechnet oder überwiesen worden sind, nicht spätestens bis zum Ablauf des folgenden Kalenderjahrs erhält oder soweit vor Ablauf der sechsjährigen Sperrfrist über die Rechte verfügt wird. Handelt es sich um Aufwendungen für den ersten Erwerb von Anteilen an Bau- und Wohnungsgenossenschaften, so verringert sich bei Verletzung der Sperrfrist die Zulagebegünstigung von **20 %** auf 9 % entsprechend § 2 Abs. 1 Nr. 4 i. V. m. § 13 Abs. 2 VermBG und Abschnitt 16 Abs. 2 Nr. 1 (vgl. Abschnitt 22 Abs. 1 Nr. 1),

4. soweit bei Anlagen nach dem WoPG (Abschnitt 9)

   a) Bausparkassenbeiträge vor Ablauf von sieben Jahren seit Vertragsabschluss zurückgezahlt, die Bausparsumme ausgezahlt oder Ansprüche aus dem Bausparvertrag abgetreten oder beliehen werden; **dies gilt unabhängig von den Regelungen im WoPG für vor dem 1. Januar 2009 und nach dem 31. Dezember 2008 abgeschlossene Bausparverträge**,

   b) Beiträge auf Grund von Wohnbau-Sparverträgen vor Ablauf der jeweiligen Festlegungsfrist zurückgezahlt (§ 9 WoPDV) oder nach Ablauf der jeweiligen Festlegungsfrist nicht zwecksentsprechend verwendet werden (§ 10 WoPDV),

   c) Beiträge auf Grund von Baufinanzierungsverträgen zurückgezahlt (§ 15 Abs. 4 WoPDV) oder nicht fristgerecht zwecksentsprechend verwendet werden (§ 16 WoPDV).

Im Übrigen liegt in der Kündigung eines Vertrags noch keine sparzulageschädliche Verfügung, sondern erst in der Rückzahlung von Beträgen; deshalb bleibt eine Rücknahme der Kündigung vor Rückzahlung von Beträgen ohne Auswirkung auf festgesetzte Arbeitnehmer-Sparzulage (vgl. BFH-Urteil vom 13. Dezember 1989, BStBl 1990 II S. 220). Im Gegensatz dazu stellt eine Abtretung auch dann eine sparzulageschädliche Verfügung dar wenn sie später zurückgenommen wird.

(2) Abweichend von Absatz 1 bleibt die Zulagebegünstigung für vermögenswirksame Leistungen bei Verletzung der Sperrfrist in den Fällen des § 13 Abs. 5 Satz 2 VermBG erhalten. Nach § 13 Abs. 5 Satz 2 Nr. 1 VermBG ist nicht Voraussetzung, dass ggf. die neuen Wertpapiere oder die erhaltenen Beträge für den Rest der Sperrfrist festgelegt werden. Wertlosigkeit im Sinne des § 13 Abs. 5 Satz 2 Nr. 2 VermBG ist anzunehmen, wenn der Arbeitnehmer höchstens 33 % der angelegten vermögenswirksamen Leistungen zurückerhält. Übersteigen die zurückgezahlten Beträge die 33 %-Grenze, so bleibt die Zulagebegünstigung der vermögenswirksamen Leistungen nur dann erhalten, wenn der Arbeitnehmer die erhaltenen Beträge oder damit erworbene andere Vermögensbeteiligungen im Sinne des § 2 Abs. 1 Nr. 1 VermBG bei einem Kreditinstitut **oder bei einer Kapitalanlagegesellschaft** für den Rest der Sperrfrist festlegt.

(3) Sind mit vermögenswirksamen Leistungen, die auf Grund von Sparverträgen über Wertpapiere oder andere Vermögensbeteiligungen angelegt worden sind, Anteile an neu aufgelegtem richtlinienkonformen Sondervermögen und gemischten Sondervermögen (Abschnitt 4 Abs. 5) erworben worden und ergibt sich aus dem ersten Rechenschaftsbericht oder aus dem ersten Halbjahresbericht, dass die angenommenen Verhältnisse nicht vorgelegen haben, so entfällt für die vermögenswirksamen Leistungen die Zulagebegünstigung.

19. Zulageunschädliche Verfügungen (§ 4 Abs. 4 VermBG)

(1) Bei Anlagen zulagebegünstigter vermögenswirksamer Leistungen auf Grund von
- Sparverträgen über Wertpapiere oder andere Vermögensbeteiligungen (Abschnitt 5),
- Wertpapier-Kaufverträgen (Abschnitt 6),
- Beteiligungs-Verträgen oder Beteiligungs-Kaufverträgen (Abschnitt 7)

ist Arbeitnehmer-Sparzulage trotz Verletzung der Sperrfristen oder der in Abschnitt 5 Abs. 6, Abschnitt 18 Abs. 1 Nr. 2 und 3 bezeichneten Fristen in den Fällen des § 4 Abs. 4 VermBG nicht zurückzufordern. Dabei gilt Folgendes:
1. Völlige Erwerbsunfähigkeit im Singe des § 4 Abs. 4 Nr. 1 VermBG liegt vor bei einem Grad der Behinderung von mindestens 95.
2. Arbeitslos im Sinne des § 4 Abs. 4 Nr. 3 VermBG sind Personen, die Arbeitslosengeld (§ 117 Drittes Buch Sozialgesetzbuch – **SGB III), Arbeitslosengeld II (§ 19 SGB II)** oder Arbeitslosenbeihilfe für ehemalige Soldaten auf Zeit (§ 86a Soldatenversorgungsgesetz) beziehen oder ohne Bezug dieser Leistungen arbeitslos gemeldet sind. Als arbeitslos anzusehen sind auch
   a) Personen, die als Arbeitslose im Sinne des Satzes 1 erkranken oder eine Kur antreten, für die Dauer der Erkrankung oder der Kur,
   b) Frauen, die zu Beginn der Schutzfristen nach § 3 Abs. 2, § 6 Abs. 1 des Mutterschutzgesetzes arbeitslos im Sinne des Satzes 1 waren oder als arbeitslos im Sinne des Buchstaben a anzusehen waren, für die Dauer dieser Schutzfristen und der folgenden Monate, für die bei Bestehen eines Arbeitsverhältnisses Elternzeit **nach dem Bundeselterngeld- und Elternzeitgesetz** hätte beansprucht werden können,
   c) Personen, die an einer nach §§ 77 bis 96 SGB III geförderten beruflichen Weiterbildung oder die an einer z. B. nach §§ 97 bis 115 SGB III geförderten beruflichen Weiterbildung im Rahmen der Förderung der Teilhabe behinderter Menschen am Arbeitsleben teilnehmen, wenn sie ohne die Teilnahme an der Maßnahme arbeitslos wären.

Sind die vermögenswirksamen Leistungen auf Grund eines Vertrags, dessen Inhaber oder Mitinhaber ein Kind, die Eltern oder ein Elternteil des Arbeitnehmers ist (§ 3 Abs. 1 Nr. 2 und 3 VermBG), oder auf Gemeinschaftskonten/-depots (Abschnitt 14 Abs. 4) angelegt worden, so muss die zulageunschädliche Verfügungsmöglichkeit in der Person des Arbeitnehmers gegeben sein; die zulageunschädliche Verfügungsmöglichkeit ist ohne zeitliche Befristung auf die Leistung des Arbeitnehmers beschränkt. Ist der Ehegatte des Arbeitnehmers Inhaber oder Mitinhaber des Anlagevertrags (§ 3 Abs. 1 Nr. 1 VermBG), wirkt die zulageunschädliche Verfügung für beide Ehegatten.

(2) Werden bei Anlagen nach dem WoPG (Abschnitt 9) Sperrfristen verletzt, so ist in den Fällen des § 4 Abs. 4 Nr. 1 und 3 VermBG (vgl. Absatz 1 Nr. 1 und 2) Arbeitnehmer-Sparzulage nicht zurückzufordern; **dies gilt in den Fällen des § 4 Abs. 4 Nr. 4 VermBG entsprechend, wenn der Arbeitnehmer über nach dem WoPG angelegte vermögenswirksame Leistungen in Höhe von mindestens 30 Euro verfügt.** Außerdem ist bei der Anlage vermögenswirksamer Leistungen auf Grund von Bausparverträgen Arbeitnehmer-Sparzulage nicht zurückzufordern,
1. wenn bei vorzeitiger Auszahlung der Bausparsumme oder bei vorzeitiger Beleihung von Ansprüchen aus dem Bausparvertrag der Arbeitnehmer die empfangenen Beträge unverzüglich und unmittelbar zu wohnwirtschaftlichen Zwecken (vgl. Abschnitt 10 verwendet oder
2. wenn bei vorzeitiger Abtretung der Erwerber die Bausparsumme oder die auf Grund einer Beleihung empfangenen Beträge unverzüglich und unmittelbar zu wohnwirtschaftlichen Zwecken für den Arbeitnehmer oder dessen Angehörige (§ 15 AO) verwendet,
3. wenn ein Bausparvertrag vor Ablauf der Festlegungsfrist gekündigt oder aufgelöst wird, der nach Verrechnung geleisteter Bausparbeiträge mit der Abschlussgebühr kein Guthaben ausweist; bei Bausparverträgen, die ein Guthaben ausweisen, entfällt die Zulagebegünstigung nur für die tatsächlich zurückgezahlten Bausparbeiträge.

Außerdem ist zulageunschädlich, wenn bei Anlagen auf Grund von Wohnbau-Sparverträgen und Baufinanzierungsverträgen die Vertragsinhalte und die Vertragspartner des Arbeitnehmers gegeneinander ausgetauscht werden (§§ 12, 18 WoPDV). Im Übrigen muss die zulageunschädliche Verfügungsmöglichkeit stets in der Person des Vertragsinhabers gegeben sein; sind Angehörige des Arbeitnehmers Inhaber oder Mitinhaber des Vertrags, gilt Absatz 1 Satz 3 und 4 entsprechend.

20. Nachweis einer zulageunschädlichen Verfügung (§ 4 Abs. 4 VermBG, § 8 VermBDV 1994)

Die zulageunschädliche Verfügung (Abschnitt 19) ist dem Kreditinstitut, **der Kapitalanlagegesellschaft** oder dem Versicherungsunternehmen (§ 8 Abs. 2 VermBDV 1994) oder dem Finanzamt (nur bei einer Anlage im Sinne des § 8 Abs. 1 Nr. 4 bis 6 VermBDV 1994) vom Arbeitnehmer (im Todesfall von seinen Erben) wie folgt nachzuweisen:

1. Im Fall der Heirat durch Vorlage der Heiratsurkunde oder eines Auszugs aus dem Familienbuch,
2. im Fall des Todes durch Vorlage der Sterbeurkunde oder des Erbscheins,
3. im Fall der völligen Erwerbsunfähigkeit (d. h. eines Grades der Behinderung von mindestens 95) durch Vorlage eines Ausweises nach § 69 Abs. 5 SGB IX oder eines Feststellungsbescheids nach § 69 Abs. 1 SGB IX oder eines vergleichbaren Bescheids nach § 69 Abs. 2 SGB IX; die Vorlage des Rentenbescheids eines Trägers der gesetzlichen Rentenversicherung der Angestellten und Arbeiter genügt nicht (vgl. BFH-Urteil vom 25. April 1968, BStBl II S. 606),
4. im Fall der Arbeitslosigkeit des Arbeitnehmers durch Vorlage von Unterlagen über folgende Zahlungen:
   a) Arbeitslosengeld (§ 117 SGB III) oder
   b) **(weggefallen)**
   c) Arbeitslosengeld II **(§ 19 SGB II)** oder
   d) Arbeitslosenbeihilfe für ehemalige Soldaten auf Zeit im Sinne des Soldatenversorgungsgesetzes oder
   e) Krankengeld, Verletztengeld oder Übergangsgeld nach § 47b SGB V, § 47 SGB VII, Versorgungskrankengeld und Übergangsgeld nach §§ 16, 26 Bundesversorgungsgesetz oder nach dem Sozialgesetzbuch oder
   f) **Elterngeld** oder
   g) Unterhaltsgeld nach § 153 SGB III im Falle der beruflichen Fortbildung oder Umschulung oder Übergangsgeld z. B. nach § 160 SGB III im Falle der Fortbildung oder Umschulung im Rahmen der beruflichen Rehabilitation.

   Werden solche Zahlungen nicht geleistet, so sind
   – Zeiten der Arbeitslosigkeit durch eine entsprechende Bescheinigung der zuständigen Dienststelle der Bundesagentur für Arbeit (in der Regel: Agentur für Arbeit) nachzuweisen,
   – Zeiten der Erkrankung oder der Kur, die als Zeiten der Arbeitslosigkeit anzusehen sind, durch eine Bescheinigung des Kostenträgers oder der Anstalt, in der die Unterbringung erfolgt, oder durch eine ärztliche Bescheinigung nachzuweisen,
   – die Zeit der Schutzfristen, die als Zeit der Arbeitslosigkeit anzusehen ist, durch das Zeugnis eines Arztes oder einer Hebamme nachzuweisen und die als Zeit der Arbeitslosigkeit anzusehende Zeit, für die bei Bestehen eines Arbeitsverhältnisses **Elternzeit hätte** beansprucht werden können, glaubhaft zu machen,
5. im Fall der Aufnahme einer selbständigen Erwerbstätigkeit durch Vorlage von Unterlagen über die Auflösung des Arbeitsverhältnisses und die Mitteilung an die Gemeinde nach § 138 Abs. 1 AO,
6. im Fall der Weiterbildung durch Vorlage einer von einer Beratungsstelle im Sinne der Richtlinien zur Förderung von Prämiengutscheinen und Beratungsleistungen im Rahmen der „Bildungsprämie" (BAnz 2008 S. 3218) ausgestellten und von einem Weiterbildungsanbieter ergänzten Bescheinigung (Informationen unter www.bildungspraemie.info).

21. Anzeigepflichten (§ 8 VermBDV 1994)

(1) Wird über vermögenswirksame Leistungen vorzeitig verfügt, ist dies der Zentralstelle der Länder in Berlin anzuzeigen. Für die Anzeige ist der amtlich vorgeschriebene Datensatz zu verwenden. Für eine geringe Anzahl von Mitteilungen ist die Datenübermittlung auf amtlich vorgeschriebenem Vordruck möglich. Die Bekanntgabe der Vordruckmuster und der Datensatzbeschreibung erfolgte letztmals am **16. August 2011** im Bundessteuerblatt Teil I S. **801**[1]). Die Anzeigen von Kreditinstituten, **Kapitalanlagegesellschaften,** Bausparkassen und Versicherungsunternehmen sind als unschädliche oder schädliche Verfügungen zu kennzeichnen (§ 8 Abs. 1 bis 3 VermBDV 1994).

(2) Sind auf den Anlagevertrag auch andere Beträge gutgeschrieben, die keine vermögenswirksamen Leistungen sind (z. B. Zinsen, eigene Einzahlungen des Arbeitnehmers), so ist in der Anzeige über eine teilweise schädliche vorzeitige Verfügung als vermögenswirksame Leistung nur der Betrag anzugeben, der die anderen Beträge übersteigt (§ 6 Abs. 3 Nr. 1 und Abs. 4 Nr. 1 VermBDV 1994).

---

[1]) → Anhang 14 IV.

22. Änderung der Festsetzung, Rückforderung von Arbeitnehmer-Sparzulagen (§ 13 Abs. 5 VermBG, § 6 Abs. 2 und 3, § 8 Abs. 4, § 9 VermBDV 1994)

(1) Der Bescheid über die Festsetzung der Arbeitnehmer-Sparzulage ist zu ändern, wenn

1. bei Anlage vermögenswirksamer Leistungen auf Verträge nach §§ 5 bis 7 VermBG angezeigt worden ist, dass Sperr-, Verwendungs- oder Vorlagefristen verletzt worden sind (§ 8 Abs. 1 Nr. 4 bis 6 VermBDV 1994) oder sich die Förderung in den Fällen des Abschnitt 18 Abs. 1 Nr. 3 Satz 2 verringert,
2. bei Anlage vermögenswirksamer Leistungen nach § 2 Abs. 1 Nr. 1 und 4 VermBG eine teilweise schädliche Verfügung angezeigt worden ist (§ 8 Abs. 1 Nr. 1 bis 3 und Abs. 2 VermBDV 1994) und das Finanzamt die Verfügung über vermögenswirksame Leistungen festgestellt hat, für die Arbeitnehmer-Sparzulagen festgesetzt worden sind (§ 6 Abs. 3 und 4 VermBDV 1994),
3. die Einkommensgrenze des § 13 Abs. 1 VermBG durch nachträgliche Änderung des zu versteuernden Einkommens über- oder unterschritten wird,
4. das Finanzamt davon Kenntnis erhält, z. B. durch eine Außenprüfung, dass eine vermögenswirksame Anlage nicht vorlag.

Bei einer teilweise schädlichen Verfügung (Nr. 2) und einer Förderung mit einem ab 2004 abgesenkten **oder einem ab 2009 angehobenen** Fördersatz ist davon auszugehen, dass über die geringer geförderten vermögenswirksamen Leistungen vorrangig schädlich verfügt wurde.

Beispiel:

Ein Arbeitnehmer hat am 1. **April 2004** mit einer Kapitalanlagegesellschaft einen Anlagevertrag nach § 4 VermBG abgeschlossen, auf den in den Kalenderjahren **2004 bis 2009** jeweils 400 Euro **(insgesamt 2 400 Euro)** vermögenswirksame Leistungen angelegt worden sind. Zusätzlich wurden Anteile aus Ausschüttungen im Wert von 100 Euro gutgeschrieben. Im Kalenderjahr **2010** verkauft der Arbeitnehmer Wertpapiere, für die er vermögenswirksame Leistungen in Höhe von durchschnittlich 2 200 Euro aufgewendet hat. Die Kapitalanlagegesellschaft zeigt an, dass über vermögenswirksame Leistungen in Höhe von 2 100 Euro (2 200 Euro vermögenswirksame Leistungen abzüglich 100 Euro aus Ausschüttungen, vgl. Abschnitt 21 Abs. 2) schädlich verfügt worden ist. Das Finanzamt stellt fest, dass für die vermögenswirksamen Leistungen des Kalenderjahrs **2008** keine Arbeitnehmer-Sparzulage festgesetzt worden ist, weil die Einkommensgrenze überschritten war. Nach Abzug dieser vermögenswirksamen Leistungen verbleibt ein Betrag von 1 700 Euro (2 100 Euro abzüglich 400 Euro), für den zu Unrecht eine Arbeitnehmer-Sparzulage gewährt worden ist. Die Festsetzung der Arbeitnehmer-Sparzulage ist deshalb um 308 Euro (1 600 Euro **[Jahre 2004 bis 2007]** $\times$ 18 % zzgl. 100 Euro $\times$ 20 %) zu mindern.

(2) Das Finanzamt hat zu Unrecht bereits ausgezahlte Arbeitnehmer-Sparzulagen vom Arbeitnehmer zurückzufordern. Das gilt auch für Arbeitnehmer-Sparzulagen, die das Finanzamt wegen Ablaufs der Sperrfrist an den Arbeitnehmer ausgezahlt hat und dem Finanzamt erst nachträglich eine schädliche Verfügung über die vermögenswirksamen Leistungen bekannt wird.

23. Außenprüfung (§ 15 Abs. 5 VermBG)

Nach § 15 Abs. 5 VermBG ist eine Außenprüfung bei dem Unternehmen oder Institut zulässig, bei dem die vermögenswirksamen Leistungen angelegt sind. Die Außenprüfung kann sich auf die Einhaltung sämtlicher Pflichten erstrecken, die sich aus dem VermBG und der VermBDV 1994 ergeben, z. B. die Erfüllung von Anzeigepflichten.

24. Übergangsregelungen

Dieses Schreiben[1]) ist ohne die Änderungen durch das BMF-Schreiben vom 16. März 2009 (BStBl I S. 501) weiter anzuwenden auf vermögenswirksame Leistungen, die vor dem **1. Januar 2009** angelegt worden sind. Abschnitt 15 Absatz 5 Satz 6 und Absatz 6 in der Fassung des BMF-Schreibens vom 4. Februar 2010 (BStBl I S. 195) ist letztmals für Anlagen bis zum 1. Januar 2009 anzuwenden. Abschnitt 10 Nummer 2 und 5 in der Fassung des BMF-Schreibens vom 4. Februar 2010 (BStBl I S. 195) ist erstmals für Anlagen nach dem 28. Februar 2010 anzuwenden. Abschnitt 1 Absatz 2 Nummer 4, Abschnitt 1 Absatz 6 Nummer 1 und Abschnitt 10 Nummer 2 in der Fassung des BMF-Schreibens vom 2. Dezember 2011 (BStBl I S. 1252) sind erstmals für Anlagen nach dem 31. Dezember 2011 anzuwenden. Abschnitt 15 Absatz 5 Satz 4 in der Fassung des BMF-Schreibens vom 2. Dezember 2011 (BStBl I S. 1252) ist erstmals für Anlagen nach dem 31. Dezember 2012 anzuwenden.

---

[1]) Das BMF-Schreiben vom 9. 8. 2004 (BStBl I S. 717) ist abgedruckt in der Lohnsteuer-Handausgabe 2009.

IV.
Bekanntmachung der Vordruckmuster für Anzeigen nach § 8 Absatz 1 Nummer 1 bis 3 VermBDV 1994 (VermB 12) und nach § 8 Absatz 1 Nummer 4 bis 6 VermBDV 1994 (VermB 13) sowie der Datensatzbeschreibung[1]) für die Zuleitung durch Datenfernübertragung

(BMF-Schreiben vom 16. 8. 2011 – IV C 5 – S 2439/10/10002 –, BStBl I S. 801)

3 Anlagen[2])

Die Vordruckmuster für Anzeigen nach § 8 Absatz 1 Nummer 1 bis 3 VermBDV 1994 (VermB 12) und nach § 8 Absatz 1 Nummer 4 bis 6 VermBDV 1994 (VermB 13) sowie die Datensatzbeschreibung für die Zuleitung der entsprechenden Anzeigen nach amtlich vorgeschriebenem Datensatz durch Datenfernübertragung (§ 8 Absatz 3 VermBDV 1994) werden hiermit in der Anlage neu bekannt gemacht.

Die neuen Vordrucke sind ab dem 1. Januar 2012 zu verwenden. Datenübermittlungen ab dem 1. Januar 2012 sind auf Grundlage der neuen Datensatzbeschreibung durchzuführen.

Die Vordrucke haben das Format DIN A4. Die Vordrucke können auch maschinell hergestellt werden. Im Interesse einer korrekten Erfassung (maschinelle Beleglesung) muss ein maschinell hergestellter Vordruck sämtliche Angaben in gleicher Anordnung enthalten und in Format, Aufbau, Druckbild und Wortlaut dem bekannt gemachten Vordruck entsprechen. Insbesondere darf ein maschinell hergestellter Vordruck bezüglich folgender Punkte nicht vom amtlichen Muster abweichen:

- keine Hinterlegung in Farbe oder Grauwerten,
- keine Kammboxen und keine Erläuterungstexte in den Datenfeldern,
- Schriftgrößen,
- keine Serifenschriften,
- keine zusätzlichen Inhalte wie Erläuterungstexte und Informationen des Anlageinstituts, Unternehmens, Empfängers.

Wird ein Vordruck maschinell ausgefüllt, dürfen für die Eintragungen in den Datenfeldern ebenfalls keine Serifenschriften verwendet werden. Diese Eintragungen sind in Schriftgröße 12 pt vorzunehmen. Eine kleinere Schrift darf nur verwendet werden, wenn anderenfalls der für die Eintragung zur Verfügung stehende Platz nicht ausreichen würde. Maschinell erstellte Anzeigen brauchen nicht handschriftlich unterschrieben zu werden.

Die Bekanntmachung vom 15. November 2001 – IV C 5 – S 2439 – 14/01 – (BStBl I S. 875)[3]) wird mit Wirkung ab 1. Januar 2012 aufgehoben.

---
[1]) Die Datensatzbeschreibung ist hier nicht abgedruckt.
[2]) Die Datensatzbeschreibung (Anlage 3) ist hier nicht abgedruckt.
[3]) Abgedruckt in Anhang 14 IV der Lohnsteuer Handausgabe 2011.

Anhang 14
IV

5. Vermögensbildungsgesetz

(Anschrift des Kreditinstituts/Versicherungsunternehmens)

Ort, Datum

Telefon

Technisches Finanzamt Berlin
- ZPS ZANS -
Klosterstr. 59

10179 Berlin.

Anzeige nach § 8 Abs. 1 Nr. 1 bis 3 VermBDV 1994

Zutreffendes ankreuzen ⊠ oder ausfüllen

Arbeitnehmer (Name, Vorname)	geboren am
(Straße, Hausnummer)	Identifikationsnummer
(Postleitzahl, Wohnort)	

Art der Anlage

[1] Sparvertrag über Wertpapiere oder andere Vermögensbeteiligungen (§ 4 des 5. VermBG)

[4] Bausparvertrag (§ 2 Abs. 1 Nr. 4 des 5. VermBG)

Institutsschlüssel für Arbeitnehmer-Sparzulage: ☐☐☐☐☐

Vertrags-Nummer: ☐☐☐☐☐☐☐☐☐☐☐

Bei Vertragsbeginn maßgebliches Ende der Sperrfrist: Tag ☐☐ Monat ☐☐ Jahr ☐☐☐☐

Die angelegten vermögenswirksamen Leistungen wurden nicht fristgerecht verwendet oder über sie wurde vor Ablauf der Sperrfrist verfügt.

Die vorzeitige Verfügung ist [1] unschädlich ☐ schädlich [0] aufgehoben.

Bei vorzeitiger schädlicher Verfügung:

[2] Verfügt wurde über sämtliche vermögenswirksame Leistungen.

[3] Verfügt wurde nur über einen Teil der vermögenswirksamen Leistungen in Höhe von _____ Euro. Insgesamt wurden angelegt:

im Kalenderjahr	vermögenswirksame Leistungen Euro

(Unterschrift)

VermB 12 - 08.11 -

Anhang 14

5. Vermögensbildungsgesetz

IV

(Anschrift des Arbeitgebers/Unternehmens)

Ort, Datum

Telefon

Technisches Finanzamt Berlin
- ZPS ZANS -
Klosterstr. 59

10179 Berlin.

Anzeige nach § 8 Abs. 1 Nr. 4 bis 6 VermBDV 1994

Zutreffendes ankreuzen ☒ oder ausfüllen

Arbeitnehmer (Name, Vorname)	geboren am
(Straße, Hausnummer)	Identifikationsnummer
(Postleitzahl, Wohnort)	

Art der Anlage

| 2 | Wertpapier-Kaufvertrag (§ 5 des 5. VermBG) | 3 | Beteiligungs-Vertrag oder Beteiligungs-Kaufvertrag (§§ 6,7 des 5. VermBG) |

Institutsschlüssel für Arbeitnehmer-Sparzulage

Vertrags-Nummer

Bei Vertragsbeginn maßgebliches Ende der Sperrfrist — Tag Monat Jahr

Die für die vermögenswirksame Anlage geltenden Sperr-, Verwendungs- oder Vorlagenfristen wurden verletzt. Angezeigt wird, dass

- [1] über vermögenswirksame Leistungen vorzeitig verfügt wurde.
- [2] vermögenswirksame Leistungen nicht rechtzeitig bestimmungsgemäß verwendet wurden.
- [3] die Verwahrungsbescheinigung nicht rechtzeitig vorgelegt wurde.
- [0] die vorzeitige Verfügung aufgehoben wurde.

Betroffen sind vermögenswirksame Leistungen in Höhe von _____ Euro.

Auf den Anlagevertrag wurden insgesamt angelegt:

im Kalenderjahr	vermögenswirksame Leistungen Euro

(Unterschrift)

VermB 13 - 08.11 -

Erläuterungen

Damit das Finanzamt bei vorzeitiger unschädlicher Verfügung die Arbeitnehmer-Sparzulage an den Arbeitnehmer auszahlen kann und um zu verhindern, dass vom Finanzamt festgesetzte Arbeitnehmer-Sparzulagen bei Eintritt der Fälligkeit zu Unrecht an den Arbeitgeber oder das Unternehmen zugunsten des Arbeitnehmers überwiesen werden, bestehen folgende Anzeigepflichten:

1. Der **Arbeitgeber**, bei dem die vermögenswirksamen Leistungen angelegt sind, hat unverzüglich anzuzeigen, dass

   - vor Ablauf der Sperrfrist über Wertpapiere, die der Arbeitgeber verwahrt oder von einem Dritten verwahren lässt oder die das vom Arbeitnehmer benannte Kreditinstitut verwahrt, durch Veräußerung, Abtretung oder Beleihung verfügt worden ist oder die Wertpapiere endgültig aus der Verwahrung genommen worden sind,
   - der Arbeitnehmer die Verwahrungsbescheinigung dem Arbeitgeber nicht innerhalb von drei Monaten nach dem Erwerb der Wertpapiere vorgelegt hat,
   - der Arbeitnehmer für die aufgrund eines Wertpapier-Kaufvertrags, Beteiligungs-Vertrags oder Beteiligungs-Kaufvertrags angezahlten (vorausgezahlten) Beträge bis zum Ablauf des auf die Zahlung folgenden Kalenderjahrs keine Wertpapiere oder nichtverbrieften betrieblichen Beteiligungen erhalten hat,
   - vor Ablauf der Sperrfrist über nichtverbriefte betriebliche Beteiligungen verfügt worden ist.

2. **Unternehmen,** an denen mit vermögenswirksamen Leistungen nichtverbriefte Beteiligungen (**Genossenschaftsanteile, GmbH-Geschäftsanteile, stille Beteiligungen**) erworben werden sollen oder erworben worden sind, haben unverzüglich anzuzeigen, dass der Arbeitnehmer für die aufgrund eines Beteiligungs-Vertrags oder Beteiligungs-Kaufvertrags angezahlten (vorausgezahlten) Beträge bis zum Ablauf des auf die Zahlung folgenden Kalenderjahrs keine Beteiligungen erhalten hat. Nach Begründung oder Erwerb der Beteiligung ist jede Verfügung vor Ablauf der Sperrfrist anzuzeigen.

Die Anzeigen sind nach amtlich vorgeschriebenem Vordruck ohne Rücksicht darauf zu erstatten, ob unschädliche Verfügungen vorliegen; diese werden ausschließlich vom Finanzamt geprüft.

V.
Vereinfachtes nachträgliches Beantragungsverfahren für die Arbeitnehmer-Sparzulage

(BMF-Schreiben vom 13. 12. 2001 – IV C 5 – S 2436 – 10/01 –)

Zu der Frage der Vereinfachung des Antragsverfahrens hat eine Abstimmung mit den obersten Finanzbehörden der Länder stattgefunden. Es bestehen neben der Möglichkeit, dass der Arbeitnehmer den Antrag auf die Arbeitnehmer-Sparzulage auf den für das Sparjahr geltenden Vordrucken beim Finanzamt stellt, auch gegen das folgende vereinfachte Verfahren keine Bedenken:

Die Bausparkasse übersendet dem Sparer eine beidseitig bedruckte Seite im DIN A 4 Format, die auf der Vorderseite die erste Seite des Mantelbogens und auf der Rückseite die erste Seite der Anlage N des entsprechenden Sparjahres enthält. Dadurch ist sichergestellt, dass die Grunddaten im Finanzamt abgeglichen werden können und dem Finanzamt bekannt wird, wie viele Anlagen VL eingereicht werden. Die Bausparkasse kann schon die persönlichen Daten des Sparers (Steuernummer, Name, Bankverbindung etc.) aufnehmen, so dass der Sparer den Antrag nur noch unterschreiben und beim Finanzamt einreichen muss. Durch die Übersendung einer neuen Anlage VL könnten zudem Rückfragen vermieden werden, wenn der Sparer die Anlage nicht mehr in seinen Unterlagen finden kann.

VI.
Beiträge zum Erwerb von Miteigentum an so genannten Immobilienspargesellschaften[1])

(Verfügung der OFD Berlin vom 22. 5. 2003 – St 178 – S 2430 – 1/03 –)

Auf Bund-Länder-Ebene wurde die Frage erörtert, inwieweit vermögenswirksame Leistungen, die Arbeitnehmer an eine Treuhandgesellschaft zum Erwerb von Immobilienanteilen zahlen, ohne dass sie selbst als Grundstückseigentümer eingetragen sind, sparzulagenbegünstigt i. S. des § 2 Abs. 1 Nr. 5 des 5. VermBG sind.

---

[1]) → auch Abschnitt 10 und 24 des BMF-Schreibens vom 9. 8. 2004 (BStBl I S. 717) unter Berücksichtigung der Änderungen durch das BMF-Schreiben vom 16. 3. 2009 (BStBl I S. 501), das BMF-Schreiben 4. 2. 2010 (BStBl I S. 195) und das BMF-Schreiben vom 2. 12. 2011 (BStBl I S. 1252); das BMF-Schreiben vom 9. 8. 2004 mit den entsprechenden Änderungen ist in Anhang 14 III abgedruckt.

Im Ergebnis wurde festgestellt, dass solche Treuhandfälle keine förderfähigen Anlagen i. S. des 5. VermBG darstellen, weil der erforderliche Anlegerschutz nicht gewährleistet ist. Seit 1994 setzt der Anlegerschutz im 5. VermBG grundsätzlich die Anlage der vermögenswirksamen Leistungen bei staatlich kontrollierten Einrichtungen (Banken, Versicherungen) voraus. Davon gibt es nur zwei Ausnahmen
– Anlage beim eigenen Arbeitgeber (wegen des besonderen Vertrauensverhältnisses) und
– Anlage bei sich selbst (in Form von Grundeigentum).

Mangels eigenen Grundeigentums können die dargestellten Treuhandverhältnisse nicht als förderfähige Anlagen i. S. des 5. VermBG anerkannt werden.

VII.
Antragsfrist – Arbeitnehmer-Sparzulage

(Verfügungen der OFD Rheinland vom 29. 7. 2009 – S 2430 – 1002 – St 213 – und der OFD Münster vom 29. 7. 2009 – S 2430 – 16 – St 22 – 31 –)

Die Arbeitnehmer-Sparzulage wird auf Antrag durch das für die Besteuerung des Arbeitnehmers nach dem Einkommen zuständige Finanzamt festgesetzt. Der Arbeitnehmer hatte bisher den Antrag spätestens bis zum Ablauf des zweiten Kalenderjahrs nach dem Kalenderjahr zu stellen, in dem die vermögenswirksamen Leistungen angelegt worden sind (§ 14 Abs. 4 Satz 2 des 5. VermBG).

Abweichende Antragsfristen gelten nur in den Fällen, in denen der Anspruch auf Arbeitnehmer-Sparzulage erst später erstmalig entsteht, weil
– der Arbeitnehmer die Einkommensgrenzen erstmals unterschreitet (§ 14 Abs. 5 des 5. VermBG) oder
– eine Mitteilung über die Änderung des Prämienanspruchs ergeht, wenn der Arbeitnehmer für die vermögenswirksamen Leistungen zunächst einen Antrag auf Wohnungsbauprämie gestellt hat (§ 14 Abs. 6 des 5. VermBG).

Durch das JStG 2008 ist die Zweijahresfrist für den Antrag auf Einkommensteuerveranlagung nach § 46 Abs. 2 Nr. 8 EStG weggefallen. Mit dem Inkrafttreten des Gesetzes zur steuerlichen Berücksichtigung von Vorsorgeaufwendungen (Bürgerentlastungsgesetz) am 23. 7. 2009 entfällt jetzt auch die Zweijahresfrist für den Antrag auf Festsetzung der Arbeitnehmer-Sparzulage. Die geänderte Regelung ist nach § 17 Abs. 10 des 5. VermBG erstmals für vermögenswirksame Leistungen anzuwenden, die nach dem 31. 12. 2006 angelegt worden sind und in Fällen, in denen bis zum 22. 7. 2009 über einen Antrag auf Arbeitnehmer-Sparzulage noch nicht bestandskräftig entschieden ist.

VIII.
Bekanntmachung des Vordruckmusters für die Bescheinigung der 2012 angelegten vermögenswirksamen Leistungen (Anlage VL 2012)

(BMF-Schreiben vom 24. 8. 2012 – IV C 5 – S 2439/12/10002 –, BStBl I S. 905)

Das Vordruckmuster für die Bescheinigung der 2012 angelegten vermögenswirksamen Leistungen wird hiermit in der Anlage bekannt gemacht. Der Vordruck hat das Format DIN A4.

Der Vordruck kann auch maschinell hergestellt werden. Im Interesse einer korrekten Erfassung (maschinelle Beleglesung) muss der maschinell hergestellte Vordruck sämtliche Angaben in gleicher Anordnung enthalten und in Format, Aufbau, Druckbild und Wortlaut dem bekannt gemachten Vordruck entsprechen. Insbesondere darf ein maschinell hergestellter Vordruck bezüglich folgender Punkte nicht vom amtlichen Muster abweichen:
– keine Hinterlegung in Farbe oder Grauwerten.
– keine Kammboxen und keine Erläuterungstexte in den Datenfeldern,
– Schriftgrößen,
– keine Serifenschriften,
– keine zusätzlichen Inhalte wie Erläuterungstexte und Informationen des Anlageinstituts, Unternehmens, Empfängers.

Wird der Vordruck maschinell ausgefüllt, dürfen für die Eintragungen in den Datenfeldern ebenfalls keine Serifenschriften verwendet werden. Diese Eintragungen sind in Schriftgröße 12 pt vorzunehmen. Eine kleinere Schrift darf nur verwendet werden, wenn anderenfalls der für die Eintragung zur Verfügung stehende Platz nicht ausreichen würde.

Maschinell erstellte Bescheinigungen brauchen nicht handschriftlich unterschrieben zu werden.

Beim Ausfüllen der Anlage VL 2012 sind die Vorgaben im BMF-Schreiben vom 9. August 2004 (BStBl I Seite 717), geändert durch die BMF-Schreiben vom 16. März 2009 (BStBl I Seite 501), vom 4. Februar 2010 (BStBl I Seite 195) und vom 2. Dezember 2011 (BStBl I Seite 1252), zu beachten. Eine redaktionelle Zusammenfassung der BMF-Schreiben ist unter www.bundesfinanzministerium.de abrufbar.

Anhang 14
VIII

5. Vermögensbildungsgesetz

| vom Arbeitnehmer auszufüllen ▶ | Name, Vorname | Steuernummer / Identifikationsnummer | **2012** |

Anlage VL

99	1 5
9	
87	

Wichtiger Hinweis:

Diese Bescheinigung benötigen Sie, wenn Sie eine Arbeitnehmer-Sparzulage nach dem Fünften Vermögensbildungsgesetz (VermBG) beantragen wollen. In diesem Fall fügen Sie bitte die Bescheinigung Ihrer Einkommensteuererklärung / Ihrem Antrag auf Arbeitnehmer-Sparzulage bei.

Bescheinigung vermögenswirksamer Leistungen für 2012
(§ 15 Abs. 1 VermBG, § 5 VermBDV 1994)

Arbeitnehmer (Name, Vorname)   geboren am

Straße, Hausnummer

Postleitzahl, Wohnort

		1. Vertrag		2. Vertrag
Art der Anlage *)	0		0	
Institutsschlüssel für die Arbeitnehmer-Sparzulage	1		1	
Vertragsnummer	2		2	
Vermögenswirksame Leistungen (auf volle Euro aufgerundet)	3		3	
Ende der Sperrfrist (Format: TT.MM.JJJJ)	4		4	
Anlageinstitut, Unternehmen, Empfänger				

*) Bitte zutreffende Kennzahl eintragen.

1 = Sparvertrag über Wertpapiere oder andere Vermögensbeteiligungen (§ 4 VermBG)

2 = Wertpapier-Kaufvertrag (§ 5 VermBG)

3 = Beteiligungs-Vertrag oder Beteiligungs-Kaufvertrag (§§ 6, 7 VermBG)

4 = Bausparvertrag (§ 2 Abs. 1 Nr. 4 VermBG)

8 = Wohnungsbau (§ 2 Abs. 1 Nr. 5 VermBG) oder Anlagen nach § 2 Abs. 1 Nr. 4 VermBG in Verbindung mit § 2 Abs. 1 Nr. 2 des Wohnungsbau-Prämiengesetzes

_____   _____
(Datum)   (Unterschrift des Anlageinstituts, Unternehmens, Empfängers)

Anlage VL – Juni 2012

Anhang 15
Wohnungsbau-Prämiengesetz

Übersicht

I. Wohnungsbau-Prämiengesetz (WoPG 1996)
II. Verordnung zur Durchführung des Wohnungsbau-Prämiengesetz (WoPDV 1996)
III. Allgemeine Verwaltungsvorschrift zur Ausführung des Wohnungsbau-Prämiengesetzes
IV. Gesetz über die soziale Wohnraumförderung (Wohnraumförderungsgesetz – WoFG)
V. Bekanntmachung der Vordruckmuster für den Antrag auf Wohnungsbauprämie für 2012 BMF-Schreiben vom 30. 11. 2012 (BStBl I S. 1233)

I.
Wohnungsbau-Prämiengesetz
(WoPG 1996)

vom 30. 10. 1997 (BGBl. I S. 2678, BStBl I S. 1050),
zuletzt geändert durch Artikel 7 des Gesetzes zur bestätigenden Regelung verschiedener steuerlicher und verkehrsrechtlicher Vorschriften des Haushaltsbegleitgesetzes 2004 vom 5. 4. 2011 (BGBl. I S. 554, BStBl I S. 310)

§ 1 Prämienberechtigte

Unbeschränkt einkommensteuerpflichtige Personen im Sinne des § 1 Abs. 1 oder 2 oder Abs. 3 in Verbindung mit Abs. 2 Satz 1 Nr. 1 und 2 des Einkommensteuergesetzes, die das 16. Lebensjahr vollendet haben oder Vollwaisen sind, können für Aufwendungen zur Förderung des Wohnungsbaus eine Prämie erhalten. Voraussetzung ist, daß

1. die Aufwendungen nicht vermögenswirksame Leistungen darstellen, für die Anspruch auf Arbeitnehmer-Sparzulage nach § 13 des Fünften Vermögensbildungsgesetzes besteht, und
2. das maßgebende Einkommen des Prämienberechtigten die Einkommensgrenze (§ 2a) nicht überschritten hat.

§ 2 Prämienbegünstigte Aufwendungen

(1) Als Aufwendungen zur Förderung des Wohnungsbaus im Sinne des § 1 gelten

1. Beiträge an Bausparkassen zur Erlangung von Baudarlehen, soweit die an dieselbe Bausparkasse geleisteten Beiträge im Sparjahr (§ 4 Abs. 1) mindestens 50 Euro betragen. Voraussetzung ist, daß die Bausparkasse ihren Sitz oder ihre Geschäftsleitung in einem Mitgliedstaat der Europäischen Union hat und ihr die Erlaubnis zum Geschäftsbetrieb im Gebiet der Europäischen Union erteilt ist. Bausparkassen sind Kreditinstitute, deren Geschäftsbetrieb darauf gerichtet ist, Bauspareinlagen entgegenzunehmen und aus den angesammelten Beträgen den Bausparern nach einem auf gleichmäßige Zuteilungsfolge gerichteten Verfahren Baudarlehen für wohnungswirtschaftliche Maßnahmen zu gewähren. Werden Beiträge an Bausparkassen zugunsten eines zertifizierten Altersvorsorgevertrages zur Erlangung eines Bauspardarlehens in einem Sparjahr (§ 4 Abs. 1) vom Anbieter den Altersvorsorgebeiträgen nach § 82 des Einkommensteuergesetzes zugeordnet, handelt es sich bei allen Beiträgen zu diesem Vertrag innerhalb dieses Sparjahres bis zu den in § 10a Abs. 1 des Einkommensteuergesetzes genannten Höchstbeträgen um Altersvorsorgebeiträge und nicht um prämienbegünstigte Aufwendungen im Sinne der Absätze 2 und 3;
2. Aufwendungen für den ersten Erwerb von Anteilen an Bau- und Wohnungsgenossenschaften;
3. Beiträge auf Grund von Sparverträgen, die auf die Dauer von drei bis sechs Jahren als allgemeine Sparverträge oder als Sparverträge mit festgelegten Sparraten mit einem Kreditinstitut abgeschlossen werden, wenn die eingezahlten Sparbeiträge und die Prämien zum Bau oder Erwerb selbst genutzten Wohneigentums oder zum Erwerb eines eigentumsähnlichen Dauerwohnrechts verwendet werden;
4. Beiträge auf Grund von Verträgen, die mit Wohnungs- und Siedlungsunternehmen nach der Art von Sparverträgen mit festgelegten Sparraten auf die Dauer von drei bis sechs Jahren mit dem Zweck einer Kapitalansammlung abgeschlossen werden, wenn die eingezahlten Beiträge und die Prämien zum Bau oder Erwerb selbst genutzten Wohneigentums oder zum Erwerb eines eigentumsähnlichen Dauerwohnrechts verwendet werden. Den Verträgen mit Wohnungs- und Siedlungsunternehmen stehen Verträge mit den am 31. Dezember 1989 als Organe der staatlichen Wohnungspolitik anerkannten Unternehmen gleich, soweit sie die Voraussetzungen nach Satz 1 erfüllen.

(2) Für die Prämienbegünstigung der in Absatz 1 Nr. 1 bezeichneten Aufwendungen ist Voraussetzung, dass

1. bei Auszahlung der Bausparsumme oder bei Beleihung der Ansprüche aus dem Vertrag der Bausparer die empfangenen Beträge unverzüglich und unmittelbar zum Wohnungsbau verwendet oder
2. im Fall der Abtretung der Erwerber die Bausparsumme oder die auf Grund einer Beleihung empfangenen Beträge unverzüglich und unmittelbar zum Wohnungsbau für die abtretende Person oder deren Angehörige im Sinne des § 15 der Abgabenordnung verwendet.

Unschädlich ist jedoch eine Verfügung ohne Verwendung zum Wohnungsbau, die frühestens sieben Jahre nach dem Vertragsabschluss erfolgt, wenn der Bausparer bei Vertragsabschluss das 25. Lebensjahr noch nicht vollendet hatte. Die Prämienbegünstigung ist in diesen Fällen auf die Berücksichtigung der in Absatz 1 Nr. 1 bezeichneten Aufwendungen der letzten sieben Sparjahre bis zu der Verfügung beschränkt. Jeder Bausparer kann nur einmal über einen vor Vollendung des 25. Lebensjahres abgeschlossenen Bausparvertrag ohne wohnungswirtschaftliche Verwendung prämienunschädlich verfügen. Unschädlich ist auch eine Verfügung ohne Verwendung zum Wohnungsbau, wenn der Bausparer oder sein von ihm nicht dauernd getrennt lebender Ehegatte nach Vertragsabschluss gestorben oder völlig erwerbsunfähig geworden ist oder der Bausparer nach Vertragsabschluss arbeitslos geworden ist und die Arbeitslosigkeit mindestens ein Jahr lang ununterbrochen bestanden hat und im Zeitpunkt der Verfügung noch besteht. Die Prämienbegünstigung ist in diesen Fällen auf die Berücksichtigung der in Absatz 1 Nr. 1 bezeichneten Aufwendungen der letzten sieben Sparjahre bis zum Eintritt des Ereignisses beschränkt. Die Vereinbarung über die Erhöhung der Bausparsumme ist als selbständiger Vertrag zu behandeln. Als Wohnungsbau im Sinne der Nummern 1 und 2 gelten auch bauliche Maßnahmen des Mieters zur Modernisierung seiner Wohnung. Dies gilt ebenfalls für den ersten Erwerb von Anteilen an Bau- und Wohnungsgenossenschaften im Sinne des Absatzes 1 Nr. 2 und den Erwerb von Rechten zur dauernden Selbstnutzung von Wohnraum in Alten-, Altenpflege- und Behinderteneinrichtungen oder -anlagen. Die Unschädlichkeit setzt weiter voraus, daß die empfangenen Beträge nicht zum Wohnungsbau im Ausland eingesetzt werden, sofern nichts anderes bestimmt ist.

(3) Für vor dem 1. Januar 2009 abgeschlossene Verträge, für die bis zum 31. Dezember 2008 mindestens ein Beitrag in Höhe der Regelsparrate entrichtet wurde, ist Voraussetzung für die Prämienbegünstigung der in Absatz 1 Nr. 1 bezeichneten Aufwendungen, dass vor Ablauf von sieben Jahren seit Vertragsabschluss weder der Bausparsumme ganz oder zum Teil ausgezahlt noch geleistete Beiträge ganz oder zum Teil zurückgezahlt oder Ansprüche aus dem Bausparvertrag abgetreten oder beliehen werden. Unschädlich ist jedoch die vorzeitige Verfügung, wenn

1. die Bausparsumme ausgezahlt oder die Ansprüche aus dem Vertrag beliehen werden und der Bausparer die empfangenen Beträge unverzüglich und unmittelbar zum Wohnungsbau verwendet,
2. im Fall der Abtretung der Erwerber die Bausparsumme oder die auf Grund einer Beleihung empfangenen Beträge unverzüglich und unmittelbar zum Wohnungsbau für die abtretende Person oder deren Angehörige im Sinne des § 15 der Abgabenordnung verwendet,
3. der Bausparer oder sein von ihm nicht dauernd getrennt lebender Ehegatte nach Vertragsabschluss gestorben oder völlig erwerbsunfähig geworden ist oder
4. der Bausparer nach Vertragsabschluss arbeitslos geworden ist und die Arbeitslosigkeit mindestens ein Jahr lang ununterbrochen bestanden hat und im Zeitpunkt der vorzeitigen Verfügung noch besteht.

Absatz 2 Satz 7 bis 10 gilt sinngemäß.

§ 2a Einkommensgrenze

Die Einkommensgrenze beträgt 25 600 Euro, bei Ehegatten (§ 3 Abs. 3) 51 200 Euro. Maßgebend ist das zu versteuernde Einkommen (§ 2 Absatz 5 des Einkommensteuergesetzes) des Sparjahrs (§ 4 Abs. 1). Bei Ehegatten ist das zu versteuernde Einkommen maßgebend, das sich bei einer Zusammenveranlagung nach § 26b des Einkommensteuergesetzes ergeben hat oder, falls eine Veranlagung nicht durchgeführt worden ist, ergeben würde.

§ 2b

(weggefallen)

§ 3 Höhe der Prämie

(1) Die Prämie bemißt sich nach den im Sparjahr (§ 4 Abs. 1) geleisteten prämienbegünstigten Aufwendungen. Sie beträgt 8,8 Prozent der Aufwendungen.

(2) Die Aufwendungen des Prämienberechtigten sind je Kalenderjahr bis zu einem Höchstbetrag von 512 Euro, bei Ehegatten (Absatz 3) zusammen bis zu 1 024 Euro prämienbegünstigt. Die Höchstbeträge stehen den Prämienberechtigten gemeinsam zu (Höchstbetragsgemeinschaft).

(3) Ehegatten im Sinne dieses Gesetzes sind Personen, welche nach § 26b des Einkommensteuergesetzes zusammen veranlagt werden oder, falls eine Veranlagung zur Einkommensteuer nicht durchgeführt wird, die Voraussetzungen des § 26 Abs. 1 Satz 1 des Einkommensteuergesetzes erfüllen.

§ 4 Prämienverfahren allgemein

(1) Der Anspruch auf Prämie entsteht mit Ablauf des Sparjahrs. Sparjahr ist das Kalenderjahr, in dem die prämienbegünstigten Aufwendungen geleistet worden sind.

(2) Die Prämie ist nach amtlich vorgeschriebenem Vordruck bis zum Ablauf des zweiten Kalenderjahrs, das auf das Sparjahr (Absatz 1) folgt, bei dem Unternehmen zu beantragen, an das die prämienbegünstigten Aufwendungen geleistet worden sind. Der Antragsteller hat zu erklären, für welche Aufwendungen er die Prämie beansprucht, wenn bei mehreren Verträgen die Summe der Aufwendungen den Höchstbetrag (§ 3 Abs. 2) überschreitet; Ehegatten (§ 3 Abs. 3) haben dies einheitlich zu erklären. Der Antragsteller ist verpflichtet, dem Unternehmen unverzüglich eine Änderung der Verhältnisse mitzuteilen, die zu einer Minderung oder zum Wegfall des Prämienanspruchs führen.

(3) Überschreiten bei mehreren Verträgen die insgesamt ermittelten oder festgesetzten Prämien die für das Sparjahr höchstens zulässige Prämie (§ 3), ist die Summe der Prämien hierauf zu begrenzen. Dabei ist die Prämie vorrangig für Aufwendungen auf Verträge mit dem jeweils älteren Vertragsdatum zu belassen. Insoweit ist eine abweichende Erklärung des Prämienberechtigten oder seines Ehegatten unbeachtlich.

(4) Ein Rückforderungsanspruch erlischt, wenn er nicht bis zum Ablauf des vierten Kalenderjahrs geltend gemacht worden ist, das auf das Kalenderjahr folgt, in dem der Prämienberechtigte die Prämie verwendet hat (§ 5).

(5) Das Unternehmen darf die im Prämienverfahren bekanntgewordenen Verhältnisse der Beteiligten nur für das Verfahren verwerten. Es darf sie ohne Zustimmung der Beteiligten nur offenbaren, soweit dies gesetzlich zugelassen ist.

§ 4a Prämienverfahren im Fall des § 2 Abs. 1 Nr. 1

(1) Bei Aufwendungen im Sinne des § 2 Abs. 1 Nr. 1 hat die Bausparkasse auf Grund des Antrags zu ermitteln, ob und in welcher Höhe ein Prämienanspruch nach Maßgabe dieses Gesetzes oder nach einer auf Grund dieses Gesetzes erlassenen Rechtsverordnung besteht. Dabei hat sie alle Verträge mit dem Prämienberechtigten und seinem Ehegatten (§ 3 Abs. 3) zu berücksichtigen. Die Bausparkasse hat dem Antragsteller das Ermittlungsergebnis spätestens im nächsten Kontoauszug mitzuteilen.

(2) Die Bausparkasse hat die im Kalendermonat ermittelten Prämien (Absatz 1 Satz 1) im folgenden Kalendermonat in einem Betrag zur Auszahlung anzumelden, wenn die Voraussetzungen für die Prämienbegünstigung nach § 2 Abs. 2 nachgewiesen sind. In den Fällen des § 2 Abs. 3 darf die Prämie nicht vor Ablauf des Kalendermonats angemeldet werden, in dem

a) der Bausparvertrag zugeteilt,

b) die in § 2 Abs. 3 Satz 1 genannte Frist überschritten oder

c) unschädlich im Sinne des § 2 Abs. 3 Satz 2 verfügt

worden ist. Die Anmeldung ist nach amtlich vorgeschriebenem Vordruck (Wohnungsbauprämien- Anmeldung) bei dem für die Besteuerung der Bausparkasse nach dem Einkommen zuständigen Finanzamt (§ 20 der Abgabenordnung) abzugeben. Hierbei hat die Bausparkasse zu bestätigen, daß die Voraussetzungen für die Auszahlung des angemeldeten Prämienbetrags vorliegen. Die Wohnungsbauprämien-Anmeldung gilt als Steueranmeldung im Sinne der Abgabenordnung. Das Finanzamt veranlaßt die Auszahlung an die Bausparkasse zugunsten der Prämienberechtigten durch die zuständige Bundeskasse. Die Bausparkasse hat die erhaltenen Prämien unverzüglich dem Prämienberechtigten gutzuschreiben oder auszuzahlen.

(3) Die Bausparkasse hat die für die Überprüfung des Prämienanspruchs erforderlichen Daten innerhalb von vier Monaten nach Ablauf der Antragsfrist für das Sparjahr (§ 4 Abs. 2 Satz 1) nach amtlich vorgeschriebenem Datensatz durch Datenfernübertragung an die Zentralstelle der Länder zu übermitteln. Besteht der Prämienanspruch nicht oder in anderer Höhe, so teilt die Zentralstelle dies der Bausparkasse durch einen Datensatz mit.

(4) Erkennt die Bausparkasse oder wird ihr mitgeteilt, daß der Prämienanspruch ganz oder teilweise nicht besteht oder weggefallen ist, so hat sie das bisherige Ermittlungsergebnis aufzuheben oder zu ändern; zu Unrecht gutgeschriebene oder ausgezahlte Prämien hat sie zurückzufordern. Absatz 1 Satz 3 gilt entsprechend. Bei fortbestehendem Vertragsverhältnis kann sie das Konto belasten. Die Bausparkasse hat geleistete Rückforderungsbeträge in der Wohnungsbau-

prämien-Anmeldung des nachfolgenden Monats abzusetzen. Kann die Bausparkasse zu Unrecht gutgeschriebene oder ausgezahlte Prämien nicht belasten oder kommt der Prämienempfänger ihrer Zahlungsaufforderung nicht nach, so hat sie hierüber unverzüglich das für die Besteuerung nach dem Einkommen des Prämienberechtigten zuständige Finanzamt (Wohnsitzfinanzamt nach § 19 der Abgabenordnung) zu unterrichten. In diesen Fällen erläßt das Wohnsitzfinanzamt einen Rückforderungsbescheid.

(5) Eine Festsetzung der Prämie erfolgt nur auf besonderen Antrag des Prämienberechtigten. Der Antrag ist schriftlich innerhalb eines Jahres nach Bekanntwerden des Ermittlungsergebnisses der Bausparkasse vom Antragsteller unter Angabe seines Wohnsitzfinanzamts an die Bausparkasse zu richten. Die Bausparkasse leitet den Antrag diesem Finanzamt zur Entscheidung zu. Dem Antrag hat sie eine Stellungnahme und die zur Entscheidung erforderlichen Unterlagen beizufügen. Das Finanzamt teilt seine Entscheidung auch der Bausparkasse mit.

(6) Die Bausparkasse haftet als Gesamtschuldner neben dem Prämienempfänger für die Prämie, die wegen ihrer Pflichtverletzung zu Unrecht gezahlt, nicht einbehalten oder nicht zurückgefordert wird. Die Bausparkasse haftet nicht, wenn sie ohne Verschulden darüber irrte, daß die Prämie zu zahlen war. Für die Inanspruchnahme der Bausparkasse ist das in Absatz 2 Satz 3 bestimmte Finanzamt zuständig. Für die Inanspruchnahme des Prämienempfängers ist das Wohnsitzfinanzamt zuständig.

(7) Das nach Absatz 2 Satz 3 zuständige Finanzamt hat auf Anfrage der Bausparkasse Auskunft über die Anwendung dieses Gesetzes zu geben.

(8) Das nach Absatz 2 Satz 3 zuständige Finanzamt kann bei der Bausparkasse ermitteln, ob sie ihre Pflichten nach diesem Gesetz oder nach einer auf Grund dieses Gesetzes erlassenen Rechtsverordnung erfüllt hat. Die §§ 193 bis 203 der Abgabenordnung gelten sinngemäß. Die Unterlagen über das Prämienverfahren sind im Geltungsbereich dieses Gesetzes zu führen und aufzubewahren.

(9) Die Bausparkasse erhält vom Bund oder den Ländern keinen Ersatz für die ihr aus dem Prämienverfahren entstehenden Kosten.

§ 4b Prämienverfahren in den Fällen des § 2 Abs. 1 Nr. 2 bis 4

(1) Bei Aufwendungen im Sinne des § 2 Abs. 1 Nr. 2 bis 4 hat das Unternehmen den Antrag an das Wohnsitzfinanzamt des Prämienberechtigten weiterzuleiten.

(2) Wird dem Antrag entsprochen, veranlaßt das Finanzamt die Auszahlung der Prämie an das Unternehmen zugunsten des Prämienberechtigten durch die zuständige Bundeskasse. Einen Bescheid über die Festsetzung der Prämie erteilt das Finanzamt nur auf besonderen Antrag des Prämienberechtigten. Wird nachträglich festgestellt, daß die Voraussetzungen für die Prämie nicht vorliegen oder die Prämie aus anderen Gründen ganz oder teilweise zu Unrecht gezahlt worden ist, so hat das Finanzamt die Prämienfestsetzung aufzuheben oder zu ändern und die Prämie, soweit sie zu Unrecht gezahlt worden ist, zurückzufordern. Sind zu diesem Zeitpunkt die prämienbegünstigten Aufwendungen durch das Unternehmen noch nicht ausgezahlt, so darf die Auszahlung nicht vorgenommen werden, bevor die Prämien an das Finanzamt zurückgezahlt sind.

§ 5 Verwendung der Prämie

(1) (weggefallen)

(2) Die Prämien für die in § 2 Abs. 1 Nr. 1, 3 und 4 bezeichneten Aufwendungen sind vorbehaltlich des § 2 Abs. 2 Satz 2 bis 6 sowie Abs. 3 Satz 2 zusammen mit den prämienbegünstigten Aufwendungen zu dem vertragsmäßigen Zweck zu verwenden. Geschieht das nicht, so hat das Unternehmen in den Fällen des § 4b dem Finanzamt unverzüglich Mitteilung zu machen.

(3) Über Prämien, die für Aufwendungen nach § 2 Abs. 1 Nr. 2 ausgezahlt werden, kann der Prämienberechtigte verfügen, wenn das Geschäftsguthaben beim Ausscheiden des Prämienberechtigten aus der Genossenschaft ausgezahlt wird.

§ 6 Steuerliche Behandlung der Prämie

Die Prämien gehören nicht zu den Einkünften im Sinne des Einkommensteuergesetzes.

§ 7 Aufbringung der Mittel

Der Bund stellt die Beträge für die Prämien den Ländern in voller Höhe gesondert zur Verfügung.

§ 8 Anwendung der Abgabenordnung und der Finanzgerichtsordnung

(1) Auf die Wohnungsbauprämie sind die für Steuervergütungen geltenden Vorschriften der Abgabenordnung entsprechend anzuwenden. Dies gilt nicht für § 108 Abs. 3 der Abgabenordnung hinsichtlich der in § 2 genannten Fristen sowie für die §§ 109 und 163 der Abgabenordnung.

(2) Für die Wohnungsbauprämie gelten die Strafvorschriften des § 370 Abs. 1 bis 4, der §§ 371, 375 Abs. 1 und des § 376 sowie die Bußgeldvorschriften der §§ 378, 379 Abs. 1, 4 und der §§ 383 und 384 der Abgabenordnung entsprechend. Für das Strafverfahren wegen einer Straftat nach Satz 1 sowie der Begünstigung einer Person, die eine solche Tat begangen hat, gelten die §§ 385 bis 408, für das Bußgeldverfahren wegen einer Ordnungswidrigkeit nach Satz 1 die §§ 409 bis 412 der Abgabenordnung entsprechend.

(3) In öffentlich-rechtlichen Streitigkeiten über die auf Grund dieses Gesetzes ergehenden Verwaltungsakte der Finanzbehörden ist der Finanzrechtsweg gegeben.

(4) Besteuerungsgrundlagen für die Berechnung des nach § 2a maßgebenden Einkommens, die der Veranlagung zur Einkommensteuer zugrunde gelegen haben, können der Höhe nach nicht durch einen Rechtsbehelf gegen die Prämie angegriffen werden.

§ 9 Ermächtigungen

(1) Die Bundesregierung wird ermächtigt, durch Rechtsverordnung mit Zustimmung des Bundesrates Vorschriften zur Durchführung dieses Gesetzes zu erlassen über

1. (weggefallen)
2. die Bestimmung der Genossenschaften, die zu den Bau- und Wohnungsgenossenschaften gehören (§ 2 Abs. 1 Nr. 2);
3. den Inhalt der in § 2 Abs. 1 Nr. 3 bezeichneten Sparverträge, die Berechnung der Rückzahlungsfristen, die Folgen vorzeitiger Rückzahlung von Sparbeträgen und die Verpflichtungen der Kreditinstitute; die Vorschriften sind den in den §§ 18 bis 29 der Einkommensteuer-Durchführungsverordnung 1953 enthaltenen Vorschriften mit der Maßgabe anzupassen, daß eine Frist bestimmt werden kann, innerhalb der die Prämien zusammen mit den prämienbegünstigten Aufwendungen zu dem vertragsmäßigen Zweck zu verwenden sind;
4. den Inhalt der in § 2 Abs. 1 Nr. 4 bezeichneten Verträge und die Verwendung der auf Grund solcher Verträge angesammelten Beträge; dabei kann der vertragsmäßige Zweck auf den Bau durch das Unternehmen oder auf den Erwerb von dem Unternehmen, mit dem der Vertrag abgeschlossen worden ist, beschränkt und eine Frist von mindestens drei Jahren bestimmt werden, innerhalb der die Prämien zusammen mit den prämienbegünstigten Aufwendungen zu dem vertragsmäßigen Zweck zu verwenden sind. Die Prämienbegünstigung kann auf Verträge über Gebäude beschränkt werden, die nach dem 31. Dezember 1949 fertiggestellt worden sind. Für die Fälle des Erwerbs kann bestimmt werden, daß der angesammelte Betrag und die Prämien nur zur Leistung des in bar zu zahlenden Kaufpreises verwendet werden dürfen;
5. die Ermittlung, Festsetzung, Auszahlung oder Rückzahlung der Prämie, wenn Besteuerungsgrundlagen für die Berechnung des nach § 2a maßgebenden Einkommens, die der Veranlagung zur Einkommensteuer zugrunde gelegen haben, geändert werden oder wenn für Aufwendungen, die vermögenswirksame Leistungen darstellen, Arbeitnehmer-Sparzulagen zurückgezahlt oder nachträglich festgesetzt oder ausgezahlt werden;
6. das Verfahren für die Ermittlung, Festsetzung, Auszahlung und Rückforderung der Prämie. Hierzu gehören insbesondere Vorschriften über Aufzeichnungs-, Aufbewahrungs-, Bescheinigungs- und Anzeigepflichten des Unternehmens, bei dem die prämienbegünstigten Aufwendungen angelegt worden sind.

(2) Das Bundesministerium der Finanzen wird ermächtigt, den Wortlaut des Wohnungsbau-Prämiengesetzes und der hierzu erlassenen Durchführungsverordnung in der jeweils geltenden Fassung mit neuem Datum, unter neuer Überschrift und in neuer Paragraphenfolge bekanntzumachen und dabei Unstimmigkeiten des Wortlauts zu beseitigen.

(3) Das Bundesministerium der Finanzen wird ermächtigt, im Einvernehmen mit den obersten Finanzbehörden der Länder

a) den in § 4 Abs. 2 Satz 1 und den in § 4a Abs. 2 Satz 3 vorgeschriebenen Vordruck und
b) die in § 4a Abs. 3 vorgeschriebenen Datensätze

zu bestimmen.

§ 10 Schlußvorschriften

(1) Dieses Gesetz in der Fassung des Artikels 11 des Gesetzes vom 8. Dezember 2010 (BGBl. I S. 1768) ist vorbehaltlich Satz 2 erstmals für das Sparjahr 2009 anzuwenden. § 2 Abs. 1 Nr. 1 Satz 4 in der Fassung des Artikels 5 des Gesetzes vom 29. Juli 2008 (BGBl. I S. 1509) ist erstmals für das Sparjahr 2008 anzuwenden. Bei Aufwendungen im Sinne des § 2 Abs. 1 Nr. 1 ist die Prämie für Sparjahre vor 1996 nach § 4 in der Fassung des Artikels 7 des Gesetzes vom 15. Dezember 1995 (BGBl. I S. 1783) festzusetzen. § 4 Abs. 4 in der Fassung des Artikels 29 des Gesetzes vom 20. Dezember 2001 (BGBl. I S. 3794) ist erstmals bei nicht vertragsgemäßer Verwendung nach dem 31. Dezember 1998 anzuwenden. § 4a Abs. 3 Satz 1 und § 9 Abs. 3 Buchstabe b in der Fassung des Artikels 13 des Gesetzes vom 20. Dezember 2008 (BGBl. I S. 2850) sind erstmals für Datenlieferungen nach dem 31. Dezember 2008 anzuwenden.

(2) Beiträge an Bausparkassen (§ 2 Abs. 1 Nr. 1), für die in den Kalenderjahren 1991 bis 1993 die Zusatzförderung nach § 10 Abs. 6 dieses Gesetzes in der Fassung der Bekanntmachung vom 30. Juli 1992 (BGBl. I S. 1405) in Anspruch genommen worden ist, müssen ausdrücklich zur Verwendung für den Wohnungsbau in dem in Artikel 3 des Einigungsvertrags genannten Gebiet bestimmt sein. Eine Verfügung, die § 2 Abs. 3 entspricht, nicht aber dem besonderen vertraglichen Zweck, ist hinsichtlich der Zusatzprämie und des zusätzlichen Höchstbetrages schädlich. Schädlich ist auch die Verwendung für Ferien- und Wochenendwohnungen, die in einem entsprechend ausgewiesenen Sondergebiet liegen oder die sich auf Grund ihrer Bauweise nicht zum dauernden Bewohnen eignen.

II.
Verordnung zur Durchführung des Wohnungsbau-Prämiengesetzes (WoPDV 1996)

vom 30. 10. 1997 (BGBl. I S. 2684, BStBl I S. 1055)
geändert durch Artikel 6 des Gesetzes zur verbesserten Einbeziehung der selbstgenutzten Wohnimmobilie in die geförderte Altersvorsorge (Eigenheimrentengesetz – EigRentG) vom 29. 7. 2008 (BGBl. I S. 1509)

1. Beiträge an Bausparkassen zur Erlangung von Baudarlehen

§ 1
(weggefallen)

§ 1a Aufzeichnungs- und Aufbewahrungspflichten

(1) Die Bausparkasse hat Aufzeichnungen zu führen über
1. den Namen und die Anschrift des Bausparers sowie des Abtretenden und des Abtretungsempfängers der Ansprüche aus einem Bausparvertrag,
2. die Vertragsnummer und das Vertragsdatum des Bausparvertrags,
3. die prämienbegünstigten Aufwendungen je Sparjahr,
4. die ermittelte oder festgesetzte Prämie je Sparjahr,
5. die ausgezahlte Prämie je Sparjahr,
6. den Anlaß der Anmeldung in den Fällen des § 4a Abs. 2 Satz 2 des Gesetzes,
7. den nach § 4a Abs. 3 Satz 2 des Gesetzes mitgeteilten Prämienanspruch,
8. das Finanzamt, das im Falle des § 4a Abs. 5 des Gesetzes festgesetzt hat.

(2) Die Bausparkasse hat Unterlagen zu den Aufzeichnungen zu nehmen, aus denen sich der Inhalt des Bausparvertrags und die zweckentsprechende Verwendung oder eine unschädliche Verfügung über die Bausparsumme ergeben.

(3) Der Antrag auf Wohnungsbauprämie und die sonstigen Unterlagen sind geordnet zu sammeln und nach Ende des Sparjahrs zehn Jahre lang aufzubewahren. Die Bausparkasse kann die Unterlagen durch Bildträger oder andere Speichermedien ersetzen.

(4) Sonstige Vorschriften über Aufzeichnungspflichten bleiben unberührt.

(5) Die Bausparkasse hat dem Finanzamt auf Anforderung den Inhalt der Aufzeichnungen mitzuteilen und die für die Festsetzung der Prämie erforderlichen Unterlagen auszuhändigen.

§ 1b Übertragung von Bausparverträgen auf eine andere Bausparkasse

Werden Bausparverträge auf eine andere Bausparkasse übertragen und verpflichtet sich diese gegenüber dem Bausparer und der Bausparkasse, mit der der Vertrag abgeschlossen worden ist, in die Rechte und Pflichten aus dem Vertrag einzutreten, so gilt die Übertragung nicht als Rückzahlung. Das Bausparguthaben muß von der übertragenden Bausparkasse unmittelbar an die übernehmende Bausparkasse überwiesen werden.

§ 2 Wegfall des Prämienanspruchs und Rückzahlung der Prämien

(1) Der Prämienanspruch entfällt, soweit bei Bausparverträgen
1. prämienschädlich verfügt wird, oder
2. die für die Zusatzförderung nach § 10 Abs. 2 des Gesetzes erforderlichen Voraussetzungen nicht erfüllt werden.

Bereits ausgezahlte Prämien sind an die Bausparkasse oder an das zuständige Finanzamt zurückzuzahlen. Bei einer Teilrückzahlung von Beiträgen kann der Bausparer bestimmen, welche Beiträge als zurückgezahlt gelten sollen. Das gilt auch, wenn die Bausparsumme zum Teil ausgezahlt oder die ausgezahlte Bausparsumme teilweise schädlich verwendet wird oder Ansprüche aus dem Vertrag zum Teil abgetreten oder beliehen werden.

(2) Absatz 1 ist nicht anzuwenden, wenn unschädlich nach § 2 Abs. 2 Satz 2 bis 6 sowie Abs. 3 Satz 2 und 3 des Gesetzes verfügt worden ist. Beabsichtigt im Fall des § 2 Abs. 2 Satz 1 Nr. 2 oder Abs. 3 Satz 2 Nr. 2 des Gesetzes der Abtretungsempfänger im Zeitpunkt der Abtretung der Ansprüche aus dem Bausparvertrag eine unverzügliche und unmittelbare Verwendung zum Wohnungsbau für den Abtretenden oder dessen Angehörige (§ 15 der Abgabenordnung), so ist die Prämie dem Abtretenden auszuzahlen oder die Rückforderung bereits ausgezahlter Prämien auszusetzen, wenn der Abtretende eine Erklärung des Abtretungsempfängers über die Verwendungsabsicht beibringt.

2. Bau- und Wohnungsgenossenschaften

§ 3

Bau- und Wohnungsgenossenschaften im Sinne des § 2 Abs. 1 Nr. 2 des Gesetzes sind Genossenschaften, deren Zweck auf den Bau und die Finanzierung sowie die Verwaltung oder Veräußerung von Wohnungen oder auf die wohnungswirtschaftliche Betreuung gerichtet ist.

3. Wohnbau-Sparverträge

§ 4 Allgemeine Sparverträge

(1) Allgemeine Sparverträge im Sinne des § 2 Abs. 1 Nr. 3 des Gesetzes sind Verträge mit
1. einem Kreditinstitut oder
2. einem am 31. Dezember 1989 als gemeinnützig anerkannten Wohnungsunternehmen oder einem am 31. Dezember 1989 als Organ der staatlichen Wohnungspolitik anerkannten Unternehmen, wenn diese Unternehmen eigene Spareinrichtungen unterhalten, auf die die Vorschriften des Gesetzes über das Kreditwesen anzuwenden sind,

in denen der Prämienberechtigte sich verpflichtet, die eingezahlten Sparbeiträge auf drei bis sechs Jahre festzulegen und die eingezahlten Sparbeiträge sowie die Prämien zu dem in § 2 Abs. 1 Nr. 3 des Gesetzes bezeichneten Zweck zu verwenden. Die Verträge können zugunsten dritter Personen abgeschlossen werden.

(2) Die Verlängerung der Festlegung um jeweils ein Jahr oder um mehrere Jahre bis zu einer Gesamtdauer der Festlegung von sechs Jahren kann zwischen dem Prämienberechtigten und dem Unternehmen vereinbart werden. Die Vereinbarung über die Verlängerung ist vor Ablauf der Festlegungsfrist zu treffen.

§ 5 Rückzahlungsfrist bei allgemeinen Sparverträgen

Die Sparbeiträge dürfen erst nach Ablauf der vereinbarten Festlegungsfrist (§ 4) zurückgezahlt werden. Die Festlegungsfrist beginnt am 1. Januar, wenn der Vertrag vor dem 1. Juli, und am 1. Juli, wenn der Vertrag nach dem 30. Juni des betreffenden Kalenderjahrs abgeschlossen worden ist.

§ 6 Sparverträge mit festgelegten Sparraten

(1) Sparverträge mit festgelegten Sparraten im Sinne des § 2 Abs. 1 Nr. 3 des Gesetzes sind Verträge mit einem der in § 4 Abs. 1 bezeichneten Unternehmen, in denen sich der Prämienberechtigte verpflichtet, für drei bis sechs Jahre laufend, jedoch mindestens vierteljährlich, der Höhe nach gleichbleibende Sparraten einzuzahlen und die eingezahlten Sparbeiträge sowie die Prämien zu dem in § 2 Abs. 1 Nr. 3 des Gesetzes bezeichneten Zweck zu verwenden. Die Verträge können zugunsten dritter Personen abgeschlossen werden.

(2) Die Verlängerung der Einzahlungsverpflichtung um jeweils ein Jahr oder um mehrere Jahre bis zu einer Gesamtdauer der Einzahlungen von sechs Jahren kann zwischen dem Prämienberechtigten und dem Unternehmen vereinbart werden. Die Vereinbarung über die Verlängerung ist spätestens im Zeitpunkt der letzten nach dem Vertrag zu leistenden Einzahlung zu treffen.

(3) Den in Absatz 1 bezeichneten Einzahlungen werden gleichgestellt
1. zusätzliche Einzahlungen, soweit sie in einem Kalenderjahr nicht höher sind als der Jahresbetrag der in Absatz 1 bezeichneten Einzahlungen, sowie
2. zusätzliche Einzahlungen, die vermögenswirksame Leistungen darstellen, bis zur Höhe des nach dem Fünften Vermögensbildungsgesetz geförderten Betrags.

§ 7 Rückzahlungsfrist bei Sparverträgen mit festgelegten Sparraten

Die auf Grund eines Sparvertrags mit festgelegten Sparraten eingezahlten Sparbeiträge dürfen ein Jahr nach dem Tag der letzten Einzahlung, jedoch nicht vor Ablauf eines Jahres nach dem letzten regelmäßigen Fälligkeitstag, zurückgezahlt werden.

§ 8 Unterbrechung von Sparverträgen mit festgelegten Sparraten

(1) Sparraten, die nicht rechtzeitig geleistet worden sind können innerhalb eines halben Jahres nach ihrer Fälligkeit, spätestens bis zum 15. Januar des folgenden Kalenderjahrs, nachgeholt werden; die im folgenden Kalenderjahr nachgeholten Sparraten gelten als Einzahlungen des Kalenderjahrs der Fälligkeit. Innerhalb des letzten halben Jahres vor Ablauf der Festlegungsfrist ist eine Nachholung ausgeschlossen.

(2) Der Vertrag ist in vollem Umfang unterbrochen, wenn eine Sparrate nicht spätestens vor Ablauf der in Absatz 1 bezeichneten Nachholfrist eingezahlt worden ist oder wenn Einzahlungen zurückgezahlt werden; das gleiche gilt, wenn Ansprüche aus dem Vertrag abgetreten werden, es sei denn, der Abtretungsempfänger ist ein Angehöriger (§ 15 der Abgabenordnung) oder die im Vertrag bezeichnete andere Person. Der Vertrag ist teilweise unterbrochen, wenn eine Sparrate in geringerer als der vereinbarten Höhe geleistet und der Unterschiedsbetrag nicht innerhalb der in Absatz 1 bezeichneten Frist nachgeholt worden ist.

(3) Ist der Vertrag in vollem Umfang unterbrochen (Absatz 2 Satz 1), so sind spätere Einzahlungen nicht mehr prämienbegünstigt. Liegt eine teilweise Unterbrechung (Absatz 2 Satz 2) vor, so sind spätere Einzahlungen nur in Höhe des Teils der Sparraten prämienbegünstigt, der ununterbrochen in gleichbleibender Höhe geleistet worden ist. Dieser Betrag ist auch maßgebend für die zusätzlichen Einzahlungen, die nach § 6 Abs. 3 Nr. 1 erbracht werden können.

§ 9 Vorzeitige Rückzahlung

Soweit vor Ablauf der in den §§ 5 und 7 bezeichneten Fristen, außer in den Fällen des § 12, Sparbeiträge im Sinne des § 4 oder des § 6 zurückgezahlt werden, werden Prämien nicht ausgezahlt; bereits ausgezahlte Prämien sind an das Finanzamt zurückzuzahlen. Das gilt nicht, wenn der Prämienberechtigte oder die im Vertrag bezeichnete andere Person stirbt oder nach Vertragsabschluß völlig erwerbsunfähig wird.

§ 10 Verwendung der Sparbeiträge

(1) Die auf Grund eines allgemeinen Sparvertrags (§ 4) oder eines Sparvertrags mit festgelegten Sparraten (§ 6) eingezahlten Beträge sind von dem Prämienberechtigten oder der in dem Vertrag bezeichneten anderen Person zusammen mit den Prämien innerhalb eines Jahres nach der Rückzahlung der Sparbeiträge, spätestens aber innerhalb von vier Jahren nach dem Zeitpunkt, in dem die eingezahlten Sparbeiträge frühestens zurückgezahlt werden dürfen, zu dem in § 2 Abs. 1 Nr. 3 des Gesetzes bezeichneten Zweck zu verwenden. § 9 Satz 2 findet Anwendung.

(2) Eine Verwendung zu dem in § 2 Abs. 1 Nr. 3 des Gesetzes bezeichneten Zweck ist gegeben, wenn die eingezahlten Beträge verwendet werden
1. zum Bau selbst genutzten Wohneigentums für den Prämienberechtigten, die in dem Vertrag bezeichnete andere Person oder die in § 15 der Abgabenordnung bezeichneten Angehörigen dieser Personen,
2. zum Erwerb selbst genutzten Wohneigentums oder eines eigentumsähnlichen Dauerwohnrechts durch den Prämienberechtigten, die in dem Vertrag bezeichnete andere Person oder die in § 15 der Abgabenordnung bezeichneten Angehörigen dieser Personen.

§ 11 Anzeigepflicht

Die in § 4 Abs. 1 bezeichneten Unternehmen haben, außer im Fall des Todes des Prämienberechtigten oder der in dem Vertrag bezeichneten anderen Person, dem für ihre Veranlagung oder dem für die Veranlagung des Prämienberechtigten zuständigen Finanzamt unverzüglich die Fälle mitzuteilen, in denen

1. Sparbeiträge vor Ablauf der in den §§ 5 und 7 bezeichneten Fristen zurückgezahlt werden,
2. Sparbeiträge und Prämien nicht oder nicht innerhalb der Fristen des § 10 zu dem dort bezeichneten Zweck verwendet werden,
3. Sparverträge auf ein anderes Unternehmen übertragen oder in Verträge mit Wohnungs- und Siedlungsunternehmen oder mit am 31. Dezember 1989 anerkannten Organen der staatlichen Wohnungspolitik umgewandelt werden (§ 12 Abs. 1).

Die Anzeige kann auch von der Niederlassung eines Unternehmens an das Finanzamt gerichtet werden, in dessen Bezirk sich die Niederlassung befindet.

§ 12 Übertragung und Umwandlung von Sparverträgen

(1) Prämien werden auch ausgezahlt und bereits ausgezahlte Prämien werden nicht zurückgefordert, wenn

1. allgemeine Sparverträge (§ 4) und Sparverträge mit festgelegten Sparraten (§ 6) während ihrer Laufzeit unter Übertragung der bisherigen Einzahlungen und der Prämien auf ein anderes Unternehmen übertragen werden und sich dieses gegenüber dem Prämienberechtigten und dem Unternehmen, mit dem der Vertrag abgeschlossen worden ist, verpflichtet, in die Rechte und Pflichten aus dem Vertrag einzutreten,
2. Sparverträge mit festgelegten Sparraten während ihrer Laufzeit unter Übertragung der bisherigen Einzahlungen und der Prämien in Verträge mit Wohnungs- und Siedlungsunternehmen oder mit am 31. Dezember 1989 anerkannten Organen der staatlichen Wohnungspolitik im Sinne des § 13 umgewandelt werden.

(2) In Fällen der Übertragung (Absatz 1 Nr. 1) gelten die §§ 4 bis 11 weiter mit der Maßgabe, daß die bisherigen Einzahlungen als Einzahlungen auf Grund des Vertrags mit dem Unternehmen, auf das der Vertrag übertragen worden ist, behandelt werden. In Fällen der Umwandlung (Absatz 1 Nr. 2) gelten die §§ 15 bis 17 mit der Maßgabe, daß die bisherigen Einzahlungen als Einzahlungen auf Grund des Vertrags mit dem Wohnungs- oder Siedlungsunternehmen oder mit dem am 31. Dezember 1989 anerkannten Organ der staatlichen Wohnungspolitik behandelt werden.

4. Verträge mit Wohnungs- und Siedlungsunternehmen und Organen der staatlichen Wohnungspolitik (Baufinanzierungsverträge)

§ 13 Inhalt der Verträge

(1) Verträge im Sinne des § 2 Abs. 1 Nr. 4 des Gesetzes sind Verträge mit einem Wohnungs- oder Siedlungsunternehmen (§ 14) oder einem am 31. Dezember 1989 anerkannten Organ der staatlichen Wohnungspolitik (§ 2 Abs. 1 Nr. 4 Satz 2 des Gesetzes), in denen sich der Prämienberechtigte verpflichtet,

1. einen bestimmten Kapitalbetrag in der Weise anzusammeln, daß er für drei bis acht Jahre laufend, jedoch mindestens vierteljährlich, der Höhe nach gleichbleibende Sparraten bei dem Wohnungs- oder Siedlungsunternehmen oder dem am 31. Dezember 1989 anerkannten Organ der staatlichen Wohnungspolitik einzahlt, und
2. den angesammelten Betrag und die Prämien zu dem in § 2 Abs. 1 Nr. 4 des Gesetzes bezeichneten Zweck zu verwenden (§ 16),

und in denen sich das Wohnungs- oder Siedlungsunternehmen oder das am 31. Dezember 1989 anerkannte Organ der staatlichen Wohnungspolitik verpflichtet, die nach dem Vertrag vorgesehene Leistung (§ 16) zu erbringen. § 6 Abs. 2 gilt entsprechend. Die Verträge können zugunsten dritter Personen abgeschlossen werden.

(2) Den in Absatz 1 bezeichneten Einzahlungen werden gleichgestellt

1. zusätzliche Einzahlungen, soweit sie in einem Kalenderjahr nicht höher sind als der Jahresbetrag der in Absatz 1 bezeichneten Einzahlungen, sowie
2. zusätzliche Einzahlungen, die vermögenswirksame Leistungen darstellen, bis zur Höhe des nach dem Fünften Vermögensbildungsgesetz geförderten Betrags.

§ 14 Wohnungs- und Siedlungsunternehmen

Wohnungs- und Siedlungsunternehmen im Sinne des § 13 sind
1. am 31. Dezember 1989 als gemeinnützig anerkannte Wohnungsunternehmen,
2. gemeinnützige Siedlungsunternehmen,
3. Unternehmen, die vor Aufhebung des Reichsheimstättengesetzes zur Ausgabe von Heimstätten zugelassen waren,
4. andere Wohnungs- und Siedlungsunternehmen, wenn sie die folgenden Voraussetzungen erfüllen:
   a) Das Unternehmen muß im Handelsregister oder im Genossenschaftsregister eingetragen sein;
   b) der Zweck des Unternehmens muß ausschließlich oder weit überwiegend auf den Bau und die Verwaltung oder Übereignung von Wohnungen oder die wohnungswirtschaftliche Betreuung gerichtet sein. Die tatsächliche Geschäftsführung muß dem entsprechen;
   c) das Unternehmen muß sich einer regelmäßigen und außerordentlichen Überprüfung seiner wirtschaftlichen Lage und seines Geschäftsgebarens, insbesondere der Verwendung der gesparten Beträge, durch einen wohnungswirtschaftlichen Verband, zu dessen satzungsmäßigem Zweck eine solche Prüfung gehört, unterworfen haben. Soweit das Unternehmen oder seine Gesellschafter an anderen Unternehmen gleicher Art beteiligt sind, muß sich die Überprüfung zugleich auf diese erstrecken.

§ 15 Unterbrechung und Rückzahlung der Einzahlungen

(1) Sparraten, die nicht rechtzeitig geleistet worden sind, können innerhalb eines halben Jahres nach ihrer Fälligkeit, spätestens bis zum 15. Januar des folgenden Kalenderjahrs, nachgeholt werden; die im folgenden Kalenderjahr nachgeholten Sparraten gelten als Einzahlungen des Kalenderjahrs der Fälligkeit. Innerhalb des letzten halben Jahres vor Ablauf der Festlegungsfrist ist eine Nachholung ausgeschlossen.

(2) Der Vertrag ist in vollem Umfang unterbrochen, wenn eine Sparrate nicht spätestens vor Ablauf der in Absatz 1 bezeichneten Nachholfrist eingezahlt worden ist oder wenn Einzahlungen zurückgezahlt werden; das gleiche gilt, wenn Ansprüche aus dem Vertrag abgetreten werden, es sei denn, der Abtretungsempfänger ist ein Angehöriger (§ 15 der Abgabenordnung) oder die im Vertrag bezeichnete andere Person. Der Vertrag ist teilweise unterbrochen, wenn eine Sparrate in geringerer als der vereinbarten Höhe geleistet und der Unterschiedsbetrag nicht innerhalb der in Absatz 1 bezeichneten Frist nachgeholt worden ist.

(3) Ist der Vertrag in vollem Umfang unterbrochen (Absatz 2 Satz 1), so sind spätere Einzahlungen nicht mehr prämienbegünstigt. Liegt eine teilweise Unterbrechung (Absatz 2 Satz 2) vor, so sind spätere Einzahlungen nur in Höhe des Teils der Sparraten prämienbegünstigt, der ununterbrochen in gleichbleibender Höhe geleistet worden ist. Dieser Betrag ist auch maßgebend für die zusätzlichen Einzahlungen, die nach § 13 Abs. 2 Nr. 1 erbracht werden können.

(4) Soweit eingezahlte Beiträge, außer in den Fällen des § 18, zurückgezahlt werden, werden Prämien nicht ausgezahlt; bereits ausgezahlte Prämien sind an das Finanzamt zurückzuzahlen. Das gilt nicht, wenn der Prämienberechtigte oder die im Vertrag bezeichnete andere Person stirbt oder nach Vertragsabschluß völlig erwerbsunfähig wird.

§ 16 Verwendung der angesammelten Beträge

(1) Der angesammelte Betrag ist zusammen mit den Prämien innerhalb von fünf Jahren nach dem Zeitpunkt, in dem nach dem Vertrag die letzte Zahlung zu leisten ist, von dem Prämienberechtigten oder der im Vertrag bezeichneten anderen Person zu dem in § 2 Abs. 1 Nr. 4 des Gesetzes bezeichneten Zweck zu verwenden. § 15 Abs. 4 Satz 2 findet Anwendung.

(2) Eine Verwendung zu dem in § 2 Abs. 1 Nr. 4 des Gesetzes bezeichneten Zweck ist gegeben, wenn der angesammelte Betrag und die Prämien verwendet werden
1. zum Bau selbst genutzten Wohneigentums für den Prämienberechtigten, die in dem Vertrag bezeichnete andere Person oder die in § 15 der Abgabenordnung bezeichneten Angehörigen dieser Person durch das Wohnungs- und Siedlungsunternehmen oder das am 31. Dezember 1989 anerkannte Organ der staatlichen Wohnungspolitik oder
2. zum Erwerb selbst genutzten Wohneigentums oder eines eigentumsähnlichen Dauerwohnrechts durch den Prämienberechtigten, die in dem Vertrag bezeichnete andere Person oder die in § 15 der Abgabenordnung bezeichneten Angehörigen dieser Personen; dabei muß es sich um einen Erwerb von dem Wohnungs- und Siedlungsunternehmen oder dem am 31. Dezember 1989 anerkannten Organ der staatlichen Wohnungspolitik und um selbst genutztes Wohneigentum handeln, das nach dem 31. Dezember 1949 errichtet worden ist.

(3) Bei einer Verwendung im Sinne des Absatzes 2 Nr. 2 dürfen der angesammelte Betrag und die Prämien nur zur Leistung des bar zu zahlenden Teils des Kaufpreises verwendet werden.

§ 17 Anzeigepflicht

Das Wohnungs- oder Siedlungsunternehmen oder das am 31. Dezember 1989 anerkannte Organ der staatlichen Wohnungspolitik hat, außer im Fall des Todes des Prämienberechtigten oder der in dem Vertrag bezeichneten anderen Person, dem für seine Veranlagung oder dem für die Veranlagung des Prämienberechtigten zuständigen Finanzamt unverzüglich die Fälle mitzuteilen, in denen

1. angesammelte Beträge zurückgezahlt werden (§ 15),

2. angesammelte Beträge und Prämien nicht oder nicht innerhalb der Frist des § 16 zu dem in § 2 Abs. 1 Nr. 4 des Gesetzes bezeichneten Zweck verwendet werden,

3. Verträge auf ein anderes Wohnungs- oder Siedlungsunternehmen oder ein anderes am 31. Dezember 1989 anerkanntes Organ der staatlichen Wohnungspolitik übertragen oder in Sparverträge mit festgelegten Sparraten im Sinne des § 6 umgewandelt werden (§ 18 Abs. 1).

Die Anzeige kann auch von der Niederlassung eines Wohnungs- oder Siedlungsunternehmens oder eines am 31. Dezember 1989 anerkannten Organs der staatlichen Wohnungspolitik an das Finanzamt gerichtet werden, in dessen Bezirk sich die Niederlassung befindet.

§ 18 Übertragung und Umwandlung von Verträgen mit Wohnungs- und Siedlungsunternehmen und Organen der staatlichen Wohnungspolitik

(1) Prämien werden auch ausgezahlt und bereits ausgezahlte Prämien werden nicht zurückgefordert, wenn Verträge mit Wohnungs- und Siedlungsunternehmen oder am 31. Dezember 1989 anerkannten Organen der staatlichen Wohnungspolitik (§ 13) während ihrer Laufzeit unter Übertragung der bisherigen Einzahlungen und der Prämien

1. auf ein anderes Wohnungs- oder Siedlungsunternehmen oder ein anderes am 31. Dezember 1989 anerkanntes Organ der staatlichen Wohnungspolitik übertragen werden und sich dieses gegenüber dem Prämienberechtigten und dem Unternehmen, mit dem der Vertrag abgeschlossen worden ist, verpflichtet, in die Rechte und Pflichten aus dem Vertrag einzutreten,

2. in einen Sparvertrag mit festgelegten Sparraten im Sinne des § 6 umgewandelt werden.

(2) § 12 Abs. 2 ist entsprechend anzuwenden.

5. Änderung der Voraussetzungen für den Prämienanspruch in besonderen Fällen

§ 19 Änderung des zu versteuernden Einkommens

(1) Wird im Besteuerungsverfahren die Entscheidung über die Höhe des zu versteuernden Einkommens nachträglich in der Weise geändert, daß dadurch

1. die Einkommensgrenze (§ 2a des Gesetzes) unterschritten wird, so kann der Prämienberechtigte die Prämie innerhalb eines Jahres nach Bekanntgabe der Änderung erstmalig oder erneut beantragen;

2. die Einkommensgrenze überschritten wird, so ist die Prämie neu zu ermitteln oder festzusetzen; ausgezahlte Prämien sind zurückzufordern.

(2) Besteht oder entsteht für Aufwendungen, die vermögenswirksame Leistungen darstellen,

1. kein Anspruch auf Arbeitnehmer-Sparzulage und liegen dennoch die Voraussetzungen für den Prämienanspruch vor, so kann der Prämienberechtigte die Prämie innerhalb eines Jahres nach Bekanntgabe des Bescheids über die Arbeitnehmer-Sparzulage erstmalig oder erneut beantragen;

2. nachträglich ein Anspruch auf Arbeitnehmer-Sparzulage und entfällt damit der Prämienanspruch, so ist die Prämie neu zu ermitteln oder festzusetzen; ausgezahlte Prämien sind zurückzufordern.

6. Anwendungszeitraum

§ 20 Anwendungsvorschrift

Diese Verordnung in der Fassung des Artikels 6 des Gesetzes vom 29. Juli 2008 (BGBl. I S. 1509) ist erstmals für das Sparjahr 2009 anzuwenden.

III.
Allgemeine Verwaltungsvorschrift
zur Ausführung des Wohnungsbau-Prämiengesetzes

vom 22. 10. 2002 (BStBl I S. 1044)

Nach Artikel 85 Abs. 2 des Grundgesetzes wird die folgende allgemeine Verwaltungsvorschrift zur Ausführung des Wohnungsbau-Prämiengesetzes erlassen:

Wohnungsbau-Prämienrichtlinien 2002 – WoPR 2002 –

Einführung

[1]Die Wohnungsbau-Prämienrichtlinien 2002 (WoPR 2002) enthalten im Interesse einer einheitlichen Anwendung des Wohnungsbau-Prämienrechts Weisungen zur Auslegung des Wohnungsbau-Prämiengesetzes 1996 (WoPG 1996) in der Fassung der Bekanntmachung vom 30. Oktober 1997 (BGBl. I S. 2678), zuletzt geändert durch Artikel 13 des Fünften Gesetzes zur Änderung des Steuerbeamten-Ausbildungsgesetzes und zur Änderung von Steuergesetzen vom 23. Juli 2002 (BGBl. I S. 2715) und seiner Durchführungsverordnung (WoPDV 1996) in der Fassung der Bekanntmachung vom 30. Oktober 1997 (BGBl. I S. 2684), zuletzt geändert durch Artikel 14 des Fünften Gesetzes zur Änderung des Steuerbeamten-Ausbildungsgesetzes und zur Änderung von Steuergesetzen vom 23. Juli 2002 (BGBl. I S. 2715) und behandeln Zweifelsfragen und Auslegungsfragen von allgemeiner Bedeutung. [2]Die Wohnungsbau-Prämienrichtlinien 2002 sind auf die prämienbegünstigten Aufwendungen für Sparjahre anzuwenden, die nach dem 31. Dezember 1995 begonnen haben. [3]Vor den Wohnungsbau-Prämienrichtlinien 2002 ergangene sonstige Verwaltungsanweisungen zum Wohnungsbauprämienrecht sind nicht mehr anzuwenden.

Zu § 1 und § 2a des Gesetzes

1. Begünstigter Personenkreis

(1) [1]Eine Prämie erhalten natürliche Personen,

- die unbeschränkt einkommensteuerpflichtig im Sinne des § 1 Abs. 1 oder 2 Einkommensteuergesetz (EStG) sind oder nach § 1 Abs. 3 EStG auf Antrag als unbeschränkt einkommensteuerpflichtig zu behandeln sind und dabei in einem Dienstverhältnis zu einer inländischen juristischen Person des öffentlichen Rechts stehen und dafür Arbeitslohn aus einer inländischen öffentlichen Kasse beziehen,
- spätestens am Ende des Sparjahrs das 16. Lebensjahr vollendet haben oder Vollwaisen sind und
- Aufwendungen zur Förderung des Wohnungsbaus gemacht haben (§ 1 WoPG).

[2]Es ist unschädlich, wenn der Prämienberechtigte nicht während des gesamten Sparjahrs unbeschränkt einkommensteuerpflichtig ist oder als unbeschränkt einkommensteuerpflichtig behandelt wird. [3]Die Voraussetzungen der Prämienberechtigung müssen in der Person des Vertragsinhabers gegeben sein; dies gilt auch, wenn der Vertrag einen Dritten begünstigt (Abschnitt 3 Abs. 3 Satz 1).

(2) [1]Zusammenschlüsse natürlicher Personen, die als solche nicht einkommensteuerpflichtig sind – z. B. nichtrechtsfähige Vereine, Erbengemeinschaften, Personengesellschaften –, sind nicht prämienberechtigt; Partner einer eingetragenen Lebenspartnerschaft und Partner einer nichtehelichen Lebensgemeinschaft gelten als Alleinstehende. [2]Jedoch kann der einzelne Beteiligte nach Maßgabe seiner persönlichen Verhältnisse mit den ihm nachweislich zuzurechnenden Aufwendungen prämienberechtigt sein (BFH vom 10. 2. 1961 – BStBl III S. 224). [3]Für die Zuordnung der aufgrund eines Vertrags zur Förderung des Wohnungsbaus geleisteten prämienbegünstigten Aufwendungen auf die einzelnen Beteiligten ist auf das bei Vertragsabschluss im Innenverhältnis festgelegte Verhältnis abzustellen. [4]Bei Partnern einer eingetragenen Lebenspartnerschaft und Partnern einer nichtehelichen Lebensgemeinschaft kann – soweit nicht ausdrücklich etwas anderes bestimmt ist – von einer hälftigen Zurechnung ausgegangen werden.

(3) Wegen des Begriffs „Aufwendungen zur Förderung des Wohnungsbaus" vgl. Abschnitte 3 bis 8.

2. Einkommensgrenzen

(1) [1]Für die Prämienberechtigung sind die Einkommensverhältnisse des Sparjahrs maßgebend. [2]Die Einkommensgrenze beträgt für Alleinstehende (Abschnitt 10 Abs. 2) 25 600 Euro und für Ehegatten (Abschnitt 10 Abs. 3) 51 200 Euro. [3]Bei der Ermittlung des zu versteuernden Einkommens ist für jedes Kind im Sinne des § 32 EStG der jeweils in Betracht kommenden Freibeträge nach § 32 Abs. 6 EStG zu berücksichtigen (§ 2 Abs. 5 EStG); dabei ist stets der Kinderfreibetrag

für das gesamte Sparjahr zugrunde zu legen. [4]Im Übrigen erhöht sich das zu versteuernde Einkommen um die nach § 3 Nr. 40 EStG steuerfreien Beträge und mindert sich um die nach § 3c Abs. 2 EStG nicht abziehbaren Beträge (§ 2 Abs. 5a EStG)[1]).

(2) Zu den Folgen einer nachträglichen Änderung des zu versteuernden Einkommens wird auf § 19 Abs. 1 WoPDV, Abschnitt 11 Abs. 2 Satz 1, Abschnitt 12 Abs. 4, Abschnitt 13 Abs. 5 Satz 1 Nr. 3 hingewiesen.

Zu § 2 und § 5 des Gesetzes

3. Prämienbegünstigte Aufwendungen (Allgemeines)

(1) [1]Die prämienbegünstigten Aufwendungen ergeben sich abschließend aus § 2 Abs. 1 WoPG. [2]Aufwendungen, die vermögenswirksame Leistungen darstellen, sind nur prämienbegünstigt, soweit kein Anspruch auf Arbeitnehmer-Sparzulage nach § 13 des 5. Vermögensbildungsgesetzes (5. VermBG) besteht (§ 1 Nr. 1 WoPG). [3]Bei Änderungen des Anspruchs auf Arbeitnehmer-Sparzulage ist § 19 Abs. 2 WoPDV zu beachten. [4]Die Wohnungsbauprämie gehört nicht zu den prämienbegünstigten Aufwendungen. [5]Von dem Unternehmen gutgeschriebene Zinsen abzüglich etwaiger Steuern, z. B. des Zinsabschlags, können als prämienbegünstigte Aufwendungen verwendet werden. [6]Beiträge an dieselbe Bausparkasse, die nach Abzug des Betrags, für den Anspruch auf Arbeitnehmer-Sparzulage besteht, im Sparjahr weniger als 50 Euro betragen, sind keine prämienbegünstigten Aufwendungen (§ 2 Abs. 1 Nr. 1 WoPG).

(2) [1]Rückwirkende Vertragsvereinbarungen sind nicht anzuerkennen. [2]Die Vereinbarung über die Erhöhung der Bausparsumme ist als selbständiger Vertrag (Zusatzvertrag) zu behandeln (BFH vom 7. 3. 1975 – BStBl II S. 532); eine aus Anlass der Umstellung auf den Euro vorgenommene Aufrundung der Bausparsumme auf den nächsten glatten durch 1 000 Euro teilbaren Betrag stellt keine Vertragserhöhung in diesem Sinne dar. [3]Werden Bausparverträge zusammengelegt, wird die Bausparsumme herabgesetzt oder der Vertrag geteilt, so liegt lediglich eine Änderung des bisherigen Vertrags vor, die das Abschlussdatum nicht berührt.

(3) [1]Der Prämienberechtigte kann prämienbegünstigte Aufwendungen im Sinne des § 2 Abs. 1 Nr. 1, 3 und 4 WoPG auch zu Gunsten Dritter erbringen. [2]Soweit die angesammelten Beträge als Voraussetzung für die Prämie zu dem vertragsmäßigen Zweck verwendet werden müssen, tritt der Begünstigte an die Stelle des Prämienberechtigten. [3]Stirbt der Prämienberechtigte vor dem Ende der Einzahlungsdauer, so kann der Vertrag von seinem Rechtsnachfolger fortgesetzt werden. [4]Das gilt auch, wenn der Vertrag im Wege einer Erbauseinandersetzung auf einen Miterben übertragen worden ist (BFH vom 15. 6. 1973 – BStBl II S. 737). [5]Die am Ende des Todesjahres gutgeschriebenen Zinsen gehören zu den Bausparbeiträgen des Rechtsnachfolgers. [6]Für die Prämienbegünstigung der Aufwendungen, die vom Fortsetzenden erbracht werden, kommt es allein auf dessen persönliche Verhältnisse an.

(4) [1]Haben Ehegatten einen Vertrag gemeinsam abgeschlossen, so kommt es in bestimmten Fällen – z. B. bei vorzeitiger Verfügung wegen Arbeitslosigkeit oder bei Ehegatten, die als Alleinstehende zu behandeln sind (Abschnitt 10 Abs. 2), oder bei Fortsetzung des Vertrags nach Scheidung der Ehe – darauf an, welcher der Ehegatten die Aufwendungen geleistet hat. [2]Für diese Feststellung kann den Angaben der Ehegatten im Allgemeinen gefolgt werden, es sei denn, dass sich aus den Unterlagen, wie es z. B. bei vermögenswirksamen Leistungen der Fall sein kann, etwas anderes ergibt.

4. Beiträge an Bausparkassen zur Erlangung eines Baudarlehens

(1) [1]Baudarlehen sind Darlehen, die bestimmt sind

1. zum Bau, zum Erwerb oder zu einer – gemessen am Verkehrswert nicht unerheblichen – Verbesserung
    a) eines Wohngebäudes,
    b) eines anderen Gebäudes, soweit es Wohnzwecken dient, oder
    c) einer Eigentumswohnung;
2. zur Ausstattung eines Wohngebäudes mit Einbaumöbeln sowie zur Einrichtung oder zum Einbau von Heizungsanlagen sowie für Maßnahmen zur Wärmedämmung und zur Nutzung erneuerbarer Energien (Energie aus Biomasse, Geothermie, solarer Strahlung, Wasser- und Windkraft). [2]Voraussetzung ist, dass die Einrichtungen wesentliche Bestandteile eines Gebäudes sind oder ein Nebengebäude oder eine Außenanlage (§ 89 Bewertungsgesetz; Abschnitt 45 der Richtlinien für die Bewertung des Grundvermögens) darstellen;

---

[1]) § 2 Abs. 5a EStG ist nicht mehr anzuwenden. → § 2a Satz 2 und § 10 Abs. 1 Satz 1 WoPG in der Fassung des Jahressteuergesetzes 2010.

3. zum Erwerb eines eigentumsähnlichen Dauerwohnrechts (zur Definition vgl. Abschnitt 6 Abs. 4 Satz 2);
4. zum Erwerb von Rechten zur dauernden Selbstnutzung von Wohnraum in Alten-, Altenpflege- und Behinderteneinrichtungen oder -anlagen;
5. zur Beteiligung an der Finanzierung des Baues oder Erwerbs eines Gebäudes gegen Überlassung einer Wohnung;
6. zum Erwerb von Bauland, das der Bausparer in der Absicht erwirbt, ein Wohngebäude darauf zu errichten. ²Soll das zu errichtende Gebäude nur zum Teil Wohnzwecken dienen, so ist der Erwerb nur für den Teil des Baulandes begünstigt, der Wohnzwecken dienen soll. ³Auf die Baureife des Grundstücks kommt es nicht an;
7. zum Erwerb eines Grundstücks, auf dem der Bausparer als Erbbauberechtigter bereits ein Wohngebäude errichtet hat. ²Nummer 6 Satz 2 gilt entsprechend;
8. zur Durchführung baulicher Maßnahmen des Mieters oder anderer nutzungsberechtigter Personen zur Modernisierung ihrer Wohnung;
9. zum ersten Erwerb von Anteilen an Bau- oder Wohnungsgenossenschaften (Abschnitt 5);
10. zur völligen oder teilweisen Ablösung von Verpflichtungen, z. B. von Hypotheken, die im Zusammenhang mit den in Nummer 1 bis 9 bezeichneten Vorhaben eingegangen worden sind, oder von Erbbauzinsreallasten. ²Das gilt auch dann, wenn der Bausparer bereits mit Hilfe fremden Kapitals gebaut hat. ³Nicht als Ablösung von Verpflichtungen gilt die Zahlung von laufenden Tilgungs- und Zinsbeträgen, von aufgelaufenen Tilgungs- und Zinsbeträgen (sog. Nachtilgung) und von vorausgezahlten Tilgungs- und Zinsraten (sog. Voraustilgung). ⁴Eine unschädliche Verwendung des Bausparguthabens zur Ablösung von Verbindlichkeiten, die im Zusammenhang mit dem Erwerb eines Wohngebäudes eingegangen worden sind, liegt nur vor, soweit es sich um Verpflichtungen gegenüber Dritten handelt, nicht aber bei der Verpflichtung mehrerer Erwerber untereinander (BFH vom 29. 11. 1973 – BStBl 1974 II S. 126).

²Die Bausparsumme (Bausparguthaben und Baudarlehen) muss grundsätzlich für ein Objekt im Inland verwendet werden; begünstigt sind auch Ferien- oder Wochenendwohnungen. ³Ausnahmen gelten für Bauvorhaben von Bediensteten der Europäischen Union an ihrem ausländischen Wohnsitz, von dem aus sie ihrer Amtstätigkeit nachgehen (BFH vom 1. 3. 1974 – BStBl II S. 374).

(2) ¹Als Bausparbeiträge sind die Beiträge, die bis zur vollen oder teilweisen Auszahlung der Bausparsumme entrichtet wurden, zu berücksichtigen, höchstens aber bis zum Erreichen der vereinbarten Bausparsumme; auf den Zeitpunkt der Zuteilung kommt es nicht an (BFH vom 25. 7. 1958 – BStBl III S. 368). ²Neben den vertraglich vereinbarten Beiträgen gehören dazu u. a.
– Abschlussgebühren, auch wenn sie zunächst auf einem Sonderkonto gutgeschrieben worden sind,
– freiwillige Beiträge,
– gutgeschriebene Zinsen, die zur Beitragszahlung verwendet werden,
– Umschreibegebühren,
– Zinsen für ein Bausparguthaben, das aus einem Auffüllungskredit entstanden ist (BFH vom 5. 5. 1972 – BStBl II S. 732).

³Keine Bausparbeiträge sind Tilgungsbeträge, Bereitstellungszinsen, Darlehenszinsen, Verwaltungskostenbeiträge und Zuteilungsgebühren. ⁴Hat der Bausparer vor der Zuteilung des Baudarlehens einen Zwischenkredit erhalten, sind die Beiträge, die er bis zur Auszahlung der Bausparsumme entrichtet, prämienbegünstigt. ⁵Hat der Bausparer jedoch den Zwischenkredit unter Beleihung von Ansprüchen aus einem Bausparvertrag vor Ablauf der Sperrfrist erhalten, so gilt dies nur, wenn er den Zwischenkredit unverzüglich und unmittelbar zu begünstigten Zwecken verwendet. ⁶Werden Bausparbeiträge vor Ablauf des Sparjahrs, für das sie geleistet wurden, zurückgezahlt, so gelten sie als nicht geleistet.

5. Aufwendungen für den ersten Erwerb von Anteilen an Bau- und Wohnungsgenossenschaften

(1) ¹Bau- und Wohnungsgenossenschaften (im Sinne von § 2 Abs. 1 Nr. 2 WoPG, § 3 WoPDV) müssen eingetragene Genossenschaften im Sinne des § 1 des Genossenschaftsgesetzes (GenG) sein. ²Aufwendungen für den Erwerb von Mitgliedschaftsrechten an Personenvereinigungen anderer Rechtsform, z. B. an Vereinen, sind nicht prämienbegünstigt (BFH vom 23. 1. 1959 – BStBl III S. 145).

(2) ¹Aufwendungen für den ersten Erwerb von Anteilen an Bau- und Wohnungsgenossenschaften sind alle Einzahlungen des Prämienberechtigten auf seinen Geschäftsanteil. ²Erster Erwerb ist jeder unmittelbare Erwerb von der Genossenschaft. ³Ein Genosse kann mehrere Anteile an der Genossenschaft prämienbegünstigt erwerben; die Geschäftsanteile müssen nicht gleichzeitig erworben werden. ⁴Prämienbegünstigt sind hiernach z. B. auch Einzahlungen auf den Ge-

schäftsanteil, die geleistet werden, nachdem das Geschäftsguthaben durch Verlustabschreibung gemindert oder der Geschäftsanteil durch Beschluss der Generalversammlung erhöht worden ist. [5]Darüber hinaus gehören zu den Aufwendungen für den ersten Erwerb die Eintrittsgelder. [6]Zahlungen, die an den ausscheidenden Genossen für die Übernahme seines Geschäftsguthabens geleistet werden, sind keine Aufwendungen für den ersten Erwerb von Anteilen an Bau- und Wohnungsgenossenschaften.

6. Beiträge auf Grund von Wohnbau-Sparverträgen und auf Grund von Baufinanzierungsverträgen (Allgemeines)

(1) [1]Bei Sparverträgen mit festgelegten Sparraten (§ 2 Abs. 1 Nr. 3 und 4 WoPG) kann der Prämienberechtigte die im laufenden Kalenderjahr fällig werdenden Sparraten im Voraus einzahlen. [2]Die vorausgezahlten Sparraten werden jedoch erst im Zeitpunkt der Fälligkeit Sparbeiträge im Sinne des Gesetzes. [3]Werden vorausgezahlte Sparraten vor Eintritt ihrer vertraglichen Fälligkeit wieder zurückgezahlt, so gelten sie als nicht geleistet. [4]Übersteigen im Kalenderjahr die Einzahlungen des Prämienberechtigten die Summe der auf dieses Kalenderjahr entfallenden Sparraten, so können sie als zusätzliche Einzahlungen im Rahmen des § 6 Abs. 3 WoPDV prämienbegünstigt sein.

(2) [1]Voraussetzung für die Festsetzung und Auszahlung einer Prämie ist, dass die Sparbeiträge vor Ablauf der Festlegungsfrist nicht zurückgezahlt werden (§§ 9, 15 Abs. 4 WoPDV). [2]Auch bei einer Unterbrechung (§ 8 Abs. 2, § 15 Abs. 2 WoPDV) bleibt die ursprüngliche Festlegungsfrist bestehen.

(3) [1]Der vertragsmäßige Zweck ist erfüllt, wenn die Beiträge und Prämien innerhalb der Verwendungsfrist (§ 10 Abs. 1, § 16 Abs. 1 WoPDV) zu den gesetzmäßigen Zwecken verwendet werden. [2]Eine Rückzahlung vor Ablauf der Festlegungsfrist (§§ 5, 7 WoPDV) oder vor dem Zeitpunkt, in dem nach dem Vertrag die letzte Zahlung zu leisten ist, ist auch dann prämienschädlich, wenn die Beiträge zu dem vertragsmäßigen Zweck verwendet werden.

(4) [1]Der Begriff selbst genutztes Wohneigentum ergibt sich aus § 17 Abs. 2 Wohnraumförderungsgesetz. [2]Ein Dauerwohnrecht (§ 31 Wohnungseigentumsgesetz) ist als eigentumsähnlich anzusehen, wenn der Dauerwohnberechtigte in seinen Rechten und Pflichten einem Wohnungseigentümer wirtschaftlich gleichgestellt ist (BFH vom 11. 9. 1964 – BStBl 1965 III S. 8) und der Dauerwohnberechtigte auf Grund des Dauerwohnrechtsvertrags bei einem Heimfall des Dauerwohnrechts eine angemessene Entschädigung erhält. [3]Entspricht der Dauerwohnrechtsvertrag dem Mustervertrag über die Bestellung eines eigentumsähnlichen Dauerwohnrechts (Bundesbaublatt 1956 S. 615), so kann ohne weitere Prüfung anerkannt werden, dass der Dauerwohnberechtigte wirtschaftlich einem Wohnungseigentümer gleichsteht.

7. Besonderheiten bei Wohnbau-Sparverträgen

(1) [1]Eine vertragsmäßige Verwendung liegt auch in einer Beseitigung von Schäden an Gebäuden von selbst genutztem Wohneigentum unter wesentlichem Bauaufwand, durch die die Gebäude auf Dauer zu Wohnzwecken nutzbar gemacht werden. [2]Der Erwerb von Bauland kann bereits als Baumaßnahme angesehen werden, wenn er in zeitlichem Zusammenhang mit dem Bau von Wohnraum im eigenen Haus steht. [3]Das ist stets anzunehmen, wenn mit dem Bau spätestens innerhalb eines Jahres nach dem Grundstückserwerb begonnen wird (BFH vom 28. 7. 1972 – BStBl II S. 923). [4]Mit dem Bau kann schon vor Beginn der Frist begonnen werden, die nach § 10 Abs. 1 WoPDV für die Verwendung der Mittel maßgebend ist, jedoch dürfen auch in diesen Fällen die Sparbeiträge und die Prämien erst nach Ablauf der Sperrfrist (§§ 5, 7 WoPDV) für das Bauvorhaben verwendet werden. [5]Der Verwendung zum Bau wird die Ablösung von Verbindlichkeiten gleichgestellt, die im Zusammenhang mit dem Bauvorhaben entstanden sind. [6]Voraussetzung ist, dass das selbst genutzte Wohneigentum bei Abschluss des Wohnbau-Sparvertrags noch nicht fertiggestellt oder noch nicht wiederhergestellt waren (vgl. das vorgenannte BFH-Urteil).

(2) [1]Eine Verwendung zum Erwerb selbst genutzten Wohneigentums oder eines eigentumsähnlichen Dauerwohnrechts liegt auch vor, wenn die Sparbeiträge und Prämien zur Tilgung von Verbindlichkeiten, die im Zusammenhang mit dem Erwerb entstanden sind, verwendet werden. [2]Voraussetzung ist, dass das selbst genutzte Wohneigentum erst nach Abschluss des Wohnbau-Sparvertrags erworben worden ist (BFH vom 31. 1. 1964 – BStBl III S. 258).

8. Besonderheiten bei Baufinanzierungsverträgen

(1) Bei Verträgen mit Wohnungs- und Siedlungsunternehmen oder Organen der staatlichen Wohnungspolitik (Baufinanzierungsverträge – § 2 Abs. 1 Nr. 4 WoPG, § 13 WoPDV) muss neben den Verpflichtungen des Prämienberechtigten auch der Verpflichtungen des Unternehmens, die vertraglichen Leistungen zu erbringen (§ 16 WoPDV), von vornherein festgelegt sein (BFH vom 17. 3. 1972 – BStBl II S. 601).

(2) ¹Das Bauvorhaben (selbst genutztes Wohneigentum) muss von dem Wohnungs- und Siedlungsunternehmen oder von dem am 31. 12. 1989 anerkannten Organ der staatlichen Wohnungspolitik für Rechnung des Prämienberechtigten, der in dem Vertrag bezeichneten anderen Person oder des in § 15 Abgabenordnung (AO) bezeichneten Angehörigen dieser Person durchgeführt, technisch und wirtschaftlich im Wesentlichen betreut werden. ²Begünstigt ist danach sowohl der Trägerbau als auch der Betreuungsbau, nicht aber der Bau ohne Einschaltung des Unternehmens (BFH vom 8. 3. 1967 – BStBl III S. 353 und vom 13. 7. 1967 – BStBl III S. 590). ³Mit dem Bau kann schon vor Beginn der Verwendungsfrist (§ 16 Abs. 1 WoPDV) begonnen werden, jedoch dürfen der angesammelte Betrag und die dafür gewährten Prämien erst nach Ablauf der Ansammlungsfrist (§ 13 Abs. 1 WoPDV) für das Bauvorhaben verwendet werden. ⁴Abschnitt 7 Abs. 1 Satz 5 und 6 wird angewendet.

(3) ¹Beim Erwerb selbst genutzten Wohneigentums oder eines eigentumsähnlichen Dauerwohnrechts muss der Prämienberechtigte, die im Vertrag bezeichnete andere Person oder der in § 15 AO bezeichnete Angehörige dieser Person das Eigenheim usw. von dem Wohnungs- und Siedlungsunternehmen oder von dem am 31. 12. 1989 anerkannten Organ der staatlichen Wohnungspolitik erwerben. ²Der angesammelte Betrag und die dafür gewährten Prämien dürfen nur zur Leistung des bar zu zahlenden Teils des Kaufpreises verwendet werden (§ 16 Abs. 3 WoPDV). ³Auf den Zeitpunkt des Erwerbs kommt es dabei nicht an.

9. Bindung der prämienbegünstigten Aufwendungen und Prämien

(1) ¹Der Prämienberechtigte muss bei Bausparverträgen, Wohnbau-Sparverträgen und Baufinanzierungsverträgen (§ 2 Abs. 1 Nr. 1, 3 und 4 WoPG) die prämienbegünstigten Aufwendungen und die Prämien zu dem vertragsmäßigen Zweck verwenden (§ 5 Abs. 1 WoPG, Abschnitt 4 Abs. 1 und 6 Abs. 3). ²Diese Bindung an den vertragsmäßigen Zweck endet bei Bausparverträgen mit Ablauf der Sperrfrist¹); für Bausparbeiträge, für die eine Zusatzförderung in Anspruch genommen worden ist, besteht weiterhin eine unbefristete Zweckbindung (§ 10 Abs. 2 WoPG). ³Bei Wohnbau-Sparverträgen und Baufinanzierungsverträgen besteht eine unbefristete Zweckbindung. ⁴Bei Bausparverträgen kann bei Tod oder völliger Erwerbsunfähigkeit (§ 2 Abs. 2 Satz 2 Nr. 3 WoPG) und bei länger andauernder Arbeitslosigkeit (§ 2 Abs. 2 Satz 2 Nr. 4 WoPG) über die prämienbegünstigten Aufwendungen und Prämien unschädlich verfügt werden; gleiches gilt für Wohnbau-Sparverträge und Baufinanzierungsverträge.

(2) ¹Die Prämien für Aufwendungen zum ersten Erwerb von Anteilen an Bau- und Wohnungsgenossenschaften (§ 2 Abs. 1 Nr. 2 WoPG) bleiben bei der Genossenschaft gebunden, bis das Geschäftsguthaben anlässlich des Ausscheidens des Prämienberechtigten ausgezahlt wird (§ 5 Abs. 3 WoPG). ²Dabei ist es ohne Bedeutung, ob die Prämie zur Auffüllung des Geschäftsguthabens gedient hat oder ob sie anderweitig gutgeschrieben worden ist, weil z. B. das Geschäftsguthaben bereits die Höhe des Geschäftsanteils erreicht hat. ³Kündigt der Prämienberechtigte einzelne Geschäftsanteile, ohne aus der Genossenschaft auszuscheiden (§ 67b GenG), so kann in entsprechender Anwendung des § 5 Abs. 3 WoPG die Prämie insoweit ausgezahlt werden, als sie für die Aufwendungen zum Erwerb des gekündigten Geschäftsanteils gezahlt worden ist. ⁴Entsprechendes gilt, wenn im Falle der Verschmelzung von Genossenschaften ein Überhangbetrag nach § 87 Abs. 2 des Umwandlungsgesetzes an den Genossen ausgezahlt wird.

(3) ¹Wird die Bausparsumme nach Zuteilung, aber vor Ablauf der Sperrfrist ausgezahlt, ist dies grundsätzlich prämienschädlich (§ 2 Abs. 2 Satz 1 WoPG), es sei denn, die empfangenen Beträge werden unverzüglich und unmittelbar zum Wohnungsbau für den Prämienberechtigten oder dessen Angehörige (§ 15 AO) verwendet. ²Wird das Bausparguthaben vor Zuteilung der Bausparsumme ausgezahlt, z. B. nach Kündigung des Bausparvertrags, so handelt es sich um eine Rückzahlung von Beiträgen, die vor Ablauf der Sperrfrist auch dann schädlich ist, wenn die Beiträge zum Wohnungsbau verwendet werden (BFH vom 4. 6. 1975 – BStBl II S. 757). ³Wird dabei die Abschlussgebühr einbehalten, liegt lediglich eine Teilrückzahlung vor. ⁴Die einbehaltene Abschlussgebühr bleibt begünstigt; eine Rückforderung der Prämie unterbleibt insoweit. ⁵Hat der Prämienberechtigte Bausparbeiträge geleistet, die sich nicht als prämienbegünstigte Aufwendungen im Sinne des Wohnungsbau-Prämiengesetzes ausgewirkt haben, so sind die zurückgezahlten Beiträge zunächst mit den Beiträgen zu verrechnen, die ohne Auswirkung geblieben sind (§ 2 Abs. 1 Satz 3 WoPDV).

(4) ¹Werden Ansprüche aus dem Bausparvertrag beliehen, ist dies grundsätzlich prämienschädlich (§ 2 Abs. 2 Satz 1 WoPG). ²Ansprüche sind beliehen, wenn sie sicherungshalber abgetreten oder verpfändet sind und die zu sichernde Schuld entstanden ist. ³Wird der Bausparvertrag zur Stellung einer Kaution beliehen, ist auf den Zeitpunkt abzustellen, zu dem die durch die Kaution zu sichernde Verbindlichkeit entsteht. ⁴Die Beleihung ist prämienunschädlich, wenn die auf

---

¹) Diese prämienunschädliche Verfügungsmöglichkeit gilt nur noch für vor dem 1. 1. 2009 abgeschlossene Bausparverträge (→ § 2 Abs. 3 Satz 1 WoPG) und für bestimmte junge Bausparer (→ § 2 Abs. 2 Satz 2–4 WoPG).

Grund der Beleihung empfangenen Beträge unverzüglich und unmittelbar zum Wohnungsbau für den Prämienberechtigten oder dessen Angehörige (§ 15 AO) verwendet werden (BFH vom 15. 6. 1973 – BStBl II S. 719 und vom 11. 10. 1989 – BFHE 158, 491). [5]Die Pfändung des Bausparguthabens im Wege der Zwangsvollstreckung ist – im Gegensatz zur Verpfändung des Bausparguthabens – keine Beleihung. [6]Die Pfändung ist erst dann und nur insoweit prämienschädlich, als das Bausparguthaben vor Ablauf der Sperrfrist an den Pfändungsgläubiger ausgezahlt oder zu seinen Gunsten verrechnet wird. [7]Soweit die Prämien gepfändet werden, führt die Verwertung vor Ablauf der Sperrfrist zum Wegfall des Prämienanspruchs, weil auch die Prämien zu dem vertragsmäßigen Zweck verwendet werden müssen (§ 5 Abs. 2 WoPG). [8]Bei Wohnbau-Sparverträgen und Baufinanzierungsverträgen ist die Beleihung der Ansprüche aus diesen Verträgen stets prämienunschädlich.

(5) [1]Werden Ansprüche aus dem Bausparvertrag abgetreten, ist dies grundsätzlich prämienschädlich (§ 2 Abs. 2 Satz 1 WoPG). [2]Bei einer sicherungshalber Abtretung gilt Absatz 4. [3]Die Abtretung ist prämienunschädlich, wenn der Abtretungsempfänger die Mittel unverzüglich nach Auszahlung und unmittelbar zum Wohnungsbau für den Abtretenden oder dessen Angehörige (§ 15 AO) verwendet (§ 2 Abs. 2 WoPDV, BFH vom 17. 10. 1980 – BStBl 1981 II S. 141). [4]Verwendet der Abtretungsempfänger nach Ablauf der Sperrfrist die Bausparmittel nicht zu begünstigten Zwecken, bleiben die von ihm geleisteten Bausparbeiträge prämienbegünstigt; der Prämienanspruch für Aufwendungen des Abtretenden entfällt dagegen. [5]Bei Wohnbau-Sparverträgen und Baufinanzierungsverträgen ist die Abtretung der Ansprüche aus diesen Verträgen wegen der Zweckbindung ebenfalls prämienschädlich, es sei denn, der Abtretungsempfänger ist ein Angehöriger (§ 15 AO) oder die im Vertrag bezeichnete andere Person (§ 8 Abs. 2, § 15 Abs. 2 WoPDV). [6]Eine Abtretung unter Ehegatten ist stets prämienunschädlich.

(6) [1]Eine unverzügliche Verwendung zum Wohnungsbau liegt grundsätzlich nur dann vor, wenn innerhalb von zwölf Monaten, nachdem über die Mittel verfügt werden kann, mit dem Wohnungsbau begonnen wird (BFH vom 29. 11. 1973 – BStBl 1974 II S. 227). [2]Eine vorzeitige Auszahlung der Bausparsumme oder der auf Grund einer Beleihung empfangenen Beträge ist auch dann schädlich, wenn das beabsichtigte Vorhaben aus Gründen scheitert, die der Bausparer nicht zu vertreten hat, und er die empfangenen Mittel wieder zurückzahlt (BFH vom 29. 11. 1973 – BStBl 1974 II S. 202). [3]Eine unmittelbare Verwendung zum Wohnungsbau liegt vor, wenn direkt durch die Hingabe der empfangenen Beträge Rechte an einem begünstigten Objekt erworben werden. [4]Dies ist z. B. bei dem Erwerb von Immobilienzertifikaten der Fall, wenn der Bausparer wirtschaftlicher Eigentümer der durch den Immobilienfonds angeschafften oder hergestellten Objekte wird, die von ihm für den Erwerb aufgewendeten Mittel unverzüglich und unmittelbar zu den begünstigten Zwecken verwendet werden und der Fonds in Form einer bürgerlich-rechtlichen Gemeinschaft als Bruchteilsgemeinschaft geführt wird (§§ 741 ff. BGB). [5]Eine unmittelbare Verwendung zum Wohnungsbau liegt dagegen nicht vor, wenn Bausparmittel zur Beteiligung an einer juristischen Person oder Personengesellschaft eingesetzt werden, die diese Mittel ihrerseits zum Wohnungsbau verwendet, weil der Bausparer primär einen Anteil an einer Gesellschaft und nicht an einem Grundstück erwirbt (BFH vom 6. 5. 1977 – BStBl II S. 633). [6]Eine unmittelbare Verwendung zum Wohnungsbau liegt auch dann nicht vor, wenn der Bausparer Beträge, die er unter Beleihung von Ansprüchen aus dem Bausparvertrag erlangt hat, zur Auffüllung seines Bausparguthabens verwendet, um eine schnellere Zuteilung zu erreichen (BFH vom 22. 3. 1968 – BStBl II S. 404). [7]Bei Ehegatten im Sinne des § 26 Abs. 1 EStG ist es unerheblich, ob der Bausparer oder sein Ehegatte vorzeitig empfangene Beträge zum Wohnungsbau verwenden. [8]Die Vorfinanzierung einer begünstigten Baumaßnahme mit Eigenmitteln ist vom Zuteilungstermin an unschädlich, es sei denn, die Bausparsumme wird anschließend in einen Betrieb des Bausparers eingelegt (BFH vom 29. 11. 1973 – BStBl 1974 II S. 126).

(7) [1]Ist die ausgezahlte Bausparsumme (Absatz 3) höher als die zum Wohnungsbau verwandten Beträge, so ist zunächst das Verhältnis der zum Wohnungsbau verwandten Beträge zur ausgezahlten Bausparsumme festzustellen (BFH vom 27. 11. 1964 – BStBl 1965 III S. 214). [2]Für den Teilbetrag der insgesamt geleisteten Bausparbeiträge, der dem zum Wohnungsbau verwandten Anteil entspricht, bleibt die Prämienbegünstigung erhalten.

Beispiel:

Der Prämienberechtigte hat einen Bausparvertrag über 50 000 Euro abgeschlossen. Die eingezahlten Beiträge von insgesamt 20 000 Euro waren in voller Höhe prämienbegünstigt. Die volle Bausparsumme wird vor Ablauf der Sperrfrist ausgezahlt. Der Prämienberechtigte verwendet sie unverzüglich und unmittelbar zum Bau eines Gebäudes, das nur zum Teil Wohnzwecken dient. Die Baukosten betragen insgesamt 200 000 Euro. Davon entfallen 40 000 Euro auf den Teil des Gebäudes, der Wohnzwecken dient.

Zwischen dem für den Wohnungsbau verwendeten Teil der Bausparsumme und der gesamten Bausparsumme besteht somit ein Verhältnis von 40 000 Euro : 50 000 Euro = $^4/_5$ = 80 v. H. Von den geleisteten Bausparbeiträgen in Höhe von 20 000 Euro bleiben demnach 80 v. H. = 16 000 Euro prämienbegünstigt.

³Eine entsprechende Aufteilung ist auch in den Fällen der Beleihung (Absatz 4) und der Abtretung (Absatz 5) vorzunehmen.

(8) ¹Bei Bausparverträgen, Wohnbau-Sparverträgen und Baufinanzierungsverträgen ist die vorzeitige Auszahlung, Rückzahlung, Abtretung oder Beleihung unschädlich:

1. bei Tod des Prämienberechtigten oder seines Ehegatten (§ 2 Abs. 2 Satz 2 Nr. 3 WoPG)¹). ²Dabei kann über die Beiträge vorzeitig verfügt werden, die der Prämienberechtigte vor seinem Tod oder dem Tod seines Ehegatten geleistet hat. ³Das gilt auch dann, wenn der Vertrag nach dem Todesfall fortgesetzt worden ist (BFH vom 15. 6. 1973 – BStBl II S. 737). ⁴Nach einer Verfügung ist der Vertrag jedoch unterbrochen und kann nicht weiter fortgesetzt werden;
2. bei völliger Erwerbsunfähigkeit des Prämienberechtigten oder seines Ehegatten (§ 2 Abs. 2 Satz 2 Nr. 3 WoPG)²) . ²Völlige Erwerbsunfähigkeit in diesem Sinne liegt vor bei einer vollen Erwerbsminderung im Sinne des § 43 Abs. 2 des Sechsten Buches Sozialgesetzbuch (SGB VI) oder bei einem Grad der Behinderung von mindestens 95. ³Liegen die Voraussetzungen für die unschädliche Verfügung vor, so kann der Prämienberechtigte hiervon zu einem beliebigen Zeitpunkt Gebrauch machen. ⁴Das gilt für alle vor der Verfügung geleisteten Beiträge;
3. bei Arbeitslosigkeit des Prämienberechtigten (§ 2 Abs. 2 Satz 2 Nr. 4 WoPG)³); arbeitslos im Sinne dieser Richtlinien sind Personen, die Arbeitslosengeld (§ 100 Arbeitsförderungsgesetz – AFG, ab 1. 1. 1998: § 117 Drittes Buch Sozialgesetzbuch – SGB III), Arbeitslosenhilfe (§ 134 AFG, ab 1. 1. 1998: § 190 SGB III) oder Arbeitslosenbeihilfe oder Arbeitslosenhilfe für ehemalige Soldaten auf Zeit (§ 86a Soldatenversorgungsgesetz) beziehen oder ohne Bezug dieser Leistungen arbeitslos gemeldet sind. ²Als arbeitslos anzusehen sind im Sinne dieser Richtlinien auch
    a) Personen, die als Arbeitslose im Sinne des Satzes 1 erkranken oder Leistungen zur medizinischen Rehabilitation erhalten, für die Dauer der Erkrankung oder der Leistungen zur medizinischen Rehabilitation,
    b) Frauen, die zu Beginn der Schutzfristen nach § 3 Abs. 2, § 6 Abs. 1 des Mutterschutzgesetzes arbeitslos im Sinne des Satzes 1 waren oder als arbeitslos im Sinne des Buchstaben a anzusehen waren, für die Dauer dieser Schutzfristen und der folgenden Monate, für die bei Bestehen eines Arbeitsverhältnisses Erziehungsurlaub nach dem Bundeserziehungsgeldgesetz hätte beansprucht werden können,
    c) Personen, die an einer nach §§ 41 bis 47 AFG geförderten Maßnahme der beruflichen Fortbildung oder Umschulung (ab 1. 1. 1998: nach §§ 77 bis 96 SGB III geförderten beruflichen Weiterbildung) oder die an einer z. B. nach den §§ 56 bis 62 AFG geförderten Maßnahme der Fortbildung oder Umschulung im Rahmen der beruflichen Rehabilitation teilnehmen (ab 1. 1. 1998: nach §§ 97 bis 115 SGB III geförderten beruflichen Weiterbildung im Rahmen der Förderung der Teilhabe behinderter Menschen am Arbeitsleben teilnehmen, wenn sie ohne die Teilnahme an der Maßnahme bzw. ohne die Leistungen arbeitslos wären;
4. bei Rückkehr des Prämienberechtigten in sein Heimatland (§ 2 Abs. 2 Satz 2 Nr. 5 WoPG). ²Dies gilt für Staatsangehörige der Staaten Bosnien-Herzegowina, Jugoslawien, Korea, Kroatien, Marokko, Slowenien, Tunesien und Türkei.

²Bei Verträgen zu Gunsten Dritter (Abschnitt 3 Abs. 3) ist es aus Billigkeitsgründen prämienunschädlich, wenn der Begünstigte stirbt und die Beträge vorzeitig an seine Erben oder Vermächtnisnehmer gezahlt werden oder wenn der Begünstigte völlig erwerbsunfähig wird und die Beträge vorzeitig an ihn gezahlt werden.

(9) ¹Die unschädliche Verfügung ist nachzuweisen:
1. bei Tod durch Vorlage der Sterbeurkunde oder des Erbscheins;
2. bei völliger Erwerbsunfähigkeit
    a) aufgrund einer vollen Erwerbsminderung im Sinne des § 43 Abs. 2 SGB VI durch Vorlage des Rentenbescheids eines Trägers der gesetzlichen Rentenversicherung. ²Besteht kein *Anspruch auf Rente wegen voller Erwerbsminderung* im Sinne des § 43 Abs. 2 SGB VI kann der Nachweis in anderer Form geführt werden,
    b) bei einem Grad der Behinderung von mindestens 95 durch Vorlage eines Ausweises nach § 69 Abs. 5 des Neunten Buches Sozialgesetzbuch (SGB IX) oder eines Feststellungsbescheids nach § 69 Abs. 1 SGB IX oder eines vergleichbaren Bescheids nach § 69 Abs. 2 SGB IX; die Vorlage des Rentenbescheids eines Trägers der gesetzlichen Rentenversicherung der Angestellten und Arbeiter genügt nicht (BFH vom 25. 4. 1968 – BStBl II S. 606);
3. bei Arbeitslosigkeit durch Vorlage von Unterlagen über folgende Zahlungen.

---

¹) Jetzt: § 2 Abs. 3 Satz 2 Nr. 3 WoPG.
²) Jetzt: § 2 Abs. 3 Satz 2 Nr. 3 WoPG.
³) Jetzt: § 2 Abs. 3 Satz 2 Nr. 4 WoPG.

a) Arbeitslosengeld (§ 117 SGB III),
b) Arbeitslosenhilfe (§ 190 SGB III),
c) Arbeitslosenbeihilfe und Arbeitslosenhilfe für ehemalige Soldaten auf Zeit im Sinne des Soldatenversorgungsgesetzes,
d) Krankengeld nach § 47b des Fünften Buches Sozialgesetzbuch, Versorgungskrankengeld nach den §§ 16 und 16a Abs. 1, § 16b Abs. 5 Buchstabe c des Bundesversorgungsgesetzes, Verletztengeld nach § 47 Abs. 2 des Siebten Buches Sozialgesetzbuch oder Übergangsgeld nach § 21 Abs. 4 SGB VI,
e) Erziehungsgeld oder
f) Unterhaltsgeld nach § 153 SGB III bei Teilnahme an beruflichen Weiterbildungsmaßnahmen oder Anschlussunterhaltsgeld nach § 156 SGB III im Anschluss an abgeschlossene berufliche Weiterbildungsmaßnahmen oder Übergangsgeld nach § 45 Abs. 2 SGB IX im Rahmen der Leistungen zur Teilhabe am Arbeitsleben.

³Werden solche Zahlungen nicht geleistet, so sind

– Zeiten der Arbeitslosigkeit im Sinne dieser Richtlinien durch eine entsprechende Bescheinigung der zuständigen Dienststelle der Bundesanstalt für Arbeit (in der Regel: Arbeitsamt) nachzuweisen,
– Zeiten der Erkrankung oder der Leistungen zur medizinischen Rehabilitation, die als Zeiten der Arbeitslosigkeit anzusehen sind, durch eine Bescheinigung des Kostenträgers oder der Anstalt, in der die Unterbringung erfolgt, oder durch eine ärztliche Bescheinigung nachzuweisen,
– die Zeit der Schutzfristen, die als Zeit der Arbeitslosigkeit anzusehen ist, durch das Zeugnis eines Arztes oder einer Hebamme nachzuweisen und als Zeit der Arbeitslosigkeit anzusehende Zeit, für die bei Bestehen eines Arbeitsverhältnisses Erziehungsurlaub hätte beansprucht werden können, glaubhaft zu machen.

Zu § 3 des Gesetzes

10. Höhe der Prämie

(1) ¹Bei einem Alleinstehenden (Absatz 2) sind Aufwendungen bis zu einem Höchstbetrag von 512 Euro prämienbegünstigt. ²Ehegatten (Absatz 3) steht ein gemeinsamer Höchstbetrag von 1024 Euro zu (Höchstbetragsgemeinschaft); ihre Aufwendungen sind zusammenzurechnen.

(2) Alleinstehende Personen im Sinne des WoPG sind Ledige, Verwitwete, Geschiedene, Partner einer eingetragenen Lebenspartnerschaft und Partner einer nichtehelichen Lebensgemeinschaft sowie Ehegatten, bei denen die Voraussetzungen des Absatzes 3 nicht erfüllt sind.

(3) ¹Ehegatten im Sinne des WoPG sind Personen, die mindestens während eines Teils des Sparjahrs (§ 4 Abs. 1 WoPG) miteinander verheiratet waren, nicht dauernd getrennt gelebt haben, unbeschränkt einkommensteuerpflichtig (§ 1 Satz 1 WoPG) waren und die für das Sparjahr nicht die getrennte oder besondere Veranlagung¹⁾ zur Einkommensteuer gewählt haben (§ 3 Abs. 3 WoPG). ²Als unbeschränkt einkommensteuerpflichtig im Sinne des Satzes 1 gilt auch der Ehegatte eines nach § 1 Satz 1 WoPG Prämienberechtigten (Abschnitt 1 Abs. 1), der auf Antrag nach § 1a Abs. 1 Nr. 2 EStG als unbeschränkt einkommensteuerpflichtig behandelt wird. ³Auf R 174 EStR²⁾) wird hingewiesen.

(4) Bei der Berechnung der Prämie ist für jeden Vertrag die Summe der im Kalenderjahr geleisteten Aufwendungen auf volle Euro aufzurunden.

Zu § 4 des Gesetzes

11. Antrag auf Wohnungsbauprämie

(1) ¹Der Antrag auf Wohnungsbauprämie ist nach amtlich vorgeschriebenem Vordruck bis zum Ablauf des zweiten Kalenderjahrs, das auf das Sparjahr folgt, an das Unternehmen zu richten, an das die prämienbegünstigten Aufwendungen geleistet worden sind. ²Ehegatten (Abschnitt 10 Abs. 3) müssen einen gemeinsamen Antrag abgeben. ³Beansprucht der Prämienberechtigte Prämien für Aufwendungen, die er an verschiedene Unternehmen geleistet hat, so ist an jedes dieser Unternehmen ein Antrag zu richten; dabei ist in jedem Antrag anzugeben, inwieweit für andere Aufwendungen Prämien beantragt worden sind. ⁴Ist ein Bausparvertrag, Wohnbau-Sparvertrag oder Baufinanzierungsvertrag vor der Antragstellung auf ein anderes Unternehmen übertragen worden (§§ 1b, 12 Abs. 1 und § 18 Abs. 1 WoPDV), so ist der Antrag an dieses Unternehmen zu

---
¹⁾ **Ab** dem VZ 2013 **wird** die getrennte und besondere Veranlagung durch die Einzelveranlagung **von Ehegatten** ersetzt.
²⁾ Jetzt: R 26 EStR.

richten. [5]Das Unternehmen hat auf dem Antrag die Höhe der Aufwendungen zu bescheinigen, die der Prämienberechtigte geleistet hat. [6]Die zeitliche Zuordnung vermögenswirksamer Leistungen richtet sich nach den für die Zuordnung von Arbeitslohn geltenden Vorschriften.

(2) [1]Wird auf Grund eines geänderten Einkommensteuerbescheids die Einkommensgrenze (§ 2a WoPG) unterschritten, kann der Prämienberechtigte innerhalb eines Jahres nach Bekanntgabe der Änderung die Prämie erstmalig oder erneut beantragen (§ 19 Abs. 1 Nr. 1 WoPDV). [2]Besteht für Aufwendungen, die vermögenswirksame Leistungen darstellen, kein Anspruch auf Arbeitnehmer-Sparzulage und liegen die Voraussetzungen für den Anspruch auf Wohnungsbauprämie vor, kann der Prämienberechtigte im Antrag auf Wohnungsbauprämie verlangen, die vermögenswirksamen Leistungen in die prämienbegünstigten Aufwendungen einzubeziehen, oder er kann einen Prämienantrag innerhalb eines Jahres nach Bekanntgabe des Bescheids über die Arbeitnehmer-Sparzulage stellen (§ 19 Abs. 2 Nr. 1 WoPDV). [3]Nimmt der Prämienberechtigte das besondere Antragsrecht nach Satz 1 oder 2 in Anspruch, hat er dem Unternehmen das Vorliegen der Antragsvoraussetzungen formlos zu versichern.

Zu § 4a des Gesetzes

12. Prämienverfahren im Fall des § 2 Abs. 1 Nr. 1 WoPG

(1) [1]Die Bausparkasse ermittelt nach Ablauf des Sparjahrs auf Grund der Angaben im Antrag des Prämienberechtigten die Höhe der Prämie und teilt das Ergebnis dem Prämienberechtigten mit. [2]Fehlende oder unschlüssige Angaben im Antrag lässt die Bausparkasse vom Prämienberechtigten ergänzen. [3]Hat der Prämienberechtigte mehrere Verträge bei derselben Bausparkasse und ist seine nach § 4 Abs. 2 Satz 2 WoPG abgegebene Erklärung nicht eindeutig, so kann die Bausparkasse die Prämie vorrangig den Verträgen mit dem älteren Vertragsdatum zuordnen.

(2) [1]Die Bausparkasse fordert fällige Prämien mit der Wohnungsbauprämien-Anmeldung bei dem Finanzamt an, das für ihre Besteuerung nach dem Einkommen zuständig ist (§ 20 AO, Geschäftsleitungsfinanzamt). [2]Prämien sind fällig, wenn

– der Bausparvertrag zugeteilt worden ist,
– die Sperrfrist abgelaufen ist (§ 2 Abs. 2 Satz 1 WoPG[1])) oder
– über Ansprüche aus dem Vertrag unschädlich verfügt worden ist (§ 2 Abs. 2 Satz 2 WoPG[2])).

[3]Die Bausparkasse hat die erhaltenen Prämien unverzüglich dem Prämienberechtigten gutzuschreiben oder auszuzahlen. [4]Gepfändete Prämien (Abschnitt 9 Abs. 4 Satz 7), die nach Ablauf der Sperrfrist oder nach unschädlicher Verfügung verwertet werden, hat die Bausparkasse als Drittschuldner an den Pfändungsgläubiger auszuzahlen.

(3) [1]Bei der nach § 4a Abs. 3 WoPG vorgeschriebenen Datenübermittlung hat die Bausparkasse auch die Datensätze für Prämienanträge zu berücksichtigen, die auf Grund der besonderen Antragsfristen des § 19 WoPDV (Abschnitt 11 Abs. 2) nach Ablauf der allgemeinen Antragsfrist des § 4 Abs. 2 Satz 1 WoPG bis zum Zeitpunkt der Datenträgererstellung eingegangen sind. [2]Die nach diesem Zeitpunkt eingehenden Prämienanträge sowie Prämienanträge, die zwar vor diesem Zeitpunkt eingegangen sind, bei denen aber erst danach eine Wohnungsbauprämie ermittelt werden konnte, sind nicht nachzumelden. [3]Die Prämienermittlung für diese Fälle ist von den Bausparkassen gesondert festzuhalten.

(4) [1]Erfährt die Bausparkasse durch eigene Erkenntnis oder durch Mitteilung von anderer Seite, dass die Prämienermittlung unzutreffend ist, muss sie das bisherige Ermittlungsergebnis ändern und den Prämienberechtigten entsprechend unterrichten. [2]Eine Prämienfestsetzung des Wohnsitzfinanzamts (Absatz 7) bindet die Bausparkasse; gegebenenfalls hat die Bausparkasse eine Änderung der Prämienfestsetzung beim Wohnsitzfinanzamt anzuregen. [3]Sind unzutreffend ermittelte Prämien bereits angemeldet worden (Absatz 2), so hat die Bausparkasse diese vom Prämienberechtigten zurückzufordern; hierzu kann sie auch das betreffende Vertragskonto belasten. [4]Soweit die Rückforderung auf diesem Weg nicht möglich ist, gilt Abschnitt 13 Abs. 6 entsprechend. [5]Die auf Grund der Rückforderung empfangenen Beträge sind in der Wohnungsbauprämien-Anmeldung des Folgemonats abzusetzen. [6]Bleibt die Rückforderung erfolglos, muss die Bausparkasse unverzüglich das Wohnsitzfinanzamt des Prämienberechtigten (§ 19 AO) unterrichten.

(5) [1]Der Prämienberechtigte hat Einwände gegen das Ermittlungsergebnis gegenüber der Bausparkasse geltend zu machen. [2]Kann die Bausparkasse nicht abhelfen, hat sie schriftliche Eingaben dem Wohnsitzfinanzamt des Prämienberechtigten zuzuleiten. [3]Die schriftliche Eingabe ist in diesem Fall als Antrag auf Festsetzung der Prämie im Sinne des § 4a Abs. 5 WoPG zu werten. [4]Hat die Bausparkasse das Ermittlungsergebnis auf Grund einer Mitteilung der Zentralstelle der

---
[1]) Jetzt: § 2 Abs. 3 Satz 1 WoPG.
[2]) Jetzt: § 2 Abs. 3 Satz 2 WoPG.

Länder nach § 4a Abs. 3 Satz 2 WoPG geändert, so kann sie Einwendungen des Prämienberechtigten hiergegen nicht selbst abhelfen.

(6) ¹Das Geschäftsleitungsfinanzamt (Absatz 2) veranlasst die Auszahlung der angemeldeten Prämien. ²Daneben ist es dafür zuständig,
- auf Anfrage der Bausparkasse Auskunft zum Prämienverfahren zu geben (§ 4a Abs. 7 WoPG),
- bei der Bausparkasse Außenprüfungen durchzuführen (§ 4a Abs. 8 WoPG),
- die Bausparkasse erforderlichenfalls als Haftungsschuldner in Anspruch zu nehmen (§ 4a Abs. 6 WoPG).

(7) Das Wohnsitzfinanzamt des Prämienberechtigten ist dafür zuständig,
- auf Antrag einen Bescheid über die Festsetzung der Prämie zu erlassen (§ 4a Abs. 5 WoPG),
- Prämien zurückzufordern, soweit entsprechende Versuche der Bausparkasse fehlgeschlagen sind (§ 4a Abs. 4 WoPG),
- Rechtsbehelfsverfahren im Zusammenhang mit Prämienfestsetzungen und Rückforderungen zu führen,
- über einen vom Prämienberechtigten gestellten Antrag auf Wiedereinsetzung in den vorigen Stand (§ 110 AO) zu entscheiden, wenn der Prämienberechtigte den Antrag auf Wohnungsbauprämie verspätet gestellt hat. ²Das Finanzamt hat der Bausparkasse die Entscheidung über den Antrag auf Wiedereinsetzung mitzuteilen.

Zu § 4b des Gesetzes

13. Prämienverfahren in den Fällen des § 2 Abs. 1 Nr. 2 bis 4 WoPG

(1) ¹Das Unternehmen leitet den Prämienantrag an das Wohnsitzfinanzamt des Prämienberechtigten weiter (§ 4b Abs. 1 WoPG). ²Zur Vereinfachung des Verfahrens können die Unternehmen die Anträge listenmäßig zusammenfassen (Sammellisten) und die Listen in zweifacher Ausfertigung beim Finanzamt einreichen.

(2) ¹Über den Antrag auf Wohnungsbauprämie kann das Finanzamt stets erst nach Ablauf des Sparjahrs entscheiden, in dem die Aufwendungen geleistet worden sind (§ 4 Abs. 1 WoPG). ²Das gilt auch, wenn über die Aufwendungen bereits vor Ablauf dieses Sparjahrs prämienunschädlich verfügt worden ist.

(3) ¹Das Finanzamt unterrichtet das Unternehmen von der Entscheidung über den Prämienantrag und teilt die Höhe der festgesetzten und an das Unternehmen auszuzahlenden Prämie mit. ²Es ist Sache des Unternehmens, den Prämienberechtigten von der Entscheidung über seinen Prämienantrag zu unterrichten. ³Einen förmlichen Bescheid erteilt das Finanzamt dem Prämienberechtigten von Amts wegen, wenn es den Antrag nicht in vollem Umfang anerkennt, in allen anderen Fällen geschieht dies nur auf Antrag des Prämienberechtigten (§ 4b Abs. 2 WoPG). ⁴Der Antrag kann beim Finanzamt bis zum Eintritt der Unanfechtbarkeit der Prämienfestsetzung gestellt werden (vgl. Abschnitt 15 Abs. 2).

(4) Das Finanzamt hat die Prämie unmittelbar nach ihrer Festsetzung zugunsten des Prämienberechtigten über die zuständige Bundeskasse zur Auszahlung an das Unternehmen anzuweisen.

(5) ¹Das Finanzamt hat Prämien vom Prämienberechtigten zurückzufordern, wenn
1. die Voraussetzungen für die Prämienfestsetzung von vornherein nicht vorgelegen haben (§ 4b Abs. 2 Satz 3 WoPG), z. B. wenn eine spätere Überprüfung der Einkommensgrenzen ergibt, dass die Einkommensgrenzen bereits im Zeitpunkt der Prämienfestsetzung überschritten waren;
2. die Voraussetzungen für die Prämienfestsetzung nachträglich weggefallen sind (§ 4b Abs. 2 Satz 3 WoPG);
3. infolge einer Änderung der Besteuerungsgrundlagen die maßgebende Einkommensgrenze überschritten wird (§ 19 Abs. 1 Nr. 2 WoPDV);
4. sich für Aufwendungen nachträglich ein Anspruch auf Arbeitnehmer-Sparzulage nach dem 5. VermBG ergibt und der Prämienanspruch insoweit entfällt (§ 19 Abs. 2 Nr. 2 WoPDV).

²Wegen der Festsetzungsverjährung vgl. Abschnitt 15 Abs. 3.

(6) ¹Die Prämien werden nur zurückgefordert, wenn die Rückforderung mindestens 10 Euro beträgt (§ 5 KBV). ²Für diese Grenze ist allein der Gesamtbetrag des Rückforderungsbescheids maßgebend. ³Ob der jeweilige Rückforderungsbescheid einen oder mehrere Verträge oder ein oder mehrere Kalenderjahre berührt, ist dabei unerheblich.

(7) ¹Über die Rückforderung ist stets ein förmlicher Bescheid mit Rechtsbehelfsbelehrung zu erteilen. ²Die Rückzahlungsverpflichtung des Prämienberechtigten ist dem Unternehmen mitzuteilen. ³Ist das Guthaben dem Prämienberechtigten noch nicht ausgezahlt worden, so ist vom Un-

ternehmen ein Betrag in Höhe der Rückzahlungsforderung und etwa zu erwartender Nebenforderungen bis zur Erfüllung aller Forderungen zurückzubehalten.

Zu § 5 des Gesetzes

14. Prüfung der Verwendung zu dem vertragsmäßigen Zweck, Anzeigepflichten des Unternehmens

(1) ¹Das Unternehmen hat die Verwendung der prämienbegünstigten Aufwendungen und der Prämien zu dem vertragsmäßigen Zweck vor der Auszahlung zu prüfen. ²Die Art der Prüfung bleibt dem pflichtgemäßen Ermessen des Unternehmens überlassen. ³Es wird sich in der Regel nicht mit der bloßen Erklärung des Prämienberechtigten über die beabsichtigte Verwendung dieser Mittel begnügen können, sondern muss aus vorgelegten Unterlagen die Überzeugung gewinnen, dass eine vertragsmäßige Verwendung zu erwarten ist. ⁴Ist vor der Auszahlung eine abschließende Beurteilung nicht möglich, so muss sich das Unternehmen die Verwendung der prämienbegünstigten Aufwendungen und der Prämien nach der Auszahlung nachweisen lassen.

(2) ¹Erkennt das Unternehmen in den Fällen des § 4b WoPG nach abschließender Prüfung, dass die prämienbegünstigten Aufwendungen nicht vertragsmäßig verwendet werden, oder hat es Bedenken, ob eine vertragsmäßige Verwendung gewährleistet ist, so muss es dies dem Finanzamt unverzüglich mitteilen. ²Sind die prämienbegünstigten Aufwendungen und die Prämien noch nicht ausgezahlt, so hat das Unternehmen die Prämien zurückzuhalten.

(3) ¹Das Finanzamt prüft auf Grund der Mitteilung, ob eine Verwendung zu dem vertragsmäßigen Zweck gegeben ist. ²Ist eine Verwendung zu dem vertragsmäßigen Zweck gegeben, so genügt eine formlose Benachrichtigung des Unternehmens, dass gegen die Auszahlung keine Bedenken bestehen. ³Andernfalls ändert das Finanzamt die Prämienfestsetzung und fordert Prämien vom Prämienberechtigten zurück (Abschnitt 13 Abs. 5).

(4) Wegen der Anzeigepflichten der Unternehmen wird im übrigen auf § 4a Abs. 4 Satz 5 WoPG und die §§ 11, 17 WoPDV hingewiesen.

Zu § 8 des Gesetzes

15. Festsetzungsverjährung, Unanfechtbarkeit

(1) ¹Der Anspruch auf Wohnungsbauprämie unterliegt der Festsetzungsverjährung (§ 8 Abs. 1 WoPG in Verbindung mit § 155 Abs. 6, §§ 169 bis 171 AO). ²Die Festsetzungsfrist beträgt vier Jahre (§ 169 Abs. 2 Nr. 2 AO). ³Sie beginnt mit Ablauf des Kalenderjahrs, in dem die Aufwendungen erbracht worden sind. ⁴Beantragt der Prämienberechtigte in den Fällen des § 19 Abs. 1 Nr. 1 und Abs. 2 Nr. 1 WoPDV erstmals oder erneut die Prämie, tritt insoweit eine Ablaufhemmung der Festsetzungsfrist nach § 171 Abs. 3 AO ein. ⁵Wird dieser Antrag nach Ablauf der regulären Festsetzungsfrist, aber noch innerhalb der Jahresfrist gemäß § 19 Abs. 1 Nr. 1 und Abs. 2 Nr. 1 WoPDV gestellt, gilt § 171 Abs. 3a Satz 1 zweiter Halbsatz AO entsprechend. ⁶Die Festsetzungsfrist läuft nicht ab, bevor über den Antrag unanfechtbar entschieden worden ist.

(2) ¹In den Fällen des § 4b WoPG wird die Entscheidung über den Prämienantrag, solange ein förmlicher Bescheid nicht erteilt wird (Abschnitt 13 Abs. 3), mit der Übersendung der Mitteilung über die Gutschrift der Prämie, z. B. Kontoauszug, durch das Unternehmen an den Prämienberechtigten bekanntgegeben. ²Sofern kein Rechtsbehelf eingelegt worden ist, wird die Prämienfestsetzung mit Ablauf eines Monats nach ihrer Bekanntgabe (§ 355 Abs. 1 AO) unanfechtbar. ³Bis zum Eintritt der Unanfechtbarkeit, im Rechtsbehelfsverfahren spätestens im Verfahren vor dem Finanzgericht (BFH vom 27. 3. 1958 – BStBl III S. 227 und vom 1. 2. 1966 – BStBl III S. 321), kann der Prämienberechtigte nachträglich alle Tatsachen vorbringen, die für die Höhe der Prämie maßgebend sind, er kann innerhalb des prämienbegünstigten Höchstbetrages eine anderweitige Aufteilung der Prämie beantragen (§ 4 Abs. 2 Satz 2 WoPG) oder seinen Prämienantrag ganz oder zum Teil zurücknehmen.

(3) ¹Sind Prämien ausgezahlt worden, obwohl die Voraussetzungen von vornherein nicht vorgelegen haben oder nachträglich entfallen sind, so erlischt nach § 4 Abs. 4 WoPG ein etwaiger Rückforderungsanspruch, wenn er nicht bis zum Ablauf des vierten Kalenderjahrs geltend gemacht worden ist, das auf das Kalenderjahr folgt, in dem der Prämienberechtigte die Prämie verwendet hat (Abschnitt 13 Abs. 5 Satz 1 Nr. 1 und 2). ²Diese Regelung geht der Vorschriften der Abgabenordnung über die Festsetzungsverjährung vor. ³Wird die maßgebliche Einkommensgrenze infolge einer Änderung der Besteuerungsgrundlagen überschritten (Abschnitt 13 Abs. 5 Satz 1 Nr. 3) oder entfällt der Prämienanspruch, weil sich nachträglich ein Anspruch auf Arbeitnehmer-Sparzulage ergeben hat (Abschnitt 13 Abs. 5 Satz 1 Nr. 4), so beginnt nach § 175 Abs. 1 Satz 2 AO die Festsetzungsfrist für den Rückforderungsanspruch mit Ablauf des Kalenderjahrs, in dem das prämienschädliche Ereignis eingetreten ist.

Der Bundesrat hat zugestimmt.

IV.
Gesetz über die soziale Wohnraumförderung
(Wohnraumförderungsgesetz – WoFG)

vom 13. 9. 2001 (BGBl. I S. 2376)
zuletzt geändert durch Artikel 2 des Haushaltsbegleitgesetzes 2011
vom 9. 12. 2010 (BGBl. I S. 1885)

– Auszug –

§ 1 Zweck und Anwendungsbereich, Zielgruppe

(1) Dieses Gesetz regelt die Förderung des Wohnungsbaus und anderer Maßnahmen zur Unterstützung von Haushalten bei der Versorgung mit Mietwohnraum, einschließlich genossenschaftlich genutzten Wohnraums, und bei der Bildung von selbst genutztem Wohneigentum (soziale Wohnraumförderung).

(2) Zielgruppe der sozialen Wohnraumförderung sind Haushalte, die sich am Markt nicht angemessen mit Wohnraum versorgen können und auf Unterstützung angewiesen sind. Unter diesen Voraussetzungen unterstützt

1. die Förderung von Mietwohnraum insbesondere Haushalte mit geringem Einkommen sowie Familien und andere Haushalte mit Kindern, Alleinerziehende, Schwangere, ältere Menschen, behinderte Menschen, Wohnungslose und sonstige hilfebedürftige Personen,
2. die Förderung der Bildung selbst genutzten Wohneigentums insbesondere Familien und andere Haushalte mit Kindern sowie behinderte Menschen, die unter Berücksichtigung ihres Einkommens und der Eigenheimzulage die Belastungen des Baus oder Erwerbs von Wohnraum ohne soziale Wohnraumförderung nicht tragen können.

§ 2 Fördergegenstände und Fördermittel

(1) Fördergegenstände sind:
1. Wohnungsbau, einschließlich des erstmaligen Erwerbs des Wohnraums innerhalb von zwei Jahren nach Fertigstellung (Ersterwerb),
2. Modernisierung von Wohnraum,
3. Erwerb von Belegungsrechten an bestehendem Wohnraum und
4. Erwerb bestehenden Wohnraums,

wenn damit die Unterstützung von Haushalten bei der Versorgung mit Mietwohnraum durch Begründung von Belegungs- und Mietbindungen oder bei der Bildung von selbst genutztem Wohneigentum erfolgt.

(2) Die Förderung erfolgt durch
1. Gewährung von Fördermitteln, die aus öffentlichen Haushalten oder Zweckvermögen als Darlehen zu Vorzugsbedingungen, auch zur nachstelligen Finanzierung, oder als Zuschüsse bereitgestellt werden,
2. Übernahme von Bürgschaften, Garantien und sonstigen Gewährleistungen sowie
3. Bereitstellung von verbilligtem Bauland.

§ 3 Durchführung der Aufgaben und Zuständigkeiten

(1) Länder, Gemeinden und Gemeindeverbände wirken nach Maßgabe dieses Gesetzes bei der sozialen Wohnraumförderung zusammen.

(2) Die Länder führen die soziale Wohnraumförderung als eigene Aufgabe durch. Sie legen das Verwaltungsverfahren fest, soweit dieses Gesetz keine Regelungen trifft. Zuständige Stelle im Sinne dieses Gesetzes ist die Stelle, die nach Landesrecht zuständig ist oder von der Landesregierung in sonstiger Weise bestimmt wird.

(3) Die Länder sollen bei der sozialen Wohnraumförderung die wohnungswirtschaftlichen Belange der Gemeinden und Gemeindeverbände berücksichtigen, dies gilt insbesondere, wenn sich eine Gemeinde oder ein Gemeindeverband an der Förderung beteiligt. Die Länder können bei ihrer Förderung ein von einer Gemeinde oder einem Gemeindeverband beschlossenes Konzept zur sozialen Wohnraumversorgung (kommunales Wohnraumversorgungskonzept) zu Grunde legen.

(4) Gemeinden und Gemeindeverbände können mit eigenen Mitteln eine Förderung nach diesem Gesetz und den hierzu erlassenen landesrechtlichen Vorschriften durchführen, soweit nicht im Übrigen Landesrecht entgegensteht.

§ 6 Allgemeine Fördergrundsätze

Die soziale Wohnraumförderung ist der Nachhaltigkeit einer Wohnraumversorgung verpflichtet, die die wirtschaftlichen und sozialen Erfordernisse mit der Erhaltung der Umwelt in Einklang bringt. Bei der Förderung sind zu berücksichtigen:

1. die örtlichen und regionalen wohnungswirtschaftlichen Verhältnisse und Zielsetzungen, die erkennbaren unterschiedlichen Investitionsbedingungen des Bauherrn sowie die besonderen Anforderungen des zu versorgenden Personenkreises;
2. der Beitrag des genossenschaftlichen Wohnens zur Erreichung der Ziele und Zwecke der sozialen Wohnraumförderung;
3. die Schaffung und Erhaltung sozial stabiler Bewohnerstrukturen;
4. die Schaffung und Erhaltung ausgewogener Siedlungsstrukturen sowie ausgeglichener wirtschaftlicher, sozialer und kultureller Verhältnisse, die funktional sinnvolle Zuordnung der Wohnbereiche zu den Arbeitsplätzen und der Infrastruktur (Nutzungsmischung) sowie die ausreichende Anbindung des zu fördernden Wohnraums an den öffentlichen Personennahverkehr;
5. die Nutzung des Wohnungs- und Gebäudebestandes für die Wohnraumversorgung;
6. die Erhaltung preisgünstigen Wohnraums im Fall der Förderung der Modernisierung;
7. die Anforderungen des Kosten sparenden Bauens, insbesondere durch
    a) die Begrenzung der Förderung auf einen bestimmten Betrag (Förderpauschale),
    b) die Festlegung von Kostenobergrenzen, deren Überschreitung eine Förderung ausschließt, oder
    c) die Vergabe von Fördermitteln im Rahmen von Wettbewerbsverfahren;
8. die Anforderungen des barrierefreien Bauens für die Nutzung von Wohnraum und seines Umfelds durch Personen, die infolge von Alter, Behinderung oder Krankheit dauerhaft oder vorübergehend in ihrer Mobilität eingeschränkt sind;
9. der sparsame Umgang mit Grund und Boden, die ökologischen Anforderungen an den Bau und die Modernisierung von Wohnraum sowie Ressourcen schonende Bauweisen.

Maßnahmen der sozialen Wohnraumförderung, die im Zusammenhang mit städtebaulichen Sanierungs- und Entwicklungsmaßnahmen stehen, sind bevorzugt zu berücksichtigen.

§ 7 Besondere Grundsätze zur Förderung von Mietwohnraum

Bei der Förderung von Mietwohnraum sind folgende Grundsätze zu berücksichtigen:

1. Um tragbare Wohnkosten für Haushalte im Sinne des § 1 Abs. 2 Satz 2 Nr. 1 zu erreichen, können Wohnkostenentlastungen durch Bestimmung höchstzulässiger Mieten unterhalb von ortsüblichen Vergleichsmieten oder durch sonstige Maßnahmen vorgesehen werden. Dabei sind insbesondere die Leistungen nach dem Wohngeldgesetz sowie das örtliche Mietenniveau und das Haushaltseinkommen des Mieters sowie deren Entwicklungen zu berücksichtigen.
2. Wohnkostenentlastungen, die nach Förderzweck und Zielgruppe sowie Förderintensität unangemessen sind (Fehlförderungen), sind zu vermeiden oder auszugleichen. Maßnahmen zur Vermeidung von Fehlförderungen sind Vorkehrungen bei der Förderung, durch die die Wohnkostenentlastung
    a) auf Grund von Bestimmungen in der Förderzusage oder
    b) auf Grund eines Vorbehalts in der Förderzusage durch Entscheidung der zuständigen Stelle vermindert wird. Eine Maßnahme zum Ausgleich entstandener Fehlförderungen in Fällen der Festlegung von höchstzulässigen Mieten ist die Erhebung von Ausgleichszahlungen nach den §§ 34 bis 37.
3. Bei der Vermeidung und dem Ausgleich von Fehlförderungen sind soweit erforderlich Veränderungen der für die Wohnkostenentlastung maßgeblichen Einkommensverhältnisse und der Haushaltsgröße durch Überprüfungen in regelmäßigen zeitlichen Abständen zu berücksichtigen.

§ 12 Bevorzugung von Maßnahmen, zusätzliche Förderung

(1) Maßnahmen, bei denen Bauherren in Selbsthilfe tätig werden oder bei denen Mieter von Wohnraum Leistungen erbringen, durch die sie im Rahmen des Mietverhältnisses Vergünstigungen erlangen, können bei der Förderung bevorzugt werden. Selbsthilfe sind die Arbeitsleistungen, die zur Durchführung der geförderten Maßnahmen vom Bauherrn selbst, seinen Angehörigen oder von anderen unentgeltlich oder auf Gegenseitigkeit oder von Mitgliedern von Genossenschaften erbracht werden. Leistungen von Mietern sind die von

1. Mietern für die geförderten Maßnahmen erbrachten Finanzierungsanteile, Arbeitsleistungen oder Sachleistungen und
2. Genossenschaftsmitgliedern übernommenen weiteren Geschäftsanteile, soweit sie für die geförderten Maßnahmen über die Pflichtanteile hinaus erbracht werden.

(2) Eine zusätzliche Förderung für notwendigen Mehraufwand kann insbesondere gewährt werden bei

1. Ressourcen schonenden Bauweisen, die besonders wirksam zur Entlastung der Umwelt, zum Schutz der Gesundheit und zur rationellen Energieverwendung beitragen,
2. besonderen baulichen Maßnahmen, mit denen Belangen behinderter oder älterer Menschen Rechnung getragen wird,
3. einer organisierten Gruppenselbsthilfe für den bei der Vorbereitung und Durchführung der Maßnahmen entstehenden Aufwand,
4. besonderen experimentellen Ansätzen zur Weiterentwicklung des Wohnungsbaus.

§ 16 Wohnungsbau, Modernisierung

(1) Wohnungsbau ist das Schaffen von Wohnraum durch
1. Baumaßnahmen, durch die Wohnraum in einem neuen selbstständigen Gebäude geschaffen wird,
2. Beseitigung von Schäden an Gebäuden unter wesentlichem Bauaufwand, durch die die Gebäude auf Dauer wieder zu Wohnzwecken nutzbar gemacht werden,
3. Änderung, Nutzungsänderung oder Erweiterung von Gebäuden, durch die unter wesentlichem Bauaufwand Wohnraum geschaffen wird, oder
4. Änderung von Wohnraum unter wesentlichem Bauaufwand zur Anpassung an geänderte Wohnbedürfnisse.

(2) Wohnraum oder anderer Raum ist in Fällen des Absatzes 1 Nr. 2 nicht auf Dauer nutzbar, wenn ein zu seiner Nutzung erforderlicher Gebäudeteil zerstört ist oder wenn sich der Raum oder der Gebäudeteil in einem Zustand befindet, der aus bauordnungsrechtlichen Gründen eine dauernde, der Zweckbestimmung entsprechende Nutzung nicht gestattet; dabei ist es unerheblich, ob der Raum oder der Gebäudeteil tatsächlich genutzt wird.

(3) Modernisierung sind bauliche Maßnahmen, die
1. den Gebrauchswert des Wohnraums oder des Wohngebäudes nachhaltig erhöhen,
2. die allgemeinen Wohnverhältnisse auf Dauer verbessern oder
3. nachhaltig Einsparungen von Energie oder Wasser bewirken.

Instandsetzungen, die durch Maßnahmen der Modernisierung verursacht werden, fallen unter die Modernisierung.

§ 17 Wohnraum

(1) Wohnraum ist umbauter Raum, der tatsächlich und rechtlich zur dauernden Wohnnutzung geeignet und vom Verfügungsberechtigten dazu bestimmt ist. Wohnraum können Wohnungen oder einzelne Wohnräume sein.

(2) Selbst genutztes Wohneigentum ist Wohnraum im eigenen Haus oder in einer eigenen Eigentumswohnung, der zu eigenen Wohnzwecken genutzt wird.

(3) Mietwohnraum ist Wohnraum, der den Bewohnern auf Grund eines Mietverhältnisses oder eines genossenschaftlichen oder sonstigen ähnlichen Nutzungsverhältnisses zum Gebrauch überlassen wird.

§ 19 Wohnfläche

(1) Die Wohnfläche einer Wohnung ist die Summe der anrechenbaren Grundflächen der ausschließlich zur Wohnung gehörenden Räume. Die Landesregierungen werden ermächtigt, durch Rechtsverordnung Vorschriften zur Berechnung der Grundfläche und zur Anrechenbarkeit auf die Wohnfläche zu erlassen. Die Landesregierungen können die Ermächtigung durch Rechtsverordnung auf eine oberste Landesbehörde übertragen.

§ 20 Gesamteinkommen

Maßgebendes Einkommen ist das Gesamteinkommen des Haushalts. Gesamteinkommen des Haushalts im Sinne dieses Gesetzes ist die Summe der Jahreseinkommen der Haushaltsangehörigen abzüglich der Frei- und Abzugsbeträge nach § 24. Maßgebend sind die Verhältnisse im Zeitpunkt der Antragstellung.

§ 21 Begriff des Jahreseinkommens

(1) Jahreseinkommen im Sinne dieses Gesetzes ist, vorbehaltlich der Absätze 2 und 3 sowie der §§ 22 und 23, die Summe der positiven Einkünfte im Sinne des § 2 Abs. 1, 2 und 5a des Einkommensteuergesetzes jedes Haushaltsangehörigen. Bei den Einkünften im Sinne des § 2 Abs. 1 Satz 1 Nr. 1 bis 3 des Einkommensteuergesetzes ist § 7g Abs. 1 bis 4 und 7 des Einkommensteuergesetzes nicht anzuwenden. Ein Ausgleich mit negativen Einkünften aus anderen Einkunftsarten und mit negativen Einkünften des zusammenveranlagten Ehegatten ist nicht zulässig.

(2) Zum Jahreseinkommen gehören:

1.1 der nach § 19 Abs. 2 und § 22 Nr. 4 Satz 4 Buchstabe b des Einkommensteuergesetzes steuerfreie Betrag von Versorgungsbezügen,

1.2 die einkommensabhängigen, nach § 3 Nr. 6 des Einkommensteuergesetzes steuerfreien Bezüge, die auf Grund gesetzlicher Vorschriften aus öffentlichen Mitteln versorgungshalber an Wehr- und Zivildienstbeschädigte oder ihre Hinterbliebenen, Kriegsbeschädigte und Kriegshinterbliebene sowie ihnen gleichgestellte Personen gezahlt werden,

1.3 die den Ertragsanteil oder den der Besteuerung unterliegenden Anteil nach § 22 Nr. 1 Satz 3 Buchstabe a des Einkommensteuergesetzes übersteigenden Teile von Leibrenten,

1.4 die nach § 3 Nr. 3 des Einkommensteuergesetzes steuerfreien Kapitalabfindungen auf Grund der gesetzlichen Rentenversicherung und auf Grund der Beamten-(Pensions-)Gesetze,

1.5 die nach § 3 Nr. 1 Buchstabe a des Einkommensteuergesetzes steuerfreien

   a) Renten wegen Minderung der Erwerbsfähigkeit nach den §§ 56 bis 62 des Siebten Buches Sozialgesetzbuch,

   b) Renten und Beihilfen an Hinterbliebene nach den §§ 63 bis 71 des Siebten Buches Sozialgesetzbuch,

   c) Abfindungen nach den §§ 75 bis 80 des Siebten Buches Sozialgesetzbuch,

1.6 die Lohn- und Einkommensersatzleistungen nach § 32b Abs. 1 Nr. 1 des Einkommensteuergesetzes, mit Ausnahme der nach § 3 Nr. 1 Buchstabe d des Einkommensteuergesetzes steuerfreien Mutterschutzleistungen und des nach § 3 Nr. 67 des Einkommensteuergesetzes steuerfreien Elterngeldes bis zur Höhe der nach § 10 des Bundeselterngeld- und Elternzeitgesetzes anrechnungsfreien Beträge,

1.7 die Hälfte der nach § 3 Nr. 7 des Einkommensteuergesetzes steuerfreien

   a) Unterhaltshilfe nach den §§ 261 bis 278a des Lastenausgleichsgesetzes, mit Ausnahme der Pflegezulage nach § 269 Abs. 2 des Lastenausgleichsgesetzes,

   b) Beihilfe zum Lebensunterhalt nach den §§ 301 bis 301b des Lastenausgleichsgesetzes,

   c) Unterhaltshilfe nach § 44 und Unterhaltsbeihilfe nach § 45 des Reparationsschädengesetzes,

   d) Beihilfe zum Lebensunterhalt nach den §§ 10 bis 15 des Flüchtlingshilfegesetzes, mit Ausnahme der Pflegezulage nach § 269 Abs. 2 des Lastenausgleichsgesetzes,

1.8 die nach § 3 Nr. 1 Buchstabe a des Einkommensteuergesetzes steuerfreien Krankentagegelder,

1.9 die Hälfte der nach § 3 Nr. 68 des Einkommensteuergesetzes steuerfreien Renten nach § 3 Abs. 2 des Anti-D-Hilfegesetzes,

2.1 die nach § 3b des Einkommensteuergesetzes steuerfreien Zuschläge für Sonntags-, Feiertags- oder Nachtarbeit,

2.2 der nach § 40a des Einkommensteuergesetzes vom Arbeitgeber pauschal besteuerte Arbeitslohn,

3.1 der nach § 20 Abs. 9 des Einkommensteuergesetzes steuerfreie Betrag (Sparer-Pauschbetrag), soweit die Kapitalerträge 100 Euro übersteigen,

3.2 (weggefallen)

3.3 die auf erhöhte Absetzungen entfallenden Beträge, soweit sie die höchstmöglichen Absetzungen für Abnutzung nach § 7 des Einkommensteuergesetzes übersteigen, und die auf Sonderabschreibungen entfallenden Beträge,

4.1 der nach § 3 Nr. 9 des Einkommensteuergesetzes steuerfreie Betrag von Abfindungen wegen einer vom Arbeitgeber veranlassten oder gerichtlich ausgesprochenen Auflösung des Dienstverhältnisses,

4.2 der nach § 3 Nr. 27 des Einkommensteuergesetzes steuerfreie Grundbetrag der Produktionsaufgaberente und das Ausgleichsgeld nach dem Gesetz zur Förderung der Einstellung der landwirtschaftlichen Erwerbstätigkeit,

4.3 die nach § 3 Nr. 60 des Einkommensteuergesetzes steuerfreien Leistungen aus öffentlichen Mitteln an Arbeitnehmer des Steinkohlen-, Pechkohlen- und Erzbergbaues, des Braunkohlentiefbaues und der Eisen- und Stahlindustrie aus Anlass von Stilllegungs-, Einschränkungs-, Umstellungs- oder Rationalisierungsmaßnahmen,

5.1 die nach § 22 Nr. 1 Satz 2 des Einkommensteuergesetzes dem Empfänger nicht zuzurechnenden Bezüge, die ihm von nicht zum Haushalt rechnenden Personen gewährt werden und die Leistungen nach dem Unterhaltsvorschussgesetz,

5.2 die nach § 3 Nr. 48 des Einkommensteuergesetzes steuerfreien

    a) allgemeinen Leistungen nach § 5 des Unterhaltssicherungsgesetzes

    b) Leistungen für Grundwehrdienst leistende Sanitätsoffiziere nach § 12a des Unterhaltssicherungsgesetzes,

5.3 (weggefallen)

5.4 die Hälfte des für die Kosten zur Erziehung bestimmten Anteils an Leistungen zum Unterhalt

    a) des Kindes oder Jugendlichen in Fällen

        aa) der Vollzeitpflege nach § 39 in Verbindung mit § 33 oder mit § 35a Abs. 2 Nr. 3 des Achten Buches Sozialgesetzbuch oder

        bb) einer vergleichbaren Unterbringung nach § 21 des Achten Buches Sozialgesetzbuch,

    b) des jungen Volljährigen in Fällen der Vollzeitpflege nach § 41 in Verbindung mit den §§ 39 und 33 oder mit den §§ 39 und 35a Abs. 2 Nr. 3 des Achten Buches Sozialgesetzbuch,

5.5 die Hälfte der laufenden Leistungen für die Kosten des notwendigen Unterhalts einschließlich der Unterkunft sowie der Krankenhilfe für Minderjährige und junge Volljährige nach § 13 Abs. 3 Satz 2, § 19 Abs. 3, § 21 Satz 2, § 39 Abs. 1 und § 41 Abs. 2 des Achten Buches Sozialgesetzbuch,

5.6 die Hälfte des Pflegegeldes nach § 37 des Elften Buches Sozialgesetzbuch für Pflegehilfen, die keine Wohn- und Wirtschaftsgemeinschaft mit dem Pflegebedürftigen führen,

6.1 die Hälfte der als Zuschüsse erbrachten

    a) Leistungen zur Förderung der Ausbildung nach dem Bundesausbildungsförderungsgesetz,

    b) Leistungen der Begabtenförderungswerke, soweit sie nicht von Nummer 6.2 erfasst sind,

    c) Stipendien, soweit sie nicht von Buchstabe b, Nummer 6.2 oder Nummer 6.3 erfasst sind,

    d) Berufsausbildungsbeihilfen und des Ausbildungsgeldes nach dem Dritten Buch Sozialgesetzbuch,

    e) Beiträge zur Deckung des Unterhaltsbedarfs nach dem Aufstiegsfortbildungsförderungsgesetz,

6.2 die als Zuschuss gewährte Graduiertenförderung,

6.3 die Hälfte der nach § 3 Nr. 42 des Einkommensteuergesetzes steuerfreien Zuwendungen, die auf Grund des Fulbright-Abkommens gezahlt werden,

7.1 die Leistungen zur Sicherung des Lebensunterhalts nach den §§ 19 bis 22 und 28 des Zweiten Buches Sozialgesetzbuch,

7.2 die Leistungen der Hilfe zum Lebensunterhalt nach den §§ 27 bis 30 des Zwölften Buches Sozialgesetzbuch,

7.3 die Leistungen der Grundsicherung im Alter und bei Erwerbsminderung nach § 42 Nr. 1 bis 3 des Zwölften Buches Sozialgesetzbuch mit Ausnahme der Leistungen für einmalige Bedarfe,

7.4 die Leistungen nach dem Asylbewerberleistungsgesetz,

7.5 die Leistungen der ergänzenden Hilfe zum Lebensunterhalt nach § 27a des Bundesversorgungsgesetzes oder nach einem Gesetz, das dieses für anwendbar erklärt, mit Ausnahme der Leistungen für einmalige Bedarfe, soweit diese Leistungen die bei ihrer Berechnung berücksichtigten Kosten für Wohnraum übersteigen,

– aufgehoben –

8. die Leistungen zur Sicherung des Lebensunterhalts nach § 19 Satz 1 Nr. 1 und 2 Satz 2, sowie § 28 in Verbindung mit § 19 Satz 1 Nr. 1 des Zweiten Buches Sozialgesetzbuch, soweit diese die bei ihrer Berechnung berücksichtigten Kosten für den Wohnraum übersteigen.

(3) Aufwendungen zum Erwerb, zur Sicherung und zur Erhaltung von Einnahmen nach Absatz 2 mit Ausnahme der Nummern 5.3 bis 5.5 dürfen in der im Sinne des § 22 Abs. 1 und 2 zu erwartenden oder nachgewiesenen Höhe abgezogen werden.

§ 22 Zeitraum für die Ermittlung des Jahreseinkommens

(1) Bei der Ermittlung des Jahreseinkommens ist das Einkommen zu Grunde zu legen, das in den zwölf Monaten ab dem Monat der Antragstellung zu erwarten ist. Hierzu kann auch von dem Einkommen ausgegangen werden, das innerhalb der letzten zwölf Monate vor Antragstellung erzielt worden ist. Änderungen sind zu berücksichtigen, wenn sie im Zeitpunkt der Antragstellung innerhalb von zwölf Monaten mit Sicherheit zu erwarten sind; Änderungen, deren Beginn oder Ausmaß nicht ermittelt werden können, bleiben außer Betracht.

(2) Kann die Höhe des zu erwartenden Einkommens nicht nach Absatz 1 ermittelt werden, so ist grundsätzlich das Einkommen der letzten zwölf Monate vor Antragstellung zu Grunde zu legen.

(3) Bei Personen, die zur Einkommensteuer veranlagt werden, kann bei Anwendung des Absatzes 1 von den Einkünften ausgegangen werden, die sich aus dem letzten Einkommensteuerbescheid, den Vorauszahlungsbescheiden oder der letzten Einkommensteuererklärung ergeben; die sich hieraus ergebenden Einkünfte sind bei Anwendung des Absatzes 2 zu Grunde zu legen.

(4) Einmaliges Einkommen, das in einem nach Absatz 1 oder 2 maßgebenden Zeitraum anfällt, aber einem anderen Zeitraum zuzurechnen ist, ist so zu behandeln, als wäre es während des anderen Zeitraums angefallen. Einmaliges Einkommen, das einem nach Absatz 1 oder 2 maßgebenden Zeitraum zuzurechnen, aber in einem früheren Zeitraum angefallen ist, ist so zu behandeln, als wäre es während des nach Absatz 1 oder 2 maßgebenden Zeitraums angefallen. Satz 2 gilt nur für Einkommen, das innerhalb von drei Jahren vor Antragstellung angefallen ist.

§ 23 Pauschaler Abzug

(1) Bei der Ermittlung des Jahreseinkommens wird von dem nach den §§ 21 und 22 ermittelten Betrag ein pauschaler Abzug in Höhe von jeweils 10 Prozent für die Leistung von

1. Steuern vom Einkommen,
2. Pflichtbeiträgen zur gesetzlichen Kranken- und Pflegeversicherung und
3. Pflichtbeiträgen zur gesetzlichen Rentenversicherung

vorgenommen.

(2) Werden keine Pflichtbeiträge nach Absatz 1 Nr. 2 oder 3 geleistet, so werden laufende Beiträge zu öffentlichen oder privaten Versicherungen oder ähnlichen Einrichtungen in der tatsächlich geleisteten Höhe, höchstens bis zu jeweils 10 Prozent des sich nach den §§ 21 und 22 ergebenden Betrages abgezogen, wenn die Beiträge der Zweckbestimmung der Pflichtbeiträge nach Absatz 1 Nr. 2 oder 3 entsprechen. Dies gilt auch, wenn die Beiträge zu Gunsten eines zum Haushalt rechnenden Angehörigen geleistet werden. Die Sätze 1 und 2 gelten nicht, wenn eine im Wesentlichen beitragsfreie Sicherung oder eine Sicherung, für die Beiträge von einem Dritten geleistet werden, besteht.

§ 24 Frei- und Abzugsbeträge

(1) Bei der Ermittlung des Gesamteinkommens werden folgende Freibeträge abgesetzt:
1. 4 500 Euro für jeden schwerbehinderten Menschen mit einem Grad der Behinderung
   a) von 100 oder
   b) von wenigstens 80, wenn der schwerbehinderte Mensch häuslich pflegebedürftig im Sinne des § 14 des Elften Buches Sozialgesetzbuch ist;
2. 2 100 Euro für jeden schwerbehinderten Menschen mit einem Grad der Behinderung von unter 80, wenn der schwerbehinderte Mensch häuslich pflegebedürftig im Sinne des § 14 des Elften Buches Sozialgesetzbuch ist;
3. 4 000 Euro bei jungen Ehepaaren bis zum Ablauf des fünften Kalenderjahres nach dem Jahr der Eheschließung; junge Ehepaare sind solche, bei denen keiner der Ehegatten das 40. Lebensjahr vollendet hat;
4. 600 Euro für jedes Kind unter zwölf Jahren, für das Kindergeld nach dem Einkommensteuergesetz oder dem Bundeskindergeldgesetz oder eine Leistung im Sinne des § 65 Abs. 1 des Einkommensteuergesetzes oder des § 4 Abs. 1 des Bundeskindergeldgesetzes gewährt wird, wenn die antragsberechtigte Person allein mit Kindern zusammenwohnt und wegen Erwerbstätigkeit oder Ausbildung nicht nur kurzfristig vom Haushalt abwesend ist;

5. bis zu 600 Euro, soweit ein zum Haushalt rechnendes Kind eigenes Einkommen hat und das 16., aber noch nicht das 25. Lebensjahr vollendet hat.

(2) Aufwendungen zur Erfüllung gesetzlicher Unterhaltsverpflichtungen werden bis zu dem in einer notariell beurkundeten Unterhaltsvereinbarung festgelegten oder in einem Unterhaltstitel oder Unterhaltsbescheid festgestellten Betrag abgesetzt. Liegen eine notariell beurkundete Unterhaltsvereinbarung, ein Unterhaltstitel oder ein Unterhaltsbescheid nicht vor, können Aufwendungen zur Erfüllung gesetzlicher Unterhaltsverpflichtungen wie folgt abgesetzt werden:
1. bis zu 3 000 Euro für einen Haushaltsangehörigen, der auswärts untergebracht ist und sich in der Berufsausbildung befindet;
2. bis zu 6 000 Euro für einen nicht zum Haushalt rechnenden früheren oder dauernd getrennt lebenden Ehegatten oder Lebenspartner;
3. bis zu 3 000 Euro für eine sonstige nicht zum Haushalt rechnende Person.

V.
Bekanntmachung der Vordruckmuster für den Antrag auf Wohnungsbauprämie für 2012

(BMF-Schreiben vom 30. 11. 2012, BStBl I S. 1233)

Nach § 4 Absatz 2 Wohnungsbau-Prämiengesetz vom 30. Oktober 1997 (BGBl. I S. 2678) ist der Antrag auf Wohnungsbauprämie **nach amtlich vorgeschriebenem Vordruck** zu erstellen. Die Vordruckmuster für 2012 mit Erläuterungen werden hiermit bekannt gemacht.

Die Vordrucke können auch maschinell hergestellt werden, wenn sie sämtliche Angaben in der gleichen Reihenfolge enthalten. Abweichende Formate sind zulässig; die Erklärung zu den Einkommensverhältnissen kann hervorgehoben oder auf sie auffallend hingewiesen werden. Maschinell erstellte Anträge für Aufwendungen i. S. d. § 2 Absatz 1 Nummer 2 bis 4 WoPG brauchen nicht handschriftlich von dem Unternehmen unterschrieben zu werden.

Anhang 15
V

Wohnungsbau-Prämiengesetz

An (Bausparkasse)

Eingangsstempel der Bausparkasse

(Anschrift des/der Prämienberechtigten)

Antrag auf Wohnungsbauprämie **2012**
für Bausparbeiträge (§ 2 Abs. 1 Nr. 1 WoPG)

Abgabe eines Antrags je Bausparkasse spätestens bis zum 31. Dezember 2014

Zutreffendes bitte ankreuzen ☒ oder ausfüllen
Die in einem Kreis gesetzten Zahlen verweisen auf die **Erläuterungen**.

Steuernummer ①

Identifikationsnummer Prämienberechtigte(r)	Identifikationsnummer Ehegatte

I. Angaben zur Person ②

Prämienberechtigte(r) (Familienname, Vorname)	Geburtsdatum
Ehegatte (Familienname, Vorname)	Geburtsdatum
Wohnsitz des/der Prämienberechtigten bei Antragstellung (Straße, Hausnummer, Postleitzahl, Ort)	Telefonnummer

Für das Sparjahr 2012 besteht Anspruch auf Wohnungsbauprämie als ☐ Alleinstehende(r) ③ ☐ Ehegatten ②

II. Aufwendungen, für die eine Prämie beantragt wird

Für vermögenswirksame Leistungen, für die Anspruch auf Arbeitnehmer-Sparzulage besteht, wird keine Prämie gewährt. ③
Bei Beiträgen an Bausparkassen zur Erlangung von Baudarlehen kann eine Prämie nur gewährt werden, wenn die an dieselbe Bausparkasse geleisteten Beiträge (ohne vermögenswirksame Leistungen, für die Anspruch auf Arbeitnehmer-Sparzulage besteht) mindestens 50 Euro betragen haben.
Werden Beiträge zugunsten eines zertifizierten Altersvorsorgevertrages den Altersvorsorgebeiträgen zugeordnet, handelt es sich bei allen Beiträgen zu diesem Vertrag bis zu den in § 10a Abs. 1 Einkommensteuergesetzes genannten Höchstbeträgen um keine prämienbegünstigte Aufwendungen.

Vertragsnummer	Abschlussdatum Monat/Jahr	Aufwendungen 2012 (ohne vermögenswirksame Leistungen) lt. Kontoauszug mit Anspruch auf		Bei Überschreitung des Höchstbetrags Prämiengewährung für ⑤	nachrichtlich: vermögenswirksame Leistungen
		Prämienauszahlung ④	Prämienvormerkung ④		
1	2	3	4	5	6

Die nachfolgenden Angaben sind für die Ermittlung der Prämie erforderlich.

☐ Ich (wir) beantrage(n) die **Einbeziehung der vermögenswirksamen Leistungen** in die prämienbegünstigten Aufwendungen durch die Bausparkasse, weil mein (unser) maßgebendes zu versteuerndes Einkommen über 17.900 Euro (Alleinstehende) bzw. 35.800 Euro (Ehegatten) liegt und deshalb **kein Anspruch auf Arbeitnehmer-Sparzulage** besteht. Bitte unbedingt **Erläuterung ③ beachten.**

Für das Sparjahr 2012 habe(n) ich (wir) bereits eine Wohnungsbauprämie bei einer (einem anderen Bausparkasse (Unternehmen) beantragt, aber den prämienbegünstigten Höchstbetrag (512/1.024 Euro) doch nicht voll ausgeschöpft ⑥ :

☐ nein ☐ ja. Ich (wir) habe(n) bereits Aufwendungen in Höhe von _____ Euro geltend gemacht.

III. Einkommensverhältnisse

Eine Wohnungsbauprämie kann für 2012 nur gewährt werden, wenn das maßgebende zu versteuernde Einkommen dieses Sparjahres bestimmte Grenzen nicht übersteigt.

☐ Ich (wir) erkläre(n), dass ich (wir) nach meinen (unseren) Einkommensverhältnissen Anspruch auf Wohnungsbauprämie für 2012 habe(n), weil mein (unser) maßgebendes zu versteuerndes Einkommen nicht mehr als 25.600/51.200 Euro beträgt. ⑦

☐ Ich stimme dem Prämienantrag als Ehegatte oder als gesetzlicher Vertreter zu. ⑧

Datum	Prämienberechtigte(r)	Ehegatte	gesetzl. Vertreter/in

Unterschrift – ggf. auch des Ehegatten – nicht vergessen!
Die Angaben in diesem Antrag werden nach §§ 4, 4a des Wohnungsbau-Prämiengesetzes erhoben.

Erläuterungen
zum Antrag auf Wohnungsbauprämie für das Kalenderjahr 2012

(Die in einen Kreis gesetzten Zahlen beziehen sich auf die entsprechenden Zahlen im Antragsvordruck.)

Der Antrag muss spätestens bis zum 31. Dezember 2014 bei der Bausparkasse abgegeben werden, an die die Aufwendungen geleistet worden sind.

① Sofern Sie zur Einkommensteuer veranlagt werden, geben Sie bitte die **Steuernummer** an, unter der die Veranlagung zur Einkommensteuer durchgeführt wird. Bitte geben Sie auch Ihre **Identifikationsnummer** und ggf. die Ihres Ehegatten an.

② **Prämienberechtigt** für 2012 sind alle unbeschränkt einkommensteuerpflichtigen Personen, die vor dem 2.1.1997 geboren oder Vollwaisen sind. Unbeschränkt einkommensteuerpflichtig sind natürliche Personen, die in der Bundesrepublik Deutschland ansässig sind (Wohnsitz oder gewöhnlicher Aufenthalt), die im Ausland ansässig sind und zu einer inländischen juristischen Person des öffentlichen Rechts in einem Dienstverhältnis stehen und dafür Arbeitslohn aus einer inländischen öffentlichen Kasse beziehen.

Alleinstehende sind alle Personen, die 2012 nicht verheiratet waren, und Ehegatten, die keine Höchstbetragsgemeinschaft bilden.

Ehegatten steht ein gemeinsamer Höchstbetrag zu (Höchstbetragsgemeinschaft), wenn sie beide mindestens während eines Teils des Kalenderjahres 2012 miteinander verheiratet waren, nicht dauernd getrennt gelebt haben, unbeschränkt einkommensteuerpflichtig sind und sie nicht die getrennte oder besondere Veranlagung zur Einkommensteuer wählen. Sie gelten als zusammenveranlagte Ehegatten, auch wenn keine Veranlagung durchgeführt worden ist. Ehegatten, die keine Höchstbetragsgemeinschaft bilden, gelten als Alleinstehende.

③ Bausparbeiträge, die vermögenswirksame Leistungen sind, werden vorrangig durch Gewährung einer Arbeitnehmer-Sparzulage gefördert. Eine Einbeziehung vermögenswirksamer Leistungen in die prämienbegünstigten Aufwendungen kommt nur deshalb in Betracht, wenn Sie keinen Anspruch auf Arbeitnehmer-Sparzulage haben. Kein Anspruch auf Arbeitnehmer-Sparzulage besteht, wenn das maßgebende zu versteuernde Einkommen **unter Berücksichtigung der Freibeträge für Kinder** ⑦ nicht mehr als 17.900 Euro bei Alleinstehenden ② bzw. 35.800 Euro bei zusammenveranlagten Ehegatten ② beträgt. Sind diese Einkommensgrenzen überschritten, können Sie im Rahmen der prämienbegünstigten Höchstbeträge (512 / 1.024 Euro) ⑥ für diese vermögenswirksamen Leistungen Wohnungsbauprämie beanspruchen.

④ Die Wohnungsbauprämie wird regelmäßig nur ermittelt und vorgemerkt.

Die Auszahlung der angesammelten Wohnungsbauprämien an die Bausparkasse – zugunsten Ihres Bausparvertrags – erfolgt grundsätzlich erst bei wohnungswirtschaftlicher Verwendung des Bausparvertrags. Für Bausparbeiträge, die auf Bausparverträge erst nach wohnungswirtschaftlicher Verwendung des Bausparvertrags geleistet worden sind, wird die Wohnungsbauprämie bereits nach Bearbeitung des Prämienantrags an die Bausparkasse – zugunsten Ihres Bausparvertrags – ausgezahlt.

Für Bausparverträge, die vor dem 1.1.2009 abgeschlossen wurden und für die bis zum 31. 12. 2008 mindestens ein Beitrag in Höhe der Regelsparrate entrichtet wurde, erfolgt die Auszahlung der Wohnungsbauprämie an die Bausparkasse – zugunsten Ihres Bausparvertrags – wenn der Bausparvertrag zugeteilt, die Festlegungsfrist von 7 Jahren seit Abschluss des Bausparvertrags überschritten oder unschädlich über den Bausparvertrag verfügt worden ist. Für Bausparbeiträge, die auf bereits zugeteilte Bausparverträge oder nach Ablauf der Festlegungsfrist von 7 Jahren seit Abschluss des Bausparvertrags geleistet worden sind, wird die Wohnungsbauprämie bereits nach Bearbeitung des Prämienantrags an die Bausparkasse – zugunsten Ihres Bausparvertrags – ausgezahlt.

⑤ Haben Sie mehrere Verträge, aufgrund derer prämienbegünstigte Aufwendungen im Sinne des Wohnungsbau-Prämiengesetzes geleistet werden und **überschreiten Ihre Beiträge den Höchstbetrag** ⑥, müssen Sie erklären, für welche Beiträge Sie die Prämie erhalten wollen. Für die im Antrag unter II. aufgeführten Aufwendungen können Sie eine Prämie allerdings nur insoweit beanspruchen, als Sie oder Ihr Ehegatte den Höchstbetrag nicht anderweitig ausgeschöpft haben, z. B. durch bereits bei einer anderen Bausparkasse oder einem anderen Unternehmen geltend gemachte Aufwendungen. **Tragen Sie deshalb bitte die Beiträge, für die Sie die Prämie beanspruchen, bis zu dem Ihnen höchstens noch zustehenden Betrag, in die dafür unter II. vorgesehene Spalte 5 ein.**

⑥ Bausparbeiträge und andere Aufwendungen im Sinne des Wohnungsbau-Prämiengesetzes sind **insgesamt** nur bis zu einem Höchstbetrag von 512 Euro bei Alleinstehenden ② bzw. 1.024 Euro bei zusammenveranlagten Ehegatten ② prämienbegünstigt.

⑦ Eine Wohnungsbauprämie für das Jahr 2012 kann nur gewährt werden, wenn das versteuernde Einkommen des Jahres 2012 die Einkommensgrenze nicht überschritten hat. Deswegen kann eine Wohnungsbauprämie nur erstattet werden, wenn Sie eine entsprechende Erklärung abgeben. Die maßgebliche Einkommensgrenze für Alleinstehende ② beträgt 25.600 Euro, für zusammenveranlagte Ehegatten ② 51.200 Euro. Sind Ehegatten für 2012 getrennt zur Einkommensteuer veranlagt worden oder haben sie die besondere Veranlagung für das Jahr der Eheschließung gewählt, gilt für jeden der Einkommensgrenze von 25.600 Euro. Für die Ermittlung des für das Wohnungsbau-Prämiengesetz **maßgebenden zu versteuernden Einkommens sind die steuerlich zu berücksichtigenden Kinder stets die Freibeträge für Kinder für das gesamte Sparjahr abzuziehen**. Dies gilt auch, wenn bei Ihrer Einkommensteuerveranlagung nicht die Freibeträge für Kinder berücksichtigt wurden, weil Sie Anspruch auf Kindergeld haben. Der Kinderfreibetrag beträgt in der Regel für Alleinstehende ② 2.184 Euro und für zusammenveranlagte Ehegatten ② 4.368 Euro; der Freibetrag für den Betreuungs- und Erziehungs- oder Ausbildungsbedarf des Kindes beträgt in der Regel für Alleinstehende ② 1.320 Euro und für zusammenveranlagte Ehegatten ② 2.640 Euro. Soweit in Ihrem Einkommensteuerbescheid schon die Freibeträge für Kinder berücksichtigt sind, dürfen diese nicht nochmals abgezogen werden. Ihr zu versteuerndes Einkommen können Sie aus Ihrem Einkommensteuerbescheid für 2012 entnehmen. Sollte dieser Bescheid noch nicht vorliegen, können Sie anhand der folgenden Tabelle eine überschlägige Prüfung selbst vornehmen.

Die Prämiengewährung für 2012 muss nicht ausgeschlossen sein, wenn der Bruttoarbeitslohn bei Arbeitnehmern in 2012 mehr als 25.600 / 51.200 Euro betragen hat. Der nachstehenden Tabelle können Sie entnehmen, bis zu welchem in 2012 bezogenen Bruttoarbeitslohn Ihnen eine Wohnungsbauprämie gewährt werden kann.

Familienstand Zahl der Kinder	Bruttoarbeitslohn 2012 in Euro (unter Berücksichtigung der dem Arbeitnehmer zustehenden Pausch- und Freibeträge und unter der Voraussetzung, dass keine anderen Einkünfte vorliegen)	
Alleinstehende	**Personenkreis A***	**Personenkreis B***
a) ohne Kinder	30.901	28.536
b) mit Kindern	Elternteil, dem die Kinder zugeordnet werden, der andere Elternteil leistet Unterhalt	Elternteil, dem die Kinder nicht zugeordnet werden, der aber Unterhalt leistet
	Personenkreis A* **Personenkreis B***	**Personenkreis A*** **Personenkreis B***
1 Kind	36.378 35.348	34.865 32.040
2 Kinder	40.431 36.852	38.918 35.544
3 Kinder	44.485 40.356	42.972 39.048
Zusammenveranlagte Ehegatten (ein Arbeitnehmer)	**Personenkreis A***	**Personenkreis B***
a) ohne Kinder	59.234	55.272
b) mit 1 Kind	66.468	62.280
c) mit 2 Kindern	73.510	69.288
d) mit 3 Kindern	80.518	76.296
Zusammenveranlagte Ehegatten (zwei Arbeitnehmer)	**Personenkreis A***	**Personenkreis B***
a) ohne Kinder	61.802	57.072
b) mit 1 Kind	69.729	64.080
c) mit 2 Kindern	77.836	71.088
d) mit 3 Kindern	85.943	78.096

* Unter den Personenkreis A fallen rentenversicherungspflichtige Arbeitnehmer, unter den Personenkreis B nicht rentenversicherungspflichtige Arbeitnehmer, z. B. Beamte, Richter, Berufssoldaten mit eigenen Aufwendungen zur Kranken- und Pflegepflichtversicherung von 1.900 Euro / 3.800 Euro pro Jahr (bei alleinverdienenden Ehegatten 3.000 Euro).

Die in der Tabelle angegebenen Beträge können sich außerdem im Einzelfall noch erhöhen, wenn höhere Werbungskosten und Sonderausgaben als die Pauschbeträge oder andere Abzüge (z. B. Versorgungs-Freibetrag, außergewöhnliche Belastungen) zu berücksichtigen sind oder wenn der Sparer mehr als 3 Kinder hat.

Die angegebenen Beträge können sich allerdings auch verringern, wenn Sie noch weitere Einkünfte haben, bzw. in der gesetzlichen Rentenversicherung die Beitragsbemessungsgrenze Ost anzuwenden ist.

Weitere Einkünfte sind z. B. Einkünfte aus Land- und Forstwirtschaft, aus Gewerbebetrieb, aus selbständiger Arbeit, aus Vermietung und Verpachtung sowie die sonstigen Einkünfte nach § 22 Einkommensteuergesetz (EStG), insbesondere der der Besteuerung unterliegende Teil der Renten aus der gesetzlichen Rentenversicherung. Einkünfte aus Kapitalvermögen, die der abgeltenden Kapitalertragsteuer nach § 43 Absatz 5 EStG (sog. Abgeltungsteuer) bzw. dem gesonderten Steuertarif nach § 32d Absatz 1 Satz 1 EStG unterliegen, bleiben dabei unberücksichtigt.

⑧ Der Antrag auf Wohnungsbauprämie ist vom Prämienberechtigten eigenhändig zu unterschreiben. Bei Ehegatten, die eine Höchstbetragsgemeinschaft ② bilden, muss jeder Ehegatte den Antrag unterschreiben. Bei minderjährigen Prämienberechtigten ist auch die Unterschrift des gesetzlichen Vertreters erforderlich.

Anhang 15

Wohnungsbau-Prämiengesetz

An (Unternehmen)

Eingangsstempel des Unternehmens

(Anschrift des/der Prämienberechtigten)

Antrag auf Wohnungsbauprämie 2012
für Aufwendungen i.S.d. § 2 Abs. 1 Nr. 2–4 WoPG

Abgabe eines Antrags je Unternehmen spätestens bis zum 31. Dezember 2014

Zutreffendes bitte ankreuzen ☒ oder ausfüllen
Die in einen Kreis gesetzten Zahlen verweisen auf die **Erläuterungen**.

Steuernummer

Zuständiges Finanzamt ①

Identifikationsnummer Prämienberechtigte(r) | Identifikationsnummer Ehegatte

I. Angaben zur Person ②

Prämienberechtigte(r) (Familienname, Vorname, ggf. Geburtsname)	Geburtsdatum
Ehegatte (Familienname, Vorname, ggf. Geburtsname)	Geburtsdatum
Wohnsitz des/der Prämienberechtigten bei Antragstellung (Straße, Hausnummer, Postleitzahl, Ort)	Telefonnummer
Weiterer Wohnsitz des/der Prämienberechtigten und/oder abweichender Wohnsitz des Ehegatten bei Antragstellung	

| Familienstand | verheiratet seit | verwitwet seit | geschieden seit | dauernd getrennt lebend seit | Finanzamt, bei dem zuletzt eine Wohnungsbauprämie beantragt wurde |
| ledig | | | | | |

Vor Ausfüllen des Antrages beachten Sie bitte die Erläuterungen

II. Aufwendungen, für die eine Prämie beantragt wird

Für vermögenswirksame Leistungen, für die ein Anspruch auf Arbeitnehmer-Sparzulage besteht, wird keine Prämie gewährt. ③

Vertragsnummer	Abschlussdatum Monat/Jahr	Aufwendungen 2012 (ohne vermögenswirksame Leistungen)	Bei Überschreitung des Höchstbetrags Prämiengewährung für ④	nachrichtlich: vermögenswirksame Leistungen	**Nicht vom Sparer auszufüllen!** Eintragungen des Unternehmens
1	2	3	4	5	Wir bestätigen die Richtigkeit der nebenstehenden Angaben
					(Unterschrift)

☐ Ich (wir) beantrage(n) die **Einbeziehung der vermögenswirksamen Leistungen** in die prämienbegünstigten Aufwendungen durch das Unternehmen, weil aufgrund des maßgebenden zu versteuernden Einkommens (s. Rückseite IV.) **kein Anspruch auf Arbeitnehmer-Sparzulage** besteht. Bitte unbedingt Erläuterung ③ beachten

Eintragungen des Finanzamtes

1. Es wird eine Prämie von _____ Euro festgesetzt. Die Prämie ist auszuzahlen.
2. ☐ Über die Ablehnung/Teilablehnung ist ein Bescheid zu erteilen: erl. _____ (Tag, Namensz.)
3. Eintragung in Sammelliste Nr. _____ (Tag, Namensz.)
4. Zu den _____ Akten.

(Sachgebietsleiter/in) (Datum) (Bearbeiter/in) (Datum)

Anhang 15
V Wohnungsbau-Prämiengesetz

III. Einkommensverhältnisse

Eine Wohnungsbauprämie kann für 2012 nur gewährt werden, wenn das zu versteuernde Einkommen (ggf. unter Berücksichtigung von Freibeträgen für Kinder) dieses Jahres bestimmte Grenzen nicht übersteigt. ③
Die nachfolgenden Angaben sind für die Prüfung des Prämienanspruchs erforderlich.

Vermerke des Finanzamts

1. ☐ Ein Einkommensteuerbescheid ist für 2012 vom _____ (Finanzamt, Steuernummer) erteilt worden. Danach beträgt das maßgebende zu versteuernde Einkommen des Kalenderjahres 2012

   bei Alleinstehenden oder bei Ehegatten, die die getrennte oder die besondere Veranlagung zur Einkommensteuer gewählt haben: ② ☐ mehr als ☐ nicht mehr als 25.600 Euro

   bei Zusammenveranlagung: ② ☐ mehr als ☐ nicht mehr als 51.200 Euro

2. **(Nur ausfüllen, wenn 1. nicht zutrifft)** ④
   Eine Einkommensteuererklärung für 2012
   ☐ ist abgegeben. ☐ wird noch abgegeben. ☐ wird nicht abgegeben.
   Für eine zügige Bearbeitung sind vollständige Angaben zu a. oder b. erforderlich.

   a. ☐ Ein Einkommensteuerbescheid ist für 2011
   _____ (Finanzamt, Steuernummer) vom _____ erteilt worden. Danach beträgt das zu versteuernde Einkommen des Kalenderjahres 2011

   bei Alleinstehenden: ☐ mehr als ☐ nicht mehr als 23.300 Euro

   bei Zusammenveranlagung: ☐ mehr als ☐ nicht mehr als 46.600 Euro

   Hat sich Ihr Einkommen in 2012 gegenüber 2011 um mehr als 10% erhöht? ☐ Ja ☐ Nein (weiter bei Abschnitt IV.)

   b. ☐ Eine Einkommensteuererklärung für 2011
   ☐ ist abgegeben. ☐ wird noch abgegeben. ☐ wird nicht abgegeben.

   Einkünfte 2012: Bruttoarbeitslohn: _____ Euro
   weitere Einkünfte: ⑦ Art und Höhe _____ Euro

IV. Einbeziehung der vermögenswirksamen Leistungen ③
(Ausfüllen, wenn unter II. für die vermögenswirksamen Leistungen Wohnungsbauprämie beantragt wird)
Das nach III. 1. oder III. 2. zugrunde zu legende zu versteuernde Einkommen beträgt

bei Alleinstehenden: ☐ mehr als 17.900 Euro,

bei Zusammenveranlagung: ☐ mehr als 35.800 Euro

V. Weitere Aufwendungen im Sinne des Wohnungsbau-Prämiengesetzes ⑧

Hinweis: Keine Eintragung erforderlich, soweit die weiteren Aufwendungen vermögenswirksame Leistungen sind, für die Anspruch auf Arbeitnehmer-Sparzulage besteht. Falls Sie oder Ihr mit Ihnen zusammenveranlagter Ehegatte im Kalenderjahr 2012 noch andere prämienbegünstigte Aufwendungen im Sinne des Wohnungsbau-Prämiengesetzes geleistet haben (z. B. Bausparbeiträge), machen Sie dazu bitte die folgenden Angaben:

Für das Sparjahr 2012 habe(n) ich (wir) bereits eine Wohnungsbauprämie bei einem (einer) anderen Unternehmen (Bausparkasse) beantragt, aber den prämienbegünstigten Höchstbetrag (512/1.024 Euro) noch nicht voll ausgeschöpft:

☐ nein ☐ ja. Ich (wir) habe(n) bereits Aufwendungen in Höhe von _____ Euro geltend gemacht.

Ich stimme dem Prämienantrag als Ehegatte oder als gesetzlicher Vertreter zu. ⑦

_____ | _____ | _____ | _____
Datum | Prämienberechtigte(r) | Ehegatte | gesetzl. Vertreter/in
Unterschrift – ggf. auch des Ehegatten – nicht vergessen!

Unterschrift nicht vergessen

Die Angaben in diesem Antrag werden nach § 88 der Abgabenordnung in Verbindung mit § 8 des Wohnungsbau-Prämiengesetzes erhoben.

Anhang 15
Wohnungsbau-Prämiengesetz
V

Erläuterungen
zum Antrag auf Wohnungsbauprämie für das Kalenderjahr 2012
(Die in einen Kreis gesetzten Zahlen beziehen sich auf die entsprechenden Zahlen im Antragsvordruck.)
Der Antrag muss spätestens bis zum 31. Dezember 2014 bei dem Unternehmen abgegeben werden, an das die Aufwendungen geleistet worden sind.

① **Zuständiges Finanzamt** ist für Sie das im Zeitpunkt der Antragstellung für Ihre Veranlagung zur Einkommensteuer zuständige Finanzamt. Bitte geben Sie dieses Finanzamt auch dann an, wenn Sie keine Einkommensteuererklärung abgeben. Geben Sie bitte auch Ihre **Identifikationsnummer** und ggf. Ihres Ehegatten an.

② **Prämienberechtigt** für 2012 sind alle unbeschränkt einkommensteuerpflichtigen Personen, die vor dem 2.1.1997 geboren oder Vollwaisen sind. Unbeschränkt einkommensteuerpflichtig sind natürliche Personen, die in der Bundesrepublik Deutschland ansässig sind (Wohnsitz oder gewöhnlicher Aufenthalt), oder die im Ausland ansässig sind und zu einer inländischen juristischen Person des öffentlichen Rechts in einem Dienstverhältnis stehen und dafür Arbeitslohn aus einer inländischen öffentlichen Kasse beziehen.

Alleinstehende sind alle Personen, die 2012 nicht verheiratet waren, und Ehegatten, die keine Höchstbetragsgemeinschaft bilden.

Ehegatten steht ein gemeinsamer Höchstbetrag zu (Höchstbetragsgemeinschaft), wenn sie beide mindestens während eines Teils des Kalenderjahres 2012 miteinander verheiratet waren, nicht dauernd getrennt gelebt haben, unbeschränkt einkommensteuerpflichtig waren und sie nicht die getrennte oder besondere Veranlagung zur Einkommensteuer wählen. Sie gelten als zusammenveranlagte Ehegatten, auch wenn keine Veranlagung durchgeführt worden ist. Ehegatten, die keine Höchstbetragsgemeinschaft bilden, gelten als Alleinstehende.

③ **Aufwendungen**, die vermögenswirksame Leistungen sind, werden vorrangig durch Gewährung einer Arbeitnehmer-Sparzulage gefördert. Eine Einbeziehung vermögenswirksamer Leistungen in die prämienbegünstigten Aufwendungen kommt deshalb nur in Betracht, wenn Sie keinen Anspruch auf Arbeitnehmer-Sparzulage haben. Ein Anspruch auf Arbeitnehmer-Sparzulage besteht nicht, wenn das maßgebende zu versteuernde Einkommen **unter Berücksichtigung der Freibeträge für Kinder** ⑤ nicht mehr als 17.900 Euro bei Alleinstehenden ② bzw. 35.800 Euro bei zusammenveranlagten Ehegatten ② beträgt. Überschreiten Sie die Einkommensgrenzen, können Sie im Rahmen der prämienbegünstigten Höchstbeträge (512/1.024 Euro) ⑧ für diese vermögenswirksamen Leistungen Wohnungsbauprämie beanspruchen.

④ Haben Sie mehrere Verträge, aufgrund derer prämienbegünstigte Aufwendungen im Sinne des Wohnungsbau-Prämiengesetzes geleistet werden und **überschreiten Ihre Beiträge den Höchstbetrag** ⑧, müssen Sie erklären, für welche Beiträge Sie die Prämie erhalten wollen. Für die im Antrag unter II. aufgeführten Aufwendungen können Sie eine Prämie nur insoweit beanspruchen, als der Höchstbetrag nicht durch Ehegatten oder Höchstbetrag noch nicht anderweitig ausgeschöpft haben, z. B. durch bereits bei anderen Unternehmen oder einer Bausparkasse geltend gemachte Aufwendungen. Tragen Sie deshalb bitte die Beiträge, für die Sie die Prämie beanspruchen, bis zu dem Ihnen höchstens noch zustehenden Betrag, in die dafür unter II. vorgesehene Spalte 4 ein.

⑤ Eine Wohnungsbauprämie für das Jahr 2012 kann nur gewährt werden, wenn das zu versteuernde Einkommen des Jahres 2012 die Einkommensgrenze nicht überschritten hat. Die maßgebliche Einkommensgrenze für Alleinstehende ② beträgt 25.600 Euro, für zusammenveranlagte Ehegatten ② 51.200 Euro. Sind Sie bisher nicht zur Einkommensteuer veranlagt worden oder haben Sie die besondere Veranlagung für das Jahr der Eheschließung gewählt, gilt für jeden der Einkommensgrenze von 25.600 Euro. Bei der Ermittlung des für das Wohnungsbau-Prämiengesetz **maßgebenden zu versteuernden Einkommens sind für die steuerlich zu berücksichtigenden Kinder stets die Freibeträge für Kinder für das gesamte Sparjahr** abzuziehen. Dies gilt auch, wenn bei Ihrer Einkommensteuerveranlagung nicht die Freibeträge für Kinder berücksichtigt wurden, weil Sie Anspruch auf Kindergeld haben. Der Kinderfreibetrag beträgt in der Regel 2.184 Euro und für zusammenveranlagte Ehegatten ② 4.368 Euro; der Freibetrag für den Betreuungs- und Erziehungs- oder Ausbildungsbedarf des Kindes beträgt in der Regel für Alleinstehende 1.320 Euro und für zusammenveranlagte Ehegatten ② 2.640 Euro. Soweit in Ihrem Einkommensteuerbescheid schon die Freibeträge für Kinder berücksichtigt sind, dürfen diese nicht nochmals abgezogen werden. Ihr zu versteuerndes Einkommen können Sie aus Ihrem Einkommensteuerbescheid für 2012 entnehmen. Sollte dieser Bescheid noch nicht vorliegen, können Sie anhand der folgenden Erläuterungen eine überschlägige Prüfung selbst vornehmen.

Die Prämiengewährung für 2012 muss nicht ausgeschlossen sein, wenn der Bruttoarbeitslohn des Arbeitnehmers im Jahr 2012 mehr als 25.600/51.200 Euro betragen hat. Der nachstehenden Tabelle können Sie entnehmen, bis zu welchem in 2012 bezogenen Bruttoarbeitslohn Ihnen eine Wohnungsbauprämie gewährt werden kann.

Familienstand / Zahl der Kinder — **Bruttoarbeitslohn 2012 in Euro** (unter Berücksichtigung der dem Arbeitnehmer zustehenden Pausch- und Freibeträge und unter der Voraussetzung, dass keine anderen Einkünfte vorliegen)

Alleinstehende

	Personenkreis A*	Personenkreis B*
a) ohne Kinder	30.901	28.536
b) mit Kindern	Elternteil, dem die Kinder zugeordnet werden, der andere Elternteil leistet Unterhalt	Elternteil, dem die Kinder nicht zugeordnet werden, der aber Unterhalt leistet

	Personenkreis A*	Personenkreis B*	Personenkreis A*	Personenkreis B*
1 Kind	36.378	33.348	34.865	32.040
2 Kinder	40.431	36.252	38.918	35.544
3 Kinder	44.485	40.356	42.972	39.048

Zusammenveranlagte Ehegatten (ein Arbeitnehmer)

	Personenkreis A*	Personenkreis B*
a) ohne Kinder	59.234	55.272
b) mit 1 Kind	66.468	62.280
c) mit 2 Kindern	73.510	69.288
d) mit 3 Kindern	80.518	76.296

Zusammenveranlagte Ehegatten (zwei Arbeitnehmer)

	Personenkreis A*	Personenkreis B*
a) ohne Kinder	61.802	57.072
b) mit 1 Kind	69.729	64.080
c) mit 2 Kindern	77.836	71.088
d) mit 3 Kindern	85.943	78.096

* Unter den Personenkreis A fallen rentenversicherungspflichtige Arbeitnehmer, unter den Personenkreis B nicht rentenversicherungspflichtige Arbeitnehmer, z. B. Beamte, Berufssoldaten mit eigenen Aufwendungen zur Kranken- und Pflegepflichtversicherung von 1.900 Euro / 3.800 Euro pro Jahr (bei alleinverdienenden Ehegatten 3.000 Euro).

Die in der Tabelle angegebenen Beträge können sich außerdem im Einzelfall noch erhöhen, wenn höhere Werbungskosten und Sonderausgaben als die Pauschbeträge oder andere Abzüge (z. B. Versorgungs-Freibetrag, außergewöhnliche Belastungen) zu berücksichtigen sind oder der Sparer mehr als 3 Kinder hat.

Die angegebenen Beträge können sich allerdings auch verringern, wenn Sie noch weitere Einkünfte haben, dann ist der gesetzlichen Rentenversicherung die Beitragsbemessungsgrenze Ost anzuwenden ist.

⑥ Falls Sie zum Zeitpunkt der Antragstellung noch keinen Einkommensteuerbescheid erhalten haben, machen Sie bitte die zusätzlichen Angaben über Ihre Einkommensverhältnisse. Hierdurch wird gewährleistet, dass das Finanzamt Ihren Antrag ohne weitere Rückfragen bearbeiten kann.

⑦ Weitere Einkünfte sind z. B. Einkünfte aus Land- und Forstwirtschaft, aus Gewerbebetrieb, aus selbständiger Arbeit, aus Vermietung und Verpachtung sowie die sonstigen Einkünfte nach § 22 Einkommensteuergesetz (EStG), insbesondere der der Besteuerung unterliegende Teil der Renten aus der gesetzlichen Rentenversicherung. Einkünfte aus Kapitalvermögen, die der abgeltenden Kapitalertragsteuer nach § 43 Absatz 5 EStG (sog. Abgeltungssteuer) bzw. dem gesonderten Steuertarif nach §32d Absatz 1 Satz 1 EStG unterliegen, bleiben dabei unberücksichtigt.

⑧ Bausparbeiträge und andere Aufwendungen im Sinne des Wohnungsbau-Prämiengesetzes können **insgesamt** nur bis zu einem Höchstbetrag von 512 Euro bei Alleinstehenden ② bzw. 1.024 Euro bei zusammenveranlagten Ehegatten ② prämienbegünstigt. Für die im Antrag unter II. aufgeführten Aufwendungen besteht ein Prämienanspruch nur, soweit Sie diesen gemeinsamen Höchstbetrag noch nicht ausgeschöpft haben.

⑨ Der Antrag auf Wohnungsbauprämie ist vom Prämienberechtigten eigenhändig zu unterschreiben. Bei Ehegatten, die eine Höchstbetragsgemeinschaft bilden, muss jeder Ehegatte den Antrag unterschreiben. Bei minderjährigen Prämienberechtigten ist auch die Unterschrift des gesetzlichen Vertreters erforderlich.

Übersicht

I. Verordnung über die örtliche Zuständigkeit für die Einkommensteuer von im Ausland ansässigen Arbeitnehmern des Baugewerbes (Arbeitnehmer-Zuständigkeitsverordnung – Bau – ArbZustBauV)

II. Verordnung über die örtliche Zuständigkeit für die Umsatzsteuer im Ausland ansässiger Unternehmer (Umsatzsteuerzuständigkeitsverordnung – UStZustV)

I.
Verordnung über die örtliche Zuständigkeit für die Einkommensteuer von im Ausland ansässigen Arbeitnehmern des Baugewerbes (Arbeitnehmer-Zuständigkeitsverordnung – Bau – ArbZustBauV)

Artikel 6 des Gesetzes vom 30. 8. 2001 (BGBl. I S. 2267)
geändert durch Artikel 62b des Gesetzes zur Bereinigung von Bundesrecht im Zuständigkeitsbereich des Bundesministeriums der Finanzen und zur Änderung des Münzgesetzes vom 8. 5. 2008 (BGBl. I S. 810)

§ 1

[1]Für die Einkommensteuer des Arbeitnehmers, der von einem Unternehmer im Sinne des § 20a Abs. 1 oder 2 der Abgabenordnung im Inland beschäftigt ist und der seinen Wohnsitz im Ausland hat, ist das in § 1 Abs. 1 oder 2 der Umsatzsteuerzuständigkeitsverordnung für seinen Wohnsitzstaat genannte Finanzamt zuständig. [2]Hat der Arbeitnehmer eines in der Republik Polen ansässigen Unternehmens im Sinne des § 20a Abs. 1 oder 2 der Abgabeordnung seinen Wohnsitz in der Republik Polen, ist für seine Einkommensteuer abweichend von Satz 1 das Finanzamt zuständig, das für seinen Arbeitgeber zuständig ist.[1)]

§ 2

Diese Verordnung tritt am 7. September 2001 in Kraft.

II.
Verordnung über die örtliche Zuständigkeit für die Umsatzsteuer im Ausland ansässiger Unternehmer (Umsatzsteuerzuständigkeitsverordnung – UStZustV)

vom 20. 12. 2001 (BGBl. I S. 3794, 3814)
zuletzt geändert durch Artikel 5 des Jahressteuergesetzes 2010 (JStG 2010) vom 8. 12. 2010
(BGBl. I S. 1768; BStBl I S. 1394)

§ 1

(1) Für die Umsatzsteuer der Unternehmer im Sinne des § 21 Abs. 1 Satz 2 der Abgabenordnung sind folgende Finanzämter örtlich zuständig:

1. das Finanzamt Trier für im Königreich Belgien ansässige Unternehmer,
2. das Finanzamt Neuwied für in der Republik Bulgarien ansässige Unternehmer,
3. das Finanzamt Flensburg für im Königreich Dänemark ansässige Unternehmer,
4. das Finanzamt Rostock für in der Republik Estland ansässige Unternehmer,
5. das Finanzamt Bremen-Mitte für in der Republik Finnland ansässige Unternehmer,
6. das Finanzamt Offenburg[1] für in der Französischen Republik ansässige Unternehmer,
7. das Finanzamt Hannover-Nord für im Vereinigten Königreich Großbritannien und Nordirland ansässige Unternehmer,
8. das Finanzamt Berlin Neukölln[1] für in der Griechischen Republik ansässige Unternehmer,
9. das Finanzamt Hamburg-Nord[1] für in der Republik Irland ansässige Unternehmer,
10. das Finanzamt München für in der Italienischen Republik ansässige Unternehmer,
11. das Finanzamt Kassel-Hofgeismar[1] für in der Republik Kroatien ansässige Unternehmer,
12. das Finanzamt Bremen-Mitte für in der Republik Lettland ansässige Unternehmer,
13. das Finanzamt Konstanz für im Fürstentum Liechtenstein ansässige Unternehmer,
14. das Finanzamt Mühlhausen für in der Republik Litauen ansässige Unternehmer,

---

[1)] Satz 2 wurde durch das Gesetz zur Bereinigung von Bundesrecht im Zuständigkeitsbereich des Bundesministeriums der Finanzen und zur Änderung des Münzgesetzes vom 8. 5. 2008 (BGBl. I S. 810) ab 1. 4. 2008 angefügt.

15. das Finanzamt Saarbrücken Am Stadtgraben für im Großherzogtum Luxemburg ansässige Unternehmer,
16. das Finanzamt Berlin Neukölln[1] für in der Republik Mazedonien ansässige Unternehmer,
17. das Finanzamt Kleve für im Königreich der Niederlande ansässige Unternehmer,
18. das Finanzamt Bremen-Mitte für im Königreich Norwegen ansässige Unternehmer,
19. das Finanzamt München für in der Republik Österreich ansässige Unternehmer,
20. das Finanzamt Oranienburg für in der Republik Polen ansässige Unternehmer mit den Anfangsbuchstaben des Nachnamens oder bei Personen- und Kapitalgesellschaften des Firmennamens A bis M; das Finanzamt Cottbus für in der Republik Polen ansässige Unternehmer mit den Anfangsbuchstaben des Nachnamens oder des Firmennamens N bis Z,
21. das Finanzamt Kassel-Hofgeismar[1] für in der Portugiesischen Republik ansässige Unternehmer,
22. das Finanzamt Chemnitz-Süd für in Rumänien ansässige Unternehmer,
23. das Finanzamt Magdeburg für in der Russischen Föderation ansässige Unternehmer,
24. das Finanzamt Hamburg-Nord[1] für im Königreich Schweden ansässige Unternehmer,
25. das Finanzamt Konstanz für in der Schweizerischen Eidgenossenschaft ansässige Unternehmer,
26. das Finanzamt Chemnitz-Süd für in der Slowakischen Republik ansässige Unternehmer,
27. das Finanzamt Kassel-Hofgeismar[1] für im Königreich Spanien ansässige Unternehmer,
28. das Finanzamt Oranienburg für in der Republik Slowenien ansässige Unternehmer,
29. das Finanzamt Chemnitz-Süd für in der Tschechischen Republik ansässige Unternehmer,
30. das Finanzamt Dortmund-Unna für in der Republik Türkei ansässige Unternehmer,
31. das Finanzamt Magdeburg für in der Ukraine ansässige Unternehmer,
32. das Zentralfinanzamt Nürnberg für in der Republik Ungarn ansässige Unternehmer,
33. das Finanzamt Magdeburg für in der Republik Weißrussland ansässige Unternehmer,
34. das Finanzamt Bonn-Innenstadt für in den Vereinigten Staaten von Amerika ansässige Unternehmer.

(2) Für die Umsatzsteuer der Unternehmer im Sinne des § 21 Abs. 1 Satz 2 der Abgabenordnung, die nicht von Absatz 1 erfasst werden, ist das Finanzamt Berlin Neukölln zuständig.

(2a) Abweichend von den Absätzen 1 und 2 ist für die Unternehmer, die von § 18 Abs. 4c des Umsatzsteuergesetzes Gebrauch machen, das Bundeszentralamt für Steuern zuständig.

(3) Die örtliche Zuständigkeit nach § 61 Abs. 1 Satz 1 der Umsatzsteuer-Durchführungsverordnung für die Vergütung der abziehbaren Vorsteuerbeträge an im Ausland ansässige Unternehmer bleibt unberührt.

§ 2

Diese Verordnung tritt am Tage nach ihrer Verkündung in Kraft. Gleichzeitig tritt die Verordnung über die örtliche Zuständigkeit für die Umsatzsteuer im Ausland ansässiger Unternehmer (Umsatzsteuerzuständigkeitsverordnung – UStZustVO) vom 21. Februar 1995 (BGBl. I S. 225), zuletzt geändert durch Artikel 3 des Gesetzes vom 30. August 2001 (BGBl. I S. 2267) außer Kraft.

Anhang 17
I, II   Elektronische Lohnsteuerabzugsmerkmale (ELStAM)

Übersicht

I. Elektronische Lohnsteuerabzugsmerkmale (ELStAM); Lohnsteuerabzug im Kalenderjahr 2011 und Einführung des Verfahrens der elektronischen Lohnsteuerabzugsmerkmale
BMF vom 5. 10. 2010 (BStBl I S. 762) – Letztmals abgedruckt in der Ausgabe 2011

II. Elektronische Lohnsteuerabzugsmerkmale (ELStAM); Einführung des Verfahrens der elektronischen Lohnsteuerabzugsmerkmale (ELStAM) für den VZ 2012
BMF vom 6. 12. 2011 (BStBl I S. 1254)

III. Entwurf (Stand: 2. 10. 2012); Elektronische Lohnsteuerabzugsmerkmale; Startschreiben zum erstmaligen Abruf der elektronischen Lohnsteuerabzugsmerkmale durch den Arbeitgeber und Anwendungsgrundsätze für den Einführungszeitraum 2013 BMF vom . . . (BStBl I S.   )

IV. Entwurf (Stand: 11. 10. 2012); Elektronische Lohnsteuerabzugsmerkmale; Lohnsteuerabzug ab dem Kalenderjahr 2013 im Verfahren der elektronischen Lohnsteuerabzugsmerkmale
BMF vom . . . (BStBl I S.   )

V. Elektronische Lohnsteuerabzugsmerkmale; Startschreiben zum erstmaligen Abruf und zur Anwendung ab dem Kalenderjahr 2013
BMF vom 19. 12. 2012 (BStBl I S. 1258)

I.
– Letztmals abgedruckt in der Ausgabe 2011 –

II.
Elektronische Lohnsteuerabzugsmerkmale (ELStAM); Lohnsteuerabzug im Kalenderjahr 2012 und Einführung des Verfahrens der elektronischen Lohnsteuerabzugsmerkmale ab dem 1. Januar 2013

Bezug: BMF vom 5. 10. 2010 (BStBl I S. 762)
BMF vom 6. 12. 2011 (BStBl I S. 1254) – IV C 5 – S 2363/07/0002-03 – 2011/0978994

Der im Kalenderjahr 2012 vorgesehene Starttermin für das neue Verfahren der elektronischen Lohnsteuerabzugsmerkmale (elektronisches Abrufverfahren) und der erstmalige Abruf der elektronischen Lohnsteuerabzugsmerkmale verzögert sich und wird in einem späteren BMF-Schreiben bestimmt. Ein Einsatz des elektronischen Abrufverfahrens ist derzeit zum 1. November 2012 mit Wirkung zum 1. Januar 2013 geplant. Bis dahin ist ein Abruf elektronischer Lohnsteuerabzugsmerkmale (ELStAM) zur Durchführung des Lohnsteuerabzugs nicht möglich.

Durch diese Verzögerung besteht der Übergangszeitraum nach § 52b Absatz 1 EStG im Kalenderjahr 2012 fort. Im Einvernehmen mit den obersten Finanzbehörden der Länder sind für das Lohnsteuerabzugsverfahren ab dem Kalenderjahr 2012 die folgenden Regelungen zu beachten:

Inhaltsübersicht

I. Grundsätze
   1. Lohnsteuerkarte 2010, Ersatzbescheinigung
   2. Andere Nachweise
II. Arbeitnehmer
   1. Nachweis der Lohnsteuerabzugsmerkmale für das Kalenderjahr 2012 (Vereinfachungsregelung)
   2. Arbeitgeberwechsel
   3. Anzeigepflichten des Arbeitnehmers gegenüber dem Finanzamt
   4. Ersatzbescheinigung 2012
   5. Vereinfachungsregelung für Auszubildende
   6. Durchführung einer Einkommensteuerveranlagung/Veranlagungspflicht
III. Ermäßigungsverfahren für das Kalenderjahr 2013
   1. Grundsätze
   2. Einzelfälle der erneuten Beantragung von Lohnsteuerabzugsmerkmalen
IV. Arbeitgeber
V. Im Inland nicht meldepflichtige Arbeitnehmer
VI. Einführung des elektronischen Abrufverfahrens ab dem 1. Januar 2013

I. Grundsätze

Im Übergangszeitraum 2012 sind bis zum Einsatz des elektronischen Abrufverfahrens die allgemeinen Vorschriften des Lohnsteuerabzugsverfahrens der §§ 38 ff. EStG sowie die Anwendungsregelungen in § 52 Absätze 50g, 51b und 52 EStG in der Fassung des BeitrRLUmsG anzuwenden, soweit § 52b EStG nichts Abweichendes regelt.

1. Lohnsteuerkarte 2010, Ersatzbescheinigung

Die Lohnsteuerkarte 2010 sowie die nach § 52b Absatz 3 EStG vom Finanzamt ausgestellte Bescheinigung für den Lohnsteuerabzug 2011 (Ersatzbescheinigung 2011) oder eine vom Finanzamt bereits ausgestellte Bescheinigung für den Lohnsteuerabzug 2012 (Ersatzbescheinigung 2012) und die darauf eingetragenen Lohnsteuerabzugsmerkmale (Steuerklasse, Zahl der Kinderfreibeträge, Freibetrag, Hinzurechnungsbetrag, Religionsmerkmal, Faktor) bleiben bis zum Start des elektronischen Verfahrens weiterhin gültig und sind dem Lohnsteuerabzug in 2012 zugrunde zu legen (§ 52b Absatz 1 Satz 1 und Absatz 3 EStG). Ein erneuter Antrag des Arbeitnehmers ist hierfür nicht erforderlich. Daraus folgt, dass die zuletzt eingetragenen Lohnsteuerabzugsmerkmale – unabhängig von der eingetragenen Gültigkeit – vom Arbeitgeber auch im Lohnsteuerabzugsverfahren 2012 zu berücksichtigen sind. Der Arbeitgeber braucht nicht zu prüfen, ob die einzelnen Lohnsteuerabzugsmerkmale dem Grunde bzw. der Höhe nach noch vorliegen.

Beispiel:

Ist auf der Lohnsteuerkarte 2010 ein Jahresfreibetrag mit einem Gültigkeitsbeginn 1. Juli 2011 eingetragen und auf weniger als 12 Monate verteilt worden, muss der Arbeitgeber den weiterhin zu berücksichtigenden Jahresfreibetrag für den Lohnsteuerabzug 2012 auf das gesamte Kalenderjahr 2012 aufteilen:

Jahresfreibetrag 2011: 12 000 €, gültig ab 01. 07. 2011 = 2 000 € Monatsfreibetrag (1/6)

Jahresfreibetrag 2012: 12 000 €, gültig ab 01. 01. 2012 = 1 000 € Monatsfreibetrag (1/12)

2. Andere Nachweise

Der Arbeitnehmer hat die Möglichkeit, im Übergangszeitraum 2012 von der Lohnsteuerkarte 2010 oder von der Ersatzbescheinigung 2011 abweichende Besteuerungsmerkmale nachzuweisen; siehe hierzu unter Tz. II. 1.

II. Arbeitnehmer

1. Nachweis der Lohnsteuerabzugsmerkmale für das Kalenderjahr 2012 (Vereinfachungsregelung)

Sind aufgrund geänderter Lebensverhältnisse für das Kalenderjahr 2012 gegenüber den Verhältnissen des Jahres 2011 abweichende Lohnsteuerabzugsmerkmale maßgebend, kann das Finanzamt die Lohnsteuerkarte 2010 oder die Ersatzbescheinigung 2011 berichtigen. Aus Vereinfachungsgründen kann der Arbeitnehmer dem Arbeitgeber des ersten Dienstverhältnisses die im Übergangszeitraum 2012 anzuwendenden Lohnsteuerabzugsmerkmale auch anhand folgender amtlicher Bescheinigungen nachweisen:

- Mitteilungsschreiben des Finanzamts zur „Information über die erstmals elektronisch gespeicherten Daten für den Lohnsteuerabzug (Elektronische Lohnsteuerabzugsmerkmale)" nach § 52b Absatz 9 EStG oder
- Ausdruck oder sonstige Papierbescheinigung des Finanzamts mit den ab dem 1. Januar 2012 oder zu einem späteren Zeitpunkt im Übergangszeitraum 2012 gültigen elektronischen Lohnsteuerabzugsmerkmalen.

Das Mitteilungsschreiben oder der Ausdruck bzw. die sonstige Papierbescheinigung des Finanzamts sind nur dann für den Arbeitgeber maßgebend, wenn ihm gleichzeitig die Lohnsteuerkarte 2010 oder die Ersatzbescheinigung 2011 für das erste Dienstverhältnis des Arbeitnehmers vorliegt (Steuerklassen I bis V). Legt der Arbeitnehmer das Mitteilungsschreiben oder den Ausdruck bzw. die sonstige Papierbescheinigung des Finanzamts dem Arbeitgeber zum Zweck der Berücksichtigung beim Lohnsteuerabzug vor, sind allein die ausgewiesenen Lohnsteuerabzugsmerkmale auf der zuletzt ausgestellten amtlichen Bescheinigung für den Lohnsteuerabzug maßgebend; sämtliche auf einer Lohnsteuerkarte 2010 oder Ersatzbescheinigung 2011 eingetragenen Lohnsteuerabzugsmerkmale werden überschrieben; siehe hierzu unter Tz. IV im Abschnitt „Lohnsteuerabzug". Diese vereinfachte Nachweismöglichkeit besteht auch dann, wenn der Arbeitnehmer im Kalenderjahr 2012 in ein neues erstes Dienstverhältnis wechselt.

2. Arbeitgeberwechsel

Wechselt der Arbeitnehmer im Übergangszeitraum 2012 seinen Arbeitgeber, hat er sich die Lohnsteuerkarte 2010 oder die Ersatzbescheinigung 2011 sowie eine ggf. vom Finanzamt ausgestellte amtliche Bescheinigung (Tz. II. 1) vom bisherigen Arbeitgeber aushändigen zu lassen und dem neuen Arbeitgeber vorzulegen.

3. Anzeigepflichten des Arbeitnehmers gegenüber dem Finanzamt

Weicht die Eintragung der Steuerklasse oder die Zahl der Kinderfreibeträge auf der Lohnsteuerkarte 2010 oder der Ersatzbescheinigung 2011 von den Verhältnissen zu Beginn des Kalenderjahres 2012 zu Gunsten des Arbeitnehmers ab oder ist die Steuerklasse II bescheinigt und entfallen die Voraussetzungen für die Berücksichtigung des Entlastungsbetrags für Alleinerziehende (§ 24b EStG) im Laufe des Kalenderjahres 2012, besteht auch im Jahr 2012 – wie bisher – eine Anzeigepflicht des Arbeitnehmers gegenüber dem Finanzamt (§ 52b Absatz 2 Satz 2 und 3 EStG).

Beispiel:

Die Ehegatten leben seit 2011 dauernd getrennt. Die auf der Lohnsteuerkarte 2010 eingetragene Steuerklasse III ist ab 2012 in die Steuerklasse I zu ändern. Der Arbeitnehmer ist verpflichtet, dem Finanzamt die Änderung seiner Lebensverhältnisse mitzuteilen. Für die Anzeige ist der amtliche Vordruck „Erklärung zum dauernden Getrenntleben" zu verwenden.

4. Ersatzbescheinigung 2012

Arbeitnehmer ohne Lohnsteuerkarte 2010 oder Ersatzbescheinigung 2011, die im Übergangszeitraum 2012 Lohnsteuerabzugsmerkmale für ein neues oder weiteres Dienstverhältnis benötigen, haben beim Finanzamt eine Bescheinigung für den Lohnsteuerabzug 2012 (Ersatzbescheinigung 2012) zu beantragen (§ 52b Absatz 3 EStG). Dazu ist der amtliche Vordruck „Antrag auf Ausstellung einer Bescheinigung für den Lohnsteuerabzug 2012" zu verwenden. Die vom Finanzamt erteilte Bescheinigung ist dem Arbeitgeber vorzulegen.

Hiervon betroffen sind insbesondere Fälle, in denen

- die Gemeinde für den Arbeitnehmer im Kalenderjahr 2010 keine Lohnsteuerkarte oder das Finanzamt keine Ersatzbescheinigung 2011 ausgestellt hat,
- die Lohnsteuerkarte 2010/Ersatzbescheinigung 2011 bzw. 2012 verloren gegangen, unbrauchbar geworden oder zerstört worden ist,
- der Arbeitgeber die Lohnsteuerkarte 2010/Ersatzbescheinigung 2011 bzw. 2012 (versehentlich) vernichtet oder an das Finanzamt übersandt hat,
- für den Arbeitnehmer auf der Lohnsteuerkarte 2010 eine Lohnsteuerbescheinigung erteilt wurde und die Lohnsteuerabzugsmerkmale sich im Kalenderjahr 2011/2012 geändert haben,
- der Arbeitnehmer im Kalenderjahr 2012 erstmals eine nichtselbständige Tätigkeit aufnimmt,
- der Arbeitnehmer im Kalenderjahr 2012 ein neues Dienstverhältnis beginnt und auf der Lohnsteuerkarte 2010 eine Lohnsteuerbescheinigung erteilt wurde,
- ein weiteres Dienstverhältnis im Kalenderjahr 2012 erstmals aufgenommen wird.

Beispiel:

Der bisher selbständig tätige Steuerpflichtige beginnt in 2012 erstmalig ein Dienstverhältnis. Da weder die Gemeinde für 2010 eine Lohnsteuerkarte noch das Finanzamt für 2011 eine Ersatzbescheinigung ausgestellt haben, hat der Arbeitnehmer beim Finanzamt auf amtlichem Vordruck die Ausstellung einer Bescheinigung für den Lohnsteuerabzug 2012 zu beantragen („Antrag auf Ausstellung einer Bescheinigung für den Lohnsteuerabzug 2012") und diese Bescheinigung seinem Arbeitgeber zur Durchführung des Lohnsteuerabzugs vorzulegen.

Im Übrigen kann die Vereinfachungsregelung für Auszubildende (Tz. II. 5) angewandt werden.

5. Vereinfachungsregelung für Auszubildende

Für unbeschränkt einkommensteuerpflichtige ledige Arbeitnehmer, die im Kalenderjahr 2012 ein Ausbildungsverhältnis als erstes Dienstverhältnis beginnen oder in 2011 begonnen haben, kann der Arbeitgeber die folgenden Vereinfachungsregelungen (§ 52b Absatz 4 EStG) anwenden:

- Steuerklasse I ohne Lohnsteuerkarte 2010 oder Ersatzbescheinigung
Bei diesen Arbeitnehmern wird typisierend unterstellt, dass Lohnsteuerkarten für 2010 und Ersatzbescheinigungen 2011 nicht ausgestellt wurden und regelmäßig die Steuerklasse I gilt, weil es sich vornehmlich um Schulabgänger handelt, die erstmalig berufstätig werden. Folglich kann der Arbeitgeber in diesen Fällen den Lohnsteuerabzug ohne Vorlage einer Lohnsteuerkarte 2010 oder Ersatzbescheinigung 2011 bzw. 2012 nach der Steuerklasse I vornehmen. Dazu hat der Auszubildende seinem Arbeitgeber die Identifikationsnummer, den Tag der Geburt und ggf. die rechtliche Zugehörigkeit zu einer steuererhebenden Religionsgemeinschaft mitzuteilen und schriftlich zu bestätigen, dass es sich um ein erstes Dienstverhältnis handelt.
Bestehendes Ausbildungsverhältnis
Wurde die vorstehende Vereinfachungsregelung bereits im Kalenderjahr 2011 in Anspruch genommen, kann im Übergangszeitraum 2012 die Lohnsteuer weiterhin nach der Steuerklasse I ermittelt werden. Voraussetzung hierfür ist eine schriftliche Bestätigung des Auszubildenden, dass es sich weiterhin um sein erstes Dienstverhältnis handelt.

Ersatzbescheinigung

Liegen für den Auszubildenden die Voraussetzungen für die Anwendung der Vereinfachungsregelung nicht vor, hat er beim Finanzamt eine Ersatzbescheinigung 2012 zu beantragen und dem Arbeitgeber vorzulegen (siehe hierzu unter Tz. II. 4). Dasselbe gilt, wenn von der Vereinfachungsregelung kein Gebrauch gemacht wird.

6. Durchführung einer Einkommensteuerveranlagung/Veranlagungspflicht

Entspricht ein für das Kalenderjahr 2010 oder 2011 eingetragener Freibetrag im Kalenderjahr 2012 nicht mehr den tatsächlichen Verhältnissen, z. B. Minderung des Freibetrags aufgrund geringerer Fahrtkosten für Fahrten zwischen Wohnung und regelmäßiger Arbeitsstätte als Werbungskosten oder geringeren Verlustes aus Vermietung und Verpachtung, ist der Arbeitnehmer zwar nicht verpflichtet, die Anpassung des Freibetrags zu veranlassen. Unterbleibt jedoch ein Antrag auf Herabsetzung des Freibetrags, kann dies zu Nachzahlungen im Rahmen der Einkommensteuerveranlagung führen. Von einer Anpassung von Einkommensteuervorauszahlungen von Amts wegen für das Veranlagungsjahr 2013 ist abzusehen.

Wird im Lohnsteuerabzugsverfahren 2012 ein Freibetrag nach § 39a Absatz 1 Satz 1 Nummer 1 bis 3, 5 oder Nummer 6 EStG in der Fassung des BeitrRLUmsG berücksichtigt und überschreitet der im Kalenderjahr 2012 bezogene Arbeitslohn den Betrag von 10 200 Euro bei einer Einzelveranlagung oder von 19 400 Euro bei Zusammenveranlagung, ist der Arbeitnehmer nach Ablauf des Kalenderjahres 2012 zur Abgabe einer Einkommensteuererklärung verpflichtet (§ 46 Absatz 2 Nummer 4 EStG). Diese Verpflichtung besteht nicht, wenn lediglich der Pauschbetrag für behinderte Menschen oder Hinterbliebene oder der Entlastungsbetrag für Alleinerziehende in Sonderfällen als Freibetrag berücksichtigt wurde.

Zur Abgabe einer Einkommensteuererklärung sind auch Ehegatten verpflichtet, für die auf Antrag ein Faktor zur Ermittlung der Lohnsteuer eingetragen wurde (§ 39f, § 46 Absatz 2 Nummer 3a EStG).

III. Ermäßigungsverfahren für das Kalenderjahr 2013

1. Grundsätze

Im elektronischen Abrufverfahren ab dem 1. Januar 2013 sind die Grundsätze des Lohnsteuer-Ermäßigungsverfahrens (§ 39a EStG in der Fassung des BeitrRLUmsG) weiter anzuwenden. Die auf der Lohnsteuerkarte 2010/Ersatzbescheinigung 2011 bzw. 2012 für den Übergangszeitraum eingetragenen Freibeträge und antragsgebundenen Kinderzähler (z. B. für Kinder, die zu Beginn des Kalenderjahres 2012 oder zu Beginn des Kalenderjahres 2013 das 18. Lebensjahr vollendet haben oder Pflegekinder) gelten im elektronischen Abrufverfahren grundsätzlich nicht weiter. Folglich sind für das Kalenderjahr 2013 die antragsgebundenen Lohnsteuerabzugsmerkmale beim zuständigen Finanzamt neu zu beantragen. Diese Anträge sind ab dem 1. Oktober 2012 bis zum 30. November 2013 auf amtlichen Vordrucken zu stellen. Wurde die mehrjährige Berücksichtigung antragsgebundener Kinderzähler bereits für das Kalenderjahr 2012 beantragt, ist eine erneute Antragstellung für das Kalenderjahr 2013 nicht erforderlich.

2. Einzelfälle der erneuten Beantragung von Lohnsteuerabzugsmerkmalen

Berücksichtigung von Kindern

Ab dem Kalenderjahr 2012 ist eine mehrjährige Berücksichtigung von Kindern im Lohnsteuerabzugsverfahren möglich. Dies gilt auch für Pflegekinder bis zur Vollendung des 18. Lebensjahres, für Kinder unter 18 Jahren, wenn der Wohnsitz/gewöhnliche Aufenthalt des anderen Elternteils nicht ermittelbar oder der Vater des Kindes amtlich nicht feststellbar ist und für Kinder nach Vollendung des 18. Lebensjahres, wenn sie sich in einem Ausbildungsdienstverhältnis befinden (unter Vorlage des Ausbildungsvertrags) oder studieren (unter Vorlage von Unterlagen zur Dauer des Studiengangs).

Kinder, die nicht in der Wohnung des Arbeitnehmers gemeldet sind, können im elektronischen Abrufverfahren nur auf Antrag (mehrjährig) berücksichtigt werden („Antrag auf Lohnsteuer-Ermäßigung" bzw. „Vereinfachter Antrag auf Lohnsteuer-Ermäßigung"). Dabei ist der Nachweis beim Finanzamt durch Vorlage einer Geburtsurkunde des Kindes zu führen. Sollen die Kinder im Lohnsteuerabzugsverfahren zum 1. Januar 2013 berücksichtigt werden, ist der Antrag im Kalenderjahr 2012 zu stellen. Wurde ein solcher Antrag bereits für das Kalenderjahr 2012 gestellt, ist eine erneute Beantragung nicht erforderlich.

Steuerklasse II

Ist auf der Lohnsteuerkarte 2010 die Steuerklasse II eingetragen und liegen die Voraussetzungen weiterhin vor, gilt die Eintragung bis zum Ende des Übergangszeitraums 2012 fort. Liegen die Voraussetzungen für die Gewährung der Steuerklasse II erstmals im Übergangszeitraum vor, kann eine Einreihung in die Steuerklasse II beim Finanzamt beantragt werden.

Besteht eine Haushaltsgemeinschaft mit einem minderjährigen Kind, kann der Vordruck „Versicherung zum Entlastungsbetrag für Alleinerziehende (Steuerklasse II)" oder wahlweise der amtliche Vordruck „Vereinfachter Antrag auf Lohnsteuer-Ermäßigung" verwendet werden. Besteht eine Haushaltsgemeinschaft mit einem volljährigen Kind, ist der amtliche Vordruck „Vereinfachter Antrag auf Lohnsteuer-Ermäßigung" zu verwenden.

Eine erneute Beantragung der Steuerklasse II für das Kalenderjahr 2013 ist hingegen nicht erforderlich, wenn ein begünstigendes Kind vor dem Kalenderjahr 2013 das 18. Lebensjahr noch nicht vollendet hat und mit Hauptwohnsitz in der Wohnung des Elternteils gemeldet ist oder wenn nach vollendetem 18. Lebensjahr des begünstigenden Kindes die Steuerklasse II bereits für das Kalenderjahr 2012 beantragt worden ist.

Ungünstigere Lohnsteuerabzugsmerkmale

Möchte der Arbeitnehmer, dass ungünstigere Lohnsteuerabzugsmerkmale (eine ungünstigere Steuerklasse, eine geringere Anzahl von Kindern, kein Pauschbetrag für behinderte Menschen) ab Beginn des Kalenderjahres 2013 im Rahmen der ELStAM berücksichtigt werden, hat er dies bereits im Kalenderjahr 2012 mit Wirkung zum 1. Januar 2013 neu zu beantragen (amtlicher Vordruck „Anträge zu den elektronischen Lohnsteuerabzugsmerkmalen – ELStAM –"). Die ungünstigeren Lohnsteuerabzugsmerkmale gelten – solange sie nicht durch einen erneuten Antrag überschrieben werden – auch für alle darauf folgenden Kalenderjahre. Eine erneute Beantragung ist nicht erforderlich, soweit der Arbeitnehmer diesen Antrag bereits für das Kalenderjahr 2012 gestellt hat.

Steuerklassenwahl bei Ehegatten

Ehegatten, denen für das Kalenderjahr 2010 keine Lohnsteuerkarte und für die Kalenderjahre 2011 und 2012 keine Ersatzbescheinigung ausgestellt wurde, wird ab dem Kalenderjahr 2013 für den Lohnsteuerabzug jeweils programmgesteuert die Steuerklasse IV zugewiesen, wenn einer der Ehegatten ein Dienstverhältnis beginnt. Gleiches gilt, wenn beide Ehegatten erstmals in ein Dienstverhältnis eintreten. Soll von dieser programmgesteuerten Zuordnung abgewichen werden, ist für die Wahl der Steuerklassenkombination III/V oder des Faktorverfahrens (§ 39f EStG) ein gemeinsamer Antrag der Ehegatten beim Wohnsitzfinanzamt erforderlich („Antrag auf Steuerklassenwechsel bei Ehegatten"). Das Recht auf einen einmal jährlichen Wechsel der Steuerklasse bleibt von dieser Korrektur unberührt (§ 39 Absatz 6 Satz 3 und 4 i. V. m. § 39e Absatz 3 Satz 3 EStG in der Fassung des BeitrRLUmsG).

In den übrigen Fällen gelten die bisherigen Steuerklassenkombinationen III/V oder IV/IV der Ehegatten ab dem Kalenderjahr 2013 weiter, wenn die gesetzlichen Voraussetzungen dafür vorliegen. Die Berücksichtigung des Faktorverfahrens ist allerdings jährlich neu zu beantragen. Die Möglichkeit zur Wahl einer ungünstigeren Steuerklasse besteht in allen Fällen.

IV. Arbeitgeber

Lohnsteuerabzug

Der Arbeitgeber hat die Lohnsteuerkarte 2010, Ersatzbescheinigung für 2011 bzw. 2012 oder eine der unter Tz. II. 1 genannten amtlichen Bescheinigungen im Übergangszeitraum 2012 entgegenzunehmen, aufzubewahren, die darauf eingetragenen Lohnsteuerabzugsmerkmale in das Lohnkonto zu übernehmen und sie dem Lohnsteuerabzug im Übergangszeitraum 2012 zugrunde zu legen. Er hat sie sowie ggf. die o. g. ihm zusätzlich vorgelegten amtlichen Bescheinigungen dem Arbeitnehmer zur Änderung nicht mehr zutreffender Lohnsteuerabzugsmerkmale durch das Finanzamt oder bei Beendigung des Dienstverhältnisses im Übergangszeitraum innerhalb einer angemessenen Frist nach Beendigung des Dienstverhältnisses zur Vorlage beim neuen Arbeitgeber auszuhändigen (§ 52b Absatz 1 Satz 3 Nummer 3 EStG).

Legt der Arbeitnehmer die in Tz. II. 1 genannten amtlichen Bescheinigungen (Mitteilungsschreiben oder Ausdruck bzw. die sonstige Papierbescheinigung des Finanzamts) vor, sind allein die darin ausgewiesenen Lohnsteuerabzugsmerkmale für den Lohnsteuerabzug maßgebend. Neben diesen im ersten Dienstverhältnis zugelassenen Bescheinigungen muss dem Arbeitgeber zusätzlich die Lohnsteuerkarte 2010 oder die Ersatzbescheinigung 2011 vorliegen (Steuerklassen I bis V). Diese Lohnsteuerabzugsmerkmale sind gemäß der eingetragenen Gültigkeitsangabe auf der zuletzt ausgestellten amtlichen Bescheinigung anzuwenden und überschreiben sämtliche auf einer Lohnsteuerkarte 2010 oder Ersatzbescheinigung 2011 eingetragenen Lohnsteuerabzugsmerkmale. Folglich überschreibt eine amtliche Bescheinigung den in einer Lohnsteuerkarte 2010 oder Ersatzbescheinigung 2011 ausgewiesenen Freibetrag oder Hinzurechnungsbetrag auch dann, wenn in der Bescheinigung kein Freibetrag oder Hinzurechnungsbetrag oder ein Freibetrag oder Hinzurechnungsbetrag in anderer Höhe enthalten ist.

Beispiel:
Dem Arbeitgeber liegt die Lohnsteuerkarte 2010 des Arbeitnehmers vor (erstes Dienstverhältnis). Auf der Lohnsteuerkarte ist unter III. ein vom Arbeitslohn abzuziehender Freibetrag als Lohnsteuerabzugsmerkmal eingetragen.

Weil sich die persönlichen Verhältnisse des Arbeitnehmers ab 2012 geändert haben (z. B. Heirat, Geburt eines Kindes, Änderung der Religionszugehörigkeit), legt er dem Arbeitgeber das in 2011 versandte Mitteilungsschreiben des Finanzamts zur „Information über die erstmals elektronisch gespeicherten Daten für den Lohnsteuerabzug (Elektronische Lohnsteuerabzugsmerkmale)" vor, in dem die Änderungen der persönlichen Verhältnisse berücksichtigt sind. In diesem Schreiben wird in den Zeilen der „Lohnsteuerabzugsmerkmale" kein Freibetrag ausgewiesen.

Der Arbeitgeber hat für den Lohnsteuerabzug ab 2012 lediglich die in dem Mitteilungsschreiben ausgewiesenen Lohnsteuerabzugsmerkmale (Steuerklasse, Kirchensteuermerkmal, Zahl der Kinderfreibeträge) zu berücksichtigen. Das Mitteilungsschreiben ist zusammen mit der Lohnsteuerkarte 2010 aufzubewahren.

Die vereinfachte Nachweismöglichkeit der maßgebenden ELStAM besteht auch dann, wenn der Arbeitnehmer im Kalenderjahr 2012 das erste Dienstverhältnis wechselt. Der bisherige Arbeitgeber des ersten Dienstverhältnisses hat die Lohnsteuerkarte 2010 oder die Ersatzbescheinigung 2011 mit allen vorgelegten amtlichen Bescheinigungen (Tz. II. 1) auszuhändigen. Diese Unterlagen sind dem neuen Arbeitgeber vorzulegen (siehe hierzu unter II. 2 „Arbeitgeberwechsel")

Ausstellung der Lohnsteuerbescheinigung

Ist auf der Lohnsteuerkarte 2010 eine Lohnsteuerbescheinigung erteilt und die Lohnsteuerkarte an den Arbeitnehmer herausgegeben worden, kann der Arbeitgeber bei fortbestehendem Dienstverhältnis die Lohnsteuerabzugsmerkmale der Lohnsteuerkarte 2010 im Übergangszeitraum 2012 weiter anwenden, wenn der Arbeitnehmer schriftlich bestätigt, dass die Lohnsteuerabzugsmerkmale der Lohnsteuerkarte 2010 auch weiterhin für den Lohnsteuerabzug im Übergangszeitraum 2012 zutreffend sind (§ 52b Absatz 1 Satz 5 EStG). Eine amtliche Bescheinigung ist hierfür nicht vorgesehen, so dass eine formlose Erklärung des Arbeitnehmers als Nachweis ausreicht. Diese schriftliche Bestätigung ist als Beleg zum Lohnkonto zu nehmen.

Nach § 41b Absatz 1 EStG ist der Arbeitgeber verpflichtet dem Finanzamt die Lohnsteuerbescheinigung elektronisch zu übermitteln. Ist der Arbeitgeber in Ausnahmefällen hiervon befreit (§ 41b Absatz 3 EStG und anerkannte Härtefälle), erteilt er die Lohnsteuerbescheinigung auf der Rückseite der Lohnsteuerkarte 2010 oder verwendet den Vordruck „Besondere Lohnsteuerbescheinigung". Hat der Arbeitgeber die Lohnsteuerbescheinigung auf der Rückseite der Lohnsteuerkarte 2010 erteilt, ist dem Arbeitnehmer die Lohnsteuerkarte 2010 nach Ablauf des Kalenderjahres zur Durchführung der Einkommensteuerveranlagung für das betreffende Kalenderjahr auszuhändigen. Der Arbeitgeber hat auch dann die Lohnsteuerkarte 2010 auszuhändigen, wenn er die Lohnsteuerbescheinigung elektronisch übermittelt, jedoch ein früherer Arbeitgeber auf der Rückseite der Lohnsteuerkarte 2010 eine Lohnsteuerbescheinigung erteilt hat.

Aufbewahrungspflicht

Der Arbeitgeber hat die vom Arbeitnehmer vorgelegte Lohnsteuerkarte 2010 oder Ersatzbescheinigung 2011 bzw. 2012 als Beleg zum Lohnkonto zu nehmen und entsprechend der Regelung in § 52b Absatz 1 Satz 4 EStG zumindest bis nach der erstmaligen Anwendung der ELStAM oder einer erteilten Härtefallregelung aufzubewahren. Dies gilt auch für die unter Tz. II. 1 genannten amtlichen Bescheinigungen (Mitteilungsschreiben bzw. Ausdruck oder sonstige Papierbescheinigung des Finanzamts). Der Arbeitgeber hat die amtliche Bescheinigung des Arbeitnehmers mit dessen Lohnsteuerkarte 2010 oder Ersatzbescheinigung 2011 bzw. 2012 zusammenzuführen und entsprechend aufzubewahren.

Abweichend hiervon sind die im Rahmen der Vereinfachungsregelung bei Ausbildungsdienstverhältnissen vorgelegten schriftlichen Bestätigungen (Tz. II. 5) bis zum Ablauf des Kalenderjahres aufzubewahren (§ 52b Absatz 4 Satz 3 EStG).

V. Im Inland nicht meldepflichtige Arbeitnehmer

Für nicht meldepflichtige Personen, z. B. im Ausland lebende und auf Antrag nach § 1 Absatz 3 EStG als unbeschränkt einkommensteuerpflichtig zu behandelnde Arbeitnehmer oder beschränkt einkommensteuerpflichtige Arbeitnehmer, wird die Identifikationsnummer nicht auf Grund eines Anstoßes durch die Meldebehörden vergeben.

Deshalb wird diesen Personen das Betriebsstättenfinanzamt des Arbeitgebers – wie bisher – auf Antrag eine kalenderjahrbezogene Papierbescheinigung als Grundlage für die Lohnsteuererhebung ausstellen (§ 39 Absatz 3 EStG in der Fassung des BeitrRLUmsG).

Damit die Finanzverwaltung in diesen Fällen die vom Arbeitgeber übermittelte Lohnsteuerbescheinigung (§ 41b Absatz 1 Satz 2 EStG) maschinell zuordnen kann, ist als lohnsteuerliches Ordnungsmerkmal die bisher zur Übermittlung der elektronischen Lohnsteuerbescheinigung benötigte eTIN (= elektronische Transfer-Identifikations-Nummer) zu verwenden (§ 41b Absatz 2 Satz 1 und 2 EStG).

VI. Einführung des elektronischen Abrufverfahrens ab dem 1. Januar 2013

Zum Beginn der nun ab dem Kalenderjahr 2013 geplanten Einführung des neuen Verfahrens sind zwei BMF-Schreiben vorgesehen. Zum einen für die Bestimmung des Starttermins und die damit verbundene Beendigung des seit dem 1. Januar 2011 bestehenden Übergangszeitraums sowie zum anderen mit Regelungen zu Start und Anwendung des neuen Verfahrens (Einführungsschreiben).

Das BMF-Schreiben vom 5. Oktober 2010 (BStBl I Seite 762) ist für das Kalenderjahr 2011 weiterhin anzuwenden. Das vorliegende Schreiben ist ab dem Kalenderjahr 2012 anzuwenden.

Dieses Schreiben steht ab sofort für eine Übergangszeit auf den Internetseiten des Bundesministeriums der Finanzen (http://www.bundesfinanzministerium.de) unter der Rubrik Wirtschaft und Verwaltung – Steuern – Veröffentlichungen zu Steuerarten – Lohnsteuer – BMF-Schreiben zur Einsicht und zum Abruf bereit.

III.
(Entwurf Stand: 2. 10. 2012)
Elektronische Lohnsteuerabzugsmerkmale; Startschreiben zum erstmaligen Abruf der elektronischen Lohnsteuerabzugsmerkmale durch den Arbeitgeber und Anwendungsgrundsätze für den Einführungszeitraum 2013

BMF vom   (BStBl I S.   )
– IV C 5 – S 2363/07/0002-03 – 2012/0813379

Hinweis:

Nach § 52b Absatz 5 Satz 1 Einkommensteuergesetzes (EStG) in der Gesetzesfassung der Bekanntmachung vom 8. Oktober 2009 (BGBl. I S. 3366, 3862), die zuletzt durch Artikel 3 des Gesetzes vom 8. Mai 2012 (BGBl. I S. 1030) geändert worden ist, hat das Bundesministerium der Finanzen den Zeitpunkt der erstmaligen Anwendung der elektronischen Lohnsteuerabzugsmerkmale (ELStAM) für die Durchführung des Lohnsteuerabzugs sowie den Zeitpunkt des erstmaligen Abrufs der ELStAM durch den Arbeitgeber (Starttermin) in einem BMF-Schreiben (Startschreiben) zu bestimmen.

§ 52b EStG soll durch das Jahressteuergesetz 2013 (JStG 2013) neu gefasst werden. Weil diese Neuregelung noch nicht in das parlamentarische Verfahren eingebracht worden ist, kann derzeit nur ein vorläufiger Entwurf des vorgesehenen Startschreibens ohne Bezugnahme auf die vorgesehenen Neuregelungen veröffentlicht werden. Soweit in dem folgenden Text auf diese Neuregelungen Bezug genommen wird, sind diese Stellen durch Freilassungen gekennzeichnet.

Im Einvernehmen mit den obersten Finanzbehörden der Länder sind für den Lohnsteuerabzug ab dem Kalenderjahr 2013 die folgenden Regelungen zu beachten:

Anhang 17

Elektronische Lohnsteuerabzugsmerkmale (ELStAM)

Inhaltsübersicht

I. Starttermin
II. Einführungszeitraum für das ELStAM-Verfahren
III. Arbeitgeber
   1. Papierverfahren im Einführungszeitraum
   2. Bescheinigungen bei unzutreffenden ELStAM aufgrund abweichender Meldedaten (Besondere Bescheinigung für den Lohnsteuerabzug)
   3. Unzutreffende ELStAM aus anderen Gründen
   4. Erstmaliger Einsatz des ELStAM-Verfahrens nach dem Starttermin
   5. ELStAM bei verschiedenen Lohnarten
   6. Anwendung der abgerufenen ELStAM
   7. Verzicht auf sofortige Anwendung der abgerufenen ELStAM
   8. Beendigung des Dienstverhältnisses bei Anwendung des ELStAM-Verfahrens
   9. Entgegennahme und Aufbewahrung der Lohnsteuerkarte 2010/Papierbescheinigung(en)
   10. Härtefallregelung
IV. Arbeitnehmer
V. Finanzamt
   1. Lohnsteuerermäßigungsverfahren 2013
   2. Unzutreffende ELStAM
   3. Keine Rückforderung der Papierbescheinigungen

I. Starttermin

Als Starttermin für das Verfahren der elektronischen Lohnsteuerabzugsmerkmale (ELStAM-Verfahren) wird der 1. November 2012 festgelegt. Ab diesem Zeitpunkt können die Arbeitgeber die ELStAM der Arbeitnehmer mit Wirkung ab dem 1. Januar 2013 abrufen. Der Arbeitgeber hat das ELStAM-Verfahren grundsätzlich für laufenden Arbeitslohn, der für einen nach dem 31. Dezember 2012 endenden Lohnzahlungszeitraum gezahlt wird, und für sonstige Bezüge, die nach dem 31. Dezember 2012 zufließen, anzuwenden.

II. Einführungszeitraum für das ELStAM-Verfahren

Nach der Regelung in § 52b Absatz – neu – EStG in der Fassung des JStG 2013 (E) ist für die Einführung des ELStAM-Verfahrens ein Zeitraum zu bestimmen (Einführungszeitraum). Auf der Grundlage dieser Vorschrift wird hiermit das Kalenderjahr 2013 als Einführungszeitraum bestimmt. Damit wird insbesondere den Arbeitgebern ein längerer Umstellungszeitraum auf das ELStAM-Verfahren angeboten, um auch eventuelle technische und organisatorische Probleme, die bei einem gleichzeitigen Einstieg aller Arbeitgeber zu einem festen Termin entstehen könnten, zu vermeiden. Daraus folgt auch, dass der Arbeitgeber die ELStAM spätestens für den letzten im Kalenderjahr 2013 endenden Lohnzahlungszeitraum abzurufen und anzuwenden hat. Ein Abruf mit Wirkung ab 2014 ist verspätet.

Weil im Einführungszeitraum das Lohnsteuerabzugsverfahren nach Maßgabe der Regelungen für das Papierverfahren oder für das ELStAM-Verfahren durchgeführt werden kann, sind abweichend vom BMF-Schreiben vom . September 2012 – IV C 5 – S 2363/07/0002-03 – / – 2012/ – (BStBl I S.) [ELStAM-Anwendungsschreiben] die folgenden Regelungen zu beachten.

III. Arbeitgeber

1. Papierverfahren im Einführungszeitraum

Solange der Arbeitgeber im Einführungszeitraum das ELStAM-Verfahren nicht anwendet, sind für den Lohnsteuerabzug folgende Papierbescheinigungen zugrunde zu legen:

1. Die Lohnsteuerkarte 2010 oder
2. eine vom Finanzamt nach § 52b Absatz 3 EStG ausgestellte Bescheinigung für den Lohnsteuerabzug 2011, 2012 oder 2013 (Ersatzbescheinigung 2011, 2012, 2013).

Sind von den unter Nummer 1 und 2 genannten Papierbescheinigungen abweichende Lohnsteuerabzugsmerkmale anzuwenden, kann sie der Arbeitnehmer anhand folgender amtlicher Bescheinigungen nachweisen:

1. Mitteilungsschreiben des Finanzamts zur "Information über die erstmals elektronisch gespeicherten Daten für den Lohnsteuerabzug (Elektronische Lohnsteuerabzugsmerkmale)" nach § 52b Absatz 9 EStG i. d. Fassung des Jahres 2012,

2. Ausdruck oder sonstige Papierbescheinigung des Finanzamts mit den ab dem 1. Januar 2012 oder zu einem späteren Zeitpunkt im Übergangszeitraum 2012 und Einführungszeitraum 2013 gültigen ELStAM oder

3. Besondere Bescheinigung für den Lohnsteuerabzug (Tz. III. 2) aufgrund abweichender Meldedaten (§ 52b Absatz   – neu – EStG in der Fassung des JStG 2013 (E) bis zur Bereitstellung der ELStAM nach Aufhebung der Abrufsperre, längstens bis zum Ablauf der Gültigkeit (§ 52b Absatz   – neu – EStG in der Fassung des JStG 2013 (E)).

Die in den vor dem 1. Januar 2013 ausgestellten Ausdrucken oder sonstigen Papierbescheinigungen eingetragenen Lohnsteuerabzugsmerkmale (Steuerklasse, Zahl der Kinderfreibeträge, Freibetrag, Hinzurechnungsbetrag, Kirchensteuerabzugsmerkmal, Faktor) bleiben weiterhin gültig und sind dem Lohnsteuerabzug im Einführungszeitraum zugrunde zu legen (§ 52b Absatz   – neu – EStG in der Fassung des JStG 2013 (E)). Ein erneuter Antrag des Arbeitnehmers ist hierfür nicht erforderlich.

Das Mitteilungsschreiben des Finanzamts nach § 52b Absatz 9 EStG i. d. Fassung des Jahres 2012 ist nur dann für den Arbeitgeber maßgebend, wenn ihm gleichzeitig die Lohnsteuerkarte 2010 oder die Ersatzbescheinigung 2011 für das erste Dienstverhältnis des Arbeitnehmers vorliegt (Steuerklassen I bis V). Hingegen ist der Ausdruck bzw. die sonstige Papierbescheinigung des Finanzamts mit den ab dem 1. Januar 2012 oder zu einem späteren Zeitpunkt im Einführungszeitraum 2013 gültigen Lohnsteuerabzugsmerkmalen für den Arbeitgeber maßgebend, wenn ihm gleichzeitig die Lohnsteuerkarte 2010 oder die Ersatzbescheinigung 2011, 2012, 2013 für das erste Dienstverhältnis des Arbeitnehmers vorliegt (Steuerklassen I bis V).

Legt der Arbeitnehmer ein Mitteilungsschreiben des Finanzamts nach § 52b Absatz 9 EStG i. d. Fassung 2012, einen Ausdruck bzw. eine sonstige Papierbescheinigung des Finanzamts oder eine Besondere Bescheinigung für den Lohnsteuerabzug dem Arbeitgeber zum Zweck der Berücksichtigung beim Lohnsteuerabzug vor, sind allein die ausgewiesenen Lohnsteuerabzugsmerkmale auf der zuletzt ausgestellten amtlichen Bescheinigung für den Lohnsteuerabzug maßgebend. Sämtliche auf einer Lohnsteuerkarte 2010 oder einer zu einem früheren Zeitpunkt ausgestellten Ersatzbescheinigung 2011, 2012, 2013 oder einer anderen zu einem früheren Zeitpunkt ausgestellten amtlichen Bescheinigung eingetragenen Lohnsteuerabzugsmerkmale werden überschrieben. Diese vereinfachte Nachweismöglichkeit besteht auch dann, wenn der Arbeitnehmer im Kalenderjahr 2013 in ein neues erstes Dienstverhältnis wechselt.

Somit sind die zuletzt eingetragenen Lohnsteuerabzugsmerkmale – unabhängig von der eingetragenen Gültigkeit – vom Arbeitgeber zunächst auch noch für das Lohnsteuerabzugsverfahren im Einführungszeitraum zu berücksichtigen. Der Arbeitgeber braucht nicht zu prüfen, ob die Voraussetzungen für die einzelnen Lohnsteuerabzugsmerkmale dem Grunde bzw. der Höhe nach noch vorliegen.

Zur Verpflichtung des Arbeitgebers zur Entgegennahme und Aufbewahrung der vom Finanzamt ausgestellten Papierbescheinigungen vgl. Tz. III. 9.

Ist auf der Lohnsteuerkarte 2010 eine Lohnsteuerbescheinigung erteilt und die Lohnsteuerkarte an den Arbeitnehmer herausgegeben worden, kann der Arbeitgeber bei fortbestehendem Dienstverhältnis die Lohnsteuerabzugsmerkmale der Lohnsteuerkarte 2010 im Einführungszeitraum 2013 weiter anwenden, wenn der Arbeitnehmer schriftlich bestätigt, dass die Lohnsteuerabzugsmerkmale der Lohnsteuerkarte 2010 auch weiterhin für den Lohnsteuerabzug im Einführungszeitraum 2013 zutreffend sind (§ 52b Absatz 1 Satz 5 EStG). Eine amtliche Bescheinigung ist hierfür nicht vorgesehen, so dass eine formlose Erklärung des Arbeitnehmers als Nachweis ausreicht. Diese schriftliche Bestätigung ist als Beleg zum Lohnkonto zu nehmen.

Für unbeschränkt einkommensteuerpflichtige ledige Arbeitnehmer, die im Kalenderjahr 2013 während des Einführungszeitraums ein Ausbildungsverhältnis als erstes Dienstverhältnis beginnen, kann der Arbeitgeber die Vereinfachungsregelung des § 52b Absatz 4 EStG anwenden. In diesen Fällen kann der Arbeitgeber den Lohnsteuerabzug ohne Vorlage einer Lohnsteuerkarte 2010 oder Ersatzbescheinigung 2011, 2012, 2013 nach der Steuerklasse I vornehmen. Dazu hat der Auszubildende seinem Arbeitgeber die Identifikationsnummer, den Tag der Geburt und ggf. die rechtliche Zugehörigkeit zu einer steuererhebenden Religionsgemeinschaft mitzuteilen und schriftlich zu bestätigen, dass es sich um ein erstes Dienstverhältnis handelt.

Wurde die vorstehende Vereinfachungsregelung bereits im Kalenderjahr 2011 oder 2012 in Anspruch genommen, kann im Einführungszeitraum 2013 die Lohnsteuer weiterhin nach der Steuerklasse I ermittelt werden. Voraussetzung hierfür ist eine schriftliche Bestätigung des Auszubildenden, dass es sich weiterhin um sein erstes Dienstverhältnis handelt.

2. Bescheinigung bei unzutreffenden ELStAM aufgrund abweichender Meldedaten (Besondere Bescheinigung für den Lohnsteuerabzug)

Bei Einführung des ELStAM-Verfahrens bzw. dem erstmaligen Abruf der ELStAM durch den Arbeitgeber kann nicht ausgeschlossen werden, dass die Finanzverwaltung für den Arbeitnehmer aufgrund fehlerhafter Meldedaten materiell unzutreffende ELStAM bereitstellt, da die Finanzämter nicht befugt sind, in der ELStAM-Datenbank gespeicherte Meldedaten zu ändern.

Hat das Finanzamt in diesem Fall eine Besondere Bescheinigung für den Lohnsteuerabzug ausgestellt (§ 52b Absatz – neu – EStG in der Fassung des JStG 2013 (E), Tz. V. 2), wird der Arbeitgeberabruf zunächst für den in der Bescheinigung angegebenen Zeitraum (Kalenderjahr 2013 und ggf. 2014) durch das Finanzamt gesperrt, sog. Vollsperrung. Meldet der Arbeitgeber oder sein Vertreter den Arbeitnehmer trotz erfolgter Sperrung an, erhält er stets die Mitteilung „Keine Anmeldeberechtigung". Die Regelungen des § 39e Absatz 6 Satz 8 EStG (Lohnsteuerabzug nach Steuerklasse VI) sind nicht anzuwenden, wenn der Arbeitnehmer dem Arbeitgeber die Besondere Bescheinigung für den Lohnsteuerabzug vorgelegt hat.

Der Arbeitgeber darf die Lohnsteuerabzugsmerkmale dieser Besonderen Bescheinigung für den Lohnsteuerabzug nur dann für den angegebenen Zeitraum anwenden, wenn ihm die Lohnsteuerkarte 2010 oder eine Ersatzbescheinigung 2011, 2012 oder 2013 des Arbeitnehmers mit einer der Steuerklassen I bis V (erstes Dienstverhältnis) vorliegt. Zur Anwendung der kalenderjahrbezogen bescheinigten Lohnsteuerabzugsmerkmale vgl. Tz. V. 2.

Erfolgte die Sperrung der ELStAM vor dem erstmaligen Abruf durch den Arbeitgeber, hat der Arbeitnehmer nach dem Finanzamt dem Arbeitgeber die Aufhebung der Sperrung mitzuteilen (Tz. IV und V. 2). Dazu hat der Arbeitnehmer seinem Arbeitgeber das Informationsschreiben seines Wohnsitzfinanzamts über die Aufhebung der Sperrung auszuhändigen. Aufgrund dieser Mitteilung hat der Arbeitgeber den beschäftigten Arbeitnehmer erstmalig in der ELStAM-Datenbank anzumelden (Tz. III. 4) und die entsprechenden ELStAM abzurufen. Diese Grundsätze gelten auch bei einem Arbeitgeberwechsel während der Dauer der Sperrung.

Hat das Finanzamt die ELStAM nach ihrem erstmaligen Abruf gesperrt, wird dem Arbeitgeber die Aufhebung der Sperrung durch Bereitstellung sog. Änderungslisten automatisch mitgeteilt. Daraufhin hat der Arbeitgeber die bereitgestellten ELStAM abzurufen und ab der dem Abruf folgenden Lohnabrechnung anzuwenden.

3. Unzutreffende ELStAM aus anderen Gründen

Bei unzutreffenden ELStAM, die auf vom Finanzamt zu bildenden Merkmalen beruhen (z. B. Freibetrag aus dem Lohnsteuerermäßigungsverfahren, Steuerklassenkombination bei Ehegatten, Beantragung der Steuerklasse II), korrigiert das Finanzamt auf Veranlassung des Arbeitnehmers die ELStAM in der Datenbank. Daraufhin werden dem Arbeitgeber die zutreffenden ELStAM zur Verfügung gestellt.

Nimmt das Finanzamt die Korrektur vor dem erstmaligen Abruf vor (z. B. bei Feststellung des Fehlers im Rahmen des Ermäßigungsverfahrens), werden dem Arbeitgeber beim erstmaligen Abruf die zutreffenden ELStAM bereitgestellt. Der vom Finanzamt in diesem Fall ausgestellte Ausdruck der ELStAM (Tz. V. 2) kann auch vor dem erstmaligen Arbeitgeberabruf nach den Grundsätzen der Tz. III. 1 dem Lohnsteuerabzug zugrunde gelegt werden.

Nimmt das Finanzamt die Korrektur nach dem erstmaligen Abruf vor, werden dem Arbeitgeber die zutreffenden ELStAM bereitgestellt (sog. Änderungsmitteilung), die rückwirkend auf den Zeitpunkt des erstmaligen Abrufs angewendet werden können. Zur Beschleunigung der Korrektur eines unzutreffenden Lohnsteuerabzugs kann der in diesem Fall ausgestellte Ausdruck der ELStAM (Tz. V. 2) vor dem Abruf der korrigierten ELStAM nach den Grundsätzen der Tz. III. 1 dem Lohnsteuerabzug zugrunde gelegt werden.

4. Erstmaliger Einsatz des ELStAM-Verfahrens nach dem Starttermin

Nach dem Starttermin hat der Arbeitgeber oder sein Vertreter die beschäftigten Arbeitnehmer im Einführungszeitraum für den Einsatz des ELStAM-Verfahrens in der ELStAM-Datenbank anzumelden. Dazu soll der Arbeitgeber sämtliche Arbeitnehmer einer lohnsteuerlichen Betriebsstätte zeitgleich in das ELStAM-Verfahren einbeziehen. Um den Arbeitgebern den Einstieg in das ELStAM-Verfahren zu erleichtern, bestehen abweichend davon aber keine Bedenken, die Arbeitnehmer im Einführungszeitraum auch stufenweise (zu verschiedenen Zeitpunkten) in das ELStAM-Verfahren zu überführen. Wählt der Arbeitgeber diese Möglichkeit, hat er für den Lohnsteuerabzug – bezogen auf die jeweilige Betriebsstätte – sowohl die Regelungen für das Papierverfahren als auch für das ELStAM-Verfahren zu beachten.

Der Arbeitgeber soll dem Arbeitnehmer den Zeitpunkt für die erstmalige Anwendung der ELStAM zeitnah mitteilen. Eine Mitteilung des erstmaligen Abrufs der ELStAM gegenüber dem Betriebsstättenfinanzamt ist nicht erforderlich. Bei der Anmeldung in der ELStAM-Datenbank hat der Arbeitgeber auch anzugeben, ob es sich um ein erstes oder ein weiteres Dienstverhältnis des Arbeitnehmers handelt. Diese Angaben sind für die programmgesteuerte Bildung der Lohnsteuerklasse erforderlich.

Ein erstes Dienstverhältnis darf der Arbeitgeber während des Einführungszeitraums nur anmelden, wenn ihm für den betreffenden Arbeitnehmer
– die Lohnsteuerkarte 2010 oder
– eine vom Finanzamt ausgestellte Bescheinigung für den Lohnsteuerabzug 2011, 2012 oder 2013 (Ersatzbescheinigung 2011, 2012 oder 2013)

mit einer der Steuerklassen I bis V vorliegt

oder wenn
– er im Rahmen der Vereinfachungsregelung für Auszubildende (§ 52b Absatz 4 EStG) den Lohnsteuerabzug ohne Vorlage einer Lohnsteuerkarte 2010 oder einer Ersatzbescheinigung nach der Steuerklasse I vorgenommen hat oder
– er die Lohnsteuerabzugsmerkmale der Lohnsteuerkarte 2010 nach § 52b Absatz 1 Satz 5 EStG aufgrund einer Erklärung des Arbeitnehmers weiter angewendet hat (§ 52b Absatz – neu – EStG in der Fassung des JStG 2013 (E).

Diese Grundsätze gelten – mit Ausnahme der Fälle des § 52b Absatz 1 Satz 5 EStG (Anwendung der Lohnsteuerabzugsmerkmale 2010 ohne Lohnsteuerkarte 2010) – auch bei Begründung eines neuen Dienstverhältnisses im Einführungszeitraum. Für unbeschränkt einkommensteuerpflichtige ledige Arbeitnehmer, die im Einführungszeitraum nach Einstieg des Arbeitgebers in das ELStAM-Verfahren ein Ausbildungsverhältnis als erstes Dienstverhältnis beginnen, kann der Arbeitgeber ein erstes Dienstverhältnis ohne Vorlage einer Lohnsteuerkarte 2010 oder einer Ersatzbescheinigung anmelden, wenn der Auszubildende seinem Arbeitgeber dies entsprechend schriftlich bestätigt.

5. ELStAM bei verschiedenen Lohnarten

Auch wenn der Arbeitgeber verschiedenartige Bezüge zahlt, sind diese aufgrund des Grundsatzes eines einheitlichen Dienstverhältnisses zu einem Arbeitgeber zusammenzurechnen. In den folgenden Fällen handelt es sich um ein einheitliches Dienstverhältnis, so dass die Lohnsteuer für die Bezüge einheitlich und nach denselben ELStAM zu erheben ist. Der Abruf von ELStAM für ein zweites Dienstverhältnis des Arbeitnehmers durch denselben Arbeitgeber ist nicht möglich.

Beispiele für die Zahlung verschiedenartiger Bezüge:
- Ein Arbeitnehmer erhält vom Arbeitgeber neben einer Betriebsrente noch Arbeitslohn für ein aktives Dienstverhältnis; die Lohnsteuer wird nicht pauschal erhoben.
- Ein Arbeitnehmer erhält vom Arbeitgeber Hinterbliebenenbezüge und eigene Versorgungsbezüge oder Arbeitslohn für ein aktives Dienstverhältnis.
- Ein Arbeitnehmer ist in Elternzeit und arbeitet gleichwohl beim selben Arbeitgeber weiter.

Behandelt der Arbeitgeber solche Bezüge bei der Durchführung des Lohnsteuerabzugs wie Bezüge aus unterschiedlichen Dienstverhältnissen, sind für Lohnabrechnungszeiträume, die vor dem 1. Januar 2014 enden, bzw. für sonstige Bezüge, die vor dem 1. Januar 2014 zufließen, die vom Arbeitgeber abgerufenen ELStAM für einen der gezahlten Bezüge anzuwenden. Für den jeweils anderen Bezug ist die Steuerklasse VI ohne weiteren Abruf von ELStAM für ein zweites Dienstverhältnis zu Grunde zu legen. Für den Lohnsteuereinbehalt von Versorgungsbezügen nach der Steuerklasse VI ist § 39b Absatz 2 Satz 5 Nummer 1 EStG zu berücksichtigen, wonach kein Zuschlag zum Versorgungsfreibetrag anzusetzen ist. Die Lohnsteuerbescheinigung ist entsprechend den getrennt abgerechneten Bezügen auszustellen und an die Finanzverwaltung zu übermitteln.

6. Anwendung der abgerufenen ELStAM

Nach erfolgreichem Abruf der ELStAM hat der Arbeitgeber für die angemeldeten Arbeitnehmer die Vorschriften des ELStAM-Verfahrens (§§ 38 bis 39e EStG, Regelverfahren) anzuwenden. Danach sind die vom Arbeitgeber oder seinem Vertreter abgerufenen ELStAM grundsätzlich für die nächste auf den Abrufzeitpunkt folgende Lohnabrechnung anzuwenden und im Lohnkonto aufzuzeichnen (§ 52b Absatz   – neu – EStG in der Fassung des JStG 2013 (E); Ausnahme vgl. Tz. III. 7).

Eine erneute Anwendung der Lohnsteuerabzugsmerkmale nach der Lohnsteuerkarte 2010 und den vom Finanzamt ausgestellten Papierbescheinigungen für den Lohnsteuerabzug ist grundsätzlich nicht mehr möglich (§ 52b Absatz   – neu – EStG in der Fassung des JStG 2013 (E); Ausnahme vgl. Tz. III. 7). Dieser Grundsatz ist auch dann zu beachten, wenn ein späterer Abruf oder eine spätere Anwendung der ELStAM aufgrund technischer Störungen nicht möglich ist. In diesen Fällen sind die Regelungen des § 39c EStG (Einbehaltung der Lohnsteuer ohne Lohnsteuerabzugsmerkmale) anzuwenden.

Scheitert allerdings der erstmalige Abruf der ELStAM während des Einführungszeitraums aufgrund technischer Probleme, kann der Arbeitgeber bis zum vorletzten Lohnzahlungszeitraum des Einführungszeitraums weiterhin das Papierverfahren und die Regelungen des § 52b EStG anwenden.

Weichen die erstmals abgerufenen ELStAM von den auf den Papierbescheinigungen eingetragenen bzw. im Lohnkonto aufgezeichneten Lohnsteuerabzugsmerkmalen ab, besteht für den Arbeitgeber weder eine Korrekturpflicht nach § 41c Absatz 1 Satz 1 Nummer 1 EStG noch eine Anzeigepflicht nach § 41c Absatz 4 i. V. m. Absatz 1 Satz 1 Nummer 1 EStG, da er bei Berücksichtigung der vom Arbeitnehmer vorgelegten Lohnsteuerkarte 2010/Papierbescheinigung(en) vorschriftsmäßig gehandelt hat. Abweichungen können z. B. dann auftreten, wenn der Arbeitnehmer seiner Anzeigeverpflichtung im Papierverfahren bei Änderungen der Lohnsteuerabzugsmerkmale zu seinen Ungunsten nicht nachgekommen ist (z. B. Steuerklasse III oder II anstatt I).

7. Verzicht auf sofortige Anwendung der abgerufenen ELStAM

Nichtanwendung der erstmals abgerufenen ELStAM

Abweichend von Tz. III. 6 kann der Arbeitgeber nach § 52b Absatz – neu – EStG in der Fassung des JStG 2013 (E) auf eine sofortige Anwendung der im Einführungszeitraum erstmals abgerufenen ELStAM einmalig verzichten. Statt dessen kann er den Lohnsteuerabzug für die Dauer von bis zu 6 Kalendermonaten weiter nach den Merkmalen der Lohnsteuerkarte 2010, einer vom Finanzamt ausgestellten Bescheinigung für den Lohnsteuerabzug 2011, 2012 oder 2013 sowie einem Ausdruck oder einer sonstigen Papierbescheinigung (Tz. III. 1) bzw. nach den im Lohnkonto aufgezeichneten Lohnsteuerabzugsmerkmalen oder der Besonderen Bescheinigung für den Lohnsteuerabzug durchführen. Der 6-Monats-Zeitraum gilt auch dann, wenn dieser über das Ende des Einführungszeitraums (31. Dezember 2013) hinausreicht.

Für eine verzögerte Anwendung der erstmals abgerufenen ELStAM ist die Zustimmung des Arbeitnehmers erforderlich. Der Arbeitgeber ist nicht verpflichtet, solch eine betriebsinterne Abstimmung lohnsteuerlich zu dokumentieren; es sind keine Aufzeichnungen im Lohnkonto erforderlich.

In diesem 6-Monats-Zeitraum kann der Arbeitgeber insbesondere die Funktionsfähigkeit der eingesetzten Lohnabrechnungsprogramme absichern. Ferner ermöglicht diese Regelung, dass der Arbeitgeber dem Arbeitnehmer die abgerufenen ELStAM zur Überprüfung vorab mitteilt. Hierfür – aber auch für eine spätere Prüfung der ELStAM – stellt die Finanzverwaltung einen Vordruck (Vordruck „Bescheinigung zur Überprüfung der elektronischen Lohnsteuerabzugsmerkmale (ELStAM)") im Internetangebot der obersten Finanzbehörden der Länder und in einer Formulardatenbank unter der Internetadresse https://www.formulare-bfinv.de in der Rubrik Formularcenter/Formularkatalog/Steuerformulare/Lohnsteuer zur Einsicht und zum Abruf bereit.

Nichtanwendung der erstmals abgerufenen ELStAM nach erstmaligem Lohnsteuerabzug

Der Arbeitgeber kann ferner nach § 52b Absatz – neu – EStG in der Fassung des JStG 2013 (E) und abweichend von Tz. III. 6 auf freiwilliger Basis und mit Zustimmung des Arbeitnehmers den Lohnsteuerabzug nach den Merkmalen der Lohnsteuerkarte 2010 oder einer vom Finanzamt ausgestellten Bescheinigung für den Lohnsteuerabzug 2011, 2012 oder 2013 und einem Ausdruck oder einer sonstigen Papierbescheinigung (Tz. III. 1) bzw. nach den im Lohnkonto aufgezeichneten Lohnsteuerabzugsmerkmalen oder der Besonderen Bescheinigung für den Lohnsteuerabzug für die Dauer von bis zu 6 Kalendermonaten durchführen, wenn die erstmalige Anwendung der im Einführungszeitraum erstmals abgerufenen ELStAM zu einem von bisherigen Verfahren abweichenden Lohnsteuerabzug führt. In diesem Zeitraum kann der Arbeitnehmer mit dem Finanzamt die Abweichungen der ELStAM von den vorliegenden Papierbescheinigungen aufklären. Auch hierzu kann der Arbeitgeber dem Arbeitnehmer die Abweichungen zwischen den im Lohnkonto aufgezeichneten Lohnsteuerabzugsmerkmalen und den ELStAM durch den Vordruck „Bescheinigung zur Überprüfung der elektronischen Lohnsteuerabzugsmerkmale (ELStAM)" mitteilen.

Der 6-Monats-Zeitraum gilt auch dann, wenn dieser über das Ende des Einführungszeitraums (31. Dezember 2013) hinausreicht.

Lohnsteuerabzug nach Korrektur der ELStAM bzw. nach Ablauf des 6-Monats-Zeitraums

Nach Vorlage der Besonderen Bescheinigung für den Lohnsteuerabzug (bei unzutreffenden Meldedaten) durch den Arbeitnehmer oder nach Eingang einer sog. Änderungsmitteilung zum Abruf der vom Finanzamt korrigierten ELStAM hat der Arbeitgeber diese Merkmale entsprechend Tz. III. 2 bzw. III. 3 anzuwenden. Spätestens nach Ablauf des 6-Monats-Zeitraums hat der Arbeitgeber die (erstmals) abgerufenen ELStAM anzuwenden, wenn der Arbeitnehmer keine Besondere Bescheinigung für den Lohnsteuerabzug vorgelegt hat oder keine sog. Änderungsmitteilung zum Abruf der vom Finanzamt korrigierten ELStAM eingeht, z. B. weil die (erstmals) bereitgestellten ELStAM zutreffend sind.

Keine Rückrechnungsverpflichtung des Arbeitgebers

Wendet der Arbeitgeber die Regelungen des § 52b Absatz – neu – EStG in der Fassung des JStG 2013 (E) an, besteht für ihn weder eine Rückrechnungs-/Korrekturpflicht noch eine Anzeigeverpflichtung für den 6-Monats-Zeitraum bzw. auf den 1. Januar 2013 (vgl. Tz. III. 6).

8. Beendigung des Dienstverhältnisses bei Anwendung des ELStAM-Verfahrens

Hat der Arbeitgeber die ELStAM des Arbeitnehmers bereits angewendet, hat der Arbeitgeber den Tag der Beendigung des Dienstverhältnisses (z. B. in Fällen des Arbeitgeberwechsels) der Finanzverwaltung unverzüglich mitzuteilen (sog. Abmeldung, § 39e Absatz 4 Satz 5 EStG). Eine solche elektronische Abmeldung ist auch dann erforderlich, wenn das Finanzamt den Arbeitgeberabruf gesperrt hat (vgl. Tz. III. 2).

9. Entgegennahme und Aufbewahrung der Lohnsteuerkarte 2010/Papierbescheinigung(en)

Der Arbeitgeber hat auch im Einführungszeitraum die Lohnsteuerkarte 2010, Ersatzbescheinigung für 2011, 2012 bzw. 2013, eine Besondere Bescheinigung für den Lohnsteuerabzug sowie weitere der unter Tz. III. 1 genannten Papierbescheinigungen entgegenzunehmen, aufzubewahren sowie die darauf eingetragenen Lohnsteuerabzugsmerkmale in das Lohnkonto zu übernehmen. Die so aufgezeichneten Lohnsteuerabzugsmerkmale sind dem Lohnsteuerabzug im Einführungszeitraum bis zur erstmaligen Anwendung der ELStAM für den jeweiligen Arbeitnehmer zugrunde zu legen.

Auf Anforderung hat der Arbeitgeber dem Arbeitnehmer im Einführungszeitraum die vorgelegten Bescheinigungen (Tz. III. 1) zur Änderung nicht mehr zutreffender Lohnsteuerabzugsmerkmale durch das Finanzamt oder bei Beendigung des Dienstverhältnisses vor Ablauf des Kalenderjahres 2014 innerhalb einer angemessenen Frist auszuhändigen (§ 52b Absatz 1 Satz 3 Nummer 2 und 3 EStG).

Die Lohnsteuerkarte 2010 und die weiteren unter Tz. III. 1 genannten Papierbescheinigungen dürfen erst nach Ablauf des Kalenderjahres 2014 vernichtet werden (§ 52b Absatz – neu – EStG in der Fassung des JStG 2013 (E)).

10. Härtefallregelung

Weil der Einführungszeitraum zum 31. Dezember 2013 endet, können Härtefallanträge auf Nichtteilnahme am ELStAM-Verfahren (§ 39e Absatz 7 EStG) für das Kalenderjahr 2013 frühestens mit Wirkung ab dem letzten Lohnzahlungszeitraum in 2013 gestellt werden. Bis zu diesem Zeitpunkt steht das Papierverfahren ohnehin zur Verfügung.

IV. Arbeitnehmer

Papierverfahren vor Einsatz des ELStAM-Verfahrens

Bis zum erstmaligen Einsatz des ELStAM-Verfahrens im Einführungszeitraum sind für den Nachweis der Lohnsteuerabzugsmerkmale die Regelungen für die Papierbescheinigungen in Tz. III. 1 zu beachten. Die Vereinfachungsregelung für Auszubildende nach § 52b Absatz 4 EStG kann weiterhin angewandt werden (Tz. III. 4).

Sind aufgrund geänderter Lebensverhältnisse für das Kalenderjahr 2013 gegenüber den Verhältnissen des Jahres 2012 abweichende Lohnsteuerabzugsmerkmale (Freibetrag, Hinzurechnungsbetrag, Kirchensteuerabzugsmerkmal, Faktor) maßgebend, kann das Finanzamt auf Antrag des Arbeitnehmers die Lohnsteuerkarte 2010 oder die Ersatzbescheinigung für 2011 oder 2012 berichtigen. Weicht die Eintragung der Steuerklasse oder die Zahl der Kinderfreibeträge auf der Lohnsteuerkarte 2010 oder der Ersatzbescheinigung 2011 oder 2012 von den Verhältnissen zu Beginn des Kalenderjahres 2013 zu Gunsten des Arbeitnehmers ab oder ist die Steuerklasse II bescheinigt und entfallen die Voraussetzungen für die Berücksichtigung des Entlastungsbetrags für Alleinerziehende (§ 24b EStG) im Laufe des Kalenderjahres 2013, besteht auch im Jahr 2013 – wie bisher – eine Anzeigepflicht des Arbeitnehmers gegenüber dem Finanzamt (§ 52b Absatz 2 Satz 2 und 3 EStG).

Wechselt der Arbeitnehmer im Einführungszeitraum seinen Arbeitgeber, hat er sich die Lohnsteuerkarte 2010 oder die Ersatzbescheinigung 2011, 2012 oder 2013, die Besondere Bescheinigung für den Lohnsteuerabzug sowie ggf. einen vom Finanzamt ausgestellten Ausdruck oder eine sonstige Papierbescheinigung (Tz. III. 1) vom bisherigen Arbeitgeber aushändigen zu lassen und dem neuen Arbeitgeber vorzulegen.

Lohnsteuerermäßigungsverfahren 2013

Für die Berücksichtigung von Freibeträgen nach § 39a Absatz 1 Satz 1 Nummer 1 bis 3 und 5 bis 8 EStG ist zu beachten, dass die für die Kalenderjahre 2010, 2011 oder 2012 bescheinigten Beträge in 2013 ohne weiteren Antrag nur für den Zeitraum des Papierverfahrens bis zum Einsatz des ELStAM-Verfahrens im Einführungszeitraum gelten.

Entspricht ein für das Kalenderjahr 2010, 2011 oder 2012 eingetragener Freibetrag im Kalenderjahr 2013 nicht mehr den tatsächlichen Verhältnissen, z. B. Minderung des Freibetrags aufgrund geringerer Fahrtkosten für Fahrten zwischen Wohnung und regelmäßiger Arbeitsstätte als Werbungskosten, ist der Arbeitnehmer zwar nicht verpflichtet, die Anpassung des Freibetrags auf den dem Arbeitgeber vorliegenden Bescheinigungen (Tz. II. 1) zu veranlassen. Unterbleibt jedoch ein Antrag auf Herabsetzung des Freibetrags, kann dies zu Nachzahlungen im Rahmen der Einkommensteuerveranlagung führen.

Sollen Freibeträge auch bei Anwendung der ELStAM durch den Arbeitgeber in 2013 (weiter) berücksichtigt werden, sind diese grundsätzlich im Rahmen des Lohnsteuerermäßigungsverfahrens für 2013 neu zu beantragen. Entsprechendes gilt für das Faktorverfahren (§ 39f EStG), die Steuerklasse II bei volljährigen Kindern sowie für antragsgebundene Kinderzähler, sofern nicht bereits für das Kalenderjahr 2012 eine mehrjährige Berücksichtigung des Kindes beantragt worden ist. Pauschbeträge für behinderte Menschen und Hinterbliebene werden weiterhin in der Regel mehrjährig berücksichtigt.

Korrektur der ELStAM nach Einsatz des ELStAM-Verfahrens

Stellt die Finanzverwaltung im Einführungszeitraum dem Arbeitgeber ELStAM bereit, die nach Auffassung des Arbeitnehmers unzutreffend sind, kann er beim Wohnsitzfinanzamt eine Berichtigung der ELStAM beantragen (vgl. Tz. III. 2 und 3). Macht der Arbeitgeber von der Regelung im § 52b Absatz – neu – EStG in der Fassung des JStG 2013 (E) (Verzicht auf sofortige Anwendung der abgerufenen ELStAM) Gebrauch, bedarf dies der Zustimmung des Arbeitnehmers (Tz. III. 7).

Zur Erleichterung der Kommunikation zwischen Arbeitnehmer und Finanzamt in Abweichungsfällen kann der Arbeitnehmer den Vordruck „Antrag auf Korrektur der elektronischen Lohnsteuerabzugsmerkmale (ELStAM)" verwenden, der im Internetangebot der obersten Finanzbehörden der Länder in der Formulardatenbank unter der Internetadresse https://www.formulare-bfinv.de in der Rubrik Formularcenter/Formularkatalog/Steuerformulare/Lohnsteuer zur Einsicht und zum Abruf bereit steht.

Auf die Verpflichtung des Arbeitnehmers, den Arbeitgeber über die vom Finanzamt mitgeteilte Aufhebung einer Abrufsperre zu informieren, wird hingewiesen (Tz. III. 2 und V. 2).

V. Finanzamt

1. Lohnsteuerermäßigungsverfahren 2013

Sind beim Arbeitnehmer im Rahmen des Lohnsteuerermäßigungsverfahrens für das Kalenderjahr 2013 Freibeträge zu berücksichtigen, hat das Finanzamt diese Lohnsteuerabzugsmerkmale in der ELStAM-Datenbank zu speichern. In diesen Antragsfällen ist dem Arbeitnehmer stets ein Ausdruck der ELStAM mit den ab 2013 geltenden Merkmalen zur Vorlage beim Arbeitgeber auszustellen. Gleiches gilt, wenn der Arbeitnehmer für das Kalenderjahr 2013 die Berücksichtigung eines Kinderzählers, der Steuerklasse II, eines Faktors oder einer anderen Steuerklassenkombination bei Ehegatten beantragt hat.

2. Unzutreffende ELStAM

Allgemeines

Werden dem Arbeitgeber ELStAM bereitgestellt, die nach Auffassung des Arbeitnehmers unzutreffend sind, hat das Wohnsitzfinanzamt auf Antrag des Arbeitnehmers die gebildeten ELStAM zu prüfen und sie ggf. zu ändern.

Unzutreffende ELStAM wegen fehlerhafter Meldedaten

Beruhen die nach Auffassung des Arbeitnehmers unzutreffend gebildeten ELStAM auf (fehlerhaften) Meldedaten, hat das Finanzamt auf Antrag des Arbeitnehmers eine Besondere Bescheinigung für den Lohnsteuerabzug auszustellen (§ 52b Absatz   – neu – EStG in der Fassung des JStG 2013 (E)) und den Arbeitgeberabruf zu sperren, sog. Vollsperrung. Nach Erstellung eines sog. Fehlertickets ist der Fall im Finanzamt zur Überwachung auf Wiedervorlage zu nehmen. Die Besondere Bescheinigung für den Lohnsteuerabzug kann für das Kalenderjahr 2013 und 2014 ausgestellt werden, wobei der Faktor (§ 39f EStG) sowie Freibeträge nach § 39a Absatz 1 Satz 1 Nummer 1 bis 3 und 5 bis 8 EStG immer nur bezogen auf ein Kalenderjahr zu bescheinigen sind.

Hat das Finanzamt ein sog. Fehlerticket erstellt, wird ihm die Korrektur der Unstimmigkeiten bzw. Fehler in der ELStAM-Datenbank mitgeteilt. Im Anschluss daran hat das Finanzamt die Sperrung aufzuheben. Erfolgte die Sperrung nach dem erstmaligen Abruf der ELStAM, erhält der Arbeitgeber automatisch eine sog. Änderungsmitteilung mit den korrigierten ELStAM. Erfolgte die Sperrung bereits vor dem erstmaligen Abruf, ist deren Aufhebung vom Arbeitnehmer zur Information des Arbeitgebers mitzuteilen (Informationsschreiben, vgl. Tz. III. 2). In diesem Fall hat der Arbeitgeber den Arbeitnehmer erstmalig in der ELStAM-Datenbank anzumelden.

Unzutreffende ELStAM aus anderen Gründen

Betreffen die für den Arbeitnehmer bereitgestellten unzutreffenden ELStAM vom Finanzamt zu bildende Merkmale, z. B. Freibetrag aus dem Lohnsteuerermäßigungsverfahren, Steuerklassenkombination bei Ehegatten, Beantragung der Steuerklasse II), korrigiert es auf Veranlassung des Arbeitnehmers die ELStAM, die daraufhin dem Arbeitgeber elektronisch zum Abruf bereitgestellt werden.

Wird die Korrektur vor dem erstmaligen Abruf der ELStAM durchgeführt, z. B. im Lohnsteuerermäßigungsverfahren, werden dem Arbeitgeber die zutreffenden ELStAM beim erstmaligen Abruf bereitgestellt. Nimmt der Arbeitgeber bereits am ELStAM-Verfahren teil, erhält der Arbeitgeber die zutreffenden ELStAM mit der nächsten sog. Änderungsmitteilung bereitgestellt.

Dem Arbeitnehmer ist stets ein Ausdruck der ELStAM (ggf. mit Freibetrag) zur Vorlage beim Arbeitgeber auszuhändigen. Nimmt der Arbeitgeber noch nicht am ELStAM-Verfahren teil, hat er den Ausdruck entsprechend den Grundsätzen der Tz. III. 1 und 3 zu berücksichtigen.

3. Keine Rückforderung der Papierbescheinigungen

Das Finanzamt hat die im Rahmen des Lohnsteuerermäßigungsverfahrens 2013 ausgestellten Bescheinigungen für den Lohnsteuerabzug, Ausdrucke oder sonstigen Papierbescheinigungen (Tz. III. 1) sowie die Besondere Bescheinigung für den Lohnsteuerabzug (§ 52b Absatz   – neu – EStG in der Fassung des JStG 2013 (E)) nicht zurückzufordern.

Dieses Schreiben ist ab dem 1. November 2012 anzuwenden.

IV. Entwurf (Stand: 11. 10. 2012)
Elektronische Lohnsteuerabzugsmerkmale

Lohnsteuerabzug ab dem Kalenderjahr 2013 im Verfahren der elektronischen Lohnsteuerabzugsmerkmale

BMF vom   (BStBl I S.   )

– IV C 5 – S 2363/07/0002-03 – 2012/0929862

Hinweis:

Das BMF-Schreiben (Entwurf) regelt Einzelheiten für die dauerhafte Anwendung des Verfahrens der elektronischen Lohnsteuerabzugsmerkmale, das ab dem Kalenderjahr 2013 für den Lohnsteuerabzug einzusetzen ist. Es ergänzt den Entwurf des BMF-Schreibens vom 2. Oktober 2012– IV C 5 – S 2363/07/0002-03 – / – 2012/0813379 – (ELStAM-Startschreiben) und ist anzuwenden, soweit der Arbeitgeber im Einführungszeitraum nicht nach den Regelungen des § 52b – neu – EStG in der Fassung des Jahressteuergesetzes 2013 (Entwurf) verfährt.

Die Gesetzeszitate des BMF-Schreibens beruhen z. T. auf der Fassung des EStG nach dem Entwurf eines Jahressteuergesetzes 2013, mit dem die Vorschrift der Übergangsregelungen bis zur Anwendung der elektronischen Lohnsteuerabzugsmerkmale (§ 52b EStG) neu gefasst werden soll. Weil diese Neuregelung sowie eine ggf. noch zu beschließende Anwendungsregelung zu § 39a Absatz 1 Satz 3 bis 5 – neu – EStG in der Fassung des Entwurfs eines Jahressteuergesetzes 2013 noch nicht in das parlamentarische Verfahren eingebracht worden sind, kann derzeit nur ein vorläufiger Entwurf des voraussichtlichen Anwendungsschreibens ohne Bezugnahme auf die vorgesehenen Neuregelungen im Einkommensteuergesetz veröffentlicht werden. Soweit die Gesetzeszitate in dem folgenden Text auf die o. g. Neuregelungen hinweisen, sind diese Stellen durch Freilassungen gekennzeichnet.

Das BMF-Schreiben wird nach Beschlussfassung des Jahressteuergesetzes 2013 im BStBl bekannt gegeben.

Inhaltsübersicht

I. Verfahren der elektronischen Lohnsteuerabzugsmerkmale
II. Bildung und Inhalt der ELStAM
   1. ELStAM-Verfahren ab 2013
   2. Lohnsteuerabzugsmerkmale
   3. Bildung und Änderung der (elektronischen) Lohnsteuerabzugsmerkmale
   4. Zuständigkeit
   5. Steuerklassenbildung bei Ehegatten
   6. Berücksichtigung von Kindern
III. Durchführung des Lohnsteuerabzugs
   1. Elektronisches Verfahren
   2. Arbeitgeberpflichten
   3. Arbeitgeberwechsel
   4. Weiteres Dienstverhältnis
   5. Pflichten des Arbeitnehmers
   6. Rechte des Arbeitnehmers
   7. Im Inland nicht meldepflichtige Arbeitnehmer
   8. Durchführung des Lohnsteuerabzugs ohne ELStAM
   9. ELStAM bei verschiedenen Lohnarten
   10. Schutzvorschriften für die (elektronischen) Lohnsteuerabzugsmerkmale
IV. Verfahrensrecht
V. Härtefallregelung
VI. Betrieblicher Lohnsteuer-Jahresausgleich (§ 42b EStG)
VII. Lohnsteuerermäßigungsverfahren ab 2013
VIII. Sonstiges

I. Verfahren der elektronischen Lohnsteuerabzugsmerkmale

Mit Wirkung ab dem 1. Januar 2012 sind die lohnsteuerlichen Verfahrensregelungen für das neue Verfahren der elektronischen Lohnsteuerabzugsmerkmale (ELStAM) in Kraft getreten. Als Einsatztermin für das Verfahren der elektronischen Lohnsteuerabzugsmerkmale (ELStAM-Verfahren) wurde der 1. November 2012 festgelegt (BMF-Schreiben in der Entwurfsfassung vom 2. Oktober 2012 – IV C 5 – S 2363/07/0002-03 – / – 2012/0813379 – (ELStAM-Startschreiben)). Ab diesem Zeitpunkt stellt die Finanzverwaltung den Arbeitgebern die ELStAM für die Arbeitnehmer maschinell verwertbar zum Abruf zur Verfügung. Technische Informationen zum Verfahrensstart stehen unter https://www.elster.de/arbeitg_elstam.php zur Verfügung.

Im ELStAM-Verfahren ist allein die Finanzverwaltung für die Bildung der Lohnsteuerabzugsmerkmale und deren Bereitstellung für den Abruf durch den Arbeitgeber zuständig. Die steuerlichen Rechte und Pflichten der Arbeitgeber und Arbeitnehmer werden beibehalten. Es ist nicht vorgesehen und auch nicht erforderlich, dass der Arbeitnehmer sich vor Aufnahme einer Beschäftigung bzw. Beginn eines Dienstverhältnisses beim Finanzamt anmeldet oder einen Antrag zur Bildung der ELStAM stellt.

Ab dem Kalenderjahr 2013 ist der Arbeitgeber verpflichtet, den Arbeitnehmer bei Aufnahme des Dienstverhältnisses bei der Finanzverwaltung anzumelden und zugleich die ELStAM anzufordern. Diese Verpflichtung besteht auch, wenn das Finanzamt einen Härtefallantrag auf Nichtteilnahme am ELStAM-Verfahren (vgl. Tz. V, § 39e Absatz 7 EStG) abgelehnt hat. Hat das Finanzamt hingegen dem Antrag des Arbeitgebers auf Anwendung der Härtefallregelung zugestimmt, ist er von der Verpflichtung zur Anwendung des ELStAM-Verfahrens befreit. Die Anforderung von ELStAM ist nur für im Betrieb beschäftigte Arbeitnehmer zulässig.

Nach dem Abruf sind die ELStAM in das Lohnkonto des Arbeitnehmers zu übernehmen und entsprechend deren Gültigkeit für die Dauer des Dienstverhältnisses für den Lohnsteuerabzug anzuwenden. Etwaige Änderungen stellt die Finanzverwaltung dem Arbeitgeber monatlich zum

Abruf bereit. Der Arbeitgeber soll dem Arbeitnehmer die Anwendung des ELStAM-Verfahrens zeitnah mitteilen. Wird das Dienstverhältnis beendet, hat der Arbeitgeber das Beschäftigungsende (Datum) der Finanzverwaltung unverzüglich auf elektronischem Weg nach amtlich vorgeschriebenem Datensatz mitzuteilen.

II. Bildung und Inhalt der ELStAM

1. ELStAM-Verfahren ab 2013

Gemäß dem ELStAM-Startschreiben in der Entwurfsfassung vom 2. Oktober 2012 a. a. O. hat der Arbeitgeber die ELStAM der Arbeitnehmer ab dem 1. Januar 2013 anzuwenden. Das Kalenderjahr 2013 ist als Einführungszeitraum (§ 52b Absatz – neu – EStG in der Fassung des Entwurfs eines Jahressteuergesetzes 2013 (JStG 2013 (E)) bestimmt worden.

Soweit ein Arbeitgeber für die Durchführung des Lohnsteuerabzugs Lohnsteuerabzugsmerkmale benötigt, werden sie auf Veranlassung des Arbeitnehmers gebildet (§ 39 Absatz 1 Satz 1 EStG). Die Bildung der ELStAM erfolgt grundsätzlich automatisiert durch die Finanzverwaltung (Bundeszentralamt für Steuern, § 39e Absatz 1 Satz 1 EStG). Soweit das Finanzamt auf Antrag des Arbeitnehmers Lohnsteuerabzugsmerkmale nach § 39 Absatz 1 und 2 EStG bildet (z. B. Freibeträge nach § 39a EStG oder Steuerklassen nach antragsgebundenem Steuerklassenwechsel), teilt es diese dem Bundeszentralamt für Steuern zum Zweck der Bereitstellung für den automatisierten Abruf durch den Arbeitgeber mit.

2. Lohnsteuerabzugsmerkmale

Als Lohnsteuerabzugsmerkmale kommen in Betracht (§ 39 Absatz 4 EStG):
1. Steuerklasse (§ 38b Absatz 1 EStG) und Faktor (§ 39f EStG),
2. Zahl der Kinderfreibeträge bei den Steuerklassen I bis IV (§ 38b Absatz 2 EStG),
3. Freibetrag und Hinzurechnungsbetrag (§ 39a EStG),
4. Höhe der Beiträge für eine private Krankenversicherung und für eine private Pflege-Pflichtversicherung (§ 39b Absatz 2 Satz 5 Nummer 3 Buchstabe d EStG) für die Dauer von zwölf Monaten,
5. Mitteilung, dass der von einem Arbeitgeber gezahlte Arbeitslohn nach einem Abkommen zur Vermeidung der Doppelbesteuerung von der Lohnsteuer freizustellen ist,
6. die für den Kirchensteuerabzug erforderlichen Merkmale (§ 39e Absatz 3 Satz 1 EStG).

Die unter Nummer 4 und 5 aufgeführten Lohnsteuerabzugsmerkmale sollen erst in einer weiteren programmtechnischen Ausbaustufe des Verfahrens als ELStAM berücksichtigt werden (§ 52 Absatz 50g und Absatz 51b EStG). Gleiches gilt für die Möglichkeit, einen Freibetrag und Hinzurechnungsbetrag für die Dauer von zwei Kalenderjahren zu bilden (§ 39a Absatz 1 Satz 3 – neu – und § 52 Absatz 50h – neu – EStG jeweils in der Fassung des JStG 2013 (E)). Zur vereinfachten Berücksichtigung der Beiträge für eine private Krankenversicherung und für eine private Pflege-Pflichtversicherung wird auf das BMF-Schreiben vom 22. Oktober 2010, BStBl I Seite 1254, Tz. 6.1, verwiesen.

3. Bildung und Änderung der (elektronischen) Lohnsteuerabzugsmerkmale

Für die (erstmalige) Bildung der (elektronischen) Lohnsteuerabzugsmerkmale stehen zwei Möglichkeiten zur Verfügung:
1. Im Regelfall erfolgt die erstmalige Bildung der ELStAM zu Beginn eines Dienstverhältnisses aufgrund der Anmeldung des Arbeitnehmers durch seinen Arbeitgeber bei der Finanzverwaltung mit dem Ziel, die ELStAM des Arbeitnehmers abzurufen (§ 39e Absatz 4 EStG).
2. Soweit Lohnsteuerabzugsmerkmale nicht automatisiert gebildet werden oder davon abweichend zu bilden sind (z. B. Freibeträge nach § 39a EStG oder Steuerklassen nach antragsgebundenem Steuerklassenwechsel), erfolgt die Bildung der Lohnsteuerabzugsmerkmale auf Antrag des Arbeitnehmers durch das Finanzamt (§ 39 Absatz 1 und 2 EStG).

Lohnsteuerabzugsmerkmale werden sowohl für ein erstes als auch für jedes weitere Dienstverhältnis gebildet (§ 39 Absatz 1 Satz 1 EStG). Auf Antrag des Arbeitnehmers teilt ihm das Finanzamt
– auch im Hinblick auf ein zukünftiges Dienstverhältnis – seine (elektronischen) Lohnsteuerabzugsmerkmale mit (§ 39e Absatz 6 Satz 4 EStG).

Grundlage für die Bildung der Lohnsteuerabzugsmerkmale sind die von den Meldebehörden mitgeteilten melderechtlichen Daten (§ 39e Absatz 2 Satz 1 und 2 EStG), wobei die Finanzverwaltung grundsätzlich an diese melderechtlichen Daten gebunden ist (§ 39 Absatz 1 Satz 3 EStG). Änderungen der melderechtlichen Daten sind von den Meldebehörden dem Bundeszentralamt für Steuern tagesaktuell mitzuteilen und in dessen Datenbank für die elektronischen Lohnsteuerabzugsmerkmale (ELStAM-Datenbank) zu speichern. Dies ermöglicht der Finanzverwaltung, z. B. künftig die Steuerklassen bei Änderung des Familienstands automatisch zu bilden und zu ändern. Auslöser hierfür sind jeweils die Mitteilungen der Meldebehörden. Bei der automatischen Änderung kann es eventuell zu zeitlichen Verzögerungen kommen, die das Finanzamt nicht beeinflussen kann.

In begründeten Ausnahmefällen hat das Finanzamt rechtliche Prüfungen zu melderechtlichen Merkmalen vorzunehmen und bei abweichenden Feststellungen selbst eine Entscheidung über die zutreffende Besteuerung zu treffen. Trifft das Finanzamt in diesen Einzelfällen eine von den gespeicherten melderechtlichen Daten abweichende Entscheidung für die Besteuerung, werden die Lohnsteuerabzugsmerkmale nicht auf Basis der ELStAM-Datenbank gebildet. Das Finanzamt stellt in diesen Fällen eine jahresbezogene Bescheinigung für den Lohnsteuerabzug aus, anhand derer der Arbeitgeber den Lohnsteuerabzug durchzuführen hat (§ 39 Absatz 1 Satz 2 EStG). Der Abruf der ELStAM wird zugleich für den Gültigkeitszeitraum der Bescheinigung allgemein gesperrt; vgl. im Übrigen Tz. III. 1. Für Änderungen im Melderegister bleiben weiterhin allein die Meldebehörden zuständig.

4. Zuständigkeit

Die Zuständigkeit für die Bildung der Lohnsteuerabzugsmerkmale für nach § 1 Absatz 1 EStG unbeschränkt einkommensteuerpflichtige Arbeitnehmer richtet sich nach den Vorschriften der AO. Zuständiges Finanzamt ist in der Regel das Wohnsitzfinanzamt. Abweichend hiervon kann dies nach Zuständigkeitsverordnungen der Länder auch das für die Veranlagung zur Einkommensteuer zuständige Finanzamt sein (z. B. durch Zentralisierungsmaßnahmen in Großstädten).

5. Steuerklassenbildung bei Ehegatten

Ändert sich der Familienstand eines Arbeitnehmers, z. B. durch Eheschließung, Tod des Ehegatten oder Scheidung, übermitteln die nach Landesrecht für das Meldewesen zuständigen Behörden (Meldebehörden) die melderechtlichen Änderungen des Familienstands automatisch an die Finanzverwaltung.

Eheschließung

Heiraten Arbeitnehmer, so teilen die zuständigen Meldebehörden der Finanzverwaltung den Familienstand „verheiratet", das Datum der Eheschließung und die Identifikationsnummer des Ehegatten mit. Dadurch werden beide Ehegatten programmgesteuert in die Steuerklasse IV eingereiht, wenn sie unbeschränkt einkommensteuerpflichtig sind und nicht dauernd getrennt leben (§ 39e Absatz 3 Satz 3 Nummer 2 EStG). Die Steuerklasse IV wird mit Wirkung vom Tag der Eheschließung an vergeben. Nach dem derzeitigen Stand der Programmierung wird bei Eheschließungen ab dem Kalenderjahr 2012 ohne Ausnahme automatisiert die Steuerklasse IV gebildet (§ 52 Absatz 52 EStG). Für eine spätere programmtechnische Ausbaustufe des neuen Verfahrens ist auch die Möglichkeit der automatisierten Zuteilung der Steuerklasse III bei Heirat vorgesehen (§ 39e Absatz 3 Satz 3 Nummer 1 EStG).

Soll die automatisch gebildete Steuerklassenkombination aus Sicht des Arbeitnehmers nicht zur Anwendung kommen, kann eine abweichende Steuerklassenkombination beim zuständigen Finanzamt beantragt werden (§ 39 Absatz 6 Satz 3 EStG; Vordruck „Antrag auf Steuerklassenwechsel bei Ehegatten"). Diese Änderungen werden – abweichend von den übrigen Fällen des Steuerklassenwechsels – ab dem Zeitpunkt der Eheschließung wirksam. Ein solcher Antrag gilt nicht als Änderung der Steuerklassen im Sinne des § 39 Absatz 6 Satz 3 EStG. Das Recht, einmal jährlich die Steuerklasse zu wechseln, bleibt davon unberührt (§ 39 Absatz 6 Satz 3 EStG). Ebenso gilt eine Änderung der Steuerklassen bei Wiederaufnahme der ehelichen Gemeinschaft nicht als Steuerklassenwechsel. Gleiches gilt, wenn die automatisch gebildete Steuerklasse nicht erst zum Tag der Eheschließung, sondern bereits ab dem 1. des Heiratsmonats vergeben werden soll (§ 39 Absatz 6 Satz 2 EStG).

Ehegatten, die beide in einem Dienstverhältnis stehen, können darüber hinaus wie bisher einmalig im Laufe des Kalenderjahres beim Finanzamt eine Änderung der Steuerklassen beantragen (Steuerklassenwechsel, Vordruck „Antrag auf Steuerklassenwechsel bei Ehegatten"). Für eine Berücksichtigung der Änderung im laufenden Kalenderjahr ist der Antrag spätestens bis zum 30. November zu stellen (§ 39 Absatz 6 Satz 6 EStG). Die beantragten Steuerklassen werden mit Wirkung vom Beginn des Kalendermonats, der auf die Antragstellung folgt, gewährt (§ 39 Absatz 6 Satz 5 EStG).

Scheidung

Wird die Ehe durch Scheidung aufgelöst, übermittelt die Meldebehörde den geänderten melderechtlichen Familienstand sowie das Datum der Scheidung der Ehe an die Finanzverwaltung. Zu Beginn des darauf folgenden Kalenderjahres wird für diese Arbeitnehmer automatisiert die Steuerklasse I gebildet. Davon unberührt bleibt die Anzeigepflicht des Arbeitnehmers bei Beginn eines dauernden Getrenntlebens. Zur Änderung der Steuerklassen im Scheidungsjahr vgl. R 39.2 Absatz 2 und Absatz 5 LStR 2011.

Auf die Möglichkeit eines zusätzlichen Steuerklassenwechsels nach R 39.2 Absatz 5 Satz 5 LStR wird hingewiesen (Vordruck „Antrag auf Steuerklassenwechsel bei Ehegatten"). Entsprechendes gilt bei der Aufhebung einer Ehe.

Tod

Verstirbt ein Ehegatte, wird die Steuerklasse des überlebenden Ehegatten ab dem ersten des auf den Todestag folgenden Monats automatisch in Steuerklasse III geändert. Etwas anderes gilt nur, sofern die Voraussetzungen für die Anwendung dieser Steuerklasse im Zeitpunkt des Todes nicht vorgelegen haben. Ab Beginn des zweiten Kalenderjahres nach dem Tod des Ehegatten wird programmgesteuert die Steuerklasse I gebildet.

Auslandssachverhalte

Gibt ein Ehegatte den inländischen Wohnsitz bzw. gewöhnlichen Aufenthalt auf, wird der Abruf der ELStAM des ins Ausland verzogenen Ehegatten gesperrt. In der Folge erhält der im Inland verbleibende Ehegatte ab dem Beginn des Folgejahres automatisiert die Steuerklasse I zugeteilt.

Die erneute Begründung eines inländischen Wohnsitzes bzw. gewöhnlichen Aufenthalts nach einem Auslandsaufenthalt führt bei Ehegatten ab Beginn dieses Monats automatisch zur Einreihung in die Steuerklasse IV.

Dauerndes Getrenntleben

Ein dauerndes Getrenntleben ist dem Finanzamt unverzüglich anzuzeigen (Vordruck „Erklärung zum dauernden Getrenntleben"). Dadurch wird – ungeachtet eines etwaigen Steuerklassenwechsels im Trennungsjahr – ab Beginn des darauf folgenden Jahres automatisch die Steuerklasse I gebildet.

6. Berücksichtigung von Kindern

Lohnsteuerabzugsmerkmal

Kinderfreibetragszähler werden als Lohnsteuerabzugsmerkmal ab Beginn des Jahres der Geburt des Kindes bis zum Ablauf des Jahres, in dem die Voraussetzungen für die Berücksichtigung des Kindes nach § 32 Absatz 1, 2, 4 und 5 EStG entfallen, berücksichtigt (Jahresprinzip).

Bei minderjährigen Kindern im Sinne des § 32 Absatz 1 Nummer 1 EStG werden in den Steuerklassen I bis IV die Kinderfreibetragszähler bei beiden Elternteilen entsprechend der Regelungen in § 38b Absatz 2 EStG automatisch berücksichtigt, sofern Eltern und Kind in derselben Gemeinde wohnen.

Minderjährige Kinder, die nicht in der Wohnung des Arbeitnehmers gemeldet sind, wurden bisher nur dann im Lohnsteuerabzugsverfahren berücksichtigt, wenn für dieses Kind eine steuerliche Lebensbescheinigung vorgelegt wurde. Diese Nachweisverpflichtung ist bereits ab dem Kalenderjahr 2011 entfallen. Die Bildung der Kinderfreibetragszähler setzt in diesen Fällen einen einmaligen Antrag voraus (Vordruck „Antrag auf Lohnsteuer-Ermäßigung" bzw. „Vereinfachter Antrag auf Lohnsteuer-Ermäßigung"). Dabei ist der Nachweis beim Finanzamt durch Vorlage einer Geburtsurkunde des Kindes zu führen.

Kommt ein Elternteil seinen Unterhaltsverpflichtungen im Wesentlichen nicht nach (sog. Mangelunterhaltsfälle), ist eine Übertragung des Kinderfreibetrags auf den anderen Elternteil im Lohnsteuerabzugsverfahren ab dem Kalenderjahr 2012 nur noch dann möglich, wenn der Antragsteller keinen Unterhaltsvorschuss erhalten hat. Insoweit ist R 39.2 Absatz 9 LStR 2011 nicht mehr anzuwenden. Ein Antrag auf Übertragung kann auch im Rahmen einer Veranlagung zur Einkommensteuer gestellt werden.

Mehrjährige Berücksichtigung in den Antragsfällen nach § 38b Absatz 2 Satz 2 EStG

Ab dem Kalenderjahr 2012 ist auch in den Antragsfällen nach § 38b Absatz 2 Satz 2 EStG die mehrjährige Berücksichtigung von Kindern im Lohnsteuerabzugsverfahren möglich, wenn nach den tatsächlichen Verhältnissen zu erwarten ist, dass die Voraussetzungen bestehen bleiben (§ 38b Absatz 2 Satz 3 EStG). Eine mehrjährige Berücksichtigung kommt z. B. in den folgenden Fällen in Betracht:

1. Pflegekinder in den Fällen des § 32 Absatz 1 Nummer 2 EStG,
2. Kinder unter 18 Jahren, wenn der Wohnsitz/gewöhnliche Aufenthalt des anderen Elternteils nicht ermittelbar oder der Vater des Kindes amtlich nicht feststellbar ist,
3. Kinder nach Vollendung des 18. Lebensjahres, die die Voraussetzungen des § 32 Absatz 4 EStG erfüllen. Bei Kindern, die sich in Berufsausbildung im Sinne des § 32 Absatz 4 Num-

mer 2 Buchstabe a EStG befinden, kann sich die mehrjährige Berücksichtigung bei einem Ausbildungsdienstverhältnis, z. B. aus dem Ausbildungsvertrag, ergeben; bei einem Erststudium kann für die mehrjährige Berücksichtigung grundsätzlich die Regelstudienzeit im Sinne der §§ 11, 19 HRG zugrunde gelegt werden.

Der Antrag nach § 38b Absatz 2 Satz 2 EStG kann nur nach amtlich vorgeschriebenem Vordruck gestellt werden (§ 38b Absatz 2 Satz 5 EStG); hierfür stehen die Vordrucke „Antrag auf Lohnsteuer-Ermäßigung" bzw. „Vereinfachter Antrag auf Lohnsteuer-Ermäßigung" zur Verfügung.

III. Durchführung des Lohnsteuerabzugs

1. Elektronisches Verfahren

Regelverfahren

Nach dem mit gesondertem BMF-Schreiben (ELStAM-Startschreiben in der Entwurfsfassung vom 2. Oktober 2012 a. a. O.) bekannt gegebenen Zeitpunkt ist der Lohnsteuerabzug grundsätzlich nach den ELStAM durchzuführen (Regelverfahren). Dazu stellt die Finanzverwaltung dem Arbeitgeber die Lohnsteuerabzugsmerkmale unentgeltlich zum elektronischen Abruf bereit (§ 39e Absatz 3 Satz 1 EStG). Die Finanzverwaltung bildet für Arbeitnehmer als Grundlage für den Lohnsteuerabzug die Steuerklasse, die Zahl der Kinderfreibetragszähler für die Steuerklassen I bis IV sowie die Merkmale für den Kirchensteuerabzug automatisch als ELStAM. Auf Antrag des Arbeitnehmers werden auch Freibeträge und Hinzurechnungsbeträge nach § 39a EStG oder ein Faktor nach § 39f EStG berücksichtigt. Zu der geplanten technischen Erweiterung (Ausbaustufe) vgl. Tz. II. 2.

Verfahren bei unzutreffenden ELStAM

Stellt die Finanzverwaltung dem Arbeitgeber unzutreffende ELStAM bereit, kann der Arbeitnehmer deren Berichtigung beim Finanzamt beantragen (§ 39 Absatz 1 Satz 2 und Absatz 2 EStG, vgl. Tz. II. 3 und 4). In Betracht kommen neben unzutreffenden melderechtlichen Merkmalen insbesondere ELStAM, die aus technischen Gründen nicht zeitnah berichtigt werden können.

Um bei unzutreffenden ELStAM den zutreffenden Lohnsteuerabzug vornehmen zu können, stellt das Finanzamt im laufenden Verfahren auf Antrag des Arbeitnehmers eine Bescheinigung für den Lohnsteuerabzug (§ 39 Absatz 1 Satz 2 EStG) für die Dauer eines Kalenderjahres aus und sperrt gleichzeitig den Arbeitgeberabruf (Vollsperrung). Durch diese Sperrung erhält der Arbeitgeber für den Arbeitnehmer keine sog. Änderungslisten mehr. Legt der Arbeitnehmer dem Arbeitgeber die Bescheinigung für den Lohnsteuerabzug vor, sind die darauf eingetragenen Lohnsteuerabzugsmerkmale maßgebend. Folglich hat sie der Arbeitgeber in das Lohnkonto des Arbeitnehmers zu übernehmen, dem Lohnsteuerabzug zugrunde zu legen und die Regelung in § 39e Absatz 6 Satz 8 EStG (Lohnsteuerabzug nach Steuerklasse VI) nicht anzuwenden.

Hebt das Finanzamt die Sperre nach einer Korrektur der (fehlerhaften) Daten auf, werden dem Arbeitgeber die zutreffenden ELStAM in einer sog. Änderungsliste zum Abruf bereitgestellt. Mit dem erneuten Abruf der ELStAM durch den Arbeitgeber verliert die Bescheinigung für den Lohnsteuerabzug ihre Gültigkeit; sie ist nicht an das Finanzamt zurückzugeben. Der Arbeitgeber darf sie nach Ablauf des Kalenderjahres vernichten.

Hat das Finanzamt im Einführungszeitraum (§ 52b Absatz   – neu – EStG in der Fassung des JStG 2013 (E)) aufgrund abweichender Meldedaten eine Besondere Bescheinigung für den Lohnsteuerabzug nach § 52b Absatz   – neu – EStG in der Fassung des JStG 2013 (E) ausgestellt, sind die Grundsätze der Tz. III. 2 des ELStAM-Startschreibens in der Entwurfsfassung vom 2. Oktober 2012 a. a. O. zu beachten.

2. Arbeitgeberpflichten

Anmeldung durch den Arbeitgeber bzw. Dritten

Zum Abruf der ELStAM hat sich der Arbeitgeber bei der Finanzverwaltung über das ElsterOnline-Portal zu registrieren und seine Wirtschafts-Identifikationsnummer anzugeben (§ 39e Absatz 4 Satz 3 EStG).

Beauftragt der Arbeitgeber einen Dritten mit der Durchführung des Lohnsteuerabzugs, hat sich der Dritte für den Datenabruf zu registrieren und zusätzlich seine Wirtschafts-Identifikationsnummer mitzuteilen (§ 39e Absatz 4 Satz 6 EStG). In diesem Fall ist der Arbeitgeber nicht zur Registrierung im ElsterOnline-Portal verpflichtet.

Da die Wirtschafts-Identifikationsnummer noch nicht zur Verfügung steht, erfolgt die erforderliche Anmeldung mit der Steuernummer der lohnsteuerlichen Betriebsstätte oder des Teilbetriebs, in dem der für die Durchführung des Lohnsteuerabzugs maßgebende Arbeitslohn des Arbeitnehmers ermittelt wird (§ 39e Absatz 9 EStG).

Der Arbeitgeber bzw. ein in seinem Auftrag tätiger Dritter hat das für die Authentifizierung erforderliche elektronische Zertifikat einmalig im ElsterOnline-Portal (www.elsteronline.de) zu beantragen. Ohne Authentifizierung sind eine Anmeldung der Arbeitnehmer und ein Abruf von ELStAM nicht möglich. Einzelheiten zur Authentifizierung, zur Anmeldung und Abmeldung des Arbeitnehmers sowie für den Abruf der ELStAM sind im Internet unter https://www.elster.de/arbeitg_home.php einseh- und abrufbar. Es wird die Verwendung der Zertifikatsart „Nicht-persönliches Zertifikat (Organisationszertifikat)" empfohlen. Diese wird unternehmensbezogen ausgestellt und bietet die Möglichkeit, mehrere Zertifikate zu beantragen. Verfügt der Arbeitgeber bzw. der in seinem Auftrag tätige Dritte bereits über ein entsprechendes Zertifikat (z. B. zur Übermittlung der Lohnsteuerbescheinigung), ist ein erneuter Antrag zum Erwerb eines elektronischen Zertifikats grundsätzlich nicht erforderlich. Abrufberechtigt sind zudem nur Personen bzw. Unternehmen, die der Finanzverwaltung als Arbeitgeber oder berechtigter Dritter bekannt sind. Zu den Schutzvorschriften für die ELStAM vgl. unter Tz. III. 10).

Ist ein Dritter mit der Datenübermittlung beauftragt, ist eine zusammengefasste Übermittlung von Daten zur Anmeldung und Abmeldung sowie für den Abruf der ELStAM von Arbeitnehmern mehrerer Arbeitgeber zulässig.

Mitteilung der Steuernummer an den Arbeitnehmer

Möchte der Arbeitnehmer eine Negativ- oder Positivliste (vgl. Tz. III. 6) beim Finanzamt einrichten, hat der Arbeitgeber dem Arbeitnehmer die Steuernummer der Betriebsstätte oder des Teilbetriebs, in dem der für die Durchführung des Lohnsteuerabzugs maßgebende Arbeitslohn ermittelt wird, mitzuteilen (§ 39e Absatz 6 Satz 6 Nummer 1 Satz 2 und Absatz 9 EStG). Der Arbeitnehmer hat für die Verwendung dieser Steuernummer die Schutzvorschriften für die ELStAM entsprechend zu beachten (§ 39e Absatz 6 Satz 6 Nummer 1 Satz 3 EStG, vgl. Tz. III. 10).

Abruf der ELStAM

Die Teilnahme am neuen Verfahren setzt voraus, dass der Arbeitgeber den Arbeitnehmer bei der Finanzverwaltung per Datenfernübertragung einmalig anmeldet und dadurch dessen ELStAM anfordert. Dies muss zum Start des Verfahrens für sämtliche Beschäftigte und im laufenden Verfahren nur für neu eingestellte Arbeitnehmer erfolgen. Mit der Anmeldebestätigung werden dem Arbeitgeber die ELStAM des Arbeitnehmers zur Verfügung gestellt. Die erstmals gebildeten ELStAM sind nach dem Starttermin für die dann jeweils nächstfolgende Lohnabrechnung abzurufen, in das Lohnkonto zu übernehmen und gemäß der zeitlichen Gültigkeitsangabe anzuwenden (§ 52b Absatz – neu – EStG in der Fassung des JStG 2013 (E), § 39e Absatz 4 Satz 2 EStG).

Für die Anforderung von ELStAM hat der Arbeitgeber folgende Daten des Arbeitnehmers mitzuteilen (§ 39e Absatz 4 Satz 3 EStG):

1. Identifikationsnummer,
2. Tag der Geburt,
3. Tag des Beginns des Dienstverhältnisses,
4. ob es sich um ein erstes oder weiteres Dienstverhältnis handelt,
5. etwaige Angaben, ob und in welcher Höhe ein nach § 39a Absatz 1 Satz 1 Nummer 7 EStG festgestellter Freibetrag abgerufen werden soll.

Macht der Arbeitgeber zu 4. keine Angaben, wird programmgesteuert ein weiteres Beschäftigungsverhältnis unterstellt (Steuerklasse VI).

In der Anmeldung des Arbeitnehmers hat der Arbeitgeber zudem den Zeitpunkt anzugeben, ab dem er die für den Lohnsteuerabzug erforderlichen ELStAM anzuwenden hat („Referenzdatum Arbeitgeber"; sog. refDatumAG). Dies wird regelmäßig der Beginn des Dienstverhältnisses sein. Für einen davor liegenden Zeitraum ist die Anforderung von ELStAM nicht zulässig. Folglich legt dieses Datum den Zeitpunkt fest, ab dem ELStAM gebildet (und im Anschluss daran zum Abruf bereitgestellt) werden sollen. Nach der erfolgreichen Anmeldung des Arbeitnehmers werden die ELStAM für einen vor dem in der Anmeldung genannten Referenzdatum liegenden Zeitraum dem Arbeitgeber nicht übermittelt. Das Referenzdatum Arbeitgeber darf nicht

– vor dem Start des ELStAM-Verfahrens (1. Januar 2013) liegen,
– vor dem Beginn des Dienstverhältnisses liegen,
– nach dem Tag der elektronischen Anmeldung des Arbeitnehmers liegen,
– vor dem 1. Januar des laufenden Jahres liegen, wenn der Arbeitnehmer nach Ablauf des Monats Februar des laufenden Jahres elektronisch angemeldet wird,
– vor dem Vorjahresbeginn liegen, wenn der Arbeitnehmer vor dem 1. März des laufenden Jahres elektronisch angemeldet wird.

Für Anmeldungen, die vor dem 1. Januar 2013 bei der Finanzverwaltung eingehen, ist als Referenzdatum Arbeitgeber stets der 1. Januar 2013 anzugeben.

Laufendes Abrufverfahren

Der Arbeitgeber ist verpflichtet, die ELStAM monatlich abzufragen und abzurufen (§ 39e Absatz 5 Satz 3 EStG). Da sich die Lohnsteuerabzugsmerkmale der Arbeitnehmer in einer Vielzahl von Fällen nicht in jedem Monat ändern, hat die Finanzverwaltung einen Mitteilungsservice eingerichtet. Zur Nutzung dieses Mitteilungsverfahrens kann der Arbeitgeber im ElsterOnline-Portal beantragen, per E-Mail Informationen über die Bereitstellung von Änderungen zu erhalten. Erfährt der Arbeitgeber durch diesen E-Mail-Mitteilungsservice, dass sich für einen Lohnzahlungszeitraum keine Änderungen bei den ELStAM seiner Arbeitnehmer ergeben haben, ist er für diesen Zeitraum von der Verpflichtung zum Abruf befreit. Wird ihm dagegen mitgeteilt, dass neue bzw. geänderte ELStAM zum Abruf bereitstehen, bleibt er zum Abruf verpflichtet.

Gültigkeit der ELStAM, Beendigung des Dienstverhältnisses

Nach § 39e Absatz 5 Satz 1 EStG sind die abgerufenen ELStAM gemäß der zeitlichen Gültigkeitsangabe vom Arbeitgeber für die Durchführung des Lohnsteuerabzugs des Arbeitnehmers anzuwenden, bis

1. ihm die Finanzverwaltung geänderte ELStAM zum Abruf bereitstellt oder
2. der Arbeitgeber der Finanzverwaltung die Beendigung des Dienstverhältnisses mitteilt.

Der Arbeitgeber hat der Finanzverwaltung die Beendigung des Dienstverhältnisses unverzüglich mitzuteilen (§ 39e Absatz 4 Satz 5 EStG). Hierzu übermittelt der Arbeitgeber oder der von ihm beauftragte Dritte die Daten der abzumeldenden Arbeitnehmer (Identifikationsnummer, Geburtsdatum, Datum der Beendigung des Dienstverhältnisses und refDatumAG) auf elektronischem Weg nach amtlich vorgeschriebenem Datensatz.

Nach dem Tod eines Arbeitnehmers wird ein Abruf der ELStAM automatisch allgemein gesperrt. Versucht der Arbeitgeber ELStAM abzurufen, erhält er lediglich die Rückmeldung, dass ein Abruf nicht möglich ist; ein Rückschluss auf den Grund (Tod des Arbeitnehmers) ist nicht möglich.

Bei Lohnzahlungen an Erben oder Hinterbliebene des verstorbenen Arbeitnehmers sind diese durch den Arbeitgeber als Arbeitnehmer anzumelden, damit die Finanzverwaltung ELStAM bilden und zum Abruf bereitstellen kann.

Lohnzahlungen nach Beendigung des Dienstverhältnisses

Zahlt der Arbeitgeber nach Beendigung des Dienstverhältnisses laufenden Arbeitslohn (R 39b.2 Absatz 1 LStR 2011), sind der Besteuerung die ELStAM zum Ende des Lohnzahlungszeitraums zugrunde zu legen, für den die Nachzahlung erfolgt. Eine erneute Anmeldung des Arbeitnehmers bei der Finanzverwaltung ist insoweit nicht erforderlich.

Handelt es sich dagegen um sonstige Bezüge (R 39b.2 Absatz 2 LStR 2011), sind für die Besteuerung die ELStAM zum Ende des Lohnzahlungszeitraums des Zuflusses des sonstigen Bezugs maßgebend. Der Arbeitgeber muss daher den Arbeitnehmer erneut bei der Finanzverwaltung anmelden. Unterlässt der Arbeitgeber in diesem Fall die Anmeldung, obwohl ihm die hierzu erforderlichen Angaben des Arbeitnehmers vorliegen und der Anmeldung keine technischen Hinderungsgründe gemäß § 39c Absatz 1 Satz 2 EStG entgegenstehen, ist der Steuerabzug nach der Steuerklasse VI vorzunehmen.

3. Arbeitgeberwechsel

In Fällen des Arbeitgeberwechsels ist der (bisherige) erste Arbeitgeber verpflichtet, die Beendigung des Dienstverhältnisses der Finanzverwaltung unverzüglich anzuzeigen und den Arbeitnehmer bei der Finanzverwaltung zeitnah elektronisch abzumelden (§ 39e Absatz 4 Satz 5 EStG, vgl. Tz. III. 2). Der neue erste Arbeitgeber hat sich bei der Finanzverwaltung als erster Arbeitgeber (Hauptarbeitgeber) anzumelden und die ELStAM des Arbeitnehmers abzurufen (vgl. Tz. III. 2).

Erfolgt nach einem Arbeitgeberwechsel die Anmeldung des Arbeitnehmers durch den neuen (aktuellen) Hauptarbeitgeber, bevor der vorherige Hauptarbeitgeber die Abmeldung vorgenommen hat, gilt Folgendes:

– Der aktuelle Hauptarbeitgeber erhält die für das erste Dienstverhältnis gültigen ELStAM rückwirkend ab dem Beginn des Dienstverhältnisses. Der bisherige Hauptarbeitgeber erhält mit Gültigkeit ab diesem Tag die ELStAM für Steuerklasse VI.

– Erfolgt die Anmeldung des Arbeitnehmers zu einem Zeitpunkt, der mehr als 6 Wochen nach Beginn des Dienstverhältnisses liegt, erhält der aktuelle Hauptarbeitgeber die für das erste Dienstverhältnis gültigen ELStAM ab dem Tag der Anmeldung. Der bisherige Hauptarbeitgeber erhält mit Gültigkeit ab diesem Tag die ELStAM für Steuerklasse VI.

Beispiel 1 (Anmeldung innerhalb der 6-Wochen-Frist):
Arbeitnehmer A ist mit Steuerklasse III bei Arbeitgeber ALT beschäftigt. A wechselt zum 20. Juni 2013 zum Arbeitgeber NEU. Während Arbeitgeber NEU das Beschäftigungsverhältnis am 10. Juli 2013 als Hauptarbeitgeber mit Beschäftigungsbeginn 20. Juni 2013 anmeldet, unterbleibt eine Abmeldung durch den bisherigen Arbeitgeber ALT.

Arbeitgeber NEU

NEU erhält in der Anmeldebestätigungsliste zur Anmeldung vom 10. Juli 2013 die ELStAM rückwirkend auf den Tag des Beginns der Beschäftigung (Gültigkeit ab 20. Juni 2013) mit der Steuerklasse III.

Arbeitgeber ALT

ALT erhält mit dem nächsten Abruf (Anfang August 2013) ELStAM mit der Steuerklasse VI mit Gültigkeit ab Beginn der Beschäftigung bei Arbeitgeber NEU (20. Juni 2013). In der Zeit ab dem 20. Juni 2013 gezahlter Restlohn ist nach Steuerklasse VI zu besteuern.

Hinweis: Hat Arbeitgeber ALT den Arbeitnehmer bis Ende des Monats Juli 2013 abgemeldet, werden ihm für A keine ELStAM mehr zum Abruf bereitgestellt.

Beispiel 2 (Anmeldung außerhalb der 6-Wochen-Frist):
Arbeitnehmer B ist mit Steuerklasse III beim Arbeitgeber ALT beschäftigt. B wechselt zum 20. Juni 2013 zum Arbeitgeber NEU. NEU meldet das Beschäftigungsverhältnis am 20. August 2013 als Hauptarbeitgeber mit Beschäftigungsbeginn 20. Juni 2013 an, eine Abmeldung durch den bisherigen Arbeitgeber ALT unterbleibt.

Arbeitgeber NEU

NEU erhält für B erstmalig ELStAM mit der Steuerklasse III mit Gültigkeit ab dem Tag der Anmeldung (20. August 2013). Zuvor gezahlter Lohn ist mit Steuerklasse VI zu besteuern.

Arbeitgeber ALT

ALT erhält mit dem nächsten Abruf (Anfang September 2013) ELStAM mit der Steuerklasse VI mit Gültigkeit ab dem 20. August 2013.

Hinweis: Hat Arbeitgeber ALT den Arbeitnehmer bis Ende des Monats August 2013 abgemeldet, werden ihm für B keine ELStAM mehr zum Abruf bereitgestellt.

4. Weiteres Dienstverhältnis

Beginn eines weiteren Dienstverhältnisses

Beginnt der Arbeitnehmer ein neues Dienstverhältnis und bezieht er nebeneinander von mehreren Arbeitgebern Arbeitslohn, hat er zu entscheiden, welches das erste und welches das weitere Dienstverhältnis ist. Soll der Arbeitslohn des neuen Dienstverhältnisses nach der Steuerklasse VI besteuert werden, hat der Arbeitnehmer dem Arbeitgeber neben der Identifikationsnummer und dem Tag der Geburt mitzuteilen, dass es sich um ein weiteres Dienstverhältnis handelt (vgl. Tz. III. 5). Zur Berücksichtigung eines nach § 39a Absatz 1 Satz 1 Nummer 7 EStG festgestellten Freibetrags vgl. Tz. VII. Soll der Arbeitslohn des neuen Dienstverhältnisses nach den Merkmalen des ersten Dienstverhältnisses besteuert werden, hat der Arbeitnehmer dem Arbeitgeber mitzuteilen, dass es sich um das erste Dienstverhältnis handelt.

Nachdem der Arbeitgeber des neuen Dienstverhältnisses den Arbeitnehmer bei der Finanzverwaltung angemeldet hat, bildet die Finanzverwaltung die zutreffenden Steuerklassen automatisch und stellt sie dem jeweiligen Arbeitgeber zum Abruf bereit. Dem Arbeitgeber des weiteren Dienstverhältnisses werden als ELStAM die Steuerklasse VI und ggf. die rechtliche Zugehörigkeit zu einer steuererhebenden Religionsgemeinschaft sowie ein Freibetrag nach § 39a Absatz 1 Satz 1 Nummer 7 EStG zum Abruf bereitgestellt. Wird das neue Dienstverhältnis als erstes Dienstverhältnis angemeldet, stellt die Finanzverwaltung dem Arbeitgeber die ELStAM nach Tz. II. 1 bis 3 und dem anderen Arbeitgeber die Steuerklasse VI zum Abruf bereit.

Die für das neue Dienstverhältnis gültigen ELStAM werden grundsätzlich rückwirkend ab dem Beginn des Dienstverhältnisses (vgl. Tz. III. 3) gebildet.

Wechsel des ersten Dienstverhältnisses

Bezieht der Arbeitnehmer nebeneinander von mehreren Arbeitgebern Arbeitslohn, kann er auch während des Kalenderjahres einen neuen ersten Arbeitgeber bestimmen. Hierfür ist dem neuen Hauptarbeitgeber mitzuteilen, dass es sich nun um das erste Dienstverhältnis handelt. Dem weiteren Arbeitgeber ist mitzuteilen, dass es sich nun um das weitere Beschäftigungsverhältnis handelt und ggf. ob und in welcher Höhe ein nach § 39a Satz 1 Nummer 7 EStG festgestellter Freibetrag (vgl. Tz. VII) abgerufen werden soll. Ein solcher Wechsel darf frühestens mit Wirkung vom Beginn des Kalendermonats an erfolgen, in dem der Arbeitnehmer das erste Dienstverhältnis neu bestimmt.

5. Pflichten des Arbeitnehmers

Gegenüber dem Arbeitgeber

Zum Zweck des Abrufs der ELStAM hat der Arbeitnehmer jedem Arbeitgeber bei Eintritt in das Dienstverhältnis Folgendes mitzuteilen (§ 39e Absatz 4 Satz 1 EStG):
1. die Identifikationsnummer sowie den Tag der Geburt,
2. ob es sich um das erste oder ein weiteres Dienstverhältnis handelt (vgl. Tz. III. 4),
3. ggf. ob und in welcher Höhe ein nach § 39a Absatz 1 Satz 1 Nummer 7 EStG festgestellter Freibetrag abgerufen werden soll (vgl. Tz. VII).

Soll in einem zweiten oder weiteren Dienstverhältnis ein Freibetrag nach § 39a EStG abgerufen werden, wird auf die Erläuterung unter Tz. VII verwiesen.

Gegenüber der Finanzverwaltung

Die Steuerklasse und die Zahl der Kinderfreibeträge für minderjährige Kinder werden im neuen Verfahren in der Regel automatisch geändert. Auslöser hierfür sind Mitteilungen der Meldebehörden über den geänderten Familienstand bzw. die Geburt oder den Tod eines Kindes. In diesen Fällen ist der Arbeitnehmer nicht zu einer Mitteilung an das Finanzamt verpflichtet (§ 39 Absatz 5 Satz 3 EStG i. V. m. § 39e Absatz 2 Satz 2 EStG).

Ändern sich die persönlichen Verhältnisse des Arbeitnehmers und treten die Voraussetzungen zur Einreihung in eine für ihn ungünstigere Steuerklasse oder eine geringere Zahl der Kinderfreibeträge ein, ist er in den Fällen, in denen die Änderungen nicht durch geänderte Meldedaten automatisch angestoßen werden, verpflichtet, dies dem Finanzamt mitzuteilen und die Steuerklasse sowie die Zahl der Kinderfreibeträge umgehend ändern zu lassen (§ 39 Absatz 5 Satz 1 EStG). Dies gilt insbesondere bei dauernder Trennung der Ehegatten oder wenn die Voraussetzungen für die Berücksichtigung des Entlastungsbetrags für Alleinerziehende und somit für die Anwendung der Steuerklasse II entfallen.

Ferner besteht eine Mitteilungspflicht des Arbeitnehmers gegenüber dem Finanzamt, wenn ihm bekannt wird, dass die ELStAM zu seinen Gunsten von den nach § 39 EStG zu bildenden Lohnsteuerabzugsmerkmalen abweichen (§ 39e Absatz 6 Satz 5 EStG), z. B. wenn der Arbeitgeber abgerufene ELStAM irrtümlich nicht dem zutreffenden Arbeitnehmer zugeordnet hat.

Wird ein unbeschränkt einkommensteuerpflichtiger Arbeitnehmer beschränkt einkommensteuerpflichtig, hat er dies dem Finanzamt ebenfalls unverzüglich mitzuteilen (§ 39 Absatz 7 Satz 1 EStG). Als Folge hat das Finanzamt die Lohnsteuerabzugsmerkmale vom Zeitpunkt des Eintritts der beschränkten Einkommensteuerpflicht an zu ändern und eine Bescheinigung für den Lohnsteuerabzug auszustellen.

Zu den Folgerungen aufgrund fehlender oder unzutreffender Angaben vgl. Tz. III. 8.

6. Rechte des Arbeitnehmers

Abrufsperren und Abrufberechtigungen

Im neuen Verfahren kann der Arbeitnehmer einen oder mehrere zum Abruf von ELStAM berechtigte(n) Arbeitgeber benennen (Abrufberechtigung, „Positivliste") oder bestimmte Arbeitgeber von der Abrufberechtigung ausschließen (Abrufsperre, „Negativliste"; § 39e Absatz 6 Satz 6 Nummer 1 EStG). Zudem gibt es die Möglichkeit, sämtliche Arbeitgeber vom Abruf auszuschließen („Vollsperrung"; § 39e Absatz 6 Satz 6 Nummer 2 EStG). Eine Abrufberechtigung oder eine Sperre ist dem Finanzamt mit dem Vordruck „Anträge zu den elektronischen Lohnsteuerabzugsmerkmalen– ELStAM –" mitzuteilen. Eine Verpflichtung zur Erteilung einer Abrufberechtigung der ELStAM oder deren Sperrung besteht nicht.

Abrufberechtigungen und Abrufsperren gelten lediglich mit Wirkung für die Zukunft, eine rückwirkende Berücksichtigung ist nicht möglich. Sie gelten, bis der Arbeitnehmer erklärt, die Abrufberechtigung zu erteilen oder die Sperrung aufzuheben.

Die Erteilung einer Abrufberechtigung oder Sperrung eines Arbeitgebers zum Abruf der ELStAM setzt die Angabe der Steuernummer der Betriebsstätte oder des Teilbetriebs des Arbeitgebers, in dem der für die Durchführung des Lohnsteuerabzugs maßgebende Arbeitslohn ermittelt wird, voraus. Zu den sich hieraus ergebenden Arbeitgeberpflichten vgl. Tz. III. 2. Für die Verwendung der Steuernummer des Arbeitgebers gelten die Regelungen zu den Schutzvorschriften für die ELStAM entsprechend (vgl. Tz. III. 10).

Positivliste

Hat der Arbeitnehmer bei seinem Wohnsitzfinanzamt (vgl. Tz. II. 4) eine Positivliste eingereicht, werden darin nicht genannte Arbeitgeber für den Abruf von ELStAM des Antragstellers gesperrt. Wird im Falle eines Arbeitgeberwechsels der neue Arbeitgeber nicht in eine bereits vorhandene

Positivliste aufgenommen, ist ein Abruf der ELStAM durch den neuen Arbeitgeber nicht möglich. Bei fehlender Abrufberechtigung ist der Arbeitgeber zur Anwendung der Steuerklasse VI verpflichtet (§ 39e Absatz 6 Satz 8 EStG). Die Aufnahme von Arbeitgebern in die Positivliste setzt kein bestehendes Arbeitsverhältnis voraus.

Negativliste

Hat der Arbeitnehmer bei seinem Wohnsitzfinanzamt (vgl. Tz. II. 4) eine Negativliste eingereicht, können die darin genannten Arbeitgeber die ELStAM des Antragstellers nicht abrufen. Kommt es gleichwohl zu einem Arbeitsverhältnis und einer Lohnzahlung eines dieser Arbeitgeber, hat er aufgrund der fehlenden Abrufberechtigung die Steuerklasse VI anzuwenden (§ 39e Absatz 6 Satz 8 EStG).

Vollsperrung

Hat der Arbeitnehmer bei seinem Wohnsitzfinanzamt (vgl. Tz. II. 4) beantragt, die Bildung oder Bereitstellung der ELStAM allgemein sperren zu lassen, ist ein Abruf nicht möglich. Aufgrund der fehlenden Abrufberechtigung hat der Arbeitgeber die Steuerklasse VI anzuwenden (§ 39e Absatz 6 Satz 8 EStG). Die Sperrung bleibt solange bestehen, bis der Arbeitnehmer die Bildung oder Bereitstellung der ELStAM allgemein freischalten lässt.

Auskunft über die eigenen ELStAM

Der Arbeitnehmer kann beim zuständigen Wohnsitzfinanzamt (vgl. Tz. II. 4) auf Antrag Auskunft über die für ihn gebildeten ELStAM sowie über die durch den Arbeitgeber in den letzten 24 Monaten erfolgten Abrufe der ELStAM erhalten (§ 39e Absatz 6 Satz 4 EStG; vgl. Vordruck „Anträge zu den elektronischen Lohnsteuerabzugsmerkmalen – ELStAM –").

Mit dem Start des neuen Verfahrens ist es dem Arbeitnehmer darüber hinaus möglich, seine ELStAM über das ElsterOnline-Portal (www.elsteronline.de/eportal) einzusehen. Dazu ist eine kostenfreie Registrierung unter Verwendung der Identifikationsnummer im ElsterOnline-Portal notwendig.

Ungünstigere Lohnsteuerabzugsmerkmale

Nach § 38b Absatz 3 EStG haben unbeschränkt einkommensteuerpflichtige Arbeitnehmer die Möglichkeit, beim Wohnsitzfinanzamt (vgl. Tz. II. 4) die Berücksichtigung ungünstigerer Lohnsteuerabzugsmerkmale zu beantragen (eine ungünstigere Steuerklasse, eine geringere Anzahl von Kindern; ebenso ist die Rücknahme eines Antrags auf Berücksichtigung des Pauschbetrags für behinderte Menschen möglich); s. Vordruck „Anträge zu den elektronischen Lohnsteuerabzugsmerkmalen – ELStAM –". Von ungünstigeren Besteuerungsmerkmalen ist stets auszugehen, wenn die vom Arbeitnehmer gewählten Lohnsteuerabzugsmerkmale zu einem höheren Lohnsteuerabzug (inkl. Solidaritätszuschlag und ggf. Kirchensteuer) führen.

Ein solcher Antrag ist z. B. bei Arbeitnehmern denkbar, die dem Arbeitgeber ihren aktuellen Familienstand nicht mitteilen möchten. Um zu vermeiden, dass dem Arbeitgeber z. B. nach einer Eheschließung die nunmehr für verheiratete Arbeitnehmer in Betracht kommende Steuerklasse IV oder III mitgeteilt wird, kann der Arbeitnehmer beantragen, stattdessen die Steuerklasse I beizubehalten.

Um das Ziel der Nichtoffenbarung von geänderten Besteuerungsmerkmalen zu erreichen, kann ein solcher Antrag bereits vor dem maßgebenden Ereignis beim Wohnsitzfinanzamt (vgl. Tz. II. 4) gestellt werden.

7. Im Inland nicht meldepflichtige Arbeitnehmer

Für im Inland nicht meldepflichtige Personen (nach § 1 Absatz 2 EStG erweitert unbeschränkt einkommensteuerpflichtige Arbeitnehmer, nach § 1 Absatz 3 EStG auf Antrag wie unbeschränkt einkommensteuerpflichtig zu behandelnde Arbeitnehmer, nach § 1 Absatz 4 EStG beschränkt einkommensteuerpflichtige Arbeitnehmer), wird die steuerliche Identifikationsnummer nicht auf Grund von Mitteilungen der Meldebehörden zugeteilt. Die Teilnahme dieser Arbeitnehmer am neuen Verfahren ist in einer späteren programmtechnischen Ausbaustufe vorgesehen. Dies gilt auch dann, wenn für diesen Arbeitnehmerkreis auf Anforderung des Finanzamts oder aus anderen Gründen (z. B. früherer Wohnsitz im Inland) steuerliche Identifikationsnummern vorliegen.

In diesen Fällen hat das Betriebsstättenfinanzamt des Arbeitgebers derzeit noch auf Antrag Papierbescheinigungen für den Lohnsteuerabzug auszustellen (Vordrucke „Antrag auf Erteilung einer Bescheinigung für den Lohnsteuerabzug für das Kalenderjahr 201__ bei erweiterter unbeschränkter Einkommensteuerpflicht und für übrige Bezieher von Arbeitslohn aus inländischen öffentlichen Kassen", „Antrag auf Erteilung einer Bescheinigung für den Lohnsteuerabzug für das Kalenderjahr 201__ für beschränkt einkommensteuerpflichtige Arbeitnehmer"). Legt ein Arbeitnehmer eine dieser Bescheinigungen für den Lohnsteuerabzug vor, entfällt die Verpflichtung und

Berechtigung des Arbeitgebers zum Abruf der ELStAM nach § 39e Absatz 4 Satz 2 und Absatz 5 Satz 3 EStG.

Der Antrag nach § 39 Absatz 3 Satz 1 EStG ist grundsätzlich vom Arbeitnehmer zu stellen. Die Bescheinigung der Steuerklasse I kann auch der Arbeitgeber beantragen (§ 39 Absatz 3 Satz 3 EStG), wenn er den Antrag im Namen des Arbeitnehmers stellt. Weitere Lohnsteuerabzugsmerkmale, etwa die Zahl der Kinderfreibeträge oder ein Freibetrag nach § 39a EStG, können nur auf Antrag des Arbeitnehmers gebildet werden (§ 39 Absatz 3 Satz 1 EStG).

Der Arbeitgeber hat die in der jahresbezogenen Bescheinigung für den Lohnsteuerabzug ausgewiesenen Lohnsteuerabzugsmerkmale in das Lohnkonto des Arbeitnehmers zu übernehmen, diese Bescheinigung als Beleg zum Lohnkonto zu nehmen und während des Dienstverhältnisses, längstens bis zum Ablauf des jeweiligen Kalenderjahres, aufzubewahren (§ 39 Absatz 3 Satz 4 EStG). Bei Beendigung des Arbeitsverhältnisses vor Ablauf des Kalenderjahres hat er dem Arbeitnehmer diese Bescheinigung für den Lohnsteuerabzug auszuhändigen.

Ist die Ausstellung einer solchen Bescheinigung nicht beantragt oder legt der Arbeitnehmer sie nicht innerhalb von 6 Wochen nach Beginn des Dienstverhältnisses vor, hat der Arbeitgeber die Lohnsteuer nach der Steuerklasse VI zu ermitteln (§ 39c Absatz 2 Satz 2 EStG).

In den Lohnsteuerbescheinigungen dieser Arbeitnehmer ist anstelle der Identifikationsnummer das lohnsteuerliche Ordnungsmerkmal (§ 41b Absatz 2 Satz 1 und 2 EStG, sog. eTIN = elektronische Transfer-Identifikations-Nummer) auszuweisen.

Hinsichtlich der Schutzvorschriften für die Lohnsteuerabzugsmerkmale gelten die Regelungen zu den ELStAM unter Tz. III. 10 entsprechend.

8. Durchführung des Lohnsteuerabzugs ohne ELStAM

Fehlende Lohnsteuerabzugsmerkmale

Bei fehlenden Lohnsteuerabzugsmerkmalen hat der Arbeitgeber die Lohnsteuererhebung nach der Steuerklasse VI durchzuführen. Dies kommt insbesondere dann in Betracht, wenn der Arbeitnehmer

- bei Beginn des Dienstverhältnisses seinem Arbeitgeber die zum Abruf der ELStAM erforderliche steuerliche Identifikationsnummer und das Geburtsdatum schuldhaft nicht mitteilt (§ 39e Absatz 4 Satz 1 EStG),
- eine Übermittlung der ELStAM an den Arbeitgeber gesperrt hat (§ 39e Absatz 6 Satz 6 Nummer 1 EStG) oder
- beim Finanzamt (vgl. Tz. II. 4) die Bildung der ELStAM sperren lassen hat (§ 39e Absatz 6 Satz 6 Nummer 2 EStG).

Abweichend hiervon hat der Arbeitgeber in den folgenden Fällen für die Lohnsteuerberechnung – längstens für die Dauer von drei Kalendermonaten – die voraussichtlichen Lohnsteuerabzugsmerkmale im Sinne des § 38b EStG zu Grunde zu legen (§ 39c Absatz 1 Satz 2 EStG), wenn

1. ein Abruf der ELStAM wegen technischer Störungen nicht möglich ist,
2. der Arbeitnehmer die fehlende Mitteilung über die ihm zuzuteilende Identifikationsnummer nicht zu vertreten hat.

Als Störungen in diesem Sinne kommen technische Schwierigkeiten bei Anforderung und Abruf, Bereitstellung oder Übermittlung der ELStAM in Betracht oder eine verzögerte Ausstellung der Bescheinigung für den Lohnsteuerabzug durch das Finanzamt.

Aufgrund dieser Ausnahmeregelungen kann der Arbeitgeber den Lohnsteuerabzug für die Dauer von längstens drei Monaten nach den ihm bekannten persönlichen Besteuerungsmerkmalen des Arbeitnehmers durchführen (Steuerklasse, Kinderzähler und Religionszugehörigkeit). Erhält der Arbeitgeber die (elektronischen) Lohnsteuerabzugsmerkmale vor Ablauf der drei Monate, hat er in den Fällen des § 39c Absatz 1 Satz 2 EStG die Lohnsteuerermittlungen für die vorangegangenen Kalendermonate zu überprüfen und erforderlichenfalls zu ändern (§ 39c Absatz 1 Satz 4 EStG).

Hat der Arbeitnehmer nach Ablauf der drei Monate die Identifikationsnummer sowie den Tag seiner Geburt nicht mitgeteilt und ersatzweise die Bescheinigung für den Lohnsteuerabzug nicht vorgelegt, so ist rückwirkend die Besteuerung nach der Steuerklasse VI durchzuführen und die Lohnsteuerermittlungen für die ersten drei Monate zu korrigieren. Erhält der Arbeitgeber in diesen Fällen die ELStAM oder ersatzweise die Bescheinigung für den Lohnsteuerabzug nach Ablauf der 3-Monatsfrist, ist eine Änderung des Lohnsteuerabzugs nur nach Maßgabe des § 41c Absatz 1 Satz 1 Nummer 1 EStG möglich.

Unbeschränkt einkommensteuerpflichtige Arbeitnehmer ohne steuerliche Identifikationsnummer

Ist einem nach § 1 Absatz 1 EStG unbeschränkt einkommensteuerpflichtigen Arbeitnehmer (noch) keine Identifikationsnummer (§§ 139a, 139b AO) zugeteilt worden, können ELStAM weder automatisiert gebildet noch vom Arbeitgeber abgerufen werden. In diesen Fällen ersetzt eine dem Arbeitgeber vorzulegende Bescheinigung für den Lohnsteuerabzug mit den anzuwendenden Lohnsteuerabzugsmerkmalen die ELStAM. Der Arbeitnehmer hat eine solche Bescheinigung für den Lohnsteuerabzug beim Wohnsitzfinanzamt (vgl. Tz. II. 4) formlos oder mit dem „Antrag auf Ausstellung einer Bescheinigung für den Lohnsteuerabzug" zu beantragen und dem Arbeitgeber vorzulegen (§ 39e Absatz 8 Satz 1 und 4 EStG).

Das Wohnsitzfinanzamt (vgl. Tz. II. 4) hat diese Bescheinigung für die Dauer eines Kalenderjahres auszustellen. Legt der Arbeitnehmer eine entsprechende Bescheinigung für den Lohnsteuerabzug vor, entfällt die Verpflichtung und Berechtigung des Arbeitgebers zum Abruf der ELStAM (§ 39e Absatz 8 Satz 2 EStG).

Der Arbeitgeber hat diese jahresbezogene Bescheinigung für den Lohnsteuerabzug als Beleg zum Lohnkonto zu nehmen und während des Dienstverhältnisses, längstens bis zum Ablauf des jeweiligen Kalenderjahres, aufzubewahren. Bei Beendigung des Arbeitsverhältnisses vor Ablauf des Kalenderjahres hat er dem Arbeitnehmer diese Bescheinigung auszuhändigen.

Hat der Arbeitnehmer die Ausstellung einer solchen Bescheinigung für den Lohnsteuerabzug nicht beantragt oder legt er sie **nicht innerhalb von 6 Wochen nach Beginn des Dienstverhältnisses vor, hat der Arbeitgeber die Lohnsteuer nach der Steuerklasse VI zu ermitteln.**

Erhält der Arbeitnehmer seine Identifikationsnummer zugeteilt, hat er sie dem Arbeitgeber mitzuteilen (§ 39e Absatz 4 Satz 1 EStG). Mit dieser Angabe und dem (bereits vorliegenden) Geburtsdatum ist der Arbeitgeber berechtigt, die ELStAM des Arbeitnehmers abzurufen. Die vorliegende Bescheinigung für den Lohnsteuerabzug hindert den Arbeitgeber nicht, im laufenden Kalenderjahr zum elektronischen Verfahren zu wechseln, um so die ELStAM des Arbeitnehmers abrufen zu können. Die Bescheinigung für den Lohnsteuerabzug ist weder an das ausstellende Finanzamt noch an den Arbeitnehmer herauszugeben.

Hinsichtlich der Pflichten des Arbeitgebers zur Übertragung der Lohnsteuerabzugsmerkmale in das Lohnkonto, Aufbewahrung und Herausgabe der Bescheinigung für den Lohnsteuerabzug, Verwendung des lohnsteuerlichen Ordnungsmerkmals nach § 41b Absatz 2 Satz 1 und 2 EStG sowie der Schutzvorschriften für die Lohnsteuerabzugsmerkmale gelten die Regelungen unter Tz. III. 7 und 10 entsprechend.

9. ELStAM bei verschiedenen Lohnarten

Auch wenn der Arbeitgeber verschiedenartige Bezüge zahlt, sind diese aufgrund des Grundsatzes eines einheitlichen Dienstverhältnisses zu einem Arbeitgeber zusammenzurechnen. In den folgenden Fällen handelt es sich um ein einheitliches Dienstverhältnis, so dass die Lohnsteuer für die Bezüge einheitlich und nach denselben ELStAM zu erheben ist. Der Abruf von ELStAM für ein zweites Dienstverhältnis des Arbeitnehmers durch denselben Arbeitgeber ist nicht möglich.

Beispiele für die Zahlung verschiedenartiger Bezüge:

– Ein Arbeitnehmer erhält vom Arbeitgeber neben einer Betriebsrente noch Arbeitslohn für ein aktives Dienstverhältnis; die Lohnsteuer wird nicht pauschal erhoben.

– Ein Arbeitnehmer erhält vom Arbeitgeber Hinterbliebenenbezüge und eigene Versorgungsbezüge oder Arbeitslohn für ein aktives Dienstverhältnis.

– Ein Arbeitnehmer ist in Elternzeit und arbeitet gleichwohl beim selben Arbeitgeber weiter.

Zu der im Einführungszeitraum 2 013 möglichen abweichenden Behandlung als Bezüge aus unterschiedlichen Dienstverhältnissen (Nichtbeanstandungsregelung) vgl. Tz. III. 5 des ELStAM-Startschreibens in der Entwurfsfassung vom 2. Oktober 2012 a. a. O.

10. Schutzvorschriften für die (elektronischen) Lohnsteuerabzugsmerkmale

Nur die Personen, denen der Arbeitnehmer die Berechtigung erteilt hat (Arbeitgeber oder beauftragte Dritte), sind befugt, ELStAM abzurufen und zu verwenden (§ 39e Absatz 4 Satz 2 und 6 EStG). ELStAM sind nur für den Lohnsteuerabzug bestimmt (§ 39e Absatz 4 Satz 7 und Absatz 5 Satz 1 EStG). Folglich dürfen grundsätzlich weder der Arbeitgeber noch der mit der Durchführung des Lohnsteuerabzugs beauftragte Dritte abgerufene ELStAM bzw. Lohnsteuerabzugsmerkmale offenbaren. Dies gilt nicht, soweit eine Weitergabe von (elektronischen) Lohnsteuerabzugsmerkmalen gesetzlich zugelassen ist oder der Arbeitnehmer einer anderen Verwendung zustimmt (§ 39 Absatz 8 Satz 2 EStG).

Vorsätzliche oder leichtfertige Zuwiderhandlungen stellen eine Ordnungswidrigkeit dar und können mit einer Geldbuße bis zu zehntausend Euro geahndet werden (§ 39 Absatz 9 i. V. m. § 39e Absatz 4 Satz 7 EStG).

IV. Verfahrensrecht

Sowohl die erstmalige Bildung der (elektronischen) Lohnsteuerabzugsmerkmale als auch deren spätere Änderungen sind – wie die Eintragungen auf der Lohnsteuerkarte im bisherigen Verfahren – eine gesonderte Feststellung von Besteuerungsgrundlagen im Sinne von § 179 Absatz 1 AO, die unter dem Vorbehalt der Nachprüfung steht (§ 39 Absatz 1 Satz 4 EStG). Eine solche Feststellung ist ein anfechtbarer Verwaltungsakt, dessen Vollziehung gemäß § 361 AO ausgesetzt werden kann. Da die Bildung der ELStAM unter dem Vorbehalt der Nachprüfung steht, hat der Arbeitnehmer daneben auch die Möglichkeit, eine Änderung nach § 164 Absatz 2 Satz 2 AO zu beantragen.

Um als Verwaltungsakt erkennbar und anfechtbar zu sein, müssen die Bildung der (elektronischen) Lohnsteuerabzugsmerkmale und deren Änderungen dem Arbeitnehmer bekannt gegeben werden (§ 39 Absatz 1 Satz 5 EStG). Gemäß § 119 Absatz 2 AO kann dies schriftlich, elektronisch, mündlich oder in anderer Weise erfolgen. Üblicherweise hat der Arbeitgeber die ELStAM als Grundlage für die Lohnsteuerermittlung in der Lohn- und Gehaltsabrechnung auszuweisen (§ 39e Absatz 5 Satz 2 und Absatz 6 EStG). In diesen Fällen werden sie mit Aushändigung der Lohnabrechnung an den Arbeitnehmer bekannt gegeben (§ 39e Absatz 6 Satz 3 EStG). Wird die Lohnabrechnung elektronisch bereitgestellt, ist das Bereitstellungsdatum maßgebend (§ 39e Absatz 6 Satz 3 EStG).

Diesen Formen der Bekanntgabe ist keine Rechtsbehelfsbelehrung beizufügen (§ 39e Absatz 6 Satz 2 EStG). Dies führt dazu, dass ein Einspruch gegen die gebildeten ELStAM innerhalb eines Jahres ab Bekanntgabe des Verwaltungsaktes eingelegt werden kann (§ 356 Absatz 2 AO).

Erteilt das Finanzamt auf Antrag des Arbeitnehmers einen Bescheid über die Berücksichtigung von Lohnsteuerabzugsmerkmalen (§ 39 Absatz 1 Satz 8 EStG), ist diesem eine Rechtsbehelfsbelehrung beizufügen. Das Finanzamt ist zudem zur schriftlichen Erteilung eines Bescheids mit einer Belehrung über den zulässigen Rechtsbehelf verpflichtet, wenn dem Antrag des Arbeitnehmers auf Bildung oder Änderung der Lohnsteuerabzugsmerkmale (regelmäßig im Rahmen eines Antrags auf Lohnsteuer-Ermäßigung) nicht oder nicht in vollem Umfang entsprochen wird (§ 39 Absatz 1 Satz 8 EStG).

V. Härtefallregelung

Allgemeines

Sind Arbeitgeber nicht in der Lage und ist es ihnen nicht zumutbar, die ELStAM der Arbeitnehmer elektronisch abzurufen, wird ein Ersatzverfahren angeboten (§ 39e Absatz 7 EStG). Auf Antrag des Arbeitgebers kann das Betriebsstättenfinanzamt zur Vermeidung unbilliger Härten die Nichtteilnahme am neuen Abrufverfahren (ELStAM-Verfahren) zulassen (§ 39e Absatz 7 Satz 1 EStG). Die Teilnahme am Härtefallverfahren ist kalenderjährlich unter Darlegung der Gründe neu zu beantragen (§ 39e Absatz 7 Satz 4 EStG); ggf. rückwirkend bis zum Beginn des Kalenderjahres der Antragstellung.

Eine unbillige Härte liegt insbesondere bei einem Arbeitgeber vor, der nicht über die technischen Möglichkeiten der Kommunikation über das Internet verfügt oder für den eine solche Kommunikationsform wirtschaftlich oder persönlich unzumutbar ist (§ 150 Absatz 8 AO ist entsprechend anzuwenden).

Dem Antrag ist stets stattzugeben, wenn der Arbeitgeber ausschließlich Arbeitnehmer im Rahmen einer geringfügigen Beschäftigung in seinem Privathaushalt im Sinne des § 8a Viertes Buch Sozialgesetzbuch beschäftigt (§ 39e Absatz 7 Satz 2 EStG).

Auch nach einer Genehmigung zur Nichtteilnahme an diesem Verfahren kann der Arbeitgeber jederzeit ohne gesonderte Mitteilung zum elektronischen Abrufverfahren wechseln.

Antragstellung

Der Antrag ist nach amtlich vorgeschriebenem Vordruck zu stellen (Vordruck „Antrag des Arbeitgebers auf Nichtteilnahme am Abrufverfahren der elektronischen Lohnsteuerabzugsmerkmale (ELStAM) für 201_") und muss folgende Angaben beinhalten:

1. Steuernummer der lohnsteuerlichen Betriebsstätte,
2. Verzeichnis der beschäftigten Arbeitnehmer,
3. Identifikationsnummer und Geburtsdatum der einzelnen Beschäftigten,

4. Angaben darüber, ob es sich um ein erstes (Hauptarbeitgeber) oder weiteres Dienstverhältnis (Steuerklasse VI) handelt und
5. bei einem weiteren Beschäftigungsverhältnis ggf. den nach § 39a Absatz 1 Satz 1 Nummer 7 EStG zu berücksichtigenden Betrag.

Verfahren/Bescheinigung der Lohnsteuerabzugsmerkmale

Gibt das Betriebsstättenfinanzamt dem Antrag statt, wird dem Arbeitgeber eine arbeitgeberbezogene Bescheinigung zur Durchführung des Lohnsteuerabzugs erteilt, welche die für das jeweilige Kalenderjahr gültigen Lohnsteuerabzugsmerkmale der einzelnen Arbeitnehmer enthält. Im Fall der Änderung von Lohnsteuerabzugsmerkmalen wird dem Arbeitgeber automatisch eine geänderte Bescheinigung für den Lohnsteuerabzug übersandt. Diese Bescheinigungen sind nur für den beantragenden Arbeitgeber bestimmt und dürfen von einem weiteren Arbeitgeber nicht als Grundlage für den Lohnsteuerabzug herangezogen werden.

Pflichten des Arbeitgebers

Für die Lohnsteuererhebung gelten in diesen Fällen die Regelungen des Abrufverfahrens für die ELStAM entsprechend. Insbesondere haben auch die wegen der Inanspruchnahme der Härtefallregelung nicht am elektronischen Verfahren teilnehmenden Arbeitgeber die Lohnsteuerabzugsmerkmale der Arbeitnehmer in deren Lohnabrechnung auszuweisen. Auch hier gelten die Lohnsteuerabzugsmerkmale gegenüber dem Arbeitnehmer als bekannt gegeben, sobald der Arbeitgeber dem Arbeitnehmer die Lohnabrechnung mit den ausgewiesenen Lohnsteuerabzugsmerkmalen aushändigt. Im Übrigen sind für die in der Bescheinigung ausgewiesenen Lohnsteuerabzugsmerkmale die Schutzvorschriften für die ELStAM entsprechend zu beachten (vgl. Tz. III. 10).

Der Arbeitgeber hat die Bescheinigung für den Lohnsteuerabzug sowie evtl. Änderungsmitteilungen als Beleg zum Lohnkonto zu nehmen und sie während der Beschäftigung, längstens bis zum Ablauf des maßgebenden Kalenderjahres, aufzubewahren. Zur Erteilung der Lohnsteuerbescheinigung (§ 41b EStG) hat der Arbeitgeber die Besondere Lohnsteuerbescheinigung zu verwenden.

Bei Ausscheiden eines Arbeitnehmers aus dem Beschäftigungsverhältnis ist dem Betriebsstättenfinanzamt unverzüglich das Datum der Beendigung schriftlich anzuzeigen (§ 39e Absatz 7 Satz 8 EStG).

VI. Betrieblicher Lohnsteuer-Jahresausgleich (§ 42b EStG)

Nach einem Arbeitgeberwechsel im laufenden Kalenderjahr sind dem neuen Arbeitgeber – anders als im bisherigen Verfahren – regelmäßig nur die ELStAM des aktuellen Dienstverhältnisses bekannt. Deshalb hat der Arbeitgeber als weitere Voraussetzung für die Durchführung eines Lohnsteuer-Jahresausgleichs zu beachten, dass der Arbeitnehmer durchgängig das gesamte Kalenderjahr bei ihm beschäftigt war. Im Rahmen des Lohnsteuer-Jahresausgleichs ist die Jahreslohnsteuer nach der Steuerklasse zu ermitteln, die für den letzten Lohnzahlungszeitraum des Ausgleichsjahres als ELStAM abgerufen oder in einer Bescheinigung für den Lohnsteuerabzug ausgewiesen worden ist.

VII. Lohnsteuerermäßigungsverfahren ab 2013

Gültigkeit der Lohnsteuerabzugsmerkmale

Im Gegensatz zu den nach § 38b EStG zu bildenden Lohnsteuerabzugsmerkmalen wird im neuen Verfahren für die nach § 39a EStG zu bildenden persönlichen Freibeträge zunächst die jahresbezogene Betrachtungsweise fortgesetzt. Folglich ist die Geltungsdauer des Freibetrags, der beim Lohnsteuerabzug insgesamt zu berücksichtigen und abzuziehen ist, sowie eines Hinzurechnungsbetrags derzeit weiterhin auf ein Jahr begrenzt (§ 52 Absatz 50h – neu – EStG in der Fassung des Entwurfs eines JStG 2013 (E)). Wie bisher sind hiervon die Pauschbeträge für behinderte Menschen und Hinterbliebene ausgenommen.

Start- und Endtermin für das Lohnsteuerermäßigungsverfahren

Der an den früheren Versand der Lohnsteuerkarten durch die Gemeinden (frühestens ab dem 20. September) gebundene Starttermin für das Lohnsteuerermäßigungsverfahren besteht nicht mehr. Nach § 39a Absatz 2 Satz 2 EStG beginnt die Frist für die Antragstellung im neuen Verfahren am 1. Oktober eines jeden Jahres. Sie endet weiterhin am 30. November des Kalenderjahres, in dem der Freibetrag gilt. Werden Anträge auf Lohnsteuer-Ermäßigung entgegen der gesetzlichen Vorgabe bereits vor dem 1. Oktober des Vorjahres gestellt, hat das Finanzamt diese Anträge nicht aus formalen Gründen abzulehnen. Diese Anträge sind mit Start des Lohnsteuerermäßigungsverfahrens zu bearbeiten.

Soll ein Freibetrag nach § 39a Absatz 1 Satz 1 Nummer 1 bis 6 EStG auf mehrere Dienstverhältnisse aufgeteilt werden, ist ein Antrag beim Finanzamt erforderlich. In diesen Fällen ordnet das

Finanzamt die Freibeträge den einzelnen Dienstverhältnissen für den Abruf als ELStAM zu. Der Arbeitnehmer hat dem Arbeitgeber weder Angaben zur Anwendung des Freibetrags noch dessen Höhe mitzuteilen.

Aufteilung Hinzurechnungsbetrag/Freibetrag

Im neuen Verfahren kann der Arbeitnehmer entscheiden, ob bzw. in welcher Höhe der Arbeitgeber einen nach § 39a Absatz 1 Satz 1 Nummer 7 EStG beantragten und vom Finanzamt ermittelten Freibetrag abrufen soll. Allein für eine solche Verteilung auf die einzelnen Dienstverhältnisse ist ein Antrag beim Finanzamt nicht erforderlich. Diese Wahlmöglichkeit ist für zweite und weitere Beschäftigungsverhältnisse insbesondere für Fälle eines Arbeitgeberwechsels, nach Beendigung eines Dienstverhältnisses sowie bei in größeren Zeiträumen schwankenden Arbeitslöhnen gedacht.

Der Arbeitgeber hat den vom Arbeitnehmer genannten Betrag im Rahmen einer üblichen Anmeldung des Arbeitnehmers bzw. Anfrage von ELStAM an die Finanzverwaltung zu übermitteln. Nach Prüfung des übermittelten Betrags stellt die Finanzverwaltung dem Arbeitgeber den tatsächlich zu berücksichtigenden Freibetrag als ELStAM zum Abruf bereit. Nur dieser Freibetrag ist für den Arbeitgeber maßgebend und für den Lohnsteuerabzug anzuwenden sowie in der üblichen Lohn- und Gehaltsabrechnung des Arbeitnehmers als ELStAM auszuweisen.

VIII. Sonstiges

Aufzeichnung im Lohnkonto

Der Arbeitgeber hat die im elektronischen Verfahren abgerufenen ELStAM in das Lohnkonto zu übernehmen (§ 41 Absatz 1 Satz 2 EStG). Gleiches gilt für die im Rahmen der Härtefallregelung (vgl. Tz. V) in der vom Finanzamt ausgestellten Bescheinigung ausgewiesenen (Lohnsteuerabzugs-) Merkmale und für die in der nach § 39e Absatz 8 EStG ausgestellten Bescheinigungen für den Lohnsteuerabzug ausgewiesenen (Lohnsteuerabzugs-) Merkmale.

Lohnsteuerbescheinigung

Im elektronischen Verfahren ist der Finanzverwaltung der für die Zerlegung der Lohnsteuer erforderliche amtliche Gemeindeschlüssel bekannt. Aus diesem Grunde entfällt insoweit die Übermittlungsverpflichtung des Arbeitgebers in der elektronischen Lohnsteuerbescheinigung.

Korrektur des Lohnsteuerabzugs

Nach § 41c Absatz 1 Satz 1 Nummer 1 EStG ist der Arbeitgeber berechtigt, bei der jeweils nächsten Lohnzahlung bisher erhobene Lohnsteuer zu erstatten bzw. noch nicht erhobene Lohnsteuer nachträglich einzubehalten. Das gilt im neuen Verfahren auch dann, wenn ihm ELStAM zum Abruf zur Verfügung gestellt werden oder ihm der Arbeitnehmer eine Bescheinigung für den Lohnsteuerabzug mit Eintragungen vorlegt, die auf einen Zeitpunkt vor Abruf der Lohnsteuerabzugsmerkmale oder vor Vorlage der Bescheinigung für den Lohnsteuerabzug zurückwirken.

Bereitstellung von Steuererklärungen und Vordrucken

Die im neuen Verfahren der ELStAM erforderlichen bundeseinheitlich abgestimmten Erklärungen und Vordrucke werden von den Finanzbehörden des Bundes und der Länder zur Verfügung gestellt. Die seitens des Bundesministeriums der Finanzen bereitgestellten Erklärungen und Vordrucke werden im Internet in einer Formulardatenbank unter der Internetadresse https://www.formulare-bfinv.dein der Rubrik Formularcenter/Formularkatalog/Steuerformulare/Lohnsteuer als ausfüllbare Formulare bereitgestellt.

Dieses Schreiben ist für Lohnzahlungszeiträume ab dem Kalenderjahr 2013 bzw. für ab 2013 zugeflossene sonstige Bezüge anzuwenden, soweit der Arbeitgeber im Einführungszeitraum nicht nach den Regelungen des § 52b – neu – EStG in der Fassung des JStG 2013 (E) und dem ELStAM-Startschreiben in der Entwurfsfassung vom 2. Oktober 2012 – IV C 5 – S 2363/07/0002-03 – / – 2012/0813379 – verfährt.

V.
Elektronische Lohnsteuerabzugsmerkmale;

Startschreiben zum erstmaligen Abruf und zur Anwendung ab dem Kalenderjahr 2013

**BMF vom 19. 12. 2012 (BStBl I S. 1258) –
IV C 5 – S 2363/07/0002-03 – 2012/1170782 –**

Nach § 52b Absatz 5 Satz 1 Einkommensteuergesetz (EStG) in der Fassung der Bekanntmachung vom 8. Oktober 2009 (BGBl. I S. 3366, 3862), die zuletzt durch Artikel 3 des Gesetzes vom 8. Mai 2012 (BGBl. I S. 1030) geändert worden ist, hat das Bundesministerium der Finanzen den Zeitpunkt der erstmaligen Anwendung der elektronischen Lohnsteuerabzugsmerkmale (ELStAM) für die Durchführung des Lohnsteuerabzugs sowie den Zeitpunkt des erstmaligen Abrufs der ELStAM durch den Arbeitgeber (Starttermin) in einem BMF-Schreiben (Startschreiben) zu bestimmen.

Im Einvernehmen mit den obersten Finanzbehörden der Länder wird als Starttermin für das Verfahren der elektronischen Lohnsteuerabzugsmerkmale (ELStAM-Verfahren) der 1. November 2012 festgelegt. Ab diesem Zeitpunkt können die Arbeitgeber die ELStAM der Arbeitnehmer mit Wirkung ab dem 1. Januar 2013 abrufen. Damit hat der Arbeitgeber das ELStAM-Verfahren grundsätzlich für laufenden Arbeitslohn, der für einen nach dem 31. Dezember 2012 endenden Lohnzahlungszeitraum gezahlt wird, und für sonstige Bezüge, die nach dem 31. Dezember 2012 zufließen, anzuwenden (§ 52b Absatz 5 Satz 2 EStG). Abweichend von § 52b Absatz 5 Satz 2 EStG in der o. g. Fassung sind für die Einführung des ELStAM-Verfahrens die verfahrenserleichternden Regelungen des § 52b – neu – EStG in der Fassung des Jahressteuergesetzes 2013 (JStG 2013) zu beachten. Das parlamentarische Verfahren zum JStG 2013 ist noch nicht abgeschlossen. Es ist aber davon auszugehen, dass die Neufassung des § 52b EStG zu einem späteren Zeitpunkt in Kraft treten wird. Damit sind die in der Entwurfsfassung des BMF-Schreibens mit Stand vom 2. Oktober 2012[1] – IV C 5 – S 2363/07/0002-03 – / – 2012/0813379 – (sog. ELStAM-Startschreiben) enthaltenen Regelungen für den Lohnsteuerabzug im Einführungszeitraum 2013 weiterhin anzuwenden. Dieser Entwurf enthält insbesondere Ausführungen zur Möglichkeit der weiteren Anwendung der Lohnsteuerkarte 2010 oder sonstiger Papierbescheinigungen solange der Arbeitgeber das ELStAM-Verfahren in 2013 noch nicht anwendet. Die Entwurfsfassung dieses BMF-Schreibens steht auf den Internetseiten des Bundesministeriums der Finanzen (http://www.bundesfinanzministerium.de) unter der Rubrik Themen – Steuern – Steuerarten – Lohnsteuer – BMF-Schreiben/Allgemeines bzw. unter http://www.bundesfinanzministerium.de/Content/DE/Downloads/BMF_Schreiben/Steuerarten/Lohnsteuer/2012-10-02-elstam.html zur Einsicht und zum Abruf bereit.

Für die Durchführung des Regelverfahrens zur Anwendung der ELStAM wird auf § 39e EStG und die Entwurfsfassung des BMF-Schreibens mit Stand vom 11. Oktober 2012 – IV C 5 – S 2363/07/0002-03 – / – 2012/0929862 – (sog. ELStAM-Anwendungsschreiben)[2] hingewiesen. Die Entwurfsfassung dieses BMF-Schreibens steht auf den Internetseiten des Bundesministeriums der Finanzen (http://www.bundesfinanzministerium.de) unter der Rubrik Themen – Steuern – Steuerarten – Lohnsteuer – BMF-Schreiben/Allgemeines bzw. unter http://www.bundesfinanzministerium.de/Content/DE/Downloads/BMF_Schreiben/Steuerarten/Lohnsteuer/2012-10-12-LStAbzugsmerkmale.html zur Einsicht und zum Abruf bereit. Dieses Schreiben wird im Bundessteuerblatt Teil I veröffentlicht.

---

[1] → Anhang 17 III.
[2] → Anhang 17 IV.

Entfernungspauschalen;

Steuervereinfachungsgesetz 2011 vom 1. November 2011
(BGBl. 2011 Teil I Seite 2131)

(BMF-Schreiben vom 3. 1. 2013 – IV C 5 – S 2351/09/10002 – BStBl I S. 59)

Mit dem Steuervereinfachungsgesetz 2011 vom 1. November 2011 (BGBl. 2011 Teil I Seite 2131) haben sich Änderungen zu den Entfernungspauschalen ergeben, die nachfolgend in Fettdruck dargestellt sind. Das BMF-Schreiben vom 31. August 2009 (BStBl 2009 Teil I Seite 891) ist damit überholt.

Inhaltsübersicht

1. Entfernungspauschale für die Wege zwischen Wohnung und regelmäßiger Arbeitsstätte (§ 9 Absatz 1 Satz 3 Nummer 4 und Absatz 2 EStG)
   1.1 Allgemeines
   1.2 Höhe der Entfernungspauschale
   1.3 Höchstbetrag von 4 500 Euro
   1.4 Maßgebende Entfernung zwischen Wohnung und regelmäßiger Arbeitsstätte
   1.5 Fahrgemeinschaften
   1.6 Benutzung verschiedener Verkehrsmittel
   1.7 Mehrere Wege an einem Arbeitstag
   1.8 Mehrere Dienstverhältnisse
   1.9 Anrechnung von Arbeitgeberleistungen auf die Entfernungspauschale
2. Entfernungspauschale für Familienheimfahrten bei doppelter Haushaltsführung (§ 9 Absatz 1 Satz 3 Nummer 5 EStG)
3. Behinderte Menschen
4. Abgeltungswirkung der Entfernungspauschalen
5. Pauschalbesteuerung nach § 40 Absatz 2 Satz 2 EStG
   5.1 Allgemeines
   5.2 Höhe der pauschalierbaren Zuschüsse
6. Anwendungsregelung

Zur Ermittlung der Entfernungspauschalen wird im Einvernehmen mit den obersten Finanzbehörden der Länder wie folgt Stellung genommen:

1. Entfernungspauschale für die Wege zwischen Wohnung und regelmäßiger Arbeitsstätte (§ 9 Absatz 1 Satz 3 Nummer 4 und Absatz 2 EStG)

1.1 Allgemeines

Die Entfernungspauschale ist grundsätzlich unabhängig vom Verkehrsmittel zu gewähren. Ihrem Wesen als Pauschale entsprechend kommt es grundsätzlich nicht auf die Höhe der tatsächlichen Aufwendungen an. Unfallkosten können als außergewöhnliche Aufwendungen (§ 9 Absatz 1 Satz 1 EStG) jedoch neben der Entfernungspauschale berücksichtigt werden (siehe Tz. 4). Auch bei Benutzung öffentlicher Verkehrsmittel wird die Entfernungspauschale angesetzt. Übersteigen die Aufwendungen für die Benutzung öffentlicher Verkehrsmittel den im Kalenderjahr insgesamt als Entfernungspauschale anzusetzenden Betrag, können diese übersteigenden Aufwendungen zusätzlich
angesetzt werden (§ 9 Absatz 2 Satz 2 EStG; siehe auch unter Tz. 1.6).

> **Beispiel 1:**
>
> Ein Arbeitnehmer benutzt von Januar bis September (an 165 Arbeitstagen) für die Wege von seiner Wohnung zur 90 km entfernten regelmäßigen Arbeitsstätte und zurück den eigenen Kraftwagen. Dann verlegt er seinen Wohnsitz. Von der neuen Wohnung aus gelangt er ab Oktober (an 55 Arbeitstagen) zur nunmehr nur noch 5 km entfernten regelmäßigen Arbeitsstätte mit dem öffentlichen Bus. Hierfür entstehen ihm tatsächliche Kosten in Höhe von (3x 70 Euro =) 210 Euro.
>
> Für die Strecken mit dem eigenen Kraftwagen ergibt sich eine Entfernungspauschale von 165 Arbeitstagen x 90 km x 0,30 Euro = 4 455 Euro. Für die Strecke mit dem Bus errechnet sich eine Entfernungspauschale von 55 Arbeitstagen x 5 km x 0,30 Euro = 83 Euro. **Die insgesamt im Kalenderjahr anzusetzende Entfernungspauschale i. H. v. 4 538 Euro (4 455 + 83 Euro) ist anzusetzen, da die tatsächlich angefallenen Aufwendungen für die Nutzung der öffentlichen Verkehrsmittel (210 Euro) diese nicht übersteigen.**

Beispiel 2:
Ein Arbeitnehmer benutzt für die Fahrten von der Wohnung zur regelmäßigen Arbeitsstätte den Bus und die Bahn. Die kürzeste benutzbare Straßenverbindung beträgt 20 km. Die Monatskarte für den Bus kostet 50 Euro und für die Bahn 65 Euro (= 115 Euro). Für das gesamte Kalenderjahr ergibt sich eine Entfernungspauschale von 220 Tagen x 20 km x 0,30 Euro = 1 320 Euro. Die für die Nutzung von Bus und Bahn im Kalenderjahr angefallenen Aufwendungen betragen 1 380 Euro (12x 115 Euro). Da die tatsächlich angefallenen Kosten für die Benutzung der öffentlichen Verkehrsmittel die insgesamt im Kalenderjahr anzusetzende Entfernungspauschale übersteigen, kann der übersteigende Betrag zusätzlich angesetzt werden; insgesamt somit 1 380 Euro.

Ausgenommen von der Entfernungspauschale sind Flugstrecken und Strecken mit steuerfreier Sammelbeförderung.

Für Flugstrecken sind die tatsächlichen Aufwendungen anzusetzen (BFH vom 26. März 2009, BStBl II Seite 724). Bei entgeltlicher Sammelbeförderung durch den Arbeitgeber sind die Aufwendungen des Arbeitnehmers ebenso als Werbungskosten anzusetzen.

1.2 Höhe der Entfernungspauschale

Die Entfernungspauschale beträgt 0,30 Euro für jeden vollen Entfernungskilometer zwischen Wohnung und regelmäßiger Arbeitsstätte. Die Entfernungspauschale gilt bei der Nutzung von Flugzeugen nur für die An- und Abfahrten zu und von Flughäfen.

Die anzusetzende Entfernungspauschale ist wie folgt zu berechnen:
Zahl der Arbeitstage x volle Entfernungskilometer x 0,30 Euro.

1.3 Höchstbetrag von 4 500 Euro

Die anzusetzende Entfernungspauschale ist grundsätzlich auf einen Höchstbetrag von 4 500 Euro im Kalenderjahr begrenzt. Die Beschränkung auf 4 500 Euro gilt
– wenn der Weg zwischen Wohnung und regelmäßiger Arbeitsstätte mit einem Motorrad, Motorroller, Moped, Fahrrad oder zu Fuß zurückgelegt wird,
– bei Benutzung eines Kraftwagens für die Teilnehmer an einer Fahrgemeinschaft und zwar für die Tage, an denen der Arbeitnehmer seinen eigenen oder zur Nutzung überlassenen Kraftwagen nicht einsetzt,
– bei Benutzung öffentlicher Verkehrsmittel, soweit im Kalenderjahr insgesamt keine höheren Aufwendungen glaubhaft gemacht oder nachgewiesen werden (§ 9 Absatz 2 Satz 2 EStG).

Bei Benutzung eines eigenen oder zur Nutzung überlassenen Kraftwagens greift die Begrenzung auf
4 500 Euro nicht. Der Arbeitnehmer muss lediglich nachweisen oder glaubhaft machen, dass er die Fahrten zwischen Wohnung und regelmäßiger Arbeitsstätte mit dem eigenen oder ihm zur Nutzung überlassenen Kraftwagen zurückgelegt hat. Ein Nachweis der tatsächlichen Aufwendungen für den Kraftwagen ist für den Ansatz eines höheren Betrages als 4 500 Euro nicht erforderlich.

1.4 Maßgebende Entfernung zwischen Wohnung und regelmäßiger Arbeitsstätte

Für die Bestimmung der Entfernung zwischen Wohnung und regelmäßiger Arbeitsstätte ist die kürzeste Straßenverbindung zwischen Wohnung und regelmäßiger Arbeitsstätte maßgebend. Dabei sind nur volle Kilometer der Entfernung anzusetzen, ein angefangener Kilometer bleibt unberücksichtigt. Die Entfernungsbestimmung richtet sich nach der Straßenverbindung; sie ist unabhängig von dem Verkehrsmittel, das tatsächlich für den Weg zwischen Wohnung und regelmäßiger Arbeitsstätte benutzt wird. Bei Benutzung eines Kraftfahrzeugs kann eine andere als die kürzeste Straßenverbindung zugrunde gelegt werden, wenn diese offensichtlich verkehrsgünstiger ist und vom Arbeitnehmer regelmäßig für die Wege zwischen Wohnung und regelmäßiger Arbeitsstätte benutzt wird. **Eine mögliche, aber vom Steuerpflichtigen nicht tatsächlich benutzte Straßenverbindung kann der Berechnung der Entfernungspauschale nicht zugrunde gelegt werden.** Diese Grundsätze gelten auch, wenn der Arbeitnehmer ein öffentliches Verkehrsmittel benutzt, dessen Linienführung direkt über die verkehrsgünstigere Straßenverbindung erfolgt (z. B. öffentlicher Bus). Eine von der kürzesten Straßenverbindung abweichende Strecke ist verkehrsgünstiger, wenn der Arbeitnehmer die regelmäßige Arbeitsstätte – trotz gelegentlicher Verkehrsstörungen – in der Regel schneller und pünktlicher erreicht (BFH vom 10. Oktober 1975, BStBl II Seite 852 **sowie BFH vom 16. November 2011, VI R 46/10, BStBl 2012 II Seite 470 und VI R 19/11, BStBl 2012 II Seite 520).** Teilstrecken mit steuerfreier Sammelbeförderung sind nicht in die Entfernungsermittlung einzubeziehen.

Anhang 18
Entfernungspauschalen

Eine Fährverbindung ist **sowohl bei der Ermittlung der kürzesten Straßenverbindung als auch bei der Ermittlung der verkehrsgünstigsten Straßenverbindung einzubeziehen,** soweit sie zumutbar erscheint und wirtschaftlich sinnvoll ist, mit in die Entfernungsberechnung einzubeziehen. Die Fahrtstrecke

der Fähre selbst ist dann jedoch nicht Teil der maßgebenden Entfernung. An ihrer Stelle können die tatsächlichen Fährkosten berücksichtigt werden. Gebühren für die Benutzung eines Straßentunnels oder einer mautpflichtigen Straße dürfen dagegen nicht neben der Entfernungspauschale berücksichtigt

werden, weil sie nicht für die Benutzung eines Verkehrsmittels entstehen. Fallen die Hin- und Rückfahrt zur regelmäßigen Arbeitsstätte auf verschiedene Arbeitstage, so kann aus Vereinfachungsgründen unterstellt werden, dass die Fahrten an einem Arbeitstag durchgeführt wurden; ansonsten ist H 9.10 (Fahrtkosten – bei einfacher Fahrt) LStH **2012** weiter zu beachten.

Beispiel 1:
Ein Arbeitnehmer fährt mit der U-Bahn zur regelmäßigen Arbeitsstätte. Einschließlich der Fußwege beträgt die zurückgelegte Entfernung 15 km. Die kürzeste Straßenverbindung beträgt 10 km. Für die Ermittlung der Entfernungspauschale ist eine Entfernung von 10 km anzusetzen.

Beispiel 2:
Ein Arbeitnehmer wohnt an einem Fluss und hat seine regelmäßige Arbeitsstätte auf der anderen Flussseite. Die Entfernung zwischen Wohnung und regelmäßiger Arbeitsstätte beträgt über die nächstgelegene Brücke 60 km und bei Benutzung einer Autofähre 20 km. Die Fährstrecke beträgt 0,6 km, die Fährkosten betragen 650 Euro jährlich.

Für die Entfernungspauschale ist eine Entfernung von 19 km anzusetzen. Daneben können die Fährkosten berücksichtigt werden (siehe auch Tz. 1.6 Beispiel 4).

1.5 Fahrgemeinschaften

Unabhängig von der Art der Fahrgemeinschaft ist bei jedem Teilnehmer der Fahrgemeinschaft die Entfernungspauschale entsprechend der für ihn maßgebenden Entfernungsstrecke anzusetzen. Umwegstrecken, insbesondere zum Abholen von Mitfahrern, sind jedoch nicht in die Entfernungsermittlung einzubeziehen.

Der Höchstbetrag für die Entfernungspauschale von 4 500 Euro greift auch bei einer wechselseitigen Fahrgemeinschaft, und zwar für die Mitfahrer der Fahrgemeinschaft an den Arbeitstagen, an denen sie ihren Kraftwagen nicht einsetzen.

Bei wechselseitigen Fahrgemeinschaften kann zunächst der Höchstbetrag von 4 500 Euro durch die Wege an den Arbeitstagen ausgeschöpft werden, an denen der Arbeitnehmer mitgenommen wurde. Deshalb ist zunächst die (auf 4 500 Euro begrenzte) anzusetzende Entfernungspauschale für die Tage zu berechnen, an denen der Arbeitnehmer mitgenommen wurde. Anschließend ist die anzusetzende (unbegrenzte) Entfernungspauschale für die Tage zu ermitteln, an denen der Arbeitnehmer seinen eigenen Kraftwagen benutzt hat. Beide Beträge zusammen ergeben die insgesamt anzusetzende Entfernungspauschale.

Beispiel:
Bei einer aus drei Arbeitnehmern bestehenden wechselseitigen Fahrgemeinschaft beträgt die Entfernung zwischen Wohnung und regelmäßiger Arbeitsstätte für jeden Arbeitnehmer 100 km. Bei tatsächlichen 210 Arbeitstagen benutzt jeder Arbeitnehmer seinen eigenen Kraftwagen an 70 Tagen für die Fahrten zwischen Wohnung und regelmäßiger Arbeitsstätte. Die Entfernungspauschale ist für jeden Teilnehmer der Fahrgemeinschaft wie folgt zu ermitteln:

Zunächst ist die Entfernungspauschale für die Fahrten und Tage zu ermitteln, an denen der Arbeitnehmer mitgenommen wurde:

140 Arbeitstage x 100 km x 0,30 Euro = 4 200 Euro

(Höchstbetrag von 4 500 Euro ist nicht überschritten).

Anschließend ist die Entfernungspauschale für die Fahrten und Tage zu ermitteln, an denen der Arbeitnehmer seinen eigenen Kraftwagen benutzt hat:

70 Arbeitstage x 100 km x 0,30 Euro = 2 100 Euro

abziehbar (unbegrenzt)

anzusetzende Entfernungspauschale = 6 300 Euro

Setzt bei einer Fahrgemeinschaft nur ein Teilnehmer seinen Kraftwagen ein, kann er die Entfernungspauschale ohne Begrenzung auf den Höchstbetrag von 4 500 Euro für seine Entfernung zwischen Wohnung und regelmäßiger Arbeitsstätte geltend machen; eine Umwegstrecke zum

Anhang 18

Entfernungspauschalen

Abholen der Mitfahrer ist nicht in die Entfernungsermittlung einzubeziehen. Bei den Mitfahrern wird gleichfalls

die Entfernungspauschale angesetzt, allerdings bei ihnen begrenzt auf den Höchstbetrag von 4 500 Euro.

1.6 Benutzung verschiedener Verkehrsmittel

Arbeitnehmer legen die Wege zwischen Wohnung und regelmäßiger Arbeitsstätte oftmals auf unterschiedliche Weise zurück, d. h. für eine Teilstrecke werden der Kraftwagen und für die weitere Teilstrecke öffentliche Verkehrsmittel benutzt (Park & Ride) oder es werden für einen Teil des Jahres der eigene Kraftwagen und für den anderen Teil öffentliche Verkehrsmittel benutzt. In derartigen

Mischfällen ist zunächst die maßgebende Entfernung für die kürzeste Straßenverbindung zu ermitteln (Tz. 1.4). Auf der Grundlage dieser Entfernung ist sodann die anzusetzende Entfernungspauschale für die Fahrten zwischen Wohnung und regelmäßiger Arbeitsstätte zu berechnen.

Die Teilstrecke, die mit dem eigenen Kraftwagen zurückgelegt wird, ist in voller Höhe anzusetzen; für diese Teilstrecke kann Tz. 1.4 zur verkehrsgünstigeren Strecke angewandt werden. Der verbleibende Teil der maßgebenden Entfernung ist die Teilstrecke, die auf öffentliche Verkehrsmittel entfällt. Die anzusetzende Entfernungspauschale ist sodann für die Teilstrecke und Arbeitstage zu ermitteln, an denen der Arbeitnehmer seinen eigenen oder ihm zur Nutzung überlassenen Kraftwagen eingesetzt hat. Anschließend ist die anzusetzende Entfernungspauschale für die Teilstrecke und Arbeitstage zu ermitteln, an denen der Arbeitnehmer öffentliche Verkehrsmittel benutzt. Beide Beträge ergeben die insgesamt anzusetzende Entfernungspauschale, so dass auch in Mischfällen ein höherer Betrag als 4 500 Euro angesetzt werden kann.

Beispiel 1:

Ein Arbeitnehmer fährt an 220 Arbeitstagen im Jahr mit dem eigenen Kraftwagen 30 km zur nächsten Bahnstation und von dort 100 km mit der Bahn zur regelmäßigen Arbeitsstätte. Die kürzeste maßgebende Entfernung (Straßenverbindung) beträgt 100 km. Die Aufwendungen für die Bahnfahrten betragen (monatlich 180 Euro x 12 =) 2 160 Euro im Jahr.

Von der maßgebenden Entfernung von 100 km entfällt eine Teilstrecke von 30 km auf Fahrten mit dem eigenen Kraftwagen, so dass sich hierfür eine Entfernungspauschale von 220 Arbeitstagen x 30 km x 0,30 Euro = 1 980 Euro ergibt. Für die verbleibende Teilstrecke mit der Bahn von (100 km – 30 km =) 70 km errechnet sich eine Entfernungspauschale von 220 Arbeitstagen x 70 km x 0,30 Euro = 4 620 Euro. Hierfür ist der Höchstbetrag von 4 500 Euro anzusetzen, so dass sich eine insgesamt anzusetzende Entfernungspauschale von 6 480 Euro ergibt. Die tatsächlichen Aufwendungen für die Bahnfahrten in Höhe von 2 160 Euro bleiben unberücksichtigt, weil sie unterhalb der **für das Kalenderjahr insgesamt** anzusetzenden Entfernungspauschale liegen.

Beispiel 2:

Ein Arbeitnehmer fährt an 220 Arbeitstagen im Jahr mit dem eigenen Kraftwagen **3** km zu einer verkehrsgünstig gelegenen **Bahnstation** und von dort noch **30** km mit der **Bahn** zur regelmäßigen Arbeitsstätte. Die kürzeste maßgebende Straßenverbindung beträgt 25 km. Die **Jahreskarte** für die **Bahn** kostet **1 746** Euro.

Für die Teilstrecke mit dem eigenen Kraftwagen von **3** km ergibt sich eine Entfernungspauschale von 220 Arbeitstagen x **3** km x 0,30 Euro = **198** Euro. Für die verbleibende Teilstrecke mit der Bahn von **(25 km – 3 km =) 22** km errechnet sich eine Entfernungspauschale von 220 Arbeitstagen x **22** km x 0,30 Euro = **1 452** Euro. **Die** insgesamt im **Kalenderjahr** anzusetzende Entfernungspauschale **beträgt somit 1 650** Euro. **Da die tatsächlichen Aufwendungen für die Bahnfahrten in Höhe von 1 746 Euro höher sind als die für das Kalenderjahr insgesamt anzusetzende Entfernungspauschale, kann zusätzlich der die Entfernungspauschale übersteigende Betrag angesetzt werden; insgesamt also 1 746 Euro.**

Beispiel 3:

Ein Arbeitnehmer fährt im Kalenderjahr die ersten drei Monate mit dem eigenen Kraftwagen und die letzten neun Monate mit öffentlichen Verkehrsmitteln zur 120 km entfernten regelmäßigen Arbeitsstätte. Die entsprechende Monatskarte kostet 190 Euro.

Die Entfernungspauschale beträgt bei 220 Arbeitstagen: 220x 120 km x 0,30 Euro = 7 920 Euro. Da jedoch für einen Zeitraum von neun Monaten öffentliche Verkehrsmittel benutzt worden sind, ist hier die Begrenzung auf den Höchstbetrag von 4 500 Euro zu beachten. Die anzusetzende Entfernungspauschale ist deshalb wie folgt zu ermitteln:

165 Arbeitstage x 120 km x 0,30 Euro = 5 940 Euro
Begrenzt auf den Höchstbetrag von   4 500 Euro
zuzüglich
55 Arbeitstage x 120 km x 0,30 Euro= 1 980 Euro
anzusetzende Entfernungspauschale insgesamt   6 480 Euro
Die tatsächlichen Kosten für die Benutzung der öffentlichen Verkehrsmittel (9 x 190 Euro = 1 710 Euro) sind niedriger; anzusetzen ist also die Entfernungspauschale in Höhe von 6 480 Euro.

Beispiel 4:
Ein Arbeitnehmer wohnt in Konstanz und hat seine regelmäßige Arbeitsstätte auf der anderen Seite des Bodensees. Für die Fahrt zur regelmäßigen Arbeitsstätte benutzt er seinen Kraftwagen und die Fähre von Konstanz nach Meersburg. Die Fahrtstrecke einschließlich der Fährstrecke von 4,2 km beträgt insgesamt 15 km. Die Monatskarte für die Fähre kostet 122,50 Euro. Bei 220 Arbeitstagen im Jahr ergibt sich eine

Entfernungspauschale von:
220 Arbeitstage x 10 km x 0,30 Euro =   660 Euro
zuzüglich
Fährkosten (12 x 122,50 Euro) = 1 470 Euro
Insgesamt zu berücksichtigen   **2 130 Euro**

1.7 Mehrere Wege an einem Arbeitstag

Die Entfernungspauschale kann für die Wege zu derselben regelmäßigen Arbeitsstätte für jeden Arbeitstag nur einmal angesetzt werden.

1.8 Mehrere Dienstverhältnisse

Bei Arbeitnehmern, die in mehreren Dienstverhältnissen stehen und denen Aufwendungen für die Wege zu mehreren auseinander liegenden regelmäßigen Arbeitsstätten entstehen, ist die Entfernungspauschale für jeden Weg zur regelmäßigen Arbeitsstätte anzusetzen, wenn der Arbeitnehmer am Tag zwischenzeitlich in die Wohnung zurückkehrt. Die Einschränkung, dass täglich nur eine Fahrt zu berücksichtigen ist, gilt nur für eine, nicht aber für mehrere regelmäßige Arbeitsstätten. Werden täglich mehrere regelmäßige Arbeitsstätten ohne Rückkehr zur Wohnung nacheinander angefahren, so ist für die Entfernungsermittlung der Weg zur ersten regelmäßigen Arbeitsstätte als Umwegstrecke zur nächsten regelmäßigen Arbeitsstätte zu berücksichtigen; die für die Ermittlung der Entfernungspauschale anzusetzende Entfernung darf höchstens die Hälfte
der Gesamtstrecke betragen.

Beispiel 1:

Ein Arbeitnehmer fährt **an 220 Tagen** vormittags von seiner Wohnung A zur regelmäßigen Arbeitsstätte B, nachmittags weiter zur regelmäßigen Arbeitsstätte C und abends zur Wohnung in A zurück. Die Entfernungen betragen zwischen A und B 30 km, zwischen B und C 40 km und zwischen C und A 50 km.

Die Gesamtentfernung beträgt 30 + 40 + 50 km = 120 km, die Entfernung zwischen der Wohnung und den beiden regelmäßigen Arbeitsstätten 30 + 50 km = 80 km. Da dies mehr als die Hälfte der Gesamtentfernung ist, sind (120 km : 2) = 60 km für die Ermittlung der Entfernungspauschale anzusetzen. **Die Entfernungspauschale beträgt 3 960 Euro (220 Tage x 60 km x 0,30 Euro).**

Beispiel 2:
Ein Arbeitnehmer fährt mit öffentlichen Verkehrsmitteln an 220 Arbeitstagen vormittags von seiner Wohnung A zur regelmäßigen Arbeitsstätte B, mittags zur Wohnung A, nachmittags zur regelmäßigen Arbeitsstätte C und abends zur Wohnung A zurück. Die Entfernungen betragen zwischen A und B 30 km und zwischen A und C 40 km. Die Monatskarte für die öffentlichen Verkehrsmittel kostet 300 Euro monatlich.

Die Entfernungspauschale beträgt:
220 Tage x 70 km (30 km + 40 km) x 0,30 Euro = 4 620 Euro, höchstens 4 500 Euro. Die tatsächlichen Kosten für die Benutzung der öffentlichen Verkehrsmittel (12 x 300 Euro = 3 600 Euro) übersteigen die im Kalenderjahr insgesamt anzusetzende Entfernungspauschale nicht; anzusetzen ist also die Entfernungspauschale in Höhe von 4 500 Euro.

1.9 Anrechnung von Arbeitgeberleistungen auf die Entfernungspauschale

Jeder Arbeitnehmer erhält die Entfernungspauschale unabhängig von der Höhe seiner Aufwendungen für die Wege zwischen Wohnung und regelmäßiger Arbeitsstätte. Nach § 9 Absatz 1 Satz 3 Nummer 4 EStG gilt dies auch dann, wenn der Arbeitgeber dem Arbeitnehmer ein Kraftfahrzeug für die Wege zwischen Wohnung und regelmäßiger Arbeitsstätte überlässt und diese Arbeitgeberleistung nach § 8 Absatz 3 EStG (Rabattfreibetrag) steuerfrei ist, z. B. wenn ein Mietwagenunternehmen dem Arbeitnehmer einen Mietwagen für die Fahrten zwischen Wohnung und regelmäßiger Arbeitsstätte überlässt. Die folgenden steuerfreien bzw. pauschal versteuerten Arbeitgeberleistungen sind jedoch auf die anzusetzende und ggf. auf 4 500 Euro begrenzte Entfernungspauschale anzurechnen:

- nach § 8 Absatz 2 Satz 9 EStG (44 Euro-Grenze) steuerfreie Sachbezüge für die Wege zwischen Wohnung und regelmäßiger Arbeitsstätte,
- nach § 8 Absatz 3 EStG steuerfreie Sachbezüge für Fahrten zwischen Wohnung und regelmäßiger Arbeitsstätte bis höchstens 1 080 Euro (Rabattfreibetrag),
- der nach § 40 Absatz 2 Satz 2 EStG pauschal besteuerte Arbeitgeberersatz bis zur Höhe der abziehbaren Entfernungspauschale (siehe Tz. 5).

Die vorgenannten steuerfreien oder pauschal besteuerten Arbeitgeberleistungen sind vom Arbeitgeber zu bescheinigen (§ 41b Absatz 1 Satz 2 Nummer 6 und 7 EStG).

2. Entfernungspauschale für Familienheimfahrten bei doppelter Haushaltsführung (§ 9 Absatz 1 Satz 3 Nummer 5 EStG)

Auf die Entfernungspauschale für Familienheimfahrten bei doppelter Haushaltsführung sind die Tzn. 1.1 und 1.4 entsprechend anzuwenden. Die Begrenzung auf den Höchstbetrag von 4 500 Euro gilt bei Familienheimfahrten nicht. Für Flugstrecken und bei entgeltlicher Sammelbeförderung durch den Arbeitgeber sind die tatsächlichen Aufwendungen des Arbeitnehmers anzusetzen. Arbeitgeberleistungen für Familienheimfahrten, die nach § 3 Nummer 13 oder 16 EStG steuerfrei sind, sind nach § 3c Absatz 1 EStG auf die für die Familienheimfahrten anzusetzende Entfernungspauschale anzurechnen.

3. Behinderte Menschen

Nach § 9 Absatz 2 Satz 3 EStG können behinderte Menschen für die Wege zwischen Wohnung und regelmäßiger Arbeitsstätte an Stelle der Entfernungspauschale die tatsächlichen Aufwendungen ansetzen. Bei Benutzung eines privaten Fahrzeugs können ohne Einzelnachweis mit den pauschalen Kilometersätzen gemäß BMF-Schreiben vom 20. August 2001, BStBl I Seite 541, vgl. H 9.5 (Pauschale Kilometersätze) LStH **2012** angesetzt werden. Bei Benutzung eines eigenen oder zur Nutzung überlassenen Kraftwagens kann danach ohne Einzelnachweis der Kilometersatz von 0,30 Euro je gefahrenen Kilometer angesetzt werden. Unfallkosten, die auf einer Fahrt zwischen Wohnung und regelmäßiger Arbeitsstätte entstanden sind, können neben dem pauschalen Kilometersatz berücksichtigt werden. Werden die Wege zwischen Wohnung und regelmäßiger Arbeitsstätte mit verschiedenen Verkehrsmitteln zurückgelegt, kann das Wahlrecht – Entfernungspauschale oder tatsächliche Kosten – für beide zurückgelegten Teilstrecken – nur einheitlich ausgeübt werden (BFH vom 5. Mai 2009, BStBl II Seite 729).

Beispiel 1:

Ein behinderter Arbeitnehmer (Grad der Behinderung von 90) fährt **an 220** Arbeitstagen im Jahr mit dem eigenen Kraftwagen 17 km zu einem behindertengerechten Bahnhof und von dort 82 km mit der Bahn zur regelmäßigen Arbeitsstätte. Die tatsächlichen Bahnkosten betragen **240** Euro im **Monat**.

a) Ermittlung der Entfernungspauschale

Für die Teilstrecke mit dem eigenen Kraftwagen errechnet sich eine Entfernungspauschale von **220** Arbeitstagen x 17 km x 0,30 Euro = **1 122** Euro zuzüglich **220** Arbeitstagen x 82 km x 0,30 Euro = **5 412** Euro, jedoch höchstens 4 500 Euro, so dass sich eine insgesamt anzusetzende Entfernungspauschale von **5 622** Euro ergibt.

b) Ermittlung der tatsächlichen Kosten

Für die Teilstrecke mit dem eigenen Kraftwagen sind **220** Arbeitstage x 17 km x 2 x 0,30 Euro = **2 244** Euro anzusetzen (= tatsächliche Aufwendungen mit pauschalem Kilometersatz); für die verbleibende Teilstrecke mit der Bahn **2 880** Euro, insgesamt also **5 124** Euro.

Da die Entfernungspauschale mit **5 622** Euro höher ist, ist diese anzusetzen. Eine Kombination von tatsächlichen Aufwendungen für die Teilstrecke mit dem Kraftwagen (**2 244** Euro) und der Entfernungspauschale für die Strecke mit der Bahn (4 500 Euro), so dass insgesamt 6 744 Euro angesetzt werden könnten, ist mit § 9 Absatz 2 Satz 3 EStG nicht vereinbar.

Beispiel 2:

Ein Arbeitnehmer fährt an 220 Arbeitstagen im Jahr mit dem eigenen Kraftwagen 17 km zum Bahnhof und von dort 82 km mit der Bahn zur regelmäßigen Arbeitsstätte. Die tatsächlichen Bahnkosten betragen 240 Euro im Monat. Mitte des Jahres (110 Arbeitstage) tritt eine Behinderung ein (Grad der Behinderung von 90).

a) Der Arbeitnehmer setzt für den Zeitraum der Behinderung die Entfernungspauschale an:

aa) Ermittlung der Entfernungspauschale für die Zeit ohne Behinderung:

Für die Teilstrecke mit dem eigenen Kraftwagen errechnet sich eine Entfernungspauschale von 110 Arbeitstage x 17 km x 0,30 Euro = 561 Euro

zuzüglich 110 Arbeitstage x 82 km x 0,30 Euro = 2 706 Euro.

bb) Ermittlung der Entfernungspauschale für die Zeit mit Behinderung:

Für die Teilstrecke mit dem eigenen Kraftwagen errechnet sich eine Entfernungspauschale von 110 Arbeitstage x 17 km x 0,30 Euro = 561 Euro

zuzüglich 110 Arbeitstage x 82 km x 0,30 Euro = 2 706 Euro.

Die Entfernungspauschale für die mit der Bahn zurückgelegte Strecke (2 x 2 706 Euro) ist auf 4 500 Euro begrenzt. Wählt der Arbeitnehmer für das gesamte Kalenderjahr die Entfernungspauschale, wären 4 500 Euro (2 x 2 706 Euro begrenzt auf 4 500 Euro) zuzüglich (2 x 561 Euro =) 1 122 Euro, also insgesamt 5 622 Euro als Werbungskosten zu berücksichtigen.

b) Der Arbeitnehmer setzt für den Zeitraum der Behinderung die tatsächlichen Kosten an:

Für die Teilstrecke mit dem eigenen Kraftwagen sind (110 Arbeitstage x 17 km x 2 x 0,30 Euro =) 1 122 Euro anzusetzen (= tatsächliche Aufwendungen mit pauschalem Kilometersatz) und für die verbleibende Teilstrecke mit der Bahn (6 x 240 Euro =) 1 440 Euro, insgesamt also 2 562 Euro.

Die Entfernungspauschale für das erste halbe Jahr beträgt 3 267 Euro (561 Euro zuzüglich 2 706 Euro). Wählt der Arbeitnehmer für den Zeitraum ab Eintritt der Behinderung die Ansetzung der tatsächlichen Kosten, wären für das erste halbe Jahr 3 267 Euro Entfernungspauschale (561 Euro + 2 706 Euro) zuzüglich 2 562 Euro tatsächliche Kosten für das zweite halbe Jahr, insgesamt also 5 829 Euro zu berücksichtigen.

4. Abgeltungswirkung der Entfernungspauschalen

Nach § 9 Absatz 2 Satz 1 EStG sind durch die Entfernungspauschale sämtliche Aufwendungen abgegolten, die durch die Wege zwischen Wohnung und regelmäßiger Arbeitsstätte und Familienheimfahrten entstehen. Dies gilt z. B. auch für Parkgebühren für das Abstellen des Kraftfahrzeugs während der Arbeitszeit, für Finanzierungskosten **(siehe auch BFH vom 15. April 2010, BStBl II Seite 805)**, Beiträge für Kraftfahrerverbände, Versicherungsbeiträge für einen Insassenunfallschutz, Aufwendungen infolge Diebstahls sowie für die Kosten eines Austauschmotors anlässlich eines Motorschadens auf einer Fahrt zwischen Wohnung und regelmäßiger Arbeitsstätte oder einer Familienheimfahrt. Unfallkosten, die auf einer Fahrt zwischen Wohnung und regelmäßiger Arbeitsstätte oder auf einer zu berücksichtigenden Familienheimfahrt entstehen, sind als außergewöhnliche Aufwendungen im Rahmen der allgemeinen Werbungskosten nach § 9 Absatz 1 Satz 1 EStG weiterhin neben der Entfernungspauschale zu berücksichtigen (siehe Bundestags-Drucksache 16/12099, Seite 6).

5. Pauschalbesteuerung nach § 40 Absatz 2 Satz 2 EStG

5.1 Allgemeines

Der Arbeitgeber kann die Lohnsteuer für zusätzlich zum ohnehin geschuldeten Arbeitslohn gezahlte Zuschüsse zu den Aufwendungen des Arbeitnehmers für Fahrten zwischen Wohnung und regelmäßiger Arbeitsstätte pauschal mit 15 % erheben, soweit diese Zuschüsse den Betrag nicht übersteigen, den der Arbeitnehmer nach § 9 Absatz 1 Satz 3 Nummer 4 EStG als Werbungskosten geltend machen kann. Ausschlaggebend für die Höhe der Zuschüsse ist demnach der Betrag, den der Arbeitnehmer für die Fahrten zwischen Wohnung und regelmäßiger Arbeitsstätte als Werbungskosten geltend machen kann.

5.2 Höhe der pauschalierbaren Zuschüsse

Bei **ausschließlicher** Benutzung eines eigenen oder zur Nutzung überlassenen Kraftwagens ist die Höhe der pauschalierungsfähigen Zuschüsse des Arbeitgebers auf die Höhe der nach § 9 Absatz 1 Satz 3 Nummer 4 EStG als Werbungskosten abziehbaren Entfernungspauschale beschränkt. Ein höherer Zuschuss als 4 500 Euro ist **in diesen Fällen** pauschalierbar, soweit die anzusetzende Entfernungspauschale für die Fahrten zwischen Wohnung und regelmäßiger Arbeitsstätte diesen Betrag übersteigt. Aus Vereinfachungsgründen kann davon ausgegangen werden, dass monatlich an 15 Arbeitstagen Fahrten zwischen Wohnung und regelmäßiger Arbeitsstätte erfolgen.

Bei **ausschließlicher** Nutzung eines Motorrads, Motorrollers, Mopeds, Mofas oder Fahrrads können die pauschalen Kilometersätze angesetzt werden, die nach R 9.5 Absatz 1 Satz 5 LStR mit dem BMF-Schreiben vom 20. August 2001 (BStBl I Seite 541) bekannt gemacht worden sind. Die pauschalierbaren Zuschüsse des Arbeitgebers sind auf die Höhe der nach § 9 Absatz 1 Satz 3 Nummer 4 EStG als Werbungskosten abziehbaren Entfernungspauschale beschränkt. Aus Vereinfachungsgründen kann **hier ebenfalls** davon ausgegangen werden, dass monatlich an 15 Arbeitstagen Fahrten zwischen Wohnung und regelmäßiger Arbeitsstätte erfolgen.

Bei **ausschließlicher** Benutzung öffentlicher Verkehrsmittel, bei entgeltlicher Sammelbeförderung, für Flugstrecken sowie bei behinderten Menschen ist eine Pauschalierung in Höhe der tatsächlichen Aufwendungen für die Fahrten zwischen Wohnung und regelmäßiger Arbeitsstätte zulässig.

Bei der Nutzung verschiedener Verkehrsmittel (insbesondere sog. Park & Ride-Fälle) ist die Höhe der pauschalierbaren Zuschüsse des Arbeitgebers auf die Höhe der nach § 9 Absatz 1 Satz 3 Nummer 4 EStG als Werbungskosten abziehbaren Entfernungspauschale beschränkt. Eine Pauschalierung in Höhe der tatsächlichen Aufwendungen für die Nutzung öffentlicher Verkehrsmittel kommt erst dann in Betracht, wenn diese die insgesamt im Kalenderjahr anzusetzende Entfernungspauschale, ggf. begrenzt auf maximal 4 500 Euro, übersteigen. Aus Vereinfachungsgründen kann auch in diesen Fällen davon ausgegangen werden, dass monatlich an 15 Arbeitstagen Fahrten zwischen Wohnung und regelmäßiger Arbeitsstätte erfolgen.

6. Anwendungsregelung

Dieses Schreiben ist mit Wirkung ab 1. Januar 2012 anzuwenden; die Änderungen in Tz. 5.2 sind erstmals für den Lohnabrechnungszeitraum anzuwenden, der nach der Bekanntgabe dieses Schreibens im BStBl Teil I beginnt. Es wird im Bundessteuerblatt Teil I veröffentlicht. Es steht ab sofort für eine Übergangsfrist auf den Internetseiten des Bundesministeriums der Finanzen unter der Rubrik „Themen/Steuern/Steuerarten/Lohnsteuer/BMF-Schreiben/Allgemeines" zur Ansicht und zum Abruf bereit. **Das BMF-Schreiben zu den Entfernungspauschalen ab 2007 vom 31. August 2009 (BStBl I Seite 891) wird zeitgleich aufgehoben.**

Verordnung über maßgebende Rechengrößen der Sozialversicherung für 2013 (Sozialversicherungs-Rechengrößenverordnung 2013)

vom 26. 11. 2012 (BGBl. I S. 2361)
– Auszug –

§ 1 Durchschnittsentgelt in der Rentenversicherung

(1) Das Durchschnittsentgelt für das Jahr 2011 beträgt 32 100 Euro.
(2) Das vorläufige Durchschnittsentgelt für das Jahr 2013 beträgt 34 071 Euro.
(3) Die Anlage 1 zum Sechsten Buch Sozialgesetzbuch wird entsprechend ergänzt.

§ 2 Bezugsgröße in der Sozialversicherung

(1) Die Bezugsgröße im Sinne des § 18 Absatz 1 des Vierten Buches Sozialgesetzbuch beträgt im Jahr 2013 jährlich 32 340 Euro und monatlich 2 695 Euro.
(2) Die Bezugsgröße (Ost) im Sinne des § 18 Absatz 2 des Vierten Buches Sozialgesetzbuch beträgt im Jahr 2013 jährlich 27 300 Euro und monatlich 2 275 Euro.

§ 3 Beitragsbemessungsgrenzen in der Rentenversicherung

(1) Die Beitragsbemessungsgrenzen betragen im Jahr 2013
1. in der allgemeinen Rentenversicherung jährlich 69 600 Euro und monatlich 5 800 Euro,
2. in der knappschaftlichen Rentenversicherung jährlich 85 200 Euro und monatlich 7 100 Euro.
Die Anlage 2 zum Sechsten Buch Sozialgesetzbuch wird für den Zeitraum „1. 1. 2013–31. 12. 2013" um die Jahresbeiträge ergänzt.

(2) Die Beitragsbemessungsgrenzen (Ost) betragen im Jahr 2013
1. in der allgemeinen Rentenversicherung jährlich 58 800 Euro und monatlich 4 900 Euro,
2. in der knappschaftlichen Rentenversicherung jährlich 72 600 Euro und monatlich 6 050 Euro.
Die Anlage 2a zum Sechsten Buch Sozialgesetzbuch wird für den Zeitraum „1. 1. 2013–31. 12. 2013" um die Jahresbeiträge ergänzt.

Bundesreisekostengesetz (BRKG)

vom 26. 5. 2005
(BGBl. I S. 1418) zuletzt geändert durch Artikel 15 Abs. 51 des Gesetzes
zur Neuordnung und Modernisierung des Bundesdienstrechts
(Dienstrechtsneuordnungsgesetz – DNeuG) vom 5. 2. 2009 (BGBl. I S. 160)

§ 1 Geltungsbereich

(1) Dieses Gesetz regelt Art und Umfang der Reisekostenvergütung der Beamtinnen, Beamten, Richterinnen und Richter des Bundes sowie der Soldatinnen und Soldaten und der in den Bundesdienst abgeordneten Beamtinnen, Beamten, Richterinnen und Richter

(2) Die Reisekostenvergütung umfasst
1. die Fahrt- und Flugkostenerstattung (§ 4),
2. die Wegstreckenentschädigung (§ 5),
3. das Tagegeld (§ 6),
4. das Übernachtungsgeld (§ 7),
5. die Auslagenerstattung bei längerem Aufenthalt am Geschäftsort (§ 8),
6. die Aufwands- und Pauschvergütung (§ 9) sowie
7. die Erstattung sonstiger Kosten (§ 10).

§ 2 Dienstreisen

(1) Dienstreisen sind Reisen zur Erledigung von Dienstgeschäften außerhalb der Dienststätte. Sie müssen, mit Ausnahme von Dienstreisen am Dienst- oder Wohnort, schriftlich oder elektronisch angemigt worden sein, es sei denn, dass eine Anordnung oder Genehmigung nach dem Amt der Dienstreisenden oder dem Wesen des Dienstgeschäfts nicht in Betracht kommt. Dienstreisen sollen nur durchgeführt werden, wenn sie aus dienstlichen Gründen notwendig sind. Dienstreisen sind auch Reisen aus Anlass der Versetzung, Abordnung oder Kommandierung.

(2) Die Dauer der Dienstreise bestimmt sich nach der Abreise und Ankunft an der Wohnung, es sei denn, die Dienstreise beginnt oder endet an der Dienststätte.

§ 3 Anspruch auf Reisekostenvergütung

(1) Dienstreisende erhalten auf Antrag eine Vergütung der dienstlich veranlassten notwendigen Reisekosten. Der Anspruch auf Reisekostenvergütung erlischt, wenn sie nicht innerhalb einer Ausschlussfrist von sechs Monaten nach Beendigung der Dienstreise schriftlich oder elektronisch beantragt wird. Die zuständigen Stellen können bis zum Ablauf von sechs Monaten nach Antragstellung die Vorlage der maßgeblichen Kostenbelege verlangen. Werden diese Belege auf Anforderung nicht innerhalb von drei Monaten vorgelegt, kann der Vergütungsantrag insoweit abgelehnt werden.

(2) Leistungen, die Dienstreisende ihres Amtes wegen von dritter Seite aus Anlass einer Dienstreise erhalten, sind auf die Reisekostenvergütung anzurechnen.

(3) Bei Dienstreisen für eine auf Veranlassung der zuständigen Behörde ausgeübte Nebentätigkeit haben Dienstreisende nur Anspruch auf Reisekostenvergütung, die nicht von anderer Stelle zu übernehmen ist. Das gilt auch dann, wenn Dienstreisende auf ihren Anspruch gegen diese Stelle verzichtet haben.

§ 4 Fahrt- und Flugkostenerstattung

(1) Entstandene Kosten für Fahrten auf dem Land- oder Wasserweg mit regelmäßig verkehrenden Beförderungsmitteln werden bis zur Höhe der niedrigsten Beförderungsklasse erstattet. Für Bahnfahrten von mindestens zwei Stunden können die entstandenen Fahrtkosten der nächsthöheren Klasse erstattet werden. Wurde aus dienstlichen oder wirtschaftlichen Gründen ein Flugzeug benutzt, werden die Kosten der niedrigsten Flugklasse erstattet. Kosten einer höheren Klasse regelmäßig verkehrender Beförderungsmittel können erstattet werden, wenn dienstliche Gründe dies im Einzelfall oder allgemein erfordern.

(2) Mögliche Fahrpreisermäßigungen sind zu berücksichtigen. Fahrtkosten werden nicht erstattet, wenn eine unentgeltliche Beförderungsmöglichkeit genutzt werden kann.

(3) Dienstreisenden, denen für Bahnfahrten die Kosten der niedrigsten Beförderungsklasse zu erstatten wären, werden bei einem Grad der Behinderung von mindestens 50 die Kosten der nächsthöheren Klasse erstattet.

(4) Wurde aus triftigem Grund ein Mietwagen oder ein Taxi benutzt, werden die entstandenen notwendigen Kosten erstattet.

§ 5 Wegstreckenentschädigung

(1) Für Fahrten mit anderen als den in § 4 genannten Beförderungsmitteln wird eine Wegstreckenentschädigung gewährt. Sie beträgt bei Benutzung eines Kraftfahrzeuges oder eines anderen motorbetriebenen Fahrzeuges 20 Cent je Kilometer zurückgelegter Strecke, höchstens jedoch 130 Euro. Die oberste Bundesbehörde kann den Höchstbetrag auf 150 Euro festsetzen, wenn dienstliche Gründe dies im Einzelfall oder allgemein erfordern.

(2) Besteht an der Benutzung eines Kraftwagens ein erhebliches dienstliches Interesse, beträgt die Wegstreckenentschädigung 30 Cent je Kilometer zurückgelegter Strecke. Das erhebliche dienstliche Interesse muss vor Antritt der Dienstreise in der Anordnung oder Genehmigung schriftlich oder elektronisch festgestellt werden.

(3) Benutzen Dienstreisende zur Erledigung von Dienstgeschäften regelmäßig ein Fahrrad, wird Wegstreckenentschädigung nach Maßgabe einer allgemeinen Verwaltungsvorschrift gemäß § 16 gewährt.

(4) Eine Wegstreckenentschädigung wird Dienstreisenden nicht gewährt, wenn sie
1. eine vom Dienstherrn unentgeltlich zur Verfügung gestellte Beförderungsmöglichkeit nutzen konnten oder
2. von anderen Dienstreisenden des Bundes oder eines anderen Dienstherrn in einem Kraftwagen mitgenommen wurden.

§ 6 Tagegeld

(1) Als Ersatz von Mehraufwendungen für Verpflegung erhalten Dienstreisende ein Tagegeld. Die Höhe des Tagegeldes bemisst sich nach § 4 Abs. 5 Satz 1 Nr. 5 Satz 2 des Einkommensteuergesetzes. Besteht zwischen der Dienststätte oder der Wohnung und der Stelle, an der das Dienstgeschäft erledigt wird, nur eine geringe Entfernung, wird Tagegeld nicht gewährt.

(2) Erhalten Dienstreisende ihres Amtes wegen unentgeltlich Verpflegung, werden von dem zustehenden Tagegeld für das Frühstück 20 Prozent und für das Mittag- und Abendessen je 40 Prozent des Tagegeldes für einen vollen Kalendertag einbehalten. Gleiches gilt, wenn das Entgelt für Verpflegung in den erstattungsfähigen Fahrt-, Übernachtungs- oder Nebenkosten enthalten ist. Die Sätze 1 und 2 sind auch dann anzuwenden, wenn Dienstreisende ihres Amtes wegen unentgeltlich bereitgestellte Verpflegung ohne triftigen Grund nicht in Anspruch nehmen. Die oberste Dienstbehörde kann in besonderen Fällen niedrigere Einbehaltungssätze zulassen.

§ 7 Übernachtungsgeld

(1) Für eine notwendige Übernachtung erhalten Dienstreisende pauschal 20 Euro. Höhere Übernachtungskosten werden erstattet, soweit sie notwendig sind.

(2) Übernachtungsgeld wird nicht gewährt
1. für die Dauer der Benutzung von Beförderungsmitteln,
2. bei Dienstreisen am oder zum Wohnort für die Dauer des Aufenthalts an diesem Ort,
3. bei unentgeltlicher Bereitstellung einer Unterkunft des Amtes wegen, auch wenn diese Unterkunft ohne triftigen Grund nicht genutzt wird, und
4. in den Fällen, in denen das Entgelt für die Unterkunft in den erstattungsfähigen Fahrt- oder sonstigen Kosten enthalten ist, es sei denn, dass eine Übernachtung aufgrund einer zu frühen Ankunft am Geschäftsort oder einer zu späten Abfahrt von diesem zusätzlich erforderlich wird.

§ 8 Auslagenerstattung bei längerem Aufenthalt am Geschäftsort

Dauert der dienstlich veranlasste Aufenthalt an demselben auswärtigen Geschäftsort länger als 14 Tage, wird vom 15. Tag an ein um 50 Prozent ermäßigtes Tagegeld gewährt; in besonderen Fällen kann die oberste Dienstbehörde oder die von ihr ermächtigte Behörde auf eine Ermäßigung des Tagegeldes verzichten. Notwendige Übernachtungskosten werden erstattet; ein pauschales Übernachtungsgeld nach § 7 Abs. 1 wird nicht gewährt. Als Reisebeihilfe für Heimfahrten werden für jeweils 14 Tage des Aufenthalts am Geschäftsort je nach benutztem Beförderungsmittel Fahrt- oder Flugkosten bis zur Höhe des in § 4 Abs. 1 Satz 1 oder 3 oder in § 5 Abs. 1 genannten Betrages gewährt. Wird der Geschäftsort aufgrund von Heimfahrten verlassen, wird für die Zeit des Aufenthalts in der Wohnung Tagegeld nicht gewährt.

§ 9 Aufwands- und Pauschvergütung

(1) Dienstreisende, denen erfahrungsgemäß geringerer Aufwand für Verpflegung oder Unterkunft als allgemein üblich entsteht, erhalten nach näherer Bestimmung der obersten Dienstbehörde oder der von ihr ermächtigten Behörde anstelle von Tagegeld, Übernachtungsgeld und Auslagenerstattung nach § 8 Satz 1 und 2 eine entsprechende Aufwandsvergütung. Diese kann auch nach Stundensätzen bemessen werden.

(2) Die oberste Dienstbehörde oder die von ihr ermächtigte Behörde kann für regelmäßige oder gleichartige Dienstreisen anstelle der Reisekostenvergütung oder einzelner ihrer Bestandteile eine Pauschvergütung gewähren, die nach dem Durchschnitt der in einem bestimmten Zeitraum sonst anfallenden Reisekostenvergütungen zu bemessen ist.

§ 10 Erstattung sonstiger Kosten

(1) Zur Erledigung des Dienstgeschäfts notwendige Auslagen, die nicht nach den §§ 4 bis 9 zu erstatten sind, werden als Nebenkosten erstattet.

(2) Entfällt eine Dienstreise aus einem von der oder dem Bediensteten nicht zu vertretenden Grund, werden durch die Vorbereitung entstandene, nach diesem Gesetz abzugeltende Auslagen erstattet.

§ 11 Bemessung der Reisekostenvergütung in besonderen Fällen

(1) Für Dienstreisen aus Anlass der Versetzung, Abordnung oder Kommandierung wird das Tagegeld für die Zeit bis zur Ankunft am neuen Dienstort gewährt; im Übrigen gilt § 2 Abs. 2. Das Tagegeld wird für die Zeit bis zum Ablauf des Ankunftstages gewährt, wenn den Dienstreisenden vom nächsten Tag an Trennungsreise- oder Trennungstagegeld zusteht; daneben wird Übernachtungsgeld (§ 7) gewährt. Für Dienstreisen im Sinne des Satzes 1 wird das Tagegeld vom Beginn des Abfahrtstages an gewährt, wenn wird für den vorhergehenden Tag Trennungsreise- oder Trennungstagegeld gewährt wird. Für ein- und zweitägige Abordnungen oder Kommandierungen ist bei der Festsetzung der Reisekostenvergütung abweichend von den Sätzen 1 bis 3 die gesamte Dauer der Abwesenheit von der Wohnung oder bisherigen Dienststätte zugrunde zu legen.

(2) Für Reisen aus Anlass der Einstellung kann Reisekostenvergütung wie für Dienstreisen gewährt werden; Absatz 1 ist entsprechend anzuwenden. Die Reisekostenvergütung darf dabei nicht höher sein als der Betrag, der für eine Dienstreise von der Wohnung zur Dienststätte zu erstatten wäre.

(3) Reisekostenvergütung kann ferner gewährt werden.
1. für Einstellungsreisen vor dem Wirksamwerden der Ernennung zur Beamtin, zum Beamten, zur Richterin, zum Richter, zur Soldatin oder zum Soldaten und
2. für Reisen aus Anlass des Ausscheidens aus dem Dienst wegen Ablaufs der Dienstzeit oder wegen Dienstunfähigkeit von Beamtinnen und Beamten auf Widerruf, von Soldatinnen und Soldaten auf Zeit von Soldaten, die aufgrund der Wehrpflicht Wehrdienst leisten; dies gilt für Reisen in das Ausland nur bis zum inländischen Grenzort oder dem inländischen Flughafen, von dem die Flugreise angetreten wird.

Die Absätze 1 und 2 Satz 2 gelten entsprechend.

(4) Für Reisen zum Zwecke der Ausbildung oder Fortbildung, die teilweise im dienstlichen Interesse liegen, können mit Zustimmung der obersten Dienstbehörde oder der von ihr ermächtigten Behörde entstandene Kosten bis zur Höhe der für Dienstreisen zustehenden Reisekostenvergütung erstattet werden.

(5) Übernachten Dienstreisende in ihrer außerhalb des Geschäftsorts gelegenen Wohnung, wird für jede Hin- und Rückfahrt aus Anlass einer Übernachtung als Ersatz der Fahrtauslagen ein Betrag in Höhe der Übernachtungspauschale nach § 7 gewährt.

§ 12 Erkrankung während einer Dienstreise

Erkranken Dienstreisende und werden sie in ein Krankenhaus aufgenommen, werden für jeden vollen Kalendertag des Krankenhausaufenthalts die notwendigen Auslagen für die Unterkunft am Geschäftsort erstattet. Für eine Besuchsreise einer oder eines Angehörigen aus Anlass einer durch ärztliche Bescheinigung nachgewiesenen lebensgefährlichen Erkrankung der oder des Dienstreisenden werden Fahrtauslagen gemäß § 4 Abs. 1 Satz 1 und 3 oder § 5 Abs. 1 erstattet.

§ 13 Verbindung von Dienstreisen mit privaten Reisen

(1) Werden Dienstreisen mit privaten Reisen verbunden, wird die Reisekostenvergütung so bemessen, als ob nur die Dienstreise durchgeführt worden wäre. Die Reisekostenvergütung nach Satz 1 darf die sich nach dem tatsächlichen Reiseverlauf ergebende nicht übersteigen. Werden Dienstreisen mit einem Urlaub von mehr als fünf Arbeitstagen verbunden, werden nur die zusätzlich für die Erledigung des Dienstgeschäfts entstehenden Kosten als Fahrtauslagen entsprechend den §§ 4 und 5 erstattet; Tage- und Übernachtungsgeld wird für die Dauer des Dienstgeschäfts sowie für die zusätzliche Reisezeit gewährt.

(2) Wird in besonderen Fällen angeordnet oder genehmigt, dass die Dienstreise an einem vorübergehenden Aufenthaltsort anzutreten oder zu beenden ist, wird die Reisekostenvergütung abweichend von Absatz 1 nach der Abreise von oder der Ankunft an diesem Ort bemessen. Entsprechendes gilt, wenn in diesen Fällen die Dienstreise an der Wohnung oder Dienststätte beginnt oder endet. Absatz 1 Satz 2 ist entsprechend anzuwenden.

(3) Wird aus dienstlichen Gründen die vorzeitige Beendigung einer Urlaubsreise angeordnet, gilt die Rückreise vom Urlaubsort unmittelbar oder über den Geschäftsort zur Dienststätte als Dienstreise, für die Reisekostenvergütung gewährt wird. Außerdem werden die Fahrtauslagen für die kürzeste Reisestrecke von der Wohnung zum Urlaubsort, an dem die Bediensteten die Anordnung erreicht, im Verhältnis des nicht ausgenutzten Teils der Urlaubsreise zur vorgesehenen Dauer der Urlaubsreise erstattet.

(4) Aufwendungen der Dienstreisenden und der sie begleitenden Personen, die durch die Unterbrechung oder vorzeitige Beendigung einer Urlaubsreise verursacht worden sind, werden in angemessenem Umfang erstattet. Dies gilt auch für Aufwendungen, die aus diesen Gründen nicht ausgenutzt werden konnten; hinsichtlich der Erstattung von Aufwendungen für die Hin- und Rückfahrt ist Absatz 3 Satz 2 sinngemäß anzuwenden.

§ 14 Auslandsdienstreisen

(1) Auslandsdienstreisen sind Dienstreisen im oder ins Ausland sowie vom Ausland ins Inland.

(2) Nicht als Auslandsdienstreisen gelten Dienstreisen der im Grenzverkehr tätigen Beamtinnen und Beamten im Bereich ausländischer Lokalgrenzbehörden, zwischen solchen Bereichen und zwischen diesen und dem Inland.

(3) Das Bundesministerium des Innern wird ermächtigt, durch Rechtsverordnung wegen der besonderen Verhältnisse abweichende Vorschriften über die Reisekostenvergütung für Auslandsdienstreisen bezüglich der Anordnung und Genehmigung von Dienstreisen, der Fahrt- und Flugkosten, des Auslandstage- und Auslandsübernachtungsgeldes, der Reisebeihilfen, der Kriterien der Erstattung klimabedingter Bekleidung und anderer Nebenkosten zu erlassen.

§ 15 Trennungsgeld

(1) Beamtinnen, Beamte, Richterinnen und Richter, die an einen Ort außerhalb des Dienst- und Wohnortes ohne Zusage der Umzugskostenvergütung abgeordnet werden, erhalten für die ihnen dadurch entstehenden notwendigen Aufwendungen unter Berücksichtigung der häuslichen Ersparnis ein Trennungsgeld nach einer Rechtsverordnung, die für Abordnungen im Inland das Bundesministerium des Innern erlässt. Diese Verordnung ist auch anzuwenden für Abordnungen im oder ins Ausland sowie vom Ausland ins Inland, soweit aufgrund der Ermächtigung des Absatzes 2 keine Sonderregelungen ergangen sind. Dasselbe gilt für Kommandierungen von Soldatinnen und Soldaten und die vorübergehende dienstliche Tätigkeit bei einer anderen Stelle als einer Dienststelle. Der Abordnung stehen die Zuweisung nach § 29 des Bundesbeamtengesetzes oder nach § 20 des Beamtenstatusgesetzes gleich.

(2) Absatz 1 Satz 1 und 3 gilt entsprechend für Abordnungen ohne Zusage der Umzugskostenvergütung im oder ins Ausland sowie vom Ausland ins Inland, soweit die besonderen Bedürfnisse des Auslandsdienstes und die besonderen Verhältnisse im Ausland es erfordern mit der Maßgabe, dass das Auswärtige Amt die Rechtsverordnung im Einvernehmen mit dem Bundesministerium des Innern, dem Bundesministerium der Verteidigung und dem Bundesministerium der Finanzen erlässt.

(3) Werden Beamtinnen oder Beamte auf Widerruf im Vorbereitungsdienst zum Zwecke ihrer Ausbildung einer Ausbildungsstelle an einem anderen Ort als dem bisherigen Dienst- und Wohnort zugewiesen, können ihnen die dadurch entstehenden notwendigen Mehrauslagen ganz oder teilweise erstattet werden.

§ 16 Verwaltungsvorschriften

Allgemeine Verwaltungsvorschriften zu diesem Gesetz erlässt das Bundesministerium des Innern. Verwaltungsvorschriften zu den Sondervorschriften für die Reisekostenvergütung für Auslandsdienstreisen erlässt das Bundesministerium des Innern im Einvernehmen mit dem Auswärtigen Amt.

Verordnung über das Trennungsgeld bei Versetzungen und Abordnungen im Inland
(Trennungsgeldverordnung – TGV)

vom 29. 6. 1999 (BGBl. I S. 1533)
zuletzt geändert durch Artikel 15 Abs. 43 des Gesetzes zur Neuordnung und Modernisierung des Bundesdienstrechts (DNeuG) vom 5. 2. 2009 (BGBl. I S. 160) und der Verordnung zur Neuregelung mutterschutz- und elternzeitrechtlicher Vorschriften vom 12. 2. 2009 (BGBl. I S. 320)

§ 1 Anwendungsbereich

(1) Berechtigte nach dieser Verordnung sind
1. Bundesbeamte und in den Bundesdienst abgeordnete Beamte,
2. Richter im Bundesdienst und in den Bundesdienst abgeordnete Richter und
3. Berufssoldaten und Soldaten auf Zeit.

(2) Trennungsgeld wird gewährt aus Anlaß der
1. Versetzung aus dienstlichen Gründen,
2. Aufhebung einer Versetzung nach einem Umzug mit Zusage der Umzugskostenvergütung,
3. Verlegung der Beschäftigungsbehörde,
4. nicht nur vorübergehenden Zuteilung aus dienstlichen Gründen zu einem anderen Teil der Beschäftigungsbehörde,
5. Übertragung eines anderen Richteramtes nach § 32 Abs. 2 des Deutschen Richtergesetzes oder eines weiteren Richteramtes nach § 27 Abs. 2 des vorgenannten Gesetzes,
6. Abordnung oder Kommandierung, auch im Rahmen der Aus- und Fortbildung,
7. Zuweisung nach § 29 des Bundesbeamtengesetzes und § 20 des Beamtenstatusgesetzes,
8. vorübergehenden Zuteilung aus dienstlichen Gründen zu einem anderen Teil der Beschäftigungsbehörde,
9. vorübergehenden dienstlichen Tätigkeit bei einer anderen Stelle als einer Dienststelle,
10. Aufhebung oder Beendigung einer Maßnahme nach den Nummern 6 bis 9 nach einem Umzug mit Zusage der Umzugskostenvergütung,
11. Versetzung mit Zusage der Umzugskostenvergütung nach § 4 Abs. 2 Nr. 3 des Bundesumzugskostengesetzes,
12. Einstellung mit Zusage der Umzugskostenvergütung,
13. Einstellung ohne Zusage der Umzugskostenvergütung bei vorübergehender Dauer des Dienstverhältnisses, der vorübergehenden Verwendung am Einstellungsort oder während der Probezeit; die Gewährung von Trennungsgeld in diesen Fällen bedarf der Zustimmung der obersten Dienstbehörde oder der von ihr ermächtigten nachgeordneten Behörde,
14. Räumung einer Dienstwohnung auf dienstliche Weisung, solange der zur Führung eines Haushalts notwendige Teil der Wohnungseinrichtung untergestellt werden muß.

(3) Trennungsgeld wird nur gewährt, wenn
1. bei Maßnahmen nach Absatz 2 Nr. 1 bis 13 der neue Dienstort ein anderer als der bisherige Dienstort ist und die Wohnung nicht im Einzugsgebiet (§ 3 Abs. 1 Nr. 1 Buchstabe c des Bundesumzugskostengesetzes) liegt,
2. bei Maßnahmen nach Absatz 2 Nr. 1 bis 5 der Berechtigte nicht unwiderruflich auf die Zusage der Umzugskostenvergütung verzichtet und dienstliche Gründe den Umzug nicht erfordern (§ 3 Abs. 1 Nr. 1 Buchstabe d des Bundesumzugskostengesetzes).

(4) Die Absätze 2 und 3 gelten auch für im Grenzverkehr tätige Beamte im Bereich ausländischer Lokalgrenzbehörden, zwischen solchen Bereichen und zwischen diesen und dem Inland.

§ 2 Trennungsgeld nach Zusage der Umzugskostenvergütung

(1) Ist Umzugskostenvergütung zugesagt, steht Trennungsgeld zu,
1. wenn der Berechtigte seit dem Tag des Wirksamwerdens der Zusage oder, falls für ihn günstiger, der Maßnahme nach § 1 Abs. 2 uneingeschränkt umzugswillig ist und
2. solange er wegen Wohnungsmangels im Einzugsgebiet (§ 3 Abs. 1 Nr. 1 Buchstabe c des Bundesumzugskostengesetzes) nicht umziehen kann.

Uneingeschränkt umzugswillig ist, wer sich unter Ausschöpfung aller Möglichkeiten nachweislich und fortwährend um eine angemessene Wohnung bemüht. Angemessen ist eine Wohnung, die den familiären Bedürfnissen des Berechtigten entspricht. Dabei ist von der bisherigen Wohnungsgröße auszugehen, es sei denn, daß sie in einem erheblichen Mißverhältnis zur Zahl der zum Haushalt gehörenden Personen steht. Die Lage des Wohnungsmarktes im Einzugsgebiet

(§ 3 Abs. 1 Nr. 1 Buchstabe c des Bundesumzugskostengesetzes) ist zu berücksichtigen. Bei unverheirateten Berechtigten ohne Wohnung im Sinne des § 10 Abs. 3 des Bundesumzugskostengesetzes gilt als Wohnung auch ein möbliertes Zimmer oder eine bereitgestellte Gemeinschaftsunterkunft.

(2) Nach Wegfall des Wohnungsmangels darf Trennungsgeld nur weitergewährt werden, wenn und solange dem Umzug des umzugswilligen Berechtigten im Zeitpunkt des Wegfalls des Wohnungsmangels einer der folgenden Hinderungsgründe entgegensteht:
1. vorübergehende schwere Erkrankung des Berechtigten oder eines seiner Familienangehörigen (§ 6 Abs. 3 Satz 2 und 3 des Bundesumzugskostengesetzes) bis zur Dauer von einem Jahr;
2. Beschäftigungsverbote für die Berechtigte oder eine Familienangehörige (§ 6 Abs. 3 Satz 2 und 3 des Bundesumzugskostengesetzes) für die Zeit vor oder nach einer Entbindung nach mutterschutzrechtlichen Vorschriften oder entsprechendem Landesrecht;
3. Schul- oder Berufsausbildung eines Kindes (§ 6 Abs. 3 Satz 2 und 3 des Bundesumzugskostengesetzes) bis zum Ende des Schul- oder Ausbildungsjahres. Befindet sich das Kind in der Jahrgangsstufe 12 einer Schule, so verlängert sich die Gewährung des Trennungsgeldes bis zum Ende des folgenden Schuljahres; befindet sich das Kind im vorletzten Ausbildungsjahr eines Berufsausbildungsverhältnisses, so verlängert sich die Gewährung des Trennungsgeldes bis zum Ende des folgenden Ausbildungsjahres;
4. Schul- oder Berufsausbildung eines schwerbehinderten Kindes (§ 6 Abs. 3 Satz 2 und 3 des Bundesumzugskostengesetzes). Trennungsgeld wird bis zur Beendigung der Ausbildung gewährt, solange diese am neuen Dienst- oder Wohnort oder in erreichbarer Entfernung davon wegen der Behinderung nicht fortgesetzt werden kann;
5. akute lebensbedrohende Erkrankung eines Elternteiles des Berechtigten oder seines Ehegatten oder Lebenspartners, wenn dieser in hohem Maße Hilfe des Ehegatten, Lebenspartners oder Familienangehörigen des Berechtigten erhält;
6. Schul- oder erste Berufsausbildung des Ehegatten oder Lebenspartners in entsprechender Anwendung der Nummer 3.

Trennungsgeld darf auch gewährt werden, wenn zum Zeitpunkt des Wirksamwerdens der dienstlichen Maßnahme kein Wohnungsmangel, aber einer oder mehrere dieser Hinderungsgründe vorliegen. Liegt bei Wegfall des Hinderungsgrundes ein neuer Hinderungsgrund vor, kann mit Zustimmung der obersten Dienstbehörde Trennungsgeld bis zu längstens einem Jahr weiterbewilligt werden. Nach Wegfall des Hinderungsgrundes darf Trennungsgeld auch bei erneutem Wohnungsmangel nicht gewährt werden.

(3) Ist ein Umzug, für den Umzugskostenvergütung zugesagt ist, aus Anlaß einer Maßnahme nach § 1 Abs. 2 vor dem Wirksamwerden durchgeführt, kann Trennungsgeld in sinngemäßer Anwendung dieser Verordnung bis zum Tag vor der Dienstantrittsreise, längstens für 3 Monate gewährt werden.

(4) Wird die Zusage der Umzugskostenvergütung außerhalb eines Rechtsbehelfsverfahrens aufgehoben, wird dadurch ein Trennungsgeldanspruch nicht begründet; ein erloschener Trennungsgeldanspruch lebt nicht wieder auf.

§ 3 Trennungsgeld beim auswärtigen Verbleiben

(1) Ein Berechtigter, der nicht täglich zum Wohnort zurückkehrt und dem die tägliche Rückkehr nicht zuzumuten oder aus dienstlichen Gründen nicht gestattet ist, erhält für die ersten 14 Tage nach beendeter Dienstantrittsreise als Trennungsgeld die gleiche Vergütung wie bei Dienstreisen (Trennungsreisegeld). Die tägliche Rückkehr zum Wohnort ist in der Regel nicht zuzumuten, wenn beim Benutzen regelmäßig verkehrender Beförderungsmittel die Abwesenheit von der Wohnung mehr als 12 Stunden oder die benötigte Zeit für das Zurücklegen der Strecke zwischen Wohnung und Dienststätte und zurück mehr als 3 Stunden beträgt. Ändert sich vorübergehend der Beschäftigungsort auf Grund einer Maßnahme nach § 1 Abs. 2 oder für volle Kalendertage der Abwesenheit wegen einer Dienstreise für längstens drei Monate, wird bei Rückkehr nach Beendigung der Maßnahme oder Dienstreise Trennungsreisegeld gewährt, soweit der Anspruchszeitraum nach Satz 1 noch nicht ausgeschöpft war.

(2) Vom 15. Tag, im Falle des § 2 Abs. 3 vom Tag nach Beendigung des Umzuges an wird unter der Voraussetzung, daß eine Wohnung oder Unterkunft am bisherigen Wohnort beibehalten wird, als Trennungsgeld Trennungstagegeld und Trennungsübernachtungsgeld nach Maßgabe der Absätze 3 und 4 gewährt. Ist Umzugskostenvergütung nicht zugesagt, wird vom 15. Tage an Trennungsgeld nach Maßgabe der Absätze 3 und 4 auch gewährt, solange nach dem Umzug eine Wohnung oder Unterkunft außerhalb des neuen Dienstortes einschließlich des Einzugsgebietes (§ 3 Abs. 1 Nr. 1 Buchstabe c des Bundesumzugskostengesetzes) weiter besteht und mehrere Haushalte geführt werden; § 7 Abs. 2 ist zu beachten.

(3) ¹Als Trennungstagegeld wird ein Betrag in Höhe der Summe der nach der Sozialversicherungsentgeltverordnung maßgebenden Sachbezugswerte für Frühstück, Mittagessen und Abendessen gewährt. Der Berechtigte, der
a) mit seinem Ehegatten oder Lebenspartner in häuslicher Gemeinschaft lebt oder
b) mit einem Verwandten bis zum vierten Grad, einem Verschwägerten bis zum zweiten Grad, einem Pflegekind oder Pflegeeltern in häuslicher Gemeinschaft lebt und ihnen aus gesetzlicher oder sittlicher Verpflichtung nicht nur vorübergehend Unterkunft und Unterhalt ganz oder überwiegend gewährt oder
c) mit einer Person in häuslicher Gemeinschaft lebt, deren Hilfe er aus beruflichen oder nach ärztlichem, im Zweifel nach amtsärztlichem Zeugnis aus gesundheitlichen Gründen nicht nur vorübergehend bedarf,

und einen getrennten Haushalt führt, erhält als Trennungstagegeld 150 Prozent dieses Betrages. Erhält der Berechtigte seines Amtes wegen unentgeltlich Verpflegung, ist das Trennungstagegeld für jede bereitgestellte Mahlzeit um den maßgebenden Sachbezugswert nach der Sachbezugsverordnung zu kürzen; bei Berechtigten nach Satz 2 erhöht sich der Kürzungsbetrag um 50 Prozent des maßgebenden Sachbezugswertes nach der Sozialversicherungsentgeltverordnung für die jeweilige Mahlzeit. Das gleiche gilt, wenn Verpflegung von dritter Seite bereitgestellt wird und das Entgelt für sie in den erstattbaren Fahr- und Nebenkosten enthalten ist oder wenn der Berechtigte seines Amtes wegen unentgeltlich bereitgestellte Verpflegung ohne triftigen Grund nicht in Anspruch nimmt.

(4) Als Trennungsübernachtungsgeld werden die nachgewiesenen notwendigen, auf Grund eines Mietvertrags oder einer ähnlichen Nutzungsvereinbarung zu zahlenden Kosten für eine wegen einer Maßnahme nach § 1 Abs. 2 bezogenen angemessenen Unterkunft erstattet. Zu den Unterkunftskosten gehören auch die unmittelbar mit der Nutzung der Unterkunft zusammenhängenden Nebenkosten. Erhält der Berechtigte seines Amtes wegen unentgeltlich Unterkunft, wird ein Trennungsübernachtungsgeld nicht gewährt; im übrigen gilt § 7 Abs. 2 des Bundesreisekostengesetzes entsprechend. Notwendige Fahrkosten zwischen dieser außerhalb des Dienstortes bereitgestellten Unterkunft und der Dienststätte werden in entsprechender Anwendung des § 5 Abs. 4 erstattet.

§ 4 Sonderbestimmungen beim auswärtigen Verbleiben

(1) Das Tagegeld des Trennungsreisegeldes und das Trennungstagegeld werden für volle Kalendertage
1. der Abwesenheit vom neuen Dienstort und dem Ort der auf Grund einer dienstlichen Maßnahme nach § 1 Abs. 2 bezogenen Unterkunft,
2. des Aufenthaltes in einem Krankenhaus, einer Sanatoriumsbehandlung oder einer Heilkur,
3. der Beschäftigungsverbote nach den mutterschutzrechtlichen Bestimmungen nicht gewährt.

(2) Auf das Tagegeld des Trennungsreisegeldes ist die für eine Dienstreise oder einen Dienstgang von weniger als 24 Stunden Dauer zustehende Reisekostenvergütung für Verpflegungsmehraufwand anzurechnen.

(3) Das Übernachtungsgeld des Trennungsreisegeldes und das Trennungsübernachtungsgeld werden bei einer Änderung des Dienstortes auf Grund einer Maßnahme nach § 1 Abs. 2 und in den Fällen des Absatzes 1 weitergewährt, solange die Aufgabe einer entgeltlichen Unterkunft nicht zumutbar oder wegen der mietvertraglichen Bindung nicht möglich ist.

(4) Wird der Dienstort in den Fällen des Absatzes 1 Nr. 3 oder auf Grund einer Erkrankung verlassen, werden die Fahrauslagen bis zur Höhe der Kosten für die Fahrt vom Wohnort und zurück wie bei einer Dienstreise erstattet. Nach Rückkehr steht dem Berechtigten kein Trennungsreisegeld zu, wenn die Unterkunft wieder in Anspruch genommen werden kann, für die das Trennungsgeld nach Absatz 3 bis zur Rückkehr gewährt wird.

(5) Berechtigte, denen erfahrungsgemäß geringere Aufwendungen für Verpflegung als allgemein entstehen, erhalten nach näherer Bestimmung der obersten Dienstbehörde oder der von ihr ermächtigten nachgeordneten Behörde entsprechend den notwendigen Mehrauslagen ein ermäßigtes Trennungsgeld.

(6) Ändert sich der neue Dienstort auf Grund einer Maßnahme nach § 1 Abs. 2 für längstens drei Monate, werden nachgewiesene notwendige Kosten für das Beibehalten der Unterkunft erstattet. Bei tatsächlicher oder zumutbarer täglicher Rückkehr wird neben dem Trennungsgeld nach § 3 eine Entschädigung nach § 6 Abs. 1, 3 und 4 gewährt.

(7) Erhält der Ehegatte oder Lebenspartner des Berechtigten Trennungsgeld nach § 3 oder eine entsprechende Entschädigung nach den Vorschriften eines anderen Dienstherrn, erhält der Berechtigte anstelle des Trennungstagegeldes nach § 3 Abs. 3 Satz 2 Trennungstagegeld

nach § 3 Abs. 3 Satz 1, wenn er am Dienstort des Ehegatten oder Lebenspartners wohnt oder der Ehegatte oder Lebenspartner an seinem Dienstort beschäftigt ist.

(8) Wird nach einem Umzug mit Zusage der Umzugskostenvergütung kein Trennungsgeld für die bisherige Unterkunft mehr gewährt, werden die notwendigen Auslagen für diese Unterkunft längstens bis zu dem Zeitpunkt erstattet, zu dem das Mietverhältnis frühestens gelöst werden kann.

§ 5 Reisebeihilfe für Heimfahrten

(1) Ein Berechtigter nach § 3 erhält eine Reisebeihilfe für jeden halben Monat, wenn er die Voraussetzungen des § 3 Abs. 3 Satz 2 erfüllt oder das 18. Lebensjahr noch nicht vollendet hat, im übrigen für jeden Monat. Ändern sich diese Voraussetzungen, so beginnt der neue Anspruchszeitraum erst nach Ablauf des bisherigen, sofern dies für den Berechtigten günstiger ist. Der Anspruchszeitraum wird aus Anlaß einer neuen Maßnahme nach § 1 Abs. 2 durch Sonn- und Feiertage, allgemein dienstfreie Werktage und Tage der Dienstantrittsreise nicht unterbrochen. Eine Reisebeihilfe wird nur gewährt, wenn die Reise im maßgebenden Anspruchszeitraum beginnt.

(2) Verzichtet ein Berechtigter bei Maßnahmen nach § 1 Abs. 2 Nr. 1 bis 5 unwiderruflich auf die Zusage der Umzugskostenvergütung und ist aus dienstlichen Gründen ein Umzug nicht erforderlich (§ 3 Abs. 1 Nr. 1 Buchstabe d des Bundesumzugskostengesetzes), gilt Absatz 1 mit der Maßgabe, daß Reisebeihilfe für längstens ein Jahr gewährt wird.

(3) Anstelle einer Reise des Berechtigten kann auch eine Reise des Ehegatten, des Lebenspartners, eines Kindes oder einer Person nach § 3 Abs. 3 Satz 2 Buchstabe b berücksichtigt werden.

(4) Als Reisebeihilfe werden die entstandenen notwendigen Fahrauslagen bis zur Höhe der Kosten der für den Berechtigten billigsten Fahrkarte der allgemein niedrigsten Klasse ohne Zuschläge eines regelmäßig verkehrenden Beförderungsmittels vom Dienstort zum bisherigen Wohnort oder, wenn dieser im Ausland liegt, bis zum inländischen Grenzort und zurück erstattet. Bei Benutzung zuschlagpflichtiger Züge werden auch die notwendigen Zuschläge wie bei Dienstreisen erstattet. Nach näherer Bestimmung des Bundesministeriums des Innern können in besonderen Fällen Flugkosten erstattet werden.

§§ 5a, 5b

(weggefallen)

§ 6 Trennungsgeld bei täglicher Rückkehr zum Wohnort

(1) Ein Berechtigter, der täglich an den Wohnort zurückkehrt oder dem die tägliche Rückkehr zuzumuten ist (§ 3 Abs. 1 Satz 2), erhält als Trennungsgeld Fahrkostenerstattung, Wegstrecken- oder Mitnahmeentschädigung wie bei Dienstreisen. Hierauf sind die Fahrauslagen anzurechnen, die für das Zurücklegen der Strecke zwischen Wohnung und der bisherigen, bei einer Kette von Maßnahmen nach § 1 Abs. 2 der ursprünglichen Dienststätte entstanden wären, wenn die Entfernung mindestens fünf Kilometer beträgt. Dabei ist als Aufwand ein Betrag von 0,08 Euro je Entfernungskilometer und Arbeitstag zugrunde zu legen. Von der Anrechnung ist ganz oder teilweise abzusehen, wenn der Berechtigte nachweist, daß er bei Fahrten zwischen Wohnung und bisheriger Dienststätte üblicherweise keinen entsprechenden Aufwand hätte.

(2) Zusätzlich wird ein Verpflegungszuschuß von 2,05 Euro je Arbeitstag gewährt, wenn die notwendige Abwesenheit von der Wohnung mehr als 11 Stunden beträgt, es sei denn, daß Anspruch auf Reisekostenvergütung für Verpflegungsmehraufwand besteht.

(3) Muß aus dienstlichen Gründen am Dienstort übernachtet werden, werden die dadurch entstandenen notwendigen Mehraufwendungen erstattet.

(4) Das Trennungsgeld nach den Absätzen 1 und 2 darf das in einem Kalendermonat zustehende Trennungsgeld nach den §§ 3 und 4 sowie das Tage- und Übernachtungsgeld für die Hin- und Rückreise nicht übersteigen. Als Übernachtungsgeld wird für die ersten 14 Tage höchstens der Betrag nach § 7 Abs. 1 Satz 1 des Bundesreisekostengesetzes und ab dem 15. Tag als Trennungsübernachtungsgeld ein Drittel dieses Betrages berücksichtigt.

§ 7 Sonderfälle

(1) Anspruch auf Trennungsgeld besteht weiter, wenn sich aus Anlaß einer neuen Maßnahme nach § 1 Abs. 2 der neue Dienstort nicht ändert.

(2) Nach einem Umzug, für den Umzugskostenvergütung nicht zu gewähren ist, darf das Trennungsgeld nicht höher sein als das bisherige.

(3) Das Trennungsgeld kann ganz oder teilweise versagt werden, wenn die Führung der Dienstgeschäfte verboten ist oder infolge einer vorläufigen Dienstenthebung oder einer gesetzmäßig angeordneten Freiheitsentziehung der Dienst nicht ausgeübt werden kann. Das gilt nicht, wenn der Berechtigte auf Grund einer dienstlichen Weisung am Dienstort bleibt.

(4) Trennungsgeld steht nur zu, solange Anspruch auf Besoldung besteht.

§ 8 Ende des Trennungsgeldanspruchs

(1) Das Trennungsgeld wird bis zum Tag des Wegfalls der maßgebenden Voraussetzungen gewährt.

(2) Bei einem Umzug mit Zusage der Umzugskostenvergütung wird Trennungsgeld längstens gewährt bis vor dem Tag, für den der Berechtigte für seine Person Reisekostenerstattung nach § 7 Abs. 1 des Bundesumzugskostengesetzes erhält, im übrigen bis zum Tag des Ausladens des Umzugsgutes.

(3) Bei einer neuen dienstlichen Maßnahme nach § 1 Abs. 2 wird Trennungsgeld bis zu dem Tag gewährt, an dem der Dienstort verlassen wird, bei Gewährung von Reisekostenvergütung für diesen Tag bis zum vorausgehenden Tag.

§ 9 Verfahrensvorschriften

(1) Das Trennungsgeld ist innerhalb einer Ausschlußfrist von einem Jahr nach Beginn der Maßnahme nach § 1 Abs. 2 schriftlich zu beantragen. Trennungsgeld wird monatlich nachträglich auf Grund von Forderungsnachweisen gezahlt, die der Berechtigte innerhalb einer Ausschlußfrist von einem Jahr nach Ablauf des maßgeblichen Kalendermonats abzugeben hat. Satz 2 gilt entsprechend für Anträge auf Reisebeihilfe nach Ablauf des maßgebenden Anspruchszeitraums.

(2) Der Berechtigte hat nachzuweisen, daß die Voraussetzungen für die Trennungsgeldgewährung vorliegen, insbesondere hat er das fortwährende Bemühen um eine Wohnung (§ 2 Abs. 1) zu belegen.

(3) Die oberste Dienstbehörde bestimmt die Behörde, die das Trennungsgeld gewährt.

§ 10

(aufgehoben)

§§ 11 bis 14

(Änderung anderer Vorschriften)

§ 15

(Inkrafttreten, Außerkrafttreten)

Verordnung über das Auslandstrennungsgeld (Auslandstrennungsgeldverordnung – ATGV)

vom 22. 1. 1998 (BGBl. I S. 189)
zuletzt geändert durch Artikel 15 Abs. 41 des Gesetzes zur Neuordnung und Modernisierung des Bundesdienstrechts (DNeuG) vom 5. 2. 2009 (BGBl. I S. 160)

§ 1 Anwendungsbereich, Zweckbestimmung

(1) Ansprüche auf Auslandstrennungsgeld entstehen aus Anlaß von Versetzungen, versetzungsgleichen Maßnahmen (§ 3 Abs. 2 des Bundesumzugskostengesetzes) und Abordnungen vom Inland in das Ausland, im Ausland und vom Ausland in das Inland sowie auch ohne Zusage der Umzugskostenvergütung bei Einstellungen in das Ausland und im Ausland bei vorübergehender Dauer des Dienstverhältnisses oder bei einer vorübergehenden Verwendung am Einstellungsort. Der Abordnung steht gleich

1. die Kommandierung,
2. die vorübergehende Zuteilung aus dienstlichen Gründen zu einem anderen Teil der Beschäftigungsbehörde an einem anderen Ort als dem bisherigen Dienstort,
3. die Aufhebung der Abordnung oder Kommandierung nach einem Umzug mit Zusage der Umzugskostenvergütung,
4. die vorübergehende dienstliche Tätigkeit bei einer anderen Stelle als einer Dienststelle und
5. die Zuweisung zur Amtsausübung in besonderen Fällen (§ 29 des Bundesbeamtengesetzes; § 20 des Beamtenstatusgesetzes).

(2) Mit dem Auslandstrennungsgeld werden notwendige Auslagen für getrennte Haushaltsführung am bisherigen Wohnort aus Anlaß von Versetzungen oder Abordnungen an einen anderen Ort als den bisherigen Dienst- oder Wohnort unter Berücksichtigung der häuslichen Ersparnis abgegolten.

(3) Auslandstrennungsgeld wird nur gewährt, wenn bei Maßnahmen nach Absatz 1 der neue Dienstort ein anderer als der bisherige Dienstort ist und die Wohnung nicht im Einzugsgebiet (§ 3 Abs. 1 Nr. 1 Buchstabe c des Bundesumzugskostengesetzes) liegt.

(4) Verzichtet der Berechtigte unwiderruflich auf die Zusage der Umzugskostenvergütung und ist aus dienstlichen Gründen ein Umzug nicht erforderlich, werden als Auslandstrennungsgeld nur Reisebeihilfen nach § 13 für längstens ein Jahr gezahlt.

§ 2 Berechtigte

(1) Berechtigt sind
1. Bundesbeamte,
2. Richter im Bundesdienst,
3. Berufssoldaten und Soldaten auf Zeit und
4. in den Bundesdienst abgeordnete Beamte und Richter.

(2) Berechtigt sind nicht
1. im Grenzverkehr tätige Beamte bei dienstlichen Maßnahmen nach § 1 Abs. 1 im Bereich ausländischer Lokalgrenzbehörden, zwischen solchen Bereichen und zwischen diesen und dem Inland,
2. Ehrenbeamte und
3. ehrenamtliche Richter.

§ 3 Arten des Auslandstrennungsgeldes

Als Auslandstrennungsgeld werden gezahlt:
1. Entschädigung für getrennte Haushaltsführung (§§ 6 bis 8, 10),
2. Entschädigung bei täglicher Rückkehr zum Wohnort (§ 11),
3. Entschädigung, wenn keine Auslandsdienstbezüge gezahlt werden (§ 12 Abs. 7),
4. Reisebeihilfen für Heimfahrten (§ 13),
5. Entschädigung im Einzelfall aus Sicherheitsgründen oder wegen anderer außergewöhnlicher Verhältnisse im Ausland (Auslandstrennungsgeld in Krisenfällen; § 12 Abs. 8).

§ 4 Entschädigung für getrennte Haushaltsführung

(1) Das Auslandstrennungsgeld nach den §§ 6 bis 8 und 10 wird gezahlt, wenn der Berechtigte
1. mit seinem Ehegatten, Lebenspartner oder ledigen Kindern in häuslicher Gemeinschaft lebt oder
2. mit anderen Verwandten bis zum vierten Grade, einem Verschwägerten bis zum zweiten Grade, einem Pflegekind oder Pflegeeltern in häuslicher Gemeinschaft lebt und ihnen aus gesetzlicher oder sittlicher Verpflichtung – nicht nur vorübergehend – Unterkunft und Unterhalt ganz oder überwiegend gewährt oder
3. mit einer Person in häuslicher Gemeinschaft lebt, deren Hilfe er aus beruflichen oder nach amtsärztlichem Zeugnis aus gesundheitlichen Gründen – nicht nur vorübergehend – bedarf,

und getrennten Haushalt führt. § 8 Abs. 3 und 4 sowie § 12 Abs. 7 bleiben unberührt.

(2) Ist Umzugskostenvergütung (§§ 3 und 4 des Bundesumzugskostengesetzes) zugesagt, wird Auslandstrennungsgeld nach den §§ 6 bis 8 nur gezahlt, wenn die Voraussetzungen des § 5 vorliegen.

§ 5 Auslandstrennungsgeld nach Zusage der Umzugskostenvergütung

(1) Nach Zusage der Umzugskostenvergütung (§§ 3 und 4 des Bundesumzugskostengesetzes) wird Auslandstrennungsgeld nur gezahlt, wenn und solange der Berechtigte
1. seit dem Tage des Wirksamwerdens der Zusage oder, falls ihn günstiger, der dienstlichen Maßnahme nach § 1 Abs. 1 uneingeschränkt umzugswillig ist und
2. wegen Wohnungsmangels am neuen Dienstort einschließlich des Einzugsgebietes oder aus zwingenden persönlichen Gründen vorübergehend nicht umziehen kann.

Der Berechtigte ist verpflichtet, sich unter Ausnutzung jeder gebotenen Gelegenheit nachweislich fortwährend um eine Wohnung zu bemühen. Der Umzug darf nicht durch unangemessene Ansprüche an die Wohnung oder aus anderen nicht zwingenden Gründen verzögert werden.

(2) Nach Widerruf der Zusage der Umzugskostenvergütung darf Auslandstrennungsgeld nicht gezahlt werden, wenn im Zeitpunkt der Bekanntgabe des Widerrufs die Voraussetzungen für die Zahlung des Auslandstrennungsgeldes nach Absatz 1 nicht erfüllt waren oder weggefallen sind.

(3) Die Absätze 1 und 2 gelten nicht, wenn Umzugskostenvergütung nach § 17 der Auslandsumzugskostenverordnung gezahlt wird.

§ 6 Versetzungen und Abordnungen vom Inland in das Ausland

(1) Bei Versetzungen und Abordnungen vom Inland in das Ausland wird Auslandstrennungsgeld in Höhe der Sätze des Trennungstagegeldes nach § 3 Abs. 3 Satz 2 bis 4 der Trennungsgeldverordnung gezahlt; § 4 Abs. 5 der Trennungsgeldverordnung findet Anwendung.

(2) Nach Räumung der bisherigen Wohnung wird das Auslandstrennungsgeld nach Absatz 1 auch gezahlt, wenn die zur häuslichen Gemeinschaft des Berechtigten gehörenden Personen (§ 4 Abs. 1 Satz 1) an einem anderen als dem neuen Dienstort einschließlich Einzugsgebiet eine Unterkunft gegen Entgelt oder eine ihnen oder dem Berechtigten gehörende Wohnung vorübergehend beziehen. Ist die Unterkunft unentgeltlich, wird das Auslandstrennungsgeld nach Absatz 1 um die Hälfte gekürzt. Diese Ansprüche schließen Leistungen nach § 4 Abs. 5 und 6 der Auslandsumzugskostenverordnung aus.

(3) In das Inland versetzten oder abgeordneten Berechtigten, die Auslandstrennungsgeld nach § 8 Abs. 3 oder 4 erhalten, wird bei einer erneuten Versetzung oder Abordnung in das Ausland anstelle des Auslandstrennungsgeldes nach § 8 Abs. 3 oder 4 Auslandstrennungsgeld nach Absatz 1 gezahlt. Daneben kann der Unterschiedsbetrag zwischen der Miete für die Unterkunft im Inland und 18 vom Hundert der Summe aus Grundgehalt, Familienzuschlag der Stufe 1, Amts-, Stellen- und Ausgleichszulagen erstattet werden. § 12 Abs. 3 findet Anwendung.

(4) In das Inland versetzten oder abgeordneten Berechtigten, die Auslandstrennungsgeld nach § 8 Abs. 1 oder 2 erhalten, wird bei einer erneuten Versetzung oder Abordnung in das Ausland mit Zusage der Umzugskostenvergütung anstelle der Abfindung nach § 8 Abs. 1 und 2 Auslandstrennungsgeld nach § 7 gezahlt. § 12 Abs. 3 findet Anwendung.

§ 7 Versetzungen und Abordnungen im Ausland

(1) Bei Versetzungen und Abordnungen im Ausland wird Auslandstrennungsgeld in Höhe der Sätze des Trennungstagegeldes nach § 3 Abs. 3 Satz 2 bis 4 der Trennungsgeldverordnung gezahlt; § 4 Abs. 5 der Trennungsgeldverordnung findet Anwendung.

(2) Nach Räumung der bisherigen Wohnung wird Auslandstrennungsgeld in Höhe des Betrages gezahlt, der dem Berechtigten nach § 3 der Trennungsgeldverordnung zustünde, wenn die zu seiner häuslichen Gemeinschaft gehörenden Personen (§ 4 Abs. 1) weder am bisherigen Dienstort noch im Einzugsgebiet (§ 3 Abs. 1 Nr. 1 Buchstabe c des Bundesumzugskostengesetzes) eine Unterkunft beziehen.

§ 8 Versetzungen und Abordnungen vom Ausland in das Inland

(1) Bei Versetzungen und Abordnungen vom Ausland in das Inland wird Auslandstrennungsgeld in Höhe der Sätze des Trennungsgeldes nach § 3 Abs. 3 Satz 2 bis 4 der Trennungsgeldverordnung gezahlt; § 4 Abs. 5 der Trennungsgeldverordnung findet Anwendung.

(2) Bei Zusage der Umzugskostenvergütung wird Auslandstrennungsgeld nach Absatz 1 gezahlt, wenn und solange die in § 4 Abs. 1 Satz 1 genannten Personen am bisherigen Dienstort zurückbleiben, weil
1. der Berechtigte wegen Wohnungsmangels am neuen Dienstort an einem Umzug gehindert ist oder
2. zwingende persönliche Umzugshinderungsgründe (§ 12 Abs. 3 des Bundesumzugskostengesetzes) vorliegen.

Bei Wohnungsmangel wird Auslandstrennungsgeld nach Absatz 1 jedoch längstens bis zum letzten Tage des auf die Abreise des Anspruchsberechtigten folgenden dritten Kalendermonats gewährt.

(3) Dauert der Wohnungsmangel über die in Absatz 2 Satz 2 genannte Frist hinaus fort, erhöht sich das Auslandstrennungsgeld nach Absatz 1 für eine in § 4 Abs. 1 Satz 1 Nr. 1 bis 3 genannte Person um 50 vom Hundert und für jede weitere dort genannte Person um 10 vom Hundert, sofern sie in die Wohnung aufgenommen ist. Es erhöht sich um weitere 10 vom Hundert für Hausangestellte, für die die Kosten der Umzugsreise erstattet werden oder die als Ersatzkraft für eine im Ausland zurückgebliebene Hausangestellte in die Wohnung aufgenommen sind.

(4) Berechtigte, die am bisherigen Dienstort im Ausland eine Wohnung im Sinne des § 10 Abs. 3 des Bundesumzugskostengesetzes hatten, erhalten nach Aufgabe der Wohnung am bisherigen ausländischen Wohnort bis zum Wegfall des Wohnungsmangels am neuen inländischen Dienstort besonderes Auslandstrennungsgeld in Höhe des Trennungsgeldes nach § 3 der Trennungsgeldverordnung. Absatz 3 Satz 1 gilt entsprechend bezüglich der ab dem 15. Tag zustehenden Zahlung. Die Zahlung steht auch zu, wenn beide Ehegatten oder Lebenspartner mit Anspruch auf Auslandstrennungsgeld zeitgleich vom Ausland ins Inland versetzt oder abgeordnet werden. In diesem Fall erfolgt die Zahlung einschließlich der Erhöhungssätze nach Absatz 3 Satz 1 nur an einen Ehegatten oder Lebenspartner. Das besondere Auslandstrennungsgeld wird auch alleinstehenden Berechtigten gezahlt, und zwar in Höhe des Trennungsgeldes nach § 3 Abs. 3 Satz 1 der Trennungsgeldverordnung.

§ 9

(weggefallen)

§ 10 Vorwegumzüge

Wird ein Umzug, für den Umzugskostenvergütung zugesagt ist, aus Anlaß einer Maßnahme nach § 1 Abs. 1 vor deren Wirksamwerden durchgeführt, wird Auslandstrennungsgeld nach § 6 Abs. 1, § 7 Abs. 1 oder § 8 Abs. 1 bis zum Ablauf des Tages der Beendigung der Dienstantrittsreise, längstens jedoch für 3 Monate gezahlt.

§ 11 Entschädigung bei täglicher Rückkehr zum Wohnort

(1) Bei täglicher Rückkehr zum Wohnort wird Fahrkostenerstattung, Wegstrecken- oder Mitnahmeentschädigung wie bei Dienstreisen gezahlt. Für Tage mit mehr als elfstündiger Abwesenheit von der Wohnung wird ein Verpflegungszuschuß gezahlt; bei Dienstschichten über zwei Tage wird die Abwesenheitsdauer für jede Schicht gesondert berechnet. Der Verpflegungszuschuß beträgt 4 Deutsche Mark, bei Berechtigten, die eine Wohnung im Sinne des § 10

Abs. 3 des Bundesumzugskostengesetzes haben oder mit einer in § 4 Abs. 1 Satz 1 bezeichneten Person in häuslicher Gemeinschaft leben, 5 Deutsche Mark täglich. Die Entschädigung nach den Sätzen 1 bis 3 darf den nach § 6 Abs. 1, § 7 Abs. 1 oder § 8 Abs. 1 zustehenden Betrag nicht übersteigen.

(2) Berechtigte, die nicht täglich an den Wohnort zurückkehren, obwohl dies zumutbar ist, erhalten eine Vergütung wie bei täglicher Rückkehr zum Wohnort. Die tägliche Rückkehr zum Wohnort ist in der Regel nicht zumutbar, wenn beim Benutzen regelmäßig verkehrender Beförderungsmittel die Abwesenheit von der Wohnung mehr als 12 Stunden oder die benötigte Zeit für das Zurücklegen der Strecke zwischen Wohnung und Dienststätte und zurück mehr als 3 Stunden beträgt.

(3) Muß der Berechtigte aus dienstlichen Gründen am Dienstort übernachten, werden die nachgewiesenen notwendigen Mehraufwendungen erstattet.

§ 12 Auslandstrennungsgeld in Sonderfällen

(1) Haben beide Ehegatten oder Lebenspartner Anspruch auf Auslandstrennungsgeld nach dieser Verordnung, wird Auslandstrennungsgeld nach den §§ 6 bis 8 Abs. 1 und 2 und § 10 nicht gezahlt. Satz 1 gilt nicht, wenn dritte Personen im Sinne des § 4 Abs. 1 Satz 1 in der bisherigen Wohnung verbleiben; in diesem Falle erhält ein Ehegatte oder Lebenspartner, bei unterschiedlichen Dienstbezügen der mit den höheren, Auslandstrennungsgeld nach den §§ 6 bis 8 oder 10. Steht dem Ehegatten oder Lebenspartner des Berechtigten Trennungsgeld nach § 3 der Trennungsgeldverordnung oder eine entsprechende Entschädigung nach den Vorschriften eines anderen Dienstherrn zu, gelten die Sätze 1 und 2 entsprechend.

(2) Bei Versetzungen und Abordnungen an demselben Dienstort wird Auslandstrennungsgeld weitergezahlt.

(3) Berechtigten werden bei einer neuen dienstlichen Maßnahme nach § 1 Abs. 1 und bei Aufhebung der Abordnung die notwendigen Auslagen für die Unterkunft am bisherigen Dienstort längstens bis zu dem Zeitpunkt erstattet, zu dem das Mietverhältnis frühestens gelöst werden kann.

(4) Die Rückwirkung der Einweisung in eine Planstelle oder der Einordnung von Ämtern und Dienstgraden bleibt unberücksichtigt.

(5) Ist einem Berechtigten mit Anspruch auf Auslandstrennungsgeld die Führung seiner Dienstgeschäfte verboten oder ist er infolge von Maßnahmen des Disziplinarrechts oder durch eine auf Grund eines Gesetzes angeordnete Freiheitsentziehung an der Ausübung seines Dienstes gehindert, kann für die Dauer der Dienstunterbrechung das Auslandstrennungsgeld gekürzt oder seine Zahlung eingestellt werden. Das gilt nicht, wenn er auf Grund dienstlicher Weisung am Dienstort bleibt.

(6) Für einen Zeitraum, für den kein Anspruch auf Besoldung besteht, wird kein Auslandstrennungsgeld gezahlt.

(7) Bei Abordnungen vom Inland in das Ausland und im Ausland, für die keine Auslandsdienstbezüge (§ 52 des Bundesbesoldungsgesetzes) zustehen, wird als Auslandstrennungsgeld die gleiche Vergütung wie bei Auslandsdienstreisen gezahlt; die §§ 4 bis 7 finden insoweit keine Anwendung.

(8) Die oberste Dienstbehörde bestimmt in sinngemäßer Anwendung der Vorschriften dieser Verordnung das Auslandstrennungsgeld im Einzelfall, wenn aus Sicherheitsgründen oder wegen anderer außergewöhnlicher Verhältnisse im Ausland andere als in § 1 Abs. 1 bezeichnete dienstliche Maßnahmen oder Maßnahmen, die die im Haushalt des Berechtigten wohnenden Personen im Sinne des § 4 Abs. 1 Satz 1 betreffen, erforderlich sind und dadurch Mehraufwendungen im Sinne des § 1 Abs. 2 entstehen. Werden für einen Dienstort, an dem sich eine Auslandsvertretung befindet, Maßnahmen nach Satz 1 erforderlich, bestimmt das Auswärtige Amt das Auslandstrennungsgeld für alle an diesem Dienstort tätigen und von der Maßnahme betroffenen Berechtigten.

§ 13 Reisebeihilfen für Heimfahrten

(1) Ein Berechtigter, dem Auslandstrennungsgeld nach den §§ 6 bis 8 und 10 gezahlt wird, erhält eine Reisebeihilfe für Heimfahrten für je 3 Monate der Trennung. In besonderen Fällen kann die oberste Dienstbehörde den Anspruchszeitraum auf je 2 Monate festlegen; dies gilt für die Fälle des § 12 Abs. 7 entsprechend. Anderen Berechtigten, denen keine uneingeschränkte Umzugskostenvergütung nach den §§ 3 und 4 des Bundesumzugskostengesetzes zugesagt wurde, kann die oberste Dienstbehörde insbesondere unter Berücksichtigung der Besonderheiten

des Dienstortes und der persönlichen Situation der Betreffenden Reisebeihilfen nach den Sätzen 1 und 2 gewähren.

(2) Der Anspruchszeitraum beginnt mit dem ersten Tag, für den Auslandstrennungsgeld zusteht.

(3) Die Reise kann frühestens einen Monat nach Beginn des Anspruchszeitraums oder nach dem Ablauf der Zeiträume nach Absatz 1, für die bereits eine Reisebeihilfe gezahlt wurde, angetreten werden. Der Anspruch auf Reisebeihilfe kann in den nächsten Anspruchszeitraum übertragen werden. Der Anspruchszeitraum wird durch eine neue dienstliche Maßnahme nach § 1 Abs. 1 nicht unterbrochen.

(4) Hält sich der Berechtigte während der dienstlichen Maßnahme am Wohnort auf und wurden die Kosten der Reise vom Dienstort zum Wohnort aus amtlichen Mitteln erstattet oder ein Zuschuß gezahlt oder wurde er unentgeltlich befördert und handelt es sich dabei nicht um eine Reise nach Absatz 1 oder eine Heimaturlaubsreise, beginnt der Anspruchszeitraum mit dem Tage der Rückkehr an den Dienstort. Dies gilt entsprechend für eine Wohnungsbesichtigungsreise an den neuen Dienstort im Sinne des § 4 Abs. 4 der Auslandsumzugskostenverordnung.

(5) Anstelle einer Reise des Berechtigten kann auch eine Reise der in § 4 Abs. 1 Satz 1 genannten Personen berücksichtigt werden. Empfängern eines Auslandsverwendungszuschlags nach § 58a des Bundesbesoldungsgesetzes, die in schwimmenden Verbänden eingesetzt sind, und Empfängern eines Auslandszuschlags nach § 55 des Bundesbesoldungsgesetzes mindestens der Stufe 10, denen auf Grund einer Entscheidung der obersten Dienstbehörde aus zwingenden dienstlichen Gründen eine Heimfahrt nach Absatz 1 nicht gewährt werden kann, können Reisebeihilfen nach den Grundsätzen des Absatzes 6 für eine Reise für sie und die in § 4 Abs. 1 Nr. 1 genannten Personen zu einem von der obersten Dienstbehörde festgelegten Ort gewährt werden. Absatz 3 gilt entsprechend.

(6) Als Reisebeihilfe werden die entstandenen notwendigen Fahrkosten zwischen dem neuen Dienstort und dem Wohnort der in § 4 Abs. 1 Satz 1 genannten Personen auf dem kürzesten Wege bis zur Höhe der billigsten Fahrkarte der allgemein niedrigsten Klasse eines regelmäßig verkehrenden Beförderungsmittels erstattet. In diesem Kostenrahmen wird Reisebeihilfe auch zum Urlaubsort der in § 4 Abs. 1 Satz 1 genannten Personen gezahlt. Mögliche Fahrpreisermäßigungen sind zu berücksichtigen. Soweit dienstliche Beförderungsmittel unentgeltlich benutzt werden können, werden Fahrkosten nicht erstattet.

§ 14 Sonderbestimmungen bei auswärtigem Verbleiben

(1) Für volle Kalendertage
1. der Abwesenheit vom neuen Dienstort und dem Ort der auf Grund einer dienstlichen Maßnahme nach § 1 Abs. 1 bezogenen Unterkunft,
2. des Aufenthaltes in einem Krankenhaus, einer Sanatoriumsbehandlung oder einer Heilkur,
3. der Beschäftigungsverbote nach mutterschutzrechtlichen Bestimmungen

wird kein Auslandstrennungsgeld nach den §§ 6 bis 8 und 10 gewährt, es sei denn, dass die Nichtgewährung wegen besonderer Verhältnisse unbillig wäre.

(2) Absatz 1 gilt nicht in den Fällen, in denen Auslandstrennungsgeld nach § 8 Abs. 3 und 4 gezahlt wird.

§ 15 Zahlungsvorschriften

(1) Auslandstrennungsgeld wird grundsätzlich vom Tage nach dem Tage der Beendigung der Dienstantrittsreise zum neuen Dienstort bis zu dem Tage gezahlt, an dem die maßgebenden Voraussetzungen wegfallen. Bei Versetzungen und Abordnungen vom Ausland in das Inland wird abweichend hiervon das Auslandstrennungsgeld mit dem Tage des Beginns der Dienstantrittsreise gezahlt, längstens jedoch für einen Zeitraum, der für die zeitgerechte Durchführung der Reise erforderlich gewesen wäre, wenn Auslandsdienstbezüge nur bis zum Tage vor der Abreise vom ausländischen Dienstort gezahlt werden (§ 52 Abs. 2 des Bundesbesoldungsgesetzes). Dies gilt auch für die Dauer der Rückreise zum alten Dienstort aus Anlaß der Aufhebung der Abordnung vom Ausland in das Inland. Für die Dauer der Rückreise nach Beendigung der Abordnung im Ausland gilt dies nur in den Fällen, in denen ein höherer Mietzuschuß nach § 57 des Bundesbesoldungsgesetzes bezogen auf den alten Dienstort nicht gezahlt wurde.

(2) Besteht der Anspruch auf Auslandstrennungsgeld nicht für einen vollen Kalendermonat, wird nur der Teil gezahlt, der auf den Anspruchszeitraum entfällt, soweit in dieser Verordnung nichts anderes bestimmt ist.

(3) Wird bei einer neuen dienstlichen Maßnahme im Sinne des § 1 Abs. 1 der Dienstort vorzeitig verlassen, wird Auslandstrennungsgeld bis zu dem Tage gezahlt, an dem der Dienstort

verlassen wird, bei Gewährung von Reisekostenvergütung für diesen Tag bis zum vorausgehenden Tag. § 12 Abs. 3 findet Anwendung. Kann der bisherige Dienstort wegen Erkrankung nicht verlassen werden, wird Auslandstrennungsgeld bis zum Tage vor dem Tage weitergezahlt, an dem der Dienstort hätte verlassen werden können. Satz 1 gilt entsprechend bei Beendigung des Dienstverhältnisses.

(4) Ist bei Erkrankung mit der Aufnahme des Dienstes innerhalb von 3 Monaten nicht zu rechnen und ist nach Feststellung des Dienstherrn die Rückkehr an den Wohnort zumutbar, wird Auslandstrennungsgeld bis zu dem Tage gezahlt, an dem der Dienstort hätte verlassen werden können. Notwendige Fahrtkosten werden bis zur Höhe der Kosten für die Fahrt zum Wohnort und zurück wie bei einer Dienstreise erstattet. Das gilt auch bei einem Beschäftigungsverbot nach der Verordnung über den Mutterschutz für Beamtinnen. Die weiterlaufenden Kosten für die Unterkunft am Dienstort werden nach § 12 Abs. 3 erstattet.

(5) Bei einem Umzug mit Zusage der Umzugskostenvergütung wird Auslandstrennungsgeld längstens bis zum Tage des Einladens des Umzugsgutes gezahlt; an die Stelle des Tages des Einladens des Umzugsgutes tritt bei einer Umzugskostenvergütung nach § 17 der Auslandsumzugskostenverordnung der Tag der Umzugsreise einer zur häuslichen Gemeinschaft gehörenden Person. In den Fällen des § 6 Abs. 2 und des § 8 Abs. 2 Satz 1 Nr. 1 wird Auslandstrennungsgeld längstens bis zum Tage des Verlassens der Unterkunft gezahlt.

(6) Der Anspruch nach § 8 Abs. 3 endet am Tage vor dem Bezug der Wohnung oder der Möglichkeit zum Bezug der Wohnung.

(7) Ändert sich für einen Trennungsgeldempfänger im Inland auf Grund einer Maßnahme nach § 1 Abs. 1 vom Inland in das Ausland der neue Dienstort für längstens zwölf Monate, können nachgewiesene notwendige Kosten für das Beibehalten der Unterkunft im Inland erstattet werden, wenn dem Berechtigten die Aufgabe der Unterkunft nicht zuzumuten ist.

§ 16 Verfahrensvorschriften

(1) Das Auslandstrennungsgeld ist innerhalb einer Ausschlußfrist von zwei Jahren bei der Beschäftigungsbehörde schriftlich zu beantragen. Die Frist beginnt mit dem Tage des Dienstantritts, bei Zahlung von Reisekostenvergütung für diesen Tag mit dem folgenden Tage.

(2) Das Auslandstrennungsgeld wird monatlich nachträglich gezahlt. Auf Antrag kann ein angemessener Abschlag gezahlt werden. Die oberste Dienstbehörde kann bestimmen, daß das Auslandstrennungsgeld unter Vorbehalt vorausgezahlt wird.

(3) Der Berechtigte ist verpflichtet, alle Änderungen unverzüglich anzuzeigen, die für die Auslandstrennungsgeldzahlung von Bedeutung sein können.

(4) Die oberste Dienstbehörde bestimmt die zuständige Behörde für die Bewilligung und Zahlung des Auslandstrennungsgeldes.

§ 17 Übergangsvorschrift

Ein vor dem Inkrafttreten dieser Änderungsverordnung bewilligtes Auslandstrennungsgeld nach § 1 Abs. 3 Satz 2 wird nach den bisherigen Vorschriften weitergewährt.

§ 18

(Inkrafttreten, Außerkrafttreten)

Verordnung
über die Reisekostenvergütung bei Auslandsdienstreisen
(Auslandsreisekostenverordnung – ARV)

vom 21. 5. 1991 (BGBl. I S. 1140)
zuletzt geändert durch Artikel 12 des Gesetzes zur Reform des Reisekostenrechts vom
26. 5. 2005 (BGBl. I S. 1418)

Auf Grund des § 20 Abs. 3 des Bundesreisekostengesetzes in der Fassung der Bekanntmachung vom 13. November 1973 (BGBl. I S. 1621), der durch Artikel 2 Nr. 2 des Gesetzes vom 11. Dezember 1990 (BGBl. I S. 2682) geändert worden ist, verordnet der Bundesminister des Innern:

§ 1 Geltung des Bundesreisekostengesetzes, Dienstreiseanordnung und -genehmigung

(1) Wenn und soweit in dieser Verordnung nichts Abweichendes bestimmt ist, gelten die Vorschriften des Bundesreisekostengesetzes.

(2) Auslandsdienstreisen der Bundesbeamten, in den Bundesdienst abgeordneten anderen Beamten sowie der Soldaten bedürfen der schriftlichen Anordnung oder Genehmigung durch die oberste Dienstbehörde oder die von ihr ermächtigte Behörde, es sei denn, daß eine Anordnung oder Genehmigung nach dem Amt des Auslandsdienstreisenden oder dem Wesen des Dienstgeschäfts nicht in Betracht kommt.

§ 2 Kostenerstattung

(1) Bei Bahnreisen werden die Kosten für das Benutzen der ersten Klasse und der Spezial- oder Doppelbettklasse in Schlafwagen erstattet. Dies gilt nicht für folgende Länder:
Belgien, Dänemark, Finnland, Frankreich, Irland, Italien (ausgenommen südlich der Eisenbahnstrecke Rom-Pescara), Liechtenstein, Luxemburg, Monaco, Niederlande, Norwegen, Österreich, Schweden, Schweiz und Vereinigtes Königreich.

(2) Bei Flugreisen werden die Kosten für das Benutzen der Business- oder einer vergleichbaren Klasse erstattet. Satz 1 ist nicht bei Flugreisen in Europa sowie bei sonstigen Flugreisen anzuwenden, für die die oberste Dienstbehörde insbesondere wegen der Flugdauer eine abweichende Regelung getroffen hat.

(3) Bei Schiffsreisen werden neben dem Fahrpreis die Kosten für das Benutzen einer 2-Bett-Kabine im Zwischen- oder Oberdeck erstattet.

§ 3 Auslandstagegeld, Auslandsübernachtungsgeld

(1) Die Auslandstage- und Auslandsübernachtungsgelder werden für Auslandsdienstreisen mit einer Abwesenheit von über 24 Stunden in Höhe der Beträge gezahlt, die auf Grund von Erhebungen durch allgemeine Verwaltungsvorschriften nach § 16 des Bundesreisekostengesetzes festgesetzt und im Gemeinsamen Ministerialblatt veröffentlicht werden. Für Auslandsdienstreisen mit einer Abwesenheit von weniger als 24 Stunden, aber mindestens 14 Stunden beträgt das Auslandstagegeld 80 Prozent, von mindestens 8 Stunden 40 Prozent des Auslandstagegeldes nach Satz 1; bei mehreren Auslandsdienstreisen an einem Kalendertag werden die Abwesenheitszeiten an diesem Tag zusammengerechnet. In begründeten Ausnahmefällen kann von Satz 1 hinsichtlich des Auslandsübernachtungsgeldes abgewichen werden, wenn die nachgewiesenen notwendigen Übernachtungskosten das jeweilige Auslandsübernachtungsgeld übersteigen.

(2) Für die in den allgemeinen Verwaltungsvorschriften nach Absatz 1 nicht aufgeführten Übersee- und Außengebiete eines Landes sind die Auslandstage- und Auslandsübernachtungsgelder des Mutterlandes maßgebend. Für die in den allgemeinen Verwaltungsvorschriften nach Absatz 1 und in Satz 1 nicht erfaßten Gebiete oder Länder ist das Auslandstage- und Auslandsübernachtungsgeld von Luxemburg maßgebend. Absatz 1 gilt entsprechend.

(3) (aufgehoben)

§ 4 Grenzübertritt

(1) Das Auslandstage- und Auslandsübernachtungsgeld oder Inlandstage- und Inlandsübernachtungsgeld bestimmt sich nach dem Land, das der Auslandsdienstreisende vor 24 Uhr

Ortszeit zuletzt erreicht. Wird bei Auslandsdienstreisen das Inland vor 24 Uhr Ortszeit zuletzt erreicht, wird Auslandstagegeld für das Land des letzten Geschäfts-, Dienst- oder Wohnortes im Ausland gezahlt.

(2) Bei Flugreisen gilt ein Land in dem Zeitpunkt als erreicht, in dem das Flugzeug dort landet; Zwischenlandungen bleiben unberücksichtigt, es sei denn, daß durch sie Übernachtungen notwendig werden. Erstreckt sich eine Flugreise über mehr als zwei Kalendertage, ist für die Tage, die zwischen dem Tag des Abflugs und dem Tag der Landung liegen, das Auslandstagegeld für Österreich maßgebend.

(3) Bei Schiffsreisen ist das Auslandstagegeld für Luxemburg, für die Tage der Ein- und Ausschiffung das für den Hafenort geltende Auslands- oder Inlandstagegeld maßgebend.

(4) Die in den Absätzen 1 und 2 Satz 1 auf das jeweilige Land bezogenen Vorschriften sind auch für Orte anzuwenden, für die besondere Auslandstage- und Auslandsübernachtungsgelder nach § 3 Abs. 1 Satz 1 festgesetzt worden sind.

§ 5 Reisekostenvergütung bei längerem Aufenthalt am Geschäftsort, Kostenerstattung für das Beschaffen klimabedingter Bekleidung

(1) Dauert der Aufenthalt an demselben ausländischen Geschäftsort ohne Hin- und Rückreisetage länger als 14 Tage, ist das Auslandstagegeld nach § 3 Abs. 1 und 2 vom 15. Tage an um 10 vom Hundert zu ermäßigen. Die oberste Dienstbehörde kann abweichend von Satz 1 in begründeten Ausnahmefällen von der Ermäßigung absehen. Reisebeihilfen für Heimfahrten werden in entsprechender Anwendung des § 13 der Auslandstrennungsgeldverordnung gezahlt; an die Stelle des Dienstortes tritt der Geschäftsort.

(2) Bei Auslandsdienstreisen mit mehr als 5 Tagen Aufenthalt am ausländischen Geschäftsort in einer Klimazone mit einem vom mitteleuropäischen erheblich abweichenden Klima werden die Kosten für das Beschaffen klimabedingter Bekleidung bis zur Höhe des Ortszuschlages der Tarifklasse 1c Stufe 1 der Anlage V des Bundesbesoldungsgesetzes erstattet. § 11 Abs. 2 der Auslandsumzugskostenverordnung ist sinngemäß und § 11 Abs. 3 der Auslandsumzugskostenverordnung entsprechend anzuwenden, es sei denn, daß aus jahreszeitlichen Gründen klimabedingte Bekleidung nicht beschafft zu werden braucht.

(3) Bei Auslandsdienstreisen von mehr als 8 Tagen Dauer werden die nachgewiesenen notwendigen Kosten für die Reinigung der Bekleidung erstattet.

§ 6 Erkrankung während der Auslandsdienstreise

Erkrankt ein Auslandsdienstreisender und kann er deswegen nicht an seinen Wohnort zurückkehren, wird Reisekostenvergütung weitergezahlt. Wird er in nicht am Wohnort oder in dessen Nähe gelegenes Krankenhaus aufgenommen, erhält er für jeden vollen Kalendertag des Krankenhausaufenthaltes nur Ersatz der notwendigen Auslagen für die Unterkunft am Geschäftsort; bei Aufnahme in ein ausländisches Krankenhaus erhält er darüber hinaus 10 vom Hundert des Auslandstagegeldes nach § 3 Abs. 1 und 2, bei Aufnahme in ein inländisches Krankenhaus 10 vom Hundert des Inlandstagegeldes nach § 6 Abs. 1 des Bundesreisekostengesetzes in Verbindung mit § 4 Abs. 5 Satz 1 Nr. 5 Satz 2 erster Halbsatz Buchstabe a des Einkommensteuergesetzes.

§ 7 Übergangsvorschrift

Bei Auslandsdienstreisebeginn vor und Auslandsdienstreiseende nach dem Inkrafttreten dieser Verordnung wird Reisekostenvergütung nach den vor dem Inkrafttreten geltenden Vorschriften gezahlt, wenn dies für den Auslandsdienstreisenden günstiger ist.

§ 8 Inkrafttreten

Diese Verordnung tritt am Tage nach der Verkündung in Kraft.

Zuordnung der Steuerberatungskosten zu den Betriebsausgaben, Werbungskosten oder Kosten der Lebensführung

BMF-Schreiben 21. 12. 2007 – IV B 2 – S 2144/07/0002, 2007/0586772 (BStBl I 2008 S. 256)

Durch das Gesetz zum Einstieg in ein steuerliches Sofortprogramm vom 22. Dezember 2005 (BGBl. I S. 3682, BStBl I 2006 S. 79) wurde der Abzug von Steuerberatungskosten als Sonderausgaben ausgeschlossen. Steuerberatungskosten sind nur noch zu berücksichtigen, wenn sie Betriebsausgaben oder Werbungskosten darstellen. Im Einvernehmen mit den obersten Finanzbehörden der Länder gilt für die Zuordnung der Steuerberatungskosten zu den Betriebsausgaben, Werbungskosten oder den nicht abziehbaren Kosten der Lebensführung Folgendes:

1. Begriffsbestimmung

1 Steuerberatungskosten umfassen alle Aufwendungen, die in sachlichem Zusammenhang mit dem Besteuerungsverfahren stehen. Hierzu zählen insbesondere solche Aufwendungen, die dem Steuerpflichtigen durch die Inanspruchnahme eines Angehörigen der steuerberatenden Berufe zur Erfüllung seiner steuerlichen Pflichten und zur Wahrung seiner steuerlichen Rechte entstehen (§§ 1 und 2 StBerG). Dazu gehören auch die damit zwangsläufig verbundenen und durch die Steuerberatung veranlassten Nebenkosten (→ BFH vom 12. Juli 1989, BStBl II S. 967), wie Fahrtkosten zum Steuerberater und Unfallkosten auf dem Weg zum Steuerberater. Steuerberatungskosten sind u. a. auch Beiträge zu Lohnsteuerhilfevereinen, Aufwendungen für Steuerfachliteratur und sonstige Hilfsmittel (z. B. Software).

2 Nicht zu den Steuerberatungskosten zählen u. a. Rechtsanwaltskosten, die der Steuerpflichtige aufwendet, um die Zustimmung seines geschiedenen oder dauernd getrennt lebenden unbeschränkt steuerpflichtigen Ehegatten zum begrenzten Realsplitting zu erlangen oder die für die Verteidigung in einem Steuerstrafverfahren (→ BFH vom 20. September 1989, BStBl II 1990 S. 20) anfallen.

2. Zuordnung zu den Betriebsausgaben/Werbungskosten

3 Steuerberatungskosten sind als Betriebsausgaben oder Werbungskosten abzuziehen, wenn und soweit sie bei der Ermittlung der Einkünfte anfallen (→ BFH vom 18. November 1965, BStBl III 1966 S. 190) oder im Zusammenhang mit Betriebssteuern (z. B. Gewerbesteuer, Umsatzsteuer, Grundsteuer für Betriebsgrundstücke) oder Investitionszulagen für Investitionen im einkünfterelevanten Bereich stehen. Die Ermittlung der Einkünfte umfasst die Kosten der Buchführungsarbeiten und der Überwachung der Buchführung, die Ermittlung von Ausgaben oder Einnahmen, die Anfertigung von Zusammenstellungen, die Aufstellung von Bilanzen oder von Einnahmenüberschussrechnungen, die Beantwortung der sich dabei ergebenden Steuerfragen, soweit es sich nicht um Nebenleistungen nach § 12 Nr. 3 EStG handelt und die Kosten der Beratung. Zur Ermittlung der Einkünfte zählt auch das Ausfüllen des Vordrucks Einnahmenüberschussrechnung (EÜR).

3. Zuordnung zu den Kosten der Lebensführung

4 Das Übertragen der Ergebnisse aus der jeweiligen Einkunftsermittlung in die entsprechende Anlage zur Einkommensteuererklärung und das übrige Ausfüllen der Einkommensteuererklärung gehören nicht zur Einkunftsermittlung. Die hierauf entfallenden Kosten sowie Aufwendungen, die die Beratung in Tarif- oder Veranlagungsfragen betreffen oder im Zusammenhang mit der Ermittlung von Sonderausgaben und außergewöhnlichen Belastungen stehen, sind als Kosten der privaten Lebensführung gemäß § 12 Nr. 1 EStG steuerlich nicht zu berücksichtigen (→ BFH vom 12. Juli 1989, BStBl II S. 967).

5 Zu den der Privatsphäre zuzurechnenden Aufwendungen zählen auch die Steuerberatungskosten, die:
- durch haushaltsnahe Beschäftigungsverhältnisse veranlasst sind,
- im Zusammenhang mit der Inanspruchnahme haushaltsnaher Dienstleistungen oder der steuerlichen Berücksichtigung von Kinderbetreuungskosten stehen,
- die Erbschaft- oder Schenkungsteuer,
- das Kindergeld oder
- die Eigenheimzulage betreffen.

4. Zuordnung zur Betriebs-/Berufssphäre oder zur Privatsphäre

Steuerberatungskosten, die für Steuern entstehen, die sowohl betrieblich/beruflich als auch privat verursacht sein können, sind anhand ihrer Veranlassung den Aufwendungen nach Rdnr. 3 oder 4 zuzuordnen (z. B. Grundsteuer, Kraftfahrzeugsteuer, Zweitwohnungssteuer, Gebühren für verbindliche Auskünfte nach § 89 Abs. 3 bis 5 AO). Als Aufteilungsmaßstab dafür ist grundsätzlich die Gebührenrechnung des Steuerberaters heranzuziehen.

6

5. Zuordnung gemischt veranlasster Aufwendungen

Entstehen dem Steuerpflichtigen Aufwendungen, die unter Berücksichtigung der Ausführungen zu den Rdnrn. 3 und 4 sowohl betrieblich/beruflich als auch privat veranlasst sind, wie z. B. Beiträge an Lohnsteuerhilfevereine, Anschaffungskosten für Steuerfachliteratur zur Ermittlung der Einkünfte und des Einkommens, Beratungsgebühren für einen Rechtsstreit, der sowohl die Ermittlung von Einkünften als auch z. B. den Ansatz von außergewöhnlichen Belastungen umfasst, ist im Rahmen einer sachgerechten Schätzung eine Zuordnung zu den Betriebsausgaben, Werbungskosten oder Kosten der Lebensführung vorzunehmen. Dies gilt auch in den Fällen einer Vereinbarung einer Pauschalvergütung nach § 14 der StBGebV.

7

Bei Beiträgen an Lohnsteuerhilfevereine, Aufwendungen für steuerliche Fachliteratur und Software wird es nicht beanstandet, wenn diese Aufwendungen i. H. v. 50 Prozent den Betriebsausgaben oder Werbungskosten zugeordnet werden. Dessen ungeachtet ist aus Vereinfachungsgründen der Zuordnung des Steuerpflichtigen bei Aufwendungen für gemischte Steuerberatungskosten bis zu einem Betrag von 100 Euro im Veranlagungszeitraum zu folgen.

8

> Beispiel:
> Der Steuerpflichtige zahlt in 01 einen Beitrag an einen Lohnsteuerhilfeverein i. H. v. 120 Euro. Davon ordnet er 100 Euro den Werbungskosten zu; diese Zuordnung ist nicht zu beanstanden.

6. Zuordnung der Steuerberatungskosten bei Körperschaften

Auf Körperschaften findet § 12 EStG keine Anwendung. Den Körperschaften im Sinne des § 1 Abs. 1 Nr. 1 bis 3 KStG entstehende Steuerberatungskosten sind in vollem Umfang als Betriebsausgaben abziehbar. Für Körperschaften, die auch andere als gewerbliche Einkünfte erzielen, ist zwischen einkunftsbezogenen und nicht einkunftsbezogenen Aufwendungen zu unterscheiden. Den einzelnen Einkunftsarten zuzuordnenden Steuerberatungskosten sind als Betriebsausgaben oder Werbungskosten abziehbar.

9

7. Anwendungszeitpunkt

Steuerberatungskosten, die den Kosten der Lebensführung zuzuordnen sind, sind ab dem 1. Januar 2006 nicht mehr als Sonderausgaben zu berücksichtigen. Maßgebend dafür ist der Zeitpunkt des Abflusses der Aufwendungen (§ 11 Abs. 2 Satz 1 EStG). Werden Steuerberatungskosten für den Veranlagungszeitraum 2005 vorschussweise (§ 8 StBGebV) bereits in 2005 gezahlt, so sind sie dem Grunde nach abziehbar. Eine spätere Rückzahlung aufgrund eines zu hohen Vorschusses mindert die abziehbaren Aufwendungen des Veranlagungszeitraumes 2005. Ein bereits bestandskräftiger Bescheid ist nach § 175 Abs. 1 Satz 1 Nr. 2 AO zu ändern (→ BFH vom 28. Mai 1998, BStBl II 1999 S. 95).

10

Lohnsteuerbescheinigung

Übersicht

I. Lohnsteuerliche Behandlung der Überlassung eines betrieblichen Kraftfahrzeugs für Fahrten zwischen Wohnung und regelmäßiger Arbeitsstätte (§ 8 Absatz 2 Satz 3 EStG);
Anwendung der Urteile des BFH vom 22. September 2010 – VI R 54/09 – (BStBl II Seite 354), – VI R 55/09 – (BStBl II Seite 358) und – VI R 57/09 – (BStBl II Seite 359)
BMF vom 1. 4. 2011 (BStBl I S. 301) – IV C 5 – S 2334/08/10010; 2011/0250056 –

II. Steuerliche Behandlung der Überlassung eines betrieblichen Kraftfahrzeugs an Arbeitnehmer
BMF-Schreiben vom 28. 5. 1996 (BStBl I S. 654) – IV B 6 – S 2334 – 173/96 –

III. Private Kfz-Nutzung durch den Gesellschafter-Geschäftsführer einer Kapitalgesellschaft; Urteile des Bundesfinanzhofs vom 23. Januar 2008 – I R 8/06 – (BStBl 2012 II S. 260), vom 23. April 2009 – VI R 81/06 – (BStBl 2012 II S. 262) und vom 11. Februar 2010 – VI R 43/09 – (BStBl 2012 II S. 266)
BMF-Schreiben vom 3. 4. 2012 (BStBl I S. 478) – IV C 2 – S 2742/08/10001 –

I.
Lohnsteuerliche Behandlung der Überlassung eines betrieblichen Kraftfahrzeugs für Fahrten zwischen Wohnung und regelmäßiger Arbeitsstätte (§ 8 Absatz 2 Satz 3 EStG);

Anwendung der Urteile des BFH vom 22. September 2010 – VI R 54/09 – (BStBl II Seite 354), – VI R 55/09 – (BStBl II Seite 358) und – VI R 57/09 – (BStBl II Seite 359)

BMF vom 1. 4. 2011 (BStBl I S. 301) – IV C 5 – S 2334/08/10010; 2011/0250056 –

Zu den Urteilen des Bundesfinanzhofs (BFH) vom 22. September 2010 – VI R 54/09 – (BStBl 2011 II S. 354), – VI R 55/09 – (BStBl 2011 II S. 358) und – VI R 57/09 – (BStBl 2011 II S. 359) sowie zu den Urteilen des BFH vom 4. April 2008 – VI R 85/04 – (BStBl II Seite 887), – VI R 68/05 – (BStBl II Seite 890) und vom 28. August 2008 – VI R 52/07 – (BStBl II 2009 Seite 280) gilt im Einvernehmen mit den obersten Finanzbehörden der Länder Folgendes:

Die Urteile sind über den jeweils entschiedenen Einzelfall hinaus entsprechend den nachfolgenden Regelungen anzuwenden. Die BMF-Schreiben vom 23. Oktober 2008 (BStBl I Seite 961) und vom 12. März 2009 (BStBl I Seite 500) werden aufgehoben.

1. Grundsätze der BFH-Rechtsprechung; BFH-Urteil – VI R 57/09 –

1 Der BFH hat seine Rechtsauffassung bestätigt, dass die Zuschlagsregelung des § 8 Absatz 2 Satz 3 EStG einen Korrekturposten zum Werbungskostenabzug darstellt und daher nur insoweit zur Anwendung kommt, wie der Arbeitnehmer den Dienstwagen tatsächlich für Fahrten zwischen Wohnung und regelmäßiger Arbeitsstätte benutzt hat. Die Zuschlagsregelung des § 8 Absatz 2 Satz 3 EStG habe nicht die Funktion, eine irgendwie geartete zusätzliche private Nutzung des Dienstwagens zu bewerten. Sie bezwecke lediglich einen Ausgleich für abziehbare, tatsächlich aber nicht entstandene Erwerbsaufwendungen.

2 Zur Ermittlung des Zuschlags für Fahrten zwischen Wohnung und regelmäßiger Arbeitsstätte ist nach Auffassung des BFH (Urteil vom 4. April 2008 – VI R 85/04 –, BStBl II Seite 887) eine Einzelbewertung der tatsächlichen Fahrten mit 0,002 % des Listenpreises im Sinne des § 6 Absatz 1 Nummer 4 Satz 2 EStG je Entfernungskilometer vorzunehmen.

2. Zeitliche Anwendung der BFH-Rechtsprechung

2.1. Anwendung der BFH-Rechtsprechung bis einschließlich 2010

3 Die BFH-Rechtsprechung ist für Veranlagungszeiträume bis einschließlich 2010 in allen offenen Fällen im Veranlagungsverfahren anwendbar. Der für Lohnzahlungszeiträume bis einschließlich 2010 vorgenommene Lohnsteuerabzug ist nicht zu ändern.

2.2. Anwendung der BFH-Rechtsprechung ab 2011

4 Die BFH-Rechtsprechung ist im Lohnsteuerabzugsverfahren und im Veranlagungsverfahren anwendbar.

5 Im Lohnsteuerabzugsverfahren ist der Arbeitgeber nicht zur Einzelbewertung der tatsächlichen Fahrten zwischen Wohnung und regelmäßiger Arbeitsstätte (vgl. Rdnr. 2) verpflichtet. Dem Arbeitgeber bleibt es unbenommen, im Lohnsteuerabzugsverfahren nur die kalendermonatliche Er-

mittlung des Zuschlags mit 0,03 Prozent des Listenpreises für jeden Kilometer der Entfernung zwischen Wohnung und regelmäßiger Arbeitsstätte (0,03 %-Regelung) vorzunehmen, z. B. die Gestellung des betrieblichen Kraftfahrzeugs an die Anwendung der 0,03 %-Regelung zu binden.

Der Arbeitgeber muss in Abstimmung mit dem Arbeitnehmer die Anwendung der BFH-Rechtsprechung oder die Anwendung der 0,03 %-Regelung für jedes Kalenderjahr einheitlich für alle diesem überlassenen betrieblichen Kraftfahrzeuge festlegen. Die Methode darf während des Kalenderjahres nicht gewechselt werden; zur Anwendung im Lohnsteuerabzugsverfahren für 2011 vgl. Rdnr. 12. Bei der Veranlagung zur Einkommensteuer ist der Arbeitnehmer nicht an die für die Erhebung der Lohnsteuer gewählte Methode gebunden und kann die Methode einheitlich für alle ihm überlassenen betrieblichen Kraftfahrzeuge für das gesamte Kalenderjahr wechseln.   6

3. Materielle Anwendung der BFH-Rechtsprechung

Grundsätzlich ist die Ermittlung des Zuschlags für die Nutzung eines betrieblichen Kraftfahrzeugs für Fahrten zwischen Wohnung und regelmäßiger Arbeitsstätte kalendermonatlich mit 0,03 Prozent des Listenpreises für jeden Kilometer der Entfernung zwischen Wohnung und regelmäßiger Arbeitsstätte vorzunehmen. Eine Einzelbewertung der tatsächlichen Fahrten zwischen Wohnung und regelmäßiger Arbeitsstätte (vgl. Rdnr. 2) ist nur unter den nachfolgenden Voraussetzungen zulässig.   7

3.1. Anwendung der BFH-Rechtsprechung im Lohnsteuerabzugsverfahren

Der Arbeitnehmer hat gegenüber dem Arbeitgeber kalendermonatlich fahrzeugbezogen schriftlich zu erklären, an welchen Tagen (mit Datumsangabe) er das betriebliche Kraftfahrzeug tatsächlich für Fahrten zwischen Wohnung und regelmäßiger Arbeitsstätte genutzt hat; die bloße Angabe der Anzahl der Tage reicht nicht aus. Es sind keine Angaben erforderlich, wie der Arbeitnehmer an den anderen Arbeitstagen zur regelmäßigen Arbeitsstätte gelangt ist. Arbeitstage, an denen der Arbeitnehmer das betriebliche Kraftfahrzeug für Fahrten zwischen Wohnung und regelmäßiger Arbeitsstätte mehrmals benutzt, sind für Zwecke der Einzelbewertung nur einmal zu erfassen. Diese Erklärungen des Arbeitnehmers hat der Arbeitgeber als Belege zum Lohnkonto aufzubewahren. Es ist aus Vereinfachungsgründen nicht zu beanstanden, wenn für den Lohnsteuerabzug jeweils die Erklärung des Vormonats zugrunde gelegt wird.   8

Stehen dem Arbeitnehmer gleichzeitig mehrere betriebliche Kraftfahrzeuge zur Verfügung, ist die Regelung, nach der dem Nutzungswert für Fahrten zwischen Wohnung und regelmäßiger Arbeitsstätte stets der Listenpreis des überwiegend für diese Fahrten benutzten betrieblichen Kraftfahrzeugs zugrunde zu legen ist (BMF-Schreiben vom 28. Mai 1996, BStBl I Seite 654), für Zwecke der Einzelbewertung nicht anzuwenden. Der Zuschlag für Fahrten zwischen Wohnung und regelmäßiger Arbeitsstätte ist in diesen Fällen entsprechend den Angaben des Arbeitnehmers (vgl. Rdnr. 8) fahrzeugbezogen zu ermitteln.   9

Der Arbeitgeber hat aufgrund der Erklärungen des Arbeitnehmers den Lohnsteuerabzug durchzuführen, sofern der Arbeitnehmer nicht erkennbar unrichtige Angaben macht. Ermittlungspflichten des Arbeitgebers ergeben sich hierdurch nicht.   10

Wird im Lohnsteuerabzugsverfahren eine Einzelbewertung der tatsächlichen Fahrten zwischen Wohnung und regelmäßiger Arbeitsstätte vorgenommen, so hat der Arbeitgeber für alle dem Arbeitnehmer überlassenen betrieblichen Kraftfahrzeuge eine jahresbezogene Begrenzung auf insgesamt 180 Fahrten vorzunehmen. Eine monatliche Begrenzung auf 15 Fahrten ist ausgeschlossen.   11

Beispiel 1:

Arbeitnehmer A kann ein vom Arbeitgeber B überlassenes betriebliches Kraftfahrzeug (Mittelklasse) auch für Fahrten zwischen Wohnung und regelmäßiger Arbeitsstätte nutzen. B liegen datumsgenaue Erklärungen des A über Fahrten zwischen Wohnung und regelmäßiger Arbeitsstätte für die Monate Januar bis Juni an jeweils 14 Tagen, für die Monate Juli bis November an jeweils 19 Tagen vor. Für den Monat Dezember liegt B eine datumsgenaue Erklärung des A über Fahrten zwischen Wohnung und regelmäßiger Arbeitsstätte an 4 Tagen vor.

In den Monaten Januar bis Juni hat B für Zwecke der Einzelbewertung jeweils 14 Tage zugrunde zu legen, in den Monaten Juli bis November jeweils 19 Tage. Wegen der jahresbezogenen Begrenzung auf 180 Fahrten ist für Zwecke der Einzelbewertung im Dezember nur ein Tag anzusetzen (Anzahl der Fahrten von Januar bis November = 179). Damit ergeben sich für die Einzelbewertung der tatsächlichen Fahrten des A zwischen Wohnung und regelmäßiger Arbeitsstätte je Kalendermonat folgende Prozentsätze:

Januar bis Juni:	0,028 % (14 Fahrten x 0,002 %)
Juli bis November:	0,038 % (19 Fahrten x 0,002 %)
Dezember:	0,002 % (1 Fahrt x 0,002 %).

Beispiel 2:
Wie Beispiel 1. Ab Dezember steht dem A ein anderes betriebliches Kraftfahrzeug (Oberklasse) zur Nutzung zur Verfügung.

Für die Einzelbewertung der tatsächlichen Fahrten des A zwischen Wohnung und regelmäßiger Arbeitsstätte ergeben sich entsprechend der zeitlichen Reihenfolge der tatsächlichen Fahrten zwischen Wohnung und regelmäßiger Arbeitsstätte je Kalendermonat folgende Prozentsätze:

Januar bis Juni:	0,028 % (14 Fahrten x 0,002 %)
Juli bis November:	0,038 % (19 Fahrten x 0,002 %)
jeweils vom Listenpreis des betrieblichen Kraftfahrzeugs der Mittelklasse,	
Dezember:	0,002 % (1 Fahrt x 0,002 %)

vom Listenpreis des betrieblichen Kraftfahrzeugs der Oberklasse.

12 Hat der Arbeitgeber bisher im Lohnsteuerabzugsverfahren 2011 die 0,03 %-Regelung angewandt, kann er abweichend von Rdnr. 6 Satz 2 während des Kalenderjahres 2011 zur Anwendung der BFH-Rechtsprechung übergehen. Die Methode darf während des Kalenderjahres 2011 nicht erneut gewechselt werden. Die in Rdnr. 11 Satz 1 vorgesehene Begrenzung auf 180 Tage ist für jeden Kalendermonat, in der die 0,03 %-Regelung angewandt wurde, um 15 Tage zu kürzen.

13 Im Falle der Einzelbewertung der tatsächlichen Fahrten zwischen Wohnung und regelmäßiger Arbeitsstätte ist die Lohnsteuerpauschalierung nach § 40 Absatz 2 Satz 2 EStG anhand der vom Arbeitnehmer erklärten Anzahl der Tage vorzunehmen; R 40.2 Absatz 6 Satz 1 Nummer 1 Buchstabe b), 2. Halbsatz LStR 2011 ist nicht anzuwenden.

3.2. Anwendung der BFH-Rechtsprechung im Veranlagungsverfahren

14 Um im Veranlagungsverfahren zur Einzelbewertung der tatsächlichen Fahrten zwischen Wohnung und regelmäßiger Arbeitsstätte wechseln zu können, muss der Arbeitnehmer fahrzeugbezogen darlegen, an welchen Tagen (mit Datumsangabe) er das betriebliche Kraftfahrzeug tatsächlich für Fahrten zwischen Wohnung und regelmäßiger Arbeitsstätte genutzt hat. Zudem hat er durch geeignete Belege glaubhaft zu machen, dass und in welcher Höhe der Arbeitgeber den Zuschlag mit 0,03 Prozent des Listenpreises für jeden Kilometer der Entfernung zwischen Wohnung und regelmäßiger Arbeitsstätte ermittelt hat (z. B. Gehaltsabrechnung, die die Besteuerung des Zuschlags erkennen lässt; Bescheinigung des Arbeitgebers). Für das Veranlagungsverfahren 2011 gilt Rdnr. 12 entsprechend.

4. Gestellung eines Fahrers für die Fahrten zwischen Wohnung und regelmäßiger Arbeitsstätte; BFH-Urteil – VI R 54/09 –

15 Für Veranlagungszeiträume ab 2001 bleiben die bestehenden Verwaltungsregelungen zur Gestellung eines Fahrers für die Fahrten zwischen Wohnung und regelmäßiger Arbeitsstätte im Hinblick auf die ab 2001 geltende, von den tatsächlichen Aufwendungen grundsätzlich unabhängige Entfernungspauschale unberührt, vgl. R 8.1 (10) LStR 2011.

5. Selbständige Anwendung der Zuschlagsregelung des § 8 Absatz 2 Satz 3 EStG; BFH-Urteil – VI R 54/09 –

16 Der BFH vertritt die Auffassung, die Zuschlagsregelung des § 8 Absatz 2 Satz 3 EStG („wenn und soweit" das Kraftfahrzeug tatsächlich genutzt wird) sei neben der 1 %-Regelung selbständig anzuwenden, wenn das Kraftfahrzeug ausschließlich für Fahrten zwischen Wohnung und regelmäßiger Arbeitsstätte überlassen wird; die Formulierung „auch" in § 8 Absatz 2 Satz 3 EStG stehe dem nicht entgegen. Dieser Auffassung des BFH wird aus Vereinfachungsgründen gefolgt. Die bestehenden Verwaltungsregelungen zum Nutzungsverbot des betrieblichen Kraftfahrzeugs für private Zwecke sind zu beachten (BMF-Schreiben vom 28. Mai 1996, BStBl I Seite 654).

17 Setzt der Arbeitnehmer ein ihm überlassenes betriebliches Kraftfahrzeug bei den Fahrten zwischen Wohnung und regelmäßiger Arbeitsstätte oder bei Familienheimfahrten nur für eine Teilstrecke ein, so ist der Ermittlung des Zuschlags grundsätzlich die gesamte Entfernung zugrunde zu legen. Es ist nicht zu beanstanden, den Zuschlag auf der Grundlage der Teilstrecke zu ermitteln, die mit dem betrieblichen Kraftfahrzeug tatsächlich zurückgelegt wurde, wenn

  a) das Kraftfahrzeug vom Arbeitgeber nur für diese Teilstrecke zur Verfügung gestellt worden ist und der Arbeitgeber die Einhaltung seines Nutzungsverbots überwacht (BMF-Schreiben vom 28. Mai 1996 – BStBl I Seite 654) oder

  b) für die restliche Teilstrecke ein Nachweis über die Benutzung eines anderen Verkehrsmittels erbracht wird, z. B. eine auf den Arbeitnehmer ausgestellte Jahres-Bahnfahrkarte vorgelegt wird (BFH-Urteil vom 4. April 2008 – VI R 68/05 – BStBl II Seite 890).

II.
Steuerliche Behandlung der Überlassung eines betrieblichen Kraftfahrzeugs an Arbeitnehmer

(BMF-Schreiben vom 28. 5. 1996 (BStBl I S. 654) – IV B 6 – S 2334 – 173/96 –)

Die steuerliche Bewertung der Überlassung eines betrieblichen Kraftfahrzeugs an Arbeitnehmer ist in Abschnitt 31 Abs. 7 und 7a LStR 1996[1]) und in Tz. 20 bis 37 des Merkblatts zu den Rechtsänderungen beim Steuerabzug vom Arbeitslohn ab 1. Januar 1996 (BStBl 1995 I S. 719) geregelt. Unter Bezugnahme auf das Ergebnis der Besprechung mit den obersten Finanzbehörden der Länder wird zu Zweifelsfragen wie folgt Stellung genommen:

I. Pauschaler Nutzungswert

1. Listenpreis[2])

Für den pauschalen Nutzungswert ist der inländische Listenpreis des Kraftfahrzeugs im Zeitpunkt seiner Erstzulassung maßgebend. Das gilt auch für re-importierte Fahrzeuge. Soweit das re-importierte Fahrzeug mit zusätzlichen Sonderausstattungen versehen ist, die sich im inländischen Listenpreis nicht niedergeschlagen haben, ist der Wert der Sonderausstattung zusätzlich zu berücksichtigen. Soweit das re-importierte Fahrzeug geringerwertig ausgestattet ist, läßt sich der Wert der „Minderausstattung" durch einen Vergleich mit einem adäquaten inländischen Fahrzeug angemessen berücksichtigen.

2. Überlassung von mehreren Kraftfahrzeugen

Stehen einem Arbeitnehmer gleichzeitig mehrere Kraftfahrzeuge zur Verfügung, so ist für jedes Fahrzeug die private Nutzung monatlich 1 v. H. des Listenpreises anzusetzen; dem privaten Nutzungswert kann der Listenpreis des überwiegend genutzten Kraftfahrzeugs zugrunde gelegt werden, wenn die Nutzung der Fahrzeuge durch andere zur Privatsphäre des Arbeitnehmers gehörende Personen so gut wie ausgeschlossen ist. Dem Nutzungswert für Fahrten zwischen Wohnung und Arbeitsstätte ist stets der Listenpreis des überwiegend für diese Fahrten benutzten Kraftfahrzeugs zugrunde zu legen.

3. Monatsbeträge[3])

Die pauschalen Nutzungswerte nach § 8 Abs. 2 Satz 2 und 3 EStG sind mit ihren Monatsbeträgen auch dann anzusetzen, wenn der Arbeitnehmer das ihm überlassene Kraftfahrzeug tatsächlich nur gelegentlich nutzt oder wenn er von seinem Zugriffsrecht auf ein Kraftfahrzeug aus einem Fahrzeugpool nur gelegentlich Gebrauch macht.[4])

Die Monatsbeiträge brauchen nicht angesetzt zu werden

a) für volle Kalendermonate, in denen dem Arbeitnehmer kein betriebliches Kraftfahrzeug zur Verfügung steht, oder

b) wenn dem Arbeitnehmer das Kraftfahrzeug aus besonderem Anlaß oder zu einem besonderen Zweck nur gelegentlich (von Fall zu Fall) für nicht mehr als fünf Kalendertage im Kalendermonat überlassen wird. In diesem Fall ist die Nutzung zu Privatfahren und zu Fahrten zwischen Wohnung und Arbeitsstätte je Fahrtkilometer mit 0,001 v. H. des inländischen Listenpreises des Kraftfahrzeugs zu bewerten (Einzelbewertung). Zum Nachweis der Fahrstrecke müssen die Kilometerstände festgehalten werden.

4. Dienstliche Nutzung im Zusammenhang mit Fahrten zwischen Wohnung und Arbeitsstätte

Ein geldwerter Vorteil ist für Fahrten zwischen Wohnung und Arbeitsstätte nicht zu erfassen, wenn ein Arbeitnehmer ein Firmenfahrzeug ausschließlich an den Tagen für seine Fahrten zwischen Wohnung und Arbeitsstätte erhält, an denen es erforderlich werden kann, daß er dienstliche Fahrten von der Wohnung aus antritt, z. B. beim Bereitschaftsdienst in Versorgungsunternehmen.

5. Nutzungsverbot

Wird dem Arbeitnehmer ein Kraftfahrzeug mit der Maßgabe zur Verfügung gestellt, es für Privatfahrten und/oder Fahrten zwischen Wohnung und Arbeitsstätte nicht zu nutzen, so kann von

---

1) → Jetzt R 8.1 Abs. 9 und 10 LStR.
2) → Jetzt R 8.1 Abs. 9 Nr. 1 Satz 6 LStR.
3) → H 8.1 (9–10) LStH Nutzung durch mehrere Arbeitnehmer und Fahrzeugpool.
4) Siehe auch BMF vom 23. 10. 2008 (BStBl I S. 961, → H 8.1 (9–10) LStH, Park and ride).

dem Ansatz des jeweils in Betracht kommenden pauschalen Wertes nur abgesehen werden, wenn der Arbeitgeber die Einhaltung seines Verbots überwacht oder wenn wegen der besonderen Umstände des Falles die verbotene Nutzung so gut wie ausgeschlossen ist, z. B. wenn der Arbeitnehmer das Fahrzeug nach seiner Arbeitszeit und am Wochenende auf dem Betriebsgelände abstellt und den Schlüssel abgibt.

Das Nutzungsverbot ist durch entsprechende Unterlagen nachzuweisen, die zum Lohnkonto zu nehmen sind. Wird das Verbot allgemein oder aus besonderem Anlaß oder zu besonderem Zweck von Fall zu Fall ausgesetzt, so ist Nummer 3 entsprechend anzuwenden.

6. Park and ride[1])

Setzt der Arbeitnehmer ein ihm überlassenes Kraftfahrzeug bei den Fahrten zwischen Wohnung und Arbeitsstätte oder bei Familienheimfahrten nur für eine Teilstrecke ein, weil er regelmäßig die andere Teilstrecke mit öffentlichen Verkehrsmitteln zurücklegt, so ist der Ermittlung des pauschalen Nutzungswerts die gesamte Entfernung zugrunde zu legen. Ein Nutzungswert auf der Grundlage der Entfernung, die mit dem Kraftfahrzeug zurückgelegt worden ist, kommt nur in Betracht, wenn das Kraftfahrzeug vom Arbeitgeber nur für diese Teilstrecke zur Verfügung gestellt worden ist. Nummer 5 ist entsprechend anzuwenden.[2])

7. Fahrergestellung bei Familienheimfahrten

Stellt der Arbeitgeber dem Arbeitnehmer für die steuerlich zu erfassenden Familienheimfahrten ein Kraftfahrzeug mit Fahrer zu Verfügung, so ist der Nutzungswert der Fahrten, die unter Inanspruchnahme eines Fahrers durchgeführt worden sind, um 50 v. H. zu erhöhen.

8. Begrenzung des pauschalen Nutzungswerts

Der pauschale Nutzungswert nach § 8 Abs. 2 Satz 2, 3 und 5 EStG kann die dem Arbeitgeber für das Fahrzeug insgesamt entstandenen Kosten übersteigen. Wird dies im Einzelfall nachgewiesen, so ist der Nutzungswert höchstens mit dem Betrag der Gesamtkosten des Kraftfahrzeugs anzusetzen, wenn nicht aufgrund des Nachweises der Fahrten durch ein Fahrtenbuch nach § 8 Abs. 2 Satz 4 EStG ein geringerer Wertansatz in Betracht kommt. Der mit dem Betrag der Gesamtkosten anzusetzende Nutzungswert ist um 50 v. H. zu erhöhen, wenn das Kraftfahrzeug mit Fahrer zur Verfügung gestellt worden ist.

II. Individueller Nutzungswert

1. Elektronisches Fahrtenbuch

Ein elektronisches Fahrtenbuch ist anzuerkennen, wenn sich daraus dieselben Erkenntnisse wie aus einem manuell geführten Fahrtenbuch gewinnen lassen. Beim Ausdrucken von elektronischen Aufzeichnungen müssen nachträgliche Veränderungen der aufgezeichneten Angaben technisch ausgeschlossen, zumindest aber dokumentiert werden.[3])

2. Erleichterungen bei der Führung eines Fahrtenbuchs

Ein Fahrtenbuch soll die Zuordnung von Fahrten zur betrieblichen und beruflichen Sphäre darstellen und ermöglichen. Es muß laufend geführt werden. Bei einer Dienstreise, Einsatzwechseltätigkeit und Fahrtätigkeit müssen die über die Fahrtstrecken hinausgehenden Angaben hinsichtlich Reiseziel, Reiseroute, Reisezweck und aufgesuchte Geschäftspartner die berufliche Veranlassung plausibel erscheinen lassen und ggf. eine stichprobenartige Nachprüfung ermöglichen. Auf einzelne dieser zusätzlichen Angaben kann verzichtet werden, soweit wegen der besonderen Umstände des Einzelfalls die erforderliche Aussagekraft und Überprüfungsmöglichkeit nicht beeinträchtigt wird. Bei Kundendienstmonteuren und Handelsvertretern mit täglich wechselnden Auswärtstätigkeiten reicht es z. B. aus, wenn sie angeben, welche Kunden sie an welchem Ort aufsuchen. Angaben über die Reiseroute und zu den Entfernungen zwischen den Stationen einer Auswärtstätigkeit sind nur bei größerer Differenz zwischen direkter Entfernung und tatsächlicher Fahrtstrecke erforderlich. Bei sicherheitsgefährdeten Personen, deren Fahrtroute häufig von sicherheitsmäßigen Gesichtspunkten bestimmt wird, kann auf die Angabe der Reiseroute auch bei größeren Differenzen zwischen der direkten Entfernung und der tatsächlichen Fahrtstrecke verzichtet werden.

---

[1]) Wegen abweichender Rechtsprechung → H 8.1 (9 – 10) LStH Park and ride.
[2]) Siehe auch BMF vom 23. 10. 2008 (BStBl I S. 961, → H 8.1 (9 – 10) LStH, Park and ride).
[3]) Bestätigt durch BFH vom 16. 11. 2005 (BStBl 2006 II S. 410).

3. Aufwendungen bei sicherheitsgeschützten Fahrzeugen

Wird der Nutzungswert für ein aus Sicherheitsgründen gepanzertes Kraftfahrzeug nach § 8 Abs. 2 Satz 4 EStG ermittelt, so kann dabei die AfA nach dem Anschaffungspreis des leistungsschwächeren Fahrzeugs zugrunde gelegt werden, das dem Arbeitnehmer zur Verfügung gestellt würde, wenn seine Sicherheit nicht gefährdet wäre. Im Hinblick auf die durch die Panzerung verursachten höheren laufenden Betriebskosten bestehen keine Bedenken, wenn der Nutzungswertermittlung 70 v. H. der tatsächlich festgestellten laufenden Kosten (ohne AfA) zugrunde gelegt werden.

4. Fahrergestellung

Wenn ein Kraftfahrzeug mit Fahrer zur Verfügung gestellt wird, ist der für die Fahrten zwischen Wohnung und Arbeitsstätte insgesamt ermittelte Nutzungswert um 50 v. H. zu erhöhen. Für Privatfahrten erhöht sich der hierfür insgesamt ermittelte Nutzungswert nach Abschnitt 31 Abs. 7a Nr. 2 LStR 1996[1]) entsprechend dem Grad der Inanspruchnahme des Fahrers um 50, 40 oder 25 v. H. Bei Familienheimfahrten erhöht sich der auf die einzelne Familienheimfahrt ermittelte Nutzungsvorteil nur dann um 50 v. H., wenn für diese Fahrt ein Fahrer in Anspruch genommen worden ist.

Bei der Feststellung der privat und der dienstlich zurückgelegten Fahrtstrecken sind sog. Leerfahrten, die bei der Überlassung eines Kraftfahrzeugs mit Fahrer durch die An- und Abfahrten des Fahrers auftreten können, den dienstlichen Fahrten zuzurechnen.

III. Lohnsteuerpauschalierung

Ist der Nutzungswert für Familienheimfahrten nach § 8 Abs. 2 Satz 5 EStG zu erfassen, so kommt eine Pauschalbesteuerung nach § 40 Abs. 2 Satz 2 EStG nur für Familienheimfahrten nach Ablauf von zwei Jahren[2]) nach Aufnahme der Tätigkeit am neuen Beschäftigungsort und nur bis zur Höhe des Betrags in Betracht, den der Arbeitnehmer als Werbungskosten für Fahrten zwischen Wohnung und Arbeitsstätte geltend machen.

III.
Private Kfz-Nutzung durch den Gesellschafter-Geschäftsführer einer Kapitalgesellschaft;

Urteile des Bundesfinanzhofs vom 23. Januar 2008 – I R 8/06 – (BStBl 2012 II S. 260),

vom 23. April 2009 – VI R 81/06 – (BStBl 2012 II S. 262) und
vom 11. Februar 2010 – VI R 43/09 – (BStBl 2012 II S. 266)

(BMF-Schreiben vom 3. 4. 2012 (BStBl I S. 478) – IV C 2 – S 2742/08/10001 –)

Nach dem Ergebnis der Erörterungen mit den obersten Finanzbehörden der Länder gilt zur Anwendung der Urteile des Bundesfinanzhofs vom 23. Januar 2008 – I R 8/06 – (BStBl 2012 II S. 260), vom 23. April 2009 – VI R 81/06 – (BStBl 2012 II S. 262) und vom 11. Februar 2010 – VI R 43/09 – (BStBl 2012 II S. 266) im Hinblick auf die Frage der privaten Nutzung eines betrieblichen Kraftfahrzeugs (Kfz) durch den Gesellschafter-Geschäftsführer einer Kapitalgesellschaft Folgendes:

I. Vorliegen einer verdeckten Gewinnausschüttung (§ 8 Absatz 3 Satz 2 KStG)

Nach den BFH-Entscheidungen vom 23. Januar 2008 – I R 8/06 – (a. a. O.) und vom 17. Juli 2008 – I R 83/07 – (BFH/NV 2009 S. 417) ist nur diejenige Nutzung eines betrieblichen Kfz durch einen Gesellschafter-Geschäftsführer betrieblich veranlasst, welche durch eine fremdübliche Überlassungs- oder Nutzungsvereinbarung abgedeckt wird. Die ohne eine solche Vereinbarung erfolgende oder darüber hinausgehende oder einem ausdrücklichen Verbot widersprechende Nutzung ist hingegen durch das Gesellschaftsverhältnis zumindest mitveranlasst. Sie führt sowohl bei einem beherrschenden als auch bei einem nicht beherrschenden Gesellschafter-Geschäftsführer zu einer verdeckten Gewinnausschüttung (§ 8 Absatz 3 Satz 2 KStG).

Eine Überlassungs- oder Nutzungsvereinbarung kann auch durch eine – ggf. vom schriftlichen Anstellungsvertrag abweichende – mündliche oder konkludente Vereinbarung zwischen der Kapitalgesellschaft und dem Gesellschafter-Geschäftsführer erfolgen, wenn entsprechend dieser Vereinbarung tatsächlich verfahren wird (BFH-Urteil vom 24. Januar 1990 – I R 157/86 –, BStBl II S. 645). Für einen außen stehenden Dritten muss dabei zweifelsfrei zu erkennen sein, dass das

---
1) → Jetzt: R 8.1 (10) LStR.
2) Durch Wegfall der Zweijahresfrist gegenstandslos.

Kfz durch die Kapitalgesellschaft auf Grund einer entgeltlichen Vereinbarung mit dem Gesellschafter überlassen wird.

3 Erfolgt die Überlassung im Rahmen eines Arbeitsverhältnisses, muss die tatsächliche Durchführung der Vereinbarung – insbesondere durch zeitnahe Verbuchung des Lohnaufwands und Abführung der Lohnsteuer (und ggf. der Sozialversicherungsbeiträge) – durch die Kapitalgesellschaft nachgewiesen sein. Erfolgt die Überlassung nicht im Rahmen des Arbeitsverhältnisses, sondern im Rahmen eines entgeltlichen Überlassungsvertrags, muss auch hier die Durchführung der Vereinbarung – etwa durch die zeitnahe Belastung des Verrechnungskontos des Gesellschafter-Geschäftsführers – dokumentiert sein.

II. Bewertung der verdeckten Gewinnausschüttung

4 Auf der Ebene der Kapitalgesellschaft ist für die Bemessung der verdeckten Gewinnausschüttung im Zusammenhang mit der privaten Kfz-Nutzung von der erzielbaren Vergütung auszugehen (H 37 KStH 2008 Stichwort „Nutzungsüberlassungen"). Dies steht in Einklang mit den BFH-Urteilen vom 23. Februar 2005 – I R 70/04 – (BStBl II S. 882) und vom 23. Januar 2008 – I R 8/06 – (a. a. O.), wonach die verdeckte Gewinnausschüttung mit dem gemeinen Wert der Nutzungsüberlassung zu bemessen ist und damit einen angemessenen Gewinnaufschlag einbeziehen. Aus Vereinfachungsgründen kann es die Finanzbehörde im Einzelfall zulassen, dass die verdeckte Gewinnausschüttung für die private Nutzung eines betrieblichen Kfz entsprechend § 6 Absatz 1 Nummer 4 Satz 2 EStG mit 1 Prozent des inländischen Listenpreises im Zeitpunkt der Erstzulassung zuzüglich der Kosten für Sonderausstattung einschließlich Umsatzsteuer für jeden Kalendermonat bewertet wird; bei Nutzung des Kfz durch den Gesellschafter-Geschäftsführer auch für Fahrten zwischen Wohnung und Arbeitsstätte erhöht sich dieser Wert um die in § 8 Absatz 2 Satz 3 EStG und für Familienheimfahrten im Rahmen einer doppelten Haushaltsführung um die in § 8 Absatz 2 Satz 5 EStG genannten Beträge.

5 Auf der Ebene des Gesellschafters ist die verdeckte Gewinnausschüttung auch nach Inkrafttreten des § 32a KStG durch das Jahressteuergesetz 2007 vom 13. Dezember 2006 (BStBl 2007 I S. 28) nach § 8 Absatz 2 Satz 2, 3 und 5 EStG zu bewerten.

III. Anwendung

6 Dieses Schreiben ist in allen offenen Fällen anzuwenden.

… zur Anwendung des § 24b EStG ab dem Veranlagungszeitraum 2004 Folgendes:

Entlastungsbetrag für Alleinerziehende, § 24b EStG
Anwendungsschreiben

BMF vom 29. 10. 2004 (BStBl I S. 1042)
– IV C 4 – S 2281 – 515/04

Unter Bezugnahme auf das Ergebnis der Erörterungen mit den obersten Finanzbehörden der Länder gilt für die Anwendung des § 24b EStG ab dem Veranlagungszeitraum 2004 Folgendes:

I. Allgemeines

Durch Artikel 9 des Haushaltsbegleitgesetzes 2004 vom 29. Dezember 2003 (BGBl. I S. 3076; BStBl 2004 I S. 120) wurde mit § 24b EStG ein Entlastungsbetrag für Alleinerziehende in Höhe von 1 308 Euro jährlich zum 1. Januar 20004 in das Einkommensteuergesetz eingefügt. Durch das Gesetz zur Änderung der Abgabenordnung und weiterer Gesetze vom 21. Juli 2004 (BGBl. I S. 1753) wurden die Voraussetzungen für die Inanspruchnahme des Entlastungsbetrages für Alleinerziehende geändert, im Wesentlichen wurde der Kreis der Berechtigten erweitert.

Ziel des Entlastungsbetrages für Alleinerziehende ist es, die höheren Kosten für die eigene Lebens- bzw. Haushaltsführung der sog. echten Alleinerziehenden abzugelten, die einen gemeinsamen Haushalt nur mit ihren Kindern und keiner anderen erwachsenen Person führen, die tatsächlich oder finanziell zum Haushalt beiträgt.

Der Entlastungsbetrag für Alleinerziehende wird außerhalb des Familienleistungsausgleichs bei Ermittlung des Gesamtbetrages der Einkünfte durch Abzug von der Summe der Einkünfte und beim Lohnsteuerabzug mit der Steuerklasse II berücksichtigt.

II. Anspruchsberechtigte

Der Entlastungsbetrag für Alleinerziehende wird Steuerpflichtigen gewährt, die „allein stehend" sind und

– zu deren Haushalt mindestens ein Kind gehört, für das ihnen ein Freibetrag nach § 32 Abs. 6 EStG oder Kindergeld zusteht.

„Allein stehend" im Sinne des § 24b Abs. 1 EStG sind nach § 24b Abs. 2 EStG Steuerpflichtige, die

– nicht die Voraussetzungen für die Anwendung des Splitting-Verfahrens (§ 26 Abs. 1 EStG) erfüllen oder

– verwitwet sind

und

– keine Haushaltsgemeinschaft mit einer anderen volljährigen Person bilden (Ausnahme siehe unter 3.).

1. Haushaltszugehörigkeit

Ein Kind gehört zum Haushalt des Steuerpflichtigen, wenn es dauerhaft in dessen Wohnung lebt oder mit seiner Einwilligung vorübergehend, z. B. zu Ausbildungszwecken, auswärtig untergebracht ist. Haushaltszugehörigkeit erfordert ferner eine Verantwortung für das materielle (Versorgung, Unterhaltsgewährung) und immaterielle Wohl (Fürsorge, Betreuung) des Kindes. Eine Heimunterbringung ist unschädlich, wenn die Wohnverhältnisse die speziellen Bedürfnisse des Kindes berücksichtigen und es sich im Haushalt des Steuerpflichtigen regelmäßig aufhält (vgl. BFH vom 14. November 2001, BStBl 2002 II S. 244). Ist das Kind nicht in der Wohnung des Steuerpflichtigen gemeldet, trägt der Steuerpflichtige die Beweislast für das Vorliegen der Haushaltszugehörigkeit. Ist das Kind bei mehreren Steuerpflichtigen gemeldet oder gehört es unstreitig zum Haushalt des Steuerpflichtigen ohne bei ihm gemeldet zu sein, ist aber bei weiteren Steuerpflichtigen gemeldet, steht der Entlastungsbetrag demjenigen Alleinstehenden zu, zu dessen Haushalt das Kind tatsächlich gehört. Dies ist im Regelfall derjenige, der das Kindergeld erhält.[1]

---

[1] Ist ein Kind annähernd gleichwertig in die beiden Haushalte seiner allein stehenden Eltern aufgenommen, können die Eltern – unabhängig davon, an welchen Berechtigten das Kindergeld ausgezahlt wird – untereinander bestimmen, wem der Entlastungsbetrag zustehen soll, es sei denn, einer der Berechtigten hat bei seiner Veranlagung oder durch Berücksichtigung der Steuerklasse II beim Lohnsteuerabzug den Entlastungsbetrag bereits in Anspruch genommen. Treffen die Eltern keine Bestimmung über die Zuordnung des Entlastungsbetrags, steht er demjenigen zu, an den das Kindergeld ausgezahlt wird (→ BFH vom 28. 4. 2010 – BStBl 2011 II S. 30).

Anhang 26
Entlastungsbetrag für Alleinerziehende

2. Splitting-Verfahren

Es sind grundsätzlich nur Steuerpflichtige anspruchsberechtigt, die nicht die Voraussetzungen für die Anwendung des Splitting-Verfahrens erfüllen.[1] Abweichend hiervon können verwitwete Steuerpflichtige nach § 24b Abs. 3 EStG den Entlastungsbetrag für Alleinerziehende erstmals zeitanteilig für den Monat des Todes des Ehegatten beanspruchen. Darüber hinaus, insbesondere in den Fällen der getrennten[2] oder der besonderen Veranlagung im Jahr der Eheschließung[3], kommt eine zeitanteilige Berücksichtigung nicht in Betracht.

Im Ergebnis sind nur Steuerpflichtige anspruchsberechtigt, die
– während des gesamten Veranlagungszeitraums nicht verheiratet (ledig, geschieden) sind,
– verheiratet sind, aber seit dem vorangegangenen Veranlagungszeitraum dauernd getrennt leben,
– verwitwet sind oder
– deren Ehegatte im Ausland lebt und nicht unbeschränkt einkommensteuerpflichtig im Sinne des § 1 Abs. 1 oder 2 EStG oder des § 1a EStG ist.

3. Haushaltsgemeinschaft

Gemäß § 24b Abs. 2 Satz 1 EStG sind Steuerpflichtige nur dann „allein stehend", wenn sie keine Haushaltsgemeinschaft mit einer anderen volljährigen Person bilden.

Der Gewährung des Entlastungsbetrages für Alleinerziehende steht es kraft Gesetzes nicht entgegen, wenn eine andere minderjährige Person in den Haushalt aufgenommen wird oder es sich bei der anderen volljährigen Person um ein leibliches Kind, Adoptiv-, Pflege-, Stief- oder Enkelkind handelt, für das dem Steuerpflichtigen ein Freibetrag für Kinder (§ 32 Abs. 6 EStG) oder Kindergeld zusteht oder das steuerlich nicht berücksichtigt wird, weil es
– den gesetzlichen Grundwehr- oder Zivildienst leistet (§ 32 Abs. 5 Satz 1 Nr. 1 EStG),
– sich an Stelle des gesetzlichen Grundwehrdienstes freiwillig für die Dauer von nicht mehr als drei Jahren zum Wehrdienst verpflichtet hat (§ 32 Abs. 5 Satz 1 Nr. 2 EStG),
– eine vom gesetzlichen Grundwehrdienst oder Zivildienst befreiende Tätigkeit als Entwicklungshelfer im Sinne des § 1 Abs. 1 des Entwicklungshelfer-Gesetzes ausübt (§ 32 Abs. 5 Satz 1 Nr. 3 EStG).

Es ist unschädlich, wenn die vorgenannten Kinder zur Haushaltsgemeinschaft gehören.

§ 24b Abs. 2 Satz 2 EStG enthält neben der gesetzlichen Definition der Haushaltsgemeinschaft auch die widerlegbare Vermutung für das Vorliegen einer Haushaltsgemeinschaft, die an die Meldung der anderen volljährigen Person mit Haupt- oder Nebenwohnsitz in der Wohnung des Steuerpflichtigen anknüpft. Eine nachträgliche Ab- bzw. Ummeldung ist insoweit unerheblich. Die Vermutung gilt jedoch dann nicht, wenn die Gemeinde oder das Finanzamt positive Kenntnis davon hat, dass die tatsächlichen Verhältnisse von den melderechtlichen Verhältnissen zugunsten des Steuerpflichtigen abweichen.

a) Begriff der Haushaltsgemeinschaft

Eine Haushaltsgemeinschaft liegt vor, wenn der Steuerpflichtige und die andere Person in der gemeinsamen Wohnung – im Sinne des § 8 AO – gemeinsam wirtschaften („Wirtschaften aus einem Topf")[4]. Die Annahme einer Haushaltsgemeinschaft setzt hingegen nicht die Meldung der anderen Person in der Wohnung des Steuerpflichtigen voraus.

Eine Haushaltsgemeinschaft setzt ferner nicht voraus, dass nur eine gemeinsame Kasse besteht und die zur Befriedigung jeglichen Lebensbedarfs dienenden Güter nur gemeinsam und aufgrund gemeinsamer Planung angeschafft werden. Es genügt eine mehr oder weniger enge Gemeinschaft mit nahem Beieinanderwohnen, bei der jedes Mitglied der Gemeinschaft tatsächlich oder finanziell seinen Beitrag zur Haushalts- bzw. Lebensführung leistet und an ihr partizipiert (der gemeinsame Verbrauch der Lebensmittel oder Reinigungsmittel, die gemeinsame Nutzung des Kühlschrankes etc.).

---

[1] Bestätigt durch BFH vom 19. 10. 2006 (BStBl 2007 II S. 637); hiergegen eingelegte Verfassungsbeschwerde nicht zur Entscheidung angenommen (BVerfG vom 22. 5. 2009–2 BvR 310/07 – BStBl II S. 884).
[2] *Die getrennte Veranlagung wurde durch die Einzelveranlagung von Ehegatten ab dem VZ 2013 ersetzt (→ §§ 26a, 52 Abs. 68 Satz 1 EStG).*
[3] *Die besondere Veranlagung im Jahr der Eheschließung wurde aufgehoben und ist letztmals für den VZ 2012 anzuwenden (→ § 52 Abs. 68 Satz 2 EStG).*
[4] Ein gemeinsames Wirtschaften kann sowohl darin bestehen, dass die andere volljährige Person zu den Kosten des gemeinsamen Haushalts beiträgt, als auch in einer Entlastung durch tatsächliche Hilfe und Zusammenarbeit. Auf den Umfang der Hilfe oder des Anteils an den im Haushalt anfallenden Arbeiten kommt es grundsätzlich nicht an (→ BFH vom 28. 6. 2012 – BStBl II S. 815).

Auf die Zahlungswege kommt es dabei nicht an, d. h. es steht der Annahme einer Haushaltsgemeinschaft nicht entgegen, wenn z. B. der Steuerpflichtige die laufenden Kosten des Haushalts ohne Miete trägt und die andere Person dafür vereinbarungsgemäß die volle Miete bezahlt.

Es kommt ferner nicht darauf an, dass der Steuerpflichtige und die andere Person in besonderer Weise materiell (Unterhaltsgewährung) und immateriell (Fürsorge und Betreuung) verbunden sind.

Deshalb wird grundsätzlich bei jeder Art von Wohngemeinschaften mit gemeinsamer Wirtschaftsführung, sei es mit Studierenden oder mit verwandten Personen vermutet, dass bei Meldung der anderen Person in der Wohnung des Steuerpflichtigen auch eine Haushaltsgemeinschaft vorliegt.

Als Kriterien für eine Haushaltsgemeinschaft können auch der Zweck und die Dauer der Anwesenheit der anderen Person in der Wohnung des Steuerpflichtigen herangezogen werden. So liegt eine Haushaltsgemeinschaft nicht vor bei nur kurzfristiger Anwesenheit in der Wohnung oder nicht nur vorübergehender Abwesenheit von der Wohnung.

Beispiele für nur kurzfristige Anwesenheit:
Zu Besuchszwecken, aus Krankheitsgründen

Beispiele für nur vorübergehende Abwesenheit:
Krankenhausaufenthalt, Auslandsreise, Auslandsaufenthalt eines Montagearbeiters, doppelte Haushaltsführung aus beruflichen Gründen bei regelmäßiger Rückkehr in die gemeinsame Wohnung

Beispiele für eine nicht nur vorübergehende Abwesenheit:
Strafvollzug, bei Meldung als vermisst, Auszug aus der gemeinsamen Wohnung, evtl. auch Unterhaltung einer zweiten Wohnung aus privaten Gründen

Haushaltsgemeinschaften sind jedoch insbesondere gegeben bei:
– Eheähnlichen Gemeinschaften,
– eingetragenen Lebenspartnerschaften,
– Wohngemeinschaften unter gemeinsamer Wirtschaftsführung mit einer sonstigen volljährigen Person (z. B. mit Studierenden, Verwandten oder mit volljährigen Kindern, für die dem Steuerpflichtigen weder Kindergeld noch ein Freibetrag für Kinder zusteht),
– nicht dauernd getrennt lebenden Ehegatten, bei denen keine Ehegattenbesteuerung in Betracht kommt (z. B. bei deutschen Ehegatten von Angehörigen der NATO-Streitkräfte).

Mit sonstigen volljährigen Personen besteht keine Haushaltsgemeinschaft, wenn sie sich tatsächlich **und** finanziell nicht an der Haushaltsführung beteiligen.

Die Fähigkeit, sich tatsächlich an der Haushaltsführung zu beteiligen, fehlt bei Personen, bei denen mindestens ein Schweregrad der Pflegebedürftigkeit im Sinne des § 14 SGB XI (Pflegestufe I, II oder III) besteht oder die blind sind.

Die Fähigkeit, sich finanziell an der Haushaltsführung zu beteiligen, fehlt bei Personen, die kein oder nur geringes Vermögen im Sinne des § 33a Abs. 1 Satz 3 EStG[1] besitzen und deren Einkünfte und Bezüge im Sinne des § 32 Abs. 4 Satz 2 bis 4 EStG den dort genannten Betrag nicht übersteigen[2].

Der Nachweis des gesundheitlichen Merkmals „blind" richtet sich nach § 65 EStDV.

Der Nachweis über den Schweregrad der Pflegebedürftigkeit im Sinne des § 14 SGB XI ist durch Vorlage des Leistungsbescheides des Sozialhilfeträgers bzw. des privaten Pflegeversicherungsunternehmens zu führen. Bei rückwirkender Feststellung des Merkmals „blind" oder der Pflegebedürftigkeit sind ggf. bestandskräftige Steuerfestsetzungen auch hinsichtlich des Entlastungsbetrages nach § 24b EStG zu ändern.

b) Widerlegbarkeit der Vermutung

Der Steuerpflichtige kann die Vermutung der Haushaltsgemeinschaft bei Meldung der anderen volljährigen Person in seiner Wohnung widerlegen, wenn er glaubhaft darlegt, dass eine Haushaltsgemeinschaft mit der anderen Person nicht vorliegt.

---

[1] Jetzt § 33a Abs. 1 Satz 4 EStG.
[2] § 32 Abs. 4 Satz 2 bis 4 EStG wurde ab dem VZ 2012 geändert; die Einkünfte- und Bezügegrenze ist weggefallen. Als Einkünfte- und Bezügegrenze ist ab VZ 2012 der Höchstbetrag nach § 33a Abs. 1 Satz 1 EStG maßgebend.

c) Unwiderlegbarkeit der Vermutung

Bei nichtehelichen, aber eheähnlichen (Lebens-)Gemeinschaften und eingetragenen Lebenspartnerschaften scheidet wegen des Verbots einer Schlechterstellung von Ehegatten (vgl. BVerfGE 99, 216 [232 ff.]) die Widerlegbarkeit aus.

Eheähnliche Lebensgemeinschaften – im Sinne einer auf Dauer angelegten Verantwortungs- und Einstehensgemeinschaft – können anhand folgender, aus dem Sozialhilferecht abgeleiteter Indizien festgestellt werden:
- Dauer des Zusammenlebens (z. B. von länger als einem Jahr),
- Versorgung gemeinsamer Kinder im selben Haushalt,
- Versorgung anderer Angehöriger im selben Haushalt,
- der Mietvertrag ist von beiden Partnern unterschrieben und auf Dauer angelegt,
- gemeinsame Kontoführung,
- andere Verfügungsbefugnisse über Einkommen und Vermögen des Partners oder
- andere gemeinsame Verträge, z. B. über Unterhaltspflichten.

Beantragt ein Steuerpflichtiger den Abzug von Unterhaltsleistungen an den Lebenspartner als außergewöhnliche Belastungen nach § 33a Abs. 1 EStG, ist i. d. R. vom Vorliegen einer eheähnlichen Gemeinschaft auszugehen.

Anhang 27

Entlastungsentschädigungen

Zweifelsfragen im Zusammenhang mit der ertragsteuerlichen Behandlung von Entlassungsentschädigungen; Anwendung der BFH-Urteile vom 25. August 2009 – IX R 11/09 – (BStBl II 2011 S. 27) und vom 27. Januar 2010 – IX R 31/09 – (BStBl II 2011 S. 28)

BMF vom 24. 5. 2004 (BStBl I S. 505, berichtigt BStBl I S. 633)
IV A 5 – S 2290 – 20/04

unter Berücksichtigung der Änderungen durch das
BMF-Schreiben vom 17. 1. 2011 (BStBl I S. 39)
IV C 4 – S 2290/07/10007:005 – 2010/1031340

Unter Bezugnahme auf das Ergebnis der Erörterungen mit den obersten Finanzbehörden der Länder nehme ich zu Fragen im Zusammenhang mit der ertragsteuerlichen Behandlung von Entlassungsentschädigungen wie folgt Stellung:

Inhaltsübersicht

	Rz.
I. **Allgemeines**	1 – 4
II. **Lebenslängliche betriebliche Versorgungszusagen**	5 – 8
1. Steuerliche Behandlung von Entlassungsentschädigungen bei Verzicht des Arbeitgebers auf die Kürzung einer lebenslänglichen Betriebsrente	6
2. Steuerliche Behandlung von Entlassungsentschädigungen bei vorgezogener lebenslänglicher Betriebsrente	7
3. Steuerliche Behandlung von Entlassungsentschädigungen bei Umwandlung eines (noch) verfallbaren Anspruchs auf lebenslängliche Betriebsrente in einen unverfallbaren Anspruch	8
III. **Zusammenballung von Einkünften im Sinne des § 34 EStG**	9 – 16
1. Zusammenballung von Einkünften in einem Veranlagungszeitraum (→ 1. Prüfung)	9
2. Zusammenballung von Einkünften unter Berücksichtigung der wegfallenden Einnahmen (→ 2. Prüfung)	10 – 13
2.1 Zusammenballung im Sinne des § 34 EStG, wenn durch die Entschädigung die bis zum Jahresende wegfallenden Einnahmen überschritten werden	10
2.2 Zusammenballung im Sinne des § 34 EStG, wenn durch die Entschädigung nur ein Betrag bis zur Höhe der bis zum Jahresende wegfallenden Einnahmen abgegolten wird	11 – 13
a) Ermittlung der zu berücksichtigenden Einkünfte (mit Beispielen)	12
b) Anwendung im Lohnsteuerabzugsverfahren	13
3. Zusammenballung von Einkünften bei zusätzlichen Entschädigungsleistungen des Arbeitgebers	14 – 16
a) Zusätzliche Entschädigungsleistungen des Arbeitgebers	14
b) Zusammenballung von Einkünften bei zusätzlichen Entschädigungsleistungen des Arbeitgebers aus Gründen der sozialen Fürsorge in späteren Veranlagungszeiträumen	15
c) Weitere Nutzung der verbilligten Wohnung	16
IV. **Planwidriger Zufluss in mehreren Veranlagungszeiträumen/ Rückzahlung bereits empfangener Entschädigungen**	17 – 20
1. Versehentlich zu niedrige Auszahlung der Entschädigung	19
2. Nachzahlung nach Rechtsstreit	20
V. **Vom Arbeitgeber freiwillig übernommene Rentenversicherungsbeiträge im Sinne des § 187a SGB VI**	21 – 22
VI. **Anwendung**	23

I. Allgemeines

1 Scheidet ein Arbeitnehmer auf Veranlassung des Arbeitgebers vorzeitig aus einem Dienstverhältnis aus, so können ihm folgende Leistungen des Arbeitgebers zufließen, die wegen ihrer unterschiedlichen steuerlichen Auswirkung gegeneinander abzugrenzen sind:
- normal zu besteuernder Arbeitslohn nach § 19 EStG, ggf. i. V. m. § 24 Nr. 2 EStG,
- steuerfreie[1]) Abfindungen nach § 3 Nr. 9 EStG (→ Rz. 2),
- steuerbegünstigte Entschädigungen nach § 24 Nr. 1 i. V. m. § 34 Abs. 1 und 2 EStG (Rz. 2–4),
- steuerbegünstigte Leistungen für eine mehrjährige Tätigkeit[2]) im Sinne des § 34 EStG.

Auch die Modifizierung betrieblicher Renten kann Gegenstand von Auflösungsvereinbarungen sein (→ Rz. 5 bis 8).

2 [1]Abfindungen wegen einer vom Arbeitgeber veranlassten oder gerichtlich ausgesprochenen Auflösung des Dienstverhältnisses sind bis zu bestimmten Höchstbeträgen nach § 3 Nr. 9 EStG steuerfrei1. [2]Der diese Höchstbeträge übersteigende Teil der Abfindung ist grundsätzlich ermäßigt zu besteuern, wenn er die Voraussetzungen einer Entschädigung nach § 24 Nr. 1 EStG i. V. m. § 34 Abs. 1 und 2 EStG erfüllt.

3 [1]Eine Entschädigung setzt voraus, dass an Stelle der bisher geschuldeten Leistung eine andere tritt. [2]Diese andere Leistung muss auf einem anderen, eigenständigen Rechtsgrund beruhen. [3]Ein solcher Rechtsgrund wird regelmäßig Bestandteil der Auflösungsvereinbarung sein; er kann aber auch bereits bei Abschluss des Dienstvertrags oder während des Dienstverhältnisses für den Fall des vorzeitigen Ausscheidens vereinbart werden. [4]Eine Leistung in Erfüllung eines bereits vor dem Ausscheiden begründeten Anspruchs des Empfängers ist keine Entschädigung, auch wenn dieser Anspruch in einer der geänderten Situation angepassten Weise erfüllt wird (Modifizierung; siehe z. B. Rz. 5 bis 8). [5]Der Entschädigungsanspruch darf – auch wenn er bereits früher vereinbart worden ist – erst als Folge einer vorzeitigen Beendigung des Dienstverhältnisses entstehen.

4 [1]Eine Entschädigung im Sinne des § 24 Nr. 1 Buchstabe a EStG, die aus Anlaß einer Entlassung aus dem Dienstverhältnis vereinbart wird (Entlassungsentschädigung), setzt den Verlust von Einnahmen voraus, mit denen der Arbeitnehmer rechnen konnte. [2]Weder Abfindung noch Entschädigung sind Zahlungen des Arbeitgebers, die bereits erdiente Ansprüche abgelten, wie z. B. rückständiger Arbeitslohn, anteiliges Urlaubsgeld, Urlaubsabgeltung, Weihnachtsgeld, Gratifikationen, Tantiemen oder bei rückwirkender Beendigung des Dienstverhältnisses bis zum steuerlich anzuerkennenden Zeitpunkt der Auflösung noch zustehende Gehaltsansprüche. [3]Das gilt auch für freiwillige Leistungen, wenn sie in gleicher Weise den verbleibenden Arbeitnehmern tatsächlich zugewendet werden.

II. Lebenslängliche betriebliche Versorgungszusagen

5 [1]Lebenslängliche Bar- oder Sachleistungen sind als Einkünfte im Sinne des § 24 Nr. 2 EStG zu behandeln (→ BFH-Urteil vom 28. 9. 1967 – BStBl 1968 II S. 76). [2]Sie sind keine außerordentlichen Einkünfte im Sinne des § 34 Abs. 2 EStG und damit für die begünstigte Besteuerung der im Übrigen gezahlten Entlassungsentschädigungen im Sinne des § 24 Nr. 1 Buchstabe a EStG unschädlich (siehe die hauptsächlichen Anwendungsfälle in Rz. 6 bis 8). [3]Deshalb kommt die begünstigte Besteuerung auch dann in Betracht, wenn dem Arbeitnehmer im Rahmen der Ausscheidensvereinbarung erstmals lebenslang laufende betriebliche Versorgungsbezüge zugesagt werden. [4]Auch eine zu diesem Zeitpunkt erstmals eingeräumte lebenslängliche Sachleistung, wie z. B. ein verbilligtes oder unentgeltliches Wohnrecht, ist für die ermäßigte Besteuerung unschädlich.

6 **1. Steuerliche Behandlung von Entlassungsentschädigungen bei Verzicht des Arbeitgebers auf die Kürzung einer lebenslänglichen Betriebsrente**

Wird bei Beginn der Rente aus der gesetzlichen Rentenversicherung die lebenslängliche Betriebsrente ungekürzt gezahlt, so schließt dies die ermäßigte Besteuerung der Entlassungsentschädigung, die in einem Einmalbetrag gezahlt wird, nicht aus.

7 **2. Steuerliche Behandlung von Entlassungsentschädigungen bei vorgezogener lebenslänglicher Betriebsrente**

[1]Wird im Zusammenhang mit der Auflösung des Dienstverhältnisses neben einer Einmalzahlung eine (vorgezogene) lebenslängliche Betriebsrente bereits vor Beginn der Rente aus der gesetzlichen Rentenversicherung gezahlt, so schließt auch dies die ermäßigte Besteuerung der Entlassungsentschädigung nicht aus. [2]Dabei ist es unerheblich, ob die vorgezogene Betriebsrente gekürzt, ungekürzt oder erhöht geleistet wird. [3]In diesen Fällen ist die vorgezogene Betriebsrente nach § 24 Nr. 2 EStG zu erfassen.

---
1) § 3 Nr. 9 EStG wurde ab VZ 2006 aufgehoben. Zur Übergangsregelung → § 52 Abs. 4a Satz 1 und 2 EStG.
2) → BFH vom 14. 10. 2004 (BStBl 2005 II S. 289).
§ 34 Abs. 2 Nr. 4 EStG wurde ab VZ 2007 neu gefasst.

Anhang 27
Entlastungsentschädigungen

3. Steuerliche Behandlung von Entlassungsentschädigungen bei Umwandlung eines (noch) verfallbaren Anspruchs auf lebenslängliche Betriebsrente in einen unverfallbaren Anspruch 8

Wird ein (noch) verfallbarer Anspruch auf lebenslängliche Betriebsrente im Zusammenhang mit der Auflösung eines Dienstverhältnisses in einen unverfallbaren Anspruch umgewandelt, so ist die Umwandlung des Anspruchs für die Anwendung des § 34 Abs. 1 EStG auf die Einmalzahlung unschädlich.

III. Zusammenballung von Einkünften im Sinne des § 34 EStG
1. Zusammenballung von Einkünften in einem Veranlagungszeitraum (→ 1. Prüfung) 9

¹Nach ständiger Rechtsprechung (→ BFH vom 14. August 2001 – BStBl II 2002 Seite 180 m. w. N.) setzt die Anwendung der begünstigten Besteuerung nach § 34 Absatz 1 und 2 EStG u. a. voraus, dass die Entschädigungsleistungen zusammengeballt in einem Veranlagungszeitraum zufließen; der Zufluss mehrerer Teilbeträge in unterschiedlichen Veranlagungszeiträumen ist deshalb grundsätzlich schädlich (→ BFH vom 3. Juli 2002 – BStBl II 2004 S. 447, erste Prüfung), soweit es sich dabei nicht um eine im Verhältnis zur Hauptleistung stehende geringe Zahlung (maximal 5 % der Hauptleistung) handelt, die in einem anderen Veranlagungszeitraum zufließt (→ BFH vom 25. August 2009 – BStBl II 2011 S. 27).¹) ²Ausnahmsweise können jedoch ergänzende Zusatzleistungen, die Teil der einheitlichen Entschädigung sind und in späteren Veranlagungszeiträumen aus Gründen der sozialen Fürsorge für eine gewisse Übergangszeit gewährt werden, für die Beurteilung der Hauptleistung als einer zusammengeballten Entschädigung unschädlich sein (→ Rz. 15). ³Steuerfreie Einkünfte nach § 3 Nr. 9 EStG sind bei der Beurteilung des Zuflusses in einem Veranlagungszeitraum nicht zu berücksichtigen (→ BFH vom 2. 9. 1992 – BStBl 1993 II S. 52); das Gleiche gilt für pauschalbesteuerte Arbeitgeberleistungen.

2. Zusammenballung von Einkünften unter Berücksichtigung der wegfallenden Einnahmen (→ 2. Prüfung)

2.1 Zusammenballung im Sinne des § 34 EStG, wenn durch die Entschädigung die bis zum Jahresende wegfallenden Einnahmen überschritten werden 10

Übersteigt die anläßlich der Beendigung eines Arbeitsverhältnisses gezahlte Entschädigung die bis zum Ende des Veranlagungszeitraums entgehenden Einnahmen, die der Arbeitnehmer bei Fortsetzung des Arbeitsverhältnisses bezogen hätte, so ist das Merkmal der Zusammenballung von Einkünften stets erfüllt.

2.2 Zusammenballung im Sinne des § 34 EStG, wenn durch die Entschädigung nur ein Betrag bis zur Höhe der bis zum Jahresende wegfallenden Einnahmen abgegolten wird 11

¹Für Entschädigungen, die ab dem Veranlagungszeitraum 1999 zufließen, ist die Zusammenballung im Sinne des § 34 EStG nach der BFH-Entscheidung vom 4. 3. 1998 (BStBl II S. 787) zu beurteilen (→ 2. Prüfung). ²Übersteigt die anlässlich der Beendigung eines Dienstverhältnisses gezahlte Entschädigung die bis zum Ende des (Zufluss-)Veranlagungszeitraums entgehenden Einnahmen nicht und bezieht der Steuerpflichtige keine weiteren Einnahmen, die er bei Fortsetzung des Dienstverhältnisses nicht bezogen hätte, so ist das Merkmal der Zusammenballung von Einkünften nicht erfüllt.

a) Ermittlung der zu berücksichtigenden Einkünfte (mit Beispielen) 12

¹Für die Beurteilung der Zusammenballung ist es ohne Bedeutung, ob die Entschädigung für den Einnahmeverlust mehrerer Jahre gewährt werden soll. ²Entscheidend ist vielmehr, ob es unter Einschluss der Entschädigung infolge der Beendigung des Dienstverhältnisses in dem jeweiligen Veranlagungszeitraum insgesamt zu einer über die normalen Verhältnisse hinausgehenden Zusammenballung von Einkünften kommt (→ BFH vom 4. 3. 1998 – a. a. O.). ³Dagegen kommt es auf eine konkrete Progressionserhöhung nicht an (→ BFH vom 17. 12. 1982 – BStBl 1983 II S. 221, vom 21. 3. 1996 – BStBl II S. 416 und vom 4. 3. 1998 – a. a. O.). ⁴Auch die Zusammenballung mit anderen laufenden Einkünften des Steuerpflichtigen ist keine weitere Voraussetzung für die Anwendung des § 34 Abs. 1 EStG (→ BFH vom 13. 11. 1953 – BStBl 1954 III S. 13); dies gilt insbesondere in Fällen, in denen die Entschädigung die bis zum Jahresende entgehenden Einnahmen nur geringfügig übersteigt (→ Rz. 10). ⁵Andererseits kommt § 34 Abs. 1 EStG unter dem Gesichtspunkt der Zusammenballung auch dann in Betracht, wenn im Jahr des Zuflusses der Entschädigung weitere Einkünfte erzielt werden, die der Steuerpflichtige nicht bezogen hätte, wenn das Dienstverhältnis ungestört fortgesetzt worden wäre und er dadurch mehr erhält, als er bei normalem Ablauf der Dinge erhalten hätte (vgl. BFH vom 4. 3. 1998 – a. a. O.). ⁶Bei Berechnung der Einkünfte, die der Steuerpflichtige beim Fortbestand des Vertragsverhältnisses im Veranlagungszeitraum bezogen hätte, ist grundsätzlich auf die Einkünfte des Vorjahres abzustellen (→ BFH vom 4. März 1998, a. a. O.);

---

¹) Rz. 9 Satz 1 wurde durch BMF vom 17. 1. 2011 (BStBl I S. 39) geändert. Die Grundsätze dieses Schreibens sind in allen noch offenen Fällen anzuwenden.

Entlastungsentschädigungen

es sei denn, die Einnahmesituation ist in diesem Jahr durch außergewöhnliche Ereignisse geprägt (→ BFH vom 27. Januar 2010 – BStBl II 2011 S. 28).[1]) [7]Die erforderliche Vergleichsberechnung ist grundsätzlich anhand der jeweiligen Einkünfte des Steuerpflichtigen laut Steuerbescheid/Steuererklärung vorzunehmen (→ Beispiele 1 und 2). [8]Dabei ist der Arbeitnehmer-Pauschbetrag vorrangig von den laufenden Einkünften im Sinne des § 19 EStG abzuziehen (→ BFH vom 29. 10. 1998 – BStBl 1999 II S. 588). [9]Bei Einkünften im Sinne des § 19 EStG ist es nicht zu beanstanden, wenn die erforderliche Vergleichsrechnung stattdessen anhand der betreffenden Einnahmen aus nichtselbständiger Arbeit durchgeführt wird. [10]Unbeschadet der Regelungen in Rz. 9 (Zusammenballung von Einkünften in einem Veranlagungszeitraum) sind bei einer solchen Vergleichsrechnung nach Maßgabe der Einnahmen auch Abfindungen im Sinne des § 3 Nr. 9 EStG[2]), pauschalbesteuerte Arbeitgeberleistungen und dem Progressionsvorbehalt unterliegende Lohnersatzleistungen einzubeziehen (→ Beispiel 3).

Beispiel 1:
Auflösung des Dienstverhältnisses im Jahr 02. Die Entschädigung im Jahr 02 beträgt 15 000 EUR (steuerpflichtiger Teil der Gesamtabfindung).

Vergleich
– Jahr 01

Einkünfte im Sinne des § 19 EStG (50 000 EUR ./. 920 EUR[3])		49 080 EUR
Einkünfte aus den übrigen Einkunftsarten		0 EUR
Summe		**49 080 EUR**

– Jahr 02

Einnahmen im Sinne des § 19 EStG aus bisherigem Dienstverhältnis		25 000 EUR
Einnahmen im Sinne des § 19 EStG aus neuem Dienstverhältnis		25 000 EUR
abzgl. AN-Pauschbetrag[3])	920 EUR	49 080 EUR
Entschädigung		15 000 EUR
Summe		**64 080 EUR**

Die Entschädigung (15 000 EUR) übersteigt nicht den Betrag der entgehenden Einnahmen (25 000 EUR). Der Steuerpflichtige hat aber aus dem alten und neuen Dienstverhältnis so hohe Einkünfte, dass es unter Einbeziehung der Entschädigung zu einer die bisherigen Einkünfte übersteigenden Zusammenballung von Einkünften und somit zur Anwendung des § 34 EStG kommt.

Ebenso käme es zur Anwendung des § 34 EStG, wenn infolge von zusätzlichen Einkünften aus freiberuflicher Tätigkeit oder aus einer vorgezogenen Betriebsrente die bisherigen Einkünfte überschritten würden.

Beispiel 2:
Auflösung des Dienstverhältnisses im Jahr 02. Die Entschädigung im Jahr 02 beträgt 27 200 EUR (davon sind 7 200 EUR steuerfrei;[4]) nach § 3 Nr. 9 EStG).

Vergleich
– Jahr 01

Einkünfte im Sinne des § 19 EStG (50 000 EUR ./. 920 EUR)[5]		49 080 EUR
Einkünfte aus den übrigen Einkunftsarten		0 EUR
Summe		**49 080 EUR**

– Jahr 02

Einnahmen im Sinne des § 19 EStG aus bisherigem Dienstverhältnis		20 000 EUR
abzgl. AN-Pauschbetrag[6])	920 EUR	19 080 EUR
Entschädigung		20 000 EUR
Einnahmen im Sinne des § 20 EStG	600 EUR	
abzüglich Werbungskosten und Sparerfreibetrag	600 EUR	0 EUR
Summe		**39 080 EUR**

---

[1]) Rz. 12 Satz 6 wurde durch BMF vom 17. 1. 2011 (BStBl I S. 39) geändert. Die Grundsätze dieses Schreibens sind in allen noch offenen Fällen anzuwenden.
[2]) § 3 Nr. 9 EStG wurde ab VZ 2006 aufgehoben. Zur Übergangsregelung → § 52 Abs. 4a Satz 1 und 2 EStG.
[3]) *Ab VZ 2011: 1 000 Euro.*
[4]) § 3 Nr. 9 EStG wurde ab VZ 2006 aufgehoben. Zur Übergangsregelung → § 52 Abs. 4a Satz 1 und 2 EStG.
[5]) *Ab VZ 2011: 1 000 Euro.*
[6]) *Ab VZ 2011: 1 000 Euro.*

Die Entschädigung (= steuerpflichtiger Teil der Gesamtabfindung; 20 000 EUR) übersteigt nicht den Betrag der entgehenden Einnahmen (30 000 EUR). Der auf der Basis der Einkünfte vorgenommene Vergleich der aus dem bisherigen Dienstverhältnis im Jahr 02 bezogenen Einkünfte einschließlich der steuerpflichtigen Entschädigung (19 080 EUR + 20 000 EUR = 39 080 EUR) übersteigt nicht die bisherigen Einkünfte des Jahres 01 (49 080 EUR).

Auch bei einem Vergleich nach Maßgabe der Einnahmen aus nichtselbständiger Arbeit übersteigen die im Jahr 02 bezogenen Einnahmen einschließlich der Gesamtabfindung (20 000 EUR + 27 200 EUR = 47 200 EUR) nicht die Einnahmen des Jahres 01 (50 000 EUR). Eine Zusammenballung der Einkünfte liegt daher nicht vor. Für die steuerpflichtige Entschädigung kommt eine ermäßigte Besteuerung nach § 34 Abs. 1 und 2 EStG deshalb nicht in Betracht.

Beispiel 3:

Auflösung des Dienstverhältnisses im Jahr 02. Die Gesamtabfindung im Jahre 02 beträgt 25 000 EUR (davon steuerfrei im Sinne des § 3 Nr. 9 EStG 11 000 EUR).

Vergleich auf der Basis der Einnahmen

- Jahr 01

Einnahmen im Sinne des § 19 EStG	50 000 EUR

- Jahr 02

Einnahmen im Sinne des § 19 EStG aus bisherigem Dienstverhältnis	20 000 EUR
Entschädigung	14 000 EUR
steuerfreie[1]) Abfindung nach § 3 Nr. 9 EStG	11 000 EUR
pauschal besteuerte Zukunftssicherungsleistungen ab dem Ausscheiden	994 EUR
tatsächlich bezogenes Arbeitslosengeld	4 800 EUR
Summe	**50 794 EUR**

Die Entschädigung (= steuerfreier Teil der Gesamtabfindung; 14 000 EUR) übersteigt nicht den Betrag der entgehenden Einnahmen (30 000 EUR).

Der Vergleich nach Maßgabe der Einnahmen aus nichtselbständiger Arbeit ergibt, dass die Einnahmen im Jahr 02 einschließlich der gesamten Abfindung, den pauschal besteuerten Einnahmen im Jahr 02 einschließlich der gesamten Abfindung, den pauschal besteuerten Zukunftssicherungsleistungen ab dem Ausscheiden und tatsächlich bezogenes Arbeitslosengeld (50 794 EUR) die Einnahmen des Jahres 01 (50 000 EUR) übersteigen.

Aufgrund der vorliegenden Zusammenballung kann die steuerpflichtige Entschädigung nach § 34 Abs. 1 und 2 EStG ermäßigt besteuert werden.

b) Anwendung im Lohnsteuerabzugsverfahren

[1]Im Lohnsteuerabzugsverfahren richtet sich die Anwendung des § 34 EStG nach § 39b Abs. 3 Satz 9 EStG. [2]Dabei ist die Regelung von Rz. 9 und 12 ebenfalls anzuwenden, wobei der Arbeitgeber auch solche Einnahmen (Einkünfte) berücksichtigen darf, die der Arbeitnehmer nach Beendigung des bestehenden Dienstverhältnisses erzielt. [3]Kann der Arbeitgeber die erforderlichen Feststellungen nicht treffen, ist im Lohnsteuerabzugsverfahren die Besteuerung ohne Anwendung des § 39b Abs. 3 Satz 9 EStG durchzuführen. [4]Die begünstigte Besteuerung kann dann ggf. erst im Veranlagungsverfahren (z. B. nach § 46 Abs. 2 Nr. 8 EStG) angewandt werden.

3. Zusammenballung von Einkünften bei zusätzlichen Entschädigungsleistungen des Arbeitgebers

a) Zusätzliche Entschädigungsleistungen des Arbeitgebers

[1]Sehen Entlassungsvereinbarungen zusätzliche Leistungen des früheren Arbeitgebers vor, z. B. unentgeltliche Nutzung des Dienstwagens oder des Firmentelefons, ohne dass der ausgeschiedene Mitarbeiter noch zu einer Dienstleistung verpflichtet wäre, so kann es sich um eine Entschädigung handeln (→ Rz. 3, 4). [2]Eine Entschädigung liegt in diesen Fällen u. a. nicht vor, wenn derartige zusätzliche Leistungen nicht nur bei vorzeitigem Ausscheiden, sondern auch in anderen Fällen, insbesondere bei altersbedingtem Ausscheiden, erbracht werden, z. B. Fortführung von Mietverhältnissen, von Arbeitgeberdarlehen, von Deputatlieferungen und von Sondertarifen, sowie Weitergewährung von Rabatten. [3]Lebenslänglich zugesagte Geld- oder Sachleistungen sind stets nach § 24 Nr. 2 EStG zu behandeln.

b) Zusammenballung von Einkünften bei zusätzlichen Entschädigungsleistungen des Arbeitgebers aus Gründen der sozialen Fürsorge in späteren Veranlagungszeiträumen

[1]Fließt die steuerpflichtige Gesamtentschädigung (Einmalbetrag zuzüglich zusätzlicher Entschädigungsleistungen) nicht in einem Kalenderjahr zu, so ist dies für die Anwendung des

---

[1]) § 3 Nr. 9 EStG wurde ab VZ 2006 aufgehoben. Zur Übergangsregelung → § 52 Abs. 4a Satz 1 und 2 EStG.

§ 34 EStG grundsätzlich schädlich (→ Rz. 9). ²Werden aber zusätzliche Entschädigungsleistungen, die Teil einer einheitlichen Entschädigung sind, aus Gründen der sozialen Fürsorge für eine gewisse Übergangszeit in späteren Veranlagungszeiträumen gewährt, sind diese für die Beurteilung der Hauptleistung als einer zusammengeballten Entschädigung unschädlich, wenn sie weniger als 50 v. H. der Hauptleistung betragen.

Die Vergleichsberechnung ist hier durch Einnahmenvergleich vorzunehmen.

¹Zusatzleistungen aus Gründen der sozialen Fürsorge sind beispielsweise solche Leistungen, die der (frühere) Arbeitgeber dem Steuerpflichtigen zur Erleichterung des Arbeitsplatz- oder Berufswechsels oder als Anpassung an eine dauerhafte Berufsaufgabe und Arbeitslosigkeit erbringt. ²Sie setzen keine Bedürftigkeit des entlassenden Arbeitnehmers voraus. ³Soziale Fürsorge ist allgemein im Sinne der Fürsorge des Arbeitgebers für seinen früheren Arbeitnehmer zu verstehen. ⁴Ob der Arbeitgeber zu der Fürsorge arbeitsrechtlich verpflichtet ist, ist unerheblich.

Derartige ergänzende Zusatzleistungen können beispielsweise die befristete Weiterbenutzung des Dienstwagens (→ BFH vom 3. 7. 2002, a. a. O.), die befristete Übernahme von Versicherungsbeiträgen (→ BFH vom 11. 12. 2002, BFH/NV 2003, 607), die befristete Zahlung von Zuschüssen zum Arbeitslosengeld (→ BFH vom 24. 1. 2002, BStBl II 2004, S. 442) und Zahlungen zur Verwendung für die Altersversorgung (→ BFH vom 15. 10. 2003, BStBl II 2004, S. 264) sein.

Die aus sozialer Fürsorge erbrachten ergänzenden Zusatzleistungen, die außerhalb des zusammengeballten Zuflusses in späteren Veranlagungsjahren erfolgen, fallen nicht unter die Tarifbegünstigung des § 34 Abs. 1 EStG.

Beispiel

Auflösung des Dienstverhältnisses im Jahr 02. Der Arbeitgeber zahlt im Jahr 02 insgesamt 150 000 EUR Abfindung (davon sind 9 000 EUR steuerfrei¹) nach § 3 Nr. 9 EStG) und gewährt von 07/02 bis 06/03 zur Überbrückung der Arbeitslosigkeit einen Zuschuss zum Arbeitslosengeld von monatlich 2 500 EUR. Im Jahr 03 fließen keine weiteren Einkünfte zu.

– Jahr 02

Einnahmen im Sinne des § 19 EStG	50 000 EUR
Entschädigung (150 000 EUR ./. 9 000 EUR)	141 000 EUR
steuerfreie Abfindung 5 i. S. d. § 3 Nr. 9 EStG	9 000 EUR
monatlicher Zuschuss (6 × 2 500 EUR)	15 000 EUR
Entschädigung insgesamt (Hauptleistung)	165 000 EUR

– Jahr 03

monatlicher Zuschuss (6 × 2 500 EUR)	15 000 EUR

Die im Jahre 03 erhaltenen Zahlungen sind zusätzliche Entschädigungsleistungen, die aus sozialer Fürsorge für eine gewisse Übergangszeit gewährt wurden. Sie betragen 15 000 EUR = 9,09 v. H. von 165 000 EUR (Entschädigungshauptleistung) und sind damit unschädlich für die Beurteilung der Hauptleistung als einer zusammengeballten Entschädigung. Die im Jahre 02 erhaltenen Entschädigungsleistungen fallen nicht unter die Tarifbegünstigung des § 34 EStG. Wegen des vorzunehmenden Vergleichs der Einnahmen bleibt der Arbeitnehmer-Pauschbetrag außer Betracht.

16   c) **Weitere Nutzung der verbilligten Wohnung**

Ist die weitere Nutzung einer Wohnung Bestandteil der Entschädigungsvereinbarung, so ist die Mietverbilligung nur dann für die Zusammenballung von Einkünften schädlich, wenn sie mietrechtlich frei vereinbar und dem Grunde nach geldwerter Vorteil aus dem früheren Dienstverhältnis ist und nicht auf die Lebenszeit des oder der Berechtigten abgeschlossen ist.

IV. Planwidriger Zufluss in mehreren Veranlagungszeiträumen/Rückzahlung bereits empfangener Entschädigungen

17   ¹Die Anwendung der begünstigten Besteuerung nach § 34 Abs. 1 und 2 EStG setzt u. a. voraus, dass die Entschädigungsleistungen zusammengeballt, d. h. in einem Veranlagungszeitraum zufließen (→ Rz. 9). ²Das Interesse der Vertragsparteien ist daher regelmäßig auf den planmäßigen Zufluss in einem Veranlagungszeitraum gerichtet. ³Findet in den Fällen der nachstehenden Rz. 19 und 20 ein planwidriger Zufluss in mehreren Veranlagungszeiträumen statt, obwohl die Vereinbarungen eindeutig auf einen einmaligen Zufluss gerichtet waren, ist der Korrekturbetrag eines nachfolgenden Veranlagungszeitraums (VZ 02) auf Antrag des Steuerpflichtigen in den Veranlagungszeitraum (VZ 01) zurückzubeziehen, in dem die – grundsätzlich begünstigte – Hauptentschädigung zugeflossen ist. ⁴Stimmt das Finanzamt diesem Antrag zu (§ 163 AO), ist der Steuerbescheid (VZ 01) nach § 175 Abs. 1 Satz 1 Nr. 2 AO zu ändern, wobei die begünstigte Be-

---

¹) § 3 Nr. 9 EStG wurde ab VZ 2006 aufgehoben. Zur Übergangsregelung → § 52 Abs. 4a Satz 1 und 2 EStG

steuerung auf die gesamte Entschädigungsleistung (Hauptentschädigung zzgl. Korrekturbetrag) anzuwenden ist. ⁵Wird der Antrag nicht gestellt und ist die Steuerfestsetzung für diesen Veranlagungszeitraum (VZ 02) bereits bestandskräftig, so ist der Bescheid (VZ 01) nach § 175 Abs. 1 Satz 1 Nr. 2 AO zu ändern und die begünstigte Steuerberechnung wegen fehlender Zusammenballung zu versagen.

¹)¹Hat der Steuerpflichtige in einem nachfolgenden Veranlagungszeitraum (VZ 03) einen Teil der Einmalabfindung zurückzuzahlen, so ist die Rückzahlung als Korrektur der Einmalabfindung zu behandeln. ²Der tarifbegünstigte Betrag des Veranlagungszeitraums, in dem die Einmalabfindung zugeflossen ist (VZ 01), ist dementsprechend um den Rückzahlungsbetrag zu mindern. ³Ist die Steuerfestsetzung für diesen Veranlagungszeitraum (VZ 01) bereits bestandskräftig, so ist der Bescheid nach § 175 Abs. 1 Satz 1 Nr. 2 AO zu ändern.   18

1. Versehentlich zu niedrige Auszahlung der Entschädigung   19

¹Es kommt vor, dass eine Entschädigung an den ausscheidenden Arbeitnehmer versehentlich – z. B. auf Grund eines Rechenfehlers, nicht jedoch bei unzutreffender rechtlicher Würdigung – im Jahr des Ausscheidens zu niedrig ausgezahlt wird. ²Der Fehler wird im Laufe eines späteren Veranlagungszeitraums erkannt und der Differenzbetrag ausgezahlt.

2. Nachzahlung nach Rechtsstreit   20

¹Streiten sich Arbeitgeber und Arbeitnehmer vor Gericht über die Höhe der Entschädigung, zahlt der Arbeitgeber üblicherweise an den Arbeitnehmer im Jahr des Ausscheidens nur den von ihm (Arbeitgeber) für zutreffend gehaltenen Entschädigungsbetrag und leistet ggf. erst Jahre später auf Grund einer gerichtlichen Entscheidung oder eines Vergleichs eine weitere Zahlung. ²Voraussetzung für die Anwendung der Billigkeitsregelung nach Rz. 17 ist in diesen Fällen, dass der ausgeschiedene Arbeitnehmer keinen Ersatzanspruch hinsichtlich einer aus der Nachzahlung resultierenden eventuellen ertragsteuerlichen Mehrbelastung gegenüber dem früheren Arbeitgeber hat.

V. Vom Arbeitgeber freiwillig übernommene Rentenversicherungsbeiträge im Sinne des § 187a SGB VI

¹Durch eine Ergänzung des § 3 Nr. 28 EStG ist ab dem Kalenderjahr 1997 eine Steuerbefreiung eingeführt worden in Höhe der Hälfte der vom Arbeitgeber freiwillig übernommenen Rentenversicherungsbeiträge im Sinne des § 187a SGB VI, durch die Rentenminderungen bei vorzeitiger Inanspruchnahme der Altersrente gemildert oder vermieden werden können. ²Die Berechtigung zur Zahlung dieser Beiträge und damit die Steuerfreistellung setzen voraus, dass der Versicherte erklärt, eine solche Rente zu beanspruchen. ³Die Steuerfreistellung ist auf die Hälfte der insgesamt geleisteten zusätzlichen Rentenversicherungsbeiträge begrenzt, da auch Pflichtbeiträge des Arbeitgebers zur gesetzlichen Rentenversicherung nur in Höhe des halben Gesamtbeitrags steuerfrei sind. ⁴Für den verbleibenden steuerpflichtigen Teil der Rentenversicherungsbeiträge gilt § 3 Nr. 9 EStG²).   21

¹Die vom Arbeitgeber zusätzlich geleisteten Rentenversicherungsbeiträge nach § 187a SGB VI einschließlich darauf entfallender, ggf. vom Arbeitgeber getragener Steuerabzugsbeträge sind als Teil der Entschädigung im Sinne des § 24 Nr. 1 EStG, die im Zusammenhang mit der Auflösung eines Dienstverhältnisses geleistet wird, zu behandeln. ²Leistet der Arbeitgeber diese Beiträge in Teilbeträgen, ist dies für die Frage der Zusammenballung unbeachtlich. ³Die dem Arbeitnehmer darüber hinaus zugeflossene Entschädigung (Einmalbetrag) kann daher aus Billigkeitsgründen auf Antrag unter den übrigen Voraussetzungen begünstigt besteuert werden.   22

VI. Anwendung

Die vorstehenden Grundsätze sind in allen noch offenen Fällen anzuwenden.   23

Dieses Schreiben ersetzt das BMF-Schreiben vom 18. Dezember 1998 (BStBl I S. 1512) mit Ausnahme der Rz. 12, 13, 24–28. Die Rz. 12, 13, 24–28 des BMF-Schreibens vom 18. Dezember 1998 sind für die dort genannten Zeiträume weiter anzuwenden.

---

¹) Rückzahlung ist erst im Jahr ihrer Verausgabung bei der Ermittlung der Einkünfte aus nichtselbständiger Arbeit anzusetzen (→ BFH vom 4. 5. 2006 – BStBl II S. 911); H 11 (Rückzahlung von Arbeitslohn).
²) § 3 Nr. 9 EStG wurde ab VZ 2006 aufgehoben. Zur Übergangsregelung → § 52 Abs. 4a Satz 1 und 2 EStG

Allgemeine Verwaltungsvorschrift zur Anwendung des Erbschaftsteuer- und Schenkungsteuerrechts (Erbschaftsteuer-Richtlinien *2011* – ErbStR *2011*)

vom *19. 12. 2011* (BStBl I Sondernummer 1 / *2011*)

– Auszug –

R B 12.1 Kapitalforderungen und Schulden

(1) Besondere Umstände, die eine **vom Nennwert abweichende Bewertung** rechtfertigen, liegen vor,
1. wenn die Kapitalforderungen oder Schulden unverzinslich sind und ihre Laufzeit im Besteuerungszeitpunkt mehr als ein Jahr beträgt;
2. wenn die Kapitalforderungen oder Schulden niedrig verzinst oder hoch verzinst sind und die Kündbarkeit für längere Zeit ausgeschlossen ist;
3. wenn zweifelhaft ist, ob eine Kapitalforderung in vollem Umfang durchsetzbar ist.

(2) ¹Eine **niedrig verzinsliche Kapitalforderung** oder Schuld, die unter dem Nennwert anzusetzen ist, kann angenommen werden, wenn die Verzinsung unter 3 *Prozent* liegt und die Kündbarkeit am Veranlagungsstichtag für längere Zeit, d. h. für mindestens vier Jahre, eingeschränkt oder ausgeschlossen ist. ²Stehen einer unverzinslichen oder niedrig verzinslichen Kapitalforderung **an Stelle der Zinsen oder neben den Zinsen andere** wirtschaftliche Vorteile gegenüber, kommt eine Bewertung unter dem Nennwert nicht in Betracht; *dies gilt entsprechend, wenn einer unverzinslichen oder niedrig verzinslichen Kapitalschuld an Stelle der Zinsen oder neben den Zinsen andere wirtschaftliche Nachteile gegenüberstehen.* ³Eine **hoch verzinsliche Kapitalforderung** oder Schuld, die über dem Nennwert anzusetzen ist, kann im allgemeinen angenommen werden, wenn die Verzinsung über 9 *Prozent* liegt und die Rückzahlung am Besteuerungsstichtag noch für mindestens vier Jahre ausgeschlossen ist; Satz 2 gilt entsprechend.

(3) ¹Ist zweifelhaft, ob oder inwieweit eine **Kapitalforderung durchsetzbar** ist, kann sie dem Grad der Zweifelhaftigkeit entsprechend mit einem niedrigeren Schätzwert anzusetzen sein. ²Das gilt insbesondere beim Ansatz verjährter Kapitalforderungen. ³Schwierigkeiten in der Beurteilung der Rechtslage sind kein besonderer Umstand, der einen Abschlag rechtfertigt.

(4) Nicht zum Betriebsvermögen gehörende **Steuererstattungsansprüche** und **Steuervergütungsansprüche** sowie entsprechende Schulden (z. B. Einkommensteuerschulden) sind als Kapitalforderungen oder Schulden zu bewerten.

(5) Kapitalforderungen und Schulden, die auf **ausländische Währungen** lauten, sind mit dem am Besteuerungszeitpunkt maßgebenden Umrechnungskurs zu bewerten.

Anwendung von BMF-Schreiben;

BMF-Schreiben, die bis zum 26. März 2012 ergangen sind

BMF vom 27. 3. 2012 (BStBl I S. 370) IV A 2 – O 2000/11/10006 – 2012/0060781 –

Unter Bezugnahme auf das Ergebnis der Erörterungen mit den obersten Finanzbehörden der Länder gilt zur Anwendung der bis zum Tage dieses Schreibens ergangenen BMF-Schreiben das Folgende: Für Steuertatbestände, die nach dem 31. Dezember 2010 verwirklicht werden, sind die bis zum Tage dieses BMF-Schreibens ergangenen BMF-Schreiben anzuwenden, soweit sie in der Positivliste aufgeführt sind. Die nicht in der Positivliste aufgeführten BMF-Schreiben werden für nach dem 31. Dezember 2010 verwirklichte Steuertatbestände aufgehoben. Für vor dem 1. Januar 2011 verwirklichte Steuertatbestände bleibt die Anwendung der nicht in der Positivliste aufgeführten BMF-Schreiben unberührt, soweit sie nicht durch ändernde oder ergänzende BMF-Schreiben überholt sind. BMF-Schreiben in diesem Sinne sind Verwaltungsvorschriften, die die Vollzugsgleichheit im Bereich der vom Bund verwalteten, der von den Ländern verwalteten und der von den Ländern im Auftrag des Bundes verwalteten Steuern sicherstellen sollen.

– Auszug der lohnsteuerlich relevanten BMF-Schreiben aus der Positivliste, einschließlich der ab dem 27. März 2012 ergangenen lohnsteuerlich relevanten BMF-Schreiben –

lfd. Nr.	Datum	Aktenzeichen, Fundstelle LStH 2013	Fundstelle BStBl	Betreff
1	31. 10. 1983	IV B 6-S 2293-50/83 H 39d	BStBl I 1983, S. 470	Steuerliche Behandlung von Arbeitnehmereinkünften bei Auslandstätigkeit (Auslandstätigkeitserlass)
2	02. 03. 1990	IV B 6-S 2332-23/90 H 19.3	BStBl I 1990, S. 141	Einkommensteuerliche Behandlung der Zinsen auf Einlagen der Arbeitnehmer von Kreditinstituten
3	05. 10. 1990	IV B 6-S 2332-73/90 H 19.0	BStBl I 1990, S. 638	Steuerabzug vom Arbeitslohn bei unbeschränkt einkommensteuer-(lohnsteuer-)pflichtigen Künstlern und verwandten Berufen
4	22. 02. 1991	IV B 6-S 2360-3/91 H 9.1	BStBl I 1991, S. 951	Steuerliche Behandlung des Versorgungszuschlags für Beamte bei Beurlaubung ohne Dienstbezüge
5	17. 06. 1991	IV B 6 – S 2293-5/91II		Anwendung des Auslandstätigkeitserlasses; hier: Entsendung von Doktoranden von Universitäten im Zusammenwirken mit der GTZ
6	31. 03. 1992	IV B 6-S 2012-12/92 H 9.5	BStBl I 1992, S. 270	Dienstreise-Kaskoversicherung des Arbeitgebers für Kraftfahrzeuge des Arbeitnehmers und steuerfreier Fahrtkostenersatz, hier BFH-Urteil vom 27. Juni 1991 – VI R 3/87 –
7	15. 04. 1993	IV B 6-S 2334-68/93 H 8.2	BStBl I 1993, S. 339	Steuerliche Behandlung der Personalrabatte bei Arbeitnehmern von Kreditinstituten
8[1])	28. 05. 1993	IV B 6-S 2353-37/93 H 9.5	BStBl I 1993, S. 483	Absetzungen für Abnutzung (AfA) bei Pkw und Kombifahrzeugen

[1]) Teilweise überholt → lfd. Nr. 25.

Anwendung von BMF-Schreiben

lfd. Nr.	Datum	Aktenzeichen, Fundstelle LStH 2013	Fundstelle BStBl	Betreff
9	27. 09. 1993	IV B 6-S 2334-152/93 H 8.2, H 19.4, H 38.4	BStBl I 1993, S. 814	Steuerliche Behandlung der Rabatte, die Arbeitnehmern von dritter Seite eingeräumt werden
10	10. 01. 1994	IV C 5-S 1300-196/93 H 39b.10	BStBl 1994 I S. 14	Besteuerung von Gastlehrkräften nach den Doppelbesteuerungsabkommen (DBA)
11	28. 03. 1994	IV B 6-S 2334-46/94	BStBl I 1994, S. 233	Lohnsteuerliche Behandlung ersparter Abschlussgebühren bei Abschluss eines Bausparvertrages
12	14. 09. 1994	IV B 6-S 2334-115/94	BStBl I 1994, S. 755	Steuerliche Behandlung unentgeltlicher oder verbilligter Reisen bei Mitarbeitern von Reisebüros und Reiseveranstaltern
13	19. 09. 1994	IV C 6-S 1301 Schz-60/94 H 39d	BStBl I 1994, S. 683	Deutsch-schweizerisches Doppelbesteuerungsabkommen vom 11. August 1971; Einführungsschreiben zur Neuregelung der Grenzgängerbesteuerung
14	20. 09. 1994	IV B 6-S 2450-6/94	BStBl I 1994, S. 757	Merkblatt zum Solidaritätszuschlag im Lohnsteuer-Abzugsverfahren ab 1995
15	06. 12. 1994	IV B 6-S 2332-48/94	BStBl I 1994, S. 921	Lohnsteuerliche Behandlung der Pflichtbeiträge katholischer Geistlicher zur/zum a) Ruhegehaltskasse des (Erz-)Bistums, b) Diaspora-Priesterhilfswerk, c) Haushälterinnen-Zusatzversorgung
16	29. 09. 1995	IV B 6-S 2000-60/95 H 39.2, H 39c	BStBl 1995 I S. 429	Lohnsteuer-Ermäßigungsverfahren/Steuerklassen in EU/EWR Fällen
17	01. 11. 1995	BMF H 8.1 (9-10)	BStBl I 1995, S. 719	Merkblatt für den Arbeitgeber zu den Rechtsänderungen beim Steuerabzug vom Arbeitslohn ab 1. Januar 1996 und zur Auszahlung des Kindergeldes ab 1. Januar 1996
18	28. 05. 1996	IV B 6-S 2334-173/96 H 8.1 (9-10)	BStBl I 1996, S. 654	Steuerliche Behandlung der Überlassung eines betrieblichen Kraftfahrzeugs an Arbeitnehmer
19	14. 10. 1996	IV B 2-S 2143-23/96 H 19.7	BStBl I 1996, S. 1192	Ertragsteuerliche Behandlung von Incentive-Reisen
20	30. 06. 1997	IV B 6-S 2334-148/97 H 19.3	BStBl I 1997, S. 696	Lohnsteuerliche Behandlung der Aufwendungen des Arbeitgebers für sicherheitsgefährdete Arbeitnehmer, Sicherheitsmaßnahmen

Anhang 29
Anwendung von BMF-Schreiben

lfd. Nr.	Datum	Aktenzeichen, Fundstelle LStH 2013	Fundstelle BStBl	Betreff
21[1])	07. 07. 1997	IV C 6-S 1301 Schz-37/97 H 39d	BStBl 1997 I S. 723	Deutsch-schweizerisches Doppelbesteuerungsabkommen vom 11. August 1971 (DBA); Grenzgängerbesteuerung leitende Angestellte, Arbeitnehmer mit Drittstaateneinkünften
22	13. 03. 1998	IV B 4-S 2303-28/98	BStBl I 1998, S. 351	Einkommensteuerrechtliche Behandlung der nicht im Inland ansässigen Korrespondenten inländischer Rundfunk- und Fernsehanstalten sowie inländischer Zeitungsunternehmen
23	25. 11. 1999	IV C 1-S 2102-31/99 H 39c	BStBl I 1999, S. 990	Bescheinigung nach § 1 Abs. 3 Satz 4 Einkommensteuergesetz; Verzicht auf die Bestätigung der ausländischen Steuerbehörde im Lohnsteuer-Ermäßigungsverfahren
24	10. 01. 2000	IV C 5-S 2330-2/00 H 39b.6, H 40.2, H 40a.1, H 40b.1	BStBl I 2000, S. 138	Gesetz zur Neuregelung der geringfügigen Beschäftigungsverhältnisse und Steuerentlastungsgesetz 1999/2000/2002; Anwendung von Vorschriften zum Lohnsteuerabzugsverfahren
25	15. 12. 2000	IV C 2-S 1551-188/00 H 9.5	BStBl 2000 I S. 1532	AfA-Tabelle für die allgemein verwendbaren Anlagegüter (AfA-Tabelle „AV")
26	20. 07. 2001	IV D 2-S 0403-3/01 H 42f	BStBl 2001 I S. 502	Hinweise auf die wesentlichen Rechte und Mitwirkungspflichten des Steuerpflichtigen bei der Außenprüfung (§ 5 Abs. 2 Satz 2 BpO 2000)
27	20. 08. 2001	IV C 5-S 2353-312/01 H 9.5	BStBl I 2001, S. 541	Pauschale Kilometersätze ab 1. Januar 2002 – bei Benutzung eines Privatfahrzeugs zu Dienstreisen, Einsatzwechseltätigkeit oder Fahrtätigkeit – bei Berücksichtigung der tatsächlichen Fahrtkosten in anderen Fällen
28[2])	15. 11. 2001	IV C 5-S 2439-14/01	BStBl I 2001, S. 875	Vermögensbildung Bekanntmachung der Vordruckmuster für Anzeigen nach § 8 Abs. 1 Nr. 1 bis 3 VermBDV 1994 (VermB 12) und nach § 8 Abs. 1 Nr. 4 bis 6 VermBDV 1994 (VermB 13) und der Datensatzbeschreibung für die Übermittlung auf maschinell lesbaren Datenträgern

[1]) Teilweise überholt → lfd. Nr. 60.
[2]) **Ab 1. 1. 2012** → **lfd. Nr. 102.**

Anhang 29
Anwendung von BMF-Schreiben

lfd. Nr.	Datum	Aktenzeichen, Fundstelle LStH 2013	Fundstelle BStBl	Betreff
29	25. 07. 2002	IV A 6-S 2176-28/02	BStBl I 2002, S. 706	Zusagen auf Leistungen der betrieblichen Altersversorgung; Hinterbliebenenversorgung für die Lebensgefährtin oder den Lebensgefährten
30	31. 07. 2002	IV C 5-S 2369-5/02 H 39d	BStBl I 2002, S. 707	Besteuerung der Einkünfte aus nichtselbständiger Arbeit bei beschränkt einkommensteuerpflichtigen Künstlern
31	22. 08. 2002	IV C 4-S 2221-211/02 H 40b.1	BStBl 2002 I S. 827	Vertragsänderungen bei Versicherungen auf den Erlebens- oder Todesfall im Sinne des § 10 Abs. 1 Nr. 2 Buchstabe b Doppelbuchstabe cc und dd EStG
32[1])	27. 12. 2002	IV A 5-S 2272-1/02 H 41.3	BStBl I 2002, S. 1399	Steuerabzug von Vergütungen für im Inland erbrachte Bauleistungen (§§ 48 ff. EStG)
33	04. 09. 2003	IV A 5-S 2272b-20/03 H 41.3	BStBl I 2003, S. 431	Steuerabzug von Vergütungen für im Inland erbrachte Bauleistungen (§§ 48 ff. EStG)
34	26. 09. 2003	IV A 5-S 2227-1/03 H 9.2	BStBl I 2003, S. 447	Einkommensteuerliche Behandlung von Aufwendungen für Auslandssprachkurse als Werbungskosten oder Betriebsausgaben nach § 9 Abs. 1 Satz 1, § 4 Abs. 4 EStG und § 12 Nr. 1 EStG; Rechtsfolgen aus dem Urteil des BFH vom 13. Juni 2002 (BStBl II 2003 S. 765)
35	27. 01. 2004	IV C 5-S 2000-2/04 H 8.1 (1-4)	BStBl 2004 I, S. 173	Einführungsschreiben Lohnsteuer zum Steueränderungsgesetz 2003 und Haushaltsbegleitgesetz 2004
36[2])	24. 05. 2004	IV A 5-S 2290-20/04 H 39b.6	BStBl I 2004, S. 505, berichtigt BStBl I S. 633	Zweifelsfragen im Zusammenhang mit der ertragsteuerlichen Behandlung von Entlassungsentschädigungen; Anwendung der BFH-Urteile vom 24. Januar 2002 – XI R 2/01 – BStBl II S. 444 vom 24. Januar 2002 – XI R 43/99 – BStBl II S. 442 vom 6. März 2002 – XI R 16/01 – BStBl II S. 446 vom 3. Juli 2002 – XI R 80/00 – BStBl II S. 447 und vom 14. Mai 2003 – XI R 23/02 – BStBl II S. 451
37[3])	09. 08. 2004	IV C 5-S 2430-18/04 H 19a	BStBl I 2004, S. 717	Vermögensbildung Anwendung des Fünften Vermögensbildungsgesetzes ab 2004
38	29. 10. 2004	IV C 4-S 2281-515/04 H 24b, H 39.1	BStBl I 2004, S. 1042	Entlastungsbetrag für Alleinerziehende, § 24b EStG; Anwendungsschreiben

---

[1]) Teilweise ergänzt → lfd. Nr. 33.
[2]) Teilweise überholt → lfd. Nr. **92**.
[3]) Ab VZ 2009 → lfd. Nr. **64**.

Anhang 29
Anwendung von BMF-Schreiben

lfd. Nr.	Datum	Aktenzeichen, Fundstelle LStH 2013	Fundstelle BStBl	Betreff
39	11. 11. 2004	IV C 3-S 2257b-47/04	BStBl I 2004, S. 1061	Steuerliche Förderung der privaten Altersvorsorge und betrieblichen Altersversorgung; Aufteilung von Leistungen bei der nachgelagerten Besteuerung nach § 22 Nr. 5 EStG
40	21. 07. 2005	IV B 1-S2411-2/05 H 39b.10	BStBl I 2005, S. 821	Merkblatt zur Steuerfreistellung ausländischer Einkünfte gem. § 50d Abs. 8 EStG
41[1])	22. 08. 2005	IV B 2-S 2144-41/05	BStBl I 2005, S. 845	Ertragsteuerliche Behandlung von Aufwendungen für VIP-Logen in Sportstätten
42	10. 10. 2005	IV C 5-S 2334-75/05 H 3.59	BStBl I 2005, S. 959	Steuerbefreiung von Mietvorteilen nach § 3 Nr. 59 2. Halbsatz EStG; BFH-Urteil vom 16. Februar 2005 – VI R 58/03 – (BStBl II S. 750)
43	13. 12. 2005	IV C 3-S 2253-112/05 H 9.14, H 19.3	BStBl I 2006, S. 4	Vermietung eines Büroraums an den Arbeitgeber; Anwendung des BFH-Urteils vom 16. September 2004 (BStBl 2005 II S. 10)
44	30. 03. 2006	IV B 2-S 2144-26/06	BStBl I 2006, S. 307	Ertragsteuerliche Behandlung von Aufwendungen für VIP-Logen in Sportstätten; Hospitality-Leistungen im Rahmen der Fußballweltmeisterschaft 2006
45	*03. 04. 2006*	*IV B 6-S 1301 FRA-26/06 H 39d*	*BStBl I 2006, S. 304*	*Deutsch-französisches Doppelbesteuerungsabkommen; Verständigungsvereinbarung zur 183-Tage-Regelung (Artikel 13 Abs. 4) und zur Anwendung der Grenzgängerregelung (Artikel 13 Abs. 5)*
46	12. 04. 2006	IV B 3-S 1311-75/06 H 3.64, H 39b.10	BStBl I 2006, S. 340	Steuerliche Behandlung des von Organen der EU gezahlten Tagegeldes für in ihrem Bereich verwendete Beamte
47[2])	11. 07. 2006	IV B 2-S 2144-53/06	BStBl I 2006, S. 447	Ertragsteuerliche Behandlung von Aufwendungen für VIP-Logen in Sportstätten; Anwendung der Vereinfachungsregelung auf ähnliche Sachverhalte
48[3])	14. 09. 2006	IV B 6-S 1300-367/06 H 38.3, H 39b.10, H 39d	BStBl I 2006, S. 532	Steuerliche Behandlung des Arbeitslohns nach den Doppelbesteuerungsabkommen (DBA)

[1]) Teilweise überholt → lfd. Nr. **47**, ab VZ 2007 → lfd. Nr. 59.
[2]) Teilweise überholt → lfd. Nr. **47** ab VZ 2007 → lfd. Nr. 59.
[3]) Ab VZ 2007 → lfd. Nr. **59**.

Anhang 29

Anwendung von BMF-Schreiben

lfd. Nr.	Datum	Aktenzeichen, Fundstelle LStH 2013	Fundstelle BStBl	Betreff
49	26. 10. 2006	IV B 2-S 2144-57/06 H 3.66	BStBl I 2006, S. 709	Übertragung von Versorgungsverpflichtungen und Versorgungsanwartschaften auf Pensionsfonds; Anwendung der Regelung in § 4d Abs. 3 EStG und § 4e Abs. 3 EStG i. V. m. § 3 Nr. 66 EStG
50	17. 11. 2006		BStBl I 2006, S. 716	Gleichlautende Erlasse der obersten Finanzbehörden der Länder betr. Kirchensteuer bei Pauschalierung der Lohnsteuer
51	28. 12. 2006		BStBl I 2007, S. 76	Gleichlautende Erlasse der obersten Finanzbehörden der Länder betr. Kirchensteuer bei Pauschalierung der Einkommensteuer nach § 37b EStG
52	10. 01. 2007	IV B 6-S 1301 BEL-1/07 H 39d	BStBl I 2007, S. 261	Deutsch-belgisches Doppelbesteuerungsabkommen; Verständigungsvereinbarung mit dem belgischen Finanzministerium vom 15. Dezember 2006 über die Zuordnung des Besteuerungsrechts bei Abfindungen an Arbeitnehmer
53[1]	19. 01. 2007	IV C 4-S 2221-2/07 H 9.1	BStBl I 2007, S. 184	Steuerliche Berücksichtigung von Kinderbetreuungskosten (EStG: §§ 4f, 9 Abs. 5 Satz 1, § 9a Satz 1 Nr. 1 Buchstabe a, § 10 Abs. 1 Nr. 5 und 8) Anwendungsschreiben
54	13. 02. 2007	IV C 5-S 2333/07/00022007/0056987 H 19.3	BStBl I 2007, S. 270	Übernahme von Beitragsleistungen zur freiwilligen Versicherung der Arbeitnehmer in der gesetzlichen Rentenversicherung durch den Arbeitgeber; Anwendung des BFH-Urteils vom 5. September 2006 – VI R 38/04 – (BStBl 2007 II S. 181)
55	28. 03. 2007	IV C 5-S 2334/07/00112007/0125-805 H 8.2	BStBl I 2007, S. 464	Verhältnis von § 8 Abs. 2 und Abs. 3 bei der Bewertung von Sachbezügen; Anwendung des BFH-Urteils vom 5. September 2006 – VI R 41/02 – (BStBl 2007 II S. 309)
56[2]	31. 05. 2007	IV A 5-A 7100/07/00312007/0222008 H 19.0	BStBl I 2007, S. 503	Umsatzsteuer; Leistungen zwischen Gesellschaft und Gesellschafter; Geschäftsführungs- und Vertretungsleistungen eines Gesellschafters

[1] **Ab VZ 2012** → **lfd. Nr. 119.**
[2] Teilweise überholt → lfd. Nr. **97**.

Anhang 29
Anwendung von BMF-Schreiben

lfd. Nr.	Datum	Aktenzeichen, Fundstelle LStH 2013	Fundstelle BStBl	Betreff
57	20. 08. 2007	IV B 3-S 1311/07/0039 2007/0349453 H 3.0	BStBl I 2007, S. 656	Steuerliche Vorrechte und Befreiungen aufgrund zwischenstaatlicher Vereinbarungen
58	29. 10. 2007	IV B 6-S 1301-NDL/07/0006, 2007/0467685 H 39d	BStBl I 2007, S. 756	Deutsch-niederländisches Doppelbesteuerungsabkommen; Verständigungsvereinbarung zur Zuordnung des Besteuerungsrechts bei Abfindungen an Arbeitnehmer
59	29. 04. 2008	IV B 2-S 2297-b/07/0001, 2008/0210802 H 37b	BStBl I 2008, S. 566	Pauschalierung der Einkommensteuer bei Sachzuwendungen nach § 37b EStG
60	30. 09. 2008	IV B 2-S 1301-CHE/07/100-152008/0522903 H 39d	BStBl I 2008, S. 935	Abkommen zwischen der Bundesrepublik Deutschland und der Schweizerischen Eidgenossenschaft zur Vermeidung der Doppelbesteuerung auf dem Gebiet der Steuern vom Einkommen und Vermögen; Verständigungsverfahren zu Art. 15 Abs. 4
61	01. 10. 2008	IV C 5-S 2334/07/0009, H 8.1 (1-4), H 8.2	BStBl I 2008, S. 892	Steuerliche Behandlung von Arbeitgeberdarlehen
62	12. 11. 2008	IV B 5-S 1300/07/10080 2008/0278947 H 39b.10	BStBl I 2008, S. 988	Besteuerung von in Deutschland ansässigem Flugpersonal britischer und irischer Fluggesellschaften
63[1]	25. 11. 2008	IV C 4-S 2121/07/0010 2008/0656438 H 3.26a	BStBl I 2008, S. 985	Steuerfreie Einnahmen aus ehrenamtlicher Tätigkeit; Gesetz zur weiteren Stärkung des bürgerschaftlichen Engagements vom 10. Oktober 2007
64[2]	28. 11. 2008	IV C 5-S 2378/0 2008/0601386	BStBl I 2008, S. 992	Übermittlung der Lohnsteuerbescheinigungen 2009; Verwendung der steuerlichen Identifikationsnummer und des lohnsteuerlichen Ordnungsmerkmals
65	17. 06. 2009	IV C 5-S 2332/07/0004 2009/0406609 H 3b, H 38.2 Anhang 35	BStBl I 2009, S. 1286	Lohn-/einkommensteuerliche Behandlung sowie Voraussetzungen für die steuerliche Anerkennung von Zeitwertkonten-Modellen
66	31. 08. 2009	IV C 5-S 2351/09/10002 2009/0534694 H 9.1, H 9.10 R 40.2 (6)	BStBl I 2009, S. 891	Entfernungspauschalen ab 2007; Gesetz zur Fortführung der Gesetzeslage 2006 bei der Entfernungspauschale (BGBl. I S. 774), BStBl I S. 536)

[1] Teilweise überholt → lfd. Nr. 67.
[2] Teilweise überholt → lfd. Nr. 75.

Anhang 29

Anwendung von BMF-Schreiben

lfd. Nr.	Datum	Aktenzeichen, Fundstelle LStH 2013	Fundstelle BStBl	Betreff
67	14. 10. 2009	VI C 4- S 2121/07/ 0010 2009/0680374 H 3.26a	BStBl I 2009, S. 1318	Gemeinnützigkeitsrechtliche Folgerungen aus der Anwendung des § 3 Nummer 26a EStG; Zahlungen an Mitglieder des Vorstands
68	28. 10. 2009	IV C 5- S 2332/09/10004 2009/0690175 H 9.7, H 19.3, H 40b.2	BStBl I 2009, S. 1275	Einkommen-(lohn-)steuerliche Behandlung von freiwilligen Unfallversicherungen
69[1]	09. 11. 2009	IV C 5- S 2378/09/10004 2009/0724054	BStBl I 2009, S. 1313	Übermittlung der Lohnsteuerbescheinigung 2010; Erstmalige Verwendung der steuerlichen Identifikationsnummer
70	18. 11. 2009	IV C 6- S 2177/07/10004 2009/0725394 H 8.1 (9-10)	BStBl I 2009, S. 1326	Ertragsteuerliche Erfassung der Nutzung eines betrieblichen Kraftfahrzeugs zu Privatfahrten, zu Fahrten zwischen Wohnung und Betriebsstätte sowie zu Familienheimfahrten nach § 4 Absatz 5 Satz 1 Nummer 6 und § 6 Absatz 1 Nummer 4 Satz 1 bis 3 EStG; Berücksichtigung der Änderungen durch das Gesetz zur Eindämmung missbräuchlicher Steuergestaltungen vom 28. April 2006 (BStBl I S. 353) und des Gesetzes zur Fortführung der Gesetzeslage 2006 bei der Entfernungspauschale vom 20. April 2009 (BGBl. I S. 774, BStBl I S. 536)
71	08. 12. 2009	IV C 5- S 2347/09/10002 2009/0810442 H 3.39, H 19a	BStBl I 2009, S. 1513	Lohnsteuerliche Behandlung der Überlassung von Vermögensbeteiligungen ab 2009 (§ 3 Nummer 39 , § 19a EStG)
72[2]	17. 12. 2009	IV C 5- S 2353/08/10006 2009/0855134 H 9.6, H 9.7, H 9.11 (5-10),	BStBl I 2009, S. 1601	Steuerliche Behandlung von Reisekosten und Reisekostenvergütungen bei betrieblich und beruflich veranlassten Auslandsreisen ab 1. Januar 2010
73	18. 12. 2009	IV C 5- S 2334/09/10006 2009/0830813 H 8.2	BStBl I 2010, S. 20	Ermittlung des geldwerten Vorteils beim Erwerb von Kraftfahrzeugen vom Arbeitgeber in der Automobilbranche (§ 8 Absatz 3 EStG)

---

[1] *Werte ab 2013* → *lfd. Nr. 128.*
[2] *Ab 1. 1. 2012* → *lfd. Nr. 113.*

Anhang 29

Anwendung von BMF-Schreiben

lfd. Nr.	Datum	Aktenzeichen, Fundstelle LStH 2013	Fundstelle BStBl	Betreff
74	21. 12. 2009	IV C 5- S 2353/08/10010, 2009/0829172 H 9.4	BStBl I 2010, S. 21	Regelmäßige Arbeitsstätte und Auswärtstätigkeit bei einer beruflichen Tätigkeit außerhalb einer betrieblichen Einrichtung des eigenen Arbeitgebers; Anwendung der BFH-Urteile vom 10. Juli 2008 – VI R 21/07 – (BStBl II S. 818) und vom 9. Juli 2009 – VI R 21/08 – (BStBl II S. 822)
75[1)]	04. 02. 2010	IV C 5- S 2430/09/10002 2010/0076244 H 19a, Anhang 14 III	BStBl I 2010, S. 195	Anwendung des Fünften Vermögensbildungsgesetzes ab 2009; Anlagen für den Bau, den Erwerb, den Ausbau, die Erweiterung oder die Entschuldung eines Wohngebäudes usw. durch eine Vielzahl von Arbeitnehmern
76	15. 02. 2010	IV C 4- S 2296-b/07/0003 2010/0014334 H 39a.1	BStBl I 2010, S. 140	Anwendungsschreiben zu § 35a EStG; Überarbeitung des BMF-Schreibens vom 26. Oktober 2007 (BStBl 2007 I S. 783)
77[2)]	05. 03. 2010	IV D 2- S 7210/07/10003 IV C 5- S 2353/09/10008 2010/0166200	BStBl I 2010, S. 259	Umsatzsteuer/Lohnsteuer; Anwendung des ermäßigten Umsatzsteuersatzes für Beherbergungsleistungen (§ 12 Abs. 2 Nr. 11 UStG) ab dem 1. Januar 2010; Folgen für die Umsatz- und Lohnbesteuerung
78	25. 03. 2010	IV B 2- S 1301-CHE/07/ 10015 2010/0229750	BStBl I 2010, S. 268	Besteuerungsrecht von Abfindungen an Arbeitnehmer nach Artikel 15 des Abkommens zwischen der Bundesrepublik Deutschland und der Schweizerischen Eidgenossenschaft zur Vermeidung der Doppelbesteuerung auf dem Gebiete der Steuern vom Einkommen und vom Vermögen
79[3)]	31. 03. 2010	IV C 3- S 2222/09/10041 IV C 5- S 2333/07/0003 2010/0256374 H 3.55, H 3.55a, H 3.55b, H 3.56, H 3.63, H 3.65, H 3.66, H 19.3, H 38.2, H 40b.1, Anhang 2 VI	BStBl I 2010, S. 270	Steuerliche Förderung der privaten Altersvorsorge und betrieblichen Altersversorgung

1) *Teilweise überholt → lfd. Nr. 111.*
2) *Überholt durch R 8.1 Abs. 8 Nr. 2 Satz 5 und 6 sowie R 9.7 Abs. 1 Satz 5 LStR 2011.*
3) *Überarbeitung war bei Redaktionsschluss noch nicht abgeschlossen.*

Anwendung von BMF-Schreiben

lfd. Nr.	Datum	Aktenzeichen, Fundstelle LStH 2013	Fundstelle BStBl	Betreff
80[1]	13. 04. 2010	IV B 3-S 1301/10/10003 2010/0245759	BStBl I 2010, S. 353	Rechtsgrundlage zur Umsetzung von Verständigungs- und Konsultationsvereinbarungen über die Auslegung von Doppelbesteuerungsabkommen (DBA); Urteile des Bundesfinanzhofes (BFH) vom 2. September 2009 – I R 90/08 – (BStBl II 2010 S. 394) und – R 111/08 – (BStBl II 2010 S. 387) sowie vom 11. November 2009 – I R 84/08 – (BStBl II 2010 S. 390)
81	06. 07. 2010	IV C 3-S 2227/07/10003:002 2010/0522213 H 9.1, Anhang 13	BStBl I 2010, S. 614	Steuerliche Beurteilung gemischter Aufwendungen; Beschluss des Großen Senats des BFH vom 21. September 2009 – GrS 1/06 (BStBl 2010 II S. 672)
82[2]	23. 08. 2010	IV C 5-S 2378/09/10006 2010/0280343 H 41b	BStBl I 2010, S. 665	Ausstellung von elektronischen Lohnsteuerbescheinigungen 2011; Bekanntgabe des Musters für den Ausdruck der elektronischen Lohnsteuerbescheinigung 2011; Ausstellung von Besonderen Lohnsteuerbescheinigungen durch den Arbeitgeber ohne maschinelle Lohnabrechnung für das Kalenderjahr 2011
83	26. 08. 2010	V B 2-S 1301-AUT/07/10015-01, 2010/0646004 H 39d	BStBl I 2010, S. 645	Besteuerungsrecht von Abfindungen an Arbeitnehmer nach Artikel 15 des Abkommens zwischen der Bundesrepublik Deutschland und der Republik Österreich zur Vermeidung der Doppelbesteuerung auf dem Gebiete der Steuern vom Einkommen und vom Vermögen
84[3]	13. 09. 2010	IV C 3-S 2222/09/10041 IV C 5-S 2345/08/0001 2010/0628045 H 19.8, Anhang 2 VI	BStBl I 2010, S. 681	Einkommensteuerrechtliche Behandlung von Vorsorgeaufwendungen und Altersbezügen
85	22. 09. 2010	IV C 4-S 2227/07/10002 :002 2010/0416045 H 9.2, Anhang 34	BStBl I 2010, S. 721	Neuregelung der einkommensteuerlichen Behandlung von Berufsausbildungskosten gemäß § 10 Absatz 1 Nummer 7, § 12 Nummer 5 EStG in der Fassung des Gesetzes zur Änderung der Abgabenordnung und anderer Gesetze vom 21. Juli 2004 (BGBl. I S. 1753, BStBl I 2005 S. 343) ab 2004

1) → § 2 Abs. 2 AO i. d. F. JStG 2010.
2) Kalenderjahr 2012 → lfd. Nr. 103.
   Kalenderjahr 2013 → lfd. Nr. 127.
3) **Überarbeitung war bei Redaktionsschluss noch nicht abgeschlossen.**

Anhang 29
Anwendung von BMF-Schreiben

lfd. Nr.	Datum	Aktenzeichen, Fundstelle LStH 2013	Fundstelle BStBl	Betreff
86[1])	05. 10. 2010	IV C 5- S 2363/07/ 0002-03 2010/0751441 H 39.1, H 39.2, H 39a.1, H 39e, Anhang 17	BStBl I 2010, S. 762	Elektronische Lohnsteuerabzugsmerkmale (ELStAM); Lohnsteuerabzug im Kalenderjahr 2011 und Einführung des Verfahrens der elektronischen Lohnsteuerabzugsmerkmale
87	19. 10. 2010	IV C 5- S 2363/09/10005 2010/0812546	BStBl I 2010, S. 838	Datenübermittlung der Meldebehörden an das Bundeszentralamt für Steuern zur Einführung der elektronischen Lohnsteuerabzugsmerkmale (§ 39e Absatz 9 Satz 5 EStG); Bestimmung der Übermittlungstermine, Einzelheiten des Übermittlungsverfahrens und Hinweis auf das nachfolgende Übermittlungsverfahren der melderechtlichen Änderungen
88	22. 10. 2010	IV C 5- S 2367/09/10002 2010/0801807 H 39b.7, H 42.b	BStBl I 2010, S. 1254	Vorsorgepauschale ab 2010 (§ 39b Absatz 2 Satz 5 Nummer 3 und Absatz 4 EStG)
89	15. 12. 2010	IV C 5- S 0338/07/10010-03 2010/0998133	BStBl I 2010, S. 1497	Verfahrensrechtliche Folgerungen aus dem BVerfG-Beschluss vom 6. Juli 2010 – 2 BvL 13/09 – zur Abziehbarkeit der Aufwendungen für ein häusliches Arbeitszimmer
90[2])	17. 12. 2010	IV C 5- S 2334/10/10008 2010/0990376	BStBl I 2011, S. 42	Lohnsteuerliche Behandlung von unentgeltlichen oder verbilligten Mahlzeiten der Arbeitnehmer ab Kalenderjahr 2011; Dritte Verordnung zur Änderung der Sozialversicherungsentgeltverordnung vom 10. November 2010 (BGBl. I S. 1751)
91[3])	30. 12. 2010	IV C 5- S 2353/08/10007 2010/1016750	BStBl I 2011, S. 43	Steuerliche Anerkennung von Umzugskosten nach R 9.9 Absatz 2 LStR 2011; Änderung der maßgebenden Beträge für umzugsbedingte Unterrichtskosten und sonstige Umzugsauslagen ab 1. Januar 2011
92	17. 01. 2011	IV C 4- S 2290/07/10007 :005 2010/1031340 H 39b.6,	BStBl I 2011, S. 39	Zweifelsfragen im Zusammenhang mit der ertragsteuerlichen Behandlung von Entlassungsentschädigungen; Anwendung der BFH-Urteile vom 25. August 2009 – IX R 11/09 – (BStBl II 2011 S. 27) und vom 27. Januar 2010 – IX R 31/09 – (BStBl II 2011 S. 28)

[1]) **Ab Kalenderjahr 2012** → **lfd. Nr. 112,**
 ab Kalenderjahr 2013 → **lfd. Nr. 130/131.**
[2]) **Wert ab 2012** → **lfd. Nr. 114.**
[3]) Wert für Umzüge ab 1. 8. 2011 → lfd. Nr. **101,**
 Wert für Umzüge ab 1. 3. 2012 → **lfd. Nr. 129.**

Anhang 29

Anwendung von BMF-Schreiben

lfd. Nr.	Datum	Aktenzeichen, Fundstelle LStH 2013	Fundstelle BStBl	Betreff
93	18. 02. 2011	IV C 5- S 2388/0-01 2011/0110501 H 42e,	BStBl I 2011, S. 213	Anrufungsauskunft als feststellender Verwaltungsakt; Anwendung der BFH-Urteile vom 30. April 2009 – VI R 54/07 – (BStBl II 2010 S. 996) und vom 2. September 2010 – VI R 3/09 – (BStBl II 2011 S. 233)
94	02. 03. 2011	IV C 6- S 2145/07/10002 2011/0150549 H 9.11 (5-10), H 9.14,	BStBl I 2011, S. 195	Einkommensteuerliche Behandlung der Aufwendungen für ein häusliches Arbeitszimmer nach § 4 Abs. 5 Satz 1 Nummer 6b, § 9 Absatz 5 und § 10 Absatz 1 Nummer 7 EStG; Neuregelung durch das Jahressteuergesetz 2010 vom 8. Dezember 2010 (BGBl. I S. 1768, BStBl I S. 1394)
95[1])	11. 03. 2011	IV A 5- O 1000/07/10086-07 IV A 3- S 0321/07/10004 2011/0197503	BStBl I 2011, S. 247	Grundsätze für die Verwendung von Steuererklärungsvordrucken; Amtlich vorgeschriebene Vordrucke
96	01. 04. 2011	IV C 5- S 2334/08/10010 2011/0250056 H 8.1 (9-10), H 40.2, Anhang 25 I	BStBl I 2011, S. 301	Lohnsteuerliche Behandlung der Überlassung eines betrieblichen Kraftfahrzeugs für Fahrten zwischen Wohnung und regelmäßiger Arbeitsstätte (§ 8 Absatz 2 Satz 3 EStG); Anwendung der Urteile des BFH vom 22. September 2010 – VI R 54/09 – (BStBl II 2011 S. 354), – VI R 55/09 – (BStBl II 2011 S. 358) und – VI R 57/09 – (BStBl II 2011 S. 359)
97	02. 05. 2011	IV D 2- S 7104/11/10001 2011/0329553 H 19.0	BStBl I 2011, S. 490	Umsatzsteuer; Unternehmereigenschaft des geschäftsführenden Komplementärs einer Kommanditgesellschaft; Konsequenzen des BFH-Urteils vom 14. April 2010 – XI R 14/09 – (BStBl 2011 II S. 433)
98	29. 06. 2011	IV C 5- S 2386/07/0005 2011/0501455 H 42f	BStBl I 2011, S. 675	Empfehlung zur Anwendung eines einheitlichen Standarddatensatzes als Schnittstelle für die Lohnsteuer-Außenprüfung; Digitale LohnSchnittstelle (DLS)
99	29. 06. 2011	IV B 2-S 1301-CHE/07/100-15:005 2011/0496718 H 39d	BStBl I 2011, S. 621	Abkommen zwischen der Bundesrepublik Deutschland und der Schweizerischen Eidgenossenschaft zur Vermeidung der Doppelbesteuerung auf dem Gebiete der Steuern vom Einkommen und vom Vermögen (DBA-Schweiz); Behandlung von Arbeitnehmern im internationalen Transportgewerbe nach Artikel 15 Absatz 1 DBA-Schweiz

[1]) *Überholt* → *lfd. Nr. 121.*

Anhang 29

Anwendung von BMF-Schreiben

lfd. Nr.	Datum	Aktenzeichen, Fundstelle LStH 2013	Fundstelle BStBl	Betreff
100	05. 07. 2011	IV C 3- S 2221/09/10013 :001 2011/0532821	BStBl I 2011, S. 711	Einkommensteuer, Sonderausgaben; Aufteilung der an ausländische Sozialversicherungsträger geleisteten Globalbeiträge zur Berücksichtigung der Vorsorgeaufwendungen im Rahmen des Sonderausgabenabzugs
101[1]	05. 07. 2011	IV C 5- S 2353/08/10007 2011/0538967 H 9.9,	BStBl I 2011, S. 736	Steuerliche Anerkennung von Umzugskosten nach R 9.9 Absatz 2 LStR ; Änderung der maßgebenden Beträge für umzugsbedingte Unterrichtskosten und sonstige Umzugsauslagen ab 1. August 2011
102	**16. 08. 2011**	**IV C 5- S 2439/10/10002**	**BStBl I 2011, S. 813**	**Vermögensbildung Bekanntmachung der Vordruckmuster für Anzeigen nach § 8 Absatz 1 Nummer 1 bis 3 VermBDV 1994 (VermB 12) und nach § 8 Absatz 1 Nummer 4 bis 6 VermBDV 1994 (VermB 13) sowie der Datensatzbeschreibung für die Zuleitung durch Datenfernübertragung**
103[2]	22. 08. 2011	IV C 5- S 2378/11/10002 2011/0474498 H 41b,	BStBl I 2011, S. 813	Ausstellung von elektronischen Lohnsteuerbescheinigungen 2012; Bekanntgabe des Musters für den Ausdruck der elektronischen Lohnsteuerbescheinigung 2012; Ausstellung von Besonderen Lohnsteuerbescheinigungen durch den Arbeitgeber ohne maschinelle Lohnabrechnung für das Kalenderjahr 2012
104	19. 09. 2011	IV B 3- S 1301-LUX/07/100-02 2011/0736274 **H 39d**	BStBl I 2011, S. 849	**Deutsch-luxemburgisches Dop-pelbesteuerungsabkommen (DBA-LUX); Verständigungsvereinbarung über die steuerliche Behandlung von Berufskraftfahrern; Erweiterung der Verständigungs-vereinbarung auf Lokomotivführer und Begleitpersonal**
105	19. 09. 2011	IV B 3- S 1301-LUX/10/100-02 2011/0736462H 39d	BStBl I 2011, S. 852	**Deutsch-luxemburgisches Doppelbesteuerungsabkommen (DBA-LUX); Verständigungsvereinbarung betreffend die Besteuerung von Abfindungszahlungen, Abfindungen und Entschädigungen in Folge einer Kündigung und/oder eines Sozialplans sowie Arbeitslosengeld**

[1] *Wert für Umzüge ab 1. 3. 2012 → lfd. Nr. 129.*
[2] *Ab Kalenderjahr 2013 → lfd. Nr. 127.*

Anhang 29
Anwendung von BMF-Schreiben

lfd. Nr.	Datum	Aktenzeichen, Fundstelle LStH 2013	Fundstelle BStBl	Betreff
106	27. 09. 2011	IV C 5-S 2353/09/10004 2011/0760630 Fußnote zu R 8.1 Absatz 8 Nummer 4 Satz 2, Fußnote zu R 9.6 Absatz 1 Satz 3 H 19.3	BStBl I 2011, S. 976	Kein Zufluss durch Einbehaltung von Tagegeldern – Bewertung der unentgeltlichen Gemeinschaftsverpflegung mit dem Sachbezugswert; BFH-Urteil vom 24. März 2011 – VI R 11/10 – (BStBl 2011 II S. 829)
107	04. 10. 2011	IV C 4-S 2285/07/0005:005 2011/0607670 zitiert in Fußnote zu H 39c (Grenzpendler)	BStBl I 2011, S. 961	Berücksichtigung ausländischer Verhältnisse; Ländergruppeneinteilung ab 1. Januar 2012
108	16. 11. 2011	IV A 7-O 2200/09/10009 :0-01 2011/0877760 H 41a.1, Anhang 12 II	BStBl I 2011, S. 1063	Automation in der Steuerverwaltung; Steuerdaten-Übermittlungsverordnung – StDÜV – Steuerdaten-Abrufverordnung – StDAV –
109	25. 11. 2011	IV C 5-S 2333/11/10003 2011/0942959 H 3.63	BStBl I 2011, S. 1250	Steuerliche Behandlung von Finanzierungsanteilen der Arbeitnehmer zur betrieblichen Altersversorgung im öffentlichen Dienst; Umsetzung des BFH-Urteils vom 9. Dezember 2010 – VI R 57/08 – (BStBl 2011 II S. 978)
110	02. 12. 2011	IV B 3-S1301-GB/10/1000-1 2011/0926572 H 39d	BStBl I 2011, S. 1221	Deutsch-britisches Doppelbesteuerungsabkommen (DBA GB); Verständigungsvereinbarung über die Zuordnung des Besteuerungsrechts von Abfindungen
111	02. 12. 2011	IV C 5-S 2430/11/10002 2011/0926778 H 19a, Anhang 14 III	BStBl I 2011, S. 1252	Anwendung des Fünften Vermögensbildungsgesetzes ab 2009; Änderungen durch das Jahressteuergesetz 2010, das Steuervereinfachungsgesetz 2011 und das Beitreibungsrichtlinie-Umsetzungsgesetz
112[1)]	06. 12. 2011	IV C 5-S 2363/07/0002-03 2011/0978994 H 39.1, H 39a.1, H 39e Anhang 17	BStBl I 2011, S. 1254	Elektronische Lohnsteuerabzugsmerkmale (ELStAM); Lohnsteuerabzug im Kalenderjahr 2012, Einführung des Verfahrens der elektronischen Lohnsteuerabzugsmerkmale ab dem 1. Januar 2013

[1)] Ab Kalenderjahr 2013 → lfd. Nr. 130/131.

Anwendung von BMF-Schreiben

lfd. Nr.	Datum	Aktenzeichen, Fundstelle LStH 2013	Fundstelle BStBl	Betreff
113	08. 12. 2011	IV C 5- S 2353/08/10006 :0-02 2011/0977089 H 9.6, H 9.7, H 9.11 (5-10),	BStBl I 2011, S. 1259	Steuerliche Behandlung von Reisekosten und Reisekostenvergütungen bei betrieblich und beruflich veranlassten Auslandsreisen ab 1. Januar 2012
114	15. 12. 2011	IV C 5- S 2334/11/10005 2011/1005760	BStBl I 2012, S. 56	Lohnsteuerliche Behandlung von unentgeltlichen oder verbilligten Mahlzeiten der Arbeitnehmer ab Kalenderjahr 2012
115	15. 12. 2011	IV C 5-S 2353/11/10010 2011/1015706 Fußnote zu R 9.4 Absatz 2 und 3, H 9.4	BStBl I 2012, S. 57	Regelmäßige Arbeitsstätte bei mehreren Tätigkeitsstätten; Anwendung der BFH-Urteile vom 9. Juni 2011 – VI R 55/10, VI R 36/10 und VI R 568/09 – (BStBl 2012 II S. 38, 36 und 34)
116	17. 01. 2012	IV B 2- S 1301/07/10017-03 2012/0032829 H 39b.10, H 39d	BStBl I 2012, S. 108	Stand der Doppelbesteuerungsabkommen und der Doppelbesteuerungsverhandlungen ab 1. Januar 2012
117	23. 02. 2012	IV C 5-S 2353/08/10007 2012/0161821 H 9.9	BStBl I 2012, S. 262	Steuerliche Anerkennung von Umzugskosten nach R 9.9 Absatz 2 LStR 2011; Änderung der maßgebenden Beträge für umzugsbedingte Unterrichtskosten und sonstige Umzugsauslagen ab 1. Januar 2012
118	06. 03. 2012	IV C 3- S 2220/11/10002 IV C 1- S 2252/07/0001 :005 2012/0186064	BStBl I 2012, S. 238	Anhebung der Altersgrenzen; Erhöhungen im Bereich Versicherungen im Sinne des § 20 Absatz 1 Nummer 6 EStG, Altersvorsorgeverträge, Basisrentenverträge, betriebliche Altersversorgung
119	14. 03. 2012	IV C 4- S 2221/07/0012 :012 2012/0204082	BStBl I 2012, S. 307	Steuerliche Berücksichtigung von Kinderbetreuungskosten ab dem Veranlagungszeitraum 2012 (§ 10 Absatz 1 Nummer 5 EStG); Anwendungsschreiben
120	03. 04. 2012	IV C 2-S 2742/08/10001 2012/0274530 H 8.1 (9-10), H 19.3, Anhang 25 III	BStBl I 2012, S. 478	Private Kfz-Nutzung durch den Gesellschafter-Geschäftsführer einer Kapitalgesellschaft; Urteile des Bundesfinanzhofs vom 23. Januar 2008 – I R 8/06 – (BStBl 2012 II S. 260), vom 23. April 2009 – VI R 81/06 – (BStBl 2012 II S. 262) und vom 11. Februar 2010 – VI R 43/09 – (BStBl 2012 II S. 266)
121	03. 04. 2012	IV A 5- O 1000/07/10086-07 IV A 3-S 0321/07/10004 2012/0273134 H 41a.1	BStBl I 2012, S. 522	Grundsätze für die Verwendung von Steuererklärungsvordrucken; Amtlich vorgeschriebene Vordrucke

Anhang 29
Anwendung von BMF-Schreiben

lfd. Nr.	Datum	Aktenzeichen, Fundstelle LStH 2013	Fundstelle BStBl	Betreff
122	13. 04. 2012	IV C 5-S 2332/07/0001 2012/0322945 H 19.7, Anhang 34	BStBl I 2012, S. 531	Lohnsteuerliche Behandlung der Übernahme von Studiengebühren für ein berufsbegleitendes Studium durch den Arbeitgeber
123	27. 04. 2012	IV B 3-S1301-NDL/07/100-10 2012/0389398 H 39d	BStBl I 2012, S. 691	Deutsch-niederländisches Doppelbesteuerungsabkommen (DBA-NL); Anwendung des Kassenstaatsprinzips auf ehemalige staatliche Pensionsfonds
124	23. 05. 2012	IV C 5-S 1901/11/10005 2012/0432828 H 9.1, H 9.3, H 19.3, Anhang 41	BStBl I 2012, S. 617	Lohnsteuerliche Behandlung der Familienpflegezeit
125	25. 06. 2012	IV B 5-S 1301-USA/0-04 2012/0464365 H 39b.10, H 41c.1	BStBl I 2012, S. 692	Deutsch-amerikanisches Doppelbesteuerungsabkommen (DBA-USA); BFH-Urteil vom 21. Oktober 2009 – I R 70/08 – (BStBl 2012 II S. 493)
126	23. 07. 2012	IV B 2-S 1301-CHE/07/10015-03 2012/0641138 H39d	BStBl I 2012, S. 863	Abkommen zwischen der Bundesrepublik Deutschland und der Schweizerischen Eidgenossenschaft zur Vermeidung der Doppelbesteuerung auf dem Gebiete der Steuern vom Einkommen und vom Vermögen (DBA-Schweiz); Besteuerung von fliegendem Personal entsprechend Ziffer 1 des Protokolls zu Artikel 15 Absatz 3 DBA-Schweiz in der Fassung des Revisionsprotokolls vom 27. Oktober 2010
127	04. 09. 2012	IV C 5-S 2378/12/10001 2012/0247351 H 41b	BStBl I 2012, S. 912	Ausstellung von elektronischen Lohnsteuerbescheinigungen 2013; Bekanntgabe des Musters für den Ausdruck der elektronischen Lohnsteuerbescheinigung 2013; Ausstellung von Besonderen Lohnsteuerbescheinigungen durch den Arbeitgeber ohne maschinelle Lohnabrechnung für das Kalenderjahr 2013
128	26. 09. 2012	H 8.1 (1-4)	BStBl I 2012, S. 940	Gleichlautende Erlasse der obersten Finanzbehörden der Länder Steuerliche Behandlung der von Luftfahrtunternehmen gewährten unentgeltlichen oder verbilligten Flüge

lfd. Nr.	Datum	Aktenzeichen, Fundstelle LStH 2013	Fundstelle BStBl	Betreff
129	01. 10. 2012	IV C 5-S 2353/08/10007 2012/0899967 H 9.9	BStBl I 2012, S. 942	Steuerliche Anerkennung von Umzugskosten nach R 9.9 Absatz 2 LStR 2011; Änderung der maßgebenden Beträge für umzugsbedingte Unterrichtskosten und sonstige Umzugsauslagen ab 1. März 2012, 1. Januar 2013 und 1. August 2013
130	Entwurf (Stand: 02. 10. 2012)	IV C 5-S 2363/07/0002-03 2012/0813379 Anhang 17	BStBl I 2012, S.	Elektronische Lohnsteuerabzugsmerkmale; Startschreiben zum erstmaligen Abruf der elektronischen Lohnsteuerabzugsmerkmale durch den Arbeitgeber und Anwendungsgrundsätze für den Einführungszeitraum 2013
131	Entwurf (Stand: 11. 10. 2012)	IV C 5-S 2363/07/0002-03 2012/0929862 Anhang 17	BStBl I 2012, S.	Elektronische Lohnsteuerabzugsmerkmale; Lohnsteuerabzug ab dem Kalenderjahr 2013 im Verfahren der elektronischen Lohnsteuerabzugsmerkmale
132	26. 11. 2001	IV C 5-S 1961-33/01	BStBl I 2001, S. 895	**Wohnungsbau-Prämie** Bekanntmachung des Vordruckmusters für die Wohnungsbauprämien-Anmeldung ab 2002
133	26. 11. 2001	IV C 5-S 1961-34/01	BStBl I 2001, S. 893	**Wohnungsbau-Prämie** Bekanntmachung des Vordruckmusters für die Sammelliste für Wohnungsbauprämien
134	26. 11. 2001	IV C 5-S 1961-35/01	BStBl I 2001, S. 890	**Wohnungsbau-Prämie** Bekanntmachung des Vordruckmusters für die Mitteilung nach § 4a Abs. 4 WoPG über zurückzufordernde Prämien

Einkommensteuer-Handbuch 2011[1])

– Auszug –

Einkommensteuer-Richtlinien 2005 vom 16. 12. 2005 (BStBl I Sondernummer 1/2005), geändert durch die EStÄR 2008 vom 18. 12. 2008 (BStBl I S. 1017)
(EStR 2008)

Einkommensteuer-Hinweise 2011
(EStH 2011)

R 1a. Steuerpflicht

[1]Unbeschränkt steuerpflichtig gemäß § 1 Abs. 2 EStG sind insbesondere von der Bundesrepublik Deutschland ins Ausland entsandte deutsche Staatsangehörige, die Mitglied einer diplomatischen Mission oder konsularischen Vertretung sind – einschließlich der zu ihrem Haushalt gehörenden Angehörigen –, soweit die Voraussetzungen des § 1 Abs. 2 EStG erfüllt sind. [2]Für einen ausländischen Ehegatten gilt dies auch, wenn er die Staatsangehörigkeit des Empfangsstaates besitzt.

H 1a

Allgemeines

Die unbeschränkte Einkommensteuerpflicht erstreckt sich auf sämtliche inländische und ausländische Einkünfte, soweit nicht für bestimmte Einkünfte abweichende Regelungen bestehen, z. B. in DBA oder in anderen zwischenstaatlichen Vereinbarungen.

Auslandskorrespondenten

→ BMF vom 13. 3. 1998 (BStBl I S. 351)

Auslandslehrkräfte und andere nicht entsandte Arbeitnehmer

Befinden sich an deutsche Auslandsschulen vermittelte Lehrer und andere nicht entsandte Arbeitnehmer in einem Dienstverhältnis zu einer inländischen juristischen Person des öffentlichen Rechts, beziehen hierfür Arbeitslohn aus einer inländischen öffentlichen Kasse (→ BMF vom 9. 7. 1990 – BStBl I S. 324) und sind in den USA (→ BMF vom 10. 11. 1994 – BStBl I S. 853) bzw. Kolumbien und Ecuador (→ BMF vom 17. 6. 1996 – BStBl I S. 688) tätig, ergibt sich ihre unbeschränkte Einkommensteuerpflicht grundsätzlich bereits aus § 1 Abs. 2 EStG.

Beschränkte Steuerpflicht nach ausländischem Recht

Ob eine Person in dem Staat, in dem sie ihren Wohnsitz oder gewöhnlichen Aufenthalt hat, lediglich in einem der beschränkten Einkommensteuerpflicht ähnlichen Umfang zu einer Steuer vom Einkommen herangezogen wird (§ 1 Abs. 2 Satz 2 EStG), ist nach den Vorschriften des maßgebenden ausländischen Steuerrechts zu prüfen (→ BFH vom 22. 2. 2006 – BStBl 2007 II S. 106).

Diplomaten und sonstige Beschäftigte ausländischer Vertretungen in der Bundesrepublik

→ § 3 Nr. 29 EStG

Doppelbesteuerungsabkommen

→ Verzeichnis der Abkommen zur Vermeidung der Doppelbesteuerung

---

[1]) Die Einkommensteuer-Änderungsrichtlinien 2012 waren bei Redaktionsschluss noch nicht beschlossen. Damit verbunden lagen auch die Einkommensteuer-Hinweise 2012 noch nicht vor. Um Beachtung wird gebeten! Sobald diese beschlossen sind können Sie den Anhang 30 in einer aktualisierten Form über unseren Online-Aktualisierungsdienst abrufen.

Einkünfteermittlung

Die Einkünfteermittlung nach § 1 Abs. 3 Satz 2 EStG vollzieht sich in zwei Stufen. Zunächst ist in einem ersten Schritt die Summe der Welteinkünfte zu ermitteln. Dabei sind sämtliche Einkünfte, unabhängig davon, ob sie im In- oder Ausland erzielt wurden, nach deutschem Recht zu ermitteln. In einem zweiten Schritt sind die Welteinkünfte in Einkünfte, die der deutschen Einkommensteuer unterliegen, und in Einkünfte, die diese Voraussetzungen nicht erfüllen, aufzuteilen. Überschreiten die so ermittelten ausländischen Einkünfte die absolute Wesentlichkeitsgrenze des § 1 Abs. 3 Satz 2 i. V. m. § 1a Abs. 1 Nr. 2 Satz 3 EStG, ist eine Zusammenveranlagung zur Einkommensteuer auch dann ausgeschlossen, wenn sie, nach dem Recht des Wohnsitzstaates ermittelt, unterhalb der absoluten Wesentlichkeitsgrenze liegen (→ BFH vom 20. 8. 2008 – BStBl 2009 II S. 708).

Erweiterte beschränkte Steuerpflicht

→ §§ 2 und 5 AStG

Erweiterte unbeschränkte Steuerpflicht und unbeschränkte Steuerpflicht auf Antrag

- § 1 Abs. 2 bzw. § 1 Abs. 3 i. V. m. § 1a Abs. 2 EStG
  Im Ausland bei internationalen Organisationen beschäftigte Deutsche fallen nicht unter § 1 Abs. 2 oder § 1 Abs. 3 i. V. m. § 1a Abs. 2 EStG, da sie ihren Arbeitslohn nicht aus einer inländischen öffentlichen Kasse beziehen. Mitarbeiter des Goethe-Instituts mit Wohnsitz im Ausland stehen nicht zu einer inländischen juristischen Person des öffentlichen Rechts in einem Dienstverhältnis und sind daher nicht nach § 1 Abs. 2 EStG unbeschränkt einkommensteuerpflichtig (→ BFH vom 22. 2. 2006 – BStBl 2007 II S. 106).
- BMF vom 8. 10. 1996 (BStBl I S. 1191) – Auszug –:
  Billigkeitsregelung in Fällen, in denen ein Stpfl. und sein nicht dauernd getrennt lebender Ehegatte zunächst unter den Voraussetzungen des § 1 Abs. 2 EStG unbeschränkt einkommensteuerpflichtig sind bzw. unter den Voraussetzungen des § 1 Abs. 3 i. V. m. § 1a Abs. 2 EStG auf Antrag als unbeschränkt steuerpflichtig behandelt werden,
  - der Stpfl. dann aus dienstlichen Gründen in das Inland versetzt wird,
  - der nicht dauernd getrennt lebende Ehegatte aus persönlichen Gründen noch für kurze Zeit im Ausland verbleibt und
  - die Voraussetzungen des § 1a Abs. 1 EStG nicht erfüllt sind.
- → BMF vom 6. 11. 2009 (BStBl I S. 1323):
  Berücksichtigung ausländischer Verhältnisse; Ländergruppeneinteilung ab 2010.
- Die in § 1 Abs. 3 Satz 3 EStG aufgeführten inländischen Einkünfte, die nach einem DBA nur der Höhe nach beschränkt besteuert werden dürfen, sind in die inländische Veranlagung gem. § 46 Abs. 1 Nr. 7 Buchstabe b i. V. m. § 1 Abs. 3 EStG einzubeziehen (→ BFH vom 13. 11. 2002 – BStBl 2003 II S. 587).

Europäischer Wirtschaftsraum

Mitgliedstaaten des EWR sind die Mitgliedstaaten der EU, Island, Norwegen und Liechtenstein.

Freistellung von deutschen Abzugssteuern

→ § 50d EStG, Besonderheiten im Fall von DBA

Schiffe

Schiffe unter Bundesflagge rechnen auf hoher See zum Inland → BFH vom 12. 11. 1986 (BStBl 1987 II S. 377)

Unbeschränkte Steuerpflicht – auf Antrag –

- → BMF vom 30. 12. 1996 (BStBl I S. 1506)
- Die zum Nachweis der Höhe der nicht der deutschen Steuer unterliegenden Einkünfte erforderliche Bescheinigung der zuständigen ausländischen Steuerbehörde ist auch dann vorzulegen, wenn der Stpfl. angibt, keine derartigen Einkünfte erzielt zu haben (sog. Nullbescheinigung). Die Verwendung eines bestimmten Vordrucks für die Bescheinigung ist gesetzlich nicht vorgeschrieben (→ BFH vom 8. 9. 2010 – BStBl 2011 II S. 447).

Wechsel der Steuerpflicht

→ § 2 Abs. 7 Satz 3 EStG

R 2. Umfang der Besteuerung

(1) Das zu versteuernde Einkommen ist wie folgt zu ermitteln:

1   Summe der Einkünfte aus den Einkunftsarten
2 = Summe der Einkünfte
3 − Altersentlastungsbetrag (§ 24a EStG)
4 − Entlastungsbetrag für Alleinerziehende (§ 24b EStG)
5 − Freibetrag für Land- und Forstwirte (§ 13 Abs. 3 EStG)
6 + Hinzurechnungsbetrag (§ 52 Abs. 3 Satz 3[1])EStG sowie § 8 Abs. 5 Satz 2 AIG)
7 = Gesamtbetrag der Einkünfte (§ 2 Abs. 3 Satz 1 EStG)
8 − Verlustabzug nach § 10d EStG
9 − Sonderausgaben (§§ 10, 10a, 10b, 10c EStG)
10 − außergewöhnliche Belastungen (§§ 33 bis 33b EStG)
11 − Steuerbegünstigung der zu Wohnzwecken genutzten Wohnungen, Gebäude und Baudenkmale sowie der schutzwürdigen Kulturgüter (§§ 10e bis 10i EStG, § 52 Abs. 21 Satz 6 EStG i. d. F. vom 16. 4. 1997, BGBl. I S. 821 und § 7 FördG)
12 + zuzurechnendes Einkommen gem. § 15 Abs. 1 AStG
13 = Einkommen (§ 2 Abs. 4 EStG)
14 − Freibeträge für Kinder (§§ 31, 32 Abs. 6 EStG)
15 − Härteausgleich nach § 46 Abs. 3 EStG, § 70 EStDV
16 = z. v. E. (§ 2 Abs. 5 EStG).

(2) Die festzusetzende Einkommensteuer ist wie folgt zu ermitteln:

1   Steuerbetrag
   a) nach § 32a Abs. 1, 5, § 50 Abs. 3 EStG
      oder
   b) nach dem bei Anwendung des Progressionsvorbehalts (§ 32b EStG) oder der Steuersatzbegrenzung sich ergebenden Steuersatz
2 + Steuer auf Grund Berechnung nach den §§ 34, 34b EStG
2a + Steuer auf Grund Berechnung nach § 32d Abs. 3 EStG (ab VZ 2009)[2])
3 + Steuer auf Grund der Berechnung nach § 34a Abs. 1, 4 bis 6 EStG
4 = tarifliche Einkommensteuer (§ 32a Abs. 1, 5 EStG[3]))
5 − Minderungsbetrag nach Punkt 11 Ziffer 2 des Schlussprotokolls zu Artikel 23 DBA Belgien in der durch Artikel 2 des Zusatzabkommens vom 5. 11. 2002 geänderten Fassung (BGBl. 2003 II S. 1615)
6 − ausländische Steuern nach § 34c Abs. 1 und 6 EStG, § 12 AStG
7 − Steuerermäßigung nach § 35 EStG
8 − Steuerermäßigung für Stpfl. mit Kindern bei Inanspruchnahme erhöhter Absetzungen für Wohngebäude oder der Steuerbegünstigungen für eigengenutztes Wohneigentum (§ 34f Abs. 1, 2 EStG)
9 − Steuerermäßigung bei Zuwendungen an politische Parteien und unabhängige Wählervereinigungen (§ 34g EStG)
10 − Steuerermäßigung nach § 34f Abs. 3 EStG
11 − Steuerermäßigung nach § 35a EStG[4])
12 + Steuern nach § 34c Abs. 5 EStG
13 + Nachsteuer nach § 10 Abs. 5 EStG i. V. m. den § 30 EStDV
14 + Zuschlag nach § 3 Abs. 4 Satz 2 Forstschäden-Ausgleichsgesetz

---

[1]) Jetzt Satz 5.
[2]) Entfällt → Fußnote zu Nummer 11.
[3]) Nach § 2 Abs. 6 Satz 1 EStG i. d. F. des Steueränderungsgesetzes 2 007 mindert sich die tarifliche Einkommensteuer im VZ 2007 um den Entlastungsbetrag nach § 32c EStG.
[4]) 11a–Ermäßigung bei Belastung mit Erbschaftsteuer (§ 35b EStG)
11b+Steuer auf Grund Berechnung nach § 32d Abs. 3 und 4 EStG (ab VZ 2009)

15 + Anspruch auf Zulage für Altersvorsorge nach § 10a Abs. 2 EStG[1])
16 + Anspruch auf Kindergeld oder vergleichbare Leistungen, soweit in den Fällen des
   § 31 EStG das Einkommen um Freibeträge für Kinder gemindert wurde
17 = festzusetzende Einkommensteuer (§ 2 Abs. 6 EStG).

H 2

Keine Einnahmen oder Einkünfte

Bei den folgenden Leistungen handelt es sich nicht um Einnahmen oder Einkünfte:
- Arbeitnehmer-Sparzulagen (§ 13 Abs. 3 VermBG)
- Investitionszulagen nach dem InvZulG
- Neue Anteilsrechte auf Grund der Umwandlung von Rücklagen in Nennkapital
  (§§ 1, 7 KapErhStG)
- Wohnungsbau-Prämien (§ 6 WoPG)

Liebhaberei

bei Einkünften aus
- Land- und Forstwirtschaft → H 13.5 (Liebhaberei), → H 13a.2 (Liebhaberei),
- Gewerbebetrieb → H 15.3 (Abgrenzung der Gewinnerzielungsabsicht zur Liebhaberei), H 16 (2) Liebhaberei,
- selbständiger Arbeit → H 18.1 (Gewinnerzielungsabsicht),
- Kapitalvermögen → H 20.1 (Schuldzinsen),
- Vermietung und Verpachtung → H 21.2 (Einkünfteerzielungsabsicht).

Preisgelder

- BMF vom 5. 9. 1996 (BStBl I S. 1150) unter Berücksichtigung der Änderungen durch BMF vom 23. 12. 2002 (BStBl 2003 I S. 76).
- Fernseh-Preisgelder → BMF vom 30. 5. 2008 (BStBl I S. 645).

Steuersatzbegrenzung

Bei der Festsetzung der Einkommensteuer ist in den Fällen der Steuersatzbegrenzung die rechnerische Gesamtsteuer quotal aufzuteilen und sodann der Steuersatz für die der Höhe nach nur beschränkt zu besteuernden Einkünfte zu ermäßigen (BFH vom 13. 11. 2002 – BStBl 2003 II S. 587).

R 9a. Pauschbeträge für Werbungskosten

(1) – Nicht abgedruckt, da für VZ ab 2009 ohne Bedeutung –

(2) Die Pauschbeträge für Werbungskosten sind nicht zu ermäßigen, wenn die unbeschränkte Steuerpflicht lediglich während eines Teiles des Kalenderjahres bestanden hat.

H 9a

Beschränkt Einkommensteuerpflichtige

Zur Anwendung der Pauschbeträge für Werbungskosten bei beschränkt Einkommensteuerpflichtigen → § 50 Abs. 1 Satz 3 bis 5 EStG

R 10.1. Sonderausgaben (Allgemeines)

Bei Ehegatten, die nach § 26b EStG zusammen zur Einkommensteuer veranlagt werden, kommt es für den Abzug von Sonderausgaben nicht darauf an, ob sie der Ehemann oder die Ehefrau geleistet hat.

---

[1]) Wenn Beiträge als Sonderausgaben abgezogen worden sind (§ 10a Abs. 2 EStG).

H 10.1

Abkürzung des Zahlungsweges

Bei den Sonderausgaben kommt der Abzug von Aufwendungen eines Dritten auch unter dem Gesichtspunkt der Abkürzung des Vertragswegs nicht in Betracht (→ BMF vom 7. 7. 2008 – BStBl I S. 717).

Abzugshöhe/Abzugszeitpunkt

– Sonderausgaben sind in dem VZ abziehbar, in dem sie geleistet worden sind (§ 11 Abs. 2 EStG). Dies gilt auch, wenn sie der Stpfl. mit Darlehensmitteln bestritten hat (→ BFH vom 15. 3. 1974 – BStBl II S. 513). Sie dürfen nur dann bei der Ermittlung des Einkommens abgezogen werden, wenn der Stpfl. tatsächlich und endgültig wirtschaftlich belastet ist. Steht im Zeitpunkt der Zahlung, ggf. auch im Zeitpunkt der Erstattung noch nicht fest, ob der Stpfl. durch die Zahlung endgültig wirtschaftlich belastet bleibt (z. B. bei Kirchensteuer im Falle der Aufhebung der Vollziehung), sind sie im Jahr des Abflusses abziehbar (→ BFH vom 24. 4. 2002 – BStBl II S. 569).
  Werden gezahlte Sonderausgaben in einem späteren VZ an den Stpfl. erstattet, ist der Erstattungsbetrag aus Gründen der Praktikabilität im Erstattungsjahr mit gleichartigen Sonderausgaben zu verrechnen mit der Folge, dass die abziehbaren Sonderausgaben des Erstattungsjahres entsprechend gemindert werden. Ist im Jahr der Erstattung der Sonderausgaben an den Stpfl. ein Ausgleich mit gleichartigen Aufwendungen nicht oder nicht in voller Höhe möglich, so ist der Sonderausgabenabzug des Jahres der Verausgabung insoweit um die nachträgliche Erstattung zu mindern; ein bereits bestandskräftiger Bescheid ist nach § 175 Abs. 1 Satz 1 Nr. 2 AO zu ändern (→ BFH vom 7. 7. 2004 – BStBl II S. 1058 und BMF vom 11. 7. 2002 – BStBl I S. 667). Ob die Sonderausgaben gleichartig sind, richtet sich nach deren Sinn und Zweck sowie deren wirtschaftlichen Bedeutung und Auswirkungen für den Stpfl.. Bei Versicherungsbeiträgen kommt es auf die Funktion der Versicherung und das abgesicherte Risiko an (→ BFH vom 21. 7. 2009 – BStBl 2010 II S. 38).
– Kirchensteuer → H 10.7 (Willkürliche Zahlungen).

R 10.2. Unterhaltsleistungen an den geschiedenen oder dauernd getrennt lebenden Ehegatten

(1) Der Antrag nach § 10 Abs. 1 Nr. 1 EStG kann auf einen Teilbetrag der Unterhaltsleistungen beschränkt werden.

(2) Die Zustimmung wirkt auch dann bis auf Widerruf, wenn sie im Rahmen eines Vergleichs erteilt wird.

(3) Leistet jemand Unterhalt an mehrere Empfänger, sind die Unterhaltsleistungen an jeden bis zum Höchstbetrag abziehbar.

H 10.2

Allgemeines

– Durch Antrag und Zustimmung werden alle in dem betreffenden VZ geleisteten Unterhaltsaufwendungen zu Sonderausgaben umqualifiziert. Für den Abzug ist es unerheblich, ob es sich um einmalige oder laufende Leistungen bzw. Nachzahlungen oder Vorauszahlungen handelt. Ein Abzug als außergewöhnliche Belastung ist nicht möglich, auch nicht, soweit sie den für das Realsplitting geltenden Höchstbetrag übersteigen (→ BFH vom 7. 11. 2000 – BStBl 2001 II S. 338).
– Antrag und Zustimmung zum begrenzten Realsplitting können nicht – auch nicht übereinstimmend – zurückgenommen oder nachträglich beschränkt werden (→ BFH vom 22. 9. 1999 – BStBl 2000 II S. 218).
– Ein Einkommensteuerbescheid ist nach § 175 Abs. 1 Satz 1 Nr. 2 AO zu ändern, wenn nach Eintritt der Bestandskraft sowohl die Zustimmung erteilt als auch der Antrag nach § 10 Abs. 1 Nr. 1 Satz 1 EStG gestellt werden (→ BFH vom 12. 7. 1989 – BStBl II S. 957) oder
– der Antrag i. V. m. einer nachträglichen Zustimmungsverweigerung ausgedehnt wird (→ BFH vom 28. 6. 2006 – BStBl 2007 II S. 5).

Erbe

Unterhaltsleistungen, die der Erbe nach § 1586b BGB an den geschiedenen Ehegatten des Erblassers zu erbringen hat, sind nicht als Sonderausgaben abzugsfähig (→ BFH vom 12. 11. 1997 – BStBl 1998 II S. 148).

Nicht unbeschränkt steuerpflichtiger Empfänger

Ist der Empfänger nicht unbeschränkt steuerpflichtig, kann ein Abzug der Unterhaltsleistungen bei Vorliegen der Voraussetzungen des § 1a Abs. 1 Nr. 1 EStG oder auf Grund eines DBA in Betracht kommen. Entsprechende Regelungen gibt es z. B. in den DBA mit Dänemark (BStBl 1996 I S. 1219, 1225), Kanada (BStBl 2002 I S. 505, 521) und den USA (BStBl 1991 I S. 94, 108, BGBl. 2006 II S. 1184) sowie in der mit der Schweiz getroffenen Verständigungsvereinbarung (→ BMF vom 5. 11. 1998 – BStBl I S. 1392).

Rechtsanwaltskosten

Rechtsanwaltskosten, die ein Stpfl. aufwendet, um die Zustimmung seines geschiedenen oder dauernd getrennt lebenden unbeschränkt steuerpflichtigen Ehegatten zum begrenzten Realsplitting zu erlangen, sind keine Unterhaltsleistungen (→ BFH vom 10. 3. 1999 – BStBl II S. 522).

Unterhaltsleistungen

Es ist unerheblich, ob die Unterhaltsleistungen freiwillig oder auf Grund gesetzlicher Unterhaltspflicht erbracht werden. Auch als Unterhalt erbrachte Sachleistungen sind zu berücksichtigen (→ BFH vom 12. 4. 2000 – BStBl 2002 II S. 130).

Wohnungsüberlassung

Bei unentgeltlicher Wohnraumüberlassung kann der Mietwert als Sonderausgabe abgezogen werden. Befindet sich die überlassene Wohnung im Miteigentum des geschiedenen oder dauernd getrennt lebenden Ehegatten, kann der überlassende Ehegatte neben dem Mietwert seines Miteigentumsanteils auch die von ihm auf Grund der Unterhaltsvereinbarung getragenen verbrauchsunabhängigen Kosten für den Miteigentumsanteil des anderen Ehegatten als Sonderausgabe abziehen (→ BFH vom 12. 4. 2000 – BStBl 2002 II S. 130).

Zur Wohnungsüberlassung an den geschiedenen oder dauernd getrennt lebenden Ehegatten bei Abschluss eines Mietvertrages → H 21.4 (Vermietung an Unterhaltsberechtigte).

Zustimmung

- Die Finanzbehörden sind nicht verpflichtet zu prüfen, ob die Verweigerung der Zustimmung rechtsmissbräuchlich ist (→ BFH vom 25. 7. 1990 – BStBl II S. 1022). Im Fall der rechtskräftigen Verurteilung zur Erteilung der Zustimmung (§ 894 Abs. 1 ZPO; → BFH vom 25. 10. 1988 – BStBl 1989 II S. 192) wirkt sie nur für das Kalenderjahr, das Gegenstand des Rechtsstreits war.
- Im Fall der rechtskräftigen Verurteilung zur Erteilung der Zustimmung (§ 894 Abs. 1 ZPO; → BFH vom 25. 10. 1988 – BStBl 1989 II S. 192) wirkt sie nur für das Kalenderjahr, das Gegenstand des Rechtsstreits war.
- Stimmt der geschiedene oder dauernd getrennt lebende Ehegatte dem der Höhe nach beschränkten Antrag auf Abzug der Unterhaltszahlungen als Sonderausgaben zu, beinhaltet dies keine der Höhe nach unbeschränkte Zustimmung für die Folgejahre (→ BFH vom 14. 4. 2005 – BStBl II S. 825).
- Der **Widerruf** der Zustimmung muss vor Beginn des Kalenderjahrs, für den er wirksam werden soll, erklärt werden. Er ist gegenüber dem Wohnsitzfinanzamt sowohl des Unterhaltsleistenden als auch des Unterhaltsempfängers möglich Wird er gegenüber dem Wohnsitzfinanzamt des Unterhaltsempfängers erklärt, ist das Wissen dieser Behörde für die Änderungsbefugnis nach § 173 Abs. 1 Nr. 1 AO des für die Veranlagung des Unterhaltsleistenden zuständigen Finanzamtes ohne Bedeutung (→ BFH vom 2. 7. 2003 – BStBl II S. 803).

R 10.3. Renten und dauernde Lasten[1]), Versorgungsleistungen

(1) Renten und dauernde Lasten, die mit steuerbefreiten Einkünften, z. B. auf Grund eines DBA, in wirtschaftlichem Zusammenhang stehen, können nicht als Sonderausgaben abgezogen werden.

(2) [1]Renten und dauernde Lasten, die freiwillig oder auf Grund einer freiwillig begründeten Rechtspflicht geleistet werden, sind grundsätzlich nicht als Sonderausgaben abziehbar. [2]Das

---

[1]) Bei Vertragsabschluss nach dem 31. 12. 2007 entfällt die Unterscheidung zwischen Renten und dauernden Lasten.

gilt auch für Zuwendungen an eine gegenüber dem Stpfl. oder seinem Ehegatten gesetzlich unterhaltsberechtigte Person oder an deren Ehegatten (§ 12 Nr. 2 EStG).

H 10.3
Ablösung eines Nießbrauchs oder eines anderen Nutzungsrechts

→ BMF vom 11. 3. 2010 (BStBl I S. 227), Rz. 24 f., und vom 24. 7. 1998 (BStBl I S. 914) Tz. 55–67.

Altenteilsleistung

Der Wert unbarer Altenteilsleistungen ist nach § 1 Abs. 1 der SvEV[1]) vom 21. 12. 2006 (BGBl. I S. 3385) in der für den jeweiligen VZ geltenden Fassung zu schätzen (→ BFH vom 18. 12. 1990 – BStBl 1991 II S. 354).

Beerdigungskosten

Soweit der Vermögensübernehmer kein Erbe und vertraglich zur Übernahme der durch den Tod des letztverstorbenen Vermögensübergebers entstandenen Beerdigungskosten verpflichtet ist, kann er die durch den Tod des letztverstorbenen Vermögensübergebers entstandenen Beerdigungskosten als dauernde Last abziehen (→ BFH vom 19. 1. 2010 – BStBl II S. 544). Ist er hingegen Alleinerbe, sind die Beerdigungskosten auch dann nicht abziehbar, wenn er sich vertraglich zur Übernahme dieser Kosten verpflichtet hat (→ BFH vom 19. 1. 2010 – BStBl 2011 II S. 162).

Erbbauzinsen

Erbbauzinsen, die im Zusammenhang mit der Selbstnutzung einer Wohnung im eigenen Haus anfallen, können nicht als dauernde Last abgezogen werden (→ BFH vom 24. 10. 1990 – BStBl 1991 II S. 175).

Schuldzinsen

Schuldzinsen zur Finanzierung von als Sonderausgaben abziehbaren privaten Versorgungsleistungen sind nicht als Versorgungsleistungen abziehbar (→ BFH vom 14. 11. 2001 – BStBl 2002 II S. 413).

Vermögensübertragung im Zusammenhang mit Versorgungsleistungen

→ BMF vom 11. 3. 2010 (BStBl I S. 227)

Versorgungsausgleich i. S. d. § 10 Abs. 1 Nr. 1b EStG

Zur einkommensteuerrechtlichen Behandlung der Leistungen auf Grund eines schuldrechtlichen Versorgungsausgleichs → BMF vom 9. 4. 2010 (BStBl I S. 324).

Vorweggenommene Erbfolge

Zur ertragsteuerlichen Behandlung der vorweggenommenen Erbfolge → BMF vom 13. 1. 1993 (BStBl I S. 80) unter Berücksichtigung der Änderungen durch BMF vom 26. 2. 2007 (BStBl I S. 269).

R 10.4. Vorsorgeaufwendungen (Allgemeines)

– unbesetzt –

---

[1]) → Anhang 4

H 10.4

Alterseinkünftegesetz

- Zum Sonderausgabenabzug für Beiträge nach § 10 Abs. 1 Nr. 2 bis 3a EStG → BMF vom 13. 9. 2010 (BStBl I S. 681), Rz. 1–111
- Zur Verfassungsmäßigkeit der beschränkten Abziehbarkeit von Altersvorsorgeaufwendungen → BFH vom 18. 11. 2009 (BStBl 2010 II S. 414) und vom 9. 12. 2009 (BStBl 2010 II S. 348).

Ausländische Versicherungsunternehmen

Verzeichnis der ausländischen Versicherungsunternehmen, denen 2004 die Erlaubnis zum Betrieb eines nach § 10 Abs. 1 Nr. 2 EStG begünstigten Versicherungszweigs im Inland erteilt ist.

Berufsständische Versorgungseinrichtungen

Liste der berufsständischen Versorgungseinrichtungen, die den gesetzlichen Rentenversicherungen vergleichbare Leistungen i. S. d. § 10 Abs. 1 Nr. 2 Buchstabe a EStG erbringen → BMF vom 7. 2. 2007 (BStBl I S. 262).

Nichtabziehbare Vorsorgeaufwendungen

Vorsorgeaufwendungen, die mit steuerfreien Einnahmen in unmittelbarem wirtschaftlichen Zusammenhang stehen, sind nicht abziehbar.

Beispiele:
1. Gesetzliche Arbeitnehmeranteile zur Sozialversicherung, die auf steuerfreien Arbeitslohn entfallen (→ BFH vom 27. 3. 1981 – BStBl II S. 530), z. B. auf Grund einer Freistellung nach einem DBA oder dem ATE vom 31. 10. 1983 (BStBl I S. 470);
2. Aufwendungen aus Mitteln, die nach ihrer Zweckbestimmung zur Leistung der Vorsorgeaufwendungen dienen, wie
   a) steuerfreie Zuschüsse zur Krankenversicherung der Rentner, z. B. nach § 106 SGB VI (→ H 3.14);
   b) Sonderleistungen, die Wehrpflichtige oder Zivildienstleistende unter bestimmten Voraussetzungen zum Ersatz für Beiträge zu einer Krankenversicherung, Unfallversicherung oder Haftpflichtversicherung erhalten (§ 7 USG, § 78 Abs. 1 Nr. 2 ZDG). Beiträge zu Versicherungen, die mit dem Führen und Halten von Kraftfahrzeugen zusammenhängen, z. B. Kraftfahrzeug-Haftpflichtversicherung, Kraftfahrzeug-Insassenunfallversicherung, werden nach § 7 Abs. 2 Nr. 4 USG nicht ersetzt;
   c) Beiträge zur Alters- und Hinterbliebenenversorgung, die Wehrpflichtigen und Zivildienstleistenden erstattet werden (§ 14a und 14b Arbeitsplatzschutzgesetz, § 78 Abs. 1 Nr. 1 ZDG);
   d) steuerfreie Beträge, die Land- und Forstwirte nach dem Gesetz über die Alterssicherung der Landwirte zur Entlastung von Vorsorgeaufwendungen im Sinne des § 10 Abs. 1 Nr. 2 Buchstabe a EStG erhalten.

R 10.5. Versicherungsbeiträge

[1]Wird ein Kraftfahrzeug teils für berufliche und teils für private Zwecke benutzt, kann der Stpfl. den Teil seiner Aufwendungen für die Kfz-Haftpflichtversicherung, der dem Anteil der privaten Nutzung entspricht, im Rahmen des § 10 EStG als Sonderausgaben abziehen. [2]Werden Aufwendungen für Wege zwischen Wohnung und Arbeitsstätte oder Familienheimfahrten mit eigenem Kraftfahrzeug in Höhe der Entfernungspauschale nach § 9 Abs. 2 EStG[1]) abgezogen, können die Aufwendungen für die Kfz-Haftpflichtversicherung zur Vereinfachung in voller Höhe als Sonderausgaben anerkannt werden.

---

[1]) Jetzt → § 9 Abs. 1 Satz 3 Nr. 4 EStG.

H 10.5

Beiträge an ausländische Sozialversicherungsträger

Zur Aufteilung der an ausländische Sozialversicherungsträger geleisteten Globalbeiträge zur Berücksichtigung der Vorsorgeaufwendungen im Rahmen des Sonderausgabenabzugs → BMF vom 5. 7. 2011 (BStBl I S. 710)

Erbschaftsteuerversicherung

- Zum Begriff der Erbschaftsteuerversicherung → BMF vom 1. 10. 2009 (BStBl I S. 1172), Rz. 30
- Die Beiträge gehören zu den sonstigen Vorsorgeaufwendungen nach § 10 Abs. 1 Nr. 3a EStG (→ BMF vom 13. 9. 2010 – BStBl I S. 681, Rz. 77–80).

Kapitalwahlrecht

Für vor dem 1. 10. 1996 abgeschlossene Verträge ist Abschnitt 88 Abs. 1 Satz 4 EStR 1987 weiter anzuwenden. Abschnitt 88 Abs. 1 Satz 4 EStR 1987 lautet: „Beiträge zu Rentenversicherungen mit Kapitalwahlrecht gegen laufende Beitragsleistung können als Sonderausgaben abgezogen werden, wenn die Auszahlung des Kapitals frühestens zu einem Zeitpunkt nach Ablauf von zwölf Jahren seit Vertragsabschluß verlangt werden kann."

Keine Sonderausgaben

Die als Sonderausgaben zu berücksichtigenden Aufwendungen sind in § 10 EStG abschließend aufgezählt. Nicht benannte Aufwendungen können nicht als Sonderausgaben abgezogen werden (→ BFH vom 4. 2. 2010 – BStBl II S. 617). Hierzu zählen z. B. Beiträge für eine

- Hausratversicherung,
- Kaskoversicherung,
- Rechtsschutzversicherung,
- Sachversicherung.

Krankentagegeldversicherung

Die Beiträge gehören zu den sonstigen Vorsorgeaufwendungen nach § 10 Abs. 1 Nr. 3a EStG (→ BMF vom 13. 9. 2010 – BStBl I S. 681, Rz. 77–80).

Lebensversicherung (Vertragsabschluss vor dem 1. 1. 2005)

- Allgemeines/Grundsätze
  → BMF vom 22. 8. 2002 (BStBl I S. 827) unter Berücksichtigung der Änderungen durch BMF vom 1. 10. 2009 (BStBl I S. 1188).
- Beiträge zu Lebensversicherungen mit Teilleistungen auf den Erlebensfall vor Ablauf der Mindestvertragsdauer von zwölf Jahren sind auch nicht teilweise als Sonderausgaben abziehbar (→ BFH vom 27. 10. 1987 – BStBl 1988 II S. 132).
- Einsatz von Lebensversicherungen zur Tilgung oder Sicherung von Darlehen → BMF vom 27. 7. 1995 (BStBl I S. 371) unter Berücksichtigung der Änderungen durch BMF vom 25. 3. 2002 (BStBl I S. 476) und vom 15. 6. 2000 (BStBl I S. 1118).

Loss-of-Licence-Versicherung

Beiträge zur Berufsunfähigkeitsversicherung eines Flugzeugführers sind regelmäßig Sonderausgaben, keine Werbungskosten (→ BFH vom 13. 4. 1976 – BStBl II S. 599).

Pflegekrankenversicherung

Die Beiträge zu einer ergänzenden Pflegekrankenversicherung gehören zu den sonstigen Vorsorgeaufwendungen nach § 10 Abs. 1 Nr. 3a EStG (→ BMF vom 13. 9. 2010 – BStBl I S. 681, Rz. 77–80).

Pflegerentenversicherung

Die Beiträge gehören zu den sonstigen Vorsorgeaufwendungen nach § 10 Abs. 1 Nr. 3a EStG (→ BMF vom 13. 9. 2010 – BStBl I S. 681, Rz. 77–80).

Unfallversicherung

– Zuordnung von Versicherungsbeiträgen zu Werbungskosten oder Sonderausgaben → BMF vom 28. 10. 2009 (BStBl I S. 1275), Tz. 4
– Soweit die Beiträge nicht den Werbungskosten zuzuordnen sind, liegen sonstige Vorsorgeaufwendungen nach § 10 Abs. 1 Nr. 3a EStG vor (→ BMF vom 13. 9. 2010 – BStBl I S. 681, Rz. 77–80).

Versorgungsbeiträge Selbständiger

Beiträge, für die eine gesetzliche Leistungspflicht besteht, stellen, auch soweit sie auf die sog. „alte Last" entfallen, regelmäßig keine Betriebsausgaben dar, wenn sie gleichzeitig der eigenen Versorgung oder der Versorgung der Angehörigen dienen (→ BFH vom 13. 4. 1972 – BStBl II S. 728 und 730).

Sie können in diesem Fall als Sonderausgaben im Rahmen des § 10 EStG abgezogen werden.

Vertragseintritt

Wer in den Lebensversicherungsvertrag eines anderen eintritt, kann nur die nach seinem Eintritt fällig werdenden Beiträge als Sonderausgaben abziehen; der Eintritt gilt nicht als neuer Vertragsabschluss (→ BFH vom 9. 5. 1974 – BStBl II S. 633).

R 10.6. Nachversteuerung von Versicherungsbeiträgen

^{1}Bei einer Nachversteuerung nach § 30 EStDV wird der Steuerbescheid des Kalenderjahres, in dem die Versicherungsbeiträge für Versicherungen i. S. d. § 10 Abs. 1 Nr. 3 Buchstabe b EStG als Sonderausgaben berücksichtigt worden sind, nicht berichtigt. ^{2}Es ist lediglich festzustellen, welche Steuer für das jeweilige Kalenderjahr festzusetzen gewesen wäre, wenn der Stpfl. die Versicherungsbeiträge nicht geleistet hätte. ^{3}Der Unterschiedsbetrag zwischen dieser Steuer und der seinerzeit festgesetzten Steuer ist als Nachsteuer für das Kalenderjahr zu erheben, in dem das steuerschädliche Ereignis eingetreten ist.

H 10.6

Nachsteuer

Bei Berechnung der Nachsteuer nach § 10 Abs. 5 EStG findet § 177 AO keine Anwendung; bisher nicht geltend gemachte Aufwendungen können nicht nachgeschoben werden (→ BFH vom 15. 12. 1999 – BStBl 2000 II S. 292).

Nachversteuerung für Versicherungsbeiträge bei Ehegatten im Falle ihrer getrennten Veranlagung

Sind die Ehegatten in einem dem VZ 1990 vorangegangenen Kalenderjahr nach § 26a EStG in der für das betreffende Kalenderjahr geltenden Fassung getrennt veranlagt worden und waren in ihren zusammengerechneten Sonderausgaben mit Ausnahme des Abzugs für den steuerbegünstigten nicht entnommenen Gewinn und des Verlustabzugs Versicherungsbeiträge enthalten, für die eine Nachversteuerung durchzuführen ist, ist nach Abschnitt 109a EStR 1990 zu verfahren.

Veräußerung von Ansprüchen aus Lebensversicherungen

Die Veräußerung von Ansprüchen aus Lebensversicherungen führt weder zu einer Nachversteuerung der als Sonderausgaben abgezogenen Versicherungsbeiträge noch zur Besteuerung eines etwaigen Überschusses des Veräußerungserlöses über die eingezahlten Versicherungsbeiträge (→ BMF vom 22. 8. 2002 – BStBl I S. 827, RdNr. 32).

Anhang 30
Einkommensteuer-Richtlinien

R 10.7. Kirchensteuern und Kirchenbeiträge

(1) ¹Beiträge der Mitglieder von Religionsgemeinschaften (Kirchenbeiträge), die mindestens in einem Land als Körperschaft des öffentlichen Rechts anerkannt sind, aber während des ganzen Kalenderjahres keine Kirchensteuer erheben, sind aus Billigkeitsgründen wie Kirchensteuern abziehbar. ²Voraussetzung ist, dass der Stpfl. über die geleisteten Beiträge eine Empfangsbestätigung der Religionsgemeinschaft vorlegt. ³Der Abzug ist bis zur Höhe der Kirchensteuer zulässig, die in dem betreffenden Land von den als Körperschaften des öffentlichen Rechts anerkannten Religionsgemeinschaften erhoben wird. ⁴Bei unterschiedlichen Kirchensteuersätzen ist der höchste Steuersatz maßgebend. ⁵Die Sätze 1 bis 4 sind nicht anzuwenden, wenn der Stpfl. gleichzeitig als Mitglied einer öffentlich-rechtlichen Religionsgemeinschaft zur Zahlung von Kirchensteuer verpflichtet ist.

(2) Kirchenbeiträge, die nach Absatz 1 nicht wie Kirchensteuer als Sonderausgaben abgezogen werden, können im Rahmen des § 10b EStG steuerlich berücksichtigt werden.

H 10.7

Beiträge an Religionsgemeinschaften (R 10.7 Abs. 1 Satz 1 bis 3)

Die in R 10.7 getroffene Regelung stellt eine Billigkeitsmaßnahme (§ 163 AO) dar, die zwingend anzuwenden ist. Der höchstmögliche Abzug beträgt 8 % bzw. 9 % der festgesetzten Einkommensteuer auf das um die Beiträge geminderte zu versteuernde Einkommen; § 51a Abs. 1 und 2 EStG ist anzuwenden (→ BFH vom 10. 10. 2001 – BStBl 2002 II S. 201 und vom 12. 6. 2002 – BStBl 2003 II S. 281).

Kirchensteuern an Religionsgemeinschaften in EU-/EWR-Staaten

Auch Kirchensteuerzahlungen an Religionsgemeinschaften, die in einem anderen EU-Mitgliedstaat oder in einem EWR-Staat belegen sind und die bei Inlandsansässigkeit als Körperschaften des öffentlichen Rechts anzuerkennen wären, sind als Sonderausgabe nach § 10 Abs. 1 Nr. 4 EStG abziehbar. Das betrifft die Staaten Finnland (evangelisch-lutherische und orthodoxe Staatskirchen) und Dänemark (evangelisch-lutherische Staatskirche). Soweit in den vorgenannten Staaten andere Religionsgemeinschaften ansässig sind, sind für die fiktive Einordnung als Körperschaft des öffentlichen Rechts der zuständigen Innen- oder Kultusbehörden einzubeziehen (→ BMF vom 16. 11. 2010 – BStBl I S. 1311).

Kirchensteuern i. S. d. § 10 Abs. 1 Nr. 4 EStG

Sie sind Geldleistungen, die von den als Körperschaften des öffentlichen Rechts anerkannten Religionsgemeinschaften von ihren Mitgliedern auf Grund gesetzlicher Vorschriften erhoben werden. Die Kirchensteuer wird in der Regel als Zuschlagsteuer zur Einkommen- bzw. Lohnsteuer erhoben. Kirchensteuern können aber nach Maßgabe der Gesetze auch erhoben werden als Kirchensteuern vom Einkommen, vom Vermögen, vom Grundbesitz und als Kirchgeld. **Keine Kirchensteuern** sind freiwillige Beiträge, die an öffentlich-rechtliche Religionsgemeinschaften oder andere religiöse Gemeinschaften entrichtet werden.

Willkürliche Zahlungen

Kirchensteuern sind grundsätzlich in dem VZ als Sonderausgabe abzugsfähig, in dem sie tatsächlich entrichtet wurden, soweit es sich nicht um willkürliche, die voraussichtliche Steuerschuld weit übersteigende Zahlungen handelt (→ BFH vom 25. 1. 1963 – BStBl III S. 141).

R 10.8. Kinderbetreuungskosten[1]

– unbesetzt –

R 10.9. Aufwendungen für die Berufsausbildung

¹Erhält der Stpfl. zur unmittelbaren Förderung seiner Ausbildung steuerfreie Bezüge, mit denen Aufwendungen i. S. d. § 10 Abs. 1 Nr. 7 EStG abgegolten werden, entfällt insoweit der Sonderausgabenabzug. ²Das gilt auch dann, wenn die zweckgebundenen steuerfreien Bezüge erst nach Ablauf des betreffenden Kalenderjahres gezahlt werden. ³Zur Vereinfachung ist eine

---

[1] für VZ ab 2009 → § 9c EStG

Kürzung der für den Sonderausgabenabzug in Betracht kommenden Aufwendungen nur dann vorzunehmen, wenn die steuerfreien Bezüge ausschließlich zur Bestreitung der in § 10 Abs. 1 Nr. 7 EStG bezeichneten Aufwendungen bestimmt sind. ⁴Gelten die steuerfreien Bezüge dagegen ausschließlich oder teilweise Aufwendungen für den Lebensunterhalt ab – ausgenommen solche für auswärtige Unterbringung –, z. B. Berufsausbildungsbeihilfen nach § 59 SGB III, Leistungen nach den §§ 12 und 13 BAföG, sind die als Sonderausgaben geltend gemachten Berufsausbildungsaufwendungen nicht zu kürzen.

H 10.9
Aufwendungen i. S. d. § 10 Abs. 1 Nr. 7 EStG:

- **Arbeitsmittel**
  Die für Arbeitsmittel im Sinne des § 9 Abs. 1 Satz 3 Nr. 6 EStG geltenden Vorschriften sind sinngemäß anzuwenden. Schafft ein Stpfl. abnutzbare Wirtschaftsgüter von mehrjähriger Nutzungsdauer an, so sind im Rahmen des § 10 Abs. 1 Nr. 7 EStG nur die auf die Nutzungsdauer verteilten Anschaffungskosten als Sonderausgaben abziehbar (→ BFH vom 7. 5. 1993 – BStBl II S. 676).
  Die Anschaffungs- oder Herstellungskosten von Arbeitsmitteln einschließlich der Umsatzsteuer können im Jahr ihrer Verausgabung in voller Höhe als Sonderausgaben abgesetzt werden, wenn sie ausschließlich der Umsatzsteuer für das einzelne Arbeitsmittel 410 € nicht übersteigen (→ R 9.12 LStR 2011).
- **häusliches Arbeitszimmer**
  → BMF vom 2. 3. 2011 (BStBl I S. 195)
- **Fachliteratur**
  → BFH vom 28. 11. 1980 (BStBl 1981 II S. 309)
- **Mehraufwand für Verpflegung**
  → BFH vom 3. 12. 1974 (BStBl 1975 II S. 356),
  → R 9.6 LStR 2011,
- **Mehraufwand wegen doppelter Haushaltsführung**
  → R 9.11 LStR 2011,
- **Wege zwischen Wohnung und Ausbildungsort**
  → R 9.10 Abs. 1 LStR 2011.

Ausbildungsdarlehen/Studiendarlehen

- Abzugshöhe/Abzugspunkt → H 10.1
- Aufwendungen zur Tilgung von Ausbildungs-/Studiendarlehen gehören nicht zu den abziehbaren Aufwendungen im Sinne des § 10 Abs. 1 Nr. 7 EStG (→ BFH vom 15. 3. 1974 – BStBl II S. 513).
- Zinsen für ein Ausbildungsdarlehen gehören zu den abziehbaren Aufwendungen, auch wenn sie nach Abschluss der Berufsausbildung gezahlt werden (→ BFH vom 28. 2. 1992 – BStBl II S. 834).
- Ist ein Ausbildungsdarlehen nebst Zuschlag zurückzuzahlen, sind die Aufwendungen für den Zuschlag Ausbildungs- und keine Werbungskosten, wenn damit nachträglich die im Zusammenhang mit der Berufsausbildung gewährten Vorteile abgegolten werden sollen und wenn der Zuschlag nicht weitaus überwiegend als Druckmittel zur Einhaltung der vorvertraglichen Verpflichtung zur Eingehung eines langfristigen Arbeitsverhältnisses dienen soll (→ BFH vom 28. 2. 1992 – BStBl II S. 834).

Aus- und Fortbildung

→ R 9.2 LStR 2011

Auswärtige Unterbringung

Der Begriff der auswärtigen Unterbringung setzt lediglich voraus, dass der Stpfl. eine außerhalb des Ausbildungsorts belegene Wohnung besitzt, die er – abgesehen von seiner Ausbildungszeit – regelmäßig nutzt; auf die Dauer der auswärtigen Unterbringung kommt es nicht an (→ BFH vom 20. 3. 1992 – BStBl II S. 1033).

Beruf

Der angestrebte Beruf muss nicht innerhalb bestimmter bildungspolitischer Zielvorstellungen des Gesetzgebers liegen (→ BFH vom 18. 12. 1987 – BStBl 1988 II S. 494).

Berufsausbildungskosten

Aufwendungen für die erstmalige Berufsausbildung oder ein Erststudium BMF vom 22. 9. 2010 (BStBl I S. 721).[1]

Deutschkurs

Aufwendungen eines in Deutschland lebenden Ausländers für den Erwerb von Deutschkenntnissen sind nicht als Aufwendungen für die Berufsausbildung abziehbar (→ BFH vom 15. 3. 2007 – BStBl II S. 814).

Habilitation

Aufwendungen eines wissenschaftlichen Assistenten an einer Hochschule für seine Habilitation sind Werbungskosten i. S. v. § 9 EStG (→ BFH vom 7. 8. 1967 – BStBl III S. 778).

Klassenfahrt

Aufwendungen eines Berufsschülers für eine im Rahmen eines Ausbildungsdienstverhältnisses als verbindliche Schulveranstaltung durchgeführte Klassenfahrt sind in der Regel Werbungskosten (→ BFH vom 7. 2. 1992 – BStBl II S. 531).

Studienreisen

→ R 12.2

Umschulung

Aufwendungen für eine Umschulungsmaßnahme, die die Grundlage dafür bildet, von einer Berufs- oder Erwerbsart zu einer anderen überzuwechseln, können vorab entstandene Werbungskosten sein (→ BFH vom 4. 12. 2002 – BStBl 2003 II S. 403).

R 10.10. Schulgeld

– unbesetzt –

H 10.10

Allgemeines

→ BMF vom 9. 3. 2009 (BStBl I S. 487)

Spendenabzug

Zum Spendenabzug von Leistungen der Eltern an gemeinnützige Schulvereine – Schulen in freier Trägerschaft → BMF vom 4. 1. 1991 (BStBl 1992 I S. 266).

R 10.11. Kürzung des Vorwegabzugs bei der Günstigerprüfung

– unbesetzt –

H 10.11

Allgemeines

Ist nach § 10 Abs. 4a EStG in den Kalenderjahren 2005 bis 2019 der Abzug der Vorsorgeaufwendungen nach Absatz 1 Nr. 2 und 3 in der für das Kalenderjahr 2004 geltenden Fassung des § 10 Abs. 3 EStG mit den in § 10 Abs. 4a EStG genannten Höchstbeträgen für den Vorwegabzug günstiger, ist der sich danach ergebende Betrag anstelle des Abzugs nach Absatz 3 und 4 anzusetzen.

§ 10 Abs. 3 EStG in der für das Kalenderjahr 2004 geltenden Fassung lautet:

---

[1] Anhang 34 LSt-Handausgabe

„(3) Für Vorsorgeaufwendungen gelten je Kalenderjahr folgende Höchstbeträge:
1. ein Grundhöchstbetrag von 1 334 Euro,
   im Fall der Zusammenveranlagung von Ehegatten von 2 668 Euro;
2. ein Vorwegabzug von 3 068 Euro,
   im Fall der Zusammenveranlagung von Ehegatten von 6 136 Euro.

²Diese Beträge sind zu kürzen um 16 vom Hundert der Summe der Einnahmen
a) aus nichtselbständiger Arbeit im Sinne des § 19 ohne Versorgungsbezüge im Sinne des § 19 Abs. 2, wenn für die Zukunftssicherung des Steuerpflichtigen Leistungen im Sinne des § 3 Nr. 62 erbracht werden oder der Steuerpflichtige zum Personenkreis des § 10c Abs. 3 Nr. 1 oder 2 gehört, und
b) aus der Ausübung eines Mandats im Sinne des § 22 Nr. 4;
3. für Beiträge nach Absatz 1 Nr. 2 Buchstabe c ein zusätzlicher Höchstbetrag von 184 Euro für Steuerpflichtige, die nach dem 31. Dezember 1957 geboren sind;
4. Vorsorgeaufwendungen, die die nach den Nummern 1 bis 3 abziehbaren Beträge übersteigen, können zur Hälfte, höchstens bis zu 50 vom Hundert des Grundhöchstbetrags abgezogen werden (hälftiger Höchstbetrag)."

Bemessungsgrundlage für die Kürzung des Vorwegabzugs
– **Entlassungsentschädigung**
  Zu den Einnahmen aus nichtselbständiger Arbeit, die Bemessungsgrundlage für die Kürzung des Vorwegabzugs für Vorsorgeaufwendungen sind, gehört auch eine vom Arbeitgeber gezahlte Entlassungsentschädigung, für die kein Arbeitgeberbeitrag zu leisten war (BFH vom 16. 10. 2002 – BStBl 2003 II S. 343).
– **Mehrere Beschäftigungsverhältnisse**
  Bei mehreren Beschäftigungsverhältnissen sind für die Kürzung des Vorwegabzugs für Vorsorgeaufwendungen nur die Einnahmen aus den Beschäftigungsverhältnissen zu berücksichtigen, in deren Zusammenhang die Voraussetzungen für eine Kürzung des Vorwegabzugs für Vorsorgeaufwendungen erfüllt sind (BMF vom 26. 2. 2004 – BStBl I S. 720).
– **Zukunftssicherungsleistungen**
  – Zum Begriff der Zukunftssicherungsleistungen im Sinne des § 3 Nr. 62 EStG R 3.62 LStR 2011.
  – Die Höhe der vom Arbeitgeber erbrachten Zukunftssicherungsleistungen im Sinne des § 3 Nr. 62 EStG ist für den Umfang der Kürzung des Vorwegabzugs ohne Bedeutung (BFH vom 16. 10. 2002 – BStBl 2003 II S. 183).
  – Der Vorwegabzug ist auch dann zu kürzen, wenn der Arbeitgeber Zukunftssicherungsleistungen während des VZ nur zeitweise erbringt oder nur Beiträge zur Kranken- und Pflegeversicherung leistet (BFH vom 16. 10. 2002 – BStBl 2003 II S. 288).
  – Der Vorwegabzug für Vorsorgeaufwendungen ist auch dann zu kürzen, wenn das Anwartschaftsrecht auf Altersversorgung nicht unverfallbar ist oder wirtschaftlich nicht gesichert erscheint. Diese Kürzung ist nicht rückgängig zu machen, wenn eine Pensionszusage in späteren Jahren widerrufen wird (BFH vom 28. 7. 2004 – BStBl 2005 II S. 94).
– **Zusammenveranlagte Ehegatten**
  Bei der Kürzung des zusammenveranlagten Ehegatten gemeinsam zustehenden Vorwegabzugs für Vorsorgeaufwendungen ist in die Bemessungsgrundlage nur der Arbeitslohn desjenigen Ehegatten einzubeziehen, für den Zukunftssicherungsleistungen i. S. d. § 3 Nr. 62 EStG erbracht worden sind oder der zum Personenkreis des § 10c Abs. 3 Nr. 1 oder 2 EStG gehört (→ BMF vom 3. 12. 2003 – BStBl 2004 I S. 709).

Gesellschafter-Geschäftsführer von Kapitalgesellschaften

→ BMF vom 22. 5. 2007 (BStBl I S. 493)

Höchstbetrag nach § 10 Abs. 3 EStG

Der Höchstbetrag ist nicht zu kürzen:
– wenn der Arbeitgeber für die Zukunftssicherung des Stpfl. keine Leistungen i. S. d. Absatzes 3 erbracht hat. Werden später Beiträge für einen bestimmten Zeitraum nachentrichtet, ist dieser Vorgang ein rückwirkendes Ereignis i. S. d. § 175 Abs. 1 Satz 1 Nr. 2 AO; der Höchstbetrag ist zu kürzen (→ BFH vom 21. 1. 2004 – BStBl II S. 650),
– wenn einem Gesellschafter-Geschäftsführer einer GmbH im Anstellungsvertrag ein Anspruch auf Ruhegehalt eingeräumt wird, dessen Art und Höhe erst später per Gesellschaf-

terbeschluss bestimmt werden soll und die GmbH keine Aufwendungen zur Sicherstellung der künftigen Altersversorgung tätigt (→ BFH vom 14. 6. 2000 – BStBl 2001 II S. 28),
– bei Pflichtversicherten nach § 2 Abs. 1 Nr. 11 Angestelltenversicherungsgesetz bzw. nach § 4 SGB VI auf Antrag Pflichtversicherten (BFH vom 19. 5. 1999 – BStBl 2001 II S. 64),

R 10b.1 Ausgaben zur Förderung steuerbegünstigter Zwecke i. S. d. § 10b Abs. 1 und 1a EStG
Begünstigte Ausgaben

(1) [1]Mitgliedsbeiträge, sonstige Mitgliedsumlagen und Aufnahmegebühren sind nicht abziehbar, wenn die diese Beträge erhebende Einrichtung Zwecke bzw. auch Zwecke verfolgt, die in § 10b Abs. 1 Satz 2 EStG[1]) genannt sind. [2]Zuwendungen, die mit der Auflage geleistet werden, sie an eine bestimmte natürliche Person weiterzugeben, sind nicht abziehbar. [3]Zuwendungen können nur dann abgezogen werden, wenn der Zuwendende endgültig wirtschaftlich belastet ist. [4]Bei Sachzuwendungen aus einem Betriebsvermögen darf zuzüglich zu dem Entnahmewert i. S. d. § 6 Abs. 1 Nr. 4 EStG auch die bei der Entnahme angefallene Umsatzsteuer abgezogen werden.

Durchlaufspenden

(2) [1]Das Durchlaufspendenverfahren ist keine Voraussetzung für die steuerliche Begünstigung von Zuwendungen. [2]Inländische juristische Personen des öffentlichen Rechts, die Gebietskörperschaften sind, und ihre Dienststellen sowie inländische kirchliche juristische Personen des öffentlichen Rechts können jedoch ihnen zugewendete Spenden – nicht aber Mitgliedsbeiträge, sonstige Mitgliedsumlagen und Aufnahmegebühren – an Zuwendungsempfänger i. S. d. § 10b Abs. 1 Satz 1 EStG weiterleiten. [3]Die Durchlaufstelle muss die tatsächliche Verfügungsmacht über die Spendenmittel erhalten. [4]Dies geschieht in der Regel (anders insbesondere bei → Sachspenden) durch Buchung auf deren Konto. [5]Die Durchlaufstelle muss die Vereinnahmung der Spenden und ihre Verwendung (Weiterleitung) getrennt und unter Beachtung der haushaltsrechtlichen Vorschriften nachweisen. [6]Vor der Weiterleitung der Spenden an eine nach § 5 Abs. 1 Nr. 9 KStG steuerbefreite Körperschaft, Personenvereinigung oder Vermögensmasse muss sie prüfen, ob die Zuwendungsempfängerin wegen Verfolgung gemeinnütziger, mildtätiger oder kirchlicher Zwecke i. S. d. § 5 Abs. 1 Nr. 9 KStG anerkannt oder vorläufig anerkannt worden ist und ob die Verwendung der Spenden für diese Zwecke sichergestellt ist[2]). [7]Die Zuwendungsbestätigung darf nur von der Durchlaufstelle ausgestellt werden.

Nachweis der Zuwendungen

(3) [1]Zuwendungen nach den §§ 10b und 34g EStG sind grundsätzlich durch eine vom Empfänger nach amtlich vorgeschriebenem Vordruck erstellte Zuwendungsbestätigung nachzuweisen. [2]Die Zuwendungsbestätigung kann auch von einer durch Auftrag zur Entgegennahme von Zahlungen berechtigten Person unterschrieben werden.

Maschinell erstellte Zuwendungsbestätigung

(4) [1]Als Nachweis reicht eine maschinell erstellte Zuwendungsbestätigung ohne eigenhändige Unterschrift einer zeichnungsberechtigten Person aus, wenn der Zuwendungsempfänger die Nutzung eines entsprechenden Verfahrens dem zuständigen Finanzamt angezeigt hat. [2]Mit der Anzeige ist zu bestätigen, dass folgende Voraussetzungen erfüllt sind und eingehalten werden:
1. die Zuwendungsbestätigungen entsprechen dem amtlich vorgeschriebenen Vordruck,
2. die Zuwendungsbestätigungen enthalten die Angabe über die Anzeige an das Finanzamt,
3. eine rechtsverbindliche Unterschrift wird beim Druckvorgang als Faksimile eingeblendet oder es wird beim Druckvorgang eine solche Unterschrift in eingescannter Form verwendet,
4. das Verfahren ist gegen unbefugten Eingriff gesichert,
5. das Buchen der Zahlungen in der Finanzbuchhaltung und das Erstellen der Zuwendungsbestätigungen sind miteinander verbunden und die Summen können abgestimmt werden, und
6. Aufbau und Ablauf des bei der Zuwendungsbestätigung angewandten maschinellen Verfahrens sind für die Finanzbehörden innerhalb angemessener Zeit prüfbar (analog § 145 AO); dies setzt eine Dokumentation voraus, die den Anforderungen der Grundsätze ordnungsmäßiger DV-gestützter Buchführungssysteme genügt.

[3]Die Regelung gilt nicht für Sach- und Aufwandsspenden.

---
[1]) Jetzt § 10b Abs. 1 Satz **8** EStG.
[2]) Zuwendungsempfänger i. S. d. § 10b Abs. 1 Satz 1 EStG i. d. F. des Gesetzes zur weiteren Stärkung des bürgerschaftlichen Engagements.

Prüfungen

(5) ¹Ist der Empfänger einer Zuwendung eine inländische juristische Person des öffentlichen Rechts, eine inländische öffentliche Dienststelle oder ein inländischer amtlich anerkannter Verband der freien Wohlfahrtspflege einschließlich seiner Mitgliedsorganisationen, kann im Allgemeinen davon ausgegangen werden, dass die Zuwendungen für steuerbegünstigte Zwecke verwendet werden. ²Das gilt auch dann, wenn der Verwendungszweck im Ausland verwirklicht wird.

H 10b.1

Anwendungsschreiben

→ BMF vom 18. 12. 2008 (BStBl 2009 I S. 16) → Anhang 11

Auflagen

Zahlungen an eine steuerbegünstigte Körperschaft zur Erfüllung einer Auflage nach § 153a StPO oder § 56b StGB sind nicht als Spende abziehbar (→ BFH vom 19. 12. 1990 – BStBl 1991 II S. 234).

Aufwandsspenden

→ BMF vom 7. 6. 1999 (BStBl I S. 591)

Beitrittsspende

Eine anlässlich der Aufnahme in einen Golfclub geleistete Zahlung ist keine Zuwendung i. S. d. § 10b Abs. 1 EStG, wenn derartige Zahlungen von den Neueintretenden anlässlich ihrer Aufnahme erwartet und zumeist auch gezahlt werden (sog. Beitrittsspende). Die geleistete Zahlung ist als → Gegenleistung des Neumitglieds für den Erwerb der Mitgliedschaft und die Nutzungsmöglichkeit der Golfanlagen anzusehen (→ BFH vom 2. 8. 2006 – BStBl 2007 II S. 8).

Durchlaufspendenverfahren

- → BMF vom 17. 6. 2011 (BStBl I S. 623).
- Eine Durchlaufspende ist nur dann abziehbar, wenn der Letztempfänger für denjenigen VZ, für den die Spende steuerlich berücksichtigt werden soll, wegen des begünstigten Zwecks von der Körperschaftsteuer befreit ist (→ BFH vom 5. 4. 2006 – BStBl 2007 II S. 450).
- Für den Abzug von Sachspenden im Rahmen des Durchlaufspendenverfahrens ist erforderlich, dass der Durchlaufstelle das Eigentum an der Sache verschafft wird. Bei Eigentumserwerb durch Einigung und Übergabeersatz (§§ 930, 931 BGB) ist die körperliche Übergabe der Sache an die Durchlaufstelle nicht erforderlich; es sind aber eindeutige Gestaltungsformen zu wählen, die die tatsächliche Verfügungsfreiheit der Durchlaufstelle über die Sache sicherstellen und eine Überprüfung des Ersterwerbs der Durchlaufstelle und des Zweiterwerbs der begünstigten gemeinnützigen Körperschaft ermöglichen.

Elternleistungen an gemeinnützige Schulvereine (Schulen in freier Trägerschaft) und entsprechende Fördervereine

- Als steuerlich begünstigte Zuwendungen kommen nur freiwillige Leistungen der Eltern in Betracht, die über den festgesetzten Elternbeitrag hinausgehen (→ BMF vom 4. 1. 1991 – BStBl 1992 I S. 266). Setzt ein Schulträger das Schulgeld so niedrig an, dass der normale Betrieb der Schule nur durch die Leistungen der Eltern an einen Förderverein aufrechterhalten werden kann, die dieser satzungsgemäß an den Schulträger abzuführen hat, handelt es sich bei diesen Leistungen um ein Entgelt, welches im Rahmen eines → Leistungsaustausches erbracht wird und nicht um steuerlich begünstigte Zuwendungen (→ BFH vom 12. 8. 1999 – BStBl 2000 II S. 65).
- → § 10 Abs. 1 Nr. 9 EStG

Gebrauchte Kleidung als Sachspende (Abziehbarkeit und Wertermittlung)

Bei gebrauchter Kleidung stellt sich die Frage, ob sie überhaupt noch einen gemeinen Wert (Marktwert) hat. Wird ein solcher geltend gemacht, sind die für eine Schätzung maßgeblichen Faktoren wie Neupreis, Zeitraum zwischen Anschaffung und Weggabe und der tatsächliche Erhaltungszustand durch den Stpfl. nachzuweisen (→ BFH vom 23. 5. 1989 – BStBl II S. 879).

Gegenleistung

- Ein Zuwendungsabzug ist ausgeschlossen, wenn die Ausgaben zur Erlangung einer Gegenleistung des Empfängers erbracht werden. Eine Aufteilung der Zuwendung in ein angemessenes Entgelt und eine den Nutzen übersteigende unentgeltliche Leistung scheidet bei einer einheitlichen Leistung aus. Auch im Fall einer Teilentgeltlichkeit fehlt der Zuwendung insgesamt die geforderte Uneigennützigkeit (→ BFH vom 2. 8. 2006 – BStBl 2007 II S. 8).
- → Beitrittsspende

Rückwirkendes Ereignis

Die Erteilung der Zuwendungsbestätigung nach § 50 EStDV ist kein rückwirkendes Ereignis i. S. d. § 175 Abs. 1 Satz 1 Nr. 2 AO (→ § 175 Abs. 2 Satz 2 AO).

Sachspenden

Zur Zuwendungsbestätigung → BMF vom 17. 6. 2011 (BStBl I S. 623).

Spendenhaftung

Die Ausstellerhaftung nach § 10b Abs. 4 Satz 2 1. Alternative EStG betrifft grundsätzlich den in § 10b Abs. 1 Satz 2 EStG genannten Zuwendungsempfänger (z. B. Kommune, gemeinnütziger Verein). Die Haftung einer natürlichen Person kommt allenfalls dann in Frage, wenn diese Person außerhalb des ihr zugewiesenen Wirkungskreises handelt. Die Ausstellerhaftung setzt Vorsatz oder grobe Fahrlässigkeit voraus. Grobe Fahrlässigkeit liegt z. B. bei einer Kommune vor, wenn nicht geprüft wird, ob der Verein, der die Zuwendung erhält, gemeinnützig ist (→ BFH vom 24. 4. 2002 – BStBl 2003 II S. 128). Unrichtig ist eine Zuwendungsbestätigung, deren Inhalt nicht der objektiven Sach- und Rechtslage entspricht. Das ist z. B. dann der Fall, wenn die Bestätigung Zuwendungen ausweist, die Entgelt für Leistungen sind (→ BFH vom 12. 8. 1999 – BStBl 2000 II S. 65). Bei rückwirkender Aberkennung der Gemeinnützigkeit haftet eine Körperschaft nicht wegen Fehlverwendung, wenn sie die Zuwendung zu dem in der Zuwendungsbestätigung angegebenen begünstigten Zweck verwendet (→ BFH vom 10. 9. 2003 – BStBl 2004 II S. 352).

Sponsoring

→ BMF vom 18. 2. 1998 (BStBl I S. 212)

Vermächtniszuwendungen

Aufwendungen des Erben zur Erfüllung von Vermächtniszuwendungen an gemeinnützige Einrichtungen sind weder beim Erben (→ BFH vom 22. 9. 1993 – BStBl II S. 874) noch beim Erblasser (→ BFH vom 23. 10. 1996 – BStBl 1997 II S. 239) als Zuwendungen nach § 10b Abs. 1 EStG abziehbar.

Vertrauensschutz

- Der Schutz des Vertrauens in die Richtigkeit einer Zuwendungsbestätigung erfasst nicht Gestaltungen, in denen die Bescheinigung zwar inhaltlich unrichtig ist, der in ihr ausgewiesene Sachverhalt aber ohnehin keinen Abzug rechtfertigt (→ BFH vom 5. 4. 2006 – BStBl 2007 II S. 450).
- Eine → Zuwendungsbestätigung begründet keinen Vertrauensschutz, wenn für den Leistenden der Zahlung angesichts der Begleitumstände klar erkennbar ist, dass die Zahlung in einem Gegenleistungsverhältnis steht (→ BFH vom 2. 8. 2006 – BStBl 2007 II S. 8).
- → Beitrittsspende
- → Gegenleistung

Zuwendungsbestätigung (§ 50 EStDV)

Die Zuwendungsbestätigung ist eine unverzichtbare sachliche Voraussetzung für den Zuwendungsabzug. Die Bestätigung hat jedoch nur den Zweck einer Beweiserleichterung hinsichtlich der Verwendung der Zuwendung und ist nicht bindend (→ BFH vom 23. 5. 1989 – BStBl II S. 879). Entscheidend ist u. a. der Zweck, der durch die Zuwendung tatsächlich gefördert wird (→ BFH vom 15. 12. 1999 – BStBl 2000 II S. 608). Eine Zuwendungsbestätigung wird vom Finanzamt nicht als Nachweis für den Zuwendungsabzug anerkannt, wenn das Datum des Steuerbescheides/Freistellungsbescheides länger als 5 Jahre bzw. das Datum der vorläufigen Bescheinigung länger als 3 Jahre seit Ausstellung der Bestätigung zurückliegt; dies gilt auch bei Durchlaufspenden (→ BMF vom 15. 12. 1994 – BStBl I S. 884). Eine Aufteilung von Zuwendungen in abziehbare und nichtabziehbare Teile je nach satzungsgemäßer und nichtsatzungsgemäßer anteiliger Verwendung der Zuwendung ist unzulässig (→ BFH vom 7. 11. 1990 – BStBl 1991 II S. 547).

Zur Erstellung und Verwendung der Zuwendungsbestätigungen:

→ BMF vom 13. 12. 2007 (BStBl I S. 4)

→ BMF vom 17. 6. 2011 (BStBl I S. 623)

Zuwendungsempfänger im EU-/EWR-Ausland

Der ausländische Zuwendungsempfänger muss nach der Satzung, dem Stiftungsgeschäft oder der sonstigen Verfassung und nach der tatsächlichen Geschäftsführung ausschließlich und unmittelbar gemeinnützigen, mildtätigen oder kirchlichen Zwecken dienen (§§ 51 bis 68 AO). Den Nachweis hierfür hat der inländische Spender durch Vorlage geeigneter Belege zu erbringen (→ BMF vom 16. 5. 2011 – BStBl I S. 559).

R 10b.2 Zuwendungen an politische Parteien

¹Zuwendungen an politische Parteien sind nur dann abziehbar, wenn die Partei bei Zufluss der Zuwendung als politische Partei i. S. d. § 2 PartG anzusehen ist. ²Der Stpfl. hat dem Finanzamt die Zuwendungen grundsätzlich durch eine von der Partei nach amtlich vorgeschriebenem Vordruck erstellte Zuwendungsbestätigung nachzuweisen. ³R 10b.1 Abs. 3 Satz 2 und Abs. 4 gilt entsprechend.

H 10b.2

Parteiengesetz

→ Parteiengesetz vom 31. 1. 1994 (BGBl. I S. 149), zuletzt geändert durch Artikel 5a des Gesetzes zur Erleichterung elektronischer Anmeldungen zum Vereinsregister und anderer vereinsrechtlicher Änderungen vom 24. 9. 2009 (BGBl. I S. 3145).

Zuwendungsbestätigung (§ 50 EStDV)

→ BMF vom 13. 12. 2007 (BStBl 2008 I S. 4) und vom 17. 6. 2011 (BStBl I S. 623).

R 10b.3. Begrenzung des Abzugs der Ausgaben für steuerbegünstigte Zwecke

Alternativgrenze

(1) ¹Zu den gesamten Umsätzen i. S. d. § 10b Abs. 1 Satz 1 Nr. 2 EStG gehören außer den steuerbaren Umsätzen i. S. d. § 1 UStG auch nicht steuerbare → Umsätze. ²Der alternative Höchstbetrag wird bei einem Mitunternehmer von dem Teil der Summe der gesamten Umsätze und der im Kalenderjahr aufgewendeten Löhne und Gehälter der Personengesellschaft berechnet, der dem Anteil des Mitunternehmers am Gewinn der Gesellschaft entspricht.

Stiftungen

(2) Der besondere Abzugsbetrag nach § 10b Abs. 1a EStG steht bei zusammenveranlagten Ehegatten jedem Ehegatten einzeln zu, wenn beide Ehegatten als Spender auftreten.

H 10b.3
Höchstbetrag in Organschaftsfällen

- → R 47 Abs. 5 KStR 2004
- Ist ein Stpfl. an einer Personengesellschaft beteiligt, die Organträger einer körperschaftsteuerrechtlichen Organschaft ist, bleibt bei der Berechnung des Höchstbetrags der abziehbaren Zuwendungen nach § 10b Abs. 1 EStG auf Grund des G. d. E. das dem Stpfl. anteilig zuzurechnende Einkommen der Organgesellschaft außer Ansatz (→ BFH vom 23. 1. 2002 – BStBl 2003 II S. 9).

Kreditinstitute

Die Gewährung von Krediten und das Inkasso von Schecks und Wechsel erhöht die „Summe der gesamten Umsätze". Die Erhöhung bemisst sich jedoch nicht nach den Kreditsummen, Schecksummen und Wechselsummen, Bemessungsgrundlage sind vielmehr die Entgelte, die der Stpfl. für die Kreditgewährungen und den Einzug der Schecks und Wechsel erhält (→ BFH vom 4. 12. 1996 – BStBl 1997 II S. 327).

Umsätze

Zur „Summe der gesamten Umsätze" gehören die steuerbaren (steuerpflichtige und steuerfreie → BFH vom 4. 12. 1996 – BStBl 1997 II S. 327) sowie die nicht steuerbaren Umsätze (→ R 10b.3 Abs. 1 Satz 1). Ihre Bemessung richtet sich nach dem Umsatzsteuerrechts (→ BFH vom 4. 12. 1996 – BStBl 1997 II S. 327).

R 10c. Berechnung der Vorsorgepauschale bei Ehegatten

– Nicht abgedruckt, da ab VZ 2010 ohne Bedeutung –

R 12.1. Abgrenzung der Kosten der Lebensführung von den Betriebsausgaben und Werbungskosten[1])

[1]Besteht bei Aufwendungen nach § 12 Nr. 1 EStG ein Zusammenhang mit der gewerblichen oder beruflichen Tätigkeit des Stpfl. (gemischte Aufwendungen), sind sie insoweit als Betriebsausgaben oder Werbungskosten abziehbar, als sie betrieblich oder beruflich veranlasst sind und sich dieser Teil nach objektiven Merkmalen und Unterlagen von den Ausgaben, die der privaten Lebensführung gedient haben, leicht und einwandfrei trennen lässt, es sei denn, dass dieser Teil von untergeordneter Bedeutung ist. [2]Der Teil der Aufwendungen, der als Betriebsausgaben oder Werbungskosten zu berücksichtigen ist, kann ggf. geschätzt werden. [3]Lässt sich eine Trennung der Aufwendungen nicht leicht und einwandfrei durchführen oder ist nur schwer erkennbar, ob sie mehr dem Beruf oder mehr der privaten Lebensführung gedient haben, gehört der gesamte Betrag nach § 12 Nr. 1 EStG zu den nichtabzugsfähigen Ausgaben.

H 12.1
Allgemeines

Bei der Entscheidung, ob nicht abziehbare Aufwendungen für die Lebenshaltung vorliegen, kommt es im Allgemeinen weniger auf den objektiven Charakter des angeschafften Gegenstands an, sondern vielmehr auf die Funktion des Gegenstands im Einzelfall, also den tatsächlichen Verwendungszweck (→ BFH vom 20. 5. 2010 – BStBl II S. 723).

Ausbildungs- und Fortbildungsaufwendungen für Kinder

- Aufwendungen der Eltern für die Ausbildung oder die berufliche Fortbildung ihrer Kinder gehören grundsätzlich zu den nicht abziehbaren Lebenshaltungskosten (→ BFH vom 29. 10. 1997 – BStBl 1998 II S. 149).
- → H 4.8 (Bildungsaufwendungen für Kinder)
- Ausnahme: → § 10 Abs. 1 Nr. 9 EStG.

---

[1]) R 12.1 teilweise überholt (→ BFH vom 21. 9. 2009 – BStBl 2010 II S. 672 und BMF vom 6. 7. 2010 – BStBl I S. 614) → Anhang 13.

Anhang 30

Einkommensteuer-Richtlinien

Berufsausbildungskosten

Aufwendungen für die erstmalige Berufsausbildung oder ein Erststudium → BMF vom 22. 9. 2010 (BStBl I S. 721) → Anhang 34.

Bewirtungskosten

→ § 4 Abs. 5 Satz 1 Nr. 2 EStG

→ R 4.10 Abs. 5 bis 9

Aufwendungen für die Bewirtung von Geschäftsfreunden in der Wohnung des Stpfl. sind **regelmäßig** in vollem Umfang Kosten der Lebensführung (→ R 4.10 Abs. 6 Satz 8). Das Gleiche gilt für Aufwendungen des Stpfl. für die Bewirtung von Geschäftsfreunden anlässlich seines Geburtstages in einer Gaststätte (→ BFH vom 12. 12. 1991 – BStBl 1992 II S. 524).

→ Gemischte Aufwendungen

→ Karnevalsveranstaltungen

Brille

→ Medizinisch-technische Hilfsmittel und Geräte

Bücher

Aufwendungen eines Publizisten für Bücher allgemeinbildenden Inhalts sind Kosten der Lebensführung (→ BFH vom 21. 5. 1992 – BStBl II S. 1015).

Deutschkurs

Aufwendungen eines in Deutschland lebenden Ausländers für den Erwerb von Deutschkenntnissen sind regelmäßig nichtabziehbare Kosten der Lebensführung (→ BFH vom 15. 3. 2007 – BStBl II S. 814 und → BMF vom 6. 7. 2010 – BStBl I S. 614, Rn. 19) → Anhang 13.

Einbürgerungskosten

Aufwendungen für die Einbürgerung sind Kosten der Lebensführung (→ BFH vom 18. 5. 1984 – BStBl II S. 588 und → BMF vom 6. 7. 2010 – BStBl I S. 614, Rn. 19) → Anhang 13.

Erbstreitigkeiten

Der Erbfall selbst stellt im Gegensatz zur Erbauseinandersetzung einen einkommensteuerrechtlich irrelevanten privaten Vorgang dar mit der Folge, dass die Aufwendungen für die Verfolgung eigener Rechte in einem Streit über das Erbrecht der Privatvermögenssphäre zuzuordnen sind (→ BFH vom 17. 6. 1999 – BStBl II S. 600).

Führerschein

Aufwendungen für den Erwerb des Pkw-Führerscheins sind grundsätzlich Kosten der Lebensführung (→ BFH vom 5. 8. 1977 – BStBl II S. 834 und → BMF vom 6. 7. 2010 – BStBl I S. 614, Rn. 19) → Anhang 13.

Gemischte Aufwendungen

Bei gemischt veranlassten Aufwendungen besteht kein generelles Aufteilungs- und Abzugsverbot (→ BFH vom 21. 9. 2009 – BStBl 2010 II S. 672); zu den Folgerungen → BMF vom 6. 7. 2010 (BStBl I S. 614) → Anhang 13.

Geschenke an Geschäftsfreunde

→ § 4 Abs. 5 Satz 1 Nr. 1 EStG

→ R 4.10 Abs. 2 bis 4

Gesellschaftliche Veranstaltungen

Aufwendungen, die durch die Teilnahme an gesellschaftlichen Veranstaltungen, z. B. eines Berufs-, Fach- oder Wirtschaftsverbandes oder einer Gewerkschaft, entstanden sind, sind stets Kosten der Lebensführung und zwar auch dann, wenn die gesellschaftlichen Veranstaltungen im Zusammenhang mit einer rein fachlichen oder beruflichen Tagung oder Sitzung standen (→ BFH vom 1. 8. 1968 – BStBl II S. 713).

→ Gemischte Aufwendungen

→ Karnevalsveranstaltungen

→ Kulturelle Veranstaltungen

Hörapparat

→ Medizinisch-technische Hilfsmittel und Geräte

Karnevalsveranstaltungen

Aufwendungen für die Einladung von Geschäftspartnern zu Karnevalsveranstaltungen sind Lebenshaltungskosten (→ BFH vom 29. 3. 1994 – BStBl II S. 843).

Kleidung und Schuhe

Als Kosten der Lebensführung nicht abziehbar, selbst wenn der Stpfl. sie ausschließlich bei der Berufsausübung trägt (→ BFH vom 18. 4. 1991 – BStBl II S. 751 und → BMF vom 6. 7. 2010 – BStBl I S. 614, Rn. 4) → Anhang 13.

Ausnahme: typische Berufskleidung → R 3.31 LStR 2011 und H 9.12 (Berufskleidung) LStH 2011

Körperpflegemittel, Kosmetika

Als Kosten der Lebensführung nicht abziehbar (→ BFH vom 6. 7. 1989 – BStBl 1990 II S. 49 und → BMF vom 6. 7. 2010 – BStBl I S. 614, Rn. 4) → Anhang 13.

Kontoführungsgebühren

Pauschale Kontoführungsgebühren sind nach dem Verhältnis beruflich und privat veranlasster Kontenbewegungen aufzuteilen (→ BFH vom 9. 5. 1984 – BStBl II S. 560).

Konzertflügel einer Musiklehrerin

Kann ein Arbeitsmittel i. S. d. § 9 Abs. 1 Satz 3 Nr. 6 EStG sein (→ BFH vom 21. 10. 1988 – BStBl 1989 II S. 356).

Kulturelle Veranstaltungen

Aufwendungen für den Besuch sind regelmäßig keine Werbungskosten, auch wenn dabei berufliche Interessen berührt werden (→ BFH vom 8. 2. 1971 – BStBl II S. 368 betr. Musiklehrerin und → BMF vom 6. 7. 2010 – BStBl I S. 614, Rn. 4) → Anhang 13.

Kunstwerke

Aufwendungen für Kunstwerke zur Ausschmückung eines Arbeits- oder Dienstzimmers sind Kosten der Lebensführung (→ BFH vom 12. 3. 1993 – BStBl II S. 506).

Medizinisch-technische Hilfsmittel und Geräte

Aufwendungen für technische Hilfsmittel zur Behebung körperlicher Mängel können als reine Kosten der Lebensführung nicht abgezogen werden, auch wenn die Behebung des Mangels im beruflichen Interesse liegt.

→ BFH vom 8. 4. 1954 (BStBl III S. 174) – Hörapparat

→ BFH vom 28. 9. 1990 (BStBl 1991 II S. 27) – Bifokalbrille

→ BFH vom 23. 10. 1992 (BStBl 1993 II S. 193) – Sehbrille

Nachschlagewerk

- Allgemeines Nachschlagewerk eines Lehrers ist regelmäßig dem privaten Lebensbereich zuzuordnen (→ BFH vom 29. 4. 1977 – BStBl II S. 716).
- Allgemeines englisches Nachschlagewerk eines Englischlehrers kann Arbeitsmittel i. S. d. § 9 Abs. 1 Satz 3 Nr. 6 EStG sein (→ BFH vom 16. 10. 1981 – BStBl 1982 II S. 67).

Personalcomputer

Eine private Mitbenutzung ist für den vollständigen Betriebsausgaben- bzw. Werbungskostenabzug unschädlich, wenn diese einen Anteil von etwa 10 % nicht übersteigt. Bei einem höheren privaten Nutzungsanteil sind die Kosten eines gemischt genutzten PC aufzuteilen. § 12 Nr. 1 Satz 2 EStG steht einer solchen Aufteilung nicht entgegen (→ BFH vom 19. 2. 2004 – BStBl II S. 958).

Sponsoring

→ BMF vom 18. 2. 1998 (BStBl I S. 212)

Steuerberatungskosten

Zuordnung der Steuerberatungskosten zu den Betriebsausgaben, Werbungskosten oder Kosten der Lebensführung → BMF vom 21. 12. 2007 (BStBl 2008 I S. 256).

Strafverfahren

→ H 12.3 (Kosten des Strafverfahrens/der Strafverteidigung)

Tageszeitung

Aufwendungen für den Bezug regionaler wie überregionaler Tageszeitungen gehören zu den unter § 12 Nr. 1 Satz 2 EStG fallenden Lebenshaltungskosten (→ BFH vom 7. 9. 1989 – BStBl 1990 II S. 19 und → BMF vom 6. 7. 2010 – BStBl I S. 614, Rn. 4 und 17) → Anhang 13.

Telefonanschluss in einer Wohnung

Grund- und Gesprächsgebühren sind Betriebsausgaben oder Werbungskosten, soweit sie auf die beruflich geführten Gespräche entfallen. Der berufliche Anteil ist aus dem – ggf. geschätzten – Verhältnis der beruflich und der privat geführten Gespräche zu ermitteln (→ BFH vom 21. 11. 1980 – BStBl 1981 II S. 131). Zur Aufteilung der Gebühren → R 9.1 Abs. 5 LStR 2011.

Videorecorder eines Lehrers

Aufwendungen für einen Videorecorder sind regelmäßig Kosten der Lebensführung (→ BFH vom 27. 9. 1991 – BStBl 1992 II S. 195).

R 12.2. Studienreisen, Fachkongresse[1)]

[1]Aufwendungen für eine Studienreise oder den Besuch eines Fachkongresses sind Betriebsausgaben/Werbungskosten, wenn die Reise oder Teilnahme an dem Kongress so gut wie ausschließlich betrieblich/beruflich veranlasst ist. [2]Eine betriebliche/berufliche Veranlassung ist anzunehmen, wenn objektiv ein Zusammenhang mit dem Betrieb/Beruf besteht und subjektiv die Aufwendungen zur Förderung des Betriebs/Berufs gemacht werden. [3]Die Befriedigung privater Interessen muss nach dem Anlass der Reise, dem vorgesehenen Programm und der tatsächlichen Durchführung nahezu ausgeschlossen sein. [4]Die Entscheidung, ob betriebs-/berufsbedingte Aufwendungen vorliegen, ist nach Würdigung aller Umstände und Merkmale des Einzelfalles zu treffen.

[1)] R 12.2 teilweise überholt (→ BFH vom 21. 9. 2009 – BStBl 2010 II S. 672 und BMF vom 6. 7. 2010 – BStBl I S. 614) → Anhang 13.

H 12.2

Allgemeines

Aufwendungen können nur berücksichtigt werden, wenn sie durch die Einkunftserzielung veranlasst sind. Aufwendungen, die eindeutig und klar abgrenzbar ausschließlich betrieblich/beruflich oder privat veranlasst sind, sind unmittelbar dem betrieblichen/beruflichen oder privaten Teil der Aufwendungen zuzuordnen. Bei gemischt veranlassten Aufwendungen besteht kein generelles Aufteilungs- und Abzugsverbot (→ BFH vom 21. 9. 2009 – BStBl 2010 II S. 672); zu den Folgerungen → BMF vom 6. 7. 2010 (BStBl I S. 614) → Anhang 13.

Incentive-Reisen

→ BMF vom 14. 10. 1996 – BStBl I S. 1192

Nachweis der Teilnahme

Bei betrieblicher/beruflicher Veranlassung sind Aufwendungen für die Teilnahme an einem Kongress nur abziehbar, wenn feststeht, dass der Stpfl. an den Veranstaltungen teilgenommen hat (→ BFH vom 4. 8. 1977 – BStBl II S. 829). An den Nachweis der Teilnahme sind strenge Anforderungen zu stellen; der Nachweis muss sich auf jede Einzelveranstaltung beziehen, braucht jedoch nicht in jedem Fall durch Anwesenheitstestat geführt zu werden (→ BFH vom 13. 2. 1980 – BStBl II S. 386 und vom 11. 1. 2007 – BStBl II S. 457).

R 18.1. Abgrenzung der selbständigen Arbeit gegenüber der nichtselbständigen Arbeit

Ärzte

(1) Die Vergütungen der Betriebsärzte, der Knappschaftsärzte, der nicht voll beschäftigten Hilfsärzte bei den Gesundheitsämtern, der Vertragsärzte und der Vertragstierärzte der Bundeswehr und anderer Vertragsärzte in ähnlichen Fällen gehören zu den Einkünften aus selbständiger Arbeit, unabhängig davon, ob neben der vertraglichen Tätigkeit eine eigene Praxis ausgeübt wird, es sei denn, dass besondere Umstände vorliegen, die für die Annahme einer nichtselbständigen Tätigkeit sprechen.

Erfinder

(2) ¹Planmäßige Erfindertätigkeit ist in der Regel freie Berufstätigkeit i. S. d. § 18 Abs. 1 Nr. 1 EStG, soweit die Erfindertätigkeit nicht im Rahmen eines Betriebs der Land- und Forstwirtschaft oder eines Gewerbebetriebs ausgeübt wird. ²Wird die Erfindertätigkeit im Rahmen eines Arbeitsverhältnisses ausgeübt, dann ist der Arbeitnehmer als freier Erfinder zu behandeln, soweit er die Erfindung außerhalb seines Arbeitsverhältnisses verwertet. ³Eine Verwertung außerhalb des Arbeitsverhältnisses ist auch anzunehmen, wenn ein Arbeitnehmer eine frei gewordene Diensterfindung seinem Arbeitgeber zur Auswertung überlässt, sofern der Verzicht des Arbeitgebers nicht als Verstoß gegen § 42 AO anzusehen ist.

H 18.1

Allgemeines

→ R 15.1 (Selbständigkeit)

→ H 19.0 LStH 2011

→ R 19.2 LStR 2011

Beispiele für selbständige Nebentätigkeit

– Beamter als Vortragender an einer Hochschule, Volkshochschule, Verwaltungsakademie oder bei Vortragsreihen ohne festen Lehrplan,
– Rechtsanwalt als Honorarprofessor ohne Lehrauftrag.

Die Einkünfte aus einer solchen Tätigkeit gehören in der Regel zu den Einkünften aus selbständiger Arbeit im Sinne des § 18 Abs. 1 Nr. 1 EStG (→ BFH vom 4. 10. 1984 – BStBl 1985 II S. 51).

Gewinnerzielungsabsicht

Verluste über einen längeren Zeitraum sind für sich allein noch kein ausreichendes Beweisanzeichen für fehlende Gewinnerzielungsabsicht (BFH vom 14. 3. 1985 – BStBl II S. 424).

Kindertagespflege

Zur einkommensteuerrechtlichen Behandlung der Geldleistungen für Kinder in Kindertagespflege → BMF vom 17. 12. 2007 (BStBl 2008 I S. 17) unter Berücksichtigung der Änderungen durch BMF vom 17. 12. 2008 (BStBl 2009 I S. 15) und vom 20. 5. 2009 (BStBl I S. 642)

Lehrtätigkeit

Die nebenberufliche Lehrtätigkeit von Handwerksmeistern an Berufs- und Meisterschulen ist in der Regel als Ausübung eines freien Berufs anzusehen, wenn sich die Lehrtätigkeit ohne besondere Schwierigkeit von der Haupttätigkeit trennen lässt (→ BFH vom 27. 1. 1955 – BStBl III S. 229).

Nachhaltige Erfindertätigkeit

– Keine Zufallserfindung, sondern eine planmäßige (nachhaltige) Erfindertätigkeit liegt vor, wenn es nach einem spontan geborenen Gedanken weiterer Tätigkeiten bedarf, um die Erfindung bis zur Verwertungsreife zu entwickeln (BFH vom 18. 6. 1998 – BStBl II S. 567).
– Liegt eine Zufallserfindung vor, führt allein die Anmeldung der Erfindung zum Patent noch nicht zu einer nachhaltigen Tätigkeit (BFH vom 10. 9. 2003 – BStBl 2004 II S. 218).

Patentveräußerung gegen Leibrente

a) **durch Erben des Erfinders:**
Veräußert der Erbe die vom Erblasser als freiberuflichem Erfinder entwickelten Patente gegen Leibrente, so ist die Rente, sobald sie den Buchwert der Patente übersteigt, als laufende Betriebseinnahme und nicht als private Veräußerungsrente nur mit dem Ertragsanteil zu versteuern, es sei denn, dass die Patente durch eindeutige Entnahme vor der Veräußerung in das Privatvermögen überführt worden waren (BFH vom 7. 10. 1965 – BStBl III S. 666).

b) **bei anschließender Wohnsitzverlegung ins Ausland:**
Laufende Rentenzahlungen können als nachträglich erzielte Einkünfte aus selbständiger Arbeit im Inland steuerpflichtig sein (BFH vom 28. 3. 1984 – BStBl II S. 664).

Prüfungstätigkeit

Als Nebentätigkeit i. d. R. als Ausübung eines freien Berufs anzusehen (→ BFH vom 14.3. und 2. 4. 1958 – BStBl III S. 255, 293).

Wiederholungshonorare/Erlösbeteiligungen

Bei Wiederholungshonoraren und Erlösbeteiligungen, die an ausübende Künstler von Hörfunk- oder Fernsehproduktionen als Nutzungsentgelte für die Übertragung originärer urheberrechtlicher Verwertungsrechte gezahlt werden, handelt es sich nicht um Arbeitslohn, sondern um Einkünfte i. S. d. § 18 EStG (→ BFH vom 26. 7. 2006 – BStBl II S. 917).

R 31. Familienleistungsausgleich

→ **Prüfung der Steuerfreistellung**

(1) ¹Bei der Veranlagung zur Einkommensteuer ist getrennt für jedes einzelne Kind, beginnend mit dem ältesten Kind, von Amts wegen zu prüfen, ob die Freibeträge nach § 32 Abs. 6 EStG abzuziehen sind. ²Dies ist der Fall, wenn der Anspruch auf Kindergeld die individuelle steuerliche Wirkung, die der Freibeträge hätten, nicht ausgleichen kann. ³Der Prüfung ist das z. v. E. zu Grunde zu legen; bei der Prüfung der Steuerfreistellung für ein jüngeres Kind sind die Freibeträge nach § 32 Abs. 6 EStG für die älteren Kinder nur zu berücksichtigen, wenn bei diesen der Anspruch auf Kindergeld nicht ausgereicht hat. ⁴Dem Kindergeld vergleichbare Leistungen i. S. d. § 65 Abs. 1 Satz 1 EStG oder auf Grund über- oder zwischenstaatlicher Rechtsvor-

schriften sind wie Ansprüche auf Kindergeld bis zur Höhe der Beiträge des Kindergelds nach § 66 EStG zu berücksichtigen.

Anspruch auf Kindergeld

(2) ¹Bei der Prüfung der Steuerfreistellungist auf das für den jeweiligen VZ zustehende Kindergeld oder die vergleichbare Leistung abzustellen, unabhängig davon, ob ein Antrag gestellt wurde oder eine Zahlung erfolgt ist. ²Auch ein Anspruch auf Kindergeld, dessen Festsetzung aus verfahrensrechtlichen Gründen nicht erfolgt ist, ist zu berücksichtigen.

Zurechnung des Kindergelds/zivilrechtlicher Ausgleich

(3) ¹Der Anspruch auf Kindergeld ist demjenigen zuzurechnen, der für das Kind Anspruch auf einen Kinderfreibetrag nach § 32 Abs. 6 EStG hat, auch wenn das Kindergeld an das Kind selbst oder einen Dritten (z. B. einen Träger von Sozialleistungen) ausgezahlt wird. ²Der Anspruch auf Kindergeld ist grundsätzlich beiden Elternteilen jeweils zur Hälfte zuzurechnen; dies gilt unabhängig davon, ob ein barunterhaltspflichtiger Elternteil Kindergeld über den zivilrechtlichen Ausgleich von seinen Unterhaltszahlungen abzieht, oder ein zivilrechtlicher Ausgleich nicht in Anspruch genommen wird. ³In den Fällen des § 32 Abs. 6 Satz 3 EStG und in den Fällen der Übertragung des Kinderfreibetrags (§ 32 Abs. 6 Satz 6, 1. Alternative EStG) ist dem Stpfl. der gesamte Anspruch auf Kindergeld zuzurechnen. ⁴Wird für ein Kind lediglich der Freibetrag für den Betreuungs- und Erziehungs- oder Ausbildungsbedarf übertragen (§ 32 Abs. 6 Satz 6, 2. Alternative EStG), bleibt die Zurechnung des Anspruchs auf Kindergeld hiervon unberührt

Abstimmung zwischen Finanzämtern und Familienkassen

(4) ¹Kommen die Freibeträge für Kinder zum Abzug, hat das Finanzamt die Veranlagung grundsätzlich unter Berücksichtigung des Anspruchs auf Kindergeld durchzuführen. ²Ergeben sich durch den Vortrag des Stpfl. begründete Zweifel am Bestehen eines Anspruchs auf Kindergeld, ist die Familienkasse zu beteiligen. ³Wird von der Familienkasse bescheinigt, dass ein Anspruch auf Kindergeld besteht, übernimmt das Finanzamt grundsätzlich die Entscheidung der Familienkasse über die Berücksichtigung des Kindes. ²Zweifel an der Richtigkeit der Entscheidung der einen Stelle (Finanzamt oder Familienkasse) oder eine abweichende Auffassung sind der Stelle, welche die Entscheidung getroffen hat, mitzuteilen. ³Diese teilt der anderen Stelle mit, ob sie den Zweifeln Rechnung trägt bzw. ob sie sich der abweichenden Auffassung anschließt. ⁴Kann im Einzelfall kein Einvernehmen nicht erzielt werden, haben das Finanzamt und die Familienkasse der jeweils vorgesetzten Behörde zu berichten. ⁵Bis zur Klärung der Streitfrage ist die Festsetzung unter dem Vorbehalt der Nachprüfung durchzuführen.

Nachträgliche Änderung der Anspruchsvoraussetzungen

(5) ¹Wird nachträglich bekannt, dass ein Anspruch auf Kindergeld tatsächlich nicht in der bisher angenommenen Höhe bestanden hat, kommt eine Änderung des Steuerbescheids nach § 173 AO in Betracht. ²Wird der Anspruch auf Kindergeld nachträglich bejaht oder verneint, ist der Steuerbescheid, sofern sich eine Änderung der Steuerfestsetzung ergibt, auf Grund dieses rückwirkenden Ereignisses nach § 175 Abs. 1 Satz 1 Nr. 2 AO zu ändern.

H 31

Anspruch auf Kindergeld

→ DA – FamEStG – 68.3 (BStBl 2009 I S. 1030).

Prüfung der Steuerfreistellung

Die Vergleichsrechnung, bei der geprüft wird, ob das Kindergeld oder der Ansatz der Freibeträge nach § 32 Abs. 6 EStG für den Stpfl. vorteilhafter ist, wird für jedes Kind einzeln durchgeführt. Dies gilt auch dann, wenn eine Zusammenfassung der Freibeträge für zwei und mehr Kinder wegen der Besteuerung außerordentlicher Einkünfte günstiger wäre (→ BFH vom 28. 4. 2010 – BStBl 2011 II S. 259).

Über- und zwischenstaatliche Rechtsvorschriften

Über- und zwischenstaatliche Rechtsvorschriften i. S. v. R 31 sind insbesondere folgende Regelungen:
- Verordnung (EWG) Nr. 1408/71 des Rates zur Anwendung der Systeme der sozialen Sicherheit auf Arbeitnehmer und Selbständige sowie deren Familienangehörige, die innerhalb der Gemeinschaft zu- und abwandern i. d. F. der Bekanntmachung vom 30. 1. 1997 (ABl. EG Nr. L 28 vom 30. 1. 1997, S. 4), zuletzt geändert durch VO (EG) Nr. 592/2008 vom 17. 6. 2008 (ABl. EG Nr. L 177 vom 4. 7. 2008, S. 1), ab 1. 5. 2010 mit Inkrafttreten der VO (EG) Nr. 987/2009 gilt die VO (EG) 883/2004 des Europäischen Parlaments und des Rates vom 29. 4. 2004 zur Koordinierung der Systeme der sozialen Sicherheit (ABl. EG Nr. L 200 vom 7. 6. 2004, S. 1), geändert durch VO (EG) Nr. 988/2009 vom 16. 9. 2009 (ABl. EG Nr. L 284 vom 30. 10. 2009, S. 43), zu den Übergangsbestimmungen siehe Art. 87 VO (EG) Nr. 883/2004;
- Verordnung (EWG) Nr. 574/72 des Rates über die Durchführung der Verordnung (EWG) 1408/71 über die Anwendung der Systeme der sozialen Sicherheit auf Arbeitnehmer und Selbständige sowie deren Familienangehörige, die innerhalb der Gemeinschaft zu- und abwandern i. d. F. der Bekanntmachung vom 30. 1. 1997 (ABl. EG Nr. L 28 vom 30. 1. 1997, S. 102), zuletzt geändert durch VO (EG) Nr. 120/2009 des Rates vom 9. 2. 2009 (ABl. Nr. L 39 vom 10. 2. 2009, S. 29); ab 1. 5. 2010 ersetzt durch die Verordnung (EG) Nr. 987/2009 des Europäischen Parlaments und des Rates vom 16. 9. 2009 zur Festlegung der Modalitäten für die Durchführung der Verordnung (EG) Nr. 883/2004 über die Koordinierung der Systeme der sozialen Sicherheit (ABl. EG Nr. L 284 vom 30. 10. 2009, S. 1), zu den Übergangsbestimmungen siehe Art. 93 VO (EG) Nr. 987/2009 i. V. m. Art. 87 VO (EG) Nr. 883/2004;
- die Verordnungen (EWG) Nr. 1408/71 und (EWG) Nr. 574/72 gelten bis auf weiteres im Verhältnis zu den EWR-Staaten Island, Liechtenstein und Norwegen. Gleiches gilt bis zur Übernahme der VO (EG) Nr. 883/2004 und 987/2009 im Verhältnis zur Schweiz und zu Drittstaatsangehörigen im Sinne der VO (EG) Nr. 859/2003;
- Verordnung (EG) Nr. 859/2003 des Rates vom 14. 5. 2003 zur Ausdehnung der Bestimmungen der Verordnung (EWG) Nr. 1408/71 und der Verordnung (EWG) Nr. 574/72 auf Drittstaatsangehörige, die ausschließlich aufgrund ihrer Staatsangehörigkeit nicht bereits unter diese Bestimmungen fallen (ABl. EG Nr. L 124 vom 20. 5. 2003, S. 1);
- EWR-Abkommen vom 2. 5. 1992 (BGBl. 1993 II S. 226) i. d. F. des Anpassungsprotokolls vom 17. 3. 1993 (BGBl. II S. 1294);
- Abkommen zwischen der Europäischen Gemeinschaft und ihren Mitgliedstaaten einerseits und der Schweizerischen Eidgenossenschaft andererseits über die Freizügigkeit vom 21. 6. 1999 (BGBl. 2001 II S. 810), in Kraft getreten am 1. 6. 2002 (BGBl. II S. 1692). Nach diesem Abkommen gelten die gemeinschaftsrechtlichen Koordinierungsvorschriften (Veordnungen (EWG) Nr. 1408/71 und 574/72) auch im Verhältnis zur Schweiz.

Auf Grund der vorstehenden Regelungen besteht grundsätzlich vorrangig ein Anspruch im Beschäftigungsstaat. Wenn die ausländische Familienleistung geringer ist und der andere Elternteil dem deutschen Recht der sozialen Sicherheit unterliegt, besteht Anspruch auf einen Unterschiedsbetrag zum Kindergeld in Deutschland.
- Bosnien und Herzegowina
  → Serbien/Montenegro
- Kroatien
  → Serbien/Montenegro
- Marokko
  Abkommen zwischen der Bundesrepublik Deutschland und dem Königreich Marokko über Kindergeld vom 25. 3. 1981 (BGBl. 1995 II S. 634 ff.) in der Fassung des Zusatzabkommens vom 22. 11. 1991 (BGBl. 1995 II S. 640), beide in Kraft getreten am 1. 8. 1996 (BGBl. II S. 1455);
- Mazedonien
  → Serbien/Montenegro
- Serbien/Montenegro
  Abkommen zwischen der Bundesrepublik Deutschland und der Sozialistischen Föderativen Republik Jugoslawien über Soziale Sicherheit vom 12. 10. 1968 (BGBl. 1969 II S. 1437) in Kraft getreten am 1. 9. 1969 (BGBl. II S. 1568) i. d. F. des Änderungsabkommens vom 30. 9. 1974 (BGBl. 1975 II S. 389) in Kraft getreten am 1. 1. 1975 (BGBl. II S. 916).
  Das vorgenannte Abkommen gilt im Verhältnis zu Bosnien und Herzegowina, Serbien sowie Montenegro) uneingeschränkt fort, nicht jedoch im Verhältnis zur Republik Kroatien, zur Republik Slowenien und zur Republik Mazedonien;
- Slowenien
  → Serbien/Montenegro

- Türkei
  Abkommen zwischen der Bundesrepublik Deutschland und der Republik Türkei über Soziale Sicherheit vom 30. 4. 1964 (BGBl. 1965 II S. 1169 ff.) in Kraft getreten am 1. 11. 1965 (BGBl. II S. 1588) i. d. F. des Zusatzabkommens vom 2. 11. 1984 zur Änderung des Abkommens (BGBl. 1986 II S. 1040 ff.) in Kraft getreten am 1. 4. 1987 (BGBl. II S. 188);
- Tunesien
  Abkommen zwischen der Bundesrepublik Deutschland und der Tunesischen Republik über Kindergeld vom 20. 9. 1991 (BGBl. 1995 II S. 642 ff.) in Kraft getreten am 1. 8. 1996 (BGBl. II S. 2522).

Vergleichbare ausländische Leistungen

- Höhe des Kindergeldes in einzelnen Abkommensstaaten

Angaben in Euro je Monat	1. Kind	2. Kind	3. Kind	4. Kind	5. Kind	6. Kind	ab 7. Kind
Bosnien und Herzegowina	5,11	12,78	30,68	30,68	35,79	35,79	35,79
Kosovo	5,11	12,78	30,68	30,68	35,79	35,79	35,79
Marokko	5,11	12,78	12,78	12,78	12,78	12,78	–
Montenegro	5,11	12,78	30,68	30,68	35,79	35,79	35,79
Serbien	5,11	12,78	30,68	30,68	35,79	35,79	35,79
Türkei	5,11	12,78	30,68	30,68	35,79	35,79	35,79
Tunesien	5,11	12,78	12,78	12,78	–	–	–

- Übersicht über vergleichbare ausländische Leistungen → BfF vom 14. 2. 2002 (BStBl I S. 241)

Zivilrechtlicher Ausgleich

Verzichtet der zum Barunterhalt verpflichtete Elternteil durch gerichtlichen oder außergerichtlichen Vergleich auf die Anrechnung des hälftigen Kindergeldes auf den Kindesunterhalt, ist sein zivilrechtlicher Ausgleichsanspruch gleichwohl in die Prüfung der Steuerfreistellung des § 31 EStG einzubeziehen (→ BFH vom 16. 3. 2004 – BStBl 2005 II S. 332). Sieht das Zivilrecht eines anderen Staates nicht vor, dass das Kindergeld die Unterhaltszahlung an das Kind mindert, ist der für das Kind bestehende Kindergeldanspruch dennoch bei der Prüfung der Steuerfreistellung nach § 31 EStG anzusetzen (→ BFH vom 13. 8. 2002 – BStBl II S. 867).

Zurechnung des Kindergelds

Bei der Prüfung der Steuerfreistellung ist der gesamte Anspruch auf Kindergeld dem vollen Kinderfreibetrag gegenüberzustellen, wenn der halbe Kinderfreibetrag auf den betreuenden Elternteil übertragen wurde, weil der andere Elternteil seiner Unterhaltsverpflichtung gegenüber dem Kind nicht nachkam (→ BFH vom 16. 3. 2004 – BStBl 2005 II S. 594).

R 32.1. Im ersten Grad mit dem Stpfl. verwandte Kinder

– unbesetzt –

H 32.1

Anerkennung der Vaterschaft

Die Anerkennung der Vaterschaft begründet den gesetzlichen Vaterschaftstatbestand des § 1592 Nr. 2 BGB und bestätigt das zwischen dem Kind und seinem Vater von der Geburt an bestehende echte Verwandtschaftsverhältnis i. S. d. § 32 Abs. 1 Nr. 1 EStG. Bestandskräftige Einkommensteuerbescheide sind nach § 175 Abs. 1 Satz 1 Nr. 2 AO zu ändern und kindbedingte Steuervorteile zu berücksichtigen (→ BFH vom 28. 7. 2005 – BStBl 2008 II S. 350).

Annahme als Kind

DA-FamEStG 63.2.1.2 Abs. 1 und 3 (BStBl 2009 I S. 1030) unter Berücksichtigung der Änderungsweisung des BZSt vom 21. 12. 2010 (BStBl 2011 I S. 21):

„(1) Ein angenommenes minderjähriges Kind ist ein Kind i. S. v. § 32 Abs. 1 Nr. 1 EStG. Die Annahme wird vom Familiengericht ausgesprochen und durch Zustellung des Annahmebeschlusses an den Annehmenden rechtswirksam (§ 197 Abs. 2 FamFG). Mit der Annahme als Kind erlischt das Verwandtschaftsverhältnis des Kindes zu seinen leiblichen Eltern; nimmt ein Ehegatte das Kind seines Ehegatten an, erlischt das Verwandtschaftsverhältnis nur zu dem anderen Elternteil und dessen Verwandten (§ 1755 BGB).
(3) Wird eine volljährige Person als Kind angenommen, gilt diese ebenfalls als im ersten Grad mit der annehmenden Person verwandt. Das Verwandtschaftsverhältnis zu den leiblichen Eltern erlischt jedoch nur dann, wenn das Familiengericht der Annahme die Wirkung einer Vollannahme beigelegt hat (§ 1772 BGB). . . ."

R 32.2. Pflegekinder

Pflegekindschaftsverhältnis

(1) ¹Ein Pflegekindschaftsverhältnis (§ 32 Abs. 1 Nr. 2 EStG) setzt voraus, dass das Kind im Haushalt der Pflegeeltern sein Zuhause hat und diese zu dem Kind in einer familienähnlichen, auf längere Dauer angelegten Beziehung wie zu einem eigenen Kind stehen, z. B. wenn der Stpfl. ein Kind im Rahmen von Hilfe zur Erziehung in Vollzeitpflege (§§ 27, 33 SGB VIII) oder im Rahmen von Eingliederungshilfe (§ 35a Abs. 1 Satz 2 Nr. 3 SGB VIII) in seinen Haushalt aufnimmt, sofern das Pflegeverhältnis auf Dauer angelegt ist. ²Hieran fehlt es, wenn ein Kind von vornherein nur für eine begrenzte Zeit im Haushalt des Stpfl. Aufnahme findet. ³Kinder, die mit dem Ziel der Annahme vom Stpfl. in Pflege genommen werden (§ 1744 BGB), sind regelmäßig Pflegekinder. ⁴Zu Erwerbszwecken in den Haushalt aufgenommen sind z. B. Kostkinder. ⁵Hat der Stpfl. mehr als sechs Kinder in seinem Haushalt aufgenommen, spricht eine Vermutung dafür, dass es sich um Kostkinder handelt.

Kein Obhuts- und Pflegeverhältnis zu den leiblichen Eltern

(2) ¹Voraussetzung für ein Pflegekindschaftsverhältnis zum Stpfl. ist, dass das Obhuts- und Pflegeverhältnis zu den leiblichen Eltern nicht mehr besteht, d. h. die familiären Bindungen zu diesen auf Dauer aufgegeben sind. ²Gelegentliche Besuchskontakte allein stehen dem nicht entgegen.

Altersunterschied

(3) ¹Ein Altersunterschied wie zwischen Eltern und Kindern braucht nicht unbedingt zu bestehen. ²Dies gilt auch, wenn das zu betreuende Geschwister vom Kind an wegen Behinderung pflegebedürftig war und das betreuende Geschwister die Stelle der Eltern, z. B. nach deren Tod, einnimmt. ³Ist das zu betreuende Geschwister dagegen erst im Erwachsenenalter pflegebedürftig geworden, wird im Allgemeinen ein dem Eltern-Kind-Verhältnis ähnliches Pflegeverhältnis nicht mehr begründet werden können.

H 32.2

Familienähnliches, auf längere Dauer berechnetes Band; nicht zu Erwerbszwecken

DA-FamEStG 63.2.2.3 (BStBl 2009 I S. 1030) unter Berücksichtigung der Änderungsweisung des BZSt vom 21. 12. 2010 (BStBl 2011 I S. 21):

„(1) Ein familienähnliches Band wird allgemein dann angenommen, wenn zwischen dem Steuerpflichtigen und dem Kind ein Aufsichts-, Betreuungs- und Erziehungsverhältnis wie zwischen Eltern und leiblichem Kind besteht. Es kommt nicht darauf an, ob die Pflegeeltern die Personensorge innehaben.
(2) Die nach § 32 Abs. 1 Nr. 2 EStG erforderliche familienähnliche Bindung muss von vornherein auf mehrere Jahre angelegt sein. Maßgebend ist nicht die tatsächliche Dauer der Bindung, wie sie sich aus rückschauender Betrachtung darstellt, sondern vielmehr die Dauer, die der Bindung nach dem Willen der Beteiligten bei der Aufnahme des Kindes zugedacht ist. Dabei kann bei einer von den Beteiligten beabsichtigten Dauer von mindestens zwei Jahren im Regelfall davon ausgegangen werden, dass ein Pflegekindschaftsverhältnis i. S. d. EStG begründet worden ist. Das Gleiche gilt, wenn ein Kind mit dem Ziel der Annahme als Kind in Pflege genommen wird. Werden von einer Pflegeperson bis zu sechs Kinder in ihren Haushalt aufgenommen, ist davon auszugehen, dass die Haushaltsaufnahme nicht zu Erwerbszwecken erfolgt. Keine Pflegekinder sind sog. Kostkinder. Hat die Pflegeperson mehr als sechs Kinder in ihren Haushalt aufgenommen, spricht eine Vermutung dafür, dass es sich um Kostkinder handelt, vgl. R 32.2 Abs. 1 EStR 2008. In einem erwerbsmäßig betriebe-

nen Heim (Kinderhaus) oder in einer sonstigen betreuten Wohnform nach § 34 SGB VIII untergebrachte Kinder sind keine Pflegekinder (BFH vom 23. 9. 1998 – BStBl 1999 II S. 133 und vom 2. 4. 2009 – BStBl 2010 II S. 345). Die sozialrechtliche Einordnung hat Tatbestandswirkung (BFH vom 2. 4. 2009 – BStBl 2010 II S. 345), d. h. sie ist ein Grundlagenbescheid, dem Bindungswirkung nach § 175 Abs. 1 Satz 1 Nr. 1 AO zukommt.

(3) Ein Altersunterschied wie zwischen Eltern und Kindern braucht nicht unbedingt zu bestehen. Ein Pflegekindschaftsverhältnis kann daher auch zwischen Geschwistern, z. B. Waisen, gegeben sein (BFH vom 5. 8. 1977 – BStBl II S. 832). Das Gleiche gilt ohne Rücksicht auf einen Altersunterschied, wenn der zu betreuende Geschwisterteil von Kind an wegen Behinderung pflegebedürftig war und der betreuende Teil die Stelle der Eltern, etwa nach deren Tod, einnimmt. Ist der zu betreuende Geschwisterteil dagegen erst nach Eintritt der Volljährigkeit pflegebedürftig geworden, so wird im Allgemeinen ein dem Eltern-Kind-Verhältnis ähnliches Pflegekindschaftsverhältnis nicht mehr begründet werden können. Auch die Aufnahme einer sonstigen volljährigen Person insbesondere eines volljährigen Familienangehörigen in den Haushalt und die Sorge für diese Person begründet für sich allein regelmäßig kein Pflegekindschaftsverhältnis, selbst wenn die Person behindert ist. Wenn es sich bei der Person jedoch um einen schwer geistig oder seelisch behinderten Menschen handelt, der in seiner geistigen Entwicklung einem Kind gleichsteht, kann ein Pflegekindschaftsverhältnis unabhängig vom Alter der behinderten Person und der Pflegeeltern begründet werden.

(4) Anhaltspunkt für das Vorliegen einer familienähnlichen Bindung kann eine vom Jugendamt erteilte Pflegeerlaubnis nach § 44 SGB VIII sein. Sie ist jedoch nicht in jedem Fall vorgeschrieben, z. B. dann nicht, wenn das Kind der Pflegeperson vom Jugendamt vermittelt worden ist, wenn Pflegekind und Pflegeperson miteinander verwandt oder verschwägert sind, oder wenn es sich um eine nicht gewerbsmäßige Tagespflege handelt. Wird eine amtliche Pflegeerlaubnis abgelehnt bzw. eine solche widerrufen, kann davon ausgegangen werden, dass ein familienähnliches, auf längere Dauer angelegtes Band zwischen Pflegeperson und Kind nicht bzw. nicht mehr vorliegt."

Fehlendes Obhuts- und Pflegeverhältnis zu den Eltern

DA-FamEStG 63.2.2.4 (BStBl 2009 I S. 1030):

„Ein Pflegekindschaftsverhältnis setzt des Weiteren voraus, dass ein Obhuts- und Pflegeverhältnis zu den Eltern nicht mehr besteht. Ob ein Obhuts- und Pflegeverhältnis zu den leiblichen Eltern noch besteht, hängt vom Einzelfall ab und ist insbesondere unter Berücksichtigung des Alters des Kindes, der Anzahl und der Dauer der Besuche der leiblichen Eltern bei dem Kind sowie der Frage zu beurteilen, ob und inwieweit vor der Trennung bereits ein Obhuts- und Pflegeverhältnis des Kindes zu den leiblichen Eltern bestanden hat (BFH vom 20. 1. 1995 – BStBl II S. 585 und vom 7. 9. 1995 – BStBl 1996 II S. 63). Ein Pflegekindschaftsverhältnis liegt nicht vor, wenn die Pflegeperson nicht nur mit dem Kind, sondern auch mit einem Elternteil des Kindes in häuslicher Gemeinschaft lebt, und zwar selbst dann nicht, wenn der Elternteil durch eine Schul- oder Berufsausbildung in der Obhut und Pflege des Kindes beeinträchtigt ist (BFH vom 9. 3. 1989 – BStBl II S. 680). Ein zwischen einem allein erziehenden Elternteil und seinem Kind im Kleinkindalter begründetes Obhuts- und Pflegeverhältnis wird durch die vorübergehende Abwesenheit des Elternteils nicht unterbrochen (BFH vom 12. 6. 1991 – BStBl 1992 II S. 20). Das Weiterbestehen eines Obhuts- und Pflegeverhältnisses zu den Eltern ist i. d. R. nicht anzunehmen, wenn ein Pflegekind von seinen Eltern nur gelegentlich im Haushalt der Pflegeperson besucht wird bzw. wenn es seine leiblichen Eltern ebenfalls nur gelegentlich besucht. Die Auflösung des Obhuts- und Pflegeverhältnisses des Kindes zu den leiblichen Eltern kann i. d. R. angenommen werden, wenn ein noch nicht schulpflichtiges Kind mindestens ein Jahr lang bzw. ein noch schulpflichtiges Kind über zwei Jahre und länger keine ausreichenden Kontakte mehr hat (BFH vom 20. 1. 1995 – BStBl II S. 582 und vom 7. 9. 1995 – BStBl 1996 II S. 63)."

R 32.3. Allgemeines zur Berücksichtigung von Kindern

[1]Ein Kind wird vom Beginn des Monats an, in dem die Anspruchsvoraussetzungen erfüllt sind, berücksichtigt. [2]Entsprechend endet die Berücksichtigung mit Ablauf des Monats, in dem die Anspruchsvoraussetzungen wegfallen (Monatsprinzip). [3]Eine Berücksichtigung außerhalb des Zeitraums der unbeschränkten Steuerpflicht der Eltern ist – auch in den Fällen des § 2 Abs. 7 Satz 3 EStG – nicht möglich. [4]Ein vermisstes Kind ist bis zur Vollendung des 18. Lebensjahres zu berücksichtigen.

H 32.3

Berücksichtigung in Sonderfällen

Die Berücksichtigung endet grundsätzlich am Ende des Monats der Eheschließung eines volljährigen Kindes, es sei denn, das Einkommen des Ehegatten ist so gering, dass dieser zum Unterhalt des Kindes nicht in der Lage ist (z. B. Studentenehe) und die Eltern deshalb weiterhin für das Kind aufkommen müssen (→ BFH vom 2. 3. 2000 – BStBl II S. 522) – sog. Mangelfall. Ein Mangelfall ist anzunehmen, wenn die Einkünfte und Bezüge des Kindes einschließlich der Unterhaltsleistungen des Ehegatten niedriger sind als das steuerrechtliche – dem Jahresgrenzbetrag des § 32 Abs. 4 Satz 2 EStG entsprechende – Existenzminimum (→ BFH vom 19. 4. 2007 – BStBl 2008 II S. 756). Zur Ermittlung der Einkünfte und Bezüge des verheirateten Kindes → DA-FamEStG 31.2.2 Abs. 3 und 4 (BStBl 2009 I S. 1030) unter Berücksichtigung der Änderungsweisung des BZSt vom 21. 12. 2010 (BStBl 2011 I S. 21). Entsprechendes gilt für
- verheiratete Kinder, die dauernd getrennt leben,
- geschiedene Kinder,
- in einer eingetragenen Lebenspartnerschaft lebende Kinder (auch im Fall des dauernden Getrenntlebens und nach Aufhebung der Lebenspartnerschaft)
- Kinder, die einen Anspruch auf Unterhalt nach § 1615l BGB gegen den Vater bzw. gegen die Mutter ihres Kindes haben

(→ DA-FamEStG 63.1.1 Abs. 5 und 6 – BStBl 2009 I S. 1030).

Der Unterhaltsanspruch der Mutter eines nichtehelichen Kindes gegenüber dem Vater ihres Kindes nach § 1615l BGB geht der Verpflichtung der Eltern der Kindsmutter vor. Die Berücksichtigung der Kindsmutter bei ihren Eltern als Kind entfällt daher aus Anlass der Geburt des Enkelkindes, es sei denn, der Kindsvater ist zum Unterhalt nicht in der Lage (→ BFH vom 19. 5. 2004 – BStBl II S 943).

§ 1615l BGB abgedruckt zu H 33a.1 (Unterhaltsanspruch der Mutter bzw. des Vaters eines nichtehelichen Kindes).

Lebend geborenes Kind

Für die Frage, ob ein Kind lebend geboren wurde (§ 32 Abs. 3 EStG), ist im Zweifel das Geburtenregister maßgebend.

R 32.4. Kinder, die Arbeit suchen

– unbesetzt –

H 32.4

Kinder, die Arbeit suchen

→ DA-FamEStG 63.3.1 (BStBl 2009 I S. 1058) unter Berücksichtigung der Änderungsweisungen des BZSt vom 21. 12. 2010 (BStBl 2011 I S. 21) und vom 12. 7. 2011 (BStBl I S. 716):
„(1) Ein noch nicht 21 Jahre altes Kind kann nach § 32 Abs. 4 Satz 1 Nr. 1 EStG berücksichtigt werden, wenn es nicht in einem Beschäftigungsverhältnis steht und bei einer Agentur für Arbeit im Inland als Arbeitsuchender gemeldet ist. Geringfügige Beschäftigungen i. S. v. § 8 SGB IV bzw. § 8a SGB IV (siehe Abs. 3) und Maßnahmen nach § 16d SGB II, bei denen kein übliches Arbeitsentgelt, sondern neben der Hilfe zum Lebensunterhalt eine angemessene Entschädigung für Mehraufwendungen des Hilfeempfängers gewährt wird, stehen der Berücksichtigung nicht entgegen. Ein Kind, das in einem anderen EU- bzw. EWR-Staat oder in der Schweiz bei der staatlichen Arbeitsvermittlung arbeitsuchend gemeldet ist, kann ebenfalls berücksichtigt werden. ...
(2) Der Nachweis, dass ein Kind bei einer Agentur für Arbeit im Inland als Arbeitsuchender gemeldet ist, hat über eine Bescheinigung der zuständigen Agentur für Arbeit im Inland zu erfolgen. Es sind diesbezüglich keine weiteren Prüfungen durch die Familienkasse erforderlich. Auch der Nachweis der Arbeitslosigkeit oder des Bezugs von Arbeitslosengeld dient als Nachweis der Meldung als Arbeitsuchender.
(3) Eine geringfügige Beschäftigung liegt vor, wenn das Arbeitsentgelt aus der Beschäftigung regelmäßig 400 Euro monatlich nicht übersteigt. Hierfür ist das monatliche Durchschnittseinkommen maßgeblich. Ein höheres Entgelt in einzelnen Monaten eines Kalenderjahres hat keine Auswirkungen auf die Berücksichtigungsfähigkeit, wenn im Beschäftigungsjahr im Durchschnitt der Monate, in denen eine geringfügige Beschäftigung ausgeübt wird, die Grenze von 400 Euro nicht überschritten wird. Wird diese Grenze überschritten, ist eine Berücksichtigung nach § 32 Abs. 4 Satz 1 Nr. 1 EStG für die Monate, in denen das Be-

schäftigungsverhältnis besteht, ausgeschlossen. Diese Grundsätze gelten auch, wenn die geringfügige Beschäftigung ausschließlich in Privathaushalten bzw. wenn anstelle der Beschäftigung eine selbständige Tätigkeit ausgeübt wird.

(4) Eine Berücksichtigung ist auch möglich, wenn das Kind wegen Erkrankung oder eines Beschäftigungsverbotes nach §§ 3, 6 MuSchG nicht bei einer Agentur für Arbeit im Inland als Arbeitsuchender gemeldet ist, siehe aber DA 31.2.3. Ist das Kind jedoch wegen der Inanspruchnahme von Elternzeit nicht als Arbeitsuchender gemeldet, besteht während dieser Zeit kein Anspruch auf Kindergeld für dieses Kind. Eine Berücksichtigung während einer Erkrankung bzw. während eines Beschäftigungsverbotes setzt voraus, dass das Kind schriftlich erklärt, sich unmittelbar nach Wegfall der Hinderungsgründe bei der zuständigen Agentur für Arbeit im Inland als Arbeitsuchender zu melden. Eine bestehende Meldung als Arbeitsuchender bei einer Agentur für Arbeit im Inland vor Eintritt der Erkrankung oder des Beschäftigungsverbotes ist nicht erforderlich. Die Erkrankung bzw. das Beschäftigungsverbot ist durch eine ärztliche Bescheinigung nachzuweisen. Bei einer Erkrankung von mehr als sechs Monaten hat die Familienkasse nach Vorlage eines amtsärztlichen Attestes zu entscheiden, ob das Kind noch berücksichtigt werden kann. Neben der Feststellung, ob und wann die Arbeitssuche voraussichtlich fortgesetzt oder begonnen werden kann, sind Angaben zu Art und Schwere der Erkrankung nicht zu verlangen. Meldet sich das Kind nach Wegfall der Hinderungsgründe nicht unmittelbar bei der zuständigen Agentur für Arbeit im Inland arbeitsuchend, ist die Festsetzung ab dem Monat, der dem Monat folgt, in dem die Hinderungsgründe wegfallen, nach § 70 Abs. 2 EStG aufzuheben."

R 32.5. Kinder, die für einen Beruf ausgebildet werden

[1]Ein behindertes Kind befindet sich auch dann in der Berufsausbildung, wenn es durch gezielte Maßnahmen auf eine – wenn auch einfache – Erwerbstätigkeit vorbereitet wird, die nicht spezifische Fähigkeiten oder Fertigkeiten erfordert. [2]Unter diesem Gesichtspunkt kann z. B. auch der Besuch einer Behindertenschule, einer Heimsonderschule, das Arbeitstraining in einer Anlernwerkstatt oder die Förderung im Berufsbildungsbereich einer Werkstatt für behinderte Menschen eine Berufsausbildung darstellen. [3]Die Ausbildung des behinderten Kindes ist abgeschlossen, wenn ihm eine seinen Fähigkeiten angemessene Beschäftigung möglich ist. [4]Eine Bescheinigung der besuchten Einrichtung kann einen Anhaltspunkt für die Beurteilung geben.

H 32.5

Allgemeines

- → DA-FamEStG 63.3.2 (BStBl 2009 I S. 1030) unter Berücksichtigung der Änderungsweisungen des BZSt vom 21. 12. 2010 (BStBl 2011 I S. 21) und vom 12. 7. 2011 (BStBl I S. 716)
- Als Berufsausbildung ist die Ausbildung für einen künftigen Beruf zu verstehen. In der Berufsausbildung befindet sich, wer sein Berufsziel noch nicht erreicht hat, sich aber ernstlich darauf vorbereitet (→ BFH vom 9. 6. 1999 – BStBl II S. 706). Dem steht nicht entgegen, dass das Kind auf Grund der Art der jeweiligen Ausbildungsmaßnahme die Möglichkeit der Erzielung eigener Einkünfte erlangt (→ BFH vom 16. 4. 2002 – BStBl II S. 523).

Beginn und Ende der Berufsausbildung

- Das Referendariat im Anschluss an die erste juristische Staatsprüfung gehört zur Berufsausbildung (→ BFH vom 10. 2. 2000 – BStBl II S. 398).
- Ein Kind befindet sich nicht in Ausbildung, wenn es sich zwar an einer Universität immatrikuliert, aber tatsächlich das Studium noch nicht aufgenommen hat (→ BFH vom 23. 11. 2001 – BStBl 2002 II S. 484).
- Ein Universitätsstudium ist in dem Zeitpunkt abgeschlossen, in dem eine nach dem einschlägigen Prüfungsrecht zur Feststellung des Studienerfolgs vorgesehene Prüfungsentscheidung ergangen ist oder ein Prüfungskandidat von der vorgesehenen Möglichkeit, sich von weiteren Prüfungsabschnitten befreien zu lassen, Gebrauch gemacht hat (→ BFH vom 21. 1. 1999 BStBl II S. 141). Die Berufsausbildung endet bereits vor Bekanntgabe des Prüfungsergebnisses, wenn das Kind nach Erbringung aller Prüfungsleistungen eine Vollzeiterwerbstätigkeit aufnimmt (→ BFH vom 24. 5. 2000 – BStBl II S. 473),
- → DA-FamEStG 63.3.2.6 (BStBl 2009 I S. 1030) unter Berücksichtigung der Änderungsweisungen des BZSt vom 21. 12. 2010 (BStBl 2011 I S. 21) und vom 12. 7. 2011 (BStBl I S. 716)

Erneute Berufsausbildung

Im Rahmen der Altersgrenze des § 32 Abs. 4 Satz 1 i. V. m. Abs. 5 EStG ist eine Berufsausbildung ungeachtet dessen zu berücksichtigen, ob es sich um die erste oder eine weitere Ausbildung handelt bzw. ob eine zusätzliche Ausbildungsmaßnahme einer beruflichen Qualifizierung oder einem anderen Beruf dient (→ BFH vom 20. 7. 2000 – BStBl 2001 II S. 107).

Praktikum

- → DA-FamEStG 63.3.2.4 (BStBl 2009 I S. 1030) unter Berücksichtigung der Änderungsweisung des BZSt vom 12. 7. 2011 (BStBl I S. 716):
  „(1) Zur Berufsausbildung gehört die Zeit eines Praktikums, sofern dadurch Kenntnisse, Fähigkeiten und Erfahrungen vermittelt werden, die als Grundlagen für die Ausübung des angestrebten Berufs geeignet sind (vgl. BFH vom 9. 6. 1999 – BStBl II S. 713) und es sich nicht lediglich um ein gering bezahltes Arbeitsverhältnis handelt. Dies gilt unabhängig davon, ob das Praktikum nach der maßgeblichen Ausbildungs- oder Studienordnung vorgeschrieben ist. Ein vorgeschriebenes Praktikum ist als notwendige fachliche Voraussetzung oder Ergänzung der eigentlichen Ausbildung an einer Schule, Hochschule oder sonstigen Ausbildungsstätte ohne weiteres anzuerkennen. Gleiches gilt für ein durch die Ausbildungs- oder Studienordnung empfohlenes Praktikum sowie für ein Praktikum, das in dem mit der späteren Ausbildungsstätte abgeschlossenen schriftlichen Ausbildungsvertrag oder der von dieser Ausbildungsstätte schriftlich gegebenen verbindlichen Ausbildungszusage vorgesehen ist. In anderen Fällen kann ein Praktikum grundsätzlich nur für eine Dauer von maximal sechs Monaten als Berufsausbildung berücksichtigt werden. Die Anerkennung kann auch darüber hinaus erfolgen, wenn ein ausreichender Bezug zum Berufsziel glaubhaft gemacht wird. Davon kann ausgegangen werden, wenn dem Praktikum ein detaillierter Ausbildungsplan zu Grunde liegt, der darauf zielt, unter fachkundiger Anleitung für die Ausübung des angestrebten Berufs wesentliche Kenntnisse und Fertigkeiten zu vermitteln. Es ist unschädlich, wenn das Kind für das Praktikum von einem Studium beurlaubt wird (vgl. DA 63.3.2.3 Abs. 3 Satz 1). Kann eine praktische Tätigkeit nicht als Berufsausbildung anerkannt werden, ist stets zu prüfen, ob die Voraussetzungen des § 32 Abs. 4 Satz 1 Nr. 1 oder Nr. 2 Buchst. c EStG gegeben sind.
  (2) Sieht die maßgebliche Ausbildungs- und Prüfungsordnung praktische Tätigkeiten vor, die nicht zur Fachausbildung gehören, aber ersatzweise zur Erfüllung der Zugangsvoraussetzungen genügen, so sind diese als ein zur Berufsausbildung gehörendes Praktikum anzusehen. Das Gleiche gilt für ein Praktikum, das im Einvernehmen mit der künftigen Ausbildungsstätte zur Erfüllung einer als Zugangsvoraussetzung vorgeschriebenen hauptberuflichen Tätigkeit geleistet werden kann."
- Das Anwaltspraktikum eines Jurastudenten ist Berufsausbildung, auch wenn es weder gesetzlich noch durch die Studienordnung vorgeschrieben ist (→ BFH vom 9. 6. 1999 – BStBl II S. 713).
- Zur Berufsausbildung eines Studenten der Anglistik, der einen Abschluss in diesem Studiengang anstrebt, gehört auch ein Auslandspraktikum als Fremdsprachenassistent an einer Schule in Großbritannien während eines Urlaubssemesters (→ BFH vom 14. 1. 2000 – BStBl II S. 199).
- Ein Kind, das ein Studium aufnehmen will, befindet sich nicht in Berufsausbildung, wenn es als Fremdsprachenassistentin an einer Schule in Frankreich Deutschunterricht erteilt und diese Tätigkeit für das angestrebte Studium nicht förderlich ist (→ BFH vom 15. 7. 2003 – BStBl II S. 843).

Promotion

Zur Berufsausbildung gehört auch die Vorbereitung auf eine Promotion, wenn diese im Anschluss an das Studium ernsthaft und nachhaltig durchgeführt wird (→ BFH vom 9. 6. 1999 – BStBl II S. 708).

Schulbesuch

- Zur Berufsausbildung gehört auch der Besuch von Allgemeinwissen vermittelnden Schulen wie Grund-, Haupt- und Oberschulen sowie von Fach- und Hochschulen. Auch der Besuch eines Colleges in den USA kann zur Berufsausbildung zählen (→ BFH vom 9. 6. 1999 – BStBl II S. 705).
- → DA-FamEStG 63.3.2.1 (BStBl 2009 I S. 1030) unter Berücksichtigung der Änderungsweisung des BZSt vom 21. 12. 2010 (BStBl 2011 I S. 21)

Soldat auf Zeit

Ein Soldat auf Zeit, der zum Offizier ausgebildet wird, befindet sich in Berufsausbildung (→ BFH vom 16. 4. 2002 – BStBl II S. 523); Gleiches gilt für die Ausbildung zum Unteroffizier (→ BFH vom 17. 7. 2003 – BStBl 2007 II S. 247).

Sprachaufenthalt im Ausland

→ DA-FamEStG 63.3.2.5 (BStBl 2009 I S. 1030):
„(1) Sprachaufenthalte im Ausland sind regelmäßig als Berufsausbildung anzuerkennen, wenn der Erwerb der Fremdsprachenkenntnisse nicht dem ausbildungswilligen Kind allein überlassen bleibt, sondern Ausbildungsinhalt und Ausbildungsziel von einer fachlich autorisierten Stelle vorgegeben werden. Davon ist ohne weiteres auszugehen, wenn der Sprachaufenthalt mit anerkannten Formen der Berufsausbildung verbunden wird (z. B. Besuch einer allgemeinbildenden Schule, eines Colleges oder einer Universität). In allen anderen Fällen – insbesondere bei Auslandsaufenthalten im Rahmen von Au-pair-Verhältnissen – setzt die Anerkennung voraus, dass der Aufenthalt von einem theoretisch-systematischen Sprachunterricht in einer Fremdsprache begleitet wird (vgl. BFH vom 9. 6. 1999 – BStBl II S. 701 und S. 710 und vom 19. 2. 2002 – BStBl II S. 469).
(2) Es kann regelmäßig eine ausreichende Ausbildung angenommen werden, wenn ein begleitender Sprachunterricht von wöchentlich zehn Unterrichtsstunden stattfindet. Im Einzelnen gilt DA 63.3.2 Abs. 5." → Umfang der zeitlichen Inanspruchnahme durch die Berufsausbildung

Umfang der zeitlichen Inanspruchnahme durch die Berufsausbildung

→ DA-FamEStG 63.3.2 Abs. 5 (BStBl 2009 I S. 1030) unter Berücksichtigung der Änderungsweisungen des BZSt vom 21. 12. 2010 (BStBl 2011 I S. 21) und vom 12. 7. 2011 (BStBl I S. 716):
„(5) Die Ausbildung muss Zeit und Arbeitskraft des Kindes dermaßen in Anspruch nehmen, dass ein greifbarer Bezug zu dem angestrebten Berufsziel hergestellt wird und Bedenken gegen die Ernsthaftigkeit ausgeschlossen werden können. Die Ernsthaftigkeit einer Ausbildung bei Ausbildungsgängen, die keine regelmäßige Präsenz an einer Ausbildungsstätte erfordern (z. B. Universitäts- und Fachhochschulstudiengänge, Fernuniversität, andere Fernlehrgänge), sollte durch Vorlage von Leistungsnachweisen („Scheine", Bescheinigungen des Betreuenden über Einreichung von Arbeiten zur Kontrolle), die Aufschluss über die Fortschritte des Lernenden geben, in den in der DA-Ü festgelegten Zeitabständen belegt werden. Sind bei Studenten die Semesterbescheinigungen aussagekräftig (durch Ausweis der Hochschulsemester), sind diese als Nachweis ausreichend. Eine tatsächliche Unterrichts- bzw. Ausbildungszeit von zehn Wochenstunden kann regelmäßig als ausreichende Ausbildung anerkannt werden. Eine tatsächliche Unterrichts- bzw. Ausbildungszeit von weniger als zehn Wochenstunden kann nur dann als ausreichende Ausbildung anerkannt werden, wenn
- das Kind zur Teilnahme am Schulunterricht zur Erfüllung der Schulpflicht verpflichtet ist (BFH vom 28. 4. 2010 – BStBl II S. 1060),
- der zusätzliche ausbildungsbezogene Zeitaufwand über das übliche Maß hinausgeht oder
- die besondere Bedeutung der Maßnahme für das angestrebte Berufsziel dies rechtfertigt.

Üblich ist ein Zeitaufwand für häusliche Vor- und Nacharbeit, welcher der Dauer der Unterrichts- bzw. Ausbildungszeit entspricht, sowie ein Zeitaufwand für den Weg von und zur Ausbildungsstätte bis zu einer Stunde für die einfache Wegstrecke. Über das übliche Maß hinaus geht der ausbildungsbezogene Zeitaufwand z. B.
- bei besonders umfangreicher Vor- und Nacharbeit oder
- wenn neben die Unterrichtseinheiten zusätzliche ausbildungsfördernde Aktivitäten bzw. die praktische Anwendung des Gelernten treten.

Bei Sprach-/Au-pair-Aufenthalten ist dies nicht bereits das Leben in einer Gastfamilie als solches, da es nicht außerhalb des Üblichen liegt. Die besondere Bedeutung der Maßnahme für das angestrebte Berufsziel rechtfertigt eine geringere Stundenanzahl, z. B. bei
- Erwerb einer qualifizierten Teilnahmebescheinigung,
- Prüfungsteilnahme,
- regelmäßigen Leistungskontrollen,
- berufszielbezogener Üblichkeit der Durchführung einer solchen Maßnahme, wenn die Ausbildungsmaßnahme der üblichen Vorbereitung auf einen anerkannten Prüfungsabschluss dient oder wenn die einschlägigen Ausbildungs- oder Studienordnungen bzw. entsprechende Fachbereiche die Maßnahme vorschreiben oder empfehlen."

Unterbrechungszeiten

– Zur Berufsausbildung zählen Unterbrechungszeiten wegen Erkrankung oder Mutterschaft, nicht jedoch Unterbrechungszeiten wegen der Betreuung eines eigenen Kindes (→ BFH vom 15. 7. 2003 – BStBl II S. 848).
– Ist für den Zeitraum eines Urlaubssemesters der Besuch von Vorlesungen und der Erwerb von Leistungsnachweisen nach hochschulrechtlichen Bestimmungen untersagt, sind für diesen Zeitraum die Voraussetzungen einer Berufsausbildung nicht erfüllt (→ BFH vom 13. 7. 2004 – BStBl II S. 999).

→ DA-FamEStG 63.3.2.6 Abs. 9 und 63.3.2.7 (BStBl 2009 I S. 1030) unter Berücksichtigung der Änderungsweisungen des BZSt vom 21. 12. 2010 (BStBl 2011 I S. 21) und vom 12. 7. 2011 (BStBl I S. 716).

Vollzeiterwerbstätigkeit

Eine Vollzeiterwerbstätigkeit neben einer ernsthaft und nachhaltig betriebenen Ausbildung schließt die Berücksichtigung als Kind in der Berufsausbildung nicht aus. Der Tatbestand der Berufsausbildung wird nicht für die Monate ausgeschlossen, in denen das Kind über Einkünfte und Bezüge in einer solchen Höhe verfügt, dass es auf Unterhaltsleistungen der Eltern nicht angewiesen ist (→ BFH vom 17. 6. 2010 – BStBl II S. 982).

Volontariat

– Eine Volontärtätigkeit, die ausbildungswillige Kinder vor Annahme einer voll bezahlten Beschäftigung gegen geringe Entlohnung absolvieren, ist grundsätzlich als Berufsausbildung anzuerkennen, wenn das Volontariat der Erlangung der angestrebten beruflichen Qualifikation dient und somit der Ausbildungscharakter im Vordergrund steht (→ BFH vom 9. 6. 1999 – BStBl II S. 706).
– → DA-FamEStG 63.3.2.2 Abs. 3 (BStBl 2009 I S. 1030)

Zivildienst

Ein Kind, das neben dem Zivildienst ernsthaft und nachhaltig ein Studium betreibt, befindet sich in Berufsausbildung (→ BFH vom 14. 5. 2002 – BStBl II S. 807).

R 32.6. Kinder, die sich in einer Übergangszeit befinden

– unbesetzt –

H 32.6

Entwicklungshelfer

– → Gesetz vom 18. 6. 1969 (BGBl. I S. 549 –EhfG), zuletzt geändert durch Artikel 35 des Gesetzes vom 24. 12 .2003 (BGBl. I S. 2954).
– Entwicklungshelfer sind deutsche Personen, die nach Vollendung ihres 18. Lebensjahres und auf Grund einer Verpflichtung für zwei Jahre gegenüber einem anerkannten Träger des Entwicklungsdienstes Tätigkeiten in Entwicklungsländern ohne Erwerbsabsicht ausüben (→ § 1 EhfG). Als Träger des Entwicklungsdienstes sind anerkannt:
  a) Deutscher Entwicklungsdienst, Gemeinnützige Gesellschaft mbH (DED), Bonn,
  b) Arbeitsgemeinschaft für Entwicklungshilfe e. V. (AGEH), Köln,
  c) Dienste in Übersee Gemeinnützige Gesellschaft mbH (DÜ) beim Evangelischen Entwicklungsdienst (EED), Bonn,
  d) Eirene, Internationaler Christlicher Friedensdienst e. V., Neuwied,
  e) Weltfriedensdienst e. V., Berlin,
  f) Christliche Fachkräfte International e. V. (CFI), Stuttgart.
  g) Forum Ziviler Friedensdienst e. V. (forum ZFD), Bonn

Übergangszeit nach § 32 Abs. 4 Satz 1 Nr. 2 Buchst. b EStG

→ DA-FamEStG 63.3.3 Abs. 1 bis 4 (BStBl 2009 I S. 1030) unter Berücksichtigung der Änderungsweisung des BZSt vom 12. 7. 2011 (BStBl I S. 716):
„(1) Nach § 32 Abs. 4 Satz 1 Nr. 2 Buchst. b EStG besteht für ein noch nicht 25 Jahre altes Kind (siehe aber Übergangsregelung des § 52 Abs. 40 Satz 7 EStG) auch dann Anspruch auf

Kindergeld, wenn es sich in einer Übergangszeit von höchstens vier Monaten befindet, die zwischen zwei Ausbildungsabschnitten oder zwischen einem Ausbildungsabschnitt und der Ableistung
- des gesetzlichen Wehr- oder Zivildienstes,
- einer vom Wehr- oder Zivildienst befreienden Tätigkeit als Entwicklungshelfer im Sinne des § 1 Abs. 1 EhfG,
- eines Dienstes im Ausland nach § 14b ZDG oder
- eines geregelten Freiwilligendienstes i. S. d. § 32 Abs. 4 Satz 1 Nr. 2 Buchst. d EStG (vgl. DA 63.3.5)

liegt. Als gesetzlicher Wehrdienst gilt auch ein freiwilliger Wehrdienst bis zu drei Jahren, wenn er anstelle des gesetzlichen Grundwehrdienstes geleistet wird sowie der freiwillige zusätzliche Wehrdienst im Anschluss an den Grundwehrdienst i. S. d. § 6b Wehrpflichtgesetz. Kinder sind auch in Übergangszeiten von höchstens vier Monaten zwischen dem Abschluss der Ausbildung und dem Beginn eines der in Satz 1 genannten Dienste und Tätigkeiten zu berücksichtigen (vgl. BFH vom 25. 1. 2007 – BStBl II 2008 S. 664). Die Übergangszeit von höchstens vier Monaten ist nicht taggenau zu berechnen, sondern umfasst vier volle Kalendermonate (BFH vom 15. 7. 2003 – BStBl II S. 847). Endet z. B. ein Ausbildungsabschnitt im Juli, muss der nächste spätestens im Dezember beginnen.

(2) Übergangszeiten ergeben sich als vom Kind nicht zu vermeidende Zwangspausen, z. B. durch Rechtsvorschriften über den Ausbildungsverlauf, aus den festen Einstellungsterminen der Ausbildungsbetriebe oder den Einstellungsgewohnheiten staatlicher Ausbildungsinstitutionen. Eine Übergangszeit im Sinne einer solchen Zwangspause kann auch in Betracht kommen, wenn das Kind den vorangegangenen Ausbildungsplatz – ggf. aus von ihm zu vertretenden Gründen – verloren oder die Ausbildung abgebrochen hat. Als Ausbildungsabschnitt gilt jeder Zeitraum, der nach § 32 Abs. 4 Satz 1 Nr. 2 Buchst. a EStG als Berufsausbildung zu berücksichtigen ist.

(3) Eine Berücksichtigung des Kindes während der Übergangszeit hat zu erfolgen, wenn es entweder bereits einen Ausbildungsplatz hat oder sich um einen Platz im nachfolgenden Ausbildungsabschnitt, der innerhalb des zeitlichen Rahmens des § 32 Abs. 4 Satz 1 Nr. 2 Buchst. b EStG beginnt, beworben hat. Gleichermaßen ist zu verfahren, wenn der Berechtigte bei Beendigung der Ausbildung des Kindes an einer allgemeinbildenden Schule oder in einem sonstigen Ausbildungsabschnitt glaubhaft erklärt, dass sich das Kind um einen solchen Ausbildungsplatz sobald wie möglich bewerben wird, und die Familienkasse unter Würdigung aller Umstände zu der Überzeugung gelangt, dass die Fortsetzung der Ausbildung zu dem angegebenen Zeitpunkt wahrscheinlich ist. Entsprechend ist bei Übergangszeiten zwischen einem Ausbildungsabschnitt und einem Dienst bzw. einer Tätigkeit i. S. d. Abs. 1 Satz 1 und 2 zu verfahren.

(4) Eine Übergangszeit liegt nicht vor, wenn das Kind sich nach einem Ausbildungsabschnitt oder einem Dienst bzw. einer Tätigkeit i. S. d. Abs. 1 Satz 1 und 2 wegen Kindesbetreuung nicht um einen Anschluss-Ausbildungsplatz bemüht."

Vollzeiterwerbstätigkeit

Die Vollzeiterwerbstätigkeit eines Kindes schließt seine Berücksichtigung als Kind, das sich in einer Übergangszeit befindet oder auf einen Ausbildungsplatz wartet, nicht aus (→ BFH vom 17. 6. 2010 – BStBl II S. 982).

R 32.7. Kinder, die mangels Ausbildungsplatz ihre Berufsausbildung nicht beginnen oder fortsetzen können

Allgemeines

(1) [1]Grundsätzlich ist jeder Ausbildungswunsch des Kindes anzuerkennen, es sei denn, dass seine Verwirklichung wegen der persönlichen Verhältnisse des Kindes ausgeschlossen erscheint. [2]Dies gilt auch dann, wenn das Kind bereits eine abgeschlossene Ausbildung in einem anderen Beruf besitzt. [3]Das Finanzamt kann verlangen, dass der Stpfl. die ernsthaften Bemühungen des Kindes um einen Ausbildungsplatz durch geeignete Unterlagen nachweist oder zumindest glaubhaft macht.

Ausbildungsplätze

(2) Ausbildungsplätze sind neben betrieblichen und überbetrieblichen insbesondere solche an Fach- und Hochschulen sowie Stellen, an denen eine in der Ausbildungs- oder Prüfungsordnung vorgeschriebene praktische Tätigkeit abzuleisten ist.

Anhang 30
Einkommensteuer-Richtlinien

→ **Ernsthafte Bemühungen um einen Ausbildungsplatz**

(3) ¹Für die Berücksichtigung eines Kindes ohne Ausbildungsplatz ist Voraussetzung, dass es dem Kind trotz ernsthafter Bemühungen nicht gelungen ist, seine Berufsausbildung (→ R 32.5) zu beginnen oder fortzusetzen. ²Als Nachweis der ernsthaften Bemühungen kommen z. B. Bescheinigungen der Agentur für Arbeit über die Meldung des Kindes als Bewerber um eine berufliche Ausbildungsstelle, Unterlagen über eine Bewerbung bei der Zentralen Vergabestelle von Studienplätzen, Bewerbungsschreiben unmittelbar an Ausbildungsstellen sowie deren Zwischennachricht oder Ablehnung in Betracht.

(4) ¹Die Berücksichtigung eines Kindes ohne Ausbildungsplatz ist ausgeschlossen, wenn es sich wegen Kindesbetreuung nicht um einen Ausbildungsplatz bemüht. ²Eine Berücksichtigung ist dagegen möglich, wenn das Kind infolge Erkrankung oder wegen eines Beschäftigungsverbots nach den §§ 3 und 6 Mutterschutzgesetz daran gehindert ist, seine Berufsausbildung zu beginnen oder fortzusetzen.

H 32.7
Kinder ohne Ausbildungsplatz

- Ein Mangel eines Ausbildungsplatzes liegt sowohl in Fällen vor, in denen das Kind noch keinen Ausbildungsplatz gefunden hat, als auch dann, wenn ihm ein solcher bereits zugesagt wurde, es diesen aber aus schul-, studien- oder betriebsorganisatorischen Gründen erst zu einem späteren Zeitpunkt antreten kann (→ BFH vom 15. 7. 2003 – BStBl II S. 845).
- Die Vermutung, dass das Kind keine weitere Berufsausbildung anstrebt, kann durch Nachweis eines sicheren Ausbildungsplatzes für das folgende Kalenderjahr widerlegt werden (→ BFH vom 7. 8. 1992 – BStBl 1993 II S. 103).
- Kein Mangel eines Ausbildungsplatzes liegt vor, wenn das Kind die objektiven Anforderungen an den angestrebten Ausbildungsplatz nicht erfüllt oder wenn es im Falle des Bereitstehens eines Ausbildungsplatzes aus anderen Gründen am Antritt gehindert ist, z. B. wenn es im Ausland arbeitsvertraglich gebunden ist (→ BFH vom 15. 7. 2003 – BStBl II S. 843).
- → DA-FamEStG 63.3.4 (BStBl I 2009 S. 1030) unter Berücksichtigung der Änderungsweisung des BZSt vom 12. 7. 2011 (BStBl I S. 716).

Vollzeiterwerbstätigkeit

→ H 32.6

R 32.8. Kinder, die ein freiwilliges soziales oder ökologisches Jahr oder freiwillige Dienste leisten

– unbesetzt –

H 32.8

Anderer Dienst im Ausland i. S. v. § 14b Zivildienstgesetz

- Kinder, die einen Freiwilligendienst leisten, werden steuerrechtlich nur berücksichtigt, wenn der Dienst die Voraussetzungen des § 32 Abs. 4 Satz 1 Nr. 2 Buchstabe d EStG i. V. m. der jeweiligen Verweisungsnorm erfüllt. Die Vorschrift ist nicht analog auf andere freiwillige soziale Dienste anwendbar (→ BFH vom 18. 3. 2009 – BStBl II S. 1010).
- → DA-FamEStG 63.3.5.4 (BStBl 2009 I S. 1030) unter Berücksichtigung der Änderungsweisungen des BZSt vom 21. 12. 2010 (BStBl 2011 I S. 21) und vom 12. 7. 2011 (BStBl I S. 716)

Entwicklungspolitischer Freiwilligendienst „weltwärts"

→ DA-FamEStG 63.3.5.5 (BStBl 2009 I S. 1030) unter Berücksichtigung der Änderungsweisungen des BZSt vom 21. 12. 2010 (BStBl 2011 I S. 21) und vom 12. 7. 2011 (BStBl I S. 716)

Freiwilligendienst aller Generationen

→ DA-FamEStG 63.3.5.6 i. d. F. der Änderungsweisungen des BZSt vom 21. 12. 2010 (BStBl 2011 I S. 21) und vom 12. 7. 2011 (BStBl I S. 716)

Freiwilligendienste der EU

→ DA-FamEStG 63.3.5.3 (BStBl 2009 I S. 1030) unter Berücksichtigung der Änderungsweisung des BZSt vom 12. 7. 2011 (BStBl I S. 716)

Freiwilliges soziales Jahr oder freiwilliges ökologisches Jahr

→ Jugendfreiwilligendienstegesetz vom 16. 5. 2008 (BGBl. I S. 842).

→ DA-FamEStG 63.3.5.2 (BStBl 2009 I S. 1030) unter Berücksichtigung der Änderungsweisungen des BZSt vom 21. 12. 2010 (BStBl 2011 I S. 21) und vom 12. 7. 2011 (BStBl I S. 716).

R 32.9. Kinder, die wegen körperlicher, geistiger oder seelischer Behinderung außerstande sind, sich selbst zu unterhalten

Behinderte Kinder

(1) [1]Als Kinder, die wegen körperlicher, geistiger oder seelischer Behinderung außerstande sind, sich selbst zu unterhalten, kommen insbesondere Kinder in Betracht, deren Schwerbehinderung (§ 2 Abs. 2 SGB IX) festgestellt ist oder die einem schwer behinderten Menschen gleichgestellt sind (§ 2 Abs. 3 SGB IX). [2]Ein Kind, das wegen seiner Behinderung außerstande ist, sich selbst zu unterhalten, kann bei Vorliegen der sonstigen Voraussetzungen über das 25. Lebensjahr hinaus ohne altersmäßige Begrenzung berücksichtigt werden. [3]Eine Berücksichtigung setzt voraus, dass die Behinderung, derretwegen das Kind nicht in der Lage ist, sich selbst zu unterhalten, vor Vollendung des 25. Lebensjahres eingetreten ist. [4]Ein Kind kann auch berücksichtigt werden, wenn diese Behinderung bereits vor dem 1. 1. 2007 und vor Vollendung des 27. Lebensjahres eingetreten ist (§ 52 Abs. 40 Satz 5[1]) EStG).

→ **Außerstande sein, sich selbst zu unterhalten**

(2) [1]Ob das Kind wegen seiner Behinderung außerstande ist, sich selbst zu unterhalten, ist nach den Gesamtumständen des Einzelfalles zu beurteilen. [2]Dabei kommt es nicht nur auf die Unfähigkeit des Kindes an, durch eigene Erwerbstätigkeit seinen gesamten notwendigen Lebensbedarf zu bestreiten, sondern auch darauf, ob dem Kind hierfür andere Einkünfte oder Bezüge zur Verfügung stehen. [3]R 32.10 gilt entsprechend. [4]Bezieht das Kind weder Einkünfte aus einer eigenen Erwerbstätigkeit noch Lohnersatzleistungen, kann grundsätzlich von der Unfähigkeit zur Ausübung einer Erwerbstätigkeit ausgegangen werden. [5]Dies gilt jedoch nicht, wenn nicht die Behinderung, sondern offensichtlich andere Gründe, z. B. die Arbeitsmarktlage, ursächlich dafür sind, dass das Kind eine eigene Erwerbstätigkeit nicht ausüben kann. [6]Ein über 25 Jahre altes Kind, das wegen seiner Behinderung noch in Schul- oder Berufsausbildung steht, ist in jedem Fall als unfähig zur Ausübung einer Erwerbstätigkeit anzusehen.

Unschädliche Einkünfte und Bezüge des behinderten Kindes

(3) Übersteigen die Einkünfte und Bezüge des Kindes nicht den Grenzbetrag des § 32 Abs. 4 Satz 2 EStG, ist davon auszugehen, dass das Kind außerstande ist, sich selbst zu unterhalten.

H 32.9

Altersgrenze

Die Altersgrenze, innerhalb derer die Behinderung eingetreten sein muss, ist nicht auf Grund entsprechender Anwendung des § 32 Abs. 5 Satz 1 EStG z. B. um den Zeitraum des vom Kind in früheren Jahren geleisteten Grundwehrdienstes zu verlängern (BFH vom 2. 6. 2005 – BStBl II S. 756).

Außerstande sein, sich selbst zu unterhalten

- Zur Berechnung des notwendigen Lebensbedarfs und der finanziellen Mittel eines volljährigen behinderten Kindes → BMF vom 22. 11. 2010 (BStBl I S. 1346).
- Beispiele:
  A. Im Haushalt eines Stpfl. lebt dessen 29-jähriger Sohn, der durch einen Unfall im Alter von 21 Jahren schwerbehindert wurde (Grad der Behinderung 100, gesundheitliche Merkzeichen „G" und „H"). Er arbeitet tagsüber in einer Werkstatt für behinderte Menschen (WfB). Hierfür erhält er ein monatliches Arbeitsentgelt von 75 €. Die Kosten für die Beschäftigung in der WfB von monatlich 1 250 € und die Fahrtkosten für den arbeitstäglichen Transport zur WfB von monatlich 100 € trägt der Sozialhilfeträger im Rahmen der Eingliederungshilfe. Der Sohn bezieht daneben eine Rente wegen voller Erwerbsminderung aus der gesetzlichen Rentenversicherung von monatlich 300 €, wovon nach Abzug

---

[1]) *Jetzt: Satz 8.*

eines Eigenanteils zur gesetzlichen Kranken- und Pflegeversicherung der Rentner in Höhe von 20 € noch 280 € ausgezahlt werden. Außerdem erhält er eine private Rente von monatlich 270 €. Der Ertragsanteil der Renten beträgt jeweils 50 % und 49 %. Der Stpfl. macht einen Aufwand für Fahrten (3 000 km im Jahr) glaubhaft, für die kein Kostenersatz geleistet wird. Der Sohn beansprucht freies Mittagessen in der Werkstatt. Er hat keinen Anspruch auf Pflegegeld.

Ermittlung des gesamten notwendigen Lebensbedarfs für den VZ 2011:

Grundbedarf (§ 32 Abs. 4 Satz 2 EStG)		8 004 €
Behinderungsbedingter Mehrbedarf:		
Kosten der Beschäftigung in der WfB (1 250 € × 12)	15 000 €	
im Grundbedarf enthaltene Verpflegung, ermittelt nach SvEV[1]) (85 € × 12)	−1 020 €	
	13 980 €	
Fahrtbedarf (WfB – Elternhaus), (100 € × 12)	1 200 €	
darüber hinaus bestehender Fahrtbedarf (3 000 km × 0,30 €)	900 €	
pauschaler behinderungsbedingter Mehrbedarf in Höhe des Pauschbetrags für behinderte Menschen (§ 33b Abs. 3 EStG)	3 700 €	19 780 €
Gesamter notwendiger Lebensbedarf		27 784 €
Ermittlung der eigenen Mittel des Kindes:		
Einkünfte:		
Keine Einkünfte aus nichtselbständiger Arbeit, da das Arbeitsentgelt (75 € × 12 = 900 €) nicht den Arbeitnehmer-Pauschbetrag nach § 9a EStG übersteigt.		
Besteuerungsanteil der Rente wegen voller Erwerbsminderung (50 % von 3 360 €)	1 680 €	
(Anmerkung: Sozialversicherungsbeiträge bleiben für die Berechnung der eigenen Mittel unberücksichtigt, → DAFamEStG 63.3.6.4 Abs. 3 Satz 3 i. V. m. DA-FamEStG 31.2.2 Abs. 3 S. 5f.)		
Ertragsanteil der privaten Rente (49 % von 3 240 €)	1 587 €	
Werbungskosten-Pauschbetrag	−102 €	3 165 €
Bezüge:		
Rente wegen voller Erwerbsminderung, soweit Besteuerungsanteil übersteigend	1 680 €	
Private Rente, soweit Ertragsanteil übersteigend	1 653 €	
Eingliederungshilfe	15 000 €	
Fahrtkostenübernahme durch Sozialhilfeträger	1 200 €	
Kostenpauschale (→ R 32.10 Abs. 4 Satz 1)	−180 €	19 353 €
Summe der eigenen Mittel		22 518 €

Der Sohn verfügt nicht über die für die Bestreitung seines notwendigen Lebensbedarfs erforderlichen Mittel: das Kind ist außerstande, sich selbst zu unterhalten, es ist deshalb steuerlich zu berücksichtigen.

B. Die 25-jährige Tochter (Grad der Behinderung 100, gesundheitliches Merkmal „H") eines Stpfl. ist vollstationär in einer Einrichtung für behinderte Menschen untergebracht. An Wochenenden und während ihres Urlaubs hält sie sich im Haushalt des Stpfl. auf. Die Kosten für die Heimunterbringung der Unterbringung in der Einrichtung (Eingliederungshilfe) von jährlich 30 000 € tragen der Sozialhilfeträger im Rahmen der Eingliederungshilfe in Höhe von 27 000 € und die Pflegeversicherung in Höhe von 3 000 €. Der Sozialhilfeträger zahlt der Tochter ferner ein monatliches Taschengeld von 100 € und eine monatliche Bekleidungspauschale von 50 € und wendet für die Fahrten zwischen Elternhaus und Einrichtung jährlich 600 € auf. Für die Zeit des Aufenthalts im elterlichen Haushalt erhält die Tochter ein monatliches Pflegegeld von 225 €. In diesen Zeiträumen erbringen die Eltern durchschnittlich monatlich 10 Stunden persönliche Betreuungsleistungen, die vom Pflegegeld nicht abgedeckt und nach amtsärztlicher Bescheinigung unbedingt erforderlich sind. Sie leisten einen monatlichen Kostenbeitrag an den Sozialhilfeträger von 31 € (§ 94 Abs. 2 SGB XII).

---

[1]) ab 1. 1. 2007: Sozialversicherungsentgeltverordnung (SvEV) → Anhang 4.

Ermittlung des gesamten notwendigen Lebensbedarfs für den VZ 2011:

Grundbedarf (§ 32 Abs. 4 Satz 2 EStG):		8 004 €
Behinderungsbedingter Mehrbedarf Kosten des Platzes in der Einrichtung	30 000 €	
Im Grundbedarf enthaltene Verpflegung, ermittelt nach der SvEV¹) (217 € × 12)	– 2 604 €	
	27 396 €	
Fahrtbedarf Einrichtung-Elternhaus	600 €	
Vom Pflegegeld abgedeckter Pflegebedarf (225 € × 12)	2 700 €	
Betreuungsleistungen der Eltern (10 Stunden × 12 × 8 €)	960 €	31 656 €
Gesamter notwendiger Lebensbedarf:		39 660 €
Ermittlung der eigenen Mittel des Kindes: Eingliederungshilfe (Kostenbeitrag in Höhe von 12 × 31 € ist abgezogen)		26 628 €
Leistung nach § 43a SGB XI (Abgeltung der Pflege in vollstationären Einrichtungen der Behindertenhilfe)		3 000 €
Taschengeld (100 € × 12)		1 200 €
Bekleidungspauschale (50 € × 12)		600 €
Fahrtkostenübernahme durch Sozialhilfeträger		600 €
Pflegegeld (225 € × 12):		2 700 €
		34 728 €
Kostenpauschale (→ R 32.10 Abs. 4 Satz 1)		180 €
Summe der eigenen Mittel		34 548 €

Ein pauschaler behinderungsbedingter Mehraufwand in Höhe des Pauschbetrags für behinderte Menschen nach § 33b Abs. 3 EStG kann nicht zusätzlich angesetzt werden, weil der Ansatz der Kosten bei vollstationärer Unterbringung einem Einzelnachweis entspricht.
Die Tochter ist außerstande, sich selbst zu unterhalten. Es kommen die Freibeträge gemäß § 32 Abs. 6 EStG zum Abzug.

Begleitperson

– → H 33.1- 33.4
– → DA-FamEStG 63.3.6.4 Abs. 5 (BStBl 2009 I S. 1030) unter Berücksichtigung der Änderungsweisungen des BZSt vom 21. 12. 2010 (BStBl 2011 I S. 21) und vom 12. 7. 2011 (BStBl I S. 716).

Nachweis der Behinderung

→ BMF vom 22. 11. 2010 (BStBl I S. 1346)

Suchtkrankheiten

Suchtkrankheiten können Behinderungen darstellen (→ BFH vom 16. 4. 2002 – BStBl II S. 738).

Ursächlichkeit der Behinderung

→ BMF vom 22. 11. 2010 (BStBl I S. 1346)

R 32.10. Einkünfte und Bezüge des Kindes

Einkünfte

(1) → ¹Einkünfte sind stets in vollem Umfang zu berücksichtigen, also auch, soweit sie zur Bestreitung des Unterhalts nicht zur Verfügung stehen oder die Verfügungsbefugnis beschränkt ist.²Dies gilt nicht für Einkünfte, die durch unvermeidbare → Versicherungsbeiträge des Kindes gebunden sind. ³Bei einer privaten Krankenversicherung ist nicht zu prüfen, ob der Versicherungsumfang die Mindestvorsorge für den Krankheitsfall nach sozialhilferechtlichen Vorschrif-

---

¹) ab 1. 1. 2007: Sozialversicherungsentgeltverordnung (SvEV) → Anhang 4.

ten (§§ 47 ff. SGB XII) übersteigt; dies gilt nicht für Ergänzungstarife oder für eine Zusatzkrankenversicherung.

Bezüge

(2) ¹Bezüge im Sinne von § 32 Abs. 4 Satz 2 EStG sind alle Einnahmen in Geld oder Geldeswert, die nicht im Rahmen der einkommensteuerrechtlichen Einkunftsermittlung erfasst werden. ²Zu diesen Bezügen gehören insbesondere:
1. die nicht der Besteuerung unterliegenden Teile der Leistungen (§ 22 Nr. 1 Satz 3 Buchstabe a Doppelbuchstabe aa EStG) und die Teile von Leibrenten, die den Ertragsanteil nach § 22 Nr. 1 Satz 3 Buchstabe a Doppelbuchstabe bb EStG übersteigen,
2. Einkünfte und Leistungen, soweit sie dem Progressionsvorbehalt unterliegen (→ R 32b), mit Ausnahme des an Kinder wegen der Geburt eines Kindes gezahlten Elterngeldes nach dem Bundeselterngeld- und Elternzeitgesetz – BEEG – vom 5. 12. 2006 (BGBl. I S. 2748) in Höhe der Mindestbeträge von monatlich 300 Euro (§ 2 Abs. 5 BEEG) bzw. 150 Euro (§ 6 Satz 2 BEEG); bei Mehrlingsgeburten entsprechend vervielfacht nach Zahl der in einem Monat oder Teil des Monats lebenden Kinder,
3. Renten nach § 3 Nr. 1 Buchstabe a EStG, Bezüge nach § 3 Nr. 2b, 3, 6, 27, 58 EStG und nach § 3b EStG, Bezüge nach § 3 Nr. 44 EStG, soweit sie zur Bestreitung des Lebensunterhalts dienen, sowie Bezüge nach § 3 Nr. 5 und 11 EStG mit Ausnahme der Heilfürsorge, der steuerfreien Beihilfen in Krankheits-, Geburts- und Todesfällen i. S. d. Beihilfevorschriften des Bundes und der Länder, und der Beitragsermäßigungen und Prämienrückzahlungen eines Trägers der gesetzlichen Krankenversicherung für nicht in Anspruch genommene Beihilfeleistungen, soweit diese die → Versicherungsbeiträge des Kindes gemindert haben,
4. die nach § 3 Nr. 40 und 40a steuerfrei bleibenden Beträge abzüglich der damit in Zusammenhang stehenden Aufwendungen i. S. d. § 3c EStG,
5. pauschal besteuerte Bezüge nach § 40a EStG,
6. Unterhaltsleistungen des geschiedenen oder dauernd getrennt lebenden Ehegatten, soweit nicht als sonstige Einkünfte i. S. d. § 22 Nr. 1a EStG erfasst,
7. Zuschüsse eines Trägers der gesetzlichen Rentenversicherung zu den Aufwendungen eines Rentners für seine Krankenversicherung.

(3) ¹Nicht anzusetzen sind Bezüge, die für besondere Ausbildungszwecke bestimmt sind. ²Dies sind insbesondere Leistungen für
– Studiengebühren und Reisekosten bei einem Auslandsstudium,
– Wechselkursausgleich bei einem Auslandsstudium (Auslandszuschlag),
– Auslandskrankenversicherung bei einem Auslandsstudium,
– Reisekosten bei einem Freiwilligendienst i. S. d. Gesetzes zur Förderung von Jugendfreiwilligendiensten sowie
– das Büchergeld von Ausbildungshilfen gewährenden Förderungseinrichtungen.

Kostenpauschale für Bezüge

(4) ¹Bei der Feststellung der anzurechnenden Bezüge sind aus Vereinfachungsgründen insgesamt 180 Euro im Kalenderjahr abzuziehen, wenn nicht höhere Aufwendungen, die im Zusammenhang mit dem Zufluss der entsprechenden Einnahmen stehen, nachgewiesen oder glaubhaft gemacht werden. ²Ein solcher Zusammenhang ist z. B. bei Kosten eines Rechtsstreits zur Erlangung der Bezüge und bei Kontoführungskosten gegeben.

H 32.10

Anrechnung eigener Bezüge

– **Eigene Bezüge**
Bezüge sind alle Einnahmen in Geld oder Geldeswert, die nicht im Rahmen der einkommensteuerrechtlichen Einkunftsermittlung erfasst werden, also nichtbesteuerbare sowie durch besondere Vorschriften, z. B. §§ 3, 3bEStG, für steuerfrei erklärte Einnahmen, sowie nach §§ 40, 40a pauschal versteuerter Arbeitslohn (→ BFH vom 6. 4. 1990 – BStBl II S. 885). Anrechenbar sind nur solche Bezüge, die zur Bestreitung des Unterhalts oder der Berufsausbildung bestimmt oder geeignet sind.
Zu den anrechenbaren Bezügen gehören nach DA-FamEStG 63.4.2.3.1 Abs. 2 (BStBl 2009 I S. 1030) unter Berücksichtigung der Änderungsweisungen des BZSt vom 21. 12. 2010 (BStBl 2011 I S. 21) und vom 12. 7. 2011 (BStBl I S. 716), der Rechtsprechung des BFH und neben den in R 32.10 genannten insbesondere:
1. Leistungen nach dem BVG (z. B. Berufsschadensausgleich nach § 30 BVG, Ausgleichsrente nach § 32 BVG) und Leistungen der Pflegeversicherung nach § 3 Nr. 1 Buchst. a

EStG. In den Fällen des § 32 Abs. 4 Satz 1 Nr. 1 und 2 EStG → nicht anrechenbare eigene Bezüge Nr. 7,
2. Entschädigungen i. S. d. § 3 Nr. 25 EStG (Impfschadenrente), die in entsprechender Anwendung der Vorschriften des BVG zustehen, soweit sie im Fall einer Versorgungsberechtigung nach dem BVG als Einnahmen anzusehen wären. In den Fällen des § 32 Abs. 4 Satz 1 Nr. 1 und 2 EStG → nicht anrechenbare eigene Bezüge Nr. 7,
3. Renten aus der gesetzlichen Unfallversicherung. Entstehen dem Kind als Folge eines Unfalls Aufwendungen zur Heilung einer gesundheitlichen Beeinträchtigung, die von der gesetzlichen Unfallversicherung nicht erstattet werden, ist die Verletztenrente um diese Aufwendungen zu mindern (→ BFH vom 17. 12. 2009 – BStBl 2010 II S. 552),
4. Leistungen zur Sicherstellung des Unterhalts nach Maßgabe des SGB II (z. B. ALG II) bzw. des SGB XII (z. B. Hilfe zum Lebensunterhalt, Eingliederungshilfe) oder des SGB VIII – Kinder- und Jugendhilfe – (Unterkunft in sozialpädagogisches begleiteten Wohnformen, § 13 Abs. 3; Unterbringung zur Erfüllung der Schulpflicht, § 21 Satz 2; Hilfen für junge Volljährige, § 41 Abs. 2 i. V. m. § 39), wenn von einer Rückforderung bei gesetzlich Unterhaltsverpflichteten abgesehen worden ist (→ BFH vom 14. 6. 1996 – BStBl 1997 II S. 173, sowie vom 26. 11. 2003 – BStBl 2004 II S. 588, und vom 2. 8. 1974 – BStBl 1975 II S. 139). Die genannten Leistungen sind jedoch dann nicht als Bezug anzurechnen, wenn das Kindergeld nach § 74 Abs. 2 EStG an den entsprechenden Sozialleistungsträger abgezweigt wird, dieser einen Erstattungsanspruch nach § 74 Abs. 3 EStG geltend macht oder – zur Vereinfachung – das Kindergeld auf seine Leistung anrechnet,
5. Wehrsold, die Sachbezüge, das Weihnachtsgeld und das Entlassungsgeld von Wehrdienst- und Zivildienstleistenden (→ BFH vom 14. 5. 2002 – BStBl II S. 746). Letzteres entfällt im Zuflussjahr auf die Zeit nach Beendigung des Dienstes (→ BFH vom 14. 5. 2002 – BStBl II S. 746),
6. Verdienstausfallentschädigung nach § 13 Abs. 1 USG.
7. Ausgezahlte Arbeitnehmer-Sparzulage nach dem 5. VermBG und ausgezahlte Wohnungsbauprämie nach dem WoPG.
8. Ausbildungshilfen (→ DA-FamEStG 63.4.3.3 – BStBl 2009 I S. 1030) unter Berücksichtigung der Änderungsweisungen des BZSt vom 21. 12. 2010 (BStBl 2011 I S. 21) und vom 12. 7. 2011 (BStBl I S. 716).
9. Sachbezüge (z. B. freie Unterkunft und Verpflegung) und Taschengeld im Rahmen von Au-pair-Verhältnissen im Ausland (→ BFH vom 22. 5. 2002 – BStBl II S. 695).
10. die im Rahmen der Einkünfteermittlung steuerfrei bleibenden Einkünfte bis zur Höhe des Versorgungsfreibetrags und des Zuschlags des Versorgungsfreibetrags,
11. Wohngeld nach dem Wohngeldgesetz und nach dem Wohngeldsondergesetz.
Zur Berücksichtigung verheirateter Kinder und von Kindern in einer eingetragenen Lebenspartnerschaft → H 32.3 (Berücksichtigung in Sonderfällen). Unterhaltsleistungen des Ehegatten eines verheirateten Kindes (grundsätzlich in Höhe der Hälfte des verfügbaren Einkommens dieses Ehegatten, wobei diesem mindestens das steuerliche Existenzminimum verbleiben muss); Entsprechendes gilt für Kinder in einer eingetragenen Lebenspartnerschaft; Einzelheiten zur Berechnung → DA-FamEStG 31.2.2 (BStBl 2009 I S. 1030) unter Berücksichtigung der Änderungsweisung des BZSt vom 21. 12. 2010 (BStBl 2011 I S. 21).

– **Nicht anrechenbare eigene Bezüge**
Nicht anzurechnen sind Bezüge, die der unterhaltenen Person zweckgebunden wegen eines nach Art und Höhe über das Übliche hinausgehenden besonderen und außergewöhnlichen Bedarfs zufließen (→ BFH vom 22. 7. 1998 – BStBl II S. 830 und S. 939).
Zu den nicht anrechenbaren eigenen Bezügen gehören nach DA-FamEStG 63.4.2.3.1 Abs. 3 (BStBl 2009 I S. 1030) unter Berücksichtigung der Änderungsweisungen des BZSt vom 21. 12. 2010 (BStBl 2011 I S. 21) und vom 12. 7. 2011 (BStBl I S. 716) insbesondere:
1. nach § 3 Nr. 12, 13, 16, 26 und Nr. 26a EStG steuerfreien Einnahmen,
2. nach § 3 Nr. 30, 31, 32 und 34 steuerfrei ersetzten Werbungskosten und der nach § 40 Abs. 2 Satz 2 EStG pauschal versteuerte Ersatzleistungen,
3. nach § 3 Nr. 63 EStG steuerfreie bzw. nach § 40b EStG pauschal versteuerte Beiträge zu einer Direktversicherung, einer Pensionskasse oder zu einem Pensionsfonds (Entgeltumwandlung),
4. Unterhaltsleistungen der Eltern und freiwillige Leistungen der Personen, bei denen das Kind berücksichtigt werden kann (BFH vom 27. 1. 1961 – BStBl III S. 437),
5. Erziehungsgeld nach dem BErzGG, (ab dem 1. 1. 2007) Elterngeld nach dem BEEG in Höhe des Mindestbetrages je Kind von 300 Euro (§ 2 Abs. 5 BEEG) bzw. 150 Euro (§ 6 Satz 2 BEEG) und vergleichbare Leistungen der Länder (§ 3 Nr. 67 EStG),
6. Mutterschaftsgeld für die Zeit nach der Entbindung, soweit es auf das Erziehungsgeld angerechnet worden ist,
7. in den Fällen des § 32 Abs. 4 Satz 1 Nr. 1 und 2 EStG Leistungen, die nach bundes- oder landesgesetzlichen Vorschriften gewährt werden, um einen Mehrbedarf zu decken, der

durch einen Körperschaden verursacht ist (z. B. Pflegegeld bzw. -zulage aus der Unfallversicherung, nach § 35 BVG oder nach § 64 SGB XII, Ersatz der der Mehrkosten für den Kleider- und Wäscheverschleiß, z. B. § 15 BVG), Grundrente und Schwerstbeschädigtenzulage nach § 31 BVG und Leistungen der Pflegeversicherungen nach § 3 Nr. 1 Buchst. a EStG,
8. Leistungen, die dem Träger einer Bildungsmaßnahme (Ausbildung, Weiterbildung, Rehabilitation) nach dem Dritten Buch Sozialgesetzbuch (SGB III) oder entsprechenden anderen Sozialleistungsvorschriften unmittelbar als Kostenerstattung für die Ausbildungsleistung zufließen → DA-FamEStG 63.4.2.3.3 Abs. 3 Satz 3 (BStBl 2009 I S. 1030),
9. Leistungen nach § 3 Nr. 69 EStG und dem Gesetz über die humanitäre Hilfe für durch Blutprodukte HIV-infizierte Personen (HIV-Hilfegesetz-HIVAG) vom 24. 7. 1995,
10. Leistungen nach dem Gesetz über die Contergansstiftung für behinderte Menschen (§ 18 Contergansstiftungsgesetz).

Aufteilung eigener Einkünfte und Bezüge

Auf welchen Monat Einkünfte und Bezüge entfallen, ist innerhalb des Kalenderjahrs nicht nach dem Zuflusszeitpunkt, sondern nach der wirtschaftlichen Zurechnung zu bestimmen. Laufender Arbeitslohn ist regelmäßig dem Monat zuzuordnen, für den er gezahlt wird. Sonderzuwendungen (z. B. Urlaubsgeld, Weihnachtsgeld), die in Monaten zufließen, in denen an allen Tagen die Voraussetzungen des § 32 Abs. 4 Satz 1 Nr. 1 oder 2 EStG vorliegen, sind dem Berücksichtigungszeitraum zuzuordnen, soweit sie diesem auch wirtschaftlich zuzurechnen sind (→ BFH vom 1. 3. 2000 – BStBl II S. 459 und vom 12. 4. 2000 – BStBl II S. 464)

Beispiel 1:

Ein zu Beginn des VZ volljähriges Kind wechselt im Juli von der Berufsausbildung in die Berufsausübung. Es erhält im Juni Urlaubsgeld und im Dezember Weihnachtsgeld.

Das Urlaubsgeld ist in voller Höhe dem Ausbildungszeitraum zuzuordnen; das Weihnachtsgeld bleibt in voller Höhe unberücksichtigt.

Beispiel 2:

Ein Kind befindet sich während des gesamten VZ in Berufsausbildung und vollendet im Juni das 18. Lebensjahr. Es erhält Urlaubsgeld und Weihnachtsgeld.

Die Sonderzuwendungen sind zu $^6/_{12}$ zu berücksichtigen.

Werden für den Jahresabschnitt der Berücksichtigung keine höheren Werbungskosten geltend gemacht, ist für diese Monate zeitanteilig, entfallende Arbeitnehmer-Pauschbetrag anzusetzen (→ BFH vom 12. 4. 2000 – BStBl II S. 464); er ist auf die Monate des VZ aufzuteilen, in denen Einnahmen aus nichtselbständiger Arbeit erzielt werden (→ BFH vom 1. 7. 2003 – BStBl II S. 759).

Beispiel 3:

Ein 20-jähriges Kind befindet sich von Januar bis Mai in einem Beschäftigungsverhältnis, ist im Juni und Juli arbeitslos und beginnt im August eine Berufsausbildung. Es bezieht während des Beschäftigungsverhältnisses und während der Berufsausbildung Einkünfte aus nichtselbständiger Arbeit (insgesamt zehn Monate). In den Monaten der Arbeitslosigkeit erhält es ausschließlich Arbeitslosengeld.

Das Kind erfüllt von Juni bis Dezember die Voraussetzungen des § 32 Abs. 4 Satz 1 Nr. 1 bzw. Nr. 2 Buchst. a EStG. Innerhalb dieses Zeitraums ist der Arbeitnehmer-Pauschbetrag für die Monate August bis Dezember mit je einem Zehntel anzusetzen.

Das Entlassungsgeld von Wehr- und Zivildienstleistenden entfällt im Zuflussjahr auf die Zeit nach Beendigung des Dienstes (→ BFH vom 14. 5. 2002 – BStBl II S. 746). Zur Aufteilung sonstiger Einkünfte und Bezüge sowie der übrigen Pauschbeträge nach § 9a EStG und der Kostenpauschale nach R 32.10 Abs. 4 Satz 1 gilt R 33a.4 Abs. 2 Satz 1 Nr. 1, zur Aufteilung anderer Einkünfte gilt R 33a.4 Abs. 2 Satz 1 Nr. 2 entsprechend. Zu einer anderen wirtschaftlich gerechtfertigten Aufteilung → R 33a.4 Abs. 2 Satz 2.

Besondere Ausbildungskosten

Der Grenzbetrag nach § 32 Abs. 4 Satz 2 EStG umfasst die Kosten für die Lebensführung eines Kindes, nicht dagegen einen Ausbildungsmehrbedarf (besondere Ausbildungskosten). Besondere Ausbildungskosten eines Kindes sind Aufwendungen, die bei einer Einkünfteermittlung – bei Außerachtlassung des § 12 Nr. 5 EStG – dem Grunde und der Höhe nach als Werbungskosten abzuziehen wären. Sie sind gemäß § 32 Abs. 4 Satz 5 EStG von den Einkünften und Bezü-

gen eines Kindes unabhängig davon abzuziehen, ob sie durch Einkünfte oder Bezüge finanziert werden (→ BFH vom 14. 11. 2000 – BStBl 2001 II S. 491).
- Besondere Ausbildungskosten sind insbesondere Aufwendungen für
  - Wege zwischen Wohnung und Ausbildungsstätte (→ BFH vom 14. 11. 2000 – BStBl 2001 II S. 489),
  - Wege zwischen dem Ausbildungsort und der Wohnung, die den Mittelpunkt der Lebensinteressen bildet (→ BFH vom 25. 7. 2001 – BStBl 2002 II S. 12),
  - Bücher, die bei der Ausbildung benötigt werden (→ BFH vom 14. 11. 2000 – BStBl 2001 II S. 489),
  - Arbeitsmittel und für Studiengebühren (→ BFH vom 14. 11. 2000 – BStBl 2001 II S. 491),
  - ein Auslandsstudium (→ BFH vom 14. 11. 2000 – BStBl 2001 II S. 495).
- Keine besonderen Ausbildungskosten sind
  - Aufwendungen für eine auswärtige Unterbringung (→ BFH vom 14. 11. 2000 – BStBl 2001 II S. 489),
  - Mehraufwendungen für Unterkunft und Verpflegung im Ausland (→ BFH vom 14. 11. 2000 – BStBl 2001 II S. 495),
  - → Versicherungsbeiträge des Kindes.

Zunächst ist festzustellen, welche finanziellen Mittel (Einkünfte und Bezüge) das Kind hat, von denen die Lebensführung oder die Berufsausbildung bestritten werden kann (§ 32 Abs. 4 Satz 2 EStG). Sodann sind besondere Ausbildungskosten nach § 32 Abs. 4 Satz 5 EStG zu ermitteln und von der Summe der Einkünfte und Bezüge abzuziehen (→ BFH vom 14. 11. 2000 – BStBl 2001 II S. 491), soweit sie nicht bereits im Rahmen der Ermittlung der Einkünfte und Bezüge nach § 32 Abs. 4 Satz 2 EStG abgezogen worden sind.

Einkünfte

- DA-FamEStG 63.4.2.1 (BStBl 2009 I S. 1030) und DA-FamEStG 63.4.3 (BStBl 2009 I S. 1030) unter Berücksichtigung der Änderungsweisungen des BZSt vom 21. 12. 2010 (BStBl 2011 I S. 21) und vom 12. 7. 2011 (BStBl I S. 716).
- Negative Einkünfte eines Kindes sind mit dessen Bezügen zu verrechnen (→ BFH vom 20. 7. 2000 – BStBl 2001 II S. 107).
- Zu den Einkünften eines Kindes gehören auch
  - der Besteuerungs- bzw. Ertragsanteil einer Waisenrente abzüglich des Werbungskostenpauschbetrags nach § 9a Satz 1 Nr. 3 EStG (→ BFH vom 14. 11. 2000 – BStBl 2001 II S. 489),
  - vermögenswirksame Leistungen i. S. d. VermBG (→ BFH vom 11. 12. 2001 – BStBl 2002 II S. 684).
- Ein Verlustabzug nach § 10d EStG mindert nicht die Einkünfte eines Kindes (→ BFH vom 24. 8. 2001 – BStBl 2002 II S. 250).

Sozialversicherungsbeiträge

→ Versicherungsbeiträge des Kindes

Steuern

Einbehaltene Lohn- und Kirchensteuer mindern nicht die Einkünfte und Bezüge eines Kindes (→ BFH vom 26. 9. 2007 – BStBl 2008 II S. 738).

Umrechnungskurse

- Die Umrechnung von nicht auf Euro lautenden Einkünften und Bezügen ist gem. § 32 Abs. 4 Satz 10 EStG entsprechend den für Ende September des Vorjahres von der Europäischen Zentralbank bekannt gegebenen Referenzkursen vorzunehmen. Dabei ist das Ergebnis auf zwei Stellen nach dem Komma zu runden. Bei Ergebnissen genau in der Mitte ist aufzurunden. Im Ausland gewährte Unterkunft und Verpflegung ist nach der SvEV zu bewerten. Die Referenzkurse der Europäischen Zentralbank sowie weitere Umrechnungskurse gem. der Devisenkursstatistik der Deutschen Bundesbank werden jährlich im BStBl I bekannt gegeben. Die Ländergruppeneinteilung (→ BMF vom 6. 11. 2009 – BStBl I S. 1323) ist zu beachten (→ DA-FamEStG 63.4.5 – BStBl 2009 I S. 1030 unter Berücksichtigung der Änderungsweisung des BZSt vom 12. 7. 2011 (BStBl I S. 716).
- → BZSt vom 20. 12. 2010 (BStBl 2011 I S. 19)

Versicherungsbeiträge des Kindes

DA-FamEStG 63.4.3.2 (BStBl 2009 I S. 1030):
„Bei der Prüfung, ob der Jahresgrenzbetrag nach § 32 Abs. 4 Satz 2 EStG überschritten ist, sind bei der Ermittlung der Bemessungsgrundlage von den Einkünften und Bezügen des Kindes abzuziehen:
- Pflichtbeiträge zur gesetzlichen Sozialversicherung (BMF-Schreiben vom 18. 11. 2005 – BStBl I S. 1027),
- Beiträge des Kindes zu einer freiwilligen gesetzlichen Kranken- und Pflegeversicherung (BFH vom 16. 11. 2006 – BStBl 2007 II S. 527),
- Beiträge des Kindes zu einer privaten Kranken- und Pflegeversicherung, mit denen der von der Beihilfe nicht freigestellte Teil der beihilfefähigen Aufwendungen für ambulante, stationäre und zahnärztliche Behandlung abgedeckt wird (BFH vom 14. 12. 2006 – BStBl 2007 II S. 530),
- unvermeidbare Beiträge des Kindes zu einer privaten Krankenversicherung, die eine Mindestvorsorge für den Krankheitsfall nach sozialhilferechtlichen Vorschriften (§§ 47 ff. SGB XII) ermöglichen (BFH vom 26. 9. 2007 – BStBl 2008 II S. 738).

Nicht abzuziehen sind:
- andere Versicherungsbeiträge, die als Sonderausgaben des Kindes in Betracht kommen, z. B. Beiträge zu einer privaten Zusatzkrankenversicherung oder zu einer Kfz-Haftpflichtversicherung (BFH vom 14. 11. 2000 – BStBl 2001 II S. 489 und vom 26. 9. 2007 – BStBl 2008 II S. 738),
- Beiträge des Kindes für eine private Rentenversicherung, wenn sich das Kind in Ausbildung befindet und in der gesetzlichen Rentenversicherung pflichtversichert ist (BFH vom 26. 9. 2007 – BStBl 2008 II S. 738)."

Verzicht auf Einkünfte und Bezüge

DA-FamEStG 63.4.4 (BStBl 2009 I S. 1030):
„(1) Ein Verzicht des Kindes auf Teile der zustehenden Einkünfte und Bezüge ist nach § 32 Abs. 4 Satz 9 EStG steuerrechtlich unbeachtlich. Ein solcher Verzicht liegt auch dann vor, wenn der Arbeitslohn (einschließlich Ausbildungsvergütung) einzelvertraglich unter Bezug auf einen Tarifvertrag, eine Betriebsvereinbarung oder eine andere Kollektivvereinbarung festgelegt war und nachträglich herabgesetzt wird; hiervon ist beispielsweise auszugehen, wenn ein Kind eine Vereinbarung trifft, die ursächlich dafür ist, dass ein Anspruch auf Weihnachtsgeld nicht geltend gemacht werden kann, der ohne diese Vereinbarung bestanden hätte (vgl. BFH vom 11. 3. 2003 – BStBl II S. 746). Dies gilt auch dann, wenn das Kind nicht tarifgebunden ist und Tarifverträge nicht für allgemein verbindlich erklärt sind. Dagegen liegt kein Verzicht vor, wenn der Arbeitgeber unter Berufung auf eine entsprechende Klausel im Tarifvertrag von seinem Recht Gebrauch macht, die Arbeitsentgelte allgemein oder für bestimmte Gruppen von Arbeitnehmern abzusenken. Umgewandelte Gehaltsbestandteile des Kindes, die der Arbeitgeber zu einer Direktversicherung, einer Pensionskasse oder zu einem Pensionsfonds leistet, sind nicht als Verzicht zu werten.
(2) In vielen Fällen sind Leistungen, die als Bezüge anzurechnen wären, davon abhängig, dass ein Antrag gestellt wird. Ein Verzicht liegt nur dann vor, wenn zu einem Zeitpunkt alle Anspruchsvoraussetzungen vorgelegen haben, einschließlich der formalen Voraussetzung des Vorliegens eines Antrages. Unterlässt es ein Kind, einen Antrag zu stellen, kann darin kein Verzicht gesehen werden, wohl aber, wenn es den Antrag zurückzieht, notwendige Nachweise nicht erbringt oder die bewilligte Leistung nicht annimmt. Ein Verzicht ist für den Zeitraum anzunehmen, für den die Leistung bewilligt worden ist oder wäre."

Vollendung des 18. Lebensjahrs

Vollendet ein Kind im Laufe des VZ das 18. Lebensjahr, bleiben Einkünfte und Bezüge des Kindes bis einschließlich des Monats der Vollendung des 18. Lebensjahres auch dann unberücksichtigt, wenn in den Folgemonaten die Voraussetzungen des § 32 Abs. 4 Satz 1 Nr. 1 oder 2 EStG vorliegen (→ BFH vom 1. 3. 2000 – BStBl II S. 459).

Wirtschaftliche Zurechnung von Einkünften und Bezügen

DA-FamEStG 63.4.1.2 Abs. 2 (BStBl 2009 I S. 1030):
(2) Die Zurechnung von Einnahmen erfolgt in dem Kalenderjahr, in dem sie zufließen. So bleiben beispielsweise die spätere Rückforderung von BAföG-Zuschüssen (BFH vom 11. 12. 2001 – BStBl 2002 II S. 205) oder Rentennachzahlungen in späteren Jahren (BFH vom 16. 4. 2002 – BStBl II S. 525) bei der Ermittlung der Einkünfte und Bezüge im laufenden Ka-

lenderjahr unberücksichtigt. Liegen die besonderen Anspruchsvoraussetzungen nach § 32 Abs. 4 Satz 1 Nr. 1 oder 2 EStG nicht während des gesamten Kalenderjahres vor und erzielt das Kind Einkünfte derselben Einkunftsart und Bezüge nicht nur während des Anspruchszeitraums, sind diese nur insoweit zu berücksichtigen, als sie auf den Anspruchszeitraum wirtschaftlich entfallen. Dabei ist grundsätzlich der Jahresbetrag der Einkünfte und Bezüge auf die Zeiten innerhalb und außerhalb des Anspruchszeitraums aufzuteilen."

R 32.11. Verlängerungstatbestände bei Arbeit suchenden Kindern und Kindern in Berufsausbildung

¹Kalendermonate der Ableistung eines Dienstes im Sinne von § 32 Abs. 5 EStG, in denen auch die Voraussetzungen des § 32 Abs. 4 Satz 1 Nr. 1 oder Nr. 2 Buchstabe a oder b EStG vorgelegen haben, führen nicht zu einer Berücksichtigung über das 21. Lebensjahr bzw. das 25./26./27. Lebensjahr (→ § 52 Abs. 40 Satz 6 EStG) hinaus[1]) ²Dies gilt auch, wenn das Kind für diese Kalendermonate nicht zu berücksichtigen war, weil seine Einkünfte und Bezüge die maßgebliche Grenze des § 32 Abs. 4 Satz 2 EStG überschritten hatten.

H 32.11

Dienste im Ausland

DA-FamEStG 63.5 Abs. 5 (BStBl 2009 I S. 1030) unter Berücksichtigung der Änderungsweisung des BZSt vom 12. 7. 2011 (BStBl I S. 716):

(5) Als Verlängerungstatbestände sind nicht nur der in Deutschland geleistete Wehr- bzw. Zivildienst sowie die Entwicklungshilfedienste nach dem EhfG oder dem ZDG zu berücksichtigen, sondern auch entsprechende Dienste im Ausland bzw. nach ausländischen Rechtsvorschriften geleistete Entwicklungshilfedienste. Eine Berücksichtigung der im Ausland bzw. nach ausländischen Rechtsvorschriften geleisteten Dienste ist jedoch grundsätzlich nur bis zur Dauer des deutschen gesetzlichen Grundwehrdienstes oder Zivildienstes möglich. Dabei ist auf die zu Beginn des Auslandsdienstes maßgebende Dauer des deutschen Grundwehrdienstes oder Zivildienstes abzustellen. Wird der gesetzliche Grundwehrdienst oder Zivildienst in einem anderen EU- bzw. EWR-Staat geleistet, so ist nach § 32 Abs. 5 Satz 2 EStG die Dauer dieses Dienstes maßgebend, auch wenn dieser länger als die Dauer des entsprechenden deutschen Dienstes ist."

Entwicklungshelfer-Gesetz

→ H 32.6

Ermittlung des Verlängerungszeitraums

DA-FamEStG 63.5 Abs. 3 (BStBl 2009 I S. 1030) unter Berücksichtigung der Änderungsweisung des BZSt vom 12. 7. 2011 (BStBl I S. 716):

(3) Bei der Ermittlung des Verlängerungszeitraums sind zunächst die Monate nach Vollendung des 18. Lebensjahres zu berücksichtigen, in denen mindestens an einem Tag ein Dienst bzw. eine Tätigkeit i. S. d. § 32 Abs. 5 Satz 1 EStG geleistet wurde. Dabei sind auch die Monate zu berücksichtigen, für die Anspruch auf Kindergeld bestand, weil der Dienst bzw. die Tätigkeit nicht am Monatsersten begonnen bzw. am Monatsletzten beendet wurde (vgl. BFH vom 20. 5. 2010 – BStBl II S. 827). Ein Verlängerungszeitraum liegt hingegen nicht vor, wenn keine Ausbildungsverzögerung eingetreten ist. Keine Ausbildungsverzögerung liegt in Monaten vor, in denen an allen Tagen, an denen ein Dienst oder eine Tätigkeit i. S. d. § 32 Abs. 5 Satz 1 EStG geleistet wurde, auch eine Berufsausbildung absolviert wurde."

R 32.12. Höhe der Freibeträge für Kinder in Sonderfällen

Einem Stpfl., der die vollen Freibeträge für Kinder erhält, weil der andere Elternteil verstorben ist (§ 32 Abs. 6 Satz 3 EStG), werden Stpfl. in Fällen gleichgestellt, in denen
1. der Wohnsitz oder gewöhnliche Aufenthalt des anderen Elternteils nicht zu ermitteln ist oder
2. der Vater des Kindes amtlich nicht feststellbar ist.

---

[1]) Satz 1 überholt → BFH vom 20. 5. 2010 (BStBl II S. 827); → H 32.11 (Ermittlung des Verlängerungszeitraums).

R 32.13. Übertragung der Freibeträge für Kinder

Barunterhaltsverpflichtung

(1) [1]Bei dauernd getrennt lebenden oder geschiedenen Ehegatten sowie bei Eltern eines nichtehelichen Kindes ist der Elternteil, in dessen Obhut das Kind sich nicht befindet, grundsätzlich zur Leistung von Barunterhalt verpflichtet. [2]Wenn die Höhe nicht durch gerichtliche Entscheidung, Verpflichtungserklärung, Vergleich oder anderweitig durch Vertrag festgelegt ist, können dafür die von den Oberlandesgerichten als Leitlinien aufgestellten Unterhaltstabellen, z. B. → „Düsseldorfer Tabelle", einen Anhalt geben.

Der Unterhaltsverpflichtung im Wesentlichen nachkommen

(2) [1]Ein Elternteil kommt seiner Barunterhaltsverpflichtung gegenüber dem Kind im Wesentlichen nach, wenn er sie mindestens zu 75 % erfüllt. [2]Der Elternteil, in dessen Obhut das Kind sich befindet, erfüllt seine Unterhaltsverpflichtung in der Regel durch die Pflege und Erziehung des Kindes (§ 1606 Abs. 3 BGB).

Maßgebender Verpflichtungszeitraum

(3) [1]Hat aus Gründen, die in der Person des Kindes liegen, oder wegen des Todes des Elternteiles die Unterhaltsverpflichtung nicht während des ganzen Kalenderjahres bestanden, ist für die Frage, inwieweit sie erfüllt worden ist, nur auf den Verpflichtungszeitraum abzustellen. [2]Wird ein Elternteil erst im Laufe des Kalenderjahres zur Unterhaltszahlung verpflichtet, ist für die Prüfung, ob er seiner Barunterhaltsverpflichtung gegenüber dem Kind zu mindestens 75 % nachgekommen ist, nur der Zeitraum zu Grunde zu legen, für den der Elternteil zur Unterhaltsleistung verpflichtet wurde. [3]Im Übrigen kommt es nicht darauf an, ob die unbeschränkte Steuerpflicht des Kindes oder der Eltern während des ganzen Kalenderjahres bestanden hat.

Verfahren

(4) [1]Wird die Übertragung der dem anderen Elternteil zustehenden Freibeträge für Kinder beantragt, weil dieser seiner Unterhaltsverpflichtung gegenüber dem Kind für das Kalenderjahr nicht im Wesentlichen nachgekommen ist, muss der Antragsteller die Voraussetzungen dafür darlegen. [2]Die Übertragung des Kinderfreibetrags führt stets auch zur Übertragung des Freibetrags für den Betreuungs- und Erziehungs- oder Ausbildungsbedarf. [3]Der betreuende Elternteil kann auch beantragen, dass der dem anderen Elternteil, in dessen Wohnung das minderjährige Kind nicht gemeldet ist, zustehende Freibetrag für den Betreuungs- und Erziehungs- oder Ausbildungsbedarf auf ihn übertragen wird. [4]In Zweifelsfällen ist dem anderen Elternteil Gelegenheit zu geben, sich zum Sachverhalt zu äußern (§ 91 AO). [5]In dem Kalenderjahr, in dem das Kind das 18. Lebensjahr vollendet, ist eine Übertragung des Freibetrags für Betreuungs- und Erziehungs- oder Ausbildungsbedarf nur für den Teil des Kalenderjahres möglich, in dem das Kind noch minderjährig ist. [6]Werden die Freibeträge für Kinder bei einer Veranlagung auf den Stpfl. übertragen, so teilt das Finanzamt dies dem für den anderen Elternteil zuständigen Finanzamt mit. [7]Ist der andere Elternteil bereits veranlagt, so ist die Änderung der Steuerfestsetzung, sofern sie nicht nach § 164 Abs. 2 Satz 1 oder § 165 Abs. 2 AO vorgenommen werden kann, nach § 175 Abs. 1 Satz 1 Nr. 2 AO durchzuführen. [8]Beantragt der andere Elternteil eine Herabsetzung der gegen ihn festgesetzten Steuer mit der Begründung, die Voraussetzungen für die Übertragung der Freibeträge für Kinder auf den Stpfl. lägen nicht vor, ist der Stpfl. unter den Voraussetzungen des § 174 Abs. 4 und 5 AO zu dem Verfahren hinzuzuziehen. [9]Obsiegt der andere Elternteil, kommt die Änderung der Steuerfestsetzung beim Stpfl. nach § 174 Abs. 4 AO in Betracht. [10]Dem Finanzamt des Stpfl. ist zu diesem Zweck die getroffene Entscheidung mitzuteilen.

H 32.13

Beispiele zu R 32.13 Abs. 3:

A. Das Kind beendet im Juni seine Berufsausbildung und steht ab September in einem Arbeitsverhältnis. Seitdem kann es sich selbst unterhalten. Der zum Barunterhalt verpflichtete Elternteil ist seiner Verpflichtung nur für die Zeit bis einschließlich Juni nachgekommen. Er hat seine für 8 Monate bestehende Unterhaltsverpflichtung für 6 Monate, also zu 75 % erfüllt.

B. Der Elternteil, der bisher seiner Unterhaltsverpflichtung durch Pflege und Erziehung des Kindes voll nachgekommen ist, verzieht im August ins Ausland und leistet von da an keinen

Unterhalt mehr. Er hat seine Unterhaltsverpflichtung, bezogen auf das Kalenderjahr, nicht mindestens zu 75 % erfüllt.

Beurteilungszeitraum

Bei der Beurteilung der Frage, ob ein Elternteil seiner Unterhaltsverpflichtung gegenüber einem Kind nachgekommen ist, ist nicht auf den Zeitpunkt abzustellen, in dem der Unterhalt gezahlt worden ist, sondern auf den Zeitraum, für den der Unterhalt bestimmt ist (→ BFH vom 11. 12. 1992 – BStBl 1993 II S. 397).

Fehlende Unterhaltsverpflichtung

Ist ein Elternteil nicht zur Leistung von Unterhalt verpflichtet, so kann der ihm zustehende Kinderfreibetrag nicht auf den anderen Elternteil übertragen werden (→ BFH vom 25. 7. 1997 – BStBl 1998 II S. 329).

Freistellung von der Unterhaltsverpflichtung

Stellt ein Elternteil den anderen Elternteil von der Unterhaltsverpflichtung gegenüber einem gemeinsamen Kind gegen ein Entgelt frei, das den geschätzten Unterhaltsansprüchen des Kindes entspricht, so behält der freigestellte Elternteil den Anspruch auf den (halben) Kinderfreibetrag (→ BFH vom 25. 1. 1996 – BStBl 1997 II S. 21).

Konkrete Unterhaltsverpflichtung

Kommt ein Elternteil seiner konkret-individuellen Unterhaltsverpflichtung nach, so ist vom Halbteilungsgrundsatz auch dann nicht abzuweichen, wenn diese Verpflichtung im Verhältnis zum Unterhaltsbedarf des Kindes oder zur Unterhaltszahlung des anderen Elternteils gering ist (→ BFH vom 25. 7. 1997 – BStBl 1998 II S. 433).

Das gilt auch in Fällen, in denen sich eine nur geringe Unterhaltsverpflichtung aus einem Urteil eines Gerichts der ehemaligen Deutschen Demokratischen Republik ergibt (→ BFH vom 25. 7. 1997 – BStBl 1998 II S. 435)

Steuerrechtliche Folgewirkungen der Übertragung

Infolge der Übertragung der Freibeträge für Kinder können sich bei den kindbedingten Steuerentlastungen, die vom Erhalt eines Freibetrags nach § 32 Abs. 6 EStG abhängen, Änderungen ergeben. Solche Folgeänderungen können zum Beispiel eintreten beim Entlastungsbetrag für Alleinerziehende (§ 24b EStG), beim Prozentsatz der zumutbaren Belastung (§ 33 Abs. 3 EStG), beim Freibetrag nach § 33a Abs. 2 EStG und bei der Übertragung des dem Kind zustehenden Behinderten- oder Hinterbliebenen-Pauschbetrags (§ 33b Abs. 5 EStG).

Übertragung im Lohnsteuerabzugsverfahren

→ R 39.2 Abs. 9 LStR 2011

R 32b. Progressionsvorbehalt

Allgemeines

(1) ¹Entgelt-, Lohn- oder Einkommensersatzleistungen der gesetzlichen Krankenkassen unterliegen auch insoweit dem Progressionsvorbehalt nach § 32b Abs. 1 Nr. 1 Buchstabe b EStG[1]), als sie freiwillig Versicherten gewährt werden. ²Beim Übergangsgeld das behinderten oder von Behinderung bedrohten Menschen nach den §§ 45 bis 52 SGB IX gewährt wird, handelt es sich um steuerfreie Leistungen nach dem SGB III, SGB VI, SGB VII oder dem Bundesversorgungsgesetz, die dem Progressionsvorbehalt unterliegen. ³Leistungen nach der Berufskrankheitenverordnung sowie das Krankentagegeld aus einer privaten Krankenversicherung und Leistungen zur Sicherung des Lebensunterhalts und zur Eingliederung in Arbeit nach dem SGB II (sog. Arbeitslosengeld II) gehören nicht zu den Entgelt-, Lohn- oder Einkommensersatzleistungen, die dem Progressionsvorbehalt unterliegen.

---

[1]) Jetzt: § 32b Abs. 1 Satz 1 Nr. 1 Buchstabe b EStG i. d. F. des JStG 2009.

(2) ¹In den Progressionsvorbehalt sind die Lohn- und Einkommensersatzleistungen mit den Beträgen einzubeziehen, die als Leistungsbeträge nach den einschlägigen Leistungsgesetzen festgestellt werden. ²Kürzungen dieser Leistungsbeträge, die sich im Falle der Abtretung oder durch den Abzug von Versichertenanteilen an den Beiträgen zur Rentenversicherung, Arbeitslosenversicherung und ggf. zur Kranken- und Pflegeversicherung ergeben, bleiben unberücksichtigt. ³Der bei der Ermittlung der Einkünfte aus nichtselbständiger Arbeit nicht ausgeschöpfte Arbeitnehmer-Pauschbetrag ist auch von Entgelt-, Lohn- und Einkommensersatzleistungen abzuziehen.

Rückzahlung von Entgelt-, Lohn- oder Einkommensersatzleistungen

(3) ¹Werden die in § 32b Abs. 1 Nr. 1 EStG¹) bezeichneten Entgelt-, Lohn- oder Einkommensersatzleistungen zurückgezahlt, sind sie von den im selben Kalenderjahr bezogenen Leistungsbeträgen abzusetzen, unabhängig davon, ob die zurückgezahlten Beträge im Kalenderjahr ihres Bezugs dem Progressionsvorbehalt unterlegen haben. ²Ergibt sich durch die Absetzung ein negativer Betrag, weil die Rückzahlungen höher sind als die im selben Kalenderjahr empfangenen Beträge oder weil den zurückgezahlten keine empfangenen Beträge gegenüberstehen, ist auch der negative Betrag bei der Ermittlung des besonderen Steuersatzes nach § 32b EStG zu berücksichtigen (negativer Progressionsvorbehalt). ³Aus Vereinfachungsgründen bestehen keine Bedenken, zurückgezahlte Beträge dem Kalenderjahr zuzurechnen, in dem der Rückforderungsbescheid ausgestellt worden ist. ⁴Beantragt der Stpfl., die zurückgezahlten Beträge dem Kalenderjahr zuzurechnen, in dem sie tatsächlich abgeflossen sind, hat er den Zeitpunkt des tatsächlichen Abflusses anhand von Unterlagen, z. B. Aufhebungs-/Erstattungsbescheide oder Zahlungsbelege, nachzuweisen oder glaubhaft zu machen.

Rückwirkender Wegfall von Entgelt-, Lohn- oder Einkommensersatzleistungen

(4) Fällt wegen der rückwirkenden Zubilligung einer Rente der Anspruch auf Sozialleistungen (z. B. Kranken- oder Arbeitslosengeld) rückwirkend ganz oder teilweise weg, ist dies am Beispiel des Krankengeldes steuerlich wie folgt zu behandeln:
1. Soweit der Krankenkasse ein Erstattungsanspruch nach § 103 SGB X gegenüber dem Rentenversicherungsträger zusteht, ist das bisher gezahlte Krankengeld als Rentenzahlung anzusehen und nach § 22 Nr. 1 Satz 3 Buchstabe a EStG mit dem Ertragsanteil der Besteuerung zu unterwerfen. ²Das Krankengeld unterliegt insoweit nicht dem Progressionsvorbehalt nach § 32b EStG.
2. Gezahlte und die Rentenleistung übersteigende Krankengeldbeträge i. S. d. § 50 Abs. 1 Satz 2 SGB V sind als Krankengeld nach § 3 Nr. 1 Buchstabe a EStG steuerfrei; § 32b EStG ist anzuwenden. ²Entsprechendes gilt für das Krankengeld, das vom Empfänger infolge rückwirkender Zubilligung einer Rente aus einer ausländischen gesetzlichen Rentenversicherung nach § 50 Abs. 1 Satz 3 SGB V an die Krankenkasse zurückzuzahlen ist.
3. Soweit die nachträgliche Feststellung des Rentenanspruchs auf VZ zurückwirkt, für die Steuerbescheide bereits ergangen sind, sind diese Steuerbescheide nach § 175 Abs. 1 Satz 1 Nr. 2 AO zu ändern.

Fehlende Entgelt-, Lohn- oder Einkommensersatzleistungen

(5) ¹Hat ein Arbeitnehmer trotz Arbeitslosigkeit kein Arbeitslosengeld erhalten, weil ein entsprechender Antrag abgelehnt worden ist, kann dies durch die Vorlage des Ablehnungsbescheids nachgewiesen werden; hat der Arbeitnehmer keinen Antrag gestellt, kann dies durch die Vorlage der vom Arbeitgeber nach § 312 SGB III ausgestellten Arbeitsbescheinigung im Original belegt werden. ²Kann ein Arbeitnehmer weder durch geeignete Unterlagen nachweisen noch in sonstiger Weise glaubhaft machen, dass er keine Entgelt-, Lohn- oder Einkommensersatzleistungen erhalten hat, kann das Finanzamt bei der für den Arbeitnehmer zuständigen Agentur für Arbeit (§ 327 SGB III) eine Bescheinigung darüber anfordern (Negativbescheinigung).

H 32.b

Allgemeines

Ist für Einkünfte nach § 32b Abs. 1 EStG der Progressionsvorbehalt zu beachten, ist wie folgt zu verfahren:
1. Ermittlung des nach § 32a Abs. 1 EStG maßgebenden zvE.

---

¹) Jetzt: § 32b Abs. 1 Satz 1 Nr. 1 EStG i. d. F. des JStG 2009.

2. Dem zvE werden für die Berechnung des besonderen Steuersatzes die Entgelt-, Lohn- oder Einkommensersatzleistungen (§ 32b Abs. 1 Satz 1 Nr. 1 EStG) sowie die unter § 32b Abs. 1 Satz 1 Nr. 2 bis 5 EStG fallenden Einkünfte im Jahr ihrer Entstehung hinzugerechnet oder von ihm abgezogen. Der sich danach ergebende besondere Steuersatz ist auf das nach § 32a Abs. 1 EStG ermittelte zvE anzuwenden.

Beispiele:

Fall	A	B
zvE (§ 2 Abs. 5 EStG)	20 000 €	20 000 €
Fall A Arbeitslosengeld	5 000 €	
oder		
Fall B zurückgezahltes Arbeitslosengeld		1 500 €
Für die Berechnung des Steuersatzes maßgebende zvE	25 000 €	18 500 €
Steuer nach Splittingtarif	1 626 €	376 €
besonderer (= durchschnittlicher) Steuersatz	6,5040 %	2,0324 %
Die Anwendung des besonderen Steuersatzes auf das zvE ergibt als Steuer	1 300 €	406 €

Ein Verlustabzug (§ 10d EStG) ist bei der Ermittlung des besonderen Steuersatzes nach § 32b Abs. 1 EStG nicht zu berücksichtigen.

Anwendung auf Lohnersatzleistungen

Der Progressionsvorbehalt für Lohnersatzleistungen ist verfassungsgemäß (→ BVerfG vom 3. 5. 1995 – BStBl II S. 758).

Anwendung bei Stpfl. mit Einkünften aus nichtselbständiger Arbeit

→ R 46.2

Ausländische Einkünfte

Die Höhe ist nach dem deutschen Steuerrecht zu ermitteln (→ BFH vom 22. 5. 1991 – BStBl 1992 II S. 94).Die steuerfreien ausländischen Einkünfte aus nichtselbständiger Arbeit i. S. d. § 32b Abs. 1 Satz 1 Nr. 2 bis 5 EStG sind als Überschuss der Einnahmen über die Werbungskosten zu berechnen. Dabei sind die tatsächlich angefallenen Werbungskosten bzw. der Arbeitnehmer-Pauschbetrag nach Maßgabe des § 32b Abs. 2 Satz 1 Nr. 2 Satz 2 EStG zu berücksichtigen.

Beispiel für Einkünfte aus nichtselbständiger Arbeit:
Der inländische steuerpflichtige Arbeitslohn beträgt 20 000 €; die Werbungskosten betragen 500 €. Der nach DBA/ATE unter Progressionsvorbehalt steuerfreie Arbeitslohn beträgt 10 000 €; im Zusammenhang mit der Erzielung des steuerfreien Arbeitslohns sind Werbungskosten in Höhe von 400 € tatsächlich angefallen.

Inländischer steuerpflichtige Arbeitslohn	20 000 €
./. Arbeitnehmer-Pauschbetrag (§ 9a Satz 1 Nr. 1 Buchstabe a EStG)	./. 1 000 €
steuerpflichtige Einkünfte gem. § 19 EStG	19 000 €
Ausländische Progressionseinnahmen	10 000 €
./. Arbeitnehmer-Pauschbetrag	0 €
maßgebende Progressionseinkünfte § 32b Abs. 2 Satz 1 Nr. 2 Satz 2 EStG	10 000 €

Ausländische Personengesellschaft

Nach einem DBA freigestellte Einkünfte aus der Beteiligung an einer ausländischen Personengesellschaft unterliegen auch dann dem Progressionsvorbehalt, wenn die ausländische Personengesellschaft in dem anderen Vertragsstaat als juristische Person besteuert wird (→ BFH vom 4. 4. 2007 – BStBl II S. 521).

Ausländische Renteneinkünfte

Ausländische Renteneinkünfte sind im Rahmen des Progressionsvorbehalts mit dem Besteuerungsanteil (§ 22 Nr. 1 Satz 3 Buchstabe a Doppelbuchstabe aa EStG) und nicht mit dem Ertragsanteil zu berücksichtigen, wenn die Leistung der ausländischen Altersversorgung in ihrem Kerngehalt den gemeinsamen und typischen Merkmalen der inländischen Basisversorgung entspricht. Zu den wesentlichen Merkmalen der Basisversorgung gehört, dass die Renten erst bei Erreichen einer bestimmten Altersgrenze bzw. bei Erwerbsunfähigkeit gezahlt werden und als Entgeltersatzleistung der Lebensunterhaltssicherung dienen (→ BFH vom 14. 7. 2010 – BStBl 2011 II S. 628).

Ausländische Verluste

1. Durch ausländische Verluste kann der Steuersatz auf Null sinken (→ BFH vom 25. 5. 1970 – BStBl II S. 660),
2. Drittstaatenverluste i. S. d. § 2a EStG werden nur nach Maßgabe des § 2a EStG berücksichtigt (→ BFH vom 17. 11. 1999 – BStBl 2000 II S. 605).

EU-Tagegeld

Zur steuerlichen Behandlung des von Organen der EU gezahlten Tagegeldes → BMF vom 12. 4. 2006 (BStBl I S. 340)

Grundfreibetrag

Es begegnet keinen verfassungsrechtlichen Bedenken, dass wegen der in § 32a Abs. 1 Satz 2 EStG angeordneten vorrangigen Anwendung des Progressionsvorbehalts des § 32b EStG auch ein z. v. E. unterhalb des Grundfreibetrags der Einkommensteuer unterliegt (→ BFH vom 9. 8. 2001 – BStBl II S. 778).

Leistungen der gesetzlichen Krankenkasse

– Leistungen der gesetzlichen Krankenkasse für eine Ersatzkraft im Rahmen der Haushaltshilfe an nahe Angehörige (§ 38 Abs. 4 Satz 2 SGB V) unterliegen nicht dem Progressionsvorbehalt (→ BFH vom 17. 6. 2005 – BStBl 2006 II S. 17).
– Die Einbeziehung des Krankengeldes, das ein freiwillig in einer gesetzlichen Krankenkasse versicherter Stpfl. erhält, in den Progressionsvorbehalt, ist verfassungsgemäß (→ BFH vom 26. 11. 2008 – BStBl 2009 II S. 376).

Steuerfreiheit einer Leibrente

Ist eine Leibrente sowohl nach einem DBA als auch nach § 3 Nr. 6 EStG steuerfrei, unterliegt sie nicht dem Progressionsvorbehalt (→ BFH vom 22. 1. 1997 – BStBl II S. 358).

Zeitweise unbeschränkte Steuerpflicht

– Besteht wegen Zu- oder Wegzugs nur zeitweise die unbeschränkte Steuerpflicht, sind die außerhalb der unbeschränkten Steuerpflicht im Kalenderjahr erzielten Einkünfte im Wege des Progressionsvorbehalts zu berücksichtigen, soweit diese nicht der beschränkten Steuerpflicht unterliegen (→ BFH vom 15. 5. 2002 – BStBl II S. 660, vom 19. 12. 2001 – BStBl 2003 II S. 302 und vom 19. 11. 2003 – BStBl 2004 II S. 549).
– Vorab entstandene Werbungskosten im Zusammenhang mit einer beabsichtigten Tätigkeit im Ausland sind beim Progressionsvorbehalt zu berücksichtigen, wenn dies nicht durch ein Doppelbesteuerungsabkommen ausgeschlossen wird (→ BFH vom 20. 9. 2006 – *BStBl 2007 II S. 756*).

R 33.1. Außergewöhnliche Belastungen allgemeiner Art

¹§ 33 EStG setzt eine Belastung des Stpfl. auf Grund außergewöhnlicher und dem Grunde und der Höhe nach zwangsläufiger Aufwendungen voraus. ²Der Stpfl. ist belastet, wenn ein Ereignis in seiner persönlichen Lebenssphäre ihn zu Ausgaben zwingt, die er selbst endgültig zu tragen hat. ³Die Belastung tritt mit der Verausgabung ein. ⁴Zwangsläufigkeit dem Grunde nach wird in der Regel auf Aufwendungen des Stpfl. für sich selbst oder für Angehörige i. S. d. § 15 AO beschränkt sein. ⁵Aufwendungen für andere Personen können diese Voraussetzung nur ausnahmsweise erfüllen (sittliche Pflicht).

R 33.2. Aufwendungen für existenziell notwendige Gegenstände

Aufwendungen zur Wiederbeschaffung oder Schadensbeseitigung können im Rahmen des Notwendigen und Angemessenen unter folgenden Voraussetzungen als außergewöhnliche Belastung berücksichtigt werden:

1. Sie müssen einen existenziell notwendigen Gegenstand betreffen – dies sind Wohnung, Hausrat und Kleidung, nicht aber z. B. ein Pkw oder eine Garage.
2. Der Verlust oder die Beschädigung muss durch ein unabwendbares Ereignis wie Brand, Hochwasser, Kriegseinwirkung, Vertreibung, politische Verfolgung verursacht sein, oder von dem Gegenstand muss eine → Gesundheitsgefährdung ausgehen, die beseitigt werden muss und die nicht auf Verschulden des Stpfl. oder seines Mieters oder auf einen Baumangel zurückzuführen ist (z. B. bei Schimmelpilzbildung).
3. Dem Stpfl. müssen tatsächlich finanzielle Aufwendungen entstanden sein; ein bloßer Schadenseintritt reicht zur Annahme von Aufwendungen nicht aus.
4. Die Aufwendungen müssen ihrer Höhe nach notwendig und angemessen sein und werden nur berücksichtigt, soweit sie den Wert des Gegenstandes im Vergleich zu vorher nicht übersteigen.
5. Nur der endgültig verlorene Aufwand kann berücksichtigt werden, d. h., die Aufwendungen sind um einen etwa nach Schadenseintritt noch vorhandenen Restwert zu kürzen.
6. Der Stpfl. muss glaubhaft darlegen, dass er den Schaden nicht verschuldet hat und dass realisierbare Ersatzansprüche gegen Dritte nicht bestehen.
7. Ein Abzug scheidet aus, sofern der Stpfl. zumutbare Schutzmaßnahmen unterlassen oder eine allgemein zugängliche und übliche Versicherungsmöglichkeit nicht wahrgenommen hat.
8. Das schädigende Ereignis darf nicht länger als drei Jahre zurückliegen, bei Baumaßnahmen muss mit der Wiederherstellung oder Schadensbeseitigung innerhalb von drei Jahren nach dem schädigenden Ereignis begonnen worden sein.

R 33.3. Aufwendungen wegen Pflegebedürftigkeit und erheblich eingeschränkter Alltagskompetenz

Voraussetzungen und Nachweis

(1) ¹Zu dem begünstigten Personenkreis zählen pflegebedürftige Personen, bei denen mindestens ein Schweregrad der Pflegebedürftigkeit i. S. d. §§ 14, 15 SGB XI besteht und Personen, bei denen eine erhebliche Einschränkung der Alltagskompetenz nach § 45a SGB XI festgestellt wurde. ²Der Nachweis ist durch eine Bescheinigung (z. B. Leistungsbescheid oder -mitteilung) der sozialen Pflegekasse oder des privaten Versicherungsunternehmens, das die private Pflegeversicherung durchführt, oder nach § 65 Abs. 2 EStDV zu führen. ³Pflegekosten von Personen, die nicht zu dem nach Satz 1 begünstigten Personenkreis zählen und ambulant gepflegt werden, können ohne weiteren Nachweis auch dann als außergewöhnliche Belastungen berücksichtigt werden, wenn sie von einem anerkannten Pflegedienst nach § 89 SGB XI gesondert in Rechnung gestellt worden sind.

Eigene Pflegeaufwendungen

(2) ¹Zu den Aufwendungen infolge Pflegebedürftigkeit und erheblich eingeschränkter Alltagskompetenz zählen sowohl Kosten für die Beschäftigung einer ambulanten Pflegekraft und/oder die Inanspruchnahme von Pflegediensten, von Einrichtungen der Tages- oder Nachtpflege, der Kurzzeitpflege oder von nach Landesrecht anerkannten niedrigschwelligen Betreuungsangeboten als auch Aufwendungen zur Unterbringung in einem Heim. ²Wird bei einer Heimunterbringung wegen Pflegebedürftigkeit der private Haushalt aufgelöst, ist die Haushaltsersparnis mit dem in § 33a Abs. 1 Satz 1 EStG genannten Höchstbetrag der abziehbaren Aufwendungen anzusetzen. ³Liegen die Voraussetzungen nur während eines Teiles des Kalenderjahres vor, sind die anteiligen Beträge anzusetzen ($^1/_{360}$ pro Tag, $^1/_{12}$ pro Monat). ⁴Nimmt der Stpfl. wegen seiner pflegebedingten Aufwendungen den Abzug nach § 33 EStG in Anspruch, sind die Gesamtkosten um den auf hauswirtschaftliche Dienstleistungen entfallenden Anteil zu kürzen, der zur Vereinfachung in Höhe des Abzugsbetrags nach § 33a Abs. 3 EStG anzusetzen ist.

Konkurrenz zu § 33a Abs. 3 EStG1925

(3) Nimmt der Stpfl. wegen seiner behinderungsbedingten Aufwendungen einen Pauschbetrag nach § 33b Abs. 3 EStG in Anspruch, kann er daneben Folgendes geltend machen:

- bei Heimunterbringung zusätzlich den Abzugsbetrag für Heimbewohner nach § 33a Abs. 3 Satz 2 Nr. 2 EStG oder
- bei ambulanter Pflege, wenn in den Aufwendungen solche für hauswirtschaftliche Dienstleistungen enthalten sind, den Abzug wegen der Beschäftigung einer Hilfe im Haushalt nach § 33a Abs. 3 Satz 1 Nr. 2 EStG.

Konkurrenz zu § 33b EStG[1])

(4) ¹Die Inanspruchnahme eines Pauschbetrags nach § 33b Abs. 3 EStG schließt die Berücksichtigung von Aufwendungen nach Absatz 2 im Rahmen des § 33 EStG aus. ²Dies gilt auch dann, wenn es sich um das pflegebedürftige Kind eines Stpfl. handelt und der Stpfl. den Pauschbetrag auf sich hat übertragen lassen.

Pflegeaufwendungen für Dritte

(5) Hat der pflegebedürftige Dritte im Hinblick auf sein Alter oder eine etwaige Bedürftigkeit dem Stpfl. Vermögenswerte zugewendet, z. B. ein Hausgrundstück, kommt ein Abzug der Pflegeaufwendungen nur in der Höhe in Betracht, wie die Aufwendungen den Wert des hingegebenen Vermögens übersteigen.

R 33.4. Aufwendungen wegen Krankheit, Behinderung und Tod

Nachweis

(1) ¹Der Nachweis der Zwangsläufigkeit, Notwendigkeit und Angemessenheit von Aufwendungen im Krankheitsfall ist zu führen
- durch Verordnung eines **Arztes** oder **Heilpraktikers** für Arznei-, Heil- und Hilfsmittel (→ §§ 2, 23, 31 bis 33 SGB V)[2]); bei einer andauernden Erkrankung mit anhaltendem Verbrauch bestimmter Arznei-, Heil- und Hilfsmittel reicht die einmalige Vorlage einer Verordnung; ²Wurde die Notwendigkeit einer Sehhilfe durch einen Augenarzt festgestellt, genügt die Folgerefraktionsbestimmung durch einen Augenoptiker. ³Als Nachweis der angefallenen Krankheitsaufwendungen kann auch die Vorlage der Erstattungsmitteilungen der privaten Krankenversicherung oder der Beihilfebescheide einer Behörde ausreichen. ⁴Diese Erleichterung entbindet den Stpfl. aber nicht von der Verpflichtung, in Einzelfällen die Zwangsläufigkeit, Notwendigkeit und Angemessenheit nicht erstatteter Aufwendungen dem Finanzamt auf Verlangen nachzuweisen.
- durch **amtsärztliches** Attest **vor** Kauf oder Behandlung
  - für Bade- und Heilkuren; bei Vorsorgekuren muss auch die Gefahr einer durch die Kur abzuwendenden Krankheit, bei Klimakuren der medizinisch angezeigte Kurort und die voraussichtliche Kurdauer bescheinigt werden,
  - für psychotherapeutische Behandlungen; die Fortführung einer Behandlung nach Ablauf der Bezuschussung durch die Krankenkasse steht einem Behandlungsbeginn gleich,
  - für den Krankheitswert einer Legasthenie oder einer anderen Behinderung eines Kindes, der die auswärtige Unterbringung für eine medizinische Behandlung erfordert,
  - für die Notwendigkeit der Betreuung alter oder hilfloser Stpfl. durch eine Begleitperson, sofern sich diese nicht bereits aus dem Ausweis nach dem SGB IX ergibt,
  - für medizinische Hilfsmittel, die als allgemeine Gebrauchsgegenstände des täglichen Lebens anzusehen sind → § 33 Abs. 1 SGB V,
  - für wissenschaftlich nicht anerkannte Behandlungsmethoden, wie Frisch- und Trockenzellenbehandlungen, Sauerstoff-, Chelat- und Eigenbluttherapie,
  dem amtsärztlichen Attest stehen ärztliche Bescheinigungen eines Medizinischen Dienstes der Krankenversicherung (MDK, → § 275 SGB V) gleich[3]); bei Pflichtversicherten die Bescheinigung der Versicherungsanstalt, bei öffentlich Bediensteten die Bescheinigung von Beihilfestellen in Behörden, wenn offensichtlich die Notwendigkeit der Kur im Rahmen der Bewilligung von Zuschüssen oder Beihilfen anerkannt worden ist,
- durch Attest des behandelnden Krankenhausarztes für Aufwendungen für Besuchsfahrten zu in einem Krankenhaus für längere Zeit liegenden Ehegatten oder Kind des Stpfl., wenn das Attest bestätigt, dass gerade der Besuch des Stpfl. zur Linderung oder Heilung einer bestimmten Krankheit entscheidend beitragen kann[4]).

---

[1]) Satz 2 ist überholt durch BFH vom 11. 2. 2010 – BStBl II S. 621: Stpfl., auf die der Behinderten-Pauschbetrag nach § 33b Abs. 5 EStG übertragen worden ist, können zusätzlich Aufwendungen für ihr behindertes Kind nach § 33 EStG abziehen, weil der Pauschbetrag nur Aufwendungen des Kindes abgilt.
[2]) Jetzt → § 64 Abs. 1 Nr. 1 EStDV.
[3]) Jetzt → § 64 Abs. 1 Nr. 2 EStDV.
[4]) Jetzt → § 64 Abs. 1 Nr. 3 EStDV.

²Bei Aufwendungen für eine Augen-Laser-Operation ist die Vorlage eines amtsärztlichen Attests nicht erforderlich.

Privatschulbesuch

(2) ¹Ist ein Kind ausschließlich wegen einer Behinderung im Interesse einer angemessenen Berufsausbildung auf den Besuch einer Privatschule (Sonderschule oder allgemeine Schule in privater Trägerschaft) mit individueller Förderung angewiesen, weil eine geeignete öffentliche Schule oder eine den schulgeldfreien Besuch ermöglichende geeignete Privatschule nicht zur Verfügung steht oder nicht in zumutbarer Weise erreichbar ist, ist das Schulgeld dem Grunde nach als außergewöhnliche Belastung nach § 33 EStG – neben einem auf den Stpfl. übertragbaren Pauschbetrag für behinderte Menschen – zu berücksichtigen. ²Der Nachweis, dass der Besuch der Privatschule erforderlich ist, muss durch eine Bestätigung der zuständigen obersten Landeskultusbehörde oder der von ihr bestimmten Stelle geführt werden.

Kur

(3) ¹Kosten für Kuren im Ausland sind in der Regel nur bis zur Höhe der Aufwendungen anzuerkennen, die in einem dem Heilzweck entsprechenden inländischen Kurort entstehen würden. ²Verpflegungsmehraufwendungen anlässlich einer Kur können nur in tatsächlicher Höhe nach Abzug der Haushaltsersparnis von ¹/₅ der Aufwendungen berücksichtigt werden.

Aufwendungen behinderter Menschen für Verkehrsmittel

(4) Macht ein gehbehinderter Stpfl. neben den Aufwendungen für Privatfahrten mit dem eigenen Pkw auch solche für andere Verkehrsmittel (z. B. für Taxis) geltend, ist die als noch angemessen anzusehende jährliche Fahrleistung von 3 000 km (beim GdB von mindestens 80 oder GdB von mindestens 70 und Merkzeichen G) – bzw. von 15 000 km (bei Merkzeichen aG, Bl oder H) – entsprechend zu kürzen.

H 33.1 – 33.4

Abkürzung des Zahlungsweges

Bei den außergewöhnlichen Belastungen kommt der Abzug von Aufwendungen eines Dritten auch unter dem Gesichtspunkt der Abkürzung des Vertragswegs nicht in Betracht (→ BMF vom 7. 7. 2008 – BStBl I S. 717).

Adoption

Aufwendungen im Zusammenhang mit einer Adoption sind nicht zwangsläufig (→ BFH vom 13. 3. 1987 – BStBl II S. 495 und vom 20. 3. 1987 – BStBl II S. 596).

Asbestbeseitigung

→ Gesundheitsgefährdung

Asyl

Die Anerkennung als Asylberechtigter läßt nicht ohne weiteres auf ein unabwendbares Ereignis für den Verlust von Hausrat und Kleidung schließen (→ BFH vom 26. 4. 1991 – BStBl II S. 755).

Aussiedlung und Übersiedlung

Bei Übersiedlung bzw. Aussiedlung können die Aufwendungen für die Wiederbeschaffung von Hausrat und Kleidung nicht als außergewöhnliche Belastung anerkannt werden, es sei denn, es wird im Einzelfall ein unabwendbares Ereignis glaubhaft gemacht (→ BMF vom 25. 4. 1990 – BStBl I S. 222).

Außergewöhnlich

Außergewöhnlich sind Aufwendungen, wenn sie nicht nur der Höhe, sondern auch ihrer Art und dem Grunde nach außerhalb des Üblichen liegen und insofern nur einer Minderheit entstehen. Die typischen Aufwendungen der Lebensführung sind aus dem Anwendungsbereich des § 33 EStG ungeachtet ihrer Höhe im Einzelfall ausgeschlossen (→ BFH vom 29. 9. 1989 – BStBl 1990 II S. 418, vom 19. 5. 1995 – BStBl II S. 774, vom 22. 10. 1996 – BStBl 1997 II S. 558 und vom 12. 11. 1996 – BStBl 1997 II S. 387).

Aussteuer

Aufwendungen für die Aussteuer einer heiratenden Tochter sind regelmäßig nicht als zwangsläufig anzusehen, weil sie grundsätzlich in den Vermögensbereich gehören; dies gilt auch, wenn die Eltern ihrer Verpflichtung, dem Kind eine Berufsausbildung zuteil werden zu lassen, nicht nachgekommen sind (→ BFH vom 3. 6. 1987 – BStBl II S. 779).

Behindertengerechte Ausstattung

Mehraufwendungen für die notwendige behindertengerechte Gestaltung des individuellen Wohnumfelds sind außergewöhnliche Belastungen. Sie stehen so stark unter dem Gebot der sich aus der Situation ergebenden Zwangsläufigkeit, dass die Erlangung eines etwaigen Gegenwerts regelmäßig in den Hintergrund tritt. Es ist nicht erforderlich, dass die Behinderung auf einem nicht vorhersehbaren Ereignis beruht und deshalb ein schnelles Handeln des Stpfl. oder seiner Angehörigen geboten ist. Auch die Frage nach zumutbaren Handlungsalternativen stellt sich in solchen Fällen nicht (→ BFH vom 24. 2. 2011 – BStBl II S. 1102).

Bestattungskosten

eines nahen Angehörigen sind regelmäßig als außergewöhnliche Belastung zu berücksichtigen, soweit sie nicht aus dem Nachlass bestritten werden können und auch nicht durch Ersatzleistungen gedeckt sind (→ BFH vom 8. 9. 1961 – BStBl 1962 III S. 31, vom 19. 10. 1990 – BStBl 1991 II S. 140, vom 17. 6. 1994 – BStBl II S. 754 und vom 22. 2. 1996 – BStBl II S. 413). Leistungen aus einer Sterbegeldversicherung oder aus einer Lebensversicherung, die dem Stpfl. anlässlich des Todes eines nahen Angehörigen außerhalb des Nachlasses zufließen, sind auf die als außergewöhnliche Belastung anzuerkennenden Kosten anzurechnen (→ BFH vom 19. 10. 1990 – BStBl 1991 II S. 140 und vom 22. 2. 1996 – BStBl II S. 413).

Zu den außergewöhnlichen Belastungen gehören nur solche Aufwendungen, die unmittelbar mit der eigentlichen Bestattung zusammenhängen. Nur mittelbar mit einer Bestattung zusammenhängende Kosten werden mangels Zwangsläufigkeit nicht als außergewöhnliche Belastung anerkannt. Zu diesen mittelbaren Kosten gehören z. B.:
– Aufwendungen für die Bewirtung von Trauergästen (→ BFH vom 17. 9. 1987 – BStBl 1988 II S. 130),
– Aufwendungen für Trauerkleidung (→ BFH vom 12. 8. 1966 – BStBl 1967 III S. 364),
– Reisekosten für die Teilnahme an einer Bestattung eines nahen Angehörigen (→ BFH vom 17. 6. 1994 – BStBl 1994 II S. 754).

Betreuervergütung

Vergütungen für einen ausschließlich zur Vermögenssorge bestellten Betreuer stellen keine außergewöhnlichen Belastungen, sondern Betriebsausgaben bzw. Werbungskosten bei den mit dem verwalteten Vermögen erzielten Einkünften dar, sofern die Tätigkeit des Betreuers weder einer kurzfristigen Abwicklung des Vermögens noch der Verwaltung ertraglosen Vermögens dient (→ BFH vom 14. 9. 1999 – BStBl 2000 II S. 69).

Betriebsausgaben, Werbungskosten, Sonderausgaben

Aufwendungen, die zu den Betriebsausgaben, Werbungskosten oder Sonderausgaben gehören, sind auch dann keine außergewöhnlichen Belastungen, wenn sie sich steuerlich tatsächlich nicht ausgewirkt haben (→ BFH vom 29. 11. 1991 – BStBl 1992 II S. 290 und 293). Entsprechendes gilt für Aufwendungen, die unter § 9 Abs. 5 oder § 9c EStG fallen. Ausnahmen: § 10 Abs. 1 Nr. 7 und 9 EStG → § 33 Abs. 2 Satz 2 EStG.

Betrug

Durch Betrug veranlaßte vergebliche Zahlungen für einen Grundstückskauf sind nicht zwangsläufig (→ BFH vom 19. 5. 1995 – BStBl II S. 774).

Darlehen

– Werden die Ausgaben über Darlehen finanziert werden, tritt die Belastung bereits im Zeitpunkt der Verausgabung ein (→ BFH vom 10. 6. 1988 – BStBl II S. 814).
– → Verausgabung

Diätverpflegung

Aufwendungen, die durch Diätverpflegung entstehen, sind von der Berücksichtigung als außergewöhnliche Belastung auch dann ausgeschlossen, wenn die Diätverpflegung an die Stelle einer sonst erforderlichen medikamentösen Behandlung tritt (→ BFH vom 21. 6. 2007 – BStBl II S. 880).

Eltern-Kind-Verhältnis

Aufwendungen des nichtsorgeberechtigten Elternteils zur Kontaktpflege sind nicht außergewöhnlich (→ BFH vom 27. 9. 2007 – BStBl 2008 II S. 287).

Ergänzungspflegervergütung

Wird für einen Minderjährigen im Zusammenhang mit einer Erbauseinandersetzung die Anordnung einer Ergänzungspflegschaft erforderlich, so sind die Aufwendungen hierfür nicht als außergewöhnliche Belastungen zu berücksichtigen (→ BFH vom 14. 9. 1999 – BStBl 2000 II S. 69).

Erpressungsgelder

Erpressungsgelder sind keine außergewöhnlichen Belastungen, wenn der Erpressungsgrund selbst und ohne Zwang geschaffen worden ist (→ BFH vom 18. 3. 2004 – BStBl II S. 867).

Ersatz von dritter Seite

Ersatz und Unterstützungen von dritter Seite zum Ausgleich der Belastung sind von den berücksichtigungsfähigen Aufwendungen abzusetzen, es sei denn, die vertragsgemäße Erstattung führt zu steuerpflichtigen Einnahmen beim Stpfl. (→ BFH vom 14. 3. 1975 – BStBl II S. 632 und vom 6. 5. 1994 – BStBl 1995 II S. 104). Die Ersatzleistungen sind auch dann abzusetzen, wenn sie erst in einem späteren Kalenderjahr gezahlt werden, der Stpfl. aber bereits in dem Kalenderjahr, in dem die Belastung eingetreten ist, mit der Zahlung rechnen konnte (→ BFH vom 21. 8. 1974 – BStBl 1975 II S. 14). Werden Ersatzansprüche gegen Dritte nicht geltend gemacht, entfällt die Zwangsläufigkeit, wobei die Zumutbarkeit Umfang und Intensität der erforderlichen Rechtsverfolgung bestimmt (→ BFH vom 20. 9. 1991 – BStBl 1992 II S. 137 und vom 18. 6. 1997 – BStBl II S. 805). Der Verzicht auf die Inanspruchnahme von staatlichen Transferleistungen (z. B. Eingliederungshilfe nach § 35a SGB VIII) steht dem Abzug von Krankheitskosten als außergewöhnliche Belastungen nicht entgegen (→ BFH vom 11. 11. 2010 – BStBl 2011 II S. 969). Der Abzug von Aufwendungen nach § 33 EStG ist ferner ausgeschlossen, wenn der Stpfl. eine allgemein zugängliche und übliche Versicherungsmöglichkeit nicht wahrgenommen hat (→ BFH vom 6. 5. 1994 – BStBl 1995 II S. 104). Dies gilt auch, wenn lebensnotwendige Vermögensgegenstände, wie Hausrat und Kleidung wiederbeschafft werden müssen (→ BFH vom 26. 6. 2003 – BStBl 2004 II S. 47).

– **Hausratversicherung**
  Anzurechnende Leistungen aus einer Hausratversicherung sind nicht aufzuteilen in einen Betrag, der auf allgemein notwendigen und angemessenen Hausrat entfällt, und in einen solchen, der die Wiederbeschaffung von Gegenständen und Kleidungsstücken gehobenen Anspruchs ermöglichen soll (→ BFH vom 30. 6. 1999 – BStBl II S. 766),
– **Krankenhaustagegeldversicherungen**
  Bis zur Höhe der durch einen Krankenhausaufenthalt verursachten Kosten sind die Leistungen abzusetzen, nicht aber Leistungen aus einer Krankentagegeldversicherung (→ BFH vom 22. 10. 1971 – BStBl 1972 II S. 177).
– **Private Pflegezusatzversicherung**
  Das aus einer privaten Pflegezusatzversicherung bezogene Pflege(tage)geld mindert die abziehbaren Pflegekosten (→ BFH vom 14. 4. 2011 – BStBl II S. 701).

Anhang 30

Einkommensteuer-Richtlinien

Fahrtkosten, allgemein

Unumgängliche Fahrtkosten, die dem Grunde nach als außergewöhnliche Belastung zu berücksichtigen sind, sind bei Nutzung eines Pkw nur in Höhe der Kosten für die Benutzung eines öffentlichen Verkehrsmittels abziehbar, es sei denn, es bestand keine zumutbare öffentliche Verkehrsverbindung (→ BFH vom 3. 12. 1998 – BStBl 1999 II S. 227).

→ Fahrtkosten behinderter Menschen

→ Familienheimfahrten

→ Kur

→ Mittagheimfahrt

→ Pflegeaufwendungen für Dritte

→ Zwischenheimfahrten

Fahrtkosten behinderter Menschen

Kraftfahrzeugkosten behinderter Menschen können im Rahmen der Angemessenheit neben den Pauschbeträgen nur wie folgt berücksichtigt werden (→ BMF vom 29. 4. 1996 – BStBl I S. 446 und vom 21. 11. 2001 – BStBl I S. 868):

1. **Bei geh- und stehbehinderten Stpfl. (GdB von mindestens 80 oder GdB von mindestens 70 und Merkzeichen G):**
   Aufwendungen für durch die Behinderung veranlasste unvermeidbare Fahrten sind als außergewöhnliche Belastung anzuerkennen, soweit sie nachgewiesen oder glaubhaft gemacht werden und angemessen sind.
   Aus Vereinfachungsgründen kann im Allgemeinen ein Aufwand für Fahrten bis zu 3 000 km im Jahr als angemessen angesehen werden.
2. **Bei außergewöhnlich gehbehinderten (Merkzeichen aG), blinden (Merkzeichen Bl) und hilflosen (Merkzeichen H) Menschen:**
   In den Grenzen der Angemessenheit dürfen nicht nur die Aufwendungen für durch die Behinderung veranlasste unvermeidbare Fahrten, sondern auch für Freizeit-, Erholungs- und Besuchsfahrten abgezogen werden. Die tatsächliche Fahrleistung ist nachzuweisen oder glaubhaft zu machen. Eine Fahrleistung von mehr als 15 000 km im Jahr liegt in aller Regel nicht mehr im Rahmen des Angemessenen (→ BFH vom 2. 10. 1992 – BStBl 1993 II S. 286). Die Begrenzung auf jährlich 15 000 km gilt ausnahmsweise nicht, wenn die Fahrleistung durch eine berufsqualifizierende Ausbildung bedingt ist, die nach der Art und Schwere der Behinderung nur durch den Einsatz eines Pkw durchgeführt werden kann. In diesem Fall können weitere rein private Fahrten nur noch bis zu 5 000 km jährlich berücksichtigt werden (→ BFH vom 13. 12. 2001 – BStBl 2002 II S. 198).
3. Ein höherer Aufwand als 0,30 €/km ist unangemessen und darf deshalb im Rahmen des § 33 EStG nicht berücksichtigt werden (→ BFH vom 19. 5. 2004 – III R 16/02). Das gilt auch dann, wenn sich der höhere Aufwand wegen einer nur geringen Jahresfahrleistung ergibt (→ BFH vom 18. 12. 2003 – BStBl 2004 II S. 453).

Die Kosten können auch berücksichtigt werden, wenn sie nicht beim behinderten Menschen selbst, sondern bei einem Stpfl. entstanden sind, auf den der Behinderten-Pauschbetrag nach § 33b Abs. 5 EStG übertragen worden ist; das gilt jedoch nur für solche Fahrten, an denen der behinderte Mensch selbst teilgenommen hat (→ BFH vom 1. 8. 1975 – BStBl II S. 825).

Familienheimfahrten

Aufwendungen verheirateter Wehrpflichtiger für Familienheimfahrten sind keine außergewöhnliche Belastung berücksichtigt werden (→ BFH vom 5. 12. 1969 – BStBl 1970 II S. 210).

Formaldehydemission

→ Gesundheitsgefährdung

Freiwillige Ablösungen

von laufenden Kosten für die Anstaltsunterbringung eines pflegebedürftigen Kindes sind nicht zwangsläufig (→ BFH vom 14. 11. 1980 – BStBl 1981 II S. 130).

Gegenwert

– Die Erlangung eines Gegenwerts schließt insoweit die Belastung des Stpfl. aus. Einen Gegenwert liegt vor, wenn der betreffende Gegenstand oder die bestellte Leistung eine gewisse Marktfähigkeit besitzen, die in einem bestimmten Verkehrswert zum Ausdruck kommt (→ BFH vom 4. 3. 1983 – BStBl II S. 378 und vom 29. 11. 1991 – BStBl 1992 II S. 290). Bei der Beseitigung eingetretener Schäden an einem Vermögensgegenstand, der für den Stpfl. von existenziell wichtiger Bedeutung ist, ergibt sich ein Gegenwert nur hinsichtlich von Wertverbesserungen, nicht jedoch hinsichtlich des verlorenen Aufwandes (→ BFH vom 6. 5. 1994 – BStBl 1995 II S. 104).
– → Gesundheitsgefährdung
– → Behindertengerechte Ausstattung

Gesundheitsgefährdung

– Geht von einem Gegenstand des existenznotwendigen Bedarfs eine konkrete Gesundheitsgefährdung aus, die beseitigt werden muss (z. B. asbesthaltige Außenfassade des Hauses, Formaldehydemission von Möbeln), sind die Sanierungskosten und die Kosten für eine ordnungsgemäße Entsorgung des Schadstoffs aus tatsächlichen Gründen zwangsläufig entstanden. Die Sanierung muss im Zeitpunkt ihrer Durchführung unerlässlich sein. Die Gesundheitsgefährdung ist durch ein vor Durchführung der Maßnahme von einer zuständigen amtlichen technischen Stelle erstelltes Gutachten und bei Unterschreitung des Grenzwerts durch ein zusätzliches, vor Durchführung der Maßnahme einzuholendes amts- und vertrauensärztliches Attest nachzuweisen (→ BFH vom 9. 8. 2001 – BStBl 2002 II S. 240 und vom 23. 5. 2002 – BStBl II S. 592). Der Stpfl. ist verpflichtet, die medizinische Indikation der Maßnahmen nachzuweisen. Eines amts- oder vertrauensärztlichen Gutachtens bedarf es hierzu nicht (→ BFH vom 11. 11. 2010 – BStBl 2011 II S. 966).
– Tauscht der Stpfl. gesundheitsgefährdende Gegenstände des existenznotwendigen Bedarfs aus, steht die Gegenwertlehre dem Abzug der Aufwendungen nicht entgegen. Der sich aus der Erneuerung ergebende Vorteil ist jedoch anzurechnen („Neu für Alt") (→ BFH vom 11. 11. 2010 – BStBl 2011 II S. 966).
– → Mietzahlungen

Getrennte Veranlagung

Die zumutbare Belastung bei getrennter Veranlagung ist vom G.d.E. beider Ehegatten zu berechnen (→ BFH vom 26. 3. 2009 – BStBl II S. 808).

Gutachter

Ergibt sich aus Gutachten die Zwangsläufigkeit von Aufwendungen gem. § 33 Abs. 2 EStG, können auch die Aufwendungen für das Gutachten berücksichtigt werden (→ BFH vom 23. 5. 2002 – BStBl II S. 592).

Haushaltsersparnis

Wird bei einer Heimunterbringung wegen Pflegebedürftigkeit der private Haushalt aufgelöst, können nur die über die üblichen Kosten der Unterhaltung eines Haushalts hinausgehenden Aufwendungen als außergewöhnliche Belastungen berücksichtigt werden (→ BFH vom 22. 8. 1980 – BStBl 1981 II S. 23, vom 29. 9. 1989 – BStBl 1990 II S. 418 und vom 15. 4. 2010 – BStBl II S. 794). Kosten der Unterbringung in einem Krankenhaus können regelmäßig ohne Kürzung um eine Haushaltsersparnis als außergewöhnliche Belastung anerkannt werden.

Heimunterbringung

– Aufwendungen eines nicht pflegebedürftigen Stpfl., der mit seinem pflegebedürftigen Ehegatten in ein Wohnstift übersiedelt, erwachsen nicht zwangsläufig i. S. d. § 33 Abs. 2 Satz 1 EStG (→ BFH vom 15. 4. 2010 – BStBl II S. 794).
– Bei einem durch Krankheit veranlassten Aufenthalt in einem Seniorenheim sind die Kosten für die Unterbringung außergewöhnliche Belastungen. Der Aufenthalt kann auch krankheitsbedingt sein, wenn keine zusätzlichen Pflegekosten entstanden sind und kein Merkmal „H" oder „Bl" im Schwerbehindertenausweis festgestellt ist (→ BFH vom 13. 10. 2010 – BStBl 2011 II S. 1010).

- Zur Berücksichtigung der Aufwendungen von Eltern erwachsener behinderter Menschen in vollstationärer Heimunterbringung als außergewöhnliche Belastung → BMF vom 14. 4. 2003 (BStBl I S. 360).
- Kosten für die behinderungsbedingte Unterbringung in einer sozial-therapeutischen Einrichtung können außergewöhnliche Belastungen sein (→ BFH vom 9. 12. 2010 – BStBl 2011 II S. 1011).

Kapitalabfindung von Unterhaltsansprüchen

Der Abzug einer vergleichsweise vereinbarten Kapitalabfindung zur Abgeltung sämtlicher möglicherweise in der Vergangenheit entstandener und künftiger Unterhaltsansprüche eines geschiedenen Ehegatten scheidet in aller Regel wegen fehlender Zwangsläufigkeit aus (→ BFH vom 26. 2. 1998, BStBl II S. 605).

Krankenhaustagegeldversicherung

Die Leistungen sind von den berücksichtigungsfähigen Aufwendungen abzusetzen (→ BFH vom 22. 10. 1971 – BStBl 1972 II S. 177).

Krankentagegeldversicherung

Die Leistungen sind – im Gegensatz zu Leistungen aus einer Krankenhaustagegeldversicherung – kein Ersatz für Krankenhauskosten (→ BFH vom 22. 10. 1971 – BStBl 1972 II S. 177).

Krankenversicherungsbeiträge

Da Krankenversicherungsbeiträge ihrer Art nach Sonderausgaben sind, können sie auch bei an sich beihilfeberechtigten Angehörigen des öffentlichen Dienstes nicht als außergewöhnliche Belastung berücksichtigt werden, wenn der Stpfl. wegen seines von Kindheit an bestehenden Leidens keine Aufnahme in eine private Krankenversicherung gefunden hat (→ BFH vom 29. 11. 1991 – BStBl 1992 II S. 293).

Krankheitskosten für Unterhaltsberechtigte

Für einen Unterhaltsberechtigten aufgewendete Krankheitskosten können beim Unterhaltspflichtigen grundsätzlich nur insoweit als außergewöhnliche Belastung anerkannt werden, als der Unterhaltsberechtigte nicht in der Lage ist, die Krankheitskosten selbst zu tragen (→ BFH vom 11. 7. 1990 – BStBl 1991 II S. 62). Ein schwerbehindertes Kind, das angesichts der Schwere und der Dauer seiner Erkrankung seinen Grundbedarf und behinderungsbedingten Mehrbedarf nicht selbst zu decken in der Lage ist und bei dem ungewiss ist, ob sein Unterhaltsbedarf im Alter durch Leistungen Unterhaltspflichtiger gedeckt werden kann, darf jedoch zur Altersvorsorge maßvoll Vermögen bilden. Die das eigene Vermögen des Unterhaltsempfängers betreffende Bestimmung des § 33a Abs. 1 Satz 4 EStG kommt im Rahmen des § 33 EStG nicht zur Anwendung (→ BFH vom 11. 2. 2010 – BStBl II S. 621).

Künstliche Befruchtung

- Aufwendungen für eine künstliche Befruchtung, die einem Ehepaar zu einem gemeinsamen Kind verhelfen soll, das wegen Empfängnisunfähigkeit der Ehefrau sonst von ihrem Ehemann nicht gezeugt werden könnte (homologe künstliche Befruchtung), können außergewöhnliche Belastungen sein (→ BFH vom 18. 6. 1997 – BStBl II S. 805). Dies gilt auch für ein nicht verheiratetes Paar, wenn die Richtlinien der ärztlichen Berufsordnungen beachtet werden; insbesondere eine fest gefügte Partnerschaft vorliegt und der Mann die Vaterschaft anerkennen wird (→ BFH vom 10. 5. 2007 – BStBl II S. 871).
- Aufwendungen eines Ehepaares für eine medizinisch angezeigte künstliche Befruchtung mit dem Samen eines Dritten (heterologe künstliche Befruchtung) sind als Krankheitskosten zu beurteilen und damit als außergewöhnliche Belastung zu berücksichtigen (→ BFH vom 16. 12. 2010 – BStBl 2011 S. 414).
- Aufwendungen für eine künstliche Befruchtung nach vorangegangener freiwilliger Sterilisation sind keine außergewöhnlichen Belastungen (→ BFH vom 3. 3. 2005 – BStBl II S. 566).

Kur

Kosten für eine Kurreise können als außergewöhnliche Belastung nur abgezogen werden, wenn die Kurreise zur Heilung oder Linderung einer Krankheit nachweislich notwendig ist und eine andere Behandlung nicht oder kaum erfolgversprechend erscheint (→ BFH vom 12. 6. 1991 – BStBl II S. 763).

– **Erholungsurlaub/Abgrenzung zur** Heilkur
   Im Regelfall ist zur Abgrenzung einer Heilkur vom Erholungsurlaub ärztliche Überwachung zu fordern. Gegen die Annahme einer Heilkur kann auch die Unterbringung in einem Hotel oder Privatquartier anstatt in einem Sanatorium und die Vermittlung durch ein Reisebüro sprechen (→ BFH vom 12. 6. 1991 – BStBl II S. 763),
– **Fahrtkosten**
   Als Fahrtkosten zum Kurort sind grundsätzlich die Kosten der öffentlichen Verkehrsmittel anzusetzen (→ BFH vom 12. 6. 1991 – BStBl II S. 763). Die eigenen Kfz-Kosten können nur ausnahmsweise berücksichtigt werden, wenn besondere persönliche Verhältnisse dies erfordern (→ BFH vom 30. 6. 1967 – BStBl III S. 655),
   Aufwendungen für Besuchsfahrten zu in Kur befindlichen Angehörigen sind keine außergewöhnliche Belastung (→ BFH vom 16. 5. 1975 – BStBl II S. 536),
– **Nachkur**
   Nachkuren in einem typischen Erholungsort sind auch dann nicht abziehbar, wenn sie ärztlich verordnet sind; dies gilt erst recht, wenn die Nachkur nicht unter einer ständigen ärztlichen Aufsicht in einer besonderen Kranken- oder Genesungsanstalt durchgeführt wird (→ BFH vom 4. 10. 1968 – BStBl 1969 II S. 179),

Medizinische Fachliteratur

Aufwendungen eines Stpfl. für medizinische Fachliteratur sind auch dann nicht als außergewöhnliche Belastungen zu berücksichtigen, wenn die Literatur dazu dient, die Entscheidung für eine bestimmte Therapie oder für die Behandlung durch einen bestimmten Arzt zu treffen (→ BFH vom 6. 4. 1990 – BStBl II S. 958, BFH vom 24. 10. 1995 – BStBl 1996 II S. 88).

Mietzahlungen

Mietzahlungen für eine ersatzweise angemietete Wohnung können als außergewöhnliche Belastung zu berücksichtigen sein, wenn eine Nutzung der bisherigen eigenen Wohnung wegen Einsturzgefahr amtlich untersagt ist. Dies gilt jedoch nur bis zur Wiederherstellung der Bewohnbarkeit oder bis zu dem Zeitpunkt, in dem der Stpfl. die Kenntnis erlangt, dass eine Wiederherstellung der Bewohnbarkeit nicht mehr möglich ist (→ BFH vom 21. 4. 2010 – BStBl II S. 965).

Mittagsheimfahrt

Aufwendungen für Mittagsheimfahrten stellen keine außergewöhnliche Belastung dar, auch wenn die Fahrten wegen des Gesundheitszustands oder einer Behinderung des Stpfl. angebracht oder erforderlich sind (→ BFH vom 4. 7. 1975 – BStBl II S. 738).

Neben den Pauschbeträgen für behinderte Menschen zu berücksichtigende Aufwendungen

→ H 33b

Pflegeaufwendungen

– Ob die Pflegebedürftigkeit bereits vor Beginn des Heimaufenthalts oder erst später eingetreten ist, ist ohne Bedeutung (→ BMF vom 20. 1. 2003 – BStBl I S. 89).
– Aufwendungen wegen Pflegebedürftigkeit sind nur insoweit zu berücksichtigen, als die Pflegekosten die Leistungen der Pflegepflichtversicherung und das aus einer ergänzenden Pflegekrankenversicherung bezogene Pflege(tage)geld übersteigen (→ BFH vom 14. 4. 2011 – BStBl II S. 701).

Pflegeaufwendungen für Dritte

Pflegeaufwendungen (z. B. Kosten für die Unterbringung in einem Pflegeheim), die dem Stpfl. infolge der Pflegebedürftigkeit einer Person erwachsen, der gegenüber der Stpfl. zum Unterhalt verpflichtet ist (z. B. seine Eltern oder Kinder), können grundsätzlich als außergewöhnliche Belastungen abgezogen werden, sofern die tatsächlich angefallenen Pflegekosten von den reinen

Unterbringungskosten abgegrenzt werden können (→ BFH vom 12. 11. 1996 – BStBl 1997 II S. 387). Zur Berücksichtigung von besonderem Unterhaltsbedarf einer unterhaltenen Person (z. B. wegen Pflegebedürftigkeit) neben typischen Unterhaltsaufwendungen → BMF vom 2. 12. 2002 (BStBl I S. 1389). Aufwendungen, die einem Stpfl. für die krankheitsbedingte Unterbringung eines Angehörigen in einem Heim entstehen, stellen als Krankheitskosten eine außergewöhnliche Belastung i. S. d. § 33 EStG dar. Ob die Pflegebedürftigkeit bereits vor Beginn des Heimaufenthalts oder erst später eingetreten ist, ist ohne Bedeutung (→ BMF vom 20. 1. 2003 – BStBl I S. 89). Abziehbar sind neben den Pflegekosten auch die im Vergleich zu den Kosten der normalen Haushaltsführung entstandenen Mehrkosten für Unterbringung und Verpflegung (→ BFH vom 24. 2. 2000 – BStBl II S. 294).

- **Fahrtkosten**
  Aufwendungen für Fahrten, um einen kranken Angehörigen, der im eigenen Haushalt lebt, zu betreuen und zu versorgen, können unter besonderen Umständen außergewöhnliche Belastungen sein. Die Fahrten dürfen nicht lediglich der allgemeinen Pflege verwandtschaftlicher Beziehungen dienen (→ BFH vom 6. 4. 1990 – BStBl II S. 958 und vom 22. 10. 1996 – BStBl 1997 II S. 558).
- **Übertragung des gesamten sicheren Vermögens**
  → R 33.3 Abs. 5,
  Aufwendungen für die Unterbringung und Pflege eines bedürftigen Angehörigen sind nicht als außergewöhnliche Belastung zu berücksichtigen, soweit der Stpfl. von dem Angehörigen dessen gesamtes sicheres Vermögen in einem Zeitpunkt übernommen hat, als dieser sich bereits im Rentenalter befand (→ BFH vom 12. 11. 1996 – BStBl 1997 II S. 387),
- **Zwangsläufigkeit bei persönlicher Pflege**
  Aufwendungen, die durch die persönliche Pflege eines nahen Angehörigen entstehen, sind nur dann außergewöhnliche Belastungen, wenn die Übernahme der Pflege unter Berücksichtigung der näheren Umstände des Einzelfalls aus rechtlichen oder sittlichen Gründen i. S. d. § 33 Abs. 2 EStG zwangsläufig ist. Allein das Bestehen eines nahen Verwandtschaftsverhältnisses reicht für die Anwendung des § 33 EStG nicht aus. Bei der erforderlichen Gesamtbewertung der Umstände des Einzelfalls sind u. a. der Umfang der erforderlichen Pflegeleistungen und die Höhe der für den Stpfl. entstehenden Aufwendungen zu berücksichtigen (→ BFH vom 22. 10. 1996 – BStBl 1997 II S. 558).

Privatschule

Aufwendungen für den Schulbesuch eines Kindes werden durch die Vorschriften des Familienleistungsausgleichs und § 33a Abs. 2 EStG abgegolten und können daher grundsätzlich nur dann außergewöhnliche Belastungen sein, wenn es sich bei diesen Aufwendungen um unmittelbare Krankheitskosten handelt (→ BFH vom 17. 4. 1997 – BStBl II S. 752).

Außergewöhnliche Belastungen liegen nicht vor, wenn ein Kind ausländischer Eltern, die sich nur vorübergehend im Inland aufhalten, eine fremdsprachliche Schule besucht (→ BFH vom 23. 11. 2000 – BStBl 2001 II S. 132).

→ Auswärtige Unterbringung

Prozesskosten

sind grundsätzlich nicht als außergewöhnliche Belastungen zu berücksichtigen, da es regelmäßig am Merkmal der Zwangsläufigkeit fehlt; das gilt unabhängig davon, ob der Stpfl. Kläger oder Beklagter ist. Ein Abzug kommt ausnahmsweise in Betracht, wenn der Stpfl. ohne den Rechtsstreit Gefahr liefe, seine Existenzgrundlage zu verlieren und seine lebensnotwendigen Bedürfnisse in dem üblichen Rahmen nicht mehr befriedigen zu können (→ BMF vom 20. 12. 2011 – BStBl 2011 I S. 1286). In folgenden Einzelfällen ist dagegen nach der Rechtsprechung des BFH die erforderliche Zwangsläufigkeit gegeben und demzufolge ein Abzug der Kosten als außergewöhnliche Belastungen möglich:
- *Scheidung*
  Die unmittelbaren und unvermeidbaren Kosten des Scheidungsprozesses sind als zwangsläufig erwachsen anzusehen. Dies sind die Prozesskosten für die Scheidung und den Versorgungsausgleich (sog. Zwangsverbund, § 137 Abs. 1, Abs. 2 Satz 2 FamFG). Aufwendungen für die Auseinandersetzung gemeinsamen Vermögens anlässlich einer Scheidung sind dagegen nicht als außergewöhnliche Belastung zu berücksichtigen, unabhängig davon, ob die Eheleute die Vermögensverteilung selbst regeln oder der Entscheidung dem Familiengericht übertragen (→ BFH vom 30. 6. 2005 – BStBl 2006 II S. 491, 492).
- *Umgangsrecht*
  Die Übernahme eines Prozesskostenrisikos kann unter engen Voraussetzungen als zwangsläufig anzusehen sein, wenn ein Rechtsstreit einen für den Stpfl. existentiell wichtigen Be-

reich berührt (→ BFH vom 9. 5. 1996 – BStBl II S. 596), beispielsweise bei Streitigkeiten über das Umgangsrecht der Eltern mit ihren Kindern (→ BFH vom 4. 12. 2001 – BStBl 2002 II S. 382).

– **Vaterschaftsfeststellungsprozess**
Wird ein Stpfl. auf Feststellung der Vaterschaft und Zahlung des Regelunterhaltes verklagt, sind die ihm auferlegten Prozesskosten zwangsläufig, wenn er ernsthafte Zweifel an seiner Vaterschaft substantiiert dargelegt sowie schlüssige Beweise angeboten hat und wenn sein Verteidigungsvorbringen bei objektiver Betrachtung Erfolg versprechend schien. Ist der Nachweis der Vaterschaft im Verlauf eines Vaterschaftsfeststellungsprozesses mit hinreichender Wahrscheinlichkeit – etwa durch ein Sachverständigengutachten – geführt, sind Prozesskosten, die auf einer Fortsetzung des Prozesses beruhen, nicht mehr zwangsläufig (→ BFH vom 18. 3. 2004 – BStBl II S. 726).

Rechtliche Pflicht

Zahlungen in Erfüllung rechtsgeschäftlicher Verpflichtungen erwachsen regelmäßig nicht zwangsläufig. Unter rechtliche Gründe i. S. v. § 33 Abs. 2 EStG fallen danach nur solche rechtlichen Verpflichtungen, die der Stpfl. nicht selbst gesetzt hat (→ BFH vom 18. 7. 1986 – BStBl II S. 745 und vom 19. 5. 1995 – BStBl II S. 774).

→ Kapitalabfindung von Unterhaltsansprüchen

Rentenversicherungsbeiträge

→ Sittliche Pflicht

Schadensersatzleistungen

können zwangsläufig sein, wenn der Stpfl. bei der Schädigung nicht vorsätzlich oder grob fahrlässig gehandelt hat (→ BFH vom 3. 6. 1982 – BStBl II S. 749).

Scheidung

→ Prozesskosten

Sittliche Pflicht

Eine die Zwangsläufigkeit von Aufwendungen begründende sittliche Pflicht ist nur dann zu bejahen, wenn diese so unabdingbar auftritt, dass sie ähnlich einer Rechtspflicht von außen her als eine Forderung oder zumindest Erwartung der Gesellschaft derart auf den Stpfl. einwirkt, dass ihre Erfüllung als eine selbstverständliche Handlung erwartet und die Missachtung dieser Erwartung als moralisch anstößig empfunden wird, wenn das Unterlassen der Aufwendungen also Sanktionen im sittlich-moralischen Bereich oder auf gesellschaftlicher Ebene zur Folge haben kann (→ BFH vom 27. 10. 1989 – BStBl 1990 II S. 294 und vom 22. 10. 1996 – BStBl 1997 II S. 558). Die sittliche Pflicht gilt nur für unabdingbar notwendige Aufwendungen (→ BFH vom 12. 12. 2002 – BStBl 2003 II S. 299). Bei der Entscheidung ist auf alle Umstände des Einzelfalls, insbesondere die persönlichen Beziehungen zwischen den Beteiligten, ihre Einkommens- und Vermögensverhältnisse sowie die konkrete Lebenssituation, bei der Übernahme einer Schuld auch auf den Inhalt des Schuldverhältnisses abzustellen (→ BFH vom 24. 7. 1987 – BStBl II S. 715).

Die allgemeine sittliche Pflicht, in Not geratenen Menschen zu helfen, kann allein die Zwangsläufigkeit nicht begründen (→ BFH vom 8. 4. 1954 – BStBl III S. 188).

Zwangsläufigkeit kann vorliegen, wenn das Kind des Erblassers als Alleinerbe Nachlassverbindlichkeiten erfüllt, die auf existentiellen Bedürfnissen seines in Armut verstorbenen Elternteils unmittelbar vor oder im Zusammenhang mit dessen Tod beruhen (→ BFH vom 24. 7. 1987 – BStBl II S. 715).

Nachzahlungen zur Rentenversicherung eines Elternteils sind nicht aus sittlichen Gründen zwangsläufig, wenn auch ohne die daraus entstehenden Rentenansprüche der Lebensunterhalt des Elternteils sichergestellt ist (→ BFH vom 7. 3. 2002 – BStBl II S. 473).

Strafverfahren

→ Prozesskosten

Studiengebühren

Gebühren für die Hochschulausbildung eines Kindes sind weder nach § 33a Abs. 2 EStG noch nach § 33 EStG als außergewöhnliche Belastung abziehbar (→ BFH vom 17. 12. 2009 – BStBl 2010 II S. 341).

Trinkgelder

Trinkgelder, die im Zusammenhang mit einer ärztlich angeordneten Behandlung hingegeben werden, sind nicht als außergewöhnliche Belastung i. S. d. § 33 EStG zu berücksichtigen (→ BFH vom 30. 10. 2003 – BStBl 2004 II S. 270).

Umgangsrecht

→ Prozesskosten

Umschulungskosten

Kosten für eine Zweitausbildung sind dann nicht berücksichtigungsfähig, wenn die Erstausbildung nicht endgültig ihren wirtschaftlichen Wert verloren hat (→ BFH vom 28. 8. 1997 – BStBl 1998 II S. 183).

Umzug

Umzugskosten sind unabhängig von der Art der Wohnungskündigung durch den Mieter oder Vermieter in der Regel nicht außergewöhnlich (→ BFH vom 28. 2. 1975 – BStBl II S. 482 und vom 23. 6. 1978 – BStBl II S. 526).

Unterbringung eines nahen Angehörigen in einem Heim

→ BMF vom 2. 12. 2002 (BStBl I S. 1389)

Unterhaltsverpflichtung

→ Kapitalabfindung von Unterhaltsansprüchen

→ Pflegeaufwendungen für Dritte

Urlaubsreise

Aufwendungen für die Wiederbeschaffung von Kleidungsstücken, die dem Stpfl. auf einer Urlaubsreise entwendet wurden, können regelmäßig nicht als außergewöhnliche Belastung angesehen werden, weil üblicherweise ein notwendiger Mindestbestand an Kleidung noch vorhanden ist (→ BFH vom 3. 9. 1976 – BStBl II S. 712).

Vaterschaftsfeststellungsprozess

→ Prozesskosten

Verausgabung

Aus dem Zusammenhang der Vorschriften von § 33 Abs. 1 EStG und § 11 Abs. 2 Satz 1 EStG folgt, dass außergewöhnliche Belastungen für das Kalenderjahr anzusetzen sind, in dem die Aufwendungen tatsächlich geleistet worden sind (→ BFH vom 30. 7. 1982 – BStBl II S. 744 und vom 10. 6. 1988 – BStBl II S. 814). Dies gilt grundsätzlich auch, wenn die Aufwendungen (nachträgliche) Anschaffungs- oder Herstellungskosten eines mehrjährig nutzbaren Wirtschaftsguts darstellen (→ BFH vom 22. 10. 2009 – BStBl 2010 II S. 280).

→ Darlehen

→ Ersatz von dritter Seite

Vermögensebene

Auch Kosten zur Beseitigung von Schäden an einem Vermögensgegenstand können Aufwendungen i. S. v. § 33 EStG sein, wenn der Vermögensgegenstand für den Stpfl. von existenziell wichtiger Bedeutung ist. Eine Berücksichtigung nach § 33 EStG scheidet aus, wenn Anhaltspunkte für ein Verschulden des Stpfl. erkennbar oder Ersatzansprüche gegen Dritte gegeben sind oder wenn der Stpfl. eine allgemein zugängliche und übliche Versicherungsmöglichkeit nicht wahrgenommen hat (→ BFH vom 6. 5. 1994 – BStBl 1995 II S. 104). Dies gilt auch, wenn lebensnotwendige Vermögensgegenstände, wie Hausrat und Kleidung wiederbeschafft werden müssen (→ BFH vom 26. 6. 2003 – BStBl 2004 II S. 47).

→ R 33.2

Verschulden

Ein eigenes (ursächliches) Verschulden des Stpfl. schließt die Berücksichtigung von Aufwendungen zur Wiederherstellung von Vermögensgegenständen nach § 33 EStG aus (→ BFH vom 6. 5. 1994 – BStBl 1995 II S. 104).

→ Vermögensebene

Versicherung

Eine Berücksichtigung von Aufwendungen zur Wiederherstellung von Vermögensgegenständen nach § 33 EStG scheidet aus, wenn der Stpfl. eine allgemein zugängliche und übliche Versicherungsmöglichkeit nicht wahrgenommen hat (→ BFH vom 6. 5. 1994 – BStBl 1995 II S. 104). Dies gilt auch, wenn lebensnotwendige Vermögensgegenstände, wie Hausrat und Kleidung wiederbeschafft werden müssen (→ BFH vom 26. 6. 2003 – BStBl 2004 II S. 47).

→ Ersatz von dritter Seite
→ Vermögensebene
→ Bestattungskosten

Wohngemeinschaft

Nicht erstattete Kosten für die behinderungsbedingte Unterbringung eines Menschen im arbeitsfähigen Alter in einer betreuten Wohngemeinschaft können außergewöhnliche Belastungen sein. Werden die Unterbringungskosten als Eingliederungshilfe teilweise vom Sozialhilfeträger übernommen, kann die Notwendigkeit der Unterbringung unterstellt werden (→ BFH vom 23. 5. 2002 – BStBl II S. 567).

Zinsen

Zinsen für ein Darlehen können ebenfalls zu den außergewöhnlichen Belastungen zählen, soweit die Darlehensaufnahme selbst zwangsläufig erfolgt ist (→ BFH vom 6. 4. 1990 – BStBl II S. 958); sie sind im Jahr der Verausgabung abzuziehen.

Zivilprozess

→ Prozesskosten

Zwischenheimfahrten

Fahrtkosten aus Anlass von Zwischenheimfahrten können grundsätzlich nicht berücksichtigt werden. Dies gilt nicht, wenn ein fünfjähriges Kind von einer Begleitperson zum Zwecke einer amtsärztlich bescheinigten Heilbehandlung von mehrstündiger Dauer gefahren und wieder abgeholt hat, wenn es der Begleitperson nicht zugemutet werden kann, die Behandlung abzuwarten (→ BFH vom 3. 12. 1998 – BStBl 1999 II S. 227).

R 33a.1. Aufwendungen für den Unterhalt und eine etwaige Berufsausbildung
Gesetzlich unterhaltsberechtigte Person

(1) [1]Gesetzlich unterhaltsberechtigt sind Personen, denen gegenüber der Stpfl. nach dem BGB oder dem LPartG unterhaltsverpflichtet ist. [2]Die Tatsache, dass der Stpfl. nur nachrangig

verpflichtet ist, steht dem Abzug tatsächlich geleisteter Unterhaltsaufwendungen nicht entgegen. ³Für den Abzug reicht es aus, dass die unterhaltsberechtigte Person dem Grunde nach gesetzlich unterhaltsberechtigt (z. B. verwandt in gerader Linie) und bedürftig ist.[1])⁴Eine Prüfung, ob im Einzelfall tatsächlich ein Unterhaltsanspruch besteht, ist aus Gründen der Verwaltungsvereinfachung nicht erforderlich, wenn die unterstützte Person unbeschränkt steuerpflichtig sowie dem Grunde nach (potenziell) unterhaltsberechtigt ist, tatsächlich Unterhalt erhält und alle übrigen Voraussetzungen des § 33a Abs. 1 EStG vorliegen; insoweit wird die Bedürftigkeit der unterstützten Person typisierend unterstellt. ⁵Gehört die unterhaltsberechtigte Person zum Haushalt des Stpfl., kann regelmäßig davon ausgegangen werden, dass ihm dafür Unterhaltsaufwendungen in Höhe des maßgeblichen Höchstbetrags erwachsen.

Arbeitskraft und Vermögen

(2) ¹Die zu unterhaltende Person muß zunächst ihr eigenes Vermögen, wenn es nicht geringfügig ist, einsetzen und verwerten. ²Hinsichtlich des vorrangigen Einsatzes und Verwertung der eigenen Arbeitskraft ist Absatz 1 Satz 4 entsprechend anzuwenden. ³Als geringfügig kann in der Regel ein Vermögen bis zu einem gemeinen Wert (Verkehrswert) von 15 500 Euro angesehen werden. ³Dabei bleiben außer Betracht:
1. Vermögensgegenstände, deren Veräußerung offensichtlich eine Verschleuderung bedeuten würde,
2. Vermögensgegenstände, die einen besonderen persönlichen Wert, z. B. Erinnerungswert, für den Unterhaltsempfänger haben oder zu seinem Hausrat gehören, und ein angemessenes Hausgrundstück im Sinne von § 90 Abs. 2 Nr. 8 SGB XII, wenn der Unterhaltsempfänger das Hausgrundstück allein oder zusammen mit Angehörigen bewohnt, denen es nach seinem Tode weiter als Wohnung dienen soll.

Opfergrenze, Ländergruppeneinteilung

(3) ¹Die → Opfergrenze ist unabhängig davon zu beachten, ob die unterhaltene Person im Inland oder im Ausland lebt. ²Die nach § 33a Abs. 1 Satz 5 EStG[2]) maßgeblichen Beträge sind anhand der → Ländergruppeneinteilung zu ermitteln.

H 33a.1

Allgemeines zum Abzug von Unterhaltsaufwendungen

Abziehbare Aufwendungen i. S. d. § 33a Abs. 1 Satz 1 EStG sind solche für den typischen Unterhalt, d. h. die üblichen für den laufenden Lebensunterhalt bestimmten Leistungen, sowie Aufwendungen für eine Berufsausbildung. Dazu können auch gelegentliche oder einmalige Leistungen gehören. Diese dürfen aber regelmäßig nicht als Unterhaltsleistungen für Vormonate und auch nicht zur Deckung des Unterhaltsbedarfs für das Folgejahr berücksichtigt werden (→ BFH vom 5. 5. 2010 – BStBl 2011 II S. 164 und vom 11. 11. 2010 – BStBl 2011 II S. 966). Den Aufwendungen für den typischen Unterhalt sind auch Krankenversicherungsbeiträge, deren Zahlung der Stpfl. übernommen hat, zuzurechnen (→ BFH vom 31. 10. 1973 – BStBl 1974 II S. 86). Eine Kapitalabfindung, mit der eine Unterhaltsverpflichtung abgelöst wird, kann nur im Rahmen des § 33a Abs. 1 EStG berücksichtigt werden (→ BFH vom 19. 6. 2008 – BStBl 2009 II S. 365).

Abgrenzung zu § 33 EStG

Typische Unterhaltsaufwendungen – insbesondere für Ernährung, Kleidung, Wohnung, Hausrat und notwendige Versicherungen – können nur nach § 33a Abs. 1 EStG berücksichtigt werden. Erwachsen dem Stpfl. außer Aufwendungen für den typischen Unterhalt und eine Berufsausbildung Aufwendungen für einen besonderen Unterhaltsbedarf der unterhaltenen Person, z. B. Krankheitskosten, so kommt dafür eine Steuerermäßigung nach § 33 EStG in Betracht (→ BFH vom 19. 6. 2008 – BStBl 2009 II S. 365 und BMF vom 2. 12. 2002 – BStBl I S. 1389). Zur Berücksichtigung von Aufwendungen wegen Pflegebedürftigkeit und erheblich eingeschränkter Alltagskompetenz → R 33.3, von Aufwendungen wegen Krankheit, Behinderung und Tod → R 33.4 und von Aufwendungen für existentiell notwendige Gegenstände → R 33.2.

---

[1]) → aber H 33a.1 (Unterhaltsberechtigung).
[2]) Ab VZ 2010: Satz 6.

Anrechnung eigener Einkünfte und Bezüge

- **Allgemeines**
  Leistungen des Stpfl., die neben Unterhaltsleistungen aus einem anderen Rechtsgrund (z. B. Erbauseinandersetzungsvertrag) erbracht werden, gehören zu den anzurechnenden Einkünften und Bezügen der unterhaltenen Person (BFH vom 17. 10. 1980 – BStBl 1981 II S. 158)
- **Ausbildungshilfen**
  → H 32.10 (eigene Bezüge) Nr. 8
  Ausbildungshilfen der Agentur für Arbeit mindern nur dann den Höchstbetrag des § 33a Abs. 1 EStG bei den Eltern, wenn sie Leistungen abdecken, zu denen die Eltern gesetzlich verpflichtet sind. Eltern sind beispielsweise nicht verpflichtet, ihrem Kind eine zweite Ausbildung zu finanzieren, der sich das Kind nachträglich nach Beendigung der ersten Ausbildung unterziehen will. Erhält das Kind in diesem Fall Ausbildungshilfen zur Finanzierung von Lehrgangsgebühren, Fahrtkosten oder Arbeitskleidung, sind diese nicht auf den Höchstbetrag anzurechnen (→ BFH vom 4. 12. 2001 – BStBl 2002 II S. 195). Der Anspruch auf kindergeldähnliche Leistungen nach ausländischem Recht steht dem Kindergeldanspruch gleich (→ BFH vom 4. 12. 2003 – BStBl 2004 II S. 275).
- **Eigene Bezüge**
  → R 32.10 Abs. 2, H 32.10 (Anrechnung eigener Bezüge), jedoch keine Berücksichtigung von Versicherungsbeiträgen → BMF vom 7. 6. 2010 (BStBl I S. 582), Rz. 13
- **Eigene Einkünfte**
  → R 32.10 Abs. 1 Satz 1, jedoch keine Berücksichtigung von Versicherungsbeiträgen → BMF vom 7. 6. 2010 (BStBl I S. 582), Rz. 13
- Leistungen für Mehrbedarf bei Körperschaden
  Leistungen, die nach bundes- oder landesgesetzlichen Vorschriften gewährt werden, um einen Mehrbedarf zu decken, der durch einen Körperschaden verursacht ist, sind keine anzurechnenden Bezüge (→ BFH vom 22. 7. 1988 – BStBl II S. 830 und → H 32.10 (Anrechnung eigener Bezüge: – Nicht anrechenbare eigene Bezüge Nr. 7)).
- **Zusammenfassendes Beispiel für die Anrechnung:**
  Ein Stpfl. unterhält seinen 35-jährigen Sohn mit 100 € monatlich. Dieser erhält Arbeitslohn von jährlich 7 200 €. Davon wurden gesetzliche Sozialversicherungsbeiträge i. H. v. 1 472 € abgezogen (Krankenversicherung 568 €, Rentenversicherung 716 €, Pflegeversicherung 88 € und Arbeitslosenversicherung 100 €). Daneben erhält er seit seinem 30. Lebensjahr eine lebenslängliche Rente aus einer privaten Unfallversicherung i. H. v. 150 € monatlich.

Tatsächliche Unterhaltsleistungen		1 200 €
Ungekürzter Höchstbetrag		8 004 €
Erhöhungsbetrag nach § 33a Abs. 1 Satz 2 EStG		
Krankenversicherung	568 €	
abzüglich 4 % (→ BMF vom 13. 9. 2010 – BStBl I S. 681, Rz. 59 → Anhang 1a II)	– 22 €	
verbleiben	546 €	546 €
Pflegeversicherung	88 €	88 €
Erhöhungsbetrag		634 €
Ungekürzter Höchstbetrag und Erhöhungsbetrag gesamt		8 638 €
Einkünfte des Sohnes		
Arbeitslohn		7 200 €
Arbeitnehmer-Pauschbetrag	1 000 €	1 000 €
Einkünfte i. S. d. § 19 EStG		6 200 €	6 200 €
Leibrente		1 800 €
Hiervon Ertragsanteil 44 %		792 €
Werbungskosten-Pauschbetrag	102 €	102 €
Einkünfte i. S. d. § 22 EStG		690 €	690 €
S.d.E.			6 890 €
Bezüge des Sohnes		
Steuerlich nicht erfasster Teil der Rente		1 008 €
Kostenpauschale	180 €	180 €
Bezüge		828 €	828 €

S.d.E. und Bezüge	7 718 €	
anrechnungsfreier Betrag	– 624 €	
anzurechnende Einkünfte	7 094 €	7 094 €
Höchstbetrag		1 544 €
Abzugsfähige Unterhaltsleistungen		1 200 €

Eingetragene Lebenspartnerschaft

→ BMF vom 7. 6. 2010 (BStBl I S. 582), Rz. 1.

Geringes Vermögen („Schonvermögen")

- Nicht gering kann auch Vermögen sein, das keine anzurechnenden Einkünfte abwirft; Vermögen ist auch dann zu berücksichtigen, wenn es die unterhaltene Person für ihren künftigen Unterhalt benötigt (→ BFH vom 14. 8. 1997 – BStBl 1998 II S. 241).
- Bei Ermittlung des für den Unterhaltshöchstbetrag schädlichen Vermögens sind Verbindlichkeiten und Verwertungshindernisse vom Verkehrswert der aktiven Vermögensgegenstände, der mit dem gemeinen Wert nach dem BewG zu ermitteln ist, in Abzug zu bringen (Nettovermögen) (→ BFH vom 11. 2. 2010 – BStBl II S. 628). Wertmindernd zu berücksichtigen sind dabei auch ein Nießbrauchsvorbehalt sowie ein dinglich gesichertes Veräußerungs- und Belastungsverbot (→ BFH vom 29. 5. 2008 – BStBl 2009 II S. 361).
- Die Bodenrichtwerte nach dem BauGB sind für die Ermittlung des Verkehrswertes von Grundvermögen i. S. d. § 33a EStG nicht verbindlich (→ BFH vom 11. 2. 2010 – BStBl II S. 628).
- Ein angemessenes Hausgrundstück i. S. d. § 90 Abs. 2 Nr. 8 SGB XII bleibt außer Betracht (→ R 33a.1 Abs. 2).

§ 90 Abs. 2 Nr. 8 SGB XII hat folgenden Wortlaut:

„Einzusetzendes Vermögen

...

(2) Die Sozialhilfe darf nicht abhängig gemacht werden vom Einsatz oder von der Verwertung

...

8. eines angemessenen Hausgrundstücks, das von der nachfragenden Person oder einer anderen in den § 19 Abs. 1 bis 3 genannten Person allein oder zusammen mit Angehörigen ganz oder teilweise bewohnt wird und nach ihrem Tod von ihren Angehörigen bewohnt werden soll. Die Angemessenheit bestimmt sich nach der Zahl der Bewohner, dem Wohnbedarf (zum Beispiel behinderter, blinder oder pflegebedürftiger Menschen), der Grundstücksgröße, der Hausgröße, dem Zuschnitt und der Ausstattung des Wohngebäudes sowie dem Wert des Grundstücks einschließlich des Wohngebäudes."

Geschiedene oder dauernd getrennt lebende Ehegatten

Durch Antrag und Zustimmung nach § 10 Abs. 1 Nr. 1 EStG werden alle in dem betreffenden VZ geleisteten Unterhaltsaufwendungen zu Sonderausgaben umqualifiziert. Ein Abzug als außergewöhnliche Belastung ist nicht möglich, auch nicht, soweit sie den für das Realsplitting geltenden Höchstbetrag übersteigen (→ BFH vom 7. 11. 2000 – BStBl 2001 II S. 338). Sind für das Kalenderjahr der Trennung oder Scheidung die Vorschriften über die Ehegattenbesteuerung (§§ 26 bis 26b, § 32a Abs. 5 EStG) anzuwenden, dann können Aufwendungen für den Unterhalt des dauernd getrennt lebenden oder geschiedenen Ehegatten nicht nach § 33a Abs. 1 EStG abgezogen werden (→ BFH vom 31. 5. 1989 – BStBl II S. 658).

Gleichgestellte Person

→ BMF vom 7. 6. 2010 (BStBl I S. 582)

Haushaltsgemeinschaft

Lebt der Unterhaltsberechtigte mit bedürftigen Angehörigen in einer Haushaltsgemeinschaft und wird seine Rente bei der Berechnung der Sozialhilfe als Einkommen der Haushaltsgemeinschaft angerechnet, ist die Rente nur anteilig auf den Höchstbetrag des § 33a Abs. 1 Satz 1 EStG anzurechnen. In diesem Fall sind die Rente und die Sozialhilfe nach Köpfen aufzuteilen (→ BFH vom 19. 6. 2002 – BStBl II S. 753).

Heimunterbringung

→ Personen in einem Altenheim oder Altenwohnheim

Ländergruppeneinteilung

→ BMF vom 6. 11. 2009 (BStBl I S. 1323)

Opfergrenze

→ BMF vom 7. 6. 2010 (BStBl I S. 582), Rz. 10–12

Personen in einem Altenheim oder Altenwohnheim

Zu den Aufwendungen für den typischen Unterhalt gehören grundsätzlich auch Kosten der Unterbringung in einem Altenheim oder Altenwohnheim (→ BFH vom 29. 9. 1989 – BStBl 1990 II S. 418).

Personen im Ausland

- Zur Berücksichtigung von Aufwendungen für den Unterhalt → BMF vom 7. 6. 2010 (BStBl I S. 588)
- Ländergruppeneinteilung → BMF vom 6. 11. 2009 (BStBl I S. 1323)

Unterhalt für mehrere Personen

Unterhält der Steuerpflichtige mehrere Personen, die einen gemeinsamen Haushalt führen, so ist der nach § 33a Abs. 1 EStG abziehbare Betrag grundsätzlich für jede unterhaltene Person getrennt zu ermitteln. Der insgesamt nachgewiesene Zahlungsbetrag ist unterschiedslos nach Köpfen aufzuteilen (→ BFH vom 12. 11. 1993 – BStBl 1994 II S. 731 und BMF vom 7. 6. 2010 – BStBl I S. 588, Rz. 19). Handelt es sich bei den unterhaltenen Personen um in Haushaltsgemeinschaft lebende Ehegatten, z. B. Eltern, so sind die Einkünfte und Bezüge zunächst für jeden Ehegatten gesondert festzustellen und sodann zusammenzurechnen. Die zusammengerechneten Einkünfte und Bezüge sind um 1 248 € (zweimal 624 €) zu kürzen. Der verbleibende Betrag ist von der Summe der beiden Höchstbeträge abzuziehen (→ BFH vom 15. 11. 1991 – BStBl 1992 II S. 245).

Unterhaltsanspruch der Mutter bzw. des Vaters eines nichtehelichen Kindes

§ 1615l BGB:

„(1) ¹Der Vater hat der Mutter für die Dauer von sechs Wochen vor und acht Wochen nach der Geburt des Kindes Unterhalt zu gewähren. ²Dies gilt auch hinsichtlich der Kosten, die infolge der Schwangerschaft oder der Entbindung außerhalb dieses Zeitraums entstehen.

(2) ¹Soweit die Mutter einer Erwerbstätigkeit nicht nachgeht, weil sie infolge der Schwangerschaft oder einer durch die Schwangerschaft oder die Entbindung verursachten Krankheit dazu außerstande ist, ist der Vater verpflichtet, ihr über die in Absatz 1 Satz 1 bezeichnete Zeit hinaus Unterhalt zu gewähren. ²Das Gleiche gilt, soweit von der Mutter wegen der Pflege oder Erziehung des Kindes eine Erwerbstätigkeit nicht erwartet werden kann. ³Die Unterhaltspflicht beginnt frühestens vier Monate vor der Geburt und besteht für mindestens drei Jahre nach der Geburt,. ⁴Sie verlängert sich, solange und soweit dies der Billigkeit entspricht. ⁵Dabei sind insbesondere die Belange des Kindes und die bestehenden Möglichkeiten der Kinderbetreuung zu berücksichtigen.

(3) ¹Die Vorschriften über die Unterhaltspflicht zwischen Verwandten sind entsprechend anzuwenden. ²Die Verpflichtung des Vaters geht der Verpflichtung der Verwandten der Mutter vor. ³§ 1613 Abs. 2 gilt entsprechend. ⁴Der Anspruch erlischt nicht mit dem Tod des Vaters.

(4) ¹Wenn der Vater das Kind betreut, steht ihm der Anspruch nach Absatz 2 Satz 2 gegen die Mutter zu. ²In diesem Falle gilt Absatz 3 entsprechend."

Der gesetzliche Unterhaltsanspruch der Mutter eines nichtehelichen Kindes gegenüber dem Kindsvater nach § 1615l BGB ist vorrangig gegenüber der Unterhaltsverpflichtung ihrer Eltern mit der Folge, dass für die Kindsmutter der Anspruch ihrer Eltern auf Kindergeld oder Freibeträge für Kinder erlischt und für die Unterhaltsleistungen des Kindsvaters an sie eine Berücksichtigung nach § 33a Abs. 1 EStG in Betracht kommt (→ BFH vom 19. 5. 2004 – BStBl II S. 943).

Unterhaltsberechtigung

- Dem Grunde nach gesetzlich unterhaltsberechtigt sind nach § 1601 BGB Verwandte in gerader Linie i. S. d. § 1589 Satz 1 BGB wie z. B. Kinder, Enkel, Eltern und Großeltern, sowie nach §§ 1360 ff., 1570 BGB Ehegatten untereinander. Voraussetzung für die Annahme einer gesetzlichen Unterhaltsberechtigung i. S. d. § 33a Abs. 1 EStG ist die tatsächliche Bedürftigkeit des Unterhaltsempfängers i. S. d. § 1602 BGB. Nach der sog. konkreten Betrachtungsweise kann die Bedürftigkeit des Unterhaltsempfängers nicht typisierend unterstellt werden. Dies führt dazu, dass die zivilrechtlichen Voraussetzungen eines Unterhaltsanspruchs (§§ 1601–1603 BGB) vorliegen müssen und die Unterhaltskonkurrenzen (§§ 1606 und 1608 BGB) zu beachten sind (→ BMF vom 7. 6. 2010 – BStBl I S. 588, Rz. 8 und BFH vom 5. 5. 2010 – BStBl 2011 II S. 116).
- Bei landwirtschaftlich tätigen Angehörigen greift die widerlegbare Vermutung, dass diese nicht unterhaltsbedürftig sind, soweit der landwirtschaftliche Betrieb in einem nach den Verhältnissen des Wohnsitzstaates üblichen Umfang und Rahmen betrieben wird (→ BFH vom 5. 5. 2010 – BStBl 2011 II S. 116).
- Für Inlandssachverhalte gilt die Vereinfachungsregelung in R 33a Abs. 1 Satz 4 EStR.
- Die Unterhaltsberechtigung muss gegenüber dem Stpfl. oder seinem Ehegatten bestehen. Die Voraussetzungen für eine Ehegattenveranlagung nach § 26 Abs. 1 Satz 1 EStG müssen nicht gegeben sein (→ BFH vom 27. 7. 2011 – BStBl II S. 965).

R 33a.2. Freibetrag zur Abgeltung des Sonderbedarfs eines sich in Berufsausbildung befindenden, auswärtig untergebrachten, volljährigen Kindes

Allgemeines

(1) ¹Den Freibetrag nach § 33a Abs. 2 EStG kann nur erhalten, wer für das in Berufsausbildung befindliche Kind einen Anspruch auf einen Freibetrag nach § 32 Abs. 6 EStG oder Kindergeld hat. ²Der Freibetrag nach § 33a Abs. 2 EStG kommt daher für Kinder i. S. d. § 63 Abs. 1 EStG in Betracht. ³Wegen des Begriffs der Berufsausbildung → R 32.5.

Auswärtige Unterbringung

(2) ¹Eine auswärtige Unterbringung i. S. d. § 33a Abs. 2 Satz 1 EStG liegt vor, wenn ein Kind außerhalb des Haushalts der Eltern wohnt. ²Dies ist nur anzunehmen, wenn für das Kind außerhalb des Haushalts der Eltern eine Wohnung ständig bereitgehalten und das Kind auch außerhalb des elterlichen Haushalts verpflegt wird. ³Seine Unterbringung muss darauf angelegt sein, die räumliche Selbständigkeit des Kindes während seiner ganzen Ausbildung, z. B. eines Studiums, oder eines bestimmten Ausbildungsabschnitts, z. B. eines Studiensemesters oder -trimesters, zu gewährleisten. ⁴Voraussetzung ist, dass die auswärtige Unterbringung auf eine gewisse Dauer angelegt ist. ⁵Auf die Gründe für die auswärtige Unterbringung kommt es nicht an.

H 33a.2

Anrechnung eigener Einkünfte und Bezüge

- → R 32.10
- Ausbildungshilfen aus öffentlichen Kassen sind in voller Höhe anzurechnen. Eine Verrechnung mit negativen Einkünften ist nicht zulässig (→ BFH vom 7. 3. 2002 – BStBl II S. 802)
- Zum Abzug von Versicherungsbeiträgen bei der Ermittlung der anrechenbaren Einkünfte nach § 33a Abs. 2 Satz 2 EStG → R 32.10 Abs. 1.
- Erhält das während des gesamten Kalenderjahres studierende Kind unterschiedlich hohe Zuschüsse als Ausbildungshilfe, ist der Freibetrag nach § 33a Abs. 2 EStG für die Anrechnung der Zuschüsse aufzuteilen. Die Zuschüsse mindern nach § 33a Abs. 3 Satz 3 EStG jeweils nur die zeitanteiligen Freibeträge der Kalendermonate, für welche die Zuschüsse bestimmt sind. Nach dem BAföG geleistete Zuschüsse für ein Auslandsstudium sind grundsätzlich auf den Freibetrag nach § 33a Abs. 2 Satz 2 EStG anzurechnen, soweit sie auf den Grundbedarf entfallen (→ BFH vom 18. 5. 2006 – BStBl 2008 II S. 354).

Aufwendungen für die Berufsausbildung

Aufwendungen des Stpfl. für die Ausbildung eines Kindes sind den Kalendermonaten zuzurechnen, die sie wirtschaftlich betreffen. Erstreckt sich das Studium einschließlich der unterrichts- und vorlesungsfreien Zeit über den ganzen VZ, so kann davon ausgegangen werden, dass beim Stpfl. in jedem Monat Aufwendungen anfallen (→ BFH vom 22. 3. 1996 – BStBl 1997

II S. 30). Aufwendungen des Stpfl. für die Berufsausbildung eines Kindes i. S. d. § 33a Abs. 2 EStG sind nicht gegeben, wenn das Kind die Aufwendungen aus eigenem Vermögen bestreitet; das ist auch der Fall, wenn ein Kapitalvermögen von den Eltern mit der Auflage geschenkt worden ist, den Lebensunterhalt und die Ausbildungskosten aus den anfallenden Zinsen zu tragen (→ BFH vom 23. 2. 1994 – BStBl II S. 694).

Auswärtige Unterbringung

- **Asthma**
 Keine auswärtige Unterbringung des Kindes wegen Asthma (→ BFH vom 26. 6. 1992 – BStBl 1993 II S. 212),
- **Getrennte Haushalte beider Elternteile**
 Auswärtige Unterbringung liegt nur vor, wenn das Kind aus den Haushalten beider Elternteile ausgegliedert ist (→ BFH vom 5. 2. 1988 – BStBl II S. 579),
- **Haushalt des Kindes in Eigentumswohnung des Stpfl.**
 Auswärtige Unterbringung liegt vor, wenn das Kind in einer Eigentumswohnung des Stpfl. einen selbständigen Haushalt führt (→ BFH vom 26. 1. 1994 – BStBl II S. 544 und vom 25. 1. 1995 – BStBl II S. 378). Ein Freibetrag gem. § 33a Abs. 2 EStG wegen auswärtiger Unterbringung ist ausgeschlossen, wenn die nach dem EigZulG begünstigte Wohnung als Teil eines elterlichen Haushalts anzusehen ist (→ BMF vom 21. 12. 2004 – BStBl 2005 I S. 305, Rz. 63),
- **Klassenfahrt**
 Keine auswärtige Unterbringung, da es an der erforderlichen Dauer fehlt (→ BFH vom 5. 11. 1982 – BStBl 1983 II S. 109),
- **Legasthenie**
 Werden Aufwendungen für ein an Legasthenie leidendes Kind als außergewöhnliche Belastung i. S. d. § 33 EStG berücksichtigt (→ H 33.1 – 33.4 – Legasthenie), ist daneben ein Freibetrag nach § 33a Abs. 2 EStG wegen auswärtiger Unterbringung des Kindes nicht möglich (→ BFH vom 26. 6. 1992 – BStBl 1993 II S. 278),
- **Praktikum**
 Keine auswärtige Unterbringung bei Ableistung eines Praktikums außerhalb der Hochschule, wenn das Kind nur dazu vorübergehend auswärtig untergebracht ist (→ BFH vom 20. 5. 1994 – BStBl II S. 887),
- **Sprachkurs**
 Keine auswärtige Unterbringung bei dreiwöchigem Sprachkurs (→ BFH vom 29. 9. 1989 – BStBl 1990 II S. 62),
- **Verheiratetes Kind**
 Auswärtige Unterbringung liegt vor, wenn ein verheiratetes Kind mit seinem Ehegatten eine eigene Wohnung bezogen hat (→ BFH vom 8. 2. 1974 – BStBl II S. 299).

Freiwilliges soziales Jahr

Die Tätigkeit im Rahmen eines freiwilligen sozialen Jahres ist grundsätzlich nicht als Berufsausbildung zu beurteilen (→ BFH vom 24. 6. 2004 – BStBl 2006 II S. 294).

Ländergruppeneinteilung

→ BMF vom 6. 11. 2009 (BStBl I S. 1323)

Studiengebühren

Gebühren für die Hochschulausbildung eines Kindes sind weder nach § 33a Abs. 2 EStG noch nach § 33 EStG als außergewöhnliche Belastung abziehbar (→ BFH vom 17. 12. 2009 – BStBl 2010 II S. 341).

Zuschüsse

Zu den ohne anrechnungsfreien Betrag anzurechnenden Zuschüssen gehören z. B. die als Zuschuss gewährten Leistungen nach dem BAföG, nach dem SGB III gewährte Berufsausbildungsbeihilfen und Ausbildungsgelder sowie Stipendien aus öffentlichen Mitteln. Dagegen sind Stipendien aus dem ERASMUS/SOKRATES-Programm der EU nicht anzurechnen, da die Stipendien nicht die üblichen Unterhaltsaufwendungen, sondern allein die anfallenden Mehrkosten eines Auslandsstudiums (teilweise) abdecken (→ BFH vom 17. 10. 2001 – BStBl 2002 II S. 793).

R 33a.3. Aufwendungen für eine Hilfe im Haushalt oder für vergleichbare Dienstleistungen (§ 33a Abs. 3 EStG)

– Nicht abgedruckt, da für VZ ab 2009 ohne Bedeutung[1]) –

R 33a.4 Zeitanteilige Ermäßigung nach § 33a Abs. 4[2]) EStG

Ansatz bei unterschiedlicher Höhe des Höchstbetrags nach § 33a Abs. 1 EStG oder des Freibetrags nach § 33a Abs. 2 EStG

(1) Ist in einem Kalenderjahr der Höchstbetrag nach § 33a Abs. 1 EStG oder der Freibetrag nach § 33a Abs. 2 EStG in unterschiedlicher Höhe anzusetzen, z. B. bei Anwendung der Ländergruppeneinteilung für einen Teil des Kalenderjahres, wird für den Monat, in dem die geänderten Voraussetzungen eintreten, der jeweils höhere Betrag angesetzt.

Aufteilung der eigenen Einkünfte und Bezüge

(2) [1]Der Jahresbetrag der eigenen Einkünfte und Bezüge ist für die Anwendung des § 33a Abs. 4 Satz 2 EStG wie folgt auf die Zeiten innerhalb und außerhalb des Unterhalts- oder Ausbildungszeitraums aufzuteilen:
1. Einkünfte aus nichtselbständiger Arbeit, sonstige Einkünfte sowie Bezüge nach dem Verhältnis der in den jeweiligen Zeiträumen zugeflossenen Einnahmen; die Grundsätze des § 11 Abs. 1 EStG gelten entsprechend; Pauschbeträge nach § 9a EStG und die Kostenpauschale nach R 32.10 Abs. 4 Satz 1 sind hierbei zeitanteilig anzusetzen;
2. andere Einkünfte auf jeden Monat des Kalenderjahres mit einem Zwölftel.

[2]Der Stpfl. kann jedoch nachweisen, dass eine andere Aufteilung wirtschaftlich gerechtfertigt ist, wie es z. B. der Fall ist, wenn bei Einkünften aus selbständiger Arbeit die Tätigkeit erst im Laufe des Jahres aufgenommen wird oder wenn bei Einkünften aus nichtselbständiger Arbeit im Unterhalts- oder Ausbildungszeitraum höhere Werbungskosten angefallen sind als bei verhältnismäßiger bzw. zeitanteiliger Aufteilung darauf entfallen würden.

H 33a.4

Allgemeines

– Der Höchstbetrag für den Abzug von Unterhaltsaufwendungen (§ 33a Abs. 1 EStG) und der Freibetrag nach § 33a Abs. 2 EStG sowie die anrechnungsfreien Beträge nach § 33a Abs. 1 Satz 4 und Abs. 2 Satz 2 EStG ermäßigen sich für jeden vollen Kalendermonat, in dem die Voraussetzungen für die Anwendung der betreffenden Vorschrift nicht vorgelegen haben, um je ein Zwölftel (§ 33a Abs. 3 Satz 1 EStG). Erstreckt sich das Studium eines Kindes einschließlich der unterrichts- und vorlesungsfreien Zeit über den ganzen VZ, so kann davon ausgegangen werden, dass beim Stpfl. in jedem Monat Aufwendungen anfallen, so dass § 33a Abs. 3 Satz 1 EStG nicht zur Anwendung kommt (→ BFH vom 22. 3. 1996 – BStBl 1997 II S. 30).
– Eigene Einkünfte und Bezüge der unterhaltenen Person oder des in Berufsausbildung befindlichen Kindes sind nur anzurechnen, soweit sie auf den Unterhalts- oder Ausbildungszeitraum entfallen (§ 33a Abs. 3 Satz 2 EStG). Leisten Eltern Unterhalt an ihren Sohn nur während der Dauer seines Wehrdienstes, unterbleibt die Anrechnung des Entlassungsgeldes nach § 9 des Wehrsoldgesetzes, da es auf die Zeit nach Beendigung des Grundwehrdienstes entfällt (→ BFH vom 26. 4. 1991 – BStBl II S. 716).
– Befindet sich ein Kind, das während des gesamten Kalenderjahrs Arbeitslohn bezogen hat, nur einige Monate in Berufsausbildung, ist der Arbeitnehmer-Pauschbetrag zeitanteilig anzusetzen (→ BFH vom 7. 11. 2000 – BStBl 2001 II S. 702).

  Beispiele für die Aufteilung eigener Einkünfte und Bezüge auf die Zeiten innerhalb und außerhalb des Unterhalts- oder Ausbildungszeitraums:
  A. Der Stpfl. unterhält seine allein stehende im Inland lebende Mutter vom 15. April bis 15. September (Unterhaltszeitraum) mit insgesamt 3 000 €. Die Mutter bezieht ganzjährig eine monatliche Rente aus der gesetzlichen Rentenversicherung von 200 € (Besteuerungsanteil 50 %). Außerdem hat sie im Kalenderjahr Einkünfte aus Vermietung und Verpachtung in Höhe von 1 050 €.
  Höchstbetrag für das Kalenderjahr 8 004 € (§ 33a Abs. 1 Satz 1 EStG)
  anteiliger Höchstbetrag für April bis September (6/12 von 8 004 € =)   4 002 €

---

[1]) § 33a Abs. 3 EStG a. F. wurde durch das FamLeistG aufgehoben.
[2]) Ab VZ 2009: Absatz 3.

Einkommensteuer-Richtlinien

Eigene Einkünfte der Mutter im Unterhaltszeitraum:		
Einkünfte aus Leibrenten		
Besteuerungsanteil 50 % von 2 400 € =	1 200 €	
abzgl. Werbungskosten-Pauschbetrag (§ 9a Satz 1 Nr. 3 EStG)	– 102 €	
Einkünfte	1 098 €	
auf den Unterhaltszeitraum entfallen $^{6}/_{12}$		549 €
Einkünfte aus V + V	1 050 €	
auf den Unterhaltszeitraum entfallen $^{6}/_{12}$		525 €
S. d. E. im Unterhaltszeitraum		1 074 €
Eigene Bezüge der Mutter im Unterhaltszeitraum:		
steuerfreier Teil der Rente	1 200 €	
abzgl. Kostenpauschale	– 180 €	
verbleibende Bezüge	1 020 €	
auf den Unterhaltszeitraum entfallen $^{6}/_{12}$		510 €
Summe der eigenen Einkünfte und Bezüge im Unterhaltszeitraum		1 584 €
abzgl. anteil. anrechnungsfreier Betrag ($^{6}/_{12}$ von 624 € =)		– 312 €
anzurechnende Einkünfte und Bezüge	1 272 €	– 1 272 €
abzuziehender Betrag		2 730 €

B. Ein Stpfl. unterhält sein Kind, das im Februar das 25. Lebensjahr vollendet hat, bis zum Abschluss der Berufsausbildung im November mit 7 700 € (700 €/Monat). Das Kind ist auswärtig untergebracht und bezieht für die Zeit von Januar bis November eine private Ausbildungshilfe von insgesamt 550 € (50 €/Monat). Verlängerungstatbestände nach § 32 Abs. 5 EStG liegen nicht vor.

a) Für die Monate Januar und Februar erfolgt eine Berücksichtigung nach § 32 Abs. 4 Satz 1 Buchst. a EStG (Kindergeld oder Freibeträge nach § 32 Abs. 6 EStG).

b) Für die Monate Januar und Februar besteht außerdem ein Anspruch auf einen Freibetrag nach § 33a Abs. 2 EStG anteiliger Freibetrag für Januar und Februar ($^{2}/_{12}$ von 924 € =) .... 154 €

der anteilige Ausbildungszuschuss (2x 50 € = 100 €) ist geringer als der anteilige anrechnungsfreie Betrag ($^{2}/_{12}$ von 1 848 € = 308 €), deshalb abzuziehender Freibetrag nach § 33a Abs. 2 EStG .... 154 €.

c) Für die Monate März bis November kommt ein Anspruch auf Steuerermäßigung nach § 33a Abs. 1 EStG in Betracht: anteil. Höchstbetrag für März bis November ($^{9}/_{12}$ von 8 004 € =) .... 6 003 €

anzurechnende Bezüge des Kindes		
als Bezug anzurechnender Ausbildungszuschuss für März bis November (9x 50 €)	450 €	
abzüglich Kostenpauschale ($^{9}/_{12}$ von 180 €)	– 147 €	
verbleibende Bezüge	303 €	
anteiliger anrechnungsfreier Betrag $^{9}/_{12}$ von 624 €	– 468 €	
anzurechnende Bezüge	0 €	0 €
abzuziehender Betrag		6 003 €

C. Ein über 18 Jahre altes Kind des Stpfl., für das er Kindergeld/Freibeträge nach § 32 Abs. 6 EStG erhält, befindet sich bis zum 30.9. in Berufsausbildung und ist auswärtig untergebracht. Dem Kind fließt im Kalenderjahr Arbeitslohn in Höhe von 4 500 € zu, davon 1 750 € in den Ausbildungsmonaten. Die anfallenden Werbungskosten übersteigen nicht den Arbeitnehmer-Pauschbetrag. Außerdem bezieht das Kind für den Ausbildungszeitraum als Ausbildungshilfe einen Zuschuss aus öffentlichen Mitteln von 450 €.

Freibetrag nach § 33a Abs. 2 EStG für das Kalenderjahr	924 €
anteiliger Freibetrag für Januar bis September ($^{9}/_{12}$ von 924 € =)	693 €
Arbeitslohn des Kindes in den Ausbildungsmonaten	1 750 €
abzgl. Arbeitnehmer-Pauschbetrag (zeitanteilig für 9 Monate)	– 690 €
Einkünfte aus nichtselbständiger Arbeit in den Ausbildungsmonaten	1 060 €

abzüglich anrechnungsfreier Betrag ($^9/_{12}$ von 1 848 € =)		– 1 386 €
anzurechnende Einkünfte		0 €
Ausbildungszuschuss des Kindes für Januar bis September		450 €
abzüglich Kostenpauschale	– 180 €	
anzurechnende Bezüge	270 €	270 €
anzurechnende Einkünfte und Bezüge	270 €	– 270 €
abzuziehender Betrag		423 €

Besonderheiten bei Zuschüssen

Als Ausbildungshilfe bezogene Zuschüsse jeglicher Art, z. B. Stipendien für ein Auslandsstudium aus öffentlichen oder aus privaten Mitteln, mindern die zeitanteiligen Höchstbeträge und Freibeträge nur der Kalendermonate, für die die Zuschüsse bestimmt sind (§ 33a Abs. 3 Satz 3 EStG). Liegen bei der unterhaltenen Person oder dem in Berufsausbildung befindlichen Kind sowohl eigene Einkünfte und Bezüge als auch Zuschüsse vor, die als Ausbildungshilfe nur für einen Teil des Unterhalts- oder Ausbildungszeitraums bestimmt sind, dann sind zunächst die eigenen Einkünfte und Bezüge anzurechnen und sodann die Zuschüsse zeitanteilig entsprechend ihrer Zweckbestimmung.

Beispiel:

Ein über 18 Jahre altes Kind des Stpfl. befindet sich während des ganzen Kalenderjahrs in Berufsausbildung und ist auswärtig untergebracht. Ihm fließt in den Monaten Januar bis Juni Arbeitslohn von 3 400 € zu, die Werbungskosten übersteigen nicht den Arbeitnehmer-Pauschbetrag. Für die Monate Juli bis Dezember bezieht es ein Auslandsstipendium aus öffentlichen Mitteln von 3 000 €.

Freibetrag nach § 33a Abs. 2 EStG für das Kalenderjahr		924 €
Arbeitslohn	3 400 €	
abzüglich Arbeitnehmer-Pauschbetrag	– 1 000 €	
Einkünfte aus nichtselbständiger Arbeit	2 400 €	
anrechnungsfreier Betrag	– 1 848 €	
anzurechnende Einkünfte	552 €	– 552 €
verminderter Freibetrag nach § 33a Abs. 2 EStG		372 €
anteiliger verminderter Freibetrag nach § 33a Abs. 2 EStG für Januar bis Juni		186 €
Juli bis Dezember	186 €	
Ausbildungszuschuss (Auslandsstipendium)	3 000 €	
abzüglich Kostenpauschale	– 180 €	
anzurechnende Bezüge	2 820 €	– 2 820 €	0 €
abzuziehender Freibetrag nach § 33a Abs. 2 EStG		186 €

R 33b. Pauschbeträge für behinderte Menschen, Hinterbliebene und Pflegepersonen

(1) ¹Ein Pauschbetrag für behinderte Menschen, der Hinterbliebenen-Pauschbetrag und der Pflege-Pauschbetrag können mehrfach gewährt werden, wenn mehrere Personen die Voraussetzungen erfüllen (z. B. Steuerpflichtiger, Ehegatte, Kind), oder wenn eine Person die Voraussetzungen für verschiedene Pauschbeträge erfüllt. ²Mit dem Pauschbetrag für behinderte Menschen werden die laufenden und typischen Aufwendungen für die Hilfe bei den gewöhnlichen und regelmäßig wiederkehrenden Verrichtungen des täglichen Lebens, für die Pflege sowie für einen erhöhten Wäschebedarf abgegolten. ³Es handelt sich um Aufwendungen, die behinderten Menschen erfahrungsgemäß durch ihre Krankheit bzw. Behinderung entstehen und deren alleinige behinderungsbedingte Veranlassung nur schwer nachzuweisen ist. ⁴Alle übrigen behinderungsbedingten Aufwendungen (z. B. Operationskosten sowie Heilbehandlungen, Kuren, Arznei- und Arztkosten, Fahrtkosten) können daneben als außergewöhnliche Belastung nach § 33 EStG berücksichtigt werden.

(2) Hat ein Kind Anspruch auf einen Pauschbetrag nach § 33b EStG, können andere Personen, auf die der Pauschbetrag für behinderte Menschen nicht übertragen worden ist, wegen der behinderungsbedingten Aufwendungen keine Steuerermäßigung nach § 33 EStG in Anspruch nehmen.[1])

(3) Eine Übertragung des Pauschbetrages für behinderte Menschen auf die Eltern eines Kindes mit Wohnsitz oder gewöhnlichem Aufenthalt im Auslandist nur möglich, wenn das Kind als unbeschränkt steuerpflichtig behandelt wird (insbesondere § 1 Abs. 3 Satz 2, 2. Halbsatz EStG ist zu beachten).

(4) Ein Stpfl. führt die Pflege auch dann noch persönlich durch, wenn er sich zur Unterstützung zeitweise einer ambulanten Pflegekraft bedient.

(5) § 33b Abs. 6 *Satz* 6 EStG gilt auch, wenn nur ein Stpfl. den Pflege-Pauschbetrag tatsächlich in Anspruch nimmt.

(6) Der Pflege-Pauschbetrag nach § 33b Abs. 6 EStG kann neben dem nach § 33b Abs. 5 EStG vom Kind auf die Eltern übertragenen Pauschbetrag für behinderte Menschen in Anspruch genommen werden.

(7) [1]Bei Beginn, Änderung oder Wegfall der Behinderung im Laufe eines Kalenderjahres ist stets der Pauschbetrag nach dem höchsten Grad zu gewähren, der im Kalenderjahr festgestellt war. [2]Eine Zwölftelung ist nicht vorzunehmen. [3]Dies gilt auch für den Hinterbliebenen- und Pflege-Pauschbetrag.

H 33b

Allgemeines

- Zur Behinderung i. S. d. § 33b EStG → § 69 SGB IX, zur Hilflosigkeit → § 33b Abs. 6 EStG, zur Pflegebedürftigkeit → *R 33.3 Abs. 1*.
- Verwaltungsakte, die die Voraussetzungen für die Inanspruchnahme der Pauschbeträge feststellen (→ § 65 EStDV), sind Grundlagenbescheide i. S. d. § 171 Abs. 10 und § 175 Abs. 1 Satz 1 Nr. 1 AO (→ BFH vom 5. 2. 1988 – BStBl II S. 436). Auf Grund eines solchen Bescheides ist ggf. eine Änderung früherer Steuerfestsetzungen hinsichtlich der Anwendung des § 33b EStG nach § 175 Abs. 1 Satz 1 Nr. 1 AO unabhängig davon vorzunehmen, ob ein Antrag i. S. d. § 33b Abs. 1 EStG für den VZ dem Grunde nach bereits gestellt worden ist. Die Änderung ist für alle VZ vorzunehmen, auf die sich der Grundlagenbescheid erstreckt (→ BFH vom 22. 2. 1991 – BStBl II S. 717 und vom 13. 12. 1985 – BStBl 1986 II S. 245).
- Einen Pauschbetrag von 3 700 € können behinderte Menschen unabhängig vom GdB erhalten, in deren Ausweis das Merkzeichen „Bl" oder „H" (→ § 69 Abs. 5 SGB IX) eingetragen ist.

Hinterbliebenen-Pauschbetrag

Zu den Gesetzen, die das BVG für entsprechend anwendbar erklärt (§ 33b Abs. 4 Nr. 1 EStG), gehören:
- das Soldatenversorgungsgesetz (→ § 80),
- das ZDG (→ § 47),
- das Häftlingshilfegesetz (→ §§ 4 und 5),
- das Gesetz über die Unterhaltsbeihilfe für Angehörige von Kriegsgefangenen (→ § 3),
- das Gesetz über den Bundesgrenzschutz (→ § 59 Abs. 1 i. V. m. dem Soldatenversorgungsgesetz),
- das Gesetz über das Zivilschutzkorps (→ § 46 i. V. m. dem Soldatenversorgungsgesetz),
- das Gesetz zur Regelung der Rechtsverhältnisse der unter Artikel 131 GG fallenden Personen (→ §§ 66, 66a),
- das Gesetz zur Einführung des Bundesversorgungsgesetzes im Saarland (→ § 5 Abs. 1),
- das Infektionsschutzgesetz (→ § 63),
- das Gesetz über die Entschädigung für Opfer von Gewalttaten (→ § 1 Abs. 1).

Nachweis der Behinderung

- Der Nachweis für die Voraussetzungen eines Pauschbetrages ist gem. § 65 EStDV zu führen (zum Pflege-Pauschbetrag → BFH vom 20. 2. 2003 – BStBl II S. 476). Nach § 69 Abs. 1 SGB IX zuständige Behörden sind die für die Durchführung des Bundesversorgungsgeset-

---

[1]) Überholt durch BFH vom 11. 2. 2010 – BStBl II S. 621: Mit dem Behinderten-Pauschbetrag werden nur die Aufwendungen des behinderten Kindes abgegolten. Daher können Eltern ihre eigenen zwangsläufigen Aufwendungen für ein behindertes Kind nach § 33 EStG geltend machen, auch wenn der Behinderten-Pauschbetrag nicht auf sie übertragen worden ist.

- zes zuständigen Behörden (Versorgungsämter) und die gem. § 69 Abs. 1 S. 7 SGB IX nach Landesrecht für zuständig erklärten Behörden.
- Zum Nachweis der Behinderung von in Deutschland nicht steuerpflichtigen Kindern → BMF vom 8. 8. 1997 (BStBl I S. 1016).
- An die für die Gewährung des Pauschbetrags für behinderte Menschen und des Pflege-Pauschbetrags vorzulegenden Bescheinigungen, Ausweise oder Bescheide sind die Finanzbehörden gebunden (→ BFH vom 5. 2. 1988 – BStBl II S. 436).
- Bei den Nachweisen nach § 65 Abs. 1 Nr. 2 Buchstabe b EStDV kann es sich z. B. um Rentenbescheide des Versorgungsamtes oder eines Trägers der gesetzlichen Unfallversicherung oder bei Beamten, die Unfallruhegeld beziehen, um einen entsprechenden Bescheid ihrer Behörde handeln. Der Rentenbescheid eines Trägers der gesetzlichen Rentenversicherung der Arbeiter und Angestellten genügt nicht (→ BFH vom 25. 4. 1968 – BStBl II S. 606).

Neben den Pauschbeträgen für behinderte Menschen zu berücksichtigende Aufwendungen

Folgende Aufwendungen können neben den Pauschbeträgen für behinderte Menschen als außergewöhnliche Belastung nach § 33 EStG berücksichtigt werden:
- Operationskosten, Kosten für Heilbehandlungen, Arznei- und Arztkosten (→ R 33b Abs. 1 EStR),
- Kraftfahrzeugkosten (→ H 33.1 – 33.4 – Fahrtkosten behinderter Menschen sowie → R 33b Abs. 1 Satz 4 EStR),
- Kosten für eine Begleitperson anlässlich einer Urlaubsreise (→ H 33.1 – 33.4 – Begleitperson),
- Führerscheinkosten für ein schwer geh- und stehbehindertes Kind (→ BFH vom 26. 3. 1993 – BStBl II S. 749),
- Kosten für eine Heilkur (→ BFH vom 11. 12. 1987 – BStBl 1988 II S. 275, → H 33.1-33.4 (Kur) sowie → R 33.4 Abs. 1 und 3),
- Schulgeld für den Privatschulbesuch des behinderten Kindes (→ H 33.1-33.4 – Privatschule und → R 33.4 Abs. 2) sowie
- Kosten für die behindertengerechte Ausgestaltung des eigenen Wohnhauses (→ H 33.1-33.4 – Behindertengerechte Ausstattung).

Pflegebedürftigkeit

→ R 33.3 Abs. 1

Pflege-Pauschbetrag

- Eine sittliche Verpflichtung zur Pflege ist anzuerkennen, wenn eine enge persönliche Beziehung zu der gepflegten Person besteht (→ BFH vom 29. 8. 1996 – BStBl 1997 II S. 199),
- Der Pflege-Pauschbetrag nach § 33b Abs. 6 EStG ist nicht nach der Zahl der Personen aufzuteilen, welche bei ihrer Einkommensteuerveranlagung die Berücksichtigung eines Pflegepauschbetrages begehren, sondern nach der Zahl der Stpfl., welche eine hilflose Person in ihrer Wohnung oder in der Wohnung des Pflegebedürftigen tatsächlich persönlich gepflegt haben (→ BFH vom 14. 10. 1997 – BStBl 1998 II S. 20),
- Abgesehen von der Pflege durch Eltern (§ 33b Abs. 6 Satz 2 EStG) schließen Einnahmen der Pflegeperson für die Pflege unabhängig von ihrer Höhe die Gewährung des Pflege-Pauschbetrags aus. Hierzu gehört grundsätzlich auch das weitergeleitete Pflegegeld. Der Ausschluss von der Gewährung des Pflege-Pauschbetrags gilt nicht, wenn das Pflegegeld lediglich treuhänderisch für den Pflegebedürftigen verwaltet wird und damit ausschließlich Aufwendungen des Pflegebedürftigen bestritten werden. In diesem Fall muss die Pflegeperson die konkrete Verwendung des Pflegegeldes nachweisen und ggf. nachträglich noch eine Vermögenstrennung durchführen (→ BFH vom 21. 3. 2002 – BStBl II S. 417).

Übertragung des Pauschbetrags von einem im Ausland lebenden Kind

Der Pauschbetrag nach § 33b Abs. 3 EStG für ein behindertes Kind kann nicht nach § 33b Abs. 5 EStG auf einen im Inland unbeschränkt steuerpflichtigen Elternteil übertragen werden, wenn das Kind im Ausland außerhalb eines EU/EWR-Mitgliedstaates seinen Wohnsitz oder gewöhnlichen Aufenthalt hat und im Inland keine eigenen Einkünfte erzielt (BFH vom 2. 6. 2005 – BStBl II S. 828; → auch R 33b Abs. 3).

R 34.3. Besondere Voraussetzungen für die Anwendung des § 34 Abs. 1 EStG

(1) Entschädigungen i. S. d. § 24 Nr. 1 EStG sind nach § 34 Abs. 1 i. V. m. Abs. 2 Nr. 2 EStG nur begünstigt, wenn es sich um außerordentliche Einkünfte handelt; dabei kommt es nicht darauf an, im Rahmen welcher Einkunftsart sie angefallen sind.

(2) ¹Die Nachzahlung von → Nutzungsvergütungen und Zinsen i. S. d. § 34 Abs. 2 Nr. 3 EStG muss einen Zeitraum von mehr als 36 Monaten umfassen. ²Es genügt nicht, dass sie auf drei Kalenderjahre entfällt.

(3) ¹Bei Anwendung des § 34 Abs. 1 i. V. m. Abs. 2 Nr. 5 EStG auf außerordentliche Holznutzungen i. S. d. § 34b Abs. 1 Nr. 1 EStG ist von einer Zusammenballung der Einkünfte auszugehen, wenn kein Bestandsvergleich für das stehende Holz vorgenommen wurde. ²Die Aktivierung der Anschaffungs- oder Herstellungskosten ist für sich allein noch kein Bestandsvergleich.

H 34.3

Entlassungsentschädigungen

– → BMF vom 24. 5. 2004 (BStBl I S. 505, berichtigt BStBl I S. 633) unter Berücksichtigung der Änderungen des BMF vom 17. 1. 2011 (BStBl I S. 39)
– Die Rückzahlung einer Abfindung ist auch dann im Abflussjahr zu berücksichtigen, wenn die Abfindung im Zuflussjahr begünstigt besteuert worden ist. Eine Lohnrückzahlung ist regelmäßig kein rückwirkendes Ereignis, das zur Änderung des Einkommensteuerbescheides des Zuflussjahres berechtigt (→ BFH vom 4. 5. 2006 – BStBl II S. 911).

Entschädigung i. S. d. § 24 Nr. 1 EStG

→ R 24.1

Entschädigung in zwei VZ

– Außerordentliche Einkünfte i. S. d. § 34 Abs. 2 Nr. 2 EStG sind (nur) gegeben, wenn die zu begünstigenden Einkünfte in einem VZ zu erfassen sind (→ BFH vom 21. 3. 1996 – BStBl II S. 416 und vom 14. 5. 2003 – BStBl II S. 881). Die Tarifermäßigung nach § 34 Abs. 1 EStG kann aber unter besonderen Umständen ausnahmsweise auch dann in Betracht kommen, wenn die Entschädigung nicht in einem Kalenderjahr zufließt, sondern sich auf zwei Kalenderjahre verteilt. Voraussetzung ist jedoch stets, dass die Zahlung der Entschädigung von vornherein in einer Summe vorgesehen war und nur wegen ihrer ungewöhnlichen Höhe und der besonderen Verhältnisse des Zahlungspflichtigen auf zwei Jahre verteilt wurde oder wenn der Entschädigungsempfänger – bar aller Existenzmittel – dringend auf den baldigen Bezug einer Vorauszahlung angewiesen war (→ BFH vom 2. 9. 1992 – BStBl 1993 II S. 831).
– Bei Land- und Forstwirten mit einem vom Kalenderjahr abweichenden Wirtschaftsjahr ist die Tarifermäßigung ausgeschlossen, wenn sich die außerordentlichen Einkünfte auf Grund der Aufteilungsvorschrift des § 4a Abs. 2 Nr. 1 Satz 1 EStG auf mehr als zwei VZ verteilen (→ BFH vom 4. 4. 1968 – BStBl II S. 411).
– Planwidriger Zufluss
 → BMF vom 24. 5. 2004 (BStBl I S. 505, berichtigt BStBl I S. 633) unter Berücksichtigung der Änderungen des BMF vom 17. 1. 2011 (BStBl I S. 39), Rz. 17–20
– Die Ablösung wiederkehrender Bezüge aus einer Betriebs- oder Anteilsveräußerung durch eine Einmalzahlung kann als Veräußerungserlös auch dann tarifbegünstigt sein, wenn im Jahr der Betriebs- oder Anteilsveräußerung eine Einmalzahlung tarifbegünstigt versteuert worden ist, diese aber im Verhältnis zum Ablösebetrag als geringfügig (im Urteilsfall weniger als 1 %) anzusehen ist (→ BFH vom 14. 1. 2004 – BStBl II S. 493).

Nutzungsvergütungen i. S. d. § 24 Nr. 3 EStG

– Werden Nutzungsvergütungen oder Zinsen i. S. d. § 24 Nr. 3 EStG für einen Zeitraum von mehr als drei Jahren nachgezahlt, ist der gesamte Nachzahlungsbetrag nach § 34 Abs. 2 Nr. 3 i. V. m. Absatz 1 EStG begünstigt. Nicht begünstigt sind Nutzungsvergütungen, die in einem Einmalbetrag für einen drei Jahre übersteigenden Nutzungszeitraum gezahlt werden und von denen ein Teilbetrag auf einen Nachzahlungszeitraum von weniger als drei Jahren und die im Übrigen auf den zukünftigen Nutzungszeitraum entfallen (→ BFH vom 19. 4. 1994 – BStBl II S. 640).

– Die auf Grund eines Zwangsversteigerungsverfahrens von der öffentlichen Hand als Ersteherin gezahlten sog. Bargebotszinsen stellen keine „Zinsen auf Entschädigungen" i. S. v. § 24 Nr. 3 EStG dar (→ BFH vom 28. 4. 1998 – BStBl II S. 560).

Vorabentschädigungen

Teilzahlungen, die ein Handelsvertreter entsprechend seinen abgeschlossenen Geschäften laufend vorweg auf seine künftige Wettbewerbsentschädigung (§ 90a HGB) und auf seinen künftigen Ausgleichsanspruch (§ 89b HGB) erhält, führen in den jeweiligen Veranlagungszeiträumen zu keiner → Zusammenballung von Einkünften und lösen deshalb auch nicht die Tarifermäßigung nach § 34 Abs. 1 EStG aus (→ BFH vom 20. 7. 1988 – BStBl II S. 936).

Zinsen i. S. d. § 24 Nr. 3 EStG

→ Nutzungsvergütungen

Zusammenballung von Einkünften

– Eine Entschädigung ist nur dann tarifbegünstigt, wenn sie zu einer Zusammenballung von Einkünften innerhalb eines VZ führt (→ BFH vom 4. 3. 1998 – BStBl II S. 787).
 → BMF vom 18. 11. 1997 (BStBl I S. 973)
 → BMF vom 24. 5. 2004 (BStBl I S. 505, berichtigt BStBl I S. 633) unter Berücksichtigung der Änderungen des BMF vom 17. 1. 2011 (BStBl I S. 39), Rz. 9 – 16 – Erhält ein Stpfl. wegen der Körperverletzung durch einen Dritten auf Grund von mehreren gesonderten und unterschiedliche Zeiträume betreffenden Vereinbarungen mit dessen Versicherung Entschädigungen als Ersatz für entgangene und entgehende Einnahmen, steht der Zufluss der einzelnen Entschädigungen in verschiedenen VZ der tarifbegünstigten Besteuerung jeder dieser Entschädigungen nicht entgegen (→ BFH vom 21. 1. 2004 – BStBl II S. 716).

R 34.4. Anwendung des § 34 Abs. 1 EStG auf Einkünfte aus der Vergütung für eine mehrjährige Tätigkeit (§ 34 Abs. 2 Nr. 4 EStG)

Allgemeines

(1) [1]§ 34 Abs. 2 Nr. 4 i. V. m. Abs. 1 EStG gilt grundsätzlich für alle Einkunftsarten. [2]§ 34 Abs. 1 EStG ist auch auf Nachzahlungen von Ruhegehaltsbezügen und von Renten i. S. d. § 22 Nr. 1 EStG, einschließlich der nachgezahlten Erhöhungsbeträge für den laufenden VZ anwendbar. [3]Voraussetzung für die Anwendung ist, dass auf Grund der Einkunftsermittlungsvorschriften eine → Zusammenballung von Einkünften eintritt, die bei Einkünften aus nicht selbständiger Arbeit auf wirtschaftlich vernünftigen Gründen beruht und bei anderen Einkünften nicht dem vertragsgemäßen oder dem typischen Ablauf entspricht.

Einkünfte aus nicht selbständiger Arbeit

(2) Bei Einkünften aus nicht selbständiger Arbeit kommt es nicht darauf an, dass die Vergütung für eine abgrenzbare Sondertätigkeit gezahlt wird, dass auf sie ein Rechtsanspruch besteht oder dass sie eine zwangsläufige Zusammenballung von Einnahmen darstellt.

Ermittlung der Einkünfte

(3) [1]Bei der Ermittlung der dem § 34 Abs. 2 Nr. 4 i. V. m. Abs. 1EStG unterliegenden Einkünfte gilt R 34.1 Abs. 4 entsprechend. [2]Handelt es sich sowohl bei den laufenden Einnahmen als auch bei den außerordentlichen Bezügen um Versorgungsbezüge i. S. d. § 19 Abs. 2 EStG, können der im Kalenderjahr des Zuflusses die Freibeträge für Versorgungsbezüge in Betracht kommende Versorgungs-Freibetrag nach § 19 Abs. 2 EStG nur einmal abgezogen werden; er ist zunächst bei den nicht nach § 34 EStG begünstigten Einkünften zu berücksichtigen. [3]Nur ein insoweit nicht verbrauchte Freibeträge für Versorgungsbezüge sind bei den nach § 34 EStG begünstigten Einkünften abzuziehen. [4]Entsprechend ist bei anderen Einkunftsarten zu verfahren, bei denen ein im Rahmen der Einkünfteermittlung anzusetzender Freibetrag oder Pauschbetrag abzuziehen ist. [5]Werden außerordentliche Einkünfte aus nicht selbständiger Arbeit neben laufenden Einkünften dieser Art bezogen, ist bei den Einnahmen der Arbeitnehmer-Pauschbetrag insgesamt nur einmal abzuziehen, wenn insgesamt keine höheren Werbungskosten nachgewie-

sen werden. ⁶In anderen Fällen sind die auf die jeweiligen Einnahmen entfallenden tatsächlichen Werbungskosten bei diesen Einnahmen zu berücksichtigen.

H 34.4

Arbeitslohn für mehrere Jahre

Die Anwendung des § 34 Abs. 3 EStG setzt nicht voraus, dass der Arbeitnehmer die Arbeitsleistung erbringt; es genügt, dass der Arbeitslohn für mehrere Jahre gezahlt worden ist (→ BFH vom 17. 7. 1970 – BStBl II S. 683).

Außerordentliche Einkünfte i. S. d. § 34 Abs. 2 Nr. 4 i. V. m. § 34 Abs. 1 EStG

1. § 34 Abs. 2 Nr. 4 i. V. m. § 34 Abs. 1 EStG ist z. B. anzuwenden, wenn
   – eine Lohnzahlung für eine Zeit, die vor dem Kalenderjahr liegt, deshalb nachträglich geleistet wird, weil der Arbeitgeber Lohnbeträge zu Unrecht einbehalten oder mangels flüssiger Mittel nicht in der festgelegten Höhe ausgezahlt hat (→ BFH vom 17. 7. 1970 – BStBl II S. 683),
   – der Arbeitgeber Prämien mehrerer Kalenderjahre für eine Versorgung oder für eine Unfallversicherung des Arbeitnehmers deshalb voraus- oder nachzahlt, weil er dadurch günstigere Prämiensätze erzielt oder weil die Zusammenfassung satzungsgemäßen Bestimmungen einer Versorgungseinrichtung entspricht,
   – dem Stpfl. Tantiemen für mehrere Jahre in einem Kalenderjahr zusammengeballt zufließen (→ BFH vom 11. 6. 1970 – BStBl II S. 639),
   – dem Stpfl. Zahlungen, die zur Abfindung von Pensionsanwartschaften geleistet werden, zufließen. Dem Zufluss steht nicht entgegen, dass der Ablösungsbetrag nicht an den Stpfl., sondern an einen Dritten gezahlt worden ist (→ BFH vom 12. 4. 2007 – BStBl II S. 581).
2. § 34 Abs. 2 Nr. 4 i. V. m. § 34 Abs. 1 EStG ist z. B. nicht anzuwenden bei zwischen Arbeitgeber und Arbeitnehmer vereinbarten und regelmäßig ausgezahlten gewinnabhängigen Tantiemen, deren Höhe erst nach Ablauf des Wirtschaftsjahrs festgestellt werden kann; es handelt sich hierbei nicht um die Abgeltung einer mehrjährigen Tätigkeit (→ BFH vom 30. 8. 1966 – BStB III S. 545).
3. § 34 Abs. 2 Nr. 4 i. V. m. § 34 Abs. 1 EStG kann in besonders gelagerten Ausnahmefällen anzuwenden sein, wenn die Vergütung für eine mehrjährige nichtselbständige Tätigkeit dem Stpfl. aus wirtschaftlich vernünftigen Gründen nicht in einem Kalenderjahr, sondern in zwei Kalenderjahren in Teilbeträgen zusammengeballt ausgezahlt wird (→ BFH vom 16. 9. 1966 – BStBl 1967 III S. 2).

→ Vergütung für eine mehrjährige Tätigkeit

Gewinneinkünfte

Die Annahme außerordentlicher Einkünfte i. S. d. § 34 Abs. 2 Nr. 4 EStG setzt voraus, dass die Vergütung für mehrjährige Tätigkeiten eine Progressionswirkung typischerweise erwarten lässt. Dies kann bei Einkünften i. S. d. § 2 Abs. 2 Satz 1 Nr. 1 EStG dann der Fall sein, wenn
– der Stpfl. sich während mehrerer Jahre ausschließlich einer bestimmten Sache gewidmet und die Vergütung dafür in einem einzigen Veranlagungszeitraum erhalten hat oder
– eine sich über mehrere Jahre erstreckende Sondertätigkeit, die von der übrigen Tätigkeit des Stpfl. ausreichend abgrenzbar ist und nicht zum regelmäßigen Gewinnbetrieb gehört, in einem einzigen Veranlagungszeitraum entlohnt wird oder
– der Stpfl. für eine mehrjährige Tätigkeit eine Nachzahlung in einem Betrag aufgrund einer vorausgegangenen rechtlichen Auseinandersetzung erhalten hat

(→ BFH vom 14. 12. 2006 – BStBl 2007 II S. 180) oder
– eine einmalige Sonderzahlung für langjährige Dienste auf Grund einer arbeitnehmerähnlichen Stellung geleistet wird (→ BFH vom 7. 7. 2004 – BStBl 2005 II S. 276).

Jubiläumszuwendungen

Zuwendungen, die ohne Rücksicht auf die Dauer der Betriebszugehörigkeit lediglich aus Anlass eines Firmenjubiläums erfolgen, erfüllen die Voraussetzungen von § 34 Abs. 2 Nr. 4 EStG nicht (→ BFH vom 3. 7. 1987 – BStBl II S. 820).

Nachzahlung von Versorgungsbezügen

§ 34 Abs. 2 Nr. 4 i. V. m. § 34 Abs. 1 EStG auch auf Nachzahlungen anwendbar, die als Ruhegehalt für eine ehemalige Arbeitnehmertätigkeit gezahlt werden (→ BFH vom 28. 2. 1958 – BStBl III S. 169).

Tantiemen

→ außerordentliche Einkünfte i. S. d. § 34 Abs. 2 Nr. 4 i. V. m. § 34 Abs. 1 EStG

Verbesserungsvorschläge

Die einem Arbeitnehmer gewährte Prämie für einen Verbesserungsvorschlag stellt keine Entlohnung für eine mehrjährige Tätigkeit im Sinne des § 34 Abs. 2 Nr. 4 i. V. m. § 34 Abs. 1 EStG dar, wenn sie nicht nach dem Zeitaufwand des Arbeitnehmers, sondern ausschließlich nach der Kostenersparnis des Arbeitgebers in einem bestimmten künftigen Zeitraum berechnet wird (→ BFH vom 16. 12. 1996 – BStBl 1997 II S. 222).

Vergütung für eine mehrjährige Tätigkeit

Die Anwendung von § 34 Abs. 2 Nr. 4 i. V. m. § 34 Abs. 1 EStG ist nicht dadurch ausgeschlossen, dass die Vergütungen für eine mehrjährige Tätigkeit während eines Kalenderjahrs in mehreren Teilbeträgen gezahlt werden (→ BFH vom 11. 6. 1970 – BStBl II S. 639).

Versorgungsbezüge

→ Nachzahlung von Versorgungsbezügen

Zusammenballung von Einkünften

Eine Zusammenballung von Einkünften ist nicht anzunehmen, wenn die Vertragsparteien die Vergütung bereits durch ins Gewicht fallende Teilzahlungen auf mehrere Kalenderjahre verteilt haben (→ BFH vom 10. 2. 1972 – BStBl II S. 529).

R 46.1. Veranlagung nach § 46 Abs. 2 Nr. 2 EStG

§ 46 Abs. 2 Nr. 2 EStG gilt auch für die Fälle, in denen der Stpfl. rechtlich in nur einem Dienstverhältnis steht, die Bezüge aber von verschiedenen öffentlichen Kassen ausgezahlt und gesondert nach Maßgabe der jeweiligen Lohnsteuerkarte dem Steuerabzug unterworfen worden sind.

R 46.2. Veranlagung nach § 46 Abs. 2 Nr. 8 EStG

(1) Die Vorschrift des § 46 Abs. 2 Nr. 8 EStG ist nur anwendbar, wenn der Arbeitnehmer nicht bereits nach den Vorschriften des § 46 Abs. 2 Nr. 1 bis 7 EStG zu veranlagen ist.

(2) [1]Der Antrag ist innerhalb der allgemeinen Festsetzungsfrist von vier Jahren zu stellen. [2]Die → Anlaufhemmung nach § 170 Abs. 2 Satz 1 Nr. 1 AO ist wegen fehlender Erklärungspflicht regelmäßig nicht anwendbar, es sei denn, der Stpfl. ist zur Abgabe einer Einkommensteuererklärung aufgefordert worden.

(3) Sollen ausländische Verluste, die nach einem DBA bei der Ermittlung des z. v. E. (§ 2 Abs. 5 EStG) außer Ansatz geblieben sind, zur Anwendung des negativen Progressionsvorbehalts berücksichtigt werden, so ist auf Antrag eine Veranlagung durchzuführen.

(4) [1]Hat ein Arbeitnehmer im VZ zeitweise nicht in einem Dienstverhältnis gestanden, kann die Dauer der Nichtbeschäftigung z. B. durch eine entsprechende Bescheinigung der Agentur für Arbeit, wie einen Bewilligungsbescheid über das Arbeitslosengeld oder eine Bewilligung von Leistungen nach dem SGB III, belegt werden. [2]Kann ein Arbeitnehmer Zeiten der Nichtbeschäftigung durch geeignete Unterlagen nicht nachweisen oder in sonstiger Weise glaubhaft machen, ist dies kein Grund, die Antragsveranlagung nicht durchzuführen. [3]Ob und in welcher Höhe außer dem auf der Lohnsteuerbescheinigung ausgewiesenen bescheinigten Arbeitslohn weiterer Arbeitslohn zu berücksichtigen ist, hängt von dem im Einzelfall ermittelten Sachverhalt ab. [4]Für dessen Beurteilung gelten die Grundsätze der freien Beweiswürdigung.

H 46.2

Abtretung/Verpfändung

- zur Abtretung bzw. Verpfändung des Erstattungsanspruchs → § 46 AO sowie AEAO zu § 46,
- zum Entstehen des Erstattungsanspruchs → § 38 AO i. V. m. § 36 Abs. 1 EStG.

Anlaufhemmung

Eine Anlaufhemmung gem. § 170 Abs. 2 Satz 1 Nr. 1 AO kommt in den Fällen des § 46 Abs. 2 Nr. 8 EStG nicht in Betracht (→ BFH vom 14. 4. 2011 – BStBl II S. 746).

Pfändung des Erstattungsanspruchs aus der Antragsveranlagung

→ § 46 AO sowie AEAO zu § 46

Rechtswirksamer Antrag

Ein Antrag auf Veranlagung zur Einkommensteuer ist nur dann rechtswirksam gestellt, wenn der amtlich vorgeschriebene Vordruck verwendet wird, dieser innerhalb der allgemeinen Festsetzungsfrist beim Finanzamt eingeht und bis dahin auch vom Arbeitnehmer eigenhändig unterschrieben ist (→ BFH vom 10. 10. 1986 – BStBl 1987 II S. 77). Eine Einkommensteuererklärung ist auch dann nach amtlich vorgeschriebenem Vordruck" abgegeben, wenn ein – auch einseitig – privat gedruckter oder fotokopierter Vordruck verwendet wird, der dem amtlichen Muster entspricht (→ BFH vom 22. 5. 2006 – BStBl II S. 912).

Schätzungsbescheid

Für die Durchführung des Veranlagungsverfahrens bedarf es keines Antrags des Stpfl., wenn das Finanzamt das Veranlagungsverfahren von sich aus bereits durchgeführt und einen Schätzungsbescheid unter dem Vorbehalt der Nachprüfung erlassen hat. Dies gilt jedenfalls dann, wenn bei Erlass des Steuerbescheids aus der insoweit maßgeblichen Sicht des Finanzamts die Voraussetzungen für eine Veranlagung von Amts wegen vorlagen (→ BFH vom 22. 5. 2006 – BStBl II S. 912).

R 46.3. Härteausgleich

– unbesetzt –

H 46.3

Abhängigkeit der Veranlagung vom Härteausgleich

Eine Veranlagung ist unabhängig vom Härteausgleich nach § 46 Abs. 3 EStG durchzuführen, auch wenn dieser im Ergebnis zu einem Betrag unter 410 Euro führt (→ BFH vom 2. 12. 1971 – BStBl 1972 II S. 278).

Allgemeines

Bestehen die einkommensteuerpflichtigen Einkünfte, die nicht der Lohnsteuer zu unterwerfen waren, sowohl aus positiven Einkünften als auch aus negativen Einkünften (Verlusten), so wird ein Härteausgleich nur gewährt, wenn die Summe dieser Einkünfte abzüglich der darauf entfallenden Beträge nach § 13 Abs. 3 und § 24a EStG einen positiven Einkunftsbetrag von nicht mehr als 410 Euro bzw. 820 Euro ergibt. Das gilt auch in den Fällen der Zusammenveranlagung von Ehegatten, in denen der eine Ehegatte positive und der andere Ehegatte negative Einkünfte, die nicht der Lohnsteuer zu unterwerfen waren, bezogen hat, und im Fall der Veranlagung nach § 46 Abs. 2 Nr. 4 EStG (→ BFH vom 24. 4. 1961 – BStBl III S. 310).

> **Beispiel:**
> Ein Arbeitnehmer, der im Jahr 2005 das 65. Lebensjahr vollendet hatte und auf dessen Lohnsteuerkarte ein Freibetrag i. S. d. § 39a Abs. 1 Nr. 5 EStG eingetragen worden ist, hat neben seinen Einkünften aus nichtselbständiger Arbeit (Ruhegeld) in 2011 folgende Einkünfte bezogen:

Gewinn aus Land- und Forstwirtschaft			2 000 €
Verlust aus Vermietung und Verpachtung			– 300 €
positive Summe dieser Einkünfte			1 700 €
Prüfung des Veranlagungsgrundes nach § 46 Abs. 2 Nr. 1 EStG:			
Summe der einkommensteuerpflichtigen Einkünfte, die nicht dem Steuerabzug vom Arbeitslohn unterlagen			1 700 €
Abzug nach § 13 Abs. 3 EStG	670 €		
Altersentlastungsbetrag nach § 24a EStG (40 % aus 1 700 € =)	+ 680 €	– 1 350 €	
		350 €	

Die Voraussetzungen nach § 46 Abs. 2 Nr. 1 EStG sind nicht gegeben; der Arbeitnehmer ist nach § 46 Abs. 2 Nr. 4 EStG zu veranlagen.

Härteausgleich nach § 46 Abs. 3 EStG:

Betrag der einkommensteuerpflichtigen (Neben-)Einkünfte	1 700 €
Abzug nach § 13 Abs. 3 EStG	– 670 €
Altersentlastungsbetrag nach § 24a EStG	– 680 €
Vom Einkommen abziehbarer Betrag	350 €

Anwendung der §§ 34, 34b und 34c EStG

Würden Einkünfte, die nicht der Lohnsteuer zu unterwerfen waren, auf Grund eines Härteausgleichsbetrags in gleicher Höhe unversteuert bleiben, so ist für die Anwendung dieser Ermäßigungsvorschriften kein Raum (→ BFH vom 29. 5. 1963 – BStBl III S. 379 und vom 2. 12. 1971 – BStBl 1972 II S. 278).

Lohnersatzleistung

Der Härteausgleich nach § 46 Abs. 3 EStG ist nicht auf dem Progressionsvorbehalt unterliegende Lohnersatzleistungen anzuwenden (→ BFH vom 5. 5. 1994 – BStBl II S. 654).

R 50a.1. Steuerabzug bei Lizenzgebühren, Vergütungen für die Nutzung von Urheberrechten und bei Veräußerungen von Schutzrechten usw.

[1]Lizenzgebühren für die Verwertung gewerblicher Schutzrechte und Vergütungen für die Nutzung von Urheberrechten, deren Empfänger im Inland weder einen Wohnsitz noch ihren gewöhnlichen Aufenthalt haben, unterliegen nach § 49 Abs. 1 Nr. 6 EStG der beschränkten Steuerpflicht, wenn die Patente in die deutsche Patentrolle eingetragen sind oder wenn die gewerblichen Erfindungen oder Urheberrechte in einer inländischen Betriebsstätte oder in einer anderen Einrichtung verwertet werden. [2]Als andere Einrichtungen sind öffentlich-rechtliche Rundfunkanstalten anzusehen, soweit sie sich in dem durch Gesetz oder Staatsvertrag bestimmten Rahmen mit der Weitergabe von Informationen in Wort und Bild beschäftigen und damit hoheitliche Aufgaben wahrnehmen, so dass sie nicht der Körperschaftsteuer unterliegen und somit auch keine Betriebsstätte begründen. [3]In den übrigen Fällen ergibt sich die beschränkte Steuerpflicht für Lizenzgebühren aus § 49 Abs. 1 Nr. 2 Buchstabe a oder Nr. 9 EStG. [4]Dem Steuerabzug unterliegen auch Lizenzgebühren, die den Einkünften aus selbständiger Arbeit zuzurechnen sind (§ 49 Abs. 1 Nr. 3 EStG).

H 50a.1

Kundenadressen

Einkünfte aus der Überlassung von Kundenadressen zur Nutzung im Inland fallen auch dann nicht gem. § 49 Abs. 1 Nr. 9 EStG unter die beschränkte Steuerpflicht, wenn die Adressen vom ausländischen Überlassenden nach Informationen über das Konsumverhalten der betreffenden Kunden selektiert wurden. Es handelt sich nicht um die Nutzungsüberlassung von Know-how, sondern von Datenbeständen (→ BFH vom 13. 11. 2002 – BStBl 2003 II S. 249).

Rechteüberlassung

Die entgeltliche Überlassung eines Rechts führt zu inländischen Einkünften, wenn die Rechteverwertung Teil einer gewerblichen oder selbständigen Tätigkeit im Inland (§ 49 Abs. 1 Nr. 2

Buchstabe a oder Nr. 3 EStG) ist oder die Überlassung zeitlich begrenzt zum Zwecke der Verwertung in einer inländischen Betriebsstätte oder anderen inländischen Einrichtung erfolgt (§ 49 Abs. 1 Nr. 6 EStG). Dies gilt auch dann, wenn das Recht vom originären beschränkt steuerpflichtigen Inhaber selbst überlassen wird, wie z. B. bei der Überlassung der Persönlichkeitsrechte eines Sportlers durch diesen selbst im Rahmen einer Werbekampagne (→ BMF vom 2. 8. 2005 – BStBl I S. 844).

Spezialwissen

Auch ein rechtlich nicht geschütztes technisches Spezialwissen, wie es in § 49 Abs. 1 Nr. 9 EStG aufgeführt ist, kann wie eine Erfindung zu behandeln sein, wenn sein Wert etwa dadurch greifbar ist, dass es in Lizenzverträgen zur Nutzung weitergegeben werden kann (→ BFH vom 26. 10. 2004 – BStBl 2005 II S. 167).

R 50a.2. Berechnung des Steuerabzugs nach § 50a EStG in besonderen Fällen

– unbesetzt –

H 50a.2

Allgemeines

- Zum Steuerabzug gem. § 50a EStG bei Einkünften beschränkt Steuerpflichtiger aus künstlerischen, sportlichen, artistischen, unterhaltenden oder ähnlichen Darbietungen → BMF vom 25. 11. 2010 (BStBl I S. 1350).
- Zur Haftung eines im Ausland ansässigen Vergütungsschuldners gem. § 50a Abs. 5 EStG auf der sog. zweiten Ebene → BFH vom 22. 8. 2007 (BStBl 2008 II S. 190).

Auslandskorrespondenten

→ BMF vom 13. 3. 1998 (BStBl I S. 351)

Ausländische Kulturvereinigungen

→ BMF vom 20. 7. 1983 (BStBl I S. 382) und BMF vom 30. 5. 1995 (BStBl I S. 336)

Doppelbesteuerungsabkommen

Nach § 50d Abs. 1 Satz 1 EStG sind die Vorschriften über die Einbehaltung, Abführung und Anmeldung der Steuer durch den Schuldner der Vergütung nach § 50a EStG ungeachtet eines DBA anzuwenden, wenn Einkünfte nach dem Abkommen nicht oder nur nach einem niedrigeren Steuersatz besteuert werden können (→ BFH vom 13. 7. 1994 – BStBl 1995 II S. 129).

Fotomodelle

Zur Aufteilung von Gesamtvergütungen beim Steuerabzug von Einkünften beschränkt stpfl. Fotomodelle → BMF vom 9. 1. 2009 (BStBl I S. 362).

Sicherungseinbehalt nach § 50a Abs. 7 EStG

- Allgemeines → BMF vom 2. 8. 2002 (BStBl I S. 710)
- Sperrwirkung gem. § 48 Abs. 4 EStG → BMF vom 27. 12. 2002 (BStBl I S. 1399) unter Berücksichtigung der Änderungen durch BMF vom 4. 9. 2003 (BStBl I S. 431), Tz. 96 ff.

Steueranmeldung

- Im Falle einer Aussetzung (Aufhebung) der Vollziehung dürfen ausgesetzte Steuerbeträge nur an den Vergütungsschuldner und nicht an den Vergütungsgläubiger erstattet werden (→ BFH vom 13. 8. 1997 – BStBl II S. 700 und BMF vom 25. 11. 2010 – BStBl I S. 1350, Rz. 68).

- Zu Inhalt und Wirkungen einer Steueranmeldung gem. § 73e EStDV und zur gemeinschaftsrechtskonformen Anwendung des § 50a EStG → BFH vom 7. 11. 2007 (BStBl 2008 II S. 228) und BMF vom 25. 11. 2010 (BStBl I S. 1350, Rz. 68).

Steuerbescheinigung nach § 50a Abs. 5 Satz 6 EStG

Das amtliche Muster ist auf der Internetseite des BZSt (www.bzst.bund.de) abrufbar.

Übersicht

Übernimmt der Schuldner der Vergütung die Steuer nach § 50a EStG und den Solidaritätszuschlag (sog. Nettovereinbarung), ergibt sich zur Ermittlung der Abzugsteuer in den Fällen des § 50a Abs. 2 Satz 1, erster Halbsatz und Satz 3 EStG folgender Berechnungssatz in %, der auf die jeweilige Netto-Vergütung anzuwenden ist:

Bei einer Netto-Vergütung in € Zufluss nach dem 31. 12. 2008	Berechnungssatz für die Steuer nach § 50a Abs. 4 EStG in % der Netto-Vergütung	Berechnungssatz für den Solidaritätszuschlag in % der Netto-Vergütung
bis 250,00	0,00	0,00
mehr als 250,00	17,82	0,98

Zuständigkeit

Örtlich zuständig für den Erlass eines Nachforderungsbescheides gem. § 73g Abs. 1 EStDV gegen den Vergütungsgläubiger (Steuerschuldner) ist das für die Besteuerung des Vergütungsschuldners nach dem Einkommen zuständige Finanzamt (§ 73e Satz 1 EStDV).

Anhang 31

Auslandsdienstreise

Steuerliche Behandlung von Reisekosten und Reisekostenvergütungen bei betrieblich und beruflich veranlassten Auslandsreisen ab 1. Januar 2013

BMF vom 17. 12. 2012 (BStBl I S. 60)
Bezug: BMF vom 8. 12. 2011 (BStBl I S. 1259)

Aufgrund des § 4 Absatz 5 Satz 1 Nummer 5 EStG werden im Einvernehmen mit den obersten Finanzbehörden der Länder die in der anliegenden Übersicht ausgewiesenen Pauschbeträge für Verpflegungsmehraufwendungen und Übernachtungskosten für beruflich und betrieblich veranlasste Auslandsreisen bekannt gemacht (Fettdruck kennzeichnet Änderungen gegenüber der Übersicht ab 1. Januar 2012 – BStBl 2011 I Seite 1259). Bei Reisen vom Inland in das Ausland bestimmt sich der Pauschbetrag nach dem Ort, den der Steuerpflichtige vor 24 Uhr Ortszeit erreicht hat. Für eintägige Reisen ins Ausland und für Rückreisetage aus dem Ausland in das Inland ist der Pauschbetrag des letzten Tätigkeitsortes im Ausland maßgebend.

Für die in der Bekanntmachung nicht erfassten Länder ist der für Luxemburg geltende Pauschbetrag maßgebend, für nicht erfasste Übersee- und Außengebiete eines Landes ist der für das Mutterland geltende Pauschbetrag maßgebend.

Die Pauschbeträge für Übernachtungskosten sind ausschließlich in den Fällen der Arbeitgebererstattung anwendbar (R 9.7 Absatz 3 und R 9.11 Absatz 10 Satz 7 Nummer 3 LStR). Für den Werbungskostenabzug sind nur die tatsächlichen Übernachtungskosten maßgebend (R 9.7 Absatz 2 und R 9.11 Absatz 8 LStR); dies gilt entsprechend für den Betriebsausgabenabzug (R 4.12 Absatz 2 und 3 EStR).

Dieses Schreiben gilt entsprechend für doppelte Haushaltsführungen im Ausland.

Übersicht über die ab 1. Januar 2013 geltenden Pauschbeträge für Verpflegungsmehraufwendungen und Übernachtungskosten

(Änderungen gegenüber der Übersicht ab 1. Januar 2012 – BStBl 2011 I S. 1259 – **in Fettdruck**)

Land	Pauschbeträge für Verpflegungsmehraufwendungen bei einer Abwesenheitsdauer je Kalendertag von			Pauschbetrag für Übernachtungskosten
	mindestens 24 Stunden €	weniger als 24 Stunden, aber mindestens 14 Stunden €	weniger als 14 Stunden, aber mindestens 8 Stunden €	€
Afghanistan	30	20	10	95
Ägypten	30	20	10	50
Äthiopien	30	20	10	175
Äquatorialguinea	**50**	**33**	**17**	**226**
Albanien	23	16	8	110
Algerien	39	26	13	190
Andorra	32	21	11	82
Angola	**77**	**52**	**26**	**265**
Antigua und Barbuda	42	28	14	85
Argentinien	36	24	12	125
Armenien	24	16	8	90
Aserbaidschan	40	27	14	120
Australien				
– Canberra	**58**	**39**	**20**	**158**
– Sydney	**59**	**40**	**20**	**186**
– im Übrigen	**56**	**37**	**19**	**133**
Bahrain	36	24	12	70
Bangladesch	30	20	10	75
Barbados	42	28	14	110
Belgien	**41**	28	14	**135**

Auslandsdienstreise

Anhang 31

Land	Pauschbeträge für Verpflegungsmehraufwendungen bei einer Abwesenheitsdauer je Kalendertag von			Pauschbetrag für Übernachtungskosten
	mindestens 24 Stunden €	weniger als 24 Stunden, aber mindestens 14 Stunden €	weniger als 14 Stunden, aber mindestens 8 Stunden €	€
Benin	41	28	14	90
Bolivien	24	16	8	70
Bosnien-Herzegowina	24	16	8	70
Botsuana	33	22	11	105
Brasilien				
– Brasilia	53	36	18	160
– Rio de Janeiro	47	32	16	145
– Sao Paulo	53	36	18	120
– im Übrigen	54	36	18	110
Brunei	36	24	12	85
Bulgarien	22	15	8	72
Burkina Faso	36	24	12	100
Burundi	47	32	16	98
Chile	40	27	14	130
China				
– Chengdu	32	21	11	85
– Hongkong	62	41	21	170
– Peking	39	26	13	115
– Shanghai	42	28	14	140
– im Übrigen	33	22	11	80
Costa Rica	32	21	11	60
Côte d'Ivoire	54	36	18	145
Dänemark	60	40	20	150
Dominica	36	24	12	80
Dominikanische Republik	30	20	10	100
Dschibuti	48	32	16	160
Ecuador	39	26	13	55
El Salvador	46	31	16	75
Eritrea	30	20	10	58
Estland	27	18	9	85
Fidschi	32	21	11	57
Finnland	39	26	13	136
Frankreich				
– Paris[1])	58	39	20	135
– Straßburg	48	32	16	89
– Lyon	53	36	18	83
– Marseille	51	34	17	86
– im Übrigen	44	29	15	81
Gabun	60	40	20	135
Gambia	18	12	6	70
Georgien	30	20	10	80
Ghana	38	25	13	130

[1]) Sowie die Departements 92 [Hauts-de-Seine], 93 [Seine-Saint Denis] und 94 [Val-de-Marne].

Anhang 31

Auslandsdienstreise

Land	Pauschbeträge für Verpflegungsmehraufwendungen bei einer Abwesenheitsdauer je Kalendertag von			Pauschbetrag für Übernachtungskosten
	mindestens 24 Stunden €	weniger als 24 Stunden, aber mindestens 14 Stunden €	weniger als 14 Stunden, aber mindestens 8 Stunden €	€
Grenada	36	24	12	105
Griechenland				
– Athen	57	38	19	125
– im Übrigen	42	28	14	132
Guatemala	33	22	11	90
Guinea	38	25	13	110
Guinea-Bissau	30	20	10	60
Guyana	36	24	12	90
Haiti	50	33	17	111
Honduras	35	24	12	115
Indien				
– Chennai	30	20	10	135
– Kalkutta	33	22	11	120
– Mumbai	35	24	12	150
– Neu Delhi	35	24	12	130
– im Übrigen	30	20	10	120
Indonesien	39	26	13	110
Iran	30	20	10	120
Irland	42	28	14	90
Island	53	36	18	105
Israel	59	40	20	175
Italien				
– Mailand	39	26	13	156
– Rom	52	35	18	160
– im Übrigen	34	23	12	126
Jamaika	48	32	16	145
Japan				
– Tokio	53	36	18	153
– im Übrigen	51	34	17	156
Jemen	24	16	8	95
Jordanien	36	24	12	85
Kambodscha	36	24	12	85
Kamerun	40	27	14	130
Kanada				
– Ottawa	36	24	12	105
– Toronto	41	28	14	135
– Vancouver	36	24	12	125
– im Übrigen	36	24	12	100
Kap Verde	30	20	10	55
Kasachstan	30	20	10	100
Katar	56	37	19	170
Kenia	35	24	12	135
Kirgisistan	18	12	6	70
Kolumbien	24	16	8	55

Anhang 31

Auslandsdienstreise

Land	Pauschbeträge für Verpflegungsmehraufwendungen bei einer Abwesenheitsdauer je Kalendertag von			Pauschbetrag für Übernachtungskosten
	mindestens 24 Stunden	weniger als 24 Stunden, aber mindestens 14 Stunden	weniger als 14 Stunden, aber mindestens 8 Stunden	
	€	€	€	€
Kongo, Republik	57	38	19	113
Kongo, Demokratische Republik	60	40	20	155
Korea, Demokratische Volksrepublik	42	28	14	90
Korea, Republik	66	44	22	180
Kosovo	26	17	9	65
Kroatien	29	20	10	57
Kuba	48	32	16	80
Kuwait	42	28	14	130
Laos	**33**	**22**	**11**	**67**
Lesotho	24	16	8	70
Lettland	18	12	6	80
Libanon	**44**	**29**	**15**	**120**
Libyen	45	30	15	100
Liechtenstein	47	32	16	82
Litauen	27	18	9	100
Luxemburg	**47**	**32**	**16**	**102**
Madagaskar	**38**	**25**	**13**	**83**
Malawi	39	26	13	110
Malaysia	36	24	12	100
Malediven	38	25	13	93
Mali	40	27	14	125
Malta	30	20	10	90
Marokko	42	28	14	105
Mauretanien	**48**	**32**	**16**	**89**
Mauritius	48	32	16	140
Mazedonien	24	16	8	95
Mexiko	36	24	12	110
Moldau, Republik	18	12	6	100
Monaco	41	28	14	52
Mongolei	**29**	**20**	**10**	**84**
Montenegro	29	20	10	95
Mosambik	30	20	10	80
Myanmar	46	31	16	45
Namibia	29	20	10	85
Nepal	32	21	11	72
Neuseeland	**47**	**32**	**16**	**98**
Nicaragua	30	20	10	100
Niederlande	60	40	20	115
Niger	36	24	12	70
Nigeria	60	40	20	220
Norwegen	**64**	**43**	**22**	**182**
Österreich	**29**	**20**	**10**	**92**

Anhang 31
Auslandsdienstreise

Land	Pauschbeträge für Verpflegungsmehraufwendungen bei einer Abwesenheitsdauer je Kalendertag von			Pauschbetrag für Übernachtungskosten
	mindestens 24 Stunden €	weniger als 24 Stunden, aber mindestens 14 Stunden €	weniger als 14 Stunden, aber mindestens 8 Stunden €	€
Oman	48	32	16	120
Pakistan				
– Islamabad	24	16	8	150
– im Übrigen	24	16	8	70
Panama	45	30	15	110
Papua-Neuguinea	36	24	12	90
Paraguay	**36**	**24**	**12**	**61**
Peru	38	25	13	140
Philippinen	30	20	10	90
Polen				
– Warschau, Krakau	30	20	10	90
– im Übrigen	24	16	8	70
Portugal				
– Lissabon	36	24	12	95
– im Übrigen	33	22	11	95
Ruanda	36	24	12	135
Rumänien				
– Bukarest	26	17	9	100
– im Übrigen	27	18	9	80
Russische Föderation				
– Moskau (außer Gästewohnungen der Deutschen Botschaft)	48	32	16	135
– Moskau (Gästewohnungen der Deutschen Botschaft)	33	22	11	0[1])
– St. Petersburg	36	24	12	110
– im Übrigen	36	24	12	80
Sambia	36	24	12	95
Samoa	29	20	10	57
São Tomé – Príncipe	42	28	14	75
San Marino	41	28	14	77
Saudi-Arabien				
– Djidda	48	32	16	80
– Riad	48	32	16	95
– im Übrigen	47	32	16	80
Schweden	72	48	24	165
Schweiz				
– Genf	**62**	**41**	**21**	**174**
– im Übrigen	**48**	**32**	**16**	**139**
Senegal	42	28	14	130
Serbien	30	20	10	90
Sierra Leone	**39**	**26**	**13**	**82**

[1]) Soweit diese Wohnungen gegen Entgelt angemietet werden, können 135 EUR angesetzt werden.

Anhang 31

Auslandsdienstreise

Land	Pauschbeträge für Verpflegungsmehraufwendungen bei einer Abwesenheitsdauer je Kalendertag von			Pauschbetrag für Übernachtungskosten
	mindestens 24 Stunden €	weniger als 24 Stunden, aber mindestens 14 Stunden €	weniger als 14 Stunden, aber mindestens 8 Stunden €	€
Simbabwe	47	32	16	135
Singapur	**53**	**36**	**18**	**188**
Slowakische Republik	24	16	8	130
Slowenien	30	20	10	95
Spanien				
– Barcelona, Madrid	36	24	12	150
– Kanarische Inseln	36	24	12	90
– Palma de Mallorca	36	24	12	125
– im Übrigen	36	24	12	105
Sri Lanka	**40**	**27**	**14**	**118**
St. Kitts und Nevis	36	24	12	100
St. Lucia	45	30	15	105
St. Vincent und die Grenadinen	36	24	12	110
Sudan	32	21	11	120
Südafrika				
– Kapstadt	30	20	10	90
– im Übrigen	30	20	10	80
– **Südsudan**	**46**	**31**	**16**	**134**
Suriname	30	20	10	75
Syrien	38	25	13	140
Tadschikistan	24	16	8	50
Taiwan	39	26	13	110
Tansania	39	26	13	165
Thailand	32	21	11	120
Togo	33	22	11	80
Tonga	32	21	11	36
Trinidad und Tobago	59	40	20	145
Tschad	**47**	**32**	**16**	**151**
Tschechische Republik	24	16	8	97
Türkei				
– Izmir, Istanbul	41	28	14	100
– im Übrigen	42	28	14	70
Tunesien	33	22	11	80
Turkmenistan	**28**	**19**	**10**	**87**
Uganda	33	22	11	130
Ukraine	36	24	12	85
Ungarn	30	20	10	75
Uruguay	36	24	12	70
Usbekistan	30	20	10	60
Vatikanstadt	**52**	**35**	**18**	**160**
Venezuela	**48**	**32**	**16**	**207**
Vereinigte Arabische Emirate	42	28	14	145

Anhang 31

Auslandsdienstreise

Land	Pauschbeträge für Verpflegungsmehraufwendungen bei einer Abwesenheitsdauer je Kalendertag von			Pauschbetrag für Übernachtungskosten
	mindestens 24 Stunden	weniger als 24 Stunden, aber mindestens 14 Stunden	weniger als 14 Stunden, aber mindestens 8 Stunden	
	€	€	€	€
Vereinigte Staaten von Amerika				
– Atlanta	40	27	14	115
– Boston	42	28	14	190
– Chicago	44	29	15	95
– Houston	38	25	13	110
– Los Angeles	50	33	17	135
– Miami	48	32	16	120
– New York City	48	32	16	215
– San Francisco	41	28	14	110
– Washington, D C.	40	27	14	205
– im Übrigen	36	24	12	110
Vereinigtes Königreich von Großbritannien und Nordirland				
– London	**57**	**38**	**19**	**160**
– im Übrigen	42	28	14	**119**
Vietnam	36	24	12	**97**
Weißrussland	**27**	**18**	**9**	**109**
Zentralafrikanische Republik	29	20	10	52
Zypern	39	26	13	90

Steuerliche Fragen im Zusammenhang mit Nettolohnvereinbarungen

(Verfügungen der Senatsverwaltung für Finanzen Berlin vom 27. 06. 2006 – III A – S 2367 – 1/2006)

Bezug: Verfügungen der OFD Düsseldorf vom 29. 11. 2005 – S 2367 A – St 22/St 221 –; Verfügungen der OFD Düsseldorf vom 29. 11. 2005 – S 2367 – 16 – St 21-K/St 212-K –, OFD Frankfurt am Main vom 11. 3. 2006 – S 2367 A – 10 – St II 3.01 –, OFD Berlin vom 23. 08. 2000 – St 176 – S 2367 – 1/97 –

1. Allgemeines

Eine Nettolohnvereinbarung liegt vor, wenn der Arbeitgeber nach dem Arbeitsvertrag – bzw. nach einer Betriebsvereinbarung oder einem Tarifvertrag – verpflichtet ist, zzgl. zu dem vereinbarten Nettolohn die darauf entfallende Lohnsteuer sowie sonstige Annexsteuern wie z. B. Kirchensteuern, Solidaritätszuschlag und die Arbeitnehmeranteile zur Sozialversicherung zu tragen.

Die entsprechende Verpflichtung des Arbeitgebers berührt dabei lediglich das Innenverhältnis, so dass der Arbeitnehmer selbst Schuldner der Steuern bzw. Beiträge bleibt (vgl. § 38 Abs. 2 EStG für die Lohnsteuer). Die Übernahme der Steuern bzw. Beitragslasten stellt für den Arbeitnehmer zusätzlich zu seinem Nettogehalt gezahlten Arbeitslohn dar. Steuerpflichtiger Bruttoarbeitslohn ist in diesen Fällen die Summe aus ausgezahltem Nettolohn und den vom Arbeitgeber übernommenen Steuern bzw. Arbeitnehmeranteilen am Gesamtsozialversicherungsbeitrag. Zu Einzelheiten der Berechnung wird auf R 122 LStR[1]) verwiesen.

Der danach ermittelte Bruttoarbeitslohn ist als Einnahme aus nichtselbständiger Arbeit auch dann in die Einkommensteuerveranlagung des Arbeitnehmers einzubeziehen, wenn die vom Arbeitgeber einbehaltene Lohnsteuer höher als die später durch die Veranlagung festgesetzte Einkommensteuer ist und der Arbeitnehmer den daraus resultierenden Erstattungsanspruch im Rahmen der Nettolohnvereinbarung an den Arbeitgeber abgetreten hatte (vgl. BFH-Beschluss vom 12. 12. 1975, BStBl 1976 II S. 543; BFH-Urteil vom 16. 08. 1979, BStBl 1979 II S. 771).

Ergibt sich aufgrund der Durchführung einer Einkommensteuerveranlagung ein Erstattungsanspruch des Arbeitnehmers, den dieser entsprechend den bestehenden arbeitsvertraglichen Vereinbarungen – bzw. den kollektiven Regelungen der Betriebsvereinbarung bzw. des Tarifvertrags – an den Arbeitgeber abzutreten hat, auszukehren hat, bleibt dieser Umstand ohne Auswirkungen auf die Einkommensteuerveranlagung des entsprechenden Veranlagungszeitraums (BFH-Urteil vom 16. 08. 1979, BStBl 1979 II S. 771). Die Einkommensteuererstattung führt vielmehr zu negativen Einnahmen des Arbeitnehmers aus nichtselbständiger Tätigkeit, die in dem Kalenderjahr der tatsächlichen Rückzahlung an den Arbeitgeber steuerlich zu berücksichtigen sind (vgl. hierzu Tzn. 3 und 4).

Bei Bestehen einer Nettolohnvereinbarung ist grundsätzlich bei der Einkommensteuerveranlagung des Arbeitnehmers die vom Arbeitgeber einbehaltene Lohnsteuer auf die Einkommensteuerschuld ohne Rücksicht darauf anzurechnen, ob der Arbeitgeber die Lohnsteuer tatsächlich an das Finanzamt abgeführt hat (BFH-Urteile vom 26. 02. 1982, BStBl 1982 II S. 403; vom 13. 11. 1987, BFH/NV 1987 S. 566 und vom 28. 02. 1992, BStBl 1992 II S. 733). Hier ist entscheidend, dass bei Vorliegen einer Nettolohnvereinbarung regelmäßig aus Sicht des Arbeitnehmers mit der Auszahlung des Nettobetrages der Bruttoarbeitslohn entsprechend den gesetzlichen Vorschriften u. a. um den Lohnsteuerabzug gekürzt worden ist (vgl. auch § 42d Abs. 3 Satz 4 Nr. 2 EStG).

2. Lohnsteuer-Jahresausgleich durch den Arbeitgeber (§ 42b EStG)

Der Arbeitgeber ist unter den Voraussetzungen des § 42b EStG berechtigt bzw. verpflichtet, für unbeschränkt steuerpflichtige Arbeitnehmer einen Lohnsteuer-Jahresausgleich durchzuführen.

Bei Vorliegen einer Nettolohnvereinbarung hat der Arbeitgeber die zutreffende Jahreslohnsteuer durch Hochrechnung des Jahresnettolohns auf den entsprechenden Jahresbruttolohn zu ermitteln und diesen auf der von ihm zu erstellenden Lohnsteuerbescheinigung (§ 41b EStG) zu vermerken. Führt die Durchführung des Lohnsteuer-Jahresausgleichs zu Steuererstattungen, ist die zu bescheinigende einbehaltene Lohnsteuer entsprechend zu vermindern.

---

[1]) Jetzt R 39b.9 LStR.

Das beschriebene Verfahren berücksichtigt, dass eine im Lohnsteuer-Jahresausgleichsverfahren vorgenommene Erstattung regelmäßig dem Arbeitgeber verbleibt und sich danach die zu bescheinigenden Bruttobezüge durch Rückzahlung von Arbeitslohn entsprechend mindern.

Hat der Arbeitnehmer im Ausgleichsjahr vor Ausstellung bzw. Übermittlung der Lohnsteuerbescheinigung eine Einkommensteuererstattung aufgrund der Durchführung einer Einkommensteuerveranlagung für ein Vorjahr erhalten und diese an seinen Arbeitgeber weitergeleitet, kann der nach den vorgenannten Grundsätzen ermittelte Bruttoarbeitslohn um diesen Erstattungsbetrag gekürzt werden (vgl. hierzu Tz. 3). Als vom Arbeitgeber einbehaltene Lohnsteuer ist dann die um den Erstattungsbetrag geminderte Lohnsteuer auszuweisen.

3. Steuerliche Behandlung der Einkommensteuererstattung bei Nettolohnvereinbarungen und unbeschränkter Steuerpflicht

An den Arbeitgeber weitergeleitete Einkommensteuererstattungen sind als negative Einnahmen im Kalenderjahr des Abflusses (§ 11 Abs. 2 EStG) beim Arbeitnehmer steuermindernd zu berücksichtigen. Ein Abfluss in diesem Sinne erfolgt dabei regelmäßig noch nicht mit der wirksamen Abtretung des Erstattungsanspruches (§ 46 Abs. 2 AO) an den Arbeitgeber, sondern erst in dem Zeitpunkt, in dem die Erstattung tatsächlich an den Arbeitgeber geleistet wird (vgl. BFH-Urteil vom 22. 06. 1990, BFH/NV 1991 S. 156).

Anders als bei der Rückzahlung eines irrtümlich überhöht gezahlten Nettolohns durch den Arbeitnehmer ist diese negative Einnahme nicht auf einen fiktiven Bruttobetrag hochzurechnen, da es sich bei der Einkommensteuererstattung lediglich um die Rückzahlung der entsprechenden Steuern auf den Nettolohn handelt.

Im Lohnsteuerabzugsverfahren kann der Arbeitgeber den Rückfluss von Arbeitslohn durch eine Minderung des laufenden Bruttoarbeitslohns – also nicht durch Abzug vom übrigen Nettolohn – berücksichtigen.[1])

> **Beispiel:**
> Ein Arbeitnehmer (Steuerklasse III/1, ohne Religionszugehörigkeit, nicht sozialversicherungspflichtig) mit Nettolohnvereinbarung erhält im Kalenderjahr 2 005 monatliche Nettobezüge in Höhe von 5 000 €. Im April des Jahres wird die Erstattung aus der Einkommensteuerveranlagung 2003 in Höhe von 1 500 € vom Finanzamt an den Arbeitgeber überwiesen.
>
> Die Lohnsteuer für den Monat April 2005 ist wie folgt zu berechnen:
> ursprünglicher Bruttoarbeitslohn 6 322,09 €
> abzüglich ESt-Erstattung ./. 1 500,00 €
> bereinigter Bruttoarbeitslohn 4 822,09 €
> Lohnsteuer hiervon 780,16 €
> Solidaritätszuschlag hiervon 35,05 €

Bei Durchführung des betrieblichen Lohnsteuer-Jahresausgleichs ist Tz. 2 zu beachten.

Macht der Arbeitgeber von der Möglichkeit, die Rückzahlung von Arbeitslohn im Lohnsteuerabzugsverfahren zu berücksichtigen, keinen Gebrauch, kann der Arbeitnehmer die zurückgezahlten Beträge bei seiner Veranlagung zur Einkommensteuer – im Beispielsfall 2005 – als negative Einnahme geltend machen.

4. Steuerliche Behandlung der Einkommensteuererstattung bei Nettolohnvereinbarung nach Wegfall der unbeschränkten Steuerpflicht

4.1 Ausgleich mit nachträglichen Lohnzahlungen

Häufig erhalten ausländische Arbeitnehmer nach Wegfall der unbeschränkten Steuerpflicht noch Leistungen wie z. B. Bonizahlungen einer ausländischen Konzernmutter, die auf die Zeit der unbeschränkten Steuerpflicht entfallen und dementsprechend als Arbeitslohn von dritter Seite – sonstiger Bezug – durch den inländischen Arbeitgeber dem Lohnsteuerabzug zu unterwerfen sind (vgl. § 38 Abs. 1 Satz 3 EStG).

Nicht selten fallen Einkommensteuererstattungen, die sich aufgrund einer Veranlagung des Arbeitnehmers ergeben haben und die dieser an seinen Arbeitgeber abgetreten hat, mit derartigen Zahlungen zusammen.

---

[1]) Zu dieser Frage sind beim Finanzgericht Düsseldorf mehrere Klageverfahren anhängig. Es bestehen keine Bedenken, vergleichbare Rechtsbehelfe bis zu einer abschließenden gerichtlichen Klärung ruhen zu lassen. Die Vollziehung der Bescheide ist auf Antrag auszusetzen, da die Streitfrage höchstrichterlich noch nicht geklärt ist.

Hat der Arbeitgeber einen Lohnsteuerabzug für nachträglich gezahlte Bezüge des Arbeitnehmers durchzuführen, kann er im Lohnsteuerabzugsverfahren den entsprechenden Arbeitslohn um die in der Steuererstattung liegende negative Einnahme des Arbeitnehmers desselben Kalenderjahres mindern (§ 39d Abs. 3 Satz 4 i. V. mit § 39b Abs. 3 EStG). Die Ausführungen in Tz. 3 gelten entsprechend.

Ist nach diesen Grundsätzen eine Berücksichtigung der Rückzahlung des Arbeitslohns nicht möglich, kann die negative Einnahme bei der Einkommensteuerveranlagung des Arbeitnehmers berücksichtigt werden.

4.2 Erstattung im Jahr des Wegfalls der unbeschränkten Steuerpflicht

Fließt ein an den Arbeitgeber abgetretener Erstattungsbetrag aufgrund einer Einkommensteuerveranlagung des Arbeitnehmers im Kalenderjahr des Wechsels von der unbeschränkten zur beschränkten Steuerpflicht zu – bzw. aufgrund der Abtretung als negative Einnahme ab –, ist für die in die Zeit der beschränkten Steuerpflicht fallende und zu negativen Einkünften führende Erstattung § 2 Abs. 7 EStG zu beachten. Danach sind die während der beschränkten Einkommensteuerpflicht erzielten inländischen Einkünfte den während der unbeschränkten Einkommensteuerpflicht erzielten Einkünften hinzuzurechnen (§ 2 Abs. 7 Satz 3 EStG). Die Veranlagung wird insgesamt nach den für unbeschränkt Steuerpflichtige geltenden Vorschriften durchgeführt. Dabei können familien- und personenbezogene Steuerentlastungen nur anteilig für die Zeit der unbeschränkten Steuerpflicht berücksichtigt werden (§ 50 Abs. 1 Satz 5 EStG).

Beispiel:
Der Arbeitnehmer wird ins Ausland versetzt, er gibt daher im August 2005 seinen inländischen Wohnsitz auf. Der auf die Zeit der unbeschränkten Steuerpflicht entfallende Bruttoarbeitslohn beträgt 50 000 €. Die Einkommensteuerveranlagung 2004 führt im November 2005 zu einer Steuererstattung in Höhe von 2 000 €, die an den Arbeitgeber weitergeleitet wird. Die ausländischen Einkünfte des Arbeitnehmers betragen – umgerechnet – 25 000 €.

Lösung:
Eine Einkommensteuerveranlagung kann erst nach Ablauf des Kalenderjahres 2005 durchgeführt werden (§ 25 Abs. 1 EStG). Als Bruttoarbeitslohn sind anzusetzen: 50 000 € ./. 2 000 € = 48 000 €. Die ausländischen Einkünfte in Höhe von 25 000 € unterliegen dem Progressionsvorbehalt (§ 32b Abs. 1 Nr. 2 EStG).

4.3 Durchführung des Verlustrücktrags

Fließt ein an den Arbeitgeber abgetretener Erstattungsbetrag aufgrund einer Einkommensteuerveranlagung des Arbeitnehmers nach Ablauf des Wegzugsjahres zu – bzw. aufgrund der Abtretung als negative Einnahme ab – und kann dann nicht mehr mit positiven Einkünften ausgeglichen werden, kommt eine Berücksichtigung im Wege des Verlustrücktrags nach § 10d Abs. 1 EStG in Betracht.

Für die Durchführung des Verlustrücktrags im Rahmen einer Pflichtveranlagung bedarf es keines besonderen Antrags, sondern er ist von Amts wegen durchzuführen, soweit er nicht nach § 10d Abs. 1 Satz 4 EStG (Satz 7 EStG a. F.) eingeschränkt wird. Ist ein Arbeitnehmer nicht bereits aus anderen Gründen zur Einkommensteuer zu veranlagen, muss er eine Veranlagung nach § 46 Abs. 2 Nr. 8 EStG beantragen (R 115 Abs. 7 EStR).

Die Durchführung des Verlustrücktrags in einen früheren Veranlagungszeitraum ist nicht durch § 50 Abs. 2 bzw. Abs. 5 EStG eingeschränkt.

Nach § 50 Abs. 5 EStG gilt die Einkommensteuer bei beschränkt Steuerpflichtigen u. a. für Einkünfte, die dem Steuerabzug vom Arbeitslohn unterliegen, als durch den Steuerabzug abgegolten. Ein Ausgleich mit Verlusten aus anderen Einkunftsarten ist ebenso wie ein Verlustabzug nach § 10d EStG ausgeschlossen (§ 50 Abs. 2 EStG).

Sinn und Zweck dieser Bestimmungen ist es, durch Steuerabzug für bestimmte während der Dauer der beschränkten Steuerpflicht bezogene Einkünfte eine effektive Mindestbesteuerung sicherzustellen.

Dieser vom Gesetzgeber verfolgte Zweck rechtfertigt es jedoch nicht, negative abzugssteuerpflichtige Einnahmen oder Einkünfte auch dann vom Verlustausgleich oder -abzug auszuschließen, wenn diese mit Einkünften aus der Zeit der unbeschränkten Steuerpflicht korrespondieren, für die das Abgeltungsprinzip gerade nicht galt (Hinweis auf das BFH-Urteil vom 02. 11. 1977, BStBl 1978 II S. 102, ergangen zu Einnahmen nach § 49 Abs. 1 Nr. 5 EStG; Urteil des FG Düsseldorf vom 26. 11. 1990, EFG 1991 S. 318 – rkr.)[1]

---

[1] Der gegenteiligen Auffassung des Niedersächsischen FG (Urteil vom 17. 01. 2001, EFG 2001 S. 1136 – rkr.) ist nicht zu folgen.

Anhang 32
Steuerliche Fragen im Zusammenhang mit Nettolohnvereinbarungen

Dem stehen auch die Ausführungen zu Tz. 5 der Entscheidungsgründe im BFH-Urteil vom 17. 04. 1996 (BStBl 1996 II S. 571) nicht entgegen. Hier hat der BFH es abgelehnt, in der Zeit der beschränkten Steuerpflicht gezahlte Schuldzinsen (Werbungskosten zu Einnahmen aus Kapitalvermögen in der Zeit der unbeschränkten Steuerpflicht) im Wege des Verlustrücktrags gemäß § 10d EStG zu berücksichtigen, u. a. weil dies dem für Einkünfte aus Kapitalvermögen geltenden Bruttoprinzip des § 50 Abs. 5 EStG widerspreche.

Diese Entscheidung trägt dem Gedanken Rechnung, dass im Rahmen der beschränkten Steuerpflicht bei abzugssteuerpflichtigen Einkünften Werbungskosten nicht berücksichtigt werden – Abzugsverbot –, vielmehr wird der Steuerabzug von den – ungekürzten – Einnahmen vorgenommen. Bei der Einkommensteuererstattung, die von Arbeitnehmern mit Nettolohnvereinbarung an ihre Arbeitgeber weitergeleitet wird, handelt es sich jedoch nicht um Werbungskosten, sondern um „negative" Einnahmen. Diese sind nach dem BFH-Urteil vom 02. 11. 1977 (BStBl 1978 II S. 102) ausdrücklich vom Abzugsverbot ausgenommen. Negative Einnahmen sind keine Werbungskosten, sondern eine Korrektur der positiven Einnahmen. Ein Verlustrücktrag gemäß § 10d EStG ist damit zulässig.

Soweit der Arbeitgeber nicht bereits im Lohnsteuerabzugsverfahren diese negativen Einnahmen bei der Ermittlung der Lohnsteuer auf nachträgliche Arbeitslohnzahlungen desselben Kalenderjahres berücksichtigt hat, ist der rücktragsfähige Betrag im Rahmen der Einkommensteuerveranlagung nicht um positive Einkünfte i. S. des § 49 Abs. 1 Nr. 4 EStG, von denen ein Lohnsteuerabzug vorzunehmen ist, zu vermindern (Hinweis auf § 50 Abs. 5 EStG).

Bei der Durchführung des Verlustrücktrags ist das BFH-Urteil vom 06. 06. 2000 (BStBl 2000 II S. 491) zu beachten. Danach entsteht der Erstattungsanspruch aus der Durchführung des Verlustrücktrags nicht bereits mit Eintritt des Verlustes, sondern nach § 36 Abs. 1 i. V. mit § 10d Abs. 1 EStG erst mit Ablauf des Veranlagungszeitraums, in dem der nicht ausgeglichene Verlust angefallen ist. Erst nach Ablauf des Verlustentstehungsjahres steht fest, ob für das Rücktragsjahr eine Einkommensteuer entstanden ist, die niedriger ist als die anzurechnenden Steuerbeträge und damit zu einer Erstattung führt.

Dies folgt aus dem Zusammenspiel zwischen den §§ 36 Abs. 1 und 10d Abs. 1 EStG, wonach ein Erstattungsanspruch, der aus der Anrechnung rücktragsfähiger Verluste im Ausgleichsjahr herrührt, nicht entstehen kann, bevor der Tatbestand des § 10d Abs. 1 EStG verwirklicht ist. Für die Entstehung eines rücktragsfähigen Verlustes bestimmt § 10d Abs. 1 EStG nämlich, dass es sich um negative Einkünfte – des Verlustentstehungsjahres – handeln muss, die bei der Ermittlung des Gesamtbetrags der Einkünfte – des Verlustentstehungsjahres – nicht ausgeglichen wurden.

Die Durchführung des Verlustrücktrags vor Ablauf des Verlustentstehungsjahres scheidet damit aus, denn Steuern können nicht erstattet werden, bevor der Erstattungsanspruch entstanden ist. Darf aber der Verlustrücktrag erst nach Ablauf des Verlustentstehungsjahres durchgeführt werden, kann die daraus resultierende Steuererstattung nicht im selben Jahr zu- bzw. an den Arbeitgeber abfließen. Insoweit kommt es vielmehr erst im Zweitfolgejahr zu weiteren negativen Einkünften. Diese sind sodann wegen des auf ein Jahr beschränkten Verlustrücktrags nicht mehr nach § 10d Abs. 1 EStG rücktragsfähig.

Das bedeutet, dass der Verlustrücktrag stets erst nach Ablauf des Verlustentstehungsjahres durchgeführt werden darf und dabei eine Hochrechnung in analoger Anwendung von R 122 LStR[1]) zu unterbleiben hat.

Abwandlung zum Beispiel in Tz. 4.2:

Die Steuererstattung für das Jahr 2004 erfolgt erst im Februar 2006.

Lösung:

Der Veranlagung 2005 ist ein Bruttoarbeitslohn von 50 000 € zugrunde zu legen. Die negativen Einnahmen in Höhe von 2 000 € führen im Jahr 2006 zu einem negativen Gesamtbetrag der Einkünfte und sind im Wege des Verlustrücktrags nach § 10d Abs. 1 EStG bei der Einkommensteuerveranlagung 2005 zu berücksichtigen, allerdings noch nicht bei der im Jahr 2006 durchgeführten Erstveranlagung. Erst nach Ablauf des Jahres 2006 ist der Einkommensteuerbescheid 2005 nach § 10d Abs. 1 Satz 2 EStG (Satz 5 EStG a. F.) zu ändern. Die daraus resultierende weitere Erstattung, die frühestens im Jahr 2007 als Arbeitslohnrückzahlung in Erscheinung tritt und zu negativen Einkünften führt, geht damit für den Verlustrücktrag in das Jahr 2005 endgültig verloren.

---

[1]) Jetzt R 39b.9 LStR.

5. Steuerliche Behandlung von Nettolohnvereinbarungen, die die sog. „Hypotax" oder „Hyposteuer" beinhalten

Die Hypotax ist die fiktive Steuer vom Einkommen (evtl. zuzüglich aller staatlichen Abgaben) eines nach Deutschland entsandten Arbeitnehmers, die der Arbeitnehmer in seinem Heimatland zu entrichten hätte, wenn er seinen Wohnsitz dort beibehalten hätte.

In einer besonderen Form der Nettolohnvereinbarung dient sie als Berechnungsgrundlage. Zweck dieser Vereinbarung ist es, dass der Arbeitnehmer während seiner Entsendung nach Deutschland durch höhere/niedrigere Steuern (und andere Abgaben) keinen niedrigeren/höheren Nettolohn als im Heimatland bezieht. Der im Heimatland vereinbarte Bruttolohn abzüglich der vom Arbeitgeber ermittelten Hypotax beziffert den vereinbarten Nettolohn.

Es ergeben sich keine von den obigen Ausführungen abweichenden steuerlichen Auswirkungen. Sind die deutschen Abgaben höher als die ausländischen, wird die Differenz zwischen deutschen Abgaben einerseits und der Hypotax andererseits vom Arbeitgeber getragen, was den Arbeitslohn insoweit erhöht. Im umgekehrten Fall ist die dem Arbeitgeber zu erstattende Differenz eine negative Einnahme des Arbeitnehmers, die auch wie oben beschrieben steuerlich zu behandeln ist. In den meisten Fällen hat der Arbeitgeber dies bei der Berechnung des laufenden monatlichen Lohns grob berücksichtigt, und der in der Lohnsteuerbescheinigung ausgewiesene Bruttoarbeitslohn ist schon um die negative Einnahme gemindert. Regelmäßig kann der endgültige Betrag der Hypotax jedoch erst nach Ablauf des Kalenderjahres ermittelt werden, so dass sich im Veranlagungsverfahren Veränderungen bei der Höhe des Arbeitslohns ergeben können. Es ist dabei zu beachten, dass die negativen Einnahmen nicht doppelt steuermindernd (als Werbungskosten bzw. negative Einnahmen im Veranlagungsverfahren und negative Einnahmen im Lohnsteuerabzugsverfahren) geltend gemacht werden.

Sollte der Arbeitgeber den Bruttoarbeitslohn zu hoch ausgewiesen haben, weil er die negative Einnahme nicht bei der Berechnung des laufenden Arbeitslohns mindernd berücksichtigt hat, ist Folgendes zu beachten:
- Wurde dem Arbeitgeber versehentlich ein zu hoher Betrag ausgezahlt, den er zurückerstatten muss, ist die Rückzahlung erst im Jahr des Abflusses als negative Einnahme zu berücksichtigen. Der Bruttoarbeitslohn ist erst für dieses Jahr zu korrigieren. Eine wiederum daraus resultierende ESt-Erstattung, die der Arbeitnehmer an den Arbeitgeber abführen muss, ist im Jahr des Abflusses beim Arbeitnehmer als negative Einnahme zu berücksichtigen.
- Wurde dem Arbeitnehmer jedoch tatsächlich weniger ausgezahlt, ist im Veranlagungsverfahren der Bruttolohn zu korrigieren. Die daraus resultierende ESt-Erstattung, die der Arbeitnehmer an den Arbeitgeber abführen muss, ist im Jahr des Abflusses beim Arbeitnehmer als negative Einnahme zu berücksichtigen.

Sollte der Arbeitnehmer den Bruttoarbeitslohn zu niedrig ausgewiesen haben, weil er im Lohnsteuerabzugsverfahren des Vorjahres eine zu hohe Hypotax als negative Einnahme ausgerechnet hatte, ist entsprechend zu verfahren.

6. Steuerliche Behandlung der Nachzahlungs- und Erstattungszinsen (§ 233a AO)

Nettolohnvereinbarungen enthalten vielfach die Abrede, dass der Arbeitgeber zusätzlich zu den übernommenen Steuern bzw. Sozialversicherungsbeiträgen auch evtl. Zinsen auf Steuernachforderungen (§ 233a AO) tragen soll. Korrespondierend tritt der Arbeitnehmer seine gegen das Finanzamt bestehenden Ansprüche auf Erstattungszinsen ab.

Die Übernahme der Zinsen auf Steuernachforderungen durch den Arbeitgeber ist zusätzlicher Arbeitslohn des Arbeitnehmers, der bei der Berechnung der Lohnsteuer als sonstiger Bezug i. S. des § 39b Abs. 3 EStG zu erfassen ist. Im Rahmen der Einkommensteuerveranlagung sind sie nicht berücksichtigungsfähig (§ 12 Nr. 3 EStG).

Die Zahlung von Erstattungszinsen führt beim Arbeitnehmer grundsätzlich zu Einnahmen aus Kapitalvermögen i. S. des § 20 Abs. 1 Nr. 7 EStG. Die Vereinnahmung durch bzw. die Weiterleitung an den Arbeitgeber aufgrund bestehender vertraglicher Verpflichtungen führt – vergleichbar der Beurteilung bei den Steuererstattungsansprüchen – zu negativen Einnahmen des Arbeitnehmers aus nichtselbständiger Arbeit.

Für die steuerliche Behandlung gelten im Übrigen die Ausführungen zu Tz. 2–4 entsprechend.

7. Steuerberatungskosten als Arbeitslohn

Da die Erstattung aus der Einkommensteuerveranlagung des Arbeitnehmers dem Arbeitgeber zugute kommt, trägt der Arbeitgeber die damit zusammenhängenden Steuerberatungskosten. Steuererklärungspflichtig nach den §§ 25 Abs. 3, 46 Abs. 2 EStG ist der Arbeitnehmer. Er ist Steuerschuldner und damit auch erstattungsberechtigt; die Nettolohnvereinbarung lässt das öffentlich-rechtliche Steuerschuldverhältnis unberührt. In der Übernahme der Steuerberatungskosten liegt daher eine Zuwendung des Arbeitgebers an den Arbeitnehmer, die als Arbeitslohn zu erfassen ist. Dies gilt sowohl in Fällen der Pflichtveranlagung nach § 46 Abs. 2 Nr. 1–7 EStG als auch in Fällen der Antragsveranlagung nach § 46 Abs. 2 Nr. 8 EStG.

Der Umstand, dass die Steuerberatungskosten nach § 10 Abs. 1 Nr. 6 EStG – zumindest bis einschließlich Veranlagungszeitraum 2005 – als Sonderausgaben abziehbar sind, steht ihrer Erfassung als Arbeitslohn nicht entgegen.

8. Behandlung von Arbeitslohn, für den der Arbeitgeber keine Lohnsteuer abgeführt hat, durch Veranlagungsstellen und bei Lohnsteuer-Außenprüfungen

Feststellungen der Lohnsteuer-Außenprüfungen haben ergeben, dass ausländische Arbeitnehmer, die mit ihrem inländischen Arbeitgeber eine Nettolohnvereinbarung getroffen haben, vielfach neben ihrem laufenden Arbeitslohn noch sonstige Vergütungen oder geldwerte Vorteile erhalten, die nicht dem laufenden Lohnsteuerabzug unterworfen worden sind. So ist insbesondere bei der Prüfung von inländischen Tochtergesellschaften japanischer Firmen festgestellt worden, dass die Muttergesellschaften an von ihnen in die Bundesrepublik Deutschland entsandte Arbeitnehmer häufig Boni auf Konten der Arbeitnehmer in ihrem Heimatland überweisen. Nach den Prüfungsfeststellungen unterbleibt häufig ein Lohnsteuerabzug durch den inländischen Arbeitgeber –, so dass diese Zahlungen regelmäßig nicht in den Lohnsteuerbescheinigungen enthalten sind. Die begünstigten Arbeitnehmer rechnen vielmehr diese Beträge mit dem ausgezahlten Nettobetrag dem vom Arbeitgeber bescheinigten Brutto-Jahresarbeitslohn im Rahmen ihrer Einkommensteuerveranlagung hinzu.

Diese Behandlung steht nicht im Einklang mit den bestehenden gesetzlichen Bestimmungen.

Bei derartigen von der ausländischen Muttergesellschaft zusätzlich zum laufenden Arbeitslohn geleisteten Zahlungen und Zuwendungen handelt es sich regelmäßig um eine Arbeitslohns von dritter Seite, die als sonstige Bezüge i. S. des § 39b Abs. 3 EStG dem Lohnsteuerabzug durch den inländischen Arbeitgeber unterliegen (§ 38 Abs. 1 Satz 3 EStG, R 106 Abs. 2 LStR[1]). Bestehen Nettolohnvereinbarungen, sind diese Beträge vom Arbeitgeber auf die entsprechenden Bruttobeträge hochzurechnen, die Lohnsteuern fristgerecht an das zuständige Betriebsstättenfinanzamt abzuführen und die entsprechenden Beträge in die Lohnsteuerbescheinigung aufzunehmen.

Ergibt sich bei Durchführung der Veranlagung, dass der Arbeitgeber keinen Lohnsteuerabzug vorgenommen hat, wird die Steuer beim Arbeitnehmer regelmäßig nicht nachgefordert werden können, da aus seiner Sicht der Arbeitgeber mit der Auszahlung des Nettolohns den Bruttoarbeitslohn vorschriftsmäßig gekürzt hat (Hinweis auf BFH-Urteile vom 26. 02. 1982, 13. 11. 1987 und 28. 02. 1992, a. a. O. Tz. 1 letzter Abs.). Dementsprechend ist die auf diese Bezüge entfallende Lohnsteuer nach § 36 Abs. 2 Nr. 2 EStG auf die Einkommensteuerschuld des Arbeitnehmers auch dann anzurechnen, wenn der Arbeitgeber diese nicht an das Finanzamt abgeführt hat. Eine Ausnahme gilt nur dann, wenn der Arbeitnehmer positiv weiß, dass der Arbeitgeber die einbehaltene Lohnsteuer nicht vorschriftsmäßig angemeldet hat und dies dem Finanzamt nicht unverzüglich mitteilt (§ 42d Abs. 3 Satz 4 Nr. 2 EStG).

Zur Sicherung des Steueraufkommens bittet das SenFin daher, wie folgt zu verfahren:

Die Veranlagungsstelle stellt die Veranlagung des betroffenen Arbeitnehmers zunächst zurück und informiert die Arbeitgeberstelle des zuständigen Betriebsstättenfinanzamts über die Höhe der bisher nicht dem Lohnsteuerabzug unterworfenen Bezüge des betroffenen Arbeitnehmers. Das Betriebsstättenfinanzamt setzt sich unter Darlegung dieses Sachverhalts mit dem Arbeitgeber in Verbindung und ermittelt dabei, ob auch bei weiteren Arbeitnehmern eine zutreffende Lohnversteuerung für derartige Zahlungen unterblieben ist. Dem Arbeitgeber ist dann Gelegenheit zu geben, entsprechend berichtigte Lohnsteuer-Anmeldungen für die betroffenen Zeiträume einzureichen. Im Einzelfall bestehen keine Bedenken, Berichtigungen in der letzten Lohnsteuer-Anmeldung des entsprechenden Veranlagungszeitraums vorzunehmen. Berichtigt der Arbeitgeber im vorstehenden Sinne die Lohnsteuer-Anmeldungen nicht, ist er nach § 42d EStG in Haftung zu nehmen.

Das Betriebsstättenfinanzamt informiert die Wohnsitzfinanzämter der betroffenen Arbeitnehmer, damit diese die nach den Angaben des Arbeitgebers zutreffend ermittelten Bruttowerte der Veranlagung zugrunde legen und die entsprechenden Lohnsteuern auf die Einkommensteuerschuld anrechnen können.

Werden entsprechende Feststellungen bei Lohnsteuer-Außenprüfungen getroffen, ist entsprechend zu verfahren.

---

[1] Jetzt R 38.4 LStR.

Anhang 32
Steuerliche Fragen im Zusammenhang mit Nettolohnvereinbarungen

9. Zuordnung des Besteuerungsrechts für Arbeitslohn nach Doppelbesteuerungsabkommen in Sonderfällen

9.1 Zuweisung des Besteuerungsrechts

9.1.1 Besteuerungsrecht des Ansässigkeitsstaats

Das BMF hat im Schreiben vom 05. 01. 1994, BStBl 1994 I S. 11 (ergänzt durch BMF-Schreiben vom 05. 07. 1995, BStBl 1995 I S. 373 und vom 12. 05. 2000, BStBl 2000 I S. 483) zu steuerlichen Fragen im Zusammenhang mit der kurzfristigen Entsendung von Arbeitnehmern ins Ausland Stellung genommen. Hiernach handelt es sich bei den betreffenden Personen um im Inland ansässige Arbeitnehmer. Weitere Zweifelsfragen ergeben sich, wenn die Arbeitnehmer ins Inland abgeordnet wurden und von hier aus kurzfristige Dienstreisen ins Ausland unternehmen.

Arbeitnehmer, die von einer im Ausland ansässigen rechtlich selbständigen Person zu einer in der Bundesrepublik Deutschland ansässigen Tochtergesellschaft oder einer im Inland befindlichen Betriebsstätte entsandt werden, halten sich vielfach für kurze Zeit (weniger als 184 Tage) aus beruflichen Gründen im europäischen oder außereuropäischen Ausland bzw. im Entsendestaat auf. Im Rahmen ihrer Einkommensteuererklärung beantragen diese Arbeitnehmer häufig, den auf ihre Auslandstätigkeit entfallenden Arbeitslohn von der inländischen Besteuerung freizustellen. Ob eine Freistellung tatsächlich gerechtfertigt ist, hängt von verschiedenen Voraussetzungen ab:
1. Ansässigkeit des Arbeitnehmers i. S. d. DBA
2. Ansässigkeit des Arbeitgebers i. S. d. DBA
3. Tätigkeitsstaat des Arbeitnehmers
4. Eingliederung des Arbeitnehmers in eine Betriebsstätte des Arbeitgebers i. S. d. DBA im Tätigkeitsstaat

Die Zuordnung des Besteuerungsrechts wird an folgenden Grundfällen unter Berücksichtigung von Art. 15 des OECD-Musterabkommens dargestellt. Hierbei wird unterstellt, dass die Voraussetzung zu Pkt. 4 im Ausland während der Dauer der Dienstreise nicht gegeben ist:
1. Der aus dem Staat X entsandte A wird Arbeitnehmer einer im Inland ansässigen Tochtergesellschaft der in X ansässigen Obergesellschaft. Mit der Entsendung begründet A die Ansässigkeit i. S. d. DBA in der Bundesrepublik Deutschland.
    a) Der Arbeitnehmer unternimmt eine kurze Dienstreise in den Drittstaat D;
    b) Der Arbeitnehmer unternimmt eine kurze Dienstreise in den Entsendestaat X.
    zu a) Anwendbar ist das DBA zwischen der Bundesrepublik Deutschland und dem Staat D. Sofern das DBA dem OECD-MA entspricht, verbleibt das Besteuerungsrecht bei dem Ansässigkeitsstaat des Arbeitnehmers (Bundesrepublik Deutschland), da alle Voraussetzungen des Art. 15 Abs. 2 OECD-MA gegeben sind.
    zu b) Anwendbar ist das DBA zwischen der Bundesrepublik Deutschland und dem Staat X. Sofern das DBA dem OECD-MA entspricht, verbleibt das Besteuerungsrecht bei dem Ansässigkeitsstaat des Arbeitnehmers (Bundesrepublik Deutschland), da alle Voraussetzungen des Art. 15 Abs. 2 OECD-MA gegeben sind.
2. Ausgangsfall wie 1, der Arbeitnehmer wird jedoch nicht im Inland ansässig, da sein Lebensmittelpunkt in X verbleibt.
    a) Der Arbeitnehmer unternimmt eine kurze Dienstreise in den Drittstaat D;
    b) Der Arbeitnehmer unternimmt eine kurze Dienstreise in den Entsendestaat X.
    zu a) Das DBA zwischen der Bundesrepublik Deutschland und dem Staat D ist nicht anwendbar, da der Arbeitnehmer weder in der Bundesrepublik Deutschland noch in D ansässig ist. Das Besteuerungsrecht für die in D ausgeübte Tätigkeit ist der Bundesrepublik Deutschland nach dem DBA mit dem Staat X entsprechend Art. 15 Abs. 1 Satz 1 OECD-MA entzogen. Die Zuordnung des Besteuerungsrechts ergibt sich aus dem DBA zwischen den Staaten X und D. Dies gilt auch dann, wenn der Arbeitnehmer nach deutschem Steuerrecht aufgrund eines (Zweit-) Wohnsitzes oder eines gewöhnlichen Aufenthalts im Inland unbeschränkt steuerpflichtig ist.
    zu b) Der Arbeitnehmer ist in X ansässig und dort tätig. Nach dem DBA zwischen der Bundesrepublik Deutschland und X steht das Besteuerungsrecht für den Zeitraum der Dienstreise dem Staat X zu.
3. Der aus dem Staat X entsandte A wird als Arbeitnehmer einer im Inland befindlichen Betriebsstätte eines in X ansässigen Unternehmens tätig. Mit der Entsendung begründet der Arbeitnehmer seine Ansässigkeit in der Bundesrepublik Deutschland.
    a) Der Arbeitnehmer unternimmt eine kurze Dienstreise in den Drittstaat D;
    b) Der Arbeitnehmer unternimmt eine kurze Dienstreise nach Norwegen;
    c) Der Arbeitnehmer unternimmt eine kurze Dienstreise in den Entsendestaat X.
    zu a) Anwendbar ist das DBA zwischen der Bundesrepublik Deutschland und dem Staat D. Sofern das DBA dem OECD-MA entspricht, verbleibt das Besteuerungsrecht bei dem Ansässigkeitsstaat des Arbeitnehmers (Bundesrepublik Deutschland).

zu b) Das DBA Norwegen stellt insoweit eine Ausnahme dar, als bei kurzfristigen Arbeitsaufenthalten in diesem Staat das Besteuerungsrecht nur dann beim Ansässigkeitsstaat des Arbeitnehmers verbleibt, wenn der Arbeitgeber und Arbeitnehmer im selben Staat, hier der Bundesrepublik Deutschland, ansässig sind (Art. 15 Abs. 2 Buchstabe b DBA Norwegen). Da die Betriebsstätte eines ausländischen Unternehmens nicht als ein im Inland ansässiger Arbeitgeber i. S. d. DBA-Rechts anzusehen ist (BFH-Urteile vom 29. 01. 1986, BStBl 1986 II S. 4, BStBl 1986 II S. 442 und BStBl 1986 II S. 513), steht das Besteuerungsrecht bei dieser Fallkonstellation Norwegen zu.
Diese Ausnahme galt bislang auch für das DBA Österreich. Art. 15 Abs. 2 des geänderten DBA Österreich vom 24. 08. 2000 (anzuwenden ab dem VZ 2003) regelt nunmehr, dass es für die Erfassung der nichtselbständigen Einkünfte im Ansässigkeitsstaat nicht mehr erforderlich ist, dass Arbeitgeber und Arbeitnehmer im selben Staat ansässig sind.

zu c) Da die Vergütung von einem in X ansässigen Arbeitgeber gezahlt wird (siehe vorstehend unter b), steht das Besteuerungsrecht dem Staat X zu.

4. Ausgangsfall wie 3, der Arbeitnehmer wird jedoch nicht im Inland ansässig, da sein Lebensmittelpunkt in X verbleibt.
   a) Der Arbeitnehmer unternimmt eine kurze Dienstreise in den Drittstaat D;
   b) Der Arbeitnehmer unternimmt eine kurze Dienstreise nach Norwegen;
   c) Der Arbeitnehmer unternimmt eine kurze Dienstreise in den Entsendestaat X.

zu a) Das DBA zwischen der Bundesrepublik Deutschland und dem Staat D ist nicht anwendbar, da der Arbeitnehmer weder in der Bundesrepublik Deutschland noch in D ansässig ist. Das Besteuerungsrecht für die in D ausgeübte Tätigkeit ist der Bundesrepublik Deutschland nach dem DBA mit dem Staat X entsprechend Art. 15 Abs. 1 Satz 1 OECD-MA entzogen. Die Zuordnung des Besteuerungsrechts ergibt sich aus dem DBA zwischen den Staaten X und D. Dies gilt auch dann, wenn der Arbeitnehmer nach deutschem Steuerrecht aufgrund eines (Zweit-) Wohnsitzes oder eines gewöhnlichen Aufenthalts im Inland unbeschränkt steuerpflichtig ist.

zu b) Das vorstehend zu a) Gesagte gilt entsprechend.

zu c) Da die Tätigkeit in X ausgeübt und von einem in X ansässigen Arbeitgeber entlohnt wird, steht das Besteuerungsrecht dem Staat X zu.

9.1.2 Doppelansässigkeit nach DBA – Japan

Die deutschen DBA enthalten grundsätzlich bei konkurrierender Ansässigkeit Regelungen, die einem der Vertragsstaaten den Vorrang als Wohnsitzstaat einräumen. Eine derartige Regelung fehlt jedoch im DBA mit Japan.

Somit müsste derzeit noch in jedem Fall, in dem ein japanischer Arbeitnehmer vorträgt, nicht nur in der Bundesrepublik Deutschland, sondern auch in seinem Heimatstaat ansässig zu sein, die Ansässigkeit i. S. d. DBA im Wege des Verständigungsverfahrens festgestellt werden.

Diesbezüglich haben Verständigungsgespräche mit Vertretern der japanischen Steuerverwaltung stattgefunden. Diese stellten klar, dass ein Steuerpflichtiger mit Wohnsitz in Japan, der für einen Arbeitsaufenthalt von voraussichtlich mehr als einem Jahr Japan verlässt, ab diesem Zeitpunkt seine Ansässigkeit in Japan verliert. Dies gilt auch dann, wenn die Ehefrau und die Kinder weiterhin in Japan wohnen. Die Ansässigkeit in Japan lebt bei Zwischenaufenthalten in Japan während der Abordnungszeit nicht kurzzeitig wieder auf.

Begründet ein solcher Steuerpflichtiger seinen Wohnsitz oder gewöhnlichen Aufenthalt im Inland, wird er in Deutschland unbeschränkt steuerpflichtig und ist allein in Deutschland ansässig.

9.1.3 Aufteilung des Arbeitslohns

Zur Frage der Aufteilung des Arbeitslohns für eine Tätigkeit im Ausland vgl. Tz. 6.1 des BMF-Schreibens vom 05. 01. 1994, BStBl 1994 I S. 11.

10. Werbungskostenabzug

10.1 Doppelte Haushaltsführung

Unter den Voraussetzungen des § 9 Abs. 1 Satz 3 Nr. 5 EStG sind Mehraufwendungen wegen doppelter Haushaltsführung als Werbungskosten abzugsfähig (vgl. hierzu R 43 LStR[1]).

Zu den dabei steuerlich berücksichtigungsfähigen Mehraufwendungen zählen auch die Kosten für eine Zweitwohnung (R 43 Abs. 9 LStR[2]), soweit diese notwendig sind. Diese Einschränkung

---
[1] Jetzt R 9.11 LStR.
[2] Jetzt R 9.11 Abs. 8 LStR.

Anhang 32

Steuerliche Fragen im Zusammenhang mit Nettolohnvereinbarungen

dient dem Ausschluss von überhöhten Werbungskosten (BFH-Urteil vom 16. 03. 1979, BStBl 1979 II S. 473). Dementsprechend sind abzugsfähig u. a. lediglich die Aufwendungen, die für die Anmietung einer Wohnung entstehen, die den Wohnbedürfnissen des Steuerpflichtigen als Einzelperson angemessen Rechnung trägt. Als ungefähre Richtgröße dürfte hier eine Wohnungsgröße von ca. 60 qm anzusehen sein.

Mietet der Steuerpflichtige demgegenüber eine größere Wohnung an – insbesondere im Hinblick auf den beabsichtigten Nachzug seiner Familie ins Inland –, sind die entsprechenden Kosten lediglich anteilig zum Abzug zuzulassen, da sie insoweit Kosten der privaten Lebensführung darstellen (§ 12 Nr. 1 Satz 1 EStG).

10.2 Umzugskosten

10.2.1 Grundsätzliches

Die durch einen beruflich veranlassten Wohnungswechsel entstandenen Aufwendungen sind Werbungskosten (§ 9 Abs. 1 Satz 1 EStG; R 41 Abs. 1 LStR[1])).

Dabei können die tatsächlichen Umzugskosten ohne weitere Prüfung bis zur Höhe der Beträge als Werbungskosten abgezogen werden, die nach dem Bundesumzugskostenrecht als Umzugskostenvergütung höchstens gezahlt werden können (R 41 Abs. 2 LStR[2])).

Dies gilt jedoch nicht für Aufwendungen für die Anschaffung von klimabedingter Kleidung und Wohnungsausstattung i. S. der §§ 11 und 12 AUV, für die ein Werbungskostenabzug grundsätzlich ausgeschlossen ist (H 41 – Höhe der Umzugskosten – LStH[3])).

10.2.2 Umzugskostenpauschalen

Das Bundesumzugskostengesetz (BUKG)[4]) bzw. die Auslandsumzugskostenverordnung (AUV)[5]) sehen jeweils in ihren §§ 10 die Erstattungsfähigkeit von bestimmten Umzugskostenpauschalen vor. In diesen Vorschriften geht der Gesetzgeber davon aus, dass sonstige Umzugskosten bei jedem Umzug in einer bestimmten Höhe entstehen, die den im Gesetz für den Einzelfall vorgesehenen Betrag der Pauschvergütung rechtfertigen. Die Höhe der danach als Werbungskosten abziehbaren Pauschbeträge ergibt sich

- für Umzüge ab 01. 01. 2001 aus dem BMF-Schreiben vom 20. 12. 2000, BStBl 2000 I S. 1579[6]),
- für Umzüge ab 01. 01. 2002 aus dem BMF-Schreiben vom 22. 08. 2001, BStBl 2001 I S. 542[7]),
- für Umzüge ab 01. 07. 2003 aus dem BMF-Schreiben vom 05. 08. 2003, BStBl 2003 I S. 416[8]).

Ein Werbungskostenabzug für pauschale Umzugsauslagen setzt jedoch im Hinblick auf § 3c EStG voraus, dass die gesamten Umzugskosten einschließlich der Pauschalbeträge nach § 10 BUKG bzw. § 10 AUV die vom Arbeitgeber steuerfrei erstatteten Aufwendungen (§ 3 Nr. 16 EStG) übersteigen (R 41 Abs. 2 Satz 5 LStR[9])).

Ein Rückumzug des Arbeitnehmers in das Ausland ist nur beruflich veranlasst und ein Werbungskostenabzug für pauschale Umzugsauslagen nach § 10 AUV nur zulässig, wenn der Arbeitnehmer für eine von vornherein befristete Tätigkeit in das Inland versetzt worden war (H 41 Rückumzug ins Ausland LStH[10]); BFH-Urteil vom 04. 12. 1992, BStBl 1993 II S. 722).

Bei Arbeitnehmern, die ihren Lebensmittelpunkt in das Inland verlegt hatten[11]), sind die Pauschalen beim Rückumzug grundsätzlich nach § 10 Abs. 1 und 2 AUV zu bemessen und nach § 10 Abs. 4 AUV auf 80 v. H. zu begrenzen (BFH-Urteil vom 04. 12. 1992, BStBl 1993 II S. 722). Ungeachtet der Verlegung ihres Lebensmittelpunkts – z. B. wegen Mitnahme der Familie – werden die Arbeitnehmer jedoch vielfach in ihre eingerichtete Wohnung zurück umziehen, die sie während der von vornherein befristeten Inlandstätigkeit im Ausland beibehalten haben. Da mithin am neuen Wohnort keine Wohnung eingerichtet, sondern eine mit den notwendigen Möbeln und sonstigen Haushaltsgegenständen ausgestattete Wohnung bezogen wird, richtet sich die Höhe der Umzugskostenpauschale nach § 10 Abs. 5 AUV, d. h., es ist das Zweifache der Beträge nach § 10 Abs. 4 BUKG anzusetzen, bei Verheirateten also 60 v. H. und bei Ledigen 40 v. H. der Pauschalen nach § 10 Abs. 1 BUKG. Die Pauschale nach § 10 Abs. 7 AUV ist in diesen

---

1) Jetzt R 9.9 Abs. 1 LStR.
2) Jetzt R 9.9 Abs. 2 LStR.
3) Jetzt H 9.9 LStH.
4) LSt-Handbuch 2006 Anhang 10 I.
5) LSt-Handbuch 2006 Anhang 10 III.
6) Siehe auch LSt-Handbuch 2002 Anhang 10 IV.
7) Siehe auch LSt-Handbuch 2003 Anhang 10 IV.
8) Siehe auch LSt-Handbuch 2006 Anhang 10 IV.
9) Jetzt R 9.9 Abs. 2 LStR.
10) Jetzt H 9.9 LStH.
11) Bei doppelter Haushaltsführung dürfen die Umzugskostenpauschalen nicht angesetzt werden.

Anhang 32
Steuerliche Fragen im Zusammenhang mit Nettolohnvereinbarungen

Fällen nicht zu gewähren, weil nicht davon auszugehen ist, dass sich in der beibehaltenen Wohnung im Ausland hinsichtlich Stromversorgung, Elektrogeräte oder Fernsehnorm etwas geändert hat (vgl. Urteil des FG Düsseldorf vom 07. 09. 2004–3 K 5337/02 E, n. v. – rkr.).

Beispiel:
Nach dreijähriger Inlandstätigkeit ziehen der Steuerpflichtige und seine Ehefrau mit ihren zwei Kindern nach dem 31. 07. 2004 in ihre beibehaltene Wohnung im Ausland zurück. Steuerfreie Arbeitgeberleistungen für den Rückumzug hat der Steuerpflichtige nicht erhalten.

Lösung:
Da wegen der Verlegung des Lebensmittelpunkts in das Inland keine doppelte Haushaltsführung im steuerlichen Sinne begründet worden war, steht dem Abzug der pauschalen Umzugskosten als Werbungskosten nichts im Wege. Sie sind nach § 10 Abs. 5 AUV i. V. mit § 10 Abs. 4 BUKG in folgender Höhe zu berücksichtigen:

für Verheiratete 60 v. H. von 1 121 €	672,60 €
für zwei Kinder 60 v. H. von 494 €	296,40 €
Werbungskostenabzug	969,00 €

10.2.3 Umzugskosten bei doppelter Haushaltsführung

Zu beachten ist, dass die Pauschalen für sonstige Umzugsauslagen nach § 10 BUKG und § 10 AUV nur berücksichtigt werden dürfen, wenn der Arbeitnehmer mit dem Umzug auch seinen Lebensmittelpunkt verlegt (BFH-Urteil vom 29. 01. 1988, BFH/NV 1988 S. 367). Da dies bei der Begründung einer doppelten Haushaltsführung nicht geschieht, können damit zusammenhängende sonstige Umzugsauslagen nur in nachgewiesener Höhe als Werbungskosten berücksichtigt werden (R 43 Abs. 10 Satz 1 und 2 LStR[1]). Das gilt sowohl für den Umzug des Arbeitnehmers in das Inland anlässlich der Begründung einer doppelten Haushaltsführung, als auch für den Rückumzug in das Ausland anlässlich der Beendigung der doppelten Haushaltsführung.

10.2.4 Besonderheiten bei der Erstattung von Umzugskosten durch den Arbeitgeber

Die Erstattung der Umzugskosten durch den Arbeitgeber ist nach § 3 Nr. 16 EStG steuerfrei, soweit keine höheren Beträge erstattet werden, als der Arbeitnehmer als Werbungskosten geltend machen könnte (R 41 Abs. 3 LStR[2]). Hierzu verweist das SenFin auf die vorstehenden Ausführungen.

Bei ins Inland entsandten Arbeitnehmern werden die Kosten für einen beruflich veranlassten Umzug regelmäßig in vollem Umfang vom Arbeitgeber übernommen, so dass den Arbeitnehmern keine durch den Umzug veranlassten, von ihnen selbst zu tragenden Aufwendungen mehr verbleiben. Ein Werbungskostenabzug ist insoweit nach § 3c Abs. 1 EStG ausgeschlossen (R 41 Abs. 2 Satz 5 LStR[3]).

Im Einzelfall ist daher zu ermitteln, in welchem Umfang dem Steuerpflichtigen Umzugskosten durch seinen Arbeitgeber erstattet worden sind, und ein Werbungskostenabzug darüber hinaus – ggf. in Höhe der o. a. Pauschbeträge für sonstige Umzugsauslagen nach § 10 BUKG bzw. § 10 AUV – nur zuzulassen, wenn ersichtlich ist, dass dem Steuerpflichtigen Umzugskosten auch tatsächlich entstanden sind, die durch die Arbeitgeberleistungen nicht bereits abgedeckt sind.

Bei Lohnsteuer-Außenprüfungen bietet sich die Fertigung entsprechenden Kontrollmaterials an.

10.2.5 Schulgeldzahlungen als Werbungskosten

Es ist bekannt geworden, dass die ins Inland entsandten Arbeitnehmer unter Berufung auf § 9 BUKG bzw. § 8 AUV auch Schulgeldzahlungen für den Besuch einer Ergänzungsschule als Werbungskosten geltend machen.

Das SenFin weist darauf hin, dass als Werbungskosten lediglich die notwendigen Auslagen für einen umzugsbedingten zusätzlichen Unterricht berücksichtigungsfähig sind. Hierunter fällt z. B. Nachhilfeunterricht, ein Sprachkursus etc., nicht jedoch der obligatorische Besuch allgemeinbildender Schulen.

Hier kann auch der Hinweis auf die für Kinder von Angehörigen des Auswärtigen Dienstes gezahlte Schulbeihilfe (§ 21 Abs. 3 des Gesetzes über den Auswärtigen Dienst vom 30. 08. 1990,

---

[1]) Jetzt R 9.11 Abs. 9 LStR.
[2]) Jetzt R 9.9 Abs. 3 LStR.
[3]) Jetzt R 9.9 Abs. 2 Satz 5 LStR.

BGBl 1990 I S. 1842 – GAD – i. V. mit der dazu ergangenen Verwaltungsvorschrift, GMBl 1992 S. 48) keinen Werbungskostenabzug unter Gleichbehandlungsgrundsätzen begründen. Die entsprechenden Beihilfezahlungen sind Ausdruck der besonderen Fürsorgepflicht des Bundes gegenüber einer besonderen Gruppe von Bediensteten, die von Amts wegen einem häufigen Ortswechsel bzw. dauernden Auslandsaufenthalten ausgesetzt ist.

Mit diesem Tatbestand ist die Entsendung ausländischer Arbeitnehmer für eine regelmäßig befristete Zeit in die Bundesrepublik Deutschland nicht vergleichbar.

11. Behandlung von Sozialversicherungsbeiträgen

11.1 Sozialversicherungspflicht

11.1.1 Grundsatz

Werden Arbeitnehmer auf Weisung ihres ausländischen Arbeitgebers in das Inland entsandt, um hier z. B. eine – befristete – Tätigkeit für eine inländische Tochtergesellschaft auszuüben, ist von den Sozialversicherungsträgern bzw. den örtlichen Einzugsstellen zu prüfen, ob die Arbeitnehmer der inländischen Sozialversicherungspflicht unterliegen.

Dies ist nach § 5 SGB IV (sog. Einstrahlung) regelmäßig nicht der Fall, wenn
- eine Entsendung
- im Rahmen eines im Ausland bestehenden Beschäftigungsverhältnisses erfolgt und
- die Dauer der Beschäftigung im Inland im Voraus zeitlich begrenzt ist.

Die Frage, unter welchen Voraussetzungen von einer Einstrahlung im sozialversicherungsrechtlichen Sinne bei Entsendung von Arbeitnehmern durch einen ausländischen Arbeitgeber zur Aufnahme einer Tätigkeit bei einer inländischen Tochtergesellschaft auszugehen ist, hat das BSG mit Urteil vom 07. 11. 1996 – Az. 12 RK 79/94 (DB 1997 S. 835) dahingehend entschieden, dass die aus dem Ausland entsandten Arbeitnehmer der inländischen Sozialversicherungspflicht unterliegen, wenn bei konzerninterner Entsendung die inländische Tochtergesellschaft eine juristische Person ist, der Arbeitnehmer in den Betrieb dieser Gesellschaft eingegliedert ist und sie das Arbeitsentgelt zahlt.

11.1.2 Deutsch/Japanisches Sozialabkommen

Mit Wirkung vom 01. 02. 2000 ist das deutsch/japanische Abkommen[1]) über Soziale Sicherheit vom 20. 04. 1998 (BGBl 1999 II S. 876) in Kraft getreten. Danach besteht bei der Entsendung eines japanischen Arbeitnehmers in das Inland bis zu 60 Monaten Dauer keine inländische Rentenversicherungspflicht mehr. Die Frist begann am 01. 02. 2000 zu laufen. Ist bei konzerninterner Entsendung die inländische Tochtergesellschaft eine juristische Person, die das Arbeitsentgelt zahlt, und ist der Arbeitnehmer in den Betrieb dieser Gesellschaft eingegliedert, kann auf Antrag für einen Zeitraum von insgesamt 96 Monaten Versicherungsfreiheit gewährt werden.

Für die Arbeitslosenversicherung gilt die rentenversicherungsrechtliche Beurteilung entsprechend. Für die Kranken- und Pflegeversicherung hingegen gelten diese Ausnahmeregelungen nicht.

11.1.3 Auswirkungen auf die Vorsorgepauschale und den Abzug der Vorsorgeaufwendungen

Da der in das Inland entsandte Arbeitnehmer entweder in der ausländischen gesetzlichen Rentenversicherung versicherungspflichtig bleibt oder der inländischen gesetzlichen Rentenversicherung unterliegt, findet § 10c Abs. 3 EStG[2]) (gekürzte Vorsorgepauschale) keine Anwendung.
- Für Veranlagungszeiträume bis 2004 ist der Vorwegabzug nach § 10 Abs. 3 Nr. 2 EStG zu kürzen, wenn kein Fall der Einstrahlung nach § 5 SGB IV vorliegt und deshalb nach § 3 Nr. 62 EStG steuerfreie Pflichtbeiträge des Arbeitgebers zur inländischen Sozialversicherung abgeführt werden. Ab 01. 02. 2000 (siehe Tz. 11.1.2) wird der Kürzungstatbestand im Falle der Entsendung eines japanischen Arbeitnehmers allein durch die Zahlung steuerfreier Beitragsteile oder Zuschüsse des Arbeitgebers zur Kranken- und Pflegeversicherung erfüllt.

Im Fall der Einstrahlung nach § 5 SGB IV richtet sich die Kürzung des Vorwegabzugs danach, ob der Arbeitgeber nach ausländischem Sozialversicherungsrecht an ausländische Sozialversicherungsträger, die den inländischen Sozialversicherungsträgern vergleichbar sind,

---

[1]) Zu diesem Abkommen hat die Bundesversicherungsanstalt für Angestellte – nunmehr Deutsche Rentenversicherung Bund – die Broschüre Nr. 43 „Zwischenstaatliche Regelungen mit Japan" herausgegeben, die bei der Deutschen Rentenversicherung Bund, 10704 Berlin angefordert oder im Internet unter http://www.deutsche-rentenversicherung-bund.de abgerufen werden kann.
[2]) Ab 2010 → § 39b Abs. 2 Satz 5 Nr. 3 und Abs. 4 EStG.

beitrags- oder zuschusspflichtig ist. Die Beweislast für den ungekürzten Ansatz des Vorwegabzugs trägt der Steuerpflichtige (§ 90 Abs. 2 AO).
- Ab Veranlagungszeitraum 2005 gehören sowohl die Arbeitnehmerbeiträge als auch die nach § 3 Nr. 62 EStG steuerfreien Arbeitgeberbeiträge und die diesen gleichgestellten Zuschüsse des Arbeitgebers zur – inländischen oder ausländischen – gesetzlichen Rentenversicherung zu den Altersvorsorgeaufwendungen (§ 10 Abs. 1 Nr. 2 Satz 1 Buchst. a und Satz 2 EStG), die im Rahmen des § 10 Abs. 3 EStG als Sonderausgaben abziehbar sind. Im Fall der Einstrahlung nach § 5 SGB IV kann der Steuerpflichtige diese Beiträge und Zuschüsse nicht durch eine Lohnsteuerbescheinigung, sondern nur durch geeignete andere Unterlagen nachweisen.

Wenn der Arbeitgeber steuerfreie Beitragsteile oder Zuschüsse zur Krankenversicherung zahlt, sind sonstige Vorsorgeaufwendungen nur bis zur Höhe des verminderten Höchstbetrags nach § 10 Abs. 4 Satz 2 EStG absetzbar. Das gilt auch für den in der gesetzlichen Krankenversicherung ohne eigene Beiträge familienversicherten Ehegatten (BMF-Schreiben vom 24. 02. 2005, BStBl 2005 I S. 429, Rz. 48).

11.2 Beitragsentrichtung durch den Arbeitgeber

Hinsichtlich der steuerlichen Behandlung der Beitragsleistungen gelten folgende Grundsätze:
- Ungeachtet des möglichen Bestreitens einer inländischen Sozialversicherungspflicht erfolgt die Beitragsentrichtung in Erfüllung einer sozialversicherungsrechtlichen Verpflichtung, so dass der Arbeitgeberanteil nach § 3 Nr. 62 EStG stets steuerfrei gezahlt werden kann.
- Soweit der Arbeitgeber entsprechend der getroffenen Nettolohnabrede den Beitragsanteil des Arbeitnehmers übernimmt, liegt hierin Zufluss von Arbeitslohn (§ 19 EStG).

Kein Lohnzufluss ist anzunehmen, soweit der Arbeitgeber die Arbeitnehmerbeiträge zur gesetzlichen Rentenversicherung nicht auf der Grundlage der bestehenden Nettolohnvereinbarung als Bestandteil des Arbeitsverhältnisses, sondern darlehensweise (§ 607 Abs. 2 BGB) als Vereinbarungsdarlehen mit der Maßgabe abführt, dass das Darlehen nach der Rückkehr des Arbeitnehmers in sein Heimatland mit dem dann gegen den Träger der gesetzlichen Rentenversicherung geltend zu machenden Erstattungsanspruch getilgt wird. Voraussetzung für die steuerliche Anerkennung dieser Gestaltung ist, dass die Nettolohnabrede selbst dahingehend modifiziert wird, dass sich der Nettolohnanspruch um den Arbeitnehmerbeitrag zur gesetzlichen Rentenversicherung vermindert. Davon ist auszugehen, wenn sich bei verständiger Würdigung aller vorliegenden Verträge unter Berücksichtigung deren zeitnaher tatsächlicher Durchführung (entsprechende Umsetzung in der Gehaltsabrechnung und der laufenden Buchführung) klar und eindeutig nachvollziehen lässt, dass der Nettolohnanspruch um den Arbeitnehmeranteil zur gesetzlichen Rentenversicherung gemindert worden ist.

Die spätere Beitragserstattung ist aber nur möglich, wenn für weniger als 60 Monate Beiträge zur inländischen Rentenversicherung geleistet worden sind. Sind Beiträge für 60 oder mehr Monate darlehensweise abgeführt worden, ist daher im Rahmen von Lohnsteuer-Außenprüfungen festzustellen, wie Arbeitgeber und Arbeitnehmer sich über die Erledigung des Darlehens verständigt haben. Sollte der Arbeitgeber seinen Rückzahlungsanspruch gegen den Arbeitnehmer nicht geltend gemacht haben, ist im Zeitpunkt des Verzichts ein weiterer Lohnzufluss eingetreten, welcher ggf. noch der Lohnversteuerung zuzuführen ist.

Soweit Arbeitnehmer im Wege des Einspruchs gegen eine die Übernahme des Arbeitnehmeranteils als Arbeitslohn berücksichtigende Einkommensteuerfestsetzung geltend machen, sie unterlägen nicht der inländischen Sozialversicherungspflicht, bittet das SenFin, hierüber in Abstimmung mit der örtlich zuständigen Einzugsstelle zu entscheiden.

11.3 Erstattung von Sozialversicherungsbeiträgen

Wird die inländische Sozialversicherungspflicht durch Rückkehr der Arbeitnehmer in ihr Heimatland beendet, kann der Beitragsanteil des Arbeitnehmers zur Rentenversicherung auf Antrag nach einer Wartefrist von 24 Monaten erstattet werden (§ 210 Abs. 1 Nr. 1, Abs. 2 SGB VI). Voraussetzung für die Beitragserstattung ist aber, dass für weniger als 60 Monate Beiträge zur inländischen Rentenversicherung geleistet worden sind (siehe Tz. 11.2).

Für die steuerliche Behandlung der Beitragserstattungen gelten folgende Grundsätze:

Der Rückzahlung dieser – ursprünglich zu Recht abgeführten – Beiträge kommt keine Rückwirkung auf die steuerliche Behandlung der Beitragszahlungen im Jahr ihrer Entrichtung zu, so dass für diese Veranlagungs- bzw. Lohnzahlungszeiträume rückwirkend keine steuerlichen Konsequenzen zu ziehen sind.
- Ist der Arbeitnehmeranteil mit der Folge von Lohnzufluss im Rahmen der Nettolohnabrede entrichtet worden, ist die spätere Erstattung an den Arbeitgeber als Rückzahlung von Ar-

beitslohn und damit als negative Einnahme aus nichtselbständiger Arbeit des Arbeitnehmers zu behandeln. Auf diese sind die hinsichtlich der steuerlichen Behandlung von Steuererstattungen in Nettolohnfällen entwickelten Grundsätze entsprechend anzuwenden (vgl. Tzn. 3, 4), d. h., der zu berücksichtigende Erstattungsbetrag ist nicht auf einen fiktiven Bruttobetrag hochzurechnen.

Mit Urteil vom 12. 09. 2000 (Az. 3 K 8148/97 E, n. v.) hat das FG Düsseldorf allerdings entschieden (vgl. auch Urteil des FG Düsseldorf vom 12. 08. 1998, EFG 1998 S. 1678 – rkr.), dass ein Abfluss i. S. des § 11 Abs. 2 EStG schon zu dem Zeitpunkt anzunehmen ist, in dem der Sozialversicherungsträger das „wohlverstandene Interesse" des Arbeitnehmers an der Abtretung seiner Erstattungsansprüche anerkennt (Bescheid nach § 53 Abs. 2 Nr. 2 SGB I). Hinsichtlich der Abtretung der Beitragserstattung sind die Entscheidungsgrundsätze in allen offenen Fällen anzuwenden. Hinsichtlich der Abtretung der Steuererstattung ist dagegen weiter nach Tz. 3 Abs. 1 zu verfahren.

Aufgrund der zweijährigen Wartefrist ist es den betroffenen Arbeitnehmern ggf. unmöglich, eine für den ab 01. 01. 1999 auf ein Jahr verkürzten Verlustrücktrag (§ 10d Abs. 1 EStG i. d. F. des StEntlG 1999/2000/2002) rechtzeitige Erstattung zu erhalten. In der insoweit fehlenden Abgestimmtheit der sozialversicherungs- und steuerrechtlichen Vorschriften liegt jedoch keine sachliche Unbilligkeit i. S. des § 163 AO. Der Umstand, dass einerseits Einnahmezuflüsse in dem einen Veranlagungszeitraum eine Steuerbelastung auslösen und andererseits Ausgabenabflüsse in einem anderen Veranlagungszeitraum ohne steuerliche Auswirkung bleiben, liegt vielmehr im Wesen der Abschnittsbesteuerung (§ 25 Abs. 1 EStG) und dem dabei zu beachtenden Zu- und Abflussprinzip (§ 11 EStG) begründet. Ein systemwidriger Gesetzesüberhang ist hierin nicht zu erkennen (vgl. Urteil des FG Rheinland-Pfalz vom 24. 03. 1988, EFG 1988 S. 421 – rkr. unter Hinweis auf BFH-Urteil vom 03. 02. 1987, BStBl 1987 II S. 492; Urteil des FG Baden-Württemberg vom 22. 06. 1990, EFG 1991 S. 5 – rkr. unter Bezugnahme auf BFH-Urteile vom 29. 06. 1982, BStBl 1982 II S. 755 und vom 22. 06. 1990, BFH/NV 1991 S. 156).

- Waren die Sozialversicherungsbeiträge des Arbeitnehmers lediglich darlehensweise entrichtet worden, ergeben sich aus der Rückzahlung der Beiträge zur Rentenversicherung keine steuerlichen Konsequenzen für den betroffenen Arbeitnehmer.

12. Kindergeld

Ein ausländischer Arbeitnehmer, der zur vorübergehenden Dienstleistung in das Inland entsandt wird, hat nach § 62 Abs. 2 Satz 2 EStG keinen Anspruch auf Kindergeld (vgl. DA 62.4.1 Abs. 2 FamEStG, BStBl 2004 I S. 742, 752; DA 62.4.1 Abs. 1 Satz 4 FamEStG, BStBl 2005 I S. 820 in der ab 01. 01. 2005 geltenden Neufassung).

Der ausländische Ehegatte des entsandten Arbeitnehmers hat einen Anspruch auf Kindergeld bis zum 31. 12. 2004 nur, wenn er im Besitz einer Aufenthaltsberechtigung oder Aufenthaltserlaubnis ist und u. a. in einem Versicherungspflichtverhältnis zur Bundesanstalt für Arbeit nach § 28 Nr. 1 SGB III steht (DA 62.4.1 Abs. 3 FamEStG, BStBl 2004 I S. 742, 752). Ab 01. 01. 2005 kann sich der Kindergeldanspruch aus § 62 Abs. 2 Nr. 3 oder 4 i. V. mit § 52 Abs. 61a EStG ergeben (DA 62.4.3 FamEStG, BStBl 2005 I S. 820).

Durch das zum 01. 02. 2000 in Kraft getretene deutsch/japanische Abkommen über Soziale Sicherheit vom 20. 04. 1998 (a. a. O. Tz. 11.1.2) sind insoweit keine Änderungen eingetreten.

Viertes Gesetz für moderne Dienstleistungen am Arbeitsmarkt – Hartz IV
Steuerliche Behandlung von „Ein-Euro-Jobs"

(FinMin Saarland vom 11. 1. 2005 – B/2-4-10/2005-S 2342)

Norm:
§ 3 Nr. 2b EStG, § 32b EStG, § 16 SGB II

Mit dem Vierten Gesetz für moderne Dienstleistungen am Arbeitsmarkt (Hartz IV) vom 24. 12. 2003 (BGBl I S. 2954) wurden neue Instrumente geschaffen, die Langzeitarbeitslosen den Wiedereinstieg ins Arbeitsleben ermöglichen sollen.

Eines dieser Instrumente sind die sog. „Ein-Euro-Jobs". Die gesetzliche Grundlage bilden § 2 i. V. § 16 Abs. 3 SGB II.

Die Arbeitslosen sollen ihre Arbeitskraft für gemeinnützige Tätigkeiten einsetzen. Hierfür richten die Kommunen je nach Bedarf Arbeitsgelegenheiten ein oder lassen die Tätigkeiten nach Absprache auch bei anderen gemeinnützigen Trägern zu. In der Regel werden kommunale Beschäftigungsgesellschaften und gemeinnützige Organisationen als Anbieter der Arbeitsgelegenheiten auftreten. Die Stellen werden regelmäßig bei der Arbeitsgemeinschaft aus den Kommunen und der Arbeitsagentur beantragt. Die Fördergelder erhält der Anbieter der Arbeitsgelegenheit, welcher damit den Arbeitslosengeld II-Beziehern die Mehraufwandsentschädigung für den „Ein-Euro-Job" auszahlt. Die wöchentliche Arbeitszeit soll bis zu 30 Stunden betragen.

Die Mehraufwandsentschädigung beträgt 1–2 EUR pro Stunde und wird neben dem Arbeitslosengeld II gezahlt. Eine Anrechnung auf das Arbeitslosengeld II erfolgt nicht. Die Betroffenen müssen lediglich die durch den „Ein-Euro-Job" entstandenen Aufwendungen selbst tragen (z. B. Fahrtkosten).

Die Mehraufwandsentschädigung ist wie das Arbeitslosengeld II gem. § 3 Nr. 2b EStG steuerfrei. Beide Leistungen unterliegen nicht dem Progressionsvorbehalt, da sie in der abschließenden Aufzählung des § 32b EStG nicht enthalten sind.

...

Anhang 34

Berufsausbildungskosten

Übersicht

I. Neuregelung der einkommensteuerlichen Behandlung von Berufsausbildungskosten gemäß § 10 Absatz 1 Nummer 7, § 12 Nummer 5 EStG in der Fassung des Gesetzes zur Änderung der Abgabenordnung und weiterer Gesetze vom 21. Juli 2004 (BGBl. I S. 1753, BStBl I 2005 S. 343) ab 2004

II. Lohnsteuerliche Behandlung der Übernahme von Studiengebühren für ein berufsbegleitendes Studium durch den Arbeitgeber
BMF vom 13. 4. 2012 (BStBl I S. 531)

I.
Neuregelung der einkommensteuerlichen Behandlung von Berufsausbildungskosten gemäß § 10 Absatz 1 Nummer 7, § 12 Nummer 5 EStG in der Fassung des Gesetzes zur Änderung der Abgabenordnung und weiterer Gesetze vom 21. Juli 2004 (BGBl. I S. 1753, BStBl I 2005 S. 343) ab 2004

BMF-Schreiben vom 4. November 2005 – IV C 8 – S 2227 – 5/05 – (BStBl I S. 955) unter Berücksichtigung der Änderungen durch BMF-Schreiben vom 21. Juni 2007 – IV C 4 – S 2227/07/0002 – 2007/0137269 – (BStBl I S. 492) und BFH-Urteil vom 18. Juni 2009 – VI R 14/07 – (BStBl II 2010 S. 816)

BMF vom 22. 9. 2010 (BStBl I S. 721)[1]
IV C 4 – S 2227/07/10002: 002 – 2010/0416045

Die einkommensteuerliche Behandlung von Berufsausbildungskosten wurde durch das Gesetz zur Änderung der Abgabenordnung und weiterer Gesetze vom 21. Juli 2004 (BGBl. I S. 1753, BStBl I 2005 S. 343) neu geordnet (Neuordnung). Nach dem Ergebnis der Erörterungen mit den obersten Finanzbehörden der Länder unter Einbeziehung der Rechtsfolgen aus der allgemeinen Anwendung des BFH-Urteils vom 18. Juni 2009 – VI R 14/07 – (BStBl II 2010, S. 816) und notwendiger redaktioneller Änderungen gelten dazu die nachfolgenden Ausführungen.

Inhaltsverzeichnis

		Rz.
1.	Grundsätze	1 – 3
2.	Erstmalige Berufsausbildung, Erststudium und Ausbildungsdienstverhältnisse i. S. d. § 12 Nummer 5 EStG	4 – 28
2.1.	Erstmalige Berufsausbildung	4 – 11
2.2	Erststudium	12 – 26
2.2.1	Grundsätze	12 – 17
2.2.2	Einzelfragen	18 – 26
2.3	Berufsausbildung oder Studium im Rahmen eines Ausbildungsdienstverhältnisses	27 – 28
3.	Abzug von Aufwendungen für die eigene Berufsausbildung als Sonderausgaben, § 10 Absatz 1 Nummer 7 EStG	29
4.	Anwendungszeitraum	30

1. Grundsätze

Aufwendungen für die erstmalige Berufsausbildung oder ein Erststudium stellen nach § 12 Nummer 5 EStG keine Betriebsausgaben oder Werbungskosten dar, es sei denn, die Bildungsmaßnahme findet im Rahmen eines Dienstverhältnisses statt (Ausbildungsdienstverhältnis).

Aufwendungen für die eigene Berufsausbildung, die nicht Betriebsausgaben oder Werbungskosten darstellen, können nach § 10 Absatz 1 Nummer 7 EStG bis zu 4 000 Euro im Kalenderjahr als Sonderausgaben abgezogen werden.

Ist einer Berufsausbildung oder einem Studium eine abgeschlossene erstmalige Berufsausbildung oder ein abgeschlossenes Erststudium vorausgegangen (weitere Berufsausbildung oder

---

[1] → *auch § 4 Abs. 9, § 9 Abs. 6, § 10 Abs. 1 Nr. 7 Satz 1 und § 12 Nr. 5 EStG i. d. F. des BeitrRLUmsG.*

weiteres Studium), handelt es sich dagegen bei den durch die weitere Berufsausbildung oder das weitere Studium veranlassten Aufwendungen um Betriebsausgaben oder Werbungskosten, wenn ein hinreichend konkreter, objektiv feststellbarer Zusammenhang mit späteren im Inland steuerpflichtigen Einnahmen aus der angestrebten beruflichen Tätigkeit besteht. Entsprechendes gilt für ein Erststudium nach einer abgeschlossenen nichtakademischen Berufsausbildung (BFH vom 18. Juni 2009 – VI R 14/07 –, BStBl II 2010 S. 816). Die Rechtsprechung des BFH zur Rechtslage vor der Neuordnung ist insoweit weiter anzuwenden, BFH vom 4. Dezember 2002 – VI R 120/01 – (BStBl II 2003 S. 403); vom 17. Dezember 2002 – VI R 137/01 – (BStBl II 2003 S. 407); vom 13. Februar 2003 – IV R 44/01 – (BStBl II 2003 S. 698); vom 29. April 2003 –VI R 86/99 – (BStBl II 2003 S. 749); vom 27. Mai 2003 – VI R 33/01 – (BStBl II 2004 S. 884); vom 22. Juli 2003 –VI R 190/97 – (BStBl II 2004 S. 886); vom 22. Juli 2003 – VI R 137/99 – (BStBl II 2004 S. 888); vom 22. Juli 2003 – VI R 50/02 – (BStBl II 2004 S. 889); vom 13. Oktober 2003 – VI R 71/02 – (BStBl II 2004 S. 890); vom 4. November 2003 –VI R 96/01 – (BStBl II 2004 S. 891).

3   Unberührt von der Neuordnung bleibt die Behandlung von Aufwendungen für eine berufliche Fort- und Weiterbildung. Sie stellen Betriebsausgaben oder Werbungskosten dar, sofern sie durch den Beruf veranlasst sind, soweit es sich dabei nicht um eine erstmalige Berufsausbildung oder ein Erststudium i. S. d. § 12 Nummer 5 EStG handelt.

2. Erstmalige Berufsausbildung, Erststudium und Ausbildungsdienstverhältnisse i. S. d. § 12 Nummer 5 EStG

2.1 Erstmalige Berufsausbildung

4   Unter dem Begriff „Berufsausbildung" i. S. d. § 12 Nummer 5 EStG ist eine berufliche Ausbildung unter Ausschluss eines Studiums zu verstehen.

Eine Berufsausbildung i. S. d. § 12 Nummer 5 EStG liegt vor, wenn der Steuerpflichtige durch eine berufliche Ausbildungsmaßnahme die notwendigen fachlichen Fertigkeiten und Kenntnisse erwirbt, die zur Aufnahme eines Berufs befähigen. Voraussetzung ist, dass der Beruf durch eine Ausbildung im Rahmen eines öffentlich-rechtlich geordneten Ausbildungsgangs erlernt wird (BFH vom 6. März 1992 – VI R 163/88 –, BStBl II 1992 S. 661) und der Ausbildungsgang durch eine Prüfung abgeschlossen wird.

Die Auslegung des Begriffs „Berufsausbildung" im Rahmen des § 32 Absatz 4 EStG ist für § 12 Nummer 5 EStG nicht maßgeblich.

5   Zur Berufsausbildung zählen:
   – Berufsausbildungsverhältnisse gemäß § 1 Absatz 3, §§ 4 bis 52 Berufsbildungsgesetz (Artikel 1 des Gesetzes zur Reform der beruflichen Bildung [Berufsbildungsreformgesetz – BerBiRefG] vom 23. März 2005, BGBl. I S. 931 zuletzt geändert durch Gesetz vom 5. Februar 2009, BGBl. I S. 160, im Folgenden BBiG), sowie anerkannte Lehr- und Anlernberufe oder vergleichbar geregelte Ausbildungsberufe aus der Zeit vor dem In-Kraft-Treten des BBiG, § 104 BBiG. Der erforderliche Abschluss besteht hierbei in der erfolgreich abgelegten Abschlussprüfung i. S. d. § 37 BBiG. Gleiches gilt, wenn die Abschlussprüfung nach § 43 Absatz 2 BBiG ohne ein Ausbildungsverhältnis auf Grund einer entsprechenden schulischen Ausbildung abgelegt wird, die gemäß den Voraussetzungen des § 43 Absatz 2 BBiG als im Einzelnen gleichwertig anerkannt ist;
   – mit Berufsausbildungsverhältnissen vergleichbare betriebliche Ausbildungsgänge außerhalb des Geltungsbereichs des BBiG (zurzeit nach der Schiffsmechaniker-Ausbildungsverordnung vom 12. April 1994, BGBl. I S. 797 in der jeweils geltenden Fassung);
   – die Ausbildung auf Grund der bundes- oder landesrechtlichen Ausbildungsregelungen für Berufe im Gesundheits- und Sozialwesen;
   – landesrechtlich geregelte Berufsabschlüsse an Berufsfachschulen;
   – die Berufsausbildung behinderter Menschen in anerkannten Berufsausbildungsberufen oder auf Grund von Regelungen der zuständigen Stellen in besonderen „Behinderten-Ausbildungsberufen" und
   – die Berufsausbildung in einem öffentlich-rechtlichen Dienstverhältnis sowie die Berufsausbildung auf Kauffahrtschiffen, die nach dem Flaggenrechtsgesetz vom 8. Februar 1951 (BGBl. I S. 79) die Bundesflagge führen, soweit es sich nicht um Schiffe der kleinen Hochseefischerei und der Küstenfischerei handelt.

6   Andere Bildungsmaßnahmen werden einer Berufsausbildung i. S. d. § 12 Nummer 5 EStG gleichgestellt, wenn sie dem Nachweis einer Sachkunde dienen, die Voraussetzung zur Aufnahme einer fest umrissenen beruflichen Betätigung ist. Die Ausbildung muss im Rahmen eines geordneten Ausbildungsgangs erfolgen und durch eine staatliche oder staatlich anerkannte Prüfung abgeschlossen werden. Der erfolgreiche Abschluss der Prüfung muss Voraussetzung für die Aufnahme der beruflichen Betätigung sein. Die Ausbildung und der Abschluss müssen vom Umfang und Qualität der Ausbildungsmaßnahmen und Prüfungen her grundsätzlich mit

den Anforderungen, die im Rahmen von Berufsausbildungsmaßnahmen i. S. d. Rz. 5 gestellt werden, vergleichbar sein.

Dazu gehört z. B. die Ausbildung zu Berufspiloten auf Grund der JAR-FCL 1 deutsch vom 15. April 2003, Bundesanzeiger 2003 Nummer 80a.

Aufwendungen für den Besuch allgemein bildender Schulen sind Kosten der privaten Lebensführung i. S. d. § 12 Nummer 1 EStG und dürfen daher nicht bei den einzelnen Einkunftsarten abgezogen werden. Der Besuch eines Berufskollegs zum Erwerb der Fachhochschulreife gilt als Besuch einer allgemein bildenden Schule. Dies gilt auch, wenn ein solcher Abschluss, z. B. das Abitur, nach Abschluss einer Berufsausbildung nachgeholt wird (BFH vom 22. Juni 2006 – VI R 5/04 –, BStBl II S. 717). Derartige Aufwendungen können als Sonderausgaben gemäß § 10 Absatz 1 Nummer 7 oder Nummer 9 EStG vom Gesamtbetrag der Einkünfte abgezogen werden. 7

Die Berufsausbildung ist als erstmalige Berufsausbildung anzusehen, wenn ihr keine andere abgeschlossene Berufsausbildung beziehungsweise kein abgeschlossenes berufsqualifizierendes Hochschulstudium vorausgegangen ist. Wird ein Steuerpflichtiger ohne entsprechende Berufsausbildung in einem Beruf tätig und führt er die zugehörige Berufsausbildung nachfolgend durch (nachgeholte Berufsausbildung), handelt es sich dabei um eine erstmalige Berufsausbildung (BFH vom 6. März 1992 – VI R 163/88 –, BStBl II 1992 S. 661). 8

Diese Grundsätze gelten auch für die Behandlung von Aufwendungen für Anerkennungsjahre und praktische Ausbildungsabschnitte als Bestandteil einer Berufsausbildung. Soweit keine vorherige abgeschlossene Berufsausbildung vorangegangen ist, stellen sie Teil einer ersten Berufsausbildung dar und unterliegen § 12 Nummer 5 EStG. Nach einer vorherigen abgeschlossenen Berufsausbildung oder einem berufsqualifizierenden Studium können Anerkennungsjahre und Praktika einen Bestandteil einer weiteren Berufsausbildung darstellen oder bei einem entsprechenden Veranlassungszusammenhang als Fort- oder Weiterbildung anzusehen sein. 9

Bei einem Wechsel und einer Unterbrechung der erstmaligen Berufsausbildung sind die in Rz. 19 angeführten Grundsätze entsprechend anzuwenden. 10

Inländischen Abschlüssen gleichgestellt sind Berufsausbildungsabschlüsse von Staatsangehörigen eines Mitgliedstaats der Europäischen Union (EU) oder eines Vertragsstaats des europäischen Wirtschaftsraums (EWR) oder der Schweiz, die in einem dieser Länder erlangt werden, sofern der Abschluss in mindestens einem dieser Länder unmittelbar den Zugang zu dem entsprechenden Beruf eröffnet. Ferner muss die Tätigkeit, zu denen die erlangte Qualifikation in mindestens einem dieser Länder befähigt, der Tätigkeit, zu der ein entsprechender inländischer Abschluss befähigt, gleichartig sein. Zur Vereinfachung kann in der Regel davon ausgegangen werden, dass eine Gleichartigkeit vorliegt. 11

2.2 Erststudium

2.2.1 Grundsätze

Ein Studium i. S. d. § 12 Nummer 5 EStG liegt dann vor, wenn es sich um ein Studium an einer Hochschule i. S. d. § 1 Hochschulrahmengesetz handelt (Gesetz vom 26. Januar 1976, BGBl. I S. 185 in der Fassung der Bekanntmachung vom 19. Januar 1999, BGBl. I S. 18, zuletzt geändert durch Gesetz vom 12. April 2007, BGBl. I S. 506, im Folgenden HRG). Nach dieser Vorschrift sind Hochschulen die Universitäten, die Pädagogischen Hochschulen, die Kunsthochschulen, die Fachhochschulen und die sonstigen Einrichtungen des Bildungswesens, die nach Landesrecht staatliche Hochschulen sind. Gleichgestellt sind private und kirchliche Bildungseinrichtungen sowie die Hochschulen des Bundes, die nach Landesrecht als Hochschule anerkannt werden, § 70 HRG. Studien können auch als Fernstudien durchgeführt werden, § 13 HRG. Auf die Frage, welche schulischen Abschlüsse oder sonstigen Leistungen den Zugang zum Studium eröffnet haben, kommt es nicht an. 12

Ein Studium stellt dann ein erstmaliges Studium i. S. d. § 12 Nummer 5 EStG dar, wenn es sich um eine Erstausbildung handelt. Es darf ihm kein anderes durch eine berufsqualifizierenden Abschluss beendetes Studium oder keine andere abgeschlossene nichtakademische Berufsausbildung i. S. d. Rz. 4 bis 11 vorangegangen sein (BFH vom 18. Juni 2009 – VI R 14/07 –, BStBl II 2010 S. 816). Dies gilt auch in den Fällen, in denen während eines Studiums eine Berufsausbildung erst abgeschlossen wird, unabhängig davon, ob die beiden Ausbildungen sich inhaltlich ergänzen. In diesen Fällen ist eine Berücksichtigung der Aufwendungen für das Studium als Werbungskosten/Betriebsausgaben erst – unabhängig vom Zahlungszeitpunkt – ab dem Zeitpunkt des Abschlusses der Berufsausbildung möglich. Davon ausgenommen ist ein Studium, das im Rahmen eines Dienstverhältnisses stattfindet (siehe Rz. 27). Ein Studium wird auf Grund der entsprechenden Prüfungsordnung einer inländischen Hochschule durch eine Hochschulprüfung oder eine staatliche oder kirchliche Prüfung abgeschlossen, §§ 15, 16 HRG. 13

Auf Grund einer berufsqualifizierenden Hochschulprüfung kann ein Hochschulgrad verliehen werden. Hochschulgrade sind der Diplom- und der Magistergrad i. S. d. § 18 HRG. Das Landes- 14 recht kann weitere Grade vorsehen. Ferner können die Hochschulen Studiengänge einrichten, die auf Grund entsprechender berufsqualifizierender Prüfungen zu einem Bachelor- oder Bakkalaureusgrad und einem Master- oder Magistergrad führen, § 19 HRG. Der Magistergrad i. S. d. § 18 HRG setzt anders als der Master- oder Magistergrad i. S. d. des § 19 HRG keinen vorherigen anderen Hochschulabschluss voraus. Zwischenprüfungen stellen keinen Abschluss eines Studiums i. S. d. § 12 Nummer 5 EStG dar.

15 Die von den Hochschulen angebotenen Studiengänge führen in der Regel zu einem berufsqualifizierenden Abschluss, § 10 Absatz 1 Satz 1 HRG. Im Zweifel ist davon auszugehen, dass die entsprechenden Prüfungen berufsqualifizierend sind.

16 Die Ausführungen bei den Berufsausbildungskosten zur Behandlung von Aufwendungen für Anerkennungsjahre und Praktika gelten entsprechend, vgl. Rz. 9.

17 Studien- und Prüfungsleistungen an ausländischen Hochschulen, die zur Führung eines ausländischen akademischen Grades berechtigen, der nach § 20 HRG in Verbindung mit dem Recht des Landes, in dem der Gradinhaber seinen inländischen Wohnsitz oder inländischen gewöhnlichen Aufenthalt hat, anerkannt wird, sowie Studien- und Prüfungsleistungen, die von Staatsangehörigen eines Mitgliedstaats der EU oder von Vertragstaaten des EWR oder der Schweiz an Hochschulen dieser Staaten erbracht werden, sind nach diesen Grundsätzen inländischen Studien- und Prüfungsleistungen gleichzustellen. Der Steuerpflichtige hat die Berechtigung zur Führung des Grades nachzuweisen. Für die Gleichstellung von Studien- und Prüfungsleistungen werden die in der Datenbank „anabin" (www.anabin.de) der Zentralstelle für ausländisches Bildungswesen beim Sekretariat der Kultusministerkonferenz aufgeführten Bewertungsvorschläge zugrunde gelegt.

2.2.2 Einzelfragen

18 Fachschulen:
Die erstmalige Aufnahme eines Studiums nach dem berufsqualifizierenden Abschluss einer Fachschule stellt auch dann ein Erststudium dar, wenn die von der Fachschule vermittelte Bildung und das Studium sich auf ein ähnliches Wissensgebiet beziehen. Die Aufwendungen für ein solches Erststudium können bei Vorliegen der entsprechenden Voraussetzungen als Betriebsausgaben oder Werbungskosten berücksichtigt werden.

19 Wechsel und Unterbrechung des Studiums:
Bei einem Wechsel des Studiums ohne Abschluss des zunächst betriebenen Studiengangs, z. B. von Rechtswissenschaften zu Medizin, stellt das zunächst aufgenommene Jurastudium kein abgeschlossenes Erststudium dar. Bei einer Unterbrechung eines Studiengangs ohne einen berufsqualifizierenden Abschluss und seiner späteren Weiterführung stellt der der Unterbrechung nachfolgende Studienteil kein weiteres Studium dar.

Beispiel:
An einer Universität wird der Studiengang des Maschinenbaustudiums aufgenommen, anschließend unterbrochen und nunmehr eine Ausbildung als Kfz-Mechaniker begonnen, aber ebenfalls nicht abgeschlossen. Danach wird der Studiengang des Maschinenbaustudiums weitergeführt und abgeschlossen. § 12 Nummer 5 EStG ist auf beide Teile des Maschinenbaustudiums anzuwenden. Das gilt unabhängig davon, ob das Maschinenbaustudium an derselben Hochschule fortgeführt oder an einer anderen Hochschule bzw. Fachhochschule aufgenommen und abgeschlossen wird.

Abwandlung:
Wird das begonnene Studium statt dessen, nachdem die Ausbildung zum Kfz-Mechaniker erfolgreich abgeschlossen wurde, weitergeführt und abgeschlossen, ist § 12 Nummer 5 EStG nur auf den ersten Teil des Studiums anzuwenden, da der Fortsetzung des Studiums eine abgeschlossene nichtakademische Berufsausbildung vorausgeht.

20 Mehrere Studiengänge:
Werden zwei (oder ggf. mehrere) Studiengänge parallel studiert, die zu unterschiedlichen Zeiten abgeschlossen werden, stellt der nach dem berufsqualifizierenden Abschluss eines der Studiengänge weiter fortgesetzte andere Studiengang vom Zeitpunkt des Abschlusses an ein weiteres Studium dar.

21 Aufeinander folgende Abschlüsse unterschiedlicher Hochschultypen:
Da die Universitäten, Pädagogischen Hochschulen, Kunsthochschulen, Fachhochschulen sowie weitere entsprechende landesrechtliche Bildungseinrichtungen gleichermaßen Hochschulen i. S. d. § 1 HRG darstellen, stellt ein Studium an einer dieser Bildungseinrichtungen nach einem abgeschlossen Studium an einer anderen dieser Bildungseinrichtungen ein weiteres Studium dar. So handelt es sich bei einem Universitätsstudium nach einem abgeschlossenen Fachhochschulstudium um ein weiteres Studium.

Ergänzungs- und Aufbaustudien: 22

Postgraduale Zusatz-, Ergänzungs- und Aufbaustudien i. S. d. § 12 HRG setzen den Abschluss eines ersten Studiums voraus und stellen daher ein weiteres Studium dar.

Vorbereitungsdienst: 23

Als berufsqualifizierender Studienabschluss gilt auch der Abschluss eines Studiengangs, durch den die fachliche Eignung für einen beruflichen Vorbereitungsdienst oder eine berufliche Einführung vermittelt wird, § 10 Absatz 1 Satz 2 HRG. Dazu zählt beispielhaft der jur. Vorbereitungsdienst (Referendariat). Das erste juristische Staatsexamen stellt daher einen berufsqualifizierenden Abschluss dar.

Bachelor- und Masterstudiengänge: 24

Nach § 19 Absatz 2 HRG stellt der Bachelor- oder Bakkalaureusgrad einer inländischen Hochschule einen berufsqualifizierenden Abschluss dar. Daraus folgt, dass der Abschluss eines Bachelorstudiengangs den Abschluss eines Erststudiums darstellt und ein nachfolgender Studiengang als weiteres Studium anzusehen ist.

Nach § 19 Absatz 3 HRG kann die Hochschule auf Grund von Prüfungen, mit denen ein weiterer berufsqualifizierender Abschluss erworben wird, einen Master- oder Magistergrad verleihen. Die Hochschule kann einen Studiengang ausschließlich mit dem Abschluss Bachelor anbieten (grundständig). Sie kann einen Studiengang mit dem Abschluss als Bachelor und einem inhaltlich darauf aufbauenden Masterstudiengang vorsehen (konsekutives Masterstudium). Sie kann aber auch ein Masterstudium anbieten, ohne selbst einen entsprechenden Bachelorstudiengang anzubieten (postgraduales Masterstudium).

Ein Masterstudium i. S. d. § 19 HRG kann nicht ohne ein abgeschlossenes Bachelor- oder anderes Studium aufgenommen werden. Es stellt daher ein weiteres Studium dar. Dies gilt auch für den Master of Business Administration (MBA).

Er ermöglicht Studenten verschiedener Fachrichtungen ein anwendungsbezogenes Postgraduiertenstudium in den Wirtschaftswissenschaften.

Berufsakademien und andere Ausbildungseinrichtungen: 25

Nach Landesrecht kann vorgesehen werden, dass bestimmte an Berufsakademien oder anderen Ausbildungseinrichtungen erfolgreich absolvierte Ausbildungsgänge einem abgeschlossenen Studium an einer Fachhochschule gleichwertig sind und die gleichen Berechtigungen verleihen, auch wenn es sich bei diesen Ausbildungseinrichtungen nicht um Hochschulen i. S. d. § 1 HRG handelt. Soweit dies der Fall ist, stellt ein entsprechend abgeschlossenes Studium unter der Voraussetzung, dass ihm kein anderes abgeschlossenes Studium oder keine andere abgeschlossene Berufsausbildung vorangegangen ist, ein Erststudium i. S. d. § 12 Nummer 5 EStG dar.

Promotion: 26

Es ist regelmäßig davon auszugehen, dass dem Promotionsstudium und der Promotion durch die Hochschule selber der Abschluss eines Studiums vorangeht. Aufwendungen für ein Promotionsstudium und die Promotion stellen Betriebsausgaben oder Werbungskosten dar, sofern ein berufsbezogener Veranlassungszusammenhang zu bejahen ist (BFH vom 4. November 2003 – VI R 96/01 –, BStBl II 2004, S. 891). Dies gilt auch, wenn das Promotionsstudium bzw. die Promotion im Einzelfall ohne vorhergehenden berufsqualifizierenden Studienabschluss durchgeführt wird.

Eine Promotion stellt keinen berufsqualifizierenden Abschluss eines Studienganges dar.

2.3 Berufsausbildung oder Studium im Rahmen eines Ausbildungsdienstverhältnisses

Eine erstmalige Berufsausbildung oder ein Studium findet im Rahmen eines Ausbildungsdienstverhältnisses statt, wenn die Ausbildungsmaßnahme Gegenstand des Dienstverhältnisses ist (vgl. R 9.2 LStR 2008[1]) und H 9.2 „Ausbildungsdienstverhältnis" LStH 2010[2]) sowie die dort angeführte Rechtsprechung des BFH). Die dadurch veranlassten Aufwendungen stellen Werbungskosten dar. Zu den Ausbildungsdienstverhältnissen zählen z. B. die Berufsausbildungsverhältnisse gemäß § 1 Absatz 3, §§ 4 bis 52 BBiG. 27

Dementsprechend liegt kein Ausbildungsdienstverhältnis vor, wenn die Berufsausbildung oder das Studium nicht Gegenstand des Dienstverhältnisses ist, auch wenn die Berufsbildungsmaßnahme oder das Studium seitens des Arbeitgebers durch Hingabe von Mitteln, z. B. eines Stipendiums, gefördert wird. 28

---

[1]) → **LStR 2011.**
[2]) → **LStR 2013.**

3. Abzug von Aufwendungen für die eigene Berufsausbildung als Sonderausgaben, § 10 Absatz 1 Nummer 7 EStG

29 Bei der Ermittlung der Aufwendungen gelten die allgemeinen Grundsätze des Einkommensteuergesetzes. Dabei sind die Regelungen in § 4 Absatz 5 Satz 1 Nummer 5 und 6b, § 9 Absatz 1 Satz 3 Nummer 4 und 5 und Absatz 2 EStG[1)] zu beachten. Zu den abziehbaren Aufwendungen gehören z. B.
- Lehrgangs-, Schul- oder Studiengebühren, Arbeitsmittel, Fachliteratur,
- Fahrten zwischen Wohnung und Ausbildungsort,
- Mehraufwendungen für Verpflegung,
- Mehraufwendungen wegen auswärtiger Unterbringung.

Für den Abzug von Aufwendungen für eine auswärtige Unterbringung ist nicht erforderlich, dass die Voraussetzungen einer doppelten Haushaltsführung vorliegen.

4. Anwendungszeitraum

30 Die Grundsätze dieses Schreibens sind in allen noch offenen Fällen ab dem Veranlagungszeitraum 2004 anzuwenden. Dieses Schreiben ersetzt die BMF-Schreiben vom 4. November 2005 – IV C 8 – S 2227 – 5/05 – (BStBl I S. 955) und 21. Juni 2007 – IV C 4 – S 2227/07/0002 – 2007/0137269 – (BStBl I S. 492).

II.

Lohnsteuerliche Behandlung der Übernahme von Studiengebühren für ein berufsbegleitendes Studium durch den Arbeitgeber

BMF vom 13. 4. 2012 (BStBl I S. 531)
IV C 5 – S 2332/07/0001 – 2012/0322945

Im Einvernehmen mit den obersten Finanzbehörden der Länder gilt zur lohnsteuerlichen Behandlung der Übernahme von Studiengebühren für ein berufsbegleitendes Studium durch den Arbeitgeber Folgendes:

Grundsätzlich gehören nach § 19 Absatz 1 Satz 1 Nummer 1 in Verbindung mit § 8 Absatz 1 EStG alle Einnahmen in Geld oder Geldeswert, die durch ein individuelles Dienstverhältnis veranlasst sind, zu den Einkünften aus nichtselbständiger Arbeit. Dies gilt – vorbehaltlich der weiteren Ausführungen – auch für vom Arbeitgeber übernommene Studiengebühren für ein berufsbegleitendes Studium des Arbeitnehmers.

1. Ausbildungsdienstverhältnis

Ein berufsbegleitendes Studium findet im Rahmen eines Ausbildungsdienstverhältnisses statt, wenn die Ausbildungsmaßnahme Gegenstand des Dienstverhältnisses ist (vgl. R 9.2 LStR 2011 und H 9.2 „Ausbildungsdienstverhältnis" LStH 2012 sowie die dort angeführte Rechtsprechung des BFH). Voraussetzung ist, dass die Teilnahme an dem berufsbegleitenden Studium zu den Pflichten des Arbeitnehmers aus dem Dienstverhältnis gehört.

Ein berufsbegleitendes Studium findet insbesondere nicht im Rahmen eines Ausbildungsdienstverhältnisses statt, wenn
(a) das Studium nicht Gegenstand des Dienstverhältnisses ist, auch wenn das Studium seitens des Arbeitgebers durch Hingabe von Mitteln, z. B. eines Stipendiums, gefördert wird oder
(b) Teilzeitbeschäftigte ohne arbeitsvertragliche Verpflichtung ein berufsbegleitendes Studium absolvieren und das Teilzeitarbeitsverhältnis lediglich das Studium ermöglicht.

1.1 Arbeitgeber ist Schuldner der Studiengebühren

Ist der Arbeitgeber im Rahmen eines Ausbildungsdienstverhältnisses Schuldner der Studiengebühren, wird ein ganz überwiegend eigenbetriebliches Interesse des Arbeitgebers unterstellt und steuerrechtlich kein Vorteil mit Arbeitslohncharakter angenommen. So sind auch Studiengebühren kein Arbeitslohn, die der Arbeitgeber bei einer im dualen System durchgeführten Ausbildung aufgrund einer Vereinbarung mit der Bildungseinrichtung als unmittelbarer Schuldner trägt.

[1)] *Regelungsinhalt zu § 9 Abs. 1 Satz 3 Nr. 4 und 5 und Abs. 2 EStG hier überholt, da eine Bildungseinrichtung keine regelmäßige Arbeitsstätte ist.*

1.2. Arbeitnehmer ist Schuldner der Studiengebühren

Ist der Arbeitnehmer im Rahmen eines Ausbildungsdienstverhältnisses Schuldner der Studiengebühren und übernimmt der Arbeitgeber die Studiengebühren, wird ein ganz überwiegend eigenbetriebliches Interesse des Arbeitgebers unterstellt und steuerrechtlich kein Vorteil mit Arbeitslohncharakter angenommen, wenn

(a) sich der Arbeitgeber arbeitsvertraglich zur Übernahme der Studiengebühren verpflichtet und
(b) der Arbeitgeber die übernommenen Studiengebühren vom Arbeitnehmer arbeitsvertraglich oder aufgrund einer anderen arbeitsrechtlichen Rechtsgrundlage zurückfordern kann, sofern der Arbeitnehmer das ausbildende Unternehmen auf eigenen Wunsch innerhalb von zwei Jahren nach dem Studienabschluss verlässt.

Ein ganz überwiegend eigenbetriebliches Interesse des Arbeitgebers kann auch dann angenommen werden, wenn der Arbeitgeber die übernommenen Studiengebühren nach arbeitsrechtlichen Grundsätzen nur zeitanteilig zurückfordern kann. Scheidet der Arbeitnehmer zwar auf eigenen Wunsch aus dem Unternehmen aus, fällt der Grund für das Ausscheiden aus dem Arbeitsverhältnis aber allein in die Verantwortungs- oder Risikosphäre des Arbeitgebers (Beispiele: Der vertraglich zugesagte Arbeitsort entfällt, weil der Arbeitgeber den Standort schließt. Der Arbeitnehmer nimmt das Angebot eines Ausweicharbeitsplatzes nicht an und kündigt.), kann eine vereinbarte Rückzahlungsverpflichtung nach arbeitsrechtlichen Grundsätzen hinfällig sein. In diesen Fällen genügt die Vereinbarung der Rückzahlungsverpflichtung für die Annahme eines überwiegenden eigenbetrieblichen Interesses an der Übernahme der Studiengebühren.

Der Arbeitgeber hat auf der ihm vom Arbeitnehmer zur Kostenübernahme vorgelegten Originalrechnung die Kostenübernahme sowie deren Höhe anzugeben. Eine Ablichtung der insoweit ergänzten Originalrechnung ist als Beleg zum Lohnkonto aufzubewahren.

2. Berufliche Fort- und Weiterbildungsleistung

Ein berufsbegleitendes Studium kann als berufliche Fort- und Weiterbildungsleistung des Arbeitgebers im Sinne der Richtlinie R 19.7 LStR 2011 anzusehen sein, wenn es die Einsatzfähigkeit des Arbeitnehmers im Betrieb erhöhen soll. Ist dies der Fall, führt die Übernahme von Studiengebühren für dieses Studium durch den Arbeitgeber nicht zu Arbeitslohn, denn sie wird im ganz überwiegenden eigenbetrieblichen Interesse des Arbeitgebers durchgeführt. Die lohnsteuerliche Beurteilung, ob das berufsbegleitende Studium als berufliche Fort- und Weiterbildungsleistung des Arbeitgebers im Sinne der Richtlinie R 19.7 LStR 2011 anzusehen ist, ist nach den konkreten Umständen des Einzelfalls vorzunehmen. Hierbei ist Folgendes zu beachten:

2.1 Schuldner der Studiengebühren

Es kommt für die Annahme eines ganz überwiegend eigenbetrieblichen Interesses des Arbeitgebers nicht darauf an, ob der Arbeitgeber oder der Arbeitnehmer Schuldner der Studiengebühren ist. Ist der Arbeitnehmer Schuldner der Studiengebühren, ist nur insoweit die Annahme eines ganz überwiegend eigenbetrieblichen Interesses des Arbeitgebers möglich, wie der Arbeitgeber vorab die Übernahme der zukünftig entstehenden Studiengebühren schriftlich zugesagt hat (R 19.7 Absatz 1 Satz 3 und 4 LStR 2011). Der Arbeitgeber hat auf der ihm vom Arbeitnehmer zur Kostenübernahme vorgelegten Originalrechnung die Kostenübernahme sowie deren Höhe anzugeben. Eine Ablichtung der insoweit ergänzten Originalrechnung ist als Beleg zum Lohnkonto aufzubewahren.

2.2 Rückforderungsmöglichkeit des Arbeitgebers

Für die Annahme eines ganz überwiegend eigenbetrieblichen Interesses des Arbeitgebers ist es nicht erforderlich, dass der Arbeitgeber die übernommenen Studiengebühren vom Arbeitnehmer arbeitsvertraglich oder aufgrund einer anderen arbeitsrechtlichen Rechtsgrundlage zurückfordern kann.

2.3 Übernahme von Studienkosten durch den Arbeitgeber im Darlehenswege

Bei einer Übernahme von Studienkosten durch den Arbeitgeber im Darlehenswege, bei der marktübliche Vereinbarungen über Verzinsung, Kündigung und Rückzahlung getroffen werden, führt weder die Hingabe noch die Rückzahlung der Mittel zu lohnsteuerlichen Folgerungen.

Ist das Arbeitgeberdarlehen nach den getroffenen Vereinbarungen nur dann tatsächlich zurückzuzahlen, wenn der Arbeitnehmer aus Gründen, die in seiner Person liegen, vor Ablauf des vertraglich festgelegten Zeitraums (in der Regel zwei bis fünf Jahre) aus dem Arbeitsverhältnis ausscheidet oder ist der marktübliche Zinssatz unterschritten, ist zu prüfen, ob im Zeitpunkt der Einräumung des Arbeitgeberdarlehens die Voraussetzungen des R 19.7 LStR 2011 vorliegen. Wird dies bejaht, ist der Verzicht auf die Darlehensrückzahlung oder der Zinsvorteil eine Leistung des Arbeitgebers im ganz überwiegend eigenbetrieblichen Interesse.

Liegen die Voraussetzungen des R 19.7 LStR 2011 nicht vor, stellt der (Teil-)Erlass des Darlehens einen Vorteil mit Arbeitslohncharakter für den Arbeitnehmer dar. Gleiches gilt für einen Zinsvorteil nach Maßgabe des BMF-Schreibens vom 1. Oktober 2008 (BStBl I Seite 892). Der Arbeitslohn fließt dem Arbeitnehmer bei einem Darlehens(teil-)erlass in dem Zeitpunkt zu, in dem der Arbeitgeber zu erkennen gibt, dass er auf die (Teil-)Rückzahlung des Darlehens verzichtet (BFH-Urteil vom 27. März 1992, BStBl II Seite 837).

2.4 Prüfschema

Es ist nicht zu beanstanden, wenn die lohnsteuerliche Beurteilung nach folgendem Prüfschema vorgenommen wird:

1. **Liegt eine erstmalige Berufsausbildung oder ein Erststudium als Erstausbildung außerhalb eines Ausbildungsdienstverhältnisses im Sinne von § 9 Absatz 6 und § 12 Nummer 5 EStG vor?**[1)]
   Wenn ja:
   → Es liegen weder Werbungskosten des Arbeitnehmers noch ein ganz überwiegend eigenbetriebliches Interesse des Arbeitgebers vor. Die Übernahme von Studiengebühren durch den Arbeitgeber führt zu Arbeitslohn.
   Wenn nein:
2. **Ist eine berufliche Veranlassung gegeben?**
   Wenn nein:
   → Es liegen weder Werbungskosten des Arbeitnehmers noch ein ganz überwiegend eigenbetriebliches Interesse des Arbeitgebers vor. Die Übernahme von Studiengebühren durch den Arbeitgeber führt zu Arbeitslohn.
   Wenn ja:
3. **Sind die Voraussetzungen der Richtlinie R 19.7 LStR 2011 (vgl. auch Tz. 2.1. bis 2.3.) erfüllt?**
   Wenn nein:
   → Es liegen Werbungskosten des Arbeitnehmers, aber kein ganz überwiegend eigenbetriebliches Interesse des Arbeitgebers vor. Die Übernahme von Studiengebühren durch den Arbeitgeber führt zu Arbeitslohn.
   Wenn ja:
   → Es liegt eine Leistung des Arbeitgebers im ganz überwiegend eigenbetrieblichen Interesse vor. Die Übernahme von Studiengebühren durch den Arbeitgeber führt nicht zu Arbeitslohn. Zur Übernahme von weiteren durch die Teilnahme des Arbeitnehmers an dem berufsbegleitenden Studium veranlassten Kosten durch den Arbeitgeber vgl. R 19.7 Absatz 3 LStR 2011.

[1)] *Vgl. auch BMF-Schreiben vom 22. 9. 2010 (BStBl I Seite 721), → Anhang 34 I.*

Lohn-/einkommensteuerliche Behandlung sowie Voraussetzungen für die steuerliche Anerkennung von Zeitwertkonten-Modellen

BMF vom 17. 6. 2009 (BStBl I S. 1286)
IV C 5 – S 2332/07/0004, 2009/0406609

Zur lohn-/einkommensteuerlichen Behandlung von Zeitwertkonten-Modellen sowie den Voraussetzungen für die steuerliche Anerkennung nehme ich im Einvernehmen mit den obersten Finanzbehörden der Länder wie folgt Stellung:

A. Allgemeines zu Zeitwertkonten

I. Steuerlicher Begriff des Zeitwertkontos

Bei Zeitwertkonten vereinbaren Arbeitgeber und Arbeitnehmer, dass der Arbeitnehmer künftig fällig werdenden Arbeitslohn nicht sofort ausbezahlt erhält, sondern dieser Arbeitslohn beim Arbeitgeber nur betragsmäßig erfasst wird, um ihn im Zusammenhang mit einer vollen oder teilweisen Freistellung von der Arbeitsleistung während des noch fortbestehenden Dienstverhältnisses auszuzahlen. In der Zeit der Arbeitsfreistellung ist dabei das angesammelte Guthaben um den Vergütungsanspruch zu vermindern, der dem Arbeitnehmer in der Freistellungsphase gewährt wird. Der steuerliche Begriff des Zeitwertkontos entspricht insoweit dem Begriff der Wertguthabenvereinbarungen im Sinne von § 7b SGB IV (sog. Lebensarbeitszeit- bzw. Arbeitszeitkonto).

Keine Zeitwertkonten in diesem Sinne sind dagegen Vereinbarungen, die das Ziel der flexiblen Gestaltung der werktäglichen oder wöchentlichen Arbeitszeit oder zum Ausgleich betrieblicher Produktions- und Arbeitszeitzyklen verfolgen (sog. Flexi- oder Gleitzeitkonten). Diese dienen lediglich zur Ansammlung von Mehr- oder Minderarbeitszeit, die zu einem späteren Zeitpunkt ausgeglichen wird. Bei Flexi- oder Gleitzeitkonten ist der Arbeitslohn mit Auszahlung bzw. anderweitiger Erlangung der wirtschaftlichen Verfügungsmacht des Arbeitnehmers zugeflossen und zu versteuern.

II. Besteuerungszeitpunkt

Weder die Vereinbarung eines Zeitwertkontos noch die Wertgutschrift auf diesem Konto führen zum Zufluss von Arbeitslohn, sofern die getroffene Vereinbarung den nachfolgenden Voraussetzungen entspricht. Erst die Auszahlung des Guthabens während der Freistellung löst Zufluss von Arbeitslohn und damit eine Besteuerung aus.

Die Gutschrift von Arbeitslohn (laufender Arbeitslohn, Einmal- und Sonderzahlungen) zugunsten eines Zeitwertkontos wird aus Vereinfachungsgründen auch dann steuerlich anerkannt, wenn die Gehaltsänderungsvereinbarung bereits erdiente, aber noch nicht fällig gewordene Arbeitslohnteile umfasst. Dies gilt auch, wenn eine Einmal- oder Sonderzahlung einen Zeitraum von mehr als einem Jahr betrifft.

III. Verwendung des Guthabens zugunsten betrieblicher Altersversorgung

Wird das Guthaben des Zeitwertkontos aufgrund einer Vereinbarung zwischen Arbeitgeber und Arbeitnehmer vor Fälligkeit (planmäßige Auszahlung während der Freistellung) ganz oder teilweise zugunsten der betrieblichen Altersversorgung herabgesetzt, ist dies steuerlich als eine Entgeltumwandlung zugunsten der betrieblichen Altersversorgung anzuerkennen. Der Zeitpunkt des Zuflusses dieser zugunsten der betrieblichen Altersversorgung umgewandelten Beträge richtet sich nach dem Durchführungsweg der zugesagten betrieblichen Altersversorgung (vgl. BMF-Schreiben vom 20. Januar 2009, BStBl I S. 273, Rz. 189).[1]

Bei einem Altersteilzeitarbeitsverhältnis im sog. Blockmodell gilt dies in der Arbeitsphase und der Freistellungsphase entsprechend. Folglich ist auch in der Freistellungsphase steuerlich von einer Entgeltumwandlung auszugehen, wenn vor Fälligkeit (planmäßige Auszahlung) vereinbart wird, das Guthaben des Zeitwertkontos oder den während der Freistellung auszuzahlenden Arbeitslohn zugunsten der betrieblichen Altersversorgung herabzusetzen.

IV. Begünstigter Personenkreis

1. Grundsatz: Arbeitnehmer in einem gegenwärtigen Dienstverhältnis

Ein Zeitwertkonto kann für alle Arbeitnehmer (§ 1 LStDV) im Rahmen eines gegenwärtigen Dienstverhältnisses eingerichtet werden. Dazu gehören auch Arbeitnehmer mit einer geringfügig entlohnten Beschäftigung i. S. d. § 8 bzw. § 8a SGB IV.

---

[1]) Jetzt BMF vom 31. 3. 2010 (BStBl I S. 270), Rz. 253; Anhang 2 IV.

Besonderheiten gelten bei befristeten Dienstverhältnissen und bei Arbeitnehmern, die gleichzeitig Organ einer Körperschaft sind.

2. Besonderheiten

a) Befristete Dienstverhältnisse

Bei befristeten Dienstverhältnissen werden Zeitwertkonten steuerlich nur dann anerkannt, wenn die sich während der Beschäftigung ergebenden Guthaben bei normalem Ablauf während der Dauer des befristeten Dienstverhältnisses, d. h. innerhalb der vertraglich vereinbarten Befristung, durch Freistellung ausgeglichen werden.

b) Organe von Körperschaften

Vereinbarungen über die Einrichtung von Zeitwertkonten bei Arbeitnehmern, die zugleich als Organ einer Körperschaft bestellt sind – z. B. bei Mitgliedern des Vorstands einer Aktiengesellschaft oder Geschäftsführern einer GmbH –, sind mit dem Aufgabenbild des Organs einer Körperschaft nicht vereinbar. Infolgedessen führt bereits die Gutschrift des künftig fällig werdenden Arbeitslohns auf dem Zeitwertkonto zum Zufluss von Arbeitslohn.

Die allgemeinen Grundsätze der verdeckten Gewinnausschüttung bleiben unberührt.

Der Erwerb einer Organstellung hat keinen Einfluss auf das bis zu diesem Zeitpunkt aufgebaute Guthaben eines Zeitwertkontos. Nach Erwerb der Organstellung führen alle weiteren Zuführungen zu dem Konto steuerlich zu Zufluss von Arbeitslohn. Nach Beendigung der Organstellung und Fortbestehen des Dienstverhältnisses kann der Arbeitnehmer das Guthaben entsprechend der unter A. I. dargestellten Grundsätze weiter aufbauen oder das aufgebaute Guthaben für Zwecke der Freistellung verwenden.

c) Als Arbeitnehmer beschäftigte beherrschende Anteilseigner

Buchstabe b) gilt entsprechend für Arbeitnehmer, die von der Körperschaft beschäftigt werden, die sie beherrschen.

B. Modellinhalte

I. Aufbau des Zeitwertkontos

In ein Zeitwertkonto können keine weiteren Gutschriften mehr unversteuert eingestellt werden, sobald feststeht, dass die dem Konto zugeführten Beträge nicht mehr durch Freistellung vollständig aufgebraucht werden können.

Bei Zeitwertkontenvereinbarungen, die die Anforderungen des § 7 Absatz 1a Satz 1 Nummer 2 SGB IV hinsichtlich der Angemessenheit der Höhe des während der Freistellung fälligen Arbeitsentgeltes berücksichtigen, wird davon ausgegangen, dass die dem Konto zugeführten Beträge durch Freistellung vollständig aufgebraucht werden können und somit eine solche Prognoseentscheidung regelmäßig entbehrlich ist. Für Zeitwertkonten, die diese Anforderungen nicht berücksichtigen und eine Freistellung für Zeiten, die unmittelbar vor dem Zeitpunkt liegen, zu dem der Beschäftigte eine Rente wegen Alters nach dem SGB VI bezieht oder beziehen könnte, vorsehen, ist hierfür einmal jährlich eine Prognoseentscheidung zu treffen. Für diese Prognoseentscheidung ist zum einen der ungeminderte Arbeitslohnanspruch (ohne Berücksichtigung der Gehaltsänderungsvereinbarung) und zum anderen der voraussichtliche Zeitraum der maximal noch zu beanspruchenden Freistellung maßgeblich. Der voraussichtliche Zeitraum der Freistellung bestimmt sich dabei grundsätzlich nach der vertraglichen Vereinbarung. Das Ende des voraussichtlichen Freistellungszeitraums kann allerdings nicht über den Zeitpunkt hinausgehen, zu dem der Arbeitnehmer eine Rente wegen Alters nach dem SGB VI spätestens beanspruchen kann (Regelaltersgrenze). Jede weitere Gutschrift auf dem Zeitwertkonto ist dann Einkommensverwendung und damit steuerpflichtiger Zufluss von Arbeitslohn.

> **Beispiel zur Begrenzung der Zuführung:**
>
> Zwischen dem 55-jährigen Arbeitnehmer B und seinem Arbeitgeber wird vereinbart, dass künftig die Hälfte des Arbeitslohns in ein Zeitwertkonto eingestellt wird, das dem Arbeitnehmer während der Freistellungsphase ratierlich ausgezahlt werden soll. Das Arbeitsverhältnis soll planmäßig mit Vollendung des 67. Lebensjahrs (Jahr 12) beendet werden. Der aktuelle Jahresarbeitslohn beträgt 100 000 €. Nach sieben Jahren beträgt das Guthaben 370 000 € (einschließlich Wertzuwächsen). Der Jahresarbeitslohn im Jahr 08 beläuft sich auf 120 000 €. Kann hiervon wieder die Hälfte dem Zeitwertkonto zugeführt werden?
>
> Nach Ablauf des achten Jahres verbleiben für die Freistellungsphase noch vier Jahre. Eine Auffüllung des Zeitwertkontos ist bis zum Betrag von 480 000 € (= ungekürzter Arbeitslohn des laufenden Jahres × Dauer der Freistellungsphase in Jahren) steuerlich unschädlich.

Daher können im Jahr 08 weitere 60 000 € dem Zeitwertkonto zugeführt werden (370 000 € + 60 000 € = 430 000 € Stand Guthaben 31. Dezember 08). Sollte im Jahr 09 die Freistellungsphase noch nicht begonnen haben, können keine weiteren Beträge mehr unversteuert in das Zeitwertkonto eingestellt werden (Prognoserechnung: bei einem Jahresarbeitslohn von 120 000 € für die Freistellungsphase von drei Freistellungsjahren = 360 000 €).

Bei erfolgsabhängiger Vergütung ist dabei neben dem Fixum auch der erfolgsabhängige Vergütungsbestandteil zu berücksichtigen. Es bestehen keine Bedenken, insoweit den Durchschnittsbetrag der letzten fünf Jahre zu Grunde zu legen. Wird die erfolgsabhängige Vergütung noch keine fünf Jahre gewährt oder besteht das Dienstverhältnis noch keine fünf Jahre, ist der Durchschnittsbetrag dieses Zeitraumes zu Grunde zu legen.

Beispiel zu erfolgsabhängigen Vergütungen:

Zwischen dem 55-jährigen Arbeitnehmer C und seinem Arbeitgeber wird Anfang 01 vereinbart, dass künftig die Hälfte des Arbeitslohns in ein Zeitwertkonto eingestellt wird, das dem Arbeitnehmer während der Freistellungsphase ratierlich ausgezahlt werden soll. Das Arbeitsverhältnis soll planmäßig mit Vollendung des 67. Lebensjahrs (Jahr 12) beendet werden. C bezieht im Jahr 01 ein Festgehalt von 100 000 €. Daneben erhält er erfolgsabhängige Vergütungsbestandteile, die ebenfalls hälftig dem Zeitwertkonto zugeführt werden sollen. Nach sieben Jahren beträgt das Guthaben des Zeitwertkontos 520 000 €. Die Fixvergütung beläuft sich im Jahr 08 auf 120 000 €. Die variablen Vergütungsbestandteile im Jahr 08 betragen 80 000 €; in den letzten fünf Jahren standen ihm variable Vergütungen in Höhe von insgesamt 300 000 € zu.

Dem Zeitwertkonto können im achten Jahr (Jahr 08) 100 000 € unversteuert zugeführt werden. Damit beläuft sich das Guthaben des Zeitwertkontos am Ende des Jahres 08 auf 620 000 € und ist – bezogen auf eine mögliche Freistellungsphase von noch vier Jahren – weiterhin geringer als das Vierfache des aktuellen jährlichen Fixgehalts (120 000 €) zuzüglich der durchschnittlichen jährlichen variablen Vergütungen von 60 000 € (300 000 € : 5), die sich somit für einen Freistellungszeitraum von vier Jahren auf 720 000 € belaufen (= 180 000 € × 4 Jahre).

II. Verzinsung der Zeitwertkontenguthaben

Im Rahmen von Zeitwertkonten kann dem Arbeitnehmer auch eine Verzinsung des Guthabens zugesagt sein. Diese kann beispielsweise bestehen in einem festen jährlichen Prozentsatz des angesammelten Guthabens, wobei sich der Prozentsatz auch nach dem Umfang der jährlichen Gehaltsentwicklung richten kann, oder in einem Betrag in Abhängigkeit von der Entwicklung bestimmter am Kapitalmarkt angelegter Vermögenswerte.

Die Zinsen erhöhen das Guthaben des Zeitwertkontos, sind jedoch erst bei tatsächlicher Auszahlung an den Arbeitnehmer als Arbeitslohn zu erfassen.

III. Zuführung von steuerfreiem Arbeitslohn zu Zeitwertkonten

Wird vor der Leistung von steuerlich begünstigtem Arbeitslohn bestimmt, dass ein steuerfreier Zuschlag auf dem Zeitwertkonto eingestellt und getrennt ausgewiesen wird, bleibt die Steuerfreiheit bei Auszahlung in der Freistellungsphase erhalten (R 3b Absatz 8 LStR 2008). Dies gilt jedoch nur für den Zuschlag als solchen, nicht hingegen für eine darauf beruhende etwaige Verzinsung oder Wertsteigerung.

IV. Kein Rechtsanspruch gegenüber einem Dritten

Wird das Guthaben eines Zeitwertkontos auf Grund der Vereinbarung zwischen Arbeitgeber und Arbeitnehmer z. B. als Depotkonto bei einem Kreditinstitut oder Fonds geführt, darf der Arbeitnehmer zur Vermeidung eines Lohnzuflusses keinen unmittelbaren Rechtsanspruch gegenüber dem Dritten haben.

Beauftragt der Arbeitgeber ein externes Vermögensverwaltungsunternehmen mit der Anlage der Guthabenbeträge, findet die Minderung wie auch die Erhöhung des Depots z. B. durch Zinsen und Wertsteigerungen infolge von Kursgewinnen zunächst in der Sphäre des Arbeitgebers statt. Beim Arbeitnehmer sind die durch die Anlage des Guthabens erzielten Vermögensminderungen/-mehrungen – unter Berücksichtigung der Regelung zur Zeitwertkontengarantie unter B. V. – erst bei Auszahlung der Beträge in der Freistellungsphase lohnsteuerlich zu erfassen. Ein Kapitalanlagewahlrecht des Arbeitnehmers ist dann unschädlich.

Beim Erwerb von Ansprüchen des Arbeitnehmers gegenüber einem Dritten im Fall der Eröffnung des Insolvenzverfahrens ist § 3 Nummer 65 Buchstabe c 2. Halbsatz EStG zu beachten.

V. Zeitwertkontengarantie

1. Inhalt der Zeitwertkontengarantie

Zeitwertkonten werden im Hinblick auf die in §§ 7d und 7e SGB IV getroffenen Regelungen steuerlich nur dann anerkannt, wenn die zwischen Arbeitgeber und Arbeitnehmer getroffene Vereinbarung vorsieht, dass zum Zeitpunkt der planmäßigen Inanspruchnahme des Guthabens mindestens ein Rückfluss der dem Zeitwertkonto zugeführten Arbeitslohn-Beträge (Bruttoarbeitslohn im steuerlichen Sinne ohne den Arbeitgeberanteil am Gesamtsozialversicherungsbeitrag) gewährleistet ist (Zeitwertkontengarantie). Im Fall der arbeitsrechtlichen Garantie des Arbeitgebers für die in das Zeitwertkonto für den Arbeitnehmer eingestellten Beträge bestehen keine Bedenken, von der Erfüllung der Zeitwertkontengarantie auszugehen, wenn der Arbeitgeber für diese Verpflichtung insbesondere die Voraussetzungen des Insolvenzschutzes nach § 7e SGB IV entsprechend erfüllt. Dies gilt nicht nur zu Beginn, sondern während der gesamten Auszahlungsphase, unter Abzug der bereits geleisteten Auszahlungen.

Wertschwankungen sowie die Minderung des Zeitwertkontos (z. B. durch die Abbuchung von Verwaltungskosten und Depotgebühren) in der Zuführungsphase sind lohnsteuerlich unbeachtlich.

Beispiel zur Zeitwertkontengarantie und Wertschwankungen:

Im Rahmen eines vereinbarten Zeitwertkontos ergibt sich zum Ende des dritten Jahres innerhalb der zehnjährigen Ansparphase ein Guthaben von 10 000 €. Bei jährlichen Zuführungen von 4 000 € ergab sich durch Wertschwankungen sowie die Belastung von Provisionszahlungen und Verwaltungskosten ein geringerer Wert als die Summe der zugeführten Arbeitslohnbeträge.

Die Minderung des Guthabens des Zeitwertkontos ist unschädlich, wenn bis zum Beginn der Auszahlungsphase die Wertminderung durch Wertsteigerungen der Anlage oder durch Erträge aus der Anlage wieder ausgeglichen wird.

Beispiel 1 zur Zeitwertkontengarantie und Verwaltungskosten:

Der Bestand des Zeitwertkontos beträgt zu Beginn der Freistellungsphase 60 000 €, die aus jährlichen Gutschriften von jeweils 5 000 € innerhalb der achtjährigen Aufbauphase sowie Erträgen aus der Anlage und Wertsteigerungen herrühren. Während der Freistellungsphase fallen jährlich Verwaltungskosten in Höhe von 120 € an, die dem Zeitwertkonto belastet werden sollen.

Die Belastung des Zeitwertkontos mit Verwaltungskosten und sonstigen Gebühren ist unschädlich, denn die Summe der bis zu Beginn der Freistellungsphase zugeführten Beträge (= 40 000 €) wird hierdurch nicht unterschritten.

Beispiel 2 zur Zeitwertkontengarantie und Verwaltungskosten:

Der Bestand des Zeitwertkontos beträgt zu Beginn der Auszahlungsphase 40 200 €, die aus jährlichen Zuführungen von jeweils 5 000 € innerhalb der achtjährigen Aufbauphase sowie Erträgen aus der Anlage herrühren, aber auch durch Wertschwankungen in der Vergangenheit beeinflusst wurden. Im Hinblick auf die ertragsschwache Anlage wird eine Beratung in Anspruch genommen, die Kosten von 500 € verursacht. Ferner fallen weitere Verwaltungskosten in Höhe von 180 € an.

Die Belastung des Zeitwertkontos ist nur bis zu einem Betrag von 200 € unschädlich (Summe der zugeführten Arbeitslohnbeträge zu Beginn der Freistellungsphase und als steuerpflichtiger Arbeitslohn während der Freistellung mindestens auszuzahlen 40 000 €). Die restlichen Aufwendungen in Höhe von 480 € (= 500 € + 180 € – 200 €) muss der Arbeitgeber, der für den Erhalt des Zeitwertkontos einzustehen hat, tragen.

2. Zeitwertkontengarantie des Anlageinstituts

Wird das Guthaben eines Zeitwertkontos auf Grund der Vereinbarung zwischen Arbeitgeber und Arbeitnehmer bei einem externen Anlageinstitut (z. B. Kreditinstitut oder Fonds) geführt und liegt keine Zeitwertkontengarantie nach Ziffer 1 vor, muss eine vergleichbare Garantie durch das Anlageinstitut vorliegen.

C. Planwidrige Verwendung der Zeitwertkontenguthaben

I. Auszahlung bei existenzbedrohender Notlage

Die Vereinbarungen zur Bildung von Guthaben auf einem Zeitwertkonto werden steuerlich auch dann noch anerkannt, sofern die Möglichkeit der Auszahlung des Guthabens bei fortbestehendem Beschäftigungsverhältnis neben der Freistellung von der Arbeitsleistung auf Fälle einer existenzbedrohenden Notlage des Arbeitnehmers begrenzt wird.

Wenn entgegen der Vereinbarung ohne existenzbedrohende Notlage des Arbeitnehmers das Guthaben dennoch ganz oder teilweise ausgezahlt wird, ist bei dem einzelnen Arbeitnehmer das gesamte Guthaben – also neben dem ausgezahlten Betrag auch der verbleibende Guthabenbetrag – im Zeitpunkt der planwidrigen Verwendung zu besteuern.

II. Beendigung des Dienstverhältnisses vor oder während der Freistellungsphase

Eine planwidrige Verwendung liegt im Übrigen vor, wenn das Dienstverhältnis vor Beginn oder während der Freistellungsphase beendet wird (z. B. durch Erreichen der Altersgrenze, Tod des Arbeitnehmers, Eintritt der Invalidität, Kündigung) und der Wert des Guthabens an den Arbeitnehmer oder seine Erben ausgezahlt wird. Lohnsteuerlich gelten dann die allgemeinen Grundsätze, d. h. der Einmalbetrag ist in der Regel als sonstiger Bezug zu besteuern. Wurde das Guthaben über einen Zeitraum von mehr als zwölf Monate hinweg angespart, ist eine tarifermäßigte Besteuerung im Rahmen des § 34 EStG vorzunehmen (Arbeitslohn für mehrjährige Tätigkeit).

III. Planwidrige Weiterbeschäftigung

Der Nichteintritt oder die Verkürzung der Freistellung durch planwidrige Weiterbeschäftigung ist ebenfalls eine planwidrige Verwendung. Eine lohnsteuerliche Erfassung erfolgt in diesen Fällen im Zeitpunkt der Auszahlung des Guthabens.

D. Übertragung des Zeitwertkontenguthabens bei Beendigung der Beschäftigung

Bei Beendigung einer Beschäftigung besteht die Möglichkeit, ein in diesem Beschäftigungsverhältnis aufgebautes Zeitwertkonto zu erhalten und nicht auflösen zu müssen.

Bei der Übertragung des Guthabens an den neuen Arbeitgeber (§ 7f Absatz 1 Satz 1 Nummer 1 SGB IV) tritt der neue Arbeitgeber an die Stelle des alten Arbeitgebers und übernimmt im Wege der Schuldübernahme die Verpflichtungen aus der Zeitwertkontenvereinbarung. Die Leistungen aus dem Zeitwertkonto durch den neuen Arbeitgeber sind Arbeitslohn, von dem er bei Auszahlung Lohnsteuer einzubehalten hat.

Im Fall der Übertragung des Guthabens auf die Deutsche Rentenversicherung Bund (§ 7f Absatz 1 Satz 1 Nr. 2 SGB IV) wird die Übertragung durch § 3 Nummer 53 EStG steuerfrei gestellt. Ein tatsächlich noch bestehendes Beschäftigungsverhältnis ist hierfür nicht erforderlich. Bei der Auszahlung des Guthabens durch die Deutsche Rentenversicherung Bund handelt es sich um Arbeitslohn, für den die Deutsche Rentenversicherung Bund Lohnsteuer einzubehalten hat (§ 38 Absatz 3 Satz 3 EStG).

E. Bilanzielle Behandlung der Zeitwertkonten

Zur bilanziellen Berücksichtigung von Arbeitszeit-, Zeitwert- und Lebensarbeitszeitkonten wird in einem gesonderten BMF-Schreiben Stellung genommen.

F. Anwendungsregelung

Dieses Schreiben ist mit Wirkung ab 1. Januar 2009 anzuwenden.

I. Übergangsregelung für vor dem 1. Januar 2009 eingerichtete Zeitwertkonten

Bei Zeitwertkonten-Modellen, die vor dem 1. Januar 2009 eingerichtet wurden und ohne die Regelungen zur Zeitwertkontengarantie nach Abschnitt B. V. steuerlich anzuerkennen gewesen wären, sind aus Vertrauensschutzgründen der am 31. Dezember 2008 vorhandene Wertbestand des Zeitwertkontos sowie die Zuführungen vom 1. Januar bis zum 31. Dezember 2009 erst bei Auszahlung zu besteuern. Zuführungen ab dem 1. Januar 2010 führen steuerlich zum Zufluss von Arbeitslohn.

Wird spätestens bis zum 31. Dezember 2009 eine Zeitwertkontengarantie nach Abschnitt B. V. für den am 31. Dezember 2008 vorhandenen Wertbestand des Zeitwertkontos sowie die Zuführungen vom 1. Januar bis zum 31. Dezember 2009 nachträglich vorgesehen, können diese Modelle steuerlich weiter als Zeitwertkonten anerkannt werden, so dass auch die Zuführungen nach dem 31. Dezember 2009 erst bei Auszahlung zu besteuern sind. Abschnitt C. bleibt unberührt.

II. Übergangsregelung für Zeitwertkonten zugunsten von Organen von Körperschaften (Geschäftsführer und Vorstände) und als Arbeitnehmer beschäftigte beherrschende Anteilseigner

Bei Zeitwertkonten-Modellen für Organe von Körperschaften sowie als Arbeitnehmer beschäftigte beherrschende Anteilseigner, die bis zum 31. Januar 2009 eingerichtet wurden und aus Vertrauensschutzgründen steuerlich anzuerkennen gewesen wären, sind alle Zuführungen bis zum

31. Januar 2009 erst bei Auszahlung zu besteuern. Die Übergangsregelung gilt nicht für verdeckte Gewinnausschüttungen. Abschnitt C. bleibt unberührt.

III. Besondere Aufzeichnungen

Als Arbeitslohn zu besteuernde Zuführungen nach F. I. und F. II. sind im Zeitwertkonto gesondert aufzuzeichnen. Eine etwaige Verzinsung (vgl. Abschnitt B. II.) ist entsprechend aufzuteilen; die auf zu besteuernde Zuführungen nach dem Stichtag entfallenden Zinsen fließen dem Arbeitnehmer als Einkünfte aus Kapitalvermögen zu.

Bewertung der unentgeltlichen Gemeinschaftsverpflegung mit dem Sachbezugswert;

BFH-Urteil vom 24. März 2011 – VI R 11/10 – (BStBl 2011 II S. 829)

(BMF-Schreiben vom 27. 9. 2011 – IV C 5 – S 2353/09/10004 – BStBl I S. 976)

Der BFH hat mit Urteil vom 24. März 2011 – VI R 11/10 – (BStBl 2011 II S. 829) entschieden, dass steuerfreie Erstattungen für Reisekostenvergütungen oder Trennungsgelder dem Abzug von Verpflegungsmehraufwendungen nur insoweit entgegenstehen, als sie dem Arbeitnehmer tatsächlich ausgezahlt wurden. Hat der Arbeitgeber für eine zur Verfügung gestellte Mahlzeit lediglich von seinem Einbehaltungsrecht (einseitige Kürzung des Tagegeldanspruchs) Gebrauch gemacht, kommt § 3c EStG nicht zur Anwendung. Die unentgeltliche Verpflegung ist keine steuerfreie, sondern regelmäßig mangels einer Steuerbefreiungsnorm eine steuerbare und steuerpflichtige Einnahme, die dann mit dem Sachbezugswert zu bewerten und als steuerpflichtiger Arbeitslohn anzusetzen ist.

Unter Bezugnahme auf das Ergebnis der Erörterung mit den obersten Finanzbehörden der Länder gilt Folgendes:

Die Grundsätze dieses Urteils sind allgemein anzuwenden. Es ist allerdings nicht zu beanstanden, wenn der Arbeitgeber statt nach den Grundsätzen des genannten Urteils weiterhin nach R 8.1 Absatz 8 Nummer 4 Satz 2 LStR i. V. m. H 8.1 Absatz 8 (Reisekostenabrechnung, Beispiel 1) LStH verfährt. Macht der Arbeitnehmer in diesem Fall Verpflegungsmehraufwendungen als Werbungskosten geltend, ist der unversteuerte bzw. verrechnete Sachbezugswert als steuerpflichtiger Arbeitslohn zu erfassen; aus Vereinfachungsgründen kann er mit dem maßgebenden Pauschbetrag für Verpflegungsmehraufwendungen saldiert werden.

Ermittlung des geldwerten Vorteils beim Erwerb von Kraftfahrzeugen vom Arbeitgeber in der Automobilbranche (§ 8 Abs. 3 EStG)

(BMF-Schreiben vom 18. 12. 2009 – IV C 5 – S 2334/09/10006 – 2009/0830813 –, BStBl I 2010 S. 20)

Im Einvernehmen mit den obersten Finanzbehörden der Länder gilt bei der Ermittlung des geldwerten Vorteils beim Erwerb von Kraftfahrzeugen vom Arbeitgeber in der Automobilbranche Folgendes:

Personalrabatte, die Automobilhersteller oder Automobilhändler ihren Arbeitnehmern beim Erwerb von Kraftfahrzeugen gewähren, gehören grundsätzlich als geldwerte Vorteile zum steuerpflichtigen Arbeitslohn. Der steuerlichen Bewertung der Kraftfahrzeuge sind unter den Voraussetzungen des § 8 Absatz 3 EStG (vgl. R 8.2 Absatz 1 LStR 2008) die Endpreise zugrunde zu legen, zu denen der Arbeitgeber die Kraftfahrzeuge anderen Letztverbrauchern im allgemeinen Geschäftsverkehr anbietet. Bietet der Arbeitgeber die Kraftfahrzeuge anderen Letztverbrauchern nicht an, so sind die Endpreise des nächstgelegenen Händlers maßgebend (R 8.2 Absatz 2 Satz 1 bis 6 LStR 2008).

Endpreis ist nicht der Preis, der mit dem Käufer unter Berücksichtigung individueller Preiszugeständnisse tatsächlich vereinbart wird. Regelmäßig ist vielmehr der Preis maßgebend, der nach der Preisangabenverordnung anzugeben und auszuzeichnen ist. Dies ist z. B. der sog. Hauspreis, mit dem Kraftfahrzeuge ausgezeichnet werden, die im Verkaufsraum eines Automobilhändlers ausgestellt werden. Wenn kein anderes Preisangebot vorliegt, ist dem Endpreis grundsätzlich die unverbindliche Preisempfehlung (UPE) des Herstellers zugrunde zu legen.

Nach den Gepflogenheiten in der Automobilbranche werden Kraftfahrzeuge im allgemeinen Geschäftsverkehr fremden Letztverbrauchern tatsächlich häufig zu einem Preis angeboten, der unter der UPE des Herstellers liegt. Deshalb kann der tatsächliche Angebotspreis anstelle des empfohlenen Preises angesetzt werden (vgl. BFH-Urteil vom 4. Juni 1993 – BStBl II Seite 687, BFH-Urteil vom 17. Juni 2009 – BStBl II Seite 67).

Im Hinblick auf die Schwierigkeiten bei der Ermittlung des tatsächlichen Angebotspreises ist es nicht zu beanstanden, wenn als Endpreis im Sinne des § 8 Absatz 3 EStG der Preis angenommen wird, der sich ergibt, wenn 80 Prozent des Preisnachlasses, der durchschnittlich beim Verkauf an fremde Letztverbraucher im allgemeinen Geschäftsverkehr tatsächlich gewährt wird, von dem empfohlenen Preis abgezogen wird. Dabei ist der durchschnittliche Preisnachlass modellbezogen nach den tatsächlichen Verkaufserlösen in den vorangegangenen drei Kalendermonaten zu ermitteln und jeweils der Endpreisfeststellung im Zeitpunkt der Bestellung (Bestellbestätigung) zugrunde zu legen.

Bei der Ermittlung des durchschnittlichen Preisnachlasses sind auch Fahrzeugverkäufe, deren Endpreise inklusive Transport- und Überführungskosten im Einzelfall über der UPE des Herstellers liegen, sowie Fahrzeugverkäufe, die mit überhöhter Inzahlungnahme von Gebrauchtfahrzeugen, Sachzugaben oder anderen indirekten Rabatten einhergehen, einzubeziehen. Neben Barrabatten ist der Wert indirekter Rabatte bei der Ermittlung des durchschnittlichen Preisnachlasses zu berücksichtigen, soweit diese in den Verkaufsunterlagen des Automobilherstellers oder Automobilhändlers nachvollziehbar dokumentiert sind. Fahrzeugverkäufe mit Marktzins unterschreitenden Finanzierungen bleiben bei der Ermittlung des durchschnittlichen Preisnachlasses unberücksichtigt.

Es wird nicht beanstandet, wenn bei neu eingeführten Modellen in den ersten drei Kalendermonaten ein pauschaler Abschlag von 6 Prozent der UPE als durchschnittlicher Preisnachlass angenommen wird. Als neues Modell ist ein neuer Fahrzeugtyp oder eine neue Fahrzeuggeneration anzusehen, nicht dagegen eine sog. Modellpflegemaßnahme („Facelift"). Es bestehen keine Bedenken, in Zweifelsfällen hierzu auf die ersten Ziffern des im Fahrzeugschein oder in der Zulassungsbescheinigung Teil I verzeichneten Typenschlüssels des Herstellers abzustellen. Wurde ein Modell in den der Bestellung vorangegangenen drei Kalendermonaten nicht verkauft, ist auf den durchschnittlichen Preisnachlass des letzten Dreimonatszeitraums abzustellen, in dem Verkaufsfälle vorliegen.

Der Arbeitgeber hat die Grundlagen für den ermittelten geldwerten Vorteil als Beleg zum Lohnkonto aufzubewahren.

Dieses Schreiben ersetzt das BMF-Schreiben vom 30. Januar 1996, BStBl I Seite 114, und ist ab dem 1. Januar 2009 anzuwenden.

Anhang 38
unbesetzt

Ehrenamtliche Feuerwehrleute:

geringfügige Beschäftigungsverhältnisse

(Erlass des FinMin Bayern vom 14. 7. 2003–34 – S 2334 – 013 – 23 86/03 –)

1. Allgemeines

Mit dem Zweiten Gesetz für moderne Dienstleistungen am Arbeitsmarkt vom 23. 12. 2002, BGBl 2002 I S. 4621, sind grundlegende Neuregelungen bei geringfügigen Beschäftigungen (400-Euro-Jobs) und Niedriglohn-Jobs (d. h. Beschäftigungsverhältnisse mit einem Arbeitsentgelt von 400,01 bis einschließlich 800 Euro) ab 1. 4. 2003 in Kraft getreten. Zu den Einkünften, die zu einer Anwendung der neuen Regelungen führen können, zählen:

– Entschädigungen gemäß Art. 11 BayFwG für ehrenamtlich tätige Kommandanten einer Freiwilligen Feuerwehr und ihre Stellvertreter und gemäß Art. 20 BayFwG für ehrenamtlich tätige Kreisbrandräte, Kreisbrandinspektoren und Kreisbrandmeister
– Entschädigung für die Teilnahme an Brandwachen und Sicherheitswachen gemäß Art. 11 Abs. 2 BayFwG

2. Steuerliche Auswirkungen

a) Ermittlung des steuerfreien und steuerpflichtigen Anteils

Von der Entschädigung für die ehrenamtlich tätigen Kommandanten und ihre Stellvertreter bleibt – wie seit dem 1. 1. 2002 – ein Betrag von monatlich 154 Euro[1]) als Aufwandsentschädigung gemäß § 3 Nr. 12 Satz 2 EStG i. V. m. R 13 Abs. 3 Satz 3 bis 6 EStR steuerfrei. Beim ehrenamtlich tätigen Kreisbrandrat, Kreisbrandinspektor und Kreisbrandmeister beträgt der steuerfreie Anteil der Entschädigung gemäß § 3 Nr. 12 Satz 2 EStG i. V. m. R 13 Abs. 3 Satz 2 EStR ein Drittel, mindestens 154 Euro[2]) monatlich.

Daneben kann auch die Steuerbefreiung für eine nebenberufliche Tätigkeit als Übungsleiter, Ausbilder, Erzieher, Betreuer oder eine vergleichbare Tätigkeit gemäß § 3 Nr. 26 EStG in Betracht kommen, soweit der Feuerwehrdienstleistende im Rahmen seines Feuerwehrdienstes eine begünstigte Nebentätigkeit (wie Ausbildungstätigkeit und Sofortmaßnahmen gegenüber Verunglückten und Verletzten) ausübt und den steuerfreien Höchstbetrag von insgesamt 1 848 Euro[3]) im Kalenderjahr nicht bereits im Zusammenhang mit anderen begünstigten nebenberuflichen Tätigkeiten ausschöpft. Im Einzelnen wird auf Anlage 2 dieses Merkblatts verwiesen.

Die Steuervergünstigungen können in der für den Feuerwehrdienstleistenden günstigsten Reihenfolge angesetzt werden. Bei der Berechnung der weiteren Steuerbefreiung ist jeweils auf den Restbetrag nach Abzug der zuvor angesetzten Steuerbefreiung abzustellen. Ein nach Abzug der steuerfreien Beträge verbleibender Restbetrag ist als steuerpflichtiger Arbeitslohn dem Lohnsteuerabzug zu unterwerfen.

Die Entschädigung für die Teilnahme an Brand- und Sicherheitswachen gilt allein den Zeitaufwand ab und ist damit in vollem Umfang dem Lohnsteuerabzug zu unterwerfen.

b) Durchführung des Lohnsteuerabzugs

– Lohnsteuerkarte:

Die Gemeinde bzw. der Landkreis verlangt zur Durchführung des Lohnsteuerabzugs vom Feuerwehrdienstleistenden die Vorlage einer Lohnsteuerkarte. Die Höhe des Lohnsteuerabzugs richtet sich nach der auf der Lohnsteuerkarte eingetragenen Steuerklasse (ggf. Steuerklasse VI).

– Pauschalversteuerung:

Alternativ kann die Gemeinde bzw. der Landkreis unter Verzicht auf die Vorlage einer Lohnsteuerkarte eine Pauschalversteuerung nach Maßgabe des § 40a EStG durchführen, wenn das steuerpflichtige Arbeitsentgelt 400 Euro[4]) monatlich nicht übersteigt. Der Pauschsteuersatz beträgt 2 % des steuerpflichtigen Arbeitsentgelts, wenn die Gemeinde bzw. der Landkreis in der

---

[1]) jetzt 175 Euro.
[2]) jetzt 175 Euro.
[3]) jetzt 2 100 Euro.
[4]) Nun 450 Euro.

Anhang 39   Geringfügige Beschäftigungen – Feuerwehrleute

Sozialversicherung den pauschalen Rentenversicherungsbeitrag von 12 %[1]) zu entrichten hat (vgl. 3.). Die einheitliche Pauschsteuer von 2 % schließt den Solidaritätszuschlag und die Kirchensteuer mit ein und ist zusammen mit den pauschalen Sozialversicherungsbeiträgen an die Bundesknappschaft zu entrichten (vgl. 5.).

Der Pauschsteuersatz beträgt 20 % des steuerpflichtigen Arbeitsentgelts, wenn die Gemeinde bzw. der Landkreis in der Sozialversicherung nicht den pauschalen Rentenversicherungsbeitrag, sondern den allgemeinen Beitrag zu entrichten hat. Zur pauschalen Lohnsteuer von 20 % kommt der Solidaritätszuschlag von 5,5 % und ggf. die pauschale Kirchensteuer hinzu; sie ist – wie bisher – an das FA abzuführen.

3. Sozialversicherungsrechtliche Auswirkungen

Die Beiträge zu den einzelnen Zweigen der Sozialversicherung betragen derzeit:

Rentenversicherung	19,5 %[2])	je aus dem sozialversicherungspflichtigen
Pflegeversicherung	1,7 %[3])	Gesamtbetrag
Arbeitslosenversicherung	6,5 %[4])	
Krankenversicherung	hier variiert der Beitrag je nach Krankenkasse.[5])	

Die Frage, inwieweit sich die Neuregelung der „Mini-Jobs" auf Mitglieder der Freiwilligen Feuerwehren auswirkt, richtet sich danach, ob neben den Einkünften aus dem Feuerwehrdienst weitere, sozialversicherungspflichtige Einkünfte erzielt werden.

Es sind insbesondere folgende Fallgruppen zu unterscheiden:

a) Einkünfte aus dem Feuerwehrdienst von nicht mehr als 400 Euro neben einer Hauptbeschäftigung:

Eine „erste" geringfügige Beschäftigung bleibt versicherungsfrei. Neben einer sozialversicherungspflichtigen Hauptbeschäftigung kann daher eine geringfügige Beschäftigung sozialversicherungsfrei ausgeübt werden. Jede weitere geringfügige Beschäftigung wird mit der sozialversicherungspflichtigen Hauptbeschäftigung zusammengerechnet und unterfällt damit – mit Ausnahme der Arbeitslosenversicherung – der vollen Sozialversicherungspflicht.

Wird der Feuerwehrdienstleistende neben seinem Hauptberuf tätig, werden seine steuerpflichtigen Einkünfte aus dem Feuerwehrdienst bis zu 400 Euro nicht in die Beitragspflicht einbezogen. In diesem Fall muss die Gemeinde für den Feuerwehrdienst pauschale Sozialversicherungsbeiträge abführen. Dies sind 12 %[6]) der steuerpflichtigen Einkünfte an die gesetzliche Rentenversicherung. Hinzu kommen Beiträge von 11 %[7]) an die gesetzliche Krankenversicherung, wenn der Feuerwehrmann Mitglied in einer gesetzlichen Krankenversicherung ist oder als Familienmitglied in einer Krankenkasse mitversichert ist. Beiträge zur Arbeitslosenversicherung müssen nicht abgeführt werden.

Übt der ehrenamtliche Feuerwehrmann seine Hauptbeschäftigung jedoch bei demselben Arbeitgeber – also der Gemeinde bzw. dem Landkreis – aus, so ist ohne Rücksicht auf die arbeitsvertragliche Gestaltung sozialversicherungsrechtlich von einem einheitlichen Beschäftigungsverhältnis auszugehen.

Beschäftigte, die freiwillig in der gesetzlichen Krankenversicherung versichert sind, zahlen – unabhängig von der Pauschalbeitragszahlung der Gemeinde – auch aus den steuerpflichtigen Einkünften aus dem Feuerwehrdienst bis zu 400 Euro Beiträge zur gesetzlichen Krankenversicherung. Denn für freiwillige Mitglieder in der gesetzlichen Krankenversicherung ist bei der Beitragsbemessung die gesamte wirtschaftliche Leistungsfähigkeit, zu der auch das Entgelt aus einer geringfügigen Beschäftigung zählt, zu berücksichtigen.

---

[1]) Nun 15 %.
[2]) Nun 18,9 %.
[3]) Nun 2,05 %.
[4]) Nun 3,0 %.
[5]) Ab 2009 einheitlicher Beitragssatz 14,6 %, ggf. zuzügl. 0,9 %.
[6]) Nun 15 %.
[7]) Nun 13 %.

b) Steuerpflichtige Einkünfte aus dem Feuerwehrdienst bis zu 400 Euro neben anderen geringfügigen Beschäftigungen:

Übt ein Feuerwehrdienstleistender mehrere geringfügige Beschäftigungen aus und überschreitet das steuerpflichtige Arbeitsentgelt insgesamt die Grenze von 400 Euro pro Monat, tritt vom Tag des Überschreitens an Versicherungspflicht in allen Zweigen der Sozialversicherung ein. Dabei richtet sich die Beitragsberechnung im Bereich oberhalb von 400 Euro bis zur Grenze 800 Euro gemäß den Regelungen zur Gleitzone (vgl. unter 3. d).

Bei Einkünften über 800 Euro unterliegt das gesamte Arbeitsentgelt der normalen Beitragspflicht. Sämtliche Einkünfte werden zur Berechnung der Sozialversicherungsbeiträge zusammengefasst. Feuerwehrdienstleistender und die Gemeinde müssen für die steuerpflichtigen Einkünfte aus dem Feuerwehrdienst jeweils die Hälfte des – je nach Höhe der Beiträge zur gesetzlichen Krankenversicherung individuell verschiedenen – Gesamtsozialversicherungsbeitrages tragen (z.Z. durchschnittlich rund 21 %).

c) Nur Einkünfte aus dem Feuerwehrdienst bis zu 400 Euro:

Die Gemeinde muss für den Feuerwehrdienst pauschale Sozialversicherungsbeiträge abführen, und zwar in jedem Fall 12 %[1]) der Einkünfte an die gesetzliche Rentenversicherung. Hinzu kommen 11 %[2]) Beiträge an die gesetzliche Krankenversicherung, sofern der Feuerwehrdienstleistende Mitglied einer gesetzlichen Krankenversicherung oder als Familienmitglied in einer Krankenkasse mitversichert ist. Der Feuerwehrmann erhält seine Entschädigung ohne Abzug von Sozialversicherungsbeiträgen ausgezahlt.

d) Nur Einkünfte aus dem Feuerwehrdienst in der Gleitzone von oberhalb 400 Euro bis zu 800 Euro:

Die steuerpflichtigen Arbeitsentgelte innerhalb der Gleitzone unterliegen der Versicherungspflicht in allen Zweigen der Sozialversicherung. Bei der Zusammenrechnung der Arbeitsentgelte aus mehreren Beschäftigungen ist zu beachten, dass eine „erste" geringfügige Beschäftigung versicherungsfrei bleibt (vgl. 3. a). In der Gleitzone wird zur Beitragsbemessung ein reduziertes beitragspflichtiges Arbeitsentgelt zugrunde gelegt. Die Gemeinde zahlt für das gesamte Arbeitsentgelt grundsätzlich den vollen Arbeitgeberanteil ein, d. h. sie trägt die Hälfte der für die steuerpflichtigen Einkünfte aus dem Feuerwehrdienst üblichen Kranken-, Pflege und Rentenversicherungsbeiträge sowie der Beiträge zur Arbeitslosenversicherung.

Der vom Feuerwehrdienstleistenden zu zahlende Beitrag steigt linear von rund 4 % am Anfang der Gleitzone bis zum vollen Arbeitnehmeranteil, d. h. bis zur Hälfte des individuellen Gesamtsozialversicherungsbeitrags, an.

4. „Aufstockungsmöglichkeit"

In den geschilderten Fällen, in denen die Gemeinde pauschale Beiträge zur gesetzlichen Rentenversicherung zahlt, können sich für den Feuerwehrdienstleistenden Rentenansprüche ergeben: Wird in diesen Fällen zum Beispiel der Feuerwehrdienst mit steuerpflichtigen Einkünften von 400 Euro ein ganzes Jahr lang ausgeübt, erwirbt der Feuerwehrdienstleistende derzeit einen monatlichen Rentenanspruch von 2,61 Euro. Zudem werden 4 Monate für die Wartezeit berücksichtigt. Die betreffenden Feuerwehrdienstleistenden haben die Möglichkeit durch die Ergänzung des pauschalen Arbeitgeberbeitrags von 12 %[3]) zum vollwertigen Pflichtbeitrag (derzeit 19,5 %[4])) Ansprüche auf das volle Leistungsspektrum der Rentenversicherung (Anspruch auf Rehabilitation, Erwerbsminderungsrente, vorgezogene Altersrenten, Rentenberechnung nach Mindesteinkommen, Anspruch auf die Förderung nach der sog. Riester-Rente) zu erlangen. Falls die Einkünfte aus dem Feuerwehrdienst dabei 155 Euro unterschreiten, ist ein Mindestbeitrag festgelegt.

5. Verfahren

Der Feuerwehrdienst, der zu steuerpflichtigen Einkünften führt, muss – wie alle anderen Arbeitsverhältnisse – der Sozialversicherung gemeldet werden, d. h., er ist in das normale Meldeverfahren einbezogen.

---

[1]) Nun 15 %.
[2]) Nun 13 %.
[3]) Nun 15 %.
[4]) Nun 18,9 %.

Geringfügige Beschäftigungen – Feuerwehrleute

Allerdings sind alle Meldungen immer bei der Bundesknappschaft (Minijob-Zentrale) und nicht mehr bei den Krankenkassen einzureichen. Die Bundesknappschaft ist zuständige Einzugsstelle für geringfügig Beschäftigte. Sie nimmt die von der Gemeinde für geringfügig Beschäftigte Feuerwehrdienstleistende zu zahlenden Pauschalbeiträge entgegen und zieht auch die Rentenversicherungsbeiträge für diejenigen ein, die von der Aufstockungsmöglichkeit (vgl. 4.) Gebrauch gemacht haben.

Sofern aufgrund der geringfügig entlohnten Beschäftigung infolge der Zusammenrechnung mit einer nicht geringfügigen versicherungspflichtigen Beschäftigung Versicherungspflicht besteht, sind Meldungen und Beiträge an die Krankenkasse zu richten, bei der der geringfügig beschäftigte Feuerwehrmann krankenversichert ist.

Anlage 1

Hinweis: Bei geringfügigen Dauerbeschäftigungen bis 400 Euro sind pauschale Beiträge zur Pflegeversicherung nicht abzuführen. Im Übrigen folgt die Pflegeversicherung der versicherungsrechtlichen Beurteilung der Krankenversicherung.

Fallkonstellation	Rentenversicherung	Krankenversicherung
Einkünfte aus Feuerwehrdienst bis zu 400 Euro neben Sozialversicherungspflichtiger Hauptbeschäftigung	Die erste geringfügig entlohnte Beschäftigung ist nicht mit der Hauptbeschäftigung zusammenzurechnen – 12 %[1]) Pauschalbeitrag durch Gemeinde; – Aufstockungsmöglichkeit	Die erste geringfügig entlohnte Beschäftigung ist nicht mit der Hauptbeschäftigung zusammenzurechnen – 11 %[2]) Pauschalbeitrag durch Gemeinde, sofern gesetzlich krankenversichert
Einkünfte aus dem Feuerwehrdienst bis zu 400 Euro neben weiteren geringfügigen Beschäftigungsverhältnissen	– Bei Einkünften von insgesamt über 800 Euro: normale Beitragspflicht: Berechnungsgrundlage ist die Summe aller Einkünfte; Gemeinde und Feuerwehrmann tragen je die Hälfte für die Feuerwehreinkünfte – Bei Einkünften von insgesamt zwischen 400,01 Euro und 800 Euro gemäß Regelungen zur Gleitzone: Gemeinde trägt die Hälfte der Beiträge aus den Feuerwehreinkünften, der Feuerwehrmann seinen Anteil aus den reduzierten Feuerwehreinkünften – Bei Einkünften bis zu insgesamt 400 Euro: 12 %[3]) Pauschalbeitrag durch Gemeinde	– Bei Einkünften von insgesamt über 800 Euro: normale Beitragspflicht: Berechnungsgrundlage ist die Summe aller Einkünfte; Gemeinde und Feuerwehrmann tragen je die Hälfte für die Feuerwehreinkünfte – Bei Einkünften von insgesamt zwischen 400,01 Euro und 800 Euro gemäß Regelungen zur Gleitzone: Gemeinde trägt die Hälfte der Beiträge aus den Feuerwehreinkünften, der Feuerwehrmann seinen Anteil aus den reduzierten Feuerwehreinkünften – Bei Einkünften bis zu insgesamt 400 Euro: 11 %[4]) Pauschalbeitrag durch Gemeinde, sofern gesetzlich krankenversichert

[1]) Nun 15 %.
[2]) Nun 13 %.
[3]) Nun 15 %.
[4]) Nun 13 %.

Geringfügige Beschäftigungen – Feuerwehrleute

Fallkonstellation	Rentenversicherung	Krankenversicherung
nur Einkünfte aus dem Feuerwehrdienst bis zu 400 Euro	12 %[1]) Pauschalbeitrag durch Gemeinde; Aufstockungsmöglichkeit	11 %[2]) Pauschalbeitrag durch Gemeinde, sofern gesetzlich krankenversichert
nur Einkünfte aus dem Feuerwehrdienst von 400,01 Euro bis 800 Euro (Gleitzone)	Gemeinde trägt die Hälfte der Beiträge aus den Feuerwehreinkünften, der Feuerwehrmann seinen Anteil aus den reduzierten Feuerwehreinkünften	Gemeinde trägt die Hälfte der Beiträge aus den Feuerwehreinkünften, der Feuerwehrmann seinen Anteil aus den reduzierten Feuerwehreinkünften
Arbeitslosenversicherung	**Lohnsteuer**	
Keine Beiträge	Lohnsteuerkarte oder ggf. einheitliche Pauschsteuer von 2 %	
– Bei Einkünften von insgesamt über 800 Euro normale Beitragspflicht: Berechnungsgrundlage ist die Summe aller Einkünfte; Gemeinde und Feuerwehrmann tragen je die Hälfte für die Feuerwehreinkünfte	Lohnsteuerkarte oder ggf. Pauschalversteuerung mit 20 %	
– Bei Einkünften insgesamt zwischen 400,01 Euro und 800 Euro gemäß Regelungen zur Gleitzone: Gemeinde trägt die Hälfte der Beiträge aus den Feuerwehreinkünften, der Feuerwehrmann seinen Anteil aus den reduzierten Feuerwehreinkünften	Lohnsteuerkarte oder ggf. Pauschalversteuerung mit 20 %	
– Bei Einkünften bis zu insgesamt 400 Euro: Keine Beiträge	Lohnsteuerkarte oder ggf. einheitliche Pauschsteuer von 2 %	
Keine Beiträge	Lohnsteuerkarte oder ggf. einheitliche Pauschsteuer von 2 % (Steuerfreistellungsbescheinigung ab 1. 4. 2003 nicht mehr gültig)	
Gemeinde trägt die Hälfte der Beiträge aus den Feuerwehreinkünften, der Feuerwehrmann seinen Anteil aus den reduzierten Feuerwehreinkünften	Lohnsteuerkarte	

Anlage 2

An die/das   Angaben zur Person
Gemeinde/Stadt/Landratsamt

Erklärung zur Anwendung des sog. Übungsleiterfreibetrags beim Feuerwehrdienst für das Jahr 200_

In meiner Eigenschaft als _____ erhalte ich eine Aufwandsentschädigung. Zur Berücksichtigung des nach § 3 Nr. 26 EStG begünstigten Betrags[2)] erkläre ich:

1. Zur Anwendung des sog. Übungsleiterfreibetrags:

☐ Ich übe neben meiner oben genannten Feuerwehrtätigkeit keine weitere begünstigte Nebentätigkeit aus und versichere, dass im maßgebenden Kalenderjahr die Steuerbefreiung nicht bereits in einem anderen Dienst- oder Auftragsverhältnis berücksichtigt worden ist oder berücksichtigt wird.

☐ Ich übe mehrere begünstigte Nebentätigkeiten aus, für die die Steuerbefreiung in Anspruch genommen wird: Bei meiner oben genannten Feuerwehrtätigkeit kann von dem Gesamtjahreshöchstbetrag von 1.848 EUR nur ein Restbetrag von _____ EUR angesetzt werden.

---

[1]) Nun 15 %.
[2]) Nun 13 %.

Anhang 39
Geringfügige Beschäftigungen – Feuerwehrleute

2. Zur Ermittlung des begünstigten Anteils:
☐ Ich beantrage, bei meiner oben genannten Feuerwehrtätigkeit den Anteil der begünstigten Tätigkeit mit dem umseitig aufgeführten typisierenden Aufteilungsschlüssel zu berücksichtigen.
☐ Ich führe einen detaillierten Einzelnachweis darüber, wie viele Stunden meine gesamte Feuerwehrtätigkeit umfasst und an wie vielen Stunden ich begünstigte Feuerwehrtätigkeit (= Ausbildungstätigkeit sowie Sofortmaßnahmen gegenüber Verunglückten und Verletzten) ausübe. Die entsprechenden Nachweise sind beigefügt

Gesamtstunden: _____

davon begünstigte Stunden: _____

3. Zur zeitanteiligen Aufteilung des Höchstbetrags:
Im Interesse einer gleichmäßigen Lohnabrechnung wird der zu berücksichtigende Freibetrag, sofern von der Feuerwehrführungskraft nicht ausdrücklich anders beantragt, zeitanteilig berücksichtigt. Beginnt oder endet die oben genannte Feuerwehrtätigkeit innerhalb eines Kalenderjahrs, so ist der für die begünstigte Tätigkeit ermittelte Jahreshöchstbetrag auf die Monate der Tätigkeit aufzuteilen. Kann der Antrag aufgrund einer späteren Antragstellung nicht bereits zu Jahres- oder Betätigungsbeginn berücksichtigt werden, so wird der Jahresbetrag auf die noch verbleibenden Monate des Kalenderjahres aufgeteilt.

Ich versichere, dass ich die Angaben wahrheitsgemäß nach bestem Wissen und Gewissen gemacht habe, und werde evtl. Änderungen der Verhältnisse unverzüglich mitteilen.

Ort, Datum _____   Unterschrift

Zu § 3 Nr. 26 EStG

Begünstigt sind nebenberufliche Tätigkeiten als Übungsleiter, Ausbilder, Erzieher, Betreuer oder vergleichbare nebenberufliche Tätigkeiten, nebenberufliche künstlerische Tätigkeiten sowie die nebenberufliche Pflege alter, kranker oder behinderter Menschen. Voraussetzung ist, dass die genannte nebenberufliche Tätigkeit im Dienst oder im Auftrag einer inländischen juristischen Person des öffentlichen Rechts oder einer als gemeinnützig anerkannten Einrichtung (z. B. Sport- oder Musikverein, Einrichtung der Wohlfahrtspflege, Volkshochschule) ausgeübt wird und die Tätigkeit der Förderung gemeinnütziger, mildtätiger und kirchlicher Zwecke dient. Die Einnahmen bleiben bis zur Höhe von insgesamt 1.848 EUR[1]) im Kalenderjahr steuerfrei.

Damit die Gemeinde, die Stadt oder das Landratsamt den sog. Übungsleiterfreibetrag bei der Lohnabrechnung berücksichtigen kann, hat der Feuerwehrdienstleistende seiner Dienststelle den Anteil seiner begünstigten Feuerwehrtätigkeit mitzuteilen und dabei anzugeben, inwieweit der sog. Übungsleiterfreibetrag nicht bereits durch andere begünstigte Nebentätigkeiten im maßgebenden Kalenderjahr aufgebraucht wird. Diese Erklärung hat der Arbeitgeber zum Lohnkonto zu nehmen.

Zur Vereinfachung der Feststellung, inwieweit die Feuerwehrtätigkeit eine nach § 3 Nr. 26 EStG begünstigte Tätigkeit darstellt, kann auf Grund repräsentativer Erhebungen für den Regelfall von dem nachfolgenden Aufteilungsschlüssel ausgegangen werden:

Funktion	begünstigter Anteil
Kreisbrandrat	40 %
Kreisbrandinspektor	60 %
Kreisbrandmeister	70 %
Kommandant	60 %
Stv. Kommandant	65 %
andere Feuerwehrdienstleistende, die regelmäßig über das übliche Maß hinaus Feuerwehrdienst leisten (vgl. Art. 11 Abs. 1 Satz 2 BayFwG)	50 %

[1]) Jetzt: 2.100 EUR.

Beispiel:
Ein ehrenamtlich tätiger Feuerwehrkommandant erhält auf Grundlage des Art. 11 Abs. 1 BayFwG monatlich eine Entschädigung von 240 EUR. Da der Kommandant noch andere begünstigte Nebentätigkeiten ausübt, für die er den sog. Übungsleiterfreibetrag beansprucht, erklärt er, dass der Übungsleiterfreibetrag bei seiner Tätigkeit als Kommandant nur mit einem Jahresrestbetrag von 600 EUR (= 50 EUR monatlich) berücksichtigt werden kann. Der steuerfreie Betrag errechnet sich wie folgt:

Monatliche Grundvergütung	240 EUR
davon steuerfrei nach § 3 Nr. 26 EStG	
60 % von 240 EUR (höchstens 50 EUR monatlich)	./. 50 EUR
verbleiben:	190 EUR
Vom verbleibenden Restbetrag von 190 EUR steuerfrei	
nach § 3 Nr. 12 EStG (höchstens 154 EUR monatlich)[1]	154 EUR
verbleibt steuerpflichtiger Anteil	36 EUR

Der von der Entschädigung in Höhe von 240 EUR insgesamt steuerfrei bleibende Betrag beläuft sich im Beispielsfall auf 204 EUR, der steuerpflichtige Anteil auf 36 EUR[2].

---

[1] Jetzt 175 EUR.
[2] Jetzt: 15 EUR.

Anhang 40

Beschränkte und unbeschränkte Einkommensteuerpflicht

Vordruck Antrag auf Erteilung einer Bescheinigung bei erweiterter unbeschränkter Einkommensteuerpflicht

Antrag auf Erteilung einer Bescheinigung für den Lohnsteuerabzug 201__ bei erweiterter unbeschränkter Einkommensteuerpflicht und für übrige Bezieher von Arbeitslohn aus inländischen öffentlichen Kassen

Identifikationsnummer (soweit erhalten) - Antragsteller/in

Identifikationsnummer (soweit erhalten) - Ehegatte

Zur Beachtung:

Arbeitnehmer, die in der Bundesrepublik Deutschland weder einen Wohnsitz noch ihren gewöhnlichen Aufenthalt haben, aber Arbeitslohn aus einer inländischen öffentlichen Kasse beziehen, werden unter bestimmten Voraussetzungen den unbeschränkt einkommensteuerpflichtigen Arbeitnehmern gleichgestellt. Diese Arbeitnehmer erhalten auf Antrag für den Lohnsteuerabzug eine Bescheinigung über die Steuerklasse, die Zahl der Kinderfreibeträge und einen ggf. in Betracht kommenden Freibetrag bei dem für den Arbeitgeber zuständigen Finanzamt (Betriebsstättenfinanzamt).

Sind beim Lohnsteuerabzug weder Kinderfreibeträge noch andere Freibeträge zu berücksichtigen, so brauchen Sie nur diesen Vordruck und ggf. die „Anlage Grenzpendler EU/EWR" oder die „Anlage Grenzpendler außerhalb EU/EWR" auszufüllen. Andernfalls fügen Sie diesem Antrag bitte auch einen Lohnsteuer-Ermäßigungsantrag bei. Wenn Sie – und ggf. Ihr Ehegatte – **erstmals** einen **Steuerfreibetrag**, einen **höheren Freibetrag** als im Vorjahr oder **das Faktorverfahren** für Ehegatten beantragen, verwenden Sie bitte den sechsseitigen Vordruck „Antrag auf Lohnsteuer-Ermäßigung". Wenn Sie **keinen höheren Freibetrag** als für das Vorjahr beantragen oder nur die Zahl der Kinderfreibeträge und ggf. die Steuerklasse I in II geändert werden sollen, verwenden Sie bitte den Vordruck „Vereinfachter Antrag auf Lohnsteuer-Ermäßigung".

Nach dem Doppelbesteuerungsabkommen mit Belgien wird die einzubehaltende Lohnsteuer grundsätzlich um 8 % gemindert, wenn Sie in Belgien ansässig sind und Ihre Einkünfte aus nichtselbständiger Arbeit in der Bundesrepublik Deutschland besteuert werden. Soweit diese Voraussetzungen vorliegen, enthält die von Ihnen beantragte Bescheinigung einen entsprechenden Hinweis für Ihren Arbeitgeber.

Fügen Sie dem Antrag bitte Belege und ggf. für dasselbe Kalenderjahr bereits erteilte Bescheinigungen (ggf. die Bescheinigung für den Ehegatten) bei.

Nach den Vorschriften der Datenschutzgesetze wird darauf hingewiesen, dass die Angabe der Telefonnummer freiwillig im Sinne dieser Gesetze ist und im Übrigen die mit diesem Antrag angeforderten Daten auf Grund der §§ 149 ff. der Abgabenordnung und des § 39 Abs. 2 des Einkommensteuergesetzes - EStG - erhoben werden.

Weiße Felder bitte ausfüllen oder ⊠ ankreuzen		Die Angaben für den Ehegatten bitte immer ausfüllen!
Angaben zur Person	Antragstellende Person (Name, Vorname)	Ehegatte (Name, Vorname)
	Ausgeübter Beruf	Ausgeübter Beruf
	Straße und Hausnummer	Straße und Hausnummer (falls abweichend)
	Postleitzahl, Wohnort, Staat	Postleitzahl, Wohnort, Staat (falls abweichend)
	Geburtsdatum Tag / Monat / Jahr Staatsangehörigkeit	Geburtsdatum Tag / Monat / Jahr Staatsangehörigkeit
	Verheiratet seit Verwitwet seit Geschieden seit	Dauernd getrennt lebend seit
	Eine Bescheinigung für das Antragsjahr ist bereits ausgestellt ☐ Nein ☐ Ja, ist beigefügt	Eine Bescheinigung für das Kalenderjahr, für das der Antrag gestellt wird, ist bereits ausgestellt ☐ Nein ☐ Ja, ist beigefügt
Arbeitgeber	Name	Name
	Der Arbeitslohn wird gezahlt von (Anschrift der öffentlichen Kasse) Name	Der Arbeitslohn wird gezahlt von (Anschrift des Arbeitgebers, ggf. der öffentlichen Kasse) Name
	Straße und Hausnummer	Straße und Hausnummer
	Postleitzahl, Ort	Postleitzahl, Ort
	Der Arbeitslohn für die Auslandstätigkeit wird gezahlt ab Datum	Der Arbeitslohn für die Auslandstätigkeit wird gezahlt ab Datum
Nur bei Ehegatten, die beide Arbeitslohn beziehen: Wir beantragen die Steuerklassenkombination	Antragstellende Person/Ehegatte ☐ drei/fünf	Antragstellende Person/Ehegatte ☐ vier/vier	Antragstellende Person/Ehegatte ☐ fünf/drei

☐ Ich beantrage die Steuerklasse II, Kinderfreibeträge, andere Freibeträge oder das Faktorverfahren für Ehegatten. Den Vordruck „Antrag auf Lohnsteuer-Ermäßigung" oder „Vereinfachter Antrag auf Lohnsteuer-Ermäßigung" habe ich beigefügt.

10.11 - ab 2012 -

Anhang 40

Beschränkte und unbeschränkte Einkommensteuerpflicht

Stets auszufüllen von Bediensteten **ohne** diplomatischen oder konsularischen Status und von Empfängern von Versorgungsbezügen (Angabe deshalb nicht erforderlich bei erweiterter unbeschränkter Einkommensteuerpflicht nach § 1 Abs. 2 EStG; darunter fallen insbesondere Bedienstete **mit** diplomatischem oder konsularischem Status sowie im Ausland stationierte Bundeswehrsoldaten, bei denen die Voraussetzungen des Artikels X des NATO-Truppenstatuts vorliegen).

Sind Sie auf Grund eines dienstlichen Auftrags im Ausland tätig?

☐ Ja, bitte „Anlage Grenzpendler EU/EWR" beifügen

☐ Nein (z.B. bei Versorgungsempfängern)   Wohnsitzstaat: _____

Sind Sie nicht aufgrund eines dienstlichen Auftrags im Ausland tätig, aber Staatsangehöriger eines Mitgliedstaates der Europäischen Union (EU) oder von Island, Norwegen, Liechtenstein (EWR) und wollen Sie weitere Steuervergünstigungen in Anspruch nehmen (insbesondere die Steuerklasse III, wenn Ihr Ehegatte seinen Wohnsitz oder gewöhnlichen Aufenthalt in einem EU/EWR-Staat hat), geben Sie bitte zusätzlich die „Anlage Grenzpendler EU/EWR" ab. Sind Sie kein Staatsangehöriger eines EU/EWR-Staates, geben Sie ggf. die „Anlage Grenzpendler außerhalb EU/EWR" ab.

Die Bescheinigung soll nicht mir zugesandt werden, sondern an (z.B. an die das Gehalt zahlende Kasse):

Name: _____

Straße und Hausnummer oder Postfach: _____

Postleitzahl, Ort: _____

Bei der Ausfertigung dieses Antrags hat mitgewirkt
Herr/Frau/Firma _____ in _____ Telefonnummer _____

Ich nehme zur Kenntnis, dass ich verpflichtet bin, unverzüglich die Änderung der Bescheinigung zu beantragen, wenn sich die für die Bescheinigung der Steuerklasse und die Berücksichtigung von Kindern zugrunde gelegten Verhältnisse zu meinen Ungunsten ändern oder die Voraussetzungen für die erweiterte unbeschränkte Einkommensteuerpflicht wegfallen.

_____   _____   _____
(Datum)   (**Unterschrift** der antragstellenden Person)   (**Unterschrift** des Ehegatten)

Verfügung des Finanzamts

1. Bescheinigung für den Lohnsteuerabzug ist mit folgenden allgemeinen Besteuerungsmerkmalen zu erteilen:

Steuerklasse/Faktor	Zahl der Kinderfreibeträge [1]	Gültig vom - bis

1) nicht bei beschränkter Einkommensteuerpflicht
2) bei beschränkter Einkommensteuerpflicht nur Freibeträge nach § 39a Abs. 4 EStG
3) einschl. Zahl der Kinderfreibeträge (nicht bei beschränkter Einkommensteuerpflicht)

                               EUR

2. Freibeträge [2] .... _____
     Pauschbeträge für Behinderte und Hinterbliebene ...... _____
     Freibetrag wg. Förderung des Wohneigentums usw..... _____
     Werbungskosten .... _____
     Sonderausgaben .... _____
     Außergewöhnliche Belastungen in besonderen Fällen _____
     Außergewöhnliche Belastungen allgemeiner Art........ _____
     Jahresfreibetrag .... _____
     bisher berücksichtigt .... _____
     verbleibender Freibetrag .... _____
                  Monatsbetrag .... _____
Gültig vom - bis   Wochenbetrag .. _____
                  Tagesbetrag .... _____

3. Änderung
der StKl [3]/Faktor   in StKl [3]/Faktor   Gültig vom - bis

4. Minderung der Lohnsteuer nach dem DBA Belgien in die Bescheinigung aufnehmen (nicht bei Geschäftsführern und Vorständen i.S.d. Art. 16 Abs. 2 DBA Belgien)
Gültig vom - bis

5. Bescheinigung und Belege an Antragsteller abgesandt am

6. Bescheid zur Post am

7. ☐ Vormerken für die ESt-Veranlagung

8. Z.d.A.

_____   _____   _____
(Sachgebietsleiter)   (Datum)   (Sachbearbeiter)

Anhang 40

Beschränkte und unbeschränkte Einkommensteuerpflicht

Vordruck Antrag auf Erteilung einer Bescheinigung für beschränkt einkommensteuerpflichtige Arbeitnehmer

Antrag auf Erteilung einer Bescheinigung für den Lohnsteuerabzug 201__ für beschränkt einkommensteuerpflichtige Arbeitnehmer

Zur Beachtung:

Arbeitnehmern, die in der Bundesrepublik Deutschland weder einen Wohnsitz noch ihren gewöhnlichen Aufenthalt haben (beschränkt einkommensteuerpflichtige Arbeitnehmer), wird eine Bescheinigung über die für den Lohnsteuerabzug maßgebenden persönlichen Besteuerungsmerkmale ausgestellt. Die Bescheinigung ist vom Arbeitnehmer mit diesem Vordruck bei dem für den Arbeitgeber zuständigen Finanzamt (Betriebsstättenfinanzamt) zu beantragen; sie ist dem Arbeitgeber vor Beginn des Kalenderjahres oder beim Eintritt in das Dienstverhältnis vorzulegen.

Wird die Bescheinigung eines Freibetrags (**Abschnitt B**) beantragt, ist der Antrag vom Arbeitnehmer zu unterschreiben. Wird lediglich die Bescheinigung der Steuerklasse (**Abschnitt A**) und der Steuerbefreiung (**Abschnitte C, D und E**) beantragt, kann die Bescheinigung auch vom Arbeitgeber im Namen des Arbeitnehmers beantragt werden.

Der Antrag auf Erteilung oder Änderung der Bescheinigung kann nur bis zum Ablauf des Kalenderjahres gestellt werden, für das die Bescheinigung gilt. Bei beschränkt einkommensteuerpflichtigen Arbeitnehmern gilt die Einkommensteuer mit der Durchführung des Lohnsteuerabzugs grundsätzlich als abgegolten.

Wird Ihnen aufgrund der Angaben in Abschnitt B dieses Antrags ein **Freibetrag** in der Lohnsteuerabzugsbescheinigung eingetragen und übersteigt der im Kalenderjahr insgesamt erzielte Arbeitslohn 10.200 € (2013: 10.500 €; 2014: 10.700 €) sind Sie verpflichtet, nach Ablauf des Kalenderjahres eine **Einkommensteuererklärung** beim zuständigen Betriebsstättenfinanzamt abzugeben.

Auf Antrag werden Sie als unbeschränkt einkommensteuerpflichtig behandelt, wenn die Summe Ihrer Einkünfte **mindestens zu 90 %** der deutschen Einkommensteuer unterliegt **oder** wenn die nicht der deutschen Einkommensteuer unterliegenden Einkünfte den **Grundfreibetrag** (2012: 8.004 €; 2013: 8.130 €; 2014: 8.354 €; ggf. nach den Verhältnissen Ihres Wohnsitzstaates gemindert) nicht übersteigen. Sind Sie Staatsangehöriger eines EU/EWR-Staats und leben von Ihrem Ehegatten nicht dauernd getrennt, ist für die Bescheinigung der Steuerklasse III weitere Voraussetzung, dass der Ehegatte seinen Wohnsitz in einem EU/EWR-Staat hat und Sie selbst die vorgenannten Einkommensgrenzen erfüllen. Darüber hinaus ist Voraussetzung, dass die Einkünfte beider Ehegatten die Einkommensgrenzen erfüllen, wobei der Grundfreibetrag zu verdoppeln ist. In diesen Fällen ist der Vordruck "Antrag auf Lohnsteuer-Ermäßigung" mit der Anlage "Grenzpendler EU/EWR" zu verwenden. Nach Ablauf des Kalenderjahres sind Sie zur Abgabe einer Einkommensteuererklärung verpflichtet.

Nach dem Doppelbesteuerungsabkommen mit Belgien wird die einzubehaltende Lohnsteuer grundsätzlich um 8 % gemindert, wenn Sie in Belgien ansässig sind und Ihre Einkünfte aus nichtselbständiger Arbeit in der Bundesrepublik Deutschland besteuert werden. Soweit diese Voraussetzungen vorliegen, enthält die von Ihnen beantragte Bescheinigung einen entsprechenden Hinweis für Ihren Arbeitgeber.

Wenn Sie eine Bescheinigung nach **Abschnitt C, D oder E** beantragen, ist, außer diesem Abschnitt **nur noch Abschnitt A** auszufüllen. Fügen Sie dem Antrag bitte Belege und ggf. für dasselbe Kalenderjahr bereits erteilte Bescheinigungen bei.

Nach den Vorschriften der Datenschutzgesetze wird darauf hingewiesen, dass die Angabe der Telefonnummer freiwillig im Sinne dieser Gesetze ist und im Übrigen die mit diesem Antrag angeforderten Daten auf Grund der §§ 149 ff. der Abgabenordnung und des § 39 Abs. 2 und 3 des Einkommensteuergesetzes - EStG - erhoben werden.

Ⓐ Angaben zur Person — Weiße Felder bitte ausfüllen oder ⊠ ankreuzen.

- Identifikationsnummer -soweit erhalten-
- Name, Vorname
- Geburtsdatum: Tag / Monat / Jahr — Verheiratet seit — Verwitwet seit — Geschieden seit — Dauernd getrennt lebend seit
- Aufenthalt in der Bundesrepublik Deutschland: Nein ☐ / Ja, vom ____ (voraussichtlich) bis ____
- Straße, Hausnummer, Postleitzahl, Ort im Inland
- Wohnsitz im Ausland: Nein ☐ Ja ☐ — Straße, Hausnummer
- Postleitzahl, Ort, Staat
- Geburtsort — Staatsangehörigkeit
- Bei Verheirateten: Der Ehegatte hat in der Bundesrepublik Deutschland einen Wohnsitz: Nein ☐ Ja ☐ — ein Arbeitsverhältnis: Nein ☐ Ja ☐
- Aufenthalt des Ehegatten in der Bundesrepublik Deutschland: Nein ☐ / Ja, vom ____ (voraussichtlich) bis ____
- Arbeitgeber (Name, Anschrift)
- Steuernummer
- Beschäftigt als — seit — (voraussichtlich) bis
- voraussichtlicher inländischer Jahresarbeitslohn €
- Weitere Arbeitgeber im laufenden Kalenderjahr (Name, Anschrift, Steuernummer) — vom - bis
- Bescheinigungen für beschränkt einkommensteuerpflichtige Arbeitnehmer für das laufende Kalenderjahr sind mir bereits erteilt worden: Nein ☐ / Ja, vom Finanzamt ____

3.12 ab 2012

Anhang 40

Beschränkte und unbeschränkte Einkommensteuerpflicht

B Berücksichtigung von Freibeträgen

I. Werbungskosten
Nur ausfüllen, wenn die Werbungskosten höher sind als der (ggf. zeitanteilige) maßgebende Pauschbetrag von 1.000 €/102 €

Erläuterungen

1. Wege zwischen Wohnung und regelmäßiger Arbeitsstätte (Entfernungspauschale)

Fahrtkostenersatz des Arbeitgebers [1]

Die Wege werden ganz oder teilweise zurückgelegt mit einem eigenen oder zur Nutzung überlassenen ☐ privaten Kfz ☐ Firmenwagen

Letztes amtl. Kennzeichen

Arbeitsstätte in (Ort und Straße) - ggf. nach besonderer Aufstellung -

1.
2.

Arbeits-stätte Nr.	aufgesucht an Tagen	einfache Entfernung (km)	davon zurückgelegte km mit eigenem oder zur Nutzung überlassenen Pkw [2) 3)]	Sammel-beförderung	öffentl. Verkehrsmitteln, Motorrad, Fahrrad o.ä., als Fußgänger, als Mitfahrer einer Fahrgemeinschaft [2)]	Aufwendungen für öffentl. Verkehrsmittel [4)]	EUR

Arbeitstage je Woche | Urlaubs- und Krankheitstage | Behinderungsgrad mind. 70 oder mind. 50 und Merkzeichen „G" Ja

Erläuterungen:
1) Nur Fahrtkostenersatz eintragen, der pauschal besteuert oder steuerfrei gewährt wird
2) Die Entfernungspauschale beträgt 0,30 € je Entfernungskilometer, bei anderen Verkehrsmitteln als eigenem oder zur Nutzung überlassenen Pkw höchstens 4.500 €.
3) Erhöhter Kilometersatz wegen Behinderung: 0,60 € je Entfernungskilometer
4) Die tatsächlichen Aufwendungen für öffentliche Verkehrsmittel (ohne Flug- und Fährkosten) werden nur angesetzt, wenn sie höher sind als die Entfernungspauschale.
5) Ggf. auf gesondertem Blatt erläutern
6) Die Aufwendungen für Heimflüge oder die anstelle der Aufwendungen für Heimfahrten entstehenden Telefonkosten bitte auf gesondertem Blatt erläutern
7) Bei Abwesenheitsdauer von: mind. 8 Std.: 6 €, mind. 14 Std.: 12 €, mind. 24 Std.: 24 € nur für die ersten drei Monate an demselben Beschäftigungsort

2. Beiträge zu Berufsverbänden (Bezeichnung der Verbände)

3. Aufwendungen für Arbeitsmittel (Art der Arbeitsmittel) [5)] - soweit nicht steuerfrei ersetzt -

4. Weitere Werbungskosten (z.B. Fortbildungskosten, Fahrt-/Übernachtungskosten bei Auswärtstätigkeit) [5)] - soweit nicht steuerfrei ersetzt -

5. Pauschbeträge für Mehraufwendungen für Verpflegung bei Auswärtstätigkeit [7)]

Abwesenheitsdauer mindestens 8 Std.		steuerfreier Arbeitgeberersatz	
Zahl der Tage	x 6 €		
Abwesenheitsdauer mindestens 14 Std.	Abwesenheitsdauer 24 Std.		
Zahl der Tage x 12 €	Zahl der Tage x 24 €	-	€ =

6. Mehraufwendungen für doppelte Haushaltsführung
Der doppelte Haushalt ist aus beruflichem Anlass begründet worden

Grund [5)] | Beschäftigungsort | am | besteht voraussichtlich bis

Eigener Hausstand am Lebensmittelpunkt: ☐ Nein ☐ Ja, in | seit

Kosten der ersten Fahrt zum Beschäftigungsort und der letzten Fahrt zum eigenen Hausstand
☐ mit öffentlichen Verkehrsmitteln ☐ mit privatem Kfz Entfernung ___ km x ___ € = ___ € | steuerfreier Arbeitgeberersatz ___ € = ___

Fahrtkosten für Heimfahrten (nicht bei Firmenwagennutzung) [3) 4) 6)]
einfache Entfernung ohne Flugstrecken ___ km x Anzahl ___ x 0,30 € = ___ € - ___ € = ___

Kosten der Unterkunft am Beschäftigungsort (lt. Nachweis)
___ € - ___ € = ___

Mehraufwendungen für Verpflegung [5) 7)] | Zahl der Tage
täglich ___ € x ___ = ___ € - ___ € = ___

Summe ___ €

Vermerke des Finanzamts

Summe ___ €
abzüglich - ggf. zeitanteiligen - maßgebenden Pauschbetrag von 1.000 €/102 €
Se. ___ €
Übertragen in Vfg.

Bitte Belege beifügen!

Anhang 40

Beschränkte und unbeschränkte Einkommensteuerpflicht

Bitte Belege beifügen!

3

II. Sonderausgaben		EUR	Vermerke des Finanzamts
Spenden und Mitgliedsbeiträge	Bitte jeweils Bescheinigungen nach amtlich vorgeschriebenem Vordruck beifügen		Summe €
a) Spenden und Mitgliedsbeiträge zur Förderung steuerbegünstigter Zwecke			abzüglich – ggf. zeitanteiligen – Sonderausgaben-Pauschbetrag von 36 €
b) Spenden in den Vermögensstock von Stiftungen			
c) Spenden und Mitgliedsbeiträge an politische Parteien			€
	Summe		Se.: € Übertragen in Vfg.

III. Freibetrag wegen Förderung des Wohneigentums (§§ 10e, 10i EStG)
- ☐ wie im Vorjahr
- ☐ Erstmaliger Antrag oder Änderung gegenüber dem Vorjahr (Ermittlung bitte auf gesondertem Blatt erläutern)

Übertragen in Vfg.

IV. Übertragung Freibetrag/Hinzurechnungsbetrag

☐ Der Jahresarbeitslohn aus meinem ersten Dienstverhältnis beträgt bei Steuerklasse I voraussichtlich für 2012 nicht mehr als 10.871 €/2013 nicht mehr als 11.065 €/2014 nicht mehr als 11.389 €.

Bitte tragen Sie auf der Lohnsteuerabzugsbescheinigung für mein zweites Dienstverhältnis einen Freibetrag in Höhe von _____ €,

für ein drittes oder weiteres Dienstverhältnis einen Freibetrag in Höhe von _____ €

und einen entsprechenden Hinzurechnungsbetrag auf der Lohnsteuerabzugsbescheinigung für das erste Dienstverhältnis ein. **Die Lohnsteuerabzugsbescheinigung(en) habe ich beigefügt.**

C Steuerbefreiung von beschränkt einkommensteuerpflichtigen Studenten

Ich bin Student einer Lehranstalt außerhalb der Bundesrepublik Deutschland. Eine Bescheinigung der Lehranstalt über die Studenteneigenschaft und ggf. über die Notwendigkeit einer praktischen Ausbildung ist beigefügt.

Bezeichnung der Lehranstalt	Ort, Staat	
Studienfach	Art der Tätigkeit, für die eine Steuerbefreiung beantragt wird	Höhe des monatlichen Arbeitslohns €

D Steuerbefreiung von beschränkt einkommensteuerpflichtigen Versorgungsempfängern

Ich bin Empfänger von Versorgungsbezügen i.S.d. § 19 Abs. 2 EStG, die nach § 39 Abs. 4 Nr. 5 i.V.m. § 52 Abs. 51b EStG und dem Abkommen zur Vermeidung der Doppelbesteuerung zwischen der Bundesrepublik Deutschland und

Staat	Artikel/Absatz	nicht dem Steuerabzug unterliegen.

Eine Ansässigkeitsbescheinigung des Wohnsitzfinanzamts ist beigefügt.

E Steuerbefreiung aus anderen Gründen

Der von mir bezogene Arbeitslohn unterliegt nach dem Abkommen zur Vermeidung der Doppelbesteuerung zwischen der Bundesrepublik Deutschland und

Staat	Artikel/Absatz	nicht der Besteuerung im Inland.

Gründe bitte auf gesondertem Blatt erläutern.

Bei der Ausfertigung des Antrags hat mitgewirkt Herr/Frau/Firma	in	Telefonnummer

Ich nehme zur Kenntnis, dass ich verpflichtet bin, unverzüglich die Änderung der Bescheinigung zu beantragen, wenn
– ich einen Wohnsitz oder gewöhnlichen Aufenthalt in der Bundesrepublik Deutschland begründe;
– im Fall eines Antrags nach **Abschnitt C** meine Tätigkeit in der Bundesrepublik Deutschland über 183 Tage im Kalenderjahr hinausgeht.

Datum	Falls der Antrag im Namen des Arbeitnehmers vom Arbeitgeber gestellt wird:
(Unterschrift der antragstellenden Person)	(Firmenstempel, Unterschrift des Arbeitgebers)

Anhang 40

Beschränkte und unbeschränkte Einkommensteuerpflicht

4

- Nur vom Finanzamt auszufüllen -
Verfügung

1. ☐ Bescheinigung für beschränkt einkommensteuerpflichtige Arbeitnehmer ist zu erteilen

   a) maßgebliche Steuerklasse ☐ eins ☐ sechs   Gültig vom - bis

   b) Freibeträge: EUR
   Werbungskosten.................................
   Sonderausgaben - § 10b EStG..................
                      - § 10e, § 10i EStG....................
   Freibetrag insgesamt..........................
   Hinzurechnungsbetrag.........................
   zu bescheinigender Jahresbetrag..............
   bisher berücksichtigt..........................
   verbleibender Freibetrag......................   Gültig vom - bis
                               Monatsbetrag
                               Wochenbetrag
                               Tagesbetrag

2. ☐ Hinzurechnungsbetrag auf der ersten Lohnsteuerabzugsbescheinigung

Jahresbetrag	Monatsbetrag	Wochenbetrag	Tagesbetrag	Gültig vom - bis
€	€	€	€	

3. ☐ Minderung der Lohnsteuer nach dem DBA Belgien in der Bescheinigung aufnehmen   Gültig vom - bis
   (nicht bei Geschäftsführern und Vorständen i.S.d. Art. 16 Abs. 2 DBA Belgien)

4. ☐ Freistellungsbescheinigung nach § 39 Abs. 4 Nr. 5 i.V.m. § 52 Abs. 51b EStG ist zu erteilen   Gültig vom - bis

5. ☐ Belege an Antragsteller zurück am................

6. ☐ Bescheinigung(en) zur Post am................

7. ☐ Vormerken für ESt-Veranlagung

8. ☐ Z.d.A.

_____ _____ _____
(Sachgebietsleiter)   (Datum)   (Sachbearbeiter)

Lohnsteuerliche Behandlung der Familienpflegezeit

BMF-Schreiben vom 23. 5. 2012 (BStBl I S. 617) – IV C 5 – S 1901/11/10005 – 2012/0432828 –

Mit dem Gesetz zur Vereinbarkeit von Pflege und Beruf vom 6. Dezember 2011 (BGBl. I Seite 2564) wurde u. a. das Gesetz über die Familienpflegezeit (Familienpflegezeitgesetz – FPfZG) beschlossen. Durch das Familienpflegezeitgesetz, mit dem zum 1. Januar 2012 die Familienpflegezeit eingeführt wurde, wird die Vereinbarkeit von Beruf und familiärer Pflege verbessert. Beschäftigte
(= lohnsteuerliche Arbeitnehmer), die ihre Arbeitszeit über einen Zeitraum von maximal zwei Jahren auf bis zu 15 Stunden reduzieren, erhalten während der Familienpflegezeit eine Entgeltaufstockung in Höhe der Hälfte der Differenz zwischen dem bisherigen Arbeitsentgelt und dem Arbeitsentgelt, das sich infolge der Reduzierung der Arbeitszeit ergibt (bspw. Entgeltaufstockung auf 75 % des letzten Bruttoeinkommens, wenn ein Vollzeitbeschäftigter seine Arbeitszeit auf 50 % reduziert). Zum Ausgleich erhalten die Arbeitnehmer später bei voller Arbeitszeit weiterhin nur das reduzierte Gehalt (bspw. Entgelt in Höhe von 75 % des letzten Bruttoeinkommens bei 100 % Arbeitszeit), bis ein Ausgleich des „negativen" Wertguthabens erfolgt ist.
Das Familienpflegezeitgesetz selbst enthält keine steuerlichen Regelungen. Gleichwohl stellen sich lohnsteuerliche Fragen zu den arbeits-/sozialrechtlichen Regelungen.

Unter Bezugnahme auf das Ergebnis einer Erörterung mit den obersten Finanzbehörden wird hierzu wie folgt Stellung genommen:

1. Arbeitszeitverringerung und Entgeltaufstockung während der Familienpflegezeit

Während der Familienpflegezeit liegt Zufluss von Arbeitslohn in Höhe der Summe aus dem verringerten (regulären) Arbeitsentgelt und der Entgeltaufstockung des Arbeitgebers nach § 3 Absatz 1 Nummer 1 Buchstabe b FPfZG vor. Dies gilt auch, soweit die als Entgeltaufstockung ausgezahlten Beträge aus einem Wertguthaben nach dem Vierten Buch Sozialgesetzbuch (SGB IV) entnommen werden und dadurch ein „negatives" Wertguthaben aufgebaut wird (§ 3 Absatz 1 Nummer 1 Buchstabe b Doppelbuchstabe aa FPfZG).

2. Nachpflegephase

Wird in der Nachpflegephase (§ 3 Absatz 1 Nummer 1 Buchstabe c FPfZG) bei voller Arbeitszeit nur das reduzierte Arbeitsentgelt ausgezahlt, um gleichzeitig mit dem anderen Teil des Arbeitsentgelts ein „negatives" Wertguthaben nach SGB IV auszugleichen, liegt Zufluss von Arbeitslohn nur in Höhe des reduzierten Arbeitsentgelts vor. Der Ausgleich des „negativen" Wertguthabens nach SGB IV löst keinen Zufluss von Arbeitslohn und damit auch keine Besteuerung aus.

3. Zinsloses Darlehen an den Arbeitgeber

Das zinslose Darlehen des Bundesamtes für Familie und zivilgesellschaftliche Aufgaben (BAFzA) an den Arbeitgeber (§ 3 Absatz 1 FPfZG), die Rückzahlung durch den Arbeitgeber (§ 6 FPfZG) und der Erlass der Rückzahlungsforderung (§ 8 Absatz 1 FPfZG) führen beim Arbeitnehmer zu keinen lohnsteuerpflichtigen Tatbeständen.

4. Beitragszahlungen zur Familienpflegezeitversicherung

Hat der Arbeitnehmer eine Familienpflegezeitversicherung abgeschlossen (§ 4 Absatz 1 FPfZG) und zahlt er die Versicherungsprämie direkt an das Versicherungsunternehmen, liegen bei ihm Werbungskosten vor (§ 9 Absatz 1 Satz 1 EStG).

Dies gilt auch, wenn das BAFzA die Prämienzahlungen zunächst verauslagt (§ 3 Absatz 3 FPfZG) oder der Arbeitgeber mit den Prämienzahlungen in Vorlage tritt (§ 4 Absatz 3 FPfZG) und der Arbeitnehmer die Versicherungsprämie erstattet. Der Werbungskostenabzug erfolgt im Kalenderjahr der Erstattung durch den Arbeitnehmer. Verrechnet der Arbeitgeber seine Vorleistung mit dem auszuzahlenden Arbeitsentgelt, mindert sich dadurch der steuerpflichtige Arbeitslohn nicht.

Hat der Arbeitgeber die Familienpflegezeitversicherung abgeschlossen bzw. lässt er sich die ihm vom BAFzA belasteten Beträge (§ 3 Absatz 3 i. V. m. § 6 Absatz 1 Satz 2 FPfZG) nicht vom Arbeitnehmer erstatten, ergeben sich aus der Prämientragung durch den Arbeitgeber für den Arbeitnehmer keine steuerlichen Folgen (kein Arbeitslohn, keine Werbungskosten). Es handelt sich insoweit vielmehr um eine Leistung des Arbeitgebers im ganz überwiegend eigenbetrieblichen Interesse.

5. Leistungen der Familienpflegezeitversicherung

Zahlungen aus der Familienpflegezeitversicherung an den Arbeitgeber oder das BAFzA (§ 4 FPfZG) führen beim Arbeitnehmer zu keinem lohnsteuerpflichtigen Tatbestand.

6. Erstattungen des Arbeitnehmers

Zahlungen des Arbeitnehmers an das BAFzA nach § 7 FPfZG, an das BAFzA wegen des Forderungsübergangs nach § 8 Absatz 3 FPfZG oder an den Arbeitgeber bei vorzeitiger Beendigung des Beschäftigungsverhältnisses oder Freistellung von der Arbeitsleistung nach § 9 Absatz 2 und 4 FPfZG führen zu negativem Arbeitslohn.

Der negative Arbeitslohn kann, soweit eine Aufrechnung mit Forderungen des Arbeitnehmers gegenüber dem Arbeitgeber erfolgt, mit dem steuerpflichtigen Arbeitslohn verrechnet werden, so dass nur noch der Differenzbetrag dem Lohnsteuerabzug unterliegt. Andernfalls kann eine Berücksichtigung erst im Rahmen der Veranlagung zur Einkommensteuer (§ 46 EStG) erfolgen.

Hat der Arbeitnehmer darüber hinaus Zahlungen zu leisten (z. B. Bußgeld etc.), ist der außersteuerliche Bereich betroffen, d. h. es ergeben sich daraus keine steuerlichen Konsequenzen.

7. Prämienvorteile durch einen Gruppenversicherungsvertrag

Die Familienpflegezeitversicherung (§ 4 Absatz 1 FPfZG) kann auch als Gruppenversicherungsvertrag, der auf einer rahmenvertraglichen Vereinbarung des Versicherers mit dem Arbeitgeber beruht, ausgestaltet sein. Die bei Gruppenversicherungen (zum Gruppentarif) gegenüber Einzelversicherungen (zum Einzeltarif) entstehenden Prämienvorteile gehören nicht zum Arbeitslohn. Die Prämienunterschiede sind kein Ausfluss aus dem Dienstverhältnis, sondern beruhen auf Versicherungsrecht.

8. Erlöschen des Ausgleichsanspruchs

Unterbleibt der (vollständige) Ausgleich eines negativen Wertkontos, weil der Beschäftigte mit behördlicher Zustimmung gekündigt wurde und der Ausgleichsanspruch mangels Aufrechnungsmöglichkeit erlischt (§ 9 Absatz 2 Satz 3 FPfZG), liegt kein geldwerter Vorteil in Höhe der erloschenen Ausgleichsforderung vor.

Steuerliche Behandlung von Arbeitgeberdarlehen

BMF-Schreiben vom 1. 10. 2008 (BStBl I S. 892)

Im Einvernehmen mit den obersten Finanzbehörden der Länder gilt zur steuerlichen Behandlung von Arbeitgeberdarlehen Folgendes:

1. Anwendungsbereich

1 Ein Arbeitgeberdarlehen ist die Überlassung von Geld durch den Arbeitgeber oder auf Grund des Dienstverhältnisses durch einen Dritten an den Arbeitnehmer, die auf dem Rechtsgrund eines Darlehensvertrags beruht.

2 Nicht unter den Anwendungsbereich „Arbeitgeberdarlehen" fallen insbesondere Reisekostenvorschüsse, ein vorschüssiger Auslagenersatz, als Arbeitslohn zufließende Lohnabschläge und als Arbeitslohn zufließende Lohnvorschüsse, sofern es sich bei letzteren nur um eine abweichende Vereinbarung über die Bedingungen der Zahlung des Arbeitslohns handelt. Diese Voraussetzung ist beispielsweise bei Gehaltsvorschüssen im öffentlichen Dienst nach den Vorschussrichtlinien des Bundes oder entsprechenden Richtlinien der Länder nicht erfüllt, so dass entsprechende Gehaltsvorschüsse unter den Anwendungsbereich „Arbeitgeberdarlehen" fallen.

2. Ermittlung des geldwerten Vorteils

3 Für die Ermittlung des geldwerten Vorteils aus der Überlassung eines zinslosen oder zinsverbilligten Arbeitgeberdarlehens ist zwischen einer Bewertung nach § 8 Abs. 2 EStG (z. B. Arbeitnehmer eines Einzelhändlers erhält ein zinsverbilligtes Arbeitgeberdarlehen) und einer Bewertung nach § 8 Abs. 3 EStG (z. B. Sparkassenangestellter erhält ein zinsverbilligtes Arbeitgeberdarlehen) zu unterscheiden. Zinsvorteile sind als Sachbezüge zu versteuern, wenn die Summe der noch nicht getilgten Darlehen am Ende des Lohnzahlungszeitraums 2 600 € übersteigt.

2.1. Bewertung nach § 8 Abs. 2 EStG

2.1.1. Allgemeine Grundsätze

4 Der Arbeitnehmer erlangt keinen lohnsteuerlich zu erfassenden Vorteil, wenn der Arbeitgeber ihm ein Darlehen zu einem marktüblichen Zinssatz (Maßstabszinssatz) gewährt (BFH-Urteil vom 4. Mai 2006 – VI R 28/05 –, BStBl II S. 781). Marktüblich in diesem Sinne ist auch die nachgewiesene günstigste Marktkondition für Darlehen mit vergleichbaren Bedingungen am Abgabeort unter Einbeziehung allgemein zugänglicher Internetangebote (z. B. von Direktbanken).

5 Bei Zinsvorteilen, die nach § 8 Abs. 2 EStG zu bewerten sind, bemisst sich der geldwerte Vorteil nach dem Unterschiedsbetrag zwischen dem Maßstabszinssatz für vergleichbare Darlehen am Abgabeort und dem Zinssatz, der im konkreten Einzelfall vereinbart wird. Vergleichbar in diesem Sinne ist ein Darlehen, das dem Arbeitgeberdarlehen insbesondere hinsichtlich der Kreditart (z. B. Wohnungsbaukredit, Konsumentenkredit/Ratenkredit, Überziehungskredit), der Laufzeit des Darlehens und der Dauer der Zinsfestlegung im Wesentlichen entspricht. Bei Arbeitgeberdarlehen mit Zinsfestlegung ist grundsätzlich für die gesamte Vertragslaufzeit der Maßstabszinssatz bei Vertragsabschluss maßgeblich. Werden nach Ablauf der Zinsfestlegung die Zinskonditionen desselben Darlehensvertrages neu vereinbart (Prolongation), ist der Zinsvorteil neu zu ermitteln. Dabei ist der neu vereinbarte Zinssatz mit dem Maßstabszinssatz im Zeitpunkt der Prolongationsvereinbarung zu vergleichen. Bei Arbeitgeberdarlehen mit variablem Zinssatz ist für die Ermittlung des geldwerten Vorteils im Zeitpunkt der vertraglichen Zinssatzanpassung der neu vereinbarte Zinssatz mit dem jeweils aktuellen Maßstabszinssatz zu vergleichen. Der Arbeitgeber hat die Grundlagen für den ermittelten Zinsvorteil als Belege zum Lohnkonto aufzubewahren.

6 Bei der Feststellung, ob die 44 €-Freigrenze (§ 8 Abs. 2 Satz 9 EStG) überschritten wird, sind geldwerte Vorteile aus der Überlassung eines zinslosen oder zinsverbilligten Arbeitgeberdarlehens vorbehaltlich Rdnr. 3 Satz 2 einzubeziehen.

7 Ein nach Beachtung der Rdnr. 3 Satz 2 und der Rdnr. 6 ermittelter steuerpflichtiger geldwerter Vorteil aus der Überlassung eines zinslosen oder zinsverbilligten Arbeitgeberdarlehens i. S. d. § 8 Abs. 2 EStG kann nach § 37b EStG pauschal besteuert werden (vgl. hierzu BMF-Schreiben vom 29. April 2008, BStBl I S. 566).

8 Aus Vereinfachungsgründen wird es nicht beanstandet, wenn bei einer Bewertung nach § 8 Abs. 2 EStG für die Feststellung des Maßstabszinssatzes die bei Vertragsabschluss von der Deutschen Bundesbank zuletzt veröffentlichten Effektivzinssätze – also die gewichteten Durchschnittszinssätze – herangezogen werden, die unter http://www.bundesbank.de/statistik/statis-

tik_zinsen_tabellen.php unter der Rubrik „EWU-Zinsstatistik [Bestände, Neugeschäft]" veröffentlicht sind. Es sind die Effektivzinssätze unter „Neugeschäft" maßgeblich. Von dem sich danach ergebenden Effektivzinssatz kann ein Abschlag von 4 % vorgenommen werden. Aus der Differenz zwischen diesem Maßstabszinssatz und dem Zinssatz, der im konkreten Einzelfall vereinbart ist, sind die Zinsverbilligung und der geldwerte Vorteil zu ermitteln, wobei die Zahlungsweise der Zinsen (z. B. monatlich, jährlich) unmaßgeblich ist. Zwischen den einzelnen Arten von Krediten (z. B. Wohnungsbaukredit, Konsumentenkredit/Ratenkredit, Überziehungskredit) ist zu unterscheiden.

> **Beispiel:**
> Ein Arbeitnehmer erhält im Juni 2008 ein Arbeitgeberdarlehen von 16 000 € zu einem Effektivzinssatz von 2 % jährlich (Laufzeit 4 Jahre mit monatlicher Tilgung und monatlicher Fälligkeit der Zinsen). Der bei Vertragsabschluss im Juni 2008 von der Deutschen Bundesbank für Konsumentenkredite mit anfänglicher Zinsbindung von über 1 Jahr bis 5 Jahre veröffentlichte Effektivzinssatz (Erhebungszeitraum April 2008) beträgt 5,68 %.
>
> Nach Abzug eines Abschlags von 4 % ergibt sich ein Maßstabszinssatz von 5,45 %. Die Zinsverbilligung beträgt somit 3,45 % (5,45 % abzüglich 2 %). Danach ergibt sich im Juni 2008 ein geldwerter Vorteil von 46 € (3,45 % von 16 000 € × $^1/_{12}$). Dieser Vorteil ist – da die 44 €-Freigrenze überschritten ist – lohnsteuerpflichtig. Der geldwerte Vorteil ist jeweils bei Tilgung des Arbeitgeberdarlehens für die Restschuld neu zu ermitteln.

2.1.2. Für Arbeitgeberdarlehen mit Vertragsabschluss vor dem 1. Januar 2008 (Bestandsdarlehen) gilt Folgendes:

2.1.2.1. Ermittlung des geldwerten Vorteils

Bei Arbeitgeberdarlehen mit Zinsfestlegung ist der vereinbarte Zinssatz grundsätzlich mit dem Maßstabszinssatz bei Vertragsabschluss (nicht dem Richtlinienzinssatz) zu vergleichen. Im Falle der Prolongation ist der neu vereinbarte Zinssatz mit dem Maßstabszinssatz im Zeitpunkt der Prolongationsvereinbarung zu vergleichen. Der geldwerte Vorteil ist auf dieser Basis für die Restschuld und die verbleibende Vertragslaufzeit des Arbeitgeberdarlehens ab dem Kalenderjahr 2008 zu ermitteln (vgl. Beispiel in Rdnr. 11). Bei Arbeitgeberdarlehen mit variablem Zinssatz ist für die Ermittlung des geldwerten Vorteils im Zeitpunkt der vertraglichen Zinssatzanpassung der neu vereinbarte Zinssatz mit dem jeweils aktuellen Maßstabszinssatz zu vergleichen. Auf den historischen marktüblichen Zinssatz bei Vertragsabschluss ist nicht abzustellen.

2.1.2.2. Vereinfachungsregelung bei Vertragsabschluss ab dem Kalenderjahr 2003

Für Bestandsdarlehen mit Vertragsabschluss ab dem Kalenderjahr 2003 kann Rdnr. 8 in allen offenen Fällen angewendet werden.

2.1.2.3. Vereinfachungsregelung bei Vertragsabschluss vor dem Kalenderjahr 2003

Für Bestandsdarlehen mit Vertragsabschluss vor dem 1. Januar 2003 kann Rdnr. 8 mit der Maßgabe angewendet werden, dass die frühere Bundesbank-Zinsstatistik „Erhebung über Soll- und Habenzinsen ausgewählter Kredit- und Einlagenarten" herangezogen wird, die unter http://www.bundesbank.de/statistik/statistik_zeitreihen.php unter der Rubrik „Zinsen, Renditen", dort Bundesbank Zinsstatistik, veröffentlicht ist. Zur Einordnung der Arbeitgeberdarlehen wird auf die Gegenüberstellung der Instrumentenkategorien der EWU-Zinsstatistik und der Erhebungspositionen der früheren Bundesbank-Zinsstatistik verwiesen, die unter http://www.bundesbank.de/meldewesen/mw_bankenstatistik_ewustatistik.php veröffentlicht ist. Es ist die Untergrenze der Streubreite der statistisch erhobenen Zinssätze (ohne Abschlag von 4 %) zugrunde zu legen. Zwischen den einzelnen Arten von Krediten (z. B. Wohnungsbaukredit, Konsumentenkredit/Ratenkredit, Überziehungskredit) ist zu unterscheiden.

> **Beispiel:**
> Der Arbeitnehmer hat von seinem Arbeitgeber im Januar 1999 einen unbesicherten Wohnungsbaukredit über 150 000 € zu einem festen Effektivzinssatz von 2 % mit einer Zinsbindung von 10 Jahren erhalten. Der nach der Bundesbank-Zinsstatistik ermittelte Maßstabszinssatz betrug für einen Hypothekarkredit auf Wohngrundstücke bei Vertragsabschluss im Januar 1999 4,91 % (Zeitreihe SU0047) und beträgt für vergleichbare Wohnungsbaukredite an private Haushalte im Januar 2008 5,04 % (Zeitreihe SUD118). Der Richtlinienzinssatz nach R 31 Abs. 8 Satz 3 LStR 1999 betrug im Kalenderjahr 1999 6 %.
>
> Der geldwerte Vorteil ist ab dem Veranlagungszeitraum 2008 mit 2,91 % (Maßstabszinssatz 4,91 %, abzüglich Zinslast des Arbeitnehmers von 2 %) für die Restschuld und die verbleibende Vertragslaufzeit zu ermitteln.

Anhang 42
Steuerliche Behandlung von Arbeitgeberdarlehen

2.1.2.4. Ermittlung des geldwerten Vorteils bis einschließlich Kalenderjahr 2007

12 Es wird nicht beanstandet, wenn der geldwerte Vorteil nach den Regelungen in R 31 Abs. 11 LStR 2005 (vormals R 31 Abs. 8 Satz 3 LStR 1999) – unbeachtlich des BFH-Urteils vom 4. Mai 2006 – VI R 28/05 –, BStBl II S. 781 – in allen offenen Fällen bis einschließlich Kalenderjahr 2007 ermittelt wird. Sowohl die Grenze von 2 600 € als auch der für das entsprechende Kalenderjahr maßgebliche Richtlinienzinssatz sind anwendbar.

2.1.3. Einzelanfragen zur Ermittlung des Maßstabszinssatzes

13 Einzelanfragen zur Ermittlung des Maßstabszinssatzes für vergleichbare Darlehen am Abgabeort sind bei der Deutschen Bundesbank unter EWU-zinsstatistik@bundesbank.de möglich.

2.2. Bewertung nach § 8 Abs. 3 EStG

14 Der geldwerte Vorteil aus der Überlassung eines zinslosen oder zinsverbilligten Darlehens ist nach § 8 Abs. 3 EStG zu ermitteln, wenn der Arbeitgeber Darlehen gleicher Art und – mit Ausnahme des Zinssatzes – zu gleichen Konditionen (insbesondere Laufzeit des Darlehens, Dauer der Zinsfestlegung) überwiegend an betriebsfremde Dritte vergibt und der geldwerte Vorteil nicht nach § 40 EStG pauschal besteuert wird.

15 Bei Zinsvorteilen, die nach § 8 Abs. 3 EStG zu bewerten sind, bemisst sich der geldwerte Vorteil nach dem Unterschiedsbetrag zwischen dem im Preisaushang der kontoführenden Zweigstelle des Kreditinstituts oder im Preisverzeichnis des Arbeitgebers, das zur Einsichtnahme bereitgehalten wird, angegebenen um 4 % geminderten Effektivzinssatz, den der Arbeitgeber fremden Letztverbrauchern im allgemeinen Geschäftsverkehr für Darlehen vergleichbarer Kreditart (z. B. Wohnungsbaukredit, Konsumentenkredit) anbietet (Maßstabszinssatz), und dem Zinssatz, der im konkreten Einzelfall vereinbart ist. Bei Arbeitgeberdarlehen mit Zinsfestlegung ist grundsätzlich für die gesamte Vertragslaufzeit der Maßstabszinssatz bei Vertragsabschluss maßgeblich. Im Falle der Prolongation ist der neu vereinbarte Zinssatz mit dem Maßstabszinssatz im Zeitpunkt der Prolongationsvereinbarung zu vergleichen. Bei Arbeitgeberdarlehen mit variablem Zinssatz ist für die Ermittlung des geldwerten Vorteils im Zeitpunkt der vertraglichen Zinssatzanpassung der neu vereinbarte Zinssatz mit dem jeweils aktuellen Maßstabszinssatz zu vergleichen. Der Arbeitgeber hat die Grundlagen für den ermittelten Zinsvorteil als Belege zum Lohnkonto aufzubewahren.

16 Wird der geldwerte Vorteil aus der Überlassung eines zinslosen oder zinsverbilligten Darlehens nach § 40 EStG auf Antrag des Arbeitgebers pauschal versteuert, so ist der Zinsvorteil nach § 8 Abs. 2 EStG zu bewerten (vgl. Tz. 2.1., Rdnr. 4 bis 12), auch wenn der Arbeitgeber Geld darlehensweise überwiegend betriebsfremden Dritten überlässt. Wenn die Voraussetzungen für die Lohnsteuerpauschalierung erfüllt sind, insbesondere ein Pauschalierungsantrag gestellt worden ist, gilt dies auch dann, wenn keine pauschale Lohnsteuer anfällt.

Zinsvorteile sind als sonstige Bezüge i. S. d. § 40 Abs. 1 Satz 1 Nr. 1 EStG anzusehen, wenn der maßgebende Verzinsungszeitraum den jeweiligen Lohnzahlungszeitraum überschreitet.

17 Wird der geldwerte Vorteil aus der Überlassung eines zinslosen oder zinsverbilligten Darlehens nur zum Teil pauschal versteuert, weil die Pauschalierungsgrenze des § 40 Abs. 1 Satz 3 EStG überschritten ist, so ist bei der Bewertung des individuell zu versteuernden Zinsvorteils der Teilbetrag des Darlehens außer Ansatz zu lassen, für den die Zinsvorteile unter Anwendung der Tz. 2.1. (Rdnr. 4 bis 12) pauschal versteuert werden.

> **Beispiel:**
> Ein Kreditinstitut überlässt seinem Arbeitnehmer A am 1. Januar 2008 ein Arbeitgeberdarlehen von 150 000 € zum Effektivzinssatz von 4 % jährlich (Laufzeit 4 Jahre mit jährlicher Tilgung und vierteljährlicher Fälligkeit der Zinsen). Darlehen gleicher Art bietet das Kreditinstitut fremden Kunden im allgemeinen Geschäftsverkehr zu einem Effektivzinssatz von 6,5 % an. Der marktübliche Zinssatz für vergleichbare Darlehen am Abgabeort wurde im Internet bei einer Direktbank mit 6 % ermittelt.
>
> Das Kreditinstitut beantragt die Besteuerung nach § 40 Abs. 1 Satz 1 Nr. 1 EStG. Der geldwerte Vorteil ist insoweit nach § 8 Abs. 2 Satz 1 EStG zu ermitteln. Die nach Tz. 2.1. (Rdnr. 5) ermittelte Zinsverbilligung beträgt 2 % (marktüblicher Zinssatz 6 %, abzüglich Zinslast des Arbeitnehmers von 4 %).
>
> Der geldwerte Vorteil beträgt im Kalenderjahr 2008 3 000 € (2 % von 150 000 €). Mangels anderer pauschal besteuerter Leistungen kann der Zinsvorteil des Arbeitnehmers A bis zum Höchstbetrag von 1 000 € pauschal besteuert werden (Pauschalierungsgrenze). Ein Zinsvorteil von 1 000 € ergibt sich unter Berücksichtigung der nach Tz. 2.1. ermittelten Zinsverbilligung von 2 % für ein Darlehen von 50 000 € (2 % von 50 000 € = 1 000 €). Mithin wird durch die Pauschalbesteuerung nur der Zinsvorteil aus einem Darlehensteilbetrag von 50 000 €

abgedeckt. Der Zinsvorteil aus dem restlichen Darlehensteilbetrag von 100 000 € ist individuell zu versteuern. Der zu versteuernde Betrag ist wie folgt zu ermitteln:
Nach Abzug eines Abschlags von 4 % (§ 8 Abs. 3 Satz 1 EStG) vom Angebotspreis des Arbeitgebers von 6,5 % ergibt sich ein Maßstabszinssatz von 6,24 %.

100 000 € Darlehen × Maßstabszinssatz 6,24 %	6 240 €
./. Zinslast des Arbeitnehmers 100 000 € × 4 %	4 000 €
Zinsvorteil 2 240 €	
./. Rabattfreibetrag (§ 8 Abs. 3 Satz 2 EStG)	1 080 €
zu versteuernder geldwerter Vorteil (Jahresbetrag)	1 160 €
vierteljährlich der Lohnsteuer zu unterwerfen	290 €

Der geldwerte Vorteil ist jeweils bei Tilgung des Arbeitgeberdarlehens für die Restschuld neu zu ermitteln.

3. Zufluss von Arbeitslohn

Als Zuflusszeitpunkt ist der Zeitpunkt der Fälligkeit der Zinsen als Nutzungsentgelt für die Überlassung eines zinsverbilligten Darlehens anzusehen (vgl. Beispiel unter Tz. 2.2., Rdnr. 17). Bei der Überlassung eines zinslosen Darlehens ist der Zufluss in dem Zeitpunkt anzunehmen, in dem das Entgelt üblicherweise fällig wäre. Es kann davon ausgegangen werden, dass das Entgelt üblicherweise zusammen mit der Tilgungsrate fällig wäre.

4. Versteuerung in Sonderfällen

4.1. Versteuerung bei fehlender Zahlung von Arbeitslohn

Erhält der Arbeitnehmer keinen laufenden Arbeitslohn (z. B. Beurlaubung, Ableistung des Grundwehr-/Zivildienstes, Elternzeit) ist bei Wiederaufnahme der Arbeitslohnzahlung oder nach Ablauf des Kalenderjahres der Gesamtbetrag der im jeweiligen Zeitraum angefallenen geldwerten Vorteile aus einem noch nicht getilgten Arbeitgeberdarlehen nach § 41c EStG zu behandeln.

4.2. Versteuerung bei Ausscheiden aus dem Dienstverhältnis

Scheidet der Arbeitnehmer aus dem Dienstverhältnis aus und fallen infolge eines noch nicht getilgten zinslosen oder zinsverbilligten Arbeitgeberdarlehens geldwerte Vorteile aus dem beendeten Dienstverhältnis an, so hat der Arbeitgeber dies dem Betriebsstättenfinanzamt anzuzeigen, wenn die Lohnsteuer nicht nachträglich einbehalten werden kann (§ 41c Abs. 4 Nr. 2 EStG).

5. Anrufungsauskunft

Für Sachverhalte zur steuerlichen Behandlung von Arbeitgeberdarlehen kann eine Anrufungsauskunft i. S. d. § 42e EStG eingeholt werden.

6. Zeitliche Anwendung

Dieses Schreiben ersetzt das BMF-Schreiben vom 13. Juni 2007, BStBl I S. 502, und ist in allen offenen Fällen anzuwenden.

Das BMF-Schreiben zur steuerlichen Behandlung von Nutzungsüberlassungen vom 28. April 1995, BStBl I S. 273, geändert durch BMF-Schreiben vom 21. Juli 2003, BStBl I S. 391, und das BMF-Schreiben zur Anwendung der 44 €-Freigrenze für Sachbezüge nach § 8 Abs. 2 Satz 9 EStG vom 9. Juli 1997, BStBl I S. 735, geändert durch BMF-Schreiben vom 13. Juni 2007, BStBl I S. 502, werden aufgehoben.

Anhang 43

unbesetzt

Lohnsteuer-Ermäßigungsverfahren 2013

(Verfügung der OFD Niedersachsen vom 18. Oktober 2012 – S 2365-77-St 214 101 –)

I. Aktuelle Verfahrens- und Rechtsänderungen

Für die Bearbeitung der Lohnsteuer-Ermäßigungsanträge 2013 sind u. a. die Änderungen des Einkommensteuergesetzes (EStG) in der Fassung der Bekanntmachung vom 8. Oktober 2009 (BGBl. I S. 3366, 3862), das zuletzt durch Artikel 3 des Gesetzes vom 8. Mai 2012 (BGBl. I S. 1030) geändert wurde, zu beachten, sowie die geplanten Änderungen des EStG im
- Entwurf eines Steuervereinfachungsgesetz 2013 (BR-Drs 302/12) und im
- Entwurf eines Gesetzes zur Abbau der kalten Progression (BT-Drs. 17/8683)

vorbehaltlich deren Verabschiedung durch den Gesetzgeber. Die Berücksichtigung antragsabhängiger Freibeträge im Lohnsteuerabzugsverfahren 2013 setzt grundsätzlich voraus, dass der Arbeitnehmer für das Kalenderjahr 2013 einen entsprechenden Lohnsteuer- Ermäßigungsantrag stellt. Eine Ausnahme gilt für Behinderten-und Hinterbliebenen-Pauschbeträge, die bereits in der ELStAM-Datenbank gespeichert und über den 31. Dezember 2012 hinaus gültig sind.

Im Vorgriff auf die gesetzlichen Änderungen ab dem Kalenderjahr 2013 wurden die Vordrucke LSt 3 –Antrag auf Lohnsteuerermäßigung – und LSt 3A – Vereinfachter Antrag auf Lohnsteuer-Ermäßigung – angepasst. Das Faktorverfahren gem. § 39f EStG wird nach derzeitigem Sachstand erst nach Bekanntgabe des Programmablaufplans bereitgestellt. . . .

II. Hinweise zu den wesentlichen Rechtsänderungen

Gegenüber dem Vorjahr sind im Rahmen des Lohnsteuer-Ermäßigungsverfahrens 2013 insbesondere die folgenden Änderungen zu beachten:

1. Anhebung des Grundfreibetrags

Der Entwurf des Gesetzes zum Abbau der kalten Progression beinhaltet u. a. die Anhebung des Grundfreibetrags (§ 32a Abs. 1 S. 2 Nr. 1 EStG-E).

2. Zahl der Kinderfreibeträge

Bei Kindern über 18 Jahre ist eine mehrjährige Berücksichtigung der Kinderfreibeträge vorgesehen, wenn nach den tatsächlichen Verhältnissen zu erwarten ist, dass die Voraussetzungen bestehen bleiben (§ 38b Abs. 2 S. 3 EStG). Aufgrund dessen wurde der Antrag auf Lohnsteuer-Ermäßigung zu den Antragsgründen bei Kindern über 18 Jahre um den Hinweis zur mehrjährigen Berücksichtigung ergänzt und wie folgt neu gefasst „ Die Berücksichtigung in den ELStAM (ggf. für mehrere Jahre) wird beantragt, weil das Kind . . .".
Darüber hinaus wurde in den Zeilen zu den Antragsgründen die Möglichkeit der Eintragung eines diesbezüglichen Berücksichtigungszeitraums eingefügt. Der Vordruck sieht für Kinder über 18 Jahre sowohl eine mehrjährige als auch eine unterjährige Berücksichtigung vor. Eine unterjährige Berücksichtigung ist bei ELStAM auf Antrag möglich. Mit dem Jahressteuergesetz 2013 sind u. a. Folgeanpassungen bei der Berücksichtigung von Kindern wegen der Abschaffung der Wehrpflicht geplant. Die einzelnen Anpassungen stellen sich wie folgt dar:
In § 32 Abs. 4 S. 1 Nr. 2 Buchstabe d EStG-E werden die Wörter „§ 14b des Zivildienstgesetzes" durch „§ 5 des Bundesfreiwilligendienstgesetzes" ersetzt. Mit der Aussetzung der allgemeinen Wehrpflicht durch das Wehrrechtsänderungsgesetz 2011 (BGBl. I S. 679) kann seit dem 1. Januar 2012 auch kein anderer Dienst im Ausland mehr als Ersatzdienst für den Zivildienst geleistet werden. § 5 des Bundesfreiwilligendienstgesetzes führt den anderen Dienst im Ausland als Auslandsfreiwilligendienst fort, da der Bundesfreiwilligendienst nicht im Ausland gewährleistet werden kann. Neu eingefügt wird § 32 Abs. 4 S. 1 Nr. 2 Buchstabe e EStG-E, wonach volljährige Kinder auch während der sechsmonatigen Einweisungszeit zum freiwilligen Dienst (nach Abschnitt 7 Wehrpflichtgesetz) noch steuerlich als Kind berücksichtigt werden. Hintergrund ist, dass die ersten sechs Monate des freiwilligen Dienstes gesetzlich als Probezeit gelten. Diese Einweisungszeit wird wegen ihres pädagogischen Schwerpunktes gesetzlich einer Ausbildung gleichgestellt und den in § 32 Abs. 4 S. 1 Nr. 2 EStG geregelten Tatbeständen einer Ausbildung zugeordnet.

§ 32 Abs. 4 S. 1 Nr. 2 Buchstabe b EStG-E stellt sicher, dass der freiwillige Wehrdienst entsprechend der bisherigen gesetzlichen Regelungen eine Übergangszeit begründet, die zur Berücksichtigung bei den Freibeträgen für Kinder und beim Kindergeld führt (d. h. das Kind befindet sich zwischen zwei Ausbildungsabschnitten oder zwischen einem Ausbildungsabschnitt und der Ableistung eines freiwilligen Dienstes i. S. d. § 32 Abs. 4 S. 1 Nr. 2 Buchstabe d EStG-E oder des freiwilligen Wehrdienstes nach Abschnitt 7 des Wehrpflichtgesetzes). Dies gilt sowohl bei der Probezeit von sechs Monaten als auch für den freiwilligen zusätzlichen Wehrdienst. Zugleich ist mit der Aussetzung der allgemeinen Wehrpflicht durch das Wehrrechtsänderungsgesetz 2011(BGBl. I S. 679) die Notwendigkeit entfallen, die in § 32 Abs. 5 EStG genannten Dienste und Tätigkeiten als Übergangszeit gesetzlich aufzuführen.

3. Pflegepauschbetrag gem. § 33b Abs. 6 EStG-E

Voraussetzung für die Gewährung des Pflegepauschbetrages ist nach § 33b Abs. 6 S. 5 EStG-E, dass der Steuerpflichtige die Pflege entweder in seiner Wohnung oder in der Wohnung des Pflegebedürftigen persönlich durchführt und diese Wohnung in einem Mitgliedstaat der Europäischen Union oder einem Staat belegen ist, auf den das Abkommen über den Europäischen Wirtschaftsraum anzuwenden ist. Mit der Neuregelung wird der Anwendungsbereich des Pflege-Pauschbetrags auf die häusliche persönliche Pflege im gesamten EU/EWR-Ausland ausgeweitet.

4. Frei-und Hinzurechnungsbeträge gem. § 39a EStG-E

§ 39a Abs. 1 S. 2 EStG-E wird neu geregelt und durch die S. 3–5 ergänzt. Durch die Neuregelung kann der Arbeitnehmer beantragen, dass ein im Lohnsteuerabzugsverfahren zu berücksichtigender Freibetrag zwei Jahre statt für ein Kalenderjahr gilt. Es ist vorgesehen, dass auch in den Fällen der zweijährigen Geltungsdauer eines Freibetrags die derzeitige vereinfachte Beantragung eines Freibetrags für das Folgejahr weiterhin möglich ist. Die in § 39a Abs. 1 S. 2 EStG-E geregelte zweijährige Geltungsdauer eines Freibetrags im Lohnsteuerabzugsverfahren ist gem. § 50 Abs. 50h EStG-E jedoch erstmals für den Lohnsteuerabzug 2014 vorgesehen. Bis dahin gilt der insgesamt abzuziehende Freibetrag für die Dauer eines Kalenderjahres!

5. Übergangsregelungen bis zur Anwendung der elektronischen Lohnsteuerabzugsmerkmale (ELStAM) gem. § 52b EStG-E

5.1 Zeitpunkt der erstmaligen Anwendung der ELStAM

§ 52b EStG-E soll durch das Jahressteuergesetz 2013 neu gefasst werden. Da diese Regelung noch nicht in das parlamentarische Verfahren eingebracht wurde, hat das BMF auf seiner Internetseite einen Entwurf eines BMF-Schreibens zum Starttermin der erstmaligen Abrufs der ELStAM durch den Arbeitgeber und Anwendungsgrundsätze für den Einführungszeitraum 2013 mit Stand vom 2. Oktober 2012 veröffentlicht. Als Starttermin für das ELStAM-Verfahren wird der 1. November 2012 festgelegt. Ab diesem Zeitpunkt können die Arbeitgeber die ELStAM der Arbeitnehmer mit Wirkung ab dem 1. Januar 2013 abrufen. Allerdings ist der Abruf zum 1. November 2012 durch die Arbeitgeber nicht verpflichtend. Im Rahmen einer „gestreckten Einführung" wird den Arbeitgebern ein selbst gewählter Einstiegszeitpunkt in das Verfahren im Laufe des Jahres 2013 ermöglicht. Die ELStAM müssen zumindest für einen im Jahr 2013 endenden Lohnzahlungszeitraum abgerufen und angewendet werden. Weitere Einzelheiten für die dauerhafte Anwendung der ELStAM werden in einem weiteren Entwurf eines BMF-Schreibens mit Stand vom 11. Oktober 2012 geregelt. Die Entwürfe der BMF-Schreiben sind als Anlage beigefügt. Sie entfalten die gleiche Wirkung wie veröffentlichte BMF-Schreiben.

Anhang 17

5.2 Neufassung des § 52b EStG-E

Durch die Terminverschiebung des ELStAM-Verfahrens ist eine Neufassung des § 52b EStG erforderlich, weil die Vorschrift durch das Beitreibungsrichtlinie-Umsetzungsgesetz vom 7. Dezember 2011 (BGBl. I S. 2592) ab dem 1. Januar 2013 aufgehoben wird. Trotz der Neufassung des § 52b EStG soll die bestehende Struktur der Norm beibehalten werden.

...

Anhang 44

Lohnsteuer-Ermäßigungsverfahren 2013

2013

Steuernummer

Identifikationsnummer (IdNr.) - Antragsteller/in

Identifikationsnummer (IdNr.) - Ehegatte

Antrag auf Lohnsteuer-Ermäßigung*

Weiße Felder bitte ausfüllen oder ☒ ankreuzen

! Verwenden Sie diesen Vordruck bitte nur, wenn Sie – und ggf. Ihr Ehegatte – **erstmals** einen **Steuerfreibetrag** oder einen **höheren** Freibetrag als für 2012 beantragen. Wenn nur die Zahl der Kinderfreibeträge und/oder die Steuerklasse I in II geändert werden soll oder kein höherer Freibetrag als für 2012 beantragt wird, verwenden Sie bitte anstelle dieses Vordrucks den „Vereinfachten Antrag auf Lohnsteuer-Ermäßigung 2013". Die Freibeträge und die weiteren Änderungen der Besteuerungsmerkmale werden als **elektronische Lohnsteuerabzugsmerkmale (ELStAM)** gespeichert und den Arbeitgebern in einem elektronischen Abrufverfahren bereitgestellt. Der Antrag kann vom 1. Oktober 2012 bis zum **30. November 2013** gestellt werden. Danach kann ein Antrag auf Steuerermäßigung nur noch bei einer Veranlagung zur Einkommensteuer für 2013 berücksichtigt werden.

Aus **Abschnitt D** ergeben sich die Antragsgründe, für die ein Antrag nur dann zulässig ist, wenn die Aufwendungen und Beträge in 2013 insgesamt höher sind als **600 €**. Bei der Berechnung dieser Antragsgrenze zählen Werbungskosten grundsätzlich nur mit, soweit sie **1.000 €** (bei Versorgungsbezügen 102 €) übersteigen.

Ehegatten können in **Abschnitt F** anstelle der Steuerklassenkombination III/V oder IV/IV die Eintragung der Steuerklassen IV in Verbindung mit einem **Faktor** beantragen. Dies hat zur Folge, dass die einzubehaltende Lohnsteuer in Anlehnung an das Splittingverfahren ermittelt wird. Freibeträge werden in die Berechnung des Faktors einbezogen.

Wird Ihnen auf Grund dieses Antrags ein Steuerfreibetrag gewährt – ausgenommen Behinderten-/Hinterbliebenen-Pauschbetrag oder Änderungen bei der Zahl der Kinderfreibeträge – und übersteigt der im Kalenderjahr insgesamt erzielte Arbeitslohn 10.500 €, bei zusammenveranlagten Ehegatten der von den Ehegatten insgesamt erzielte Arbeitslohn 19.700 €, oder wird ein Faktor eingetragen, sind Sie nach § 46 Abs. 2 Nr. 3a oder 4 des Einkommensteuergesetzes verpflichtet, für das Kalenderjahr 2013 eine **Einkommensteuererklärung** abzugeben.

Fallen die Voraussetzungen für den **Entlastungsbetrag für Alleinerziehende (Abschnitt B)** im Laufe des Kalenderjahres weg, sind Sie verpflichtet, die Steuerklasse II umgehend ändern zu lassen.

Dieser Antrag ist auch zu verwenden, wenn Sie im Inland weder einen Wohnsitz noch Ihren gewöhnlichen Aufenthalt haben. Ihre Einkünfte jedoch mindestens zu 90 % der deutschen Einkommensteuer unterliegen oder die nicht der deutschen Einkommensteuer unterliegenden Einkünfte nicht mehr als 8.130 € (dieser Betrag wird ggf. nach den Verhältnissen Ihres Wohnsitzstaates gemindert) betragen. Fügen Sie dann die „Anlage Grenzpendler EU/EWR" oder die „Anlage Grenzpendler außerhalb EU/EWR" bei.

Nach den Vorschriften der Datenschutzgesetze wird darauf hingewiesen, dass die Angabe der Telefonnummer freiwillig im Sinne dieser Gesetze ist und im Übrigen die mit diesem Antrag angeforderten Daten auf Grund der §§ 149 ff. der Abgabenordnung und der §§ 38b Abs. 2, 39 Abs. 6, 39a Abs. 2, 39f des Einkommensteuergesetzes erhoben werden.

Ⓐ Angaben zur Person

Die Angaben für den Ehegatten bitte immer ausfüllen!

Antragstellende Person/Name		Ehegatte/Name	
Vorname	Ausgeübter Beruf	Vorname	Ausgeübter Beruf
Straße und Hausnummer		Straße und Hausnummer (falls abweichend)	
Postleitzahl, Wohnort		Postleitzahl, Wohnort (falls abweichend)	
Geburtsdatum Tag Monat Jahr Religion		Geburtsdatum Tag Monat Jahr Religion	
Verheiratet seit	Verwitwet seit	Geschieden seit	Dauernd getrennt lebend seit	Telefonische Rückfragen tagsüber unter Nr.

Ich beantrage als Staatsangehöriger eines EU/EWR-Mitgliedstaates ohne Wohnsitz oder gewöhnlichen Aufenthalt im Inland die Steuerklasse III. Die „Anlage Grenzpendler EU/EWR" ist beigefügt.

Arbeitgeber im Inland (Name, Anschrift)

| Voraussichtlicher Bruttoarbeitslohn 2013 (erstes Dienstverhältnis) | (einschl. Sachbezüge, Gratifikationen, Tantiemen usw.) € | | (einschl. Sachbezüge, Gratifikationen, Tantiemen usw.) € |
| darin enthaltene Versorgungsbezüge € | | darin enthaltene Versorgungsbezüge € |

| Voraussichtliche andere Einkünfte 2013 (einschließl. weiterer Dienstverhältnisse) | Einkunftsart | Höhe € | Einkunftsart | Höhe € |

Ich werde/wir werden zur Einkommensteuer veranlagt ☐ Nein ☐ Ja, beim Finanzamt _____ Steuernummer _____

Bei der Ausfertigung des Antrags hat mitgewirkt
Herr/Frau/Firma _____ in _____ Telefonnummer _____

(Datum) (Unterschrift der antragstellenden Person) (Unterschrift des Ehegatten)

* Die im Antrag angegebenen Arbeitslohngrenzen gelten vorbehaltlich des Ergebnisses des Vermittlungsverfahrens zum Gesetz zum Abbau der kalten Progression.

Anhang 44

Lohnsteuer-Ermäßigungsverfahren 2013

Ⓑ Angaben zu Kindern

Leibliche Kinder sind nicht anzuzeigen, wenn vor dem 01.01.2013 das Verwandtschaftsverhältnis durch Adoption erloschen ist oder ein Pflegekindschaftsverhältnis zu einer anderen Person begründet wurde.

Vorname des Kindes (ggf. auch abweichender Familienname)	Geburtsdatum	Wohnort im Inland: IdNr. des Kindes Wohnort im Ausland: Staat eintragen	Kindschaftsverhältnis zur antragstellenden Person		zum Ehegatten	
			leibliches Kind/ Adoptivkind	Pflegekind	leibliches Kind/ Adoptivkind	Pflegekind
1						
2						
3						

Bei Kindern unter 18 Jahren
Das unter Nr. _____ eingetragene Kind ist in den ELStAM noch zu berücksichtigen
(Bitte Nachweis beifügen, z.B. Geburtsurkunde).

Bei Kindern über 18 Jahre [in den Fällen b) bis f)]: Nach Abschluss einer erstmaligen Berufsausbildung oder eines Erststudiums werden Kinder nur berücksichtigt, wenn sie keiner Erwerbstätigkeit nachgehen (Ausnahme z.B. Minijob)]

Die Berücksichtigung in den ELStAM (ggf. für mehrere Jahre) wird beantragt, weil das Kind
a) ohne Beschäftigung und bei einer Agentur für Arbeit als arbeitsuchend gemeldet ist [1),3)]
b) in Berufsausbildung steht (ggf. Angabe der Schule, der Ausbildungsstelle usw.) [2),3)]
c) sich in einer Übergangszeit von höchstens 4 Monaten zwischen zwei Ausbildungsabschnitten oder zwischen einem Ausbildungsabschnitt und der Ableistung eines freiwilligen Dienstes (Buchstabe e) oder eines freiwilligen Wehrdienstes nach Abschnitt 7 des Wehrpflichtgesetzes befindet [2),3)]
d) eine Berufsausbildung mangels Ausbildungsplatzes nicht beginnen oder fortsetzen kann [2),3)]
e) ein freiwilliges soziales Jahr oder ökologisches Jahr (Jugendfreiwilligendienstegesetz), einen europäischen/entwicklungspolitischen Freiwilligendienst, einen Freiwilligendienst aller Generationen (§ 2 Abs. 1a SGB VII), einen Bundesfreiwilligendienst, einen Int. Jugendfreiwilligendienst oder einen Anderen Dienst im Ausland (§ 5 Bundesfreiwilligendienstgesetz) leistet [2)]
f) einen freiwilligen Wehrdienst nach Abschnitt 7 des Wehrpflichtgesetzes als Probezeit leistet [2)]
g) sich wegen einer vor dem 25. Lebensjahr eingetretenen körperlichen, geistigen oder seelischen Behinderung nicht selbst finanziell unterhalten kann [4)]

zu Nr.	Antragsgrund		Berücksichtigung vom	Monat	Jahr	bis	Monat	Jahr
			Berücksichtigung vom	Monat	Jahr	bis	Monat	Jahr

Kindschaftsverhältnis der unter Nr. 1 bis 3 genannten Kinder zu weiteren Personen

zu Nr.	ist durch Tod des anderen Elternteils erloschen am:	besteht/hat bestanden zu: Name, Geburtsdatum und letztbekannte Anschrift dieser Personen, Art des Kindschaftsverhältnisses (einschließlich Pflegekindschaftsverhältnis)

Angaben entfallen für Kinder nicht dauernd getrennt lebender Ehegatten, für die bei jedem Ehegatten dasselbe Kindschaftsverhältnis angekreuzt ist.

Ich beantrage den vollen/halben Kinderfreibetrag,	– weil der andere/leibliche Elternteil des Kindes				Nur bei Stief-/Großeltern: – weil ich/wir das Kind in meinem/ unserem Haushalt aufgenommen habe(n) oder ich/wir gegenüber dem Kind unterhaltspflichtig bin/sind
seine Unterhaltsverpflichtung nicht mindestens zu 75% erfüllt und ich keinen Unterhaltsvorschuss erhalte	wegen mangelnder finanzieller Leistungsfähigkeit nicht unterhaltspflichtig ist und ich keinen Unterhaltsvorschuss erhalte	im Ausland lebt	der Übertragung lt. Anlage K auf den Stief-/Großelternteil zugestimmt hat		
Kind(er) zu Nr.	Kind(er) zu Nr.	Kind(er) zu Nr.	Kind(er) zu Nr.		Kind(er) zu Nr.

Entlastungsbetrag für Alleinerziehende (Berücksichtigung der Steuerklasse II/Freibetrag bei Verwitweten)

Das Kind zu Nr.	ist mit mir in der gemeinsamen Wohnung gemeldet	vom – bis	Für das Kind erhalte ich Kindergeld	vom – bis
Außer mir ist/sind in der gemeinsamen Wohnung eine/mehrere volljährige Person(en) gemeldet, die nicht in **Abschnitt B** genannt ist/sind.			Nein / Ja	vom – bis
Es besteht eine Haushaltsgemeinschaft mit mindestens einer weiteren volljährigen Person, die nicht in **Abschnitt B** genannt ist.			Nein / Ja	
Name, Vorname (weitere Personen bitte auf gesondertem Blatt angeben)		Verwandtschaftsverhältnis		Beschäftigung/Tätigkeit

Ⓒ Unbeschränkt antragsfähige Ermäßigungsgründe

I. Behinderte Menschen und Hinterbliebene
(Bei Kindern auch **Abschnitt B** ausfüllen)

			Nachweis				
			ist beigefügt		hat bereits vorgelegen		
Name	Ausweis/Rentenbescheid/Bescheinigung ausgestellt am / gültig bis		hinterblieben	behindert	blind/ ständig hilflos	geh- und steh- behindert	Grad der Behinderung

II. Freibetrag wegen Förderung des Wohneigentums, Verlusten aus anderen Einkünften oder eines Verlustvortrags	wie im Vorjahr	EUR
	Erstmaliger Antrag oder Änderung gegenüber dem Vorjahr (Ermittlung bitte auf gesondertem Blatt erläutern)	

1) Die Kinder werden nur bis zum 21. Lebensjahr berücksichtigt. 3) Bei Kindern, die Grundwehrdienst, Zivildienst oder befreienden Dienst geleistet haben, verlängert sich der Zeitraum der Berücksichtigung um die Dauer des Dienstes.
2) Die Kinder werden nur bis zum 25. Lebensjahr berücksichtigt. 4) Berücksichtigt werden auch Kinder mit einer vor 2007 und vor dem 27. Lebensjahr eingetretenen Behinderung.

Bitte Belege beifügen!

Anhang 44

Lohnsteuer-Ermäßigungsverfahren 2013

III. Freibetrag für haushaltsnahe Beschäftigungsverhältnisse, Dienst- und Handwerkerleistungen

Aufwendungen für geringfügige Beschäftigungen im Privathaushalt (sog. Minijobs)				Höhe
Art der Tätigkeit				€
Aufwendungen für sozialversicherungspflichtige Beschäftigungen im Privathaushalt				
Art der Tätigkeit				€
Art der haushaltsnahen Dienstleistung(en), Hilfe im eigenen Haushalt	Name und Anschrift des Leistenden	Aufwendungen €	Erstattungen €	
Art der Pflege- und Betreuungsleistung(en), Heimunterbringung		€	€	
Art der Handwerkerleistung(en) im eigenen Haushalt		€	€	

Nur bei Alleinstehenden: Es besteht ganzjährig ein gemeinsamer Haushalt mit einer anderen alleinstehenden Person (Name, Vorname, Geburtsdatum)

D Beschränkt antragsfähige Ermäßigungsgründe

Erläuterungen

I. Werbungskosten der antragstellenden Person

1. Wege zwischen Wohnung und regelmäßiger Arbeitsstätte (Entfernungspauschale)

Fahrtkostenersatz des Arbeitgebers [5]

Die Wege werden ganz oder teilweise zurückgelegt mit einem eigenen oder zur Nutzung überlassenen ☐ privaten Kfz ☐ Firmenwagen

Letztes amtl. Kennzeichen €

Arbeitsstätte in (Ort und Straße) - ggf. nach gesonderter Aufstellung - Arbeitstage je Woche | Urlaubs- und Krankheitstage | Behinderungsgrad mind. 70 oder mind. 50 und Merkzeichen „G"

1.
2.   ☐ Ja   EUR

Arbeits- stätte Nr.	aufgesucht an Tagen	einfache Entfernung (km)	davon zurückgelegte km mit			Aufwendungen für öffentl. Verkehrsmittel [8]
			eigenem oder zur Nutzung überlassenen Pkw [7]	Sammel- beförderung des Arbeitgebers	öffentl. Verkehrsmitteln, Motorrad, Fahrrad o.ä., als Fußgänger, als Mitfahrer einer Fahrgemeinschaft [6]	

2. Beiträge zu Berufsverbänden (Bezeichnung der Verbände)

3. Aufwendungen für Arbeitsmittel (Art des Arbeitsmittel) [9] - soweit nicht steuerfrei ersetzt -

4. Weitere Werbungskosten (z.B. Fortbildungskosten, Fahrt-/Übernachtungskosten bei Auswärtstätigkeit) [6]
- soweit nicht steuerfrei ersetzt -

5. Pauschbeträge für Mehraufwendungen für Verpflegung bei Auswärtstätigkeit [11]

Abwesenheitsdauer mindestens 8 Std.		
Zahl der Tage	x 6 €	
Abwesenheitsdauer mindestens 14 Std.	Abwesenheitsdauer 24 Std.	steuerfreier Arbeitgeberersatz
Zahl der Tage x 12 €	Zahl der Tage x 24 €	€ =

6. Mehraufwendungen für doppelte Haushaltsführung Beschäftigungsort
Der doppelte Haushalt ist aus beruflichem Anlass begründet worden

Grund [9]		am	besteht voraussichtlich bis

Eigener Hausstand am Lebensmittelpunkt: seit
☐ Nein ☐ Ja, in

Kosten der ersten Fahrt zum Beschäftigungsort und der letzten Fahrt zum eigenen Hausstand | steuerfreier Arbeitgeberersatz
☐ mit öffentlichen Verkehrsmitteln ☐ mit privatem Kfz   einfache Entfernung   km x   € =   € -   € =

Fahrtkosten für Heimfahrten (nicht bei Firmenwagennutzung) [7] [8] [10]
einfache Entfernung
ohne Flugstrecken   km x Anzahl   x 0,30 € =   € -   € =

Kosten der Unterkunft am Beschäftigungsort (lt. Nachweis)   € =

Mehraufwendungen für Verpflegung [9] [11] Zahl der Tage
täglich   € x   =   € -   € =

Summe

Vermerke des Finanzamts
→ Summe   €
- 1.000 €
- 102 €

Se: €

Bitte Belege beifügen !   Übertragen in Vfg.

Erläuterungen:

[5] Nur Fahrtkostenersatz eintragen, der pauschal besteuert oder steuerfrei gewährt wird

[6] Die Entfernungspauschale beträgt 0,30 € je Entfernungskilometer; bei anderen Verkehrsmitteln als eigenem oder zur Nutzung überlassenen Pkw höchstens 4.500 €.

[7] Erhöhter Kilometersatz wegen Behinderung: 0,60 € je Entfernungskilometer

[8] Die tatsächlichen Aufwendungen für öffentliche Verkehrsmittel (ohne Flug- und Fährkosten) werden nur angesetzt, wenn sie höher sind als die Entfernungspauschale.

[9] Ggf. auf gesondertem Blatt erläutern

[10] Die Aufwendungen für Heimflüge oder die anstelle der Aufwendungen für Heimfahrten entstehenden Telefonkosten bitte auf gesondertem Blatt erläutern

[11] Nur für die ersten drei Monate an demselben Beschäftigungsort

Anhang 44

Lohnsteuer-Ermäßigungsverfahren 2013

II. Werbungskosten des Ehegatten

1. Wege zwischen Wohnung und regelmäßiger Arbeitsstätte (Entfernungspauschale)

Die Wege werden ganz oder teilweise zurückgelegt mit einem eigenen oder zur Nutzung überlassenen ☐ privaten Kfz ☐ Firmenwagen

Letztes amtl. Kennzeichen

Arbeitsstätte in (Ort und Straße) - ggf. nach gesonderter Aufstellung -

1.
2.

Arbeits-stätte Nr.	aufgesucht an Tagen	einfache Entfernung (km)	eigenem oder zur Nutzung überlassenen Pkw [8)7)]	davon zurückgelegte km mit Sammelbeförderung des Arbeitgebers	öffentl. Verkehrsmitteln, Motorrad, Fahrrad o.ä., als Fußgänger, als Mitfahrer einer Fahrgemeinschaft [6)]	Aufwendungen für öffentl. Verkehrsmittel [8)]

Arbeitstage je Woche: ___ Urlaubs- und Krankheitstage: ___

Behinderungsgrad mind. 70 oder mind. 50 und Merkzeichen „G" ☐ Ja

Fahrtkostenersatz des Arbeitgebers [5)] ___ €

Aufwendungen EUR

2. Beiträge zu Berufsverbänden (Bezeichnung der Verbände)

3. Aufwendungen für Arbeitsmittel (Art der Arbeitsmittel) [9)] - soweit nicht steuerfrei ersetzt -

4. Weitere Werbungskosten (z.B. Fortbildungskosten, Fahrt-/Übernachtungskosten bei Auswärtstätigkeit) [9)]
- soweit nicht steuerfrei ersetzt -

5. Pauschbeträge für Mehraufwendungen für Verpflegung bei Auswärtstätigkeit [11)]

Abwesenheitsdauer mindestens 8 Std.		steuerfreier
Zahl der Tage ___ x 6 €		Arbeitgeberersatz
Abwesenheitsdauer mindestens 14 Std. Zahl der Tage ___ x 12 €	Abwesenheitsdauer 24 Std. Zahl der Tage ___ x 24 €	- ___ €

6. Mehraufwendungen für doppelte Haushaltsführung
Der doppelte Haushalt ist aus beruflichem Anlass begründet worden

Grund [9)]: ___   Beschäftigungsort: ___   am ___   besteht voraussichtlich bis ___

Eigener Hausstand am Lebensmittelpunkt:
☐ Nein   ☐ Ja, in ___   seit ___

Kosten der ersten Fahrt zum Beschäftigungsort und der letzten Fahrt zum eigenen Hausstand
☐ mit öffentlichen Verkehrsmitteln   ☐ mit privatem Kfz Entfernung ___ km x ___ € = ___ €   steuerfreier Arbeitgeberersatz - ___ € = ___ €

Fahrtkosten für Heimfahrten (nicht bei Firmenwagennutzung) [7) 8) 10)]
einfache Entfernung ohne Flugstrecken ___ km x Anzahl ___ x 0,30 € = ___ €   - ___ € = ___ €

Kosten der Unterkunft am Beschäftigungsort (lt. Nachweis) ___ €   - ___ € = ___ €

Mehraufwendungen für Verpflegung [9) 11)]   Zahl der Tage ___
täglich ___ € x ___ = ___ €   - ___ € = ___ €

Summe

III. Sonderausgaben

Versicherungsbeiträge (z.B. Beiträge zu Renten-, Kranken-, Pflegeversicherung usw.) können **nicht im Ermäßigungsverfahren** geltend gemacht werden. Diese so genannten Vorsorgeaufwendungen werden beim laufenden Lohnsteuerabzug über die Vorsorgepauschale berücksichtigt.

1. Renten, dauernde Lasten, schuldrechtl. Versorgungsausgleich (Empfänger, Art und Grund der Schuld)

2. Unterhaltsleistungen an den geschiedenen/dauernd getrennt lebenden Ehegatten lt. Anlage U

3. Kirchensteuer, soweit diese nicht als Zuschlag zur Kapitalertragsteuer erhoben wird

4. Aufwendungen für die eigene Berufsausbildung (Bitte auf gesondertem Blatt erläutern)

5. Aufwendungen zur Betreuung eines Kindes (Bitte auch Abschnitt B ausfüllen!)
lt. Abschnitt B Nr. ___   Das Kind gehört zu meinem Haushalt ___   vom - bis ___   ___ €

Das Kind ☐ hat das 14. Lebensjahr noch nicht vollendet.   ☐ ist wegen einer vor Vollendung des 25. Lebensjahres eingetretenen Behinderung außerstande, sich selbst finanziell zu unterhalten. [4)]

Art der Aufwendungen ___   Höhe ___ €   steuerfreier Ersatz ___ €

Bitte Belege beifügen!

Erläuterungen

4) Siehe Fußnote 4 auf Seite 2 des Vordrucks

6) Die Entfernungspauschale beträgt 0,30 € je Entfernungskilometer; bei anderen Verkehrsmitteln als eigenem oder zur Nutzung überlassenen Pkw höchstens 4.500 €.

7) Erhöhter Kilometersatz wegen Behinderung: 0,60 € je Entfernungskilometer

8) Die tatsächlichen Aufwendungen für öffentliche Verkehrsmittel (ohne Flug- und Fährkosten) werden nur angesetzt, wenn sie höher sind als die Entfernungspauschale.

9) Ggf. auf gesondertem Blatt erläutern

10) Die Aufwendungen für Heimflüge oder die anstelle der Aufwendungen für Heimfahrten entstehenden Telefonkosten bitte auf gesondertem Blatt erläutern

11) Nur für die ersten drei Monate an demselben Beschäftigungsort

Vermerke des Finanzamts

Summe ___ €
- 1.000 €
- 102 €

Se: ___ €

Übertragen in Vfg.

2/3 der Aufwendungen max. 4.000 € je Kind (ggf. Ländergruppeneinteilung beachten):

Summe zu 1-5 ___ €

Anhang 44

Lohnsteuer-Ermäßigungsverfahren 2013

		Bezeichnung der Schule	EUR	Vermerke des Finanzamts
6. Schulgeld an Privatschulen für das/die Kind(er) lt. Abschnitt B	Nr.			
7. Spenden und Mitgliedsbeiträge	Bitte jeweils Bescheinigungen nach vorgeschriebenem Muster beifügen			Summe zu 1-7 €
a) Spenden und Mitgliedsbeiträge zur Förderung steuerbegünstigter Zwecke				- 36 €
				- 72 €
b) Spenden in den Vermögensstock von Stiftungen				Se: €
c) Spenden und Mitgliedsbeiträge an politische Parteien				Übertragen in Vfg.

IV. Außergewöhnliche Belastungen

1. Unterhalt für gesetzlich unterhaltsberechtigte und ihnen gleichgestellte Personen
(Bei mehreren Personen bitte gesondertes Blatt verwenden)

12) Soweit diese Beiträge nicht als Sonderausgaben bei dem Unterhaltsverpflichteten abziehbar sind.
13) Bei Zahlung von Ausbildungshilfen in monatlich unterschiedlicher Höhe bitte Art, Höhe und Zeitraum auf gesondertem Blatt erläutern

Name und Anschrift (ggf. ausländischer Wohnsitz) der unterhaltenen Person

Familienstand, Beruf	Verwandtschaftsverhältnis zu der unterhaltenen Person	Geburtsdatum

Hat jemand Anspruch auf einen Freibetrag für Kinder oder Kindergeld für diese Person?
☐ Nein ☐ Ja, für die Monate

Die unterstützte Person ist der geschiedene oder dauernd getrennt lebende Ehegatte	Die unterstützte Person ist als Kindesmutter/Kindesvater gesetzlich unterhaltsberechtigt.	Die unterstützte Person ist nach dem Lebenspartnerschaftsgesetz unterhaltsberechtigt

☐ Die unterstützte Person ist nicht unterhaltsberechtigt, jedoch können bei ihr öffentliche Mittel wegen der Unterhaltszahlungen gekürzt oder nicht gewährt werden.

Aufwendungen für die unterhaltene Person (Art)	vom - bis	Höhe €
davon für die Basiskranken- und gesetzliche Pflegeversicherung der unterhaltsberechtigten Person tatsächlich aufgewendete Beiträge 12)		€

Diese Person hat a) im Unterhaltszeitraum 2013	Bruttoarbeitslohn €	darauf entfallende Werbungskosten €	Öfftl. Ausbildungshilfen 13) €	Renten, andere Einkünfte, Bezüge €	Vermögen €
b) außerhalb des Unterhaltszeitraums 2013	Bruttoarbeitslohn €	darauf entfallende Werbungskosten €	Öfftl. Ausbildungshilfen 13) €	Renten, andere Einkünfte, Bezüge €	Vermögen €

Diese Person lebt ☐ in meinem Haushalt ☐ im eigenen/anderen Haushalt	zusammen mit folgenden Angehörigen

Zum Unterhalt dieser Person tragen auch bei (Name, Anschrift, Zeitraum und Höhe der Unterhaltsleistungen)

2. Freibetrag zur Abgeltung eines Sonderbedarfs bei Berufsausbildung:
Ein Freibetrag zur Abgeltung eines Sonderbedarfs kommt nur in Betracht, wenn Ihnen Aufwendungen für ein volljähriges, zur Berufsausbildung auswärtig untergebrachtes Kind entstehen, für das Sie Anspruch auf einen Freibetrag für Kinder oder auf Kindergeld haben.
(Bitte auch Abschnitt B ausfüllen!)

Vorname, Familienstand	auswärtig untergebracht	vom - bis	Anschrift

3. Pflege-Pauschbetrag: Ein Pflege-Pauschbetrag kommt in Betracht, wenn Sie oder Ihr Ehegatte eine nicht nur vorübergehend hilflose Person **unentgeltlich** in Ihrer Wohnung oder in deren Wohnung im Inland persönlich pflegen.

Name, Anschrift und Verwandtschaftsverhältnis der hilflosen Person

Name und Anschrift anderer Pflegepersonen			Vermerke des Finanzamts
Nachweis der Hilflosigkeit ☐ ist beigefügt ☐ hat vorgelegen			Abziehbar zu 1 €

4. Außergewöhnliche Belastungen allgemeiner Art (ggf. auf gesondertem Blatt erläutern und zusammenstellen)	Gesamt- aufwendungen	Abzüglich erhaltene oder zu erwartende Ersatzleistungen	Zu berücksichtigende Aufwendungen	
Art der Belastung (z.B. durch Krankheit, Todesfall)	EUR	EUR	EUR	Abziehbar zu 2 + €
				Abziehbar zu 3 + €

Verteilung/Übertragung der Freibeträge
Werbungskosten können nur bei dem Ehegatten berücksichtigt werden, bei dem sie entstanden sind. Wenn der Freibetrag im Übrigen anders als je zur Hälfte auf die Ehegatten aufgeteilt werden soll, dann geben Sie bitte das Aufteilungsverhältnis an (: %).

Summe zu 1-3 Übertragen in Vfg. €

Der dem anderen Ehegatten/Kind zustehende Behinderten-/Hinterbliebenen-Pauschbetrag soll
beim Antragsteller ☐ in voller Höhe oder ☐ zu _____% berücksichtigt werden.
beim Ehegatten ☐ in voller Höhe oder ☐ zu _____% berücksichtigt werden.

Abziehbar zu 4 Übertragen in Vfg. €

Anhang 44

Lohnsteuer-Ermäßigungsverfahren 2013

E) Übertragung Freibetrag/Hinzurechnungsbetrag für ☐ die antragstellende Person ☐ den Ehegatten

Der Jahresarbeitslohn aus meinem ersten Dienstverhältnis beträgt voraussichtlich nicht mehr als
(bei sozialversicherungspflichtigen Arbeitnehmern) mit

☐ Steuerklasse I oder IV: 11.065 € ☐ Steuerklasse II: 12.643 € ☐ Steuerklasse III: 20.881 € ☐ Steuerklasse V: 1.259 €

(bei Empfängern von Betriebsrenten und Versorgungsempfängern) mit

☐ Steuerklasse I oder IV: 13.836 € ☐ Steuerklasse II: 15.322 € ☐ Steuerklasse III: 23.084 € ☐ Steuerklasse V: 2.179 €

Bitte berücksichtigen Sie in meinen ELStAM für mein zweites Dienstverhältnis oder meine weiteren Dienstverhältnisse einen Freibetrag in Höhe von _____ € und einen entsprechenden Hinzurechnungsbetrag für das erste Dienstverhältnis.
(**Hinweis für den Antragsteller:** Der Freibetrag kann von Ihrem zweiten oder weiteren Arbeitgeber nur berücksichtigt werden, wenn Sie ihm die Höhe des Freibetrags mitteilen.)

F) Faktorverfahren für Ehegatten   Bitte stets die Angaben in Abschnitt A vollständig ausfüllen!

☐ Wir beantragen zur Ermittlung der Lohnsteuer jeweils die Berücksichtigung der Steuerklasse IV in Verbindung mit einem Faktor.

	Antragstellende Person	Ehegatte
Ich bin in der gesetzlichen Rentenversicherung pflichtversichert oder in einer berufsständischen Versorgungseinrichtung versichert.	☐ Ja ☐ Nein	☐ Ja ☐ Nein
Ich bin in der **gesetzlichen** Kranken- und sozialen Pflegeversicherung versichert.	☐ Ja ☐ Nein	☐ Ja ☐ Nein
Beiträge zur **privaten** Krankenversicherung (nur Basisabsicherung) und zur privaten Pflege-Pflichtversicherung	_____ €	_____ €
Ich habe steuerfreie Arbeitgeberzuschüsse zur privaten Krankenversicherung und zur privaten Pflege-Pflichtversicherung erhalten.	☐ Ja ☐ Nein	☐ Ja ☐ Nein
Wird für die Pflegeversicherung ein Beitragszuschlag für Kinderlose (§ 55 Abs. 3 SGB XI) erhoben?	☐ Ja ☐ Nein	☐ Ja ☐ Nein

Verfügung des Finanzamts   Gültig vom _____ bis 31.12.2013

	Antragstellende Person/Ehegatte EUR	agB allgemeiner Art EUR
Berechnung des Freibetrags nach § 33 EStG Jahresarbeitslohn		
abzüglich Freibeträge für Versorgungsbezüge, Altersentlastungsbetrag		abzgl. zumutbare Belastung
Werbungskosten (mindestens 1.000/102 €)		
Zumutbare Belastung nach § 33 Abs. 3 EStG ___ % von ___ ergibt zumutbare Belastung		

Überbelastungsbetrag = _____ € Übertragen in Vfg.
EUR

14) vierfacher Betrag der jeweiligen Steuerermäßigung, § 39a Abs. 1 Nr. 5 Buchst. c EStG
15) Die Zahl der Kinderfreibeträge ist ggf. entsprechend zu vermindern.

		Antragstellende Person EUR	Ehegatte EUR
1. Entlastungsbetrag für Alleinerziehende bei Verwitweten mit Steuerklasse III			
Pauschbeträge für behinderte Menschen und Hinterbliebene			
Förderung des Wohneigentums, Verluste anderer Einkunftsarten/Verlustabzug			
haushaltsnahe Beschäftigungsverhältnisse/Dienst-/Handwerkerleistungen 14)			
Sonderausgaben			
Außergewöhnliche Belastungen in besonderen Fällen (Se. 1–3)			
Außergewöhnliche Belastungen allgemeiner Art			
Zwischensumme			
Freibeträge für Kinder i.S.d. § 39a Abs. 1 Nr. 6 EStG 15)			
Werbungskosten			
Zwischensumme			
Hinzurechnungsbetrag			
zu bescheinigender Jahresfreibetrag			
bisher berücksichtigt			
zu verteilender Betrag			
	Monatsbetrag		
	Wochenbetrag		
	Tagesbetrag		

2. Hinzurechnungsbetrag für das erste Dienstverhältnis

	Jahresbetrag	Monatsbetrag	Wochenbetrag	Tagesbetrag	Gültig vom - bis
☐ bei der antragstellenden Person					
☐ beim Ehegatten	€	€	€	€	- 31.12.2013

3. Änderung der	Steuerklasse/Faktor	Zahl der Kinderfreibeträge	in	Steuerklasse/Faktor	Zahl der Kinderfreibeträge	Gültig ab

4. Belege an antragstellende Person zurück am	5. Bescheid zur Post am	6. Vormerkung für ESt-Veranlagung 2013/ Änderung der ELStAM angewiesen	7. Z.d.A.

_____   _____   _____
(Sachgebietsleiter)   (Datum)   (Sachbearbeiter)

Anhang 44

Lohnsteuer-Ermäßigungsverfahren 2013

2013

Steuernummer

Identifikationsnummer (soweit erhalten) - Antragsteller/in

Identifikationsnummer (soweit erhalten) - Ehegatte

Vereinfachter Antrag auf Lohnsteuer-Ermäßigung*

Weiße Felder bitte ausfüllen oder ☒ ankreuzen

Zur Beachtung:

Verwenden Sie diesen Vordruck bitte nur, wenn Sie – und ggf. Ihr Ehegatte – höchstens dieselbe Lohnsteuer-Ermäßigung (Kinderfreibeträge, Steuerfreibetrag) beantragen wollen wie für 2012 und die maßgebenden Verhältnisse sich nicht wesentlich geändert haben oder wenn nur die Zahl der Kinderfreibeträge – bitte Rückseite **(Abschnitt C)** ausfüllen – und/oder die Steuerklasse I in II geändert werden sollen. Die Freibeträge und alle weiteren Änderungen der Besteuerungsmerkmale werden als **elektronische Lohnsteuerabzugsmerkmale (ELStAM)** gespeichert und den Arbeitgebern in einem elektronischen Abrufverfahren bereitgestellt.

❗ Wenn Sie einen **höheren** Freibetrag als für 2012 oder das **Faktorverfahren** bei Ehegatten beantragen oder **nicht** nur die Zahl der Kinderfreibeträge (und ggf. die Steuerklasse) geändert werden sollen, verwenden Sie bitte anstelle dieses Vordrucks den sechsseitigen „Antrag auf Lohnsteuer-Ermäßigung 2013".

Der Antrag kann vom 1. Oktober 2012 bis zum **30. November 2013** gestellt werden. Nach diesem Zeitpunkt kann ein Antrag auf Steuerermäßigung nur noch bei einer Veranlagung zur Einkommensteuer für 2013 berücksichtigt werden.

Wird Ihnen auf Grund dieses Antrags ein Steuerfreibetrag gewährt – ausgenommen Behinderten-/Hinterbliebenen-Pauschbetrag oder Änderungen bei der Zahl der Kinderfreibeträge – und übersteigt der im Kalenderjahr insgesamt erzielte Arbeitslohn 10.500 €, bei zusammenveranlagten Ehegatten der von den Ehegatten insgesamt erzielte Arbeitslohn 19.700 €, sind Sie nach § 46 Abs. 2 Nr. 4 des Einkommensteuergesetzes verpflichtet, für das Kalenderjahr 2013 eine Einkommensteuererklärung abzugeben.

Fallen die Voraussetzungen für den **Entlastungsbetrag für Alleinerziehende (Abschnitt C)** im Laufe des Kalenderjahres weg, sind Sie verpflichtet, die Steuerklasse II umgehend ändern zu lassen.

Nach den Vorschriften der Datenschutzgesetze wird darauf hingewiesen, dass die Angabe der Telefonnummer freiwillig im Sinne dieser Gesetze ist und im Übrigen die mit diesem Antrag angeforderten Daten auf Grund der §§ 149 ff. der Abgabenordnung und der §§ 38b Abs. 2, 39 Abs. 6 und 39a Abs. 2 des Einkommensteuergesetzes erhoben werden.

Ⓐ Angaben zur Person

Die Angaben für den Ehegatten bitte immer ausfüllen!

Antragstellende Person/Name, Vorname | Ehegatte/Name, Vorname

Straße und Hausnummer | Straße und Hausnummer (falls abweichend)

Postleitzahl, Wohnort | Postleitzahl, Wohnort (falls abweichend)

Geburtsdatum – Tag, Monat, Jahr, Religion | Geburtsdatum – Tag, Monat, Jahr, Religion

Verheiratet seit – Verwitwet seit – Geschieden seit – Dauernd getrennt lebend seit | Telefonische Rückfragen tagsüber unter Nr.

Ⓑ Lohnsteuer-Ermäßigung im vereinfachten Verfahren

- Bitte eine Gehaltsabrechnung oder sonstige Unterlagen beifügen, aus denen sich der steuerfreie Jahresbetrag für 2012 ergibt -

Auf Grund des letzten Lohnsteuer-Ermäßigungsantrags hatte das		Finanzamt	Steuernummer	auf der Lohnsteuerkarte 2010/Besch. LSt-Abzug 2011/2012 bescheinigt.
bei der antragstellenden Person	Zahl der Kinderfreibeträge	steuerfreier Jahresbetrag €	Hinzurechnungsbetrag €	
beim Ehegatten	Zahl der Kinderfreibeträge	steuerfreier Jahresbetrag €	Hinzurechnungsbetrag €	

Die Verhältnisse haben sich gegenüber 2012 nicht wesentlich geändert.

Es wird beantragt, folgende ELStAM zu berücksichtigen:

				Zahl der Kinderfreibeträge	Bitte Abschnitt C ausfüllen!
☐ Zahl der Kinderfreibeträge	☐ wie 2012	☐ weniger als 2012 und zwar nur		Antragsteller €	Ehegatte €
☐ steuerfreier Jahresbetrag	☐ wie 2012	☐ weniger als 2012 und zwar nur		Antragsteller €	Ehegatte €
☐ Hinzurechnungsbetrag	☐ wie 2012	☐ weniger als 2012 und zwar nur			

Bei der Ausfertigung dieses Antrags und der Anlage hat mitgewirkt
Herr/Frau/Firma _____ in _____ Telefonnummer _____

(Datum) | (Unterschrift der antragstellenden Person) | (Unterschrift des Ehegatten)

* Die im Antrag angegebenen Arbeitslohngrenzen gelten vorbehaltlich des Ergebnisses des Vermittlungsverfahrens zum Gesetz zum Abbau der kalten Progression.

Anhang 44

Lohnsteuer-Ermäßigungsverfahren 2013

Ⓒ Angaben zu Kindern

1) Die Kinder werden nur bis zum 21. Lebensjahr berücksichtigt. 2) Die Kinder werden nur bis zum 25. Lebensjahr berücksichtigt. 3) Bei Kindern, die Grundwehrdienst, Zivildienst oder befreienden Dienst geleistet haben, verlängert sich der Zeitraum der Berücksichtigung um die Dauer des Dienstes.

Leibliche Kinder sind nicht anzugeben, wenn vor dem 01.01.2013 das Verwandtschaftsverhältnis durch Adoption erloschen ist oder ein Pflegekindschaftsverhältnis zu einer anderen Person begründet wurde.

Kindschaftsverhältnis

Vorname des Kindes (ggf. auch abweichender Familienname)	Geburtsdatum	Wohnort im Inland: IdNr. des Kindes / Wohnort im Ausland: Staat eintragen	zur antragstellenden Person		zum Ehegatten	
			leibliches Kind/ Adoptivkind	Pflegekind	leibliches Kind/ Adoptivkind	Pflegekind
1						
2						
3						

Bei Kindern unter 18 Jahren Das unter Nr. ___ eingetragene Kind ist in den ELStAM noch zu berücksichtigen (Bitte Nachweis beifügen, z.B. Geburtsurkunde).

Bei Kindern über 18 Jahre (in den Fällen b) bis f): Nach Abschluss einer erstmaligen Berufsausbildung oder eines Erststudiums werden Kinder nur berücksichtigt, wenn sie keiner Erwerbstätigkeit nachgehen (Ausnahme z.B. Minijob).²⁾

Die Berücksichtigung in den ELStAM (ggf. für mehrere Jahre) wird beantragt, weil das Kind
a) ohne Beschäftigung und bei einer Agentur für Arbeit als Arbeit suchend gemeldet ist ¹⁾
b) in Berufsausbildung steht (ggf. Angabe der Schule, der Ausbildungsstelle usw.)¹⁾
c) sich in einer Übergangszeit von höchstens 4 Monaten zwischen zwei Ausbildungsabschnitten oder zwischen einem Ausbildungsabschnitt und der Ableistung eines freiwilligen Dienstes (Buchstabe e) oder seines Wehrdienstes nach Abschnitt 7 des Wehrpflichtgesetzes befindet ²⁾
d) eine Berufsausbildung mangels Ausbildungsplatzes nicht beginnen oder fortsetzen kann ²⁾
e) ein freiwilliges soziales oder ökologisches Jahr (Jugendfreiwilligendienstgesetz), einen europäischen/entwicklungspolitischen Freiwilligendienst, einen Freiwilligendienst aller Generationen (§ 2 Abs. 1a SGB VII), einen Bundesfreiwilligendienst, einen Int. Jugendfreiwilligendienst oder einen Anderen Dienst im Ausland (§ 5 Bundesfreiwilligendienstgesetz) leistet ²⁾
f) einen freiwilligen Wehrdienst nach Abschnitt 7 des Wehrpflichtgesetzes als Probezeit leistet ²⁾
g) sich wegen einer vor dem 25. Lebensjahr eingetretenen körperlichen, geistigen oder seelischen Behinderung nicht selbst unterhalten kann.
Berücksichtigt werden auch Kinder mit einer vor 2007 und vor dem 27. Lebensjahr eingetretenen Behinderung.

zu Nr.	Antragsgrund		Berücksichtigung vom	Monat	Jahr	bis	Monat	Jahr
			Berücksichtigung vom			bis		

Kindschaftsverhältnis der unter Nr. 1 bis 3 genannten Kinder zu weiteren Personen

zu Nr.	ist durch Tod des anderen Elternteils erloschen am:	besteht/hat bestanden zu: Name, Geburtsdatum und letztbekannte Anschrift dieser Personen, Art des Kindschaftsverhältnisses (einschließlich Pflegekindschaftsverhältnis)

Angaben entfallen für Kinder nicht dauernd getrennt lebender Ehegatten, für die bei jedem Ehegatten dasselbe Kindschaftsverhältnis angekreuzt ist.

Ich beantrage den vollen/halben Kinderfreibetrag - weil der andere/leibliche Elternteil des Kindes				Nur bei Stief-/Großeltern: - weil ich/wir das Kind in meinem/ unserem Haushalt aufgenommen habe(n) oder ich/wir gegenüber dem Kind unterhaltspflichtig bin/sind
seine Unterhaltsverpflichtung nicht mindestens zu 75% erfüllt und ich keinen Unterhaltsvorschuss erhalte	wegen mangelnder finanzieller Leistungsfähigkeit nicht unterhaltspflichtig ist und ich keinen Unterhaltsvorschuss erhalte	im Ausland lebt	der Übertragung lt. Anlage K auf den Stief-/Großelternteil zugestimmt hat	
Kind(er) zu Nr.	Kind(er) zu Nr.	Kind(er) zu Nr.	Kind(er) zu Nr.	Kind(er) zu Nr.

Entlastungsbetrag für Alleinerziehende (Berücksichtigung der Steuerklasse II/Freibetrag bei Verwitweten)

Das Kind zu Nr.	ist mit mir in der gemeinsamen Wohnung gemeldet	vom – bis	Für das Kind erhalte ich Kindergeld	vom – bis

Außer mir ist/sind in der gemeinsamen Wohnung eine/mehrere volljährige Person(en) gemeldet, die nicht in **Abschnitt C** genannt ist/sind.		Nein	Ja	vom – bis
Es besteht eine Haushaltsgemeinschaft mit mindestens einer weiteren volljährigen Person, die nicht in **Abschnitt C** genannt ist.		Nein	Ja	
Name, Vorname (weitere Personen bitte auf gesondertem Blatt angeben)		Verwandtschaftsverhältnis	Beschäftigung/Tätigkeit	

Verfügung des Finanzamts

1. Zu berücksichtigende Freibeträge (bei Freibeträgen für Kinder i.S.d. § 39a Abs. 1 Nr. 6 EStG ist die Zahl der Kinderfreibeträge ggf. zu vermindern)

	Jahresbetrag	monatlich	wöchentlich	täglich	Gültig vom - bis
bei der antragstellenden Person	€	€	€	€	- 31.12.2013
beim Ehegatten	€	€	€	€	Gültig vom - bis - 31.12.2013

2. Hinzurechnungsbetrag für das erste Dienstverhältnis

					Gültig vom - bis
bei der antragstellenden Person	€	€	€	€	
beim Ehegatten	€	€	€	€	- 31.12.2013

	Steuerklasse	Zahl der Kinderfreibeträge	in	Steuerklasse	Zahl der Kinderfreibeträge	Gültig ab
3. Änderung der						

4. Belege zurück am:	5. Bescheid zur Post am	6. Vormerkung für ESt-Veranlagung 2013/ Änderung der ELStAM angewiesen	7. Z.d.A.

(Sachgebietsleiter)   (Datum)   (Sachbearbeiter)

1353

Abzug von Bewirtungsaufwendungen als Werbungskosten

(Verfügung der OFD Niedersachsen vom 29. 11. 2011 – S 2350-32-St 215 –)

I. Allgemeine Grundsätze

Werbungskosten sind Aufwendungen zur Erwerbung, Sicherung und Erhaltung der Einnahmen (§ 9 Abs. 1 Satz 1 EStG). Hierzu können nach § 9 Abs. 5 EStG i. V. m. § 4 Abs. 5 Satz 1 Nr. 2 EStG auch Bewirtungsaufwendungen eines Arbeitnehmers gehören.

Gleichwohl sind Aufwendungen, die die private Lebensführung berühren und bei denen eine genaue Aufteilung in einen beruflichen und einen privaten Teil nicht möglich ist, nach § 12 Nr. 1 Satz 2 EStG steuerlich nicht abzugsfähig, auch wenn sie zugleich zur Förderung des Berufs oder der Tätigkeit des Steuerpflichtigen erfolgen.

Ob der Steuerpflichtige Aufwendungen aus beruflichem Anlass tätigt oder ob es sich um Aufwendungen für die Lebensführung i. S. v. § 12 Nr. 1 Satz 2 EStG handelt, muss anhand einer Würdigung aller Umstände des Einzelfalls entschieden werden.

Als starkes Indiz für die berufliche Veranlassung der Bewirtung spricht, dass der Arbeitgeber die Veranstaltung ohne Mitspracherecht des betroffenen Beschäftigten organisiert und ausrichtet.

II. Prüfungsschema

Ob der Steuerpflichtige Bewirtungsaufwendungen aus beruflichem Anlass erbringt oder ob es sich um nicht abziehbare Aufwendungen der Lebensführung gem. § 12 Nr. 1 Satz 2 EStG (Repräsentationsaufwendungen) handelt, muss anhand einer Würdigung aller Umstände des Einzelfalls entschieden werden. Dabei ist folgendes Prüfungsschema anzuwenden:
1. Abzug dem Grunde nach (Abgrenzung berufliche/betriebliche oder private Veranlassung)
2. Abzug der Höhe nach
   – Aufteilung von gemischt veranlassten Bewirtungsaufwendungen
   – Anwendung der gesetzlichen Abzugsbeschränkung

1. Abzug dem Grunde nach

Nach ständiger Rechtsprechung des BFH ist für die Beurteilung, ob Aufwendungen für eine Bewirtung beruflich oder privat veranlasst sind, in erster Linie auf den Anlass der Bewirtung abzustellen. Dieses stellt jedoch lediglich ein erhebliches Indiz, aber nicht das alleinige Kriterium für die Beurteilung einer beruflichen oder privaten Veranlassung der Bewirtungsaufwendungen dar. Vielmehr ist anhand der gesamten Umstände des Einzelfalles (u. a. Ort der Veranstaltung, Veranstalter, Teilnehmer, Modalitäten bei der Durchführung) zu ermitteln, ob die Veranstaltung eher einen beruflichen oder privaten Charakter hat (BFH-Urteil vom 10. Juli 2008, BFH/NV 2008, 1831).

a) Anlass der Bewirtung

Bewirtungskosten eines Arbeitnehmers für Geburtstags-, Beförderungs- und ähnliche Feiern, mit denen gewisse gesellschaftliche Repräsentationsverpflichtungen erfüllt werden, stellen, auch wenn sie zur Verbesserung des Betriebsklimas beitragen sollen, grundsätzlich typische steuerlich nicht abzugsfähige Aufwendungen für die Lebensführung i. S. d. § 12 Nr. 1 Satz 2 EStG dar, die die wirtschaftliche und gesellschaftliche Stellung mit sich bringt (siehe z. B. BFH-Urteil vom 28. März 1985, BFH/NV 1987, 231).

Nach der BFH-Rechtsprechung (z. B. Urteil vom 10. Juli 2008, BFH/NV 2008, 1831, m. w. N.) führt jedoch allein die Tatsache, dass der Arbeitnehmer
- eine Feier aus rein persönlichen Gründen ausrichtet (z. B. Geburtstag, Jubiläum)
- oder keine erfolgsabhängigen Bezüge hat,

nicht dazu, dass der Werbungskostenabzug ausgeschlossen werden müsste. Im Rahmen der erforderlichen Gesamtwürdigung sind daneben auch weitere Umstände heranzuziehen, sodass unter den nachstehend genannten Voraussetzungen ein Werbungskostenabzug möglich ist.

b) Ort der Bewirtung

Findet der Empfang der Gäste in den Räumlichkeiten des Arbeitgebers statt, so spricht dieses Indiz für eine berufliche Veranlassung.

Eine luxuriöse Umgebung (Anmietung einer Jacht oder eines Schlosssaals anlässlich der Durchführung der Feier) kann ein Anhaltspunkt dafür sein, dass die privaten Gründe für die Ausrichtung der Veranstaltung überwiegen. Das Gleiche gilt, wenn die Aufwendungen in einem extremen Missverhältnis zu den korrespondierenden Einnahmen stehen. Allerdings müsste auch hier in die Prüfung miteinbezogen werden, wer welchen Personenkreis eingeladen hat.

c) Teilnehmerkreis

Handelt es sich bei den Gästen um Geschäftspartner des Arbeitgebers, Angehörige des öffentlichen Lebens sowie der Presse, Verbandsfunktionäre, Kollegen, Mitarbeiter des Arbeitnehmers oder des Arbeitgebers und nicht um private Bekannte und Freunde des Arbeitnehmers, so kann dieses ein Anhaltspunkt und gewichtiges Indiz für eine berufliche Veranlassung sein.

d) Einladender

Ein starkes Indiz für eine berufliche Veranlassung der Bewirtung liegt vor, wenn der Arbeitgeber die Veranstaltung ohne ein Mitspracherecht des Arbeitnehmers organisiert und ausrichtet (Arbeitgeber tritt als Gastgeber auf und bestimmt die Gästeliste). Es handelt sich um ein Fest des Arbeitgebers.

Falls ein Arbeitnehmer jedoch neben der ausschließlich vom Arbeitgeber organisierten und ausgerichteten Veranstaltung noch eine weitere Veranstaltung aus Anlass desselben Ereignisses mit einem nahezu identischen Personenkreis organisiert, spricht Einiges dafür, dass die privaten Gründe der weiteren Veranstaltung in den Vordergrund treten, da hier die Pflege der persönlichen Beziehungen zu Mitarbeitern und Kollegen einen hohen Stellenwert einnimmt, sodass die berufliche Veranlassung der Feier vollständig in den Hintergrund tritt.

e) Art der Bezüge

Nach neuerer Rechtsprechung ist die Art der Bezüge (variabel oder feststehend) nicht mehr von ausschlaggebender Bedeutung für die berufliche Veranlassung der Bewirtungskosten. Die Art der Bezüge stellt lediglich ein Indiz dar (BFH-Urteil vom 11. Januar 2007, BStBl II 2007, 317).

Handelt es sich um einen Arbeitnehmer mit variablen Bezügen, die der Höhe nach vom Erfolg seiner Mitarbeiter oder seines Tätigkeitsbereichs abhängig sind (z. B. bei einem Handelsvertreter), können die Bewirtungsaufwendungen zugunsten anderer, ihm unterstellter Arbeitnehmer desselben Arbeitgebers als Werbungskosten abzugsfähig sein. Die Bewirtungskosten des Arbeitnehmers dienen dann dem Zweck, seine, von deren Erfolg abhängigen, Bezüge zu steigern und sind somit beruflich veranlasste Werbungskosten (zuletzt BFH-Urteile vom 19. Juni 2008, BStBl II 2009, 11, und BFH/NV 2009, 11, m. w. N.). Nicht erforderlich ist dagegen, dass der Arbeitnehmer vorher die Bewirtung vom Mitarbeitern als Belohnung in Aussicht gestellt hat.

Hat der Arbeitnehmer feststehende nicht erfolgsabhängige Bezüge, so steht dies allein dem beruflichen Veranlassungszusammenhang seiner Bewirtungsaufwendungen nicht entgegen (BFH-Urteile vom 6. März 2008, BFH/NV 2008, 1316 und 24. Mai 2007, BStBl II 2007, 721). Nach dem Werbungskostenbegriff des § 9 Abs. 1 Satz 1 EStG ist es für den Werbungskostenabzug erforderlich, dass die Aufwendungen der Erwerbung, Sicherung und der Erhaltung von Einnahmen dienen. Eine beabsichtigte bzw. tatsächliche Steigerung der Einnahmen ist hingegen nicht erforderlich. Die berufliche Veranlassung kann sich auch aus anderen Umständen (z. B. Motivation der Mitarbeiter) ergeben.

f) Beispiele

In der Finanzrechtsprechung wurde in folgenden Fällen der Werbungskostenabzug zugelassen:

- Abschiedsfeier eines Oberarztes (FG Hamburg vom 24. Juni 2009, EFG 2009, 1633, BFH-Beschluss vom 26. Januar 2010, BFH/NV 2010, 875)
- Abschiedsfeier eines leitenden Beamten (FG München vom 21. Juli 2009, DStRE 2010, 719)
- Bewirtungskosten eines Chefarztes an einer Universitätsklinik für eine Antrittsvorlesung mit anschließendem Empfang sowie für eine Betriebsfeier mit seinen Mitarbeitern (BFH-Urteil vom 10. Juli 2008, BFH/NV 2008, 1831)
- Bewirtungsaufwendungen für eine Kommandoübergabe mit Verabschiedung aus dem Dienst eines Brigadegenerals (BFH-Urteil vom 19. Juni 2008, BStBl II 2008, 870)

- Bewirtungsaufwendungen eines Behördenleiters für eine Feier mit seinen Mitarbeitern anlässlich des fünfjährigen Bestehens der Behörde im Anschluss an eine Dienstbesprechung und als Ersatz für die üblicherweise stattfindende Weihnachtsfeier (BFH-Urteil vom 6. März 2008, BFH/NV 2008, 1316)
- Bewirtungsaufwendungen eines Geschäftsführers für sein 25-jähriges Dienstjubiläum (BFH-Urteil vom 1. Februar 2007, BStBl II 2007, 459)

Weitere Beispiele:

A, Vorsteher des Finanzamts B, wird in den Ruhestand verabschiedet; gleichzeitig wird der neue Vorsteher eingeführt. Die Feier findet im Sitzungssaal des Finanzamts statt. Die Gästeliste wird im Wesentlichen von der Oberfinanzdirektion bestimmt. Der Eigenanteil des A an den Bewirtungskosten beträgt 1 000,00 EUR.

Es handelt sich um ein „Fest des Arbeitgebers". A kann somit die von ihm getragenen Bewirtungskosten in voller Höhe als Werbungskosten absetzen.

Im Finanzamt C findet jährlich eine Weihnachtsfeier der Behörde statt. Die Gästeliste wird von der Geschäftsstelle festgelegt, es werden nur die Bediensteten (auch ehemalige) des Finanzamts eingeladen. Wegen der knappen Haushaltsmittel wird erwartet, dass sich der Vorsteher mit einem Zuschuss an den Kosten beteiligt.

Es handelt sich um ein „Fest des Arbeitgebers". Dies gilt auch dann, wenn „offizieller Veranstalter" nicht die Behörde als solche ist, sondern z. B. der Personalrat oder auch ein sog. Vergnügungsausschuss, bestehend aus Mitarbeitern der Behörde. Die Aufwendungen können als Werbungskosten abgezogen werden.

Entsprechendes gilt für die Übernahme von Kosten für ähnliche gesellige Veranstaltungen wie z. B. Betriebsausflüge oder Jubiläumsfeiern. Dem Werbungskostenabzug steht es nicht entgegen, wenn eine solche Veranstaltung (z. B. ein Betriebsausflug) außerhalb der Behörde stattfindet, da es sich hierbei lediglich um ein Indiz bei der Beurteilung der Frage handelt, ob die Aufwendungen beruflich oder privat veranlasst sind.

2. Abzug der Höhe nach

a) Aufteilung von gemischt veranlassten Aufwendungen

Sind die Bewirtungsaufwendungen des Arbeitnehmers sowohl beruflich als auch privat veranlasst, ist nach dem Beschluss des Großen Senats des BFH vom 21. September 2009, GrS 1/06, BStBl II 2010, 672, grundsätzlich in einen beruflich und einen privat veranlassten Teil aufzuteilen. In den Fällen, in denen die Gesamtwürdigung aller Umstände des Einzelfalls zu dem Ergebnis führt, dass es sich bei den Bewirtungsaufwendungen um Repräsentationsaufwendungen im Sinne des § 12 Nr. 1 EStG handelt, ist eine Aufteilung nicht vorzunehmen (siehe BMF-Schreiben vom 6. Juli 2010, BStBl I 2010, 614 Rn. 5 ff.). Die Aufwendungen sind dann insgesamt nicht abzugsfähig.

b) Gesetzliche Abzugsbeschränkung

Nach § 9 Abs. 5 EStG i. V. m. § 4 Abs. 5 Satz 1 Nr. 2 EStG sind für die Bewirtung von Personen aus geschäftlichem Anlass auch bei den Werbungskosten nur bis zu 70 % der Aufwendungen abzugsfähig. Voraussetzung für den Werbungskostenabzug ist weiter, dass die Aufwendungen als angemessen anzusehen sind und die Höhe der Bewirtungskosten sowie die berufliche Veranlassung nachgewiesen wird.

Diese Abzugsbeschränkung gilt nicht, wenn ein Arbeitnehmer Dritte nicht aus „geschäftlichem Anlass" i. S. d. § 4 Abs. 5 Satz 1 Nr. 2 EStG, sondern aus allgemeinen beruflichen Gründen bewirtet und die o. g. Voraussetzungen für den Werbungskostenabzug vorliegen.

Dies ist z. B. der Fall, wenn der Arbeitnehmer

- nicht selbst als bewirtende Person auftritt, weil es sich z. B. um ein „Fest des Arbeitgebers" handelt (BFH-Urteil vom 19. Juni 2008, BStBl II 2008, 870, betreffend die Kommandoübergabe eines Brigadegenerals),
- erfolgsabhängige Bezüge hat und Mitarbeiter bewirtet, um sie zu Leistungssteigerungen zu motivieren (z. B. BFH-Urteile vom 19. Juni 2008, BStBl II 2009, 11, und BFH/NV 2009, 11, betreffend Bewirtungskosten leitender Angestellter für ihre Mitarbeiter),
- aus beruflichem Anlass Aufwendungen für die Bewirtung von Arbeitskollegen seines Arbeitgebers trägt (z. B. BFH-Urteil vom 10. Juli 2008, BFH/NV 2008, 1831, betreffend die Antrittsvorlesung eines Chefarztes mit anschließendem Empfang).

In diesen Fällen sind die Aufwendungen in voller Höhe als Werbungskosten abzugsfähig.

Anhang 45

Abzug von Bewirtungsaufwendungen als Werbungskosten

III. Nachweispflicht

Zum Nachweis der Höhe und der betrieblichen/beruflichen Veranlassung der Aufwendungen hat der Steuerpflichtige schriftlich die folgenden Angaben zu machen (§ 4 Abs. 5 Satz 1 Nr. 2 EStG):

> „Ort, Tag, Teilnehmer und Anlass der Bewirtung sowie die Höhe der Aufwendungen. Hat die Bewirtung in einer Gaststätte stattgefunden, so genügen Angaben zu dem Anlass und den Teilnehmern der Bewirtung; die Rechnung über die Bewirtung ist beizufügen".

Diese formellen Voraussetzungen gelten grundsätzlich auch für Bewirtungskosten von Arbeitnehmern (vgl. BFH-Urteil vom 19. Juni 2008, BStBl. II 2009, 11), allerdings nur, wenn die Abzugsbeschränkung des § 4 Abs. 5 Satz 1 Nr. 2 EStG überhaupt Anwendung findet.

Einkommensteuerliche Behandlung von Aufwendungen für Studienreisen und Fachkongresse

(Verfügung der OFD Hannover vom 17. 2. 2009 – S 2227 – 10 – StO 217 –)

1. Allgemeines

Aufwendungen für Studienreisen und Fachkongresse sind nur dann als Werbungskosten oder Betriebsausgaben abzugsfähig, wenn die Teilnahme so gut wie ausschließlich beruflich/betrieblich veranlasst ist und die Verfolgung privater Interessen (z. B. Erholung, Bildung, Erweiterung des allgemeinen Gesichtskreises) nach dem Anlass der Reise, dem vorgesehenen Programm und der tatsächlichen Durchführung nahezu ausgeschlossen ist.

Insbesondere bei Informationszwecken dienenden Auslandsgruppenreisen und Auslandsfachkongressen ist es oft schwierig, ein – für die sachgerechte Beurteilung erforderliches – eindeutiges Bild über deren Veranlassung zu erhalten. Die wichtigsten Grundsätze zur steuerlichen Behandlung derartiger Aufwendungen sind in R 12.2 EStR und in H 12.2 EStH dargestellt.

Die Abgrenzung und Entscheidung darüber, ob (private) Lebenshaltungskosten oder berufliche/betriebliche Aufwendungen vorliegen, kann bei Auslandsgruppenreisen nur unter Würdigung aller Umstände des Einzelfalls erfolgen. Für die einkommensteuerrechtliche Würdigung ist es demnach unerlässlich, vor einer Entscheidung insbesondere das vollständige Reiseprogramm sowie die Namen und Anschriften der übrigen Teilnehmer (vgl. 2.2 Homogener Teilnehmerkreis) anzufordern.

Nach der bisherigen Rechtsprechung des Bundesfinanzhofs (BFH) ist die Reise für den Werbungskosten-/Betriebsausgabenabzug stets als Einheit zu beurteilen. Steuerpflichtige sollen durch eine mehr oder weniger zufällig oder bewusst herbeigeführte Verbindung zwischen beruflichen/betrieblichen und privaten Interessen nicht in die Lage versetzt werden, Reiseaufwendungen nur deshalb zum Teil in einen einkommensteuerlich relevanten Bereich verlagern zu können, weil sie entsprechende Berufe/Tätigkeiten ausüben, während andere Steuerpflichtige gleichartige Aufwendungen aus dem versteuerten Einkommen decken müssen.

Derartige gemischte Aufwendungen sind nach der Intention des § 12 Nr. 1 Satz 2 EStG (Wahrung der steuerlichen Gerechtigkeit) insgesamt den Kosten der privaten Lebensführung zuzurechnen, wenn und soweit die beruflichen/betrieblichen Aufwendungen nicht nach objektiven Maßstäben und in nachprüfbarer Form voneinander getrennt werden können. Lediglich dann, wenn objektive Merkmale eine zutreffende und leicht nachprüfbare Trennung des beruflichen/betrieblichen Teils vom privaten Teil der Reise ermöglichen und der berufliche/betriebliche Teil nicht von untergeordneter Bedeutung ist, können Teile der Aufwendungen steuerlich berücksichtigt werden (Grundsatzurteile des Großen Senats des BFH vom 19. Oktober 1970 – GrS 2/70 –, BStBl 1971 II S. 17 und vom 27. November 1978 – GrS 8/77 –, BStBl 1979 II S. 213).

Mit Vorlagebeschluss vom 20. Juli 2006 – VI R 94/0 –, BStBl 2007 II S. 121, hat der VI. Senat des BFH dem Großen Senat die Rechtsfrage vorgelegt, ob bei gemischt veranlassten Reisen Aufwendungen für die Hin- und Rückreise nach Maßgabe der beruflich/betrieblich und privat veranlassten Zeitanteile im Schätzungswege aufgeteilt werden können, wenn die beruflich/betrieblich veranlassten Zeitanteile feststehen und diese nicht von untergeordneter Bedeutung sind. Das Verfahren wird unter dem Aktenzeichen GrS 1/06 geführt. Die Entscheidung des Großen Senats bleibt abzuwarten. Anhängige Rechtsbehelfsverfahren ruhen gem. § 363 Abs. 2 AO.

2. Einzelkriterien

Die berufliche/betriebliche Veranlassung einer Reise kann nicht bereits durch allgemeine Ausführungen des Steuerpflichtigen (allgemeine berufliche Bildung, allgemeine Informationsgewinnung) nachgewiesen werden. Folgende Kriterien sind im Einzelfall zu überprüfen und finden bei Auslandskongressen sinngemäß Anwendung:

2.1 Reiseprogramm muss auf die besonderen beruflichen/betrieblichen Bedürfnisse und Gegebenheiten des Teilnehmers zugeschnitten sein

An den Nachweis der beruflichen/betrieblichen Veranlassung einer Auslandsgruppenreise sind nach der Rechtsprechung des BFH strenge Anforderungen zu stellen. Es reicht nicht aus, wenn die Teilnehmer nur ein allgemein berufliches Interesse kundtun, da die Förderung der allgemeinen beruflichen Bildung Teil der Allgemeinbildung ist. Vielmehr sollte das Reiseprogramm auf die besonderen beruflichen Bedürfnisse und Gegebenheiten des Teilnehmers zugeschnitten sein und der Reise offensichtlich ein unmittelbarer beruflicher Anlass oder ein konkreter Bezug zur beruflichen Tätigkeit des Steuerpflichtigen zugrunde liegen. Solche Reisen sind in der Regel ausschließlich der beruflichen/betrieblichen Sphäre zuzuordnen, selbst wenn sie in mehr oder weniger großem Umfang auch zu privaten Unternehmungen genutzt werden, vorausgesetzt, die Verfolgung privater Interessen bildet nicht den Schwerpunkt der Reise (BFH-Urteile vom 27. August 2002 – VI R 22/01 –, BStBl 2003 II S. 369, und vom 27. Juli 2004 – VI R 81/00 –, BFH/NV 2005, S. 42).

- BFH-Urteil vom 23. Januar 1997 – IV R 39/96 –, BStBl 1997 II S. 347
  Das Halten eines einzigen Vortrags ist für sich genommen nicht geeignet, die Teilnahme an einem mehrtägigen Fachkongress als unmittelbar beruflich veranlasst anzusehen.
  Auslandsreisen, denen ein unmittelbarer beruflicher Anlass fehlt, führen nach der ständigen Rechtsprechung des BFH nur dann zu abziehbaren Werbungskosten, wenn die Reisen ausschließlich oder zumindest weitaus überwiegend im beruflichen Interesse unternommen werden, wenn also die Verfolgung privater Interessen nach dem Anlass der Reise, dem vorgesehenen Programm und der tatsächlichen Durchführung nahezu ausgeschlossen ist (BFH-Beschluss vom 12. Januar 2006 – VI B 101/05 –, BFH/NV S. 739).
- BFH-Urteil vom 21. Oktober 1996 – VI R 39/96 –, BFH/NV 1997, S. 469
  Die Aufwendungen einer Pastorin für eine etwa dreiwöchige Reise nach Indien, der kein unmittelbarer beruflicher Zweck oder konkreter Auftrag des Arbeitgebers zugrunde lag und die sich auch auf touristisch interessante Orte mit Besichtigungen von Sehenswürdigkeiten erstreckte, sind nicht nahezu ausschließlich beruflich veranlasst und können deshalb nicht als Werbungskosten abgezogen werden.
- BFH-Urteil vom 27. Juli 2004 – VI R 81/00 –, BFH/NV 2005, S. 42, und vom 29. November 2006 – VI R 36/02 –, BFH/NV 2007, S. 621
  Aufwendungen einer Lehrerin für eine (Studien-)Reise, die sich nicht von einer allgemein touristisch geprägten Reise unterscheidet, sind keine Werbungskosten. Die Möglichkeit, gewonnene Kenntnisse und Erfahrungen für den Unterricht und/oder die Vorbereitung einer Klassenfahrt/eines Schüleraustauschs zu verwenden, rechtfertigen für sich allein keinen Werbungskostenabzug.
  Die Teilnahme des Ehegatten oder anderer Angehöriger spricht regelmäßig gegen eine berufliche/betriebliche Veranlassung der Reise.
- BFH-Urteil vom 18. März 1983 – VI R 183/79 –
  Dafür, dass die vom Arbeitgeber bezahlte USA-Gruppenstudienreise eines seiner Arbeitnehmer wegen des Reiseverlaufs mit erheblichem Tourismusprogramm insgesamt eine private Bildungsreise darstellt, spricht insbesondere auch die Teilnahme der Ehefrau des Arbeitnehmers, wenngleich der Arbeitnehmer die Reisekosten der Ehefrau selbst getragen hat. Im Rahmen der Gesamtwürdigung von Anlass, Ablauf und Ergebnis der Reise kann die Tatsache der Teilnahme der Ehefrau (ohne berufsbezogenes Interesse) nicht außer Betracht bleiben. Die Ehegatten haben die touristischen Teile der Reise so hoch eingeschätzt, dass sie die erheblichen Reisekosten der Ehefrau auf sich genommen haben.

2.2 Homogener Teilnehmerkreis

Der Teilnehmerkreis einer vorrangig Studienzwecken dienenden Gruppenreise muss im Wesentlichen gleichartig sein. Dies trägt dem Erfordernis Rechnung, dass das Programm auf die besonderen beruflichen/betrieblichen Bedürfnisse der Teilnehmer zugeschnitten sein muss.

2.3 Straffe Organisation und Teilnahmepflicht am Programm

Das berufsbezogene Reiseprogramm muss straff durchorganisiert sein, d. h. die Programmgestaltung darf, von Pausen oder vortragsfreien Wochenenden abgesehen, keine Zeit für private Erholungs- und Bildungsinteressen lassen.
- BFH-Urteil vom 24. Oktober 1991 – VI R 134/87 –, BFH/NV 1992, S. 240
  Die Aufwendungen für die Teilnahme an einer Gruppenreise von Gerichtsreferendaren nach Budapest stellen keine Werbungskosten dar, wenn den Teilnehmern neben dem Anreisetag und Abreisetag fünf Aufenthaltstage zur Verfügung stehen und während dieser Zeit „berufsspezifische Fachveranstaltungen" lediglich an zwei Tagen stattfinden.
- BFH-Urteil vom 12. September 1996 – IV R 36/96 –, BFH/NV 1997, S. 219
  Eine Fortbildungsveranstaltung ist nicht straff organisiert, wenn der Veranstalter die Gestaltung der Nachmittage in das freie Belieben der Teilnehmer stellt. Dies gilt auch, wenn die Teilnehmer selbst entscheiden können, ob, wo, wie lange und in welcher Form sie den Stoff des Vormittagsprogramms nachmittags in kleinen Arbeitsgruppen vertiefen.
  Neben der straffen Organisation muss das berufsbezogene Reiseprogramm den Steuerpflichtigen auch zur Teilnahme an dem Programm verpflichten. Es soll vermieden werden, dass ein Steuerpflichtiger die Kosten für eine straff organisierte Informationsreise steuerlich

geltend macht, obwohl er sich an der Reise nur ihrem äußeren Ablauf nach bzw. am Reiseprogramm nur teilweise beteiligt hat.

Im Hinblick auf „die begrenzte geistige Aufnahmefähigkeit des Menschen" ist es jedoch unschädlich, wenn der Steuerpflichtige bei einem umfangreichen Vortragsprogramm konzentrationsbedingt an einzelnen, wenigen Veranstaltungen (gemessen an Anzahl und zeitlichem Umfang aller Fortbildungsveranstaltungen) nicht teilgenommen hat (BFH-Urteil vom 11. Januar 2007 – VI R 8/05 –, BStBl 2007 II S. 457, und vorhergehendes Urteil des FG Baden-Württemberg vom 21. September 2004 – 1 K 170/03 –). Steht dem Steuerpflichtigen infolge der Nichtteilnahme jedoch erhebliche Zeit für die Befriedigung privater Interessen zur Verfügung (z. B. Nichtteilnahme an zwei von 16 Veranstaltungen eines fünftägigen Seminars mit der Folge, dass ein gesamter Tag zur freien Verfügung steht), ist dies nicht durch dessen begrenzte Aufnahmefähigkeit, sondern durch private Motive veranlasst.

- BFH-Urteil vom 18. April 1996 – IV R 46/95 –, BFH/NV 1997, S. 18
  Findet eine berufliche Fortbildungsveranstaltung für Radiologen an einem beliebten Ferienort (Davos) während der üblichen Urlaubszeit statt und sieht das Tagungsprogramm eine vierstündige Mittagspause vor, gehören die Aufwendungen für Hin- und Rückfahrt zum Veranstaltungsort sowie der Aufenthalt zu den nicht abzugsfähigen Lebenshaltungskosten.

Die Teilnahme an den besuchten Veranstaltungen ist grundsätzlich durch detaillierte Teilnahme-/Abschlusszertifikate, Mitschriften oder andere geeignete Unterlagen nachzuweisen (BFH-Urteil vom 4. August 1977, BStBl 1977 II S. 829). Die Anforderungen an diesen Nachweis müssen umso strenger sein, je mehr der Tagungsort oder die Reiseroute die Verfolgung privater Interessen, wie z. B. Erholung, nahe legt oder ermöglicht. Liegen dem Steuerpflichtigen keine Teilnahmezertifikate vor, ist es ausreichend, wenn er die Teilnahme an den einzelnen Fortbildungsveranstaltungen glaubhaft machen kann (BFH-Urteil vom 11. Januar 2007 – VI R 8/05 –, BStBl 2007 II S. 457).

Bietet die zeitliche Gestaltung des Veranstaltungsprogramms in nicht nur unbedeutendem Umfang die Möglichkeit, privaten Neigungen nachzugehen, so führt dies, auch wenn die Teilnahme des Steuerpflichtigen an den Veranstaltungen feststeht, in der Regel zur Nichtabzugsfähigkeit der gesamten Aufwendungen, weil die Verfolgung privater neben der Förderung beruflicher Interessen nicht nahezu ausgeschlossen ist. Das gilt auch, wenn zwar ein umfangreiches und die Möglichkeit zur Erfüllung privater Interessen an sich nahezu ausschließen- des Programm vorgesehen ist, die Teilnahme des Steuerpflichtigen an den vorgesehenen und durchgeführten Veranstaltungen jedoch nicht feststeht.

Im Rahmen der Beurteilung des vorgelegten Reise-/Veranstaltungsprogramms ist zu prüfen, ob dieses eine vollständige und zuverlässige Wiedergabe des tatsächlichen Reise-/Veranstaltungsverlaufs beinhaltet (BFH-Urteil vom 14. Mai 1993 – VI R 29/92 –, BFH/NV, S. 653).

2.4 Organisator der Reise

Die fachliche Organisation einer Reise unter fachkundiger Leitung kann für ihre berufliche/betriebliche Veranlassung sprechen. Nicht jede von einem Fachverband veranstaltete Reise ist aber als beruflich/betrieblich veranlasst zu beurteilen (BFH-Urteile vom 18. Februar 1965 – IV 36/64 –, BStBl 1965 III S. 279, vom 22. Mai 1974 – I R 212/72 –, BStBl 1975 II S. 70, vom 5. September 1990 – IV B 169/89 –, BStBl 1990 II S. 1059, und vom 19. Oktober 1989 – VI R 155/88 –, BStBl 1990 II S. 134), da sonst leicht durch Ausarbeitung eines Programms, an dem jeder fachlich Interessierte teilnehmen kann (aber nicht teilnehmen muss), zur Lebenshaltung gehörende Erholungs-, Besichtigungs- und Bildungsreisen zu betrieblich/beruflich veranlassten Reisen gemacht werden könnten.

2.5 Reiseziel bzw. Reiseroute

Ist die Reiseroute auseinander gezogen sowie mit häufigem Ortswechsel während des Reiseverlaufes verbunden und sind die besuchten Orte gleichzeitig beliebte Ziele des Tourismus, so ist diesen Umständen besondere Bedeutung beizumessen. Da derartige Reisen erfahrungsgemäß auch von Personen unternommen werden, die ihren Urlaub zur privaten Wissens- und Kenntniserweiterung nutzen wollen und keinerlei berufliche/betriebliche Veranlassung haben, spricht dies für eine private (Mit-)Veranlassung.

- BFH-Urteil vom 30. Juni 1995 – VI R 22/91 –, BFH/NV 1996, S. 30
  Werden von einem Verkäufer für Maschinen zur Herstellung von Schnellimbissmahlzeiten im Rahmen einer Auslandsgruppenreise in den USA an verschiedenen Orten Sehenswürdigkeiten besucht, liegt keine (überwiegende) betriebliche/berufliche Veranlassung durch die Besichtigung von Fast-Food-Restaurants an diesen Orten vor.

Reist der Steuerpflichtige zu Fachtagungen und Kongressen an einen Ort, der wegen schöner Lage oder wegen seines Kultur- und Erholungswertes regelmäßig auch andere Urlaubsreisende in großem Umfang anzieht, sind bei der Beurteilung der beruflichen/betrieblichen Veranlassung ebenfalls besonders strenge Maßstäbe anzusetzen, vor allem an die straffe Organisation (s. 2.3).

2.6 Beförderungsmittel

Die Benutzung eines erholsamen Beförderungsmittels, das zeitaufwendiger und mitunter auch kostspieliger ist als das sonst günstigste Beförderungsmittel, ist nach der Rechtsprechung des BFH ebenfalls ein Indiz für eine private Mitveranlassung. Der Zeitaufwand für eine Reise kann vom Steuerpflichtigen grundsätzlich selbst bestimmt werden. Jedoch kann die lange Dauer einer Reise ein Anzeichen dafür sein, dass die Reise zumindest auch teilweise privat veranlasst war. Dies ist beispielsweise der Fall, wenn bei der Teilnahme an einem Fachkongress zwischen Reise- und Kongressdauer ein Missverhältnis besteht.

- BFH-Urteil vom 1. April 1971 – IV R 72/70 –, BStBl 1971 II S. 524
  Es bestehen erhebliche Bedenken gegen die berufliche Veranlassung des Besuches eines Ärztekongresses, wenn dieser nur viereinhalb Tage dauert und die Hin- und Rückreise (mit dem Schiff) 16 Tage beansprucht. Hält das Finanzgericht die Schiffsreise für privat veranlasst, so kann es nicht mit der Begründung, sie habe keine Mehrkosten gegenüber einer Flugreise verursacht, die gesamten Kosten der Reise als Betriebsausgaben anerkennen.
- BFH-Urteil vom 14. Juli 1988 – IV R 57/87 –, BStBl 1989 II S. 19
  Aufwendungen eines Steuerberaters für die Teilnahme an einem Steuerberater-Symposium, das auf einem Passagierfährschiff während einer Ostseefahrt stattfindet, sind nur insoweit als Betriebsausgaben abziehbar, als es sich um die Seminargebühren handelt.

2.7 Gestaltung der Wochenenden/Feiertage

Auch die Gestaltung der Wochenenden sowie der Feiertage ist in die Gesamtbetrachtung der Reise einzubeziehen. Sind diese Tage als reine Ruhetage deklariert, lässt dies nicht unbedingt auf außerberufliche Reisemotive schließen. Etwas Anderes gilt, wenn sich die Ausgestaltung der Wochenenden oder Feiertage an allgemein touristischen Zielen orientiert und in die Reisezeit besonders viele Feiertage und Wochenenden mit einbezogen sind.

- BFH-Urteil vom 31. Januar 1997 – VI R 83/96 –, BFH/NV, S. 647
  Aufwendungen eines Lehrers für einen Studienkurs in England sind nicht als Werbungskosten abziehbar, wenn dabei private Unternehmungen eine nicht nur unbedeutende Rolle spielen. Von zwölf Tagen, die der Lehrgang ohne An- und Abreise dauerte, waren nur sechs Tage ausschließlich mit Veranstaltungen ausgefüllt, die der beruflichen Sphäre zurechenbar sind.

2.8 Gesamtbeurteilung der Reise

Die Abgrenzung und Entscheidung, ob (private) Lebenshaltungskosten oder beruflich/betrieblich bedingte Aufwendungen vorliegen, kann bei Auslandsgruppenreisen zu Informationszwecken nur aufgrund einer Würdigung aller Umstände des jeweiligen Einzelfalls getroffen werden, wobei zu prüfen ist, ob und in welchem Umfang private Gründe ggf. die Reise (mit)veranlasst haben. Die vorgenannten Kriterien sind dabei zu prüfen und gegeneinander abzuwägen. Die Auslandsgruppenreise ist als Einheit zu beurteilen, weil die einzelnen Teile einer solchen Reise von der Organisation und der Durchführung her nur im Zusammenhang gesehen werden können. Ergibt die Gesamtbeurteilung, dass auch private Reiseinteressen von nicht untergeordneter Bedeutung vorgelegen haben, ist regelmäßig die berufliche/betriebliche Veranlassung der gesamten Auslandsgruppenreise zu verneinen (BFH-Urteil vom 14. April 1988, BStBl 1988 II S. 633); s. jedoch Tz. 1 – Hinweis auf ein anhängiges Verfahren vor dem Großen Senat unter dem Az. GrS 1/06 und nachfolgende Tz. 3.2 –.

3. Besonderheiten

3.1 Verbindung der beruflichen/betrieblichen Reise mit einem Privataufenthalt

Reisen, die sich aus einer Auslandsgruppenreise und aus einem vorangehenden oder nachfolgenden Privataufenthalt zusammensetzen, sind nicht mehr als beruflich/betrieblich veranlasst anzusehen, es sei denn, der Privataufenthalt wäre im Verhältnis zur Gruppenreise zeitlich von untergeordneter Bedeutung.

3.2 Abzugsfähige Kosten bei insgesamt nicht beruflich/betrieblich veranlassten Reisen

Wenn die Gesamtreise als nicht beruflich/betrieblich veranlasst zu würdigen ist, sind nur die Aufwendungen als Werbungskosten/Betriebsausgaben abzugsfähig, die zusätzlich zu den Aufwendungen einer im Übrigen als privat zu beurteilenden Reise entstehen, eindeutig von diesen abgrenzbar sind und ausschließlich beruflich/betrieblich veranlasst sind (BFH-Beschluss vom 27. November 1978 – GrS 8/77 –, BStBl 1979 II S. 213).

Voraussetzung ist, dass dem Steuerpflichtigen im Verhältnis zu den Aufwendungen der als privat beurteilten Reise sicher und leicht abgrenzbare zusätzliche Aufwendungen (z. B. für den Geschäftsbesuch bei einem Vertragspartner, für eine Besichtigung oder für die Teilnahme an einem Kongress) erwachsen sind, die nicht entstanden wären, wenn er diesen ausschließlich beruflich/betrieblich veranlassten Reiseteil nicht durchgeführt hätte. Diese zusätzlichen Aufwendungen können z. B. sein:
– Eintrittsgelder
– Fahrtkosten
– Kongressgebühren
– ggf. auch zusätzliche Unterbringungskosten und Mehraufwendungen für Verpflegung.

Alle anderen Aufwendungen, die auch ohne den einzelnen beruflichen/betrieblichen Anlass entstanden wären, sind dagegen nicht als Werbungskosten oder Betriebsausgaben abziehbar.

- BFH-Urteil vom 23. April 1992, BStBl 1992 II S. 898
  Dem Betriebsausgabenabzug der Kosten für die Teilnahme an einer beruflichen Fortbildungsveranstaltung steht nicht entgegen, dass dieser Veranstaltung ein Urlaubsaufenthalt an demselben Ort vorangeht. Die Kosten der Reise zum Veranstaltungsort und zurück einschließlich Reisenebenkosten können in diesem Falle ebenso wie die Kosten des Urlaubsaufenthalts nicht als Betriebsausgaben abgezogen werden. Die auf die Zeit des Fachkongresses entfallenden Übernachtungskosten und Verpflegungsmehraufwendungen sind hingegen betrieblich veranlasst und eindeutig abgrenzbar, so dass § 12 Nr. 1 EStG keine Anwendung findet.

3.3 Ansatz von Werbungskosten/Betriebsausgaben (Pauschbeträgen)

Mehraufwendungen für Verpflegung sind nach des § 4 Abs. 5 Satz 1 Nr. 5 Satz 2 als Werbungskosten/Betriebsausgaben anzusetzen. Bei Auslandsreisen sind die Pauschbeträge für Verpflegungsmehraufwendungen gem. § 4 Abs. 5 Satz 1 Nr. 5 Satz 4 EStG nach den Verhältnissen des jeweiligen Staats anzupassen. Die aktuellen Pauschbeträge für Verpflegungsmehraufwendungen sind im Anhang 25[1]) zum amtlichen Lohnsteuerhandbuch abgedruckt. Für den Steuerpflichtigen besteht seit der Einführung der gesetzlichen Regelung ab dem VZ 1996 ein Rechtsanspruch auf die gesetzlichen Pauschbeträge für Verpflegungsmehraufwendungen, so dass diese auch bei einer offensichtlich unzutreffenden Besteuerung anzusetzen sind (H 9.6 (Verpflegungsmehraufwendungen) LStH – BFH-Urteil vom 4. April 2006 – VI R 44/03 –, BStBl 2006 II S. 567).

Ab dem VZ 2008 sind nur noch die tatsächlichen Übernachtungskosten bei einer Auswärtstätigkeit als Reisekosten und als Werbungskosten abzugsfähig, soweit sie nicht vom Arbeitgeber nach § 3 Nr. 13 oder 16 EStG steuerfrei ersetzt werden (R 9.7 Abs. 2 LStR).

3.4 Reisekostenersatz/Zuwendung einer Reise durch den Arbeitgeber

In manchen Fällen werden die entstandenen Reisekosten durch den Arbeitgeber ganz oder teilweise erstattet. Ersetzt ein privater Arbeitgeber einem Arbeitnehmer Aufwendungen für eine Reise, die nach den vorstehenden Grundsätzen nicht als weitaus überwiegend beruflich veranlasst anzusehen ist, so dass die Aufwendungen insgesamt den steuerlich nicht abzugsfähigen Kosten der privaten Lebensführung i. S. d. § 12 Nr. 1 S. 2 EStG zuzuordnen sind, so kann dies im Einzelfall zu Einnahmen des Arbeitnehmers führen, sofern die Bildungsmaßnahme nicht im ganz überwiegenden Interesse des Arbeitgebers (R 19.7 Abs. 2 LStR) liegt. Gleiches gilt, wenn der private Arbeitgeber seinem Arbeitnehmer die Teilnahme an einer Reise zuwendet, die nicht als weitaus überwiegend beruflich veranlasst zu qualifizieren ist.

Bei der Zuwendung von gemischt veranlassten Reisen, deren beruflicher und privater Anteil jeweils nicht von untergeordneter Bedeutung ist, sind die Kostenbestandteile der Reise – soweit nicht eine direkte Zuordnung zum Werbungskostenbereich oder der Privatsphäre des Arbeitnehmers möglich ist (vgl. 2.1) – im Schätzungswege in Arbeitslohn und Zuwendungen im eigenbetrieblichen Interesse aufzuteilen, da § 12 Nr. 1 EStG bei der Ermittlung der Einnahmen keine sinngemäße Anwendung findet (BFH-Urteil vom 18. August 2005 – VI R 32/03 –, BStBl 2006 II S. 30).

---

[1]) hier abgedruckt in Anhang 31.

Ergibt sich hiernach aus dem Kostenersatz/der Zuwendung der Reise Arbeitslohn, handelt es sich bei den Leistungen des Arbeitgebers um steuerpflichtige Einnahmen des Arbeitnehmers. Ein steuerfreier Ersatz der Reisekosten des Arbeitnehmers nach § 3 Nr. 16 EStG kommt diesbezüglich nicht in Betracht, da diese nur dann steuerfrei ersetzt werden können, wenn sie beim Arbeitnehmer dem Grunde nach Werbungskosten darstellen (BFH-Urteile vom 18. März 1983 – VI R 183/79 – und vom 12. April 2007 – VI R 53/04 –, BStBl 2007 II S. 536).

Der Reisekostenersatz durch den Arbeitgeber könnte ein Indiz für die berufliche/betriebliche Veranlassung der Reise sein, da dies in aller Regel im betrieblichen Interesse des Arbeitgebers geschieht. Dieser Umstand reicht jedoch allein nicht aus, um die berufliche/betriebliche Veranlassung zu bejahen.

Auch die Gewährung von Zuschüssen an Arbeitnehmer im öffentlichen Dienst führt nicht zwangsläufig zur steuerlichen Anerkennung der verbleibenden Reisekosten. Die Aufwendungen des Arbeitnehmers für diese Reisen können in den meisten Fällen ebenfalls nicht als Werbungskosten i. S. d. § 9 EStG berücksichtigt werden, da diese nicht als überwiegend beruflich veranlasst anzusehen sind; sie gehören mithin zu den nicht abzugsfähigen Aufwendungen für die private Lebensführung i. S. d. § 12 Nr. 1 EStG.

Soweit nicht (anteilig) eine Einordnung des Zuschusses als Zuwendung im eigenbetrieblichen Interesse in Betracht kommt, handelt es sich hierbei um Arbeitslohn. Die Steuerbefreiungsvorschrift des § 3 Nr. 13 EStG findet keine Anwendung, da es sich insoweit bei den aus öffentlichen Kassen gezahlten Reisekostenvergütungen dem Grunde nach nicht um Werbungskosten handelt (H 3.13 (Prüfung, ob Werbungskosten) LStH; BFH-Urteil vom 12. April 2007 – VI R 53/04 –, a. a. O.).

Steuerbefreiung des Kaufkraftausgleichs
(§ 3 Nummer 64 EStG);

Gesamtübersicht der Kaufkraftzuschläge – Stand 1. Januar 2013 –

BMF-Schreiben vom 10. 1. 2013 (BStBl I S. 87)

Die Gesamtübersicht über die maßgebenden Kaufkraftzuschläge mit Stand 1. Januar 2013 wird hiermit in der Anlage bekannt gemacht. Die Gesamtübersicht umfasst die Zeiträume ab 1. Januar 2012. Kaufkraftzuschläge für den Zeitraum 1. Januar 2008 bis 1. Januar 2012 ergeben sich aus der Bekanntmachungen vom 9. Januar 2012 – IV C 5 – S 2341/10/10003, DOK 2011/1049449 – (BStBl I Seite 123).
Die Bekanntmachungen über die Steuerbefreiung des Kaufkraftausgleichs vom 12. April 2012 – IV C 5 – S 2341/12/10001; DOK: 2012/0312583 – (BStBl I Seite 530), 6. Juli 2012
– IV C 5 – S 2341/12/10001; DOK: 2012/0619423 – (BStBl I Seite 846) und 10. Oktober 2012
– IV C 5 – S 2341/12/10001; DOK: 2012/0911027 – (BStBl I Seite 943) werden hiermit aufgehoben.

Gesamtübersicht über die Kaufkraftzuschläge zum 1. 1. 2013 (§ 3 Nr. 64 EStG) mit Zeitraum ab 1. 1. 2012	Dienstort	Datum vor 2012 entspricht letzter Änderung	Kaufkraftzuschlag in Prozent
Afghanistan		1. 1. 02	0
Ägypten		1. 1. 01	0
Albanien		1. 9. 02	0
Algerien		1. 6. 01	0
Angola		1. 8. 12	25
Angola		1. 2. 10	30
Argentinien		1. 3. 02	0
Armenien		1. 9. 04	0
Aserbeidschan		1. 12. 11	5
Äquatorialguinea			s. Kamerun
Äthiopien		1. 7. 03	0
Australien		1. 9. 12	20
Australien		1. 8. 12	25
Australien		1. 5. 12	20
Australien		1. 4. 12	15
Australien		1. 1. 12	20
Bahrain		1. 7. 02	0
Bangladesch		1. 4. 02	0
Belgien		1. 04. 09	5
Belgien		1. 12. 81	0
Benin		1. 4. 99	5
Bolivien		1. 8. 01	0
Bosnien-Herzegowina		1. 11. 98	0
Botsuana		1. 10. 90	0
Brasilien	– Brasilia	1. 1. 13	5

Anhang 47
Steuerbefreiung des Kaufkraftausgleichs

Gesamtübersicht über die Kaufkraftzuschläge zum 1. 1. 2013 (§ 3 Nr. 64 EStG) mit Zeitraum ab 1. 1. 2012	Dienstort	Datum vor 2012 entspricht letzter Änderung	Kaufkraftzuschlag in Prozent
Brasilien	– Brasilia	1. 12. 11	10
Brasilien	– Porto Alegre	1. 1. 13	5
Brasilien	– Porto Alegre	1. 2. 11	10
Brasilien	– Recife	1. 1. 13	10
Brasilien	– Recife	1. 5. 10	15
Brasilien	– Rio de Janeiro	1. 1. 13	10
Brasilien	– Rio de Janeiro	1. 2. 11	15
Brasilien	– Sao Paulo		s. Rio de Janeiro
Brunei		1. 8. 02	0
Bulgarien		1. 6. 95	0
Burkina Faso		1. 10. 12	5
Burkina Faso		1. 4. 12	10
Burkina Faso		1. 3. 12	5
Burkina Faso		1. 5. 11	10
Burundi		1. 5. 12	15
Burundi		1. 6. 11	5
Chile		1. 1. 12	10
Chile		1. 5. 10	5
China	– Hongkong	1. 10. 11	5
China	– Kanton	1. 8. 02	0
China	– Peking	1. 8. 02	0
China	– Shanghai	1. 2. 03	0
Costa Rica		1. 3. 02	0
Côte d'Ivoire		1. 5. 11	10
Dänemark		1. 1. 13	15
Dänemark		1. 5. 11	20
Dominikanische Republik		1. 12. 05	0
Dschibuti		1. 12. 12	15
Dschibuti		1. 7. 12	20
Dschibuti		1. 2. 12	15
Dschibuti		1. 1. 12	20
Ecuador		1. 8. 02	0
El Salvador		1. 12. 06	0
Eritrea		1. 11. 08	15
Estland		1. 12. 96	0
Finnland		1. 6. 12	10

Anhang 47
Steuerbefreiung des Kaufkraftausgleichs

Gesamtübersicht über die Kaufkraftzuschläge zum 1. 1. 2013 (§ 3 Nr. 64 EStG) mit Zeitraum ab 1. 1. 2012	Dienstort	Datum vor 2012 entspricht letzter Änderung	Kaufkraftzuschlag in Prozent
Finnland		1. 5. 12	5
Finnland		1. 8. 11	10
Frankreich		1. 10. 00	10
Gabun		1. 12. 10	15
Georgien		1. 2. 10	0
Ghana		1. 5. 12	0
Ghana		1. 4. 12	5
Ghana		1. 4. 11	0
Griechenland		1. 6. 12	0
Griechenland		1. 4. 12	5
Griechenland		1. 2. 12	0
Griechenland		1. 9. 11	5
Guatemala		1. 8. 10	0
Guinea		1. 5. 12	10
Guinea		1. 3. 12	5
Guinea		1. 2. 12	10
Guinea		1. 2. 09	5
Haiti		1. 4. 12	15
Haiti		1. 3. 12	5
Haiti		1. 1. 12	10
Honduras		1. 4. 09	0
Indien		1. 6. 02	0
Indonesien		1. 7. 02	0
Irak		1. 8. 01	5
Iran		1. 11. 98	0
Irland		1. 12. 09	5
Island		1. 12. 12	5
Island		1. 6. 12	10
Island		1. 11. 11	5
Israel		1. 12. 12	5
Israel		1. 4. 10	10
Italien		1. 1. 13	0
Italien		1. 4. 96	5
Jamaika		1. 4. 12	15
Jamaika		1. 3. 12	10
Jamaika		1. 1. 12	15

Anhang 47

Steuerbefreiung des Kaufkraftausgleichs

Gesamtübersicht über die Kaufkraftzuschläge zum 1. 1. 2013 (§ 3 Nr. 64 EStG) mit Zeitraum ab 1. 1. 2012	Dienstort	Datum vor 2012 entspricht letzter Änderung	Kaufkraftzuschlag in Prozent
Japan		1. 12. 12	35
Japan		1. 6. 12	40
Japan		1. 5. 12	35
Japan		1. 4. 12	30
Japan		1. 10. 11	35
Jemen		1. 9. 02	0
Jordanien		1. 3. 03	0
Kambodscha		1. 12. 04	0
Kamerun		1. 3. 12	5
Kamerun		1. 9. 08	10
Kanada	– Montreal		s. Ottawa
Kanada	– Ottawa	1. 10. 12	10
Kanada	– Ottawa	1. 8. 12	15
Kanada	– Ottawa	1. 1. 12	10
Kanada	– Toronto	1. 12. 12	10
Kanada	– Toronto	1. 5. 12	15
Kanada	– Toronto	1. 4. 12	10
Kanada	– Toronto	1. 3. 12	15
Kanada	– Toronto	1. 7. 10	10
Kanada	– Vancouver	1. 1. 13	10
Kanada	– Vancouver	1. 1. 12	15
Kasachstan		1. 3. 09	0
Katar		1. 8. 02	0
Kap Verde		1. 10. 11	5
Kenia		1. 6. 12	5
Kenia		1. 3. 12	0
Kenia		1. 1. 12	5
Kirgisistan		1. 12. 98	0
Kolumbien		1. 7. 02	0
Kongo		1. 10. 12	15
Kongo, Dem. Rep.		1. 11. 12	15
Kongo, Dem. Rep.		1. 6. 12	20
Kongo, Dem. Rep.		1. 12. 11	15
Korea		1. 1. 12	10
Korea, Demokratische Volksrepublik		1. 1. 12	10
Kosovo		1. 12. 98	0

Anhang 47
Steuerbefreiung des Kaufkraftausgleichs

Gesamtübersicht über die Kaufkraftzuschläge zum 1. 1. 2013 (§ 3 Nr. 64 EStG) mit Zeitraum ab 1. 1. 2012	Dienstort	Datum vor 2012 entspricht letzter Änderung	Kaufkraftzuschlag in Prozent
Kroatien		1. 2. 99	0
Kuba		1. 10. 11	10
Kuwait		1. 7. 02	0
Laotische Demokratische Volksrepublik		1. 7. 02	0
Lettland		1. 1. 01	0
Libanon		1. 4. 12	5
Libanon		1. 7. 10	0
Libyen		1. 8. 02	0
Litauen		1. 12. 98	0
Luxemburg		1. 12. 12	0
Luxemburg		1. 8. 12	0
Luxemburg		1. 7. 12	5
Luxemburg		1. 2. 12	0
Luxemburg		1. 12. 11	5
Madagaskar		1. 4. 08	5
Malawi		1. 7. 12	0
Malawi		1. 12. 11	5
Malaysia		1. 6. 02	0
Mali		1. 4. 11	10
Malta		1. 5. 03	0
Marokko		1. 6. 02	0
Mauretanien		1. 12. 11	5
Mazedonien		1. 10. 92	0
Mexiko		1. 4. 03	0
Moldau		1. 9. 01	0
Mongolei		1. 8. 12	0
Mongolei		1. 12. 10	5
Mosambik		1. 8. 11	5
Montenegro		1. 5. 07	0
Myanmar		1. 4. 11	5
Namibia		1. 5. 02	0
Nepal		1. 3. 01	0
Neuseeland		1. 9. 12	10
Neuseeland		1. 8. 12	15
Neuseeland		1. 1. 12	10
Nicaragua		1. 10. 03	0

Anhang 47

Steuerbefreiung des Kaufkraftausgleichs

Gesamtübersicht über die Kaufkraftzuschläge zum 1. 1. 2013 (§ 3 Nr. 64 EStG) mit Zeitraum ab 1. 1. 2012	Dienstort	Datum vor 2012 entspricht letzter Änderung	Kaufkraftzuschlag in Prozent
Niederlande		1. 10. 83	0
Niger		1. 9. 07	10
Nigeria		1. 6. 12	25
Nigeria		1. 8. 11	20
Norwegen		1. 6. 12	35
Norwegen		1. 5. 12	20
Norwegen		1. 2. 12	25
Norwegen		1. 12. 11	20
Oman		1. 8. 02	0
Österreich		1. 2. 12	0
Österreich		1. 11. 99	5
Pakistan		1. 9. 95	0
Palästin. Autonom.			s. Israel
Panama		1. 8. 04	0
Papua-Neuguinea			s. Australien
Paraguay		1. 9. 11	0
Peru		1. 12. 12	0
Peru		1. 7. 12	5
Peru		1. 7. 10	0
Philippinen		1. 1. 98	0
Polen		1. 12. 99	0
Portugal		1. 2. 93	0
Ruanda		1. 5. 10	10
Rumänien		1. 1. 99	0
Russische Föderation		1. 3. 04	0
Sambia		1. 7. 06	0
Saudi-Arabien		1. 8. 02	0
Schweden		1. 11. 12	15
Schweden		1. 8. 12	20
Schweden		1. 10. 10	15
Schweiz		1. 1. 12	25
Senegal		1. 11. 11	5
Serbien		1. 7. 92	0
Sierra Leone		1. 5. 12	10
Sierra Leone		1. 11. 11	5
Simbabwe		1. 11. 12	5

Anhang 47
Steuerbefreiung des Kaufkraftausgleichs

Gesamtübersicht über die Kaufkraftzuschläge zum 1. 1. 2013 (§ 3 Nr. 64 EStG) mit Zeitraum ab 1. 1. 2012	Dienstort	Datum vor 2012 entspricht letzter Änderung	Kaufkraftzuschlag in Prozent
Simbabwe		1. 6. 12	10
Simbabwe		1. 9. 10	5
Singapur		1. 10. 12	5
Singapur		1. 8. 12	10
Singapur		1. 6. 10	5
Slowakische Republik		1. 8. 94	0
Slowenien		1. 11. 91	0
Spanien		1. 4. 10	5
Spanien		1. 2. 10	0
Sri Lanka		1. 2. 95	0
Südafrika		1. 9. 01	0
Sudan		1. 2. 11	5
Syrien		1. 2. 04	0
Tadschikistan		1. 9. 04	0
Taiwan		1. 8. 05	0
Tansania		1. 11. 03	0
Thailand		1. 11. 98	0
Togo		1. 9. 01	5
Trinidad und Tobago		1. 1. 12	5
Tschad		1. 10. 12	15
Tschad		1. 10. 10	20
Tschechische Republik		1. 4. 00	0
Tunesien		1. 2. 01	0
Türkei		1. 12. 10	0
Turkmenistan		1. 3. 03	0
Uganda		1. 12. 11	5
Ukraine		1. 8. 02	0
Ungarn		1. 7. 91	0
Uruguay		1. 10. 11	10
Usbekistan		1. 6. 12	20
Venezuela		1. 3. 12	15
Venezuela		1. 10. 11	5
Vereinigte Arabische Emirate		1. 8. 02	0
Vereinigte Staaten	– Atlanta	1. 6. 12	10
Vereinigte Staaten	– Atlanta	1. 2. 12	5
Vereinigte Staaten	– Atlanta	1. 1. 12	10

Anhang 47
Steuerbefreiung des Kaufkraftausgleichs

Gesamtübersicht über die Kaufkraftzuschläge zum 1. 1. 2013 (§ 3 Nr. 64 EStG) mit Zeitraum ab 1. 1. 2012	Dienstort	Datum vor 2012 entspricht letzter Änderung	Kaufkraftzuschlag in Prozent
Vereinigte Staaten	– Boston	1. 7. 12	10
Vereinigte Staaten	– Boston	1. 6. 12	15
Vereinigte Staaten	– Boston	1. 10. 11	10
Vereinigte Staaten	– Chicago	1. 1. 12	10
Vereinigte Staaten	– Houston	1. 6. 12	10
Vereinigte Staaten	– Houston	1. 2. 12	5
Vereinigte Staaten	– Houston	1. 1. 12	10
Vereinigte Staaten	– Los Angeles	1. 7. 12	10
Vereinigte Staaten	– Los Angeles	1. 6. 12	15
Vereinigte Staaten	– Los Angeles	1. 1. 12	10
Vereinigte Staaten	– Miami	1. 7. 12	5
Vereinigte Staaten	– Miami	1. 6. 12	10
Vereinigte Staaten	– Miami	1. 10. 12	5
Vereinigte Staaten	– New York	1. 7. 12	15
Vereinigte Staaten	– New York	1. 6. 12	20
Vereinigte Staaten	– New York	1. 1. 12	15
Vereinigte Staaten	– San Francisco	1. 1. 12	10
Vereinigte Staaten	– Washington	1. 7. 12	10
Vereinigte Staaten	– Washington	1. 6. 12	15
Vereinigte Staaten	– Washington	1. 1. 12	10
Vereinigtes Königreich		1. 5. 12	15
Vereinigtes Königreich		1. 10. 11	10
Vietnam		1. 5. 03	0
Weißrussland		1. 11. 01	0
Zypern		1. 8. 95	0

Änderungen und Ergänzungen dieser Übersicht werden vierteljährlich im Bundessteuerblatt Teil I veröffentlicht. Der Zuschlag bezieht sich, sofern nicht andere Zuschläge festgesetzt sind, jeweils auf den gesamten konsularischen Amtsbezirk einer Vertretung (R 3.64 Abs. 3 LStR 2008). Informationen zu den konsularischen Amtsbezirken der Vertretungen erhalten Sie unter www.auswaertiges-amt.de.

Kaufkraftzuschläge für den Zeitraum vor dem 1. Januar 2012 ergeben sich aus folgenden Bekanntmachungen:

Für den Zeitraum 1. 1. 2008 bis 1. 1. 2012 ergeben sie sich aus der Bekanntmachung vom 9. Januar 2012 – IV C 5 – S 2341/10/10003, DOK 2011/1049449 – (BStBl I S. 123).

Für den Zeitraum 1. Januar 2004 bis 1. Januar 2008 ergeben sie sich aus der Bekanntmachung vom 10. Januar 2008 – IV C 5 – S 2341/08/0001, DOK: 2008/0010594 (BStBl I 2008 S. 259).

Für den Zeitraum vom 1. Januar 2000 bis 1. Januar 2004 ergeben sie sich aus der Bekanntmachung vom 23. Dezember 2003 – IV C 5 – S 2341–16/03 – (BStBl I 2004 S. 45).

Für Zeiträume vor dem 1. Januar 2000 ergeben sie sich aus der Bekanntmachung vom 27. Dezember 2002 – IV C 5 – S 2341–13/02 – (BStBl I 2003 S. 50).

C.
Stichwortverzeichnis

Es bezeichnen:

halbfette Zahlen	=	die Paragraphen des EStG
kursive Zahlen	=	die Paragraphen der Durchführungsverordnungen
normale Zahlen	=	Richtlinien, Hinweise, Anlagen und Anhänge
eingeklammerte Zahlen	=	die Absätze der Paragraphen, Richtlinien oder Hinweise

Beispiele:

R 9 (1)	=	Lohnsteuer-Richtlinie 9 Abs. 1
H 2	=	Hinweis zu Lohnsteuer-Richtlinie 2
44a H	=	nichtamtlicher Hinweis zu § 44a EStG
§ 4 LStDV	=	Paragraph 4 der Lohnsteuer-Durchführungsverordnung
Anh. 4	=	Anhang lfd. Nr. 4

4

44-Euro-Freigrenze
– Mahlzeiten bei Auswärtstätigkeit **8** H 8.1
– Sachbezüge **8** H 8.1

A

Abfindung **24**
– ermäßigter Steuersatz **34**

Abfluss
– von Ausgaben und Zufluss von Einnahmen **11**

Abführung
– Lohnsteuer **41a**; **41a** R *41a.2*

Abgeordnete **22** Nr. 4

Abgrenzung
– selbständige/nichtselbständige Arbeit **3** H 3.28

Abnutzungsentschädigung
– Dienstkleidung **3** Nr. 4
– Steuerfreiheit für Dienstbekleidung **3** R 3.4

Abschlagszahlung **39b** (5); **39b** R 39b.5(5); **39b** H 39b.5

Absetzungen für außergewöhnliche technische oder wirtschaftliche Abnutzung **7** (1)

Absetzungen für Substanzverringerung **7** (6)

Absetzung für Abnutzung **3** R 3 (3); **7a**; **7b**; **9** (1); **9** H 9.12
– Arbeitsmittel **9** R 9.12
– Kraftfahrzeug **8** R 8.1 (9)
– Kraftfahrzeug als Fahrtkosten **9** H 9.5
– Lohnsteuer-Ermäßigungsverfahren **39a** R *39a.2*

Abtretungsanzeige **46** H 46

Abzugsteuer
– Entlastung von deutscher – **50d**
– § 50a EStG bei Korrespondenten **50a** H 50a
– § 50a EStG bei Künstlern und Sportlern **50a** H 50a
– § 50a EStG Bemessungsgrundlage **50a** H 50a
– § 50a EStG Sicherheitseinbehalt **50a** H 50a

Abzugsverbot
– gemischte Aufwendungen **9** R 9.1
– Werbungskosten **9** H 9.1

AfA
– bei abnutzbaren Anlagegütern **7**
– bei Eigentumswohnungen **7** (5)
– bei Gebäuden **7** (4); **7** (5)
– bei Gebäudeteilen **7** (5)
– bei im Teileigentum stehenden Räumen **7** (5)
– bei Übertragung einer stillen Rücklage **6**
– bei unentgeltlich erworbenen Wirtschaftsgütern **7**
– Bemessung der – allgemein **7**
– beweglicher Anlagegüter **7** (2)
– degressive – **7** (2)
– EWR-Abkommen **7** (5)
– für außergewöhnliche technische oder wirtschaftliche Abnutzung (AfaA) **7** (1)
– lineare – **7** (1)
– Mitgliedstaat der EU **7** (5)
– nach Einlage/Entnahme **7** (1)
– vom Firmenwert u. Ä. **7** (1)
– Wahl der -Methode **7** (3)

Agentur für Arbeit
– Arbeitgeberzahlungen als Arbeitslohn **3** H 3.2

Aktien **3** Nr. 39; **3** H 3.39; **19a**; **19a** H 19a

Alleinerziehende
– Allgemeines Anh. 26
– Anspruchsberechtigte Anh. 26
– Entlastungsbetrag **24b**; Anh. 26

Altersentlastungsbetrag **24a**
– Anwendung der Lohnsteuertabellen **24a** H 24a
– Sonstiger Bezug **39b** R 39b.4
– Vorsorgepauschale **24a** H 24a

Alterssicherung der Landwirte
– Zuschüsse nach dem Gesetz über die – **3** Nr. 17

Altersteilzeit
– begünstigter Personenkreis Anh. 1
– Berechnungsvorschriften Anh. 1
– Insolvenzsicherung Anh. 1
– Leistungen Anh. 1

1373

Stichwortverzeichnis

- Progressionsvorbehalt **32b**
- Verfahren Anh. 1
- Werbungskosten **3 H 3.28**

Altersteilzeitarbeit
- Aufstockungsbetrag **3 R 3.28**
- Wertguthaben, Auszahlung **3b R 3b**

Altersteilzeitgesetz
- Leistungen nach **3 H 3.26a; 3 R 3.28**
- s. a. Altersteilzeitarbeit" Anh. 1
- Sicherung von Ansprüchen **3 Nr. 65**

Altersteilzeitzuschlag
- Ausgleich bei vorzeitiger Beendigung Anh. 1
- Höhe und Berechnung Anh. 1

Altersteilzeitzuschlagsverordnung Anh. 1

Altersübergangsgeld
- Betriebliche Altersversorgung Anh. 2

Altersversorgung
- betriebliche, arbeitnehmerfinanziert **38 H 38.2**
- betriebliche, Übertragung **3 H 3.51; 3 H 3.55b**
- private, Übertragung **3 H 3.55b; 3 Nr. 55c**
- Steuerfreiheit bei Umlagefinanzierung **3 Nr. 55c**
- Übertragung mit Auslandsbezug **3 Nr. 55c**

Altersversorgung, betriebliche – **4a; 4c; 4d (1)**

Altersvorsorge
- Altersvorsorgeverträge-Zertifizierungsgesetz Anh. 2
- zusätzliche **10a**

Altersvorsorgebeiträge
- Altersvorsorgeverträge-Zertifizierungsgesetz **82**
- Grundzulage **83**
- Kinderzulage **83**

Altersvorsorge-Eigenheimbetrag 92b

Altersvorsorgevermögen
- Übertragbarkeit **97**

Altersvorsorgevertrag
- Besteuerung der Leistungen **22 Nr. 5**

Altersvorsorge-Zertifizierungsgesetz (AltZertG) Anh. 2

Altersvorsorgezulage
- Allgemeine Vorschriften **96**
- Altersvorsorge-Eigenheimbetrag **92a**
- Altersvorsorgevertrag **79**
- Anbieter **80**
- Antrag **89**
- Anwendung der Abgabenordnung **96**
- Beendigung der unbeschränkten Steuerpflicht **95**
- Bescheinigung **92**
- Datenerhebung, Datenabgleich **91**
- Entstehen des Anspruchs **88**
- Ermächtigung **99**
- EWR-Abkommen **79**
- Grundzulage **84**
- Höhe der Kinderzulage **85**
- Mindesteigenbeitrag **86**
- Mitgliedstaat der EU **79**
- Rechtsweg **97**
- schädliche Verwendung **93**
- schädliche Verwendung, Verfahren **94**
- Verfahren **90**

- Vordrucke **99**
- Wohnsitz oder gewöhnlicher Aufenthalt **79**
- Zentrale Stelle **81**
- Zulageberechtigte **79**
- Zusammentreffen mehrerer Verträge **87**

Altervorsorgevertrag
- Verwendung für selbst genutzte Wohnung **92b**
- Wohnförderkonto **92b**

Amateursportler **19 H 19.0**

Änderung des Lohnsteuerabzugs
- Voraussetzung, Berechtigung **41c**

Anlage AV **10a**

Anlage Grenzpendler (außerhalb) EU/EWR
- Lohnsteuer-Ermäßigungsverfahren **1 H 1**
- Verzicht auf Bestätigung ausländischer Steuerbehörde **1 H 1**

Anlagegüter
- Übertragung stiller Reserven **6b**
- Veräußerung von **6b**

Anlage N (Vordruckmuster) **19 H 19.3**

Anlage Vorsorgeaufwand **10 H 10**

Anrechnung
- Lohnsteuer **36**
- Steuerabzug bei Bauleistungen **48c**

Anrufungsauskunft
- Bindung des Finanzamts **40 H 40.1**
- Bindungswirkung **42e H 42e**
- Gebührenberechnung **42e H 42e**
- Lohnsteuerverfahren **42e; 42e R 42e**
- Rechtsbehelfsverfahren **42e H 42e**
- trotz Außenprüfung **42f R 42f (5)**
- Verwaltungsakt **42e H 42e**

Anschaffungskosten
- Arbeitsmittel **9 R 9.12; 9 H 9.12**
- bei unentgeltlichem Erwerb **7**
- Vorsteuerabzug **9b**

Antrag
- Kindergeld **67**

Antragsgrenze
- Lohnsteuer-Ermäßigungsverfahren **39a R.1**

Antragsveranlagung **46**

Anwaltsverein **19 H 19.3**

Anwendungsvorschriften
- zur Abgeltungsteuer **52a**

Anwendungsvorschriften EStG **52**

Anzeigepflicht 38 (4)
- unterbliebener Lohnsteuerabzug **41c (4)**

Apothekervertreter **19 H 19.0**

Arbeitgeber **19 R 19.1; 19 H 19.1**
- Allgemeines **1**
- Anzeigepflicht **38 (4)**
- Anzeigepflicht für zu gering einbehaltene Lohnsteuer **41c R 41c.2**
- Arbeitnehmerentsendung **38 R 38.3 (5); 41c R 41c.2**
- Dritter **38 (3a)**
- Einbehaltungspflicht **38 R 38.3**
- Haftung **42d; 42d H 42d.1**

1374

Stichwortverzeichnis

- inländische Betriebsstätten ausländischer Unternehmen **38** R 38.3 (2)
- inländischer **38**
- inländischer, unselbständige Betriebsstätte im Ausland **39d** R 39d
- Leistungen zur Verbesserung des Gesundheitszustands **3** Nr. 34
- Mitwirkungspflicht bei Außenprüfung **42f** H 42f
- Recht bei Außenprüfung **42f** H 42f
- Übernahme pauschaler Lohnsteuer **40** H 40.2

Arbeitgeberdarlehen
- Ermittlung geldwerter Vorteil Anh. 42
- Ermittlung Maßstabszinssatz Anh. 42
- Rabatt-Freibetrag **8** H 8.2
- steuerliche Behandlung Anh. 42
- Versteuerung in Sonderfällen Anh. 42
- Zufluss von Arbeitslohn Anh. 42

Arbeitgebererstattung
- Fahrtkosten **9** H 9.5

Arbeitgebermerkblatt
- geldwerter Vorteil **8** H 8.1
- Kraftfahrzeuggestellung **8** H 8.1
- Überlassung eines betrieblichen Kraftfahrzeugs zu Privatfahrten **8** H 8.1

Arbeitnehmer
- Allgemeines *1;* **19** H 19.0
- Beispiele **19** H 19.0
- Pauschalierung der Lohnsteuer **40a** R 40a.1
- Steuerschuldner **38 (2)**
- Teilzeitbeschäftigter **40a**

Arbeitnehmeranteil
- gesetzlicher, Sozialversicherung **39b** R 39b.9

Arbeitnehmerentsendung **19** R 19.1; **19** H 19.1
- inländischer Arbeitgeber **38** R 38.3
- Lohnsteuerabzug **38** R 38.3 (5)
- zwischen international verbundenen Unternehmen **39d** H 39d

Arbeitnehmer-Erfindung **39b** R 39b (39b)

Arbeitnehmerjubiläum **19** R 19.3; **19** R 19.5 (2)

Arbeitnehmer-Pauschbetrag **9a**
- Allgemeines **9a** H 9a
- Einnahmen aus nichtselbständiger Arbeit **9a** H 9a

Arbeitnehmerüberlassung **19** R 19.1-2; **42d**
- Anzeige der Überlassung Anh. 3
- Arbeitgeber **42d** H 42d.2
- Baugewerbe **42d** H 42d.2; Anh. 3
- gewerbsmäßige Anh. 3
- Haftung **42d**
- Haftungsausschluss **42d (6)**
- Konzern **42d** H 42d.2
- Leiharbeitsverhältnis Anh. 3
- Lohnsteuerabzug **38** R 38.4
- Zusammenarbeit Finanzbehörde und Bundesanstalt für Arbeit **42d** H 42d.2

Arbeitnehmerüberlassungsgesetz Anh. 3

Arbeitnehmerveranlagung **46** H 46

Arbeitsentgelt
- nicht zuzurechnende Zuwendungen Anh. 4
- sozialversicherungspflichtiges Anh. 4

Arbeitsessen **19** R 19.6 (2)

Arbeitsförderungsgesetz
- Leistungen nach **3** Nr. 2; **3** R 3.2

Arbeitslohn **19;** 2; **19** R 19.3; **19** H 19.3; **39b** R 39b.5
- Abschlagszahlung **39b** R 39b.5 (5)
- Angabe im Lohnkonto **41**
- Arbeitgeberzahlungen an Agentur für Arbeit **3** H 3.2
- Aufwandsentschädigung **3** Nr. 12
- Aufzeichnung im Lohnkonto **41** R 41.1
- Aufzeichnungspflichten **41**
- ausländischer **34c; 39d**; **39d** R 39d; **49; 50**
- ausländischer, Steuerabzug **50a**
- Ausscheiden aus Dienstverhältnis **41c** R 41c.1
- Bescheinigung **41b** R 41b; **41c** R 41c.1
- beschränkt Steuerpflichtiger **49**
- Bezüge aus Dienstverhältnissen bei Wiedergutmachung **3** H 3.6
- durch Dritte **38 (1); 38** R 38.4
- Erbe oder Hinterbliebener des Arbeitnehmers **19** R 19.9; **19** H 19.9
- Fort- oder Weiterbildungsleistungen des Arbeitgebers **19** R 19.7
- geldwerter Vorteil **8** R 8.1 (1)
- gewerbliche Arbeitnehmerüberlassung Anh. 9
- Hinterbliebenenbezüge **3** Nr. 6
- Kostenübernahme für Führerscheinerwerb kein **3** H 3.12
- Lohnzahlungszeitraum **38a**
- Monat Januar **39c**
- nach den Doppelbesteuerungsabkommen Anh. 9
- Neben- und Aushilfstätigkeit **19** R 19.2; **19** H 19.2
- Pauschsteuersatz bei Zuwendung für Fahrten zwischen Wohnung und Arbeitsstätte **40 (2)**
- Rückzahlung **11** H 11
- Sachbezüge **8**
- Steuerabzug **38** R 38.1
- steuerfrei **3** H 3.0
- steuerfreier Aufstockungsbetrag **3** H 3.28
- steuerpflichtiger und steuerfreier **3** R 3.2
- Trinkgelder, freiwillige **38; 38** R 38.4
- Versorgungsbezüge **19** R 19.8
- versorgungshalber **3** Nr. 6
- Werkzeuggeld **3** R 3.30
- Wertguthaben **38**
- Zufluss **38** R 38.2; **38** H 38.2; **38a**
- Zuwendungen bei Betriebsveranstaltungen **19** R 19.5

Arbeitslohn für mehrere Jahre
- ermäßigter Steuersatz **34**

Arbeitslohnrückzahlung **11** H 11

Arbeitslosenbeihilfe und -hilfe
- nach Soldatenversorgungsgesetz steuerfrei **3** Nr. 2a

Arbeitslosengeld
- Progressionsvorbehalt **32b; 32b** H 32b

Arbeitslosengeld, -hilfe
- Steuerfreiheit **3** Nr. 2; **3** R 3 (03)

Arbeitslosengeld II
- Progressionsvorbehalt **3** H 3.2
- Steuerfreiheit **3** H 3.2

1375

Stichwortverzeichnis

Arbeitslosenversicherung
- Sonderausgaben **10**

Arbeitsmittel **9 (1); 9** R 9.12; **19** R 19.3
- Absetzung für Abnutzung **9** H 9.12
- Angemessenheit **9** H 9.12
- Aufteilung der Anschaffungs- oder Herstellungskosten **9** H 9.12
- Nachweis der beruflichen Nutzung **9** H 9.12

Arbeitsrechtliche Vorschriften
- Entschädigung **3** Nr. 2 R 3.2

Arbeitsschutzkleidung **3** R 3.31

Arbeitsstätte
- regelmäßige **9** H 9.4

Arbeitszeitkonto **38** H 38.2
- lohn-/einkommensteuerliche Behandlung sowie Voraussetzungen für die steuerliche Anerkennung Anh. **35**
- Sicherung von Ansprüchen **3** Nr. **65**
- Steuerfreiheit bei Übertragung **3** Nr. **53**

Arbeitszimmer
- abziehbare Aufwendungen **9** H 9.14
- allgemeine Grundsätze **9** H 9.14
- außerhäusliches Arbeitszimmer **9** H 9.14
- Ausstattung **9** H 9.14
- berufliche Nutzung **9** H 9.14
- Drittaufwand **9** H 9.14
- Ein-Raum-Appartement **9** H 9.14
- Lage im Mehrfamilienhaus **9** H 9.14
- räumliche Voraussetzungen **9** H 9.14
- Sonderabschreibung **9** H 9.14
- Telearbeitsplatz **9** H 9.14
- Vermietung an den Arbeitgeber **9** H 9.14
- Vorweggenommene Aufwendungen **9** H 9.14

Artist **19** H 19.0

Arzt **19** H 19.0; **19** R 19.3
- Übungsleiterpauschale **3** H 3.26

AStA-Mitglieder **19** H 19.0

Asylbewerber **19** H 19.0

Aufgeld
- gegebenes Darlehen **3** H 3.16

Aufmerksamkeit **19** R 19.6

Aufrechnung
- von Kindergeld **75**

Aufsichtsvergütung **19** H 19.2

Aufstockungsbetrag
- Altersteilzeitarbeit, Steuerfreiheit **3** H 3.26a
- Altersteilzeitgesetz **99** H 99
- steuerfreier, laufender Arbeitslohn **3** H 3.28
- steuerfreier, sonstiger Bezug **3** H 3.28

Aufteilungsverbot **9** R 9.1
- bei mehreren Einkunftsarten **9** H 9.1
- Werbungskosten **9** H 9.1

Aufteilung von Aufwendungen
- bei mehreren Einkunftsarten **9** H 9.1
- Werbungskosten **9** H 9.1

Aufwandsentschädigung
- Allgemeines **3** H 3.12
- Begriff **3** H 3.12

- Daseinsvorsorge **3** H 3.12
- ehrenamtlich tätige Person **3** R 3.12
- Festsetzung **3** H 3.12
- fiskalische Verwaltung **3** H 3.12
- kommunale Vertretung **3** H 3.12
- Monatsbetrag **3** H 3.12
- nach § 1835a BGB **3** H 3.26a
- nebenberufliche Tätigkeit **3** H 3.16; **3** R 3.26
- öffentliche Kassen **3** Nr. 12; **3** R 3.12
- steuerlicher Aufwand **3** H 3.12
- Übungsleiterpauschale **3** H 3.16; **3** R 3.26
- verkammerter Beruf **3** H 3.12

Aufwendungen der Lebensführung Anh. **13**

Aufwendungszuschüsse
- Wohnungsfürsorgemittel **3** H 3.58

Aufzeichnungspflichten
- Lohnsteuerabzug **41; 4**

Ausbilder
- nebenberuflich **3** H 3.26; **3** R 3.26
- Prüfungstätigkeit **3** H 3.26
- Übungsleiterpauschale **3** H 3.26; **3** R 3.26

Ausbildung **9** R 9.2

Ausbildungsbeihilfen **3** H 3.11

Ausbildungsfreibetrag **33a (2)**

Ausbildungsverhältnis Anh. **34**

Ausbildungsverhältnisse Anh. **34**

Ausgaben
- Abfluss **11**
- steuerfreie, Einnahmen **3c**

Ausgleichsgeld
- FELEG **19** H 19.3

Ausgleichsposten bei Entnahme nach § 4 Absatz 1 Satz 3 EStG **4g**

Ausgleichszahlung, gesetzliche Rentenversicherung
- Leistungen, Steuerfreiheit **3** Nr. 2a

Aushilfstätigkeit **19** R 19.2; **19** H 19.2

Auskunft
- Lohnsteuerverfahren **42e**

Auslagenersatz **3** R 3.50; **3** H 3.50

Ausländische Einkünfte **34d**
- Ermittlungsvorschrift, Berücksichtigung negativer **2a**
- Progressionsvorbehalt **32b**
- Steuerermäßigung **34c**

Ausländische Streitkräfte
- Angehöriger **39d** H 39d
- Steuerklasse Ehegatte **39d** H 39d

Auslandsdienstreise Anh. **20**
- Auslandsreisekostenverordnung Anh. **23**
- Auslandstagegeld Anh. **23**
- Auslandsübernachtungsgeld Anh. **23**
- Grenzübertritt Anh. **23**
- Kostenerstattung Anh. **23**
- Reisekosten Pauschsteuersatz **40 (1)**
- Übersicht Höchst- und Pauschbeträge Anh. **47**

Auslandskind
- Freibeträge **39a (1)**

Stichwortverzeichnis

Auslandsreisekostenverordnung Anh. 23

Auslandstätigkeit
- Kaufkraftausgleich **3 Nr. 64**
- Werbungskosten **9** H 9.1
- zivilrechtlicher Arbeitgeber Anh. 9

Auslandstätigkeitserlass 39b H 39b.10; **39d;
39d** R 39d; **41b** R 41b
- Antrag Bescheinigung Freistellung vom Steuerabzug **39d** H 39d
- Bescheinigung Freistellung des Arbeitslohns vom Steuerabzug **39d** H 39d
- Doktoranden **39d** H 39d

Auslandstrennungsgeld
- Anwendungsbereich Anh. 22
- getrennte Haushaltsführung Anh. 22
- in Sonderfällen Anh. 22

Auslandstrennungsgeldverordnung Anh. 22

Auslandsumzugskostenverordnung Anh. 8

Auslösung
- steuerfreie **3** R 3.13; **3** R 3.16

Außenprüfung Anh. 6

Außergewöhnliche Belastung
- allgemeiner Art **33**
- in besonderen Fällen **33a**
- zumutbare Belastung **33 (3)**

Außerordentliche Einkünfte
- ermäßigter Steuersatz **34**

Ausstattung
- Arbeitszimmer **3** R 3.4

Auswärtstätigkeit 9 R 9.4 (2)
- Mahlzeit **8** H 8.1; Anh. 36

Automation
- Steuerdaten-Übermittlungsverordnung Anh. 12
- Steuerverwaltung Anh. 12

B

Bahncard 100
- Reisekostenerstattung **3** H 3.16

Bahnhofsmission
- Entschädigung für nebenberufliche Tätigkeit **3** H 3.26

Bahnversicherungsanstalt (Zuschüsse) 19 H 19.3

Baudenkmale
- Erhaltungsaufwand **11b**
- Erhöhte Absetzungen **7i**
- Steuerbegünstigung **10f**

Bauleistungen
- Steuerabzug **48**
- Steuerabzug, Anrechnung auf Steuern **48c**
- Steuerabzug, Freistellungsbescheinigung **48b**
- Steuerabzug, Verfahren **48a**

Beamte
- vorzeitiger Ruhestand **19** H 19.8

Beamtenversorgungsgesetz
- steuerfreie Bezüge **3** H 3.6

Behinderten-Pauschbetrag 33b (3)

Behinderter Mensch
- Einnahmen Gastfamilie **3** H 3.6
- Eintragung Pauschbetrag **39a (2)**
- Leistungen, steuerfrei **3** R 3.2
- Nachweis der Behinderung **65**
- Versorgungsbezüge **19 (2)**
- Zuschuss der Werkstätten zu Fahrtkosten, Mittagessen **3** H 3.11

Beihilfe
- Beitragsermäßigung bei Verzicht **3** H 3.11
- DO-Angestellte **3** H 3.11
- Dritter **3** H 3.11
- Erholungs- **3 Nr. 11; 3** R 3.11
- Fertigung Habilitationsschrift **3** H 3.11
- Hilfsbedürftigkeit **3 Nr. 11**
- Kostendämpfungspauschale **19** H 19.3
- Notfall **3** R 3 (3)
- öffentliche Mittel **3 Nr. 11; 3** H 3.11
- öffentliche Mittel für Erziehung, Ausbildung, Forschung, Wissenschaft oder Kunst **3** H 3.11
- Unterstützung wegen Hilfsbedürftigkeit **3** R 3.11
- Voraussetzungen für Steuerfreiheit **3** H 3.11

Beihilfeanspruch
- Kostenbeitrag für Wahlleistungen **3** H 3.11

Beihilfe aus öffentlichen Haushalten
- Empfänger **3** H 3.11
- Unterhaltszuschuss an Beamte aus öffentlichen Haushalten **3** H 3.11
- Voraussetzungen **3** H 3.11

Beihilfeverzicht
- DO-Angestellte gesetzlicher Krankenkassen **3** H 3.11

Beiträge nach § 187a SGB VI
- steuerfrei **3** H 3.28

Beitragsbemessungsgrenzen
- in der Rentenversicherung Anh. 19

Beitragsermäßigung
- DO-Angestellte gesetzlicher Krankenkassen **3** H 3.11

Beitragserstattungen Berufsständischer Versorgungseinrichtungen
- steuerfrei **3** H 3.3

Beitragserstattung, gesetzliche Rentenversicherung
- Leistungen, Steuerfreiheit **3 Nr. 2a**

Beratungsstellenleiter eines Lohnsteuerhilfevereins 19 H 19.0

Berechnungsschema
- Einkommen **2** H 2
- festzusetzende Einkommensteuer **2** H 2
- zu versteuerndes Einkommen **2** H 2

Bereitschaftsdienst
- Sonntags-, Feiertags- und Nachtarbeit **3b** H 3b

Bergmannsprämie
- Leistungen, Steuerfreiheit **3 Nr. 46**

Berufliches Rehabilitierungsgesetz
- Leistungen **3 Nr. 23**

Berufliche Veranlassung
- doppelte Haushaltsführung **9** R 9.11 (2)

1377

Stichwortverzeichnis

Berufsausbildung 9 H 9.2
– als Sonderausgaben Anh. 34
– Ergänzungs- und Aufbaustudien Anh. 34
– erstmalige Anh. 34
– Kind **32 (4)**
– nicht abzugsfähige Ausgaben **12; 12** H 12
– Sonderausgaben **10**
– Sonderbedarf Kind **33a (2)**

Berufsausbildungsbeihilfe
– Arbeitsförderungsgesetz, SGB III **3** H 3.11

Berufsausbildungskosten
– Ausbildungsdienstverhältnisse Anh. 34
– Bachelor- und Masterstudiengänge Anh. 34
– Berufsakademien Anh. 34
– Erststudium Anh. 34

Berufshaftpflichtversicherung **19** H 19.3

Berufskleidung
– Abgrenzung zur bürgerlichen Kleidung **3** H 3.31
– Lodenmantel **3** H 3.31
– Reinigung **9** H 9.1
– Überlassung **3** R 3 (3)
– Überlassung, Barabgeltung **3 Nr. 31**

Berufskonsul
– Gehalt, Bezüge **3 Nr. 29**

Berufskraftfahrer
– Anwendung DBA **39d** H 39d
– Grenzgängerregelung **39d** H 39d

Berufsständische Versorgungseinrichtungen
– Leistungen, Steuerfreiheit **3 Nr. 2a**
– steuerfreie Beitragserstattungen **3** H 3.3

Berufsunfähigkeitsversicherung
– Sonderausgaben **10**

Beschäftigungsverhältnisse
– in nicht inländischen Haushalten Anh. 5
– mit nahen Angehörigen oder zwischen Partnern einer eingetragenen Lebenspartnerschaft bzw. einer nicht ehelichen Lebensgemeinschaft Anh. 5

Bescheinigung
– für Lohnsteuerabzug bei beschränkter Steuerpflicht **39d** H 39d

Bescheinigung für den Lohnsteuerabzug **39 (3)**

Beschränkte Einkommensteuerpflicht
– Antrag auf Erteilung einer Bescheinigung für beschränkt einkommensteuerpflichtige Arbeitnehmer Anh. 40

Beschränkte Steuerpflicht **3** H 3.26

Beschränkt Steuerpflichtiger
– Arbeitnehmer **39d; 39d** R 39d
– Beispiele für Berechnung der Lohnsteuer **39b** H 39b.6
– Neuregelung Steuerabzug **50a** H 50a
– Sondervorschriften **50**
– Steuerabzug **50a**
– Steuererlass für Sportler **50a** H 50a

Betreuer
– nebenberuflich **3 Nr. 26; 3** R 3.26
– Übungsleiterpauschale **3 Nr. 26; 3** R 3.26

Betreuungsentgelt **3** H 3.10

Betriebliche Altersversorgung
– Aufzeichnung im Lohnkonto **5**
– Besteuerung der Leistungen **21**
– Hinterbliebenenversorgung Anh. 2
– Insolvenzsicherung **3** R 3 (3)
– Insolvenzsicherung, Liquidation, Einstellung der Betriebstätigkeit **3 Nr. 65**
– Mitteilungspflichten an Versorgungseinrichtung **5**
– Mitteilungspflichten des Arbeitgebers **5**
– Pauschalierung der Lohnsteuer **40b; 40b** R 40b; **40b** H 40b.1
– Portabilität **3** H 3.51
– Rentenbezugsmitteilung **22a; 22a** H 22a
– Steuerfreiheit **3 Nr. 63; 3** H 3.63
– Steuerfreiheit bei Umlagefinanzierung **3 Nr. 55c**
– Übergangsgeld **3** H 3.2
– Übertragung auf Pensionsfonds **3 Nr. 66; 3** H 3.66
– Übertragung der betrieblichen Altersversorgung **3** H 3.51; **3** H 3.55b
– Vordruck **22** H 22
– Zeitwertkonto Anh. 35

Betriebseröffnung
– Bewertung von Wirtschaftsgütern bei – **6**

Betriebskindergartenplatz
– Gestellung durch Arbeitgeber **3 Nr. 33; 3** R 3.33

Betriebsprüfungsordnung
– Außenprüfung Anh. 6
– Größenklassen Anh. 6
– Umfang der Außenprüfung Anh. 6

Betriebsstätte **38** R 38
– Begriff **41 (2); 41** R 41.3
– Ort **41** R 41.3
– Verlegung **41** R 41.3
– Wohnungseigentümergemeinschaft **41** H 41.3
– Zentralisierung **41** R 41.3

Betriebsstättenfinanzamt **39b** R 39b.8; **39d; 39d** R 39d; **41a** R 41a; **41b** R 41b; **41c** (3)
– Abführung der Lohnsteuer **41a** R 41a.2
– Nachforderung von Lohnsteuer **41c** R 41c.3

Betriebsveranstaltung **19** H 19.3; **19** R 19 (19); **19** H 19.5
– Aufwendungen **9** H 9.1

Bewerbungskosten
– steuerfreier Ersatz, Reisekosten **3** H 3.16

Bewertung
– Sachbezüge **8** H 8.2
– unentgeltlich oder verbilligt gewährter Mitarbeiterflug **8** H 8.2

Bewertung der Sachbezüge
– Allgemeines **8** R 8.2

Bewertung der unentgeltlichen Mahlzeit bei Kürzung des Tagegeldanspruchs Anh. 36

Bewertungsmethode
– Jahreswagen **8** H 8.1
– Kraftfahrzeug **8** H 8.1

Bewirtung
– Arbeitnehmer **19** H 19.6
– Aufwendungen **4 (5)**
– Kürzung Pauschbetrag für Verpflegungsmehraufwand **9** R 9.6 (1)

Stichwortverzeichnis

Bewirtungskosten
- Werbungskostenabzug   Anh. 45

Bezirksstellenleiter bei Lotto- und Totogesellschaften   19 H 19.0

Bezüge
- Wehr- und Zivildienstbeschädigte, Kriegsbeschädigte, ihre Hinterbliebenen und ihnen gleichgestellte Personen   3 Nr. 6; 3 R 3.6

Bilanzen
- Elektronische Übermittlung   5b

Blockbeschulung
- Berufsausbildungsbeihilfen   3 H 3.11

BMF-Schreiben
- lohnsteuerlich relevante   Anh. 29

Bodengewinnbesteuerung   55

Brille   19 R 19.3; 19 H 19.3

Buchhalter   19 H 19.0

Büffetier   19 H 19.0

Bundesfreiwilligendienst
- Geld- und Sachbezüge   3 H 3.5

Bundeskindergeldgesetz
- Leistungen   3 H 3.16

Bundesknappschaft   40a

Bundespolizei
- steuerfreie Leistungen, Sachbezüge   3 Nr. 4

Bundespräsident
- Leistungen   3 H 3.16

Bundesreisekostengesetz
- Anspruch auf Reisekostenvergütung   Anh. 20
- Dienstreisen   Anh. 20
- Fahrt- und Flugkostenerstattung   Anh. 20
- Wegstreckenentschädigung   Anh. 20

Bundesumzugskostengesetz   Anh. 8
- allgemeine Verwaltungsvorschrift zum   Anh. 8

Bundesvertriebenengesetz
- Bezüge   3 Nr. 7

Bundeswehr
- Dienstkleidung   3 R 3.4
- Heilfürsorge   3 R 3.5
- steuerfreie Leistungen an Angehörige   3 R 3.4–5
- steuerfreie Leistungen, Sachbezüge   3 Nr. 4

Bußgeldvorschriften   50e
- bei Verwendung der Identifikationsnummer   50f

C

Chefarzt   19 H 19.0

Clearing Stelle
- lohnsteuerliche Behandlung der Verwaltungskosten   3 H 3.63

Coronar-Sport
- Übungsleiter, Arzt   3 H 3.26

D

Darlehen
- mit Wandlungsrecht, Zufluss   38 H 38.2

Darlehensforderung
- Vermögensbeteiligungen   19a H 19a

Daseinsvorsorge
- Entschädigungen   3 H 3.12

Datenübermittlung
- Progressionsvorbehalt   32b H 32b

DBA
- Antrag zur Freistellung des Arbeitslohns   39b H 39b.10

Deckungskapital   4d (1)

Deutsche Künstlerhilfe   3 R 3.26

Deutsche Rentenversicherung Bund als Arbeitgeber   19 H 19.1

Diakonissen   19 H 19.0

Dienstkleidung
- Abnutzungsentschädigung   3 Nr. 4
- Bundeswehr, Bundespolizei und Polizei   3 Nr. 4
- Forstbeamter   3 H 3.31
- s. a. „Berufskleidung"   3 R 3.4

Dienstleistung
- Bewertung als Sachbezug   8
- Bezug   8 R 8.2

Dienstreisen   Anh. 20

Dienstverhältnis
- Allgemeines   1
- Ehegatten   40b H 40b.1

Dienstwagen
- AfA bei Gesamtkosten   8 H 8.1
- Fahrten zwischen Wohnung und Arbeitsstätte   8 H 8.1
- Kraftfahrzeuggestellung   Anh. 25
- ordnungsgemäßes Fahrtenbuch   8 H 8.1
- Überlassung   8 H 8.1; 19 H 19.3
- Überlassung für Fahrten zwischen Wohnung und Arbeitsstätte   8 H 8.1

Dienstwohnung   3 R 3.4

Diplomatischer Dienst
- Gehalt, Bezüge   3 Nr. 29

Direktversicherung   4a
- Besteuerung der Leistungen   21
- Pauschalierung der Lohnsteuer   40b; 40b R 40b (40b); 40b H 40b.1
- steuerfreie Arbeitgeberbeiträge   3 Nr. 63; 3 H 3.63
- Übertragungsabkommen   20 H 20
- Vertragsänderungen   10 H 10
- Zufluss   38 H 38.2

DLRG
- Rettungsschwimmer   3 H 3.26

Doppelbesteuerung   39d; 39d R 39d
- Arbeitnehmerentsendung   Anh. 9
- Arbeitslohn   Anh. 9
- Grenzgängerregelung   Anh. 9

Doppelbesteuerungsabkommen   48d
- 183-Tage-Klausel   39b H 39b.10; 39d H 39d

Stichwortverzeichnis

- antragsabhängige Steuerbefreiung **39b H 39b.10**
- Anwendung **39b R 39b.10**
- Besonderheiten **50d**
- EU-Tagegeld **39b H 39b.10**
- Gastlehrkräfte **39b H 39b.10**
- OECD-Musterabkommen **39d H 39d**
- Organe einer Kapitalgesellschaft **39b H 39b.10**
- Progressionsvorbehalt **32b**
- Rückfallklausel **39b H 39b.10**
- Schweiz **39d H 39d**
- Übersicht **39d H 39d**
- Verhältnis der – zur beschränkten Steuerpflicht **50d**

Doppelte Haushaltsführung
- Angemessenheit der Unterkunftskosten **9 H 9.11**
- berufliche Veranlassung **9 R 9.11 (2)**
- Binnenschiffer **9 R 9.11 (4)**
- Drittaufwand **9 H 9.11**
- eigener Hausstand **9 R 9.11 (3)**
- Erstattung von Mehraufwendungen **3 R 3 (3)**
- Familienwohnsitz **9 R 9.11 (4)**
- Lediger **9 R 9.11 (4)**
- Mitnahme des Ehegatten **9 H 9.11**
- notwendige Mehraufwendungen **9 R 9.11 (5)**
- Seeleute **9 R 9.11 (4)**
- Telefonkosten **9 H 9.11**
- unverheirateter Arbeitnehmer **9 R 9.11 (4)**
- Verlegung des Familienwohnsitzes **9 R 9.11 (4)**
- Wahlrecht **9 R 9.11 (5); 9 H 9.11**
- Zweijahresfrist **3 R 3 (2)**
- Zweitwohnung **3 R 3 (3); 9 R 9.11 (4)**

D&O-Versicherungen **19 H 19.3**

Dreimonatsfrist **9 R 9.4**

Dritter
- Lohnsteuerabzug **39c R 39c (5)**

Drittes Buch Sozialgesetzbuch
- Leistungen, Steuerfreiheit **3 Nr. 2**

Durchlaufende Gelder **3 R 3.50**
- Steuerfreiheit **3 H 3.45**

Durchschnittswert
- Sachbezug **8 (2)**

Düsseldorfer Tabelle
- Kindesunterhalt **32 H 32**

E

Ehegatten
- Einzelveranlagung **26a**
- Splitting-Verfahren **32a**
- Steuerklassenänderung **39 (5)**
- Steuerklassenwechsel **39 R 39.2; 39 R 39.2 (2, 3)**
- Veranlagung **26**
- Zusammenveranlagung **26b**

Ehegatten-Arbeitsverhältnis **3 H 3.63; 19 H 19.0**

Ehescheidung
- Versorgungsausgleich **3 H 3 (55, 55a)**

Ehrenamtliche Feuerwehrleute und geringfügige Beschäftigungsverhältnisse **Anh. 39**

Ehrenamtliche Tätigkeit
- Gewerkschaften und Berufsverband **9 R 9 (09)**
- kommunale Verwaltung **3 R 3 (3)**

- steuerfreie Einnahmen **3 H 3.26**

Ehrenamtsfreibetrag
- allgemeiner, für nebenberufliche Tätigkeit **3 H 3.26**

Ehrensold
- Leistungen, Steuerfreiheit **3 H 3.39**

Eigentumswohnung
- AfA bei – **7 (5)**

Ein-Euro-Job
- Mehraufwandsentschädigung **Anh. 33**
- Steuerfreiheit **Anh. 33**

Eingliederung in Arbeit
- steuerfreie Leistungen nach SGB II **3 H 3.2**

Eingliederungsgeld, -hilfe
- Leistungen, Steuerfreiheit **3 Nr. 2**

Einheit Deutschlands
- Anwendungsregeln **57**

Einheitliche Pauschsteuer **40a; 40a R 40a.2**

Einkleidungsbeihilfe
- steuerfreie Leistungen, Sachbezüge **3 Nr. 4**

Einkommen
- zu versteuerndes, Ermittlung **2 (5); 2 H 2**

Einkommensteuer
- Abgeltung durch Lohnsteuerabzug **46 (4)**
- Berechnungsschema **2 H 2**
- Entstehung und Tilgung **36**
- Jahressteuer **2 (6)**
- Vorauszahlung **37**

Einkommensteuererklärung
- Vordruckmuster **25 H 25**

Einkommensteuerhinweise 2011 (Auszug) **Anh. 30**

Einkommensteuerpflicht **1a**
- allgemein **1**
- Antrag auf unbeschränkte **1 H 1**
- Antrag Bescheinigung bei erweiterter unbeschränkter Einkommensteuerpflicht **39c H 39c; Anh. 40**
- Antrag Bescheinigung für Arbeitslohn aus inländischen öffentlichen Kassen **39c H 39c; Anh. 40**
- erweiterte unbeschränkte **1 H 1**
- Staatsangehöriger EU/EWR **1 H 1**
- unbeschränkte **1 H 1**
- unbeschränkte und beschränkte, Kalenderjahr **2 (7)**

Einkommensteuer-Richtlinien (EStR) **Anh. 30**

Einkommensteuertarif **32a**

Einkommensteuerveranlagung
- Arbeitnehmer **46; 46 H 46**
- Arbeitnehmerveranlagung **46 H 46**
- Ehegatten **26**
- Einkünfte aus nichtselbständiger Arbeit **46; 46 H 46**
- Einkünfte mit Progressionsvorbehalt **46 H 46**
- Einzelveranlagung von Ehegatten **26a**
- örtliche Zuständigkeit bei Angehörigen der Bundeswehr **46 H 46**
- örtliche Zuständigkeit bei ausländischem Arbeitnehmer im Baugewerbe **46 H 46**
- Vermeidung von Härten **46 H 46**
- Zusammenveranlagung Ehegatten **26b**

Stichwortverzeichnis

Einkünfte 23
- ausländische **34d**
- ausländische, Einkünfteermittlung **50a**
- ausländische, Steuerabzug **50a**
- aus nichtselbständiger Arbeit **19**
- Begriff **2 (2)**
- beschränkt steuerpflichtige **49**
- freiberufliche Arbeit **18**
- Gesamtbetrag **2 (3)**
- Gewerbebetrieb **15; 15a; 16**
- Kapitalvermögen **20**
- Land- und Forstwirtschaft **13; 13a; 14**
- negative, mit Auslandsbezug **2a**
- selbständige Arbeit **18**
- Steuerpflicht **2**
- Summe **2**
- Vermietung und Verpachtung **21**
- zumutbare Belastung **33 (3)**

Einkunftserzielungsabsicht **19** H 19.0

Einlagenminderung
- Verlustverrechnung bei – **15a**

Einlagen
- AfA nach – eines Wirtschaftsguts **7 (1)**
- Begriff der – **4 (1)**

Einnahmen **38** R 38.2
- Begriff **8**
- Sachbezüge **8**
- steuerfreie **3** H 3.0
- steuerfreie, Ausgaben **3c**
- Zufluss **11**

Einzelerstattung
- Zusammenfassung der Einzelerstattungen von Reisekosten **3** H 3.13

Elektronische Lohnsteuerabzugsmerkmale **52b**
- Anwendung **39e**
- Bildung **39e**
- Neues Verfahren ab 2012 Anh. 16

Elektronische Übermittlung
- ELSTER **41a** H 41a.1
- Härtefallregelung **41a** H 41a.1
- Steuererklärungsdaten **41a** H 41a.1
- Verpflichtung **41a** H 41a.1
- von Bilanzen sowie Gewinn- und Verlustrechnungen **5b**

ELStAM **52b**
- Ersatzverfahren Anh. 16
- Härtefallregelung Anh. 16
- Übergangszeitraum Anh. 16

ELSTER **41a** H 41a.1

Elterngeld
- Progressionsvorbehalt **32b; 32b** H 32b

Eltern-Kind-Arbeitsverhältnis **19** H 19.0

Emeritenbezüge
- Versorgungsbezüge **19** H 19.8

Endpreis
- Automobilindustrie **8** H 8.2
- Einzelhandel **8** H 8.2
- Festschreibung des Entgelts **8** H 8.2
- Sachbezüge und andere geldwerte Vorteile **8** H 8.2

Entfernungspauschale
- allgemeine Grundsätze **9** H 9.10
- doppelte Haushaltsführung **9** H 9.10
- Weg zwischen Wohnung und Arbeitsstätte **9**

Entfernungspauschalen
- Familienheimfahrten bei doppelter Haushaltsführung Anh. 18
- Pauschalierung der Lohnsteuer mit 15 % Anh. 18

Entlassungsentschädigungen **24**
- ermäßigter Steuersatz **34**
- lebenslängliche betriebliche Versorgungszusagen Anh. 27
- planwidriger Zufluss Anh. 27
- vorgezogener lebenslänglicher Betriebsrente Anh. 27
- Zusammenballung von Einkünften Anh. 27
- Zweifelsfragen im Zusammenhang mit der ertragsteuerlichen Behandlung Anh. 27

Entlastung
- von deutscher Kapitalertragsteuer auf Grund der Mutter-/Tochter-Richtlinie **50d**

Entlastungsbetrag für Alleinerziehende **24b;** Anh. 26

Entlastung von Quellensteuern
- Bestätigung für Zwecke der **50h**
- in der Schweizerischen Eidgenossenschaft **50h**
- in einem anderen Mitgliedstaat der Europäischen Union **50h**

Entleiher **19** R 19.1
- Arbeitgeber **38** R 38.4 (2)
- Haftung **42d (7)**

Entnahme
- Ausgleichsposten bei Entnahme **4g**
- Begriff der – **4 (1)**
- von landwirtschaftlichem Grund und Boden **4 (1)**

Entschädigung **19** R 19.3; **24**
- ermäßigter Steuersatz **34**

Entsendung von Arbeitnehmern
- Beiträge zur betrieblichen Altersversorgung **3** H 3.63

Entwicklungshelfer
- Leistungen nach dem -Gesetz **3** H 3.59

Erbe und Hinterbliebener
- Arbeitnehmer **19** H 19.9
- Weiterleitung von Arbeitslohn an Miterben **19** H 19.9
- Zahlung von Arbeitslohn **19** R 19.9

Erbschaftsteuer-Richtlinien (ErbStR)
- Ausländische Schulden Anh. 28
- Kapitalforderungen und Schulden Anh. 28

Erfrischungsgeld
- ehrenamtlicher Wahlhelfer **3** H 3.12

Erhaltungsaufwand
- Baudenkmale **11b**
- Sanierungsgebiete etc. **11a**

Erhöhte Absetzungen
- Wohnungen mit Sozialbindung **7k**

Erhöhtes Unfallruhegehalt **3** H 3.6

1381

Stichwortverzeichnis

Erholungsbeihilfe 3 H 3.11
– steuerfreie Unterstützung 3 R 3.11
Erlösbeteiligungen 19 H 19.3
Ermächtigung
– Rechtsverordnungen 51
Ersatzkassen-Tarifvertrag 19 H 19.8
Erstattung
– von deutschen Abzugsteuern auf Grund von DBA- 50d
Erstattungsansprüche
– Abtretung und Verpfändung 46 H 46
Erststudium Anh. 34
– nicht abzugsfähige Ausgaben 12; 12 H 12
Erwerbsunfähigkeitsversicherung
– Sonderausgaben 10
Erzieher
– nebenberuflich 3 Nr. 67
– Übungsleiterpauschale 3 H 3.16; 3 R 3.26
Erziehungsgeld 3 Nr. 67
Essenmarke 8 R 8.1 (5–6)
Europaabgeordnete 22 Nr. 4
Europäische Patentorganisation 19 H 19.8
– Ruhegehaltszahlung an ehemalige Bedienstete 39d H 39d
Europäischer Sozialfonds
– Leistungen, Steuerfreiheit 3 Nr. 2
– Progressionsvorbehalt für Leistungen 32b H 32b
Europäische Union
– Grenzpendler innerhalb/außerhalb 39d H 39d
– Tagegeld 39d H 39d
Euroumrechnungsrücklage 6d
EU-Tagegeld 39b H 39b.10
– Arbeitslohn 3 H 3.64
Existenzgründungszuschuss 3 H 3.2
– Leistungen, Steuerfreiheit 3 Nr. 2

F

Fachkongress
– Einkommensteuerliche Behandlung Anh. 46
– Werbungskosten Anh. 46
Fahrgemeinschaft 9 H 9.10
Fahrlehrer 19 H 19.0
Fahrtenbuch
– bei Dienstwagengestellung 8 H 8.1
– elektronisches 8 H 8.1
– Erleichterung bei Führung 8 H 8.1
– ordnungsgemäß 8 H 8.1
– private Nutzung von Dienstwagen 8 H 8.1
Fahrten zwischen Wohnung und Arbeitsstätte 8 H 8.1; Anh. 18
– Abweichender Ansatz Entfernungskilometer 9 H 9.10
– Allgemeines 9 R 9.10
– Arbeitgeberersatz 19 R 19.3
– Fahrtkostenzuschuss 40 (2)
– Fahrt mit eigenem Kraftfahrzeug 9 (1); 9 H 9.10

– Leerfahrt 9 H 9.10
– maßgebliche Wohnung 9 R 9.10 (1)
– mehrere Arbeitsstätten 9 H 9.10
– Nutzung betriebliches Kfz 9 H 9.10
– pauschale Nutzwertermittlung 8 H 8.1
– Pauschbesteuerung Zuschuss 40 (2)
– Sammelbeförderung des Arbeitnehmers 3 Nr. 32
– überlassenes Kraftfahrzeug 9 R 9.10 (2)
– Umwegfahrt 9 H 9.10
– Unfallschaden 9 H 9.10
Fahrtkosten
– Allgemeines 9 R 9.5 (1)
– Betriebsveranstaltung 9 H 9.10
– Busdepot 9 H 9.10
– Erstattung durch Arbeitgeber 9 R 9.5 (2)
– Fahrten zwischen Wohnung und Arbeitsstätte 9 H 9.10
– häusliche Krankenpflege 9 H 9.10
– Kilometersatz 9 R 9.5 (1)
– mehrere Dienstverhältnisse 9 H 9.10
– Nutzung unterschiedlicher Verkehrsmittel 9 H 9.10
– wechselnde Tätigkeitsstätten 9 H 9.10
Fahrtkostenzuschuss
– pauschal besteuerter 40 (1); 40 (2)
Fahrvergünstigung
– Deutsche Bahn 8 H 8.2
Fahrzeuggestellung 8 H 8.1
Faktorverfahren
– anstelle Steuerklassen III/V 39f
– Lohnsteuer-Jahresausgleich 42b
– Merkblatt Steuerklassenwahl für 2011 39f H 39f
Familienheimfahrt 3 R 3.5; 9; 9 R 9.11 (3)
Familienkasse
– Kindergeld 67
Familienleistungsausgleich 31
Familienpflegezeit 19 H 19.3; Anh. 41
Familienpflegezeitversicherung Anh. 41
– Werbungskosten 9 H 9.1
Familienstand 38b H 38b
FCPE
– steuerliche Behandlung beim Arbeitnehmer 3 H 3.39
FELEG
– Ausgleichsgeld 19 H 19.3
Ferienbetreuer
– Übungsleiterpauschale 3 H 3.26
Festsetzung des Kindergeldes 70
Feststellung
– von Verlusten 15a (4)
Festzusetzende Einkommensteuer
– Ermittlungsvorschrift 2 (6)
Feuerwehrleute
– Durchführung Lohnsteuerabzug Anh. 39
– Entschädigungen 3 H 3.12
– Geringfügige Beschäftigung Anh. 39
– geringfügiges Beschäftigungsverhältnis 3 H 3.12
– Kostenübernahme für Führerscheinerwerb 3 H 3.12
– Lohnsteuerabzug 3 H 3.12

Stichwortverzeichnis

- steuerfreie Aufwandsentschädigung   Anh. 39

Finanzamt
- bundeseinheitliches Verzeichnis   **41b** H **41b**

Firmenwert
- Absetzung des –   **7 (1)**

Flexi- oder Gleitzeitkonten   Anh. 35

Flüchtlingshilfegesetz
- Bezüge   **3 Nr. 7**

Flug
- verbilligter, Arbeitnehmer von Reisebüro und Reiseveranstalter   **8** H **8.2**

Forstbeamter
- Dienstkleidung   **3** H **3.31**

Fortbildung   **9** H **9.2**

Fortbildungskosten, Fortbildungsmaßnahme
- Arbeitgeber   **19** R **19.7**; **19** H **19.7**

Fort- und Weiterbildungsleistung   Anh. 34

Fotomodell   **19** H **19.0**

Freiberufliche Tätigkeit
- erzieherische   **18**
- künstlerische   **18**
- schriftstellerische   **18**
- unterrichtende   **18**

Freibetrag
- Änderung   **39a** R **39a.1 (10)**
- Antragsgrenze   **39a; 39a** R **39a.1 (4)**
- Ehegatten   **39a; 39a** R **39a.3**
- Eintragung wegen negativer Einkünfte   **39a** R **39a (39a)**
- für den Betreuungs- und Erziehungs- oder Ausbildungsbedarf   **32 (6)**
- Kinder   **31**
- Lohnsteuer-Ermäßigungsverfahren   **39a** R **39a.1**
- Sonderbedarf bei Berufsausbildung   **33a (2)**

Freibeträge für Versorgungsbezüge   **19 (2)**

Freigrenze
- Sachbezüge (44 Euro)   **8** R **8.1 (1)**

Freistellung
- von deutschen Abzugsteuern auf Grund von DBA   **50d**
- von deutscher Kapitalertragsteuer auf Grund der Mutter-/Tochter-Richtlinie   **50d**

Freistellung des Arbeitslohns
- Antrag DBA   **39b** H **39b.10**

Freistellungsauftrag 44a
- für Kapitalerträge, Muster   **44a** H **44a**

Freistellungsbescheinigung
- DBA oder Auslandstätigkeitserlass   **39d**; **39d** R **39d (039d)**
- Steuerabzug bei Bauleistungen   **48b**
- Vordrucke   **51 (4)**

Freistellungsverfahren   **50d**

Führerschein
- Feuerwehrleute   **19** H **19.3**
- Führerscheinerwerb   **3** H **3.12**

Führerscheinerwerb
- kein Arbeitslohn   **3** H **3.12**

- Kostenübernahme für Feuerwehrleute   **3** H **3.12**

Fulbright-Abkommen
- Leistungen   **3** H **3.39**

Fünftelungsregelung   34
- Anwendung   **39b** H **39b.6**

G

Garage
- arbeitnehmereigenes Fahrzeug   **8** H **8.1**
- Firmenwagen   **8** H **8.1**
- Überlassung   **19** H **19.3**

Gastfamilie
- Einnahmen für Aufnahme eines behinderten Menschen   **3** H **3.6**

Gebäude
- AfA bei –   **7 (4)**

Gebäudeteile
- AfA von –   **7 (5a)**

Geburtstag   **19** R **19.3**; **19** H **19.3**

Gehaltsumwandlung
- steuerfreie Erstattung von Reisekosten   **3** H **3.16**

Geistlicher   **19** H **19.3**

Geldauflage
- vom Arbeitgeber übernommene   **19** H **19.3**

Geldbetrag
- DBA Umrechnung   **39d** H **39d**

Geldbuße
- vom Arbeitgeber übernommene   **19** H **19.3**

Geld- und Sachbezüge an Wehrpflichtige und Zivildienstleistende   **3** R **3.5**
- steuerfreie Leistungen   **3 Nr. 5**

Geldwerter Vorteil
- Bewertung   **8** R **8.1–2**
- Dienstleistungen   **8** R **8.2**
- Freiflug   **8** H **8.2**
- Freigrenze   **8** H **8.2**
- Nutzungsüberlassung   **8; 8** R **8.2 (2); 8** H **8.2**
- Sachbezüge   **8** H **8.2**
- Überlassung eines Kraftfahrzeugs   **8** R **8.1 (9)**
- Überlassung von Dienstwagen   **8** H **8.1**
- Überlassung von Mahlzeiten   **8** R **8.1 (7)**
- Unterkunft und Wohnung   **3** R **3.4**
- Wohnungsbaudarlehen an Sparkassenmitarbeiter   **8** H **8.2**

Geldzuwendung   **19** R **19.6**

Gelegenheitsarbeit   **19** H **19.0**

Gemischte Aufwendungen   Anh. 13
- Steuerliche Beurteilung   **12** H **12**

Genussmittel   **19** R **19.6**

Genussschein   **19a** H **19a**

Gerichtsreferendar   **19** H **19.0**

Geringfügige Beschäftigung
- einheitliche Pauschsteuer   **40a**
- Erhebung einheitliche Pauschsteuer   **40a** R **40a.2**
- Feuerwehrleute, ehrenamtliche   Anh. 39
- Kurzarbeit   **40a** H **40a.1**

1383

Stichwortverzeichnis

- Maßgeblichkeit Arbeitsentgelt **40a** R 40a.2
- Pauschalierung der Lohnsteuer **40a; 40a** R 40a.1

Gesamtbetrag der Einkünfte
- Ermittlungsvorschrift **2** (3)

Gesamtschuldner **42d** R 42d.1 (3)

Geschäftsführer **19** H 19.0

Geschenk **19** H 19.6
- Betriebsveranstaltung **19** H 19.5

Gesellschaft bürgerlichen Rechts als Arbeitgeber
19 H 19.1

Gesellschafter-Geschäftsführer **19** H 19.0; **19** H 19.3
- betriebliche Altersversorgung **3** R 3.65 (1)
- Firmenwagen Anh. 25
- Zeitwertkonto Anh. 35
- Zukunftssicherung **3** H 3.62

Gesellschaft, stille
- Einkünfte aus – **15a** (5)

Gesetz zur Umsetzung steuerrechtlicher EU-Vorgaben sowie weiterer steuerrechtlicher Regelungen **52**

Gesundheitsförderung **3** Nr. 34

Getränk **19** R 19.6

Gewerbebetrieb
- Einkünfte **15; 15a; 15b; 16**

Gewerkschaft
- Beitrag als Werbungskosten **9** (1)

Gewinn
- Zuordnung von – bei abweichendem Wirtschaftsjahr **4a**

Gewinnbegriff
- Allgemein **4** (1)

Gewinnermittlung
- bei abweichendem Wirtschaftsjahr **4a**
- bei Handelsschiffen im internationalen Verkehr **5a**
- durch Betriebsvermögensvergleich **4** (1); 6

Gewinnschuldverschreibung **19a** H 19a

Gewöhnlicher Aufenthalt **1** H 1; **39d; 39d** R 39d

GmbH-Geschäftsführer
- Zukunftssicherung **3** H 3.62

Grenzgänger
- nach Frankreich **3** H 3.62

Grenzpendler **39c** H 39c
- innerhalb/außerhalb EU/EWR **39d** H 39d
- in Schweiz **3** H 3.62

Großbuchstaben
- Lohnsteuerbescheinigung **41b** (1)

Großspenden
- Vortrag Anh. 11

Grundfreibetrag **32a**

Grundlohn
- Beiträge an Pensionskassen und -fonds **3b** H 3b
- Sonntags-, Feiertags- oder Nachtarbeit **3b** H 3b
- steuerfreie Beiträge nach § 3 Nr. 63 EStG **3b** H 3b

Grundpflege
- Pflegegeld, Steuerfreiheit **3** Nr. 26

Grund und Boden
- Ansatz des – auf Grund Neuregelung der Bodengewinnbesteuerung **55**

Gründungszuschuss
- steuerfrei **3** R 3.2

Gruppenversicherungen **19** H 19.3

Gutachter **19** H 19.0

H

Habilitationsschrift **3** H 3.11

Häftlingshilfegesetz
- Leistungen **3** H 3.16

Haftpflichtversicherung
- Sonderausgaben **10**

Haftung
- anderer Personen **42d** R 42d.1 (2); **42d** H 42d.1
- Änderungssperre **42d** H 42d.1
- Anzeige des Arbeitgebers **42d** H 42d.1
- Arbeitgeber **42d**; **42d** R 42d.1; **42d** H 42d.1
- Arbeitnehmerüberlassung **42d** (3); **42d** R 42d.2
- beschränkte – von Kommanditisten **15a**
- Dritter als Arbeitgeber **42d**
- Ermessensausübung **42d** H 42d.1
- Ermessensbegründung **42d** H 42d.1
- Ermessensprüfung **42d** R 42d.1 (4)
- Inanspruchnahme Gesamtschuldner **42d** (3); **42d** R 42d.1 (6)
- nachzuerhebende Steuer **42d** H 42d.1
- Nettolohnvereinbarung **42d** R 42d (42d)
- Nettosteuersatz **42d** H 42d.1
- Verkürzung Lohnsteuer **42d** H 42d.1

Haftungsbescheid **42d** R 42d.1 (5)

Haftungsminderung **15a**

Handelsregister
- Wirtschaftsjahr bei im – eingetragenen Gewerbetreibenden **4a**

Handwerkerleistungen Anh. 5
- Steuerermäßigung **35a**

Härteausgleich **46**
- Grenzgänger **39d** H 39d
- nach Einkommensteuer-Durchführungsverordnung (s. bei § 46 EStG) **56**
- Progressionsvorbehalt **32b** H 32b

Hartz IV
- Ein-Euro-Job Anh. 33

Hausgewerbetreibender **19** H 19.0

Haushalt
- Aufnahme in den – **64**

Haushaltshilfe
- Steuerermäßigung **35a**

Haushaltsnahe Beschäftigung
- Freibetrag **39a** H 39a.1

Haushaltsnahe Beschäftigungsverhältnisse
- Steuerermäßigung **35a**

Haushaltsnahe Dienstleistungen
- Arbeitskosten, Materialkosten Anh. 5
- Freibetrag **39a** H 39a.1

Stichwortverzeichnis

- Geringfügige Beschäftigung   Anh. 5
- Öffentliches Gelände, Privatgelände   Anh. 5
- Personenbezogene Dienstleistungen   Anh. 5
- Pflege- und Betreuungsleistungen   Anh. 5
- Steuerermäßigung   **35a**

Haushaltszugehörigkeit
- Entlastungsbetrag für Alleinerziehende   Anh. 26

Häusliches Arbeitszimmer
- regelmäßige Arbeitsstätte   **9** H 9.4

Hausverwalter   **19** H 19.0

Hausverwaltung
- Arbeitgeber   **19** H 19.1

Hauswirtschaftliche Tätigkeit
- Übungsleiterpauschale   **3** H 3.26

Hauswirtschaftliche Versorgung
- Pflegegeld, Steuerfreiheit   **3 Nr. 36**

Heilfürsorge
- Bundeswehr   **3 Nr. 5**
- Zivildienstleistender   **3 Nr. 5**

Heimarbeiter   **19** H 19.0
- Werbungskosten   **9** R 9.13

Heimunterbringung
- Steuerermäßigung   **35a**

Helfer von Wohlfahrtsverbänden   **19** H 19.0

Herstellungskosten
- Arbeitsmittel   **9** R 9.12
- Vorsteuerabzug   **9b**

Hinterbliebenenbezüge   **3 Nr. 6**

Hinterbliebenen-Pauschbetrag   **33b (4)**

Hinterbliebenenversorgung
- Lebensgefährte   Anh. 2

Hinterbliebener
- Bezüge   **19** R 19 (19)

Hinzurechnungsbetrag   **39a (1); 39a** R 39a.1

Höchstbetrag
- Aufwandsentschädigung aus öffentlichen Kassen   **3** R 3.12 (4)

Hofübergabe   **19** H 19.3

Höherversicherung
- Beiträge nach § 187a SGB VI   **3** H 3.28
- Zahlung des Arbeitgebers nach § 187a SGB VI   **3** H 3.26a

Home-Office
- regelmäßige Arbeitsstätte   **9** H 9.4

Hopfentreter   **19** H 19.0

I

Identifikationsnummer   **39e** H 39e
- keine Identifikationsnummer zugeteilt   **39 (3)**

Inanspruchnahme
- Entleiher   **42d** R 42d.2 (2)
- Verleiher   **42d** R 42d.2 (7)

Incentive-Reise   **19** H 19.3; **19** H 19.7

Infektionsschutzgesetz
- Leistungen   **3** H 3.16

Inland
- Steuerpflicht   **1**

Insolvenzgeld
- Bescheinigung   **3** H 3.2
- Forderungsübergang   **3** H 3.2
- Progressionsvorbehalt   **32b**
- steuerfrei   **3** R 3.2
- Zahlungen an BfA   **3** H 3.2
- Zahlungen Insolvenzverwalter   **3** H 3.2

Insolvenzsicherung
- steuerfreie Beiträge   **3 Nr. 65; 3** R 3.65

Insolvenzverfahren
- Leistungen, Steuerfreiheit   **3 Nr. 2**
- Progressionsvorbehalt   **32b** H 32b

Investitionsabzugsbeträge zur Förderung kleiner und mittlerer Betriebe   **7g**

J

Jahresarbeitslohn
- Erhebung der Lohnsteuer   **38**

Job-Ticket
- Sachbezug   **8** R 8.1 (1)

K

Kammerbeitrag   **19** H 19.3

Kapitalabfindung, Beamten(Pensions-)gesetze
- Leistungen, Steuerfreiheit   **3 Nr. 3**

Kapitalabfindung, gesetzliche Rentenversicherung
- Leistungen, Steuerfreiheit   **3 Nr. 3**

Kapitalbeteiligung
- Veräußerungsgewinn   **19** H 19.3
- Veräußerungsverlust   **19** H 19.3

Kapitaleinkünfte
- gesonderter Steuertarif   **32d**

Kapitalertragsteuer
- Allgemeines   **50b**
- NV-Bescheinigung bei Arbeitnehmer   **46** H 46
- Vordrucke   **51 (4)**

Kapitalertragsteuerabzug   **43; 43a; 43b; 44; 44a; 44b; 45; 45a; 45b; 45d; 45e**
- Abstandnahme vom Steuerabzug   **44a** H 44a
- Freistellungsauftrag, Muster   **44a** H 44a

Kapitalkonto
- negatives –   **15a**

Kapitalvermögen
- Abgrenzung zu anderen Einkunftsarten   **19** H 19.3
- Einkünfte   **20**
- Sparer-Pauschbetrag   **20 (9)**
- Werbungskosten-Pauschbetrag   **9a** H 9a

Kaufkraftausgleich   **3** R 3.64; **3** H 3.64
- Auslandstätigkeit   **3 Nr. 64**

Kaufleute
- Gewinn bei   **5**

1385

Stichwortverzeichnis

Kilometersatz
- Fahrten zwischen Wohnung und Betriebsstätte **4 (5); 8** R 8.1 (9)
- Gestellung von Kraftwagen **8** R 8.1 (9)

Kind 63
- Freibeträge für Kinder **32**

Kindererziehungszuschlag 3 H 3.66

Kinderfreibetrag 32; 32 (6)

Kindergarten
- Arbeitgeberzuschuss **3 Nr. 33**
- Gestellung Kindergartenplatz durch Arbeitgeber **3 Nr. 33**
- Kindergartenplatz **3** R 3.33

Kindergartenplatz
- Arbeitgeberzuschuss für **3** R 3.33
- Gestellung durch Arbeitgeber **3** R 3 (3)

Kindergartenplatz durch Arbeitgeber
- steuerfreie Leistungen **3 Nr. 33**

Kindergeld
- andere Leistungen für Kinder **65**
- Änderung **70**
- Angehörige des öffentlichen Dienstes **72**
- Anspruchsberechtigte **62**
- Antrag **67**
- Aufenthaltserlaubnis **62**
- Aufrechnung **75**
- Ausländer **62**
- Erstattung von Kosten, Vorverfahren **77**
- Familienleistungsausgleich **31**
- Festsetzung **70**
- Höhe des Kindergeldes **66**
- Kinder **63**
- Kinderzulagen **65**
- Leistungen nach Bundeskindergeldgesetz **3** H 3.16
- mehrere Berechtigte **64**
- Meldedaten-Übermittlung **69**
- Mitwirkungspflichten **68**
- Pfändung **76**
- Pflegeeltern **64**
- Sonderfälle **74**
- Übergangsregelungen **78**
- Zahlung **70**
- Zahlungszeitraum **66**
- Zusammentreffen mehrerer Ansprüche **64**
- Zuständige Stelle **81a**

Kinderzulagen 65

Kinderzuschüsse
- gesetzliche Rentenversicherung **3** H 3.0

Kindesunterhalt
- Düsseldorfer Tabelle **32** H 32

Kirchensteuer 51a
- Aufteilung bei Lohnsteuerpauschalierung **40** H 40.2
- Auslandsbediensteter **1** H 1
- Pauschalierung der Einkommensteuer nach § 37b EStG **37b** H 37b
- Pauschalierung der Lohnsteuer **40** H 40.2
- Sonderausgaben **10**

Kirchensteuersatz 2013
- – Mindestkirchensteuer **51a** H 51a

Kirchensteuersätze und Kappungsmöglichkeiten 51a

Kleidergeld
- Orchestermitglieder **3** H 3.31

Kleidung
- Abgrenzung Berufskleidung zur bürgerlichen **3** H 3.31
- freie **3** R 3.31
- Steuerfreiheit bei Überlassung, Barabgeltung **3 Nr. 31**
- Überlassung **19** H 19.3

Klimabedingte Kleidung 3 H 3.13

Knappschaftsarzt 19 H 19.0

Kommanditgesellschaft
- Verlustbeschränkung bei – **15a**

Konsulatsangehöriger
- Gehalt, Bezüge **3 Nr. 29**

Kontoführungsgebühr 19 R 19.3

Koordinierte Organisation 19 H 19.8

Körperschaftsteuer
- Vergütung **50b**

Kostenbeitrag
- Wahlleistungen bei Beihilfeanspruch **3** H 3.11

Kostendämpfungspauschale 19 H 19.3

Kraftfahrzeug
- Automobilbranche **8** H 8.2
- Bewertung Nutzungsüberlassung **8**
- Bewertung Nutzungswert Anh. 25
- Fahrergestellung Anh. 25
- Fahrtenbuch Anh. 25
- Lohnsteuerpauschalierung Anh. 25
- Rabattgewährung **8** H 8.2
- Überlassung durch Arbeitgeber Anh. 25

Kraftfahrzeuggestellung
- für Fahrten zwischen Wohnung und regelmäßiger Arbeitsstätte Anh. 25
- geldwerter Vorteil **8** R 8.1 (9); Anh. 25
- Gesellschafter-Geschäftsführer Anh. 25
- Park and ride Anh. 25

Krankengeld
- Progressionsvorbehalt **32b; 32b** H 32b

Krankenhausarzt
- nebenberuflicher Unterricht, § 3 Nr. 26 EStG **3** H 3.26

Krankenversicherung
- Beiträge **19** H 19.3
- Leistungen **3** H 3.0
- Leistungen des Arbeitgebers **3** H 3.59; **3** R 3.62; **3** H 3.62
- Sonderausgaben **10**
- Zuschuss gesetzlicher Rentenversicherung an Rentner **3 Nr. 14**

Kreditinstitut
- Personalrabatt **8** H 8.2

Kreditkartengebühr
- Arbeitgeberersatz, Reisekosten **3** H 3.16

Kriegsbeschädigter
- Bezüge **3 Nr. 6**
- Kriegsgefangener steuerfreie Bezüge **3** R 3.6
- steuerfreie Bezüge **3** R 3.6

Stichwortverzeichnis

- steuerfreie Bezüge aus EU-Mitgliedstaaten **3 H 3.6**

Kriegsgefangener
- Bezüge **3 Nr. 6**

Kriminalpolizei
- steuerfreie Leistungen, Sachbezüge **3 Nr. 4**

Küchenmitarbeiter
- Übungsleiterpauschale **3 H 3.26**

Kulturgüter
- Steuerbegünstigung **10g**

Kundenbindungsprogramm
- Pauschalierung der Einkommensteuer **37a**
- Sachprämie, Prämie **3 Nr. 38**

Künstler
- Arbeitnehmer **19 H 19.0**
- beschränkt steuerpflichtig **39d; 39d R 39d; 39d H 39d**
- Steuerabzug **19 H 19.0**

Künstlerische Tätigkeit
- Übungsleiterpauschale **3 H 3.26**

Künstlersozialkasse
- Beitrag **3 H 3.56**

Kurzarbeit
- geringfügige Beschäftigung **40a H 40a.1**

Kurzarbeitergeld 41b R 41b
- Aufzeichnung im Lohnkonto **41 R 41.2**
- Progressionsvorbehalt **32b**
- Steuerfreiheit **3 Nr. 2**

Kurzfristig Beschäftigter
- Pauschalierung der Lohnsteuer **40a (1)**

L

Ländergruppeneinteilung 33a H 33a

Land- und Forstwirtschaft
- Einkünfte **13; 13a**
- Fachkraft bei Pauschalierung der Lohnsteuer **40a H 40a.1**
- Pauschalierung der Lohnsteuer, Abgrenzung **40a H 40a.1**
- Saisonarbeiten bei Pauschalierung der Lohnsteuer **40a H 40a.1**
- Veräußerung des Betriebs **14**
- Wirtschaftsjahr bei – **4a**

Land- und forstwirtschaftlicher Betrieb
- Vergünstigung bei Veräußerung **14a**

Landwirt
- Alterssicherung, Zuschüsse **3 Nr. 17**

Lastenausgleichsgesetz
- Bezüge **3 Nr. 6**

Leasing
- private Nutzung von Dienstwagen **8 H 8.1**

Lebensarbeitszeitkonto
- lohn-/einkommensteuerliche Behandlung sowie Voraussetzungen für die steuerliche Anerkennung **Anh. 35**

Lebensunterhalt
- Leistungen nach § 10 SGB III **3 H 3.2**

- steuerfreie Leistungen nach SGB II zur Sicherung **3 H 3.2**

Lebensversicherung
- Sonderausgaben **10**
- Vertragsänderung **10 H 10**

Leerfahrt
- private Nutzung von Dienstwagen mit Fahrergestellung **8 H 8.1**

Lehrbeauftragter 19 H 19.0
- Übungsleiterpauschale **3 H 3.26**

Lehrtätigkeit
- allgemeiner Ehrenamtsfreibetrag **3 H 3.26**
- nebenberufliche **3 R 3 (3); 3 H 3.26; 19 R 19.2; 19 H 19.2**
- Übungsleiterpauschale **3 R 3.26**

Leiharbeitnehmer 9 H 9.4; 19 R 19.1; 38 R 38.3; Anh. 3
- Rabattgewährung **38 H 38.3**

Leiharbeitsverhältnis Anh. 3

Leistungen
- Arbeitsförderungsgesetz **3 Nr. 2; 3 R 3.2**

Liebhaberei 19 H 19.0

Lizenzgebühren zwischen verbundenen Unternehmen 50g

Lodenmantel
- Berufskleidung **3 H 3.31**

Lohnabrechnung
- maschinelle **39b R 39b.8**

Lohnabrechnungszeitraum 38a; 39b (5); 39b R 39b (39b)

Lohnersatzleistungen
- aus der Schweiz, der EU und EWR-Staaten **3 H 3.2**
- Progressionsvorbehalt **32b**

Lohnkonto
- Aufbewahrung **41 (1)**
- Aufzeichnung betriebliche Altersversorgung **5**
- Aufzeichnungen **41 (1); 4**
- Eintragung bei Lohnsteuer-Jahresausgleich **42b**
- Führung **41 (1)**

Lohnsteuer
- Abführung **41a R 41a.2**
- Abführung an öffentliche Kasse **41a (3)**
- Anmeldung und Abführung **41a**
- Anrechnung auf die Einkommensteuer **36**
- Einbehalt bei Seeschifffahrt durch Reeder **41a (4); 41a R 41a.1 (5)**
- Einbehaltungspflicht des Arbeitgebers **38 R 38.3**
- Erhebung durch Arbeitgeber **38**
- Ermittlung **38a; 39b**
- Haftung **42d H 42d.1**
- Nachforderung, Einzelfälle **41c H 41c.3**
- Programmablaufplan für die maschinelle Berechnung **39b H 39b.8**
- Verkürzung **42d H 42d.1**
- zuständiges Finanzamt **41c H 41c.3**

Lohnsteuerabzug
- Altersentlastungsbetrag **39b R 39b.4**
- Änderung **41c; 41c R 41c.1**
- Änderungsverbot **41c (3)**

1387

Stichwortverzeichnis

- Antrag Bescheinigung bei erweiterter unbeschränkter Einkommensteuerpflicht und für Arbeitslohn aus inländischen öffentlichen Kassen **39c** H 39c
- Anwendung Doppelbesteuerungsabkommen **39b** R 39b.10
- Arbeitgeber **38** R 38.1
- Arbeitnehmerentsendung **38** R 38.3 (5)
- ausländischer Arbeitnehmer **39d; 39d** R 39d
- Ausstellung Lohnsteuerbescheinigung **41c (3)**
- Befreiung von beschränkter Steuerpflicht **39d** R 39d
- Bescheinigung bei beschränkter Steuerpflicht **39d** H 39d
- Bescheinigung bei erweiterter unbeschränkter Steuerpflicht **39c**
- beschränkt Steuerpflichtiger **39d; 39d** R 39d
- Besteuerung des Nettolohns **39b** R 39b.9
- Deutsche Rentenversicherung Bund **38**
- Dritter **38** R 38.5; **39c** R 39c (5)
- Dritter, Anrufungsauskunft **42e** R 42e (4)
- durch Dritte **38**
- durch Dritte mit 20 % **39c; 39c** R 39c (5)
- Durchführung **39b**
- erweiterte unbeschränkte Steuerpflicht **39c; 39c** R 39c (5)
- Jahreslohnsteuer, keine Prüfung **38** H 38.1
- Künstler, Sportler, Schriftsteller, Artisten u. a. **39d** R 39d
- laufender Arbeitslohn **38** H 38.1; **39b** R 39b
- laufender Arbeitslohn und sonstige Bezüge **39b** R 39b (39b)
- Lohnsteuerermittlung nach Jahrestabelle **39b** R 39b.2
- Lohnzahlung durch Dritte **38** H 38.4
- maschinelle Lohnabrechnung **39b** R 39b.8
- mit 20 % ohne Lohnsteuerabzugsmerkmale **39c**
- Nach- und Vorauszahlung **39b** R 39b.2
- ohne Lohnsteuerabzugsmerkmale **39c**
- sonstige Bezüge **39b** R 39b.6
- unbeschränkt Steuerpflichtigen **39b** R 39b (39b–39b)
- unzutreffender **38** H 38.1
- Verleiher **38** R 38.1
- Verpflichtung **38** R 38.3
- Verpflichtung Arbeitgeber **38**
- Versorgungsfreibetrag **39b** R 39b.3
- Zufluss Arbeitslohn **38** R 38.2

Lohnsteuerabzugsmerkmale 39 (3)
- Änderungen **39**
- Freibetrag **39**
- Identifikationsnummer **39**
- Steuerklassenänderung **39**

Lohnsteuer-Anmeldung 41a R 41a.1
- amtliches Muster **41a** H 41a.1
- Anfechtung durch Arbeitnehmer **41a** R 41a.1
- elektronische **41a**
- elektronische Übermittlung **41a** H 41a.1
- ELSTER **41a** H 41a.1
- Härtefallregelung **41a** H 41a.1
- maschinelle Erstellung **41a** R 41a.1
- Unterschrift **41a** H 41a.1

Lohnsteuer-Anmeldungszeitraum 41a

Lohnsteuer-Außenprüfung 42d R 42d.1
- Aufhebung Vorbehalt der Nachprüfung **42d** H 42d.1
- Betriebsstättenfinanzamt **42f**
- Festsetzungsverjährung **42f** H 42f
- Mitwirkungspflicht des Arbeitgebers **42f; 42f** H 42f
- Ort der Prüfung **42f** H 42f
- Pauschalierung der Lohnsteuer **42d** H 42d.1
- Prüfung mit Träger der Rentenversicherung **42f**
- Prüfungsbericht **42f** R 42f (4)
- Rechte des Arbeitgebers **42f** H 42f
- verbindliche Zusage **42f** R 42f

Lohnsteuerbescheinigung
- Allgemeines **41b; 41b** H 41b
- Änderung **41c** H 41c.1
- Ausdruck elektronische **41b**
- Ausdruck elektronische, Muster **41b** H 41b
- Ausschreibung der **41b** H 41b
- Ausstellung **41b; 41b** R 41b
- Besondere, Muster **41b** H 41b
- Finanzrechtsweg **41b**
- Korrektur elektronische, Datensatz **41c** R 41c.1 (7)
- Korrektur elektronisch übermittelter Daten **41b** H 41b
- Muster **51 (4)**
- Übermittlung **41b; 41b** R 41b
- unzutreffender Steuerabzug **41b** H 41b
- von öffentlicher Kasse **41b** R 41b

Lohnsteuer-Durchführungsverordnung
- Arbeitgeber Anh. 7
- Arbeitnehmer Anh. 7
- Arbeitslohn Anh. 7
- Lohnkonto Anh. 7

Lohnsteuer-Ermäßigung 2013
- Antrag Anh. 44
- Vereinfachter Antrag Anh. 44
- Vordruck Anh. 44

Lohnsteuer-Ermäßigungsverfahren 39a; 39a R 39a.1–3
- erweiterte unbeschränkte Einkommensteuerpflicht **39c** H 39c
- Freibeträge **39a** H 39a.1

Lohnsteuer-Jahresausgleich
- Durchführung Arbeitgeber **42b** R 42b
- Faktorverfahren **42b**
- mehrjährige Tätigkeit **42b** R 42b
- Nettolohnvereinbarung **42b** H 42b
- permanenter **39b** R 39b.8
- Voraussetzungen **42b; 42b** R 42b

Lohnsteuerkarte 52b
- Änderung der Eintragung für Kind **3** R 3.5

Lohnsteuerklasse
- Allgemeines **38b**
- Einreihung **38b**
- Familienstand **38b**

Lohnunterlagen
- Aufbewahrung **41 (1)**

Lohnverwendungsabrede 19 H 19.3

Lohnzahlung durch Dritte
- Erhebung der Lohnsteuer **38**
- freiwilliges Trinkgeld **38** H 38.4
- Lohnsteuereinbehalt **38** R 38.4

– Metergeld 38 H 38.4
Lohnzahlungszeitraum 38a; 39b R 39b.5 (2)
– Lohnsteuerabzug **39b**
Lohnzuschläge 19 R 19.3
Lose 3 H 3.11
Lotse 19 H 19.0

M

Mahlzeit
– besonderer Anlass 8 R 8.1 (8)
– Bewertung bei Tagegeldeinbehalt Anh. 36
– individuell zu versteuernde 8 H 8.1
– Sachbezugswert 8 H 8.1
– übliche Beköstigung 8 R 8.1 (8)
– unentgeltliche oder verbilligte im Betrieb 8 R 8.1 (7)
Mantelbogen
– Vordruckmuster 25 H 25
Maßgebender Betrag
– Umzugskosten Anh. 8
Maßstabsteuer, Einkommensteuer als – 51a
Mautgebühren 8 H 8.1
Mehraufwandsentschädigung
– Ein-Euro-Job Anh. 33
– Steuerfreiheit Anh. 33
Mehraufwands-Wintergeld
– kein Progressionsvorbehalt 3 H 3.2
– steuerfrei 3 H 3.2
Meldedaten-Übermittlung
– von Daten zum Kindergeld 69
Mietbeiträge
– Trennungsgeld 3 H 3.13
Mietvorteil
– steuerfreier 3 R 3.59
– Wohnungsüberlassung 3 Nr. 59
Mietzahlungen 19 H 19.3
Minijob 40a H 40a.1
Mischzuschlag
– Arbeitslohn **3b**
Mitarbeiterbeteiligung 3 R 3 (3); 3 H 3.39; **19a**
Mitreeder 15a (5)
Mitunternehmer 19 H 19.0
Mitunternehmerschaft 15a (5)
Mobiltelefon 19 H 19.3
Musiker *19 H 19.0*
Musikinstrument
– Werkzeuggeld 3 H 3.30
Musikkapelle als Arbeitgeber 19 H 19.0
Muster
– für Zuwendungsbestätigungen Anh. 11
Mutterschaftsgeld
– Leistungen nach Mutterschutzgesetz 3 H 3.0
– Progressionsvorbehalt **32b**
– Zuschuss 3 H 3.0

Mutterschutzgesetz
– Leistungen 3 H 3.0

N

Nachforderung
– Nachforderungsbescheid 42d R 42d.1 (6)
– Verfahren, Lohnsteuer 41c R 41c.3 (5)
Nachforderung von Lohnsteuer 38 (4); 39a (5)
– Verfahren 41c (1)
Nachträgliche Einkünfte 24
Nachversicherung
– Zahlung des Arbeitgebers nach § 187a SGB VI 3 H 3.26a
Nachzahlung 39b H 39b.5
– Arbeitslohn 39b R 39b.2; 39b R 39b.5
– Lohnsteuerabzug 39b R 39b.2
NATO-Bedienstete 19 H 19.8
Nebenberufliche Lehrkraft 19 H 19.0
Nebenberufliche Tätigkeit
– Aufwandsentschädigungen nach § 1835a BGB 3 H 3.26a
– steuerfreie Einnahmen 3 H 3.26a
Nebenberuflichkeit
– allgemeiner Ehrenamtsfreibetrag 3 H 3.26
– Übungsleiterpauschale 3 R 3.26; 3 H 3.26
Nebentätigkeit 3 R 3.12 (2); 19 R 19.2; 19 H 19.2
– allgemeiner Ehrenamtsfreibetrag 3 H 3.26
– Begrenzung Steuerfreiheit Übungsleiterpauschale 3 H 3.26
– Übungsleiter 3 H 3.26
– Übungsleiterpauschale 3 R 3.26
Negative Einkünfte
– fehlgeschlagenes Mitarbeiterkapitalbeteiligungsprogramm 19 H 19.3
Nettolohnvereinbarung 39b R 39b.9
– Behandlung von Sozialversicherungsbeiträgen Anh. 32
– Besteuerung bei Vereinbarung 39b H 39b.9
– Besteuerungsrecht nach DBA Anh. 32
– doppelte Haushaltsführung Anh. 32
– Durchführung des Verlustrücktrags Anh. 32
– fehlgeschlagene Pauschalierung 40a H 40a.1
– Haftung bei 42d R 42d.1 (1)
– Kindergeld Anh. 32
– Lohnsteuer-Jahresausgleich 42b H 42b; Anh. 32
– Nachzahlungs- und Erstattungszinsen Anh. 32
– Regelungen zur sog. „Hypotax" oder „Hyposteuer" Anh. 32
– Schulgeldzahlungen als Werbungskosten Anh. 32
– Steuerberatungskosten als Arbeitslohn Anh. 32
– steuerpflichtiger Arbeitslohn ohne Lohnsteuerabzug Anh. 32
– Umzugskosten Anh. 32
– unbeschränkte Steuerpflicht Anh. 32
– Wegfall der unbeschränkten Steuerpflicht Anh. 32
– Werbungskostenabzug Anh. 32
Nettovereinbarung
– Zuschlag, Steuerfreiheit 3b R 3b
Nicht abzugsfähige Ausgaben 12

Stichwortverzeichnis

Nichteheliche Lebensgemeinschaft 19 H 19.0
Nichtselbständige Arbeit 19
– Einkommensteuer-Vorauszahlungen 37 H 37
Normenflut
– Eindämmung der Anh. 29
– lohnsteuerlich relevante BMF-Schreiben Anh. 29
Notariatsverweser 19 H 19.0
NS-Verfolgtenentschädigungsgesetz
– Bezüge 3 Nr. 7
Nutzungsdauer
– betriebsgewöhnliche – 7
– eines Firmenwerts 7 (1)
– von Gebäuden 7 (4)
Nutzungsüberlassung
– steuerliche Behandlung 8 H 8.2
Nutzungsüberlassung durch den Arbeitgeber Anh. 25
Nutzungsverbot
– Nachweis bei Dienstwagen zu Privatfahrt 8 H 8.1
NV-Bescheinigungen
– Abstandnahme vom Steuerabzug 44a H 44a
– Kopien 44a H 44a
– Vordrucke 44a H 44a

O

OECD-Musterabkommen 39d H 39d
Öffentliche Kasse
– Abführung der Lohnsteuer 41a (3)
– Arbeitgeber 19 H 19.1
– Aufwandsentschädigung 3 Nr. 12; 3 R 3.12
– Beihilfen 3 Nr. 11; 3 R 3.11
– Erläuterung 3 H 3.11
– Reise- und Umzugskostenvergütung 3 Nr. 13
– Reise- und Umzugskostenvergütung sowie Auslösung 3 R 3.13
Öffentliche Mittel
– Zuschuss der Werkstätten für Behinderte 3 H 3.11
Öffentliche Stiftung
– Erläuterung 3 H 3.11
Opfer von Gewalttat
– steuerfreie Entschädigung 3 R 3.6
Orchestermitglied
– Kleidergeld 3 H 3.31
Ordnungsmerkmal
– Datenfernübertragung 41b (2)
Ordnungswidrigkeit 50f
Organisationstätigkeit
– Übungsleiterpauschale 3 H 3.26
Organistentätigkeit
– Übungsleiterpauschale 3 H 3.26

P

Park and ride
– zur Nutzung überlassenes Kraftfahrzeug 8 H 8.1
Parkraumgestaltung 19 H 19.3

Partei
– Zuwendungen 10b; 34g
Partiarisches Darlehen 19a H 19a
Patientenfürsprecher
– Übungsleiterpauschale 3 H 3.26
Pauschalbesteuerung 41c R 41c.2
– Betriebsveranstaltung 19 H 19.5
– Wirkung fehlerhafter 40 H 40.1
Pauschalierung
– der Einkommensteuer bei Sachzuwendungen 37b; 37b H 37b
– der Einkommensteuer durch Dritte 37a
– Lohnzahlung durch Dritte 38 H 38.4
Pauschalierung der Lohnsteuer 4
– Abwälzung pauschaler Lohnsteuer 40 H 40.2; 40a H 40a.1
– Allgemeines 40 R 40.2
– Arbeitsentgelt 40a H 40a.2
– Arbeitsstunde 40a H 40a.1
– Arbeitstag 40a H 40a.1
– Aufzeichnungserleichterungen 41 R 41.1
– Aushilfskraft in der Land- und Forstwirtschaft 40a H 40a.1 (6)
– Bemessungsgrundlage 40 (3); 40a R 40a.1 (4)
– Berechnung durchschnittlicher Steuersatz 40 H 40.1
– Beschäftigungsdauer 40a R 40a.1 (5)
– Bescheinigungspflicht 40 H 40.2
– besondere Pauschsteuersätze 40 H 40.1
– Betriebsveranstaltung 40 R 40.2
– Direktversicherung 40b; 40b R 40b.1; 40b H 40b.1
– Einkommensteuerveranlagung 40 (3)
– Erholungsbeihilfe 40 (2); 40 H 40.2
– Fahrten zwischen Wohnung und Arbeitsstätte 40 R 40.2; 40 H 40.2
– Folgen bei Einkommensteuerveranlagung 40 (3)
– gelegentliche Beschäftigung 40a R 40a.1 (2)
– geringfügig Beschäftigung 40a; 40a R 40a.1
– Kirchensteuer 40 H 40.2
– kurzfristig Beschäftigter 40a R 40a.1 (3)
– Land- und Forstwirtschaft 40a
– land- und forstwirtschaftliche Aushilfskräfte 40a H 40a.1
– land- und forstwirtschaftliche Fachkräfte 40a H 40a.1
– Lohnzuschuss zur Internetnutzung 40 (2)
– Mittagsmahlzeit 8 R 8.1 (7)
– Pauschalierungsantrag, Befugnis 40 H 40.1
– Pauschalierungsgrenze 40a R 40a.1 (5)
– Pauschalierungsgrenzen Teilzeitbeschäftigter 40a R 40a.1 (5)
– Pauschalierungsvoraussetzungen 40 H 40.1
– Pauschalversteuerung und Regelbesteuerung, Wechsel 40 H 40.1
– Pauschsteuersatz 40
– Pensionskasse 40b; 40b R 40b.1; 40b H 40b.1
– Privatnutzung Dienstwagen 40 H 40.1
– Reisekosten 40 R 40.2; 40 H 40.2
– Sachbezüge 8 R 8.2 (1)
– Sachzuwendungen bei Betriebsveranstaltungen 40 (2); 40 R 40.2
– Teilzeitbeschäftigter 40a; 40a R 40a.1
– teilzeitbeschäftigter Vorruheständler 40a H 40a.1

Stichwortverzeichnis

- Übernahme Pauschsteuer durch Arbeitgeber **40** H 40.2
- unentgeltliche oder verbilligte Mittagsmahlzeit im Betrieb **40 (2); 40** R 4.2
- Unfallversicherung **40b (3); 40b** R 40b.2
- Verpflegungsmehraufwendungen **9** H 9.6; **40 (2); 40** R 40.2
- Vorteile durch Personalcomputer und Internet **40 (2); 40** R 40.2 (5)
- Wechsel zur Regelbesteuerung **40a** H 40a.2
- Wirkung fehlerhafter Pauschalierung **40** H 40.1
- Zahlung tarifvertraglicher Ansprüche **39c** R 39c (5)

Pauschalzahlung **3b** R 3b (8)

Pauschbetrag
- behinderter Mensch, Hinterbliebener und Pflegeperson **33b**
- Sonderausgaben **10b** H 10b
- Umzugskosten **9** R 9.9
- Verpflegungsmehraufwendungen **4 (5)**

Pauschbeträge für Werbungskosten
- für Arbeitnehmer **9a**
- für Kapitalvermögen **9a**
- für sonstige Einnahmen **9a**
- für Versorgungsbezüge **9a**
- Werbungskosten **9a**
- Werbungskosten-Pauschbetrag **9a**

Pauschsteuersatz
- sonstige Bezüge **40** R 40.1

Payback-Punkte **19** H 19.3

Pensionsfonds
- Beiträge an **4e (1)**
- Besteuerung der Leistungen **21**
- steuerfreie Arbeitgeberbeiträge **3 Nr. 63; 3** H 3.63
- steuerfreie Übertragung **3 Nr. 66; 3** H 3.66

Pensionskasse
- Besteuerung der Leistungen **21**
- Pauschalierung der Lohnsteuer **40b; 40b** R 40b.1; **40b** H 40.1
- steuerfreie Arbeitgeberbeiträge **3 Nr. 63; 3** H 3.63
- steuerfreie Beiträge als Grundlohn **3b** H 3b
- Steuerfreiheit bei Umlagefinanzierung **3 Nr. 55c**
- Übertragungsabkommen **20** H 20
- Zuwendungen an **4c**

Pensionsrückstellung **6a**

Pensionszusage (Ablösung) **19** H 19.3

Personalcomputer
- Pauschsteuersatz für Vorteile durch Übereignung **40** R 40.2 (5)

Personalrabatt **3 Nr. 7; 8** H 8.2
- bei Kreditinstituten **8** H 8.2

Pflege
- Steuerermäßigung **35a**

Pflegegeld
- Steuerfreiheit **3 Nr. 36**

Pflegekind **32 (1)**

Pflegeleistungen
- Entschädigungen **3** H 3.12

Pflege-Pauschbetrag **33b (6)**

Pflegeversicherung
- Leistungen **3** H 3.0
- Leistungen des Arbeitgebers **3** H 3.59; **3 Nr. 62; 3** H 3.62
- Sonderausgaben **10**
- Zuschüsse gesetzlicher Rentenversicherung an Rentner **3 Nr. 14**

Polizei
- steuerfreie Leistungen, Sachbezüge **3 Nr. 4**

Polizeidienst
- Freiwilliger, Entschädigungen **3** H 3.12
- Zensus **3** H 3.12

Prädikanten
- Übungsleiterpauschale **3** H 3.26

Prämien **19** H 19.3

Prämienprogramme
- bahn.bonus **38** H 38.4
- Bahnfahrer **38** H 38.4
- Besteuerung der Vorteile **38** H 38.4
- Pauschalierung der Einkommensteuer **38** H 38.4

Prämienrückzahlung
- DO-Angestellte gesetzlicher Krankenkassen **3** H 3.11

Prämienvorteile **19** H 19.3

Preise
- steuerpflichtige Einnahmen **2** H 2
- Zusammenhang mit Einkunftsart **2** H 2

Preisgeld
- steuerpflichtige Einnahmen **2** H 2
- Zusammenhang mit Einkunftsart **2** H 2

Preisnachlass bei Vermögensbeteiligungen **19a** H 19a

Private Veräußerungsgeschäfte **21; 23**

Privatfahrt
- zur Nutzung überlassenes Kraftfahrzeug **8** H 8.1

Privatforstbedienstete **19** H 19.3

Privatnutzung
- geleaster Pkw **8** H 8.1

Programmablaufplan
- für die maschinelle Berechnung der Lohnsteuer **39b** H 39b.8

Progressionsvorbehalt **32b; 32b** H 32b
- Aufstockungsbetrag **3** H 3.28
- Veranlagung bei Einkünften **46** H 46

Provisionen **19** R 19.4; **19** H 19.4

Prüfungsrecht
- der Finanzbehörde bei Anrechnung, Vergütung, Erstattung von KSt u. KapSt **50b**

Prüfungstätigkeit **19** H 19.2
- Arbeitnehmer **3** R 3.26
- Ausbilder **3** H 3.26
- Steuerberaterexamen **3** H 3.26
- Übungsleiterpauschale **3** R 3.26

R

Rabatte **19** H 19.3
- Dritter, Lohnsteuerabzug **38** H 38.4

1391

Stichwortverzeichnis

- Lohnsteuerabzug 38 H 38.4

Rabatte an Arbeitnehmer in der Automobilbranche
Anh. 37

Rabattfreibetrag 8
- Anwendung 8 H 8.2
- Wahlrecht auf Anwendung 8 H 8.2

Rechengrößen
- der Sozialversicherung Anh. 19

Rechnungsabgrenzungsposten 5

Rechtspraktikant 19 H 19.0

Regelmäßige Arbeitsstätte 9 R 9.4; 9 H 9.4
- bei zeitlich befristet entsandten Arbeitnehmern
  9 H 9.4
- mehrere Tätigkeitsstätten 9 H 9.4

Regenerationskur 19 H 19.3

Rehabilitierungsgesetz
- Leistungen 3 Nr. 23

Reisekosten 9 H 9.4
- Auslandsdienstreise, Übersicht Höchst- und Pauschbeträge Anh. 47
- Auswärtstätigkeit 9 R 9.4 (2)
- Bahncard 100 3 H 3.16
- Begriff 9 R 9.4 (1)
- bei zeitlich befristet entsandten Arbeitnehmern
  9 H 9.4
- Fahrtkosten 9 R 9.5; 9 H 9.5
- Gehaltsumwandlung zur steuerfreien Erstattung
  3 H 3.16
- Pauschalierung der Lohnsteuer 40 R 40.2
- regelmäßige Arbeitsstätte 9 R 9.8
- Reisenebenkosten 9 R 9.8; 9 H 9.8
- Übernachtungskosten 9 R 9 (09)
- Zusammenfassung Einzelerstattungen 3 H 3.13

Reisekostenersatz
- Arbeitgeber 3 Nr. 13
- beschränkt Steuerpflichtiger 3 R 3.16

Reisekostenvergütung Anh. 47
- aus öffentlichen Kassen 3 R 3.13
- Zusammenfassung Einzelerstattungen 3 H 3.13

Reisen als Incentive 19 H 19.3

Reisevertreter 19 H 19.0

Rente
- Besteuerung 22
- wegen Alters 3 H 3.6
- wegen verminderter Erwerbsfähigkeit 3 H 3.6

Rentenabfindung, Beamten(Pensions-)gesetze
- Leistungen, Steuerfreiheit 3 Nr. 2a

Rentenabfindungen
- Beitragserstattungen Berufsständischer Versorgungseinrichtungen 3 H 3.3

Rentenabfindung, gesetzliche Rentenversicherung
- Leistungen, Steuerfreiheit 3 Nr. 2a

Rentenbezugsmitteilung 22a; 22a H 22a

Rentenversicherung
- Beiträge nach § 187a SGB VI 3 H 3.28
- Beiträge zur Vermeidung von Rentenminderungen
  3 H 3.28

- Leistungen des Arbeitgebers 3 H 3.59; 3 R 3.62;
  3 H 3.62
- Sachleistungen 3 H 3.0
- vom Arbeitgeber übernommene Beiträge zur freiwilligen 19 H 19.3
- Zahlung des Arbeitgebers nach § 187a SGB VI
  3 H 3.26a

Reparationsschädengesetz
- Bezüge 3 Nr. 7

Restwert 7 (2)

Rettungsschwimmer DLRG
- Übungsleiterpauschale 3 H 3.26

Riester-Förderung 10a

Risikoversicherung
- Sonderausgaben 10

**Rückdeckungsversicherung 40b R 40b.1 (3);
40b H 40b.1**
- Übertragung oder Umwandlung 3 R 3.65 (4)

Rückfallklausel
- Auslandstätigkeitserlass 39b H 39b.10

Rückstellung 5
- für Zuwendungen an Pensionskassen 4c

Rückzahlung
- pauschal besteuerbare Leistungen 40b R 40b.1 (13–15); 40b H 40b.1

Rückzahlung von Arbeitslohn 11 H 11; 19 H 19.3
- Krankenbezüge 19 H 19.3

Ruhegehaltszahlung
- ehemalige Arbeitnehmer mit Wohnsitz im Ausland
  39d H 39d
- ehemalige Bedienstete koordinierter Organisationen und Europäischer Patentorganisation 39d H 39d

Ruhestand
- vorzeitiger 19 H 19.8

Rundfunkermittler 19 H 19.0

Rundfunkessay
- Übungsleiterpauschale 3 H 3.26
- Vortragender 3 H 3.26

S

Sachbezüge
- Arbeitgeberdarlehen 8 H 8.2
- Aufzeichnung im Lohnkonto 4
- Bewertung 8; 8 R 8.1–2; 8 H 8.2
- ehemaliger Arbeitnehmer 8 H 8.2
- Erwerb von Kraftfahrzeugen vom Arbeitgeber in der Automobilbranche Anh. 37
- Fahrvergünstigungen 8 H 8.2
- Kraftfahrzeuge Anh. 37
- Luftverkehrsgesellschaft 8 H 8.2
- Reisen an Mitarbeiter von Reisebüros, Reiseveranstalter 8 H 8.2
- sonstige Anh. 4
- Vermögensbeteiligungen 3 Nr. 39; 3 H 3.39; 19a
- Verpflegung, Unterkunft und Wohnung als Anh. 4
- von dritter Seite 8 H 8.2
- Wahlrecht Bewertung, Rabatt-Freibetrag 8 H 8.2
- Werbungskosten 9 R 9.1 (4)

Stichwortverzeichnis

Sachbezugswert
- 44-Euro-Freigrenze 8 H 8.1
- amtlicher 8 R 8.1 (4)
- Betriebsveranstaltung 19 H 19.5

Sachprämien
- Pauschalierung der Einkommensteuer 37a

Sachzuwendungen
- an Arbeitnehmer 37b; 37b H 37b
- Pauschalierung der Einkommensteuer 37b; 37b H 37b

Saison-Kurzarbeitergeld
- Progressionsvorbehalt 3 H 3.2; 32b H 32b
- steuerfrei 3 H 3.2

Sammelbeförderung
- Großbuchstabe F 3 H 3.32
- pauschale Versteuerung 40 R 40.2
- Pauschbesteuerung 40 R 40.2
- Pauschbesteuerung Vorteile für unentgeltliche oder verbilligte 40 (2)
- unentgeltliche oder verbilligte des Arbeitnehmers zwischen Wohnung und Arbeitsstätte durch Arbeitgeber 3 R 3.32
- unentgeltliche oder verbilligte durch Arbeitgeber 3 Nr. 32

Sanitätshelfer 19 H 19.0
- Übungsleiterpauschale 3 H 3.26

Schadensersatzforderungen (Erlass) 19 H 19.3

Schadensersatzleistungen 19 H 19.3

Schätzungsbescheid 41a H 41a.1

Schiffe
- im internationalen Verkehr 5a

Schlechtwettergeld 39b H 39b.7
- Aufzeichnung im Lohnkonto 41 R 41.2

Schriftsteller
- beschränkt einkommensteuerpflichtiger 39d R 39d

Schuldzinsen
- Werbungskosten 9

Schulgeld
- Sonderausgaben 10

Schulprojekte 19 H 19.3

Schwarzarbeiter 19 H 19.0

Selbständige Arbeit
- Abgrenzung gegenüber nichtselbständiger Arbeit 18 H 18; 19 H 19.0
- Einkünfte 18

Servicekräfte 19 H 19.0

SGB III
- Leistungen, Steuerfreiheit 3 Nr. 2

SGB VI
- Beiträge nach § 187a SGB VI 3 H 3.26a
- Beiträge zur Vermeidung von Rentenminderungen 3 H 3.28
- steuerfreie Beiträge 3 H 3.28

Sicherheitsmaßnahmen
- Arbeitgeberleistungen 19 H 19.3

Signaturen
- Elektronische Anh. 12

Soldatenversorgungsgesetz 3 Nr. 2a

Solidaritätszuschlag 51a

Sonderabschreibung 7a

Sonderabschreibungen zur Förderung kleiner und mittlerer Betriebe 7g

Sonderausgaben 10; 10b
- Riester-Förderung 10a
- zusätzliche Altersvorsorge 10a

Sonderausgaben-Pauschbetrag 10b H 10b

Sondervorschriften Einigungsvertrag 56

Sonderzahlungen 19 H 19.3

Sonntags-, Feiertags- und Nachtarbeit
- Abgrenzung 3b H 3b
- Bereitschaftsdienst 3b H 3b
- GmbH-Geschäftsführer 3b H 3b
- Grundlohn, Zuschlag 3b H 3b
- Mischzuschlag 3b H 3b
- pauschale Zuschläge 3b H 3b
- steuerfreie Zuschläge 3b H 3b
- Steuerfreiheit 3b
- tatsächliche Arbeitsleistung 3b H 3b
- Verrechnung pauschaler Zuschläge 3b H 3b
- Zuschlag für Wechselschichtarbeit 3b H 3b

Sonstige Bezüge
- Begriff 39b R 39b.2 (2)
- Besteuerung von 39b R 39b.6 (3)
- Durchführung Lohnsteuerabzug 39b
- Ermittlung Lohnsteuer 38a
- steuerfreier Aufstockungsbetrag 3 H 3.28
- Zufluss 38a

Sonstige Einkünfte 22
- Private Veräußerungsgeschäfte 23

Sozialhilfe
- Leistungen 3 Nr. 11

Sozialversicherung
- gesetzlicher Arbeitgeberanteil 3 H 3.59; 3 R 3.62; 3 H 3.62
- Übernahme durch den Arbeitgeber 39b R 39b (39b)

Sozialversicherungsbeitrag
- FELEG 19 H 19.3
- nachzuentrichtender 19 H 19.3
- Surrogatleistungen 19 H 19.3
- vom Arbeitgeber übernommene Beiträge zur freiwilligen Rentenversicherung 19 H 19.3

Sozialversicherungsentgeltverordnung (SvEV)
- Zuwendungen des Arbeitgebers Anh. 4

Sozialversicherungs-Rechengrößen Anh. 19

Sparer-Pauschbetrag
- Einkünfte aus Kapitalvermögen 20 (9)

Spenden 10b
- Anwendungsschreiben Anh. 11
- Haftungsregelung Anh. 11
- Zuwendungsnachweis 50

Splitting-Verfahren 32a

Staatsangehörige
- deutscher – im Ausland 1 (2)

Stichwortverzeichnis

Staatsangehörige außerhalb EU/EWR
- Einkommensteuerpflicht **1** H 1

Staatsangehörige EU/EWR
- Einkommensteuerpflicht **1** H 1
- unbeschränkte Einkommensteuerpflicht **1a**

Stadtführer
- Übungsleiterpauschale **3** H 3.26

Statisten
- Übungsleiterpauschale **3** H 3.26

Steinbrüche
- Absetzungen für Substanzverringerung bei – **7 (6)**

Sterbegeld **19** H 19.8

Steuerabzug
- Bauleistungen **48**
- bei beschränkt Steuerpflichtigen **50a**
- Freistellung **39d** H 39d
- Verfahren bei Bauleistungen **48a**

Steuerbegünstigte Zwecke **10b**; Anh. 11

Steuerbegünstigung
- Baudenkmale etc. **10f**
- eigene Wohnzwecke **10f**
- schutzwürdige Kulturgüter **10g**
- unentgeltliche Wohnungsüberlassung **10h**

Steuerberatungskosten **9** H 9.1
- Arbeitgeberersatz **19** H 19.3
- Kosten der Lebensführung Anh. 24
- Werbungskosten Anh. 24

Steuerdaten-Übermittlungsverordnung (StDÜV)
41a H 41a.1
- bei Steueranmeldungen Anh. 12
- bei zusammenfassenden Meldungen Anh. 12
- Haftung Anh. 12
- Schnittstellen Anh. 12

Steuererklärungsdaten
- elektronische Übermittlung **41a** H 41a.1

Steuererklärungspflicht **25**
- Härteausgleich **56**
- Härteausgleichsbetrag **56**
- nach Einkommensteuer-Durchführungsverordnung (s. bei § 46 EStG) **56**

Steuererklärungsvordruck
- Elektronische Übermittlung **41a** H 41a.1
- ELSTER **41a** H 41a.1
- Grundsätze für Verwendung **41a** H 41a.1
- Härtefallregelung **41a** H 41a.1
- Lohnsteuer-Anmeldung **41a** H 41a.1

Steuerermäßigung
- ausländische Einkünfte **34c**
- Haushaltsnahe Beschäftigungsverhältnisse etc. **35a**
- Zuwendungen an politische Parteien etc. **34g**

Steuerfreie Bezüge
- Bescheinigung **41b** R 41b

Steuerfreie Einnahmen
- Ausgaben **3c**

Steuerklasse
- Änderung **39** R 39.2 (3)
- beschränkte Steuerpflicht **39d**; **39d** R 39d
- Einreihung **38b**

- Faktorverfahren anstelle III/V **39f**
- Familienstand **38b**

Steuerklassenänderung
- Ehegatten **39 (5)**

Steuerklassenwahl
- Elterngeld **39** H 39.1

Steuerklassenwechsel
- Ehegatten **39** R 39.2 (5)

Steuerliche Behandlung von Arbeitgeberdarlehen
Anh. 42

Steuerpflicht
- Bescheinigung für Lohnsteuerabzug bei beschränkter **39d** H 39d
- beschränkte **1**; **49**; **50**
- beschränkte, Steuerabzug **50a**
- Inland **1**
- Lohnsteuerberechnung bei Wechsel **39b** H 39b.6
- unbeschränkte **1**; **1 (2)**
- unbeschränkte – auf Antrag **1 (3)**

Steuersatz
- durchschnittlicher, Berechnung **40** H 40.1

Steuerschuldner
- Arbeitnehmer **38 (2)**
- Nettolohnvereinbarung **39b** H 39b.9

Steuerstraftaten
- Nichtverfolgung bei geringfügiger Beschäftigung in Privathaushalten **50e**

Steuerstundungsmodelle
- Verluste **15b**

Stiftung
- öffentliche **3** H 3.11
- öffentliche, Bezüge zur Förderung der Erziehung, Ausbildung, Wissenschaft, Kunst **3 Nr. 11**; **3** H 3.11

Stille Beteiligung **19a** H 19a

Stilllegungsvergütung
- Arbeitnehmer **3 Nr. 60**

Stipendium **3** H 3.39
- Ausbildung **3** H 3.11
- DO-Angestellte gesetzlicher Krankenkassen **3** H 3.11
- Forschung **3** H 3.11
- öffentliche Mittel **3 Nr. 11**; **3** H 3.11
- Steuerfreiheit **3** H 3.11
- überstaatliche Einrichtung **3** H 3.11

Straßenbenutzungsgebühren
- bei privater Nutzung Dienstwagen **8** H 8.1

Stromableser **19** H 19.0

Studienbeihilfe **3** H 3.11

Studiengebühren **19** H 19.7
- Übernahme durch Arbeitgeber Anh. 34

Studienreise **9**; **19** H 19.7; Anh. 46

Studium
- berufsbegleitendes Anh. 34

Substanzverringerung, Absetzungen für – **7 (6)**

Summe der Einkünfte
- Ermittlungsvorschrift **2**

1394

Stichwortverzeichnis

SvEV Anh. 4

T

Tagegeld Anh. 47
- Erstattung von Reisekosten **3 Nr. 13; 3** R 3.16; **16**
- EU-Kommission **1** H **1**
- Organe der EU **39d** H **39d**

Tantieme **39b** R 39b.2

Tarif **32a**

Tarifliche Einkommensteuer
- Ermittlungsvorschrift **2 (5)**

Tätigkeit
- im Ausland **34c**
- mehrjährige, Einbehaltung Lohnsteuer **39b** R 39b.6

Teileigentum
- AfA bei – **7 (5)**

Teileinkünfteverfahren **3c** H 3c

Teilunterhaltsgeld
- steuerfrei **3** R 3.2

Teilwert **6**

Teilwertabschreibung
- auf Darlehensforderungen **3c** H 3c

Telefonkosten **9** R 9.11 (5)
- doppelte Haushaltsführung **9** H 9.11

Telekommunikationsaufwendungen
- Arbeitgeberersatz **3** R 3.50 (2)

Telekommunikationsgeräte
- steuerfreie Nutzungsüberlassung **3** R 3.45
- Überlassung, Vorteile, Steuerfreiheit **3 Nr. 40**

Telekommunikationskosten
- Arbeitgeberersatz **19** H 19.3

Test
- Vergütungen medizinischer Studiengänge **3** H 3.26

Theaterkarten
- Betriebsveranstaltung **19** H 19.5

Trennungsgeld Anh. 20; Anh. 21
- aus öffentlichen Kassen **3** R 3.13
- außerhalb öffentlichen Dienstes **3** R 3.16
- Mietbeitrag **3** H 3.13
- öffentliche Kasse **3 Nr. 13**

Trennungsgeldverordnung
- auswärtiges Verbleiben Anh. 21
- Reisebeihilfe für Heimfahrten Anh. 21
- Zusage der Umzugskostenvergütung Anh. 21

Trinkgeld **19** R 19.3
- Besteuerung **3 Nr. 51; 38** R 38.4
- freiwillige Sonderzahlung **3** H 3.51
- steuerfreies **3 Nr. 51**

Tutor **19** H 19.0

U

Überbrückungsgeld
- steuerfrei **3** R 3 (03)

Überentnahmen
- Schuldzinsenabzug **4 (4a)**

Übergangsbeihilfe **3** H 3.10
- Leistungen **3** H 3.6
- Steuerfreiheit **3** H 3.6

Übergangsgeld
- Betriebliche Altersversorgung Anh. 2
- Leistungen, Steuerfreiheit **3 Nr. 2**
- nach Anlage 7a Ersatzkassen-Tarifvertrag **19** H 19.8
- nach tarifvertraglichen Vorschriften im öffentlichen Dienst **19** H 19.8
- SGB VI **3** H 3.0
- steuerfrei **3** R 3.2
- Steuerfreiheit **3** H 3.10

Übergangsleistungen
- Progressionsvorbehalt **32b** H 32b

Übergangsregelungen
- Kindergeld **78**

Übernachtungskosten **9** R 9.11
- Arbeitnehmer im Hotelgewerbe **8** H 8.2
- Übersicht Höchst- und Pauschbeträge bei Auslandsdienstreise Anh. 47

Überschuss
- der Einnahmen über die Werbungskosten **2 (2)**

Übersicht
- Doppelbesteuerungsabkommen **39d** H 39d

Übertragung
- Arbeitszeitkonto, Wertguthaben, Zeitwertkonto **3 Nr. 53**
- Freibeträge für Kinder **32 (6)**
- Versorgungsverpflichtung **19** H 19.8

Übertragungsabkommen
- betriebliche Altersversorgung **20** H 20

Überversorgung
- betriebliche Altersversorgung **3** H 3.63

Übliche Beköstigung
- Mahlzeit **8** H 8.1

Üblicher Endpreis **8** H 8.1

Übungsleiter
- allgemeiner Ehrenamtsfreibetrag **3** H 3.26
- Coronar-Sport **3** H 3.26
- DLRG **3** H 3.26
- nebenberufliche Tätigkeit **3** H 3.26
- steuerfreie Aufwandsentschädigung **3** H 3.26
- Übungsleiterpauschale **3** H 3.16; **3** R 3.26

Übungsleiterpauschale
- allgemeiner Ehrenamtsfreibetrag für nebenberufliche Tätigkeit **3** H 3.26
- Arzt im Behindertensport **3** H 3.26
- Arzt im Coronarsport **3** H 3.26
- Aufsichtsvergütung für die juristische Staatsprüfung **3** H 3.26
- Behindertentransport **3** H 3.26
- Bereitschaftsleitungen **3** H 3.26
- Betreuer **3** H 3.26
- Betreuungstätigkeit **3** H 3.26
- Diakon **3** H 3.26
- ehrenamtliche Richter **3** H 3.26
- Ferienbetreuer **3** H 3.26
- für nebenberufliche Tätigkeit **3** H 3.16
- gesetzlicher Betreuer **3** H 3.26
- hauswirtschaftliche Tätigkeit **3** H 3.26

Stichwortverzeichnis

- Helfer im sog. Hintergrunddienst des Hausnotrufdienstes 3 H 3.26
- Jugendgruppenleiter 3 H 3.26
- Küchenmitarbeiter 3 H 3.26
- künstlerische Tätigkeit 3 H 3.26
- Lehrbeauftragter 3 H 3.26
- Lektoren 3 H 3.26
- Mahlzeitendienste 3 H 3.26
- nebenberufliche Tätigkeit 3 H 3.26
- Notfallfahrten bei Blut- und Organtransport 3 H 3.26
- Organisationstätigkeit 3 H 3.26
- Parcourschefassistenten 3 H 3.26
- Parcourschefs 3 H 3.26
- Patientenfürsprecher 3 H 3.26
- Prädikanten 3 H 3.26
- Rettungsschwimmer 3 H 3.26
- Sanitätshelfer 3 H 3.26
- Stadtführer 3 H 3.26
- Statisten 3 H 3.26
- vergebliche Aufwendungen 3 H 3.26
- Versichertenältester 3 H 3.26
- Zahnarzt 3 H 3.26

Umrechnung
- Geldbetrag nach DBA 39d H 39d

Umstellungsvergütung
- Arbeitnehmer 3 Nr. 60

Umwegstrecke 9 H 9.10
- Überlassung betrieblichen Kraftfahrzeugs 8 H 8.1

Umweltschutz
- erhöhte Absetzungen bei dem – dienenden Wirtschaftsgütern 7d

Umzugskosten 9 R 9.9
- Auslandsumzugskostenverordnung Anh. 8
- aus öffentlichen Kassen 3 R 3.13 (2)
- außerhalb öffentlichen Dienstes 3 R 3.16
- berufliche Veranlassung 9 H 9.9
- Bundesumzugskostengesetz Anh. 8
- Eheschließung 9 H 9.9
- erhebliche Verkürzung der Entfernung zwischen Wohnung und Arbeitsstätte 9 H 9.9
- maßgeblicher Betrag 9 H 9.9
- öffentliche Kasse 3 Nr. 13
- Werbungskosten 9 R 9.9 (1)

Umzugskostenvergütung
- Anwendungsbereich Anh. 21
- aus öffentlichen Kassen 3 R 3.13

Unbeschränkte Einkommensteuerpflicht
- Antrag auf Erteilung einer Bescheinigung bei erweiterter Anh. 40
- Antrag im Lohnsteuer-Ermäßigungsverfahren Anh. 40

Unentgeltliche Überlassung
- Arbeitskleidung 3 R 3.31
- Dienstleistungen 8 R 8.2
- Kraftfahrzeug 8 R 8.1 (9)
- Mahlzeit 8 R 8.1 (7)
- Waren 8 R 8.2

Unfallschaden
- Fahrten zwischen Wohnung und Arbeitsstätte 9 H 9.10

Unfallversicherung
- Leistungen 3 H 3.0; 19 H 19.3
- Pauschalierung der Lohnsteuer 40b (3); 40b R 40b.2
- Sonderausgaben 10
- steuerliche Behandlung 19 H 19.3

Unglücksfall
- Beihilfen 3 R 3.11

Unterhalt
- Einkünfte 21

Unterhaltsaufwendungen
- außergewöhnliche Belastung 33a

Unterhaltsbeitrag
- nach Beamtenversorgungsgesetz 3 H 3.6

Unterhaltsgeld
- Leistungen, Steuerfreiheit 3 Nr. 2
- steuerfrei 3 R 3.2

Unterhaltsleistungen
- Sonderausgaben 10

Unterhaltsrente
- Zahlung einer – an ein Kind 64

Unterkunftskosten
- doppelte Haushaltsführung 9 H 9.11

Unterstützung
- öffentliche Mittel 3 H 3.11
- privater Arbeitgeber 3 R 3.11

Unterstützungskasse
- Leistungen 19 H 19.3
- steuerfreie Übertragung auf Pensionsfonds 3 Nr. 66; 3 H 3.66
- Trägerunternehmen 4d (1)
- VBLU 19 H 19.3
- Zuwendungen an 4d (1)

Urlaubsabgeltung 19 H 19.3

V

VBL
- Ausscheiden des Arbeitgebers 40b H 40b.1
- Umlagezahlungen als Arbeitslohn 19 H 19.3

Veranlagung
- Ehegatten 26; 26b
- Einzelveranlagung von Ehegatten 26a

Veranlagungszeitraum 25

Veranstaltung
- Berufsstand, Berufsverband 9 R 9.3

Veräußerung
- Anlagegüter 6c
- Übertragung stiller Reserven 6c

Verbindlichkeiten 6

Verein als Arbeitgeber 19 H 19.1

Vereinfachte Einkommensteuererklärung für Arbeitnehmer
- Vordruckmuster 25 H 25

Vergebliche Aufwendungen 3 H 3.26

Vergütung
- Reisekosten im öffentlichen Dienst 3 Nr. 13; 3 R 3.13
- Reisekosten im privaten Dienst 3 R 3.16

Stichwortverzeichnis

- Umzugskostenvergütung 3 Nr. 13; 3 R 3.16; 16

Verleiher
- Haftung 42d (7)

Verlosungsgewinn
- Betriebsveranstaltung 19 H 19.5

Verlustabzug 10d

Verluste
- bei beschränkter Haftung 15a
- verrechenbare – 15a (4)

Vermietung und Verpachtung
- bewegliche Gegenstände 21
- Einkünfte 21

Vermittlungsprovision 8 H 8.2; 19 H 19.3; 19 R 19.4; 19 H 19.4

Vermögensbeteiligungen 3 Nr. 39; 3 H 3.39; 19a; 19a H 19a
- Überlassung an Arbeitnehmer 3 Nr. 39

Vermögensstockspenden
- Vortrag Anh. 11

Vermögensverwaltende Gesellschaft
- steuerfreie Vergütungen, Einkünfte 3 H 3.39

Verpfändung
- Erstattungsanspruch 46 H 46

Verpflegungsmehraufwendungen
- aus öffentlichen Kassen 3 R 3.13
- Auswärtstätigkeit 9 R 9.6 (3); 9 H 9.6
- Besteuerung mit Pauschsteuersatz 40
- Dienstreise im Inland 9 R 9.6
- Dreimonatsfrist 9 H 9.6
- Erstattung durch Arbeitgeber 3 Nr. 13; 3 R 3.16; 9 H 9.6; 16
- Konkurrenzregelung 9 R 9.6 (2)
- pauschale Versteuerung 9 H 9.6
- Pauschbeträge Anh. 47
- Pauschsteuersatz 40 (2)
- Seeleute 9 H 9.6
- Soldaten 9 H 9.6
- Übersicht über Höchst- und Pauschbeträge bei Auslandsdienstreise Anh. 47
- wechselnde Tätigkeitsstätte 9 H 9.6
- Werbungskostenabzug 9 R 9.6; 9 H 9.6

Verpflegungszuschüsse
- Bundeswehr, Bundespolizei und Polizei, steuerfreie Sachbezüge 3 Nr. 4

Verschollenheitsbezüge 19 R 19.8

Versichertenältester
- Übungsleiterpauschale 3 H 3.26

Versicherungserträge
- Besteuerung 20 H 20

Versicherungsvertragswechsel
- betriebliche Altersversorgung 20 H 20

Versicherungsvertreter 19 H 19.0

Versorgungsausgleich 9 H 9.1
- Einkünfte 21
- externe Teilung 3 H 3.55a
- Freibeträge für Versorgungsbezüge 19 H 19.8
- interne Teilung 3 H 3.55
- Sonderausgaben 10

Versorgungsbezüge 19 (2)
- voraussichtlicher Jahresarbeitslohn 39b H 39b.6
- Werbungskosten-Pauschbetrag 9a H 9a

Versorgungseinrichtung
- Mitteilungspflichten des Arbeitgebers 5

Versorgungsfreibetrag 19 (2); 39b R 39b.3
- Aufzeichnung im Lohnkonto 4
- Vorsorgepauschale 19 H 19.8

Versorgungsleistungen
- Einkünfte 21
- Sonderausgaben 10

Versorgungsverpflichtung
- Übertragung 19 H 19.8

Versorgungszuschlag 19 H 19.3

Vertragsänderungen
- Lebensversicherungen 10 H 10

Vertrauensleute einer Buchgemeinschaft 19 H 19.0

Vervielfältigungsregelung
- Beendigung des Dienstverhältnisses 3 Nr. 63

Verwarngelder 19 H 19.3

Verzeichnis
- Finanzämter bundesweit 41b H 41b

Vollzeitpflege
- Behandlung der Geldleistungen für Kinder 3 H 3.11

Vollzugsbeamte öffentlicher Dienst
- steuerfreie Leistungen, Sachbezüge 3 Nr. 4

Vorauszahlung
- Arbeitslohn 39b R 39b.2
- auf die Einkommensteuer 37
- auf die Einkommensteuer bei nichtselbständiger Arbeit 37 H 37

Vordruck
- Altersvorsorgevertrag 22 H 22
- Anlage AV 10a
- Anlage N 19 H 19.3
- Anlage Vorsorgeaufwand 10 H 10
- Antrag auf Erteilung einer Bescheinigung für beschränkt einkommensteuerpflichtige Arbeitnehmer Anh. 40
- Antrag auf Steuerklassenwechsel bei Ehegatten 39 H 39.1
- Antrag Bescheinigung bei erweiterter unbeschränkter Einkommensteuerpflicht und für Arbeitslohn aus inländischen öffentlichen Kassen Anh. 40
- Anträge zu den elektronischen Lohnsteuerabzugsmerkmalen 39 H 39.1
- Bescheinigung für den Lohnsteuerabzug 39 H 39.1
- betriebliche Altersversorgung 22 H 22
- Einkommensteuererklärung (sog. Mantelbogen) 25 H 25
- Lohnsteuer-Anmeldung 41a H 41a.1
- Lohnsteuerbescheinigungen 41b H 41b
- vereinfachte Einkommensteuererklärung für Arbeitnehmer 25 H 25

Vorsorgeaufwendungen
- Sonderausgaben 10

Vorsorgepauschale
- Altersentlastungsbetrag 24a H 24a
- Lohnsteuerabzugsverfahren 39b H 39b.7

1397

Stichwortverzeichnis

– Versorgungsfreibetrag **19** H 19.8
Vorsorgeuntersuchungen **19** H 19.3
Vorstand
– Zukunftssicherung **3** H 3.62
Vorstandsmitglied **19** H 19.0
– Zeitwertkonto Anh. 35
Vorsteuerabzug **9b**

W

Wahlbeamter
– Anerkennung von Werbungskosten **3** R 3.12
– s. a. „Kommunaler Wahlbeamter" **3** R 3.12
Wählervereinigungen
– Zuwendungen **34g**
Wahlrecht
– doppelte Haushaltsführung **9** R 9.11 (5)
Waren
– Arbeitgeber **8** H 8.2
– und Dienstleistungen, Bezug **8** (3); **8** R 8.2
Warengutschein **19** H 19.6
– Zufluss **38** R 38.2
Waschgeld **19** H 19.3
Wechselschichtarbeit
– Zuschlag für Sonntags-, Feiertags- oder Nachtarbeit **3b** H 3b
Wegstreckenentschädigung Anh. 20
Wehrdienstbeschädigter
– Bezüge **3** Nr. 6
– steuerfreie Bezüge **3** R 3.6
Wehrmacht
– Bezüge **3** Nr. 6
Wehrpflichtiger
– Geld- und Sachbezüge **3** Nr. 5; **3** R 3.5
Weihnachtszuwendung **39b** R 39b.2
Weiterbildung **9** R 9.62
– Arbeitgeberleistungen **19** R 19 (19); **19** H 19.7
Werbedame **19** H 19.0
Werbungskosten **9**; **9** (1); **9** R 9.1–3; **9** R 9.9; **9** R 9.11–13; **9a**
– Allgemeines **9** H 9.1
– Altersteilzeit **3** H 3.28
– Arbeitgeberersatz **19** R 19.3
– beschränkt Steuerpflichtiger **50**
– Bewirtungskosten Anh. 45
– Ehegatten **39a** R 39a.3
– Erstattung durch den Arbeitgeber **9** H 9.4
– Fachkongresse Anh. 46
– Freibetrag EStG **39a**
– Reisekosten **9** R 9.6; **9** H 9.6; **9** R 9.7; **9** H 9.7; **9** R 9.8; **9** H 9.8
– Steuerberatungskosten Anh. 24
– Studienreisen Anh. 46
– Unfallschäden **9** H 9.10
– Verpflegungspauschalen **9** H 9.6
Werbungskosten-Pauschbetrag
– Kapitalvermögen **9a** H 9a

– Versorgungsbezüge **9a** H 9a
Werkstätten für Behinderte
– Zuschuss zu Fahrtkosten, Mittagessen **3** H 3.11
Werkzeuggeld **3** R 3 (3)
– Steuerfreiheit **3** H 3.28
Wertguthaben
– Altersteilzeitarbeit für Lohnzuschlag **3b** R 3b
– Steuerfreiheit bei Übertragung **3** Nr. 53
Wiedergutmachung
– Renten, Entschädigungen **3** Nr. 8
Wiederholungshonorare **19** H 19.3
Winterausfallgeld
– Leistungen, Steuerfreiheit **3** Nr. 2
– Progressionsvorbehalt **32b**
Winterbeschäftigungs-Umlage
– Werbungskosten **3** H 3.2
Wintergeld
– Progressionsvorbehalt **32b** H 32b
– steuerfrei **3** R 3.2
Wirtschaftsgebäude **7** (4)
Wirtschaftsgüter
– Absetzung für Abnutzung **9**; **9** H 9.12
– Anlagevermögen **6**
– Betriebsvermögen **6**
– Bewertung **6**
Wirtschaftsjahr
– bei Land- und Forstwirten **4a**
Wissenschaft
– Bezüge aus öffentlichen Mitteln oder Mitteln öffentlicher Stiftung **3** Nr. 11; **3** H 3.11
Witwen- und Witwenrentenabfindungen
– Beitragserstattungen Berufsständischer Versorgungseinrichtungen **3** H 3.3
Wohngeld **3** H 3.56
Wohnsitz
– Inland **1** H 1
– unbeschränkte Steuerpflicht **1**
Wohnung
– außerhalb des Arbeitsorts **9**
– Einnahme **3** R 3.4
– freie **3** R 3.4
– Sachbezug **8** R 8.1 (5)
Wohnungsüberlassung
– Mietvorteil **3** Nr. 59

Z

Zahlung des Kindergeldes **70**
Zahlungsfrist
– Nachforderung **42d** R 42d.1 (7)
Zahlungszeitraum
– des Kindergeldes **66**
Zahnarzt
– Übungsleiterpauschale **3** H 3.26
Zeitverlust
– Entschädigung **3** Nr. 12; **3** R 3.12

Stichwortverzeichnis

Zeitwertkonto 38 H 38.2
- lohn-/einkommensteuerliche Behandlung sowie Voraussetzungen für die steuerliche Anerkennung Anh. 35
- Steuerfreiheit bei Übertragung 3 Nr. 53

Zertifizierung
- Altersvorsorgeverträge Anh. 2

Zigaretten 19 R 19.6

Zinsabschlag
- NV-Bescheinigung bei Arbeitnehmer 46 H 46

Zinsen 19 H 19.3
- Auslandsbonds 3 Nr. 54

Zinsen und Lizenzgebühren zwischen verbundenen Unternehmen 50g

Zinsersparnisse
- Wohnungsfürsorgemittel 3 H 3.58

Zinsschranke 4h

Zivildienstbeschädigter
- Bezüge 3 Nr. 6
- steuerfreie Bezüge 3 R 3 (03)

Zivildienstleistender
- Geld- und Sachbezüge 3 Nr. 6

Zollfahndungsdienst
- steuerfreie Leistungen, Sachbezüge 3 Nr. 4

Zufluss
- Aktienoption 38 H 38.2
- Arbeitslohn 38 R 38.2; 38 H 38.2; 38a
- von Einnahmen und Abfluss von Ausgaben 11

Zukunftssicherung
- Pauschalierung der Lohnsteuer bestimmter Zukunftssicherungsleistungen 40b; 40b R 40b; 40b H 40b.1
- steuerfreie Arbeitgeberbeiträge an Pensionskassen, Pensionsfonds, Direktversicherungen 3 Nr. 63; 3 H 3.63
- steuerfreie Arbeitgeberleistungen 3 H 3.59; 3 R 3.62; 3 H 3.62

Zulageberechtigter
- Beendigung der unbeschränkten Steuerpflicht 95
- Rückzahlungsbetrag 95

Zumutbare Belastung
- außergewöhnliche Belastung 33 (3)

Zusammenballung
- Einkünfte Anh. 27

Zusammenveranlagung
- Ehegatten 26b; 32a

Zuschlag
- bei Altersteilzeit Anh. 1
- Höhe und Berechnung Anh. 1
- Mischzuschläge 3b R 3b (5)
- Sonntags-, Feiertags- oder Nachtarbeit 3b; 3b R 3b; 3b H 3b
- steuerfreie, Fanganteile in Fischerei 3b H 3b

Zuschlagsteuern
- Vorauszahlungen auf 51a

Zuschlag zum Versorgungsfreibetrag 19 (2)

Zuschuss
- Betriebsveranstaltung 19 H 19.5
- des Arbeitgebers zur Unterbringung und Betreuung von Kindern 3 Nr. 33
- für Fahrten zwischen Wohnung und Arbeitsstätte 40 (2); 40 R 40.2
- gesetzliche Rentenversicherung an Rentner für Kranken- und Pflegeversicherung 3 Nr. 14
- öffentliche Mittel für Behinderte 3 H 3.11
- zur Unterbringung und Betreuung von Kindern 3 R 3.62

Zuschuss-Wintergeld
- kein Progressionsvorbehalt 3 H 3.2
- steuerfrei 3 H 3.2

Zuständigkeit
- ausländischer Bau-Arbeitnehmer 46 H 46
- Bildung der Lohnsteuerabzugsmerkmale 39 (2)
- Einkommensteuerveranlagung, Angehöriger der Bundeswehr 46 H 46
- Finanzamt für ausländischen Bauunternehmer 41 H 41.3
- Finanzamt für ausländischen Verleiher 41 H 41.3
- Haftungsbescheid bei Arbeitnehmerüberlassung 42d R 42d.2 (10)

Zu versteuerndes Einkommen
- Ermittlung, Berechnungsschema 2 H 2
- Ermittlungsvorschrift 2 (5)

Zuwendungen 4d (1)
- an Stiftungen Anh. 11
- Partei 10b
- Partei und unabhängige Wählervereinigung 34g
- steuerbegünstigte Zwecke 10b

Zuwendungsbestätigungen Anh. 11

Zuwendungsnachweis 10b 50

Zuwendungsvortrag Anh. 11

Zuzahlungen
- des Arbeitnehmers zu den Anschaffungskosten 8 H 8.1 (9–10)

Zweijahresfrist
- doppelte Haushaltsführung 3 R 3.11